D...

Español-Inglés
Merriam-Webster

MERRIAM-WEBSTER, INCORPORATED
Springfield, Massachusetts, EEUU

UN GENUINO PRODUCTO MERRIAM-WEBSTER

El mero nombre de *Webster* no constituye en sí una garantía de excelencia. Este nombre es usado por varias casas editoriales y puede servir a engañar al comprador incauto.

Merriam-Webster™ es el nombre que debe buscarse al considerar la compra de un diccionario o de cualquier otro libro de referencia de calidad. Esta denominación lleva consigo la reputación de una compañía que ha publicado obras de referencia desde 1831, y le brinda a usted la garantía de calidad y de autoridad.

Índice

Prefacio

El Diccionario Español-Inglés Merriam-Webster es un diccionario completamente nuevo, diseñado con el fin de satisfacer las necesidades de lenguaje de angloparlantes e hispanoparlantes en una era de continuo crecimiento en la comunicación entre los países del hemisferio occidental. El diccionario está destinado a los estudiantes de estos idiomas, así como a los maestros, oficinistas, turistas, viajeros de negocios, o a cualquier persona que necesite expresarse claramente y eficazmente en los idiomas inglés o español tal como se hablan y se escriben en las Américas. Este diccionario provee una cobertura exacta y actualizada del vocabulario corriente en ambos idiomas, así como abundantes ejemplos de palabras empleadas en contexto para ilustrar su uso idiomático. La selección de vocablos y modismos en español se efectuó a base de una vasta gama de fuentes latinoamericanas modernas y fue interpretada por especialistas en lexicografía bilingüe de Merriam-Webster. Las voces inglesas fueron extraídas de los más recientes diccionarios Merriam-Webster por editores de Merriam-Webster, y representan el vocabulario básico actual del inglés americano.

El material se ha organizado en un formato basado en el estilo tradicional característico de los diccionarios monolingües Merriam-Webster. El lector ya familiarizado con los diccionarios Merriam-Webster reconocerá de inmediato este estilo, con su énfasis en la conveniencia y la facilidad de uso, en la claridad y la concisión de la información presentada, en el preciso discernimiento de los sentidos de cada vocablo, y en la frecuente inclusión de frases ejemplares que ilustran el uso de una palabra. Aparecen también pronunciaciones (compuestas en el Alfabeto Fonético Internacional) para todas las voces inglesas, así como una cobertura plena de verbos irregulares en ambos idiomas, una sección de gramática inglesa básica, tablas de abreviaturas comunes, y una sección de Notas explicativas que contesta en detalle cualquier pregunta que pueda tener el lector tocante al uso de este libro.

4a

El *Diccionario Español-Inglés Merriam-Webster* es el fruto del esfuerzo combinado de muchos miembros del departamento editorial de Merriam-Webster, junto con el asesoramiento y la asistencia de consultores exteriores. La obra de definición primaria fue llevada a cabo por Charlene M. Chateauneuf, Seán O'Mannion-Espejo, Karen L. Wilkinson, y Jocelyn D. Woods; contribuciones textuales preliminares fueron hechas por Cèsar Alegre, Hilton Alers, Marién Díaz, Anne Gatschet, y María D. Guijarro, y valiosas sugerencias con respecto al estilo del diccionario fueron hechas por Victoria E. Neufeldt, Ph.D. y James L. Rader. La corrección de pruebas fue realizada por Susan L. Brady, Daniel B. Brandon, Charlene M. Chateauneuf, Deanna Chiasson, Seán O'Mannion-Espejo, James L. Rader, Donna L. Rickerby, Adrienne M. Scholz, Amy West, Karen L. Wilkinson, y Linda Picard Wood. Las pronunciaciones fueron provistas por Brian M. Sietsema, Ph.D. Los servicios de remisión textual fueron provistos por Donna L. Rickerby. Karen L. Levister asistió con la entrada de revisiones. Carol Fugiel contribuyó muchas horas de labor de oficina y otros valiosos apoyos. La labor editorial de composición y producción fue comenzada por Jennifer S. Goss y fue continuada por Susan L. Brady, la cual también ofreció sugerencias importantes con respecto al formato. Madeline L. Novak proveyó orientación en asuntos tipográficos. John M. Morse fue responsable de la concepción de este libro, y contribuyó numerosas ideas y apoyo continuo durante su elaboración.

Eileen M. Haraty
Editora

Notas explicativas

Entradas

1. Entradas principales

Toda letra, palabra o frase en negrita que aparece alineada con el margen izquierdo de la columna de texto de la que forma parte es una entrada principal, o lema. La composición de la entrada principal puede constar de letras continuas, de letras unidas por un guión, o bien de letras separadas por un espacio:

> **cafetalero**[1], **-ra** *adj* . . .
> **eye–opener** . . . *n* . . .
> **walk out** *vi* . . .

La entrada principal, junto con el texto que la sigue tanto en la misma línea como en las líneas sangradas subsiguientes, constituye una entrada del diccionario.

2. Orden de las entradas principales

El orden alfabético del diccionario concuerda con el orden del alfabeto inglés, con la excepción de las entradas españolas que comienzan con la letra *ñ*-. Éstas aparecen después de las entradas que comienzan con *n*-. Las entradas principales se suceden alfabéticamente, letra por letra, sin tener en cuenta guiones o espacios intermediarios; por ejemplo, *shake-up* aparece después de *shaker*.

Los homógrafos (palabras que se escriben igual) que pertenecen a distintas categorías gramaticales por lo general aparecen en entradas individuales. A estas entradas se les identifica con un número volado:

> **hail**[1] . . . *vt* . . .
> **hail**[2] *n* . . .
> **hail**[3] *interj* . . .
> **madrileño**[1], **-ña** *adj* . . .
> **madrileño**[2], **-ña** *n* . . .

Estas entradas numeradas se listan en el siguiente orden: verbo, adverbio, adjetivo, sustantivo, conjunción, preposición, pronombre, interjección, y por último, artículo.

Los homógrafos que se clasifican bajo una misma categoría gramatical son normalmente incluidos bajo la misma entrada del diccionario, sin tener en cuenta diferencias de origen semántico. Sin embargo, en la sección Inglés-Español se les asigna a cada uno de estos homógrafos una entrada individual si entre ellos existe alguna diferencia ya sea en la inflexión o en la pronunciación.

3. Palabras guía

En el margen superior de cada página aparecen dos palabras guía, que indican la primera y última entrada de la página correspondiente.

fregar · fuego

4. Variantes

Cuando una entrada principal aparece seguida de la palabra *or* y otra ortografía, las dos ortografías se consideran como variantes. Ambas ortografías son estándar, y cualquiera de las dos puede usarse según se prefiera:

jailer *or* **jailor** . . . *n* . . .
quizá *or* **quizás** *adv* . . .

Hay ocasiones en las que una variante ortográfica se emplea únicamente para una de las acepciones de una palabra. En tales casos, la variante ortográfica aparece después del número de la acepción a la cual corresponde:

electric . . . *adj* 1 *or* **electrical** . . .

En otros casos, el lema puede usarse intercambiablemente con una frase de la que forma parte. Para los fines de este diccionario, tales frases se consideran como variantes del lema:

bunk[2] *n* 1 *or* **bunk bed** . . .
angina *nf* 1 *or* **angina de pecho** :
   angina . . .

Las frases en negrita también pueden, a su vez, presentar variantes:

> **madera** *nf* . . . **3 madera dura** *or*
> **madera noble** . . .
>
> **atención**[1] *nf* . . . **2 poner atención** *or*
> **prestar atención** . . .

5. Entradas secundarias

Una entrada principal puede ser seguida de uno o más derivados del lema, o de un homógrafo de distinta categoría gramatical. Éstas son entradas secundarias. Cada una de estas entradas aparece después de un guión en negrita, y cada una posee su propio calificativo. Tales entradas aparecen sin definición, ya que sus equivalentes en el idioma extranjero pueden derivarse fácilmente al combinar la definición del lema con el sufijo correspondiente, o como sucede con los homógrafos, al sustituir la categoría gramatical por otra. Véase por ejemplo:

> **illegal** . . . *adj* : ilegal — **illegally** *adv*
> (el adverbio español es *ilegalmente*)
>
> **transferir** . . . *vt* TRASLADAR : to
> transfer — **transferible** *adj*
> (el adjetivo es *transferable*)
>
> **Bosnian** *n* : bosnio *m*, -nia *f* — **Bosn-**
> **ian** *adj*
> (el adjetivo español es *bosnio, -nia*)

En la sección Español-Inglés, los verbos pronominales aparecen en ocasiones como entradas secundarias, sin definición:

> **enrollar** *vt* : to roll up, to coil —
> **enrollarse** *vr*

La ausencia de la definición en este caso comunica al lector de habla inglesa que el verbo *enrollarse* tiene una función expresamente reflexiva. Esto elimina la necesidad de agregar una definición que resultaría superflua como "to become rolled up or coiled," o "to roll itself up."

6. Frases en negrita

Una entrada principal puede aparecer acompañada de una o varias frases en negrita (generalmente locuciones o términos compuestos) que contienen ya sea el lema, o una inflexión de éste.

Cada una de estas frases se presenta como una de las acepciones numeradas del lema:

> **álamo** *nm* **1** : poplar **2 álamo tem-**
> **blón** : aspen

> **hold**[1] ... *vi* ... **4 to hold to** : ... **5**
> **to hold with** : ...

Cuando la frase en negrita consta únicamente de una combinación del lema con una preposición, el lema se representa entonces por medio de una tilde en negrita ∼.

> **pegar** ... *vi* ... **3** ∼ **con** : to
> match, to go with ...

Si la frase en cuestión tiene más de un sentido, entonces puede aparecer en dos o más acepciones de la misma entrada principal:

> **wear**[1] ... *vt* ... **3 to wear out** : gas-
> tar ⟨he wore out his shoes ... ⟩ **4**
> **to wear out**

> **estar** ... *vi* ... **15** ∼ **por** : to be in
> favor of **16** ∼ **por** : to be about to
> ⟨está por cerrar ... ⟩ ...

Si el uso común de una palabra es generalmente limitado a una frase determinada, la frase es presentada como la única acepción del lema:

> **ward**[1] ... *vt* **to ward off** : ...

Pronunciación

1. Pronunciación de los lemas ingleses

El texto que aparece entre corchetes [ ] inmediatamente después de un lema en la sección Inglés-Español indica la pronunciación del lema. Para una explicación de los símbolos empleados, véase la tabla titulada Símbolos de pronunciación que aparece en la página 56a.

La presencia de variantes de pronunciación indica que no todos los hablantes educados del idioma pronuncian una palabra determinada de igual forma. El hecho de que una variante aparezca después de otra no significa que sea menos apropiada que la que aparece primero. De hecho, la segunda variante puede ser tan común como la primera, pero las restricciones de la página impresa exigen que una preceda a la otra.

tomato [təˈmeɪt̬o, -ˈmɑ-] . . .

Cuando un término compuesto aparece con sólo una pronunciación parcial, la pronunciación del resto del término puede obtenerse bajo la entrada correspondiente a la palabra cuya pronunciación se ha omitido:

gamma ray [ˈɡæmə] . . .

ray [ˈreɪ] . . .

smoke¹ [ˈsmoːk] . . .

smoke detector [dɪˈtɛktər] . . .

En general, no se indica la pronunciación de términos compuestos cuando éstos están formados de dos o más palabras inglesas que aparecen en el diccionario como entradas principales:

water lily *n* : nenúfar *m*

Solamente la primera entrada en una serie de homógrafos numerados incluye la pronunciación si ésta es la misma para todos los otros homógrafos:

dab¹ [ˈdæb] *vt* . . .

dab² *n* . . .

No se indica la pronunciación de las partes principales de los verbos formados por sufijación regular, ni por otros derivados formados por sufijos comunes.

2. Pronunciación de los lemas españoles

Dada la alta regularidad de la pronunciación del español, no se indica la pronunciación de la mayor parte de las entradas que aparecen en la sección Español-Inglés. Sin embargo, se han hecho excepciones para ciertas palabras (tales como aquéllas que se han adaptado de otras lenguas) cuya pronunciación en español no puede derivarse naturalmente de su ortografía:

pizza [ˈpitsɑ, ˈpisɑ] *nf* : pizza

footing [ˈfut̬iŋ] . . .

Calificativos funcionales

Un calificativo en itálicas que indica la categoría gramatical u otra clasificación funcional del lema aparece inmediatamente después de la pronunciación, o si la pronunciación se ha omitido, después del lema. Las ocho categorías gramaticales tradicionales, el adjetivo, el adverbio, la conjunción, la interjección, el sustantivo, la preposición, el pronombre, y el verbo, se indican como sigue:

> **daily**[1] *adj* ...
>
> **vagamente** *adv* ...
>
> **and** ... *conj* ...
>
> **huy** *interj* ...
>
> **jackal** ... *n* ...
>
> **para** *prep* ...
>
> **neither**[3] *pron* ...
>
> **leer** ... *v* ...

Los verbos intransitivos se identifican con el calificativo *vi*, y los transitivos, *vt*. Las entradas para aquellos verbos que son a la vez transitivos e intransitivos llevan el calificativo *v*. Si una de estas entradas incluye inflexiones irregulares, el calificativo *v* aparece inmediatamente después del lema, y las acepciones transitivas e intransitivas son introducidas con los calificativos *vt* y *vi* respectivamente.

> **deliberar** *vi* : to deliberate
>
> **necessitate** ... *vt* **-tated; -tating**
> : necesitar, requerir
>
> **satisfy** ... *v* **-fied; -fying** *vt* ... —
> *vi* ...

Por último, dos otros calificativos se emplean para indicar la clasificación funcional de los verbos: *v aux* (auxiliary verb) y *v impers* (impersonal verb).

> **may** ... *v aux, past* **might** ...
>
> **haber**[1] ... *v aux* **1** : have ... — *v impers*
> **1 hay** : there is, there are ...

Calificativos de género

En toda entrada cuyo lema es un sustantivo español, el género de éste se indica con los calificativos *m* (masculino), *f* (femenino), o *mf* (masculino o femenino), que aparecen inmediatamente después del calificativo funcional:

> **magnesio** *nm* . . .
>
> **galaxia** *nf* . . .
>
> **turista** *nmf* . . .

Si se dan las formas tanto masculina como femenina de un sustantivo que denota a una persona, se aplica el calificativo *n*.

> **director, -tora** *n* . . .

Todo sustantivo español que aparece como definición de un lema inglés es acompañado de un calificativo de género:

> **amnesia** . . . *n* : amnesia *f*
>
> **earache** . . . *n* : dolor *m* de oído
>
> **gamekeeper** . . . *n* : guardabosque *mf*

Inflexiones

1. Sustantivos

En este diccionario se indica el plural de un sustantivo en los siguientes casos: cuando el plural es irregular, cuando la sufijación del plural produce un cambio en la acentuación o la ortografía del vocablo raíz, cuando un sustantivo inglés termina en una consonante seguida de -*o* o de -*ey*, cuando un sustantivo inglés termina en -*oo*, cuando un sustantivo inglés es un término compuesto del cual el elemento a pluralizar no es el último, cuando un sustantivo tiene variantes en el plural, o cuando podría suscitarse una duda razonable en cuanto a la ortografía del plural:

> **tooth** . . . *n, pl* **teeth** . . .
>
> **garrafón** *nm, pl* **-fones** . . .
>
> **potato** . . . *n, pl* **-toes** . . .
>
> **abbey** . . . *n, pl* **-beys** . . .
>
> **cuckoo¹** *n, pl* **-oos** . . .

> **brother–in–law** . . . *n, pl*
>   **brothers–in– law** . . .
>
> **quail**[2] *n, pl* **quail** *or* **quails** . . .
>
> **hábitat** *nm, pl* **-tats** . . .
>
> **tahúr** *nm, pl* **tahúres** . . .

En la sección Inglés-Español, la forma plural de la mayor parte de los sustantivos se indica por medio de una inflexión reducida, sin tener en cuenta el número de sílabas que el lema contenga. En la sección Español-Inglés, se dan inflexiones reducidas sólo para aquellos sustantivos que contengan tres o más sílabas, mientras que las formas plurales de sustantivos más breves se presentan enteras:

> **shampoo**[2] *n, pl* **-poos** . . .
>
> **calamity** . . . *n, pl* **-ties** . . .
>
> **mouse** . . . *n, pl* **mice** . . .
>
> **sartén** *nmf, pl* **sartenes** . . .
>
> **hámster** *nm, pl* **hámsters** . . .
>
> **federación** *nf, pl* **-ciones** . . .

Si se produce un plural irregular en sólo uno de los géneros, la forma plural se da con el calificativo correspondiente:

> **campeón, -ona** *n, mpl* **-ones** : champion

La forma plural de un sustantivo generalmente no aparece si el vocablo raíz permanece inalterado por la adición del sufijo plural regular, o cuando no es probable que el sustantivo se use en el plural:

> **apple** . . . *n* : manzana *f*
>
> **inglés**[3] *nm* : English (language)

Aquellos sustantivos que son plurales en forma y que ocurren regularmente en construcciones plurales son clasificados *npl* (si son sustantivos ingleses), *nmpl* (si son sustantivos masculinos españoles), o *nfpl* (si son sustantivos femeninos españoles):

> **knickers** . . . *npl* . . .
>
> **enseres** *nmpl* . . .
>
> **mancuernas** *nfpl* . . .

Toda entrada que permanece inalterada en el plural es clasificada *ns & pl* (sustantivos ingleses), *nms & pl* (sustantivos masculinos españoles), *nfs & pl* (sustantivos femeninos españoles), y *nmfs & pl* (sustantivos españoles de género variable):

> **deer** . . . *ns & pl* . . .
>
> **lavaplatos** *nms & pl* . . .
>
> **tesis** *nfs & pl* . . .
>
> **rompehuelgas** *nmfs & pl* . . .

2. Verbos

VERBOS INGLESES

En la sección Inglés-Español, las partes principales de los verbos se indican en los siguientes casos: cuando el verbo es irregular; cuando la sufijación produce un cambio en la ortografía del vocablo raíz, cuando el verbo termina en *-ey*, cuando una inflexión tiene variantes, o cuando puede suscitarse una duda razonable en cuanto a la ortografía de una inflexión:

> **break**[1] . . . *v* **broke** . . . ; **broken** . . . ;
> **breaking** . . .
>
> **drag**[1] . . . *v* **dragged; dragging** . . .
>
> **monkey**[1] . . . *vi* **-keyed; -keying** . . .
>
> **label**[1] . . . *vt* **-beled** *or* **-belled; -beling**
> *or* **-belling** . . .
>
> **imagine** . . . *vt* **-ined; -ining** . . .

Si el verbo consta de dos o más sílabas, se da generalmente una forma reducida de la inflexión:

> **multiply** . . . *v* **-plied; -plying** . . .
>
> **bevel**[1] . . . *v* **-eled** *or* **-elled; -eling** *or*
> **-elling** . . .
>
> **forgo** *or* **forego** . . . *vt* **-went; -gone;**
> **-going** . . .
>
> **commit** . . . *vt* **-mitted; -mitting** . . .

Las partes principales de un verbo inglés no aparecen cuando el vocablo raíz permanece inalterado por la sufijación.

> **delay**[1] . . . *vt*
>
> **pitch**[1] . . . *vt*

VERBOS ESPAÑOLES

En cada entrada correspondiente a un verbo irregular español aparece un número entre llaves que remite al lector a los modelos de conjugación que aparecen en la sección titulada Conjugación de verbos españoles:

> **abnegarse** {49} *vr* . . .
>
> **volver** {89} *vi* . . .

Aunque estas remisiones no aparecen en las entradas que corresponden a los verbos regulares españoles, los modelos de conjugación de estas formas pueden consultarse en la susodicha sección, que comienza en la página 42a.

Adverbios y adjetivos

Las entradas principales de adjetivos y adverbios ingleses incluyen las formas comparativas y superlativas cuando la sufijación produce un cambio en la ortografía del vocablo raíz, cuando la inflexión es de forma irregular, o cuando existen variantes de la inflexión:

> **wet²** *adj* **wetter; wettest** . . .
>
> **good²** *adj* **better** . . . ; **best** . . .
>
> **evil¹** . . . *adj* **eviler** *or* **eviller; evilest**
> *or* **evillest** . . .

Las formas superlativas de adjetivos y adverbios de dos o más sílabas son presentadas generalmente en forma reducida:

> **early¹** . . . *adv* **earlier; -est** . . .
>
> **gaudy** . . . *adj* **gaudier; -est** . . .
>
> **secure²** *adj* **-curer; -est** . , . .
>
> *pero*
>
> **young¹** . . . *adj* **younger** [ˈjʌŋgər];
> **youngest** [-gəst] . . .

En algunas entradas aparece únicamente la forma superlativa:

> **mere** *adj, superlative* **merest** . . .

La ausencia de la forma comparativa indica que no existe evidencia suficiente de su uso.

Las formas comparativas y superlativas de los adjetivos y adverbios generalmente no se muestran si la sufijación no altera el vocablo raíz:

> **quiet³** *adj* **1** . . .

Uso

1. Calificativos de uso

En este diccionario se emplean dos tipos de calificativo de uso: regional y estilístico. Las palabras españolas cuyo uso se limita a ciertas regiones de Latinoamérica o a España, reciben calificativos que indican los países en que suelen usarse con más frecuencia:

> **guarachear** *vi Cuba, PRi fam* . . .
>
> **bucket** . . . *n* : . . . cubeta *f Mex*

Los siguientes calificativos regionales se han empleado en la redacción de este libro: *Arg* (Argentina), *Bol* (Bolivia), *CA* (Centroamérica), *Car* (el Caribe), *Chile* (Chile), *Col* (Colombia), *CoRi* (Costa Rica), *Cuba* (Cuba), *DomRep* (República Dominicana), *Ecua* (Ecuador), *Sal* (El Salvador), *Guat* (Guatemala), *Hond* (Honduras), *Mex* (México), *Nic* (Nicaragua), *Pan* (Panamá), *Par* (Paraguay), *Peru* (Perú), *PRi* (Puerto Rico), *Spain* (España), *Uru* (Uruguay), *Ven* (Venezuela).

Dado el foco primordialmente latinoamericano de este diccionario, la mayoría de los regionalismos que contiene provienen de América Latina. Sin embargo, se han incluido también algunos regionalismos comunes de España.

Varios vocablos en español reciben un calificativo de *fam* (familiar), lo cual indica que el uso de tales palabras es apropiado solamente en contextos informales. El calificativo estilístico *usu considered vulgar* se emplea para indicar que el uso de la palabra indicada puede considerarse como vulgar u ofensivo. Se han omitido la mayoría de este tipo de voces, pero hay algunas cuyo uso es tan común que el omitirlas resultaría negligente. El propósito de este calificativo es, pues, de servir de advertencia al lector.

2. Notas de uso

En algunos casos, una acepción puede venir precedida de una nota parentética que proporciona al lector información semántica suplementaria:

> **not** . . . *adv* **1** (*used to form a negative*) : no . . .

> **within²** *prep* . . . **2** (*in expressions of distance*) : . . . **3** (*in expressions of time*) : . . .

> **e²** *conj* (*used instead of* y *before words beginning with* i *or* hi) : . . .

> **poder¹** . . . *v aux* . . . **2** (*expressing possibility*) : . . . **3** (*expressing permission*) : . . .

Este tipo de orientación semántica puede aparecer también entre paréntesis como parte de la definición:

> **calibrate** . . . *vt* . . . : calibrar (armas), graduar (termómetros)

> **palco** *nm* : box (in a theater or stadium)

En algunas ocasiones, una nota de uso aparece en lugar de una definición. Esto ocurre sólo cuando el lema carece de equivalente en el idioma extranjero. Estas notas de uso aparecen acompañadas de ejemplos que ilustran el uso común del lema:

> **shall** . . . *v aux* . . . **1** (*used to express a command*) ⟨you shall do as I say : harás lo que te digo⟩ . . .

3. Ejemplos de uso

Varias definiciones vienen acompañadas de ejemplos de uso. Estos ejemplos sirven para ilustrar un empleo típico del lema en un contexto dado, o un uso idiomático común de la palabra. Los ejemplos de uso incluyen una traducción, y aparecen entre paréntesis angulares:

> **lejos** *adv* **1** : far away, distant ⟨a lo lejos : in the distance, far off⟩ . . .

> **make¹** . . . **9** . . . : ganar ⟨to make a living : ganarse la vida⟩ . . .

División de las acepciones

Se introduce una acepción o definición por medio de dos puntos en negrita:

fable . . . *n* : fábula *f*

Cuando una entrada principal tiene varias acepciones, éstas se indican con un número arábigo, compuesto también en negrita:

laguna *nf* **1** : lagoon **2** : lacuna, gap

Cuando alguna información (como un sinónimo, una palabra o frase en negrita, una nota de uso, una remisión, o un calificativo) aparece después de un número de acepción, ésta se aplica única y específicamente a dicha acepción, y no a otras que puedan aparecer bajo la misma entrada principal:

abanico *nm* . . . **2**

tonic[2] *n* . . . **2** *or* **tonic water** : . . .

grillo *nm* . . . **2 grillos** *nmpl* : . . .

fairy . . . *n, pl* **fairies** . . . **2 fairy tale** : . . .

myself . . . *pron* **1** (*used reflexively*) : . . .

pike . . . *n* . . . **3** → **turnpike**

atado[2] *nm* . . . **2** *Arg* : . . .

Remisiones

Las remisiones empleadas en este diccionario se clasifican en tres categorías: sinónima, cognada, e inflexional. Toda remisión puede identificarse inmediatamente por la flecha en negrita que aparece a continuación del lema.

Las remisiones de tipo sinónimo y cognado indican que la definición correspondiente al lema que precede a la flecha puede encontrarse en la entrada a la cual se remite:

scapula . . . → **shoulder blade**

amuck → **amok**

Las remisiones de tipo inflexional se utilizan para indicar que el lema que precede a la flecha es meramente una inflexión de la entrada a la cual se remite (generalmente un verbo o un sustantivo):

> **fue, etc. → ir, ser**
>
> **mice → mouse**

Sinónimos

En varias entradas y acepciones del diccionario se encuentra, entre los dos puntos en negrita y el texto de la definición, un sinónimo compuesto en mayúsculas pequeñas. Toda palabra empleada como sinónimo tiene su propia entrada en el diccionario, ya sea como entrada principal o como frase en negritas. El propósito de estos sinónimos es de orientar al lector y ayudarlo a elegir la acepción correcta, así como de proveer un término que podría usarse alternativamente en el mismo contexto.

Gramática inglesa

El adjetivo

El adjetivo inglés es invariable en cuanto a número o género, y suele preceder al sustantivo que modifica:

the tall woman	la mujer alta
the tall women	las mujeres altas
a happy child	un niño contento
happy children	niños contentos

1. Adjetivos positivos, comparativos, y superlativos

Las formas comparativas y superlativas del adjetivo inglés se pueden construir de tres maneras. Cuando el adjetivo positivo consta de una sola sílaba, la construcción más común es de añadir los sufijos *-er* o *-est* al vocablo raíz; si el adjetivo positivo consta de más de dos sílabas, suele entonces combinarse con los adverbios *more, most, less* o *least;* al adjetivo positivo de dos sílabas puede aplicarse cualquiera de las dos fórmulas; y por último, existen los adjetivos irregulares cuyas formas comparativas y superlativas son únicas.

Positivo	Comparativo	Superlativo
clean (limpio)	**cleaner** (más limpio)	**cleanest** (el más limpio)
narrow (angosto)	**narrower** (más angosto)	**narrowest** (el más angosto)
meaningful (significativo)	**more meaningful** (más significativo)	**most meaningful** (el más significativo)
	less meaningful (menos significativo)	**least meaningful** (el menos significativo)
good (bueno)	**better** (mejor)	**best** (el mejor)
bad (malo)	**worse** (peor)	**worst** (el peor)

2. Adjetivos demostrativos

El adjetivo demostrativo *this* o *that* corresponde al adjetivo español *este* o *ese*, y sirve esencialmente la misma función. Debe notarse que este tipo de adjetivo es el único que tiene forma plural:

Singular		Plural	
this	este, esta	**these**	estos, estas
that	ese, esa	**those**	esos, esas

3. Adjetivos descriptivos

Un adjetivo descriptivo describe ò indica una cualidad, clase o condición (*a fascinating conversation*, una conversación fascinante; *a positive attitude*, una actitud positiva; *a fast computer*, una computadora rápida).

4. Adjetivos indefinidos

Un adjetivo indefinido se usa para designar personas o cosas no identificadas (*some children*, unos niños o algunos niños; *other hotels*, otros hoteles).

5. Adjetivos interrogativos

El adjetivo interrogativo se usa para formular preguntas:

Whose office is this?	¿*De quién* es esta oficina?
Which book do you want?	¿*Cuál* libro quieres?

6. El sustantivo empleado como adjetivo

Un sustantivo puede usarse para modificar otro sustantivo. De esta manera el sustantivo funciona igual que un adjetivo (*the Vietnam War*, la Guerra de Vietnam; *word processing*, procesamiento de textos).

7. Adjetivos posesivos

Llámase adjetivo posesivo a la forma posesiva del pronombre personal. A continuación se listan los adjetivos posesivos ingleses y algunos ejemplos de su uso:

Singular	Plural
my	our
your	your
his/her/its	their

Where's *my* watch?	¿Dónde está *mi* reloj?
Your cab's here.	Ha llegado *su* taxi; ha llegado *tu* taxi.
It was *her* idea.	Fue *su* idea.
They read *his* book.	Leyeron *su* libro.
The box and *its* contents.	La caja y *su* contenido.
We paid for *their* ticket.	Pagamos por *su* boleto.
Your tables are ready.	*Sus* mesas están listas.

8. Adjetivos predicativos

Un adjetivo predicativo modifica el sujeto de un verbo copulativo (como *be, become, feel, taste, smell,* o *seem*):

She is *happy* with the outcome.	Está *contenta* con el resultado.
The milk tastes *sour*.	La leche sabe *agria*.
The student seems *puzzled*.	El estudiante parece estar *desconcertado*.

9. Adjetivos propios

Un adjetivo propio es derivado de un nombre propio y suele escribirse con mayúscula:

Victorian furniture	muebles *victorianos*
a *Puerto* Rican product	un producto *puertorriqueño*

10. Adjetivos relativos

Un adjetivo relativo (tal como *which, that, who, whom, whose, where*) se emplea para introducir una cláusula adjetival o sustantiva:

toward late April, by *which* time para fines de abril, fecha para
the report should be finished   la cual deberá estar listo el
                              reporte

not knowing *whose* advice she   sin saber a quién escuchar
should follow

El adverbio

La mayor parte de los adverbios ingleses se forman a partir de un adjetivo al que se le agrega el sufijo *-ly*:

mad*ly*	loca*mente*
wonderful*ly*	maravillosa*mente*

Para formar un adverbio de un adjetivo que termina en *-y*, suele cambiarse primero esta terminación a una *-i*, y luego se añade el sufijo *-ly*:

happily	felizmente
daintily	delicadamente

La forma adverbial que corresponde a varios adjetivos que terminan en *-ic* recibe el sufijo *-ally*:

basically	básicamente
numerically	numéricamente

Si un adjetivo termina en *-ly*, el adverbio que le corresponde suele escribirse de la misma manera:

she called her mother *daily*   llamaba a su madre *todos* los días
the show started *early*   la función empezó *temprano*

Por último, hay adverbios que no terminan en *-ly*, por ejemplo:

again (otra vez)	now (de nuevo)
too (demasiado)	too (también)

1. Adverbios positivos, comparativos, y superlativos

Al igual que el adjetivo, la mayoría de los adverbios ingleses poseen tres grados de comparación: positivo, comparativo, y superlativo. Como regla general, a un adverbio monosilábico se le añade el sufijo *-er* cuando es comparativo, y *-est* cuando es superlativo. Si el adverbio consta de tres o más sílabas, las formas comparativas y superlativas se forman al combinarlo con los adverbios *more/most* o *less/least*. Las formas comparativas y superlativas de un adverbio de dos sílabas pueden obtenerse empleando uno u otro de los dos métodos:

Positivo	Comparativo	Superlativo
fast	faster	fastest
easy	easier	easiest
madly	more madly	most madly
happily	more happily	most happily

Finalmente, hay algunos adverbios, tales como *quite* y *very*, que no poseen comparativo.

2. Adverbios de énfasis

Adverbios tales como *just* y *only* suelen usarse para poner el énfasis en otras palabras. El énfasis producido puede cambiar según la posición del adverbio en la oración:

He *just* nodded to me as he passed.	*Sólo* me saludó con la cabeza al pasar.
He nodded to me *just* as he passed.	Me saludó con la cabeza *justamente* cuando me pasó.

3. Adverbios relativos

Los adverbios relativos (tales como *when*, *where*, y *why*) se utilizan principalmente para introducir preguntas:

When will he return?	¿*Cuándo* volverá?
Where have the children gone?	¿*A dónde* fueron los niños?
Why did you do it?	¿*Por qué* lo hiciste?

El artículo

1. El artículo definido

En inglés existe solamente una forma del artículo definido, *the*.
Este artículo es invariable en cuanto a género o número.

The boys were expelled.	*Los* chicos fueron expulsados.
The First Lady dined with *the* ambassador.	*La* Primera Dama cenó con *el* embajador.

2. El artículo indefinido

El artículo indefinido *a* se usa con cualquier sustantivo o abreviatura que comience ya sea con una consonante, o con un *sonido*
consonántico:

a door	a hat
a B.A. degree	a one
a union	a U.S. Senator

El artículo *a* se emplea también antes de un sustantivo cuya
primera sílaba comienza con *h-,* y esta sílaba o no es acentuada,
o tiene solamente una acentuación moderada (a historian, a heroic attempt, a hilarious performance). Sin embargo, en el inglés
hablado, suele más usarse el artículo *an* en estos casos (an historian, an heroic attempt, an hilarious performance). Ambas formas son perfectamente aceptables.

El artículo indefinido *an* se usa con cualquier sustantivo o abreviatura que comience con un *sonido* vocal, sin tener en cuenta si
la primera letra del sustantivo es vocal o consonante (an icicle,
an nth degree, an honor, an FBI investigation).

La conjunción

Existen tres tipos principales de conjunciones: la conjunción
coordinante, la correlativa, y la subordinante.

1. Conjunciones coordinantes

Las conjunciones coordinantes, tales como *and, because, but, for, or, nor, since, so,* y *yet,* se emplean para unir elementos gramaticales de igual valor. Estos elementos pueden ser palabras, frases, cláusulas subordinadas, cláusulas principales, u oraciones completas. Las conjunciones coordinantes se emplean para unir elementos similares, para excluir o contrastar, para indicar una alternativa, para indicar una razón, o para precisar un resultado.

Unión de elementos similares:	She ordered pencils, pens, *and* erasers.
Exclusión o contraste:	He is a brilliant *but* arrogant man.
	They offered a promising plan, *but* it had not yet been tested.
Alternativa:	She can wait here *or* go on ahead.
Razón:	The report is useless, *for* its information is no longer current.
Resultado:	His diction is excellent, *so* every word is clear.

2. Conjunciones correlativas

Las conjunciones correlativas se usan en pares, y sirven para unir alternativas y elementos de igual valor gramatical.

Either you go *or* you stay.	*O* te vas *o* te quedas.
He had *neither* looks *nor* wit.	No tenía *ni* atractivo físico *ni* inteligencia.

3. Conjunciones subordinantes

Las conjunciones subordinantes se usan para unir una cláusula subordinada a una cláusula principal. Estas conjunciones pueden emplearse para expresar la causa, la condición o concesión, el modo, el propósito o resultado, el tiempo, el lugar o la circunstancia, así como las condiciones o posibilidades alternativas.

causa:	*Because* she learns quickly, she is doing well in her new job.
condición o concesión:	Don't call *unless* you are coming.
modo:	We'll do it *however* you tell us to.
propósito o resultado:	He distributes the mail early *so* that they can read it.
tiempo:	She kept meetings to a minimum *when* she was president.

El sustantivo

A diferencia del sustantivo español, el sustantivo inglés generalmente carece de género. En algunos sustantivos, el género femenino se identifica por la presencia del sufijo *-ess* (empress, hostess); existen también aquellos que sólo se aplican a miembros de uno u otro sexo, por ejemplo: *husband, wife, father, mother, brother, sister,* así como nombres de ciertos animales: *bull, cow, deer, doe,* etc. Sin embargo, la mayoría de los sustantivos ingleses son neutros. Cuando es preciso atribuirle un género a un sustantivo neutro, suele combinarse éste con palabras como *male, female, man, woman,* etc., por ejemplo:

a *male* parrot	un loro *macho*
women writers	escritoras

1. Usos básicos

Los sustantivos ingleses suelen usarse como sujetos, objetos directos, objetos de una preposición, objetos indirectos, objetos retenidos, nominativos predicativos, complementos objetivos, construcciones apositivas, y en trato directo:

sujeto:	The *office* was quiet.
objeto directo:	He locked the *office*.
objeto de una preposición:	The file is in the *office*.
objeto indirecto:	He gave his *client* the papers.
objeto retenido:	His client was given the *papers*.
nominativo predicativo:	Mrs. Adams is the managing *partner*.

complemento objetivo:	They made Mrs. Adams managing *partner.*
construcción apositiva:	Mrs. Adams, the managing *partner,* wrote that memo.
trato directo:	*Mrs.* Adams, may I present Mr. Bonkowski.

2. El sustantivo empleado como adjetivo

Los sustantivos desempeñan una función adjetival cuando preceden a otros sustantivos:

olive oil	aceite de olivo
business management	administración de empresas
emergency room	sala de emergencias

3. La formación del plural

La mayoría de los sustantivos ingleses se pluralizan añadiendo -*s* al final del singular (book, books; cat, cats; dog, dogs; tree, trees).

Cuando el sustantivo singular termina en -*s*, -*x*, -*z*, -*ch*, o -*sh*, su forma plural se obtiene añadiendo -*es* al final (cross, crosses; fox, foxes; witch, witches; wish, wishes; fez, fezes).

Si el sustantivo singular termina en -*y* precedida de una consonante, la -*y* es convertida en -*i* y se le añade la terminación -*es* (fairy, fairies; pony, ponies; guppy, guppies).

No todos los sustantivos ingleses obedecen estas normas. Hay algunos sustantivos (generalmente nombres de animales) que no siempre cambian en el plural (fish, fish o fishes; caribou, caribou o caribous). Por último, hay algunos sustantivos que poseen una forma plural única (foot, feet; mouse, mice; knife, knives).

4. El posesivo

La forma posesiva del sustantivo singular generalmente se obtiene al añadir un apóstrofe seguido de una -*s* al final:

Jackie's passport	el pasaporte *de Jackie*
this hat is *Billy's*	este sombrero es *de Billy*

Cuando el sustantivo termina en -s, suele añadirse únicamente el apóstrofe, como sigue:

the **neighbors'** dog   el perro *de los vecinos*
Mr. **Ross'** briefcase   portafolios *del Sr. Ross*

La preposición

La preposición inglesa se combina generalmente con un sustantivo, un pronombre, o el equivalente de un sustantivo (como una frase o cláusula) para formar una frase con función adjetival, adverbial, o sustantiva. Suele distinguirse dos tipos de preposiciones: la preposición simple, es decir, aquélla que consta de una sola palabra (p. ej., *against, from, near, of, on, out,* o *without*), y la compuesta, que consta de más de un elemento (como *according to, by means of,* o *in spite of*).

1. Usos básicos

La preposición se emplea generalmente para unir un sustantivo, un pronombre, o el equivalente de un sustantivo al resto de la oración. Una frase preposicional suele emplearse como adverbio o adjetivo.

> She expected resistance *on* his part.
> He sat down *beside* her.

2. La conjunción vs. la preposición

Las palabras inglesas *after, before, but, for,* y *since* pueden funcionar como preposiciones así como conjunciones. El papel que desempeñan estas palabras suele determinarse según su posición dentro de la oración. Las conjunciones generalmente sirven para unir dos elementos de igual valor gramatical, mientras que las preposiciones suelen preceder a un sustantivo, un pronombre, o una frase sustantiva.

conjunción: I was a bit concerned *but* not panicky.
                     [*but* vincula dos adjetivos]
preposición: I was left with nothing *but* hope.
                     [*but* precede a un sustantivo]

conjunción:	The device conserves fuel, *for* it is battery-powered.
	[*for* vincula dos cláusulas]
preposición:	The device conserves fuel *for* residual heating.
	[*for* precede a una frase sustantiva]

3. Posición

Una preposición puede aparecer antes de un sustantivo o un pronombre (*below* the desk, *beside* them), después de un adjetivo (antagonistic *to*, insufficient *in*, symbolic *of*), o después de un elemento verbal con el cual combina para formar una frase con función verbal (take *for*, take *over*, come *across*).

A diferencia de la preposición española, la preposición inglesa puede aparecer al final de una oración, lo cual sucede frecuentemente en el uso común, especialmente si la preposición forma parte de una frase con función verbal.

> After Rourke left, Joyce took *over*.
> What does this all add up *to*?

El pronombre

Los pronombres pueden poseer las características siguientes: caso (nominativo, posesivo, u objetivo); número (singular o plural); persona (primera, segunda, o tercera), y género (masculino, femenino, o neutro). Los pronombres ingleses se clasifican en siete categorías principales, de las cuales cada una juega un papel específico.

1. Pronombres demostrativos

Las palabras *this, that, these* y *those* se consideran como pronombres cuando funcionan como sustantivos. (Se les clasifica como adjetivos demostrativos cuando modifican un sustantivo.) El pronombre demostrativo indica a una persona o cosa para distinguirla de otras.

These are the best designs we've seen
to date.

Those are strong words.

El pronombre demostrativo también se usa para distinguir a
una persona o cosa cercana de otra que se encuentre a mayor distancia (*this* is my desk; *that* is yours).

2. Pronombres indefinidos

El pronombre indefinido se emplea para designar a una persona o cosa cuya identidad se desconoce o no se puede establecer de inmediato. Estos pronombres se usan generalmente como
referencias en la tercera persona, y no se distinguen en cuanto a
género. A continuación se listan ejemplos de pronombres indefinidos.

all	either	none
another	everybody	no one
any	everyone	one
anybody	everything	other
anyone	few	several
anything	many	some
both	much	somebody
each	neither	someone
each one	nobody	something

Los pronombres indefinidos deben concordar en cuanto a
número con los verbos que les corresponden. Los siguientes
pronombres son singulares y deben usarse con un verbo conju-
gado en singular: *another, anything, each one, everything, much,
nobody, no one, one, other, someone, something.*

> *Much* is being done.
> *No* one *wants* to go.

Los pronombres indefinidos *both, few, many, several* entre otros
son plurales, y por lo tanto deben emplearse con verbos conju-
gados en plural:

> *Many were* called; *few were* chosen.

Algunos pronombres, tales como *all, any, none,* y *some,* pueden
presentar un problema ya que pueden usarse tanto con verbos
singulares como plurales. Como regla general, los pronombres
que se usan con sustantivos no numerables emplean verbos

singulares, mientras que aquéllos que se usan con sustantivos numerables suelen tomar un verbo plural.

con sustantivo no numerable:	*All* of the *property is* affected.
	None of the *soup was* spilled.
	Some of the *money was* spent.
con sustantivo numerable:	*All* of my *shoes are* black.
	None of the *clerks were* available.
	Some of your *friends were* there.

3. Pronombres interrogativos

Los pronombres interrogativos *what, which, who, whom,* y *whose,* así como las combinaciones de estos con el sufijo *-ever* (*whatever, whichever,* etc.) se usan para introducir una pregunta:

Who is she?	He asked me *who* she was.
Whoever can that be?	We wondered *whoever* that could be.

4. Pronombres personales

El pronombre personal refleja la persona, el número, y el género del ser u objeto que representa. La mayoría de los pronombres personales toman una forma distinta para cada uno de estos tres casos.

Persona	Nominativo	Posesivo	Objetivo
PRIMERA			
SINGULAR:	I	my, mine	me
PLURAL:	we	our, ours	us
SEGUNDA			
SINGULAR:	you	your, yours	you
PLURAL:	you	your, yours	you
TERCERA			
SINGULAR:	he	his, his	him
	she	her, hers	her
	it	its, its	it
PLURAL:	they	their, theirs	them

Nótese que los pronombres personales en el caso posesivo no llevan apóstrofe, y no deben confundirse con los homófonos *you're, they're, there's, it's.*

5. Pronombres recíprocos

Los pronombres recíprocos *each other* y *one another* se emplean para indicar una acción o relación mutua:

They do not quarrel with *one another.*	No se pelean (el uno con el otro).
Lou and Andy saw *each other* at the party.	Lou y Andy se vieron en la fiesta.

Un pronombre recíproco puede usarse también en el caso posesivo:

They always borrowed *one another's* money.	Siempre se prestaban dinero.
The two companies depend on *each other's* success.	Cada una de las dos compañías depende del éxito de la otra.

6. Pronombres reflexivos

Los pronombres reflexivos se forman al combinar los pronombres personales *him, her, it, my, our, them* y *your* con *-self* o *-selves.* El pronombre reflexivo se usa generalmente para expresar una acción reflexiva, o bien para recalcar el sujeto de una oración, cláusula, o frase.

> She dressed *herself.*
> He asked *himself* if it was worth it.
> I *myself* am not concerned.

7. Pronombres relativos

Los pronombres relativos son *that, what, which, who, whom,* y *whose,* así como las combinaciones de éstos con la terminación *-ever.* Estos pronombres se emplean para introducir oraciones subordinadas con función sustantiva o adjetival.

El pronombre relativo *who* se usa para referirse a personas y, en ciertas ocasiones, algunos animales. *Which* suele usarse para referirse a animales o cosas, y *that* puede usarse para personas, animales, o cosas.

> a man *who* sought success
>
> a woman *whom* we trust
>
> Kentucky Firebolt, *who* won yesterday's horse race
>
> a movie *which* was a big hit
>
> a dog *which* kept barking
>
> a boy *that* behaves well
>
> a movie *that* was a big hit
>
> a dog *that* kept barking

En ciertas ocasiones el pronombre relativo puede omitirse:

> The man [*whom*] I was talking to is the senator.

El verbo

El verbo inglés posee típicamente las siguientes características: inflexión (p. ej., *help, helps, helping, helped*), persona (primera, segunda, o tercera), número (singular o plural), tiempo (presente, pasado, futuro), aspecto (categorías temporales distintas a los tiempos simples de presente, pasado y futuro), voz (activa o pasiva), y modo (indicativo, subjuntivo e imperativo).

1. La inflexión

Los verbos regulares ingleses tienen cuatro inflexiones diferentes, las cuales se producen al añadir los sufijos *-s* o *-es*, *-ed*, e *-ing*. La mayoría de los verbos irregulares poseen cuatro o cinco inflexiones (p. ej., *see, sees, seeing, saw, seen*); y el verbo *be* tiene ocho (*be, is, am, are, being, was, were, been*).

Los verbos que terminan en una *-e* muda conservan por lo general la *-e* al añadírsele un sufijo que comienza con una consonante (como *-s*), pero esta *-e* desaparece si el sufijo comienza con una vocal (como sucede con *-ed* o *-ing*).

> arrange; arranges; arranged; arranging
>
> hope; hopes; hoped; hoping

Sin embargo, algunos de estos verbos conservan la -e final para no ser confundidos con otras palabras de ortografía igual, por ejemplo:

dye; dyes; dyed; dyeing   [vs. *dying,* del verbo *die*]

singe; singes; singed; singeing [vs. *singing,* del verbo *sing*]

Si un verbo consta de una sílaba y termina en una sola consonante a la cual precede una sola vocal, la consonante final se repite en algunas inflexiones:

> brag; bragged; bragging
> grip; gripped; gripping

Cuando un verbo posee esta misma terminación, pero consta de dos o más sílabas, y la última de éstas es acentuada, se repite también la consonante final:

> commit; committed; committing
> occur; occurred; occurring

Los verbos que terminan en -y, precedida de una consonante, suelen cambiar esta -y en -i en toda inflexión excepto cuando el sufijo correspondiente es -ing.

> carry; carried; carrying
> study; studied; studying

Cuando un verbo termina en -c, se le añade una -k en inflexiones cuyos sufijos comienzan con -e o -i.

> mimic; mimics; mimicked; mimicking
> traffic; traffics; trafficked; trafficking

2. El tiempo y el aspecto

Los verbos ingleses exhiben generalmente su presente simple o pasado simple en una sola palabra, por ejemplo:

I do, I did   we write, we wrote

El tiempo futuro suele expresarse al combinar el verbo auxiliar *shall* o *will* con la forma presente simple o presente progresiva del verbo:

> I *shall do* it.   Lo haré.
> We *will come* tomorrow.   Vendremos mañana.

Llámase aspecto de un verbo a aquellos tiempos que difieren del presente simple, pasado simple, o futuro simple. A continuación se presentan cuatro de estos tiempos o aspectos: el progresivo, el presente perfecto, el pasado perfecto, y el futuro perfecto.

El tiempo progresivo expresa una acción que está teniendo lugar en el presente o en el futuro.

He *is reading* the paper.   *Está leyendo* el periódico.

El presente perfecto se emplea para expresar una acción que ha comenzado en el pasado y que continúa en el presente, o también para expresar una acción que haya tenido lugar en un momento indefinido del pasado.

She *has written* a book.   *Ha escrito* un libro.

El pasado perfecto expresa una acción que fue llevada a cabo antes de otra acción o evento en el pasado.

She *had written* many books   *Había escrito* muchos libros
previously.   anteriormente.

El futuro perfecto indica una acción que será llevada a cabo antes de una acción o evento en el futuro.

We *will have finished* the   A esas alturas *habremos*
project by then.   *terminado* el proyecto.

3. La voz

La voz (activa o pasiva) indica si el sujeto de la oración es el que desempeña la acción del verbo o si es el objeto de esta acción:

Voz activa: He *respected* his colleagues.
                      Respetaba a sus colegas.

Voz pasiva: He *was respected* by his colleagues.
                      Era respetado por sus colegas.

4. El modo

En inglés existen tres modos: indicativo, imperativo, y subjuntivo.

El modo indicativo se emplea ya sea para indicar un hecho, o para hacer una pregunta:

He *is* here.	*Está* aquí.
Is he here?	¿*Está* aquí?

El modo imperativo se usa para expresar una orden o una petición:

Come here.	*Ven* aquí.
Please *come* here.	*Ven* aquí, por favor.

El modo subjuntivo expresa una condición contraria a los hechos. El modo subjuntivo en inglés ha caído en desuso, pero suele aparecer en cláusulas introducidas por *if*, y después del verbo *wish*.

I wish he *were* here.	Quisiera que *estuviera* él aquí.
If she *were* there, she could answer that.	Si *estuviera* ella allá, podría haberlo contestado.

5. Verbos transitivos e intransitivos

Como en español, el verbo inglés puede ser transitivo o intransitivo. El verbo transitivo es el que puede llevar un complemento directo:

She *sold* her car.	*Vendió* su coche.

El verbo intransitivo no lleva un complemento directo:

He *talked* all day.	*Habló* todo el día.

Verbos irregulares en inglés

INFINITIVO	PRETÉRITO	PARTICIPIO PASADO
arise	arose	arisen
awake	awoke	awoken *or* awaked
be	was, were	been
bear	bore	borne
beat	beat	beaten *or* beat
become	became	become
befall	befell	befallen
begin	began	begun
behold	beheld	beheld
bend	bent	bent
beseech	beseeched *or* besought	beseeched *or* besought
beset	beset	beset
bet	bet	bet
bid	bade *or* bid	bidden *or* bid
bind	bound	bound
bite	bit	bitten
bleed	bled	bled
blow	blew	blown
break	broke	broken
breed	bred	bred
bring	brought	brought
build	built	built
burn	burned *or* burnt	burned *or* burnt
burst	burst	burst
buy	bought	bought
can	could	—
cast	cast	cast
catch	caught	caught
choose	chose	chosen
cling	clung	clung
come	came	come
cost	cost	cost
creep	crept	crept
cut	cut	cut
deal	dealt	dealt
dig	dug	dug
do	did	done
draw	drew	drawn
dream	dreamed *or* dreamt	dreamed *or* dreamt
drink	drank	drunk *or* drank
drive	drove	driven

INFINITIVO	PRETÉRITO	PARTICIPIO PASADO
dwell	dwelled *or* dwelt	dwelled *or* dwelt
eat	ate	eaten
fall	fell	fallen
feed	fed	fed
feel	felt	felt
fight	fought	fought
find	found	found
flee	fled	fled
fling	flung	flung
fly	flew	flown
forbid	forbade	forbidden
forecast	forecast	forecast
forego	forewent	foregone
foresee	foresaw	foreseen
foretell	foretold	foretold
forget	forgot	forgotten *or* forgot
forgive	forgave	forgiven
forsake	forsook	forsaken
freeze	froze	frozen
get	got	got *or* gotten
give	gave	given
go	went	gone
grind	ground	ground
grow	grew	grown
hang	hung	hung
have	had	had
hear	heard	heard
hide	hid	hidden *or* hid
hit	hit	hit
hold	held	held
hurt	hurt	hurt
keep	kept	kept
kneel	knelt *or* kneeled	knelt *or* kneeled
know	knew	known
lay	laid	laid
lead	led	led
lean	leaned	leaned
leap	leaped *or* leapt	leaped *or* leapt
learn	learned	learned
leave	left	left
lend	lent	lent
let	let	let
lie	lay	lain
light	lit *or* lighted	lit *or* lighted

INFINITIVO	PRETÉRITO	PARTICIPIO PASADO
lose	lost	lost
make	made	made
may	might	—
mean	meant	meant
meet	met	met
mow	mowed	mowed or mown
pay	paid	paid
put	put	put
quit	quit	quit
read	read	read
rend	rent	rent
rid	rid	rid
ride	rode	ridden
ring	rang	rung
rise	rose	risen
run	ran	run
saw	sawed	sawed or sawn
say	said	said
see	saw	seen
seek	sought	sought
sell	sold	sold
send	sent	sent
set	set	set
shake	shook	shaken
shall	should	—
shear	sheared	sheared or shorn
shed	shed	shed
shine	shone or shined	shone or shined
shoot	shot	shot
show	showed	shown or showed
shrink	shrank or shrunk	shrunk or shrunken
shut	shut	shut
sing	sang or sung	sung
sink	sank or sunk	sunk
sit	sat	sat
slay	slew	slain
sleep	slept	slept
slide	slid	slid
sling	slung	slung
smell	smelled or smelt	smelled or smelt
sow	sowed	sown or sowed
speak	spoke	spoken
speed	sped or speeded	sped or speeded
spell	spelled	spelled
spend	spent	spent

INFINITIVO	PRETÉRITO	PARTICIPIO PASADO
spill	spilled	spilled
spin	spun	spun
spit	spit *or* spat	spit *or* spat
split	split	split
spoil	spoiled	spoiled
spread	spread	spread
spring	sprang *or* sprung	sprung
stand	stood	stood
steal	stole	stolen
stick	stuck	stuck
sting	stung	stung
stink	stank *or* stunk	stunk
stride	strode	stridden
strike	struck	struck
swear	swore	sworn
sweep	swept	swept
swell	swelled	swelled *or* swollen
swim	swam	swum
swing	swung	swung
take	took	taken
teach	taught	taught
tear	tore	torn
tell	told	told
think	thought	thought
throw	threw	thrown
thrust	thrust	thrust
tread	trod	trodden *or* trod
wake	woke	woken *or* waked
waylay	waylaid	waylaid
wear	wore	worn
weave	wove *or* weaved	woven *or* weaved
wed	wedded	wedded
weep	wept	wept
will	would	—
win	won	won
wind	wound	wound
withdraw	withdrew	withdrawn
withhold	withheld	withheld
withstand	withstood	withstood
wring	wrung	wrung
write	wrote	written

Conjugación de verbos españoles

Tiempos simples

Tiempo	Verbos regulares terminando en -AR hablar	
PRESENTE DE INDICATIVO	hablo	hablamos
	hablas	habláis
	habla	hablan
PRESENTE DE SUBJUNTIVO	hable	hablemos
	hables	habléis
	hable	hablen
PRETÉRITO PERFECTO DE INDICATIVO	hablé	hablamos
	hablaste	hablasteis
	habló	hablaron
PRETÉRITO IMPERFECTO DE INDICATIVO	hablaba	hablábamos
	hablabas	hablabais
	hablaba	hablaban
PRETÉRITO IMPERFECTO DE SUBJUNTIVO	hablara	habláramos
	hablaras	hablarais
	hablara	hablaran
	o	
	hablase	hablásemos
	hablases	hablaseis
	hablase	hablasen
FUTURO DE INDICATIVO	hablaré	hablaremos
	hablarás	hablaréis
	hablará	hablarán
FUTURO DE SUBJUNTIVO	hablare	habláremos
	hablares	hablareis
	hablare	hablaren
CONDICIONAL	hablaría	hablaríamos
	hablarías	hablaríais
	hablaría	hablarían
IMPERATIVO		hablemos
	habla	hablad
	hable	hablen
GERUNDIO O PARTICIPIO PRESENTE	hablando	
PARTICIPIO PASADO	hablado	

Verbos regulares terminando en -ER comer		Verbos regulares terminando en -IR vivir	
como	comemos	vivo	vivimos
comes	coméis	vives	vivís
come	comen	vive	viven
coma	comamos	viva	vivamos
comas	comáis	vivas	viváis
coma	coman	viva	vivan
comí	comimos	viví	vivimos
comiste	comisteis	viviste	vivisteis
comió	comieron	vivió	vivieron
comía	comíamos	vivía	vivíamos
comías	comíais	vivías	vivíais
comía	comían	vivía	vivían
comiera	comiésemos	viviera	viviéramos
comieras	comierais	vivieras	vivierais
comiera	comieran	viviera	vivieran
o		*o*	
comiese	comiéramos	viviese	viviésemos
comieses	comieseis	vivieses	vivieseis
comiese	comiesen	viviese	viviesen
comeré	comeremos	viviré	viviremos
comerás	comeréis	vivirás	viviréis
comerá	comerán	vivirá	vivirán
comiere	comiéremos	viviere	viviéremos
comieres	comiereis	vivieres	viviereis
comiere	comieren	viviere	vivieren
comería	comeríamos	viviría	viviríamos
comerías	comeríais	vivirías	viviríais
comería	comerían	viviría	vivirían
	comamos		vivamos
come	comed	vive	vivid
coma	coman	viva	vivan
comiendo		viviendo	
comido		vivido	

Tiempos compuestos

1. Tiempos perfectos

Los tiempos perfectos se forman con *haber* y el participio pasado:

PRETÉRITO PERFECTO

> he hablado, etc. (*indicativo*);
> haya hablado, etc. (*subjuntivo*)

PRETÉRITO PLUSCUAMPERFECTO

> había hablado, etc. (*indicativo*);
> hubiera hablado, etc. (*subjuntivo*)
> *o*
> hubiese hablado, etc. (*subjuntivo*)

PRETÉRITO ANTERIOR

> hube hablado, etc. (*indicativo*)

FUTURO PERFECTO

> habré hablado, etc. (*indicativo*)

CONDICIONAL PERFECTO

> habría hablado, etc. (*indicativo*)

2. Tiempos progresivos

Los tiempos progresivos se forman con *estar* y el gerundio o participio presente:

PRESENTE PROGRESIVO

> estoy llamando, etc. (*indicativo*);
> esté llamando, etc. (*subjuntivo*)

IMPERFECTO PROGRESIVO

> estaba llamando, etc. (*indicativo*);
> estuviera llamando, etc. (*subjuntivo*)
> *o*
> estuviese llamando, etc. (*subjuntivo*)

PRETÉRITO PROGRESIVO

> estuve llamando, etc. (*indicativo*)

FUTURO PROGRESIVO

>   estaré llamando, etc. (*indicativo*)

CONDICIONAL PROGRESIVO

>   estaría llamando, etc. (*indicativo*)

PRESENTE PERFECTO PROGRESIVO

>   he estado llamando, etc. (*indicativo*);
>   haya estado llamando, etc. (*subjuntivo*)

PRETÉRITO PERFECTO PROGRESIVO

>   había estado llamando, etc. (*indicativo*);
>   hubiera estado llamando, etc. (*subjuntivo*)
>   *o*
>   hubiese estado llamando, etc. (*subjuntivo*)

Verbos irregulares

El *pretérito imperfecto de subjuntivo,* el *futuro de subjuntivo,* el *condicional,* y las formas correspondientes a la tercera persona singular, y a la primera, segunda, y tercera personas plurales del *imperativo* no aparecen en la lista de modelos de conjugación, pero pueden formarse de la siguiente manera:

El *pretérito imperfecto de subjuntivo* y el *futuro de subjuntivo* se forman a partir de la forma correspondiente a la tercera persona plural del tiempo pretérito, a la cual se le reemplaza la última sílaba (*-ron*) con el sufijo apropiado:

PRETÉRITO DE INDICATIVO, TERCERA PERSONA PLURAL (querer)	quisieron
PRETÉRITO IMPERFECTO DE SUBJUNTIVO (querer)	quisiera, quisieras, etc. *o* quisiese, quisieses, etc.
FUTURO DE SUBJUNTIVO (querer)	quisiere, quisieres, etc.

El conditional emplea la misma raíz que el futuro de indicativo:

FUTURO DE INDICATIVO (poner)	pondré, pondrás, etc.
CONDICIONAL (poner)	pondría, pondrías, etc.

Las formas que corresponden a la tercera persona singular, la primera persona plural, y la tercera persona plural del *imperativo* son iguales a aquéllas del presente de subjuntivo.

La forma correspondiente a la segunda persona plural *(vosotros)* del *imperativo* se obtiene omitiendo la *-r* final de la forma infinitiva y añadiendo una *-d* (ej.: *oír → oíd*).

Modelos de conjugación de verbos irregulares

Los modelos de conjugación que aparecen abajo incluyen los siguientes tiempos simples: el *presente de indicativo* (IND), el *presente de subjuntivo* (SUBJ), el *pretérito perfecto de indicativo* (PRET), el *pretérito imperfecto de indicativo* (IMPF), el *futuro de indicativo* (FUT), la forma de la segunda persona singular del *imperativo* (IMPER), el *gerundio* o *participio presente* (PRP), y el *participio pasado* (PP). Cada juego de conjugaciones está encabezado por la forma infinitiva del verbo correspondiente, compuesta en negrita. Solamente aparecen aquellos tiempos que contienen irregularidades, y las formas irregulares dentro de cada tiempo se indican asimismo con negrita.

Toda entrada correspondiente a un verbo irregular en la sección español-inglés de este diccionario viene acompañada de un número que remite al lector a uno de los siguientes modelos de conjugación. Estos números de remisión aparecen entre dos corchetes { } y preceden inmediatamente al calificativo funcional de la entrada.

1 **abolir** *(verbo defectivo)* : IND abolimos, abolís *(las otras formas no se usan);* SUBJ *(no se usa);* IMPER *(se usa únicamente en la segunda persona plural)*

2 **abrir** : PP abierto

3 **actuar** : IND **actúo, actúas, actúa,** actuamos, actuáis, **actúan;** SUBJ **actúe, actúes, actúe,** actuemos, actuéis, **actúen;** IMPER **actúa**

4 **adquirir** : IND **adquiero, adquieres, adquiere,** adquirimos, adquirís, **adquieren;** SUBJ **adquiera, adquieras, adquiera,** adquiramos, adquiráis, **adquieran;** IMPER **adquiere**

5 **airar** : IND **aíro, aíras, aíra,** airamos, airáis, **aíran;** SUBJ **aíre, aíres, aíre,** airemos, airéis, **aíren;** IMPER **aíra**

6 andar : *PRET* **anduve, anduviste, anduvo, anduvimos, anduvisteis, anduvieron**

7 asir : *IND* **asgo**, ases, ase, asimos, asís, asen; *SUBJ* **asga, asgas, asga, asgamos, asgáis, asgan**

8 aunar : *IND* **aúno, aúnas, aúna**, aunamos, aunáis, **aúnan**; *SUBJ* **aúne, aúnes, aúne**, aunemos, aunéis, **aúnen**; *IMPER* **aúna**

9 avergonzar : *IND* **avergüenzo, avergüenzas, avergüenza**, avergonzamos, avergonzáis, **avergüenzan**; *SUBJ* **avergüence, avergüences, avergüence, avergoncemos, avergoncéis, avergüencen**; *PRET* **avergoncé**; *IMPER* **avergüenza**

10 averiguar : *SUBJ* **averigüe, averigües, averigüe, averigüemos, averigüéis, averigüen**; *PRET* **averigüé**, averiguaste, averiguó, averiguamos, averiguasteis, averiguaron

11 bendecir : *IND* **bendigo, bendices, bendice**, bendecimos, bendecís, **bendicen**; *SUBJ* **bendiga, bendigas, bendiga, bendigamos, bendigáis, bendigan**; *PRET* **bendije, bendijiste, bendijo, bendijimos, bendijisteis, bendijeron**; *IMPER* **bendice**

12 caber : *IND* **quepo**, cabes, cabe, cabemos, cabéis, caben; *SUBJ* **quepa, quepas, quepa, quepamos, quepáis, quepan**; *PRET* **cupe, cupiste, cupo, cupimos, cupisteis, cupieron**; *FUT* **cabré, cabrás, cabrá, cabremos, cabréis, cabrán**

13 caer : *IND* **caigo**, caes, cae, caemos, caéis, caen; *SUBJ* **caiga, caigas, caiga, caigamos, caigáis, caigan**; *PRET* **caí, caíste, cayó, caímos, caísteis, cayeron**; *PRP* **cayendo**; *PP* **caído**

14 cocer : *IND* **cuezo, cueces, cuece**, cocemos, cocéis, **cuecen**; *SUBJ* **cueza, cuezas, cueza, cozamos, cozáis, cuezan**; *IMPER* **cuece**

15 coger : *IND* **cojo**, coges, coge, cogemos, cogéis, cogen; *SUBJ* **coja, cojas, coja, cojamos, cojáis, cojan**

16 colgar : *IND* **cuelgo, cuelgas, cuelga**, colgamos, colgáis, **cuelgan**; *SUBJ* **cuelgue, cuelgues, cuelgue, colguemos, colguéis, cuelguen**; *PRET* **colgué**, colgaste, colgó, colgamos, colgasteis, colgaron; *IMPER* **cuelga**

17 concernir *(verbo defectivo; se usa únicamente en la tercera persona singular y plural del presente de indicativo, presente de subjuntivo, y pretérito imperfecto de subjuntivo) véase* 25 **discernir**

18 conocer : *IND* **conozco**, conoces, conoce, conocemos, conocéis, conocen; *SUBJ* **conozca, conozcas, conozca, conozcamos, conozcáis, conozcan**

19 **contar** : *IND* **cuento, cuentas, cuenta**, contamos, contáis, **cuentan;** *SUBJ* **cuente, cuentes, cuente**, contemos, contéis, **cuenten;** *IMPER* **cuenta**

20 **creer** : *PRET* creí, creíste, creyó, creímos, creísteis, creyeron; *PRP* **creyendo;** *PP* **creído**

21 **cruzar** : *SUBJ* **cruce, cruces, cruce, crucemos, crucéis, crucen;** *PRET* **crucé,** cruzaste, cruzó, cruzamos, cruzasteis, cruzaron

22 **dar** : *IND* **doy,** das, da, damos, **dais,** dan; *SUBJ* **dé,** des, **dé,** demos, **deis,** den; *PRET* **di, diste, dio, dimos, disteis, dieron**

23 **decir** : *IND* **digo, dices, dice,** decimos, decís, **dicen;** *SUBJ* **diga, digas, diga, digamos, digáis, digan;** *PRET* **dije, dijiste, dijo, dijimos, dijisteis, dijeron;** *FUT* **diré, dirás, dirá, diremos, diréis, dirán;** *IMPER* **di;** *PRP* **diciendo;** *PP* **dicho**

24 **delinquir** : *IND* **delinco,** delinques, delinque, delinquimos, delinquís, delinquen; *SUBJ* **delinca, delincas, delinca, delincamos, delincáis, delincan**

25 **discernir** : *IND* **discierno, disciernes, discierne,** discernimos, discernís, **disciernen;** *SUBJ* **discierna, disciernas, discierna,** discernamos, discernáis, **disciernan;** *IMPER* **discierne**

26 **distinguir** : *IND* **distingo,** distingues, distingue, distinguimos, distinguís, distinguen; *SUBJ* **distinga, distingas, distinga, distingamos, distingáis, distingan**

27 **dormir** : *IND* **duermo, duermes, duerme,** dormimos, dormís, **duermen;** *SUBJ* **duerma, duermas, duerma, durmamos, durmáis, duerman;** *PRET* dormí, dormiste, **durmió,** dormimos, dormisteis, **durmieron;** *IMPER* **duerme;** *PRP* **durmiendo**

28 **elegir** : *IND* **elijo, eliges, elige,** elegimos, elegís, **eligen;** *SUBJ* **elija, elijas, elija, elijamos, elijáis, elijan;** *PRET* elegí, elegiste, eligió, elegimos, elegisteis, **eligieron;** *IMPER* **elige;** *PRP* **eligiendo**

29 **empezar** : *IND* **empiezo, empiezas, empieza,** empezamos, empezáis, **empiezan;** *SUBJ* **empiece, empieces, empiece, empecemos, empecéis, empiecen;** *PRET* **empecé,** empezaste, empezó, empezamos, empezasteis, empezaron; *IMPER* **empieza**

30 **enraizar** : *IND* **enraízo, enraízas, enraíza,** enraizamos, enraizáis, **enraízan;** *SUBJ* **enraíce, enraíces, enraíce, enraicemos, enraicéis, enraícen;** *PRET* **enraicé,** enraizaste, enraizó, enraizamos, enraizasteis, enraizaron; *IMPER* **enraíza**

31 **erguir** : *IND* **irgo** o **yergo, irgues** o **yergues, irgue** o **yergue,** erguimos, erguís, **irguen** o **yerguen;** *SUBJ* **irga** o **yerga, irgas** o

yergas, irga *o* **yerga, irgamos, irgáis, irgan** *o* **yergan;** *PRET* erguí, erguiste, **irguió,** erguimos, erguisteis, **irguieron;** *IMPER* **irgue** *o* **yergue;** *PRP* **irguiendo**

32 errar : *IND* **yerro, yerras, yerra,** erramos, erráis, **yerran;** *SUBJ* **yerre, yerres, yerre,** erremos, erréis, **yerren;** *IMPER* **yerra**

33 escribir : *PP* **escrito**

34 estar : *IND* **estoy, estás, está,** estamos, estáis, **están;** *SUBJ* **esté, estés, esté,** estemos, estéis, **estén;** *PRET* **estuve, estuviste, estuvo, estuvimos, estuvisteis, estuvieron;** *IMPER* **está**

35 exigir : *IND* **exijo,** exiges, exige, exigimos, exigís, exigen; *SUBJ* **exija, exijas, exija, exijamos, exijáis, exijan**

36 forzar : *IND* **fuerzo, fuerzas, fuerza,** forzamos, forzáis, **fuerzan;** *SUBJ* **fuerce, fuerces, fuerce, forcemos, forcéis, fuercen;** *PRET* **forcé,** forzaste, forzó, forzamos, forzasteis, forzaron; *IMPER* **fuerza**

37 freír : *IND* **frío, fríes, fríe,** freímos, freís, **fríen;** *SUBJ* **fría, frías, fría,** friamos, friáis, **frían;** *PRET* freí, freíste, frió, freímos, freísteis, frieron; *IMPER* **fríe;** *PRP* **friendo;** *PP* **frito**

38 gruñir : *PRET* gruñí, gruñiste, **gruñó,** gruñimos, gruñisteis, **gruñeron;** *PRP* **gruñendo**

39 haber : *IND* **he, has, ha, hemos,** habéis, **han;** *SUBJ* **haya, hayas, haya, hayamos, hayáis, hayan;** *PRET* **hube, hubiste, hubo, hubimos, hubisteis, hubieron;** *FUT* **habré, habrás, habrá, habremos, habréis, habrán;** *IMPER* **he**

40 hacer : *IND* **hago,** haces, hace, hacemos, hacéis, hacen; *SUBJ* **haga, hagas, haga, hagamos, hagáis, hagan;** *PRET* **hice, hiciste, hizo, hicimos, hicisteis, hicieron;** *FUT* **haré, harás, hará, haremos, haréis, harán;** *IMPER* **haz;** *PP* **hecho**

41 huir : *IND* **huyo, huyes, huye,** huimos, huís, **huyen;** *SUBJ* **huya, huyas, huya, huyamos, huyáis, huyan;** *PRET* huí, huiste, **huyó,** huimos, huisteis, **huyeron;** *IMPER* **huye;** *PRP* **huyendo**

42 imprimir : *PP* **impreso**

43 ir : *IND* **voy, vas, va, vamos, vais, van;** *SUBJ* **vaya, vayas, vaya, vayamos, vayáis, vayan;** *PRET* **fui, fuiste, fue, fuimos, fuisteis, fueron;** *IMPF* **iba, ibas, iba, íbamos, ibais, iban;** *IMPER* **ve;** *PRP* **yendo;** *PP* **ido**

44 jugar : *IND* **juego, juegas, juega,** jugamos, jugáis, **juegan;** *SUBJ* **juegue, juegues, juegue, juguemos, juguéis, jueguen;** *PRET* **jugué,** jugaste, jugó, jugamos, jugasteis, jugaron; *IMPER* **juega**

45 **lucir** : *IND* **luzco,** luces, luce, lucimos, lucís, lucen; *SUBJ* **luzca, luzcas, luzca, luzcamos, luzcáis, luzcan**

46 **morir** : *IND* **muero, mueres, muere,** morimos, morís, **mueren;** *SUBJ* **muera, mueras, muera, muramos, muráis, mueran;** *PRET* morí, moriste, **murió,** morimos, moristeis, **murieron;** *IMPER* **muere;** *PRP* **muriendo;** *PP* **muerto**

47 **mover** : *IND* **muevo, mueves, mueve,** movemos, movéis, **mueven;** *SUBJ* **mueva, muevas, mueva,** movamos, mováis, **muevan;** *IMPER* **mueve**

48 **nacer** : *IND* **nazco,** naces, nace, nacemos, nacéis, nacen; *SUBJ* **nazca, nazcas, nazca, nazcamos, nazcáis, nazcan**

49 **negar** : *IND* **niego, niegas, niega,** negamos, negáis, **niegan;** *SUB.* **niegue, niegues, niegue,** neguemos, **neguéis, nieguen;** *PRET* **negué,** negaste, negó, negamos, negasteis, negaron; *IMPER* **niega**

50 **oír** : *IND* **oigo, oyes, oye,** oímos, oís, **oyen;** *SUBJ* **oiga, oigas, oiga, oigamos, oigáis, oigan;** *PRET* **oí,** oíste, **oyó,** oímos, oísteis, **oyeron;** *IMPER* **oye;** *PRP* **oyendo;** *PP* **oído**

51 **oler** : *IND* **huelo, hueles, huele,** olemos, oléis, **huelen;** *SUBJ* **huela, huelas, huela,** olamos, oláis, **huelan;** *IMPER* **huele**

52 **pagar** : *SUBJ* **pague, pagues, pague, paguemos, paguéis, paguen;** *PRET* **pagué,** pagaste, pagó, pagamos, pagasteis, pagaron

53 **parecer** : *IND* **parezco,** pareces, parece, parecemos, parecéis, parecen; *SUBJ* **parezca, parezcas, parezca, parezcamos, parezcáis, parezcan**

54 **pedir** : *IND* **pido, pides, pide,** pedimos, pedís, **piden;** *SUBJ* **pida, pidas, pida, pidamos, pidáis, pidan;** *PRET* pedí, pediste, **pidió,** pedimos, pedisteis, **pidieron;** *IMPER* **pide;** *PRP* **pidiendo**

55 **pensar** : *IND* **pienso, piensas, piensa,** pensamos, pensáis, **piensan;** *SUBJ* **piense, pienses, piense,** pensemos, penséis, **piensen;** *IMPER* **piensa**

56 **perder** : *IND* **pierdo, pierdes, pierde,** perdemos, perdéis, **pierden;** *SUBJ* **pierda, pierdas, pierda,** perdamos, perdáis, **pierdan;** *IMPER* **pierde**

57 **placer** : *IND* **plazco,** places, place, placemos, placéis, placen; *SUBJ* **plazca, plazcas, plazca, plazcamos, plazcáis, plazcan;** *PRET* plací, placiste, plació *o* **plugo,** placimos, placisteis, placieron *o* **pluguieron**

58 **poder** : *IND* **puedo, puedes, puede,** podemos, podéis, **pueden;** *SUBJ* **pueda, puedas, pueda,** podamos, podáis, **puedan;** *PRET* **pude, pudiste, pudo, pudimos, pudisteis, pudieron;** *FUT* **podré, podrás, podrá, podremos, podréis, podrán;** *IMPER* **puede;** *PRP* **pudiendo**

59 **podrir** *o* **pudrir** : *PP* **podrido** (*las demás formas están basadas en* pudrir)

60 **poner** : *IND* **pongo,** pones, pone, ponemos, ponéis, ponen; *SUBJ* **ponga, pongas, ponga, pongamos, pongáis, pongan;** *PRET* **puse, pusiste, puso, pusimos, pusisteis, pusieron;** *FUT* **pondré, pondrás, pondrá, pondremos, pondréis, pondrán;** *IMPER* **pon;** *PP* **puesto**

61 **producir** : *IND* **produzco,** produces, produce, producimos, producís, producen; *SUBJ* **produzca, produzcas, produzca, produzcamos, produzcáis, produzcan;** *PRET* **produje, produjiste, produjo, produjimos, produjisteis, produjeron**

62 **prohibir** : *IND* **prohíbo, prohíbes, prohíbe,** prohibimos, prohibís, **prohíben;** *SUBJ* **prohíba, prohíbas, prohíba,** prohibamos, prohibáis, **prohíban;** *IMPER* **prohíbe**

63 **proveer** : *PRET* **proveí, proveíste, proveyó, proveímos, proveísteis, proveyeron;** *PRP* **proveyendo;** *PP* **provisto**

64 **querer** : *IND* **quiero, quieres, quiere,** queremos, queréis, **quieren;** *SUBJ* **quiera, quieras, quiera,** queramos, queráis, **quieran;** *PRET* **quise, quisiste, quiso, quisimos, quisisteis, quisieron;** *FUT* **querré, querrás, querrá, querremos, querréis, querrán;** *IMPER* **quiere**

65 **raer** : *IND* rao *o* **raigo** *o* **rayo,** raes, rae, raemos, raéis, raen; *SUBJ* **raiga** *o* **raya, raigas** *o* **rayas, raiga** *o* **raya, raigamos** *o* **rayamos, raigáis** *o* **rayáis, raigan** *o* **rayan;** *PRET* **raí, raíste, rayó, raímos, raísteis, rayeron;** *PRP* **rayendo;** *PP* **raído**

66 **reír** : *IND* **río, ríes, ríe, reímos,** reís, **ríen;** *SUBJ* **ría, rías, ría, riamos, riáis, rían;** *PRET* **reí, reíste, rió, reímos, reísteis, rieron;** *IMPER* **ríe;** *PRP* **riendo;** *PP* **reído**

67 **reñir** : *IND* **riño, riñes, riñe,** reñimos, reñís, **riñen;** *SUBJ* **riña, riñas, riña, riñamos, riñáis, riñan;** *PRET* **reñí,** reñiste, **riñó,** reñimos, reñisteis, **riñeron;** *PRP* **riñendo**

68 **reunir** : *IND* **reúno, reúnes, reúne,** reunimos, reunís, **reúnen;** *SUBJ* **reúna, reúnas, reúna,** reunamos, reunáis, **reúnan;** *IMPER* **reúne**

69 **roer** : _IND_ **roo** o **roigo** o **royo**, roes, roe, roemos, roéis, roen; _SUBJ_ **roa** o **roiga** o **roya**, roas o **roigas** o **royas**, roa o **roiga** o **roya**, roamos o **roigamos** o **royamos**, roáis o **roigáis** o **royáis**, roan o **roigan** o **royan**; _PRET_ roí, **roíste**, **royó**, **roímos**, **roísteis**, **royeron**; _PRP_ **royendo**; _PP_ **roído**

70 **romper** : _PP_ **roto**

71 **saber** : _IND_ **sé**, sabes, sabe, sabemos, sabéis, saben; _SUBJ_ **sepa**, **sepas**, **sepa**, **sepamos**, **sepáis**, **sepan**; _PRET_ **supe**, **supiste**, **supo**, **supimos**, **supisteis**, **supieron**; _FUT_ **sabré**, **sabrás**, **sabrá**, **sabremos**, **sabréis**, **sabrán**

72 **sacar** : _SUBJ_ **saque**, **saques**, **saque**, **saquemos**, **saquéis**, **saquen**; _PRET_ **saqué**, sacaste, sacó, sacamos, sacasteis, sacaron

73 **salir** : _IND_ **salgo**, sales, sale, salimos, salís, salen; _SUBJ_ **salga**, **salgas**, **salga**, **salgamos**, **salgáis**, **salgan**; _FUT_ **saldré**, **saldrás**, **saldrá**, **saldremos**, **saldréis**, **saldrán**; _IMPER_ **sal**

74 **satisfacer** : _IND_ **satisfago**, satisfaces, satisface, satisfacemos, satisfacéis, satisfacen; _SUBJ_ **satisfaga**, **satisfagas**, **satisfaga**, **satisfagamos**, **satisfagáis**, **satisfagan**; _PRET_ **satisfice**, **satisficiste**, **satisfizo**, **satisficimos**, **satificisteis**, **satisficieron**; _FUT_ **satisfaré**, **satisfarás**, **satisfará**, **satisfaremos**, **satisfaréis**, **satisfarán**; _IMPER_ **satisfaz** o **satisface**; _PP_ **satisfecho**

75 **seguir** : _IND_ **sigo**, **sigues**, **sigue**, seguimos, seguís, **siguen**; _SUBJ_ **siga**, **sigas**, **siga**, **sigamos**, **sigáis**, **sigan**; _PRET_ seguí, seguiste, **siguió**, seguimos, seguisteis, **siguieron**; _IMPER_ **sigue**; _PRP_ **siguiendo**

76 **sentir** : _IND_ **siento**, **sientes**, **siente**, sentimos, sentís, **sienten**; _SUBJ_ **sienta**, **sientas**, **sienta**, **sintamos**, **sintáis**, **sientan**; _PRET_ sentí, sentiste, **sintió**, sentimos, sentisteis, **sintieron**; _IMPER_ **siente**; _PRP_ **sintiendo**

77 **ser** : _IND_ **soy**, **eres**, **es**, **somos**, **sois**, **son**; _SUBJ_ **sea**, **seas**, **sea**, **seamos**, **seáis**, **sean**; _PRET_ **fui**, **fuiste**, **fue**, **fuimos**, **fuisteis**, **fueron**; _IMPF_ **era**, **eras**, **era**, **éramos**, **erais**, **eran**; _IMPER_ **sé**; _PRP_ **siendo**; _PP_ **sido**

78 **soler** (_verbo defectivo; se usa únicamente en el presente, el pretérito, y el pretérito imperfecto de indicativo, así como en el presente y el pretérito imperfecto de subjuntivo_) véase 47 **mover**

79 **tañer** : _PRET_ tañí, tañiste, **tañó**, tañimos, tañisteis, **tañeron**; _PRP_ **tañendo**

80 **tener** : *IND* **tengo, tienes, tiene,** tenemos, tenéis, **tienen;** *SUBJ* **tenga, tengas, tenga, tengamos, tengáis, tengan;** *PRET* **tuve, tuviste, tuvo, tuvimos, tuvisteis, tuvieron;** *FUT* **tendré, tendrás, tendrá, tendremos, tendréis, tendrán;** *IMPER* **ten**

81 **traer** : *IND* **traigo,** traes, trae, traemos, traéis, traen; *SUBJ* **traiga, traigas, traiga, traigamos, traigáis, traigan;** *PRET* **traje, trajiste, trajo, trajimos, trajisteis, trajeron;** *PRP* **trayendo;** *PP* **traído**

82 **trocar** : *IND* **trueco, truecas, trueca,** trocamos, trocáis, **truecan;** *SUBJ* **trueque, trueques, trueque, troquemos, troquéis, truequen;** *PRET* **troqué,** trocaste, trocó, trocamos, trocasteis, trocaron; *IMPER* **trueca**

83 **uncir** : *IND* **unzo,** unces, unce, uncimos, uncís, uncen; *SUBJ* **unza, unzas, unza, unzamos, unzáis, unzan**

84 **valer** : *IND* **valgo,** vales, vale, valemos, valéis, valen; *SUBJ* **valga, valgas, valga, valgamos, valgáis, valgan;** *FUT* **valdré, valdrás, valdrá, valdremos, valdréis, valdrán**

85 **variar** : *IND* **varío, varías, varía,** variamos, variáis, **varían;** *SUBJ* **varíe, varíes, varíe,** variemos, variéis, **varíen;** *IMPER* **varía**

86 **vencer** : *IND* **venzo,** vences, vence, vencemos, vencéis, vencen; *SUBJ* **venza, venzas, venza, venzamos, venzáis, venzan**

87 **venir** : *IND* **vengo, vienes, viene,** venimos, venís, **vienen;** *SUBJ* **venga, vengas, venga, vengamos, vengáis, vengan;** *PRET* **vine, viniste, vino, vinimos, vinisteis, vinieron;** *FUT* **vendré, vendrás, vendrá, vendremos, vendréis, vendrán;** *IMPER* **ven;** *PRP* **viniendo**

88 **ver** : *IND* **veo,** ves, ve, vemos, veis, ven; *PRET* **vi,** viste, vio, vimos, visteis, vieron; *IMPER* **ve;** *PRP* **viendo;** *PP* **visto**

89 **volver** : *IND* **vuelvo, vuelves, vuelve,** volvemos, volvéis, **vuelven;** *SUBJ* **vuelva, vuelvas, vuelva,** volvamos, volváis, **vuelvan;** *IMPER* **vuelve;** *PP* **vuelto**

90 **yacer** : *IND* **yazco** *o* **yazgo** *o* **yago,** yaces, yace, yacemos, yacéis, yacen; *SUBJ* **yazca** *o* **yazga** *o* **yaga, yazcas** *o* **yazgas** *o* **yagas, yazca** *o* **yazga** *o* **yaga, yazcamos** *o* **yazgamos** *o* **yagamos, yazcáis** *o* **yazgáis** *o* **yagáis, yazcan** *o* **yazgan** *o* **yagan;** *IMPER* **yace** *o* **yaz**

Abreviaturas empleadas en este libro

Las abreviaturas empleadas en este diccionario son formas acortadas de las palabras inglesas que aparecen entre paréntesis.

adj	adjetivo (adjective)		*m*	masculino (masculine)
adv	adverbio (adverb)		*Mex*	México (Mexico)
Arg	Argentina (Argentina)		*mf*	masculino o femenino (masculine or feminine)
Bol	Bolivia (Bolivia)		*mpl*	masculino plural (masculine plural)
CA	Centroamérica (Central America)			
Car	Región del Caribe (Caribbean region)		*n*	sustantivo (noun)
			nf	sustantivo femenino (feminine noun)
Col	Colombia (Colombia)		*nfpl*	sustantivo plural femenino (feminine plural noun)
conj	conjunción (conjunction)			
CoRi	Costa Rica (Costa Rica)		*nfs & pl*	sustantivo plural femenino, invariable en cuanto a número (invariable singular or plural feminine noun)
DomRep	República Dominicana (Dominican Republic)			
Ecua	Ecuador (Ecuador)			
f	femenino (feminine)		*Nic*	Nicaragua (Nicaragua)
fam	familiar o coloquial (familiar or colloquial)		*nm*	sustantivo masculino (masculine noun)
fpl	femenino plural (feminine plural)		*nmf*	sustantivo masculino o femenino (masculine or feminine noun)
Guat	Guatemala (Guatemala)			
Hond	Honduras (Honduras)		*nmfpl*	sustantivo plural, invariable en cuanto a género (plural noun invariable for gender)
interj	interjección (interjection)			

nmfs & pl	sustantivo invariable en cuanto a género y número (noun invariable for both gender and number)
nmpl	sustantivo plural masculino (masculine plural noun)
nms & pl	sustantivo masculino, invariable en cuanto a número (invariable singular or plural masculine noun)
npl	sustantivo plural (plural noun)
ns & pl	sustantivo invariable en cuanto a número (noun invariable for plural)
Pan	Panamá (Panama)
Par	Paraguay (Paraguay)
pl	plural (plural)
prep	preposición (preposition)
PRi	Puerto Rico (Puerto Rico)
pron	pronombre (pronoun)
Sal	El Salvador (El Salvador)
Uru	Uruguay (Uruguay)
usu	generalmente (usually)
v	verbo (verb)
v aux	verbo auxiliar (auxiliary verb)
Ven	Venezuela (Venezuela)
vi	verbo intransitivo (intransitive verb)
v impers	verbo impersonal (impersonal verb)
vr	verbo pronominal (reflexive verb)
vt	verbo transitivo (transitive verb)

Símbolos de pronunciación

Diccionario
Español-Inglés

A

a¹ *nf* : first letter of the Spanish alphabet

a² *prep* **1** : to ⟨nos vamos a México : we're going to Mexico⟩ **2** (*used before direct or indirect objects referring to persons*) ⟨¿llamaste a tu papá? : did you call your dad?⟩ ⟨como a usted le guste : as you wish⟩ **3** : in the manner of ⟨papas a la francesa : french fries⟩ **4** : on, by means of ⟨a pie : on foot⟩ **5** : per, each ⟨tres pastillas al día : three pills per day⟩ **6** : at ⟨a las dos : at two o'clock⟩ ⟨al principio : at first⟩ **7** (*with infinitive*) ⟨enséñales a leer : teach them to read⟩ ⟨problemas a resolver : problems to be solved⟩

ábaco *nm* : abacus

abad *nm* : abbot

abadesa *nf* : abbess

abadía *nf* : abbey

abajo *adv* **1** : down ⟨póngalo más abajo : put it further down⟩ ⟨arriba y abajo : up and down⟩ **2** : downstairs **3** : under, beneath ⟨el abajo firmante : the undersigned⟩ **4** : down with ⟨¡abajo la inflación! : down with inflation!⟩ **5** ~ **de** : under, beneath **6 de** ~ : bottom ⟨el cajón de abajo : the bottom drawer⟩ **7 hacia** ~ *or* **para** ~ : downwards **8 cuesta abajo** : downhill **9 río abajo** : downstream

abalanzarse {21} *vr* : to hurl oneself, to rush

abanderado, -da *n* : standard-bearer

abandonado, -da *adj* **1** : abandoned, deserted **2** : neglected **3** : slovenly, unkempt

abandonar *vt* **1** DEJAR : to abandon, to leave **2** : to give up, to quit ⟨abandonaron la búsqueda : they gave up the search⟩ — **abandonarse** *vr* **1** : to neglect oneself **2** ~ **a** : to succumb to, to give oneself over to

abandono *nm* **1** : abandonment **2** : neglect **3** : withdrawal ⟨ganar por abandono : to win by default⟩

abanicar {72} *vt* : to fan — **abanicarse** *vr*

abanico *nm* **1** : fan **2** GAMA : range, gamut

abaratamiento *nm* : price reduction

abaratar *vt* : to lower the price of — **abaratarse** *vr* : to go down in price

abarcar {72} *vt* **1** : to cover, to include, to embrace **2** : to undertake **3** : to monopolize

abaritonado, -da *adj* : baritone

abarrotado, -da *adj* : packed, crammed

abarrotar *vt* : to fill up, to pack

abarrotería *nf CA, Mex* : grocery store

abarrotero, -ra *n Col, Mex* : grocer

abarrotes *nmpl* **1** : groceries, supplies **2 tienda de abarrotes** : general store, grocery store

abastecedor, -dora *n* : supplier

abastecer {53} *vt* : to supply, to stock — **abastecerse** *vr* : to stock up

abastecimiento → **abasto**

abasto *nm* : supply, supplying ⟨no da abasto : there isn't enough for all⟩

abatido, -da *adj* : dejected, depressed

abatimiento *nm* **1** : drop, reduction **2** : dejection, depression

abatir *vt* **1** DERRIBAR : to demolish, to knock down **2** : to shoot down **3** DEPRIMIR : to depress, to bring low — **abatirse** *vr* **1** DEPRIMIRSE : to get depressed **2** ~ **sobre** : to swoop down on

abdicación *nf, pl* **-ciones** : abdication

abdicar {72} *vt* : to relinquish, to abdicate

abdomen *nm, pl* **-dómenes** : abdomen

abdominal *adj* : abdominal

abecé *nm* : ABC's *pl*

abecedario *nm* ALFABETO : alphabet

abedul *nm* : birch (tree)

abeja *nf* : bee

abejorro *nm* : bumblebee

aberración *nf, pl* **-ciones** : aberration

aberrante *adj* : aberrant, perverse

abertura *nf* **1** : aperture, opening **2** AGUJERO : hole **3** : slit (in a skirt, etc.) **4** GRIETA : crack

abeto *nm* : fir (tree)

abierto¹ *pp* → **abrir**

abierto², -ta *adj* **1** : open **2** : candid, frank **3** : generous — **abiertamente** *adv*

abigarrado, -da *adj* : multicolored, variegated

abigeato *nm* : rustling (of livestock)

abismal *adj* : abysmal, vast

abismo *nm* : abyss, chasm ⟨al borde del abismo : on the brink of ruin⟩

abjurar *vi* ~ **de** : to abjure — **abjuración** *nf*

ablandamiento *nm* : softening, moderation

ablandar *vt* **1** SUAVIZAR : to soften **2** CALMAR : to soothe, to appease — *vi* : to moderate, to get milder — **ablandarse** *vr* **1** : to become soft, to soften **2** CEDER : to yield, to relent

ablución *nf, pl* **-ciones** : ablution

abnegación *nf, pl* **-ciones** : abnegation, self-denial

abnegado, -da *adj* : self-sacrificing, selfless

abnegarse {49} *vr* : to deny oneself

abobado, -da *adj* **1** : silly, stupid **2** : bewildered

abocarse {72} *vr* **1** DIRIGIRSE : to head, to direct oneself **2** DEDICARSE : to dedicate oneself

abochornar *vt* AVERGONZAR : to embarrass, to shame — **abochornarse** *vr*

abofetear *vt* : to slap

abogacía *nf* : law, legal profession

abogado, -da *n* : lawyer, attorney

abogar {52} *vi* ~ **por** : to plead for, to defend, to advocate

abolengo *nm* LINAJE : lineage, ancestry

abolición *nf, pl* **-ciones** : abolition

abolir {1} *vt* DEROGAR : to abolish, to repeal

abolladura *nf* : dent

abollar *vt* : to dent

abombar *vt* : to warp, to cause to bulge — **abombarse** *vr* : to decompose, to go bad

abominable *adj* ABORRECIBLE : abominable

abominación *nf, pl* **-ciones** : abomination

abominar *vt* ABORRECER : to abominate, to abhor

abonado, -da *n* : subscriber

abonar *vt* **1** : to pay **2** FERTILIZAR : to fertilize — **abonarse** *vr* : to subscribe

abono *nm* **1** : payment, installment **2** FERTILIZANTE : fertilizer **3** : season ticket

abordaje *nm* : boarding

abordar *vt* **1** : to address, to broach **2** : to accost, to waylay **3** : to come on board

aborigen[1] *adj, pl* **-rígenes** : aboriginal, native

aborigen[2] *nmf, pl* **-rígenes** : aborigine, indigenous inhabitant

aborrecer {53} *vt* ABOMINAR, ODIAR : to abhor, to detest, to hate

aborrecible *adj* ABOMINABLE, ODIOSO : abominable, detestable

aborrecimiento *nm* : abhorrence, loathing

abortar *vi* : to have an abortion — *vt* **1** : to abort **2** : to quash, to suppress

abortista *nmf* : abortionist

abortivo, -va *adj* : abortive

aborto *nm* **1** : abortion **2** : miscarriage

abotonar *vt* : to button — **abotonarse** *vr* : to button up

abovedado, -da *adj* : vaulted

abrasador, -dora *adj* : burning, scorching

abrasar *vt* QUEMAR : to burn, to sear, to scorch

abrasivo[1], **-va** *adj* : abrasive

abrasivo[2] *nm* : abrasive

abrazadera *nf* : clamp, brace

abrazar {21} *vt* : to hug, to embrace — **abrazarse** *vr*

abrazo *nm* : hug, embrace

abrebotellas *nms & pl* : bottle opener

abrelatas *nms & pl* : can opener

abrevadero *nm* BEBEDERO : watering trough

abreviación *nf, pl* **-ciones** : abbreviation

abreviar *vt* **1** : to abbreviate **2** : to shorten, to cut short

abreviatura → **abreviación**

abridor *nm* : bottle opener, can opener

abrigadero *nm* : shelter, windbreak

abrigado, -da *adj* **1** : sheltered **2** : warm, wrapped up (with clothing)

abrigar {52} *vt* **1** : to shelter, to protect **2** : to keep warm, to dress warmly **3** : to cherish, to harbor ⟨abrigar esperanzas : to cherish hopes⟩ — **abrigarse** *vr* : to dress warmly

abrigo *nm* **1** : coat, overcoat **2** : shelter, refuge

abril *nm* : April

abrillantador *nm* : polish

abrillantar *vt* : to polish, to shine

abrir {2} *vt* **1** : to open **2** : to unlock, to undo **3** : to turn on (a tap or faucet) — *vi* **1** : to open, to open up — **abrirse** *vr* **1** : to open up **2** : to clear (of the skies)

abrochar *vt* : to button, to fasten — **abrocharse** *vr* : to fasten, to hook up

abrogación *nf, pl* **-ciones** : abrogation, annulment, repeal

abrogar {52} *vt* : to abrogate, to annul, to repeal

abrojo *nm* : bur (of a plant)

abrumador, -dora *adj* : crushing, overwhelming

abrumar *vt* **1** AGOBIAR : to overwhelm **2** OPRIMIR : to oppress, to burden

abrupto, -ta *adj* **1** : abrupt **2** ESCARPADO : steep — **abruptamente** *adv*

absceso *nm* : abscess

absolución *nf, pl* **-ciones 1** : absolution **2** : acquittal

absolutismo *nm* : absolutism

absoluto, -ta *adj* **1** : absolute, unconditional **2 en ~** : not at all ⟨no me gustó en absoluto : I did not like it at all⟩ — **absolutamente** *adv*

absolver {89} *vt* **1** : to absolve **2** : to acquit

absorbente *adj* **1** : absorbent **2** : absorbing, engrossing

absorber *vt* **1** : to absorb, to soak up **2** : to occupy, to take up, to engross

absorción *nf, pl* **-ciones** : absorption

absorto, -ta *adj* : absorbed, engrossed

abstemio[1], **-mia** *adj* : abstemious, teetotal

abstemio[2], **-mia** *n* : teetotaler

abstención *nf, pl* **-ciones** : abstention

abstenerse {80} *vr* : to abstain, to refrain

abstinencia *nf* : abstinence

abstracción *nf, pl* **-ciones** : abstraction

abstracto, -ta *adj* : abstract

abstraer {81} *vt* : to abstract — **abstraerse** *vr* : to lose oneself in thought

abstraído, -da *adj* : preoccupied, withdrawn

abstruso, -sa *adj* : abstruse

abstuvo, etc. → **abstenerse**

absuelto *pp* → **absolver**

absurdo[1], **-da** *adj* DISPARATADO, RIDÍCULO : absurd, ridiculous — **absurdamente** *adv*

absurdo[2] *nm* : absurdity

abuchear *vt* : to boo, to jeer

abucheo *nm* : booing, jeering

abuela *nf* **1** : grandmother **2** : old woman **3 ¡tu abuela!** *fam* : no way!, forget about it!

abuelo *nm* **1** : grandfather **2** : old man **3 abuelos** *nmpl* : grandparents, ancestors

abulia *nf* : apathy, lethargy

abúlico, -ca *adj* : lethargic, apathetic

abultado, -da *adj* : bulging, bulky

abultar *vi* : to bulge — *vt* : to enlarge, to expand

abundancia *nf* : abundance

abundante *adj* : abundant, plentiful — **abundantemente** *adv*

abundar *vi* **1** : to abound, to be plentiful **2** ~ **en** : to be in agreement with

aburrido, -da *adj* **1** : bored, tired, fed up **2** TEDIOSO : boring, tedious

aburrimiento *nm* : boredom, weariness

aburrir *vt* : to bore, to tire — **aburrirse** *vr* : to get bored

abusado, -da *adj Mex fam* : sharp, on the ball

abusador, -dora *n* : abuser

abusar *vi* **1** : to go too far, to do something to excess **2** ~ **de** : to abuse (as drugs) **3** ~ **de** : to take unfair advantage of

abusivo, -va *adj* **1** : abusive **2** : outrageous, excessive

abuso *nm* **1** : abuse **2** : injustice, outrage

abyecto, -ta *adj* : despicable, contemptible

acá *adv* AQUÍ : here, over here ⟨ven acá! : come here!⟩

acabado¹, -da *adj* **1** : finished, done, completed **2** : old, worn-out

acabado² *nm* : finish ⟨un acabado brillante : a glossy finish⟩

acabar *vi* TERMINAR : to finish, to end **2** ~ **de** : to have just (done something) ⟨acabo de ver a tu hermano : I just saw your brother⟩ **3** ~ **con** : to put an end to, to stamp out — *vt* TERMINAR : to finish — **acabarse** *vr* TERMINARSE : to come to an end, to run out ⟨se me acabó el dinero : I ran out of money⟩

acacia *nf* : acacia

academia *nf* : academy

académico¹, -ca *adj* : academic, scholastic — **académicamente** *adv*

académico², -ca *n* : academic, academician

acaecer {53} *vt (3rd person only)* : to happen, to take place

acalambrarse *vr* : to cramp up, to get a cramp

acallar *vt* : to quiet, to silence

acalorado, -da *adj* : emotional, heated

acaloramiento *nm* **1** : heat **2** : ardor, passion

acalorar *vt* : to heat up, to inflame — **acalorarse** *vr* : to get upset, to get worked up

acampada *nf* : camp, camping ⟨ir de acampada : to go camping⟩

acampar *vi* : to camp

acanalar *vt* **1** : to groove, to furrow **2** : to corrugate

acantilado *nm* : cliff

acanto *nm* : acanthus

acantonar *vt* : to station, to quarter

acaparador, -dora *adj* : greedy, selfish

acaparar *vt* **1** : to stockpile, to hoard **2** : to monopolize

acápite *nm* : paragraph

acariciar *vt* : to caress, to stroke, to pet

ácaro *nm* : mite

acarrear *vt* **1** : to haul, to carry **2** : to bring, to give rise to ⟨los problemas que acarrea : the problems that come along with it⟩

acarreo *nm* : transport, haulage

acartonarse *vr* **1** : to stiffen **2** : to become wizened

acaso *adv* **1** : perhaps, by any chance **2 por si acaso** : just in case

acatamiento *nm* : compliance, observance

acatar *vt* : to comply with, to respect

acaudalado, -da *adj* RICO : wealthy, rich

acaudillar *vt* : to lead, to command

acceder *vi* — **a 1** : to accede to, to agree to **2** : to assume (a position) **3** : to gain access to

accesar *vt* : to access (on a computer)

accesibilidad *nf* : accessibility

accesible *adj* ASEQUIBLE : accessible, attainable

acceso *nm* **1** : access **2** : admittance, entrance

accesorio¹, -ria *adj* **1** : accessory **2** : incidental

accesorio² *nm* **1** : accessory **2** : prop (in the theater)

accidentado¹, -da *adj* **1** : eventful, turbulent **2** : rough, uneven **3** : injured

accidentado², -da *n* : accident victim

accidental *adj* : accidental, unintentional — **accidentalmente** *adv*

accidentarse *vr* : to have an accident

accidente *nm* **1** : accident **2** : unevenness **3 accidente geográfico** : geographical feature

acción *nf, pl* **acciones 1** : action **2** ACTO : act, deed **3** : share, stock

accionamiento *nm* : activation

accionar *vt* : to put into motion, to activate — *vi* : to gesticulate

accionario, -ria *adj* : stock ⟨mercado accionario : stock market⟩

accionista *nmf* : stockholder, shareholder

acebo *nm* : holly

acechar *vt* **1** : to watch, to spy on **2** : to stalk, to lie in wait for

acecho *nm* **al acecho** : lying in wait

acedera *nf* : sorrel (herb)

acéfalo, -la *adj* : leaderless

aceitar *vt* : to oil

aceite *nm* **1** : oil **2 aceite de ricino** : castor oil **3 aceite de oliva** : olive oil

aceitera *nf* **1** : cruet (for oil) **2** : oilcan **3** *Mex* : oil refinery

aceitoso, -sa *adj* : oily

aceituna *nf* OLIVA : olive

aceituno *nm* OLIVO : olive tree

aceleración *nf, pl* **-ciones** : acceleration, speeding up

acelerado, -da *adj* : accelerated, speedy

acelerador *nm* : accelerator

aceleramiento *nm* → **aceleración**

acelerar *vt* **1** : to accelerate, to speed up **2** AGILIZAR : to expedite — *vi* **1** : to accelerate (of an automobile) — **acelerarse** *vr* : to hasten, to hurry up

acelga *nf* : chard, Swiss chard

acendrado, -da *adj* : pure, unblemished

acendrar *vt* : to purify, to refine

acento *nm* **1** : accent **2** : stress, emphasis

acentuación *nf*, *pl* **-ciones** : accentuation

acentuado, -da *adj* : marked, pronounced

acentuar {3} *vt* **1** : to accent **2** : to emphasize, to stress — **acentuarse** *vr* : to become more pronounced

acepción *nf*, *pl* **-ciones** SIGNIFICADO : sense, meaning

aceptabilidad *nf* : acceptability

aceptable *nf* : acceptable

aceptación *nf*, *pl* **-ciones** **1** : acceptance **2** APROBACIÓN : approval

aceptar *vt* **1** : to accept **2** : to approve

acequia *nf* **1** : irrigation ditch **2** *Mex* : sewer

acera *nf* : sidewalk

acerado, -da *adj* **1** : made of steel **2** : steely, tough

acerbo, -ba *adj* **1** : harsh, cutting ⟨comentários acerbos : cutting remarks⟩ **2** : bitter — **acerbamente** *adv*

acerca *prep* **~ de** : about, concerning

acercamiento *nm* : rapprochement, reconciliation

acercar {72} *vt* APROXIMAR, ARRIMAR : to bring near, to bring closer — **acercarse** *vr* APROXIMARSE, ARRIMARSE : to approach, to draw near

acería *nf* : steel mill

acerico *nm* : pincushion

acero *nm* : steel ⟨acero inoxidable : stainless steel⟩

acérrimo, -ma *adj* **1** : staunch, steadfast **2** : bitter ⟨un acérrimo enemigo : a bitter enemy⟩

acertado, -da *adj* CORRECTO : accurate, correct, on target — **acertadamente** *adv*

acertante[1] *adj* : winning

acertante[2] *nmf* : winner

acertar {55} *vt* : to guess correctly — *vi* **1** ATINAR : to be correct, to be on target **2 ~ a** : to manage to

acertijo *nm* ADIVINANZA : riddle

acervo *nm* **1** : pile, heap **2** : wealth, heritage ⟨el acervo artístico del instituto : the artistic treasures of the institute⟩

acetato *nm* : acetate

acético, -ca *adj* : acetic ⟨ácido acético : acetic acid⟩

acetileno *nm* : acetylene

acetona *nf* **1** : acetone **2** : nail-polish remover

achacar {72} *vt* : to attribute, to impute ⟨te achaca todos sus problemas : he blames all his problems on you⟩

achacoso, -sa *adj* : frail, sickly

achaparrado, -da *adj* : stunted, scrubby ⟨árboles achaparrados : scrubby trees⟩

achaques *nmpl* : aches and pains

achatar *vt* : to flatten

achicar {72} *vt* **1** REDUCIR : to make smaller, to reduce **2** : to intimidate **3** : to bail out (water) — **achicarse** *vr* : to become intimidated

achicharrar *vt* : to scorch, to burn to a crisp

achicoria *nf* : chicory

achispado, -da *adj fam* : tipsy

achote *or* **achiote** *nm* : annatto seed

achuchón *nm*, *pl* **-chones** **1** : push, shove **2** *fam* : squeeze, hug **3** *fam* : mild illness

aciago, -ga *adj* : fateful, unlucky

acicalar *vt* **1** PULIR : to polish **2** : to dress up, to adorn — **acicalarse** *vr* : to get dressed up

acicate *nm* **1** : spur **2** INCENTIVO : incentive, stimulus

acidez *nf*, *pl* **-deces** **1** : acidity **2** : sourness **3 acidez estomacal** : heartburn

acidificar {72} *vt* : to acidify

ácido[1], **-da** *adj* AGRIO : acid, sour

ácido[2] *nm* : acid

acierto *nm* **1** : correct answer, right choice **2** : accuracy, skill, deftness

acimut *nm* : azimuth

acitronar *vt Mex* : to fry until crisp

aclamación *nf*, *pl* **-ciones** : acclaim, acclamation

aclamar *vt* : to acclaim, to cheer, to applaud

aclaración *nf*, *pl* **-ciones** CLARIFICACIÓN : clarification, explanation

aclarar *vt* **1** CLARIFICAR : to clarify, to explain, to resolve **2** : to lighten **3 aclarar la voz** : to clear one's throat — *vi* **1** : to get light, to dawn **2** : to clear up — **aclararse** *vr* : to become clear

aclaratorio, -ria *adj* : explanatory

aclimatar *vt* : to acclimatize — **aclimatarse** *vr* **~ a** : to get used to — **aclimatación** *nf*

acné *nm* : acne

acobardar *vt* INTIMIDAR : to frighten, to intimidate — **acobardarse** *vr* : to be frightened, to cower

acodarse *vr* **~ en** : to lean (one's elbows) on

acogedor, -dora *adj* : cozy, warm, friendly

acoger {15} *vt* **1** REFUGIAR : to take in, to shelter **2** : to receive, to welcome — **acogerse** *vr* **1** REFUGIARSE : to take refuge **2 ~ a** : to resort to, to avail oneself of

acogida *nf* **1** AMPARO, REFUGIO : refuge, protection **2** RECIBIMIENTO : reception, welcome

acolchar *vt* **1** : to pad (a wall, etc.) **2** : to quilt

acólito *nm* **1** MONAGUILLO : altar boy **2** : follower, helper, acolyte

acomedido, -da *adj* : helpful, obliging

acometer vt **1** ATACAR : to attack, to assail **2** EMPRENDER : to undertake, to begin — vi ~ **contra** : to rush against

acometida nf ATAQUE : attack, assault

acomodado, -da adj **1** : suitable, appropriate **2** : well-to-do, prosperous

acomodador, -dora n : usher, usherette f

acomodar vt **1** : to accommodate, to make room for. **2** : to adjust, to adapt — **acomodarse** vr **1** : to settle in **2** ~ a : to adapt to

acomodaticio, -cia adj : accommodating, obliging

acomodo nm **1** : job, position **2** : arrangement, placement **3** : accommodation, lodging

acompañamiento nm : accompaniment

acompañante nmf **1** COMPAÑERO : companion **2** : accompanist

acompañar vt : to accompany, to go with

acompasado, -da adj : rhythmic, regular, measured

acomplejado, -da adj : full of complexes, neurotic

acondicionado, -da adj **1** : equipped, fitted-out **2** **aire acondicionado** : in good shape, in a fit state

acondicionador nm **1** : conditioner **2** **acondicionador de aire** : air conditioner

acondicionar vt **1** : to condition **2** : to fit out, to furnish

acongojado, -da adj : distressed, upset

acongojarse vr : to grieve, to become distressed

aconsejable adj : advisable

aconsejar vt : to advise, to counsel

acontecer {53} vt (3rd person only) : to occur, to happen

acontecimiento nm SUCESO : event

acopiar vt : to gather, to collect, to stockpile

acopio nm : collection, stock

acoplamiento nm : connection, coupling

acoplar vt : to couple, to connect — **acoplarse** vr : to fit together

acoquinar vt : to intimidate

acorazado[1], -da adj BLINDADO : armored

acorazado[2] nm : battleship

acordado, -da adj : agreed upon

acordar {19} vt **1** : to agree on **2** OTORGAR : to award, to bestow — **acordarse** vr RECORDAR : to remember, to recall

acorde[1] adj **1** : in agreement, in accordance **2** ~ **con** : in keeping with

acorde[2] nm : chord

acordeón nm, pl **-deones** : accordion — **acordeonista** nmf

acordonar vt **1** : to cordon off. **2** : to lace up **3** : to mill (coins)

acorralar vt ARRINCONAR : to corner, to hem in, to corral

acortar vt : to shorten, to cut short — **acortarse** vr **1** : to become shorter **2** : to end early

acosar vt PERSEGUIR : to pursue, to hound, to harass

acoso nm ASEDIO : harassment ⟨acoso sexual : sexual harassment⟩

acostar {19} vt **1** : to lay (something) down **2** : to put to bed — **acostarse** vr **1** : to lie down **2** : to go to bed

acostumbrado, -da adj **1** HABITUADO : accustomed **2** HABITUAL : usual, customary

acostumbrar vt : to accustom — vi : to be accustomed, to be in the habit — **acostumbrarse** vr

acotación nf, pl **-ciones** **1** : marginal note **2** : stage direction

acotado, -da adj : enclosed

acotamiento nm Mex : shoulder (of a road)

acotar vt **1** ANOTAR : to note, to annotate **2** DELIMITAR : to mark off (land), to demarcate

acre[1] adj **1** : acrid, pungent **2** MORDAZ : caustic, biting

acre[2] nm : acre

acrecentamiento nm : growth, increase

acrecentar {55} vt AUMENTAR : to increase, to augment

acreditación nf, pl **-ciones** : accreditation

acreditado, -da adj **1** : accredited, authorized **2** : reputable

acreditar vt **1** : to accredit, to authorize **2** : to credit **3** : to prove, to verify — **acreditarse** vr : to gain a reputation

acreedor[1], -dora adj : deserving, worthy

acreedor[2], -dora n : creditor

acribillar vt **1** : to riddle, to pepper (with bullets, etc.) **2** : to hound, to harass

acrílico nm : acrylic

acrimonia nf **1** : pungency **2** : acrimony

acrimonioso, -sa adj : acrimonious

acriollarse vr : to adopt local customs, to go native

acritud nf **1** : pungency, bitterness **2** : intensity, sharpness **3** : harshness, asperity

acrobacia nf : acrobatics

acróbata nmf : acrobat

acrobático, -ca adj : acrobatic

acrónimo nm : acronym

acta nf **1** : document, certificate ⟨acta de nacimiento : birth certificate⟩ **2 actas** nfpl : minutes (of a meeting)

actitud nf **1** : attitude **2** : posture, position

activación nf, pl **-ciones** **1** : activation, stimulation **2** ACELERACIÓN : acceleration, speeding up

activar vt **1** : to activate **2** : to stimulate, to energize **3** : to speed up

actividad nf : activity

activista nmf : activist

activo[1], -va adj : active — **activamente** adv

activo[2] nm : assets pl ⟨activo y pasivo : assets and liabilities⟩

acto *nm* **1** ACCIÓN : act, deed **2** : act (in a play) **3 el acto sexual** : sexual intercourse **4 en el acto** : right away, on the spot **5 acto seguido** : immediately after

actor *nm* ARTISTA : actor

actriz *nf, pl* **actrices** ARTISTA : actress

actuación *nf, pl* **-ciones 1** : performance **2 actuaciones** *nfpl* DILIGENCIAS : proceedings

actual *adj* PRESENTE : present, current

actualidad *nf* **1** : present time ⟨en la actualidad : at present⟩ **2 actualidades** *nfpl* : current affairs

actualización *nf, pl* **-ciones** : updating, modernization

actualizar {21} *vt* : to modernize, to bring up to date

actualmente *adv* : at present, nowadays

actuar {3} *vi* : to act, to perform

actuarial *adj* : actuarial

actuario, -ria *n* : actuary

acuarela *nf* : watercolor

acuario *nm* : aquarium

Acuario *nmf* : Aquarius, Aquarian

acuartelar *vt* : to quarter (troops)

acuático, -ca *adj* : aquatic, water

acuchillar *vt* APUÑALAR : to knife, to stab

acuciante *adj* : pressing, urgent

acucioso, -sa *adj* : acuciante

acudir *vi* **1** : to go, to come (someplace for a specific purpose) ⟨acudió a la puerta : he went to the door⟩ ⟨acudimos en su ayuda : we came to her aid⟩ **2** : to be present, to show up ⟨acudí a la cita : I showed up for the appointment⟩ **3 ~ a** : to turn to, to have recourse to ⟨hay que acudir al médico : you must consult the doctor⟩

acueducto *nm* : aqueduct

acuerdo *nm* **1** : agreement **2 estar de acuerdo** : to agree **3 de acuerdo con** : in accordance with **4 de ~** : OK, all right

acuicultura *nf* : aquaculture

acullá *adv* : yonder, over there

acumulación *nf, pl* **-ciones** : accumulation

acumulador *nm* : storage battery

acumular *vt* : to accumulate, to amass — **acumularse** *vr* : to build up, to pile up

acumulativo, -va *adj* : cumulative — **acumulativamente** *adv*

acunar *vt* : to rock, to cradle

acuñar *vt* : to coin, to mint

acuoso, -sa *adj* : aqueous, watery

acupuntura *nf* : acupuncture

acurrucarse {72} *vr* : to cuddle, to nestle, to curl up

acusación *nf, pl* **-ciones 1** : accusation, charge **2 la acusación** : the prosecution

acusado¹, -da *adj* : prominent, marked

acusado², -da *n* : defendant

acusador, -dora *n* **1** : accuser **2** FISCAL : prosecutor

acusar *vt* **1** : to accuse, to charge **2** : to reveal, to betray ⟨sus ojos acusaban la desconfianza : his eyes revealed distrust⟩ — **acusarse** *vr* : to confess

acusativo *nm* : objective (in grammar)

acusatorio, -ria *adj* : accusatory

acuse *nm* **acuse de recibo** : acknowledgment of receipt

acústica *nf* : acoustics

acústico, -ca *adj* : acoustic

adagio *nm* **1** REFRÁN : adage, proverb **2** : adagio

adalid *nm* : leader, champion

adaptable *adj* : adaptable — **adaptabilidad** *nf*

adaptación *nf, pl* **-ciones** : adaptation, adjustment

adaptado, -da *adj* : suited, adapted

adaptador *nm* : adapter (in electricity)

adaptar *vt* MODIFICAR : to adapt **2** : to adjust, to fit — **adaptarse** *vr* : to adapt oneself, to conform

adecentar *vt* : to tidy up

adecuación *nf, pl* **-ciones** ADAPTACIÓN : adaptation

adecuadamente *adv* : adequately

adecuado, -da *adj* IDÓNEO : suitable, appropriate **2** : adequate

adecuar {8} *vt* : to adapt, to make suitable — **adecuarse** *vr* **~ a** : to be appropriate for, to fit in with

adefesio *nm* : eyesore, monstrosity

adelantado, -da *adj* **1** : advanced, ahead **2** : fast (of a clock or watch) **3 por ~** : in advance

adelantamiento *nm* **1** : advancement **2** : speeding up

adelantar *vt* **1** : to advance, to move forward **2** : to overtake, to pass **3** : to reveal (information) in advance **4** : to advance, to lend (money) — **adelantarse** *vr* **1** : to advance, to get in front **2 ~ a** : to forestall, to preempt

adelante *adv* **1** : ahead, in front, forward **2 más adelante** : further on, later on **3 ¡adelante!** : come in!

adelanto *nm* **1** : advance, progress **2** : advance payment **3** : earliness ⟨llevamos una hora de adelanto : we're running an hour ahead of time⟩

adelfa *nf* : oleander

adelgazar {21} *vt* : to thin, to reduce — *vi* : to lose weight

ademán *nm, pl* **-manes 1** GESTO : gesture **2 ademanes** *nmpl* : manners

además *adv* **1** : besides, furthermore **2 ~ de** : in addition to, as well as

adenoides *nfpl* : adenoids

adentrarse *vr* **~ en** : to go into, to penetrate

adentro *adv* : inside, within

adentros *nmpl* **decirse para sus adentros** : to say to oneself ⟨me dije para mis adentros que nunca regresaría : I told myself that I'd never go back⟩

adepto¹, -ta *adj* : supportive ⟨ser adepto a : to be a follower of⟩

adepto², -ta *n* PARTIDARIO : follower, supporter

aderezar {21} vt SAZONAR : to season, to dress (salad) **2** : to embellish, to adorn
aderezo nm **1** : dressing, seasoning **2** : adornment, embellishment
adeudar vt **1** : to debit **2** DEBER : to owe
adeudo nm **1** DÉBITO : debit **2** Mex : debt, indebtedness
adherencia nf **1** : adherence, adhesiveness **2** : appendage, accretion
adherente adj : adhesive, sticky
adherirse {76} vr : to adhere, to stick
adhesión nf, pl **-siones 1** : adhesion **2** : attachment, commitment (to a cause, etc.)
adhesivo¹, -va adj : adhesive
adhesivo² nm : adhesive
adicción nf, pl **-ciones** : addiction
adición nf, pl **-ciones** : addition
adicional adj : additional — **adicionalmente** adv
adicionar vt : to add
adictivo, -va adj : addictive
adicto¹, -ta adj **1** : addicted **2** : devoted, dedicated
adicto², -ta n **1** : addict **2** PARTIDARIO : supporter, advocate
adiestrador, -dora n : trainer
adiestramiento nm : training
adiestrar vt : to train
adinerado, -da adj : moneyed, wealthy
adiós nm, pl **adioses 1** DESPEDIDA : farewell, good-bye **2** ¡adiós! : good-bye!
aditamento nm : attachment, accessory
aditivo nm : additive
adivinación nf, pl **-ciones 1** : guess **2** : divination, prediction
adivinanza nf ACERTIJO : riddle
adivinar vt **1** : to guess **2** : to foretell, to predict
adivino, -na n : fortune-teller
adjetivo¹, -va adj : adjectival
adjetivo² nm : adjective
adjudicación nf, pl **-ciones 1** : adjudication **2** : allocation, awarding, granting
adjudicar {72} vt **1** : to adjudge, to adjudicate **2** : to assign, to allocate ⟨adjudicar la culpa : to assign the blame⟩ **3** : to award, to grant
adjuntar vt : to enclose, to attach
adjunto¹, -ta adj : enclosed, attached
adjunto², -ta n : deputy, assistant
adjunto³ nm : adjunct
administración nf, pl **-ciones 1** : administration, management **2 administración de empresas** : business administration
administrador, -dora n : administrator, manager
administrar vt : to administer, to manage, to run
administrativo, -va adj : administrative
admirable adj : admirable, impressive — **admirablemente** adv
admiración nf, pl **-ciones** : admiration

admirador, -dora n : admirer
admirar vt **1** : to admire **2** : to amaze, to astonish — **admirarse** vr : to be amazed
admirativo, -va adj : admiring
admisibilidad nf : admissibility
admisible adj : admissible, allowable
admisión nf, pl **-siones** : admission, admittance
admitir vt **1** : to admit, to let in **2** : to acknowledge, to concede **3** : to allow, to make room for ⟨la ley no admite cambios : the law doesn't allow for changes⟩
admonición nf, pl **-ciones** : admonition, warning
admonitorio, -ria adj : admonitory
ADN nm (ácido desoxirribonucleico) : DNA
adobar vt : to marinate
adobe nm : adobe
adobo nm **1** : marinade, seasoning **2** Mex : spicy marinade used for cooking pork
adoctrinamiento nm : indoctrination
adoctrinar vt : to indoctrinate
adolecer {53} vi PADECER : to suffer ⟨adolece de timidez : he suffers from shyness⟩
adolescencia nf : adolescence
adolescente¹ adj : adolescent, teenage
adolescente² nmf : adolescent, teenager
adonde conj : where ⟨el lugar adonde vamos es bello : the place where we're going is beautiful⟩
adónde adv : where ⟨¿adónde vamos? : where are we going?⟩
adondequiera adv : wherever, anywhere ⟨adondequiera que vayas : anywhere you go⟩
adopción nf, pl **-ciones** : adoption
adoptar vt **1** : to adopt (a measure), to take (a decision) **2** : to adopt (children)
adoptivo, -va adj **1** : adopted (children, country) **2** : adoptive (parents)
adoquín nm, pl **-quines** : paving stone, cobblestone
adorable adj : adorable, lovable
adoración nf, pl **-ciones** : adoration, worship
adorador¹, -dora adj : adoring, worshipping
adorador², -dora n : worshipper
adorar vt : to adore, to worship
adormecer {53} vt **1** : to make sleepy, to lull to sleep **2** : to numb — **adormecerse** vr **1** : to doze off **2** : to go numb
adormecimiento nm **1** SUEÑO : drowsiness, sleepiness **2** INSENSIBILIDAD : numbness
adormilarse vr : to doze, to drowse
adornar vt DECORAR : to decorate, to adorn
adorno nm : ornament, decoration
adquirido, -da adj **1** : acquired **2 mal adquirido** : ill-gotten
adquirir {4} vt **1** : to acquire, to gain **2** COMPRAR : to purchase

adquisición *nf, pl* **-ciones 1** : acquisition **2** COMPRA : purchase

adquisitivo, -va *adj* **poder adquisitivo** : purchasing power

adrede *adv* : intentionally, on purpose

adrenalina *nf* : adrenaline

adscribir {33} *vt* : to assign, to appoint — **adscribirse** *vr* ~ **a** : to become a member of

adscripción *nf, pl* **-ciones** : assignment, appointment

adscrito *pp* → **adscribir**

aduana *nf* : customs, customs office

aduanero¹, -ra *adj* : customs

aduanero², -ra *n* : customs officer

aducir {61} *vt* : to adduce, to offer as proof

adueñarse *vr* ~ **de** : to take possession of, to take over

adulación *nf, pl* **-ciones** : adulation, flattery

adulador¹, -dora *adj* : flattering

adulador², -dora *n* : flatterer, toady

adular *vt* LISONJEAR : to flatter

adulteración *nf, pl* **-ciones** : adulteration

adulterar *vt* : to adulterate

adulterio *nm* : adultery

adúltero¹, -ra *adj* : adulterous

adúltero², -ra *n* : adulterer

adultez *nf* : adulthood

adulto, -ta *adj & n* : adult

adusto, -ta *adj* : harsh, severe

advenedizo, -za *n.* **1** : upstart, parvenu **2** : newcomer

advenimiento *nm* : advent

adverbio *nm* : adverb — **adverbial** *adj*

adversario¹, -ria *adj* : opposing, contrary

adversario², -ria *n* OPOSITOR : adversary, opponent

adversidad *nf* : adversity

adverso, -sa *adj* DESFAVORABLE : adverse, unfavorable — **adversamente** *adv*

advertencia *nf* AVISO : warning

advertir {76} *vt* **1** AVISAR : to warn **2** : to notice, to tell ⟨no advertí que estuviera enojada : I couldn't tell she was angry⟩

Adviento *nm* : Advent

adyacente *adj* : adjacent

aéreo, -rea *adj* **1** : aerial, air **2 correo aéreo** : airmail

aeróbic *nm* : aerobics

aeróbico, -ca *adj* : aerobic

aerobio, -bia *adj* : aerobic

aerodinámica *nf* : aerodynamics

aerodinámico, -ca *adj* : aerodynamic, streamlined

aeródromo *nm* : airfield

aeroespacial *adj* : aerospace

aerolínea *nf* : airline

aeromozo, -za *n* : flight attendant, steward *m*, stewardess *f*

aeronáutica *nf* : aeronautics

aeronáutico, -ca *adj* : aeronautical

aeronave *nf* : aircraft

aeropostal *adj* : airmail

aeropuerto *nm* : airport

aerosol *nm* : aerosol, aerosol spray

aeróstata *nmf* : balloonist

aerotransportado, -da *adj* : airborne

aerotransportar *vt* : to airlift

afabilidad *nf* : affability

afable *adj* : affable — **afablemente** *adv*

afamado, -da *adj* : well-known, famous

afán *nm, pl* **afanes 1** ANHELO : eagerness, desire **2** EMPEÑO : effort, determination

afanador, -dora *n Mex* : cleaning person, cleaner

afanarse *vr* : to toil, to strive

afanosamente *adv* : zealously, industriously, busily

afanoso, -sa *adj* **1** : eager, industrious **2** : arduous, hard

afear *vt* : to make ugly, to disfigure

afección *nf, pl* **-ciones 1** : fondness, affection **2** : illness, complaint

afectación *nf, pl* **-ciones** : affectation

afectado, -da *adj* **1** : affected, mannered **2** : influenced **3** : afflicted **4** : feigned

afectar *vt* **1** : to affect **2** : to upset **3** : to feign, to pretend

afectísimo, -ma *adj* **suyo afectísimo** : yours truly

afectivo, -va *adj* : emotional

afecto¹, -ta *adj* **1** : affected, afflicted **2** : fond, affectionate

afecto² *nm* CARIÑO : affection

afectuoso, -sa *adj* CARIÑOSO : affectionate, caring

afeitadora *nf* : shaver, electric razor

afeitar *vt* RASURAR : to shave — **afeitarse** *vr*

afelpado, -da *adj* : plush

afeminado, -da *adj* : effeminate

aferrado, -da *adj* : obstinate, stubborn

aferrarse {55} *vr* : to cling, to hold on

affidávit *nm, pl* **-dávits** : affidavit

afgano, -na *adj & n* : Afghan

AFI *nm* (Alfabeto Fonético Internacional) : IPA

afianzar {21} *vt* **1** : to secure, to strengthen **2** : to guarantee, to vouch for — **afianzarse** *vr* ESTABLECERSE : to establish oneself

afiche *nm* : poster

afición *nf, pl* **-ciones 1** : enthusiasm, penchant, fondness ⟨afición al deporte : love of sports⟩ **2** PASATIEMPO : hobby

aficionado¹, -da *adj* ENTUSIASTA : enthusiastic, keen

aficionado², -da *n* **1** ENTUSIASTA : enthusiast, fan **2** : amateur

áfido *nm* : aphid

afiebrado, -da *adj* : feverish

afilado, -da *adj* **1** : sharp **2** : long, pointed ⟨una nariz afilada : a sharp nose⟩

afilador *nm* : sharpener

afilalápices *nms & pl* : pencil sharpener

afilar *vt* : to sharpen

afiliación *nf, pl* **-ciones** : affiliation

afiliado¹, -da *adj* : affiliated
afiliado², -da *n* : member
afiliarse *vr* : to become a member, to join, to affiliate
afín *adj, pl* **afines** **1** PARECIDO : related, similar ⟨la biología y disciplinas afines : biology and related disciplines⟩ **2** PRÓXIMO : adjacent, nearby
afinación *nf, pl* **-ciones** **1** : tune-up **2** : tuning (of an instrument)
afinador, -dora *n* : tuner (of musical instruments)
afinar *vt* **1** : to perfect, to refine **2** : to tune (an instrument) — *vi* : to sing or play in tune
afincarse {72} *vr* : to establish oneself, to settle in
afinidad *nf* : affinity, similarity
afirmación *nf, pl* **-ciones** **1** : statement **2** : affirmation
afirmar *vt* **1** : to state, to affirm **2** REFORZAR : to make firm, to strengthen
afirmativo, -va *adj* : affirmative — **afirmativamente** *adj*
aflicción *nf, pl* **-ciones** DESCONSUELO, PESAR : grief, sorrow
afligido, -da *adj* : grief-stricken, sorrowful
afligir {35} *vt* **1** : to distress, to upset **2** : to afflict — **afligirse** *vr* : to grieve
aflojar *vt* **1** : to loosen, to slacken **2** *fam* : to pay up, to fork over — *vi* : to slacken, to ease up — **aflojarse** *vr* : to become loose, to slacken
afloramiento *nm* : outcropping, emergence
aflorar *vi* : to come to the surface, to emerge
afluencia *nf* **1** : flow, influx **2** : abundance, plenty
afluente *nm* : tributary
afluir {41} *vi* **1** : to flock ⟨la gente afluía a la frontera : people were flocking to the border⟩ **2** : to flow
aforismo *nm* : aphorism
aforo *nm* **1** : appraisal, assessment **2** : maximum capacity (of a theater, highway, etc.)
afortunado, -da *adj* : fortunate, lucky — **afortunadamente** *adv*
afrecho *nm* : bran, mash
afrenta *nf* : affront, insult
afrentar *vt* : to affront, to dishonor, to insult
africano, -na *adj & n* : African
afroamericano, -na *adj & n* : Afro-American
afrodisiaco *or* **afrodisíaco** *nm* : aphrodisiac
afrontamiento *nm* : confrontation
afrontar *vt* : to confront, to face up to
afrutado, -da *adj* : fruity
afuera *adv* **1** : out ⟨¡afuera! : get out!⟩ **2** : outside, outdoors
afueras *nfpl* ALEDAÑOS : outskirts
agachadiza *nf* : snipe (bird)
agachar *vt* : to lower (a part of the body) ⟨agachar la cabeza : to bow one's head⟩

— **agacharse** *vr* : to crouch, to stoop, to bend down
agalla *nf* **1** BRANQUIA : gill **2 tener agallas** *fam* : to have guts, to have courage
agarradera *nf* ASA, ASIDERO : handle, grip
agarrado, -da *adj fam* : cheap, stingy
agarrar *vt* **1** : to grab, to grasp **2** : to catch, to take — *vi* **agarrar y** *fam* : to do (something) abruptly ⟨el día siguiente agarró y se fue : the next day he up and left⟩ — **agarrarse** *vr* **1** : to hold on, to cling **2** *fam* : to get into a fight ⟨se agarraron a golpes : they came to blows⟩
agarre *nm* : grip, grasp
agarrotarse *vr* **1** : to stiffen up **2** : to seize up
agasajar *vt* : to fête, to wine and dine
agasajo *nm* : lavish attention
ágata *nf* : agate
agave *nm* : agave
agazaparse *vr* **1** AGACHARSE : to crouch **2** : to hide
agencia *nf* : agency, office
agenciar *vt* : to obtain, to procure — **agenciarse** *vr* : to manage, to get by
agenda *nf* **1** : agenda **2** : appointment book
agente *nmf* **1** : agent **2 agente de viajes** : travel agent **3 agente de bolsa** : stockbroker **4 agente de tráfico** : traffic officer
agigantado, -da *adj* GIGANTESCO : gigantic
agigantar *vt* **1** : to increase greatly, to enlarge **2** : to exaggerate
ágil *adj* **1** : agile, nimble **2** : sharp, lively (of a response, etc.) — **ágilmente** *adv*
agilidad *nf* : agility, nimbleness
agilizar {21} *vt* ACELERAR : to expedite, to speed up
agitación *nf, pl* **-ciones** **1** : agitation **2** NERVIOSISMO : nervousness
agitado, -da *adj* **1** : agitated, excited **2** : choppy, rough, turbulent
agitador, -dora *n* PROVOCADOR : agitator
agitar *vt* **1** : to agitate, to shake **2** : to wave, to flap **3** : to stir up — **agitarse** *vr* **1** : to toss about, to flap around **2** : to get upset
aglomeración *nf, pl* **-ciones** **1** : conglomeration, mass **2** GENTÍO : crowd
aglomerar *vt* : to cluster, to amass — **aglomerarse** *vr* : to crowd together
aglutinar *vt* : to bring together, to bind
agnóstico, -ca *adj & n* : agnostic
agobiado, -da *adj* : weary, worn-out, weighted-down
agobiante *adj* **1** : exhausting, overwhelming **2** : stifling, oppressive
agobiar *vt* **1** OPRIMIR : to oppress, to burden **2** ABRUMAR : to overwhelm **3** : to wear out, to exhaust
agonía *nf* : agony, death throes
agonizante *adj* : dying

agonizar {21} vi **1** : to be dying **2** : to be in agony **3** : to dim, to fade

agorero, -ra adj : ominous

agostar vt **1** : to parch **2** : to wither — **agostarse** vr

agosto nm **1** : August **2 hacer uno su agosto** : to make a fortune, to make a killing

agotado, -da adj **1** : exhausted, used up **2** : sold out **3** FATIGADO : worn-out, tired

agotador, -dora adj : exhausting

agotamiento nm FATIGA : exhaustion

agotar vt **1** : to exhaust, to use up **2** : to weary, to wear out — **agotarse** vr

agraciado¹, -da adj **1** : attractive **2** : fortunate

agraciado², -da n : winner

agradable adj GRATO, PLACENTERO : pleasant, agreeable — **agradablemente** adv

agradar vi : to be pleasing ⟨nos agradó mucho el resultado : we were very pleased with the result⟩

agradecer {53} vt **1** : to be grateful for **2** : to thank

agradecido, -da adj : grateful, thankful

agradecimiento nm : gratitude, thankfulness

agrado nm **1** GUSTO : taste, liking ⟨no es de su agrado : it's not to his liking⟩ **2** : graciousness, agreeableness **3** con ~ : with pleasure, willingly ⟨lo haré con agrado : I will be happy to do it⟩

agrandar vt **1** : to exaggerate **2** : to enlarge — **agrandarse** vr

agrario, -ria adj : agrarian, agricultural

agravación nf, pl **-ciones** : aggravation, worsening

agravante adj : aggravating

agravar vt **1** : to increase (weight), to make heavier **2** EMPEORAR : to aggravate, to worsen — **agravarse** vr

agraviar vt INJURIAR, OFENDER : to offend, to insult

agravio nm INJURIA : affront, offense, insult

agredir {1} vt : to assail, to attack

agregado¹, -da n : attaché : assistant professor

agregado² nm **1** : aggregate **2** AÑADIDURA : addition, something added

agregar {52} vt **1** AÑADIR : to add, to attach **2** : to appoint — **agregarse** vr : to join

agresión nf, pl **-siones 1** : aggression **2** ATAQUE : attack

agresividad nf : aggressiveness, aggression

agresivo, -va adj : aggressive — **agresivamente** adv

agresor¹, -sora adj : hostile, attacking

agresor², -sora n **1** : aggressor **2** : assailant, attacker

agreste adj **1** CAMPESTRE : rural **2** : wild, untamed

agriar vt **1** : to sour, to make sour **2** : to embitter — **agriarse** vr : to turn sour

agrícola adj : agricultural

agricultor, -tora n : farmer, grower

agricultura nf : agriculture, farming

agridulce adj **1** : bittersweet **2** : sweet-and-sour

agrietar vt : to crack — **agrietarse** vr **1** : to crack **2** : to chap

agrimensor, -sora n : surveyor

agrimensura nf : surveying

agrio, agria adj ÁCIDO : sour **2** : caustic, acrimonious

agriparse vr : to catch the flu

agroindustria nf : agribusiness

agronomía nf : agronomy

agropecuario, -ria adj : pertaining to livestock and agriculture

agrupación nf, pl **-ciones** GRUPO : group, association

agrupamiento nm : grouping, concentration

agrupar vt : to group together

agua nf **1** : water **2 agua oxigenada** : hydrogen peroxide **3 aguas negras** or **aguas residuales** : sewage **4 como agua para chocolate** Mex fam : furious **5 echar aguas** Mex fam : to keep an eye out, to be on the lookout

aguacate nm : avocado

aguacero nm : shower, downpour

aguado, -da adj **1** DILUIDO : watered-down, diluted **2** CA, Col, Mex fam : soft, flabby **3** Mex, Peru fam : dull, boring

aguafiestas nmfs & pl : killjoy, stick-in-the-mud, spoilsport

aguafuerte nm : etching

aguamanil nm : ewer, pitcher

aguanieve nf : sleet ⟨caer aguanieve : to be sleeting⟩

aguantar vt **1** SOPORTAR : to bear, to tolerate, to withstand **2** : to hold **3 aguantar las ganas** : to resist an urge ⟨no pude aguantar las ganas de reír : I couldn't keep myself from laughing⟩ — vi : to hold out, to last — **aguantarse** vr **1** : to resign oneself **2** : to restrain oneself

aguante nm **1** TOLERANCIA : tolerance, patience **2** RESISTENCIA : endurance, strength

aguar {10} vt **1** : to water down, to dilute **2 aguar la fiesta** fam : to spoil the party

aguardar vt ESPERAR : to wait for, to await — vi : to be in store

aguardiente nm : clear brandy

aguarrás nm : turpentine

agudeza nf **1** : keenness, sharpness **2** : shrillness **3** : witticism

agudizar {21} vt : to intensify, to heighten

agudo, -da adj **1** : acute, sharp **2** : shrill, high-pitched **3** PERSPICAZ : clever, shrewd

agüero nm AUGURIO, PRESAGIO : augury, omen

aguijón nm, pl **-jones 1** : stinger (of a bee, etc.) **2** : goad

aguijonear *vt* : to goad
águila *nf* **1** : eagle **2 águila o sol** *Mex* : heads or tails
aguileño, -ña *adj* : aquiline
aguilera *nf* : aerie, eagle's nest
aguilón *nm, pl* **-lones** : gable
aguinaldo *nm* **1** : Christmas bonus, year-end bonus **2** *PRi, Ven* : Christmas carol
agüitarse *vr Mex fam* : to have the blues, to feel discouraged
aguja *nf* **1** : needle **2** : steeple, spire
agujerear *vt* : to make a hole in, to pierce
agujero *nm* **1** : hole **2 agujero negro** : black hole (in astronomy)
agujeta *nf* **1** *Mex* : shoelace **2 agujetas** *nfpl* : muscular soreness or stiffness
agusanado, -da *adj* : worm-eaten
aguzar {21} *vt* **1** : to sharpen ⟨aguzar el ingenio : to sharpen one's wits⟩ **2 aguzar el oído** : to prick up one's ears
ah *interj* : oh!
ahí *adv* **1** : there ⟨ahí está : there it is⟩ **2 por ~** : somewhere, thereabouts **3 de ahí que** : with the result that, so that
ahijado, -da *n* : godchild, godson *m*, goddaughter *f*
ahijar {5} *vt* : to adopt (a child)
ahínco *nm* : eagerness, zeal
ahogar {52} *vt* **1** : to drown **2** : to smother **3** : to choke back, to stifle — **ahogarse** *vr*
ahogo *nm* : breathlessness, suffocation
ahondar *vt* : to deepen — *vi* : to elaborate, to go into detail
ahora *adv* **1** : now **2 ahora mismo** : right now **3 hasta ~** : so far **4 por ~** : for the time being
ahorcar {72} *vt* : to hang, to kill by hanging — **ahorcarse** *vr*
ahorita *adv fam* : right now, right away
ahorquillado, -da *adj* : forked
ahorrador, -dora *adj* : thrifty
ahorrar *vt* **1** : to save (money) **2** : to spare, to conserve — *vi* : to save up — **ahorrarse** *vr* : to spare oneself
ahorrativo, -va *adj* : thrifty, frugal
ahorro *nm* : saving ⟨cuenta de ahorros : savings account⟩
ahuecar {72} *vt* **1** : to hollow out **2** : to cup (one's hands) **3** : to plump up, to fluff up
ahuizote *nm Mex fam* : annoying person, pain in the neck
ahumar {8} *vt* : to smoke, to cure
ahuyentar *vt* **1** : to scare away, to chase away **2** : to banish, to dispel ⟨ahuyentar las dudas : to dispel doubts⟩
airado, -da *adj FURIOSO* : angry, irate
airar {5} *vt* : to make angry, to anger
aire *nm* **1** : air **2 aire acondicionado** : air-conditioning **3 darse aires** : to give oneself airs
airear *vt* : to air, to air out — **airearse** *vr* : to get some fresh air
airoso, -sa *adj* **1** : elegant, graceful **2 salir airoso** : to come out winning
aislacionismo *nm* : isolationism

aislacionista *adj & nmf* : isolationist
aislado, -da *adj* : isolated, alone
aislador *nm* : insulator (part)
aislamiento *nm* **1** : isolation **2** : insulation
aislante *nm* : insulator, nonconductor
aislar {5} *vt* **1** : to isolate **2** : to insulate
ajado, -da *adj* **1** : worn, shabby **2** : wrinkled, crumpled
ajar *vt* : to wear out, to spoil
ajardinado, -da *adj* : landscaped
ajedrecista *nmf* : chess player
ajedrez *nm, pl* **-dreces 1** : chess **2** : chess set
ajeno, -na *adj* **1** : alien **2** : of another, of others ⟨propiedad ajena : somebody else's property⟩ **3 ~ a** : foreign to **4 ~ de** : devoid of, free from
ajetreado, -da *adj* : hectic, busy
ajetrearse *vr* : to bustle about, to rush around
ajetreo *nm* : hustle and bustle, fuss
ají *nm, pl* **ajíes** : chili pepper
ajo *nm* : garlic
ajonjolí *nm, pl* **-líes** : sesame
ajuar *nm* : trousseau
ajustable *adj* : adjustable
ajustado, -da *adj* **1** *CEÑIDO* : tight, tight-fitting **2** : close, tight ⟨una ajustada victoria : a close victory⟩
ajustar *vt* **1** : to adjust, to adapt **2** : to take in (clothing) **3** : to settle, to resolve — **ajustarse** *vr* : to fit, to conform
ajuste *nm* **1** : adjustment **2** : tightening
ajusticiar *vt EJECUTAR* : to execute, to put to death
al *prep* (contraction of a and el) → a²
ala *nf* **1** : wing **2** : brim (of a hat)
Alá *nm* : Allah
alabanza *nf ELOGIO* : praise
alabar *vt* : to praise — **alabarse** *vr* : to boast
alabastro *nm* : alabaster
alabear *vt* : to warp — **alabearse** *vr*
alabeo *nm* : warp, warping
alacena *nf* : cupboard, larder
alacrán *nm, pl* **-cranes ESCORPIÓN** : scorpion
alado, -da *adj* : winged
alambique *nm* : still (to distill alcohol)
alambre *nm* **1** : wire **2 alambre de púas** : barbed wire
alameda *nf* **1** : poplar grove **2** : tree-lined avenue
álamo *nm* **1** : poplar **2 álamo temblón** : aspen
alar *nm* : eaves *pl*
alarde *nm* **1** : show, display **2 hacer alarde de** : to make show of, to boast about
alardear *vi PRESUMIR* : to boast, to brag
alargado, -da *adj* : elongated, slender
alargamiento *nm* : lengthening, extension, elongation
alargar {52} *vt* **1** : to extend, to lengthen **2 PROLONGAR** : to prolong — **alargarse** *vr*

alarido *nm* : howl, shriek
alarma *nf* : alarm
alarmante *adj* : alarming — **alarmantemente** *adv*
alarmar *vt* : to alarm
alazán *nm, pl* **-zanes** : sorrel (color or animal)
alba *nf* AMANECER : dawn, daybreak
albacea *nmf* TESTAMENTARIO : executor, executrix *f*
albahaca *nf* : basil
albanés, -nesa *adj & n, mpl* **-neses** : Albanian
albañil *nmf* : bricklayer, mason
albañilería *nf* : bricklaying, masonry
albaricoque *nm* : apricot
albatros *nm* : albatross
albedrío *nm* : will ⟨libre albedrío : free will⟩
alberca *nf* **1** : reservoir, tank **2** *Mex* : swimming pool
albergar {52} *vt* ALOJAR : to house, to lodge, to shelter
albergue *nm* **1** : shelter, refuge **2** : hostel
albino, -na *adj & n* : albino — **albinismo** *nm*
albóndiga *nf* : meatball
albor *nm* **1** : dawning, beginning **2** BLANCURA : whiteness
alborada *nf* : dawn
alborear *v impers* : to dawn
alborotado, -da *adj* **1** : excited, agitated **2** : rowdy, unruly
alborotador[1], -dora *adj* **1** : noisy, boisterous **2** : rowdy, unruly
alborotador[2], -dora *n* : agitator, troublemaker, rioter
alborotar *vt* **1** : to excite, to agitate **2** : to incite, to stir up — **alborotarse** *vr* **1** : to get excited **2** : to riot
alboroto *nm* **1** : disturbance, ruckus **2** MOTÍN : riot
alborozado, -da *adj* : jubilant
alborozar {21} *vt* : to gladden, to cheer
alborozo *nm* : joy, elation
álbum *nm* : album ⟨álbum de recortes : scrapbook⟩
albúmina *nf* : albumin
albur *nm* **1** : chance, risk **2** *Mex* : pun
alca *nf* : auk
alcachofa *nf* : artichoke
alcahuete, -ta *n* CHISMOSO : gossip
alcaide *nm* : warden (in a prison)
alcalde, -desa *n* : mayor
alcaldía *nf* **1** : mayoralty **2** AYUNTAMIENTO : city hall
álcali *nm* : alkali
alcalino, -na *adj* : alkaline — **alcalinidad** *nf*
alcance *nm* **1** : reach **2** : range, scope
alcancía *nf* **1** : piggy bank, money box **2** : collection box (for alms, etc.)
alcanfor *nm* : camphor
alcantarilla *nf* CLOACA : sewer, drain
alcanzar {21} *vt* **1** : to reach **2** : to catch up with **3** LOGRAR : to achieve, to at-

tain — *vi* **1** DAR : to suffice, to be enough **2** ~ **a** : to manage to
alcaparra *nf* : caper
alcapurria *nf PRi* : stuffed fritter made with taro and green banana
alcaravea *nf* : caraway
alcatraz *nm, pl* **-traces** : gannet
alcázar *nm* : fortress, castle
alce[1], etc. → **alzar**
alce[2] *nm* : moose, European elk
alcoba *nf* : bedroom
alcohol *nm* : alcohol
alcohólico, -ca *adj & n* : alcoholic
alcoholismo *nm* : alcoholism
alcoholizarse {21} *vr* : to become an alcoholic
alcornoque *nm* **1** : cork oak **2** *fam* : idiot, fool
alcurnia *nf* : ancestry, lineage
aldaba *nf* : door knocker
aldea *nf* : village
aldeano[1], -na *adj* : village, rustic
aldeano[2], -na *n* : villager
aleación *nf, pl* **-ciones** : alloy
alear *vt* : to alloy
aleatorio, -ria *adj* : random, fortuitous — **aleatoriamente** *adv*
alebrestar *vt* : to excite, to make nervous — **alebrestarse** *vr*
aledaño, -ña *adj* : bordering, neighboring
aledaños *nmpl* AFUERAS : outskirts, surrounding area
alegar {52} *vt* : to assert, to allege — *vi* DISCUTIR : to argue
alegato *nm* **1** : allegation, claim **2** *Mex* : argument, summation (in law) **3** : argument, dispute
alegoría *nf* : allegory
alegórico, -ca *adj* : allegorical
alegrar *vt* : to make happy, to cheer up — **alegrarse** *vr* : to be glad, to rejoice
alegre *adj* **1** : glad, cheerful **2** : colorful, bright **3** *fam* : tipsy
alegremente *adv* : happily, cheerfully
alegría *nf* : joy, cheer, happiness
alejado, -da *adj* : remote
alejamiento *nm* **1** : removal, separation **2** : estrangement
alejar *vt* **1** : to remove, to move away **2** : to estrange, to alienate — **alejarse** *vr* **1** : to move away, to stray **2** : to drift apart
alelado, -da *adj* **1** : bewildered, stupefied **2** : foolish, stupid
aleluya *interj* : hallelujah!, alleluia!
alemán[1], -mana *adj & n, mpl* **-manes** : German
alemán[2] *nm* : German (language)
alentador, -dora *adj* : encouraging
alentar {55} *vt* : to encourage, to inspire — *vi* : to breathe
alerce *nm* : larch
alérgeno *nm* : allergen
alergia *nf* : allergy
alérgico, -ca *adj* : allergic
alero *nm* **1** : eaves *pl* **2** : forward (in basketball)

alerón *nm, pl* **-rones** : aileron
alerta[1] *adv* : on the alert
alerta[2] *adj & nf* : alert
alertar *vt* : to alert
aleta *nf* **1** : fin **2** : flipper **3** : small wing
aletargado, -da *adj* : lethargic, sluggish, torpid
aletargarse {52} *vr* : to feel drowsy, to become lethargic
aletear *vi* : to flutter, to flap one's wings
aleteo *nm* : flapping, flutter
alevín *nm, pl* **-vines 1** : fry, young fish **2** PRINCIPIANTE : beginner
alevosía *nf* **1** : treachery **2** : premeditation
alevoso, -sa *adj* : treacherous
alfabético, -ca *adj* : alphabetical — **alfabéticamente** *adv*
alfabetismo *nm* : literacy
alfabetizado, -da *adj* : literate
alfabetizar {21} *vt* : to alphabetize
alfabeto *nm* : alphabet
alfalfa *nf* : alfalfa
alfanje *nm* : cutlass, scimitar
alfarería *nf* : pottery
alfarero, -ra *n* : potter
alféizar *nm* : sill, windowsill
alfeñique *nm fam* : wimp, weakling
alférez *nmf, pl* **-reces 1** : second lieutenant **2** : ensign
alfil *nm* : bishop (in chess)
alfiler *nm* **1** : pin **2** BROCHE : brooch
alfiletero *nm* : pincushion
alfombra *nf* : carpet, rug
alfombrado *nm* : carpeting
alfombrar *vt* : to carpet
alfombrilla *nf* : small rug, mat
alforfón *nm, pl* **-fones** : buckwheat
alforja *nf* : saddlebag
alforza *nf* : pleat, tuck
alga *nf* **1** : aquatic plant, alga **2** : seaweed
algarabía *nf* **1** : gibberish, babble **2** : hubbub, uproar
álgebra *nf* : algebra
algebraico, -ca *adj* : algebraic
álgido, -da *adj* **1** : critical, decisive **2** : icy cold
algo[1] *adv* : somewhat, rather ⟨es simpático, pero algo tacaño : he's nice but rather stingy⟩
algo[2] *pron* **1** : something **2** ~ **de** : some, a little ⟨tengo algo de dinero : I've got some money⟩
algodón *nm, pl* **-dones** : cotton
algoritmo *nm* : algorithm
alguacil *nm* : constable
alguien *pron* : somebody, someone
alguno[1]**, -na** *adj* (**algún** *before masculine singular nouns*) **1** : some, any ⟨algún día : someday, one day⟩ **2** (*in negative constructions*) : not any, not at all ⟨no tengo noticia alguna : I have no news at all⟩ **3 algunas veces** : sometimes
alguno[2]**, -na** *pron* **1** : one, someone, somebody ⟨alguno de ellos : one of them⟩ **2 algunos, -nas** *pron pl* : some,

a few ⟨algunos quieren trabajar : some want to work⟩
alhaja *nf* : jewel, gem
alhajar *vt* : to adorn with jewels
alharaca *nf* : fuss
alhelí *nm* : wallflower
aliado[1]**, -da** *adj* : allied
aliado[2]**, -da** *n* : ally
alianza *nf* : alliance
aliarse {85} *vr* : to form an alliance, to ally oneself
alias *adv & nm* : alias
alicaído, -da *adj* : depressed, discouraged
alicates *nmpl* PINZAS : pliers
aliciente *nm* **1** INCENTIVO : incentive **2** ATRACCIÓN : attraction
alienación *nf, pl* **-ciones** : alienation, derangement
alienar *vt* ENAJENAR : to alienate
aliento *nm* **1** : breath **2** : courage, strength **3 dar aliento a** : to encourage
aligerar *vt* **1** : to lighten **2** ACELERAR : to hasten, to quicken
alijo *nm* : cache, consignment (of contraband)
alimaña *nf* : pest, vermin
alimentación *nf, pl* **-ciones** NUTRICIÓN : nutrition, nourishment
alimentar *vt* **1** NUTRIR : to feed, to nourish **2** MANTENER : to support (a family) **3** FOMENTAR : to nurture, to foster — **alimentarse** *vr* ~ **con** : to live on
alimentario, -ria → **alimenticio**
alimenticio, -cia *adj* **1** : nutritional, food, dietary **2** : nutritious, nourishing
alimento *nm* : food, nourishment
aliñar *vt* **1** : to dress (salad) **2** CONDIMENTAR : to season
alineación *nf, pl* **-ciones 1** : alignment **2** : lineup (in sports)
alineamiento *nm* : alignment
alinear *vt* **1** : to align **2** : to line up — **alinearse** *vr* **1** : to fall in, to line up **2** ~ **con** : to align oneself with
aliño *nm* : seasoning, dressing
alipús *nm, pl* **-puses** *Mex fam* : booze, drink
alisar *vt* : to smooth
aliso *nm* : alder
alistamiento *nm* : enlistment, recruitment
alistar *vt* **1** : to recruit **2** : to make ready — **alistarse** *vr* : to join up, to enlist
aliteración *nf, pl* **-ciones** : alliteration
aliviar *vt* MITIGAR : to relieve, to alleviate, to soothe — **aliviarse** *vr* : to recover, to get better
alivio *nm* : relief
aljaba *nf* : quiver (for arrows)
aljibe *nm* : cistern, well
allá *adv* **1** : there, over there **2 más allá** : farther away **3 más allá de** : beyond **4 allá tú** : that's up to you

allanamiento *nm* 1 : (police) raid 2 **allanamiento de morada** : breaking and entering

allanar *vt* 1 : to raid, to search 2 : to resolve, to solve 3 : to smooth, to level out

allegado¹, -da *adj* : close, intimate

allegado², -da *n* : close friend, relation ⟨parientes y allegados : friends and relations⟩

allegar {52} *vt* : to gather, to collect

allende¹ *adv* : beyond, on the other side

allende² *prep* : beyond ⟨allende las montañas : beyond the mountains⟩

allí *adv* : there, over there ⟨allí mismo : right there⟩ ⟨hasta allí : up to that point⟩

alma *nf* 1 : soul 2 : person, human being 3 **no tener alma** : to be pitiless 4 **tener el alma en un hilo** : to have one's heart in one's mouth

almacén *nm, pl* **-cenes** 1 BODEGA : warehouse, storehouse 2 TIENDA : shop, store 3 **gran almacén** *Spain* : department store

almacenaje → almacenamiento

almacenamiento *nm* : storage ⟨almacenamiento de datos : data storage⟩

almacenar *vt* : to store, to put in storage

almacenero, -ra *n* : shopkeeper

almacenista *nm* MAYORISTA : wholesaler

almádena *nf* : sledgehammer

almanaque *nm* : almanac

almeja *nf* : clam

almendra *nf* 1 : almond 2 : kernel

almendro *nm* : almond tree

almiar *nm* : haystack

almíbar *nm* : syrup

almidón *nm, pl* **-dones** : starch

almidonar *vt* : to starch

aliminar *nm* MINARETE : minaret

almirante *nm* : admiral

almizcle *nm* : musk

almohada *nf* : pillow

almohadilla *nf* 1 : small pillow, cushion 2 : bag, base (in baseball)

almohadón *nm, pl* **-dones** : bolster, cushion

almohazar {21} *vt* : to curry (a horse)

almoneda *nf* SUBASTA : auction

almorranas *nfpl* HEMORROIDES : hemorrhoids, piles

almorzar {36} *vi* : to have lunch — *vt* : to have for lunch

almuerzo *nm* : lunch

alocado, -da *adj* 1 : crazy 2 : wild, reckless 3 : silly, scatterbrained

alocución *nf, pl* **-ciones** : speech, address

áloe *or* **aloe** *nm* : aloe

alojamiento *nm* : lodging, accommodations *pl*

alojar *vt* ALBERGAR : to house, to lodge — **alojarse** *vr* : to lodge, to room

alondra *nf* : lark, skylark

alpaca *nf* : alpaca

alpinismo *nm* : mountain climbing, mountaineering

alpinista *nmf* : mountain climber

alpino, -na *adj* : Alpine, alpine

alpiste *nm* : birdseed

alquilar *vt* ARRENDAR : to rent, to lease

alquiler *nm* ARRENDAMIENTO : rent, rental

alquimia *nf* : alchemy

alquimista *nmf* : alchemist

alquitrán *nm, pl* **-tranes** BREA : tar

alquitranar *vt* : to tar, to cover with tar

alrededor¹ *adv* 1 : around, about ⟨todo temblaba alrededor : all around things were shaking⟩ 2 ~ **de** : around, approximately ⟨alrededor de quince personas : around fifteen people⟩

alrededor² *prep* ~ **de** : around, about ⟨corrió alrededor de la casa : she ran around the house⟩ ⟨llegaré alrededor de diciembre : I will get there around December⟩

alrededores *nmpl* ALEDAÑOS : surroundings, outskirts

alta *nf* 1 : admission, entry, enrollment 2 **dar de alta** : to release, to discharge (a patient)

altanería *nf* ALTIVEZ, ARROGANCIA : arrogance, haughtiness

altanero, -ra *adj* ALTIVO, ARROGANTE : arrogant, haughty — **altaneramente** *adv*

altar *nm* : altar

altavoz *nm, pl* **-voces** ALTOPARLANTE : loudspeaker

alteración *nf, pl* **-ciones** 1 MODIFICACIÓN : alteration, modification 2 PERTURBACIÓN : disturbance, disruption

alterado, -da *adj* : upset

alterar *vt* 1 MODIFICAR : to alter, to modify 2 PERTURBAR : to disturb, to disrupt — **alterarse** *vr* : to get upset, to get worked up

altercado *nm* DISCUSIÓN, DISPUTA : altercation, argument, dispute

alternador *nm* : alternator

alternancia *nf* : alternation, rotation

alternar *vi* 1 : to alternate 2 : to mix, to socialize — *vt* : to alternate — **alternarse** *vr* : to take turns

alternativa *nf* OPCIÓN : alternative, option

alternativo, -va *adj* 1 : alternating 2 : alternative — **alternativamente** *adv*

alterno, -na *adj* : alternate ⟨corriente alterna : alternating current⟩

alteza *nf* 1 : loftiness, lofty height 2 **Alteza** : Highness

altibajos *nmpl* 1 : unevenness (of terrain) 2 : ups and downs

altímetro *nm* : altimeter

altiplanicie *nf* → altiplano

altiplano *nm* : high plateau, upland

altisonante *adj* 1 : pompous, affected (of language) 2 *Mex* : rude, obscene (of language)

altitud *nf* : altitude

altivez *nf, pl* **-veces** ALTANERÍA, ARRO-
GANCIA : arrogance, haughtiness
altivo, -va *adj* ALTANERO, ARROGANTE
: arrogant, haughty
alto[1] *adv* 1 : high 2 : loud, loudly
alto[2]**, -ta** *adj* 1 : tall, high 2 : loud ⟨en
voz alta : aloud, out loud⟩
alto[3] *nm* 1 ALTURA : height, elevation
2 : stop, halt 3 **altos** *nmpl* : upper floors
alto[4] *interj* : halt!, stop!
altoparlante *nm* ALTAVOZ : loudspeaker
altozano *nm* : hillock
altruismo *nm* : altruism
altruista[1] *adj* : altruistic
altruista[2] *nmf* : altruist
altura *nf* 1 : height 2 : altitude 3 : loftiness, nobleness 4 **a la altura de** : near,
up by ⟨en la avenida San Antonio a la
altura de la Calle Tres : on San Antonio Avenue up near Third Street⟩ 5 **a
estas alturas** : at this point, at this
stage of the game
alubia *nf* : kidney bean
alucinación *nf, pl* **-ciones** : hallucination
alucinante *adj* : hallucinatory
alucinar *vi* : to hallucinate
alucinógeno[1]**, -na** *adj* : hallucinogenic
alucinógeno[2] *nm* : hallucinogen
alud *nm* AVALANCHA : avalanche, landslide
aludido, -da *n* 1 : person in question ⟨el
aludido : the aforesaid⟩ 2 **darse por
aludido** : to take it personally
aludir *vi* : to allude, to refer
alumbrado *nm* ILUMINACIÓN : lighting
alumbramiento *nm* 1 : lighting 2
: childbirth
alumbrar *vt* 1 ILUMINAR : to light, to illuminate 2 : to give birth to
alumbre *nm* : alum
aluminio *nm* : aluminum
alumnado *nm* : student body
alumno, -na *n* 1 : pupil, student 2
ex–alumno, -na : alumnus, alumna *f* 3
ex–alumnos, -nas *npl* : alumni, alum-
nae *f*
alusión *nf, pl* **-siones** : allusion, reference
alusivo, -va *adj* 1 : allusive 2 ～ **a** : in
reference to, regarding
aluvión *nm, pl* **-viones** : flood, barrage
alza *nf* SUBIDA : rise ⟨precios en alza
: rising prices⟩
alzamiento *nm* LEVANTAMIENTO : uprising, insurrection
alzar {21} *vt* 1 ELEVAR, LEVANTAR : to
lift, to raise 2 : to erect — **alzarse** *vr*
LEVANTARSE : to rise up
ama *nf* → **amo**
amabilidad *nf* : kindness
amable *adj* : kind, nice — **amablemente**
adv
amado[1]**, -da** *adj* : beloved, darling
amado[2]**, -da** *n* : sweetheart, loved one
amaestrar *vt* : to train (animals)
amafiarse *vr Mex fam* : to conspire, to
be in cahoots

amagar {52} *vt* 1 : to show signs of (an
illness, etc.) 2 : to threaten — *vi* 1 : to
be imminent, to threaten 2 : to feint,
to dissemble
amago *nm* 1 AMENAZA : threat 2 : sign,
hint
amainar *vi* : to abate, to ease up, to die
down
amalgama *nf* : amalgam
amalgamar *vt* : to amalgamate, to unite
amamantar *v* : to breast-feed, to nurse,
to suckle
amanecer[1] {53} *v impers* 1 : to dawn 2
: to begin to show, to appear 3 : to
wake up (in the morning)
amanecer[2] *nm* ALBA : dawn, daybreak
amanerado, -da *adj* : affected, mannered
amansar *vt* 1 : to tame 2 : to soothe, to
calm down — **amansarse** *vr*
amante[1] *adj* : loving, fond
amante[2] *nmf* : lover
amañar *vt* : to rig, to fix, to tamper with
— **amañarse** *vr* **amañárselas** : to manage
amaño *nm* 1 : skill, dexterity 2 : trick,
ruse
amapola *nf* : poppy
amar *vt* : to love — **amarse** *vr*
amargado, -da *adj* : embittered, bitter
amargar {52} *vt* : to make bitter, to embitter — *vi* : to taste bitter
amargo[1]**, -ga** *adj* : bitter — **amargamente** *adv*
amargo[2] *nm* : bitterness, tartness
amargura *nf* 1 : bitterness 2 : grief, sorrow
amarilis *nf* : amaryllis
amarillear *vi* : to yellow, to turn yellow
amarillento, -ta *adj* : yellowish
amarillismo *nm* : yellow journalism,
sensationalism
amarillo[1]**, -lla** *adj* : yellow
amarillo[2] *nm* : yellow
amarra *nf* 1 : mooring, mooring line 2
soltar las amarras de : to loosen one's
grip on
amarrar *vt* 1 : to moor (a boat) 2 ATAR
: to fasten, to tie up, to tie down
amartillar *vt* : to cock (a gun)
amasar *vt* 1 : to amass 2 : to knead 3
: to mix, to prepare
amasijo *nm* : jumble, hodgepodge
amasio, -sia *n* : lover, paramour
amateur *adj & nmf* : amateur — **ama-
teurismo** *nm*
amatista *nf* : amethyst
amatorio, -ria *adj* : amatory, sexual
⟨poesía amatoria : love poems⟩
amazona *nf* 1 : Amazon (in mythology)
2 : horsewoman
amazónico, -ca *adj* : amazonian
ambages *nmpl* **sin** ～ : without hesitation, straight to the point
ámbar *nm* 1 : amber 2 **ámbar gris** : ambergris
ambición *nf, pl* **-ciones** : ambition
ambicionar *vt* : to aspire to, to seek

ambicioso, -sa adj : ambitious — **ambiciosamente** adv

ambidextro, -tra adj : ambidextrous

ambientación nf, pl **-ciones** : setting, atmosphere

ambiental adj : environmental — **ambientalmente** adv

ambientalista nmf : environmentalist

ambientar vt : to give atmosphere to, to set (in literature and drama) — **ambientarse** vr : to adjust, to get one's bearings

ambiente nm 1 : atmosphere 2 : environment 3 : surroundings pl

ambigüedad nf : ambiguity

ambiguo, -gua adj : ambiguous

ámbito nm : domain, field, area

ambivalencia nf : ambivalence

ambivalente adj : ambivalent

ambos, -bas adj & pron : both

ambulancia nf : ambulance

ambulante adj 1 : traveling, itinerant 2 **vendedor ambulante** : street vendor

ameba nf : amoeba

amedrentar vt : to frighten, to intimidate — **amedrentarse** vr

amén nm 1 : amen 2 ~ **de** : in addition to, besides 3 **en un decir amén** : in an instant

amenaza nf : threat, menace

amenazador, -dora adj : threatening, menacing

amenazante → **amenazador**

amenazar {21} v : to threaten

amenguar {10} vt 1 : to diminish 2 : to belittle, to dishonor

amenidad nf : pleasantness, amenity

amenizar {21} vt 1 : to make pleasant 2 : to brighten up, to add life to

ameno, -na adj : agreeable, pleasant

amento nm : catkin

americano, -na adj & n : American

amerindio, -dia adj & n : Amerindian

ameritar vt MERECER : to deserve

ametralladora nf : machine gun

amianto nm : asbestos

amiba → **ameba**

amigable adj : friendly, amicable — **amigablemente** adv

amígdala nf : tonsil

amigdalitis nf : tonsilitis

amigo[1], -ga adj : friendly, close

amigo[2], -ga n : friend

amigote nm : crony, pal

amilanar vt 1 : to frighten 2 : to daunt, to discourage — **amilanarse** vr : to lose heart

aminoácido nm : amino acid

aminorar vt : to reduce, to lessen — vi : to diminish

amistad nf : friendship

amistoso, -sa adj : friendly — **amistosamente** adv

amnesia nf : amnesia

amnésico, -ca adj & n : amnesiac, amnesic

amnistía nf : amnesty

amnistiar {85} vt : to grant amnesty to

amo, ama n 1 : master m, mistress f 2 : owner, keeper (of an animal) 3 **ama de casa** : housewife 4 **ama de llaves** : housekeeper

amodorrado, -da adj : drowsy

amolar {19} vt 1 : to grind, to sharpen 2 : to pester, to annoy

amoldable adj : adaptable

amoldar vt 1 : to mold 2 : to adapt, to adjust — **amoldarse** vr

amonestación nf, pl **-ciones** 1 APERCIBIMIENTO : admonition, warning 2 **amonestaciones** nfpl : banns

amonestar vt APERCIBIR : to admonish, to warn

amoníaco or **amoniaco** nm : ammonia

amontonamiento nm : accumulation, piling up

amontonar vt 1 APILAR : to pile up, to heap up 2 : to collect, to gather 3 : to hoard — **amontonarse** vr

amor nm 1 : love 2 : loved one, beloved 3 **amor propio** : self-esteem 4 **hacer el amor** : to make love

amoral adj : amoral

amoratado, -da adj : black-and-blue, bruised, livid

amordazar {21} vt 1 : to gag, to muzzle 2 : to silence

amorfo, -fa adj : shapeless, amorphous

amorío nm : love affair, fling

amoroso, -sa adj 1 : loving, affectionate 2 : amorous ⟨una mirada amorosa : an amorous glance⟩ 3 : charming, cute — **amorosamente** adv

amortiguación nf : cushioning, absorption

amortiguador nm : shock absorber

amortiguar {10} vt : to soften (an impact)

amortizar {21} vt : to amortize, to pay off — **amortización** nf

amotinado[1], -da adj : rebellious, insurgent, mutinous

amotinado[2], -da n : rebel, insurgent, mutineer

amotinamiento nm : uprising, rebellion

amotinar vt : to incite (to riot), to agitate — **amotinarse** vr 1 : to riot, to rebel 2 : to mutiny

amparar vt : to safeguard, to protect — **ampararse** vr 1 ~ **de** : to take shelter from 2 ~ **en** : to have recourse to

amparo nm ACOGIDA, REFUGIO : protection, refuge

amperímetro nm : ammeter

amperio nm : ampere

ampliable adj : expandable, enlargeable, extendible

ampliación nf, pl **-ciones** : expansion, extension

ampliar {85} vt 1 : to expand, to extend 2 : to widen 3 : to enlarge (photographs) 4 : to elaborate on, to develop (ideas)

amplificador nm : amplifier

amplificar {72} vt : to amplify — **amplificación** nf

amplio, -plia *adj* : broad, wide, ample — **ampliamente** *adj*

amplitud *nf* **1** : breadth, extent **2** : spaciousness

ampolla *nf* **1** : blister **2** : vial, ampoule

ampollar *vt* : to blister — **ampollarse** *vr*

ampolleta *nf* **1** : small vial **2** : hourglass **3** *Chile* : light bulb

ampulosidad *nf* : pompousness, bombast

ampuloso, -sa *adj* GRANDILOCUENTE : pompous, bombastic — **ampulosamente** *adv*

amputar *vt* : to amputate — **amputación** *nf*

amueblar *vt* : to furnish

amuleto *nm* TALISMÁN : amulet, charm

amurallar *vt* : to wall in, to fortify

anacardo *nm* : cashew nut

anaconda *nf* : anaconda

anacrónico, -ca *adj* : anachronistic

anacronismo *nm* : anachronism

ánade *nmf* **1** : duck **2 ánade real** : mallard

anagrama *nm* : anagram

anal *adj* : anal

anales *nmpl* : annals

analfabetismo *nm* : illiteracy

analfabeto, -ta *adj & n* : illiterate

analgésico¹, -ca *adj* : analgesic, painkilling

analgésico² *nm* : painkiller, analgesic

análisis *nm* : analysis

analista *nmf* **1** : analyst **2** : annalist

analítico, -ca *adj* : analytical, analytic — **analíticamente** *adv*

analizar {21} *vt* : to analyze

analogía *nf* : analogy

analógico, -ca *adj* **1** : analogical **2** : analog ⟨computadora analógica : analog computer⟩

análogo, -ga *adj* : analogous, similar

ananá *or* **ananás** *nm, pl* **-nás** : pineapple

anaquel *nm* REPISA : shelf

anaranjado¹, -da *adj* NARANJA : orange-colored

anaranjado² *nm* NARANJA : orange (color)

anarquía *nf* : anarchy

anárquico, -ca *adj* : anarchic

anarquismo *nm* : anarchism

anarquista *adj & nmf* : anarchist

anatema *nm* : anathema

anatomía *nf* : anatomy — **anatomista** *nmf*

anatómico, -ca *adj* : anatomical — **anatómicamente** *adv*

anca *nf* **1** : haunch, hindquarter **2 ancas de rana** : frog's legs

ancestral *adj* **1** : ancient, traditional **2** : ancestral

ancestro *nm* ASCENDIENTE : ancestor, forefather m

ancho¹, -cha *adj* **1** : wide, broad **2** : ample, loose-fitting

ancho² *nm* : width, breadth

anchoa *nf* : anchovy

anchura *nf* : width, breadth

ancianidad *nf* SENECTUD : old age

anciano¹, -na *adj* : aged, old, elderly

anciano², -na *n* : elderly person

ancla *nf* : anchor

ancladero → **anclaje**

anclaje *nm* : anchorage

anclar *v* FONDEAR : to anchor

andadas *nfpl* **1** : tracks **2 volver a las andadas** : to go back to one's old ways, to backslide

andador¹ *nm* **1** : walker, baby walker **2** *Mex* : walkway

andador², -dora *n* : walker, one who walks

andadura *nf* : course, journey ⟨su agotadora andadura al campeonato : his exhausting journey to the championship⟩

andaluz, -luza *adj & n, mpl* **-luces** : Andalusian

andamiaje *nm* **1** : scaffolding **2** ESTRUCTURA : structure, framework

andamio *nm* : scaffold

andanada *nf* **1** : volley, broadside **2 soltar una andanada a** : to reprimand

andanzas *nfpl* : adventures

andar¹ {6} *vi* **1** CAMINAR : to walk **2** IR : to go, to travel **3** FUNCIONAR : to run, to function ⟨el auto anda bien : the car runs well⟩ **4** : to ride ⟨andar a caballo : to ride on horseback⟩ **5** : to be ⟨anda sin dinero : he's broke⟩ — *vt* : to walk, to travel

andar² *nm* : walk, gait

andas *nfpl* : stand (for a coffin), bier

andén *nm,·pl* **andenes 1** : (train) platform **2** *CA, Col* : sidewalk

andino, -na *adj* : Andean

andorrano, -na *adj & n* : Andorran

andrajos *nmpl* : rags, tatters

andrajoso, -sa *adj* : ragged, tattered

andrógino, -na *adj* : androgynous

andurriales *nmpl* : remote place

anduvo, etc. → **andar**

anécdota *nf* : anecdote

anecdótico, -ca *adj* : anecdotal

anegar {52} *vt* **1** INUNDAR : to flood **2** AHOGAR : to drown **3** : to overwhelm — **anegarse** *vr* : to be flooded

anejo *nm* → **anexo²**

anemia *nf* : anemia

anémico, -ca *adj* : anemic

anémona *nf* : anemone

anestesia *nf* : anesthesia

anestesiar *vt* : to anesthetize

anestésico¹, -ca *adj* : anesthetic

anestésico² *nm* : anesthetic

anestesista *nmf* : anesthetist

aneurisma *nmf* : aneurysm

anexar *vt* : to annex, to attach

anexión *nf, pl* **-xiones** : annexation

anexo¹, -xa *adj* : attached, joined, annexed

anexo² *nm* **1** : annex **2** : supplement (to a book), appendix

anfetamina *nf* : amphetamine

anfibio[1], **-bia** *adj* : amphibious
anfibio[2] *nm* : amphibian
anfiteatro *nm* **1** : amphitheater **2** : lecture hall
anfitrión, -triona *n, mpl* **-triones** : host, hostess *f*
ánfora *nf* **1** : amphora **2** *Mex, Peru* : ballot box
ángel *nm* : angel
angelical *adj* : angelic, angelical
angélico, -ca *adj* → angelical
angina *nf* **1** *or* **angina de pecho** : angina **2** *Mex* : tonsil
anglicano, -na *adj & n* : Anglican
angloparlante[1] *adj* : English-speaking
angloparlante[2] *nmf* : English speaker
anglosajón, -jona *adj & n, mpl* **-jones** : Anglo-Saxon
angoleño, -ña *adj & n* : Angolan
angora *nf* : angora
angostar *vt* : to narrow — **angostarse** *vr*
angosto, -ta *adj* : narrow
angostura *nf* : narrowness
anguila *nf* : eel
angular *adj* : angular — **angularidad** *nf*
ángulo *nm* **1** : angle **2** : corner **3 ángulo muerto** : blind spot
anguloso, -sa *adj* : angular, sharp ⟨una cara angulosa : an angular face⟩ — **angulosidad** *nf*
angustia *nf* **1** CONGOJA : anguish, distress **2** : anxiety, worry
angustiar *vt* **1** : to anguish, to distress **2** : to worry — **angustiarse** *vr*
angustioso, -sa *adj* **1** : anguished, distressed **2** : distressing, worrisome
anhelante *adj* : yearning, longing
anhelar *vt* : to yearn for, to crave
anhelo *nm* : longing, yearning
anidar *vi* **1** : to nest **2** : to make one's home, to dwell — *vt* : to shelter
anillo *nm* SORTIJA : ring
ánima *n* ALMA : soul
animación *nf, pl* **-ciones 1** : animation **2** VIVEZA : liveliness
animado, -da *adj* **1** : animated, lively **2** : cheerful — **animadamente** *adv*
animador, -dora *n* **1** : (television) host **2** : cheerleader
animadversión *nf, pl* **-siones** ANIMOSIDAD : animosity, antagonism
animal[1] *adj* **1** : animal **2** ESTÚPIDO : stupid, idiotic **3** : rough, brutish
animal[2] *nm* : animal
animal[3] *nmf* **1** IDIOTA : idiot, fool **2** : brute, beastly person
animar *vt* **1** ALENTAR : to encourage, to inspire **2** : to animate, to enliven **3** : to brighten up, to cheer up — **animarse** *vr*
anímico, -ca *adj* : mental ⟨estado anímico : state of mind⟩
ánimo *nm* **1** ALMA : spirit, soul **2** : mood, spirits *pl* **3** : encouragement **4** PROPÓSITO : intention, purpose ⟨sociedad sin ánimo de lucro : nonprofit organization⟩ **5** : energy, vitality

animosidad *nf* ANIMADVERSIÓN : animosity, ill will
animoso, -sa *adj* : brave, spirited
aniñado, -da *adj* : childlike
aniquilación *nf* → aniquilamiento
aniquilamiento *nm* : annihilation, extermination
aniquilar *vt* **1** : to annihilate, to wipe out **2** : to overwhelm, to bring to one's knees — **aniquilarse** *vr*
anís *nm* **1** : anise **2 semilla de anís** : aniseed
aniversario *nm* : anniversary
ano *nm* : anus
anoche *adv* : last night
anochecer[1] {53} *v impers* : to get dark
anochecer[2] *nm* : dusk, nightfall
anodino, -na *adj* : insipid, dull
ánodo *nm* : anode
anomalía *nf* : anomaly
anómalo, -la *adj* : anomalous
anonadado, -da *adj* : dumbfounded, speechless
anonadar *vt* : to dumbfound, to stun
anonimato *nm* : anonymity
anónimo, -ma *adj* : anonymous — **anónimamente** *adv*
anorexia *nf* : anorexia
anoréxico, -ca *adj* : anorexic
anormal *adj* : abnormal — **anormalmente** *adv*
anormalidad *nf* : abnormality
anotación *nf, pl* **-ciones 1** : annotation, note **2** : scoring (in sports) ⟨lograron una anotación : they managed to score a goal⟩
anotar *vt* **1** : to annotate **2** APUNTAR, ESCRIBIR : to write down, to jot down **3** : to score (in sports) — *vi* : to score
anquilosado, -da *adj* **1** : stiff-jointed **2** : stagnated, stale
anquilosamiento *nm* **1** : stiffness (of joints) **2** : stagnation, paralysis
anquilosarse *vr* **1** : to stagnate **2** : to become stiff or paralyzed
anquilostoma *nm* : hookworm
ánsar *nm* : goose
ansarino *nm* : gosling
ansia *nf* **1** INQUIETUD : apprehensiveness, uneasiness **2** ANGUSTIA : anguish, distress **3** ANHELO : longing, yearning
ansiar {85} *vt* : to long for, to yearn for
ansiedad *nf* : anxiety
ansioso, -sa *adj* **1** : anxious, worried **2** : eager — **ansiosamente** *adv*
antagónico, -ca *adj* : conflicting, opposing
antagonismo *nm* : antagonism
antagonista[1] *adj* : antagonistic
antagonista[2] *nmf* : antagonist, opponent
antagonizar {21} *vt* : to antagonize
antaño *adv* : yesteryear, long ago
antártico, -ca *adj* **1** : antarctic **2 círculo antártico** : antarctic circle
ante[1] *nm* **1** : elk, moose **2** : suede
ante[2] *prep* **1** : before, in front of **2** : considering, in view of **3 ante todo** : first and foremost, above all

anteanoche *adv* : the night before last
anteayer *adv* : the day before yesterday
antebrazo *nm* : forearm
antecedente[1] *adj* : previous, prior
antecedente[2] *nm* **1** : precedent **2 antecedentes** *nmpl* : record, background
anteceder *v* : to precede
antecesor, -sora *n* **1** ANTEPASADO : ancestor **2** PREDECESOR : predecessor
antedicho, -cha *adj* : aforesaid, above
antelación *nf, pl* **-ciones 1** : advance notice **2 con ~** : in advance, beforehand
antemano *adv* **de ~** : in advance ⟨se lo agradezco de antemano : I thank you in advance⟩
antena *nf* : antenna
antenoche → anteanoche
anteojera *nf* **1** : eyeglass case **2 anteojeras** *nfpl* : blinders
anteojos *nmpl* GAFAS : glasses, eyeglasses
antepasado[1], **-da** *adj* : before last ⟨el domingo antepasado : the Sunday before last⟩
antepasado[2], **-da** *n* ANTECESOR : ancestor
antepecho *nm* **1** : guardrail **2** : ledge, sill
antepenúltimo, -ma *adj* : third from last
anteponer {60} *vt* **1** : to place before ⟨anteponer al interés de la nación el interés de la comunidad : to place the interests of the community before national interest⟩ **2** : to prefer
anteproyecto *nm* **1** : draft, proposal **2 anteproyecto de ley** : bill
antera *nf* : anther
anterior *adj* **1** : previous **2** : earlier ⟨tiempos anteriores : earlier times⟩ **3** : anterior, forward, front
anterioridad *nf* **1** : priority **2 con ~** : beforehand, in advance
anteriormente *adv* : previously, beforehand
antes *adv* **1** : before, earlier **2** : formerly, previously **3** : rather, sooner ⟨antes prefiero morir : I'd rather die⟩ **4 ~ de** : before, previous to ⟨antes de hoy : before today⟩ **5 antes que** : before ⟨antes que llegue Luis : before Luis arrives⟩ **6 cuanto antes** : as soon as possible **7 antes bien** : on the contrary
antesala *nf* **1** : anteroom, waiting room, lobby **2** : prelude, prologue
antiaborto, -ta *adj* : antiabortion
antiácido *nm* : antacid
antiadherente *adj* : nonstick
antiaéreo, -rea *adj* : antiaircraft
antiamericano, -na *adj* : anti-American
antibalas *adj* : bulletproof
antibiótico[1], **-ca** *adj* : antibiotic
antibiótico[2] *nm* : antibiotic
antichoque *adj* : shockproof
anticipación *nf, pl* **-ciones 1** : expectation, anticipation **2 con ~** : in advance

anticipado, -da *adj* **1** : advance, early **2 por ~** : in advance
anticipar *vt* **1** : to anticipate, to forestall, to deal with in advance **2** : to pay in advance — **anticiparse** *vr* **1** : to be early **2** ADELANTARSE : to get ahead
anticipo *nm* **1** : advance (payment) **2** : foretaste, preview
anticlerical *adj* : anticlerical
anticlimático, -ca *adj* : anticlimactic
anticlímax *nm* : anticlimax
anticomunismo *nm* : anticommunism
anticomunista *adj & nmf* : anticommunist
anticoncepción *nf, pl* **-ciones** : birth control, contraception
anticonceptivo *nm* : contraceptive
anticongelante *nm* : antifreeze
anticuado, -da *adj* : antiquated, outdated
anticuario[1], **-ria** *adj* : antique, antiquarian
anticuario[2], **-ria** *n* : antiquarian, antiquary
anticuario[3] *nm* : antique shop
anticuerpo *nm* : antibody
antidemocrático, -ca *adj* : antidemocratic
antideportivo, -va *adj* : unsportsmanlike
antidepresivo *nm* : antidepressant
antídoto *nm* : antidote
antidrogas *adj* : antidrug
antier → anteayer
antiestético, -ca *adj* : unsightly, unattractive
antifascista *adj & nmf* : antifascist
antifaz *nm, pl* **-faces** : mask
antifeminista *adj & nmf* : antifeminist
antífona *nf* : anthem
antígeno *nm* : antigen
antigualla *nf* **1** : antique **2** : relic, old thing
antiguamente *adv* **1** : formerly, once **2** : long ago
antigüedad *nf* **1** : antiquity **2** : seniority **3** : age ⟨con siglos de antigüedad : centuries-old⟩ **4 antigüedades** *nfpl* : antiques
antiguo, -gua *adj* **1** : ancient, old **2** : former **3** : old-fashioned ⟨a la antigua : in the old-fashioned way⟩ **4 Antiguo Testamento** : Old Testament
antihigiénico, -ca *adj* INSALUBRE : unhygienic, unsanitary
antihistamínico *nm* : antihistamine
antiimperialismo *nm* : anti-imperialism
antiimperialista *adj & nmf* : anti-imperialist
antiinflacionario, -ria *adj* : anti-inflationary
antiinflamatorio, -ria *adj* : anti-inflammatory
antillano[1], **-na** *adj* CARIBEÑO : Caribbean, West Indian
antillano[2], **-na** *n* : West Indian
antílope *nm* : antelope
antimilitarismo *nm* : antimilitarism

antimilitarista *adj & nmf* : antimilitarist
antimonio *nm* : antimony
antimonopolista *adj* : antimonopoly, antitrust
antinatural *adj* : unnatural, perverse
antipatía *nf* : aversion, dislike
antipático, -ca *adj* : obnoxious, unpleasant
antipatriótico, -ca *adj* : unpatriotic
antirrábico, -ca *adj* : antirabies ⟨vacuna antirrábica : rabies vaccine⟩
antirreglamentario, -ria *adj* **1** : unlawful, illegal **2** : foul (in sports)
antirrevolucionario, -ria *adj & n* : antirevolutionary
antirrobo, -ba *adj* : antitheft
antisemita *adj* : anti-Semitic
antisemitismo *nm* : anti-Semitism
antiséptico¹, -ca *adj* : antiseptic
antiséptico² *nm* : antiseptic
antisocial *adj* : antisocial
antitabaco *adj* : antismoking
antiterrorista *adj* : antiterrorist
antítesis *nf* : antithesis
antitoxina *nf* : antitoxin
antitranspirante *nm* : antiperspirant
antojadizo, -za *adj* CAPRICHOSO : capricious
antojarse *vr* **1** APETECER : to be appealing, to be desirable ⟨se me antoja un helado : I feel like having ice cream⟩ **2** : to seem, to appear ⟨los árboles se antojaban fantasmas : the trees seemed like ghosts⟩
antojitos *nmpl Mex* : traditional Mexican snack foods
antojo *nm* **1** CAPRICHO : whim **2** : craving
antología *nf* **1** : anthology **2** de ~ *fam* : fantastic, incredible
antónimo *nm* : antonym
antonomasia *nf* por ~ : par excellence
antorcha *nf* : torch
antracita *nf* : anthracite
antro *nm* **1** : cave, den **2** : dive, seedy nightclub
antropofagia *nf* CANIBALISMO : cannibalism
antropófago¹, -ga *adj* : cannibalistic
antropófago², -ga *n* CANÍBAL : cannibal
antropoide *adj & nmf* : anthropoid
antropología *nf* : anthropology
antropológico, -ca *adj* : anthropological
antropólogo, -ga *n* : anthropologist
anual *adj* : annual, yearly — **anualmente** *adv*
anualidad *nf* : annuity
anuario *nm* : yearbook, annual
anudar *vt* : to knot, to tie in a knot — **anudarse** *vr*
anuencia *nf* : consent
anulación *nf, pl* **-ciones** : annulment, nullification
anular *vt* : to annul, to cancel
anunciador, -dora *n* → anunciante
anunciante *nmf* : advertiser
anunciar *vt* **1** : to announce **2** : to advertise

anuncio *nm* **1** : announcement **2** : advertisement, commercial
anzuelo *nm* **1** : fishhook **2 morder el anzuelo** : to take the bait
añadido *nm* : addition
añadidura *nf* **1** : additive, addition **2** por ~ : in addition, furthermore
añadir *vt* **1** AGREGAR : to add **2** AUMENTAR : to increase
añejar *vt* : to age, to ripen
añejo, -ja *adj* **1** : aged, vintage **2** : age-old, musty, stale
añicos *nmpl* : smithereens, bits ⟨hacer(se) añicos : to shatter⟩
añil *nm* **1** : indigo **2** : bluing
año *nm* **1** : year ⟨en el año 1990 : in (the year) 1990⟩ ⟨tiene diez años : she is ten years old⟩ **2** : grade ⟨cuarto año : fourth grade⟩ **3 año bisiesto** : leap year **4 año luz** : light-year **5 Año Nuevo** : New Year
añoranza *nf* : longing, yearning
añorar *vt* **1** DESEAR : to long for **2** : to grieve for, to miss — *vi* : to mourn, to grieve
añoso, -sa *adj* : aged, old
aorta *nf* : aorta
apabullante *adj* : overwhelming, crushing
apabullar *vt* : to overwhelm
apacentar {55} *vt* : to pasture, to put to pasture
apache *adj & nmf* : Apache
apachurrado, -da *adj fam* : depressed, down
apachurrar *vt* : to crush, to squash
apacible *adj* : gentle, mild, calm — **apaciblemente** *adv*
apaciguador, -dora *adj* : calming
apaciguamiento *nm* : appeasement
apaciguar {10} *vt* APLACAR : to appease, to pacify — **apaciguarse** *vr* : to calm down
apadrinar *vt* **1** : to be a godparent to **2** : to sponsor, to support
apagado, -da *adj* **1** : off, out ⟨la luz está apagada : the light is off⟩ **2** : dull, subdued
apagador *nm Mex* : switch
apagar {52} *vt* **1** : to turn off, to shut off **2** : to extinguish, to put out — **apagarse** *vr* **1** : to go out, to fade **2** : to wane, to die down
apagón *nm, pl* **-gones** : blackout (of power)
apalancamiento *nm* : leverage
apalancar {72} *vt* **1** : to jack up **2** : to pry open
apalear *vt* : to beat up, to thrash
apantallar *vt Mex* : to dazzle, to impress
apañar *vt* **1** : to seize, to grasp **2** : to repair, to mend — **apañarse** *vr* : to manage, to get along
apaño *nm fam* **1** : patch **2** HABILIDAD : skill, knack
apapachar *vt Mex fam* : to cuddle, to caress — **apapacharse** *vr*

aparador *nm* **1** : sideboard, cupboard **2** ESCAPARATE, VITRINA : shop window

aparato *nm* **1** : machine, appliance, apparatus ⟨aparato auditivo : hearing aid⟩ ⟨aparato de televisión : television set⟩ **2** : system ⟨aparato digestivo : digestive system⟩ **3** : display, ostentation ⟨sin aparato : without ceremony⟩ **4**

aparatos *nmpl* : braces (for the teeth)

aparatoso, -sa *adj* **1** : ostentatious **2** : spectacular

aparcamiento *nm* Spain **1** : parking **2** : parking lot

aparcar {72} *v* Spain : to park

aparcero, -ra *n* : sharecropper

aparear *vt* **1** : to mate (animals) **2** : to match up — **aparearse** *vr* : to mate

aparecer {53} *vi* **1** : to appear **2** PRESENTARSE : to show up **3** : to turn up, to be found — **aparecerse** *vr* : to appear

aparejado, -da *adj* **1** ir aparejado con : to go hand in hand with **2** llevar aparejado : to entail

aparejar *vt* **1** PREPARAR : to prepare, to make ready **2** : to harness (a horse) **3** : to fit out (a ship)

aparejo *nm* **1** : equipment, gear **2** : harness, saddle **3** : rig, rigging (of a ship)

aparentar *vt* **1** : to seem, to appear ⟨no aparentas tu edad : you don't look your age⟩ **2** FINGIR : to feign, to pretend

aparente *adj* **1** : apparent **2** : showy, striking — **aparentemente** *adv*

aparición *nf, pl* **-ciones** **1** : appearance **2** PUBLICACIÓN : publication, release **3** FANTASMA : apparition, vision

apariencia *nf* **1** ASPECTO : appearance, look **2** en ∼ : seemingly, apparently

apartado *nm* **1** : section, paragraph **2**

apartado postal : post office box

apartamento *nm* DEPARTAMENTO : apartment

apartar *vt* **1** ALEJAR : to move away, to put at a distance **2** : to put aside, to set aside, to separate — **apartarse** *vr* **1** : to step aside, to move away **2** DESVIARSE : to stray

aparte[1] *adv* **1** : apart, aside ⟨modestia aparte : if I say so myself⟩ **2** : separately **3** ∼ **de** : apart from, besides

aparte[2] *adj* : separate, special

aparte[3] *nm* : aside (in theater)

apartheid *nm* : apartheid

apasionado, -da *adj* : passionate, enthusiastic — **apasionadamente** *adv*

apasionante *adj* : fascinating, exciting

apasionar *vt* : to enthuse, to excite — **apasionarse** *vr*

apatía *nf* : apathy

apático, -ca *adj* : apathetic

apearse *vr* **1** DESMONTAR : to dismount **2** : to get out of or off (a vehicle)

apedrear *vt* : to stone, to throw stones at

apegado, -da *adj* : attached, close, devoted ⟨es muy apegado a su familia : he is very devoted to his family⟩

apegarse {52} *vr* ∼ **a** : to become attached to, to grow fond of

apego *nm* AFICIÓN : attachment, fondness, inclination

apelación *nf, pl* **-ciones** : appeal (in court)

apelar *vi* **1** : to appeal **2** ∼ **a** : to resort to

apelativo *nm* APELLIDO : last name, surname

apellidarse *vr* : to have for a last name ⟨¿cómo se apellida? : what is your last name?⟩

apellido *nm* : last name, surname

apelotonar *vt* : to roll into a ball, to bundle up

apenar *vt* : to aggrieve, to sadden — **apenarse** *vr* **1** : to be saddened **2** : to become embarrassed

apenas[1] *adv* : hardly, scarcely

apenas[2] *conj* : as soon as

apéndice *nm* **1** : appendix **2** : appendage

apendicectomía *nf* : appendectomy

apendicitis *nf* : appendicitis

apercibimiento *nm* **1** : preparation **2** AMONESTACIÓN : warning

apercibir *vt* **1** DISPONER : to prepare, to make ready **2** AMONESTAR : to warn **3** OBSERVAR : to observe, to perceive — **apercibirse** *vr* **1** : to get ready **2** ∼ **de** : to notice

aperitivo *nm* **1** : appetizer **2** : aperitif

apero *nm* : tool, implement

apertura *nf* **1** : opening, aperture **2** : commencement, beginning **3** : openness

apesadumbrar *vt* : to distress, to sadden — **apesadumbrarse** *vr* : to be weighed down

apestar *vt* **1** : to infect with the plague **2** : to corrupt — *vi* : to stink

apestoso, -sa *adj* : stinking, foul

apetecer {53} *vt* **1** : to crave, to long for ⟨apeteció la fama : he longed for fame⟩ **2** : to appeal to ⟨me apetece un bistec : I feel like having a steak⟩ ⟨¿cuándo te apetece? : when do you want to go?⟩ — *vi* : to be appealing

apetecible *adj* : appetizing, appealing

apetito *nm* : appetite

apetitoso, -sa *adj* : appetizing

apiario *nm* : apiary

ápice *nm* **1** : apex, summit **2** PIZCA : bit, smidgen

apicultor, -tora *n* : beekeeper

apicultura *nf* : beekeeping

apilar *vt* AMONTONAR : to heap up, to pile up — **apilarse** *vr*

apiñado, -da *adj* : jammed, crowded

apiñar *vt* : to pack, to cram — **apiñarse** *vr* : to crowd together, to huddle

apio *nm* : celery

apisonadora *nf* : steamroller

apisonar *vt* : to pack down, to tamp

aplacamiento *nm* : appeasement

aplacar {72} *vt* APACIGUAR : to appease, to placate — **aplacarse** *vr* : to calm down

aplanadora *nf* : steamroller
aplanar *vt* : to flatten, to level
aplastante *adj* : crushing, overwhelming
aplastar *vt* : to crush, to squash
aplaudir *v* : to applaud
aplauso *nm* 1 : applause, clapping 2 : praise, acclaim
aplazamiento *nm* : postponement
aplazar {21} *vt* : to postpone, to defer
aplicable *adj* : applicable — **aplicabilidad** *nf*
aplicación *nf*, *pl* **-ciones** 1 : application 2 : diligence, dedication
aplicado, -da *adj* : diligent, industrious
aplicador *nm* : applicator
aplicar {72} *vt* : to apply — **aplicarse** *vr* : to apply oneself
aplique *or* **apliqué** *nm* : appliqué
aplomar *vt* : to plumb, to make vertical
aplomo *nm* : aplomb, composure
apocado, -da *adj* : timid
apocalipsis *nms & pl* : apocalypse ⟨el Libro del Apocalipsis : the Book of Revelation⟩
apocalíptico, -ca *adj* : apocalyptic
apocamiento *nm* : timidity
apocarse {72} *vr* 1 : to shy away, to be intimidated 2 : to humble oneself, to sell oneself short
apócrifo, -fa *adj* : apocryphal
apodar *vt* : to nickname, to call — **apodarse** *vr*
apoderado, -da *n* : proxy, agent
apoderar *vt* : to authorize, to empower — **apoderarse** *vr* ∼ **de** : to seize, to take over
apodo *nm* SOBRENOMBRE : nickname
apogeo *nm* : acme, peak, zenith
apología *nf* : defense, apology
apoplejía *nf* : apoplexy, stroke
apoplético, -ca *adj* : apoplectic
aporrear *vt* : to bang on, to beat, to bludgeon
aportación *nf*, *pl* **-ciones** : contribution
aportar *vt* CONTRIBUIR : to contribute, to provide
aporte *nm* → aportación
apostador, -dora *n* : bettor, better
apostar {19} *v* : to bet, to wager ⟨apuesto que no viene : I bet he's not coming⟩
apostasía *nf* : apostasy
apóstata *nmf* : apostate
apostilla *nf* : note
apostillar *vt* : to annotate
apóstol *nm* : apostle
apostólico, -ca *adj* : apostolic
apóstrofe *nmf* : apostrophe
apostura *nf* : elegance, gracefulness
apoyacabezas *nms & pl* : headrest
apoyapiés *nms & pl* : footrest
apoyar *vt* 1 : to support, to back 2 : to lean, to rest — **apoyarse** *vr* 1 ∼ **en** : to lean on 2 ∼ **en** : to be based on, to rest on
apoyo *nm* : support, backing
apreciable *adj* : appreciable, substantial, considerable

apreciación *nf*, *pl* **-ciones** 1 : appreciation 2 : appraisal, evaluation
apreciar *vt* 1 ESTIMAR : to appreciate, to value 2 EVALUAR : to appraise, to assess — **apreciarse** *vr* : to appreciate, to increase in value
aprecio *nm* 1 ESTIMO : esteem, appreciation 2 EVALUACIÓN : appraisal, assessment
aprehender *vt* 1 : to apprehend, to capture 2 : to conceive of, to grasp
aprehensión *nf*, *pl* **-siones** : apprehension, capture, arrest
apremiante *adj* : pressing, urgent
apremiar *vt* INSTAR : to pressure, to urge — *vi* URGIR : to be urgent ⟨el tiempo apremia : time is of the essence⟩
apremio *nm* : pressure, urgency
aprender *v* : to learn — **aprenderse** *vr*
aprendiz, -diza *n*, *mpl* **-dices** : apprentice, trainee
aprendizaje *nm* : apprenticeship
aprensión *nf*, *pl* **-siones** : apprehension, dread
aprensivo, -va *adj* : apprehensive, worried
apresamiento *nm* : seizure, capture
apresar *vt* : to capture, to seize
aprestar *vt* : to make ready, to prepare — **aprestarse** *vr* : to get ready
apresuradamente *adv* 1 : hurriedly 2 : hastily, too fast
apresurado, -da *adj* : hurried, in a rush
apresuramiento *nm* : hurry, haste
apresurar *vt* : to quicken, to speed up — **apresurarse** *vr* : to hurry up, to make haste
apretado, -da *adj* 1 : tight 2 *fam* : cheap, tightfisted — **apretadamente** *adv*
apretar {55} *vt* 1 : to press, to push (a button) 2 : to tighten 3 : to squeeze — *vi* 1 : to press, to push 2 : to fit tightly, to be too tight ⟨los zapatos me aprietan : my shoes are tight⟩
apretón *nm*, *pl* **-tones** 1 : squeeze 2 **apretón de manos** : handshake
apretujar *vt* : to squash, to squeeze — **apretujarse** *vr*
aprieto *nm* APURO : predicament, difficulty ⟨estar en un aprieto : to be in a fix⟩
aprisa *adv* : quickly, hurriedly
aprisionar *vt* 1 : to imprison 2 : to trap, to box in
aprobación *nf*, *pl* **-ciones** : approval, endorsement
aprobar {19} *vt* 1 : to approve of 2 : to pass (a law, an exam) — *vi* : to pass (in school)
aprobatorio, -ria *adj* : approving
apropiación *nf*, *pl* **-ciones** : appropriation
apropiado, -da *adj* : appropriate, proper, suitable — **apropiadamente** *adv*
apropiarse *vr* ∼ **de** : to take possession of, to appropriate
aprovechable *adj* : usable

aprovechado¹, -da *adj* **1** : diligent, hardworking **2** : pushy, opportunistic
aprovechado², -da *n* : pushy person, opportunist
aprovechamiento *nm* : use, exploitation
aprovechar *vt* : to take advantage of, to make good use of — *vi* **1** : to be of use **2** : to progress, to improve — **aprovecharse** *vr* ~ **de** : to take advantage of, to exploit
aprovisionamiento *nm* : provisions *pl*, supplies *pl*
aprovisionar *vt* : to provide, to supply (with provisions)
aproximación *nf, pl* **-ciones 1** : approximation, estimate **2** : rapprochement
aproximado, -da *adj* : approximate, estimated — **aproximadamente** *adv*
aproximar *vt* ACERCAR, ARRIMAR : to approximate, to bring closer — **aproximarse** *vr* ACERCARSE, ARRIMARSE : to approach, to move closer
aptitud *nf* : aptitude, capability
apto, -ta *adj* **1** : suitable, suited, fit **2** HÁBIL : capable, competent
apuesta *nf* : bet, wager
apuesto, -ta *adj* : elegant, good-looking
apuntador, -dora *n* : prompter
apuntalar *vt* : to prop up, to shore up
apuntar *vt* **1** : to aim, to point **2** ANOTAR : to write down, to jot down **3** INDICAR, SEÑALAR : to point to, to point out **4** : to prompt (in the theater) — *vi* **1** : to take aim **2** : to become evident — **apuntarse** *vr* **1** : to sign up, to enroll **2** : to score
apunte *nm* : note
apuñalar *vt* : to stab
apuradamente *adv* **1** : with difficulty **2** : hurriedly, hastily
apurado, -da *adj* **1** APRESURADO : rushed, pressured **2** : poor, needy **3** : difficult, awkward **4** : embarrassed
apurar *vt* APRESURAR : to hurry, to rush **2** : to use up, to exhaust **3** : to trouble — **apurarse** *vr* **1** APRESURARSE : to hurry up **2** PREOCUPARSE : to worry
apuro *nm* **1** APRIETO : predicament, jam **2** : rush, hurry **3** : embarrassment
aquejar *vt* : to afflict
aquel, aquella *adj, mpl* **aquellos** : that, those
aquél, aquélla *pron, mpl* **aquéllos 1** : that (one), those (ones) **2** : the former
aquello *pron* (neuter) : that, that matter, that business ⟨aquello fue algo serio : that was something serious⟩
aquí *adv* **1** : here **2** : now ⟨de aquí en adelante : from now on⟩ **3 por** ~ : around here, hereabouts
aquiescencia *nf* : acquiescence, approval
aquietar *vt* : to allay, to calm — **aquietarse** *vr* : to calm down
aquilatar *vt* **1** : to assay **2** : to assess, to size up

ara *nf* **1** : altar **2 en aras de** : in the interests of, for the sake of
árabe¹ *adj & nmf* : Arab, Arabian
árabe² *nm* : Arabic (language)
arabesco *nm* : arabesque — **arabesco, -ca** *adj*
arábigo, -ga *adj* **1** : Arabic, Arabian **2 número arábigo** : Arabic numeral
arable *adj* : arable
arado *nm* : plow
aragonés, -nesa *adj & n, mpl* **-neses** : Aragonese
arancel *nm* : tariff, duty
arándano *nm* : blueberry
arandela *nf* : washer (for a faucet, etc.)
araña *nf* **1** : spider **2** : chandelier
arañar *v* : to scratch, to claw
arañazo *nm* : scratch
arar *v* : to plow
arbitraje *nm* **1** : arbitration **2** : refereeing (in sports)
arbitrar *v* **1** : to arbitrate **2** : to referee to umpire
arbitrariedad *nf* **1** : arbitrariness **2** INJUSTICIA : injustice, wrong
arbitrario, -ria *adj* **1** : arbitrary **2** : unfair, unjust — **arbitrariamente** *adv*
arbitrio *nm* **1** ALBEDRÍO : will **2** JUICIO : judgment
árbitro, -tra *n* **1** : arbitrator, arbiter **2** : referee, umpire
árbol *nm* **1** : tree **2 árbol genealógico** : family tree
arbolado¹, -da *adj* : wooded
arbolado² *nm* : woodland
arboleda *nf* : grove, wood
arbóreo, -rea *adj* : arboreal
arbusto *nm* : shrub, bush, hedge
arca *nf* **1** : ark **2** : coffer, chest
arcada *nf* **1** : arcade, series of arches **2 arcadas** *nfpl* : retching ⟨hacer arcadas : to retch⟩
arcaico, -ca *adj* : archaic
arcángel *nm* : archangel
arcano, -na *adj* : arcane
arce *nm* : maple tree
arcén *nm, pl* **arcenes** : hard shoulder, berm
archidiócesis *nfs & pl* : archdiocese
archipiélago *nm* : archipelago
archivador *nm* : filing cabinet
archivar *vt* **1** : to file **2** : to archive
archivero, -ra *n* : archivist
archivista *nmf* : archivist
archivo *nm* **1** : file **2** : archive, archives *pl*
arcilla *nf* : clay
arco *nm* **1** : arch, archway **2** : bow (in archery) **3** : arc **4** : wicket (in croquet) **5** PORTERÍA : goal, goalposts *pl* **6 arco iris** : rainbow
arder *vi* **1** : to burn ⟨el bosque está ardiendo : the forest is in flames⟩ ⟨arder de ira : to burn with anger, to be seething⟩ **2** : to smart, to sting, to burn ⟨le ardía el estómago : he had heartburn⟩
ardid *nm* : scheme, ruse

ardiente *adj* **1** : burning **2** : ardent, passionate — **ardientemente** *adv*

ardilla *nf* **1** : squirrel **2** *or* **ardilla listada** : chipmunk

ardor *nm* **1** : heat **2** : passion, ardor

ardoroso, -sa *adj* : heated, impassioned

arduo, -dua *adj* : arduous, grueling — **arduamente** *adv*

área *nf* : area

arena *nf* **1** : sand ⟨arena movediza : quicksand⟩ **2** : arena

arenga *nf* : harangue, lecture

arengar {52} *vt* : to harangue, to lecture

arenilla *nf* **1** : fine sand **2 arenillas** *nfpl* : kidney stones

arenisca *nf* : sandstone

arenoso, -sa *adj* : sandy, gritty

arenque *nm* : herring

arepa *nf* : cornmeal bread

arete *nm* : earring

argamasa *nf* : mortar (cement)

argelino, -na *adj & n* : Algerian

argentino, -na *adj & n* : Argentinian, Argentine

argolla *nf* : hoop, ring

argón *nm* : argon

argot *nm* : slang

argucia *nf* : sophistry, subtlety

argüir {41} *vi* : to argue — *vt* **1** ARGUMENTAR : to contend, to argue **2** INFERIR : to deduce **3** PROBAR : to prove

argumentación *nf*, *pl* **-ciones** : line of reasoning, argument

argumentar *vt* : to argue, to contend

argumento *nm* **1** : argument, reasoning **2** : plot, story line

aria *nf* : aria

aridez *nf*, *pl* **-deces** : aridity, dryness

árido, -da *adj* : arid, dry

Aries *nmf* : Aries

ariete *nm* : battering ram

arisco, -ca *adj* : surly, sullen, unsociable

arista *nf* **1** : ridge, edge **2** : beard (of a plant) **3 aristas** *nfpl* : rough edges, complications, problems

aristocracia *nf* : aristocracy

aristócrata *nmf* : aristocrat

aristocrático, -ca *adj* : aristocratic

aritmética *nf* : arithmetic

aritmético, -ca *adj* : arithmetic, arithmetical — **aritméticamente** *adv*

arlequín *nm*, *pl* **-quines** : harlequin

arma *nf* **1** : weapon **2 armas** *nfpl* : armed forces **3 arma de fuego** : firearm

armada *nf* : navy, fleet

armadillo *nm* : armadillo

armado, -da *adj* **1** : armed **2** : assembled, put together **3** *PRi* : obstinate, stubborn

armador, -dora *n* : shipowner

armadura *nf* **1** : armor **2** ARMAZÓN : skeleton, framework

armamento *nm* : armament, arms *pl*, weaponry

armar *vt* **1** : to assemble, to put together **2** : to create, to cause ⟨armar un escándalo : to cause a scene⟩ **3** : to arm — **armarse** *vr* **armarse de valor** : to steel oneself

armario *nm* **1** CLÓSET, ROPERO : closet **2** ALACENA : cupboard

armatoste *nm* *fam* : monstrosity, contraption

armazón *nmf*, *pl* **-zones 1** ESQUELETO : framework, skeleton ⟨armazón de acero : steel framework⟩ **2** : frames *pl* (of eyeglasses)

armenio, -nia *adj & n* : Armenian

armería *nf* **1** : armory **2** : arms museum **3** : gunsmith's shop **4** : gunsmith's craft

armiño *nm* : ermine

armisticio *nm* : armistice

armonía *nf* : harmony

armónica *nf* : harmonica

armónico, -ca *adj* **1** : harmonic **2** : harmonious — **armónicamente** *adv*

armonioso, -sa *adj* : harmonious — **armoniosamente** *adv*

armonizar {21} *vt* **1** : to harmonize **2** : to reconcile — *vi* : to harmonize, to blend together

arnés *nm*, *pl* **arneses** : harness

aro *nm* **1** : hoop **2** : napkin ring **3** *Arg, Chile, Uru* : earring

aroma *nm* : aroma, scent

aromático, -ca *adj* : aromatic

arpa *nf* : harp

arpegio *nm* : arpeggio

arpía *nf* : shrew, harpy

arpillera *nf* : burlap

arpista *nmf* : harpist

arpón *nm*, *pl* **arpones** : harpoon — **arponear** *vt*

arquear *vt* : to arch, to bend — **arquearse** *vr* : to bend, to bow

arqueología *nf* : archaeology

arqueológico, -ca *adj* : archaeological

arqueólogo, -ga *n* : archaeologist

arquero, -ra *n* **1** : archer **2** PORTERO : goalkeeper, goalie

arquetípico, -ca *adj* : archetypal

arquetipo *nm* : archetype

arquitecto, -ta *n* : architect

arquitectónico, -ca *adj* : architectural — **aquitectónicamente** *adv*

arquitectura *nf* : architecture

arrabal *nm* **1** : slum **2 arrabales** *nmpl* : outskirts, outlying area

arracada *nf* : hoop earring

arracimarse *vr* : to cluster together

arraigado, -da *adj* : deep-seated, ingrained

arraigar {52} *vi* : to take root, to become established — **arraigarse** *vr*

arraigo *nm* : roots *pl* ⟨con mucho arraigo : deep-rooted⟩

arrancar {72} *vt* **1** : to pull out, to tear out **2** : to pick, to pluck (a flower) **3** : to start (an engine) **4** : to boot (a computer) — *vi* **1** : to start an engine **2** : to get going — **arrancarse** *vr* : to pull out, to pull off

arrancón *nm, pl* **-cones** *Mex* **1** : sudden loud start (of a car) **2 carrera de arrancones** : drag race

arranque *nm* **1** : starter (of a car) **2 ARREBATO** : outburst, fit **3 punto de arranque** : beginning, starting point

arrasar *vt* **1** : to level, to smooth **2** : to devastate, to destroy **3** : to fill to the brim

arrastrar *vt* **1** : to drag, to tow **2** : to draw, to attract — *vi* : to hang down, to trail — **arrastrarse** *vr* **1** : to crawl **2** : to grovel

arrastre *nm* **1** : dragging **2** : pull, attraction **3 red de arrastre** : dragnet, trawling net

arrayán *nm, pl* **-yanes 1** MIRTO : myrtle **2 arrayán brabántico** : bayberry, wax myrtle

arrear *vt* : to urge on, to drive — *vi* : to hurry along

arrebatado, -da *adj* **1** PRECIPITADO : impetuous, hotheaded, rash **2** : flushed, blushing

arrebatar *vt* **1** : to snatch, to seize **2** CAUTIVAR : to captivate — **arrebatarse** *vr* : to get carried away (with anger, etc.)

arrebato *nm* ARRANQUE : fit, outburst

arreciar *vi* : to intensify, to worsen

arrecife *nm* : reef

arreglado, -da *adj* **1** : fixed, repaired **2** : settled, sorted out **3** : neat, tidy **4** : smart, dressed-up

arreglar *vt* **1** COMPONER : to repair, to fix **2** : to tidy up ⟨arregla tu cuarto : pick up your room⟩ **3** : to solve, to work out ⟨quiero arreglar este asunto : I want to settle this matter⟩ — **arreglarse** *vr* **1** : to get dressed (up) ⟨arreglarse el pelo : to get one's hair done⟩ **2 arreglárselas** *fam* : to get by, to manage

arreglo *nm* **1** : repair **2** : arrangement **3** : agreement, understanding

arrellanarse *vr* : to settle (in a chair)

arremangarse {52} *vr* : to roll up one's sleeves

arremeter *vi* EMBESTIR : to attack, to charge

arremetida *nf* EMBESTIDA : attack, onslaught

arremolinarse *vr* **1** : to crowd around, to mill about **2** : to swirl (about)

arrendador, -dora *n* **1** : landlord, landlady *f* **2** : tenant, lessee

arrendajo *nm* : jay

arrendamiento *nm* **1** ALQUILER : rental, leasing **2 contrato de arrendamiento** : lease

arrendar {55} *vt* ALQUILAR : to rent, to lease

arrendatario, -ria *n* : tenant, lessee, renter

arreos *nmpl* GUARNICIONES : tack, harness, trappings

arrepentido, -da *adj* : repentant, remorseful

arrepentimiento *nm* : regret, remorse, repentance

arrepentirse {76} *vr* **1** : to regret, to be sorry **2** : to repent

arrestar *vt* DETENER : to arrest, to detain

arresto *nm* **1** DETENCIÓN : arrest **2 arrestos** *nmpl* : boldness, daring

arriar {85} *vt* **1** : to lower (a flag, etc.) **2** : to slacken (a rope, etc.)

arriate *nm Mex, Spain* : bed (for plants), border

arriba *adv* **1** : up, upwards **2** : above, overhead **3** : upstairs **4** ~ **de** : more than **5 de arriba abajo** : from top to bottom, from head to foot

arribar *vi* **1** : to arrive **2** : to dock, to put into port

arribista *nmf* : parvenu, upstart

arribo *nm* : arrival

arriendo *nm* ARRENDAMIENTO : rent, rental

arriero, -ra *n* : mule driver, muleteer

arriesgado, -da *adj* **1** : risky **2** : bold, daring

arriesgar {52} *vt* : to risk, to venture — **arriesgarse** *vr* : to take a chance

arrimado, -da *n Mex fam* : sponger, freeloader

arrimar *vt* ACERCAR, APROXIMAR : to bring closer, to draw near — **arrimarse** *vr* ACERCARSE, APROXIMARSE : to approach, to get close

arrinconar *vt* **1** ACORRALAR : to corner, to box in **2** : to push aside, to abandon

arroba *nf* : arroba (Spanish unit of measurement)

arrobamiento *nm* : rapture, ecstasy

arrobar *vt* : to enrapture, to enchant — **arrobarse** *vr*

arrocero¹, -ra *adj* : rice

arrocero², -ra *n* : rice grower

arrodillarse *vr* : to kneel (down)

arrogancia *nf* ALTANERÍA, ALTIVEZ : arrogance, haughtiness

arrogante *adj* ALTANERO, ALTIVO : arrogant, haughty

arrogarse {52} *vr* : to usurp, to arrogate

arrojado, -da *adj* : daring, fearless

arrojar *vt* **1** : to hurl, to cast, to throw **2** : to give off, to spew out **3** : to yield, to produce **4** *fam* : to vomit — **arrojarse** *vr* PRECIPITARSE : to throw oneself, to leap

arrojo *nm* : boldness, fearlessness

arrollador, -dora *adj* : sweeping, overwhelming

arrollar *vt* **1** : to sweep away, to carry away **2** : to crush, to overwhelm **3** : to run over (with a vehicle)

arropar *vt* : to clothe, to cover (up) — **arroparse** *vr*

arrostrar *vt* : to confront, to face (up to)

arroyo *nm* **1** RIACHUELO : brook, creek, stream **2** : gutter

arroz *nm, pl* **arroces** : rice

arrozal *nm* : rice field, rice paddy

arruga *nf* : wrinkle, fold, crease

arrugado, -da *adj* : wrinkled, creased, lined

arrugar {52} *vt* : to wrinkle, to crease, to pucker — **arrugarse** *vr*

arruinar *vt* : to ruin, to wreck — **arruinarse** *vr* 1 : to be ruined 2 : to fall into ruin, to go bankrupt

arrullar *vt* : to lull to sleep — *vi* : to coo

arrullo *nm* 1 : lullaby 2 : coo (of a dove)

arrumaco *nm fam* : kissing, cuddling

arrumbar *vt* 1 : to lay aside, to put away 2 : to floor, to leave speechless

arsenal *nm* : arsenal

arsénico *nm* : arsenic

arte *nmf (usually m in singular, f in plural)* 1 : art ⟨artes y oficios : arts and crafts⟩ ⟨bellas artes : fine arts⟩ 2 HABILIDAD : skill 3 : cunning, cleverness

artefacto *nm* 1 : artifact 2 DISPOSITIVO : device

artemisa *nf* : sagebrush

arteria *nf* : artery — **arterial** *adj*

arteriosclerosis *nf* : arteriosclerosis, hardening of the arteries

artero, -ra *adj* : wily, crafty

artesanal *adj* : pertaining to crafts or craftsmanship, handmade

artesanía *nf* 1 : craftsmanship 2 : handicrafts *pl*

artesano, -na *n* : artisan, craftsman *m*, craftsperson

artesiano, -na *adj* : artesian ⟨pozo artesiano : artesian well⟩

ártico, -ca *adj* : arctic

articulación *nf, pl* **-ciones** 1 : articulation, pronunciation 2 COYUNTURA : joint

articular *vt* 1 : to articulate, to utter 2 : to connect with a joint 3 : to coordinate, to orchestrate

articulista *nmf* : columnist

artículo *nm* 1 : article, thing 2 : item, feature, report 3 **artículo de comercio** : commodity 4 **artículos de primera necesidad** : essentials 5 **artículos de tocador** : toiletries

artífice *nmf* ARTESANO : artisan 2 : mastermind, architect

artificial *adj* 1 : artificial, man-made 2 : feigned, false — **artificialmente** *adv*

artificio *nm* 1 HABILIDAD : skill 2 APARATO : device, appliance 3 ARDID : artifice, ruse

artificioso, -sa *adj* 1 : skillful 2 : cunning, deceptive

artillería *nf* : artillery

artillero, -ra *n* : artilleryman *m*, gunner

artilugio *nm* : gadget, contraption

artimaña *nf* : ruse, trick

artista *nmf* 1 : artist 2 ACTOR, ACTRIZ : actor, actress *f*

artístico, -ca *adj* : artistic — **artísticamente** *adv*

artrítico, -ca *adj* : arthritic

artritis *nfs & pl* : arthritis

artrópodo *nm* : arthropod

arveja *nf* GUISANTE : pea

arzobispado *nm* : archbishopric

arzobispo *nm* : archbishop

as *nm* : ace

asa *nf* AGARRADERA, ASIDERO : handle, grip

asado¹, -da *adj* : roasted, grilled, broiled

asado² *nm* 1 : roast 2 : barbecued meat 3 : barbecue, cookout

asador *nm* : spit, rotisserie

asaduras *nfpl* : entrails, offal

asalariado¹, -da *adj* : wage-earning, salaried

asalariado², -da *n* : wage earner

asaltante *nmf* 1 : mugger, robber 2 : assailant

asaltar *vt* 1 : to assault 2 : to mug, to rob 3 **asaltar al poder** : to seize power

asalto *nm* 1 : assault 2 : mugging, robbery 3 : round (in boxing) 4 **asalto al poder** : coup d'etat

asamblea *nf* : assembly, meeting

asambleísta *nmf* : assemblyman *m*, assemblywoman *f*

asar *vt* : to roast, to grill — **asarse** *vr fam* : to roast, to be dying from heat

asbesto *nm* : asbestos

ascendencia *nf* 1 : ancestry, descent 2 ~ **sobre** : influence over

ascendente *adj* : ascending, upward ⟨un curso ascendente : an upward trend⟩

ascender {56} *vi* 1 : to ascend, to rise up 2 : to be promoted ⟨ascendió a gerente : she was promoted to manager⟩ 3 ~ **a** : to amount to, to reach ⟨las deudas ascienden a 20 millones de pesos : the debt amounts to 20 million pesos⟩ — *vt* : to promote

ascendiente¹ *nmf* ANCESTRO : ancestor

ascendiente² *nm* INFLUENCIA : influence, ascendancy

ascensión *nf, pl* **-siones** 1 : ascent, rise 2 **Fiesta de la Ascensión** : Ascension Day

ascenso *nm* 1 : ascent, rise 2 : promotion

ascensor *nm* ELEVADOR : elevator

asceta *nmf* : ascetic

ascético, -ca *adj* : ascetic

ascetismo *nm* : asceticism

asco *nm* 1 : disgust ⟨¡qué asco! : that's disgusting!, how revolting!⟩ 2 **darle asco (a alguien)** : to sicken, to revolt 3 **estar hecho un asco** : to be filthy 4 **hacerle ascos a** : to turn up one's nose at

ascua *nf* 1 BRASA : ember 2 **estar en ascuas** *fam* : to be on edge

asear *vt* 1 : to wash, to clean 2 : to tidy up — **asearse** *vr*

asechanza *nf* : snare, trap

asechar *vt* : to set a trap for

asediar *vt* 1 SITIAR : to besiege 2 ACOSAR : to harass

asedio *nm* 1 : siege 2 ACOSO : harassment

asegurador¹, -dora *adj* 1 : insuring, assuring 2 : pertaining to insurance

asegurador[2], **-dora** *n* : insurer, underwriter

aseguradora *nf* : insurance company

asegurar *vt* **1** : to assure **2** : to secure **3** : to insure — **asegurarse** *vr* **1** CERCIORARSE : to make sure **2** : to take out insurance, to insure oneself

asemejar *vt* **1** : to make similar ⟨ese bigote te asemeja a tu abuelo : that mustache makes you look like your grandfather⟩ **2** *Mex* : to be similar to, to resemble — **asemejarse** *vr* ~ **a** : to look like, to resemble

asentaderas *nfpl fam* : bottom, buttocks *pl*

asentado, -da *adj* : settled, established

asentamiento *nm* : settlement

asentar {55} *vt* **1** : to lay down, to set down, to place **2** : to settle, to establish **3** *Mex* : to state, to affirm — **asentarse** *vr* **1** : to settle **2** ESTABLECERSE : to settle down, to establish oneself

asentimiento *nm* : assent, consent

asentir {76} *vi* : to consent, to agree

aseo *nm* : cleanliness

aséptico, -ca *adj* : aseptic, germ-free

asequible *adj* ACCESIBLE : accessible, attainable

aserción *nf* → **aserto**

aserradero *nm* : sawmill

aserrar {55} *vt* : to saw

aserrín *nm*, *pl* **-rrines** : sawdust

aserto *nm* : assertion, affirmation

asesinar *vt* **1** : to murder **2** : to assassinate

asesinato *nm* **1** : murder **2** : assassination

asesino[1], **-na** *adj* : murderous, homicidal

asesino[2], **-na** *n* **1** : murderer, killer **2** : assassin

asesor, -sora *n* : advisor, consultant

asesoramiento *nm* : advice, counsel

asesorar *vt* : to advise, to counsel — **asesorarse** *vr* ~ **de** : to consult

asesoría *nf* **1** : consulting, advising **2** : consultant's office

asestar {55} *vt* **1** : to aim, to point (a weapon) **2** : to deliver, to deal (a blow)

aseveración *nf*, *pl* **-ciones** : assertion, statement

aseverar *vt* : to assert, to state

asexual *adj* : asexual — **asexualmente** *adv*

asfaltado[1], **-da** *adj* : asphalted, paved

asfaltado[2] *nm* PAVIMENTO : pavement, asphalt

asfaltar *vt* : to pave, to blacktop

asfalto *nm* : asphalt

asfixia *nf* : asphyxia, asphyxiation, suffocation

asfixiar *vt* : to asphyxiate, to suffocate, to smother — **asfixiarse** *vr*

asga, etc. → **asir**

así[1] *adv* **1** : like this, like that **2** : so, thus ⟨así sea : so be it⟩ **3** ~ **de** : so, about so ⟨una caja así de grande : a box about so big⟩ **4 así que** : so, therefore

5 ~ **como** : as well as **6 así así** : so-so, fair

así[2] *adj* : such, such a ⟨un talento así es inestimable : a talent like that is priceless⟩

así[3] *conj* AUNQUE : even if, even though ⟨no irá, así le paguen : he won't go, even if they pay him⟩

asiático[1], **-ca** *adj* : Asian, Asiatic

asiático[2], **-ca** *n* : Asian

asidero *nm* AGARRADERA, ASA : grip, handle **2** AGARRE : grip, hold

asiduamente *adv* : regularly, frequently

asiduidad *nf* **1** : assiduousness **2** : regularity, frequency

asiduo, -dua *adj* **1** : assiduous **2** : frequent, regular

asiento *nm* **1** : seat, chair ⟨asiento trasero : back seat⟩ **2** : location, site

asignación *nf*, *pl* **-ciones** **1** : allocation **2** : appointment, designation **3** : allowance, pay **4** *PRi* : homework, assignment

asignar *vt* **1** : to assign, to allocate **2** : to appoint

asignatura *nf* MATERIA : subject, course

asilado, -da *n* : exile, refugee

asilo *nm* : asylum, refuge, shelter

asimetría *nf* : asymmetry

asimétrico, -ca *adj* : asymmetrical, asymmetric

asimilación *nf*, *pl* **-ciones** : assimilation

asimilar *vt* : to assimilate — **asimilarse** *vr* ~ **a** : to be similar to, to resemble

asimismo *adv* **1** IGUALMENTE : similarly, likewise **2** TAMBIÉN : as well, also

asir {7} *vt* : to seize, to grasp — **asirse** *vr* ~ **a** : to cling to

asistencia *nf* **1** : attendance **2** : assistance **3** : assist (in sports)

asistente[1] *adj* : attending, in attendance

asistente[2] *nmf* **1** : assistant **2 los asistentes** : those present, those in attendance

asistir *vi* : to attend, to be present ⟨asistir a clase : to attend class⟩ — *vt* : to aid, to assist

asma *nf* : asthma

asmático, -ca *adj* : asthmatic

asno *nm* BURRO : ass, donkey

asociación *nf*, *pl* **-ciones** **1** : association, relationship **2** : society, group, association

asociado[1], **-da** *adj* : associate, associated

asociado[2], **-da** *n* : associate, partner

asociar *vt* **1** : to associate, to connect **2** : to pool (resources) **3** : to take into partnership — **asociarse** *vr* **1** : to become partners **2** ~ **a** : to join, to become a member of

asolar {19} *vt* : to devastate, to destroy

asoleado, -da *adj* : sunny

asolear *vt* : to put in the sun — **asolearse** *vr* : to sunbathe

asomar *vt* : to show, to stick out — *vi* : to appear, to become visible — **aso-**

marse *vr* **1** : to show, to appear **2** : to lean out, to look out ⟨se asomó por la ventana : he leaned out the window⟩

asombrar *vt* MARAVILLAR : to amaze, to astonish — **asombrarse** *vr* : to marvel, to be amazed

asombro *nm* : amazement, astonishment

asombroso, -sa *adj* : amazing, astonishing — **asombrosamente** *adv*

asomo *nm* **1** : hint, trace **2** ni por asomo : by no means

aspa *nf* : blade (of a fan or propeller)

aspaviento *nm* : exaggerated movement, fuss, flounce

aspecto *nm* **1** : aspect **2** APARIENCIA : appearance, look

aspereza *nf* RUDEZA : roughness, coarseness

áspero, -ra *adj* : rough, coarse, abrasive — **ásperamente** *adv*

aspersión *nf, pl* **-siones** : sprinkling

aspersor *nm* : sprinkler

aspiración *nf, pl* **-ciones 1** : inhalation, breathing in **2** ANHELO : aspiration, desire

aspiradora *nf* : vacuum cleaner

aspirante *nmf* : applicant, candidate

aspirar *vi* ~ **a** : to aspire to — *vt* : to inhale, to breathe in

aspirina *nf* : aspirin

asquear *vt* : to sicken, to disgust

asquerosidad *nf* : filth, foulness

asqueroso, -sa *adj* : disgusting, sickening, repulsive — **asquerosamente** *adv*

asta *nf* **1** : flagpole ⟨a media asta : at half-mast⟩ **2** : horn, antler **3** : shaft (of a weapon)

ástaco *nm* : crayfish

astado, -da *adj* : horned

aster *nm* : aster

asterisco *nm* : asterisk

asteroide *nm* : asteroid

astigmatismo *nm* : astigmatism

astil *nm* : shaft (of an arrow or feather)

astilla *nf* **1** : splinter, chip **2 de tal palo, tal astilla** : like father, like son

astillar *vt* : to splinter — **astillarse** *vr*

astillero *nm* : dry dock, shipyard

astral *adj* : astral

astringente *adj & nm* : astringent — **astringencia** *nf*

astro *nm* **1** : heavenly body **2** : star

astrología *nf* : astrology

astrológico, -ca *adj* : astrological

astrólogo, -ga *n* : astrologer

astronauta *nmf* : astronaut

astronáutica *nf* : astronautics

astronáutico, -ca *adj* : astronautic, astronautical

astronave *nf* : spaceship

astronomía *nf* : astronomy

astronómico, -ca *adj* : astronomical — **astronómicamente** *adv*

astrónomo, -ma *n* : astronomer

astroso, -sa *adj* DESALIÑADO : slovenly, untidy

astucia *nf* **1** : astuteness, shrewdness **2** : cunning, guile

astuto, -ta *adj* **1** : astute, shrewd **2** : crafty, tricky — **astutamente** *adv*

asueto *nm* : time off, break

asumir *vt* **1** : to assume, to take on ⟨asumir el cargo : to take office⟩ **2** SUPONER : to assume, to suppose

asunción *nf, pl* **-ciones** : assumption

asunto *nm* **1** CUESTIÓN, TEMA : affair, matter, subject **2 asuntos** *nmpl* : affairs, business

asustadizo, -za *adj* : nervous, jumpy, skittish

asustado, -da *adj* : frightened, afraid

asustar *vt* ESPANTAR : to scare, to frighten — **asustarse** *vr*

atacante *nmf* : assailant, attacker

atacar {72} *v* : to attack

atado¹, -da *adj* : shy, inhibited

atado² *nm* **1** : bundle, bunch **2** *Arg* : pack (of cigarettes)

atadura *nf* LIGADURA : tie, bond

atajar *vt* **1** IMPEDIR : to block, to stop **2** INTERRUMPIR : to interrupt, to cut off **3** CONTENER : to hold back, to restrain — *vi* ~ **por** : to take a shortcut through

atajo *nm* : shortcut

atalaya *nf* **1** : watchtower **2** : vantage point

atañer {79} *vt* ~ **a** (*3rd person only*) : to concern, to have to do with ⟨eso no me atañe : that does not concern me⟩

ataque *nm* **1** : attack, assault **2** : fit ⟨ataque de risa : fit of laughter⟩ **3 ataque de nervios** : nervous breakdown **4 ataque cardíaco** *or* **ataque al corazón** : heart attack

atar *vt* AMARRAR : to tie, to tie up, to tie down — **atarse** *vr*

atarantado, -da *adj fam* **1** : restless **2** : dazed, stunned

atarantar *vt fam* : to daze, to stun

atarazana *nf* : shipyard

atardecer¹ {53} *v impers* : to get dark

atardecer² *nm* : late afternoon, dusk

atareado, -da *adj* : busy, overworked

atascar {72} *vt* **1** ATORAR : to block, to clog, to stop up **2** : to hinder — **atascarse** *vr* **1** : to become obstructed **2** : to get bogged down **3** PARARSE : to stall

atasco *nm* **1** : blockage **2** EMBOTELLAMIENTO : traffic jam

ataúd *nm* : coffin, casket

ataviar {85} *vt* : to dress, to clothe — **ataviarse** *vr* : to dress up

atavío *nm* ATUENDO : dress, attire

ateísmo *nm* : atheism

atemorizar {21} *vt* : to frighten, to intimidate — **atemorizarse** *vr*

atemperar *vt* : to temper, to moderate

atención¹ *nf, pl* **-ciones 1** : attention **2 poner atención** *or* **prestar atención** : to pay attention **3 llamar la atención** : to attract attention **4 en atención a** : in view of

atención² *interj* **1** : attention! **2** : watch out!

atender {56} vt **1** : to help, to wait on **2** : to look after, to take care of **3** : to heed, to listen to — vi : to pay attention

atenerse {80} vr : to abide ⟨tendrás que atenerte a las reglas : you will have to abide by the rules⟩

atentado nm : attack, assault

atentamente adv **1** : attentively, carefully **2** (used in correspondence) : sincerely, sincerely yours

atentar {55} vi ~ **contra** : to make an attempt on, to threaten ⟨atentaron contra su vida : they made an attempt on his life⟩

atento, -ta adj **1** : attentive, mindful **2** CORTÉS : courteous

atenuación nf, pl **-ciones 1** : lessening **2** : understatement

atenuante[1] adj : extenuating, mitigating

atenuante[2] nmf : extenuating circumstance, excuse

atenuar {3} vt **1** MITIGAR : to extenuate, to mitigate **2** : to dim (light), to tone down (colors) **3** : to minimize, to lessen

ateo[1], **atea** adj : atheistic

ateo[2], **atea** n : atheist

aterciopelado, -da adj : velvety, downy

aterido, -da adj : freezing, frozen

aterrador, -dora adj : terrifying

aterrar {55} vt : to terrify, to frighten

aterrizaje nm : landing (of a plane)

aterrizar {21} vt : to land, to touch down

aterrorizar {21} vt **1** : to terrify **2** : to terrorize — **aterrorizarse** vr : to be terrified

atesorar vt : to hoard, to amass

atestado, -da adj : crowded, packed

atestar {55} vt ATIBORRAR : to crowd, to pack **2** : to witness, to testify to — vi : to testify

atestiguar {10} vt : to testify to, to bear witness to — vi DECLARAR : to testify

atiborrar vt : to pack, to crowd — **atiborrarse** vr : to stuff oneself

ático nm **1** : penthouse **2** BUHARDILLA, DESVÁN : attic

atigrado, -da adj : tabby (of cats), striped (of fur)

atildado, -da adj : smart, neat, dapper

atildar vt **1** : to put a tilde over **2** : to clean up, to smarten up — **atildarse** vr : to get spruced up

atinar vi ACERTAR : to be accurate, to be on target

atingencia nf : bearing, relevance

atípico, -ca adj : atypical

atiplado, -da adj : shrill, high-pitched

atirantar vt : to make taut, to tighten

atisbar vt **1** : to spy on, to watch **2** : to catch a glimpse of, to make out

atisbo nm : glimpse, sign, hint

atizador nm : poker (for a fire)

atizar {21} vt **1** : to poke, to stir, to stoke (a fire) **2** : to stir up, to rouse **3** fam : to give, to land (a blow)

atlántico, -ca adj : Atlantic

atlas nm : atlas

atleta nmf : athlete

atlético, -ca adj : athletic

atletismo nm : athletics

atmósfera nf : atmosphere

atmosférico, -ca adj : atmospheric

atole nm Mex **1** : thick hot beverage prepared with corn flour **2 darle atole con el dedo (a alguien)** : to string (someone) along

atollarse vr : to get stuck, to get bogged down

atolón nm, pl **-lones** : atoll

atolondrado, -da adj **1** ATURDIDO : bewildered, dazed **2** DESPISTADO : scatterbrained, absentminded

atómico, -ca adj : atomic

atomizador nm : atomizer

atomizar {21} vt FRAGMENTAR : to fragment, to break into bits

átomo nm : atom

atónito, -ta adj : astonished, amazed

atontar vt **1** : to stupefy **2** : to bewilder, to confuse

atorar vt ATASCAR : to block, to clog — **atorarse** vr **1** ATASCARSE : to get stuck **2** ATRAGANTARSE : to choke

atormentador, -dora n : tormenter

atormentar vt : to torment, to torture — **atormentarse** vr : to torment oneself, to agonize

atornillar vt : to screw (in, on, down)

atorrante nmf Arg : bum, loafer

atosigar {52} vt : to harass, to annoy

atracadero nm : dock, pier

atracador, -dora n : robber, mugger

atracar {72} vt : to dock, to land — vt : to hold up, to rob, to mug — **atracarse** vr fam ~ **de** : to gorge oneself with

atracción nf, pl **-ciones** : attraction

atraco nm : holdup, robbery

atractivo[1], **-va** adj : attractive

atractivo[2] nm : attraction, appeal, charm

atraer {81} vt : to attract — **atraerse** vr **1** : to attract (each other) **2** GANARSE : to gain, to win

atragantarse vr : to choke (on food)

atrancar {72} vt : to block, to bar — **atrancarse** vr

atrapada nf : catch

atrapar vt : to trap, to capture

atrás adv **1** DETRÁS : back, behind ⟨se quedó atrás : he stayed behind⟩ **2** ANTES : ago ⟨mucho tiempo atrás : long ago⟩ **3 para** ~ or **hacia** ~ : backwards, toward the rear **4** ~ **de** : in back of, behind

atrasado, -da adj **1** : late, overdue **2** : backward **3** : old-fashioned **4** : slow (of a clock or watch)

atrasar vt : to delay, to put off — vi : to lose time — **atrasarse** vr : to fall behind

atraso nm **1** RETRASO : lateness, delay ⟨llegó con 20 minutos de atraso : he was 20 minutes late⟩ **2** : backwardness **3 atrasos** nmpl : arrears

atravesar {55} vt 1 CRUZAR : to cross, to go across 2 : to pierce 3 : to lay across 4 : to go through (a situation or crisis) — **atravesarse** vr 1 : to be in the way ⟨se me atravesó : it blocked my path⟩ 2 : to interfere, to meddle

atrayente adj : attractive

atreverse vr 1 : to dare 2 : to be insolent

atrevido, -da adj 1 : bold, daring 2 : insolent

atrevimiento nm 1 : daring, boldness 2 : insolence

atribución nf, pl **-ciones** : attribution

atribuible adj IMPUTABLE : attributable, ascribable

atribuir {41} vt 1 : to attribute, to ascribe 2 : to grant, to confer — **atribuirse** vr : to take credit for

atribular vt 1 : to afflict, to trouble — **atribularse** vr

atributo nm : attribute

atril nm : lectern, stand

atrincherar vt : to entrench — **atrincherarse** vr 1 : to dig in, to entrench oneself 2 ~ **en** : to hide behind

atrio nm 1 : atrium 2 : portico

atrocidad nf : atrocity

atrofia nf : atrophy

atrofiar v : to atrophy

atronador, -dora adj : thunderous, deafening

atropellado, -da adj 1 : rash, hasty 2 : brusque, abrupt

atropellamiento → **atropello**

atropellar vt 1 : to knock down, to run over 2 : to violate, to abuse — **atropellarse** vr : to rush through (a task), to trip over one's words

atropello nm : abuse, violation, outrage

atroz adj, pl **atroces** : atrocious, appalling — **atrozmente** adv

atuendo nm ATAVÍO : attire, costume

atufar vt : to vex, to irritate — **atufarse** vr 1 : to get angry 2 : to smell bad, to stink

atún nm, pl **atunes** : tuna fish, tuna

aturdimiento nm : bewilderment, confusion

aturdir vt 1 : to stun, to shock 2 : to bewilder, to confuse, to stupefy

atuvo, etc. → **atenerse**

audacia nf OSADÍA : boldness, audacity

audaz adj, pl **audaces** : bold, audacious, daring — **audazmente** adv

audible adj : audible

audición nf, pl **-ciones** 1 : hearing 2 : audition

audiencia nf : audience

audífono nm 1 : hearing aid 2 **audífonos** nmpl : headphones, earphones

audio nm : audio

audiovisual adj : audiovisual

auditar vt : to audit

auditivo, -va adj : auditory, hearing, aural ⟨aparato auditivo : hearing aid⟩

auditor, -tora n : auditor

auditoría nf : audit

auditorio nm 1 : auditorium 2 : audience

auge nm 1 : peak, height 2 : boom, upturn

augur nm : augur

augurar vt : to predict, to foretell

augurio nm AGÜERO, PRESAGIO : augury, omen

augusto, -ta adj : august

aula nf : classroom

aullar {8} vt : to howl, to wail

aullido nm : howl, wail

aumentar vt ACRECENTAR : to increase, to raise — vi : to rise, to increase, to grow

aumento nm INCREMENTO : increase, rise

aun adv 1 : even ⟨ni aun en coche llegaría a tiempo : I wouldn't arrive on time even if I drove⟩ 2 **aun así** : even so 3 **aun más** : even more

aún adv 1 TODAVÍA : still, yet ⟨¿aún no ha llegado el correo? : the mail still hasn't come?⟩ 2 **más aún** : furthermore

aunar {8} vt : to join, to combine — **aunarse** vr : to unite

aunque conj 1 : though, although, even if, even though 2 **aunque sea** : at least

aura nf 1 : aura 2 : turkey buzzard

áureo, -rea adj : golden

aureola nf 1 : halo 2 : aura (of power, fame, etc.)

aurícula nf : auricle

auricular nm : telephone receiver

aurora nf 1 : dawn 2 **aurora boreal** : aurora borealis

ausencia nf : absence

ausentarse vr 1 : to leave, to go away 2 ~ **de** : to stay away from

ausente [1] adj : absent, missing

ausente [2] nmf 1 : absentee 2 : missing person

auspiciar vt 1 PATROCINAR : to sponsor 2 FOMENTAR : to foster, to promote

auspicios nmpl : sponsorship, auspices

austeridad nf : austerity

austero, -ra adj : austere

austral [1] adj : southern

austral [2] nm : former monetary unit of Argentina

australiano, -na adj & n : Australian

austriaco or **austríaco, -ca** adj & n : Austrian

autenticar {72} vt : to authenticate — **autenticación** nf

autenticidad nf : authenticity

auténtico, -ca adj : authentic — **auténticamente** adv

autentificar {72} vt : to authenticate — **autentificación** nf

autismo nm : autism

autista adj : autistic

auto nm : auto, car

autoayuda nf : self-help

autobiografía nf : autobiography

autobiográfico, -ca adj : autobiographical

autobús nm, pl **-buses** : bus

autocompasión *nf* : self-pity
autocontrol *nm* : self-control
autocracia *nf* : autocracy
autócrata *nmf* : autocrat
autocrático, -ca *adj* : autocratic
autóctono, -na *adj* : indigenous, native ⟨arte autóctono : indigenous art⟩
autodefensa *nf* : self-defense
autodestrucción *nf* : self-destruction — **autodestructivo, -va** *adj*
autodeterminación *nf* : self-determination
autodidacta[1] *adj* : self-taught
autodidacta[2] *nmf* : self-taught person, autodidact
autodidacto[1], **-ta** *adj* → **autodidacta**[1]
autodidacto[2], **-ta** *n* → **autodidacta**[2]
autodisciplina *nf* : self-discipline
autoestima *nf* : self-esteem
autogobierno *nm* : self-government
autografiar *vt* : to autograph
autógrafo *nm* : autograph
autoinfligido, -da *adj* : self-inflicted
automación → **automatización**
autómata *nm* : automaton
automático, -ca *adj* : automatic — **automáticamente** *adv*
automatización *nf* : automation
automatizar {21} *vt* : to automate
automotor, -tora *adj* **1** : self-propelled **2** : automotive, car
automotriz[1] *adj, pl* **-trices** : automotive, car
automotriz[2] *nf, pl* **-trices** : automaker
automóvil *nm* : automobile
automovilista *nmf* : motorist
automovilístico, -ca *adj* : automobile, car ⟨accidente automovilístico : automobile accident⟩
autonombrado, -da *adj* : self-appointed
autonomía *nf* : autonomy
autónomo, -ma *adj* : autonomous — **autónomamente** *adv*
autopista *nf* : expressway, highway
autoproclamado, -da *adj* : self-proclaimed, self-appointed
autopropulsado, -da *adj* : self-propelled
autopsia *nf* : autopsy
autor, -tora *n* **1** : author **2** : perpetrator
autoría *nf* : authorship
autoridad *nf* : authority
autoritario, -ria *adj* : authoritarian
autorización *nf, pl* **-ciones** : authorization
autorizado, -da *adj* **1** : authorized **2** : authoritative
autorizar {21} *vt* : to authorize, to approve
autorretrato *nm* : self-portrait
autoservicio *nm* **1** : self-service restaurant **2** SUPERMERCADO : supermarket
autostop *nm* **1** : hitchhiking **2 hacer autostop** : to hitchhike
autostopista *nmf* : hitchhiker
autosuficiencia *nf* : self-sufficiency — **autosuficiente** *adj*
auxiliar[1] *vt* : to aid, to assist

auxiliar[2] *adj* : assistant, auxiliary
auxiliar[3] *nmf* **1** : assistant, helper **2 auxiliar de vuelo** : flight attendant
auxilio *nm* **1** : aid, assistance **2 primeros auxilios** : first aid
aval *nm* : guarantee, endorsement
avalancha *nf* ALUD : avalanche
avalar *vt* : to guarantee, to endorse
avaluar {3} *vt* : to evaluate, to appraise
avalúo *nm* : appraisal, evaluation
avance *nm* ADELANTO : advance
avanzado, -da *adj* **1** : advanced **2** : progressive
avanzar {21} *v* : to advance, to move forward
avaricia *nf* CODICIA : greed, avarice
avaricioso, -sa *adj* : avaricious, greedy
avaro[1], **-ra** *adj* : miserly, greedy
avaro[2], **-ra** *n* : miser
avasallador, -dora *adj* : overwhelming
avasallamiento *nm* : subjugation, domination
avasallar *vt* : to overpower, to subjugate
ave *nf* **1** : bird **2 aves de corral** : poultry **3 ave rapaz** *or* **ave de presa** : bird of prey
avecinarse *vr* : to approach, to come near
avecindarse *vr* : to settle, to take up residence
avellana *nf* : hazelnut, filbert
avellano *nm* : hazel
avena *nf* **1** : oat, oats *pl* **2** : oatmeal
avenencia *nf* : agreement, pact
avenida *nf* : avenue
avenir {87} *vt* : to reconcile, to harmonize — **avenirse** *vr* **1** : to agree, to come to terms **2** : to get along
aventajado, -da *adj* : outstanding
aventajar *vt* **1** : to be ahead of, to lead **2** : to surpass, to outdo
aventar {55} *vt* **1** : to fan **2** : to winnow **3** *Col, Mex* : to throw, to toss — **aventarse** *vr* **1** *Col, Mex* : to hurl oneself **2** *Mex fam* : to dare, to take a chance
aventón *nm, pl* **-tones** *Col, Mex fam* : ride, lift
aventura *nf* **1** : adventure **2** RIESGO : venture, risk **3** : love affair
aventurado, -da *adj* : hazardous, risky
aventurar *vt* : to venture, to risk — **aventurarse** *vr* : to take a risk
aventurero[1], **-ra** *adj* : adventurous
aventurero[2], **-ra** *n* : adventurer
avergonzado, -da *adj* **1** : ashamed **2** : embarrassed
avergonzar {9} *vt* APENAR : to shame, to embarrass — **avergonzarse** *vr* APENARSE : to be ashamed, to be embarrassed
avería *nf* **1** : damage **2** : breakdown, malfunction
averiado, -da *adj* **1** : damaged, faulty **2** : broken down
averiar {85} *vt* : to damage — **averiarse** *vr* : to break down
averiguación *nf, pl* **-ciones** : investigation, inquiry

averiguar {10} vt **1** : to find out, to ascertain **2** : to investigate
aversión nf, pl **-siones** : aversion, dislike
avestruz nm, pl **-truces** : ostrich
avezado, -da adj : seasoned, experienced
aviación nf, pl **-ciones** : aviation
aviador, -dora n : aviator, flyer
aviar {85} vt **1** : to prepare, to make ready **2** : to tidy up **3** : to equip, to supply
avicultor, -tora n : poultry farmer
avicultura nf : poultry farming
avidez nf, pl **-deces** : eagerness
ávido, -da adj : eager, avid — **ávidamente** adv
avieso, -sa adj **1** : twisted, distorted **2** : wicked, depraved
avinagrado, -da adj : vinegary, sour
avío nm **1** : preparation, provision **2** : loan (for agriculture or mining) **3** **avíos** nmpl : gear, equipment
avión nm, pl **aviones** : airplane
avioneta nf : light airplane
avisar vt **1** : to notify, to inform **2** : to advise, to warn
aviso nm **1** : notice **2** : advertisement, ad **3** ADVERTENCIA : warning **4 estar sobre aviso** : to be on the alert
avispa nf : wasp
avispado, -da adj fam : clever, sharp
avispero nm : wasps' nest
avispón nm, pl **-pones** : hornet
avistar vt : to sight, to catch sight of
avituallar vt : to suppy with food, to provision
avivar vt **1** : to enliven, to brighten **2** : to strengthen, to intensify
avizorar vt **1** ACECHAR : to spy on, to watch **2** : to observe, to perceive ⟨se avizoran dificultades : difficulties are expected⟩
axila nf : underarm, armpit
axioma nm : axiom
axiomático, -ca adj : axiomatic
ay interj **1** : oh! **2** : ouch!, ow!
ayer[1] adv : yesterday
ayer[2] nm ANTAÑO : yesteryear, days gone by
ayote nm CA, Mex : squash, pumpkin
ayuda nf **1** : help, assistance **2 ayuda de cámara** : valet
ayudante nmf : helper, assistant

ayudar vt : to help, to assist — **ayudarse** vr **~ de** : to make use of
ayunar vi : to fast
ayunas nfpl **en ~** : fasting ⟨este medicamento ha de tomarse en ayunas : this medication should be taken on an empty stomach⟩
ayuno nm : fast
ayuntamiento nm **1** : town hall, city hall **2** : town or city council
azabache nm : jet ⟨negro azabache : jet black⟩
azada nf : hoe
azafata nf **1** : stewardess f **2** : hostess f (on a TV show)
azafrán nm, pl **-franes 1** : saffron **2** : crocus
azahar nm : orange blossom
azalea nf : azalea
azar nm **1** : chance ⟨juegos de azar : games of chance⟩ **2** : accident, misfortune **3 al azar** : at random, randomly
azaroso, -sa adj **1** : perilous, hazardous **2** : turbulent, eventful
azimut nm : azimuth
azogue nm : mercury, quicksilver
azorar vt **1** : to alarm, to startle **2** : to fluster, to embarrass — **azorarse** vr : to get embarrassed
azotar vt **1** : to whip, to flog **2** : to lash, to batter **3** : to devastate, to afflict
azote nm **1** LÁTIGO : whip, lash **2** fam : spanking, licking **3** : calamity, scourge
azotea nf : flat roof, terraced roof
azteca adj & nmf : Aztec
azúcar nmf : sugar — **azucarar** vt
azucarado, -da adj : sweetened, sugary
azucarera nf : sugar bowl
azucarero, -ra adj : sugar ⟨industria azucarera : sugar industry⟩
azucena nf : white lily
azuela nf : adze
azufre nm : sulphur — **azufroso, -sa** adj
azul adj & nm : blue
azulado, -da adj : bluish
azulejo nm : ceramic tile, floor tile
azuloso, -sa adj : bluish
azulete nm : bluing
azur[1] adj CELESTE : azure
azur[2] n CELESTE : azure, sky blue
azuzar {21} vt : to incite, to egg on

B

b nf : second letter of the Spanish alphabet
baba nf **1** : spittle, saliva **2** : dribble, drool (of a baby) **3** : slime, ooze
babear vi **1** : to drool, to slobber **2** : to ooze
babel nmf : babel, chaos, bedlam
babero nm : bib
babor nm : port, port side

babosa nf : slug (mollusk)
babosada nf CA, Mex : silly act or remark
baboso, -sa adj **1** : drooling, slobbering **2** : slimy **3** CA, Mex fam : silly, dumb
babucha nf : slipper
babuino nm : baboon
bacalao nm : cod (fish)

bache *nm* 1 : pothole 2 *PRi* : deep puddle 3 : bad period, rough time ⟨bache económico : economic slump⟩

bachiller *nmf* : high school graduate

bachillerato *nm* : high school diploma

bacilo *nm* : bacillus

bacon *nm Spain* : bacon

bacteria *nf* : bacterium

bacteriano, -na *adj* : bacterial

bacteriología *nf* : bacteriology

bacteriológico, -ca *adj* : bacteriologic, bacteriological

bacteriólogo, -ga *n* : bacteriologist

báculo *nm* 1 : staff, stick 2 : comfort, support

badajo *nm* : clapper (of a bell)

badén *nm, pl* **badenes** 1 : (paved) ford, channel 2 : dip, ditch (in a road) 3 : speed bump

bádminton *nm* : badminton

bafle *or* **baffle** *nm* 1 : baffle 2 : speaker, loudspeaker

bagaje *nm* 1 EQUIPAJE : baggage, luggage 2 : background ⟨bagaje cultural : cultural baggage⟩

bagatela *nf* : trifle, trinket

bagre *nm* : catfish

bahía *nf* : bay

bailar *vt* : to dance — *vi* 1 : to dance 2 : to spin 3 : to be loose, to be too big

bailarín¹, -rina *adj, mpl* **-rines** 1 : dancing 2 : fond of dancing

bailarín², -rina *n, mpl* **-rines** 1 : dancer 2 : ballet dancer, ballerina *f*

baile *nm* 1 : dance 2 : dance party, ball 3 **llevarse al baile a** *Mex fam* : to take for a ride, to take advantage of

baja *nf* 1 DESCENSO : fall, drop 2 : slump, recession 3 : loss, casualty 4 **dar de baja** : to discharge, to dismiss 5 **darse de baja** : to withdraw, to drop out

bajada *nf* 1 : descent 2 : dip, slope 3 : decrease, drop

bajar *vt* 1 DESCENDER : to lower, to let down, to take down 2 REDUCIR : to reduce (prices) 3 INCLINAR : to lower, to bow (the head) 4 : to go down, to descend 5 **bajar de categoría** : to downgrade — *vi* 1 : to drop, to fall 2 : to come down, to go down 3 : to ebb (of tides) — **bajarse** *vr* ~ **de** : to get off, to get out of (a vehicle)

bajeza *nf* 1 : low or despicable act 2 : baseness

bajío *nm* 1 : lowland 2 : shoal, sandbank, shallows

bajista *nmf* : bass player, bassist

bajo¹ *adv* 1 : down, low 2 : softly, quietly ⟨habla más bajo : speak more softly⟩

bajo², -ja *adj* 1 : low 2 : short (of stature) 3 : soft, faint, deep (of sounds) 4 : lower ⟨el bajo Amazonas : the lower Amazon⟩ 5 : lowered ⟨con la mirada baja : with lowered eyes⟩ 6 : base, vile 7 **los bajos fondos** : the underworld

bajo³ *nm* 1 : bass (musical instrument) 2 : first floor, ground floor 3 : hemline

bajo⁴ *prep* : under, beneath, below

bajón *nm, pl* **bajones** : sharp drop, slump

bajorrelieve *nm* : bas-relief

bala *nf* 1 : bullet 2 : bale

balacera *nf* TIROTEO : shoot-out, gunfight

balada *nf* : ballad

balance *nm* 1 : balance 2 : balance sheet

balancear *vt* 1 : to balance 2 : to swing (one's arms, etc.) 3 : to rock (a boat) — **balancearse** *vr* 1 OSCILAR : to swing, to sway, to rock 2 VACILAR : to hesitate, to vacillate

balanceo *nm* 1 : swaying, rocking 2 : vacillation

balancín *nm, pl* **-cines** 1 : rocking chair 2 SUBIBAJA : seesaw

balandra *nf* : sloop

balanza *nf* BÁSCULA : scales *pl*, balance

balar *vi* : to bleat

balaustrada *nf* : balustrade

balaustre *nm* : baluster

balazo *nm* 1 TIRO : shot, gunshot 2 : bullet wound

balboa *nf* : balboa (monetary unit of Panama)

balbucear *vi* 1 : to mutter, to stammer 2 : to prattle, to babble ⟨los niños están balbuceando : the children are prattling away⟩

balbuceo *nm* : mumbling, stammering

balbucir → **balbucear**

balcánico, -ca *adj* : Balkan

balcón *nm, pl* **balcones** : balcony

balde *nm* 1 CUBO : bucket, pail 2 **en** ~ : in vain, to no avail

baldío¹, -día *adj* 1 : fallow, uncultivated 2 : useless, vain

baldío² *nm* 1 : wasteland 2 *Mex* : vacant lot

baldosa *nf* LOSETA : floor tile

balear *vt* : to shoot, to shoot at

balero *nm* 1 *Mex* : ball bearing 2 *Mex, PRi* : cup-and-ball toy

balido *nm* : bleat

balín *nm, pl* **balines** : pellet

balística *nf* : ballistics

balístico, -ca *adj* : ballistic

baliza *nf* 1 : buoy 2 : beacon (for aircraft)

ballena *nf* : whale

ballenero¹, -ra *adj* : whaling

ballenero², -ra *n* : whaler

ballenero³ *nm* : whaleboat, whaler

ballesta *nf* 1 : crossbow 2 : spring (of an automobile)

ballet *nm* : ballet

balneario *nm* : spa, bathing resort

balompié *nm* FUTBOL : soccer

balón *nm, pl* **balones** : ball

baloncesto *nm* BASQUETBOL : basketball

balsa *nf* 1 : raft 2 : balsa 3 : pond, pool

balsámico, -ca *adj* : soothing

bálsamo *nm* : balsam, balm
báltico, -ca *adj* : Baltic
baluarte *nm* BASTIÓN : bulwark, bastion
bambolear *vi* **1** : to sway, to swing **2** : to wobble — **bambolearse** *vr*
bamboleo *nm* **1** : swaying, swinging **2** : wobbling
bambú *nm, pl* **bambúes** *or* **bambús** : bamboo
banal *adj* : banal, trivial
banalidad *nf* : banality
banana *nf* : banana
bananero¹, -ra *adj* : banana
bananero² *nm* : banana tree
banano *nm* **1** : banana tree **2** *CA, Col* : banana
banca *nf* **1** : banking **2** BANCO : bench
bancada *nf* **1** : group, faction **2** : work-bench
bancal *nm* **1** : terrace (in agriculture) **2** : plot (of land)
bancario, -ria *adj* : bank, banking
bancarrota *nf* QUIEBRA : bankruptcy
banco *nm* **1** : bank ⟨banco central : central bank⟩ ⟨banco de datos : data bank⟩ ⟨banco de arena : sandbank⟩ ⟨banco de sangre : blood bank⟩ **2** BANCA : stool, bench **3** : pew **4** : school (of fish)
banda *nf* **1** : band, strip **2** *Mex* : belt ⟨banda transportadora : conveyor belt⟩ **3** : band (of musicians) **4** : gang (of persons), flock (of birds) **5 banda de rodadura** : tread (of a tire, etc.) **6 banda sonora** *or* **banda de sonido** : sound track
bandada *nf* : flock (of birds), school (of fish)
bandazo *nm* : swerving, lurch
bandearse *vr* : to look after oneself, to cope
bandeja *nf* : tray, platter
bandera *nf* : flag, banner
banderazo *nm* : starting signal (in sports)
banderilla *nf* : banderilla, dart (in bull-fighting)
banderín *nm, pl* **-rines** : pennant, small flag
bandidaje *nm* : banditry
bandido, -da *n* BANDOLERO : bandit, outlaw
bando *nm* **1** FACCIÓN : faction, side **2** EDICTO : proclamation
bandolerismo *nm* : banditry
bandolero, -ra *n* BANDIDO : bandit, outlaw
bangladesí *adj & nmf* : Bangladeshi
banjo *nm* : banjo
banquero, -ra *n* : banker
banqueta *nf* **1** : footstool, stool, bench **2** *Mex* : sidewalk
banquete *nm* : banquet
banquetear *v* : to feast
banquillo *nm* **1** : bench (in sports) **2** : dock, defendant's seat
bañadera *nf* → **bañera**

bañar *vt* **1** : to bathe, to wash **2** : to immerse, to dip **3** : to coat, to cover ⟨bañado en lágrimas : bathed in tears⟩ — **bañarse** *vr* **1** : to take a bath, to bathe **2** : to go for a swim
bañera *nf* TINA : bathtub
bañista *nmf* : bather
baño *nm* **1** : bath **2** : swim, dip **3** : bathroom **4 baño María** : double boiler
baqueta *nf* **1** : ramrod **2 baquetas** *nfpl* : drumsticks
bar *nm* : bar, barroom
baraja *nf* : deck of cards
barajar *vt* **1** : to shuffle (cards) **2** : to consider, to toy with
baranda *nf* : rail, railing
barandal *nm* **1** : rail, railing **2** : banister, handrail
barandilla *nf Spain* : bannister, handrail, railing
barata *nf* **1** *Mex* : sale, bargain **2** *Chile* : cockroach
baratija *nf* : bauble, trinket
baratillo *nm* : rummage sale, flea market
barato¹ *adv* : cheap, cheaply ⟨te lo vendo barato : I'll sell it to you cheap⟩
barato², -ta *adj* : cheap, inexpensive
baratura *nf* **1** : cheapness **2** : cheap thing
barba *nf* **1** : beard, stubble **2** : chin
barbacoa *nf* : barbecue
bárbaramente *adv* : barbarously
barbaridad *nf* **1** : barbarity, atrocity **2** ¡qué barbaridad! : that's outrageous!
barbarie *nf* : barbarism, savagery
bárbaro¹ *adv fam* : wildly ⟨anoche lo pasamos bárbaro : we had a wild time last night⟩
bárbaro², -ra *adj* **1** : barbarous, wild, uncivilized **2** *fam* : great, fantastic
bárbaro³, -ra *n* : barbarian
barbecho *nm* : fallow land ⟨dejar en barbecho : to leave fallow⟩
barbero, -ra *n* : barber
barbilla *nf* MENTÓN : chin
barbitúrico *nm* : barbiturate
barbudo¹, -da *adj* : bearded
barbudo² *nm* : bearded man
barca *nf* **1** : boat **2 barca de pasaje** : ferryboat
barcaza *nf* : barge
barcia *nf* : chaff
barco *nm* **1** BARCA : boat **2** BUQUE, NAVE : ship
bardo *nm* : bard
bario *nm* : barium
barítono *nm* : baritone
barlovento *nm* : windward
barman *nm* : bartender
barniz *nm, pl* **barnices** **1** LACA : varnish, lacquer **2** : glaze (on ceramics, etc.)
barnizar {21} *vt* **1** : to varnish **2** : to glaze
barométrico, -ca *adj* : barometric
barómetro *nm* : barometer
barón *nm, pl* **barones** : baron

baronesa *nf* : baroness
baronet *nm* : baronet
barquero, -ra : boatman *m*, boatwoman *f*
barquillo *nm* : wafer, thin cookie or cracker
barra *nf* : bar
barraca *nf* **1** CABAÑA, CHOZA : hut, cabin **2** : booth, stall
barracuda *nf* : barracuda
barranca *nf* **1** : hillside, slope **2** → barranco
barranco *nm* : ravine, gorge
barredora *nf* : street sweeper (machine)
barrena *nf* **1** TALADRO : drill, auger, gimlet **2** : tailspin
barrenar *vt* **1** : to drill **2** : to undermine
barrendero, -ra : sweeper, street cleaner
barrer *v* : to sweep — **barrerse** *vr* : to slide (in sports)
barrera *nf* OBSTÁCULO : barrier, obstacle ⟨barrera de sonido : sound barrier⟩
barreta *nf* : crowbar
barriada *nf* **1** : district, quarter **2** : slums *pl*
barrica *nf* BARRIL, TONEL : barrel, cask, keg
barricada *nf* : barricade
barrida *nf* **1** : sweeping **2** : slide (in sports)
barrido *nm* : sweeping
barriga *nf* PANZA : belly, paunch
barrigón, -gona *adj, mpl* **-gones** *fam* : potbellied, paunchy
barril *nm* **1** BARRICA : barrel, keg **2 cerveza de barril** : draft beer
barrio *nm* **1** : neighborhood, district **2 barrios bajos** : slums *pl*
barro *nm* **1** LODO : mud **2** ARCILLA : clay **3** ESPINILLA, GRANO : pimple, blackhead
barroco, -ca *adj* : baroque
barroso, -sa *adj* ENLODADO : muddy
barrote *nm* : bar (on a window)
barrunto *nm* **1** SOSPECHA : suspicion **2** INDICIO : sign, indication, hint
bártulos *nmpl* : things, belongings ⟨liar los bártulos : to pack one's things⟩
barullo *nm* BULLA : racket, ruckus
basa *nf* : base, pedestal
basalto *nm* : basalt
basar *vt* FUNDAR : to base — **basarse** *vr* FUNDARSE ~ **en** : to be based on
báscula *nf* BALANZA : balance, scales *pl*
base *nf* **1** : base, bottom **2** : base (in baseball) **3** FUNDAMENTO : basis, foundation **4 base de datos** : database **5 a base de** : based on, by means of **6 en base a** : based on, on the basis of
básico, -ca *adj* FUNDAMENTAL : basic — **básicamente** *adv*
basílica *nf* : basilica
basquetbol *or* **básquetbol** *nm* BALONCESTO : basketball
basset *nm* : basset hound
bastante[1] *adv* **1** : enough, sufficiently ⟨he trabajado bastante : I have worked enough⟩ **2** : fairly, rather, quite ⟨llegaron bastante temprano : they arrived quite early⟩
bastante[2] *adj* : enough, sufficient
bastante[3] *pron* : enough ⟨hemos visto bastante : we have seen enough⟩
bastar *vi* : to be enough, to suffice
bastardilla *nf* CURSIVA : italic type, italics *pl*
bastardo, -da *adj & n* : bastard
bastidor *nm* **1** : framework, frame **2** : wing (in theater) ⟨entre bastidores : backstage, behind the scenes⟩
bastilla *nf* : hem
bastión *nf, pl* **bastiones** BALUARTE : bastion, bulwark
basto, -ta *adj* : coarse, rough
bastón *nm, pl* **bastones 1** : cane, walking stick **2** : baton **3 bastón de mando** : staff (of authority)
basura *nf* DESECHOS : garbage, waste, refuse
basurero[1], **-ra** *n* : garbage collector
basurero[2] *nm Mex* : garbage can
bata *nf* **1** : bathrobe, housecoat **2** : smock, coverall, lab coat
batalla *nf* **1** : battle **2** : fight, struggle **3 de ~** : ordinary, everyday ⟨mis zapatos de batalla : my everyday shoes⟩
batallar *vi* LIDIAR, LUCHAR : to battle, to fight
batallón *nm, pl* **-llones** : battalion
batata *nf* : yam, sweet potato
batazo *nm* HIT : hit (in baseball)
bate *nm* : baseball bat
batea *nf* **1** : tray, pan **2** : flat-bottomed boat, punt
bateador, -dora *n* : batter, hitter
batear *vi* : to bat — *vt* : to hit
bateo *nm* : batting (in baseball)
batería *nf* **1** PILA : battery **2** : drum kit, drums *pl* **3 batería de cocina** : kitchen utensils *pl*
baterista *nmf* : drummer
batido *nm* LICUADO : milk shake
batidor *nm* : eggbeater, whisk, mixer
batidora *nf* : (electric) mixer
batir *vt* **1** GOLPEAR : to beat, to hit **2** VENCER : to defeat **3** REVOLVER : to mix, to beat **4** : to break (a record) — **batirse** *vr* : to fight
batista *nf* : batiste, cambric
batuta *nf* **1** : baton **2 llevar la batuta** : to be the leader, to call the tune
baúl *nm* : trunk, chest
bautismal *adj* : baptismal
bautismo *nm* : baptism, christening
bautista *adj & nmf* : Baptist
bautizar {21} *vt* : to baptize, to christen
bautizo → **bautismo**
bávaro, -ra *adj & n* : Bavarian
baya *nf* **1** : berry **2 baya de saúco** : elderberry
bayeta *nf* : cleaning cloth
bayoneta *nf* : bayonet
baza *nf* **1** : trick (in card games) **2 meter baza en** : to butt in on
bazar *nm* : bazaar
bazo *nm* : spleen

bazofia *nf* **1** : table scraps *pl* **2** : slop, swill **3** : hogwash, rubbish

bazuca *nf* : bazooka

beagle *nm* : beagle

beatificar {72} *vt* : to beatify — **beatificación** *nf*

beatífico, -ca *adj* : beatific

beatitud *nf* : beatitude

beato, -ta *adj* **1** : blessed **2** : pious, devout **3** : sanctimonious, overly devout

bébé *nm* : baby

bebedero *nm* **1** ABREVADERO : watering trough **2** *Mex* : drinking fountain

bebedor, -dora *n* : drinker

beber *v* TOMAR : to drink

bebida *nf* : drink, beverage

beca *nf* : grant, scholarship

becado, -da *n* : scholar, scholarship holder

becerro, -rra *n* : calf

begonia *nf* : begonia

beige *adj & nm* : beige

beisbol *or* **béisbol** *nm* : baseball

beisbolista *nmf* : baseball player

beldad *nf* BELLEZA, HERMOSURA : beauty

belén *nf*, *pl* **belenes** NACIMIENTO : Nativity scene

belga *adj & nmf* : Belgian

beliceño, -ña *adj & n* : Belizean

belicista¹ *adj* : militaristic

belicista² *nmf* : warmonger

bélico, -ca *adj* GUERRERO : war, fighting ⟨esfuerzos bélicos : war efforts⟩

belicosidad *nf* : bellicosity

belicoso, -sa *adj* **1** : warlike, martial **2** : aggressive, belligerent

beligerancia *nf* : belligerence

beligerante *adj & nmf* : belligerent

bellaco¹, -ca *adj* : sly, cunning

bellaco², -ca *n* : rogue, scoundrel

belleza *nf* BELDAD, HERMOSURA : beauty

bello, -lla *adj* **1** HERMOSO : beautiful **2 bellas artes** : fine arts

bellota *nf* : acorn

bemol *nm* : flat (in music) — **bemol** *adj*

benceno *nm* : benzene

bendecir {11} *vt* **1** CONSAGRAR : to bless, to consecrate **2** ALABAR : to praise, to extol **3 bendecir la mesa** : to say grace

bendición *nf*, *pl* **-ciones** : benediction, blessing

bendiga, bendijo etc. → **bendecir**

bendito, -ta *adj* **1** : blessed, holy **2** : fortunate **3** : silly, simple-minded

benedictino, -na *adj & n* : Benedictine

benefactor¹, -tora *adj* : beneficent

benefactor², -tora *n* : benefactor, benefactress *f*

beneficencia *nf* : beneficence, charity

beneficiar *vt* : to benefit, to be of assistance to — **beneficiarse** *vr* : to benefit, to profit

beneficiario, -ria *n* : beneficiary

beneficio *nm* **1** GANANCIA, PROVECHO : gain, profit **2** : benefit

beneficioso, -sa *adj* PROVECHOSO : beneficial

benéfico, -ca *adj* : charitable, beneficent

benemérito, -ta *adj* : meritorious, worthy

beneplácito *nm* : approval, consent

benevolencia *nf* BONDAD : benevolence, kindness

benévolo, -la *adj* BONDADOSO : benevolent, kind, good

bengala *nf* **luz de bengala 1** : flare (signal) **2** : sparkler

bengalí¹ *adj & nmf* : Bengali

bengalí² *nm* : Bengali (language)

benignidad *nf* : mildness, kindness

benigno, -na *adj* : benign, mild

beninés, -nesa *adj & n* : Beninese

benjamín, -mina *n*, *mpl* **-mines** : youngest child

beodo¹, -da *adj* : drunk, inebriated

beodo², -da *n* : drunkard

berberecho *nm* : cockle

berbiquí *nm* : brace (in carpentry)

berenjena *nf* : eggplant

bergantín *nm*, *pl* **-tines** : brig (ship)

berilo *nm* : beryl

bermudas *nfpl* : Bermuda shorts

berrear *vi* **1** : to bellow, to low **2** : to bawl, to howl

berrido *nm* **1** : bellowing **2** : howl, scream

berrinche *nm fam* : tantrum, conniption

berro *nm* : watercress

berza *nf* : cabbage

besar *vt* : to kiss

beso *nm* : kiss

bestia¹ *adj* **1** : ignorant, stupid **2** : boorish, rude

bestia² *nf* : beast, animal

bestia³ *nmf* **1** IGNORANTE : ignoramus **2** : brute

bestial *adj* **1** : bestial, beastly **2** *fam* : huge, enormous ⟨hace un frío bestial : it's terribly cold⟩ **3** *fam* : great, fantastic

besuquear *vt fam* : to cover with kisses — **besuquearse** *vr fam* : to neck, to smooch

betabel *nm Mex* : beet

betún *nm*, *pl* **betunes 1** : shoe polish **2** *Mex* : icing

bianual *adj* : biannual

biatlón *nm*, *pl* **-lones** : biathlon

biberón *nm*, *pl* **-rones** : baby's bottle

biblia *nf* **1** : bible **2 la Biblia** : the Bible

bíblico, -ca *adj* : biblical

bibliografía *nf* : bibliography

bibliográfico, -ca *adj* : bibliographic, bibliographical

bibliógrafo, -fa *n* : bibliographer

biblioteca *nf* : library

bibliotecario, -ria *n* : librarian

bicameral *adj* : bicameral

bicarbonato *nm* **1** : bicarbonate **2 bicarbonato de soda** : sodium bicarbonate, baking soda

bicentenario *nm* : bicentennial

bíceps *nms & pl* : biceps
bicho *nm* : small animal, bug, insect
bici *nf fam* : bike
bicicleta *nf* : bicycle
bicolor *adj* : two-tone
bicúspide *adj* : bicuspid
bidón *nm, pl* **bidones** : large can, (oil) drum
bien[1] *adv* **1** : well ⟨¿dormiste bien? : did you sleep well?⟩ **2** CORRECTAMENTE : correctly, properly, right ⟨hay que hacerlo bien : it must be done correctly⟩ **3** : very, quite ⟨el libro era bien divertido : the book was very amusing⟩ **4** : easily ⟨bien puede acabarlo en un día : he can easily finish it in a day⟩ **5** : willingly, readily ⟨bien lo aceptaré : I'll gladly accept it⟩ **6 bien que** : although **7 más bien** : rather
bien[2] *adj* **1** : well, OK, all right ⟨¿te sientes bien? : are you feeling all right?⟩ **2** : pleasant, agreeable ⟨las flores huelen bien : the flowers smell very nice⟩ **3** : satisfactory **4** : correct, right
bien[3] *nm* **1** : good ⟨el bien y el mal : good and evil⟩ **2 bienes** *nmpl* : property, goods, possessions
bienal *adj & nf* : biennial — **bienalmente** *adv*
bienaventurado, -da *adj* **1** : blessed **2** : fortunate, happy
bienaventuranzas *nfpl* : Beatitudes
bienestar *nm* **1** : welfare, well-being **2** CONFORT : comfort
bienhechor[1], **-chora** *adj* : beneficent, benevolent
bienhechor[2], **-chora** *n* : benefactor, benefactress *f*
bienintencionado, -da *adj* : well-meaning
bienvenida *nf* **1** : welcome **2 dar la bienvenida a** : to welcome
bienvenido, -da *adj* : welcome
bies *nm* : bias (in sewing)
bife *nm Arg, Chile, Uru* : steak
bífido, -da *adj* : forked
bifocal *adj* : bifocal
bifocales *nmpl* : bifocals
bifurcación *nf, pl* **-ciones** : fork (in a river or road)
bifurcarse {72} *vr* : to fork
bigamia *nf* : bigamy
bígamo, -ma *n* : bigamist
bigote *nm* **1** : mustache **2** : whisker (of an animal)
bigotudo, -da *adj* : mustached, having a big mustache
bikini *nm* : bikini
bilateral *adj* : bilateral — **bilateralmente** *adv*
bilingüe *adj* : bilingual
bilioso, -sa *adj* **1** : bilious **2** : irritable
bilis *nf* : bile
billar *nm* : pool, billiards
billete *nm* **1** : bill ⟨un billete de cinco dólares : a five-dollar bill⟩ **2** BOLETO : ticket ⟨billete de ida y vuelta : round-trip ticket⟩

billetera *nf* : billfold, wallet
billón *nm, pl* **billones** **1** : billion (Great Britain) **2** : trillion (U.S.A.)
bimestral *adj* : bimonthly — **bimestralmente** *adv*
bimotor *adj* : twin-engined
binacional *adj* : binational
binario, -ria *adj* : binary
bingo *nm* : bingo
binocular *adj* : binocular
binoculares *nmpl* : binoculars
binomio *nm* **1** : binomial **2** PAREJA : pair, duo
biodegradable *adj* : biodegradable
biodegradarse *vr* : to biodegrade
biodiversidad *nf* : biodiversity
biofísica *nf* : biophysics
biofísico[1], **-ca** *adj* : biophysical
biofísico[2], **-ca** *n* : biophysicist
biografía *nf* : biography
biográfico, -ca *adj* : biographical
biógrafo, -fa *n* : biographer
biología *nf* : biology
biológico, -ca *adj* : biological, biologic — **biológicamente** *adv*
biólogo, -ga *n* : biologist
biombo *nm* MAMPARA : folding screen, room divider
biomecánica *nf* : biomechanics
biopsia *nf* : biopsy
bioquímica *nf* : biochemistry
bioquímico[1], **-ca** *adj* : biochemical
bioquímico[2], **-ca** *n* : biochemist
biosfera *or* **biósfera** *nf* : biosphere
biotecnología *nf* : biotechnology
biótico, -ca *adj* : biotic
bipartidismo *nm* : two-party system
bipartidista *adj* : bipartisan
bípedo *nm* : biped
birlar *vt fam* : to swipe, to pinch
birmano, -na *adj & n* : Burmese
bis[1] *adv* **1** : twice, again (in music) **2** : a, A ⟨artículo 47 bis : Article 47A⟩ ⟨calle Bolívar, número 70 bis : Bolívar Street, number 70A⟩
bis[2] *nm* : encore
bisabuelo, -la *n* : great-grandfather *m*, great-grandmother *f*, great-grandparent
bisagra *nf* : hinge
bisecar {72} *vt* : to bisect — **bisección** *nf*
bisel *nm* : bevel
biselar *vt* : to bevel
bisexual *adj* : bisexual
bisiesto *adj* **año bisiesto** : leap year
bismuto *nm* : bismuth
bisnieto, -ta *n* : great-grandson *m*, great-granddaughter *f*, great-grandchild
bisonte *nm* : bison, buffalo
bisoñé *nm* : hairpiece, toupee
bisoño[1], **-ña** *adj* : inexperienced, green
bisoño[2], **-ña** *n* : rookie, greenhorn
bistec *nm* : steak, beefsteak
bisturí *nm* ESCALPELO : scalpel
bisutería *nf* : costume jewelry
bit *nm* : bit (unit of information)
bivalvo *nm* : bivalve
bizarría *nf* **1** : courage, gallantry **2** : generosity

bizarro, -rra adj **1** VALIENTE : courageous, valiant **2** GENEROSO : generous

bizco, -ca adj : cross-eyed

bizcocho nm **1** : sponge cake **2** : biscuit **3** Mex : breadstick

bizquera nf : crossed eyes, squint

blanco[1], **-ca** adj : white

blanco[2], **-ca** n : white person

blanco[3] nm **1** : white **2** : target, bull's-eye ⟨dar en el blanco : to hit the target, to hit the nail on the head⟩ **3** : blank space, blank ⟨un cheque en blanco : a blank check⟩

blancura nf : whiteness

blancuzco, -ca adj **1** : whitish, off-white **2** PÁLIDO : pale

blandir {1} vt : to wave, to brandish

blando, -da adj **1** SUAVE : soft, tender **2** : weak (in character) **3** : lenient

blandura nf **1** : softness, tenderness **2** : lenieney

blanqueador nm : bleach, whitener

blanquear vt **1** : to whiten, to bleach **2** : to shut out (in sports) **3** : to launder (money) — vi : to turn white

blanquillo nm CA, Mex : egg

blasfemar vi : to blaspheme

blasfemia nf : blasphemy

blasfemo, -ma adj : blasphemous

blazer nm : blazer

bledo nm no me importa un bledo fam : I couldn't care less, I don't give a damn

blindado, -da adj ACORAZADO : armored

blindaje nm **1** : armor, armor plating **2** : shield (for cables, machinery, etc.)

bloc nm, pl **blocs** : writing pad, pad of paper

blof nm Col, Mex : bluff

blofear vi Col, Mex : to bluff

blondo, -da adj : blond, flaxen

bloque nm **1** : block **2** GRUPO : bloc ⟨el bloque comunista : the Communist bloc⟩

bloquear vt **1** OBSTRUIR : to block, to obstruct **2** : to blockade

bloqueo nm **1** OBSTRUCCIÓN : blockage, obstruction **2** : blockade

blusa nf : blouse

blusón nm, pl **blusones** : loose shirt, smock

boa nf : boa

boato nm : ostentation, show

bobada nf **1** : stupid remark or action **2** decir bobadas : to talk nonsense

bobalicón, -cona adj, mpl **-cones** fam : silly, stupid

bobina nf CARRETE : bobbin, reel

bobo[1], **-ba** adj : silly, stupid

bobo[2], **-ba** n : fool, simpleton

boca nf **1** : mouth **2** boca arriba : face up, on one's back **3** boca abajo : face down, prone **4** boca de riego : hydrant **5** en boca de : according to

bocacalle nf : entrance to a street ⟨gire a la última bocacalle : take the last turning⟩

bocadillo nm Spain : sandwich

bocado nm **1** : bite, mouthful **2** FRENO : bit (of a bridle)

bocajarro nm a ~ : point-blank, directly

bocallave nf : keyhole

bocanada nf **1** : swig, swallow **2** : puff, mouthful (of smoke) **3** : gust (of air) **4** : stream (of people)

boceto nm : sketch, outline

bochinche nm fam : ruckus, uproar

bochorno nm **1** VERGÜENZA : embarrassment **2** : hot and humid weather **3** : hot flash

bochornoso, -sa adj **1** EMBARAZOSO : embarrassing **2** : hot and muggy

bocina nf **1** : horn, trumpet **2** : automobile horn **3** : mouthpiece (of a telephone) **4** Mex : loudspeaker

bocinazo nm : honk (of a horn)

bocio nm : goiter

bocón, -cona n, mpl **bocones** fam : blabbermouth, loudmouth

boda nf : wedding

bodega nf **1** : wine cellar **2** Chile, Col, Mex : storeroom, warehouse **3** (in various countries) : grocery store

bofetada nf CACHETADA : slap on the face

bofetear vt CACHETEAR : to slap

bofetón nm → bofetada

bofo, -fa adj : flabby

boga nf : fashion, vogue ⟨estar en boga : to be in style⟩

bogotano[1], **-na** adj : of or from Bogotá

bogotano[2], **-na** n : person from Bogotá

bohemio, -mia adj & n : bohemian, Bohemian

boicot nm, pl **boicots** : boycott

boicotear vt : to boycott

boina nf : beret

boiserie nf : wood paneling, wainscoting

boj nm, pl **bojes** : box (plant), boxwood

bola nf **1** : ball ⟨bola de nieve : snowball⟩ **2** fam : lie, fib **3** Mex fam : bunch, group ⟨una bola de rateros : a bunch of thieves⟩ **4** Mex : uproar, tumult

bolear vt Mex : to polish (shoes)

bolera nf : bowling alley

bolero nm : bolero

boleta nf **1** : ballot **2** : ticket **3** : receipt

boletería nf TAQUILLA : box office, ticket office

boletín nm, pl **-tines 1** : bulletin **2** : journal, review **3** boletín de prensa : press release

boleto nm BILLETE : ticket

boliche nm **1** BOLOS : bowling **2** Arg : bar, tavern

bólido nm **1** : race car **2** METEORO : meteor

bolígrafo nm : ballpoint pen

bolillo nm **1** : bobbin **2** Mex : roll, bun

bolívar nm : bolivar (monetary unit of Venezuela)

boliviano[1], **-na** adj & n : Bolivian

boliviano[2] nm : boliviano (monetary unit of Bolivia)

bollo *nm* : bun, sweet roll
bolo *nm* : bowling pin, tenpin
bolos *nmpl* BOLICHE : bowling
bolsa *nf* **1** : bag, sack **2** *Mex* : pocketbook, purse **3** *Mex* : pocket **4 la Bolsa** : the stock market, the stock exchange **5 bolsa de trabajo** : employment agency
bolsear *vi Mex* : to pick pockets
bolsillo *nm* **1** : pocket **2 dinero de bolsillo** : pocket change, loose change
bolso *nm* : pocketbook, handbag
bomba *nf* **1** : bomb **2** : bubble **3** : pump ⟨bomba de gasolina : gas pump⟩
bombachos *nmpl* : baggy pants, bloomers
bombardear *vt* **1** : to bomb **2** : to bombard
bombardeo *nm* **1** : bombing, shelling **2** : bombardment
bombardero *nm* : bomber (airplane)
bombástico, -ca *adj* : bombastic
bombear *vt* : to pump
bombero, -ra *n* : firefighter, fireman *m*
bombilla *nf* : lightbulb
bombillo *nm CA, Col, Ven* : lightbulb
bombo *nm* **1** : bass drum **2** *fam* : exaggerated praise, hype ⟨con bombos y platillos : with great fanfare⟩
bombón *nm, pl* **bombones 1** : bonbon, chocolate **2** *Mex* : marshmallow
bonachón, -chona *adj, mpl* **-chones** *fam* : good-natured, kindhearted
bonachón², -chona *n, mpl* **-chones** *fam* BUENAZO : kindhearted person
bonaerense¹ *adj* : of or from Buenos Aires
bonaerense² *nmf* : person from Buenos Aires
bonanza *nf* **1** PROSPERIDAD : prosperity ⟨bonanza económica : economic boom⟩ **2** : calm weather **3** : rich ore deposit, bonanza
bondad *nf* BENEVOLENCIA : goodness, kindness ⟨tener la bondad de hacer algo : to be kind enough to do something⟩
bondadoso, -sa *adj* BENÉVOLO : kind, kindly, good — **bondadosamente** *adv*
bonete *nm* : cap, mortarboard
boniato *nm* : sweet potato
bonificación *nf, pl* **-ciones 1** : discount **2** : bonus, extra
bonito¹ *adv* : nicely, well ⟨qué bonito canta tu hermana! : your sister sings wonderfully!⟩
bonito², -ta *adj* LINDO : pretty, lovely ⟨tiene un apartamento bonito : she has a nice apartment⟩
bonito³ *nm* : bonito (tuna)
bono *nm* **1** : bond ⟨bono bancario : bank bond⟩ **2** : voucher
boqueada *nf* : gasp ⟨dar la última boqueada : to give one's last gasp⟩
boquear *vi* **1** : to gasp **2** : to be dying
boquete *nm* : gap, opening, breach
boquiabierto, -ta *adj* : open-mouthed, speechless, agape

boquilla *nf* : mouthpiece (of a musical instrument)
borbollar *vi* : to bubble
borbotar *or* **borbotear** *vi* : to boil, to bubble, to gurgle
borboteo *nm* : bubbling, gurgling
borda *nf* : gunwale
bordado *nm* : embroidery, needlework
bordar *v* : to embroider
borde *nm* **1** : border, edge **2 al borde de** : on the verge of ⟨estoy al borde de la locura : I'm about to go crazy⟩
bordear *vt* **1** : to border, to skirt ⟨el Río Este bordea Manhattan : the East River borders Manhattan⟩ **2** : to border on ⟨bordea la irrealidad : it borders on unreality⟩ **3** : to line ⟨una calle bordeada de árboles : a street lined with trees⟩
bordillo *nm* : curb
bordo *nm* **a ~** : aboard, on board
boreal *adj* : northern
borgoña *nf* : burgundy
bórico, -ca *adj* : boric ⟨ácido bórico : boric acid⟩
boricua *adj & nmf fam* : Puerto Rican
borinqueño, -ña → **boricua**
borla *nf* **1** : pom-pom, tassel **2** : powder puff
boro *nm* : boron
borrachera *nf* : drunkenness ⟨agarró una borrachera : he got drunk⟩
borrachín, -china *n, mpl* **-chines** *fam* : lush, drunk
borracho¹, -cha *adj* EBRIO : drunk, intoxicated
borracho², -cha *n* : drunk, drunkard
borrador *nm* **1** : rough copy, first draft ⟨en borrador : in the rough⟩ **2** : eraser
borrar *vt* : to erase, to blot out — **borrarse** *vr* **1** : to fade, to fade away **2** : to resign, to drop out **3** *Mex fam* : to split, to leave ⟨me borro : I'm out of here⟩
borrascoso, -sa *adj* : gusty, blustery
borrego, -ga *n* **1** : lamb, sheep **2** : simpleton, fool
borrico → **burro**
borrón *nm, pl* **borrones** : smudge, blot ⟨borrón y cuenta nueva : let's start on a clean slate, let's start over again⟩
borronear *vt* : to smudge, to blot
borroso, -sa *adj* **1** : blurry, smudgy **2** CONFUSO : unclear, confused
boscoso, -sa *adj* : wooded
bosnio, -nia *adj & n* : Bosnian
bosque *nm* : woods, forest
bosquecillo *nm* : grove, copse, thicket
bosquejar *vt* ESBOZAR : to outline, to sketch
bosquejo *nm* **1** TRAZADO : outline, sketch **2** : draft
bostezar {21} *vi* : to yawn
bostezo *nm* : yawn
bota *nf* **1** : boot **2** : wineskin
botana *nf Mex* : snack, appetizer
botanear *vi Mex* : to have a snack
botánica *nf* : botany

botánico¹, -ca *adj* : botanical
botánico², -ca *n* : botanist
botar *vt* 1 ARROJAR : to throw, to fling, to hurl 2 TIRAR : to throw out, to throw away 3 : to launch (a ship)
bote *nm* 1 : small boat ⟨bote de remos : rowboat⟩ 2 : can, jar 3 : jump, bounce 4 *Mex fam* : jail
botella *nf* : bottle
botica *nf* FARMACIA : drugstore, pharmacy
boticario, -ria *n* FARMACÉUTICO : pharmacist, druggist
botín *nm, pl* **botines** 1 : baby's bootee 2 : ankle boot 3 : booty, plunder
botiquín *nm, pl* **-quines** 1 : medicine cabinet 2 : first-aid kit
botón *nm, pl* **botones** 1 : button 2 : bud 3 INSIGNIA : badge
botones *nmfs & pl* : bellhop
botulismo *nm* : botulism
boulevard [‚bule'var] → **bulevar**
bouquet *nm* 1 : fragrance, bouquet (of wine) 2 RAMILLETE : bouquet (of flowers)
boutique *nf* : boutique
bóveda *nf* 1 : vault, dome 2 CRIPTA : crypt
bovino, -na *adj* : bovine
box *nm, pl* **boxes** 1 : pit (in auto racing) 2 *Mex* : boxing
boxeador, -dora *n* : boxer
boxear *vi* : to box
boxeo *nm* : boxing
boya *nf* : buoy
boyante *adj* 1 : buoyant 2 : prosperous, thriving
bozal *nm* 1 : muzzle 2 : halter (for a horse)
bracear *vi* 1 : to wave one's arms 2 : to make strokes (in swimming)
bracero, -ra *n* : migrant worker, day laborer
braguero *nm* : truss (in medicine)
bragueta *nf* : fly, pants zipper
braille *adj & nm* : braille
bramante *nm* : twine, string
bramar *vi* 1 RUGIR : to roar, to bellow 2 : to howl (of the wind)
bramido *nm* : bellowing, roar
brandy *nm* : brandy
branquia *nf* AGALLA : gill
brasa *nf* ASCUA : ember, live coal
brasero *nm* : brazier
brasier *nm Col, Mex* : brassiere, bra
brasileño, -ña *adj & n* : Brazilian
bravata *nf* 1 JACTANCIA : boast, bravado 2 AMENAZA : threat
bravo, -va *adj* 1 FEROZ : ferocious, fierce ⟨un perro bravo : a ferocious dog⟩ 2 EXCELENTE : excellent, great ⟨¡bravo! : bravo!, well done!⟩ 3 : rough, rugged, wild 4 : annoyed, angry
bravucón, -cona *n, mpl* **-cones** : bully
bravuconadas *nfpl* : bravado
bravura *nf* 1 FEROCIDAD : fierceness, ferocity 2 VALENTÍA : bravery

braza *nf* 1 : breaststroke 2 : fathom (unit of length)
brazada *nf* : stroke (in swimming)
brazalete *nm* PULSERA : bracelet, bangle
brazo *nm* 1 : arm 2 **brazo derecho** : right-hand man 3 **brazos** *nmpl* : hands, laborers
brea *nf* ALQUITRÁN : tar, pitch
brebaje *nm* : potion, brew
brecha *nf* 1 : gap, breach ⟨estar siempre en la brecha : to be always there when needed, to stay in the thick of things⟩ 2 : gash
brécol *nm* : broccoli
brega *nf* 1 LUCHA : struggle, fight 2 : hard work
bregar {52} *vi* 1 LUCHAR : to struggle 2 : to toil, to work hard 3 ~ **con** : to deal with
brete *nm* : jam, tight spot
breve *adj* 1 CORTO : brief, short 2 **en** ~ : shortly, in short — **brevemente** *adv*
brevedad *nf* : brevity, shortness
breviario *nm* : breviary
brezal *nm* : heath, moor
brezo *nm* : heather
bribón, -bona *n, mpl* **bribones** : rascal, scamp
bricolaje *or* **bricolage** *nm* : do-it-yourself
brida *nf* : bridle
brigada *nf* 1 : brigade 2 : gang, team, squad
brigadier *nm* : brigadier
brillante¹ *adj* 1 : brilliant, bright — **brillantemente** *adv*
brillante² *nm* DIAMANTE : diamond
brillantez *nf* : brilliance, brightness
brillar *vi* : to shine, to sparkle
brillo *nm* 1 LUSTRE : luster, shine 2 : brilliance
brilloso, -sa *adj* LUSTROSO : lustrous, shiny
brincar {72} *vi* 1 SALTAR : to jump around, to leap about 2 : to frolic, to gambol
brinco *nm* 1 SALTO : jump, leap, skip 2 **pegar un brinco** : to give a start, to jump
brindar *vi* : to drink a toast ⟨brindó por los vencedores : he toasted the victors⟩ — *vt* OFRECER, PROPORCIONAR : to offer, to provide — **brindarse** *vr* : to offer one's assistance, to volunteer
brindis *nm* : toast, drink ⟨hacer un brindis : to drink a toast⟩
brinque, etc. → **brincar**
brío *nm* 1 : force, determination 2 : spirit, verve
brioso, -sa *adj* : spirited, lively
briqueta *nf* : briquette
brisa *nf* : breeze
británico¹, -ca *adj* : British
británico², -ca *n* 1 : British person 2 **los británicos** : the British
brizna *nf* 1 : strand, thread 2 : blade (of grass)

broca *nf* : drill bit
brocado *nm* : brocade
brocha *nf* : paintbrush
broche *nm* **1** ALFILER : brooch **2** : fastener, clasp **3 broche de oro** : finishing touch
brocheta *nf* : skewer
brócoli *nm* : broccoli
broma *nf* **1** CHISTE : joke, prank **2** : fun, merriment **3 en ～** : in jest, jokingly
bromear *vi* : to joke, to fool around ⟨sólo estaba bromeando : I was only kidding⟩
bromista[1] *adj* : fun-loving, joking
bromista[2] *nmf* : joker, prankster
bromo *nm* : bromine
bronca *nf fam* : fight, quarrel, fuss
bronce *nm* : bronze
bronceado[1], **-da** *adj* **1** : tanned, suntanned **2** : bronze
bronceado[2] *nm* **1** : suntan, tan **2** : bronzing
broncearse *vr* : to get a suntan
bronco, -ca *adj* **1** : harsh, rough **2** : untamed, wild
bronquial *adj* : bronchial
bronquio *nm* : bronchial tube, bronchus
bronquitis *nf* : bronchitis
broqueta *nf* : skewer
brotar *vi* **1** : to bud, to sprout **2** : to spring up, to stream, to gush forth **3** : to break out, to appear
brote *nm* **1** : outbreak **2** : sprout, bud, shoot
broza *nf* **1** : brushwood **2** MALEZA : scrub, undergrowth
brujería *nf* HECHICERÍA : witchcraft, sorcery
brujo[1], **-ja** *adj* : bewitching
brujo[2], **-ja** *n* : warlock *m*, witch *f*, sorcerer
brújula *nf* : compass
bruma *nf* : haze, mist
brumoso, -sa *adj* : hazy, misty
bruñir {38} *vt* : to burnish, to polish (metals)
brusco, -ca *adj* **1** SÚBITO : sudden, abrupt **2** : curt, brusque — **bruscamente** *adv*
brusquedad *nf* **1** : abruptness, suddenness **2** : brusqueness
brutal *adj* **1** : brutal **2** *fam* : incredible, terrific — **brutalmente** *adv*
brutalidad *nf* CRUELDAD : brutality
brutalizar {21} *vt* : to brutalize, to maltreat
bruto[1], **-ta** *adj* **1** : gross ⟨peso bruto : gross weight⟩ ⟨ingresos brutos : gross income⟩ **2** : unrefined ⟨petróleo bruto : crude oil⟩ **3** : brutish, stupid
bruto[2], **-ta** *n* **1** : brute **2** : dunce, blockhead
bubónico, -ca *adj* : bubonic
bucal *adj* : oral
bucanero *nm* : buccaneer, pirate
buccino *nm* : whelk
buceador, -dora *n* : diver, scuba diver

bucear *vi* **1** : to dive, to swim underwater **2** : to explore, to delve
buceo *nm* **1** : diving, scuba diving **2** : exploration, searching
buche *nm* **1** : crop (of a bird) **2** *fam* : belly, gut **3** : mouthful ⟨hacer buches : to rinse one's mouth⟩
bucle *nm* **1** : curl, ringlet **2** : loop
bucólico, -ca *adj* : bucolic
budín *nm, pl* **budines** : pudding
budismo *nm* : Buddhism
budista *adj & nmf* : Buddhist
buen *adj* → **bueno**[1]
buenamente *adv* **1** : easily **2** : willingly
buenaventura *nf* **1** : good luck **2** : fortune, future ⟨le dijo la buenaventura : she told his fortune⟩
buenazo, -za *n fam* BONACHÓN : kindhearted person
bueno[1], **-na** *adj* (**buen** *before masculine singular nouns*) **1** : good ⟨una buena idea : a good idea⟩ **2** BONDADOSO : nice, kind **3** APROPIADO : proper, appropriate **4** SANO : well, healthy **5** : considerable, goodly ⟨una buena cantidad : á lot⟩ **6 buenos días** : hello, good day **7 buenas tardes** : good afternoon **8 buenas noches** : good evening, good night
bueno[2] *interj* **1** : OK!, all right! **2** *Mex* : hello! (on the telephone)
buey *nm* : ox, steer
búfalo *nm* **1** : buffalo **2 búfalo de agua** : water buffalo
bufanda *nf* : scarf, muffler
bufar *vi* : to snort
bufet *or* **bufé** *nm* : buffet-style meal
bufete *nm* **1** : law firm, law office **2** : writing desk
bufido *nm* : snort
bufo, -fa *adj* : comic
bufón, -fona *n, mpl* **bufones** : clown, buffoon, jester
bufonada *nf* **1** : jest, buffoonery **2** : sarcasm
buhardilla *nf* **1** ÁTICO, DESVÁN : attic **2** : dormer window
búho *nm* **1** : owl **2** *fam* : hermit, recluse
buhonero, -ra *n* MERCACHIFLE : peddler
buitre *nm* : vulture
bujía *nf* : spark plug
bula *nf* : papal bull
bulbo *nm* : bulb
bulboso, -sa *adj* : bulbous
bulevar *nm* : boulevard
búlgaro, -ra *adj & n* : Bulgarian
bulla *nf* BARULLO : racket, rowdiness
bullicio *nm* **1** : ruckus, uproar **2** : hustle and bustle
bullicioso, -sa *adj* : noisy, busy, turbulent
bullir {38} *vi* **1** HERVIR : to boil **2** MOVERSE : to stir, to bustle about
bulto *nm* **1** : package, bundle **2** : piece of luggage, bag **3** : size, bulk, volume **4** : form, shape **5** : lump (on the body), swelling, bulge

bumerán *nm, pl* **-ranes** : boomerang
búnker *nm, pl* **búnkers** : bunker
búnquer → **búnker**
buñuelo *nm* : fried pastry
buque *nm* BARCO : ship, vessel
burbuja *nf* : bubble, blister (on a surface)
burbujear *vi* **1** : to bubble **2** : to fizz
burbujeo *nm* : bubbling
burdel *nm* : brothel, whorehouse
burdo, -da *adj* **1** : coarse, rough **2** : crude, clumsy ⟨una burda mentira : a clumsy lie⟩ — **burdamente** *adj*
burgués, -guesa *adj & n, mpl* **burgueses** : bourgeois
burguesía *nf* : bourgeoisie, middle class
burla *nf* **1** : mockery, ridicule **2** : joke, trick **3 hacer burla de** : to make fun of, to mock
burlar *vt* ENGAÑAR : to trick, to deceive — **burlarse** *vr* ∼ **de** : to make fun of, to ridicule
burlesco, -ca *adj* : burlesque, comic
burlón¹, -lona *adj, mpl* **burlones** : joking, mocking
burlón², -lona *n, mpl* **burlones** : joker
burocracia *nf* : bureaucracy
burócrata *nmf* : bureaucrat
burocrático, -ca *adj* : bureaucratic
burrada *nf fam* : stupid act, nonsense
burrito *nm* : burrito
burro¹, -rra *adj fam* : dumb, stupid

burro², -rra *n* **1** ASNO : donkey, ass **2** *fam* : dunce, poor student
burro³ *nm* **1** : sawhorse **2** *Mex* : ironing board **3** *Mex* : stepladder
bursátil *adj* : stock-market
bursitis *nf* : bursitis
bus *nm* : bus
busca *nf* : search
buscador, -dora *n* : hunter (for treasure, etc.), prospector
buscapersonas *nms & pl* : beeper, pager
buscapleitos *nmfs & pl* : troublemaker
buscar {72} *vt* **1** : to look for, to seek **2** : to pick up, to collect **3** : to provoke — *vi* : to look, to search ⟨buscó en los bolsillos⟩ : he searched through his pockets⟩
buscavidas *nmf & pl* **1** : busybody **2** : go-getter
busque, etc. → **buscar**
búsqueda *nf* : search
busto *nm* : bust
butaca *nf* **1** SILLÓN : armchair **2** : seat (in a theatre) **3** *Mex* : pupil's desk
butano *nm* : butane
buzo¹, -za *adj Mex fam* : smart, astute ⟨¡ponte buzo! : get with it!, get on the ball!⟩
buzo² *nm* : diver, scuba diver
buzón *nm, pl* **buzones** : mailbox
byte *nm* : byte

C

c *nf* : third letter of the Spanish alphabet
cabal *adj* **1** : exact, correct **2** : complete **3** : upright, honest
cabales *nmpl* **no estar en sus cabales** : not to be in one's right mind
cabalgar {52} *vi* : to ride (on horseback)
cabalgata *nf* : cavalcade, procession
cabalidad *nf* **a** ∼ : thoroughly, conscientiously
caballa *nf* : mackerel
caballada *nf* **1** : herd of horses **2** *fam* : nonsense, stupidity, outrageousness
caballar *adj* EQUINO : horse, equine
caballeresco, -ca *adj* : gallant, chivalrous
caballería *nf* **1** : cavalry **2** : horse, mount **3** : knighthood, chivalry
caballeriza *nf* : stable
caballero¹ → **caballeroso**
caballero² *nm* **1** : gentleman **2** : knight
caballerosidad *nf* : chivalry, gallantry
caballeroso, -sa *adj* : gentlemanly, chivalrous
caballete *nm* **1** : ridge **2** : easel **3** : trestle (for a table, etc.) **4** : bridge (of the nose) **5** : sawhorse
caballista *nmf* : horseman *m*, horsewoman *f*
caballito *nm* **1** : rocking horse **2 caballito de mar** : seahorse **3 caballitos** *nmpl* : merry-go-round

caballo *nm* **1** : horse **2** : knight (in chess) **3 caballo de fuerza** *or* **caballo de vapor** : horsepower
cabalmente *adv* : fully, exactly
cabaña *nf* CHOZA : cabin, hut
cabaret *nm, pl* **-rets** : nightclub, cabaret
cabecear *vt* : to head (in soccer) — *vi* **1** : to nod one's head **2** : to lurch, to pitch
cabecera *nf* **1** : headboard **2** : head ⟨cabecera de la mesa : head of the table⟩ **3** : heading, headline **4** : headwaters *pl* **5 médico de cabecera** : family doctor **6 cabecera municipal** *CA, Mex* : downtown area
cabecilla *nmf* : ringleader, kingpin
cabello *nm* : hair
cabelludo, -da *adj* **1** : hairy **2 cuero cabelludo** : scalp
caber {12} *vi* **1** : to fit, to go ⟨no sé si cabremos todos en el coche : I don't know if we'll all fit in the car⟩ **2** : to be possible ⟨no cabe duda alguna : there's no doubt about it⟩ ⟨cabe que llegue mañana : he may come tomorrow⟩
cabestrillo *nm* : sling ⟨llevo el brazo en cabestrillo : my arm is in a sling⟩
cabestro *nm* : halter (for an animal)
cabeza *nf* **1** : head **2 cabeza hueca** : scatterbrain **3 de** ∼ : head first **4 dolor de cabeza** : headache

cabezada nf **1** : butt, blow with the head **2** : nod ⟨echar una cabezada : to take a nap, to doze off⟩

cabezal nm : bolster

cabezazo nm : butt, blow with the head

cabezón, -zona adj, mpl **-zones** fam **1** : having a big head **2** : pigheaded, stubborn

cabida nf **1** : room, space, capacity **2 dar cabida a** : to accommodate, to hold

cabildear vi : to lobby

cabildeo nm : lobbying

cabildero, -ra n : lobbyist

cabildo nm AYUNTAMIENTO **1** : town or city hall **2** : town or city council

cabina nf **1** : cabin **2** : booth **3** : cab (of a truck), cockpit (of an airplane)

cabizbajo, -ja adj : dejected, downcast

cable nm : cable

cableado n : wiring

cabo nm **1** : end ⟨al cabo de dos semanas : at the end of two weeks⟩ **2** : stub, end piece **3** : corporal **4** : cape, headland ⟨el Cabo Cañaveral : Cape Canaveral⟩ **5 al fin y al cabo** : after all, in the end **6 llevar a cabo** : to carry out, to do

caboverdiano, -na adj & n : Cape Verdean

cabrá, etc. → **caber**

cabra nf : goat

cabrestante nm : windlass

cabrío, -ría adj : goat, caprine

cabriola or. **cabriola 1** : skip, jump **2 hacer cabriolas** : to prance

cabriolar vi : to prance

cabrito nm : kid, baby goat

cabús nm, pl **cabuses** Mex : caboose

cacahuate or. **cacahuete** nm : peanut

cacalote nm Mex : crow

cacao nm : cacao, cocoa bean

cacarear vi : to crow, to cackle, to cluck — vt fam : to boast about, to crow about ⟨cacarear un huevo : to brag about an accomplishment⟩

cacareo nm **1** : clucking (of a hen), crowing (of a rooster) **2** : boasting

cacatúa nf : cockatoo

cace, etc. → **cazar**

cacería nf **1** CAZA : hunt, hunting **2** : hunting party

cacerola nf : pan, saucepan

cacha nf : butt (of a gun)

cachar vt fam : to catch

cacharro nm **1** fam : thing, piece of junk **2** fam : jalopy **3 cacharros** nmpl : pots and pans

cache nm : cache, cache memory

caché nm : cachet

cachear vt : to search, to frisk

cachemir nm : cashmere

cachetada nf BOFETADA : slap on the face

cachete nm : cheek

cachetear vt BOFETEAR : to slap

cachiporra nf : bludgeon, club, blackjack

cachirul nm Mex fam : cheating ⟨hacer cachirul : to cheat⟩

cachivache nm fam : thing ⟨mete tus cachivaches en el maletero : put your stuff in the trunk⟩

cacho nm fam : piece, bit

cachorro, -rra n **1** : cub **2** PERRITO : puppy

cachucha nf Mex : cap, baseball cap

cacique nm **1** : chief (of a tribe) **2** : boss (in politics)

cacofonía nf : cacophony

cacofónico, -ca adj : cacophonous

cacto nm : cactus

cactus → **cacto**

cada adj **1** : each ⟨cuestan diez pesos cada una : they cost ten pesos each⟩ **2** : every ⟨cada vez : every time⟩ **3** : such, some ⟨sales con cada historia : you come up with such crazy stories⟩ **4 cada vez más** : more and more, increasingly **5 cada vez menos** : less and less

cadalso nm : scaffold, gallows

cadáver nm : corpse, cadaver

cadavérico, -ca adj **1** : cadaverous **2** PÁLIDO : deathly pale

caddie or **caddy** nmf, pl **caddies** : caddy

cadena nf **1** : chain **2** : network, channel **3 cadena de montaje** : assembly line **4 cadena perpetua** : life sentence

cadencia nf : cadence, rhythm

cadencioso, -sa adj : rhythmic, rhythmical

cadera nf : hip

cadete nmf : cadet

cadmio nm : cadmium

caducar {72} vi : to expire

caducidad nf : expiration

caduco, -ca adj **1** : outdated, obsolete **2** : deciduous

caer {13} vi **1** : to fall, to drop **2** : to collapse **3** : to hang (down) **4 caer bien** fam : to be pleasant, to be likeable ⟨me caes bien : I like you⟩ **5 caer mal** or **caer gordo** fam : to be unpleasant, to be unlikeable — **caerse** vr : to fall down

café¹ adj : brown ⟨ojos cafés : brown eyes⟩

café² nm **1** : coffee **2** : café

cafeína nf : caffeine

cafetal nm : coffee plantation

cafetalero¹, -ra adj : coffee ⟨cosecha cafetalera : coffee harvest⟩

cafetalero², -ra n : coffee grower

cafetera nf : coffeepot, coffeemaker

cafetería nf **1** : coffee shop, café **2** : lunchroom, cafeteria

cafetero¹, -ra adj : coffee-producing

cafetero², -ra n : coffee grower

cafeticultura nf Mex : coffee industry

caguama nf **1** : large Caribbean turtle **2** Mex : large bottle of beer

caída nf **1** BAJA, DESCENSO : fall, drop **2** : collapse, downfall

caiga, etc. → **caer**

caimán nm, pl **caimanes** : alligator, caiman

caimito nm : star apple
caja nf 1 : box, case 2 : cash register, checkout counter 3 : bed (of a truck) 4 fam : coffin 5 caja fuerte or caja de caudales : safe 6 caja de seguridad : safe-deposit box 7 caja torácica : rib cage
cajero, -ra n 1 : cashier 2 : teller 3 cajero automático : automated teller machine, ATM
cajeta nf Mex : a sweet caramel-flavored spread
cajetilla nf : pack (of cigarettes)
cajón nm, pl cajones 1 : drawer, till 2 : crate, case 3 cajón de estacionamiento Mex : parking space
cajuela nf Mex : trunk (of a car)
cal nf : lime, quicklime
cala nf : cove, inlet
calabacín nm, pl -cines : zucchini
calabacita nf Mex : zucchini
calabaza nf 1 : pumpkin, squash 2 : gourd 3 dar calabazas a : to give the brush-off to, to jilt
calabozo nm 1 : prison 2 : jail cell
calado¹, -da adj 1 : drenched 2 : open-worked
calado² nm 1 : draft (of a ship) 2 : open-work
calafatear vt : to caulk
calamar nm 1 : squid 2 calamares nmpl : calamari
calambre nm 1 ESPASMO : cramp 2 : electric shock, jolt
calamidad nf DESASTRE : calamity, disaster
calamina nf : calamine
calamitoso, -sa adj : calamitous, disastrous
calaña nf : ilk, kind, sort ⟨una persona de mala calaña : a bad sort⟩
calar vt 1 : to soak through 2 : to pierce, to penetrate — vi : to catch on — calarse vr : to get drenched
calavera¹ nf 1 : skull 2 Mex : taillight
calavera² nm : rake, rogue
calcar {72} vt 1 : to trace 2 : to copy, to imitate
calce, etc. → calzar
calceta nf : knee-high stocking
calcetería nf : hosiery
calcetín nm, pl -tines : sock
calcificar {72} v : to calcify — calcificarse vr
calcinar vt : to char, to burn
calcio nm : calcium
calco nm 1 : transfer, tracing 2 : copy, image
calcomanía nf : decal, transfer
calculador, -dora adj : calculating
calculadora nf : calculator
calcular vt 1 : to calculate, to estimate 2 : to plan, to scheme
cálculo nm 1 : calculation, estimation 2 : calculus 3 : plan, scheme 4 cálculo biliar : gallstone 5 hoja de cálculo : spreadsheet
caldas nfpl : hot springs

caldear vt : to heat, to warm — caldearse vr 1 : to heat up 2 : to become heated, to get tense
caldera nf 1 : cauldron 2 : boiler
caldo nm 1 CONSOMÉ : broth, stock 2 caldo de cultivo : culture medium, breeding ground
caldoso, -sa adj : watery
calefacción nf, pl -ciones : heating, heat
calefactor nm : heater
caleidoscopio → calidoscopio
calendario nm 1 : calendar 2 : timetable, schedule
caléndula nf : marigold
calentador nm : heater
calentamiento nm 1 : heating, warming 2 : warm-up (in sports)
calentar {55} vt 1 : to heat, to warm 2 fam : to annoy, to anger 3 fam : to excite, to turn on — calentarse vr 1 : to get warm, to heat up 2 : to warm up (in sports) 3 fam : to become sexually aroused 4 fam : to get mad
calentura nf 1 FIEBRE : temperature, fever 2 : cold sore
calibrador nm : gauge, calipers pl
calibrar vt : to calibrate — calibración nf
calibre nm 1 : caliber, gauge 2 : importance, excellence 3 : kind, sort ⟨un problema de grueso calibre : a serious problem⟩
calidad nf 1 : quality, grade 2 : position, status 3 en calidad de : as, in the capacity of
cálido, -da adj 1 : hot ⟨un clima cálido : a hot climate⟩ 2 : warm ⟨una cálida bienvenida : a warm welcome⟩
calidoscopio nm : kaleidoscope
caliente adj 1 : hot, warm ⟨mantenerse caliente : to stay warm⟩ 2 : heated, fiery ⟨una disputa caliente : a heated argument⟩ 3 fam : sexually excited, horny
califa nm : caliph
calificación nf, pl -ciones 1 NOTA : grade (for a course) 2 : rating, score 3 CLASIFICACIÓN : qualification, qualifying ⟨ronda de calificación : qualifying round⟩
calificar {72} vt 1 : to grade 2 : to describe, to rate ⟨la calificaron de buena alumna : they described her as a good student⟩ 3 : to qualify, to modify (in grammar)
calificativo¹, -va adj : qualifying
calificativo² nm : qualifier, epithet
caligrafía nf 1 ESCRITURA : handwriting 2 : calligraphy
calipso nm : calypso
calistenia nf : calisthenics
cáliz nm, pl cálices 1 : chalice, goblet 2 : calyx
caliza nf : limestone
callado, -da adj : quiet, silent — calladamente adv
callar vi : to keep quiet, to be silent — vt 1 : to silence, to hush ⟨¡calla a los

niños! : keep the children quiet!⟩ 2 : to keep secret — **callarse** *vr* : to remain silent ⟨cállate! : be quiet!, shut up!⟩
calle *nf* : street, road
callejear *vi* : to wander about the streets, to hang out
callejero, -ra *adj* : street ⟨perro callejero : stray dog⟩
callejón *nm, pl* **-jones** 1 : alley 2 **callejón sin salida** : dead-end street
callo *nm* 1 : callus, corn 2 **callos** *nmpl* : tripe
calloso, -sa *adj* : callous
calma *nf* : calm, quiet
calmante[1] *adj* : calming, soothing
calmante[2] *nm* : tranquilizer, sedative
calmar *vt* TRANQUILIZAR : to calm, to soothe — **calmarse** *vr* : to calm down
calmo, -ma *adj* TRANQUILO : calm, tranquil
calmoso, -sa *adj* 1 TRANQUILO : calm, quiet 2 LENTO : slow, sluggish
calor *nm* 1 : heat ⟨hace calor : it's hot outside⟩ ⟨tener calor : to feel hot⟩ 2 : warmth, affection 3 : ardor, passion
caloría *nf* : calorie
calórico, -ca *adj* : caloric
calorífico, -ca *adj* : caloric
calque, etc. → **calcar**
calumnia *nf* : slander, libel — **calumnioso, -sa** *adj*
calumniar *vt* : to slander, to libel
caluroso, -sa *adj* 1 : hot 2 : warm, enthusiastic
calva *nf* : bald spot, bald head
calvario *nm* 1 : Calvary 2 : Stations of the Cross *pl* 3 **vivir un calvario** : to suffer great adversity
calvicie *nf* : baldness
calvo[1]**, -va** *adj* : bald
calvo[2]**, -va** *n* : bald person
calza *nf* : block, wedge
calzada *nf* : roadway, avenue
calzado *nm* : footwear
calzador *nm* : shoehorn
calzar {21} *vt* 1 : to wear (shoes) ⟨de cuál calza? : what is your shoe size?⟩ ⟨siempre calzaban tenis : they always wore sneakers⟩ 2 : to provide with shoes
calzo *nm* : chock, wedge
calzoncillos *nmpl* : underpants, briefs
calzones *nmpl* : underpants, panties
cama *nf* 1 : bed 2 **cama elástica** : trampoliñe
camada *nf* : litter, brood
camafeo *nm* : cameo
camaleón *nm, pl* **-leones** : chameleon
cámara *nf* 1 : camera 2 : chamber, room 3 : house (in government) 4 : inner tube
camarada *nmf* 1 : comrade, companion 2 : colleague
camaradería *nf* : camaraderie
camarero, -ra *n* 1 MESERO : waiter, waitress *f* 2 : bellhop *m*, chambermaid *f* (in a hotel) 3 : steward *m*, stewardess *f* (on a ship, etc.)

camarilla *nf* : political clique
camarógrafo, -fa *n* : cameraman *m*, camerawoman *f*
camarón *nm, pl* **-rones** 1 : shrimp 2 : prawn
camarote *nm* : cabin, stateroom
camastro *nm* : small hard bed, pallet
cambalache *nm fam* : swap
cambiante *adj* 1 : changing 2 VARIABLE : changeable, variable
cambiar *vt* 1 ALTERAR, MODIFICAR : to change 2 : to exchange, to trade — *vi* 1 : to change 2 **cambiar de velocidad** : to shift gears — **cambiarse** *vr* 1 : to change (clothing) 2 MUDARSE : to move (to a new address)
cambio *nm* 1 : change, alteration 2 : exchange 3 : change (money) 4 **en cambio** : instead 5 **en cambio** : however, on the other hand
cambista *nmf* : exchange broker
camboyano, -na *adj & n* : Cambodian
cambur *nm Ven* : banana
camelia *nf* : camellia
camello *nm* : camel
camellón *nm, pl* **-llones** *Mex* : traffic island
camerino *nm* : dressing room
camerunés, -nesa *adj, mpl* **-neses** : Cameroonian
camilla *nf* : stretcher
camillero, -ra *n* : orderly (in a hospital)
caminante *nmf* : wayfarer, walker
caminar *vi* ANDAR : to walk, to move — *vt* : to walk, to cover (a distance)
caminata *nf* : hike, long walk
camino *nm* 1 : path, road 2 : journey ⟨ponerse en camino : to set off⟩ 3 : way ⟨a medio camino : halfway there⟩
camión *nm, pl* **camiones** 1 : truck 2 *Mex* : bus
camionero, -ra *n* 1 : truck driver 2 *Mex* : bus driver
camioneta *nf* : light truck, van
camisa *nf* 1 : shirt 2 **camisa de fuerza** : straitjacket
camiseta *nf* 1 : T-shirt 2 : undershirt
camisón *nm, pl* **-sones** : nightshirt, nightgown
camorra *nf fam* : fight, trouble ⟨buscar camorra : to pick a fight⟩
camote *nm* 1 : root vegetable similar to the sweet potato 2 **hacerse camote** *Mex fam* : to get mixed up
campal *adj* : pitched, fierce ⟨batalla campal : pitched battle⟩
campamento *nm* : camp
campana *nf* : bell
campanada *nf* TAÑIDO : stroke (of a bell), peal
campanario *nm* : bell tower, belfry
campanilla *nf* 1 : small bell, handbell 2 : uvula
campante *adj* : nonchalant, smug ⟨seguir tan campante : to go on as if nothing had happened⟩

campaña *nf* **1** CAMPO : countryside, country **2** : campaign **3 tienda de campaña** : tent
campañol *nm* : vole
campechana *nf Mex* : puff pastry
campechanía *nf* : geniality
campechano, -na *adj* : open, cordial, friendly
campeón, -peona *n, mpl* **-peones** : champion
campeonato *nm* : championship
cámper *nm* : camper (vehicle)
campero, -ra *adj* : country, rural
campesino, -na *n* : peasant, farm laborer
campestre *adj* : rural, rustic
camping *nm* **1** : camping **2** : campsite
campiña *nf* CAMPO : countryside, country
campista *nmf* : camper
campo *nm* **1** CAMPAÑA : countryside, country **2** : field ⟨campo de aviación : airfield⟩ ⟨su campo de responsabilidad : her field of responsibility⟩
camposanto *nm* : graveyard, cemetery
campus *nms & pl* : campus
camuflaje *nm* : camouflage
camuflajear *vt* : to camouflage
camuflar → **camuflajear**
can *nm* : hound, dog
cana *nf* **1** : gray hair **2 salirle canas** : to go gray, to get gray hair **3 echar una cana al aire** : to let one's hair down
canadiense *adj & nmf* : Canadian
canal[1] *nm* **1** : canal **2** : channel
canal[2] *nmf* : gutter, groove
canalé *nm* : rib, ribbing (in fabric)
canaleta *nf* : gutter
canalete *nm* : paddle
canalizar {21} *vt* : to channel
canalla[1] *adj fam* : low, rotten
canalla[2] *nmf fam* : bastard, swine
canapé *nm* **1** : hors d'oeuvre, canapé **2** SOFÁ : couch, sofa
canario[1], **-ria** *adj* : of or from the Canary Islands
canario[2], **-ria** *n* : Canarian, Canary Islander
canario[3] *nm* : canary
canasta *nf* **1** : basket **2** : canasta (card game)
cancel *nm* **1** : sliding door **2** : partition
cancelación *nf, pl* **-ciones 1** : cancellation **2** : payment in full
cancelar *vt* **1** : to cancel **2** : to pay off, to settle
cáncer *nm* : cancer
Cáncer *nmf* : Cancer
cancerígeno[1], **-na** *adj* : carcinogenic
cancerígeno[2] *nm* : carcinogen
canceroso, -sa *adj* : cancerous
cancha *nf* : court, field (for sports)
canciller *nmf* : chancellor
cancillería *nf* : chancellery, ministry
canción *nf, pl* **canciones 1** : song **2 canción de cuna** : lullaby
cancionero[1] *nm* : songbook
cancionero[2], **-ra** *n Mex* : songster, songstress *f*

candado *nm* : padlock
candela *nf* **1** : flame, fire **2** : candle
candelabro *nm* : candelabra
candelero *nm* **1** : candlestick **2 estar en el candelero** : to be the center of attention
candente *adj* : red-hot
candidato, -ta *n* : candidate, applicant
candidatura *nf* : candidacy
candidez *nf* **1** : simplicity **2** INGENUIDAD : naïveté, ingenuousness
cándido, -da *adj* **1** : simple, unassuming **2** INGENUO : naive, ingenuous
candil *nm* : oil lamp
candilejas *nfpl* : footlights
candor *nm* : naïveté, innocence
candoroso, -sa *adj* : naive, innocent
canela *nf* : cinnamon
canesú *nm* : yoke (of clothing)
cangrejo *nm* JAIBA : crab
canguro *nm* **1** : kangaroo **2 hacer de canguro** *Spain* : to baby-sit
caníbal[1] *adj* : cannibalistic
caníbal[2] *nmf* ANTROPÓFAGO : cannibal
canibalismo *nm* ANTROPOFAGIA : cannibalism
canibalizar {21} *vt* : to cannibalize
canica *nf* : marble ⟨jugar a las canicas : to play marbles⟩
caniche *nmf* : poodle
canijo, -ja *adj* **1** *fam* : puny, weak **2** *Mex fam* : tough, hard ⟨un examen muy canijo : a very tough exam⟩
canilla *nf* **1** : shin, shinbone **2** *Arg, Uru* : faucet
canino[1], **-na** *adj* : canine
canino[2] *nm* **1** COLMILLO : canine (tooth) **2** : dog, canine
canje *nm* INTERCAMBIO : exchange, trade
canjear *vt* INTERCAMBIAR : to exchange, to trade
cannabis *nm* : cannabis
cano, -na *adj* : gray ⟨un hombre de pelo cano : a gray-haired man⟩
canoa *nf* : canoe
canon *nm, pl* **cánones** : canon
canónico, -ca *adj* **1** : canonical **2 derecho canónico** : canon law
canónigo *nm* : canon (of a church)
canonizar {21} *vt* : to canonize — **canonización** *nf*
canoso, -sa → **cano**
cansado, -da *adj* **1** : tired ⟨estar cansado : to be tired⟩ **2** : tiresome, wearying ⟨ser cansado : to be tiring⟩
cansancio *nm* FATIGA : fatigue, weariness
cansar *vt* FATIGAR : to wear out, to tire — *vi* : to be tiresome — **cansarse** *vr* **1** : to wear oneself out **2** : to get bored
cansino, -na *adj* : slow, weary, lethargic
cantaleta *nf fam* : nagging ⟨la misma cantaleta : the same old story⟩
cantalupo *nm* : cantaloupe
cantante *nmf* : singer
cantar[1] *v* : to sing

cantar[2] *nm* : song, ballad
cántaro *nm* **1** : pitcher, jug **2 llover a cántaros** *fam* : to rain cats and dogs
cantata *nf* : cantata
cantera *nf* : quarry ⟨cantera de piedra : stone quarry⟩
cántico *nm* : canticle, chant
cantidad[1] *adv fam* : really ⟨ese carro me costó cantidad : that car cost me plenty⟩
cantidad[2] *nf* **1** : quantity **2** : sum, amount (of money) **3** *fam* : a lot, a great many ⟨había cantidad de niños en el parque : there were tons of kids in the park⟩
cantimplora *nf* : canteen, water bottle
cantina *nf* **1** : tavern, bar **2** : canteen, mess, dining quarters *pl*
cantinero, -ra *n* : bartender
canto *nm* **1** : singing **2** : chant ⟨canto gregoriano : Gregorian chant⟩ **3** : song (of a bird) **4** : edge, end ⟨de canto : on end, sideways⟩ **5 canto rodado** : boulder
cantón *nm, pl* **cantones 1** : canton **2** *Mex* : place, home
cantonés[1], **-nesa** *adj & n, mpl* **-neses** : Cantonese
cantonés[2] *nm, pl* **-neses** : Cantonese (language)
cantor[1], **-tora** *adj* **1** : singing **2 pájaro cantor** : songbird
cantor[2], **-tora** *n* **1** : singer **2** : cantor
caña *nf* **1** : cane ⟨caña de azúcar : sugarcane⟩ **2** : reed **3 caña de pescar** : fishing rod **4 caña del timón** : tiller (of a boat)
cañada *nf* : ravine, gully
cáñamo *nm* : hemp
cañaveral *nm* : sugarcane field
cañería *nf* TUBERÍA : pipes *pl*, piping
caño *nm* **1** : pipe **2** : spout **3** : channel (for navigation)
cañón *nm, pl* **cañones 1** : cannon **2** : barrel (of a gun) **3** : canyon
cañonear *vt* : to shell, to bombard
cañoneo *nm* : shelling, bombardment
cañonero *nm* : gunboat
caoba *nf* : mahogany
caolín *nm* : kaolin
caos *nm* : chaos
caótico, -ca *adj* : chaotic
capa *nf* **1** : cape, cloak **2** : coating **3** : layer, stratum **4** : (social) class, stratum
capacidad *nf* **1** : capacity **2** : capability, ability
capacitación *nf, pl* **-ciones** : training
capacitar *vt* : to train, to qualify
caparazón *nm, pl* **-zones** : shell, carapace
capataz *nmf, pl* **-taces** : foreman *m*, forewoman *f*
capaz *adj, pl* **capaces 1** APTO : capable, able **2** COMPETENTE : competent **3** : spacious ⟨capaz para : with room for⟩
capcioso, -sa *adj* : cunning, deceptive ⟨pregunta capciosa : trick question⟩

capea *nf* : amateur bullfight
capear *vt* **1** : to make a pass with the cape (in bullfighting) **2** : to dodge, to weather ⟨capear el temporal : to ride out the storm⟩
capellán *nm, pl* **-llanes** : chaplain
capilar *nm* : capillary — **capilar** *adj*
capilla *nf* : chapel
capirotada *nf Mex* : traditional bread pudding
capirotazo *nm* : flip, flick
capital[1] *adj* **1** : capital **2** : chief, principal
capital[2] *nm* : capital ⟨capital de riesgo : venture capital⟩
capital[3] *nf* : capital, capital city
capitalino[1], **-na** *adj* : of or from a capital city
capitalino[2], **-na** *n* : inhabitant of a capital city
capitalismo *nm* : capitalism
capitalista *adj & nmf* : capitalist
capitalizar {21} *vt* : to capitalize — **capitalización** *nf*
capitán, -tana *n, mpl* **-tanes** : captain
capitanear *vt* : to captain, to command
capitanía *nf* : captaincy
capitel *nm* : capital (of a column)
capitolio *nm* : capitol
capitulación *nf, pl* **-ciones** : capitulation
capitular *vi* : to capitulate, to surrender
capítulo *nm* **1** : chapter, section **2** : matter, subject
capó *nm* : hood (of a car)
capón *nm, pl* **capones** : capon
caporal *nm* **1** : chief, leader **2** : foreman (on a ranch)
capota *nf* : top (of a convertible)
capote *nm* **1** : cloak, overcoat **2** : bullfighter's cape **3** *Mex* COFRE : hood (of a car)
capricho *nm* ANTOJO : whim, caprice
caprichoso, -sa *adj* ANTOJADIZO : capricious, fickle
Capricornio *nmf* : Capricorn
cápsula *nf* : capsule
captar *vt* **1** : to catch, to grasp **2** : to gain, to attract **3** : to harness, to collect (waters)
captor, -tora *n* : captor
captura *nf* : capture, seizure
capturar *vt* : to capture, to seize
capucha *nf* : hood, cowl
capuchina *nf* : nasturtium
capuchino *nm* **1** : Capuchin (monk) **2** : capuchin (monkey) **3** : cappuccino
capullo *nm* **1** : cocoon **2** : bud (of a flower)
caqui *adj & nm* : khaki
cara *nf* **1** : face **2** ASPECTO : look, appearance ⟨¡qué buena cara tiene ese pastel! : that cake looks delicious!⟩ **3** *fam* : nerve, gall **4** ~ **a** *or* **de cara a** : facing **5 de cara a** : in view of, in the light of
carabina *nf* : carbine
caracol *nm* **1** : snail **2** CONCHA : conch, seashell **3** : cochlea **4** : ringlet

caracola *nf* : conch

carácter *nm, pl* **caracteres 1** ÍNDOLE : character, kind, nature **2** TEMPERAMENTO : disposition, temperament **3** : letter, symbol ⟨caracteres chinos : Chinese characters⟩

característica *nf* RASGO : trait, feature, characteristic

característico, -ca *adj* : characteristic — **característicamente** *adv*

caracterizar {21} *vt* : to characterize — **caracterización** *nf*

caramba *interj* **1** (*expressing annoyance*) : darn!, heck! **2** (*expressing disgust or surprise*) : jeez!

carámbano *nm* : icicle

carambola *nf* **1** : carom **2** : ruse, trick ⟨por carambola : by a lucky chance⟩

caramelo *nm* **1** : caramel **2** DULCE : candy

caramillo *nm* **1** : pipe, small flute **2** : heap, pile

caraqueño¹, -ña *adj* : of or from Caracas

caraqueño², -ña *n* : person from Caracas

carátula *nf* **1** : title page **2** : cover, dust jacket **3** CARETA : mask **4** *Mex* : face, dial (of a clock or watch)

caravana *nf* **1** : caravan **2** : convoy, motorcade **3** REMOLQUE : trailer

caray → caramba

carbohidrato *nm* : carbohydrate

carbón *nm, pl* **carbones 1** : coal **2** : charcoal

carbonatado, -da *adj* : carbonated

carbonato *nm* : carbonate

carboncillo *nm* : charcoal

carbonera *nf* : coal cellar, coal bunker (on a ship)

carbonero, -ra *adj* : coal

carbonizar {21} *vt* : to carbonize, to char

carbono *nm* : carbon

carbunco *or* **carbunclo** *nm* : carbuncle

carburador *nm* : carburetor

carburante *nm* : fuel

carca *nmf fam* : old fogy

carcacha *nf fam* : jalopy, wreck

carcaj *nm* : quiver (for arrows)

carcajada *nf* : loud laugh, guffaw ⟨reírse a carcajadas : to roar with laughter⟩

carcajearse *vr* : to roar with laughter, to be in stitches

cárcel *nf* PRISIÓN : jail, prison

carcelero, -ra *n* : jailer

carcinogénico, -ca *adj* : carcinogenic

carcinógeno *nm* CANCERÍGENO : carcinogen

carcinoma *nm* : carcinoma

carcomer *vt* : to eat away at, to consume

carcomido, -da *adj* **1** : worm-eaten **2** : decayed, rotten

cardán *nm, pl* **cardanes** : universal joint

cardar *vt* : to card, to comb

cardenal *nm* **1** : cardinal (in religion) **2** : bruise

cardíaco *or* **cardiaco, -ca** *adj* : cardiac, heart

cárdigan *nm, pl* **-gans** : cardigan

cardinal *adj* : cardinal

cardiología *nf* : cardiology

cardiólogo, -ga *n* : cardiologist

cardiovascular *adj* : cardiovascular

cardo *nm* : thistle

cardumen *nm* : school of fish

carear *vt* : to bring face-to-face

carecer {53} *vi* ~ **de** : to lack ⟨el cheque carecía de fondos : the check lacked funds⟩

carencia *nf* **1** FALTA : lack **2** ESCASEZ : shortage **3** DEFICIENCIA : deficiency

carente *adj* ~ **de** : lacking (in)

carero, -ra *adj fam* : pricey

carestía *nf* **1** : rise in cost ⟨la carestía de la vida : the high cost of living⟩ **2** : dearth, scarcity

careta *nf* MÁSCARA : mask

carey *nm* **1** : hawksbill turtle, sea turtle **2** : tortoiseshell

carga *nf* **1** : loading **2** : freight, load, cargo **3** : burden, responsibility **4** : charge ⟨carga eléctrica : electrical charge⟩ **5** : attack, charge

cargado, -da *adj* **1** : loaded **2** : bogged down, weighted down **3** : close, stuffy **4** : charged ⟨cargado de tensión : charged with tension⟩ **5** FUERTE : strong ⟨café cargado : strong coffee⟩ **6 cargado de hombros** : stoop-shouldered

cargador¹, -dora *n* : longshoreman *m*, longshorewoman *f*

cargador² *nm* **1** : magazine (for a firearm) **2** : charger (for batteries)

cargamento *nm* : cargo, load

cargar {52} *vt* : to carry **2** : to load, to fill **3** : to charge — *vi* **1** : to load **2** : to rest (in architecture) **3** ~ **sobre** : to fall upon

cargo *nm* **1** : burden, load **2** : charge ⟨a cargo de : in charge of⟩ **3** : position, office

cargue, etc. → cargar

carguero¹, -ra *adj* : freight, cargo ⟨tren carguero : freight train⟩

carguero² *nm* : freighter, cargo ship

cariarse *vr* : to decay (of teeth)

caribe *adj* : Caribbean ⟨el mar Caribe : the Caribbean Sea⟩

caribeño, -ña *adj* : Caribbean

caribú *nm* : caribou

caricatura *nf* **1** : caricature **2** : cartoon

caricaturista *nmf* : caricaturist, cartoonist

caricaturizar {21} *vt* : to caricature

caricia *nf* **1** : caress **2 hacer caricias** : to pet, to stroke

caridad *nf* **1** : charity **2** LIMOSNA : alms *pl*

caries *nfs & pl* : cavity (in a tooth)

carillón *nm, pl* **-llones 1** : carillon **2** : glockenspiel

cariño *nm* AFECTO : affection, love

cariñoso, -sa *adj* AFECTUOSO : affectionate, loving — **cariñosamente** *adv*

carioca¹ *adj* : of or from Rio de Janeiro

carioca² *nmf* : person from Rio de Janeiro
carisma *nf* : charisma
carismático, -ca *adj* : charismatic
carita *adj Mex fam* : cute (said of a man) ⟨tu primo se cree muy carita : your cousin thinks he's gorgeous⟩
caritativo, -va *adj* : charitable
cariz *nm, pl* **carices** : appearance, aspect
carmesí *adj & nm* : crimson
carmín *nm, pl* **carmines** 1 : carmine 2 **carmín de labios** : lipstick
carnada *nf* CEBO : bait
carnal *adj* 1 : carnal 2 **primo carnal** : first cousin
carnaval *nm* : carnival
carnaza *nf* : bait
carne *nf* 1 : meat ⟨carne molida : ground beef⟩ 2 : flesh ⟨carne de gallina : goose bumps⟩
carné → **carnet**
carnero *nm* 1 : ram, sheep 2 : mutton
carnet *nm* 1 : identification card, ID 2 : membership card 3 **carnet de conducir** *Spain* : driver's license
carnicería *nf* 1 : butcher shop 2 MATANZA : slaughter, carnage
carnicero, -ra *n* : butcher
carnívoro¹, -ra *adj* : carnivorous
carnívoro² *nm* : carnivore
carnoso, -sa *adj* : fleshy, meaty
caro¹ *adv* : dearly, a lot ⟨pagué caro : I paid a high price⟩
caro², -ra *adj* 1 : expensive, dear 2 QUERIDO : dear, beloved
carpa *nf* 1 : carp 2 : big top (of a circus) 3 : tent
carpelo *nm* : carpel
carpeta *nf* : folder, binder, portfolio (of drawings, etc.)
carpetazo *nm* **dar carpetazo a** : to shelve, to defer
carpintería *nf* 1 : carpentry 2 : carpenter's workshop
carpintero, -ra *n* : carpenter
carraspear *vi* : to clear one's throat
carraspera *nf* : hoarseness ⟨tener carraspera : to have a frog in one's throat⟩
carrera *nf* 1 : run, running ⟨a la carrera : at full speed⟩ ⟨de carrera : hastily⟩ 2 : race 3 : course of study 4 : career, profession 5 : run (in baseball)
carreta *nf* : cart, wagon
carrete *nm* 1 BOBINA : reel, spool 2 : roll of film
carretel → **carrete**
carretera *nf* : highway, road ⟨carretera de peaje : turnpike⟩
carretero, -ra *adj* : highway ⟨el sistema carretero nacional : the national highway system⟩
carretilla *nf* 1 : wheelbarrow 2 **carretilla elevadora** : forklift
carril *nm* 1 : lane ⟨carretera de doble carril : two-lane highway⟩ 2 : rail (on a railroad track)
carrillo *nm* : cheek, jowl

carrito *nm* : cart ⟨carrito de compras : shopping cart⟩
carrizo *nm* JUNCO : reed
carro *nm* 1 COCHE : car 2 : cart 3 *Chile, Mex* : coach (of a train) 4 **carro alegórico** : float (in a parade)
carrocería *nf* : bodywork, body (of a vehicle)
carroña *nf* : carrion
carroñero, -ra *n* : scavenger (animal)
carroza *nf* 1 : carriage 2 : float (in a parade)
carruaje *nm* : carriage
carrusel *nm* 1 : merry-go-round 2 : carousel ⟨carrusel de equipaje : luggage carousel⟩
carta *nf* 1 : letter 2 NAIPE : playing card 3 : charter, constitution 4 MENÚ : menu 5 : map, chart 6 **tomar cartas en** : to intervene in
cártamo *nm* : safflower
cartearse *vr* ESCRIBIRSE : to write to one another, to correspond
cartel *nm* : sign, poster
cártel *or* **cartel** *nm* : cartel
cartelera *nf* 1 : billboard 2 : marquee
cartera *nf* 1 BILLETERA : wallet, billfold 2 BOLSO : pocketbook, purse 3 : portfolio ⟨cartera de acciones : stock portfolio⟩
carterista *nmf* : pickpocket
cartero, -ra *n* : letter carrier, mailman *m*
cartilaginoso, -sa *adj* : cartilaginous, gristly
cartílago *nm* : cartilage
cartilla *nf* 1 : primer, reader 2 : booklet ⟨cartilla de ahorros : bankbook⟩
cartografía *nf* : cartography
cartógrafo, -fa *n* : cartographer
cartón *nm, pl* **cartones** 1 : cardboard ⟨cartón madera : fiberboard⟩ 2 : carton
cartucho *nm* : cartridge
cartulina *nf* : poster board, cardboard
carúncula *nf* : wattle (of a bird)
casa *nf* 1 : house, building 2 HOGAR : home 3 : household, family 4 : company, firm 5 **echar la casa por la ventana** : to spare no expense
casaca *nf* : jacket
casado¹, -da *adj* : married
casado², -da *n* : married person
casamentero, -ra *n* : matchmaker
casamiento *nm* 1 : marriage 2 BODA : wedding
casar *vt* : to marry — *vi* : to go together, to match up — **casarse** *vr* 1 : to get married 2 ~ **con** : to marry
casateniente *nmf Mex* : landlord, landlady *f*
cascabel¹ *nm* : small bell
cascabel² *nf* : rattlesnake
cascada *nf* CATARATA, SALTO : waterfall, cascade
cascajo *nm* 1 : pebble, rock fragment 2 *fam* : piece of junk
cascanueces *nms & pl* : nutcracker

cascar {72} *vt* : to crack (a shell) — **cascarse** *vr* : to crack, to chip
cáscara *nf* 1 : skin, peel, rind, husk 2 : shell (of a nut or egg)
cascarón *nm, pl* **-rones** 1 : eggshell 2 *Mex* : shell filled with confetti
cascarrabias *nmfs & pl fam* : grouch, crab
casco *nm* 1 : helmet 2 : hull 3 : hoof 4 : fragment, shard 5 : center (of a town) 6 *Mex* : empty bottle 7 **cascos** *nmpl* : headphones
caserío *nm* 1 : country house 2 : hamlet
casero¹, -ra *adj* 1 : domestic, household 2 : homemade
casero², -ra *n* DUEÑO : landlord *m*, landlady *f*
caseta *nf* : booth, stand, stall ⟨caseta telefónica : telephone booth⟩
casete → **cassette**
casi *adv* 1 : almost, nearly, virtually 2 (*in negative phrases*) : hardly ⟨casi nunca : hardly ever⟩
casilla *nf* 1 : booth 2 : pigeonhole 3 : box (on a form)
casino *nm* 1 : casino 2 : (social) club
caso *nm* 1 : case 2 **en caso de** : in case of, in the event of 3 **hacer caso de** : to pay attention to, to notice 4 **hacer caso omiso de** : to ignore, to take no notice of 5 **no venir al caso** : to be beside the point
caspa *nf* : dandruff
casque, etc. → **cascar**
casquete *nm* 1 : skullcap 2 **casquete glaciar** : ice cap 3 **casquete corto** *Mex* : crew cut
casquillo *nm* : case, casing (of a bullet)
cassette *nmf* : cassette
casta *nf* 1 : caste 2 : lineage, stock ⟨de casta : thoroughbred, purebred⟩ 3 **sacar la casta** *Mex* : to come out ahead
castaña *nf* : chestnut
castañetear *vi* : to chatter (of teeth)
castaño¹, -ña *adj* : chestnut, brown
castaño² *nm* 1 : chestnut tree 2 : chestnut, brown
castañuela *nf* : castanet
castellano¹, -na *adj & n* : Castilian
castellano² *nm* ESPAÑOL : Spanish, Castilian (language)
castidad *nf* : chastity
castigar {52} *vt* : to punish
castigo *nm* : punishment
castillo *nm* 1 : castle 2 **castillo de proa** : forecastle
casto, -ta *adj* : chaste, pure — **castamente** *adv*
castor *nm* : beaver
castración *nf, pl* **-ciones** : castration
castrar *vt* 1 : to castrate, to spay, to neuter, to geld 2 DEBILITAR : to weaken, to debilitate
castrense *adj* : military
casual *adj* 1 FORTUITO : fortuitous, accidental 2 *Mex* : casual (of clothing)

casualidad *nf* 1 : chance 2 **por ~ or de ~** : by chance, by any chance
casualmente *adv* : accidentally, by chance
casucha *or* **casuca** *nf* : shanty, hovel
cataclismo *nm* : cataclysm
catacumbas *nfpl* : catacombs
catador, -dora *n* : wine taster
catalán¹, -lana *adj & n, mpl* **-lanes** : Catalan
catalán² *nm* : Catalan (language)
catálisis *nf* : catalysis
catalítico, -ca *adj* : catalytic
catalizador *nm* 1 : catalyst 2 : catalytic converter
catalogar {52} *vt* : to catalog, to classify
catálogo *nm* : catalog
catamarán *nm, pl* **-ranes** : catamaran
cataplasma *nf* : poultice
catapulta *nf* : catapult
catapultar *vt* : to catapult
catar *vt* 1 : to taste, to sample 2 : to look at, to examine
catarata *nf* 1 CASCADA, SALTO : waterfall 2 : cataract
catarro *nm* RESFRIADO : cold, catarrh
catarsis *nf* : catharsis
catártico, -ca *adj* : cathartic
catástrofe *nf* DESASTRE : catastrophe, disaster
catastrófico, -ca *adj* DESASTROSO : catastrophic, disastrous
catcher *nmf* : catcher (in baseball)
catecismo *nm* : catechism
cátedra *nf* 1 : chair, professorship 2 : subject, class 3 **libertad de cátedra** : academic freedom
catedral *nf* : cathedral
catedrático, -ca *n* PROFESOR : professor
categoría *nf* 1 CLASE : category 2 RANGO : rank, standing 3 **categoría gramatical** : part of speech 4 **de ~** : first-rate, outstanding
categórico, -ca *adj* : categorical, unequivocal — **categóricamente** *adv*
catéter *nm* : catheter
cátodo *nm* : cathode
catolicismo *nm* : Catholicism
católico, -ca *adj & n* : Catholic
catorce *adj & nm* : fourteen
catorceavo *nm* : fourteenth
catre *nm* : cot
catsup *nm* : ketchup
caucásico, -ca *adj & n* : Caucasian
cauce *nm* 1 LECHO : riverbed 2 : means *pl*, channel
caucho *nm* 1 GOMA : rubber 2 : rubber tree 3 *Ven* : tire
caución *nf, pl* **cauciones** FIANZA : bail, security
caudal *nm* 1 : volume of water 2 RIQUEZA : capital, wealth 3 ABUNDANCIA : abundance
caudillaje *nm* : leadership
caudillo *nm* : leader, commander

causa nf **1** MOTIVO : cause, reason, motive ⟨a causa de : because of⟩ **2** IDEAL : cause ⟨morir por una causa : to die for a cause⟩ **3** : lawsuit
causal[1] adj : causal
causal[2] nm : cause, grounds pl
causalidad nf : causality
causante[1] adj ~ **de** : causing, responsible for
causante[2] nmf Mex : taxpayer
causar vt **1** : to cause **2** : to provoke, to arouse ⟨eso me causa gracia : that strikes me as being funny⟩
cáustico, -ca adj : caustic
cautela nf : caution, prudence
cautelar adj : precautionary, preventive
cauteloso, -sa adj : cautious, prudent — **cautelosamente** adv
cauterizar {21} vt : to cauterize
cautivador, -dora adj : captivating
cautivar vt HECHIZAR : to captivate, to charm
cautiverio nm : captivity
cautivo, -va adj & n : captive
cauto, -ta adj : cautious, careful
cavar vt : to dig — vi ~ **en** : to delve into, to probe
caverna nf : cavern, cave
cavernoso, -sa adj **1** : cavernous **2** : deep, resounding
caviar nm : caviar
cavidad nf : cavity
cavilar vi : to ponder, to deliberate
cayado nm : crook, staff, crosier
cayena nf : cayenne pepper
cayó, etc. → **caer**
caza[1] nf **1** CACERÍA : hunt, hunting **2** : game
caza[2] nm : fighter plane
cazador, -dora n **1** : hunter **2 cazador furtivo** : poacher
cazar {21} vt **1** : to hunt **2** : to catch, to bag **3** fam : to land (a job, a spouse) — vi ~ : to go hunting
cazatalentos nmfs & pl : talent scout
cazo nm **1** : saucepan, pot **2** CUCHARÓN : ladle
cazuela nf **1** : pan, saucepan **2** : casserole
cazurro, -ra adj : sullen, surly
CD nm : CD, compact disk
cebada nf : barley
cebar vt **1** : to bait **2** : to feed, to fatten **3** : to prime (a pump, etc.) — **cebarse** vr ~ **en** : to take it out on
cebo nm **1** CARNADA : bait **2** : feed **3** : primer (for firearms)
cebolla nf : onion
cebolleta nf : scallion, green onion
cebollino nm **1** : chive **2** : scallion
cebra nf : zebra
cebú nm, pl **cebús** or **cebúes** : zebu (cattle)
cecear vi : to lisp
ceceo nm : lisp
cecina nf : dried beef, beef jerky
cedazo nm : sieve

ceder vi **1** : to yield, to give way **2** : to diminish, to abate **3** : to give in, to relent — vt : to cede, to hand over
cedro nm : cedar
cédula nf : document, certificate
céfiro nm : zephyr
cegador, -dora adj : blinding
cegar {49} vt **1** : to blind **2** : to block, to stop up — vi : to be blinded, to go blind
cegatón, -tona adj, mpl **-tones** fam : blind as a bat
ceguera nf : blindness
ceiba nf : ceiba, silk-cotton tree
ceja nf **1** : eyebrow ⟨fruncir las cejas : to knit one's brows⟩ **2** : flange, rim
cejar vi : to give in, to back down
celada nf : trap, ambush
celador, -dora n GUARDIA : guard, warden
celda nf : cell (of a jail)
celebración nf, pl **-ciones** : celebration
celebrado, -da adj CÉLEBRE, FAMOSO : famous, celebrated
celebrante nmf OFICIANTE : celebrant
celebrar vt **1** FESTEJAR : to celebrate **2** : to hold (a meeting) **3** : to say (Mass) **4** : to welcome, to be happy about — vi : to be glad — **celebrarse** vr **1** : to be celebrated, to fall **2** : to be held, to take place
célebre adj CELEBRADO, FAMOSO : celebrated, famous
celebridad nf **1** : celebrity **2** FAMA : fame, renown
celeridad nf : celerity, swiftness
celeste[1] adj **1** : celestial **2** : sky blue, azure
celeste[2] nm : sky blue
celestial adj : heavenly, celestial
celibato nm : celibacy
célibe adj & nmf : celibate
cello nm : cello
celo nm **1** : zeal, fervor **2** : heat (of females), rut (of males) **3 celos** nmpl : jealousy ⟨tenerle celos a alguien : to be jealous of someone⟩
celofán nm, pl **-fanes** : cellophane
celosía nf **1** : lattice window **2** : latticework, trellis
celoso, -sa adj **1** : jealous **2** : zealous — **celosamente** adv
celta[1] adj : Celtic
celta[2] nmf : Celt
célula nf : cell
celular adj : cellular
celuloide nm **1** : celluloid **2** : film, cinema
celulosa nf : cellulose
cementar vt : to cement
cementerio nm : cemetery
cemento nm : cement
cena nf : supper, dinner
cenador nm : arbor
cenagal nm : bog, quagmire
cenagoso, -sa adj : swampy
cenar vi : to have dinner, to have supper — vt : to have for dinner or supper

⟨anoche cenamos tamales : we had tamales for supper last night⟩

cencerro *nm* : cowbell

cenicero *nm* : ashtray

ceniciento, -ta *adj* : ashen

cenit *nm* : zenith, peak

ceniza *nf* **1** : ash **2 cenizas** *nfpl* : ashes (of a deceased person)

cenizo, -za *n* : jinx

cenote *nm* *Mex* : natural deposit of spring water

censar *vt* : to take a census of

censo *nm* : census

censor, -sora *n* : censor, critic

censura *nf* **1** : censorship **2** : censure, criticism

censurable *adj* : reprehensible, blameworthy

censurar *vt* **1** : to censor **2** : to censure, to criticize

centauro *nm* : centaur

centavo *nm* **1** : cent (in English-speaking countries) **2** : unit of currency in various Latin-American countries

centella *nf* **1** : lightning flash **2** : spark

centellear *vi* **1** : to twinkle **2** : to gleam, to sparkle

centelleo *nm* : twinkling, sparkle

centenar *nm* **1** : hundred **2 a centenares** : by the hundreds

centenario¹, -ria *adj & n* : centenarian

centenario² *nm* : centennial

centeno *nm* : rye

centésimo¹, -ma *adj* : hundredth

centésimo² *nm* : hundredth

centígrado *adj* : centigrade, Celsius

centigramo *nm* : centigram

centímetro *nm* : centimeter

centinela *nmf* : sentinel, sentry

central¹ *adj* **1** : central **2** PRINCIPAL : main, principal

central² *nf* **1** : main office, headquarters **2 central camionera** *Mex* : bus terminal

centralita *nf* : switchboard

centralizar {21} *vt* : to centralize — **centralización** *nf*

centrar *vt* **1** : to center **2** : to focus — **centrarse** *vr* ~ **en** : to focus on, to concentrate on

céntrico, -ca *adj* : central

centrífugo, -ga *adj* : centrifugal

centrípeto, -ta *adj* : centripetal

centro¹ *nmf* : center (in sports)

centro² *nm* **1** MEDIO : center ⟨centro de atención : center of attention⟩ ⟨centro de gravedad : center of gravity⟩ **2** : downtown **3 centro de mesa** : centerpiece

centroamericano, -na *adj & n* : Central American

ceñido, -da *adj* AJUSTADO : tight, tight-fitting

ceñir {67} *vt* **1** : to encircle, to surround **2** : to hug, to cling to ⟨me ciñe demasiado : it's too tight on me⟩ — **ceñirse** *vr* ~ **a** : to restrict oneself to, to stick to

ceño *nm* **1** : frown, scowl **2 fruncir el ceño** : to frown, to knit one's brows

cepa *nf* **1** : stump (of a tree) **2** : stock (of a vine) **3** LINAJE : ancestry, stock

cepillar *vt* **1** : to brush **2** : to plane (wood) — **cepillarse** *vr*

cepillo *nm* **1** : brush ⟨cepillo de dientes : toothbrush⟩ **2** : plane (for woodworking)

cepo *nm* : trap (for animals)

cera *nf* **1** : wax ⟨cera de abejas : beeswax⟩ **2** : polish

cerámica *nf* **1** : ceramics *pl* **2** : pottery

cerámico, -ca *adj* : ceramic

ceramista *nmf* ALFARERO : potter

cerca¹ *adv* **1** : close, near, nearby **2** ~ **de** : nearly, almost

cerca² *nf* **1** : fence **2** : (stone) wall

cercado *nm* : enclosure

cercanía *nf* **1** PROXIMIDAD : proximity, closeness **2 cercanías** *nfpl* : outskirts, suburbs

cercano, -na *adj* : near, close

cercar {72} *vt* **1** : to fence in, to enclose **2** : to surround

cercenar *vt* **1** : to cut off, to amputate **2** : to diminish, to curtail

cerceta *nf* : teal (duck)

cerciorarse *vr* ASEGURARSE ~ **de** : to make sure of, to verify

cerco *nm* **1** : siege **2** : cordon, circle **3** : fence

cerda *nf* **1** : bristle **2** : sow

cerdo *nm* **1** : pig, hog **2 carne de cerdo** : pork

cereal *nm* : cereal — **cereal** *adj*

cerebelo *nm* : cerebellum

cerebral *adj* : cerebral

cerebro *nm* : brain

ceremonia *nf* : ceremony — **ceremonial** *adj*

ceremonioso, -sa *adj* : ceremonious

cereza *nf* : cherry

cerezo *nm* : cherry tree

cerilla *nf* **1** : match **2** : earwax

cerillo *nm* (*in various countries*) : match

cerner {56} *vt* : to sift — **cernerse** *vr* **1** : to hover **2** ~ **sobre** : to loom over, to threaten

cernidor *nm* : sieve

cernir → **cerner**

cero *nm* : zero

ceroso, -sa *adj* : waxy

cerque, etc. → **cercar**

cerquita *adv fam* : very close, very near

cerrado, -da *adj* **1** : closed, shut **2** : thick, broad ⟨tiene un acento cerrado : she has a thick accent⟩ **3** : cloudy, overcast **4** : quiet, reserved **5** : dense, stupid

cerradura *nf* : lock

cerrajería *nf* : locksmith's shop

cerrajero, -ra *n* : locksmith

cerrar {55} *vt* **1** : to close, to shut **2** : to turn off **3** : to bring to an end — *vi* **1** : to close up, to lock up **2** : to close down — **cerrarse** *vr* **1** : to close **2** : to fasten, to button up **3** : to conclude, to end

cerrazón *nf, pl* **-zones** : obstinacy, stubbornness

cerro *nm* COLINA, LOMA : hill

cerrojo *nm* PESTILLO : bolt, latch

certamen *nm, pl* **-támenes** : competition, contest

certero, -ra *adj* : accurate, precise — **certeramente** *adv*

certeza *nf* : certainty

certidumbre *nf* : certainty

certificable *adj* : certifiable

certificación *nf, pl* **-ciones** : certification

certificado¹, -da *adj* **1** : certified **2** : registered (of mail)

certificado² *nm* **1** : certificate **2** : registered letter

certificar {72} *vt* **1** : to certify **2** : to register (mail)

cervato *nm* : fawn

cervecera *nf* : brewery

cervecería *nf* **1** : brewery **2** : beer hall, bar

cerveza *nf* : beer ⟨cerveza de barril : draft beer⟩

cervical *adj* : cervical

cerviz *nf, pl* **cervices** : nape of the neck, cervix

cesación *nf, pl* **-ciones** : cessation, suspension

cesante *adj* : laid off, unemployed

cesantía *nf* : unemployment

cesar *vi* : to cease, to stop — *vt* : to dismiss, to lay off

cesárea *nf* : cesarean, C-section

cese *nm* **1** : cessation, stop ⟨cese del fuego : cease-fire⟩ **2** : dismissal

cesio *nm* : cesium

cesión *nf, pl* **cesiones** : transfer, assignment ⟨cesión de bienes : transfer of property⟩

césped *nm* : lawn, grass

cesta *nf* **1** : basket **2** : jai alai racket

cesto *nm* **1** : hamper **2** : basket (in basketball) **3 cesto de (la) basura** : wastebasket

cetrería *nf* : falconry

cetrino, -na *adj* : sallow

cetro *nm* : scepter

chabacano¹, -na *adj* : tacky, tasteless

chabacano² *nm Mex* : apricot

chacal *nm* : jackal

cháchara *nf fam* **1** : small talk, chatter **2 chácharas** *nfpl* : trinkets, junk

chacharear *vi fam* : to chatter, to gab

chacra *nf Arg, Chile, Peru* : small farm

chadiano, -na *adj & n* : Chadian

chal *nm* MANTÓN : shawl

chalado¹, -da *adj fam* : crazy, nuts

chalado², -da *n* : nut, crazy person

chalán *nm, pl* **chalanes** *Mex* : barge

chalé → chalet

chaleco *nm* : vest

chalet *nm Spain* : house

chalupa *nf* **1** : small boat **2** *Mex* : small stuffed tortilla

chamaco, -ca *n Mex fam* : kid, boy *m*, girl *f*

chamarra *nf* **1** : sheepskin jacket **2** : poncho, blanket

chamba *nf Mex, Peru fam* : job, work

chambear *vi Mex, Peru fam* : to work

chamo, -ma *n Ven fam* **1** : kid, boy *m*, girl *f* **2** : buddy, pal

champaña *or* **champán** *nm* : champagne

champiñón *nm, pl* **-ñones** : mushroom

champú *nm, pl* **-pus** *or* **-púes** : shampoo

champurrado *nm Mex* : hot chocolate thickened with cornstarch

chamuco *nm Mex fam* : devil

chamuscar {72} *vt* : to singe, to scorch — **chamuscarse** *vr*

chamusquina *nf* : scorch

chance *nm* OPORTUNIDAD : chance, opportunity

chancho¹, -cha *adj fam* : dirty, filthy, gross

chancho², -cha *n* **1** : pig, hog **2** *fam* : slob

chanchullero, -ra *adj fam* : shady, crooked

chanchullo *nm fam* : shady deal, scam

chancla *nf* **1** : thong sandal, slipper **2** : old shoe

chancleta → chancla

chanclo *nm* **1** : clog **2 chanclos** *nmpl* : overshoes, galoshes, rubbers

chancro *nm* : chancre

changarro *nm Mex* : small shop, stall

chango, -ga *n Mex* : monkey

chantaje *nm* : blackmail

chantajear *vt* : to blackmail

chantajista *nmf* : blackmailer

chanza *nf* **1** : joke, jest **2** *Mex fam* : chance, opportunity

chapa *nf* **1** : sheet, panel, veneer **2** : lock **3** : badge

chapado, -da *adj* **1** : plated **2 chapado a la antigua** : old-fashioned

chapar *vt* **1** : to veneer **2** : to plate (metals)

chaparrón *nm, pl* **-rrones** **1** : downpour **2** : great quantity, torrent

chapeado, -da *adj Col, Mex* : flushed

chapopote *nm Mex* : tar, blacktop

chapotear *vi* : to splash about

chapucero¹, -ra *adj* **1** : crude, shoddy **2** *Mex fam* : dishonest

chapucero², -ra *n* **1** : sloppy worker, bungler **2** *Mex fam* : cheat, swindler

chapulín *nm, pl* **-lines** *CA, Mex* : grasshopper, locust

chapuza *nf* **1** : botched job **2** *Mex fam* : fraud, trick ⟨hacer chapuzas : to cheat⟩

chapuzón *nm, pl* **-zones** : dip, swim ⟨darse un chapuzón : to go for a quick dip⟩

chaqueta *nf* : jacket

charada *nf* : charades (game)

charango *nm* : traditional Andean stringed instrument

charca *nf* : pond, pool

charco *nm* : puddle, pool

charcutería *nf* : delicatessen
charla *nf* : chat, talk
charlar *vi* : to chat, to talk
charlatán¹, -tana *adj* : talkative, chatty
charlatán², -tana *n, mpl* **-tanes** 1 : chatterbox 2 FARSANTE : charlatan, phony
charlatanear *vi* : to chatter away
charol *nm* 1 : lacquer, varnish 2 : patent leather 3 : tray
charola *nf Bol, Mex, Peru* : tray
charreada *nf Mex* : charro show, rodeo
charretera *nf* : epaulet
charro¹, -rra *adj* 1 : gaudy, tacky 2 *Mex* : pertaining to charros
charro², -rra *n Mex* : charro (Mexican cowboy or cowgirl)
chascarrillo *nm fam* : joke, funny story
chasco *nm* 1 BROMA : trick, joke 2 DECEPCIÓN, DESILUSIÓN : disillusionment, disappointment
chasis *or* **chasís** *nm* : chassis
chasquear *vt* 1 : to click (the tongue, fingers, etc.) 2 : to snap (a whip)
chasquido *nm* 1 : click (of the tongue or fingers) 2 : snap, crack
chatarra *nf* : scrap metal
chato, -ta *adj* 1 : pug-nosed 2 : flat
chauvinismo *nm* : chauvinism
chauvinista¹ *adj* : chauvinistic
chauvinista² *nmf* : chauvinist
chaval, -vala *n fam* : kid, boy *m*, girl *f*
chavo¹, -va *adj Mex fam* : young
chavo², -va *n Mex fam* : kid, boy *m*, girl *f*
chavo³ *nm fam* : cent, buck ⟨no tengo un chavo : I'm broke⟩
chayote *nm* : chayote (plant, fruit)
checar {72} *vt Mex* : to check, to verify
checo¹, -ca *adj & n* : Czech
checo² *nm* : Czech (language)
checoslovaco, -ca *adj & n* : Czechoslovakian
chef *nm* : chef
chelín *nm, pl* **chelines** : shilling
cheque¹, *etc.* → **checar**
cheque² *nm* 1 : check 2 **cheque de viajero** : traveler's check
chequear *vt* 1 : to check, to verify 2 : to check in (baggage)
chequeo *nm* 1 INSPECCIÓN : check, inspection 2 : checkup, examination
chequera *nf* : checkbook
chévere *adj fam* : great, fantastic
chic *adj & nm* : chic
chica → **chico**
chicano, -na *adj & n* : Chicano *m*, Chicana *f*
chicha *nf* : fermented alcoholic beverage made from corn
chícharo *nm* : pea
chicharra *nf* 1 CIGARRA : cicada 2 : buzzer
chicharrón *nm, pl* **-rrones** 1 : pork rind 2 **darle chicharrón a** *Mex fam* : to get rid of
chichón *nm, pl* **chichones** : bump, swelling

chicle *nm* : chewing gum
chicloso *nm Mex* : taffy
chico¹, -ca *adj* 1 : little, small 2 : young
chico², -ca *n* 1 : child, boy *m*, girl *f* 2 : young man *m*, young woman *f*
chicote *nm* LÁTIGO : whip, lash
chiffon → **chifón**
chiflado¹, -da *adj fam* : nuts, crazy
chiflado², -da *n fam* : crazy person, lunatic
chiflar *vi* : to whistle — *vt* : to whistle at, to boo — **chiflarse** *vr fam* ~ **por** : to be crazy about
chiflido *nm* : whistle, whistling
chiflón *nm, pl* **chiflones** : draft (of air)
chifón *nm, pl* **chifones** : chiffon
chilango¹, -ga *adj Mex fam* : of or from Mexico City
chilango², -ga *n Mex fam* : person from Mexico City
chilaquiles *nmpl Mex* : shredded tortillas in sauce
chile *nm* : chili pepper
chileno, -na *adj & n* : Chilean
chillar *vi* 1 : to squeal, to screech 2 : to scream, to yell 3 : to be gaudy, to clash
chillido *nm* 1 : scream, shout 2 : squeal, screech, cry (of an animal)
chillo *nm PRi* : red snapper
chillón, -llona *adj, mpl* **chillones** 1 : piercing, shrill 2 : loud, gaudy
chilpayate *nmf Mex fam* : child, little kid
chimenea *nf* 1 : chimney 2 : fireplace
chimichurri *nm Arg* : traditional hot sauce
chimpancé *nm* : chimpanzee
china *nf* 1 : pebble, small stone 2 *PRi* : orange
chinchar *vt fam* : to annoy, to pester — **chincharse** *vr fam* : to put up with something, to grin and bear it
chinchayote *nm Mex* : chayote root
chinche¹ *nf* 1 : bedbug 2 *Ven* : ladybug 3 : thumbtack
chinche² *nmf fam* : nuisance, pain in the neck
chinchilla *nf* : chinchilla
chino¹, -na *adj* 1 : Chinese 2 *Mex* : curly, kinky
chino², -na *n* : Chinese person
chino³ *nm* : Chinese (language)
chip *nm, pl* **chips** : chip ⟨chip de memoria : memory chip⟩
chipote *nm Mex fam* : bump (on the head)
chipotle *nm Mex* : type of chili pepper
chipriota *adj & nmf* : Cypriot
chiquear *vt Mex* : to spoil, to indulge
chiquero *nm* POCILGA : pigpen, pigsty
chiquillada *nf* : childish prank
chiquillo¹, -lla *adj* : very young, little
chiquillo², -lla *n* : kid, youngster
chiquito¹, -ta *adj* : tiny
chiquito², -ta *n* : little one, baby
chiribita *nf* 1 : spark 2 **chiribitas** *nfpl* : spots before the eyes
chiribitil *nm* 1 DESVÁN : attic, garret 2 : cubbyhole

chirigota *nf fam* : joke
chirimía *nf* : traditional reed pipe
chirimoya *nf* : cherimoya, custard apple
chiripa *nf* 1 : fluke 2 **de ～** : by sheer luck
chirivía *nf* : parsnip
chirona *nf fam* : slammer, jail
chirriar {85} *vi* 1 : to squeak, to creak 2 : to screech — **chirriante** *adj*
chirrido *nm* 1 : squeak, squeaking 2 : screech, screeching
chirrión *nm, pl* **chirriones** *Mex* : whip, lash
chisme *nm* 1 : gossip, tale 2 *Spain fam* : gadget, thingamajig
chismear *vi* : to gossip
chismoso[1], **-sa** *adj* : gossipy, gossiping
chismoso[2], **-sa** *n* 1 : gossiper, gossip 2 *Mex fam* : tattletale
chispa[1] *adj* 1 *Mex* ⟨un perrito chispa : a frisky puppy⟩ : lively, vivacious 2 *Spain fam* : tipsy
chispa[2] *nf* 1 : spark 2 **echar chispas** : to be furious
chispeante *adj* : sparkling, scintillating
chispear *vi* 1 : to give off sparks 2 : to sparkle
chisporrotear *vi* : to crackle, to sizzle
chiste *nm* 1 : joke, funny story 2 **tener chiste** : to be funny 3 **tener su chiste** *Mex* : to be tricky
chistoso[1], **-sa** *adj* 1 : funny, humorous 2 : witty
chistoso[2], **-sa** *n* : wit, joker
chivas *nfpl Mex fam* : stuff, odds and ends
chivo[1], **-va** *n* 1 : kid, young goat 2 **chivo expiatorio** : scapegoat
chivo[2] *nm* 1 : billy goat 2 : fit of anger
chocante *adj* 1 : shocking 2 : unpleasant, rude
chocar {72} *vi* 1 : to crash, to collide 2 : to clash, to conflict 3 : to be shocking ⟨le chocó : he was shocked⟩ 4 *Mex, Ven fam* : to be unpleasant or obnoxious ⟨me choca tu jefe : I can't stand your boss⟩ — *vt* 1 : to shake (hands) 2 : to clink glasses
chochear *vi* 1 : to be senile 2 **～ por** : to dote on, to be soft on
chochín *nm, pl* **-chines** : wren
chocho, -cha *adj* 1 : senile 2 : doting
choclo *nm* 1 : ear of corn, corncob 2 : corn 3 **meter el choclo** *Mex fam* : to make a mistake
chocolate *nm* 1 : chocolate 2 : hot chocolate, cocoa
chofer *or* **chófer** *nm* 1 : chauffeur 2 : driver
choke *nm* : choke (of an automobile)
chole *interj Mex fam* ¡ya chole! : enough!, cut it out!
cholo, -la *adj & n* : mestizo
cholla *nf fam* : head
chollo *nm Spain fam* : bargain
chongo *nm* 1 *Mex* : bun (chignon) 2 **chongos** *nmpl Mex* : dessert made with fried bread

choque[1], etc. → **chocar**
choque[2] *nm* 1 : crash, collision 2 : clash, conflict 3 : shock
chorizo *nm* : chorizo, sausage
chorrear *vi* 1 : to drip 2 : to pour out, to gush out
chorrito *nm* : squirt, splash
chorro *nm* 1 : flow, stream, jet 2 *Mex fam* : heap, ton
choteado, -da *adj Mex fam* : worn-out, stale ⟨esa canción está bien choteada : that song's been played to death⟩
chotear *vt* : to make fun of
choteo *nm* : joking around, kidding
chovinismo, chovinista → **chauvinismo, chauvinista**
choza *nf* BARRACA, CABAÑA : hut, shack
chubasco *nm* : downpour, storm
chuchería *nf* : knickknack, trinket
chueco, -ca *adj* 1 : crooked, bent 2 *Chile, Mex fam* : dishonest, shady
chulada *nf Mex, Spain fam* : cute or pretty thing ⟨¡qué chulada de vestido! : what a lovely dress!⟩
chulear *vt Mex fam* : to compliment
chuleta *nf* : cutlet, chop
chulo[1], **-la** *adj* 1 *fam* : cute, pretty 2 *Spain fam* : cocky, arrogant
chulo[2] *nm Spain* : pimp
chupada *nf* 1 : suck, sucking 2 : puff, drag (on a cigarette)
chupado, -da *adj fam* 1 : gaunt, skinny 2 : plastered, drunk
chupaflor *nm* COLIBRÍ : hummingbird
chupamirto *nm Mex* : hummingbird
chupar *vt* 1 : to suck 2 : to absorb 3 : to puff on 4 *fam* : to drink, to guzzle — *vi* : to suckle — **chuparse** *vr* 1 : to waste away 2 *fam* : to put up with 3 ¡chúpate esa! *fam* : take that!
chupete *nm* 1 : pacifier 2 *Chile, Peru* : lollipop
chupetear *vt* : to suck (at)
chupón *nm, pl* **chupones** 1 : sucker (of a plant) 2 : baby bottle, pacifier
churrasco *nm* 1 : steak 2 : barbecued meat
churro *nm* 1 : fried dough 2 *fam* : botch, mess 3 *fam* : attractive person, looker
chusco, -ca *adj* : funny, amusing
chusma *nf* GENTUZA : riffraff, rabble
chutar *vi* : to shoot (in soccer)
chute *nm* : shot (in soccer)
cianuro *nm* : cyanide
cibernética *nf* : cybernetics
cicatriz *nf, pl* **-trices** : scar
cicatrizarse {21} *vr* : to form a scar, to heal
cíclico, -ca *adj* : cyclical
ciclismo *nm* : bicycling
ciclista *nmf* : bicyclist
ciclo *nm* : cycle
ciclomotor *nm* : moped
ciclón *nm, pl* **ciclones** : cyclone
cicuta *nf* : hemlock
cidra *nf* : citron (fruit)
ciega, ciegue etc. → **cegar**

ciego¹, -ga *adj* **1** INVIDENTE : blind **2 a ciegas** : blindly **3 quedarse ciego** : to go blind — **ciegamente** *adv*
ciego², -ga *n* INVIDENTE : blind person
cielo *nm* **1** : sky **2** : heaven **3** : ceiling
ciempiés *nms & pl* : centipede
cien¹ *adj* **1** : a hundred, hundred ⟨las primeras cien páginas : the first hundred pages⟩ **2 cien por cien** *or* **cien por ciento** : a hundred percent, through and through, wholeheartedly
cien² *nm* : one hundred
ciénaga *nf* : swamp, bog
ciencia *nf* **1** : science **2** : learning, knowledge **3 a ciencia cierta** : for a fact, for certain
cieno *nm* : mire, mud, silt
científico¹, -ca *adj* : scientific — **científicamente** *adv*
científico², -ca *n* : scientist
ciento¹ *adj* (*used in compound numbers*) : one hundred ⟨ciento uno : one hundred and one⟩
ciento² *nm* **1** : hundred, group of a hundred **2 por ~** : percent
cierne, etc. → **cerner**
cierra, etc. → **cerrar**
cierre *nm* **1** : closing, closure **2** : fastener, clasp, zipper
cierto, -ta *adj* **1** : true, certain, definite ⟨lo cierto es que . . . : the fact is that . . . ⟩ **2** : certain, one ⟨cierto día de verano : one summer day⟩ ⟨bajo ciertas circunstancias : under certain circumstances⟩ **3 por ~** : in fact, as a matter of fact — **ciertamente** *adv*
ciervo, -va *n* : deer, stag *m*, hind *f*
cifra *nf* **1** : figure, number **2** : quantity, amount **3** CLAVE : code, cipher
cifrar *vt* **1** : to write in code **2** : to place, to pin ⟨cifró su esperanza en la lotería : he pinned his hopes on the lottery⟩ — **cifrarse** *vr* : to amount ⟨la multa se cifra en millares : the fine amounts to thousands⟩
cigarra *nf* CHICHARRA : cicada
cigarrera *nf* : cigarette case
cigarrillo *nm* : cigarette
cigarro *nm* **1** : cigarette **2** PURO : cigar
cigoto *nm* : zygote
cigüeña *nf* : stork
cilantro *nm* : cilantro, coriander
cilíndrico, -ca *adj* : cylindrical
cilindro *nm* : cylinder
cima *nf* CUMBRE : peak, summit, top
cimarrón, -rrona *adj, mpl* **-rrones** : untamed, wild
címbalo *nm* : cymbal
cimbel *nm* : decoy
cimbrar *vt* : to shake, to rock — **cimbrarse** *vr* : to sway, to swing
cimentar {55} *vt* **1** : to lay the foundation of, to establish **2** : to strengthen, to cement
cimientos *nmpl* : base, foundation(s)
cinc *nm* : zinc
cincel *nm* : chisel

cincelar *vt* **1** : to chisel **2** : to engrave
cincha *nf* : cinch, girth
cinchar *vt* : to cinch (a horse)
cinco *adj & nm* : five
cincuenta *adj & nm* : fifty
cincuentavo¹, -va *adj* : fiftieth
cincuentavo² *nm* : fiftieth (fraction)
cine *nm* **1** : cinema, movies *pl* **2** : movie theater
cineasta *nmf* : filmmaker
cinematográfico, -ca *adj* : movie, film, cinematic ⟨la industria cinematográfica : the film industry⟩
cingalés¹, -lesa *adj & n* : Sinhalese
cingalés² *nm* : Sinhalese (language)
cínico¹, -ca *adj* **1** : cynical **2** : shameless, brazen — **cínicamente** *adv*
cínico², -ca *n* : cynic
cinismo *nm* : cynicism
cinta *nf* **1** : ribbon **2** : tape ⟨cinta métrica : tape measure⟩ **3** : strap, belt ⟨cinta transportadora : conveyor belt⟩
cinto *nm* : strap, belt
cintura *nf* **1** : waist, waistline **2 meter en cintura** *fam* : to bring into line, to discipline
cinturón *nm, pl* **-rones** **1** : belt **2 cinturón de seguridad** : seat belt
ciñe, etc. → **ceñir**
ciprés *nm, pl* **cipreses** : cypress
circo *nm* : circus
circón *nm, pl* **circones** : zircon
circonio *nm* : zirconium
circuitería *nf* : circuitry
circuito *nm* : circuit
circulación *nf, pl* **-ciones** **1** : circulation **2** : movement **3** : traffic
circular¹ *vi* **1** : to circulate **2** : to move along **3** : to drive
circular² *adj* : circular
circular³ *nf* : circular, flier
circulatorio, -ria *adj* : circulatory
círculo *nm* **1** : circle **2** : club, group
circuncidar *vt* : to circumcise
circuncisión *nf, pl* **-siones** : circumcision
circundar *vt* : to surround — **circundante** *adj*
circunferencia *nf* : circumference
circunflejo, -ja *adj* **acento circunflejo** : circumflex
circunlocución *nf, pl* **-ciones** : circumlocution
circunloquio *nm* → **circunlocución**
circunnavegar {52} *vt* : to circumnavigate — **circunnavegación** *nf*
circunscribir {33} *vt* : to circumscribe, to constrict, to limit — **circunscribirse** *vr*
circunscripción *nf, pl* **-ciones** **1** : limitation, restriction **2** : constituency
circunscrito *pp* → **circunscribir**
circunspección *nf, pl* **-ciones** : circumspection, prudence
circunspecto, -ta *adj* : circumspect, prudent
circunstancia *nf* : circumstance
circunstancial *adj* : circumstantial, incidental

circunstante *nmf* **1** : onlooker, bystander **2 los circunstantes** : those present

circunvalación *nf, pl* **-ciones** : surrounding, encircling ⟨carretera de circunvalación : bypass, beltway⟩

circunvecino, -na *adj* : surrounding, neighboring

cirio *nm* : large candle

cirro *nm* : cirrus (cloud)

cirrosis *nf* : cirrhosis

ciruela *nf* **1** : plum **2 ciruela pasa** : prune

cirugía *nf* : surgery

cirujano, -na *n* : surgeon

cisma *nm* : schism, rift

cisne *nm* : swan

cisterna *nf* : cistern, tank

cita *nf* **1** : quote, quotation **2** : appointment, date

citable *adj* : quotable

citación *nf, pl* **-ciones** EMPLAZAMIENTO : summons, subpoena

citadino¹, -na *adj* : of the city, urban

citadino², -na *n* : city dweller

citado, -da *adj* : said, aforementioned

citar *vt* **1** : to quote, to cite **2** : to make an appointment with **3** : to summon (to court), to subpoena — **citarse** *vr* ~ **con** : to arrange to meet (someone)

cítara *nf* : zither

citatorio *nm* : subpoena

citoplasma *nm* : cytoplasm

cítrico¹, -ca *adj* : citric

cítrico² *nm* : citrus fruit

ciudad *nf* **1** : city, town **2 ciudad universitaria** : college or university campus **3 ciudad perdida** *Mex* : shantytown

ciudadanía *nf* **1** : citizenship **2** : citizenry, citizens *pl*

ciudadano¹, -na *adj* : civic, city

ciudadano², -na *n* **1** NACIONAL : citizen **2** HABITANTE : resident, city dweller

ciudadela *nf* : citadel, fortress

cívico, -ca *adj* **1** : civic **2** : public-spirited

civil¹ *adj* **1** : civil **2** : civilian

civil² *nmf* : civilian

civilidad *nf* : civility, courtesy

civilización *nf, pl* **-ciones** : civilization

civilizar {21} *vt* : to civilize

civismo *nm* : community spirit, civic-mindedness, civics

cizaña *nf* : discord, rift

clamar *vi* : to clamor, to raise a protest — *vt* : to cry out for

clamor *nm* : clamor, outcry

clamoroso, -sa *adj* : clamorous, resounding, thunderous

clan *nm* : clan

clandestinidad *nf* : secrecy ⟨en la clandestinidad : underground⟩

clandestino, -na *adj* : clandestine, secret

clara *nf* : egg white

claraboya *nf* : skylight

claramente *adv* : clearly

clarear *v impers* **1** : to clear, to clear up **2** : to get light, to dawn — *vi* : to go gray, to turn white

claridad *nf* **1** NITIDEZ : clarity, clearness **2** : brightness, light

clarificación *nf, pl* **-ciones** ACLARACIÓN : clarification, explanation

clarificar {72} *vt* ACLARAR : to clarify, to explain

clarín *nm, pl* **clarines** : bugle

clarinete *nm* : clarinet

clarividencia *nf* **1** : clairvoyance **2** : perspicacity, discernment

clarividente¹ *adj* **1** : clairvoyant **2** : perspicacious, discerning

clarividente² *nmf* : clairvoyant

claro¹ *adv* **1** : clearly ⟨habla más claro :, speak more clearly⟩ **2** : of course, surely ⟨¡claro!, ¡claro que sí! : absolutely!, of course!⟩ ⟨claro que entendió : of course she understood⟩

claro², -ra *adj* **1** : bright, clear **2** : pale, fair, light **3** : clear, evident

claro³ *nm* **1** : clearing **2 claro de luna** : moonlight

clase *nf* **1** : class **2** ÍNDOLE, TIPO : sort, kind, type

clasicismo *nm* : classicism

clásico¹, -ca *adj* **1** : classic **2** : classical

clásico² *nm* : classic

clasificación *nf, pl* **-ciones** **1** : classification, sorting out **2** : rating **3** CALIFICACIÓN : qualification (in competitions)

clasificado, -da *adj* : classified ⟨aviso clasificado : classified ad⟩

clasificar {72} *vt* **1** : to classify, to sort out **2** : to rate, to rank — *vi* CALIFICAR : to qualify (in competitions) — **clasificarse** *vr*

claudicación *nf, pl* **-ciones** : surrender, abandonment of one's principles

claudicar {72} *vi* : to back down, to abandon one's principles

claustro *nm* : cloister

claustrofobia *nf* : claustrophobia

claustrofóbico, -ca *adj* : claustrophobic

cláusula *nf* : clause

clausura *nf* **1** : closure, closing **2** : closing ceremony **3** : cloister

clausurar *vt* **1** : to close, to bring to a close **2** : to close down

clavadista *nmf* : diver

clavado¹, -da *adj* **1** : nailed, fixed, stuck **2** *fam* : punctual, on the dot **3** *fam* : identical ⟨es clavado a su padre : he's the image of his father⟩

clavado² *nm* : dive

clavar *vt* **1** : to nail, to hammer **2** HINCAR : to plunge, to stick **3** : to fix (one's eyes) on — **clavarse** *vr* : to stick oneself (with a sharp object)

clave¹ *adj* : key, essential

clave² *nf* **1** CIFRA : code **2** : key ⟨la clave del misterio : the key to the mystery⟩ **3** : clef **4** : keystone

clavel *nm* : carnation

clavelito *nm* : pink (flower)

clavicémbalo *nm* : harpsichord
clavícula *nf* : collarbone
clavija *nf* **1** : plug **2** : peg, pin
clavo *nm* **1** : nail ⟨clavo grande : spike⟩ **2** : clove **3 dar en el clavo** : to hit the nail on the head
claxon *nm, pl* **cláxones** : horn (of an automobile)
clemencia *nf* : clemency, mercy
clemente *adj* : merciful
cleptomanía *nf* : kleptomania
cleptómano, -na *n* : kleptomaniac
clerecía *nf* : ministry, ministers *pl*
clerical *adj* : clerical
clérigo, -ga *n* : cleric, member of the clergy
clero *nm* : clergy
cliché *nm* **1** : cliché **2** : stencil **3** : negative (of a photograph)
cliente, -ta *n* : customer, client
clientela *nf* : clientele, customers *pl*
clima *nm* **1** : climate **2** AMBIENTE : atmosphere, ambience
climático, -ca *adj* : climatic
climatización *nf, pl* **-ciones** : air-conditioning
climatizar {21} *vt* : to air-condition — **climatizado, -da** *adj*
clímax *nm* : climax
clínica *nf* : clinic
clínico, -ca *adj* : clinical — **clínicamente** *adv*
clip *nm, pl* **clips 1** : clip **2** : paper clip
clítoris *nms & pl* : clitoris
cloaca *nf* ALCANTARILLA : sewer
clocar {82} *vi* : to cluck
cloche *nm* CA, Car, Col, Ven : clutch (of an automobile)
clon *nm* : clone
cloqué, etc. → clocar
cloquear *vi* : to cluck
clorar *vt* : to chlorinate — **cloración** *nf*
cloro *nm* : chlorine
clorofila *nf* : chlorophyll
cloroformo *nm* : chloroform
cloruro *nm* : chloride
clóset *nm, pl* **clósets 1** : closet **2** : cupboard
club *nm* : club
clueca, clueque etc. → clocar
coa *nf* Mex : hoe
coacción *nf, pl* **-ciones** : coercion, duress
coaccionar *vt* : to coerce
coactivo, -va *adj* : coercive
coagular *v* : to clot, to coagulate — **coagulación** *nf*
coágulo *nm* : clot
coalición *nf, pl* **-ciones** : coalition
coartada *nf* : alibi
coartar *vt* : to restrict, to limit
cobalto *nm* : cobalt
cobarde¹ *adj* : cowardly
cobarde² *nmf* : coward
cobardía *nf* : cowardice
cobaya *nf* : guinea pig
cobertizo *nm* : shed, shelter
cobertor *nm* COLCHA : bedspread, quilt

cobertura *nf* **1** : coverage **2** : cover, collateral
cobija *nf* FRAZADA, MANTA : blanket
cobijar *vt* : to shelter — **cobijarse** *vr* : to take shelter
cobra *nf* : cobra
cobrador, -dora *n* **1** : collector **2** : conductor (of a bus or train)
cobrar *vt* **1** : to charge **2** : to collect, to draw, to earn **3** : to acquire, to gain **4** : to recover, to retrieve **5** : to cash (a check) **6** : to claim, to take (a life) **7** : to shoot (game), to bag — *vi* **1** : to be paid **2 llamar por cobrar** Mex : to call collect
cobre *nm* : copper
cobrizo, -za *adj* : coppery
cobro *nm* : collection (of money), cashing (of a check)
coca *nf* **1** : coca **2** *fam* : coke, cocaine
cocaína *nf* : cocaine
cocal *nm* : coca plantation
cocción *nf, pl* **cocciones** : cooking
cocear *vi* : to kick (of an animal)
cocer {14} *vt* **1** COCINAR : to cook **2** HERVIR : to boil
cochambre *nmf fam* : filth, grime
cochambroso, -sa *adj* : filthy, grimy
coche *nm* **1** : car, automobile **2** : coach, carriage **3 coche cama** : sleeping car **4 coche fúnebre** : hearse
cochecito *nm* : baby carriage, stroller
cochera *nf* : garage, carport
cochinada *nf fam* **1** : filthy language **2** : disgusting behavior **3** : dirty trick
cochinillo *nm* : suckling pig, piglet
cochino¹, -na *adj* **1** : dirty, filthy, disgusting **2** *fam* : rotten, lousy
cochino², -na *n* : pig, hog
cocido¹, -da *adj* **1** : boiled, cooked **2 bien cocido** : well-done
cocido² *nm* ESTOFADO, GUISADO : stew
cociente *nm* : quotient
cocimiento *nm* : cooking, baking
cocina *nf* **1** : kitchen **2** : stove **3** : cuisine, cooking
cocinar *v* : to cook
cocinero, -ra *n* : cook, chef
cocineta *nf* Mex : kitchenette
coco *nm* **1** : coconut **2** *fam* : head **3** *fam* : bogeyman
cocoa *nf* : cocoa, hot chocolate
cocodrilo *nm* : crocodile
cocotero *nm* : coconut palm
coctel *or* **cóctel** *nm* **1** : cocktail **2** : cocktail party
coctelera *nf* : cocktail shaker
codazo *nm* **1 dar un codazo a** : to elbow, to nudge **2 abrirse paso a codazos** : to elbow one's way through
codearse *vr* : to rub elbows, to hobnob
códice *nm* : codex, manuscript
codicia *nf* AVARICIA : avarice, covetousness
codiciar *vt* : to covet
codicilo *nm* : codicil
codicioso, -sa *adj* : avaricious, covetous

codificación *nf, pl* **-ciones 1** : codification **2** : coding, encoding

codificar {72} *vt* **1** : to codify **2** : to code, to encode

código *nm* **1** : code **2 código postal** : zip code **3 código morse** : Morse code

codo[1], **-da** *adj Mex* : cheap, stingy

codo[2], **-da** *n Mex* : tightwad, cheapskate

codo[3] *nm* : elbow

codorniz *nf, pl* **-nices** : quail

coeficiente *nm* **1** : coefficient **2 coeficiente intelectual** : IQ, intelligence quotient

coexistir *vi* : to coexist — **coexistencia** *nf*

cofa *nf* : crow's nest

cofre *nm* **1** BAÚL : trunk, chest **2** *Mex* CAPOTE : hood (of a car)

coger {15} *vt* **1** : to seize, to take hold of **2** : to catch **3** : to pick up **4** : to gather, to pick **5** : to gore — **cogerse** *vr* AGARRARSE : to hold on

cogida *nf* **1** : gathering, harvest **2** : goring

cognición *nf, pl* **-ciones** : cognition

cognitivo, -va *adj* : cognitive

cogollo *nm* **1** : heart (of a vegetable) **2** : bud, bulb **3** : core, crux ⟨el cogollo de la cuestión : the heart of the matter⟩

cogote *nm* : scruff, nape

cohabitar *vi* : to cohabit — **cohabitación** *nf*

cohechar *vt* SOBORNAR : to bribe

cohecho *nm* SOBORNO : bribe, bribery

coherencia *nf, pl* **-siones** : coherence — **coherente** *adj*

cohesión *nf, pl* **-siones** : cohesion

cohesivo, -va *adj* : cohesive

cohete *nm* : rocket

cohibición *nf, pl* **-ciones 1** : (legal) restraint **2** INHIBICIÓN : inhibition

cohibido, -da *adj* : inhibited, shy

cohibir {62} *vt* : to inhibit, to make self-conscious — **cohibirse** *vr* : to feel shy or embarrassed

cohorte *nf* : cohort

coima *nf Arg, Chile, Peru* : bribe

coimear *vt Arg, Chile, Peru* : to bribe

coincidencia *nf* : coincidence

coincidente *adj* **1** : coincident **2** ACORDE : coinciding

coincidir *vi* **1** : to coincide **2** : to agree

coito *nm* : sexual intercourse, coitus

coja, etc. → **coger**

cojear *vi* **1** : to limp **2** : to wobble, to rock **3 cojear del mismo pie** : to be two of a kind

cojera *nf* : limp

cojín *nm, pl* **cojines** : cushion, throw pillow

cojinete *nm* **1** : bearing, bushing **2 cojinete de bola** : ball bearing

cojo[1], **-ja** *adj* **1** : limping, lame **2** : wobbly **3** : weak, ineffectual

cojo[2], **-ja** *n* : lame person

cojones *nmpl usu considered vulgar* **1** : testicles *pl* **2** : guts *pl*, courage

col *nf* **1** REPOLLO : cabbage **2 col de Bruselas** : Brussels sprout **3 col rizada** : kale

cola *nf* **1** RABO : tail ⟨cola de caballo : ponytail⟩ **2** FILA : line (of people) ⟨hacer cola : to wait in line⟩ **3** : cola, drink **4** : train (of a dress) **5** : tails *pl* (of a tuxedo) **6** PEGAMENTO : glue **7** *fam* : buttocks *pl*, rear end

colaboracionista *nmf* : collaborator, traitor

colaborador, -dora *n* **1** : contributor (to a periodical) **2** : collaborator

colaborar *vi* : to collaborate — **colaboración** *nf*

colación *nf, pl* **-ciones 1** : light meal **2** : comparison, collation ⟨sacar a colación : to bring up, to broach⟩ **3** : conferral (of a degree)

colador *nm* **1** : colander, strainer **2** *PRi* : small coffeepot

colapso *nm* **1** : collapse **2** : standstill

colar {19} *vt* : to strain, to filter — **colarse** *vr* **1** : to sneak in, to cut in line, to gate-crash **2** : to slip up, to make a mistake

colateral[1] *adj* : collateral — **colateralmente** *adv*

colateral[2] *nm* : collateral

colcha *nf* COBERTOR : bedspread, quilt

colchón *nm, pl* **colchones 1** : mattress **2** : cushion, padding, buffer

colchoneta *nf* : mat (for gymnastic sports)

colear *vi* **1** : to wag its tail **2 vivito y coleando** *fam* : alive and kicking

colección *nf, pl* **-ciones** : collection

coleccionar *vt* : to collect, to keep a collection of

coleccionista *nmf* : collector

colecta *nf* : collection (of donations)

colectar *vt* : to collect

colectividad *nf* : community, group

colectivo[1], **-va** *adj* : collective — **colectivamente** *adv*

colectivo[2] *nm* **1** : collective **2** *Arg, Bol, Peru* : city bus

colector[1], **-tora** *n* : collector ⟨colector de impuestos : tax collector⟩

colector[2] *nm* **1** : sewer **2** : manifold (of an engine)

colega *nmf* **1** : colleague **2** HOMÓLOGO : counterpart **3** *fam* : buddy

colegiado[1], **-da** *adj* : collegiate

colegiado[2], **-da** *n* **1** ÁRBITRO : referee **2** : member (of a professional association)

colegial[1], **-giala** *adj* **1** : school, collegiate **2** *Mex fam* : green, inexperienced

colegial[2], **-giala** *n* : schoolboy *m*, schoolgirl *f*

colegiatura *nf Mex* : tuition

colegio *nm* **1** : school **2** : college ⟨colegio electoral : electoral college⟩ **3** : professional association

colegir {28} vt 1 JUNTAR : to collect, to gather 2 INFERIR : to infer, to deduce

cólera[1] nm : cholera

cólera[2] nf FURIA, IRA : anger, rage

colérico, -ca adj 1 FURIOSO : angry 2 IRRITABLE : irritable

colesterol nm : cholesterol

coleta nf 1 : ponytail 2 : pigtail

coletazo nm : lash, flick (of a tail)

colgado, -da adj 1 : hanging, hanged 2 : pending 3 dejar colgado a : to disappoint, to let down

colgante[1] adj : hanging, dangling

colgante[2] nm : pendant, charm (on a bracelet)

colgar {16} vt 1 : to hang (up), to put up 2 AHORCAR : to hang (someone) 3 : to hang up (a telephone) 4 fam : to fail (an exam) — **colgarse** vr 1 : to hang, to be suspended 2 AHORCARSE : to hang oneself 3 : to hang up a telephone

colibrí nm CHUPAFLOR : hummingbird

cólico nm : colic

coliflor nf : cauliflower

colilla nf : butt (of a cigarette)

colina nf CERRO, LOMA : hill

colindante adj CONTIGUO : adjacent, neighboring

colindar vi : to adjoin, to be adjacent

coliseo nm : coliseum

colisión nf, pl -siones : collision

colisionar vi : to collide

collage nm : collage

collar nm 1 : collar (for an animal) 2 : necklace ⟨collar de perlas : string of pearls⟩

colmado, -da adj : heaping

colmar vt 1 : to fill to the brim 2 : to fulfill, to satisfy 3 : to heap, to shower ⟨me colmaron de regalos : they showered me with gifts⟩

colmena nf : beehive

colmenar nm APIARIO : apiary

colmillo nm 1 CANINO : canine (tooth), fang 2 : tusk

colmilludo, -da adj Mex, PRi : astute, shrewd, crafty

colmo nm : height, extreme, limit ⟨el colmo de la locura : the height of folly⟩ ⟨¡eso es el colmo! : that's the last straw!⟩

colocación nf, pl -ciones 1 : placement, placing 2 : position, job 3 : investment

colocar {72} vt 1 PONER : to place, to put 2 : to find a job for 3 : to invest — **colocarse** vr 1 SITUARSE : to position oneself 2 : to get a job

colofón nm, pl -fones 1 : ending, finale 2 : colophon

colofonia nf : rosin

colombiano, -na adj & n : Colombian

colon nm : (intestinal) colon

colón nm, pl **colones** : Costa Rican and Salvadoran unit of currency

colonia nf 1 : colony 2 : cologne 3 Mex : residential area, neighborhood

colonial adj : colonial

colonización nf, pl -ciones : colonization

colonizador[1], **-dora** adj : colonizing

colonizador[2], **-dora** n : colonizer, colonist

colonizar {21} vt : to colonize, to settle

colono, -na n 1 : settler, colonist 2 : tenant farmer

coloquial adj : colloquial

coloquio nm 1 : discussion, talk 2 : conference, symposium

color nm 1 : color 2 : paint, dye 3 **colores** nmpl : colored pencils

coloración nf, pl -ciones : coloring, coloration

colorado[1], **-da** adj 1 ROJO : red 2 ponerse colorado : to blush 3 chiste colorado Mex : off-color joke

colorado[2] nm ROJO : red

colorante nm : coloring ⟨colorante de alimentos : food coloring⟩

colorear vt : to color — vi 1 : to redden 2 : to ripen

colorete nm : rouge, blusher

colorido nm : color, coloring

colorín nm, pl -rines 1 : bright color 2 : goldfinch

colosal adj : colossal

coloso nm : colossus

coludir vi : to be in collusion, to conspire

columna nf 1 : column 2 **columna vertebral** : spine, backbone

columnata nf : colonnade

columnista nmf : columnist

columpiar vt : to push (on a swing) — **columpiarse** vr : to swing

columpio nm : swing

colusión nf, pl -siones : collusion

colza nf : rape (plant)

coma[1] nm : coma

coma[2] nf : comma

comadre nf 1 : godmother of one's child 2 : mother of one's godchild 3 fam : neighbor, female friend 4 fam : gossip

comadrear vi fam : to gossip

comadreja nf : weasel

comadrona nf : midwife

comanche nmf : Comanche

comandancia nf 1 : command headquarters 2 : command

comandante nmf 1 : commander, commanding officer 2 : major

comandar vt : to command, to lead

comando nm 1 : commando 2 : command (for computers)

comarca nf REGIÓN : region

comarcal adj REGIONAL : regional, local

comatoso, -sa adj : comatose

combar vt : to bend, to curve — **combarse** vr 1 : to bend, to buckle 2 : to warp, to bulge, to sag

combate nm 1 : combat 2 : fight, boxing match

combatiente nmf : combatant, fighter

combatir vt : to combat, to fight against — vi : to fight

combatividad *nf* : fighting spirit
combativo, -va *adj* : combative, spirited
combinación *nf, pl* **-ciones 1** : combination **2** : connection (in travel)
combinar *vt* **1** UNIR : to combine, to mix together **2** : to match, to put together — **combinarse** *vr* : to get together, to conspire
combo *nm* **1** : (musical) band **2** *Chile, Peru* : sledgehammer **3** *Chile, Peru* : punch
combustible[1] *adj* : combustible
combustible[2] *nm* : fuel
combustión *nf, pl* **-tiones** : combustion
comedero *nm* : trough, feeder
comedia *nf* : comedy
comediante *nmf* : actor, actress *f*
comedido, -da *adj* MESURADO : moderate, restrained
comediógrafo, -fa *n* : playwright
comedor *nm* : dining room
comején *nm, pl* **-jenes** : termite
comelón[1], **-lona** *adj, mpl* **-lones** *fam* : gluttonous
comelón[2], **-lona** *n, pl* **-lones** *fam* : big eater, glutton
comensal *nmf* : dinner guest
comentador, -dora *n* → **comentarista**
comentar *vt* **1** : to comment on, to discuss **2** : to mention, to remark
comentario *nm* **1** : comment, remark ⟨sin comentarios : no comment⟩ **2** : commentary
comentarista *nmf* : commentator
comenzar {29} *v* EMPEZAR : to begin, to start
comer[1] *vt* **1** : to eat **2** : to consume, to eat up, to eat into — *vi* **1** : to eat **2** CENAR : to have a meal **3 dar de comer** : to feed — **comerse** *vr* : to eat up
comer[2] *nm* : eating, dining
comercial *adj & nm* : commercial — **comercialmente** *adv*
comercializar {21} *vt* **1** : to commercialize **2** : to market
comerciante *nmf* : merchant, dealer
comerciar *vi* : to do business, to trade
comercio *nm* **1** : commerce, trade **2** NEGOCIO : business, place of business
comestible *adj* : edible
comestibles *nmpl* VÍVERES : groceries, food
cometa[1] *nm* : comet
cometa[2] *nf* : kite
cometer *vt* **1** : to commit **2 cometer un error** : to make a mistake
cometido *nm* : assignment, task
comezón *nf, pl* **-zones** PICAZÓN : itchiness, itching
comible *adj fam* : eatable, edible
comic *or* **cómic** *nm* : comic strip, comic book
comicastro, -tra *n* : second-rate actor, ham
comicidad *nf* HUMOR : humor, wit
comicios *nmpl* : elections, voting
cómico[1], **-ca** *adj* : comic, comical

cómico[2], **-ca** *n* HUMORISTA : comic, comedian, comedienne *f*
comida *nf* **1** : food **2** : meal **3** : dinner **4 comida basura** : junk food **5 comida rápida** : fast food
comidilla *nf* : talk, gossip
comienzo *nm* **1** : start, beginning **2 al comienzo** : at first **3 dar comienzo** : to begin
comillas *nfpl* : quotation marks ⟨entre comillas : in quotes⟩
comilón, -lona → **comelón, -lona**
comilona *nf fam* : feast
comino *nm* **1** : cumin **2 me vale un comino** *fam* : not to matter to someone ⟨no me importa un comino : I couldn't care less⟩
comisaría *nf* : police station
comisario, -ria *n* : commissioner
comisión *nf, pl* **-siones 1** : commission, committing **2** : committee **3** : percentage, commission ⟨comisión sobre las ventas : sales commission⟩
comisionado[1], **-da** *adj* : commissioned, entrusted
comisionado[2], **-da** *n* → **comisario**
comisionar *vt* : to commission
comité *nm* : committee
comitiva *nf* : retinue, entourage
como[1] *adv* **1** : around, about ⟨cuesta como 500 pesos : it costs around 500 pesos⟩ **2** : kind of, like ⟨tengo como mareos : I'm kind of dizzy⟩
como[2] *conj* **1** : how, as ⟨hazlo como dijiste que lo harías : do it the way you said you would⟩ **2** : since, given that ⟨como estaba lloviendo, no salí : since it was raining, I didn't go out⟩ **3** : if ⟨como lo vuelva a hacer lo arrestarán : if he does that again he'll be arrested⟩ **4 como quiera** : in any way
como[3] *prep* **1** : like, as ⟨ligero como una pluma : light as a feather⟩ **2 así como** : as well as
cómo *adv* : how ⟨¿cómo estás? : how are you?⟩ ⟨¿a cómo están las manzanas? : how much are the apples?⟩ ⟨¿cómo? : excuse me?, what was that?⟩ ⟨¿se puede? ¡cómo no! : may I? please do!⟩
cómoda *nf* : bureau, chest of drawers
comodidad *nf* **1** : comfort **2** : convenience
comodín *nm, pl* **-dines 1** : joker, wild card **2** : all-purpose word or thing **3** : pretext, excuse
cómodo, -da *adj* **1** CONFORTABLE : comfortable **2** : convenient — **cómodamente** *adv*
comodoro *nm* : commodore
comoquiera *adv* **1** : in any way **2 comoquiera que** : in whatever way, however ⟨comoquiera que sea eso : however that may be⟩
compa *nm fam* : buddy, pal
compactar *vt* : to compact, to compress
compacto, -ta *adj* : compact

compadecer {53} vt : to sympathize with, to feel sorry for — **compadecerse** vr 1 ~ **de** : to take pity on, to commiserate with 2 ~ **con** : to fit, to accord (with)

compadre nm 1 : godfather of one's child 2 : father of one's godchild 3 fam : buddy, pal

compaginar vt 1 COORDINAR : to combine, to coordinate 2 : to collate

compañerismo nm : comradeship, camaraderie

compañero, -ra n : companion, mate, partner

compañía nf 1 : company ⟨llegó en compañía de su madre : he arrived with his mother⟩ 2 EMPRESA, FIRMA : firm, company

comparable adj : comparable

comparación nf, pl -ciones : comparison

comparado, -da adj : comparative ⟨literatura comparada : comparative literature⟩

comparar vt : to compare

comparativo¹, -va adj : comparative, relative — **comparativamente** adv

comparativo² nm : comparative degree or form

comparecencia nf 1 : appearance (in court) 2 **orden de comparecencia** : subpoena, summons

comparecer {53} vi : to appear (in court)

compartimiento or **compartimento** nm : compartment

compartir vt : to share

compás nm, pl -pases 1 : beat, rhythm, time 2 : compass

compasión nf, pl -siones : compassion, pity

compasivo, -va adj : compassionate, sympathetic

compatibilidad nf : compatibility

compatible adj : compatible

compatriota nmf PAISANO : compatriot, fellow countryman

compeler vt : to compel

compendiar vt : to summarize, to condense

compendio nm : summary

compenetración nf, pl -ciones : rapport, mutual understanding

compenetrarse vr 1 : to understand each other 2 ~ **con** : to identify oneself with

compensación nf, pl -ciones : compensation

compensar vt : to compensate for, to make up for — vi : to be worth one's while

compensatorio, -ria adj : compensatory

competencia nf 1 : competition, rivalry 2 : competence

competente adj : competent, able — **competentemente** adv

competición nf, pl -ciones : competition

competidor¹, -dora adj RIVAL : competing, rival

competidor², -dora n RIVAL : competitor, rival

competir {54} vi : to compete

competitividad nf : competitiveness

competitivo, -va adj : competitive — **competitivamente** adv

compilar vt : to compile — **compilación** nf

compinche nmf fam 1 : buddy, pal 2 : partner in crime, accomplice

complacencia nf : pleasure, satisfaction

complacer {57} vt : to please — **complacerse** vr ~ **en** : to take pleasure in

complaciente adj : obliging, eager to please

complejidad nf : complexity

complejo¹, -ja adj : complex

complejo² nm : complex

complementar vt : to complement, to supplement — **complementarse** vr

complementario, -ria adj : complementary

complemento nm 1 : complement, supplement 2 : supplementary pay, allowance

completamente adv : completely, totally

completar vt TERMINAR : to complete, to finish

completo, -ta adj 1 : complete 2 : perfect, absolute 3 : full, detailed

complexión nf, pl -xiones : (physical) constitution

complicación nf, pl -ciones : complication

complicado, -da adj : complicated

complicar {72} vt 1 : to complicate 2 : to involve — **complicarse** vr

cómplice nmf : accomplice

complicidad nf : complicity

complot nm, pl **complots** CONFABULACIÓN, CONSPIRACIÓN : conspiracy, plot

componenda nf : shady deal, scam

componente adj & nm : component, constituent

componer {60} vt 1 ARREGLAR : to fix, to repair 2 CONSTITUIR : to make up, to compose 3 : to compose, to write 4 : to set (a bone) — **componerse** vr 1 : to improve, to get better 2 ~ **de** : to consist of

comportamiento nm CONDUCTA : behavior, conduct

comportarse vr : to behave, to conduct oneself

composición nf, pl -ciones 1 OBRA : composition, work 2 : makeup, arrangement

compositor, -tora n : composer, songwriter

compostura nf 1 : composure 2 : mending, repair

compra nf 1 : purchase 2 **ir de compras** : to go shopping 3 **orden de compra** : purchase order

comprador, -dora *n* : buyer, shopper
comprar *vt* : to buy, to purchase
compraventa *nf* : buying and selling
comprender *vt* **1** ENTENDER : to comprehend, to understand **2** ABARCAR : to cover, to include — *vi* : to understand ⟨¡ya comprendo! : now I understand!⟩
comprensible *adj* : understandable — **comprensiblemente** *adv*
comprensión *nf, pl* **-siones 1** : comprehension, understanding, grasp **2** : understanding, sympathy
comprensivo, -va *adj* : understanding
compresa *nf* **1** : compress **2 or compresa higiénica** : sanitary napkin
compresión *nf, pl* **-siones** : compression
compresor *nm* : compressor
comprimido *nm* PÍLDORA, TABLETA : pill, tablet
comprimir *vt* : to compress
comprobable *adj* : verifiable, provable
comprobación *nf, pl* **-ciones** : verification, confirmation
comprobante *nm* **1** : proof ⟨comprobante de identidad : proof of identity⟩ **2** : voucher, receipt ⟨comprobante de ventas : sales slip⟩
comprobar {19} *vt* **1** : to verify, to check **2** : to prove
comprometedor, -dora *adj* : compromising
comprometer *vt* **1** : to compromise **2** : to jeopardize **3** : to commit, to put under obligation — **comprometerse** *vr* **1** : to commit oneself **2** ~ **con** : to get engaged to
comprometido, -da *adj* **1** : compromising, awkward **2** : committed, obliged **3** : engaged (to be married)
compromiso *nm* **1** : obligation, commitment **2** : engagement ⟨anillo de compromiso : engagement ring⟩ **3** : agreement **4** : awkward situation, fix
compuerta *nf* : floodgate
compuesto[1] *pp* → **componer**
compuesto[2], **-ta** *adj* **1** : fixed, repaired **2** : compound, composite **3** : decked out, spruced up **4** ~ **de** : made up of, consisting of
compuesto[3] *nm* : compound
compulsión *nf, pl* **-siones** : compulsion
compulsivo, -va *adj* **1** : compelling, urgent **2** : compulsive — **compulsivamente** *adv*
compungido, -da *adj* : contrite, remorseful
compungirse {35} *vr* : to feel remorse
compuso, etc. → **componer**
computable *adj* : countable ⟨años computables : years accrued⟩ ⟨ingresos computables : qualifying income⟩
computación *nf, pl* **-ciones** : computing, computers *pl*
computador *nm* → **computadora**
computadora *nf* **1** : computer **2 computadora portátil** : laptop computer

computar *vt* : to compute, to calculate
computarizar {21} *vt* : to computerize
cómputo *nm* : computation, calculation
comulgar {52} *vi* : to receive Communion
común *adj, pl* **comunes 1** : common **2 común y corriente** : ordinary, regular **3 por lo común** : generally, as a rule
comuna *nf* : commune
comunal *adj* : communal
comunicación *nf, pl* **-ciones 1** : communication **2** : access, link **3** : message, report
comunicado *nm* **1** : communiqué **2 comunicado de prensa** : press release
comunicar {72} *vt* **1** : to communicate, to convey **2** : to notify — **comunicarse** *vr* ~ **con 1** : to contact, to get in touch with **2** : to be connected to
comunicativo, -va *adj* : communicative, talkative
comunidad *nf* : community
comunión *nf, pl* **-niones 1** : communion, sharing **2** : Communion
comunismo *nm* : communism, Communism
comunista *adj & nmf* : communist
comúnmente *adv* : commonly
con *prep* **1** : with ⟨vengo con mi padre : I'm going with my father⟩ ⟨¿con quién hablas? : who are you speaking to?⟩ **2** : in spite of ⟨con todo : in spite of it all⟩ **3** : to, towards ⟨ella es amable con los niños : she is kind to the children⟩ **4** : by ⟨con llegar temprano : by arriving early⟩ **5 con (tal) que** : as long as, so long as
conato *nm* : attempt, effort ⟨conato de robo : attempted robbery⟩
cóncavo, -va *adj* : concave
concebible *adj* : conceivable
concebir {54} *vt* **1** : to conceive **2** : to conceive of, to imagine — *vi* : to conceive, to become pregnant
conceder *vt* **1** : to grant, to bestow **2** : to concede, to admit
concejal, -jala *n* : councilman *m*, councilwoman *f*, alderman *m*, alderwoman *f*
concejo *nm* : council ⟨concejo municipal : town council⟩
concentración *nf, pl* **-ciones** : concentration
concentrado *nm* : concentrate
concentrar *vt* : to concentrate — **concentrarse** *vr*
concéntrico, -ca *adj* : concentric
concepción *nf, pl* **-ciones** : conception
concepto *nm* NOCIÓN : concept, idea, opinion
conceptuar {3} *vt* : to regard, to judge
concernir {17} *vi* : to be of concern
concertar {55} *vt* **1** : to arrange, to set up **2** : to agree on, to settle **3** : to harmonize — *vi* : to be in harmony
concesión *nf, pl* **-siones 1** : concession **2** : awarding, granting
concha *nf* : conch, seashell

conciencia *nf* 1 : conscience 2 : consciousness, awareness

concientizar {21} *vt* : to make aware — **concientizarse** *vr* ~ **de** : to realize, to become aware of

concienzudo, -da *adj* : conscientious

concierto *nm* 1 : concert 2 : agreement 3 : concerto

conciliador¹, -dora *adj* : conciliatory

conciliador², -dora *n* : arbitrator, peacemaker

conciliar *vt* : to conciliate, to reconcile — **conciliación** *nf*

conciliatorio, -ria *adj* → **conciliador¹**

concilio *nm* : (church) council

conciso, -sa *adj* : concise — **concisión** *nf*

conciudadano, -na *n* : fellow citizen

cónclave *nm* : conclave, private meeting

concluir {41} *vt* 1 TERMINAR : to conclude, to finish 2 DEDUCIR : to deduce, to infer — *vi* : to end, to conclude

conclusión *nf*, *pl* **-siones** : conclusion

concluyente *adj* : conclusive

concomitante *adj* : concomitant

concordancia *nf* : agreement, accordance

concordar {19} *vi* : to agree, to coincide — *vt* : to reconcile

concordia *nf* : concord, harmony

concretar *vt* 1 : to pinpoint, to specify 2 : to fulfill, to realize — **concretarse** *vr* : to become real, to take shape

concretizar → **concretar**

concreto¹, -ta *adj* 1 : concrete, actual 2 : definite, specific ⟨en concreto : specifically⟩ — **concretamente** *adv*

concreto² *nm* HORMIGÓN : concrete

concubina *nf* : concubine

concurrencia *nf* 1 : audience, turnout 2 : concurrence

concurrente *adj* : concurrent — **concurrentemente** *adv*

concurrido, -da *adj* : busy, crowded

concurrir *vi* 1 : to converge, to come together 2 : to concur, to agree 3 : to take part, to participate 4 : to attend, to be present ⟨concurrir a una reunión : to attend a meeting⟩ 5 ~ **a** : to contribute to

concursante *nmf* : contestant, competitor

concursar *vt* : to compete in — *vi* : to compete, to participate

concurso *nm* 1 : contest, competition 2 : concurrence, coincidence 3 : crowd, gathering 4 : cooperation, assistance

condado *nm* 1 : county 2 : earldom

conde, -desa *n* : count *m*, earl *m*, countess *f*

condecoración *nf*, *pl* **-ciones** : decoration, medal

condecorar *vt* : to decorate, to award (a medal)

condena *nf* 1 REPROBACIÓN : disapproval, condemnation 2 SENTENCIA : sentence, conviction

condenable *adj* : reprehensible

condenación *nf*, *pl* **-ciones** 1 : condemnation 2 : damnation

condenado¹, -da *adj* 1 : fated, doomed 2 : convicted, sentenced 3 *fam* : darn, damned

condenado², -da *n* : convict

condenar *vt* 1 : to condemn 2 : to sentence 3 : to board up, to wall up — **condenarse** *vr* : to be damned

condensación *nf*, *pl* **-ciones** : condensation

condensar *vt* : to condense

condesa *nf* → **conde**

condescendencia *nf* : condescension

condescender {56} *vi* 1 : to condescend 2 : to agree, to acquiesce

condición *nf*, *pl* **-ciones** 1 : condition, state 2 : capacity, position 3 **condiciones** *nfpl* : conditions, circumstances ⟨condiciones de vida : living conditions⟩

condicional *adj* : conditional — **condicionalmente** *adv*

condicionamiento *nm* : conditioning

condicionar *vt* 1 : to condition, to determine 2 ~ **a** : to be contingent on, to depend on

condimentar *vt* SAZONAR : to season, to spice

condimento *nm* : condiment, seasoning, spice

condiscípulo, -la *n* : classmate

condolencia *nf* : condolence, sympathy

condolerse {47} *vr* : to sympathize

condominio *nm* : condominium, condo

condón *nm*, *pl* **condones** : condom

cóndor *nm* : condor

conducción *nf*, *pl* **-ciones** 1 : conduction (of electricity, etc.) 2 DIRECCIÓN : management, direction

conducir {61} *vt* 1 DIRIGIR, GUIAR : to direct, to lead 2 MANEJAR : to drive (a vehicle) — *vi* 1 : to drive a vehicle 2 ~ **a** : to lead to — **conducirse** *vr* PORTARSE : to behave, to conduct oneself

conducta *nf* COMPORTAMIENTO : conduct, behavior

conducto *nm* : conduit, channel, duct

conductor¹, -tora *adj* : conducting, leading

conductor², -tora *n* : driver

conductor³ *nm* : conductor (of electricity, etc.)

conectar *vt* : to connect — *vi* ~ **con** : to link up with, to communicate with

conector *nm* : connector

conejera *nf* : rabbit hutch

conejillo *nm* **conejillo de Indias** : guinea pig

conejo, -ja *n* : rabbit

conexión *nf*, *pl* **-xiones** : connection

confabulación *nf*, *pl* **-ciones** COMPLOT, CONSPIRACIÓN : plot, conspiracy

confabularse *vr* : to plot, to conspire

confección *nf*, *pl* **-ciones** 1 : preparation 2 : tailoring, dressmaking

confeccionar *vt* : to make, to produce, to prepare

confederación *nf, pl* **-ciones** : confederation
confederarse *vr* : to confederate, to
form a confederation
conferencia *nf* **1** REUNIÓN : conference, meeting **2** : lecture
conferenciante *nmf* : lecturer
conferencista → **conferenciante**
conferir {76} *vt* : to confer, to bestow
confesar {55} *v* : to confess — **confesarse** *vr* : to go to confession
confesión *nf, pl* **-siones 1** : confession
2 : creed, denomination
confesionario *nm* : confessional
confesor *nm* : confessor
confeti *nm* : confetti
confiable *adj* : trustworthy, reliable
confiado, -da *adj* **1** : confident, self-
confident **2** : trusting — **confiada-
mente** *adv*
confianza *nf* **1** : trust 〈de poca confi-
aza : untrustworthy〉 **2** : confidence,
self-confidence
confianzudo, -da *adj* : forward, presumptuous
confiar {85} *vi* : to have trust, to be trusting — *vt* **1** : to confide **2** : to entrust
— **confiarse** *vr* **1** : to be overconfident
2 ~ **a** : to confide in
confidencia *nf* : confidence, secret
confidencial *adj* : confidential — **con-
fidencialmente** *adv*
confidencialidad *nf* : confidentiality
confidente *nmf* **1** : confidant, confi-
dante *f* **2** : informer
configuración *nf, pl* **-ciones** : configuration, shape
configurar *vt* : to shape, to form
confín *nm, pl* **confines** : boundary, limit
confinamiento *nm* : confinement
confinar *vt* **1** : to confine, to limit **2** : to
exile — *vi* ~ **con** : to border on
confirmación *nf, pl* **-ciones** : confirmation
confirmar *vt* : to confirm, to substantiate
confiscación *nf, pl* **-ciones** : confiscation
confiscar {72} *vt* DECOMISAR : to confiscate, to seize
confitado, -da *adj* : candied
confite *nm* : comfit, candy
confitería *nf* **1** DULCERÍA : candy store,
confectionery **2** : tearoom, café
confitero, -ra *n* : confectioner
confitura *nf* : preserves, jam
conflagración *nf, pl* **-ciones 1** : conflagration, fire **2** : war
conflictivo, -va *adj* **1** : troubled **2** : controversial
conflicto *nm* : conflict
confluencia *nf* : junction, confluence
confluir {41} *vi* **1** : to converge, to join
2 : to gather, to assemble
conformar *vt* **1** : to form, to create **2**
: to constitute, to make up — **conformarse** *vr* **1** RESIGNARSE : to resign

oneself **2** : to comply, to conform **3**
~ **con** : to content oneself with, to be
satisfied with
conforme[1] *adj* **1** : content, satisfied **2**
~ **a** : in accordance with
conforme[2] *conj* : as 〈entreguen sus tareas conforme vayan saliendo : hand in
your homework as you leave〉
conformidad *nf* **1** : agreement, consent
2 : resignation
confort *nm* : comfort
confortable *adj* CÓMODO : comfortable
confortar *vt* CONSOLAR : to comfort, to
console
confraternidad *nf* : brotherhood, fraternity
confraternización *nf, pl* **-ciones** : fraternization
confraternizar *vi* : to fraternize
confrontación *nf, pl* **-ciones** : confrontation
confrontar *vt* **1** ENCARAR : to confront
2 : to compare **3** : to bring face-to-face
— *vi* : to border — **confrontarse** *vr* ~
con : to face up to
confundir *vt* : to confuse, to mix up —
confundirse *vr* : to make a mistake, to
be confused 〈confundirse de número
: to get the wrong number〉
confusión *nf, pl* **-siones** : confusion
confuso, -sa *adj* **1** : confused, mixed-
up **2** : obscure, indistinct
congelación *nf, pl* **-ciones 1** : freezing
2 : frostbite
congelado, -da *adj* HELADO : frozen
congelador *nm* HELADORA : freezer
congelamiento *nm* → **congelación**
congelar *vt* : to freeze — **congelarse** *vr*
congeniar *vi* : to get along (with someone)
congénito, -ta *adj* : congenital
congestión *nf, pl* **-tiones** : congestion
congestionado, -da *adj* : congested
congestionamiento *nm* → **congestión**
congestionarse *vr* **1** : to become
flushed **2** : to become congested
conglomerado[1]**, -da** *adj* : conglomerate,
mixed
conglomerado[2] *nm* : conglomerate,
conglomeration
congoja *nf* ANGUSTIA : anguish, grief
congoleño, -ña *adj & n* : Congolese
congraciarse *vr* : to ingratiate oneself
congratular *vt* FELICITAR : to congratulate
congregación *nf, pl* **-ciones** : congregation, gathering
congregar {52} *vt* : to bring together —
congregarse *vr* : to congregate, to assemble
congresista *nmf* : congressman *m*, congresswoman *f*
congreso *nm* : congress, conference
congruencia *nf* **1** : congruence **2** CO-
HERENCIA : coherence — **congruente**
adj
cónico, -ca *adj* : conical, conic
conífera *nf* : conifer

conífero, -ra adj : coniferous

conjetura nf : conjecture, guess

conjeturar vt : to guess, to conjecture

conjugación nf, pl **-ciones** : conjugation

conjugar {52} vt 1 : to conjugate 2 : to combine

conjunción nf, pl **-ciones** : conjunction

conjuntivo, -va adj : connective ⟨tejido conjuntivo : connective tissue⟩

conjunto[1], -ta adj : joint

conjunto[2] nm 1 : collection, group 2 : ensemble, outfit ⟨conjunto musical : musical ensemble⟩ 3 : whole, entirety ⟨en conjunto : as a whole, altogether⟩

conjurar vt 1 : to exorcise 2 : to avert, to ward off — vi CONSPIRAR : to conspire, to plot

conjuro nm 1 : exorcism 2 : spell

conllevar vt 1 : to bear, to suffer 2 IMPLICAR : to entail, to involve

conmemorar vt : to commemorate — **conmemoración** nf

conmemorativo, -va adj : commemorative, memorial

conmigo pron : with me ⟨habló conmigo : he talked with me⟩

conminar vt AMENAZAR : to threaten, to warn

conmiseración nf, pl **-ciones** : pity, commiseration

conmoción nf, pl **-ciones** 1 : shock, upheaval 2 or **conmoción cerebral** : concussion

conmocionar vt : to shake, to shock

conmovedor, -dora adj EMOCIONANTE : moving, touching

conmover {47} vt 1 EMOCIONAR : to move, to touch 2 : to shake up — **conmoverse** vr

conmutador nm 1 : switch 2 : switchboard

conmutar vt 1 : to commute (a sentence) 2 : to switch, to exchange

connivencia nf : connivance

connotación nf, pl **-ciones** : connotation

connotar vt : to connote, to imply

cono nm : cone

conocedor[1], -dora adj : knowledgeable

conocedor[2], -dora n : connoisseur, expert

conocer {18} vt 1 : to know, to be acquainted with ⟨ya lo conocí : I've already met him⟩ 2 : to meet 3 RECONOCER : to recognize — **conocerse** vr 1 : to know each other 2 : to meet 3 : to know oneself

conocido[1], -da adj 1 : familiar 2 : well-known, famous

conocido[2], -da n : acquaintance

conocimiento nm 1 : knowledge 2 SENTIDO : consciousness

conque conj : so, so then, and so ⟨ah, conque esas tenemos! : oh, so that's what's going on!⟩

conquista nf : conquest

conquistador[1], -dora adj : conquering

conquistador[2], -dora n : conqueror

conquistar vt : to conquer

consabido, -da adj : usual, typical

consagración nf, pl **-ciones** : consecration

consagrar vt 1 : to consecrate 2 DEDICAR : to dedicate, to devote

consciencia → **conciencia**

consciente adj : conscious, aware — **conscientemente** adv

conscripción nf, pl **-ciones** : conscription, draft

conscripto, -ta n : conscript, inductee

consecución nf, pl **-ciones** : attainment

consecuencia nf 1 : consequence, result ⟨a consecuencia de : as a result of⟩ 2 en ~ : accordingly

consecuente adj : consistent — **consecuentemente** adv

consecutivo, -va adj : consecutive, successive — **consecutivamente** adv

conseguir {75} vt 1 : to get, to obtain 2 : to achieve, to attain 3 : to manage to ⟨consiguió acabar el trabajo : she managed to finish the job⟩

consejero, -ra n : adviser, counselor

consejo nm 1 : advice, counsel 2 : council ⟨consejo de guerra : court-martial⟩

consenso nm : consensus

consentido, -da adj : spoiled, pampered

consentimiento nm : consent, permission

consentir {76} vt 1 PERMITIR : to consent to, to allow 2 MIMAR : to pamper, to spoil — vi ~ en : to agree to, to approve of

conserje nmf : custodian, janitor, caretaker

conserva nf 1 : preserve(s), jam 2 **conservas** nfpl : canned goods

conservación nf, pl **-ciones** : conservation, preservation

conservacionista nmf : conservationist

conservador[1], -dora adj & n : conservative

conservador[2] nm : preservative

conservadurismo nf : conservatism

conservante nm : preservative

conservar vt 1 : to preserve 2 GUARDAR : to keep, to conserve

conservatorio nm : conservatory

considerable adj : considerable — **considerablemente** adv

consideración nf, pl **-ciones** 1 : consideration 2 : respect 3 de ~ : considerable, important

considerado, -da adj 1 : considerate, thoughtful 2 : respected

considerar vt 1 : to consider, to think over 2 : to judge, to deem 3 : to treat with respect

consigna nf 1 ESLOGAN : slogan 2 : assignment, orders pl 3 : checkroom

consignación nf, pl **-ciones** 1 : consignment 2 ASIGNACIÓN : allocation

consignar vt 1 : to consign 2 : to record, to write down 3 : to assign, to allocate

consigo *pron* : with her, with him, with you, with oneself ⟨se llevó las llaves consigo : she took the keys with her⟩
consiguiente *adj* 1 : resulting, consequent 2 por ~ : consequently, as a result
consistencia *nf* : consistency
consistente *adj* 1 : firm, strong, sound 2 : consistent — **consistentemente** *adv*
consistir *vi* 1 ~ en : to consist of 2 ~ en : to lie in, to consist in
consola *nf* : console
consolación *nf, pl* -**ciones** : consolation ⟨premio de consolación : consolation prize⟩
consolar {19} *vt* CONFORTAR : to console, to comfort
consolidar *vt* : to consolidate — **consolidación** *nf*
consomé *nm* CALDO : consommé, clear soup
consonancia *nf* 1 : consonance, harmony 2 en consonancia con : in accordance with
consonante[1] *adj* : consonant, harmonious
consonante[2] *nf* : consonant
consorcio *nm* : consortium
consorte *nmf* : consort, spouse
conspicuo, -cua *adj* : eminent, famous
conspiración *nf, pl* -**ciones** COMPLOT, CONFABULACIÓN : conspiracy, plot
conspirador, -dora *n* : conspirator
conspirar *vi* CONJURAR : to conspire, to plot
constancia *nf* 1 PRUEBA : proof, certainty 2 : record, evidence ⟨que quede constancia : for the record⟩ 3 : perseverance, constancy
constante[1] *adj* : constant — **constantemente** *adv*
constante[2] *nf* : constant
constar *vi* 1 : to be evident, to be on record ⟨que conste : believe me, have no doubt⟩ 2 ~ de : to consist of
constatación *nf, pl* -**ciones** : confirmation, proof
constatar *vt* 1 : to verify 2 : to state
constelación *nf, pl* -**ciones** : constellation
consternación *nf, pl* -**ciones** : consternation, dismay
consternar *vt* : to dismay, to appall
constipación *nf, pl* -**ciones** : constipation
constipado[1], **-da** *adj* estar constipado : to have a cold
constipado[2] *nm* RESFRIADO : cold
constiparse *vr* : to catch a cold
constitución *nf, pl* -**ciones** : constitution — **constitucional** *adj* — **constitucionalmente** *adv*
constitucionalidad *nf* : constitutionality
constituir {41} *vt* 1 FORMAR : to constitute, to make up, to form 2 FUNDAR : to establish, to set up — **constituirse**

vr ~ en : to set oneself up as, to become
constitutivo, -va *adj* : constituent, component
constituyente *adj & nmf* : constituent
constreñir {67} *vt* 1 FORZAR, OBLIGAR : to constrain, to oblige 2 LIMITAR : to restrict, to limit
construcción *nf, pl* -**ciones** : construction, building
constructivo, -va *adj* : constructive — **constructivamente** *adv*
constructor, -tora *n* : builder
constructora *nf* : construction company
construir {41} *vt* : to build, to construct
consuelo *nm* : consolation, comfort
consuetudinario, -ria *adj* 1 : customary, habitual 2 derecho consuetudinario : common law
cónsul *nmf* : consul — **consular** *adj*
consulado *nm* : consulate
consulta *nf* 1 : consultation 2 : inquiry
consultar *vt* : to consult
consultor[1], **-tora** *adj* : consulting ⟨firma consultora : consulting firm⟩
consultor[2], **-tora** *n* : consultant
consultorio *nm* : office (of a doctor or dentist)
consumación *nf, pl* -**ciones** : consummation
consumado, -da *adj* : consummate, perfect
consumar *vt* 1 : to consummate, to complete 2 : to commit, to carry out
consumible *adj* : consumable
consumición *nf, pl* -**ciones** 1 : consumption 2 : drink (in a restaurant)
consumido, -da *adj* : thin, emaciated
consumidor, -dora *n* : consumer
consumir *vt* : to consume — **consumirse** *vr* : to waste away
consumo *nm* : consumption
contabilidad *nf* 1 : accounting, bookkeeping 2 : accountancy
contabilizar {21} *vt* : to enter, to record (in accounting)
contable[1] *adj* : countable
contable[2] *nmf* *Spain* : accountant, bookkeeper
contactar *vt* : to contact — *vi* ~ con : to get in touch with, to contact
contacto *nm* : contact
contado[1], **-da** *adj* 1 : counted ⟨tenía los días contados : his days were numbered⟩ 2 : rare, scarce ⟨en contadas ocasiones : on rare occasions⟩
contado[2] *nm* al contado : cash ⟨pagar al contado : to pay in cash⟩
contador[1], **-dora** *n* : accountant
contador[2] *nm* : meter ⟨contador de agua : water meter⟩
contaduría *nf* 1 : accounting office 2 CONTABILIDAD : accountancy
contagiar *vt* 1 : to infect 2 : to transmit (a disease) — **contagiarse** *vr* 1 : to be contagious 2 : to become infected
contagio *nm* : contagion, infection

contagioso, -sa *adj* : contagious, catching

contaminación *nf, pl* **-ciones** : contamination, pollution

contaminante *nm* : pollutant, contaminant

contaminar *vt* : to contaminate, to pollute

contar {19} *vt* 1 : to count 2 : to tell 3 : to include — *vi* 1 : to count (up) 2 : to matter, to be of concern ⟨eso no cuenta : that doesn't matter⟩ 3 — **con** : to rely on, to count on — **contarse** *vr* ~ **entre** : to be numbered among

contemplación *nf, pl* **-ciones** : contemplation — **contemplativo, -va** *adj*

contemplar *vt* 1 : to contemplate, to ponder 2 : to gaze at, to look at

contemporáneo, -nea *adj & n* : contemporary

contención *nf, pl* **-ciones** : containment, holding

contencioso, -sa *adj* : contentious

contender {56} *vi* 1 : to contend, to compete 2 : to fight

contendiente *nmf* : contender

contenedor *nm* 1 : container, receptacle 2 : DumpsterᵀᴹD

contener {80} *vt* 1 : to contain, to hold 2 ATAJAR : to restrain, to hold back — **contenerse** *vr* : to restrain oneself

contenido¹, -da *adj* : restrained, reserved

contenido² *nm* : contents *pl*, content

contentar *vt* : to please, to make happy — **contentarse** *vr* : to be satisfied, to be pleased

contento¹, -ta *adj* : contented, glad, happy

contento² *nm* : joy, happiness

contestación *nf, pl* **-ciones** 1 : answer, reply 2 : protest

contestar *vt* RESPONDER : to answer — *vi* 1 RESPONDER : to answer, to reply 2 REPLICAR : to answer back

contexto *nm* : context

contienda *nf* 1 : dispute, conflict 2 : contest, competition

contigo *pron* : with you ⟨voy contigo : I'm going with you⟩

contiguo, -gua *adj* COLINDANTE : contiguous, adjacent

continencia *nf* : continence

continente *nm* : continent — **continental** *adj*

contingencia *nf* : contingency, eventuality

contingente *adj & nm* : contingent

continuación *nf, pl* **-ciones** 1 : continuation 2 a ~ : next ⟨lo demás sigue a continuación : the rest follows⟩ 3 a continuación de : after, following

continuar {3} *v* : to continue

continuidad *nf* : continuity

continuo, -nua *adj* : continuous, steady, constant — **continuamente** *adv*

contonearse *vr* : to sway one's hips

contoneo *nm* : swaying, wiggling (of the hips)

contorno *nm* 1 : outline 2 **contornos** *nmpl* : outskirts

contorsión *nf, pl* **-siones** : contortion

contra¹ *nf* 1 *fam* : difficulty, snag 2 llevar la contra a : to oppose, to contradict

contra² *nm* : con ⟨los pros y los contras : the pros and cons⟩

contra³ *prep* : against

contraalmirante *nm* : rear admiral

contraatacar {72} *v* : to counterattack — **contraataque** *nm*

contrabajo *nm* : double bass

contrabalancear *vt* : to counterbalance — **contrabalanza** *nf*

contrabandear *v* : to smuggle

contrabandista *nmf* : smuggler, black marketeer

contrabando *nm* 1 : smuggling 2 : contraband

contracción *nf, pl* **-ciones** : contraction

contracepción *nf, pl* **-ciones** : contraception

contraceptivo *nm* ANTICONCEPTIVO : contraceptive

contrachapado *nm* : plywood

contracorriente *nf* 1 : crosscurrent 2 ir a contracorriente : to go against the tide

contractual *adj* : contractual

contradecir {11} *vt* DESMENTIR : to contradict — **contradecirse** *vr* DESDECIRSE : to contradict oneself

contradicción *nf, pl* **-ciones** : contradiction

contradictorio, -ria *adj* : contradictory

contraer {81} *vt* 1 : to contract (a disease) 2 : to establish by contract ⟨contraer matrimonio : to get married⟩ 3 : to tighten, to contract — **contraerse** *vr* : to contract, to tighten up

contrafuerte *nm* : buttress

contragolpe *nm* 1 : counterblow 2 : backlash

contrahecho, -cha *adj* : deformed, hunchbacked

contraindicado, -da *adj* : contraindicated — **contraindicación** *nf*

contralor, -lora *n* : comptroller

contralto *nmf* : contralto

contramaestre *nm* 1 : boatswain 2 : foreman

contramandar *vt* : to countermand

contramano *nm* a ~ : the wrong way (on a street)

contramedida *nf* : countermeasure

contraorden *nf* : countermand

contraparte *nf* 1 : counterpart 2 en ~ : on the other hand

contrapartida *nf* : compensation

contrapelo *nm* a ~ : in the wrong direction, against the grain

contrapeso *nm* : counterbalance

contraponer {60} *vt* 1 : to counter, to oppose 2 : to contrast, to compare

contraposición *nf, pl* **-ciones** : comparison

contraproducente *adj* : counterproductive

contrapunto *nm* : counterpoint

contrariar {85} *vt* **1** : to contradict, to oppose **2** : to vex, to annoy

contrariedad *nf* **1** : setback, obstacle **2** : vexation, annoyance

contrario, -ria *adj* **1** : contrary, opposite ⟨al contrario : on the contrary⟩ **2** : conflicting, opposed

contrarrestar *vt* : to counteract

contrarrevolución *nf, pl* **-ciones** : counterrevolution — **contrarrevolucionario, -ria** *adj & n*

contrasentido *nm* : contradiction

contraseña *nf* : password

contrastante *adj* : contrasting

contrastar *vt* **1** : to resist **2** : to check, to confirm — *vi* **1** : to contrast

contraste *nm* : contrast

contratar *vt* **1** : to contract for **2** : to hire, to engage

contratiempo *nm* **1** PERCANCE : mishap, accident **2** DIFICULTAD : setback, difficulty

contratista *nmf* : contractor

contrato *nm* : contract

contravenir {87} *vt* : to contravene, to infringe

contraventana *nf* : shutter

contribución *nf, pl* **-ciones** : contribution

contribuidor, -dora *n* : contributor

contribuir {41} *vt* **1** APORTAR : to contribute **2** : to pay (in taxes) — *vi* **1** : contribute, to help out **2** : to pay taxes

contribuyente[1] *adj* : contributing

contribuyente[2] *nmf* : taxpayer

contrición *nf, pl* **-ciones** : contrition

contrincante *nmf* : rival; opponent

contrito, -ta *adj* : contrite, repentant

control *nm* **1** : control **2** : inspection, check **3** : checkpoint, roadblock

controlador, -dora *n* : controller ⟨controlador aéreo : air traffic controller⟩

controlar *vt* **1** : to control **2** : to monitor, to check

controversia *nf* : controversy

controversial → **controvertido**

controvertido, -da *adj* : controversial

controvertir {76} *vt* : to dispute, to argue about — *vi* : to argue, to debate

contubernio *nm* : conspiracy

contumacia *nf* : obstinacy, stubbornness

contumaz *adj, pl* **-maces** : obstinate, stubbornly disobedient

contundencia *nf* **1** : forcefulness, weight **2** : severity

contundente *adj* **1** : blunt ⟨un objeto contundente : a blunt instrument⟩ **2** : forceful, convincing — **contundentemente** *adv*

contusión *nf, pl* **-siones** : bruise, contusion

contuvo, etc. → **contener**

convalecencia *nf* : convalescence

convalecer {53} *vi* : to convalesce, to recover

convaleciente *adj & nmf* : convalescent

convección *nf, pl* **-ciones** : convection

convencer {86} *vt* : to convince, to persuade — **convencerse** *vr*

convencimiento *nm* : belief, conviction

convención *nf, pl* **-ciones** **1** : convention, conference **2** : pact, agreement **3** : convention, custom

convencional *adj* : conventional — **convencionalmente** *adv*

convencionalismo *nm* : conventionality

conveniencia *nf* **1** : convenience **2** : fitness, suitability, advisability

conveniente *adj* **1** : convenient **2** : suitable, advisable

convenio *nm* PACTO : agreement, pact

convenir {87} *vi* **1** : to be suitable, to be advisable **2** : to agree

convento *nm* **1** : convent **2** : monastery

convergencia *nf* : convergence

convergente *adj* : convergent, converging

converger {15} *vi* **1** : to converge **2** ~ **en** : to concur on

conversación *nf, pl* **-ciones** : conversation

conversador, -dora *n* : conversationalist, talker

conversar *vi* : to converse, to talk

conversión *nf, pl* **-siones** : conversion

converso, -sa *n* : convert

convertible *adj & nm* : convertible

convertidor *nm* : converter

convertir {76} *vt* **1** : to convert **2** : to transform, to change **3** : to exchange (money) — **convertirse** *vr* ~ **en** : to turn into

convexo, -xa *adj* : convex

convicción *nf, pl* **-ciones** : conviction

convicto[1]**, -ta** *adj* : convicted

convicto[2]**, -ta** *n* : convict, prisoner

convidado, -da *n* : guest

convidar *vt* **1** INVITAR : to invite **2** : to offer

convincente *adj* : convincing — **convincentemente** *adv*

convivencia *nf* **1** : coexistence **2** : cohabitation

convivir *vi* **1** : to coexist **2** : to live together

convocación *nf, pl* **-ciones** : convocation

convocar {72} *vt* : to convoke, to call together

convocatoria *nf* : summons, call

convoy *nm* : convoy

convulsión *nf, pl* **-siones** **1** : convulsion **2** : agitation, upheaval

convulsionar *vt* : to shake, to convulse — **convulsionarse** *vr*

convulsivo, -va *adj* : convulsive

conyugal *adj* : conjugal

cónyuge *nmf* : spouse, partner

coñac *nm* : cognac, brandy

cooperación *nf, pl* **-ciones** : cooperation

cooperador, -dora *adj* : cooperative

cooperar *vi* : to cooperate
cooperativa *nf* : cooperative, co-op
cooperativo, -va *adj* : cooperative
cooptar *vt* : to co-opt
coordenada *nf* : coordinate
coordinación *nf, pl* **-ciones** : coordination
coordinador, -dora *n* : coordinator
coordinar *vt* COMPAGINAR : to coordinate, to combine
copa *nf* 1 : wineglass, goblet 2 : drink ⟨irse de copas : to go out drinking⟩ 3 : cup, trophy
copar *vt* 1 : to take ⟨ya está copado el puesto : the job is already taken⟩ 2 : to fill, to crowd
copartícipe *nmf* : joint partner
copete *nm* 1 : tuft (of hair) 2 **estar hasta el copete** : to be completely fed up
copia *nf* 1 : copy 2 : imitation, replica
copiadora *nf* : photocopier
copiar *vt* : to copy
copiloto *nmf* : copilot
copioso, -sa *adj* : copious, abundant
copla *nf* 1 : popular song or ballad 2 : couplet, stanza
copo *nm* 1 : snowflake 2 **copos de avena** : rolled oats 3 **copos de maíz** : cornflakes
copra *nf* : copra
cópula *nf* : copulation
copular *vi* : to copulate
coque *nm* : coke (fuel)
coqueta *nf* : dressing table
coquetear *vi* : to flirt
coqueteo *nm* : flirting, coquetry
coqueto¹, -ta *adj* : flirtatious, coquettish
coqueto², -ta *n* : flirt
coraje *nm* 1 VALOR : valor, courage 2 IRA : anger ⟨darle coraje a alguien : to make someone angry⟩
corajudo, -da *adj* : brave
coral¹ *nm* 1 : coral 2 : chorale
coral² *nf* : choir
Corán *nm* **el Corán** : the Koran
coraza *nf* 1 : armor, armor plating 2 : shell (of an animal)
corazón *nm, pl* **-zones** 1 : heart ⟨de todo corazón : wholeheartedly⟩ ⟨de buen corazón : kindhearted⟩ 2 : core 3 : darling, sweetheart
corazonada *nf* : hunch, impulse
corbata *nf* : tie, necktie
corcel *nm* : steed, charger
corchete *nm* 1 : hook and eye, clasp 2 : square bracket
corcho *nm* : cork
corcholata *nf Mex* : cap, bottle top
corcovear *vi* : to buck
cordel *nm* : cord, string
cordero *nm* : lamb
cordial¹ *adj* : cordial, affable — **cordialmente** *adv*
cordial² *nm* : cordial (liqueur)
cordialidad *nf* : cordiality, warmth
cordillera *nf* : mountain range
córdoba *nf* : Nicaraguan unit of currency

cordón *nm, pl* **cordones** 1 : cord ⟨cordón umbilical : umbilical cord⟩ 2 : cordon
cordura *nf* 1 : sanity 2 : prudence, good judgment
coreano¹, -na *adj & n* : Korean
coreano² *nm* : Korean (language)
corear *vt* : to chant, to chorus
coreografía *nf* : choreography
coreografiar {85} *vt* : to choreograph
coreográfico, -ca *adj* : choreographic
coreógrafo, -fa *n* : choreographer
corista *nmf* 1 : chorister 2 : chorus girl *f*
cormorán *nm, pl* **-ranes** : cormorant
cornada *nf* : goring, butt (with the horns)
córnea *nf* : cornea
cornear *vt* : to gore
cornejo *nm* : dogwood (tree)
corneta *nf* : bugle, horn, cornet
cornisa *nf* : cornice
cornudo, -da *adj* : horned
coro *nm* 1 : choir 2 : chorus
corola *nf* : corolla
corolario *nm* : corollary
corona *nf* 1 : crown 2 : wreath, garland 3 : corona (in astronomy)
coronación *nf, pl* **-ciones** : coronation
coronar *vt* 1 : to crown 2 : to reach the top of, to culminate
coronario, -ria *adj* : coronary
coronel, -nela *n* : colonel
coronilla *nf* 1 : crown (of the head) 2 **estar hasta la coronilla** : to be completely fed up
corpiño *nm* 1 : bodice 2 *Arg* : brassiere, bra
corporación *nf, pl* **-ciones** : corporation
corporal *adj* : corporal, bodily
corporativo, -va *adj* : corporate
corpóreo, -rea *adj* : corporeal, physical
corpulencia *nf* : corpulence, stoutness, sturdiness
corpulento, -ta *adj* ROBUSTO : robust, stout, sturdy
corpúsculo *nm* : corpuscle
corral *nm* 1 : farmyard 2 : corral, pen, stockyard 3 *or* **corralito** : playpen
correa *nf* : strap, belt
correcaminos *nms & pl* : roadrunner
corrección *nf, pl* **-ciones** 1 : correction 2 : correctness, propriety 3 : rebuke, reprimand 4 **corrección de pruebas** : proofreading
correccional *nm* REFORMATORIO : reformatory
correctivo, -va *adj* : corrective ⟨lentes correctivos : corrective lenses⟩
correcto, -ta *adj* 1 : correct, right 2 : courteous, polite — **correctamente** *adv*
corrector, -tora *n* : proofreader
corredizo, -za *adj* : sliding ⟨puerta corrediza : sliding door⟩
corredor¹, -dora *n* 1 : runner, racer 2 : agent, broker ⟨corredor de bolsa : stockbroker⟩
corredor² *nm* PASILLO : corridor, hallway

correduría *nf* → **corretaje**
corregir {28} *vt* **1** ENMENDAR : to correct, to emend **2** : to reprimand **3 corregir pruebas** : to proofread — **corregirse** *vr* : to reform, to mend one's ways
correlación *nf*, *pl* **-ciones** : correlation
correo *nm* **1** : mail ⟨correo aéreo : airmail⟩ **2** : post office
correoso, -sa *adj* : leathery, rough
correr *vi* **1** : to run, to race **2** : to rush **3** : to flow — *vt* **1** : to travel over, to cover **2** : to move, to slide, to roll, to draw (curtains) **3 correr un riesgo** : to run a risk — **correrse** *vr* **1** : to move along **2** : to run, to spill over
correspondencia *nf* **1** : correspondence, mail **2** : equivalence **3** : connection, interchange
corresponder *vi* **1** : to correspond **2** : to pertain, to belong **3** : to be appropriate, to fit **4** : to reciprocate — **corresponderse** *vr* : to write to each other
correspondiente *adj* : corresponding, respective
corresponsal *nmf* : correspondent
corretaje *nm* : brokerage
corretear *vi* **1** VAGAR : to loiter, to wander about **2** : to run around, to scamper about — *vt* : to pursue, to chase
corrida *nf* **1** : run, dash **2** : bullfight
corrido¹, -da *adj* **1** : straight, continuous **2** : worldly, experienced
corrido² *nm* : Mexican narrative folk song
corriente¹ *adj* **1** : common, everyday **2** : current, present **3** *Mex* : cheap, trashy **4 perro corriente** *Mex* : mutt
corriente² *nf* **1** : current ⟨corriente alterna : alternating current⟩ ⟨direct current : corriente continua⟩ **2** : draft **3** TENDENCIA : tendency, trend
corrillo *nm* : small group, clique
corro *nm* : ring, circle (of people)
corroboración *nf*, *pl* **-ciones** : corroboration
corroborar *vt* : to corroborate
corroer {69} *vt* **1** : to corrode **2** : to erode, to wear away
corromper *vt* **1** : to corrupt **2** : to rot — **corromperse** *vr*
corrompido, -da *adj* CORRUPTO : corrupt, rotten
corrosión *nf*, *pl* **-siones** : corrosion
corrosivo, -va *adj* : corrosive
corrugar {52} *vt* : to corrugate — **corrugación** *nf*
corrupción *nf*, *pl* **-ciones** **1** : decay **2** : corruption
corruptela *nf* : corruption, abuse of power
corrupto, -ta *adj* CORROMPIDO : corrupt
corsario *nm* : privateer
corsé *nm* : corset
cortada *nf* : cut, gash
cortador, -dora *n* : cutter
cortadora *nf* : cutter, slicer
cortadura *nf* : cut, slash
cortafuegos *nms & pl* **1** : firebreak **2** : firewall (program)

cortante *adj* : cutting, sharp
cortar *vt* **1** : to cut, to slice, to trim **2** : to cut out, to omit **3** : to cut off, to interrupt **4** : to block, to close off **5** : to curdle (milk) — *vi* **1** : to cut **2** : to break up **3** : to hang up (the telephone) — **cortarse** *vr* **1** : to cut oneself ⟨cortarse el pelo : to cut one's hair⟩ **2** : to be cut off **3** : to sour (of milk)
cortauñas *nms & pl* : nail clippers
corte¹ *nm* **1** : cut, cutting ⟨corte de pelo : haircut⟩ **2** : style, fit
corte² *nf* **1** : court ⟨corte suprema : supreme court⟩ **2 hacer la corte a** : to court, to woo
cortejar *vt* GALANTEAR : to court, to woo
cortejo *nm* **1** GALANTEO : courtship **2** : retinue, entourage
cortés *adj* : courteous, polite — **cortésmente** *adv*
cortesano¹, -na *adj* : courtly
cortesano², -na *n* : courtier
cortesía *nf* **1** : courtesy, politeness **2 de ~** : complimentary, free
corteza *nf* **1** : bark **2** : crust **3** : peel, rind **4** : cortex ⟨corteza cerebral : cerebral cortex⟩
cortijo *nm* : farmhouse
cortina *nf* : curtain
cortisona *nf* : cortisone
corto, -ta *adj* **1** : short (in length or duration) **2** : scarce **3** : timid, shy **4 corto de vista** : nearsighted
cortocircuito *nm* : short circuit
corvejón *nm, pl* **-jones** JARRETTE : hock
corvo, -va *adj* : curved, bent
cosa *nf* **1** : thing, object **2** : matter, affair **3 otra cosa** : anything else, something else
cosecha *nf* : harvest, crop
cosechador, -dora *n* : harvester, reaper
cosechadora *nf* : harvester (machine)
cosechar *vt* **1** : to harvest, to reap **2** : to win, to earn, to garner — *vi* : to harvest
coser *vt* **1** : to sew **2** : to stitch up — *vi* : to sew
cosmético¹, -ca *adj* : cosmetic
cosmético² *nm* : cosmetic
cósmico, -ca *adj* : cosmic
cosmonauta *nmf* : cosmonaut
cosmopolita *adj & nmf* : cosmopolitan
cosmos *nm* : cosmos
cosquillas *nfpl* **1** : tickling **2 hacer cosquillas** : to tickle
cosquilleo *nm* : tickling sensation, tingle
cosquilloso, -sa *adj* : ticklish
costa *nf* **1** : coast, shore **2** : cost ⟨a toda costa : at all costs⟩
costado *nm* **1** : side **2 al costado** : alongside
costar {19} *v* : to cost ⟨¿cuánto cuesta? : how much does it cost?⟩
costarricense *adj & nmf* : Costa Rican
costarriqueño, -ña → **costarricense**
coste → **costo**
costear *vt* : to pay for, to finance

costero, -ra *adj* : coastal, coast

costilla *nf* **1** : rib **2** : chop, cutlet **3** *fam* : better half, wife

costo *nm* **1** : cost, price **2 costo de vida** : cost of living

costoso, -sa *adj* : costly, expensive

costra *nf* **1** : crust **2** POSTILLA : scab

costumbre *nf* **1** : custom **2** HÁBITO : habit

costura *nf* **1** : seam **2** : sewing, dress-making **3 alta costura** : haute couture

costurera *nf* : seamstress *f*

cotejar *vt* : to compare, to collate

cotejo *nm* : comparison, collation

cotidiano, -na *adj* : daily, everyday ⟨la vida cotidiana : daily life⟩

cotización *nf, pl* **-ciones 1** : market price **2** : quote, estimate

cotizado, -da *adj* : in demand, sought after

cotizar {21} *vt* : to quote, to value — **cotizarse** *vr* : to be worth

coto *nm* **1** : enclosure, reserve **2 poner coto a** : to put a stop to

cotorra *nf* **1** : small parrot **2** *fam* : chatterbox, windbag

cotorrear *vi fam* : to chatter, to gab, to blab

cotorreo *nm fam* : chatter, prattle

coyote *nm* **1** : coyote **2** *Mex fam* : smuggler (of illegal immigrants)

coyuntura *nf* **1** ARTICULACIÓN : joint **2** : occasion, moment

coz *nf, pl* **coces** : kick (of an animal)

crac *nm, pl* **cracs** : crash (of the stock market)

cozamos, etc. → cocer

craneal *adj* : cranial

cráneo *nf* : cranium, skull — **craneano, -na** *adj*

cráter *nm* : crater

crayón *nm, pl* **-yones** : crayon

creación *nf, pl* **-ciones** : creation

creador¹, -dora *adj* : creative, creating

creador², -dora *n* : creator

crear *vt* **1** : to create, to cause **2** : to originate

creatividad *nf* : creativity

creativo, -va *adj* : creative

crecer {53} *vi* **1** : to grow **2** : to increase

crecida *nf* : flooding, floodwater

crecido, -da *adj* **1** : grown, grown-up **2** : large (of numbers)

creciente *adj* **1** : growing, increasing **2 luna creciente** : waxing moon

crecientemente *adv* : increasingly

crecimiento *nm* **1** : growth **2** : increase

credencial *adj* **cartas credenciales** : credentials

credenciales *nfpl* : documents, documentation, credentials

credibilidad *nf* : credibility

crédito *nm* : credit

credo *nm* : creed, credo

credulidad *nf* : credulity

crédulo, -la *adj* : credulous, gullible

creencia *nf* : belief

creer {20} *v* **1** : to believe **2** : to suppose, to think ⟨creo que sí : I think so⟩

— **creerse** *vr* **1** : to believe, to think **2** : to regard oneself as ⟨se cree guapísimo : he thinks he's so handsome⟩

creíble *adj* : believable, credible

creído, -da *adj* **1** *fam* : conceited **2** : confident, sure

crema *nf* **1** : cream **2 la crema y nata** : the pick of the crop

cremación *nf, pl* **-ciones** : cremation

cremallera *nf* : zipper

cremar *vt* : to cremate

cremoso, -sa *adj* : creamy

crepa *nf Mex* : crepe (pancake)

crepe *or* **crep** *nmf* : crepe (pancake)

crepé *nm* **1 → crespón 2 papel crepé** : crepe paper

crepitar *vi* : to crackle

crepúsculo *nm* : twilight

crescendo *nm* : crescendo

crespo, -pa *adj* : curly, frizzy

crespón *nm, pl* **crespones** : crepe (fabric)

cresta *nf* **1** : crest **2** : comb (of a rooster)

creta *nf* : chalk (mineral)

cretino, -na *n* : cretin

creyente *nmf* : believer

creyó, etc. → creer

crezca, etc. → crecer

cría *nf* **1** : breeding, rearing **2** : young **3** : litter

criadero *nm* : hatchery

criado¹, -da *adj* **1** : raised, brought up **2 bien criado** : well-bred

criado², -da *n* : servant, maid *f*

criador, -dora *n* : breeder

crianza *nf* : upbringing, rearing

criar {85} *vt* **1** : to breed **2** : to bring up, to raise

criatura *nf* **1** : baby, child **2** : creature

criba *nf* : sieve, screen

cribar *vt* : to sift

cric *nm, pl* **crics** : jack

crimen *nm, pl* **crímenes** : crime

criminal *adj & nmf* : criminal

crin *nf* **1** : mane **2** : horsehair

criollo¹, -lla *adj* **1** : Creole **2** : native, national ⟨comida criolla : native cuisine⟩

criollo², -lla *n* : Creole

criollo³ *nm* : Creole (language)

cripta *nf* : crypt

críptico, -ca *adj* **1** : cryptic, coded **2** : enigmatic, cryptic

criptón *nm* : krypton

críquet *nm* : cricket (game)

crisálida *nf* : chrysalis, pupa

crisantemo *nm* : chrysanthemum

crisis *nf* **1** : crisis **2 crisis nerviosa** : nervous breakdown

crisma *nf fam* : head ⟨romperle la crisma a alguien : to knock someone's block off⟩

crisol *nm* **1** : crucible **2** : melting pot

crispar *vt* **1** : to cause to contract **2** : to irritate, to set on edge ⟨eso me crispa : that gets on my nerves⟩ — **crisparse** *vr* : to tense up

cristal *nm* **1** VIDRIO : glass, piece of glass **2** : crystal

cristalería *nf* **1** : glassware shop ⟨como chivo en cristalería : like a bull in a china shop⟩ **2** : glassware, crystal

cristalino¹, -na *adj* : crystalline, clear

cristalino² *nm* : lens (of the eye)

cristalizar {21} *vi* : to crystallize — **cristalización** *nf*

cristiandad *nf* : Christendom

cristianismo *nm* : Christianity

cristiano, -na *adj & n* : Christian

Cristo *nm* : Christ

criterio *nm* **1** : criterion **2** : judgment, sense

crítica *nf* **1** : criticism **2** : review, critique

criticar {72} *vt* : to criticize

crítico¹, -ca *adj* : critical — **críticamente** *adv*

crítico², -ca *n* : critic

criticón¹, -cona *adj, mpl* **-cones** *fam* : hypercritical, captious

criticón², -cona *n, mpl* **-cones** *fam* : faultfinder, critic

croar *vi* : to croak

croata *adj & nmf* : Croatian

crocante *adj* : crunchy

croché *or* **crochet** *nm* : crochet

cromático, -ca *adj* : chromatic

cromo *nm* **1** : chromium, chrome **2** : picture card, sports card

cromosoma *nm* : chromosome

crónica *nf* **1** : news report **2** : chronicle, history

crónico, -ca *adj* : chronic

cronista *nmf* **1** : reporter, newscaster **2** HISTORIADOR : chronicler, historian

cronología *nf* : chronology

cronológico, -ca *adj* : chronological — **cronológicamente** *adv*

cronometrador, -dora *n* : timekeeper

cronometrar *vt* : to time, to clock

cronómetro *nm* : chronometer

croquet *nm* : croquet

croqueta *nf* : croquette

croquis *nm* : rough sketch

cruce¹, etc. → cruzar

cruce² *nm* **1** : crossing, cross **2** : crossroads, intersection ⟨cruce peatonal : crosswalk⟩

crucero *nm* **1** : cruise **2** : cruiser, warship **3** *Mex* : intersection

crucial *adj* : crucial — **crucialmente** *adv*

crucificar {72} *vt* : to crucify

crucifijo *nm* : crucifix

crucifixión *nf, pl* **-fixiones** : crucifixion

crucigrama *nm* : crossword puzzle

crudo¹, -da *adj* **1** : raw **2** : crude, harsh

crudo² *nm* : crude oil

cruel *adj* : cruel — **cruelmente** *adv*

crueldad *nf* : cruelty

cruento, -ta *adj* : bloody

crujido *nm* **1** : rustling **2** : creaking **3** : crackling (of a fire) **4** : crunching

crujiente *adj* : crunchy, crisp

crujir *vi* **1** : to rustle **2** : to creak, to crack **3** : to crunch

crup *nm* : croup

crustáceo *nm* : crustacean

crutón *nm, pl* **crutones** : crouton

cruz *nf, pl* **cruces** : cross

cruza *nf* : cross (hybrid)

cruzada *nf* : crusade

cruzado¹, -da *adj* : crossed ⟨espadas cruzadas : crossed swords⟩

cruzado² *nm* **1** : crusader **2** : Brazilian unit of currency

cruzar {21} *vt* **1** : to cross **2** : to exchange (words, greetings) **3** : to cross, to interbreed — **cruzarse** *vr* : to intersect · **2** : to meet, to pass each other

cuaderno *nm* LIBRETA : notebook

cuadra *nf* **1** : city block **2** : stable

cuadrado¹, -da *adj* : square

cuadrado² *nm* : square ⟨elevar al cuadrado : to square (a number)⟩

cuadragésimo¹ *adj* : fortieth, forty-

cuadragésimo², -ma *n* : fortieth, forty- (in a series)

cuadrante *nm* **1** : quadrant **2** : dial

cuadrar *vi* : to conform, to agree — *vt* : to square — **cuadrarse** *vr* : to stand at attention

cuadriculado *nm* : grid (on a map, etc.)

cuadrilátero *nm* **1** : quadrilateral **2** : ring (in sports)

cuadrilla *nf* : gang, team, group

cuadro *nm* **1** : square ⟨una blusa a cuadros : a checkered blouse⟩ **2** : painting, picture **3** : baseball diamond, infield **4** : panel, board, cadre

cuadrúpedo *nm* : quadruped

cuádruple *adj* : quadruple

cuadruplicar {72} *vt* : to quadruple — **cuadruplicarse** *vr*

cuajada *nf* : curd

cuajar *vi* **1** : to curdle **2** COAGULAR : to clot, to coagulate **3** : to set, to jell **4** : to be accepted ⟨su idea no cuajó : his idea didn't catch on⟩ — *vt* **1** : to curdle **2** ~ **de** : to fill with

cual¹ *prep* : like, as

cual² *pron* **1** el cual, la cual, los cuales, las cuales : who, whom, which ⟨la razón por la cual lo dije : the reason I said it⟩ **2** lo cual : which ⟨se rió, lo cual me dio rabia : he laughed, which made me mad⟩ **3** cada cual : everyone, everybody

cuál¹ *adj* : which, what ⟨¿cuáles libros? : which books?⟩

cuál² *pron* (*in questions*) : which (one), what (one) ⟨¿cuál es el mejor? : which one is the best?⟩ ⟨¿cuál es tu apellido? : what is your last name?⟩ **2** cuál más, cuál menos : some more, some less

cualidad *nf* : quality, trait

cualitativo, -va *adj* : qualitative — **cualitativamente** *adv*

cualquier *adj →* cualquiera¹

cualquiera¹ (**cualquier** *before nouns*) *adj, pl* **cualesquiera 1** : any, whichever ⟨cualquier persona : any person⟩ **2** : everyday, ordinary ⟨un hombre cualquiera : an ordinary man⟩

cualquiera² *pron, pl* **cualesquiera 1** : anyone, anybody, whoever **2** : whatever, whichever

cuán *adv* : how ⟨¡cuán risible fue todo eso! : how funny it all was!⟩

cuando¹ *conj* **1** : when ⟨cuando llegó : when he arrived⟩ **2** : since, if ⟨cuando lo dices : if you say so⟩ **3 cuando más** : at the most **4 de vez en cuando** : from time to time

cuando² *prep* : during, at the time of ⟨cuando la guerra : during the war⟩

cuándo *adv & conj* : when ⟨¿cuándo llegará? : when will she arrive?⟩ ⟨no sabemos cuándo será : we don't know when it will be⟩ **2 ¿de cuándo acá?** : since when?, how come?

cuantía *nf* **1** : quantity, extent **2** : significance, import

cuántico, -ca *adj* : quantum ⟨teoría cuántica : quantum theory⟩

cuantioso, -sa *adj* **1** : abundant, considerable **2** : heavy, grave ⟨cuantiosos daños : heavy damage⟩

cuantitativo, -va *adj* : quantitative — **cuantitativamente** *adv*

cuanto¹ *adv* **1** : as much as ⟨come cuanto puedas : eat as much as you can⟩ **2 cuanto antes** : as soon as possible **3 en ~** : as soon as **4 en cuanto a** : as for, as regards

cuanto², -ta *adj* : as many, whatever ⟨llévate cuantas flores quieras : take as many flowers as you wish⟩

cuanto³, -ta *pron* **1** : as much as, all that, everything ⟨tengo cuanto deseo : I have all that I want⟩ **2 unos cuantos, unas cuantas** : a few

cuánto¹ *adv* : how much, how many ⟨¿a cuánto están las manzanas? : how much are the apples?⟩ ⟨no sé cuánto desean : I don't know how much they want⟩

cuánto², -ta *adj* : how much, how many ⟨¿cuántos niños tiene? : how many children do you have?⟩

cuánto³ *pron* : how much, how many ⟨¿cuántos quieren participar? : how many want to take part?⟩ ⟨¿cuánto cuesta? : how much does it cost?⟩

cuarenta *adj & nm* : forty

cuarentavo¹, -va *adj* : fortieth

cuarentavo² *nm* : fortieth (fraction)

cuarentena *nf* **1** : group of forty **2** : quarantine

Cuaresma *nf* : Lent

cuartear *vt* **1** : to quarter **2** : to divide up — **cuartearse** *vr* AGRIETARSE : to crack, to split

cuartel *nm* **1** : barracks, headquarters **2** : mercy ⟨una guerra sin cuartel : a merciless war⟩

cuartelazo *nm* : coup d'état

cuarteto *nm* : quartet

cuartilla *nf* : sheet (of paper)

cuarto¹, -ta *adj* : fourth

cuarto², -ta *n* : fourth (in a series)

cuarto³ *nm* **1** : quarter, fourth ⟨cuarto de galón : quart⟩ **2** HABITACIÓN : room

cuarzo *nm* : quartz

cuate, -ta *n Mex* **1** : twin **2** *fam* : buddy, pal

cuatrero, -ra *n* : rustler

cuatrillizo, -za *n* : quadruplet

cuatro *adj & nm* : four

cuatrocientos¹, -tas *adj* : four hundred

cuatrocientos² *nms & pl* : four hundred

cuba *nf* BARRIL : cask, barrel

cubano, -na *adj & n* : Cuban

cubertería *nf* : flatware, silverware

cubeta *nf* **1** : keg, cask **2** : bulb (of a thermometer) **3** *Mex* : bucket, pail

cúbico, -ca *adj* : cubic, cubed

cubículo *nm* : cubicle

cubierta *nf* **1** : covering **2** FORRO : cover, jacket (of a book) **3** : deck

cubierto¹ *pp* → **cubrir**

cubierto² *nm* **1** : cover, shelter ⟨bajo cubierto : under cover⟩ **2** : table setting **3** : utensil, piece of silverware

cubil *nm* : den, lair

cúbito *nm* : ulna

cubo *nm* **1** : cube **2** BALDE : pail, bucket, can ⟨cubo de basura : garbage can⟩ **3** : hub (of a wheel)

cubrecama *nm* COLCHA : bedspread

cubrir {2} *vt* : to cover — **cubrirse** *vr*

cucaracha *nf* : cockroach, roach

cuchara *nf* : spoon

cucharada *nf* : spoonful

cucharilla *or* **cucharita** *nf* : teaspoon

cucharón *nm, pl* **-rones** : ladle

cuchichear *vi* : to whisper

cuchicheo *nm* : whisper

cuchilla *nf* **1** : kitchen knife, cleaver **2** : blade ⟨cuchilla de afeitar : razor blade⟩ **3** : crest, ridge

cuchillada *nf* : stab, knife wound

cuchillo *nm* : knife

cuclillas *nfpl* **en ~** : squatting, crouching

cuco¹, -ca *adj fam* : pretty, cute

cuco² *nm* : cuckoo

cucurucho *nm* : ice-cream cone

cuece, cueza etc. → **cocer**

cuela, etc. → **colar**

cuelga, cuelgue etc. → **colgar**

cuello *nm* **1** : neck **2** : collar (of a shirt) **3 cuello del útero** : cervix

cuenca *nf* **1** : river basin **2** : eye socket

cuenco *nm* : bowl, basin

cuenta¹, etc. → **contar**

cuenta² *nf* **1** : calculation, count **2** : account **3** : check, bill **4 darse cuenta** : to realize **5 tener en cuenta** : to bear in mind

cuentagotas *nfs & pl* **1** : dropper **2 con ~** : little by little

cuentista *nmf* **1** : short story writer **2** *fam* : liar, fibber

cuento *nm* **1** : story, tale **2 cuento de hadas** : fairy tale **3 sin ~** : countless

cuerda *nf* **1** : cord, rope, string **2 cuerdas vocales** : vocal cords **3 darle cuerda a** : to wind up (a clock, a toy, etc.)

cuerdo, -da adj : sane, sensible
cuerno nm 1 : horn, antler 2 : cusp (of the moon) 3 : horn (musical instrument)
cuero nm 1 : leather, hide 2 **cuero cabelludo** : scalp
cuerpo nm 1 : body 2 : corps
cuervo nm : crow, raven
cuesta¹, etc. → costar
cuesta² nf 1 : slope ⟨cuesta arriba : uphill⟩ 2 **a cuestas** : on one's back
cuestión nf, pl **-tiones** ASUNTO, TEMA : matter, affair
cuestionable adj : questionable, dubious
cuestionar vt : to question
cuestionario nm 1 : questionnaire 2 : quiz
cueva nf : cave
cuidado nm 1 : care 2 : worry, concern 3 **tener cuidado** : to be careful 4 **¡cuidado!** : watch out!, be careful!
cuidador, -dora n : caretaker
cuidadoso, -sa adj : careful, attentive — **cuidadosamente** adv
cuidar vt 1 : to take care of, to look after 2 : to pay attention to — vi 1 ~ **de** : to look after 2 **cuidar de que** : to make sure that — **cuidarse** vr 1 : to take care of oneself
culata nf : butt (of a gun)
culatazo nf : kick, recoil
culebra nf SERPIENTE : snake
culi nmf : coolie
culinario, -ria adj : culinary
culminante adj **punto culminante** : peak, high point, climax
culminar vi : to culminate — **culminación** nf
culo nm 1 fam : backside, behind 2 : bottom (of a glass)
culpa nf 1 : fault, blame ⟨echarle la culpa a alguien : to blame someone⟩ 2 : sin
culpabilidad nf : guilt
culpable¹ adj : guilty
culpable² nmf : culprit, guilty party
culpar vt : to blame
cultivado, -da adj 1 : cultivated, farmed 2 : cultured
cultivador, -dora n : cultivator
cultivar vt 1 : to cultivate 2 : to foster
cultivo nm 1 : cultivation, farming 2 : crop
culto¹, -ta adj : cultured, educated
culto² nm 1 : worship 2 : cult
cultura nf : culture
cultural adj : cultural — **culturalmente** adv
cumbre nf CIMA : top, peak, summit
cumpleaños nms & pl : birthday
cumplido¹, -da adj 1 : complete, full 2 : courteous, correct
cumplido² nm : compliment, courtesy ⟨por cumplido : out of courtesy⟩ ⟨andarse con cumplidos : to stand on ceremony, to be formal⟩
cumplimentar vt 1 : to congratulate 2 : to carry out, to perform

cumplimiento nm 1 : completion, fulfillment 2 : performance
cumplir vt 1 : to accomplish, to carry out 2 : to comply with, to fulfill 3 : to attain, to reach ⟨su hermana cumple los 21 el viernes : her sister will be 21 on Friday⟩ — vi 1 : to expire, to fall due 2 : to fulfill one's obligations ⟨cumplir con el deber : to do one's duty⟩ ⟨cumplir con la palabra : to keep one's word⟩ — **cumplirse** vr 1 : to come true, to be fulfilled ⟨se cumplieron sus sueños : her dreams came true⟩ 2 : to run out, to expire
cúmulo nm 1 MONTÓN : heap, pile 2 : cumulus
cuna nf 1 : cradle 2 : birthplace ⟨Puerto Rico es la cuna de la música salsa : Puerto Rico is the birthplace of salsa music⟩
cundir vi 1 : to propagate, to spread ⟨cundió el pánico en el vecindario : panic spread throughout the neighborhood⟩ 2 : to progress, to make headway
cuneta nf : ditch (in a road), gutter
cuña nf : wedge
cuñado, -da n : brother-in-law m, sister-in-law f
cuño nm : die (for stamping)
cuota nf 1 : fee, dues 2 : quota, share 3 : installment, payment
cupé nm : coupe
cupo¹, etc. → caber
cupo² nm 1 : quota, share 2 : capacity, room
cupón nm, pl **cupones** 1 : coupon, voucher 2 **cupón federal** : food stamp
cúpula nf : dome, cupola
cura¹ nm : priest
cura² nf 1 CURACIÓN, TRATAMIENTO : cure, treatment 2 : dressing, bandage
curación nf, pl **-ciones** CURA, TRATAMIENTO : cure, treatment
curandero, -ra nm 1 : witch doctor 2 : quack, charlatan
curar vt 1 : to cure, to heal 2 : to treat, to dress 3 CURTIR : to tan 4 : to cure (meat) — vi : to get well, to recover — **curarse** vr
curativo, -va adj : curative, healing
curiosear vi 1 : to snoop, to pry 2 : to browse — vt : to look over, to check
curiosidad nf 1 : curiosity 2 : curio
curioso, -sa adj 1 : curious, inquisitive 2 : strange, unusual, odd — **curiosamente** adv
currículo → currículum
currículum nm, pl **-lums** 1 : résumé, curriculum vitae 2 : curriculum, course of study
curry [ˈkurri] nm, pl **-rries** 1 : curry powder 2 : curry (dish)
cursar vt 1 : to attend (school), to take (a course) 2 : to dispatch, to pass on
cursi adj fam : affected, pretentious
cursilería nf 1 : vulgarity, poor taste 2 : pretentiousness

cursiva *nf* BASTARDILLA : italic type, italics *pl*

curso *nm* 1 : course, direction 2 : school year 3 : course, subject (in school)

cursor *nm* : cursor

curtido, -da *adj* : weather-beaten, leathery (of skin)

curtidor, -dora *n* : tanner

curtiduría *nf* : tannery

curtir *vt* 1 : to tan 2 : to harden, to weather — **curtirse** *vr*

curva *nf* : curve, bend

curvar *vt* : to bend

curvatura *nf* : curvature

curvilíneo, -nea *adj* : curvaceous, shapely

curvo, -va *adj* : curved, bent

cúspide *nf* : zenith, apex, peak

custodia *nf* : custody

custodiar *vt* : to guard, to look after

custodio, -dia *n* : keeper, guardian

cúter *nm* : cutter (boat)

cutícula *nf* : cuticle

cutis *nms & pl* : skin, complexion

cuyo, -ya *adj* 1 : whose, of whom, of which 2 **en cuyo caso** : in which case

D

d *nf* : fourth letter of the Spanish alphabet

dable *adj* : feasible, possible

dactilar *adj* **huellas dactilares** : fingerprints

dádiva *nf* : gift, handout

dadivoso, -sa *adj* : generous

dado, -da *adj* 1 : given 2 **dado que** : given that, since

dador, -dora *n* : giver, donor

dados *nmpl* : dice

daga *nf* : dagger

dalia *nf* : dahlia

dálmata *nm* : dalmatian

daltónico, -ca *adj* : color-blind

daltonismo *nm* : color blindness

dama *nf* 1 : lady 2 **damas** *nfpl* : checkers

damasco *nm* : damask

damisela *nf* : damsel

damnificado, -da *n* : victim (of a disaster)

damnificar {72} *vt* : to damage, to injure

dance, etc. → **danzar**

dandi *nm* : dandy, fop

danés¹, -nesa *adj* : Danish

danés², -nesa *n, mpl* **daneses** : Dane, Danish person

danza *nf* : dance, dancing ⟨danza folklórica : folk dance⟩

danzante, -ta *n* BAILARÍN : dancer

danzar {21} *v* BAILAR : to dance

dañar *vt* 1 : to damage, to spoil 2 : to harm, to hurt — **dañarse** *vr*

dañino, -na *adj* : harmful

daño *nm* 1 : damage 2 : harm, injury 3 **hacer daño a** : to harm, to damage 4 **daños y perjuicios** : damages

dar {22} *vt* 1 : to give 2 ENTREGAR : to deliver, to hand over 3 : to hit, to strike 4 : to yield, to produce 5 : to perform 6 : to give off, to emit 7 ~ **como** *or* ~ **por** : to regard as, to consider — *vi* 1 ALCANZAR : to suffice, to be enough ⟨no me da para dos pasajes : I don't have enough for two fares⟩ 2 ~ **a** *or* ~ **sobre** : to overlook, to look out on 3 ~ **con** : to run into 4 ~ **con** : to hit upon (an idea) 5 **dar de sí** : to give, to stretch — **darse** *vr* 1 : to give in, to

surrender 2 : to occur, to arise 3 : to grow, to come up 4 ~ **con** *or* ~ **contra** : to hit oneself against 5 **dárselas de** : to boast about ⟨se las da de muy listo : he thinks he's very smart⟩

dardo *nm* : dart

datar *vt* : to date — *vi* ~ **de** : to date from, to date back to

dátil *nm* : date (fruit)

dato *nm* 1 : fact, piece of information 2 **datos** *nmpl* : data, information

dé → **dar**

de *prep* 1 : of ⟨la casa de Pepe : Pepe's house⟩ ⟨un niño de tres años : a three-year-old boy⟩ 2 : from ⟨es de Managua : she's from Managua⟩ ⟨salió del edificio : he left the building⟩ 3 : in, at ⟨a las tres de la mañana : at three in the morning⟩ ⟨salen de noche : they go out at night⟩ 4 : than ⟨más de tres : more than three⟩

deambular *vi* : to wander, to roam

debacle *nf* : debacle

debajo *adv* 1 : underneath, below, on the bottom 2 ~ **de** : under, underneath 3 **por** ~ : below, beneath

debate *nm* : debate

debatir *vt* : to debate, to discuss — **debatirse** *vr* : to struggle

debe *nm* : debit column, debit

deber¹ *vt* : to owe — *v aux* 1 : must, have to ⟨debo ir a la oficina : I must go to the office⟩ 2 : should, ought to ⟨deberías buscar trabajo : you ought to look for work⟩ 3 (*expressing probability*) : must ⟨debe ser mexicano : he must be Mexican⟩ — **deberse** *vr* ~ **a** : to be due to

deber² *nm* 1 OBLIGACIÓN : duty, obligation 2 **deberes** *nmpl, Spain* : homework

debidamente *adv* : properly, duly

debido, -da *adj* 1 : right, proper, due 2 ~ **a** : due to, owing to

débil *adj* : weak, feeble — **débilmente** *adv*

debilidad *nf* : weakness, debility, feebleness

debilitamiento *nm* : debilitation, weakening

debilitar *vt* : to debilitate, to weaken —
 debilitarse *vr*
debilucho¹, -cha *adj* : weak, frail
debilucho², -cha *n* : weakling
debitar *vt* : to debit
débito *nm* **1** DEUDA : debt **2** : debit
debut [de'but] *nm, pl* **debuts** : debut
debutante¹ *nmf* : beginner, newcomer
debutante² *nf* : debutante *f*
debutar *vi* : to debut, to make a debut
década *nf* DECENIO : decade
decadencia *nf* **1** : decadence **2** : decline
decadente *adj* **1** : decadent **2** : declining
decaer {13} *vi* **1** : to decline, to decay,
 to deteriorate **2** FLAQUEAR : to weak-
 en, to flag
decaiga, etc. → **decaer**
decano, -na *n* **1** : dean **2** : senior member
decantar *vt* : to decant
decapitar *vt* : to decapitate, to behead
decayó, etc. → **decaer**
decena *nf* : group of ten
decencia *nf* : decency
decenio *nm* DÉCADA : decade
decente *adj* : decent — **decentemente**
 adv
decepción *nf, pl* **-ciones** : disappointment, letdown
decepcionante *adj* : disappointing
decepcionar *vt* : to disappoint, to let
 down — **decepcionarse** *vr*
deceso *nm* DEFUNCIÓN : death, passing
dechado *nm* **1** : sampler (of embroidery) **2** : model, paragon
decibelio *or* **decibel** *nm* : decibel
decidido, -da *adj* : decisive, determined,
 resolute — **decididamente** *adv*
decidir *vt* **1** : to decide, to determine ⟨no
 he decidido nada : I haven't made a de-
 cision⟩ **2** : to persuade, to decide ⟨su
 padre lo decidió a estudiar : his father
 persuaded him to study⟩ — *vi* : to decide — **decidirse** *vr* : to make up one's
 mind
decimal *adj* : decimal
décimo, -ma *adj* : tenth — **décimo, -ma**
 n
decimoctavo¹, -va *adj* : eighteenth
decimoctavo², -va *n* : eighteenth (in a
 series)
decimocuarto¹, -ta *adj* : fourteenth
decimocuarto², -ta *n* : fourteenth (in a
 series)
decimonoveno¹, -na *or* **decimonono,
 -na** *adj* : nineteenth
decimonoveno², -na *or* **decimonono,
 -na** *n* : nineteenth (in a series)
decimoquinto¹, -ta *adj* : fifteenth
decimoquinto², -ta *n* : fifteenth (in a series)
decimoséptimo¹, -ma *adj* : seventeenth
decimoséptimo², -ma *n* : seventeenth
 (in a series)
decimosexto¹, -ta *adj* : sixteenth
decimosexto², -ta *n* : sixteenth (in a series)

decimotercero¹, -ra *adj* : thirteenth
decimotercero², -ra *n* : thirteenth (in a
 series)
decir¹ {23} *vt* **1** : to say ⟨dice que no
 quiere ir : she says she doesn't want to
 go⟩ **2** : to tell ⟨dime lo que estás pen-
 sando : tell me what you're thinking⟩
 3 : to speak, to talk ⟨no digas tonterías
 : don't talk nonsense⟩ **4** : to call ⟨me
 dicen Rosy : they call me Rosy⟩ **5** es
 decir : that is to say **6 querer decir** : to
 mean — **decirse** *vr* **1** : to say to oneself **2** : to be said ⟨¿cómo se dice "lápiz"
 en francés? : how do you say "pencil"
 in French?⟩
decir² *nm* DICHO : saying, expression
decisión *nf, pl* **-siones** : decision, choice
decisivo, -va *adj* : decisive, conclusive
 — **decisivamente** *adv*
declamar *vi* : to declaim — *vt* : to recite
declaración *nf, pl* **-ciones 1** : declaration, statement **2** TESTIMONIO : deposition, testimony **3** **declaración de
 derechos** : bill of rights **4 declaración
 jurada** : affidavit
declarado, -da *adj* : professed, open —
 declaradamente *adv*
declarar *vt* : to declare, to state — *vi*
 ATESTIGUAR : to testify — **declararse**
 vr **1** : to declare oneself, to make a
 statement **2** : to confess one's love **3**
 : to plead (in court) ⟨declararse inocente : to plead not guilty⟩
declinación *nf, pl* **-ciones 1** : drop,
 downward trend **2** : declination **3** : de-
 clension (in grammar)
declinar *vt* : to decline, to turn down —
 vi **1** : to draw to a close **2** : to diminish, to decline
declive *nm* **1** DECADENCIA : decline **2**
 : slope, incline
decodificador *nm* : decoder
decolar *vi* *Chile, Col, Ecua* : to take off
 (of an airplane)
decolorar *vt* : to bleach — **decolorarse**
 vr : to fade
decomisar *vt* CONFISCAR : to seize, to
 confiscate
decomiso *nm* : seizure, confiscation
decoración *nf, pl* **-ciones 1** : decoration **2** : decor **3** : stage set, scenery
decorado *nm* : stage set, scenery
decorador, -dora *n* : decorator
decorar *vt* ADORNAR : to decorate, to
 adorn
decorativo, -va *adj* : decorative, ornamental
decoro *nm* : decorum, propriety
decoroso, -sa *adj* : decent, proper, respectable
decrecer {53} *vi* : to decrease, to wane,
 to diminish — **decreciente** *adj*
decrecimiento *nm* : decrease, decline
decrépito, -ta *adj* : decrepit
decretar *vt* : to decree, to order
decreto *nm* : decree
decúbito *nm* : horizontal position ⟨en
 decúbito prono : prone⟩ ⟨en decúbito
 supino : supine⟩

dedal *nm* : thimble

dedalera *nf* DIGITAL : foxglove

dedicación *nf, pl* **-ciones** : dedication, devotion

dedicar {72} *vt* CONSAGRAR : to dedicate, to devote — **dedicarse** *vr* ~ a : to devote oneself to, to engage in

dedicatoria *nf* : dedication (of a book, song, etc.)

dedo *nm* **1** : finger ⟨dedo meñique : little finger⟩ **2 dedo del pie** : toe

deducción *nf, pl* **-ciones** : deduction

deducible *adj* **1** : deducible, inferable **2** : deductible

deducir {61} *vt* **1** INFERIR : to deduce **2** DESCONTAR : to deduct

defecar {72} *vi* : to defecate — **defecación** *nf*

defecto *nm* **1** : defect, flaw, shortcoming **2 en su defecto** : lacking that, in the absence of that

defectuoso, -sa *adj* : defective, faulty

defender {56} *vt* : to defend, to protect — **defenderse** *vr* **1** : to defend oneself **2** : to get by, to know the basics ⟨su inglés no es perfecto pero se defiende : his English isn't perfect but he gets by⟩

defendible *adj* : defensible, tenable

defensa[1] *nf* : defense

defensa[2] *nmf* : defender, back (in sports)

defensiva *nf* : defensive, defense

defensivo, -va *adj* : defensive — **defensivamente** *adv*

defensor[1], **-sora** *adj* : defending, defense

defensor[2], **-sora** *n* **1** : defender, advocate **2** : defense counsel

defeño, -ña *n* : person from the Federal District (Mexico City)

deferencia *nf* : deference

deficiencia *nf* : deficiency, flaw

deficiente *adj* : deficient

déficit *nm, pl* **-cits 1** : deficit **2** : shortage, lack

definición *nf, pl* **-ciones** : definition

definido, -da *adj* : definite, well-defined

definir *vt* **1** : to define **2** : to determine

definitivamente *adv* **1** : finally **2** : permanently, for good **3** : definitely, absolutely

definitivo, -va *adj* **1** : definitive, conclusive **2 en definitiva** : all in all, on the whole **3 en definitiva** *Mex* : permanently, for good

deflación *nf, pl* **-ciones** : deflation

deforestación *nf, pl* **-ciones** : deforestation

deformación *nf, pl* **-ciones 1** : deformation **2** : distortion

deformar *vt* : to deform, to disfigure **2** : to distort — **deformarse** *vr*

deforme *adj* : deformed, misshapen

deformidad *nf* : deformity

defraudación *nf, pl* **-ciones** : fraud

defraudar *vt* **1** ESTAFAR : to defraud, to cheat **2** : to disappoint

defunción *nf, pl* **-ciones** DECESO : death, passing

degeneración *nf, pl* **-ciones 1** : degeneration **2** : degeneracy, depravity

degenerado, -da *adj* DEPRAVADO : degenerate

degenerar *vi* : to degenerate

degenerativo, -va *adj* : degenerative

degollar {19} *vt* **1** : to slit the throat of, to slaughter **2** DECAPITAR : to behead **3** : to ruin, to destroy

degradación *nf, pl* **-ciones 1** : degradation **2** : demotion

degradar *vt* **1** : to degrade, to debase **2** : to demote

degustación *nf, pl* **-ciones** : tasting, sampling

degustar *vt* : to taste

deidad *nf* : deity

deificar {72} *vt* : to idolize, to deify

dejado, -da *adj* **1** : slovenly **2** : careless, lazy

dejar *vt* **1** : to leave **2** ABANDONAR : to abandon, to forsake **3** : to let be, to let go **4** PERMITIR : to allow, to permit — *vi* ~ **de** : to stop, to quit ⟨dejar de fumar : to quit smoking⟩ — **dejarse** *vr* **1** : to let oneself be ⟨se deja insultar : he lets himself be insulted⟩ **2** : to forget, to leave ⟨me dejé las llaves en el carro : I left the keys in the car⟩ **3** : to neglect oneself, to let oneself go **4** : to grow ⟨nos estamos dejando el pelo largo : we're growing our hair long⟩

dejo *nm* **1** : aftertaste **2** : touch, hint **3** : (regional) accent

del (*contraction of* **de** *and* **el**) → **de**

delación *nf, pl* **-ciones** : denunciation, betrayal

delantal *nm* **1** : apron **2** : pinafore

delante *adv* **1** ENFRENTE : ahead, in front **2** ~ **de** : before, in front of

delantera *nf* **1** : front, front part, front row ⟨tomar la delantera : to take the lead⟩ **2** : forward line (in sports)

delantero[1], **-ra** *adj* **1** : front, forward **2 tracción delantera** : front-wheel drive

delantero[2], **-ra** *n* : forward (in sports)

delatar *vt* **1** : to betray, to reveal **2** : to denounce, to inform against

delegación *nf, pl* **-ciones** : delegation

delegado, -da *n* : delegate, representative

delegar {52} *vt* : to delegate

deleitar *vt* : to delight, to please — **deleitarse** *vr*

deleite *nm* : delight, pleasure

deletrear *vi* : to spell ⟨¿como se deletrea? : how do you spell it?⟩

deleznable *adj* **1** : brittle, crumbly **2** : slippery **3** : weak, fragile ⟨una excusa deleznable : a weak excuse⟩

delfín *nm, pl* **delfines 1** : dolphin **2** : dauphin, heir apparent

delgadez *nf* : thinness, skinniness

delgado, -da *adj* **1** FLACO : thin, skinny **2** ESBELTO : slender, slim **3** DELICADO : delicate, fine **4** AGUDO : sharp, clever

deliberación *nf, pl* **-ciones** : deliberation

deliberado, -da *adj* : deliberate, intentional — **deliberadamente** *adv*
deliberar *vi* : to deliberate
deliberativo, -va *adj* : deliberative
delicadeza *nf* 1 : delicacy, fineness 2 : gentleness, softness 3 : tact, discretion, consideration
delicado, -da *adj* 1 : delicate, fine 2 : sensitive, frail 3 : difficult, tricky 4 : fussy, hard to please 5 : tactful, considerate
delicia *nf* : delight
delicioso, -sa *adj* 1 RICO : delicious 2 : delightful
delictivo, -va *adj* : criminal
delictuoso, -sa → delictivo
delimitación *nf, pl* **-ciones** 1 : demarcation 2 : defining, specifying
delimitar *vt* 1 : to demarcate 2 : to define, to specify
delincuencia *nf* : delinquency, crime
delincuente[1] *adj* : delinquent
delincuente[2] *nmf* CRIMINAL : delinquent, criminal
delinear *vt* 1 : to delineate, to outline 2 : to draft, to draw up
delinquir {24} *vi* : to break the law
delirante *adj* : delirious
delirar *vi* 1 DESVARIAR : to be delirious 2 : to rave, to talk nonsense
delirio *nm* 1 DESVARÍO : delirium 2 DISPARATE : nonsense, ravings *pl* ⟨delirios de grandeza : delusions of grandeur⟩ 3 FRENESÍ : mania, frenzy ⟨fue el delirio! : it was wild!⟩
delito *nm* : crime, offense
delta *nm* : delta
demacrado, -da *adj* : emaciated, gaunt
demagogia *nf* : demagogy
demagógico, -ca *adj* : demagogic, demagogical
demagogo, -ga *n* : demagogue
demanda *nf* 1 : demand ⟨la oferta y la demanda : supply and demand⟩ 2 : petition, request 3 : lawsuit
demandado, -da *n* : defendant
demandante *nmf* : plaintiff
demandar *vt* 1 : to demand 2 REQUERIR : to call for, to require 3 : to sue, to file a lawsuit against
demarcar {72} *vt* : to demarcate — **demarcación** *nf*
demás[1] *adj* : remaining ⟨acabó las demás tareas : she finished the rest of the chores⟩
demás[2] *pron* 1 **lo (la, los, las) demás** : the rest, everyone else, everything else ⟨Pepe, Rosa, y los demás : Pepe, Rosa, and everybody else⟩ 2 **estar por demás** : to be of no use, to be pointless ⟨no estaría por demás : it couldn't hurt, it's worth a try⟩ 3 **por demás** : extremely 4 **por lo demás** : otherwise 5 **y demás** : and so on, et cetera
demasía *nf* **en ~** : excessively, in excess
demasiado[1] *adv* 1 : too ⟨vas demasiado aprisa : you're going too fast⟩ 2 : too

much ⟨estoy comiendo demasiado : I'm eating too much⟩
demasiado[2], **-da** *adj* : too much, too many, excessive
demencia *nf* 1 : dementia 2 LOCURA : madness, insanity
demente[1] *adj* : insane, mad
demente[2] *nmf* : insane person
demeritar *vt* 1 : to detract from 2 : to discredit
demérito *nm* 1 : fault 2 : discredit, disrepute
democracia *nf* : democracy
demócrata[1] *adj* : democratic
demócrata[2] *nmf* : democrat
democrático, -ca *adj* : democratic — **democráticamente** *adv*
democratizar {21} *vt* : to democratize, to make democratic
demografía *nf* : demography
demográfico, -ca *adj* : demographic
demoledor, -dora *adj* : devastating
demoler {47} *vt* DERRIBAR, DERRUMBAR : to demolish, to destroy
demolición *nf, pl* **-ciones** : demolition
demonio *nm* DIABLO : devil, demon
demora *nf* : delay
demorar *vt* 1 RETRASAR : to delay 2 TARDAR : to take, to last ⟨la reparación demorará varios días : the repair will take several days⟩ — *vi* : to delay, to linger — **demorarse** *vr* 1 : to be slow, to take a long time 2 : to take too long
demostración *nf, pl* **-ciones** : demonstration
demostrar {19} *vt* : to demonstrate, to show
demostrativo, -va *adj* : demonstrative
demudar *vt* : to change, to alter — **demudarse** *vr* : to change one's expression
denegación *nf, pl* **-ciones** : denial, refusal
denegar {49} *vt* : to deny, to turn down
denigrante *adj* : degrading, humiliating
denigrar *vt* 1 DIFAMAR : to denigrate, to disparage 2 : to degrade, to humiliate
denodado, -da *adj* : bold, dauntless
denominación *nf, pl* **-ciones** 1 : name, designation 2 : denomination (of money)
denominador *nm* : denominator
denominar *vt* : to designate, to name
denostar {19} *vt* : to revile
denotar *vt* : to denote, to show
densidad *nf* : density, thickness
denso, -sa *adj* : dense, thick — **densamente** *adv*
dentado, -da *adj* SERRADO : serrated, jagged
dentadura *nf* 1 : teeth *pl* 2 **dentadura postiza** : dentures *pl*
dental *adj* : dental
dentellada *nf* 1 : bite 2 : tooth mark
dentera *nf* 1 : envy, jealousy 2 **dar dentera** : to set one's teeth on edge
dentición *nf, pl* **-ciones** 1 : teething 2 : dentition, set of teeth

dentífrico nm : toothpaste
dentista nmf : dentist
dentro adv 1 : in, inside 2 : indoors 3 ~ **de** : within, inside, in 4 **dentro de poco** : soon, shortly 5 **dentro de todo** : all in all, all things considered 6 **por** ~ : inwardly, inside
denuedo nm : valor, courage
denuesto nm : insult
denuncia nf 1 : denunciation, condemnation 2 : police report
denunciante nmf : accuser (of a crime)
denunciar vt 1 : to denounce, to condemn 2 : to report (to the authorities)
deparar vt : to have in store for, to provide with ⟨no sabemos lo que nos depara el destino : we don't know what fate has in store for us⟩
departamental adj 1 : departmental 2 **tienda departamental** Mex : department store
departamento nm 1 : department 2 APARTAMENTO : apartment
departir vi : to converse
dependencia nf 1 : dependence, dependency ⟨dependencia emocional : emotional dependence⟩ ⟨dependencia del alcohol : dependence on alcohol⟩ 2 : agency, branch office
depender vi 1 : to depend 2 ~ **de** : to depend on 3 ~ **de** : to be subordinate to
dependiente[1] adj : dependent
dependiente[2], **-ta** n : clerk, salesperson
deplorable adj : deplorable
deplorar vt 1 : to deplore LAMENTAR : to regret
deponer {60} vt 1 : to depose, to overthrow 2 : to abandon (an attitude or stance) 3 **deponer las armas** : to lay down one's arms — vi 1 TESTIFICAR : to testify, to make a statement 2 EVACUAR : to defecate
deportación nf, pl **-ciones** : deportation
deportar vt : to deport
deporte nm : sport, sports pl ⟨hacer deporte : to engage in sports⟩
deportista[1] adj 1 : fond of sports 2 : sporty
deportista[2] nmf 1 : sports fan 2 : athlete, sportsman m, sportswoman f
deportividad nf Spain : sportsmanship
deportivo, -va adj 1 : sports, sporting ⟨artículos deportivos : sporting goods⟩ 2 : sporty
deposición nf, pl **-ciones** 1 : statement, testimony 2 : removal from office
depositante nmf : depositor
depositar vt 1 : to deposit, to place 2 : to store — **depositarse** vr : to settle
depósito nm 1 : deposit 2 : warehouse, storehouse
depravación nf, pl **-ciones** : depravity
depravado, -da adj DEGENERADO : depraved, degenerate
depravar vt : to deprave, to corrupt
depreciación nf, pl **-ciones** : depreciation

depreciar vt : to depreciate, to reduce the value of — **depreciarse** vr : to lose value
depredación nf SAQUEO : depredation, plunder
depredador[1], **-dora** adj : predatory
depredador[2] nm 1 : predator 2 SAQUEADOR : plunderer
depresión nf, pl **-siones** 1 : depression 2 : hollow, recess 3 : drop, fall 4 : slump, recession
depresivo[1], **-va** adj 1 : depressive 2 : depressant
depresivo[2] nm : depressant
deprimente adj : depressing
deprimir vt 1 : to depress 2 : to lower — **deprimirse** vr ABATIRSE : to get depressed
depuesto pp → **deponer**
depuración nf, pl **-ciones** 1 PURIFICACIÓN : purification 2 PURGA : purge 3 : refinement, polish
depurar vt 1 PURIFICAR : to purify 2 PURGAR : to purge
depuso, etc. → **deponer**
derecha nf 1 : right 2 : right hand, right side 3 : right wing, right (in politics)
derechazo nm 1 : pass with the cape on the right hand (in bullfighting) 2 : right (in boxing) 3 : forehand (in tennis)
derechista[1] adj : rightist, right-wing
derechista[2] nmf : right-winger
derecho[1] adv 1 : straight 2 : upright 3 : directly
derecho[2], **-cha** adj 1 : right 2 : righthand 3 RECTO : straight, upright, erect
derecho[3] nm 1 : right ⟨derechos humanos : human rights⟩ 2 : law ⟨derecho civil : civil law⟩ 3 : right side (of cloth or clothing)
deriva nf 1 : drift 2 **a la deriva** : adrift
derivación nf, pl **-ciones** 1 : derivation 2 RAMIFICACIÓN : ramification, consequence
derivar vi 1 : to drift 2 ~ **de** : to come from, to derive from 3 ~ **en** : to result in — vt : to steer, to direct ⟨derivó la discusión hacia la política : he steered the discussion over to politics⟩ — **derivarse** vr : to be derived from, to arise from
dermatología nf : dermatology
dermatológico, -ca adj : dermatological
dermatólogo, -ga n : dermatologist
derogación nf, pl **-ciones** : abolition, repeal
derogar {52} vt ABOLIR : to abolish, to repeal
derramamiento nm 1 : spilling, overflowing 2 **derramamiento de sangre** : bloodshed
derramar vt 1 : to spill 2 : to shed (tears, blood) — **derramarse** vr 1 : to spill over 2 : to scatter
derrame nm 1 : spilling, shedding 2 : leakage, overflow 3 : discharge, hemorrhage
derrapar vi : to skid

derrape *nm* : skid
derredor *nm* **al derredor** *or* **en derredor** : around, round about
derrengado, -da *adj* **1** : bent, twisted **2** : exhausted
derretir {54} *vt* : to melt, to thaw — **derretirse** *vr* **1** : to melt, to thaw **2** ∼ **por** *fam* : to be crazy about
derribar *vt* **1** DEMOLER, DERRUMBAR : to demolish, to knock down **2** : to shoot down, to bring down (an airplane) **3** DERROCAR : to overthrow
derribo *nm* **1** : demolition, razing **2** : shooting down **3** : overthrow
derrocamiento *nm* : overthrow
derrocar {72} *vt* DERRIBAR : to overthrow, to topple
derrochador¹, -dora *adj* : extravagant, wasteful
derrochador², -dora *n* : spendthrift
derrochar *vt* : to waste, to squander
derroche *nm* : extravagance, waste
derrota *nf* **1** : defeat, rout **2** : course (at sea)
derrotar *vt* : to defeat
derrotero *nm* RUTA : course
derrotista *adj & nmf* : defeatist
derruir {41} *vt* : to demolish, to tear down
derrumbamiento *nm* : collapse
derrumbar *vt* **1** DEMOLER, DERRIBAR : to demolish, to knock down **2** DESPEÑAR : to cast down, to topple — **derrumbarse** *vr* DESPLOMARSE : to collapse, to break down
derrumbe *nm* **1** DESPLOME : collapse, fall ⟨el derrumbe del comunismo : the fall of Communism⟩ **2** : landslide
desabastecimiento *nm* : shortage, scarcity
desabasto *nm Mex* : shortage, scarcity
desabrido, -da *adj* : tasteless, bland
desabrigar {52} *vt* **1** : to undress **2** : to uncover **3** : to deprive of shelter
desabrochar *vt* : to unbutton, to undo — **desabrocharse** *vr* : to come undone
desacatar *vt* **1** DESAFIAR : to defy **2** DESOBEDECER : to disobey
desacato *nm* **1** : disrespect **2** : contempt (of court)
desacelerar *vi* : to decelerate, to slow down
desacertado, -da *adj* **1** : mistaken **2** : unwise
desacertar {55} *vi* ERRAR : to err, to be mistaken
desacierto *nm* ERROR : error, mistake
desaconsejable *adj* : inadvisable
desaconsejado, -da *adj* : ill-advised, unwise
desacorde *adj* **1** : conflicting **2** : discordant
desacostumbrado, -da *adj* : unaccustomed, unusual
desacreditar *vt* DESPRESTIGIAR : to discredit, to disgrace
desactivar *vt* : to deactivate, to defuse
desacuerdo *nm* : disagreement
desafiante *adj* : defiant

desafiar {85} *vt* RETAR : to defy, to challenge
desafilado, -da *adj* : blunt
desafinado, -da *adj* : out-of-tune, off-key
desafinarse *vr* : to go out of tune
desafío *nm* **1** RETO : challenge **2** RESISTENCIA : defiance
desafortunado, -da *adj* : unfortunate, unlucky — **desafortunadamente** *adv*
desafuero *nm* ABUSO : injustice, outrage
desagradable *adj* : unpleasant, disagreeable — **desagradablemente** *adv*
desagradar *vi* : to be unpleasant, to be disagreeable
desagradecido, -da *adj* : ungrateful
desagrado *nm* **1** : displeasure **2** con ∼ : reluctantly
desagravio *nm* **1** : apology **2** : amends, reparation
desagregarse {52} *vr* : to break up, to disintegrate
desaguar {10} *vi* : to drain, to empty
desagüe *nm* **1** : drain **2** : drainage
desahogado, -da *adj* **1** : well-off, comfortable **2** : spacious, roomy
desahogar {52} *vt* **1** : to relieve, to ease **2** : to give vent to — **desahogarse** *vr* **1** : to recover, to feel better **2** : to unburden oneself, to let off steam
desahogo *nm* **1** : relief, outlet **2** con ∼ : comfortably
desahuciar *vt* **1** : to deprive of hope **2** : to evict — **desahuciarse** *vr* : to lose all hope
desahucio *nm* : eviction
desairar {5} *vt* : to snub, to rebuff
desaire *nm* : rebuff, snub, slight
desajustar *vt* **1** : to disarrange, to put out of order **2** : to upset (plans)
desajuste *nm* **1** : maladjustment **2** : upset, disruption
desalentador, -dora *adj* : discouraging, disheartening
desalentar {55} *vt* DESANIMAR : to discourage, to dishearten — **desalentarse** *vr*
desaliento *nm* : discouragement
desaliñado, -da *adj* : slovenly, untidy
desalmado, -da *adj* : heartless, callous
desalojar *vt* **1** : to remove, to clear **2** EVACUAR : to evacuate, to vacate **3** : to evict
desalojo *nm* **1** : removal, expulsion **2** : evacuation **3** : eviction
desamor *nm* **1** FRIALDAD : indifference **2** ENEMISTAD : dislike, enmity
desamparado, -da *adj* DESVALIDO : helpless, destitute
desamparar *vt* : to abandon, to forsake
desamparo *nm* **1** : abandonment, neglect **2** : helplessness
desamueblado, -da *adj* : unfurnished
desandar {6} *vt* : to go back, to return to the starting point
desangelado, -da *adj* : dull, lifeless
desangrar *vt* : to bleed, to bleed dry — **desangrarse** *vr* **1** : to be bleeding **2** : to bleed to death

desanimar *vt* DESALENTAR : to discourage, to dishearten — **desanimarse** *vr*

desánimo *nm* DESALIENTO : discouragement, dejection

desanudar *vt* : to untie, to disentangle

desapacible *adj* : unpleasant, disagreeable

desaparecer {53} *vt* : to cause to disappear — *vi* : to disappear, to vanish

desaparecido[1], -da *adj* **1** : late, deceased **2** : missing

desaparecido[2], -da *n* : missing person

desaparición *nf, pl* **-ciones** : disappearance

desapasionado, -da *adj* : dispassionate, impartial — **desapasionadamente** *adv*

desapego *nm* : coolness, indifference

desapercibido, -da *adj* **1** : unnoticed **2** DESPREVENIDO : unprepared, off guard

desaprobación *nf, pl* **-ciones** : disapproval

desaprobar {19} *vt* REPROBAR : to disapprove of

desaprovechar *vt* MALGASTAR : to waste, to misuse — *vi* : to lose ground, to slip back

desarmador *nm Mex* : screwdriver

desarmar *vt* **1** : to disarm **2** DESMONTAR : to disassemble, to take apart

desarme *nm* : disarmament

desarraigado, -da *adj* : rootless

desarraigar {52} *vt* : to uproot, to root out

desarreglado, -da *adj* : untidy, disorganized

desarreglar *vt* **1** : to mess up **2** : to upset, to disrupt

desarreglo *nm* **1** : untidiness **2** : disorder, confusion

desarrollar *vt* : to develop — **desarrollarse** *vr* : to take place

desarrollo *nm* : development

desarticulación *nf, pl* **-ciones 1** : dislocation **2** : breaking up, dismantling

desarticular *vt* **1** DISLOCAR : to dislocate **2** : to break up, to dismantle

desaseado, -da *adj* **1** : dirty **2** : messy, untidy

desastre *nm* CATÁSTROFE : disaster

desastroso, -sa *adj* : disastrous, catastrophic

desatar *vt* **1** : to undo, to untie **2** : to unleash **3** : to trigger, to precipitate — **desatarse** *vr* : to break out, to erupt

desatascar {72} *vt* : to unblock, to clear

desatención *nf, pl* **-ciones 1** : absentmindedness, distraction **2** : discourtesy

desatender {56} *vt* **1** : to disregard **2** : to neglect

desatento, -ta *adj* **1** DISTRAÍDO : absentminded **2** GROSERO : discourteous, rude

desatinado, -da *adj* : foolish, silly

desatino *nm* : folly, mistake

desautorizar {21} *vt* : to deprive of authority, to discredit

desavenencia *nf* DISCORDANCIA : disagreement, dispute

desayunar *vi* : to have breakfast — *vt* : to have for breakfast

desayuno *nm* : breakfast

desazón *nf, pl* **-zones** INQUIETUD : uneasiness, anxiety

desbalance *nm* : imbalance

desbancar {72} *vt* : to displace, to oust

desbandada *nf* : scattering, dispersal

desbarajuste *nm* DESORDEN : disarray, disorder, mess

desbaratar *vt* **1** ARRUINAR : to destroy, to ruin **2** DESCOMPONER : to break, to break down — **desbaratarse** *vr* : to fall apart

desbloquear *vt* **1** : to open up, to clear, to break through **2** : to free, to release

desbocado, -da *adj* : unbridled, rampant

desbocarse {72} *vr* : to run away, to bolt

desbordamiento *nm* : overflowing

desbordante *adj* : overflowing, bursting ⟨desbordante de energía : bursting with energy⟩

desbordar *vt* **1** : to overflow, to spill over **2** : to surpass, to exceed — **desbordarse** *vr*

descabellado, -da *adj* : outlandish, ridiculous

descafeinado, -da *adj* : decaffeinated

descalabrar *vt* : to hit on the head — **descalabrarse** *vr*

descalabro *nm* : setback, misfortune, loss

descalificación *nf, pl* **-ciones 1** : disqualification **2** : disparaging remark

descalificar {72} *vt* **1** : to disqualify **2** DESACREDITAR : to discredit — **descalificarse** *vr*

descalzarse {21} *vr* : take off one's shoes

descalzo, -za *adj* : barefoot

descansado, -da *adj* **1** : rested, refreshed **2** : restful, peaceful

descansar *vi* : to rest, to relax — *vt* : to rest ⟨descansar la vista : to rest one's eyes⟩

descansillo *nm* : landing (of a staircase)

descanso *nm* **1** : rest, relaxation **2** : break **3** : landing (of a staircase) **4** : intermission

descapotable *adj & nm* : convertible

descarado, -da *adj* : brazen, impudent — **descaradamente** *adv*

descarga *nf* **1** : discharge **2** : unloading

descargar {52} *vt* **1** : to discharge **2** : to unload **3** : to release, to free **4** : to take out, to vent (anger, etc.) — **descargarse** *vr* **1** : to unburden oneself **2** : to quit **3** : to lose power

descargo *nm* **1** : unloading **2** : defense ⟨testigo de descargo : witness for the defense⟩

descarnado, -da *adj* : scrawny, gaunt

descaro *nm* : audacity, nerve

descarriado, -da *adj* : lost, gone astray
descarrilar *vi* : to derail — **descarrilarse** *vr*
descartar *vt* : to rule out, to reject — **descartarse** *vr* : to discard
descascarar *vt* : to peel, to shell, to husk — **descascararse** *vr* : to peel off, to chip
descendencia *nf* **1** : descendants *pl* **2** LINAJE : descent, lineage
descendente *adj* : downward, descending
descender {56} *vt* **1** : to descend, to go down **2** BAJAR : to lower, to take down, to let down — *vi* **1** : to descend, to come down **2** : to drop, to fall **3** ~ **de** : to be a descendant of
descendiente *adj & nm* : descendant
descenso *nm* **1** : descent **2** BAJA, CAÍDA : drop, fall
descentralizar {21} *vt* : to decentralize — **descentralizarse** *vr* — **descentralización** *nf*
descifrable *adj* : decipherable
descifrar *vt* : to decipher, to decode
descodificar {72} *vt* : to decode
descolgar {16} *vt* **1** : to take down, to let down **2** : to pick up, to answer (the telephone)
descollar {19} *vi* SOBRESALIR : to stand out, to be outstanding, to excel
descolorarse *vr* : to fade
descolorido, -da *adj* : discolored, faded
descomponer {60} *vt* **1** : to rot, to decompose **2** DESBARATAR : to break, to break down — **descomponerse** *vr* **1** : to break down **2** : to decompose
descomposición *nf*, *pl* **-ciones 1** : breakdown, decomposition **2** : decay
descompresión *nf* : decompression
descompuesto¹ *pp* → **descomponer**
descompuesto², -ta *adj* **1** : broken down, out of order **2** : rotten, decomposed
descomunal *adj* **1** ENORME : enormous, huge **2** EXTRAORDINARIO : extraordinary
desconcertante *adj* : disconcerting
desconcertar {55} *vt* : to disconcert — **desconcertarse** *vr*
desconchar *vt* : to chip — **desconcharse** *vr* : to chip off, to peel
desconcierto *nm* : uncertainty, confusion
desconectar *vt* **1** : to disconnect, to switch off **2** : to unplug
desconfiado, -da *adj* : distrustful, suspicious
desconfianza *nf* RECELO : distrust, suspicion
desconfiar {85} *vi* ~ **de** : to distrust, to be suspicious of
descongelar *vt* **1** : to thaw **2** : to defrost **3** : to unfreeze (assets — **descongelarse** *vr*
descongestionante *adj & nm* : decongestant

desconocer {18} *vt* **1** IGNORAR : to be unaware of **2** : to fail to recognize
desconocido¹, -da *adj* : unknown, unfamiliar
desconocido², -da *n* EXTRAÑO : stranger
desconocimiento *nm* : ignorance
desconsiderado, -da *adj* : inconsiderate, thoughtless — **desconsideradamente** *adj*
desconsolado, -da *adj* : disconsolate, heartbroken
desconsuelo *nm* AFLICCIÓN : grief, distress, despair
descontaminar *vt* : to decontaminate — **descontaminación** *nf*
descontar {19} *vt* **1** : to discount, to deduct **2** EXCEPTUAR : to except, to exclude
descontento¹, -ta *adj* : discontented, dissatisfied
descontento² *nm* : discontent, dissatisfaction
descontrol *nm* : lack of control, disorder, chaos
descontrolarse *vr* : to get out of control, to be out of hand
descorazonado, -da *adj* : disheartened, discouraged
descorazonador, -dora *adj* : disheartening, discouraging
descorrer *vt* : to draw back
descortés *adj*, *pl* **-teses** : discourteous, rude
descortesía *nf* : discourtesy, rudeness
descrédito *nm* DESPRESTIGIO : discredit
descremado, -da *adj* : nonfat, skim
describir {33} *vt* : to describe
descripción *nf*, *pl* **-ciones** : description
descriptivo, -va *adj* : descriptive
descrito *pp* → **describir**
descuartizar {21} *vt* **1** : to cut up, to quarter **2** : to tear to pieces
descubierto¹ *pp* → **descubrir**
descubierto², -ta *adj* **1** : exposed, revealed **2** al descubierto : out in the open
descubridor, -dora *n* : discoverer, explorer
descubrimiento *nm* : discovery
descubrir {2} *vt* **1** HALLAR : to discover, to find out **2** REVELAR : to uncover, to reveal — **descubrirse** *vr*
descuento *nm* REBAJA : discount
descuidado, -da *adj* **1** : neglectful, careless **2** : neglected, unkempt
descuidar *vt* : to neglect, to overlook — *vi* : to be careless — **descuidarse** *vr* **1** : to be careless, to drop one's guard **2** : to let oneself go
descuido *nm* **1** : carelessness, negligence **2** : slip, oversight
desde *prep* **1** : from **2** : since **3** desde ahora : from now on **4** desde entonces : since then **5** desde hace : for, since (a time) ⟨ha estado nevando desde hace dos días : it's been snowing for

two days⟩ **6 desde luego** : of course **7 desde que** : since, ever since **8 desde ya** : right now, immediately

desdecir {11} *vi* **1** ~ **de** : to be unworthy of **2** ~ **de** : to clash with — **desdecirse** *vr* **1** CONTRADECIRSE : to contradict oneself **2** RETRACTARSE : to go back on one's word

desdén *nm, pl* **desdenes** DESPRECIO : disdain, scorn

desdentado, -da *adj* : toothless

desdeñar *vt* DESPRECIAR : to disdain, to scorn, to despise

desdeñoso, -sa *adj* : disdainful, scornful — **desdeñosamente** *adv*

desdibujar *vt* : to blur — **desdibujarse** *vr*

desdicha *nf* **1** : misery **2** : misfortune

desdichado¹, -da *adj* **1** : unfortunate **2** : miserable, unhappy

desdichado², -da *n* : wretch

desdicho *pp* → **desdecir**

desdiga, desdijo *etc.* → **desdecir**

desdoblar *vt* DESPLEGAR : to unfold

deseable *adj* : desirable

desear *vt* **1** : to wish ⟨te deseo buena suerte : I wish you good luck⟩ **2** QUERER : to want, to desire

desecar {72} *vt* : to dry (flowers, etc.)

desechable *adj* : disposable

desechar *vt* **1** : to discard, to throw away **2** RECHAZAR : to reject

desecho *nm* **1** : reject **2 desechos** *nmpl* RESIDUOS : rubbish, waste

desembarazarse {21} *vr* ~ **de** : to get rid of

desembarcadero *nm* : jetty, landing pier

desembarcar {72} *vi* : to disembark — *vt* : to unload

desembarco *nm* **1** : landing, arrival **2** : unloading

desembarque → **desembarco**

desembocadura *nf* **1** : mouth (of a river) **2** : opening, end (of a street)

desembocar {72} *vi* ~ **en** *or* ~ **a 1** : to flow into, to join **2** : to lead to, to result in

desembolsar *vt* PAGAR : to disburse, to pay out

desembolso *nm* PAGO : disbursement, payment

desempacar {72} *v* : to unpack

desempate *nm* : tiebreaker, play-off

desempeñar *vt* **1** : to play (a role) **2** : to fulfill, to carry out **3** : to redeem (from a pawnshop) — **desempeñarse** *vr* : to function, to act

desempeño *nm* **1** : fulfillment, carrying out **2** : performance

desempleado¹, -da *adj* : unemployed

desempleado², -da *n* : unemployed person

desempleo *nm* : unemployment

desempolvar *vt* **1** : to dust off **2** : to resurrect, to revive

desencadenar *vt* **1** : to unchain **2** : to trigger, to unleash — **desencadenarse** *vr*

desencajar *vt* **1** : to dislocate **2** : to disconnect, to disengage

desencantar *vt* : to disenchant, to disillusion — **desencantarse** *vr*

desencanto *nm* : disenchantment, disillusionment

desenchufar *vt* : to disconnect, to unplug

desenfadado, -da *adj* **1** : uninhibited, carefree **2** : confident, self-assured

desenfado *nm* **1** DESENVOLTURA : self-assurance, confidence **2** : naturalness, ease

desenfrenadamente *adv* : wildly, with abandon

desenfrenado, -da *adj* : unbridled, unrestrained

desenfreno *nm* : abandon, unrestraint

desenganchar *vt* : to unhitch, to uncouple

desengañar *vt* : to disillusion, to disenchant — **desengañarse** *vr*

desengaño *nm* : disenchantment, disillusionment

desenlace *nm* : ending, outcome

desenlazar {21} *vt* **1** : to untie **2** : to clear up, to resolve

desenmarañar *vt* : to disentangle, to unravel

desenmascarar *vt* : to unmask, to expose

desenredar *vt* : to untangle, to disentangle

desenrollar *vt* : to unroll, to unwind

desentenderse {56} *vr* **1** ~ **de** : to want nothing to do with, to be uninterested in **2** ~ **de** : to pretend ignorance of

desenterrar {55} *vt* **1** EXHUMAR : to exhume **2** : to unearth, to dig up

desentonar *vi* **1** : to clash, to conflict **2** : to be out of tune, to sing off-key

desentrañar *vt* : to get to the bottom of, to unravel

desenvainar *vt* : to draw, to unsheathe (a sword)

desenvoltura *nf* **1** DESENFADO : confidence, self-assurance **2** ELOCUENCIA : eloquence, fluency

desenvolver {89} *vt* **1** : to unwrap, to open — **desenvolverse** *vr* **1** : to unfold, to develop **2** : to manage, to cope

desenvuelto¹ *pp* → **desenvolver**

desenvuelto², -ta *adj* : confident, relaxed, self-assured

deseo *nm* : wish, desire

deseoso, -sa *adj* : eager, anxious

desequilibrar *vt* : to unbalance, to throw off balance — **desequilibrarse** *vr*

desequilibrio *nm* : imbalance

deserción *nf, pl* **-ciones** : desertion, defection

desertar *vi* **1** : to desert, to defect **2** ~ **de** : to abandon, to neglect

desertor, -tora *n* : deserter, defector

desesperación *nf, pl* **-ciones** : desperation, despair

desesperado, -da *adj* : desperate, despairing, hopeless — **desesperadamente** *adv*

desesperanza *nf* : despair, hopelessness

desesperar *vt* : to exasperate — *vi* : to despair, to lose hope — **desesperarse** *vr* : to become exasperated

desestimar *vt* **1** : to reject, to disallow **2** : to have a low opinion of

desfachatez *nf, pl* **-teces** : audacity, nerve, cheek

desfalcador, -dora *n* : embezzler

desfalcar {72} *vt* : to embezzle

desfalco *nm* : embezzlement

desfallecer {53} *vi* **1** : to weaken **2** : to faint

desfallecimiento *nm* **1** : weakness **2** : fainting

desfasado, -da *adj* **1** : out of sync **2** : out of step, behind the times

desfase *nm* : gap, lag ⟨desfase horario : jet lag⟩

desfavorable *adj* : unfavorable, adverse — **desfavorablemente** *adv*

desfavorecido, -da *adj* : underprivileged

desfigurar *vt* **1** : to disfigure, to mar **2** : to distort, to misrepresent

desfiladero *nm* : narrow gorge, defile

desfilar *vi* : to parade, to march

desfile *nm* : parade, procession

desfogar {52} *vt* **1** : to vent **2** *Mex* : to unclog, to unblock — **desfogarse** *vr* : to vent one's feelings, to let off steam

desforestación *nf, pl* **-ciones** : deforestation

desgajar *vt* **1** : to tear off **2** : to break apart — **desgajarse** *vr* : to come apart

desgana *nf* **1** INAPETENCIA : lack of appetite **2** APATÍA : apathy, unwillingness, reluctance

desgano *nm* → **desgana**

desgarbado, -da *adj* : ungainly

desgarrador, -dora *adj* : heartrending, heartbreaking

desgarradura *nf* : tear, rip

desgarrar *vt* **1** : to tear, to rip **2** : to break (one's heart) — **desgarrarse** *vr*

desgarre → **desgarro**

desgarro *nm* : tear

desgarrón *nm, pl* **-rrones** : rip, tear

desgastar *vt* **1** : to use up **2** : to wear away, to wear down

desgaste *nm* : deterioration, wear and tear

desglosar *vt* : to break down, to itemize

desglose *nm* : breakdown, itemization

desgobierno *nm* : anarchy, disorder

desgracia *nf* **1** : misfortune **2** : disgrace **3 por ~** : unfortunately

desgraciadamente *adv* : unfortunately

desgraciado[1], -da *adj* **1** : unfortunate, unlucky **2** : vile, wretched

desgraciado[2], -da *n* : unfortunate person, wretch

desgranar *vt* : to shuck, to shell

deshabitado, -da *adj* : unoccupied, uninhabited

deshacer {40} *vt* **1** : to destroy, to ruin **2** DESATAR : to undo, to untie **3** : to break apart, to crumble **4** : to dissolve, to melt **5** : to break, to cancel — **deshacerse** *vr* **1** : to fall apart, to come undone **2 ~ de** : to get rid of

deshecho[1] *pp* → **deshacer**

deshecho[2], -cha *adj* **1** : destroyed, ruined **2** : devastated, shattered **3** : undone, untied

desheredado, -da *adj* MARGINADO : dispossessed, destitute

desheredar *vt* : to disinherit

deshicieron, etc. → **deshacer**

deshidratar *vt* : to dehydrate — **deshidratación** *nf*

deshielo *nm* : thaw, thawing

deshilachar *vt* : to fray — **deshilacharse** *vr*

deshizo → **deshacer**

deshonestidad *nf* : dishonesty

deshonesto, -ta *adj* : dishonest

deshonra *nf* : dishonor, disgrace

deshonrar *vt* : to dishonor, to disgrace

deshonroso, -sa *adj* : dishonorable, disgraceful

deshuesar *vt* **1** : to pit (a fruit, etc.) **2** : to bone, to debone

deshumanizar {21} *vt* : to dehumanize — **deshumanización** *nf*

desidia *nf* **1** APATÍA : apathy, indolence **2** NEGLIGENCIA : negligence, sloppiness

desierto[1], -ta *adj* : deserted, uninhabited

desierto[2] *nm* : desert

designación *nf, pl* **-ciones** NOMBRAMIENTO : appointment, naming (to an office, etc.)

designar *vt* NOMBRAR : to designate, to appoint, to name

designio *nm* : plan

desigual *adj* **1** : unequal **2** DISPAREJO : uneven

desigualdad *nf* **1** : inequality **2** : unevenness

desilusión *nf, pl* **-siones** DESENCANTO, DESENGAÑO : disillusionment, disenchantment

desilusionar *vt* DESENCANTAR, DESENGAÑAR : to disillusion, to disenchant — **desilusionarse** *vr*

desinfectante *adj & nm* : disinfectant

desinfectar *vt* : to disinfect — **desinfección** *nf*

desinflar *vt* : to deflate — **desinflarse** *vr*

desinhibido, -da *adj* : uninhibited, unrestrained

desintegración *nf, pl* **-ciones** : disintegration

desintegrar *vt* : to disintegrate, to break up — **desintegrarse** *vr*

desinterés *nm* **1** : lack of interest, indifference **2** : unselfishness

desinteresado, -da *adj* GENEROSO : unselfish

desintoxicar {72} *vt* : to detoxify, to detox

desistir *vi* **1** : to desist, to stop **2** ~ **de** : to give up, to relinquish

deslave *nm Mex.* : landslide

desleal *adj* INFIEL : disloyal — **deslealmente** *adv*

deslealtad *nf* : disloyalty

desleír {66} *vt* : to dilute, to dissolve

desligar {52} *vt* **1** : to separate, to undo **2** : to free (from an obligation) — **desligarse** *vr* ~ **de** : to extricate oneself from

deslindar *vt* **1** : to mark the limits of, to demarcate **2** : to define, to clarify

deslinde *nm* : demarcation

desliz *nm, pl* **deslices** : error, mistake, slip ⟨desliz de la lengua : slip of the tongue⟩

deslizar {21} *vt* **1** : to slide, to slip **2** : to slip in — **deslizarse** *vr* **1** : to slide, to glide **2** : to slip away

deslucido, -da *adj* **1** : unimpressive, dull **2** : faded, dingy, tarnished

deslucir {45} *vt* **1** : to spoil **2** : to fade, to dull, to tarnish **3** : to discredit

deslumbrar *vt* : to dazzle — **deslumbrante** *adj*

deslustrado, -da *adj* : dull, lusterless

deslustrar *vt* : to tarnish, to dull

deslustre *nm* : tarnish

desmán *nm, pl* **desmanes** **1** : outrage, abuse **2** : misfortune

desmandarse *vr* : to behave badly, to get out of hand

desmantelar *vt* DESMONTAR : to dismantle

desmañado, -da *adj* : clumsy, awkward

desmayado, -da *adj* **1** : fainting, weak **2** : dull, pale

desmayar *vi* : to lose heart, to falter — **desmayarse** *vr* DESVANECERSE : to faint, to swoon

desmayo *nm* **1** : faint, fainting **2 sufrir un desmayo** : to faint

desmedido, -da *adj* DESMESURADO : excessive, undue

desmejorar *vt* : to weaken, to make worse — *vi* : to decline (in health), to get worse

desmembramiento *nm* : dismemberment

desmembrar {55} *vt* **1** : to dismember **2** : to break up

desmemoriado, -da *adj* : absentminded, forgetful

desmentido *nm* : denial

desmentir {76} *vt* **1** NEGAR : to deny, to refute **2** CONTRADECIR : to contradict

desmenuzar {21} *vt* **1** : to break down, to scrutinize **2** : to crumble, to shred — **desmenuzarse** *vr*

desmerecer {53} *vt* : to be unworthy of — *vi* **1** : to decline in value **2** ~ **de** : to compare unfavorably with

desmesurado, -da *adj* DESMEDIDO : excessive, inordinate — **desmesuradamente** *adv*

desmigajar *vt* : to crumble — **desmigajarse** *vr*

desmilitarizado, -da *adj* : demilitarized

desmontar *vt* **1** : to clear, to level off **2** DESMANTELAR : to dismantle, to take apart — *vi* : to dismount

desmonte *nm* : clearing, leveling

desmoralizador, -dora *adj* : demoralizing

desmoralizar {21} *vt* DESALENTAR : to demoralize, to discourage

desmoronamiento *nm* : crumbling, falling apart

desmoronar *vt* : to wear away, to erode — **desmoronarse** *vr* : to crumble, to deteriorate, to fall apart

desmotadora *nf* : gin, cotton gin

desmovilizar {21} *vt* : to demobilize — **desmovilización** *nf*

desnaturalizar {21} *vt* **1** : to denature **2** : to distort, to alter

desnivel *nm* **1** : disparity, difference **2** : unevenness (of a surface)

desnivelado, -da *adj* **1** : uneven **2** : unbalanced

desnudar *vt* **1** : to undress **2** : to strip, to lay bare — **desnudarse** *vr* : to undress, to strip off one's clothing

desnudez *nf, pl* **-deces** : nudity, nakedness

desnudismo → **nudismo**

desnudista → **nudista**

desnudo¹, -da *adj* : nude, naked, bare

desnudo² *nm* : nude

desnutrición *nf, pl* **-ciones** MALNUTRICIÓN : malnutrition, undernourishment

desnutrido, -da *adj* MALNUTRIDO : malnourished, undernourished

desobedecer {53} *v* : to disobey

desobediencia *nf* : disobedience — **desobediente** *adj*

desocupación *nf, pl* **-ciones** : unemployment

desocupado, -da *adj* **1** : vacant, empty **2** : free, unoccupied **3** : unemployed

desocupar *vt* **1** : to empty **2** : to vacate, to move out of — **desocuparse** *vr* : to leave, to quit (a job)

desodorante *adj & nm* : deodorant

desolación *nf, pl* **-ciones** : desolation

desolado, -da *adj* **1** : desolate **2** : devastated, distressed

desolador, -dora *adj* **1** : devastating **2** : bleak, desolate

desollar *vt* : to skin, to flay

desorbitado, -da *adj* **1** : excessive, exorbitant **2 con los ojos desorbitados** : with eyes popping out of one's head

desorden *nm, pl* **desórdenes** **1** DESBARAJUSTE : disorder, mess **2** : disorder, disturbance, upset

desordenado, -da *adj* **1** : untidy, messy **2** : disorderly, unruly

desordenar *vt* : to mess up — **desordenarse** *vr* : to get messed up

desorganización *nf, pl* **-ciones** : disorganization

desorganizar {21} *vt* : to disrupt, to disorganize

desorientación *nf, pl* **-ciones** : disorientation, confusion

desorientar *vt* : to disorient, to mislead, to confuse — **desorientarse** *vr* : to become disoriented, to lose one's way

desovar *vi* : to spawn

despachar *vt* **1** : to complete, to conclude **2** : to deal with, to take care of, to handle **3** : to dispatch, to send off **4** *fam* : to finish off, to kill — **despacharse** *vr fam* : to gulp down, to polish off

despacho *nm* **1** : dispatch, shipment **2** OFICINA : office, study

despacio *adv* LENTAMENTE, LENTO : slowly, slow ⟨¡despacio! : take it easy!, easy does it!⟩

desparasitar *vt* : to worm (an animal), to delouse

desparpajo *nm fam* **1** : self-confidence, nerve **2** CA : confusion, muddle

desparramar *vt* **1** : to spill, to splatter **2** : to spread, to scatter

despatarrarse *vr* : to sprawl (out)

despavorido, -da *adj* : terrified, horrified

despecho *nm* **1** : spite **2 a despecho de** : despite, in spite of

despectivo, -va *adj* **1** : contemptuous, disparaging **2** : derogatory, pejorative

despedazar {21} *vt* : to cut to pieces, to tear apart

despedida *nf* **1** : farewell, good-bye **2 despedida de soltera** : bridal shower

despedir {54} *vt* **1** : to see off, to show out **2** : to dismiss, to fire **3** EMITIR : to give off, to emit ⟨despedir un olor : to give off an odor⟩ — **despedirse** *vr* : to take one's leave, to say good-bye

despegado, -da *adj* **1** : separated, detached **2** : cold, distant

despegar {52} *vt* : to remove, to detach — *vi* : to take off, to lift off, to blast off

despegue *nm* : takeoff, liftoff

despeinado, -da *adj* : disheveled, tousled ⟨estoy despeinada : my hair's a mess⟩

despeinarse *vr* **1** : to mess up one's hair **2** : to become disheveled ⟨me despeiné : my hair got messed up⟩

despejado, -da *adj* **1** : clear, fair **2** : alert, clear-headed **3** : uncluttered, unobstructed

despejar *vt* **1** : to clear, to free **2** : to clarify — *vi* **1** : to clear up **2** : to punt (in sports)

despeje *nm* **1** : clearing **2** : punt (in sports)

despellejar *vt* : to skin (an animal)

despenalizar {21} *vt* : to legalize — **despenalización** *nf*

despensa *nf* **1** : pantry, larder **2** PROVISIONES : provisions *pl*, supplies *pl*

despeñar *vt* : to hurl down

despepitar *vt* : to seed, to remove the seeds from

desperdiciar *vt* **1** DESAPROVECHAR, MALGASTAR : to waste **2** : to miss, to miss out on

desperdicio *nm* **1** : waste **2 desperdicios** *nmpl* RESIDUOS : refuse, scraps, rubbish

desperdigar {52} *vt* DISPERSAR : to disperse, to scatter

desperfecto *nm* **1** DEFECTO : flaw, defect **2** : damage

despertador *nm* : alarm clock

despertar {55} *vi* : to awaken, to wake up — *vt* **1** : to arouse, to wake **2** EVOCAR : to elicit, to evoke — **despertarse** *vr* : to wake (oneself) up

despiadado, -da *adj* CRUEL : cruel, merciless, pitiless — **despiadadamente** *adv*

despido *nm* : dismissal, layoff

despierto, -ta *adj* **1** : awake, alert **2** LISTO : clever, sharp ⟨con la mente despierta : with a sharp mind⟩

despilfarrador¹, -dora *adj* : extravagant, wasteful

despilfarrador², -dora *n* : spendthrift, prodigal

despilfarrar *vt* MALGASTAR : to squander, to waste

despilfarro *nm* : extravagance, wastefulness

despintar *vt* : to strip the paint from — **despintarse** *vr* : to fade, to wash off, to peel off

despistado¹, -da *adj* **1** DISTRAÍDO : absentminded, forgetful **2** CONFUSO : confused, bewildered

despistado², -da *n* : scatterbrain, absentminded person

despistar *vt* : to throw off the track, to confuse — **despistarse** *vr*

despiste *nm* **1** : absentmindedness **2** : mistake, slip

desplantador *nm* : garden trowel

desplante *nm* : insolence, rudeness

desplazamiento *nm* **1** : movement, displacement **2** : journey

desplazar {21} *vt* **1** : to replace, to displace **2** TRASLADAR : to move, to shift

desplegar {49} *vt* **1** : to display, to show, to manifest **2** DESDOBLAR : to unfold, to unfurl **3** : to spread (out) **4** : to deploy

despliegue *nm* **1** : display **2** : deployment

desplomarse *vr* **1** : to plummet, to fall **2** DERRUMBARSE : to collapse, to break down

desplome *nm* **1** : fall, drop **2** : collapse

desplumar *vt* : to pluck (a chicken, etc.)

despoblado¹, -da *adj* : uninhabited, deserted

**despoblado² **nm* : open country, deserted area

despoblar {19} *vt* : to depopulate

despojar *vt* **1** : to strip, to clear **2** : to divest, to deprive — **despojarse** *vr* **1** ~ **de** : to remove (clothing) **2** ~ **de** : to relinquish, to renounce

despojos *nmpl* **1** : remains, scraps **2** : plunder, spoils

desportilladura *nf* : chip, nick

desportillar *vt* : to chip — **desportillarse** *vr*

desposeer {20} *vt* : to dispossess

déspota *nmf* : despot, tyrant

despotismo *nm* : despotism — **despótico, -ca** *adj*

despotricar {72} *vi* : to rant and rave, to complain excessively

despreciable *adj* **1** : despicable, contemptible **2** : negligible ⟨nada despreciable : not inconsiderable, significant⟩

despreciar *vt* DESDEÑAR, MENOSPRECIAR : to despise, to scorn, to disdain

despreciativo, -va *adj* : scornful, disdainful

desprecio *nm* DESDÉN, MENOSPRECIO : disdain, contempt, scorn

desprender *vt* **1** SOLTAR : to detach, to loosen, to unfasten **2** EMITIR : to emit, to give off — **desprenderse** *vr* **1** : to come off, to come undone **2** : to be inferred, to follow **3** ~ **de** : to part with, to get rid of

desprendido, -da *adj* : generous, unselfish, disinterested

desprendimiento *nm* **1** : detachment **2** GENEROSIDAD : generosity **3 desprendimiento de tierras** : landslide

despreocupación *nf, pl* **-ciones** : indifference, lack of concern

despreocupado, -da *adj* : carefree, easygoing, unconcerned

desprestigiar *vt* DESACREDITAR : to discredit, to disgrace — **desprestigiarse** *vr* : to lose prestige

desprestigio *nm* DESCRÉDITO : discredit, disrepute

desprevenido, -da *adj* DESAPERCIBIDO : unprepared, off guard, unsuspecting

desproporción *nf, pl* **-ciones** : disproportion, disparity

desproporcionado, -da : out of proportion

despropósito *nm* : piece of nonsense, absurdity

desprotegido, -da *adj* : unprotected, vulnerable

desprovisto, -ta *adj* ~ **de** : devoid of, lacking in

después *adv* **1** : afterward, later **2** : then, next **3** ~ **de** : after, next after ⟨después de comer : after eating⟩ **4 después (de) que** : after ⟨después que lo acabé : after I finished it⟩ **5 después de todo** : after all **6 poco después** : shortly after, soon thereafter

despuntado, -da *adj* : blunt, dull

despuntar *vt* : to blunt — *vi* **1** : to dawn **2** : to sprout **3** : to excel, to stand out

desquiciar *vt* **1** : to unhinge (a door) **2** : to drive crazy — **desquiciarse** *vr* : to go crazy

desquitarse *vr* **1** : to get even, to retaliate **2** ~ **con** : to take it out on

desquite *nm* : revenge

desregulación *nf, pl* **-ciones** : deregulation

desregular *vt* : to deregulate

desregularización *nf* → **desregulación**

destacadamente *adv* : outstandingly, prominently

destacado, -da *adj* **1** : outstanding, prominent **2** : stationed, posted

destacamento *nm* : detachment (of troops)

destacar {72} *vt* **1** ENFATIZAR, SUBRAYAR : to emphasize, to highlight, to stress **2** : to station, to post — *vi* : to stand out

destajo *nm* **1** : piecework **2 a** ~ : by the item, by the job

destapador *nm* : bottle opener

destapar *vt* **1** : to open, to take the top off **2** DESCUBRIR : to reveal, to uncover **3** : to unblock, to unclog

destape *nm* : uncovering, revealing

destartalado, -da *adj* : dilapidated, tumbledown

destellar *vi* **1** : to sparkle, to flash, to glint **2** : to twinkle

destello *nm* **1** : flash, sparkle, twinkle **2** : glimmer, hint

destemplado, -da *adj* **1** : out of tune **2** : irritable, out of sorts **3** : unpleasant (of weather)

desteñir {67} *vi* : to run, to fade — **desteñirse** *vr* DESCOLORARSE : to fade

desterrado¹, -da *adj* : banished, exiled

desterrado², -da *n* : exile

desterrar {55} *vt* **1** EXILIAR : to banish, to exile **2** ERRADICAR : to eradicate, to do away with

destetar *vt* : to wean

destiempo *adv* **a** ~ : at the wrong time

destierro *nm* EXILIO : exile

destilación *nf, pl* **-ciones** : distillation

destilador, -dora *n* : distiller

destilar *vt* **1** : to exude **2** : to distill

destilería *nf* : distillery

destinación *nf, pl* **-ciones** DESTINO : destination

destinado, -da *adj* : destined, bound

destinar *vt* **1** : to appoint, to assign **2** ASIGNAR : to earmark, to allot

destinatario, -ria *n* **1** : addressee **2** : payee

destino *nm* **1** : destiny, fate **2** DESTINACIÓN : destination **3** : use **4** : assignment, post

destitución *nf, pl* **-ciones** : dismissal, removal from office

destituir {41} *vt* : to dismiss, to remove from office

destorcer {14} *vt* : to untwist

destornillador *nm* : screwdriver

destornillar *vt* : to unscrew

destrabar *vt* **1** : to untie, to undo, to ease up **2** : to separate

destreza *nf* HABILIDAD : dexterity, skill

destronar *vt* : to depose, to dethrone

destrozado, -da *adj* **1** : ruined, destroyed **2** : devastated, brokenhearted

destrozar {21} *vt* **1** : to smash, to shatter **2** : to destroy, to wreck — **destrozarse** *vr*
destrozo *nm* **1** DAÑO : damage **2** : havoc, destruction
destrucción *nf, pl* **-ciones** : destruction
destructivo, -va *adj* : destructive
destructor¹, -tora *adj* : destructive
destructor² *nm* : destroyer (ship)
destruir {41} *vt* : to destroy — **destruirse** *vr*
desubicado, -da *adj* **1** : out of place **2** : confused, disoriented
desunión *nf, pl* **-niones** : disunity
desunir *vt* : to split, to divide
desusado, -da *adj* **1** INSÓLITO : unusual **2** OBSOLETO : obsolete, disused, antiquated
desuso *nm* : disuse, obsolescence ⟨caer en desuso : to fall into disuse⟩
desvaído, -da *adj* **1** : pale, washed-out **2** : vague, blurred
desvainar *vt* : to shell
desvalido, -da *adj* DESAMPARADO : destitute, helpless
desvalijar *vt* **1** : to ransack **2** : to rob
desvalorización *nf, pl* **-ciones** **1** DEVALUACIÓN : devaluation **2** : depreciation
desvalorizar {21} *vt* : to devalue
desván *nm, pl* **desvanes** ÁTICO, BUHARDILLA : attic
desvanecer {53} *vt* **1** DISIPAR : to make disappear, to dispel **2** : to fade, to blur — **desvanecerse** *vr* **1** : to vanish, to disappear **2** : to fade **3** DESMAYARSE : to faint, to swoon
desvanecimiento *nm* **1** : disappearance **2** DESMAYO : faint **3** : fading
desvariar {85} *vi* **1** DELIRAR : to be delirious **2** : to rave, to talk nonsense
desvarío *nm* DELIRIO : delirium
desvelado, -da *adj* : sleepless
desvelar *vt* **1** : to keep awake **2** REVELAR : to reveal, to disclose — **desvelarse** *vr* **1** : to stay awake **2** : to do one's utmost
desvelo *nm* **1** : sleeplessness **2** **desvelos** *nmpl* : efforts, pains
desvencijado, -da *adj* : dilapidated, rickety
desventaja *nf* : disadvantage, drawback
desventajoso, -sa *adj* : disadvantageous, unfavorable
desventura *nf* INFORTUNIO : misfortune
desventurado, -da *adj* : unfortunate, ill-fated
desvergonzado, -da *adj* : shameless, impudent
desvergüenza *nf* : shamelessness, impudence
desvestir {54} *vt* : to undress — **desvestirse** *vr* : to get undressed
desviación *nf, pl* **-ciones** **1** : deviation, departure **2** : detour, diversion
desviar {85} *vt* **1** : to change the course of, to divert **2** : to turn away, to deflect — **desviarse** *vr* **1** : to branch off **2** APARTARSE : to stray
desvinculación *nf, pl* **-ciones** : dissociation
desvincular *vt* **~ de** : to separate from, to dissociate from — **desvincularse** *vr*
desvío *nm* **1** : diversion, detour **2** : deviation
desvirtuar {3} *vt* **1** : to impair, to spoil **2** : to detract from **3** : to distort, to misrepresent
detalladamente *adv* : in detail, at great length
detallar *vt* : to detail
detalle *nm* **1** : detail **2 al detalle** : retail
detallista¹ *adj* **1** : meticulous **2** : retail
detallista² *nmf* **1** : perfectionist **2** : retailer
detección *nf, pl* **-ciones** : detection
detectar *vt* : to detect — **detectable** *adj*
detective *nmf* : detective
detector *nm* : detector ⟨detector de mentiras : lie detector⟩
detención *nf, pl* **-ciones** **1** ARRESTO : detention, arrest **2** : stop, halt **3** : delay, holdup
detener {80} *vt* **1** ARRESTAR : to arrest, to detain **2** PARAR : to stop, to halt **3** : to keep, to hold back — **detenerse** *vr* **1** : to stop **2** : to delay, to linger
detenidamente *adv* : thoroughly, at length
detenimiento *nm* **con ~** : carefully, in detail
detentar *vt* : to hold, to retain
detergente *nm* : detergent
deteriorado, -da *adj* : damaged, worn
deteriorar *vt* ESTROPEAR : to damage, to spoil — **deteriorarse** *vr* **1** : to get damaged, to wear out **2** : to deteriorate, to worsen
deterioro *nm* **1** : deterioration, wear **2** : worsening, decline
determinación *nf, pl* **-ciones** **1** : determination, resolve **2 tomar una determinación** : to make a decision
determinado, -da *adj* **1** : certain, particular **2** : determined, resolute
determinante¹ *adj* : determining, deciding
determinante² *nm* : determinant
determinar *vt* **1** : to determine **2** : to cause, to bring about — **determinarse** *vr* : to make up one's mind, to decide
detestar *vt* : to detest — **detestable** *adj*
detonación *nf, pl* **-ciones** : detonation
detonador *nm* : detonator
detonante¹ *adj* : detonating, explosive
detonante² *nm* **1** → **detonador 2** : catalyst, cause
detonar *vi* : to detonate, to explode
detractor, -tora *n* : detractor, critic
detrás *adv* **1** : behind **2 ~ de** : in back of **3 por ~** : from behind
detrimento *nm* : detriment ⟨en detrimento de : to the detriment of⟩
detuvo, etc. → **detener**

deuda *nf* **1** DÉBITO : debt **2 en deuda con** : indebted to

deudo, -da *n* : relative

deudor¹, -dora *adj* : indebted

deudor², -dora *n* : debtor

devaluación *nf, pl* **-ciones** DESVALORIZACIÓN : devaluation

devaluar {3} *vt* : to devalue — **devaluarse** *vr* : to depreciate

devanarse *vr* **devanarse los sesos** : to rack one's brains

devaneo *nm* **1** : flirtation, fling **2** : idle pursuit

devastador, -dora *adj* : devastating

devastar *vt* : to devastate — **devastación** *nf*

devenir {87} *vi* **1** : to come about **2 ~ en** : to become, to turn into

devoción *nf, pl* **-ciones** : devotion

devolución *nf, pl* **-ciones** REEMBOLSO : return, refund

devolver {89} *vt* **1** : to return, to give back **2** REEMBOLSAR : to refund, to pay back **3** : to vomit, to bring up — *vi* : to vomit, to throw up — **devolverse** *vr* : to return, to come back, to go back

devorar *vt* **1** : to devour **2** : to consume

devoto¹, -ta *adj* : devout — **devotamente** *adv*

devoto², -ta *n* : devotee, admirer

di → **dar, decir**

día *nm* **1** : day ⟨todos los días : every day⟩ **2** : daytime, daylight ⟨de día : by day, in the daytime⟩ ⟨en pleno día : in broad daylight⟩ **3 al día** : up-to-date **4 en su día** : in due time

diabetes *nf* : diabetes

diabético, -ca *adj & n* : diabetic

diablillo *nm* : little devil, imp

diablo *nm* DEMONIO : devil

diablura *nf* **1** : prank **2 diabluras** *nfpl* : mischief

diabólico, -ca *adj* : diabolical, diabolic, devilish

diaconisa *nf* : deaconess

diácono *nm* : deacon

diacrítico, -ca *adj* : diacritic, diacritical

diadema *nf* : diadem, crown

diáfano, -na *adj* : diaphanous

diafragma *nm* : diaphragm

diagnosticar {72} *vt* : to diagnose

diagnóstico¹, -ca *adj* : diagnostic

diagnóstico² *nm* : diagnosis

diagonal *adj & nf* : diagonal — **diagonalmente** *adv*

diagrama *nm* **1** : diagram **2 diagrama de flujo** ORGANIGRAMA : flowchart

dial *nm* : dial (on a radio, etc.)

dialecto *nm* : dialect

dialogar {52} *vi* : to have a talk, to converse

diálogo *nm* : dialogue

diamante *nm* : diamond

diametral *adj* : diametric, diametrical — **diametralmente** *adv*

diámetro *nm* : diameter

diana *nf* **1** : target, bull's-eye **2 or toque de diana** : reveille

diapositiva *nf* : slide, transparency

diario¹ *adv Mex* : every day, daily

diario², -ria *adj* : daily, everyday — **diariamente** *adv*

diario³ *nm* **1** : diary **2** PERIÓDICO : newspaper

diarrea *nf* : diarrhea

diatriba *nf* : diatribe, tirade

dibujante *nmf* **1** : draftsman *m*, draftswoman *f* **2** CARICATURISTA : cartoonist

dibujar *vt* **1** : to draw, to sketch **2** : to portray, to depict

dibujo *nm* **1** : drawing **2** : design, pattern **3 dibujos animados** : (animated) cartoons

dicción *nf, pl* **-ciones** : diction

diccionario *nm* : dictionary

dícese → **decir**

dicha *nf* **1** SUERTE : good luck **2** FELICIDAD : happiness, joy

dicho¹ *pp* → **decir**

dicho², -cha *adj* : said, aforementioned

dicho³ *nm* DECIR : saying, proverb

dichoso, -sa *adj* **1** : blessed **2** FELIZ : happy **3** AFORTUNADO : fortunate, lucky

diciembre *nm* : December

diciendo → **decir**

dictado *nm* : dictation

dictador, -dora *n* : dictator

dictadura *nf* : dictatorship

dictamen *nm, pl* **dictámenes 1** : report **2** : judgment, opinion

dictaminar *vt* : to report — *vi* : to give an opinion, to pass judgment

dictar *vt* **1** : to dictate **2** : to pronounce (a judgment) **3** : to give, to deliver ⟨dictar una conferencia : to give a lecture⟩

dictatorial *adj* : dictatorial

didáctico, -ca *adj* : didactic

diecinueve *adj & nm* : nineteen

diecinueveavo¹, -va *adj* : nineteenth

diecinueveavo² *nm* : nineteenth (fraction)

dieciocho *adj & nm* : eighteen

dieciochoavo¹, -va *or* **dieciochavo, -va** *adj* : eighteenth

dieciochoavo² *or* **dieciochavo** *nm* : eighteenth (fraction)

dieciséis *adj & nm* : sixteen

dieciseisavo¹, -va *adj* : sixteenth

dieciseisavo² *nm* : sixteenth (fraction)

diecisiete *adj & nm* : seventeen

diecisieteavo¹, -va *adj* : seventeenth

diecisieteavo² *nm* : seventeenth

diente *nm* **1** : tooth ⟨diente canino : eyetooth, canine tooth⟩ **2** : tusk, fang **3** : prong, tine **4 diente de león** : dandelion

dieron, etc. → **dar**

diesel ['disɛl] *nm* : diesel

diestra *nf* : right hand

diestramente *adv* : skillfully, adroitly

diestro¹, -tra *adj* **1** : right **2** : skillful, accomplished

diestro² *nm* : bullfighter, matador

dieta *nf* : diet

dietética *nf* : dietetics
dietético, -ca *adj* : dietetic
dietista *nmf* : dietitian
diez *adj & nm, pl* **dieces** : ten
difamación *nf, pl* **-ciones** : defamation, slander
difamar *vt* : to defame, to slander
difamatorio, -ria *adj* : slanderous, defamatory, libelous
diferencia *nf* 1 : difference 2 **a diferencia de** : unlike, in contrast to
diferenciación *nf, pl* **-ciones** : differentiation
diferenciar *vt* : to differentiate between, to distinguish — **diferenciarse** *vr* : to differ
diferendo *nm* : dispute, conflict ·
diferente *adj* DISTINTO : different — **diferentemente** *adv*
diferir {76} *vt* DILATAR, POSPONER : to postpone, to put off — *vi* : to differ
difícil *adj* : difficult, hard
difícilmente *adv* 1 : with difficulty 2 : hardly
dificultad *nf* : difficulty
dificultar *vt* : to make difficult, to obstruct
dificultoso, -sa *adj* : difficult, hard
difteria *nf* : diphtheria
difundir *vt* 1 : to diffuse, to spread out 2 : to broadcast, to spread
difunto, -ta *adj & n* FALLECIDO : deceased
difusión *nf, pl* **-siones** 1 : spreading 2 : diffusion (of heat, etc.) 3 : broadcast, broadcasting ⟨los medios de difusión : the media⟩
difuso, -sa *adj* : diffuse, widespread
diga, etc. → **decir**
digerir {76} *vt* : to digest — **digerible** *adj*
digestión *nf, pl* **-tiones** : digestion
digestivo, -va *adj* : digestive
digital¹ *adj* : digital — **digitalmente** *adv*
digital² *nf* 1 DEDALERA : foxglove 2 : digitalis
dígito *nm* : digit
dignarse *vr* : to deign, to condescend ⟨no se dignó contestar : he didn't deign to answer⟩
dignatario, -ria *n* : dignitary
dignidad *nf* 1 : dignity 2 : dignitary
dignificar {72} *vt* : to dignify
digno, -na *adj* 1 HONORABLE : honorable 2 : worthy — **dignamente** *adv*
digresión *nf, pl* **-ciones** : digression
dije, etc. → **decir**
dijo, etc. → **decir**
dilación *nf, pl* **-ciones** : delay
dilapidar *vt* : to waste, to squander
dilatar *vt* 1 : to dilate, to widen, to expand 2 DIFERIR, POSPONER : to put off, to postpone — **dilatarse** *vr* 1 : to expand (of gases, metals, etc.) 2 *Mex* : to take long, to be long
dilatorio, -ria *adj* : dilatory, delaying
dilema *nm* : dilemma
diletante *nmf* : dilettante

diligencia *nf* 1 : diligence, care 2 : promptness, speed 3 : action, step 4 : task, errand 5 : stagecoach 6 **diligencias** *nfpl* : judicial procedures, formalities
diligente *adj* : diligent — **diligentemente** *adv*
dilucidar *vt* : to elucidate, to clarify
dilución *nf, pl* **-ciones** : dilution
diluir {41} *vt* : to dilute
diluviar *v impers* : to pour (with rain), to pour down
diluvio *nm* 1 : flood 2 : downpour
dimensión *nf, pl* **-siones** : dimension — **dimensional** *adj*
dimensionar *vt* : to measure, to gauge
diminutivo¹, -va *adj* : diminutive
diminutivo² *nm* : diminutive
diminuto, -ta *adj* : minute, tiny
dimisión *nf, pl* **-siones** : resignation
dimitir *vi* : to resign, to step down
dimos → **dar**
dinámica *nf* : dynamics
dinámico, -ca *adj* : dynamic — **dinámicamente** *adv*
dinamismo *nm* : energy, vigor
dinamita *nf* : dynamite
dinamitar *vt* : to dynamite
dínamo *or* **dinamo** *nm* : dynamo
dinastía *nf* : dynasty
dineral *nm* : fortune, large sum of money
dinero *nm* : money
dinosaurio *nm* : dinosaur
dintel *nm* : lintel
dio, etc. → **dar**
diocesano, -na *adj* : diocesan
diócesis *nfs & pl* : diocese
dios, diosa *n* : god, goddess *f*
Dios *nm* : God
diploma *nm* : diploma
diplomacia *nf* : diplomacy
diplomado¹, -da *adj* : qualified, trained
diplomado² *nm Mex* : seminar
diplomático¹, -ca *adj* : diplomatic — **diplomáticamente** *adv*
diplomático², -ca *n* : diplomat
diptongo *nm* : diphthong
diputación *nf, pl* **-ciones** : deputation, delegation
diputado, -da *n* : delegate, representative
dique *nm* : dike
dirá, etc. → **decir**
dirección *nf, pl* **-ciones** 1 : address 2 : direction 3 : management, leadership 4 : steering (of an automobile)
direccional¹ *adj* : directional
direccional² *nf* : directional, turn signal
directa *nf* : high gear
directamente *adv* : straight, directly
directiva *nf* 1 ORDEN : directive 2 DIRECTORIO, JUNTA : board of directors
directivo¹, -va *adj* : executive, managerial
directivo², -va *n* : executive, director
directo, -ta *adj* 1 : direct, straight, immediate 2 **en ~** : live (in broadcasting)

director, -tora *n* **1** : director, manager, head **2** : conductor (of an orchestra)
directorial *adj* : managing, executive
directorio *nm* **1** : directory **2** DIRECTIVA, JUNTA : board of directors
directriz *nf, pl* **-trices** : guideline
dirigencia *nf* : leaders *pl*, leadership
dirigente¹ *adj* : directing, leading
dirigente² *nmf* : director, leader
dirigible *nm* : dirigible, blimp
dirigir {35} *vt* **1** : to direct, to lead **2** : to address **3** : to aim, to point **4** : to conduct (music) — **dirigirse** *vr* ~ **a 1** : to go towards **2** : to speak to, to address
dirimir *vt* **1** : to resolve, to settle **2** : to annul, to dissolve (a marriage)
discapacidad *nf* MINUSVALÍA : disability, handicap
discapacitado¹, -da *adj* : disabled, handicapped
discapacitado², -da *n* : disabled person, handicapped person
discar {72} *v* : to dial
discernimiento *nm* : discernment
discernir {25} *v* : to discern, to distinguish
disciplina *nf* : discipline
disciplinar *vt* : to discipline — **disciplinario, -ria** *adj*
discípulo, -la *n* : disciple, follower
disc jockey [‚disk'joke, -'dʒo-] *nmf* : disc jockey
disco *nm* **1** : phonograph record **2** : disc, disk ⟨disco compacto : compact disc⟩ **3** : discus
díscolo, -la *adj* : unruly, disobedient
disconforme *adj* : in disagreement
discontinuidad *nf* : discontinuity
discontinuo, -nua *adj* : discontinuous
discordancia *nf* DESAVENENCIA : conflict, disagreement
discordante *adj* **1** : discordant **2** : conflicting
discordia *nf* : discord
discoteca *nf* **1** : disco, discotheque **2** *CA, Mex* : record store
discreción *nf, pl* **-ciones** : discretion
discrecional *adj* : discretionary
discrepancia *nf* : discrepancy
discrepar *vi* **1** : to disagree **2** : to differ
discreto, -ta *adj* : discreet — **discretamente** *adv*
discriminación *nf, pl* **-ciones** : discrimination
discriminar *vt* **1** : to discriminate against **2** : to distinguish, to differentiate
discriminatorio, -ria *adj* : discriminatory
disculpa *nf* **1** : apology **2** : excuse
disculpable *adj* : excusable
disculpar *vt* : to excuse, to pardon — **disculparse** *vr* : to apologize
discurrir *vi* **1** : to flow **2** : to pass, to go by **3** : to ponder, to reflect
discurso *nm* **1** ORACIÓN : speech, address **2** : discourse, treatise

discusión *nf, pl* **-siones 1** : discussion **2** ALTERCADO, DISPUTA : argument
discutible *adj* : arguable, debatable
discutidor, -dora *adj* : argumentative
discutir *vt* **1** : to discuss **2** : to dispute — *vi* ALTERCAR : to argue, to quarrel
disecar {72} *vt* **1** : to dissect **2** : to stuff (for preservation)
disección *nf, pl* **-ciones** : dissection
diseminación *nf, pl* **-ciones** : dissemination, spreading
diseminar *vt* : to disseminate, to spread
disensión *nf, pl* **-siones** : dissension, disagreement
disentería *nf* : dysentery
disentir {76} *vi* : to dissent, to disagree
diseñador, -dora *n* : designer
diseñar *vt* **1** : to design, to plan **2** : to lay out, to outline
diseño *nm* : design
disentimiento *nm* : dissent
disertación *nf, pl* **-ciones 1** : lecture, talk **2** : dissertation
disertar *vi* : to lecture, to give a talk
disfraz *nm, pl* **disfraces 1** : disguise **2** : costume **3** : front, pretense
disfrazar {21} *vt* **1** : to disguise **2** : to mask, to conceal — **disfrazarse** *vr* : to wear a costume, to be in disguise
disfrutar *vt* : to enjoy — *vi* : to enjoy oneself, to have a good time
disfrute *nm* : enjoyment
disfunción *nf, pl* **-ciones** : dysfunction — **disfuncional** *adj*
disgresión → **digresión**
disgustar *vt* : to upset, to displease, to make angry — **disgustarse** *vr*
disgusto *nm* **1** : annoyance, displeasure **2** : argument, quarrel **3** : trouble, misfortune
disidencia *nf* : dissidence, dissent
disidente *adj & nmf* : dissident
disímbolo, -la *adj Mex* : dissimilar
disímil *adj* : dissimilar
disimulado, -da *adj* **1** : concealed, disguised **2** : furtive, sly
disimular *vi* : to dissemble, to pretend — *vt* : to conceal, to hide
disimulo *nm* **1** : dissembling, pretense **2** : slyness, furtiveness **3** : tolerance
disipar *vt* **1** : to dissipate, to dispel **2** : to squander — **disiparse** *vr*
diskette [di'sket] *nm* : floppy disk, diskette
dislocar {72} *vt* : to dislocate — **dislocación** *nf*
disminución *nf, pl* **-ciones** : decrease, drop, fall
disminuir {41} *vt* REDUCIR : to reduce, to decrease, to lower — *vi* **1** : to lower **2** : to drop, to fall
disociación *nf, pl* **-ciones** : dissociation
disociar *vt* : to dissociate, to separate
disolución *nf, pl* **-ciones 1** : dissolution, dissolving **2** : breaking up **3** : dissipation
disoluto, -ta *adj* : dissolute, dissipated

disolver {89} *vt* **1** : to dissolve **2** : to break up — **disolverse** *vr*

disonancia *nf* : dissonance — **disonante** *adj*

dispar *adj* **1** : different, disparate **2** DIVERSO : diverse **3** DESIGUAL : inconsistent

disparado, -da *adj* **salir disparado** *fam* : to take off in a hurry, to rush away

disparar *vi* **1** : to shoot, to fire **2** *Mex fam* : to pay — *vt* **1** : to shoot **2** *Mex fam* : to treat to, to buy — **dispararse** *vr* : to shoot up, to skyrocket

disparatado, -da *adj* ABSURDO, RIDÍCULO : absurd, ridiculous, crazy

disparate *nm* : silliness, stupidity ⟨decir disparates : to talk nonsense⟩

disparejo, -ja *adj* DESIGUAL : uneven

disparidad *nf* : disparity

disparo *nm* TIRO : shot

dispendio *nm* : wastefulness, extravagance

dispendioso, -sa *adj* : wasteful, extravagant

dispensa *nf* : dispensation

dispensable *adj* **1** : dispensable **2** : excusable

dispensar *vt* **1** : to dispense, to give, to grant **2** EXCUSAR : to excuse, to forgive **3** EXIMIR : to exempt

dispensario *nm* **1** : dispensary, clinic **2** *Mex* : dispenser

dispersar *vt* DESPERDIGAR : to disperse, to scatter

dispersión *nf, pl* **-siones** : dispersion

disperso, -sa *adj* : dispersed, scattered

displicencia *nf* : indifference, coldness, disdain

displicente *adj* : indifferent, cold, disdainful

disponer {60} *vt* **1** : to arrange, to lay out **2** : to stipulate, to order **3** : to prepare — *vi* ~ **de** : to have at one's disposal — **disponerse** *vr* ~ **a** : to prepare to, to be about to

disponibilidad *nf* : availability

disponible *adj* : available

disposición *nf, pl* **-ciones** **1** : disposition **2** : aptitude, talent **3** : order, arrangement **4** : willingness, readiness **5 última disposición** : last will and testament

dispositivo *nm* **1** APARATO, MECANISMO : device, mechanism **2** : force, detachment

dispuesto¹ *pp* → **disponer**

dispuesto², -ta *adj* PREPARADO : ready, prepared, disposed

dispuso, etc. → **disponer**

disputa *nf* ALTERCADO, DISCUSIÓN : dispute, argument

disputar *vi* : to argue, to contend, to vie — *vt* : to dispute, to question — **disputarse** *vr* : to be in competition for ⟨se disputan la corona : they're fighting for the crown⟩

disquera *nf* : record label, recording company

disquete → **diskette**

disquisición *nf, pl* **-ciones** **1** : formal discourse **2 disquisiciones** *nfpl* : digressions

distancia *nf* : distance

distanciamiento *nm* **1** : distancing **2** : rift, estrangement

distanciar *vt* **1** : to space out **2** : to draw apart — **distanciarse** *vr* : to grow apart, to become estranged

distante *adj* **1** : distant, far-off **2** : aloof

distar *vi* ~ **de** : to be far from ⟨dista de ser perfecto : he is far from perfect⟩

diste → **dar**

distender {56} *vt* : to distend, to stretch

distensión *nf, pl* **-siones** : distension

distinción *nf, pl* **-ciones** : distinction

distinguible *adj* : distinguishable

distinguido, -da *adj* : distinguished, refined

distinguir {26} *vt* **1** : to distinguish **2** : to honor — **distinguirse** *vr*

distintivo, -va *adj* : distinctive, distinguishing

distinto, -ta *adj* **1** DIFERENTE : different **2** CLARO : distinct, clear, evident

distorsión *nf, pl* **-siones** : distortion

distorsionar *vt* : to distort

distracción *nf, pl* **-ciones** **1** : distraction, amusement **2** : forgetfulness **3** : oversight

distraer {81} *vt* **1** : to distract **2** ENTRETENER : to entertain, to amuse — **distraerse** *vr* **1** : to get distracted **2** : to amuse oneself

distraídamente *adv* : absentmindedly

distraído¹ *pp* → **distraer**

distraído², -da *adj* **1** : distracted, preoccupied **2** DESPISTADO : absentminded

distribución *nf, pl* **-ciones** : distribution

distribuidor, -dora *n* : distributor

distribuir {41} *vt* : to distribute

distributivo, -va *adj* : distributive

distrital *adj* : district, of the district

distrito *nm* : district

distrofia *nf* : dystrophy ⟨distrofia muscular : muscular dystrophy⟩

disturbio *nm* : disturbance

disuadir *vt* : to dissuade, to discourage

disuasión *nf, pl* **-siones** : dissuasion

disuasivo, -va *adj* : deterrent, discouraging

disuasorio, -ria *adj* : discouraging

disuelto *pp* → **disolver**

disyuntiva *nf* : dilemma

DIU [ˈdiu] *nm* (*dispositivo intrauterino*) : IUD, intrauterine device

diurético¹, -ca *adj* : diuretic

diurético² *nm* : diuretic

diurno, -na *adj* : day, daytime

diva *nf* → **divo**

divagar {52} *vi* : to digress

diván *nm, pl* **divanes** : divan

divergencia *nf* : divergence, difference

divergente *adj* : divergent, differing

divergir {35} *vi* **1** : to diverge **2** : to differ, to disagree

diversidad *nf* : diversity, variety

diversificación *nf*, *pl* **-ciones** : diversification

diversificar {72} *vt* : to diversify

diversión *nf*, *pl* **-siones** ENTRETENIMIENTO : fun, amusement, diversion

diverso, -sa *adj* : diverse, various

divertido, -da *adj* 1 : amusing, funny 2 : entertaining, enjoyable

divertir {76} *vt* ENTRETENER : to amuse, to entertain — **divertirse** *vr* : to have fun, to have a good time

dividendo *nm* : dividend

dividir *vt* 1 : to divide, to split 2 : to distribute, to share out — **dividirse** *vr*

divieso *nm* : boil

divinidad *nf* : divinity

divino, -na *adj* : divine

divisa *nf* 1 : currency 2 LEMA : motto 3 : emblem, insignia

divisar *vt* : to discern, to make out

divisible *adj* : divisible

división *nf*, *pl* **-siones** : division

divisionismo *nm* : factionalism

divisivo, -va *adj* : divisive

divisor *nm* : denominator

divisorio, -ria *adj* : dividing

divo, -va *n* 1 : prima donna 2 : celebrity, star

divorciado[1], -da *adj* 1 : divorced 2 : split, divided

divorciado[2], -da *n* : divorcé *m*, divorcée *f*

divorciar *vt* : to divorce — **divorciarse** *vr* : to get a divorce

divorcio *nm* : divorce

divulgación *nf*, *pl* **-ciones** 1 : spreading, dissemination 2 : popularization

divulgar {52} *vt* 1 : to spread, to circulate 2 REVELAR : to divulge, to reveal 3 : to popularize — **divulgarse** *vr*

dizque *adv* : supposedly, apparently

dobladillar *vt* : to hem

dobladillo *nm* : hem

doblar *vt* 1 : to double 2 PLEGAR : to fold, to bend 3 : to turn ⟨doblar la esquina : to turn the corner⟩ 4 : to dub — *vi* 1 : to turn 2 : to toll, to ring — **doblarse** *vr* 1 : to fold up, to double over 2 : to give in, to yield

doble[1] *adj* : double — **doblemente** *adv*

doble[2] *nm* 1 : double 2 : toll (of a bell), knell

doble[3] *nmf* : stand-in, double

doblegar {52} *vt* 1 : to fold, to crease 2 : to force to yield — **doblegarse** *vr* : to yield, to bow

doblez[1] *nm*, *pl* **dobleces** : fold, crease

doblez[2] *nmf* : duplicity, deceitfulness

doce *adj* & *nm* : twelve

doceavo[1], -va *adj* : twelfth

doceavo[2] *nm* : twelfth (fraction)

docena *nf* 1 : dozen 2 docena de fraile : baker's dozen

docencia *nf* : teaching

docente[1] *adj* : educational, teaching

docente[2] *n* : teacher, lecturer

dócil *adj* : docile — **dócilmente** *adv*

docilidad *nf* : docility

docto, -ta *adj* : learned, erudite

doctor, -tora *n* : doctor

doctorado *nm* : doctorate

doctrina *nf* : doctrine — **doctrinal** *adj*

documentación *nf*, *pl* **-ciones** : documentation

documental *adj* & *nm* : documentary

documentar *vt* : to document

documento *nm* : document

dogma *nm* : dogma

dogmático, -ca *adj* : dogmatic

dogmatismo *nm* : dogmatism

dólar *nm* : dollar

dolencia *nf* : ailment, malaise

doler {47} *vi* 1 : to hurt, to ache 2 : to grieve — **dolerse** *vr* 1 : to be distressed 2 : to complain

doliente *nmf* : mourner, bereaved

dolor *nm* 1 : pain, ache ⟨dolor de cabeza : headache⟩ 2 PENA, TRISTEZA : grief, sorrow

dolorido, -da *adj* 1 : sore, aching 2 : hurt, upset

doloroso, -sa *adj* 1 : painful 2 : distressing — **dolorosamente** *adv*

doloso, -sa *adj* : fraudulent — **dolosamente** *adv*

domador, -dora *n* : tamer

domar *vt* : to tame, to break in

domesticado, -da *adj* : domesticated, tame

domesticar {72} *vt* : to domesticate, to tame

doméstico, -ca *adj* : domestic, household

domiciliado, -da *adj* : residing

domiciliario, -ria *adj* 1 : home 2 arresto domiciliario : house arrest

domiciliarse *vr* RESIDIR : to reside

domicilio *nm* : home, residence ⟨cambio de domicilio : change of address⟩

dominación *nf*, *pl* **-ciones** : domination

dominancia *nf* : dominance

dominante *adj* 1 : dominant 2 : domineering

dominar *vt* 1 : to dominate 2 : to master, to be proficient at — *vi* 1 : to predominate, to prevail — **dominarse** *vr* : to control oneself

domingo *nm* : Sunday

dominical *adj* : Sunday ⟨periódico dominical : Sunday newspaper⟩

dominicano, -na *adj* & *n* : Dominican

dominio *nm* 1 : dominion, power 2 : mastery 3 : domain, field

dominó *nm*, *pl* **-nós** 1 : domino (tile) 2 : dominoes *pl* (game)

domo *nm* : dome

don[1] *nm* 1 : gift, present 2 : talent

don[2] *nm* 1 : title of courtesy preceding a man's first name 2 don nadie : nobody, insignificant person

dona *nf Mex* : doughnut, donut

donación *nf*, *pl* **-ciones** : donation

donador, -dora *n* : donor

donaire *nm* 1 GARBO : grace, poise 2 : witticism

donante *nf* → **donador**
donar *vt* : to donate
donativo *nm* : donation
doncella *nf* : maiden, damsel
doncellez *nf* : maidenhood
donde[1] *conj* : where, in which ⟨el pueblo donde vivo : the town where I live⟩
donde[2] *prep* : over by ⟨lo encontré donde la silla : I found it over by the chair⟩
dónde *adv* : where ⟨¿dónde está su casa? : where is your house?⟩
dondequiera *adv* 1 : anywhere, no matter where 2 dondequiera que : wherever, everywhere
doña *nf* : title of courtesy preceding a woman's first name
doquier *adv* por ~ : everywhere, all over
dorado[1], **-da** *adj* : gold, golden
dorado[2], **-da** *nm* : gilt
dorar *vt* 1 : to gild 2 : to brown (food)
dormido, -da *adj* 1 : asleep 2 : numb ⟨tiene el pie dormido : her foot's numb, her foot's gone to sleep⟩
dormilón, -lona *n* : sleepyhead, late riser
dormir {27} *vt* : to put to sleep — *vi* : to sleep — **dormirse** *vr* : to fall asleep
dormitar *vi* : to snooze, to doze
dormitorio *nm* 1 : bedroom 2 : dormitory
dorsal[1] *adj* : dorsal
dorsal[2] *nm* : number (worn in sports)
dorso *nm* 1 : back ⟨el dorso de la mano : the back of the hand⟩ 2 *Mex* : backstroke
dos *adj & nm* : two
doscientos[1], **-tas** *adj* : two hundred
doscientos[2] *nms & pl* : two hundred
dosel *nm* : canopy
dosificación *nf, pl* **-ciones** : dosage
dosis *nfs & pl* 1 : dose 2 : amount, quantity
dossier *nm* : dossier
dotación *nf, pl* **-ciones** 1 : endowment, funding 2 : staff, personnel
dotado, -da *adj* 1 : gifted 2 ~ de : endowed with, equipped with
dotar *vt* 1 : to provide, to equip 2 : to endow
dote *nf* 1 : dowry 2 dotes *nfpl* : talent, gift
doy → **dar**
draga *nf* : dredge
dragado *nm* : dredging
dragar {52} *vt* : to dredge
dragón *nm, pl* **dragones** 1 : dragon 2 : snapdragon
drague, etc. → **dragar**
drama *nm* : drama
dramático, -ca *adj* : dramatic — **dramáticamente** *adv*
dramatizar {21} *vt* : to dramatize — **dramatización** *nf*
dramaturgo, -ga *n* : dramatist, playwright

drástico, -ca *adj* : drastic — **drásticamente** *adv*
drenaje *nm* : drainage
drenar *vt* : to drain
drene *nm Mex* : drain
driblar *vi* : to dribble (in basketball)
drible *nm* : dribble (in basketball)
droga *nf* : drug
drogadicción *nf, pl* **-ciones** : drug addiction
drogadicto, -ta *n* : drug addict
drogar {52} *vt* : to drug — **drogarse** *vr* : to take drugs
drogue, etc. → **drogar**
droguería *nf* FARMACIA : drugstore
dromedario *nm* : dromedary
dual *adj* : dual
dualidad *nf* : duality
dualismo *nm* : dualism
ducha *nf* : shower ⟨darse una ducha : to take a shower⟩
ducharse *vr* : to take a shower
ducho, -cha *adj* : experienced, skilled, expert
dúctil *adj* : ductile
ducto *nm* 1 : duct, shaft 2 : pipeline
duda *nf* : doubt ⟨no cabe duda : there's no doubt about it⟩
dudar *vt* : to doubt — *vi* ~ **en** : to hesitate to ⟨no dudes en pedirme ayuda : don't hesitate to ask me for help⟩
dudoso, -sa *adj* 1 : doubtful 2 : dubious, questionable — **dudosamente** *adv*
duele, etc. → **doler**
duelo *nm* 1 : duel 2 LUTO : mourning
duende *nm* 1 : elf, goblin 2 ENCANTO : magic, charm ⟨una bailarina que tiene duende : a dancer with a certain magic⟩
dueño, -ña *n* 1 : owner, proprietor, proprietress *f* 2 : landlord, landlady *f*
duerme, etc. → **dormir**
dueto *nm* : duet
dulce[1] *adv* : sweetly, softly
dulce[2] *adj* 1 : sweet 2 : mild, gentle, mellow — **dulcemente** *adv*
dulce[3] *nm* : candy, sweet
dulcería *nf* : candy store
dulcificante *nm* : sweetener
dulzura *nf* 1 : sweetness 2 : gentleness, mellowness
duna *nf* : dune
dúo *nm* : duo, duet
duodécimo[1], **-ma** *adj* : twelfth
duodécimo[2], **-ma** *nm* : twelfth (in a series)
dúplex *nms & pl* : duplex apartment
duplicación *nf, pl* **-ciones** : duplication, copying
duplicado *nm* : duplicate, copy
duplicar {72} *vt* 1 : to double 2 : to duplicate, to copy
duplicidad *nf* : duplicity
duque *nm* : duke
duquesa *nf* : duchess
durabilidad *nf* : durability
durable → **duradero**

duración *nf, pl* **-ciones** : duration, length
duradero, -ra *adj* : durable, lasting
duramente *adv* 1 : harshly, severely 2 : hard
durante *prep* : during ⟨durante todo el día : all day long⟩ ⟨trabajó durante tres horas : he worked for three hours⟩
durar *vi* : to last, to endure
durazno *nm* 1 : peach 2 : peach tree

dureza *nf* 1 : hardness, toughness 2 : severity, harshness
durmiente[1] *adj* : sleeping
durmiente[2] *nmf* : sleeper
durmió, etc. → **dormir**
duro[1] *adv* : hard ⟨trabajé tan duro : I worked so hard⟩
duro[2], **-ra** *adj* 1 : hard, tough 2 : harsh, severe

E

e[1] *nf* : fifth letter of the Spanish alphabet
e[2] *conj* (*used instead of* y *before words beginning with* i- *or* hi-) : and
ebanista *nmf* : cabinetmaker
ebanistería *nf* : cabinetmaking
ébano *nm* : ebony
ebriedad *nf* EMBRIAGUEZ : inebriation, drunkenness
ebrio, -bria *adj* EMBRIAGADO : inebriated, drunk
ebullición *nf, pl* **-ciones** : boiling
eccéntrico → **excéntrico**
echar *vt* 1 LANZAR : to throw, to cast, to hurl 2 EXPULSAR : to throw out, to expel 3 EMITIR : to emit, give off 4 BROTAR : to sprout, to put forth 5 DESPEDIR : to fire, to dismiss 6 : to put in, to add 7 **echar a perder** : to spoil, to ruin 8 **echar de menos** : to miss ⟨echan de menos a su madre : they miss their mother⟩ — *vi* 1 : to start off 2 ~ **a** : to begin to — **echarse** *vr* 1 : to throw oneself 2 : to lie down 3 : to put on 4 ~ **a** : to start to 5 **echarse a perder** : to go bad, to spoil 6 **echárselas de** : to pose as
ecléctico, -ca *adj* : eclectic
eclesiástico[1], **-ca** *adj* : ecclesiastical, ecclesiastic
eclesiástico[2] *nm* CLÉRIGO : cleric, clergyman
eclipsar *vt* 1 : to eclipse 2 : to outshine, to surpass
eclipse *nm* : eclipse
eco *nm* : echo
ecografía *nf* : ultrasound scanning
ecología *nf* : ecology
ecológico, -ca *adj* : ecological — **ecológicamente** *adv*
ecologista *nmf* : ecologist, environmentalist
ecólogo, -ga *n* : ecologist
economía *nf* 1 : economy 2 : economics
económicamente *adv* : financially
económico, -ca *adj* : economic, economical
economista *nmf* : economist
economizar {21} *vt* : to save, to economize on — *vi* : to save up, to be frugal
ecosistema *nm* : ecosystem
ecuación *nf, pl* **-ciones** : equation
ecuador *nm* : equator

ecuánime *adj* 1 : even-tempered 2 : impartial
ecuanimidad *nf* 1 : equanimity 2 : impartiality
ecuatorial *adj* : equatorial
ecuatoriano, -na *adj & n* : Ecuadorian
ecuestre *adj* : equestrian
ecuménico, -ca *adj* : ecumenical
eczema *nm* : eczema
edad *nf* 1 : age ⟨¿qué edad tiene? : how old is she?⟩ 2 ÉPOCA, ERA : epoch, era
edema *nm* : edema
Edén *nm, pl* **Edenes** : Eden, paradise
edición *nf, pl* **-ciones** 1 : edition 2 : publication, publishing
edicto *nm* : edict, proclamation
edificación *nf, pl* **-ciones** 1 : edification 2 : construction, building
edificante *adj* : edifying
edificar {72} *vt* 1 : to edify 2 CONSTRUIR : to build, to construct
edificio *nm* : building, edifice
editar *vt* 1 : to edit 2 PUBLICAR : to publish
editor[1], **-tora** *adj* : publishing ⟨casa editora : publishing house⟩
editor[2], **-tora** *n* 1 : editor 2 : publisher
editora *nf* : publisher, publishing company
editorial[1] *adj* 1 : publishing 2 : editorial
editorial[2] *nm* : editorial
editorial[3] *nf* : publishing house
editorializar {21} *vi* : to editorialize
edredón *nm, pl* **-dones** COBERTOR, COLCHA : comforter, eiderdown, quilt
educable *adj* : educable, teachable
educación *nf, pl* **-ciones** 1 ENSEÑANZA : education 2 : manners *pl* — **educacional** *adj*
educado, -da *adj* : polite, well-mannered
educador, -dora *n* : educator
educando, -da *n* ALUMNO, PUPILO : pupil, student
educar {72} *vt* 1 : to educate 2 CRIAR : to bring up, to raise 3 : to train — **educarse** *vr* : to be educated
educativo, -va *adj* : educational
efectista *adj* : dramatic, sensational
efectivamente *adv* : really, actually
efectividad *nf* : effectiveness

efectivo¹, -va *adj* **1** : effective **2** : real, actual **3** : permanent, regular (of employment)

efectivo² *nm* : cash

efecto *nm* **1** : effect **2 en ～** : actually, in fact **3 efectos** *nmpl* : goods, property ⟨efectos personales : personal effects⟩

efectuar {3} *vt* : to carry out, to bring about

efervescencia *nf* **1** : effervescence **2** : vivacity, high spirits *pl*

efervescente *adj* **1** : effervescent **2** : vivacious

eficacia *nf* **1** : effectiveness, efficacy **2** : efficiency

eficaz *adj, pl* **-caces 1** : effective **2** EFICIENTE : efficient — **eficazmente** *adv*

eficiencia *nf* **1** : efficiency

eficiente *adj* EFICAZ : efficient — **eficientemente** *adv*

eficientizar {21} *vt Mex* : to streamline, to make more efficient

efigie *nf* : effigy

efímera *nf* : mayfly

efímero, -ra *adj* : ephemeral

efusión *nf, pl* **-siones 1** : effusion **2** : warmth, effusiveness **3 con ～** : effusively

efusivo, -va *adj* : effusive — **efusivamente** *adv*

egipcio, -cia *adj & n* : Egyptian

eglefino *nm* : haddock

ego *nm* : ego

egocéntrico, -ca *adj* : egocentric, self-centered

egoísmo *nm* : selfishness, egoism

egoísta¹ *adj* : selfish, egoistic

egoísta² *nmf* : egoist, selfish person

egotismo *nm* : egotism, conceit

egotista¹ *adj* : egotistic, egotistical, conceited

egotista² *nmf* : egotist, conceited person

egresado, -da *n* : graduate

egresar *vi* : to graduate

egreso *nm* **1** : graduation **2 ingresos y egresos** : income and expenditure

eh *interj* **1** : hey! **2** : eh?, huh?

eje *nm* **1** : axle **2** : axis

ejecución *nf, pl* **-ciones** : execution

ejecutante *nmf* : performer

ejecutar *vt* **1** : to execute, to put to death **2** : to carry out, to perform

ejecutivo, -va *adj & n* : executive

ejecutor, -tora *n* : executor

ejemplar¹ *adj* : exemplary, model

ejemplar² *nm* **1** : copy (of a book, magazine, etc.) **2** : specimen, example

ejemplificar {72} *vt* : to exemplify, to illustrate

ejemplo *nm* **1** : example **2 por ～** : for example **3 dar ejemplo** : to set an example

ejercer {86} *vi* **～ de** : to practice as, to work as — *vt* **1** : to practice **2** : exercise (a right) **3** : to exert

ejercicio *nm* **1** : exercise **2** : practice

ejercitar *vt* **1** : to exercise **2** ADIESTRAR : to drill, to train

ejército *nm* : army

ejidal *adj Mex* : cooperative

ejido *nm* **1** : common land **2** *Mex* : cooperative

ejote *nm Mex* : green bean

el¹ *pron* (*referring to masculine nouns*) **1** : the one ⟨tengo mi libro y el tuyo : I have my book and yours⟩ ⟨de los cantantes me gusta el de México : I prefer the singer from México⟩ **2 el que** : he who, whoever, the one that ⟨el que vino ayer : the one who came yesterday⟩ ⟨el que trabaja duro estará contento : he who works hard will be happy⟩

el², la *art, pl* **los, las** : the ⟨los niños están en la casa : the boys are in the house⟩ ⟨me duele el pie : my foot hurts⟩

él *pron* : he, him ⟨él es mi amigo : he's my friend⟩ ⟨hablaremos con él : we will speak with him⟩

elaboración *nf, pl* **-ciones 1** PRODUCCIÓN : production, making **2** : preparation, devising

elaborado, -da *adj* : elaborate

elaborar *vt* **1** : to make, to produce **2** : to devise, to draw up

elasticidad *nf* : elasticity

elástico¹, -ca *adj* **1** FLEXIBLE : flexible **2** : elastic

elástico² *nm* **1** : elastic (material) **2** : rubber band

elección *nf, pl* **-ciones 1** SELECCIÓN : choice, selection **2** : election

electivo, -va *adj* : elective

electo, -ta *adj* : elect ⟨el presidente electo : the president-elect⟩

elector, -tora *n* : elector, voter

electorado *nm* : electorate

electoral *adj* : electoral, election

electricidad *nf* : electricity

electricista *nmf* : electrician

eléctrico, -ca *adj* : electric, electrical

electrificar {72} *vt* : to electrify — **electrificación** *nf*

electrizar {21} *vt* : to electrify, to thrill — **electrizante** *adj*

electrocardiógrafo *nm* : electrocardiograph

electrocardiograma *nm* : electrocardiogram

electrocutar *vt* : to electrocute — **electrocución** *nf*

electrodo *nm* : electrode

electrodoméstico *nm* : electric appliance

electroimán *nm, pl* **-manes** : electromagnet

electrólisis *nfs & pl* : electrolysis

electrolito *nm* : electrolyte

electromagnético, -ca *adj* : electromagnetic

electromagnetismo *nm* : electromagnetism

electrón *nm, pl* **-trones** : electron

electrónica *nf* : electronics

electrónico, -ca *adj* : electronic — **electrónicamente** *adv*

elefante, -ta n : elephant
elegancia nf : elegance
elegante adj : elegant, smart — **elegantemente** adv
elegía nf : elegy
elegíaco, -ca adj : elegiac
elegibilidad nf : eligibility
elegible adj : eligible
elegido, -da adj 1 : chosen, selected 2 : elected
elegir {28} vt 1 ESCOGER, SELECCIONAR : to choose, to select 2 : to elect
elemental adj 1 : elementary, basic 2 : fundamental, essential
elemento nm : element
elenco nm : cast (of actors)
elepé nm : long-playing record
elevación nf, pl **-ciones** : elevation, height
elevado, -da adj 1 : elevated, lofty 2 : high
elevador nm ASCENSOR : elevator
elevar vt 1 ALZAR : to raise, to lift 2 AUMENTAR : to raise, to increase 3 : to elevate (in a hierarchy), to promote 4 : to present, to submit — **elevarse** vr : to rise
elfo nm : elf
eliminación nf, pl **-ciones** : elimination, removal
eliminar vt 1 : to eliminate, to remove 2 : to do in, to kill
elipse nf : ellipse
elipsis nf : ellipsis
elíptico, -ca adj : elliptical, elliptic
elite or **élite** nf : elite
elixir or **elíxir** nm : elixir
ella pron : she, her ⟨ella es mi amiga : she is my friend⟩ ⟨nos fuimos con ella : we left with her⟩
ello pron : it ⟨es por ello que me voy : that's why I'm going⟩
ellos, ellas pron pl 1 : they, them 2 **de ellos, de ellas** : theirs
elocución nf, pl **-ciones** : elocution
elocuencia nf : eloquence
elocuente adj : eloquent — **elocuentemente** adv
elogiar vt ENCOMIAR : to praise
elogio nm : praise
elote nm 1 Mex : corn, maize 2 CA, Mex : corncob
elucidación nf, pl **-ciones** ESCLARECIMIENTO : elucidation
elucidar vt ESCLARECER : to elucidate
eludir vt EVADIR : to evade, to avoid, to elude
emanación nf, pl **-ciones** : emanation
emanar vi ~ **de** : to emanate from — vt : to exude
emancipar vt : to emancipate — **emancipación** nf
embadurnar vt EMBARRAR : to smear, to daub
embajada nf : embassy
embajador, -dora n : ambassador
embalaje nm : packing, packaging
embalar vt EMPAQUETAR : to pack

embaldosar vt : to tile, to pave with tiles
embalsamar vt : to embalm
embalsar vt : to dam, to dam up
embalse nm : dam, reservoir
embarazada adj ENCINTA, PREÑADA : pregnant, expecting
embarazar {21} vt 1 : to obstruct, to hamper 2 PREÑAR : to make pregnant
embarazo nm : pregnancy
embarazoso, -sa adj : embarrassing, awkward
embarcación nf, pl **-ciones** : boat, craft
embarcadero nm : wharf, pier, jetty
embarcar {72} vi : to embark, to board — vt : to load
embarco nm : embarkation
embargar {52} vt 1 : to seize, to impound 2 : to overwhelm
embargo nm 1 : seizure 2 : embargo 3 **sin ~** : however, nevertheless
embarque nm 1 : embarkation 2 : shipment
embarrancar {72} vi 1 : to run aground 2 : to get bogged down
embarrar vt 1 : to cover with mud 2 EMBADURNAR : to smear
embarullar vt fam : to muddle, to confuse — **embarullarse** vr fam : to get mixed up
embate nm 1 : onslaught 2 : battering (of waves or wind)
embaucador, -dora n : swindler, deceiver
embaucar {72} vt : to trick, to swindle
embeber vt : to absorb, to soak up — vi : to shrink
embelesado, -da adj : spellbound
embelesar vt : to enchant, to captivate
embellecer {53} vt : to embellish, to beautify
embellecimiento nm : beautification, embellishment
embestida nf 1 : charge (of a bull) 2 ARREMETIDA : attack, onslaught
embestir {54} vt 1 : to hit, to run into, to charge at — vi ARREMETER : to charge, to attack
emblanquecer {53} vt BLANQUEAR : to bleach, to whiten — **emblanquecerse** vr : to turn white
emblema nm : emblem
emblemático, -ca adj : emblematic
embolia nf : embolism
émbolo nm : piston
embolsarse vr 1 : to pocket (money) 2 : to collect (payment)
emborracharse vr EMBRIAGARSE : to get drunk
emborronar vt 1 : to blot, to smudge 2 GARABATEAR : to scribble
emboscada nf : ambush
emboscar {72} vt : to ambush — **emboscarse** vr : to lie in ambush
embotadura nf : bluntness, dullness
embotar vt 1 : to dull, to blunt 2 : to weaken, to enervate
embotellamiento nm ATASCO : traffic jam

embotellar *vt* ENVASAR : to bottle
embragar {52} *vi* : to engage the clutch
embrague *nm* : clutch
embravecerse {53} *vr* 1 : to get furious 2 : to get rough ⟨el mar se embraveció : the sea became tempestuous⟩
embriagado, -da *adj* : inebriated, drunk
embriagador, -dora *adj* : intoxicating
embriagarse {52} *vr* EMBORRACHARSE : to get drunk
embriaguez *nf* EBRIEDAD : drunkenness, inebriation
embrión *nm, pl* **embriones** : embryo
embrionario, -ria *adj* : embryonic
embrollo *nm* ENREDO : imbroglio, confusion
embrujar *vt* HECHIZAR : to bewitch
embrujo *nm* 1 : spell, curse
embudo *nm* : funnel
embuste *nm* 1 MENTIRA : lie, fib 2 ENGAÑO : trick, hoax
embustero¹, -ra *adj* : lying, deceitful
embustero², -ra *n* : liar, cheat
embutido *nm* 1 : sausage 2 : inlaid work
embutir *vt* 1 : to cram, to stuff, to jam 2 : to inlay
emergencia *nf* 1 : emergency 2 : emergence
emergente *adj* 1 : emergent 2 : consequent, resultant
emerger {15} *vi* : to emerge, to surface
emético¹, -ca *adj* : emetic
emético² *nm* : emetic
emigración *nf, pl* **-ciones** 1 : emigration 2 : migration
emigrante *adj & nmf* : emigrant
emigrar *vi* 1 : to emigrate 2 : to migrate
eminencia *nf* : eminence
eminente *adj* : eminent, distinguished
eminentemente *adv* : basically, essentially
emisario¹, -ria *n* : emissary
emisario² *nm* : outlet (of a body of water)
emisión *nf, pl* **-siones** 1 : emission 2 : broadcast 3 : issue ⟨emisión de acciones : stock issue⟩
emisor *nm* TRANSMISOR : television or radio transmitter
emisora *nf* : radio station
emitir *vt* 1 : to emit, to give off 2 : to broadcast 3 : to issue 4 : to cast (a vote)
emoción *nf, pl* **-ciones** : emotion — **emocional** *adj* — **emocionalmente** *adv*
emocionado, -da *adj* 1 : moved, affected by emotion 2 ENTUSIASMADO : excited
emocionante *adj* 1 CONMOVEDOR : moving, touching 2 EXCITANTE : exciting, thrilling
emocionar *vt* 1 CONMOVER : to move, to touch 2 : to excite, to thrill — **emocionarse** *vr*
emotivo, -va *adj* : emotional, moving
empacador, -dora *n* : packer

empacar {72} *vt* 1 EMPAQUETAR : to pack 2 : to bale — *vi* : to pack — **empacarse** *vr* 1 : to balk, to refuse to budge 2 *Col, Mex fam* : to eat ravenously, to devour
empachar *vt* 1 ESTORBAR : to obstruct 2 : to give indigestion to 3 DISFRAZAR : to disguise, to mask — **empacharse** *vr* 1 INDIGESTARSE : to get indigestion 2 AVERGONZARSE : to be embarrassed
empacho *nm* 1 INDIGESTIÓN : indigestion 2 VERGÜENZA : embarrassment 3 no tener empacho en : to have no qualms about
empadronarse *vr* : to register to vote
empalagar {52} *vt* 1 : to cloy, to surfeit 2 FASTIDIAR : to annoy, to bother
empalagoso, -sa *adj* MELOSO : cloying, excessively sweet
empalar *vt* : to impale
empalizada *nf* : palisade (fence)
empalmar *vt* 1 : to splice, to link 2 : to combine — *vi* : to meet, to converge
empalme *nm* 1 CONEXIÓN : connection, link 2 : junction
empanada *nf* : pie, turnover
empanadilla *nf* : meat or seafood pie
empanar *vt* : to bread
empantanado, -da *adj* : bogged down, delayed
empañar *vt* 1 : to steam up 2 : to tarnish, to sully
empapado, -da *adj* : soggy, sodden
empapar *vt* MOJAR : to soak, to drench — **empaparse** *vr* 1 : to get soaking wet 2 ~ de : to absorb, to be imbued with
empapelar *vt* : to wallpaper
empaque *nm fam* 1 : presence, bearing 2 : pomposity 3 DESCARO : impudence, nerve
empaquetar *vt* EMBALAR : to pack, to package — **empaquetarse** *vr fam* : to dress up
emparedado *nm* : sandwich
emparedar *vt* : to wall in, to confine
emparejar *vt* 1 : to pair, to match up 2 : to make even — *vi* : to catch up — **emparejarse** *vr* : to pair up
emparentado, -da *adj* : related
emparentar {55} *vi* : to become related by marriage
emparrillado *nm Mex* : gridiron (in football)
empastar *vt* 1 : to fill (a tooth) 2 : to bind (a book)
empaste *nm* : filling (of a tooth)
empatar *vt* : to tie, to connect — *vi* : to result in a draw, to be tied — **empatarse** *vr Ven* : to hook up, to link together
empate *nm* : draw, tie
empatía *nf* : empathy
empecinado, -da *adj* TERCO : stubborn
empecinarse *vr* OBSTINARSE : to be stubborn, to persist
empedernido, -da *adj* INCORREGIBLE : hardened, inveterate
empedrado *nm* : paving, pavement

empedrar {55} *vt* : to pave (with stones)
empeine *nm* : instep
empellón *nm, pl* **-llones** : shove, push
empelotado, -da *adj* 1 *Mex fam* : madly in love 2 *fam* : stark naked
empeñado, -da *adj* : determined, committed
empeñar *vt* 1 : to pawn 2 : to pledge, to give (one's word) — **empeñarse** *vr* 1 : to insist stubbornly 2 : to make an effort
empeño *nm* 1 : pledge, commitment 2 : insistence 3 ESFUERZO : effort, determination 4 : pawning ⟨casa de empeños : pawnshop⟩
empeoramiento *nm* : worsening, deterioration
empeorar *vi* : to deteriorate, to get worse — *vt* : to make worse
empequeñecer {53} *vi* : to diminish, to become smaller — *vt* : to minimize, to make smaller
emperador *nm* : emperor
emperatriz *nf, pl* **-trices** : empress
empero *conj* : however, nevertheless
empezar {29} *v* COMENZAR : to start, to begin
empinado, -da *adj* : steep
empinar *vt* ELEVAR : to lift, to raise — **empinarse** *vr* : to stand on tiptoe
empírico, -ca *adj* : empirical — **empíricamente** *adv*
emplasto *nm* : poultice, dressing
emplazamiento *nm* 1 : location, site 2 CITACIÓN : summons, subpoena
emplazar {21} *vt* 1 CONVOCAR : to convene, to summon 2 : to subpoena 3 UBICAR : to place, to position
empleado, -da *n* : employee
empleador, -dora *n* PATRÓN : employer
emplear *vt* 1 : to employ 2 USAR : to use — **emplearse** *vr* 1 : to get a job 2 : to occupy oneself
empleo *nm* 1 OCUPACIÓN : employment, occupation, job 2 : use, usage
empobrecer {53} *vt* : to impoverish — *vi* : to become poor — **empobrecerse** *vr*
empobrecimiento *nm* : impoverishment
empollar *vi* : to brood eggs — *vt* : to incubate
empolvado, -da *adj* 1 : dusty 2 : powdered, powdery
empolvar *vt* 1 : to cover with dust 2 : to powder — **empolvarse** *vr* 1 : to gather dust 2 : to powder one's face
emporio *nm* 1 : center, capital, empire ⟨un emporio cultural : a cultural center⟩ ⟨un emporio financiero : a financial empire⟩ 2 : department store
empotrado, -da *adj* : built-in ⟨armarios empotrados : built-in cabinets⟩
empotrar *vt* : to build into, to embed
emprendedor, -dora *adj* : enterprising
emprender *vt* : to undertake, to begin

empresa *nf* 1 COMPAÑÍA, FIRMA : company, corporation, firm 2 : undertaking, venture
empresariado *nm* 1 : business world 2 : management, managers *pl*
empresarial *adj* : business, managerial, corporate
empresario, -ria *n* 1 : manager 2 : businessman *m*, businesswoman *f* 3 : presario
empréstito *nm* : loan
empujar *vi* : to push, to shove — *vt* 1 : to push 2 PRESIONAR : to spur on, to press
empuje *nm* : impetus, drive
empujón *nm, pl* **-jones** : push, shove
empuñadura *nf* MANGO : hilt, handle
empuñar *vt* 1 ASIR : to grasp 2 **empuñar las armas** : to take up arms
emú *nm* : emu
emular *vt* IMITAR : to emulate — **emulación** *nf*
emulsión *nf, pl* **-siones** : emulsion
emulsionante *nm* : emulsifier
emulsionar *vt* : to emulsify
en *prep* 1 : in ⟨en el bolsillo : in one's pocket⟩ ⟨en una semana : in a week⟩ 2 : on ⟨en la mesa : on the table⟩ 3 : at ⟨en casa : at home⟩ ⟨en el trabajo : at work⟩ ⟨en ese momento : at that moment⟩
enagua *nf* : petticoat, slip
enajenación *nf, pl* **-ciones** 1 : transfer (of property) 2 : alienation 3 : absentmindedness
enajenado, -da *adj* : out of one's mind
enajenar *vt* 1 : to transfer (property) 2 : to alienate 3 : to enrapture — **enajenarse** *vr* 1 : to become estranged 2 : to go mad
enaltecer {53} *vt* : to praise, to extol
enamorado¹, -da *adj* : in love
enamorado², -da *n* : lover, sweetheart
enamoramiento *nm* : infatuation, crush
enamorar *vt* : to enamor, to win the love of — **enamorarse** *vr* 1 : to fall in love
enamoriscarse {72} *vr fam* : to have a crush, to be infatuated
enamorizado, -da *adj* : amorous, passionate
enano¹, -na *adj* : tiny, minute
enano², -na *n* : dwarf, midget
enarbolar *vt* 1 : to hoist, to raise 2 : to brandish
enarcar {72} *vt* : to arch, to raise
enardecer {53} *vt* 1 : to arouse (anger, passions) 2 : to stir up, to excite — **enardecerse** *vr*
encabezado *nm Mex* : headline
encabezamiento *nm* 1 : heading 2 : salutation, opening
encabezar {21} *vt* 1 : to head, to lead 2 : to put a heading on
encabritarse *vr* 1 : to rear up 2 *fam* : to get angry
encadenar *vt* 1 : to chain 2 : to connect, to link 3 INMOVILIZAR : to immobilize

encajar *vi* : to fit, to fit together, to fit in — *vt* **1** : to insert, to stick **2** : to take, to cope with ⟨encajó el golpe : he withstood the blow⟩

encaje *nm* **1** : lace **2** : financial reserve

encajonar *vt* **1** : to box, to crate **2** : to cram in

encalar *vt* : to whitewash

encallar *vi* **1** : to run aground **2** : to get stuck

encallecido, -da *adj* : callused

encamar *vt* : to confine to a bed

encaminado, -da *adj* **1** : on the right track **2** ~ **a** : aimed at, designed to

encaminar *vt* **1** : to direct, to channel **2** : to head in the right direction — **encaminarse** *vr* ~ **a** : to head for, to aim at

encandilar *vt* : to dazzle

encanecer {53} *vi* : to gray, to go gray

encantado, -da *adj* **1** : charmed, bewitched **2** : delighted

encantador¹, -dora *adj* : charming, delightful

encantador², -dora *n* : magician

encantamiento *nm* : enchantment, spell

encantar *vt* **1** : to enchant, to bewitch **2** : to charm, to delight ⟨me encanta esta canción : I love this song⟩

encanto *nm* **1** : charm, fascination **2** HECHIZO : spell **3** : delightful person or thing

encañonar *vt* : to point (a gun) at, to hold up

encapotado, -da *adj* : cloudy, overcast

encapotarse *vr* : to cloud over, to become overcast

encaprichado, -da *adj* : infatuated

encaprichamiento *nm* : infatuation

encapuchado, -da *adj* : hooded

encarado, -da *adj* estar mal encarado *fam* : to be ugly-looking, to look mean

encaramar *vt* : to raise, to lift up — **encaramarse** *vr* : to perch

encarar *vt* CONFRONTAR : to face, to confront

encarcelación *nf* → encarcelamiento

encarcelamiento *nm* : incarceration, imprisonment

encarcelar *vt* : to incarcerate, to imprison

encarecer {53} *vt* **1** : to increase, to raise (price, value) **2** : to beseech, to entreat — **encarecerse** *vr* : to become more expensive

encarecidamente *adv* : insistently, urgently

encarecimiento *nm* : increase, rise (in price)

encargado¹, -da *adj* : in charge

encargado², -da *n* : manager, person in charge

encargar {52} *vt* **1** : to put in charge of **2** : to recommend, to advise **3** : to order, to request — **encargarse** *vr* ~ **de** : to take charge of

encargo *nm* **1** : errand **2** : job assignment **3** : order ⟨hecho de encargo : custom-made, made to order⟩

encariñarse *vr* ~ **con** : to become fond of, to grow attached to

encarnación *nf, pl* **-ciones** : incarnation, embodiment

encarnado¹, -da *adj* **1** : incarnate **2** : flesh-colored **3** : red **4** : ingrown

encarnado² *nm* : red

encarnar *vt* : to incarnate, to embody — **encarnarse** *vr* encarnarse una uña : to have an ingrown nail

encarnizado, -da *adj* **1** : bloodshot, inflamed **2** : fierce, bloody

encarnizar {21} *vt* : to enrage, to infuriate — **encarnizarse** *vr* : to be brutal, to attack viciously

encarrilar *vt* : to guide, to put on the right track

encasillar *vt* CLASIFICAR : to classify, to pigeonhole, to categorize

encausar *vt* : to prosecute, to charge

encauzar {21} *vt* : to channel, to guide — **encauzarse** *vr*

encebollado, -da *adj* : cooked with onions

encefalitis *nms & pl* : encephalitis

enceguecedor, -dora *n* : blinding

encendedor *nm* : lighter

encender {56} *vi* : to light — *vt* **1** : to light, to set fire to **2** PRENDER : to switch on **3** : to start (a motor) **4** : to arouse, to kindle — **encenderse** *vr* **1** : to get excited **2** : to blush

encendido¹, -da *adj* **1** : burning **2** : flushed **3** : fiery, passionate

encendido² *nm* : ignition

encerado *nm* **1** : waxing, polishing **2** : blackboard

encerar *vt* : to wax, to polish

encerrar {55} *vt* **1** : to lock up, to shut away **2** : to contain, to include **3** : to involve, to entail

encerrona *nf* **1** TRAMPA : trap, setup **2** prepararle una encerrona a alguien : to set a trap for someone, to set someone up

encestar *vi* : to make a basket (in basketball)

enchapado *nm* : plating, coating (of metal)

encharcamiento *nm* : flood, flooding

encharcar {72} *vt* : to flood, to swamp — **encharcarse** *vr*

enchilada *nf* : enchilada

enchilar *vt Mex* : to season with chili

enchuecar {72} *vt Chile, Mex fam* : to make crooked, to twist

enchufar *vt* **1** : to plug in **2** : to connect, to fit together

enchufe *nm* **1** : connection **2** : plug, socket

encía *nf* : gum (tissue)

encíclica *nf* : encyclical

enciclopedia *nf* : encyclopedia

enciclopédico, -ca *adj* : encyclopedic

encierro *nm* **1** : confinement **2** : enclosure

encima *adv* **1** : on top, above **2** ADEMÁS : as well, besides **3** ~ **de** : on, on top of, over **4 por encima de** : above, beyond ⟨por encima de la ley : above the law⟩ **5 echarse encima** : to take upon oneself **6 estar encima de** *fam* : to nag, to criticize **7 quitarse de encima** : to get rid of

encina *nf* : evergreen oak

encinta *adj* EMBARAZADA, PREÑADA : pregnant, expecting

enclaustrado, -da *adj* : cloistered, shut away

enclavado, -da *adj* : buried

enclenque *adj* : weak, sickly

encoger {15} *vt* **1** : to shrink, to make smaller **2** : to intimidate — *vi* : to shrink, to contract — **encogerse** *vr* **1** : to shrink **2** : to be intimidated, to cower, to cringe **3 encogerse de hombros** : to shrug (one's shoulders)

encogido, -da *adj* **1** : shriveled, shrunken **2** TÍMIDO : shy, inhibited

encogimiento *nm* **1** : shrinking, shrinkage **2** : shrug **3** TIMIDEZ : shyness

encolar *vt* : to paste, to glue

encolerizar {21} *vt* ENFURECER : to enrage, to infuriate — **encolerizarse** *vr*

encomendar {55} *vt* CONFIAR : to entrust, to commend — **encomendarse** *vr*

encomiable *adj* : commendable, praiseworthy

encomiar *vt* ELOGIAR : to praise, to pay tribute to

encomienda *nf* **1** : charge, mission **2** : royal land grant **3** : parcel

encomio *nm* : praise, eulogy

encomioso, -sa *adj* : eulogistic, laudatory

enconar *vt* **1** : to irritate, to anger **2** : to inflame — **enconarse** *vr* **1** : to become heated **2** : to fester

encono *nm* **1** RENCOR : animosity, rancor **2** : inflammation, infection

encontrado, -da *adj* : contrary, opposing

encontrar {19} *vt* **1** HALLAR : to find **2** : to encounter, to meet — **encontrarse** *vr* **1** REUNIRSE : to meet **2** : to clash, to conflict **3** : to be ⟨su abuelo se encuentra mejor : her grandfather is doing better⟩

encorvar *vt* : to bend, to curve — **encorvarse** *vr* : to hunch over, to stoop

encrespar *vt* **1** : to curl, to ruffle, to ripple **2** : to annoy, to irritate — **encresparse** *vr* **1** : to curl one's hair **2** : to become choppy **3** : to get annoyed

encrucijada *nf* : crossroads

encuadernación *nf, pl* **-ciones** : bookbinding

encuadernar *vt* EMPASTAR : to bind (a book)

encuadrar *vt* **1** ENMARCAR : to frame **2** ENCAJAR : to fit, to insert **3** COMPRENDER : to contain, to include

encubierto *pp* → encubrir

encubrimiento *nm* : cover-up

encubrir {2} *vt* : to cover up, to conceal

encuentro *nm* **1** : meeting, encounter **2** : conference, congress

encuerado, -da *adj fam* : naked

encuerar *vt fam* : to undress

encuesta *nf* **1** INVESTIGACIÓN, PESQUISA : inquiry, investigation **2** SONDEO : survey

encuestador, -dora *n* : pollster

encuestar *vt* : to poll, to take a survey of

encumbrado, -da *adj* **1** : lofty, high **2** : eminent, distinguished

encumbrar *vt* **1** : to exalt, to elevate **2** : to extol — **encumbrarse** *vr* : to reach the top

encurtir *vt* ESCABECHAR : to pickle

ende *adv* por ∼ : therefore, consequently

endeble *adj* : feeble, weak

endeblez *nf* : weakness, frailty

endémico, -ca *adj* : endemic

endemoniado, -da *adj* : fiendish, diabolical

endentecer {53} *vi* : to teethe

enderezar {21} *vt* **1** : to straighten (out) **2** : to stand on end, to put upright

endeudado, -da *adj* : in debt, indebted

endeudamiento *nm* : indebtedness

endeudarse *vr* **1** : to go into debt **2** : to feel obliged

endiabladamente *adv* : extremely, diabolically

endiablado, -da *adj* **1** : devilish, diabolical **2** : complicated, difficult

endibia *or* **endivia** *nf* : endive

endilgar {52} *vt fam* : to spring, to foist ⟨me endilgó la responsabilidad : he saddled me with the responsibility⟩

endocrino, -na *adj* : endocrine

endogamia *nf* : inbreeding

endosar *vt* : to endorse

endoso *nm* : endorsement

endulzante *nm* : sweetener

endulzar {21} *vt* **1** : to sweeten **2** : to soften, to mellow — **endulzarse** *vr*

endurecer {53} *vt* : to harden, to toughen — **endurecerse** *vr*

enebro *nm* : juniper

eneldo *nm* : dill

enema *nm* : enema

enemigo, -ga *adj & n* : enemy

enemistad *nf* : enmity, hostility

enemistar *vt* : to make enemies of — **enemistarse** *vr* ∼ con : to fall out with

energía *nf* : energy

enérgico, -ca *adj* **1** : energetic, vigorous **2** : forceful, emphatic — **enérgicamente** *adv*

energúmeno, -na *n fam* : lunatic, crazy person

enero *nm* : January

enervar *vt* **1** : to enervate **2** *fam* : to annoy, to get on one's nerves — **enervante** *adj*

enésimo, -ma *adj* : umpteenth, nth

enfadar *vt* **1** : to annoy, to make angry **2** *Mex fam* : to bore — **enfadarse** *vr* : to get angry, to get annoyed

enfado *nm* : anger, annoyance
enfadoso, -sa *adj* : irritating, annoying
enfardar *vt* : to bale
énfasis *nms & pl* : emphasis
enfático, -ca *adj* : emphatic — **enfáticamente** *adv*
enfatizar {21} *vt* DESTACAR, SUBRAYAR : to emphasize
enfermar *vt* : to make sick — *vi* : to fall ill, to get sick — **enfermarse** *vr*
enfermedad *nf* 1 INDISPOSICIÓN : sickness, illness 2 : disease
enfermería *nf* : infirmary
enfermero, -ra *n* : nurse
enfermizo, -za *adj* : sickly
enfermo¹, -ma *adj* : sick, ill
enfermo², -ma *n* 1 : sick person, invalid 2 PACIENTE : patient
enfilar *vt* 1 : to take, to go along ⟨enfiló la carretera de Montevideo : she went up the road to Montevideo⟩ 2 : to line up, to put in a row 3 : to string, to thread 4 : to aim, to direct — *vi* : to make one's way
enflaquecer {53} *vi* : to lose weight, to become thin — *vt* : to emaciate
enfocar {72} *vt* 1 : to focus (on) 2 : to consider, to look at
enfoque *nm* : focus
enfrascamiento *nm* : immersion, absorption
enfrascarse {72} *vr* ～ **en** : to immerse oneself in, to get caught up in
enfrentamiento *nm* : clash, confrontation
enfrentar *vt* : to confront, to face — **enfrentarse** *vr* 1 ～ **con** : to clash with 2 ～ **a** : to face up to
enfrente *adv* 1 DELANTE : in front 2 : opposite
enfriamiento *nm* 1 CATARRO : chill, cold 2 : cooling off, damper
enfriar {85} *vt* 1 : to chill, to cool 2 : to cool down, to dampen — *vi* : to get cold — **enfriarse** *vr* : to get chilled, to catch a cold
enfundar *vt* : to sheathe, to encase
enfurecer {53} *vt* ENCOLERIZAR : to infuriate — **enfurecerse** *vr* : to fly into a rage
enfurecido, -da *adj* : furious, raging
enfurruñarse *vr fam* : to sulk
engalanar *vt* : to decorate, to deck out — **engalanarse** *vr* : to dress up
enganchar *vt* 1 : to hook, to snag 2 : to attach, to hitch up — **engancharse** *vr* 1 : to get snagged, to get hooked 2 : to enlist
enganche *nm* 1 : hook 2 : coupling, hitch 3 *Mex* : down payment
engañar *vt* 1 EMBAUCAR : to trick, to deceive, to mislead 2 : to cheat on, to be unfaithful to — **engañarse** *vr* 1 : to be mistaken 2 : to deceive oneself
engaño *nm* 1 : deception, trick 2 : fake, feint (in sports)
engañoso, -sa *adj* 1 : deceitful 2 : misleading, deceptive

engarrotarse *vr* : to stiffen up, to go numb
engatusamiento *nm* : cajolery
engatusar *vt* : to coax, to cajole
engendrar *vt* 1 : to beget, to father 2 : to give rise to, to engender
engentarse *vr Mex* : to be in a daze
englobar *vt* : to include, to embrace
engomar *vt* : to glue
engordar *vt* : to fatten, to fatten up — *vi* : to gain weight
engorro *nm* : nuisance, bother
engorroso, -sa *adj* : bothersome
engranaje *nm* : gears *pl*, cogs *pl*
engranar *vt* : to mesh, to engage — *vi* : to mesh gears
engrandecer {53} *vt* 1 : to enlarge 2 : to exaggerate 3 : to exalt
engrandecimiento *nm* 1 : enlargement 2 : exaggeration 3 : exaltation
engrane *nm Mex* : cogwheel
engrapadora *nf* : stapler
engrapar *vt* : to staple
engrasar *vt* : to grease, to lubricate
engrase *nm* : greasing, lubrication
engreído, -da *adj* PRESUMIDO, VANIDOSO : vain, conceited, stuck-up
engreimiento *nm* ARROGANCIA : arrogance, conceit
engreír {66} *vt* ENVANECER : to make vain — **engreírse** *vr* : to become conceited
engrosar {19} *vt* : to enlarge, to increase, to swell — *vi* ENGORDAR : to gain weight
engrudo *nm* : paste
engullir {38} *vt* : to gulp down, to gobble up — **engullirse** *vr*
enharinar *vt* : to flour
enhebrar *vt* ENSARTAR : to string, to thread
enhiesto, -ta *adj* 1 : erect, upright 2 : lofty, towering
enhilar *vt* : to thread (a needle, etc.)
enhorabuena *nf* FELICIDADES : congratulations *pl*
enigma *nm* : enigma, mystery
enigmático, -ca *adj* : enigmatic — **enigmáticamente** *adv*
enjabonar *vt* : to soap up, to lather — **enjabonarse** *vr*
enjaezar {21} *vt* : to harness
enjalbegar {52} *vt* : to whitewash
enjambrar *vi* : to swarm
enjambre *nm* 1 : swarm 2 MUCHEDUMBRE : crowd, mob
enjaular *vt* 1 : to cage 2 *fam* : to jail, to lock up
enjuagar {52} *vt* : to rinse — **enjuagarse** *vr* : to rinse out
enjuague *nm* 1 : rinse 2 **enjuague bucal** : mouthwash
enjugar {52} *vt* : to wipe away (tears)
enjuiciar *vt* 1 : to indict, to prosecute 2 JUZGAR : to try
enjundioso, -sa *adj* : substantial, weighty
enjuto, -ta *adj* : lean, gaunt

enlace *nm* **1** : bond, link, connection **2** : liaison

enladrillado *nm* : brick paving

enladrillar *vt* : to pave with bricks

enlatar *vt* ENVASAR : to can

enlazar {21} *v* : to join, to link, to fit together

enlistar *vt* : to list — **enlistarse** *vr* : to enlist

enlodado, -da *adj* BARROSO : muddy

enlodar *vt* **1** : to cover with mud **2** : to stain, to sully — **enlodarse** *vr*

enlodazar → enlodar

enloquecedor, -dora *adj* : maddening

enloquecer {53} *vt* AL OCAR : to drive crazy — **enloquecerse** *vr* : to go crazy

enlosado *nm* : flagstone pavement

enlosar *vt* : to pave with flagstone

enlutarse *vr* : to go into mourning

enmaderado *nm* **1** : wood paneling **2** : hardwood floor

enmarañar *vt* **1** : to tangle **2** : to complicate **3** : to confuse, to mix up — **enmarañarse** *vr*

enmarcar {72} *vt* **1** ENCUADRAR : to frame **2** : to provide the setting for

enmascarar *vt* : to mask, to disguise

enmasillar *vt* : to putty, to caulk

enmendar {55} *vt* **1** : to amend **2** CORREGIR : to emend, to correct **3** COMPENSAR : to compensate for — **enmendarse** *vr* : to mend one's ways

enmienda *nf* **1** : amendment **2** : correction, emendation

enmohecerse {53} *vr* **1** : to become moldy **2** OXIDARSE : to rust, to become rusty

enmudecer {53} *vt* : to mute, to silence — *vi* : to fall silent

enmugrar *vt* : to soil, to make dirty — **enmugrarse** *vr* : to get dirty

ennegrecer {53} *vt* : to blacken, to darken — **ennegrecerse** *vr*

ennoblecer {53} *vt* **1** : to ennoble **2** : to embellish

enojadizo, -za *adj* IRRITABLE : irritable, cranky

enojado, -da *adj* **1** : annoyed **2** : angry, mad

enojar *vt* **1** : to anger **2** : to annoy, to upset — **enojarse** *vr*

enojo *nm* **1** CÓLERA : anger **2** : annoyance

enojón, -jona *adj, pl* -**jones** *Chile, Mex fam* : irritable, cranky

enojoso, -sa *adj* FASTIDIOSO, MOLESTOSO : annoying, irritating

enorgullecer {53} *vt* : to make proud — **enorgullecerse** *vr* : to pride oneself

enorme *adj* INMENSO : enormous, huge — **enormemente** *adv*

enormidad *nf* **1** : enormity, seriousness **2** : immensity, hugeness

enraizado, -da *adj* : deep-seated, deeply rooted

enraizar {30} *vi* : to take root

enramada *nf* : arbor, bower

enramar *vt* : to cover with branches

enrarecer {53} *vt* : to rarefy — **enrarecerse** *vr*

enredadera *nf* : climbing plant, vine

enredar *vt* **1** : to tangle up, to entangle **2** : to confuse, to complicate **3** : to involve, to implicate — **enredarse** *vr*

enredo *nm* **1** EMBROLLO : muddle, confusion **2** MARAÑA : tangle

enredoso, -sa *adj* : complicated, tricky

enrejado *nm* **1** : railing **2** : grating, grille **3** : trellis, lattice

enrevesado, -da *adj* : complicated, involved

enriquecer {53} *vt* : to enrich — **enriquecerse** *vr* : to get rich

enriquecido, -da *adj* : enriched

enriquecimiento *nm* : enrichment

enrojecer {53} *vt* : to make red, to redden — **enrojecerse** *vr* : to blush

enrolar *vt* RECLUTAR : to recruit — **enrolarse** *vr* INSCRIBIRSE : to enlist, to sign up

enrollar *vt* : to roll up, to coil — **enrollarse** *vr*

enronquecerse {53} *vr* : to become hoarse

enroscar {72} *vt* TORCER : to twist — **enroscarse** *vr* : to coil, to twine

ensacar {72} *vt* : to bag (up)

ensalada *nf* : salad

ensaladera *nf* : salad bowl

ensalmo *nm* : incantation, spell

ensalzar {21} *vt* **1** : to praise, to extol **2** EXALTAR : to exalt

ensamblaje *nm* : assembly

ensamblar *vt* **1** : to assemble **2** : to join, to fit together

ensanchar *vt* **1** : to widen **2** : to expand, to extend — **ensancharse** *vr*

ensanche *nm* **1** : widening **2** : expansion, development

ensangrentado, -da *adj* : bloody, bloodstained

ensañarse *vr* : to act cruelly, to be merciless

ensartar *vt* **1** ENHEBRAR : to string, to thread **2** : to skewer, to pierce

ensayar *vi* : to rehearse — *vt* : to try out, to test **2** : to assay

ensayista *nmf* : essayist

ensayo *nm* **1** : essay **2** : trial, test **3** : rehearsal **4** : assay (of metals)

enseguida *adv* INMEDIATAMENTE : right away, immediately, at once

ensenada *nf* : cove, inlet

enseña *nf* **1** INSIGNIA : emblem, insignia **2** : standard, banner

enseñanza *nf* **1** EDUCACIÓN : education **2** : teaching

enseñar *vt* **1** : to teach **2** MOSTRAR : to show, to display — **enseñarse** *vr* ~ **a** : to learn to, to get used to

enseres *nmpl* : equipment, furnishings *pl* ⟨enseres domésticos : household goods⟩

ensillar *vt* : to saddle (up)

ensimismado, -da *adj* : absorbed, engrossed

ensimismarse *vr* : to lose oneself in thought

ensoberbecerse {53} *vr* : to become haughty

ensombrecer {53} *vt* : to cast a shadow over, to darken — **ensombrecerse** *vr*

ensoñación *nf, pl* **-ciones** : fantasy

ensopar *vt* **1** : to drench **2** : to dunk, to dip

ensordecedor, -dora *adj* : deafening, thunderous

ensordecer {53} *vt* : to deafen — *vi* : to go deaf

ensuciar *vt* : to soil, to dirty — **ensuciarse** *vr*

ensueño *nm* **1** : daydream, revery **2** FANTASÍA : illusion, fantasy

entablar *vt* **1** : to cover with boards **2** : to initiate, to enter into, to start

entallar *vt* AJUSTAR : to tailor, to fit, to take in — *vi* QUEDAR : to fit

ente *nm* **1** : being, entity **2** : body, organization ⟨ente rector : ruling body⟩ **3** *fam* : eccentric, crackpot

enteco, -ca *adj* : gaunt, frail

entenado, -da *n Mex* : stepchild, stepson *m*, stepdaughter *f*

entender[1] {56} *vt* **1** COMPRENDER : to understand **2** OPINAR : to think, to believe **3** : to mean, to intend **4** DEDUCIR : to infer, to deduce — *vi* **1** : to understand ⟨¡ya entiendo! : now I understand!⟩ **2** ~ **de** : to know about, to be good at **3** ~ **en** : to be in charge of — **entenderse** *vr* **1** : to be understood **2** : to get along well, to understand each other **3** ~ **con** : to deal with

entender[2] *nm* **a mi entender** : in my opinion

entendible *adj* : understandable

entendido[1], **-da** *adj* **1** : skilled, expert **2 tener entendido** : to understand, to be under the impression ⟨teníamos entendido que vendrías : we were under the impression you would come⟩ **3 darse por entendido** : to go without saying

entendido[2] *nm* : expert, authority, connoisseur

entendimiento *nm* **1** : intellect, mind **2** : understanding, agreement

enterado, -da *adj* : aware, well-informed ⟨estar enterado de : to be privy to⟩

enteramente *adv* : entirely, completely

enterar *vt* INFORMAR : to inform — **enterarse** *vr* INFORMARSE : to find out, to learn

entereza *nf* **1** INTEGRIDAD : integrity **2** FORTALEZA : fortitude **3** FIRMEZA : resolve

enternecedor, -dora *adj* CONMOVEDOR : touching, moving

enternecer {53} *vt* CONMOVER : to move, to touch

entero[1], **-ra** *adj* **1** : entire, whole **2** : complete, absolute **3** : intact — **enteramente** *adv*

entero[2] *nm* **1** : integer, whole number **2** : point (in finance)

enterramiento *nm* : burial

enterrar {55} *vt* : to bury

entibiar *vt* : to cool (down) — **entibiarse** *vr* : to become lukewarm

entidad *nf* **1** ENTE : entity **2** : body, organization **3** : firm, company **4** : importance, significance

entierro *nm* **1** : burial **2** : funeral

entintar *vt* : to ink

entoldado *nm* : awning

entomología *nf* : entomology

entomólogo, -ga *n* : entomologist

entonación *nf, pl* **-ciones** : intonation

entonar *vi* : to be in tune — *vt* **1** : to intone **2** : to tone up

entonces *adv* **1** : then **2 desde ~** : since then **3 en aquel entonces** : in those days

entornado, -da *adj* ENTREABIERTO : half-closed, ajar

entornar *vt* ENTREABRIR : to leave ajar

entorno *nm* : surroundings *pl*, environment

entorpecer {53} *vt* **1** : to hinder, to obstruct **2** : to dull — **entorpecerse** *vr* : to dull the senses

entrada *nf* **1** : entrance, entry **2** : ticket, admission **3** : beginning, onset **4** : entrée **5** : cue (in music) **6 entradas** *nfpl* : income ⟨entradas y salidas : income and expenditures⟩ **7 tener entradas** : to have a receding hairline

entrado, -da *adj* **entrado en años** : elderly

entramado *nm* : framework

entrampar *vt* **1** ATRAPAR : to entrap, to ensnare **2** ENGAÑAR : to deceive, to trick

entrante *adj* **1** : next, upcoming ⟨el año entrante : next year⟩ **2** : incoming, new ⟨el presidente entrante : the president elect⟩

entraña *nf* **1** MEOLLO : core, heart, crux **2 entrañas** *nfpl* VÍSCERAS : entrails

entrañable *adj* : close, intimate

entrañar *vt* : to entail, to involve

entrar *vi* **1** : to enter, to go in, to come in **2** : to begin — *vt* **1** : to bring in, to introduce **2** : to access

entre *prep* **1** : between **2** : among

entreabierto[1] *pp* → **entreabrir**

entreabierto[2], **-ta** *adj* ENTORNADO : half-open, ajar

entreabrir {2} *vt* ENTORNAR : to leave ajar

entreacto *nm* : intermission, interval

entrecano, -na *adj* : grayish, graying

entrecejo *nm* **fruncir el entrecejo** : to knit one's brows

entrecomillar *vt* : to place in quotation marks

entrecortado, -da *adj* **1** : labored, difficult ⟨respiración entrecortada : shortness of breath⟩ **2** : faltering, hesitant ⟨con la voz entrecortada : with a catch in his voice⟩

entrecruzar {21} vt ENTRELAZAR : to interweave, to intertwine — entrecruzarse vr
entredicho nm 1 DUDA : doubt, question 2 : prohibition
entrega nf 1 : delivery 2 : handing over, surrender 3 : installment ⟨entrega inicial : down payment⟩
entregar {52} vt 1 : to deliver 2 DAR : to give, to present 3 : to hand in, to hand over — entregarse vr 1 : to surrender, to give in 2 : to devote oneself
entrelazar {21} vt ENTRECRUZAR : to interweave, to intertwine
entremedias adv 1 : in between, halfway 2 : in the meantime
entremés nm, pl -meses 1 APERITIVO : appetizer, hors d'oeuvre 2 : interlude, short play
entremeter → entrometerse
entremetido nm → entrometido
entremezclar vt : to intermingle
entrenador, -dora n : trainer, coach
entrenamiento nm : training, drill, practice
entrenar vt : to train, to drill, to practice — entrenarse vr : to train, to spar (in boxing)
entreoír {50} vt : to hear indistinctly
entrepierna nf 1 : inner thigh 2 : crotch 3 : inseam
entrepiso nm ENTRESUELO : mezzanine
entresacar {72} vt 1 SELECCIONAR : to pick out, to select 2 : to thin out
entresuelo nm ENTREPISO : mezzanine
entretanto¹ adv : meanwhile
entretanto² nm en el entretanto : in the meantime
entretejer vt : to interweave
entretela nf : facing (of a garment)
entretener {80} vt 1 DIVERTIR : to entertain, to amuse 2 DISTRAER : to distract 3 DEMORAR : to delay, to hold up — entretenerse vr 1 : to amuse oneself 2 : to dally
entretenido, -da adj DIVERTIDO : entertaining, amusing
entretenimiento nm 1 : entertainment, pastime 2 DIVERSIÓN : fun, amusement
entrever {88} vt 1 : to catch a glimpse of 2 : to make out, to see indistinctly
entreverar vt : to mix, to intermingle
entrevero nm : confusion, disorder
entrevista nf : interview
entrevistador, -dora n : interviewer
entrevistar vt : to interview — entrevistarse vr REUNIRSE ~ con : to meet with
entristecer {53} vt : to sadden
entrometerse vr : to interfere, to meddle
entrometido, -da n : meddler, busybody
entroncar {72} vt RELACIONAR : to establish a relationship between, to connect — vi 1 : to be related 2 : to link up, to be connected
entronque nm 1 : kinship 2 VÍNCULO : link, connection

entuerto nm : wrong, injustice
entumecer {53} vt : to make numb, to be numb — entumecerse vr : to go numb, to fall asleep
entumecido, -da adj 1 : numb 2 : stiff (of muscles, joints, etc.)
entumecimiento nm : numbness
enturbiar vt 1 : to cloud 2 : to confuse — enturbiarse vr
entusiasmar vt : to excite, to fill with enthusiasm — entusiasmarse vr : to get excited
entusiasmo nm : enthusiasm
entusiasta¹ adj : enthusiastic
entusiasta² nmf AFICIONADO : enthusiast
enumerar vt : to enumerate — enumeración nf
enunciación nf, pl -ciones : enunciation, statement
enunciar vt : to enunciate, to state
envainar vt : to sheathe
envalentonar vt : to make bold, to encourage — envalentonarse vr
envanecer {53} vt ENGREÍR : to make vain — envanecerse vr
envasar vt 1 EMBOTELLAR : to bottle 2 ENLATAR : to can 3 : to pack in a container
envase nm 1 : packaging, packing 2 : container 3 LATA : can 4 : empty bottle
envejecer {53} vt : to age, to make look old — vi : to age, to grow old
envejecido, -da adj : aged, old-looking
envejecimiento nm : aging
envenenamiento nm : poisoning
envenenar vt 1 : to poison 2 : to embitter
envergadura nf 1 : span, breadth, spread 2 : importance, scope
envés nm, pl enveses : reverse, opposite side
enviado, -da n : envoy, correspondent
enviar {85} vt 1 : to send 2 : to ship
envidia nf : envy, jealousy
envidiar vt : to envy — envidiable adj
envidioso, -sa adj : envious, jealous
envilecer {53} vt : to degrade, to debase
envilecimiento nm : degradation, debasement
envío nm 1 : shipment 2 : remittance
enviudar vi : to be widowed, to become a widower
envoltorio nm 1 : bundle, package 2 : wrapping, wrapper
envoltura nf : wrapper, wrapping
envolver {89} vt 1 : to wrap 2 : to envelop, to surround 3 : to entangle, to involve — envolverse vr 1 : to get involved 2 : to wrap oneself (up)
envuelto pp → envolver
enyerbar vt Mex : to bewitch
enyesar vt 1 : to plaster 2 ESCAYOLAR : to put in a plaster cast
enzima nf : enzyme
éon nm, pl eones : aeon
eperlano nm : smelt (fish)

épico, -ca *adj* : epic
epicúreo¹, -rea *adj* : epicurean
epicúreo², -rea *n* : epicure
epidemia *nf* : epidemic
epidémico, -ca *adj* : epidemic
epidermis *nf* : epidermis
epifanía *nf* : feast of the Epiphany (January 6th)
epigrama *nm* : epigram
epilepsia *nf* : epilepsy
epiléptico, -ca *adj & n* : epileptic
epílogo *nm* : epilogue
episcopal *adj* : episcopal
episcopaliano, -na *adj & n* : Episcopalian
episódico, -ca *adj* : episodic
episodio *nm* : episode
epístola *nf* : epistle
epitafio *nm* : epitaph
epíteto *nm* : epithet, name
epítome *nm* : summary, abstract
época *nf* 1 EDAD, ERA, PERÍODO : epoch, age, period 2 : time of year, season 3 de ~ : vintage, antique
epopeya *nf* : epic poem
equidad *nf* JUSTICIA : equity, justice, fairness
equilátero, -ra *adj* : equilateral
equilibrado, -da *adj* : well-balanced
equilibrar *vt* : to balance — **equilibrarse** *vr*
equilibrio *nm* 1 : balance, equilibrium ⟨perder el equilibrio : to lose one's balance⟩ ⟨equilibrio político : balance of power⟩ 2 : poise, aplomb
equilibrista *nmf* ACRÓBATA, FUNÁMBULO : acrobat, tightrope walker
equino, -na *adj* : equine
equinoccio *nm* : equinox
equipaje *nm* BAGAJE : baggage, luggage
equipamiento *nm* : equipping, equipment
equipar *vt* : to equip — **equiparse** *vr*
equiparable *adj* : comparable
equiparar *vt* 1 IGUALAR : to put on a same level, to make equal 2 COMPARAR : to compare
equipo *nm* 1 : team, crew 2 : gear, equipment
equitación *nf, pl* **-ciones** : horseback riding, horsemanship
equitativo, -va *adj* JUSTO : equitable, fair, just — **equitativamente** *adv*
equivalencia *nf* : equivalence
equivalente *adj & nm* : equivalent
equivaler {84} *vi* : to be equivalent
equivocación *nf, pl* **-ciones** ERROR : error, mistake
equivocado, -da *adj* : mistaken, wrong — **equivocadamente** *adv*
equivocar {72} *vt* : to mistake, to confuse — **equivocarse** *vr* : to make a mistake, to be wrong
equívoco¹, -ca *adj* AMBIGUO : ambiguous, equivocal
equívoco² *nm* : misunderstanding
era¹, etc. → **ser**
era² *nf* EDAD, ÉPOCA : era, age

erario *nm* : public treasury
erección *nf, pl* **-ciones** : erection, raising
eremita *nmf* ERMITAÑO : hermit
ergonomía *nf* : ergonomics
erguido, -da *adj* : erect, upright
erguir {31} *vt* : to raise, to lift up — **erguirse** *vr* : to straighten up
erial *nm* : uncultivated land
erigir {35} *vt* : to build, to erect — **erigirse** *vr* ~ **en** : to set oneself up as
erizado, -da *adj* : bristly
erizarse {21} *vr* : to bristle, to stand on end
erizo *nm* 1 : hedgehog 2 **erizo de mar** : sea urchin
ermitaño¹, -ña *n* EREMITA : hermit, recluse
ermitaño² *nm* : hermit crab
erogación *nf, pl* **-ciones** : expenditure
erogar {52} *vt* 1 : to pay out 2 : to distribute
erosión *nf, pl* **-siones** : erosion
erosionar *vt* : to erode
erótico, -ca *adj* : erotic
erotismo *nm* : eroticism
errabundo, -da *adj* ERRANTE, VAGABUNDO : wandering
erradicar {72} *vt* : to eradicate — **erradicación** *nf*
errado, -da *adj* : wrong, mistaken
errante *adj* ERRABUNDO, VAGABUNDO : errant, wandering
errar {32} *vt* FALLAR : to miss — *vi* 1 DESACERTAR : to be wrong, to be mistaken 2 VAGAR : to wander
errata *nf* : misprint, error
errático, -ca *adj* : erratic — **erráticamente** *adv*
erróneo, -nea *adj* EQUIVOCADO : erroneous, wrong — **erróneamente** *adv*
error *nm* EQUIVOCACIÓN : error, mistake
eructar *vi* : to belch, to burp
eructo *nm* : belch, burp
erudición *nf, pl* **-ciones** : erudition, learning
erudito¹, -ta *adj* LETRADO : erudite, learned
erudito², -ta *n* : scholar
erupción *nf, pl* **-ciones** 1 : eruption 2 SARPULLIDO : rash
eruptivo, -va *adj* : eruptive
es → **ser**
esbelto, -ta *adj* DELGADO : slender, slim
esbirro *nm* : henchman
esbozar {21} *vt* BOSQUEJAR : to sketch, to outline
esbozo *nm* 1 : sketch 2 : rough draft
escabechar *vt* 1 ENCURTIR : to pickle 2 *fam* : to kill, to rub out
escabeche *nm* : brine (for pickling)
escabechina *nf* MASACRE : massacre, bloodbath
escabel *nm* : footstool
escabroso, -sa *adj* 1 : rugged, rough 2 : difficult, tough 3 : risqué
escabullirse {38} *vr* : to slip away, to escape

escala *nf* **1** : scale **2** ESCALERA : ladder **3** : stopover

escalada *nf* : ascent, climb

escalador, -dora *n* ALPINISTA : mountain climber

escalafón *nm, pl* **-fones** **1** : list of personnel **2** : salary scale, rank

escalar *vt* : to climb, to scale — *vi* **1** : to go climbing **2** : to escalate

escaldar *vt* : to scald

escalera *nf* **1** : ladder ⟨escalera de tijera : stepladder⟩ **2** : stairs *pl*, staircase **3** : **escalera mecánica** : escalator

escalfador *nm* : chafing dish

escalfar *vt* : to poach (eggs)

escalinata *nf* : flight of stairs

escalofriante *adj* : horrifying, bloodcurdling

escalofrío *nm* : shiver, chill, shudder

escalón *nm, pl* **-lones** **1** : echelon **2** : step, rung

escalonado, -da *adj* GRADUAL : gradual, staggered

escalonar *vt* **1** : to terrace **2** : to stagger, to alternate

escalpelo *nm* BISTURÍ : scalpel

escama *nf* **1** : scale (of fish or reptiles) **2** : flake (of skin)

escamar *vt* **1** : to scale (fish) **2** : to make suspicious

escamocha *nf Mex* : fruit salad

escamoso, -sa *adj* : scaly

escamotear *vt* **1** : to palm, to conceal **2** *fam* : to lift, to swipe **3** : to hide, to cover up

escandalizar {21} *vt* : to shock, to scandalize — *vi* : to make a fuss — **escandalizarse** *vr* : to be shocked

escándalo *nm* **1** : scandal **2** : scene, commotion

escandaloso, -sa *adj* **1** : shocking, scandalous **2** RUIDOSO : noisy, rowdy **3** : flagrant, outrageous — **escandalosamente** *adv*

escandinavo, -va *adj & n* : Scandinavian

escandir *vt* : to scan (poetry)

escanear *vt* : to scan

escáner *nm* : scanner, scan

escaño *nm* **1** : seat (in a legislative body) **2** BANCO : bench

escapada *nf* HUIDA : flight, escape

escapar *vi* HUIR : to escape, to flee, to run away — **escaparse** *vr* : to escape notice, to leak out

escaparate *nm* **1** : shop window **2** : showcase

escapatoria *nf* **1** : loophole, excuse, pretext ⟨no tener escapatoria : to have no way out⟩ **2** ESCAPADA : escape, flight

escape *nm* **1** FUGA : escape **2** : exhaust (from a vehicle)

escapismo *nm* : escapism

escápula *nf* OMÓPLATO : scapula, shoulder blade

escapulario *nm* : scapular

escarabajo *nm* : beetle

escaramuza *nf* **1** : skirmish **2** : scrimmage

escaramuzar {21} *vi* : to skirmish

escarapela *nf* : rosette (ornament)

escarbar *vt* **1** : to dig, to scratch up **2** : to poke, to pick **3** ~ **en** : to investigate, to pry into

escarcha *nf* **1** : frost **2** *Mex, PRi* : glitter

escarchar *vt* **1** : to frost (a cake) **2** : to candy (fruit)

escardar *vt* **1** : to weed, to hoe **2** : to weed out

escariar *vt* : to ream

escarlata *adj & nf* : scarlet

escarlatina *nf* : scarlet fever

escarmentar {55} *vt* : to punish, to teach a lesson to — *vi* : to learn one's lesson

escarmiento *nm* **1** : lesson, warning **2** CASTIGO : punishment

escarnecer {53} *vt* RIDICULIZAR : to ridicule, to mock

escarnio *nm* : ridicule, mockery

escarola *nf* : escarole

escarpa *nf* : escarpment, steep slope

escarpado, -da *adj* : steep, sheer

escarpia *nf* : hook, spike

escasamente *adv* : scarcely, barely

escasear *vi* : to be scarce, to run short

escasez *nf, pl* **-seces** : shortage, scarcity

escaso, -sa *adj* **1** : scarce, scant **2** ~ **de** : short of

escatimar *vt* : to skimp on, to be sparing with ⟨no escatimar esfuerzos : to spare no effort⟩

escayola *nf* **1** : plaster (for casts) **2** : plaster cast

escayolar *vt* : to put in a plaster cast

escena *nf* **1** : scene **2** : stage

escenario *nm* **1** ESCENA : stage **2** : setting, scene ⟨el escenario del crimen : the scene of the crime⟩

escénico, -ca *adj* **1** : scenic **2** : stage

escenificar {72} *vt* : to stage, to dramatize

escepticismo *nm* : skepticism

escéptico¹, -ca *adj* : skeptical

escéptico², -ca *n* : skeptic

escindirse *vr* **1** : to split **2** : to break away

escisión *nf, pl* **-siones** **1** : split, division **2** : excision

esclarecer {53} *vt* **1** ELUCIDAR : to elucidate, to clarify **2** ILUMINAR : to illuminate, to light up

esclarecimiento *nm* ELUCIDACIÓN : elucidation, clarification

esclavitud *nf* : slavery

esclavización *nf, pl* **-ciones** : enslavement

esclavizar {21} *vt* : to enslave

esclavo, -va *n* : slave

esclerosis *nf* **esclerosis múltiple** : multiple sclerosis

esclusa *nf* : floodgate, lock (of a canal)

escoba *nf* : broom

escobilla *nf* : small broom, brush, whisk broom

escobillón *nm, pl* **-llones** : swab

escocer {14} *vi* ARDER : to smart, to sting — **escocerse** *vr* : to be sore
escocés¹, -cesa *adj, mpl* **-ceses** 1 : Scottish 2 : tartan, plaid
escocés², -cesa *n, mpl* **-ceses** : Scottish person, Scot
escocés³ *nm* 1 : Scots (language) 2 *pl* **-ceses** : Scotch (whiskey)
escofina *nf* : file, rasp
escoger {15} *vt* ELEGIR, SELECCIONAR : to choose, to select
escogido, -da *adj* : choice, select
escolar¹ *adj* : school
escolar² *nmf* : student, pupil
escolaridad *nf* : schooling ⟨escolaridad obligatoria : compulsory education⟩
escolarización *nf, pl* **-ciones** : education, schooling
escollo *nm* 1 : reef 2 OBSTÁCULO : obstacle
escolta *nmf* : escort
escoltar *vt* : to escort, to accompany
escombro *nm* 1 : debris, rubbish 2 **escombros** *nmpl* : ruins, rubble
esconder *vt* OCULTAR : to hide, to conceal
escondidas *nfpl* 1 : hide-and-seek 2 a ~ : secretly, in secret
escondimiento *nm* : concealment
escondite *nm* 1 ENCONDRIJO : hiding place 2 ESCONDIDAS : hide-and-seek
escondrijo *nm* ESCONDITE : hiding place
escopeta *nf* : shotgun
escoplear *vt* : to chisel (out)
escoplo *nm* : chisel
escora *nf* : list, heeling
escorar *vi* : to list, to heel (of a boat)
escorbuto *nm* : scurvy
escoria *nf* 1 : slag, dross 2 HEZ : dregs *pl*, scum ⟨la escoria de la sociedad : the dregs of society⟩
Escorpio *or* **Escorpión** *nmf* : Scorpio
escorpión *nm, pl* **-piones** ALACRÁN : scorpion
escote *nm* 1 : low neckline 2 **pagar a escote** : to go dutch
escotilla *nf* : hatch, hatchway
escotillón *nf, pl* **-llones** : trapdoor
escozor *nm* : smarting, stinging
escriba *nm* : scribe
escribano, -na *n* 1 : court clerk 2 NOTARIO : notary public
escribir {33} *v* 1 : to write 2 : to spell — **escribirse** *vr* CARTEARSE : to write to one another, to correspond
escrito¹ *pp* → **escribir**
escrito², -ta *adj* : written
escrito³ *nm* 1 : written document 2 **escritos** *nmpl* : writings, works
escritor, -tora *n* : writer
escritorio *nm* : desk
escritorzuelo, -la *n* : hack (writer)
escritura *nf* 1 : writing, handwriting 2 : deed 3 **las Escrituras** : the Scriptures
escroto *nm* : scrotum
escrúpulo *nm* : scruple

escrupuloso, -sa *adj* 1 : scrupulous 2 METICULOSO : exact, meticulous — **escrupulosamente** *adv*
escrutador, -dora *adj* : penetrating, searching
escrutar *vt* ESCUDRIÑAR : to scrutinize, to examine closely
escrutinio *nm* : scrutiny
escuadra *nf* 1 : square (instrument) 2 : fleet, squadron
escuadrilla *nf* : squadron, formation, flight
escuadrón *nm, pl* **-drones** : squadron
escuálido, -da *adj* 1 : skinny, scrawny 2 INMUNDO : filthy, squalid
escuchar *vt* 1 : to listen to 2 : to hear — *vi* : to listen — **escucharse** *vr*
escudar *vt* : to shield — **escudarse** *vr* ~ **en** : to hide behind
escudero *nm* : squire
escudo *nm* 1 : shield 2 **escudo de armas** : coat of arms
escudriñar *vt* 1 ESCRUTAR : to scrutinize 2 : to inquire into, to investigate
escuela *nf* : school
escueto, -ta *adj* 1 : plain, simple 2 : succinct, concise — **escuetamente** *adv*
escuincle, -cla *n Mex fam* : child, kid
esculcar {72} *vt* : to search
esculpir *vt* 1 : to sculpt 2 : to carve, to engrave — *vi* : to sculpt
escultor, -tora *n* : sculptor
escultórico, -ca *adj* : sculptural
escultura *nf* : sculpture
escultural *adj* : statuesque
escupidera *nf* : spittoon, cuspidor
escupir *v* : to spit
escupitajo *nm* : spit
escurridizo, -za *adj* : slippery, elusive
escurridor *nm* 1 : dish rack 2 : colander
escurrir *vt* 1 : to wring out 2 : to drain — *vi* 1 : to drain 2 : to drip, to drip-dry — **escurrirse** *vr* : to slip away
ése, ésa *adj, mpl* **ésos** : that, those
ése, ésa *pron, mpl* **ésos** : that one, those ones *pl*
esencia *nf* : essence
esencial *adj* : essential — **esencialmente** *adv*
esfera *nf* 1 : sphere 2 : face, dial (of a watch)
esférico¹, -ca *adj* : spherical
esférico² *nm* : ball (in sports)
esfinge *nf* : sphinx
esforzado, -da *adj* 1 : energetic, vigorous 2 VALIENTE : courageous, brave
esforzar {36} *vt* : to strain — **esforzarse** *vr* : to make an effort
esfuerzo *nm* 1 : effort 2 ÁNIMO, VIGOR : spirit, vigor 3 **sin** ~ : effortlessly
esfumar *vt* : to tone down, to soften — **esfumarse** *vr* 1 : to fade away, to vanish 2 *fam* : to take off, to leave
esgrima *nf* : fencing (sport)
esgrimidor, -dora *n* : fencer
esgrimir *vt* 1 : to brandish, to wield 2 : to use, to resort to — *vi* : to fence

esguince *nm* : sprain, strain (of a muscle)

eslabón *nm, pl* **-bones** : link

eslabonar *vt* : to link, to connect, to join

eslavo[1], **-va** *adj* : Slavic

eslavo[2], **-va** *n* : Slav

eslogan *nm, pl* **-lóganes** : slogan

eslovaco, -ca *adj & n* : Slovakian, Slovak

esloveno, -na *adj & nm* : Slovene, Slovenian

esmaltar *vt* : to enamel

esmalte *nm* 1 : enamel 2 **esmalte de uñas** : nail polish

esmerado, -da *adj* : careful, painstaking

esmeralda *nf* : emerald

esmerarse *vr* : to take great pains, to do one's utmost

esmeril *nm* : emery

esmero *nm* : meticulousness, great care

esmoquin *nm, pl* **-quins** : tuxedo

esnob[1] *adj, pl* **esnobs** : snobbish

esnob[2] *nmf, pl* **esnobs** : snob

esnobismo *nm* : snobbery, snobbishness

eso *pron (neuter)* 1 : that ⟨eso no me gusta : I don't like that⟩ 2 **¡eso es!** : that's it!, that's right! 3 **a eso de** : around ⟨a eso de las tres : around three o'clock⟩ 4 **en ~** : at that point, just then

esófago *nm* : esophagus

esos → **ese**

ésos → **ése**

esotérico, -ca *adj* : esoteric — **esotéricamente** *adv*

espabilado, -da *adj* : bright, smart

espabilarse *vr* 1 : to awaken 2 : to get a move on 3 : to get smart, to wise up

espacial *adj* 1 : space 2 : spatial

espaciar *vt* DISTANCIAR : to space out, to spread out

espacio *nm* 1 : space, room 2 : period, length (of time) 3 **espacio exterior** : outer space

espacioso, -sa *adj* : spacious, roomy

espada[1] *nf* 1 : sword 2 **espadas** *nfpl* : spades (in playing cards)

espada[2] *nm* MATADOR, TORERO : bullfighter, matador

espadaña *nf* 1 : belfry 2 : cattail

espadilla *nf* : scull, oar

espagueti *nm or* **espaguetis** *nmpl* : spaghetti

espalda *nf* 1 : back 2 **espaldas** *nfpl* : shoulders, back 3 **por la espalda** : from behind

espaldarazo *nm* 1 : recognition, support 2 : slap on the back

espaldera *nf* : trellis

espantajo *nm* : scarecrow

espantapájaros *nms & pl* : scarecrow

espantar *vt* ASUSTAR : to scare, to frighten — **espantarse** *vr*

espanto *nm* : fright, fear, horror

espantoso, -sa *adj* 1 : frightening, terrifying 2 : frightful, dreadful

español[1], **-ñola** *adj* : Spanish

español[2], **-ñola** *n* : Spaniard

español[3] *nm* CASTELLANO : Spanish (language)

esparadrapo *nm* : adhesive bandage, Band-Aid™

esparcimiento *nm* 1 DIVERSIÓN, RECREO : entertainment, recreation 2 DESCANSO : relaxation 3 DISEMINACIÓN : dissemination, spreading

esparcir {83} *vt* DISPERSAR : to scatter, to spread — **esparcirse** *vr* 1 : to spread out 2 DESCANSARSE : to take it easy 3 DIVERTIRSE : to amuse oneself

espárrago *nm* : asparagus

espartano, -na *adj* : severe, austere

espasmo *nm* : spasm

espasmódico, -ca *adj* : spasmodic

espástico, -ca *adj* : spastic

espátula *nf* : spatula

especia *nf* : spice

especial *adj & n* : special

especialidad *nf* : specialty

especialista *nmf* : specialist, expert

especialización *nf, pl* **-ciones** : specialization

especializarse {21} *vr* : to specialize

especialmente *adv* : especially, particularly

especie *nf* 1 : species 2 CLASE, TIPO : type, kind, sort

especificación *nf, pl* **-ciones** : specification

especificar {72} *vt* : to specify

específico, -ca *adj* : specific — **específicamente** *adv*

espécimen *nm, pl* **especímenes** : specimen

especioso, -sa *adj* : specious

espectacular *adj* : spectacular — **espectacularmente** *adv*

espectáculo *nm* 1 : spectacle, sight 2 : show, performance

espectador, -dora *n* : spectator, onlooker

espectro *nm* 1 : ghost, specter 2 : spectrum

especulación *nf, pl* **-ciones** : speculation

especulador, -dora *n* : speculator

especular *vi* : to speculate

especulativo, -va *adj* : speculative

espejismo *nm* 1 : mirage 2 : illusion

espejo *nm* : mirror

espejuelos *nmpl* ANTEOJOS : spectacles, glasses

espeluznante *adj* : hair-raising, terrifying

espera *nf* : wait

esperado, -da *adj* : anticipated

esperanza *nf* : hope, expectation

esperanzado, -da *adj* : hopeful

esperanzador, -dora *adj* : encouraging, promising

esperanzar {21} *vt* : to give hope to

esperar *vt* 1 AGUARDAR : to wait for, to await 2 : to expect 3 : to hope ⟨espero poder trabajar : I hope to be able to work⟩ ⟨espero que sí : I hope so⟩ — *vi*

: to wait — **esperarse** *vr* **1** : to expect, to be hoped ⟨como podría esperarse : as would be expected⟩ **2** : to hold on, to hang on ⟨espérate un momento : hold on a minute⟩
esperma *nmf* : sperm
esperpéntico, -ca *adj* GROTESCO : grotesque
esperpento *nm fam* MAMARRACHO : sight, fright ⟨voy hecha un esperpento : I really look a sight⟩
espesante *nm* : thickener
espesar *vt* : to thicken — **espesarse** *vr*
espeso, -sa *adj* : thick, heavy, dense
espesor *nm* : thickness, density
espesura *nf* **1** : thickness **2** : thicket
espetar *vt* **1** : to blurt out **2** : to skewer
espía *nmf* : spy
espiar {85} *vt* : to spy on, to observe — *vi* : to spy
espiga *nf* **1** : ear (of wheat) **2** : spike (of flowers)
espigado, -da *adj* : willowy, slender
espigar {52} *vt* : to glean, to gather — **espigarse** *vr* : to grow quickly, to shoot up
espigón *nm, pl* **-gones** : breakwater
espina *nf* **1** : thorn **2** : spine ⟨espina dorsal : spinal column⟩ **3** : fish bone
espinaca *nf* **1** : spinach (plant) **2 espinacas** *nfpl* : spinach (food)
espinal *adj* : spinal
espinazo *nm* : backbone
espineta *nf* : spinet
espinilla *nf* **1** BARRO, GRANO : pimple **2** : shin
espino *nm* : hawthorn
espinoso, -sa *adj* **1** : thorny, prickly **2** : bony (of fish) **3** : knotty, difficult
espionaje *nm* : espionage
espiración *nf, pl* **-ciones** : exhalation
espiral *adj & nf* : spiral
espirar *vt* EXHALAR : to breathe out, to give off — *vi* : to exhale
espiritismo *nm* : spiritualism
espiritista *nmf* : spiritualist
espíritu *nm* **1** : spirit **2** ÁNIMO : state of mind, spirits *pl* **3 el Espíritu Santo** : the Holy Ghost
espiritual *adj* : spiritual — **espiritualmente** *adv*
espiritualidad *nf* : spirituality
espita *nf* : spigot, tap
esplendidez *nf, pl* **-deces** ESPLENDOR : magnificence, splendor
espléndido, -da *adj* **1** : splendid, magnificent **2** : generous, lavish — **espléndidamente** *adv*
esplendor *nm* ESPLENDIDEZ : splendor
esplendoroso, -sa *adj* MAGNÍFICO : magnificent, grand
espliego *nm* LAVANDA : lavender
espolear *vt* : to spur on
espoleta *nf* **1** DETONADOR : detonator, fuse **2** : wishbone
espolón *nm, pl* **-lones** : spur (of poultry), fetlock (of a horse)

espolvorear *vt* : to sprinkle, to dust
esponja *nf* **1** : sponge **2 tirar la esponja** : to throw in the towel
esponjado, -da *adj* : spongy
esponjoso, -sa *adj* **1** : spongy **2** : soft, fluffy
esponsales *nmpl* : betrothal, engagement
espontaneidad *nf* : spontaneity
espontáneo, -nea *adj* : spontaneous — **espontáneamente** *adv*
espora *nf* : spore
esporádico, -ca *adj* : sporadic — **esporádicamente** *adv*
esposar *vt* : to handcuff
esposas *nfpl* : handcuffs
esposo, -sa *n* : spouse, wife *f*, husband *m*
esprint *nm* : sprint
esprintar *vi* : to sprint
esprínter *nmf* : sprinter
espuela *nf* : spur
espuerta *nf* : two-handled basket
espulgar {52} *vt* **1** : to delouse **2** : to scrutinize
espuma *nf* **1** : foam **2** : lather **3** : froth, head (on beer)
espumar *vi* : to foam, to froth — *vt* : to skim off
espumoso, -sa *adj* : foamy, frothy
espurio, -ria *adj* : spurious
esputar *v* : to expectorate, to spit
esputo *nm* : spit, sputum
esqueje *nm* : cutting (from a plant)
esquela *nf* **1** : note **2** : notice, announcement
esquelético, -ca *adj* : emaciated, skeletal
esqueleto *nm* **1** : skeleton **2** ARMAZÓN : framework
esquema *nf* BOSQUEJO : outline, sketch, plan
esquemático, -ca *adj* : schematic
esquí *nm* **1** : ski **2 esquí acuático** : water ski, waterskiing
esquiador, -dora *n* : skier
esquiar {85} *vi* : to ski
esquife *nm* : skiff
esquila *nf* **1** CENCERRO : cowbell **2** : shearing
esquilar *vt* TRASQUILAR : to shear
esquimal *adj & nmf* : Eskimo
esquina *nf* : corner
esquinazo *nm* **1** : corner **2 dar esquinazo a** *fam* : to stand up, to give the slip to
esquirla *nf* : splinter (of bone, glass, etc.)
esquirol *nm* ROMPEHUELGAS : strikebreaker, scab
esquisto *nm* : shale
esquivar *vt* **1** EVADIR : to dodge, to evade **2** EVITAR : to avoid
esquivez *nf, pl* **-veces** **1** : aloofness **2** TIMIDEZ : shyness
esquivo, -va *adj* **1** HURAÑO : aloof, unsociable **2** : shy **3** : elusive, evasive
esquizofrenia *nf* : schizophrenia
esquizofrénico, -ca *adj & n* : schizophrenic

esta *adj* → este[1]
ésta → éste
estabilidad *nf* : stability
estabilización *nf, pl* -ciones : stabilization
estabilizador *nm* : stabilizer
estabilizar {21} *vt* : to stabilize — estabilizarse *vr*
estable *adj* : stable, steady
establecer {53} *vt* FUNDAR, INSTITUIR : to establish, to found, to set up — establecerse *vr* INSTALARSE : to settle, to establish oneself
establecimiento *nm* 1 : establishing 2 : establishment, institution, office
establo *nm* : stable
estaca *nf* : stake, picket, post
estacada *nf* 1 : picket fence 2 : stockade
estacar {72} *vt* 1 : to stake out 2 : to fasten down with stakes — estacarse *vr* : to remain rigid
estación *nf, pl* -ciones 1 : station ⟨estación de servicio : service station, gas station⟩ 2 : season
estacional *adj* : seasonal
estacionamiento *nm* 1 : parking 2 : parking lot
estacionar *vt* 1 : to place, to station 2 : to park — estacionarse *vr* 1 : to park 2 : to remain stationary
estacionario, -ria *adj* 1 : stationary 2 : stable
estada *nf* : stay
estadía *nf* ESTANCIA : stay, sojourn
estadio *nm* 1 : stadium 2 : phase, stage
estadista *nmf* : statesman
estadística *nf* 1 : statistic, figure 2 : statistics
estadístico[1], -ca *adj* : statistical — estadísticamente *adv*
estadístico[2], -ca *n* : statistician
estado *nm* 1 : state 2 : status ⟨estado civil : marital status⟩ 3 CONDICIÓN : condition
estadounidense *adj & nmf* AMERICANO, NORTEAMERICANO : American
estafa *nf* : swindle, fraud
estafador, -dora *n* : cheat, swindler
estafar *vt* DEFRAUDAR : to swindle, to defraud
estalactita *nf* : stalactite
estalagmita *nf* : stalagmite
estallar *vi* 1 REVENTAR : to burst, to explode, to erupt 2 : to break out
estallido *nm* 1 EXPLOSIÓN : explosion 2 : report (of a gun) 3 : outbreak, outburst
estambre *nm* 1 : worsted (fabric) 2 : stamen
estampa *nf* 1 ILUSTRACIÓN, IMAGEN : printed image, illustration 2 ASPECTO : appearance, demeanor
estampado[1], -da *adj* : patterned, printed
estampado[2] *nm* : print, pattern
estampar *vt* : to stamp, to print, to engrave

estampida *nf* : stampede
estampilla *nf* 1 : rubber stamp 2 SELLO, TIMBRE : postage stamp
estancamiento *nm* : stagnation
estancado, -da *adj* : stagnant
estancar {72} *vt* 1 : to dam up, to hold back 2 : to bring to a halt, to deadlock — estancarse *vr* 1 : to stagnate 2 : to be brought to a standstill, to be deadlocked
estancia *nf* 1 ESTADÍA : stay, sojourn 2 : ranch, farm
estanciero, -ra *n* : rancher, farmer
estanco, -ca *adj* : watertight
estándar *adj & nm* : standard
estandarización *nf, pl* -ciones : standardization
estandarizar {21} *vt* : to standardize
estandarte *nm* : standard, banner
estanque *nm* 1 : pool, pond 2 : tank, reservoir
estante *nm* REPISA : shelf
estantería *nf* : shelves *pl*, bookcase
estaño *nm* : tin
estaquilla *nf* 1 : peg 2 ESPIGA : spike
estar {34} *v aux* : to be ⟨estoy aprendiendo inglés : I'm learning English⟩ ⟨está terminado : it's finished⟩ — *vi* 1 (*indicating a state or condition*) : to be ⟨está muy alto : he's so tall, he's gotten very tall⟩ ⟨ya estás mejor? : are you feeling better now?⟩ ⟨estoy casado : I'm married⟩ 2 (*indicating location*) : to be ⟨están en la mesa : they're on the table⟩ ⟨estamos en la página 2 : we're on page 2⟩ 3 : to be at home ⟨¿está María? : is Maria in?⟩ 4 : to remain ⟨estaré aquí 5 días : I'll be here for 5 days⟩ 5 : to be ready, to be done ⟨estará para las diez : it will be ready by ten o'clock⟩ 6 : to agree ⟨¿estamos? : are we in agreement?⟩ ⟨estoy contigo : I'm with you⟩ 7 ¿cómo estás? : how are you? 8 ¡está bien! : all right!, that's fine! 9 ～ a : to cost 10 ～ a : to be ⟨¿a qué día estamos? : what's today's date?⟩ 11 ～ con : to have ⟨está con fiebre : she has a fever⟩ 12 ～ de : to be ⟨estoy de vacaciones : I'm on vacation⟩ ⟨está de director hoy : he's acting as director today⟩ 13 estar bien (mal) : to be well (sick) 14 ～ para : to be in the mood for 15 ～ por : to be in favor of 16 ～ por : to be about to ⟨está por cerrar : it's on the verge of closing⟩ 17 estar de más : to be unnecessary 18 estar que : to be (in a state or condition) ⟨está que echa chispas : he's hopping mad⟩ — estarse *vr* QUEDARSE : to stay, to remain ⟨estáte quieto! : be still!⟩
estarcir {83} *vt* : to stencil
estatal *adj* : state, national
estática *nf* : static
estático, -ca *adj* : static
estatizar {21} *vt* : to nationalize — estatización *nf*
estatua *nf* : statue

estatuilla *nf* : statuette, figurine
estatura *nf* : height, stature ⟨de mediana estatura : of medium height⟩
estatus *nm* : status, prestige
estatutario, -ria *adj* : statutory
estatuto *nm* : statute
este¹, esta *adj, mpl* **estos** : this, these
este² *adj* : eastern, east
este³ *nm* **1** ORIENTE : east **2** : east wind **3 el Este** : the East, the Orient
éste, ésta *pron, mpl* **éstos 1** : this one, these ones *pl* **2** : the latter
estela *nf* **1** : wake (of a ship) **2** RASTRO : trail (of dust, smoke, etc.)
estelar *adj* : stellar
estelarizar {21} *vt* *Mex* : to star in, to be the star of
esténcil *nm* : stencil
estentóreo, -rea *adj* : loud, thundering
estepa *nf* : steppe
éster *nf* : ester
estera *nf* : mat
estercolero *nm* : dunghill
estéreo *adj & nm* : stereo
estereofónico, -ca *adj* : stereophonic
estereotipado, -da *adj* : stereotyped
estereotipar *vt* : to stereotype
estereotipo *nm* : stereotype
estéril 1 : sterile, germ-free **2** : infertile, barren **3** : futile, vain
esterilidad *nf* **1** : sterility **2** : infertility
esterilizar {21} *vt* **1** : to sterilize, to disinfect **2** : to sterilize (a person), to spay (an animal) — **esterilización** *nf*
esterlina *adj* : sterling
esternón *nm, pl* **-nones** : sternum
estero *nm* : estuary
estertor *nm* : death rattle
estética *nf* : aesthetics
estético, -ca *adj* : aesthetic — **estéticamente** *adv*
estetoscopio *nm* : stethoscope
estibador, -dora *n* : longshoreman, stevedore
estibar *vt* : to load (freight)
estiércol *nm* : dung, manure
estigma *nm* : stigma
estigmatizar {21} *vt* : to stigmatize, to brand
estilarse *vr* : to be in fashion
estilete *nm* : stiletto
estilista *nmf* : stylist
estilizar {21} *vt* : to stylize
estilo *nm* **1** : style **2** : fashion, manner **3** : stylus
estima *nf* ESTIMACIÓN : esteem, regard
estimable *adj* **1** : considerable **2** : estimable, esteemed
estimación *nf, pl* **-ciones 1** ESTIMA : esteem, regard **2** : estimate
estimado, -da *adj* : esteemed, dear ⟨Estimado señor Ortiz : Dear Mr. Ortiz⟩
estimar *vt* **1** APRECIAR : to esteem, to respect **2** EVALUAR : to estimate, to appraise **3** OPINAR : to consider, to deem
estimulación *nf, pl* **-ciones** : stimulation
estimulante¹ *adj* : stimulating
estimulante² *nm* : stimulant

estimular *vt* **1** : to stimulate **2** : to encourage
estímulo *nm* **1** : stimulus **2** INCENTIVO : incentive, encouragement
estío *nm* : summertime
estipendio *nm* **1** : salary **2** : stipend, remuneration
estipular *vt* : to stipulate — **estipulación** *nf*
estirado, -da *adj* **1** : stretched, extended **2** PRESUMIDO : stuck-up, conceited
estiramiento *nm* **1** : stretching **2 estiramiento facial** : face-lift
estirar *vt* : to stretch (out), to extend — **estirarse** *vr*
estirón *nm, pl* **-rones 1** : pull, tug **2 dar un estirón** : to grow quickly, to shoot up
estirpe *nf* LINAJE : lineage, stock
estival *adj* VERANIEGO : summer
esto *pron* (*neuter*) **1** : this ⟨¿qué es esto? : what is this?⟩ **2 en ~** : at this point **3 por ~** : for this reason
estocada *nf* **1** : final thrust (in bullfighting) **2** : thrust, lunge (in fencing)
estofa *nf* CLASE : class, quality ⟨de baja estofa : low-class, poor-quality⟩
estofado *nm* COCIDO, GUISADO : stew
estofar *vt* GUISAR : to stew
estoicismo *nm* : stoicism
estoico¹, -ca *adj* : stoic, stoical
estoico², -ca *n* : stoic
estola *nf* : stole
estomacal *adj* GÁSTRICO : stomach, gastric
estómago *nm* : stomach
estoniano, -na *adj & n* : Estonian
estonio, -nia *adj & n* : Estonian
estopa *nf* **1** : tow (yarn or cloth) **2** : burlap
estopilla *nf* : cheesecloth
estoque *nm* : rapier, sword
estorbar *vt* OBSTRUIR : to obstruct, to hinder — *vi* : to get in the way
estorbo *nm* **1** : obstacle, hindrance **2** : nuisance
estornino *nm* : starling
estornudar *vi* : to sneeze
estornudo *nm* : sneeze
estos *adj* → **este¹**
éstos → **éste**
estoy → **estar**
estrabismo *nm* : squint
estrado *nm* **1** : dais, platform, bench (of a judge) **2 estrados** *nmpl* : courts of law
estrafalario, -ria *adj* ESTRAMBÓTICO, EXCÉNTRICO : eccentric, bizarre
estragar {52} *vt* DEVASTAR : to ruin, to devastate
estragón *nm* : tarragon
estragos *nmpl* **1** : ravages, destruction, devastation ⟨los estragos de la guerra : the ravages of war⟩ **2 hacer estragos en** *or* **causar estragos entre** : to play havoc with
estrambótico, -ca *adj* ESTRAFALARIO, EXCÉNTRICO : eccentric, bizarre

estrangulamiento *nm* : strangling, strangulation

estrangular *vt* AHOGAR : to strangle — **estrangulación** *nf*

estratagema *nf* ARTIMAÑA : stratagem, ruse

estratega *nmf* : strategist

estrategia *nf* : strategy

estratégico, -ca *adj* : strategic, tactical — **estratégicamente** *adv*

estratificación *nf*, *pl* **-ciones** : stratification

estratificado, -da *adj* : stratified

estrato *nm* : stratum, layer

estratosfera *nf* : stratosphere

estratosférico, -ca *adj* 1 : stratospheric 2 : astronomical, exorbitant

estrechamiento *nm* 1 : narrowing 2 : narrow point 3 : tightening, strengthening (of relations)

estrechar *vt* 1 : to narrow 2 : to tighten, to strengthen (a bond) 3 : to hug, to embrace 4 **estrechar la mano de** : to shake hands with — **estrecharse** *vr*

estrechez *nf*, *pl* **-checes** 1 : tightness, narrowness 2 **estrecheces** *nfpl* : financial problems

estrecho¹, -cha *adj* 1 : tight, narrow 2 ÍNTIMO : close — **estrechamente** *adv*

estrecho² *nm* : strait, narrows

estrella *nf* 1 ASTRO : star ⟨estrella fugaz : shooting star⟩ 2 : destiny ⟨tener buena estrella : to be born lucky⟩ 3 : movie star 4 **estrella de mar** : starfish

estrellado, -da *adj* 1 : starry 2 : star-shaped 3 **huevos estrellados** : fried eggs

estrellamiento *nm* : crash, collision

estrellar *vt* : to smash, to crash — **estrellarse** *vr* : to crash, to collide

estrellato *nm* : stardom

estremecedor, -dora *adj* : horrifying

estremecer {53} *vt* : to cause to shake — *vi* : to tremble, to shake — **estremecerse** *vr* : to shudder, to shiver (with emotion)

estremecimiento *nm* : trembling, shaking, shivering

estrenar *vt* 1 : to use for the first time 2 : to premiere, to open — **estrenarse** *vr* : to make one's debut

estreno *nm* DEBUT : debut, premiere

estreñimiento *nm* : constipation

estreñirse {67} *vr* : to be constipated

estrépito *nm* ESTRUENDO : clamor, din

estrepitoso, -sa *adj* : clamorous, noisy — **estrepitosamente** *adv*

estrés *nm*, *pl* **estreses** : stress

estresante *adj* : stressful

estresar *vt* : to stress, to stress out

estría *nf* : fluting, groove

estribación *nf*, *pl* **-ciones** 1 : spur, ridge 2 **estribaciones** *nfpl* : foothills

estribar *vi* FUNDARSE ∼ **en** : to be due to, to stem from

estribillo *nm* : refrain, chorus

estribo *nm* 1 : stirrup 2 : abutment, buttress 3 **perder los estribos** : to lose one's temper

estribor *nm* : starboard

estricnina *nf* : strychnine

estricto, -ta *adj* SEVERO : strict, severe — **estrictamente** *adv*

estridente *adj* : strident, shrill, loud — **estridentemente** *adv*

estrofa *nf* : stanza, verse

estrógeno *nm* : estrogen

estropajo *nm* : scouring pad

estropear *vt* 1 ARRUINAR : to ruin, to spoil 2 : to break, to damage — **estropearse** *vr* 1 : to spoil, to go bad 2 : to break down

estropicio *nm* DAÑO : damage, breakage

estructura *nf* : structure, framework

estructuración *nf*, *pl* **-ciones** : structuring, structure

estructural *adj* : structural — **estructuralmente** *adv*

estructurar *vt* : to structure, to organize

estruendo *nm* ESTRÉPITO : racket, din, roar

estruendoso, -sa *adj* : resounding, thunderous

estrujar *vt* APRETAR : to press, to squeeze

estuario *nm* : estuary

estuche *nm* : kit, case

estuco *nm* : stucco

estudiado, -da *adj* : affected, mannered

estudiantado *nm* : student body, students *pl*

estudiante *nmf* : student

estudiantil *adj* : student ⟨la vida estudiantil : student life⟩

estudiar *v* : to study

estudio *nm* 1 : study 2 : studio 3 **estudios** *nmpl* : studies, education

estudioso, -sa *adj* : studious

estufa *nf* 1 FASE : stove, heater 2 *Col, Mex* : cooking stove, range

estupefacción *nf*, *pl* **-ciones** : stupefaction, astonishment

estupefaciente¹ *adj* : narcotic

estupefaciente² *nm* DROGA, NARCÓTICO : drug, narcotic

estupefacto, -ta *adj* : astonished, stunned

estupendo, -da *adj* MARAVILLOSO : stupendous, marvelous — **estupendamente** *adv*

estupidez *nf*, *pl* **-deces** 1 : stupidity 2 : nonsense

estúpido¹, -da *adj* : stupid — **estúpidamente** *adv*

estúpido², -da *n* IDIOTA : idiot, fool

estupor *nm* 1 : stupor 2 : amazement

esturión *nm*, *pl* **-riones** : sturgeon

estuvo, etc. → **estar**

etano *nm* : ethane

etanol *nm* : ethanol

etapa *nf* FASE : stage, phase

etcétera¹ : et cetera, and so on

etcétera² *nmf* : et cetera

éter *nm* : ether

etéreo, -rea *adj* : ethereal, heavenly
eternidad *nf* : eternity
eternizar {21} *vt* PERPETUAR : to make eternal, to perpetuate — **eternizarse** *vr fam* : to take forever
eterno, -na *adj* : eternal, endless — **eternamente** *adv*
ética *nf* : ethics
ético, -ca *adj* : ethical — **éticamente** *adv*
etimología *nf* : etymology
etimológico, -ca *adj* : etymological
etimólogo, -ga *n* : etymologist
etíope *adj & nmf* : Ethiopian
etiqueta *nf* 1 : etiquette 2 : tag, label 3 de ~ : formal, dressy
etiquetar *vt* : to label
étnico, -ca *adj* : ethnic
etnología *nf* : ethnology
etnólogo, -ga *n* : ethnologist
eucalipto *nm* : eucalyptus
Eucaristía *nf* : Eucharist, communion
eucarístico, -ca *adj* : eucharistic
eufemismo *nm* : euphemism
eufemístico, -ca *adj* : euphemistic
eufonía *nf* : euphony
eufónico, -ca *adj* : euphonious
euforia *nf* : euphoria, joyousness
eufórico, -ca *adj* : euphoric, exuberant, joyous — **eufóricamente** *adv*
eunuco *nm* : eunuch
europeo, -pea *adj & n* : European
euskera *nm* : Basque (language)
eutanasia *nf* : euthanasia
evacuación *nf, pl* **-ciones** : evacuation
evacuar *vt* 1 : to evacuate, to vacate 2 : to carry out — *vi* : to have a bowel movement
evadir *vt* ELUDIR : to evade, to avoid — **evadirse** *vr* : to escape, to slip away
evaluación *nf, pl* **-ciones** : assessment, evaluation
evaluador, -dora *n* : assessor
evaluar {3} *vt* : to evaluate, to assess, to appraise
evangélico, -ca *adj* : evangelical — **evangélicamente** *adv*
evangelio *nm* : gospel
evangelismo *nm* : evangelism
evangelista *nmf* : evangelist
evangelizador, -dora *n* : evangelist, missionary
evaporación *nf, pl* **-ciones** : evaporation
evaporar *vt* : to evaporate — **evaporarse** *vr* ESFUMARSE : to disappear, to vanish
evasión *nf, pl* **-siones** 1 : escape, flight 2 : evasion, dodge
evasiva *nf* : excuse, pretext
evasivo, -va *adj* : evasive
evento *nm* : event
eventual *adj* 1 : possible 2 : temporary ⟨trabajadores eventuales : temporary workers⟩ — **eventualmente** *adv*
eventualidad *nf* : possibility, eventuality
evidencia *nf* 1 : evidence, proof 2 **poner en evidencia** : to demonstrate, to make clear

evidenciar *vt* : to demonstrate, to show — **evidenciarse** *vr* : to be evident
evidente *adj* : evident, obvious, clear — **evidentemente** *adv*
eviscerar *vt* : to eviscerate
evitable *adj* : avoidable, preventable
evitar *vt* 1 : to avoid 2 PREVENIR : to prevent 3 ELUDIR : to escape, to elude
evocación *nf, pl* **-ciones** : evocation
evocador, -dora *adj* : evocative
evocar {72} *vt* 1 : to evoke 2 RECORDAR : to recall
evolución *nf, pl* **-ciones** 1 : evolution 2 : development, progress
evolucionar *vi* 1 : to evolve 2 : to change, to develop
evolutivo, -va *adj* : evolutionary
exabrupto *nm* : pointed remark
exacción *nf, pl* **-ciones** : levying, exaction
exacerbar *vt* 1 : to exacerbate, to aggravate 2 : to irritate, to exasperate
exactamente *adv* : exactly
exactitud *nf* PRECISIÓN : accuracy, precision, exactitude
exacto, -ta *adj* PRECISO : accurate, precise, exact
exageración *nf, pl* **-ciones** : exaggeration
exagerado, -da *adj* 1 : exaggerated 2 : excessive — **exageradamente** *adv*
exagerar *v* : to exaggerate
exaltación *nf, pl* **-ciones** 1 : exaltation 2 : excitement, agitation
exaltado[1], -da *adj* : excitable, hotheaded
exaltado[2], -da *n* : hothead
exaltar *vt* 1 ENSALZAR : to exalt, to extol 2 : to excite, to agitate — **exaltarse** *vr* ACALORARSE : to get overexcited
ex–alumno → **alumno**
examen *nm, pl* **exámenes** 1 : examination, test 2 : consideration, investigation
examinar *vt* 1 : to examine 2 INSPECCIONAR : to inspect — **examinarse** *vr* : to take an exam
exánime *adj* 1 : lifeless 2 : exhausted
exasperante *adj* : exasperating
exasperar *vt* IRRITAR : to exasperate, to irritate — **exasperación** *nf*
excavación *nf, pl* **-ciones** : excavation
excavadora *nf* : excavator
excavar *v* : to excavate, to dig
excedente[1] *adj* 1 : excessive 2 : excess, surplus
excedente[2] *nm* : surplus, excess
exceder *vt* : to exceed, to surpass — **excederse** *vr* : to go too far
excelencia *nf* 1 : excellence 2 : excellency ⟨Su Excelencia : His Excellency⟩
excelente *adj* : excellent — **excelentemente** *adv*
excelso, -sa *adj* : lofty, sublime
excentricidad *nf* : eccentricity
excéntrico, -ca *adj & n* : eccentric
excepción *nf, pl* **-ciones** : exception
excepcional *adj* EXTRAORDINARIO : exceptional, extraordinary, rare

excepto *prep* SALVO : except
exceptuar {3} *vt* EXCLUIR : to except, to exclude
excesivo, -va *adj* : excessive — **excesivamente** *adv*
exceso *nm* 1 : excess 2 **excesos** *nmpl* : excesses, abuses 3 **exceso de velocidad** : speeding
excitabilidad *nf* : excitability
excitación *nf, pl* -ciones : excitement
excitante *adj* : exciting
excitar *vt* : to excite, to arouse — **excitarse** *vr*
exclamación *nf, pl* -ciones : exclamation
exclamar *v* : to exclaim
excluir {41} *vt* EXCEPTUAR : to exclude, to leave out
exclusión *nf, pl* -siones : exclusion
exclusividad *nf* 1 : exclusiveness 2 : exclusive rights *pl*
exclusivista *adj & nmf* : exclusivist
exclusivo, -va *adj* : exclusive — **exclusivamente** *adv*
excomulgar {52} *vt* : to excommunicate
excomunión *nf, pl* -niones : excommunication
excreción *nf, pl* -ciones : excretion
excremento *nm* : excrement
excretar *vt* : to excrete
exculpar *vt* : to exonerate, to exculpate — **exculpación** *nf*
excursión *nf, pl* -siones : excursion, outing
excursionista *nmf* 1 : sightseer, tourist 2 : hiker
excusa *nf* 1 PRETEXTO : excuse 2 DISCULPA : apology
excusado *nm Mex* : toilet
excusar *vt* 1 : to excuse 2 : to exempt — **excusarse** *vr* : to apologize, to send one's regrets
execrable *adj* : detestable, abominable
exención *nf, pl* -ciones : exemption
exento, -ta *adj* 1 : exempt, free 2 **exento de impuestos** : tax-exempt
exequias *nfpl* FUNERALES : funeral rites
exhalación *nf, pl* -ciones : exhalation 2 : shooting star ⟨salió como una exhalación : he took off like a shot⟩
exhalar *vt* ESPIRAR : to exhale, to give off
exhaustivo, -va *adj* : exhaustive — **exhaustivamente** *adv*
exhausto, -ta *adj* AGOTADO : exhausted, worn-out
exhibición *nf, pl* -ciones 1 : exhibition, show 2 : showing
exhibir *vt* : to exhibit, to show, to display — **exhibirse** *vr*
exhortación *nf, pl* -ciones : exhortation
exhortar *vt* : to exhort
exhumar *vt* DESENTERRAR : to exhume — **exhumación** *nf*
exigencia *nf* : demand, requirement
exigente *adj* : demanding, exacting
exigir {35} *vt* 1 : to demand, to require 2 : to exact, to levy

exiguo, -gua *adj* : meager
exiliado¹, -da *adj* : exiled, in exile
exiliado², -da *n* : exile
exiliar *vt* DESTERRAR : to exile, to banish — **exiliarse** *vr* : to go into exile
exilio *nm* DESTIERRO : exile
eximio, -mia *adj* : distinguished, eminent
eximir *vt* EXONERAR : to exempt
existencia *nf* 1 : existence 2 **existencias** *nfpl* MERCANCÍA : goods, stock
existente *adj* : existing, in existence 2 : in stock
existir *vi* : to exist
éxito *nm* 1 TRIUNFO : success, hit 2 **tener éxito** : to be successful
exitoso, -sa *adj* : successful — **exitosamente** *adv*
éxodo *nm* : exodus
exoneración *nf, pl* -ciones EXENCIÓN : exoneration, exemption
exonerar *vt* 1 EXIMIR : to exempt, to exonerate 2 DESPEDIR : to dismiss
exorbitante *adj* : exorbitant
exorcismo *nm* : exorcism — **exorcista** *nmf*
exorcizar {21} *vt* : to exorcise
exótico, -ca *adj* : exotic
expandir *vt* EXPANSIONAR : to expand — **expandirse** *vr* : to spread
expansión *nf, pl* -siones 1 : expansion, spread 2 DIVERSIÓN : recreation, relaxation
expansionar *vt* EXPANDIR : to expand — **expansionarse** *vr* 1 : to expand 2 DIVERTIRSE : to amuse oneself, to relax
expansivo, -va *adj* : expansive
expatriado, -da *adj & n* : expatriate
expatriarse {85} *vr* 1 EMIGRAR : to emigrate 2 : to go into exile
expectación *nf, pl* -ciones : expectation, anticipation
expectante *adj* : expectant
expectativa *nf* 1 : expectation, hope 2 **expectativas** *nfpl* : prospects
expedición *nf, pl* -ciones : expedition
expediente *nm* 1 : expedient, means 2 ARCHIVO : file, dossier, record
expedir {54} *vt* 1 EMITIR : to issue 2 DESPACHAR : to dispatch, to send
expedito, -ta *adj* 1 : free, clear 2 : quick, easy
expeler *vt* : to expel, to eject
expendedor, -dora *n* : dealer, seller
expendio *nm* TIENDA : store, shop
expensas *nfpl* 1 : expenses, costs 2 **a expensas de** : at the expense of
experiencia *nf* 1 : experience 2 EXPERIMENTO : experiment
experimentación *nf, pl* -ciones : experimentation
experimental *adj* : experimental
experimentar *vi* : to experiment — *vt* 1 : to experiment with, to test out 2 : to experience
experimento *nm* EXPERIENCIA : experiment

experto, -ta *adj & n* : expert

expiación *nf, pl* **-ciones** : expiation, atonement

expiar {85} *vt* : to expiate, to atone for

expiración *nf, pl* **-ciones** VENCIMIENTO : expiration

expirar *vi* **1** FALLECER, MORIR : to pass away, to die **2** : to expire

explanada *nf* : esplanade, promenade

explayar *vt* : to extend — **explayarse** *vr* : to expound, to speak at length

explicable *adj* : explicable, explainable

explicación *nf, pl* **-ciones** : explanation

explicar {72} *vt* : to explain — **explicarse** *vr* : to understand

explicativo, -va *adj* : explanatory

explicitar *vt* : to state explicitly, to specify

explícito, -ta *adj* : explicit — **explícitamente** *adv*

exploración *nf, pl* **-ciones** : exploration

explorador, -dora *n* : explorer, scout

explorar *vt* : to explore — **exploratorio, -ria** *adj*

explosión *nf, pl* **-siones** **1** ESTALLIDO : explosion **2** : outburst ⟨una explosión de ira : an outburst of anger⟩

explosionar *vi* : to explode

explosivo, -va *adj* : explosive

explotación *nf, pl* **-ciones** **1** : exploitation **2** : operation, running

explotar *vt* **1** : to exploit **2** : to operate, to run — *vi* ESTALLAR, REVENTAR : to explode — **explotable** *adj*

exponencial *adj* : exponential — **exponencialmente** *adv*

exponente *nm* : exponent

exponer {60} *vt* **1** : to exhibit, to show, to display **2** : to explain, to present, to set forth **3** : to expose, to risk — *vi* : to exhibit

exportación *nf, pl* **-ciones** **1** : exportation **2 exportaciones** *nfpl* : exports

exportador, -dora *n* : exporter

exportar *vt* : to export — **exportable** *adj*

exposición *nf, pl* **-ciones** **1** EXHIBICIÓN : exposition, exhibition **2** : exposure **3** : presentation, statement

expositor, -tora *n* **1** : exhibitor **2** : exponent

exprés *nms & pl* **1** : express, express train **2** : espresso

expresamente *adv* : expressly, on purpose

expresar *vt* : to express — **expresarse** *vr*

expresión *nf, pl* **-siones** : expression

expresivo, -va *adj* **1** : expressive **2** CARIÑOSO : affectionate — **expresivamente** *adv*

expreso¹, -sa *adj* : express, specific

expreso² *nm* : express train, express

exprimidor *nm* : squeezer, juicer

exprimir *vt* **1** : to squeeze **2** : to exploit

expropiar *vt* : to expropriate, to commandeer — **expropiación** *nf*

expuesto¹ *pp* → **exponer**

expuesto², -ta *adj* **1** : exposed **2** : hazardous, risky

expulsar *vt* : to expel, to eject

expulsión *nf, pl* **-siones** : expulsion

expurgar {52} *vt* : to expurgate

expuso, etc. → **exponer**

exquisitez *nf, pl* **-teces** **1** : exquisiteness, refinement **2** : delicacy, special dish

exquisito, -ta *adj* **1** : exquisite **2** : delicious

extasiarse {85} *vr* : to be in ecstasy, to be enraptured

éxtasis *nms & pl* : ecstasy, rapture

extático, -ca *adj* : ecstatic

extemporáneo, -nea *adj* **1** : unseasonable **2** : untimely

extender {56} *vt* **1** : to spread out, to stretch out **2** : to broaden, to expand ⟨extender la influencia : to broaden one's influence⟩ **3** : to draw up (a document), to write out (a check) — **extenderse** *vr* **1** : to spread **2** : to last

extendido, -da *adj* **1** : outstretched **2** : widespread

extensamente *adv* : extensively, at length

extensible *adj* : extensible, extendable

extensión *nf, pl* **-siones** **1** : extension, stretching **2** : expanse, spread **3** : extent, range **4** : length, duration

extensivo, -va *adj* **1** : extensive **2 hacer extensivo** : to extend

extenso, -sa *adj* **1** : extensive, detailed **2** : spacious, vast

extenuar {3} *vt* : to exhaust, to tire out — **extenuarse** *vr* — **extenuante** *adj*

exterior¹ *adj* **1** : exterior, external **2** : foreign ⟨asuntos exteriores : foreign affairs⟩

exterior² *nm* **1** : outside **2** : abroad

exteriorizar {21} *vt* : to express, to reveal

exteriormente *adv* : outwardly

exterminar *vt* : to exterminate — **exterminación** *nf*

exterminio *nm* : extermination

externar *vt Mex* : to express, to display

externo, -na *adj* : external, outward

extinción *nf, pl* **-ciones** : extinction

extinguidor *nm* : fire extinguisher

extinguir {26} *vt* **1** APAGAR : to extinguish, to put out **2** : to wipe out — **extinguirse** *vr* **1** APAGARSE : to go out, to fade out **2** : to die out, to become extinct

extinto, -ta *adj* : extinct

extintor *nm* : extinguisher

extirpación *n, pl* **-ciones** : removal, excision

extirpar *vt* : to eradicate, to remove, to excise — **extirparse** *vr*

extorsión *nf, pl* **-siones** **1** : extortion **2** : harm, trouble

extorsionar *vt* : to extort

extra¹ *adv* : extra

extra² *adj* **1** : additional, extra **2** : superior, top-quality

extra³ *nmf* : extra (in movies)

extra[4] *nm* : extra expense ⟨paga extra : bonus⟩

extracción *nf, pl* **-ciones** : extraction

extracto *nm* **1** : extract ⟨extracto de vainilla : vanilla extract⟩ **2** : abstract, summary

extractor *nm* : extractor

extracurricular *adj* : extracurricular

extradición *nf, pl* **-ciones** : extradition

extraditar *vt* : to extradite

extraer {81} *vt* : to extract

extraído *pp* → **extraer**

extrajudicial *adj* : out-of-court

extramatrimonial *adj* : extramarital

extranjerizante *adj* : foreign-sounding, foreign-looking

extranjero[1], **-ra** *adj* : foreign

extranjero[2], **-ra** *n* : foreigner

extranjero[3] *nm* : foreign countries *pl* ⟨viajó al extranjero : he traveled abroad⟩ ⟨trabajan en el extranjero : they work overseas⟩

extrañamente *adv* : strangely, oddly

extrañamiento *nm* ASOMBRO : amazement, surprise, wonder

extrañar *vt* : to miss (someone) — **extrañarse** *vr* : to be surprised

extrañeza *nf* **1** : strangeness, oddness **2** : surprise

extraño[1], **-ña** *adj* **1** RARO : strange, odd **2** EXTRANJERO : foreign

extraño[2], **-ña** *n* DESCONOCIDO : stranger

extraoficial *adj* OFICIOSO : unofficial — **extraoficialmente** *adv*

extraordinario, -ria *adj* EXCEPCIONAL : extraordinary — **extraordinariamente** *adv*

extrasensorial *adj* : extrasensory ⟨percepción extrasensorial : extrasensory perception⟩

extraterrestre *adj & nmf* : extraterrestrial, alien

extravagancia *nf* : extravagance, outlandishness, flamboyance

extravagante *adj* : extravagant, outrageous, flamboyant

extraviar {85} *vt* **1** : to mislead, to lead astray **2** : to misplace, to lose — **extraviarse** *vr* : to get lost, to go astray

extravío *nm* **1** PÉRDIDA : loss, misplacement **2** : misconduct

extremado, -da *adj* : extreme — **extremadamente** *adv*

extremar *vt* : to carry to extremes — **extremarse** *vr* : to do one's utmost

extremidad *nf* **1** : extremity, tip, edge **2 extremidades** *nfpl* : extremities

extremista *adj & nmf* : extremist

extremo[1], **-ma** *adj* **1** : extreme, utmost **2** EXCESIVO : excessive **3 en caso extremo** : as a last resort

extremo[2] *nm* **1** : extreme, end **2 al extremo de** : to the point of **3 en ~** : in the extreme

extrovertido[1], **-da** *adj* : extroverted, outgoing

extrovertido[2], **-da** *n* : extrovert

extrudir *vt* : to extrude

exuberancia *nf* **1** : exuberance **2** : luxuriance, lushness

exuberante *adj* : exuberant, luxuriant — **exuberantemente** *adv*

exudar *vt* : to exude

exultación *nf, pl* **-ciones** : exultation, elation

exultante *adj* : exultant, elated — **exultantemente** *adv*

exultar *vi* : to exult, to rejoice

eyacular *vi* : to ejaculate — **eyaculación** *nf*

eyección *nf, pl* **-ciones** : ejection, expulsion

eyectar *vt* : to eject, to expel — **eyectarse** *vr*

F

f *nf* : sixth letter of the Spanish alphabet

fábrica *nf* FACTORÍA : factory

fabricación *nf, pl* **-ciones** : manufacture

fabricante *nmf* : manufacturer

fabricar {72} *vt* MANUFACTURAR : to manufacture, to make

fabril *adj* INDUSTRIAL : industrial, manufacturing

fábula *nf* **1** : fable **2** : fabrication, fib

fabuloso, -sa *adj* **1** : fabulous, fantastic **2** : mythical, fabled

facción *nf, pl* **facciones 1** : faction **2 facciones** *nfpl* RASGOS : features

faccioso, -sa *adj* : factious

faceta *nf* : facet

facha *nf* : appearance, look ⟨estar hecho una facha : to look a sight⟩

fachada *nf* : facade

facial *adj* : facial

fácil *adj* **1** : easy **2** : likely, probable ⟨es fácil que no pase : it probably won't happen⟩

facilidad *nf* **1** : facility, ease **2 facilidades** *nfpl* : facilities, services **3 facilidades** *nfpl* : opportunities

facilitar *vt* **1** : to facilitate **2** : to provide, to supply

fácilmente *adv* : easily, readily

facsímil *or* **facsímile** *nm* **1** : facsimile, copy **2** : fax

facsimilar *adj* : facsimile

factibilidad *nf* : feasibility

factible *adj* : feasible, practicable

facticio, -cia *adj* : artificial, factitious

factor[1], **-tora** *n* **1** : agent, factor **2** : baggage clerk

factor[2] *nm* ELEMENTO : factor, element

factoría *nf* FÁBRICA : factory

factótum *nm* : factotum

factura *nf* 1 : making, manufacturing 2 : bill, invoice

facturación *nf, pl* **-ciones** 1 : invoicing, billing 2 : check-in

facturar *vt* 1 : to bill, to invoice 2 : to register, to check in

facultad *nf* 1 : faculty, ability ⟨facultades mentales : mental faculties⟩ 2 : authority, power 3 : school (of a university) ⟨facultad de derecho : law school⟩

facultar *vt* : to authorize, to empower

facultativo, -va *adj* 1 OPTATIVO : voluntary, optional 2 : medical ⟨informe facultativo : medical report⟩

faena *nf* : task, job, work ⟨faenas domésticas : housework⟩

faenar *vi* 1 : to work, to labor 2 PESCAR : to fish

fagot *nm* : bassoon

faisán *nm, pl* **faisanes** : pheasant

faja *nf* 1 : sash, belt 2 : girdle 3 : strip (of land)

fajar *vt* 1 : to wrap (a sash or girdle) around 2 : to thrash — **fajarse** *vr* 1 : to put on a sash or girdle 2 : to come to blows

fajín *nm, pl* **-jines** : sash, belt

fajo *nm* : bundle, sheaf ⟨un fajo de billetes : a wad of cash⟩

falacia *nf* : fallacy

falaz, -laza *adj, mpl* **falaces** FALSO : fallacious, false

falda *nf* 1 : skirt ⟨falda escocesa : kilt⟩ 2 REGAZO : lap (of the body) 3 VERTIENTE : side, slope

faldón *nm, pl* **-dones** 1 : tail (of a shirt, etc.) 2 : full skirt 3 **faldón bautismal** : christening gown

falible *adj* : fallible

fálico, -ca *adj* : phallic

falla *nf* 1 : flaw, defect 2 : (geological) fault 3 : fault, failing

fallar *vi* 1 FRACASAR : to fail, to go wrong 2 : to rule (in a court of law) — *vt* 1 ERRAR : to miss (a target) 2 : to pronounce judgment on

fallecer {53} *vi* MORIR : to pass away, to die

fallecido, -da *adj & n* DIFUNTO : deceased

fallecimiento *nm* : demise, death

fallido, -da *adj* : failed, unsuccessful

fallo *nm* 1 SENTENCIA : sentence, judgment, verdict 2 : error, fault

falo *nm* : phallus, penis

falsamente *adv* : falsely

falsear *vt* 1 : to falsify, to fake 2 : to distort — *vi* 1 CEDER : to give way 2 : to be out of tune

falsedad *nf* 1 : falseness, hypocrisy 2 MENTIRA : falsehood, lie

falsete *nm* : falsetto

falsificación *nf, pl* **-ciones** 1 : counterfeit, forgery 2 : falsification

falsificador, -dora *n* : counterfeiter, forger

falsificar {72} *vt* 1 : to counterfeit, to forge 2 : to falsify

falso, -sa *adj* 1 FALAZ : false, untrue 2 : counterfeit, forged

falta *nf* 1 CARENCIA : lack ⟨hacer falta : to be lacking, to be needed⟩ 2 DEFECTO : defect, fault, error 3 : offense, misdemeanor 4 : foul (in basketball), fault (in tennis)

faltar *vi* 1 : to be lacking, to be needed ⟨me falta tiempo : I don't have enough time⟩ 2 : to be absent, to be missing 3 QUEDAR : to remain, to be left ⟨faltan pocos días para la fiesta : the party is just a few days away⟩ 4 **¡no faltaba más!** : don't mention it!, you're welcome!

falto, -ta *adj* ~ **de** : lacking (in), short of

fama *nf* 1 : fame 2 REPUTACIÓN : reputation 3 **de mala fama** : disreputable

famélico, -ca *adj* HAMBRIENTO : starving, famished

familia *nf* 1 : family 2 **familia política** : in-laws

familiar[1] *adj* 1 CONOCIDO : familiar 2 : familial, family 3 INFORMAL : informal

familiar[2] *nmf* PARIENTE : relation, relative

familiaridad *nf* 1 : familiarity 2 : informality

familiarizarse {21} *vr* ~ **con** : to familiarize oneself with

famoso[1], **-sa** *adj* CÉLEBRE : famous

famoso[2], **-sa** *n* : celebrity

fanal *nm* 1 : beacon, signal light 2 *Mex* : headlight

fanático, -ca *adj & n* : fanatic

fanatismo *nm* : fanaticism

fandango *nm* : fandango

fanfarria *nf* 1 : (musical) fanfare 2 : pomp, ceremony

fanfarrón[1], **-rrona** *adj, mpl* **-rrones** *fam* : bragging, boastful

fanfarrón[2], **-rrona** *n, mpl* **-rrones** *fam* : braggart

fanfarronada *nf* : boast, bluster

fanfarronear *vi* : to brag, to boast

fango *nm* LODO : mud, mire

fangosidad *nf* : muddiness

fangoso, -sa *adj* LODOSO : muddy

fantasear *vi* : to fantasize, to daydream

fantasía *nf* 1 : fantasy 2 : imagination

fantasioso, -sa *adj* : fanciful

fantasma *nm* : ghost, phantom

fantasmagórico, -ca *adj* : phantasmagoric

fantasmal *adj* : ghostly

fantástico, -ca *adj* 1 : fantastic, imaginary, unreal 2 *fam* : great, fantastic

faquir *nm* : fakir

farándula *nf* : show business, theater

faraón *nm, pl* **faraones** : pharaoh

fardo *nm* 1 : bale 2 : bundle

farfulla *nf* : jabbering

farfullar *v* : to jabber, to gabble

faringe *nf* : pharynx

faríngeo, -gea *adj* : pharyngeal
fariña *nf* : coarse manioc flour
farmacéutico[1], -ca *adj* : pharmaceutical
farmacéutico[2], -ca *n* : pharmacist
farmacia *nf* : drugstore, pharmacy
fármaco *nm* : medicine, drug
farmacodependencia *nf* : drug addiction
farmacología *nf* : pharmacology
faro *nm* **1** : lighthouse **2** : headlight
farol *nm* **1** : streetlight **2** : lantern, lamp **3** *fam* : bluff **4** *Mex* : headlight
farola *nf* **1** : lamppost **2** : streetlight
farolero, -ra *n fam* : bluffer
farra *nf* : spree, revelry
fárrago *nm* REVOLTIJO : hodgepodge, jumble
farsa *nf* **1** : farce **2** : fake, sham
farsante *nmf* CHARLATÁN : charlatan, fraud, phony
fascículo *nm* : fascicle, part (of a publication)
fascinación *nf, pl* **-ciones** : fascination
fascinante *adj* : fascinating
fascinar *vt* **1** : to fascinate **2** : to charm, to captivate
fascismo *nm* : fascism
fascista *adj & nmf* : fascist
fase *nf* : phase, stage
fastidiar *vt* **1** MOLESTAR : to annoy, to bother, to hassle **2** ABURRIR : to bore — *vi* : to be annoying or bothersome
fastidio *nm* **1** MOLESTIA : annoyance, nuisance, hassle **2** ABURRIMIENTO : boredom
fastidioso, -sa *adj* **1** MOLESTO : annoying, bothersome **2** ABURRIDO : boring
fatal *adj* **1** MORTAL : fatal **2** *fam* : awful, terrible **3** : fateful, unavoidable
fatalidad *nf* **1** : fatality **2** DESGRACIA : misfortune, bad luck
fatalismo *nm* : fatalism
fatalista[1] *adj* : fatalistic
fatalista[2] *nmf* : fatalist
fatalmente *adv* **1** : unavoidably **2** : unfortunately
fatídico, -ca *adj* : fateful, momentous
fatiga *nf* CANSANCIO : fatigue
fatigado, -da *adj* AGOTADO : weary, tired
fatigar {52} *vt* CANSAR : to fatigue, to tire — **fatigarse** *vr* : to wear oneself out
fatigoso, -sa *adj* : fatiguing, tiring
fatuidad *nf* **1** : fatuousness **2** VANIDAD : vanity, conceit
fatuo, -tua *adj* **1** : fatuous **2** PRESUMIDO : vain
fauces *nfpl* : jaws *pl*, maw
faul *nm, pl* **fauls** : foul, foul ball
fauna *nf* : fauna
fausto *nm* : splendor, magnificence
favor *nm* **1** : favor **2 a favor de** : in favor of **3 por ~** : please
favorable *adj* : favorable — **favorablemente** *adv*
favorecedor, -dora *adj* : becoming, flattering
favorecer {53} *vt* **1** : to favor **2** : to look well on, to suit

favorecido, -da *adj* **1** : flattering **2** : fortunate
favoritismo *nm* : favoritism
favorito, -ta *adj & n* : favorite
fax *nm* : fax, facsimile
fayuca *nf Mex* **1** : contraband **2** : black market
fayuquero *nm Mex* : smuggler, black marketeer
faz *nf* **1** : face, countenance ⟨la faz de la tierra : the face of the earth⟩ **2** : side (of coins, fabric, etc.)
fe *nf* **1** : faith **2** : assurance, testimony ⟨dar fe de : to bear witness to⟩ **3** : intention, will ⟨de buena fe : bona fide, in good faith⟩
fealdad *nf* : ugliness
febrero *nm* : February
febril *adj* : feverish — **febrilmente** *adv*
fecal *adj* : fecal
fecha *nf* **1** : date **2 fecha de caducidad** *or* **fecha de vencimiento** : expiration date **3 fecha límite** : deadline
fechar *vt* : to date, to put a date on
fechoría *nf* : misdeed
fécula *nf* : starch
fecundar *vt* : to fertilize (an egg) — **fecundación** *nf*
fecundidad *nf* **1** : fecundity, fertility **2** : productiveness
fecundo, -da *adj* FÉRTIL : fertile, fecund
federación *nf, pl* **-ciones** : federation
federal *adj* : federal
federalismo *nm* : federalism
federalista *adj & nmf* : federalist
federar *vt* : to federate
fehaciente *adj* : reliable, irrefutable — **fehacientemente** *adv*
feldespato *nm* : feldspar
felicidad *nf* **1** : happiness **2 ¡felicidades!** : best wishes!, congratulations!, happy birthday!
felicitación *nf, pl* **-ciones** **1** : congratulation ⟨¡felicitaciones! : congratulations!⟩ **2** : greeting card
felicitar *vt* CONGRATULAR : to congratulate — **felicitarse** *vr* **~ de** : to be glad about
feligrés, -gresa *n, mpl* **-greses** : parishioner
feligresía *nf* : parish
felino, -na *adj & n* : feline
feliz *adj, pl* **felices** **1** : happy **2 Feliz Navidad** : Merry Christmas
felizmente *adv* **1** : happily **2** : fortunately, luckily
felonía *nf* : felony
felpa *nf* **1** : terry cloth **2** : plush
felpudo *nm* : doormat
femenil *adj* : women's, girls' ⟨futbol femenil : women's soccer⟩
femenino, -na *adj* **1** : feminine **2** : women's ⟨derechos femeninos : women's rights⟩ **3** : female
femineidad *nf* : femininity
feminidad *nf* : femininity
feminismo *nm* : feminism
feminista *adj & nmf* : feminist

femoral *adj* : femoral
fémur *nm* : femur, thighbone
fenecer {53} *vi* **1** : to die, to pass away **2** : to come to an end, to cease
fénix *nm* : phoenix
fenomenal *adj* **1** : phenomenal **2** *fam* : fantastic, terrific — **fenomenalmente** *adv*
fenómeno *nm* **1** : phenomenon **2** : prodigy, genius
feo¹ *adv* : badly, bad
feo², **fea** *adj* **1** : ugly **2** : unpleasant, nasty
féretro *nm* ATAÚD : coffin, casket
feria *nf* **1** : fair, market **2** : festival, holiday **3** *Mex* : change (money)
feriado, -da *adj* día feriado : public holiday
ferial *nm* : fairground
fermentar *v* : to ferment — **fermentación** *nf*
fermento *nm* : ferment
ferocidad *nf* : ferocity, fierceness
feroz *adj, pl* **feroces** FIERO : ferocious, fierce — **ferozmente** *adv*
férreo, -rrea *adj* **1** : iron **2** : strong, steely ⟨una voluntad férrea : an iron will⟩ **3** : strict, severe **4** vía férrea : railroad track
ferretería *nf* **1** : hardware store **2** : hardware **3** : foundry, ironworks
férrico, -ca *adj* : ferric
ferrocarril *nm* : railroad, railway
ferrocarrilero → **ferroviario**
ferroso, -sa *adj* : ferrous
ferroviario, -ria *adj* : rail, railroad
ferry *nm, pl* **ferrys** : ferry
fértil *adj* FECUNDO : fertile, fruitful
fertilidad *nf* : fertility
fertilizante¹ *adj* : fertilizing ⟨droga fertilizante : fertility drug⟩
fertilizante² *nm* ABONO : fertilizer
fertilizar *vt* ABONAR : to fertilize — **fertilización** *nf*
ferviente *adj* FERVOROSO : fervent
fervor *nm* : fervor, zeal
fervoroso, -sa *adj* FERVIENTE : fervent, zealous
festejar *vt* **1** CELEBRAR : to celebrate **2** AGASAJAR : to entertain, to wine and dine **3** *Mex fam* : to thrash, to beat
festejo *nm* : celebration, festivity
festín *nm, pl* **festines** : banquet, feast
festinar *vt* : to hasten, to hurry up
festival *nm* : festival
festividad *nf* **1** : festivity **2** : (religious) feast, holiday
festivo, -va *adj* **1** : festive **2** día festivo : holiday — **festivamente** *adv*
fetal *adj* : fetal
fetiche *nm* : fetish
fétido, -da *adj* : fetid, foul
feto *nm* : fetus
feudal *adj* : feudal — **feudalismo** *nm*
feudo *nm* **1** : fief **2** : domain, territory
fiabilidad *nf* : reliability, trustworthiness
fiable *adj* : trustworthy, reliable
fiado, -da *adj* : on credit

fiador, -dora *n* : bondsman, guarantor
fiambrería *nf* : delicatessen
fiambres *nfpl* : cold cuts
fianza *nf* **1** CAUCIÓN : bail, bond **2** : surety, deposit
fiar {85} *vt* **1** : to sell on credit **2** : to guarantee — **fiarse** *vr* ～ **de** : to place trust in
fiasco *nm* FRACASO : fiasco, failure
fibra *nf* **1** : fiber **2** fibra de vidrio : fiberglass
fibrilar *vi* : to fibrillate — **fibrilación** *nf*
fibroso, -sa *adj* : fibrous
ficción *nf, pl* **ficciones** **1** : fiction **2** : fabrication, lie
ficha *nf* **1** : index card **2** : file, record **3** : token **4** : domino, checker, counter, poker chip
fichar *vt* **1** : to open a file on **2** : to sign up — *vi* : to punch in, to punch out
fichero *nm* **1** : card file **2** : filing cabinet
ficticio, -cia *adj* : fictitious
fidedigno, -na *adj* FIABLE : reliable, trustworthy
fideicomisario, -ria *n* : trustee
fideicomiso *nm* : trusteeship, trust ⟨guardar en fideicomiso : to hold in trust⟩
fidelidad *nf* : fidelity, faithfulness
fideo *nm* : noodle
fiduciario¹, -ria *adj* : fiduciary
fiduciario², -ria *n* : trustee
fiebre *nf* **1** CALENTURA : fever, temperature ⟨fiebre amarilla : yellow fever⟩ ⟨fiebre palúdica : malaria⟩ **2** : fever, excitement
fiel¹ *adj* **1** : faithful, loyal **2** : accurate — **fielmente** *adv*
fiel² *nm* **1** : pointer (of a scale) **2** los fieles : the faithful
fieltro *nm* : felt
fiera *nf* **1** : wild animal, beast **2** : fiend, demon ⟨una fiera para el trabajo : a demon for work⟩
fiereza *nf* : fierceness, ferocity
fiero, -ra *adj* FEROZ : fierce, ferocious
fierro *nm* HIERRO : iron
fiesta *nf* **1** : party, fiesta **2** : holiday, feast day
figura *nf* **1** : figure **2** : shape, form **3** figura retórica : figure of speech
figurado, -da *adj* : figurative — **figuradamente** *adv*
figurar *vi* **1** : to figure, to be included ⟨Rivera figura entre los más grandes pintores de México : Rivera is among Mexico's greatest painters⟩ **2** : to be prominent, to stand out — *vt* : to represent ⟨esta línea figura el horizonte : this line represents the horizon⟩ — **figurarse** *vr* : to imagine, to think ⟨¡figúrate el lío en que se metió! : imagine the mess she got into!⟩
fijación *nf, pl* **-ciones** **1** : fixation, obsession **2** : fixing, establishing **3** : fastening, securing
fijador *nm* **1** : fixative **2** : hair spray

fijamente *adv* : fixedly
fijar *vt* **1** : to fasten, to affix **2** ES-
TABLECER : to establish, to set up **3**
CONCRETAR : to set, to fix ⟨fijar la
fecha : to set the date⟩ — **fijarse** *vr* **1**
: to settle, to become fixed **2** ~ **en** : to
notice, to pay attention to
fijeza *nf* **1** : firmness (of convictions) **2**
: persistence, constancy ⟨mirar con fi-
jeza a : to stare at⟩
fijiano, -na *adj & n* : Fijian
fijo, -ja *adj* **1** : fixed, firm, steady **2** PER-
MANENTE : permanent
fila *nf* **1** HILERA : line, file ⟨ponerse en
fila : to get in line⟩ **2** : rank, row **3 filas** *nfpl* : ranks ⟨cerrar filas : to close
ranks⟩
filamento *nm* : filament
filantropía *nf* : philanthropy
filantrópico, -ca *adj* : philanthropic
filántropo, -pa *n* : philanthropist
filatelia *nf* : philately, stamp collecting
filatelista *nmf* : stamp collector, philat-
elist
fildeador, -dora *n* : fielder
filete *nm* **1** : fillet **2** SOLOMILLO : sirloin **3** : thread (of a screw)
filiación *nf, pl* **-ciones 1** : affiliation,
connection **2** : particulars *pl,* (police)
description
filial[1] *adj* : filial
filial[2] *nf* : affiliate, subsidiary
filibustero *nm* : freebooter, pirate
filigrana *nf* **1** : filigree **2** : watermark
(on paper)
filipino, -na *adj & n* : Filipino
filmación *nf, pl* **-ciones** : filming, shooting
filmar *vt* : to film, to shoot
filme *or* **film** *nm* PELÍCULA : film, movie
filmina *nf* : slide, transparency
filo *nm* **1** : cutting edge, blade **2** : edge
⟨al filo del escritorio : at the edge of
the desk⟩ ⟨al filo de la medianoche : at
the stroke of midnight⟩
filología *nf* : philology
filólogo, -ga *n* : philologist
filón *nm, pl* **filones 1** : seam, vein (of
minerals) **2** *fam* : successful business,
gold mine
filoso, -sa *adj* : sharp
filosofar *vi* : to philosophize
filosofía *nf* : philosophy
filosófico, -ca *adj* : philosophic, philosophical — **filosóficamente** *adv*
filósofo, -fa *n* : philosopher
filtración *nf* : seepage, leaking
filtrar *v* : to filter — **filtrarse** *vr* : to seep
through, to leak
filtro *nm* : filter
filudo, -da *adj* : sharp
fin *nm* **1** : end **2** : purpose, aim, objective **3 en ~** : in short **4 fin de semana** : weekend **5 por ~** : finally, at
last
finado, -da *adj & n* DIFUNTO : deceased
final[1] *adj* : final, ultimate — **finalmente**
adv

final[2] *nm* : end, conclusion, finale
final[3] *nf* : final, play-off
finalidad *nf* **1** : purpose, aim **2** : finality
finalista *nmf* : finalist
finalización *nf* : completion, end
finalizar {21} *v* : to finish, to end
financiación *nf, pl* **-ciones** : financing,
funding
financiamiento *nm* → **financiación**
financiar *vt* : to finance, to fund
financiero[1]**, -ra** *adj* : financial
financiero[2]**, -ra** *n* : financier
financista *nmf* : financier
finanzas *nfpl* : finances, finance ⟨altas
finanzas : high finance⟩
finca *nf* **1** : farm, ranch **2** : country
house
fineza *nf* FINURA, REFINAMIENTO : refinement
fingido, -da *adj* : false, feigned
fingimiento *nm* : pretense
fingir {35} *v* : to feign, to pretend
finiquitar *vt* **1** : to settle (an account) **2**
: to conclude, to bring to an end
finiquito *nm* : settlement (of an account)
finito, -ta *adj* : finite
finja, etc. → **fingir**
finlandés, -desa *adj & n* : Finnish
fino, -na *adj* **1** : fine, excellent **2** : delicate, slender **3** REFINADO : refined **4**
: sharp, acute ⟨olfato fino : keen sense
of smell⟩ **5** : subtle
finta *nf* : feint
fintar *or* **fintear** *vi* : to feint
finura *nf* **1** : fineness, high quality **2**
FINEZA, REFINAMIENTO : refinement
fiordo *nm* : fjord
fique *nm* : sisal
firma *nf* **1** : signature **2** : signing **3** EM-
PRESA : firm, company
firmamento *nm* : firmament, sky
firmante *nmf* : signer, signatory
firmar *v* : to sign
firme *adj* **1** : firm, resolute **2** : steady,
stable
firmemente *adv* : firmly
firmeza *nf* **1** : firmness, stability **2**
: strength, resolve
firuletes *nmpl* : frills, adornments
fiscal[1] *adj* : fiscal — **fiscalmente** *adv*
fiscal[2] *nmf* : district attorney, prosecutor
fiscalizar {21} *vt* **1** : to audit, to inspect
2 : to oversee **3** : to criticize
fisco *nm* : national treasury, exchequer
fisgar {52} *vt* HUSMEAR : to pry into, to
snoop on
fisgón, -gona *n, mpl* **fisgones** : snoop,
busybody
fisgonear *vi* : to snoop, to pry
fisgue, etc. → **fisgar**
física *nf* : physics
físico[1]**, -ca** *adj* : physical — **físicamente**
adv
físico[2]**, -ca** *n* : physicist
físico[3] *nm* : physique, figure
fisiología *nf* : physiology

fisiológico, -ca *adj* : physiological, physiologic

fisiólogo, -ga *n* : physiologist

fisión *nf, pl* **fisiones** : fission — **fisionable** *adj*

fisionomía → **fisonomía**

fisioterapeuta *nmf* : physical therapist

fisioterapia *nf* : physical therapy

fisonomía *nf* : physiognomy, features *pl*

fistol *nm Mex* : tie clip

fisura *nf* : fissure, crevasse

fláccido, -da *or* **flácido, -da** *adj* : flaccid, flabby

flaco, -ca *adj* **1** DELGADO : thin, skinny **2** : feeble, weak ⟨una flaca excusa : a feeble excuse⟩

flagelar *vt* : to flagellate — **flagelación** *nf*

flagelo *nm* **1** : scourge, whip **2** : calamity

flagrante *adj* : flagrant, glaring, blatant — **flagrantemente** *adv*

flama *nf* LLAMA : flame

flamante *adj* **1** : bright, brilliant **2** : brand-new

flamear *vi* **1** LLAMEAR : to flame, to blaze **2** ONDEAR : to flap, to flutter

flamenco¹, -ca *adj* **1** : flamenco **2** : Flemish

flamenco², -ca *n* : Fleming, Flemish person

flamenco³ *nm* **1** : Flemish (language) **2** : flamingo **3** : flamenco (music or dance)

flanco *nm* : flank, side

flanquear *vt* : to flank

flaquear *vi* DECAER : to flag, to weaken

flaqueza *nf* **1** DEBILIDAD : frailty, feebleness **2** : thinness **3** : weakness, failing

flato *nm* : gloom, melancholy

flatulento, -ta *adj* : flatulent — **flatulencia** *nf*

flauta *nf* **1** : flute **2** **flauta dulce** : recorder

flautín *nm, pl* **flautines** : piccolo

flautista *nmf* : flute player, flutist

flebitis *nf* : phlebitis

flecha *nf* : arrow

fleco *nm* **1** : bangs *pl* **2** : fringe

flema *nf* : phlegm

flemático, -ca *adj* : phlegmatic, stolid, impassive

flequillo *nm* : bangs *pl*

fletar *vt* **1** : to charter, to hire **2** : to load (freight)

flete *nm* **1** : charter fee **2** : shipping cost **3** : freight, cargo

fletero *nm* : shipper, carrier

flexibilidad *nf* : flexibility

flexibilizar {21} *vt* : to make more flexible

flexible¹ *adj* : flexible

flexible² *nm* **1** : flexible electrical cord **2** : soft hat

flirtear *vi* : to flirt

flojear *vi* **1** DEBILITARSE : to weaken, to flag **2** : to idle, to loaf around

flojedad *nf* : weakness

flojera *nf fam* **1** : lethargy, feeling of weakness **2** : laziness

flojo, -ja *adj* **1** SUELTO : loose, slack **2** : weak, poor ⟨está flojo en las ciencias : he's weak in science⟩ **3** PEREZOSO : lazy

flor *nf* **1** : flower **2 flor de Pascua** : poinsettia

flora *nf* : flora

floración *nf* : flowering ⟨en plena floración : in full bloom⟩

floral *adj* : floral

floreado, -da *adj* : flowered, flowery

florear *vi* FLORECER : to flower, to bloom — *vt* **1** : to adorn with flowers **2** *Mex* : to flatter, to compliment

florecer {53} *vi* **1** : to bloom, to blossom **2** : to flourish, to thrive

floreciente *adj* **1** : flowering **2** PRÓSPERO : flourishing, thriving

florecimiento *nm* : flowering

floreo *nm* : flourish

florería *nf* : flower shop, florist's

florero¹, -ra *n* : florist

florero² *nm* JARRÓN : vase

floresta *nf* **1** : glade, grove **2** BOSQUE : woods

florido, -da *adj* **1** : full of flowers **2** : florid, flowery ⟨escritos floridos : flowery prose⟩

florista *nmf* : florist

floritura *nf* : frill, embellishment

flota *nf* : fleet

flotabilidad *nf* : buoyancy

flotación *nf, pl* **-ciones** : flotation

flotador *nm* **1** : float **2** : life preserver

flotante *adj* : floating, buoyant

flotar *vi* : to float

flote *nm* **a ~** : afloat

flotilla *nf* : flotilla, fleet

fluctuar {3} *vi* **1** : to fluctuate **2** VACILAR : to vacillate — **fluctuación** *nf* — **fluctuante** *adj*

fluidez *nf* **1** : fluency **2** : fluidity

fluido¹, -da *adj* **1** : flowing **2** : fluent **3** : fluid

fluido² *nm* : fluid

fluir {41} *vi* : to flow

flujo *nm* **1** : flow **2** : discharge

flúor *nm* : fluorine

fluoración *nf, pl* **-ciones** : fluoridation

fluorescencia *nf* : fluorescence — **fluorescente** *adj*

fluorizar {21} *vt* : to fluoridate

fluoruro *nm* : fluoride

fluvial *adj* : fluvial, river

fluye, etc. → **fluir**

fobia *nf* : phobia

foca *nf* : seal (animal)

focal *adj* : focal

focha *nf* : coot

foco *nm* **1** : focus **2** : center, pocket **3** : lightbulb **4** : spotlight **5** : headlight

fofo, -fa *adj* **1** ESPONJOSO : soft, spongy **2** : flabby

fogaje *nm* **1** FUEGO : skin eruption, cold sore **2** BOCHORNO : hot and humid weather

fogata *nf* : bonfire
fogón *nm, pl* **fogones** : bonfire
fogonazo *nm* : flash, explosion
fogonero, -ra *n* : stoker (of a furnace), fireman
fogoso, -sa *adj* ARDIENTE : ardent
foguear *vt* : to inure, to accustom
foja *nf* : sheet (of paper)
folículo *nm* : follicle
folio *nm* : folio, leaf
folklore *nm* : folklore
folklórico, -ca *adj* : folk, traditional
follaje *nm* : foliage
folleto *nm* : pamphlet, leaflet, circular
fomentar *vt* **1** : to foment, to stir up **2** PROMOVER : to promote, to foster
fomento *nm* : promotion, encouragement
fonda *nf* **1** POSADA : inn **2** : small restaurant
fondeado, -da *adj fam* : rich, in the money
fondear *vt* **1** : to sound **2** : to sound out, to examine **3** *Mex* : to fund, to finance — *vi* ANCLAR : to anchor — **fondearse** *vr fam* : to get rich
fondeo *nm* **1** : anchoring **2** *Mex* : funding, financing
fondillos *mpl* : seat, bottom (of clothing)
fondo *nm* **1** : bottom **2** : rear, back, end **3** : depth **4** : background **5** : sea bed **6** : fund ⟨fondo de inversiones : investment fund⟩ **7** *Mex* : slip, petticoat **8 fondos** *nmpl* : funds, resources ⟨cheque sin fondos : bounced check⟩ **9 a ～** : thoroughly, in depth **10 en ～** : abreast
fonema *nm* : phoneme
fonética *nf* : phonetics
fonético, -ca *adj* : phonetic
fontanería *nf* PLOMERÍA : plumbing
fontanero, -ra *n* PLOMERO : plumber
footing [ˈfuˌtɪŋ] *nm* : jogging ⟨hacer footing : to jog⟩
foque *nm* : jib
forajido, -da *n* : bandit, fugitive, outlaw
foráneo, -nea *adj* : foreign, strange
forastero, -ra *n* : stranger, outsider
forcejear *vi* : to struggle
forcejeo *nm* : struggle
fórceps *nms & pl* : forceps *pl*
forense *adj* : forensic, legal
forestal *adj* : forest
forja *nf* FRAGUA : forge
forjar *vt* **1** : to forge **2** : to shape, to create ⟨forjar un compromiso : to hammer out a compromise⟩ **3** : to invent, to concoct
forma *nf* **1** : form, shape **2** MANERA, MODO : manner, way **3** : fitness ⟨estar en forma : to be fit, to be in shape⟩ **4 formas** *nfpl* : appearances, conventions
formación *nf, pl* **-ciones** **1** : formation **2** : training ⟨formación profesional : vocational training⟩

formal *adj* **1** : formal **2** : serious, dignified **3** : dependable, reliable
formaldehído *nm* : formaldehyde
formalidad *nf* **1** : formality **2** : seriousness, dignity **3** : dependability, reliability
formalizar {21} *vt* : to formalize, to make official
formalmente *adv* : formally
formar *vt* **1** : to form, to make **2** CONSTITUIR : to constitute, to make up **3** : to train, to educate — **formarse** *vr* **1** DESARROLLARSE : to develop, to take shape **2** EDUCARSE : to be educated
formatear *vt* : to format
formativo, -va *adj* : formative
formato *nm* : format
formidable *adj* **1** : formidable, tremendous **2** *fam* : fantastic, terrific
formón *nm, pl* **formones** : chisel
fórmula *nf* : formula
formulación *nf, pl* **-ciones** : formulation
formular *vt* **1** : to formulate, to draw up **2** : to make, to lodge (a protest or complaint)
formulario *nm* : form ⟨rellenar un formulario : to fill out a form⟩
fornicar {72} *vi* : to fornicate — **fornicación** *nf*
fornido, -da *adj* : well-built, burly, hefty
foro *nm* **1** : forum **2** : public assembly, open discussion
forraje *nm* **1** : forage, fodder **2** : foraging **3** *fam* : hodgepodge
forrajear *vi* : to forage
forrar *vt* **1** : to line (a garment) **2** : to cover (a book)
forro *nm* **1** : lining **2** CUBIERTA : book cover
forsitia *nf* : forsythia
fortachón, -chona *adj, pl* **-chones** *fam* : brawny, strong, tough
fortalecer {53} *vt* : to strengthen, to fortify — **fortalecerse** *vr*
fortalecimiento *nm* **1** : strengthening, fortifying **2** : fortifications
fortaleza *nf* **1** : fortress **2** FUERZA : strength **3** : resolution, fortitude
fortificación *nf, pl* **-ciones** : fortification
fortificar {72} *vt* **1** : to fortify **2** : to strengthen
fortín *nm, pl* **fortines** : small fort
fortuito, -ta *adj* : fortuitous
fortuna *nf* **1** SUERTE : fortune, luck **2** RIQUEZA : wealth, fortune
forzar {36} *vt* **1** OBLIGAR : to force, to compel **2** : to force open **3** : to strain ⟨forzar los ojos : to strain one's eyes⟩
forzosamente *adv* **1** : forcibly, by force **2** : necessarily, inevitably ⟨forzosamente tendrán que pagar : they'll have no choice but to pay⟩
forzoso, -sa *adj* **1** : forced, compulsory **2** : necessary, inevitable
fosa *nf* **1** : ditch, pit ⟨fosa séptica : septic tank⟩ **2** TUMBA : grave **3** : cavity ⟨fosas nasales : nasal cavities, nostrils⟩
fosfato *nm* : phosphate

fosforescencia nf : phosphorescence — **fosforescente** adj

fósforo nm 1 CERILLA : match 2 : phosphorus

fósil[1] adj : fossilized, fossil

fósil[2] nm : fossil

fosilizarse {21} vr : to fossilize, to become fossilized

foso nm 1 FOSA, ZANJA : ditch 2 : pit (of a theater) 3 : moat

foto nf : photo, picture

fotocopia nf : photocopy — **fotocopiar** vt

fotocopiadora nf COPIADORA : photocopier

fotoeléctrico, -ca adj : photoelectric

fotogénico, -ca adj : photogenic

fotografía nf 1 : photograph 2 : photography

fotografiar {85} vt : to photograph

fotográfico, -ca adj : photographic — **fotográficamente** adv

fotógrafo, -fa n : photographer

fotosíntesis nf : photosynthesis

fotosintético, -ca adj : photosynthetic

fracasado[1], **-da** adj : unsuccessful, failed

fracasado[2], **-da** n : failure

fracasar vi 1 FALLAR : to fail 2 : to fall through

fracaso nm FIASCO : failure

fracción nf, pl **fracciones** 1 : fraction 2 : part, fragment 3 : faction, splinter group

fraccionamiento nm 1 : division, breaking up 2 Mex : residential area, housing development

fraccionar vt : to divide, to break up

fraccionario, -ria adj : fractional

fractura nf 1 : fracture 2 **fractura complicada** : compound fracture

fracturarse vr QUEBRARSE, ROMPERSE : to fracture, to break ⟨fracturarse el brazo : to break one's arm⟩

fragancia nf : fragrance, scent

fragante adj : fragrant

fragata nf : frigate

frágil adj 1 : fragile 2 : frail, delicate

fragilidad nf 1 : fragility 2 : frailty, delicacy

fragmentar vt : to fragment — **fragmentación** nf

fragmentario, -ria adj : fragmentary, sketchy

fragmento nm 1 : fragment, shard 2 : bit, snippet 3 : excerpt, passage

fragor nm : clamor, din, roar

fragoroso, -sa adj : thunderous, deafening

fragoso, -sa adj 1 : rough, uneven 2 : thick, dense

fragua nf FORJA : forge

fraguar {10} vt 1 : to forge 2 : to conceive, to concoct, to hatch — vi : to set, to solidify

fraile nm : friar, monk

frambuesa nf : raspberry

francamente adv 1 : frankly, candidly 2 REALMENTE : really ⟨es francamente admirable : it's really impressive⟩

francés[1], **-cesa** adj, mpl **franceses** : French

francés[2], **-cesa** n, mpl **franceses** : French person, Frenchman m, Frenchwoman f

francés[3] nm : French (language)

franciscano, -na adj & n : Franciscan

francmasón, -sona n, mpl **-sones** : Freemason — **francmasonería** nf

franco[1], **-ca** adj 1 CÁNDIDO : frank, candid 2 PATENTE : clear, obvious 3 : free ⟨franco a bordo : free on board⟩

franco[2] nm : franc

francotirador, -dora n : sniper

franela nf : flannel

franja nf 1 : stripe, band 2 : border, fringe

franquear vt 1 : to clear 2 ATRAVESAR : to cross, to go through 3 : to pay the postage on

franqueo nm : postage

franqueza nf : frankness

franquicia nf 1 EXENCIÓN : exemption 2 : franchise

frasco nm : small bottle, flask, vial

frase nf 1 : phrase 2 ORACIÓN : sentence

frasear vt : to phrase

fraternal adj : fraternal, brotherly

fraternidad nf 1 : brotherhood 2 : fraternity

fraternizar {21} vi : to fraternize — **fraternización** nf

fraterno, -na adj : fraternal, brotherly

fratricida adj : fratricidal

fratricidio nm : fratricide

fraude nm : fraud

fraudulento, -ta adj : fraudulent — **fraudulentamente** adv

fray nm : brother (title of a friar) ⟨Fray Bartolomé : Brother Bartholomew⟩

frazada nf COBIJA, MANTA : blanket

frecuencia nf : frequency

frecuentar vt : to frequent, to haunt

frecuente adj : frequent — **frecuentemente** adv

fregadera nf fam : hassle, pain in the neck

fregadero nm : kitchen sink

fregado[1], **-da** adj fam : annoying, bothersome

fregado[2] nm 1 : scrubbing, scouring 2 fam : mess, muddle

fregar {49} vt 1 : to scrub, to scour, to wash ⟨fregar los trastes : to do the dishes⟩ ⟨fregar el suelo : to scrub the floor⟩ 2 fam : to annoy — vi 1 : to wash the dishes 2 : to clean, to scrub 3 fam : to be annoying

freidera nf Mex : frying pan

freír {37} vt : to fry — **freírse** vr

frenar vt 1 : to brake 2 DETENER : to curb, to check — vi : to apply the brakes — **frenarse** vr : to restrain oneself

frenesí *nm* : frenzy
frenético, -ca *adj* : frantic, frenzied — **frenéticamente** *adv*
freno *nm* **1** : brake **2** : bit (of a bridle) **3** : check, restraint **4 frenos** *nmpl Mex* : braces (for teeth)
frente[1] *nm* **1** : front ⟨al frente de : at the head of⟩ ⟨en frente : in front, opposite⟩ **2** : facade **3** : front line, sphere of activity **4** : front (in meteorology) ⟨frente frío : cold front⟩ **5 hacer frente a** : to face up to, to brave
frente[2] *nf* **1** : forehead, brow **2 frente a frente** : face to face
fresa *nf* **1** : strawberry **2** : drill (in dentistry)
fresco[1]**, -ca** *adj* **1** : fresh **2** : cool **3** *fam* : insolent, nervy
fresco[2] *nm* **1** : coolness **2** : fresh air ⟨al fresco : in the open air, outdoors⟩ **3** : fresco
frescor *nm* : cool air ⟨el frescor de la noche : the cool of the evening⟩
frescura *nf* **1** : freshness **2** : coolness **3** : calmness **4 DESCARO** : nerve, audacity
fresno *nm* : ash (tree)
freza *nf* : spawn, roe
frezar {21} *vi DESOVAR* : to spawn
friable *adj* : friable
frialdad *nf* **1** : coldness **2 INDIFERENCIA** : indifference, unconcern
fríamente *adv* : coldly, indifferently
fricasé *nm* : fricassee
fricción *nf, pl* **fricciones 1** : friction **2** : rubbing, massage **3** : discord, disagreement ⟨fricción entre los hermanos : friction between the brothers⟩
friccionar *vt FROTAR* **1** : to rub **2** : to massage
friega[1]**, friegue, etc.** → **fregar**
friega[2] *nf* **1 FRICCIÓN** : rubdown, massage **2** : annoyance, bother
frigidez *nf* : (sexual) frigidity
frigorífico *nm Spain* : refrigerator
frijol *nm* : bean ⟨frijoles refritos : refried beans⟩
frío[1]**, fría** *adj* **1** : cold **2 INDIFERENTE** : cool, indifferent
frío[2] *nm* **1** : cold ⟨hace mucho frío esta noche : it's very cold tonight⟩ **2 INDIFERENCIA** : coldness, indifference **3 tener frío** : to feel cold ⟨tengo frío : I'm cold⟩ **4 tomar frío RESFRIARSE** : to catch a cold
friolento, -ta *adj* : sensitive to cold
friolera *nf* (*used ironically or humorously*) : trifling amount ⟨una friolera de mil dólares : a mere thousand dollars⟩
friso *nm* : frieze
fritar *vt* : to fry
frito[1] *pp* → **freir**
frito[2]**, -ta** *adj* **1** : fried *fam* : worn-out, fed up ⟨tener frito a alguien : to get on someone's nerves⟩ **3** *fam* : fast asleep ⟨se quedó frito en el sofá : she fell asleep on the couch⟩
fritura *nf* **1** : frying **2** : fried food

frivolidad *nf* : frivolity
frívolo, -la *adj* : frivolous — **frívolamente** *adv*
fronda *nf* **1** : frond **2 frondas** *nfpl* : foliage
frondoso, -sa *adj* : leafy, luxuriant
frontal *adj* : frontal, head-on ⟨un choque frontal : a head-on collision⟩
frontalmente *adv* : head-on
frontera *nf* : border, frontier
fronterizo, -za *adj* : border, on the border ⟨estados fronterizos : neighboring states⟩
frontispicio *nm* : frontispiece
frotar *vt* **1** : to rub **2** : to strike (a match) — **frotarse** *vr* : to rub (together)
frote *nm* : rubbing, rub
fructífero, -ra *adj* : fruitful, productive
fructificar {72} *vi* **1** : to bear or produce fruit **2** : to be productive
fructuoso, -sa *adj* : fruitful
frugal *adj* : frugal, thrifty — **frugalmente** *adv*
frugalidad *adj* : frugality
frunce *nm* : gather (in cloth), pucker
fruncido *nm* : gathering, shirring
fruncir {83} *vt* **1** : to gather, to shirr **2** : to pucker **3 fruncir el ceño** : to knit one's brow, to frown **3 fruncir la boca** : to pucker up, to purse one's lips
frunza, etc. → **fruncir**
frustración *nf, pl* **-ciones** : frustration
frustrado, -da *adj* **1** : frustrated **2** : failed, unsuccessful
frustrante *adj* : frustrating
frustrar *vt* : to frustrate, to thwart — **frustrarse** *vr FRACASAR* : to fail, to come to nothing ⟨se frustraron sus esperanzas : his hopes were dashed⟩
fruta *nf* : fruit
frutal[1] *adj* : fruit, fruit-bearing
frutal[2] *nm* : fruit tree
frutilla *nf* : South American strawberry
fruto *nm* **1** : fruit, agricultural product ⟨los frutos de la tierra : the fruits of the earth⟩ **2** : result, consequence ⟨los frutos de su trabajo : the fruits of his labor⟩
fucsia *adj & nm* : fuchsia
fue, etc. → **ir, ser**
fuego *nm* **1** : fire **2** : light ⟨¿tienes fuego? : have you got a light?⟩ **3** : flame, burner (on a stove) **4** : ardor, passion **5 FOGAJE** : skin eruption, cold sore **6 fuegos artificiales** *nmpl* : fireworks
fuelle *nm* : bellows
fuente *nf* **1 MANANTIAL** : spring **2** : fountain **3 ORIGEN** : source ⟨fuentes informativas : sources of information⟩ **4** : platter, serving dish
fuera *adv* **1** : outside, out **2** : abroad, away **3 ~ de** : outside of, out of, beyond **4 ~ de** : besides, in addition to ⟨fuera de eso : aside from that⟩ **5 fuera de lugar** : out of place, amiss
fuerce, fuerza etc. → **forzar**

fuero *nm* **1** JURISDICCIÓN : jurisdiction **2** : privilege, exemption **3 fuero interno** : conscience, heart of hearts .

fuerte[1] *adv* **1** : strongly, tightly, hard **2** : loudly **3** : abundantly

fuerte[2] *adj* **1** : strong **2** : intense ⟨un fuerte dolor : an intense pain⟩ **3** : loud **4** : extreme, excessive

fuerte[3] *nm* **1** : fort, stronghold **2** : forte, strong point

fuerza *nf* **1** : strength, vigor ⟨fuerza de voluntad : willpower⟩ **2** : force ⟨fuerza bruta : brute force⟩ **3** : power, might ⟨fuerza de brazos : manpower⟩ **4 fuerzas** *nfpl* : forces ⟨fuerzas armadas : armed forces⟩ **5 a fuerza de** : by, by dint of

fuetazo *nm* : lash

fuga *nf* **1** HUIDA : flight, escape **2** : fugue **3** : leak ⟨fuga de gas : gas leak⟩

fugarse {52} *vr* **1** : to escape **2** HUIR : to flee, to run away **3** : to elope

fugaz *adj, pl* **fugaces** : brief, fleeting

fugitivo, -va *adj & n* : fugitive

fulana *nf* : hooker, slut

fulano, -na *n* : so-and-so, what's-his-name, what's-her-name ⟨fulano, mengano, y zutano : Tom, Dick, and Harry⟩ ⟨señora fulana de tal : Mrs. so-and-so⟩

fulcro *nm* : fulcrum

fulgor *nm* : brilliance, splendor

fulgurar *vi* : to shine brightly, to gleam, to glow

fulminante *adj* **1** : fulminating, explosive **2** : devastating, terrible ⟨una mirada fulminante : a withering look⟩

fulminar *vt* **1** : to strike with lightning **2** : to strike down ⟨fulminar a alguien con la mirada : to look daggers at someone⟩

fumador, -dora *n* : smoker

fumar *v* : to smoke

fumble *nm* : fumble (in football)

fumblear *vt* : to fumble (in football)

fumigante *nm* : fumigant

fumigar {52} *vt* : to fumigate — **fumigación** *nf*

funámbulo, -la *n* EQUILIBRISTA : tightrope walker

función *nf, pl* **funciones** **1** : function **2** : duty **3** : performance, show

funcional *adj* : functional — **funcionalmente** *adv*

funcionamiento *nm* **1** : functioning **2 en ∼** : in operation

funcionar *vi* **1** : to function **2** : to run, to work

funcionario, -ria *n* : civil servant, official

funda *nf* **1** : case, cover, sheath **2** : pillowcase

fundación *nf, pl* **-ciones** : foundation, establishment

fundado, -da *adj* : well-founded, justified

fundador, -dora *n* : founder

fundamental *adj* BÁSICO : fundamental, basic — **fundamentalmente** *adv*

fundamentalismo *nm* : fundamentalism

fundamentalista *nmf* : fundamentalist

fundamentar *vt* **1** : to lay the foundations for **2** : to support, to back up **3** : to base, to found

fundamento *nm* : basis, foundation, groundwork

fundar *vt* **1** ESTABLECER, INSTITUIR : to found, to establish **2** BASAR : to base — **fundarse** *vr* ∼ **en** : to be based on, to stem from

fundición *nf, pl* **-ciones** **1** : founding, smelting **2** : foundry

fundir *vt* **1** : to melt down, to smelt **2** : to fuse, to merge **3** : to burn out (a lightbulb) — **fundirse** *vr* **1** : to fuse together, to blend, to merge **2** : to melt, to thaw **3** : to fade (in television or movies)

fúnebre *adj* **1** : funeral, funereal **2** LÚGUBRE : gloomy, mournful

funeral[1] *adj* : funeral, funerary

funeral[2] *nm* **1** : funeral **2 funerales** *nmpl* EXEQUIAS : funeral rites

funeraria *nf* **1** : funeral home, funeral parlor **2 director de funeraria** : funeral director, undertaker

funerario, -ria *adj* : funeral

funesto, -ta *adj* : terrible, disastrous ⟨consecuencias funestas : disastrous consequences⟩

fungicida[1] *adj* : fungicidal

fungicida[2] *nm* : fungicide

fungir {35} *vi* : to act, to function ⟨fungir de asesor : to act as a consultant⟩

fungoso, -sa *adj* : fungous

funja, etc. → fungir

furgón *nm, pl* **furgones** **1** : van, truck **2** : freight car, boxcar **3 furgón de cola** : caboose

furgoneta *nf* : van

furia *nf* **1** CÓLERA, IRA : fury, rage **2** : violence, fury ⟨la furia de la tormenta : the fury of the storm⟩

furibundo, -da *adj* : furious

furiosamente *adv* : furiously, frantically

furioso, -sa *adj* **1** AIRADO : furious, irate **2** : intense, violent

furor *nm* **1** : fury, rage **2** : violence (of the elements) **3** : passion, frenzy **4** : enthusiasm ⟨hacer furor : to be all the rage⟩

furtivo, -va *adj* : furtive — **furtivamente** *adv*

furúnculo *nm* DIVIESO : boil

fuselaje *nm* : fuselage

fusible *nm* : (electrical) fuse

fusil *nm* : rifle

fusilar *vt* **1** : to shoot, to execute (by firing squad) **2** *fam* : to plagiarize, to pirate

fusilería *nf* **1** : rifles *pl*, rifle fire **2 descarga de fusilería** : fusillade

fusión *nf, pl* **fusiones** **1** : fusion **2** : union, merger

fusionar *vt* **1** : to fuse **2** : to merge, to amalgamate — **fusionarse** *vr*

fusta *nf* : riding crop

fustigar {52} *vt* **1** AZOTAR : to whip, to lash **2** : to upbraid, to berate

futbol *or* **fútbol** *nm* **1** : soccer **2** futbol americano : football

futbolista *nmf* : soccer player

futesa *nf* **1** : small thing, trifle **2** futesas *nfpl* : small talk

fútil *adj* : trifling, trivial

futurista *adj* : futuristic

futuro[1], **-ra** *adj* : future

futuro[2] *nm* PORVENIR : future

G

g *nf* : seventh letter of the Spanish alphabet

gabán *nm, pl* **gabanes** : topcoat, overcoat

gabardina *nf* **1** : gabardine **2** : trench coat, raincoat

gabarra *nf* : barge

gabinete *nm* **1** : cabinet (in government) **2** : study, office (in the home) **3** : (professional) office

gablete *nm* : gable

gabonés, -nesa *adj & n, mpl* **-neses** : Gabonese

gacela *nf* : gazelle

gaceta *nf* : gazette, newspaper

gachas *nfpl* : porridge

gacho, -cha *adj* **1** : drooping, turned downward **2** *Mex fam* : nasty, awful **3** ir a gachas *fam* : to go on all fours

gaélico[1], **-ca** *adj* : Gaelic

gaélico[2] *nm* : Gaelic (language)

gafas *nfpl* ANTEOJOS : eyeglasses, glasses

gaita *nf* : bagpipes *pl*

gajes *nmpl* gajes del oficio : occupational hazards

gajo *nm* **1** : broken branch (of a tree) **2** : cluster, bunch (of fruit) **3** : segment (of citrus fruit)

gala *nf* **1** : gala ⟨vestido de gala : formal dress⟩ ⟨tener algo a gala : to be proud of something⟩ **2** galas *nfpl* : finery, attire

galáctico, -ca *adj* : galactic

galán *nm, pl* **galanes** **1** : ladies' man, gallant **2** : leading man, hero **3** : boyfriend, suitor

galano, -na *adj* **1** : elegant **2** *Mex* : mottled

galante *adj* : gallant, attentive — **galantemente** *adv*

galantear *vt* **1** CORTEJAR : to court, to woo **2** : to flirt with

galanteo *nm* **1** CORTEJO : courtship **2** : flirtation, flirting

galantería *nf* **1** : gallantry, attentiveness **2** : compliment

galápago *nm* : aquatic turtle

galardón *nm, pl* **-dones** : award, prize

galardonado, -da *adj* : prize-winning

galardonar *vt* : to give an award to

galaxia *nf* : galaxy

galeno *nm fam* : physician, doctor

galeón *nm, pl* **galeones** : galleon

galera *nf* : galley

galería *nf* **1** : gallery, balcony (in a theater) ⟨galería comercial : shopping mall⟩ **2** : corridor, passage

galerón *n, mpl* **-rones** *Mex* : large hall

galés[1], **-lesa** *adj* : Welsh

galés[2], **-lesa** *n, mpl* **galeses** **1** : Welshman *m*, Welshwoman *f* **2** los galeses : the Welsh

galés[3] *nm* : Welsh (language)

galgo *nm* : greyhound

galimatías *nms & pl* : gibberish, nonsense

galio *nm* : gallium

gallardete *nm* : pennant, streamer

gallardía *nf* **1** VALENTÍA : bravery **2** APOSTURA : elegance, gracefulness

gallardo, -da *adj* **1** VALIENTE : brave **2** APUESTO : elegant, graceful

gallear *vi* : to show off, to strut around

gallego[1], **-ga** *adj* **1** : Galician **2** *fam* : Spanish

gallego[2], **-ga** *n* **1** : Galician **2** *fam* : Spaniard

galleta *nf* **1** : cookie **2** : cracker

gallina *nf* **1** : hen **2** gallina de Guinea : guinea fowl

gallinazo *nm* : vulture, buzzard

gallinero *nm* : chicken coop, henhouse

gallito, -ta *adj fam* : cocky, belligerent

gallo *nm* **1** : rooster, cock **2** *fam* : squeak or crack in the voice **3** *Mex* : serenade **4** gallo de pelea : gamecock

galo[1], **-la** *adj* : Gaulish **2** : French

galo[2], **-la** *n* : Frenchman *m*, Frenchwoman *f*

galocha *nf* : galosh

galón *nm, pl* **galones** **1** : gallon **2** : stripe (military insignia)

galopada *nf* : gallop

galopante *adj* : galloping ⟨inflación galopante : galloping inflation⟩

galopar *vi* : to gallop

galope *nm* : gallop

galpón *nm, pl* **galpones** : shed, storehouse

galvanizar {21} *vt* : to galvanize — **galvanización** *nf*

gama *nf* **1** : range, spectrum, gamut **2** → gamo

gamba *nf* : large shrimp, prawn

gamberro, -rra *n Spain* : hooligan, troublemaker

gambiano, -na *adj & n* : Gambian

gambito *nm* : gambit (in chess)

gameto *nm* : gamete

gamo, -ma *n* : fallow deer

gamuza *nf* **1** : suede **2** : chamois

gana *nf* **1** : desire, inclination **2 de buena gana** : willingly, readily, gladly **3 de mala gana** : reluctantly, halfheartedly **4 tener ganas de** : to feel like, to be in the mood for ⟨tengo ganas de bailar : I feel like dancing⟩ **5 ponerle ganas a algo** : to put effort into something

ganadería *nf* **1** : cattle raising, stockbreeding **2** : cattle ranch **3** GANADO : cattle *pl*, livestock

ganadero¹, -ra *adj* : cattle, ranching

ganadero², -ra *n* : rancher, stockbreeder

ganado *nm* **1** : cattle *pl*, livestock **2 ganado ovino** : sheep *pl* **3 ganado porcino** : swine *pl*

ganador¹, -dora *adj* : winning

ganador², -dora *n* : winner

ganancia *nf* **1** : profit **2 ganancias** *nfpl* : winnings, gains

ganancioso, -sa *adj* : profitable

ganar *vt* **1** : to win **2** : to gain ⟨ganar tiempo : to buy time⟩ **3** : to earn ⟨ganar dinero : to make money⟩ **4** : to acquire, to obtain — *vi* **1** : to win **2** : to profit ⟨salir ganando : to come out ahead⟩ — **ganarse** *vr* **1** : to gain, to win ⟨ganarse a alguien : to win someone over⟩ **2** : to earn ⟨ganarse la vida : to make a living⟩ **3** : to deserve

gancho *nm* **1** : hook **2** : clothes hanger **3** : hairpin, bobby pin **4** *Col* : safety pin

gandul¹ *nm CA, Car, Col* : pigeon pea

gandul², -dula *n fam* : idler, lazybones

gandulear *vi* : to idle, to loaf, to lounge about

ganga *nf* : bargain

ganglio *nm* **1** : ganglion **2** : gland

gangrena *nf* : gangrene — **gangrenoso, -sa** *adj*

gángster *nmf, pl* **gángsters** : gangster

gansada *nf* : silly thing, nonsense

ganso, -sa *n* **1** : goose, gander *m* **2** : idiot, fool

gañido *nm* : yelp (of a dog)

gañir {38} *vi* : to yelp

garabatear *v* : to scribble, to scrawl, to doodle

garabato *nm* **1** : doodle **2 garabatos** *nmpl* : scribble, scrawl

garaje *nm* : garage

garante *nmf* : guarantor

garantía *nf* **1** : guarantee, warranty **2** : security ⟨garantía de trabajo : job security⟩

garantizar {21} *vt* : to guarantee

garapiña *nf* : pineapple drink

garapiñar *vt* : to candy

garbanzo *nm* : chickpea, garbanzo

garbo *nm* **1** DONAIRE : grace, poise **2** : jauntiness

garboso, -sa *adj* **1** : graceful **2** : elegant, stylish

garceta *nf* : egret

gardenia *nf* : gardenia

garfio *nm* : hook, gaff, grapnel

gargajo *nm fam* : phlegm

garganta *nf* **1** : throat **2** : neck (of a person or a bottle) **3** : ravine, narrow pass

gargantilla *nf* : choker, necklace

gárgara *nf* **1** : gargle, gargling **2 hacer gárgaras** : to gargle

gargarizar *vi* : to gargle

gárgola *nf* : gargoyle

garita *nf* **1** : cabin, hut **2** : sentry box, lookout post

garoso, -sa *adj Col, Ven* : gluttonous, greedy

garra *nf* **1** : claw **2** : hand, paw **3 garras** *nfpl* : claws, clutches ⟨caer en las garras de alguien : to fall into someone's clutches⟩

garrafa *nf* : decanter, carafe

garrafal *adj* : terrible, monstrous

garrafón *nm, pl* **-fones** : large decanter, large bottle

garrapata *nf* : tick

garrobo *nm CA* : large lizard, iguana

garrocha *nf* **1** PICA : lance, pike **2** : pole ⟨salto con garrocha : pole vault⟩

garrotazo *nm* : blow (with a club)

garrote *nm* **1** : club, stick **2** *Mex* : brake

garúa *nf* : drizzle

garuar {3} *v impers* LLOVIZNAR : to drizzle

garza *nf* : heron

gas *nm* : gas, vapor, fumes *pl* ⟨gas lacrimógeno : tear gas⟩

gasa *nf* : gauze

gasear *vt* **1** : to gas **2** : to aerate (a liquid)

gaseosa *nf* REFRESCO : soda, soft drink

gaseoso, -sa *adj* **1** : gaseous **2** : carbonated, fizzy

gasoducto *nm* : gas pipeline

gasolina *nf* : gasoline, gas

gasolinera *nf* : gas station, service station

gastado, -da *adj* **1** : spent **2** : worn, worn-out

gastador¹, -dora *adj* : extravagant, spendthrift

gastador², -dora *n* : spendthrift

gastar *vt* **1** : to spend **2** CONSUMIR : to consume, to use up **3** : to squander, to waste **4** : to wear ⟨gasta un bigote : he sports a mustache⟩ — **gastarse** *vr* **1** : to spend, to expend **2** : to run down, to wear out

gasto *nm* **1** : expense, expenditure **2** DETERIORO : wear **3 gastos generales** *or* **gastos indirectos** : overhead

gástrico, -ca *adj* : gastric

gastritis *nf* : gastritis

gastronomía *nf* : gastronomy

gastronómico, -ca *adj* : gastronomic

gastrónomo, -ma *n* : gourmet

gatas *adv* **andar a gatas** : to crawl, to go on all fours

gatear *vi* **1** : to crawl **2** : to climb, to clamber (up)

gatillero *nm Mex* : gunman
gatillo *nm* : trigger
gatito, -ta *n* : kitten
gato¹, -ta *n* : cat
gato² *nm* : jack (for an automobile)
gauchada *nf Arg, Uru* : favor, kindness
gaucho *nm* : gaucho
gaveta *nf* CAJÓN : drawer 2 : till
gavilla *nf* 1 : gang, band 2 : sheaf
gaviota *nf* : gull, seagull
gay ['ge, 'gai] *adj* : gay (homosexual)
gaza *nf* : loop
gazapo *nm* 1 : young rabbit 2 : misprint, error
gazmoñería *nf* MOJIGATERÍA : prudery, primness
gazmoño¹, -ña *adj* : prudish, prim
gazmoño², -ña *n* MOJIGATO : prude, prig
gaznate *nm* : throat, gullet
gazpacho *nm* : gazpacho
géiser *or* **géyser** *nm* : geyser
gel *nm* : gel
gelatina *nf* : gelatin
gélido, -da *adj* : icy, freezing cold
gelificarse *vr* : to jell
gema *nf* : gem
gemelo¹, -la *adj & n* MELLIZO : twin
gemelo² *nm* 1 : cuff link 2 **gemelos** *nmpl* BINOCULARES : binoculars
gemido *nm* : moan, groan, wail
Géminis *nmf* : Gemini
gemir {54} *vi* : to moan, to groan, to wail
gen *or* **gene** *nm* : gene
gendarme *nmf* POLICÍA : police officer, policeman *m*, policewoman *f*
gendarmería *nf* : police
genealogía *nf* : genealogy
genealógico, -ca *adj* : genealogical
generación *nf, pl* **-ciones** 1 : generation ⟨tercera generación : third generation⟩ 2 : generating, creating 3 : class ⟨la generación del '97 : the class of '97⟩
generacional *adj* : generation, generational
generador *nm* : generator
general¹ *adj* 1 : general 2 **en ∼** *or* **por lo general** : in general, generally
general² *nmf* 1 : general 2 **general de división** : major general
generalidad *nf* 1 : generality, generalization 2 : majority
generalización *nf, pl* **-ciones** 1 : generalization 2 : escalation, spread
generalizado, -da *adj* : generalized, widespread
generalizar {21} *vi* : to generalize — *vt* : to spread out — **generalizarse** *vr* : to become widespread
generalmente *adv* : usually, generally
generar *vt* : to generate — **generarse** *vr*
genérico, -ca *adj* : generic
género *nm* 1 : genre, class, kind ⟨el género humano : the human race, mankind⟩ 2 : gender (in grammar) 3 **géneros** *nmpl* : goods, commodities
generosidad *nf* : generosity
generoso, -sa *adj* 1 : generous, unselfish 2 : ample — **generosamente** *adv*

genética *nf* : genetics
genético, -ca *adj* : genetic — **genéticamente** *adv*
genetista *nmf* : geneticist
genial *adj* 1 AGRADABLE : genial, pleasant 2 : brilliant ⟨una obra genial : a work of genius⟩ 3 *fam* FORMIDABLE : fantastic, terrific
genialidad *nf* 1 : genius 2 : stroke of genius 3 : eccentricity
genio *nm* 1 : genius 2 : temper, disposition ⟨de mal genio : bad-tempered⟩ 3 : genie
genital *adj* : genital
genitales *nmpl* : genitals, genitalia
genocidio *nm* : genocide
genotipo *nm* : genotype
gente *nf* 1 : people 2 : relatives *pl*, folks *pl* 3 **gente menuda** *fam* : children, kids *pl* 4 **ser buena gente** : to be nice, to be kind
gentil¹ *adj* 1 AMABLE : kind 2 : gentile
gentil² *nmf* : gentile
gentileza *nf* 1 AMABILIDAD : kindness 2 CORTESÍA : courtesy
gentilicio, -cia *adj* 1 : national, tribal 2 : family
gentío *nm* MUCHEDUMBRE, MULTITUD : crowd, mob
gentuza *nf* CHUSMA : riffraff, rabble
genuflexión *nf, pl* **-xiones** 1 : genuflection 2 **hacer una genuflexión** : to genuflect
genuino, -na *adj* : genuine — **genuinamente** *adv*
geofísica *nf* : geophysics
geofísico, -ca *adj* : geophysical
geografía *nf* : geography
geográfico, -ca *adj* : geographic, geographical — **geográficamente** *adv*
geógrafo, -fa *n* : geographer
geología *nf* : geology
geológico, -ca *adj* : geologic, geological — **geológicamente** *adv*
geólogo, -ga *n* : geologist
geometría *nf* : geometry
geométrico, -ca *adj* : geometric, geometrical — **geométricamente** *adv*
geopolítica *nf* : geopolitics
geopolítico, -ca *adj* : geopolitical
georgiano, -na *adj & n* : Georgian
geranio *nm* : geranium
gerbo *nm* : gerbil
gerencia *nf* : management, administration
gerencial *adj* : managerial
gerente *nmf* : manager, director
geriatría *nf* : geriatrics
geriátrico, -ca *adj* : geriatric
germanio *nm* : germanium
germano, -na *adj* : Germanic, German
germen *nm, pl* **gérmenes** : germ
germicida *nf* : germicide
germinación *nf, pl* **-ciones** : germination
germinar *vi* : to germinate, to sprout
gerontología *nf* : gerontology
gerundio *nm* : gerund

gesta *nf* : deed, exploit

gestación *nf, pl* **-ciones** : gestation

gesticulación *nf, pl* **-ciones** : gesturing, gesticulation

gesticular *vi* : to gesticulate, to gesture

gestión *nf, pl* **gestiones** 1 TRÁMITE : procedure, step 2 ADMINISTRACIÓN : management 3 **gestiones** *nfpl* : negotiations

gestionar *vt* 1 : to negotiate, to work towards 2 ADMINISTRAR : to manage, to handle

gesto *nm* 1 ADEMÁN : gesture 2 : facial expression 3 MUECA : grimace

gestor, -tora *adj* : facilitating, negotiating, managing

gestor², -tora *n* : facilitator, manager

géyser → **géiser**

ghanés, -nesa *adj & n, mpl* **ghaneses** : Ghanaian

ghetto → **gueto**

giba *nf* 1 : hump (of an animal) 2 : hunchback (of a person)

gibón *nm, pl* **gibones** : gibbon

giboso¹, -sa *adj* : hunchbacked, humpbacked

giboso², -sa *n* : hunchback, humpback

gigabyte *nm* : gigabyte

gigante¹ *adj* : giant, gigantic

gigante², -ta *n* : giant

gigantesco, -ca *adj* : gigantic, huge

gime, etc. → **gemir**

gimnasia *nf* : gymnastics

gimnasio *nm* : gymnasium, gym

gimnasta *nmf* : gymnast

gimnástico, -ca *adj* : gymnastic

gimotear *vi* LLORIQUEAR : to whine, to whimper

gimoteo *nm* : whimpering

ginebra *nf* : gin

ginecología *nf* : gynecology

ginecológico, -ca *adj* : gynecologic, gynecological

ginecólogo, -ga *n* : gynecologist

ginseng *nm* : ginseng

gira *nf* : tour

giralda *nf* : weather vane

girar *vi* 1 : to turn around, to revolve 2 : to swing around, to swivel — *vt* 1 : to turn, to twist, to rotate 2 : to draft (checks) 3 : to transfer (funds)

girasol *nm* MIRASOL : sunflower

giratorio, -ria *adj* : revolving

giro *nm* 1 VUELTA : turn, rotation 2 : change of direction ⟨giro de 180 grados : U-turn, about-face⟩ 3 **giro bancario** : bank draft 4 **giro postal** : money order

giroscopio *or* **giróscopo** *nm* : gyroscope

gis *nm Mex* : chalk

gitano, -na *adj & n* : Gypsy

glacial *adj* : glacial, icy — **glacialmente** *adv*

glaciar *nm* : glacier

gladiador *nm* : gladiator

gladiolo *or* **gladíolo** *nm* : gladiolus

glándula *nf* : gland — **glandular** *adj*

glaseado *nm* : glaze, icing

glasear *vt* : to glaze

glaucoma *nm* : glaucoma

glicerina *nf* : glycerin, glycerol

glicinia *nf* : wisteria

global *adj* 1 : global, worldwide 2 : full, comprehensive 3 : total, overall

globalizar {21} *vt* 1 ABARCAR : to include, to encompass 2 : to extend worldwide

globalmente *adv* : globally, as a whole

globo *nm* 1 : globe, sphere 2 : balloon 3 **globo ocular** : eyeball

glóbulo *nm* 1 : globule 2 : blood cell, corpuscle

gloria *nf* 1 : glory 2 : fame, renown 3 : delight, enjoyment 4 : star, legend ⟨las glorias del cine : the great names in motion pictures⟩

glorieta *nf* 1 : rotary, traffic circle 2 : bower, arbor

glorificar {72} *vt* ALABAR : to glorify — **glorificación** *nf*

glorioso, -sa *adj* : glorious — **gloriosamente** *adv*

glosa *nf* 1 : gloss 2 : annotation, commentary

glosar *vt* 1 : to gloss 2 : to annotate, to comment on (a text)

glosario *nm* : glossary

glotis *nf* : glottis

glotón¹, -tona *adj, mpl* **glotones** : gluttonous

glotón², -tona *n, mpl* **glotones** : glutton

glotón³ *nm, pl* **glotones** : wolverine

glotonería *nf* GULA : gluttony

glucosa *nf* : glucose

glutinoso, -sa *adj* : glutinous

gnomo ['nomo] *nm* : gnome

gobernación *nf, pl* **-ciones** : governing, government

gobernador, -dora *n* : governor

gobernante¹ *adj* : ruling, governing

gobernante² *nmf* : ruler, leader, governor

gobernar {55} *vt* 1 : to govern, to rule 2 : to steer, to sail (a ship) — *vi* 1 : to govern 2 : to steer

gobierno *nm* : government

goce¹, etc. → **gozar**

goce² *nm* 1 PLACER : enjoyment, pleasure 2 : use, possession

gol *nm* : goal (in soccer)

golear *vt* : to rout, to score many goals against (in soccer)

goleta *nf* : schooner

golf *nm* : golf

golfista *nmf* : golfer

golfo *nm* : gulf, bay

golondrina *nf* 1 : swallow (bird) 2 **golondrina de mar** : tern

golosina *nf* : sweet, snack

goloso, -sa *adj* : fond of sweets ⟨ser goloso : to have a sweet tooth⟩

golpazo *nm* : heavy blow, bang, thump

golpe *nm* 1 : blow ⟨caerle a golpes a alguien : to give someone a beating⟩ 2 : knock 3 **de ~** : suddenly 4 **de un**

golpe : all at once, in one fell swoop 5
golpe de estado : coup, coup d'etat 6
golpe de suerte : stroke of luck
golpeado, -da *adj* 1 : beaten, hit 2 : bruised (of fruit) 3 : dented
golpear *vt* 1 : to beat (up), to hit 2 : to slam, to bang, to strike — *vi* 1 : to knock (at a door) 2 : to beat ⟨la lluvia golpeaba contra el tejado : the rain beat against the roof⟩ — **golpearse** *vr*
golpetear *v* : to knock, to rattle, to tap
golpeteo *nm* : banging, knocking, tapping
goma *nf* 1 : gum ⟨goma de mascar : chewing gum⟩ 2 CAUCHO : rubber ⟨goma espuma : foam rubber⟩ 3 PEGAMENTO : glue 4 : rubber band 5 *Arg* : tire 6 *or* **goma de borrar** : eraser
gomita *nf* : rubber band
gomoso, -sa *adj* : gummy, sticky
góndola *nf* : gondola
gong *nm* : gong
gonorrea *nf* : gonorrhea
gorda *nf Mex* : thick corn tortilla
gordinflón[1], -flona *adj, mpl* **-flones** *fam* : chubby, pudgy
gordinflón[2], -flona *n, mpl* **-flones** *fam* : chubby person
gordo[1], -da *adj* 1 : fat 2 : thick 3 : fatty, greasy, oily 4 : unpleasant ⟨me cae gorda tu tía : I can't stand your aunt⟩
gordo[2], -da *n* : fat person
gordo[3] *nm* 1 GRASA : fat 2 : jackpot
gordura *nf* : fatness, flab
gorgojo *nm* : weevil
gorgotear *vi* : to gurgle, to bubble
gorgoteo *nm* : gurgle
gorila *nm* : gorilla
gorjear *vi* 1 : to chirp, to tweet, to warble 2 : to gurgle
gorjeo *nm* 1 : chirping, warbling 2 : gurgling
gorra *nf* 1 : bonnet 2 : cap 3 **de ~** *fam* : for free, at someone else's expense ⟨vivir de gorra : to sponge, to freeload⟩
gorrear *vt fam* : to bum, to scrounge — *vi fam* : to freeload
gorrero, -ra *n fam* : freeloader, sponger
gorrión *nm, pl* **gorriones** : sparrow
gorro *nm* 1 : cap 2 **estar hasta el gorro** : to be fed up
gorrón, -rrona *n, mpl* **gorrones** *fam* : freeloader, scrounger
gorronear *vt fam* : to bum, to scrounge — *vi fam* : to freeload
gota *nf* 1 : drop ⟨una gota de sudor : a bead of sweat⟩ ⟨como dos gotas de agua : like two peas in a pod⟩ ⟨sudar la gota gorda : to sweat buckets, to work very hard⟩ 2 : gout
gotear *v* 1 : to drip 2 : to leak — *v impers* LLOVIZNAR : to drizzle
goteo *nm* : drip, dripping
gotera *nf* 1 : leak 2 : stain (from dripping water)
gotero *nm* : (medicine) dropper
gótico, -ca *adj* : Gothic
gourmet *nmf* : gourmet

gozar {21} *vi* 1 : to enjoy oneself, to have a good time 2 **~ de** : to enjoy, to have, to possess ⟨gozar de buena salud : to enjoy good health⟩ 3 **~ con** : to take delight in
gozne *nm* BISAGRA : hinge
gozo *nm* 1 : joy 2 PLACER : enjoyment, pleasure
gozoso, -sa *adj* : joyful
grabación *nf, pl* **-ciones** : recording
grabado *nm* 1 : engraving 2 **grabado al aguafuerte** : etching
grabador, -dora *n* : engraver
grabadora *nf* : tape recorder
grabar *vt* 1 : to engrave 2 : to record, to tape — *vi* **grabar al aguafuerte** : to etch — **grabarse** *vr* **grabársele a alguien en la memoria** : to become engraved on someone's mind
gracia *nf* 1 : grace 2 : favor, kindness 3 : humor, wit ⟨su comentario no me hizo gracia : I wasn't amused by his remark⟩ 4 **gracias** *nfpl* : thanks ⟨gracias! : thank you!⟩ ⟨dar gracias : to give thanks⟩
grácil *adj* 1 : graceful 2 : delicate, slender, fine
gracilidad *nf* : gracefulness
gracioso, -sa *adj* 1 CHISTOSO : funny, amusing 2 : cute, attractive
grada *nf* 1 : harrow 2 PELDAÑO : step, stair 3 **gradas** *nfpl* : bleachers, grandstand
gradación *nf, pl* **-ciones** : gradation, scale
gradar *vt* : to harrow, to hoe
gradería *nf* : tiers *pl*, stands *pl*, rows *pl* (in a theater)
gradiente *nf* : gradient, slope
grado *nm* 1 : degree (in meteorology and mathematics) ⟨grado centígrado : degree centigrade⟩ 2 : extent, level, degree ⟨en grado sumo : greatly, to the highest degree⟩ 3 RANGO : rank 4 : year, class (in education) 5 **de buen grado** : willingly, readily
graduable *adj* : adjustable
graduación *nf, pl* **-ciones** 1 : graduation (from a school) 2 GRADO : rank 3 : alcohol content, proof
graduado[1], -da *adj* 1 : graduated 2 **lentes graduados** : prescription lenses
graduado[2], -da *n* : graduate
gradual *adj* : gradual — **gradualmente** *adv*
graduar {3} *v* 1 : to regulate, to adjust 2 CALIBRAR : to calibrate, to gauge — **graduarse** *vr* : to graduate (from a school)
graffiti *or* **grafiti** *nmpl* : graffiti *pl*
gráfica *nf* → **gráfico[2]**
gráfico[1], -ca *adj* : graphic — **gráficamente** *adv*
gráfico[2] *nm* 1 : graph, chart 2 : graphic (for a computer, etc.) 3 **gráfico de barras** : bar graph
grafismo *nm* : graphics *pl*

grafito *nm* : graphite
gragea *nf* 1 : coated pill or tablet 2 **grageas** *nfpl* : sprinkles, jimmies
grajo *nm* : rook (bird)
grama *nf* : grass
gramática *nf* : grammar
gramatical *adj* : grammatical — **gramaticalmente** *adv*
gramo *nm* : gram
gran → **grande**
grana *nf* : scarlet, deep red
granada *nf* 1 : pomegranate 2 : grenade ⟨granada de mano : hand grenade⟩
granadero *nm* 1 : grenadier 2 **granaderos** *nmpl Mex* : riot squad
granadino, -na *adj & n* : Grenadian
granado, -da *adj* 1 DISTINGUIDO : distinguished 2 : choice, select
granate *nm* 1 : garnet 2 : deep red, maroon
grande *adj* (**gran** *before singular nouns*) 1 : large, big ⟨un libro grande : a big book⟩ 2 ALTO : tall 3 NOTABLE : great ⟨un gran autor : a great writer⟩ 4 (*indicating intensity*) : great ⟨con gran placer : with great pleasure⟩ 5 : old, grown-up ⟨hijos grandes : grown children⟩
grandeza *nf* 1 MAGNITUD : greatness, size 2 : nobility 3 : generosity, graciousness 4 : grandeur, magnificence
grandilocuencia *nf* : grandiloquence — **grandilocuente** *adj*
grandiosidad *nf* : grandeur
grandioso, -sa *adj* 1 MAGNÍFICO : grand, magnificent 2 : grandiose
granel *adv* 1 a ~ : galore, in great quantities 2 a ~ : in bulk ⟨vender a granel : to sell in bulk⟩
granero *nm* : barn, granary
granito *nm* : granite
granizada *nf* : hailstorm
granizar {21} *v impers* : to hail
granizo *nm* : hail
granja *nf* : farm
granjear, *vt* : to earn, to win — **granjearse** *vr* : to gain, to earn
granjero, -ra *n* : farmer
grano *nm* 1 PARTÍCULA : grain, particle ⟨un grano de arena : a grain of sand⟩ 2 : grain (of rice, etc.), bean (of coffee), seed 3 : grain (of wood or rock) 4 BARRO, ESPINILLA : pimple 5 ir al grano : to get to the point
granuja *nmf* PILLUELO : rascal, urchin
granular[1] *vt* : to granulate — **granularse** *vr* : to break out in spots
granular[2] *adj* : granular, grainy
granza *nf* : chaff
grapa *nf* 1 : staple 2 : clamp
grapadora *nf* ENGRAPADORA : stapler
grapar *vt* ENGRAPAR : to staple
grasa *nf* 1 : grease 2 : fat 3 *Mex* : shoe polish
grasiento, -ta *adj* : greasy, oily
graso, -sa *adj* 1 : fatty 2 : greasy, oily
grasoso, -sa *adj* GRASIENTO : greasy, oily

gratificación *nf, pl* **-ciones** 1 SATISFACCIÓN : gratification 2 : bonus 3 RECOMPENSA : recompense, reward
gratificar {72} *vt* 1 SATISFACER : to satisfy, to gratify 2 RECOMPENSAR : to reward 3 : to give a bonus to
gratinado, -da *adj* : au gratin
gratis[1] *adv* GRATUITAMENTE : free, for free, gratis
gratis[2] *adj* GRATUITO : free, gratis
gratitud *nf* : gratitude
grato, -ta *adj* AGRADABLE, PLACENTERO : pleasant, agreeable — **gratamente** *adv*
gratuitamente *adv* 1 : gratuitously 2 GRATIS : free, for free, gratis
gratuito, -ta *adj* 1 : gratuitous, unwarranted 2 GRATIS : free, gratis
grava *nf* : gravel
gravamen *nm, pl* **-vámenes** 1 : burden, obligation 2 : (property) tax
gravar *vt* 1 : to burden, to encumber 2 : to levy (a tax)
grave *adj* 1 : grave, important 2 : serious, somber 3 : serious (of an illness)
gravedad *nf* 1 : gravity ⟨centro de gravedad : center of gravity⟩ 2 : seriousness, severity
gravemente *adv* : gravely, seriously
gravilla *nf* : (fine) gravel
gravitación *nf, pl* **-ciones** : gravitation
gravitacional *adj* : gravitational
gravitar *vi* 1 : to gravitate 2 ~ **sobre** : to rest on 3 ~ **sobre** : to loom over
gravoso, -sa *adj* 1 ONEROSO : burdensome, onerous 2 : costly
graznar *vi* : to caw, to honk, to quack, to squawk
graznido *nm* : cawing, honking, quacking, squawking
gregario, -ria *adj* : gregarious
gregoriano, -na *adj* : Gregorian
gremial *adj* SINDICAL : union, labor
gremio *nm* SINDICATO : union, guild
greña *nf* 1 : mat, tangle 2 **greñas** *nfpl* MELENAS : shaggy hair, mop
greñudo, -da *n* HIPPIE, MELENUDO : longhair, hippie
grey *nf* : congregation, flock
griego[1]**, -ga** *adj & n* : Greek
griego[2] *nm* : Greek (language)
grieta *nf* : crack, crevice
grifo *nm* 1 : faucet ⟨agua del grifo : tap water⟩ 2 : griffin
grillete *nm* : shackle
grillo *nm* 1 : cricket 2 **grillos** *nmpl* : fetters, shackles
grima *nf* 1 : disgust, uneasiness 2 **darle grima a alguien** : to get on someone's nerves
gringo, -ga *adj & n* YANQUI : Yankee, gringo
gripa *nf Col, Mex* : flu
gripe *nf* : flu
gris *adj* 1 : gray 2 : overcast, cloudy
grisáceo, -cea *adj* : grayish
gritar *v* : to shout, to scream, to cry
gritería *nf* : shouting, clamor

grito *nm* : shout, scream, cry ⟨a grito pelado : at the top of one's voice⟩

groenlandés, -desa *adj & n* : Greenlander

grogui *adj fam* : dazed, groggy

grosella *nf* 1 : currant 2 **grosella espinosa** : gooseberry

grosería *nf* 1 : insult, coarse language 2 : rudeness, discourtesy

grosero¹, -ra *adj* 1 : rude, fresh 2 : coarse, vulgar

grosero², -ra *n* : rude person

grosor *nm* : thickness

grosso *adj* **a grosso modo** : roughly, broadly, approximately

grotesco, -ca *adj* : grotesque, hideous

grúa *nf* 1 : crane (machine) 2 : tow truck

gruesa *nf* : gross

grueso¹, -sa *adj* 1 : thick, bulky 2 : heavy, big 3 : heavyset, stout

grueso² *nm* 1 : thickness 2 : main body, mass 3 **en ∼** : in bulk

grulla *nf* : crane (bird)

grumo *nm* : lump, glob

gruñido *nm* : growl, grunt

gruñir {38} *vi* 1 : to growl, to grunt 2 : to grumble

gruñón¹, -ñona *adj, mpl* **gruñones** *fam* : grumpy, crabby

gruñón², -ñona *n, mpl* **gruñones** *fam* : grumpy person, nag

grupa *nf* : rump, hindquarters *pl*

grupo *nm* : group

gruta *nf* : grotto, cave

guacal *nm Col, Mex, Ven* : crate

guacamayo *nm* : macaw

guacamole *or* **guacamol** *nm* : guacamole

guacamote *nm Mex* : yuca, cassava

guachinango → **huachinango**

guacho, -cha *adj* 1 *Arg, Col, Chile, Peru* : orphaned 2 *Chile, Peru* : odd, unmatched

guadaña *nf* : scythe

guagua *nf* 1 *Arg, Col, Chile, Peru* : baby 2 *Cuba, PRi* : bus

guaira *nf* 1 *CA* : traditional flute 2 *Peru* : smelting furnace

guajiro, -ra *n Cuba* : peasant

guajolote *nm Mex* : turkey

guanábana *nf* : guanabana, soursop (fruit)

guanaco *nm* : guanaco

guandú *nm CA, Car, Col* : pigeon pea

guango, -ga *adj Mex* 1 : loose-fitting, baggy 2 : slack, loose

guano *nm* : guano

guante *nm* 1 : glove ⟨guante de boxeo : boxing glove⟩ 2 **arrojarle el guante (a alguien)** : to throw down the gauntlet (to someone)

guantelete *nm* : gauntlet

guapo, -pa *adj* 1 : handsome, good-looking, attractive 2 : elegant, smart 3 *fam* : bold, dashing

guapura *nf fam* : handsomeness, attractiveness, good looks *pl* ⟨¡qué guapura! : what a vision!⟩

guarache → **huarache**

guarachear *vi Cuba, PRi fam* : to go on a spree, to go out on the town

guaraní¹ *adj & nmf* : Guarani

guaraní² *nm* : Guarani (language of Paraguay)

guarda *nmf* 1 **GUARDIÁN** : security guard 2 : keeper, custodian

guardabarros *nms & pl* : fender, mudguard

guardabosque *nmf* : forest ranger, gamekeeper

guardacostas¹ *nmfs & pl* : coastguardsman

guardacostas² *nms & pl* : coast guard vessel

guardaespaldas *nmfs & pl* : bodyguard

guardafangos *nms & pl* : fender, mudguard

guardameta *nmf* **ARQUERO, PORTERO** : goalkeeper, goalie

guardapelo *nm* : locket

guardapolvo *nm* 1 : dustcover 2 : duster, housecoat

guardar *vt* 1 : to guard 2 : to maintain, to preserve 3 **CONSERVAR** : to put away 4 **RESERVAR** : to save 5 : to keep (a secret or promise) — **guardarse** *vr* 1 ∼ **de** : to refrain from 2 ∼ **de** : to guard against, to be careful not to

guardarropa *nm* 1 : cloakroom, checkroom 2 **ARMARIO** : closet, wardrobe

guardería *nf* : nursery, day-care center

guardia¹ *nf* 1 : guard, defense 2 : guard duty, watch 3 **en ∼** : on guard

guardia² *nmf* 1 : sentry, guardsman, guard 2 : police officer, policeman *m*, policewoman *f*

guardiamarina *nmf* : midshipman

guardián, -diana *n, mpl* **guardianes** 1 **GUARDA** : security guard, watchman 2 : guardian, keeper 3 **perro guardián** : watchdog

guarecer {53} *vt* : to shelter, to protect — **guarecerse** *vr* : to take shelter

guarida *nf* 1 : den, lair 2 : hideout

guarismo *nm* : figure, numeral

guarnecer {53} *vt* 1 : to adorn 2 : to garnish 3 : to garrison

guarnición *nf, pl* **-ciones** 1 : garnish 2 : garrison 3 : decoration, trimming, setting (of a jewel)

guaro *nm CA* : liquor distilled from sugarcane

guasa *nf fam* 1 : joking, fooling around 2 **de ∼** : in jest, as a joke

guasón¹, -sona *adj, mpl* **guasones** *fam* : funny, witty

guasón², -sona *n, mpl* **guasones** *fam* : joker, clown

guatemalteco, -ca *adj & n* : Guatemalan

guau *interj* : wow!

guayaba *nf* : guava (fruit)

gubernamental *adj* : governmental

gubernativo, -va → **gubernamental**

gubernatura *nf Mex* : governing body

guepardo *nm* : cheetah

güero, -ra *adj Mex* : blond, fair

guerra *nf* **1** : war ⟨declarar la guerra : to declare war⟩ ⟨guerra sin cuartel : all-out war⟩ **2** : warfare **3** LUCHA : conflict, struggle

guerrear *vi* : to wage war

guerrero¹, -ra *adj* **1** : war, fighting **2** : warlike

guerrero², -ra *n* : warrior

guerrilla *nf* : guerrilla warfare

guerrillero, -ra *adj & n* : guerrilla

gueto *nm* : ghetto

guía¹ *nf* **1** : directory, guidebook **2** ORIENTACIÓN : guidance, direction ⟨la conciencia me sirve como guía : conscience is my guide⟩

guía² *nmf* : guide, leader ⟨guía de turismo : tour guide⟩

guiar {85} *vt* **1** : to guide, to lead **2** CONDUCIR : to manage — **guiarse** *vr* : to be guided by, to go by

guija *nf* : pebble

guijarro *nm* : pebble

guillotina *nf* : guillotine — **guillotinar** *vt*

guinda¹ *adj & nm Mex* : burgundy (color)

guinda² *nf* : morello (cherry)

guineo *nm Car* : banana

guinga *nf* : gingham

guiñada → **guiño**

guiñar *vi* : to wink

guiño *nm* : wink

guión *nm, pl* **guiones 1** : script, screenplay **2** : hyphen, dash **3** ESTANDARTE : standard, banner

guirnalda *nf* : garland

guisa *nf* **1** : manner, fashion **2 a guisa de** : like, by way of **3 de tal guisa** : in such a way

guisado ESTOFADO *nm* : stew

guisante *nm* : pea

guisar *vt* **1** ESTOFAR : to stew **2** *Spain* : to cook

guiso *nm* **1** : stew **2** : casserole

güisqui → **whisky**

guita *nf* : string, twine

guitarra *nf* : guitar

guitarrista *nmf* : guitarist

gula *nf* GLOTONERÍA : gluttony, greed

gusano *nm* **1** LOMBRIZ : worm, earthworm ⟨gusano de seda : silkworm⟩ **2** : caterpillar, maggot, grub

gustar *vt* **1** : to taste **2** : to like ⟨¿gustan pasar? : would you like to come in?⟩ — *vi* **1** : to be pleasing ⟨me gustan los dulces : I like sweets⟩ ⟨a María le gusta Carlos : María is attracted to Carlos⟩ ⟨no me gusta que me griten : I don't like to be yelled at⟩ **2 ~ de** : to like, to enjoy ⟨no gusta de chismes : she doesn't like gossip⟩ **3 como guste** : as you wish, as you like

gustativo, -va *adj* : taste ⟨papilas gustativas : taste buds⟩

gusto *nm* **1** : flavor, taste **2** : taste, style **3** : pleasure, liking **4** : whim, fancy ⟨a gusto : at will⟩ **5 a ~** : comfortable, at ease **6 al gusto** : to taste, as one likes **7 mucho gusto** : pleased to meet you

gustosamente *adv* : gladly

gustoso, -sa *adj* **1** : willing, glad ⟨nuestra empresa participará gustosa : our company will be pleased to participate⟩ **2** : zesty, tasty

gutural *adj* : guttural

H

h *nf* : eighth letter of the Spanish alphabet

ha → **haber**

haba *nf* : broad bean

habanero¹, -ra *adj* : of or from Havana

habanero², -ra *n* : native or resident of Havana

haber¹ {39} *v aux* **1** : have, has ⟨no ha llegado el envío : the shipment hasn't arrived⟩ **2 ~ de** : must ⟨ha de ser tarde : it must be late⟩ — *v impers* **1 hay** : there is, there are ⟨hay dos mensajes : there are two messages⟩ ⟨¿qué hay de nuevo? : what's new?⟩ **2 hay que** : it is necessary ⟨hay que trabajar más rápido : you have to work faster⟩

haber² *nm* **1** : assets *pl* **2** : credit, credit side **3 haberes** *nmpl* : salary, income, remuneration

habichuela *nf* **1** : bean, kidney bean **2** : green bean

hábil *adj* **1** : able, skillful **2** : working ⟨días hábiles : working days⟩

habilidad *nf* CAPACIDAD : ability, skill

habilidoso, -sa *adj* : skillful, clever

habilitación *nf, pl* **-ciones 1** : authorization **2** : furnishing, equipping

habilitar *vt* **1** : to enable, to authorize, to empower **2** : to equip, to furnish

hábilmente *adv* : skillfully, expertly

habitable *adj* : habitable, inhabitable

habitación *nf, pl* **-ciones 1** CUARTO : room **2** DORMITORIO : bedroom **3** : habitation, occupancy

habitante *nmf* : inhabitant, resident

habitar *vt* : to inhabit — *vi* : to reside, to dwell

hábitat *nm, pl* **-tats** : habitat

hábito *nm* **1** : habit, custom **2** : habit (of a monk or nun)

habitual *adj* : habitual, customary — **habitualmente** *adv*

habituar {3} *vt* : to accustom, to habituate — **habituarse** *vr* **~ a** : to get used to, to grow accustomed to

habla *nf* **1** : speech **2** : language, dialect **3 de ~** : speaking ⟨de habla inglesa : English-speaking⟩

hablado, -da *adj* **1** : spoken **2 mal hablado** : foulmouthed

hablador¹, -dora *adj* : talkative
hablador², -dora *n* : chatterbox
habladuría *nf* **1** : rumor **2 habladurías** *nfpl* : gossip, scandal
hablante *nmf* : speaker
hablar *vi* **1** : to speak, to talk ⟨hablar en broma : to be joking⟩ **2 ~ de** : to mention, to talk about **3 dar que hablar** : to make people talk — *vt* **1** : to speak (a language) **2** : to talk about, to discuss ⟨háblalo con tu jefe : discuss it with your boss⟩ — **hablarse** *vr* **1** : to speak to each other, to be on speaking terms **2 se habla inglés (etc.)** : English (etc.) spoken
habrá, etc. → haber
hacedor, -dora *n* : creator, maker, doer
hacendado, -da *n* : landowner
hacer {40} *vt* **1** : to make **2** : to do, to perform **3** : to force, to oblige ⟨los hice esperar : I made them wait⟩ — *vi* **1** : to act ⟨haces bien : you're doing the right thing⟩ *v impers* (*referring to weather*) ⟨hacer frío : to be cold⟩ ⟨hace viento : it's windy⟩ **2 hace** : ago ⟨hace mucho tiempo : a long time ago, for a long time⟩ **3 no le hace** : it doesn't matter, it makes no difference **4 hacer falta** : to be necessary, to be needed — **hacerse** *vr* **1** : to become **2** : to pretend, to act, to play ⟨hacerse el tonto : to play dumb⟩ **3** : to seem ⟨el examen se me hizo difícil : the exam seemed difficult to me⟩ **4** : to get, to grow ⟨se hace tarde : it's growing late⟩
hacha *nf* : hatchet, ax
hachazo *nm* : blow, chop (with an ax)
hachís *nm* : hashish
hacia *prep* **1** : toward, towards ⟨hacia abajo : downward⟩ ⟨hacia adelante : forward⟩ **2** : near, around, about ⟨hacia las seis : about six o'clock⟩
hacienda *nf* **1** : estate, ranch, farm **2** : property **3** : livestock **4 la Hacienda** : department of revenue, tax office
hacinar *vt* **1** : to pile up, to stack **2** : to overcrowd — **hacinarse** *vr* : to crowd together
hada *nf* : fairy
hado *nm* : destiny, fate
haga, etc. → hacer
haitiano, -na *adj & n* : Haitian
hala *interj Spain* **1** (*expressing encouragement or disbelief*) : come on! **2** (*expressing surprise*) : wow! **3** (*expressing protest*) : hey!
halagador¹, -dora *adj* : flattering
halagador², -dora *n* : flatterer
halagar {52} *vt* : to flatter, to compliment
halago *nm* : flattery, praise
halagüeño, -ña *adj* **1** : flattering **2** : encouraging, promising
halar *vt CA, Car → jalar*
halcón *nm, pl* **halcones** : hawk, falcon
halibut *nm, pl* **-buts** : halibut
hálito *nm* **1** : breath **2** : gentle breeze

hallar *vt* **1** ENCONTRAR : to find **2** DESCUBRIR : to discover, to find out — **hallarse** *vr* **1** : to be situated, to find oneself **2** : to feel ⟨no se halla bien : he doesn't feel comfortable, he feels out of place⟩
hallazgo *nm* **1** : discovery **2** : find ⟨¡es un verdadero hallazgo! : it's a real find!⟩
halo *nm* **1** : halo **2** ; aura
halógeno *nm* : halogen
hamaca *nf* : hammock
hambre *nf* **1** : hunger **2** : starvation **3 tener hambre** : to be hungry **4 dar hambre** : to make hungry
hambriento, -ta *adj* : hungry, starving
hambruna *nf* : famine
hamburguesa *nf* : hamburger
hampa *nf* : criminal underworld
hampón, -pona *n, mpl* **hampones** : criminal, thug
hámster ['xamster] *nm, pl* **hámsters** : hamster
han → haber
handicap *or* **hándicap** ['handi,kap] *nm, pl* **-caps** : handicap (in sports)
hangar *nm* : hangar
hará, etc. → hacer
haragán¹, -gana *adj, mpl* **-ganes** : lazy, idle
haragán², -gana *n, mpl* **-ganes** HOLGAZÁN : slacker, good-for-nothing
haraganear *vi* : to be lazy, to waste one's time
haraganería *nf* : laziness
harapiento, -ta *adj* : ragged, tattered
harapos *nmpl* ANDRAJOS : rags, tatters
hardware ['hard,wer] *nm* : computer hardware
harén *nm, pl* **harenes** : harem
harina *nf* **1** : flour **2 harina de maíz** : cornmeal
hartar *vt* **1** : to glut, to satiate **2** FASTIDIAR : to tire, to irritate, to annoy — **hartarse** *vr* : to be weary, to get fed up
harto¹ *adv* : most, extremely, very
harto², -ta *adj* **1** : full, satiated **2** : fed up
hartura *nf* **1** : surfeit **2** : abundance, plenty
has → haber
hasta¹ *adv* : even
hasta² ** *prep* **1 : until, up until ⟨hasta entonces : until then⟩ ⟨¡hasta luego! : see you later!⟩ **2** : as far as ⟨nos fuimos hasta Managua : we went all the way to Managua⟩ **3** : up to ⟨hasta cierto punto : up to a certain point⟩ **4 hasta que** : until
hastiar {85} *vt* **1** : to make weary, to bore **2** : to disgust, to sicken — **hastiarse** *vr ~ de* : to get tired of
hastío *nm* **1** TEDIO : tedium **2** REPUGNANCIA : disgust
hato *nm* **1** : flock, herd **2** : bundle (of possessions)
hawaiano, -na *adj & n* : Hawaiian
hay → haber¹

haya[1], etc. → haber
haya[2] *nf* : beech (tree and wood)
hayuco *nm* : beechnut
haz[1] → hacer
haz[2] *nm*, *pl* **haces 1** FARDO : bundle **2** : beam (of light)
haz[3] *nf*, *pl* **haces 1** : face **2 haz de la tierra** : surface of the earth
hazaña *nf* PROEZA : feat, exploit
hazmerreír *nm fam* : laughingstock
he[1] {39} → haber
he[2] *v impers* **he aquí** : here is, here are, behold
hebilla *nf* : buckle, clasp
hebra *nf* : strand, thread
hebreo[1], **-brea** *adj & n* : Hebrew
hebreo[2] *nm* : Hebrew (language)
hecatombe *nf* **1** MATANZA : massacre **2** : disaster
heces → hez
hechicería *nf* **1** BRUJERÍA : sorcery, witchcraft **2** : curse, spell
hechicero[1], **-ra** *adj* : bewitching, enchanting
hechicero[2], **-ra** *n* : sorcerer, sorceress *f*
hechizar {21} *vt* **1** EMBRUJAR : to bewitch **2** CAUTIVAR : to charm
hechizo *nm* **1** SORTILEGIO : spell, enchantment **2** ENCANTO : charm, fascination
hecho[1] *pp* → hacer
hecho[2], **-cha** *adj* **1** : made, done **2** : ready-to-wear **3** : complete, finished ⟨hecho y derecho : full-fledged⟩
hecho[3] *nm* **1** : fact **2** : event ⟨hechos históricos : historic events⟩ **3** : act, action **4 de ~** : in fact, in reality
hechura *nf* **1** : style **2** : craftsmanship, workmanship **3** : product, creation
hectárea *nf* : hectare
heder {56} *vi* : to stink, to reek
hediondez *nf*, *pl* **-deces** : stink, stench
hediondo, -da *adj* MALOLIENTE : foul-smelling, stinking
hedor *nm* : stench, stink
hegemonía *nf* **1** : dominance **2** : hegemony (in politics)
helada *nf* : frost (in meteorology)
heladería *nf* : ice-cream parlor, ice-cream stand
helado[1], **-da** *adj* **1** GÉLIDO : icy, freezing cold **2** CONGELADO : frozen
helado[2] *nm* : ice cream
heladora *nf* CONGELADOR : freezer
helar {55} *v* CONGELAR : to freeze — *v impers* : to produce frost ⟨anoche heló : there was frost last night⟩ — **helarse** *vr*
helecho *nf* : fern, bracken
hélice *nf* **1** : spiral, helix **2** : propeller
helicóptero *nm* : helicopter
helio *nm* : helium
helipuerto *nm* : heliport
hembra *adj & nf* : female
hemisférico, -ca *adj* : hemispheric, hemispherical
hemisferio *nm* : hemisphere
hemofilia *nf* : hemophilia

hemofílico, -ca *adj & n* : hemophiliac
hemoglobina *nf* : hemoglobin
hemorragia *nf* **1** : hemorrhage **2 hemorragia nasal** : nosebleed
hemorroides *nfpl* ALMORRANAS : hemorrhoids, piles
hemos → haber
henchido, -da *adj* : swollen, bloated
henchir {54} *vt* **1** : to stuff, to fill **2** : to swell, to swell up — **henchirse** *vr* **1** : to stuff oneself **2** LLENARSE : to fill up, to be full
hender {56} *vt* : to cleave, to split
hendidura *nf* : crack, crevice, fissure
henequén *nm*, *pl* **-quenes** : sisal hemp
heno *nm* : hay
hepatitis *nf* : hepatitis
heráldica *nf* : heraldry
heráldico, -ca *adj* : heraldic
heraldo *nm* : herald
herbario, -ria *adj* : herbal
herbicida *nm* : herbicide, weed killer
herbívoro[1], **-ra** *adj* : herbivorous
herbívoro[2] *nm* : herbivore
herbolario, -ria *n* : herbalist
hercio *nm* : hertz
hercúleo, -lea *adj* : herculean
heredar *vt* : to inherit
heredero, -ra *n* : heir, heiress *f*
hereditario, -ria *adj* : hereditary
hereje *nmf* : heretic
herejía *nf* : heresy
herencia *nf* **1** : inheritance **2** : heritage **3** : heredity
herético, -ca *adj* : heretical
herida *nf* : injury, wound
herido[1], **-da** *adj* **1** : injured, wounded **2** : hurt, offended
herido[2], **-da** *n* : injured person, casualty
herir {76} *vt* **1** : to injure, to wound **2** : to hurt, to offend
hermafrodita *nmf* : hermaphrodite
hermanar *vt* **1** : to unite, to bring together **2** : to match up, to twin (cities)
hermanastro, -tra *n* : half brother *m*, half sister *f*
hermandad *nf* **1** FRATERNIDAD : brotherhood ⟨hermandad de mujeres : sisterhood, sorority⟩ **2** : association
hermano, -na *n* : sibling, brother *m*, sister *f*
hermético, -ca *adj* : hermetic, watertight — **herméticamente** *adv*
hermoso, -sa *adj* BELLO : beautiful, lovely — **hermosamente** *adv*
hermosura *nf* BELLEZA : beauty, loveliness
hernia *nf* : hernia
héroe *nm* : hero
heroicidad *nf* : heroism, heroic deed
heroico, -ca *adj* : heroic — **heroicamente** *adv*
heroína *nf* **1** : heroine **2** : heroin
heroísmo *nm* : heroism
herpes *nms & pl* **1** : herpes **2** : shingles
herradura *nf* : horseshoe
herraje *nm* : ironwork

herramienta *nf* : tool
herrar {55} *vt* : to shoe (a horse)
herrería *nf* : blacksmith's shop
herrero, -ra *n* : blacksmith
herrumbre *nf* ORÍN : rust
herrumbroso, -sa *adj* OXIDADO : rusty
hertzio *nm* : hertz
hervidero *nm* 1 : mass, swarm 2 : hotbed (of crime, etc.)
hervidor *nm* : kettle
hervir {76} *vi* 1 BULLIR : to boil, to bubble 2 ~ **de** : to teem with, to be swarming with — *vt* : to boil
hervor *nm* 1 : boiling 2 : fervor, ardor
heterogeneidad *nf* : heterogeneity
heterogéneo, -nea *adj* : heterogeneous
heterosexual *adj* & *nmf* : heterosexual
heterosexualidad *nf* : heterosexuality
hexágono *nm* : hexagon — **hexagonal** *adj*
hez *nf, pl* **heces** 1 ESCORIA : scum, dregs *pl* 2 : sediment, lees *pl* 3 **heces** *nfpl* : feces, excrement
hiato *nm* : hiatus
hibernar *vi* : to hibernate — **hibernación** *nf*
híbrido¹, -da *adj* : hybrid
híbrido² *nm* : hybrid
hicieron, etc. → **hacer**
hidalgo, -ga *n* : nobleman *m*, noblewoman *f*
hidrante *nm* CA, Col : hydrant
hidratar *vt* : to moisturize — **hidratante** *adj*
hidrato *nm* 1 : hydrate 2 **hidrato de carbono** : carbohydrate
hidráulico, -ca *adj* : hydraulic
hidroavión *nm, pl* **-viones** : seaplane
hidrocarburo *nm* : hydrocarbon
hidroeléctrico, -ca *adj* : hydroelectric
hidrofobia *nf* RABIA : hydrophobia, rabies
hidrófugo, -ga *adj* : water-repellent
hidrógeno *nm* : hydrogen
hidroplano *nm* : hydroplane
hiede, etc. → **heder**
hiedra *nf* 1 : ivy 2 **hiedra venenosa** : poison ivy
hiel *nf* 1 BILIS : bile 2 : bitterness
hiela, etc. → **helar**
hielo *nm* 1 : ice 2 : coldness, reserve ⟨romper el hielo : to break the ice⟩
hiena *nf* : hyena
hiende, etc. → **hender**
hierba *nf* 1 : herb 2 : grass 3 **mala hierba** : weed
hierbabuena *nf* : mint, spearmint
hiere, etc. → **herir**
hierra, etc. → **herrar**
hierro *nm* 1 : iron ⟨hierro fundido : cast iron⟩ 2 : branding iron
hierve, etc. → **hervir**
hígado *nm* : liver
higiene *nf* : hygiene
higiénico, -ca *adj* : hygienic — **higiénicamente** *adv*
higienista *nmf* : hygienist
higo *nm* 1 : fig 2 **higo chumbo** : prickly pear (fruit)

higrómetro *nm* : hygrometer
higuera *nf* : fig tree
hijastro, -tra *n* : stepson *m*, stepdaughter *f*
hijo, -ja *n* 1 : son *m*, daughter *f* 2 **hijos** *nmpl* : children, offspring
híjole *interj* Mex : wow!, good grief!
hilacha *nf* 1 : ravel, loose thread 2 **mostrar la hilacha** : to show one's true colors
hilado *nm* 1 : spinning 2 HILO : yarn, thread
hilar *vt* 1 : to spin (thread) 2 : to consider, to string together (ideas) — *vi* 1 : to spin 2 **hilar delgado** : to split hairs
hilarante *adj* 1 : humorous, hilarious 2 **gas hilarante** : laughing gas
hilaridad *nf* : hilarity
hilera *nf* FILA : file, row, line
hilo *nm* 1 : thread ⟨colgar de un hilo : to hang by a thread⟩ ⟨hilo dental : dental floss⟩ 2 LINO : linen 3 : (electric) wire 4 : theme, thread (of a discourse) 5 : trickle (of water, etc.)
hilvanar *vt* 1 : to baste, to tack 2 : to piece together
himnario *nm* : hymnal
himno *nm* 1 : hymn 2 **himno nacional** : national anthem
hincapié *nm* **hacer hincapié en** : to emphasize, to stress
hincar {72} *vt* CLAVAR : to stick, to plunge — **hincarse** *vr* **hincarse de rodillas** : to kneel down, to fall to one's knees
hinchado, -da *adj* 1 : swollen, inflated 2 : pompous, overblown
hinchar *vt* 1 INFLAR : to inflate 2 : to exaggerate — **hincharse** *vr* 1 : to swell up 2 : to become conceited, to swell with pride
hinchazón *nf, pl* **-zones** : swelling
hinche, etc. → **henchir**
hindi *nm* : Hindi
hindú *adj* & *nmf* : Hindu
hinduismo *nm* : Hinduism
hiniesta *nf* : broom (plant)
hinojo *nm* 1 : fennel 2 **de hinojos** : on bended knee
hinque, etc. → **hincar**
hipar *vi* : to hiccup
hiperactividad *nf* : hyperactivity
hiperactivo, -va *adj* : hyperactive, overactive
hipérbole *nf* : hyperbole
hiperbólico, -ca *adj* : hyperbolic, exaggerated
hipercrítico, -ca *adj* : hypercritical
hipermetropía *nf* : farsightedness
hipersensibilidad *nf* : hypersensitivity
hipersensible *adj* : hypersensitive
hipertensión *nf, pl* **-siones** : hypertension, high blood pressure
hip–hop [ˌxɪpˈxop] *nm* : hip-hop (music)
hípico, -ca *adj* : equestrian ⟨concurso hípico : horse show⟩
hipil → **huipil**
hipnosis *nfs* & *pl* : hypnosis

hipnótico, -ca *adj* : hypnotic
hipnotismo *nm* : hypnotism
hipnotizador¹, -dora *adj* **1** : hypnotic **2**
: spellbinding, mesmerizing
hipnotizador², -dora *n* : hypnotist
hipnotizar {21} *vt* : to hypnotize
hipo *nm* : hiccup, hiccups *pl*
hipocampo *nm* : sea horse
hipocondría *nf* : hypochondria
hipocondríaco, -ca *adj & n* : hypochondriac
hipocresía *nf* : hypocrisy
hipócrita¹ *adj* : hypocritical —
hipócritamente *adv*
hipócrita² *nmf* : hypocrite
hipodérmico, -ca *adj* **aguja hipodérmica** : hypodermic needle
hipódromo *nm* : racetrack
hipopótamo *nm* : hippopotamus
hipoteca *nf* : mortgage
hipotecar {72} *vt* **1** : to mortgage **2** : to compromise, to jeopardize
hipotecario, -ria *adj* : mortgage
hipotensión *nf* : low blood pressure
hipotenusa *nf* : hypotenuse
hipótesis *nfs & pl* : hypothesis
hipotético, -ca *adj* : hypothetical —
hipotéticamente *adv*
hippie *or* **hippy** ['hipi] *nmf, pl* **hippies** [-pis] : hippie
hiriente *adj* : hurtful, offensive
hirió, etc. → **herir**
hirsuto, -ta *adj* **1** : hirsute, hairy **2** : bristly, wiry
hirviente *adj* : boiling
hirvió, etc. → **hervir**
hisopo *nm* **1** : hyssop **2** : cotton swab
hispánico, -ca *adj* **1** : Hispanic
hispano¹, -na *adj* : Hispanic ⟨de habla hispana : Spanish-speaking⟩
hispano², -na *n* : Hispanic (person)
hispanoamericano¹, -na *adj* LATINOAMERICANO : Latin-American
hispanoamericano², -na *n* LATINOAMERICANO : Latin American
hispanohablante¹ *adj* : Spanish-speaking
hispanohablante² *nmf* : Spanish speaker
histerectomía *nf* : hysterectomy
histeria *nf* **1** : hysteria **2** : hysterics
histérico, -ca *adj* : hysterical — **histéricamente** *adv*
histerismo *nm* **1** : hysteria **2** : hysterics
historia *nf* **1** : history **2** NARRACIÓN, RELATO : story
historiador, -dora *n* : historian
historial *nm* **1** : record, document **2** CURRÍCULUM : résumé, curriculum vitae
histórico, -ca *adj* **1** : historical **2** : historic, important — **históricamente** *adv*
historieta *nf* : comic strip
histrionismo *nm* : histrionics, acting
hit ['hit] *nm, pl* **hits** **1** ÉXITO : hit, popular song **2** : hit (in baseball)
hito *nm* : milestone, landmark

hizo → **hacer**
hobby ['hɔbi] *nm, pl* **hobbies** [-bis] : hobby
hocico *nm* : snout, muzzle
hockey ['hɔke, -ki] *nm* : hockey
hogar *nm* **1** : home **2** : hearth, fireplace
hogareño, -ña *adj* **1** : home-loving **2** : domestic, homelike
hogaza *nf* : large loaf (of bread)
hoguera *nf* **1** FOGATA : bonfire **2** **morir en la hoguera** : to burn at the stake
hoja *nf* **1** : leaf, petal, blade (of grass) **2** : sheet (of paper), page (of a book) ⟨hoja de cálculo : spreadsheet⟩ **3** FORMULARIO : form ⟨hoja de pedido : order form⟩ **4** : blade (of a knife) ⟨hoja de afeitar : razor blade⟩
hojalata *nf* : tinplate
hojaldre *nm* : puff pastry
hojarasca *nf* : fallen leaves *pl*
hojear *vt* : to leaf through (a book or magazine)
hojuela *nf* **1** : leaflet, young leaf **2** : flake
hola *interj* : hello!, hi!
holandés¹, -desa *adj, mpl* **-deses** : Dutch
holandés², -desa *n, mpl* **-deses** : Dutch person, Dutchman *m*, Dutchwoman *f* ⟨los holandeses : the Dutch⟩
holandés³ *nm* : Dutch (language)
holgadamente *adv* : comfortably, easily ⟨vivir holgadamente : to be well-off⟩
holgado, -da *adj* **1** : loose, baggy **2** : at ease, comfortable
holganza *nf* : leisure, idleness
holgazán¹, -zana *adj, mpl* **-zanes** : lazy
holgazán² *-zana* *n, mpl* **-zanes** HARAGÁN : slacker, idler
holgazanear *vi* HARAGANEAR : to laze around, to loaf
holgazanería *nf* PEREZA : idleness, laziness
holgura *nf* **1** : looseness **2** COMODIDAD : comfort, ease
holístico, -ca *adj* : holistic
hollar {19} *vt* : to tread on, to trample
hollín *nm, pl* **hollines** TIZNE : soot
holocausto *nm* : holocaust
holograma *nm* : hologram
hombre *nm* **1** : man ⟨el hombre : man, mankind⟩ **2** **hombre de estado** : statesman **3** **hombre de negocios** : businessman **4** **hombre lobo** : werewolf
hombrera *nf* **1** : shoulder pad **2** : epaulet
hombría *nf* : manliness
hombro *nm* : shoulder ⟨encogerse de hombros : to shrug one's shoulders⟩
hombruno, -na *adj* : mannish
homenaje *nm* : homage, tribute ⟨rendir homenaje a : to pay tribute to⟩
homenajear *vt* : to pay homage to, to honor
homeopatía *nf* : homeopathy
homicida¹ *adj* : homicidal, murderous
homicida² *nmf* ASESINO : murderer
homicidio *nm* ASESINATO : homicide, murder

homilía *nf* : homily, sermon
homófono *nm* : homophone
homogeneidad *nf* : homogeneity
homogeneización *nf* : homogenization
homogeneizar {21} *vt* : to homogenize
homogéneo, -nea *adj* : homogeneous
homógrafo *nm* : homograph
homologación *nf, pl* **-ciones** 1 : sanctioning, approval 2 : parity
homologar {52} *vt* 1 : to sanction 2 : to bring into line
homólogo¹, -ga *adj* : homologous, equivalent
homólogo², -ga *n* : counterpart
homónimo¹, -ma *n* TOCAYO : namesake
homónimo² *nm* : homonym
homosexual *adj & nmf* : homosexual
homosexualidad *nf* : homosexuality
honda *nf* : sling
hondo¹ *adv* : deeply
hondo², -da *adj* PROFUNDO : deep ⟨en lo más hondo de : in the depths of⟩ — **hondamente** *adv*
hondonada *nf* 1 : hollow, depression 2 : ravine, gorge
hondura *nf* : depth
hondureño, -ña *adj & n* : Honduran
honestidad *nf* 1 : decency, modesty 2 : honesty, uprightness
honesto, -ta *adj* 1 : decent, virtuous 2 : honest, honorable — **honestamente** *adv*
hongo *nm* 1 : fungus 2 : mushroom
honor *nm* 1 : honor ⟨en honor a la verdad : to be quite honest⟩ 2 **honores** *nmpl* : honors ⟨hacer los honores : to do the honors⟩
honorable *adj* HONROSO : honorable — **honorablemente** *adv*
honorario, -ria *adj* : honorary
honorarios *nmpl* : payment, fees (for professional services)
honorífico, -ca *adj* : honorary ⟨mención honorífica : honorable mention⟩
honra *nf* 1 : dignity, self-respect ⟨tener a mucha honra : to take great pride in⟩ 2 : good name, reputation
honradamente *adv* : honestly, decently
honradez *nf, pl* **-deces** : honesty, integrity, probity
honrado, -da *adj* 1 HONESTO : honest, upright 2 : honored
honrar *vt* 1 : to honor 2 : to be a credit to ⟨su generosidad lo honra : his generosity does him credit⟩
honroso, -sa *adj* HONORABLE : honorable — **honrosamente** *adv*
hora *nf* 1 : hour ⟨media hora : half an hour⟩ ⟨a la última hora : at the last minute⟩ ⟨a la hora en punto : on the dot⟩ ⟨horas de oficina : office hours⟩ 2 : time ⟨¿qué hora es? : what time is it?⟩ 3 CITA : appointment
horario *nm* : schedule, timetable, hours *pl* ⟨horario de visita : visiting hours⟩
horca *nf* 1 : gallows *pl* 2 : pitchfork
horcajadas *nfpl* **a ~** : astride, astraddle
horcón *nm, pl* **horcones** : wooden post, prop

horda *nf* : horde
horizontal *adj* : horizontal — **horizontalmente** *adv*
horizonte *nm* : horizon, skyline
horma *nf* 1 : shoe tree 2 : shoemaker's last
hormiga *nf* : ant
hormigón *nm, pl* **-gones** CONCRETO : concrete
hormigonera *nf* : cement mixer
hormigueo *nm* 1 : tingling, pins and needles *pl* 2 : uneasiness
hormiguero *nm* 1 : anthill 2 : swarm (of people)
hormona *nf* : hormone — **hormonal** *adj*
hornacina *nf* : niche, recess
hornada *nf* : batch
hornear *vt* : to bake
hornilla *nf* : burner (of a stove)
horno *nm* 1 : oven ⟨horno crematorio : crematorium⟩ ⟨horno de microondas : microwave oven⟩ 2 : kiln
horóscopo *nm* : horoscope
horqueta *nf* 1 : fork (in a river or road) 2 : crotch (in a tree) 3 : small pitchfork
horquilla *nf* 1 : hairpin, bobby pin 2 : pitchfork
horrendo, -da *adj* : horrendous, horrible
horrible *adj* : horrible, dreadful — **horriblemente** *adv*
horripilante *adj* : horrifying, hair-raising
horripilar *vt* : to horrify, to terrify
horror *nm* : horror, dread
horrorizado, -da *adj* : terrified
horrorizar {21} *vt* : to horrify, to terrify — **horrorizarse** *vr*
horroroso, -sa *adj* 1 : horrifying, terrifying 2 : dreadful, bad
hortaliza *nf* 1 : vegetable 2 **hortalizas** *nfpl* : garden produce
hortera *adj Spain fam* : tacky, gaudy
hortícola *adj* : horticultural
horticultor, -ra *n* : horticulturist
horticultura *nf* : horticulture
hosco, -ca *adj* : sullen, gloomy
hospedaje *nm* : lodging, accommodations *pl*
hospedar *vt* : to provide with lodging, to put up — **hospedarse** *vr* : to stay, to lodge
hospicio *nm* : orphanage
hospital *nm* : hospital
hospitalario, -ria *adj* : hospitable
hospitalidad *nf* : hospitality
hospitalización *nf, pl* **-ciones** : hospitalization
hospitalizar {21} *vt* : to hospitalize — **hospitalizarse** *vr*
hostería *nf* POSADA : inn
hostia *nf* : host, Eucharist
hostigamiento *nm* : harassment
hostigar {52} *vt* ACOSAR, ASEDIAR : to harass, to pester
hostil *adj* : hostile

hostilidad *nf* **1** : hostility, antagonism **2 hostilidades** *nfpl* : (military) hostilities

hostilizar {21} *vt* : to harass

hotel *nm* : hotel

hotelero[1], **-ra** *adj* : hotel ⟨la industria hotelera : the hotel business⟩

hotelero[2], **-ra** *n* : hotel manager, hotelier

hoy *adv* **1** : today ⟨hoy mismo : right now, this very day⟩ **2** : now, nowadays ⟨de hoy en adelante : from now on⟩

hoyo *nm* AGUJERO : hole

hoyuelo *nm* : dimple

hoz *nf, pl* **hoces** : sickle

hozar {21} *vi* : to root (of a pig)

huachinango *nm Mex* : red snapper

huarache *nm* : huarache sandal

hubo, etc. → **haber**

hueco[1], **-ca** *adj* **1** : hollow, empty **2** : soft, spongy **3** : hollow-sounding, resonant **4** : proud, conceited **5** : superficial

hueco[2] *nm* **1** : hole, hollow, cavity **2** : gap, space **3** : recess, alcove

huele, etc. → **oler**

huelga *nf* **1** PARO : strike **2 hacer huelga** : to strike, to go on strike

huelguista *nmf* : striker

huella[1], **etc.** → **hollar**

huella[2] *nf* **1** : footprint ⟨seguir las huellas de alguien : to follow in someone's footsteps⟩ **2** : mark, impact ⟨dejar huella : to leave one's mark⟩ ⟨sin dejar huella : without a trace⟩ **3 huella digital** *or* **huella dactilar** : fingerprint

huérfano[1], **-na** *adj* **1** : orphan, orphaned **2** : defenseless **3** ~ **de** : lacking, devoid of

huérfano[2], **-na** *n* : orphan

huerta *nf* **1** : large vegetable garden, truck farm **2** : orchard **3** : irrigated land

huerto *nm* **1** : vegetable garden **2** : orchard

hueso *nm* **1** : bone **2** : pit, stone (of a fruit)

huésped[1], **-peda** *n* INVITADO : guest

huésped[2] *nm* : host ⟨organismo huésped : host organism⟩

huestes *nfpl* **1** : followers **2** : troops, army

huesudo, -da *adj* : bony

hueva *nf* : roe, spawn

huevo *nm* : egg ⟨huevos revueltos : scrambled eggs⟩

huida *nf* : flight, escape

huidizo, -za *adj* ESCURRIDIZO : elusive, slippery **2** : shy, evasive

huipil *nm CA, Mex* : traditional sleeveless blouse or dress

huir {41} *vi* **1** ESCAPAR : to escape, to flee **2** ~ **de** : to avoid

huiro *nm Chile, Peru* : seaweed

huizache *nm* : huisache, acacia

hule *nm* **1** : oilcloth, oilskin **2** *Mex* : rubber **3 hule espuma** *Mex* : foam rubber

humanidad *nf* **1** : humanity, mankind **2** : humaneness **3 humanidades** *nfpl* : humanities *pl*

humanismo *nm* : humanism

humanista *nmf* : humanist

humanístico, -ca *adj* : humanistic

humanitario, -ria *adj & n* : humanitarian

humano[1], **-na** *adj* **1** : human **2** BENÉVOLO : humane, benevolent — **humanamente** *adv*

humano[2] *nm* : human being, human

humareda *nf* : cloud of smoke

humeante *adj* **1** : smoky **2** : smoking, steaming

humear *vi* **1** : to smoke **2** : to steam

humectante[1] *adj* : moisturizing

humectante[2] *nm* : moisturizer

humedad *nf* **1** : humidity **2** : dampness, moistness

humedecer {53} *vt* **1** : to humidify **2** : to moisten, to dampen

húmedo, -da *adj* **1** : humid **2** : moist, damp

humidificador *nm* : humidifier

humidificar {72} *vt* : to humidify

humildad *nf* **1** : humility **2** : lowliness

humilde *adj* **1** : humble **2** : lowly ⟨gente humilde : poor people⟩

humildemente *adv* : meekly, humbly

humillación *nf, pl* **-ciones** : humiliation

humillante *adj* : humiliating

humillar *vt* : to humiliate — **humillarse** *vr* : to humble oneself ⟨humillarse a hacer algo : to stoop to doing something⟩

humo *nm* **1** : smoke, steam, fumes **2 humos** *nmpl* : airs *pl*, conceit

humor *nm* **1** : humor **2** : mood, temper ⟨está de buen humor : she's in a good mood⟩

humorada *nf* **1** BROMA : joke, witticism **2** : whim, caprice

humorismo *nm* : humor, wit

humorista *nmf* : humorist, comedian, comedienne *f*

humorístico, -ca *adj* : humorous — **humorísticamente** *adv*

humoso, -sa *adj* : smoky, steamy

humus *nm* : humus

hundido, -da *adj* **1** : sunken **2** : depressed

hundimiento *nm* **1** : sinking **2** : collapse, ruin

hundir *vt* **1** : to sink **2** : to destroy, to ruin — **hundirse** *vr* **1** : to sink down **2** : to cave in **3** : to break down, to go to pieces

húngaro[1], **-ra** *adj & n* : Hungarian

húngaro[2] *nm* : Hungarian (language)

huracán *nm, pl* **-canes** : hurricane

huraño, -ña *adj* **1** : unsociable, aloof **2** : timid, skittish (of an animal)

hurgar {52} *vt* : to poke, to jab, to rake (a fire) — *vi* ~ **en** : to rummage in, to poke through

hurgue, etc. → **hurgar**

hurón *nm, pl* **hurones** : ferret

huronear *vi* : to pry, to snoop

hurra *interj* : hurrah!, hooray!
hurtadillas *nfpl* **a ~** : stealthily, on the sly
hurtar *vt* ROBAR : to steal
hurto *nm* **1** : theft, robbery **2** : stolen property, loot
husmear *vt* **1** : to follow the scent of, to track **2** : to sniff out, to pry into — *vi* **1** : to pry, to snoop **2** : to sniff around (of an animal)
huso *nm* **1** : spindle **2 huso horario** : time zone
huy *interj* : ow!, ouch!
huye, etc. → **huir**

I

i *nf* : ninth letter of the Spanish alphabet
iba, etc. → **ir**
ibérico, -ca *adj* : Iberian
ibero, -ra *or* **íbero, -ra** *adj & n* : Iberian
iberoamericano, -na *adj* HISPANO-AMERICANO, LATINOAMERICANO : Latin-American
ibis *nfs & pl* : ibis
ice, etc. → **izar**
iceberg *nm, pl* **icebergs** : iceberg
icono *nm* : icon
iconoclasia *nf* : iconoclasm
iconoclasta *nmf* : iconoclast
ictericia *nf* : jaundice
ida *nf* **1** : going, departure **2 ida y vuelta** : round-trip **3 idas y venidas** : comings and goings
idea *nf* **1** : idea, notion **2** : opinion, belief **3** PROPÓSITO : intention
ideal *adj & nm* : ideal — **idealmente** *adv*
idealismo *nm* : idealism
idealista[1] *adj* : idealistic
idealista[2] *nmf* : idealist
idealizar {21} *vt* : to idealize — **idealización** *nf*
idear *vt* : to devise, to think up
ideario *nm* : ideology
ídem *nm* : idem, the same, ditto
idéntico, -ca *adj* : identical, alike — **idénticamente** *adv*
identidad *nf* : identity
identificable *adj* : identifiable
identificación *nf, pl* **-ciones 1** : identification, identifying **2** : identification document, ID
identificar {72} *vt* : to identify — **identificarse** *vr* **1** : to identify oneself **2 ~ con** : to identify with
ideología *nf* : ideology — **ideológicamente** *adv*
ideológico, -ca *adj* : ideological
idílico, -ca *adj* : idyllic
idilio *nm* : idyll
idioma *nm* : language ⟨el idioma inglés : the English language⟩
idiomático, -ca *adj* : idiomatic — **idiomáticamente** *adv*
idiosincrasia *nf* : idiosyncrasy
idiosincrásico, -ca *adj* : idiosyncratic
idiota[1] *adj* : idiotic, stupid, foolish
idiota[2] *nmf* : idiot, foolish person
idiotez *nf, pl* **-teces 1** : idiocy **2** : idiotic act or remark ⟨¡no digas idioteces! : don't talk nonsense!⟩
ido *pp* → **ir**

idólatra[1] *adj* : idolatrous
idólatra[2] *nmf* : idolater
idolatrar *vt* : to idolize
idolatría *nf* : idolatry
ídolo *nm* : idol
idoneidad *nf* : suitability
idóneo, -nea *adj* ADECUADO : suitable, fitting
iglesia *nf* : church
iglú *nm* : igloo
ignición *nf, pl* **-ciones** : ignition
ignífugo, -ga *adj* : fire-resistant, fireproof
ignominia *nf* : ignominy, disgrace
ignominioso, -sa *adj* : ignominious, shameful
ignorancia *nf* : ignorance
ignorante[1] *adj* : ignorant
ignorante[2] *nmf* : ignorant person, ignoramus
ignorar *vt* **1** : to ignore **2** DESCONOCER : to be unaware of ⟨lo ignoramos por absoluto : we have no idea⟩
ignoto, -ta *adj* : unknown
igual[1] *adv* **1** : in the same way **2 por ~** : equally
igual[2] *adj* **1** : equal **2** IDÉNTICO : the same, alike **3** : even, smooth **4** SEMEJANTE : similar **5** CONSTANTE : constant
igual[3] *nmf* : equal, peer
igualación *nf* **1** : equalization **2** : leveling, smoothing **3** : equating (in mathematics)
igualado, -da *adj* **1** : even (of a score) **2** : level **3** *Mex* : disrespectful
igualar *vt* **1** : to equalize **2** : to tie ⟨igualar el marcador : to even the score⟩
igualdad *nf* **1** : equality **2** UNIFORMIDAD : evenness, uniformity
igualmente *adv* **1** : equally **2** ASIMISMO : likewise
iguana *nf* : iguana
ijada *nf* : flank, loin, side
ijar *nm* → **ijada**
ilegal[1] *adj* : illegal, unlawful — **ilegalmente** *adv*
ilegal[2] *nmf* *CA, Mex* : illegal alien
ilegalidad *nf* : illegality, unlawfulness
ilegibilidad[1] *nf* : illegibility
ilegible *adj* : illegible — **ilegiblemente** *adv*
ilegitimidad *nf* : illegitimacy
ilegítimo, -ma *adj* : illegitimate, unlawful

ileso, -sa *adj* : uninjured, unharmed
ilícito, -ta *adj* : illicit — **ilícitamente** *adv*
ilimitado, -da *adj* : unlimited
ilógico, -ca *adj* : illogical — **ilógicamente** *adv*
iluminación *nf, pl* **-ciones 1** : illumination **2** ALUMBRADO : lighting
iluminado, -da *adj* : illuminated, lighted
iluminar *vt* **1** : to illuminate, to light (up) **2** : to enlighten
ilusión *nf, pl* **-siones 1** : illusion, delusion **2** ESPERANZA : hope ⟨hacerse ilusiones : to get one's hopes up⟩
ilusionado, -da *adj* ESPERANZADO : hopeful, eager
ilusionar *vt* **1** : to build up hope, to excite — **ilusionarse** *vr* : to get one's hopes up
iluso[1], -sa *adj* : naive, gullible
iluso[2], -sa *n* SOÑADOR : dreamer, visionary
ilusorio, -ria *adj* ENGAÑOSO : illusory, misleading
ilustración *nf, pl* **-ciones 1** : illustration **2** : erudition, learning ⟨la Ilustración : the Enlightenment⟩
ilustrado, -da *adj* **1** : illustrated **2** DOCTO : learned, erudite
ilustrador, -dora *n* : illustrator
ilustrar *vt* **1** : to illustrate **2** ACLARAR, CLARIFICAR : to explain
ilustrativo, -va *adj* : illustrative
ilustre *adj* : illustrious, eminent
imagen *nf, pl* **imágenes** : image, picture
imaginable *adj* : imaginable, conceivable
imaginación *nf, pl* **-ciones** : imagination
imaginar *vt* : to imagine — **imaginarse** *vr* **1** : to suppose, to imagine **2** : to picture
imaginario, -ria *adj* : imaginary
imaginativo, -va *adj* : imaginative — **imaginativamente** *adv*
imaginería *nf* **1** : imagery **2** : image making (in religion)
imán *nm, pl* **imanes** : magnet
imantar *vt* : to magnetize
imbatible *adj* : unbeatable
imbécil[1] *adj* : stupid, idiotic
imbécil[2] *nmf* **1** : imbecile **2** *fam* : idiot, dope
imborrable *adj* : indelible
imbuir {41} *vt* : to imbue — **imbuirse** *vr*
imitación *nf, pl* **-ciones 1** : imitation **2** : mimicry, impersonation
imitador[1], -dora *adj* : imitative
imitador[2], -dora *n* **1** : imitator **2** : mimic
imitar *vt* **1** : to imitate, to copy **2** : to mimic, to impersonate
imitativo, -va *adj* → **imitador[1]**
impaciencia *nf* : impatience
impacientar *vt* : to make impatient, to exasperate — **impacientarse** *vr*
impaciente *adj* : impatient — **impacientemente** *adv*
impactado, -da *adj* : shocked, stunned
impactante *adj* **1** : shocking **2** : impressive, powerful

impactar *vt* **1** GOLPEAR : to hit **2** IMPRESIONAR : to impact, to affect — **impactarse** *vr*
impacto *nm* **1** : impact, effect **2** : shock, collision
impagable *adj* **1** : unpayable **2** : priceless
impago *nm* : nonpayment
impalpable *adj* INTANGIBLE : impalpable, intangible
impar[1] *adj* : odd ⟨números impares : odd numbers⟩
impar[2] *nm* : odd number
imparable *adj* : unstoppable
imparcial *adj* : impartial — **imparcialmente** *adv*
imparcialidad *nf* : impartiality
impartir *vt* : to impart, to give
impasible *adj* : impassive, unmoved — **impasiblemente** *adv*
impasse *nm* : impasse
impávido, -da *adj* : undaunted, unperturbed
impecable *adj* INTACHABLE : impeccable, faultless — **impecablemente** *adv*
impedido, -da *adj* : disabled, crippled
impedimento *nm* **1** : impediment, obstacle **2** : disability
impedir {54} *vt* **1** : to prevent, to block **2** : to impede, to hinder
impeler *vt* **1** : to drive, to propel **2** : to impel
impenetrable *adj* : impenetrable — **impenetrabilidad** *nf*
impenitente *adj* : unrepentant, impenitent
impensable *adj* : unthinkable
impensado, -da *adj* : unforeseen, unexpected
imperante *adj* : prevailing
imperar *vi* **1** : to reign, to rule **2** PREDOMINAR : to prevail
imperativo[1], -va *adj* : imperative
imperativo[2] *nm* : imperative
imperceptible *adj* : imperceptible — **imperceptiblemente** *adv*
imperdible *nm* *Spain* : safety pin
imperdonable *adj* : unpardonable, unforgivable
imperecedero, -ra *adj* **1** : imperishable **2** INMORTAL : immortal, everlasting
imperfección *nf, pl* **-ciones 1** : imperfection **2** DEFECTO : defect, flaw
imperfecto[1], -ta *adj* : imperfect, flawed
imperfecto[2] *nm* : imperfect tense
imperial *adj* : imperial
imperialismo *nm* : imperialism
imperialista *adj & nmf* : imperialist
impericia *nf* : lack of skill, incompetence
imperio *nm* : empire
imperioso, -sa *adj* **1** : imperious **2** : pressing, urgent — **imperiosamente** *adv*
impermeabilizante *adj* : water-repellent
impermeabilizar {21} *vt* : to waterproof
impermeable[1] *adj* **1** : impervious **2** : impermeable, waterproof
impermeable[2] *nm* : raincoat

impersonal *adj* : impersonal — **impersonalmente** *adv*
impertinencia *nf* INSOLENCIA : impertinence, insolence
impertinente *adj* **1** INSOLENTE : impertinent, insolent **2** INOPORTUNO : inappropriate, uncalled-for **3** IRRELEVANTE : irrelevant
imperturbable *adj* : imperturbable, impassive, stolid
ímpetu *nm* **1** : impetus, momentum **2** : vigor, energy **3** : force, violence
impetuoso, -sa *adj* : impetuous, impulsive — **impetuosamente** *adv*
impiedad *nf* : impiety
impío, -pía *adj* : impious, ungodly
implacable *adj* : implacable, relentless — **implacablemente** *adv*
implantación *nf, pl* **-ciones 1** : implantation **2** ESTABLECIMIENTO : establishment, introduction
implantado, -da *adj* : well-established
implantar *vt* **1** : to implant **2** ESTABLECER : to establish, to introduce — **implantarse** *vr*
implante *nm* : implant
implementar *vt* : to implement — **implementarse** *vr* — **implementación** *nf*
implemento *nm* : implement, tool
implicación *nf, pl* **-ciones** : implication
implicar {72} *vt* **1** ENREDAR, ENVOLVER : to involve, to implicate **2** : to imply
implícito, -ta *adj* : implied, implicit — **implícitamente** *adv*
implorar *vt* : to implore
implosión *nf, pl* **-siones** : implosion — **implosivo, -va** *adj*
implosionar *vi* : to implode
imponderable *adj & nm* : imponderable
imponente *adj* : imposing, impressive
imponer {60} *vt* **1** : to impose **2** : to confer — *vi* : to be impressive, to command respect — **imponerse** *vr* **1** : to take on (a duty) **2** : to assert oneself **3** : to prevail
imponible *adj* : taxable
impopular *adj* : unpopular — **impopularidad** *nf*
importación *nf, pl* **-ciones 1** : importation **2 importaciones** *nfpl* : imports
importado, -da *adj* : imported
importador¹, -dora *adj* : importing
importador², -dora *n* : importer
importancia *nf* : importance
importante *adj* : important — **importantemente** *adv*
importar *vi* : to matter, to be important ⟨no le importa lo que piensen : she doesn't care what they think⟩ — *vt* : to import
importe *nm* **1** : price, cost **2** : sum, amount
importunar *vt* : to bother, to inconvenience — *vi* : to be inconvenient
importuno, -na *adj* **1** : inopportune, inconvenient **2** : bothersome, annoying
imposibilidad *nf* : impossibility

imposibilitado, -da *adj* **1** : disabled, crippled **2 verse imposibilitado** : to be unable (to do something)
imposibilitar *vt* **1** : to make impossible **2** : to disable, to incapacitate — **imposibilitarse** *vr* : to become disabled
imposible *adj* : impossible
imposición *nf, pl* **-ciones 1** : imposition **2** EXIGENCIA : demand, requirement **3** : tax **4** : deposit
impositivo, -va *adj* : tax ⟨tasa impositiva : tax rate⟩
impostor, -tora *n* : impostor
impostura *nf* **1** : fraud, imposture **2** CALUMNIA : slander
impotencia *nf* **1** : impotence, powerlessness **2** : impotence (in medicine)
impotente *adj* **1** : powerless **2** : impotent
impracticable *adj* : impracticable
imprecisión *nf, pl* **-siones 1** : imprecision, vagueness **2** : inaccuracy
impreciso, -sa *adj* **1** : imprecise, vague **2** : inaccurate
impredecible *adj* : unpredictable
impregnar *vt* : to impregnate
imprenta *nf* **1** : printing **2** : printing shop, press
imprescindible *adj* : essential, indispensable
impresentable *adj* : unpresentable, unfit
impresión *nf, pl* **-siones 1** : print, printing **2** : impression, feeling
impresionable *adj* : impressionable
impresionante *adj* : impressive, incredible, amazing — **impresionantemente** *adv*
impresionar *vt* **1** : to impress, to strike **2** : to affect, to move — *vi* : to make an impression — **impresionarse** *vr* : to be affected, to be removed
impresionismo *nm* : impressionism
impresionista¹ *adj* : impressionist, impressionistic
impresionista² *nmf* : impressionist
impreso¹ *pp →* imprimir
impreso², -sa *adj* : printed
impreso³ *nm* PUBLICACIÓN : printed matter, publication
impresor, -sora *n* : printer
impresora *nf* : (computer) printer
imprevisible *adj* : unforeseeable
imprevisión *nf, pl* **-siones** : lack of foresight, thoughtlessness
imprevisto¹, -ta *adj* : unexpected, unforeseen
imprevisto² *nm* : unexpected occurrence, contingency
imprimir {42} *vt* **1** : to print **2** : to imprint, to stamp, to impress
improbabilidad *nf* : improbability
improbable *adj* : improbable, unlikely
improcedente *adj* **1** : inadmissible **2** : inappropriate, improper
improductivo, -va *adj* : unproductive
improperio *nm* : affront, insult
impropiedad *nf* : impropriety

impropio, -pia *adj* **1** : improper, incorrect **2** INADECUADO : unsuitable, inappropriate

improvisación *nf, pl* **-ciones** : improvisation, ad-lib

improvisado, -da *adj* : improvised, ad-lib

improvisar *v* : to improvise, to ad-lib

improviso *adj* **de ~** : all of a sudden, unexpectedly

imprudencia *nf* INDISCRECIÓN : imprudence, indiscretion

imprudente *adj* INDISCRETO : imprudent, indiscreet — **imprudentemente** *adv*

impúdico, -ca *adj* : shameless, indecent

impuesto¹ *pp* → **imponer**

impuesto² *nm* : tax

impugnar *vt* : to challenge, to contest

impulsar *vt* : to propel, to drive

impulsividad *nf* : impulsiveness

impulsivo, -va *adj* : impulsive — **impulsivamente** *adv*

impulso *nm* **1** : drive, thrust **2** : impulse, urge

impune *adj* : unpunished

impunemente *adv* : with impunity

impunidad *nf* : impunity

impureza *nf* : impurity

impuro, -ra *adj* : impure

impuso, etc. → **imponer**

imputable *adj* ATRIBUIBLE : attributable

imputación *nf, pl* **-ciones** **1** : attribution, imputation **2** : accusation

imputar *vt* ATRIBUIR : to impute, to attribute

inacabable *adj* : endless

inacabado, -da *adj* INCONCLUSO : unfinished

inaccesibilidad *nf* : inaccessibility

inaccesible *adj* **1** : inaccessible **2** : unattainable

inacción *nf, pl* **-ciones** : inactivity, inaction

inaceptable *adj* : unacceptable

inactividad *nf* : inactivity, idleness

inactivo, -va *adj* : inactive, idle

inadaptado¹ *adj* : maladjusted

inadaptado², -da *n* : misfit

inadecuación *nf, pl* **-ciones** : inadequacy

inadecuado, -da *adj* **1** : inadequate **2** IMPROPIO : inappropriate — **inadecuadamente** *adv*

inadmisible *adj* **1** : inadmissible **2** : unacceptable

inadvertencia *nf* : oversight

inadvertidamente *adv* : inadvertently

inadvertido, -da *adj* **1** : unnoticed ⟨pasar inadvertido : to go unnoticed⟩ **2** DESPISTADO, DISTRAÍDO : inattentive, distracted

inagotable *adj* : inexhaustible

inaguantable *adj* INSOPORTABLE : insufferable, unbearable

inalámbrico, -ca *adj* : wireless, cordless

inalcanzable *adj* : unreachable, unattainable

inalienable *adj* : inalienable

inalterable *adj* **1** : unalterable, unchangeable **2** : impassive **3** : colorfast

inamovible *adj* : immovable, fixed

inanición *nf, pl* **-ciones** : starvation

inanimado, -da *adj* : inanimate

inapelable *adj* : indisputable

inapetencia *nf* : lack of appetite

inaplicable *adj* : inapplicable

inapreciable *adj* **1** : imperceptible, negligible **2** : invaluable

inapropiado, -da *adj* : inappropriate, unsuitable

inarticulado, -da *adj* : inarticulate, unintelligible — **inarticuladamente** *adv*

inasequible *adj* : unattainable, inaccessible

inasistencia *nf* AUSENCIA : absence

inatacable *adj* : unassailable, indisputable

inaudible *adj* : inaudible

inaudito, -ta *adj* : unheard-of, unprecedented

inauguración *nf, pl* **-ciones** : inauguration

inaugural *adj* : inaugural, opening

inaugurar *vt* **1** : to inaugurate **2** : to open

inca *adj & nmf* : Inca

incalculable *adj* : incalculable

incalificable *adj* : indescribable

incandescencia *nf* : incandescence — **incandescente** *adj*

incansable *adj* INFATIGABLE : tireless — **incansablemente** *adv*

incapacidad *nf* **1** : inability, incapacity **2** : disability, handicap

incapacitado, -da *adj* **1** : disqualified **2** : disabled, handicapped

incapacitar *vt* **1** : to incapacitate, to disable **2** : to disqualify

incapaz *adj, pl* **-paces** **1** : incapable, unable **2** : incompetent, inept

incautación *nf, pl* **-ciones** : seizure, confiscation

incautar *vt* CONFISCAR : to confiscate, to seize — **incautarse** *vr*

incauto, -ta *adj* : unwary, unsuspecting

incendiar *vt* : to set fire to, to burn (down) — **incendiarse** *vr* : to catch fire

incendiario¹, -ria *adj* : incendiary, inflammatory

incendiario², -ria *n* : arsonist

incendio *nm* **1** : fire **2 incendio premeditado** : arson

incensario *nm* : censer

incentivar *vt* : to encourage, to stimulate

incentivo *nm* : incentive

incertidumbre *nf* : uncertainty, suspense

incesante *adj* : incessant — **incesantemente** *adv*

incesto *nm* : incest

incestuoso, -sa *adj* : incestuous

incidencia *nf* **1** : incident **2** : effect, impact **3 por ~** : by chance, accidentally

incidental *adj* : incidental
incidentalmente *adv* : by chance
incidente *nm* : incident, occurrence
incidir *vi* 1 ~ **en** : to fall into, to enter into ⟨incidimos en el mismo error : we fell into the same mistake⟩ 2 ~ **en** : to affect, to influence, to have a bearing on
incienso *nm* : incense
incierto, -ta *adj* 1 : uncertain 2 : untrue 3 : unsteady, insecure
incineración *nf, pl* **-ciones** 1 : incineration 2 : cremation
incinerador *nm* : incinerator
incinerar *vt* 1 : to incinerate 2 : to cremate
incipiente *adj* : incipient
incisión *nf, pl* **-siones** : incision
incisivo¹, -va *adj* : incisive
incisivo² *nm* : incisor
inciso *nm* : digression, aside
incitación *nf, pl* **-ciones** : incitement
incitador¹, -dora *n* : instigator, agitator
incitador², -dora *adj* : provocative
incitante *adj* : provocative
incitar *vt* : to incite, to rouse
incivilizado, -da *adj* : uncivilized
inclemencia *nf* : inclemency, severity
inclemente *adj* : inclement
inclinación *nf, pl* **-ciones** 1 PROPENSIÓN : inclination, tendency 2 : incline, slope
inclinado, -da *adj* 1 : sloping 2 : inclined, apt
inclinar *vt* : to tilt, to lean, to incline ⟨inclinar la cabeza : to bow one's head⟩ — **inclinarse** *vr* 1 : to lean, to lean over 2 ~ **a** : to be inclined to
incluir {41} *vt* : to include
inclusión *nf, pl* **-siones** : inclusion
inclusive *adv* : inclusively, up to and including
inclusivo, -va *adj* : inclusive
incluso *adv* 1 AUN : even, in fact ⟨es importante e incluso crucial : it is important and even crucial⟩ 2 : inclusively
incógnita *nf* 1 : unknown quantity (in mathematics) 2 : mystery
incógnito, -ta *adj* 1 : unknown 2 **de incógnito** : incognito
incoherencia *nf* : incoherence
incoherente *adj* : incoherent — **incoherentemente** *adv*
incoloro, -ra *adj* : colorless
incombustible *adj* : fireproof
incomible *adj* : inedible
incomodar *vt* 1 : to make uncomfortable 2 : to inconvenience — **incomodarse** *vr* : to put oneself out, to take the trouble
incomodidad *nf* 1 : discomfort, awkwardness 2 MOLESTIA : inconvenience, bother
incómodo, -da *adj* 1 : uncomfortable, awkward 2 INCONVENIENTE : inconvenient
incomparable *adj* : incomparable

incompatibilidad *nf* : incompatibility
incompatible *adj* : incompatible, uncongenial
incompetencia *nf* : incompetence
incompetente *adj & nmf* : incompetent
incompleto, -ta *adj* : incomplete
incomprendido, -da *adj* : misunderstood
incomprensible *adj* : incomprehensible
incomprensión *nf, pl* **-siones** : lack of understanding, incomprehension
incomunicación *nf, pl* **-ciones** : lack of communication
incomunicado, -da *adj* 1 : cut off, isolated 2 : in solitary confinement
inconcebible *adj* : inconceivable, unthinkable — **inconcebiblemente** *adv*
inconcluso, -sa *adj* INACABADO : unfinished
incondicional *adj* : unconditional — **incondicionalmente** *adv*
inconexo, -xa *adj* : unconnected, disconnected
inconfesable *adj* : unspeakable, shameful
inconforme *adj & nmf* : nonconformist
inconformidad *nf* : nonconformity
inconformista *adj & nmf* : nonconformist
inconfundible *adj* : unmistakable, obvious — **inconfundiblemente** *adv*
incongruencia *nf* : incongruity
incongruente *adj* : incongruous
inconmensurable *adj* : vast, immeasurable
inconquistable *adj* : unyielding
inconsciencia *nf* 1 : unconsciousness, unawareness 2 : irresponsibility
inconsciente¹ *adj* 1 : unconscious, unaware 2 : reckless, needless — **inconscientemente** *adv*
inconsciente² *nm* **el inconsciente** : the unconscious
inconsecuente *adj* : inconsistent — **inconsecuencia** *nf*
inconsiderado, -da *adj* : inconsiderate, thoughtless
inconsistencia *nf* : inconsistency
inconsistente *adj* 1 : weak, flimsy 2 : inconsistent, weak (of an argument)
inconsolable *adj* : inconsolable — **inconsolablemente** *adv*
inconstancia *nf* : inconstancy
inconstante *adj* : inconstant, fickle, changeable
inconstitucional *adj* : unconstitutional
inconstitucionalidad *nf* : unconstitutionality
incontable *adj* INNUMERABLE : countless, innumerable
incontenible *adj* : uncontrollable, unstoppable
incontestable *adj* INCUESTIONABLE, INDISCUTIBLE : irrefutable, indisputable
incontinencia *nf* : incontinence — **incontinente** *adj*
incontrolable *adj* : uncontrollable
incontrolado, -da *adj* : uncontrolled, out of control

incontrovertible *adj* : indisputable
inconveniencia *nf* **1** : inconvenience, trouble **2** : unsuitability, inappropriateness **3** : tactless remark
inconveniente[1] *adj* **1** INCÓMODO : inconvenient **2** INAPROPIADO : improper, unsuitable
inconveniente[2] *nm* : obstacle, problem, snag ⟨no tengo inconveniente en hacerlo : I don't mind doing it⟩
incorporación *nf, pl* **-ciones** : incorporation
incorporar *vt* **1** : to incorporate **2** : to add, to include — **incorporarse** *vr* **1** : to sit up **2** ~ **a** : to join
incorpóreo, -rea *adj* : incorporeal, bodiless
incorrección *n, pl* **-ciones** : impropriety, improper word or action
incorrecto, -ta *adj* : incorrect — **incorrectamente** *adv*
incorregible *adj* : incorrigible — **incorregibilidad** *nf*
incorruptible *adj* : incorruptible
incredulidad *nf* : incredulity, skepticism
incrédulo[1]**, -la** *adj* : incredulous, skeptical
incrédulo[2]**, -la** *n* : skeptic
increíble *adj* : incredible, unbelievable — **increíblemente** *adv*
incrementar *vt* : to increase — **incrementarse** *vr*
incremento *nm* AUMENTO : increase
incriminar *vt* : to incriminate — **incriminación** *nf*
incriminatorio, -ria *adj* : incriminating, incriminatory
incruento, -ta *adj* : bloodless
incrustación *nf, pl* **-ciones** : inlay
incrustar *vt* **1** : to embed **2** : to inlay — **incrustarse** *vr* : to become embedded
incubación *nf, pl* **-ciones** : incubation
incubadora *nf* : incubator
incubar *v* : to incubate
incuestionable *adj* INCONTESTABLE, INDISCUTIBLE : unquestionable, indisputable — **incuestionablemente** *adv*
inculcar {72} *vt* : to inculcate, to instill
inculpar *vt* ACUSAR : to accuse, to charge
inculto, -ta *adj* **1** : uncultured, ignorant **2** : uncultivated, fallow
incumbencia *nf* : obligation, responsibility
incumbir *vi* (*3rd person only*) ~ **a** : to be incumbent upon, to be of concern to ⟨a mí no me incumbe : it's not my concern⟩
incumplido, -da *adj* : irresponsible, unreliable
incumplimiento *nm* **1** : nonfulfillment, neglect **2 incumplimiento de contrato** : breach of contract
incumplir *vt* : to fail to carry out, to break (a promise, a contract)
incurable *adj* : incurable
incurrir *vi* **1** ~ **en** : to incur ⟨incurrir en gastos : to incur expenses⟩ **2** ~ **en** : to fall into, to commit ⟨incurrió en un error : he made a mistake⟩

incursión *nf, pl* **-siones** : incursion, raid
incursionar *vi* **1** : to raid **2** ~ **en** : to go into, to enter ⟨el actor incursionó en el baile : the actor worked in dance for awhile⟩
indagación *nf, pl* **-ciones** : investigation, inquiry
indagar {52} *vt* : to inquire into, to investigate
indebido, -da *adj* : improper, undue — **indebidamente** *adv*
indecencia *nf* : indecency, obscenity
indecente *adj* : indecent, obscene
indecible *adj* : indescribable, inexpressible
indecisión *nf, pl* **-siones** : indecision
indeciso, -sa *adj* **1** IRRESOLUTO : indecisive **2** : undecided
indeclinable *adj* : unavoidable
indecoro *nm* : impropriety, indecorousness
indecoroso, -sa *adj* : indecorous, unseemly
indefectible *adj* : unfailing, sure
indefendible *adj* : indefensible
indefenso, -sa *adj* : defenseless, helpless
indefinible *adj* : indefinable
indefinido, -da *adj* **1** : undefined, vague **2** INDETERMINADO : indefinite — **indefinidamente** *adv*
indeleble *adj* : indelible — **indeleblemente** *adv*
indelicado, -da *adj* : indelicate, tactless
indemnización *nf, pl* **-ciones** **1** : indemnity **2 indemnización por despido** : severance pay
indemnizar {21} *vt* : to indemnify, to compensate
independencia *nf* : independence
independiente *adj* : independent — **independientemente** *adv*
independizarse {21} *vr* : to become independent, to gain independence
indescifrable *adj* : indecipherable
indescriptible *adj* : indescribable — **indescriptiblemente** *adv*
indeseable *adj & nmf* : undesirable
indestructible *adj* : indestructible
indeterminación *nf, pl* **-ciones** : indeterminacy
indeterminado, -da *adj* **1** INDEFINIDO : indefinite **2** : indeterminate
indexar *vt* INDICAR : to index (wages, prices, etc.)
indicación *nf, pl* **-ciones** **1** : sign, signal **2** : direction, instruction **3** : suggestion, hint
indicado, -da *adj* **1** APROPIADO : appropriate, suitable **2** : specified, indicated ⟨al día indicado : on the specified day⟩
indicador *nm* **1** : gauge, dial, meter **2** : indicator ⟨indicadores económicos : economic indicators⟩
indicar {72} *vt* **1** SEÑALAR : to indicate **2** ENSEÑAR, MOSTRAR : to show
indicativo[1]**, -va** *adj* : indicative
indicativo[2] *nm* : indicative (mood)

índice *nm* **1** : index **2** : index finger, forefinger **3** INDICIO : indication
indiciar *vt* : to index (prices, wages, etc.)
indicio *nm* : indication, sign
indiferencia *nf* : indifference
indiferente *adj* **1** : indifferent, unconcerned **2 ser indiferente** : to be of no concern ⟨me es indiferente : it doesn't matter to me⟩
indígena¹ *adj* : indigenous, native
indígena² *nmf* : native
indigencia *nf* MISERIA : poverty, destitution
indigente *adj & nmf* : indigent
indigestarse *vr* **1** EMPACHARSE : to have indigestion **2** *fam* : to nauseate, to disgust ⟨ese tipo se me indigesta : that guy makes me sick⟩
indigestión *nf, pl* **-tiones** EMPACHO : indigestion
indigesto, -ta *adj* : indigestible, difficult to digest
indignación *nf, pl* **-ciones** : indignation
indignado, -da *adj* : indignant
indignante *adj* : outrageous, infuriating
indignar *vt* : to outrage, to infuriate — **indignarse** *vr*
indignidad *nf* : indignity
indigno, -na *adj* : unworthy
índigo *nm* : indigo
indio¹, -dia *adj* **1** : American Indian, Indian, Amerindian **2** : Indian (from India)
indio², -dia *n* **1** : American Indian **2** : Indian (from India)
indirecta *nf* **1** : hint, innuendo **2 echar indirectas** *or* **lanzar indirectas** : to drop a hint, to insinuate
indirecto, -ta *adj* : indirect — **indirectamente** *adv*
indisciplina *nf* : indiscipline, unruliness
indisciplinado, -da *adj* : undisciplined, unruly
indiscreción *nf, pl* **-ciones** **1** IMPRUDENCIA : indiscretion **2** : tactless remark
indiscreto, -ta *adj* IMPRUDENTE : indiscreet, imprudent — **indiscretamente** *adv*
indiscriminado, -da *adj* : indiscriminate — **indiscriminadamente** *adv*
indiscutible *adj* INCONTESTABLE, INCUESTIONABLE : indisputable, unquestionable — **indiscutiblemente** *adv*
indispensable *adj* : indispensable — **indispensablemente** *adv*
indisponer {60} *vt* **1** : to spoil, to upset **2** : to make ill — **indisponerse** *vr* **1** : to become ill **2 ~ con** : to fall out with
indisposición *nf, pl* **-ciones** : indisposition, illness
indispuesto, -ta *adj* : unwell, indisposed
indistinguible *adj* : indistinguishable
indistintamente *adv* **1** : indistinctly **2** : indiscriminately
indistinto, -ta *adj* : indistinct, vague, faint

individual *adj* : individual — **individualmente** *adv*
individualidad *nf* : individuality
individualismo *nm* : individualism
individualista¹ *adj* : individualistic
individualista² *nmf* : individualist
individualizar {21} *vt* : to individualize
individuo *nm* : individual, person
indivisible *adj* : indivisible — **indivisibilidad** *nf*
indocumentado, -da *n* : illegal immigrant
índole *nf* **1** : nature, character **2** CLASE, TIPO : sort, kind
indolencia *nf* : indolence, laziness
indolente *adj* : indolent, lazy
indoloro, -ra *adj* : painless
indomable *adj* **1** : indomitable **2** : unruly, unmanageable
indómito, -ta *adj* : indomitable
indonesio, -sia *adj & n* : Indonesian
inducción *nf, pl* **-ciones** : induction
inducir {61} *vt* **1** : to induce, to cause **2** : to infer, to deduce
inductivo, -va *adj* : inductive
indudable *adj* : unquestionable, beyond doubt
indudablemente *adv* : undoubtedly, unquestionably
indulgencia *nf* **1** : indulgence, leniency **2** : indulgence (in religion)
indulgente *adj* : indulgent, lenient
indultar *vt* : to pardon, to reprieve
indulto *nm* : pardon, reprieve
indumentaria *nf* : clothing, attire
industria *nf* : industry
industrial¹ *adj* : industrial
industrial² *nmf* : industrialist, manufacturer
industrialización *nf, pl* **-ciones** : industrialization
industrializar {21} *vt* : to industrialize
industrioso, -sa *adj* : industrious
inédito, -ta *adj* **1** : unpublished **2** : unprecedented
inefable *adj* : ineffable
ineficacia *nf* **1** : inefficiency **2** : ineffectiveness
ineficaz *adj, pl* **-caces** **1** : inefficient **2** : ineffective — **ineficazmente** *adv*
ineficiencia *nf* : inefficiency
ineficiente *adj* : inefficient — **ineficientemente** *adv*
inelegancia *nf* : inelegance — **inelegante** *adj*
inelegible *adj* : ineligible — **inelegibilidad** *nf*
ineludible *adj* : inescapable, unavoidable — **ineludiblemente** *adv*
ineptitud *nf* : ineptitude, incompetence
inepto, -ta *adj* : inept, incompetent
inequidad *nf* : inequity
inequitativo, -va *adj* : inequitable
inequívoco, -ca *adj* : unequivocal, unmistakable — **inequívocamente** *adv*
inercia *nf* **1** : inertia **2** : apathy, passivity **3 por ~** : out of habit
inerme *adj* : unarmed, defenseless

inerte *adj* : inert
inescrupuloso, -sa *adj* : unscrupulous
inescrutable *adj* : inscrutable
inesperado, -da *adj* : unexpected — **inesperadamente** *adv*
inestabilidad *nf* : instability, unsteadiness
inestable *adj* : unstable, unsteady
inestimable *adj* : inestimable, invaluable
inevitabilidad *nf* : inevitability
inevitable *adj* : inevitable, unavoidable — **inevitablemente** *adv*
inexactitud *nf* : inaccuracy
inexacto, -ta *adj* : inexact, inaccurate
inexcusable *adj* : inexcusable, unforgivable
inexistencia *nf* : lack, nonexistence
inexistente *adj* : nonexistent
inexorable *adj* : inexorable — **inexorablemente** *adv*
inexperiencia *nf* : inexperience
inexperto, -ta *adj* : inexperienced, unskilled
inexplicable *adj* : inexplicable — **inexplicablemente** *adv*
inexplorado, -da *adj* : unexplored
inexpresable *adj* : inexpressible
inexpresivo, -va *adj* : inexpressive, expressionless
inexpugnable *adj* : impregnable
inextinguible *adj* **1** : inextinguishable **2** : unquenchable
inextricable *adj* : inextricable — **inextricablemente** *adv*
infalibilidad *nf* : infallibility
infalible *adj* : infallible — **infaliblemente** *adv*
infame *adj* **1** : infamous **2** : loathsome, vile ⟨tiempo infame : terrible weather⟩
infamia *nf* : infamy, disgrace
infancia *nf* **1** NIÑEZ : infancy, childhood **2** : children *pl* **3** : beginnings *pl*
infante *nm* **1** : infante, prince **2** : infantryman
infantería *nf* : infantry
infantil *adj* **1** : childish, infantile **2** : child's, children's
infantilismo *nm* **1** : infantilism **2** INMADUREZ : childishness
infarto *nm* : heart attack
infatigable *adj* : indefatigable, tireless — **infatigablemente** *adv*
infección *nf, pl* -**ciones** : infection
infeccioso, -sa *adj* : infectious
infectar *vt* : to infect — **infectarse** *vr*
infecto, -ta *adj* **1** : infected **2** : repulsive, sickening
infecundidad *nf* : infertility
infecundo, -da *adj* : infertile, barren
infelicidad *nf* : unhappiness
infeliz[1] *adj, pl* -**lices** **1** : unhappy **2** : hapless, unfortunate, wretched
infeliz[2] *nmf, pl* -**lices** : wretch
inferencia *nf* : inference
inferior[1] *adj* : inferior, lower
inferior[2] *nmf* : inferior, underling
inferioridad *nf* : inferiority

inferir {76} *vt* **1** DEDUCIR : to infer, to deduce **2** : to cause (harm or injury), to inflict
infernal *adj* : infernal, hellish
infestación *n, pl* -**ciones** : infestation
infestar *vt* **1** : to infest **2** : to overrun, to invade
infición *nf, pl* -**ciones** *Mex* : pollution
infidelidad *nf* : unfaithfulness, infidelity
infiel[1] *adj* : unfaithful, disloyal
infiel[2] *nmf* : infidel, heathen
infierno *nm* **1** : hell **2 el quinto infierno** : the middle of nowhere
infiltrar *vt* : to infiltrate — **infiltrarse** *vr* — **infiltración** *nf*
infinidad *nf* **1** : infinity **2** SINFÍN : great number, huge quantity ⟨una infinidad de veces : countless times⟩
infinitesimal *adj* : infinitesimal
infinitivo *nm* : infinitive
infinito[1] *adv* : infinitely, vastly
infinito[2]**, -ta** *adj* **1** : infinite **2** : limitless, endless **3 hasta lo infinito** : ad infinitum — **infinitamente** *adv*
infinito[3] *nm* : infinity
inflable *adj* : inflatable
inflación *nf, pl* -**ciones** : inflation
inflacionario, -ria *adj* : inflationary
inflacionista → inflacionario
inflamable *adj* : flammable
inflamación *nf, pl* -**ciones** : inflammation
inflamar *vt* : to inflame
inflamatorio, -ria *adj* : inflammatory
inflar *vt* HINCHAR : to inflate — **inflarse** *vr* **1** : to swell **2** : to become conceited
inflexibilidad *nf* : inflexibility
inflexible *adj* : inflexible, unyielding
inflexión *nf, pl* -**xiones** : inflection
infligir {35} *vt* : to inflict
influencia *nf* INFLUJO : influence
influenciable *adj* : easily influenced, suggestible
influenciar *vt* : to influence
influenza *nf* : influenza
influir {41} *vt* : to influence — *vi* ~ **en** *or* ~ **sobre** : to have an influence on, to affect
influjo *nm* INFLUENCIA : influence
influyente *adj* : influential
información *nf, pl* -**ciones** **1** : information **2** INFORME : report, inquiry **3** NOTICIAS : news
informado, -da *adj* : informed ⟨bien informado : well-informed⟩
informador, -dora *n* : informer, informant
informal *adj* **1** : unreliable (of persons) **2** : informal, casual — **informalmente** *adv*
informalidad *nf* : informality
informante *nmf* : informant
informar *vt* ENTERAR : to inform — *vi* : to report — **informarse** *vr* ENTERARSE : to get information, to find out
informática *nf* : computer science, computing

informativo¹, -va *adj* : informative

**informativo² ** *nm* : news program, news

informatización *nf, pl* **-ciones** : computerization

informatizar {21} *vt* : to computerize

informe¹ *adj* AMORFO : shapeless, formless

informe² ** *nm* **1 : report **2** : reference (for employment) **3 informes** *nmpl* : information, data

infortunado, -da *adj* : unfortunate, unlucky

infortunio *nm* **1** DESGRACIA : misfortune **2** CONTRATIEMPO : mishap

infracción *nf, pl* **-ciones** : violation, offense, infraction

infractor, -tora *n* : offender

infraestructura *nf* : infrastructure

infrahumano, -na *adj* : subhuman

infranqueable *adj* **1** : impassable **2** : insurmountable

infrarrojo, -ja *adj* : infrared

infrecuente *adj* : infrequent

infringir {35} *vt* : to infringe, to breach

infructuoso, -sa *adj* : fruitless — **infructuosamente** *adv*

ínfulas *nfpl* **1** : conceit **2 darse ínfulas** : to put on airs

infundado, -da *adj* : unfounded, baseless

infundio *nm* : false story, lie, tall tale ⟨todo eso son infundios : that's a pack of lies⟩

infundir *vt* **1** : to instill **2 infundir ánimo a** : to encourage **3 infundir miedo a** : to intimidate

infusión *nf, pl* **-siones** : infusion

ingeniar *vt* : to devise, to think up — **ingeniarse** *vr* : to manage, to find a way

ingeniería *nf* : engineering

ingeniero, -ra *n* : engineer

ingenio *nm* **1** : ingenuity **2** CHISPA : wit, wits **3** : device, apparatus **4 ingenio azucarero** : sugar refinery

ingenioso, -sa *adj* **1** : ingenious **2** : clever, witty — **ingeniosamente** *adv*

ingente *adj* : huge, enormous

ingenuidad *nf* : naïveté, ingenuousness

ingenuo¹, -nua *adj* CÁNDIDO : naive — **ingenuamente** *adv*

ingenuo², -nua *n* : naive person

ingerencia → **injerencia**

ingerir {76} *vt* : to ingest, to consume

ingestión *nf, pl* **-tiones** : ingestion

ingle *nf* : groin

inglés¹, -glesa *adj, mpl* **ingleses** : English

inglés², -glesa *n, mpl* **ingleses** : Englishman *m*, Englishwoman *f*

**inglés³ ** *nm* : English (language)

inglete *nm* : miter joint

ingobernable *adj* : ungovernable, lawless

ingratitud *nf* : ingratitude

ingrato¹, -ta *adj* **1** : ungrateful **2** : thankless

ingrato², -ta *n* : ingrate

ingrediente *nm* : ingredient

ingresar *vt* **1** : to admit ⟨ingresaron a Luis al hospital : Luis was admitted into the hospital⟩ **2** : to deposit — *vi* **1** : to enter, to go in **2 ~ en** : to join, to enroll in

ingreso *nm* **1** : entrance, entry **2** : admission **3 ingresos** *nmpl* : income, earnings *pl*

íngrimo, -ma *adj* : all alone, all by oneself

inhábil *adj* : unskillful, clumsy

inhabilidad *nf* **1** : unskillfulness **2** : unfitness

inhabilitar *vt* **1** : to disqualify, to bar **2** : to disable

inhabitable *adj* : uninhabitable

inhabituado, -da *adj* **~ a** : unaccustomed to

inhalador *nm* : inhaler

inhalante *nm* : inhalant

inhalar *vt* : to inhale — **inhalación** *nf*

inherente *adj* : inherent

inhibición *nf, pl* **-ciones** COHIBICIÓN : inhibition

inhibir *vt* : to inhibit — **inhibirse** *vr*

inhóspito, -ta *adj* : inhospitable

inhumación *nf, pl* **-ciones** : interment, burial

inhumanidad *nf* : inhumanity

inhumano, -na *adj* : inhuman, cruel, inhumane

inhumar *vt* : to inter, to bury

iniciación *nf, pl* **-ciones** **1** : initiation **2** : introduction

iniciado, -da *n* : initiate

iniciador¹, -dora *adj* : initiatory

iniciador², -dora *n* : initiator, originator

inicial¹ *adj* : initial, original — **inicialmente** *adv*

inicial² *nf* : initial (letter)

iniciar *vt* COMENZAR : to initiate, to begin — **iniciarse** *vr*

iniciativa *nf* : initiative

inicio *nm* COMIENZO : beginning

inicuo, -cua *adj* : iniquitous, wicked

inigualado, -da *adj* : unequaled

inimaginable *adj* : unimaginable

inimitable *adj* : inimitable

ininteligible *adj* : unintelligible

ininterrumpido, -da *adj* : uninterrupted, continuous — **ininterrumpidamente** *adv*

iniquidad *nf* : iniquity, wickedness

injerencia *nf* : interference

injerirse {76} *vr* ENTROMETERSE, INMISCUIRSE : to meddle, to interfere

injertar *vt* : to graft

injerto *nm* : graft ⟨injerto de piel : skin graft⟩

injuria *nf* AGRAVIO : affront, insult

injuriar *vt* INSULTAR : to insult, to revile

injurioso, -sa *adj* : insulting, abusive

injusticia *nf* : injustice, unfairness

injustificable *adj* : unjustifiable

injustificadamente *adv* : unjustifiably, unfairly

injustificado, -da *adj* : unjustified, unwarranted

injusto, -ta *adj* : unfair, unjust — **injustamente** *adv*
inmaculado, -da *adj* : immaculate, spotless
inmadurez *nf, pl* **-reces** : immaturity
inmaduro, -ra *adj* **1** : immature **2** : unripe
inmediaciones *nfpl* : environs, surrounding area
inmediatamente *adv* ENSEGUIDA : immediately
inmediatez *nf, pl* **-teces** : immediacy
inmediato, -ta *adj* **1** : immediate **2** CONTIGUO : adjoining **3 de ~** : immediately, right away **4 ~ a** : next to, close to
inmejorable *adj* : excellent, unbeatable
inmemorial *adj* : immemorial ⟨tiempos inmemoriales : time immemorial⟩
inmensidad *nf* : immensity, vastness
inmenso, -sa *adj* ENORME : immense, huge, vast — **inmensamente** *adv*
inmensurable *adj* : boundless, immeasurable
inmerecido, -da *adj* : undeserved — **inmerecidamente** *adv*
inmersión *nf, pl* **-siones** : immersion
inmerso, -sa *adj* **1** : immersed **2** : involved, absorbed
inmigración *nf, pl* **-ciones** : immigration
inmigrado, -da *adj & n* : immigrant
inmigrante *adj & nmf* : immigrant
inmigrar *vi* : to immigrate
inminencia *nf* : imminence
inminente *adj* : imminent — **inminentemente** *adv*
inmiscuirse {41} *vr* ENTROMETERSE, INJERIRSE : to meddle, to interfere
inmobiliario, -ria *adj* : real estate, property
inmoderación *n, pl* **-ciones** : immoderation, intemperance
inmoderado, -da *adj* : immoderate, excessive — **inmoderamente** *adv*
inmodestia *nf* : immodesty — **inmodesto, -ta** *adj*
inmolar *vt* : to immolate — **inmolación** *nf*
inmoral *adj* : immoral
inmoralidad *nf* : immorality
inmortal *adj & nmf* : immortal
inmortalidad *nf* : immortality
inmortalizar {21} *vt* : to immortalize
inmotivado, -da *adj* **1** : unmotivated **2** : groundless
inmovible *adj* : immovable, fixed
inmóvil *adj* **1** : still, motionless **2** : steadfast
inmovilidad *nf* : immobility
inmovilizar {21} *vt* : to immobilize
inmueble *nm* : building, property
inmundicia *nf* : dirt, filth, trash
inmundo, -da *adj* : dirty, filthy, nasty
inmune *adj* : immune
inmunidad *nf* : immunity
inmunizar {21} *vt* : to immunize — **inmunización** *nf*
inmunología *nf* : immunology

inmunológico, -ca *adj* : immune ⟨sistema inmunológico : immune system⟩
inmutabilidad *nf* : immutability
inmutable *adj* : immutable, unchangeable
innato, -ta *adj* : innate, inborn
innecesario, -ria *adj* : unnecessary — **innecesariamente** *adv*
innegable *adj* : undeniable
innoble *adj* : ignoble — **innoblemente** *adv*
innovación *nf, pl* **-ciones** : innovation
innovador, -dora *adj* : innovative
innovar *vt* : to introduce — *vi* : to innovate
innumerable *adj* INCONTABLE : innumerable, countless
inobjetable *adj* : indisputable, unobjectionable
inocencia *nf* : innocence
inocente[1] *adj* **1** : innocent **2** INGENUO : naive — **inocentemente** *adv*
inocente[2] *nmf* : innocent person
inocentón[1], **-tona** *adj, mpl* **-tones** : naive, gullible
inocentón[2], **-tona** *n, mpl* **-tones** : simpleton, dupe
inocuidad *nf* : harmlessness
inocular *vt* : to inoculate, to vaccinate — **inoculación** *nf*
inocuo, -cua *adj* : innocuous, harmless
inodoro[1], **-ra** *adj* : odorless
inodoro[2] *nm* : toilet
inofensivo, -va *adj* : inoffensive, harmless
inolvidable *adj* : unforgettable
inoperable *adj* : inoperable
inoperante *adj* : ineffective, inoperative
inopinado, -da *adj* : unexpected — **inopinadamente** *adv*
inoportuno, -na *adj* : untimely, inopportune, inappropriate
inorgánico, -ca *adj* : inorganic
inoxidable *adj* **1** : rustproof **2 acero inoxidable** : stainless steel
inquebrantable *adj* : unshakable, unwavering
inquietante *adj* : disturbing, worrisome
inquietar *vt* PREOCUPAR : to disturb, to upset, to worry — **inquietarse** *vr*
inquieto, -ta *adj* **1** : anxious, uneasy, worried **2** : restless
inquietud *nf* **1** : anxiety, uneasiness, worry **2** AGITACIÓN : restlessness
inquilinato *nm* : tenancy
inquilino, -na *n* : tenant, occupant
inquina *nf* **1** : aversion, dislike **2** : ill will ⟨tener inquina a alguien : to have a grudge against someone⟩
inquirir {4} *vi* : to make inquiries — *vt* : to investigate
inquisición *nf, pl* **-ciones** : investigation, inquiry
inquisidor, -dora *adj* : inquisitive
inquisitivo, -va *adj* : inquisitive, curious — **inquisitivamente** *adv*
insaciable *adj* : insatiable
insalubre *adj* **1** : unhealthy **2** ANTIHIGIÉNICO : unsanitary

insalubridad _nf_ : unhealthiness
insalvable _adj_ : insuperable, insurmountable
insano, -na _adj_ **1** LOCO : insane, mad **2** INSALUBRE : unhealthy
insatisfacción _nf, pl_ **-ciones** : dissatisfaction
insatisfactorio _nm_ : unsatisfactory
insatisfecho, -cha _adj_ **1** : dissatisfied **2** : unsatisfied
inscribir {33} _vt_ **1** MATRICULAR : to enroll, to register **2** GRABAR : to engrave — **inscribirse** _vr_ : to register, to sign up
inscripción _nf, pl_ **-ciones 1** MATRÍCULA : enrollment, registration **2** : inscription
inscrito _pp_ → **inscribir**
insecticida¹ _adj_ : insecticidal
insecticida² _nm_ : insecticide
insecto _nm_ : insect
inseguridad _nf_ **1** : insecurity **2** : lack of safety **3** : uncertainty
inseguro, -ra _adj_ **1** : insecure **2** : unsafe **3** : uncertain
inseminar _vt_ : to inseminate — **inseminación** _nf_
insensatez _nf, pl_ **-teces** : foolishness, stupidity
insensato¹, -ta _adj_ : foolish, senseless
insensato², -ta _n_ : fool
insensibilidad _nf_ : insensitivity
insensible _adj_ : insensitive, unfeeling
inseparable _adj_ : inseparable — **inseparablemente** _adv_
inserción _nf, pl_ **-ciones** : insertion
insertar _vt_ : to insert
inservible _adj_ INÚTIL : useless, unusable
insidia _nf_ **1** : snare, trap **2** : malice
insidioso, -sa _adj_ : insidious
insigne _adj_ : noted, famous
insignia _nf_ ENSEÑA : insignia, emblem, badge
insignificancia _nf_ **1** : insignificance **2** NIMIEDAD : trifle, triviality
insignificante _adj_ : insignificant
insincero, -ra _adj_ : insincere — **insinceridad** _nf_
insinuación _nf, pl_ **-ciones** : insinuation, hint
insinuante _adj_ : suggestive
insinuar {3} _vt_ : to insinuate, to hint at — **insinuarse** _vr_ **1** ~ **a** : to make advances to **2** ~ **en** : to worm one's way into
insipidez _nf, pl_ **-deces** : insipidness, blandness
insípido, -da _adj_ : insipid, bland
insistencia _nf_ : insistence
insistente _adj_ : insistent — **insistentemente** _adv_
insistir _v_ : to insist
insociable _adj_ : unsociable
insolación _nf, pl_ **-ciones** : sunstroke
insolencia _nf_ IMPERTINENCIA : insolence
insolente _adj_ IMPERTINENTE : insolent
insólito, -ta _adj_ : rare, unusual

insoluble _adj_ : insoluble — **insolubilidad** _nf_
insolvencia _nf_ : insolvency, bankruptcy
insolvente _adj_ : insolvent, bankrupt
insomne _adj_ & _nmf_ : insomniac
insomnio _nm_ : insomnia
insondable _adj_ : fathomless, deep
insonorizado, -da _adj_ : soundproof
insoportable _adj_ INAGUANTABLE : unbearable, intolerable
insoslayable _adj_ : unavoidable, inescapable
insospechado, -da _adj_ : unexpected, unforeseen
insostenible _adj_ : untenable
inspección _nf, pl_ **-ciones** : inspection
inspeccionar _vt_ : to inspect
inspector, -tora _n_ : inspector
inspiración _nf, pl_ **-ciones 1** : inspiration **2** INHALACIÓN : inhalation
inspirador, -dora _adj_ : inspiring
inspirar _vt_ : to inspire — _vi_ INHALAR : to inhale
instalación _nf, pl_ **-ciones** : installation
instalar _vt_ **1** : to install **2** : to instate — **instalarse** _vr_ ESTABLECERSE : to settle, to establish oneself
instancia _nf_ **1** : petition, request **2 en última instancia** : as a last resort
instantánea _nf_ : snapshot
instantáneo, -nea _adj_ : instantaneous — **instantáneamente** _adv_
instante _nm_ **1** : instant, moment **2 al instante** : immediately **3 a cada instante** : frequently, all the time **4 por instantes** : constantly, incessantly
instar _vt_ APREMIAR : to urge, to press — _vi_ URGIR : to be urgent or pressing ⟨insta que vayamos pronto : it is imperative that we leave soon⟩
instauración _nf, pl_ **-ciones** : establishment
instaurar _vt_ : to establish
instigador, -dora _n_ : instigator
instigar {52} _vt_ **1** : to instigate, to incite
instintivo, -va _adj_ : instinctive — **instintivamente** _adv_
instinto _nm_ : instinct
institución _nf, pl_ **-ciones** : institution
institucional _adj_ : institutional — **institucionalmente** _adv_
institucionalización _nf, pl_ **-ciones** : institutionalization
institucionalizar {21} _vt_ : to institutionalize
instituir {41} _vt_ ESTABLECER, FUNDAR : to institute, to establish, to found
instituto _nm_ : institute
institutriz _nf, pl_ **-trices** : governess _f_
instrucción _nf, pl_ **-ciones 1** EDUCACIÓN : education **2 instrucciones** _nfpl_ : instructions, directions
instructivo, -va _adj_ : instructive, educational
instructor, -tora _n_ : instructor
instruir {41} _vt_ **1** ADIESTRAR : to instruct, to train **2** ENSEÑAR : to educate, to teach

instrumentación *nf, pl* **-ciones** : orchestration
instrumental *adj* : instrumental
instrumentar *vt* : to orchestrate
instrumentista *nmf* : instrumentalist
instrumento *nm* : instrument
insubordinado, -da *adj* : insubordinate — **insubordinación** *nf*
insubordinarse *vr* : to rebel
insuficiencia *nf* **1** : insufficiency, inadequacy **2 insuficiencia cardíaca** : heart failure
insuficiente *adj* : insufficient, inadequate — **insuficientemente** *adv*
insufrible *adj* : insufferable
insular *adj* : insular
insularidad *nf* : insularity
insulina *nf* : insulin
insulso, -sa *adj* **1** INSÍPIDO : insipid, bland **2** : dull
insultante *adj* : insulting
insultar *vt* : to insult
insulto *nm* : insult
insumos *nmpl* : supplies ⟨insumos agrícolas : agricultural supplies⟩
insuperable *adj* : insuperable, insurmountable
insurgente *adj & nmf* : insurgent — **insurgencia** *nf*
insurrección *nf, pl* **-ciones** : insurrection, uprising
insustancial *adj* : insubstantial, flimsy
insustituible *adj* : irreplaceable
intachable *adj* : irreproachable, faultless
intacto, -ta *adj* : intact
intangible *adj* IMPALPABLE : intangible, impalpable
integración *nf, pl* **-ciones** : integration
integral *adj* **1** : integral, essential **2 pan integral** : whole grain bread
integrante[1] *adj* : integrating, integral
integrante[2] *nmf* : member
integrar *vt* : to make up, to compose — **integrarse** *vr* : to integrate, to fit in
integridad *nf* **1** RECTITUD : integrity, honesty **2** : wholeness, completeness
integrismo *nm* : fundamentalism
integrista *adj & nmf* : fundamentalist
íntegro, -gra *adj* **1** : honest, upright **2** ENTERO : whole, complete **3** : unabridged
intelecto *nm* : intellect
intelectual *adj & nmf* : intellectual — **intelectualmente** *adv*
intelectualidad *nf* : intelligentsia
inteligencia *nf* : intelligence
inteligente *adj* : intelligent — **inteligentemente** *adv*
inteligible *adj* : intelligible — **inteligibilidad** *nf*
intemperancia *adj* : intemperance, excess
intemperie *nf* **1** : bad weather, elements *pl* **2 a la intemperie** : in the open air, outside
intempestivo, -va *adj* : inopportune, untimely — **intempestivamente** *adv*

intención *nf, pl* **-ciones** : intention, plan
intencionado, -da → **intencional**
intencional *adj* : intentional — **intencionalmente** *adv*
intendencia *nf* : management, administration
intendente *nmf* : quartermaster
intensidad *nf* : intensity
intensificación *nf, pl* **-ciones** : intensification
intensificar {72} *vt* : to intensify — **intensificarse** *vr*
intensivo, -va *adj* : intensive — **intensivamente** *adv*
intenso, -sa *adj* : intense — **intensamente** *adv*
intentar *vt* : to attempt, to try
intento *nm* **1** PROPÓSITO : intent, intention **2** TENTATIVA : attempt, try
interacción *nf, pl* **-ciones** : interaction
interactivo, -va *adj* : interactive
interactuar {3} *vi* : to interact
intercalar *vt* : to intersperse, to insert
intercambiable *adj* : interchangeable
intercambiar *vt* CANJEAR : to exchange, to trade
intercambio *nm* CANJE : exchange, trade
interceder *vi* : to intercede
intercepción *nf, pl* **-ciones** : interception
interceptar *vt* **1** : to intercept, to block **2 interceptar las líneas** : to wiretap
intercesión *nf, pl* **-siones** : intercession
intercomunicación *nf, pl* **-ciones** : intercommunication
interconexión *nf, pl* **-xiones** : interconnection
interconfesional *adj* : interdenominational
interdepartamental *adj* : interdepartmental
interdependencia *nf* : interdependence — **interdependiente** *adj*
interdicción *nf, pl* **-ciones** : interdiction, prohibition
interés *nm, pl* **-reses** : interest
interesado, -da *adj* **1** : interested **2** : selfish, self-seeking
interesante *adj* : interesting
interesar *vt* : to interest — *vi* : to be of interest, to be interesting — **interesarse** *vr*
interestatal *adj* : interstate ⟨autopista interestatal : interstate highway⟩
interestelar *adj* : interstellar
interfase → **interfaz**
interfaz *nf, pl* **-faces** : interface
interferencia *nf* : interference, static
interferir {76} *vi* : to interfere, to meddle — *vt* : to interfere with, to obstruct
intergaláctico, -ca *adj* : intergalactic
intergubernamental *adj* : intergovernmental
interín[1] *or* **ínterin** *adv* : meanwhile
interín[2] *or* **ínterin** *nm, pl* **-rines** : meantime, interim ⟨en el interín : in the meantime⟩

interinamente *adv* : temporarily
interino, -na *adj* : acting, temporary, interim
interior¹ *adj* : interior, inner
interior² *nm* **1** : interior, inside **2** : inland region
interiormente *adv* : inwardly
interjección *nf, pl* **-ciones** : interjection
interlocutor, -tora *n* : interlocutor, speaker
interludio *nm* : interlude
intermediario, -ria *adj & n* : intermediary, go-between
intermedio¹, -dia *adj* : intermediate
intermedio² *nm* **1** : intermission **2 por intermedio de** : by means of
interminable *adj* : interminable, endless — **interminablemente** *adv*
intermisión *nf, pl* **-siones** : intermission, pause
intermitente¹ *adj* **1** : intermittent **2** : flashing, blinking (of a light) — **intermitentemente** *adv*
intermitente² *nm* : blinker, turn signal
internacional *adj* : international — **internacionalmente** *adv*
internacionalismo *nm* : internationalism
internacionalizar {21} *vt* : to internacionalize
internado *nm* : boarding school
internar *vt* : to commit, to confine — **internarse** *vr* **1** : to penetrate, to advance into **2 ~ en** : to go into, to enter
internista *nmf* : internist
interno¹, -na *adj* : internal — **internamente** *adv*
interno², -na *n* **1** : intern **2** : inmate, internee
interpelación *nf, pl* **-ciones** : appeal, plea
interpelar *vt* : to question (formally)
interpersonal *adj* : interpersonal
interpolar *vt* : to insert, to interpolate
interponer {60} *vt* : to interpose — **interponerse** *vr* : to intervene
interpretación *nf, pl* **-ciones** : interpretation
interpretar *vt* **1** : to interpret **2** : to play, to perform
interpretativo, -va *adj* : interpretive
intérprete *nmf* **1** TRADUCTOR : interpreter **2** : performer
interpuesto *pp* → **interponer**
interracial *adj* : interracial
interrelación *nf, pl* **-ciones** : interrelationship
interrelacionar *vi* : to interrelate
interrogación *nf, pl* **-ciones** **1** : interrogation, questioning **2 signo de interrogación** : question mark
interrogador, -dora *n* : interrogator, questioner
interrogante¹ *adj* : questioning
interrogante² *nm* **1** : question mark **2** : query
interrogar {52} *vt* : to interrogate, to question

interrogativo, -va *adj* : interrogative
interrogatorio *nm* : interrogation, questioning
interrumpir *v* : to interrupt
interrupción *nf, pl* **-ciones** : interruption
interruptor *nm* **1** : (electrical) switch **2** : circuit breaker
intersección *nf, pl* **-ciones** : intersection
intersticio *nm* : interstice — **intersticial** *adj*
interuniversitario, -ria *adj* : intercollegiate
interurbano, -na *adj* **1** : intercity **2** : long-distance ⟨llamadas interurbanas : long-distance calls⟩
intervalo *nm* : interval
intervención *nf, pl* **-ciones** **1** : intervention **2** : audit **3 intervención quirúrgica** : operation
intervencionista *adj & nmf* : interventionist
intervenir {87} *vi* **1** : to take part **2** INTERCEDER : to intervene, to intercede — *vt* **1** : to control, to supervise **2** : to audit **3** : to operate on **4** : to tap (a telephone)
interventor, -tora *n* **1** : inspector **2** : auditor, comptroller
intestado, -da *adj* : intestate
intestinal *adj* : intestinal
intestino *nm* : intestine
intimar *vi* **~ con** : to become friendly with — *vt* : to require, to call on
intimidación *nf, pl* **-ciones** : intimidation
intimidad *nf* **1** : intimacy **2** : privacy, private life
intimidar *vt* ACOBARDAR : to intimidate
íntimo, -ma *adj* **1** : intimate, close **2** PRIVADO : private — **íntimamente** *adv*
intitular *vt* : to entitle, to title
intocable *adj* : untouchable
intolerable *adj* : intolerable, unbearable
intolerancia *nf* : intolerance
intolerante¹ *adj* : intolerant
intolerante² *nmf* : intolerant person, bigot
intoxicación *nf, pl* **-ciones** : poisoning
intoxicante *nm* : poison
intoxicar {72} *vt* : to poison
intranquilidad *nf* PREOCUPACIÓN : worry, anxiety
intranquilizar {21} *vt* : to upset, to make uneasy — **intranquilizarse** *vr* : to get worried, to be anxious
intranquilo, -la *adj* PREOCUPADO : uneasy, worried
intransigencia *nf* : intransigence
intransigente *adj* : intransigent, unyielding
intransitable *adj* : impassable
intransitivo, -va *adj* : intransitive
intrascendente *adj* : unimportant, insignificant
intratable *adj* **1** : intractable **2** : awkward **3** : unsociable
intravenoso, -sa *adj* : intravenous

intrepidez *nf* : fearlessness
intrépido, -da *adj* : intrepid, fearless
intriga *nf* : intrigue
intrigante *nmf* : schemer
intrigar {52} *v* : to intrigue — **intrigante** *adj*
intrincado, -da *adj* : intricate, involved
intrínseco, -ca *adj* : intrinsic — **intrínsecamente** *adv*
introducción *nf, pl* **-ciones** : introduction
introducir {61} *vt* **1** : to introduce **2** : to bring in **3** : to insert **4** : to input, to enter — **introducirse** *vr* : to penetrate, to get into
introductorio, -ria *adj* : introductory
intromisión *nf, pl* **-siones** : interference, meddling
introspección *nf, pl* **-ciones** : introspection
introspectivo, -va *adj* : introspective
introvertido[1], -da *adj* : introverted
introvertido[2], -da *n* : introvert
intrusión *nf, pl* **-siones** : intrusion
intruso[1], -sa *adj* : intrusive
intruso[2], -sa *n* : intruder
intuición *nf, pl* **-ciones** : intuition
intuir {41} *vt* : to intuit, to sense
intuitivo, -va *adj* : intuitive — **intuitivamente** *adv*
inundación *nf, pl* **-ciones** : flood, inundation
inundar *vt* : to flood, to inundate
inusitado, -da *adj* : unusual, uncommon — **inusitadamente** *adv*
inusual *adj* : unusual, uncommon — **inusualmente** *adv*
inútil[1] *adj* INSERVIBLE : useless — **inútilmente** *adv*
inútil[2] *nmf* : good-for-nothing
inutilidad *nf* : uselessness
inutilizar {21} *vt* **1** : to make useless **2** INCAPACITAR : to disable, to put out of commission
invadir *vt* : to invade
invalidar *vt* : to nullify, to invalidate
invalidez *nf, pl* **-deces** **1** : invalidity **2** : disablement
inválido, -da *adj & n* : invalid
invalorable *adj* : invaluable
invariable *adj* : invariable — **invariablemente** *adv*
invasión *nf, pl* **-siones** : invasion
invasivo, -va *adj* : invasive
invasor[1], -sora *adj* : invading
invasor[2], -sora *n* : invader
invectiva *nf* : invective, abuse
invencibilidad *nf* : invincibility
invencible *adj* **1** : invincible **2** : insurmountable
invención *nf, pl* **-ciones** **1** INVENTO : invention **2** MENTIRA : fabrication, lie
inventar *vt* **1** : to invent **2** : to fabricate, to make up
inventariar {85} *vt* : to inventory
inventario *nm* : inventory
inventiva *nf* : ingenuity, inventiveness
inventivo, -va *adj* : inventive

invento *nm* INVENCIÓN : invention
inventor, -tora *n* : inventor
invernadero *nm* : greenhouse, hothouse
invernal *adj* : winter, wintry
invernar {55} *vi* **1** : to spend the winter **2** HIBERNAR : to hibernate
inverosímil *adj* : unlikely, far-fetched
inversión *nf, pl* **-siones** **1** : inversion **2** : investment
inversionista *nmf* : investor
inverso[1], -sa *adj* **1** : inverse, inverted **2** CONTRARIO : opposite **3 a la inversa** : on the contrary, vice versa **4 en orden inverso** : in reverse order — **inversamente** *adv*
inverso[2] *n* : inverse
inversor, -sora *n* : investor
invertebrado[1], -da *adj* : invertebrate
invertebrado[2] *nm* : invertebrate
invertir {76} *vt* **1** : to invert, to reverse **2** : to invest — **invertirse** *vr* : to be reversed
investidura *nf* : investiture, inauguration
investigación *nf, pl* **-ciones** **1** ENCUESTA, INDAGACIÓN : investigation, inquiry **2** : research
investigador[1], -dora *adj* : investigative
investigador[2], -dora *n* **1** : investigator **2** : researcher
investigar {52} *vt* **1** INDAGAR : to investigate **2** : to research — *vi* **~ sobre** : to do research into
investir {54} *vt* **1** : to empower **2** : to swear in, to inaugurate
inveterado, -da *adj* : inveterate, deep-seated
invicto, -ta *adj* : undefeated
invidente[1] *adj* CIEGO : blind, sightless
invidente[2] *nmf* CIEGO : blind person
invierno *nm* : winter, wintertime
inviolable *adj* : inviolable — **inviolabilidad** *nf*
inviolado, -da *adj* : inviolate, pure
invisibilidad *nf* : invisibility
invisible *adj* : invisible — **invisiblemente** *adv*
invitación *nf, pl* **-ciones** : invitation
invitado, -da *n* : guest
invitar *vt* : to invite
invocación *nf, pl* **-ciones** : invocation
invocar {72} *vt* : to invoke, to call on
involucramiento *nm* : involvement
involucrar *vt* : to implicate, to involve — **involucrarse** *vr* : to get involved
involuntario, -ria *adj* : involuntary — **involuntariamente** *adv*
invulnerable *adj* : invulnerable
inyección *nf, pl* **-ciones** : injection, shot
inyectado, -da *adj* **ojos inyectados** : bloodshot eyes
inyectar *vt* : to inject
ion *nm* : ion
iónico, -ca *adj* : ionic
ionizar {21} *vt* : to ionize — **ionización** *nf*
ionosfera *nf* : ionosphere
ir {43} *vi* **1** : to go ⟨ir a pie : to go on foot, to walk⟩ ⟨ir a caballo : to ride

horseback〉〈ir a casa : to go home〉 **2**
: to lead, to extend, to stretch 〈el
camino va de Cali a Bogotá : the road
goes from Cali to Bogotá〉 **3** FUN-
CIONAR : to work, to function 〈esta
computadora ya no va : this computer
doesn't work anymore〉 **4** : to get on,
to get along 〈¿cómo te va? : how are
you?, how's it going?〉〈el negocio no
va bien : the business isn't doing well〉
5 : to suit 〈ese vestido te va bien : that
dress really suits you〉 **6** ~ **con** : to be
〈ir con prisa : to be in a hurry〉 **7** ~
por : to follow, to go along 〈fueron por
la costa : they followed the shoreline〉
8 dejarse ir : to let oneself go **9 ir a
parar** : to end up **10 vamos a ver** : let's
see — *v aux* **1** (*with present participle*)
〈ir caminando : to walk〉〈¡voy corr-
iendo! : I'll be right there!〉 **2** ~ **a** : to
be going to 〈voy a hacerlo : I'm going
to do it〉〈el avión va a despegar : the
plane is about to take off〉 — **irse** *vr* **1**
: to leave, to go 〈¡vámonos! : let's go!〉
〈todo el mundo se fue : everyone left〉
2 ESCAPARSE : to leak **3** GASTARSE : to
be used up, to be gone

ira *nf* CÓLERA, FURIA : wrath, anger
iracundo, -da *adj* : irate, angry
iraní *adj & nmf* : Iranian
iraquí *adj & nmf* : Iraqi
irascible *adj* : irascible, irritable — **irascibilidad** *nf*
irga, irgue etc. → **erguir**
iridio *nm* : iridium
iridiscencia *nf* : iridescence — **iridiscente** *adj*
iris *nms & pl* **1** : iris **2 arco iris** : rainbow
irlandés[1], **-desa** *adj, mpl* **-deses** : Irish
irlandés[2], **-desa** *n, pl* **-deses** : Irish person, Irishman *m*, Irishwoman *f*
irlandés[3] *nm* : Irish (language)
ironía *nf* : irony
irónico, -ca *adj* : ironic, ironical —
irónicamente *adv*
irracional *adj* : irrational — **irracionalmente** *adv*
irracionalidad *nf* : irrationality
irradiación *nf, pl* **-ciones** : irradiation
irradiar *vt* : to radiate, to irradiate
irrazonable *adj* : unreasonable
irreal *adj* : unreal
irrebatible *adj* : unanswerable, irrefutable
irreconciliable *adj* : irreconcilable
irreconocible *adj* : unrecognizable
irrecuperable *adj* : irrecoverable, irretrievable
irredimible *adj* : irredeemable
irreductible *adj* : unyielding
irreemplazable *adj* : irreplaceable
irreflexión *nf, pl* **-xiones** : thoughtlessness, impetuosity
irreflexivo, -va *adj* : rash, unthinking —
irreflexivamente *adv*
irrefrenable *adj* : uncontrollable, unstoppable 〈un impulso irrefrenable : an
irresistable urge〉

irrefutable *adj* : irrefutable
irregular *adj* : irregular — **irregularmente** *adv*
irregularidad *nf* : irregularity
irrelevante *adj* : irrelevant — **irrelevancia** *nf*
irreligioso, -sa *adj* : irreligious
irremediable *adj* : incurable — **irreme-
diablemente** *adv*
irreparable *adj* : irreparable
irreprimible *adj* : irrepressible
irreprochable *adj* : irreproachable
irresistible *adj* : irresistible — **irre-
sistiblemente** *adv*
irresolución *nf, pl* **-ciones** : indecision,
hesitation
irresoluto, -ta *adj* INDECISO : undecided
irrespeto *nm* : disrespect
irrespetuoso, -sa *adj* : disrespectful —
irrespetuosamente *adv*
irresponsabilidad *nf* : irresponsibility
irresponsable *adj* : irresponsible — **irr-
esponsablemente** *adv*
irrestricto, -ta *adj* : unrestricted, unconditional
irreverencia *nf* : disrespect
irreverente *adj* : disrespectful
irreversible *adj* : irreversible
irrevocable *adj* : irrevocable — **irrevo-
cablemente** *adv*
irrigar {52} *vt* : to irrigate — **irrigación**
nf
irrisible *adj* : laughable
irrisión *nf, pl* **-siones** : derision, ridicule
irrisorio, -ria *adj* RISIBLE : ridiculous,
ludicrous
irritabilidad *nf* : irritability
irritable *adj* : irritable
irritación *nf, pl* **-ciones** : irritation
irritante *adj* : irritating
irritar *vt* : to irritate — **irritación** *nf*
irrompible *adj* : unbreakable
irrumpir *vi* ~ **en** : to burst into
irrupción *nf, pl* **-ciones** **1** : irruption **2**
: invasion
isla *nf* : island
islámico, -ca *adj* : Islamic, Muslim
islandés[1], **-desa** *adj, mpl* **-deses** : Icelandic
islandés[2], **-desa** *n, mpl* **-deses** : Icelander
islandés[3] *nm* : Icelandic (language)
isleño, -ña *n* : islander
islote *nm* : islet
isometría *nfs & pl* : isometrics
isométrico, -ca *adj* : isometric
isósceles *adj* : isosceles 〈triángulo
isósceles : isosceles triangle〉
isótopo *nm* : isotope
israelí *adj & nmf* : Israeli
istmo *nm* : isthmus
itacate *nm Mex* : pack, provisions *pl*
italiano[1], **-na** *adj & n* : Italian
italiano[2] *nm* : Italian (language)
iterbio *nm* : ytterbium
itinerante *adj* AMBULANTE : traveling,
itinerant
itinerario *nm* : itinerary, route

itrio *nm* : yttrium
izar {21} *vt* : to hoist, to raise ⟨izar la bandera : to raise the flag⟩

izquierda *nf* : left
izquierdista *adj & nmf* : leftist
izquierdo, -da *adj* : left

J

j *nf* : tenth letter of the Spanish alphabet
ja *interj* **1** : ha! **2 ja, ja** : ha-ha!
jabalí *nm* : wild boar
jabalina *nf* : javelin
jabón *nm, pl* **jabones** : soap
jabonar *vt* ENJABONAR : to soap up, to lather — **jabonarse** *vr*
jabonera *nf* : soap dish
jabonoso, -sa *adj* : soapy
jaca *nf* **1** : pony **2** YEGUA : mare
jacal *nm Mex* : shack, hut
jacinto *nm* : hyacinth
jactancia *nf* **1** : boastfulness **2** : boasting, bragging
jactancioso¹, -sa *adj* : boastful
jactancioso², -sa *n* : boaster, braggart
jactarse *vr* : to boast, to brag
jade *nm* : jade
jadear *vi* : to pant, to gasp, to puff — **jadeante** *adj*
jadeo *nm* : panting, gasping, puffing
jaez *nm, pl* **jaeces 1** : harness **2** : kind, sort, ilk **3 jaeces** *nmpl* : trappings
jaguar *nm* : jaguar
jai alai *nm* : jai alai
jaiba *nf* CANGREJO : crab
jalapeño *nm Mex* : jalapeño pepper
jalar *vt* **1** : to pull, to tug **2** *fam* : to attract, to draw in ⟨las ideas nuevas lo jalan : new ideas appeal to him⟩ — *vi* **1** : to pull, to pull together **2** *fam* : to hurry up, to get going **3** *Mex fam* : to be in working order ⟨esta máquina no jala : this machine doesn't work⟩
jalbegue *nm* : whitewash
jalea *nf* : jelly
jalear *vt* : to encourage, to urge on
jaleo *nm* **1** *fam* : uproar, ruckus, racket **2** *fam* : confusion, hassle **3** : cheering and clapping (for a dance)
jalón *nm, pl* **jalones 1** : milestone, landmark **2** TIRÓN : pull, tug
jalonar *vt* : to mark, to stake out
jalonear *vt Mex, Peru fam* : to tug at — *vi* **1** *fam* : to pull, to tug **2** *CA fam* : to haggle
jamaica *nf* : hibiscus
jamaicano, -na → jamaiquino
jamaiquino, -na *adj & n* : Jamaican
jamás *adv* **1** NUNCA : never **2 nunca jamás** *or* **jamás de los jamases** : never-ever **3 para siempre jamás** : for ever and ever
jamba *nf* : jamb
jamelgo *nm* : nag (horse)
jamón *nm, pl* **jamones** : ham
Januká *nmf* : Hanukkah
japonés¹, -nesa *adj & n, mpl* **-neses** : Japanese

japonés² *nm, pl* **-neses** : Japanese (language)
jaque *nm* **1** : check (in chess) ⟨jaque mate : checkmate⟩ **2 tener en jaque** : to intimidate, to bully
jaqueca *nf* : headache, migraine
jarabe *nm* **1** : syrup **2** : Mexican folk dance
jarana *nf* **1** *fam* : revelry, partying, spree **2** *fam* : joking, fooling around **3** : small guitar
jaranear *vi fam* : to go on a spree, to party
jarcia *nf* **1** : rigging **2** : fishing tackle
jardín *nm, pl* **jardines 1** : garden **2 jardín de niños** : kindergarten **3 los jardines** *nmpl* : the outfield
jardinería *nf* : gardening
jardinero, -ra *n* **1** : gardener **2** : outfielder (in baseball)
jarra *nf* **1** : pitcher, jug **2** : stein, mug **3 de jarras** *or* **en jarras** : akimbo
jarrete *nm* **1** : back of the knee **2** CORVEJÓN : hock
jarro *nm* **1** : pitcher, jug **2** : mug
jarrón *nm, pl* **jarrones** FLORERO : vase
jaspe *nm* : jasper
jaspeado, -da *adj* **1** VETEADO : streaked, veined **2** : speckled, mottled
jaula *nf* : cage
jauría *nf* : pack of hounds
javanés, -nesa *adj & n* : Javanese
jazmín *nm, pl* **jazmines** : jasmine
jazz [ˈjas, ˈdʒas] *nm* : jazz
jeans [ˈjins, ˈdʒins] *nmpl* : jeans
jeep [ˈjip, ˈdʒip] *nm, pl* **jeeps** : jeep
jefatura *nf* **1** : leadership **2** : headquarters ⟨jefatura de policía : police headquarters⟩
jefe, -fa *n* **1** : chief, head, leader ⟨jefe de bomberos : fire chief⟩ **2** : boss
Jehová *nm* : Jehovah
jején *nm, pl* **jejenes** : gnat, small mosquito
jengibre *nm* : ginger
jeque *nm* : sheikh, sheik
jerarca *nmf* : leader, chief
jerarquía *nf* **1** : hierarchy **2** RANGO : rank
jerárquico, -ca *adj* : hierarchical
jerbo *nm* : gerbil
jerez *nm, pl* **jereces** : sherry
jerga *nf* **1** : jargon, slang **2** : coarse cloth
jerigonza *nf* GALIMATÍAS : mumbo jumbo, gibberish
jeringa *nf* : syringe
jeringar {52} *vt* **1** : to inject **2** *fam* JOROBAR : to annoy, to pester — *vi fam*

JOROBAR : to be annoying, to be a nuisance
jeringuear → **jeringar**
jeringuilla → **jeringa**
jeroglífico *nm* : hieroglyphic
jersey *nm, pl* **jerseys 1** : jersey (fabric) **2** *Spain* : sweater
Jesucristo *nm* : Jesus Christ
jesuita *adj & nm* : Jesuit
Jesús *nm* **1** : Jesus **2** ¡**Jesús**! : goodness!, good heavens!
jeta *nf* **1** : snout **2** *fam* : face, mug
jíbaro, -ra *adj* **1** : Jivaro **2** : rustic, rural
jibia *nf* : cuttlefish
jícama *nf* : jicama
jícara *nf Mex* : calabash
jilguero *nm* : European goldfinch
jinete *nmf* : horseman, horsewoman *f*, rider
jinetear *vt* **1** : to ride, to perform (on horseback) **2** DOMAR : to break in (a horse) — *vi* CABALGAR : to ride horseback
jingoísmo [ʤiŋgo'izmo, ˌʤiŋ-] *nm* : jingoism
jingoísta *adj* : jingoist, jingoistic
jiote *nm Mex* : rash
jira *nf* : outing, picnic
jirafa *nf* **1** : giraffe **2** : boom microphone
jirón *nm, pl* **jirones** : shred, rag ⟨hecho jirones : in tatters⟩
jitomate *nm Mex* : tomato
jockey ['ʤoki, 'ʤɔ-] *nmf, pl* **jockeys** [-kis] : jockey
jocosidad *nf* : humor, jocularity
jocoso, -sa *adj* : playful, jocular — **jocosamente** *adv*
jofaina *nf* : washbowl
jogging ['ʤɔgiŋ, 'ʤo-] *nm* : jogging
jolgorio *nm* : merrymaking, fun
jonrón *nm, pl* **jonrones** : home run
jordano, -na *adj & n* : Jordanian
jornada *nf* **1** : expedition, day's journey **2 jornada de trabajo** : working day **3 jornadas** *nfpl* : conference, congress
jornal *nm* **1** : day's pay **2 a ～** : by the day
jornalero, -ra *n* : day laborer
joroba *nf* **1** GIBA : hump **2** *fam* : nuisance, pain in the neck
jorobado¹, -da *adj* GIBOSO : hunchbacked, humpbacked
jorobado², -da *n* GIBOSO : hunchback, humpback
jorobar *vt fam* JERINGAR : to bother, to annoy — *vi fam* JERINGAR : to be annoying, to be a nuisance
jorongo *nm Mex* : full-length poncho
jota *nf* **1** : jot, bit ⟨no entiendo ni jota : I don't understand a word of it⟩ ⟨no se ve ni jota : you can't see a thing⟩ **2** : jack (in playing cards)
joven¹ *adj, pl* **jóvenes 1** : young **2** : youthful
joven² *nmf, pl* **jóvenes** : young man *m*, young woman *f*, young person

jovial *adj* : jovial, cheerful — **jovialmente** *adv*
jovialidad *nf* : joviality, cheerfulness
joya *nf* **1** : jewel, piece of jewelry **2** : treasure, gem ⟨la nueva empleada es una joya : the new employee is a real gem⟩
joyería *nf* **1** : jewelry store **2** : jewelry **3 joyería de fantasía** : costume jewelry
joyero, -ra *n* : jeweler
juanete *nm* : bunion
jubilación *nf, pl* **-ciones 1** : retirement **2** PENSIÓN : pension
jubilado¹, -da *adj* : retired, in retirement
jubilado², -da *nmf* : retired person, retiree
jubilar *vt* **1** : to retire, to pension off **2** *fam* : to get rid of, to discard — **jubilarse** *vr* : to retire
jubileo *nm* : jubilee
júbilo *nm* : jubilation, joy
jubiloso, -sa *adj* : jubilant, joyous
judaico, -ca *adj* : Judaic, Jewish
judaísmo *nm* : Judaism
judía *nf* **1** : bean **2** *or* **judía verde** : green bean, string bean
judicatura *nf* **1** : judiciary, judges *pl* **2** : office of judge
judicial *adj* : judicial — **judicialmente** *adv*
judío¹, -día *adj* : Jewish
judío², -día *n* : Jewish person, Jew
judo ['juðo, 'ʤu-] *nm* : judo
juega, juegue, etc. → **jugar**
juego *nm* **1** : play, playing ⟨poner en juego : to bring into play⟩ **2** : game, sport ⟨juego de cartas : card game⟩ ⟨Juegos Olímpicos : Olympic Games⟩ **3** : gaming, gambling ⟨estar en juego : to be at stake⟩ **4** : set ⟨un juego de llaves : a set of keys⟩ **5 hacer juego** : to go together, to match **6 juego de manos** : conjuring trick, sleight of hand
juerga *nf* : partying, binge ⟨irse de juerga : to go on a spree⟩
juerguista *nmf* : reveler, carouser
jueves *nms & pl* : Thursday
juez¹ *nmf, pl* **jueces 1** : judge **2** ÁRBITRO : umpire, referee
juez², jueza *n* → **juez¹**
jugada *nf* **1** : play, move **2** : trick ⟨hacer una mala jugada : to play a dirty trick⟩
jugador, -dora *n* **1** : player **2** : gambler
jugar {44} *vi* **1** : to play ⟨jugar a la pelota : to play ball⟩ **2** APOSTAR : to gamble, to bet **3** : to joke, to kid — *vt* **1** : to play ⟨jugar un papel : to play a role⟩ ⟨jugar una carta : to play a card⟩ **2** : to bet — **jugarse** *vr* **1** : to risk, to gamble away ⟨jugarse la vida : to risk one's life⟩ **2 jugarse el todo por el todo** : to risk everything
jugarreta *nf fam* : prank, dirty trick
juglar *nm* : minstrel

jugo *nm* 1 : juice 2 : substance, essence ⟨sacarle el jugo a algo : to get the most out of something⟩

jugosidad *nf* : juiciness, succulence

jugoso, -sa *adj* : juicy

juguete *nm* : toy

juguetear *vi* 1 : to play, to cavort, to frolic 2 : to toy, to fiddle

juguetería *nf* : toy store

juguetón, -tona *adj, mpl* **-tones** : playful — **juguetonamente** *adv*

juicio *nm* 1 : good judgment, reason, sense 2 : opinion ⟨a mi juicio : in my opinion⟩ 3 : trial ⟨llevar a juicio : to take to court⟩

juicioso, -sa *adj* : judicious, wise — **juiciosamente** *adv*

julio *nm* : July

juncia *nf* : sedge

junco *nm* 1 : reed, rush 2 : junk (boat)

jungla *nf* : jungle

junio *nm* : June

junquillo *nm* : jonquil

junta *nf* 1 : board, committee ⟨junta directiva : board of directors⟩ 2 REUNIÓN : meeting, session 3 : junta 4 : joint, gasket

juntamente *adv* 1 : jointly, together ⟨juntamente con : together with⟩ 2 : at the same time

juntar *vt* 1 UNIR : to unite, to combine, to put together 2 REUNIR : to collect, to gather together, to assemble 3 : to close partway ⟨juntar la puerta : to leave the door ajar⟩ — **juntarse** *vr* 1 : to join together 2 : to socialize, to get together

junto, -ta *adj* 1 UNIDO : joined, united 2 : close, adjacent ⟨colgaron los dos retratos juntos : they hung the two paintings side by side⟩ 3 (*used adverbially*) : together ⟨llegamos juntos : we arrived together⟩ 4 ~ **a** : next to, alongside of 5 ~ **con** : together with, along with

juntura *nf* : joint, coupling

Júpiter *nm* : Jupiter

jura *nf* : oath, pledge ⟨jura de bandera : pledge of allegiance⟩

jurado[1] *nm* : jury

jurado[2]**, -da** *n* : juror

juramento *nm* 1 : oath ⟨juramento hipocrático : Hippocratic oath⟩ 2 : swearword, oath

jurar *vt* 1 : to swear ⟨jurar lealtad : to swear loyalty⟩ 2 : to take an oath ⟨el alcalde juró su cargo : the mayor took the oath of office⟩ — *vi* : to curse, to swear

jurídico, -ca *adj* : legal

jurisdicción *nf, pl* **-ciones** : jurisdiction

jurisdiccional *adj* : jurisdictional, territorial

jurisprudencia *nf* : jurisprudence, law

jurista *nmf* : jurist

justa *nf* 1 : joust 2 TORNEO : tournament, competition

justamente *adv* 1 PRECISAMENTE : precisely, exactly 2 : justly, fairly

justar *vi* : to joust

justicia *nf* 1 : justice, fairness ⟨hacerle justicia a : to do justice to⟩ ⟨ser de justicia : to be only fair⟩ 2 **la justicia** : the law ⟨tomarse la justicia por su mano : to take the law into one's own hands⟩

justiciero, -ra *adj* : righteous, avenging

justificable *adj* : justifiable

justificación *nf, pl* **-ciones** : justification

justificante *nm* 1 : justification 2 : proof, voucher

justificar {72} *vt* 1 : to justify 2 : to excuse, to vindicate

justo[1] *adv* 1 : justly 2 : right, exactly ⟨justo a tiempo : just in time⟩ 3 : tightly

justo[2]**, -ta** *adj* 1 : just, fair 2 : right, exact 3 : tight ⟨estos zapatos me quedan muy justos : these shoes are too tight⟩

justo[3]**, -ta** *n* : just person ⟨los justos : the just⟩

juvenil *adj* 1 : juvenile, young, youthful 2 ADOLESCENTE : teenage

juventud *nf* 1 : youth 2 : young people

juzgado *nm* TRIBUNAL : court, tribunal

juzgar {52} *vt* 1 : to try, to judge (a case in court) 2 : to pass judgment on 3 CONSIDERAR : to consider, to deem

juzgue, etc. → juzgar

K

k *nf* : eleventh letter of the Spanish alphabet

káiser *nm* : kaiser

kaki → caqui

kaleidoscopio → caleidoscopio

kamikaze *adj & nm* : kamikaze

kampucheano, -na *adj & n* : Kampuchean

kan *nm* : khan

karaoke *nm* : karaoke

karate *or* **kárate** *nm* : karate

kayac *or* **kayak** *nm, pl* **kayacs** *or* **kayaks** : kayak

keniano, -na *adj & n* : Kenyan

kepí *nm* : kepi

kermesse *or* **kermés** [kɛr¹mɛs] *nf, pl* **kermesses** *or* **kermeses** [-¹mɛsɛs] : charity fair, bazaar

kerosene *or* **kerosén** *or* **keroseno** *nm* : kerosene, paraffin

kibutz *or* **kibbutz** *nms & pl* : kibbutz

kilo *nm* 1 : kilo, kilogram 2 *fam* : large amount

kilobyte [ˌkilo¹bait] *nm* : kilobyte

kilociclo *nm* : kilocycle

kilogramo *nm* : kilogram

kilohertzio *nm* : kilohertz
kilometraje *nm* : distance in kilometers, mileage
kilométrico, -ca *adj fam* : endless, very long
kilómetro *nm* : kilometer
kilovatio *nm* : kilowatt
kimono *nm* : kimono
kinder ['kɪndər] → **kindergarten**
kindergarten [ˌkɪndər'gɑrtən] *nm, pl* **kindergartens** [-tens] : kindergarten, nursery school
kinesiología *nf* : physical therapy

kinesiólogo, -ga *n* : physical therapist
kiosco → **quiosco**
kit *nm, pl* **kits** : kit
kiwi ['kiwi] *nm* **1** : kiwi (bird) **2** : kiwifruit
klaxon → **claxon**
knockout [nɔ'kaut] → **nocaut**
koala *nm* : koala bear
kriptón *nm* : krypton
kurdo¹, -da *adj* : Kurdish
kurdo², -da *n* : Kurd
kuwaiti [kuˌwai'ti] *adj & nmf* : Kuwaiti

L

l *nf* : twelfth letter of the Spanish alphabet
la¹ *pron* **1** : her, it ⟨llámala hoy : call her today⟩ ⟨sacó la botella y la abrió : he took out the bottle and opened it⟩ **2** (*formal*) : you ⟨no la vi a usted, Señora Díaz : I didn't see you, Mrs. Díaz⟩ **3** : the one ⟨mi casa y la de la puerta roja : my house and the one with the red door⟩ **4 la que** : the one who
la² *art* → **el²**
laberíntico, -ca *adj* : labyrinthine
laberinto *nm* : labyrinth, maze
labia *nf fam* : gift of gab ⟨tu amigo tiene labia : your friend has a way with words⟩
labial *adj* : labial, lip ⟨lápiz labial : lipstick⟩
labio *nm* **1** : lip **2 labio leporino** : harelip
labor *nf* : work, labor
laborable *adj* **1** : arable **2 día laborable** : workday, business day
laboral *adj* : work, labor ⟨costos laborales : labor costs⟩
laborar *vi* : to work
laboratorio *nm* : laboratory, lab
laboriosidad *nf* : industriousness, diligence
laborioso, -sa *adj* **1** : laborious, hard **2** : industrious, hardworking
labrado¹, -da *adj* **1** : cultivated, tilled **2** : carved, wrought
labrado² *nm* : cultivated field
labrador, -dora *n* : farmer
labranza *nf* : farming
labrar *vt* **1** : to carve, to work (metal) **2** : to cultivate, to till **3** : to cause, to bring about
laca *nf* **1** : lacquer, shellac **2** : hair spray **3 laca de uñas** : nail polish
lacayo *nm* : lackey
lace, etc. → **lazar**
lacear *vt* : to lasso
laceración *nf, pl* **-ciones** : laceration
lacerante *adj* : hurtful, wounding
lacerar *vt* **1** : to lacerate, to cut **2** : to hurt, to wound (one's feelings)
lacio, -cia *adj* **1** : limp, lank **2 pelo lacio** : straight hair

lacónico, -ca *adj* : laconic — **lacónicamente** *adv*
lacra *nf* **1** : scar, mark (on the skin) **2** : stigma, blemish
lacrar *vt* : to seal (with wax)
lacrimógeno, -na *adj* **gas lacrimógeno** : tear gas
lacrimoso, -sa *adj* : tearful, moving
lactancia *nf* **1** : lactation **2** : breast-feeding
lactante *nmf* : nursing infant, suckling
lactar *v* : to breast-feed
lácteo, -tea *adj* **1** : dairy **2 Vía Láctea** : Milky Way
láctico, -ca *adj* : lactic
lactosa *nf* : lactose
ladeado, -da *adj* : crooked, tilted, lopsided
ladear *vt* : to tilt, to tip — **ladearse** *vr* : to bend (over)
ladera *nf* : slope, hillside
ladino¹, -na *adj* **1** : cunning, shrewd **2** *CA, Mex* : mestizo
ladino², -na *n* **1** : trickster **2** *CA, Mex* : Spanish-speaking Indian **3** *CA, Mex* : mestizo
lado *nm* **1** : side **2** PARTE : place ⟨miró por todos lados : he looked everywhere⟩ **3 al lado de** : next to, beside **4 de ~** : tilted, sideways ⟨está de lado : it's lying on its side⟩ **5 hacerse a un lado** : to step aside **6 lado a lado** : side by side **7 por otro lado** : on the other hand
ladrar *vi* : to bark
ladrido *nm* : bark (of a dog), barking
ladrillo *nm* **1** : brick **2** AZULEJO : tile
ladrón, -drona *n, mpl* **ladrones** : robber, thief, burglar
lagartija *nf* : small lizard
lagarto *nm* **1** : lizard **2 lagarto de Indias** : alligator
lago *nm* : lake
lágrima *nf* : tear, teardrop
lagrimear *vi* **1** : to water (of eyes) **2** : to weep easily
laguna *nf* **1** : lagoon **2** : lacuna, gap
laicado *nm* : laity
laico¹, -ca *adj* : lay, secular
laico², -ca *n* : layman *m*, laywoman *f*

laja *nf* : slab
lama[1] *nf* : slime, ooze
lama[2] *nm* : lama
lamber *vt* : to lick
lamé *nm* : lamé
lamentable *adj* 1 : unfortunate, lamentable 2 : pitiful, sad
lamentablemente *adv* : unfortunately, regrettably
lamentación *nf, pl* **-ciones** : lamentation, groaning, moaning
lamentar *vt* 1 : to lament 2 : to regret ⟨lo lamento : I'm sorry⟩ — **lamentarse** *vr* : to grumble, to complain
lamento *nm* : lament, groan, cry
lamer *vt* 1 : to lick 2 : to lap against
lamida *nf* : lick
lámina *nf* 1 PLANCHA : sheet, plate 2 : plate, illustration
laminado[1], **-da** *adj* : laminated
laminado[2] *nm* : laminate
laminar *vt* : to laminate — **laminación** *nf*
lámpara *nf* : lamp
lampiño, -ña *adj* : hairless
lamprea *nf* : lamprey
lana *nf* 1 : wool ⟨lana de acero : steel wool⟩ 2 *Mex fam* : money, dough
lance[1], etc. → lanzar
lance[2] *nm* 1 INCIDENTE : event, incident 2 RIÑA : quarrel 3 : throw, cast (of a net, etc.) 4 : move, play (in a game), throw (of dice)
lancear *vt* : to spear
lanceta *nf* : lancet
lancha *nf* 1 : small boat, launch 2 **lancha motora** : motorboat, speedboat
langosta *nf* 1 : lobster 2 : locust
langostino *nm* : prawn, crayfish
languidecer {53} *vi* : to languish
languidez *nf, pl* **-deces** : languor, listlessness
lánguido, -da *adj* : languid, listless — **lánguidamente** *adv*
lanolina *nf* : lanolin
lanudo, -da *adj* : woolly
lanza *nf* : spear, lance
lanzadera *nf* 1 : shuttle (for weaving) 2 **lanzadera espacial** : space shuttle
lanzado, -da *adj* 1 : impulsive, brazen 2 : forward, determined ⟨ir lanzado : to hurtle along⟩
lanzador, -dora *n* : thrower, pitcher
lanzallamas *nms & pl* : flamethrower
lanzamiento *nm* 1 : throw 2 : pitch (in baseball) 3 : launching, launch
lanzar {21} *vt* 1 : to throw, to hurl 2 : to pitch 3 : to launch — **lanzarse** *vr* 1 : to throw oneself (at, into) 2 ~ **a** : to embark upon, to undertake
laosiano, -na *adj & n* : Laotian
lapicero *nm* 1 : mechanical pencil 2 *CA, Peru* : ballpoint pen
lápida *nf* : marker, tombstone
lapidar *vt* APEDREAR : to stone
lapidario, -ria *adj & n* : lapidary
lápiz *nm, pl* **lápices** 1 : pencil 2 **lápiz de labios** *or* **lápiz labial** : lipstick

lapón, -pona *adj & n, mpl* **lapones** : Lapp
lapso *nm* : lapse, space (of time)
lapsus *nms & pl* : error, slip
laptop *nm, pl* **laptops** : laptop
laquear *vt* : to lacquer, to varnish, to shellac
largamente *adv* 1 : at length, extensively 2 : easily, comfortably 3 : generously
largar {52} *vt* 1 SOLTAR : to let loose, to release 2 AFLOJAR : to loosen, to slacken 3 *fam* : to give, to hand over 4 *fam* : to hurl, to let fly (insults, etc.) — **largarse** *vr fam* : to scram, to beat it
largo[1], **-ga** *adj* 1 : long 2 **a lo largo** : lengthwise 3 **a lo largo de** : along 4 **a la larga** : in the long run
largo[2] *nm* : length ⟨tres metros de largo : three meters long⟩
largometraje *nm* : feature film
largue, etc. → largar
larguero *nm* : crossbeam
largueza *nf* : generosity, largesse
larguirucho, -cha *adj fam* : lanky
largura *nf* : length
laringe *nf* : larynx
laringitis *nfs & pl* : laryngitis
larva *nf* : larva — **larval** *adj*
las → el[2], los[1]
lasaña *nf* : lasagna
lasca *nf* : chip, chipping
lascivia *nf* : lasciviousness, lewdness
lascivo, -va *adj* : lascivious, lewd — **lascivamente** *adv*
láser *nm* : laser
lasitud *nf* : lassitude, weariness
laso, -sa *adj* : languid, weary
lástima *nf* 1 : compassion, pity 2 PENA : shame, pity ⟨qué lástima! : what a shame!⟩
lastimadura *nf* : injury, wound
lastimar *vt* 1 DAÑAR, HERIR : to hurt, to injure 2 AGRAVIAR : to offend — **lastimarse** *vr* : to hurt oneself
lastimero, -ra *adj* : pitiful, wretched
lastimoso, -sa *adj* 1 : shameful 2 : pitiful, terrible
lastrar *vt* 1 : to ballast 2 : to burden, to encumber
lastre *nm* 1 : burden 2 : ballast
lata *nf* 1 : tinplate 2 : tin can 3 *fam* : pest, bother, nuisance 4 **dar lata** *fam* : to bother, to annoy
latencia *nf* : latency
latente *adj* : latent
lateral[1] *adj* 1 : lateral, side 2 : indirect — **lateralmente** *adv*
lateral[2] *nm* : end piece, side
látex *nms & pl* : latex
latido *nm* : beat, throb ⟨latido del corazón : heartbeat⟩
latifundio *nm* : large estate
latigazo *nm* : lash (with a whip)
látigo *nm* AZOTE : whip
latín *nm* : Latin (language)
latino[1], **-na** *adj* 1 : Latin 2 *fam* : Latin-American

latino², -na n fam : Latin American

latinoamericano¹, -na adj HISPANO-AMERICANO : Latin American

latinoamericano, -na n : Latin American

latir vi 1 : to beat, to throb 2 latirle a uno Mex fam : to have a hunch ⟨me late que no va a venir : I have a feeling he's not going to come⟩

latitud nf 1 : latitude 2 : breadth

lato, -ta adj 1 : extended, lengthy 2 : broad (in meaning)

latón nm, pl latones : brass

latoso¹, -sa adj fam : annoying, bothersome

latoso², -sa n fam : pest, nuisance

latrocinio nm : larceny

laúd nm : lute

laudable adj : laudable, praiseworthy

laudo nm : findings, decision

laureado, -da adj & n : laureate

laurear vt : to award, to honor

laurel nm 1 : laurel 2 : bay leaf 3 dormirse en sus laureles : to rest on one's laurels

lava nf : lava

lavable adj : washable

lavabo nm 1 LAVAMANOS : sink, washbowl 2 : lavatory, toilet

lavadero nm : laundry room

lavado nm 1 : laundry, wash 2 : laundering ⟨lavado de dinero : money laundering⟩

lavadora nf : washing machine

lavamanos nms & pl LAVABO : sink, washbowl

lavanda nf ESPLIEGO : lavender

lavandería nf : laundry (service)

lavandero, -ra n : launderer, laundress f

lavaplatos nms & pl 1 : dishwasher 2 Chile, Col, Mex : kitchen sink

lavar vt 1 : to wash, to clean 2 : to launder (money) 3 lavar en seco : to dry-clean — lavarse vr 1 : to wash oneself 2 lavarse las manos de : to wash one's hands of

lavativa nf : enema

lavatorio nm : lavatory, washroom

lavavajillas nms & pl : dishwasher

laxante adj & nm : laxative

laxitud nf : laxity, slackness

laxo, -xa adj : lax, slack

lazada nf : bow, loop

lazar {21} vt : to rope, to lasso

lazo nm 1 VÍNCULO : link, bond 2 : bow, ribbon 3 : lasso, lariat

le pron 1 : to her, to him, to it ⟨¿qué le dijiste? : what did you tell him?⟩ 2 : from her, from him, from it ⟨el ladrón le robó la cartera : the thief stole his wallet⟩ 3 : for her, for him, for it ⟨cómprale flores a tu mamá : buy your mom some flowers⟩ 4 (formal) : to you, for you ⟨le traje un regalo : I brought you a gift⟩

leal adj : loyal, faithful — lealmente adv

lealtad nf : loyalty, allegiance

lebrel nm : hound

lección nf, pl lecciones : lesson

lechada nf 1 : whitewash 2 : grout

lechal adj : suckling, unweaned ⟨cordero lechal : suckling lamb⟩

leche nf 1 : milk ⟨leche en polvo : powdered milk⟩ ⟨leche de magnesia : milk of magnesia⟩ 2 : milky sap

lechera nf 1 : milk jug 2 : dairymaid f

lechería nf : dairy store

lechero¹, -ra adj : dairy

lechero², -ra n : milkman m, milk dealer

lecho nm : bed ⟨un lecho de rosas : a bed of roses⟩ ⟨lecho de muerte : deathbed⟩ 2 : riverbed 3 : layer, stratum (in geology)

lechón, -chona n, mpl lechones : suckling pig

lechoso, -sa adj : milky

lechuga nf : lettuce

lechuza nf BÚHO : owl, barn owl

lectivo, -va adj : school ⟨año lectivo : school year⟩

lector¹, -tora adj : reading ⟨nivel lector : reading level⟩

lector², -tora n : reader

lector³, -tora n : scanner, reader ⟨lector óptico : optical scanner⟩

lectura nf 1 : reading 2 : reading matter

leer {20} v : to read

legación nf, pl -ciones : legation

legado nm 1 : legacy, bequest 2 : legate, emissary

legajo nm : dossier, file

legal adj : legal, lawful — legalmente adv

legalidad nf : legality, lawfulness

legalista adj : legalistic

legalizar {21} vt : to legalize — legalización nf

legar {52} vt 1 : to bequeath, to hand down 2 DELEGAR : to delegate

legendario, -ria adj : legendary

legible adj : legible

legión nf, pl legiones : legion

legionario, -ria n : legionnaire

legislación nf 1 : legislation, lawmaking 2 : laws pl, legislation

legislador¹, -dora adj : legislative

legislador², -dora n : legislator

legislar vi : to legislate

legislativo, -va adj : legislative

legislatura nf 1 : legislature 2 : term of office

legitimar vt 1 : to legitimize 2 : to authenticate — legitimación nf

legitimidad nf : legitimacy

legítimo, -ma adj 1 : legitimate 2 : genuine, authentic — legítimamente adv

lego¹, -ga adj 1 : secular, lay 2 : uninformed, ignorant

lego², -ga n : layperson, layman m, laywoman f

legua nf 1 : league 2 notarse a leguas : to be very obvious ⟨se notaba a leguas : you could tell from a mile away⟩

legue, etc. → **legar**
legumbre nf **1** HORTALIZA : vegetable **2** : legume
leíble adj : readable
leída nf : reading, read ⟨de una leída : in one reading, at one go⟩
leído¹ pp → **leer**
leído², **-da** adj : well-read
lejanía nf : remoteness, distance
lejano, -na adj : remote, distant, far away
lejía nf **1** : lye **2** : bleach
lejos adv **1** : far away, distant ⟨a lejos : in the distance, far off⟩ ⟨desde lejos : from a distance⟩ **2** : long ago, a long way off ⟨está lejos de los 50 años : he's a long way from 50 years old⟩ **3 de ~** : by far ⟨esta decisión fue de lejos la más fácil : this decision was by far the easiest⟩ **4 ~ de** : far from ⟨lejos de ser reprobado, recibió una nota de B : far from failing, he got a B⟩
lelo, -la adj : silly, stupid
lema nm : motto, slogan
lencería nf : lingerie
lengua nf **1** : tongue ⟨morderse la lengua : to bite one's tongue⟩ **2** IDIOMA : language ⟨lengua materna : mother tongue, native language⟩ ⟨lengua muerta : dead language⟩
lenguado nm : sole, flounder
lenguaje nm **1** : language, speech **2 lenguaje gestual** or **lenguaje de gestos** : sign language **3 lenguaje de programación** : programming language
lengüeta nf **1** : tongue (of a shoe), tab, flap **2** : reed (of a musical instrument) **3** : barb, point
lengüetada nf **beber a lengüetadas** : to lap (up)
lenidad nf : leniency
lenitivo, -va adj : soothing
lente nmf **1** : lens ⟨lentes de contacto : contact lenses⟩ **2 lentes** nmpl ANTEOJOS : eyeglasses ⟨lentes de sol : sunglasses⟩
lenteja nf : lentil
lentejuela nf : sequin, spangle
lentitud nf : slowness
lento¹ adv DESPACIO : slowly
lento², **-ta** adj **1** : slow **2** : slow-witted, dull — **lentamente** adv
leña nf : wood, firewood
leñador, -dora n : lumberjack, wood-cutter
leñera nf : woodshed
leño nm : log
leñoso, -sa adj : woody
Leo nm : Leo
león, -ona n, mpl **leones 1** : lion, lioness f **3** (in various countries) : puma, cougar
leonado, -da adj : tawny
leonino, -na adj **1** : leonine **2** : one-sided, unfair
leopardo nm : leopard
leotardo nm MALLA : leotard, tights pl
leperada nf Mex : obscenity

lépero, -ra adj Mex : vulgar, coarse
lepra nf : leprosy
leproso¹, **-sa** adj : leprous
leproso², **-sa** n : leper
lerdo, -da adj **1** : clumsy **2** : dull, oafish, slow-witted
les pron **1** : to them ⟨dales una propina : give them a tip⟩ **2** : from them ⟨se les privó de su herencia : they were deprived of their inheritance⟩ **3** : for them ⟨les hice sus tareas : I did their homework for them⟩ **4** : to you pl, for you pl ⟨les compré un regalo : I bought you all a present⟩
lesbiana nf : lesbian — **lesbiano, -na** adj
lesbianismo nm : lesbianism
lesión nf, pl **lesiones** HERIDA : lesion, wound, injury ⟨una lesión grave : a serious injury⟩
lesionado, -da adj HERIDO : injured, wounded
lesionar vt : to injure, to wound — **lesionarse** vr : to hurt oneself
lesivo, -va adj : harmful, damaging
letal adj MORTÍFERO : deadly, lethal — **letalmente** adv
letanía nf **1** : litany **2** fam : spiel, song and dance
letárgico, -ca adj : lethargic
letargo nm : lethargy, torpor
letón¹, **-tona** adj & n, mpl **letones** : Latvian
letón² nm : Latvian (language)
letra nf **1** : letter **2** CALIGRAFÍA : handwriting, lettering **3** : lyrics pl **4 al pie de la letra** : word for word, by the book **5 letras** nfpl : arts (in education)
letrado¹, **-da** adj ERUDITO : learned, erudite
letrado², **-da** n : attorney-at-law, lawyer
letrero nm RÓTULO : sign, notice
letrina nf : latrine
letrista nmf : lyricist, songwriter
leucemia nf : leukemia
leva nf : cam
levadizo, -za adj **1** : liftable **2 puente levadizo** : drawbridge
levadura nf **1** : yeast, leavening **2 levadura en polvo** : baking powder
levantamiento nm **1** ALZAMIENTO : uprising **2** : raising, lifting ⟨levantamiento de pesas : weight lifting⟩
levantar vt **1** ALZAR : to lift, to raise **2** : to put up, to erect **3** : to call off, to adjourn **4** : to give rise to, to arouse ⟨levantar sospechas : to arouse suspicion⟩ — **levantarse** vr **1** : to rise, to stand up **2** : to get out of bed
levar vt **levar anclas** : to weigh anchor
leve adj **1** : light, slight **2** : trivial, unimportant — **levemente** adv
levedad nf : lightness
levemente adv LIGERAMENTE : lightly, softly
leviatán nm, pl **-tanes** : leviathan
léxico¹, **-ca** adj : lexical
léxico² nm : lexicon, glossary
lexicografía nf : lexicography

lexicográfico, -ca *adj* : lexicographical, lexicographic

lexicógrafo, -fa *n* : lexicographer

ley *nf* **1** : law ⟨fuera de la ley : outside the law⟩ ⟨la ley de gravedad : the law of gravity⟩ **2** : purity (of metals) ⟨oro de ley : pure gold⟩

leyenda *nf* **1** : legend **2** : caption, inscription

leyó, etc. → **leer**

liar {85} *vt* **1** ATAR : to bind, to tie (up) **2** : to roll (a cigarette) **3** : to confuse — **liarse** *vr* : to get mixed up

libanés, -nesa *adj & n, mpl* **-neses** : Lebanese

libar *vt* **1** : to suck (nectar) **2** : to sip, to swig (liquor, etc.)

libelo *nm* **1** : libel, lampoon **2** : petition (in court)

libélula *nf* : dragonfly

liberación *nf, pl* **-ciones** : liberation, deliverance ⟨liberación de la mujer : women's liberation⟩

liberado, -da *adj* **1** : liberated ⟨una mujer liberada : a liberated woman⟩ **2** : freed, delivered

liberal *adj & nmf* : liberal

liberalidad *nf* : generosity, liberality

liberalismo *nm* : liberalism

liberalizar {21} *vt* : to liberalize — **liberalización** *nf*

liberar *vt* : to liberate, to free — **liberarse** *vr* : to get free of

liberiano, -na *adj & n* : Liberian

libertad *nf* **1** : freedom, liberty ⟨tomarse la libertad de : to take the liberty of⟩ **2 libertad bajo fianza** : bail **3 libertad condicional** : parole

libertador¹, -dora *adj* : liberating

libertador², -dora *n* : liberator

libertar *vt* LIBRAR : to set free

libertario, -ria *adj & n* : libertarian

libertinaje *nm* : licentiousness, dissipation

libertino¹, -na *adj* : licentious, dissolute

libertino², -na *n* : libertine

libidinoso, -sa *adj* : lustful, lewd

libido *nf* : libido

libio, -bia *adj & n* : Libyan

libra *nf* **1** : pound **2 libra esterlina** : pound sterling

Libra *nmf* : Libra

libramiento *nm* **1** : liberating, freeing **2** LIBRANZA : order of payment **3** *Mex* : beltway

libranza *nf* : order of payment

librar *vt* **1** LIBERTAR : to deliver, to set free **2** : to wage ⟨librar batalla : to do battle⟩ **3** : to issue ⟨librar una orden : to issue an order⟩ — **librarse** *vr* ~ **de** : to free oneself from, to get out of

libre¹ *adj* **1** : free ⟨un país libre : a free country⟩ ⟨libre de : free from, exempt from⟩ ⟨libre albedrío : free will⟩ **2** DESOCUPADO : vacant **3 día libre** : day off

libre² *nm Mex* : taxi

librea *nf* : livery

librecambio *nm* : free trade

libremente *adv* : freely

librería *nf* : bookstore

librero¹, -ra *n* : bookseller

librero² *nm Mex* : bookcase

libresco, -ca *adj* : bookish

libreta *nf* CUADERNO : notebook

libretista *nmf* **1** : librettist **2** : scriptwriter

libreto *nm* : libretto, script

libro *nm* **1** : book ⟨libro de texto : textbook⟩ **2 libros** *nmpl* : books (in bookkeeping), accounts ⟨llevar los libros : to keep the books⟩

licencia *nf* **1** : permission **2** : leave, leave of absence **3** : permit, license ⟨licencia de conducir : driver's license⟩

licenciado, -da *n* **1** : university graduate **2** ABOGADO : lawyer

licenciar *vt* **1** : to license, to permit, to allow **2** : to discharge **3** : to grant a university degree to — **licenciarse** *vr* : to graduate

licenciatura *nf* **1** : college degree **2** : course of study (at a college or university)

licencioso, -sa *adj* : licentious, lewd

liceo *nm* : secondary school, high school

licitación *nf, pl* **-ciones** : bid, bidding

licitar *vt* : to bid on

lícito, -ta *adj* **1** : lawful, licit **2** JUSTO : just, fair

licor *nm* **1** : liquor **2** : liqueur

licorera *nf* : decanter

licuado *nm* BATIDO : milk shake

licuadora *nf* : blender

licuar {3} *vt* : to liquefy — **licuarse** *vr*

lid *nf* **1** : fight, combat **2** : argument, dispute **3 lides** *nfpl* : matters, affairs **4 en buena lid** : fair and square

líder¹ *adj* : leading, foremost

líder² *nmf* : leader

liderar *vt* DIRIGIR : to lead, to head

liderato *nm* : leadership, leading

liderazgo → **liderato**

lidiar *vt* : to fight — *vi* BATALLAR, LUCHAR : to struggle, to battle, to wrestle

liebre *nf* : hare

liendre *nf* : nit

lienzo *nm* **1** : linen **2** : canvas, painting **3** : stretch of wall or fencing

liga *nf* **1** ASOCIACIÓN : league **2** GOMITA : rubber band **3** : garter

ligado, -da *adj* : linked, connected

ligadura *nf* **1** ATADURA : tie, bond **2** : ligature

ligamento *nm* : ligament

ligar {52} *vt* : to bind, to tie (up)

ligeramente *adv* **1** : slightly **2** LEVEMENTE : lightly, gently **3** : casually, flippantly

ligereza *nf* **1** : lightness **2** : flippancy **3** : agility

ligero, -ra *adj* **1** : light, lightweight **2** : slight, minor **3** : agile, quick **4** : lighthearted, superficial

lignito *nm* : lignite

ligue, etc. → ligar
lija *nf or* **papel de lija** : sandpaper
lijar *vt* : to sand
lila[1] *adj* : lilac, light purple
lila[2] *nf* : lilac
lima *nf* **1** : lime (fruit) **2** : file ⟨lima de uñas : nail file⟩
limadora *nf* : polisher
limar *vt* **1** : to file **2** : to polish, to put the final touch on **3** : to smooth over ⟨limar las diferencias : to iron out differences⟩
limbo *nm* **1** : limbo **2** : limb (in botany and astronomy)
limeño[1], -ña *adj* : of or from Lima, Peru
limeño[2], -ña *n* : person from Lima, Peru
limero *nm* : lime tree
limitación *nf, pl* **-ciones 1** : limitation **2** : limit, restriction ⟨sin limitación : unlimited⟩
limitado, -da *adj* **1** RESTRINGIDO : limited **2** : dull, slow-witted
limitar *vt* RESTRINGIR : to limit, to restrict — *vi* ~ **con** : to border on — **limitarse** *vr* ~ **a** : to limit oneself to
límite *nm* **1** : boundary, border **2** : limit ⟨el límite de mi paciencia : the limit of my patience⟩ ⟨límite de velocidad : speed limit⟩ **3 fecha límite** : deadline
limítrofe *adj* LINDANTE, LINDERO : bordering, adjoining
limo *nm* : slime, mud
limón *nm, pl* **limones 1** : lemon **2** : lemon tree **3 limón verde** *Mex* : lime
limonada *nf* : lemonade
limosna *nf* : alms, charity
limosnear *vi* : to beg (for alms)
limosnero, -ra *n* MENDIGO : beggar
limoso, -sa *adj* : slimy
limpiabotas *nmfs & pl* : bootblack
limpiador[1], -dora *adj* : cleaning
limpiador[2], -dora *n* : cleaning person, cleaner
limpiamente *adv* : cleanly, honestly, fairly
limpiaparabrisas *nms & pl* : windshield wiper
limpiar *vt* **1** : to clean, to cleanse **2** : to clean up, to remove defects **3** *fam* : to clean out (in a game) **4** *fam* : to swipe, to pinch — *vi* : to clean — **limpiarse** *vr*
limpiavidrios *nmfs & pl Mex* : windshield wiper
límpido, -da *adj* : limpid
limpieza *nf* **1** : cleanliness, tidiness **2** : cleaning **3** HONRADEZ : integrity, honesty **4** DESTREZA : skill, dexterity
limpio[1] *adv* : fairly
limpio[2], -pia *adj* **1** : clean, neat **2** : honest ⟨un juego limpio : a fair game⟩ **3** : free ⟨limpio de impurezas : pure, free from impurities⟩ **4** : clear, net ⟨ganancia limpia : clear profit⟩
limusina *nf* : limousine
linaje *nm* ABOLENGO : lineage, ancestry
linaza *nf* : linseed
lince *nm* : lynx

linchamiento *nm* : lynching
linchar *vt* : to lynch
lindante *adj* LIMÍTROFE, LINDERO : bordering, adjoining
lindar *vi* **1** ~ **con** : to border, to skirt **2** ~ **con** BORDEAR : to border on, to verge on
linde *nmf* : boundary, limit
lindero[1], -ra *adj* LIMÍTROFE, LINDANTE : bordering, adjoining
lindero[2] *nm* : boundary, limit
lindeza *nf* **1** : prettiness **2** : clever remark **3 lindezas** *nfpl, (used ironically)* : insults
lindo[1] *adv* **1** : beautifully, wonderfully ⟨canta lindo tu mujer : your wife sings beautifully⟩ **2 de lo lindo** : a lot, a great deal ⟨los zancudos nos picaban de lo lindo : the mosquitoes were biting away at us⟩
lindo[2], -da *adj* **1** BONITO : pretty, lovely **2** MONO : cute
línea *nf* **1** : line ⟨línea divisoria : dividing line⟩ ⟨línea de banda : sideline⟩ **2** : line, course, position ⟨línea de conducta : course of action⟩ ⟨en líneas generales : in general terms, along general lines⟩ **3** : line, service ⟨línea aérea : airline⟩ ⟨línea telefónica : telephone line⟩
lineal *adj* : linear
linfa *nf* : lymph
linfático, -ca *adj* : lymphatic
lingote *nm* : ingot
lingüista *nmf* : linguist
lingüística *nf* : linguistics
lingüístico, -ca *adj* : linguistic
linimento *nm* : liniment
lino *nm* **1** : linen **2** : flax
linóleo *nm* : linoleum
linterna *nf* **1** : lantern **2** : flashlight
lío *nm fam* **1** : confusion, mess **2** : hassle, trouble, jam ⟨meterse en un lío : to get into a jam⟩ **3** : affair, liaison
liofilizar {21} *vt* : to freeze-dry
lioso, -sa *adj fam* **1** : confusing, muddled **2** : troublemaking
liquen *nm* : lichen
liquidación *nf, pl* **-ciones 1** : liquidation **2** : clearance sale **3** : settlement, payment
liquidar *vt* **1** : to liquefy **2** : to liquidate **3** : to settle, to pay off **4** *fam* : to rub out, to kill
liquidez *nf, pl* **-deces** : liquidity
líquido[1], -da *adj* **1** : liquid, fluid **2** : net ⟨ingresos líquidos : net income⟩
líquido[2] *nm* **1** : liquid, fluid ⟨líquido de frenos : brake fluid⟩ **2** : ready cash, liquid assets
lira *nf* : lyre
lírica *nf* : lyric poetry
lírico, -ca *adj* : lyric, lyrical
lirio *nm* **1** : iris **2 lirio de los valles** MUGUETE : lily of the valley
lirismo *nm* : lyricism
lirón *nm, pl* **lirones** : dormouse
lisiado[1], -da *adj* : disabled, crippled

lisiado², -da *n* : disabled person, cripple
lisiar *vt* : to cripple, to disable — **lisiarse** *vr*
liso, -sa *adj* **1** : smooth **2** : flat **3** : straight ⟨pelo liso : straight hair⟩ **4** : plain, unadorned ⟨liso y llano : plain and simple⟩
lisonja *nf* : flattery
lisonjear *vt* ADULAR : to flatter
lista *nf* **1** : list **2** : roster, roll ⟨pasar lista : to take attendance⟩ **3** : stripe, strip **4** : menu
listado¹, -da *adj* : striped
listado² *nm* : listing
listar *vt* : to list
listeza *nf* : smartness, alertness
listo, -ta *adj* **1** DISPUESTO, PREPARADO : ready ⟨¿estás listo? : are you ready?⟩ **2** : clever, smart
listón *nm, pl* **listones 1** : ribbon **2** : strip (of wood), lath **3** : high bar (in sports)
lisura *nf* : smoothness
litera *nf* : bunk bed, berth
literal *adj* : literal — **literalmente** *adv*
literario, -ria *adj* : literary
literato, -ta *n* : writer, author
literatura *nf* : literature
litigante *adj & nmf* : litigant
litigar {52} *vi* : to litigate, to be in litigation
litigio *nm* **1** : litigation, lawsuit **2 en ∼** : in dispute
litigioso, -sa *adj* : litigious
litio *nm* : lithium
litografía *nf* **1** : lithography **2** : lithograph
litógrafo, -fa *n* : lithographer
litoral¹ *adj* : coastal
litoral² *nm* : shore, seaboard
litosfera *nf* : lithosphere
litro *nm* : liter
lituano¹, -na *adj & n* : Lithuanian
lituano² *nm* : Lithuanian (language)
liturgia *nf* : liturgy
litúrgico, -ca *adj* : liturgical — **litúrgicamente** *adv*
liviandad *nf* LIGEREZA : lightness
liviano, -na *adj* **1** : light, slight **2** INCONSTANTE : fickle
lividez *nf* PALIDEZ : pallor
lívido, -da *adj* **1** AMORATADO : livid **2** PÁLIDO : pallid, extremely pale
living *nm* : living room
llaga *nf* : sore, wound
llama *nf* **1** : flame **2** : llama
llamada *nf* : call ⟨llamada a larga distancia : long-distance call⟩ ⟨llamada al orden : call to order⟩
llamado¹, -da *adj* : named, called ⟨una mujer llamada Rosa : a woman called Rosa⟩
llamado² → **llamamiento**
llamador *nm* : door knocker
llamamiento *nm* : call, appeal
llamar *vt* **1** : to name, to call **2** : to call, to summon **3** : to phone, to call up — **llamarse** *vr* : to be called, to be named ⟨¿cómo te llamas? : what's your name?⟩

llamarada *nf* **1** : flare-up, sudden blaze **2** : flushing (of the face)
llamativo, -va *adj* : flashy, showy, striking
llameante *adj* : flaming, blazing
llamear *vi* : to flame, to blaze
llana *nf* **1** : trowel **2** → **llano²**
llanamente *adv* : simply, plainly, straightforwardly
llaneza *nf* : simplicity, naturalness
llano, -na *adj* **1** : even, flat **2** : frank, open **3** LISO : plain, simple
llano² *nm* : plain
llanta *nf* **1** NEUMÁTICO : tire **2** : rim
llantén *nm, pl* **llantenes** : plantain (weed)
llanto *nm* : crying, weeping
llanura *nf* : plain, prairie
llave *nf* **1** : key **2** : faucet **3** INTERRUPTOR : switch **4** : brace (punctuation mark) **5 llave inglesa** : monkey wrench
llavero *nm* : key chain, key ring
llegada *nf* : arrival
llegar {52} *vi* **1** : to arrive, to come **2 ∼ a** : to arrive at, to reach, to amount to **3 ∼ a** : to manage to ⟨llegó a terminar la novela : she managed to finish the novel⟩ **4 llegar a ser** : to become ⟨llegó a ser un miembro permanente : he became a permanent member⟩
llegue, etc. → **llegar**
llenar *vt* **1** : to fill, to fill up, to fill in **2** : to meet, to fulfill ⟨los regalos no llenaron sus expectativas : the gifts did not meet her expectations⟩ — **llenarse** *vr* : to fill up, to become full
llenito, -ta *adj fam* REGORDETE : chubby, plump
lleno¹, -na *adj* **1** : full, filled **2 de ∼** : completely, fully **3 estar lleno de sí mismo** : to be full of oneself
lleno² *nm fam* **1** : plenty, abundance **2** : full house, sellout
llevadero, -ra *adj* : bearable
llevar *vt* **1** : to take away, to carry ⟨me gusta, me lo llevo : I like it, I'll take it⟩ **2** : to wear **3** : to take, to lead ⟨llevamos a Pedro al cine : we took Pedro to the movies⟩ **4 llevar a cabo** : to carry out **5 llevar adelante** : to carry on, to keep going — *vi* : to lead ⟨un problema lleva al otro : one problem leads to another⟩ — *v aux* : to have ⟨llevo mucho tiempo buscándolo : I've been looking for it for a long time⟩ ⟨lleva leído medio libro : he's halfway through the book⟩ — **llevarse** *vr* **1** : to take away, to carry off **2** : to get along ⟨siempre nos llevábamos bien : we always got along well⟩
llorar *vi* : to cry, to weep — *vt* : to mourn, to bewail
lloriquear *vi* : to whimper, to whine
lloriqueo *nm* : whimpering, whining
llorón, -rona *n, mpl* **llorones** : crybaby, whiner
lloroso, -sa *adj* : tearful, sad

llovedizo, -za adj : rain ⟨agua llovediza : rainwater⟩

llover {47} v impers : to rain ⟨está lloviendo : it's raining⟩ ⟨llover a cántaros : to rain cats and dogs⟩ — vi : to rain down, to shower ⟨le llovieron regalos : he was showered with gifts⟩

llovizna nf : drizzle, sprinkle

lloviznar v impers : to drizzle, tô sprinkle

llueve, etc. → llover

lluvia nf 1 : rain, rainfall 2 : barrage, shower

lluvioso, -sa adj : rainy

lo¹ pron 1 : him, it ⟨lo vi ayer : I saw him yesterday⟩ ⟨lo entiendo : I understand it⟩ ⟨no lo creo : I don't believe so⟩ 2 (formal, masculine) : you ⟨disculpe, señor, no lo oí : excuse me sir, I didn't hear you⟩ 3 lo que : what, that which ⟨eso es lo que más le gusta : that's what he likes the most⟩

lo² art 1 : the ⟨lo mejor : the best, the best thing⟩ 2 : how ⟨sé lo bueno que eres : I know how good you are⟩

loa nf : praise

loable adj : laudable, praiseworthy — **loablemente** adv

loar vt : to praise, to laud

lobato, -ta n : wolf cub

lobby nm : lobby, pressure group

lobo, -ba n : wolf

lóbrego, -ga adj SOMBRÍO : gloomy, dark

lobulado, -da adj : lobed

lóbulo nm : lobe ⟨lóbulo de la oreja : earlobe⟩

locación nf, pl -ciones 1 : location (in moviemaking) 2 Mex : place

local¹ adj : local — **localmente** adv

local² nm : premises pl

localidad nf : town, locality

localización nf, pl -ciones 1 : locating, localization 2 : location

localizar {21} vt 1 UBICAR : to locate, to find 2 : to localize — **localizarse** vr UBICARSE : to be located ⟨se localiza en el séptimo piso : it is located on the seventh floor⟩

locatario, -ria n : tenant

loción nf, pl lociones : lotion

lócker nm, pl lóckers : locker

loco, -ca adj 1 DEMENTE : crazy, insane, mad 2 a lo loco : wildly, recklessly 3 volverse loco : to go mad

loco²,-ca n 1 : crazy person, lunatic 2 hacerse el loco : to act the fool

locomoción nf, pl -ciones : locomotion

locomotor, -tora adj : locomotive

locomotora nf 1 : locomotive 2 : driving force

locuacidad nf : loquacity, talkativeness

locuaz adj, pl locuaces : loquacious, talkative

locución nf, pl -ciones : locution, phrase ⟨locución adverbial : adverbial phrase⟩

locura nf 1 : insanity, madness 2 : crazy thing, folly

locutor, -tora n : announcer

lodazal nm : bog, quagmire

lodo nm BARRO : mud, mire

lodoso, -sa adj : muddy

logaritmo nm : logarithm

logia nf : lodge ⟨logia masónica : Masonic lodge⟩

lógica nf : logic

lógico, -ca adj : logical — **lógicamente** adv

logística nf : logistics pl

logístico, -ca adj : logistic, logistical

logo → logotipo

logotipo nm : logo

logo nm : logo

logrado, -da adj : successful, well done

lograr vt 1 : to get, to obtain 2 : to achieve, to attain — **lograrse** vr : to be successful

logro nm : achievement, attainment

loma nf : hill, hillock

lombriz nf, pl lombrices : worm ⟨lombriz de tierra : earthworm, night crawler⟩ ⟨lombriz solitaria : tapeworm⟩ ⟨tener lombrices : to have worms⟩

lomo nm 1 : back (of an animal) 2 : loin ⟨lomo de cerdo : pork loin⟩ 3 : spine (of a book) 4 : blunt edge (of a knife)

lona nf : canvas

loncha nf LONJA, REBANADA : slice

lonche nm 1 ALMUERZO : lunch 2 Mex : submarine sandwich

lonchería nf Mex : luncheonette

londinense¹ adj : of or from London

londinense² nmf : Londoner

longaniza nf : spicy pork sausage

longevidad nf : longevity

longevo, -va adj : long-lived

longitud nf 1 LARGO : length ⟨longitud de onda : wavelength⟩ 2 : longitude

longitudinal adj : longitudinal

lonja nf LONCHA, REBANADA : slice

lontananza nf : background ⟨en lontananza : in the distance, far away⟩

lord nm, pl lores (title in England) : lord

loro nm : parrot

los¹, las pron 1 : them ⟨hice galletas y se las di a los nuevos vecinos : I made cookies and gave them to the new neighbors⟩ 2 : you ⟨voy a llevarlos a los dos : I am going to take both of you⟩ 3 los que, las que : those, who, the ones ⟨los que van a cantar deben venir temprano : those who are singing must come early⟩ 4 (used with haber) ⟨los hay en varios colores : they come in various colors⟩

los² art → el²

losa nf : flagstone, paving stone

loseta nf BALDOSA : floor tile

lote nm 1 : part, share 2 : batch, lot 3 : plot of land, lot

lotería nf : lottery

loto nm : lotus

loza nf 1 : crockery, earthenware 2 : china

lozanía nf 1 : healthiness, robustness 2 : luxuriance, lushness

lozano, -na *adj* **1** : robust, healthy-looking ⟨un rostro lozano : a smooth, fresh face⟩ **2** : lush, luxuriant

LSD *nm* : LSD

lubricante¹ *adj* : lubricating

lubricante² *nm* : lubricant

lubricar {72} *vt* : to lubricate, to oil — **lubricación** *nf*

lucero *nm* : bright star ⟨lucero del alba : morning star⟩

lucha *nf* **1** : struggle, fight **2** : wrestling

luchador, -dora *n* **1** : fighter **2** : wrestler

luchar *vi* **1** : to fight, to struggle **2** : to wrestle

luchón, -chona *adj, mpl* **luchones** *Mex* : industrious, hardworking

lucidez *nf, pl* **-deces** : lucidity, clarity

lucido, -da *adj* MAGNÍFICO : magnificent, splendid

lúcido, -da *adj* : lucid

luciérnaga *nf* : firefly, glowworm

lucimiento *nm* **1** : brilliance, splendor, sparkle **2** : triumph, success ⟨salir con lucimiento : to succeed with flying colors⟩

lucio *nm* : pike (fish)

lucir {45} *vi* **1** : to shine **2** : to look good, to stand out **3** : to seem, to appear ⟨ahora luce contento : he looks happy now⟩ — *vt* **1** : to wear, to sport **2** : to flaunt, to show off — **lucirse** *vr* **1** : to distinguish oneself, to excel **2** : to show off

lucrarse *vr* : to make a profit

lucrativo, -va *adj* : lucrative, profitable — **lucrativamente** *adv*

lucro *nm* GANANCIA : profit, gain

luctuoso, -sa *adj* : mournful, tragic

luego¹ *adv* **1** DESPUÉS : then, afterwards **2** : later (on) **3** desde ~ : of course **4** ¡hasta luego! : see you later! **5** luego que : as soon as **6** luego luego *Mex fam* : right away, immediately

luego² *conj* : therefore ⟨pienso, luego existo : I think, therefore I am⟩

lugar *nm* **1** : place, position ⟨se llevó el primer lugar en su división : she took first place in her division⟩ **2** ESPACIO : space, room **3** dar lugar a : to give rise to, to lead to **4** en lugar de : instead of **5** lugar común : cliché, platitude **6** tener lugar : to take place

lugareño¹, -ña *adj* : village, rural

lugareño², -ña *n* : villager

lugarteniente *nmf* : lieutenant, deputy

lúgubre *adj* : gloomy, lugubrious

lujo *nm* **1** : luxury **2** de ~ : deluxe

lujoso, -sa *adj* : luxurious

lujuria *nf* : lust, lechery

lujurioso, -sa *adj* : lustful, lecherous

lumbago *nm* : lumbago

lumbar *adj* : lumbar

lumbre *nf* **1** FUEGO : fire **2** : brilliance, splendor **3** poner en la lumbre : to put on the stove, to warm up

lumbrera *nf* **1** : skylight **2** : vent, port **3** : brilliant person, luminary

luminaria *nf* **1** : altar lamp **2** LUMBRERA : luminary, celebrity

luminiscencia *nf* : luminescence — **luminiscente** *adj*

luminosidad *nf* : luminosity, brightness

luminoso, -sa *adj* : shining, luminous

luna *nf* **1** : moon **2** luna de miel : honeymoon

lunar¹ *adj* : lunar

lunar² *nm* **1** : mole, beauty spot **2** : defect, blemish **3** : polka dot

lunático, -ca *adj & n* : lunatic

lunes *nms & pl* : Monday

luneta *nf* **1** : lens (of eyeglasses) **2** : windshield (of an automobile) **3** : crescent

lupa *nf* : magnifying glass

lúpulo *nm* : hops (plant)

lustrar *vt* : to shine, to polish

lustre *nm* **1** BRILLO : luster, shine **2** : glory, distinction

lustroso, -sa *adj* BRILLOSO : lustrous, shiny

luto *nm* : mourning ⟨estar de luto : to be in mourning⟩

luz *nf, pl* **luces 1** : light **2** : lighting **3** *fam* : electricity **4** : window, opening **5** : light, lamp **6** : span, spread (between supports) **7** a la luz de : in light of **8** dar a luz : to give birth **9** traje de luces : matador's costume

luzca, etc. → lucir

M

m *nf* : thirteenth letter of the Spanish alphabet

macabro, -bra *adj* : macabre

macaco¹, -ca *adj* : ugly, misshapen

macaco², -ca *n* : macaque

macadán *nm, pl* **-danes** : macadam

macana *nf* **1** : club, cudgel **2** *fam* : nonsense, silliness **3** *fam* : lie, fib

macanudo, -da *adj fam* : great, fantastic

macarrón *nm, pl* **-rrones** : macaroon **2** macarrones *nmpl* : macaroni

maceta *nf* **1** : flowerpot **2** : mallet **3** *Mex fam* : head

macetero *nm* **1** : plant stand **2** TIESTO : flowerpot, planter

machacar {72} *vt* **1** : to crush, to grind **2** : to beat, to pound — *vi* : to insist, to go on (about)

machacón, -cona *adj, mpl* **-cones** : insistent, tiresome

machete *nm* : machete

machetear *vt* : to hack with a machete — *vi Mex fam* : to plod, to work tirelessly

machismo *nm* **1** : machismo **2** : male chauvinism

machista *nmi* : male chauvinist

macho[1] *adj* **1** : male **2** : macho, virile, tough

macho[2] *nm* **1** : male **2** : he-man

machote *nm* **1** *fam* : tough guy, he-man **2** *CA, Mex* : rough draft, model **3** *Mex* : blank form

machucar {72} *vt* **1** : to pound, to beat, to crush **2** : to bruise

machucón *nm, pl* **-cones 1** MORETÓN : bruise **2** : smashing, pounding

macilento, -ta *adj* : gaunt, wan

macis *nm* : mace (spice)

macizo, -za *adj* **1** : solid ⟨oro macizo : solid gold⟩ **2** : strong, strapping **3** : massive

macrocosmo *nm* : macrocosm

mácula *nf* : blemish, stain

madeja *nf* **1** : skein, hank **2** : tangle (of hair)

madera *nf* **1** : wood **2** : lumber, timber **3** madera dura *or* madera noble : hardwood

maderero, -ra *adj* : timber, lumber

madero *nm* : piece of lumber, plank

madrastra *nf* : stepmother

madrazo *nm Mex fam* : punch, blow ⟨se agarraron a madrazos : they beat each other up⟩

madre *nf* **1** : mother **2** madre política : mother-in-law **3** la Madre Patria : the mother country (said of Spain)

madrear *vt Mex fam* : to beat up

madreperla *nf* NÁCAR : mother-of-pearl

madreselva *nf* : honeysuckle

madriguera *nf* : burrow, den, lair

madrileño[1], **-ña** *adj* : of or from Madrid

madrileño[2], **-ña** *n* : person from Madrid

madrina *nf* **1** : godmother **2** : bridesmaid **3** : sponsor

madrugada *nf* **1** : early morning, wee hours **2** ALBA : dawn, daybreak

madrugador, -dora *n* : early riser

madrugar {52} *vi* **1** : to get up early **2** : to get a head start

madurar *v* **1** : to ripen **2** : to mature

madurez *nf, pl* **-reces 1** : maturity **2** : ripeness

maduro, -ra *adj* **1** : mature **2** : ripe

maestría *nf* **1** : mastery, skill **2** : master's degree

maestro[1], **-tra** *adj* **1** : masterly, skilled **2** : chief, main **3** : trained ⟨un elefante maestro : a trained elephant⟩

maestro[2], **-tra** *n* **1** : teacher (in grammar school) **2** : expert, master **3** : maestro

Mafia *nf* : Mafia

mafioso, -sa *n* : mafioso, gangster

magdalena *nf* : bun, muffin

magenta *adj & n* : magenta

magia *nf* : magic

mágico, -ca *adj* : magic, magical — **mágicamente** *adv*

magisterio *nm* **1** : teaching **2** : teachers *pl*, teaching profession

magistrado, -da *n* : magistrate, judge

magistral *adj* **1** : masterful, skillful **2** : magisterial

magistralmente *adv* : masterfully, brilliantly

magistratura *nf* : judgeship, magistracy

magma *nm* : magma

magnanimidad *nf* : magnanimity

magnánimo, -ma *adj* GENEROSO : magnanimous — **magnánimamente** *adv*

magnate *nmf* : magnate, tycoon

magnesia *nf* : magnesia

magnesio *nm* : magnesium

magnético, -ca *adj* : magnetic

magnetismo *nm* : magnetism

magnetizar {21} *vt* : to magnetize

magnetófono *nm* : tape recorder

magnetofónico, -ca *adj* cinta magnetofónica : magnetic tape

magnificar {72} *vt* **1** : to magnify **2** EXAGERAR : to exaggerate **3** ENSALZAR : to exalt, to extol, to praise highly

magnificencia *nf* : magnificence, splendor

magnífico, -ca *adj* ESPLENDOROSO : magnificent, splendid — **magníficamente** *adv*

magnitud *nf* : magnitude

magnolia *nf* : magnolia (flower)

magnolio *nm* : magnolia (tree)

mago, -ga *n* **1** : magician **2** : wizard (in folk tales, etc.) **3** los Reyes Magos : the Magi

magro, -gra *adj* **1** : lean (of meat) **2** : meager

maguey *nm* : maguey

magulladura *nf* MORETÓN : bruise

magullar *vt* : to bruise — **magullarse** *vr*

mahometano[1], **-na** *adj* ISLÁMICO : Islamic, Muslim

mahometano[2], **-na** *n* : Muslim

mahonesa → mayonesa

maicena *nf* : cornstarch

mainframe [ˈmeɪnˌfreɪm] *nm* : mainframe

maíz *nm* : corn, maize

maizal *nm* : cornfield

maja *nf* : pestle

majadería *nf* **1** TONTERÍA : stupidity, foolishness **2** *Mex* LEPERADA : insult, obscenity

majadero[1], **-ra** *adj* **1** : foolish, silly **2** *Mex* LÉPERO : crude, vulgar

majadero[2], **-ra** *n* **1** TONTO : fool **2** *Mex* : rude person, boor

majar *vt* : to crush, to mash

majestad *nf* : majesty ⟨Su Majestad : Your Majesty⟩

majestuosamente *adv* : majestically

majestuosidad *nf* : majesty, grandeur

majestuoso, -sa *adj* : majestic, stately

majo, -ja *adj Spain* **1** : nice, likeable **2** GUAPO : attractive, good-looking

mal[1] *adv* **1** : badly, poorly ⟨baila muy mal : he dances very badly⟩ **2** : wrong, incorrectly ⟨me entendió mal : she misunderstood me⟩ **3** : with difficulty, hardly ⟨mal puedo oírte : I can hardly hear you⟩ **4** de mal en peor : from bad to worse **5** menos mal : it could have been worse

mal² *adj* → malo
mal³ *nm* **1** : evil, wrong **2** DAÑO : harm, damage **3** DESGRACIA : misfortune **4** ENFERMEDAD : illness, sickness
malabar *adj* **juegos malabares** : juggling
malabarista *nmf* : juggler
malaconsejado, -da *adj* : ill-advised
malacostumbrado, -da *adj* CONSENTIDO : spoiled, pampered
malacostumbrar *vt* : to spoil
malagradecido, -da *adj* INGRATO : ungrateful
malaisio → malasio
malaquita *nf* : malachite
malaria *nf* PALUDISMO : malaria
malasio, -sia *adj & n* : Malaysian
malauiano, -na *adj & n* : Malawian
malaventura *nf* : misadventure, misfortune
malaventurado, -da *adj* MALHADADO : ill-fated, unfortunate
malayo, -ya *adj & n* : Malay, Malayan
malbaratar *vt* **1** MALGASTAR : to squander **2** : to undersell
malcriado¹, -da *adj* **1** : ill-bred, ill-mannered **2** : spoiled, pampered
malcriado², -da *n* : spoiled brat
maldad *nf* **1** : evil, wickedness **2** : evil deed
maldecir {11} *vt* : to curse, to damn — *vi* **1** : to curse, to swear **2** ~ **de** : to speak ill of, to slander, to defame
maldición *nf, pl* **-ciones** : curse
maldiga, maldijo etc. → maldecir
maldito, -ta *adj* **1** : cursed, damned ⟨¡maldita sea! : damn it all!⟩ **2** : wicked
maldoso, -sa *adj Mex* : mischievous
maleable *adj* : malleable
maleante *nmf* : crook, thug
malecón *nm, pl* **-cones** : jetty, breakwater
maleducado, -da *adj* : ill-mannered, rude
maleficio *nm* : curse, hex
maléfico, -ca *adj* : evil, harmful
malentender {56} *vt* : to misunderstand
malentendido *nm* : misunderstanding
malestar *nm* **1** : discomfort **2** IRRITACIÓN : annoyance **3** INQUIETUD : uneasiness, unrest
maleta *nf* : suitcase, bag ⟨haz tus maletas : pack your bags⟩
maletero¹, -ra *n* : porter
maletero² *nm* : trunk (of an automobile)
maletín *nm, pl* **-tines** **1** PORTAFOLIO : briefcase **2** : overnight bag, satchel
malevolencia *nf* : malevolence, wickedness
malévolo, -la *adj* : malevolent, wicked
maleza *nf* **1** : thicket, underbrush **2** : weeds *pl*
malformación *nf, pl* **-ciones** : malformation
malgache *adj & nmf* : Madagascan
malgastar *vt* : to squander (resources), to waste (time, effort)
malhablado, -da *adj* : foul-mouthed

malhadado, -da *adj* MALAVENTURADO : ill-fated
malhechor, -chora *n* : criminal, delinquent, wrongdoer
malherir {76} *vt* : to injure seriously
malhumor *nm* : bad mood, sullenness
malhumorado, -da *adj* : bad-tempered, cross
malicia *nf* **1** : wickedness, malice **2** : mischief, naughtiness **3** : cunning, craftiness
malicioso, -sa *adj* **1** : malicious **2** PÍCARO : mischievous
malignidad *nf* **1** : malignancy **2** MALDAD : evil
maligno, -na *adj* **1** : malignant ⟨un tumor maligno : a malignant tumor⟩ **2** : evil, harmful, malign
malinchismo *nm Mex* : preference for foreign goods or people — **malinchista** *adj*
malintencionado, -da *adj* : malicious, spiteful
malinterpretar *vt* : to misinterpret
malla *nf* **1** : mesh **2** LEOTARDO : leotard, tights *pl* **3 malla de baño** : bathing suit
mallorquín, -quina *adj & n* : Majorcan
malnutrición *nf, pl* **-ciones** DESNUTRICIÓN : malnutrition
malnutrido, -da *adj* DESNUTRIDO : malnourished, undernourished
malo¹, -la *adj* (mal *before masculine singular nouns*) **1** : bad ⟨mala suerte : bad luck⟩ **2** : wicked, naughty **3** : cheap, poor (quality) **4** : harmful ⟨malo para la salud : bad for one's health⟩ **5** (*using the form* mal) : unwell ⟨estar mal del corazón : to have heart trouble⟩ **6 estar de malas** : to be in a bad mood
malo², -la *n* : villain, bad guy (in novels, movies, etc.)
malogrado, -da *adj* : failed, unsuccessful
malograr *vt* **1** : to spoil, to ruin **2** : to waste (an opportunity, time) — **malograrse** *vr* **1** FRACASAR : to fail **2** : to die young
malogro *nm* **1** : untimely death **2** FRACASO : failure
maloliente *adj* HEDIONDO : foul-smelling, smelly
malparado, -da *adj* **salir malparado** *or* **quedar malparado** : to come out of (something) badly, to end up in a bad state
malpensado, -da *adj* : distrustful, suspicious, nasty-minded
malquerencia *nf* AVERSIÓN : ill will, dislike
malquerer {64} *vt* : to dislike
malquiso, etc. → malquerer
malsano, -na *adj* : unhealthy
malsonante *adj* : rude, offensive ⟨palabras malsonantes : foul language⟩
malta *nf* : malt
malteada *nf* : malted milk ⟨malteada de chocolate : chocolate malt⟩

maltés, -tesa *adj & n, mpl* **malteses** : Maltese

maltratar *vt* **1** : to mistreat, to abuse **2** : to damage, to spoil

maltrato *nm* : mistreatment, abuse

maltrecho, -cha *adj* : battered, damaged

malucho, -cha *adj fam* : sick, under the weather

malva *adj & nm* : mauve

malvado¹, -da *adj* : evil, wicked

malvado², -da *n* : evildoer, wicked person

malvavisco *nm* : marshmallow

malvender *vt* : to sell at a loss

malversación *nf, pl* **-ciones** : misappropriation (of funds), embezzlement

malversador, -dora *n* : embezzler

malversar *vt* : to embezzle

malvivir *vi* : to live badly, to just scrape by

mamá *nf fam* : mom, mama

mamar *vi* **1** : to suckle **2 darle de mamar a** : to breast-feed — *vt* · **1** : to suckle, to nurse **2** : to learn from childhood, to grow up with — **mamarse** *vr fam* : to get drunk

mamario, -ria *adj* : mammary

mamarracho *nm fam* **1** ESPERPENTO : mess, sight **2** : laughingstock, fool **3** : rubbish, junk

mambo *nm* : mambo

mami *nf fam* : mommy

mamífero¹, -ra *adj* : mammalian

mamífero² *nm* : mammal

mamila *nf* **1** : nipple **2** *Mex* : baby bottle, pacifier

mamografía *nf* : mammogram

mamola *nf* : pat, chuck under the chin

mamotreto *nm fam* **1** : huge book, tome **2** ARMATOSTE : hulk, monstrosity

mampara *nf* BIOMBO : screen, room divider

mamparo *nm* : bulkhead

mampostería *nf* : masonry, stonemasonry

mampostero *nm* : mason, stonemason

mamut *nm, pl* **mamuts** : mammoth

maná *nm* : manna

manada *nf* **1** : flock, herd, pack **2** *fam* : horde, mob ⟨llegaron en manada : they came in droves⟩

manantial *nm* **1** FUENTE : spring **2** : source

manar *vi* **1** : to flow **2** : to abound

manatí *nm* : manatee

mancha *nf* **1** : stain, spot, mark ⟨mancha de sangre : bloodstain⟩ **2** : blemish, blot ⟨una mancha en su reputación : a blemish on his reputation⟩ **3** : patch

manchado, -da *adj* : stained

manchar *vt* **1** ENSUCIAR : to stain, to soil **2** DESHONRAR : to sully, to tarnish — **mancharse** *vr* : to get dirty

mancillar *vt* : to sully, to besmirch

manco, -ca *adj* : one-armed, one-handed

mancomunar *vt* : to combine, to pool — **mancomunarse** *vr* : to unite, to join together

mancomunidad *nf* **1** : commonwealth **2** : association, confederation

mancuernas *nfpl* : cuff links

mancuernillas *nf Mex* : cuff links

mandadero, -ra *n* : errand boy *m*, errand girl *f*, messenger

mandado *nm* **1** : order, command **2** : errand ⟨hacer los mandados : to run errands, to go shopping⟩

mandamás *nmf, pl* **-mases** *fam* : boss, bigwig, honcho

mandamiento *nm* **1** : commandment **2** : command, order, warrant ⟨mandamiento judicial : warrant, court order⟩

mandar *vt* **1** ORDENAR : to command, to order **2** ENVIAR : to send ⟨te manda saludos : he sends you his regards⟩ **3** ECHAR : to hurl, to throw **4 ¿mande?** *Mex* : yes?, pardon? — *vi* **1** : to be the boss, to be in charge — **mandarse** *vr Mex* : to take liberties, to take advantage

mandarín *nm* : Mandarin

mandarina *nf* : mandarin orange, tangerine

mandatario, -ria *n* **1** : leader (in politics) ⟨primer mandatario : head of state⟩ **2** : agent (in law)

mandato *nm* **1** : term of office **2** : mandate

mandíbula *nf* **1** : jaw **2** : mandible

mandil *nm* **1** DELANTAL : apron **2** : horse blanket

mandilón *nm, pl* **-lones** *fam* : wimp, coward

mandioca *nf* **1** : manioc, cassava **2** : tapioca

mando *nm* **1** : command, leadership **2** : control (for a device) ⟨mando a distancia : remote control⟩ **3 al mando de** : in charge of **4 al mando de** : under the command of

mandolina *nf* : mandolin

mandón, -dona *adj, mpl* **mandones** : bossy, domineering

mandonear *vt fam* MANGONEAR : to boss around

mandrágora *nf* : mandrake

manecilla *nf* : hand (of a clock), pointer

manejable *adj* **1** : manageable **2** : docile, easily led

manejar *vt* **1** CONDUCIR : to drive (a car) **2** OPERAR : to handle, to operate **3** : to manage **4** : to manipulate (a person) — *vi* : to drive — **manejarse** *vr* **1** COMPORTARSE : to behave **2** : to get along, to manage

manejo *nm* **1** : handling, operation **2** : management

manera *nf* **1** MODO : way, manner, fashion **2 de cualquier manera** *or* **de todas maneras** : anyway, anyhow **3 de manera que** : so, in order that **4 de ninguna manera** : by no means, absolutely not **5 manera de ser** : personality, demeanor

manga *nf* 1 : sleeve 2 MANGUERA : hose
manganeso *nm* : manganese
mangle *nm* : mangrove
mango *nm* 1 : hilt, handle 2 : mango
mangonear *vi fam* : to boss around, to bully — *vi* 1 : to be bossy 2 : to loaf, to fool around
mangosta *nf* : mongoose
manguera *nf* : hose
manguito *nm* 1 : muff 2 : sleeve (of a pipe, etc.), hose (of a car)
maní *nm, pl* **maníes** : peanut
manía *nf* 1 OBSESIÓN : mania, obsession 2 : craze, fad 3 : odd habit, peculiarity 4 : dislike, aversion
maníaco[1], **-ca** *adj* : maniacal
maníaco[2], **-ca** *n* : maniac
maniatar *vt* : to tie the hands of, to manacle
maniático[1], **-ca** *adj* 1 MANÍACO : maniacal 2 : obsessive 3 : fussy, finicky
maniático[2], **-ca** *n* 1 MANÍACO : maniac, lunatic 2 : obsessive person, fanatic 3 : eccentric, crank
manicomio *nm* : insane asylum, madhouse
manicura *nf* : manicure
manicuro, -ra *n* : manicurist
manido, -da *adj* : hackneyed, stale, trite
manifestación *nf, pl* **-ciones** 1 : manifestation, sign 2 : demonstration, rally
manifestante *nmf* : demonstrator
manifestar {55} *vt* 1 : to demonstrate, to show 2 : to declare — **manifestarse** *vr* 1 : to be or become evident 2 : to state one's position ⟨se han manifestado a favor del acuerdo : they have declared their support for the agreement⟩ 3 : to demonstrate, to rally
manifiesto[1], **-ta** *adj* : manifest, evident, clear — **manifiestamente** *adv*
manifiesto[2] *nm* : manifesto
manija *nf* MANGO : handle
manilla → **manecilla**
manillar *nm* : handlebars *pl*
maniobra *nf* : maneuver, stratagem
maniobrar *v* : to maneuver
manipulación *nf, pl* **-ciones** : manipulation
manipulador[1], **-dora** *adj* : manipulating, manipulative
manipulador[2], **-dora** *n* : manipulator
manipular *vt* 1 : to manipulate 2 MANEJAR : to handle
maniquí[1] *nmf, pl* **-quíes** : mannequin, model
maniquí[2] *nm, pl* **-quíes** : mannequin, dummy
manirroto[1], **-ta** *adj* : extravagant
manirroto[2], **-ta** *n* : spendthrift
manivela *nf* : crank
manjar *nm* : delicacy, special dish
mano[1] *nf* 1 : hand 2 : coat (of paint or varnish) 3 a ∼ : by hand 4 a ∼ *or* a la mano : handy, at hand, nearby 5 **darse la mano** : to shake hands 6 **de la mano** : hand in hand ⟨la política y la economía van de la mano : politics

and economics go hand in hand⟩ 7 **de primera mano** : firsthand, at firsthand 8 **de segunda mano** : secondhand ⟨ropa de segunda mano : secondhand clothing⟩ 9 **mano a mano** : one-on-one 10 **mano de obra** : labor, manpower 11 **mano de mortero** : pestle 12 **echar una mano** : to lend a hand 13 **mano negra** *Mex fam* : shady dealings *pl*
mano[2], **-na** *n Mex fam* : buddy, pal ⟨¡oye, mano! : hey man!⟩
manojo *nm* PUÑADO : handful, bunch
manopla *nf* 1 : mitten, mitt 2 : brass knuckles *pl*
manosear *vt* 1 : to handle or touch excessively 2 ACARICIAR : to fondle, to caress
manotazo *nm* : slap, smack, swipe
manotear *vi* : to wave one's hands, to gesticulate
mansalva *adv* a ∼ : at close range
mansarda *nf* BUHARDILLA : attic
mansedumbre *nf* 1 : gentleness, meekness 2 : tameness
mansión *nf, pl* **-siones** : mansion
manso, -sa *adj* 1 : gentle, meek 2 : tame — **mansamente** *adv*
manta *nf* 1 COBIJA, FRAZADA : blanket 2 : poncho 3 *Mex* : coarse cotton fabric
manteca *nf* 1 GRASA : lard, fat 2 : butter
mantecoso, -sa *adj* : buttery
mantel *nm* 1 : tablecloth 2 : altar cloth
mantelería *nf* : table linen
mantener {80} *vt* 1 SUSTENTAR : to support, to feed ⟨mantener uno su familia : to support one's family⟩ 2 CONSERVAR : to keep, to preserve 3 CONTINUAR : to keep up, to sustain ⟨mantener una correspondencia : to keep up a correspondence⟩ 4 AFIRMAR : to maintain, to affirm — **mantenerse** *vr* 1 : to support oneself, to subsist 2 **mantenerse firme** : to hold one's ground
mantenimiento *nm* 1 : maintenance, upkeep 2 : sustenance, food 3 : preservation
mantequera *nf* 1 : churn 2 : butter dish
mantequería *nf* 1 : creamery, dairy 2 : grocery store
mantequilla *nf* : butter
mantilla *nf* : mantilla
mantis *nf* **mantis religiosa** : praying mantis
manto *nm* 1 : cloak 2 : mantle (in geology)
mantón *nm, pl* **-tones** CHAL : shawl
mantuvo, etc. → **mantener**
manual[1] *adj* 1 : manual ⟨trabajo manual : manual labor⟩ 2 : handy, manageable — **manualmente** *adv*
manual[2] *nm* : manual, handbook
manualidades *nfpl* : handicrafts (in schools)
manubrio *nm* 1 : handle, crank 2 : handlebars *pl*

manufactura *nf* **1** FABRICACIÓN : manufacture **2** : manufactured item, product **3** FÁBRICA : factory

manufacturar *vt* FABRICAR : to manufacture

manufacturero¹, -ra *adj* : manufacturing

manufacturero², -ra *n* FABRICANTE : manufacturer

manuscrito¹, -ta *adj* : handwritten

manuscrito² *nm* : manuscript

manutención *nf, pl* **-ciones** : maintenance, support

manzana *nf* **1** : apple **2** CUADRA : block (enclosed by streets or buildings) **3** *or* **mahzana de Adán** : Adam's apple

manzanal *nm* **1** : apple orchard **2** MANZANO : apple tree

manzanar *nm* : apple orchard

manzanilla *nf* **1** : chamomile **2** : chamomile tea

manzano *nm* : apple tree

maña *nf* **1** : dexterity, skill **2** : cunning, guile **3 mañas** *or* **malas mañas** *nfpl* : bad habits, vices

mañana *nf* **1** : morning **2** : tomorrow

mañanero, -ra *adj* MATUTINO : morning ⟨rocío mañanero : morning dew⟩

mañanitas *nfpl Mex* : birthday serenade

mañoso, -sa *adj* **1** HÁBIL : skillful **2** ASTUTO : cunning, crafty **3** : fussy, finicky

mapa *nm* CARTA : map

mapache *nm* : raccoon

mapamundi *nm* : map of the world

maqueta *nf* : model, mock-up

maquillador, -dora *n* : makeup artist

maquillaje *nm* : makeup

maquillarse *vr* : to put on makeup, to make oneself up

máquina *nf* **1** : machine ⟨máquina de coser : sewing machine⟩ ⟨máquina de escribir : typewriter⟩ **2** LOCOMOTORA : engine, locomotive **3** : machine (in politics) **4 a toda máquina** : at full speed

maquinación *nf, pl* **-ciones** : machination, scheme, plot

maquinal *adj* : mechanical, automatic — **maquinalmente** *adv*

maquinar *vt* : to plot, to scheme

maquinaria *nf* **1** : machinery **2** : mechanism, works *pl*

maquinita *nf* **1** : small machine or device **2** *CA, Car* : typewriter

maquinista *nmf* **1** : machinist **2** : railroad engineer

mar *nmf* **1** : sea ⟨un mar agitado : a rough sea⟩ ⟨hacerse a la mar : to set sail⟩ **2 alta mar** : high seas

maraca *nf* : maraca

maraña *nf* **1** : thicket **2** ENREDO : tangle, mess

marasmo *nm* : paralysis, stagnation

maratón *nm, pl* **-tones** : marathon

maravilla *nf* **1** : wonder, marvel ⟨a las mil maravillas : wonderfully, marvelously⟩ ⟨hacer maravillas : to work wonders⟩ **2** : marigold

maravillar *vt* ASOMBRAR : to astonish, to amaze — **maravillarse** *vr* : to be amazed, to marvel

maravilloso, -sa *adj* ESTUPENDO : wonderful, marvelous — **maravillosamente** *adv*

marbete *nm* **1** ETIQUETA : label, tag **2** *PRi* : registration sticker (of a car)

marca *nf* **1** : mark **2** : brand, make **3** : trademark ⟨marca registrada : registered trademark⟩ **4** : record (in sports) ⟨batir la marca : to beat the record⟩

marcado, -da *adj* : marked ⟨un marcado contraste : a marked contrast⟩

marcador *nm* **1** TANTEADOR : scoreboard **2** : marker, felt-tipped pen **3 marcador de libros** : bookmark

marcaje *nm* **1** : scoring (in sports) **2** : guarding (in sports)

marcapasos *nms & pl* : pacemaker

marcar {72} *vt* **1** : to mark **2** : to brand (livestock) **3** : to indicate, to show **4** RESALTAR : to emphasize **5** : to dial (a telephone) **6** : to guard (an opponent) **7** ANOTAR : to score (a goal, a point) — *vi* **1** ANOTAR : to score **2** : to dial

marcha *nf* **1** : march **2** : hike, walk ⟨ir de marcha : to go hiking⟩ **3** : pace, speed ⟨a toda marcha : at top speed⟩ **4** : gear (of an automobile) ⟨marcha atrás : reverse, reverse gear⟩ **5 en ~** : in motion, in gear, under way

marchar *vi* **1** IR : to go, to travel **2** ANDAR : to walk **3** FUNCIONAR : to work, to go **4** : to march — **marcharse** *vr* : to leave

marchitar *vi* : to make wither, to wilt — **marchitarse** *vr* **1** : to wither, to shrivel up, to wilt **2** : to languish, to fade away

marchito, -ta *adj* : withered, faded

marcial *adj* : martial, military

marco *nm* **1** : frame, framework **2** : goalposts *pl* **3** AMBIENTE : setting, atmosphere **4** : mark (unit of currency)

marea *nf* : tide

mareado, -da *adj* **1** : dizzy, lightheaded **2** : queasy, nauseous **3** : seasick

marear *vt* **1** : to make sick ⟨los gases me marearon : the fumes made me sick⟩ **2** : to bother, to annoy — **marearse** *vr* **1** : to get sick, to become nauseated **2** : to feel dizzy **3** : to get tipsy

marejada *nf* **1** : surge, swell (of the sea) **2** : undercurrent, ferment, unrest

maremoto *nm* : tidal wave

mareo *nm* **1** : dizzy spell **2** : nausea **3** : seasickness, motion sickness **4** : annoyance, vexation

marfil *nm* : ivory

margarina *nf* : margarine

margarita *nf* **1** : daisy **2** : margarita (cocktail)

margen¹ *nf, pl* **márgenes** : bank (of a river), side (of a street)

margen[2] *nm, pl* **márgenes 1** : edge, border **2** : margin ⟨margen de ganancia : profit margin⟩

marginación *nf, pl* **-ciones** : marginalization, exclusion

marginado[1], **-da** *adj* **1** DESHEREDADO : outcast, alienated, dispossessed **2 clases marginadas** : underclass

marginado[2], **-da** *n* : outcast, misfit

marginal *adj* : marginal, fringe

marginalidad *nf* : marginality

marginar *vt* : to ostracize, to exclude

mariachi *nm* : mariachi musician or band

maridaje *nm* : marriage, union

maridar *vt* UNIR : to marry, to unite

marido *nm* ESPOSO : husband

marihuana *or* **mariguana** *or* **marijuana** *nf* : marihuana

marimacho *nmf fam* **1** : mannish woman **2** : tomboy

marimba *nf* : marimba

marina *nf* **1** : coast, coastal area **2** : navy, fleet ⟨marina mercante : merchant marine⟩

marinada *nf* : marinade

marinar *vt* : to marinate

marinero[1], **-ra** *adj* **1** : seaworthy **2** : sea, marine

marinero[2] *nm* : sailor

marino[1], **-na** *adj* : marine, sea

marino[2] *nm* : sailor, seaman

marioneta *nf* TÍTERE : puppet, marionette

mariposa *nf* **1** : butterfly **2 mariposa nocturna** : moth

mariquita[1] *nf* : ladybug

mariquita[2] *nm fam* : sissy, wimp

mariscal *nm* **1** : marshal **2 mariscal de campo** : field marshal (in the military), quarterback (in football)

marisco *nm* **1** : shellfish **2 mariscos** *nmpl* : seafood

marisma *nf* : marsh, salt marsh

marital *adj* : marital, married ⟨la vida marital : married life⟩

marítimo, **-ma** *adj* : maritime, shipping ⟨la industria marítima : the shipping industry⟩

marmita *nf* : (cooking) pot

mármol *nm* : marble

marmóreo, **-rea** *adj* : marble, marmoreal

marmota *nf* **1** : marmot **2 marmota de América** : woodchuck, groundhog

maroma *nf* **1** : rope **2** : acrobatic stunt **3** *Mex* : somersault

marque, etc. → marcar

marqués, **-quesa** *n, mpl* **marqueses** : marquis *m*, marquess *m*, marquise *f*, marchioness *f*

marquesina *nf* : marquee, canopy

marqueta *nf Mex* : block (of chocolate), lump (of sugar or salt)

marranada *nf* **1** : disgusting thing **2** : dirty trick

marrano[1], **-na** *adj* : filthy, disgusting

marrano[2], **-na** *n* **1** CERDO : pig, hog **2** : dirty pig, slob

marrar *vt* : to miss (a target) — *vi* : to fail, to go wrong

marras *adv* **1** : long ago **2 de ~** : said, aforementioned ⟨el individuo de marras : the individual in question⟩

marrasquino *nm* : maraschino

marrón *adj & nm, pl* **marrones** CASTAÑO : brown

marroquí *adj & nmf, pl* **-quíes** : Moroccan

marsopa *nf* : porpoise

marsupial *nm* : marsupial

marta *nf* **1** : marten **2 marta cebellina** : sable (animal)

Marte *nm* : Mars

martes *nms & pl* : Tuesday

martillar *v* : to hammer

martillazo *nm* : blow with a hammer

martillo *nm* **1** : hammer **2 martillo neumático** : jackhammer

martinete *nm* **1** : heron **2** : pile driver

mártir *nmf* : martyr

martirio *nm* **1** : martyrdom **2** : ordeal, torment

martirizar {21} *vt* **1** : to martyr **2** ATORMENTAR : to torment

marxismo *nm* : Marxism

marxista *adj & nmf* : Marxist

marzo *nm* : March

mas *conj* PERO : but

más[1] *adv* **1** : more ⟨¿hay algo más grande? : is there anything bigger?⟩ **2** : most ⟨Luis es el más alto : Luis is the tallest⟩ **3** : longer ⟨el sabor dura más : the flavor lasts longer⟩ **4** : rather ⟨más querría andar : I would rather walk⟩ **5 a ~** : besides, in addition **6 más allá** : further **7 qué ... más ...** : what ..., what a ... ⟨¡qué día más bonito! : what a beautiful day!⟩

más[2] *adj* **1** : more ⟨dáme dos kilos más : give me two more kilos⟩ **2** : most ⟨la que ganó más dinero : the one who earned the most money⟩ **3** : else ⟨¿quién más quiere vino? : who else wants wine?⟩

más[3] *n* : plus sign

más[4] *prep* : plus ⟨tres más dos es igual a cinco : three plus two equals five⟩

más[5] *pron* **1** : more ⟨¿tienes más? : do you have more?⟩ **2 a lo más** : at most **3 de ~** : extra, excess **4 más o menos** : more or less, approximately **5 por más que** : no matter how much ⟨por más que corras no llegarás a tiempo : no matter how fast you run you won't arrive on time⟩

masa *nf* **1** : mass, volume ⟨masa atómica : atomic mass⟩ ⟨producción en masa : mass production⟩ **2** : dough, batter **3 masas** *nfpl* : people, masses ⟨las masas populares : the common people⟩ **4 masa harina** *Mex* : corn flour (for tortillas, etc.)

masacrar *vt* : to massacre

masacre *nf* : massacre

masaje *nm* : massage

masajear *vt* : to massage

masajista *nmf* : masseur *m*, masseuse *f*
mascar {72} *v* MASTICAR : to chew
máscara *nf* **1** CARETA : mask **2** : appearance, pretense **3 máscara antigás** : gas mask
mascarada *nf* : masquerade
mascarilla *nf* **1** : mask (in medicine) ⟨mascarilla de oxígeno : oxygen mask⟩ **2** : facial mask (in cosmetology)
mascota *nf* : mascot
masculinidad *nf* : masculinity
masculino, -na *adj* **1** : masculine, male **2** : manly **3** : masculine (in grammar)
mascullar *v* : to mumble, to mutter
masificado, -da *adj* : overcrowded
masilla *nf* : putty
masivamente *adv* : en masse
masivo, -va *adj* : mass ⟨comunicación masiva : mass communication⟩
masón *nm*, *pl* **masones** FRANCMASÓN : Mason, Freemason
masonería *nf* FRANCMASONERÍA : Masonry, Freemasonry
masónico, -ca *adj* : Masonic
masoquismo *nm* : masochism
masoquista[1] *adj* : masochistic
masoquista[2] *nmf* : masochist
masque, etc. → **mascar**
masticar {72} *v* MASCAR : to chew, to masticate
mástil *nm* **1** : mast **2** ASTA : flagpole **3** : neck (of a stringed instrument)
mastín *nm*, *pl* **mastines** : mastiff
mástique *nm* : putty, filler
mastodonte *nm* : mastodon
masturbación *nf*, *pl* **-ciones** : masturbation
masturbarse *vr* : to masturbate
mata *nf* **1** ARBUSTO : bush, shrub **2** : plant ⟨mata de tomate : tomato plant⟩ **3** : sprig, tuft **4 mata de pelo** : mop of hair
matadero *nm* : slaughterhouse, abattoir
matado, -da *adj Mex* : strenuous, exhausting
matador *nm* TORERO : matador, bullfighter
matamoscas *nms & pl* : flyswatter
matanza *nf* MASACRE : slaughter, butchering
matar *vt* **1** : to kill **2** : to slaughter, to butcher **3** APAGAR : to extinguish, to put out (fire, light) **4** : to tone down (colors) **5** : to pass, to waste (time) **6** : to trump (in card games) — *vi* : to kill — **matarse** *vr* **1** : to be killed **2** SUICIDARSE : to commit suicide **3** *fam* : to exhaust oneself ⟨se mató tratando de terminarlo : he knocked himself out trying to finish it⟩
matasanos *nms & pl fam* : quack
matasellar *vt* : to cancel (a stamp), to postmark
matasellos *nms & pl* : postmark
matatena *nf Mex* : jacks
mate[1] *adj* : matte, dull
mate[2] *nm* **1** : maté **2 jaque mate** : checkmate ⟨darle mate a *or* darle jaque mate a : to checkmate⟩

matemática → **matemáticas**
matemáticas *nfpl* : mathematics, math
matemático[1], **-ca** *adj* : mathematical — **matemáticamente** *adv*
matemático[2], **-ca** *n* : mathematician
materia *nf* **1** : matter ⟨materia gris : gray matter⟩ **2** : material ⟨materia prima : raw material⟩ **3** : (academic) subject **4 en materia de** : on the subject of, concerning
material[1] *adj* **1** : material, physical, real **2 daños materiales** : property damage
material[2] *nm* **1** : material ⟨material de construcción : building material⟩ **2** EQUIPO : equipment, gear
materialismo *nm* : materialism
materialista[1] *adj* : materialistic
materialista[2] *nmf* **1** : materialist **2** *Mex* : truck driver
materializar {21} *vt* : to bring to fruition, to realize — **materializarse** *vr* : to materialize, to come into being
materialmente *adv* **1** : materially, physically ⟨materialmente imposible : physically impossible⟩ **2** : really, absolutely
maternal *adj* : maternal, motherly
maternidad *nf* **1** : maternity, motherhood **2** : maternity hospital, maternity ward
materno, -na *adj* : maternal
matinal *adj* MATUTINO : morning ⟨la pálida luz matinal : the pale morning light⟩
matinée *or* **matiné** *nf* : matinee
matiz *nm*, *pl* **matices** **1** : hue, shade **2** : nuance
matización *nf*, *pl* **-ciones** **1** : tinting, toning, shading **2** : clarification (of a statement)
matizar {21} *vt* **1** : to tinge, to tint (colors) **2** : to vary, to modulate (sounds) **3** : to qualify (statements)
matón *nm*, *pl* **matones** : thug, bully
matorral *nm* **1** : thicket **2** : scrub, scrubland
matraca *nf* **1** : rattle, noisemaker **2 dar la matraca a** : to pester, to nag
matriarca *nf* : matriarch
matriarcado *nm* : matriarchy
matrícula *nf* **1** : list, roll, register **2** INSCRIPCIÓN : registration, enrollment **3** : license plate, registration number
matriculación *nf*, *pl* **-ciones** : matriculation, registration
matricular *vt* **1** INSCRIBIR : to enroll, to register (a person) **2** : to register (a vehicle) — **matricularse** *vr* : to matriculate
matrimonial *adj* : marital, matrimonial ⟨la vida matrimonial : married life⟩
matrimonio *nm* **1** : marriage, matrimony **2** : married couple
matriz *nf*, *pl* **matrices** **1** : uterus, womb **2** : original, master copy **3** : main office, headquarters **4** : stub (of a check) **5** : matrix ⟨matriz de puntos : dot matrix⟩

matrona *nf* : matron
matronal *adj* : matronly
matutino¹, -na *adj* : morning ⟨la edición matutina : the morning edition⟩
matutino² *nm* : morning paper
maullar {8} *vi* : to meow
maullido *nm* : meow
mauritano, -na *adj & n* : Mauritanian
mausoleo *nm* : mausoleum
maxilar *nm* : jaw, jawbone
máxima *nf* : maxim
máxime *adv* ESPECIALMENTE : especially, principally
maximizar {21} *vt* : to maximize
máximo¹, -ma *adj* : maximum, greatest, highest
máximo² *nm* **1** : maximum **2 al máximo** : to the utmost **3 como ~** : at the most, at the latest
maya¹ *adj & nmf* : Mayan
maya² *nmf* : Maya, Mayan
mayo *nm* : May
mayonesa *nf* : mayonnaise
mayor¹ *adj* **1** (*comparative of* **grande**) : bigger, larger, greater, elder, older **2** (*superlative of* **grande**) : biggest, largest, greatest, eldest, oldest **3** : grown-up, mature **4** : main, major **5 mayor de edad** : (of legal) age **6 al por mayor** or **por ~** : wholesale
mayor² *nmf* **1** : major (in the military) **2** : adult
mayoral *nm* CAPATAZ : foreman, overseer
mayordomo *nm* : butler, majordomo
mayoreo *nm* : wholesale
mayores *nmpl* : grown-ups, elders
mayoría *nf* **1** : majority **2 en su mayoría** : on the whole
mayorista¹ *adj* ALMACENISTA : wholesale
mayorista² *nmf* : wholesaler
mayoritariamente *adv* : primarily, chiefly
mayoritario, -ria *adj & n* : majority ⟨un consenso mayoritario : a majority consensus⟩
mayormente *adv* : primarily, chiefly
mayúscula *nf* : capital letter
mayúsculo, -la *adj* **1** : capital, uppercase **2** : huge, terrible ⟨un problema mayúsculo : a huge problem⟩
maza *nf* **1** : mace (weapon) **2** : drumstick **3** *fam* : bore, pest
mazacote *nm* **1** : concrete **2** : lumpy mess (of food) **3** : eyesore, crude work of art
mazapán *nm, pl* **-panes** : marzipan
mazmorra *nf* CALABOZO : dungeon
mazo *nm* **1** : mallet **2** : pestle **3** MANOJO : handful, bunch
mazorca *nf* **1** CHOCLO : cob, ear of corn **2 pelar la mazorca** *Mex fam* : to smile from ear to ear
me *pron* **1** : me ⟨me vieron : they saw me⟩ **2** : to me, for me, from me ⟨dame el libro : give me the book⟩ ⟨me lo compró : he bought it for me⟩ ⟨me robaron la cartera : they stole my pocketbook⟩

3 : myself, to myself, for myself, from myself ⟨me preparé una buena comida : I cooked myself a good dinner⟩ ⟨me equivoqué : I made a mistake⟩
mecánica *nf* : mechanics
mecánico¹, -ca *adj* : mechanical — **mecánicamente** *adv*
mecánico², -ca *n* **1** : mechanic **2** : technician ⟨mecánico dental : dental technician⟩
mecanismo *nm* : mechanism
mecanización *nf, pl* **-ciones** : mechanization
mecanizar {21} *vt* : to mechanize
mecanografía *nf* : typing
mecanografiar {85} *vt* : to type
mecanógrafo, -fa *n* : typist
mecate *nm* CA, Mex, Ven : rope, twine, cord
mecedor *nm* : glider (seat)
mecedora *nf* : rocking chair
mecenas *nmfs & pl* : patron (of the arts), sponsor
mecenazgo *nm* PATROCINIO : sponsorship, patronage
mecer {86} *vt* **1** : to rock **2** COLUMPIAR : to push (on a swing) — **mecerse** *vr* : to rock, to swing, to sway
mecha *nf* **1** : fuse **2** : wick **3 mechas** *nfpl* : highlights (in hair)
mechero *nm* **1** : burner **2** *Spain* : lighter
mechón *nm, pl* **mechones** : lock (of hair)
medalla *nf* : medal, medallion
medallista *nmf* : medalist
medallón *nm, pl* **-llones** **1** : medallion **2** : locket
media *nf* **1** CALCETÍN : sock **2** : average, mean **3 medias** *nfpl* : stockings, hose, tights **4 a medias** : by halves, half and half, halfway ⟨ir a medias : to go halves⟩ ⟨verdad a medias : half-truth⟩
mediación *nf, pl* **-ciones** : mediation
mediado, -da *adj* **1** : half full, half empty, half over **2** : halfway through ⟨mediada la tarea : halfway through the job⟩
mediador, -dora *n* : mediator
mediados *nmpl* **a mediados de** : halfway through, in the middle of ⟨a mediados del mes : towards the middle of the month, mid-month⟩
medialuna *nf* **1** : crescent **2** : croissant, crescent roll
medianamente *adv* : fairly, moderately
medianero, -ra *adj* **1** : dividing **2** : mediating
medianía *nf* **1** : middle position **2** : mediocre person, mediocrity
mediano, -na *adj* **1** : medium, average ⟨la mediana edad : middle age⟩ **2** : mediocre
medianoche *nf* : midnight
mediante *prep* : through, by means of ⟨Dios mediante : God willing⟩
mediar *vi* **1** : to mediate **2** : to be in the middle, to be halfway through **3** : to elapse, to pass ⟨mediaron cinco años entre el inicio de la guerra y el armisti-

cio : five years passed between the start of the war and the armistice⟩ **4** : to be a consideration ⟨media el hecho de que cuesta mucho : one must take into account that it is costly⟩ **5** : to come up, to happen ⟨medió algo urgente : something pressing came up⟩

mediatizar {21} *vt* : to influence, to interfere with

medicación *nf, pl* **-ciones** : medication, treatment

medicamento *nm* : medication, medicine, drug

medicar {72} *vt* : to medicate — **medicarse** *vr* : to take medicine

medicina *nf* : medicine

medicinal *adj* **1** : medicinal **2** : medicated

medicinar *vt* : to give medication to, to dose

medición *nf, pl* **-ciones** : measuring, measurement

médico[1], **-ca** *adj* : medical ⟨una receta médica : a doctor's prescription⟩

médico[2], **-ca** *n* DOCTOR : doctor, physician

medida *nf* **1** : measurement, measure ⟨hecho a medida : custom-made⟩ **2** : measure, step ⟨tomar medidas : to take steps⟩ **3** : moderation, prudence ⟨sin medida : immoderately⟩ **4** : extent, degree ⟨en gran medida : to a great extent⟩

medidor *nm* : meter, gauge

medieval *adj* : medieval — **medievalista** *nmf*

medievo → **medioevo**

medio[1] *adv* **1** : half ⟨está medio dormida : she's half asleep⟩ **2** : rather, kind of ⟨está medio aburrida esta fiesta : this party is rather boring⟩

medio[2], **-dia** *adj* **1** : half ⟨una media hora : half an hour⟩ ⟨medio hermano : half brother⟩ ⟨a media luz : in the half-light⟩ ⟨son las tres y media : it's half past three, it's three-thirty⟩ **2** : midway, halfway ⟨a medio camino : halfway there⟩ **3** : middle ⟨la clase media : the middle class⟩ **4** : average ⟨la temperatura media : the average temperature⟩

medio[3] *nm* **1** CENTRO : middle, center ⟨en medio de : in the middle of, amid⟩ **2** AMBIENTE : milieu, environment **3** : medium, spiritualist **4** : means *pl*, way ⟨por medio de : by means of⟩ ⟨los medios de comunicación : the media⟩ **5 medios** *nmpl* : means, resources

mediocampista *nmf* : midfielder

mediocre *adj* : mediocre, average

mediocridad *nf* : mediocrity

mediodía *nm* : noon, midday

medioevo *nm* : Middle Ages

medir {54} *vt* **1** : to measure **2** : to weigh, to consider ⟨medir los riesgos : to weigh the risks⟩ — *vi* : to measure — **medirse** *vr* : to be moderate, to exercise restraint

meditabundo, -da *adj* PENSATIVO : pensive, thoughtful

meditación *nf, pl* **-ciones** : meditation, thought

meditar *vi* : to meditate, to think ⟨meditar sobre la vida : to contemplate life⟩ — *vt* **1** : to think over, to consider **2** : to plan, to work out

meditativo, -va *adj* : pensive

mediterráneo, -nea *adj* : Mediterranean

medrar *vi* **1** PROSPERAR : to prosper, to thrive **2** AUMENTAR : to increase, to grow

medro *nm* PROSPERIDAD : prosperity, growth

medroso, -sa *adj* : fainthearted, fearful

médula *nf* **1** : marrow, pith **2 médula espinal** : spinal cord

medular *adj* : fundamental, core ⟨el punto medular : the crux of the matter⟩

medusa *nf* : jellyfish, medusa

megabyte *nm* : megabyte

megáfono *nm* : megaphone

megahercio *nm* : megahertz

megahertzio *nm* : megahertz

megatón *nm, pl* **-tones** : megaton

megavatio *nm* : megawatt

mejicano → **mexicano**

mejilla *nf* : cheek

mejillón *nm, pl* **-llones** : mussel

mejor[1] *adv* **1** : better ⟨Carla cocina mejor que Ana : Carla cooks better than Ann⟩ **2** : best ⟨ella es la que lo hace mejor : she's the one who does it best⟩ **3** : rather ⟨mejor morir que rendirme : I'd rather die than give up⟩ **4** : it's better that . . . ⟨mejor te vas : you'd better go⟩ **5 a lo mejor** : maybe, perhaps

mejor[2] *adj* **1** (*comparative of* **bueno**) : better ⟨a falta de algo mejor : for lack of something better⟩ **2** (*comparative of* **bien**) : better ⟨está mucho mejor : he's much better⟩ **3** (*superlative of* **bueno**) : best, the better ⟨mi mejor amigo : my best friend⟩ **4** (*superlative of* **bien**) : best, the better ⟨duermo mejor en un clima seco : I sleep best in a dry climate⟩ **5** PREFERIBLE : preferable, better **6 lo mejor** : the best thing, the best part

mejor[3] *nmf* (*with definite article*) : the better (one), the best (one)

mejora *nf* : improvement

mejoramiento *nm* : improvement

mejorana *nf* : marjoram

mejorar *vt* : to improve, to make better — *vi* : to improve, to get better — **mejorarse** *vr*

mejoría *nf* : improvement, betterment

mejunje *nm* : concoction, brew

melancolía *nf* : melancholy, sadness

melancólico, -ca *adj* : melancholy, sad

melanoma *nm* : melanoma

melaza *nf* : molasses

melena *nf* **1** : mane **2** : long hair **3 melenas** *nfpl* GREÑAS : shaggy hair, mop

melenudo¹, -da *adj fam* : longhaired
melenudo², -da *n* GREÑUDO : longhair, hippie
melindres *nmpl* **1** : affectation, airs *pl* **2** : finickiness
melindroso¹, -sa *adj* **1** : affected **2** : fussy, finicky
melindroso², -sa *n* : finicky person, fuss-budget
melisa *nf* : lemon balm
mella *nf* **1** : dent, nick **2 hacer mella en** : to have an effect on, to make an impression on
mellado, -da *adj* **1** : chipped, dented **2** : gap-toothed
mellar *vt* : to dent, to nick
mellizo, -za *adj & n* GEMELO : twin
melocotón *nm, pl* **-tones** : peach
melodía *nf* : melody, tune
melódico, -ca *adj* : melodic
melodioso, -sa *adj* : melodious
melodrama *nm* : melodrama
melodramático, -ca *adj* : melodramatic
melón *nm, pl* **melones** : melon, cantaloupe
meloso, -sa *adj* **1** : honeyed, sweet **2** EMPALAGOSO : cloying, saccharine
membrana *nf* **1** : membrane **2 membrana interdigital** : web, webbing (of a bird's foot) — **membranoso, -sa** *adj*
membresía *nf* : membership, members *pl*
membrete *nm* : letterhead, heading
membrillo *nm* : quince
membrudo, -da *adj* FORNIDO : muscular, well-built
memez *nf, pl* **memeces** : stupid thing
memo, -ma *adj* : silly, stupid
memorabilia *nf* : memorabilia
memorable *adj* : memorable
memorándum *or* **memorando** *nm, pl* **-dums** *or* **-dos 1** : memorandum, memo **2** : memo book, appointment book
memoria *nf* **1** : memory ⟨de memoria : by heart⟩ ⟨hacer memoria : to try to remember⟩ ⟨traer a la memoria : to call to mind⟩ **2** RECUERDO : remembrance, memory ⟨su memoria perdurará para siempre : his memory will live forever⟩ **3** : report ⟨memoria annual : annual report⟩ **4 memorias** *nfpl* : memoirs
memorizar {21} *vt* : to memorize — **memorización** *nf*
mena *nf* : ore
menaje *nm* : household goods *pl*, furnishings *pl*
mención *nf, pl* **-ciones** : mention
mencionar *vt* : to mention, to refer to
mendaz *adj, pl* **mendaces** : mendacious, lying
mendicidad *nf* : begging
mendigar {52} *vi* : to beg — *vt* : to beg for
mendigo, -ga *n* LIMOSNERO : beggar
mendrugo *nm* : crust (of bread)

menear *vt* **1** : to shake (one's head) **2** : to sway, to wiggle (one's hips) **3** : to wag (a tail) **4** : to stir (a liquid) — **menearse** *vr* **1** : to wiggle one's hips **2** : to fidget
meneo *nm* **1** : movement **2** : shake, toss **3** : swaying, wagging, wiggling **4** : stir, stirring
menester *nm* **1** : activity, occupation, duties *pl* **2 ser menester** : to be necessary ⟨es menester que vengas : you must come⟩
mengano, -na → **fulano**
mengua *nf* **1** : decrease, decline **2** : lack, want **3** : discredit, dishonor
menguar *vt* **1** : to diminish, to lessen — *vi* **1** : to decline, to decrease **2** : to wane — **menguante** *adj*
meningitis *nf* : meningitis
menisco *nm* : meniscus, cartilage
menjurje → **mejunje**
menopausia *nf* : menopause
menor¹ *adj* **1** (*comparative of* **pequeño**) : smaller, lesser, younger **2** (*superlative of* **pequeño**) : smallest, least, youngest **3** : minor **4 al por menor** : retail **5 ser menor de edad** : to be a minor, to be underage
menor² *nmf* : minor, juvenile
menos¹ *adv* **1** : less ⟨llueve menos en agosto : it rains less in August⟩ **2** : least ⟨el coche menos caro : the least expensive car⟩ **3 ~ de** : less than, fewer than
menos² *adj* **1** : less, fewer ⟨tengo más trabajo y menos tiempo : I have more work and less time⟩ **2** : least, fewest ⟨la clase que tiene menos estudiantes : the class that has the fewest students⟩
menos³ *prep* **1** SALVO, EXCEPTO : except **2** : minus ⟨quince menos cuatro son once : fifteen minus four is eleven⟩
menos⁴ *pron* **1** : less, fewer ⟨no deberías aceptar menos : you shouldn't accept less⟩ **2 al menos** *or* **por lo menos** : at least **3 a menos que** : unless
menoscabar *vt* **1** : to lessen, to diminish **2** : to disgrace, to discredit **3** PERJUDICAR : to harm, to damage
menoscabo *nm* **1** : lessening, diminishing **2** : disgrace, discredit **3** : harm, damage
menospreciar *vt* **1** DESPRECIAR : to scorn, to look down on **2** : to underestimate, to undervalue
menosprecio *nm* DESPRECIO : contempt, scorn
mensaje *nm* : message
mensajero, -ra *n* : messenger
menso, -sa *adj Mex fam* : foolish, stupid
menstrual *adj* : menstrual
menstruar {3} *vi* : to menstruate — **menstruación** *nf*
mensual *adj* : monthly
mensualidad *nf* **1** : monthly payment, installment **2** : monthly salary
mensualmente *adv* : every month, monthly

mensurable *adj* : measurable
menta *nf* **1** : mint, peppermint **2 menta verde** : spearmint
mentado, -da *adj* **1** : aforementioned **2** FAMOSO : renowned, famous
mental *adj* : mental, intellectual — **mentalmente** *adv*
mentalidad *nf* : mentality
mentar {55} *vt* **1** : to mention, to name **2 mentar la madre a** *fam* : to insult, to swear at
mente *nf* : mind ⟨tener en mente : to have in mind⟩
mentecato¹, -ta *adj* : foolish, simple
mentecato², -ta *n* : fool, idiot
mentir {76} *vi* : to lie
mentira *nf* : lie
mentiroso¹, -sa *adj* EMBUSTERO : lying, untruthful
mentiroso², -sa *n* EMBUSTERO : liar
mentís *nm*, *pl* **mentises** : denial, repudiation ⟨dar el mentís a : to deny, to refute⟩
mentol *nm* : menthol
mentón *nm*, *pl* **mentones** BARBILLA : chin
mentor *nm* : mentor, counselor
menú *nm*, *pl* **menús** : menu
menudear *vi* : to occur frequently — *vt* : to do repeatedly
menudencia *nf* **1** : trifle **2 menudencias** *nfpl* : giblets
menudeo *nm* : retail, retailing
menudillos *nmpl* : giblets
menudo¹, -da *adj* **1** : minute, small **2 a ∼** FRECUENTEMENTE : often, frequently
menudo² *nm* **1** *Mex* : tripe stew **2 menudos** *nmpl* : giblets
meñique *nm* or **dedo meñique** : little finger, pinkie
meollo *nm* **1** MÉDULA : marrow **2** SESO : brains *pl* **3** ENTRAÑA : essence, core ⟨el meollo del asunto : the heart of the matter⟩
mequetrefe *nm* *fam* : good-for-nothing
mercachifle *nm* : peddler, hawker
mercadeo *nm* : marketing
mercadería *nf* : merchandise, goods *pl*
mercado *nm* : market ⟨mercado de trabajo *or* mercado laboral : labor market⟩ ⟨mercado de valores *or* mercado bursátil : stock market⟩
mercadotecnia *nf* : marketing
mercancía *nf* : merchandise, goods *pl*
mercante *nmf* : merchant, dealer
mercantil *adj* COMERCIAL : commercial, mercantile
merced *nf* **1** : favor **2 ∼ a** : thanks to, due to **3 a merced de** : at the mercy of
mercenario, -ria *adj* & *n* : mercenary
mercería *nf* : notions store
Mercosur *nm* : economic community consisting of Argentina, Brazil, Paraguay, and Uruguay
mercurio *nm* : mercury
Mercurio *nm* : Mercury (planet)

merecedor, -dora *adj* : deserving, worthy
merecer {53} *vt* : to deserve, to merit — *vi* : to be worthy
merecidamente *adv* : rightfully, deservedly
merecido *nm* : something merited, due ⟨recibieron su merecido : they got their just deserts⟩
merecimiento *nm* : merit, worth
merendar {55} *vi* : to have an afternoon snack — *vt* : to have as an afternoon snack
merendero *nm* **1** : lunchroom, snack bar **2** : picnic area
merengue *nm* **1** : meringue **2** : merengue (dance)
meridiano¹, -na *adj* **1** : midday **2** : crystal clear
meridiano² *nm* : meridian
meridional *adj* SUREÑO : southern
merienda *nf* : afternoon snack, tea
mérito *nm* : merit
meritorio¹, -ria *adj* : deserving, meritorious
meritorio², -ria *n* : intern, trainee
merluza *nf* : hake
merma *nf* **1** : decrease, cut **2** : waste, loss
mermar *vi* : to decrease, to diminish — *vt* : to reduce, to cut down
mermelada *nf* : marmalade, jam
mero¹, -ra *adv* *Mex* *fam* **1** : nearly, almost ⟨ya mero me caí : I almost fell⟩ **2** : just, exactly ⟨aquí mero : right here⟩
mero², -ra *adj* **1** : mere, simple **2** *Mex* *fam* (used as an intensifier) : very ⟨en el mero centro : in the very center of town⟩
mero³ *nm* : grouper
merodeador, -dora *n* **1** : marauder **2** : prowler
merodear *vi* **1** : to maraud, to pillage **2** : to prowl around, to skulk
mes *nm* : month
mesa *nf* **1** : table **2** : committee, board
mesada *nf* : allowance, pocket money
mesarse *vr* : to pull at ⟨mesarse los cabellos : to tear one's hair⟩
mesero, -ra *n* CAMARERO : waiter, waitress *f*
meseta *nf* : plateau, tableland
Mesías *nm* : Messiah
mesón *nm*, *pl* **mesones** : inn
mesonero, -ra *n* : innkeeper
mestizo¹, -za *adj* **1** : of mixed ancestry **2** HÍBRIDO : hybrid
mestizo², -za *n* : person of mixed ancestry
mesura *nf* **1** MODERACIÓN : moderation, discretion **2** CORTESÍA : courtesy **3** GRAVEDAD : seriousness, dignity
mesurado, -da *adj* COMEDIDO : moderate, restrained
mesurar *vt* : to moderate, to restrain, to temper — **mesurarse** *vr* : to restrain oneself
meta *nf* : goal, objective

metabólico, -ca *adj* : metabolic
metabolismo *nm* : metabolism
metabolizar {21} *vt* : to metabolize
metafísica *nf* : metaphysics
metafísico, -ca *adj* : metaphysical
metáfora *nf* : metaphor
metafórico, -ca *adj* : metaphoric, metaphorical
metal *nm* **1** : metal **2** : brass section (in an orchestra)
metálico, -ca *adj* : metallic, metal
metalistería *nf* : metalworking
metalurgia *nf* : metallurgy
metalúrgico[1], **-ca** *adj* : metallurgical
metalúrgico[2], **-ca** *n* : metallurgist
metamorfosis *nfs & pl* : metamorphosis
metano *nm* : methane
metedura *nf* **metedura de pata** : blunder, faux pas
meteórico, -ca *adj* : meteoric
meteorito *nm* : meteorite
meteoro *nm* : meteor
meteorología *nf* : meteorology
meteorológico, -ca *adj* : meteorologic, meteorological
meteorólogo, -ga *n* : meteorologist
meter *vt* **1** : to put (in) ⟨metieron su dinero en el banco : they put their money in the bank⟩ **2** : to fit, to squeeze ⟨puedes meter dos líneas más en esa página : you can fit two more lines on that page⟩ **3** : to place (in a job) ⟨lo metieron de barrendero : they got him a job as a street sweeper⟩ **4** : to involve ⟨lo metió en un buen lío : she got him in an awful mess⟩ **5** : to make, to cause ⟨meten demasiado ruido : they make too much noise⟩ **6** : to spread (a rumor) **7** : to strike (a blow) **8** : to take up, to take in (clothing) **a todo meter** : at top speed — **meterse** *vr* **1** : to get into, to enter **2** *fam* : to meddle ⟨no te metas en lo que no te importa : mind your own business⟩ **3** ~ **con** *fam* : to pick a fight with, to provoke ⟨no te metas conmigo : don't mess with me⟩
metiche[1] *adj Mex fam* : nosy
metiche[2] *nmf Mex fam* : busybody
meticulosidad *nf* : thoroughness, meticulousness
meticuloso, -sa *adj* : meticulous, thorough — **meticulosamente** *adv*
metida *nf* **metida de pata** *fam* : blunder, gaffe, blooper
metódico, -ca *adj* : methodical — **metódicamente** *adv*
metodista *adj & nmf* : Methodist
método *nm* : method
metodología *nf* : methodology
metomentodo *nmf fam* : busybody
metraje *nm* : length (of a film) ⟨de largo metraje : feature-length⟩
metralla *nf* : shrapnel
metralleta *nf* : submachine gun
métrico, -ca *adj* **1** : metric **2 cinta métrica** : tape measure
metro *nm* **1** : meter **2** : subway
metrónomo *nm* : metronome

metrópoli *nf or* **metrópolis** *nfs & pl* : metropolis
metropolitano, -na *adj* : metropolitan
mexicanismo *nm* : Mexican word or expression
mexicano, -na *adj & n* : Mexican
mexicoamericano, -na *adj & n* : Mexican-American
meza, etc. → **mecer**
mezcla *nf* **1** : mixing **2** : mixture, blend **3** : mortar (masonry material)
mezclar *vt* **1** : to mix, to blend **2** : to mix up, to muddle **3 INVOLUCRAR** : to involve — **mezclarse** *vr* **1** : to get mixed up (in) **2** : to mix, to mingle (socially)
mezclilla *nf Chile, Mex* : denim ⟨pantalones de mezclilla : jeans⟩
mezcolanza *nf* : jumble, hodgepodge
mezquindad *nf* **1** : meanness, stinginess **2** : petty deed, mean action
mezquino[1], **-na** *adj* **1** : mean, petty **2** : stingy **3** : paltry
mezquino[2] *nm Mex* : wart
mezquita *nf* : mosque
mezquite *nm* : mesquite
mi *adj* : my
mí *pron* **1** : me ⟨es para mí : it's for me⟩ ⟨a mí no me importa : it doesn't matter to me⟩ **2 mí mismo, mí misma** : myself
miasma *nm* : miasma
miau *nm* : meow
mica *nf* : mica
mico *nm* : monkey, long-tailed monkey
micra *nf* : micron
microbio *nm* : microbe, germ
microbiología *nf* : microbiology
microbiológico, -ca *adj* : microbiological
microbús *nm, pl* **-buses** : minibus
microcomputadora *nf* : microcomputer
microcosmos *nms & pl* : microcosm
microficha *nf* : microfiche
microfilm *nm, pl* **-films** : microfilm
micrófono *nm* : microphone
micrómetro *nm* : micrometer
microonda *nf* : microwave
microondas *nms & pl* : microwave, microwave oven
microordenador *nm Spain* : microcomputer
microorganismo *nm* : microorganism
microprocesador *nm* : microprocessor
microscópico, -ca *adj* : microscopic
microscopio *nm* : microscope
mide, etc. → **medir**
miedo *nm* **1 TEMOR** : fear ⟨le tiene miedo al perro : he's scared of the dog⟩ ⟨tenían miedo de hablar : they were afraid to speak⟩ **2 dar miedo** : to frighten
miedoso, -sa *adj* **TEMEROSO** : fearful
miel *nf* : honey
miembro *nm* **1** : member **2 EXTREMIDAD** : limb, extremity
mienta, etc. → **mentar**
miente, etc. → **mentir**

mientras¹ *adv* **1** *or* **mientras tanto** : meanwhile, in the meantime **2 mientras más** : the more ⟨mientras más como, más quiero : the more I eat, the more I want⟩

mientras² *conj* **1** : while, as ⟨roncaba mientras dormía : he snored while he was sleeping⟩ **2** : as long as ⟨luchará mientras pueda : he will fight as long as he is able⟩ **3 mientras que** : while, whereas ⟨él es alto mientras que ella es muy baja : he is tall, whereas she is very short⟩

miércoles *nms & pl* : Wednesday

miga *nf* **1** : crumb **2 hacer buenas (malas) migas con** : to get along well (poorly) with

migaja *nf* **1** : crumb **2 migajas** *nfpl* SOBRAS : leftovers, scraps

migración *nf, pl* **-ciones** : migration

migrante *nmf* : migrant

migraña *nf* : migraine

migratorio, -ria *adj* : migratory

mijo *nm* : millet

mil¹ *adj* : thousand

mil² *nm* : one thousand, a thousand

milagro *nm* : miracle ⟨de milagro : miraculously⟩

milagroso, -sa *adj* : miraculous, marvelous — **milagrosamente** *adv*

milenio *nm* : millennium

milésimo, -ma *adj* : thousandth — **milésimo** *nm*

milicia *nf* **1** : militia **2** : military service

miligramo *nm* : milligram

mililitro *nm* : milliliter

milímetro *nm* : millimeter

militancia *nf* : militancy

militante¹ *adj* : militant

militante² *nmf* : militant, activist

militar¹ *vi* **1** : to serve (in the military) **2** : to be active (in politics)

militar² *adj* : military

militar³ *nmf* SOLDADO : soldier

militarismo *nm* : militarism

militarista *adj & nmf* : militarist

militarizar {21} *vt* : to militarize

milla *nf* : mile

millar *nm* : thousand

millón *nm, pl* **millones** : million

millonario, -ria *n* : millionaire

millonésimo¹, -ma *adj* : millionth

millonésimo² *nm* : millionth

mil millones *nms & pl* : billion

milpa *nf CA, Mex* : cornfield

milpiés *nms & pl* : millipede

mimar *vt* CONSENTIR : to pamper, to spoil

mimbre *nm* : wicker

mimeógrafo *nm* : mimeograph

mímica *nf* **1** : mime, sign language **2** IMITACIÓN : mimicry

mimo *nm* **1** : pampering, indulgence ⟨hacerle mimos a alguien : to pamper someone⟩ **2** : mime

mimoso, -sa *adj* **1** : fussy, finicky **2** : affectionate, clinging

mina *nf* **1** : mine **2** : lead (for pencils)

minar *vt* **1** : to mine **2** DEBILITAR : to undermine

minarete *nm* ALMINAR : minaret

mineral *adj & nm* : mineral

minería *nf* : mining

minero¹, -ra *adj* : mining

minero², -ra *n* : miner, mine worker

miniatura *nf* : miniature

minicomputadora *nf* : minicomputer

minifalda *nf* : miniskirt

minifundio *nm* : small farm

minimizar {21} *vt* : to minimize

mínimo¹, -ma *adj* **1** : minimum ⟨salario mínimo : minimum wage⟩ **2** : least, smallest **3** : very small, minute

mínimo² *nm* **1** : minimum, least amount **2** : modicum, small amount **3 como ~** : at least

minino, -na *n fam* : pussy, pussycat

miniserie *nf* : miniseries

ministerial *adj* : ministerial

ministerio *nm* : ministry, department

ministro, -tra *n* : minister, secretary ⟨primer ministro : prime minister⟩ ⟨Ministro de Defensa : Secretary of Defense⟩

minivan [ˌminiˈban, -ˈvan] *nf, pl* **-vanes** : minivan

minoría *nf* : minority

minorista¹ *adj* : retail

minorista² *nmf* : retailer

minoritario, -ria *adj* : minority

mintió, etc. → **mentir**

minuciosamente *adv* **1** : minutely **2** : in great detail **3** : thoroughly, meticulously

minucioso, -sa *adj* **1** : minute **2** DETALLADO : detailed **3** : thorough, meticulous

minué *nm* : minuet

minúsculo, -la *adj* DIMINUTO : tiny, miniscule

minusvalía *nf* : disability, handicap

minusválido¹, -da *adj* : handicapped, disabled

minusválido², -da *n* : handicapped person

minuta *nf* **1** BORRADOR ; rough draft **2** : bill, fee

minutero *nm* : minute hand

minuto *nm* : minute

mío¹, mía *adj* **1** : my, of mine ⟨¡Dios mío! : my God!, good heavens!⟩ ⟨una amiga mía : a friend of mine⟩ **2** : mine ⟨es mío : it's mine⟩

mío², mía *pron (with definite article)* : mine, my own ⟨tus zapatos son iguales a los míos : your shoes are just like mine⟩

miope *adj* : nearsighted, myopic

miopía *nf* : myopia, nearsightedness

mira *nf* **1** : sight (of a firearm or instrument) **2** : aim, objective ⟨con miras a : with the intention of, with a view to⟩ ⟨de amplias miras : broad-minded⟩ ⟨poner la mira en : to aim at, to aspire to⟩

mirada *nf* **1** : look, glance, gaze **2** EXPRESIÓN : look, expression ⟨una mirada de sorpresa : a look of surprise⟩

mirado, -da *adj* **1** : cautious, careful **2** : considerate **3 bien mirado** : well thought of **4 mal mirado** : disliked, disapproved of

mirador *nm* : balcony, lookout, vantage point

miramiento *nm* **1** CONSIDERACIÓN : consideration, respect **2 sin miramientos** : without due consideration, carelessly

mirar *vt* **1** : to look at **2** OBSERVAR : to watch **3** REFLEXIONAR : to consider, to think over — *vi* **1** : to look **2** : to face, to overlook **3** ~ **por** : to look after, to look out for — **mirarse** *vr* **1** : to look at oneself **2** : to look at each other

mirasol *nm* GIRASOL : sunflower

miríada *nf* : myriad

mirlo *nm* : blackbird

mirra *nf* : myrrh

mirto *nm* ARRAYÁN : myrtle

misa *nf* : Mass

misantropía *nf* : misanthropy

misantrópico, -ca *adj* : misanthropic

misántropo, -pa *n* : misanthrope

miscelánea *nf* : miscellany

misceláneo, -nea *adj* : miscellaneous

miserable *adj* **1** LASTIMOSO : miserable, wretched **2** : paltry, meager **3** MEZQUINO : stingy, miserly **4** : despicable, vile

miseria *nf* **1** POBREZA : poverty **2** : misery, suffering **3** : pittance, meager amount

misericordia *nf* COMPASIÓN : mercy, compassion

misericordioso, -sa *adj* : merciful

mísero, -ra *adj* **1** : wretched, miserable **2** : stingy **3** : paltry, meager

misil *nm* : missile

misión *nf, pl* **misiones** : mission

misionero, -ra *adj & n* : missionary

misiva *nf* : missive, letter

mismísimo, -ma *adj* (*used as an intensifier*) : very, selfsame ⟨el mismísimo día : that very same day⟩

mismo[1] *adv* (*used as an intensifier*) : right, exactly ⟨hazlo ahora mismo : do it right now⟩ ⟨te llamará hoy mismo : he'll definitely call you today⟩

mismo[2]**, -ma** *adj* (*used as an intensifier*) : very ⟨en ese mismo momento : at that very moment⟩ **3** : oneself ⟨lo hizo ella misma : she made it herself⟩ **4 por lo mismo** : for that reason

misoginia *nf* : misogyny

misógino *nm* : misogynist

misterio *nm* : mystery

misterioso, -sa *adj* : mysterious — **misteriosamente** *adv*

misticismo *nm* : mysticism

místico[1]**, -ca** *adj* : mystic, mystical

místico[2]**, -ca** *n* : mystic

mitad *nf* **1** : half ⟨mitad y mitad : half and half⟩ **2** MEDIO : middle ⟨a mitad de : halfway through⟩ ⟨por la mitad : in half⟩

mítico, -ca *adj* : mythical, mythic

mitigar {52} *vt* ALIVIAR : to mitigate, to alleviate — **mitigación** *nf*

mitin *nm, pl* **mítines** : (political) meeting, rally

mito *nm* LEYENDA : myth, legend

mitología *nf* : mythology

mitológico, -ca *adj* : mythological

mitosis *nfs & pl* : mitosis

mitra *nf* : miter (bishop's hat)

mixto, -ta *adj* **1** : mixed, joint **2** : coeducational

mixtura *nf* : mixture, blend

mnemónico, -ca *adj* : mnemonic

mobiliario *nm* : furniture

mocasín *nm, pl* **-sines** : moccasin

mocedad *nf* **1** JUVENTUD : youth **2** : youthful prank

mochila *nf* MORRAL : backpack, knapsack

moción *nf, pl* **-ciones** **1** MOVIMIENTO : motion, movement **2** : motion (to a court or assembly)

moco *nm* **1** : mucus **2** *fam* : snot ⟨limpiarse los mocos : to wipe one's (runny) nose⟩

mocoso, -sa *n* : kid, brat

moda *nf* **1** : fashion, style **2 a la moda** *or* **de ~** : in style, fashionable **3 moda pasajera** : fad

modales *nmpl* : manners

modalidad *nf* **1** CLASE : kind, type **2** MANERA : way, manner

modelar *vt* : to model, to mold — **modelarse** *vr* : to model oneself after, to emulate

modelo[1] *adj* : model ⟨una casa modelo : a model home⟩

modelo[2] *nm* : model, example, pattern

modelo[3] *nmf* : model, mannequin

módem *or* **modem** [ˈmoðɛm] *nm* : modem

moderación *nf, pl* **-ciones** MESURA : moderation

moderado, -da *adj & n* : moderate — **moderadamente** *adv*

moderador, -dora *n* : moderator, chair

moderar *vt* **1** TEMPERAR : to temper, to moderate **2** : to curb, to reduce ⟨moderar gastos : to curb spending⟩ **3** PRESIDIR : to chair (a meeting) — **moderarse** *vr* **1** : to restrain oneself **2** : to diminish, to calm down

modernidad *nf* **1** : modernity, modernness **2** : modern age

modernismo *nm* : modernism

modernista[1] *adj* : modernist, modernistic

modernista[2] *nmf* : modernist

modernizar {21} *vt* : to modernize — **modernización** *nf*

moderno, -na *adj* : modern, up-to-date

modestia *nf* : modesty

modesto, -ta *adj* : modest — **modestamente** *adv*
modificación *nf, pl* **-ciones** : alteration
modificador[1], -dora *adj* : modifying, moderating
modificador[2] → **modificante**
modificante *nm* : modifier
modificar {72} *vt* ALTERAR : to modify, to alter, to adapt
modismo *nm* : idiom
modista *nmf* **1** : dressmaker **2** : fashion designer
modo *nm* **1** MANERA : way, manner, mode ⟨de un modo u otro : one way or another⟩ ⟨a mi modo de ver : to my way of thinking⟩ **2** : mood (in grammar) **3** : mode (in music) **4 a modo de** : by way of, in the manner of, like ⟨a modo de ejemplo : by way of example⟩ **5 de cualquier modo** : in any case, anyway **6 de modo que** : so, in such a way that **7 de todos modos** : in any case, anyway **8 en cierto modo** : in a way, to a certain extent
modorra *nf* : drowsiness, lethargy
modular[1] *v* : to modulate — **modulación** *nf*
modular[2] *adj* : modular
módulo *nm* : module, unit
mofa *nf* **1** : mockery, ridicule **2 hacer mofa de** : to make fun of, to ridicule
mofarse *vr* ~ **de** : to scoff at, to make fun of
mofeta *nf* ZORRILLO : skunk
mofle *nm* CA, Mex : muffler (of a car)
moflete *nm fam* : fat cheek
mofletudo, -da *adj fam* : fat-cheeked, chubby
mohín *nm, pl* **mohines** : grimace, face
mohino, -na *adj* : gloomy, melancholy
moho *nm* **1** : mold, mildew **2** : rust
mohoso, -sa *adj* **1** : moldy **2** : rusty
moisés *nm, pl* **moiseses** : bassinet, cradle
mojado[1], -da *adj* : wet
mojado[2], -da *n Mex fam* : illegal immigrant
mojar *vt* **1** : to wet, to moisten **2** : to dunk — **mojarse** *vr* : to get wet
mojigatería *nf* **1** : hypocrisy **2** GAZMOÑERÍA : primness, prudery
mojigato[1], -ta *adj* : prudish, prim — **mojigatamente** *adv*
mojigato[2], -ta *n* : prude, prig
mojón *nm, pl* **mojones** : boundary stone, marker
molar *nm* MUELA : molar
molcajete *nm Mex* : mortar
molde *nm* **1** : mold, form **2 letras de molde** : printing, block lettering
moldear *vt* **1** FORMAR : to mold, to shape **2** : to cast
moldura *nf* : molding
mole[1] *nm Mex* **1** : spicy sauce made with chilies and usually chocolate **2** : meat served with mole sauce
mole[2] *nf* : mass, bulk
molécula *nf* : molecule — **molecular** *adj*

moler {47} *vt* **1** : to grind, to crush **2** CANSAR : to exhaust, to wear out
molestar *vt* **1** FASTIDIAR : to annoy, to bother **2** : to disturb, to disrupt — *vi* : to be a nuisance — **molestarse** *vr* ~ **en** : to take the trouble to
molestia *nf* **1** FASTIDIO : annoyance, bother, nuisance **2** : trouble ⟨se tomó la molestia de investigar : she took the trouble to investigate⟩ **3** MALESTAR : discomfort
molesto, -ta *adj* **1** ENOJADO : bothered, annoyed **2** FASTIDIOSO : bothersome, annoying
molestoso, -sa *adj* : bothersome, annoying
molido, -da *adj* **1** MACHACADO : ground, crushed **2 estar molido** : to be exhausted
molienda *nf* : milling, grinding
molinero, -ra *n* : miller
molinillo *nm* : grinder, mill ⟨molinillo de café : coffee grinder⟩
molino *nm* **1** : mill **2 molino de viento** : windmill
molla *nf* : soft fleshy part, flesh (of fruit), lean part (of meat)
molleja *nf* : gizzard
molusco *nm* : mollusk
momentáneamente *adv* : momentarily
momentáneo, -nea *adj* **1** : momentary **2** TEMPORARIO : temporary
momento *nm* **1** : moment, instant ⟨espera un momentito : wait just a moment⟩ **2** : time, period of time ⟨momentos difíciles : hard times⟩ **3** : present, moment ⟨los atletas del momento : the athletes of the moment, today's popular athletes⟩ **4** : momentum **5 al momento** : right away, at once **6 de** ~ : at the moment, for the moment **7 de un momento a otro** : any time now **8 por momentos** : at times
momia *nf* : mummy
monaguillo *nm* ACÓLITO : altar boy
monarca *nmf* : monarch
monarquía *nf* : monarchy
monárquico, -ca *n* : monarchist
monasterio *nm* : monastery
monástico, -ca *adj* : monastic
mondadientes *nms & pl* PALILLO : toothpick
mondar *vt* : to peel
mondongo *nm* ENTRAÑAS : innards *pl*, insides *pl*, guts *pl*
moneda *nf* **1** : coin **2** : money, currency
monedero *nm* : change purse
monetario, -ria *adj* : monetary, financial
mongol, -gola *adj & n* : Mongol, Mongolian
monitor[1], -tora *n* : instructor (in sports)
monitor[2] *nm* : monitor ⟨monitor de televisión : television monitor⟩
monitorear *vt* : to monitor
monja *nf* : nun
monje *nm* : monk
mono[1], -na *adj fam* : lovely, pretty, cute, darling

mono², -na *n* : monkey
monóculo *nm* : monocle
monogamia *nf* : monogamy
monógamo, -ma *adj* : monogamous
monografía *nf* : monograph
monograma *nm* : monogram
monolingüe *adj* : monolingual
monolítico, -ca *adj* : monolithic
monolito *nm* : monolith
monólogo *nm* : monologue
monomanía *nf* : obsession
monopatín *nm, pl* **-tines** 1 : scooter 2 : skateboard
monopolio *nm* : monopoly
monopolizar {21} *vt* : to monopolize — monopolización *nf*
monosilábico, -ca *adj* : monosyllabic
monosílabo *nm* : monosyllable
monoteísmo *nm* : monotheism
monoteísta¹ *adj* : monotheistic
monoteísta² *nmf* : monotheist
monotonía *nf* 1 : monotony 2 : monotone
monótono, -na *adj* : monotonous — monótonamente *adv*
monóxido *nm* : monoxide ⟨monóxido de carbono : carbon monoxide⟩
monserga *nf* : gibberish, drivel
monstruo *nm* : monster
monstruosidad *nf* : monstrosity
monstruoso, -sa *adj* : monstrous — monstruosamente *adv*
monta *nf* 1 : sum, total 2 : importance, value ⟨de poca monta : unimportant, insignificant⟩
montaje *nm* 1 : assembling, assembly 2 : montage
montante *nm* : transom, fanlight
montaña *nf* MONTE : mountain 1 montaña rusa : roller coaster
montañero, -ra *n* : mountaineer, mountain climber
montañoso, -sa *adj* : mountainous
montar *vt* 1 : to mount 2 ESTABLECER : to set up, to establish 3 ARMAR : to assemble, to put together 4 : to edit (a film) 5 : to stage, to put on (a show) 6 : to cock (a gun) 7 montar en bicicleta : to get on a bicycle 8 montar a caballo CABALGAR : to ride horseback
monte *nm* 1 MONTAÑA : mountain, mount 2 : woodland, scrubland ⟨monte bajo : underbrush⟩ 3 : outskirts (of a town), surrounding country 4 monte de piedad : pawnshop
montés *adj, pl* **monteses** : wild (of animals or plants)
montículo *nm* 1 : mound, heap 2 : hillock, knoll
monto *nm* : amount, total
montón *nm, pl* **-tones** 1 : heap, pile 2 *fam* : ton, load ⟨un montón de preguntas : a ton of questions⟩ ⟨montones de gente : loads of people⟩
montura *nf* 1 : mount (horse) 2 : saddle, tack 3 : setting, mounting (of jewelry) 4 : frame (of glasses)

monumental *adj fam* 1 : tremendous, terrific 2 : massive, huge
monumento *nm* : monument
monzón *nm, pl* **monzones** : monsoon
moño *nm* 1 : bun (chignon) 2 LAZO : bow, knot ⟨corbata de moño : bow tie⟩
moquear *vi* : to snivel
moquillo *nm* : distemper
mora *nf* 1 : blackberry 2 : mulberry
morada *nf* RESIDENCIA : dwelling, abode
morado¹, -da *adj* : purple
morado² *nm* : purple
morador, -dora *n* : dweller, inhabitant
moral¹ *adj* : moral — moralmente *adv*
moral² *nf* 1 MORALIDAD : ethics, morality, morals *pl* 2 ÁNIMO : morale, spirits *pl*
moraleja *nf* : moral (of a story)
moralidad *nf* : morality
moralista¹ *adj* : moralistic
moralista² *nmf* : moralist
morar *vi* : to dwell, to reside
moratoria *nf* : moratorium
mórbido, -da *adj* : morbid
morboso, -sa *adj* : morbid — morbosidad *nf*
morcilla *nf* : blood sausage, blood pudding
mordacidad *nf* : bite, sharpness
mordaz *adj* : caustic, scathing
mordaza *nf* 1 : gag 2 : clamp
mordedura *nf* : bite (of an animal)
morder {47} *v* : to bite
mordida *nf* 1 : bite 2 *CA, Mex* : bribe, payoff
mordisco *nm* : bite, nibble
mordisquear *vt* : to nibble (on), to bite
morena *nf* 1 : moraine 2 : moray (eel)
moreno¹, -na *adj* 1 : brunette 2 : dark, dark-skinned
moreno², -na *n* 1 : brunette 2 : dark-skinned person
moretón *nm, pl* **-tones** : bruise
morfina *nf* : morphine
morfología *nf* : morphology
morgue *nf* : morgue
moribundo¹, -da *adj* : dying, moribund
moribundo², -da *n* : dying person
morillo *nm* : andiron
morir {46} *vi* 1 FALLECER : to die 2 APAGARSE : to die out, to go out
mormón, -mona *adj & n, pl* **mormones** : Mormon
moro¹, -ra *adj* : Moorish
moro², -ra *n* 1 : Moor 2 : Muslim
morosidad *nf* 1 : delinquency (in payment) 2 : slowness
moroso, -sa *adj* 1 : delinquent, in arrears ⟨cuentas morosas : delinquent accounts⟩ 2 : slow, sluggish
morral *nm* MOCHILA : backpack, knapsack
morralla *nf* 1 : small fish 2 : trash, riffraff 3 *Mex* : small change
morriña *nf* : homesickness
morro *nm* HOCICO : snout

morsa *nf* : walrus
morse *nm* : Morse code
mortaja *nf* SUDARIO : shroud
mortal[1] *adj* **1** : mortal **2** FATAL : fatal, deadly — **mortalmente** *adv*
mortal[2] *nmf* : mortal
mortalidad *nf* : mortality
mortandad *nf* **1** : loss of life, death toll **2** : carnage, slaughter
mortero *nm* : mortar (bowl, cannon, or building material)
mortífero, -ra *adj* LETAL : deadly, fatal
mortificación *nf, pl* **-ciones 1** : mortification **2** TORMENTO : anguish, torment
mortificar {72} *vt* **1** : to mortify **2** TORTURAR : to trouble, to torment — **mortificarse** *vr* : to be mortified, to feel embarrassed
mosaico *nm* : mosaic
mosca *nf* **1** : fly **2 mosca común** : housefly
moscada *adj* **nuez moscada** : nutmeg
moscovita *adj & nmf* : Muscovite
mosquearse *vr* **1** : to become suspicious **2** : to take offense
mosquete *nm* : musket
mosquetero *nm* : musketeer
mosquitero *nm* : mosquito net
mosquito *nm* ZANCUDO : mosquito
mostachón *nm, pl* **-chones** : macaroon
mostaza *nf* : mustard
mostrador *nm* : counter (in a store)
mostrar {19} *vt* **1** : to show **2** EXHIBIR : to exhibit, to display — **mostrarse** *vr* : to show oneself, to appear
mota *nf* **1** : fleck, speck **2** : defect, blemish
mote *nm* SOBRENOMBRE : nickname
moteado, -da *adj* : dotted, spotted, dappled
motel *nm* : motel
motín *nm, pl* **motines 1** : riot **2** : rebellion, mutiny
motivación *nf, pl* **-ciones** : motivation — **motivacional** *adj*
motivar *vt* **1** CAUSAR : to cause **2** IMPULSAR : to motivate
motivo *nm* **1** MÓVIL : motive **2** CAUSA : cause, reason **3** TEMA : theme, motif
moto *nf* : motorcycle, motorbike
motocicleta *nf* : motorcycle
motociclismo *nm* : motorcycling
motociclista *nmf* : motorcyclist
motor[1], **-ra** *adj* MOTRIZ : motor
motor[2] *nm* **1** : motor, engine **2** : driving force, cause
motorista *nmf* : motorist
motriz *adj, pl* **motrices** : driving
motu proprio *adv* de motu proprio [de ˈmotuˈproprio] : voluntarily, of one's own accord
mousse [ˈmus] *nmf* : mousse
mover {47} *vt* **1** TRASLADAR : to move, to shift **2** AGITAR : to shake, to nod (the head) **3** ACCIONAR : to power, to drive **4** INDUCIR : to provoke, to cause **5** : to excite, to stir — **moverse** *vr* **1**

: to move, to move over **2** : to hurry, to get a move on **3** : to get moving, to make an effort
movible *adj* : movable
movida *nf* : move (in a game)
móvil[1] *adj* : mobile
móvil[2] *nm* **1** MOTIVO : motive **2** : mobile
movilidad *nf* : mobility
movilizar {21} *vt* : to mobilize — **movilización** *nf*
movimiento *nm* : movement, motion ⟨movimiento del cuerpo : bodily movement⟩ ⟨movimiento sindicalista : labor movement⟩
mozo[1], **-za** *adj* : young, youthful
mozo[2], **-za** *n* **1** JOVEN : young man *m*, young woman *f*, youth **2** : helper, servant **3** *Arg, Chile, Col, Peru* : waiter *m*, waitress *f*
mucamo, -ma *n* : servant, maid *f*
muchacha *nf* : maid
muchacho, -cha *n* **1** : kid, boy *m*, girl *f* **2** JOVEN : young man *m*, young woman *f*
muchedumbre *nf* MULTITUD : crowd, multitude
mucho[1] *adv* **1** : much, a lot ⟨mucho más : much more⟩ ⟨le gusta mucho : he likes it a lot⟩ **2** : long, a long time ⟨tardó mucho en venir : he was a long time getting here⟩ **3 por mucho que** : no matter how much
mucho[2], **-cha** *adj* **1** : a lot of, many, much ⟨mucha gente : a lot of people⟩ ⟨hace mucho tiempo que no lo veo : I haven't seen him in ages⟩ **2 muchas veces** : often
mucho[3], **-cha** *pron* **1** : a lot, many, much ⟨hay mucho que hacer : there is a lot to do⟩ ⟨muchas no vinieron : many didn't come⟩ **2 cuando** ~ *or* **como** ~ : at most **3 con** ~ : by far **4 ni mucho menos** : not at all, far from it
mucílago *nm* : mucilage
mucosidad *nf* : mucus
mucoso, -sa *adj* : mucous, slimy
muda *nf* **1** : change ⟨muda de ropa : change of clothes⟩ **2** : molt, molting
mudanza *nf* **1** CAMBIO : change **2** TRASLADO : move, moving
mudar *v* **1** CAMBIAR : to change **2** : to molt, to shed — **mudarse** *vr* **1** TRASLADARSE : to move (one's residence) **2** : to change (clothes)
mudo[1], **-da** *adj* **1** SILENCIOSO : silent ⟨el cine mudo : silent films⟩ **2** : mute, dumb
mudo[2], **-da** *n* : mute
mueble *nm* **1** : piece of furniture **2 muebles** *nmpl* : furniture, furnishings
mueblería *nf* : furniture store
mueca *nf* : grimace, face
muela *nf* **1** : tooth, molar ⟨dolor de muelas : toothache⟩ ⟨muela de juicio : wisdom tooth⟩ **2** : millstone **3** : whetstone
muele, etc. → **moler**

muelle[1] *adj* : soft, comfortable, easy
muelle[2] *nm* **1** : wharf, dock **2** RESORTE
: spring
muérdago *nm* : mistletoe
muerde, etc. → **morder**
muere, etc. → **morir**
muerte *nf* : death
muerto[1] *pp* → **morir**
muerto[2], **-ta** *adj* **1** : dead **2** : lifeless, flat,
dull **3** ~ **de** : dying of ⟨estoy muerto
de hambre : I'm dying of hunger⟩
muerto[3], **-ta** *nm* DIFUNTO : dead person,
deceased
muesca *nf* : nick, notch
muestra[1], etc. → **mostrar**
muestra[2] *nf* **1** : sample **2** SEÑAL : sign,
show ⟨una muestra de respeto : a show
of respect⟩ **3** EXPOSICIÓN : exhibition,
exposition **4** : pattern, model
mueve, etc. → **mover**
mugido *nm* : moo, lowing, bellow
mugir {35} *vi* : to moo, to low, to bellow
mugre *nf* SUCIEDAD : grime, filth
mugriento, -ta *adj* : filthy
muguete *nm* : lily of the valley
muja, etc. → **mugir**
mujer *nf* **1** : woman **2** ESPOSA : wife
mulato, -ta *adj & n* : mulatto
muleta *nf* : crutch
mullido, -da *adj* **1** : soft, fluffy **2**
: spongy, springy
mulo, -la *n* : mule
multa *nf* : fine
multar *vt* : to fine
multicolor *adj* : multicolored
multicultural *adj* : multicultural
multidisciplinario, -ria *adj* : multidisci-
plinary
multifacético, -ca *adj* : multifaceted
multifamiliar *adj* : multifamily
multilateral *adj* : multilateral
multimedia *nf* : multimedia
multimillonario, -ria *n* : multimillionaire
multinacional *adj* : multinational
múltiple *adj* : multiple
multiplicación *nf, pl* **-ciones** : multiplication
multiplicar {72} *v* **1** : to multiply **2** : to
increase — **multiplicarse** *vr* : to multiply, to reproduce
multiplicidad *nf* : multiplicity
múltiplo *nm* : multiple
multitud *nf* MUCHEDUMBRE : crowd,
multitude
multiuso, -sa *adj* : multipurpose
multivitamínico, -ca *adj* : multivitamin
mundano, -na *adj* : worldly, earthly
mundial *adj* : world, worldwide
mundialmente *adv* : worldwide, all over
the world

mundo *nm* **1** : world **2 todo el mundo**
: everyone, everybody
municiones *nfpl* : ammunition, munitions
municipal *adj* : municipal
municipio *nm* **1** : municipality **2** AYUN-
TAMIENTO : town council
muñeca *nf* **1** : doll **2** MANIQUÍ : mannequin **3** : wrist
muñeco *nm* **1** : doll, boy doll **2** MARI-
ONETA : puppet
muñón *nm, pl* **muñones** : stump (of an
arm or leg)
mural *adj & nm* : mural
muralista *nmf* : muralist
muralla *nf* : rampart, wall
murciélago *nm* : bat (animal)
murga *nf* : band of street musicians
murió, etc. → **morir**
murmullo *nm* **1** : murmur, murmuring
2 : rustling, rustle ⟨el murmullo de las
hojas : the rustling of the leaves⟩
murmurar *vt* **1** : to murmur, to mutter
2 : to whisper (gossip) — *vi* **1** : to murmur **2** CHISMEAR : to gossip
muro *nm* : wall
musa *nf* : muse
musaraña *nf* : shrew
muscular *adj* : muscular
musculatura *nf* : muscles *pl*, musculature
músculo *nm* : muscle
musculoso, -sa *adj* : muscular, brawny
muselina *nf* : muslin
museo *nm* : museum
musgo *nm* : moss
musgoso, -sa *adj* : mossy
música *nf* : music
musical *adj* : musical — **musicalmente**
adv
músico[1], **-ca** *adj* : musical
músico[2], **-ca** *n* : musician
musitar *vt* : to mumble, to murmur
muslo *nm* : thigh
musulmán, -mana *adj & n, mpl* **-manes**
: Muslim
mutación *nf, pl* **-ciones** : mutation
mutante *adj & nm* : mutant
mutar *v* : to mutate
mutilar *vt* : to mutilate — **mutilación** *nf*
mutis *nms* **1** : exit (in theater) **2** : silence
mutual *adj* : mutual
mutuo, -tua *adj* : mutual, reciprocal —
mutuamente *adv*
muy *adv* **1** : very, quite ⟨es muy inteligente : she's very intelligent⟩ ⟨muy
bien : very well, fine⟩ ⟨eso es muy
americano : that's typically American⟩
2 : too ⟨es muy grande para él : it's too
big for him⟩

N

n *nf* : fourteenth letter of the Spanish alphabet

nabo *nm* : turnip

nácar *nm* MADREPERLA : nacre, mother-of-pearl

nacarado, -da *adj* : pearly

nacer {48} *vi* **1** : to be born ⟨nací en Guatemala : I was born in Guatemala⟩ ⟨no nació ayer : he wasn't born yesterday⟩ **2** : to hatch **3** : to bud, to sprout **4** : to rise, to originate **5 nacer para algo** : to be born to be something **6 volver a nacer** : to have a lucky escape

nacido¹, -da *adj* **1** : born **2 recién nacido** : newborn

nacido², -da *n* **1 los nacidos** : those born (at a particular time) **2 recién nacido** : newborn baby

naciente *adj* **1** : newfound, growing **2** : rising ⟨el sol naciente : the rising sun⟩

nacimiento *nm* **1** : birth **2** : source (of a river) **3** : beginning, origin **4 BELÉN** : Nativity scene, crèche

nación *nf, pl* **naciones** : nation, country, people (of a country)

nacional¹ *adj* : national

nacional² *nmf* CIUDADANO : national, citizen

nacionalidad *nf* : nationality

nacionalismo *nm* : nationalism

nacionalista¹ *adj* : nationalist, nationalistic

nacionalista² *nmf* : nationalist

nacionalización *nf, pl* **-ciones 1** : nationalization **2** : naturalization

nacionalizar {21} *vt* **1** : to nationalize **2** : to naturalize (as a citizen) — **nacionalizarse** *vr*

naco, -ca *adj Mex* : trashy, vulgar, common

nada¹ *adv* : not at all, not in the least ⟨no estamos nada cansados : we are not at all tired⟩

nada² *nf* **1** : nothingness **2** : smidgen, bit ⟨una nada le disgusta : the slightest thing upsets him⟩

nada³ *pron* **1** : nothing ⟨no estoy haciendo nada : I'm not doing anything⟩ **2 casi nada** : next to nothing **3 de ~** : you're welcome **4 dentro de nada** : very soon, in no time **5 nada más** : nothing else, nothing more

nadador, -dora *n* : swimmer

nadar *vi* **1** : to swim **2 ~ en** : to be swimming in, to be rolling in — *vt* : to swim

nadería *nf* : small thing, trifle

nadie *pron* : nobody, no one ⟨no vi a nadie : I didn't see anyone⟩

nadir *nm* : nadir

nado *nm* **1** *Mex* : swimming **2 a ~** : swimming ⟨cruzó el río a nado : he swam across the river⟩

nafta *nf* **1** : naphtha **2** (*in various countries*) : gasoline

naftalina *nf* : naphthalene, mothballs *pl*

náhuatl¹ *adj & nmf, pl* **nahuas** : Nahuatl

náhuatl² *nm* : Nahuatl (language)

nailon → nilón

naipe *nm* : playing card

nalga *nf* **1** : buttock **2 nalgas** *nfpl* : buttocks, bottom

nalgada *nf* : smack on the bottom, spanking

namibio, -bia *adj & n* : Namibian

nana *nf* **1** : lullaby **2** *fam* : grandma **3** *CA, Col, Mex, Ven* : nanny

nanay *interj fam* : no way!, not likely!

naranja¹ *adj & nm* : orange (color)

naranja² *nf* : orange (fruit)

naranjal *nm* : orange grove

naranjo *nm* : orange tree

narcisismo *nm* : narcissism

narcisista¹ *adj* : narcissistic

narcisista² *nmf* : narcissist

narciso *nm* : narcissus, daffodil

narcótico¹, -ca *adj* : narcotic

narcótico² *nm* : narcotic

narcotizar {21} *vt* : to drug, to dope

narcotraficante *nmf* : drug trafficker

narcotráfico *nm* : drug trafficking

narigón, -gona *adj, mpl* **-gones** : big-nosed

narigudo → narigón

nariz *nf, pl* **narices 1** : nose ⟨sonar(se) la nariz : to blow one's nose⟩ **2** : sense of smell

narración *nf, pl* **-ciones** : narration, account

narrador, -dora *n* : narrator

narrar *vt* : to narrate, to tell

narrativa *nf* : narrative, story

narrativo, -va *adj* : narrative

narval *nm* : narwhal

nasa *nf* : creel

nasal *adj* : nasal

nata *nf* **1** : cream ⟨nata batida : whipped cream⟩ **2** : skin (on boiled milk)

natación *nf, pl* **-ciones** : swimming

natal *adj* : native, natal

natalicio *nm* : birthday ⟨el natalicio de George Washington : George Washington's birthday⟩

natalidad *nf* : birthrate

natillas *nfpl* : custard

natividad *nf* : birth, nativity

nativo, -va *adj & n* : native

nato, -ta *adj* : born, natural

natural¹ *adj* **1** : natural **2** : normal ⟨como es natural : naturally, as expected⟩ **3 ~ de** : native of, from **4 tamaño natural** : life-size

natural² *nm* **1** CARÁCTER : disposition, temperament **2** : native ⟨un natural de Venezuela : a native of Venezuela⟩

naturaleza *nf* **1** : nature ⟨la madre naturaleza : mother nature⟩ **2** ÍNDOLE : nature, disposition, constitution ⟨la naturaleza humana : human nature⟩ **3 naturaleza muerta** : still life

naturalidad *nf* : simplicity, naturalness
naturalismo *nm* : naturalism
naturalista¹ *adj* : naturalistic
naturalista² *nmf* : naturalist
naturalización *nf, pl* **-ciones** : naturalization
naturalizar {21} *vt* : to naturalize — **naturalizarse** *vr* NACIONALIZARSE : to become naturalized
naturalmente *adv* 1 : naturally, inherently 2 : of course
naufragar {52} *vi* 1 : to be shipwrecked 2 FRACASAR : to fail, to collapse
naufragio *nm* 1 : shipwreck 2 FRACASO : failure, collapse
náufrago, -ga *adj* : shipwrecked, castaway
náufrago², **-ga** *n* : shipwrecked person, castaway
náusea *nf* 1 : nausea 2 **dar náuseas** : to nauseate, to disgust 3 **náuseas matutinas** : morning sickness
nauseabundo, -da *adj* : nauseating, sickening
náutica *nf* : navigation
náutico, -ca *adj* : nautical
nautilo *nm* : nautilus
navaja *nf* 1 : pocketknife, penknife ⟨navaja de muelle : switchblade⟩ 2 **navaja de afeitar** : straight razor, razor blade
navajo, -ja *adj & n* : Navajo
naval *adj* : naval
nave *nf* 1 : ship ⟨nave capitana : flagship⟩ ⟨nave espacial : spaceship⟩ 2 : nave ⟨nave lateral : aisle⟩ 3 **quemar uno sus naves** : to burn one's bridges
navegabilidad *nf* : navigability
navegable *adj* : navigable
navegación *nf, pl* **-ciones** : navigation
navegante¹ *adj* : sailing, seafaring
navegante² *nmf* : navigator
navegar {52} *v* : to navigate, to sail
Navidad *nf* : Christmas, Christmastime ⟨Feliz Navidad : Merry Christmas⟩
navideño, -ña *adj* : Christmas
naviero, -ra *adj* : shipping
náyade *nf* : naiad
nazca, etc. → **nacer**
nazi *adj & nmf* : Nazi
nazismo *nm* : Nazism
nébeda *nf* : catnip
neblina *nf* : light fog, mist
neblinoso, -sa *adj* : misty, foggy
nebulosa *nf* : nebula
nebulosidad *nf* : mistiness, haziness
nebuloso, -sa *adj* 1 : hazy, misty 2 : nebulous, vague
necedad *nf* 1 : stupidity, foolishness ⟨decir necedades : to talk nonsense⟩
necesariamente *adv* : necessarily
necesario, -ria *adj* 1 : necessary 2 **si es necesario** : if need be 3 **hacerse necesario** : to be required
neceser *nm* : toilet kit, vanity case
necesidad *nf* 1 : need, necessity 2 : poverty, want 3 **necesidades** *nfpl* : hardships 4 **hacer sus necesidades** : to relieve oneself

necesitado, -da *adj* : needy
necesitar *vt* 1 : to need 2 : to necessitate, to require — *vi* ~ **de** : to have need of
necio, -cia *adj* 1 : foolish, silly, dumb 2 *fam* : naughty
necio², **-cia** *n* ESTÚPIDO : fool, idiot
necrología *nf* : obituary
necrópolis *nfs & pl* : cemetery
néctar *nm* : nectar
nectarina *nf* : nectarine
neerlandés¹, **-desa** *adj, mpl* **-deses** HOLANDÉS : Dutch
neerlandés², **-desa** *n, mpl* **-deses** HOLANDÉS : Dutch person, Dutchman *m*
nefando, -da *adj* : unspeakable, heinous
nefario, -ria *adj* : nefarious
nefasto, -ta *adj* 1 : ill-fated, unlucky 2 : disastrous, terrible
negación *nf, pl* **-ciones** 1 : negation, denial 2 : negative (in grammar)
negar {49} *vt* 1 : to deny 2 REHUSAR : to refuse 3 : to disown — **negarse** *vr* 1 : to refuse 2 : to deny oneself
negativa *nf* 1 : denial 2 : refusal
negativo¹, **-va** *adj* : negative
negativo² *nm* : negative (of a photograph)
negligé *nm* : negligee
negligencia *nf* : negligence
negligente *adj* : neglectful, negligent — **negligentemente** *adv*
negociable *adj* : negotiable
negociación *nf, pl* **-ciones** 1 : negotiation 2 **negociación colectiva** : collective bargaining
negociador, -dora *n* : negotiator
negociante *nmf* : businessman *m*, businesswoman *f*
negociar *vt* : to negotiate — *vi* : to deal, to do business
negocio *nm* 1 : business, place of business 2 : deal, transaction 3 **negocios** *nmpl* : commerce, trade, business
negrero, -ra *n* 1 : slave trader 2 *fam* : slave driver, brutal boss
negrita *nf* : boldface (type)
negro¹, **-gra** *adj* 1 : black, dark 2 BRONCEADO : suntanned 3 : gloomy, awful, desperate ⟨la cosa se está poniendo negra : things are looking bad⟩ 4 **mercado negro** : black market
negro², **-gra** *n* 1 : dark-skinned person, black person 2 *fam* : darling, dear
negro³ *nm* : black (color)
negrura *nf* : blackness
negruzco, -ca *adj* : blackish
nene, -na *n* : baby, small child
nenúfar *nm* : water lily
neocelandés → **neozelandés**
neoclasicismo *nm* : neoclassicism
neoclásico, -ca *adj* : neoclassical
neófito, -ta *n* : neophyte, novice
neologismo *nm* : neologism
neón *nm, pl* **neones** : neon
neoyorquino¹, **-na** *adj* : of or from New York

neoyorquino², -na *n* : New Yorker
neozelandés¹, -desa *adj, mpl* **-deses**
: of or from New Zealand
neozelandés², -desa *n, mpl* **-deses**
: New Zealander
nepalés, -lesa *adj & n, mpl* **-leses**
: Nepali
nepotismo *nm* : nepotism
neptunio *nm* : neptunium
Neptuno *nm* : Neptune
nervio *nm* **1** : tendon, sinew,
gristle (in meat) **2** : energy, drive **4**
: rib (of a vault) **5 nervios** *nmpl*
: nerves ⟨estar mal de los nervios : to
be a bundle of nerves⟩ ⟨ataque de
nervios : nervous breakdown⟩
nerviosamente *adv* : nervously
nerviosidad → nerviosismo
nerviosismo *nm* : nervousness, anxiety
nervioso, -sa *adj* **1** : nervous, nerve ⟨sis-
tema nervioso : nervous system⟩ **2**
: high-strung, restless, anxious ⟨pon-
erse nervioso : to get nervous⟩ **3** : vigorous, energetic
nervudo, -da *adj* : sinewy, wiry
neta *nf Mex fam* : truth ⟨la neta es que
me cae mal : the truth is, I don't like
her⟩
netamente *adv* : clearly, obviously
neto, -ta *adj* **1** : net ⟨peso neto : net
weight⟩ **2** : clear, distinct
neumático¹, -ca *adj* : pneumatic
neumático² *nm* LLANTA : tire
neumonía *nf* PULMONÍA : pneumonia
neural *adj* : neural
neuralgia *nf* : neuralgia
neuritis *nf* : neuritis
neurología *nf* : neurology
neurológico, -ca *adj* : neurological,
neurologic
neurólogo, -ga *n* : neurologist
neurosis *nfs & pl* : neurosis
neurótico, -ca *adj & n* : neurotic
neutral *adj* : neutral
neutralidad *nf* : neutrality
neutralizar {21} *vt* : to neutralize — **neutralización** *nf*
neutro, -tra *adj* **1** : neutral **2** : neuter
neutrón *nm, pl* **neutrones** : neutron
nevada *nf* : snowfall
nevado, -da *adj* **1** : snowcapped **2**
: snow-white
nevar {55} *v impers* : to snow
nevasca *nf* : snowstorm, blizzard
nevera *nf* REFRIGERADOR : refrigerator
nevería *nf Mex* : ice cream parlor
nevisca *nf* : light snowfall, flurry
nevoso, -sa *adj* : snowy
nexo *nm* VÍNCULO : link, connection,
nexus
ni *conj* **1** : neither, nor ⟨afuera no hace
ni frío ni calor : it's neither cold nor
hot outside⟩ **2 ni que** : not even if, not
as if ⟨ni que me pagaran : not even if
they paid me⟩ ⟨ni que fuera (yo) su
madre : it's not as if I were his moth-
er⟩ **3 ni siquiera** : not even ⟨ni siquiera
nos llamaron : they didn't even call us⟩

nicaragüense *adj & nmf* : Nicaraguan
nicho *nm* : niche
nicotina *nf* : nicotine
nido *nm* **1** : nest **2** : hiding place, den
niebla *nf* : fog, mist
niega, niegue etc. → negar
nieto, -ta *n* **1** : grandson *m*, granddaughter *f* **2 nietos** *nmpl* : grandchil-
dren
nieva, etc. → nevar
nieve *nf* **1** : snow **2** *Cuba, Mex, PRi*
: sherbet
nigeriano, -na *adj & n* : Nigerian
nigua *nf* : sand flea, chigger
nihilismo *nm* : nihilism
nilón *or* **nilon** *nm, pl* **nilones** : nylon
nimbo *nm* **1** : halo **2** : nimbus
nimiedad *nf* INSIGNIFICANCIA : trifle,
triviality
nimio, -mia *adj* INSIGNIFICANTE : insignificant, trivial
ninfa *nf* : nymph
ningunear *vt Mex fam* : to disrespect
ninguno¹, -na (ningún *before masculine
singular nouns) adj, mpl* **ningunos** : no,
none ⟨no es ninguna tonta : she's no
fool⟩ ⟨no debe hacerse en ningún momento : that should never be done⟩
ninguno², -na *pron* **1** : neither, none
⟨ninguno de los dos ha vuelto aún : neither one has returned yet⟩ **2** : no one,
no other ⟨te quiero más que a ninguna : I love you more than any other⟩
niña *nf* **1** PUPILA : pupil (of the eye) **2**
la niña de los ojos : the apple of one's
eye
niñada *nf* **1** : childishness **2** : trifle, silly thing
niñería → niñada
niñero, -ra *n* : baby-sitter, nanny
niñez *nf, pl* **niñeces** INFANCIA : childhood
niño, -ña *n* : child, boy *m*, girl *f*
niobio *nm* : niobium
nipón, -pona *adj & n, mpl* **nipones**
JAPONÉS : Japanese
níquel *nm* : nickel
nitidez *nf, pl* **-deces** CLARIDAD : clarity, vividness, sharpness
nítido, -da *adj* CLARO : clear, vivid, sharp
nitrato *nm* : nitrate
nítrico, -ca *adj* ácido nítrico : nitric acid
nitrito *nm* : nitrite
nitrógeno *nm* : nitrogen
nitroglicerina *nf* : nitroglycerin
nivel *nm* **1** : level, height ⟨nivel del mar
: sea level⟩ **2** : level, standard ⟨nivel
de vida : standard of living⟩
nivelar *vt* : to level (out)
nixtamal *nm Mex* : limed corn used for
tortillas
no *adv* **1** : no ⟨¿quieres ir al mercado?
no, voy más tarde : do you want to go
shopping? no, I'm going later⟩ **2** : not
⟨no hagas eso! : don't do that!⟩ ⟨creo
que no : I don't think so⟩ **3** : non- ⟨no
fumador : non-smoker⟩ **4 ¡como no!**
: of course! **5 no bien** : as soon as, no
sooner

nobelio *nm* : nobelium

noble[1] *adj* : noble — **noblemente** *adv*

noble[2] *nmf* : nobleman *m*, noblewoman *f*

nobleza *nf* **1** : nobility **2** HONRADEZ : honesty, integrity

nocaut *nm* : knockout, KO

noche *nf* **1** : night, nighttime, evening **2 buenas noches** : good evening, good night **3 de noche** *or* **por la noche** : at night **4 hacerse de noche** : to get dark

Nochebuena *nf* : Christmas Eve

nochecita *nf* : dusk

Nochevieja *nf* : New Year's Eve

noción *nf*, *pl* **nociones 1** CONCEPTO : notion, concept **2 nociones** *nfpl* : smattering, rudiments *pl*

nocivo, -va *adj* DAÑINO : harmful, noxious

noctámbulo, -la *n* **1** : sleepwalker **2** : night owl

nocturno[1], **-na** *adj* : night, nocturnal

nocturno[2] *nm* : nocturne

nodriza *nf* : wet nurse

nódulo *nm* : nodule

nogal *nm* **1** : walnut tree **2** *Mex* : pecan tree **3 nogal americano** : hickory

nómada[1] *adj* : nomadic

nómada[2] *nmf* : nomad

nomás *adv* : only, just ⟨lo hice nomás porque sí : I did it just because⟩ ⟨nomás de recordarlo me enojo : I get angry just remembering it⟩ ⟨nomás faltan dos semanas para Navidad : there are only two weeks left till Christmas⟩

nombradía *nf* RENOMBRE : fame, renown

nombrado, -da *adj* : famous, well-known

nombramiento *nm* : appointment, nomination

nombrar *vt* **1** : to appoint **2** : to mention, to name

nombre *nm* **1** : name ⟨nombre de pluma : pseudonym, pen name⟩ ⟨en nombre de : on behalf of⟩ ⟨sin nombre : nameless⟩ **2** : noun ⟨nombre propio : proper noun⟩ **3** : fame, renown

nomenclatura *nf* : nomenclature

nomeolvides *nmfs & pl* : forget-me-not

nómina *nf* : payroll

nominación *nf*, *pl* **-ciones** : nomination

nominal *adj* : nominal — **nominalmente** *adv*

nominar *vt* : to nominate

nominativo[1], **-va** *adj* : nominative

nominativo[2] *nm* : nominative (case)

nomo *nm* : gnome

non[1] *adj* IMPAR : odd, not even

non[2] *nm* : odd number

nonagésimo[1], **-ma** *adj* : ninetieth, ninety-

nonagésimo[2], **-ma** *n* : ninetieth, ninety- (in a series)

nono, -na *adj* : ninth — **nono** *nm*

nopal *nm* : nopal, cactus

nopalitos *nmpl* *Mex* : pickled cactus leaves

noquear *vt* : to knock out, to KO

norcoreano, -na *adj & n* : North Korean

nordeste[1] *or* **noreste** *adj* **1** : northeastern **2** : northeasterly

nordeste[2] *or* **noreste** *nm* : northeast

nórdico, -ca *adj & n* **1** ESCANDINAVO : Scandinavian **2** : Norse

noreste → **nordeste**

noria *nf* **1** : waterwheel **2** : Ferris wheel

norirlandés[1], **-desa** *adj*, *mpl* **-deses** : Northern Irish

norirlandés[2], **-desa** *n*, *mpl* **-deses** : person from Northern Ireland

norma *nf* **1** : rule, regulation **2** : norm, standard

normal *adj* **1** : normal, usual **2** : standard **3 escuela normal** : teacher-training college

normalidad *nf* : normality, normalcy

normalización *nf*, *pl* **-ciones** *nf* **1** REGULARIZACIÓN : normalization **2** ESTANDARIZACIÓN : standardization

normalizar {21} *vt* **1** REGULARIZAR : to normalize **2** ESTANDARIZAR : to standardize — **normalizarse** *vr* : to return to normal

normalmente *adv* GENERALMENTE : ordinarily, generally

noroeste[1] *adj* **1** : northwestern **2** : northwesterly

noroeste[2] *nm* : northwest

norte[1] *adj* : north, northern

norte[2] *nm* **1** : north **2** : north wind **3** META : aim, objective

norteamericano, -na *adj & n* **1** : North American **2** AMERICANO, ESTADOUNIDENSE : American, native or inhabitant of the United States

norteño[1], **-ña** *adj* : northern

norteño[2], **-ña** *n* : Northerner

noruego[1], **-ga** *adj & n* : Norwegian

noruego[2] *nm* : Norwegian (language)

nos *pron* **1** : us ⟨nos enviaron a la frontera : they sent us to the border⟩ **2** : ourselves ⟨nos divertimos muchísimo : we enjoyed ourselves a great deal⟩ **3** : each other, one another ⟨nos vimos desde lejos : we saw each other from far away⟩ **4** : to us, for us, from us ⟨nos lo dio : he gave it to us⟩ ⟨nos lo compraron : they bought it from us⟩

nosotros, -tras *pron* **1** : we ⟨nosotros llegamos ayer : we arrived yesterday⟩ **2** : us ⟨ven con nosotros : come with us⟩ **3 nosotros mismos** : ourselves ⟨lo arreglamos nosotros mismos : we fixed it ourselves⟩

nostalgia *nf* **1** : nostalgia, longing **2** : homesickness

nostálgico, -ca *adj* **1** : nostalgic **2** : homesick

nota *nf* **1** : note, message **2** : announcement ⟨nota de prensa : press release⟩ **3** : grade, mark (in school) **4** : characteristic, feature, touch **5** : note (in music) **6** : bill, check (in a restaurant)

notable *adj* **1** : notable, noteworthy **2** : outstanding

notación *nf, pl* **-ciones** : notation

notar *vt* **1** : to notice ⟨hacer notar algo : to point out something⟩ **2** : to tell ⟨la diferencia se nota inmediatamente : you can tell the difference right away⟩ — **notarse** *vr* **1** : to be evident, to show **2** : to feel, to seem

notario, -ria *n* : notary, notary public

noticia *nf* **1** : news item, piece of news **2 noticias** *nfpl* : news

noticiero *nm* : news program, newscast

noticioso, -sa *adj* : news ⟨agencia noticiosa : news agency⟩

notificación *nf, pl* **-ciones** : notification

notificar {72} *vt* : to notify, to inform

notoriedad *nf* **1** : knowledge, obviousness **2** : fame, notoriety

notorio, -ria *adj* **1** OBVIO : obvious, evident **2** CONOCIDO : well-known

novato¹, -ta *adj* : inexperienced, new

novato², -ta *n* : beginner, novice

novecientos¹, -tas *adj* : nine hundred

novecientos² *nms & pl* : nine hundred

novedad *nf* **1** : newness, novelty **2** : innovation

novedoso, -sa *adj* : original, novel

novel *adj* NOVATO : inexperienced, new

novela *nf* **1** : novel **2** : soap opera

novelar *vt* : to fictionalize, to make a novel out of

novelesco, -ca *adj* **1** : fictional **2** : fantastic, fabulous

novelista *nmf* : novelist

novena *nf* : novena

noveno, -na *adj* : ninth — **noveno, -na** *n*

noventa *adj & nm* : ninety

noventavo¹, -va *adj* : ninetieth

noventavo² *nm* : ninetieth (fraction)

noviazgo *nm* **1** : courtship, relationship **2** : engagement, betrothal

novicio, -cia *n* **1** : novice (in religion) **2** PRINCIPIANTE : novice, beginner

noviembre *nm* : November

novilla *nf* : heifer

novillada *nf* : bullfight featuring young bulls

novillero, -ra *n* : apprentice bullfighter

novillo *nm* : young bull

novio, -via *n* **1** : boyfriend *m*, girlfriend *f* **2** PROMETIDO : fiancé *m*, fiancée *f* **3** : bridegroom *m*, bride *f*

novocaína *nf* : novocaine

nubarrón *nm, pl* **-rrones** : storm cloud

nube *nf* **1** : cloud ⟨andar en las nubes : to have one's head in the clouds⟩ ⟨por las nubes : sky-high⟩ **2** : cloud (of dust), swarm (of insects, etc.)

nublado¹, -da *adj* **1** NUBOSO : cloudy, overcast **2** : clouded, dim

nublado² *nm* **1** : storm cloud **2** AMENAZA : menace, threat

nublar *vt* **1** OSCURECER : to obscure — **nublarse** *vr* : to get cloudy

nubosidad *nf* : cloudiness

nuboso, -sa *adj* NUBLADO : cloudy

nuca *nf* : nape, back of the neck

nuclear *adj* : nuclear

núcleo *nm* **1** : nucleus **2** : center, heart, core

nudillo *nm* : knuckle

nudismo *nm* : nudism

nudista *adj & nmf* : nudist

nudo *nm* **1** : knot ⟨nudo de rizo : square knot⟩ ⟨un nudo en la garganta : a lump in one's throat⟩ **2** : node **3** : junction, hub ⟨nudo de comunicaciones : communication center⟩ **4** : crux, heart (of a problem, etc.)

nudoso, -sa *adj* : knotty, gnarled

nuera *nf* : daughter-in-law

nuestro¹, -tra *adj* : our

nuestro², -tra *pron* (*with definite article*) : ours, our own ⟨el nuestro es más grande : ours is bigger⟩ ⟨es de los nuestros : it's one of ours⟩

nuevamente *adv* : again, anew

nuevas *nfpl* : tidings *pl*

nueve *adj & nm* : nine

nuevecito, -ta *adj* : brand-new

nuevo, -va *adj* **1** : new ⟨una casa nueva : a new house⟩ ⟨¿qué hay de nuevo? : what's new?⟩ **2** de ∼ : again, once more **3** Nuevo Testamento : New Testament

nuez *nf, pl* **nueces 1** : nut **2** : walnut **3** *Mex* : pecan **4 nuez de Adán** : Adam's apple **5 nuez moscada** : nutmeg

nulidad *nf* **1** : nullity **2** : incompetent person ⟨es una nulidad! : he's hopeless!⟩

nulo, -la *adj* **1** : null, null and void **2** INEPTO : useless, inept ⟨es nula para la cocina : she's hopeless at cooking⟩

numen *nm* : poetic muse, inspiration

numerable *adj* : countable

numeración *nf, pl* **-ciones** : numbering **2** : numbers *pl*, numerals *pl* ⟨numeración romana : Roman numerals⟩

numerador *nm* : numerator

numeral *adj* : numeral

numerar *vt* : to number

numerario, -ria *adj* : long-standing, permanent ⟨profesor numerario : tenured professor⟩

numérico, -ca *adj* : numerical — **numéricamente** *adv*

número *nm* **1** : number ⟨número impar : odd number⟩ ⟨número ordinal : ordinal number⟩ ⟨número arábico : Arabic numeral⟩ ⟨número quebrado : fraction⟩ **2** : issue (of a publication) **3** sin ∼ : countless

numeroso, -sa *adj* : numerous

numismática *nf* : numismatics

nunca *adv* **1** : never, ever ⟨nunca es tarde : it's never too late⟩ ⟨no trabaja casi nunca : he hardly ever works⟩ **2** **nunca más** : never again **3** **nunca jamás** : never ever

nuncio *nm* : harbinger, herald

nupcial *adj* : nuptial, wedding

nupcias *nfpl* : nuptials *pl*, wedding

nutria *nf* 1 : otter 2 : nutria
nutrición *nf, pl* **-ciones** : nutrition, nourishment
nutrido, -da *adj* 1 : nourished ⟨mal nutrido : undernourished, malnourished⟩ 2 : considerable, abundant ⟨de nutrido : full of, abounding in⟩
nutriente *nm* : nutrient
nutrimento *nm* : nutriment
nutrir *vt* 1 ALIMENTAR : to feed, to nourish 2 : to foster, to provide
nutritivo, -va *adj* : nourishing, nutritious

nylon → **nilón**
ñ *nf* : fifteenth letter of the Spanish alphabet
ñame *nm* : yam
ñandú *nm* : rhea
ñapa *nf* : extra amount ⟨de ñapa : for good measure⟩
ñoñear *vi fam* : to whine
ñoño, -ña *adj fam* : whiny, fussy ⟨no seas tan ñoño : don't be such a wimp⟩
ñoquis *nmpl* : gnocchi *pl*
ñu *nm* : gnu, wildebeest

O

o[1] *nf* : sixteenth letter of the Spanish alphabet
o[2] *conj* (u *before words beginning with o- or ho-*) 1 : or ⟨¿vienes con nosotros o te quedas? : are you coming with us or staying?⟩ 2 : either ⟨o vienes con nosotros o te quedas : either you come with us or you stay⟩ 3 **o sea** : that is to say, in other words
oasis *ms & pl* : oasis
obcecado, -da *adj* 1 : blinded ⟨obcecado por la ira : blinded by rage⟩ 2 : stubborn, obstinate
obcecar {72} *vt* : to blind (by emotions) — **obcecarse** *vr* : to become stubborn
obedecer {53} *vt* : to obey ⟨obedecer órdenes : to obey orders⟩ ⟨obedece a tus padres : obey your parents⟩ — *vi* 1 : to obey 2 ~ **a** : to respond to 3 ~ **a** : to be due to, to result from
obediencia *nf* : obedience
obediente *adj* : obedient — **obedientemente** *adv*
obelisco *nm* : obelisk
obertura *nf* : overture
obesidad *nf* : obesity
obeso, -sa *adj* : obese
óbice *nm* : obstacle, impediment
obispado *nm* DIÓCESIS : bishopric, diocese
obispo *nm* : bishop
obituario *nm* : obituary
objeción *nf, pl* **-ciones** : objection ⟨ponerle objeciones a algo : to object to something⟩
objetar *v* : to object ⟨no tengo nada que objetar : I have no objections⟩
objetividad *nf* : objectivity
objetivo[1], -va *adj* : objective — **objetivamente** *adv*
objetivo[2] *nm* 1 META : objective, goal, target 2 : lens
objeto *nm* 1 COSA : object, thing 2 OBJETIVO : objective, purpose ⟨con objeto de : in order to, with the aim of⟩ 3 **objeto volador no identificado** : unidentified flying object
objetor, -tora *n* : objector ⟨objetor de conciencia : conscientious objector⟩
oblea *nf* 1 : wafer 2 **hecho una oblea** *fam* : skinny as a rail

oblicuo, -cua *adj* : oblique — **oblicuamente** *adv*
obligación *nf, pl* **-ciones** 1 DEBER : obligation, duty 2 : bond, debenture
obligado, -da *adj* 1 : obliged 2 : obligatory, compulsory 3 : customary
obligar {52} *vt* : to force, to require, to oblige — **obligarse** *vr* : to commit oneself, to undertake (to do something)
obligatorio, -ria *adj* : mandatory, required, compulsory
obliterar *vt* : to obliterate, to destroy — **obliteración** *nf*
oblongo, -ga *adj* : oblong
obnubilación *nf, pl* **-ciones** : bewilderment, confusion
obnubilar *vt* : to daze, to bewilder
oboe[1] *nm* : oboe
oboe[2] *nmf* : oboist
obra *nf* 1 : work ⟨obra de arte : work of art⟩ ⟨obra de teatro : play⟩ ⟨obra de consulta : reference work⟩ 2 : deed ⟨una buena obra : a good deed⟩ 3 : construction work 4 **obra maestra** : masterpiece 5 **obras públicas** : public works 6 **por obra de** : thanks to, because of
obrar *vt* : to produce ⟨obrar milagros : to work miracles⟩ — *vi* 1 : to act, to behave ⟨obrar con cautela : to act with caution⟩ 2 **obrar en poder de** : to be in possession of
obrero[1], -ra *adj* : working ⟨la clase obrera : the working class⟩
obrero[2], -ra *n* : worker, laborer
obscenidad *nf* : obscenity
obsceno, -na *adj* : obscene
obscurecer, obscuridad, obscuro → **oscurecer, oscuridad, oscuro**
obsequiar *vt* REGALAR : to give, to present ⟨lo obsequiaron con una placa : they presented him with a plaque⟩
obsequio *nm* REGALO : gift, present
obsequiosidad *nf* : attentiveness, deference
obsequioso, -sa *adj* : obliging, attentive
observable *adj* : observable
observación *nf, pl* **-ciones** 1 : observation, watching 2 : remark, comment
observador[1], -dora *adj* : observant

observador², **-dora** *n* : observer, watcher
observancia *nf* : observance
observante *adj* : observant ⟨los judíos observantes : observant Jews⟩
observar *vt* 1 : to observe, to watch ⟨estábamos observando a los niños : we were watching the children⟩ 2 NOTAR : to notice 3 ACATAR : to obey, to abide by 4 COMENTAR : to remark, to comment
observatorio *nm* : observatory
obsesión *nf*, *pl* -**siones** : obsession
obsesionar *vt* : to obsess, to preoccupy excessively — **obsesionarse** *vr*
obsesivo, **-va** *adj* : obsessive
obseso, **-sa** *adj* : obsessed
obsolescencia *nf* DESUSO : obsolescence — **obsolescente** *adj*
obsoleto, **-ta** *adj* DESUSADO : obsolete
obstaculizar {21} *vt* IMPEDIR : to obstruct, to hinder
obstáculo *nm* IMPEDIMENTO : obstacle
obstante¹ *conj* no obstante : nevertheless, however
obstante² *prep* no obstante : in spite of, despite ⟨mantuvo su inocencia no obstante la evidencia : he maintained his innocence in spite of the evidence⟩
obstar *v impers* ~ **a** *or* ~ **para** : to hinder, to prevent ⟨eso no obsta para que me vaya : that doesn't prevent me from leaving⟩
obstetra *nmf* TOCÓLOGO : obstetrician
obstetricia *nf* : obstetrics
obstétrico, **-ca** *adj* : obstetric, obstetrical
obstinación *nf*, *pl* -**ciones** 1 TERQUEDAD : obstinacy, stubbornness 2 : perseverance, tenacity
obstinado, **-da** *adj* 1 TERCO : obstinate, stubborn 2 : persistent — **obstinadamente** *adv*
obstinarse *vr* EMPECINARSE : to be obstinate, to be stubborn
obstrucción *nf*, *pl* -**ciones** : obstruction, blockage
obstruccionismo *nm* : obstructionism, filibustering
obstruccionista *adj* : obstructionist, filibustering
obstructor, **-tora** *adj* : obstructive
obstruir {41} *vt* BLOQUEAR : to obstruct, to block, to clog — **obstruirse** *vr*
obtención *nf* : obtaining, procurement
obtener {80} *vt* : to obtain, to secure, to get — **obtenible** *adj*
obturador *nm* : shutter (of a camera)
obtuso, **-sa** *adj* : obtuse
obtuvo, etc. → **obtener**
obús *nm*, *pl* **obuses** 1 : mortar (weapon) 2 : mortar shell
obviar *vt* : to get around (a difficulty), to avoid
obvio, **-via** *adj* : obvious — **obviamente** *adv*
oca *nf* : goose

ocasión *nf*, *pl* -**siones** 1 : occasion, time 2 : opportunity, chance 3 : bargain 4 de ~ : secondhand 5 aviso de ocasión *Mex* : classified ad
ocasional *adj* 1 : occasional 2 : chance, fortuitous
ocasionalmente *adv* 1 : occasionally 2 : by chance
ocasionar *vt* CAUSAR : to cause, to occasion
ocaso *nm* 1 ANOCHECER : sunset, sundown 2 DECADENCIA : decline, fall
occidental *adj* : western, occidental
occidente *nm* 1 OESTE, PONIENTE : west 2 el Occidente : the West
oceánico, **-ca** *adj* : oceanic
océano *nm* : ocean
oceanografía *nf* : oceanography
oceanográfico, **-ca** *adj* : oceanographic
ocelote *nm* : ocelot
ochenta *adj* & *nm* : eighty
ochentavo¹, **-va** *adj* : eightieth
ochentavo² *nm* : eightieth (fraction)
ocho *adj* & *nm* : eight
ochocientos¹, **-tas** *adj* : eight hundred
ochocientos² *ms* & *pl* : eight hundred
ocio *nm* 1 : free time, leisure 2 : idleness
ociosidad *nf* : idleness, inactivity
ocioso, **-sa** *adj* 1 INACTIVO : idle, inactive 2 INÚTIL : pointless, useless
ocre *nm* : ocher
octágono *nm* : octagon — **octagonal** *adj*
octava *nf* : octave
octavo, **-va** *adj* : eighth — **octavo**, **-va** *n*
octeto *nm* 1 : octet 2 : byte
octogésimo¹, **-ma** *adj* : eightieth, eighty-
octogésimo², **-ma** *n* : eightieth, eighty- (in a series)
octubre *nm* : October
ocular *adj* 1 : ocular, eye ⟨músculos oculares : eye muscles⟩ 2 testigo ocular : eyewitness
oculista *nmf* : oculist, ophthalmologist
ocultación *nf*, *pl* -**ciones** : concealment
ocultar *vt* ESCONDER : to conceal, to hide — **ocultarse** *vr*
oculto, **-ta** *adj* 1 ESCONDIDO : hidden, concealed 2 : occult
ocupación *nf*, *pl* -**ciones** 1 : occupation, activity 2 : occupancy 3 EMPLEO : employment, job
ocupacional *adj* : occupational, job-related
ocupado, **-da** *adj* 1 : busy 2 : taken ⟨este asiento está ocupado : this seat is taken⟩ 3 : occupied ⟨territorios ocupados : occupied territories⟩ 4 señal de ocupado : busy signal
ocupante *nmf* : occupant
ocupar *vt* 1 : to occupy, to take possession of 2 : to hold (a position) 3 : to employ, to keep busy 4 : to fill (space, time) 5 : to inhabit (a dwelling) 6 : to bother, to concern — **ocuparse** *vr* ~ de 1 : to be concerned with 2 : to take care of

ocurrencia *nf* **1** : occurrence, event **2** : witticism **3** : bright idea

ocurrente *adj* **1** : witty **2** : clever, sharp

ocurrir *vi* : to occur, to happen — **ocurrirse** *vr* ~ **a** : to occur to, to strike ⟨se me ocurrió una mejor idea : a better idea occurred to me⟩

oda *nf* : ode

odiar *vt* ABOMINAR, ABORRECER : to hate

odio *nm* : hate, hatred

odioso, -sa *adj* ABOMINABLE, ABORRECIBLE : hateful, detestable

odisea *nf* : odyssey

odontología *nf* : dentistry, dental surgery

odontólogo, -ga *n* : dentist, dental surgeon

oeste[1] *adj* **1** : west, western ⟨la región oeste : the western region⟩ **2** : westerly

oeste[2] *nm* **1** : west, West **2** : west wind

ofender *vt* AGRAVIAR : to offend, to insult — *vi* : to offend, to be insulting — **ofenderse** *vr* : to take offense

ofensa *nf* : offense, insult

ofensiva *nf* : offensive ⟨pasar a la ofensiva : to go on the offensive⟩

ofensivo, -va *adj* : offensive, insulting

ofensor, -sora *n* : offender

oferente *nmf* **1** : supplier **2** FUENTE : source ⟨un oferente no identificado : an unidentified source⟩

oferta *nf* **1** : offer **2** : sale, bargain ⟨las camisas están en oferta : the shirts are on sale⟩ **3** **oferta y demanda** : supply and demand

ofertar *vt* OFRECER : to offer

oficial[1] *adj* : official — **oficialmente** *adv*

oficial[2] *nmf* **1** : officer, police officer, commissioned officer (in the military) **2** : skilled worker

oficializar {21} *vt* : to make official

oficiante *nmf* : celebrant

oficiar *vt* **1** : to inform officially **2** : to officiate at, to celebrate (Mass) — *vi* ~ **de** : to act as

oficina *nf* : office

oficinista *nmf* : office worker

oficio *nm* **1** : trade, profession ⟨es electricista de oficio : he's an electrician by trade⟩ **2** : function, role **3** : official communication **4** : experience ⟨tener oficio : to be experienced⟩ **5** : religious ceremony

oficioso, -sa *adj* **1** EXTRAOFICIAL : unofficial **2** : officious — **oficiosamente** *adv*

ofrecer {53} *vt* **1** : to offer **2** : to provide, to give **3** : to present (an appearance, etc.) — **ofrecerse** *vr* **1** : to offer oneself, to volunteer **2** : to open up, to present itself

ofrecimiento *nm* : offer, offering

ofrenda *nf* : offering

oftalmología *nf* : ophthalmology

oftalmólogo, -ga *n* : ophthalmologist

ofuscación *nf, pl* **-ciones** : blindness, confusion

ofuscar {72} *vt* **1** : to blind, to dazzle **2** CONFUNDIR : to bewilder, to confuse — **ofuscarse** *vr* ~ **con** : to be blinded by

ogro *nm* : ogre

ohm *nm, pl* **ohms** : ohm

ohmio → **ohm**

oídas *nfpl* **de** ~ : by hearsay

oído *nm* **1** : ear ⟨oído interno : inner ear⟩ **2** : hearing ⟨duro de oído : hard of hearing⟩ **3** **tocar de oído** : to play by ear

oiga, etc. → **oír**

oír {50} *vi* : to hear — *vt* **1** : to hear **2** ESCUCHAR : to listen to **3** : to pay attention to, to heed **4** **¡oye!** *or* **¡oiga!** : listen!, excuse me!, look here!

ojal *nm* : buttonhole

ojalá *interj* **1** : I hope so!, if only!, God willing! **2** : I hope, I wish, hopefully ⟨¡ojalá que le vaya bien! : I hope things go well for her!⟩ ⟨¡ojalá no llueva! : hopefully it won't rain!⟩

ojeada *nf* : glimpse, glance ⟨echar una ojeada : to have a quick look⟩

ojear *vt* : to eye, to have a look at

ojete *nm* : eyelet

ojiva *nf* : warhead

ojo *nm* **1** : eye **2** : judgment, sharpness ⟨tener buen ojo para : to be a good judge of, to have a good eye for⟩ **3** : hole (in cheese), eye (in a needle), center (of a storm) **4** : span (of a bridge) **5 a ojos vistas** : openly, publicly **6 andar con ojo** : to be careful **7 ojo de agua** *Mex* : spring, source **8 ¡ojo!** : look out!, pay attention!

ola *nf* **1** : wave **2 ola de calor** : heat wave

oleada *nf* : swell, wave ⟨una oleada de protestas : a wave of protests⟩

oleaje *nm* : waves *pl*, surf

óleo *nm* **1** : oil **2** : oil painting

oleoducto *nm* : oil pipeline

oleoso, -sa *adj* : oily

oler {51} *vt* **1** : to smell **2** INQUIRIR : to pry into, to investigate **3** AVERIGUAR : to smell out, to uncover — *vi* **1** : to smell ⟨huele mal : it smells bad⟩ **2** ~ **a** : to smell like, to smell of ⟨huele a pino : it smells like pine⟩ — **olerse** *vr* : to have a hunch, to suspect

olfatear *vt* **1** : to sniff **2** : to sense, to sniff out

olfativo, -va *adj* : olfactory

olfato *nm* **1** : sense of smell **2** : nose, instinct

oligarquía *nf* : oligarchy

olimpiada *or* **olimpíada** *nf* **1** : Olympiad **2** *or* **olimpiadas** *nfpl* : Olympics *pl*

olímpico, -ca *adj* : Olympic

olisquear *vt* : to sniff at

oliva *nf* ACEITUNA : olive ⟨aceite de oliva : olive oil⟩

olivo *nm* : olive tree

olla *nf* **1** : pot ⟨olla de presión : pressure cooker⟩ **2 olla podrida** : Spanish stew

olmeca *adj & nmf* : Olmec
olmo *nm* : elm
olor *nm* : smell, odor
oloroso, -sa *adj* : scented, fragrant
olote *nm Mex* : cob, corncob
olvidadizo, -za *adj* : forgetful, absent-minded
olvidar *vt* **1** : to forget, to forget about ⟨olvida lo que pasó : forget about what happened⟩ **2** : to leave behind ⟨olvidé mi chequera en la casa : I left my checkbook at home⟩ — **olvidarse** *vr* : to forget ⟨se me olvidó mi cuaderno : I forgot my notebook⟩ ⟨se le olvidó llamarme : he forgot to call me⟩
olvido *nm* **1** : forgetfulness **2** : oblivion **3** DESCUIDO : oversight
omaní *adj & nmf* : Omani
ombligo *nm* : navel, belly button
ombudsman *nmfs & pl* : ombudsman
omelette *nmf* : omelet
ominoso, -sa *adj* : ominous — **ominosamente** *adv*
omisión *nf, pl* **-siones** : omission, neglect
omiso, -sa *adj* **1** NEGLIGENTE : neglectful **2 hacer caso omiso de** : to ignore
omitir *vt* **1** : to omit, to leave out **2** : to fail to ⟨omitió dar su nombre : he failed to give his name⟩
ómnibus *n, pl* **-bus** *or* **-buses** : bus, coach
omnipotencia *nf* : omnipotence
omnipotente *adj* TODOPODEROSO : omnipotent, almighty
omnipresencia *nf* : ubiquity, omnipresence
omnipresente *adj* : ubiquitous, omnipresent
omnisciente *adj* : omniscient — **omnisciencia** *nf*
omnívoro, -ra *adj* : omnivorous
omóplato *or* **omoplato** *nm* : shoulder blade
once *adj & nm* : eleven
onceavo[1], -va *adj* : eleventh
onceavo[2] *nm* : eleventh (fraction)
onda *nf* **1** : wave, ripple, undulation ⟨onda sonora : sound wave⟩ **2** : wave (in hair) **3** : scallop (on clothing) **4** *fam* : wavelength, understanding ⟨agarrar la onda : to get the point⟩ ⟨en la onda : on the ball, with it⟩ **5 ¿qué onda?** *fam* : what's happening?, what's up?
ondear *vi* : to ripple, to undulate, to flutter
ondulación *nf, pl* **-ciones** : undulation
ondulado, -da *adj* **1** : wavy ⟨pelo ondulado : wavy hair⟩ **2** : undulating
ondulante *adj* : undulating
ondular *vt* : to wave (hair) — *vi* : to undulate, to ripple
oneroso, -sa *adj* GRAVOSO : onerous, burdensome
ónix *nm* : onyx
onza *nf* : ounce

opacar {72} *vt* **1** : to make opaque or dull **2** : to outshine, to overshadow
opacidad *nf* **1** : opacity **2** : dullness
opaco, -ca *adj* **1** : opaque **2** : dull
ópalo *nm* : opal
opción *nf, pl* **opciones 1** ALTERNATIVA : option, choice **2** : right, chance ⟨tener opción a : to be eligible for⟩
opcional *adj* : optional — **opcionalmente** *adv*
ópera *nf* : opera
operación *nf, pl* **-ciones 1** : operation **2** : transaction, deal
operacional *adj* : operational
operador, -dora *n* **1** : operator **2** : cameraman, projectionist
operante *adj* : operating, working
operar *vi* **1** : to produce, to bring about **2** INTERVENIR : to operate on **3** *Mex* : to operate, to run (a machine) — *vi* **1** : to operate, to function **2** : to deal, to do business — **operarse** *vr* **1** : to come about, to take place **2** : to have an operation
operario, -ria *n* : laborer, worker
operático, -ca → operístico
operativo[1], -va *adj* **1** : operating ⟨capacidad operativa : operating capacity⟩ **2** : operative
operativo[2] *nm* : operation ⟨operativo militar : military operation⟩
opereta *nf* : operetta
operístico, -ca *adj* : operatic
opiato *nm* : opiate
opinable *adj* : arguable
opinar *vi* **1** : to think, to have an opinion **2** : to express an opinion **3 opinar bien de** : to think highly of — *vt* : to think ⟨opinamos lo mismo : we're of the same opinion, we're in agreement⟩
opinión *nf, pl* **-niones** : opinion, belief
opio *nm* : opium
oponente *nmf* : opponent
oponer {60} *vt* **1** CONTRAPONER : to oppose, to place against **2 oponer resistencia** : to resist, to put up a fight — **oponerse** *vr* ∼ **a** : to object to, to be against
oporto *nm* : port (wine)
oportunamente *adv* **1** : at the right time, opportunely **2** : appropriately
oportunidad *nf* : opportunity, chance
oportunismo *nm* : opportunism
oportunista[1] *adj* : opportunistic
oportunista[2] *nmf* : opportunist
oportuno, -na *adj* **1** : opportune, timely **2** : suitable, appropriate
oposición *nf, pl* **-ciones** : opposition
opositor, -tora *n* ADVERSARIO : opponent
oposum *nm* ZARIGÜEYA : opossum
opresión *nf, pl* **-siones 1** : oppression **2 opresión de pecho** : tightness in the chest
opresivo, -va *adj* : oppressive
opresor[1], -sora *adj* : oppressive
opresor[2], -sora *n* : oppressor

oprimir *vt* **1** : to oppress **2** : to press, to squeeze ⟨oprima el botón : push the button⟩

oprobio *nm* : opprobrium, shame

optar *vi* **1** ~ **por** : to opt for, to choose **2** ~ **a** : to aspire to, to apply for ⟨dos candidatos optan a la presidencia : two candidates are running for president⟩

optativo, -va *adj* FACULTATIVO : optional

óptica *nf* **1** : optics **2** : optician's shop **3** : viewpoint

óptico¹, -ca *adj* : optical, optic

óptico², -ca *n* : optician

optimismo *nm* : optimism

optimista¹ *adj* : optimistic

optimista² *nmf* : optimist

óptimo, -ma *adj* : optimum, optimal

optometría *nf* : optometry — **optometrista** *nmf*

opuesto¹ *pp* → **oponer**

opuesto² *adj* **1** : opposite, contrary **2** : opposed

opulencia *nf* : opulence — **opulento, -ta** *adj*

opus *nm* : opus

opuso, etc. → **oponer**

ora *conj* : now ⟨los matices eran variados, ora verdes, ora ocres : the hues were varied, now green, now ocher⟩

oración *nf, pl* **-ciones 1** DISCURSO : oration, speech **2** PLEGARIA : prayer **3** FRASE : sentence, clause

oráculo *nm* : oracle

orador, -dora *n* : speaker, orator

oral *adj* : oral — **oralmente** *adv*

órale *interj Mex fam* : sure!, OK! ⟨¿los dos por cinco pesos? ¡órale! : both for five pesos? you've got a deal!⟩ **2** : come on! ⟨¡órale, vámonos! : come on, let's go!⟩

orangután *nm, pl* **-tanes** : orangutan

orar *vi* REZAR : to pray

oratoria *nf* : oratory

oratorio *nm* **1** CAPILLA : oratory, chapel **2** : oratorio

orbe *nm* **1** : orb, sphere **2** GLOBO : globe, world

órbita *nf* **1** : orbit **2** : eye socket **3** ÁMBITO : sphere, field

orbitador *nm* : space shuttle, orbiter

orbital *adj* : orbital

orbitar *v* : to orbit

orden¹ *nm, pl* **órdenes 1** : order ⟨todo está en orden : everything's in order⟩ ⟨por orden cronológico : in chronological order⟩ **2** orden del día : agenda (at a meeting) **3** orden público : law and order

orden² *nf, pl* **órdenes 1** : order ⟨una orden religiosa : a religious order⟩ ⟨una orden de tacos : an order of tacos⟩ **2** orden de compra : purchase order **3** estar a la orden del día : to be the order of the day, to be prevalent

ordenación *nf, pl* **-ciones 1** : ordination **2** : ordering, organizing

ordenadamente *adv* : in an orderly fashion, neatly

ordenado, -da *adj* : orderly, neat

ordenador *nm Spain* : computer

ordenamiento *nm* **1** : ordering, organizing **2** : code (of laws)

ordenanza¹ *nf* REGLAMENTO : ordinance, regulation

ordenanza² *nm* : orderly (in the armed forces)

ordenar *vt* **1** MANDAR : to order, to command **2** ARREGLAR : to put in order, to arrange **3** : to ordain (a priest)

ordeñar *vt* : to milk

ordeño *nm* : milking

ordinal *nm* : ordinal (number)

ordinariamente *adv* **1** : usually **2** : coarsely

ordinariez *nf* : coarseness, vulgarity

ordinario, -ria *adj* **1** : ordinary **2** : coarse, common, vulgar **3 de ~** : usually

orear *vt* : to air

orégano *nm* : oregano

oreja *nf* : ear

orfanato *nm* : orphanage

orfanatorio *nm Mex* : orphanage

orfebre *nmf* : goldsmith, silversmith

orfebrería *nf* : articles of gold or silver

orfelinato *nm* : orphanage

orgánico, -ca *adj* : organic — **orgánicamente** *adv*

organigrama *nm* : organization chart, flowchart

organismo *nm* **1** : organism **2** : agency, organization

organista *nmf* : organist

organización *nf, pl* **-ciones** : organization

organizador¹, -dora *adj* : organizing

organizador², -dora *n* : organizer

organizar {21} *vt* : to organize, to arrange — **organizarse** *vr* : to get organized

organizativo, -va *adj* : organizational

órgano *nm* : organ

orgasmo *nm* : orgasm

orgía *nf* : orgy

orgullo *nm* : pride

orgulloso, -sa *adj* : proud — **orgullosamente** *adv*

orientación *nf, pl* **-ciones 1** : orientation **2** DIRECCIÓN : direction, course **3** GUÍA : guidance, direction

oriental¹ *adj* **1** : eastern **2** : oriental **3** *Arg, Uru* : Uruguayan

oriental² *nmf* **1** : Easterner **2** : Oriental **3** *Arg, Uru* : Uruguayan

orientar *vt* **1** : to orient, to position **2** : to guide, to direct — **orientarse** *vr* **1** : to orient oneself, to get one's bearings **2** ~ **hacia** : to turn towards, to lean towards

oriente *nm* **1** : east, East **2 el Oriente** : the Orient

orífice *nmf* : goldsmith

orificio *nm* : orifice, opening

origen *nm, pl* **orígenes 1** : origin **2** : lineage, birth **3 dar origen a** : to give rise to **4 en su origen** : originally

original *adj & nm* : original — **originalmente** *adv*

originalidad *nf* : originality

originar *vt* : to originate, to give rise to — **originarse** *vr* : to originate, to begin

originario, -ria *adj* ~ **de** : native of

originariamente *adv* : originally

orilla *nf* **1** BORDE : border, edge **2** : bank (of a river) **3** : shore

orillar *vt* **1** : to skirt, to go around **2** : to trim, to edge (cloth) **3** : to settle, to wind up **4** *Mex* : to pull over (a vehicle)

orín *nm* **1** HERRUMBRE : rust **2 orines** *nmpl* : urine

orina *nf* : urine

orinación *nf* : urination

orinal *nm* : urinal (vessel)

orinar *vi* : to urinate — **orinarse** *vr* : to wet oneself

oriol *nm* OROPÉNDOLA : oriole

oriundo, -da *adj* ~ **de** : native of

orla *nf* : border, edging

orlar *vt* : to edge, to trim

ornamentación *nf, pl* **-ciones** : ornamentation

ornamental *adj* : ornamental

ornamentar *vt* ADORNAR : to ornament, to adorn

ornamento *nm* : ornament, adornment

ornar *vt* : to adorn, to decorate

ornitología *nf* : ornithology

ornitólogo, -ga *n* : ornithologist

ornitorrinco *nm* : platypus

oro *nm* : gold

orondo, -da *adj* **1** : rounded, potbellied (of a container) **2** *fam* : smug, self-satisfied

oropel *nm* : glitz, glitter, tinsel

oropéndola *nf* : oriole

orquesta *nf* : orchestra — **orquestal** *adj*

orquestar *vt* : to orchestrate — **orquestación** *nf*

orquídea *nf* : orchid

ortiga *nf* : nettle

ortodoncia *nf* : orthodontics

ortodoncista *nmf* : orthodontist

ortodoxia *nf* : orthodoxy

ortodoxo, -xa *adj* : orthodox

ortografía *nf* : orthography, spelling

ortográfico, -ca *adj* : orthographic, spelling

ortopedia *nf* : orthopedics

ortopédico, -ca *adj* : orthopedic

ortopedista *nmf* : orthopedist

oruga *nf* **1** : caterpillar **2** : track (of a tank, etc.)

orzuelo *nm* : sty, stye (in the eye)

os *pron pl* (*objective form of* **vosotros**) *Spain* **1** : you, to you **2** : yourselves, to yourselves **3** : each other, to each other

osa *nf* → **oso**

osadía *nf* **1** VALOR : boldness, daring **2** AUDACIA : audacity, nerve

osado, -da *adj* **1** : bold, daring **2** : audacious, impudent — **osadamente** *adv*

osamenta *nf* : skeletal remains *pl*, bones *pl*

osar *vi* : to dare

oscilación *nf, pl* **-ciones** **1** : oscillation **2** : fluctuation **3** : vacillation, wavering

oscilar *vi* **1** BALANCEARSE : to swing, to sway, to oscillate **2** FLUCTUAR : to fluctuate **3** : to vacillate, to waver

oscuramente *adv* : obscurely

oscurecer {53} *vt* **1** : to darken **2** : to obscure, to confuse, to cloud **3 al oscurecer** : at dusk, at nightfall — *v impers* : to grow dark, to get dark — **oscurecerse** *vr* : to darken, to dim

oscuridad *nf* **1** : darkness **2** : obscurity

oscuro, -ra *adj* **1** : dark **2** : obscure **3 a oscuras** : in the dark, in darkness

óseo, ósea *adj* : skeletal, bony

ósmosis *or* **osmosis** *nf* : osmosis

oso, osa *n* **1** : bear **2 Osa Mayor** : Big Dipper **3 Osa Menor** : Little Dipper **4 oso blanco** : polar bear **5 oso hormiguero** : anteater **6 oso de peluche** : teddy bear

ostensible *adj* : ostensible, apparent — **ostensiblemente** *adv*

ostentación *nf, pl* **-ciones** : ostentation, display

ostentar *vt* **1** : to display, to flaunt **2** POSEER : to have, to hold ⟨ostenta el récord mundial : he holds the world record⟩

ostentoso, -sa *adj* : ostentatious, showy — **ostentosamente** *adv*

osteópata *nmf* : osteopath

osteopatía *n* : osteopathy

osteoporosis *nf* : osteoporosis

ostión *nm, pl* **ostiones** **1** *Mex* : oyster **2** *Chile* : scallop

ostra *nf* : oyster

ostracismo *nm* : ostracism

otear *vt* : to scan, to survey, to look over

otero *nm* : knoll, hillock

otomana *nf* : ottoman (mueble)

otomano, -na *adj & n* : Ottoman

otoñal *adj* : autumn, autumnal

otoño *nm* : autumn, fall

otorgamiento *nm* : granting, awarding

otorgar {52} *vt* **1** : to grant, to award **2** : to draw up, to frame (a legal document)

otro¹, otra *adj* **1** : other **2** : another ⟨en otro juego, ellos ganaron : in another game, they won⟩ **3 otra vez** : again **4 de otra manera** : otherwise **5 otra parte** : elsewhere **6 en otro tiempo** : once, formerly

otro², otra *pron* **1** : another one ⟨dame otro : give me another⟩ **2** : other one ⟨el uno o el otro : one or the other⟩ **3 los otros, las otras** : the others, the rest ⟨me dio una y se quedó con las otras : he gave me one and kept the rest⟩

ovación *nf, pl* **-ciones** : ovation

ovacionar *vt* : to cheer, to applaud

oval → ovalado
ovalado, -da *adj* : oval
óvalo *nm* : oval
ovárico, -ca *adj* : ovarian
ovario *nm* : ovary
oveja *nf* **1** : sheep, ewe **2 oveja negra** : black sheep
overol *nm* : overalls *pl*
ovillar *vt* : to roll into a ball
ovillo *nm* **1** : ball (of yarn) **2** : tangle
ovni *or* **OVNI** *nm* (objeto volador no identificado) : UFO
ovoide *adj* : ovoid, ovoidal
ovulación *nf, pl* **-ciones** : ovulation
ovular *vi* : to ovulate
óvulo *nm* : ovum

oxidación *nf, pl* **-ciones 1** : oxidation **2** : rusting
oxidado, -da *adj* : rusty
oxidar *vt* **1** : to cause to rust **2** : to oxidize — **oxidarse** *vr* : to rust, to become rusty
óxido *nm* **1** HERRUMBRE, ORÍN : rust **2** : oxide
oxigenar *vt* **1** : to oxygenate **2** : to bleach (hair)
oxígeno *nm* : oxygen
oxiuro *nm* : pinworm
oye, etc. → **oír**
oyente *nmf* **1** : listener **2** : auditor, auditing student
ozono *nm* : ozone

P

p *nf* : seventeenth letter of the Spanish alphabet
pabellón *nm, pl* **-llones 1** : pavilion **2** : summerhouse, lodge **3** : flag (of a vessel)
pabilo *nm* MECHA : wick
paca *nf* FARDO : bale
pacana *nf* : pecan
pacer {48} *v* : to graze, to pasture
paces → **paz**
pachanga *nf fam* : party, bash
paciencia *nf* : patience
paciente *adj & nmf* : patient — **pacientemente** *adv*
pacificación *nf, pl* **-ciones** : pacification
pacíficamente *adv* : peacefully, peaceably
pacificar {72} *vt* : to pacify, to calm — **pacificarse** *vr* : to calm down, to abate
pacífico, -ca *adj* : peaceful, pacific
pacifismo *nm* : pacifism
pacifista *adj & nmf* : pacifist
pacotilla *nf* **de ~** : shoddy, trashy
pactar *vt* : to agree on — *vi* : to come to an agreement
pacto *nm* CONVENIO : pact, agreement
padecer {53} *vt* : to suffer, to endure — *vi* ADOLECER **~ de** : to suffer from
padecimiento *nm* **1** : suffering **2** : ailment, condition
padrastro *nm* **1** : stepfather **2** : hangnail
padre[1] *adj Mex fam* : fantastic, great
padre[2] *nm* **1** : father **2 padres** *nmpl* : parents
padrenuestro *nm* : Lord's Prayer, paternoster
padrino *nm* **1** : godfather **2** : best man **3** : sponsor, patron
padrón *nm, pl* **padrones** : register, roll ⟨padrón municipal : city register⟩
paella *nf* : paella
paga *nf* **1** : payment **2** : pay, wages *pl*
pagaderó, -ra *adj* : payable
pagado, -da *adj* **1** : paid **2 pagado de sí mismo** : self-satisfied, smug
pagador, -dora *n* : payer

paganismo *nm* : paganism
pagano, -na *adj & n* : pagan
pagar {52} *vt* : to pay, to pay for, to repay — *vi* : to pay
pagaré *nm* VALE : promissory note, IOU
página *nf* : page
pago *nm* **1** : payment **2 en pago de** : in return for
pagoda *nf* : pagoda
pague, etc. → **pagar**
país *nm* **1** NACIÓN : country, nation **2** REGIÓN : region, territory
paisaje *nm* : scenery, landscape
paisano, -na *n* COMPATRIOTA : compatriot, fellow countryman
paja *nf* **1** : straw **2 fam** : trash, tripe
pajar *nm* : hayloft, haystack
pajarera *nf* : aviary
pájaro *nm* : bird ⟨pájaro cantor : songbird⟩ ⟨pájaro bobo : penguin⟩ ⟨pájaro carpintero : woodpecker⟩
pajita *nf* : (drinking) straw
pajote *nm* : straw, mulch
pala *nf* **1** : shovel, spade **2** : blade (of an oar or a rotor) **3** : paddle, racket
palabra *nf* **1** VOCABLO : word **2** PROMESA : word, promise ⟨un hombre de palabra : a man of his word⟩ **3** HABLA : speech **4** : right to speak ⟨tener la palabra : to have the floor⟩
palabrería *nf* : empty talk
palabrota *nf* : swearword
palacio *nm* **1** : palace, mansion **2 palacio de justicia** : courthouse
paladar *nm* **1** : palate **2** GUSTO : taste
paladear *vt* SABOREAR : to savor
paladín *nm, pl* **-dines** : champion, defender
palanca *nf* **1** : lever, crowbar **2 fam** : leverage, influence **3 palanca de cambio** *or* **palanca de velocidad** : gearshift
palangana *nf* : washbowl
palanqueta *nf* : jimmy, small crowbar
palco *nm* : box (in a theater or stadium)
palear *vt* **1** : to shovel **2** : to paddle
palenque *nm* **1** ESTACADA : stockade, palisade **2** : arena, ring

paleontología *nf* : paleontology
paleontólogo, -ga *n* : paleontologist
palestino, -na *adj & n* : Palestinian
palestra *nf* : arena ⟨salir a la palestra : to join the fray⟩
paleta *nf* **1** : palette **2** : trowel **3** : spatula **4** : blade, vane **5** : paddle **6** *CA, Mex* : lollipop, Popsicle
paletilla *nf* : shoulder blade
paliar *vt* MITIGAR : to alleviate, to palliate
paliativo¹, -va *adj* : palliative
paliativo² *nm* : palliative
palidecer {53} *vi* : to turn pale
palidez *nf, pl* **-deces** : paleness, pallor
pálido, -da *adj* : pale
palillo *nm* **1** MONDADIENTES : toothpick **2 palillos** *nmpl* : chopsticks **3 palillo de tambor** : drumstick
paliza *nf* : beating, pummeling ⟨darle una paliza a : to beat, to thrash⟩
palma *nf* **1** : palm (of the hand) **2** : palm (tree or leaf) **3 batir palmas** : to clap, to applaud **4 llevarse la palma** *fam* : to take the cake
palmada *nf* **1** : pat **2** : slap **3** : clap
palmarés *nm* : record (of achievements)
palmario, -ria *adj* MANIFIESTO : clear, manifest
palmeado, -da *adj* : webbed
palmear *vt* : to slap on the back — *vi* : to clap, to applaud
palmera *nf* : palm tree
palmo *nm* **1** : span, small amount **2 palmo a palmo** : bit by bit, inch by inch **3 dejar con un palmo de narices** : to disappoint
palmotear *vi* : to applaud
palmoteo *nm* : clapping, applause
palo *nm* **1** : stick, pole, post **2** : shaft, handle ⟨palo de escoba : broomstick⟩ **3** : mast, spar **4** : wood **5** : blow (with a stick) **6** : suit (of cards)
paloma *nf* **1** : pigeon, dove **2 paloma mensajera** : carrier pigeon
palomilla *nf* : moth
palomitas *nfpl* : popcorn
palpable *adj* : palpable, tangible
palpar *vt* : to feel, to touch
palpitación *nf, pl* **-ciones** : palpitation
palpitar *vi* : to palpitate, to throb — **palpitante** *adj*
palta *nf* : avocado
paludismo *nm* MALARIA : malaria
palurdo, -da *n* : boor, yokel, bumpkin
pampa *nf* : pampa
pampeano, -na *adj* : pampean, pampas
pampero → pampeano
pan *nm* **1** : bread **2** : loaf of bread **3** : cake, bar ⟨pan de jabón : bar of soap⟩ **4 pan dulce** *CA, Mex* : traditional pastry **5 pan tostado** : toast **6 ser pan comido** *fam* : to be a piece of cake, to be a cinch
pana *nf* : corduroy
panacea *nf* : panacea
panadería, -ra *nf* : bakery, bread shop
panadero, -ra *n* : baker

panal *nm* : honeycomb
panameño, -ña *adj & n* : Panamanian
pancarta *nf* : placard, sign
pancita *nf Mex* : tripe
páncreas *nms & pl* : pancreas
panda *nmf* : panda
pandeado, -da *adj* : warped
pandearse *vr* **1** : to warp **2** : to bulge, to sag
pandemonio *or* **pandemónium** *nm* : pandemonium
pandereta *nf* : tambourine
pandero *nm* : tambourine
pandilla *nf* **1** : group, clique **2** : gang
panecito *nm* : roll, bread roll
panegírico¹, -ca *adj* : eulogistic, panegyrical
panegírico² *nm* : eulogy, panegyric
panel *nm* : panel — **panelista** *nmf*
panera *nf* : bread box
panfleto *nm* : pamphlet
pánico *nm* : panic
panorama *nm* **1** VISTA : panorama, view **2** : scene, situation ⟨el panorama nacional : the national scene⟩ **3** PERSPECTIVA : outlook
panorámico, -ca *adj* : panoramic
panqueque *nm* : pancake
pantaletas *nfpl* : panties
pantalla *nf* **1** : screen, monitor **2** : lampshade **3** : fan
pantalón *nm, pl* **-lones 1** : pants *pl*, trousers *pl* **2 pantalones vaqueros** : jeans **3 pantalones de mezclilla** *Chile, Mex* : jeans **4 pantalones de montar** : jodhpurs
pantano *nm* **1** : swamp, marsh, bayou **2** : reservoir **3** : obstacle, difficulty
pantanoso, -sa *adj* **1** : marshy, swampy **2** : difficult, thorny
panteón *nm, pl* **-teones 1** CEMENTERIO : cemetery **2** : pantheon, mausoleum
pantera *nf* : panther
pantimedias *nfpl Mex* : panty hose
pantomima *nf* : pantomime
pantorrilla *nf* : calf (of the leg)
pantufla *nf* ZAPATILLA : slipper
panza *nf* BARRIGA : belly, paunch
panzón, -zona *adj, mpl* **panzones** : pot-bellied, paunchy
pañal *nm* : diaper
pañería *nf* **1** : cloth, material **2** : fabric store
pañito *nm* : doily
paño *nm* **1** : cloth **2** : rag, dust cloth **3 paño de cocina** : dishcloth **4 paño higiénico** : sanitary napkin
pañuelo *nm* **1** : handkerchief **2** : scarf
papa¹ *nm* : pope
papa² *nf* **1** : potato **2 papa dulce** : sweet potato **3 papas fritas** : potato chips, french fries **4 papas a la francesa** *Mex* : french fries
papá *nm fam* **1** : dad, pop **2 papás** *nmpl* : parents, folks
papada *nf* **1** : double chin, jowl **2** : dewlap
papagayo *nm* LORO : parrot

papal *adj* : papal
papalote *nm Mex* : kite
papaya *nf* : papaya
papel *nm* **1** BULTO : paper, piece of paper **2** : role, part **3 papel de estaño** : tinfoil **4 papel de empapelar** *or* **papel pintado** : wallpaper **5 papel higiénico** : toilet paper **6 papel de lija** : sandpaper
papeleo *nm* : paperwork, red tape
papelera *nf* : wastebasket
papelería *nf* : stationery store
papelero, -ra *adj* : paper
papeleta *nf* **1** : ballot **2** : ticket, slip
paperas *nfpl* : mumps
papi *nm fam* : daddy, papa
papilla *nf* **1** : pap, mash **2 hacer papilla** : to beat to a pulp
papiro *nm* : papyrus
paquete *nm* BULTO : package, parcel
paquistaní *adj & nmf* : Pakistani
par¹ *adj* : even (in number)
par² *nm* **1** : pair, couple **2** : equal, peer ⟨sin par : matchless, peerless⟩ **3** : par (in golf) **4** : rafter **5 de par en par** : wide open
par³ *nf* **1** : par ⟨por encima de la par : above par⟩ **2 a la par que** : at the same time as, as well as ⟨interesante a la par que instructivo : both interesting and informative⟩
para *prep* **1** : for ⟨para ti : for you⟩ ⟨alta para su edad : tall for her age⟩ ⟨una cita para el lunes : an appointment for Monday⟩ **2** : to, towards ⟨para la derecha : to the right⟩ ⟨van para el río : they're heading towards the river⟩ **3** : to, in order to ⟨lo hace para molestarte : he does it to annoy you⟩ **4** : around, by (a time) ⟨para mañana estarán listos : they'll be ready for tomorrow⟩ **5 para adelante** : forwards **6 para atrás** : backwards **7 para que** : so, so that, in order that ⟨te lo digo para que sepas : I'm telling you so you'll know⟩
parabién *nm, pl* **-bienes** : congratulations *pl*
parábola *nf* **1** : parable **2** : parabola
parabrisas *nms & pl* : windshield
paracaídas *nms & pl* : parachute
paracaidista *nmf* **1** : parachutist **2** : paratrooper
parachoques *nms & pl* : bumper
parada *nf* **1** : stop ⟨parada de autobús : bus stop⟩ **2** : catch, save, parry (in sports) **3** DESFILE : parade
paradero *nm* : whereabouts
paradigma *nm* : paradigm
paradisíaco, -ca *or* **paradisiaco, -ca** *adj* : heavenly
parado, -da *adj* **1** : motionless, idle, stopped **2** : standing (up) **3** : confused, bewildered **4 bien (mal) parado** : in good (bad) shape ⟨salió bien parado : it turned out well for him⟩
paradoja *nf* : paradox
paradójico, -ca *adj* : paradoxical
parafernalia *nf* : paraphernalia

parafina *nf* : paraffin
parafrasear *vt* : to paraphrase
paráfrasis *nfs & pl* : paraphrase
paraguas *nms & pl* : umbrella
paraguayo, -ya *adj & n* : Paraguayan
paraíso *nm* **1** : paradise, heaven **2 paraíso fiscal** : tax shelter
paraje *nm* : spot, place
paralelismo *nm* : parallelism, similarity
paralelo¹, -la *adj* : parallel
paralelo² *nm* : parallel
paralelogramo *nm* : parallelogram
parálisis *nfs & pl* **1** : paralysis **2** : standstill **3 parálisis cerebral** : cerebral palsy
paralítico, -ca *adj & n* : paralytic
paralizar {21} *vt* **1** : to paralyze **2** : to bring to a standstill — **paralizarse** *vr*
parámetro *nm* : parameter
páramo *nm* : barren plateau, moor
parangón *nm, pl* **-gones 1** : comparison **2 sin ~** : incomparable
paraninfo *nm* : auditorium, assembly hall
paranoia *nf* : paranoia
paranoico, -ca *adj & n* : paranoid
parapeto *nm* : parapet, rampart
parapléjico, -ca *adj & n* : paraplegic
parar *vt* **1** DETENER : to stop **2** : to stand, to prop — *vi* **1** CESAR : to stop **2** : to stay, to put up **3 ir a parar** : to end up, to wind up — **pararse** *vr* **1** : to stop **2** ATASCARSE : to stall (out) **3** : to stand up, to get up
pararrayos *nms & pl* : lightning rod
parasitario, -ria *adj* : parasitic
parasitismo *nm* : parasitism
parásito *nm* : parasite
parasol *nm* SOMBRILLA : parasol
parcela *nf* : parcel, tract of land
parcelar *vt* : to parcel (land)
parchar *vt* : to patch, to patch up
parche *nm* : patch
parcial *adj* : partial — **parcialmente** *adv*
parcialidad *nf* : partiality, bias
parco, -ca *adj* **1** : sparing, frugal **2** : moderate, temperate
pardo, -da *adj* : brownish grey
pardusco *~* **pardo**
parecer¹ {53} *vi* **1** : to seem, to look, to appear to be ⟨parece bien fácil : it looks very easy⟩ ⟨así parece : so it seems⟩ ⟨pareces una princesa : you look like a princess⟩ **2** : to think, to have an opinion ⟨me parece que sí : I think so⟩ **3** : to like, to be in agreement ⟨si te parece : if you like, if it's all right with you⟩ — **parecerse** *vr* *~* **a** : to resemble
parecer² *nm* **1** OPINIÓN : opinion **2** ASPECTO : appearance ⟨al parecer : apparently⟩
parecido¹, -da *adj* **1** : similar, alike **2 bien parecido** : good-looking
parecido² *nm* : resemblance, similarity
pared *nf* : wall
pareja *nf* **1** : couple, pair **2** : partner, mate

parejo, -ja adj 1 : even, smooth, level 2 : equal, similar

parentela nf : relations pl, kinfolk

parentesco nm : relationship, kinship

paréntesis nms & pl 1 : parenthesis 2 : digression

parentético, -ca adj : parenthetic, parenthetical

paria nmf : pariah, outcast

paridad nf : parity, equality

pariente nmf : relative, relation

parir vi : to give birth — vt : to give birth to, to bear

parking nm : parking lot

parlamentar vi : to talk, to parley

parlamentario[1], -ria adj : parliamentary

parlamentario[2], -ria n : member of parliament

parlamento nm 1 : parliament 2 : negotiations pl, talks pl

parlanchín[1], -china adj, mpl **-chines** : chatty, talkative

parlanchín[2], -china n, mpl **-chines** : chatterbox

parlante nm ALTOPARLANTE : loudspeaker

parlotear vi fam : to gab, to chat, to prattle

parloteo nm fam : prattle, chatter

paro nm 1 HUELGA : strike 2 : stoppage, stopping 3 **paro forzoso** : layoff

parodia nf : parody

parodiar vt : to parody

paroxismo nm 1 : fit, paroxysm 2 : peak, height ⟨llevaral paroxismo : to carry to the extreme⟩

parpadear vi 1 : to blink 2 : to flicker

parpadeo nm 1 : blink, blinking 2 : flickering

párpado nm : eyelid

parque nm 1 : park 2 **parque de atracciones** : amusement park

parquear vt : to park — **parquearse** vr

parqueo nm : parking

parquet or **parqué** nm : parquet

parquímetro nm : parking meter

parra nf : vine, grapevine

párrafo nm : paragraph

parranda nf fam : party, spree

parrilla nf 1 : broiler, grill 2 : grate

parrillada nf BARBACOA : barbecue

párroco nm : parish priest

parroquia nf 1 : parish 2 : parish church 3 : customers pl, clientele

parroquial adj : parochial

parroquiano, -na n 1 : parishioner 2 : customer, patron

parsimonia nf 1 : calm 2 : parsimony, thrift

parsimonioso, -sa adj 1 : calm, unhurried 2 : parsimonious, thrifty

parte[1] nm : report, dispatch

parte[2] nf 1 : part, share 2 : part, place ⟨en alguna parte : somewhere⟩ ⟨por todas partes : everywhere⟩ 3 : party (in negotiations, etc.) 4 **de parte de** : on behalf of 5 **¿de parte de quién?** : may I ask who's calling? 6 **tomar parte** : to take part

partero, -ra n : midwife

partición nf, pl **-ciones** : division, sharing

participación nf, pl **-ciones** 1 : participation 2 : share, interest 3 : announcement, notice

participante nmf 1 : participant 2 : competitor, entrant

participar vi 1 : to participate, to take part 2 **~ en** : to have a share in — vt : to announce, to notify

partícipe nmf : participant

participio nm : participle

partícula nf : particle

particular[1] adj 1 : particular, specific 2 : private, personal 3 : special, unique

particular[2] nm 1 : matter, detail 2 : individual

particularidad nf : characteristic, peculiarity

particularizar {21} vt 1 : to distinguish, to characterize 2 : to specify

partida nf 1 : departure 2 : item, entry 3 : certificate ⟨partida de nacimiento : birth certificate⟩ 4 : game, match, hand 5 : party, group

partidario, -ria n : follower, supporter

partido nm 1 : (political) party 2 : game, match ⟨partido de futbol : soccer game⟩ 3 APOYO : support, following 4 PROVECHO : profit, advantage ⟨sacar partido de : to profit from⟩

partir vt 1 : to cut, to split 2 : to break, to crack 3 : to share (out), to divide — vi 1 : to leave, to depart 2 **~ de** : to start from 3 **a partir de** : as of, from ⟨a partir de hoy : as of today⟩ — **partirse** vr 1 : to smash, to split open 2 : to chap

partisano, -na adj & n : partisan

partitura nf : (musical) score

parto nm 1 : childbirth, delivery, labor ⟨estar de parto : to be in labor⟩ 2 : product, creation, brainchild

parvulario nm : nursery school

párvulo, -la n : toddler, preschooler

pasa nf 1 : raisin 2 **pasa de Corinto** : currant

pasable adj : passable, tolerable — **pasablemente** adv

pasada nf 1 : passage, passing 2 : pass, wipe, coat (of paint) 3 **de ~** : in passing 4 **mala pasada** : dirty trick

pasadizo nm : passageway, corridor

pasado[1], -da adj 1 : past ⟨el año pasado : last year⟩ ⟨pasado mañana : the day after tomorrow⟩ ⟨pasadas las siete : after seven o'clock⟩ 2 : stale, bad, overripe 3 : old-fashioned, out-of-date 4 : overripe, slightly spoiled

pasado[2] nm : past

pasador nm 1 : bolt, latch 2 : barrette 3 Mex : bobby pin

pasaje nm 1 : ticket (for travel) 2 TARIFA : fare 3 : passageway 4 : passengers pl

pasajero[1], -ra adj : passing, fleeting

pasajero[2], -ra n : passenger

pasamanos *nms & pl* **1** : handrail **2** : bannister

pasante *nmf* : assistant

pasaporte *nm* : passport

pasar *vi* **1** : to pass, to go by, to come by **2** : to come in, to enter ⟨¿se puede pasar? : may we come in?⟩ **3** : to happen ⟨¿qué pasa? : what's happening?, what's going on?⟩ **4** : to manage, to get by **5** : to be over, to end **6** ~ **de** : to exceed, to go beyond **7** ~ **por** : to pretend to be — *vt* **1** : to pass, to give ⟨¿me pasas la sal? : would you pass me the salt?⟩ **2** : to pass (a test) **3** : to go over, to cross **4** : to spend (time) **5** : to tolerate **6** : to go through, to suffer **7** : to show (a movie, etc.) **8** : to overtake, to pass, to surpass **9** : to pass over, to wipe up **10 pasarlo bien** *or* **pasarla bien** : to have a good time **11 pasarlo mal** *or* **pasarla mal** : to have a bad time, to have a hard time **12 pasar por alto** : to overlook, to omit — **pasarse** *vr* **1** : to move, to pass, to go away **2** : to slip one's mind, to forget **3** : to go too far

pasarela *nf* **1** : gangplank **2** : footbridge **3** : runway, catwalk

pasatiempo *nm* : pastime, hobby

Pascua *nf* **1** : Easter **2** : Passover **3** : Christmas **4 Pascuas** *nfpl* : Christmas season

pase *nm* **1** PERMISO : pass, permit **2 pase de abordar** *Mex* : boarding pass

pasear *vi* **1** : to take a walk, to go for a ride — *vt* **1** : to take for a walk **2** : to parade around, to show off — **pasearse** *vr* : to walk around

paseo *nm* **1** : walk, stroll **2** : ride **3** EXCURSIÓN : outing, trip **4** : avenue, walk **5** *or* **paseo marítimo** : boardwalk

pasiflora *nf* : passionflower

pasillo *nm* CORREDOR : hallway, corridor, aisle

pasión *nf, pl* **pasiones** : passion

pasional *adj* : passionate ⟨crimen pasional : crime of passion⟩

pasionaria → **pasiflora**

pasivo¹, -va *adj* : passive — **pasivamente** *adv*

pasivo² *nm* **1** : liability ⟨activos y pasivos : assets and liabilities⟩ **2** : debit side (of an account)

pasmado, -da *adj* : stunned, flabbergasted

pasmar *vt* : to amaze, to stun — **pasmarse** *vr*

pasmo *nm* **1** : shock, astonishment **2** : wonder, marvel

pasmoso, -sa *adj* : incredible, amazing — **pasmosamente** *adv*

paso¹, -sa *adj* : dried ⟨ciruela pasa : prune⟩

paso² *nm* **1** : passage, passing ⟨de paso : in passing, on the way⟩ **2** : way, path ⟨abrirse paso : to make one's way⟩ **3** : crossing ⟨paso de peatones : crosswalk⟩ ⟨paso a desnivel : underpass⟩ ⟨paso elevado : overpass⟩ **4** : step

⟨paso a paso : step by step⟩ **5** : pace, gait ⟨a buen paso : quickly, at a good rate⟩

pasta *nf* **1** : paste ⟨pasta de dientes *or* pasta dental : toothpaste⟩ **2** : pasta **3** : pastry dough **4 libro en pasta dura** : hardcover book **5 tener pasta de** : to have the makings of

pastar *vi* : to graze — *vt* : to put to pasture

pastel¹ *adj* : pastel

pastel² *nm* **1** : cake ⟨pastel de cumpleaños : birthday cake⟩ **2** : pie, turnover **3** : pastel

pastelería *nf* : pastry shop

pasteurización *nf, pl* **-ciones** : pasteurization

pasteurizar {21} *vt* : to pasteurize

pastilla *nf* **1** COMPRIMIDO, PÍLDORA : pill, tablet **2** : lozenge ⟨pastilla para la tos : cough drop⟩ **3** : cake (of soap), bar (of chocolate)

pastizal *nm* : pasture, grazing land

pasto *nm* **1** : pasture **2** HIERBA : grass, lawn

pastor, -tora *n* **1** : shepherd, shepherdess *f* **2** : minister, pastor

pastoral *adj & nf* : pastoral

pastorear *vt* : to shepherd, to tend

pastorela *nf* **1** : pastoral, pastourelle **2** *Mex* : a traditional Christmas play

pastoso, -sa *adj* **1** : pasty, doughy **2** : smooth, mellow (of sounds)

pata *nf* **1** : paw, leg (of an animal) **2** : foot, leg (of furniture) **3 patas de gallo** : crow's-feet **4 meter la pata** *fam* : to put one's foot in it, to make a blunder

patada *nf* **1** PUNTAPIÉ : kick **2** : stamp (of the foot)

patalear *vi* **1** : to kick **2** : to stamp one's feet

pataleta *nf fam* : tantrum

patán¹ *adj, pl* **patanes** : boorish, crude

patán² *nm, pl* **patanes** : boor, lout

patata *nf Spain* : potato

pateador, -dora *n* : kicker (in sports)

patear *vt* : to kick — *vi* : to stamp one's foot

patentar *vt* : to patent

patente¹ *adj* EVIDENTE : obvious, patent — **patentemente** *adv*

patente² *nf* : patent

paternal *adj* : fatherly, paternal

paternidad *nf* **1** : fatherhood, paternity **2** : parenthood **3** : authorship

paterno, -na *adj* : paternal ⟨abuela paterna : paternal grandmother⟩

patético, -ca *adj* : pathetic, moving

patetismo *nm* : pathos

patíbulo *nm* : gallows, scaffold

patillas *nfpl* : sideburns

patín *nm, pl* **patines** : skate ⟨patín de ruedas : roller skate⟩

patinador, -dora *n* : skater

patinaje *nm* : skating

patinar *vi* **1** : to skate **2** : to skid, to slip **3** *fam* : to slip up, to blunder

patinazo *nm* **1** : skid **2** *fam* : blunder, slipup

patineta *nf* 1 : scooter 2 : skateboard
patinete *nm* : scooter
patio *nm* 1 : courtyard, patio 2 **patio de recreo** : playground
patito, -ta *n* : duckling
pato, -ta *n* 1 : duck 2 **pato real** : mallard 3 **pagar el pato** *fam* : to take the blame
patología *nf* : pathology
patológico, -ca *adj* : pathological
patólogo, -ga *n* : pathologist
patraña *nf* : tall tale, humbug, nonsense
patria *nf* : native land
patriarca *nm* : patriarch — **patriarcal** *adj*
patriarcado *nm* : patriarchy
patrimonio *nm* : patrimony, legacy
patrio, -tria *adj* 1 : native, home ⟨suelo patrio : native soil⟩ 2 : paternal
patriota[1] *adj* : patriotic
patriota[2] *nmf* : patriot
patriotería *nf* : jingoism, chauvinism
patriotero[1], **-ra** *adj* : jingoistic, chauvinistic
patriotero[2], **-ra** *n* : jingoist, chauvinist
patriótico, -ca *adj* : patriotic
patriotismo *nm* : patriotism
patrocinador, -dora *n* : sponsor, patron
patrocinar *vt* : to sponsor
patrocinio *nm* : sponsorship, patronage
patrón[1], **-trona** *n, mpl* **patrones** 1 JEFE : boss 2 : patron saint
patrón[2] *nm, pl* **patrones** 1 : standard 2 : pattern (in sewing)
patronal *adj* 1 : management, employers' ⟨sindicato patronal : employers' association⟩ 2 : pertaining to a patron saint ⟨fiesta patronal : patron saint's day⟩
patronato *nm* 1 : board, council 2 : foundation, trust
patrono, -na *n* 1 : employer 2 : patron saint
patrulla *nf* 1 : patrol 2 : police car, cruiser
patrullar *v* : to patrol
patrullero *nm* 1 : police car 2 : patrol boat
paulatino, -na *adj* : gradual
paupérrimo, -ma *adj* : destitute, poverty-stricken
pausa *nf* : pause, break
pausado[1] *adv* : slowly, deliberately ⟨habla más pausado : speak more slowly⟩
pausado[2], **-da** *adj* : slow, deliberate — **pausadamente** *adv*
pauta *nf* 1 : rule, guideline 2 : lines *pl* (on paper)
pava *nf Arg, Bol, Chile* : kettle
pavimentar *vt* : to pave
pavimento *nm* : pavement
pavo, -va *n* 1 : turkey 2 **pavo real** : peacock 3 **comer pavo** : to be a wallflower
pavón *nm, pl* **pavones** : peacock
pavonearse *vr* : to strut, to swagger
pavoneo *nm* : strut, swagger
pavor *nm* TERROR : dread, terror

pavoroso, -sa *adj* ATERRADOR : dreadful, terrifying
payasada *nf* BUFONADA : antic, buffoonery
payasear *vi* : to clown around
payaso, -sa *n* : clown
paz *nf, pl* **paces** 1 : peace 2 **dejar en paz** : to leave alone 3 **hacer las paces** : to make up, to reconcile
pazca, etc. → **pacer**
PC *nmf* : PC, personal computer
peaje *nm* : toll
peatón *nm, pl* **-tones** : pedestrian
peatonal *adj* : pedestrian
peca *nf* : freckle
pecado *nm* : sin
pecador[1], **-dora** *adj* : sinful, sinning
pecador[2], **-dora** *n* : sinner
pecaminoso, -sa *adj* : sinful
pecar {72} *vi* 1 : to sin 2 ~ **de** : to be too much (something) ⟨no pecan de amabilidad : they're not overly friendly⟩
pécari *or* **pecarí** *nm* : peccary
pececillo *nm* : small fish
pecera *nf* : fishbowl, fish tank
pecho *nm* 1 : chest 2 SENO : breast, bosom 3 : heart, courage 4 **dar el pecho** : to breast-feed 5 **tomar a pecho** : to take to heart
pechuga *nf* : breast (of fowl)
pecoso, -sa *adj* : freckled
pectoral *adj* : pectoral
peculado *nm* : embezzlement
peculiar *adj* 1 CARACTERÍSTICO : particular, characteristic 2 RARO : peculiar, uncommon
peculiaridad *nf* : peculiarity
pecuniario, -ria *adj* : pecuniary
pedagogía *nf* : pedagogy
pedagógico, -ca *adj* : pedagogic, pedagogical
pedagogo, -ga *n* : educator, pedagogue
pedal *nm* : pedal
pedalear *vi* : to pedal
pedante[1] *adj* : pedantic
pedante[2] *nmf* : pedant
pedantería *nf* : pedantry
pedazo *nm* TROZO : piece, bit, chunk ⟨caerse a pedazos : to fall to pieces⟩ ⟨hacer pedazos : to tear into shreds, to smash to pieces⟩
pedernal *nm* : flint
pedestal *nm* : pedestal
pedestre *adj* : commonplace, pedestrian
pediatra *nmf* : pediatrician
pediatría *nf* : pediatrics
pediátrico, -ca *adj* : pediatric
pedido *nm* 1 : order (of merchandise) 2 : request
pedigrí *nm* : pedigree
pedir {54} *vt* 1 : to ask for, to request ⟨le pedí un préstamo a Claudia : I asked Claudia for a loan⟩ 2 : to order (food, merchandise) 3 **pedir disculpas** *or* **pedir perdón** : to apologize — *vi* 1 : to order 2 : to beg

pedrada *nf* **1** : blow (with a rock or stone) ⟨la ventana se quebró de una pedrada : the window was broken by a rock⟩ **2** : cutting remark, dig

pedregal *nm* : rocky ground

pedregoso, -sa *adj* : rocky, stony

pedrera *nf* CANTERA : quarry

pedrería *nf* : precious stones *pl*, gems *pl*

pegado, -da *adj* **1** : glued, stuck, stuck together **2 ~ a** : right next to

pegajoso, -sa *adj* **1** : sticky, gluey **2** : catchy ⟨una tonada pegajosa : a catchy tune⟩

pegamento *nm* : adhesive, glue

pegar {52} *vt* **1** : to glue, to stick, to paste **2** : to attach, to sew on **3** : to infect with, to give ⟨me pegó el resfriado : he gave me his cold⟩ **4** GOLPEAR : to hit, to deal, to strike ⟨me pegaron un puntapié : they gave me a kick⟩ **5** : to give (out with) ⟨pegó un grito : she let out a yell⟩ — *vi* **1** : to adhere, to stick **2 ~ en** : to hit, to strike (against) **3 ~ con** : to match, to go with — **pegarse** *vr* **1** GOLPEARSE : to hit oneself, to hit each other **2** : to stick, to take hold **3** : to be contagious **4** *fam* : to tag along, to stick around

pegote *nm* **1** : sticky mess **2** *Mex* : sticker, adhesive label

pegue, etc. → **pegar**

peinado *nm* : hairstyle, hairdo

peinador, -dora *n* : hairdresser

peinar *vt* : to comb — **peinarse** *vr*

peine *nm* : comb

peineta *nf* : ornamental comb

peladez *nf, pl* **-deces** *Mex fam* : obscenity, bad language

pelado, -da *adj* **1** : bald, hairless **2** : peeled **3** : bare, barren **4** : broke, penniless **5** *Mex fam* : coarse, crude

pelador *nm* : peeler

pelagra *nf* : pellagra

pelaje *nm* : coat (of an animal), fur

pelar *vt* **1** : to peel, to shell **2** : to skin **3** : to pluck **4** : to remove hair from **5** *fam* : to clean out (of money) — **pelarse** *vr* **1** : to peel **2** *fam* : to get a haircut **3** *Mex fam* : to split, to leave

peldaño *nm* **1** : step, stair **2** : rung

pelea *nf* **1** LUCHA : fight **2** : quarrel

pelear *vi* **1** LUCHAR : to fight **2** DISPUTAR : to quarrel — **pelearse** *vr*

peleón, -ona *adj, mpl* **-ones** *Spain* : quarrelsome, argumentative

peleonero, -ra *adj Mex* : quarrelsome

peletería *nf* **1** : fur shop **2** : fur trade

peletero, -ra *n* : furrier

peliagudo, -da *adj* : tricky, difficult, ticklish

pelícano *nm* : pelican

película *nf* **1** : movie, film **2** : (photographic) film **3** : thin covering, layer

peligrar *vi* : to be in danger

peligro *nm* **1** : danger, peril **2** : risk ⟨correr peligro de : to run the risk of⟩

peligroso, -sa *adj* : dangerous, hazardous

pelirrojo[1], -ja *adj* : red-haired, redheaded

pelirrojo[2], -ja *n* : redhead

pellejo *nm* **1** : hide, skin **2 salvar el pellejo** : to save one's neck

pellizcar {72} *vt* **1** : to pinch **2** : to nibble on

pellizco *nm* : pinch

pelo *nm* **1** : hair **2** : fur **3** : pile, nap **4 a pelo** : bareback **5 con pelos y señales** : in great detail **6 no tener pelos en la lengua** : to not mince words, to be blunt **7 tomarle el pelo a alguien** : to tease someone, to pull someone's leg

pelón, -lona *adj, mpl* **pelones 1** : bald **2** *fam* : broke **3** *Mex fam* : tough, difficult

pelota *nf* **1** : ball **2** *fam* : head **3 en pelotas** *fam* : naked **4 pelota vasca** : jai alai **5 pasar la pelota** *fam* : to pass the buck

pelotón *nm, pl* **-tones** : squad, detachment

peltre *nm* : pewter

peluca *nf* : wig

peluche *nm* : plush (fabric)

peludo, -da *adj* : hairy, shaggy, bushy

peluquería *nf* **1** : hairdresser's, barber shop **2** : hairdressing

peluquero, -ra *n* : barber, hairdresser

peluquín *nm, pl* **-quines** TUPÉ : hairpiece, toupee

pelusa *nf* : lint, fuzz

pélvico, -ca *adj* : pelvic

pelvis *nfs & pl* : pelvis

pena *nf* **1** CASTIGO : punishment, penalty ⟨pena de muerte : death penalty⟩ **2** AFLICCIÓN : sorrow, grief ⟨morir de pena : to die of a broken heart⟩ ⟨¡qué pena! : what a shame!, how sad!⟩ **3** DOLOR : pain, suffering **4** DIFICULTAD : difficulty, trouble ⟨a duras penas : with great difficulty⟩ **5** VERGÜENZA : shame, embarrassment **6 valer la pena** : to be worthwhile

penacho *nm* **1** : crest, tuft **2** : plume (of feathers)

penal[1] *adj* : penal

penal[2] *nm* CÁRCEL : prison, penitentiary

penalidad *nf* **1** : hardship **2** : penalty, punishment

penalizar {21} *vt* : to penalize

penalty *nm* : penalty (in sports)

penar *vt* : to punish, to penalize — *vi* : to suffer, to grieve

pendenciero, -ra *adj* : argumentative, quarrelsome

pender *vi* **1** : to hang **2** : to be pending

pendiente[1] *adj* **1** : pending **2 estar pendiente de** : to be watchful of, to be on the lookout for

pendiente[2] *nm Spain* : earring

pendiente[3] *nf* : slope, incline

pendón *nm, pl* **pendones** : banner

péndulo *nm* : pendulum

pene *nm* : penis

penetración *nf, pl* **-ciones 1** : penetration **2** : insight

penetrante *adj* **1** : penetrating, piercing **2** : sharp, acute **3** : deep (of a wound)

penetrar *vi* **1** : to penetrate, to sink in **2** ~ **por** *or* ~ **en** : to pierce, to go in, to enter into ⟨el frío penetra por la ventana : the cold comes right in through the window⟩ — *vt* **1** : to penetrate, to permeate **2** : to pierce ⟨el dolor penetró su corazón : sorrow pierced her heart⟩ **3** : to fathom, to understand

penicilina *nf* : penicillin

península *nf* : peninsula — **peninsular** *adj*

penitencia *nf* : penance, penitence

penitenciaría *nf* : penitentiary

penitente *adj & nmf* : penitent

penol *nm* : yardarm

penoso, -sa *adj* **1** : painful, distressing **2** : difficult, arduous **3** : shy, bashful

pensado, -da *adj* **1 bien pensado** : well thought-out **2 en el momento menos pensado** : when least expected **3 poco pensado** : badly thought-out **4 mal pensado** : evil-minded

pensador, -dora *n* : thinker

pensamiento *nm* **1** : thought **2** : thinking **3** : pansy

pensar {55} *vi* **1** : to think **2** ~ **en** : to think about — *vt* **1** : to think **2** : to think about **3** : to intend, to plan on — **pensarse** *vr* : to think over

pensativo, -va *adj* : pensive, thoughtful

pensión *nf, pl* **pensiones 1** JUBILACIÓN : pension **2** : boarding house **3 pensión alimenticia** : alimony

pensionado, -da *n* → **pensionista**

pensionista *nmf* **1** JUBILADO : pensioner, retiree **2** : boarder, lodger

pentágono *nm* : pentagon — **pentagonal** *adj*

pentagrama *nm* : staff (in music)

penúltimo, -ma *adj* : next to last, penultimate

penumbra *nf* : semidarkness

penuria *nf* **1** ESCASEZ : shortage, scarcity **2** : poverty

peña *nf* : rock, crag

peñasco *nm* : crag, large rock

peñón → **peñasco**

peón *nm, pl* **peones 1** : laborer, peon **2** : pawn (in chess)

peonía *nf* : peony

peor[1] *adv* **1** (*comparative of* **mal**) : worse ⟨se llevan peor que antes : they get along worse than before⟩ **2** (*superlative of* **mal**) : worst ⟨me fue peor que a nadie : I did the worst of all⟩

peor[2] *adj* **1** (*comparative of* **malo**) : worse ⟨es peor que el original : it's worse than the original⟩ **2** (*superlative of* **malo**) : worst ⟨el peor de todos : the worst of all⟩

pepa *nf* : seed, pit (of a fruit)

pepenador, -dora *n* CA, Mex : scavenger

pepenar *vt* CA, Mex : to scavenge, to scrounge

pepinillo *nm* : pickle, gherkin

pepino *nm* : cucumber

pepita *nf* **1** : seed, pip **2** : nugget **3** Mex : dried pumpkin seed

peque, etc. → **pecar**

pequeñez *nf, pl* **-ñeces 1** : smallness **2** : trifle, triviality **3 pequeñez de espíritu** : pettiness

pequeño[1]**, -ña** *adj* **1** : small, little ⟨un libro pequeño : a small book⟩ **2** : young BAJO : short

pequeño[2]**, -ña** *n* : child, little one

pera *nf* : pear

peraltar *vt* : to bank (a road)

perca *nf* : perch (fish)

percal *nm* : percale

percance *nm* : mishap, misfortune

percatarse *vr* ~ **de** : to notice, to become aware of

percebe *nm* : barnacle

percepción *nf, pl* **-ciones 1** : perception **2** : idea, notion **3** COBRO : receipt (of payment), collection

perceptible *adj* : perceptible, noticeable — **perceptiblemente** *adv*

percha *nf* **1** : perch **2** : coat hanger **3** : coatrack, coat hook

perchero *nm* : coatrack

percibir *vt* **1** : to perceive, to notice, to sense **2** : to earn, to draw (a salary)

percudido, -da *adj* : grimy

percudir *vt* : to make grimy — **percudirse** *vr*

percusión *nf, pl* **-siones** : percussion

percusor *or* **percutor** *nm* : hammer (of a firearm)

perdedor[1]**, -dora** *adj* : losing

perdedor[2]**, -dora** *n* : loser

perder {56} *vt* **1** : to lose **2** : to miss ⟨perdimos la oportunidad : we missed the opportunity⟩ **3** : to waste (time) — *vi* : to lose — **perderse** *vr* EXTRAVIARSE : to get lost, to stray

perdición *nf, pl* **-ciones** : perdition, damnation

pérdida *nf* **1** : loss **2 pérdida de tiempo** : waste of time

perdidamente *adv* : hopelessly

perdido, -da *adj* **1** : lost **2** : inveterate, incorrigible ⟨es un caso perdido : he's a hopeless case⟩ **3** : in trouble, done for **4** ~ **de** Mex fam : at least

perdigón *nm, pl* **-gones** : shot, pellet

perdiz *nf, pl* **perdices** : partridge

perdón[1] *nm, pl* **perdones** : forgiveness, pardon

perdón[2] *interj* : excuse me!, sorry!

perdonable *adj* : forgivable

perdonar *vt* **1** DISCULPAR : to forgive, to pardon **2** : to exempt, to excuse

perdurable *adj* : lasting

perdurar *vi* : to last, to endure, to survive

perecedero, -ra *adj* : perishable

perecer {53} *vi* : to perish, to die

peregrinación *nf, pl* **-ciones** : pilgrimage

peregrinaje *nm* → **peregrinación**

peregrino¹, -na adj 1 : unusual, odd 2 MIGRATORIO : migratory

peregrino², -na n : pilgrim

perejil nm : parsley

perenne adj : perennial

perentorio, -ria adj 1 : peremptory 2 URGENTE : urgent 3 FIJO : fixed, set

pereza nf FLOJERA, HOLGAZANERÍA : laziness, idleness

perezoso¹, -sa adj FLOJO, HOLGAZÁN : lazy

perezoso² nm : sloth (animal)

perfección nf, pl **-ciones** : perfection

perfeccionamiento nm : perfecting, refinement

perfeccionar vt : to perfect, to refine

perfeccionismo nm : perfectionism

perfeccionista nmf : perfectionist

perfecto, -ta adj : perfect — **perfectamente** adv

perfidia nf : perfidy, treachery

pérfido, -da adj : perfidious

perfil nm 1 : profile 2 de ～ : sideways, from the side 3 **perfiles** nmpl RASGOS : features, characteristics

perfilar vt : to outline, to define — **perfilarse** vr 1 : to be outlined, to be silhouetted 2 : to take shape

perforación nf, pl **-ciones** 1 : perforation 2 : drilling

perforadora nf 1 : hole punch (for paper) 2 : drill (in mining, etc.)

perforar vt 1 : to perforate, to pierce 2 : to drill, to bore

perfumar vt : to perfume, to scent — **perfumarse** vr

perfume nm : perfume, scent

pergamino nm : parchment

pérgola nf : pergola, arbor

pericia nf : skill, expertise

pericial adj : expert ⟨testigo pericial : expert witness⟩

perico nm COTORRA : small parrot

periferia nf : periphery

periférico¹, -ca adj : peripheral

periférico² nm 1 CA, Mex : beltway 2 : peripheral

perilla nf 1 : goatee 2 : pommel (on a saddle) 3 Col, Mex : knob, handle 4 **perilla de la oreja** : earlobe 5 de **perillas** fam : handy, just right

perímetro nm : perimeter

periódico¹, -ca adj : periodic — **periódicamente** adv

periódico² nm DIARIO : newspaper

periodismo nm : journalism

periodista nmf : journalist

periodístico, -ca adj : journalistic, news

período or **periodo** nm : period

peripecia nf VICISITUD : vicissitude, reversal ⟨las peripecias de su carrera : the ups and downs of her career⟩

periquito nm 1 : parakeet 2 **periquito australiano** : budgerigar

periscopio nm : periscope

perito, -ta n : expert

perjudicar {72} vt : to harm, to be detrimental to

perjudicial adj : harmful, detrimental

perjuicio nm 1 : harm, damage 2 en **perjuicio de** : to the detriment of

perjurar vi : to perjure oneself

perjurio nm : perjury

perjuro, -ra n : perjurer

perla nf 1 : pearl 2 de **perlas** fam : wonderfully ⟨me viene de perlas : it suits me just fine⟩

permanecer {53} vi 1 QUEDARSE : to remain, to stay 2 SEGUIR : to remain, to continue to be

permanencia nf 1 : permanence, continuance 2 ESTANCIA : stay

permanente¹ adj 1 : permanent 2 : constant — **permanentemente** adv

permanente² nf : permanent (wave)

permeabilidad nf : permeability

permeable adj : permeable

permisible adj : permissible, allowable

permisividad nf : permissiveness

permisivo, -va adj : permissive

permiso nm 1 : permission 2 : permit, license 3 : leave, furlough 4 con ～ : excuse me, pardon me

permitir vt : to permit, to allow — **permitirse** vr

permuta nf : exchange

permutar vt INTERCAMBIAR : to exchange

pernicioso, -sa adj : pernicious, destructive

pernil nm 1 : haunch (of an animal) 2 : leg (of meat), ham 3 : trouser leg

perno nm : bolt, pin

pernoctar vi : to stay overnight, to spend the night

pero¹ nm 1 : fault, defect ⟨ponerle peros a : to find fault with⟩ 2 : objection

pero² conj : but

perogrullada nf : truism, platitude, cliché

peroné nm : fibula

perorar vi : to deliver a speech

perorata nf : oration, long-winded speech

peróxido nm : peroxide

perpendicular adj & nf : perpendicular

perpetrar vt : to perpetrate

perpetuar {3} vt ETERNIZAR : to perpetuate

perpetuidad nf : perpetuity

perpetuo, -tua adj : perpetual — **perpetuamente** adv

perplejidad nf : perplexity

perplejo, -ja adj : perplexed, puzzled

perrada nf fam : dirty trick

perrera nf : kennel, dog pound

perrero, -ra n : dogcatcher

perrito, -ta n CACHORRO : puppy, small dog

perro, -rra n 1 : dog, bitch f 2 **perro caliente** : hot dog 3 **perro salchicha** : dachshund 4 **perro faldero** : lapdog 5 **perro cobrador** : retriever

persa¹ adj & nmf : Persian

persa² nm : Persian (language)

persecución *nf, pl* **-ciones 1** : pursuit, chase **2** : persecution
perseguidor, -dora *n* **1** : pursuer **2** : persecutor
perseguir {75} *vt* **1** : to pursue, to chase **2** : to persecute **3** : to pester, to annoy
perseverancia *nf* : perseverance
perseverar *vi* : to persevere
persiana *nf* : blind, venetian blind
persignarse *vr* SANTIGUARSE : to cross oneself, to make the sign of the cross
persistir *vi* : to persist — **persistencia** *nf* — **persistente** *adj*
persona *nf* : person
personaje *nm* **1** : character (in drama or literature) **2** : personage, celebrity
personal¹ *adj* : personal — **personalmente** *adv*
personal² *nm* : personnel, staff
personalidad *nf* : personality
personalizar {21} *vt* : to personalize
personificar {72} *vi* : to personify — **personificación** *nf*
perspectiva *nf* **1** : perspective, view **2** : prospect, outlook
perspicacia *nf* : shrewdness, perspicacity, insight
perspicaz *adj, pl* **-caces** : shrewd, perspicacious
persuadir *vt* : to persuade — **persuadirse** *vr* : to become convinced
persuasión *nf, pl* **-siones** : persuasion
persuasivo, -va *adj* : persuasive
pertenecer {53} *vi* : to belong
perteneciente *adj* ~ **a** : belonging to
pertenencia *nf* **1** : membership **2** : ownership **3** **pertenencias** *nfpl* : belongings, possessions
pértiga *nf* GARROCHA : pole ⟨salto de pértiga : pole vault⟩
pertinaz *adj, pl* **-naces 1** OBSTINADO : obstinate **2** PERSISTENTE : persistent
pertinencia *nf* : pertinence, relevance — **pertinente** *adj*
pertrechos *nmpl* : equipment, gear
perturbación *nf, pl* **-ciones** : disturbance, disruption
perturbador, -dora *adj* **1** INQUIETANTE : disturbing, troubling **2** : disruptive
perturbar *vt* **1** : to disturb, to trouble **2** : to disrupt
peruano, -na *adj & n* : Peruvian
perversidad *nf* : perversity, depravity
perversión *nf, pl* **-siones** : perversion
perverso, -sa *adj* : wicked, depraved
pervertido¹, -da *adj* DEPRAVADO : perverted, depraved
pervertido², -da *n* : pervert
pervertir {76} *vt* : to pervert, to corrupt
pesa *nf* **1** : weight **2 levantamiento de pesas** : weightlifting
pesadamente *adv* **1** : heavily **2** : slowly, clumsily
pesadez *nf, pl* **-deces 1** : heaviness **2** : slowness **3** : tediousness
pesadilla *nf* : nightmare

pesado¹, -da *adj* **1** : heavy **2** : slow **3** : irritating, annoying **4** : tedious, boring **5** : tough, difficult
pesado², -da *n fam* : bore, pest
pesadumbre *nf* AFLICCIÓN : grief, sorrow, sadness
pésame *nm* : condolences *pl* ⟨mi más sentido pésame : my heartfelt condolences⟩
pesar¹ *vt* **1** : to weigh **2** EXAMINAR : to consider, to think over — *vi* **1** : to weigh ⟨¿cuánto pesa? : how much does it weigh?⟩ **2** : to be heavy **3** : to weigh heavily, to be a burden ⟨no le pesa : it's not a burden on him⟩ ⟨pesa sobre mi corazón : it weighs upon my heart⟩ **4** INFLUIR : to carry weight, to have bearing **5** (*with personal pronouns*) : to grieve, to sadden ⟨me pesa mucho : I'm very sorry⟩ **6 pese a** : in spite of, despite
pesar² *nm* **1** AFLICCIÓN, PENA : sorrow, grief **2** REMORDIMIENTO : remorse **3 a pesar de** : in spite of, despite
pesaroso, -sa *adj* **1** : sad, mournful **2** ARREPENTIDO : sorry, regretful
pesca *nf* : fishing
pescadería *nf* : fish market
pescado *nm* : fish (as food)
pescador, -dora *n* : fisherman *m*, fisherwoman *f*
pescar {72} *vt* **1** : to fish for **2** : to catch **3** *fam* : to get a hold of, to land — *vi* : to fish, to go fishing
pescuezo *nm* : neck
pesebre *nm* : manger
pesero *nm Mex* : minibus
peseta *nf* : peseta (Spanish unit of currency)
pesimismo *nm* : pessimism
pesimista¹ *adj* : pessimistic
pesimista² *nmf* : pessimist
pésimo, -ma *adj* : dreadful, abominable
peso *nm* **1** : weight, heaviness **2** : burden, responsibility **3** : weight (in sports) **4** BÁSCULA : scales *pl* **5** : peso
pesque, etc. → **pescar**
pesquería *nf* : fishery
pesquero¹, -ra *adj* : fishing ⟨pueblo pesquero : fishing village⟩
pesquero² *nm* : fishing boat
pesquisa *nf* INVESTIGACIÓN : inquiry, investigation
pestaña *nf* **1** : eyelash **2** : flange, rim
pestañear *vi* : to blink
pestañeo *nm* : blink
peste *nf* **1** : plague, pestilence **2** : stench, stink **3** : nuisance, pest
pesticida *nm* : pesticide
pestilencia *nf* **1** : stench, foul odor **2** : pestilence
pestilente *adj* **1** : foul, smelly **2** : pestilent
pestillo *nm* CERROJO : bolt, latch
petaca *nf* **1** *Mex* : suitcase **2 petacas** *nfpl Mex fam* : bottom, behind
pétalo *nm* : petal
petardear *vi* : to backfire

petardeo *nm* : backfiring
petardo *nm* : firecracker
petate *nm Mex* : mat
petición *nf, pl* **-ciones** : petition, request
peticionar *vt* : to petition
peticionario, -ria *n* : petitioner
petirrojo *nm* : robin
peto *nm* : bib (of clothing)
pétreo, -trea *adj* : stone, stony
petrificar {72} *vt* : to petrify
petróleo *nm* : oil, petroleum
petrolero¹, -ra *adj* : oil ⟨industria petrol-
era : oil industry⟩
petrolero² *nm* : oil tanker
petrolífero, -ra *adj* → **petrolero¹**
petulancia *nf* INSOLENCIA : insolence,
petulance
petulante *adj* INSOLENTE : insolent,
petulant — **petulantemente** *adv*
petunia *nf* : petunia
peyorativo, -va *adj* : pejorative
pez¹ *nm, pl* **peces** 1 : fish 2 **pez de colores** : goldfish 3 **pez espada** : swordfish 4 **pez gordo** : big shot
pez² *nf, pl* **peces** : pitch, tar
pezón *nm, pl* **pezones** : nipple
pezuña *nf* : hoof ⟨pezuña hendida
: cloven hoof⟩
pi *nf* : pi
piadoso, -sa *adj* 1 : compassionate,
merciful 2 DEVOTO : pious, devout
pianista *nmf* : pianist, piano player
piano *nm* : piano
piar {85} *vi* : to chirp, to cheep, to tweet
pibe, -ba *n Arg, Uru fam* : kid, child
pica *nf* 1 : pike, lance 2 : goad (in bullfighting) 3 : spade (in playing cards)
picada *nf* 1 : bite, sting (of an insect) 2
: sharp descent
picadillo *nm* 1 : minced meat, hash 2
hacer picadillo a : to beat to a pulp
picado, -da *adj* 1 : perforated 2
: minced, chopped 3 : decayed (of
teeth) 4 : choppy, rough 5 *fam* : annoyed, miffed
picador *nm* : picador
picadura *nf* 1 : sting, bite 2 : prick,
puncture 3 : decay, cavity
picaflor *nm* COLIBRÍ : hummingbird
picana *nf* : goad, prod
picante¹ *adj* 1 : hot, spicy 2 : sharp, cutting 3 : racy, risqué
picante² *nm* 1 : spiciness 2 : hot spices
pl, hot sauce
picaporte *nm* 1 : latch 2 : door handle
3 ALDABA : door knocker
picar {72} *vt* 1 : to sting, to bite 2 : to
peck at 3 : to nibble on 4 : to prick,
to puncture, to punch (a ticket) 5 : to
grind, to chop 6 : to goad, to incite 7
: to pique, to provoke — *vi* 1 : to itch
2 : to sting 3 : to be spicy 4 : to nibble 5 : to take the bait 6 ~ **en** : to
dabble in 7 **picar muy alto** : to aim too
high — **picarse** *vr* 1 : to get a cavity,
to decay 2 : to get annoyed, to take offense
picardía *nf* 1 : cunning, craftiness 2
: prank, dirty trick

picaresco, -ca *adj* 1 : picaresque 2
: rascally, roguish
pícaro¹, -ra *adj* 1 : mischievous 2 : cunning, sly 3 : off-color, risqué
pícaro², -ra *n* 1 : rogue, scoundrel 2
: rascal
picazón *nf, pl* **-zones** COMEZÓN : itch
picea *nf* : spruce (tree)
pichel *nm* : pitcher, jug
pichón, -chona *n, mpl* **pichones** 1
: young pigeon, squab 2 *Mex fam*
: novice, greenhorn
picnic *nm* : picnic
pico *nm* 1 : peak 2 : point, spike 3
: beak, bill 4 : pick, pickax 5 **y pico**
: and a little, and a bit ⟨las siete y pico
: a little after seven⟩ ⟨dos metros y pico
: a bit over two meters⟩
picor *nm* : itch, irritation
picoso, -sa *adj Mex* : very hot, spicy
picota *nf* 1 : pillory, stock 2 **poner a
alguien en la picota** : to put someone
on the spot
picotada *nf* → **picotazo**
picotazo *nm* : peck (of a bird)
picotear *vt* : to peck — *vi* : to nibble, to
pick
pictórico, -ca *adj* : pictorial
picudo, -da *adj* 1 : pointy, sharp 2 ~
para *Mex fam* : clever at, good at
pide, etc. → **pedir**
pie *nm* 1 : foot ⟨a pie : on foot⟩ ⟨de pie
: on one's feet, standing⟩ 2 : base, bottom, stem, foot ⟨pie de la cama : foot
of the bed⟩ ⟨pie de una lámpara : base
of a lamp⟩ ⟨pie de la escalera : bottom
of the stairs⟩ ⟨pie de una copa : stem
of a glass⟩ 3 : foot (in measurement)
⟨pie cuadrado : square foot⟩ 4 : cue
(in theater) 5 **dar pie a** : to give cause
for, to give rise to 6 **en pie de igualdad** : on equal footing
piedad *nf* 1 COMPASIÓN : mercy, pity 2
DEVOCIÓN : piety, devotion
piedra *nf* 1 : stone 2 : flint (of a lighter)
3 : hailstone 4 **piedra de afilar** : whetstone, grindstone 5 **piedra angular**
: cornerstone 6 **piedra arenisca** : sandstone 7 **piedra caliza** : limestone 8
piedra imán : lodestone 9 **piedra de
molino** : millstone 10 **piedra de toque**
: touchstone
piel *nf* 1 : skin 2 CUERO : leather, hide
⟨piel de venado : deerskin⟩ 3 : fur, pelt
4 CÁSCARA : peel, skin 5 **piel de gallina** : goose bumps *pl* ⟨me pone la piel
de gallina : it gives me goose bumps⟩
piélago *nm* **el piélago** : the deep, the
ocean
piensa, etc. → **pensar**
pienso *nm* : feed, fodder
pierde, etc. → **perder**
pierna *nf* : leg
pieza *nf* 1 ELEMENTO : piece, part, component ⟨vestido de dos piezas : two-
piece dress⟩ ⟨pieza de recambio : spare
part⟩ ⟨pieza clave : key element⟩ 2
: piece (in chess) 3 OBRA : piece, work

⟨pieza de teatro : play⟩ 4 : room, bedroom

pifia *nf fam* : goof, blunder

pigargo *nm* : osprey

pigmentación *nf, pl* **-ciones** : pigmentation

pigmento *nm* : pigment

pigmeo, -mea *adj & n* : pygmy, Pygmy

pijama *nm* : pajamas *pl*

pila *nf* **1** BATERÍA : battery ⟨pila de linterna : flashlight battery⟩ **2** MONTÓN : pile, heap **3** : sink, basin, font ⟨pila bautismal : baptismal font⟩ ⟨pila para pájaros : birdbath⟩

pilar *nm* **1** : pillar, column **2** : support, mainstay

píldora *nf* PASTILLA : pill

pillaje *nm* : pillage, plunder

pillar *vt* **1** *fam* : to catch ⟨¡cuidado! ¡nos pillarán! : watch out! they'll catch us!⟩ **2** *fam* : to grasp, to catch on ⟨¿no lo pillas? : don't you get it⟩

pillo¹, -lla *adj* : cunning, crafty

pillo², -lla *n* **1** : rascal, brat **2** : rogue, scoundrel

pilluelo, -la *n* : urchin

pilón *nm, pl* **pilones** **1** PILA : basin **2** : pillar, tower (for cables), pylon (of a bridge) **3** *Mex* : extra, lagniappe

pilotar *vt* : to pilot, to drive

pilote *nm* : pile (stake)

pilotear → **pilotar**

piloto *nm* **1** : pilot, driver **2** : pilot light

piltrafa *nf* **1** : poor quality meat **2** : wretch **3 piltrafas** *nfpl* : food scraps

pimentero *nm* : pepper shaker

pimentón *nm, pl* **-tones** **1** : paprika **2** : cayenne pepper

pimienta *nf* **1** : pepper (condiment) **2 pimienta de Jamaica** : allspice

pimiento *nm* : pepper (fruit) ⟨pimiento verde : green pepper⟩

pináculo *nm* **1** : pinnacle (of a building) **2** : peak, acme

pincel *nm* : paintbrush

pincelada *nf* **1** : brushstroke **2 últimas pinceladas** : final touches

pinchar *vt* **1** PICAR : to puncture (a tire) **2** : to prick, to stick **3** : to goad, to tease, to needle — *vi* **1** : to be prickly **2** : to get a flat tire **3** *fam* : to get beaten, to lose out — **pincharse** *vr* : to give oneself an injection

pinchazo *nm* **1** : prick, jab **2** : puncture, flat tire

pingüe *adj* **1** : rich, huge (of profits) **2** : lucrative

pingüino *nm* : penguin

pininos *or* **pinitos** *nmpl* : first steps ⟨hacer pininos : to take one's first steps, to toddle⟩

pino *nm* : pine, pine tree

pinta *nf* **1** : dot, spot **2** : pint **3** *fam* : aspect, appearance ⟨las peras tienen buena pinta : the pears look good⟩ **4 pintas** *nfpl Mex* : graffiti

pintadas *nfpl* : graffiti

pintar *vt* **1** : to paint **2** : to draw, to mark **3** : to describe, to depict — *vi* **1** : to paint, to draw **2** : to look ⟨no pinta bien : it doesn't look good⟩ **3** *fam* : to count ⟨aquí no pinta nada : he has no say here⟩ — **pintarse** *vr* **1** MAQUILLARSE : to put on makeup **2 pintárselas solo** *fam* : to manage by oneself, to know it all

pintarrajear *vt* : to daub (with paint)

pinto, -ta *adj* : speckled, spotted

pintor, -tora *n* **1** : painter **2 pintor de brocha gorda** : housepainter, dauber

pintoresco, -ca *adj* : picturesque, quaint

pintura *nf* **1** : paint **2** : painting (art, work of art)

pinza *nf* **1** : clothespin **2** : claw, pincer **3** : pleat, dart **4 pinzas** *nfpl* : tweezers **5 pinzas** *or* ALICATES : pliers, pincers

pinzón *nm, pl* **pinzones** : finch

piña *nf* **1** : pineapple **2** : pine cone

piñata *nf* : piñata

piñón *nm, pl* **piñones** **1** : pine nut **2** : pinion

pío¹, pía *adj* **1** DEVOTO : pious, devout **2** : piebald, pied, dappled

pío² *nm* : peep, tweet, cheep

piocha *nf* **1** : pickax **2** *Mex* : goatee

piojo *nm* : louse

piojoso, -sa *adj* **1** : lousy **2** : filthy

pionero¹, -ra *adj* : pioneering

pionero², -ra *n* : pioneer

pipa *nf* : pipe (for smoking)

pipián *nm, pl* **pipianes** *Mex* : a spicy sauce or stew

pipiolo, -la *n fam* **1** : greenhorn, novice **2** : kid, youngster

pique¹, etc. → **picar**

pique² *nm* **1** : pique, resentment **2** : rivalry, competition **3 a pique de** : about to, on the verge of **4 irse a pique** : to sink, to founder

piqueta *nf* : pickax

piquete *nm* **1** : picketers *pl*, picket line **2** : squad, detachment **3** *Mex* : prick, jab

piquetear *vt* **1** : to picket **2** *Mex* : to prick, to jab

pira *nf* : pyre

piragua *nf* : canoe — **piragüista** *nmf*

pirámide *nf* : pyramid

piraña *nf* : piranha

pirata¹ *adj* : bootleg, pirated

pirata² *nmf* **1** : pirate **2** : bootlegger **3 pirata aéreo** : hijacker

piratear *vt* **1** : to hijack, to commandeer **2** : to bootleg, to pirate

piratería *nf* : piracy, bootlegging

piromanía *nf* : pyromania

pirómano, -na *n* : pyromaniac

piropo *nm* : flirtatious compliment

pirotecnia *nf* : fireworks *pl*, pyrotechnics *pl*

pirotécnico, -ca *adj* : fireworks, pyrotechnic

pírrico, -ca *adj* : Pyrrhic

pirueta *nf* : pirouette

pirulí *nm* : cone-shaped lollipop

pisada *nf* **1** : footstep **2** HUELLA : footprint

pisapapeles *nms & pl* : paperweight

pisar *vt* **1** : to step on, to set foot in **2** : to walk all over, to mistreat — *vi* : to step, to walk, to tread

piscina *nf* **1** : swimming pool **2** : fish pond

Piscis *nmf* : Pisces

piso *nm* **1** PLANTA : floor, story **2** SUELO : floor **3** *Spain* : apartment

pisotear *vt* **1** : to stamp on, to trample **2** PISAR : to walk all over **3** : to flout, to disregard

pisotón *nm, pl* **-tones** : stamp, step ⟨sufrieron empujones y pisotones : they were pushed and stepped on⟩

pista *nf* **1** RASTRO : trail, track ⟨siguen la pista de los sospechosos : they're on the trail of the suspects⟩ **2** : clue **3** CAMINO : road, trail **4** : track, racetrack **5** : ring, arena, rink **6 pista de aterrizaje** : runway, airstrip **7 pista de baile** : dance floor

pistacho *nm* : pistachio

pistilo *nm* : pistil

pistola *nf* **1** : pistol, handgun **2** : spray gun

pistolera *nf* : holster

pistolero *nm* : gunman

pistón *nm, pl* **pistones** : piston

pita *nf* **1** : agave **2** : pita fiber **3** : twine

pitar *vi* **1** : to blow a whistle **2** : to whistle, to boo **3** : to beep, to honk, to toot — *vt* : to whistle at, to boo

pitido *nm* **1** : whistle, whistling **2** : beep, honk, toot

pito *nm* **1** SILBATO : whistle **2 no me importa un pito** *fam* : I don't give a damn

pitón *nm, pl* **pitones 1** : python **2** : point of a bull's horn

pituitario, -ria *adj* : pituitary

pívot *nmf, pl* **pívots** : center (in basketball)

pivote *nm* : pivot

piyama *nmf* : pajamas *pl*

pizarra *nf* **1** : slate **2** : blackboard **3** : scoreboard

pizarrón *nm, pl* **-rrones** : blackboard, chalkboard

pizca *nf* **1** : pinch ⟨una pizca de canela : a pinch of cinnamon⟩ **2** : speck, trace ⟨ni pizca : not a bit⟩ **3** *Mex* : harvest

pizcar {72} *vt Mex* : to harvest

pizque, etc. → **pizcar**

pizza ['pitsa, 'pisa] *nf* : pizza

pizzería *nf* : pizzeria, pizza parlor

placa *nf* **1** : sheet, plate **2** : plaque, nameplate **3** : plate (in photography) **4** : badge, insignia **5 placa de matrícula** : license plate, tag **6 placa dental** : plaque, tartar

placebo *nm* : placebo

placenta *nf* : placenta, afterbirth

placentero, -ra *adj* AGRADABLE, GRATO : pleasant, agreeable

placer[1] {57} *vi* GUSTAR : to be pleasing ⟨hazlo como te plazca : do it however you please⟩

placer[2] *nm* **1** : pleasure, enjoyment **2 a** ~ : as much as one wants

plácido, -da *adj* TRANQUILO : placid, calm

plaga *nf* **1** : plague, infestation, blight **2** CALAMIDAD : disaster, scourge

plagado, -da *adj* ~ **de** : filled with, covered with

plagar {52} *vt* : to plague

plagiar *vt* **1** : to plagiarize **2** SECUESTRAR : to kidnap, to abduct

plagiario, -ria *n* **1** : plagiarist **2** SECUESTRADOR : kidnapper, abductor

plagio *nm* **1** : plagiarism **2** SECUESTRO : kidnapping, abduction

plague, etc. → **plagar**

plan *nm* **1** : plan, strategy, program ⟨plan de inversiones : investment plan⟩ ⟨plan de estudios : curriculum⟩ **2** PLANO : plan, diagram **3** : attitude, intent, purpose ⟨ponte en plan serio : be serious⟩ ⟨estamos en plan de divertirnos : we're looking to have some fun⟩

plana *nf* **1** : page ⟨noticias en primera plana : front-page news⟩ **2 plana mayor** : staff (in the military)

plancha *nf* **1** : iron, ironing **2** : grill, griddle ⟨a la plancha : grilled⟩ **3** : sheet, plate ⟨plancha para hornear : baking sheet⟩ **4** *fam* : blunder, blooper

planchado *nf* : ironing, pressing

planchado *nm* → **planchada**

planchar *v* : to iron

planchazo *nm fam* : goof, blunder

plancton *nm* : plankton

planeación *nf* → **planeamiento**

planeador *nm* : glider (aircraft)

planeamiento *nm* : plan, planning

planear *vt* : to plan — *vi* : to glide (in the air)

planeo *nm* : gliding, soaring

planeta *nm* : planet

planetario[1], **-ria** *adj* **1** : planetary **2** : global, worldwide

planetario[2] *nm* : planetarium

planicie *nf* : plain

planificación *nf* : planning ⟨planificación familiar : family planning⟩

planificar {72} *vt* : to plan

planilla *nf* **1** LISTA : list **2** NÓMINA : payroll **3** TABLA : chart, table **4** *Mex* : slate, ticket (of candidates) **5 planilla de cálculo** *Arg, Chile* : spreadsheet

plano[1], **-na** *adj* : flat, level, plane

plano[2] *nm* **1** PLAN : map, plan **2** : plane (surface) **3** NIVEL : level ⟨en un plano personal : on a personal level⟩ **4** : shot (in photography) **5 de** ~ : flatly, outright, directly ⟨se negó de plano : he flatly refused⟩

planta *nf* **1** : plant ⟨planta de interior : houseplant⟩ **2** FÁBRICA : plant, factory **3** PISO : floor, story **4** : staff, employees *pl* **5** : sole (of the foot)

plantación *nf, pl* **-ciones 1** : plantation **2** : planting
plantado, -da *adj* **1** : planted **2 dejar plantado** : to stand up (a date), to dump (a lover)
plantar *vt* **1** : to plant, to sow ⟨plantar de flores : to plant with flowers⟩ **2** : to put in, to place **3** *fam* : to plant, to land ⟨plantar un beso : to plant a kiss⟩ **4** *fam* : to leave, to jilt — **plantarse** *vr* **1** : to stand firm **2** *fam* : to arrive, to show up **3** *fam* : to balk
planteamiento *nm* **1** : approach, position ⟨el planteamiento feminista : the feminist viewpoint⟩ **2** : explanation, exposition **3** : proposal, suggestion, plan
plantear *vt* **1** : to set forth, to bring up, to suggest **2** : to establish, to set up **3** : to create, to pose (a problem) — **plantearse** *vr* **1** : to think about **2** : to arise
plantel *nm* **1** : educational institution **2** : staff, team
planteo → **planteamiento**
plantilla *nf* **1** : insole **2** : pattern, template, stencil **3** *Mex, Spain* : staff, roster of employees
plantío *nm* : field (planted with a crop)
plantón *nm, pl* **plantones 1** : seedling **2** : long wait ⟨darle a alguien un plantón : to stand someone up⟩
plañidero¹, -ra *adj* : mournful
plañidero², -ra *nf* : hired mourner
plañir {38} *v* : to mourn, to lament
plasma *nm* : plasma
plasmar *vt* : to express, to give form to — **plasmarse** *vr*
plasta *nf* : soft mass, lump
plástica *nf* : modeling, sculpture
plasticidad *nf* : plasticity
plástico¹, -ca *adj* : plastic
plástico² *nm* : plastic
plastificar {72} *vt* : to laminate
plata *nf* **1** : silver **2** : money
plataforma *nf* **1** ESTRADO, TARIMA : platform, dais **2** : platform (in politics) **3** : springboard, stepping stone **4 plataforma continental** : continental shelf **5 plataforma de lanzamiento** : launchpad **6 plataforma petrolífera** : oil rig (at sea)
platal *nm* : large sum of money, fortune
platanal *nm* : banana plantation
platanero¹, -ra *adj* : banana, banana-producing
platanero², -ra *n* : banana grower
plátano *nm* **1** : banana **2** : plantain **3 plátano macho** *Mex* : plantain
platea *nf* : orchestra, pit (in a theater)
plateado, -da *adj* **1** : silver, silvery **2** : silver-plated
plática *nf* **1** : talk, lecture **2** : chat, conversation
platicar {72} *vi* : to talk, to chat — *vt* *Mex* : to tell, to say
platija *nf* : flatfish, flounder

platillo *nm* **1** : saucer ⟨platillo volador : flying saucer⟩ **2** : cymbal **3** *Mex* : dish ⟨platillos típicos : local dishes⟩
platino *nm* : platinum
plato *nm* **1** : plate, dish ⟨lavar los platos : to do the dishes⟩ **2** : serving, helping **3** : course (of a meal) **4** : dish ⟨plato típico : typical dish⟩ **5** : home plate (in baseball) **6 plato hondo** : soup bowl
plató *nm* : set (in the movies)
platónico, -ca *adj* : platonic
playa *nf* : beach, seashore
playera *nf* **1** : canvas sneaker **2** *CA, Mex* : T-shirt
plaza *nf* **1** : square, plaza **2** : marketplace **3** : room, space, seat (in a vehicle) **4** : post, position **5 plaza fuerte** : stronghold, fortified city **6 plaza de toros** : bullring
plazca, etc. → **placer**
plazo *nm* **1** : period, term ⟨un plazo de cinco días : a period of five days⟩ ⟨a largo plazo : long-term⟩ **2** ABONO : installment ⟨pagar a plazos : to pay in installments⟩
pleamar *nf* : high tide
plebe *nf* : common people, masses *pl*
plebeyo¹, -ya *adj* : plebeian
plebeyo², -ya *n* : plebeian, commoner
plegable *adj* : folding, collapsible
plegadizo → **plegable**
plegar {49} *vt* DOBLAR : to fold, to bend — **plegarse** *vr* : to give in, to yield
plegaria *nf* ORACIÓN : prayer
pleito *nm* **1** : lawsuit **2** : fight, argument, dispute
plenamente *adv* COMPLETAMENTE : fully, completely
plenario, -ria *adj* : plenary, full
plenilunio *nm* : full moon
plenipotenciario, -ria *n* : plenipotentiary
plenitud *nf* : fullness, abundance
pleno, -na *adj* COMPLETO ((often used as an intensifier)) **1** : full, complete ⟨en pleno uso de sus facultades : in full command of his faculties⟩ ⟨en plena noche : in the middle of the night⟩ ⟨en pleno corazón de la ciudad : right in the heart of the city⟩
plétora *nf* : plethora
pleuresía *nf* : pleurisy
pliega, pliegue etc. → **plegar**
pliego *nm* **1** HOJA : sheet of paper **2** : sealed document
pliegue *nm* **1** DOBLEZ : crease, fold **2** : pleat
plisar *vt* : to pleat
plomada *nf* **1** : plumb line **2** : sinker
plomería *nf* FONTANERÍA : plumbing
plomero, -ra *n* FONTANERO : plumber
plomizo, -za *adj* : leaden
plomo *nm* **1** : lead **2** : plumb line **3** : fuse **4** *fam* : bore, drag **5 a ~** : plumb, straight
plugo, etc. → **placer**
pluma *nf* **1** : feather **2** : pen **3 pluma fuente** : fountain pen

plumaje *nm* : plumage
plumero *nm* : feather duster
plumilla *nf* : nib
plumón *nm, pl* **plumones** : down
plumoso, -sa *adj* : feathery, downy
plural *adj & nm* : plural
pluralidad *nf* : plurality
pluralizar {21} *vt* : to pluralize
pluriempleado, -da *adj* : holding more than one job
pluriempleo *nm* : moonlighting
plus *nm* : bonus
plusvalía *nf* : appreciation, capital gain
Plutón *nm* : Pluto
plutocracia *nf* : plutocracy
plutonio *nm* : plutonium
población *nf, pl* **-ciones** 1 : population 2 : city, town, village
poblado¹, -da *adj* 1 : inhabited, populated 2 : full, thick ⟨cejas pobladas : bushy eyebrows⟩
poblado² *nm* : village, settlement
poblador, -dora *n* : settler
poblar {19} *vt* 1 : to populate, to inhabit 2 : to settle, to colonize 3 ~ **de** : to stock with, to plant with — **poblarse** *vr* : to fill up, to become crowded
pobre¹ *adj* 1 : poor, impoverished 2 : unfortunate ⟨¡pobre de mí! : poor me!⟩ 3 : weak, deficient ⟨una dieta pobre : a poor diet⟩
pobre² *nmf* : poor person ⟨los pobres : the poor⟩ ⟨¡pobre! : poor thing!⟩
pobremente *adv* : poorly
pobreza *nf* : poverty
pocilga *nf* CHIQUERO : pigsty, pigpen
pocillo *nm* : small coffee cup, demitasse
poción *nf, pl* **pociones** : potion
poco¹ *adv* 1 : little, not much ⟨poco probable : not very likely⟩ ⟨come poco : he doesn't eat much⟩ 2 : a short time, a while ⟨tardaremos poco : we won't be very long⟩ 3 **poco antes** : shortly before 4 **poco después** : shortly after
poco², -ca *adj* 1 : little, not much, (a) few ⟨tengo poco dinero : I don't have much money⟩ ⟨en no pocas ocasiones : on more than a few occasions⟩ ⟨poca gente : few people⟩ 2 **pocas veces** : rarely
poco³, -ca *pron* 1 : little, few ⟨le falta poco para terminar : he's almost finished⟩ ⟨uno de los pocos que quedan : one of the remaining few⟩ 2 **un poco** : a little, a bit ⟨un poco de vino : a little wine⟩ ⟨un poco extraño : a bit strange⟩ 3 **a ~** *Mex* (*used to express disbelief*) ⟨¿a poco no se te hizo difícil? : you mean you didn't find it difficult?⟩ 4 **de a poco** : little by little 5 **hace poco** : not long ago 6 **poco a poco** : little by little 7 **dentro de poco** : shortly, in a little while 8 **por ~** : nearly, almost
podar *vt* : to prune, to trim
poder¹ {58} *v aux* 1 : to be able to, can ⟨no puede hablar : he can't speak⟩ 2 (*expressing possibility*) : might, may ⟨puede llover : it may rain at any moment⟩ ⟨¿cómo puede ser? : how can that be?⟩ 3 (*expressing permission*) : can, may ⟨¿puedo ir a la fiesta? : can I go to the party?⟩ ⟨¿se puede? : may I come in?⟩ — *vi* 1 : to beat, to defeat ⟨cree que le puede a cualquiera : he thinks he can beat anyone⟩ 2 : to be possible ⟨¿crees que vendrán? — puede (que sí) : do you think they'll come? — maybe⟩ 3 ~ **con** : to cope with, to manage ⟨¡no puedo con estos niños! : I can't handle these children!⟩ 4 **no poder más** : to have had enough ⟨no puede más : she can't take anymore⟩ 5 **no poder menos que** : to not be able to help ⟨no pudo menos que asombrarse : she couldn't help but be amazed⟩
poder² *nm* 1 : control, power ⟨poder adquisitivo : purchasing power⟩ 2 : authority ⟨el poder legislativo : the legislature⟩ 3 : possession ⟨está en mi poder : it's in my hands⟩ 4 : strength, force ⟨poder militar : military might⟩
poderío *nm* 1 : power 2 : wealth, influence
poderoso, -sa *adj* 1 : powerful 2 : wealthy, influential 3 : effective
podiatría *nf* : podiatry
podio *nm* : podium
pódium → **podio**
podología *nf* : podiatry, chiropody
podólogo, -ga *n* : podiatrist, chiropodist
podrá, etc. → **poder**
podredumbre *nf* 1 : decay, rottenness 2 : corruption
podrido, -da *adj* 1 : rotten, decayed 2 : corrupt
podrir → **pudrir**
poema *nm* : poem
poesía *nf* 1 : poetry 2 POEMA : poem
poeta *nmf* : poet
poético, -ca *adj* : poetic, poetical
pogrom *nm* : pogrom
póker *or* **poker** *nm* : poker (card game)
polaco¹, -ca *adj* : Polish
polaco², -ca *n* : Pole, Polish person
polaco³ *nm* : Polish (language)
polar *adj* : polar
polarizar {21} *vt* : to polarize — **polarizarse** *vr* — **polarización** *nf*
polea *nf* : pulley
polémica *nf* CONTROVERSIA : controversy, polemics
polémico, -ca *adj* CONTROVERTIDO : controversial, polemical
polen *nm, pl* **pólenes** : pollen
policía¹ *nf* : police
policía² *nmf* : police officer, policeman *m*, policewoman *f*
policíaco, -ca *or* **policiaco, -ca** *adj* : police ⟨novela policíaca : detective story⟩
policial *adj* : police
poliéster *nm* : polyester
poligamia *nf* : polygamy
polígamo¹, -ma *adj* : polygamous
polígamo², -ma *n* : polygamist
polígono *nm* : polygon — **poligonal** *adj*

poliinsaturado, -da *adj* : polyunsaturated

polilla *nf* : moth

polimerizar {21} *vt* : to polymerize

polímero *nm* : polymer

polinesio, -sia *adj & n* : Polynesian

polinizar {21} *vt* : to pollinate — **polinización** *nf*

polio *nf* : polio

poliomielitis *nf* : poliomyelitis, polio

polisón *nm, pl* **-sones** : bustle (on clothing)

politécnico, -ca *adj* : polytechnic

politeísmo *nm* : polytheism — **politeísta** *adj & nmf*

política *nf* 1 : politics 2 : policy

políticamente *adv* : politically

político¹, -ca *adj* 1 : political 2 : tactful, politic 3 : by marriage ⟨padre político : father-in-law⟩

político², -ca *n* : politician

póliza *nf* : policy ⟨póliza de seguros : insurance policy⟩

polizón *nm, pl* **-zones** : stowaway ⟨viajar de polizón : to stow away⟩

polka *nf* : polka

polla *nf* APUESTA : bet

pollera, -ra *n* 1 : chicken coop 2 : skirt

pollero, -ra *n* 1 : poulterer 2 : poultry farm 3 *Mex fam* COYOTE : smuggler of illegal immigrants

pollito, -ta *n* : chick, young bird, fledgling

pollo, -lla *n* 1 : chicken 2 POLLITO : chick 3 JOVEN : young man *m*, young lady *f*

polluelo *nm* → **pollito**

polo *nm* 1 : pole ⟨el Polo Norte : the North Pole⟩ ⟨polo negativo : negative pole⟩ 2 : polo (sport) 3 : polo shirt 4 : focal point, center 5 **polo opuesto** : exact opposite

polución *nf, pl* **-ciones** CONTAMINACIÓN : pollution

polvareda *nf* 1 : cloud of dust 2 : uproar, fuss

polvera *nf* : compact (for face powder)

polvo *nm* 1 : dust 2 : powder 3 **polvos** *nmpl* : face powder 4 **polvos de hornear** : baking powder 5 **hacer polvo** *fam* : to crush, to shatter ⟨vas a hacer polvo el reloj : you're going to destroy your watch⟩

pólvora *nf* 1 : gunpowder 2 : fireworks *pl*

polvoriento, -ta *adj* : dusty, powdery

polvorín *nm, pl* **-rines** : magazine, storehouse (for explosives)

pomada *nf* : ointment, cream

pomelo *nm* : grapefruit

pómez *nf or* **piedra pómez** : pumice

pomo *nm* 1 : pommel (on a sword) 2 : knob, handle 3 : perfume bottle

pompa *nf* 1 : bubble 2 : pomp, splendor 3 **pompas fúnebres** : funeral

pompón *nm, pl* **pompones** BORLA : pom-pom

pomposidad *nf* 1 : pomp, splendor 2 : pomposity, ostentation

pomposo, -sa *adj* : pompous — **pomposamente** *adv*

pómulo *nm* : cheekbone

pon → **poner**

ponchadura *nf Mex* : puncture, flat (tire)

ponchar *vt* 1 : to strike out (in baseball) 2 *Mex* : to puncture — **poncharse** *vr* 1 *Col, Ven* : to strike out (in baseball) 2 *Mex* : to blow out (of a tire)

ponche *nm* 1 : punch (drink) 2 **ponche de huevo** : eggnog

poncho *nm* : poncho

ponderación *nf, pl* **-ciones** 1 : consideration, deliberation 2 : high praise

ponderar *vt* 1 : to weigh, to consider 2 : to speak highly of

pondrá, etc. → **poner**

ponencia *nf* 1 DISCURSO : paper, presentation, address 2 INFORME : report

ponente *nmf* : speaker, presenter

poner {60} *vt* 1 COLOCAR : to put, to place ⟨pon el libro en la mesa : put the book on the table⟩ 2 AGREGAR, AÑADIR : to put in, to add 3 : to put on (clothes) 4 CONTRIBUIR : to contribute 5 ESCRIBIR : to put in writing ⟨no le puso su nombre : he didn't put his name on it⟩ 6 IMPONER : to set, to impose 7 EXPONER : to put, to expose ⟨lo puso en peligro : she put him in danger⟩ 8 : to prepare, to arrange ⟨poner la mesa : to set the table⟩ 9 : to name ⟨le pusimos Ana : we called her Ana⟩ 10 ESTABLECER : to set up, to establish ⟨puso un restaurante : he opened up a restaurant⟩ 11 INSTALAR : to install, to put in 12 (*with an adjective or adverb*) : to make ⟨siempre lo pones de mal humor : you always put him in a bad mood⟩ 13 : to turn on, to switch on 14 SUPONER : to suppose ⟨pongamos que no viene : supposing he doesn't come⟩ 15 : to lay (eggs) 16 **~ a** : to start (someone doing something) ⟨lo puse a trabajar : I put him to work⟩ 17 **~ de** : to place as ⟨la pusieron de directora : they made her director⟩ 18 **~ en** : to put in (a state or condition) ⟨poner en duda : to call into question⟩ — *vi* 1 : to contribute 2 : to lay eggs — **ponerse** *vr* 1 : to move (into a position) ⟨ponerse de pie : to stand up⟩ 2 : to put on, to wear 3 : to become, to turn ⟨se puso colorado : he turned red⟩ 4 : to set (of the sun or moon)

poni *or* **poney** *nm* : pony

ponga, etc. → **poner**

poniente *nm* 1 OCCIDENTE : west 2 : west wind

ponqué *nm Col, Ven* : cake

pontifical *adj* : pontifical

pontificar {72} *vi* : to pontificate

pontífice *nm* : pontiff, pope

pontón *nm, pl* **pontones** : pontoon

ponzoña *nf* VENENO : poison — **ponzoñoso, -sa** *adj*

popa *nf* **1** : stern **2 a ~** : astern, abaft, aft

popelín *nm, pl* **-lines** : poplin

popelina *nf* : poplin

popote *nm Mex* : (drinking) straw

populachero, -ra *adj* : common, popular, vulgar

populacho *nm* : rabble, masses *pl*

popular *adj* **1** : popular **2** : traditional **3** : colloquial

popularidad *nf* : popularity

popularizar {21} *vt* : to popularize — **popularizarse** *vr*

populista *adj & nmf* : populist — **populismo** *nm*

populoso, -sa *adj* : populous

popurrí *nm* : potpourri

por *prep* **1** : for, during ⟨se quedaron allí por la semana : they stayed there during the week⟩ ⟨por el momento : for now, at the moment⟩ **2** : around, during ⟨por noviembre empieza a nevar : around November it starts to snow⟩ ⟨por la mañana : in the morning⟩ **3** : around (a place) ⟨debe estar por allí : it must be over there⟩ ⟨por todas partes : everywhere⟩ **4** : by, through, along ⟨por la puerta : through the door⟩ ⟨pasé por tu casa : I stopped by your house⟩ ⟨por la costa : along the coast⟩ **5** : for, for the sake of ⟨lo hizo por su madre : he did it for his mother⟩ ⟨por Dios! : for heaven's sake!⟩ **6** : because of, on account of ⟨llegué tarde por el tráfico : I arrived late because of the traffic⟩ ⟨dejar por imposible : to give up as impossible⟩ **7** : per ⟨60 millas por hora : 60 miles per hour⟩ ⟨por docena : by the dozen⟩ **8** : for, in exchange for, instead of ⟨su hermana habló por él : his sister spoke on his behalf⟩ **9** : by means of ⟨hablar por teléfono : to talk on the phone⟩ ⟨por escrito : in writing⟩ **10** : as for ⟨por mí : as far as I'm concerned⟩ **11** : times ⟨tres por dos son seis : three times two is six⟩ **12** SEGÚN : from, according to ⟨por lo que dices : judging from what you're telling me⟩ **13** : as, for ⟨por ejemplo : for example⟩ **14** : by ⟨hecho por mi abuela : made by my grandmother⟩ ⟨por correo : by mail⟩ **15** : for, in order to ⟨lucha por ganar su respeto : he struggles to win her respect⟩ **16 estar por** : to be about to **17 por ciento** : percent **18 por favor** : please **19 por lo tanto** : therefore, consequently **20 ¿por qué?** : why? **21 por que → porque 22 por . . . que** : no matter how ⟨por mucho que intente : no matter how hard I try⟩ **23 por si** *or* **por si acaso** : just in case

porcelana *nf* : china, porcelain

porcentaje *nm* : percentage

porche *nm* : porch

porción *nf, pl* **porciones** **1** : portion **2** PARTE : part, share **3** RACIÓN : serving, helping

pordiosear *vi* MENDIGAR : beg

pordiosero, -ra *n* MENDIGO : beggar

porfiado, -da *adj* OBSTINADO, TERCO : obstinate, stubborn — **porfiadamente** *adv*

porfiar {85} *vi* : to insist, to persist

pormenor *nm* DETALLE : detail

pormenorizar {21} *vi* : to go into detail — *vt* : to tell in detail

pornografía *nf* : pornography

pornográfico, -ca *adj* : pornographic

poro *nm* : pore

poroso, -sa *adj* : porous — **porosidad** *nf*

poroto *nm Arg, Chile, Uru* : bean

porque *conj* **1** : because **2** *or* **por que** : in order that

porqué *nm* : reason, cause

porquería *nf* **1** SUCIEDAD : dirt, filth **2** : nastiness, vulgarity **3** : worthless thing, trifle **4** : junk food

porra *nf* **1** : nightstick, club **2** *Mex* : cheer, yell ⟨los aficionados le echaban porras : the fans cheered him on⟩

porrazo *nm* **1** : blow, whack **2 de golpe y porrazo** : suddenly

porrista *nmf* **1** : cheerleader **2** : fan, supporter

portaaviones *nms & pl* : aircraft carrier

portada *nf* **1** : title page **2** : cover **3** : facade, front

portador, -dora *n* : carrier, bearer

portafolio *or* **portafolios** *nm, pl* **-lios 1** MALETÍN : briefcase **2** : portfolio (of investments)

portal *nm* **1** : portal, doorway **2** VESTÍBULO : vestibule, hall

portar *vt* **1** : to carry, to bear **2** : to wear — **portarse** *vr* CONDUCIRSE : to behave ⟨pórtate bien : behave yourself⟩

portátil *adj* : portable

portaviandas *nms & pl* : lunch box

portaviones *nm* → **portaaviones**

portavoz *nmf, pl* **-voces** : spokesperson, spokesman *m*, spokeswoman *f*

portazo *nm* : slam (of a door)

porte *nm* **1** ASPECTO : bearing, demeanor **2** TRANSPORTE : transport, carrying ⟨porte pagado : postage paid⟩

portento *nm* MARAVILLA : marvel, wonder

portentoso, -sa *adj* MARAVILLOSO : marvelous, wonderful

porteño, -ña *adj* : of or from Buenos Aires

portería *nf* **1** ARCO : goal, goalposts *pl* **2** : superintendent's office

portero, -ra *n* **1** ARQUERO : goalkeeper, goalie **2** : doorman *m* **3** : janitor, superintendent

pórtico *nm* : portico

portilla *nf* : porthole

portón *nm, pl* **portones** **1** : main door **2** : gate

portugués¹, -guesa *adj & n, mpl* **-gueses** : Portuguese

portugués² *nm* : Portuguese (language)

porvenir *nm* FUTURO : future
pos *adv* **en pos de** : in pursuit of
posada *nf* **1** : inn **2** *Mex* : Advent celebration
posadero, -ra *n* : innkeeper
posar *vi* : to pose — *vt* **1** : to place, to lay — **posarse** *vr* **1** : to land, to light, to perch **2** : to settle, to rest
posavasos *nms & pl* : coaster (for drinks)
posdata → postdata
pose *nf* : pose
poseedor, -dora *n* : possessor, holder
poseer {20} *vt* : to possess, to hold, to have
poseído, -da *adj* : possessed
posesión *nf, pl* **-siones** : possession
posesionarse *vr* — **de** : to take possession of, to take over
posesivo¹, -va *adj* : possessive
posesivo² *nm* : possessive case
posguerra *nf* : postwar period
posibilidad *nf* **1** : possibility **2 posibilidades** *nfpl* : means, income
posibilitar *vt* : to make possible, to permit
posible *adj* : possible — **posiblemente** *adv*
posición *nf, pl* **-ciones 1** : position, place **2** : status, standing **3** : attitude, stance
posicionar *vt* **1** : to position, to place **2** : to establish — **posicionarse** *vr*
positivo¹, -va *adj* : positive
positivo² *nm* : print (in photography)
poso *nm* **1** : sediment, dregs *pl* **2** : grounds *pl* (of coffee)
posoperatorio, -ria *adj* : postoperative
posponer {60} *vt* **1** : to postpone **2** : to put behind, to subordinate
pospuso, etc. → posponer
posta *nf* : relay race
postal¹ *adj* : postal
postal² *nf* : postcard
postdata *nf* : postscript
poste *nm* : post, pole ⟨poste de teléfonos : telephone pole⟩
póster *or* **poster** *nm, pl* **pósters** *or* **posters** : poster, placard
postergación *nf, pl* **-ciones** : postponement, deferring
postergar {52} *vt* **1** : to delay, to postpone **2** : to pass over (an employee)
posteridad *nf* : posterity
posterior *adj* **1** ULTERIOR : later, subsequent **2** TRASERO : back, rear
postgrado *nm* : graduate course
postgraduado, -da *n* : graduate student, postgraduate
postigo *nm* **1** CONTRAVENTANA : shutter **2** : small door, wicket gate
postilla *nf* : scab
postizo, -za *adj* : artificial, false ⟨dentadura postiza : dentures⟩
postnatal *adj* : postnatal
postor, -tora *n* : bidder ⟨mejor postor : highest bidder⟩

postración *nf, pl* **-ciones 1** : prostration **2** ABATIMIENTO : depression
postrado, -da *adj* **1** : prostrate **2 postrado en cama** : bedridden
potranco, -ca *n* → potro¹
postrar *vt* DEBILITAR : to debilitate, to weaken — **postrarse** *vr* : to prostrate oneself
postre *nm* : dessert
postrero, -ra *adj* (**postrer** *before masculine singular nouns*) ÚLTIMO : last
postulación *nf, pl* **-ciones 1** : collection **2** : nomination (of a candidate)
postulado *nm* : postulate, assumption
postulante, -ta *n* **1** : postulant **2** : candidate, applicant
postular *vt* **1** : to postulate **2** : to nominate **3** : to propose — **postularse** *vr* : to run, to be a candidate
póstumo, -ma *adj* : posthumous — **póstumamente** *adv*
postura *nf* **1** : posture, position (of the body) **2** ACTITUD, POSICIÓN : position, stance
potable *adj* : drinkable, potable
potaje *nm* : thick vegetable soup, pottage
potasa *nf* : potash
potasio *nm* : potassium
pote *nm* **1** OLLA : pot **2** : jar, container
potencia *nf* **1** : power ⟨potencias extranjeras : foreign powers⟩ ⟨elevado a la tercera potencia : raised to the third power⟩ **2** : capacity, potency
potencial *adj & nm* : potential
potenciar *vt* : to promote, to foster
potenciómetro *nm* : dimmer, dimmer switch
potentado, -da *n* **1** SOBERANO : potentate, sovereign **2** MAGNATE : tycoon, magnate
potente *adj* **1** : powerful, strong **2** : potent, virile
potestad *nf* **1** AUTORIDAD : authority, jurisdiction **2 patria potestad** : custody, guardianship
potrero *nm* **1** : field, pasture **2** : cattle ranch
potro¹, -tra *n* : colt *m*, filly *f*
potro² *nm* **1** : rack (for torture) **2** : horse (in gymnastics)
pozo *nm* **1** : well ⟨pozo de petróleo : oil well⟩ **2** : deep pool (in a river) **3** : mine shaft **4** *Arg, Par, Uru* : pothole **5 pozo séptico** : cesspool
pozole *nm* *Mex* : spicy stew made with pork and hominy
práctica *nf* **1** : practice, experience **2** EJERCICIO : exercising ⟨la práctica de la medicina : the practice of medicine⟩ **3** APLICACIÓN : application, practice ⟨poner en práctica : to put into practice⟩ **4 prácticas** *nfpl* : training
practicable *adj* : practicable, feasible
prácticamente *adv* : practically
practicante¹ *adj* : practicing ⟨católicos practicantes : practicing Catholics⟩

practicante² *nmf* : practicer, practitioner

practicar {72} *vt* **1** : to practice **2** : to perform, to carry out **3** : to exercise (a profession) — *vi* : to practice

práctico, -ca *adj* : practical, useful

pradera *nf* : grassland, prairie

prado *nm* **1** CAMPO : field, meadow **2** : park

pragmático, -ca *adj* : pragmatic — **pragmáticamente** *adv*

pragmatismo *nm* : pragmatism

preámbulo *nm* **1** INTRODUCCIÓN : preamble, introduction **2** RODEO : evasion ⟨gastar preámbulos : to beat around the bush⟩

prebélico, -ca *adj* : antebellum

prebenda *nf* : privilege, perquisite

precalentar {55} *vt* : to preheat

precariedad *nf* : precariousness

precario, -ria *adj* : precarious — **precariamente** *adv*

precaución *nf, pl* **-ciones** **1** : precaution ⟨medidas de precaución : precautionary measures⟩ **2** PRUDENCIA : caution, care ⟨con precaución : cautiously⟩

precautorio, -ria *adj* : precautionary

precaver *vt* PREVENIR : to prevent, to guard against — **precaverse** *vr* PREVENIRSE : to take precautions, to be on guard

precavido, -da *adj* CAUTELOSO : cautious, prudent

precedencia *nf* : precedence, priority

precedente¹ *adj* : preceding, previous

precedente² *nm* : precedent

preceder *v* : to precede

precepto *nm* : rule, precept

preciado, -da *adj* : esteemed, prized, valuable

preciarse *vr* **1** JACTARSE : to boast, to brag **2** ~ **de** : to pride oneself on

precinto *nm* : seal

precio *nm* **1** : price **2** : cost, sacrifice ⟨a cualquier precio : whatever the cost⟩

preciosidad *nf* : beautiful thing ⟨este vestido es una preciosidad : this dress is lovely⟩

precioso, -sa *adj* **1** HERMOSO : beautiful, exquisite **2** VALIOSO : precious, valuable

precipicio *nm* **1** : precipice **2** RUINA : ruin

precipitación *nf, pl* **-ciones** **1** PRISA : haste, hurry, rush **2** : precipitation, rain, snow

precipitado, -da *adj* **1** : hasty, sudden **2** : rash — **precipitadamente** *adv*

precipitar *vt* **1** APRESURAR : to hasten, to speed up **2** ARROJAR : to hurl, to throw — **precipitarse** *vr* **1** APRESURARSE : to rush **2** : to act rashly **3** ARROJARSE : to throw oneself

precisamente *adv* JUSTAMENTE : precisely, exactly

precisar *vt* **1** : to specify, to determine exactly **2** NECESITAR : to need, to require — *vi* : to be necessary

precisión *nf, pl* **-siones** **1** EXACTITUD : precision, accuracy **2** CLARIDAD : clarity (of style, etc.) **3** NECESIDAD : necessity ⟨tener precisión de : to have need of⟩

preciso, -sa *adj* **1** EXACTO : precise **2** : very, exact ⟨en ese preciso instante : at that very instant⟩ **3** NECESARIO : necessary

precocidad *nf* : precocity

precocinar *vt* : to precook

preconcebir {54} *vt* : to preconceive

precondición *nf, pl* **-ciones** : precondition

preconizar {21} *vt* **1** : to recommend, to advocate **2** : to extol

precoz *adj, pl* **precoces** **1** : precocious **2** : early, premature — **precozmente** *adv*

precursor, -sora *n* : forerunner, precursor

predecesor, -sora *n* ANTECESOR : predecessor

predecir {11} *vt* : to foretell, to predict

predestinado, -da *adj* : predestined, fated

predestinar *vt* : to predestine — **predestinación** *nf*

predeterminar *vt* : to predetermine

prédica *nf* SERMÓN : sermon

predicado *nm* : predicate

predicador, -dora *n* : preacher

predicar {72} *v* : to preach

predicción *nf, pl* **-ciones** **1** : prediction **2** PRONÓSTICO : forecast ⟨predicción del tiempo : weather forecast⟩

prediga, predijo etc. → **predecir**

predilección *nf, pl* **-ciones** : predilection, preference

predilecto, -ta *adj* : favorite

predio *nm* : property, piece of land

predisponer {60} *vt* **1** : to predispose, to incline **2** : to prejudice, to bias

predisposición *nf, pl* **-ciones** **1** : predisposition, tendency **2** : prejudice, bias

predominante *adj* : predominant — **predominantemente** *adv*

predominar *vi* PREVALECER : to predominate, to prevail

predominio *nm* : predominance, prevalence

preeminente *adj* : preeminent — **preeminencia** *nf*

preescolar *adj & nm* : preschool

preestreno *nm* : preview

prefabricado, -da *adj* : prefabricated

prefacio *nm* : preface

prefecto *nm* : prefect

preferencia *nf* **1** : preference **2** PRIORIDAD : priority **3 de** ~ : preferably

preferencial *adj* : preferential

preferente *adj* : preferential, special ⟨trato preferente : special treatment⟩

preferentemente *adv* : preferably

preferible *adj* : preferable

preferido, -da *adj & n* : favorite

preferir {76} *vt* : to prefer

prefigurar *vt* : foreshadow, prefigure

prefijo *nm* : prefix

pregonar *vt* **1** : to proclaim, to announce **2** : to hawk (merchandise) **3** : to extol **4** : to reveal, to disclose

pregunta *nf* **1** : question **2 hacer una pregunta** : to ask a question

preguntar *vt* : to ask, to question — *vi* : to ask, to inquire — **preguntarse** *vr* : to wonder

preguntón, -tona *adj, mpl* **-tones** : inquisitive

prehistórico, -ca *adj* : prehistoric

prejuiciado, -da *adj* : prejudiced

prejuicio *nm* : prejudice

prejuzgar {52} *vt* : to prejudge

prelado *nm* : prelate

preliminar *adj & nm* : preliminary

preludio *nm* : prelude

prematrimonial *adj* : premarital

prematuro, -ra *adj* : premature

premeditación *nf, pl* **-ciones** : premeditation

premeditar *vt* : to premeditate, to plan

premenstrual *adj* : premenstrual

premiado, -da *adj* : winning, prizewinning

premiar *vt* **1** : to award a prize to **2** : to reward

premier *nmf* : premier, prime minister

premio *nm* **1** : prize ⟨premio gordo : grand prize, jackpot⟩ **2** : reward **3** : premium

premisa *nf* : premise, basis

premolar *nm* : bicuspid (tooth)

premonición *nf, pl* **-ciones** : premonition

premura *nf* : haste, urgency

prenatal *adj* : prenatal

prenda *nf* **1** : piece of clothing **2** : security, pledge

prendar *vt* **1** : to charm, to captivate **2** : to pawn, to pledge — **prendarse** *vr* ~ **de** : to fall in love with

prendedor *nm* : brooch, pin

prender *vt* **1** SUJETAR : to pin, to fasten **2** APRESAR : to catch, to apprehend **3** : to light (a cigarette, a match) **4** : to turn on ⟨prende la luz : turn on the light⟩ **5 prender fuego a** : to set fire to — *vi* **1** : to take root **2** : to catch fire **3** : to catch on

prensa *nf* **1** : printing press **2** : press ⟨conferencia de prensa : press conference⟩

prensar *vt* : to press

prensil *adj* : prehensile

preñado, -da *adj* **1** : pregnant **2** ~ **de** : filled with

preñar *vt* EMBARAZAR : to make pregnant

preñez *nf, pl* **preñeces** : pregnancy

preocupación *nf, pl* **-ciones** INQUIETUD : worry, concern

preocupante *adj* : worrisome

preocupar *vt* INQUIETAR : to worry, to concern — **preocuparse** *vr* APURARSE : to worry, to be concerned

preparación *nf, pl* **-ciones** **1** : preparation, readiness **2** : education, training **3** : (medicinal) preparation

preparado¹, -da *adj* **1** : ready, prepared **2** : trained

preparado² *nm* : preparation, mixture

preparar *vt* **1** : to prepare, to make ready **2** : to teach, to train, to coach — **prepararse** *vr*

preparativos *nmpl* : preparations

preparatoria *nf Mex* : high school

preparatorio, -ria *adj* : preparatory

preponderante *adj* : preponderant, predominant — **preponderancia** *nf* — **preponderantemente** *adv*

preposición *nf, pl* **-ciones** : preposition — **preposicional** *adj*

prepotente *adj* : arrogant, domineering, overbearing — **prepotencia** *nf*

prerrogativa *nf* : prerogative, privilege

presa *nf* **1** : capture, seizure ⟨hacer presa de : to seize⟩ **2** : catch, prey ⟨presa de : prey to, seized with⟩ **3** : claw, fang **4** DIQUE : dam **5** : morsel, piece (of food)

presagiar *vt* : to presage, to portend

presagio *nm* : omen, portent

presbiterio *nm* : presbytery, sanctuary (of a church)

presbítero *nm* : presbyter

presciencia *nf* : prescience

prescindible *adj* : expendable, dispensable

prescindir *vi* **1** ~ **de** : to do without, to dispense with **2** DESATENDER : to ignore, to disregard **3** OMITIR : to omit, to skip

prescribir {33} *vt* : to prescribe

prescripción *nf, pl* **-ciones** : prescription

prescrito *pp* → **prescribir**

presencia *nf* **1** : presence **2** ASPECTO : appearance

presenciar *vt* : to be present at, to witness

presentable *adj* : presentable

presentación *nf, pl* **-ciones** **1** : presentation **2** : introduction **3** : appearance

presentador, -dora *n* : newscaster, anchorman *m*, anchorwoman *f*

presentar *vt* **1** : to present, to show **2** : to offer, to give **3** : to submit (a document), to launch (a product) **4** : to introduce (a person) — **presentarse** *vr* **1** : to show up, to appear **2** : to arise, to come up **3** : to introduce oneself

presente¹ *adj* **1** : present, in attendance **2** : present, current **3 tener presente** : to keep in mind

presente² *nm* **1** : present (time, tense) **2** : one present ⟨entre los presentes se encontraban ... : those present included ... ⟩

presentimiento *nm* : premonition, hunch, feeling

presentir {76} *vt* : to sense, to intuit ⟨presentía lo que iba a pasar : he sensed what was going to happen⟩
preservación *nf, pl* **-ciones** : preservation
preservar *vt* 1 : to preserve 2 : to protect
preservativo *nm* CONDÓN : condom
presidencia *nf* 1 : presidency 2 : chairmanship
presidencial *adj* : presidential
presidente, -ta *n* 1 : president 2 : chair, chairperson 3 : presiding judge
presidiario, -ria *n* : convict, prisoner
presidio *nm* : prison, penitentiary
presidir *vt* 1 MODERAR : to preside over, to chair 2 : to dominate, to rule over
presilla *nf* : eye, loop, fastener
presión *nf, pl* **presiones** 1 : pressure 2 **presión arterial** : blood pressure
presionar *vt* 1 : to pressure 2 : to press, to push — *vi* : to put on the pressure
preso[1], -sa *adj* : imprisoned
preso[2], -sa *n* : prisoner
prestado, -da *adj* 1 : borrowed, on loan 2 **pedir prestado** : to borrow
prestamista *nmf* : moneylender, pawnbroker
préstamo *nm* : loan
prestar *vt* 1 : to lend, to loan 2 : to render (a service), to give (aid) 3 **prestar atención** : to pay attention 4 **prestar juramento** : to take an oath — **prestarse** *vr* : to lend oneself ⟨se presta a confusiones : it lends itself to confusion⟩
prestatario, -ria *n* : borrower
presteza *nf* : promptness, speed
prestidigitación *nf, pl* **-ciones** : sleight of hand, prestidigitation
prestidigitador, -dora *n* : conjurer, magician
prestigio *nm* : prestige — **prestigioso, -sa** *adj*
presto[1] *adv* : promptly, at once
presto[2], -ta *adj* 1 : quick, prompt 2 DISPUESTO, PREPARADO : ready
presumido, -da *adj* VANIDOSO : conceited, vain
presumir *vt* SUPONER : to presume, to suppose — *vi* 1 ALARDEAR : to boast, to show off 2 ~ **de** : to consider oneself ⟨presume de inteligente : he thinks he's intelligent⟩
presunción *nf, pl* **-ciones** 1 SUPOSICIÓN : presumption, supposition 2 VANIDAD : conceit, vanity
presunto, -ta *adj* : presumed, supposed, alleged — **presuntamente** *adv*
presuntuoso, -sa *adj* : conceited
presuponer {60} *vt* : to presuppose
presupuestal *adj* : budget, budgetary
presupuestar *vi* : to budget — *vt* : to budget for
presupuestario, -ria *adj* : budget, budgetary
presupuesto *nm* 1 : budget, estimate 2 : assumption, supposition

presurizar {21} *vt* : to pressurize
presuroso, -sa *adj* : hasty, quick
pretencioso, -sa *adj* : pretentious
pretender *vt* 1 INTENTAR : to attempt, to try ⟨pretendo estudiar : I'm trying to study⟩ 2 AFIRMAR : to claim ⟨pretende ser pobre : he claims he's poor⟩ 3 : to seek, to aspire to ⟨¿qué pretendes tú? : what are you after?⟩ 4 CORTEJAR : to court 5 **pretender que** : to expect ⟨¿pretendes que lo crea? : do you expect me to believe you?⟩
pretendiente[1] *nmf* 1 : candidate, applicant 2 : pretender, claimant (to a throne, etc.)
pretendiente[2] *nm* : suitor
pretensión *nf, pl* **-siones** 1 : intention, hope, plan 2 : pretension ⟨sin pretensiones : unpretentious⟩
pretexto *nm* EXCUSA : pretext, excuse
pretil *nm* : parapet, railing
prevalecer {53} *vi* : to prevail, to triumph
prevaleciente *adj* : prevailing, prevalent
prevalerse {84} *vr* ~ **de** : to avail oneself of, to take advantage of
prevención *nf, pl* **-ciones** 1 : prevention 2 : preparation, readiness 3 : precautionary measure 4 : prejudice, bias
prevenido, -da *adj* 1 PREPARADO : prepared, ready 2 ADVERTIDO : forewarned 3 CAUTELOSO : cautious
prevenir {87} *vt* 1 : to prevent 2 : to warn — **prevenirse** *vr* ~ **contra** *or* ~ **de** : to take precautions against
preventivo, -va *adj* : preventive, precautionary
prever {88} *vt* ANTICIPAR : to foresee, to anticipate
previo, -via *adj* 1 : previous, prior 2 : after, upon ⟨previo pago : after paying, upon payment⟩
previsible *adj* : foreseeable
previsión *nf, pl* **-siones** 1 : foresight 2 : prediction, forecast 3 : precaution
previsor, -sora *adj* : farsighted, prudent
prieto, -ta *adj* 1 : blackish, dark 2 : dark-skinned, swarthy 3 : tight, compressed
prima *nf* 1 : premium 2 : bonus 3 → primo
primacía *nf* 1 : precedence, priority 2 : superiority, supremacy
primado *nm* : primate (bishop)
primario, -ria *adj* : primary
primate *nm* : primate
primavera *nf* 1 : spring (season) 2 PRÍMULA : primrose
primaveral *adj* : spring, springlike
primero[1] *adv* 1 : first 2 : rather, sooner
primero[2], -ra *adj* (**primer** *before masculine singular nouns*) 1 : first 2 : top, leading 3 : fundamental, basic 4 **de primera** : first-rate
primero[3], -ra *n* : first
primicia *nf* 1 : first fruits 2 : scoop, exclusive

primigenio, -nia *adj* : original, primary
primitivo, -va *adj* **1** : primitive **2** ORIGINAL : original
primo, -ma *n* : cousin
primogénito, -ta *adj & n* : firstborn
primor *nm* **1** : skill, care **2** : beauty, elegance
primordial *adj* **1** : primordial **2** : basic, fundamental
primoroso, -sa *adj* **1** : exquisite, fine, delicate **2** : skillful
prímula *nf* : primrose
princesa *nf* : princess
principado *nm* : principality
principal[1] *adj* **1** : main, principal **2** : foremost, leading
principal[2] *nm* : capital, principal
príncipe *nm* : prince
principesco, -ca *adj* : princely
principiante[1] *adj* : beginning
principiante[2] *nmf* : beginner, novice
principiar *vt* EMPEZAR : to begin
principio *nm* **1** COMIENZO : beginning **2** : principle **3 al principio** : at first **4 a principios de** : at the beginning of ⟨a principios de agosto : at the beginning of August⟩ **5 en ~** : in principle
pringar {52} *vt* **1** : to dip (in grease) **2** : to soil, to spatter (with grease) — **pringarse** *vr*
pringoso, -sa *adj* : greasy
pringue[1], *etc.* → pringar
pringue[2] *nm* : grease, drippings *pl*
prior, priora *n* : prior *m*, prioress *f*
priorato *nm* : priory
prioridad *nf* : priority, precedence
prisa *nf* **1** : hurry, rush **2 a ~ or de ~** : quickly, fast **3 a toda prisa** : as fast as possible **4 darse prisa** : to hurry **5 tener prisa** : to be in a hurry
prisión *nf, pl* **prisiones 1** CÁRCEL : prison, jail **2** ENCARCELAMIENTO : imprisonment
prisionero, -ra *n* : prisoner
prisma *nm* : prism
prismáticos *nmpl* : binoculars
prístino, -na *adj* : pristine
privacidad *nf* : privacy
privación *nf, pl* **-ciones 1** : deprivation **2** : privation, want
privado, -da *adj* : private — **privadamente** *adv*
privar *vt* **1** DESPOJAR : to deprive **2** : to stun, to knock out — **privarse** *vr* : to deprive oneself
privativo, -va *adj* : exclusive, particular
privilegiado, -da *adj* : privileged
privilegiar *vt* : to grant a privilege to, to favor
privilegio *nm* : privilege
pro[1] *nm* **1** : pro, advantage ⟨los pros y contras : the pros and cons⟩ **2 en pro de** : for, in favor of
pro[2] *prep* : for, in favor of ⟨grupos pro derechos humanos : groups supporting human rights⟩
proa *nf* : bow, prow
probabilidad *nf* : probability

probable *adj* : probable, likely
probablemente *adv* : probably
probar {19} *vt* **1** : to demonstrate, to prove **2** : to test, to try out **3** : to try on (clothing) **4** : to taste, to sample — *vi* : to try — **probarse** *vr* : to try on (clothing)
probeta *nf* : test tube
probidad *nf* : probity
problema *nm* : problem
problemática *nf* : set of problems ⟨la problemática que debemos enfrentar : the problems we must face⟩
proboscide *nf* : proboscis
problemático, -ca *adj* : problematic
procaz *adj, pl* **procaces 1** : insolent, impudent **2** : indecent
procedencia *nf* : origin, source
procedente *adj* **1** : proper, fitting **2 ~ de** : coming from
proceder *vi* **1** AVANZAR : to proceed **2** : to act, to behave **3** : to be appropriate, to be fitting **4 ~ de** : to originate from, to come from
procedimiento *nm* : procedure, process
prócer *nmf* : eminent person, leader
procesado, -da *n* : accused, defendant
procesador *nm* : processor ⟨procesador de textos : word processor⟩
procesamiento *nm* : processing ⟨procesamiento de datos : data processing⟩
procesar *vt* **1** : to prosecute, to try **2** : to process
procesión *nf, pl* **-siones** : procession
proceso *nm* **1** : process **2** : trial, proceedings *pl*
proclama *nf* : proclamation
proclamación *nf, pl* **-ciones** : proclamation
proclamar *vt* : to proclaim — **proclamarse** *vr*
proclive *adj* **~ a** : inclined to, prone to
proclividad *nf* : proclivity, inclination
procrear *vi* : to procreate — **procreación** *nf*
procurador, -dora *n* ABOGADO : attorney
procurar *vt* **1** INTENTAR : to try, to endeavor **2** CONSEGUIR : to obtain, to procure **3 procurar hacer** : to manage to do
prodigar {52} *vt* : to lavish, to be generous with
prodigio *nm* : wonder, marvel
prodigioso, -sa *adj* : prodigious, marvelous
pródigo[1], **-ga** *adj* **1** : generous, lavish **2** : wasteful, prodigal
pródigo[2], **-ga** *n* : spendthrift, prodigal
producción *nf, pl* **-ciones** : production **2 producción en serie** : mass production
producir {61} *vt* **1** : to produce, to make, to manufacture **2** : to cause, to bring about **3** : to bear (interest) — **producirse** *vr* : to take place, to occur
productividad *nf* : productivity
productivo, -va *adj* **1** : productive **2** LUCRATIVO : profitable

producto *nm* **1** : product **2** : proceeds *pl*, yield

productor, -tora *n* : producer

proeza *nf* HAZAÑA : feat, exploit

profanar *vt* : to profane, to desecrate — **profanación** *nf*

profano¹, -na *adj* **1** : profane **2** : worldly, secular

profano², -na *n* : nonspecialist

profecía *nf* : prophecy

proferir {76} *vt* **1** : to utter **2** : to hurl (insults)

profesar *vt* **1** : to profess, to declare **2** : to practice, to exercise

profesión *nf, pl* **-siones** : profession

profesional *adj & nmf* : professional — **profesionalmente** *adv*

profesionalismo *nm* : professionalism

profesionalizar {21} *vt* : to professionalize

profesionista *nmf Mex* : professional

profesor, -sora *n* **1** MAESTRO : teacher **2** : professor

profesorado *nm* **1** : faculty **2** : teaching profession

profeta *nm* : prophet

profético, -ca *adj* : prophetic

profetisa *nf* : prophetess, prophet

profetizar {21} *vt* : to prophesy

prófugo, -ga *adj & n* : fugitive

profundidad *nf* : depth, profundity

profundizar {21} *vt* **1** : to deepen **2** : to study in depth — *vi* ~ **en** : to go deeply into, to study in depth

profundo, -da *adj* **1** HONDO : deep **2** : profound — **profundamente** *adv*

profusión *nf, pl* **-siones** : abundance, profusion

profuso, -sa *adj* : profuse, abundant, extensive

progenie *nf* : progeny, offspring

progenitor, -tora *n* ANTEPASADO : ancestor, progenitor

progesterona *nf* : progesterone

prognóstico *nm* : prognosis

programa *nm* **1** : program **2** : plan **3** **programa de estudios** : curriculum

programable *adj* : programmable

programación *nf, pl* **-ciones** **1** : programming **2** : planning

programador, -dora *n* : programmer

programar *vt* **1** : to schedule, to plan **2** : to program (a computer, etc.)

progresar *vi* : to progress, to make progress

progresista *adj & nmf* : progressive

progresivo, -va *adj* : progressive, gradual

progreso *nm* : progress

prohibición *nf, pl* **-ciones** : ban, prohibition

prohibir {62} *vt* : to prohibit, to ban, to forbid

prohibitivo, -va *adj* : prohibitive

prohijar {5} *vt* ADOPTAR : to adopt

prójimo *nm* : neighbor, fellow man

prole *nf* : offspring, progeny

proletariado *nm* : proletariat, working class

proletario, -ria *adj & n* : proletarian

proliferar *vi* : to proliferate — **proliferación** *nf*

prolífico, -ca *adj* : prolific

prolijo, -ja *adj* : wordy, long-winded

prólogo *nm* : prologue, preface, foreword

prolongación *nf, pl* **-ciones** : extension, lengthening

prolongar {52} *vt* **1** : to prolong **2** : to extend, to lengthen — **prolongarse** *vr* CONTINUAR : to last, to continue

promediar *vt* **1** : to average **2** : to divide in half — *vi* : to be half over

promedio *nm* **1** : average **2** : middle, midpoint

promesa *nf* : promise

prometedor, -dora *adj* : promising, hopeful

prometer *vt* : to promise — *vi* : to show promise — **prometerse** *vr* COMPROMETERSE : to get engaged

prometido¹, -da *adj* : engaged

prometido², -da *n* NOVIO : fiancé *m*, fiancée *f*

prominente *adj* : prominent — **prominencia** *nf*

promiscuo, -cua *adj* : promiscuous — **promiscuidad** *nf*

promisorio, -ria *adj* **1** : promising **2** : promissory

promoción *nf, pl* **-ciones** **1** : promotion **2** : class, year **3** : play-off (in soccer)

promocionar *vt* : to promote — **promocional** *adj*

promontorio *nm* : promontory, headland

promotor, -tora *n* : promoter

promover {47} *vt* **1** : to promote, to advance **2** FOMENTAR : to foster, to encourage **3** PROVOCAR : to provoke, to cause

promulgación *nf, pl* **-ciones** **1** : enactment **2** : proclamation, enactment

promulgar {52} *vt* **1** : to promulgate, to proclaim **2** : to enact (a law or decree)

prono, -na *adj* : prone

pronombre *nm* : pronoun

pronosticar {72} *vt* : to predict, to forecast

pronóstico *nm* **1** PREDICCIÓN : forecast, prediction **2** : prognosis

prontitud *nf* **1** PRESTEZA : promptness, speed **2** **con** ~ : promptly, quickly

pronto¹ *adv* **1** : quickly, promptly **2** : soon **3 de** ~ : suddenly **4 lo más pronto posible** : as soon as possible **5 tan pronto como** : as soon as

pronto², -ta *adj* **1** RÁPIDO : quick, speedy, prompt **2** PREPARADO : ready

pronunciación *nf, pl* **-ciones** : pronunciation

pronunciado, -da *adj* **1** : pronounced, sharp, steep **2** : marked, noticeable

pronunciamiento *nm* **1** : pronouncement **2** : military uprising

pronunciar *vt* **1** : to pronounce, to say **2** : to give, to deliver (a speech) **3** **pro-**

nunciar un fallo : to pronounce sentence — **pronunciarse** vr : to declare oneself

propagación nf, pl **-ciones** : propagation, spreading

propaganda nf 1 : propaganda 2 PUBLICIDAD : advertising

propagar {52} vt 1 : to propagate 2 : to spread, to disseminate — **propagarse** vr

propalar vt 1 : to divulge 2 : to spread

propano nm : propane

propasarse vr : to go too far, to overstep one's bounds

propensión nf, pl **-siones** INCLINACIÓN : inclination, propensity

propenso, -sa adj : prone, susceptible

propiamente adv 1 : properly, correctly 2 : exactly, precisely ⟨propiamente dicho : strictly speaking⟩

propiciar vt 1 : to propitiate 2 : to favor, to foster

propicio, -cia adj : favorable, propitious

propiedad nf 1 : property ⟨propiedad privada : private property⟩ 2 : ownership 3 CUALIDAD : property, quality 4 : suitability, appropriateness

propietario¹, -ria adj : proprietary

propietario², -ria n DUEÑO : owner, proprietor

propina nf : tip, gratuity

propinar vt : to give, to strike ⟨propinar una paliza : to give a beating⟩

propio, -pia adj 1 : own ⟨su propia casa : his own house⟩ ⟨sus recursos propios : their own resources⟩ 2 APROPIADO : appropriate, suitable 3 CARACTERÍSTICO : characteristic, typical 4 MISMO : oneself ⟨el propio director : the director himself⟩

proponer {60} vt 1 : to propose, to suggest 2 : to nominate — **proponerse** vr : to intend, to plan, to set out ⟨lo que se propone lo cumple : he does what he sets out to do⟩

proporción nf, pl **-ciones** 1 : proportion 2 : ratio (in mathematics) 3 **proporciones** nfpl : proportions, size ⟨de grandes proporciones : very large⟩

proporcionado, -da adj 1 : proportionate 2 : proportioned ⟨bien proporcionado : well-proportioned⟩ — **proporcionadamente** adv

proporcional adj : proportional — **proporcionalmente** adv

proporcionar vt 1 : to provide, to give 2 : to proportion, to adapt

proposición nf, pl **-ciones** : proposal, proposition

propósito nm 1 INTENCIÓN : purpose, intention 2 a ～ : by the way 3 a ～ : on purpose, intentionally

propuesta nf PROPOSICIÓN : proposal

propulsar vt 1 IMPULSAR : to propel, to drive 2 PROMOVER : to promote, to encourage

propulsión nf, pl **-siones** : propulsion

propulsor nm : propellant

propuso, etc. → proponer

prorrata nf 1 : share, quota 2 a ～ : pro rata, proportionately

prórroga nf 1 : extension, deferment 2 : overtime (in sports)

prorrogar {52} vt 1 : to extend (a deadline) 2 : to postpone

prorrumpir vi : to burst forth, to break out ⟨prorrumpí en lágrimas : I burst into tears⟩

prosa nf : prose

prosaico, -ca adj : prosaic, mundane

proscribir {33} v 1 PROHIBIR : to prohibit, to ban, to proscribe 2 DESTERRAR : to banish, to exile

proscripción nf, pl **-ciones** 1 PROHIBICIÓN : ban, proscription 2 DESTIERRO : banishment

proscrito¹ pp → proscribir

proscrito², -ta n 1 DESTERRADO : exile 2 : outlaw

prosecución nf, pl **-ciones** 1 : continuation 2 : pursuit

proseguir {75} vt 1 CONTINUAR : to continue 2 : to pursue (studies, goals) — vi : to continue, to go on

prosélito, -ta n : proselyte

prospección nf, pl **-ciones** : prospecting, exploration

prospectar vi : to prospect

prospecto nm : prospectus, leaflet, brochure

prosperar vi : to prosper, to thrive

prosperidad nf : prosperity

próspero, -ra adj : prosperous, flourishing

próstata nf : prostate

prostitución nf, pl **-ciones** : prostitution

prostituir {41} vt : to prostitute — **prostituirse** vr : to prostitute oneself

prostituto, -ta n : prostitute

protagonista nmf 1 : protagonist, main character 2 : leader

protagonizar {21} vt : to star in

protección nf, pl **-ciones** : protection

protector¹, -tora adj : protective

protector², -tora n 1 : protector, guardian 2 : patron

protector³ nm : protector, guard ⟨chaleco protector : chest protector⟩

protectorado nm : protectorate

proteger {15} vt : to protect, to defend — **protegerse** vr

protegido, -da n : protégé

proteína nf : protein

prótesis nfs & pl : prosthesis

protesta nf 1 : protest 2 Mex : promise, oath

protestante adj & nmf : Protestant

protestantismo nm : Protestantism

protestar vi : to protest, to object — vt 1 : to protest, to object to 2 : to declare, to profess

protocolo nm : protocol

protón nm, pl **protones** : proton

protoplasma nm : protoplasm

prototipo nm : prototype

protozoario or **protozoo** nm : protozoan

protuberancia *nf* : protuberance — **protuberante** *adj*

provecho *nm* : benefit, advantage

provechoso, -sa *adj* BENEFICIOSO : beneficial, profitable, useful — **provechosamente** *adv*

proveedor, -dora *n* : provider, supplier

proveer {63} *vt* : to provide, to supply — **proveerse** *vr* ~ **de** : to obtain, to supply oneself with

provenir {87} *vi* ~ **de** : to come from

provenzal[1] *adj* : Provençal

provenzal[2] *nmf* : Provençal

provenzal[3] *nm* : Provençal (language)

proverbio *nm* REFRÁN : proverb — **proverbial** *adj*

providencia *nf* 1 : providence, foresight 2 : Providence, God 3 **providencias** *nfpl* : steps, measures

providencial *adj* : providential

provincia *nf* : province — **provincial** *adj*

provinciano, -na *adj* : provincial, unsophisticated

provisión *nf, pl* -siones : provision

provisional *adj* : provisional, temporary

provisionalmente *adv* : provisionally, tentatively

provisorio, -ria *adj* : provisional, temporary

provisto *pp* → proveer

provocación *nf, pl* -ciones : provocation

provocador[1], -dora *adj* : provocative, provoking

provocador[2], -dora *n* AGITADOR : agitator

provocar {72} *vt* 1 CAUSAR : to provoke, to cause 2 IRRITAR : to provoke, to pique

provocativo, -va *adj* : provocative

proxeneta *nmf* : pimp *m*

próximamente *adv* : shortly, soon

proximidad *nf* 1 : nearness, proximity 2 **proximidades** *nfpl* : vicinity

próximo, -ma *adj* 1 : near, close ⟨la Navidad está próxima : Christmas is almost here⟩ 2 SIGUIENTE : next, following ⟨la próxima semana : the following week⟩

proyección *nf, pl* -ciones 1 : projection 2 : showing, screening (of a film) 3 : range, influence, diffusion

proyectar *vt* 1 : to plan 2 LANZAR : to throw, to hurl 3 : to project, to cast (light or shadow) 4 : to show, to screen (a film)

proyectil *nm* : projectile, missile

proyecto *nm* 1 : plan, project 2 **proyecto de ley** : bill

proyector *nm* 1 : projector 2 : spotlight

prudencia *nf* : prudence, care, discretion

prudente *adj* : prudent, sensible, reasonable

prueba[1], etc. → probar

prueba[2] *nf* 1 : proof, evidence 2 : trial, test 3 : proof (in printing or photography) 4 : event, qualifying round (in sports) 5 **a prueba de agua** : waterproof 6 **prueba de fuego** : acid test 7 **poner a prueba** : to put to the test

prurito *nm* 1 : itching 2 : desire, urge

psicoanálisis *nm* : psychoanalysis — **psicoanalista** *nmf*

psicoanalítico, -ca *adj* : psychoanalytic

psicoanalizar {21} *vt* : to psychoanalyze

psicología *nf* : psychology

psicológico, -ca *adj* : psychological — **psicológicamente** *adv*

psicólogo, -ga *n* : psychologist

psicópata *nmf* : psychopath

psicopático, -ca *adj* : psycopathic

psicosis *nfs & pl* : psychosis

psicosomático, -ca *adj* : psychosomatic

psicoterapeuta *nmf* : psychotherapist

psicoterapia *nf* : psychotherapy

psicótico, -ca *adj & n* : psychotic

psique *nf* : psyche

psiquiatra *nmf* : psychiatrist

psiquiatría *nf* : psychiatry

psiquiátrico[1], -ca *adj* : psychiatric

psiquiátrico[2] *nm* : mental hospital

psíquico, -ca *adj* : psychic

psiquis *nfs & pl* : psyche

psoriasis *nf* : psoriasis

ptomaína *nf* : ptomaine

púa *nf* 1 : barb ⟨alambre de púas : barbed wire⟩ 2 : tooth (of a comb) 3 : quill, spine

pubertad *nf* : puberty

pubiano → púbico

púbico, -ca *adj* : pubic

publicación *nf, pl* -ciones : publication

publicar {72} *vt* 1 : to publish 2 DIVULGAR : to divulge, to disclose

publicidad *nf* 1 : publicity 2 : advertising

publicista *nmf* : publicist

publicitar *vt* 1 : to publicize 2 : to advertise

publicitario, -ria *adj* : advertising, publicity ⟨agencia publicitaria : advertising agency⟩

público[1], -ca *adj* : public — **públicamente** *adv*

público[2] *nm* 1 : public 2 : audience, spectators *pl*

puchero *nm* 1 : pot 2 : stew 3 : pout ⟨hacer pucheros : to pout⟩

pucho *nm* 1 : waste, residue 2 : cigarette butt 3 **a puchos** : little by little, bit by bit

púdico, -ca *adj* : chaste, modest

pudiente *adj* 1 : powerful 2 : rich, wealthy

pudín *nm, pl* pudines BUDÍN : pudding

pudo, etc. → poder

pudor *nm* : modesty, reserve

pudoroso, -sa *adj* : modest, reserved, shy

pudrir {59} *vt* 1 : to rot 2 *fam* : to annoy, to upset — **pudrirse** *vr* 1 : to rot 2 : to languish

pueblerino, -na *adj* : provincial, countrified

puebla, etc. → **poblar**
pueblo *nm* **1** NACIÓN : people **2** : common people **3** ALDEA, POBLADO : town, village
puede, etc. → **poder**
puente *nm* **1** : bridge ⟨puente levadizo : drawbridge⟩ **2** : denture, bridge **3 puente aéreo** : airlift
puerco¹, -ca *adj* : dirty, filthy
puerco², -ca *n* **1** CERDO, MARRANO : pig, hog **2** : pig, dirty or greedy person **3 puerco espín** : porcupine
pueril *adj* : childish, puerile
puerro *nm* : leek
puerta *nf* **1** : door, entrance, gate **2 a puerta cerrada** : behind closed doors
puerto *nm* **1** : port, harbor **2** : mountain pass **3 puerto marítimo** : seaport
puertorriqueño, -ña *adj & n* : Puerto Rican
pues *conj* **1** : since, because, for ⟨no puedo ir, pues no tengo plata : I can't go, since I don't have any money⟩ ⟨lo hace, pues a él le gusta : he does it because he likes to⟩ **2** (*used interjectionally*) : well, then ⟨¡pues claro que sí! : well, of course!⟩ ⟨¡pues no voy! : well then, I'm not going!⟩
puesta *nf* **1** : setting ⟨puesta del sol : sunset⟩ **2** : laying (of eggs) **3 puesta a punto** : tune-up **4 puesta en marcha** : start, starting up
puestero, -ra *n* : seller, vendor
puesto¹ *pp* → **poner**
puesto², -ta *adj* : dressed ⟨bien puesto : well-dressed⟩
puesto³ *nm* **1** LUGAR, SITIO : place, position **2** : position, job **3** : kiosk, stand, stall **4 puesto que** : since, given that
pugilato *nm* BOXEO : boxing, pugilism
pugilista *nm* BOXEADOR : boxer, pugilist
pugna *nf* **1** CONFLICTO, LUCHA : conflict, struggle **2 en ~** : at odds, in conflict
pugnar *vi* LUCHAR : to fight, to strive, to struggle
pugnaz *adj* : pugnacious
pujante *adj* : mighty, powerful
pujanza *nf* : strength, vigor ⟨pujanza económica : economic strength⟩
pulcritud *nf* **1** : neatness, tidiness **2** ESMERO : meticulousness
pulcro, -cra *adj* **1** : clean, neat **2** : exquisite, delicate, refined
pulga *nf* **1** : flea **2 tener malas pulgas** : to be bad-tempered
pulgada *nf* : inch
pulgar *nm* **1** : thumb **2** : big toe
pulir *vt* **1** : to polish, to shine **2** REFINAR : to refine, to perfect
pulla *nf* **1** : cutting remark, dig, gibe **2** : obscenity
pulmón *nm, pl* **pulmones** : lung
pulmonar *adj* : pulmonary
pulmonía *nf* NEUMONÍA : pneumonia
pulpa *nf* : pulp, flesh
pulpería *nf* : small grocery store

púlpito *nm* : pulpit
pulpo *nm* : octopus
pulsación *nf, pl* **-ciones 1** : beat, pulsation, throb **2** : keystroke
pulsar *vt* **1** APRETAR : to press, to push **2** : to strike (a key) **3** : to assess — *vi* **1** : to beat, to throb
pulsera *nf* : bracelet
pulso *nm* **1** : pulse ⟨tomarle el pulso a alguien : to take someone's pulse⟩ ⟨tomarle el pulso a la opinión : to sound out opinion⟩ **2** : steadiness (of hand) ⟨dibujo a pulso : freehand sketch⟩
pulular *vi* ABUNDAR : to abound, to swarm ⟨en el río pululan los peces : the river is teeming with fish⟩
pulverizador *nm* **1** : atomizer, spray **2** : spray gun
pulverizar {21} *vt* **1** : to pulverize, to crush **2** : to spray
puma *nf* : cougar, puma
puna *nf* : bleak Andean tableland
punción *nf, pl* **punciones** : puncture
punible *adj* : punishable
punitivo, -va *adj* : punitive
punce, etc. → **punzar**
punta *nf* **1** : tip, end ⟨punta del dedo : fingertip⟩ ⟨en la punta de la lengua : at the tip of one's tongue⟩ **2** : point (of a weapon or pencil) ⟨punta de lanza : spearhead⟩ **3** : point, headland **4** : bunch, lot ⟨una punta de ladrones : a bunch of thieves⟩ **5 a punta de** : by, by dint of
puntada *nf* **1** : stitch (in sewing) **2** PUNZADA : sharp pain, stitch, twinge **3** *Mex* : witticism, quip
puntal *nm* **1** : prop, support **2** : stanchion
puntapié *nm* PATADA : kick
puntazo *nm* CORNADA : wound (from a goring)
puntear *vt* **1** : to pluck (a guitar) **2** : to lead (in sports)
puntería *nf* : aim, marksmanship
puntero *nm* **1** : pointer **2** : leader
puntiagudo, -da *adj* : sharp, pointed
puntilla *nf* **1** : lace edging **2** : dagger (in bullfighting) **3 de puntillas** : on tiptoe
puntilloso, -sa *adj* : punctilious
punto *nm* **1** : dot, point **2** : period (in punctuation) **3** : item, question **4** : spot, place **5** : moment, stage, degree **6** : point (in a score) **7** : stitch **8 en ~** : on the dot, sharp ⟨a las dos en punto : at two o'clock sharp⟩ **9 al punto** : at once **10 a punto fijo** : exactly, certainly **11 dos puntos** : colon **12 hasta cierto punto** : up to a point **13 punto decimal** : decimal point **14 punto de vista** : point of view **15 punto y coma** : semicolon **16 y punto** : period ⟨es el mejor que hay y punto : it's the best there is, period⟩ **17 puntos cardinales** : points of the compass

puntuación *nf, pl* **-ciones 1** : punctuation **2** : scoring, score, grade
puntual *adj* **1** : prompt, punctual **2** : exact, accurate — **puntualmente** *adv*
puntualidad *nf* **1** : promptness, punctuality **2** : exactness, accuracy
puntualizar {21} *vt* **1** : to specify, to state **2** : to point out
puntuar {3} *vt* : to punctuate — *vi* : to score points
punzada *nf* : sharp pain, twinge, stitch
punzante *adj* **1** : sharp **2** CÁUSTICO : biting, caustic
punzar {21} *vt* : to pierce, to puncture
punzón *nm, pl* **punzones 1** : awl **2** : hole punch
puñado *nm* **1** : fist **2 a puñados** : lots of, by the handful
puñal *nm* DAGA : dagger
puñalada *nf* : stab, stab wound
puñetazo *nm* : punch (with the fist)
puño *nm* **1** : fist **2** : handful, fistful **3** : cuff (of a shirt) **4** : handle, hilt
pupila *nf* : pupil (of the eye)
pupilo, -la *n* **1** : pupil, student **2** : ward, charge
pupitre *nm* : writing desk
puré *nm* : purée ⟨puré de papas : mashed potatoes⟩
pureza *nf* : purity
purga *nf* **1** : laxative **2** : purge
purgante *adj & nm* : laxative, purgative
purgar {52} *vt* **1** : to purge, to cleanse **2** : to liquidate (in politics) **3** : to give a laxative to — **purgarse** *vr* **1** : to take a laxative **2 ~ de** : to purge oneself of
purgatorio *nm* : purgatory
purgue, etc. → **purgar**
purificador *nm* : purifier
purificar {72} *vt* : to purify — **purificación** *nf*
puritano[1], -na *adj* : puritanical, puritan
puritano[2], -na *n* **1** : Puritan **2** : puritan
puro[1] *adv* : sheer, much ⟨de puro terco : out of sheer stubbornness⟩
puro[2], -ra *adj* **1** : pure ⟨aire puro : fresh air⟩ **2** : plain, simple, sheer ⟨por pura curiosidad : from sheer curiosity⟩ **3** : only, just ⟨emplean puras mujeres : they only employ women⟩ **4 pura sangre** : Thoroughbred horse
puro[3] *nm* : cigar
púrpura *nf* : purple
purpúreo, -rea *adj* : purple
purpurina *nf* : glitter (for decoration)
pus *nm* : pus
pusilánime *adj* COBARDE : pusillanimous, cowardly
puso, etc. → **poner**
pústula *nf* : pustule, pimple
puta *nf* : whore, slut
putrefacción *nf, pl* **-ciones** : putrefaction
putrefacto, -ta *adj* **1** PODRIDO : putrid, rotten **2** : decayed
pútrido, -da *adj* : putrid, rotten
puya *nf* **1** : point (of a lance) **2 lanzar una puya** : to gibe, to taunt

Q

q *nf* : eighteenth letter of the Spanish alphabet
que[1] *conj* **1** : that ⟨dice que está listo : he says that he's ready⟩ ⟨espero que lo haga : I hope that he does it⟩ **2** : than ⟨más que nada : more than anything⟩ **3** *(implying permission or desire)* ⟨que entre! : send him in!⟩ ⟨que te vaya bien! : I wish you well!⟩ **4** *(indicating a reason or cause)* ⟨cuidado, que te caes! : be careful, you're about to fall!⟩ ⟨no provoques al perro, que te va a morder : don't provoke the dog or (else) he'll bite⟩ **5 es que** : the thing is that, I'm afraid that **6 yo que tú** : if I were you
que[2] *pron* **1** : who, that ⟨la niña que viene : the girl who is coming⟩ **2** : whom, that ⟨los alumnos que enseñé : the students that I taught⟩ **3** : that, which ⟨el carro que me gusta : the car that I like⟩ **4 el (la, lo, las, los) que** → **el[1], la[1], lo[1], los[1]**
qué[1] *adv* : how, what ⟨qué bonito! : how pretty!⟩
qué[2] *adj* : what, which ⟨¿qué hora es? : what time is it?⟩
qué[3] *pron* : what ⟨¿qué quieres? : what do you want?⟩

quebracho *nm* : quebracho (tree)
quebrada *nf* DESFILADERO : ravine, gorge
quebradizo, -za *adj* FRÁGIL : breakable, delicate, fragile
quebrado[1], -da *adj* **1** : bankrupt **2** : rough, uneven **3** ROTO : broken
quebrado[2] *nm* : fraction
quebrantamiento *nm* **1** : breaking **2** : deterioration, weakening
quebrantar *vt* **1** : to break, to split, to crack **2** : to weaken **3** : to violate (a law or contract)
quebranto *nm* **1** : break, breaking **2** AFLICCIÓN : affliction, grief **3** PÉRDIDA : loss
quebrar {55} *vt* **1** ROMPER : to break **2** DOBLAR : to bend, to twist — *vi* **1** : to go bankrupt **2** : to fall out, to break up — **quebrarse** *vr*
queda *nf* : curfew
quedar *vi* **1** PERMANECER : to remain, to stay **2** : to be ⟨quedamos contentos con las mejoras : we were pleased with the improvements⟩ **3** : to be situated ⟨queda muy lejos : it's very far, it's too far away⟩ **4** : to be left ⟨quedan sólo dos alternativas : there are only two options left⟩ **5** : to fit, to suit ⟨estos zap-

atos no me quedan : these shoes don't fit⟩ **6 quedar bien (mal)** : to turn out well (badly) **7 ~ en** : to agree, to arrange ⟨¿en qué quedamos? : what's the arrangement, then?⟩ — **quedarse** *vr* **1** : to stay ⟨se quedó en casa : she stayed at home⟩ **2** : to keep on ⟨se quedó esperando : he kept on waiting⟩ **3 quedarse atrás** : to stay behind ⟨no quedarse atrás : to be no slouch⟩ **4 ~ con** : to remain ⟨me quedé con hambre después de comer : I was still hungry after I ate⟩

quedo¹ *adv* : softly, quietly
quedo², -da *adj* : quiet, still
quehacer *nm* **1** : work **2 quehaceres** *nmpl* : chores
queja *nf* : complaint
quejarse *vr* **1** : to complain **2** : to groan, to moan
quejido *nm* **1** : groan, moan **2** : whine, whimper
quejoso, -sa *adj* : complaining, whining
quejumbroso, -sa *adj* : querulous, whining
quema *nf* **1** FUEGO : fire **2** : burning
quemado, -da *adj* **1** : burned, burnt **2** : annoyed **3** : burned-out
quemador *nm* : burner
quemadura *nf* : burn
quemar *vt* : to burn, to set fire to — *vi* : to be burning hot — **quemarse** *vr*
quemarropa *nf* **a ~** : point-blank
quemazón *nf, pl* **-zones 1** : burning **2** : intense heat **3** : itch **4** : cutting remark
quena *nf* : Peruvian reed flute
quepa, etc. → **caber**
querella *nf* **1** : complaint **2** : lawsuit
querellante *nmf* : plaintiff
querellarse *vr* **~ contra** : to bring suit against, to sue
querer¹ {64} *vt* **1** DESEAR : to want, to desire ⟨quiere ser profesor : he wants to be a teacher⟩ ⟨¿cuánto quieres por esta computadora? : how much do you want for this computer?⟩ **2** : to love, to like, to be fond of ⟨te quiero : I love you⟩ **3** (*indicating a request*) ⟨¿quieres pasarme la leche? : please pass the milk⟩ **4 querer decir** : to mean **5 sin ~** : unintentionally — *vi* : like, want ⟨si quieras : if you like⟩
querer² *nm* : love, affection
querido¹, -da *adj* : dear, beloved
querido², -da *n* : dear, sweetheart
queroseno *nm* : kerosene
querrá, etc. → **querer**
querúbico, -ca *adj* : cherubic
querubín *nm, pl* **-bines** : cherub
quesadilla *nf* : quesadilla
quesería *nf* : cheese shop
queso *nm* : cheese
quetzal *nm* **1** : quetzal (bird) **2** : monetary unit of Guatemala
quicio *nm* **1 estar fuera de quicio** : to be beside oneself **2 sacar de quicio** : to exasperate, to drive crazy

quid *nm* : crux, gist ⟨el quid de la cuestión : the crux of the matter⟩
quiebra¹, etc. → **quebrar**
quiebra² *nf* **1** : break, crack **2** BANCARROTA : failure, bankruptcy
quien *pron, pl* **quienes 1** : who, whom ⟨no sé quien ganará : I don't know who will win⟩ ⟨las personas con quienes trabajo : the people with whom I work⟩ **2** : whoever, whomever ⟨quien quiere salir que salga : whoever wants to can leave⟩ **3** : anyone, some people ⟨hay quienes no están de acuerdo : some people don't agree⟩
quién *pron, pl* **quiénes 1** : who, whom ⟨¿quién sabe? : who knows?⟩ ⟨¿con quién hablo? : with whom am I speaking?⟩ **2 de ~** : whose ⟨¿de quién es este libro? : whose book is this?⟩
quienquiera *pron, pl* **quienesquiera** : whoever, whomever
quiere, etc. → **querer**
quieto, -ta *adj* **1** : calm, quiet **2** INMÓVIL : still
quietud *nf* **1** : calm, tranquility **2** INMOVILIDAD : stillness
quijada *nf* : jaw, jawbone
quijotesco, -ca *adj* : quixotic
quilate *nm* : karat
quilla *nf* : keel
quimera *nf* : chimera, illusion
quimérico, -ca *adj* : chimeric, fanciful
química *nf* : chemistry
químico¹, -ca *adj* : chemical
químico², -ca *n* : chemist
quimioterapia *nf* : chemotherapy
quimono *nm* : kimono
quince *adj & nm* : fifteen
quinceañero, -ra *n* : fifteen-year-old, teenager
quinceavo¹, -va *adj* : fifteenth
quinceavo² *nm* : fifteenth (fraction)
quincena *nf* : two week period, fortnight
quincenal *adj* : bimonthly, twice a month
quincuagésimo¹, -ma *adj* : fiftieth, fifty-
quincuagésimo², -ma *n* : fiftieth, fifty- (in a series)
quingombó *nm* : okra
quiniela *nf* : sports lottery
quinientos¹, -tas *adj* : five hundred
quinientos² *nms & pl* : five hundred
quinina *nf* : quinine
quino *nm* : cinchona
quinqué *nm* : oil lamp
quinquenal *adj* : five-year ⟨un plan quinquenal : a five-year plan⟩
quinta *nf* : country house, villa
quintaesencia *nf* : quintessence — **quintaesencial** *adj*
quintal *nm* : hundredweight
quinteto *nm* : quintet
quintillizo, -za *n* : quintuplet
quinto, -ta *adj* : fifth — **quinto, -ta** *n*
quíntuplo, -la *adj* : quintuple, five-fold
quiosco *nm* **1** : kiosk **2** : newsstand **3 quiosco de música** : bandstand
quirófano *nm* : operating room

quiromancia *nf* : palmistry
quiropráctica *nf* : chiropractic
quiropráctico, -ca *n* : chiropractor
quirúrgico, -ca *adj* : surgical — **quirúrgicamente** *adv*
quiso, etc. → querer
quisquilloso[1], -sa *adj* : fastidious, fussy
quisquilloso[2], -sa *n* : fussy person, fussbudget
quiste *nm* : cyst
quitaesmalte *nm* : nail polish remover
quitamanchas *nms & pl* : stain remover

quitanieves *nms & pl* : snowplow
quitar *vt* **1** : to remove, to take away **2** : to take off (clothes) **3** : to get rid of, to relieve — **quitarse** *vr* **1** : to withdraw, to leave **2** : to take off (one's clothes) **3 ～ de** : to give up (a habit) **4 quitar de encima** : to get rid of
quitasol *nm* : parasol
quiteño[1], -ña *adj* : of or from Quito
quiteño[2], -ña *n* : person from Quito
quizá *or* **quizás** *adv* : maybe, perhaps
quórum *nm, pl* **quórums** : quorum

R

r *nf* : nineteenth letter of the Spanish alphabet
rábano *nm* **1** : radish **2 rábano picante** : horseradish
rabí *nmf, pl* **rabíes** : rabbi
rabia *nf* **1** HIDROFOBIA : rabies, hydrophobia **2** : rage, anger
rabiar *vi* **1** : to rage, to be furious **2** : to be in great pain **3 a ～ fam** : like crazy, like mad
rabieta *nf* BERRINCHE : tantrum
rabino, -na *n* : rabbi
rabioso, -sa *adj* **1** : enraged, furious **2** : rabid
rabo *nm* **1** COLA : tail **2 el rabo del ojo** : the corner of one's eye
racha *nf* **1** : gust of wind **2** : run, series, string ⟨racha perdedora : losing streak⟩
racheado, -da *adj* : gusty, windy
racial *adj* : racial
racimo *nm* : bunch, cluster ⟨un racimo de uvas : a bunch of grapes⟩
raciocinio *nm* : reason, reasoning
ración *nf, pl* **raciones** **1** : share, ration **2** PORCIÓN : portion, helping
racional *adj* : rational, reasonable — **racionalmente** *adv*
racionalidad *nf* : rationality
racionalización *nf, pl* **-ciones** : rationalization
racionalizar {21} *vt* **1** : to rationalize **2** : to streamline
racionamiento *nm* : rationing
racionar *vt* : to ration
racismo *nm* : racism
racista *adj & nmf* : racist
radar *nm* : radar
radiación *nf, pl* **-ciones** : radiation, irradiation
radiactividad *nf* : radioactivity
radiactivo, -va *adj* : radioactive
radiador *nm* : radiator
radial *adj* **1** : radial **2** : radio, broadcasting ⟨emisora radial : radio transmitter⟩
radiante *adj* : radiant
radiar *vt* **1** : to radiate **2** : to irradiate **3** : to broadcast (on the radio)
radical[1] *adj* : radical, extreme — **radicalmente** *adv*

radical[2] *nmf* : radical
radicalismo *nm* : radicalism
radicar {72} *vi* **1** : to be found, to lie **2** ARRAIGAR : to take root — **radicarse** *vr* : to settle, to establish oneself
radio[1] *nm* **1** : radius **2** : radium
radio[2] *nmf* : radio
radioactividad *nf* : radioactivity
radioactivo, -va *adj* : radioactive
radioaficionado, -da *n* : ham radio operator
radiodifusión *nf, pl* **-siones** : radio broadcasting
radiodifusora *nf* : radio station
radioemisora *nf* : radio station
radiofaro *nm* : radio beacon
radiofónico, -ca *adj* : radio ⟨estación radiofónica pública : public radio station⟩
radiofrecuencia *nf* : radio frequency
radiografía *nf* : X ray (photograph)
radiografiar {85} *vt* : to x-ray
radiología *nf* : radiology
radiólogo, -ga *n* : radiologist
radón *nm* : radon
raer {65} *vt* RASPAR : to scrape, to scrape off
ráfaga *nf* **1** : gust (of wind) **2** : flash, burst ⟨una ráfaga de luz : a flash of light⟩
raid *nm* CA, Mex fam : lift, ride
raído, -da *adj* : worn, shabby
raiga, etc. → raer
raíz *nf, pl* **raíces** **1** : root **2** : origin, source **3 a raíz de** : following, as a result of **4 echar raíces** : to take root
raja *nf* **1** : crack, slit **2** : slice, wedge
rajá *nm* : raja
rajadura *nf* : crack, split
rajar *vt* HENDER : to crack, to split — *vi* **1** *fam* : to chatter **2** *fam* : to boast, to brag — **rajarse** *vr* **1** : to crack, to split open **2** *fam* : to back out
rajatabla *adv* **a ～** : strictly, to the letter
ralea *nf* : kind, sort, ilk ⟨son de la misma valea : they're two of a kind⟩
ralentí *nm* **dejar al ralentí** : to leave (a motor) idling
rallado, -da *adj* **1** : grated **2 pan rallado** : bread crumbs *pl*
rallador *nm* : grater

rallar *vt* : to grate
ralo, -la *adj* : sparse, thin
RAM *nf* : RAM, random-access memory
rama *nf* : branch
ramaje *nm* : branches *pl*
ramal *nm* 1 : branchline 2 : halter, strap
ramera *nf* : harlot, prostitute
ramificación *nf, pl* **-ciones** : ramification
ramificarse {72} *vr* : to branch out, to divide into branches
ramillete *nm* 1 RAMO : bouquet 2 : select group, cluster
ramo *nm* 1 : branch 2 RAMILLETE : bouquet 3 : division (of science or industry) 4 **Domingo de Ramos** : Palm Sunday
rampa *nf* : ramp, incline
rana *nf* 1 : frog 2 **rana toro** : bullfrog
ranchera *nf Mex* : traditional folk song
ranchería *nf* : settlement
ranchero, -ra *n* : rancher, farmer
rancho *nm* 1 : ranch, farm 2 : hut 3 : settlement, camp 4 : food, mess (for soldiers, etc.)
rancio, -cia *adj* 1 : aged, mellow (of wine) 2 : ancient, old 3 : rancid
rango *nm* 1 : rank, status 2 : high social standing 3 : pomp, splendor
ranúnculo *nm* : buttercup
ranura *nf* : groove, slot
rap *nm* : rap (music)
rapacidad *nf* : rapacity
rapar *vt* 1 : to crop 2 : to shave
rapaz¹ *adj, pl* **rapaces** : rapacious, predatory
rapaz², -paza *n, mpl* **rapaces** : youngster, child
rape *nm* : close haircut
rapé *nm* : snuff
rapero, -ra *n* : rapper, rap artist
rapidez *nf* : rapidity, speed
rápido¹ *adv* : quickly, fast ⟨manejas tan rápido! : you drive so fast!⟩
rápido², -da *adj* : rapid, quick — **rápidamente** *adv*
rápido³ *nm* 1 : express train 2 **rápidos** *nmpl* : rapids
rapiña *nf* 1 : plunder, pillage 2 **ave de rapiña** : bird of prey
raposa *nf* : vixen (fox)
rapsodia *nf* : rhapsody
raptar *vt* SECUESTRAR : to abduct, to kidnap
rapto *nm* 1 SECUESTRO : kidnapping, abduction 2 ARREBATO : fit, outburst
raptor, -tora *n* SECUESTRADOR : kidnapper
raque *nm* : beachcombing
raquero, -ra *n* : beachcomber
raqueta *nf* 1 : racket (in sports) 2 : snowshoe
raquítico, -ca *adj* 1 : scrawny, weak 2 : measly, skimpy
raquitismo *nm* : rickets
raramente *adv* : seldom, rarely
rareza *nf* 1 : rarity 2 : peculiarity, oddity

raro, -ra *adj* 1 EXTRAÑO : odd, strange, peculiar 2 : unusual, rare 3 : exceptional 4 **rara vez** : seldom, rarely
ras *nm* **a ras de** : level with
rasar *vt* 1 : to skim, to graze 2 : to level
rascacielos *nms & pl* : skyscraper
rascar {72} *vt* 1 : to scratch 2 : to scrape — **rascarse** *vr* : to scratch an itch
rasgadura *nf* : tear, rip
rasgar {52} *vt* : to rip, to tear — **rasgarse** *vr*
rasgo *nm* 1 : stroke (of a pen) ⟨a grandes rasgos : in broad outlines⟩ 2 CARACTERÍSTICA : trait, characteristic 3 : gesture, deed 4 **rasgos** *nmpl* FACCIONES : features
rasgón *nm, pl* **rasgones** : rip, tear
rasgue, etc. → **rasgar**
rasguear *vt* : to strum
rasguñar *vt* 1 : to scratch 2 : to sketch, to outline
rasguño *nm* 1 : scratch 2 : sketch
raso¹, -sa *adj* 1 : level, flat 2 **soldado raso** : private (in the army) ⟨los soldados rasos : the ranks⟩
raso² *nm* : satin
raspadura *nf* 1 : scratching, scraping 2 **raspaduras** *nfpl* : scrapings
raspar *vt* 1 : to scrape 2 : to file down, to smooth — *vi* : to be rough
rasque, etc. → **rascar**
rastra *nf* 1 : harrow 2 **a rastras** : by dragging, unwillingly
rastrear *vt* 1 : to track, to trace 2 : to comb, to search 3 : to trawl
rastrero, -ra *adj* 1 : creeping, crawling 2 : vile, despicable
rastrillar *vt* : to rake, to harrow
rastrillo *nm* 1 : rake 2 *Mex* : razor
rastro *nm* 1 PISTA : trail, track 2 VESTIGIO : trace, sign
rastrojo *nm* : stubble (of plants)
rasuradora *nf Mex, CA* : electric razor, shaver
rasurar *vt* AFEITAR : to shave — **rasurarse** *vr*
rata¹ *nm fam* : pickpocket, thief
rata² *nf* 1 : rat 2 *Col, Pan, Peru* : rate, percentage
ratear *vt* : to pilfer, to steal
ratero, -ra *n* : petty thief
ratificación *nf, pl* **-ciones** : ratification
ratificar {72} *vt* 1 : to ratify 2 : to confirm
rato *nm* 1 : while 2 **pasar el rato** : to pass the time 3 **a cada rato** : all the time, constantly ⟨les sacaba dinero a cada rato : he was always taking money from them⟩ 4 **al poco rato** : later, shortly after
ratón¹, -tona *n, mpl* **ratones** 1 : mouse 2 **ratón de biblioteca** *fam* : bookworm
ratón² *nm, pl* **ratones** 1 : (computer) mouse 2 *CoRi* : biceps
ratonera *nf* : mousetrap
raudal *nm* 1 : torrent 2 **a raudales** : in abundance

raya[1], etc. → **raer**

raya[2] *nf* 1 : line 2 : stripe 3 : skate, ray 4 : part (in the hair) 5 : crease (in clothing)

rayar *vt* 1 ARAÑAR : to scratch 2 : to scrawl on, to mark up ⟨rayaron las paredes : they covered the walls with graffiti⟩ — *vi* 1 : to scratch 2 AMANECER : to dawn, to break ⟨al rayar el alba : at break of day⟩ 3 ~ **con** : to be adjacent to, to be next to 4 ~ **en** : to border on, to verge on ⟨su respuesta raya en lo ridículo : his answer borders on the ridiculous⟩ — **rayarse** *vr*

rayo *nm* 1 : ray, beam ⟨rayo láser : laser beam⟩ ⟨rayo de gamma : gamma ray⟩ ⟨rayo de sol : sunbeam⟩ 2 RELÁMPAGO : lightning bolt 3 rayo X : X-ray

rayón *nm, pl* **rayones** : rayon

raza *nf* 1 : race ⟨raza humana : human race⟩ 2 : breed, strain 3 de ~ : thoroughbred, pedigreed

razón *nf, pl* **razones** 1 MOTIVO : reason, motive ⟨en razón de : by reason of, because of⟩ 2 JUSTICIA : rightness, justice ⟨tener razón : to be right⟩ 3 : reasoning, sense ⟨perder la razón : to lose one's mind⟩ 4 : ratio, proportion

razonable *adj* : reasonable — **razonablemente** *adv*

razonado, -da *adj* : itemized, detailed

razonamiento *nm* : reasoning

razonar *v* : to reason, to think

reabastecimiento *nm* : replenishment

reabierto *pp* → **reabrir**

reabrir {2} *vt* : to reopen — **reabrirse** *vr*

reacción *nf, pl* **-ciones** : reaction 2 motor a reacción : jet engine

reaccionar *vi* : to react, to respond

reaccionario, -ria *adj & n* : reactionary

reacio, -cia *adj* : resistant, opposed

reacondicionar *vt* : to recondition

reactivación *nf, pl* **-ciones** : reactivation, revival

reactivar *vt* : to reactivate, revive

reactor *nm* 1 : reactor ⟨reactor nuclear : nuclear reactor⟩ 2 : jet engine 3 : jet airplane

reafirmar *vt* : to reaffirm, to assert, to strengthen

reajustar *vt* : to readjust, to adjust

reajuste *nm* : readjustment ⟨reajuste de precios : price increase⟩

real *adj* 1 : real, true 2 : royal

realce *nm* 1 : embossing, relief 2 dar realce : to highlight, to bring out

realeza *nf* : royalty

realidad *nf* 1 : reality 2 en ~ : in truth, actually

realinear *vt* : to realign

realismo *nm* 1 : realism 2 : royalism

realista[1] *adj* 1 : realistic 2 : realist 3 : royalist

realista[2] *nmf* 1 : realist 2 : royalist

realización *nf, pl* **-ciones** : execution, realization

realizar {21} *vt* 1 : to carry out, to execute 2 : to produce, to direct (a film or play) 3 : to fulfill, to achieve 4 : to realize (a profit) — **realizarse** *vr* 1 : to come true 2 : to fulfill oneself

realmente *adv* : really, in reality

realzar {21} *vt* 1 : to heighten, to raise 2 : to highlight, to enhance

reanimación *nf, pl* **-ciones** : revival, resuscitation

reanimar *vt* 1 : to revive, to restore 2 : to resuscitate — **reanimarse** *vr* : to come around, to recover

reanudación *nf, pl* **-ciones** : resumption, renewal

reanudar *vt* : to resume, to renew — **reanudarse** *vr* : to resume, to continue

reaparecer {53} *vi* 1 : to reappear 2 : to make a comeback

reaparición *nf, pl* **-ciones** : reappearance

reapertura *nf* : reopening

reata *nf* 1 : rope 2 *Mex* : lasso, lariat 3 de ~ : single file

reavivar *vt* : to revive, to reawaken

rebaja *nf* 1 : reduction 2 DESCUENTO : discount 3 rebajas *nfpl* : sale

rebajar *vt* 1 : to reduce, to lower ⟨a precios rebajados : at reduced prices, on sale⟩ 2 : to lessen, to diminish 3 : to humiliate — **rebajarse** *vr* 1 : to humble oneself 2 rebajarse a : to stoop to

rebanada *nf* : slice

rebañar *vt* : to mop up, to sop up

rebaño *nm* 1 : flock 2 : herd

rebasar *vt* 1 : to surpass, to exceed 2 *Mex* : to pass, to overtake

rebatiña *nf* : scramble, fight (over something)

rebatir *vt* REFUTAR : to refute

rebato *nm* 1 : surprise attack 2 tocar a rebato : to sound the alarm

rebelarse *vr* : to rebel

rebelde[1] *adj* : rebellious, unruly

rebelde[2] *nmf* 1 : rebel 2 : defaulter

rebeldía *nf* 1 : rebelliousness 2 en ~ : in default

rebelión *nf, pl* **-liones** : rebellion

rebobinar *vt* : to rewind

reborde *nm* : border, flange, rim

rebosante *adj* : brimming, overflowing ⟨rebosante de salud : brimming with health⟩

rebosar *vi* 1 : to overflow 2 ~ **de** : to abound in, to be bursting with — *vt* : to radiate

rebotar *vi* 1 : to bounce 2 : to ricochet, to rebound

rebote *nm* 1 : bounce 2 : rebound, ricochet

rebozar {21} *vt* : to coat in batter

rebozo *nm* 1 : shawl, wrap 2 sin ~ : frankly, openly

rebullir {38} *v* : to move, to stir — **rebullirse** *vr*

rebuscado, -da *adj* : affected, pretentious

rebuscar {72} *vi* : to search thoroughly

rebuznar *vi* : to bray
rebuzno *nm* : bray, braying
recabar *vt* **1** : to gather, to obtain, to collect **2 recabar fondos** : to raise money
recado *nm* **1** : message ⟨mandar recado : to send word⟩ **2** *Spain* : errand
recaer {13} *vi* **1** : to relapse **2 ~ en** or **~ sobre** : to fall on, to fall to
recaída *nf* : relapse
recaiga, etc. → **recaer**
recalar *vi* : to arrive
recalcar {72} *vt* : to emphasize, to stress
recalcitrante *adj* : recalcitrant
recalentar {55} *vt* **1** : to reheat, to warm up **2** : to overheat
recámara *nf* **1** *Col, Mex, Pan* : bedroom **2** : chamber (of a firearm)
recamarera *nf Mex* : chambermaid
recambio *nm* **1** : spare part **2** : refill (for a pen, etc.)
recapacitar *vi* **1** : to reconsider **2 ~ en** : to reflect on, to weigh
recapitular *v* : to recapitulate — **recapitulación** *nf*
recargable *adj* : rechargeable
recargado, -da *adj* : overly elaborate or ornate
recargar {52} *vt* **1** : to recharge **2** : to overload
recargo *nm* : surcharge
recatado, -da *adj* MODESTO : modest, demure
recato *nm* PUDOR : modesty
recaudación *nf, pl* **-ciones 1** : collection **2** : earnings *pl*, takings *pl*
recaudador, -dora *n* **recaudador de impuestos** : tax collector
recaudar *vt* : to collect
recaudo *nm* : safe place ⟨a (buen) recaudo : in safe keeping⟩
recayó, etc. → **recaer**
rece, etc. → **rezar**
recelo *nm* : distrust, suspicion
receloso, -sa *adj* : distrustful, suspicious
recepción *nf, pl* **-ciones** : reception
recepcionista *nmf* : receptionist
receptáculo *nm* : receptacle
receptividad *nf* : receptivity, receptiveness
receptivo, -va *adj* : receptive
receptor[1], -tora *adj* : receiving
receptor[2], -tora *n* **1** : recipient **2** : catcher (in baseball), receiver (in football)
receptor[3] *nm* : receiver ⟨receptor de televisión : television set⟩
recesión *nf, pl* **-siones** : recession
recesivo, -va *adj* : recessive
receso *nm* : recess, adjournment
receta *nf* **1** : recipe **2** : prescription
recetar *vt* : to prescribe (medications)
rechazar {21} *vt* **1** : to reject **2** : to turn down, to refuse
rechazo *nm* : rejection, refusal
rechifla *nf* : booing, jeering
rechinar *vi* **1** : to squeak **2** : to grind, to gnash ⟨hacer rechinar los dientes : to grind one's teeth⟩

rechoncho, -cha *adj fam* : chubby, squat
recibidor *nm* : vestibule, entrance hall
recibimiento *nm* : reception, welcome
recibir *vt* **1** : to receive, to get — *vi* : to welcome — *vi* : to receive visitors — **recibirse** *vr* **~ de** : to qualify as
recibo *nm* : receipt
reciclable *adj* : recyclable
reciclado → **reciclaje**
reciclaje *nm* **1** : recycling **2** : retraining
reciclar *vt* **1** : to recycle **2** : to retrain
recién *adv* **1** : newly, recently ⟨recién nacido : newborn⟩ ⟨recién casados : newlyweds⟩ ⟨recién llegado : newcomer⟩ **2** : just, only just ⟨recién ahora me acordé : I just now remembered⟩
reciente *adj* : recent — **recientemente** *adv*
recinto *nm* **1** : enclosure **2** : site, premises *pl*
recio[1] *adv* **1** : strongly, hard **2** : loudly, loud
recio[2], -cia *adj* **1** : severe, harsh **2** : tough, strong
recipiente[1] *nm* : container, receptacle
recipiente[2] *nmf* : recipient
reciprocar {72} *vi* : to reciprocate
reciprocidad *nf* : reciprocity
recíproco, -ca *adj* : reciprocal, mutual
recitación *nf, pl* **-ciones** : recitation, recital
recital *nm* : recital
recitar *vt* : to recite
reclamación *nf, pl* **-ciones 1** : claim, demand **2** QUEJA : complaint
reclamar *vt* **1** EXIGIR : to demand, to require **2** : to claim — *vi* : to complain
reclamo *nm* **1** : bird call, lure **2** : lure, decoy **3** : inducement, attraction **4** : advertisement **5** : complaint
reclinar *vt* : to rest, to lean — **reclinarse** *vr* : to recline, to lean back
recluir {41} *vt* : to confine, to lock up — **recluirse** *vr* : to shut oneself up, to withdraw
reclusión *nf, pl* **-siones** : imprisonment
recluso, -sa *n* **1** : inmate, prisoner **2** SOLITARIO : recluse
recluta *nmf* : recruit, draftee
reclutamiento *nm* : recruitment, recruiting
reclutar *vt* ENROLAR : to recruit, to enlist
recobrar *vt* : to recover, to regain — **recobrarse** *vr* : to recover, to recuperate
recocer {14} *vt* : to overcook, to cook again
recodo *nm* : bend
recogedor *nm* : dustpan
recoger {15} *vt* **1** : to collect, to gather **2** : to get, to retrieve, to pick up **3** : to clean up, to tidy (up)
recogido, -da *adj* : quiet, secluded
recogimiento *nm* **1** : collecting, gathering **2** : withdrawal **3** : absorption, concentration

recolección *nf, pl* **-ciones 1** : collection ⟨recolección de basura : trash pickup⟩ **2** : harvest

recolectar *vt* **1** : to gather, to collect **2** : to harvest, to pick

recomendable *adj* : advisable, recommended

recomendación *nf, pl* **-ciones** : recommendation

recomendar {55} *vt* **1** : to recommend **2** ACONSEJAR : to advise

recompensa *nf* : reward, recompense

recompensar **1** PREMIAR : to reward **2** : to compensate

reconciliación *nf, pl* **-ciones** : reconciliation

reconciliar *vt* : to reconcile — **reconciliarse** *vr*

recóndito, -ta *adj* **1** : remote, isolated **2** : hidden, recondite **3 en lo más recóndito de** : in the depths of

reconfortar *vt* : to comfort — **reconfortante** *adj*

reconocer {18} *vt* **1** : to recognize **2** : to admit **3** : to examine

reconocible *adj* : recognizable

reconocido, -da *adj* **1** : recognized, accepted **2** : grateful

reconocimiento *nm* **1** : acknowledgment, recognition, avowal **2** : (medical) examination **3** : reconnaissance

reconquista *nf* : reconquest

reconquistar *vt* **1** : to reconquer, to recapture **2** RECUPERAR : to regain, to recover

reconsiderar *vt* : to reconsider — **reconsideración** *nf*

reconstrucción *nf, pl* **-ciones** : reconstruction

reconstruir {41} *vt* **1** : to rebuild, to reconstruct

reconversión *nf, pl* **-siones** : restructuring

reconvertir {76} *vt* **1** : to restructure **2** : to retrain

recopilación *nf, pl* **-ciones 1** : summary **2** : collection, compilation

recopilar *vt* : to compile, to collect

récord *or* **record** ['rekɔr] *nm, pl* **récords** *or* **records** [-kɔrs] : record ⟨record mundial : world record⟩ — **récord** *or* **record** *adj*

recordar {19} *vt* **1** : to recall, to remember **2** : to remind — *vi* ACORDARSE : to remember **2** DESPERTAR : to wake up

recordatorio¹, -ria *adj* : commemorative

recordatorio² *nm* : reminder

recorrer *vt* **1** : to travel through, to tour **2** : to cover (a distance) **3** : to go over, to look over

recorrido *nm* **1** : journey, trip **2** : path, route, course **3** : round (in golf)

recortar *vt* **1** : to cut, to reduce **2** : to cut out **3** : to trim, to cut off **4** : to outline — **recortarse** *vr* **1** : to stand out ⟨los árboles se recortaban en el horizonte : the trees were silhouetted against the horizon⟩

recorte *nm* **1** : cut, reduction **2** : clipping ⟨recortes de periódicos : newspaper clippings⟩

recostar {19} *vt* : to lean, to rest — **recostarse** *vr* : to lie down, recline

recoveco *nm* **1** VUELTA : bend, turn **2** : nook, corner **3 recovecos** *nmpl* : intricacies, ins and outs

recreación *nf, pl* **-ciones 1** : re-creation **2** DIVERSIÓN : recreation, entertainment

recrear *vt* **1** : to re-create **2** : to entertain, to amuse — **recrearse** *vr* : to enjoy oneself

recreativo, -va *adj* : recreational

recreo *nm* **1** DIVERSIÓN : entertainment, amusement **2** : recess, break

recriminación *nf, pl* **-ciones** : reproach, recrimination

recriminar *vt* : to reproach — *vi* : to recriminate — **recriminarse** *vr*

recrudecer {53} *v* : to intensify, to worsen — **recrudecerse** *vr*

rectal *adj* : rectal

rectangular *adj* : rectangular

rectángulo *nm* : rectangle

rectificación *nf, pl* **-ciones** : rectification, correction

rectificar {72} *vt* **1** : to rectify, to correct **2** : to straighten (out)

rectitud *nf* **1** : straightness **2** : honesty, rectitude

recto¹ *adv* : straight

recto², -ta *adj* **1** : straight **2** : upright, honorable **3** : sound

recto³ *nm* : rectum

rector¹, -tora *adj* : governing, managing

rector², -tora *n* : rector

rectoría *nf* : rectory

recubierto *pp* → **recubrir**

recubrir {2} *vt* : to cover, to coat

recuento *nm* : recount, count ⟨un recuento de los votos : a recount of the votes⟩

recuerdo *nm* **1** : memory **2** : souvenir, memento **3 recuerdos** *nmpl* : regards

recular *vi* **1** : to back up **2** REPLEGARSE : to retreat, to fall back **3** RETRACTARSE : to back down

recuperación *nf, pl* **-ciones 1** : recovery, recuperation **2 recuperación de datos** : data retrieval

recuperar *vt* **1** : to recover, to get back, to retrieve **2** : to recuperate **3** : to make up for ⟨recuperar el tiempo perdido : to make up for lost time⟩ — **recuperarse** *vr* **~ de** : to recover from, to get over

recurrente *adj* : recurrent, recurring

recurrir *vi* **1 ~ a** : to turn to, to appeal to **2 ~ a** : to resort to **3** : to appeal (in law)

recurso *nm* **1** : recourse ⟨el último recurso : the last resort⟩ **2** : appeal (in law) **3 recursos** *nmpl* : resources, means ⟨recursos naturales : natural resources⟩

red *nf* **1** : net, mesh **2** : network, system, chain **3** : trap, snare
redacción *nf, pl* **-ciones 1** : writing, composition **2** : editing
redactar *vt* **1** : to write, to draft **2** : to edit
redactor, -tora *n* : editor
redada *nf* **1** : raid **2** : catch, haul
redefinir *vt* : to redefine — **redefinición** *nf*
redención *nf, pl* **-ciones** : redemption
redentor¹, -tora *adj* : redeeming
redentor², -tora *n* : redeemer
redescubierto *pp* → **redescubrir**
redescubrir {2} *vt* : to rediscover
redicho, -cha *adj fam* : affected, pretentious
redil *nm* **1** : sheepfold **2 volver al redil** : to return to the fold
redimir *vt* : to redeem, to deliver (from sin)
rediseñar *vt* : to redesign
redistribuir {41} *vt* : to redistribute — **redistribución** *nf*
rédito *nm* : return, yield
redituar {3} *vt* : to produce, to yield
redoblar *vt* : to redouble, to strengthen — **redoblado, -da** *adj*
redoble *nm* : drum roll
redomado, -da *adj* **1** : sly, crafty **2** : utter, out-and-out
redonda *nf* **1** : region, surrounding area **2 a la redonda** ALREDEDOR : around ⟨de diez millas a la redonda : for ten miles around⟩
redondear *vt* : to round off, to round out
redondel *nm* **1** : ring, circle **2** : bull-ring, arena
redondez *nf* : roundness
redondo, -da *adj* **1** : round ⟨mesa redonda : round table⟩ **2** : great, perfect ⟨un negocio redondo : an excellent deal⟩ **3** : straightforward, flat ⟨un rechazo redondo : a flat refusal⟩ **4** *Mex* : round-trip **5 en ~** : around
reducción *nf, pl* **-ciones** : reduction, decrease
reducido, -da *adj* **1** : reduced, limited **2** : small
reducir {61} *vt* **1** DISMINUIR : to reduce, to decrease, to cut **2** : to subdue **3** : to boil down — **reducirse** *vr* ~ **a** : to come down to, to be nothing more than
redundancia *nf* : redundancy
redundante *adj* : redundant
reedición *nf* : reprint
reelegir {28} *vt* : to reelect — **reelección** *nf*
reembolsable *adj* : refundable
reembolsar *vt* **1** : to refund, to reimburse **2** : to repay
reembolso *nm* : refund, reimbursement
reemplazable *adj* : replaceable
reemplazar {21} *vt* : to replace, to substitute
reemplazo *nm* : replacement, substitution
reencarnación *nf, pl* **-ciones** : reincarnation

reencuentro *nm* : reunion
reestablecer {53} *vt* : to reestablish
reestructurar *vt* : to restructure
reexaminar *vt* : to reexamine
refaccionar *vt* : to repair, to renovate
refacciones *nfpl* : repairs, renovations
referencia *nf* **1** : reference **2 hacer referencia a** : to refer to
referendo → **referéndum**
referéndum *nm, pl* **-dums** : referendum
referente *adj* ~ **a** : concerning
réferi *or* **referi** [ˈrɛferi] *nmf* : referee
referir {76} *vt* **1** : to relate, to tell **2** : to refer ⟨nos refirió al diccionario : she referred us to the dictionary⟩ — **referirse** *vr* ~ **a 1** : to refer to **2** ~ **a** : to be concerned, to be in reference to ⟨en lo que se refiere a la educación : as far as education is concerned⟩
refinado¹, -da *adj* : refined
refinado² *nm* : refining
refinamiento *nm* **1** : refining **2** FINURA : refinement
refinanciar *vt* : to refinance
refinar *vt* : to refine
refinería *nf* : refinery
reflectante *adj* : reflective, reflecting
reflector¹, -tora *adj* : reflecting
reflector² *nm* **1** : spotlight, searchlight **2** : reflector
reflejar *vt* : to reflect — **reflejarse** *vr* : to be reflected ⟨la decepción se refleja en su rostro : the disappointment shows on her face⟩
reflejo *nm* **1** : reflection **2** : reflex **3 reflejos** *nmpl* : highlights, streaks (in hair)
reflexión *nf, pl* **-xiones** : reflection, thought
reflexionar *vi* : to reflect, to think
reflexivo, -va *adj* **1** : reflective, thoughtful **2** : reflexive
reflujo *nm* : ebb, ebb tide
reforma *nf* **1** : reform **2** : alteration, renovation
reformador, -dora *n* : reformer
reformar *vt* **1** : to reform **2** : to change, to alter **3** : to renovate, to repair — **reformarse** *vr* : to mend one's ways
reformatorio *nm* : reformatory
reformular *vt* : to reformulate — **reformulación** *nf*
reforzar {36} *vt* **1** : to reinforce, to strengthen **2** : to encourage, to support
refracción *nf, pl* **-ciones** : refraction
refractar *vt* : to refract — **refractarse** *vr*
refractario, -ria *adj* : refractory, obstinate
refrán *nm, pl* **refranes** ADAGIO : proverb, saying
refregar {49} *vt* : to scrub
refrenar *vt* **1** : to rein in (a horse) **2** : to restrain, to check — **refrenarse** *vr* : to restrain oneself
refrendar *vt* **1** : to countersign, to endorse **2** : to stamp (a passport)
refrescante *adj* : refreshing

refrescar {72} vt **1** : to refresh, to cool **2** : to brush up (on) **3 refrescar la memoria** : to refresh one's memory — vi : to turn cooler

refresco nm : refreshment, soft drink

refriega nf : skirmish, scuffle

refrigeración nf, pl **-ciones 1** : refrigeration **2** : air-conditioning

refrigerador nmf NEVERA : refrigerator

refrigeradora nf Col, Peru : refrigerator

refrigerante nm : coolant

refrigerar vt **1** : to refrigerate **2** : to air-condition

refrigerio nm : snack, refreshments pl

refrito¹, -ta adj : refried

refrito² nm : rehash

refuerzo nm : reinforcement, support

refugiado, -da n : refugee

refugiar vt : to shelter — **refugiarse** vr ACOGERSE : to take refuge

refugio nm : refuge, shelter

refulgencia nf : brilliance, splendor

refulgir {35} vi : to shine brightly

refundir vt **1** : to recast (metals) **2** : to revise, to rewrite

refunfuñar vi : to grumble, to groan

refutar vt : to refute — **refutación** nf

regadera nf **1** : watering can **2** : shower head, shower **3** : sprinkler

regaderazo nm Mex : shower

regalar vt **1** OBSEQUIAR : to present (as a gift), to give away **2** : to regale, to entertain **3** : to flatter, to make a fuss over — **regalarse** vr : to pamper oneself

regalía nf : royalty, payment

regaliz nm, pl **-lices** : licorice

regalo nm **1** OBSEQUIO : gift, present **2** : pleasure, comfort **3** : treat

regañadientes mpl **a ~** : reluctantly, unwillingly

regañar vt : to scold, to give a talking to — vi **1** QUEJARSE : to grumble, to complain **2** REÑIR : to quarrel, to argue

regaño nm fam : scolding

regañón, -ñona adj, mpl **-ñones** fam : grumpy, irritable

regar {49} vt **1** : to irrigate **2** : to water **3** : to wash, to hose down **4** : to spill, to scatter

regata nf : regatta, yacht race

regate nm : dodge, feint

regatear vt **1** : to haggle over **2** ESCATIMAR : to skimp on, to be sparing with — vi : to bargain, to haggle

regateo nm : bargaining, haggling

regatón nm, pl **-tones** : ferrule, tip

regazo nm : lap (of a person)

regencia nf : regency

regenerar vt : to regenerate — **regenerarse** vr — **regeneración** nf

regentar vt : to run, to manage

regente nmf : regent

regidor, -dora n : town councillor

régimen nm, pl **regímenes 1** : regime **2** : diet **3** : regimen, rules pl ⟨régimen de vida : lifestyle⟩

regimiento nm : regiment

regio, -gia adj **1** : great, magnificent **2** : regal, royal

región nf, pl **regiones** : region, area

regional adj : regional — **regionalmente** adv

regir {28} vt **1** : to rule **2** : to manage, to run **3** : to control, to govern ⟨las costumbres que rigen la conducta : the customs which govern behavior⟩ — vi : to apply, to be in force ⟨las leyes rigen en los tres países : the laws apply in all three countries⟩ — **regirse** vr **~ por** : to go by, to be guided by

registrador¹, -dora adj **caja registradora** : cash register

registrador², -dora n : registrar, recorder

registrar vt **1** : to register, to record **2** GRABAR : to record, to tape **3** : to search, to examine — **registrarse** vr **1** INSCRIBIRSE : to register **2** OCURRIR : to happen, to occur

registro nm **1** : register **2** : registration **3** : registry, record office **4** : range (of a voice or musical instrument) **5** : search

regla nf **1** NORMA : rule, regulation **2** : ruler ⟨regla de cálculo : slide rule⟩ **3** MENSTRUACIÓN : period, menstruation

reglamentación nf, pl **-ciones 1** : regulation **2** : rules pl

reglamentar vt : to regulate, to set rules for

reglamentario, -ria adj : regulation, official ⟨equipo reglamentario : standard equipment⟩

reglamento nm : regulations pl, rules pl ⟨reglamento de tráfico : traffic regulations⟩

regocijar vt : to gladden, to delight — **regocijarse** vr : to rejoice

regocijo nm : delight, rejoicing

regordete, -ta adj fam LLENITO : chubby

regresar vt DEVOLVER : to give back — vi : to return, to come back, to go back

regresión nf, pl **-siones** : regression, return

regresivo, -va adj : regressive

regreso nm **1** : return **2 estar de regreso** : to be back, to be home

reguero nm **1** : irrigation ditch **2** : trail, trace **3 propagarse como reguero de pólvora** : to spread like wildfire

regulable adj : adjustable

regulación nf, pl **-ciones** : regulation, control

regulador¹, -dora adj : regulating, regulatory

regulador² nm **1** : regulator, governor **2 regulador de tiro** : damper (in a chimney)

regular¹ vt : to regulate, to control

regular² adj **1** : regular **2** : fair, OK, soso **3** : medium, average **4 por lo regular** : in general, generally

regularidad nf : regularity

regularización *nf, pl* **-ciones** NORMAL-IZACIÓN : normalization
regularizar {21} *vt* NORMALIZAR : to normalize, to make regular
regularmente *adv* : regularly
regusto *nm* : aftertaste
rehabilitar *vt* **1** : to rehabilitate **2** : to reinstate **3** : renovate, to restore — **rehabilitación** *nf*
rehacer {40} *vt* **1** : to redo **2** : to remake, to repair, to renew — **rehacerse** *vr* **1** : to recover **2** ~ **de** : to get over
rehecho *pp* → **rehacer**
rehén *nm, pl* **rehenes** : hostage
rehicieron, etc. → **rehacer**
rehizo → **rehacer**
rehuir {41} *vt* : to avoid, to shun
rehusar {8} *v* : to refuse
reimprimir *vt* : to reprint
reina *nf* : queen
reinado *nm* : reign
reinante *adj* **1** : reigning **2** : prevailing, current
reinar *vi* **1** : to reign **2** : to prevail
reincidencia *nf* : recidivism, relapse
reincidente *nmf* : backslider, recidivist
reincidir *vi* **1** : to backslide, to retrogress **2** ~ **en** : to return to, to rejoin
reincorporar *vt* : to reinstate — **reincorporarse** *vr* ~ **a** : to return to, to rejoin
reiniciar *vt* **1** : to resume, to restart **2** : to reboot (a computer)
reino *nm* **1** : kingdom, realm ⟨reino animal : animal kingdom⟩
reinstalar *vt* **1** : to reinstall **2** : to reinstate
reintegración *nf, pl* **-ciones** **1** : reinstatement, reintegration **2** : refund, reimbursement
reintegrar *vt* **1** : to reintegrate, reinstate **2** : to refund, to reimburse — **reintegrarse** *vr* ~ **a** : to return to, to rejoin
reír {66} *vi* : to laugh — *vt* : to laugh at — **reírse** *vr*
reiteración *nf, pl* **-ciones** : reiteration, repetition
reiterado, -da *adj* : repeated ⟨lo explicó en reiteradas ocasiones : he explained it repeatedly⟩ — **reiteradamente** *adv*
reiterar *vt* : to reiterate, to repeat
reiterativo, -va *adj* : repetitive, repetitious
reivindicación *nf, pl* **-ciones** **1** : demand, claim **2** : vindication
reivindicar {72} *vt* **1** : to vindicate **2** : to demand, to claim **3** : to restore
reja *nf* **1** : grille, grating ⟨entre rejas : behind bars⟩ **2** : plowshare
rejilla *nf* : grille, grate, screen
rejuvenecer {53} *vt* : to rejuvenate — *vi* : to be rejuvenated — **rejuvenecerse** *vr*
rejuvenecimiento *nm* : rejuvenation
relación *nf, pl* **-ciones** **1** : relation, connection, relevance **2** : relationship **3** RELATO : account **4** LISTA : list **5** con relación a *or* en relación con : in re-

lation to, concerning **6** relaciones públicas : public relations
relacionar *vt* : to relate, to connect — **relacionarse** *vr* ~ **con** : to be connected to, to be linked with
relajación *nf, pl* **-ciones** : relaxation
relajado, -da *adj* **1** : relaxed, loose **2** : dissolute, depraved
relajante *adj* : relaxing
relajar *vt* : to relax, to slacken — *vi* : to be relaxing — **relajarse** *vr*
relajo *nm* **1** : commotion, ruckus **2** : joke, laugh ⟨lo hizo de relajo : he did it for a laugh⟩
relamerse *vr* : to smack one's lips, to lick one's chops
relámpago *nm* : flash of lightning
relampaguear *vi* : to flash
relanzar {21} *vt* : to relaunch
relatar *vt* : to relate, to tell
relatividad *nf* : relativity
relativo, -va *adj* **1** : relative **2** en lo relativo a : with regard to, concerning — **relativamente** *adv*
relato *nm* **1** : story, tale **2** : account
releer {20} *vt* : to reread
relegar {52} *vt* **1** : to relegate **2** relegar al olvido : to consign to oblivion
relevante *adj* : outstanding, important
relevar *vt* **1** : to relieve, to take over from **2** ~ **de** : to exempt from — **relevarse** *vr* : to take turns
relevo *nm* **1** : relief, replacement **2** : relay ⟨carrera de relevos : relay race⟩
relicario *nm* **1** : reliquary **2** : locket
relieve *nm* **1** : relief, projection ⟨mapa en relieve : relief map⟩ ⟨letras en relieve : embossed letters⟩ **2** : prominence, importance **3** poner en relieve : to highlight, to emphasize
religión *nf, pl* **-giones** : religion
religiosamente *adv* : religiously, faithfully
religioso¹, -sa *adj* : religious
religioso², -sa *n* : monk *m*, nun *f*
relinchar *vi* : to neigh, to whinny
relincho *nm* : neigh, whinny
reliquia *nf* **1** : relic **2** reliquia de familia : family heirloom
rellenar *vt* **1** : to refill **2** : to stuff, to fill **3** : to fill out
relleno¹, -na *adj* : stuffed, filled
relleno² *nm* : stuffing, filling
reloj *nm* **1** : clock **2** : watch **3** reloj de arena : hourglass **4** reloj de pulsera : wristwatch **5** como un reloj : like clockwork
relojería *nf* **1** : watchmaker's shop **2** : watchmaking, clockmaking
reluciente *adj* : brilliant, shining
relucir {45} *vi* **1** : to glitter, to shine **2** salir a relucir : to come to the surface **3** sacar a relucir : to bring up, to mention
relumbrante *adj* : dazzling
relumbrar *vi* : to shine brightly
relumbrón *nm, pl* **-brones** **1** : flash, glare **2** de ~ : flashy, showy

remachar *vt* 1 : to rivet 2 : to clinch (a nail) 3 : to stress, to drive home — *vi* : to smash, to spike (a ball)

remache *nm* 1 : rivet 2 : smash, spike (in sports)

remanente *nm* 1 : remainder, balance 2 : surplus

remanso *nm* : pool

remar *vi* 1 : to row, to paddle 2 : to struggle, to toil

remarcar {72} *vt* : to emphasize, to stress

rematado, -da *adj* : utter, complete

rematador, -dora *n* : auctioneer

rematar *vt* 1 : to finish off 2 : to auction — *vi* 1 : to shoot up 2 : to end

remate *nm* 1 : shot (in sports) 2 : auction 3 : end, conclusion 4 **como ~** : to top it off 5 **de ~** : completely, utterly

remecer {86} *vt* : to sway, to swing

remedar *vt* 1 IMITAR : to imitate, to copy 2 : to mimic, to ape

remediar *vt* 1 : to remedy, to repair 2 : to help out, to assist 3 EVITAR : to prevent, to avoid

remedio *nm* 1 : remedy, cure 2 : solution 3 : option ⟨no me quedó más remedio : I had no other choice⟩ ⟨no hay remedio : it can't be helped⟩ 4 **poner remedio a** : to put a stop to 5 **sin ~** : unavoidable, inevitable

remedo *nm* : imitation

rememorar *vt* : to recall ⟨rememorar los viejos tiempos : to reminisce⟩

remendar {55} *vt* 1 : to mend, to patch, to darn 2 : to correct

remero, -ra *n* : rower

remesa *nf* 1 : remittance 2 : shipment

remezón *nm, pl* **-zones** : mild earthquake, tremor

remiendo *nm* 1 : patch 2 : correction

remilgado, -da *adj* 1 : prim, prudish 2 : affected

remilgo *nm* : primness, affectation

reminiscencia *nf* : reminiscence

remisión *nf, pl* **-siones** 1 ENVÍO : sending, delivery 2 : remission 3 : reference, cross-reference

remiso, -sa *adj* 1 : lax, remiss 2 : reluctant

remitente¹ *nm* : return address

remitente² *nmf* : sender (of a letter, etc.)

remitir *vt* 1 : to send, to remit 2 **~ a** : to refer to, to direct to ⟨nos remitió al diccionario : he referred us to the dictionary⟩ — *vi* : to subside, to let up

remo *nm* 1 : paddle, oar 2 : rowing (sport)

remoción *nf, pl* **-ciones** 1 : removal 2 : dismissal

remodelación *nf, pl* **-ciones** 1 : remodeling 2 : reorganization, restructuring

remodelar *vt* 1 : to remodel 2 : to restructure

remojar *vt* 1 : to soak, to steep 2 : to dip, to dunk 3 : to celebrate with a drink

remojo *nm* 1 : soaking, steeping 2 **poner en remojo** : to soak, to leave soaking

remolacha *nf* : beet

remolcador *nm* : tugboat

remolcar {72} *vt* : to tow, to haul

remolino *nm* 1 : whirlwind 2 : eddy, whirlpool 3 : crowd, throng 4 : cowlick

remolque *nm* 1 : towing, tow 2 : trailer 3 **a ~** : in tow

remontar *vt* 1 : to overcome 2 SUBIR : to go up — **remontarse** *vr* 1 : to soar 2 **~ a** : to date from, to go back to

rémora *nf* : obstacle, hindrance

remorder {47} *vt* INQUIETAR : to trouble, to distress

remordimiento *nm* : remorse

remotamente *adv* : remotely, vaguely

remoto, -ta *adj* 1 : remote, unlikely ⟨hay una posibilidad remota : there is a slim possibility⟩ 2 : distant, far-off

remover {47} *vt* 1 : to stir 2 : to move around, to turn over 3 : to stir up 4 : to remove 5 : to dismiss

remozamiento *nm* : renovation

remozar {21} *vt* 1 : to renew, to brighten up 2 : to redo, to renovate

remuneración *nf, pl* **-ciones** : remuneration, pay

remunerar *vt* : to pay, to remunerate

remunerativo, -va *adj* : remunerative

renacer {48} *vi* : to be reborn, to revive

renacimiento *nm* 1 : rebirth, revival 2 **el Renacimiento** : the Renaissance

renacuajo *nm* : tadpole, pollywog

renal *adj* : renal, kidney

rencilla *nf* : quarrel

renco, -ca *adj* : lame

rencor *nm* 1 : rancor, enmity, hostility 2 **guardar rencor** : to hold a grudge

rencoroso, -sa *adj* : resentful, rancorous

rendición *nf, pl* **-ciones** 1 : surrender, submission 2 : yield, return

rendido, -da *adj* 1 : submissive 2 : worn-out, exhausted 3 : devoted

rendija *nf* GRIETA : crack, split

rendimiento *nm* 1 : performance 2 : yield

rendir {54} *vt* 1 : to render, to give ⟨rendir las gracias : to give thanks⟩ ⟨rendir homenaje a : to pay homage to⟩ 2 : to yield 3 CANSAR : to exhaust — *vi* 1 CUNDIR : to progress, to make headway 2 : to last, to go a long way — **rendirse** *vr* : to surrender, to give up

renegado, -da *n* : renegade

renegar {49} *vi* 1 **~ de** : to renounce, to disown, to give up 2 **~ de** : to complain about — *vt* 1 : to deny vigorously 2 : to abhor, to hate

renegociar *vt* : to renegotiate — **renegociación** *nf*

renglón *nm, pl* **renglones** 1 : line (of writing) 2 : merchandise, line (of products)

rengo, -ga *adj* : lame

renguear *vi* : to limp

reno *nm* : reindeer

renombrado, -da *adj* : renowned, famous

renombre *nm* NOMBRADÍA : renown, fame

renovable *adj* : renewable

renovación *nf, pl* **-ciones 1** : renewal ⟨renovación de un contrato : renewal of a contract⟩ **2** : change, renovation

renovar {19} *vt* **1** : to renew, to restore **2** : to renovate

renquear *vi* : to limp, to hobble

renquera *nf* COJERA : limp, lameness

renta *nf* **1** : income **2** : rent **3** impuesto sobre la renta : income tax

rentable *adj* : profitable

rentar *vt* **1** : to produce, to yield **2** ALQUILAR : to rent

renuncia *nf* : reluctance, unwillingness

renuente *adj* : reluctant, unwilling

renuncia *nf* **1** : resignation **2** : renunciation **3** : waiver

renunciar *vi* **1** : to resign **2** ∼ **a** : to renounce, to relinquish ⟨renunció al título : he relinquished the title⟩

reñido, -da *adj* **1** : tough, hard-fought **2** : at odds, on bad terms

reñir {67} *vi* **1** : to fall out with, to go up against — *vt* : to scold, to reprimand

reo, rea *n* **1** : accused, defendant **2** : offender, culprit

reojo *nm* **de** ∼ : out of the corner of one's eye ⟨una mirada de reojo : a sidelong glance⟩

reorganizar {21} *vt* : to reorganize — **reorganización** *nf*

repantigarse {52} *vr* : to slouch, to loll about

reparación *nf, pl* **-ciones 1** : reparation, amends **2** : repair

reparar *vt* **1** : to repair, to fix, to mend **2** : to make amends for **3** : to correct **4** : to restore, to refresh — *vi* **1** ∼ **en** : to observe, to take notice of **2** ∼ **en** : to consider, to think about

reparo *nm* **1** : repair, restoration **2** : reservation, qualm ⟨no tuvieron reparos en decírmelo : they didn't hesitate to tell me⟩ **3** poner reparos a : to find fault with, to object to

repartición *nf, pl* **-ciones 1** : distribution **2** : department, division

repartidor¹, -dora *adj* : delivery ⟨camión repartidor : delivery truck⟩

repartidor², -dora *n* : delivery person, distributor

repartimiento *nm* → **repartición**

repartir *vt* **1** : to allocate **2** DISTRIBUIR : to distribute, to hand out **3** : to spread

reparto *nm* **1** : allocation **2** : distribution **3** : cast (of characters)

repasar *vt* **1** : to pass by again **2** : to review, to go over **3** : to mend

repaso *nm* **1** : review **2** : mending **3** : checkup, overhaul

repatriar {85} *vt* : to repatriate — **repatriación** *nf*

repavimentar *vt* : to resurface

repelente¹ *adj* : repellent, repulsive

repelente² *nm* : repellent ⟨repelente de insectos : insect repellent⟩

repeler *vt* **1** : to repel, to resist, to repulse **2** : to reject **3** : to disgust ⟨el sabor me repele : I find the taste repulsive⟩

repensar {55} *v* : to rethink, to reconsider

repente *nm* **1** : sudden movement, start ⟨de repente : suddenly⟩ **2** : fit, outburst ⟨un repente de ira : a fit of anger⟩

repentino, -na *adj* : sudden — **repentinamente** *adv*

repercusión *nf, pl* **-siones** : repercussion

repercutir *vi* **1** : to reverberate, to echo **2** ∼ **en** : to have effects on, to have repercussions on

repertorio *nm* : repertoire

repetición *nf, pl* **-ciones 1** : repetition **2** : rerun, repeat

repetidamente *adv* : repeatedly

repetido, -da *adj* **1** : repeated, numerous **2** repetidas veces : repeatedly, time and again

repetir {54} *vt* **1** : to repeat **2** : to have a second helping of — **repetirse** *vr* **1** : to repeat oneself **2** : to recur

repetitivo, -va *adj* : repetitive, repetitious

repicar {72} *vt* : to ring — *vi* : to ring out, to peal

repique *nm* : ringing, pealing

repisa *nf* : shelf, ledge ⟨repisa de chimenea : mantelpiece⟩ ⟨repisa de ventana : windowsill⟩

replantear *vt* : to redefine, to restate — **replantearse** *vr* : to reconsider

replegar {49} *vt* : to fold — **replegarse** *vr* RETIRARSE : to retreat, to withdraw

repleto, -ta *adj* **1** : replete, full **2** ∼ **de** : packed with, crammed with

réplica *nf* **1** : reply **2** : replica, reproduction **3** *Chile, Mex* : aftershock

replicación *nf, pl* **-ciones** : replication

replicar {72} *vi* **1** : to reply, to retort **2** : to argue, to answer back

repliegue *nm* **1** : fold **2** : retreat, withdrawal

repollo *nm* COL : cabbage

reponer {60} *vt* **1** : to replace, to put back **2** : to reinstate **3** : to reply — **reponerse** *vr* : to recover

reportaje *nm* : article, story, report

reportar *vt* **1** : to check, to restrain **2** : to bring, to carry, to yield ⟨me reportó numerosos beneficios : it brought me many benefits⟩ **3** : to report — **reportarse** *vr* **1** CONTENERSE : to control oneself **2** PRESENTARSE : to report, to show up

reporte *nm* : report

reportear *vt* : to report on, to cover

reportero, -ra n 1 : reporter 2 **reportero gráfico** : photojournalist

reposado, -da adj : calm

reposar vi 1 : to rest, to repose 2 : to stand, to settle ⟨deje reposar la masa media hora : let the dough stand for half an hour⟩ 3 : to lie, to be buried — **reposarse** vr : to settle

reposición nf, pl **-ciones** 1 : replacement 2 : reinstatement 3 : revival

repositorio nm : repository

reposo nm : repose, rest

repostar vi 1 : to stock up 2 : to refuel

repostería nf 1 : confectioner's shop 2 : pastry-making

repostero, -ra n : confectioner

repreguntar vt : to cross-examine

repreguntas nfpl : cross-examination

reprender vt : to reprimand, to scold

reprensible adj : reprehensible

represa nf : dam

represalia nf 1 : reprisal, retaliation 2 **tomar represalias** : to retaliate

represar vt : to dam

representación nf, pl **-ciones** 1 : representation 2 : performance 3 **en representación de** : on behalf of

representante nmf 1 : representative 2 : performer

representar vt 1 : to represent, to act for 2 : to perform 3 : to look, to appear as 4 : to symbolize, to stand for 5 : to signify, to mean — **representarse** vr : to imagine, to picture

representativo, -va adj : representative

represión nf, pl **-siones** : repression

represivo, -va adj : repressive

reprimenda nf : reprimand

reprimir vt 1 : to repress 2 : to suppress, to stifle

reprobable adj : reprehensible, culpable

reprobación nf : disapproval

reprobar {19} vt 1 DESAPROBAR : to condemn, to disapprove of 2 : to fail (a course)

reprobatorio, -ria adj : disapproving, admonitory

reprochable adj : reprehensible, reproachable

reprochar vt : to reproach — **reprocharse** vr

reproche nm : reproach

reproducción nf, pl **-ciones** : reproduction

reproducir {61} vt : to reproduce — **reproducirse** vr 1 : to breed, to reproduce 2 : to recur

reproductor, -tora adj : reproductive

reptar vi : to crawl, to slither

reptil[1] adj : reptilian

reptil[2] nm : reptile

república nf : republic

republicanismo nm : republicanism

republicano, -na adj & n : republican

repudiar vt : to repudiate — **repudiación** nf

repudio nm : repudiation

repuesto[1] pp → **reponer**

repuesto[2] nm 1 : spare part 2 **de ~** : spare ⟨rueda de repuesto : spare wheel⟩

repugnancia nf : repugnance

repugnante adj : repulsive, repugnant, revolting

repugnar vt : to cause repugnance, to disgust — **repugnarse** vr

repujar vt : to emboss

repulsivo, -va adj : repulsive

repuntar vt Arg, Chile : to round up (cattle) — vi : to begin to appear — **repuntarse** vr : to fall out, to quarrel

repuso, etc. → **reponer**

reputación nf, pl **-ciones** : reputation

reputar vt : to consider, to deem

requerir {76} vt 1 : to require, to call for 2 : to summon, to send for

requesón nm, pl **-sones** : curd cheese, cottage cheese

réquiem nm : requiem

requisa nf 1 : requisition 2 : seizure 3 : inspection

requisar vt 1 : to requisition 2 : to seize 3 INSPECCIONAR : to inspect

requisito nm 1 : requirement 2 **requisito previo** : prerequisite

res nf 1 : beast, animal 2 CA, Mex : beef 3 **reses** nfpl : cattle ⟨60 reses : 60 head of cattle⟩

resabio nm 1 VICIO : bad habit, vice 2 DEJO : aftertaste

resaca nf 1 : undertow 2 : hangover

resaltar vi 1 SOBRESALIR : to stand out 2 **hacer resaltar** : to bring out, to highlight — vt : to stress, to emphasize

resarcimiento nm 1 : compensation 2 : reimbursement

resarcir {83} vt : to compensate, to indemnify — **resarcirse** vr ~ **de** : to make up for

resbaladizo, -za adj 1 RESBALOSO : slippery 2 : tricky, ticklish, delicate

resbalar vi 1 : to slip, to slide 2 : to slip up, to make a mistake 3 : to skid — **resbalarse** vr

resbalón nm, pl **-lones** : slip

resbaloso, -sa adj : slippery

rescatar vt 1 : to rescue, to save 2 : to recover, to get back

rescate nm 1 : rescue 2 : recovery 3 : ransom

rescindir vt : to rescind, to annul, to cancel

rescisión nf, pl **-siones** : annulment, cancellation

rescoldo nm : embers pl

resecar {72} vt : to make dry, to dry up — **resecarse** vr : to dry up

reseco, -ca adj : dry, dried-up

resentido, -da adj : resentful

resentimiento nm : resentment

resentirse {76} vr 1 : to suffer, to be weakened 2 OFENDERSE : to be upset ⟨se resintió porque la insultaron : she got upset when they insulted her, she resented being insulted⟩ 3 ~ **de** : to feel the effects of

reseña *nf* **1** : report, summary, review **2** : description

reseñar *vt* **1** : to review **2** DESCRIBIR : to describe

reserva *nf* **1** : reservation **2** : reserve **3** : confidence, privacy ⟨con la mayor reserva : in strictest confidence⟩ **4 de ~** : spare, in reserve **5 reservas** *nfpl* : reservations, doubts

reservación *nf*, *pl* **-ciones** : reservation

reservado, -da *adj* **1** : reserved, reticent **2** : confidential

reservar *vt* : to reserve — **reservarse** *vr* **1** : to save oneself **2** : to conceal, to keep to oneself

reservorio *nm* : reservoir, reserve

resfriado *nm* CATARRO : cold

resfriar {85} *vt* : to cool — **resfriarse** *vr* **1** : to cool off **2** : to catch a cold

resfrío *nm* : cold

resguardar *vt* : to safeguard, to protect — **resguardarse** *vr*

resguardo *nm* **1** : safeguard, protection **2** : receipt, voucher **3** : border guard, coast guard

residencia *nf* **1** : residence **2** : boarding house

residencial *adj* : residential

residente *adj & nmf* : resident

residir *vi* **1** VIVIR : to reside, to dwell **2 ~ en** : to lie in, to consist of

residual *adj* : residual

residuo *nm* **1** : residue **2** : remainder **3 residuos** *nmpl* : waste ⟨residuos nucleares : nuclear waste⟩

resignación *nf*, *pl* **-ciones** : resignation

resignar *vt* : to resign — **resignarse** *vr* **~ a** : to resign oneself to

resina *nf* **1** : resin **2 resina epóxica** : epoxy

resistencia *nf* **1** : resistance **2** AGUANTE : endurance, strength, stamina

resistente *adj* **1** : resistant **2** : strong, tough

resistir *vt* **1** : to stand, to bear, to tolerate **2** : to withstand — *vi* : to resist ⟨resistió hasta el último minuto : he held out until the last minute⟩ — **resistirse** *vr* **~ a** : to be resistant to, to be reluctant

resollar {19} *vi* : to breathe heavily, to wheeze

resolución *nf*, *pl* **-ciones** **1** : resolution, settlement **2** : decision **3** : determination, resolve

resolver {89} *vt* **1** : to resolve, to settle **2** : to decide — **resolverse** *vr* : to make up one's mind

resonancia *nf* **1** : resonance **2** : impact, repercussions *pl*

resonante *adj* **1** : resonant **2** : tremendous, resounding ⟨un éxito resonante : a resounding success⟩

resonar {19} *vi* **1** : to resound, to ring

resoplar *vi* **1** : to puff, to pant **2** : to snort

resoplo *nm* **1** : puffing, panting **2** : snort

resorte *nm* **1** MUELLE : spring **2** : elasticity **3** : influence, means *pl* ⟨tocar resortes : to pull strings⟩

resortera *nf Mex* : slingshot

respaldar *vt* **1** : to back, to support, to endorse — **respaldarse** *vr* : to lean back

respaldo *nm* **1** : back (of an object) **2** : support, backing

respectar *vt* : to concern, to relate to ⟨por lo que a mí respecta : as far as I'm concerned⟩

respectivo, -va *adj* : respective — **respectivamente** *adv*

respecto *nm* **1 ~ a** : in regard to, concerning **2 al respecto** : on this matter, in this respect

respetable *adj* : respectable — **respetabilidad** *nf*

respetar *vt* : to respect

respeto *nm* **1** : respect, consideration **2 respetos** *nmpl* : respects ⟨presentar sus respetos : to pay one's respects⟩

respetuosidad *nf* : respectfulness

respetuoso, -sa *adj* : respectful — **respetuosamente** *adv*

respingo *nm* : start, jump

respiración *nf*, *pl* **-ciones** : respiration, breathing

respiradero *nm* : vent, ventilation shaft

respirador *nm* : respirator

respirar *v* : to breathe

respiratorio, -ria *adj* : respiratory

respiro *nm* **1** : breath **2** : respite, break

resplandecer {53} *vi* **1** : to shine **2** : to stand out

resplandeciente *adj* **1** : resplendent, shining **2** : radiant

resplandor *nm* **1** : brightness, brilliance, radiance **2** : flash

responder *vt* : to answer — *vi* **1** : to answer, to reply, to respond **2 ~ a** : to respond to ⟨responder al tratamiento : to respond to treatment⟩ **3 ~ de** : to answer for, to vouch for (something) **4 ~ por** : to vouch for someone

responsabilidad *nf* : responsibility

responsable *adj* : responsible — **responsablemente** *adv*

respuesta *nf* : answer, response

resquebrajar *vt* : to split, to crack — **resquebrajarse** *vr*

resquemor *nm* : resentment, bitterness

resquicio *nm* **1** : crack **2** : opportunity, chance **3** : trace ⟨sin un resquicio de remordimiento : without a trace of remorse⟩ **4 resquicio legal** : loophole

resta *nf* SUSTRACCIÓN : subtraction

restablecer {53} *vt* : to reestablish, to restore — **restablecerse** *vr* : to recover

restablecimiento *nm* **1** : reestablishment, restoration **2** : recovery

restallar *vi* : to crack, to crackle, to click

restallido *nm* : crack, crackle

restante *adj* **1** : remaining **2 lo restante, los restantes** : the rest

restañar *vt* : to stanch

restar *vt* **1** : to deduct, to subtract ⟨restar un punto : to deduct a point⟩

2 : to minimize, to play down — *vi* : to remain, to be left

restauración *nf, pl* **-ciones 1** : restoration **2** : catering, food service

restaurante *nm* : restaurant

restaurar *vt* : to restore

restitución *nf, pl* **-ciones** : restitution, return

restituir {41} *vt* : to return, to restore, to reinstate

resto *nm* **1** : rest, remainder **2 restos** *nmpl* : remains ⟨restos de comida : leftovers⟩ ⟨restos arqueológicos : archeological ruins⟩ **3 restos mortales** : mortal remains

restorán *nm, pl* **-ranes** : restaurant

restregadura *nf* : scrub, scrubbing

restregar {49} *vt* **1** : to rub **2** : to scrub — **restregarse** *vr*

restricción *nf, pl* **-ciones** : restriction, limitation

restrictivo, -va *adj* : restrictive

restringido, -da *adj* LIMITADO : limited, restricted

restringir {35} *vt* LIMITAR : to restrict, to limit

restructuración *nf* : restructuring

restructurar *vt* : to restructure

resucitación *nf* : resuscitation ⟨resucitación cardiopulmonar : CPR, cardiopulmonary resuscitation⟩

resucitar *vt* **1** : to resuscitate, to revive, to resurrect **2** : to revitalize

resuello *nm* **1** : puffing, heavy breathing, wheezing **2** : break, breather

resuelto[1] *pp* → **resolver**

resuelto[2]**, -ta** *adj* : determined, resolved, resolute

resulta *nf* **1** : consequence, result **2 a resultas de** *or* **de resultas de** : as a result of

resultado *nm* : result, outcome

resultante *adj & nf* : resultant

resultar *vi* **1** : to work, to work out ⟨mi idea no resultó : my idea didn't work out⟩ **2** : to prove, to turn out to be ⟨resultó bien simpático : he turned out to be very nice⟩ **3 ~ en** : to lead to, to result in **4 ~ de** : to be the result of

resumen *nm, pl* **-súmenes 1** : summary, summation **2 en ~** : in summary, in short

resumidero *nm* : drain

resumir *v* : to summarize, to sum up

resurgimiento *nm* : resurgence

resurgir {35} *vi* : to reappear, to revive

resurrección *nf, pl* **-ciones** : resurrection

retablo *nm* **1** : tableau **2** : altarpiece

retador, -dora *n* : challenger (in sports)

retaguardia *nf* : rear guard

retahíla *nf* : string, series ⟨una retahíla de insultos : a volley of insults⟩

retaliación *nf, pl* **-ciones** : retaliation

retama *nf* : broom (plant)

retar *vt* DESAFIAR : to challenge, to defy

retardante *adj & nf* : retardant

retardar *vt* **1** RETRASAR : to delay, to retard **2** : to postpone

retazo *nm* **1** : remnant, scrap **2** : fragment, piece ⟨retazos de su obra : bits and pieces from his writings⟩

retención *nf, pl* **-ciones 1** : retention **2** : deduction, withholding

retener {80} *vt* **1** : to retain, to keep **2** : to withhold **3** : to detain

retentivo, -va *adj* : retentive

reticencia *nf* **1** : reluctance, reticence **2** : insinuation

reticente *adj* **1** : reluctant, reticent **2** : insinuating, misleading

retina *nf* : retina

retintín *nm, pl* **-tines 1** : jingle, jangle **2 con ~** : sarcastically

retirada *nf* **1** : retreat ⟨batirse en retirada : to withdraw, to beat a retreat⟩ **2** : withdrawal (of funds) **3** : retirement **4** : refuge, haven

retirado, -da *adj* **1** : remote, distant, far off **2** : secluded, quiet

retirar *vt* **1** : to remove, to take away, to recall **2** : to withdraw, to take out — **retirarse** *vr* **1** REPLEGARSE : to retreat, to withdraw **2** JUBILARSE : to retire

retiro *nm* **1** JUBILACIÓN : retirement **2** : withdrawal, retreat **3** : seclusion

reto *nm* DESAFÍO : challenge, dare

retocar {72} *vt* : to touch up

retoñar *vi* : to sprout

retoño *nm* : sprout, shoot

retoque *nm* : retouching

retorcer {14} *vt* **1** : to twist **2** : to wring — **retorcerse** *vr* **1** : to get twisted, to get tangled up **2** : to squirm, to writhe, to wiggle about

retorcijón *nm, pl* **-jones** : cramp, sharp pain

retorcimiento *nm* **1** : twisting, wringing **2** : deviousness

retórica *nf* : rhetoric

retórico, -ca *adj* : rhetorical — **retóricamente** *adv*

retornar *v* : to return

retorno *nm* : return

retozar {21} *vi* : to frolic, to romp

retozo *nm* : frolicking

retozón, -zona *adj, mpl* **-zones** : playful

retracción *nf, pl* **-ciones** : retraction, withdrawal

retractable *adj* : retractable

retractación *nf, pl* **-ciones** : retraction (of a statement, etc.)

retractarse *vr* **1** : to withdraw, to back down **2 ~ de** : to take back, to retract

retraer {81} *vt* **1** : to bring back **2** : to dissuade — **retraerse** *vr* **1** RETIRARSE : to withdraw, to retire **2** REFUGIARSE : to take refuge

retraído, -da *adj* : withdrawn, retiring, shy

retraimiento *nm* **1** : shyness, timidity **2** : withdrawal

retrasado, -da *adj* **1** : retarded, mentally slow **2** : behind, in arrears **3**

: backward (of a country) **4** : slow (of a watch)

retrasar *vt* **1** DEMORAR, RETARDAR : to delay, to hold up **2** : to put off, to postpone — **retrasarse** *vr* **1** : to be late **2** : to fall behind

retraso *nm* **1** ATRASO : delay, lateness **2 retraso mental** : mental retardation

retratar *vt* **1** : to portray, to depict **2** : to photograph **3** : to paint a portrait of

retrato *nm* **1** : depiction, portrayal **2** : portrait, photograph

retrete *nm* : restroom, toilet

retribución *nf, pl* **-ciones 1** : pay, payment **2** : reward

retribuir {41} *vt* **1** : to pay **2** : to reward

retroactivo, -va *adj* : retroactive — **retroactivamente** *adv*

retroalimentación *nf, pl* **-ciones** : feedback

retroceder *vi* **1** : to move back, to turn back **2** : to back off, to back down **3** : to recoil (of a firearm)

retroceso *nm* **1** : backward movement **2** : backing down **3** : setback, relapse **4** : recoil

retrógrado, -da *adj* **1** : reactionary **2** : retrograde

retropropulsión *nf* : jet propulsion

retrospectiva *nf* : retrospective, hindsight

retrospectivo, -va *adj* **1** : retrospective **2 mirada retrospectiva** : backward glance

retrovisor *nm* : rearview mirror

retruécano *nm* : pun, play on words

retumbar *vi* **1** : to boom, to thunder **2** : to resound, to reverberate

retumbo *nm* : booming, thundering, roll

retuvo, etc. → **retener**

reubicar {72} *vt* : to relocate — **reubicación** *nf*

reuma *or* **reúma** *nmf* → **reumatismo**

reumático, -ca *adj* : rheumatic

reumatismo *nm* : rheumatism

reunión *nf, pl* **-niones 1** : meeting **2** : gathering, reunion

reunir {68} *vt* **1** : to unite, to join, to bring together **2** : to have, to possess ⟨reunieron los requisitos necesarios : they fulfilled the necessary requirements⟩ **3** : to gather, to collect, to raise (funds) — **reunirse** *vr* : to meet

reutilizable *adj* : reusable

reutilizar {21} *vt* : to recycle, to reuse

revalidar *vt* **1** : to confirm, to ratify **2** : to defend (a title)

revaluar {3} *vt* : to reevaluate — **revaluación** *n*

revancha *nf* **1** DESQUITE : revenge, requital **2** : rematch

revelación *nf, pl* **-ciones** : revelation

revelado *nm* : developing (of film)

revelador¹, -dora *adj* : revealing

revelador² *nm* : developer

revelar *vt* **1** : to reveal, to disclose **2** : to develop (film)

revendedor, -dora *n* **1** : scalper **2** DETALLISTA : retailer

revender *vt* **1** : to resell **2** : to scalp

reventa *nf* **1** : resale **2** : scalping

reventar {55} *vi* **1** ESTALLAR, EXPLOTAR : to burst, to blow up **2** ∼ **de** : to be bursting with — *vt* **1** : to burst **2** *fam* : to annoy, to rile

reventón *nm, pl* **-tones 1** : burst, bursting **2** : blowout, flat tire **3** *Mex fam* : bash, party

reverberar *vi* : to reverberate — **reverberación** *nf*

reverdecer {53} *vi* **1** : to grow green again **2** : to revive

reverencia *nf* **1** : reverence **2** : bow, curtsy

reverenciar *vt* : to revere, to venerate

reverendo¹, -da *adj* **1** : reverend **2** *fam* : total, absolute ⟨es un reverendo imbécil : he is a complete idiot⟩

reverendo², -da *n* : reverend

reverente *adj* : reverent

reversa *nf Col, Mex* : reverse (gear)

reversible *adj* : reversible

reversión *nf, pl* **-siones** : reversion

reverso *nm* **1** : back, other side **2 el reverso de la medalla** : the complete opposite

revertir {76} *vi* **1** : to revert, to go back **2** ∼ **en** : to result in, to end up as

revés *nm, pl* **reveses 1** : back, wrong side **2** : setback, reversal **3** : backhand (in sports) **4 al revés** : the other way around, upside down, inside out **5 al revés de** : contrary to

revestimiento *nm* : covering, facing (of a building)

revestir {54} *vt* **1** : to coat, to cover, to surface **2** : to conceal, to disguise **3** : to take on, to assume ⟨la reunión revistió gravedad : the meeting took on a serious note⟩

revisar *vt* **1** : to examine, to inspect, to check **2** : to check over, to overhaul (machinery) **3** : to revise

revisión *nf, pl* **-siones 1** : revision **2** : inspection, check

revisor, -sora *n* **1** : inspector **2** : conductor (on a train)

revista *nf* **1** : magazine, journal **2** : revue **3 pasar revista** : to review, to inspect

revistar *vt* : to review, to inspect

revitalizar {21} *vt* : to revitalize — **revitalización** *nf*

revivir *vi* : to revive, to come alive again — *vt* : to relive

revocación *nf, pl* **-ciones** : revocation, repeal

revocar {72} *vt* **1** : to revoke, to repeal **2** : to plaster (a wall)

revolcar {82} *vt* **1** : to knock over, to knock down — **revolcarse** *vr* : to roll around, to wallow

revolcón *nm, pl* **-cones** *fam* : tumble, fall

revolotear *vi* : to flutter around, to flit

revoloteo *nm* : fluttering, flitting

revoltijo *nm* **1** FÁRRAGO : mess, jumble **2** *Mex* : traditional seafood dish

revoltoso, -sa *adj* : unruly, rebellious

revolución *nf, pl* **-ciones** : revolution

revolucionar *vt* : to revolutionize

revolucionario, -ria *adj & n* : revolutionary

revolver {89} *vt* **1** : to move about, to mix, to shake, to stir **2** : to upset (one's stomach) **3** : to mess up, to rummage through ⟨revolver la casa : to turn the house upside down⟩ — **revolverse** *vr* **1** : to toss and turn **2** VOLVERSE : to turn around

revólver *nm* : revolver

revoque *nm* : plaster

revuelo *nm* **1** : fluttering **2** : commotion, stir

revuelta *nf* : uprising, revolt

revuelto¹ *pp* → **revolver**

revuelto², -ta *adj* **1** : choppy, rough ⟨mar revuelto : rough sea⟩ **2** : untidy **3 huevos revueltos** : scrambled eggs

rey *nm* : king

reyerta *nf* : brawl, fight

rezagado, -da *n* : straggler, latecomer

rezagar {52} *vt* **1** : to leave behind **2** : to postpone — **rezagarse** *vr* : to fall behind, to lag

rezar {21} *vi* **1** : to pray **2** : to say ⟨como reza el refrán : as the saying goes⟩ **3 ~ con** : to concern, to have to do with — *vt* : to say, to recite ⟨rezar un Ave María : to say a Hail Mary⟩

rezo *nm* : prayer, praying

rezongar {52} *vi* : to gripe, to grumble

rezumar *v* : to ooze, to leak

ría¹, etc. → **reír**

ría² *nf* : estuary

riachuelo *nm* ARROYO : brook, stream

riada *nf* : flood

ribera *nf* : bank, shore

ribete *nm* **1** : border, trim **2** : frill, adornment **3 ribetes** *nmpl* : hint, touch ⟨tiene sus ribetes de genio : there's a touch of genius in him⟩

ribetear *vt* : to border, to edge, to trim

ricamente *adv* : richly, splendidly

rice, etc. → **rizar**

rico¹, -ca *adj* **1** : rich, wealthy **2** : fertile **3** : luxurious, valuable **4** : delicious **5** : adorable, lovely **6** : great, wonderful

rico², -ca *n* : rich person

ridiculez *nf, pl* **-leces** : ridiculousness, absurdity

ridiculizar {21} *vt* : to ridicule

ridículo¹, -la *adj* ABSURDO, DISPARATADO : ridiculous, ludicrous — **ridículamente** *adv*

ridículo², -la *n* **1 hacer el ridículo** : to make a fool of oneself **2 poner en ridículo** : to ridicule

ríe, etc. → **reír**

riega, riegue etc. → **regar**

riego *nm* : irrigation

riel *nm* : rail, track

rienda *nf* **1** : rein **2 dar rienda suelta a** : to give free rein to **3 llevar las riendas** : to be in charge **4 tomar las riendas** : to take control

riesgo *nm* : risk

riesgoso, -sa *adj* : risky

rifa *nf* : raffle

rifar *vt* : to raffle — *vi* : to quarrel, to fight

rifle *nm* : rifle

rige, rija etc. → **regir**

rigidez *nf, pl* **-deces** **1** : rigidity, stiffness ⟨rigidez cadavérica : rigor mortis⟩ **2** : inflexibility

rígido, -da *adj* **1** : rigid, stiff **2** : strict — **rígidamente** *adv*

rigor *nm* **1** : rigor, harshness **2** : precision, meticulousness **3 de ~** : usual ⟨la respuesta de rigor : the standard reply⟩ **4 de ~** : essential, obligatory **5 en ~** : strictly speaking, in reality

riguroso, -sa *adj* : rigorous — **rigurosamente** *adv*

rima *nf* **1** : rhyme **2 rimas** *nfpl* : verse, poetry

rimar *vi* : to rhyme

rimbombante *adj* **1** : grandiose, showy **2** : bombastic, pompous

rímel *or* **rimel** *nm* : mascara

rin *nm Col, Mex* : wheel, rim (of a tire)

rincón *nm, pl* **rincones** : corner, nook

rinde, etc. → **rendir**

rinoceronte *nm* : rhinoceros

riña *nf* **1** : fight, brawl **2** : dispute, quarrel

riñe, etc. → **reñir**

riñón *nm, pl* **riñones** : kidney

río¹ → **reír**

río² *nm* **1** : river **2** : torrent, stream ⟨un río de lágrimas : a flood of tears⟩

ripio *nm* **1** : debris, rubble **2** : gravel

riqueza *nf* **1** : wealth, riches **2** : richness **3 riquezas naturales** : natural resources

risa *nf* **1** : laughter, laugh **2 dar risa** : to make laugh ⟨me dio mucha risa : I found it very funny⟩ **3 fam morirse de la risa** : to die laughing, to crack up

risco *nm* : crag, cliff

risible *adj* IRRISORIO : ludicrous, laughable

risita *nf* : giggle, titter, snicker

risotada *nf* : guffaw

ristra *nf* : string, series *pl*

risueño, -ña *adj* **1** : cheerful, pleasant **2** : promising

rítmico, -ca *adj* : rhythmical, rhythmic — **rítmicamente** *adv*

ritmo *nm* **1** : rhythm **2** : pace, tempo ⟨trabajó a ritmo lento : she worked at a slow pace⟩

rito *nm* : rite, ritual

ritual *adj & nmf* : ritual — **ritualmente** *adv*

rival *adj & nmf* COMPETIDOR : rival

rivalidad *nf* : rivalry, competition

rivalizar {21} *vi* **~ con** : to rival, to compete with

rizado, -da *adj* **1** : curly **2** : ridged **3** : ripply, undulating

rizar {21} *vt* **1** : to curl **2** : to ripple, to ruffle (a surface) **3** : to crumple, to fold — **rizarse** *vr* **1** : to frizz **2** : to ripple

rizo *nm* **1** : curl **2** : loop (in aviation)

robalo *or* **róbalo** *nm* : sea bass

robar *vt* **1** : to steal **2** : to rob, to burglarize **3** SECUESTRAR : to abduct, to kidnap **4** : to captivate — *vi* ~ **en** : to break into

roble *nm* : oak

robo *nm* : robbery, theft

robot *nm*, *pl* **robots** : robot

robótica *nf* : robotics

robustecer {53} *vt* : to grow stronger, to strengthen

robustez *nf* : sturdiness, robustness

robusto, -ta *adj* : robust, sturdy

roca *nf* : rock, boulder

roce¹, *etc.* → **rozar**

roce² *nm* **1** : rubbing, chafing **2** : brush, graze, touch **3** : close contact, familiarity **4** : friction, disagreement

rociador *nm* : sprinkler

rociar {85} *vt* : to spray, to sprinkle

rocío *nm* **1** : dew **2** : shower, light rain

rock *or* **rock and roll** *nm* : rock, rock and roll

rocola *nf* : jukebox

rocoso, -sa *adj* : rocky

rodada *nf* : track (of a tire), rut

rodado, -da *adj* **1** : wheeled **2** : dappled (of a horse)

rodadura *nf* : rolling, taxiing

rodaja *nf* : round, slice

rodaje *nm* **1** : filming, shooting **2** : breaking in (of a vehicle)

rodamiento *nm* **1** : bearing ⟨rodamiento de bolas : ball bearings⟩ **2** : rolling

rodante *adj* : rolling

rodar {19} *vi* **1** : to roll, to roll down, to roll along ⟨rodé por la escalera : I tumbled down the stairs⟩ ⟨todo rodaba bien : everthing was going along well⟩ **2** GIRAR : to turn, to go around **3** : to move about, to travel ⟨andábamos rodando por todas partes : we drifted along from place to place⟩ — *vt* **1** : to film, to shoot **2** : to break in (a new vehicle)

rodear *vt* **1** : to surround **2** : to round up (cattle) — *vi* **1** : to go around **2** : to beat around the bush — **rodearse** *vr* ~ **de** : to surround oneself with

rodeo *nm* **1** : rodeo, roundup **2** DESVÍO : detour **3** : evasion ⟨andar con rodeos : to beat around the bush⟩ ⟨sin rodeos : without reservations⟩

rodilla *nf* : knee

rodillo *nm* **1** : roller **2** : rolling pin

rododendro *nm* : rhododendron

roedor¹, -dora *adj* : gnawing

roedor² *nm* : rodent

roer {69} *vt* **1** : to gnaw **2** : to eat away at, to torment

rogar {16} *vt* : to beg, to request — *vi* **1** : to beg, to plead **2** : to pray

roiga, *etc.* → **roer**

rojez *nf* : redness

rojizo, -za *adj* : reddish

rojo¹, -ja *adj* **1** : red **2 ponerse rojo** : to blush

rojo² *nm* : red

rol *nm* **1** : role **2** : list, roll

rollo *nm* **1** : roll, coil ⟨un rollo de cinta : a roll of tape⟩ ⟨en rollo : rolled up⟩ **2** *fam* : roll of fat **3** *fam* : boring speech, lecture

romance *nm* **1** : Romance language **2** : ballad **3** : romance **4 en buen romance** : simply stated, simply put

romano, -na *adj* & *n* : Roman

romanticismo *nm* : romanticism

romántico, -ca *adj* : romantic — **románticamente** *adv*

rombo *nm* : rhombus

romería *nf* **1** : pilgrimage, procession **2** : crowd, gathering

romero¹, -ra *n* PEREGRINO : pilgrim

romero² *nm* : rosemary

romo, -ma *adj* : blunt, dull

rompecabezas *nms & pl* : puzzle, riddle

rompehielos *nms & pl* : icebreaker (ship)

rompehuelgas *nmfs & pl* ESQUIROL : strikebreaker, scab

rompenueces *nms & pl* : nutcracker

rompeolas *ns & pl* : breakwater, jetty

romper {70} *vt* **1** : to break, to smash **2** : to rip, to tear **3** : to break off (relations), to break (a contract) **4** : to break through, to break down **5** GASTAR : to wear out — *vi* **1** : to break ⟨al romper del día : at the break of day⟩ **2** ~ **a** : to begin to, to burst out with ⟨romper a llorar : to burst into tears⟩ **3** ~ **con** : to break off with

rompope *nm* CA, Mex : drink similar to eggnog

ron *nm* : rum

roncar {72} *vi* **1** : to snore **2** : to roar

ronco, -ca *adj* **1** : hoarse **2** : husky (of the voice) — **roncamente** *adv*

ronda *nf* **1** : beat, patrol **2** : round (of drinks, of negotiations, of a game)

rondar *vt* **1** : to patrol **2** : to hang around ⟨siempre está rondando la calle : he's always hanging around the street⟩ **3** : to be approximately ⟨debe rondar los cincuenta : he must be about 50⟩ — *vi* **1** : to be on patrol **2** : to prowl around, to roam about

ronque, *etc.* → **roncar**

ronquera *nf* : hoarseness

ronquido *nm* **1** : snore **2** : roar

ronronear *vi* : to purr

ronroneo *nm* : purr, purring

ronzal *nm* : halter (for an animal)

ronzar {21} *v* : to munch, to crunch

roña *nf* **1** : mange **2** : dirt, filth **3** *fam* : stinginess

roñoso, -sa *adj* **1** : mangy **2** : dirty **3** *fam* : stingy

ropa *nf* **1** : clothes *pl*, clothing **2 ropa interior** : underwear

ropaje *nm* : apparel, garments *pl*, regalia

ropero *nm* ARMARIO, CLÓSET : wardrobe, closet

rosa[1] *adj* : rose-colored, pink

rosa[2] *nf* : rose, pink (color)

rosa[3] *nf* : rose (flower)

rosáceo, -cea *adj* : pinkish

rosado[1], **-da** *adj* 1 : pink 2 **vino rosado** : rosé

rosado[2] *nm* : pink (color)

rosal *nm* : rosebush

rosario *nm* 1 : rosary 2 : series ⟨un rosario de islas : a string of islands⟩

rosbif *nm* : roast beef

rosca *nf* 1 : thread (of a screw) ⟨una tapa a rosca : a screw top⟩ 2 : ring, coil

roseta *nf* : rosette

rosquilla *nf* : ring-shaped pastry, doughnut

rostro *nm* : face, countenance

rotación *nf*, *pl* **-ciones** : rotation

rotar *vt* : to rotate, to turn — *vi* : to turn, to spin

rotativo[1], **-va** *adj* : rotary

rotativo[2] *nm* : newspaper

rotatorio, -ria *adj* → **rotativo**[1]

roto[1] *pp* → **romper**

roto[2], **-ta** *adj* 1 : broken 2 : ripped, torn

rotonda *nf* 1 : traffic circle, rotary 2 : rotunda

rotor *nm* : rotor

rótula *nf* : kneecap

rotular *vt* 1 : to head, to entitle 2 : to label

rótulo *nm* 1 : heading, title 2 : label, sign

rotundo, -da *adj* 1 REDONDO : round 2 : categorical, absolute ⟨un éxito rotundo : a resounding success⟩ — **rotundamente** *adv*

rotura *nf* : break, tear, fracture

roya *nf* : plant rust

roya, etc. → **roer**

rozado, -da *adj* GASTADO : worn

rozadura *nf* 1 : scratch, abrasion 2 : rubbed spot, sore

rozar {21} *vt* 1 : to chafe, to rub against 2 : to border on, to touch on 3 : to graze, to touch lightly — **rozarse** *vr* ~ **con** *fam* : to rub shoulders with

ruandés, -desa *adj & n* : Rwandan

ruano, -na *adj* : roan

rubí *nm*, *pl* **rubíes** : ruby

rubio, -bia *adj & n* : blond

rublo *nm* : ruble

rubor *nm* 1 : flush, blush 2 : rouge, blusher

ruborizarse {21} *vr* : to blush

rúbrica *nf* : title, heading

rubricar {72} *vt* 1 : sign with a flourish ⟨firmado y rubricado : signed and sealed⟩ 2 : to endorse, to sanction

rubro *nm* 1 : heading, title 2 : line, area (in business)

rudeza *nf* ASPEREZA : roughness, coarseness

rudimentario, -ria *adj* : rudimentary — **rudimentariamente** *adv*

rudimento *nm* : rudiment, basics *pl*

rudo, -da *adj* 1 : rough, harsh 2 : coarse, unpolished — **rudamente** *adv*

rueda[1], **etc.** → **rodar**

rueda[2] *nf* 1 : wheel 2 RODAJA : round slice 3 : circle, ring 4 **rueda de andar** : treadmill 5 **rueda de prensa** : press conference 6 **ir sobre ruedas** : to go smoothly

ruedita *nf* : caster (on furniture)

ruedo *nm* 1 : bullring, arena 2 : rotation, turn 3 : hem

ruega, ruegue etc. → **rogar**

ruego *nm* : request, appeal, plea

rugido *nm* : roar

rugir {35} *vi* : to roar

ruibarbo *nm* : rhubarb

ruido *nm* : noise, sound

ruidoso, -sa *adj* : loud, noisy — **ruidosamente** *adv*

ruin *adj* 1 : base, despicable 2 : mean, stingy

ruina *nf* 1 : ruin, destruction 2 : downfall, collapse 3 **ruinas** *nfpl* : ruins, remains

ruinoso, -sa *adj* 1 : run-down, dilapidated 2 : ruinous, disastrous

ruiseñor *nm* : nightingale

ruja, etc. → **rugir**

ruleta *nf* : roulette

rulo *nm* : curler, roller

rumano, -na *n* : Romanian, Rumanian

rumbo *nm* 1 : direction, course ⟨con rumbo a : bound for, heading for⟩ ⟨perder el rumbo : to go off course, to lose one's bearings⟩ ⟨sin rumbo : aimless, aimlessly⟩ 2 : ostentation, pomp 3 : lavishness, generosity

rumiante *adj & nm* : ruminant

rumiar *vt* : to ponder, to mull over — *vi* 1 : to chew the cud 2 : to ruminate, to ponder

rumor *nm* 1 : rumor 2 : murmur

rumorearse *or* **rumorarse** *vr* : to be rumored ⟨se rumorea que se va : rumor has it that she's leaving⟩

rumoroso, -sa *adj* : murmuring, babbling ⟨un arroyo rumoroso : a babbling brook⟩

rupia *nf* : rupee

ruptura *nf* 1 : break 2 : breaking, breach (of a contract) 3 : breaking off, breakup

rural *adj* : rural

ruso[1], **-sa** *adj & n* : Russian

ruso[2] *nm* : Russian (language)

rústico[1], **-ca** *adj* : rural, rustic

rústico[2], **-ca** *n* : rustic, country dweller

ruta *nf* : route

rutina *nf* : routine, habit

rutinario, -ria *adj* : routine, ordinary ⟨visita rutinaria : routine visit⟩ — **rutinariamente** *adv*

S

s *nf* : twentieth letter of the Spanish alphabet

sábado *nm* **1** : Saturday **2** : Sabbath

sábalo *nm* : shad

sabana *nf* : savanna

sábana *nf* : sheet, bedsheet

sabandija *nf* BICHO : bug, small reptile, pesky creature

sabático, -ca *adj* : sabbatical

sabedor, -dora *adj* : aware, informed

sabelotodo *nmf fam* : know-it-all

saber¹ {71} *vt* **1** : to know **2** : to know how to, to be able to ⟨sabe tocar el violín : she can play the violin⟩ **3** : to learn, to find out **4 a ∼** : to wit, namely — *vi* **1** : to know, to suppose **2** : to be informed ⟨supimos del desastre : we heard about the disaster⟩ **3** : to taste ⟨esto no sabe bien : this doesn't taste right⟩ **4 ∼ a** : to taste like ⟨sabe a naranja : it tastes like orange⟩ — **saberse** *vr* : to know ⟨ese chiste no me lo sé : I don't know that joke⟩

saber² *nm* : knowledge, learning

sabiamente *adv* : wisely

sabido, -da *adj* : well-known

sabiduría *nf* **1** : wisdom **2** : learning, knowledge

sabiendas *adv* **a ∼** : knowingly **2 a sabiendas de que** : knowing full well that

sabio¹, -bia *adj* **1** PRUDENTE : wise, sensible **2** DOCTO : learned

sabio², -bia *n* **1** : wise person **2** : savant, learned person

sable *nm* : saber, cutlass

sabor *nm* **1** : flavor, taste **2 sin ∼** : flavorless

saborear *vt* **1** : to taste, to savor **2** : to enjoy, to relish

sabotaje *nm* : sabotage

saboteador, -dora *n* : saboteur

sabotear *vt* : to sabotage

sabrá, etc. → saber

sabroso, -sa *adj* **1** RICO : delicious, tasty **2** AGRADABLE : pleasant, nice, lovely

sabueso *nm* **1** : bloodhound **2** *fam* : detective, sleuth

sacacorchos *nms & pl* : corkscrew

sacapuntas *nms & pl* : pencil sharpener

sacar {72} *vt* **1** : to pull out, to take out ⟨saca el pollo del congelador : take the chicken out of the freezer⟩ **2** : to get, to obtain ⟨saqué un 100 en el examen : I got 100 on the exam⟩ **3** : to get out, to extract ⟨le saqué la información : I got the information from him⟩ **4** : to stick out ⟨sacar la lengua : to stick out one's tongue⟩ **5** : to bring out, to introduce ⟨sacar un libro : to publish a book⟩ ⟨sacaron una moda nueva : they introduced a new style⟩ **6** : to take (photos) **7** : to make (copies) — *vi* **1**

: to kick off (in soccer or football) **2** : to serve (in sports)

sacarina *nf* : saccharin

sacarosa *nf* : sucrose

sacerdocio *nm* : priesthood

sacerdotal *adj* : priestly

sacerdote, -tisa *n* : priest *m*, priestess *f*

saciar *vt* **1** HARTAR : to sate, to satiate **2** SATISFACER : to satisfy

saciedad *nf* : satiety

saco *nm* **1** : bag, sack **2** : sac **3** : jacket, sport coat

sacramento *nm* : sacrament — **sacramental** *adj*

sacrificar {72} *vt* : to sacrifice — **sacrificarse** *vr* : to sacrifice oneself, to make sacrifices

sacrificio *nm* : sacrifice

sacrilegio *nm* : sacrilege

sacrílego, -ga *adj* : sacrilegious

sacristán *nm, pl* **-tanes** : sexton, sacristan

sacristía *nf* : sacristy, vestry

sacro, -cra *adj* SAGRADO : sacred ⟨arte sacro : sacred art⟩

sacrosanto, -ta *adj* : sacrosanct

sacudida *nf* **1** : shaking **2** : jerk, jolt, shock **3** : shake-up, upheaval

sacudir *vt* **1** : to shake, to beat **2** : to jerk, to jolt **3** : to dust off **4** CONMOVER : to shake up, to shock — **sacudirse** *vr* : to shake off

sacudón *nm, pl* **-dones** : intense jolt or shake-up

sádico¹, -ca *adj* : sadistic

sádico², -ca *n* : sadist

sadismo *nm* : sadism

safari *nm* : safari

saga *nf* : saga

sagacidad *nf* : sagacity, shrewdness

sagaz *adj, pl* **sagaces** PERSPICAZ : shrewd, discerning, sagacious

Sagitario *nmf* : Sagittarius, Sagittarian

sagrado, -da *adj* : sacred, holy

sainete *nm* : comedy sketch, one-act farce ⟨este proceso es un sainete : this proceedings are a farce⟩

sajar *vt* : to lance, to cut open

sal¹ → salir

sal² *nf* **1** : salt **2** *CA, Mex* : misfortune, bad luck

sala *nf* **1** : living room **2** : room, hall ⟨sala de conferencias : lecture hall⟩ ⟨sala de urgencias : emergency room⟩ ⟨sala de baile : ballroom⟩

salado, -da *adj* **1** : salty **2 agua salada** : salt water

salamandra *nf* : salamander

salami *nm* : salami

salar *vt* **1** : to salt **2** : to spoil, to ruin **3** *CoRi, Mex* : to jinx, to bring bad luck

salarial *adj* : salary, salary-related

salario *nm* **1** : salary **2 salario mínimo** : minimum wage

salaz *adj, pl* **salaces** : salacious, lecherous

salchicha *nf* 1 : sausage 2 : frankfurter, wiener

salchichón *nf, pl* **-chones** : a type of deli meat

salchichonería *nf Mex* 1 : delicatessen 2 : cold cuts *pl*

saldar *vt* : to settle, to pay off ⟨saldar una cuenta : to settle an account⟩

saldo *nm* 1 : settlement, payment 2 : balance ⟨saldo de cuenta : account balance⟩ 3 : remainder, leftover merchandise

saldrá, etc. → **salir**

salero *nm* 1 : saltshaker 2 : wit, charm

salga, etc. → **salir**

salida *nf* 1 : exit ⟨salida de emergencia : emergency exit⟩ 2 : leaving, departure 3 SOLUCIÓN : way out, solution 4 : start (of a race) 5 OCURRENCIA : wisecrack, joke 6 **salida del sol** : sunrise

saliente¹ *adj* 1 : departing, outgoing 2 : projecting 3 DESTACADO : salient, prominent

saliente² *nm* 1 : projection, protrusion 2 **ventana en saliente** : bay window

salinidad *nf* : salinity, saltiness

salino, -na *adj* : saline ⟨solución salina : saline solution⟩

salir {73} *vi* 1 : to go out, to come out, to get out ⟨salimos todas las noches : we go out every night⟩ ⟨su libro acaba de salir : her book just came out⟩ 2 PARTIR : to leave, to depart 3 APARECER : to appear ⟨salió en todos los diarios : it came out in all the papers⟩ 4 : to project, to stick out 5 : to cost, to come to 6 RESULTAR : to turn out, to prove 7 : to come up, to occur ⟨salga lo que salga : whatever happens⟩ ⟨salió una oportunidad : an opportunity came up⟩ 8 ~ **a** : to take after, to look like, to resemble 9 ~ **con** : to go out with, to date — **salirse** *vr* 1 : to escape, to get out, to leak out 2 : to come loose, to come off 3 **salirse con la suya** : to get one's own way

saliva *nf* : saliva

salivar *vi* : to salivate

salmo *nm* : psalm

salmón¹ *adj* : salmon-colored

salmón² *nm, pl* **salmones** : salmon

salmuera *nf* : brine

salobre *adj* : brackish, briny

salón *nm, pl* **salones** 1 : hall, large room ⟨salón de clase : classroom⟩ ⟨salón de baile : ballroom⟩ 2 : salon ⟨salón de belleza : beauty salon⟩ 3 : parlor, sitting room

salpicadera *nf Mex* : fender

salpicadura *nf* : spatter, splash

salpicar {72} *vt* 1 : to spatter, to splash 2 : to sprinkle, to scatter about

salpimentar {55} *vt* 1 : to season (with salt and pepper) 2 : to spice up

salsa *nf* 1 : sauce ⟨salsa picante : hot sauce⟩ ⟨salsa inglesa : Worcestershire sauce⟩ ⟨salsa tártara : tartar sauce⟩ 2

: gravy 3 : salsa (music) 4 **salsa mexicana** : salsa (sauce)

salsero, -ra *n* : salsa musician

saltador, -dora *n* : jumper

saltamontes *nms & pl* : grasshopper

saltar *vi* 1 BRINCAR : to jump, to leap 2 : to bounce 3 : to come off, to pop out 4 : to shatter, to break 5 : to explode, to blow up — *vt* 1 : to jump, to jump over 2 : to skip, to miss — **saltarse** *vr* OMITIR : to skip, to omit ⟨me salté ese capítulo : I skipped that chapter⟩

saltarín, -rina *adj, mpl* **-rines** : leaping, hopping ⟨frijol saltarín : jumping bean⟩

salteado, -da *adj* 1 : sautéed 2 : jumbled up ⟨los episodios se transmitieron salteados : the episodes were broadcast in random order⟩

salteador *nm* : highwayman

saltear *vt* 1 SOFREÍR : to sauté 2 : to skip around, to skip over

saltimbanqui *nmf* : acrobat

salto *nm* 1 BRINCO : jump, leap, skip 2 : jump, dive (in sports) 3 : gap, omission 4 **dar saltos** : to jump up and down 5 *or* **salto de agua** CATARATA : waterfall

saltón, -tona *adj, mpl* **saltones** : bulging, protruding

salubre *adj* : healthful, salubrious

salubridad *nf* : healthfulness, health

salud *nf* 1 : health ⟨buena salud : good health⟩ 2 **¡salud!** : bless you! (when someone sneezes) 3 **¡salud!** : cheers!, to your health!

saludable *adj* 1 SALUBRE : healthful 2 SANO : healthy, well

saludar *vt* 1 : to greet, to say hello to 2 : to salute — **saludarse** *vr*

saludo *nm* 1 : greeting, regards *pl* 2 : salute

salutación *nf, pl* **-ciones** : salutation

salva *nf* 1 : salvo, volley 2 **salva de aplausos** : round of applause

salvación *nf, pl* **-ciones** 1 : salvation 2 RESCATE : rescue

salvado *nm* : bran

salvador, -dora *n* 1 : savior, rescuer 2 **el Salvador** : the Savior

salvadoreño, -ña *adj & n* : Salvadoran, El Salvadoran

salvaguardar *vt* : to safeguard

salvaguardia *or* **salvaguarda** *nf* : safeguard, defense

salvajada *nf* ATROCIDAD : atrocity, act of savagery

salvaje¹ *adj* 1 : wild ⟨animales salvajes : wild animals⟩ 2 : savage, cruel 3 : primitive, uncivilized

salvaje² *nmf* : savage

salvajismo *nm* : savagery

salvamento *nm* 1 : rescuing, lifesaving 2 : salvation 3 : refuge

salvar *vt* 1 : to save, to rescue 2 : to cover (a distance) 3 : to get around (an obstacle), to overcome (a difficulty) 4

: to cross, to jump across **5 salvando** : except for, excluding — **salvarse** *vr* **1** : to survive, to escape **2** : to save one's soul

salvavidas[1] *nms & pl* **1** : life preserver **2 bote salvavidas** : lifeboat

salvavidas[2] *nmf* : lifeguard

salvedad *nf* **1** EXCEPCIÓN : exception **2** : proviso, stipulation

salvia *nf* : sage (plant)

salvo[1], **-va** *adj* **1** : unharmed, sound ⟨sano y salvo : safe and sound⟩ **2 a ∼** : safe from danger

salvo[2] *prep* **1** EXCEPTO : except (for), save ⟨todos asistirán salvo Jaime : all will attend except for Jaime⟩ **2 salvo que** : unless ⟨salvo que llueva : unless it rains⟩

salvoconducto *nm* : safe-conduct

samba *nf* : samba

San *adj* → **santo**[1]

sanar *vt* : to heal, to cure — *vi* : to get well, to recover

sanatorio *nm* **1** : sanatorium **2** : clinic, private hospital

sanción *nf, pl* **sanciones** : sanction

sancionar *vt* **1** : to penalize, to impose a sanction on **2** : to sanction, to approve

sancochar *vt* : to parboil

sandalia *nf* : sandal

sándalo *nm* : sandalwood

sandez *nf, pl* **sandeces** ESTUPIDEZ : nonsense, silly thing to say

sandía *nf* : watermelon

sandwich ['sandwitʃ, 'saŋgwitʃ] *nm, pl* **sandwiches** [-dwitʃes, -gwi-] EMPAREDADO : sandwich

saneamiento *nm* **1** : cleaning up, sanitation **2** : reorganizing, streamlining

sanear *vt* **1** : to clean up, to sanitize **2** : to reorganize, to streamline

sangrante *adj* **1** : bleeding **2** : flagrant, blatant

sangrar *vi* : to bleed — *vt* : to indent (a paragraph, etc.)

sangre *nf* **1** : blood **2 a sangre fría** : in cold blood **3 a sangre y fuego** : by violent force **4 pura sangre** : thoroughbred

sangría *nf* **1** : bloodletting **2** : sangria (wine punch) **3** : drain, draining ⟨una sangría fiscal : a financial drain⟩ **4** : indentation, indenting

sangriento, -ta *adj* **1** : bloody **2** : cruel

sanguijuela *nf* **1** : leech, bloodsucker **2** : sponger, leech

sanguinario, -ria *adj* : bloodthirsty

sanguíneo, -nea *adj* **1** : blood ⟨vaso sanguíneo : blood vessel⟩ **2** : sanguine, ruddy

sanidad *nf* **1** : health **2** : public health, sanitation

sanitario[1]**, -ria** *adj* **1** : sanitary **2** : health ⟨centro sanitario : health center⟩

sanitario[2]**, -ria** *n* : sanitation worker

sanitario[3] *nm* Col, Mex, Ven : toilet ⟨los sanitarios : the toilets, the restroom⟩

sano, -na *adj* **1** SALUDABLE : healthy **2** : wholesome **3** : whole, intact

santiaguino, -na *adj* : of or from Santiago, Chile

santiamén *nm* **en un santiamén** : in no time at all

santidad *nf* : holiness, sanctity

santificar {72} *vt* : to sanctify, to consecrate, to hallow

santiguarse {10} *vr* PERSIGNARSE : to cross oneself

santo[1]**, -ta** *adj* **1** : holy, saintly ⟨el Santo Padre : the Holy Father⟩ ⟨una vida santa : a saintly life⟩ **2 Santo, Santa** (**San** *before names of masculine saints except those beginning with D or T*) : Saint ⟨Santa Clara : Saint Claire⟩ ⟨Santo Tomás : Saint Thomas⟩ ⟨San Francisco : Saint Francis⟩

santo[2]**, -ta** *n* : saint

santo[3] *nm* **1** : saint's day **2** CUMPLEAÑOS : birthday

santuario *nm* : sanctuary

santurrón, -rrona *adj, mpl* **-rrones** : overly pious, sanctimonious — **santurronamente** *adv*

saña *nf* **1** : fury, rage **2** : viciousness ⟨con saña : viciously⟩

sapo *nm* : toad

saque[1], etc. → **sacar**

saque[2] *nm* **1** : kickoff (in soccer or football) **2** : serve, service (in sports)

saqueador, -dora *n* DEPREDADOR : plunderer, looter

saquear *vt* : to sack, to plunder, to loot

saqueo *nm* DEPREDACIÓN : sacking, plunder, looting

sarampión *nm* : measles *pl*

sarape *nm* CA, Mex : serape, blanket

sarcasmo *nm* : sarcasm

sarcástico, -ca *adj* : sarcastic

sarcófago *nm* : sarcophagus

sardina *nf* : sardine

sardónico, -ca *adj* : sardonic

sarga *nf* : serge

sargento *nmf* : sergeant

sarna *nf* : mange

sarnoso, -sa *adj* : mangy

sarpullido *nm* ERUPCIÓN : rash

sarro *nm* **1** : deposit, coating **2** : tartar, plaque

sarta *nf* **1** : string, series (of insults, etc.) **2** : string (of pearls, etc.)

sartén *nmf, pl* **sartenes** **1** : frying pan **2 tener la sartén por el mango** : to call the shots, to be in control

sasafrás *nm* : sassafras

sastre, -tra *n* : tailor

sastrería *nf* **1** : tailoring **2** : tailor's shop

Satanás *or* **Satán** *nm* : Satan, the devil

satánico, -ca *adj* : satanic

satélite *nm* : satellite

satín *or* **satén** *nm, pl* **satines** *or* **satenes** : satin

satinado, -da *adj* : satiny, glossy

sátira *nf* : satire

satírico, -ca *adj* : satirical, satiric

satirizar {21} *vt* : to satirize

sátiro nm : satyr
satisfacción nf, pl -ciones : satisfaction
satisfacer {74} vt 1 : to satisfy 2 : to fulfill, to meet 3 : to pay, to settle — satisfacerse vr 1 : to be satisfied 2 : to take revenge
satisfactorio, -ria adj : satisfactory — satisfactoriamente adv
satisfecho, -cha adj : satisfied, content, pleased
saturación nf, pl -ciones : saturation
saturar vt 1 : to saturate, to fill up 2 : to satiate, to surfeit
saturnismo nm : lead poisoning
Saturno nm : Saturn
sauce nm : willow
saúco nm : elder (tree)
saudí or saudita adj & nmf : Saudi, Saudi Arabian
sauna nmf : sauna
savia nf : sap
saxofón nm, pl -fones : saxophone
sazón¹ nf, pl sazones 1 : flavor, seasoning 2 : ripeness, maturity ⟨en sazón : in season, ripe⟩ 3 a la sazón : at that time, then
sazón² nmf, pl sazones Mex : flavor, seasoning
sazonar vt CONDIMENTAR : to season, to spice
scanner nm → escáner
sé → saber, ser
se pron 1 : to him, to her, to you, to them ⟨se los daré a ella : I'll give them to her⟩ 2 : each other, one another ⟨se abrazaron : they hugged each other⟩ 3 : himself, herself, itself, yourself, yourselves, themselves ⟨se afeitó antes de salir : he shaved before leaving⟩ 4 (used in passive constructions) ⟨se dice que es hermosa : they say she's beautiful⟩ ⟨se habla inglés : English spoken⟩
sea, etc. → ser
sebo nm 1 : grease, fat 2 : tallow 3 : suet
secado nm : drying
secador nm : hair dryer
secadora nf 1 : dryer, clothes dryer 2 Mex : hair dryer
secante nm : blotting paper, blotter
secar {72} v : to dry — secarse vr 1 : to get dry 2 : to dry up
sección nf, pl secciones 1 : section ⟨sección transversal : cross section⟩ 2 : department, division
seco, -ca adj 1 : dry 2 DISECADO : dried ⟨fruta seca : dried fruit⟩ 3 : thin, lean 4 : curt, brusque 5 : sharp ⟨un golpe seco : a sharp blow⟩ 6 a secas : simply, just ⟨se llama Chico, a secas : he's just called Chico⟩ 7 en ~ : abruptly, suddenly ⟨frenar en seco : to make a sudden stop⟩
secoya nf : sequoia, redwood
secreción nf, pl -ciones : secretion
secretar vt : to secrete
secretaría nf 1 : secretariat, administrative department 2 Mex : ministry, cabinet office

secretariado nm 1 : secretariat 2 : secretarial profession
secretario, -ria n : secretary — secretarial adj
secreto¹, -ta adj 1 : secret 2 : secretive — secretamente adv
secreto² nm 1 : secret 2 : secrecy
secta nf : sect
sectario, -ria adj & n : sectarian
sector nm : sector
secuaz nmf, pl secuaces : follower, henchman, underling
secuela nf : consequence, sequel ⟨las secuelas de la guerra : the aftermath of the war⟩
secuencia nf : sequence
secuestrador, -dora n 1 : kidnapper, abductor 2 : hijacker
secuestrar vt 1 RAPTAR : to kidnap, to abduct 2 : to hijack, to commandeer 3 CONFISCAR : to confiscate, to seize
secuestro nm 1 RAPTO : kidnapping, abduction 2 : hijacking 3 : seizure, confiscation
secular adj : secular — secularismo nm — secularización nf
secundar vt : to support, to second
secundaria nf 1 : secondary education, high school 2 Mex : junior high school, middle school
secundario, -ria adj : secondary
secuoya nf : sequoia
sed nf 1 : thirst ⟨tener sed : to be thirsty⟩ 2 tener sed de : to hunger for, to thirst for
seda nf : silk
sedación nf, pl -ciones : sedation
sedal nm : fishing line
sedán nm, pl sedanes : sedan
sedante adj & nm CALMANTE : sedative
sedar vt : to sedate
sede nf 1 : seat, headquarters 2 : venue, site 3 la Santa Sede : the Holy See
sedentario, -ria adj : sedentary
sedición nf, pl -ciones : sedition — sedicioso, -sa adj
sediento, -ta adj : thirsty, thirsting
sedimentación nf, pl -ciones : sedimentation
sedimentario, -ria adj : sedimentary
sedimento nm : sediment
sedoso, -sa adj : silky, silken
seducción nf, pl -ciones : seduction
seducir {61} vt 1 : to seduce 2 : to captivate, to charm
seductivo, -va adj : seductive
seductor¹, -tora adj 1 SEDUCTIVO : seductive 2 ENCANTADOR : charming, alluring
seductor², -tora n : seducer
segador, -dora n : harvester
segar {49} vt 1 : to reap, to harvest, to cut 2 : to sever abruptly ⟨una vida segada por la enfermedad : a life cut short by illness⟩
seglar¹ adj LAICO : lay, secular
seglar² nm LAICO : layperson, layman m, laywoman f

segmentación *nf, pl* **-ciones** : segmentation

segmentado, -da *adj* : segmented

segmento *nm* : segment

segregar {52} *vt* **1** : to segregate **2** SECRETAR : to secrete

seguida *nf* en ~ : right away, immediately ⟨vuelvo en seguida : I'll be right back⟩

seguidamente *adv* **1** : next, immediately after **2** : without a break, continuously

seguido¹ *adv* **1** RECTO : straight, straight ahead **2** : often, frequently

seguido², -da *adj* **1** CONSECUTIVO : consecutive, successive ⟨tres días seguidos : three days in a row⟩ **2** : straight, unbroken **3** ~ por *or* ~ de : followed by

seguidor, -dora *n* : follower, supporter

seguimiento *nm* **1** : following, pursuit **2** : continuation **3** : tracking, monitoring

seguir {75} *vt* **1** : to follow ⟨el sol sigue la lluvia : sunshine follows the rain⟩ ⟨seguiré tu consejo : I'll follow your advice⟩ ⟨me siguieron con la mirada : they followed me with their eyes⟩ **2** : to go along, to keep on ⟨seguimos toda la carretera panamericana : we continued along the PanAmerican Highway⟩ ⟨siguió hablando : he kept on talking⟩ ⟨seguir el curso : to stay on course⟩ **3** : to take (a course, a treatment) — *vi* **1** : to go on, to keep going ⟨sigue adelante : keep going, carry on⟩ **2** : to remain, to continue to be ⟨¿todavía sigues aquí? : you're still here?⟩ ⟨sigue con vida : she's still alive⟩ **3** : to follow, to come after ⟨la frase que sigue : the following sentence⟩

según¹ *adv* : it depends ⟨según y como : it all depends on⟩

según² ** *conj* **1 COMO, CONFORME : as, just as ⟨según lo dejé : just as I left it⟩ **2** : depending on how ⟨según se vea : depending on how one sees it⟩

según³ *prep* **1** : according to ⟨según los rumores : according to the rumors⟩ **2** : depending on ⟨según los resultados : depending on the results⟩

segundo¹, -da *adj* : second ⟨el segundo lugar : second place⟩

segundo², -da *n* **1** : second (in a series) **2** : second (person), second-in-command

segundo³ *nm* : second ⟨sesenta segundos : sixty seconds⟩

seguramente *adv* **1** : for sure, surely **2** : probably

seguridad *nf* **1** : safety, security **2** : (financial) security ⟨seguridad social : Social Security⟩ **3** CERTEZA : certainty, assurance ⟨con toda seguridad : with complete certainty⟩ **4** : confidence, self-confidence

seguro¹ *adv* : certainly, definitely ⟨va a llover, seguro : it's going to rain for sure⟩ ⟨¡seguro que sí! : of course!⟩

seguro², -ra *adj* **1** : safe, secure **2** : sure, certain ⟨estoy segura que es él : I'm sure that's him⟩ **3** : reliable, trustworthy **4** : self-assured

seguro³ *nm* **1** : insurance ⟨seguro de vida : life insurance⟩ **2** : fastener, clasp **3** *Mex* : safety pin

seis *adj & nm* : six

seiscientos¹, -tas *adj* : six hundred

seiscientos² *nms & pl* : six hundred

selección *nf, pl* **-ciones** **1** ELECCIÓN : selection, choice **2** selección natural : natural selection

seleccionar *vt* ELEGIR : to select, to choose

selectivo, -va *adj* : selective — **selectivamente** *adv*

selecto, -ta *adj* **1** : choice, select **2** EXCLUSIVO : exclusive

selenio *nm* : selenium

sellar *vt* **1** : to seal **2** : to stamp

sello *nm* **1** : seal **2** ESTAMPILLA, TIMBRE : postage stamp **3** : hallmark, characteristic

selva *nf* **1** BOSQUE : woods *pl*, forest ⟨selva húmeda : rain forest⟩ **2** JUNGLA : jungle

selvático, -ca *adj* **1** : forest, jungle ⟨sendero selvático : jungle path⟩ **2** : wild

semáforo *nm* **1** : traffic light **2** : stop signal

semana *nf* : week

semanal *adj* : weekly — **semanalmente** *adv*

semanario *nm* : weekly (publication)

semántica *nf* : semantics

semántico, -ca *adj* : semantic

semblante *nm* **1** : countenance, face **2** : appearance, look

semblanza *nf* : biographical sketch, profile

sembrado *nm* : cultivated field

sembrador, -dora *n* : planter, sower

sembradora *nf* : seeder (machine)

sembrar {55} *vt* **1** : to plant, to sow **2** : to scatter, to strew ⟨sembrar el pánico : to spread panic⟩

semejante¹ *adj* **1** PARECIDO : similar, alike **2** TAL : such ⟨nunca he visto cosa semejante : I have never seen such a thing⟩

semejante² *nm* PRÓJIMO : fellowman

semejanza *nf* PARECIDO : similarity, resemblance

semejar *vi* : to resemble, to look like — **semejarse** *vr* : to be similar, to look alike

semen *nm* : semen

semental *nm* : stud (animal) ⟨caballo semental : stallion⟩

semestre *nm* : semester

semicírculo *nm* : semicircle, half circle

semiconductor *nm* : semiconductor

semidiós *nm, pl* **-dioses** : demigod *m*

semifinal *nf* : semifinal

semifinalista¹ *adj* : semifinal

semifinalista² *nmf* : semifinalist

semiformal *adj* : semiformal

semilla *nf* : seed

semillero *nm* **1** : seedbed **2** : hotbed, breeding ground

seminario *nm* **1** : seminary **2** : seminar, graduate course

seminarista *nm* : seminarian

semiprecioso, -sa *adj* : semiprecious

semita[1] *adj* : Semitic

semita[2] *nmf* : Semite

sémola *nf* : semolina

sempiterno, -na *adj* ETERNO : eternal, everlasting

senado *nm* : senate

senador, -dora *n* : senator

sencillamente *adv* : simply, plainly

sencillez *nf* : simplicity

sencillo[1], **-lla** *adj* **1** : simple, easy **2** : plain, unaffected **3** : single

sencillo[2] *nm* **1** : single (recording) **2** : small change (coins) **3** : one-way ticket

senda *nf* CAMINO, SENDERO : path, way

sendero *nm* CAMINO, SENDA : path, way

sendos, -das *adj pl* : each, both ⟨llevaban sendos vestidos nuevos : they were each wearing a new dress⟩

senectud *nf* ANCIANIDAD : old age

senegalés, -lesa *adj & n, mpl* **-leses** : Senegalese

senil *adj* : senile — **senilidad** *nf*

seno *nm* **1** : breast, bosom ⟨los senos : the breasts⟩ ⟨el seno de la familia : the bosom of the family⟩ **2** : sinus **3** seno materno : womb

sensación *nf, pl* **-ciones 1** IMPRESIÓN : feeling ⟨tener la sensación : to have a feeling⟩ **2** : sensation ⟨causar sensación : to cause a sensation⟩

sensacional *adj* : sensational

sensacionalista *adj* : sensationalistic, lurid

sensatez *nf* **1** : good sense **2** con ~ : sensibly

sensato, -ta *adj* : sensible, sound — **sensatamente** *adv*

sensibilidad *nf* **1** : sensitivity, sensibility **2** SENSACIÓN : feeling

sensibilizar {21} *vt* : to sensitize

sensible *adj* **1** : sensitive **2** APRECIABLE : considerable, significant

sensiblemente *adv* : considerably, significantly

sensiblería *nf* : sentimentality, mush

sensiblero, -ra *adj* : mawkish, sentimental, mushy

sensitivo, -va *adj* **1** : sense ⟨órganos sensitivos : sense organs⟩ **2** : sentient, capable of feeling

sensor *nm* : sensor

sensorial *adj* : sensory

sensual *adj* : sensual, sensuous — **sensualmente** *adv*

sensualidad *nf* : sensuality

sentado, -da *adj* **1** : sitting, seated **2** : established, settled ⟨dar por sentado : to take for granted⟩ ⟨dejar sentado : to make clear⟩ **3** : sensible, steady, judicious

sentar {55} *vt* **1** : to seat, to sit **2** : to establish, to set — *vi* **1** : to suit ⟨ese color te sienta : that color suits you⟩ **2** : to agree with (of food or drink) ⟨las cebollas no me sientan : onions don't agree with me⟩ **3** : to please ⟨le sentó mal el paseo : she didn't enjoy the trip⟩ — **sentarse** *vr* : to sit, to sit down ⟨siéntese por favor : please have a seat⟩

sentencia *nf* **1** : sentence, judgment **2** : maxim, saying

sentenciar *vt* : to sentence

sentido[1], **-da** *adj* **1** : heartfelt, sincere ⟨mi más sentido pésame : my sincerest condolences⟩ **2** : touchy, sensitive **3** : offended, hurt

sentido[2] *nm* **1** : sense ⟨sentido común : common sense⟩ ⟨los cinco sentidos : the five senses⟩ ⟨sin sentido : senseless⟩ **2** CONOCIMIENTO : consciousness **3** SIGNIFICADO : meaning, sense ⟨doble sentido : double entendre⟩ **4** : direction ⟨calle de sentido único : one-way street⟩

sentimental[1] *adj* **1** : sentimental **2** : love, romantic ⟨vida sentimental : love life⟩

sentimental[2] *nmf* : sentimentalist

sentimentalismo *nm* : sentimentality, sentimentalism

sentimiento *nm* **1** : feeling, emotion **2** PESAR : regret, sorrow

sentir {76} *vt* **1** : to feel, to experience ⟨no siento nada de dolor : I don't feel any pain⟩ ⟨sentía sed : he was feeling thirsty⟩ ⟨sentir amor : to feel love⟩ **2** PERCIBIR : to perceive, to sense ⟨sentir un ruido : to hear a noise⟩ **3** LAMENTAR : to regret, to feel sorry for ⟨lo siento mucho : I'm very sorry⟩ — *vi* **1** : to have feeling, to feel **2** sin ~ : without noticing, inadvertently — **sentirse** *vr* **1** : to feel ⟨¿te sientes mejor? : are you feeling better?⟩ **2** *Chile, Mex* : to take offense

seña *nf* **1** : sign, signal **2** dar señas de : to show signs of

señal *nf* **1** : signal **2** : sign ⟨señal de tráfico : traffic sign⟩ **3** INDICIO : indication ⟨en señal de : as a token of⟩ **4** VESTIGIO : trace, vestige **5** : scar, mark **6** : deposit, down payment

señalado, -da *adj* : distinguished, notable

señalador *nm* : marker ⟨señalador de libros : bookmark⟩

señalar *vt* **1** INDICAR : to indicate, to show **2** : to mark **3** : to point out, to stress **4** : to fix, to set — **señalarse** *vr* : to distinguish oneself

señor, -ñora *n* **1** : gentleman *m*, man *m*, lady *f*, woman *f*, wife *f* **2** : Sir *m*, Madam *f* ⟨estimados señores : Dear Sirs⟩ **3** : Mr. *m*, Mrs. *f* **4** : lord *m*, lady *f* ⟨el Señor : the Lord⟩

señoría *nf* **1** : lordship **2** Su Señoría : Your Honor

señorial *adj* : stately, regal

señorío *nm* **1** : manor, estate **2** : dominion, power **3** : elegance, class
señorita *nf* **1** : young lady, young woman **2** : Miss
señuelo *nm* **1** : decoy **2** : bait
sépalo *nm* : sepal
sepa, etc. → **saber**
separación *nf, pl* **-ciones 1** : separation, division **2** : gap, space
separadamente *adv* : separately, apart
separado, -da *adj* **1** : separated **2** : separate ⟨vidas separadas : separate lives⟩ **3 por** ~ : separately
separar *vt* **1** : to separate, to divide **2** : to split up, to pull apart — **separarse** *vr*
sepelio *nm* : interment, burial
sepia[1] *adj & nm* : sepia
sepia[2] *nf* : cuttlefish
septentrional *adj* : northern
séptico, -ca *adj* : septic
septiembre *nm* : September
séptimo[1], **-ma** *adj* : seventh
séptimo[2] *nm* : seventh
septuagésimo[1], **-ma** *adj* : seventieth
septuagésimo[2] *nm* : seventieth
sepulcral *adj* **1** : sepulchral **2** : dismal, gloomy
sepulcro *nm* TUMBA : tomb, sepulchre
sepultar *vt* ENTERRAR : to bury
sepultura *nf* **1** : burial **2** TUMBA : grave, tomb
seque, etc. → **secar**
sequedad *nf* **1** : dryness **2** : brusqueness, curtness
sequía *nf* : drought
séquito *nm* : retinue, entourage
ser[1] {77} *vi* **1** : to be ⟨él es mi hermano : he is my brother⟩ ⟨Camila es linda : Camila is pretty⟩ **2** : to exist, to live ⟨ser, o no ser : to be or not to be⟩ **3** : to take place, to occur ⟨el concierto es el domingo : the concert is on Sunday⟩ **4** (*used with expressions of time, date, season*) ⟨son las diez : it's ten o'clock⟩ ⟨hoy es el 9 : today's the 9th⟩ **5** : to cost, to come to ⟨¿cuánto es? : how much is it?⟩ **6** (*with the future tense*) : to be able to be ⟨¿será posible? : can it be possible?⟩ **7** ~ **de** : to come from ⟨somos de Managua : we're from Managua⟩ **8** ~ **de** : to belong to ⟨es lápiz de Juan : that's Juan's pencil⟩ **9 es que** : the thing is that ⟨es que no lo conozco : it's just that I don't know him⟩ **10 ¡sea!** : agreed!, all right! **11 sea . . . sea** : either . . . or — *v aux* (*used in passive constructions*) : to be ⟨la cuenta ha sido pagada : the bill has been paid⟩ ⟨él fue asesinado : he was murdered⟩
ser[2] *nm* : being ⟨ser humano : human being⟩
seráfico, -ca *adj* : angelic, seraphic
serbio[1], **-bia** *adj & n* : Serb, Serbian
serbio[2] *nm* : Serbian (language)
serbocroata[1] *adj* : Serbo-Croatian
serbocroata[2] *nm* : Serbo-Croatian (language)

serenar *vt* : to calm, to soothe — **serenarse** *vr* CALMARSE : to calm down
serenata *nf* : serenade
serendipia *nf* : serendipity
serenidad *nf* : serenity, calmness
sereno[1], **-na** *adj* **1** SOSEGADO : serene, calm, composed **2** : fair, clear (of weather) **3** : calm, still (of the sea) — **serenamente** *adv*
sereno[2] *nm* : night watchman
seriado, -da *adj* : serial
serial *nm* : serial (on radio or television)
seriamente *adv* : seriously
serie *nf* **1** : series **2** SERIAL : serial **3 fabricación en serie** : mass production **4 fuera de serie** : extraordinary, amazing
seriedad *nf* **1** : seriousness, earnestness **2** : gravity, importance
serio, -ria *adj* **1** : serious, earnest **2** : reliable, responsible **3** : important **4 en** ~ : seriously, in earnest — **seriamente** *adv*
sermón *nm, pl* **sermones 1** : sermon **2** *fam* : harangue, lecture
sermonear *vt fam* : to harangue, to lecture
serpentear *vi* : to twist, to wind — **serpenteante** *adj*
serpentina *nf* : paper streamer
serpiente *nf* : serpent, snake
serrado, -da *adj* DENTADO : serrated
serranía *nf* : mountainous area
serrano, -na *adj* : from the mountains
serrar {55} *vt* : to saw
serrín *nm, pl* **serrines** : sawdust
serruchar *vt* : to saw up
serrucho *nm* : saw, handsaw
servicentro *nm Peru* : gas station
servicial *adj* : obliging, helpful
servicio *nm* **1** : service **2** SAQUE : serve (in sports) **3 servicios** *nmpl* : restroom
servidor, -dora *n* **1** : servant **2 su seguro servidor** : yours truly (in correspondence)
servidumbre *nf* **1** : servitude **2** : help, servants *pl*
servil *adj* **1** : servile, subservient **2** : menial
servilismo *nm* : servility, subservience
servilleta *nf* : napkin
servir {54} *vt* **1** : to serve, to be of use to **2** : to serve, to wait **3** SURTIR : to fill (an order) — *vi* **1** : to work ⟨mi radio no sirve : my radio isn't working⟩ **2** : to be of use, to be helpful ⟨esa computadora no sirve para nada : that computer's perfectly useless⟩ — **servirse** *vr* **1** : to help oneself to **2** : to be kind enough ⟨sírvase enviarnos un catálogo : please send us a catalog⟩
sésamo *nm* AJONJOLÍ : sesame, sesame seeds *pl*
sesenta *adj & nm* : sixty
sesentavo[1], **-va** *adj* : sixtieth
sesentavo[2] *n* : sixtieth (fraction)
sesgado, -da *adj* **1** : inclined, tilted **2** : slanted, biased

sesgar {52} *vt* 1 : to cut on the bias 2 : to tilt 3 : to bias, to slant
sesgo *nm* : bias
segue, etc. → **seguir**
sesión *nf, pl* **sesiones** 1 : session 2 : showing, performance
sesionar *vi* REUNIRSE : to meet, to be in session
seso *nm* 1 : brains, intelligence 2 **sesos** *nmpl* : brains (as food)
sesudo, -da *adj* 1 : prudent, sensible 2 : brainy
set *nm, pl* **sets** : set (in tennis)
seta *nf* : mushroom
setecientos[1], **-tas** *adj* : seven hundred
setecientos[2] *nms & pl* : seven hundred
setenta *adj & nm* : seventy
setentavo[1], **-va** *adj* : seventieth
setentavo[2] *nm* : seventieth
setiembre → **septiembre**
seto *nm* 1 : fence, enclosure 2 **seto vivo** : hedge
seudónimo *nm* : pseudonym
severidad *nf* 1 : harshness, severity 2 : strictness
severo, -ra *adj* 1 : harsh, severe 2 ESTRICTO : strict — **severamente** *adv*
sexagésimo[1], **-ma** *adj* : sixtieth, sixty
sexagésimo[2], **-ma** *n* : sixtieth, sixty- (in a series)
sexismo *nm* : sexism — **sexista** *adj & nmf*
sexo *nm* : sex
sextante *nm* : sextant
sexteto *nm* : sextet
sexto, -ta *adj* : sixth — **sexto, -ta** *n*
sexual *adj* : sexual, sex ⟨educación sexual : sex education⟩ — **sexualmente** *adv*
sexualidad *nf* : sexuality
sexy *adj, pl* **sexy** or **sexys** : sexy
shock ['ʃɔk, 'tʃɔk] *nm* : shock ⟨estado de shock : state of shock⟩
short *nm, pl* **shorts** : shorts *pl*
show *nm, pl* **shows** : show
si *conj* 1 : if ⟨lo haré si me pagan : I'll do it if they pay me⟩ ⟨si lo supiera te lo diría : if I knew it I would tell you⟩ 2 : whether, if ⟨no importa si funciona o no : it doesn't matter whether it works (or not)⟩ 3 ⟨expressing desire, protest, or surprise⟩ ⟨si supiera la verdad : if only I knew the truth⟩ ⟨¡si no quiero! : but I don't want to!⟩ 4 **si bien** : although ⟨si bien se ha progresado : although progress has been made⟩ 5 **si no** : otherwise, or else ⟨si no, no voy : otherwise I won't go⟩
sí[1] *adv* 1 : yes ⟨sí, gracias : yes, please⟩ ⟨creo que sí : I think so⟩ 2 **sí que** : indeed, absolutely ⟨esta vez sí que ganaré : this time I'm sure to win⟩ 3 **porque sí** *fam* : because, just because ⟨lo hizo porque sí : she did it just because⟩
sí[2] *nm* : yes ⟨dar el sí : to say yes, to express consent⟩
sí[3] *pron* 1 **de por sí** or **en sí** : by itself, in itself, per se 2 **fuera de sí** : beside

oneself 3 **para sí (mismo)** : to himself, to herself, for himself, for herself 4 **entre ~** : among themselves
siamés, -mesa *adj & n, mpl* **siameses** : Siamese
sibilante *adj & nf* : sibilant
siciliano, -na *adj & n* : Sicilian
sico- → **psico-**
sicomoro *or* **sicómoro** *nm* : sycamore
SIDA *or* **sida** *nm* (síndrome de inmunodeficiencia adquirida) : AIDS
siderurgia *nf* : iron and steel industry
siderúrgico, -ca *adj* : steel, iron ⟨la industria siderúrgica : the steel industry⟩
sidra *nf* : hard cider
siega[1], **siegue, etc.** → **segar**
siega[2] *nf* 1 : harvesting 2 : harvest time 3 : harvested crop
siembra[1], **etc.** → **sembrar**
siembra[2] *nf* 1 : sowing 2 : sowing season 3 SEMBRADO : cultivated field
siempre *adv* 1 : always ⟨siempre tienes hambre : you're always hungry⟩ 2 : still ⟨¿siempre te vas? : are you still going?⟩ 3 *Mex* : after all ⟨siempre no fui : I didn't go after all⟩ 4 **siempre que** : whenever, every time ⟨siempre que pasa : every time he walks by⟩ 5 **para ~** : forever, for good 6 **siempre y cuando** : provided that
sien *nf* : temple (on the forehead)
sienta, etc. → **sentar**
siente, etc. → **sentir**
sierpe *nf* : serpent, snake
sierra[1], **etc.** → **serrar**
sierra[2] *nf* 1 : saw ⟨sierra de vaivén : jigsaw⟩ 2 CORDILLERA : mountain range 3 : mountains *pl* ⟨viven en la sierra : they live in the mountains⟩
siervo, -va *n* 1 : slave 2 : serf
siesta *nf* : nap, siesta
siete *adj & nm* : seven
sífilis *nf* : syphilis
sifón *nm, pl* **sifones** : siphon
siga, sigue, etc. → **seguir**
sigilo *nm* : secrecy, stealth
sigiloso, -sa *adj* FURTIVO : furtive, stealthy — **sigilosamente** *adv*
sigla *nf* : acronym, abbreviation
siglo *nm* 1 : century 2 : age ⟨el Siglo de Oro : the Golden Age⟩ ⟨hace siglos que no te veo : I haven't seen you in ages⟩ 3 : world, secular life
signar *vt* : to sign (a treaty or agreement)
signatario, -ria *n* : signatory
significación *nf, pl* **-ciones** 1 : significance, importance 2 : signification, meaning
significado *nm* 1 : sense, meaning 2 : significance
significante *adj* : significant
significar {72} *vt* 1 : to mean, to signify 2 : to express, to make known — **significarse** *vr* 1 : to draw attention, to become known 2 : to take a stance
significativo, -va *adj* 1 : significant, important 2 : meaningful — **significativamente** *adv*

signo *nm* **1** : sign ⟨signo de igual : equal sign⟩ ⟨un signo de alegría : a sign of happiness⟩ **2** : (punctuation) mark ⟨signo de interrogación : question mark⟩ ⟨signo de admiración : exclamation point⟩ ⟨signo de intercalación : caret⟩

siguiente *adj* : next, following

sílaba *nf* : syllable

silábico, -ca *adj* : syllabic

silbar *v* : to whistle

silbato *nm* PITO : whistle

silbido *nm* : whistle, whistling

silenciador *nm* **1** : muffler (of an automobile) **2** : silencer

silenciar *vt* **1** : to silence **2** : to muffle

silencio *nm* **1** : silence, quiet ⟨¡silencio! : be quiet!⟩ **2** : rest (in music)

silencioso, -sa *adj* : silent, quiet — **silenciosamente** *adv*

sílice *nf* : silica

silicio *nm* : silicon

silla *nf* **1** : chair **2 silla de ruedas** : wheelchair

sillón *nm, pl* **sillones** : armchair, easy chair

silo *nm* : silo

silueta *nf* **1** : silhouette **2** : figure, shape

silvestre *adj* : wild ⟨flor silvestre : wildflower⟩

silvicultor, -tora *n* : forester

silvicultura *nf* : forestry

sima *nf* ABISMO : chasm, abyss

simbólico, -ca *adj* : symbolic — **simbólicamente** *adj*

simbolismo *nm* : symbolism

simbolizar {21} *vt* : to symbolize

símbolo *nm* : symbol

simetría *nf* : symmetry

simétrico, -ca *adj* : symmetrical, symmetric

simiente *nf* : seed

símil *nm* **1** : simile **2** : analogy, comparison

similar *adj* SEMEJANTE : similar, alike

similitud *nf* : similarity, resemblance

simio *nm* : ape

simpatía *nf* **1** : liking, affection ⟨tomarle simpatía a : to take a liking to⟩ **2** : warmth, friendliness **3** : support, solidarity

simpático, -ca *adj* : nice, friendly, likeable

simpatizante *nf* : sympathizer, supporter

simpatizar {21} *vi* **1** : to get along, to hit it off ⟨simpaticé mucho con él : I really liked him⟩ **2** ∼ **con** : to sympathize with, to support

simple[1] *adj* **1** SENCILLO : plain, simple, easy **2** : pure, mere ⟨por simple vanidad : out of pure vanity⟩ **3** : simpleminded, foolish

simple[2] *n* : fool, simpleton

simplemente *adv* : simply, merely, just

simpleza *nf* **1** : foolishness, simpleness **2** NECEDAD : nonsense

simplicidad *nf* : simplicity

simplificar {72} *vt* : to simplify — **simplificación** *nf*

simplista *adj* : simplistic

simposio *or* **simposium** *nm* : symposium

simulación *nf, pl* **-ciones** : simulation

simulacro *nm* : imitation, sham ⟨simulacro de juicio : mock trial⟩

simular *vt* **1** : to simulate **2** : to feign, to pretend

simultáneo, -nea *adj* : simultaneous — **simultáneamente** *adv*

sin *prep* **1** : without ⟨sin querer : unintentionally⟩ ⟨sin refinar : unrefined⟩ **2 sin que** : without ⟨lo hicimos sin que él se diera cuenta : we did it without him noticing⟩

sinagoga *nf* : synagogue

sinceridad *nf* : sincerity

sincero, -ra *adj* : sincere, honest, true — **sinceramente** *adv*

síncopa *nf* : syncopation

sincopar *vt* : to syncopate

sincronizar {21} *vt* : to synchronize — **sincronización** *nf*

sindical *adj* GREMIAL : union, labor ⟨representante sindical : union representative⟩

sindicalización *nf, pl* **-ciones** : unionizing, unionization

sindicalizar {21} *vt* : to unionize — **sindicalizarse** *vr* **1** : to form a union **2** : to join a union

sindicar → **sindicalizar**

sindicato *nm* GREMIO : union, guild

síndrome *nm* : syndrome

sinecura *nf* : sinecure

sinfín *nm* : endless number ⟨un sinfín de problemas : no end of problems⟩

sinfonía *nf* : symphony

sinfónica *nf* : symphony orchestra

sinfónico, -ca *adj* : symphonic, symphony

singular[1] *adj* **1** : singular, unique **2** PARTICULAR : peculiar, odd **3** : singular (in grammar) — **singularmente** *adv*

singular[2] *nm* : singular

singularidad *nf* : uniqueness, singularity

singularizar {21} *vt* : to make unique or distinct — **singularizarse** *vr* : to stand out, to distinguish oneself

siniestrado, -da *adj* : damaged, wrecked ⟨zona siniestrada : disaster zone⟩

siniestro[1], **-tra** *adj* **1** IZQUIERDO : left, left-hand **2** MALVADO : sinister, evil

siniestro[2] *nm* : accident, disaster

sinnúmero → **sinfín**

sino *conj* **1** : but, rather ⟨no será hoy, sino mañana : it won't be today, but tomorrow⟩ **2** EXCEPTO : but, except ⟨no hace sino despertar suspicacias : it does nothing but arouse suspicion⟩

sinónimo[1], **-ma** *adj* : synonymous

sinónimo[2] *nm* : synonym

sinopsis *nfs & pl* RESUMEN : synopsis, summary

sinrazón *nf, pl* **-zones** : wrong, injustice

sinsabores *nmpl* : woes, troubles

sinsonte *nm* : mockingbird

sintáctico, -ca *adj* : syntactic, syntactical

sintaxis *nfs & pl* : syntax

síntesis *nfs & pl* **1** : synthesis, fusion **2** SINOPSIS : synopsis, summary

sintético, -ca *adj* : synthetic — **sintéticamente** *adv*

sintetizar {21} *vt* **1** : to synthesize **2** RESUMIR : to summarize

sintió, etc. → **sentir**

síntoma *nm* : symptom

sintomático, -ca *adj* : symptomatic

sintonía *nf* **1** : tuning in (of a radio) **2 en sintonía con** : in tune with, attuned to

sintonizador *nm* : tuner, knob for tuning (of a radio, etc.)

sintonizar {21} *vt* **1** : to tune (in) to — *vi* **1** : to tune in **2** ~ **con** : to be in tune with, to empathize with

sinuosidad *nf* : sinuosity

sinuoso, -sa *adj* **1** : winding, sinuous **2** : devious

sinvergüenza[1] *adj* **1** DESCARADO : shameless, brazen, impudent **2** TRAVIESO : naughty

sinvergüenza[2] *nmf* **1** : rogue, scoundrel **2** : brat, rascal

sionista *adj & nmf* : Zionist — **sionismo** *nm*

siqui- → **psiqui-**

siquiera *adv* **1** : at least ⟨dame siquiera un poquito : at least give me a little bit⟩ **2** (*in negative constructions*) : not even ⟨ni siquiera nos saludaron : they didn't even say hello to us⟩

sirena *nf* **1** : mermaid **2** : siren ⟨sirena de niebla : foghorn⟩

sirio, -ria *adj & n* : Syrian

sirope *nm* : syrup

sirve, etc. → **servir**

sirviente, -ta *n* : servant, maid *f*

sisal *nm* : sisal

sisear *vi* : to hiss

siseo *nm* : hiss

sísmico, -ca *adj* : seismic

sismo *nm* **1** TERREMOTO : earthquake **2** TEMBLOR : tremor

sismógrafo *nm* : seismograph

sistema *nm* : system

sistemático, -ca *adj* : systematic — **sistemáticamente** *adv*

sistematizar {21} *vt* : to systematize

sistémico, -ca *adj* : systemic

sitiar *vt* ASEDIAR : to besiege

sitio *nm* **1** LUGAR : place, site ⟨vámonos a otro sitio : let's go somewhere else⟩ **2** ESPACIO : room, space ⟨hacer sitio a : to make room for⟩ **3** : siege ⟨estado de sitio : state of siege⟩ **4** *Mex* : taxi stand

situación *nf*, *pl* **-ciones** : situation

situado, -da *adj* : situated, placed

situar {3} *vt* UBICAR : to situate, to place, to locate — **situarse** *vr* **1** : to be placed, to be located **2** : to make a place for oneself, to do well

sketch *nm* : sketch, skit

slip *nm* : briefs *pl*, underpants *pl*

smog *nm* : smog

smoking *nm* ESMOQUIN : tuxedo

snob → **esnob**

so *prep* : under ⟨so pena de : under penalty of⟩

sobaco *nm* : armpit

sobado, -da *adj* **1** : worn, shabby **2** : well-worn, hackneyed

sobar *vt* **1** : to finger, to handle **2** : to knead **3** : to rub, to massage **4** *fam* : to beat, to pummel

soberanía *nf* : sovereignty

soberano, -na *adj & n* : sovereign

soberbia *nf* **1** ORGULLO : pride, arrogance **2** MAGNIFICENCIA : magnificence

soberbio, -bia *adj* **1** : proud, arrogant **2** : grand, magnificent

sobornable *adj* : venal, bribable

sobornar *vt* : to bribe

soborno *nm* **1** : bribery **2** : bribe

sobra *nf* **1** : excess, surplus **2 de** ~ : extra, to spare **3 sobras** *nfpl* : leftovers, scraps

sobrado, -da *adj* : abundant, excessive, more than enough

sobrante[1] *adj* : remaining, superfluous

sobrante[2] *nm* : remainder, surplus

sobrar *vi* : to be in excess, to be superfluous ⟨más vale que sobre a que falte : it's better to have too much than not enough⟩

sobre[1] *nm* **1** : envelope **2** : packet ⟨un sobre de sazón : a packet of seasoning⟩

sobre[2] *prep* **1** : on, on top of ⟨sobre la mesa : on the table⟩ **2** : over, above **3** : about ⟨¿tiene libros sobre Bolivia? : do you have books on Bolivia?⟩ **4 sobre todo** : especially, above all

sobrealimentar *vt* : to overfeed

sobrecalentar {55} *vt* : to overheat — **sobrecalentarse** *vr*

sobrecama *nmf* : bedspread

sobrecargar {52} *vt* : to overload, to overburden, to weigh down

sobrecoger {15} *vt* **1** : to surprise, to startle **2** : to scare — **sobrecogerse** *vr*

sobrecubierta *nf* : dust jacket

sobredosis *nfs & pl* : overdose

sobreentender {56} *vt* : to infer, to understand

sobreestimar *vt* : to overestimate, to overrate

sobreexcitado, -da *adj* : overexcited

sobreexponer {60} *vt* : to overexpose

sobregirar *vt* : to overdraw

sobregiro *nm* : overdraft

sobrehumano, -na *adj* : superhuman

sobrellevar *vt* : to endure, to bear

sobremanera *adv* : exceedingly

sobremesa *nf* : after-dinner conversation

sobrenatural *adj* : supernatural

sobrenombre *nm* APODO : nickname

sobrentender → **sobreentender**

sobrepasar *vt* : to exceed, to surpass —
sobrepasarse *vr* PASARSE : to go too
far
sobrepelliz *nf, pl* **-pellices** : surplice
sobrepeso *nm* **1** : excess weight **2**
: overweight, obesity
sobrepoblación, sobrepoblado → su-
perpoblación, superpoblado
sobreponer {60} *vt* **1** SUPERPONER : to
superimpose **2** ANTEPONER : to put
first, to give priority to — **sobrepon-**
erse *vr* **1** : to pull oneself together **2**
~ a : to overcome
sobreprecio *nm* : surcharge
sobreproducción *nf, pl* **-ciones** : over-
production
sobreproducir {61} *vt* : to overproduce
sobreprotector, -tora *adj* : overprotec-
tive
sobreproteger {15} *vt* : to overprotect
sobresaliente[1] *adj* **1** : protruding, projecting **2** : outstanding, noteworthy **3**
: significant, salient
sobresaliente[2] *nmf* : understudy
sobresalir {73} *vi* **1** : to protrude, to jut
out, to project **2** : to stand out, to excel
sobresaltar *vt* : to startle, to frighten —
sobresaltarse *vr*
sobresalto *nm* : start, fright
sobresueldo *nm* : bonus, additional pay
sobretasa *nf* : surcharge ⟨sobretasa a la
gasolina : gas tax⟩
sobretodo *nm* : overcoat
sobrevalorar *or* **sobrevaluar** {3} *vt* : to
overvalue, to overrate
sobrevender *vt* : to oversell
sobrevenir {87} *vi* ACAECER : to take
place, to come about ⟨podrían sobrevenir complicaciones : complications could occur⟩
sobrevivencia → supervivencia
sobreviviente → superviviente
sobrevivir *vi* : to survive — *vt* : to outlive, to outlast
sobrevolar {19} *vt* : to fly over, to overfly
sobriedad *nf* : sobriety, moderation
sobrino, -na *n* : nephew *m*, niece *f*
sobrio, -bria *adj* : sober — **sobriamente**
adv
socarrón, -rrona *adj, mpl* **-rrones 1**
: sly, cunning **2** : sarcastic
socavar *vt* : to undermine
sociabilidad *nf* : sociability
sociable *adj* : sociable
social *adj* : social — **socialmente** *adv*
socialista *adj & nmf* : socialist — **so-**
cialismo *nm*
sociedad *nf* **1** : society **2** : company,
enterprise **3 sociedad anónima** : incorporated company
socio, -cia *n* **1** : member **2** : partner
socioeconómico, -ca *adj* : socioeconomic
sociología *nf* : sociology
sociológico, -ca *adj* : sociological —
sociológicamente *adv*

sociólogo, -ga *n* : sociologist
socorrer *vt* : to assist, to come to the aid
of
socorrido, -da *adj* ÚTIL : handy, practical
socorrista *nmf* **1** : rescue worker **2**
: lifeguard
socorro *nm* AUXILIO **1** : aid, help
⟨equipo de socorro : rescue team⟩ **2**
¡socorro! : help!
soda *nf* : soda, soda water
sodio *nf* : sodium
soez *adj, pl* **soeces** GROSERO : rude,
vulgar — **soezmente** *adv*
sofá *nm* : couch, sofa
sofistería *nf* : sophistry — **sofista** *nmf*
sofisticación *nf, pl* **-ciones** : sophistication
sofisticado, -da *adj* : sophisticated
sofocante *adj* : suffocating, stifling
sofocar {72} *vt* **1** AHOGAR : to suffocate,
to smother **2** EXTINGUIR : to extinguish, to put out (a fire) **3** APLASTAR
: to crush, to put down ⟨sofocar una
rebelión : to crush a rebellion⟩ — **so-**
focarse *vr* **1** : to suffocate, to get hot **2**
fam : to get upset, to get mad
sofreír {66} *vt* : to sauté
sofrito[1], **-ta** *adj* : sautéed
sofrito[2] *nm* : seasoning sauce
softbol *nm* : softball
software *nm* : software
soga *nf* : rope
soja → soya
sojuzgar *vt* : to subdue, to conquer, to
subjugate
sol *nm* **1** : sun **2** : Peruvian unit of currency
solamente *adv* SÓLO : only, just
solapa *nf* **1** : lapel (of a jacket) **2** : flap
(of an envelope)
solapado, -da *adj* : secret, underhanded
solapar *vt* : to cover up, to keep secret
— **solaparse** *vr* : to overlap
solar[1] {19} *vt* : to floor, to tile
solar[2] *adj* : solar, sun
solar[3] *nm* **1** TERRENO : lot, piece of
land, site **2** *Cuba, Peru* : tenement
building
solariego, -ga *adj* : ancestral
solaz *nm, pl* **solaces 1** CONSUELO : solace, comfort **2** DESCANSO : relaxation, recreation
solazarse {21} *vr* : to relax, to enjoy oneself
soldado *nm* **1** : soldier **2 soldado raso**
: private, enlisted man
soldador[1], **-dora** *n* : welder
soldador[2] *nm* : soldering iron
soldadura *nf* **1** : welding **2** : soldering,
solder
soldar {19} *vt* **1** : to weld **2** : to solder
soleado, -da *adj* : sunny
soledad *nf* : loneliness, solitude
solemne *adj* : solemn — **solemne-**
mente *adv*
solemnidad *nf* : solemnity

soler {78} *vi* : to be in the habit of, to tend to ⟨solía tomar café por la tarde : she usually drank coffee in the afternoon⟩ ⟨eso suele ocurrir : that frequently happens⟩

solera *nf* 1 : prop, support 2 : tradition

solicitante *nmf* : applicant

solicitar *vt* 1 : to request, to solicit 2 : to apply for ⟨solicitar empleo : to apply for employment⟩

solícito, -ta *adj* : solicitous, attentive, obliging

solicitud *nf* 1 : solicitude, concern 2 : request 3 : application

solidaridad *nf* : solidarity

solidario, -ria *adj* : supportive, united in support ⟨se declararon solidarios con la nueva ley : they declared their support for the new law⟩ ⟨espíritu solidario : spirit of solidarity⟩

solidarizar {21} *vi* : to be in solidarity ⟨solidarizamos con la huelga : we support the strike⟩

solidez *nf* 1 : solidity, firmness 2 : soundness (of an argument, etc.)

solidificar {72} *vt* : to solidify, to make solid — **solidificarse** *vr* — **solidificación** *nf*

sólido¹, -da *adj* 1 : solid, firm 2 : sturdy, well-made 3 : sound, well-founded — **sólidamente** *adv*

sólido² *nm* : solid

soliloquio *nm* : soliloquy

solista *nmf* : soloist

solitaria *nf* TENIA : tapeworm

solitario¹, -ria *adj* 1 : lonely 2 : lone, solitary 3 DESIERTO : deserted, lonely ⟨una calle solitaria : a deserted street⟩

solitario², -ria *n* : recluse, loner

solitario³ *nm* : solitaire

sollozar {21} *vi* : to sob

sollozo *nm* : sob

solo¹, -la *adj* 1 : alone, by oneself 2 : lonely 3 ÚNICO : only, sole, unique ⟨hay un solo problema : there's only one problem⟩ **4 a solas** : alone

solo² *nm* : solo

sólo *adv* SOLAMENTE : just, only ⟨sólo quieren comer : they just want to eat⟩

solomillo *nm* : sirloin, loin

solsticio *nm* : solstice

soltar {19} *vt* 1 : to let go of, to drop 2 : to release, to set free 3 AFLOJAR : to loosen, to slacken

soltería *nf* : bachelorhood, spinsterhood

soltero¹, -ra *adj* : single, unmarried

soltero², -ra *n* 1 : bachelor *m*, single man *m*, single woman *f* 2 **apellido de soltera** : maiden name

soltura *nf* 1 : looseness, slackness 2 : fluency (of language) 3 : agility, ease of movement

soluble *adj* : soluble — **solubilidad** *nf*

solución *nf, pl* **-ciones** 1 : solution (in a liquid) 2 : answer, solution

solucionar *vt* RESOLVER : to solve, to resolve — **solucionarse** *vr*

solvencia *nf* 1 : solvency 2 : settling, payment (of debts) 3 : reliability ⟨solvencia moral : trustworthiness⟩

solvente¹ *adj* 1 : solvent 2 : reliable, trustworthy

solvente² *nm* : solvent

somalí *adj* & *nmf* : Somalian

sombra *nf* 1 : shadow 2 : shade 3 **sombras** *nfpl* : darkness, shadows *pl* 4 **sin sombra de duda** : without a shadow of a doubt

sombreado, -da *adj* 1 : shady 2 : shaded, darkened

sombrear *vt* : to shade

sombrerero, -ra *n* : milliner, hatter

sombrero *nm* 1 : hat 2 **sin ~** : bareheaded 3 **sombrero hongo** : derby

sombrilla *nf* : parasol, umbrella

sombrío, -bría *adj* LÓBREGO : dark, somber, gloomy — **sombríamente** *adv*

someramente *adv* : cursorily, summarily

somero, -ra *adj* : superficial, cursory, shallow

someter *vt* 1 : to subjugate, to conquer 2 : to subordinate 3 : to subject (to treatment or testing) 4 : to submit, to present — **someterse** *vr* 1 : to submit, to yield 2 : to undergo

sometimiento *nm* 1 : submission, subjection 2 : presentation

somnífero¹, -ra *adj* : soporific

somnífero² *nm* : sleeping pill

somnolencia *nf* : drowsiness, sleepiness

somnoliento, -ta *adj* : drowsy, sleepy

somorgujo *or* **somormujo** *nm* : loon, grebe

somos → **ser¹**

son¹ → **ser**

son² *nm* 1 : sound ⟨al son de la trompeta : at the sound of the trumpet⟩ 2 : news, rumor 3 **en son de** : as, in the manner of, by way of ⟨en son de broma : as a joke⟩ ⟨en son de paz : in peace⟩

sonado, -da *adj* : celebrated, famous, much-discussed

sonaja *nf* : rattle

sonajero *nm* : rattle (toy)

sonámbulo, -la *n* : sleepwalker

sonar¹ {19} *vi* 1 : to sound ⟨suena bien : it sounds good⟩ 2 : to ring (bells) 3 : to look or sound familiar ⟨me suena ese nombre : that name rings a bell⟩ **~ a** : to sound like — *vt* 1 : to ring 2 : to blow (a trumpet, a nose) — **sonarse** *vr* : to blow one's nose

sonar² *nm* : sonar

sonata *nf* : sonata

sonda *nf* 1 : sounding line 2 : probe 3 CATÉTER : catheter

sondar *vt* : to sound, to probe (in medicine, drilling, etc.) 2 : to probe, to explore (outer space)

sondear *vt* 1 : to sound 2 : to probe 3 : to sound out, to test (opinions, markets)

sondeo *nm* **1** : sounding, probing **2** : drilling **3** ENCUESTA : survey, poll
soneto *nm* : sonnet
sónico, -ca *adj* : sonic
sonido *nm* : sound
sonoridad *nf* : sonority, resonance
sonoro, -ra *adj* **1** : resonant, sonorous, voiced (in linguistics) **2** : resounding, loud **3 banda sonora** : soundtrack
sonreír {66} *vi* : to smile
sonriente *adj* : smiling
sonrisa *nf* : smile
sonrojar *vt* : to cause to blush — **sonrojarse** *vr* : to blush
sonrojo *nm* RUBOR : blush
sonrosado, -da *adj* : rosy, pink
sonsacar {72} *vt* : to wheedle, to extract
sonsonete *nm* **1** : tapping **2** : drone **3** : mocking tone
soñador¹, -dora *adj* : dreamy
soñador², -dora *n* : dreamer
soñar {19} *v* **1** : to dream **2 ~ con** : to dream about **3 soñar despierto** : to daydream
soñoliento, -ta *adj* : sleepy, drowsy
sopa *nf* **1** : soup **2 estar hecho una sopa** : to be soaked to the bone
sopera *nf* : soup tureen
sopesar *vt* : to weigh, to evaluate
soplar *vi* : to blow — *vt* : to blow on, to blow out, to blow off
soplete *nm* : blowtorch
soplido *nm* : puff
soplo *nm* : puff, gust
soplón, -plona *n, mpl* **soplones** *fam* : tattletale, sneak
sopor *nm* SOMNOLENCIA : drowsiness, sleepiness
soporífero, -ra *adj* : soporific
soportable *adj* : bearable, tolerable
soportar *vt* **1** SOSTENER : to support, to hold up **2** RESISTIR : to withstand, to resist **3** AGUANTAR : to bear, to tolerate
soporte *nm* : base, stand, support
soprano *nmf* : soprano
sor *nf* : Sister (religious title)
sorber *vt* **1** : to sip, to suck in **2** : to absorb, to soak up
sorbete *nm* : sherbet
sorbo *nm* **1** : sip, gulp, swallow **2 beber a sorbos** : to sip
sordera *nf* : deafness
sordidez *nf, pl* **-deces** : sordidness, squalor
sórdido, -da *adj* : sordid, dirty, squalid
sordina *nf* : mute (for a musical instrument)
sordo, -da *adj* **1** : deaf **2** : muted, muffled
sordomudo, -da *n* : deaf-mute
sorgo *nm* : sorghum
soriasis *nfs & pl* : psoriasis
sorna *nf* : sarcasm, mocking tone
sorprendente *adj* : surprising — **sorprendentemente** *adv*
sorprender *vt* : to surprise — **sorprenderse** *vr*

sorpresa *nf* : surprise
sorpresivo, -va *adj* **1** : surprising, surprise **2** IMPREVISTO : sudden, unexpected
sortear *vt* **1** RIFAR : to raffle, to draw lots for **2** : to dodge, to avoid
sorteo *nm* : drawing, raffle
sortija *nf* **1** ANILLO : ring **2** : curl, ringlet
sortilegio *nm* **1** HECHIZO : spell, charm **2** HECHICERÍA : sorcery
SOS *nm* : SOS
sosegado, -da *adj* SERENO : calm, tranquil, serene
sosegar {49} *vt* : to calm, to pacify — **sosegarse** *vr*
sosiego *nm* : tranquillity, serenity, calm
soslayar *vt* ESQUIVAR : to dodge, to evade
soslayo *nm* **de ~** : obliquely, sideways ⟨mirar de soslayo : to look askance⟩
soso, -sa *adj* **1** INSÍPIDO : bland, flavorless **2** ABURRIDO : dull, boring
sospecha *nf* : suspicion
sospechar *vt* : to suspect — *vi* : to be suspicious
sospechosamente *adv* : suspiciously
sospechoso¹, -sa *adj* : suspicious, suspect
sospechoso², -sa *n* : suspect
sostén *nm, pl* **sostenes 1** APOYO : support **2** : sustenance **3** : brassiere, bra
sostener {80} *vt* **1** : to support, to hold up **2** : to hold ⟨sostenme la puerta : hold the door for me⟩ ⟨sostener una conversación : to hold a conversation⟩ **3** : to sustain, to maintain — **sostenerse** *vr* **1** : to stand, to hold oneself up **2** : to continue, to remain
sostenible *adj* : sustainable, tenable
sostenido¹, -da *adj* **1** : sustained, prolonged **2** : sharp (in music)
sostenido² *nm* : sharp (in music)
sostuvo, etc. → **sostener**
sotana *nf* : cassock
sótano *nm* : basement
sotavento *nm* : lee ⟨a sotavento : leeward⟩
soterrar {55} *vt* **1** : to bury **2** : to conceal, to hide away
soto *nm* : grove, copse
souvenir *nm, pl* **-nirs** RECUERDO : souvenir, memento
soviético, -ca *adj* : Soviet
soy → **ser**
soya *nf* : soy, soybean
spaghetti → **espagueti**
sport [ɛˈspor] *adj* : sport, casual
sprint [ɛˈsprin, -ˈsprint] *nm* : sprint — **sprinter** *nmf*
squash [ɛˈskwaʃ, -ˈskwatʃ] *nm* : squash (sport)
Sr. *nm* : Mr.
Sra. *nf* : Mrs., Ms.
Srta. *or* **Srita.** *nf* : Miss, Ms.
standard → **estándar**
stress → **estrés**
su *adj* **1** : his, her, its, their, one's ⟨su libro : her book⟩ ⟨sus consecuencias

: its consequences⟩ 2 (*formal*) : your ⟨tómese su medicina, señor : take your medicine, sir⟩
suave *adj* 1 BLANDO : soft 2 LISO : smooth 3 : gentle, mild 4 *Mex fam* : great, fantastic
suavemente *adj* : smoothly, gently, softly
suavidad *nf* : softness, smoothness, mellowness
suavizante *nm* : softener, fabric softener
suavizar {21} *vt* 1 : to soften, to smooth out 2 : to tone down — **suavizarse** *vr*
subacuático, -ca *adj* : underwater
subalterno¹, -na *adj* 1 SUBORDINADO : subordinate 2 SECUNDARIO : secondary
subalterno², -na *n* SUBORDINADO : subordinate
subarrendar {55} *vt* : to sublet
subasta *nf* : auction
subastador, -dora *n* : auctioneer
subastar *vt* : to auction, to auction off
subcampeón, -peona *n, mpl* **-peones** : runner-up
subcomité *nm* : subcommittee
subconsciente *adj & nm* : subconscious — **subconscientemente** *adv*
subcontratar *vt* : to subcontract
subcontratista *nmf* : subcontractor
subcultura *nf* : subculture
subdesarrollado, -da *adj* : underdeveloped
subdirector, -tora *n* : assistant manager
súbdito, -ta *n* : subject (of a monarch)
subdividir *vt* : to subdivide
subdivisión *nf, pl* **-siones** : subdivision
subestimar *vt* : to underestimate, to undervalue
subexponer {60} *vt* : to underexpose
subexposición *nf, pl* **-ciones** : underexposure
subgrupo *nm* : subgroup
subibaja *nm* : seesaw
subida *nf* 1 : ascent, climb 2 : rise, increase 3 : slope, hill ⟨ir de subida a : to go uphill⟩
subido, -da *adj* 1 : intense, strong ⟨amarillo subido : bright yellow⟩ 2 **subido de tono** : risqué
subir *vt* 1 : to bring up, to take up 2 : to climb, to go up 3 : to raise — *vi* 1 : to go up, to come up 2 : to rise, to increase 3 : to be promoted 4 ~ **a** : to get on, to mount ⟨subir a un tren : to get on a train⟩ — **subirse** *vr* 1 : to climb (up) 2 : to pull up (clothing) 3 **subirse a la cabeza** : to go to one's head
súbito, -ta *adj* 1 REPENTINO : sudden 2 **de** ~ : all of a sudden, suddenly — **súbitamente** *adv*
subjetivo, -va *adj* : subjective — **subjetivamente** *adv* — **subjetividad** *nf*
subjuntivo¹, -va *adj* : subjunctive
subjuntivo² *nm* : subjunctive
sublevación *nf, pl* **-ciones** ALZAMIENTO : uprising, rebellion

sublevar *vt* : to incite to rebellion — **sublevarse** *vr* : to rebel, to rise up
sublimar *vt* : to sublimate — **sublimación** *nf*
sublime *adj* : sublime
submarinismo *nm* : scuba diving
submarinista *nmf* : scuba diver
submarino¹, -na *adj* : submarine, undersea
submarino² *nm* : submarine
suboficial *nmf* : noncommissioned officer, petty officer
subordinado, -da *adj & n* : subordinate
subordinar *vt* : to subordinate — **subordinarse** *vr* — **subordinación** *nf*
subproducto *nm* : by-product
subrayar *vt* 1 : to underline, to underscore 2 ENFATIZAR : to highlight, to emphasize
subrepticio, -cia *adj* : surreptitious — **subrepticiamente** *adv*
subsahariano, -na *adj* : sub-Saharan
subsanar *vt* 1 RECTIFICAR : to rectify, to correct 2 : to overlook, to excuse 3 : to make up for
subscribir → **suscribir**
subsecretario, -ria *n* : undersecretary
subsecuente *adj* : subsequent — **subsecuentemente** *adv*
subsidiar *vt* : to subsidize
subsidiaria *nf* : subsidiary
subsidio *nm* : subsidy
subsiguiente *adj* : subsequent
subsistencia *nf* 1 : subsistence 2 : sustenance
subsistir *vi* 1 : to subsist, to live 2 : to endure, to survive
substancia → **sustancia**
subteniente *nmf* : second lieutenant
subterfugio *nm* : subterfuge
subterráneo¹, -nea *adj* : underground, subterranean
subterráneo² *nm* 1 : underground passage, tunnel 2 *Arg, Uru* : subway
subtítulo *nm* : subtitle, subheading
subtotal *nm* : subtotal
suburbano, -na *adj* : suburban
suburbio *nm* 1 : suburb 2 : slum (outside a city)
subvención *nf, pl* **-ciones** : subsidy, grant
subvencionar *vt* : to subsidize
subversivo, -va *adj & n* : subversive — **subversión** *nf*
subvertir {76} *vt* : to subvert
subyacente *adj* : underlying
subyugar {52} *vt* : to subjugate — **subyugación** *nf*
succión *nf, pl* **succiones** : suction
succionar *vt* : to suck up, to draw in
sucedáneo *nm* : substitute ⟨sucedáneo de azúcar : sugar substitute⟩
suceder *vi* 1 OCURRIR : to happen, to occur ⟨¿qué sucede? : what's going on?⟩ ⟨suceda lo que suceda : come what may⟩ 2 ~ **a** : to follow, to succeed ⟨suceder al trono : to succeed to the throne⟩ ⟨a la primavera sucede el verano : summer follows spring⟩

sucesión *nf, pl* **-siones 1** : succession **2** : sequence, series **3** : issue, heirs *pl*

sucesivamente *adv* : successively, consecutively ⟨y así sucesivamente : and so on⟩

sucesivo, -va *adj* : successive ⟨en los días sucesivos : in the days that followed⟩

suceso *nm* **1** : event, happening, occurrence **2** : incident, crime

sucesor, -sora *n* : successor

suciedad *nf* **1** : dirtiness, filthiness **2** MUGRE : dirt, filth

sucinto, -ta *adj* CONCISO : succinct, concise — **sucintamente** *adv*

sucio, -cia *adj* : dirty, filthy

sucre *nm* : Ecuadoran unit of currency

suculento, -ta *adj* : succulent

sucumbir *vi* : to succumb

sucursal *nf* : branch (of a business)

sudadera *nf* : sweatshirt

sudado, -da → sudoroso

sudafricano, -na *adj & n* : South African

sudamericano, -na *adj & n* : South American

sudanés, -nesa *adj & n, mpl* **-neses** : Sudanese

sudar *vi* TRANSPIRAR : to sweat, to perspire

sudario *nm* : shroud

sudeste → sureste

sudoeste → suroeste

sudor *nm* TRANSPIRACIÓN : sweat, perspiration

sudoroso, -sa *adj* : sweaty

sueco¹, -ca *adj* : Swedish

sueco², -ca *n* : Swede

sueco³ *nm* : Swedish (language)

suegro, -gra *n* **1** : father-in-law *m*, mother-in-law *f* **2 suegros** *nmpl* : in-laws

suela *nf* : sole (of a shoe)

suelda, etc. → soldar

sueldo *nm* : salary, wage

suele, etc. → soler

suelo *nm* **1** : ground ⟨caerse al suelo : to fall down, to hit the ground⟩ **2** : floor, flooring **3** TIERRA : soil, land

suelta, etc. → soltar

suelto¹, -ta *adj* : loose, free, unattached

suelto² *nm* : loose change

suena, etc. → sonar

sueña, etc. → soñar

sueño *nm* **1** : dream **2** : sleep ⟨perder el sueño : to lose sleep⟩ **3** : sleepiness ⟨tener sueño : to be sleepy⟩

suero *nm* **1** : serum **2** : whey

suerte *nf* **1** FORTUNA : luck, fortune ⟨tener suerte : to be lucky⟩ ⟨por suerte : luckily⟩ **2** DESTINO : fate, destiny, lot **3** CLASE, GÉNERO : sort, kind ⟨toda suerte de cosas : all kinds of things⟩

suertudo, -da *adj fam* : lucky

suéter *nm* : sweater

suficiencia *nf* **1** : adequacy, sufficiency **2** : competence, fitness **3** : smugness, self-satisfaction

suficiente *adj* **1** BASTANTE : enough, sufficient ⟨tener suficiente : to have

enough⟩ **2** : suitable, fit **3** : smug, complacent

suficientemente *adv* : sufficiently, enough

sufijo *nm* : suffix

suflé *nm* : soufflé

sufragar {52} *vt* **1** AYUDAR : to help out, to support **2** : to defray (costs) — *vi* : to vote

sufragio *nm* : suffrage, vote

sufrido, -da *adj* **1** : long-suffering, patient **2** : sturdy, serviceable (of clothing)

sufrimiento *nm* : suffering

sufrir *vt* **1** : to suffer ⟨sufrir una pérdida : to suffer a loss⟩ **2** : to tolerate, to put up with ⟨ella no lo puede sufrir : she can't stand him⟩ — *vi* : to suffer

sugerencia *nf* : suggestion

sugerir {76} *vt* **1** PROPONER, RECOMENDAR : to suggest, to recommend, to propose **2** : to suggest, to bring to mind

sugestión *nf, pl* **-tiones** : suggestion, prompting ⟨poder de sugestión : power of suggestion⟩

sugestionable *adj* : suggestible, impressionable

sugestionar *vt* : to influence, to sway — **sugestionarse** *vr* ~ **con** : to talk oneself into, to become convinced of

sugestivo, -va *adj* **1** : suggestive **2** : interesting, stimulating

suicida¹ *adj* : suicidal

suicida² *nmf* : suicide victim, suicide

suicidarse *vr* : to commit suicide

suicidio *nm* : suicide

suite *nf* : suite

suizo, -za *adj & n* : Swiss

sujeción *nf, pl* **-ciones 1** : holding, fastening **2** : subjection

sujetador *nm* **1** : fastener **2** : holder ⟨sujetador de tazas : cup holder⟩

sujetalibros *nms & pl* : bookend

sujetapapeles *nms & pl* CLIP : paper clip

sujetar *vt* **1** : to hold on to, to steady, to hold down **2** FIJAR : to fasten, to attach **3** DOMINAR : to subdue, to conquer — **sujetarse** *vr* **1** : to hold on, to hang on **2** ~ **a** : to abide by

sujeto¹, -ta *adj* **1** : secure, fastened **2** ~ **a** : subject to

sujeto² *nm* **1** INDIVIDUO : individual, character **2** : subject (in grammar)

sulfúrico, -ca *adj* : sulfuric

sulfuro *nm* : sulfur

sultán *nm, pl* **sultanes** : sultan

suma *nf* **1** CANTIDAD : sum, quantity **2** : addition

sumamente *adv* : extremely, exceedingly

sumar *vt* **1** : to add, to add up **2** : to add up to, to total — *vi* : to add up — **sumarse** *vr* ~ **a** : to join

sumario¹, -ria *adj* SUCINTO : succinct, summary — **sumariamente** *adv*

sumario² *nm* : summary

sumergir {35} *vt* : to submerge, to immerse, to plunge — **sumergirse** *vr*

sumersión *nf, pl* **-siones** : submersion, immersion

sumidero *nm* : drain, sewer

suministrar *vt* : to supply, to provide

suministro *nm* : supply, provision

sumir *vt* SUMERGIR : to plunge, to immerse, to sink — **sumirse** *vr*

sumisión *nf, pl* **-siones** 1 : submission 2 : submissiveness

sumiso, -sa *adj* : submissive, acquiescent, docile

sumo, -ma *adj* 1 : extreme, great, high ⟨la suma autoridad : the highest authority⟩ 2 **a lo sumo** : at the most — **sumamente** *adv*

suntuoso, -sa *adj* : sumptuous, lavish — **suntuosamente** *adv*

supeditar *vt* SUBORDINAR : to subordinate — **supeditación** *nf*

super[1] *or* **súper** *adj fam* : super, great

super[2] *nm* SUPERMERCADO : market, supermarket

superable *adj* : surmountable

superabundancia *nf* : overabundance, superabundance — **superabundante** *adj*

superar *vt* 1 : to surpass, to exceed 2 : to overcome, to surmount — **superarse** *vr* : to improve oneself

superávit *nm, pl* **-vit** *or* **-vits** : surplus

superchería *nf* : trickery, fraud

supercomputadora *nf* : supercomputer

superestructura *nf* : superstructure

superficial *adj* : superficial — **superficialmente** *adv*

superficialidad *nf* : superficiality

superficie *nf* 1 : surface 2 : area ⟨la superficie de un triángulo : the area of a triangle⟩

superfluidad *nf* : superfluity

superfluo, -flua *adj* : superfluous

superintendente *nmf* : supervisor, superintendent

superior[1] *adj* 1 : superior 2 : upper ⟨nivel superior : upper level⟩ 3 : higher ⟨educación superior : higher education⟩ 4 **~ a** : above, higher than, in excess of

superior[2] *nm* : superior

superioridad *nf* : superiority

superlativo[1], **-va** *adj* : superlative

superlativo[2] *nm* : superlative

supermercado *nm* : supermarket

superpoblación *nf, pl* **-ciones** : overpopulation

superpoblado, -da *adj* : overpopulated

superponer {60} *vt* : to superimpose

superpotencia *nf* : superpower

superproducción → **sobreproducción**

supersónico, -ca *adj* : supersonic

superstición *nf, pl* **-ciones** : superstition

supersticioso, -sa *adj* : superstitious

supervisar *vt* : to supervise, to oversee

supervisión *nf, pl* **-siones** : supervision

supervisor, -sora *n* : supervisor, overseer

supervivencia *nf* : survival

superviviente *nmf* : survivor

supino, -na *adj* : supine

suplantar *vt* : to supplant, to replace

suplemental → **suplementario**

suplementario, -ria *adj* : supplementary, additional, extra

suplemento *nm* : supplement

suplencia *nf* : substitution, replacement

suplente *adj & nmf* : substitute ⟨equipo suplente : replacement team⟩

supletorio, -ria *adj* : extra, additional ⟨teléfono supletorio : extension phone⟩ ⟨cama supletoria : spare bed⟩

súplica *nf* : plea, entreaty

suplicar {72} *vt* IMPLORAR, ROGAR : to entreat, to implore, to supplicate

suplicio *nm* TORMENTO : ordeal, torture

suplir *vt* 1 COMPENSAR : to make up for, to compensate for 2 REEMPLAZAR : to replace, to substitute

supo, etc. → **saber**

suponer {60} *vt* 1 PRESUMIR : to suppose, to assume ⟨supongo que sí : I guess so, I suppose so⟩ ⟨se supone que van a llegar mañana : they're supposed to arrive tomorrow⟩ 2 : to imply, to suggest 3 : to involve, to entail ⟨el éxito supone mucho trabajo : success involves a lot of work⟩

suposición *nf, pl* **-ciones** PRESUNCIÓN : supposition, assumption

supositorio *nm* : suppository

supremacía *nf* : supremacy

supremo, -ma *adj* : supreme

supresión *nf, pl* **-siones** 1 : suppression, elimination 2 : deletion

suprimir *vt* 1 : to suppress, to eliminate 2 : to delete

supuestamente *adv* : supposedly, allegedly

supuesto, -ta *adj* 1 : supposed, alleged 2 **por ~** : of course, absolutely

supurar *vi* : to ooze, to discharge

supuso, etc. → **suponer**

sur[1] *adj* : southern, southerly, south

sur[2] *nm* 1 : south, South 2 : south wind

surafricano, -na → **sudafricano**

suramericano, -na → **sudamericano**

surcar {72} *vt* 1 : to plow (through) 2 : to groove, to score, to furrow

surco *nm* : groove, furrow, rut

sureño[1], **-ña** *adj* : southern, Southern

sureño[2], **-ña** *n* : Southerner

sureste[1] *adj* 1 : southeast, southeastern 2 : southeasterly

sureste[2] *nm* : southeast, Southeast

surf *nm* : surfing

surfear *vi* : to surf

surfing → **surf**

surfista *nmf* : surfer

surgimiento *nm* : rise, emergence

surgir {35} *vi* : to rise, to arise, to emerge

suroeste[1] *adj* 1 : southwest, southwestern 2 : southwesterly

suroeste[2] *nm* : southwest, Southwest

surtido[1], **-da** *adj* 1 : assorted, varied 2 : stocked, provisioned

surtido² *nm* : assortment, selection
surtidor *nm* **1** : jet, spout **2** *Arg, Chile, Spain* : gas pump
surtir *vt* **1** : to supply, to provide ⟨surtir un pedido : to fill an order⟩ **2 surtir efecto** : to have an effect — *vi* : to spout, to spurt up — **surtirse** *vr* : to stock up
susceptible *adj* : susceptible, sensitive — **susceptibilidad** *nf*
suscitar *vt* : to provoke, to give rise to
suscribir {33} *vt* **1** : to sign (a formal document) **2** : to endorse, to sanction — **suscribirse** *vr* ~ **a** : to subscribe to
suscripción *nf, pl* **-ciones 1** : subscription **2** : endorsement, sanction **3** : signing
suscriptor, -tora *n* : subscriber
susodicho, -cha *adj* : aforementioned, aforesaid
suspender *vt* **1** COLGAR : to suspend, to hang **2** : to suspend, to discontinue **3** : to suspend, to dismiss
suspensión *nf, pl* **-siones** : suspension
suspenso *nm* : suspense
suspicacia *nf* : suspicion, mistrust
suspicaz *adj, pl* **-caces** DESCONFIADO : suspicious, wary
suspirar *vi* : to sigh
suspiro *nm* : sigh
surque, etc. → **surcar**
suscrito *pp* → **suscribir**
sustancia *nf* **1** : substance **2 sin ~** : shallow, lacking substance
sustancial *adj* **1** : substantial **2** ESENCIAL, FUNDAMENTAL : essential, fundamental — **sustancialmente** *adv*
sustancioso, -sa *adj* **1** NUTRITIVO : hearty, nutritious **2** : substantial, solid
sustantivo *nm* : noun

sustentación *nf, pl* **-ciones** SOSTÉN : support
sustentar *vt* **1** : to support, to hold up **2** : to sustain, to nourish **3** : to maintain, to hold (an opinion) — **sustentarse** *vr* : to support oneself
sustento *nm* **1** : means of support, livelihood **2** : sustenance, food
sustitución *nf, pl* **-ciones** : replacement, substitution
sustituir {41} *vt* **1** : to replace, to substitute for **2** : to stand in for
sustituto, -ta *n* : substitute, stand-in
susto *nm* : fright, scare
sustracción *nf, pl* **-ciones 1** RESTA : subtraction **2** : theft
sustraer {81} *vt* **1** : to remove, to take away **2** RESTAR : to subtract **3** : to steal — **sustraerse** *vr* ~ **a** : to avoid, to evade
susurrar *vi* **1** : to whisper **2** : to murmur **3** : to rustle (leaves, etc.) — *vt* : to whisper
susurro *nm* **1** : whisper **2** : murmur **3** : rustle, rustling
sutil *adj* **1** : delicate, thin, fine **2** : subtle
sutileza *nf* **1** : delicacy **2** : subtlety
sutura *nf* : suture
suturar *vt* : to suture
suyo¹, -ya *adj* : his, her, its, theirs ⟨los libros suyos : his books⟩ ⟨un amigo suyo : a friend of hers⟩ ⟨esta casa es suya : this house is theirs⟩ **2** (*formal*) : yours ⟨¿este abrigo es suyo, señor? : is this your coat, sir?⟩
suyo², -ya *pron* **1** : his, hers, theirs ⟨mi guitarra y la suya : my guitar and hers⟩ ⟨ellos trajeron las suyas : they brought theirs, they brought their own⟩ **2** (*formal*) : yours ⟨usted olvidó la suya : you forgot yours⟩
switch *nm* : switch

T

t *nf* : twenty-first letter of the Spanish alphabet
taba *nf* : anklebone
tabacalero¹, -ra *adj* : tobacco ⟨industria tabacalera : tobacco industry⟩
tabacalero², -ra *n* : tobacco grower
tabaco *nm* : tobacco
tábano *nm* : horsefly
taberna *nf* : tavern, bar
tabernáculo *nm* : tabernacle
tabicar {72} *vt* : to wall up
tabique *nm* : thin wall, partition
tabla *nf* **1** : table, list ⟨tabla de multiplicar : multiplication table⟩ **2** : board, plank, slab ⟨tabla de planchar : ironing board⟩ **3** : plot, strip (of land) **4 tablas** *nfpl* : stage, boards *pl*
tablado *nm* **1** : floor **2** : platform, scaffold **3** : stage
tablero *nm* **1** : bulletin board **2** : board (in games) ⟨tablero de ajedrez : chess-

board⟩ ⟨tablero de damas : checkerboard⟩ **3** PIZARRA : blackboard **4** : switchboard **5 tablero de instrumentos** : dashboard, instrument panel
tableta *nf* **1** COMPRIMIDO, PÍLDORA : tablet, pill **2** : bar (of chocolate)
tabletear *vi* : to rattle, to clack
tableteo *nm* : clack, rattling
tablilla *nf* **1** : small board or tablet **2** : bulletin board **3** : splint
tabloide *nm* : tabloid
tablón *nm, pl* **tablones 1** : plank, beam **2 tablón de anuncios** : bulletin board
tabú¹ *adj* : taboo
tabú² *nm, pl* **tabúes** *or* **tabús** : taboo
tabulador *nm* : tabulator
tabular¹ *vt* : to tabulate
tabular² *adj* : tabular
taburete *nm* : footstool, stool
tacañería *nf* : miserliness, stinginess

tacaño[1], **-ña** *adj* MEZQUINO : stingy, miserly

tacaño[2], **-ña** *n* : miser, tightwad

tacha *nf* 1 : flaw, blemish, defect 2 **poner tacha a** : to find fault with 3 **sin ~** : flawless

tachadura *nf* : erasure, correction

tachar *vt* 1 : to cross out, to delete 2 **~ de** : to accuse of, to label as ⟨lo tacharon de mentiroso : they accused him of being a liar⟩

tachón *nm, pl* **tachones** : stud, hobnail

tachonar *vt* : to stud

tachuela *nf* : tack, hobnail, stud

tácito, -ta *adj* : tacit, implicit — **tácitamente** *adv*

taciturno, -na *adj* 1 : taciturn 2 : sullen, gloomy

tacle *nm* : tackle

taclear *vt* : to tackle (in football)

taco *nm* 1 : wad, stopper, plug 2 : pad (of paper) 3 : cleat 4 : heel (of a shoe) 5 : cue (in billiards) 6 : light snack, bite 7 : taco

tacón *nm, pl* **tacones** : heel (of a shoe) ⟨de tacón alto : high-heeled⟩

táctica *nf* : tactic, tactics *pl*

táctico[1], **-ca** *adj* : tactical

táctico[2], **-ca** *n* : tactician

táctil *adj* : tactile

tacto *nm* 1 : touch, touching, feel 2 DELICADEZA : tact

tafetán *nm, pl* **-tanes** : taffeta

tahúr *nm, pl* **tahúres** : gambler

tailandés[1], **-desa** *adj & n, pl* **-deses** : Thai

tailandés[2] *nm* : Thai (language)

taimado, -da *adj* 1 : crafty, sly 2 *Chile* : sullen, sulky

tajada *nf* 1 : slice 2 **sacar tajada** *fam* : to get one's share

tajante *adj* 1 : cutting, sharp 2 : decisive, categorical

tajantemente *adj* : emphatically, categorically

tajar *vt* : to cut, to slice

tajo *nm* 1 : cut, slash, gash 2 ESCARPA : steep cliff

tal[1] *adv* 1 : so, in such a way 2 **tal como** : just as ⟨tal como lo hice : just the way I did it⟩ 3 **con tal que** : provided that, as long as 4 **¿qué tal?** : how are you?, how's it going?

tal[2] *adj* 1 : such, such a 2 **tal vez** : maybe, perhaps

tal[3] *pron* 1 : such a one, someone 2 : such a thing, something 3 **tal para cual** : two of a kind

tala *nf* : felling (of trees)

taladrar *vt* : to drill

taladro *nm* : drill, auger ⟨taladro eléctrico : power drill⟩

talante *nm* 1 HUMOR : mood, disposition 2 VOLUNTAD : will, willingness

talar *vt* 1 : to cut down, to fell 2 DEVASTAR : to devastate, to destroy

talco *nm* 1 : talc 2 : talcum powder

talego *nm* : sack

talento *nm* : talent, ability

talentoso, -sa *adj* : talented, gifted

talismán *nm, pl* **-manes** AMULETO : talisman, charm

talla *nf* 1 ESTATURA : height 2 : size (in clothing) 3 : stature, status 4 : sculpture, carving

tallar *vt* 1 : to sculpt, to carve 2 : to measure (someone's height) 3 : to deal (cards)

tallarín *nf, pl* **-rines** : noodle

talle *nm* 1 : size 2 : waist, waistline 3 : figure, shape

taller *nm* 1 : shop, workshop 2 : studio (of an artist)

tallo *nm* : stalk, stem ⟨tallo de maíz : cornstalk⟩

talón *nm, pl* **talones** 1 : heel (of the foot) 2 : stub (of a check) 3 **talón de Aquiles** : Achilles' heel

talud *nm* : slope, incline

tamal *nm* : tamale

tamaño[1], **-ña** *adj* : such a big ⟨¿crees tamaña mentira? : do you believe such a lie?⟩

tamaño[2] *nm* 1 : size 2 **de tamaño natural** : life-size

tamarindo *nm* : tamarind

tambalearse *vr* 1 : to teeter 2 : to totter, to stagger, to sway — **tambaleante** *adj*

tambaleo *nm* : staggering, lurching, swaying

también *adv* : too, as well, also

tambor *nm* : drum

tamborilear *vi* : to drum, to tap

tamborileo *nm* : tapping, drumming

tamiz *nm* : sieve

tamizar {21} *vt* : to sift

tampoco *adv* : neither, not either ⟨ni yo tampoco : me neither⟩

tampón *nm, pl* **tampones** 1 : ink pad 2 : tampon

tam—tam *nm* : tom-tom

tan *adv* 1 : so, so very ⟨no es tan difícil : it is not that difficult⟩ 2 **tan pronto como** : as soon as⟩ 3 **tan siquiera** : at least, at the least 4 **tan sólo** : only, merely

tanda *nf* 1 : turn, shift 2 : batch, lot, series

tándem *nm* 1 : tandem (bicycle) 2 : duo, pair

tangente *adj & nf* : tangent — **tangencial** *adj*

tangible *adj* : tangible

tango *nm* : tango

tanino *nm* : tannin

tanque *nm* 1 : tank, reservoir 2 : tanker, tank (vehicle)

tanteador *nm* MARCADOR : scoreboard

tantear *vt* 1 : to feel, to grope 2 : to size up, to weigh — *vi* 1 : to keep score 2 : to feel one's way

tanteo *nm* 1 : estimate, rough calculation 2 : testing, sizing up 3 : scoring

tanto[1] *adv* 1 : so much ⟨tanto mejor : so much the better⟩ 2 : so long ⟨¿por qué

te tardaste tanto? : why did you take so long?⟩

tanto², **-ta** *adj* 1 : so much, so many, such ⟨no hagas tantas preguntas : don't ask so many questions⟩ ⟨tiene tanto encanto : he has such charm, he's so charming⟩ 2 : as much, as many ⟨come tantos dulces como yo : she eats as many sweets as I do⟩ 3 : odd, however many ⟨cuarenta y tantos años : forty-odd years⟩

tanto³ *nm* 1 : certain amount 2 : goal, point (in sports) 3 **al tanto** : abreast, in the picture 4 **un tanto** : somewhat, rather ⟨un tanto cansado : rather tired⟩

tanto⁴, **-ta** *pron* 1 : so much, so many ⟨tiene tanto que hacer : she has so much to do⟩ ⟨¡no me des tantos! : don't give me so many!⟩ 2 **entre ~** : meanwhile 3 **por lo tanto** : therefore

tañer {79} *vt* 1 : to ring (a bell) 2 : to play (a musical instrument)

tañido *nm* 1 CAMPANADA : ring, peal, toll 2 : sound (of an instrument)

tapa *nf* 1 : cover, top, lid 2 *Spain* : bar snack

tapacubos *nms & pl* : hubcap

tapadera *nf* 1 : cover, lid 2 : front, cover (for an organization or person)

tapar *vt* 1 CUBRIR : to cover, to cover up 2 OBSTRUIR : to block, to obstruct — **taparse** *vr*

tapete *nm* 1 : small rug, mat 2 : table cover 3 **poner sobre el tapete** : to bring up for discussion

tapia *nf* : (adobe) wall, garden wall

tapiar *vt* 1 : to wall in 2 : to enclose, to block off

tapicería *nf* 1 : upholstery 2 TAPIZ : tapestry

tapicero, **-ra** *n* : upholsterer

tapioca *nf* : tapioca

tapir *nm* : tapir

tapiz *nm*, *pl* **tapices** : tapestry

tapizar {21} *vt* 1 : to upholster 2 : to cover, to carpet

tapón *nm*, *pl* **tapones** 1 : cork 2 : bottle cap 3 : plug, stopper

tapujo *nm* 1 : deceit, pretension 2 **sin tapujos** : openly, frankly

taquigrafía *nf* : stenography, shorthand

taquigráfico, **-ca** *adj* : stenographic

taquígrafo, **-fa** *n* : stenographer

taquilla *nf* 1 : box office, ticket office 2 : earnings *pl*, take

taquillero, **-ra** *adj* : box-office, popular ⟨un éxito taquillero : a box-office success⟩

tarántula *nf* : tarantula

tararear *vt* : to hum

tardanza *nf* : lateness, delay

tardar *vi* 1 : to delay, to take a long time 2 : to be late 3 **a más tardar** : at the latest — *vt* DEMORAR : to take (time) ⟨tarda una hora : it takes an hour⟩

tarde¹ *adv* 1 : late 2 **tarde o temprano** : sooner or later

tarde² *nf* 1 : afternoon, evening 2 **¡buenas tardes!** : good afternoon!, good evening! 3 **en la tarde** *or* **por la tarde** : in the afternoon, in the evening

tardío, **-día** *adj* : late, tardy

tardo, **-da** *adj* : slow

tarea *nf* 1 : task, job 2 : homework

tarifa *nf* 1 : rate ⟨tarifas postales : postal rates⟩ 2 : fare (for transportation) 3 : price list 4 ARANCEL : duty

tarima *nf* PLATAFORMA : dais, platform, stage

tarjeta *nf* : card ⟨tarjeta de crédito : credit card⟩ ⟨tarjeta postal : postcard⟩

tarro *nm* 1 : jar, pot 2 *Arg, Chile* : can, tin

tarta *nf* 1 : tart 2 : cake

tartaleta *nf* : tart

tartamudear *vi* : to stammer, to stutter

tartamudeo *nm* : stutter, stammer

tartán *nm*, *pl* **tartanes** : tartan, plaid

tártaro *nm* : tartar

tasa *nf* 1 : rate ⟨tasa de desempleo : unemployment rate⟩ 2 : tax, fee 3 : appraisal, valuation

tasación *nf*, *pl* **-ciones** : appraisal, assessment

tasador, **-dora** *n* : assessor, appraiser

tasar *vt* 1 VALORAR : to appraise, to value 2 : to set the price of 3 : to ration, to limit

tasca *nf* : cheap bar, dive

tatuaje *nm* : tattoo, tattooing

tatuar {3} *vt* : to tattoo

taurino, **-na** *adj* : bull, bullfighting

Tauro *nmf* : Taurus

tauromaquia *nf* : (art of) bullfighting

taxi *nm*, *pl* **taxis** : taxi, taxicab

taxidermia *nf* : taxidermy

taxidermista *nmf* : taxidermist

taxímetro *nm* : taximeter

taxista *nmf* : taxi driver

taza *nf* 1 : cup 2 : cupful 3 : (toilet) bowl 4 : basin (of a fountain)

tazón *nm*, *pl* **tazones** 1 : bowl 2 : large cup, mug

te *pron* 1 : you ⟨te quiero : I love you⟩ 2 : for you, to you, from you ⟨me gustaría dártelo : I would like to give it to you⟩ 3 : yourself, for yourself, to yourself, from yourself ⟨¡cálmate! : calm yourself!⟩ ⟨¿te guardaste uno? : did you keep one for yourself?⟩ 4 : thee

té *nm* 1 : tea 2 : tea party

tea *nf* : torch

teatral *adj* : theatrical — **teatralmente** *adv*

teatro *nm* 1 : theater 2 **hacer teatro** : to put on an act, to exaggerate

teca *nf* : teak

techado *nm* 1 : roof 2 **bajo techado** : under cover, indoors

techar *vt* : to roof, to shingle

techo *nm* 1 TEJADO : roof 2 : ceiling 3 : upper limit, ceiling

techumbre *nf* : roofing

tecla *nf* 1 : key (of a musical instrument or a machine) 2 **dar en la tecla** : to hit the nail on the head

teclado *nm* : keyboard
teclear *vt* : to type in, to enter
técnica *nf* 1 : technique, skill 2 : technology
técnico[1], **-ca** *adj* : technical — **técnicamente** *adv*
técnico[2], **-ca** *n* : technician, expert, engineer
tecnología *nf* : technology
tecnológico, -ca *adj* : technological — **tecnológicamente** *adv*
tecolote *nm Mex* : owl
tedio *nm* : tedium, boredom
tedioso, -sa *adj* : tedious, boring — **tediosamente** *adv*
teja *nf* : tile
tejado *nm* TECHO : roof
tejedor, -dora *n* : weaver
tejer *vt* 1 : to knit, to crochet 2 : to weave, texture 3 FABRICAR : to concoct, to make up, to fabricate
tejido *nm* 1 TELA : fabric, cloth 2 : weave, texture 3 : tissue ⟨tejido muscular : muscle tissue⟩
tejo *nm* 1 : yew 2 : hopscotch (children's game)
tejón *nm, pl* **tejones** : badger
tela *nf* 1 : fabric, cloth, material 2 **tela de araña** : spiderweb 3 **poner en tela de juicio** : to call into question, to doubt
telar *nm* : loom
telaraña *nf* : spiderweb, cobweb
tele *nf fam* : TV, television
telecomunicación *nf, pl* **-ciones** : telecommunication
teleconferencia *nf* : teleconference
teledifusión *nf, pl* **-siones** : television broadcasting
teledirigido, -da *adj* : remote-controlled
telefonear *v* : to telephone, to call
telefónico, -ca *adj* : phone, telephone ⟨llamada telefónica : phone call⟩
telefonista *nmf* : telephone operator
teléfono *nm* 1 : telephone 2 **llamar por teléfono** : to telephone, to make a phone call
telegrafiar {85} *v* : to telegraph
telegráfico, -ca *adj* : telegraphic
telégrafo *nm* : telegraph
telegrama *nm* : telegram
telenovela *nf* : soap opera
telepatía *nf* : telepathy
telepático, -ca *adj* : telepathic — **telepáticamente** *adv*
telescópico, -ca *adj* : telescopic
telescopio *nm* : telescope
telespectador, -dora *n* : television viewer
telesquí *nm, pl* **-squís** : ski lift
televidente *nmf* : television viewer
televisar *vt* : to televise
televisión *nf, pl* **-siones** : television, TV
televisivo, -va *adj* : television ⟨serie televisiva : television series⟩
televisor *nm* : television set
telón *nm, pl* **telones** 1 : curtain (in theater) 2 **telón de fondo** : backdrop, background

tema *nm* 1 ASUNTO : theme, topic, subject 2 MOTIVO : motif, central theme
temario *nm* 1 : set of topics (for study) 2 : agenda
temática *nf* : subject matter
temático, -ca *adj* : thematic
temblar {55} *vi* 1 : to tremble, to shake, to shiver ⟨le temblaban las rodillas : his knees were shaking⟩ 2 : to shudder, to be afraid ⟨tiemblo con sólo pensarlo : I shudder to think of it⟩
temblor *nm* 1 : shaking, trembling 2 : tremor, earthquake
tembloroso, -sa *adj* : tremulous, trembling, shaking ⟨con la voz temblorosa : with a shaky voice⟩
temer *vt* : to fear, to dread — *vi* : to be afraid
temerario, -ria *adj* : reckless, rash — **temerariamente** *adv*
temeridad *nf* 1 : temerity, recklessness, rashness 2 : rash act
temeroso, -sa *adj* MIEDOSO : fearful, frightened
temible *adj* : fearsome, dreadful
temor *nm* MIEDO : fear, dread
témpano *nm* : ice floe
temperamento *nm* : temperament — **temperamental** *adj*
temperancia *nf* : temperance
temperar *vt* MODERAR : to temper, to moderate — *vi* : to have a change of air
temperatura *nf* : temperature
tempestad *nf* 1 : storm, tempest 2 **tempestad de arena** : sandstorm
tempestuoso, -sa *adj* : tempestuous, stormy
templado, -da *adj* 1 : temperate, mild 2 : moderate, restrained 3 : warm, lukewarm 4 VALIENTE : courageous, bold
templanza *nf* 1 : temperance, moderation 2 : mildness (of weather)
templar *vt* 1 : to temper (steel) 2 : to restrain, to moderate 3 : to tune (a musical instrument) 4 : to warm up, to cool down — **templarse** *vr* 1 : to be moderate 2 : to warm up, to cool down
temple *nm* 1 : temper (of steel, etc.) 2 HUMOR : mood ⟨de buen temple : in a good mood⟩ 3 : tuning 4 VALOR : courage
templo *nm* 1 : temple 2 : church, chapel
tempo *nm* : tempo (in music)
temporada *nf* 1 : season, time ⟨temporada de béisbol : baseball season⟩ 2 : period, spell ⟨por temporadas : on and off⟩
temporal[1] *adj* 1 : temporal 2 : temporary
temporal[2] *nm* 1 : storm 2 **capear el temporal** : to weather the storm
temporalmente *adv* : temporarily
temporario, -ria *adj* : temporary — **temporariamente** *adv*
temporero[1], **-ra** *adj* : temporary, seasonal

temporero², **-ra** *n* : temporary or seasonal worker
temporizador *nm* : timer
tempranero, **-ra** *adj* 1 : early 2 : early-rising
temprano¹ *adv* : early ⟨lo más temprano posible : as soon as possible⟩
temprano², **-na** *adj* : early ⟨la parte temprana del siglo : the early part of the century⟩
ten → **tener**
tenacidad *nf* : tenacity, perseverance
tenaz *adj*, *pl* **tenaces** 1 : tenacious, persistent 2 : strong, tough
tenaza *nf*, *or* **tenazas** *nfpl* 1 : pliers, pincers 2 : tongs 3 : claw (of a crustacean)
tenazmente *adv* : tenaciously
tendedero *nm* : clothesline
tendencia *nf* 1 PROPENSIÓN : tendency, inclination 2 : trend
tendencioso, **-sa** *adj* : tendentious, biased
tendente → **tendiente**
tender {56} *vt* 1 EXTENDER : to spread out, to lay out 2 : to hang out (clothes) 3 : to lay (cables, etc.) 4 : to set (a trap) — *vi* ∼ **a** : to tend to, to have a tendency towards — **tenderse** *vr* : to stretch out, to lie down
tendero, **-ra** *n* : shopkeeper, storekeeper
tendido, **-ra** *nm* 1 : laying (of cables, etc.) 2 : seats *pl*, section (at a bullfight)
tendiente *adj* ∼ **a** : aimed at, designed to
tendón *nm*, *pl* **tendones** : tendon
tenebrosidad *nf* : darkness, gloom
tendrá, etc. → **tener**
tenebroso, **-sa** *adj* 1 OSCURO : gloomy, dark 2 SINIESTRO : sinister
tenedor¹, **-dora** *n* 1 : holder 2 **tenedor de libros, tenedora de libros** : bookkeeper
tenedor² *nm* : table fork
tenencia *nf* 1 : possession, holding 2 : tenancy 3 : tenure
tener {80} *vt* 1 : to have ⟨tiene ojos verdes : she has green eyes⟩ ⟨tengo mucho que hacer : I have a lot to do⟩ ⟨tiene veinte años : he's twenty years old⟩ ⟨tiene un metro de largo : it's one meter long⟩ 2 : to hold ⟨ten esto un momento : hold this for a moment⟩ 3 : to feel, to make ⟨tengo frío : I'm cold⟩ ⟨eso nos tiene contentos : that makes us happy⟩ 4 ∼ **por** : to think, to consider ⟨me tienes por loco : you think I'm crazy⟩ — *v aux* 1 **tener que** : to have to ⟨tengo que salir : I have to leave⟩ ⟨tiene que estar aquí : it has to be here, it must be here⟩ 2 (*with past participle*) ⟨tenía pensado escribirte : I've been thinking of writing to you⟩ — **tenerse** *vr* 1 : to stand up 2 ∼ **por** : to consider oneself ⟨me tengo por afortunado : I consider myself lucky⟩
tenería *nf* CURTIDURÍA : tannery
tenga, etc. → **tener**
tenia *nf* SOLITARIA : tapeworm

teniente *nmf* 1 : lieutenant 2 **teniente coronel** : lieutenant colonel
tenis *nms & pl* 1 : tennis 2 **tenis** *nmpl* : sneakers *pl*
tenista *nmf* : tennis player
tenor *nm* 1 : tenor 2 : tone, sense
tensar *vt* 1 : to tense, to make taut 2 : to draw (a bow) — **tensarse** *vr* : to become tense
tensión *nf*, *pl* **tensiones** 1 : tension, tautness 2 : stress, strain 3 **tensión arterial** : blood pressure
tenso, **-sa** *adj* : tense
tentación *nf*, *pl* **-ciones** : temptation
tentáculo *nm* : tentacle, feeler
tentador¹, **-dora** *adj* : tempting
tentador², **-dora** *n* : tempter, temptress *f*
tentar {55} *vt* 1 TOCAR : to feel, to touch 2 PROBAR : to test, to try 3 ATRAER : to tempt, to entice
tentativa *nf* : attempt, try
tentempié *nm fam* : snack, bite
tenue *adj* 1 : tenuous 2 : faint, weak, dim 3 : light, fine 4 : thin, slender
teñir {67} *vt* 1 : to dye 2 : to stain
teodolito *nm* : theodolite, transit (for surveying)
teología *nf* : theology
teológico, **-ca** *adj* : theological
teólogo, **-ga** *n* : theologian
teorema *nm* : theorem
teoría *nf* : theory
teórico¹, **-ca** *adj* : theoretical — **teóricamente** *adv*
teórico², **-ca** *n* : theorist
teorizar {21} *vi* : to theorize
tepe *nm* : sod, turf
teponaztle *nm Mex* : traditional drum
tequila *nm* : tequila
terapeuta *nmf* : therapist
terapéutica *nf* : therapeutics
terapéutico, **-ca** *adj* : therapeutic
terapia *nf* 1 : therapy 2 **terapia intensiva** : intensive care
tercer → **tercero**
tercermundista *adj* : third-world
tercero¹, **-ra** *adj* (**tercer** *before masculine singular nouns*) 1 : third 2 **el Tercer Mundo** : the Third World
tercero², **-ra** *n* : third (in a series)
terceto *nm* 1 : tercet, triplet (in literature) 2 : trio (in music)
terciar *vt* 1 : to place diagonally 2 : to divide into three parts — *vi* 1 : to mediate 2 ∼ **en** : to take part in
terciario, **-ria** *adj* : tertiary
tercio¹, **-cia** → **tercero**
tercio² *nm* : third ⟨dos tercios : two thirds⟩
terciopelo *nm* : velvet
terco, **-ca** *adj* OBSTINADO : obstinate, stubborn
tergiversación *nf*, *pl* **-ciones** : distortion
tergiversar *vt* : to distort, to twist
termal *adj* : thermal, hot
termas *nfpl* : hot springs
térmico, **-ca** *adj* : thermal, heat ⟨energía térmica : thermal energy⟩

terminación *nf, pl* **-ciones** : termination, conclusion

terminal[1] *adj* : terminal — **terminalmente** *adv*

terminal[2] *nm* (*in some regions f*) : (electric or electronic) terminal

terminal[3] *nf* (*in some regions m*) : terminal, station

terminante *adj* : final, definitive, categorical — **terminantemente** *adv*

terminar *vt* **1** CONCLUIR : to end, to conclude **2** ACABAR : to complete, to finish off — *vi* **1** : to finish **2** : to stop, to end — **terminarse** *vr* **1** : to run out **2** : to come to an end

término *nm* **1** CONCLUSIÓN : end, conclusion **2** : term, expression **3** : period, term of office **4 término medio** : happy medium **5 términos** *nmpl* : terms, specifications ⟨los términos del acuerdo : the terms of the agreement⟩

terminología *nf* : terminology

termita *nf* : termite

termo *nm* : thermos

termodinámica *nf* : thermodynamics

termómetro *nm* : thermometer

termostato *nm* : thermostat

ternera *nf* : veal

ternero, -ra *n* : calf

terno *nm* **1** : set of three **2** : three-piece suit

ternura *nf* : tenderness

terquedad *nf* OBSTINACIÓN : obstinacy, stubbornness

terracota *nf* : terra-cotta

terraplén *nm, pl* **-plenes** : terrace, embankment

terráqueo, -quea *adj* **1** : earth **2 globo terráqueo** : the earth, globe (of the earth)

terrateniente *nmf* : landowner

terraza *nf* **1** : terrace, veranda **2** : balcony (in a theater) **3** : terrace (in agriculture)

terremoto *nm* : earthquake

terrenal *adj* : worldly, earthly

terreno *nm* **1** : terrain **2** SUELO : earth, ground **3** : plot, tract of land **4 perder terreno** : to lose ground **5 preparar el terreno** : to pave the way

terrestre *adj* : terrestrial

terrible *adj* : terrible, horrible — **terriblemente** *adv*

terrier *nmf* : terrier

territorial *adj* : territorial

territorio *nm* : territory

terrón *nm, pl* **terrones 1** : clod (of earth) **2 terrón de azúcar** : lump of sugar

terror *nm* : terror

terrorífico, -ca *adj* : horrific, terrifying

terrorismo *nm* : terrorism

terrorista *adj & nmf* : terrorist

terroso, -sa *adj* : earthy ⟨colores terrosos : earthy colors⟩

terruño *nm* : native land, homeland

terso, -sa *adj* **1** : smooth **2** : glossy, shiny **3** : polished, flowing (of a style)

tersura *nf* **1** : smoothness **2** : shine

tertulia *nf* : gathering, group ⟨tertulia literaria : literary circle⟩

tesauro *nm* : thesaurus

tesis *nfs & pl* : thesis

tesón *nm* : persistence, tenacity

tesonero, -ra *adj* : persistent, tenacious

tesorería *nf* : treasurer's office

tesorero, -ra *n* : treasurer

tesoro *nm* **1** : treasure **2** : thesaurus

test *nm* : test

testaferro *nm* : figurehead

testamentario[1], **-ria** *adj* : testamentary

testamentario[2], **-ria** *n* ALBACEA : executor, executrix *f*

testamento *nm* : testament, will

testar *vi* : to draw up a will

testarudo, -da *adj* : stubborn, pigheaded

testículo *nm* : testicle

testificar {72} *v* : to testify

testigo *nmf* : witness

testimonial *adj* **1** : testimonial **2** : token

testimoniar *vi* : to testify

testimonio *nm* : testimony, statement

teta *nf* : teat

tétano *or* **tétanos** *nm* : tetanus, lockjaw

tetera *nf* **1** : teapot **2** : teakettle

tetilla *nf* **1** : teat **2** : nipple

tetina *nf* : nipple (on a bottle)

tétrico, -ca *adj* : somber, gloomy

textil *adj & nm* : textile

texto *nm* : text

textual *adj* : literal, exact — **textualmente** *adv*

textura *nf* : texture

tez *nf, pl* **teces** : complexion, coloring

ti *pron* **1** : you ⟨es para ti : it's for you⟩ **2 ti mismo, ti misma** : yourself **3** : thee

tía → **tío**

tiamina *nf* : thiamine

tianguis *nm Mex* : open-air market

tibetano[1], **-na** *adj & n* : Tibetan

tibetano[2] *nm* : Tibetan (language)

tibia *nf* : tibia

tibieza *nf* **1** : tepidness **2** : halfheartedness

tibio, -bia *adj* **1** : lukewarm, tepid **2** : cool, unenthusiastic

tiburón *nm, pl* **-rones 1** : shark **2** : raider (in finance)

tic *nm* **1** : click, tick **2 tic nervioso** : tic

tico, -ca *adj & n fam* : Costa Rican

tictac *nm* **1** : ticking, tick-tock **2 hacer tictac** : to tick

tiembla, etc. → **temblar**

tiempo *nm* **1** : time ⟨justo a tiempo : just in time⟩ ⟨perder tiempo : to waste time⟩ ⟨tiempo libre : spare time⟩ **2** : period, age ⟨en los tiempos que corren : nowadays⟩ **3** : season, moment ⟨antes de tiempo : prematurely⟩ **4** : weather ⟨hace buen tiempo : the weather is fine, it's nice outside⟩ **5** : tempo (in music) **6** : half (in sports) **7** : tense (in grammar)

tienda *nf* **1** : store, shop **2** *or* **tienda de campaña** : tent

tiende, etc. → **tender**

tiene, etc. → tener
tienta¹, etc. → tentar
tienta² nf andar a tientas : to feel one's way, to grope around
tiernamente adv : tenderly
tierno, -na adj 1 : affectionate, tender 2 : tender, young
tierra nf 1 : land 2 SUELO : ground, earth 3 : country, homeland, soil 4 tierra natal : native land 5 tierras altas : highlands 6 la Tierra : the Earth
tieso, -sa adj 1 : stiff, rigid 2 : upright, erect
tiesto nm 1 : potsherd 2 MACETA : flowerpot
tiesura nf : stiffness, rigidity
tifoidea nf : typhoid
tifoideo, -dea adj : typhoid ⟨fiebre tifoidea : typhoid fever⟩
tifón nm, pl tifones : typhoon
tifus nm : typhus
tigre, -gresa n 1 : tiger, tigress f 2 : jaguar
tijera nf 1 or tijeras nfpl : scissors 2 de ~ : folding ⟨escalera de tijera : stepladder⟩
tijereta nf : earwig
tijeretada nf or tijeretazo nm : cut, snip
tildar vt ~ de : to brand as, to call ⟨lo tildaron de traidor : they branded him as a traitor⟩
tilde nf 1 : accent mark 2 : tilde (accent over ñ)
tilo nm : linden (tree)
timador, -dora n : swindler
timar vt : to swindle, to cheat
timbal nm 1 : kettledrum 2 timbales nmpl : timpani
timbre nm 1 : bell ⟨tocar el timbre : to ring the doorbell⟩ 2 : tone, timbre 3 SELLO : seal, stamp 4 CA, Mex : postage stamp
timidez nf : timidity, shyness
tímido, -da adj : timid, shy — tímidamente adv
timo nm fam : swindle, trick, hoax
timón nm, pl timones : rudder ⟨estar al timón : to beat the helm⟩
timonel nm : helmsman, coxswain
timorato, -ta adj 1 : timorous 2 : sanctimonious
tímpano nm 1 : eardrum 2 tímpanos nmpl : timpani, kettledrums
tina nf 1 BAÑERA : tub, bathtub 2 : vat
tinaco nm Mex : water tank
tinieblas nfpl 1 OSCURIDAD : darkness 2 : ignorance
tino nm 1 : good judgment, sense 2 : tact, sensitivity, insight
tinta nf : ink
tinte nm 1 : dye, coloring 2 : overtone ⟨tintes raciales : racial overtones⟩
tintero nm 1 : inkwell 2 quedarse en el tintero : to remain unsaid
tintinear vt : to jingle, to clink, to tinkle
tintineo nm : clink, jingle, tinkle
tinto, -ta adj 1 : dyed, stained ⟨tinto en sangre : bloodstained⟩ 2 : red (of wine)

tintorería nf : dry cleaner (service)
tintura nf 1 : dye, tint 2 : tincture ⟨tintura de yodo : tincture of iodine⟩
tiña nf : ringworm
tiñe, etc. → teñir
tío, tía n : uncle m, aunt f
tiovivo nm : merry-go-round
tipi nm : tepee
típico, -ca adj : typical — típicamente adv
tipificar {72} vt 1 : to classify, to categorize 2 : to typify
tiple nm : soprano
tipo¹ nm 1 CLASE : type, kind, sort 2 : figure, build, appearance 3 : rate ⟨tipo de interés : interest rate⟩ 4 : (printing) type, typeface 5 : style, model ⟨un vestido tipo 60's : a 60's-style dress⟩
tipo², -pa n fam : guy m, gal f, character
tipografía nf : typography, printing
tipográfico, -ca adj : typographic, typographical
tipógrafo, -fa n : printer, typographer
tique or tiquet nm 1 : ticket 2 : receipt
tira nf 1 : strip, strap 2 tira cómica : comic, comic strip
tirabuzón nf, pl -zones : corkscrew
tirada nf 1 : throw 2 : distance, stretch 3 IMPRESIÓN : printing, issue
tiradero nm Mex 1 : dump 2 : mess, clutter
tirador¹ nm : handle, knob
tirador², -dora n : marksman m, markswoman f
tiragomas nms & pl : slingshot
tiranía nf : tyranny
tiránico, -ca adj : tyrannical
tiranizar {21} vt : to tyrannize
tirano¹, -na adj : tyrannical, despotic
tirano², -na n : tyrant
tirante¹ adj 1 : tense, strained 2 : taut
tirante² nm 1 : shoulder strap 2 tirantes nmpl : suspenders
tirantez nf 1 : tautness 2 : tension, friction, strain
tirar vt 1 : to throw, to hurl, to toss 2 BOTAR : to throw away, to throw out, to waste 3 DERRIBAR : to knock down 4 : to shoot, to fire, to launch 5 : to take (a photo) 6 : to print, to run off — vi 1 : to pull, to draw 2 : to shoot 3 : to attract 4 : to get by, to manage ⟨va tirando : he's getting along, he's managing⟩ 5 ~ a : to tend towards, to be rather ⟨tira a picante : it's a bit spicy⟩ — tirarse vr 1 : to throw oneself 2 fam : to spend (time)
tiritar vi : to shiver, to tremble
tiro nm 1 BALAZO, DISPARO : shot, gunshot 2 : shot, kick (in sports) 3 : flue 4 : team (of horses, etc.) 5 a ~ : within range 6 al tiro : right away 7 tiro de gracia : coup de grace, death blow
tiroideo, -dea adj : thyroid
tiroides nmf : thyroid, thyroid gland — tiroides adj

tirolés, -lesa *adj* : Tyrolean

tirón *nm, pl* **tirones 1** : pull, tug, yank **2 de un tirón** : all at once, in one go

tiroteo *nm* **1** : shooting **2** : gunfight, shoot-out

tirria *nf* **tener tirria a** *fam* : to have a grudge against

titánico, -ca *adj* : titanic, huge

titanio *nm* : titanium

títere *nm* : puppet

tití *nm* : marmoset

titilar *vi* : to twinkle, to flicker

titileo *nm* : twinkle, flickering

titiritero, -ra *n* **1** : puppeteer **2** : acrobat

titubear *vi* **1** : to hesitate **2** : to stutter, to stammer — **titubeante** *adj*

titubeo *nm* **1** : hesitation **2** : stammering

titulado, -da *adj* **1** : titled, entitled **2** : qualified

titular¹ *vt* : to title, to entitle — **titularse** *vr* **1** : to be called, to be entitled **2** : to receive a degree

titular² *adj* : titular, official

titular³ *nm* : headline

titular⁴ *nmf* **1** : owner, holder **2** : officeholder, incumbent

titularidad *nf* **1** : ownership, title **2** : position, office (with a title) **3** : starting position (in sports)

título *nm* **1** : title **2** : degree, qualification **3** : security, bond **4 a título de** : by way of, in the capacity of

tiza *nf* : chalk

tiznar *vt* : to blacken (with soot, etc.)

tizne *nm* HOLLÍN : soot

tiznón *nm, pl* **tiznones** : stain, smudge

tlapalería *nf Mex* : hardware store

TNT *nm* (*trinitrotolueno*) : TNT

toalla *nf* : towel

toallita *nf* : washcloth

tobillo *nm* : ankle

tobogán *nm, pl* **-ganes 1** : toboggan, sled **2** : slide, chute

tocadiscos *nms & pl* : record player, phonograph

tocado¹, -da *adj* **1** : bad, bruised (of fruit) **2** *fam* : touched, not all there

tocado² *nm* : headdress

tocador¹ *nm* **1** : dressing table, vanity table **2 artículos de tocador** : toiletries

tocador², -dora *n* : player (of music)

tocante *adj* ~ **a** : with regard to, regarding

tocar {72} *vt* **1** : to touch, to feel, to handle **2** : to touch on, to refer to **3** : to concern, to affect **4** : to play (a musical instrument) — *vi* **1** : to knock, to ring ⟨tocar a la puerta : to rap on the door⟩ **2** ~ **en** : to touch on, to border on ⟨eso toca en lo ridículo : that's almost ludicrous⟩ **3 tocarle a** : to fall to, to be up to, to be one's turn ⟨¿a quién le toca manejar? : whose turn is it to drive?⟩

tocayo, -ya *n* : namesake

tocineta *nf Col, Ven* : bacon

tocino *nm* **1** : bacon **2** : salt pork

tocología *nf* OBSTETRICIA : obstetrics

tocólogo, -ga *n* OBSTETRA : obstetrician

tocón *nm, pl* **tocones** CEPA : stump (of a tree)

todavía *adv* **1** AÚN : still, yet ⟨todavía puedes verlo : you can still see it⟩ **2** : even ⟨todavía más rápido : even faster⟩ **3 todavía no** : not yet

todo¹, -da *adj* **1** : all, whole, entire ⟨con toda sinceridad : with all sincerity⟩ ⟨toda la comunidad : the whole community⟩ **2** : every, each ⟨a todo nivel : at every level⟩ **3** : maximum ⟨a toda velocidad : at top speed⟩ **4 todo el mundo** : everyone, everybody

todo² *nm* : whole

todo³, -da *pron* **1** : everything, all, every bit ⟨lo sabe todo : he knows it all⟩ ⟨es todo un soldado : he's every inch a soldier⟩ **2 todos, -das** *pl* : everybody, everyone, all

todopoderoso, -sa *adj* OMNIPOTENTE : almighty, all-powerful

toga *nf* **1** : toga **2** : gown, robe (for magistrates, etc.)

toldo *nm* : awning, canopy

tolerable *adj* : tolerable — **tolerablemente** *adv*

tolerancia *nf* : tolerance, toleration

tolerante *adj* : tolerant — **tolerantemente** *adv*

tolerar *vt* : to tolerate

tolete *nm* : oarlock

tolva *nf* : hopper (container)

toma *nf* **1** : taking, seizure, capture **2** DOSIS : dose **3** : take, shot **4 toma de corriente** : wall socket, outlet **5 toma y daca** : give-and-take

tomar *vt* **1** : to take ⟨tomé el libro : I took the book⟩ ⟨tomar un taxi : to take a taxi⟩ ⟨tomar una foto : to take a photo⟩ ⟨toma dos años : it takes two years⟩ ⟨tomaron medidas drásticas : they took drastic measures⟩ **2** BEBER : to drink **3** CAPTURAR : to capture, to seize **4 tomar el sol** : to sunbathe **5 tomar tierra** : to land — *vi* : to drink (alcohol) — **tomarse** *vr* **1** : to take ⟨tomarse la molestia de : to take the trouble to⟩ **2** : to drink, to eat, to have

tomate *nm* : tomato

tomillo *nm* : thyme

tomo *nm* : volume, tome

ton *nm* **sin ton ni son** : without rhyme or reason

tonada *nf* **1** : tune, song **2** : accent

tonalidad *nf* : tonality

tonel *nm* BARRICA : barrel, cask

tonelada *nf* : ton

tonelaje *nm* : tonnage

tónica *nf* **1** : tonic (water) **2** : tonic (in music) **3** : trend, tone ⟨dar la tónica : to set the tone⟩

tónico¹, -ca *adj* : tonic

tónico² *nm* : tonic ⟨tónico capilar : hair tonic⟩

tono *nm* **1** : tone ⟨tono muscular : muscle tone⟩ **2** : shade (of colors) **3** : key (in music)

tontamente adv : foolishly, stupidly

tontear vi ~ **con** : to fool around, to play the fool **2** : to flirt

tontería nf **1** : foolishness **2** : stupid remark or action **3 decir tonterías** : to talk nonsense

tonto¹, -ta adj **1** : dumb, stupid **2** : silly **3 a tontas y a locas** : without thinking, haphazardly

tonto², -ta n : fool, idiot

topacio nm : topaz

toparse vr ~ **con** : to bump into, to run into, to come across ⟨me topé con algunas dificultades : I ran into some problems⟩

tope nm **1** : limit, end ⟨hasta el tope : to the limit, to the brim⟩ **2** : stop, check, buffer ⟨tope de puerta : doorstop⟩ **3** : bump, collision **4** Mex : speed bump

tópico¹, -ca adj **1** : topical, external **2** : trite, commonplace

tópico² nm 1 : topic, subject **2** : cliché, trite expression

topo nm **1** : mole (animal) **2** fam : clumsy person, blunderer

topografía nf : topography

topográfico, -ca adj : topographic, topographical

topógrafo, -fa n : topographer

toque¹, etc. → tocar

toque² nm **1** : touch ⟨el último toque : the finishing touch⟩ ⟨un toque de color : a touch of color⟩ **2** : ringing, peal, chime **3** Mex : shock, jolt **4 toque de queda** : curfew **5 toque de diana** : reveille

toquetear vt : to touch, to handle, to finger

tórax nm : thorax

torbellino nm : whirlwind

torcedura nf **1** : twisting, buckling **2** : sprain

torcer {14} vt **1** : to bend, to twist **2** : to sprain **3** : to turn (a corner) **4** : to wring, to wring out **5** : to distort — vi : to turn — **torcerse** vr

torcido, -da adj **1** : twisted, crooked **2** : devious

tordo nm ZORZAL : thrush

torear vt **1** : to fight (bulls) **2** : to dodge, to sidestep

toreo nm : bullfighting

torero, -ra n MATADOR : bullfighter, matador

tormenta nf **1** : storm ⟨tormenta de nieve : snowstorm⟩ **2** : turmoil, frenzy

tormento nm **1** : torment, anguish **2** : torture

tormentoso, -sa adj : stormy, turbulent

tornado nm : tornado

tornamesa nmf : turntable

tornar vt **1** : to return, to give back **2** : to make, to render — vi : to go back — **tornarse** vr : to become, to turn into

tornasol nm **1** : reflected light **2** : sunflower **3** : litmus

tornear vt : to turn (in carpentry)

torneo nm : tournament

tornillo nm **1** : screw **2 tornillo de banco** : vise

torniquete nm **1** : tourniquet **2** : turnstile

torno nm **1** : lathe **2** : winch **3 torno de banco** : vise **4 en torno a** : around, about ⟨en torno a este asunto : about this issue⟩ ⟨en torno suyo : around him⟩

toro nm : bull

toronja nf : grapefruit

toronjil nm : balm, lemon balm

torpe adj **1** DESMAÑADO : clumsy, awkward **2** : stupid, dull — **torpemente** adv

torpedear vt : to torpedo

torpedo nm : torpedo

torpeza nf **1** : clumsiness, awkwardness **2** : stupidity **3** : blunder

torre nf **1** : tower ⟨torre de perforación : oil rig⟩ **2** : turret **3** : rook, castle (in chess)

torrencial adj : torrential — **torrencialmente** adv

torrente nm **1** : torrent **2 torrente sanguíneo** : bloodstream

torreón nm, pl **-rreones** : tower (of a castle)

torreta nf : turret (of a tank, ship, etc.)

tórrido, -da adj : torrid

torsión nf, pl **torsiones** : torsion — **torsional** adj

torso nm : torso, trunk

torta nf **1** : torte, cake **2** Mex : sandwich

tortazo nm fam : blow, wallop

tortilla nf **1** : tortilla **2 or tortilla de huevo** : omelet

tórtola nf : turtledove

tortuga nf **1** : turtle, tortoise **2 tortuga de agua dulce** : terrapin **3 tortuga boba** : loggerhead

tortuoso, -sa adj : tortuous, winding

tortura nf : torture

torturador, -dora n : torturer

torturar vt : to torture, to torment

torvo, -va adj : grim, stern, baleful

torzamos, etc. → torcer

tos nf **1** : cough **2 tos ferina** : whooping cough

tosco, -ca adj : rough, coarse

toser vi : to cough

tosquedad nf : crudeness, coarseness, roughness

tostada nf **1** : piece of toast **2** : tostada

tostador nm **1** : toaster **2** : roaster (for coffee)

tostar {19} vt **1** : to toast **2** : to roast (coffee) **3** : to tan — **tostarse** vr : to get a tan

tostón nm, pl **tostones** Car : fried plantain chip

total¹ adv : in the end, so ⟨total, que no fui : in short, I didn't go⟩

total² adj & nm : total — **totalmente** adv

totalidad nf : totality, whole

totalitario, -ria adj & n : totalitarian

totalitarismo nm : totalitarianism

totalizar {21} vt : total, to add up to
tótem nm, pl tótems : totem
totopo nm CA, Mex : tortilla chip
totuma nf : calabash
tour ['tur] nm, pl tours : tour, excursion
toxicidad nf : toxicity
tóxico¹, -ca adj : toxic, poisonous
tóxico² nm : poison
toxicomanía nf : drug addiction
toxicómano, -na n : drug addict
toxina nf : toxin
tozudez nf : stubbornness, obstinacy
tozudo, -da adj : stubborn, obstinate —
    tozudamente adv
traba nf 1 : tie, bond 2 : obstacle, hin-
    drance
trabajador¹, -dora adj : hardworking
trabajador², -dora n : worker
trabajar vi 1 : to work ⟨trabaja mucho
    : he works hard⟩ ⟨trabajo de secretaria
    : I work as a secretary⟩ 2 : to strive
    ⟨trabajan por mejores oportunidades
    : they're striving for better opportuni-
    ties⟩ 3 : to act, to perform ⟨trabajar
    en una película : to be in a movie⟩ —
    vt 1 : to work (metal) 2 : to knead 3
    : to till 4 : to work on ⟨tienes que tra-
    bajar el español : you need to work on
    your Spanish⟩
trabajo nm 1 : work, job 2 LABOR
    : labor, work ⟨tengo mucho trabajo : I
    have a lot of work to do⟩ 3 TAREA : task
    4 ESFUERZA : effort 5 costar trabajo
    : to be difficult 6 tomarse el trabajo
    : to take the trouble 7 trabajo en
    equipo : teamwork 8 trabajos nmpl
    : hardships, difficulties
trabajoso, -sa adj LABORIOSO : labori-
    ous — trabajosamente adv
trabalenguas nms & pl : tongue twister
trabar vt 1 : to join, to connect 2 : to
    impede, to hold back 3 : to strike up
    (a conversation), to form (a friendship)
    4 : to thicken (sauces) — trabarse vr
    1 : to jam 2 : to become entangled 3
    : to be tongue-tied, to stammer
trabucar {72} vt : to confuse, to mix up
trabuco nm : blunderbuss
tracalero, -ra adj Mex : dishonest, tricky
tracción nf : traction
trace, etc. → trazar
tracto nm : tract
tractor nm : tractor
tradición nf, pl -ciones : tradition
tradicional adj : traditional — tradi-
    cionalmente adv
traducción nf, pl -ciones : translation
traducible adj : translatable
traducir {61} vt 1 : to translate 2 : to
    convey, to express — traducirse vr ~
    en : to result in
traductor, -tora n : translator
traer {81} vt 1 : to bring ⟨trae una en-
    salada : bring a salad⟩ 2 CAUSAR : to
    cause, to bring about ⟨el problema
    puede traer graves consecuencias : the
    problem could have serious conse-
    quences⟩ 3 : to carry, to have ⟨todos
    los periódicos traían las mismas noti-

cias : all of the newspapers carried the
    same news⟩ 4 LLEVAR : to wear —
    traerse vr 1 : to bring along 2 traérse-
    las : to be difficult
traficante nmf : dealer, trafficker
traficar {72} vi 1 : to trade, to deal 2 ~
    con : to traffic in
tráfico nm 1 : trade 2 : traffic
tragaluz nf, pl -luces : skylight, fanlight
tragar {52} v : to swallow — tragarse vr
tragedia nf : tragedy
trágico, -ca adj : tragic — trágicamente
    adv
trago nm 1 : swallow, swig 2 : drink,
    liquor 3 trago amargo : hard time
trague, etc. → tragar
traición nf, pl traiciones 1 : treason 2
    : betrayal, treachery
traicionar vt : to betray
traicionero, -ra → traidor
traidor¹, -dora adj : traitorous, treason-
    ous
traidor², -dora n : traitor
traiga, etc. → traer
tráiler or trailer nm : trailer
traílla nf 1 : leash 2 : harrow
traje nm 1 : suit 2 : dress 3 : costume
    4 traje de baño : bathing suit
trajín nm, pl trajines 1 : transport 2 fam
    : hustle and bustle
trajinar vt 1 : to transport, to carry — vi
    : to rush around
trajo, etc. → traer
trama nf 1 : plot 2 : weave, weft (fab-
    ric)
tramar vt 1 : to plot, to plan 2 : to weave
tramitar vt : to transact, to negotiate, to
    handle
trámite nm : procedure, step
tramo nm 1 : stretch, section 2 : flight
    (of stairs)
trampa nf 1 : trap 2 hacer trampas : to
    cheat
trampear vt : to cheat
trampero, -ra n : trapper
trampilla nf : trapdoor
trampolín nm, pl -lines 1 : diving board
    2 : trampoline 3 : springboard ⟨un
    trampolín al éxito : a springboard to
    success⟩
tramposo¹, -sa adj : crooked, cheating
tramposo², -sa n : cheat, swindler
tranca nf 1 : stick, club 2 : bar, cross-
    bar
trancar {72} vt : to bar (a door or win-
    dow)
trancazo nm GOLPE : blow, hit
trance nm 1 : critical juncture, tough
    time 2 : trance 3 en trance de : in the
    process of ⟨en trance de extinción : on
    the verge of extinction⟩
tranco nm 1 : stride 2 UMBRAL : thresh-
    old
tranque, etc. → trancar
tranquilidad nf : tranquility, peace
tranquilizador, -dora adj 1 : soothing 2
    : reassuring
tranquilizante¹ adj 1 : reassuring 2
    : tranquilizing

tranquilizante[2] *nm* : tranquilizer
tranquilizar {21} *vt* CALMAR : to calm down, to soothe ⟨tranquilizar la conciencia : to ease the conscience⟩ — **tranquilizarse** *vr*
tranquilo, -la *adj* CALMO : calm, tranquil ⟨una vida tranquila : a quiet life⟩ — **tranquilamente** *adv*
transacción *nf, pl* **-ciones** : transaction
transar *vi* TRANSIGIR : to give way, to compromise — *vt* : to buy and sell
transatlántico[1], **-ca** *adj* : transatlantic
transatlántico[2] *nm* : ocean liner
transbordador *nm* **1** : ferry **2 transbordador espacial** : space shuttle
transbordar *v* : to transfer
transbordo *nm* : transfer
transcendencia → **trascendencia**
transcender → **trascender**
transcribir {33} *vt* : to transcribe
transcrito *pp* → **transcribir**
transcripción *nf, pl* **-ciones** : transcription
transcurrir *vi* : to elapse, to pass
transcurso *nm* : course, progression ⟨en el transcurso de cien años : over the course of a hundred years⟩
transeúnte *nmf* **1** : passerby **2** : transient
transferencia *nf* : transfer, transference
transferir {76} *vt* TRASLADAR : to transfer — **transferible** *adj*
transfigurar *vt* : to transfigure, to transform — **transfiguración** *nf*
transformación *nf, pl* **-ciones** : transformation, conversion
transformador *nm* : transformer
transformar *vt* **1** CONVERTIR : to convert **2** : to transform, to change, to alter — **transformarse** *vr*
transfusión *nf, pl* **-siones** : transfusion
transgredir {1} *vt* : to transgress — **transgresión** *nf*
transgresor, -sora *n* : transgressor
transición *nf, pl* **-ciones** : transition ⟨período de transición : transition period⟩
transido, -da *adj* : overcome, beset ⟨transido de dolor : racked with pain⟩
transigir {35} *vi* **1** : to give in, to compromise **2** ~ **con** : to tolerate, to put up with
transistor *nm* : transistor
transitable *adj* : passable
transitar *vi* : to go, to pass, to travel ⟨transitar por la ciudad : to travel through the city⟩
transitivo, -va *adj* : transitive
tránsito *nm* **1** TRÁFICO : traffic ⟨hora de máximo tránsito : rush hour⟩ **2** : transit, passage, movement **3** : death, passing
transitorio, -ria *adj* **1** : transitory **2** : provisional, temporary — **transitoriamente** *adv*
translúcido, -da *adj* : translucent
translucir → **traslucir**
transmisible *adj* : transmissible

transmisión *nf, pl* **-siones** **1** : transmission, broadcast **2** : transfer **3** : transmission (of an automobile)
transmisor *nm* : transmitter
transmitir *vt* **1** : to transmit, to broadcast **2** : to pass on, to transfer — *vi* : to transmit, to broadcast
transparencia *nf* : transparency
transparentar *vt* : to reveal, to betray — **transparentarse** *vr* **1** : to be transparent **2** : to show through
transparente[1] *adj* : transparent — **transparentemente** *adv*
transparente[2] *nm* : shade, blind
transpiración *nf, pl* **-ciones** SUDOR : perspiration, sweat
transpirado, -da *adj* : sweaty
transpirar *vi* **1** SUDAR : to perspire, to sweat **2** : to transpire
transplantar, transplante → **trasplantar, trasplante**
transponer {60} *vt* **1** : to transpose, to move about **2** TRASPLANTAR : to transplant — **transponerse** *vr* **1** OCULTARSE : to hide **2** PONERSE : to set, to go down (of the sun or moon) **3** DORMITAR : to doze off
transportación *nf, pl* **-ciones** : transportation
transportador *nm* **1** : protractor **2** : conveyor
transportar *vt* **1** : to transport, to carry **2** : to transmit **3** : to transpose (music) — **transportarse** *vr* : to get carried away
transporte *nm* : transport, transportation
transportista *nmf* : hauler, carrier, trucker
transpuso, etc. → **transponer**
transversal *adj* : transverse, cross ⟨corte transversal : cross section⟩
transversalmente *adv* : obliquely
transverso, -sa *adj* : transverse
tranvía *nm* : streetcar, trolley
trapeador *nm* : mop
trapear *vt* : to mop
trapecio *nm* **1** : trapezoid **2** : trapeze
trapezoide *nm* : trapezoid
trapo *nm* **1** : cloth, rag ⟨trapo de polvo : dust cloth⟩ **2 soltar el trapo** : to burst into tears **3 trapos** *nmpl fam* : clothes
tráquea *nf* : trachea, windpipe
traquetear *vi* : to clatter, to jolt
traqueteo *nm* **1** : jolting **2** : clattering, clatter
tras *prep* **1** : after ⟨día tras día : day after day⟩ ⟨uno tras otro : one after another⟩ **2** : behind ⟨tras la puerta : behind the door⟩
trasbordar, trasbordo → **transbordar, transbordo**
trascendencia *nf* **1** : importance, significance **2** : transcendence
trascendental *adj* **1** : transcendental **2** : important, momentous
trascendente *adj* **1** : important, significant **2** : transcendent

trascender {56} *vi* **1** : to leak out, to become known **2** : to spread, to have a wide effect **3** ~ **a** : to smell of ⟨la casa trascendía a flores : the house smelled of flowers⟩ **4** ~ **de** : to transcend, to go beyond — *vt* : to transcend

trasero[1], **-ra** *adj* POSTERIOR : rear, back

trasero[2] *nm* : buttocks

trasfondo *nm* **1** : background, backdrop **2** : undertone, undercurrent

trasformación → **transformación**

trasgo *nm* : goblin, imp

trasgredir → **transgredir**

trasladar *vt* **1** TRANSFERIR : to transfer, to move **2** POSPONER : to postpone **3** TRADUCIR : to translate **4** COPIAR : to copy, to transcribe — **trasladarse** *vr* MUDARSE : to move, to relocate

traslado *nm* **1** : transfer, move **2** : copy

traslapar *vt* : to overlap — **traslaparse** *vr*

traslapo *nm* : overlap

traslúcido, -da → **translúcido**

traslucir {45} *vi* : to reveal, to show — **traslucirse** *vr* : to show through

trasmano *nm* **a** ~ : out of the way, out of reach

trasmisión, trasmitir → **transmisión, transmitir**

trasnochar *vi* : to stay up all night

trasparencia *nf* **trasparente** → **transparencia, transparente**

traspasar *vt* **1** PERFORAR : to pierce, to go through **2** : to go beyond ⟨traspasar los límites : to overstep the limits⟩ **3** ATRAVESAR : to cross, to go across **4** : to sell, to transfer

traspaso *nm* : transfer, sale

traspié *nm* **1** : stumble **2** : blunder

traspiración → **transpiración**

trasplantar *vt* : to transplant

trasplante *nm* : transplant

trasponer → **transponer**

trasportar → **transportar**

trasquilar *vt* ESQUILAR : to shear

traste *nm* **1** : fret (on a guitar) **2** *CA, Mex, PRi* : kitchen utensil ⟨lavar los trastes : to do the dishes⟩ **3 dar al traste con** : to ruin, to destroy **4 irse al traste** : to fall through

trastornar *vt* : to disturb, to upset, to disrupt — **trastornarse** *vr*

trastorno *nm* **1** : disorder ⟨trastorno mental : mental disorder⟩ **2** : disturbance, upset

trastos *nmpl* **1** : implements, utensils **2** *fam* : pieces of junk, stuff

trasunto *nm* : image, likeness

tratable *adj* **1** : friendly, sociable **2** : treatable

tratado *nm* **1** : treatise **2** : treaty

tratamiento *nm* : treatment

tratante *nmf* : dealer, trader

tratar *vi* **1** ~ **con** : to deal with, to have contact with ⟨no trato mucho con los clientes : I don't have much contact with customers⟩ **2** ~ **de** : to try to ⟨estoy tratando de comer : I am trying to

eat⟩ **3** ~ **de** *or* ~ **sobre** : to be about, to concern ⟨el libro trata de las plantas : the book is about plants⟩ **4** ~ **en** : to deal in ⟨trata en herramientas : he deals in tools⟩ — *vt* **1** : to treat ⟨tratan bien a sus empleados : they treat their employees well⟩ **2** : to handle ⟨trató el tema con delicadeza : he handled the subject tactfully⟩ — **tratarse** *vr* ~ **de** : to be about, to concern

trato *nm* **1** : deal, agreement **2** : relationship, dealings *pl* **3** : treatment ⟨malos tratos : ill-treatment⟩

trauma *nm* : trauma

traumático, -ca *adj* : traumatic — **traumáticamente** *adv*

traumatismo *nm* : injury ⟨traumatismo cervical : whiplash⟩

través *nm* **1 a través de** : across, through **2 al través** : crosswise, across **3 de través** : sideways

travesaño *nm* **1** : crossbar **2** : crossbeam, crosspiece, transom (of a window)

travesía *nf* : voyage, crossing (of the sea)

travesura *nf* **1** : prank, mischievous act **2 travesuras** *nfpl* : mischief

travieso, -sa *adj* : mischievous, naughty — **traviesamente** *adv*

trayecto *nm* **1** : journey **2** : route **3** : trajectory, path

trayectoria *nf* : course, path, trajectory

trayendo → **traer**

traza *nf* **1** DISEÑO : design, plan **2** : appearance

trazado *nm* **1** BOSQUEJO : outline, sketch **2** PLAN : plan, layout

trazar {21} *vt* **1** : to trace **2** : to draw up, to devise **3** : to outline, to sketch

trazo *nm* **1** : stroke, line **2** : sketch, outline

trébol *nm* **1** : clover, shamrock **2** : club (playing card)

trece *adj & nm* : thirteen

treceavo[1], **-va** *adj* : thirteenth

treceavo[2] *nm* : thirteenth (fraction)

trecho *nm* **1** : stretch, period ⟨de trecho en trecho : at intervals⟩ **2** : distance, space

tregua *nf* **1** : truce **2** : lull, respite **3 sin** ~ : relentless, unrelenting

treinta *adj & nm* : thirty

treintavo[1], **-va** *adj* : thirtieth

treintavo[2] *nm* : thirtieth (fraction)

tremendo, -da *adj* **1** : tremendous, enormous **2** : terrible, dreadful **3** *fam* : great, super

trementina *nf* AGUARRÁS : turpentine

trémulo, -la *adj* **1** : trembling, shaky **2** : flickering

tren *nm* **1** : train **2** : set, assembly ⟨tren de aterrizaje : landing gear⟩ **3** : speed, pace ⟨a todo tren : at top speed⟩

trence, etc. → **trenzar**

trenza *nf* : braid, pigtail

trenzar {21} *vt* : to braid — **trenzarse** *vr* : to get involved

trepador, -dora *adj* : climbing ⟨rosal trepador : rambling rose⟩

trepadora *nf* 1 : climbing plant, climber 2 : nuthatch
trepar *vi* 1 : to climb ⟨trepar a un árbol : to climb up a tree⟩ 2 : to creep, to spread (of a plant)
trepidación *nf*, *pl* **-ciones** : vibration
trepidante *adj* 1 : vibrating 2 : fast, frantic
trepidar *vi* 1 : to shake, to vibrate 2 : to hesitate, to waver
tres *adj & nm* : three
trescientos[1], **-tas** *adj* : three hundred
trescientos[2] *nms & pl* : three hundred
treta *nf* : trick, ruse
tríada *nf* : triad
triángulo *nm* : triangle — **triangular** *adj*
tribal *adj* : tribal
tribu *nf* : tribe
tribulación *nf*, *pl* **-ciones** : tribulation
tribuna *nf* 1 : dais, platform 2 : stands *pl*, bleachers *pl*, grandstand
tribunal *nm* : court, tribunal
tributar *vt* : to pay, to render — *vi* : to pay taxes
tributario[1], **-ria** *adj* : tax ⟨evasión tributaria : tax evasion⟩
tributario[2] *nm* : tributary
tributo *nm* 1 : tax 2 : tribute
triciclo *nm* : tricycle
tricolor *adj* : tricolor, tricolored
tridente *nm* : trident
tridimensional *adj* : three-dimensional, 3-D
trienal *adj* : triennial
trifulca *nf fam* : row, ruckus
trigésimo[1], **-ma** *adj* : thirtieth, thirty-
trigésimo[2], **-ma** *n* : thirtieth, thirty- (in a series)
trigo *nm* 1 : wheat 2 **trigo rubión** : buckwheat
trigonometría *nf* : trigonometry
trigueño, -ña *adj* 1 : light brown (of hair) 2 MORENO : dark, olive-skinned
trillado, -da *adj* : trite, hackneyed
trilladora *nf* : thresher, threshing machine
trillar *vt* : to thresh
trillizo, -za *n* : triplet
trilogía *nf* : trilogy
trimestral *adj* : quarterly — **trimestralmente** *adv*
trinar *vi* 1 : to thrill 2 : to warble
trinchar *vt* : to carve, to cut up
trinchera *nf* 1 : trench, ditch 2 : trench coat
trineo *nm* : sled, sleigh
trinidad *nf* **la Trinidad** : the Trinity
trino *nm* : trill, warble
trinquete *nm* : ratchet
trío *nm* : trio
tripa *nf* 1 INTESTINO : gut, intestine 2 **tripas** *nfpl fam* : belly, tummy, insides *pl* ⟨dolerle a uno las tripas : to have a stomach ache⟩
tripartito, -ta *adj* : tripartite
triple *adj & nm* : triple
triplicado *nm* : triplicate
triplicar {72} *vt* : to triple, to treble

trípode *nm* : tripod
tripulación *nf*, *pl* **-ciones** : crew
tripulante *nmf* : crew member
tripular *vt* : to man
tris *nm* **estar en un tris de** : to be within an inch of, to be very close to
triste *adj* 1 : sad, gloomy ⟨ponerse triste : to become sad⟩ 2 : desolate, dismal ⟨una perspectiva triste : a dismal outlook⟩ 3 : sorry, sorry-looking ⟨la triste verdad : the sorry truth⟩
tristeza *nf* DOLOR : sadness, grief
tristón, -tona *adj*, *mpl* **-tones** : melancholy, downhearted
tritón *nm*, *pl* **tritones** : newt
triturar *vt* : to crush, to grind
triunfal *adj* : triumphal, triumphant — **triunfalmente** *adv*
triunfante *adj* : triumphant, victorious
triunfar *vi* 1 : to triumph, to win
triunfo *nm* 1 : triumph, victory 2 ÉXITO : success 3 : trump (in card games)
triunvirato *nm* : triumvirate
trivial *adj* 1 : trivial 2 : trite, commonplace
trivialidad *nf* : triviality
triza *nf* 1 : shred, bit 2 **hacer trizas** : to tear into shreds, to smash to pieces
trocar {82} *vt* 1 CAMBIAR : to exchange, to trade 2 CAMBIAR : to change, to alter, to transform 3 CONFUNDIR : to confuse, to mix up
trocha *nf* : path, trail
troce, etc. → **trozar**
trofeo *nm* : trophy
tromba *nf* 1 : whirlwind 2 **tromba de agua** : downpour, cloudburst
trombón *nm*, *pl* **trombones** 1 : trombone 2 : trombonist — **trombonista** *nmf*
trombosis *nf* : thrombosis
trompa *nf* 1 : trunk (of an elephant), proboscis (of an insect) 2 : horn ⟨trompa de caza : hunting horn⟩ 3 : tube, duct (in the body)
trompada *nf fam* 1 : punch, blow 2 : bump, collision (of persons)
trompeta *nf* : trumpet
trompetista *nmf* : trumpet player, trumpeter
trompo *nm* : spinning top
tronada *nf* : thunderstorm
tronar {19} *vi* 1 : to thunder, to roar 2 : to be furious, to rage 3 CA, Mex fam : to shoot — *v impers* : to thunder ⟨está tronando : it's thundering⟩
tronchar *vt* 1 : to snap, to break off 2 : to cut off (relations)
tronco *nm* 1 : trunk (of a tree) 2 : log 3 : torso
trono *nm* 1 : throne 2 *fam* : toilet
tropa *nf* 1 : troop, soldiers *pl* 2 : crowd, mob 3 : herd of livestock
tropel *nm* : mob, swarm
tropezar {29} *vi* 1 : to trip, to stumble 2 : to slip up, to blunder 3 ~ **con** : to run into, to bump into 4 ~ **con** : to come up against (a problem)

tropezón *nm, pl* **-zones 1** : stumble **2** : mistake, slip

tropical *adj* : tropical

trópico *nm* **1** : tropic ⟨trópico de Cáncer : tropic of Cancer⟩ **2 el trópico** : the tropics

tropiezo *nm* **1** CONTRATIEMPO : snag, setback **2** EQUIVOCACIÓN : mistake, slip

troqué, etc. → trocar

troquel *nm* : die (for stamping)

trotamundos *nmf* : globe-trotter

trotar *vi* **1** : to trot **2** : to jog **3** *fam* : to rush about

trote *nm* **1** : trot **2** *fam* : rush, bustle **3 de ~** : durable, for everyday use

trovador, -dora *n* : troubadour

trozar {21} *vt* : to cut up, to dice

trozo *nm* **1** PEDAZO : piece, bit, chunk **2** : passage, extract

trucha *nf* : trout

truco *nm* **1** : trick **2** : knack

truculento, -ta *adj* : horrifying, gruesome

trueca, trueque etc. → trocar

truena, etc. → tronar

trueno *nm* : thunder

trueque *nm* : barter, exchange

trufa *nf* : truffle

truncar {72} *vt* **1** : to truncate, to cut short **2** : to thwart, to frustrate ⟨truncó sus esperanzas : she shattered their hopes⟩

trunco, -ca *adj* **1** : truncated **2** : unfinished, incomplete

trunque, etc. → truncar

tu *adj* **1** : your ⟨tu vestido : your dress⟩ ⟨toma tus vitaminas : take your vitamins⟩ **2** : thy

tú *pron* **1** : you ⟨tú eres mi hijo : you are my son⟩ **2** : thou

tuba *nf* : tuba

tubérculo *nm* : tuber

tuberculosis *nf* : tuberculosis

tuberculoso, -sa *adj* : tuberculous, tubercular

tubería *nf* : pipes *pl*, tubing

tuberoso, -sa *adj* : tuberous

tubo *nm* **1** : tube ⟨tubo de ensayo : test tube⟩ **2** : pipe ⟨tubo de desagüe : drainpipe⟩ **3 tubo digestivo** : alimentary canal

tubular *adj* : tubular

tuerca *nf* : nut ⟨tuercas y tornillos : nuts and bolts⟩

tuerce, etc. → torcer

tuerto, -ta *adj* : one-eyed, blind in one eye

tuerza, etc. → torcer

tuesta, etc. → tostar

tuétano *nm* : marrow

tufo *nm* **1** : fume, vapor **2** *fam* : stench, stink

tugurio *nm* : hovel

tulipán *nm, pl* **-panes** : tulip

tumba *nf* **1** SEPULCRO : tomb **2** FOSA : grave **3** : felling of trees

tumbar *vt* **1** : to knock down **2** : to fell, to cut down — *vi* : to fall down

tumbarse *vr* ACOSTARSE : to lie down

tumbo *nm* **1** : tumble, fall **2 dar tumbos** : to jolt, to bump around

tumor *nm* : tumor

túmulo *nm* : burial mound

tumulto *nm* **1** ALBOROTO : commotion, tumult **2** MOTÍN : riot **3** MULTITUD : crowd

tumultuoso, -sa *adj* : tumultuous

tuna *nf* : prickly pear (fruit)

tundra *nf* : tundra

tunecino, -na *adj & n* : Tunisian

túnel *nm* : tunnel

tungsteno *nm* : tungsten

túnica *nf* : tunic

tupé *nm* PELUQUÍN : toupee

tupido, -da *adj* **1** DENSO : dense, thick **2** OBSTRUIDO : obstructed, blocked up

turba *nf* **1** : peat **2** : mob, throng

turbación *nf, pl* **-ciones 1** : disturbance **2** : alarm, concern **3** : confusion

turbante *nm* : turban

turbar *vt* **1** : to disturb, to disrupt **2** : to worry, to upset **3** : to confuse

turbina *nf* : turbine

turbio, -bia *adj* **1** : cloudy, murky, turbid **2** : dim, blurred **3** : shady, crooked

turbopropulsor *nm* : turboprop

turborreactor *nm* : turbojet

turbulencia *nf* : turbulence

turbulento, -ta *adj* : turbulent

turco¹, -ca *adj* : Turkish

turco², -ca *n* : Turk

turco³ *nm* : Turkish (language)

turgente *adj* : turgid, swollen

turismo *nm* : tourism, tourist industry

turista *nmf* : tourist, vacationer

turístico, -ca *adj* : tourist, travel

turnar *vi* : to take turns, to alternate

turno *nm* **1** : turn ⟨ya te tocará tu turno : you'll get your turn⟩ **2** : shift, duty ⟨turno de noche : night shift⟩ **3 por turno** : alternately

turón *nm, pl* **turones** : polecat

turquesa *nf* : turquoise

turrón *nm, pl* **turrones** : nougat

tusa *nf* : corn husk

tutear *vt* : to address as *tú*

tutela *nf* **1** : guardianship **2** : tutelage, protection

tuteo *nm* : addressing as *tú*

tutor, -tora *n* **1** : tutor **2** : guardian

tuvo, etc. → tener

tuyo¹, -ya *adj* : yours, of yours ⟨un amigo tuyo : a friend of yours⟩ ⟨¿es tuya esta casa? : is this house yours?⟩

tuyo², -ya *pron* **1** : yours ⟨ése es el tuyo : that one is yours⟩ ⟨trae la tuya : bring your own⟩ **2 los tuyos** : your relations, your friends ⟨¿vendrán los tuyos? : are your folks coming?⟩

tweed ['twið] *nm* : tweed

U

u¹ *nf* : twenty-second letter of the Spanish alphabet

u² *conj* (*used instead of* o *before words beginning with* o- *or* ho-) : or

ualabí *nm* : wallaby

uapití *nm* : American elk, wapiti

ubicación *nf, pl* **-ciones** : location, position

ubicar {72} *vt* **1** SITUAR : to place, to put, to position **2** LOCALIZAR : to locate, to find — **ubicarse** *vr* **1** LOCALIZARSE : to be placed, to be located **2** SITUARSE : to position oneself

ubicuidad *nf* OMNIPRESENCIA : ubiquity

ubicuo, -cua *adj* OMNIPRESENTE : ubiquitous

ubre *nf* : udder

ucraniano¹, -na *adj & n* : Ukranian

ucraniano² *nm* : Ukranian (language)

Ud., Uds. → usted

ufanarse *vr* ~ **de** : to boast about, to pride oneself on

ufano, -na *adj* **1** ORGULLOSO : proud **2** : self-satisfied, smug

ugandés, -desa *adj & n, mpl* **-deses** : Ugandan

ukelele *nm* : ukulele

úlcera *nf* : ulcer — **ulceroso, -sa** *adj*

ulcerar *vt* : to ulcerate — **ulcerarse** *vr* — **ulceración** *nf*

ulceroso, -sa *adj* : ulcerous

ulterior *adj* : later, subsequent — **ulteriormente** *adv*

últimamente *adv* : lately, recently

ultimar *vt* **1** CONCLUIR : to complete, to finish, to finalize **2** MATAR : to kill

ultimátum *nm, pl* **-tums** : ultimatum

último, -ma *adj* **1** : last, final ⟨la última galleta : the last cookie⟩ ⟨en último caso : as a last resort⟩ **2** : last, latest, most recent ⟨su último viaje a España : her last trip to Spain⟩ ⟨en los últimos años : in recent years⟩ **3 por** ~ : finally

ultrajar *vt* INSULTAR : to offend, to outrage, to insult

ultraje *nm* INSULTO : outrage, insult

ultramar *nm* **de** ~ *or* **en** ~ : overseas, abroad

ultranza *nf* **1 a** ~ : to the extreme ⟨lo defendió a ultranza : she defended him fiercely⟩ **2 a** ~ : extreme, out-and-out ⟨perfeccionismo a ultranza : rabid perfectionism⟩

ultrarrojo, -ja *adj* : infrared

ultravioleta *adj* : ultraviolet

ulular *vi* **1** : to hoot **2** : to howl, to wail

ululato *nm* : hoot (of an owl), wail (of a person)

umbilical *adj* : umbilical ⟨cordón umbilical : umbilical cord⟩

umbral *nm* : threshold, doorstep

un¹ *adj* → uno¹

un², **una** *art, mpl* **unos** **1** : a, an **2 unos** *or* **unas** *pl* : some, a few ⟨hace unas se-

manas : a few weeks ago⟩ **3 unos** *or* **unas** *pl* : about, approximately ⟨unos veinte años antes : about twenty years before⟩

unánime *adj* : unanimous — **unánimemente** *adv*

unanimidad *nf* **1** : unanimity **2 por** ~ : unanimously

unción *nf, pl* **-ciones** : unction

uncir {83} *vt* : to yoke

undécimo¹, -ma *adj* : eleventh

undécimo², -ma *n* : eleventh (in a series)

ungir {35} *vt* : to anoint

ungüento *nm* : ointment, salve

únicamente *adv* : only, solely

unicelular *adj* : unicellular

único¹, -ca *adj* **1** : only, sole **2** : unique, extraordinary

único², -ca *n* : only one ⟨los únicos que vinieron : the only ones who showed up⟩

unicornio *nm* : unicorn

unidad *nf* **1** : unity **2** : unit

unidireccional *adj* : unidirectional

unido, -da *adj* **1** : joined, united **2** : close ⟨unos amigos muy unidos : very close friends⟩

unificar {72} *vt* : to unify — **unificación** *nf*

uniformado, -da *adj* : uniformed

uniformar *vt* ESTANDARIZAR : to standardize, to make uniform

uniforme¹ *adj* : uniform — **uniformemente** *adv*

uniforme² *nm* : uniform

uniformidad *nf* : uniformity

unilateral *adj* : unilateral — **unilateralmente** *adv*

unión *nf, pl* **uniones** **1** : union **2** JUNTURA : joint, coupling

unir *vt* **1** JUNTAR : to unite, to join, to link **2** COMBINAR : to combine, to blend — **unirse** *vr* **1** : to join together **2** : to combine, to mix together **3** ~ **a** : to join ⟨se unieron al grupo : they joined the group⟩

unísono *nm* : unison ⟨al unísono : in unison⟩

unitario, -ria *adj* : unitary, unit ⟨precio unitario : unit price⟩

universal *adj* : universal — **universalmente** *adv*

universidad *nf* : university

universitario¹, -ria *adj* : university, college

universitario², -ria *n* : university student, college student

universo *nm* : universe

unja, etc. → ungir

uno¹, una *adj* (**un** *before masculine singular nouns*) : one ⟨una silla : one chair⟩ ⟨tiene treinta y un años : he's thirty-one years old⟩ ⟨el tomo uno : volume one⟩

uno² *nm* : one, number one

uno³, una *pron* **1** : one (number) ⟨uno por uno : one by one⟩ ⟨es la una : it's one o'clock⟩ **2** : one (person or thing) ⟨una es mejor que las otras : one (of them) is better than the others⟩ ⟨hacerlo uno mismo : to do it oneself⟩ **3 unos, unas** *pl* : some (ones), some people **4 uno y otro** : both **5 unos y otros** : all of them **6 el uno al otro** : one another, each other ⟨se enseñaron los unos a los otros : they taught each other⟩

untar *vt* **1** : to anoint **2** : to smear, to grease **3** : to bribe

unza, etc. → uncir

uña *nf* **1** : fingernail, toenail **2** : claw, hoof, stinger

uranio *nm* : uranium

Urano *nm* : Uranus

urbanidad *nf* : urbanity, courtesy

urbanización *nf, pl* **-ciones** : housing development, residential area

urbanizar {21} *vt* : to develop (an area)

urbano, -na *adj* **1** : urban **2 CORTÉS** : urbane, polite

urbe *nf* : large city, metropolis

urdimbre *nf* : warp (in a loom)

urdu *nm* : Urdu

uretra *nf* : urethra

urgencia *nf* **1** : urgency **2 EMERGENCIA** : emergency

urgente *adj* : urgent — **urgentemente** *adv*

urgir {35} *v impers* : to be urgent, to be pressing ⟨me urge localizarlo : I urgently need to find him⟩ ⟨el tiempo urge : time is running out⟩

urinario¹, -ria *adj* : urinary

urinario² *nm* : urinal (place)

urja, etc. → urgir

urna *nf* **1** : urn **2** : ballot box ⟨acudir a las urnas : to go to the polls⟩

urogallo *nm* : grouse (bird)

urraca *nf* **1** : magpie **2 urraca de América** : blue jay

urticaria *nf* : hives

uruguayo, -ya *adj & n* : Uruguayan

usado, -da *adj* **1** : used, secondhand **2** : worn, worn-out

usanza *nf* : custom, usage

usar *vt* **1 EMPLEAR, UTILIZAR** : to use, to make use of **2 CONSUMIR** : to consume, to use (up) **3 LLEVAR** : to wear **4 de usar y tirar** : disposable — **usarse** *vr* **1** : to be used **2** : to be in fashion

uso *nm* **1 EMPLEO, UTILIZACIÓN** : use ⟨de uso personal : for personal use⟩ ⟨hacer uso de : to make use of⟩ **2** : wear ⟨uso y desgaste : wear and tear⟩ **3 USANZA** : custom, usage, habit ⟨al uso de : in the manner of, in the style of⟩

usted *pron* **1** (formal form of address in most countries; often written as **Ud.** or **Vd.**) : you **2 ustedes** *pl* (often written as **Uds.** or **Vds.**) : you, all of you

usual *adj* : usual, common, normal ⟨poco usual : not very common⟩ — **usualmente** *adv*

usuario, -ria *n* : user

usura *nf* : usury — **usurario, -ria** *adj*

usurero, -ra *n* : usurer

usurpador, -dora *n* : usurper

usurpar *vt* : to usurp — **usurpación** *nf*

utensilio *nm* : utensil, tool

uterino, -na *adj* : uterine

útero *nm* : uterus, womb

útil *adj* : useful, handy, helpful

útiles *nmpl* : implements, tools

utilidad *nf* **1** : utility, usefulness **2 utilidades** *nfpl* : profits

utilitario, -ria *adj* : utilitarian

utilizable *adj* : usable, fit for use

utilización *nf, pl* **-ciones** : utilization, use

utilizar {21} *vt* : to use, to utilize

útilmente *adv* : usefully

utopía *nf* : utopia

utópico, -ca *adj* : utopian

uva *nf* : grape

uvular *adj* : uvular

V

v *nf* : twenty-third letter of the Spanish alphabet

va → ir

vaca *nf* : cow

vacación *nf, pl* **-ciones 1** : vacation ⟨dos semanas de vacaciones : two weeks of vacation⟩ **2 estar de vacaciones** : to be on vacation **3 irse de vacaciones** : to go on vacation

vacacionar *vi Mex* : to vacation

vacacionista *nmf CA, Mex* : vacationer

vacante¹ *adj* : vacant, empty

vacante² *nf* : vacancy (for a job)

vaciado *nm* : cast, casting ⟨vaciado de yeso : plaster cast⟩

vaciar {85} *vt* **1** : to empty, to empty out, to drain **2 AHUECAR** : to hollow out **3** : to cast (in a mold) — *vi* **~ en** : to flow into, to empty into

vacilación *nf, pl* **-ciones** : hesitation, vacillation

vacilante *adj* **1** : hesitant, unsure **2** : shaky, unsteady **3** : flickering

vacilar *vi* **1** : to hesitate, to vacillate, to waver **2** : to be unsteady, to wobble **3** : to flicker **4 fam** : to joke, to fool around

vacío¹, -cía *adj* **1** : vacant **2** : empty **3** : meaningless

vacío² *nm* **1** : emptiness, void **2** : space, gap **3** : vacuum **4 hacerle el vacío a alguien** : to ostracize someone, to give someone the cold shoulder

vacuidad *nf* : vacuity, vacuousness

vacuna *nf* : vaccine
vacunación *nf*, *pl* **-ciones** INOCU-LACIÓN : vaccination, inoculation
vacunar *vt* INOCULAR : to vaccinate, to inoculate
vacuno[1], **-na** *adj* : bovine ⟨ganado vacuno : beef cattle⟩
vacuno[2] *nm* : bovine
vacuo, -cua *adj* : empty, shallow, inane
vadear *vt* : to ford, to wade across
vado *nm* : ford
vagabundear *vi* : to wander, to roam about
vagabundo[1], **-da** *adj* ERRANTE : wandering 2 : stray
vagabundo[2], **-da** *n* : vagrant, bum, vagabond
vagamente *adv* : vaguely
vagancia *nf* 1 : vagrancy 2 PEREZA : laziness, idleness
vagar {52} *vi* ERRAR : to roam, to wander
vagina *nf* : vagina — **vaginal** *adj*
vago[1], **-ga** *adj* 1 : vague 2 PEREZOSO : lazy, idle
vago[2], **-ga** *n* 1 : idler, loafer 2 VAGA-BUNDO : vagrant, bum
vagón *nm*, *pl* **vagones** : car (of a train)
vague, etc. → **vagar**
vaguear *vi* 1 : to loaf, to lounge around 2 VAGAR : to wander
vaguedad *nf* : vagueness
vahído *nm* : dizzy spell
vaho *nm* 1 : breath 2 : vapor, steam (on glass, etc.)
vaina *nf* 1 : sheath, scabbard 2 : pod (of a pea or bean) 3 *fam* : nuisance, bother
vainilla *nf* : vanilla
vaivén *nm*, *pl* **vaivenes** 1 : swinging, swaying, rocking 2 : change, fluctuation ⟨los vaivenes de la vida : life's ups and downs⟩
vajilla *nf* : dishes *pl*, set of dishes
valdrá, etc. → **valer**
vale *nm* 1 : voucher 2 PAGARÉ : promissory note, IOU
valedero, -ra *adj* : valid
valentía *nf* : courage, valor
valer {84} *vt* 1 : to be worth ⟨valen una fortuna : they're worth a fortune⟩ ⟨no vale protestar : there's no point in protesting⟩ ⟨valer la pena : to be worth the trouble⟩ 2 : to cost ⟨¿cuánto vale? : how much does it cost?⟩ 3 : to earn, to gain ⟨le valió una reprimenda : it earned him a reprimand⟩ 4 : to protect, to aid ⟨¡válgame Dios! : God help me!⟩ 5 : to be equal to — *vi* 1 : to have value ⟨sus consejos no valen para nada : his advice is worthless⟩ 2 : to be valid, to count ⟨eso no vale! : that doesn't count!⟩ 3 **hacerse valer** : to assert oneself 4 **más vale** : it's better ⟨más vale que te vayas : you'd better go⟩ — **valerse** *vr* 1 ~ **de** : to take advantage of 2 **valerse solo** *or* **valerse por sí mismo** : to look after oneself 3 *Mex* : to be fair ⟨no se vale : it's not fair⟩

valeroso, -sa *adj* : brave, valiant
valet ['balet, -'le] *nm* : jack (in playing cards)
valga, etc. → **valer**
valía *nf* : value, worth
validar *vt* : to validate — **validación** *nf*
validez *nf* : validity
válido, -da *adj* : valid
valiente *adj* 1 : brave, valiant 2 (*used ironically*) : fine, great ⟨¡valiente amiga! : what a fine friend!⟩ — **valientemente** *adv*
valija *nf* : suitcase, valise
valioso, -sa *adj* PRECIOSO : valuable, precious
valla *nf* 1 : fence, barricade 2 : hurdle (in sports) 3 : obstacle, hindrance
vallar *vt* : to fence, to put a fence around
valle *nm* : valley, vale
valor *nm* 1 : value, worth, importance 2 CORAJE : courage, valor 3 **valores** *nmpl* : values, principles 4 **valores** *nmpl* : securities, bonds 5 **sin ~** : worthless
valoración *nf*, *pl* **-ciones** 1 EVALU-ACIÓN : valuation, appraisal, assessment 2 APRECIACIÓN : appreciation
valorar *vt* 1 EVALUAR : to evaluate, to appraise, to assess 2 APRECIAR : to value, to appreciate
valorizarse {21} *vr* : to appreciate, to increase in value — **valorización** *nf*
vals *nm* : waltz
valsar *vi* : to waltz
valuación *nf*, *pl* **-ciones** : valuation, appraisal
valuar {3} *vt* : to value, to appraise, to assess
válvula *nf* 1 : valve 2 **válvula reguladora** : throttle
vamos → **ir**
vampiro *nm* : vampire
van → **ir**
vanadio *nm* : vanadium
vanagloriarse *vr* : to boast, to brag
vanamente *adv* : vainly, in vain
vandalismo *nm* : vandalism
vándalo *nm* : vandal — **vandalismo** *nm*
vanguardia *nf* 1 : vanguard 2 : avante-garde 3 **a la vanguardia** : at the forefront
vanidad *nf* : vanity
vanidoso, -sa *adj* PRESUMIDO : vain, conceited
vano, -na *adj* 1 INÚTIL : vain, useless 2 : vain, worthless ⟨vanas promesas : empty promises⟩ 3 **en ~** : in vain, of no avail
vapor *nm* 1 : vapor, steam 2 : steamer, steamship 3 **al vapor** : steamed
vaporizador *nm* : vaporizer
vaporizar {21} *vt* : to vaporize — **vaporizarse** *vr* — **vaporización** *nf*
vaporoso, -sa *adj* 1 : vaporous 2 : sheer, airy
vapulear *vt* : to beat, to thrash
vaquero[1], **-ra** *adj* : cowboy ⟨pantalón vaquero : jeans⟩

vaquero², **-ra** n : cowboy m, cowgirl f
vaqueros nmpl JEANS : jeans
vaquilla nf : heifer
vara nf 1 : pole, stick, rod 2 : staff (of office) 3 : lance, pike (in bullfighting) 4 : yardstick 5 **vara de oro** : goldenrod
varado, -da adj 1 : beached, aground 2 : stranded
varar vt : to beach (a ship), to strand — vi : to run aground
variable adj & nf : variable — **variabilidad** nf
variación nf, pl **-ciones** : variation
variado, -da adj : varied, diverse
variante adj & nf : variant
varianza nf : variance
variar {85} vt 1 : to change, to alter 2 : to diversify — vi 1 : to vary, to change 2 **variar de opinión** : to change one's mind
varicela nf : chicken pox
varices or **várices** nfpl : varicose veins
varicoso, -sa adj : varicose
variedad nf DIVERSIDAD : variety, diversity
varilla nf 1 : rod, bar 2 : spoke (of a wheel) 3 : rib (of an umbrella)
vario, -ria adj 1 : varied, diverse 2 : variegated, motley 3 : changeable 4 **varios, varias** pl : various, several
variopinto, -ta adj : diverse, assorted, motley
varita nf : wand ⟨varita mágica : magic wand⟩
varón nm, pl **varones** 1 HOMBRE : man, male 2 NIÑO : boy
varonil adj 1 : masculine, manly 2 : mannish
vas → **ir**
vasallo nm : vassal — **vasallaje** nm
vasco¹, -ca adj & n : Basque
vasco² nm : Basque (language)
vascular adj : vascular
vasija nf : container, vessel
vaso nm 1 : glass, tumbler 2 : glassful 3 : vessel ⟨vaso sanguíneo : blood vessel⟩
vástago nm 1 : offspring, descendant 2 : shoot (of a plant)
vastedad nf : vastness, immensity
vasto, -ta adj : vast, immense
vataje nm : wattage
vaticinar vt : to predict, to foretell
vaticinio nm : prediction, prophecy
vatio nm : watt
vaya, etc. → **ir**
Vd., Vds. → **usted**
ve, etc. → **ir, ver**
vea, etc. → **ver**
vecinal adj : local
vecindad nf 1 : neighborhood, vicinity 2 **casa de vecindad** : tenement
vecindario nm 1 : neighborhood, area 2 : residents pl
vecino, -na n 1 : neighbor 2 : resident, inhabitant
veda nf 1 PROHIBICIÓN : prohibition 2 : closed season (for hunting or fishing)

vedar vt 1 : to prohibit, to ban 2 IMPEDIR : to impede, to prevent
vega nf : fertile lowland
vegetación nf, pl **-ciones** 1 : vegetation 2 **vegetaciones** nfpl : adenoids
vegetal adj & nm : vegetable, plant
vegetar vi : to vegetate
vegetarianismo nm : vegetarianism
vegetariano, -na adj & n : vegetarian
vegetativo, -va adj : vegetative
vehemente adj : vehement — **vehemencia** nf
vehículo nm : vehicle — **vehicular** adj
veía, etc. → **ver**
veinte adj & nm : twenty
veinteavo¹, -va adj : twentieth
veinteavo² nm : twentieth (fraction)
veintena nf : group of twenty, score ⟨una veintena de participantes : about twenty participants⟩
vejación nf, pl **-ciones** : ill-treatment, humiliation
vejar vt : to mistreat, to ridicule, to harass
vejete nm : old fellow, codger
vejez nf : old age
vejiga nf 1 : bladder 2 AMPOLLA : blister
vela nf 1 VIGILIA : wakefulness ⟨pasé la noche en vela : I stayed awake all night⟩ 2 : watch, vigil, wake 3 : candle 4 : sail
velada nf : evening party, soirée
velado, -da adj 1 : veiled, hidden 2 : blurred 3 : muffled
velador¹, -dora n : guard, night watchman
velador² nm 1 : candlestick 2 : night table
velar vt 1 : to hold a wake over 2 : to watch over, to sit up with 3 : to blur, to expose (a photo) 4 : to veil, to conceal — vi 1 : to stay awake 2 ~ **por** : to watch over, to look after
velatorio nm VELORIO : wake (for the dead)
veleidad nf 1 : fickleness 2 : whim, caprice
veleidoso, -sa adj : fickle, capricious
velero nm 1 : sailing ship 2 : sailboat
veleta nf : weather vane
vello nm 1 : body hair 2 : down, fuzz
vellocino nm : fleece
vellón nm, pl **vellones** 1 : fleece, sheepskin 2 PRi : nickel (coin)
vellosidad nf : downiness, hairiness
velloso, -sa adj : downy, fluffy, hairy
velo nm : veil
velocidad nf 1 : speed, velocity ⟨velocidad máxima : speed limit⟩ 2 MARCHA : gear (of an automobile)
velocímetro nm : speedometer
velocista nmf : sprinter
velorio nm VELATORIO : wake (for the dead)
velour nm : velour, velours
veloz adj, pl **veloces** : fast, quick, swift — **velozmente** adv
ven → **venir**

vena *nf* **1** : vein ⟨vena yugular : jugular vein⟩ **2** : vein, seam, lode **3** : grain (of wood) **4** : style ⟨en vena lírica : in a lyrical vein⟩ **5** : strain, touch ⟨una vena de humor : a touch of humor⟩ **6** : mood

venado *nm* **1** : deer **2** : venison

venal *adj* : venal — **venalidad** *nf*

vencedor, -dora *n* : winner, victor

vencejo *nm* : swift (bird)

vencer {86} *vt* **1** DERROTAR : to vanquish, to defeat **2** SUPERAR : to overcome, to surmount — *vi* **1** GANAR : to win, to triumph **2** CADUCAR : to expire ⟨el plazo vence el jueves : the deadline is Thursday⟩ **3** : to fall due, to mature — **vencerse** *vr* **1** DOMINARSE : to control oneself **2** : to break, to collapse

vencido, -da *adj* **1** : defeated **2** : expired **3** : due, payable **4 darse por vencido** : to give up

vencimiento *nm* **1** : defeat **2** : expiration **3** : maturity (of a loan)

venda *nf* : bandage

vendaje *nm* : bandage, dressing

vendar *vt* **1** : to bandage **2 vendar los ojos** : to blindfold

vendaval *nm* : gale, strong wind

vendedor, -dora *n* : salesperson, salesman *m*, saleswoman *f*

vender *vt* **1** : to sell **2** : to sell out, to betray — **venderse** *vr* **1** : to be sold ⟨se vende : for sale⟩ **2** : to sell out

vendetta *nf* : vendetta

vendible *adj* : salable, marketable

vendimia *nf* : grape harvest

vendrá, etc. → **venir**

veneno *nm* **1** : poison **2** : venom

venenoso, -sa *adj* : poisonous, venomous

venerable *adj* : venerable

veneración *nf, pl* **-ciones** : veneration, reverence

venerar *vt* : to venerate, to revere

venéreo, -rea *adj* : venereal

venero *nm* **1** VENA : seam, lode, vein **2** MANANTIAL : spring **3** FUENTE : origin, source

venezolano, -na *adj & n* : Venezuelan

venga, etc. → **venir**

vengador, -dora *n* : avenger

venganza *nf* : vengeance, revenge

vengar {52} *vt* : to avenge — **vengarse** *vr* : to get even, to revenge oneself

vengativo, -va *adj* : vindictive, vengeful

vengue, etc. → **vengar**

venia *nf* **1** PERMISO : permission, leave **2** PERDÓN : pardon **3** : bow (of the head)

venial *adj* : venial

venida *nf* **1** LLEGADA : arrival, coming **2** REGRESO : return **3 idas y venidas** : comings and goings

venidero, -ra *adj* : coming, future

venir {87} *vi* **1** : to come ⟨lo vi venir : I saw him coming⟩ ⟨¡venga! : come on!⟩ **2** : to arrive ⟨vinieron en coche : they came by car⟩ **3** : to come, to originate ⟨sus zapatos vienen de Italia : her shoes

are from Italy⟩ **4** : to come, to be available ⟨viene envuelto en plástico : it comes wrapped in plastic⟩ **5** : to come back, to return **6** : to affect, to overcome ⟨me vino un vahído : a dizzy spell came over me⟩ **7** : to fit ⟨te viene un poco grande : it's a little big for you⟩ **8** *(with the present participle)* : to have been ⟨viene entrenando diariamente : he's been training daily⟩ **9 ~ a** *(with the infinitive)* : to end up, to turn out ⟨viene a ser lo mismo : it comes out the same⟩ **10 que viene** : coming, next ⟨el año que viene : next year⟩ **11 venir bien** : to be suitable, to be just right — **venirse** *vr* **1** : to come, to arrive **2** : to come back **3 venirse abajo** : to fall apart, to collapse

venta *nf* **1** : sale **2 venta al por menor** *or* **venta al detalle** : retail sales

ventaja *nf* **1** : advantage **2** : lead, head start **3 ventajas** *nfpl* : perks, extras

ventajoso, -sa *adj* **1** : advantageous **2** : profitable — **ventajosamente** *adv*

ventana *nf* **1** : window (of a building) **2 ventana de la nariz** : nostril

ventanal *nm* : large window

ventanilla *nf* **1** : window (of a vehicle or airplane) **2** : ticket window, box office

ventero, -ra *n* : innkeeper

ventilación *nf, pl* **-ciones** : ventilation

ventilador *nm* **1** : ventilator **2** : fan

ventilar *vt* **1** : to ventilate, to air out **2** : to air, to discuss **3** : to make public, to reveal — **ventilarse** *vr* : to get some air

ventisca *nf* : snowstorm, blizzard

ventisquero *nm* : snowdrift

ventosear *vi* : to break wind

ventosidad *nf* : wind, flatulence

ventoso, -sa *adj* : windy

ventrículo *nm* : ventricle

ventrílocuo, -cua *n* : ventriloquist

ventriloquia *nf* : ventriloquism

ventura *nf* **1** : fortune, luck, chance **2** : happiness **3 a la ventura** : at random, as it comes

venturoso, -sa *adj* **1** AFORTUNADO : fortunate, lucky **2** : successful

Venus *nm* : Venus

venza, etc. → **vencer**

ver¹ {88} *vt* **1** : to see ⟨vimos la película : we saw the movie⟩ **2** ENTENDER : to understand ⟨ya lo veo : now I get it⟩ **3** EXAMINAR : to examine, to look into ⟨lo veré : I'll take a look at it⟩ **4** JUZGAR : to see, to judge ⟨a mi manera de ver : to my way of thinking⟩ **5** VISITAR : to meet with, to visit **6** AVERIGUAR : to find out **7 a ver** *or* **vamos a ver** : let's see — *vi* **1** : to see **2** ENTERARSE : to learn, to find out **3** ENTENDER : to understand — **verse** *vr* **1** HALLARSE : to find oneself **2** PARECER : to look, to appear **3** ENCONTRARSE : to see each other, to meet

ver² *nm* **1** : looks *pl*, appearance **2** : opinion ⟨a mi ver : in my view⟩

vera *nf* : side ⟨a la vera del camino : alongside the road⟩
veracidad *nf* : truthfulness, veracity
veranda *nf* : veranda
veraneante *nmf* : summer vacationer
veranear *vi* : to spend the summer
veraniego, -ga *adj* 1 ESTIVAL : summer ⟨el sol veraniego : the summer sun⟩ 2 : summery
verano *nm* : summer
veras *nfpl* de ∼ : really, truly
veraz *adj*, *pl* **veraces** : truthful, veracious
verbal *adj* : verbal — **verbalmente** *adv*
verbalizar {21} *vt* : to verbalize, to express
verbena *nf* 1 FIESTA : festival, fair 2 : verbena, vervain
verbigracia *adv* : for example
verbo *nm* : verb
verborrea *nf* : verbiage
verbosidad *nf* : verbosity, wordiness
verboso, -sa *adj* : verbose, wordy
verdad *nf* 1 : truth 2 de ∼ : really, truly 3 ¿verdad? : right?, isn't that so?
verdaderamente *adv* : really, truly
verdadero, -dera *adj* 1 REAL, VERÍDICO : true, real 2 AUTÉNTICO : genuine
verde[1] *adj* 1 : green (in color) 2 : green, unripe 3 : inexperienced, green 4 : dirty, risqué
verde[2] *nm* : green
verdear *vi* : to turn green, to become verdant
verdín *nm*, *pl* **verdines** : slime, scum
verdor *nm* 1 : greenness 2 : verdure
verdoso, -sa *adj* : greenish
verdugo *nm* 1 : executioner, hangman 2 : tyrant
verdugón *nm*, *pl* **-gones** : welt, wheal
verdura *nf* : vegetable(s), green(s)
vereda *nf* 1 SENDA : path, trail 2 : sidewalk, pavement
veredicto *nm* : verdict
verga *nf* : spar, yard (of a ship)
vergonzoso, -sa *adj* 1 : disgraceful, shameful 2 : bashful, shy — **vergonzosamente** *adv*
vergüenza *nf* 1 : disgrace, shame 2 : embarrassment 3 : bashfulness, shyness
vericueto *nm* : rough terrain
verídico, -ca *adj* 1 REAL, VERDADERO : true, real 2 VERAZ : truthful
verificación *nf*, *pl* **-ciones** 1 : verification 2 : testing, checking
verificador, -dora *n* : inspector, tester
verificar {72} *vt* 1 : to verify, to confirm 2 : to test, to check 3 : to carry out, to conduct — **verificarse** *vr* 1 : to take place, to occur 2 : to come true
verja *nf* 1 : rails *pl* (of a fence) 2 : grating, grille 3 : gate
vermut *nm*, *pl* **vermuts** : vermouth
vernáculo, -la *adj* : vernacular
vernal *adj* : vernal, spring
verosímil *adj* 1 : probable, likely 2 : credible, realistic

verosimilitud *nf* 1 : probability, likeliness 2 : verisimilitude
verraco *nm* : boar
verruga *nf* : wart
versado, -da *adj* ∼ **en** : versed in, knowledgeable about
versar *vi* ∼ **sobre** : to deal with, to be about
versátil *adj* 1 : versatile 2 : fickle
versatilidad *nf* 1 : versatility 2 : fickleness
versículo *nm* : verse (in the Bible)
versión *nf*, *pl* **versiones** 1 : version 2 : translation
verso *nm* : verse
versus *prep* : versus, against
vértebra *nf* : vertebra — **vertebral** *adj*
vertebrado[1], **-da** *adj* : vertebrate
vertebrado[2] *nm* : vertebrate
vertedero *nm* 1 : garbage dump 2 DESAGÜE : drain, outlet
verter {56} *vt* 1 : to pour 2 : to spill, to shed 3 : to empty out 4 : to express, to voice 5 : to translate, to render — *vi* : to flow
vertical *adj* & *nf* : vertical — **verticalmente** *adv*
vértice *nm* : vertex, apex
vertido *nm* : spilling, spill
vertiente *nf* 1 : slope 2 : aspect, side, element
vertiginoso, -sa *adj* : vertiginous — **vertiginosamente** *adv*
vértigo *nm* : vertigo, dizziness
vesícula *nf* 1 : vesicle 2 **vesícula biliar** : gallbladder
vesicular *adj* : vesicular
vestíbulo *nm* : vestibule, hall, lobby, foyer
vestido *nm* 1 : dress, costume, clothes *pl* 2 : dress (garment)
vestidor *nm* : dressing room
vestiduras *nfpl* 1 : clothing, raiment, regalia 2 *or* **vestiduras sacerdotales** : vestments
vestigio *nm* : vestige, sign, trace
vestimenta *nf* ROPA : clothing, clothes *pl*
vestir {54} *vt* 1 : to dress, to clothe 2 LLEVAR : to wear 3 ADORNAR : to decorate, to dress up — *vi* 1 : to dress ⟨vestir bien : to dress well⟩ 2 : to look good, to suit the occasion — **vestirse** *vr* 1 : to get dressed 2 ∼ **de** : to dress up as ⟨se vistieron de soldados : they dressed up as soldiers⟩ 3 ∼ **de** : to wear, to dress in
vestuario *nm* 1 : wardrobe 2 : dressing room, locker room
veta *nf* 1 : grain (in wood) 2 : vein, seam, lode 3 : trace, streak ⟨una veta de terco : a stubborn streak⟩
vetar *vt* : to veto
veteado, -da *adj* : streaked, veined
veterano, -na *adj* & *n* : veteran
veterinaria *nf* : veterinary medicine
veterinario[1], **-ria** *adj* : veterinary
veterinario[2], **-ria** *n* : veterinarian

veto *nm* : veto

vetusto, -ta *adj* ANTIGUO : ancient, very old

vez *nf, pl* **veces 1** : time, occasion ⟨a la vez : at the same time⟩ ⟨a veces : at times, occasionally⟩ ⟨de vez en cuando : from time to time⟩ **2** *(with numbers)* : time ⟨una vez : once⟩ ⟨de una vez : all at once⟩ ⟨de una vez para siempre : once and for all⟩ ⟨dos veces : twice⟩ **3** : turn ⟨a su vez : in turn⟩ ⟨en vez de : instead of⟩ ⟨hacer las veces de : to act as, to stand in for⟩

vía¹ *nf* **1** RUTA, CAMINO : road, route, way ⟨Vía Láctea : Milky Way⟩ **2** MEDIO : means, way ⟨por vía oficial : through official channels⟩ **3** : track, line (of a railroad) **4** : tract, passage ⟨por vía oral : orally⟩ **5 en vías de** : in the process of ⟨en vías de solución : on the road to a solution⟩ **6 por ~** : by (in transportation) ⟨por vía aérea : by air, airmail⟩

vía² *prep* : via

viable *adj* : viable, feasible — **viabilidad** *nf*

viaducto *nm* : viaduct

viajante *mf* : traveling salesman, traveling saleswoman

viajar *vi* : to travel, to journey

viaje *nm* : trip, journey ⟨viaje de negocios : business trip⟩

viajero¹, -ra *adj* : traveling

viajero², -ra *n* **1** : traveler **2** PASAJERO : passenger

vial *adj* : road, traffic

viático *nm* : travel allowance, travel expenses *pl*

víbora *nf* : viper

vibración *nf, pl* **-ciones** : vibration

vibrador *nm* : vibrator

vibrante *adj* **1** : vibrant **2** : vibrating

vibrar *vi* : to vibrate

vibratorio, -ria *adj* : vibratory

vicario, -ria *n* : vicar

vicealmirante *nmf* : vice admiral

vicepresidente, -ta *n* : vice president — **vicepresidencia** *nf*

viceversa *adv* : vice versa, conversely

viciado, -da *adj* : stuffy, close

viciar *vt* **1** : to corrupt **2** : to invalidate **3** FALSEAR : to distort **4** : to pollute, to adulterate

vicio *nm* **1** : vice, depravity **2** : bad habit **3** : defect, blemish

vicioso, -sa *adj* : depraved, corrupt

vicisitud *nf* : vicissitude

víctima *nf* : victim

victimario, -ria *n* ASESINO : killer, murderer

victimizar {21} *vt Arg, Mex* : to victimize

victoria *nf* : victory — **victorioso, -sa** *adj* — **victoriosamente** *adv*

victoriano, -na *adj* : Victorian

vid *nf* : vine, grapevine

vida *nf* **1** : life ⟨la vida cotidiana : everyday life⟩ **2** : life span, lifetime **3** BI-

OGRAFÍA : biography, life **4** : way of life, lifestyle **5** : livelihood ⟨ganarse la vida : to earn one's living⟩ **6** VIVEZA : liveliness **7 media vida** : half-life

vidente *nmf* **1** : psychic, clairvoyant **2** : sighted person

video *or* **video** *nm* : video

videocasete *or* **videocassette** *nm* : videocassette

videocasetera *or* **videocassettera** *nf* : videocassette recorder, VCR

videocinta *nf* : videotape

videograbar *vt* : to videotape

vidriado *nm* : glaze

vidriar *vt* : to glaze (pottery, tile, etc.)

vidriera *nf* **1** : stained-glass window **2** : glass door or window **3** : store window

vidriero, -ra *n* : glazier

vidrio *nm* **1** : glass, piece of glass **2** : windowpane

vidrioso, -sa *adj* **1** : brittle, fragile **2** : slippery **3** : glassy, glazed (of eyes) **4** : touchy, delicate

vieira *nf* **1** : scallop **2** : scallop shell

viejo¹, -ja *adj* **1** ANCIANO : old, elderly **2** ANTIGUO : former, longstanding ⟨viejas tradiciones : old traditions⟩ ⟨viejos amigos : old friends⟩ **3** GASTADO : old, worn, worn-out

viejo², -ja *n* ANCIANO : old man *m*, old woman *f*

viene, etc. → **venir**

viento *nm* **1** : wind **2 hacer viento** : to be windy **3 contra viento y marea** : against all odds **4 viento alisio** : trade wind **5 viento en popa** : splendidly, successfully

vientre *nm* **1** : abdomen, belly **2** : womb **3** : bowels *pl*

viernes *nms & pl* : Friday

vierte, etc. → **verter**

vietnamita¹ *adj & nmf* : Vietnamese

vietnamita² *nm* : Vietnamese (language)

viga *nf* **1** : beam, rafter, girder **2 viga voladiza** : cantilever

vigencia *nf* **1** : validity **2** : force, effect ⟨entrar en vigencia : to go into effect⟩

vigente *adj* : valid, in force

vigésimo¹, -ma *adj* : twentieth, twenty- ⟨la vigésima segunda edición : the twenty-second edition⟩

vigésimo², -ma *n* : twentieth, twenty- (in a series)

vigía *nmf* : lookout

vigilancia *nf* : vigilance, watchfulness ⟨bajo vigilancia : under surveillance⟩

vigilante¹ *adj* : vigilant, watchful

vigilante² *nmf* : watchman, guard

vigilar *vt* **1** CUIDAR : to look after, to keep an eye on **2** GUARDAR : to watch over, to guard — *vi* **1** : to be watchful **2** : to keep watch

vigilia *nf* **1** VELA : wakefulness **2** : night work **3** : vigil (in religion)

vigor *nm* **1** : vigor, energy, strength **2** VIGENCIA : force, effect

vigorizante *adj* : invigorating

vigorizar {21} *vt* : to strengthen, to invigorate

vigoroso, -sa *adj* : vigorous — **vigorosamente** *adv*

VIH *nm* (virus de inmunodeficiencia humana) : HIV

vikingo, -ga *adj & n* : Viking

vil *adj* : vile, despicable

vileza *nf* **1** : vileness **2** : despicable action, villainy

vilipendiar *vt* : to vilify, to revile

villa *nf* **1** : town, village **2** : villa

villancico *nm* : carol, Christmas carol

villano, -na *n* **1** : villain **2** : peasant

vilo *nm* **1 en ~** : in the air **2 en ~** : uncertain, in suspense

vinagre *nm* : vinegar

vinagrera *nf* : cruet (for vinegar)

vinatería *nf* : wine shop

vinculación *nf, pl* **-ciones 1** : linking **2** RELACIÓN : bond, link, connection

vincular *vt* CONECTAR, RELACIONAR : to tie, to link, to connect

vínculo *nm* LAZO : tie, link, bond

vindicación *nf, pl* **-ciones** : vindication

vindicar *vt* **1** : to vindicate **2** : to avenge

vinilo *nm* : vinyl

vino¹, etc. → **venir**

vino² *nm* : wine

viña *nf* : vineyard

viñedo *nm* : vineyard

vio, etc. → **ver**

viola *nf* : viola

violación *nf, pl* **-ciones 1** : violation, offense **2** : rape

violador¹, -dora *n* : violator, offender

violador² *nm* : rapist

violar *vt* **1** : to rape **2** : to violate (a law or right) **3** PROFANAR : to desecrate

violencia *nf* : violence

violentamente *adv* : by force, violently

violentar *vt* **1** FORZAR : to break open, to force **2** : to distort (words or ideas) — **violentarse** *vr* : to force oneself

violento, -ta *adj* **1** : violent **2** EMBARAZOSO, INCÓMODO : awkward, embarrassing

violeta¹ *adj & nm* : violet (color)

violeta² *nf* : violet (flower)

violín *nm, pl* **-lines** : violin

violinista *nmf* : violinist

violonchelista *nmf* : cellist

violonchelo *nm* : cello, violoncello

VIP *nmf, pl* **VIPs** : VIP

vira *nf* : welt (of a shoe)

virago *nf* : virago, shrew

viraje *nm* **1** : turn, swerve **2** : change

viral *adj* : viral

virar *vi* : to tack, to turn, to veer

virgen¹ *adj* : virgin ⟨lana virgen : virgin wool⟩

virgen² *nmf, pl* **vírgenes** : virgin ⟨la Santísima Virgen : the Blessed Virgin⟩

virginal *adj* : virginal, chaste

virginidad *nf* : virginity

Virgo *nmf* : Virgo

vírico, -ca *adj* : viral

viril *adj* : virile — **virilidad** *nf*

virrey, -rreina *n* : viceroy *m*, vicereine *f*

virtual *adj* : virtual — **virtualmente** *adv*

virtud *nf* **1** : virtue **2 en virtud de** : by virtue of

virtuosismo *nm* : virtuosity

virtuoso¹, -sa *adj* : virtuous — **virtuosamente** *adv*

virtuoso², -sa *n* : virtuoso

viruela *nf* **1** : smallpox **2** : pockmark

virulencia *nf* : virulence

virulento, -ta *adj* : virulent

virus *nm* : virus

viruta *nf* : shaving

visa *nf* : visa

visado *nm Spain* : visa

visaje *nm* : face, grimace ⟨hacer visajes : to make faces⟩

visceral *adj* : visceral

vísceras *nfpl* : viscera, entrails

visconde, -desa *n* : viscount *m*, viscountess *f*

viscosidad *nf* : viscosity

viscoso, -sa *adj* : viscous

visera *nf* : visor

visibilidad *nf* : visibility

visible *adj* : visible — **visiblemente** *adv*

visión *nf, pl* **visiones 1** : vision, eyesight **2** : view, perspective **3** : vision, illusion ⟨ver visiones : to be seeing things⟩

visionario, -ria *adj & n* : visionary

visita *nf* **1** : visit, call **2** : visitor **3 ir de visita** : to go visiting

visitador, -dora *n* : visitor, frequent caller

visitante¹ *adj* : visiting

visitante² *nmf* : visitor

visitar *vt* : to visit

vislumbrar *vt* **1** : to discern, to make out **2** : to begin to see, to have an inkling of

vislumbre *nf* : glimmer, gleam

viso *nm* **1** APARIENCIA : appearance ⟨tener visos de : to seem, to show signs of⟩ **2** DESTELLO : glint, gleam **3** : sheen, iridescence

visón *nm, pl* **visones** : mink

víspera *nf* **1** : eve, day before **2** vísperas *nfpl* : vespers

vista *nf* **1** VISIÓN : vision, eyesight **2** MIRADA : look, gaze, glance **3** PANORAMA : view, vista, panorama **4** : hearing (in court) **5 a primera vista** : at first sight **6 en vista de** : in view of **7 hacer la vista gorda** : to turn a blind eye **8 ¡hasta la vista!** : so long!, see you! **9 perder de vista** : to lose sight of **10 punto de vista** : point of view

vistazo *nm* : glance, look

viste, etc. → **ver¹, vestir**

visto¹ *pp* → **ver**

visto², -ta *adj* **1** : obvious, clear **2** : in view of, considering **3 estar bien visto** : to be approved of **4 estar mal visto** : to be frowned upon **5 por lo visto** : apparently **6 nunca visto** : unheard-of **7 visto que** : since, given that

visto³ *nm* **visto bueno** : approval

vistoso, -sa *adj* : colorful, bright
visual *adj* : visual — **visualmente** *adv*
visualización *nf, pl* **-ciones** : visualization
visualizar {21} *vt* **1** : to visualize **2** : to display (on a screen)
vital *adj* **1** : vital **2** : lively, dynamic
vitalicio, -cia *adj* : life, lifetime
vitalidad *nf* : vitality
vitamina *nf* : vitamin
vitamínico, -ca *adj* : vitamin ⟨complejos vitamínicos : vitamin compounds⟩
vitorear *vt* : to cheer, to acclaim
vitral *nm* : stained-glass window
vítreo, -rea *adj* : vitreous, glassy
vitrina *nf* **1** : showcase, display case **2** : store window
vitriolo *nm* : vitriol
vituperar *vt* : to condemn, to vituperate against
vituperio *nm* : vituperation, censure
viudez *nf* : widowerhood, widowhood
viudo, -da *n* : widower *m*, widow *f*
vivacidad *nf* VIVEZA : vivacity, liveliness
vivamente *adv* **1** : in a lively manner **2** : vividly **3** : strongly, acutely ⟨lo recomendamos vivamente : we strongly recommend it⟩
vivaque *nm* : bivouac
vivaquear *vi* : to bivouac
vivar *vi* : to cheer
vivaz *adj, pl* **vivaces 1** : lively, vivacious **2** : clever, sharp **3** : perennial
víveres *nmpl* : provisions, supplies, food
vivero *nm* **1** : nursery (for plants) **2** : hatchery, fish farm
viveza *nf* **1** VIVACIDAD : liveliness **2** BRILLO : vividness, brightness **3** ASTUCIA : cleverness, sharpness
vívido, -da *adj* : vivid, lively
vividor, -dora *n* : sponger, parasite
vivienda *nf* **1** : housing **2** MORADA : dwelling, home
viviente *adj* : living
vivificar {72} *vt* : to vivify, to give life to
vivir[1] *vi* **1** : to live, to be alive **2** SUBSISTIR : to subsist, to make a living **3** RESIDIR : to reside **4** : to spend one's life ⟨vive para trabajar : she lives to work⟩ **5** ~ **de** : to live on — *vt* **1** : to live ⟨vivir su vida : to live one's life⟩ **2** EXPERIMENTAR : to go through, to experience
vivir[2] *nm* **1** : life, lifestyle **2 de mal vivir** : disreputable
vivisección *nf, pl* **-ciones** : vivisection
vivo, -va *adj* **1** : alive **2** INTENSO : vivid, bright, intense **3** ANIMADO : lively, vivacious **4** ASTUTO : sharp, clever **5 en** ~ : live ⟨transmisión en vivo : live broadcast⟩ **6 al rojo vivo** : red-hot
vizconde, -desa *n* : viscount *m*, viscountess *f*
vocablo *nm* PALABRA : word
vocabulario *nm* : vocabulary
vocación *nf, pl* **-ciones** : vocation
vocacional *adj* : vocational
vocal[1] *adj* : vocal

vocal[2] *nmf* : member (of a committee, board, etc.)
vocal[3] *nf* : vowel
vocalista *nmf* CANTANTE : singer, vocalist
vocalizar {21} *vi* : to vocalize
vocear *v* : to shout
vocerío *nm* : clamor, shouting
vocero, -ra *n* PORTAVOZ : spokesperson, spokesman *m*, spokeswoman *f*
vociferante *adj* : vociferous
vociferar *vi* GRITAR : to shout, to yell
vodevil *nm* : vaudeville
vodka *nm* : vodka
voladizo[1], **-za** *adj* : projecting
voladizo[2] *nm* : projection
volador, -dora *adj* : flying
volando *adv* : quickly, in a hurry
volante[1] *adj* : flying
volante[2] *nm* **1** : steering wheel **2** FOLLETO : flier, circular **3** : shuttlecock **4** : flywheel **5** : balance wheel (of a watch) **6** : ruffle, flounce
volar {19} *vi* **1** : to fly **2** CORRER : to hurry, to rush ⟨el tiempo vuela : time flies⟩ ⟨pasar volando : to fly past⟩ **3** DIVULGARSE : to spread ⟨unos rumores volaban : rumors were spreading around⟩ **4** DESAPARECER : to disappear ⟨el dinero ya voló : the money's already gone⟩ — *vt* **1** : to blow up, to demolish **2** : to irritate
volátil *adj* : volatile — **volatilidad** *nf*
volatilizar {21} *vt* : to volatize — **volatilizarse** *vr*
volcán *nm, pl* **volcanes** : volcano
volcánico, -ca *adj* : volcanic
volcar {82} *vt* **1** : to upset, to knock over, to turn over **2** : to empty out **3** : to make dizzy **4** : to cause a change of mind in **5** : to irritate — *vi* **1** : to overturn, to tip over **2** : to capsize — **volcarse** *vr* **1** : to overturn **2** : to do one's utmost
volea *nf* : volley (in sports)
volear *vi* : to volley (in sports)
voleibol *nm* : volleyball
voleo *nm* **al voleo** : haphazardly, at random
volframio *nm* : wolfram, tungsten
volición *nf, pl* **-ciones** : volition
volqué, etc. → volcar
voltaje *nm* : voltage
voltear *vt* **1** : to turn over, to turn upside down **2** : to reverse, to turn inside out **3** : to turn ⟨voltear la cara : to turn one's head⟩ **4** : to knock down — *vi* **1** : to roll over, to do somersaults **2** : to turn ⟨volteó a la izquierda : he turned left⟩ — **voltearse** *vr* **1** : to turn around **2** : to change one's allegiance
voltereta *nf* : somersault, tumble
voltio *nm* : volt
volubilidad *nf* : fickleness, changeableness
voluble *adj* : fickle, changeable
volumen *nm, pl* **-lúmenes 1** TOMO : volume, book **2** : capacity, size, bulk **3** CANTIDAD : amount ⟨el volumen de

ventas : the volume of sales⟩ **4** : volume, loudness

voluminoso, -sa *adj* : voluminous, massive, bulky

voluntad *nf* **1** : will, volition **2** DESEO : desire, wish **3** INTENCIÓN : intention **4 a voluntad** : at will **5 buena voluntad** : good will **6 mala voluntad** : ill will **7 fuerza de voluntad** : willpower

voluntario¹, -ria *adj* : voluntary — **voluntariamente** *adv*

voluntario², -ria *n* : volunteer

voluntarioso, -sa *adj* **1** : stubborn **2** : willing, eager

voluptuosidad *nf* : voluptuousness

voluptuoso, -sa *adj* : voluptuous — **voluptuosamente** *adv*

voluta *nf* : spiral, column (of smoke)

volver {89} *vi* **1** : to return, to come or go back ⟨volver a casa : to return home⟩ **2** : to revert ⟨volver al tema : to get back to the subject⟩ **3 ~ a** : to do again ⟨volvieron a llamar : they called again⟩ **4 volver en sí** : to come to, to regain consciousness — *vt* **1** : to turn, to turn over, to turn inside out **2** : to return, to repay, to restore **3** : to cause, to make ⟨la volvía loca : it was driving her crazy⟩ — **volverse** *vr* **1** : to become ⟨se volvió deprimido : he became depressed⟩ **2** : to turn around

vomitar *vi* : to vomit — *vt* **1** : to vomit **2** : to spew out (lava, etc.)

vómito *nm* **1** : vomiting **2** : vomit

voracidad *nf* : voracity

vorágine *nf* : whirlpool, maelstrom

voraz *adj, pl* **voraces** : voracious — **vorazmente** *adv*

vórtice *nm* **1** : whirlpool, vortex **2** TORBELLINO : whirlwind

vos *pron* (*in some regions of Latin America*) : you

vosear *vt* : to address as *vos*

vosotros, -tras *pron pl* Spain **1** : you, yourselves **2** : ye

votación *nf, pl* **-ciones** : vote, voting

votante *nmf* : voter

votar *vi* : to vote — *vt* : to vote for

votivo, -va *adj* : votive

voto *nm* **1** : vote **2** : vow (in religion) **3 votos** *nmpl* : good wishes

voy → ir

voz *nf, pl* **voces 1** : voice **2** : opinion, say **3** GRITO : shout, yell **4** : sound **5** VOCABLO : word, term **6** : rumor **7 a**

voz en cuello : at the top of one's lungs **8 dar voces** : to shout **9 en voz alta** : aloud, in a loud voice **10 en voz baja** : softly, in a low voice

vudú *nm* : voodoo

vuelco *nm* : upset, overturning ⟨me dio un vuelco el corazón : my heart skipped a beat⟩

vuela, etc. → volar

vuelca, vuelque etc. → volcar

vuelo *nm* **1** : flight, flying ⟨alzar el vuelo : to take flight⟩ **2** : flight (of an aircraft) ⟨vuelo espacial : space flight⟩ **3** : flare, fullness (of clothing) **4 al vuelo** : on the wing

vuelta *nf* **1** GIRO : turn ⟨se dio la vuelta : he turned around⟩ **2** REVOLUCIÓN : circle, revolution ⟨dio la vuelta al mundo : she went around the world⟩ ⟨las ruedas daban vueltas : the wheels were spinning⟩ **3** : flip, turn ⟨le dio la vuelta : she flipped it over⟩ **4** : bend, curve ⟨a la vuelta de la esquina : around the corner⟩ **5** REGRESO : return ⟨de ida y vuelta : round trip⟩ ⟨a vuelta de correo : return mail⟩ **6** : round, lap (in sports or games) **7** PASEO : walk, drive, ride ⟨dio una vuelta : he went for a walk⟩ **8** DORSO, REVÉS : back, other side ⟨a la vuelta : on the back⟩ **9** : cuff (of pants) **10 darle vueltas** : to think over **11 estar de vuelta** : to be back

vuelto *pp* **→ volver**

vuelve, etc. → volver

vuestro¹, -stra *adj* Spain : your, of yours ⟨vuestros coches : your cars⟩ ⟨una amiga vuestra : a friend of yours⟩

vuestro², -stra *pron* Spain, (*with definite article*) : yours ⟨la vuestra es más grande : yours is bigger⟩ ⟨esos son los vuestros : those are yours⟩

vulcanizar {21} *vt* : to vulcanize

vulgar *adj* **1** : common **2** : vulgar

vulgaridad *nf* : vulgarity

vulgarismo *nm* : vulgarism

vulgarizar {21} *vt* : to vulgarize, to popularize

vulgarmente *adv* : vulgarly, popularly

vulgo *nm* **el vulgo** : the masses, common people

vulnerable *adj* : vulnerable — **vulnerabilidad** *nf*

vulnerar *vt* **1** : to injure, to damage (one's reputation or honor) **2** : to violate, to break (a law or contract)

W

w *nf* : twenty-fourth letter of the Spanish alphabet

wafle *nm* : waffle

waflera *nf* : waffle iron

wapití *nm* : wapiti, elk

whisky *nm, pl* **whiskys** *or* **whiskies** : whiskey

wigwam *nm* : wigwam

X

x *nf* : twenty-fifth letter of the Spanish alphabet
xenofobia *nf* : xenophobia
xenófobo¹, -ba *adj* : xenophobic

xenófobo², -ba *n* : xenophobe
xenón *nm* : xenon
xerocopiar *vt* : to photocopy, to xerox
xilófono *nm* : xylophone

Y

y¹ *nf* : twenty-sixth letter of the Spanish alphabet
y² *conj* (**e** *before words beginning with i- or hi-*) **1** : and ⟨mi hermano y yo : my brother and I⟩ ⟨¿y los demás? : and (what about) the others?⟩ **2** (*used in numbers*) ⟨cincuenta y cinco : fifty-five⟩ **3** *fam* : well ⟨y por supuesto : well, of course⟩
ya¹ *adv* **1** : already ⟨ya terminó : she's finished already⟩ **2** : now, right now ⟨¡hazlo ya! : do it now!⟩ ⟨ya mismo : right away⟩ **3** : later, soon ⟨ya iremos : we'll go later on⟩ **4** : no longer, anymore ⟨ya no fuma : he no longer smokes⟩ **5** (*used for emphasis*) ⟨¡ya lo sé! : I know!⟩ ⟨ya lo creo : of course⟩ **6 no ya** : not only ⟨no ya lloran sino gritan : they're not only crying but screaming⟩ **7 ya que** : now that, since ⟨ya que sabe la verdad : now that she knows the truth⟩
ya² *conj* **ya . . . ya** : whether . . . or, first . . . then ⟨ya le gusta, ya no : first he likes it, then he doesn't⟩
yac *nm* : yak
yacer {90} *vi* : to lie ⟨en esta tumba yacen sus abuelos : his grandparents lie in this grave⟩
yacimiento *nm* : bed, deposit ⟨yacimiento petrolífero : oil field⟩
yaga, etc. → **yacer**
yanqui *adj & nmf* : Yankee
yarda *nf* : yard
yate *nm* : yacht
yaz, yazca, yazga etc. → **yacer**
yedra *nf* : ivy
yegua *nf* : mare
yelmo *nm* : helmet
yema *nf* **1** : bud, shoot **2** : yolk (of an egg) **3 yema del dedo** : fingertip
yemenita *adj & nmf* : Yemenite
yen *nm* : yen (currency)
yendo → **ir**

yerba *nf* **1** *or* **yerba mate** : maté **2** → **hierba**
yerga, yergue etc. → **erguir**
yermo¹, -ma *adj* : barren, deserted
yermo² *nm* : wasteland
yerno *nm* : son-in-law
yerra, etc. → **errar**
yerro *nm* : blunder, mistake
yerto, -ta *adj* : rigid, stiff
yesca *nf* : tinder
yeso *nm* **1** : plaster **2** : gypsum
yo¹ *nm* : ego, self
yo² *pron* **1** : I **2** : me ⟨todos menos yo : everyone except me⟩ ⟨tan bajo como yo : as short as me⟩ **3 soy yo** : it is I, it's me
yodado, -da *adj* : iodized
yodo *nm* : iodine
yoduro *nm* : iodide
yoga *nm* : yoga
yogui *nm* : yogi
yogurt *or* **yogur** *nm* : yogurt
yola *nf* : yawl
yoyo *or* **yoyó** *nm* : yo-yo
yuca *nf* **1** : yucca (plant) **2** : cassava, manioc
yucateco¹, -ca *adj* : of or from the Yucatán
yucateco², -ca *n* : person from the Yucatán
yudo → **judo**
yugo *nm* : yoke
yugoslavo, -va *adj & n* : Yugoslavian
yugular *adj* : jugular ⟨vena yugular : jugular vein⟩
yungas *nfpl Bol, Chile, Peru* : warm tropical valleys
yunque *nm* : anvil
yunta *nf* : yoke, team (of oxen)
yuppy *nmf, pl* **yuppies** : yuppie
yute *nm* : jute
yuxtaponer {60} *vt* : to juxtapose — **yuxtaposición** *nf*

Z

z *nf* : twenty-seventh letter of the Spanish alphabet
zacate *nm CA, Mex* **1** : grass, forage **2** : hay
zafacón *nm, pl* **-cones** *Car* : wastebasket
zafar *vt* : to loosen, to untie — **zafarse**

vr **1** : to loosen up, to come undone **2** : to get free of
zafio, -fia *adj* : coarse, crude
zafiro *nm* : sapphire
zaga *nf* **1** : defense (in sports) **2 a la zaga** *or* **en ~** : behind, in the rear
zagual *nm* : paddle (of a canoe)

zaguán *nm, pl* **zaguanes** : front hall, vestibule
zaherir {76} *vt* **1** : to criticize sharply **2** : to wound, to mortify
zahones *nmpl* : chaps
zaino, -na *adj* : chestnut (color)
zalamería *nf* : flattery, sweet talk
zalamero¹, -ra *adj* : flattering, fawning
zalamero², -ra *n* : flatterer
zambiano, -na *adj & nmf* : Zambian
zambullida *nf* : dive, plunge
zambullirse {38} *vr* : to dive, to plunge
zanahoria *nf* : carrot
zancada *nf* : stride, step
zancadilla *nf* **1** : trip, stumble **2** *fam* : trick, ruse
zancos *nmpl* : stilts
zancuda *nf* : wading bird
zancudo *nm* MOSQUITO : mosquito
zángano *nm* : drone, male bee
zanja *nf* : ditch, trench
zanjar *vt* ACLARAR : to settle, to clear up, to resolve
zapallo *nm Arg, Chile, Peru, Uru* : pumpkin
zapapico *nm* : pickax
zapata *nf* : brake shoe
zapatería *nf* **1** : shoemaker's, shoe factory **2** : shoe store
zapatero¹, -ra *adj* : dry, tough, poorly cooked
zapatero², -ra *n* : shoemaker, cobbler
zapatilla *nf* **1** PANTUFLA : slipper **2** *or* **zapatilla de deporte** : sneaker
zapato *nm* : shoe
zar, zarina *n* : czar *m*, czarina *f*
zarandear *vt* **1** : to sift, to sieve **2** : to shake, to jostle, to jiggle
zarapito *nm* : curlew
zarcillo *nm* **1** : earring **2** : tendril (of a plant)
zarigüeya *nf* : opossum
zarista *adj & nmf* : czarist
zarpa *nf* : paw
zarpar *vi* : to set sail, to raise anchor
zarza *nf* : bramble, blackberry bush
zarzamora *nf* **1** : blackberry **2** : bramble, blackberry bush

zarzaparrilla *nf* : sarsaparilla
zepelín *nm, pl* **-lines** : zeppelin
zigoto *nm* : zygote
zigzag *nm, pl* **zigzags** *or* **zigzagues** : zigzag
zigzaguear *vi* : to zigzag
zimbabuense *adj & nmf* : Zimbabwean
zinc *nm* : zinc
zinnia *nf* : zinnia
zíper *nm CA, Mex* : zipper
zircón *nm, pl* **zircones** : zircon
zócalo *nm Mex* : main square
zodíaco *or* **zodiaco** *nm* : zodiac — **zodíacal** *adj*
zombi *or* **zombie** *nmf* : zombie
zona *nf* : zone, district, area
zonzo¹, -za *adj* : stupid, silly
zonzo², -za *n* : idiot, nitwit
zoo *nm* : zoo
zoología *nf* : zoology
zoológico¹, -ca *adj* : zoological
zoológico² *nm* : zoo
zoólogo, -ga *n* : zoologist
zoom *nm* : zoom lens
zopilote *nm CA, Mex* : buzzard
zoquete *nmf fam* : oaf, blockhead
zorrillo *nm* MOFETA : skunk
zorro¹, -rra *adj* : sly, crafty
zorro², -rra *n* **1** : fox, vixen **2** : sly crafty person
zorzal *nm* : thrush
zozobra *nf* : anxiety, worry
zozobrar *vi* : to capsize
zueco *nm* : clog (shoe)
zulú¹ *adj & nmf* : Zulu
zulú² *nm* : Zulu (language)
zumaque *nm* : sumac
zumbar *vi* : to buzz, to hum — *vt fam* **1** : to hit, to thrash **2** : to make fun of
zumbido *nm* : buzzing, humming
zumo *nf* JUGO : juice
zurcir {83} *vt* : to darn, to mend
zurdo¹, -da *adj* : left-handed
zurdo², -da *n* : left-handed person
zurza, etc. → zurcir
zutano, -na → fulano

Diccionario
Inglés-Español

A

a¹ ['eɪ] *n*, *pl* **a's** *or* **as** ['eɪz] : primera letra del alfabeto inglés

a² [ə, 'eɪ] *art* (**an** [ən, 'æn] before vowel or silent *h*) **1** : un *m*, una *f* ⟨a house : una casa⟩ ⟨half an hour : media hora⟩ ⟨what a surprise! : ¡qué sorpresa!⟩ **2** PER : por, a la, al ⟨30 kilometers an hour : 30 kilómetros por hora⟩ ⟨twice a month : dos veces al mes⟩

aardvark ['ɑrd,vɑrk] *n* : oso *m* hormiguero

aback [ə'bæk] *adv* **1** : por sorpresa **2 to be taken aback** : quedarse desconcertado

abacus ['æbəkəs] *n*, *pl* **abaci** ['æbə,saɪ, -,kiː] *or* **abacuses** : ábaco *m*

abaft [ə'bæft] *adv* : a popa

abalone [,æbə'loːni] *n* : abulón *m*, oreja *f* marina

abandon¹ [ə'bændən] *vt* **1** DESERT, FORSAKE : abandonar, desamparar (a alguien), desertar de (algo) **2** GIVE UP, SUSPEND : renunciar a, suspender ⟨he abandoned the search : suspendió la búsqueda⟩ **3** EVACUATE, LEAVE : abandonar, evacuar, dejar ⟨to abandon ship : abandonar el buque⟩ **4 to abandon oneself** : entregarse, abandonarse

abandon² *n* : desenfreno *m* ⟨with wild abandon : desenfrenadamente⟩

abandoned [ə'bændənd] *adj* **1** DESERTED : abandonado **2** UNRESTRAINED : desenfrenado, desinhibido

abandonment [ə'bændənmənt] *n* : abandono *m*, desamparo *m*

abase [ə'beɪs] *vt* **abased; abasing** : degradar, humillar, rebajar

abash [ə'bæʃ] *vt* : avergonzar, abochornar

abashed [ə'bæʃt] *adj* : avergonzado

abate [ə'beɪt] *vi* **abated; abating** : amainar, menguar, disminuir

abattoir ['æbə,twɑr] *n* : matadero *m*

abbess ['æbɪs, -,bɛs, -bəs] *n* : abadesa *f*

abbey ['æbi] *n*, *pl* **-beys** : abadía *f*

abbot ['æbət] *n* : abad *m*

abbreviate [ə'briːvi,eɪt] *vt* **-ated; -ating** : abreviar

abbreviation [ə,briːvi'eɪʃən] *n* : abreviación *f*, abreviatura *f*

ABC's [,eɪbiː'siːz] *npl* : abecé *m*

abdicate ['æbdɪ,keɪt] *v* **-cated; -cating** : abdicar

abdication [,æbdɪ'keɪʃən] *n* : abdicación *f*

abdomen ['æbdəmən, æb'doːmən] *n* : abdomen *m*, vientre *m*

abdominal [æb'dɑmənəl] *adj* : abdominal — **abdominally** *adv*

abduct [æb'dʌkt] *vt* : raptar, secuestrar

abduction [æb'dʌkʃən] *n* : rapto *m*, secuestro *m*

abductor [æb'dʌktər] *n* : raptor *m*, -tora *f*; secuestrador *m*, -dora *f*

abed [ə'bɛd] *adv* & *adj* : en cama

aberrant [æ'bɛrənt, 'æbərənt] *adj* **1** ABNORMAL : anormal, aberrante **2** ATYPICAL : anómalo, atípico

aberration [,æbə'reɪʃən] *n* **1** : aberración *f* **2** DERANGEMENT : perturbación *f* mental

abet [ə'bɛt] *vt* **abetted; abetting** ASSIST : ayudar ⟨to aid and abet : ser cómplice de⟩

abeyance [ə'beɪənts] *n* : desuso *m*, suspensión *f*

abhor [əb'hɔr, æb-] *vt* **-horred; -horring** : abominar, aborrecer

abhorrence [əb'hɔrənts, æb-] *n* : aborrecimiento *m*, odio *m*

abhorrent [əb'hɔrənt, æb-] *adj* : abominable, aborrecible, odioso

abide [ə'baɪd] *v* **abode** [ə'boːd] *or* **abided; abiding** *vt* STAND : soportar, tolerar ⟨I can't abide them : no los puedo ver⟩ — *vi* **1** ENDURE : quedar, permanecer **2** DWELL : morar, residir **3 to abide by** : atenerse a

ability [ə'bɪləṭi] *n*, *pl* **-ties 1** CAPABILITY : aptitud *f*, capacidad *f*, facultad *f* **2** COMPETENCE : competencia *f* **3** TALENT : talento *m*, don *m*, habilidad *f*

abject ['æb,dʒɛkt, æb'-] *adj* **1** WRETCHED : miserable, desdichado **2** HOPELESS : abatido, desesperado **3** SERVILE : servil ⟨abject flattery : halagos serviles⟩ — **abjectly** *adv*

abjure [æb'dʒʊr] *vt* **-jured; -juring** : abjurar de

ablaze [ə'bleɪz] *adj* **1** BURNING : ardiendo, en llamas **2** RADIANT : resplandeciente, radiante

able ['eɪbəl] *adj* **abler; ablest 1** CAPABLE : capaz, hábil **2** COMPETENT : competente

ablution [ə'bluːʃən] *n* : ablución *f* ⟨to perform one's ablutions : lavarse⟩

ably ['eɪbəli] *adv* : hábilmente, eficientemente

abnormal [æb'nɔrməl] *adj* : anormal — **abnormally** *adv*

abnormality [,æbnər'mæləṭi, -nɔr-] *n*, *pl* **-ties** : anormalidad *f*

aboard¹ [ə'bord] *adv* : a bordo

aboard² *prep* : a bordo de

abode¹ → **abide**

abode² [ə'boːd] *n* : morada *f*, residencia *f*, vivienda *f*

abolish [ə'bɑlɪʃ] *vt* : abolir, suprimir

abolition [,æbə'lɪʃən] *n* : abolición *f*, supresión *f*

abominable [ə'bɑmənəbəl] *adj* DETESTABLE : abominable, aborrecible, espantoso

abominate [ə'bɑmə,neɪt] *vt* **-nated; -nating** : abominar, aborrecer

abomination [ə,bɑmə'neɪʃən] *n* : abominación *f*

aboriginal [,æbə'rɪdʒənəl] *adj* : aborigen, indígena

aborigine [,æbə'rɪdʒəni] *n* NATIVE : aborigen *mf*, indígena *mf* abort [ə'bɔrt] vt 1 : abortar (en medicina) 2 CALL OFF : suspender, abandonar — vi : abortar, hacerse un aborto

abortion [ə'bɔrʃən] n : aborto m

abortive [ə'bɔrtɪv] adj UNSUCCESSFUL : fracasado, frustrado, malogrado

abound [ə'baʊnd] vi to abound in : abundar en, estar lleno de

about¹ [ə'baʊt] adv 1 APPROXIMATELY : aproximadamente, casi, más o menos 2 AROUND : por todas partes, alrededor ⟨the children are running about : los niños están corriendo por todas partes⟩ 3 to be about to : estar a punto de 4 to be up and about : estar levantado

about² prep 1 AROUND : alrededor de 2 CONCERNING : de, acerca de, sobre ⟨he always talks about politics : siempre habla de política⟩

above¹ [ə'bʌv] adv 1 OVERHEAD : por encima, arriba 2 : más arriba ⟨as stated above : como se indica más arriba⟩

above² adj : anterior, antedicho ⟨for the above reasons : por las razones antedichas⟩

above³ prep 1 OVER : encima de, arriba de, sobre 2 : superior a, por encima de ⟨he's above those things : él está por encima de esas cosas⟩ 3 : más de, superior a ⟨he earns above $50,000 : gana más de $50,000⟩ ⟨a number above 10 : un número superior a 10⟩ 4 above all : sobre todo

aboveboard¹ [ə'bʌv‚bɔrd, -‚bord] adv open and aboveboard : sin tapujos

aboveboard² adj : legítimo, sincero

abrade [ə'breɪd] vt abraded; abrading 1 ERODE : erosionar, corroer 2 SCRAPE : escoriar, raspar

abrasion [ə'breɪʒən] n 1 SCRAPE, SCRATCH : raspadura f, rasguño m 2 EROSION : erosión f

abrasive¹ [ə'breɪsɪv] adj 1 ROUGH : abrasivo, áspero 2 BRUSQUE, IRRITATING : brusco, irritante

abrasive² n : abrasivo m

abreast [ə'brɛst] adv 1 : en fondo, al lado ⟨to march three abreast : marchar de tres en fondo⟩ 2 to keep abreast : mantenerse al día

abridge [ə'brɪdʒ] vt abridged; abridging : compendiar, resumir

abridgment or abridgement [ə'brɪdʒmənt] n : compendio m, resumen m

abroad [ə'brɔd] adv 1 ABOUT, WIDELY : por todas partes, en todas direcciones ⟨the news spread abroad : la noticia corrió por todas partes⟩ 2 OVERSEAS : en el extranjero, en el exterior

abrogate ['æbrə‚geɪt] vt -gated; -gating : abrogar

abrupt [ə'brʌpt] adj 1 SUDDEN : abrupto, repentino, súbito 2 BRUSQUE, CURT : brusco, cortante — abruptly adv

abscess ['æb‚sɛs] n : absceso m

abscond [æb'skɑnd] vi : huir, fugarse

absence ['æbsənts] n 1 : ausencia f (de una persona) 2 LACK : falta f, carencia f

absent¹ [æb'sɛnt] vt to absent oneself : ausentarse

absent² ['æbsənt] adj : ausente

absentee [‚æbsən'ti:] n : ausente mf

absentminded [‚æbsənt'maɪndəd] adj : distraído, despistado

absentmindedly [‚æbsənt'maɪndədli] adv : distraídamente

absentmindedness [‚æbsənt'maɪndədnəs] n : distracción f, despiste m

absolute ['æbsə‚lu:t, ‚æbsə'lu:t] adj 1 COMPLETE, PERFECT : completo, pleno, perfecto 2 UNCONDITIONAL : absoluto, incondicional 3 DEFINITE : categórico, definitivo

absolutely ['æbsə‚lu:tli, ‚æbsə'lu:tli] adv 1 COMPLETELY : completamente, absolutamente 2 CERTAINLY : desde luego ⟨do you agree? absolutely! : ¿estás de acuerdo? ¡desde luego!⟩

absolution [‚æbsə'lu:ʃən] n : absolución f

absolutism ['æbsə‚lu:‚tɪzəm] n : absolutismo m

absolve [əb'zɑlv, æb-, -'sɑlv] vt -solved; -solving : absolver, perdonar

absorb [əb'zɔrb, æb-, -'sɔrb] vt 1 : absorber, embeber (un líquido), amortiguar (un golpe, la luz) 2 ENGROSS : absorber 3 ASSIMILATE : asimilar

absorbed [əb'zɔrbd, æb-, -'sɔrbd] adj ENGROSSED : absorto, ensimismado

absorbency [əb'zɔrbəntsi, æb-, -'sɔr-] n : absorbencia f

absorbent [əb'zɔrbənt, æb-, -'sɔr-] adj : absorbente

absorbing [əb'zɔrbɪŋ, æb-, -'sɔr-] adj : absorbente, fascinante

absorption [əb'zɔrpʃən, æb-, -'sɔrp-] n 1 : absorción f 2 CONCENTRATION : concentración f

abstain [əb'steɪn, æb-] vi : abstenerse

abstainer [əb'steɪnər, æb-] n : abstemio m, -mia f

abstemious [æb'sti:miəs] adj : abstemio, sobrio — abstemiously adv

abstention [əb'stɛntʃən, æb-] n : abstención f

abstinence ['æbstənənts] n : abstinencia f

abstract¹ [æb'strækt, 'æb‚-] vt 1 EXTRACT : abstraer, extraer 2 SUMMARIZE : compendiar, resumir

abstract² adj : abstracto — abstractly [æb'stræktli, 'æb‚-] adv

abstract³ ['æb‚strækt] n : resumen m, compendio m, sumario m

abstraction [æb'strækʃən] n 1 : abstracción f, idea f abstracta 2 ABSENTMINDEDNESS : distracción f

abstruse [əb'stru:s, æb-] adj : abstruso, recóndito — abstrusely adv

absurd [əb'sərd, -'zərd] adj : absurdo, ridículo, disparatado — absurdly adv

absurdity [əb'sərdəṭi, -'zər-] *n, pl* **-ties 1** : absurdo *m* **2** NONSENSE : disparate *m*, despropósito *m*

abundance [ə'bʌndən*t*s] *n* : abundancia *f*

abundant [ə'bʌndənt] *adj* : abundante, cuantioso, copioso

abundantly [ə'bʌndəntli] *adv* : abundantemente, en abundancia

abuse¹ [ə'bjuːz] *vt* **abused; abusing 1** MISUSE : abusar de **2** MISTREAT : maltratar **3** REVILE : insultar, injuriar, denostar

abuse² [ə'bjuːs] *n* **1** MISUSE : abuso *m* **2** MISTREATMENT : abuso *m*, maltrato *m* **3** INSULTS : insultos *mpl*, improperios *mpl* ⟨a string of abuse : una serie de improperios⟩

abuser [ə'bjuːzər] *n* : abusador *m*, -dora *f*

abusive [ə'bjuːsɪv] *adj* **1** ABUSING : abusivo **2** INSULTING : ofensivo, injurioso, insultante — **abusively** *adv*

abut [ə'bʌt] *v* **abutted; abutting** *vt* : bordear — *vi* **to abut on** : colindar con

abutment [ə'bʌtmənt] *n* **1** BUTTRESS : contrafuerte *m*, estribo *m* **2** CLOSENESS : contigüidad *f*

abysmal [ə'bɪzməl] *adj* **1** DEEP : abismal, insondable **2** TERRIBLE : atroz, desastroso

abysmally [ə'bɪzməli] *adv* : desastrosamente, terriblemente

abyss [ə'bɪs, 'æbɪs] *n* : abismo *m*, sima *f*

acacia [ə'keɪʃə] *n* : acacia *f*

academic¹ [ˌækə'dɛmɪk] *adj* **1** : académico **2** THEORETICAL : teórico — **academically** [-mɪkli] *adv*

academic² *n* : académico *m*, -ca *f*

academician [ˌækədə'mɪʃən] *n* → **academic**

academy [ə'kædəmi] *n, pl* **-mies** : academia *f*

acanthus [ə'kænθəs] *n* : acanto *m*

accede [æk'siːd] *vi* **-ceded; -ceding 1** AGREE : acceder, consentir **2** ASCEND : subir, acceder ⟨he acceded to the throne : subió al trono⟩

accelerate [ɪk'sɛlə,reɪt, æk-] *v* **-ated; -ating** *vt* : acelerar, apresurar — *vi* : acelerar (dícese de un carro)

acceleration [ɪkˌsɛlə'reɪʃən, æk-] *n* : aceleración *f*

accelerator [ɪk'sɛlə,reɪṭər, æk-] *n* : acelerador *m*

accent¹ [ˈæk,sɛnt, æk'sɛnt] *vt* : acentuar

accent² [ˈæk,sɛnt, -sənt] *n* **1** : acento *m* **2** EMPHASIS, STRESS : énfasis *m*, acento *m*

accentuate [ɪk'sɛntʃu,eɪt, æk-] *vt* **-ated; -ating** : acentuar, poner énfasis en

accept [ɪk'sɛpt, æk-] *vt* **1** : aceptar **2** ACKNOWLEDGE : admitir, reconocer

acceptability [ɪkˌsɛptə'bɪləṭi, æk-] *n* : aceptabilidad *f*

acceptable [ɪk'sɛptəbəl, æk-] *adj* : aceptable, admisible — **acceptably** [-bli] *adv*

acceptance [ɪk'sɛptən*t*s, æk-] *n* : aceptación *f*, aprobación *f*

access¹ [ˈæk,sɛs] *vt* : obtener acceso a, entrar a

access² *n* : acceso *m*

accessibility [ɪkˌsɛsə'bɪləṭi] *n, pl* **-ties** : accesibilidad *f*

accessible [ɪk'sɛsəbəl, æk-] *adj* : accesible, asequible

accession [ɪk'sɛʃən, æk-] *n* **1** : ascenso *f*, subida *f* (al trono, etc.) **2** ACQUISITION : adquisición *f*

accessory¹ [ɪk'sɛsəri, æk-] *adj* : auxiliar

accessory² *n, pl* **-ries 1** : accesorio *m*, complemento *m* **2** ACCOMPLICE : cómplice *mf*

accident [ˈæksədənt] *n* **1** MISHAP : accidente *m* **2** CHANCE : casualidad *f*

accidental [ˌæksə'dɛntəl] *adj* : accidental, casual, imprevisto, fortuito

accidentally [ˌæksə'dɛntəli, -'dɛntli] *adv* **1** BY CHANCE : por casualidad **2** UNINTENTIONALLY : sin querer, involuntariamente

acclaim¹ [ə'kleɪm] *vt* : aclamar, elogiar

acclaim² *n* : aclamación *f*, elogio *m*

acclamation [ˌæklə'meɪʃən] *n* : aclamación *f*

acclimate [ˈæklə,meɪt, ə'klaɪmət] → **acclimatize**

acclimatize [ə'klaɪmə,taɪz] *v* **-tized; -tizing** *vt* **1** : aclimatar **2 to acclimatize oneself** : aclimatarse

accolade [ˈækə,leɪd, -,lɑd] *n* **1** PRAISE : elogio *m* **2** AWARD : galardón *m*

accommodate [ə'kɑmə,deɪt] *vt* **-dated; -dating 1** ADAPT : acomodar, adaptar **2** SATISFY : tener en cuenta, satisfacer **3** HOLD : dar cabida a, tener cabida para

accommodation [əˌkɑmə'deɪʃən] *n* **1** : adaptación *f*, adecuación *f* **2** **accommodations** *npl* LODGING : alojamiento *m*, hospedaje *m*

accompaniment [ə'kʌmpənəmənt, -'kʌm-] *n* : acompañamiento *m*

accompanist [ə'kʌmpənɪst, -'kʌm-] *n* : acompañante *mf*

accompany [ə'kʌmpəni, -'kʌm-] *vt* **-nied; -nying** : acompañar

accomplice [ə'kɑmpləs, -'kʌm-] *n* : cómplice *mf*

accomplish [ə'kɑmplɪʃ, -'kʌm-] *vt* : efectuar, realizar, lograr, llevar a cabo

accomplished [ə'kɑmplɪʃt, -'kʌm-] *adj* : consumado, logrado

accomplishment [ə'kɑmplɪʃmənt, -'kʌm-] *n* **1** ACHIEVEMENT : logro *m*, éxito *m* **2** SKILL : destreza *f*, habilidad *f*

accord¹ [ə'kɔrd] *vt* GRANT : conceder, otorgar — *vi* **to accord with** : concordar con, conformarse con

accord² *n* **1** AGREEMENT : acuerdo *m*, convenio *m* **2** VOLITION : voluntad *f*

⟨on one's own accord : voluntariamente, de motu proprio⟩
accordance [ə'kɔrdənts] *n* **1** ACCORD
: acuerdo *m*, conformidad *f* **2 in accordance with** : conforme a, según, de
acuerdo con
accordingly [ə'kɔrdɪŋli] *adv* **1** CORRE-
SPONDINGLY : en consecuencia **2**
CONSEQUENTLY : por consiguiente,
por lo tanto
according to [ə'kɔrdɪŋ] *prep* : según, de
acuerdo con, conforme a
accordion [ə'kɔrdiən] *n* : acordeón *m*
accordionist [ə'kɔrdiənɪst] *n* : acordeonista *mf*
accost [ə'kɔst] *vt* : abordar, dirigirse a
account¹ [ə'kaunt] *vt* : considerar, estimar ⟨he accounts himself lucky : se
considera afortunado⟩ — *vi* **to account for** : dar cuenta de, explicar
account² *n* **1** : cuenta *f* ⟨savings account
: cuenta de ahorros⟩ **2** EXPLANATION
: versión *f*, explicación *f* **3** REPORT : relato *m*, informe *m* **4** IMPORTANCE : importancia *f* ⟨to be of no account : no
tener importancia⟩ **5 on account of**
BECAUSE OF : a causa de, debido a, por
6 on no account : de ninguna manera
accountability [ə,kauntə'bɪləti] *n* : responsabilidad *f*
accountable [ə'kauntəbəl] *adj* : responsable
accountant [ə'kauntənt] *n* : contador *m*,
-dora *f*; contable *mf* Spain
accounting [ə'kauntɪŋ] *n* : contabilidad
f
accoutrements *or* **accouterments** [ə-
'ku:trəmənts, -'ku:tər-] *npl* **1** EQUIP-
MENT : equipo *m*, avíos *mpl* **2** ACCES-
SORIES : accesorios *mpl* **3** TRAPPINGS
: símbolos *mpl* ⟨the accoutrements of
power : los símbolos del poder⟩
accredit [ə'krɛdət] *vt* : acreditar, autorizar
accreditation [ə,krɛdə'teɪʃən] *n* : acreditación *f*, homologación *f*
accretion [ə'kri:ʃən] *n* **1** : acrecentamiento *m* (proceso) **2** : acreción *f*,
acrecencia *f* (producto)
accrual [ə'kru:əl] *n* : incremento *m*, acumulación *f*
accrue [ə'kru:] *vi* **-crued; -cruing** : acumularse, aumentarse
accumulate [ə'kju:mjə,leɪt] *v* **-lated;
-lating** *vt* : acumular, amontonar — *vi*
: acumularse, amontonarse
accumulation [ə,kju:mjə'leɪʃən] *n* : acumulación *f*, amontonamiento *m*
accuracy ['ækjərəsi] *n* : exactitud *f*, precisión *f*
accurate ['ækjərət] *adj* : exacto, correcto, fiel, preciso — **accurately** *adv*
accusation [,ækjə'zeɪʃən] *n* : acusación
f
accusatory [ə'kju:zə,tori] *adj* : acusatorio
accuse [ə'kju:z] *vt* **-cused; -cusing**
: acusar, delatar, denunciar

accused [ə'kju:zd] *ns & pl* DEFENDANT
: acusado *m*, -da *f*
accuser [ə'kju:zər] *n* : acusador *m*, -dora
f
accustom [ə'kʌstəm] *vt* : acostumbrar,
habituar
ace ['eɪs] *n* : as *m*
acerbic [ə'sɜrbɪk, æ-] *adj* : acerbo, mordaz
acetate ['æsə,teɪt] *n* : acetato *m*
acetic [ə'si:tɪk] *adj* : acético
acetone ['æsə,to:n] *n* : acetona *f*
acetylene [ə'sɛtələn, -tə,li:n] *n* : acetileno *m*
ache¹ ['eɪk] *vi* **ached; aching 1** : doler
2 to ache for : anhelar, ansiar
ache² *n* : dolor *m*
achieve [ə'tʃi:v] *vt* **achieved; achieving**
: lograr, alcanzar, conseguir, realizar
achievement [ə'tʃi:vmənt] *n* : logro *m*,
éxito *m*, realización *f*
acid¹ ['æsəd] *adj* **1** SOUR : ácido, agrio
2 CAUSTIC, SHARP : acerbo, mordaz —
acidly *adv*
acid² *n* : ácido *m*
acidic [ə'sɪdɪk, æ-] *adj* : ácido
acidity [ə'sɪdəti, æ-] *n, pl* **-ties** : acidez *f*
acknowledge [ɪk'nɑlɪʤ, æk-] *vt* **-edged;
-edging 1** ADMIT : reconocer, admitir
2 RECOGNIZE : reconocer **3 to acknowledge receipt of** : acusar recibo
de
acknowledgment [ɪk'nɑlɪʤmənt, æk-] *n*
1 RECOGNITION : reconocimiento *m* **2**
THANKS : agradecimiento *m*
acme ['ækmi] *n* : colmo *m*, apogeo *m*,
cúspide *f*
acne ['ækni] *n* : acné *m*
acolyte ['ækə,laɪt] *n* : acólito *m*
acorn ['eɪ,kɔrn, -kərn] *n* : bellota *f*
acoustic [ə'ku:stɪk] *or* **acoustical**
[-stɪkəl] *adj* : acústico — **acoustically**
adv
acoustics [ə'ku:stɪks] *ns & pl* : acústica
f
acquaint [ə'kweɪnt] *vt* **1** INFORM : enterar, informar **2** FAMILIARIZE : familiarizar **3 to be acquainted with**
: conocer a (una persona), estar al tanto de (un hecho)
acquaintance [ə'kweɪntəns] *n* **1**
KNOWLEDGE : conocimiento *m* **2**
: conocido *m*, -da *f* ⟨friends and ac-
quaintances : amigos y conocidos⟩
acquiesce [,ækwi'ɛs] *vi* **-esced; -escing**
: consentir, conformarse
acquiescence [,ækwi'ɛsənts] *n* : consentimiento *m*, aquiescencia *f*
acquire [ə'kwaɪr] *vt* **-quired; -quiring**
: adquirir, obtener
acquisition [,ækwə'zɪʃən] *n* : adquisición *f*
acquisitive [ə'kwɪzətɪv] *adj* : adquisitivo, codicioso
acquit [ə'kwɪt] *vt* **-quitted; -quitting 1**
: absolver, exculpar **2 to acquit oneself** : comportarse, defenderse
acquittal [ə'kwɪtəl] *n* : absolución *f*, exculpación *f*

acre ['eɪkər] *n* : acre *m*
acreage ['eɪkərɪʤ] *n* : superficie *f* en acres
acrid ['ækrəd] *adj* **1** BITTER : acre **2** CAUSTIC : acre, mordaz — **acridly** *adv*
acrimonious [,ækrə'mo:niəs] *adj* : áspero, cáustico, sarcástico
acrimony ['ækrə,mo:ni] *n, pl* **-nies** : acrimonia *f*
acrobat ['ækrə,bæt] *n* : acróbata *mf*, saltimbanqui *mf*
acrobatic [,ækrə'bætɪk] *adj* : acrobático
acrobatics [,ækrə'bætɪks] *ns & pl* : acrobacia *f*
acronym ['ækrə,nɪm] *n* : acrónimo *m*
across [ə'krɔs] *adv* **1** CROSSWISE : al través **2** : a través, del otro lado ⟨he's already across : ya está del otro lado⟩ **3** : de ancho ⟨40 feet across : 40 pies de ancho⟩
across² *prep* **1** : al otro lado de ⟨across the street : al otro lado de la calle⟩ **2** : a través de ⟨a log across the road : un tronco a través del camino⟩
acrylic [ə'krɪlɪk] *n* : acrílico *m*
act¹ ['ækt] *vi* **1** PERFORM : actuar, interpretar **2** FEIGN, PRETEND : fingir, simular **3** BEHAVE : comportarse **4** FUNCTION : actuar, servir, funcionar **5** : tomar medidas ⟨he acted to save the business : tomó medidas para salvar el negocio⟩ **6 to act as** : servir de, hacer de
act² *n* **1** DEED : acto *m*, hecho *m*, acción *f* **2** DECREE : ley *f*, decreto *m* **3** : acto *m* (en una obra de teatro), número *m* (en un espectáculo) **4** PRETENSE : fingimiento *m*
action ['ækʃən] *n* **1** DEED : acción *f*, acto *m*, hecho *m* **2** BEHAVIOR : actuación *f*, comportamiento *m* **3** LAWSUIT : demanda *f* **4** MOVEMENT : movimiento *m* **5** COMBAT : combate *m* **6** PLOT : acción *f*, trama *f* **7** MECHANISM : mecanismo *m*
activate ['æktə,veɪt] *vt* **-vated; -vating** : activar
activation [,æktə'veɪʃən] *n* : activación *f*
active ['æktɪv] *adj* **1** MOVING : activo, en movimiento **2** LIVELY : vigoroso, enérgico **3** : en actividad ⟨an active volcano : un volcán en actividad⟩ **4** OPERATIVE : vigente
actively ['æktɪvli] *adv* : activamente, enérgicamente
activist ['æktɪvɪst] *n* : activista *mf* — **activist** *adj*
activity [æk'tɪvəti] *n, pl* **-ties 1** MOVEMENT : actividad *f*, movimiento *m* **2** VIGOR : vigor *m*, energía *f* **3** OCCUPATION : actividad *f*, ocupación *f*
actor ['æktər] *n* : actor *m*, artista *mf*
actress ['æktrəs] *n* : actriz *f*
actual ['ækʃʊəl] *adj* : real, verdadero
actuality [,ækʃʊ'æləti] *n, pl* **-ties** : realidad *f*

actually ['ækʃʊəli, -ʃəli] *adv* : realmente, en realidad
actuary ['ækʃʊ,eri] *n, pl* **-aries** : actuario *m*, -ria *f* de seguros
acumen [ə'kju:mən] *n* : perspicacia *f*
acupuncture ['ækjʊ,pʌŋkʧər] *n* : acupuntura *f*
acute [ə'kju:t] *adj* **acuter; acutest 1** SHARP : agudo **2** PERCEPTIVE : perspicaz, sagaz **3** KEEN : fino, muy desarrollado, agudo ⟨an acute sense of smell : un fino olfato⟩ **4** SEVERE : grave **5 acute angle** : ángulo *m* agudo
acutely [ə'kju:tli] *adv* : intensamente ⟨to be acutely aware : estar perfectamente consciente⟩
acuteness [ə'kju:tnəs] *n* : agudeza *f*
ad ['æd] → **advertisement**
adage ['ædɪʤ] *n* : adagio *m*, refrán *m*, dicho *m*
adamant ['ædəmənt, -,mænt] *adj* : firme, categórico, inflexible — **adamantly** *adv*
Adam's apple ['ædəmz] *n* : nuez *f* de Adán
adapt [ə'dæpt] *vt* : adaptar, ajustar — *vi* : adaptarse
adaptability [ə,dæptə'bɪləti] *n* : adaptabilidad *f*, flexibilidad *f*
adaptable [ə'dæptəbəl] *adj* : adaptable, amoldable
adaptation [,æ,dæp'teɪʃən, -dəp-] *n* **1** : adaptación *f*, modificación *f* **2** VERSION : versión *f*
adapter [ə'dæptər] *n* : adaptador *m*
add ['æd] *vt* **1** : añadir, agregar ⟨to add a comment : añadir una observación⟩ **2** : sumar ⟨add these numbers : suma estos números⟩ — *vi* : sumar (en total)
adder ['ædər] *n* : víbora *f*
addict¹ [ə'dɪkt] *vt* : causar adicción en
addict² ['ædɪkt] *n* **1** : adicto *m*, -ta *f* **2 drug addict** : drogadicto *m*, -ta *f*; toxicómano *m*, -na *f*
addiction [ə'dɪkʃən] *n* **1** : adicción *f*, dependencia *f* **2 drug addiction** : drogadicción *f*
addictive [ə'dɪktɪv] *adj* : adictivo
addition [ə'dɪʃən] *n* **1** : adición *f*, añadidura *f* **2 in —** : además, también
additional [ə'dɪʃənəl] *adj* : extra, adicional, de más
additionally [ə'dɪʃənəli] *adv* : además, adicionalmente
additive ['ædətɪv] *n* : aditivo *m*
address¹ [ə'drɛs] *vt* **1** : dirigirse a, pronunciar un discurso ante ⟨to address a jury : dirigirse a un jurado⟩ **2** : dirigir, ponerle la dirección a ⟨to address a letter : dirigir una carta⟩
address² [ə'drɛs, 'æ,drɛs] *n* **1** SPEECH : discurso *m*, alocución *f* **2** : dirección *f* (de una residencia, etc.)
addressee [,æ,drɛ'si:, ə-] *n* : destinatario *m*, -ria *f*

adduce [ə-'du:s, 'dju:s] *vt* **-duced; -ducing** : aducir

adenoids ['æd,nɔɪd, -dən,ɔɪd] *npl* : adenoides *fpl*

adept [ə'dɛpt] *adj* : experto, hábil — **adeptly** *adv*

adequacy ['ædɪkwəsi] *n, pl* **-cies** : cantidad *f* suficiente

adequate ['ædɪkwət] *adj* **1** SUFFICIENT : adecuado, suficiente **2** ACCEPTABLE, PASSABLE : adecuado, aceptable

adequately ['ædɪkwətli] *adv* : suficientemente, apropiadamente

adhere [æd'hɪr, əd-] *vi* **-hered; -hering** **1** STICK : pegarse, adherirse **2 to adhere to** : adherirse a (una política, etc.), cumplir con (una promesa)

adherence [æd'hɪrənts, əd-] *n* : adhesión *f*, adherencia *f*, observancia *f* (de una ley, etc.)

adherent[1] [æd'hɪrənt, əd-] *adj* : adherente, adhesivo, pegajoso

adherent[2] *n* : adepto *m*, -ta *f*; partidario *m*, -ria *f*

adhesion [æd'hi:ʒən, əd-] *n* : adhesión *f*

adhesive[1] [æd'hi:sɪv, əd-, -zɪv] *adj* : adhesivo

adhesive[2] *n* : adhesivo *m*, pegamento *m*

adjacent [ə'dʒeɪsənt] *adj* : adyacente, colindante, contiguo

adjective ['ædʒɪktɪv] *n* : adjetivo *m* — **adjectival** [,ædʒɪk'taɪvəl] *adj*

adjoin [ə'dʒɔɪn] *vt* : lindar con, colindar con

adjoining [ə'dʒɔɪnɪŋ] *adj* : contiguo, colindante

adjourn [ə'dʒərn] *vt* : levantar, suspender ⟨the meeting is adjourned : se levanta la sesión⟩ — *vi* : aplazarse

adjournment [ə'dʒərnmənt] *n* : suspensión *f*, aplazamiento *m*

adjudicate [ə'dʒu:dɪ,keɪt] *vt* **-cated; -cating** : juzgar, arbitrar

adjudication [ə,dʒu:dɪ'keɪʃən] *n* **1** JUDGING : arbitrio *m* (judicial) **2** JUDGMENT : fallo *m*

adjunct ['æ,dʒʌŋkt] *n* : adjunto *m*, complemento *m*

adjust [ə'dʒʌst] *vt* : ajustar, arreglar, regular — *vi* **to adjust to** : adaptarse a

adjustable [ə'dʒʌstəbəl] *adj* : ajustable, regulable, graduable

adjustment [ə'dʒʌstmənt] *n* : ajuste *m*, modificación *f*

ad-lib[1] ['æd'lɪb] *v* **-libbed; -libbing** : improvisar

ad-lib[2] *adj* : improvisado

administer [æd'mɪnəstər, əd-] *vt* : administrar

administration [æd,mɪnə'streɪʃən, əd-] *n* **1** MANAGING : administración *f*, dirección *f* **2** GOVERNMENT, MANAGEMENT : administración *f*, gobierno *m*

administrative [æd'mɪnə,streɪtɪv, əd-] *adj* : administrativo — **administratively** *adv*

administrator [æd'mɪnə,streɪtər, əd-] *n* : administrador *m*, -dora *f*

admirable ['ædmərəbəl] *adj* : admirable, loable — **admirably** *adv*

admiral ['ædmərəl] *n* : almirante *mf*

admiration [,ædmə'reɪʃən] *n* : admiración *f*

admire [æd'maɪr] *vt* **-mired; -miring** : admirar

admirer [æd'maɪrər] *n* : admirador *m*, -dora *f*

admiring [æd'maɪrɪŋ] *adj* : admirativo, de admiración

admiringly [æd'maɪrɪŋli] *adv* : con admiración

admissible [æd'mɪsəbəl] *adj* : admisible, aceptable

admission [æd'mɪʃən] *n* **1** ADMITTANCE : entrada *f*, admisión *f* **2** ACKNOWLEDGMENT : reconocimiento *m*, admisión *f*

admit [æd'mɪt, əd-] *vt* **-mitted; -mitting** **1** : admitir, dejar entrar ⟨the museum admits children : el museo deja entrar a los niños⟩ **2** ACKNOWLEDGE : reconocer, admitir

admittance [æd'mɪtənts, əd-] *n* : admisión *f*, entrada *f*, acceso *m*

admittedly [æd'mɪtədli, əd-] *adv* : la verdad es que, lo cierto es que ⟨admittedly we went too fast : la verdad es que fuimos demasiado de prisa⟩

admonish [æd'mɑnɪʃ, əd-] *vt* : amonestar, reprender

admonition [,ædmə'nɪʃən] *n* : admonición *f*

ado [ə'du:] *n* **1** FUSS : ruido *m*, alboroto *m* **2** TROUBLE : dificultad *f*, lío *m* **3 without further ado** : sin más preámbulos

adobe [ə'do:bi] *n* : adobe *m*

adolescence [,ædəl'ɛsənts] *n* : adolescencia *f*

adolescent[1] [,ædəl'ɛsənt] *adj* : adolescente, de adolescencia

adolescent[2] *n* : adolescente *mf*

adopt [ə'dɑpt] *vt* : adoptar

adoption [ə'dɑpʃən] *n* : adopción *f*

adoptive [ə'dɑptɪv] *adj* : adoptivo

adorable [ə'dorəbəl] *adj* : adorable, encantador

adorably [ə'dorəbli] *adv* : de manera adorable

adoration [,ædə'reɪʃən] *n* : adoración *f*

adore [ə'dor] *vt* **adored; adoring** **1** WORSHIP : adorar **2** LOVE : querer, adorar **3** LIKE : encantarle (algo a uno), gustarle mucho (algo a uno) ⟨I adore your new dress : me encanta tu vestido nuevo⟩

adorn [ə'dorn] *vt* : adornar, ornar, engalanar

adornment [ə'dornmənt] *n* : adorno *m*, decoración *f*

adrenaline [ə'drɛnələn] *n* : adrenalina *f*

adrift [ə'drɪft] *adj & adv* : a la deriva

adroit [ə'drɔɪt] *adj* : diestro, hábil — **adroitly** *adv*

adroitness [ə'drɔɪtnəs] *n* : destreza *f*, habilidad *f*

adult[1] [ə'dʌlt, 'æ,dʌlt] *adj* : adulto
adult[2] *n* : adulto *m*, -ta *f*
adulterate [ə'dʌltə,reɪt] *vt* -ated; -ating : adulterar
adulterous [ə'dʌltərəs] *adj* : adúltero
adultery [ə'dʌltəri] *n, pl* -teries : adulterio *m*
adulthood [ə'dʌlt,hʊd] *n* : adultez *f*, edad *f* adulta
advance[1] [æd'væns, əd-] *v* -vanced; -vancing *vt* 1 : avanzar, adelantar ⟨to advance troops : avanzar las tropas⟩ 2 PROMOTE : ascender, promover 3 PROPOSE : proponer, presentar 4 : adelantar, anticipar ⟨they advanced me next month's salary : me adelantaron el sueldo del próximo mes⟩ — *vi* 1 PROCEED : avanzar, adelantarse 2 PROGRESS : progresar
advance[2] *adj* : anticipado ⟨advance notice : previo aviso⟩
advance[3] *n* 1 PROGRESSION : avance *m* 2 PROGRESS : adelanto *m*, mejora *f*, progreso *m* 3 RISE : aumento *m*, alza *f* 4 LOAN : anticipo *m*, préstamo *m* 5 in ~ : por adelantado
advanced [æd'vænst, əd-] *adj* 1 DEVELOPED : avanzado, desarrollado 2 PRECOCIOUS : adelantado, precoz 3 HIGHER : superior
advancement [æd'vænsmənt, əd-] *n* 1 FURTHERANCE : fomento *m*, adelantamiento *m*, progreso *m* 2 PROMOTION : ascenso *m*
advantage [əd'væntɪdʒ, æd-] *n* 1 SUPERIORITY : ventaja *f*, superioridad *f* 2 GAIN : provecho *m*, partido *m* 3 **to take advantage of** : aprovecharse de
advantageous [,ædvæn'teɪdʒəs, -vən-] *adj* : ventajoso, provechoso — **advantageously** *adv*
advent ['æd,vɛnt] *n* 1 **Advent** : Adviento *m* 2 ARRIVAL : advenimiento *m*, venida *f*
adventure [æd'vɛntʃər, əd-] *n* : aventura *f*
adventurer [æd'vɛntʃərər, əd-] *n* : aventurero *m*, -ra *f*
adventurous [æd'vɛntʃərəs, əd-] *adj* 1 : intrépido, aventurero ⟨an adventurous traveler : un viajero intrépido⟩ 2 RISKY : arriesgado, aventurado
adverb ['æd,vərb] *n* : adverbio *m* — **adverbial** [æd'vərbiəl] *adj*
adversary ['ædvər,sɛri] *n, pl* -saries : adversario *m*, -ria *f*
adverse [æd'vərs, 'æd,] *adj* 1 OPPOSING : opuesto, contrario 2 UNFAVORABLE : adverso, desfavorable — **adversely** *adv*
adversity [æd'vərsəti, əd-] *n, pl* -ties : adversidad *f*
advertise ['ædvər,taɪz] *v* -tised; -tising *vt* : anunciar, hacerle publicidad a — *vi* : hacer publicidad, hacer propaganda
advertisement [,ædvər,taɪzmənt; æd'vərtəzmənt] *n* : anuncio *m*

advertiser ['ædvər,taɪzər] *n* : anunciante *mf*
advertising ['ædvər,taɪzɪŋ] *n* : publicidad *f*, propaganda *f*
advice [æd'vaɪs] *n* : consejo *m*, recomendación *f* ⟨take my advice : sigue mis consejos⟩
advisability [æd,vaɪzə'bɪləti, əd-] *n* : conveniencia *f*
advisable [æd'vaɪzəbəl, əd-] *adj* : aconsejable, recomendable, conveniente
advise [æd'vaɪz, əd-] *v* -vised; -vising *vt* 1 COUNSEL : aconsejar, asesorar 2 RECOMMEND : recomendar 3 INFORM : informar, notificar — *vi* : dar consejo
adviser *or* **advisor** [æd'vaɪzər, əd-] *n* : consejero *m*, -ra *f*; asesor *m*, -sora *f*
advisory [æd'vaɪzəri, əd-] *adj* 1 : consultivo 2 **in an advisory capacity** : como asesor
advocacy ['ædvəkəsi] *n* : promoción *f*, apoyo *m*
advocate[1] ['ædvə,keɪt] *vt* -cated; -cating : recomendar, abogar por, ser partidario de
advocate[2] ['ædvəkət] *n* : defensor *m*, -sora *f*; partidario *m*, -ria *f*
adze ['ædz] *n* : azuela *f*
aeon ['i:ən, 'i,ɑn] *n* : eón *m*, siglo *m*, eternidad *f*
aerate ['ær,eɪt] *vt* -ated; -ating : gasear (un líquido), oxigenar (la sangre)
aerial[1] ['æriəl] *adj* : aéreo
aerial[2] *n* : antena *f*
aerie ['æri, 'ɪri, 'eɪəri] *n* : aguilera *f*
aerobic ['ær'o:bɪk] *adj* : aerobio, aeróbico ⟨aerobic exercises : ejercicios aeróbicos⟩
aerobics ['ær'o:bɪks] *ns & pl* : aeróbic *m*
aerodynamic [,ærə:daɪ'næmɪk] *adj* : aerodinámico — **aerodynamically** [-mɪkli] *adv*
aerodynamics [,ærə:daɪ'næmɪks] *n* : aerodinámica *f*
aeronautical [,ærə'nɔtɪkəl] *adj* : aeronáutico
aeronautics [,ærə'nɔtɪks] *n* : aeronáutica *f*
aerosol ['ærə,sɔl] *n* : aerosol *m*
aerospace[1] ['æro,speɪs] *adj* : aeroespacial
aerospace[2] *n* : espacio *m*
aesthetic [ɛs'θɛtɪk] *adj* : estético — **aesthetically** [-tɪkli] *adv*
aesthetics [ɛs'θɛtɪks] *n* : estética *f*
afar [ə'fɑr] *adv* : lejos, a lo lejos
affability [,æfə'bɪləti] *n* : afabilidad *f*
affable ['æfəbəl] *adj* : afable — **affably** *adv*
affair [ə'fær] *n* 1 MATTER : asunto *m*, cuestión *f*, caso *m* 2 EVENT : ocasión *f*, acontecimiento *m* 3 LIAISON : amorío *m*, aventura *f* 4 **business affairs** : negocios *mpl* 5 **current affairs** : actualidades *fpl*
affect [ə'fɛkt, æ-] *vt* 1 INFLUENCE, TOUCH : afectar, tocar 2 FEIGN : fingir

affectation [ˌæˌfɛkˈteɪʃən] n : afectación f

affected [əˈfɛktəd, æ-] adj 1 FEIGNED : afectado, fingido 2 MOVED : conmovido

affecting [əˈfɛktɪŋ, æ-] adj : conmovedor

affection [əˈfɛkʃən] n : afecto m, cariño m

affectionate [əˈfɛkʃənət] adj : afectuoso, cariñoso — **affectionately** adv

affidavit [ˌæfəˈdeɪvət, ˈæfə-] n : declaración f jurada, affidávit m

affiliate[1] [əˈfiliˌeɪt] v **-ated; -ating** vt : afiliar, asociar ⟨to be affiliated with : estar afiliado a⟩

affiliate[2] [əˈfiliət] n : afiliado m, -da f (persona), filial f (organización)

affiliation [əˌfiliˈeɪʃən] n : afiliación f, filiación f

affinity [əˈfinəti] n, pl **-ties** : afinidad f

affirm [əˈfərm] vt : afirmar, aseverar, declarar

affirmation [ˌæfərˈmeɪʃən] n : afirmación f, aserto m, declaración f

affirmative[1] [əˈfərmətɪv] adj : afirmativo ⟨affirmative action : acción afirmativa⟩

affirmative[2] n 1 : afirmativa f 2 to answer in the affirmative : responder afirmativamente, dar una respuesta afirmativa

affix [əˈfiks] vt : fijar, poner, pegar

afflict [əˈflikt] vt 1 : afligir, aquejar 2 to be afflicted with : padecer de, sufrir de

affliction [əˈflikʃən] n 1 TRIBULATION : aflicción f, tribulación f 2 AILMENT : enfermedad f, padecimiento m

affluence [ˈæˌfluːənts; æˈfluː-, ə-] n : afluencia f, abundancia f, prosperidad f

affluent [ˈæˌfluːənt; æˈfluː-, ə-] adj : próspero, adinerado

afford [əˈford] vt 1 : tener los recursos para, permitirse el lujo de ⟨I can afford it : puedo permitírmelo, tengo con que comprarlo⟩ 2 PROVIDE : ofrecer, proporcionar, dar

affront[1] [əˈfrʌnt] vt : afrentar, insultar, ofender

affront[2] n : afrenta f, insulto m, ofensa f

Afghan [ˈæfˌgæn, -gən] n : afgano m, -na f — **Afghan** adj

afire [əˈfair] adj : ardiendo, en llamas

aflame [əˈfleim] adj : llameante, en llamas

afloat [əˈfloːt] adv & adj : a flote

afoot [əˈfut] adj 1 WALKING : a pie, andando 2 UNDER WAY : en marcha ⟨something suspicious is afoot : algo sospechoso se está tramando⟩

aforementioned [əˈforˈmɛntʃənd] adj : antedicho, susodicho

aforesaid [əˈforˌsɛd] adj : antes mencionado, antedicho

afraid [əˈfreid] adj 1 to be afraid : tener miedo 2 to be afraid that : temerse que ⟨I'm afraid not : me temo que no⟩

afresh [əˈfrɛʃ] adv 1 : de nuevo, otra vez 2 to start afresh : volver a empezar

African [ˈæfrikən] n : africano m, -na f — **African** adj

Afro–American[1] [ˌæfrooˈmɛrikən] adj : afroamericano m, -na f

Afro–American[2] n : afroamericano

aft [ˈæft] adv : a popa

after[1] [ˈæftər] adv 1 AFTERWARD : después 2 BEHIND : detrás, atrás

after[2] adj : posterior, siguiente ⟨in after years : en los años posteriores⟩

after[3] conj : después de, después de que ⟨after we ate : después de que comimos, después de comer⟩

after[4] prep 1 FOLLOWING : después de, tras ⟨after Saturday : después del sábado⟩ ⟨day after day : día tras día⟩ 2 BEHIND : tras de, después de ⟨I ran after the dog : corrí tras del perro⟩ 3 CONCERNING : por ⟨they asked after you : preguntaron por ti⟩ 4 after all : después de todo

aftereffect [ˈæftəriˌfɛkt] n : efecto m secundario

afterlife [ˈæftərˌlaif] n : vida f venidera, vida f después de la muerte

aftermath [ˈæftərˌmæθ] n : consecuencias fpl, resultados mpl

afternoon [ˌæftərˈnuːn] n : tarde f

aftertaste [ˈæftərˌteist] n : resabio m, regusto m

afterthought [ˈæftərˌθɔt] n : ocurrencia f tardía, idea f tardía

afterward [ˈæftərwərd] or **afterwards** [-wərdz] adv : después, luego ⟨soon afterward : poco después⟩

again [əˈgɛn, -ˈgin] adv 1 ANEW, OVER : de nuevo, otra vez 2 BESIDES : además 3 then again : por otra parte ⟨I may stay, then again I may not : puede ser que me quede, por otra parte, puede que no⟩

against [əˈgɛntst, -ˈgintst] prep 1 TOUCHING : contra ⟨against the wall : contra la pared⟩ 2 OPPOSING : contra, en contra de ⟨I will vote against the proposal : votaré en contra de la propuesta⟩ ⟨against the grain : a contrapelo⟩

agape [əˈgeip] adj : boquiabierto

agate [ˈæɡət] n : ágata f

age[1] [ˈeidʒ] vi **aged; aging** : envejecer, madurar

age[2] n 1 : edad f ⟨ten years of age : diez años de edad⟩ ⟨to be of age : ser mayor de edad⟩ 2 PERIOD : era f, siglo m, época f 3 old age : vejez f 4 ages npl : siglos mpl, eternidad f

aged adj 1 [ˈeidʒəd, ˈeidʒd] OLD : anciano, viejo, vetusto 2 [ˈeidʒd] (indicating a specified age) ⟨a girl aged 10 : una niña de 10 años de edad⟩

ageless [ˈeidʒləs] adj 1 YOUTHFUL : eternamente joven 2 TIMELESS : eterno, perenne

agency [ˈeidʒəntsi] n, pl **-cies** : agencia f, oficina f ⟨travel agency : agencia de viajes⟩ **2 through the agency of** : a través de, por medio de

agenda [ə'dʒɛndə] n : agenda f, orden m del día

agent ['eɪdʒənt] n **1** MEANS : agente m, medio m, instrumento m **2** REPRESENTATIVE : agente mf, representante mf

aggravate ['æɡrə,veɪt] vt **-vated; -vating 1** WORSEN : agravar, empeorar **2** ANNOY : irritar, exasperar

aggravation [,æɡrə'veɪʃən] n **1** WORSENING : empeoramiento m **2** ANNOYANCE : molestia f, irritación f, exasperación f

aggregate¹ ['æɡrɪ,ɡeɪt] vt **-gated; -gating** : juntar, sumar

aggregate² ['æɡrɪɡət] adj : total, global, conjunto

aggregate³ ['æɡrɪɡət] n **1** CONGLOMERATE : agregado m, conglomerado m **2** WHOLE : total m, conjunto m

aggression [ə'ɡrɛʃən] n **1** ATTACK : agresión f **2** AGGRESSIVENESS : agresividad f

aggressive [ə'ɡrɛsɪv] adj : agresivo — **aggressively** adv

aggressiveness [ə'ɡrɛsɪvnəs] n : agresividad f

aggressor [ə'ɡrɛsər] n : agresor m, -sora f

aggrieved [ə'ɡriːvd] adj : ofendido, herido

aghast [ə'ɡæst] adj : espantado, aterrado, horrorizado

agile ['ædʒəl] adj : ágil

agility [ə'dʒɪləti] n, pl **-ties** : agilidad f

agitate ['ædʒə,teɪt] v **-tated; -tating** vt **1** SHAKE : agitar **2** UPSET : inquietar, perturbar — vi **to agitate against** : hacer campaña en contra de

agitation [,ædʒə'teɪʃən] n : agitación f, inquietud f

agitator ['ædʒə,teɪtər] n : agitador m, -dora f

agnostic [æɡ'nɑstɪk] n : agnóstico m, -ca f

ago [ə'ɡoː] adv : hace ⟨two years ago : hace dos años⟩ ⟨long ago : hace tiempo, hace mucho tiempo⟩

agog [ə'ɡɑɡ] adj : ansioso, curioso

agonize ['æɡə,naɪz] vi **-nized; -nizing** : tormentarse, angustiarse

agonizing ['æɡə,naɪzɪŋ] adj : angustioso, terrible — **agonizingly** [-zɪŋli] adv

agony ['æɡəni] n, pl **-nies 1** PAIN : dolor m **2** ANGUISH : angustia f

agrarian [ə'ɡrɛriən] adj : agrario

agree [ə'ɡriː] v **agreed; agreeing** vt ACKNOWLEDGE : estar de acuerdo ⟨he agreed that I was right : estuvo de acuerdo en que tenía razón⟩ — vi **1** CONCUR : estar de acuerdo **2** CONSENT : ponerse de acuerdo **3** TALLY : concordar **4 to agree with** : sentarle bien (a alguien) ⟨this climate agrees with me : este clima me sienta bien⟩

agreeable [ə'ɡriːəbəl] adj **1** PLEASING : agradable, simpático **2** WILLING : dispuesto **3** AGREEING : de acuerdo, conforme

agreeably [ə'ɡriːəbli] adv : agradablemente

agreement [ə'ɡriːmənt] n **1** : acuerdo m, conformidad f ⟨in agreement with : de acuerdo con⟩ **2** CONTRACT, PACT : acuerdo m, pacto m, convenio m **3** CONCORD, HARMONY : concordia f

agriculture ['æɡrɪ,kʌltʃər] n : agricultura f — **agricultural** [,æɡrɪ'kʌltʃərəl] adj

aground [ə'ɡraʊnd] adj : encallado, varado

ahead [ə'hɛd] adv **1** : al frente, delante, adelante ⟨he walked ahead : caminó delante⟩ **2** BEFOREHAND : por adelantado, con antelación **3** LEADING : a la delantera **4 to get ahead** : adelantar, progresar

ahead of prep **1** : al frente de, delante de, antes de **2 to get ahead of** : adelantarse a

ahoy [ə'hɔɪ] interj **ship ahoy!** : ¡barco a la vista!

aid¹ ['eɪd] vt : ayudar, auxiliar

aid² n **1** HELP : ayuda f, asistencia f **2** ASSISTANT : asistente mf

aide ['eɪd] n : ayudante mf

AIDS ['eɪdz] n : SIDA m, sida m

ail ['eɪl] vt : molestar, afligir — vi : sufrir, estar enfermo

aileron ['eɪlə,rɑn] n : alerón m

ailment ['eɪlmənt] n : enfermedad f, dolencia f, achaque m

aim¹ ['eɪm] vt **1** : apuntar (un arma), dirigir (una observación) **2** INTEND : proponerse, querer ⟨he aims to do it tonight : se propone hacerlo esta noche⟩ — vi **1** POINT : apuntar **2 to aim at** : aspirar a

aim² n **1** MARKSMANSHIP : puntería f **2** GOAL : propósito m, objetivo m, fin m

aimless ['eɪmləs] adj : sin rumbo, sin objeto

aimlessly ['eɪmləsli] adv : sin rumbo, sin objeto

air¹ ['ær] vt **1** : airear, ventilar ⟨to air out a mattress : airear un colchón⟩ **2** EXPRESS : airear, manifestar, comunicar **3** BROADCAST : transmitir, emitir

air² n **1** : aire m **2** MELODY : aire m **3** APPEARANCE : aire m, aspecto m **4 airs** npl : aires mpl, afectación f **5 by ~** : por avión (dícese de una carta), en avión (dícese de una persona) **6 to be on the air** : estar en el aire, estar emitiendo

airborne ['ær,bɔrn] adj **1** : aerotransportado ⟨airborne troops : tropas aerotransportadas⟩ **2** FLYING : volando, en el aire

air-condition [,ærkən'dɪʃən] vt : climatizar, condicionar con el aire

air conditioner [,ærkən'dɪʃənər] n : acondicionador m de aire

air–conditioning [ˌærkən'dɪʃənɪŋ] *n* : aire *m* acondicionado

aircraft ['ær₁kræft] *ns & pl* **1** : avión *m*, aeronave *f* **2 aircraft carrier** : portaaviones *m*

airfield ['ær₁fiːld] *n* : aeródromo *m*, campo *m* de aviación

air force *n* : fuerza *f* aérea

airlift ['ær₁lɪft] *n* : puente *m* aéreo, transporte *m* aéreo

airline ['ær₁laɪn] *n* : aerolínea *f*, línea *f* aérea

airliner ['ær₁laɪnər] *n* : avión *m* de pasajeros

airmail[1] ['ær₁meɪl] *vt* : enviar por vía aérea

airmail[2] *n* : correo *m* aéreo

airman ['ærmən] *n, pl* **-men** [-mən, -₁men] **1** AVIATOR : aviador *m*, -dora *f* **2** : soldado *m* de la fuerza aérea

airplane ['ær₁pleɪn] *n* : avión *m*

airport ['ær₁port] *n* : aeropuerto *m*

airship ['ær₁ʃɪp] *n* : dirigible *m*, zepelín *m*

airstrip ['ær₁strɪp] *n* : pista *f* de aterrizaje

airtight ['ær₁taɪt] *adj* : hermético, herméticamente cerrado

airwaves ['ær₁weɪvz] *npl* : radio *m*, televisión *f*

airy ['æri] *adj* **airier** [-iər]; **-est 1** DELICATE, LIGHT : delicado, ligero **2** BREEZY : aireado, bien ventilado

aisle ['aɪl] *n* : pasillo *m*, nave *f* lateral (de una iglesia)

ajar [ə'dʒɑr] *adj* : entreabierto, entornado

akimbo [ə'kɪmbo] *adj & adv* : en jarras

akin [ə'kɪn] *adj* **1** RELATED : emparentado **2** SIMILAR : semejante, parecido

alabaster ['ælə₁bæstər] *n* : alabastro *m*

alacrity [ə'lækrəti] *n* : presteza *f*, prontitud *f*

alarm[1] [ə'lɑrm] *vt* **1** WARN : alarmar, alertar **2** FRIGHTEN : asustar

alarm[2] *n* **1** WARNING : alarma *f*, alerta *f* **2** APPREHENSION, FEAR : aprensión *f*, inquietud *f*, temor *m* **3 alarm clock** : despertador *m*

alarming [ə'lɑrmɪŋ] *adj* : alarmante

alas [ə'læs] *interj* : ¡ay!

Albanian [æl'beɪniən] *n* : albanés *m*, -nesa *f* — **Albanian** *adj*

albatross ['ælbə₁trɔs] *n, pl* **-tross** or **-trosses** : albatros *m*

albeit [ɔl'biːət, æl-] *conj* : aunque

albino [æl'baɪno] *n, pl* **-nos** : albino *m*, -na *f*

album ['ælbəm] *n* : álbum *m*

albumen [æl'bjuːmən] *n* **1** : clara *f* de huevo **2** → **albumin**

albumin [æl'bjuːmən] *n* : albúmina *f*

alchemist ['ælkəmɪst] *n* : alquimista *mf*

alchemy ['ælkəmi] *n, pl* **-mies** : alquimia *f*

alcohol ['ælkə₁hɔl] *n* **1** ETHANOL : alcohol *m*, etanol *m* **2** LIQUOR : alcohol *m*, bebidas *fpl* alcohólicas

alcoholic[1] [ˌælkə'hɔlɪk] *adj* : alcohólico

alcoholic[2] *n* : alcohólico *m*, -ca *f*

alcoholism ['ælkəhɔ₁lɪzəm] *n* : alcoholismo *m*

alcove ['æl₁koːv] *n* : nicho *m*, hueco *m*

alderman ['ɔldərmən] *n, pl* **-men** [-mən, -₁men] : concejal *mf*

ale ['eɪl] *n* : cerveza *f*

alert[1] [ə'lərt] *vt* : alertar, poner sobre aviso

alert[2] *adj* **1** WATCHFUL : alerta, vigilante **2** QUICK : listo, vivo

alert[3] *n* : alerta *f*, alarma *f*

alertly [ə'lərtli] *adv* : con listeza

alertness [ə'lərtnəs] *n* **1** WATCHFULNESS : vigilancia *f* **2** ASTUTENESS : listeza *f*, viveza *f*

alfalfa [æl'fælfə] *n* : alfalfa *f*

alga ['ælgə] *n, pl* **-gae** ['æl₁dʒiː] : alga *f*

algebra ['ældʒəbrə] *n* : álgebra *m*

algebraic [ˌældʒə'breɪk] *adj* : algebraico — **algebraically** [-ɪkli] *adv*

Algerian [æl'dʒɪriən] *n* : argelino *m*, -na *f* — **Algerian** *adj*

algorithm ['ælgə₁rɪðəm] *n* : algoritmo *m*

alias[1] ['eɪliəs] *adv* : alias

alias[2] *n* : alias *m*

alibi ['ælə₁baɪ] *vi* : ofrecer una coartada

alibi[2] *n* **1** : coartada *f* **2** EXCUSE : pretexto *m*, excusa *f*

alien[1] ['eɪliən] *adj* **1** STRANGE : ajeno, extraño **2** FOREIGN : extranjero, foráneo **3** EXTRATERRESTRIAL : extraterrestre

alien[2] *n* **1** FOREIGNER : extranjero *m*, -ra *f*; forastero *m*, -ra *f* **2** EXTRATERRESTRIAL : extraterrestre *m*

alienate ['eɪliə₁neɪt] *vt* **-ated; -ating 1** ESTRANGE : alienar, enajenar **2** to **alienate oneself** : alejarse, distanciarse

alienation [ˌeɪliə'neɪʃən] *n* : alienación *f*, enajenación *f*

alight [ə'laɪt] *vi* **1** DISMOUNT : bajarse, apearse **2** LAND : posarse, aterrizar

align [ə'laɪn] *vt* : alinear

alignment [ə'laɪnmənt] *n* : alineación *f*, alineamiento *m*

alike[1] [ə'laɪk] *adv* : igual, del mismo modo

alike[2] *adj* : igual, semejante, parecido

alimentary [ˌælə'mentəri] *adj* **1** : alimenticio **2 alimentary canal** : tubo *m* digestivo

alimony ['ælə₁moːni] *n, pl* **-nies** : pensión *f* alimenticia

alive [ə'laɪv] *adj* **1** LIVING : vivo, viviente **2** LIVELY : animado, activo **3** ACTIVE : vigente, en uso **4** AWARE : consciente ⟨alive to the danger : consciente del peligro⟩

alkali ['ælkə₁laɪ] *n, pl* **-lies** [-, ₁laɪz] or **-lis** [-, laɪz] : álcali *m*

alkaline ['ælkələn, -, laɪn] *adj* : alcalino

all[1] ['ɔl] *adv* **1** COMPLETELY : todo, completamente **2** : igual ⟨the score is 14 all : es 14 iguales, están empatados a 14⟩

3 all the better : tanto mejor **4 all the more** : aún más, todavía más
all² *adj* : todo ⟨all the children : todos los niños⟩ ⟨in all likelihood : con toda probabilidad, con la mayor probabilidad⟩
all³ *pron* **1** : todo, -da ⟨they ate it all : lo comieron todo⟩ ⟨that's all : eso es todo⟩ ⟨enough for all : suficiente para todos⟩ **2 all in all** : en general **3 not at all** (*in negative constructions*) : en absoluto, para nada
Allah [ˈɑlə, əˈlɑ] *n* : Alá *m*
all–around [ˌɔləˈraʊnd] *adj* : completo, amplio
allay [əˈleɪ] *vt* **1** ALLEVIATE : aliviar, mitigar **2** CALM : aquietar, calmar
allegation [ˌælɪˈɡeɪʃən] *n* : alegato *m*, acusación *f*
allege [əˈlɛdʒ] *vt* **-leged; -leging 1** : alegar, afirmar **2 to be alleged** : decirse, pretenderse ⟨she is alleged to be wealthy : se dice que es adinerada⟩
alleged [əˈlɛdʒd, əˈlɛdʒəd] *adj* : presunto, supuesto
allegedly [əˈlɛdʒədli] *adv* : supuestamente, según se alega
allegiance [əˈliːdʒənts] *n* : lealtad *f*, fidelidad *f*
allegorical [ˌæləˈɡɔrɪkəl] *adj* : alegórico
allegory [ˈæləˌɡori] *n, pl* **-ries** : alegoría *f*
alleluia [ˌɑləˈluːjə, ˌæ-] → hallelujah
allergen [ˈælərdʒən] *n* : alérgeno *m*
allergic [əˈlərdʒɪk] *adj* : alérgico
allergy [ˈælərdʒi] *n, pl* **-gies** : alergia *f*
alleviate [əˈliːviˌeɪt] *vt* **-ated; -ating** : aliviar, mitigar, paliar
alleviation [əˌliːviˈeɪʃən] *n* : alivio *m*
alley [ˈæli] *n, pl* **-leys 1** : callejón *m* **2 bowling alley** : bolera *f*
alliance [əˈlaɪənts] *n* : alianza *f*, coalición *f*
alligator [ˈæləˌɡeɪtər] *n* : caimán *m*
alliteration [əˌlɪtəˈreɪʃən] *n* : aliteración *f*
allocate [ˈæləˌkeɪt] *vt* **-cated; -cating** : asignar, adjudicar
allocation [ˌæləˈkeɪʃən] *n* : asignación *f*, reparto *m*, distribución *f*
allot [əˈlɑt] *vt* **-lotted; -lotting** : repartir, distribuir, asignar
allotment [əˈlɑtmənt] *n* : reparto *m*, asignación *f*, distribución *f*
allow [əˈlaʊ] *vt* **1** PERMIT : permitir, dejar **2** ALLOT : conceder, dar **3** ADMIT, CONCEDE : admitir, conceder — *vi* **to allow for** : tener en cuenta
allowable [əˈlaʊəbəl] *adj* **1** PERMISSIBLE : permisible, lícito **2** : deducible ⟨allowable expenditure : gasto deducible⟩
allowance [əˈlaʊənts] *n* **1** : complemento *m* (para gastos, etc.), mesada *f* (para niños) **2 to make allowance(s)** : tener en cuenta, disculpar
alloy [ˈæˌlɔɪ] *n* : aleación *f*
all–purpose [ˈɔlˈpərpəs] *adj* : multiuso ⟨all-purpose flour : harina común⟩

all right¹ *adv* **1** YES : sí, por supuesto **2** WELL : bien ⟨I did all right : me fue bien⟩ **3** DEFINITELY : bien, ciertamente, sin duda ⟨he's sick all right : está bien enfermo⟩
all right² *adj* **1** OK : bien ⟨are you all right? : ¿estás bien?⟩ **2** SATISFACTORY : bien, bueno ⟨your work is all right : tu trabajo es bueno⟩
all–round [ˌɔlˈraʊnd] → **all–around**
allspice [ˈɔlˌspaɪs] *n* : pimienta *f* de Jamaica
allude [əˈluːd] *vi* **-luded; -luding** : aludir, referirse
allure¹ [əˈlʊr] *vt* **-lured; -luring** : cautivar, atraer
allure² *n* : atractivo *m*, encanto *m*
allusion [əˈluːʒən] *n* : alusión *f*
ally¹ [əˈlaɪ, ˈæˌlaɪ] *vi* **-lied; -lying** : aliarse
ally² [ˈæˌlaɪ, əˈlaɪ] *n* : aliado *m*, -da *f*
almanac [ˈɔlməˌnæk, ˈæl-] *n* : almanaque *m*
almighty [ɔlˈmaɪti] *adj* : omnipotente, todopoderoso
almond [ˈɑmənd, ˈɑl-, ˈæ-, ˈæl-] *n* : almendra *f*
almost [ˈɔlˌmoːst, ɔlˈmoːst] *adv* : casi, prácticamente
alms [ˈɑmz, ˈɑlmz, ˈælmz] *ns & pl* : limosna *f*, caridad *f*
aloe [ˈæloː] *n* : áloe *m*
aloft [əˈlɔft] *adv* : en alto, en el aire
alone¹ [əˈloːn] *adv* : sólo, solamente, únicamente
alone² *adj* : solo ⟨they're alone in the house : están solos en la casa⟩
along¹ [əˈlɔŋ] *adv* **1** FORWARD : adelante ⟨farther along : más adelante⟩ ⟨move along! : ¡circulen, por favor!⟩ **2 to bring along** : traer **3** ~ **with** : con, junto con **4 all along** : desde el principio
along² *prep* **1** : por, a lo largo de ⟨along the coast : a lo largo de la costa⟩ **2** : en, en el curso de, por ⟨along the way : en el curso del viaje⟩
alongside¹ [əˌlɔŋˈsaɪd] *adv* : al costado, al lado
alongside² *or* **alongside of** *prep* : junto a, al lado de
aloof [əˈluːf] *adj* : distante, reservado
aloofness [əˈluːfnəs] *n* : reserva *f*, actitud *f* distante
aloud [əˈlaʊd] *adv* : en voz alta
alpaca [ælˈpækə] *n* : alpaca *f*
alphabet [ˈælfəˌbɛt] *n* : alfabeto *m*
alphabetical [ˌælfəˈbɛtɪkəl] *or* **alphabetic** [-ˈbɛtɪk] *adj* : alfabético — **alphabetically** [-tɪkli] *adv*
alphabetize [ˈælfəbəˌtaɪz] *vt* **-ized; -izing** : alfabetizar, poner en orden alfabético
alpine [ˈælˌpaɪn] *adj* : alpino
already [ɔlˈrɛdi] *adv* : ya
also [ˈɔlˌsoː] *adv* : también, además
altar [ˈɔltər] *n* : altar *m*
alter [ˈɔltər] *vt* : alterar, cambiar, modificar

alteration [,ɔltə'reɪʃən] n : alteración f, cambio m, modificación f

altercation [,ɔltər'keɪʃən] n : altercado m, disputa f

alternate¹ ['ɔltər,neɪt] v **-nated; -nating** : alternar

alternate² ['ɔltərnət] adj **1** : alterno ⟨alternate cycles of inflation and depression : ciclos alternos de inflación y depresión⟩ **2** : uno sí y otro no ⟨he cooks on alternate days : cocina un día sí y otro no⟩

alternate³ ['ɔltərnət] n : suplente mf; sustituto m, -ta f

alternately ['ɔltərnətli] adv : alternativemente, por turno

alternating current ['ɔltər,neɪtɪŋ] n : corriente f alterna

alternation [,ɔltər'neɪʃən] n : alternancia f, rotación f

alternative¹ [ɔl'tərnətɪv] adj : alternativo

alternative² n : alternativa f

alternator ['ɔltər,neɪtər] n : alternador m

although [ɔl'ðo:] conj : aunque, a pesar de que

altitude ['æltə,tu:d, -,tju:d] n : altitud f, altura f

alto ['æl,to:] n, pl **-tos** : alto mf, contralto mf

altogether [,ɔltə'gɛðər] adv **1** COMPLETELY : completamente, totalmente, del todo **2** ON THE WHOLE : en suma, en general

altruism ['æltru,ɪzəm] n : altruismo m

altruistic [,æltru'ɪstɪk] adj : altruista — **altruistically** [-tɪkli] adv

alum ['æləm] n : alumbre m

aluminum [ə'lu:mənəm] n : aluminio m

alumna [ə'lʌmnə] n, pl **-nae** [-,ni:] : exalumna f

alumnus [ə'lʌmnəs] n, pl **-ni** [-,naɪ] : exalumno m

always ['ɔlwiz, -,weɪz] adv **1** INVARIABLY : siempre, invariablemente **2** FOREVER : para siempre

am → be

amalgam [ə'mælgəm] n : amalgama f

amalgamate [ə'mælgə,meɪt] vt **-ated; -ating** : amalgamar, unir, fusionar

amalgamation [ə,mælgə'meɪʃən] n : fusión f, unión f

amaryllis [,æmə'rɪləs] n : amarilis f

amass [ə'mæs] vt : amasar, acumular

amateur ['æmə,tʃər, -,tər, -,tʊr, -,tjur] n **1** : amateur mf **2** BEGINNER : principiante mf; aficionado m, -da f

amateurish ['æmə,tʃərɪʃ, -,tər-, -,tur-, -,tjur-] adj : amateur, inexperto

amaze [ə'meɪz] vt **amazed; amazing** : asombrar, maravillar, pasmar

amazement [ə'meɪzmənt] n : asombro m, sorpresa f

amazing [ə'meɪzɪŋ] adj : asombroso, sorprendente — **amazingly** [-zɪŋli] adv

Amazon ['æmə,zɑn] n : amazona f (en mitología)

Amazonian [,æmə'zo:niən] adj : amazónico

ambassador [æm'bæsədər] n : embajador m, -dora f

amber ['æmbər] n : ámbar m

ambergris ['æmbər,grɪs, -,gri:s] n : ámbar m gris

ambidextrous [,æmbi'dɛkstrəs] adj : ambidextro — **ambidextrously** adv

ambience or **ambiance** ['æmbiəns, 'ambi,ɑns] n : ambiente m, atmósfera f

ambiguity [,æmbə'gju:əṭi] n, pl **-ties** : ambigüedad f

ambiguous [æm'bɪgjuəs] adj : ambiguo

ambition [æm'bɪʃən] n : ambición f

ambitious [æm'bɪʃəs] adj : ambicioso — **ambitiously** adv

ambivalence [æm'bɪvələnts] n : ambivalencia f

ambivalent [æm'bɪvələnt] adj : ambivalente

amble¹ ['æmbəl] vi **-bled; -bling** : ir tranquilamente, pasearse despreocupadamente

amble² n : paseo m tranquilo

ambulance ['æmbjələnts] n : ambulancia f

ambush¹ ['æm,bʊʃ] vt : emboscar

ambush² n : emboscada f, celada f

ameliorate [ə'mi:ljə,reɪt] v **-rated; -rating** IMPROVE : mejorar

amelioration [ə,mi:ljə'reɪʃən] n : mejora f

amen ['eɪ'mɛn, 'ɑ-] interj : amén

amenable [ə'mi:nəbəl, -'mɛ-] adj RESPONSIVE : susceptible, receptivo, sensible

amend [ə'mɛnd] vt **1** IMPROVE : mejorar, enmendar **2** CORRECT : enmendar, corregir

amendment [ə'mɛndmənt] n : enmienda f

amends [ə'mɛndz] ns & pl : compensación f, reparación f, desagravio m

amenity [ə'mɛnəṭi, -'mi:-] n, pl **-ties 1** PLEASANTNESS : lo agradable, amenidad f **2 amenities** npl : servicios mpl, comodidades fpl

American [ə'mɛrɪkən] n : americano m, -na f — **American** adj

American Indian n : indio m (americano), india f (americana)

amethyst ['æmɪθəst] n : amatista f

amiability [,eɪmiə'bɪləṭi] n : amabilidad f, afabilidad f

amiable ['eɪmiəbəl] adj : amable, afable — **amiably** [-bli] adv

amicable ['æmɪkəbəl] adj : amigable, amistoso, cordial — **amicably** [-bli] adv

amid [ə'mɪd] or **amidst** [ə'mɪdst] prep : en medio de, entre

amino acid [ə'mi:no] n : aminoácido m

amiss¹ [ə'mɪs] adv : mal, fuera de lugar ⟨to take amiss : tomar a mal, llevar a mal⟩

amiss² adj **1** WRONG : malo, inoportuno **2 there's something amiss** : pasa algo, algo anda mal

ammeter ['æ,mi:ṭər] n : amperímetro m

ammonia [ə'mo:njə] *n* : amoníaco *m*

ammunition [,æmjə'nɪʃən] *n* **1** : municiones *fpl* **2** ARGUMENTS : argumentos *mpl*

amnesia [æm'ni:ʒə] *n* : amnesia *f*

amnesty ['æmnəsti] *n, pl* **-ties** : amnistía *f*

amoeba [ə'mi:bə] *n, pl* **-bas** *or* **-bae** [-,bi:] : ameba *f*

amoebic [ə'mi:bɪk] *adj* : amébico *m*

amok [ə'mʌk, -'mɑk] *or* **to run amok** : correr a ciegas, enloquecerse, desbocarse (dícese de la economía, etc.)

among [ə'mʌŋ] *prep* : entre

amoral [eɪ'mɔrəl] *adj* : amoral

amorous ['æmərəs] *adj* **1** PASSIONATE : enamoradizo, apasionado **2** ENAMORED : enamorado **3** LOVING : amoroso, cariñoso

amorously ['æmərəsli] *adv* : con cariño

amorphous [ə'mɔrfəs] *adj* : amorfo, informe

amortize ['æmər,taɪz, ə'mɔr-] *vt* **-tized; -tizing** : amortizar

amount¹ [ə'maʊnt] *vi* **to amount to 1** : equivaler a, significar ⟨that amounts to treason : eso equivale a la traición⟩ **2** : ascender a ⟨my debts amount to $2000 : mis deudas ascienden a $2000⟩

amount² *n* : cantidad *f*, suma *f*

ampere ['æm,pɪr] *n* : amperio *m*

ampersand ['æmpər,sænd] *n* : el signo &

amphetamine [æm'fɛtə,mi:n] *n* : anfetamina *f*

amphibian [æm'fɪbiən] *n* : anfibio *m*

amphibious [æm'fɪbiəs] *adj* : anfibio

amphitheater ['æmfə,θi:ətər] *n* : anfiteatro *m*

ample ['æmpəl] *adj* **-pler; -plest 1** LARGE, SPACIOUS : amplio, extenso, grande **2** ABUNDANT : abundante, generoso

amplifier ['æmplə,faɪər] *n* : amplificador *m*

amplify ['æmplə,faɪ] *vt* **-fied; -fying** : amplificar

amply ['æmpli] *adv* : ampliamente, abundantemente, suficientemente

amputate ['æmpjə,teɪt] *vt* **-tated; -tating** : amputar

amputation [,æmpjə'teɪʃən] *n* : amputación *f*

amuck [ə'mʌk] → **amok**

amulet ['æmjələt] *n* : amuleto *m*, talismán *m*

amuse [ə'mju:z] *vt* **amused; amusing 1** ENTERTAIN : entretener, distraer **2** : hacer reír, divertir ⟨the joke amused us : la broma nos hizo reír⟩

amusement [ə'mju:zmənt] *n* **1** ENTERTAINMENT : diversión *f*, entretenimiento *m*, pasatiempo *m* **2** LAUGHTER : risa *f*

an *art* → **a²**

anachronism [ə'nækrə,nɪzəm] *n* : anacronismo *m*

anachronistic [ə,nækrə'nɪstɪk] *adj* : anacrónico

anaconda [,ænə'kɑndə] *n* : anaconda *f*

anagram ['ænə,græm] *n* : anagrama *m*

anal ['eɪnəl] *adj* : anal

analgesic [,ænəl'dʒi:zɪk, -sɪk] *n* : analgésico *m*

analog ['ænə,lɔg] *adj* : analógico

analogical [,ænə'lɑdʒɪkəl] *adj* : analógico — **analogically** [-kli] *adv*

analogous [ə'næləgəs] *adj* : análogo

analogy [ə'nælədʒi] *n, pl* **-gies** : analogía *f*

analysis [ə'næləsəs] *n, pl* **-yses** [-,si:z] : análisis *m* **2** PSYCHOANALYSIS : psicoanálisis *m*

analyst ['ænəlɪst] *n* **1** : analista *mf* **2** PSYCHOANALYST : psicoanalista *mf*

analytic [,ænə'lɪtɪk] *or* **analytical** [-tɪkəl] *adj* : analítico — **analytically** [-tɪkli] *adv*

analyze ['ænə,laɪz] *vt* **-lyzed; -lyzing** : analizar

anarchic [æ'nɑrkɪk] *adj* : anárquico — **anarchically** [-kɪkli] *adv*

anarchism ['ænər,kɪzəm, -nɑr-] *n* : anarquismo *m*

anarchist ['ænərkɪst, -nɑr-] *n* : anarquista *mf*

anarchy ['ænərki, -nɑr-] *n* : anarquía *f*

anathema [ə'næθəmə] *n* : anatema *m*

anatomic [,ænə'tɑmɪk] *or* **anatomical** [-mɪkəl] *adj* : anatómico — **anatomically** [-mɪkli] *adv*

anatomy [ə'nætəmi] *n, pl* **-mies** : anatomía *f*

ancestor ['æn,sɛstər] *n* : antepasado *m*, -da *f*; antecesor *m*, -sora *f*

ancestral [æn'sɛstrəl] *adj* : ancestral, de los antepasados

ancestry ['æn,sɛstri] *n* **1** DESCENT : ascendencia *f*, linaje *m*, abolengo *m* **2** ANCESTORS : antepasados *mpl*, -das *fpl*

anchor¹ ['æŋkər] *vt* **1** MOOR : anclar, fondear **2** FASTEN : sujetar, asegurar, fijar

anchor² *n* **1** : ancla *f* **2** : presentador *m*, -dora *f* (en televisión)

anchorage ['æŋkərɪdʒ] *n* : anclaje *m*

anchovy ['æn,tʃo:vi, æn'tʃo:-] *n, pl* **-vies** *or* **-vy** : anchoa *f*

ancient ['eɪntʃənt] *adj* **1** : antiguo ⟨ancient history : historia antigua⟩ **2** OLD : viejo

ancients ['eɪntʃənts] *npl* : los antiguos *mpl*

and ['ænd] *conj* **1** : y (**e** before words beginning with **i-** or **hi-**) **2** : con ⟨ham and eggs : huevos con jamón⟩ **3** : a ⟨go and see : ve a ver⟩ **4** : de ⟨try and finish it soon : trata de terminarlo pronto⟩

Andalusian [,ændə'lu:ʒən] *n* : andaluz *m*, -luza *f* — **Andalusian** *adj*

Andean ['ændiən] *adj* : andino

andiron ['ænd,daɪərn] *n* : morillo *m*

Andorran [æn'dɔrən] *n* : andorrano *m*, -na *f* — **Andorran** *adj*

androgynous [æn'drɑdʒənəs] *adj* : andrógino

anecdotal [,ænɪk'do:təl] *adj* : anecdótico

anecdote [ˈænɪkˌdoːt] n : anécdota f
anemia [əˈniːmiə] n : anemia f
anemic [əˈniːmɪk] adj : anémico
anemone [əˈnɛmǝni] n : anémona f
anesthesia [ˌænǝsˈθiːʒǝ] n : anestesia f
anesthetic¹ [ˌænǝsˈθɛtɪk] adj : anestésico
anesthetic² n : anestésico m
anesthetist [əˈnɛsθǝtɪst] n : anestesista mf
anesthetize [əˈnɛsθǝˌtaɪz] vt -tize; -tized : anestesiar
aneurysm [ˈænjǝˌrɪzǝm] n : aneurisma mf
anew [əˈnuː:, -ˈnjuː:] adv : de nuevo, otra vez, nuevamente
angel [ˈeɪndʒǝl] n : ángel m
angelic [ænˈdʒɛlɪk] or **angelical** [-lɪkǝl] adj : angélico, angelical — **angelically** [-lɪkli] adv
anger¹ [ˈæŋgǝr] vt : enojar, enfadar
anger² n : enojo m, enfado m, ira f, cólera f, rabia f
angina [ænˈdʒaɪnǝ] n : angina f
angle¹ [ˈæŋgǝl] v **angled; angling** vt DIRECT, SLANT : orientar, dirigir — vi FISH : pescar (con caña)
angle² n 1 : ángulo m 2 POINT OF VIEW : perspectiva f, punto m de vista
angler [ˈæŋglǝr] n : pescador m, -dora f
Anglican [ˈæŋglɪkǝn] n : anglicano m, -na f — **Anglican** adj
Anglo–Saxon¹ [ˌæŋgloˈsæksǝn] adj : anglosajón
Anglo–Saxon² n : anglosajón m, -jona f
Angolan [æŋˈgoːlǝn, æn-] n : angoleño m, -ña f — **Angolan** adj
angora [æŋˈgorǝ, æn-] n : angora f
angrily [ˈæŋgrǝli] adv : furiosamente, con ira
angry [ˈæŋgri] adj -grier; -est : enojado, enfadado, furioso
anguish [ˈæŋgwɪʃ] n : angustia f, congoja f
anguished [ˈæŋgwɪʃt] adj : angustiado, acongojado
angular [ˈæŋgjǝlǝr] adj : angular (dícese de las formas), anguloso (dícese de las caras)
animal [ˈænǝmǝl] n 1 : animal m 2 BRUTE : bruto m, -ta f
animate¹ [ˈænǝˌmeɪt] vt -mated; -mating : animar
animate² [ˈænǝmǝt] adj : animado
animated [ˈænǝˌmeɪtǝd] adj 1 LIVELY : animado, vivo, vivaz 2 **animated cartoon** : dibujos mpl animados
animation [ˌænǝˈmeɪʃǝn] n : animación f
animosity [ˌænǝˈmasǝti] n, pl -ties : animosidad f, animadversión f
anise [ˈænǝs] n : anís m
aniseed [ˈænǝsˌsiːd] n : anís m, semilla f de anís
ankle [ˈæŋkǝl] n : tobillo m
anklebone [ˈæŋkǝlˌboːn] n : taba f
annals [ˈænǝlz] npl : anales mpl, crónica f
anneal [əˈniːl] vt 1 TEMPER : templar 2 STRENGTHEN : fortalecer

annex¹ [əˈnɛks, ˈæˌnɛks] vt : anexar
annex² [ˈæˌnɛks, -nɪks] n : anexo m, anejo m
annexation [ˌæˌnɛkˈseɪʃǝn] n : anexión f
annihilate [əˈnaɪǝˌleɪt] vt -lated; -lating : aniquilar
annihilation [ǝˌnaɪǝˈleɪʃǝn] n : aniquilación f, aniquilamiento m
anniversary [ˌænǝˈvǝrsǝri] n, pl -ries : aniversario m
annotate [ˈænǝˌteɪt] vt -tated; -tating : anotar
annotation [ˌænǝˈteɪʃǝn] n : anotación f
announce [əˈnaʊnts] vt -nounced; -nouncing : anunciar
announcement [əˈnaʊntsmǝnt] n : anuncio m
announcer [əˈnaʊntsǝr] n : anunciador m, -dora f; comentarista mf; locutor m, -tora f
annoy [əˈnɔɪ] vt : molestar, fastidiar, irritar
annoyance [əˈnɔɪǝnts] n 1 IRRITATION : irritación f, fastidio m 2 NUISANCE : molestia f, fastidio m
annoying [əˈnɔɪɪŋ] adj : molesto, fastidioso, engorroso — **annoyingly** [-ɪŋli] adv
annual¹ [ˈænjuǝl] adj : anual — **annually** adv
annual² n 1 : planta f anual 2 YEARBOOK : anuario m
annuity [əˈnuːǝti] n, pl -ties : anualidad f
annul [əˈnʌl] vt anulled; anulling : anular, invalidar
annulment [əˈnʌlmǝnt] n : anulación f
anode [ˈæˌnoːd] n : ánodo
anoint [əˈnɔɪnt] vt : ungir
anomalous [əˈnɑmǝlǝs] adj : anómalo
anomaly [əˈnɑmǝli] n, pl -lies : anomalía f
anonymity [ˌænǝˈnɪmǝti] n : anonimato m
anonymous [əˈnɑnǝmǝs] adj : anónimo — **anonymously** adv
anorexia [ˌænǝˈrɛksiǝ] n : anorexia f
anorexic [ˌænǝˈrɛksɪk] adj : anoréxico
another¹ [əˈnʌðǝr] adj : otro
another² pron : otro, otra
answer¹ [ˈæntsǝr] vt 1 : contestar (a), responder (a) ⟨to answer the telephone : contestar el teléfono⟩ 2 FULFILL : satisfacer 3 **to answer for** : ser responsable de, pagar por ⟨she'll answer for that mistake : pagará por ese error⟩ — vi : contestar, responder
answer² n 1 REPLY : respuesta f, contestación f 2 SOLUTION : solución f
answerable [ˈæntsǝrǝbǝl] adj : responsable
ant [ˈænt] n : hormiga f
antacid [æntˈæsǝd, ˈænˌtæ-] n : antiácido m
antagonism [ænˈtægǝˌnɪzǝm] n : antagonismo m, hostilidad f
antagonist [ænˈtægǝnɪst] n : antagonista mf

antagonistic [æn͵tægə'nɪstɪk] *adj* : antagonista, hostil
antagonize [æn'tægə͵naɪz] *vt* **-nized; -nizing** : antagonizar
antarctic [ænt'ɑrktɪk, -'ɑrtɪk] *adj* : antártico
antarctic circle *n* : círculo *m* antártico
anteater ['ænt͵i:tər] *n* : oso *m* hormiguero
antebellum [͵æntɪ'beləm] *adj* : prebélico
antecedent[1] [͵æntə'si:dənt] *adj* : antecedente, precedente
antecedent[2] *n* : antecedente *mf*; precursor *m*, -sora *f*
antelope ['æntəl͵o:p] *n, pl* **-lope** or **-lopes** : antílope *m*
antenna [æn'tɛnə] *n, pl* **-nae** [-͵ni:, -͵naɪ] or **-nas** : antena *f*
anterior [æn'tɪriər] *adj* : anterior
anthem ['ænθəm] *n* : himno *m* ⟨national anthem : himno nacional⟩
anther ['ænθər] *n* : antera *f*
anthill ['ænt͵hɪl] *n* : hormiguero *m*
anthology [æn'θɑlədʒi] *n, pl* **-gies** : antología *f*
anthracite ['ænθrə͵saɪt] *n* : antracita *f*
anthropoid[1] ['ænθrə͵pɔɪd] *adj* : antropoide
anthropoid[2] *n* : antropoide *mf*
anthropological [͵ænθrəpə'lɑdʒɪkəl] *adj* : antropológico
anthropologist [͵ænθrə'pɑlədʒɪst] *n* : antropólogo *m*, -ga *f*
anthropology [͵ænθrə'pɑlədʒi] *n* : antropología *f*
antiabortion [͵ænti̇ə'bɔrʃən, ͵æntaɪ-] *adj* : antiaborto
antiaircraft [͵ænti̇'ær͵kræft, ͵æntaɪ-] *adj* : antiaéreo
anti–American [͵ænti̇ə'mɛrɪkən, ͵æntaɪ-] *adj* : antiamericano
antibiotic[1] [͵æntibaɪ'ɑtɪk, ͵æntaɪ-, -bi-] *adj* : antibiótico
antibiotic[2] *n* : antibiótico *m*
antibody ['ænti̇͵bɑdi] *n, pl* **-bodies** : anticuerpo *m*
antic[1] ['æntɪk] *adj* : extravagante, juguetón
antic[2] *n* : payasada *f*, travesura *f*
anticipate [æn'tɪsə͵peɪt] *vt* **-pated; -pating** **1** FORESEE : anticipar, prever **2** EXPECT : esperar, contar con
anticipation [æn͵tɪsə'peɪʃən] *n* **1** FORESIGHT : previsión *f* **2** EXPECTATION : anticipación *f*, expectación *f*, esperanza *f*
anticipatory [æn'tɪsəpə͵tori] *adj* : en anticipación, en previsión
anticlimactic [͵æntiklaɪ'mæktɪk] *adj* : anticlimático, decepcionante
anticlimax [͵ænti'klaɪ͵mæks] *n* : anticlímax *m*
anticommunism [͵ænti'kɑmjə͵nɪzəm, ͵æntaɪ-] *n* : anticomunismo *m*
anticommunist[1] [͵ænti'kɑmjənɪst, ͵æntaɪ-] *adj* : anticomunista
anticommunist[2] *n* : anticomunista *mf*

antidemocratic [͵ænti͵dɛmə'krætɪk, ͵æntaɪ-] *adj* : antidemocrático
antidepressant [͵æntidi'prɛsənt] *n* : antidepresivo *m* — **antidepressant** *adj*
antidote ['ænti͵do:t] *n* : antídoto *m*
antidrug [͵ænti'drʌg, ͵æntaɪ-; 'ænti͵drʌg, 'æntaɪ-] *adj* : antidrogas
antifascist [͵ænti'fæʃist, ͵æntaɪ-] *adj* : antifascista
antifeminist [͵ænti'fɛmənɪst, ͵æntaɪ-] *adj* : antifeminista
antifreeze ['ænti͵fri:z] *n* : anticongelante *m*
antigen ['æntɪdʒən, -͵dʒɛn] *n* : antígeno *m*
antihistamine [͵ænti'hɪstə͵mi:n, -mən] *n* : antihistamínico *m*
anti–imperialism [͵æntiɪm'pɪriə͵lɪzəm, ͵æntaɪ-] *n* : antiimperialismo *m*
anti–imperialist [͵æntiɪm'pɪriəlɪst, ͵æntaɪ-] *adj* : antiimperialista
anti–inflammatory [͵ætiɪn'flæmətori] *adj* : antiinflamatorio
anti–inflationary [͵æntiɪn'fleɪʃə͵nɛri, ͵æntaɪ-] *adj* : antiinflacionario
antimony ['æntə͵mo:ni] *n* : antimonio *m*
antipathy [æn'tɪpəθi] *n, pl* **-thies** : antipatía *f*, aversión *f*
antiperspirant [͵ænti'pərspərənt, ͵æntaɪ-] *n* : antitranspirante *m*
antiquarian[1] [͵æntə'kwɛriən] *adj* : antiguo, anticuario ⟨an antiquarian book : un libro antiguo⟩
antiquarian[2] *n* : anticuario *m*, -ria *f*
antiquary ['æntə͵kwɛri] *n, pl* **-quaries** : → **antiquarian**[2]
antiquated ['æntə͵kweɪtəd] *adj* : anticuado, pasado de moda
antique[1] [æn'ti:k] *adj* **1** OLD : antiguo, de época ⟨an antique mirror : un espejo antiguo⟩ **2** OLD-FASHIONED : anticuado, pasado de moda
antique[2] *n* : antigüedad *f*
antiquity [æn'tɪkwəṭi] *n, pl* **-ties** : antigüedad
antirevolutionary [͵ænti͵rɛvə'lu:ʃə͵nɛri, ͵æntaɪ-] *adj* : antirrevolucionario
anti–Semitic [͵æntisə'mɪtɪk, ͵æntaɪ-] *adj* : antisemita
anti–Semitism [͵ænti'sɛmə͵tɪzəm, ͵æntaɪ-] *n* : antisemitismo *m*
antiseptic[1] [͵ænti'sɛptɪk] *adj* : antiséptico — **antiseptically** [-tɪkli] *adv*
antiseptic[2] *n* : antiséptico *m*
antismoking [͵ænti'smo:kɪŋ, ͵æntaɪ-] *adj* : antitabaco
antisocial [͵ænti'so:ʃəl, ͵æntaɪ-] *adj* **1** : antisocial **2** UNSOCIABLE : poco sociable
antitheft [͵ænti'θɛft, ͵æntaɪ-] *adj* : antirrobo
antithesis [æn'tɪθəsɪs] *n, pl* **-eses** [-͵si:z] : antítesis *f*
antitoxin [͵ænti'tɑksən, ͵æntaɪ-] *n* : antitoxina *f*
antitrust [͵ænti'trʌst, ͵æntaɪ-] *adj* : antimonopolista
antler ['æntlər] *n* : asta *f*, cuerno *m*

antonym [ˈæntəˌnɪm] n : antónimo m
anus [ˈeɪnəs] n : ano m
anvil [ˈænvəl, -vɪl] n : yunque m
anxiety [æŋkˈzaɪəti] n, pl -eties 1 UN-EASINESS : inquietud f, preocupación f, ansiedad f 2 APPREHENSION : ansiedad f, angustia f
anxious [ˈæŋkʃəs] adj 1 WORRIED : inquieto, preocupado, ansioso 2 WORRI-SOME : preocupante, inquietante 3 EAGER : ansioso, deseoso
anxiously [ˈæŋkʃəsli] adv : con inquietud, con ansiedad
any¹ [ˈɛni] adv 1 : algo ⟨is it any better? : ¿está (algo) mejor?⟩ 2 : para nada ⟨it is not any good : no sirve para nada⟩
any² adj 1 : alguno ⟨is there any doubt? : ¿hay alguna duda?⟩ ⟨call me if you have any questions : llámeme si tiene alguna pregunta⟩ 2 : cualquier ⟨I can answer any question : puedo responder a cualquier pregunta⟩ 3 : todo ⟨in any case : en todo caso⟩ 4 : ningún ⟨he would not accept it under any circumstances : no lo aceptaría bajo ninguna circunstancia⟩
any³ pron 1 : alguno m, -na f ⟨are there any left? : ¿queda alguno?⟩ 2 : ninguno m, -na f ⟨I don't want any : no quiero ninguno⟩
anybody [ˈɛniˌbɑdi, -ˌbʌ-] → anyone
anyhow [ˈɛniˌhaʊ] adv 1 HAPHAZARD-LY : de cualquier manera 2 IN ANY CASE : de todos modos, en todo caso
anymore [ˌɛniˈmor] adv 1 : ya, ya más ⟨he doesn't dance anymore : ya no baila más⟩ 2 : todavía ⟨do they sing anymore? : ¿cantan todavía⟩
anyone [ˈɛniˌwʌn] pron 1 : alguien ⟨is anyone here? : ¿hay alguien aquí?⟩ ⟨if anyone wants to come : si alguien quiere venir⟩ 2 : cualquiera ⟨anyone can play : cualquiera puede jugar⟩ 3 : nadie ⟨I don't want anyone here : no quiero a nadie aquí⟩
anyplace [ˈɛniˌpleɪs] → anywhere
anything [ˈɛniˌθɪŋ] pron 1 : algo, alguna cosa ⟨do you want anything? : ¿quieres algo?, ¿quieres alguna cosa?⟩ 2 : nada ⟨hardly anything : casi nada⟩ 3 : cualquier cosa ⟨I eat anything : como de todo⟩
anytime [ˈɛniˌtaɪm] adv : en cualquier momento, a cualquier hora, cuando sea
anyway [ˈɛniˌweɪ] → anyhow
anywhere [ˈɛniˌʰwer] adv 1 : en algún sitio, en alguna parte ⟨do you see it anywhere? : ¿lo ves en alguna parte?⟩ 2 : en ningún sitio, por ninguna parte ⟨I can't find it anywhere : no puedo encontrarlo por ninguna parte⟩ 3 : en cualquier parte, dondequiera, donde sea ⟨put it anywhere : ponlo dondequiera⟩
aorta [eɪˈɔrtə] n, pl -tas or -tae [-ˌi, -ˌaɪ] : aorta f

Apache [əˈpætʃi] n, pl Apache or Apaches : apache mf
apart [əˈpɑrt] adv 1 SEPARATELY : aparte, separadamente 2 ASIDE : aparte, a un lado 3 to fall apart : deshacerse, hacerse pedazos 4 to take apart : desmontar, desmantelar
apartheid [əˈpɑrˌteɪt, -ˌtaɪt] n : apartheid m
apartment [əˈpɑrtmənt] n : apartamento m, departamento m, piso m Spain
apathetic [ˌæpəˈθɛtɪk] adj : apático, indiferente — apathetically [-ˌtɪkli] adv
apathy [ˈæpəθi] n : apatía f, indiferencia f
ape¹ [ˈeɪp] vt aped; aping : imitar, remedar
ape² n : simio m; mono m, -na f
aperitif [əˌpɛrəˈtiːf] n : aperitivo m
aperture [ˈæpərˌtʃər, -ˌtʃʊr] n : abertura f, rendija f, apertura f (en fotografía)
apex [ˈeɪˌpɛks] n, pl apexes or apices [ˈeɪpəˌsiːz, ˈæ-] : ápice m, cúspide f, cima f
aphid [ˈeɪfɪd, ˈæ-] n : áfido m
aphorism [ˈæfəˌrɪzəm] n : aforismo m
aphrodisiac [ˌæfrəˈdiːziˌæk, -ˈdɪ-] n : afrodisíaco m
apiary [ˈeɪpiˌɛri] n, pl -aries : apiario m, colmenar m
apiece [əˈpiːs] adv : cada uno
aplenty [əˈplɛnti] adj : en abundancia
aplomb [əˈplɑm, -ˈplʌm] n : aplomo m
apocalypse [əˈpɑkəˌlɪps] n : apocalipsis m
apocalyptic [əˌpɑkəˈlɪptɪk] adj : apocalíptico
apocrypha [əˈpɑkrəfə] n : textos mpl apócrifos
apocryphal [əˈpɑkrəfəl] adj : apócrifo
apologetic [əˌpɑləˈdʒɛtɪk] adj : lleno de disculpas
apologetically [əˌpɑləˈdʒɛtɪkli] adv : disculpándose, con aire de disculpas
apologize [əˈpɑləˌdʒaɪz] vi -gized; -gizing : disculparse, pedir perdón
apology [əˈpɑlədʒi] n, pl -gies : disculpa f, excusa f
apoplectic [ˌæpəˈplɛktɪk] adj : apoplético
apoplexy [ˈæpəˌplɛksi] n : apoplejía f
apostasy [əˈpɑstəsi] n, pl -sies : apostasía f
apostate [əˈpɑsˌteɪt] n : apóstata mf
apostle [əˈpɑsəl] n : apóstol m
apostolic [ˌæpəˈstɑlɪk] adj : apostólico
apostrophe [əˈpɑstrəˌfiː] n : apóstrofo m (ortográfico)
apothecary [əˈpɑθəˌkɛri] n, pl -caries : boticario m, -ria f
appall [əˈpɔl] vt : consternar, horrorizar
apparatus [ˌæpəˈrætəs, -ˈreɪ-] n, pl -tus-es or -tus : aparato m, equipo m
apparel [əˈpærəl] n : atavío m, ropa f
apparent [əˈpærənt] adj 1 VISIBLE : visible 2 OBVIOUS : claro, evidente, manifiesto 3 SEEMING : aparente, ostensible

apparently [ə'pærəntli] *adv* : aparentemente, al parecer

apparition [ˌæpə'rɪʃən] *n* : aparición *f*, visión *f*

appeal[1] [ə'piːl] *vt* : apelar ⟨to appeal a decision : apelar contra una decisión⟩ — *vi* **1 to appeal for** : pedir, solicitar **2 to appeal to** : atraer ⟨that doesn't appeal to me : eso no me atrae⟩

appeal[2] *n* **1** : apelación *f* (en derecho) **2** PLEA : ruego *m*, súplica *f* **3** ATTRACTION : atracción *f*, atractivo *m*, interés *m*

appear [ə'pɪr] *vi* **1** : aparecer, aparecerse, presentarse ⟨he suddenly appeared : apareció de repente⟩ **2** COME OUT : aparecer, salir, publicarse **3** : comparecer (ante el tribunal), actuar (en el teatro) **4** SEEM : parecer

appearance [ə'pɪrənts] *n* **1** APPEARING : aparición *f*, presentación *f*, comparecencia *f* (ante un tribunal), publicación *f* (de un libro) **2** LOOK : apariencia *f*, aspecto *m*

appease [ə'piːz] *vt* -**peased**; -**peasing 1** CALM, PACIFY : aplacar, apaciguar, sosegar **2** SATISFY : satisfacer, mitigar

appeasement [ə'piːzmənt] *n* : aplacamiento *m*, apaciguamiento *m*

append [ə'pɛnd] *vt* : agregar, añadir, adjuntar

appendage [ə'pɛndɪʤ] *n* **1** ADDITION : apéndice *m*, añadidura *f* **2** LIMB : miembro *m*, extremidad *f*

appendectomy [ˌæpən'dɛktəmi] *n*, *pl* -**mies** : apendicectomía *f*

appendicitis [əˌpɛndə'saɪtəs] *n* : apendicitis *f*

appendix [ə'pɛndɪks] *n*, *pl* -**dixes** *or* -**dices** [-dəˌsiːz] : apéndice *m*

appetite ['æpəˌtaɪt] *n* **1** CRAVING : apetito *m*, deseo *m*, ganas *fpl* **2** PREFERENCE : gusto *m*, preferencia *f* ⟨the cultural appetites of today : los gustos culturales de hoy⟩

appetizer ['æpəˌtaɪzər] *n* : aperitivo *m*, entremés *m*, botana *f Mex*, tapa *f Spain*

appetizing ['æpəˌtaɪzɪŋ] *adj* : apetecible, apetitoso — **appetizingly** [-zɪŋli] *adv*

applaud [ə'plɔd] *v* : aplaudir

applause [ə'plɔz] *n* : aplauso *m*

apple ['æpəl] *n* : manzana *f*

appliance [ə'plaɪənts] *n* **1** : aparato *m* **2 household appliance** : electrodoméstico *m*, aparato *m* electrodoméstico

applicability [ˌæplɪkə'bɪləti, əˌplɪkə-] *n* : aplicabilidad *f*

applicable ['æplɪkəbəl, ə'plɪkə-] *adj* : aplicable, pertinente

applicant ['æplɪkənt] *n* : solicitante *mf*, aspirante *mf*, postulante *mf*; candidato *m*, -ta *f*

application [ˌæplə'keɪʃən] *n* **1** USE : aplicación *f*, empleo *m*, uso *m* **2** DILIGENCE : aplicación *f*, diligencia *f*, dedicación *f* **3** REQUEST : solicitud *f*, petición *f*, demanda *f*

applicator ['æpləˌkeɪtər] *n* : aplicador *m*

appliqué[1] [ˌæplə'keɪ] *vt* : decorar con apliques

appliqué[2] *n* : aplique *m*

apply [ə'plaɪ] *v* -**plied**; -**plying** *vt* **1** : aplicar (una sustancia, los frenos, el conocimiento) **2 to apply oneself** : dedicarse, aplicarse — *vi* **1** : aplicarse, referirse ⟨the rules apply to everyone : las reglas se aplican a todos⟩ **2 to apply for** : solicitar, pedir

appoint [ə'pɔɪnt] *vt* **1** NAME : nombrar, designar ⟨to appoint a date : fijar una fecha⟩ **3** EQUIP : equipar ⟨a well-appointed office : una oficina bien equipada⟩

appointee [əˌpɔɪn'tiː, ˌæ-] *n* : persona *f* designada

appointment [ə'pɔɪntmənt] *n* **1** APPOINTING : nombramiento *m*, designación *f* **2** ENGAGEMENT : cita *f*, hora *f* **3** POST : puesto *m*

apportion [ə'pɔrʃən] *vt* : distribuir, repartir

apportionment [ə'pɔrʃənmənt] *n* : distribución *f*, repartición *f*, reparto *m*

apposite ['æpəzət] *adj* : apropiado, oportuno, pertinente — **appositely** *adv*

appraisal [ə'preɪzəl] *n* : evaluación *f*, valoración *f*, tasación *f*, apreciación *f*

appraise [ə'preɪz] *vt* -**praised**; -**praising** : evaluar, valorar, tasar, apreciar

appraiser [ə'preɪzər] *n* : tasador *m*, -dora *f*

appreciable [ə'priːʃəbəl, -'priːʃiə-] *adj* : apreciable, sensible, considerable — **appreciably** [-bli] *adv*

appreciate [ə'priːʃiˌeɪt, -'priː-] *v* -**ated**; -**ating** *vt* **1** VALUE : apreciar, valorar **2** : agradecer ⟨we appreciate his frankness : agradecemos su franqueza⟩ **3** UNDERSTAND : darse cuenta de, entender — *vi* : apreciarse, valorizarse

appreciation [əˌpriːʃi'eɪʃən, -ˌpriː-] *n* **1** GRATITUDE : agradecimiento *m*, reconocimiento *m* **2** VALUING : apreciación *f*, valoración *f*, estimación *f* ⟨art appreciation : apreciación artística⟩ **3** UNDERSTANDING : comprensión *f*, entendimiento *m*

appreciative [ə'priːʃətɪv, -'priː-; ə'priːʃiˌeɪ-] *adj* **1** : apreciativo ⟨an appreciative audience : un público apreciativo⟩ **2** GRATEFUL : agradecido **3** ADMIRING : de admiración

apprehend [ˌæpri'hɛnd] *vt* **1** ARREST : aprehender, detener, arrestar **2** DREAD : temer **3** COMPREHEND : comprender, entender

apprehension [ˌæpri'hɛntʃən] *n* **1** ARREST : arresto *m*, detención *f*, aprehensión *f* **2** ANXIETY : aprensión *f*, ansiedad *f*, temor *m* **3** UNDERSTANDING : comprensión *f*, percepción *f*

apprehensive [ˌæpri'hɛntsɪv] *adj* : aprensivo, inquieto — **apprehensively** *adv*

apprentice[1] [ə'prɛntɪs] *vt* **-ticed; -ticing** : colocar de aprendiz

apprentice[2] *n* : aprendiz *m*, -diza *f*

apprenticeship [ə'prɛntɪs,ʃɪp] *n* : aprendizaje *f*

apprise [ə'praɪz] *vt* **-prised; -prising** : informar, avisar

approach[1] [ə'proʧ] *vt* **1** NEAR : acercarse a **2** APPROXIMATE : aproximarse a **3** : abordar, dirigirse a ⟨I approached my boss with the proposal : me dirigí a mi jefe con la propuesta⟩ **4** TACKLE : abordar, enfocar, considerar — *vi* : acercarse, aproximarse

approach[2] *n* **1** NEARING : acercamiento *m*, aproximación *f* **2** POSITION : enfoque *m*, planteamiento *m* **3** OFFER : propuesta *f*, oferta *f* **4** ACCESS : acceso *m*, vía *f* de acceso

approachable [ə'proʧəbəl] *adj* : accesible, asequible

approbation [,æprə'beɪʃən] *n* : aprobación *f*

appropriate[1] [ə'pro:pri,eɪt] *vt* **-ated; -ating 1** SEIZE : apropiarse de **2** ALLOCATE : destinar, asignar

appropriate[2] [ə'pro:priət] *adj* : apropiado, adecuado, idóneo — **appropriately** *adv*

appropriateness [ə'pro:priətnəs] *n* : idoneidad *f*, propiedad *f*

appropriation [ə,pro:pri'eɪʃən] *n* **1** SEIZURE : apropiación *f* **2** ALLOCATION : asignación *f*

approval [ə'pru:vəl] *n* **1** : aprobación *f*, visto *m* bueno **2 on approval** : a prueba

approve [ə'pru:v] *vt* **-proved; -proving 1** : aprobar, sancionar, darle el visto bueno a **2 to approve of** : consentir en, aprobar ⟨he doesn't approve of smoking : está en contra del tabaco⟩

approximate[1] [ə'praksə,meɪt] *vt* **-mated; -mating** : aproximarse a, acercarse a

approximate[2] [ə'praksəmət] *adj* : aproximado

approximately [ə'praksəmətli] *adv* : aproximadamente, más o menos

approximation [ə,praksə'meɪʃən] *n* : aproximación *f*

appurtenance [ə'pərtənənts] *n* : accesorio *m*

apricot ['æprə,kɑt, 'eɪ-] *n* : albaricoque *m*, chabacano *m Mex*

April ['eɪprəl] *n* : abril *m*

apron ['eɪprən] *n* : delantal *m*, mandil *m*

apropos[1] [,æprə'po:, 'æprə,po:] *adv* : a propósito

apropos[2] *adj* : pertinente, oportuno, acertado

apropos of *prep* : a propósito de

apt ['æpt] *adj* **1** FITTING : apto, apropiado, acertado, oportuno **2** LIABLE : propenso, inclinado **3** CLEVER, QUICK : listo, despierto

aptitude ['æptə,tu:d, -,tju:d] *n* **1** : aptitud *f*, capacidad *f* ⟨aptitude test : prueba de aptitud⟩ **2** TALENT : talento *m*, facilidad *f*

aptly ['æptli] *adv* : acertadamente

aqua ['ækwə, 'ɑ-] *n* : color *m* aguamarina

aquarium [ə'kwæriəm] *n, pl* **-iums** *or* **-ia** [-iə] : acuario *m*

Aquarius [ə'kwæriəs] *n* : Acuario *mf*

aquatic [ə'kwɑtɪk, -'kwæ-] *adj* : acuático

aqueduct ['ækwə,dʌkt] *n* : acueducto *m*

aqueous ['eɪkwiəs, 'æ-] *adj* : acuoso

aquiline ['ækwə,laɪn, -lən] *adj* : aguileño

Arab[1] ['ærəb] *adj* : árabe

Arab[2] *n* : árabe *mf*

arabesque [,ærə'bɛsk] *n* : arabesco *m*

Arabian[1] [ə'reɪbiən] *adj* : árabe

Arabian[2] *n* → **Arab**[2]

Arabic[1] ['ærəbɪk] *adj* : árabe

Arabic[2] *n* : árabe *m* (idioma)

arable ['ærəbəl] *adj* : arable, cultivable

arbiter ['ɑrbətər] *n* : árbitro *m*, -tra *f*

arbitrary ['ɑrbə,trɛri] *adj* : arbitrario — **arbitrarily** [,ɑrbə'trɛrəli] *adv*

arbitrate ['ɑrbə,treɪt] *v* **-trated; -trating** : arbitrar

arbitration [,ɑrbə'treɪʃən] *n* : arbitraje *m*

arbitrator ['ɑrbə,treɪtər] *n* : árbitro *m*, -tra *f*

arbor ['ɑrbər] *n* : cenador *m*, pérgola *f*

arboreal [ɑr'boriəl] *adj* : arbóreo

arc[1] ['ɑrk] *vi* **arced; arcing** : formar un arco

arc[2] *n* : arco *m*

arcade [ɑr'keɪd] *n* **1** ARCHES : arcada *f* **2** MALL : galería *f* comercial

arcane [ɑr'keɪn] *adj* : arcano, secreto, misterioso

arch[1] ['ɑrʧ] *vt* : arquear, enarcar — *vi* : formar un arco, arquearse

arch[2] *adj* **1** CHIEF : principal **2** MISCHIEVOUS : malicioso, pícaro

arch[3] *n* : arco *m*

archaeological [,ɑrkiə'lɑʤɪkəl] *adj* : arqueológico

archaeologist [,ɑrki'ɑləʤɪst] *n* : arqueólogo *m*, -ga *f*

archaeology *or* **archeology** [,ɑrki-'ɑləʤi] *n* : arqueología *f*

archaic [ɑr'keɪɪk] *adj* : arcaico — **archaically** [-ɪkli] *adv*

archangel ['ɑrk,eɪnʤəl] *n* : arcángel *m*

archbishop [ɑrʧ'bɪʃəp] *n* : arzobispo *m*

archdiocese [ɑrʧ'daɪəsəs, -,si:z, -,si:s] *n* : archidiócesis *f*

archer ['ɑrʧər] *n* : arquero *m*, -ra *f*

archery ['ɑrʧəri] *n* : tiro *m* al arco

archetypal [,ɑrkɪ'taɪpəl] *adj* : arquetípico

archetype ['ɑrkɪ,taɪp] *n* : arquetipo *m*

archipelago [,ɑrkə'pelə,go:, ,ɑrʧə-] *n, pl* **-goes** *or* **-gos** [-,go:z] : archipiélago *m*

architect ['ɑrkə,tɛkt] *n* : arquitecto *m*, -ta *f*

architectural [,ɑrkə'tɛktʃərəl] *adj* : arquitectónico — **architecturally** *adv*

architecture ['ɑrkə,tɛktʃər] *n* : arquitectura *f*

archive ['ɑr,kaɪv] *n or* **archives** ['ɑr-,kaɪvz] *npl* : archivo *m*

archivist ['ɑrkəvɪst, -ˌkaɪ-] n : archivero m, -ra f; archivista mf
archway ['ɑrtʃˌweɪ] n : arco m, pasadizo m abovedado
arctic ['ɑrktɪk, 'ɑrt-] adj 1 : ártico ⟨arctic regions : zonas árticas⟩ 2 FRIGID : glacial
arctic circle n : círculo m ártico
ardent ['ɑrdənt] adj 1 PASSIONATE : ardiente, fogoso, apasionado 2 FERVENT : ferviente, fervoroso — ardently adv
ardor ['ɑrdər] n : ardor m, pasión f, fervor m
arduous ['ɑrdʒuəs] adj : arduo, duro, riguroso — arduously adv
arduousness ['ɑrdʒuəsnəs] n : dureza f, rigor m
are → be
area ['æriə] n 1 SURFACE : área f, superficie f 2 REGION : área f, región f, zona f 3 FIELD : área f, terreno m, campo m (de conocimiento)
area code n : código m de la zona, prefijo m Spain
arena [ə'riːnə] n 1 : arena f, estadio m ⟨sports arena : estadio deportivo⟩ 2 : arena f, ruedo m ⟨the political arena : el ruedo político⟩
Argentine ['ɑrdʒənˌtaɪn, -ˌtiːn] or Argentinean or Argentinian [ˌɑrdʒən'tiniən] n : argentino m, -na f — Argentine or Argentinean or Argentinian adj
argon ['ɑrˌgɑn] n : argón m
argot ['ɑrgət, -ˌgoː] n : argot m
arguable ['ɑrgjuəbəl] adj : discutible
argue ['ɑrˌgjuː] v -gued; -guing vi 1 REASON : argüir, argumentar, razonar 2 DISPUTE : discutir, pelear(se), alegar — vt 1 SUGGEST : sugerir 2 MAINTAIN : alegar, argüir, sostener 3 DISCUSS : discutir, debatir
argument ['ɑrgjəmənt] n 1 REASONING : argumento m, razonamiento m 2 DISCUSSION : discusión f, debate m 3 QUARREL : pelea f, riña f, disputa f
argumentative [ˌɑrgjə'mɛntət̬ɪv] adj : discutidor
argyle ['ɑrˌgaɪl] n : diseño m de rombos
aria ['ɑriə] n : aria f
arid ['ærəd] adj : árido
aridity [ə'rɪdət̬i, æ-] n : aridez f
Aries ['eriːz, -ˌiˌiːz] n : Aries mf
arise [ə'raɪz] vi arose [ə'roːz]; arisen [ə'rɪzən] arising 1 ASCEND : ascender, subir, elevarse 2 ORIGINATE : originarse, surgir, presentarse 3 GET UP : levantarse
aristocracy [ˌærə'stɑkrəsi] n, pl -cies : aristocracia f
aristocrat [ə'rɪstəˌkræt] n : aristócrata mf
aristocratic [əˌrɪstə'kræt̬ɪk] adj : aristocrático, noble
arithmetic¹ [ˌærɪθ'mɛt̬ɪk] or arithmetical [-ˌt̬ɪkəl] adj : aritmético
arithmetic² [ə'rɪθməˌt̬ɪk] n : aritmética f
ark ['ɑrk] n : arca f

arm¹ ['ɑrm] vt : armar — vi : armarse
arm² ['ɑrm] n 1 : brazo m (del cuerpo o de un sillón), manga f (de una prenda) 2 BRANCH : rama f, sección f 3 WEAPON : arma f ⟨to take up arms : tomar las armas⟩ 4 → coat of arms
armada [ɑr'mɑdə, -'meɪ-] n : armada f, flota f
armadillo [ˌɑrmə'dɪloː] n, pl -los : armadillo m
armament ['ɑrməmənt] n : armamento m
armchair ['ɑrmˌtʃer] n : butaca f, sillón m
armed ['ɑrmd] adj 1 : armado ⟨armed robbery : robo a mano armada⟩ 2 armed forces : fuerzas fpl armadas
Armenian [ɑr'miːniən] n : armenio m, -nia f — Armenian adj
armistice ['ɑrməstɪs] n : armisticio m
armor ['ɑrmər] n : armadura f, coraza f
armored ['ɑrmərd] adj : blindado, acorazado
armory ['ɑrməri] n, pl -mories : arsenal m (almacén), armería f (museo), fábrica f de armas
armpit ['ɑrmˌpɪt] n : axila f, sobaco m
army ['ɑrmi] n, pl -mies 1 : ejército m (militar) 2 MULTITUDE : legión f, multitud f, ejército m
aroma [ə'roːmə] n : aroma f
aromatic [ˌærə'mæt̬ɪk] adj : aromático
around¹ [ə'raʊnd] adv 1 : de circunferencia ⟨a tree three feet around : un árbol de tres pies de circunferencia⟩ 2 : alrededor, a la redonda ⟨for miles around : por millas a la redonda⟩ ⟨all around : por todos lados, todo alrededor⟩ 3 : por ahí ⟨they're somewhere around : deben estar por ahí⟩ 4 APPROXIMATELY : más o menos, aproximadamente ⟨around 5 o'clock : a eso de las 5⟩ 5 to turn around : darse la vuelta, voltearse
around² prep 1 SURROUNDING : alrededor de, en torno a 2 THROUGH : por, en ⟨he traveled around Mexico : viajó por México⟩ ⟨around the house : en casa⟩ 3 : a la vuelta de ⟨around the corner : a la vuelta de la esquina⟩ 4 NEAR : alrededor de, cerca de
arousal [ə'raʊzəl] n : excitación f
arouse [ə'raʊz] vt aroused; arousing 1 AWAKE : despertar 2 EXCITE : despertar, suscitar, excitar
arraign [ə'reɪn] vt : hacer comparecer (ante un tribunal)
arraignment [ə'reɪnmənt] n : orden m de comparecencia, acusación f
arrange [ə'reɪndʒ] vt -ranged; -ranging 1 ORDER : arreglar, poner en orden, disponer 2 SETTLE : arreglar, fijar, concertar 3 ADAPT : arreglar, adaptar
arrangement [ə'reɪndʒmənt] n 1 ORDER : arreglo m, orden m 2 ARRANGING : disposición f ⟨floral arrangement : arreglo floral⟩ 3 AGREEMENT : arreglo m, acuerdo m, convenio m 4 arrange-

ments *npl* : preparativos *mpl*, planes *mpl*

array[1] [ə'reɪ] *vt* **1** ORDER : poner en orden, presentar, formar **2** GARB : vestir, ataviar, engalanar

array[2] *n* **1** ORDER : orden *m*, formación *f* **2** ATTIRE : atavío *m*, galas *mpl* **3** RANGE, SELECTION : selección *f*, serie *f*, gama *f* ⟨an array of problems : una serie de problemas⟩

arrears [ə'rɪrz] *npl* : atrasos *mpl* ⟨to be in arrears : estar atrasado en los pagos⟩

arrest[1] [ə'rɛst] *vt* **1** APPREHEND : arrestar, detener **2** CHECK, STOP : detener, parar

arrest[2] *n* **1** APPREHENSION : arresto *m*, detención *f* ⟨under arrest : detenido⟩ **2** STOPPING : paro *m*

arrival [ə'raɪvəl] *n* : llegada *f*, venida *f*, arribo *m*

arrive [ə'raɪv] *vi* **-rived; -riving 1** COME : llegar, arribar **2** SUCCEED : triunfar, tener éxito

arrogance ['ærəgəns] *n* : arrogancia *f*, soberbia *f*, altanería *f*, altivez *f*

arrogant ['ærəgənt] *adj* : arrogante, soberbio, altanero, altivo — **arrogantly** *adv*

arrogate ['ærəˌgeɪt] *vt* **-gated; -gating to arrogate to oneself** : arrogarse

arrow ['æro] *n* : flecha *f*

arrowhead ['æroˌhɛd] *n* : punta *f* de flecha

arroyo [ə'rɔɪo] *n* : arroyo *m*

arsenal ['ɑrsənəl] *n* : arsenal *m*

arsenic ['ɑrsənɪk] *n* : arsénico *m*

arson ['ɑrsən] *n* : incendio *m* premeditado

arsonist ['ɑrsənɪst] *n* : incendiario *m*, -ria *f*; pirómano *m*, -na *f*

art ['ɑrt] *n* **1** : arte *m* **2** SKILL : destreza *f*, habilidad *f*, maña *f* **3 arts** *npl* : letras *fpl* (en la educación) **4 fine arts** : bellas artes *fpl*

arterial [ɑr'tɪriəl] *adj* : arterial

arteriosclerosis [ɑrˌtɪrioskləˈroːsɪs] *n* : arteriosclerosis *f*

artery ['ɑrtəri] *n, pl* **-teries 1** : arteria *f* **2** THOROUGHFARE : carretera *f* principal, arteria *f*

artesian well [ɑr'tiːʒən] *n* : pozo *m* artesiano

artful ['ɑrtfəl] *adj* **1** INGENIOUS : ingenioso, diestro **2** CRAFTY : astuto, taimado, ladino, artero — **artfully** *adv*

arthritic [ɑr'θrɪtɪk] *adj* : artrítico

arthritis [ɑr'θraɪtəs] *n, pl* **-tides** [ɑr-'θrɪtəˌdiːz] : artritis *f*

arthropod ['ɑrθrəˌpɑd] *n* : artrópodo *m*

artichoke ['ɑrtəˌtʃoːk] *n* : alcachofa *f*

article ['ɑrtɪkəl] *n* **1** ITEM : artículo *m*, objeto *m* **2** ESSAY : artículo *m* **3** CLAUSE : artículo *m*, cláusula *f* **4** : artículo *m* ⟨definite article : artículo determinado⟩

articulate[1] [ɑr'tɪkjəˌleɪt] *vt* **-lated; -lating 1** UTTER : articular, enunciar, expresar **2** CONNECT : articular (en anatomía)

articulate[2] [ɑr'tɪkjələt] *adj* **to be articulate** : poder articular palabras, expresarse bien

articulately [ɑr'tɪkjələtli] *adv* : elocuentemente, con fluidez

articulateness [ɑr'tɪkjələtnəs] *n* : elocuencia *f*, fluidez *f*

articulation [ɑrˌtɪkjə'leɪʃən] *n* **1** JOINT : articulación *f* **2** UTTERANCE : articulación *f*, declaración *f* **3** ENUNCIATION : articulación *f*, pronunciación *f*

artifact ['ɑrtəˌfækt] *n* : artefacto *m*

artifice ['ɑrtəfəs] *n* : artificio *m*

artificial [ˌɑrtə'fɪʃəl] *adj* **1** SYNTHETIC : artificial, sintético **2** FEIGNED : artificial, falso, afectado

artificially [ˌɑrtə'fɪʃəli] *adv* : artificialmente, con afectación

artillery [ɑr'tɪləri] *n, pl* **-leries** : artillería *f*

artisan ['ɑrtəzən, -sən] *n* : artesano *m*, -na *f*

artist ['ɑrtɪst] *n* : artista *mf*

artistic [ɑr'tɪstɪk] *adj* : artístico — **artistically** [-tɪkli] *adv*

artistry ['ɑrtəstri] *n* : maestría *f*, arte *m*

artless ['ɑrtləs] *adj* : sencillo, natural, ingenuo, cándido — **artlessly** *adv*

artlessness ['ɑrtləsnəs] *n* : ingenuidad *f*, candidez *f*

arty ['ɑrti] *adj* **artier; -est** : pretenciosamente artístico

as[1] ['æz] *adv* **1** : tan, tanto ⟨this one's not as difficult : éste no es tan difícil⟩ **2** : como ⟨some trees, as oak and pine : algunos árboles, como el roble y el pino⟩

as[2] *conj* **1** LIKE : como, igual que **2** WHEN, WHILE : cuando, mientras, a la vez que **3** BECAUSE : porque **4** THOUGH : aunque, por más que ⟨strange as it may appear : por extraño que parezca⟩ **5 as is** : tal como está

as[3] *prep* **1** : de ⟨I met her as a child : la conocí de pequeña⟩ **2** LIKE : como ⟨behave as a man : compórtate como un hombre⟩

as[4] *pron* : que ⟨in the same building as my brother : en el mismo edificio que mi hermano⟩

asbestos [æz'bɛstəs, æs-] *n* : asbesto *m*, amianto *m*

ascend [ə'sɛnd] *vi* : ascender, subir — *vt* : subir, subir a, escalar

ascendancy [ə'sɛndənsi] *n* : ascendiente *m*, predominio *m*

ascendant[1] [ə'sɛndənt] *adj* **1** RISING : ascendente **2** DOMINANT : superior, dominante

ascendant[2] *n* **to be in the ascendant** : estar en alza, ir ganando predominio

ascension [ə'sɛnʃən] *n* : ascensión *f*

ascent [ə'sɛnt] *n* **1** RISE : ascensión *f*, subida *f*, ascenso *m* **2** SLOPE : cuesta *f*, pendiente *f*

ascertain [ˌæsər'teɪn] *vt* : determinar, establecer, averiguar

ascertainable [ˌæsər'teɪnəbəl] *adj* : determinable, averiguable

ascetic[1] [ə'sɛtɪk] *adj* : ascético

ascetic[2] *n* : asceta *mf*

asceticism [ə'sɛtə,sɪzəm] *n* : ascetismo *m*

ascribable [ə'skraɪbəbəl] *adj* : atribuible, imputable

ascribe [ə'skraɪb] *vt* **-cribed; -cribing** : atribuir, imputar

aseptic [eɪ'sɛptɪk] *adj* : aséptico

asexual [,eɪ'sɛkʃʊəl] *adj* : asexual

as for *prep* CONCERNING : en cuanto a, respecto a, para

ash ['æʃ] *n* **1** : ceniza ⟨to reduce to ashes : reducir a cenizas⟩ **2** : fresno *m* (árbol)

ashamed [ə'ʃeɪmd] *adj* : avergonzado, abochornado, apenado — **ashamedly** [ə'ʃeɪmədli] *adv*

ashen ['æʃən] *adj* : lívido, ceniciento, pálido

ashore [ə'ʃor] *adv* **1** : en tierra **2 to go ashore** : desembarcar

ashtray ['æʃ,treɪ] *n* : cenicero *m*

Asian[1] ['eɪʒən, -ʃən] *adj* : asiático

Asian[2] *n* : asiático *m*, -ca *f*

aside [ə'saɪd] *adv* **1** : a un lado ⟨to step aside : hacerse a un lado⟩ **2** : de lado, aparte ⟨jesting aside : bromas aparte⟩ **3 to set aside** : guardar, apartar, reservar

aside from *prep* **1** BESIDES : además de **2** EXCEPT : aparte de, menos

as if *conj* : como si

asinine ['æsən,aɪn] *adj* : necio, estúpido

ask ['æsk] *vt* **1** : preguntar ⟨ask him if he's coming : pregúntale si viene⟩ **2** REQUEST : pedir, solicitar ⟨to ask a favor : pedir un favor⟩ **3** INVITE : invitar — *vi* **1** INQUIRE : preguntar ⟨I asked about her children : pregunté por sus niños⟩ **2** REQUEST : pedir ⟨we asked for help : pedimos ayuda⟩

askance [ə'skænts] *adv* **1** SIDELONG : de reojo, de soslayo **2** SUSPICIOUSLY : con recelo, con desconfianza

askew [ə'skju:] *adj* : torcido, ladeado

asleep [ə'sli:p] *adj* **1** : dormido, durmiendo **2 to fall asleep** : quedarse dormido

as of *prep* : desde, a partir de

asparagus [ə'spærəgəs] *n* : espárrago *m*

aspect ['æ,spɛkt] *n* : aspecto *m*

aspen ['æspən] *n* : álamo *m* temblón

asperity [æ'spɛrəṭi, ə-] *n, pl* **-ties** : aspereza *f*

aspersion [ə'spərʒən] *n* : difamación *f*, calumnia *f*

asphalt ['æs,fɔlt] *n* : asfalto *m*

asphyxia [æs'fɪksiə, ə-] *n* : asfixia *f*

asphyxiate [æs'fɪksi,eɪt] *v* **-ated; -ating** *vt* : asfixiar — *vi* : asfixiarse

asphyxiation [æ,sfɪksi'eɪʃən] *n* : asfixia *f*

aspirant ['æspərənt, ə'spaɪrənt] *n* : aspirante *mf*, pretendiente *mf*

aspiration [,æspə'reɪʃən] *n* **1** DESIRE : aspiración *f*, anhelo *m*, ambición *f* **2** BREATHING : aspiración *f*

aspire [ə'spaɪr] *vi* **-pired; -piring** : aspirar

aspirin ['æsprən, 'æspə-] *n, pl* **aspirin** or **aspirins** : aspirina *f*

ass ['æs] *n* **1** : asno *m* **2** IDIOT : imbécil *mf*, idiota *mf*

assail [ə'seɪl] *vt* : atacar, asaltar

assailant [ə'seɪlənt] *n* : asaltante *mf*, atacante *mf*

assassin [ə'sæsən] *n* : asesino *m*, -na *f*

assassinate [ə'sæsən,eɪt] *vt* **-nated; -nating** : asesinar

assassination [ə,sæsən'eɪʃən] *n* : asesinato *m*

assault[1] [ə'sɔlt] *vt* : atacar, asaltar, agredir

assault[2] *n* : ataque *m*, asalto *m*, agresión *f*

assay[1] [æ'seɪ, 'æ,seɪ] *vt* : ensayar

assay[2] ['æ,seɪ, æ'seɪ] *n* : ensayo *m*

assemble [ə'sɛmbəl] *v* **-bled; -bling** *vt* **1** GATHER : reunir, recoger, juntar **2** CONSTRUCT : ensamblar, montar, construir — *vi* : reunirse, congregarse

assembly [ə'sɛmbli] *n, pl* **-blies** **1** MEETING : reunión *f* **2** CONSTRUCTING : ensamblaje *m*, montaje *m*

assemblyman [ə'sɛmblimən] *n, pl* **-men** [-mən, -,mɛn] : asambleísta *m*

assemblywoman [ə'sɛmbli,wʊmən] *n, pl* **-women** [-,wɪmən] : asambleísta *f*

assent[1] [ə'sɛnt] *vi* : asentir, consentir

assent[2] *n* : asentimiento *m*, aprobación *f*

assert [ə'sərt] *vt* **1** AFFIRM : afirmar, aseverar, mantener **2 to assert oneself** : imponerse, hacerse valer

assertion [ə'sərʃən] *n* : afirmación *f*, aseveración *f*, aserto *m*

assertive [ə'sərtɪv] *adj* : firme, enérgico

assertiveness [ə'sərtɪvnəs] *n* : seguridad *f* en sí mismo

assess [ə'sɛs] *vt* **1** IMPOSE : gravar (un impuesto), imponer **2** EVALUATE : evaluar, valorar, aquilatar

assessment [ə'sɛsmənt] *n* : evaluación *f*, valoración *f*

assessor [ə'sɛsər] *n* : evaluador *m*, -dora *f*; tasador *m*, -dora *f*

asset ['æ,sɛt] *n* **1** : ventaja *f*, recurso *m* **2 assets** *npl* : bienes *mpl*, activo *m* ⟨assets and liabilities : activo y pasivo⟩

assiduous [ə'sɪdʒuəs] *adj* : diligente, aplicado, asiduo — **assiduously** *adv*

assign [ə'saɪn] *vt* **1** APPOINT : designar, nombrar **2** ALLOT : asignar, señalar **3** ATTRIBUTE : atribuir, dar, conceder

assignment [ə'saɪnmənt] *n* **1** TASK : función *f*, tarea *f*, misión *f* **2** HOMEWORK : tarea *f*, asignación *f* PRi, deberes *mpl* Spain **3** APPOINTMENT : nombramiento *m* **4** ALLOCATION : asignación *f*

assimilate [ə'sɪmə,leɪt] *v* **-lated; -lating** *vt* : asimilar — *vi* : adaptarse, integrarse

assimilation [ə,sɪmə'leɪʃən] *n* : asimilación *f*

assist[1] [ə'sɪst] *vt* : asistir, ayudar

assist[2] *n* : asistencia *f*, contribución *f*

assistance [ə'sɪstənts] n : asistencia f,
ayuda f, auxilio m
assistant [ə'sɪstənt] n : ayudante mf,
asistente mf
associate¹ [ə'so:ʃiˌeɪt, -si-] v -ated;
-ating vt 1 CONNECT, RELATE : asociar,
relacionar 2 to be associated with
: estar relacionado con, estar vinculo-
do a — vi to associate with : relacionarse con, frecuentar
associate² [ə'so:ʃiət, -siət] n : asociado
m, -da f; colega mf; socio m, -cia f
association [əˌso:ʃiˈeɪʃən, -si-] n 1 OR-
GANIZATION : asociación f, sociedad f
2 RELATIONSHIP : asociación f,
relación f
as soon as conj : en cuanto, tan pronto como
assorted [ə'sɔrtəd] adj : surtido
assortment [ə'sɔrtmənt] n : surtido m,
variedad f, colección f
assuage [ə'sweɪdʒ] vt -suaged; -suag-
ing 1 EASE : aliviar, mitigar 2 CALM
: calmar, aplacar 3 SATISFY : saciar,
satisfacer
assume [ə'su:m] vt -sumed; -suming 1
SUPPOSE : suponer, asumir 2 UNDER-
TAKE : asumir, encargarse de 3 TAKE
ON : adquirir, tomar ⟨to assume importance : tomar importan-
cia⟩ 4 FEIGN : adoptar, afectar, simular
assumption [ə'sʌmpʃən] n : asunción f,
presunción f
assurance [ə'ʃʊrənts] n 1 CERTAINTY
: certidumbre f, certeza f 2 CONFI-
DENCE : confianza f, aplomo m, seguridad f
assure [ə'ʃʊr] vt -sured; -suring : asegurar, garantizar ⟨I assure you that I'll
do it : te aseguro que lo haré⟩
assured [ə'ʃʊrd] adj 1 CERTAIN : seguro, asegurado 2 CONFIDENT : confiado, seguro de sí mismo
aster ['æstər] n : aster m
asterisk ['æstəˌrɪsk] n : asterisco m
astern [ə'stərn] adv 1 BEHIND : detrás,
a popa 2 BACKWARDS : hacia atrás
asteroid ['æstəˌrɔɪd] n : asteroide m
asthma ['æzmə] n : asma m
asthmatic [æz'mætɪk] adj : asmático
as though → as if
astigmatism [ə'stɪgməˌtɪzəm] n : astigmatismo m
as to prep 1 ABOUT : sobre, acerca de
2 → according to
astonish [ə'stɑnɪʃ] vt : asombrar, sorprender, pasmar
astonishing [ə'stɑnɪʃɪŋ] adj : asombroso, sorprendente, increíble — as-
tonishingly adv
astonishment [ə'stɑnɪʃmənt] n : asombro m, estupefacción f, sorpresa f
astound [ə'staʊnd] vt : asombrar, pasmar, dejar estupefacto
astounding [ə'staʊndɪŋ] adj : asombroso, pasmoso — astoundingly adv
astraddle [ə'strædəl] adv : a horcajadas

astral ['æstrəl] adj : astral
astray [ə'streɪ] adv & adj : perdido, ex-
traviado, descarriado
astride [ə'straɪd] adv : a horcajadas
astringency [ə'strɪndʒəntsi] n : astringencia f
astringent¹ [ə'strɪndʒənt] adj : astringente
astringent² n : astringente m
astrologer [ə'strɑlədʒər] n : astrólogo m,
-ga f
astrological [ˌæstrə'lɑdʒɪkəl] adj : astrológico
astrology [ə'strɑlədʒi] n : astrología f
astronaut ['æstrəˌnɔt] n : astronauta mf
astronautic [ˌæstrə'nɔtɪk] or astronautical [-tɪkəl] adj : astronáutico
astronautics [ˌæstrə'nɔtɪks] ns & pl : astronáutica f
astronomer [ə'strɑnəmər] n : astrónomo m, -ma f
astronomical [ˌæstrə'nɑmɪkəl] adj 1
: astronómico 2 ENORMOUS : astronómico, enorme, gigantesco
astronomy [ə'strɑnəmi] n, pl -mies : astronomía f
astute [ə'stu:t, -'stju:t] adj : astuto, sagaz,
perspicaz — astutely adv
astuteness [ə'stu:tnəs, -'stju:t-] n : astucia f, sagacidad f, perspicacia f
asunder [ə'sʌndər] adv : en dos, en pedazos ⟨to tear asunder : hacer pedazos⟩
as well as¹ conj : tanto como
as well as² prep BESIDES : además de,
aparte de
as yet adv : aún, todavía
asylum [ə'saɪləm] n 1 REFUGE : refugio
m, santuario m, asilo m 2 insane asylum : manicomio m
asymmetrical [ˌeɪsə'mɛtrɪkəl] or asymmetric [-'mɛtrɪk] adj : asimétrico
asymmetry [ˌeɪ'sɪmətri] n : asimetría f
at ['æt] prep 1 : en ⟨at the top : en lo
alto⟩ ⟨at peace : en paz⟩ ⟨at Ann's
house : en casa de Ana⟩ 2 : a ⟨at the
rear : al fondo⟩ ⟨at 10 o'clock : a las
diez⟩ 3 : por ⟨at last : por fin⟩ ⟨to be
surprised at something : sorprenderse
por algo⟩ 4 de ⟨he's laughing at you
: está riéndose de ti⟩ 5 : para ⟨you're
good at this : eres bueno para esto⟩
at all adv : en absoluto, para nada
ate → eat
atheism ['eɪθiˌɪzəm] n : ateísmo m
atheist ['eɪθiɪst] n : ateo m, atea f
atheistic [ˌeɪθiˈɪstɪk] adj : ateo
athlete ['æθˌli:t] n : atleta mf
athletic [æθ'lɛtɪk] adj : atlético
athletics [æθ'lɛtɪks] ns & pl : atletismo
m
Atlantic [ət'læntɪk, æt-] adj : atlántico
atlas ['ætləs] n : atlas m
ATM [ˌeɪˌti:'ɛm] n : cajero m automático
atmosphere ['ætməˌsfɪr] n 1 AIR : atmósfera f, aire m 2 AMBIENCE : ambiente m, atmósfera f, clima m
atmospheric [ˌætmə'sfɪrɪk, -'sfɛr-] adj
: atmosférico — atmospherically
[-ɪkli] adv

atoll [ˈæˌtɔl, ˈeɪ-, -ˌtɑl] *n* : atolón *m*
atom [ˈætəm] *n* 1 : átomo *m* 2 SPECK : ápice *m*, pizca *f*
atomic [əˈtɑmɪk] *adj* : atómico
atomic bomb *n* : bomba *f* atómica
atomizer [ˈætəˌmaɪzər] *n* : atomizador *m*, pulverizador *m*
atone [əˈtoːn] *vt* atoned; atoning to atone for : expiar
atonement [əˈtoːnmənt] *n* : expiación *f*, desagravio *m*
atop[1] [əˈtɑp] *adv* : encima
atop[2] *prep* : encima de, sobre
atrium [ˈeɪtriəm] *n, pl* atria [-triə] *or* atriums 1 : atrio *m* 2 : aurícula *f* (del corazón)
atrocious [əˈtroːʃəs] *adj* : atroz — atrociously *adv*
atrocity [əˈtrɑsəti] *n, pl* -ties : atrocidad *f*
atrophy[1] [ˈætrəfi] *vt* -phied; -phying : atrofiar
atrophy[2] *n, pl* -phies : atrofia *f*
attach [əˈtætʃ] *vt* 1 FASTEN : sujetar, atar, amarrar, pegar 2 JOIN : juntar, adjuntar 3 ATTRIBUTE : dar, atribuir ⟨I attached little importance to it : le di poca importancia⟩ 4 SEIZE : embargar 5 to become attached to someone : encariñarse con alguien
attaché [ˌætəˈʃeɪ, ˌæˌtæ-, -ˌtæ-] *n* : agregado *m*, -da *f*
attachment [əˈtætʃmənt] *n* 1 ACCESSORY : accesorio *m* 2 CONNECTION : conexión *f*, acoplamiento *m* 3 FONDNESS : apego *m*, cariño *m*, afición *f*
attack[1] [əˈtæk] *vt* 1 ASSAULT : atacar, asaltar, agredir 2 TACKLE : acometer, combatir, enfrentarse con
attack[2] *n* 1 : ataque *m*, asalto *m*, acometida *f* ⟨to launch an attack : lanzar un ataque⟩ 2 : ataque *m*, crisis *f* ⟨heart attack : ataque cardíaco, infarto⟩ ⟨attack of nerves : crisis nerviosa⟩
attacker [əˈtækər] *n* : asaltante *mf*
attain [əˈteɪn] *vt* 1 ACHIEVE : lograr, conseguir, alcanzar, realizar 2 REACH : alcanzar, llegar a
attainable [əˈteɪnəbəl] *adj* : alcanzable, realizable, asequible
attainment [əˈteɪnmənt] *n* : logro *m*, consecución *f*, realización *f*
attempt[1] [əˈtɛmpt] *vt* : intentar, tratar de
attempt[2] *n* : intento *m*, tentativa *f*
attend [əˈtɛnd] *vt* 1 : asistir a ⟨to attend a meeting : asistir a una reunión⟩ 2 : atender, ocuparse de, cuidar ⟨to attend a patient : atender a un paciente⟩ 3 HEED : atender a, hacer caso de 4 ACCOMPANY : acompañar
attendance [əˈtɛndəns] *n* 1 ATTENDING : asistencia *f* 2 TURNOUT : concurrencia *f*
attendant[1] [əˈtɛndənt] *adj* : concomitante, inherente
attendant[2] *n* : asistente *mf*, acompañante *mf*, guarda *mf*

attention [əˈtɛntʃən] *n* 1 : atención *f* 2 to pay attention : prestar atención, hacer caso 3 to stand at attention : estar firme
attentive [əˈtɛntɪv] *adj* : atento — attentively *adv*
attentiveness [əˈtɛntɪvnəs] *n* 1 THOUGHTFULNESS : cortesía *f*, consideración *f* 2 CONCENTRATION : atención *f*, concentración *f*
attest [əˈtɛst] *vt* : atestiguar, dar fe de
attestation [ˌæˌtsˈteɪʃən] *n* : testimonio *m*
attic [ˈætɪk] *n* : ático *m*, desván *m*, buhardilla *f*
attire[1] [əˈtaɪr] *vt* -tired; -tiring : ataviar
attire[2] *n* : atuendo *m*, atavío *m*
attitude [ˈætəˌtuːd, -ˌtjuːd] *n* 1 FEELING : actitud *f* 2 POSTURE : postura *f*
attorney [əˈtərni] *n, pl* -neys : abogado *m*, -da *f*
attract [əˈtrækt] *vt* 1 : atraer 2 to attract attention : llamar la atención
attraction [əˈtrækʃən] *n* : atracción *f*, atractivo *m*
attractive [əˈtræktɪv] *adj* : atractivo, atrayente
attractively [əˈtræktɪvli] *adv* : de manera atractiva, de buen gusto, hermosamente
attractiveness [əˈtræktɪvnəs] *n* : atractivo *m*
attributable [əˈtrɪbjʊtəbəl] *adj* : atribuible, imputable
attribute[1] [əˈtrɪˌbjuːt] *vt* -tributed; -tributing : atribuir
attribute[2] [ˈætrəˌbjuːt] *n* : atributo *m*, cualidad *f*
attribution [ˌætrəˈbjuːʃən] *n* : atribución *f*
attune [əˈtuːn, -ˈtjuːn] *vt* -tuned; -tuning 1 ADAPT : adaptar, adecuar 2 to be attuned to : estar en armonía con
atypical [eɪˈtɪpɪkəl] *adj* : atípico
auburn [ˈɔbərn] *adj* : castaño rojizo
auction[1] [ˈɔkʃən] *vt* : subastar, rematar
auction[2] *n* : subasta *f*, remate *m*
auctioneer [ˌɔkʃəˈnɪr] *n* : subastador *m*, -dora *f*; rematador *m*, -dora *f*
audacious [ɔˈdeɪʃəs] *adj* : audaz, atrevido
audacity [ɔˈdæsəti] *n, pl* -ties : audacia *f*, atrevimiento *m*, descaro *m*
audible [ˈɔdəbəl] *adj* : audible — audibly [-bli] *adv*
audience [ˈɔdiənts] *n* 1 INTERVIEW : audiencia *f* 2 PUBLIC : audiencia *f*, público *m*, auditorio *m*, espectadores *mpl*
audio[1] [ˈɔdiˌoː] *adj* : de sonido, de audio
audio[2] *n* : audio *m*
audiovisual [ˌɔdioˈvɪʒuəl] *adj* : audiovisual
audit[1] [ˈɔdət] *vt* 1 : auditar (finanzas) 2 : asistir como oyente a (una clase o un curso)
audit[2] *n* : auditoría *f*
audition[1] [ɔˈdɪʃən] *vi* : hacer una audición

audition² *n* : audición *f*

auditor ['ɔdətər] *n* **1** : auditor *m*, -tora *f* (de finanzas) **2** STUDENT : oyente *mf*

auditorium [,ɔdə'toriəm] *n, pl* **-riums** or **-ria** [-riə] : auditorio *m*, sala *f*

auditory ['ɔdə,tori] *adj* : auditivo

auger ['ɔgər] *n* : taladro *m*, barrena *f*

augment [ɔg'mɛnt] *vt* : aumentar, incrementar

augmentation [,ɔgmən'teɪʃən] *n* : aumento *m*, incremento *m*

augur¹ ['ɔgər] *vt* : augurar, presagiar — *vi* to augur well : ser de buen agüero

augur² *n* : augur *m*

augury ['ɔgjuri, -gər-] *n, pl* **-ries** : augurio *m*, presagio *m*, agüero *m*

august [ɔ'gʌst] *adj* : augusto

August ['ɔgəst] *n* : agosto *m*

auk ['ɔk] *n* : alca *f*

aunt ['ænt, 'ant] *n* : tía *f*

aura ['ɔrə] *n* : aura *f*

aural ['ɔrəl] *adj* : auditivo

auricle ['ɔrɪkəl] *n* : aurícula *f*

aurora borealis [ə'rorə,bori'æləs] *n* : aurora *f* boreal

auspices ['ɔspəsəz, -,si:z] *npl* : auspicios *mpl*

auspicious [ɔ'spɪʃəs] *adj* : prometedor, propicio, de buen augurio

austere [ɔ'stɪr] *adj* : austero, severo, adusto — **austerely** *adv*

austerity [ɔ'stɛrəti] *n, pl* **-ties** : austeridad *f*

Australian [ɔ'streɪljən] *n* : australiano *m*, -na *f* — **Australian** *adj*

Austrian ['ɔstriən] *n* : austriaco *m*, -ca *f* — **Austrian** *adj*

authentic [ə'θɛntɪk, ɔ-] *adj* : auténtico, genuino — **authentically** [-tɪkli] *adv*

authenticate [ə'θɛntɪˌkeɪt, ɔ-] *vt* **-cated; -cating** : autenticar, autentificar

authenticity [,ɔ,θɛn'tɪsəti] *n* : autenticidad *f*

author ['ɔθər] *n* **1** WRITER : escritor *m*, -tora *f*; autor *m*, -tora *f* **2** CREATOR : autor *m*, -tora *f*; creador *m*, -dora *f*; artífice *mf*

authoritarian [ə,θɔrə'tɛriən, ɔ-] *adj* : autoritario

authoritative [ə'θɔrə,teɪtɪv, ɔ-] *adj* **1** RELIABLE : fidedigno, autorizado **2** DICTATORIAL : autoritario, dictatorial, imperioso

authoritatively [ə'θɔrə,teɪtɪvli, ɔ-] *adv* **1** RELIABLY : con autoridad **2** DICTATORIALLY : de manera autoritaria

authority [ə'θɔrəti, ɔ-] *n, pl* **-ties 1** EXPERT : autoridad *f*; experto *m*, -ta *f* **2** POWER : autoridad *f*, poder *m* **3** AUTHORIZATION : autorización *f*, licencia *f* **4 the authorities** : las autoridades **5 on good authority** : de buena fuente

authorization [,ɔθərə'zeɪʃən] *n* : autorización *f*

authorize ['ɔθə,raɪz] *vt* **-rized; -rizing** : autorizar, facultar

authorship ['ɔθər,ʃɪp] *n* : autoría *f*

autism ['ɔ,tɪzəm] *n* : autismo *m*

autistic [ɔ'tɪstɪk] *adj* : autista

auto ['ɔto] → **automobile**

autobiographical [,ɔto,baɪə'græfɪkəl] *adj* : autobiográfico

autobiography [,ɔtobaɪ'agrəfi] *n, pl* **-phies** : autobiografía *f*

autocracy [ɔ'tɑkrəsi] *n, pl* **-cies** : autocracia *f*

autocrat ['ɔtə,kræt] *n* : autócrata *mf*

autocratic [,ɔtə'krætɪk] *adj* : autocrático — **autocratically** [-tɪkli] *adv*

autograph¹ ['ɔtə,græf] *vt* : autografiar

autograph² *n* : autógrafo *m*

automaker ['ɔto:meɪkər] *n* : fabricante *mf* de autos, automotriz *f*

automate ['ɔtə,meɪt] *vt* **-mated; -mating** : automatizar

automatic [,ɔtə'mætɪk] *adj* : automático — **automatically** [-tɪkli] *adv*

automation [,ɔtə'meɪʃə n] *n* : automatización *f*

automaton [ɔ'tɑmə,tɑn] *n, pl* **-atons** or **-ata** [-tə, -,tɑ] : autómata *m*

automobile [,ɔtəmo'bi:l, 'ɔtə,mo'bi:l] *n* : automóvil *m*, auto *m*, carro *m*, coche *m*

automotive [,ɔtə'mo:tɪv] *adj* : automotor

autonomous [ɔ'tɑnəməs] *adj* : autónomo — **autonomously** *adv*

autonomy [ɔ'tɑnəmi] *n, pl* **-mies** : autonomía *f*

autopsy ['ɔ,tɑpsi, -təp-] *n, pl* **-sies** : autopsia *f*

autumn ['ɔtəm] *n* : otoño *m*

autumnal [ɔ'tʌmnəl] *adj* : otoñal

auxiliary¹ [ɔg'zɪljəri, -'zɪləri] *adj* : auxiliar

auxiliary² *n, pl* **-ries** : auxiliar *mf*, ayudante *mf*

avail¹ [ə'veɪl] *vt* **to avail oneself** : aprovecharse, valerse

avail² *n* **1** : provecho *m*, utilidad *f* **2 to no avail** : en vano **3 to be of no avail** : no servir de nada, ser inútil

availability [ə,veɪlə'bɪləti] *n, pl* **-ties** : disponibilidad *f*

available [ə'veɪləbəl] *adj* : disponible

avalanche ['ævə,læntʃ] *n* : avalancha *f*, alud *m*

avarice ['ævərəs] *n* : avaricia *f*, codicia *f*

avaricious [,ævə'rɪʃəs] *adj* : avaricioso, codicioso

avenge [ə'vɛndʒ] *vt* **avenged; avenging** : vengar

avenger [ə'vɛndʒər] *n* : vengador *m*, -dora *f*

avenue ['ævə,nu:, -,nju:] *n* **1** : avenida *f* **2** MEANS : vía *f*, camino *m*

average¹ ['ævrɪdʒ, 'ævə-] *vt* **-aged; -aging 1** : hacer un promedio de ‹he averages 8 hours a day : hace un promedio de 8 horas diarias› **2** : calcular el promedio de, promediar (en matemáticas)

average² *adj* **1** MEAN : medio ‹the average temperature : la temperatura media› **2** ORDINARY : común, ordinario ‹the average man : el hombre común›

average³ *n* : promedio *m*
averse [ə'vərs] *adj* : reacio, opuesto
aversion [ə'vərʒən] *n* : aversión *f*
avert [ə'vərt] *vt* **1** : apartar, desviar ⟨he averted his eyes from the scene : apartó los ojos de la escena⟩ **2** AVOID, PREVENT : evitar, prevenir
aviary ['eɪvi,eri] *n, pl* **-aries** : pajarera *f*
aviation [,eɪvi'eɪʃən] *n* : aviación *f*
aviator ['eɪvi,eɪtər] *n* : aviador *m*, -dora *f*
avid ['ævɪd] *adj* **1** GREEDY : ávido, codicioso **2** ENTHUSIASTIC : ávido, entusiasta, ferviente — **avidly** *adv*
avocado [,ævə'kɑdo, ,ɑvə-] *n, pl* **-dos** : aguacate *m*, palta *f*
avocation [,ævə'keɪʃən] *n* : pasatiempo *m*, afición *f*
avoid [ə'vɔɪd] *vt* **1** SHUN : evitar, eludir **2** FORGO : evitar, abstenerse de ⟨I always avoided gossip : siempre evitaba los chismes⟩ **3** EVADE : evitar ⟨if I can avoid it : si puedo evitarlo⟩
avoidable [ə'vɔɪdəbəl] *adj* : evitable
avoidance [ə'vɔɪdəns] *n* : el evitar
avoirdupois [,ævərdə'pɔɪz] *n* : sistema *m* inglés de pesos y medidas
avow [ə'vaʊ] *vt* : reconocer, confesar
avowal [ə'vaʊəl] *n* : reconocimiento *m*, confesión *f*
await [ə'weɪt] *vt* : esperar
awake¹ [ə'weɪk] *v* **awoke** [ə'woːk]; **awoken** [ə'woːkən] *or* **awaked**; **awaking** : despertar
awake² *adj* : despierto
awaken [ə'weɪkən] → **awake**¹
award¹ [ə'wɔrd] *vt* : otorgar, conceder, conferir
award² *n* **1** PRIZE : premio *m*, galardón *m* **2** MEDAL : condecoración *f*
aware [ə'wær] *adj* : consciente ⟨to be aware of : darse cuenta de, estar consciente de⟩
awareness [ə'wærnəs] *n* : conciencia *f*, conocimiento *m*
awash [ə'wɔʃ] *adj* : inundado
away¹ [ə'weɪ] *adv* **1** : de aquí ⟨go away! : ¡fuera de aquí!, ¡vete!⟩ **2** : de distancia ⟨10 miles away : 10 millas de distancia, queda a 10 millas⟩ **3 far away** : lejos, a lo lejos **4 right away** : en segui-

da, ahora mismo **5 to be away** : estar ausente, estar de viaje **6 to give away** : regalar (una posesión), revelar (un secreto) **7 to go away** : irse, largarse **8 to put away** : guardar **9 to turn away** : volver la cara
away² *adj* **1** ABSENT : ausente ⟨away for the week : ausente por la semana⟩ **2 away game** : partido *m* que se juega fuera
awe¹ ['ɔ] *vt* **awed; awing** : abrumar, asombrar, impresionar
awe² *n* : asombro
awesome ['ɔsəm] *adj* **1** IMPOSING : imponente, formidable **2** AMAZING : asombroso
awestruck ['ɔ,strʌk] *adj* : asombrado
awful ['ɔfəl] *adj* **1** AWESOME : asombroso **2** DREADFUL : horrible, terrible, atroz **3** ENORMOUS : enorme, tremendo ⟨an awful lot of people : muchísima gente, la mar de gente⟩
awfully ['ɔfəli] *adv* **1** EXTREMELY : terriblemente, extremadamente **2** BADLY : muy mal, espantosamente
awhile [ə'hwaɪl] *adv* : un rato, algún tiempo
awkward ['ɔkwərd] *adj* **1** CLUMSY : torpe, desmañado **2** EMBARRASSING : embarazoso, delicado — **awkwardly** *adv*
awkwardness ['ɔkwərdnəs] *n* **1** CLUMSINESS : torpeza *f* **2** INCONVENIENCE : incomodidad *f*
awl ['ɔl] *n* : punzón *m*
awning ['ɔnɪŋ] *n* : toldo *m*
awry [ə'raɪ] *adj* **1** ASKEW : torcido **2 to go awry** : salir mal, fracasar
ax *or* **axe** ['æks] *n* : hacha *f*
axiom ['æksiəm] *n* : axioma *m*
axiomatic [,æksiə'mætɪk] *adj* : axiomático
axis ['æksɪs] *n, pl* **axes** [-,siːz] : eje *m*
axle ['æksəl] *n* : eje *m*
aye¹ ['aɪ] *adv* : sí
aye² *n* : sí *m*
azalea [ə'zeɪljə] *n* : azalea *f*
azimuth ['æzəməθ] *n* : azimut *m*, acimut *m*
Aztec ['æz,tɛk] *n* : azteca *mf*
azure¹ ['æʒər] *adj* : azur, celeste
azure² *n* : azur *m*

B

b ['biː] *n, pl* **b's** *or* **bs** ['biːz] : segunda letra del alfabeto inglés
babble¹ ['bæbəl] *vi* **-bled; -bling 1** PRATTLE : balbucear **2** CHATTER : charlatanear, parlotear *fam* **3** MURMUR : murmurar
babble² *n* : balbuceo *m* (de bebé), parloteo *m* (de adultos), murmullo *m* (de voces, de un arroyo)
babe ['beɪb] *n* → **baby**³
babel ['beɪbəl, 'bæ-] *n* : babel *f*, caos *m*

baboon [bæ'buːn] *n* : babuino *m*
baby¹ ['beɪbi] *vt* **-bied; -bying** : mimar, consentir
baby² *adj* **1** : de niño ⟨a baby carriage : un cochecito⟩ ⟨baby talk : habla infantil⟩ **2** TINY : pequeño, minúsculo
baby³ *n, pl* **-bies** : bebé *m*; niño *m*, -ña *f*
babyhood ['beɪbi,hʊd] *n* : niñez *f*, primera infancia *f*
babyish ['beɪbiːʃ] *adj* : infantil, pueril

baby–sit ['beɪbi,sɪt] *vi* **-sat** [-,sæt]; **-sitting** : cuidar niños, hacer de canguro *Spain*

baby–sitter ['beɪbi,sɪtər] *n* : niñero *m*, -ra *f*; canguro *mf Spain*

baccalaureate [,bækə'lɔriət] *n* : licenciatura *f*

bachelor ['bætʃələr] *n* 1 : soltero *m* 2 : licenciado *m*, -da *f* ⟨bachelor of arts degree : licenciatura en filosofía y letras⟩

bacillus [bə'sɪləs] *n*, *pl* **-li** [-,laɪ] : bacilo *m*

back¹ ['bæk] *vt* 1 *or* **to back up** SUPPORT : apoyar, respaldar 2 *or* **to back up** REVERSE : darle marcha atrás a (un vehículo) 3 : estar detrás de, formar el fondo de ⟨trees back the garden : unos árboles están detrás del jardín⟩ — *vi* 1 *or* **to back up** : retroceder 2 **to back away** : echarse atrás 3 **to back down** *or* **to back out** : volverse atrás, echarse para atrás

back² *adv* 1 : atrás, hacia atrás, detrás ⟨to move back : moverse atrás⟩ ⟨back and forth : de acá para allá⟩ 2 AGO : atrás, antes, ya ⟨some years back : unos años atrás, ya unos años⟩ ⟨10 months back : hace diez meses⟩ 3 : de vuelta, de regreso ⟨we're back : estamos de vuelta⟩ ⟨she ran back : volvió corriendo⟩ ⟨to call back : llamar de nuevo⟩

back³ *adj* 1 REAR : de atrás, posterior, trasero 2 OVERDUE : atrasado 3 **back pay** : atrasos *mpl*

back⁴ *n* 1 : espalda *f* (de un ser humano), lomo *m* (de un animal) 2 : respaldo *m* (de una silla), espalda *f* (de ropa) 3 REVERSE : reverso *m*, dorso *m*, revés *m* 4 REAR : fondo *m*, parte *f* de atrás 5 : defensa *mf* (en deportes)

backache ['bæk,eɪk] *n* : dolor *m* de espalda

backbite ['bæk,baɪt] *v* **-bit** [-,bɪt]; **-bitten** [-,bɪtən]; **-biting** *vt* : calumniar, hablar mal de — *vi* : murmurar

backbiter ['bæk,baɪtər] *n* : calumniador *m*, -dora *f*

backbone ['bæk,boːn] *n* 1 : columna *f* vertebral 2 FIRMNESS : firmeza *f*, carácter *m*

backdrop ['bæk,drɑp] *n* : telón *m* de fondo

backer ['bækər] *n* 1 SUPPORTER : partidario *m*, -ria *f* 2 SPONSOR : patrocinador *m*, -dora *f*

backfire¹ ['bæk,faɪr] *vi* **-fired**; **-firing** 1 : petardear (dícese de un automóvil) 2 FAIL : fallar, salir el tiro por la culata

backfire² *n* : petardeo *m*, explosión *f*

background ['bæk,graʊnd] *n* 1 : fondo *m* (de un cuadro, etc.), antecedentes *mpl* (de una situación) 2 EXPERIENCE, TRAINING : experiencia *f* profesional, formación *f*

backhand¹ ['bæk,hænd] *adv* : de revés, con el revés

backhand² *n* : revés *m*

backhanded ['bæk,hændəd] *adj* 1 : dado con el revés, de revés 2 INDIRECT : indirecto, ambiguo

backing ['bækɪŋ] *n* 1 SUPPORT : apoyo *m*, respaldo *m* 2 REINFORCEMENT : refuerzo *m* 3 SUPPORTERS : partidarios *mpl*, -rias *fpl*

backlash ['bæk,læʃ] *n* : reacción *f* violenta

backlog ['bæk,lɔg] *n* : atraso *m*, trabajo *m* acumulado

backpack¹ ['bæk,pæk] *vi* : viajar con mochila

backpack² *n* : mochila *f*

backrest ['bæk,rɛst] *n* : respaldo *m*

backside ['bæk,saɪd] *n* : trasero *m*

backslide ['bæk,slaɪd] *vi* **-slid** [-,slɪd]; **-slid** *or* **-slidden** [-,slɪdən]; **-sliding** : recaer, reincidir

backstage [,bæk'steɪdʒ, 'bæk,-] *adv* & *adj* : entre bastidores

backtrack ['bæk,træk] *vi* : dar marcha atrás, volverse atrás

backup ['bæk,ʌp] *n* 1 SUPPORT : respaldo *m*, apoyo *m* 2 : copia *f* de seguridad (para computadoras)

backward¹ ['bækwərd] *or* **backwards** [-wərdz] *adv* 1 : hacia atrás 2 : de espaldas ⟨he fell backwards : se cayó de espaldas⟩ 3 : al revés ⟨you're doing it backwards : lo estás haciendo al revés⟩ 4 **to bend over backwards** : hacer todo lo posible

backward² *adj* 1 : hacia atrás ⟨a backward glance : una mirada hacia atrás⟩ 2 RETARDED : retrasado 3 SHY : tímido 4 UNDERDEVELOPED : atrasado

backwardness ['bækwərdnəs] *n* : atraso *m* (dícese de una región), retraso *m* (dícese de una persona)

backwoods [,bæk'wʊdz] *npl* : monte *m*, región *f* alejada

bacon ['beɪkən] *n* : tocino *m*, tocineta *f Col, Ven*, bacon *m Spain*

bacterial [bæk'tɪriəl] *adj* : bacteriano

bacteriologist [bæk,tɪri'alədʒɪst] *n* : bacteriólogo *m*, -ga *f*

bacteriology [bæk,tɪri'alədʒi] *n* : bacteriología *f*

bacterium [bæk'tɪriəm] *n*, *pl* **-ria** [-iə] : bacteria *f*

bad¹ ['bæd] *adv* → **badly**

bad² *adj* 1 : malo 2 ROTTEN : podrido 3 SERIOUS, SEVERE : grave 4 DEFECTIVE : defectuoso ⟨a bad check : un cheque sin fondos⟩ 5 HARMFUL : perjudicial 6 CORRUPT, EVIL : malo, corrompido 7 NAUGHTY : travieso 8 **from bad to worse** : de mal en peor 9 **too bad!** : ¡qué lástima!

bad³ *n* : lo malo ⟨the good and the bad : lo bueno y lo malo⟩

bade → **bid**

badge ['bædʒ] *n* : insignia *f*, botón *m*, chapa *f*

badger¹ ['bædʒər] *vt* : fastidiar, acosar, importunar

badger² n : tejón m

badly ['bædli] adv 1 : mal 2 URGENT-LY : mucho, con urgencia 3 SEVERE-LY : gravemente

badminton ['bæd,mɪntən, -,mɪt-] n : bádminton m

badness ['bædnəs] n : maldad f

baffle¹ ['bæfəl] vt -fled; -fling 1 PERPLEX : desconcertar, confundir 2 FRUS-TRATE : frustrar

baffle² n : deflector m, bafle m (acústico)

bafflement ['bæfəlmənt] n : desconcierto m, confusión f

bag¹ ['bæg] v bagged; bagging vi SAG : formar bolsas — vt 1 : ensacar, poner en una bolsa 2 : cobrar (en la caza), cazar

bag² n 1 : bolsa f, saco m 2 HANDBAG : cartera f, bolso m, bolsa f Mex 3 SUIT-CASE : maleta f, valija f

bagatelle [,bægə'tɛl] n : bagatela f

bagel ['beɪgəl] n : rosquilla f de pan

baggage ['bægɪdʒ] n : equipaje m

baggy ['bægi] adj -gier; -est : holgado, ancho

bagpipe ['bæg,paɪp] n or **bagpipes** ['bæg,paɪps] npl : gaita f

bail¹ ['beɪl] vt 1 : achicar (agua de un bote) 2 **to bail out** : poner en libertad (de una cárcel) bajo fianza 3 **to bail out** EXTRICATE : sacar de apuros

bail² n : fianza f, caución f

bailiff ['beɪləf] n : alguacil mf

bailiwick ['beɪli,wɪk] n : dominio m

bailout ['beɪl,aʊt] n : rescate m (financiero)

bait¹ ['beɪt] vt 1 : cebar (un anzuelo o cepo) 2 HARASS : acosar

bait² n : cebo m, carnada f

bake¹ ['beɪk] vt baked; baking : hornear, hacer al horno

bake² n : fiesta con platos hechos al horno

baker ['beɪkər] n : panadero m, -ra f

baker's dozen n : docena f de fraile

bakery ['beɪkəri] n, pl -ries : panadería f

bakeshop ['beɪk,ʃɑp] n : pastelería f, panadería f

baking powder n : levadura f en polvo

baking soda → sodium bicarbonate

balance¹ ['bælənts] v -anced; -ancing vt 1 : hacer el balance de (una cuenta) ⟨to balance the books : cuadrar las cuentas⟩ 2 EQUALIZE : balancear, equilibrar 3 HARMONIZE : armonizar — vi : balancearse

balance² n 1 SCALES : balanza f, báscula f 2 COUNTERBALANCE : contrapeso m 3 EQUILIBRIUM : equilibrio m 4 REMAINDER : balance m, resto m

balanced ['bælənts t] adj : equilibrado, balanceado

balcony ['bælkəni] n, pl -nies 1 : balcón m, terraza f (de un edificio) 2 : galería f (de un teatro)

bald ['bɔld] adj 1 : calvo, pelado, pelón 2 PLAIN : simple, puro ⟨the bald truth : la pura verdad⟩

balding ['bɔldɪŋ] adj : quedándose calvo

baldly ['bɔldli] adv : sin reparos, sin rodeos, francamente

baldness ['bɔldnəs] n : calvicie f

bale¹ ['beɪl] vt baled; baling : empacar, hacer balas de

bale² n : bala f, fardo m, paca f

baleful ['beɪlfəl] adj 1 DEADLY : mortífero 2 SINISTER : siniestro, funesto, torvo ⟨a baleful glance : una mirada torva⟩

balk¹ ['bɔk] vt : obstaculizar, impedir — vi 1 : plantarse fam (dícese de un caballo, etc.) 2 **to balk at** : resistirse a, mostrarse reacio a

balk² n : obstáculo m

Balkan ['bɔlkən] adj : balcánico

balky ['bɔki] adj balkier; -est : reacio, obstinado, terco

ball¹ ['bɔl] vt : apelotonar, ovillar

ball² n 1 : pelota f, bola f, balón m, ovillo m (de lana) 2 : juego m con pelota o bola 3 DANCE : baile m, baile m de etiqueta

ballad ['bæləd] n : romance m, balada f

balladeer [,bælə'dɪr] n : cantante mf de baladas

ballast¹ ['bæləst] vt : lastrar

ballast² n : lastre m

ball bearing n : cojinete m de bola

ballerina [,bælə'ri:nə] n : bailarina f

ballet [bæ'leɪ, 'bæ,leɪ] n : ballet m

ballistic [bə'lɪstɪk] adj : balístico

ballistics [bə'lɪstɪks] ns & pl : balística f

balloon¹ [bə'lu:n] vi 1 : viajar en globo 2 SWELL : hincharse, inflarse

balloon² n : globo m

balloonist [bə'lu:nɪst] n : aeróstata mf

ballot¹ ['bælət] vi : votar

ballot² n 1 : papeleta f (de voto) 2 BAL-LOTING : votación f 3 VOTE : voto m

ballpoint pen ['bɔl,pɔɪnt] n : bolígrafo m

ballroom ['bɔl,ru:m, -,rʊm] n : sala f de baile

ballyhoo ['bæli,hu:] n : propaganda f, publicidad f, bombo m fam

balm ['bɑm, 'bɑlm] n : bálsamo m, ungüento m

balmy ['bɑmi, 'bɑl-] adj balmier; -est 1 MILD : templado, agradable 2 SOOTH-ING : balsámico 3 CRAZY : chiflado fam, chalado fam

baloney [bə'lo:ni] n NONSENSE : tonterías fpl, estupideces fpl

balsa ['bɔlsə] n : balsa f

balsam ['bɔlsəm] n 1 : bálsamo m 2 or **balsam fir** : abeto m balsámico

Baltic ['bɔltɪk] adj : báltico

baluster ['bæləstər] n : balaustre m

balustrade ['bælə,streɪd] n : balaustrada f

bamboo [bæm'bu:] n : bambú m

bamboozle [bæm'bu:zəl] vt -zled; -zling : engañar, embaucar

ban[1] ['bæn] vt **banned; banning** : prohibir, proscribir

ban[2] n 1 : prohibición f, proscripción f

banal [bə'nɑl, bə'næl, 'beɪnəl] adj : banal, trivial

banality [bə'næləṭi] n, pl **-ties** : banalidad f, trivialidad f

banana [bə'nænə] n : banano m, plátano m, banana f, cambur m Ven, guineo m Car

band[1] ['bænd] vt 1 BIND : fajar, atar 2 **to band together** : unirse, juntarse

band[2] n 1 STRIP : banda f, cinta f (de un sombrero, etc.) 2 STRIPE : franja f 3 : banda f (de radiofrecuencia) 4 RING : anillo m 5 GROUP : banda f, grupo m, conjunto m ⟨jazz band : conjunto de jazz⟩

bandage[1] ['bændɪʤ] vt **-daged; -daging** : vendar

bandage[2] n : vendaje m, venda f

bandanna or **bandana** [bæn'dænə] n : pañuelo m (de colores)

bandit ['bændət] n : bandido m, -da f; bandolero m, -ra f

banditry ['bændətri] n : bandolerismo m, bandidaje m

bandstand ['bænd,stænd] n : quiosco m de música

bandwagon ['bænd,wægən] n 1 : carroza f de músicos 2 **to jump on the bandwagon** : subirse al carro, seguir la moda

bandy[1] ['bændi] vt **-died; -dying** 1 EXCHANGE : intercambiar 2 **to bandy about** : circular, propagar

bandy[2] adj : arqueado, torcido ⟨bandy-legged : de piernas arqueadas⟩

bane ['beɪn] n 1 POISON : veneno m 2 RUIN : ruina f, pesadilla f

baneful ['beɪnfəl] adj : nefasto, funesto

bang[1] ['bæŋ] vt 1 STRIKE : golpear, darse ⟨he banged his elbow against the door : se dio con el codo en la puerta⟩ 2 SLAM : cerrar (la puerta) con un portazo — vi 1 SLAM : cerrarse de un golpe 2 **to bang on** : aporrear, golpear ⟨she was banging on the table : aporreaba la mesa⟩

bang[2] adv : directamente, exactamente

bang[3] n 1 BLOW : golpe m, porrazo m, trancazo m 2 EXPLOSION : explosión f, estallido m 3 SLAM : portazo m 4 **bangs** npl : flequillo m, fleco m

Bangladeshi [,bɑŋglə'deʃi, ,bæn-, ,bʌŋ-, -'deɪ-] n : bangladesí mf — **Bangladeshi** adj

bangle ['bæŋgəl] n : brazalete m, pulsera f

banish ['bænɪʃ] vt 1 EXILE : desterrar, exiliar 2 EXPEL : expulsar

banishment ['bænɪʃmənt] n 1 EXILE : destierro m, exilio m 2 EXPULSION : expulsión f

banister ['bænəstər] n 1 BALUSTER : balaustre m 2 HANDRAIL : pasamanos m, barandilla f, barandal m

banjo ['bæn,ʤo:] n, pl **-jos** : banjo m

bank[1] ['bæŋk] vt 1 TILT : peraltar (una carretera), ladear (un avión) 2 HEAP : amontonar 3 : cubrir (un fuego) 4 : depositar (dinero en un banco) — vi 1 : ladearse (dícese de un avión) 2 : tener una cuenta (en un banco) 3 **to bank on** : contar con

bank[2] n 1 MASS : montón m, montículo m, masa f 2 : orilla f, ribera f (de un río) 3 : peralte m (de una carretera) 4 : banco m ⟨World Bank : Banco Mundial⟩ ⟨banco de sangre : blood bank⟩

bankbook ['bæŋk,buk] n : libreta f bancaria, libreta f de ahorros

banker ['bæŋkər] n : banquero m, -ra f

banking ['bæŋkɪŋ] n : banca f

bankrupt[1] ['bæŋ,krʌpt] vt : hacer quebrar, llevar a la quiebra, arruinar

bankrupt[2] adj 1 : en bancarrota, en quiebra 2 ~ **of** LACKING : carente de, falto de

bankrupt[3] n : fallido m, -da f; quebrado m, -da f

bankruptcy ['bæŋ,krʌptsi] n, pl **-cies** : ruina f, quiebra f, bancarrota f

banner[1] ['bænər] adj : excelente

banner[2] n : estandarte m, bandera f

banns ['bænz] npl : amonestaciones fpl

banquet[1] ['bæŋkwət] vi : celebrar un banquete

banquet[2] n : banquete m

banter[1] ['bæntər] vi : bromear, hacer bromas

banter[2] n : bromas fpl

baptism ['bæp,tɪzəm] n : bautismo m

baptismal [bæp'tɪzməl] adj : bautismal

Baptist ['bæptɪst] n : bautista mf — **Baptist** adj

baptize [bæp'taɪz, 'bæp,taɪz] vt **-tized; -tizing** : bautizar

bar[1] ['bɑr] vt **barred; barring** 1 OBSTRUCT : obstruir, bloquear 2 EXCLUDE : excluir 3 PROHIBIT : prohibir 4 SECURE : atrancar, asegurar ⟨bar the door! : ¡atranca la puerta!⟩

bar[2] n 1 : barra f, barrote m (de una ventana), tranca f (de una puerta) 2 BARRIER : barrera f, obstáculo m 3 LAW : abogacía f 4 STRIPE : franja f 5 COUNTER : mostrador m, barra f 6 TAVERN : bar m, taberna f

bar[3] prep : excepto, con excepción de ⟨bar none : sin excepción⟩

barb ['bɑrb] n 1 POINT : púa f, lengüeta f 2 GIBE : pulla f

barbarian [bɑr'bæriən] adj 1 : bárbaro 2 CRUDE : tosco, bruto

barbarian[2] n : bárbaro m, -ra f

barbaric [bɑr'bærɪk] adj 1 PRIMITIVE : primitivo 2 CRUEL : brutal, cruel

barbarity [bɑr'bærəṭi] n, pl **-ties** : barbaridad f

barbarous ['bɑrbərəs] adj 1 UNCIVILIZED : bárbaro 2 MERCILESS : despiadado, cruel

barbarously ['bɑrbərəsli] adv : bárbaramente

barbecue[1] [¹barbı,kju:] vt **-cued; -cuing** : asar a la parrilla

barbecue[2] n : barbacoa f, parrillada f

barbed [¹barbd] adj **1** : con púas ⟨barbed wire : alambre de púas⟩ **2** BITING : mordaz

barber [¹barbər] n : barbero m, -ra f

barbiturate [bar¹bıtʃərət] n : barbitúrico m

bard [¹bard] n : bardo m

bare[1] [¹bær] vt **bared; baring** : desnudar

bare[2] adj **1** NAKED : desnudo **2** EXPOSED : descubierto, sin protección **3** EMPTY : desprovisto, vacío **4** MINIMUM : mero, mínimo ⟨the bare necessities : las necesidades mínimas⟩ **5** PLAIN : puro, sencillo

bareback [¹bær,bæk] or **barebacked** [-,bækt] adv & adj : a pelo

barefaced [¹bær,feɪst] adj : descarado

barefoot [¹bær,fʊt] or **barefooted** [-,fʊtəd] adv & adj : descalzo

bareheaded [¹bær¹hɛdəd] adv & adj : sin sombrero, con la cabeza descubierta

barely [¹bærli] adv : apenas, por poco

bareness [¹bærnəs] n : desnudez f

bargain[1] [¹bargən] vi HAGGLE : regatear, negociar — vt BARTER : trocar, cambiar

bargain[2] n **1** AGREEMENT : acuerdo m, convenio m ⟨to strike a bargain : cerrar un trato⟩ **2** : ganga f ⟨bargain price : precio de ganga⟩

barge[1] [¹bardʒ] vi **barged; barging 1** : mover con torpeza **2 to barge in** : entrometerse, interrumpir

barge[2] n : barcaza f, gabarra f

bar graph n : gráfico m de barras

baritone [¹bærə,to:n] n : barítono m

barium [¹bæriəm] n : bario m

bark[1] [¹bark] vi : ladrar — vt or **to bark out** : gritar ⟨to bark out an order : dar una orden a gritos⟩

bark[2] n **1** : ladrido m (de un perro) **2** : corteza f (de un árbol) **3** or **barque** : tipo de embarcación con velas de proa y popa

barley [¹barli] n : cebada f

barn [¹barn] n : granero m (para cosechas), establo m (para ganado)

barnacle [¹barnıkəl] n : percebe m

barnyard [¹barn,jard] n : corral m

barometer [bə¹ramətər] n : barómetro m

barometric [,bærə¹mɛtrɪk] adj : barométrico

baron [¹bærən] n **1** : barón m **2** TYCOON : magnate mf

baroness [¹bærənəs, -nəs, -,nɛs] n : baronesa f

baronet [,bærə¹nɛt, ¹bærənət] n : baronet m

baronial [bə¹ro:niəl] adj **1** : de barón **2** STATELY : señorial, majestuoso

baroque [bə¹ro:k, -¹rak] adj : barroco

barracks [¹bærəks] ns & pl : cuartel m

barracuda [,bærə¹ku:də] n, pl **-da** or **-das** : barracuda f

barrage [bə¹raʒ, -¹radʒ] n **1** : descarga f (de artillería) **2** DELUGE : aluvión m ⟨a barrage of questions : un aluvión de preguntas⟩

barred [¹bard] adj : excluido, prohibido

barrel[1] [¹bærəl] v **-reled** or **-relled; -reling** or **-relling** vt : embarrilar — vi : ir disparado

barrel[2] n **1** : barril m, tonel m **2** : cañón m (de un arma de fuego), cilindro m (de una cerradura)

barren [¹bærən] adj **1** STERILE : estéril (dícese de las plantas o la mujer), árido (dícese del suelo) **2** DESERTED : yermo, desierto

barrette [ba¹rɛt, bə-] n : pasador m, broche m para el cabello

barricade[1] [¹bærə,keɪd, ,bærə¹-] vt **-caded; -cading** : cerrar con barricadas

barricade[2] n : barricada f

barrier [¹bæriər] n **1** : barrera f **2** OBSTACLE : obstáculo m, impedimento m

barring [¹barıŋ] prep : excepto, salvo, a excepción de

barrio [¹bario, ¹bær-] n : barrio m

barroom [¹bar,ru:m, -,rʊm] n : bar m

barrow [¹bær,o:] → **wheelbarrow**

bartender [¹bar,tɛndər] n : camarero m, -ra f; barman m

barter[1] [¹bartər] vt : cambiar, trocar

barter[2] n : trueque m, permuta f

basalt [bə¹sɔlt, ¹beɪ,-] n : basalto m

base[1] [¹beɪs] vt **based; basing** : basar, fundamentar, establecer

base[2] adj **baser; basest 1** : de baja ley (dícese del metal) **2** CONTEMPTIBLE : vil, despreciable

base[3] n, pl **bases** : base f

baseball [¹beɪs,bɔl] n : beisbol m, béisbol m

baseless [¹beɪsləs] adj : infundado

basely [¹beɪsli] adv : vilmente

basement [¹beɪsmənt] n : sótano m

baseness [¹beɪsnəs] n : vileza f, bajeza f

bash[1] [¹bæʃ] vt : golpear violentamente

bash[2] n **1** BLOW : golpe m, porrazo m, madrazo m Mex fam **2** PARTY : fiesta f, juerga f fam

bashful [¹bæʃfəl] adj : tímido, vergonzoso, penoso

bashfulness [¹bæʃfəlnəs] n : timidez f

basic[1] [¹beɪsık] adj **1** FUNDAMENTAL : básico, fundamental **2** RUDIMENTARY : básico, elemental **3** : básico (en química)

basic[2] n : fundamento m, rudimento m

basically [¹beɪsıkli] adv : fundamentalmente

basil [¹beɪzəl, ¹bæzəl] n : albahaca f

basilica [bə¹sılıkə] n : basílica f

basin [¹beɪsən] n **1** WASHBOWL : palangana f, lavamanos m, lavabo m **2** : cuenca f (de un río)

basis [¹beɪsəs] n, pl **bases** [-,si:z] **1** BASE : base f, pilar m **2** FOUNDATION : fundamento m, base f **3 on a weekly basis** : semanalmente

bask ['bæsk] *vi* : disfrutar, deleitarse ⟨to bask in the sun : disfrutar del sol⟩

basket ['bæskət] *n* : cesta *f*, cesto *m*, canasta *f*

basketball ['bæskət,bɔl] *n* : baloncesto *m*, basquetbol *m*

bas–relief [,bɑrɪ'liːf] *n* : bajorrelieve *m*

bass¹ ['bæs] *n, pl* **bass** *or* **basses** : róbalo *m* (pesca)

bass² ['beɪs] *n* : bajo *m* (tono, voz, cantante)

bass drum *n* : bombo *m*

basset hound ['bæsət,haʊnd] *n* : basset *m*

bassinet [,bæsə'nɛt] *n* : moisés *m*, cuna *f*

bassist ['beɪsɪst] *n* : bajista *mf*

bassoon [bə'suːn, bæ-] *n* : fagot *m*

bass viol ['beɪs'vaɪəl, -,oːl] → **double bass**

bastard¹ ['bæstərd] *adj* : bastardo

bastard² *n* : bastardo *m*, -da *f*

bastardize ['bæstər,daɪz] *vt* -ized; -izing DEBASE : degradar, envilecer

baste ['beɪst] *vt* **basted; basting 1** STITCH : hilvanar **2** : bañar (con su jugo durante la cocción)

bastion ['bæstʃən] *n* : bastión *m*, baluarte *m*

bat¹ ['bæt] *vt* **batted; batting 1** HIT : batear **2 without batting an eye** : sin pestañear

bat² *n* **1** : murciélago *m* (animal) **2** : bate *m* (baseball bat : bate de beisbol)

batch ['bætʃ] *n* : hornada *f*, tanda *f*, grupo *m*, cantidad *f*

bate ['beɪt] *vt* **bated; bating 1** : aminorar, reducir **2 with bated breath** : con ansiedad, aguantando la respiración

bath ['bæθ, 'baθ] *n, pl* **baths** ['bæðz, 'bæθs, 'baðz, 'baθs] **1** BATHING : baño *m* ⟨to take a bath : bañarse⟩ **2** : baño *m* (en fotografía, etc.) **3** BATHROOM : baño *m*, cuarto *m* de baño **4** SPA : balneario *m* **5** LOSS : pérdida *f*

bathe ['beɪð] *v* **bathed; bathing** *vt* **1** WASH : bañar, lavar **2** SOAK : poner en remojo **3** FLOOD : inundar ⟨to bathe with light : inundar de luz⟩ — *vi* : bañarse, ducharse

bather ['beɪðər] *n* : bañista *mf*

bathrobe ['bæθ,roːb] *n* : bata *f* (de baño)

bathroom ['bæθ,ruːm, -,rʊm] *n* : baño *m*, cuarto *m* de baño

bathtub ['bæθ,tʌb] *n* : bañera *f*, tina *f* (de baño)

batiste [bə'tiːst] *n* : batista *f*

baton [bə'tɑn] *n* : batuta *f*, bastón *m*

battalion [bə'tæljən] *n* : batallón *m*

batten ['bætən] *vt* **to batten down the hatches** : cerrar las escotillas

batter¹ ['bætər] *vt* **1** BEAT : aporrear, golpear **2** MISTREAT : maltratar

batter² *n* **1** : masa *f* para rebozar **2** HITTER : bateador *m*, -dora *f*

battering ram *n* : ariete *m*

battery ['bætəri] *n, pl* **-teries 1** : lesiones *fpl* ⟨assault and battery : agresión con

lesiones⟩ **2** ARTILLERY : batería *f* **3** : batería *f*, pila *f* (de electricidad) **4** SERIES : serie *f*

batting ['bætɪŋ] *n* **1** *or* **cotton batting** : algodón *m* en láminas **2** : bateo *m* (en beisbol)

battle¹ ['bætəl] *vi* **-tled; -tling** : luchar, pelear

battle² *n* : batalla *f*, lucha *f*, pelea *f*

battle–ax ['bætəl,æks] *n* : hacha *f* de guerra

battlefield ['bætəl,fiːld] *n* : campo *m* de batalla

battlements ['bætəlmənts] *npl* : almenas *fpl*

battleship ['bætəl,ʃɪp] *n* : acorazado *m*

batty ['bæti] *adj* **-tier; -est** : chiflado *fam*, chalado *fam*

bauble ['bɔbəl] *n* : chuchería *f*, baratija *f*

Bavarian [bə'verɪən] *n* : bávaro *m*, -ra *f* — **Bavarian** *adj*

bawdiness ['bɔdinəs] *n* : picardía *f*

bawdy ['bɔdi] *adj* **bawdier; -est** : subido de tono, verde, colorado *Mex*

bawl¹ ['bɔl] *vi* : llorar a gritos

bawl² *n* : grito *m*, alarido *m*

bawl out *vt* SCOLD : regañar

bay¹ ['beɪ] *vi* HOWL : aullar

bay² *adj* : castaño, zaino (dícese de los caballos)

bay³ *n* **1** : bahía *f* ⟨Bay of Campeche : Bahía de Campeche⟩ **2** *or* **bay horse** : caballo *m* castaño **3** LAUREL : laurel *m* **4** HOWL : aullido *m* **5** : saliente *m* ⟨bay window : ventana en saliente⟩ **6** COMPARTMENT : área *f*, compartimento *m* **7 at ~** : acorralado

bayberry ['beɪ,beri] *n, pl* **-ries** : arrayán *m* brabántico

bayonet¹ [,beɪə'nɛt, 'beɪə,nɛt] *vt* **-neted; -neting** : herir *o* matar (con bayoneta

bayonet² *n* : bayoneta *f*

bayou ['baɪ,uː, -,oː] *n* : pantano *m*

bazaar [bə'zɑr] *n* **1** : bazar *m* **2** SALE : venta *f* benéfica

bazooka [bə'zuːkə] *n* : bazuca *f*

BB ['biː'biː] *n* : balín *m*

be ['biː] *v* **was** ['wəz, 'wɑz]; **were** ['wər]; **been** ['bɪn]; **being; am** ['æm]; **is** ['ɪz]; **are** ['ɑr] *vi* **1** (*expressing equality*) : ser ⟨José is a doctor : José es doctor⟩ ⟨I'm Ann's sister : soy la hermana de Ana⟩ **2** (*expressing quality*) : ser ⟨the tree is tall : el árbol es alto⟩ ⟨you're silly! : ¡eres tonto!⟩ **3** (*expressing origin or possession*) : ser ⟨she's from Managua : es de Managua⟩ ⟨it's mine : es mío⟩ **4** (*expressing location*) : estar ⟨my mother is at home : mi madre está en casa⟩ ⟨the cups are on the table : las tazas están en la mesa⟩ **5** (*expressing existence*) : ser, existir ⟨to be or not to be : ser, o no ser⟩ ⟨I think, therefore I am : pienso, luego existo⟩ **6** (*expressing a state of being*) : estar, tener ⟨how are you? : ¿cómo estás?⟩ ⟨I'm cold : tengo frío⟩ ⟨she's 10 years old : tiene 10 años⟩ ⟨they're both sick : están enfermos los dos⟩ — *v impers* **1** (*indicating time*) : ser ⟨it's eight o'clock : son las ocho⟩ ⟨it's Friday : hoy es viernes⟩ **2** (*indicating a condition*) : hacer, estar ⟨it's sunny : hace sol⟩ ⟨it's very dark outside : está bien oscuro afuera⟩ — *v aux* **1** (*expressing progression*) : estar ⟨what are you doing?—I'm working : ¿qué haces?—estoy trabajando⟩ **2** (*expressing occurrence*) : ser ⟨it was finished yesterday : fue acabado ayer, se acabó ayer⟩ ⟨it was cooked in the oven : se cocinó en el horno⟩ **3** (*expressing possibility*) : poderse ⟨can she be trusted? : ¿se puede confiar en ella?⟩ **4** (*expressing obligation*) : deber ⟨you are to stay here : debes quedarte aquí⟩ ⟨he was to come yesterday : se esperaba que viniese ayer⟩

beach¹ [ˈbiːtʃ] *vt* : hacer embarrancar, hacer varar, hacer encallar

beach² *n* : playa *f*

beachcomber [ˈbiːtʃˌkoːmər] *n* : raquero *m*, -ra *f*

beachhead [ˈbiːtʃˌhɛd] *n* : cabeza *f* de playa

beacon [ˈbiːkən] *n* : faro *m*

bead¹ [ˈbiːd] *vi* : formarse en gotas

bead² *n* **1** : cuenta *f* **2** DROP : gota *f* **3 beads** *npl* NECKLACE : collar *m*

beady [ˈbiːdi] *adj* **beadier; -est 1** : de forma de cuenta **2 beady eyes** : ojos *mpl* pequeños y brillantes

beagle [ˈbiːgəl] *n* : beagle *m*

beak [ˈbiːk] *n* : pico *m*

beaker [ˈbiːkər] *n* **1** CUP : taza *f* alta **2** : vaso *m* de precipitados (en un laboratorio)

beam¹ [ˈbiːm] *vi* **1** SHINE : brillar **2** SMILE : sonreír radiantemente — *vt* BROADCAST : transmitir, emitir

beam² *n* **1** : viga *f*, barra *f* **2** RAY : rayo *m*, haz *m* de luz **3** : haz *m* de radiofaro (para guiar pilotos, etc.)

bean [ˈbiːn] *n* **1** : habichuela *f*, frijol *m* **2 broad bean** : haba *f* **3 string bean** : judía *f*

bear¹ [ˈbær] *v* **bore** [ˈbor]; **borne** [ˈborn]; **bearing 1** CARRY : llevar, portar **2** : dar a luz a (un niño) **3** PRODUCE : dar (frutas, cosechas) **4** ENDURE, SUPPORT : soportar, resistir, aguantar — *vi* **1** TURN : doblar, dar la vuelta ⟨bear right : doble a la derecha⟩ **2 to bear up** : resistir

bear² *n, pl* **bears** *or* **bear** : oso *m*, osa *f*

bearable [ˈbærəbəl] *adj* : soportable

beard [ˈbird] *n* **1** : barba *f* **2** : arista *f* (de plantas)

bearded [ˈbirdəd] *adj* : barbudo, de barba

bearer [ˈbærər] *n* : portador *m*, -dora *f*

bearing [ˈbæriŋ] *n* **1** CONDUCT, MANNERS : comportamiento *m*, modales *mpl* **2** SUPPORT : soporte *f* **3** SIGNIFICANCE : relación *f*, importancia *f* ⟨to have no bearing on : no tener nada que ver con⟩ **4** : cojinete *m*, rodamiento *m*

(de una máquina) **5** COURSE, DIRECTION : dirección *f*, rumbo *m* ⟨to get one's bearings : orientarse⟩

beast [ˈbiːst] *n* **1** : bestia *f*, fiera *f* ⟨beast of burden : animal de carga⟩ **2** BRUTE : bruto *m*, -ta *f*; bestia *mf*

beastly [ˈbiːstli] *adj* : detestable, repugnante

beat¹ [ˈbiːt] *v* **beat; beaten** [ˈbiːtən] *or* **beat; beating** *vt* **1** STRIKE : golpear, pegar, darle una paliza a (alguien) **2** DEFEAT : vencer, derrotar **3** AVOID : anticiparse a, evitar ⟨to beat the crowd : evitar el gentío⟩ **4** MASH, WHIP : batir — *vi* THROB : palpitar, latir

beat² *adj* EXHAUSTED : derrengado, muy cansado ⟨I'm beat! : ¡estoy molido!⟩

beat³ *n* **1** : golpe *m*, redoble *m* (de un tambor), latido *m* (del corazón) **2** RHYTHM : ritmo *m*, tiempo *m*

beater [ˈbiːtər] *n* **1** : batidor *m*, -dora *f* **2** EGGBEATER : batidor *m*

beatific [ˌbiːəˈtɪfɪk] *adj* : beatífico

beatitude [biˈætəˌtuːd] *n* **1** : beatitud *f* **2 the Beatitudes** : las bienaventuranzas

beau [ˈboː] *n, pl* **beaux** *or* **beaus** : pretendiente *m*, galán *m*

beautification [ˌbjuːtəfəˈkeɪʃən] *n* : embellecimiento *m*

beautiful [ˈbjuːtɪfəl] *adj* : hermoso, bello, lindo, precioso

beautifully [ˈbjuːtɪfəli] *adv* **1** ATTRACTIVELY : hermosamente **2** EXCELLENTLY : maravillosamente, excelentemente

beauty [ˈbjuːti] *n, pl* **-ties** : belleza *f*, hermosura *f*, beldad *f*

beauty shop *or* **beauty salon** *n* : salón *m* de belleza

beaver [ˈbiːvər] *n* : castor *m*

because [biˈkʌz, -ˈkɔz] *conj* : porque

because of *prep* : por, a causa de, debido a

beck [ˈbɛk] *n* **to be at the beck and call of** : estar a la entera disposición de, estar sometido a la voluntad de

beckon [ˈbɛkən] *vi* **to beckon to someone** : hacerle señas a alguien

become [biˈkʌm] *v* **-came** [-ˈkeɪm], **-come; -coming** *vi* : hacerse, volverse, ponerse ⟨he became famous : se hizo famoso⟩ ⟨to become sad : ponerse triste⟩ ⟨to become accustomed to : acostumbrarse a⟩ — *vt* **1** BEFIT : ser apropiado para **2** SUIT : favorecer, quedarle bien (a alguien) ⟨that dress becomes you : ese vestido te favorece⟩

becoming [biˈkʌmiŋ] *adj* **1** SUITABLE : apropiado **2** FLATTERING : favorecedor

bed¹ [ˈbɛd] *v* **bedded; bedding** *vt* : acostar — *vi* : acostarse

bed² *n* **1** : cama *f*, lecho *m* **2** : cauce *m* (de un río), fondo *m* (del mar) **3** : arriate *m* (para plantas) **4** LAYER, STRATUM : estrato *m*, capa *f*

bedbug ['bɛd,bʌg] n : chinche f
bedclothes ['bɛd,kloːðz, -,kloːz] npl
: ropa f de cama, sábanas fpl
bedding ['bɛdɪŋ] n 1 → **bedclothes** 2
: cama f (para animales)
bedeck [bɪ'dɛk] vt : adornar, engalanar
bedevil [bɪ'dɛvəl] vt -**iled** or -**illed**; -**iling**
or -**illing** : acosar, plagar
bedlam ['bɛdləm] n : locura f, caos m,
alboroto m
bedraggled [bɪ'drægəld] adj : desaliñado, despeinado
bedridden ['bɛd,rɪdən] adj : postrado en
cama
bedrock ['bɛd,rɑk] n : lecho m de roca
bedroom ['bɛd,ruːm, -,rʊm] n : dormitorio m, habitación f, pieza f, recámara
f Col, Mex, Pan
bedspread ['bɛd,sprɛd] n : cubrecama m,
colcha f, cobertor m
bee ['biː] n 1 : abeja f (insecto) 2 GATH-
ERING : círculo m, reunión f
beech ['biːtʃ] n, pl **beeches** or **beech**
: haya f
beechnut ['biːtʃ,nʌt] n : hayuco m
beef[1] ['biːf] vt **to beef up** : fortalecer, reforzar — vi COMPLAIN : quejarse
beef[2] n, pl **beefs** ['biːfs] or **beeves**
['biːvz] : carne f de vaca, carne f de res
CA, Mex
beefsteak ['biːf,steɪk] n : filete m, bistec
m
beehive ['biː,haɪv] n : colmena f
beekeeper ['biː,kiːpər] n : apicultor m,
-tora f
beeline ['biː,laɪn] n **to make a beeline
for** : ir derecho a, ir directo hacia
been → **be**
beep[1] ['biːp] v : pitar
beep[2] n : pitido m
beeper ['biːpər] n : busca m, buscapersonas m
beer ['bɪr] n : cerveza f
beeswax ['biːz,wæks] n : cera f de abejas
beet ['biːt] n : remolacha f, betabel m
Mex
beetle ['biːtəl] n : escarabajo m
befall [bɪ'fɔl] v -**fell** [-'fɛl], -**fallen** [-'fɔlən]
vt : sucederle a, acontecerle a — vi
: acontecer
befit [bɪ'fɪt] vt -**fitted**; -**fitting** : convenir
a, ser apropiado para
before[1] [bɪ'for] adv 1 : antes ⟨before and
after : antes y después⟩ 2 : anterior
⟨the month before : el mes anterior⟩
before[2] conj : antes que ⟨he would die
before surrendering : moriría antes que
rendirse⟩
before[3] prep 1 : antes de ⟨before eating
: antes de comer⟩ 2 : delante de, ante
⟨I stood before the house : estaba parada delante de la casa⟩ ⟨before the judge
: ante el juez⟩
beforehand [bɪ'for,hænd] adv : antes,
por adelantado, de antemano, con anticipación
befriend [bɪ'frɛnd] vt : hacerse amigo de

befuddle [bɪ'fʌdəl] vt -**dled**; -**dling** : aturdir, ofuscar, confundir
beg ['bɛg] v **begged**; **begging** vt : pedir,
mendigar, suplicar ⟨I begged him to go
: le supliqué que fuera⟩ — vi : mendigar, pedir limosna
beget [bɪ'gɛt] vt -**got** [-'gɑt], -**gotten**
[-'gɑtən] or -**got**; -**getting** : engendrar
beggar ['bɛgər] n : mendigo m, -ga f;
pordiosero m, -ra f
begin [bɪ'gɪn] v -**gan** [-'gæn]; -**gun**
[-'gʌn]; -**ginning** vt 1 START : empezar,
comenzar, iniciar — vi 1 START : empezar,
comenzar, iniciarse 2 ORIGINATE
: nacer, originarse 3 **to begin with** : en
primer lugar, para empezar
beginner [bɪ'gɪnər] n : principiante mf
beginning [bɪ'gɪnɪŋ] n : principio m,
comienzo m
begone [bi'gɔn] interj : ¡fuera de aquí!
begonia [bi'goːnjə] n : begonia f
begrudge [bɪ'grʌdʒ] vt -**grudged**;
-**grudging** 1 : dar de mala gana 2 ENVY
: envidiar, resentir
beguile [bɪ'gaɪl] vt -**guiled**; -**guiling** 1
DECEIVE : engañar 2 AMUSE : divertir,
entretener
behalf [bɪ'hæf, -'haf] n 1 : favor m, beneficio m, parte f 2 **on behalf of** or **in
behalf of** : de parte de, en nombre de
behave [bɪ'heɪv] vi -**haved**; -**having**
: comportarse, portarse
behavior [bɪ'heɪvjər] n : comportamiento m, conducta f
behead [bɪ'hɛd] vt : decapitar
behest [bɪ'hɛst] n 1 : mandato m, orden
f 2 **at the behest of** : a instancia de
behind[1] [bɪ'haɪnd] adv : atrás, detrás ⟨to
fall behind : quedarse atrás⟩
behind[2] prep 1 : atrás de, detrás de, tras
⟨behind the house : detrás de la casa⟩
⟨one behind another : uno tras otro⟩
2 : atrasado con, después de ⟨behind
schedule : atrasado con el trabajo⟩ ⟨I
arrived behind the others : llegué después de los otros⟩ 3 SUPPORTING : en
apoyo de, detrás
behind[3] [bɪ'haɪnd, 'biː,haɪnd] n : trasero
m
behold [bɪ'hoːld] vt -**held**; -**holding**
: contemplar
beholder [bɪ'hoːldər] n : observador m,
-dora f
behoove [bɪ'huːv] vt -**hooved**; -**hooving**
: convenirle a, corresponderle a ⟨it be-
hooves us to help him : nos conviene
ayudarlo⟩
beige[1] ['beɪʒ] adj : beige
beige[2] n : beige m
being ['biːɪŋ] n 1 EXISTENCE : ser m, existencia f 2 CREATURE : ser m, ente m
belabor [bɪ'leɪbər] vt **to belabor the
point** : extenderse sobre el tema
belated [bɪ'leɪtəd] adj : tardío, retrasado
belch[1] ['bɛltʃ] vi 1 BURP : eructar 2 EX-
PEL : expulsar, arrojar
belch[2] n : eructo m

beleaguer [bɪ'li:gər] *vt* **1** BESIEGE : asediar, sitiar **2** HARASS : fastidiar, molestar

belfry ['bɛlfri] *n, pl* **-fries** : campanario *m*

Belgian ['bɛldʒən] *n* : belga *mf* — **Belgian** *adj*

belie [bɪ'laɪ] *vt* **-lied; -lying 1** MISREPRESENT : falsear, ocultar **2** CONTRADICT : contradecir, desmentir

belief [bə'li:f] *n* **1** TRUST : confianza *f* **2** CONVICTION : creencia *f*, convicción *f* **3** FAITH : fe *f*

believable [bə'li:vəbəl] *adj* : verosímil, creíble

believe [bə'li:v] *v* **-lieved; -lieving** : creer

believer [bə'li:vər] *n* **1** : creyente *mf* **2** : partidario *m*, -ria *f*; entusiasta *mf* ⟨she's a great believer in vitamins : ella es una gran partidaria de las vitaminas⟩

belittle [bɪ'lɪtəl] *vt* **-littled; -littling 1** DISPARAGE : menospreciar, denigrar, rebajar **2** MINIMIZE : minimizar, quitar importancia a

Belizean [bə'li:ziən] *n* : beliceño *m*, -ña *f* — **Belizean** *adj*

bell[1] ['bɛl] *vt* : ponerle un cascabel a

bell[2] *n* : campana *f*, cencerro *m* (para una vaca o cabra), cascabel *m* (para un gato), timbre *m* (de teléfono, de la puerta)

belle ['bɛl] *n* : belleza *f*, beldad *f*

bellhop ['bɛl,hɑp] *n* : botones *m*

bellicose ['bɛlɪ,ko:s] *adj* : belicoso — **bellicosity** [,bɛlɪ'kɑsəti] *n*

belligerence [bə'lɪdʒərənts] *n* : agresividad *f*, beligerancia *f*

belligerent[1] [bə'lɪdʒərənt] *adj* : agresivo, beligerante

belligerent[2] *n* : beligerante *mf*

bellow[1] ['bɛ,lo:] *vi* : bramar, mugir — *vt* : gritar

bellow[2] *n* : bramido *m*, grito *m*

bellows ['bɛ,lɑz] *ns & pl* : fuelle *m*

bellwether ['bɛl,wɛðər] *n* : líder *mf*

belly[1] ['bɛli] *v* **-lied; -lying** SWELL : hincharse, inflarse

belly[2] *n, pl* **-lies** : abdomen *m*, vientre *m*, barriga *f*, panza *f*

belong [bɪ'lɔŋ] *vi* **1** : pertenecer (a), ser propiedad (de) ⟨it belongs to her : pertenece a ella, es suyo, es de ella⟩ **2** : ser parte (de), ser miembro (de) ⟨he belongs to the club : es miembro del club⟩ **3** : deber estar, ir ⟨your coat belongs in the closet : tu abrigo va en el ropero⟩

belongings [bɪ'lɔŋɪŋz] *npl* : pertenencias *fpl*, efectos *mpl* personales

beloved[1] [bɪ'lʌvəd, -'lʌvd] *adj* : querido, amado

beloved[2] *n* : amado *m*, -da *f*; enamorado *m*, -da *f*; amor *m*

below[1] [bɪ'lo:] *adv* : abajo

below[2] *prep* **1** : abajo de, debajo de ⟨below the window : debajo de la ventana⟩ **2** : por debajo de, bajo ⟨below average : por debajo del promedio⟩ ⟨5 degrees below zero : 5 grados bajo cero⟩

belt[1] ['bɛlt] *vt* **1** : ceñir con un cinturón, ponerle un cinturón a **2** THRASH : darle una paliza a, darle un trancazo a

belt[2] *n* **1** : cinturón *m*, cinto *m* (para el talle) **2** BAND, STRAP : cinta *f*, correa *f*, banda *f* Mex **3** AREA : frente *m*, zona *f*

beltway ['bɛlt,weɪ] *n* : carretera *f* de circunvalación; periférico *m* CA, Mex; libramiento *m* Mex

bemoan [bɪ'mo:n] *vt* : lamentarse de

bemuse [bɪ'mju:z] *vt* **-mused; -musing 1** BEWILDER : confundir, desconcertar **2** ENGROSS : absorber

bench ['bɛntʃ] *n* **1** SEAT : banco *m*, escaño *m*, banca *f* **2** : estrado *m* (de un juez) **3** COURT : tribunal *m*

bend[1] ['bɛnd] *v* **bent** ['bɛnt]; **bending** *vt* : torcer, doblar, curvar, flexionar — *vi* **1** : torcerse, agacharse ⟨to bend over : inclinarse⟩ **2** TURN : torcer, hacer una curva

bend[2] *n* **1** TURN : vuelta *f*, recodo *m* **2** CURVE : curva *f*, ángulo *m*, codo *m*

beneath[1] [bɪ'ni:θ] *adv* : bajo, abajo, debajo

beneath[2] *prep* : bajo de, abajo de, por debajo de

benediction [,bɛnə'dɪkʃən] *n* : bendición *f*

benefactor ['bɛnə,fæktər] *n* : benefactor *m*, -tora *f*

beneficence [bə'nɛfəsənts] *n* : beneficencia *f*

beneficent [bə'nɛfəsənt] *adj* : benéfico, caritativo

beneficial [,bɛnə'fɪʃəl] *adj* : beneficioso, provechoso — **beneficially** *adv*

beneficiary [,bɛnə'fɪʃi,ɛri, -'fɪʃəri] *n, pl* **-ries** : beneficiario *m*, -ria *f*

benefit[1] ['bɛnəfɪt] *vt* : beneficiar — *vi* : beneficiarse

benefit[2] *n* **1** ADVANTAGE : beneficio *m*, ventaja *f*, provecho *m* **2** AID : asistencia *f*, beneficio *m* **3** : función *f* benéfica (para recaudar fondos)

benevolence [bə'nɛvələnts] *n* : bondad *f*, benevolencia *f*

benevolent [bə'nɛvələnt] *adj* : benévolo, bondadoso — **benevolently** *adv*

Bengali [bɛn'gɑli, bɛŋ-] *n* **1** : bengalí *mf* **2** : bengalí *m* (idioma) — **Bengali** *adj*

benign [bɪ'naɪn] *adj* **1** GENTLE, KIND : benévolo, amable **2** FAVORABLE : propicio, favorable **3** MILD : benigno ⟨a benign tumor : un tumor benigno⟩

Beninese [bə,nɪ'ni:z, -,ni:-, -'ni:s, ,bnɪ'-] *n* : beninés *m*, -nesa *f* — **Beninese** *adj*

bent ['bɛnt] *n* : aptitud *f*, inclinación *f*

benumb [bɪ'nʌm] *vt* : entumecer

benzene ['bɛn,zi:n] *n* : benceno *m*

bequeath [bɪ'kwi:θ, -'kwi:ð] *vt* : legar, dejar en testamento

bequest [bɪ'kwɛst] *n* : legado *m*

berate [bɪ'reɪt] *vt* **-rated; -rating** : reprender, regañar

bereaved[1] [bɪ'ri:vd] *adj* : que está de luto, afligido (por la muerte de alguien)

bereaved[2] *n* the bereaved : los deudos del difunto (o de la difunta)

bereavement [bɪˈriːvmənt] *n* 1 SORROW : dolor *m*, pesar *m* 2 LOSS : pérdida *f*

bereft [bɪˈrɛft] *adj* : privado, desprovisto

beret [bəˈreɪ] *n* : boina *f*

beriberi [ˌbɛriˈbɛri] *n* : beriberi *m*

berm [ˈbərm] *n* : arcén *m*

berry [ˈbɛri] *n*, *pl* **-ries** : baya *f*

berserk [bərˈsərk, -ˈzərk] *adj* 1 : enloquecido 2 to go berserk : volverse loco

berth[1] [ˈbərθ] *vi* : atracar

berth[2] *n* 1 DOCK : atracadero *m* 2 ACCOMMODATION : litera *f*, camarote *m* 3 POSITION : trabajo *m*, puesto *m*

beryl [ˈbɛrəl] *n* : berilo *m*

beseech [bɪˈsiːtʃ] *vt* **-seeched** *or* **-sought** [-ˈsɔt]; **-seeching** : suplicar, implorar, rogar

beset [bɪˈsɛt] *vt* **-set**; **-setting** 1 HARASS : acosar 2 SURROUND : rodear

beside [bɪˈsaɪd] *prep* : al lado de, junto a

besides[1] [bɪˈsaɪdz] *adv* 1 ALSO : además, también, aparte 2 MOREOVER : además, por otra parte

besides[2] *prep* 1 : además de, aparte de ⟨six others besides you : seis otros además de ti⟩ 2 EXCEPT : excepto, fuera de, aparte de

besiege [bɪˈsiːdʒ] *vt* **-sieged**; **-sieging** : asediar, sitiar, cercar

besmirch [bɪˈsmərtʃ] *vt* : ensuciar, mancillar

best[1] [ˈbɛst] *vt* : superar, ganar a

best[2] *adj* (*superlative of* well) : mejor ⟨as best I can : lo mejor que puedo⟩

best[3] *adj* (*superlative of* good) : mejor ⟨my best friend : mi mejor amigo⟩

best[4] *n* 1 the best : lo mejor, el mejor, la mejor, los mejores, las mejores 2 at ~ : a lo más 3 to do one's best : hacer todo lo posible

bestial [ˈbɛstʃəl, ˈbiːs-] *adj* 1 : bestial 2 BRUTISH : brutal, salvaje

best man *n* : padrino *m*

bestow [bɪˈstoː] *vt* : conferir, otorgar, conceder

bestowal [bɪˈstoːəl] *n* : concesión *f*, otorgamiento *m*

bet[1] [ˈbɛt] *v* **bet**; **betting** *vt* : apostar — *vi* to bet on : apostarle a

bet[2] *n* : apuesta *f*

betoken [bɪˈtoːkən] *vt* : denotar, ser indicio de

betray [bɪˈtreɪ] *vt* 1 : traicionar ⟨to betray one's country : traicionar uno a su patria⟩ 2 DIVULGE, REVEAL : delatar, revelar ⟨to betray a secret : revelar un secreto⟩

betrayal [bɪˈtreɪəl] *n* : traición *f*, delación *f*, revelación *f* ⟨betrayal of trust : abuso de confianza⟩

betrothal [bɪˈtroːðəl, -ˈtroː-] *n* : esponsales *mpl*, compromiso *m*

betrothed [bɪˈtroːðd, -ˈtroːθt] *n* FIANCÉ : prometido *m*, -da *f*

better[1] [ˈbɛtər] *vt* 1 IMPROVE : mejorar 2 SURPASS : superar

better[2] *adv* (*comparative of* well) 1 : mejor 2 MORE : más ⟨better than 50 miles : más de 50 millas⟩

better[3] *adj* (*comparative of* good) 1 : mejor ⟨the weather is better today : hace mejor tiempo hoy⟩ ⟨I was sick, but now I'm better : estuve enfermo, pero ahora estoy mejor⟩ 2 : mayor ⟨the better part of a month : la mayor parte de un mes⟩

better[4] *n* 1 : el mejor, la mejor ⟨the better of the two : el mejor de los dos⟩ 2 to get the better of : vencer a, quedar por encima de, superar

betterment [ˈbɛtərmənt] *n* : mejoramiento *m*, mejora *f*

bettor *or* **better** [ˈbɛtər] *n* : apostador *m*, -dora *f*

between[1] [bɪˈtwiːn] *adv* 1 : en medio, por lo medio 2 in ~ : intermedio

between[2] *prep* : entre

bevel[1] [ˈbɛvəl] *v* **-eled** *or* **-elled**; **-eling** *or* **-elling** *vt* : biselar — *vi* INCLINE : inclinarse

bevel[2] *n* : bisel *m*

beverage [ˈbɛvrɪdʒ, ˈbɛvə-] *n* : bebida *f*

bevy [ˈbɛvi] *n*, *pl* **bevies** : grupo *m* (de personas), bandada *f* (de pájaros)

bewail [bɪˈweɪl] *vt* : lamentarse de, llorar

beware [bɪˈwær] *vi* to beware of : tener cuidado con ⟨beware of the dog! : ¡cuidado con el perro!⟩ — *vt* : guardarse de, cuidarse de

bewilder [bɪˈwɪldər] *vt* : desconcertar, dejar perplejo

bewilderment [bɪˈwɪldərmənt] *n* : desconcierto *m*, perplejidad *f*

bewitch [bɪˈwɪtʃ] *vt* 1 : hechizar, embrujar 2 CHARM : cautivar, encantar

bewitchment [bɪˈwɪtʃmənt] *n* : hechizo *m*

beyond[1] [bɪˈjɑnd] *adv* 1 FARTHER, LATER : más allá, más lejos (en el espacio), más adelante (en el tiempo) 2 MORE : más ⟨$50 and beyond : $50 o más⟩

beyond[2] *n* the beyond : el más allá, lo desconocido

beyond[3] *prep* 1 : más allá de ⟨beyond the frontier : más allá de la frontera⟩ 2 : fuera de ⟨beyond one's reach : fuera de su alcance⟩ 3 BESIDES : además de

biannual [ˌbaɪˈænjuəl] *adj* : bianual — **biannually** *adv*

bias[1] [ˈbaɪəs] *vt* **-ased** *or* **-assed**; **-asing** *or* **-assing** 1 : predisponer, sesgar, influir en, afectar 2 to be biased against : tener prejuicio contra

bias[2] *n* 1 : sesgo *m*, bies *m* (en la costura) 2 PREJUDICE : prejuicio *m* 3 TENDENCY : inclinación *f*, tendencia *f*

biased [ˈbaɪəst] *adj* : tendencioso, parcial

bib [ˈbɪb] *n* 1 : peto *m* 2 : babero *m* (para niños)

Bible [ˈbaɪbəl] *n* : Biblia *f*

biblical [ˈbɪblɪkəl] *adj* : bíblico

bibliographer [ˌbɪbliˈɑgrəfər] n : bibliógrafo m, -fa f

bibliographic [ˌbɪbliəˈgræfɪk] adj : bibliográfico

bibliography [ˌbɪbliˈɑgrəfi] n, pl **-phies** : bibliografía f

bicameral [ˌbaɪˈkæmərəl] adj : bicameral

bicarbonate [ˌbaɪˈkɑrbənət, -ˌneɪt] n : bicarbonato m

bicentennial [ˌbaɪsɛnˈtɛniəl] n : bicentenario m

biceps [ˈbaɪˌsɛps] ns & pl : bíceps m

bicker¹ [ˈbɪkər] vi : pelear, discutir, reñir

bicker² n : pelea f, riña f, discusión f

bicuspid [baɪˈkʌspɪd] n : premolar m, diente m bicúspide

bicycle¹ [ˈbaɪsɪkəl, -ˌsɪ-] vi **-cled; -cling** : ir en bicicleta

bicycle² n : bicicleta f

bicycling [ˈbaɪsɪkəlɪŋ] n : ciclismo m

bicyclist [ˈbaɪsɪkəlɪst] n : ciclista mf

bid¹ [ˈbɪd] vt **bade** [ˈbæd, ˈbeɪd] or **bid; bidden** [ˈbɪdən] or **bid; bidding 1** ORDER : pedir, mandar **2** INVITE : invitar **3** SAY : dar, decir ⟨to bid good evening : dar las buenas noches⟩ ⟨to bid farewell to : decir adiós⟩ **4** : ofrecer (en una subasta), declarar (en juegos de cartas)

bid² n **1** OFFER : oferta f (en una subasta), declaración f (en juegos de cartas) **2** INVITATION : invitación f **3** ATTEMPT : intento m, tentativa f

bidder [ˈbɪdər] n : postor m, -tora f

bide [ˈbaɪd] v **bode** [ˈboːd] or **bided; bided; biding 1** : esperar, aguardar ⟨to bide one's time : esperar el momento oportuno⟩ — vi DWELL : morar, vivir

biennial [baɪˈɛniəl] adj : bienal — **biennially** adv

bier [ˈbɪr] n **1** STAND : andas fpl **2** COFFIN : ataúd m, féretro m

bifocals [ˈbaɪˌfoːkəlz] npl : lentes mpl bifocales, bifocales mpl

big [ˈbɪg] adj **bigger; biggest 1** LARGE : grande **2** PREGNANT : embarazada **3** IMPORTANT, MAJOR : importante, grande ⟨a big decision : una gran decisión⟩ **4** POPULAR : popular, famoso, conocido

bigamist [ˈbɪgəmɪst] n : bígamo m, -ma f

bigamous [ˈbɪgəməs] adj : bígamo

bigamy [ˈbɪgəmi] n : bigamia f

Big Dipper → **dipper**

bighorn [ˈbɪgˌhɔrn] n, pl **-horn** or **-horns** or **bighorn sheep** : oveja f salvaje de las montañas

bight [ˈbaɪt] n : bahía f, ensenada f, golfo m

bigot [ˈbɪgət] n : intolerante mf

bigoted [ˈbɪgətəd] adj : intolerante, prejuiciado, fanático

bigotry [ˈbɪgətri] n, pl **-tries** : intolerancia f

big shot n : pez m gordo fam, mandamás mf

bigwig [ˈbɪgˌwɪg] → **big shot**

bike [ˈbaɪk] n **1** : bicicleta f, bici f fam **2** : motocicleta f, moto f

bikini [bəˈkiːni] n : bikini m

bilateral [baɪˈlætərəl] adj : bilateral — **bilaterally** adv

bile [ˈbaɪl] n **1** : bilis f **2** IRRITABILITY : mal genio m

bilingual [baɪˈlɪŋgwəl] adj : bilingüe

bilious [ˈbɪliəs] adj **1** : bilioso **2** IRRITABLE : bilioso, colérico

bilk [ˈbɪlk] vt : burlar, estafar, defraudar

bill¹ [ˈbɪl] vt : pasarle la cuenta a — vi : acariciar ⟨to bill and coo : acariciarse⟩

bill² n **1** LAW : proyecto m de ley, ley f **2** INVOICE : cuenta f, factura f **3** POSTER : cartel m **4** PROGRAM : programa m (del teatro) **5** : billete m ⟨a five-dollar bill : un billete de cinco dólares⟩ **6** BEAK : pico m

billboard [ˈbɪlˌbɔrd] n : cartelera f

billet¹ [ˈbɪlət] vt : acuartelar, alojar

billet² n : alojamiento m

billfold [ˈbɪlˌfoːld] n : billetera f, cartera f

billiards [ˈbɪljərdz] n : billar m

billion [ˈbɪljən] n, pl **billions** or **billion** : mil millones m

billow¹ [ˈbɪlo] vi : hincharse, inflarse

billow² n **1** WAVE : ola f **2** CLOUD : nube f ⟨a billow of smoke : un nube de humo⟩

billowy [ˈbɪlowi] adj : ondulante

billy goat [ˈbɪliˌgoːt] n : macho m cabrío

bin [ˈbɪn] n : cubo m, cajón m

binary [ˈbaɪnəri, -ˌneri] adj : binario m

bind [ˈbaɪnd] vt **bound** [ˈbaʊnd]; **binding 1** TIE : atar, amarrar **2** OBLIGATE : obligar **3** UNITE : aglutinar, ligar, unir **4** BANDAGE : vendar **5** : encuadernar (un libro)

binder [ˈbaɪndər] n **1** FOLDER : carpeta f **2** : encuadernador m, -dora f (de libros)

binding [ˈbaɪndɪŋ] n **1** : encuadernación f (de libros) **2** COVER : cubierta f, forro m

binge [ˈbɪndʒ] n : juerga f, parranda f fam

bingo [ˈbɪŋˌgoː] n, pl **-gos** : bingo m

binocular [baɪˈnɑkjələr, bə-] adj : binocular

binoculars [bəˈnɑkjələrz, baɪ-] npl : binoculares mpl

biochemical¹ [ˌbaɪoˈkɛmɪkəl] adj : bioquímico

biochemical² n : bioquímico m

biochemist [ˌbaɪoˈkɛmɪst] n : bioquímico m, -ca f

biochemistry [ˌbaɪoˈkɛmɪstri] n : bioquímica f

biodegradable [ˌbaɪodɪˈgreɪdəbəl] adj : biodegradable

biodegradation [ˌbaɪodɛgrəˈdeɪʃən] n : biodegradación f

biodegrade [ˌbaɪodɪˈgreɪd] vi **-graded; -grading** : biodegradarse

biodiversity [ˌbaɪodəˈvərsəti, -daɪ-] *n*, *pl* **-ties** : bioversidad *f*

biographer [baɪˈagrəfər] *n* : biógrafo *m*, -fa *f*

biographical [ˌbaɪəˈgræfɪkəl] *adj* : biográfico

biography [baɪˈagrəfi, bi:-] *n*, *pl* **-phies** : biografía *f*

biologic [ˌbaɪəˈlaʤɪk] *or* **biological** [-ʤɪkəl] *adj* : biológico

biologist [baɪˈaləʤɪst] *n* : biólogo *m*, -ga *f*

biology [baɪˈaləʤi] *n* : biología *f*

biophysical [ˌbaɪoˈfɪzɪkəl] *adj* : biofísico

biophysicist [ˌbaɪoˈfɪzəsɪst] *n* : biofísico *m*, -ca *f*

biophysics [ˌbaɪoˈfɪzɪks] *ns* & *pl* : biofísica *f*

biopsy [ˈbaɪˌapsi] *n*, *pl* **-sies** : biopsia *f*

biosphere [ˈbaɪəˌsfɪr] *n* : biosfera *f*, biósfera *f*

biotechnology [ˌbaɪotɛkˈnaləʤi] *n* : biotecnología *f*

biotic [baɪˈatɪk] *adj* : biótico

bipartisan [baɪˈpartəzən, -sən] *adj* : bipartidista, de dos partidos

biped [ˈbaɪˌpɛd] *n* : bípedo *m*

birch [ˈbərʧ] *n* : abedul *m*

bird [ˈbərd] *n* : pájaro *m* (pequeño), ave *f* (grande)

birdbath [ˈbərd,bæθ, -ˌbaθ] *n* : pila *f* para pájaros

bird dog *n* : perro *m*, -rra *f* de caza

bird of prey *n* : ave *f* rapaz, ave *f* de presa

birdseed [ˈbərd,si:d] *n* : alpiste *m*

bird's-eye [ˈbərdzˌaɪ] *adj* 1 : visto desde arriba ⟨bird's-eye view : vista aérea⟩ 2 CURSORY : rápido, somero

birth [ˈbərθ] *n* 1 : nacimiento *m*, parto *m* 2 ORIGIN : origen *m*, nacimiento *m*

birthday [ˈbərθˌdeɪ] *n* : cumpleaños *m*, aniversario *m*

birthmark [ˈbərθˌmark] *n* : mancha *f* de nacimiento

birthplace [ˈbərθˌpleɪs] *n* : lugar *m* de nacimiento

birthrate [ˈbərθˌreɪt] *n* : índice *m* de natalidad

birthright [ˈbərθˌraɪt] *n* : derecho *m* de nacimiento

biscuit [ˈbɪskət] *n* : bizcocho *m*

bisect [ˈbaɪˌsɛkt, ˌbaɪˈ-] *vt* : bisecar

bisexual [ˌbaɪˈsɛkʃuəl] *adj* : bisexual

bishop [ˈbɪʃəp] *n* 1 : obispo *m* 2 : alfil *m* (en ajedrez)

bismuth [ˈbɪzməθ] *n* : bismuto *m*

bison [ˈbaɪsən, -zən] *ns* & *pl* : bisonte *m*

bistro [ˈbi:stro, ˈbɪs-] *n*, *pl* **-tros** : bar *m*, restaurante *m* pequeño

bit [ˈbɪt] *n* 1 FRAGMENT, PIECE : pedazo *m*, trozo *m* ⟨a bit of luck : un poco de suerte⟩ 2 : freno *m*, bocado *m* (de una brida) 3 : broca *f* (de un taladro) 4 : bit *m* (de información)

bitch¹ [ˈbɪʧ] *vi* COMPLAIN : quejarse, reclamar

bitch² *n* : perra *f*

bite¹ [ˈbaɪt] *v* **bit** [ˈbɪt]; **bitten** [ˈbɪtən]; **biting** *vt* 1 : morder 2 STING : picar 3 PUNCTURE : punzar, pinchar 4 GRIP : agarrar — *vi* 1 : morder ⟨that dog bites : ese perro muerde⟩ 2 STING : picar (dícese de un insecto), cortar (dícese del viento) 3 : picar ⟨the fish are biting now : ya están picando los peces⟩ 4 GRAB : agarrarse

bite² *n* 1 BITING : mordisco *m*, dentellada *f* 2 SNACK : bocado *m* ⟨a bite to eat : algo de comer⟩ 3 : picadura *f* (de un insecto), mordedura *f* (de un animal) 4 SHARPNESS : mordacidad *f*, penetración *f*

biting *adj* 1 PENETRATING : cortante, penetrante 2 CAUSTIC : mordaz, sarcástico

bitter [ˈbɪtər] *adj* 1 ACRID : amargo, acre 2 PENETRATING : cortante, penetrante ⟨bitter cold : frío glacial⟩ 3 HARSH : duro, amargo ⟨to the bitter end : hasta el final⟩ 4 INTENSE, RELENTLESS : intenso, extremo, implacable ⟨bitter hatred : odio implacable⟩

bitterly [ˈbɪtərli] *adv* : amargamente

bitterness [ˈbɪtərnəs] *n* : amargura *f*

bittersweet [ˈbɪtərˌswiːt] *adj* : agridulce

bivalve [ˈbaɪˌvælv] *n* : bivalvo *m* — **bivalve** *adj*

bivouac¹ [ˈbɪvəˌwæk, ˈbɪvˌwæk] *vi* **-ouacked; -ouacking** : acampar, vivaquear

bivouac² *n* : vivaque *m*

bizarre [bəˈzar] *adj* : extraño, singular, estrafalario, estrambótico — **bizarrely** *adv*

blab [ˈblæb] *vi* **blabbed; blabbing** : parlotear *fam*, cotorrear *fam*

black¹ [ˈblæk] *vt* : ennegrecer

black² *adj* 1 : negro (color, raza) 2 SOILED : sucio 3 DARK : oscuro, negro 4 WICKED : malvado, perverso, malo 5 GLOOMY : negro, sombrío, deprimente

black³ *n* 1 : negro *m* (color) 2 : negro *m*, -gra *f* (persona)

black-and-blue [ˌblækənˈbluː] *adj* : amoratado

blackball [ˈblækˌbɔl] *vt* 1 OSTRACIZE : hacerle el vacío a, aislar 2 BOYCOTT : boicotear

blackberry [ˈblækˌbɛri] *n*, *pl* **-ries** : mora *f*

blackbird [ˈblækˌbərd] *n* : mirlo *m*

blackboard [ˈblækˌbɔrd] *n* : pizarra *f*, pizarrón *m*

blacken [ˈblækən] *vt* 1 BLACK : ennegrecer 2 DEFAME : deshonrar, difamar, manchar

blackhead [ˈblækˌhɛd] *n* : espinilla *f*, punto *m* negro

black hole *n* : agujero *m* negro

blackjack [ˈblækˌʤæk] *n* 1 : cachiporra *f* (arma) 2 : veintiuna *f* (juego de cartas)

blacklist¹ [ˈblækˌlɪst] *vt* : poner en la lista negra

blacklist² *n* : lista *f* negra
blackmail¹ ['blæk‚meɪl] *vt* : chantajear, hacer chantaje a
blackmail² *n* : chantaje *m*
blackmailer ['blæk‚meɪlər] *n* : chantajista *mf*
blackout ['blæk‚aʊt] *n* **1** : apagón *m* (de poder eléctrico) **2** FAINT : desmayo *m*, desvanecimiento *m*
black out *vt* : dejar sin luz — *vi* FAINT : perder el conocimiento, desmayarse
blacksmith ['blæk‚smɪθ] *n* : herrero *m*
blacktop ['blæk‚tɑp] *n* : asfalto *m*
bladder ['blædər] *n* : vejiga *f*
blade ['bleɪd] *n* : hoja *f* (de un cuchillo), cuchilla *f* (de un patín), pala *f* (de un remo o una hélice), brizna *f* (de hierba)
blamable ['bleɪməbəl] *adj* : culpable
blame¹ ['bleɪm] *vt* **blamed; blaming** : culpar, echar la culpa a
blame² *n* : culpa *f*
blameless ['bleɪmləs] *adj* : intachable, sin culpa, inocente — **blamelessly** *adv*
blameworthiness ['bleɪm‚wərðinəs] *n* : culpa *f*, culpabilidad *f*
blameworthy ['bleɪm‚wərði] *adj* : culpable, reprochable, censurable
blanch ['blæntʃ] *vt* WHITEN : blanquear — *vi* PALE : palidecer
bland ['blænd] *adj* : soso, insulso, desabrido ⟨a bland smile : una sonrisa insulsa⟩ ⟨a bland diet : una dieta fácil de digerir⟩
blandishments ['blændɪʃmənts] *npl* : lisonjas *fpl*, halagos *mpl*
blandly ['blændli] *adv* : de manera insulsa
blandness ['blændnəs] *n* : lo insulso, lo desabrido
blank¹ ['blæŋk] *vt* OBLITERATE : borrar
blank² *adj* **1** DAZED : perplejo, desconcertado **2** EXPRESSIONLESS : sin expresión, inexpresivo **3** : en blanco (dícese de un papel), liso (dícese de una pared) **4** EMPTY : vacío, en blanco ⟨a blank stare : una mirada vacía⟩ ⟨his mind went blank : se quedó en blanco⟩
blank³ *n* **1** SPACE : espacio *m* en blanco **2** FORM : formulario *m* **3** CARTRIDGE : cartucho *m* de fogueo **4** or **blank key** : llave *f* ciega
blanket¹ ['blæŋkət] *vt* : cubrir
blanket² *adj* : global
blanket³ *n* : manta *f*, cobija *f*, frazada *f*
blankly ['blæŋkli] *adv* : sin comprender
blankness ['blæŋknəs] *n* **1** PERPLEXITY : desconcierto *m*, perplejidad *f* **2** EMPTINESS : vacío *m*, vacuidad *f*
blare¹ ['blær] *vi* **blared; blaring** : resonar
blare² *n* : estruendo *m*
blarney ['blɑrni] *n* : labia *f fam*
blasé [blɑ'zeɪ] *adj* : displicente, indiferente
blaspheme [blæs'fi:m, 'blæs‚-] *vi* **-phemed; -pheming** : blasfemar
blasphemer [blæs'fi:mər, 'blæs‚-] *n* : blásfemo *m*, -ma *f*

blasphemous ['blæsfəməs] *adj* : blasfemo
blasphemy ['blæsfəmi] *n, pl* **-mies** : blasfemia *f*
blast¹ ['blæst] *vt* **1** BLOW UP : volar, hacer volar **2** ATTACK : atacar, arremeter contra
blast² *n* **1** GUST : ráfaga *f* **2** EXPLOSION : explosión *f*
blast-off ['blæst‚ɔf] *n* : despegue *m*
blast off *vi* : despegar
blatant ['bleɪtənt] *adj* : descarado — **blatantly** ['bleɪtəntli] *adv*
blaze¹ ['bleɪz] *v* **blazed; blazing** *vi* SHINE : arder, brillar, resplandecer — *vt* MARK : marcar, señalar ⟨to blaze a trail : abrir un camino⟩
blaze² *n* **1** FIRE : fuego *m* **2** BRIGHTNESS : resplandor *m*, brillantez *f* **3** OUTBURST : arranque *m* ⟨a blaze of anger : un arranque de cólera⟩ **4** DISPLAY : alarde *m*, llamarada *f* ⟨a blaze of color : un derroche de color⟩
blazer ['bleɪzər] *n* : chaqueta *f* deportiva, blazer *m*
bleach¹ ['bli:tʃ] *vt* : blanquear, decolorar
bleach² *n* : lejía *f*, blanqueador *m*
bleachers ['bli:tʃərz] *ns & pl* : gradas *fpl*, tribuna *f* descubierta
bleak ['bli:k] *adj* **1** DESOLATE : inhóspito, sombrío, desolado **2** DEPRESSING : deprimente, triste, sombrío
bleakly ['bli:kli] *adv* : sombríamente
bleakness ['bli:knəs] *n* : lo inhóspito, lo sombrío
blear ['blɪr] *adj* : empañado, nublado
bleary ['blɪri] *adj* **1** : adormilado, fatigado **2** **bleary-eyed** : con los ojos nublados
bleat¹ ['bli:t] *vi* : balar
bleat² *n* : balido *m*
bleed ['bli:d] *v* **bled** ['blɛd]; **bleeding** *vi* **1** : sangrar **2** GRIEVE : sufrir, afligirse **3** EXUDE : exudar (dícese de una planta), correrse (dícese de los colores) — *vt* **1** : sangrar (a una persona), purgar (frenos) **2 to bleed someone dry** : sacarle todo el dinero a alguien
blemish¹ ['blɛmɪʃ] *vt* : manchar, marcar
blemish² *n* : imperfección *f*, mancha *f*, marca *f*
blend¹ ['blɛnd] *vt* **1** MIX : mezclar **2** COMBINE : combinar, aunar
blend² *n* : mezcla *f*, combinación *f*
blender ['blɛndər] *n* : licuadora *f*
bless ['blɛs] *vt* **blessed** ['blɛst]; **blessing 1** CONSECRATE : bendecir, consagrar **2** : bendecir ⟨may God bless you! : ¡que Dios te bendiga!⟩ **3 to bless with** : dotar de **4 to bless oneself** : santiguarse
blessed ['blɛsəd] *or* **blest** ['blɛst] *adj* : bienaventurado, bendito, dichoso
blessedly ['blɛsədli] *adv* : felizmente, alegremente, afortunadamente
blessing ['blɛsɪŋ] *n* **1** : bendición *f* **2** APPROVAL : aprobación *f*, consentimiento *m*

blew → blow

blight¹ [ˈblaɪt] vt : arruinar, infestar

blight² n 1 : añublo m 2 PLAGUE : peste f, plaga f 3 DECAY : deterioro m, ruina f

blimp [ˈblɪmp] n : dirigible m

blind¹ [ˈblaɪnd] vt 1 : cegar, dejar ciego 2 DAZZLE : deslumbrar

blind² adj 1 SIGHTLESS : ciego 2 INSENSITIVE : ciego, insensible, sin razón 3 CLOSED : sin salida ⟨blind alley : callejón sin salida⟩

blind³ n 1 : persiana f (para una ventana) 2 COVER : escondite m, escondrijo m

blinders [ˈblaɪndərz] npl : anteojeras fpl

blindfold¹ [ˈblaɪndˌfoːld] vt : vendar los ojos

blindfold² n : venda f (para los ojos)

blinding [ˈblaɪndɪŋ] adj : enceguecedor, cegador ⟨with blinding speed : con una rapidez inusitada⟩

blindly [ˈblaɪndli] adv : a ciegas, ciegamente

blindness [ˈblaɪndnəs] n : ceguera f

blink¹ [ˈblɪŋk] vi 1 WINK : pestañear, parpadear 2 : brillar intermitentemente

blink² n : pestañeo m, parpadeo m

blinker [ˈblɪŋkər] n : intermitente m, direccional f

bliss [ˈblɪs] n 1 HAPPINESS : dicha f, felicidad f absoluta 2 PARADISE : paraíso m

blissful [ˈblɪsfəl] adj : dichoso, feliz — **blissfully** adv

blister¹ [ˈblɪstər] vi : ampollarse

blister² n : ampolla f (en la piel o una superficie), burbuja f (en una superficie)

blithe [ˈblaɪθ, ˈblaɪð] adj blithest 1 CAREFREE : despreocupado 2 CHEERFUL : alegre, risueño — **blithely** adv

blitz¹ [ˈblɪts] vt 1 BOMBARD : bombardear 2 : atacar con rapidez

blitz² n 1 : bombardeo m aéreo 2 CAMPAIGN : ataque m, acometida f

blizzard [ˈblɪzərd] n : tormenta f de nieve, ventisca f

bloat [ˈbloːt] vi : hincharse, inflarse

blob [ˈblɑb] n : gota f, mancha f, borrón m

bloc [ˈblɑk] n : bloque m

block¹ [ˈblɑk] vt 1 OBSTRUCT : obstruir, bloquear 2 CLOG : atascar, atorar

block² n 1 PIECE : bloque m ⟨building blocks : cubos de construcción⟩ ⟨auction block : plataforma de subastas⟩ ⟨starting block : taco de salida⟩ 2 OBSTRUCTION : obstrucción f, bloqueo m 3 : cuadra f, manzana f (de edificios) ⟨to go around the block : dar la vuelta a la cuadra⟩ 4 BUILDING : edificio m (de apartamentos, oficinas, etc.) 5 GROUP, SERIES : serie f, grupo m ⟨a block of tickets : una serie de entradas⟩ 6 block and tackle : aparejo m de poleas

blockade¹ [blɑˈkeɪd] vt -aded; -ading : bloquear

blockade² n : bloqueo m

blockage [ˈblɑkɪʤ] n : bloqueo m, obstrucción f

blockhead [ˈblɑkˌhɛd] n : bruto m, -ta f; estúpido m, -da f

blond¹ or **blonde** [ˈblɑnd] adj : rubio, güero Mex, claro (dícese de la madera)

blond² or **blonde** n : rubio m, -bia f; güero m, -ra f Mex

blood [ˈblʌd] n 1 : sangre f 2 LIFEBLOOD : vida f, alma f 3 LINEAGE : linaje m, sangre f

blood bank n : banco m de sangre

bloodcurdling [ˈblʌdˌkərdəlɪŋ] adj : espeluznante, aterrador

blooded [ˈblʌdəd] adj : de sangre ⟨cold-blooded animal : animal de sangre fría⟩

bloodhound [ˈblʌdˌhaʊnd] n : sabueso m

bloodless [ˈblʌdləs] adj 1 : incruento, sin derramamiento de sangre 2 LIFELESS : desanimado, insípido, sin vida

bloodmobile [ˈblʌdmoˌbiːl] n : unidad f móvil para donantes de sangre

blood pressure n : tensión f, presión f (arterial)

bloodshed [ˈblʌdˌʃɛd] n : derramamiento m de sangre

bloodshot [ˈblʌdˌʃɑt] adj : inyectado de sangre

bloodstain [ˈblʌdˌsteɪn] n : mancha f de sangre

bloodstained [ˈblʌdˌsteɪnd] adj : manchado de sangre

bloodstream [ˈblʌdˌstriːm] n : torrente m sanguíneo, corriente f sanguínea

bloodsucker [ˈblʌdˌsʌkər] n : sanguijuela f

bloodthirsty [ˈblʌdˌθərsti] adj : sanguinario

blood vessel n : vaso m sanguíneo

bloody [ˈblʌdi] adj bloodier; -est : sangrentado, sangriento

bloom¹ [ˈbluːm] vi 1 FLOWER : florecer 2 MATURE : madurar

bloom² n 1 FLOWER : flor f ⟨to be in bloom : estar en flor⟩ 2 FLOWERING : floración f ⟨in full bloom : en plena floración⟩ 3 : rubor m (de la tez) ⟨in the bloom of youth : en plena juventud, en la flor de la vida⟩

bloomers [ˈbluːmərz] npl : bombachos mpl

blooper [ˈbluːpər] n : metedura f de pata fam

blossom¹ [ˈblɑsəm] vi : florecer, dar flor

blossom² n : flor f

blot¹ [ˈblɑt] vt blotted; blotting 1 SPOT : emborronar, borronear 2 DRY : secar

blot² n 1 STAIN : mancha f, borrón m 2 BLEMISH : mancha f, tacha f

blotch¹ [ˈblɑʧ] vt : emborronar, borronear

blotch² n : mancha f, borrón m

blotchy [ˈblɑʧi] adj blotchier; -est : lleno de manchas

blotter ['blɑt̬ər] *n* : hoja *f* de papel secante, secante *m*

blouse ['blaʊs, 'blaʊz] *n* : blusa *f*

blow¹ ['blo:] *v* **blew** ['blu:]; **blown** ['blo:n]; **blowing** *vi* **1** : soplar, volar ⟨the wind is blowing hard : el viento está soplando con fuerza⟩ ⟨it blew out the door : voló por la puerta⟩ ⟨the window blew shut : se cerró la ventana⟩ **2** SOUND : sonar ⟨the whistle blew : sonó el silbato⟩ **3 to blow out** : fundirse (dícese de un fusible eléctrico), reventarse (dícese de una llanta) **4 to blow off** : dejar plantado a (alguien), flatar a (una cita, etc.) — *vt* **1** : soplar, echar ⟨to blow smoke : echar humo⟩ **2** SOUND : tocar, sonar **3** SHAPE : soplar, dar forma a ⟨to blow glass : soplar vidrio⟩ **4** BUNGLE : echar a perder

blow² *n* **1** PUFF : soplo *m*, soplido *m* **2** GALE : vendaval *f* **3** HIT, STROKE : golpe *m* **4** CALAMITY : golpe *m*, desastre *m* **5 to come to blows** : llegar a las manos

blower ['blo:ər] *n* FAN : ventilador *m*

blowout ['blo:,aʊt] *n* : reventón *m*

blowtorch ['blo:,tɔrtʃ] *n* : soplete *m*

blow up *vi* EXPLODE : estallar, hacer explosión — *vt* BLAST : volar, hacer volar

blubber¹ ['blʌbər] *vi* : lloriquear

blubber² *n* : esperma *f* de ballena

bludgeon ['blʌdʒən] *vt* : aporrear

blue¹ ['blu:] *adj* **bluer; bluest 1** : azul **2** MELANCHOLY : melancólico, triste

blue² *n* : azul *m*

blueberry ['blu:,bɛri] *n, pl* **-ries** : arándano *m*

bluebird ['blu:,bərd] *n* : azulejo *m*

blue cheese *n* : queso *m* azul

blueprint ['blu:,prɪnt] *n* **1** : plano *m*, proyecto *m*, cianotipo *m* **2** PLAN : anteproyecto *m*, programa *m*

blues ['blu:z] *npl* **1** DEPRESSION : depresión *f*, melancolía *f* **2** : blues *m* ⟨to sing the blues : cantar blues⟩

bluff¹ ['blʌf] *vi* : hacer un farol, blofear *Col, Mex*

bluff² *adj* **1** STEEP : escarpado **2** FRANK : campechano, franco, directo

bluff³ *n* **1** : farol *m*, blof *m* *Col, Mex* **2** CLIFF : acantilado *m*, risco *m*

bluing *or* **blueing** ['blu:ɪŋ] *n* : añil *m*, azulete *m*

bluish ['blu:ɪʃ] *adj* : azulado

blunder¹ ['blʌndər] *vi* **1** STUMBLE : tropezar, dar traspiés **2** ERR : cometer un error, tropezar, meter la pata *fam*

blunder² *n* : error *m*, fallo *m* garrafal, metedura *f* de pata *fam*

blunderbuss ['blʌndər,bʌs] *n* : trabuco *m*

blunt¹ ['blʌnt] *vt* : despuntar (aguja o lápiz), desafilar (cuchillo o tijeras), suavizar (crítica)

blunt² *adj* **1** DULL : desafilado, despuntado **2** DIRECT : directo, franco, categórico

bluntly ['blʌntli] *adv* : sin rodeos, francamente, bruscamente

bluntness ['blʌntnəs] *n* **1** DULLNESS : falta *f* de filo, embotadura *f* **2** FRANKNESS : franqueza *f*

blur¹ ['blər] *vt* **blurred; blurring** : desdibujar, hacer borroso

blur² *n* SMEAR : mancha *f*, borrón *m* **2** : aspecto *m* borroso ⟨everything was just a blur : todo se volvió borroso⟩

blurb ['blərb] *n* : propaganda *f*, nota *f* publicitaria

blurry ['bləri] *adj* : borroso

blurt ['blərt] *vt* : espetar, decir impulsivamente

blush¹ ['blʌʃ] *vi* : ruborizarse, sonrojarse, hacerse colorado

blush² *n* : rubor *m*, sonrojo *m*

bluster¹ ['blʌstər] *vi* **1** BLOW : soplar con fuerza **2** BOAST : fanfarronear, echar bravatas

bluster² *n* : fanfarronada *f*, bravatas *fpl*

blustery ['blʌstəri] *adj* : borrascoso, tempestuoso

boa ['bo:ə] *n* : boa *f*

boar ['bor] *n* : cerdo *m* macho, verraco *m*

board¹ ['bord] *vt* **1** : embarcarse en, subir a bordo de (una nave o un avión), subir a (un tren o carro) **2** LODGE : hospedar, dar hospedaje con comidas a **3 to board up** : cerrar con tablas

board² *n* **1** PLANK : tabla *f*, tablón *m* **2** : tablero *m* ⟨chessboard : tablero de ajedrez⟩ **3** MEALS : comida *f* ⟨board and lodging : comida y alojamiento⟩ **4** COMMITTEE, COUNCIL : junta *f*, consejo *m*

boarder ['bordər] *n* LODGER : huésped *m*, -peda *f*

boardinghouse ['bordɪŋ,haʊs] *n* : casa *f* de huéspedes

boarding school *n* : internado *m*

boardwalk ['bord,wɔk] *n* : paseo *m* marítimo

boast¹ ['bo:st] *vi* : alardear, presumir, jactarse

boast² *n* : jactancia *f*, alarde *m*

boaster ['bo:stər] *n* : presumido *m*, -da *f*; fanfarrón *m*, -rrona *f fam*

boastful ['bo:stfəl] *adj* : jactancioso, fanfarrón *fam*

boastfully ['bo:stfəli] *adv* : de manera jactanciosa

boat¹ ['bo:t] *vt* : transportar en barco, poner a bordo

boat² *n* : barco *m*, embarcación *f*, bote *m*, barca *f*

boatman ['bo:tmən] *n, pl* **-men** [-mən, -,mɛn] : barquero *m*

boatswain ['bo:sən] *n* : contramaestre *m*

bob¹ ['bɑb] *v* **bobbed; bobbing** *vi* **1** : balancearse, mecerse ⟨to bob up and down : subir y bajar⟩ **2** *or* **to bob up** APPEAR : presentarse, surgir — *vt* **1** : inclinar (la cabeza o el cuerpo) **2** CUT : cortar, recortar ⟨she bobbed her hair : se cortó el pelo⟩

bob[2] *n* **1** : inclinación *f* (de la cabeza, del cuerpo), sacudida *f* **2** FLOAT : flotador *m* (de pesca) **3** : pelo *m* corto

bobbin ['babən] *n* : bobina *f*, carrete *m*

bobby pin ['babi,pɪn] *n* : horquilla *f*

bobcat ['bab,kæt] *n* : lince *m* rojo

bobolink ['babə,lɪŋk] *n* : tordo *m* arrocero

bobsled ['bab,slɛd] *n* : bobsleigh *m*

bobwhite ['bab'hwaɪt] *n* : codorniz *f* (del Nuevo Mundo)

bode[1] ['boːd] *v* **boded; boding** *vt* : presagiar, augurar — *vi* **to bode well** : ser de buen agüero

bode[2] → **bide**

bodice ['badəs] *n* : corpiño *m*

bodied ['badid] *adj* : de cuerpo ⟨leanbodied : de cuerpo delgado⟩ ⟨ablebodied : no discapacitado⟩

bodiless ['badiləs, 'badələs] *adj* : incorpóreo

bodily[1] ['badəli] *adv* : en peso ⟨to lift someone bodily : levantar a alguien en peso⟩

bodily[2] *adj* : corporal, del cuerpo ⟨bodily harm : daños corporales⟩

body ['badi] *n*, *pl* **bodies 1** : cuerpo *m*, organismo *m* **2** CORPSE : cadáver *m* **3** PERSON : persona *f*, ser *m* humano **4** : nave *f* (de una iglesia), carrocería (de un automóvil), fuselaje *m* (de un avión), casco *m* (de una nave) **5** COLLECTION, MASS : conjunto *m*, grupo *m*, masa *f* ⟨in a body : todos juntos, en masa⟩ **6** ORGANIZATION : organismo *m*, organización *f*

bodyguard ['badi,gard] *n* : guardaespaldas *mf*

bog[1] ['bag, 'bɔg] *vt* **bogged; bogging** : empantanar, inundar ⟨to get bogged down : empantanarse⟩

bog[2] *n* : lodazal *m*, ciénaga *f*, cenagal *m*

bogey ['bʊgi, 'boː-] *n*, *pl* **-geys** : terror *m*, coco *m fam*

boggle ['bagəl] *vi* **-gled; -gling** : quedarse atónito, quedarse pasmado ⟨the mind boggles! : ¡es increíble!⟩

boggy ['bagi, 'bɔ-] *adj* **boggier; -est** : cenagoso

bogus ['boːgəs] *adj* : falso, fingido, falaz

bohemian [boː'hiːmiən] *n* : bohemio *m*, -mia *f* — **bohemian** *adj*

boil[1] ['bɔɪl] *vi* **1** : hervir **2 to make one's blood boil** : hervirle la sangre a uno — *vt* **1** : hervir, hacer hervir ⟨to boil water : hervir agua⟩ **2** : cocer, hervir ⟨to boil potatoes : cocer papas⟩

boil[2] *n* **1** BOILING : hervor *m* **2** : furúnculo *m*, divieso *m* (en medicina)

boiler ['bɔɪlər] *n* : caldera *f*

boisterous ['bɔɪstərəs] *adj* : bullicioso, escandaloso — **boisterously** *adv*

bold ['boːld] *adj* **1** COURAGEOUS : valiente **2** INSOLENT : insolente, descarado **3** DARING : atrevido, audaz — **boldly** *adv*

boldface ['boːld,feɪs] *or* **boldface type** *n* : negrita *f*

boldness ['boːldnəs] *n* **1** COURAGE : valor *m*, coraje *m* **2** INSOLENCE : atrevimiento *m*, insolencia *f*, descaro *m* **3** DARING : audacia *f*

bolero [bə'lɛroː] *n*, *pl* **-ros** : bolero *m*

Bolivian [bə'lɪviən] *n* : boliviano *m*, -na *f* — **Bolivian** *adj*

boll ['boːl] *n* : cápsula *f* (del algodón)

boll weevil *n* : gorgojo *m* del algodón

bologna [bə'loːni] *n* : salchicha *f* ahumada

bolster[1] ['boːlstər] *vt* **-stered; -stering** : reforzar, reafirmar ⟨to bolster morale : levantar la moral⟩

bolster[2] *n* : cabezal *m*, almohadón *m*

bolt[1] ['boːlt] *vt* **1** : atornillar, sujetar con pernos ⟨bolted to the floor : sujetado con pernos al suelo⟩ **2** : cerrar con pestillo, echar el cerrojo a ⟨to bolt the door : echar el cerrojo a la puerta⟩ **3 to bolt down** : engullir ⟨she bolted down her dinner : engulló su comida⟩ — *vi* : echar a correr, salir corriendo ⟨he bolted from the room : salió corriendo de la sala⟩

bolt[2] *n* **1** LATCH : pestillo *m*, cerrojo *m* **2** : tornillo *m*, perno *m* ⟨nuts and bolts : tuercas y tornillos⟩ **3** : rollo *m* ⟨a bolt of cloth : un rollo de tela⟩ **4 lightning bolt** : relámpago *m*, rayo *m*

bomb[1] ['bam] *vt* : bombardear

bomb[2] *n* : bomba *f*

bombard [bam'bard, bəm-] *vt* : bombardear

bombardier [,bambə'dɪr] *n* : bombardero *m*, -ra *f*

bombardment [bam'bardmənt] *n* : bombardeo *m*

bombast ['bam,bæst] *n* : grandilocuencia *f*, ampulosidad *f*

bombastic [bam'bæstɪk] *adj* : grandilocuente, ampuloso, bombástico

bomber ['bamər] *n* : bombardero *m*

bombproof ['bam,pruːf] *adj* : a prueba de bombas

bombshell ['bam,ʃɛl] *n* : bomba *f* ⟨a political bombshell : una bomba política⟩

bona fide ['boːnə,faɪd, 'ba-; ,ba-nə'faɪdi] *adj* **1** : de buena fe ⟨a bona fide offer : una oferta de buena fe⟩ **2** GENUINE : genuino, auténtico

bonanza [bə'nænzə] *n* : bonanza *f*

bonbon ['ban,ban] *n* : bombón *m*

bond[1] ['band] *vt* **1** INSURE : dar fianza a, asegurar **2** STICK : adherir, pegar — *vi* : adherirse, pegarse

bond[2] *n* **1** LINK, TIE : vínculo *m*, lazo *m* **2** BAIL : fianza *f*, caución *f* **3** : bono *m* ⟨stocks and bonds : acciones y bonos⟩ **4 bonds** *npl* FETTERS : cadenas *fpl*

bondage ['bandɪdʒ] *n* : esclavitud *f*

bondholder ['band,hoːldər] *n* : tenedor *m*, -dora *f* de bonos

bondsman ['bandzmən] *n*, *pl* **-men** [-mən, -,mɛn] **1** SLAVE : esclavo *m* **2** SURETY : fiador *m*, -dora *f*

bone[1] ['boːn] *vt* **boned; boning** : deshuesar

bone² *n* : hueso *m*

boneless [ˈboːnləs] *adj* : sin huesos, sin espinas

boner [ˈboːnər] *n* : metedura *f* de pata, metida *f* de pata

bonfire [ˈbɑnˌfaɪr] *n* : hoguera *f*, fogata *f*, fogón *m*

bonito [bəˈniːto] *n, pl* **-tos** *or* **-to** : bonito *m*

bonnet [ˈbɑnət] *n* : sombrero *m* (de mujer), gorra *f* (de niño)

bonus [ˈboːnəs] *n* **1** : prima *f*, bonificación *f* (pagado al empleado) **2** ADVANTAGE, BENEFIT : beneficio *m*, provecho *m*

bony [ˈboːni] *adj* **bonier; -est** : huesudo

boo¹ [ˈbuː] *vt* : abuchear

boo² *n, pl* **boos** : abucheo *m*

booby [ˈbuːbi] *n, pl* **-bies** : bobo *m*, -ba *f*; tonto *m*, -ta *f*

book¹ [ˈbʊk] *vt* : reservar ⟨to book a flight : reservar un vuelo⟩

book² *n* **1** : libro *m* **2 the Book** : la Biblia **3 by the book** : según las reglas

bookcase [ˈbʊkˌkeɪs] *n* : estantería *f*, librero *m* Mex

bookend [ˈbʊkˌɛnd] *n* : sujetalibros *m*

bookie [ˈbʊki] → **bookmaker**

bookish [ˈbʊkɪʃ] *adj* : libresco

bookkeeper [ˈbʊkˌkiːpər] *n* : tenedor *m*, -dora *f* de libros; contable *mf* Spain

bookkeeping [ˈbʊkˌkiːpɪŋ] *n* : contabilidad *f*, teneduría *f* de libros

booklet [ˈbʊklət] *n* : folleto *m*

bookmaker [ˈbʊkˌmeɪkər] *n* : corredor *m*, -dora *f* de apuestas

bookmark [ˈbʊkˌmɑrk] *n* : señalador *m* de libros, marcador *m* de libros

bookseller [ˈbʊkˌsɛlər] *n* : librero *m*, -ra *f*

bookshelf [ˈbʊkˌʃɛlf] *n, pl* **-shelves 1** : estante *m* **2 bookshelves** *npl* : estantería *f*

bookstore [ˈbʊkˌstor] *n* : librería *f*

bookworm [ˈbʊkˌwərm] *n* : ratón *m* de biblioteca *fam*

boom¹ [ˈbuːm] *vi* **1** THUNDER : tronar, resonar **2** FLOURISH, PROSPER : estar en auge, prosperar

boom² *n* **1** BOOMING : bramido *m*, estruendo *m* **2** FLOURISHING : auge *m* ⟨population boom : auge de población⟩

boomerang [ˈbuːməˌræŋ] *n* : bumerán *m*

boon¹ [ˈbuːn] *adj* **boon companion** : amigo *m*, -ga *f* del alma

boon² *n* : ayuda *f*, beneficio *m*, adelanto *m*

boondocks [ˈbuːnˌdɑks] *npl* : área *f* rural remota, región *f* alejada

boor [ˈbʊr] *n* : grosero *m*, -ra *f*

boorish [ˈbʊrɪʃ] *adj* : grosero

boost¹ [ˈbuːst] *vt* **1** LIFT : levantar, alzar **2** INCREASE : aumentar, incrementar **3** PROMOTE : promover, fomentar, hacer publicidad por

boost² *n* **1** THRUST : impulso *m*, empujón *m* **2** ENCOURAGEMENT : estímulo *m*, aliento *m* **3** INCREASE : aumento *m*, incremento *m*

booster [ˈbuːstər] *n* **1** SUPPORTER : partidario *m*, -ria *f* **2 booster rocket** : cohete *m* propulsor **3 booster shot** : vacuna *f* de refuerzo

boot¹ [ˈbuːt] *vt* KICK : dar una patada a, patear

boot² *n* **1** : bota *f*, botín *m* **2** KICK : puntapié *m*, patada *f*

bootee *or* **bootie** [ˈbuːti] *n* : botita *f*, botín *m*

booth [ˈbuːθ] *n, pl* **booths** [ˈbuːðz, ˈbuːθs] : cabina *f* (de teléfono, de votar), caseta *f* (de información), barraca *f* (a una feria)

bootlegger [ˈbuːtˌlɛɡər] *n* : contrabandista *mf* del alcohol

booty [ˈbuːti] *n, pl* **-ties** : botín *m*

booze [ˈbuːz] *n fam* : alcohol *m*

borax [ˈborˌæks] *n* : bórax *m*

border¹ [ˈbordər] *vt* **1** EDGE : ribetear, bordear **2** BOUND : limitar con, lindar con — *vi* VERGE : rayar, lindar ⟨that borders on absurdity : eso raya en lo absurdo⟩

border² *n* **1** EDGE : borde *m*, orilla *f* **2** TRIM : ribete *m* **3** FRONTIER : frontera *f*

bore¹ [ˈbor] *vt* **bored; boring 1** PIERCE : taladrar, perforar ⟨to bore metals : taladrar metales⟩ **2** OPEN : hacer, abrir ⟨to bore a tunnel : abrir un túnel⟩ **3** WEARY : aburrir

bore² → **bear¹**

bore³ *n* **1** : pesado *m*, -da *f* (persona aburrida) **2** TEDIOUSNESS : pesadez *f*, lo aburrido **3** DIAMETER : calibre *m*

boredom [ˈbordəm] *n* : aburrimiento *m*

boring [ˈborɪŋ] *adj* : aburrido, pesado

born [ˈborn] *adj* **1** : nacido **2** : nato ⟨she's a born singer : es una cantante nata⟩ ⟨he's a born leader : nació para mandar⟩

borne *pp* → **bear¹**

boron [ˈborˌɑn] *n* : boro *m*

borough [ˈbəro] *n* : distrito *m* municipal

borrow [ˈbɑro] *vt* **1** : pedir prestado, tomar prestado **2** APPROPRIATE : apropiarse de, adoptar

borrower [ˈbɑrəwər] *n* : prestatario *m*, -ria *f*

Bosnian [ˈbɑzniən, ˈbɑz-] *n* : bosnio *m*, -nia *f* — **Bosnian** *adj*

bosom¹ [ˈbʊzəm, ˈbuː-] *adj* : íntimo

bosom² *n* **1** CHEST : pecho *m* **2** BREAST : pecho *m*, seno *m* **3** CLOSENESS : seno *m* ⟨in the bosom of her family : en el seno de su familia⟩

bosomed [ˈbʊzəmd, ˈbuː-] *adj* : con busto ⟨big-bosomed : con mucho busto⟩

boss¹ [ˈbɑs] *vt* **1** SUPERVISE : dirigir, supervisar **2 to boss around** : mandonear *fam*, mangonear *fam*

boss² *n* : jefe *m*, -fa *f*; patrón *m*, -trona *f*

bossy [ˈbɑsi] *adj* **bossier; -est** : mandón *fam*, autoritario, dominante

botanist ['bɑtənɪst] *n* : botánico *m*, -ca *f*

botany ['bɑtəni] *n* : botánica *f* — **botanical** [bə'tænɪkəl] *adj*

botch[1] ['bɑtʃ] *vt* : hacer una chapuza de, estropear

botch[2] *n* : chapuza *f*

both[1] ['bo:θ] *adj* : ambos, los dos, las dos ⟨both books : ambos libros, los dos libros⟩

both[2] *conj* : tanto como ⟨both Ann and her mother are tall : tanto Ana como su madre son altas⟩

both[3] *pron* : ambos *m*, -bas *f*; los dos, las dos

bother[1] ['bɑðər] *vt* 1 IRK : preocupar ⟨nothing's bothering me : nada me preocupa⟩ ⟨what's bothering him? : ¿qué le pasa?⟩ 2 PESTER : molestar, fastidiar — *vi* **to bother to** : molestarse en, tomar la molestia de

bother[2] *n* 1 TROUBLE : molestia *f*, problemas *mpl* 2 ANNOYANCE : molestia *f*, fastidio *m*

bothersome ['bɑðərsəm] *adj* : molesto, fastidioso

bottle[1] ['bɑtəl] *vt* **bottled; bottling** : embotellar, envasar

bottle[2] *n* : botella *f*, frasco *m*

bottleneck ['bɑtəl,nɛk] *n* 1 : cuello *m* de botella (en un camino) 2 : embotellamiento *m*, atasco *m* (de tráfico) 3 OBSTACLE : obstáculo *m*

bottom[1] ['bɑtəm] *adj* : más bajo, inferior, de abajo

bottom[2] *n* 1 : fondo *m* (de una caja, de una taza, del mar), pie *m* (de una escalera, de una página, una montaña), asiento *m* (de una silla), parte *f* de abajo (de una pila), parte *f* de abajo (de una pila) 2 CAUSE : origen *m*, causa *f* ⟨to get to the bottom of : llegar al fondo de⟩ 3 BUTTOCKS : trasero *m*, nalgas *fpl*

bottomless ['bɑtəmləs] *adj* : sin fondo, sin límites

botulism ['bɑtʃə,lɪzəm] *n* : botulismo *m*

boudoir [bə'dwɑr, bu-; 'bu:,-, 'bu:-] *n* : tocador *m*

bough ['baʊ] *n* : rama *f*

bought → **buy**[1]

bouillon ['bu:,jɑn; 'bʊl,jɑn, -jən] *n* : caldo *m*

boulder ['bo:ldər] *n* : canto *m* rodado, roca *f* grande

boulevard ['bʊlə,vɑrd, 'bu:-] *n* : bulevar *m*, boulevard *m*

bounce[1] ['baʊnts] *v* **bounced; bouncing** *vt* : hacer rebotar — *vi* : rebotar

bounce[2] *n* : rebote *m*

bouncy ['baʊntsi] *adj* **bouncier; -est** 1 LIVELY : vivo, exuberante, animado 2 RESILIENT : elástico, flexible 3 : que rebota (dícese de una pelota)

bound[1] ['baʊnd] *vt* : delimitar, rodear — *vi* LEAP : saltar, dar brincos

bound[2] *adj* 1 OBLIGED : obligado 2 : encuadernado, empastado ⟨a book bound in leather : un libro encuadernado en cuero⟩ 3 DETERMINED : de-

cidido, empeñado 4 **to be bound to** : ser seguro que, tener que, no caber duda que ⟨it was bound to happen : tenía que suceder⟩ 5 **bound for** : con rumbo a ⟨bound for Chicago : con rumbo a Chicago⟩ ⟨to be homeward bound : ir camino a casa⟩

bound[3] *n* 1 LIMIT : límite *m* 2 LEAP : salto *m*, brinco *m*

boundary ['baʊndri, -dəri] *n, pl* **-aries** : límite *m*, línea *f* divisoria, linde *mf*

boundless ['baʊndləs] *adj* : sin límites, infinito

bounteous ['baʊntiəs] *adj* 1 GENEROUS : generoso 2 ABUNDANT : copioso, abundante — **bounteously** *adv*

bountiful ['baʊntɪfəl] *adj* 1 GENEROUS, LIBERAL : munificente, pródigo, generoso 2 ABUNDANT : copioso, abundante

bounty ['baʊnti] *n, pl* **-ties** 1 GENEROSITY : generosidad *f*, munificencia *f* 2 REWARD : recompensa *f*

bouquet [bo:'keɪ, bu:-] *n* 1 : ramo *m*, ramillete *m* 2 FRAGRANCE : bouquet *m*, aroma *m*

bourbon ['bɑrbən, 'bʊr-] *n* : bourbon *m*, whisky *m* americano

bourgeois[1] ['bʊrʒ,wɑ, bʊrʒ'wɑ] *adj* : burgués

bourgeois[2] *n* : burgués *m*, -guesa *f*

bourgeoisie [,bʊrʒ,wɑ'zi] *n* : burguesía *f*

bout ['baʊt] *n* 1 : encuentro *m*, combate *m* (en deportes) 2 ATTACK : ataque *m* (de una enfermedad) 3 PERIOD, SPELL : período *m* (de actividad)

boutique [bu:'ti:k] *n* : boutique *f*

bovine[1] ['bo:,vaɪn, -,vi:n] *adj* : bovino, vacuno

bovine[2] *n* : bovino *m*

bow[1] ['baʊ] *vi* 1 : hacer una reverencia, inclinarse 2 SUBMIT : ceder, resignarse, someterse — *vt* 1 LOWER : inclinar, bajar 2 BEND : doblar

bow[2] ['baʊ] *n* 1 BOWING : reverencia *f*, inclinación *f* 2 : proa *f* (de un barco)

bow[3] ['bo:] *vi* CURVE : arquearse, doblarse

bow[4] ['bo:] *n* 1 ARCH, CURVE : arco *m*, curva *f* 2 : arco *m* (arma o vara para tocar varios instrumentos de música) 3 : lazo *m*, moño *m* ⟨to tie a bow : hacer un moño⟩

bowels ['baʊəls] *npl* 1 INTESTINES : intestinos *mpl* 2 : entrañas *fpl* ⟨in the bowels of the earth : en las entrañas de la tierra⟩

bower ['baʊər] *n* : enramada *f*

bowl[1] ['bo:l] *vi* : jugar a los bolos

bowl[2] *n* : tazón *m*, cuenco *m*

bowler ['bo:lər] *n* : jugador *m*, -dora *f* de bolos

bowling ['bo:lɪŋ] *n* : bolos *mpl*

box[1] ['bɑks] *vt* 1 PACK : empaquetar, embalar, encajonar 2 SLAP : bofetear, cachetear — *vi* : boxear

box² *n* **1** CONTAINER : caja *f*, cajón *m* **2** COMPARTMENT : compartimento *m*, palco *m* (en el teatro) **3** SLAP : bofetada *f*, cachetada *f* **4** : boj *m* (planta)

boxcar [ˈbɑksˌkɑr] *n* : vagón *m* de carga, furgón *m*

boxer [ˈbɑksər] *n* : boxeador *m*, -dora *f*

boxing [ˈbɑksɪŋ] *n* : boxeo *m*

box office *n* : taquilla *f*, boletería *f*

boxwood [ˈbɑksˌwʊd] *n* : boj *m*

boy [ˈbɔɪ] *n* **1** : chico *m*, muchacho *m* **2** *or* little boy : niño *m*, chico *m* **3** SON : hijo *m*

boycott¹ [ˈbɔɪˌkɑt] *vt* : boicotear

boycott² *n* : boicot *m*

boyfriend [ˈbɔɪˌfrɛnd] *n* **1** FRIEND : amigo *m* **2** SWEETHEART : novio *m*

boyhood [ˈbɔɪˌhʊd] *n* : niñez *f*

boyish [ˈbɔɪɪʃ] *adj* : de niño, juvenil

bra [ˈbrɑ] → brassiere

brace¹ [ˈbreɪs] *v* braced; bracing *vt* **1** PROP UP, SUPPORT : apuntalar, apoyar, sostener **2** INVIGORATE : vigorizar **3** REINFORCE : reforzar — *vi* to brace oneself PREPARE : prepararse

brace² *n* **1** : berbiquí *m* ⟨brace and bit : berbiquí y barrena⟩ **2** CLAMP, REINFORCEMENT : abrazadera *f*, refuerzo *m* **3** : llave *f* (signo de puntuación) **4** braces *npl* : aparatos *mpl* (de ortodoncia), frenos *mpl* Mex

bracelet [ˈbreɪslət] *n* : brazalete *m*, pulsera *f*

bracken [ˈbrækən] *n* : helecho *m*

bracket¹ [ˈbrækət] *vt* **1** SUPPORT : asegurar, apuntalar **2** : poner entre corchetes **3** CATEGORIZE, GROUP : catalogar, agrupar

bracket² *n* **1** SUPPORT : soporte *m* **2** : corchete *m* (marca de puntuación) **3** CATEGORY, CLASS : clase *f*, categoría *f*

brackish [ˈbrækɪʃ] *adj* : salobre

brad [ˈbræd] *n* : clavo *m* con cabeza pequeña, clavito *m*

brag¹ [ˈbræg] *vi* bragged; bragging : alardear, fanfarronear, jactarse

brag² *n* : alarde *m*, jactancia *f*, fanfarronada *f*

braggart [ˈbrægərt] *n* : fanfarrón *m*, -rrona *f* *fam*; jactancioso *m*, -sa *f*

braid¹ [ˈbreɪd] *vt* : trenzar

braid² *n* : trenza *f*

braille [ˈbreɪl] *n* : braille *m*

brain¹ [ˈbreɪn] *vt* : romper la crisma a, aplastar el cráneo a

brain² *n* **1** : cerebro *m* **2** brains *npl* INTELLECT : inteligencia *f*, sesos *mpl*

brainless [ˈbreɪnləs] *adj* : estúpido, tonto

brainstorm [ˈbreɪnˌstɔrm] *n* : idea *f* brillante, idea *f* genial

brainy [ˈbreɪni] *adj* brainier; -est : inteligente, listo

braise [ˈbreɪz] *vt* braised; braising : cocer a fuego lento, estofar

brake¹ [ˈbreɪk] *v* braked; braking : frenar

brake² *n* : freno *m*

bramble [ˈbræmbəl] *n* : zarza *f*, zarzamora *f*

bran [ˈbræn] *n* : salvado *m*

branch¹ [ˈbræntʃ] *vi* **1** : echar ramas (dícese de una planta) **2** DIVERGE : ramificarse, separarse

branch² *n* **1** : rama *f* (de una planta) **2** EXTENSION : ramal *m* (de un camino, un ferrocarril, un río), rama *f* (de una familia o un campo de estudiar), sucursal *f* (de una empresa), agencia *f* (del gobierno)

brand¹ [ˈbrænd] *vt* **1** : marcar (ganado) **2** LABEL : tachar, tildar ⟨they branded him as a liar : lo tacharon de mentiroso⟩

brand² *n* **1** : marca *f* (de ganado) **2** STIGMA : estigma *m* **3** MAKE : marca *f* ⟨brand name : marca de fábrica⟩

brandish [ˈbrændɪʃ] *vt* : blandir

brand-new [ˈbrændˈnuː, -ˈnjuː] *adj* : nuevo, flamante

brandy [ˈbrændi] *n, pl* -dies : brandy *m*

brash [ˈbræʃ] *adj* **1** IMPULSIVE : impulsivo, impetuoso **2** BRAZEN : excesivamente desenvuelto, descarado

brass [ˈbræs] *n* **1** : latón *m* **2** GALL, NERVE : descaro *m*, cara *f* *fam* **3** OFFICERS : mandamases *mpl* *fam*

brassiere [brəˈzɪr, brɑ-] *n* : sostén *m*, brasier *m* Col, Mex

brassy [ˈbræsi] *adj* brassier; -est : dorado

brat [ˈbræt] *n* : mocoso *m*, -sa *f*; niño *m* mimado, niña *f* mimada

bravado [brəˈvɑdo] *n, pl* -does *or* -dos : bravuconadas *fpl*, bravatas *fpl*

brave¹ [ˈbreɪv] *vt* braved; braving : afrontar, hacer frente a

brave² *adj* braver; bravest : valiente, valeroso — **bravely** *adv*

brave³ *n* : guerrero *m* indio

bravery [ˈbreɪvəri] *n* : valor *m*, valentía *f*

bravo [ˈbrɑˌvoː] *n, pl* -vos : bravo *m*

brawl¹ [ˈbrɔl] *vi* : pelearse, pegarse

brawl² *n* : pelea *f*, reyerta *f*

brawn [ˈbrɔn] *n* : fuerza *f* muscular

brawny [ˈbrɔni] *adj* brawnier; -est : musculoso

bray¹ [ˈbreɪ] *vi* : rebuznar

bray² *n* : rebuzno *m*

brazen [ˈbreɪzən] *adj* **1** : de latón **2** BOLD : descarado, directo

brazenly [ˈbreɪzənli] *adv* : descaradamente, insolentemente

brazenness [ˈbreɪzənnəs] *n* : descaro *m*, atrevimiento *m*

brazier [ˈbreɪzər] *n* : brasero *m*

Brazilian [brəˈzɪljən] *n* : brasileño *m*, -ña *f* — **Brazilian** *adj*

Brazil nut [brəˈzɪlˌnʌt] *n* : nuez *f* de Brasil

breach¹ [ˈbriːtʃ] *vt* **1** PENETRATE : abrir una brecha en, penetrar **2** VIOLATE : infringir, violar

breach² *n* **1** VIOLATION : infracción *f*, violación *f* ⟨breach of trust : abuso de confianza⟩ **2** GAP, OPENING : brecha *f*

bread[1] ['brɛd] vt : empanar
bread[2] n : pan m
breadth ['brɛtθ] n : ancho m, anchura f
breadwinner ['brɛd,wɪnər] n : sostén m de la familia
break[1] ['breɪk] v **broke** ['bro:k]; **broken** ['bro:kən]; **breaking** vt 1 SMASH : romper, quebrar 2 VIOLATE : infringir, violar, romper 3 SURPASS : batir, superar 4 CRUSH, RUIN : arruinar, deshacer, destrozar ⟨to break one's spirit : quebrantar su espíritu⟩ 5 : dar, comunicar ⟨to break the news : dar las noticias⟩ 6 INTERRUPT : cortar, interrumpir — vi 1 : romperse, quebrarse ⟨my calculator broke : se me rompió la calculadora⟩ 2 DISPERSE : dispersarse, despejarse 3 : estallar (dícese de una tormenta), romper (dícese del día) 4 CHANGE : cambiar (dícese del tiempo o de la voz) 5 DECREASE : bajar ⟨my fever broke : me bajó la fiebre⟩ 6 : divulgarse, revelarse ⟨the news broke : la noticia se divulgó⟩ 7 to break into : forzar, abrir 8 to break out of : escaparse de 9 to break through : penetrar
break[2] n 1 : ruptura f, rotura f, fractura f (de un hueso), claro m (entre las nubes), cambio m (del tiempo) 2 CHANCE : oportunidad f ⟨a lucky break : un golpe de suerte⟩ 3 REST : descanso m ⟨to take a break : tomar(se) un descanso⟩
breakable ['breɪkəbəl] adj : quebradizo, frágil
breakage ['breɪkɪdʒ] n 1 BREAKING : rotura f 2 DAMAGE : destrozos mpl, daños mpl
breakdown ['breɪk,daʊn] n 1 : avería f (de máquinas), interrupción f (de comunicaciones), fracaso m (de negociaciones) 2 ANALYSIS : análisis m, desglose m 3 or **nervous breakdown** : crisis f nerviosa
break down vi 1 : estropearse, descomponerse ⟨the machine broke down : la máquina se descompuso⟩ 2 FAIL : fracasar 3 CRY : echarse a llorar — vt 1 DESTROY : derribar, echar abajo 2 OVERCOME : vencer (la resistencia), disipar (sospechas) 3 ANALYZE : analizar, descomponer
breaker ['breɪkər] n 1 WAVE : ola f grande 2 : interruptor m automático (de electricidad)
breakfast[1] ['brɛkfəst] vi : desayunar
breakfast[2] n : desayuno m
breakneck ['breɪk,nɛk] adj at **breakneck speed** : a una velocidad vertiginosa
break out vi 1 : salirse ⟨she broke out in spots : le salieron granos⟩ 2 ERUPT : estallar (dícese de una guerra, la violencia, etc.) 3 ESCAPE : fugarse, escaparse
breakup ['breɪk,əp] n 1 DIVISION : desintegración f 2 : ruptura f

break up vt 1 DIVIDE : dividir 2 : disolver (una muchedumbre, una pelea, etc.) — vi 1 BREAK : romperse 2 SEPARATE : deshacerse, separarse ⟨I broke up with him : terminé con él⟩
breast ['brɛst] n 1 : pecho m, seno m (de una mujer) 2 CHEST : pecho m
breastbone ['brɛst,bo:n] n : esternón m
breast-feed ['brɛst,fi:d] vt **-fed** [-,fɛd]; **-feeding** : amamantar, darle de mamar (a un niño)
breath ['brɛθ] n 1 BREATHING : aliento m ⟨to hold one's breath : aguantar la respiración⟩ 2 BREEZE : soplo m ⟨a breath of fresh air : un soplo de aire fresco⟩
breathe ['bri:ð] v **breathed**; **breathing** vi 1 : respirar 2 LIVE : vivir, respirar — vt 1 : respirar, aspirar ⟨to breathe fresh air : respirar el aire fresco⟩ 2 UTTER : decir ⟨I won't breathe a word of this : no diré nada de esto⟩
breathless ['brɛθləs] adj : sin aliento, jadeante
breathlessly ['brɛθləsli] adv : entrecortadamente, jadeando
breathlessness ['brɛθləsnəs] n : dificultad f al respirar
breathtaking ['brɛθ,teɪkɪŋ] adj IMPRESSIVE : impresionante, imponente
breeches ['brɪtʃəz, 'bri:-] npl : pantalones mpl, calzones mpl, bombachos mpl
breed[1] ['bri:d] v **bred** ['brɛd]; **breeding** vt 1 : criar (animales) 2 ENGENDER : engendrar, producir ⟨familiarity breeds contempt : la confianza hace perder el respeto⟩ 3 RAISE, REAR : criar, educar — vi REPRODUCE : reproducirse
breed[2] n 1 : variedad f (de plantas), raza f (de animales) 2 CLASS : clase f, tipo m
breeder ['bri:dər] n : criador m, -dora f (de animales); cultivador m, -dora f (de plantas)
breeze[1] ['bri:z] vi **breezed**; **breezing** : pasar con ligereza ⟨to breeze in : entrar como si nada⟩
breeze[2] n : brisa f, soplo m (de aire)
breezy ['bri:zi] adj **breezier; -est** 1 AIRY, WINDY : aireado, ventoso 2 LIVELY : animado, alegre 3 NONCHALANT : despreocupado
brethren → brother
brevity ['brɛvəti] n, pl **-ties** : brevedad f, concisión f
brew[1] ['bru:] vt 1 : fabricar, elaborar (cerveza) 2 FOMENT : tramar, maquinar, fomentar — vi 1 : fabricar cerveza 2 : amenazar ⟨a storm is brewing : una tormenta amenaza⟩
brew[2] n 1 BEER : cerveza f 2 POTION : brebaje m
brewer ['bru:ər] n : cervecero m, -ra f
brewery ['bru:əri, 'bruri] n, pl **-eries** : cervecería f
briar ['braɪər] → brier

bribe¹ ['braɪb] *vt* **bribed; bribing** : sobornar, cohechar, coimear *Arg, Chile, Peru*

bribe² *n* : soborno *m*, cohecho *m*, coima *f Arg, Chile, Peru*, mordida *f CA, Mex*

bribery ['braɪbəri] *n, pl* **-eries** : soborno *m*, cohecho *m*, coima *f*, mordida *f CA, Mex*

bric–a–brac ['brɪkə,bræk] *npl* : baratijas *fpl*, chucherías *fpl*

brick¹ ['brɪk] *vt* **to brick up** : tabicar, tapiar

brick² *n* : ladrillo *m*

bricklayer ['brɪk,leɪər] *n* : albañil *mf*

bricklaying ['brɪk,leɪɪŋ] *n* : albañilería *f*

bridal ['braɪdəl] *adj* : nupcial, de novia

bride ['braɪd] *n* : novia *f*

bridegroom ['braɪd,gruːm] *n* : novio *m*

bridesmaid ['braɪdz,meɪd] *n* : dama *f* de honor

bridge¹ ['brɪdʒ] *v* **bridged; bridging** 1 : tender un puente sobre 2 **to bridge the gap** : salvar las diferencias

bridge² *n* 1 : puente *m* 2 : caballete *m* (de la nariz) 3 : puente *m* de mando (de un barco) 4 DENTURE : puente *m* (dental) 5 : bridge *m* (juego de naipes)

bridle¹ ['braɪdəl] *v* **-dled; -dling** *vt* 1 : embridar (un caballo) 2 RESTRAIN : refrenar, dominar, contener — *vi* **to bridle at** : molestarse por, picarse por

bridle² *n* : brida *f*

brief¹ ['briːf] *vt* : dar órdenes a, instruir

brief² *adj* : breve, sucinto, conciso

brief³ *n* 1 : resumen *m*, sumario *m* 2 **briefs** *npl* : calzoncillos *mpl*

briefcase ['briːf,keɪs] *n* : portafolio *m*, maletín *m*

briefly ['briːfli] *adv* : brevemente, por poco tiempo ⟨to speak briefly : discursar en pocas palabras⟩

brier ['braɪər] *n* 1 BRAMBLE : zarza *f*, rosal *m* silvestre 2 HEATH : brezo *m* veteado

brig ['brɪg] *n* 1 : bergantín *m* (barco) 2 : calabozo *m* (en un barco)

brigade [brɪ'geɪd] *n* : brigada *f*

brigadier general [,brɪgə'dɪr] *n* : general *m* de brigada

brigand ['brɪgənd] *n* : bandolero *m*, -ra *f*; forajido *m*, -da *f*

bright ['braɪt] *adj* 1 : brillante (dícese del sol, de los ojos), vivo (dícese de un color), claro, fuerte 2 CHEERFUL : alegre, animado ⟨bright and early : muy temprano⟩ 3 INTELLIGENT : listo, inteligente ⟨a bright idea : una idea luminosa⟩

brighten ['braɪtən] *vt* 1 ILLUMINATE : iluminar 2 ENLIVEN : alegrar, animar — *vi* 1 : hacerse más brillante 2 **to brighten up** : animarse, alegrarse, mejorar

brightly ['braɪtli] *adv* : vivamente, intensamente, alegremente

brightness ['braɪtnəs] *n* 1 LUMINOSITY : luminosidad *f*, brillantez *f*, resplandor *m*, brillo *m* 2 CHEERFULNESS : alegría *f*, ánimo *m*

brilliance ['brɪljənts] *n* 1 BRIGHTNESS : resplandor *m*, fulgor *m*, brillo *m*, brillantez *f* 2 INTELLIGENCE : inteligencia *f*, brillantez *f*

brilliancy ['brɪljəntsi] → **brilliance**

brilliant ['brɪljənt] *adj* : brillante

brilliantly ['brɪljəntli] *adv* : brillantemente, con brillantez

brim¹ ['brɪm] *vi* **brimmed; brimming** 1 *or* **to brim over** : desbordarse, rebosar 2 **to brim with tears** : llenarse de lágrimas

brim² *n* 1 : ala *f* (de un sombrero) 2 : borde *m* (de una taza o un vaso)

brimful ['brɪm'fʊl] *adj* : lleno hasta el borde, repleto, rebosante

brimless ['brɪmləs] *adj* : sin ala

brimstone ['brɪm,stoːn] *n* : azufre *m*

brindled ['brɪndəld] *adj* : manchado, pinto

brine ['braɪn] *n* 1 : salmuera *f*, escabeche *m* (para encurtir) 2 OCEAN : océano *m*, mar *m*

bring ['brɪŋ] *vt* **brought** ['brɔt]; **bringing** 1 CARRY : traer ⟨bring me some coffee : tráigame un café⟩ 2 PRODUCE : traer, producir, conseguir ⟨his efforts will bring him success : sus esfuerzos le conseguirán el éxito⟩ 3 PERSUADE : convencer, persuadir 4 YIELD : rendir, alcanzar, venderse por ⟨to bring a good price : alcanzar un precio alto⟩ 5 **to bring to an end** : terminar (con) 6 **to bring to light** : sacar a la luz

bring about *vt* : ocasionar, provocar, determinar

bring forth *vt* PRODUCE : producir

bring out *vt* : sacar, publicar (un libro, etc.)

bring to *vt* REVIVE : resucitar

bring up *vt* 1 REAR : criar 2 MENTION : sacar, mencionar

brininess ['braɪninəs] *n* : salinidad *f*

brink ['brɪŋk] *n* : borde *m*

briny ['braɪni] *adj* **brinier; -est** : salobre

briquette *or* **briquet** [brɪ'kɛt] *n* : briqueta *f*

brisk ['brɪsk] *adj* 1 LIVELY : rápido, enérgico, brioso 2 INVIGORATING : fresco, estimulante

brisket ['brɪskət] *n* : falda *f*

briskly ['brɪskli] *adv* : rápidamente, enérgicamente, con brío

briskness ['brɪsknəs] *n* : brío *m*, rapidez *f*

bristle¹ ['brɪsəl] *vi* **-tled; -tling** 1 : erizarse, ponerse de punta 2 : enfurecerse, enojarse ⟨she bristled at the suggestion : se enfureció ante tal sugerencia⟩ 3 : estar plagado, estar repleto ⟨a city bristling with tourists : una ciudad repleta de turistas⟩

bristle² *n* : cerda *f* (de un animal), pelo *m* (de una planta)

bristly ['brɪsəli] *adj* **bristlier; -est** : áspero y erizado

British¹ ['brɪtɪʃ] *adj* : británico

British² *n* **the British** *npl* : los británicos

brittle [ˈbrɪtəl] *adj* **-tler; -tlest** : frágil, quebradizo

brittleness [ˈbrɪtəlnəs] *n* : fragilidad *f*

broach [ˈbroːtʃ] *vt* BRING UP : mencionar, abordar, sacar

broad [ˈbroːd] *adj* **1** WIDE : ancho **2** SPACIOUS : amplio, extenso **3** FULL : pleno ⟨in broad daylight : en pleno día⟩ **4** OBVIOUS : claro, evidente **5** TOLERANT : tolerante, liberal **6** GENERAL : general **7** ESSENTIAL : principal, esencial ⟨the broad outline : los rasgos esenciales⟩

broadcast¹ [ˈbroːdˌkæst] *vt* **-cast** or **-casting 1** SCATTER : esparcir, diseminar **2** CIRCULATE, SPREAD : divulgar, difundir, propagar **3** TRANSMIT : transmitir, emitir

broadcast² *n* **1** TRANSMISSION : transmisión *f*, emisión *f* **2** PROGRAM : programa *m*, emisión *f*

broadcaster [ˈbroːdˌkæstər] *n* : presentador *m*, -dora *f*; locutor *m*, -tora *f*

broadcloth [ˈbroːdˌklɔːθ] *n* : paño *m* fino

broaden [ˈbroːdən] *vt* : ampliar, ensanchar — *vi* : ampliarse, ensancharse

broadloom [ˈbroːdˌluːm] *adj* : tejido en telar ancho

broadly [ˈbroːdli] *adv* **1** GENERALLY : en general, aproximadamente **2** WIDELY : extensivamente

broad-minded [ˈbroːdˈmaɪndəd] *adj* : tolerante, de amplias miras

broad-mindedness [ˈbroːdˈmaɪndədnəs] *n* : tolerancia *f*

broadside [ˈbroːdˌsaɪd] *n* **1** VOLLEY : andanada *f* **2** ATTACK : ataque *m*, invectiva *f*, andanada *f*

brocade [broˈkeɪd] *n* : brocado *m*

broccoli [ˈbrɑkəli] *n* : brócoli *m*, brécol *m*

brochure [broˈʃʊr] *n* : folleto *m*

brogue [ˈbroːg] *n* : acento *m* irlandés

broil¹ [ˈbrɔɪl] *vt* : asar a la parrilla

broil² *n* : asado *m*

broiler [ˈbrɔɪlər] *n* **1** GRILL : parrilla *f* **2** : pollo *m* para asar

broke¹ [ˈbroːk] → **break¹**

broke² *adj* : pelado, arruinado ⟨to go broke : arruinarse, quebrar⟩

broken [ˈbroːkən] *adj* **1** DAMAGED, SHATTERED : roto, quebrado, fracturado **2** IRREGULAR, UNEVEN : accidentado, irregular, recortado **3** VIOLATED : roto, quebrantado **4** INTERRUPTED : interrumpido, descontinuo **5** CRUSHED : abatido, quebrantado ⟨a broken man : un hombre destrozado⟩ **6** IMPERFECT : mal ⟨to speak broken English : hablar el inglés con dificultad⟩

brokenhearted [ˌbroːkənˈhɑrtəd] *adj* : descorazonado, desconsolado

broker¹ [ˈbroːkər] *vt* : hacer corretaje de

broker² *n* **1** : agente *mf*; corredor *m*, -dora *f* **2** → **stockbroker**

brokerage [ˈbroːkərɪdʒ] *n* : corretaje *m*, agencia *f* de corredores

bromine [ˈbroːˌmiːn] *n* : bromo *m*

bronchitis [brɑnˈkaɪtəs, brɑŋ-] *n* : bronquitis *f*

bronze¹ [ˈbrɑnz] *vt* **bronzed; bronzing** : broncear

bronze² *n* : bronce *m*

brooch [ˈbroːtʃ, ˈbruːtʃ] *n* : broche *m*, prendedor *m*

brood¹ [ˈbruːd] *vt* **1** INCUBATE : empollar, incubar **2** PONDER : sopesar, considerar — *vi* **1** INCUBATE : empollar **2** REFLECT : rumiar, reflexionar **3** WORRY : ponerse melancólico, inquietarse

brood² *adj* : de cría

brood³ *n* : nidada *f* (de pájaros), camada *f* (de mamíferos)

brooder [ˈbruːdər] *n* **1** THINKER : pensador *m*, -dora *f* **2** INCUBATOR : incubadora *f*

brook¹ [ˈbruk] *vt* TOLERATE : tolerar, admitir

brook² *n* : arroyo *m*

broom [ˈbruːm, ˈbrum] *n* **1** : retama *f*, hiniesta *f* **2** : escoba *f* (para barrer)

broomstick [ˈbruːmˌstɪk, ˈbrum-] *n* : palo *m* de escoba

broth [ˈbrɔːθ] *n, pl* **broths** [ˈbrɔːθs, ˈbrɔːðz] : caldo *m*

brothel [ˈbrɑθəl, ˈbrɔ-] *n* : burdel *m*

brother [ˈbrʌðər] *n, pl* **brothers** *also* **brethren** [ˈbrɛðrən, -ðərn] **1** : hermano *m* **2** KINSMAN : pariente *m*, familiar *m*

brotherhood [ˈbrʌðərˌhud] *n* **1** FELLOWSHIP : fraternidad *f* **2** ASSOCIATION : hermandad *f*

brother-in-law [ˈbrʌðərɪnˌlɔ] *n, pl* **brothers-in-law** : cuñado *m*

brotherly [ˈbrʌðərli] *adj* : fraternal

brought → **bring**

brow [ˈbraʊ] *n* **1** EYEBROW : ceja *f* **2** FOREHEAD : frente *f* **3** : cima *f* ⟨the brow of a hill : la cima de una colina⟩

browbeat [ˈbraʊˌbiːt] *vt* **-beat; -beaten** [-ˌbiːtən] or **-beat; -beating** : intimidar

brown¹ [ˈbraʊn] *vt* **1** : dorar (en cocina) **2** TAN : broncear — *vi* **1** : dorarse (en cocina) **2** TAN : broncearse

brown² *adj* : marrón, café, castaño (dícese del pelo), moreno (dícese de la piel)

brown³ *n* : marrón *m*, café *m*

brownish [ˈbraʊnɪʃ] *adj* : pardo

browse [ˈbraʊz] *vi* **browsed; browsing 1** GRAZE : pacer **2** LOOK : mirar, echar un vistazo

bruin [ˈbruːɪn] *n* BEAR : oso *m*

bruise¹ [ˈbruːz] *vt* **bruised; bruising 1** : contusionar, machucar, magullar (a una persona) **2** DAMAGE : magullar, dañar (frutas) **3** CRUSH : majar **4** HURT : herir (los sentimientos)

bruise² *n* : moretón *m*, cardenal *m*, magulladura *f* (dícese de frutas)

brunch [ˈbrʌntʃ] *n* : combinación *f* de desayuno y almuerzo

brunet¹ or **brunette** [bruˈnɛt] *adj* : moreno

brunet² or **brunette** *n* : moreno *m*, -na *f*

brunt ['brʌnt] n **to bear the brunt of :** llevar el peso de, aguantar el mayor impacto de

brush[1] ['brʌʃ] vt **1 :** cepillar ⟨to brush one's teeth : cepillarse uno los dientes⟩ **2** SWEEP **:** barrer, quitar con un cepillo **3** GRAZE **:** rozar **4 to brush off** DISREGARD **:** hacer caso omiso de, ignorar — vi **to brush up on :** repasar, refrescar, dar un repaso a

brush[2] n **1** or **brushwood** ['brʌʃ,wʊd] **:** broza f **2** SCRUB, UNDERBRUSH **:** maleza f **3 :** cepillo m, pincel m (de artista), brocha f (de pintor) **4** TOUCH **:** roce m **5** SKIRMISH **:** escaramuza f

brush-off ['brʌʃ,ɔf] n **to give the brush-off to :** dar calabazas a

brusque ['brʌsk] adj **:** brusco — **brusquely** adv

brussels sprout ['brʌsəlz,spraʊt] n **:** col f de Bruselas

brutal ['bru:təl] adj **:** brutal, cruel, salvaje — **brutally** adv

brutality [bru:'tæləṭi] n, pl **-ties :** brutalidad f

brutalize ['bru:təl,aɪz] vt **-ized; -izing : brutalizar, maltratar

brute[1] ['bru:t] adj **:** bruto ⟨brute force : fuerza bruta⟩

brute[2] n **1** BEAST **:** bestia f, animal m **2 :** bruto m, -ta f bestia mf (persona)

brutish ['bru:tɪʃ] adj **1 :** de animal **2** CRUEL **:** brutal, salvaje **3** STUPID **:** bruto, estúpido

bubble[1] ['bʌbəl] vi **-bled; -bling :** burbujear ⟨to bubble over with joy : rebosar de alegría⟩

bubble[2] n **:** burbuja f

bubbly ['bʌbəli] adj **bubblier; -est 1** BUBBLING **:** burbujeante **2** LIVELY **:** vivaz, lleno de vida

bubonic plague [bu:'bɑnɪk, 'bju:-] n **:** peste f bubónica

buccaneer [,bʌkə'nɪr] n **:** bucanero m

buck[1] ['bʌk] vi **1 :** corcovear (dícese de un caballo o un burro) **2** JOLT **:** dar sacudidas **3 to buck against :** resistirse a, rebelarse contra **4 to buck up :** animarse, levantar el ánimo — vt OPPOSE **:** oponerse a, ir en contra de

buck[2] n, pl **buck** or **bucks 1 :** animal m macho, ciervo m (macho) **2** DOLLAR **:** dólar m **3 to pass the buck** fam **:** pasar la pelota fam

bucket ['bʌkət] n **:** balde m, cubo m, cubeta f Mex

bucketful ['bʌkət,fʊl] n **:** balde m lleno

buckle[1] ['bʌkəl] v **-led; -ling** vt **1** FASTEN **:** abrochar **2** BEND, TWIST **:** combar, torcer — vi **1** BEND, TWIST **:** combarse, torcerse, doblarse (dícese de las rodillas) **2 to buckle down :** ponerse a trabajar con esmero **3 to buckle up : abrocharse**

buckle[2] n **1 :** hebilla f **2** TWISTING **:** torcedura f

buckshot ['bʌk,ʃɑt] n **:** perdigón m

buckskin ['bʌk,skɪn] n **:** gamuza f

bucktooth ['bʌk,tu:θ] n **:** diente m saliente, diente m salido

buckwheat ['bʌk,ʰwi:t] n **:** trigo m rubión, alforfón m

bucolic [bju:'kɑlɪk] adj **:** bucólico

bud[1] ['bʌd] v **budded; budding** vi GRAFT **:** injertar — vi **:** brotar, hacer brotes

bud[2] n **:** brote m, yema f, capullo m (de una flor)

Buddhism ['bu:,dɪzəm, 'bʊ-] n **:** budismo m

Buddhist ['bu:dɪst, 'bʊ-] n **:** budista mf — **Buddhist** adj

buddy ['bʌdi] n, pl **-dies :** amigo m, -ga f; compinche mf fam; cuate m, -ta f Mex fam

budge ['bʌdʒ] vi **budged; budging 1** MOVE **:** moverse, desplazarse **2** YIELD **:** ceder

budget[1] ['bʌdʒət] vt **:** presupuestar (gastos), asignar (dinero) — vi **:** presupuestar, planear el presupuesto

budget[2] n **:** presupuesto

budgetary ['bʌdʒə,tɛri] adj **:** presupuestario

buff[1] ['bʌf] vt POLISH **:** pulir, sacar brillo a, lustrar

buff[2] adj **:** beige, amarillento

buff[3] n **1 :** beige m, amarillento m **2** ENTHUSIAST **:** aficionado m, -da f; entusiasta mf

buffalo ['bʌfə,lo:] n, pl **-lo** or **-loes 1 :** búfalo m **2** BISON **:** bisonte m

buffer ['bʌfər] n **1** BARRIER **:** barrera f ⟨buffer state : estado tapón⟩ **2** SHOCK ABSORBER **:** amortiguador m

buffet[1] ['bʌfət] vt **:** golpear, zarandear, sacudir

buffet[2] n BLOW **:** golpe m

buffet[3] [,bʌ'feɪ, ,bu:-] n **1 :** bufete m, bufé m (comida) **2** SIDEBOARD **:** aparador m

buffoon [,bʌ'fu:n] n **:** bufón m, -fona f; payaso m, -sa f

buffoonery [,bʌ'fu:nəri] n, pl **-eries :** bufonada f, payasada f

bug[1] ['bʌg] v **bugged; bugging 1** PESTER **:** fastidiar, molestar **2 :** ocultar micrófonos en

bug[2] n **1** INSECT **:** bicho m, insecto m **2** DEFECT **:** defecto m, falla f, problema m **3** GERM **:** microbio m, virus m **4** MICROPHONE **:** micrófono m

bugaboo ['bʌgə,bu:] → **bogey**

bugbear ['bʌg,bær] n **:** pesadilla f, coco m

buggy ['bʌgi] n, pl **-gies :** calesa f (tirada por caballos), cochecito m (para niños)

bugle ['bju:gəl] n **:** clarín m, corneta f

bugler ['bju:gələr] n **:** corneta mf

build[1] ['bɪld] v **built** ['bɪlt]; **building** vt **1** CONSTRUCT **:** construir, edificar, ensamblar, levantar **2** DEVELOP **:** desarrollar, elaborar, forjar **3** INCREASE **:** incrementar, aumentar — vi **to build up :** aumentar, intensificar

build[2] n PHYSIQUE **:** físico m, complexión f

builder ['bɪldər] *n* : constructor *m*, -tora *f*; contratista *mf*

building ['bɪldɪŋ] *n* **1** EDIFICE : edificio *m* **2** CONSTRUCTION : construcción *f*

built-in ['bɪlt'ɪn] *adj* **1** : empotrado ‹built-in cabinets : armarios empotrados› **2** INHERENT : incorporado, intrínseco

bulb ['bʌlb] *n* **1** : bulbo *m* (de una planta), cabeza *f* (de ajo), cubeta *f* (de un termómetro) **2** LIGHTBULB : bombilla *f*, foco *m*, bombillo *m* CA, Col, Ven

bulbous ['bʌlbəs] *adj* : bulboso

Bulgarian [bʌl'gæriən, bʊl-] *n* **1** : búlgaro *m*, -ra *f* **2** : búlgaro *m* (idioma) — **Bulgarian** *adj*

bulge¹ ['bʌldʒ] *vi* **bulged; bulging** : abultar, sobresalir

bulge² *n* : bulto *m*, protuberancia *f*

bulk¹ ['bʌlk] *vt* : hinchar — *vi* EXPAND, SWELL : ampliarse, hincharse

bulk² *n* **1** SIZE, VOLUME : volumen *m*, tamaño *m* **2** FIBER : fibra *f* **3** MASS : mole *f* **4 the bulk of** : la mayor parte de **5** in ~ : en grandes cantidades

bulkhead ['bʌlk,hɛd] *n* : mamparo *m*

bulky ['bʌlki] *adj* **bulkier; -est** : voluminoso, grande

bull¹ ['bʊl] *adj* : macho

bull² *n* **1** : toro *m*, macho *m* (de ciertas especies) **2** : bula *f* (papal) **3** DECREE : decreto *m*, edicto *m*

bulldog ['bʊl,dɔg] *n* : bulldog *m*

bulldoze ['bʊl,doːz] *vt* **-dozed; -dozing 1** LEVEL : nivelar (el terreno), derribar (un edificio) **2** FORCE : forzar ‹he bulldozed his way through : se abrió paso a codazos›

bulldozer ['bʊl,doːzər] *n* : bulldozer *m*

bullet ['bʊlət] *n* : bala *f*

bulletin ['bʊlətən, -lətən] *n* **1** NOTICE : comunicado *m*, anuncio *m*, boletín *m* **2** NEWSLETTER : boletín *m* (informativo)

bulletin board *n* : tablón *m* de anuncios

bulletproof ['bʊlət,pruːf] *adj* : antibalas, a prueba de balas

bullfight ['bʊl,faɪt] *n* : corrida *f* (de toros)

bullfighter ['bʊl,faɪtər] *n* : torero *m*, -ra *f*; matador *m*

bullfrog ['bʊl,frɔg] *n* : rana *f* toro

bullheaded ['bʊl'hɛdəd] *adj* : testarudo

bullion ['bʊljən] *n* : oro *m* en lingotes, plata *f* en lingotes

bullock ['bʊlək] *n* **1** STEER : buey *m*, toro *m* castrado **2** : toro *m* joven, novillo *m*

bull's-eye ['bʊlz,aɪ] *n*, *pl* **bull's-eyes** : diana *f*, blanco *m*

bully¹ ['bʊli] *vt* **-lied; -lying** : intimidar, amedrentar, mangonear

bully² *n*, *pl* **-lies** : matón *m*; bravucón *m*, -cona *f*

bulrush ['bʊl,rʌʃ] *n* : especie *f* de junco

bulwark ['bʊl,wərk, -,wɔrk; 'bʌl,wərk] *n* : baluarte *m*, bastión *f*

bum¹ ['bʌm] *vi* **bummed; bumming** *vi* to **bum around** : vagabundear, vagar — *vt* : gorronear *fam*, sablear *fam*

bum² *adj* : inútil, malo ‹a bum rap : una acusación falsa›

bum³ *n* **1** LOAFER : vago *m*, -ga *f* **2** HOBO, TRAMP : vagabundo *m*, -da *f*

bumblebee ['bʌmbəl,biː] *n* : abejorro *m*

bump¹ ['bʌmp] *vt* : chocar contra, golpear contra, dar ‹to bump one's head : darse (un golpe) en la cabeza› — *vi* to **bump into** MEET : encontrarse con, tropezarse con

bump² *n* **1** BULGE : bulto *m*, protuberancia *f* **2** IMPACT : golpe *m*, choque *m* **3** JOLT : sacudida *f*

bumper¹ ['bʌmpər] *adj* : extraordinario, récord ‹a bumper crop : una cosecha abundante›

bumper² *n* : parachoques *mpl*

bumpkin ['bʌmpkən] *n* : palurdo *m*, -da *f*

bumpy ['bʌmpi] *adj* **bumpier; -est** : desigual, lleno de baches (dícese de un camino), agitado (dícese de un vuelo en avión)

bun ['bʌn] *n* : bollo *m*

bunch¹ ['bʌntʃ] *vt* : agrupar, amontonar — *vi* to **bunch up** : amontonarse, agruparse, fruncirse (dícese de una tela)

bunch² *n* : grupo *m*, montón *m*, ramo *m* (de flores)

bundle¹ ['bʌndəl] *vt* **-dled; -dling** : liar, atar

bundle² *n* **1** : fardo *m*, atado *m*, bulto *m*, haz *m* (de palos) **2** PARCEL : paquete *m* **3** LOAD : montón *m* ‹a bundle of money : un montón de dinero›

bungalow ['bʌŋgə,loː] *n* : tipo de casa de un solo piso

bungle¹ ['bʌŋgəl] *vt* **-gled; -gling** : echar a perder, malograr

bungle² *n* : chapuza *f*, desatino *m*

bungler ['bʌŋgələr] *n* : chapucero *m*, -ra *f*; inepto *m*, -ta *f*

bunion ['bʌnjən] *n* : juanete *m*

bunk¹ ['bʌŋk] *vi* : dormir (en una litera)

bunk² *n* **1** *or* **bunk bed** : litera *f* **2** NONSENSE : tonterías *fpl*, bobadas *fpl*

bunker ['bʌŋkər] *n* **1** : carbonera *f* (en un barco) **2** SHELTER : búnker *m*

bunny ['bʌni] *n*, *pl* **-nies** : conejo *m*, -ja *f*

buoy¹ ['buːi, 'bɔɪ] *vt* to **buoy up 1** : mantener a flote **2** CHEER, HEARTEN : animar, levantar el ánimo a

buoy² *n* : boya *f*

buoyancy ['bɔɪənsi, 'buːjən-] *n* **1** : flotabilidad *f* **2** OPTIMISM : confianza *f*, optimismo *m*

buoyant ['bɔɪənt, 'buːjənt] *adj* : boyante, flotante

bur *or* **burr** ['bər] *n* : abrojo *m* (de una planta)

burden¹ ['bərdən] *vt* : cargar, oprimir

burden² *n* : carga *f*, peso *m*

burdensome ['bərdənsəm] *adj* : oneroso

burdock ['bər,dɑk] *n* : bardana *f*

bureau ['bjʊroː] *n* **1** CHEST OF DRAWERS : cómoda *f* **2** DEPARTMENT : departamento *m* (del gobierno) **3** AGENCY

: agencia f ⟨travel bureau : agencia de viajes⟩

bureaucracy [bjʊ'rɑkrəsi] n, pl **-cies** : burocracia f

bureaucrat ['bjʊrə,kræt] n : burócrata mf

bureaucratic [,bjʊrə'krætɪk] adj : burocrático

burgeon ['bərʤən] vi : florecer, retoñar, crecer

burglar ['bərglər] n : ladrón m, -drona f

burglarize ['bərglə,raɪz] vt **-ized; -izing** : robar

burglary ['bərgləri] n, pl **-glaries** : robo m

burgle ['bərgəl] vt **-gled; -gling** : robar

burgundy ['bərgəndi] n, pl **-dies** : borgoña m, vino m de Borgoña

burial ['bɛriəl] n : entierro m, sepelio m

burlap ['bər,læp] n : arpillera f

burlesque[1] [bər'lɛsk] vt **-lesqued; -lesquing** : parodiar

burlesque[2] n 1 PARODY : parodia f 2 REVUE : revista f (musical)

burly ['bərli] adj **-lier; -liest** : fornido, corpulento, musculoso

Burmese [,bər'mi:z, -'mi:s] n : birmano m, -na f — **Burmese** adj

burn[1] ['bərn] v **burned** ['bərnd, 'bərnt] or **burnt** ['bərnt]; **burning** vt 1 : quemar, incendiar ⟨to burn a building : incendiar un edificio⟩ ⟨I burned my hand : me quemé la mano⟩ 2 CONSUME : usar, gastar, consumir — vi 1 : arder (dícese de un fuego o un edificio), quemarse (dícese de la comida, etc.) 2 : estar prendido, estar encendido ⟨we left the lights burning : dejamos las luces encendidas⟩ 3 to burn out : consumirse, apagarse 4 to burn with : arder de ⟨he was burning with jealousy : ardía de celos⟩

burn[2] n : quemadura f

burner ['bərnər] n : quemador m

burnish ['bərnɪʃ] vt : bruñir

burp[1] ['bərp] vi : eructar — vt : hacer eructar

burp[2] n : eructo m

burr → **bur**

burro ['bəro, 'bʊr-] n, pl **-os** : burro m

burrow[1] ['bəro] vi 1 : cavar, hacer una madriguera 2 to burrow into : hurgar en — vt : cavar, excavar

burrow[2] n : madriguera f, conejera f (de un conejo)

bursar ['bərsər] n : administrador m, -dora f

bursitis [bər'saɪtəs] n : bursitis f

burst[1] ['bərst] v **burst**; or **bursted**; **bursting** vi 1 : reventarse (dícese de una llanta o un globo), estallar (dícese de obuses o fuegos artificiales), romperse (dícese de un dique) 2 to burst in : irrumpir en 3 to burst into : empezar a, echar a ⟨to burst into tears : echarse a llorar⟩ — vt : reventar

burst[2] n 1 EXPLOSION : estallido m, explosión f, reventón m (de una llanta) 2 OUTBURST : arranque m (de actividad,

de velocidad), arrebato m (de ira), salva f (de aplausos)

Burundian [bʊ'ru:ndiən, -'rʊn-] n : burundés m, -desa f — **Burundian** adj

bury ['bɛri] vt **buried; burying** 1 INTER : enterrar, sepultar 2 HIDE : esconder, ocultar 3 to bury oneself in : enfrascarse en

bus[1] ['bʌs] v **bused** or **bussed** ['bʌst]; **busing** or **bussing** ['bʌsɪŋ] vt : transportar en autobús — vi : viajar en autobús

bus[2] n : autobús m, bus m, camión m Mex, colectivo m Arg, Bol, Peru

busboy ['bʌs,bɔɪ] n : ayudante mf de camarero

bush ['bʊʃ] n 1 SHRUB : arbusto m, mata f 2 THICKET : maleza f, matorral m

bushel ['bʊʃəl] n : medida f de áridos igual a 35.24 litros

bushing ['bʊʃɪŋ] n : cojinete m

bushy ['bʊʃi] adj **bushier; -est** : espeso, poblado ⟨bushy eyebrows : cejas pobladas⟩

busily ['bɪzəli] adv : afanosamente, diligentemente

business ['bɪznəs, -nəz] n 1 OCCUPATION : ocupación f, oficio m 2 DUTY, MISSION : misión f, deber m, responsabilidad f 3 ESTABLISHMENT, FIRM : empresa f, firma f, negocio m, comercio m 4 COMMERCE : negocios mpl, comercio m 5 AFFAIR, MATTER : asunto m, cuestión f, cosa f ⟨it's none of your business : no es asunto tuyo⟩

businessman ['bɪznəs,mæn, -nəz-] n, pl **-men** [-mən, -,mɛn] : empresario m, hombre m de negocios

businesswoman ['bɪznəs,wʊmən, -nəz-] n, pl **-women** [-,wɪmən] : empresaria f, mujer f de negocios

bust[1] ['bʌst] vt 1 BREAK, SMASH : romper, estropear, destrozar 2 TAME : domar, amansar (un caballo) — vi : romperse, estropearse

bust[2] n 1 : busto m (en la escultura) 2 BREASTS : pecho m, senos mpl, busto m

bustle[1] ['bʌsəl] vi **-tled; -tling to bustle about** : ir y venir, trajinar, ajetrearse

bustle[2] n 1 or hustle and bustle : bullicio m, ajetreo m 2 : polisón m (en la ropa feminina)

busy[1] ['bɪzi] vt **busied; busying to busy oneself with** : ocuparse con, ponerse a, entretenerse con

busy[2] adj **busier; -est** 1 OCCUPIED : ocupado, atareado ⟨he's busy working : está ocupado en su trabajo⟩ ⟨the telephone was busy : el teléfono estaba ocupado⟩ 2 BUSTLING : concurrido, animado ⟨a busy street : una calle concurrida, una calle con mucho tránsito⟩

busybody ['bɪzi,bɑdi] n, pl **-bodies** : entrometido m, -da f; metiche mf fam; metomentodo mf

but[1] ['bʌt] conj 1 THAT : que ⟨there is no doubt but he is lazy : no cabe duda que sea perezoso⟩ **2** WITHOUT : sin que **3** NEVERTHELESS : pero, no obstante, sin embargo ⟨I called her but she didn't answer : la llamé pero no contestó⟩ **4** YET : pero ⟨he was poor but proud : era pobre pero orgulloso⟩

but² *prep* EXCEPT : excepto, menos ⟨everyone but Carlos : todos menos Carlos⟩ ⟨the last but one : el penúltimo⟩

butcher¹ ['bʊtʃər] *vt* **1** SLAUGHTER : matar (animales) **2** KILL : matar, asesinar, masacrar **3** BOTCH : estropear, hacer una chapuza

butcher² *n* **1** : carnicero *m*, -ra *f* **2** KILLER : asesino *m*, -na *f* **3** BUNGLER : chapucero *m*, -ra *f*

butler ['bʌtlər] *n* : mayordomo *m*

butt¹ ['bʌt] *vt* **1** : embestir (con los cuernos), darle un cabezazo a **2** ABUT : colindar con, bordear — *vi* **to butt in 1** INTERRUPT : interrumpir **2** MEDDLE : entrometerse, meterse

butt² *n* **1** BUTTING : embestida *f* (de cuernos), cabezazo *m* **2** TARGET : blanco *m* ⟨the butt of his jokes : el blanco de sus bromas⟩ **3** BOTTOM, END : extremo *m*, culata *f* (de un rifle), colilla *f* (de un cigarrillo)

butte ['bju:t] *n* : colina *f* empinada y aislada

butter¹ ['bʌtər] *vt* **1** : untar con mantequilla **2 to butter up** : halagar

butter² *n* : mantequilla *f*

buttercup ['bʌtər,kʌp] *n* : ranúnculo *m*

butterfat ['bʌtər,fæt] *n* : grasa *f* de la leche

butterfly ['bʌtər,flaɪ] *n*, *pl* **-flies** : mariposa *f*

buttermilk ['bʌtər,mɪlk] *n* : suero *m* de la leche

butternut ['bʌtər,nʌt] *n* : nogal *m* ceniciento (árbol)

butterscotch ['bʌtər,skɑtʃ] *n* : caramelo *m* duro hecho con mantequilla

buttery ['bʌtəri] *adj* : mantecoso

buttocks ['bʌtəks, -,tɑks] *npl* : nalgas *fpl*, trasero *m*

button¹ ['bʌtən] *vt* : abrochar, abotonar — *vi* : abrocharse, abotonarse

button² *n* : botón *m*

buttonhole¹ ['bʌtən,ho:l] *vt* **-holed; -holing** : acorralar

buttonhole² *n* : ojal *m*

buttress¹ ['bʌtrəs] *vt* : apoyar, reforzar

buttress² *n* **1** : contrafuerte *m* (en la arquitectura) **2** SUPPORT : apoyo *m*, sostén *m*

buxom ['bʌksəm] *adj* : con mucho busto, con mucho pecho

buy¹ ['baɪ] *vt* **bought** ['bɔt]; **buying** : comprar

buy² *n* BARGAIN : compra *f*, ganga *f*

buyer ['baɪər] *n* : comprador *m*, -dora *f*

buzz¹ ['bʌz] *vi* : zumbar (dícese de un insecto), sonar (dícese de un teléfono o un despertador)

buzz² *n* **1** : zumbido *m* (de insectos) **2** : murmullo *m*, rumor *m* (de voces)

buzzard ['bʌzərd] *n* VULTURE : buitre *m*, zopilote *m* CA, Mex

buzzer ['bʌzər] *n* : timbre *m*, chicharra *f*

buzzword ['bʌz,wərd] *n* : palabra *f* de moda

by¹ ['baɪ] *adv* **1** NEAR : cerca ⟨he lives close by : vive muy cerca⟩ **2 to stop by** : pasar por casa, hacer una visita **3 to go by** : pasar ⟨they rushed by : pasaron corriendo⟩ **4 to put by** : reservar, poner a un lado **5 by and by** : poco después, dentro de poco **6 by and large** : en general

by² *prep* **1** NEAR : cerca de, al lado de, junto a **2** VIA : por ⟨she left by the door : salió por la puerta⟩ **3** PAST : por, por delante de ⟨they walked by him : pasaron por delante de él⟩ **4** DURING : de, durante ⟨by night : de noche⟩ **5** (*in expressions of time*) : para ⟨we'll be there by ten : estaremos allí para las diez⟩ ⟨by then : para entonces⟩ **6** (*indicating cause or agent*) : por, de, a ⟨built by the Romans : construido por los romanos⟩ ⟨a book by Borges : un libro de Borges⟩ ⟨made by hand : hecho a mano⟩

by and by *adv* : dentro de poco

bygone¹ ['baɪ,gɔn] *adj* : pasado

bygone² *n* **let bygones be bygones** : lo pasado, pasado está

bylaw or **byelaw** ['baɪ,lɔ] *n* : norma *f*, reglamento *m*

by-line ['baɪ,laɪn] *n* : data *f*

bypass¹ ['baɪ,pæs] *vt* : evitar

bypass² *n* **1** BELTWAY : carretera *f* de circunvalación **2** DETOUR : desvío *m*

by-product ['baɪ,prɑdəkt] *n* : subproducto *m*, producto *m* derivado

bystander ['baɪ,stændər] *n* : espectador *m*, -dora *f*

byte ['baɪt] *n* : byte *m*

byway ['baɪ,weɪ] *n* : camino *m* (apartado), carretera *f* secundaria

byword ['baɪ,wərd] *n* **1** PROVERB : proverbio *m*, refrán *m* **2 to be a byword for** : estar sinónimo de

C

c ['si:] *n*, *pl* **c's** *or* **cs** : tercera letra del alfabeto inglés

cab ['kæb] *n* **1** TAXI : taxi *m* **2** : cabina *f* (de un camión o una locomotora) **3** CARRIAGE : coche *m* de caballos

cabal [kə'bɑl, -'bæl] *n* **1** INTRIGUE, PLOT : conspiración *f*, complot *m*, intriga *f* **2** : grupo *m* de conspiradores

cabaret [ˌkæbə'reɪ] *n* : cabaret *m*

cabbage ['kæbɪʤ] *n* : col *f*, repollo *m*

cabbie *or* **cabby** ['kæbi] *n* : taxista *mf*

cabin ['kæbən] *n* **1** HUT : cabaña *f*, choza *f*, barraca *f* **2** STATEROOM : camarote *m* **3** : cabina *f* (de un automóvil o avión)

cabinet ['kæbnət] *n* **1** CUPBOARD : armario *m* **2** : gabinete *m*, consejo *m* de ministros **3 medicine cabinet** : botiquín *m*

cabinetmaker ['kæbnətˌmeɪkər] *n* : ebanista *mf*

cabinetmaking ['kæbnətˌmeɪkɪŋ] *n* : ebanistería *f*

cable¹ ['keɪbəl] *vt* **-bled; -bling** : enviar un cable, telegrafiar

cable² *n* **1** : cable *m* (para colgar o sostener algo) **2** : cable *m* eléctrico **3** → **cablegram**

cablegram ['keɪbəlˌgræm] *n* : telegrama *m*, cable *m*

caboose [kə'bu:s] *n* : furgón *m* de cola, cabús *m Mex*

cabstand ['kæbˌstænd] *n* : parada *f* de taxis

cacao [kə'kɑu, -'keɪo] *n*, *pl* **cacaos** : cacao *m*

cache¹ ['kæʃ] *vt* **cached; caching** : esconder, guardar en un escondrijo

cache² *n* **1** : escondite *m*, escondrijo *m* ⟨cache of weapons : escondite de armas⟩ **2** : cache *m* ⟨cache memory : memoria cache⟩

cachet [kæ'ʃeɪ] *n* : caché *m*, prestigio *m*

cackle¹ ['kækəl] *vi* **-led; -ling 1** CLUCK : cacarear **2** : reírse o carcajearse estridentemente ⟨he was cackling with delight : estaba carcajeándose de gusto⟩

cackle² *n* **1** : cacareo *m* (de una polla) **2** LAUGH : risa *f* estridente

cacophony [kæ'kɑfəni, -'kɔ-] *n*, *pl* **-nies** : cacofonía *f*

cactus ['kæktəs] *n*, *pl* **cacti** [-ˌtaɪ] *or* **-tuses** : cacto *m*, cactus *m*

cadaver [kə'dævər] *n* : cadáver *m*

cadaverous [kə'dævərəs] *adj* : cadavérico

caddie¹ *or* **caddy** ['kædi] *vi* **caddied; caddying** : trabajar de caddie, hacer de caddie

caddie² *or* **caddy** *n*, *pl* **-dies** : caddie *mf*

caddy ['kædi] *n*, *pl* **-dies** : cajita *f* para té

cadence ['keɪdənts] *n* : cadencia *f*, ritmo *m*

cadenced ['keɪdəntst] *adj* : cadencioso, rítmico

cadet [kə'dɛt] *n* : cadete *mf*

cadmium ['kædmiəm] *n* : cadmio *m*

cadre ['kæˌdreɪ, 'kɑ-, -ˌdri] *n* : cuadro *m* (de expertos)

café [kæ'feɪ, kə-] *n* : café *m*, cafetería *f*

cafeteria [ˌkæfə'tɪriə] *n* : cafetería *f*, restaurante *m* de autoservicio

caffeine [kæ'fi:n] *n* : cafeína *f*

cage¹ ['keɪʤ] *vt* **caged; caging** : enjaular

cage² *n* : jaula *f*

cagey ['keɪʤi] *adj* **-gier; -est 1** CAUTIOUS : cauteloso, reservado **2** SHREWD : astuto, vivo — **cagily** [-ʤəli] *adv*

caisson ['keɪˌsɑn, -sən] *n* **1** : cajón *m* de municiones **2** : cajón *m* hidráulico

cajole [kə'ʤo:l] *vt* **-joled; -joling** : engatusar

cajolery [kə'ʤo:ləri] *n* : engatusamiento *m*

cake¹ ['keɪk] *v* **caked; caking** *vt* : cubrir ⟨caked with mud : cubierto de barro⟩ — *vi* : endurecerse

cake² *n* **1** : torta *f*, bizcocho *m*, pastel *m* **2** : pastilla *f* (de jabón) **3 to take the cake** : llevarse la palma, ser el colmo

calabash ['kæləˌbæʃ] *n* : calabaza *f*

calamari [ˌkɑlə'mɑri] *ns & pl* : calamares *mpl*

calamine ['kæləˌmaɪn] *n* : calamina *f* ⟨calamine lotion : loción de calamina⟩

calamitous [kə'læmətəs] *adj* : desastroso, catastrófico, calamitoso — **calamitously** *adv*

calamity [kə'læməti] *n*, *pl* **-ties** : desastre *m*, desgracia *f*, calamidad *f*

calcium ['kælsiəm] *n* : calcio *m*

calcium carbonate ['kɑrbəˌneɪt, -nət] *n* : carbonato *m* de calcio

calculable ['kælkjələbəl] *adj* : calculable, computable

calculate ['kælkjəˌleɪt] *v* **-lated; -lating** *vt* **1** COMPUTE : calcular, computar **2** ESTIMATE : calcular, creer **3** INTEND : planear, tener la intención de ⟨I calculated on spending $100 : planeaba gastar $100⟩ — *vi* : calcular, hacer cálculos

calculated ['kælkjəˌleɪtəd] *adj* **1** ESTIMATED : calculado **2** DELIBERATE : intencional, premeditado, deliberado

calculating ['kælkjəˌleɪtɪŋ] *adj* SHREWD : calculador, astuto

calculation [ˌkælkjə'leɪʃən] *n* : cálculo *m*

calculator ['kælkjəˌleɪtər] *n* : calculadora *f*

calculus ['kælkjələs] *n*, *pl* **-li** [-ˌlaɪ] **1** : cálculo *m* ⟨differential calculus : cálculo diferencial⟩ **2** TARTAR : sarro *m* (dental)

caldron ['kɔldrən] → **cauldron**

calendar ['kæləndər] *n* **1** : calendario *m* **2** SCHEDULE : calendario *m*, programa *m*, agenda *f*

calf ['kæf, 'kɑf] n, pl **calves** ['kævz, 'kɑvz] **1** : becerro m, -rra f; ternero m, -ra f (de vacunos) **2** : cría f (de otros mamíferos) **3** : pantorrilla f (de la pierna)

calfskin ['kæf,skɪn] n : piel f de becerro

caliber or **calibre** ['kæləbər] n **1** : calibre m ⟨a .38 caliber gun : una pistola de calibre .38⟩ **2** ABILITY : calibre m, valor m, capacidad f

calibrate ['kælə,breɪt] vt **-brated; -brating** : calibrar (armas), graduar (termómetros)

calibration [,kælə'breɪʃən] n : calibrado m, calibración f

calico ['kælɪ,ko] n, pl **-coes** or **-cos 1** : calicó m, percal m **2** or **calico cat** : gato m manchado

calipers ['kæləpərz] npl : calibrador m

caliph or **calif** ['keɪlɪf, 'kæ-] n : califa m

calisthenics [,kæləs'θɛnɪks] ns & pl : calistenia f

calk ['kɔk] → **caulk**

call¹ ['kɔl] vi **1** CRY, SHOUT : gritar, vociferar **2** VISIT : hacer (una) visita, visitar **3 to call for** : exigir, requerir, necesitar ⟨it calls for patience : requiere mucha paciencia⟩ — vt **1** SUMMON : llamar, convocar **2** TELEPHONE : llamar por teléfono, telefonear **3** NAME : llamar, apodar

call² n **1** SHOUT : grito m, llamada f **2** : grito m (de un animal), reclamo m (de un pájaro) **3** SUMMONS : llamada f **4** DEMAND : llamado m, petición f **5** VISIT : visita f **6** DECISION : decisión f (en deportes) **7 or telephone call** : llamada f (telefónica)

call down vt REPRIMAND : reprender, reñir

caller ['kɔlər] n **1** VISITOR : visita f **2** : persona f que llama (por teléfono)

calligraphy [kə'lɪgrəfi] n, pl **-phies** : caligrafía f

calling ['kɔlɪŋ] n : vocación f, profesión f

calliope [kə'laɪə,pi:, 'kæli,o:p] n : órgano m de vapor

call off vt CANCEL : cancelar, suspender

callous¹ ['kæləs] vt : encallecer

callous² adj **1** CALLUSED : calloso, encallecido **2** UNFEELING : insensible, desalmado, cruel

callously ['kæləsli] adv : cruelmente, insensiblemente

callousness ['kæləsnəs] n : insensibilidad f, crueldad f

callow ['kælo] adj : inexperto, inmaduro

callus ['kæləs] n : callo m

callused ['kæləst] adj : encallecido, calloso

calm¹ ['kɑm, 'kɑlm] vt : tranquilizar, calmar, sosegar — vi : tranquilizarse, calmarse ⟨calm down! : ¡tranquilízate!⟩

calm² adj **1** TRANQUIL : calmo, tranquilo, sereno, ecuánime **2** STILL : en calma (dícese del mar), sin viento (dícese del aire)

calm³ n **1** : tranquilidad f, calma f

calmly ['kɑmli, 'kɑlm-] adv : con calma, tranquilamente

calmness ['kɑmnəs, 'kɑlm-] n : calma f, tranquilidad f

caloric [kə'lɔrɪk] adj : calórico (dícese de los alimentos), calorífico (dícese de la energía)

calorie ['kæləri] n : caloría f

calumniate [kə'lʌmni,eɪt] vt **-ated; -ating** : calumniar, difamar

calumny ['kæləmni] n, pl **-nies** : calumnia f, difamación f

calve ['kæv, 'kɑv] vi **calved; calving** : parir (dícese de los mamíferos)

calves → **calf**

calypso [kə'lɪp,so:] n, pl **-sos** : calipso m

calyx ['keɪlɪks, 'kæ-] n, pl **-lyxes** or **-lyces** [-lə,si:z] : cáliz m

cam ['kæm] n : leva f

camaraderie [,kɑm'rɑdəri, ,kæm-, ,kɑmə'rɑ-] n : compañerismo m, camaradería f

Cambodian [kæm'bo:diən] n : camboyano m, -na f — **Cambodian** adj

came → **come**

camel ['kæməl] n : camello m

camellia [kə'mi:ljə] n : camelia f

cameo ['kæmi,o:] n, pl **-eos 1** : camafeo m **2** or **cameo performance** : actuación f especial

camera ['kæmrə, 'kæmərə] n : cámara f, máquina f fotográfica

Cameroonian [,kæmə'ru:niən] n : camerunés m, -nesa f

camouflage¹ ['kæmə,flɑʒ, -,flɑʤ] vt **-flaged; -flaging** : camuflajear, camuflar

camouflage² n : camuflaje m

camp¹ ['kæmp] vi : acampar, ir de camping

camp² n **1** : campamento m **2** FACTION : campo m, bando m ⟨in the same camp : del mismo bando⟩ **3 to pitch camp** : acampar, poner el campamento **4 to break camp** : levantar el campamento

campaign¹ [kæm'peɪn] vi : hacer (una) campaña

campaign² n : campaña f

campanile [,kæmpə'ni,li:, -'ni:l] n, pl **-niles** or **-nili** [-'ni,li:] : campanario m

camper ['kæmpər] n **1** : campista mf (persona) **2** : cámper m (vehículo)

campground ['kæmp,graʊnd] n : campamento m, camping m

camphor ['kæmpfər] n : alcanfor m

campsite ['kæmp,saɪt] n : campamento m, camping m

campus ['kæmpəs] n : campus m, recinto m universitario

can¹ ['kæn] v aux, past **could** ['kʊd]; present s & pl **can 1** : poder ⟨could you help me? : ¿podría ayudarme?⟩ **2** : saber ⟨she can't drive yet : todavía no sabe manejar⟩ **3** MAY : poder, tener permiso para ⟨can I sit down? : ¿puedo sentarme?⟩ **4** : poder ⟨it can't be! : ¡no

puede ser!) ⟨where can they be?
: ¿dónde estarán?⟩

can² [ˈkæn] *vt* **canned; canning 1** : enlatar, envasar ⟨to can tomatoes : enlatar tomates⟩ **2** DISMISS, FIRE : despedir, echar

can³ *n* : lata *f*, envase *m*, cubo *m* ⟨a can of beer : una lata de cerveza⟩ ⟨garbage can : cubo de basura⟩

Canadian [kəˈneɪdiən] *n* : canadiense *mf* — **Canadian** *adj*

canal [kəˈnæl] *n* **1** : canal *m*, tubo *m* ⟨alimentary canal : tubo digestivo⟩ **2** : canal *m* ⟨Panama Canal : Canal de Panamá⟩

canapé [ˈkænəpi, -ˌpeɪ] *n* : canapé *m*

canary [kəˈneri] *n*, *pl* **-naries** : canario *m*

cancel [ˈkæntsəl] *vt* **-celed** *or* **-celled; -celing** *or* **-celling** : cancelar

cancellation [ˌkæntsəˈleɪʃən] *n* : cancelación *f*

cancer [ˈkæntsər] *n* : cáncer *m*

Cancer *n* : Cáncer *mf*

cancerous [ˈkæntsərəs] *adj* : canceroso

candelabrum [ˌkændəˈlɑbrəm, -ˈlæ-] *or* **candelabra** [-brə] *n*, *pl* **-bra** *or* **-bras** : candelabro *m*

candid [ˈkændɪd] *adj* **1** FRANK : franco, sincero, abierto **2** : natural, espontáneo (en la fotografía)

candidacy [ˈkændədəsi] *n*, *pl* **-cies** : candidatura *f*

candidate [ˈkændəˌdeɪt, -dət] *n* : candidato *m*, -ta *f*

candidly [ˈkændɪdli] *adv* : con franqueza

candied [ˈkændid] *adj* : confitado

candle [ˈkændl̩] *n* : vela *f*, candela *f*, cirio *m* (ceremonial)

candlestick [ˈkændl̩ˌstɪk] *n* : candelero *m*

candor [ˈkændər] *n* : franqueza *f*

candy [ˈkændi] *n*, *pl* **-dies** : dulce *m*, caramelo *m*

cane¹ [ˈkeɪn] *vt* **caned; caning 1** : tapizar (muebles) con mimbre **2** FLOG : azotar con una vara

cane² *n* **1** : bastón *m* (para andar), vara *f* (para castigar) **2** REED : caña *f*, mimbre *m* (para muebles)

canine¹ [ˈkeɪˌnaɪn] *adj* : canino

canine² *n* **1** DOG : canino *m*; perro *m*, -rra *f* **2** *or* **canine tooth** : colmillo *m*, diente *m* canino

canister [ˈkænəstər] *n* : lata *f*, bote *m*

canker [ˈkæŋkər] *n* : úlcera *f* bucal

cannery [ˈkænəri] *n*, *pl* **-ries** : fábrica *f* de conservas

cannibal [ˈkænəbəl] *n* : caníbal *mf*; antropófago *m*, -ga *f*

cannibalism [ˈkænəbəˌlɪzəm] *n* : canibalismo *m*, antropofagia *f*

cannibalize [ˈkænəbəˌlaɪz] *vt* **-ized; -izing** : canibalizar

cannily [ˈkænəli] *adv* : astutamente, sagazmente

cannon [ˈkænən] *n*, *pl* **-nons** *or* **-non** : cañón *m*

cannot (can not) [ˈkænˌɑt, kəˈnɑt] → **can¹**

canny [ˈkæni] *adj* **-nier; -est** SHREWD : astuto, sagaz

canoe¹ [kəˈnuː] *vt* **-noed; -noeing** : ir en canoa

canoe² *n* : canoa *f*, piragua *f*

canon [ˈkænən] *n* **1** : canon *m* ⟨canon law : derecho canónico⟩ **2** WORKS : canon *m* ⟨the canon of American literature : el canon de la literatura americana⟩ **3** : canónigo *m* (de una catedral) **4** STANDARD : canon *m*, norma *f*

canonical [kəˈnɑnɪkəl] *adj* : canónico

canonize [ˈkænəˌnaɪz] *vt* **-ized; -izing** : canonizar

canopy [ˈkænəpi] *n*, *pl* **-pies** : dosel *m*, toldo *m*

cant¹ [ˈkænt] *vt* TILT : ladear, inclinar — *vi* **1** SLANT : ladearse, inclinarse, escorar (dícese de un barco) **2** : hablar insinceramente

cant² *n* **1** SLANT : plano *m* inclinado **2** JARGON : jerga *f* **3** : palabras *fpl* insinceras

can't [ˈkænt, ˈkant] (*contraction of* **can not**) → **can¹**

cantaloupe [ˈkæntəlˌoːp] *n* : melón *m*, cantalupo *m*

cantankerous [kænˈtæŋkərəs] *adj* : irritable, irascible — **cantankerously** *adv*

cantankerousness [kænˈtæŋkərəsnəs] *n* : irritabilidad *f*, irascibilidad *f*

cantata [kənˈtɑtə] *n* : cantata *f*

canteen [kænˈtiːn] *n* **1** FLASK : cantimplora *f* **2** CAFETERIA : cantina *f*, comedor *m* **3** : club *m* para actividades sociales y recreativas

canter¹ [ˈkæntər] *vi* : ir a medio galope

canter² *n* : medio galope *m*

cantilever [ˈkæntəˌliːvər, -ˌlevər] *n* **1** : viga *f* voladiza **2 cantilever bridge** : puente *m* voladizo

canto [ˈkænˌtoː] *n*, *pl* **-tos** : canto *m*

canton [ˈkæntən, -ˌtɑn] *n* : cantón *m*

Cantonese [ˌkæntəˈniːz, -ˈiːs] *n* **1** : cantonés *m*, -nesa *f* **2** : cantonés *m* (idioma) — **Cantonese** *adj*

cantor [ˈkæntər] *n* : solista *mf*

canvas [ˈkænvəs] *n* **1** : lona *f* **2** SAILS : velas *fpl* (de un barco) **3** : lienzo *m*, tela *f* (de pintar) **4** PAINTING : pintura *f*, óleo *m*, cuadro *m*

canvass¹ [ˈkænvəs] *vt* **1** SOLICIT : solicitar votos o pedidos de, hacer campaña entre **2** SOUND OUT : sondear (opiniones, etc.)

canvass² *n* SURVEY : sondeo *m*, encuesta *f*

canyon [ˈkænjən] *n* : cañón *m*

cap¹ [ˈkæp] *vt* **capped; capping 1** COVER : tapar (un recipiente), enfundar (un diente), cubrir (una montaña) **2** CLIMAX : coronar, ser el punto culminante de ⟨to cap it all off : para colmo⟩ **3** LIMIT : limitar, poner un tope a

cap² *n* **1** : gorra *f*, gorro *m*, cachucha *f* *Mex* ⟨baseball cap : gorra de béisbol⟩

2 COVER, TOP : tapa *f*, tapón *m* (de botellas), corcholata *f Mex* 3 LIMIT : tope *m*, límite *m*

capability [ˌkeɪpəˈbɪləti] *n, pl* **-ties** : capacidad *f*, habilidad *f*, competencia *f*

capable [ˈkeɪpəbəl] *adj* : competente, capaz, hábil — **capably** [-bli] *adv*

capacious [kəˈpeɪʃəs] *adj* : amplio, espacioso, de gran capacidad

capacity¹ [kəˈpæsəti] *adj* : completo, total ⟨a capacity crowd : un lleno completo⟩

capacity² *n, pl* **-ties** 1 ROOM, SPACE : capacidad *f*, cabida *f*, espacio *m* 2 CAPABILITY : habilidad *f*, competencia *f* 3 FUNCTION, ROLE : calidad *f*, función *f* ⟨in his capacity as ambassador : en su calidad de embajador⟩

cape¹ [ˈkeɪp] *n* 1 : capa *f* 2 : cabo *m* ⟨Cape Horn : el Cabo de Hornos⟩

caper¹ [ˈkeɪpər] *vi* : dar saltos, correr y brincar

caper² *n* 1 : alcaparra *f* ⟨olives and capers : aceitunas y alcaparras⟩ 2 ANTIC, PRANK : broma *f*, travesura *f* 3 LEAP : brinco *m*, salto *m*

Cape Verdean [ˈkeɪpˈvərdiən] *n* : caboverdiano *m*, -na *f* — **Cape Verdean** *adj*

capful [ˈkæpˌfʊl] *n* : tapa *f*, tapita *f*

capillary¹ [ˈkæpəˌleri] *adj* : capilar

capillary² *n, pl* **-ries** : capilar *m*

capital¹ [ˈkæpətəl] *adj* 1 : capital ⟨capital punishment : pena capital⟩ 2 : mayúsculo (dícese de las letras) 3 : de capital ⟨capital assets : activo fijo⟩ ⟨capital gain : ganancia de capital, plusvalía⟩ 4 EXCELLENT : excelente, estupendo

capital² *n* 1 *or* **capital city** : capital *f*, sede *f* del gobierno 2 WEALTH : capital *m* 3 *or* **capital letter** : mayúscula *f* 4 : capitel *m* (de una columna)

capitalism [ˈkæpətəlˌɪzəm] *n* : capitalismo *m*

capitalist¹ [ˈkæpətəlɪst] *or* **capitalistic** [ˌkæpətəlˈɪstɪk] *adj* : capitalista

capitalist² *n* : capitalista *mf*

capitalization [ˌkæpətələˈzeɪʃən] *n* : capitalización *f*

capitalize [ˈkæpətəlˌaɪz] *v* **-ized; -izing** *vt* 1 FINANCE : capitalizar, financiar 2 : escribir con mayúscula — *vi* **to capitalize on** : sacar partido de, aprovechar

capitol [ˈkæpətəl] *n* : capitolio *m*

capitulate [kəˈpɪtʃəˌleɪt] *vi* **-lated; -lating** : capitular

capitulation [kəˌpɪtʃəˈleɪʃən] *n* : capitulación *f*

capon [ˈkeɪˌpɑn, -pən] *n* : capón *m*

cappuccino [ˌkæpəˈtʃiːnoː] *n* : capuchino *m* (café)

caprice [kəˈpriːs] *n* : capricho *m*, antojo *m*

capricious [kəˈprɪʃəs, -ˈpriː-] *adj* : caprichoso — **capriciously** *adv*

Capricorn [ˈkæprɪˌkɔrn] *n* : Capricornio *mf*

capsize [ˈkæpˌsaɪz, kæpˈsaɪz] *v* **-sized; -sizing** *vi* : volcar, volcarse — *vt* : hacer volcar

capstan [ˈkæpstən, -ˌstæn] *n* : cabrestante *m*

capsule [ˈkæpsəl, -ˌsuːl] *n* 1 : cápsula *f* (en la farmacéutica y botánica) 2 **space capsule** : cápsula *f* espacial

captain¹ [ˈkæptən] *vt* : capitanear

captain² *n* 1 : capitán *m*, -tana *f* 2 HEADWAITER : jefe *m*, -fa *f* de comedor 3 **captain of industry** : magnate *mf*

caption¹ [ˈkæpʃən] *vt* : ponerle una leyenda a (una ilustración), titular (un artículo), subtitular (una película)

caption² *n* 1 HEADING : titular *m*, encabezamiento *m* 2 : leyenda *f* (al pie de una ilustración) 3 SUBTITLE : subtítulo *m*

captivate [ˈkæptəˌveɪt] *vt* **-vated; -vating** CHARM : cautivar, hechizar, encantar

captivating [ˈkæptəˌveɪtɪŋ] *adj* : cautivador, hechicero, encantador

captive¹ [ˈkæptɪv] *adj* : cautivo

captive² *n* : cautivo *m*, -va *f*

captivity [ˈkæptɪvəti] *n* : cautiverio *m*

captor [ˈkæptər] *n* : captor *m*, -tora *f*

capture¹ [ˈkæptʃər] *vt* **-tured; -turing** 1 SEIZE : capturar, apresar 2 CATCH : captar ⟨to capture one's interest : captar el interés de uno⟩

capture² *n* : captura *f*, apresamiento *m*

car [ˈkɑr] *n* 1 AUTOMOBILE : automóvil *m*, coche *m*, carro *m* 2 : vagón *m*, coche *m* (de un tren) 3 : cabina *f* (de un ascensor)

carafe [kəˈræf, -ˈrɑf] *n* : garrafa *f*

caramel [ˈkɑrməl; ˈkærəməl, -ˌmɛl] *n* 1 : caramelo *m*, azúcar *f* quemada 2 *or* **caramel candy** : caramelo *m*, dulce *m* de leche

carat [ˈkærət] *n* : quilate *m*

caravan [ˈkærəˌvæn] *n* : caravana *f*

caraway [ˈkærəˌweɪ] *n* : alcaravea *f*

carbine [ˈkɑrˌbaɪn, -ˌbiːn] *n* : carabina *f*

carbohydrate [ˌkɑrboˈhaɪˌdreɪt, -drət] *n* : carbohidrato *m*, hidrato *m* de carbono

carbon [ˈkɑrbən] *n* 1 : carbono *m* 2 → **carbon paper** 3 → **carbon copy**

carbonated [ˈkɑrbəˌneɪtəd] *adj* : carbonatado (dícese del agua), gaseoso (dícese de las bebidas)

carbon copy *n* 1 : copia *f* al carbón 2 DUPLICATE : duplicado *m*, copia *f* exacta

carbon paper *n* : papel *m* carbón

carbuncle [ˈkɑrˌbʌŋkəl] *n* : carbunco *m*

carburetor [ˈkɑrbəˌreɪtər, -bjə-] *n* : carburador *m*

carcass [ˈkɑrkəs] *n* : cuerpo *m* (de un animal muerto)

carcinogen [kɑrˈsɪnədʒən, ˈkɑrsənəˌdʒɛn] *n* : carcinógeno *m*, cancerígeno *m*

carcinogenic [ˌkɑrsənoˈdʒɛnɪk] *adj* : carcinogénico

carcinoma [ˌkɑrsəˈnoːmə] *n* : carcinoma *m*

card¹ [ˈkard] vt : cardar (fibras)

card² n 1 : carta f, naipe m ⟨to play cards : jugar a las cartas⟩ ⟨a deck of cards : una baraja⟩ 2 : tarjeta f ⟨birthday card : tarjeta de cumpleaños⟩ ⟨business card : tarjeta (de visita)⟩

cardboard [ˈkard͵bord] n : cartón m, cartulina f

cardiac [ˈkardiˌæk] adj : cardíaco, cardíaco

cardigan [ˈkardɪgən] n : cárdigan m, chaqueta f de punto

cardinal¹ [ˈkardənəl] adj FUNDAMENTAL : cardinal, fundamental

cardinal² n : cardenal m

cardinal number n : número m cardinal

cardinal point n : punto m cardinal

cardiologist [͵kardiˈaləʤɪst] n : cardiólogo m, -ga f

cardiology [͵kardiˈaləʤi] n : cardiología f

cardiovascular [͵kardioˈvæskjələr] adj : cardiovascular

care¹ [ˈkær] v cared; caring vi 1 : importarle a uno ⟨they don't care : no les importa⟩ 2 : preocuparse, inquietarse ⟨she cares about the poor : se preocupa por los pobres⟩ 3 to care for TEND : cuidar (de), atender, encargarse de 4 to care for CHERISH : querer, sentir cariño por 5 to care for LIKE : gustarle (algo a uno) ⟨I don't care for your attitude : tu actitud no me agrada⟩ — vt WISH : desear, querer ⟨if you care to go : si deseas ir⟩

care² n 1 ANXIETY : inquietud f, preocupación f 2 CAREFULNESS : cuidado m, atención f ⟨handle with care : manejar con cuidado⟩ 3 CHARGE : cargo m, cuidado m 4 to take care of : cuidar (de), atender, encargarse de

careen [kəˈriːn] vi 1 SWAY : oscilar, balancearse 2 CAREER : ir a toda velocidad

career¹ [kəˈrɪr] vi : ir a toda velocidad

career² n VOCATION : vocación f, profesión f, carrera f

carefree [ˈkær͵friː, ͵kær-] adj : despreocupado

careful [ˈkærfəl] adj 1 CAUTIOUS : cuidadoso, cauteloso 2 PAINSTAKING : cuidadoso, esmerado, meticuloso

carefully [ˈkærfəli] adv : con cuidado, cuidadosamente

carefulness [ˈkærfəlnəs] n 1 CAUTION : cuidado m, cautela f 2 METICULOUSNESS : esmero m, meticulosidad f

caregiver [ˈkær͵gɪvər] n : persona f que cuida a niños o enfermos

careless [ˈkærləs] adj : descuidado, negligente — **carelessly** adv

carelessness [ˈkærləsnəs] n : descuido m, negligencia f

caress¹ [kəˈrɛs] vt : acariciar

caress² n : caricia f

caret [ˈkærət] n : signo m de intercalación

caretaker [ˈkɛr͵teɪkər] n : conserje mf; velador m, -dora f

cargo [ˈkar͵goː] n, pl **-goes** or **-gos** : cargamento m, carga f

Caribbean [kærəˈbiːən, kəˈrɪbiən] adj : caribeño ⟨the Caribbean Sea : el mar Caribe⟩

caribou [ˈkærə͵buː] n, pl **-bou** or **-bous** : caribú m

caricature¹ [ˈkærɪkə͵tʃur] vt **-tured; -turing** : caricaturizar

caricature² n : caricatura f

caricaturist [ˈkærɪkə͵tʃurɪst] n : caricaturista mf

caries [ˈkæriːz] ns & pl : caries f

carillon [ˈkærə͵lan] n : carillón m

carmine [ˈkarmən, -͵maɪn] n : carmín m

carnage [ˈkarnɪʤ] n : matanza f, carnicería f

carnal [ˈkarnəl] adj : carnal

carnation [karˈneɪʃən] n : clavel m

carnival [ˈkarnəvəl] n : carnaval m, feria f

carnivore [ˈkarnə͵vor] n : carnívoro m

carnivorous [karˈnɪvərəs] adj : carnívoro

carol¹ [ˈkærəl] vi **-oled** or **-olled; -oling** or **-olling** : cantar villancicos

carol² n : villancico m

caroler or **caroller** [ˈkærələr] n : persona f que canta villancicos

carom¹ [ˈkærəm] vi 1 REBOUND : rebotar ⟨the bullet caromed off the wall : la bala rebotó contra el muro⟩ 2 : hacer carambola (en billar)

carom² n : carambola f

carouse [kəˈrauz] vt **-roused; -rousing** : irse de parranda, irse de juerga

carousel or **carrousel** [͵kærəˈsɛl, ˈkærə͵-] n : carrusel m, tiovivo m

carouser [kəˈrauzər] n : juerguista mf

carp¹ [ˈkarp] vi 1 COMPLAIN : quejarse 2 to carp at : criticar

carp² n, pl **carp** or **carps** : carpa f

carpel [ˈkarpəl] n : carpelo m

carpenter [ˈkarpəntər] n : carpintero m, -ra f

carpentry [ˈkarpəntri] n : carpintería f

carpet¹ [ˈkarpət] vt : alfombrar

carpet² n : alfombra f

carpeting [ˈkarpətɪŋ] n : alfombrado m

carport [ˈkar͵port] n : cochera f, garaje m abierto

carriage [ˈkærɪʤ] n 1 TRANSPORT : transporte m 2 POSTURE : porte m, postura f 3 **horse–drawn carriage** : carruaje m, coche m 4 **baby carriage** : cochecito m

carrier [ˈkæriər] n 1 : transportista mf, empresa f de transportes 2 : portador m, -dora f (de una enfermedad) 3 **aircraft carrier** : portaaviones m

carrier pigeon : paloma f mensajera

carrion [ˈkæriən] n : carroña f

carrot [ˈkærət] n : zanahoria f

carry [ˈkæri] v **-ried; -rying** vt 1 TRANSPORT : llevar, cargar, transportar (cargamento), conducir (electricidad), portar (un virus) ⟨to carry a bag : cargar una bolsa⟩ ⟨to carry money : llevar dinero encima, traer dinero consigo⟩ **2** BEAR : soportar, aguantar, resistir (peso) **3** STOCK : vender, tener en abasto **4** ENTAIL : llevar, implicar, acarrear **5** WIN : ganar (una elección o competición), aprobar (una moción) **6 to carry oneself** : portarse, comportarse ⟨he carried himself honorably : se comportó dignamente⟩ — vi : oírse, proyectarse ⟨her voice carries well : su voz se puede oír desde lejos⟩

carryall ['kæri,ɔl] *n* : bolsa *f* de viaje

carry away *vt* **to get carried away** : exaltarse, entusiasmarse

carry on *vt* CONDUCT : realizar, ejercer, mantener ⟨to carry on research : realizar investigaciones⟩ ⟨to carry on a correspondence : mantener una correspondencia⟩ — vi : portarse de manera escandalosa o inapropiada ⟨it's embarrassing how he carries on : su manera de comportarse da vergüenza⟩ **2** CONTINUE : seguir, continuar

carry out *vt* **1** PERFORM : llevar a cabo, realizar **2** FULFILL : cumplir

cart¹ ['kɑrt] *vt* : acarrear, llevar

cart² *n* : carreta *f*, carro *m*

cartel [kɑr'tɛl] *n* : cártel *m*

cartilage ['kɑrtəlɪdʒ] *n* : cartílago *m*

cartilaginous [,kɑrtəl'ædʒənəs] *adj* : cartilaginoso

cartographer [kɑr'tɑɡrəfər] *n* : cartógrafo *m*, -fa *f*

cartography [kɑr'tɑɡrəfi] *n* : cartografía *f*

carton ['kɑrtən] *n* : caja *f* de cartón

cartoon [kɑr'tuːn] *n* **1** : chiste *m* (gráfico), caricatura *f* ⟨a political cartoon : un chiste político⟩ **2** COMIC STRIP : tira *f* cómica, historieta *f* **3** *or* animated cartoon : dibujo *m* animado

cartoonist [kɑr'tuːnɪst] *n* : caricaturista *mf*, dibujante *mf* (de chistes)

cartridge ['kɑrtrɪdʒ] *n* : cartucho *m*

carve ['kɑrv] *vt* carved; carving **1** : tallar (madera), esculpir (piedra), grabar ⟨he carved his name in the bark : grabó su nombre en la corteza⟩ **2** SLICE : cortar, trinchar (carne)

cascade¹ [kæs'keɪd] *vi* -caded; -cading : caer en cascada

cascade² *n* : cascada *f*, salto *m* de agua

case¹ ['keɪs] *vt* cased; casing **1** BOX, PACK : embalar, encajonar **2** INSPECT : observar, inspeccionar (antes de cometer un delito)

case² *n* **1** : caso *m* ⟨an unusual case : un caso insólito⟩ ⟨ablative case : caso ablativo⟩ ⟨a case of the flu : un caso de gripe⟩ **2** BOX : caja *f* **3** CONTAINER : funda *f*, estuche *m* **4** in any case : de todos modos, en cualquier caso **5** in case : como precaución ⟨just in case : por si acaso⟩ **6** in case of : en caso de

casement ['keɪsmənt] *n* : ventana *f* con bisagras

cash¹ ['kæʃ] *vt* : convertir en efectivo, cobrar, cambiar (un cheque)

cash² *n* : efectivo *m*, dinero *m* en efectivo

cashew ['kæ,ʃuː, kə'ʃuː] *n* : anacardo *m*

cashier¹ [kæ'ʃɪr] *vt* : destituir, despedir

cashier² *n* : cajero *m*, -ra *f*

cashmere ['kæʒ,mɪr, 'kæʃ-] *n* : cachemir *m*

casino [kə'si:,no:] *n*, *pl* -nos : casino *m*

cask ['kæsk] *n* : tonel *m*, barrica *f*, barril *m*

casket ['kæskət] *n* COFFIN : ataúd *m*, féretro *m*

cassava [kə'sɑvə] *n* : mandioca *f*, yuca *f*

casserole ['kæsə,roːl] *n* **1** : cazuela *f* **2** : guiso *m*, guisado *m* ⟨tuna casserole : guiso de atún⟩

cassette [kə'sɛt, kæ-] *n* : cassette *mf*

cassock ['kæsək] *n* : sotana *f*

cast¹ ['kæst] *vt* cast; casting **1** THROW : tirar, echar, arrojar ⟨the die is cast : la suerte está echada⟩ **2** : depositar (un voto) **3** : asignar (papeles en una obra de teatro) **4** MOLD : moldear, fundir, vaciar **5 to cast off** ABANDON : desamparar, abandonar

cast² *n* **1** THROW : lance *m*, lanzamiento *m* **2** APPEARANCE : aspecto *m*, forma *f* **3** : elenco *m*, reparto *m* (de una obra de teatro) **4 plaster cast** : molde *m* de yeso, escayola *f*

castanets [,kæstə'nɛts] *npl* : castañuelas *fpl*

castaway¹ ['kæstə,weɪ] *adj* : náufrago

castaway² *n* : náufrago *m*, -ga *f*

caste ['kæst] *n* : casta *f*

caster ['kæstər] *n* : ruedita *f* (de un mueble)

castigate ['kæstə,geɪt] *vt* -gated; -gating : castigar severamente, censurar, reprobar

Castilian [kæ'stɪljən] *n* **1** : castellano *m*, -na *f* **2** : castellano *m* (idioma) — **Castilian** *adj*

cast iron *n* : hierro *m* fundido

castle ['kæsəl] *n* **1** : castillo *m* **2** : torre *f* (en ajedrez)

cast-off ['kæst,ɔf] *adj* : desechado

castoff ['kæst,ɔf] *n* : desecho *m*

castrate ['kæs,treɪt] *vt* -trated; -trating : castrar

castration [kæ'streɪʃən] *n* : castración *f*

casual ['kæʒuəl] *adj* **1** FORTUITOUS : casual, fortuito **2** INDIFFERENT : indiferente, despreocupado **3** INFORMAL : informal — **casually** ['kæʒuəli, 'kæʒəli] *adv*

casualness ['kæʒuəlnəs] *n* **1** FORTUITOUSNESS : casualidad *f* **2** INDIFFERENCE : indiferencia *f*, despreocupación *f* **3** INFORMALITY : informalidad *f*

casualty ['kæʒuəlti, 'kæʒəl-] *n*, *pl* -ties **1** ACCIDENT : accidente *m* serio, desastre *m* **2** VICTIM : víctima *f*; baja *f*; herido *m*, -da *f*

cat ['kæt] *n* : gato *m*, -ta *f*

cataclysm ['kætə,klɪzəm] *n* : cataclismo *m*

cataclysmal [ˌkætəˈklɪzməl] *or* **cataclysmic** [ˌkætəˈklɪzmɪk] *adj* : catastrófico

catacombs [ˈkætəˌkoːmz] *npl* : catacumbas *fpl*

Catalan [ˈkætələn, -ˌlæn] *n* **1** : catalán *m*, catalana *f* **2** : catalán *m* (idioma) — **Catalan** *adj*

catalog¹ *or* **catalogue** [ˈkætəˌlɔg] *vt* **-loged** *or* **-logued; -loging** *or* **-loguing** : catalogar

catalog² *n* : catálogo *m*

catalyst [ˈkætələst] *n* : catalizador *m*

catalytic [ˌkætəˈlɪtɪk] *adj* : catalítico

catamaran [ˌkætəməˈræn, ˈkætəməˌræn] *n* : catamarán *m*

catapult¹ [ˈkætəˌpʌlt, -ˌpʊlt] *vt* : catapultar

catapult² *n* : catapulta *f*

cataract [ˈkætəˌrækt] *n* : catarata *f*

catarrh [kəˈtɑr] *n* : catarro *m*

catastrophe [kəˈtæstrəˌfiː] *n* : catástrofe *f*

catastrophic [ˌkætəˈstrɑfɪk] *adj* : catastrófico — **catastrophically** [-fɪkli] *adv*

catcall [ˈkætˌkɔl] *n* : rechifla *f*, abucheo *m*

catch¹ [ˈkætʃ, ˈkɛtʃ] *v* **caught** [ˈkɔt]; **catching** *vt* **1** CAPTURE, TRAP : capturar, agarrar, atrapar, coger **2** : agarrar, pillar *fam*, tomar de sorpresa ⟨they caught him red-handed : lo pillaron con las manos en la masa⟩ **3** GRASP : agarrar, captar **4** ENTANGLE : enganchar, enredar **5** : tomar (un tren, etc.) **6** : contagiarse de ⟨to catch a cold : contagiarse de un resfriado, resfriarse⟩ — *vi* **1** GRASP : agarrar **2** HOOK : engancharse **3** IGNITE : prender, agarrar

catch² *n* **1** CATCHING : captura *f*, atrapada *f*, parada *f* (de una pelota) **2** : redada *f* (de pescado), presa *f* (de caza) ⟨he's a good catch : es un buen partido⟩ **3** LATCH : pestillo *m*, pasador *m* **4** DIFFICULTY, TRICK : problema *m*, trampa *f*, truco *m*

catcher [ˈkætʃər, ˈkɛ-] *n* : catcher *mf*; receptor *m*, -tora *f* (en béisbol)

catching [ˈkætʃɪŋ, ˈkɛ-] *adj* : contagioso

catchup [ˈkætʃəp, ˈkɛ-] → **ketchup**

catchword [ˈkætʃˌwərd, ˈkɛtʃ-] *n* : eslogan *m*, lema *m*

catchy [ˈkætʃi, ˈkɛ-] *adj* **catchier; -est** : pegadizo ⟨a catchy song : una canción pegadiza⟩

catechism [ˈkætəˌkɪzəm] *n* : catecismo *m*

categorical [ˌkætəˈgɔrɪkəl] *adj* : categórico, absoluto, rotundo — **categorically** [-kli] *adv*

categorize [ˈkætɪgəˌraɪz] *vt* **-rized; -rizing** : clasificar, catalogar

category [ˈkætəˌgɔri] *n, pl* **-ries** : categoría *f*, género *m*, clase *f*

cater [ˈkeɪtər] *vi* **1** : proveer alimentos (para fiestas, bodas, etc.) **2 to cater to** : atender a ⟨to cater to all tastes : atender a todos los gustos⟩

catercorner¹ [ˈkætiˌkɔrnər, ˈkætə-, ˈkɪti-] *or* **cater–cornered** [-ˌkɔrnərd] *adv* : diagonalmente, en diagonal

catercorner² *or* **cater–cornered** *adj* : diagonal

caterer [ˈkeɪtərər] *n* : proveedor *m*, -dora *f* de comida

caterpillar [ˈkætərˌpɪlər] *n* : oruga *f*

catfish [ˈkætˌfɪʃ] *n* : bagre *m*

catgut [ˈkætˌgʌt] *n* : cuerda *f* de tripa

catharsis [kəˈθɑrsɪs] *n, pl* **catharses** [-ˌsiːz] : catarsis *f*

cathartic¹ [kəˈθɑrtɪk] *adj* : catártico

cathartic² *n* : purgante *m*

cathedral [kəˈθiːdrəl] *n* : catedral *f*

catheter [ˈkæθətər] *n* : catéter *m*, sonda *f*

cathode [ˈkæˌθoːd] *n* : cátodo *m*

catholic [ˈkæθəlɪk] *adj* **1** BROAD, UNIVERSAL : liberal, universal **2 Catholic** : católico

Catholic *n* : católico *m*, -ca *f*

Catholicism [kəˈθɑləˌsɪzəm] *n* : catolicismo *m*

catlike [ˈkætˌlaɪk] *adj* : gatuno, felino

catnap¹ [ˈkætˌnæp] *vi* **-napped; -napping** : tomarse una siestecita

catnap² *n* : siesta *f* breve, siestecita *f*

catnip [ˈkætˌnɪp] *n* : nébeda *f*

catsup [ˈkɛtʃəp, ˈkætsəp] → **ketchup**

cattail [ˈkætˌteɪl] *n* : espadaña *f*, anea *f*

cattiness [ˈkætinəs] *n* : malicia *f*

cattle [ˈkætəl] *npl* : ganado *m*, reses *fpl*

cattleman [ˈkætəlmən, -ˌmæn] *n, pl* **-men** [-mən, -ˌmæn] : ganadero *m*

catty [ˈkæti] *adj* **-tier; -est** : malicioso, malintencionado

catwalk [ˈkætˌwɔk] *n* : pasarela *f*

Caucasian¹ [kɔˈkeɪʒən] *adj* : caucásico

Caucasian² *n* : caucásico *m*, -ca *f*

caucus [ˈkɔkəs] *n* : junta *f* de políticos

caught → **catch**

cauldron [ˈkɔldrən] *n* : caldera *f*

cauliflower [ˈkɑliˌflauər, ˈkɔ-] *n* : coliflor *f*

caulk¹ [ˈkɔk] *vt* : calafatear (un barco), enmasillar (una grieta)

caulk² *n* : masilla *f*

causal [ˈkɔzəl] *adj* : causal

causality [kɔˈzæləti] *n* : causalidad *f*

cause¹ [ˈkɔz] *vt* **caused; causing** : causar, provocar, ocasionar

cause² *n* **1** ORIGIN : causa *f*, origen *m* **2** REASON : causa *f*, razón *f*, motivo *m* **3** LAWSUIT : litigio *m*, pleito *m* **4** MOVEMENT : causa *f*, movimiento *m*

causeless [ˈkɔzləs] *adj* : sin causa

causeway [ˈkɔzˌweɪ] *n* : camino *m* elevado

caustic [ˈkɔstɪk] *adj* **1** CORROSIVE : cáustico, corrosivo **2** BITING : mordaz, sarcástico

cauterize [ˈkɔtəˌraɪz] *vt* **-ized; -izing** : cauterizar

caution¹ [ˈkɔʃən] *vt* : advertir

caution² *n* **1** WARNING : advertencia *f*, aviso *m* **2** CARE, PRUDENCE : precaución *f*, cuidado *m*, cautela *f*

cautionary [ˈkɔʃəˌnɛri] adv : admonitorio ⟨cautionary tale : cuento moral⟩
cautious [ˈkɔʃəs] adj : cauteloso, cuidadoso, precavido
cautiously [ˈkɔʃəsli] adv : cautelosamente, con precaución
cautiousness [ˈkɔʃəsnəs] n : cautela f, precaución f
cavalcade [ˌkævəlˈkeɪd, ˈkævəlˌ-] n 1 : cabalgata f 2 SERIES : serie f
cavalier¹ [ˌkævəˈlɪr] adj : altivo, desdeñoso — cavalierly adv
cavalier² n : caballero m
cavalry [ˈkævəlri] n, pl -ries : caballería f
cave¹ [ˈkeɪv] vi caved; caving or to cave in : derrumbarse
cave² n : cueva f
cavern [ˈkævərn] n : caverna f
cavernous [ˈkævərnəs] adj : cavernoso — cavernously adv
caviar or caviare [ˈkæviˌɑr, ˈkɑ-] n : caviar m
cavity [ˈkævəti] n, pl -ties 1 HOLE : cavidad f, hueco m 2 CARIES : caries f
cavort [kəˈvɔrt] vi : brincar, hacer cabriolas
caw¹ [ˈkɔ] vi : graznar
caw² n : graznido m
cayenne pepper [ˌkaɪˈɛn, ˌkeɪ-] n : pimienta f cayena, pimentón m
CD [ˌsiˈdiː] n : CD m, disco m compacto
CD-ROM [ˌsiˌdiˈrɑm] n : CD-ROM m
cease [ˈsiːs] v ceased; ceasing vt : dejar de ⟨they ceased bickering : dejaron de discutir⟩ — vi : cesar, pasarse
ceaseless [ˈsiːsləs] adj : incesante, continuo
cedar [ˈsiːdər] n : cedro m
cede [ˈsiːd] vt ceded; ceding : ceder, conceder
ceiling [ˈsiːlɪŋ] n 1 : techo m, cielo m raso 2 LIMIT : límite m, tope m
celebrant [ˈsɛləˌbrənt] n : celebrante mf, oficiante m
celebrate [ˈsɛləˌbreɪt] v -brated; -brating vt 1 : celebrar, oficiar ⟨to celebrate Mass : celebrar la misa⟩ 2 : celebrar, festejar ⟨we're celebrating our anniversary : estamos celebrando nuestro aniversario⟩ 3 EXTOL : alabar, ensalzar, exaltar — vi : estar de fiesta, divertirse
celebrated [ˈsɛləˌbreɪtəd] adj : célebre, famoso, renombrado
celebration [ˌsɛləˈbreɪʃən] n : celebración f, festejos mpl
celebrity [səˈlɛbrəti] n, pl -ties 1 RENOWN : fama f, renombre m, celebridad f 2 PERSONALITY : celebridad f, personaje m
celery [ˈsɛləri] n, pl -eries : apio m
celestial [səˈlɛstʃəl, -ˈlɪstiəl] adj 1 : celeste 2 HEAVENLY : celestial, paradisiaco
celibacy [ˈsɛləbəsi] n : celibato m
celibate¹ [ˈsɛləbət] adj : célibe
celibate² n : célibe mf

cell [ˈsɛl] n 1 : célula f (de un organismo) 2 : celda f (en una cárcel, etc.) 3 : elemento m (de una pila)
cellar [ˈsɛlər] n 1 BASEMENT : sótano m 2 : bodega f (de vinos)
cellist [ˈtʃɛlɪst] n : violonchelista mf
cello [ˈtʃɛˌloː] n, pl -los : violonchelo m
cellophane [ˈsɛləˌfeɪn] n : celofán m
cell phone n : teléfono m celular
cellular [ˈsɛljələr] adj : celular
celluloid [ˈsɛljəˌlɔɪd] n : celuloide m
cellulose [ˈsɛljəˌloːs] n : celulosa f
Celsius [ˈsɛlsiəs] adj : centígrado ⟨100 degrees Celsius : 100 grados centígrados⟩
Celt [ˈkɛlt, ˈsɛlt] n : celta mf
Celtic¹ [ˈkɛltɪk, ˈsɛl-] adj : celta
Celtic² n : celta m
cement¹ [sɪˈmɛnt] vi : unir o cubrir algo con cemento, cementar
cement² n 1 : cemento m 2 GLUE : pegamento m
cemetery [ˈsɛməˌteri] n, pl -teries : cementerio m, panteón m
censer [ˈsɛnsər] n : incensario m
censor¹ [ˈsɛnsər] vt : censurar
censor² n : censor m, -sora f
censorious [sɛnˈsoriəs] adj : de censura, crítico
censorship [ˈsɛnsərˌʃɪp] n : censura f
censure¹ [ˈsɛntʃər] vt -sured; -suring : censurar, criticar, reprobar — censurable [-tʃərəbəl] adj
censure² n : censura f, reproche m oficial
census [ˈsɛntsəs] n : censo m
cent [ˈsɛnt] n : centavo m
centaur [ˈsɛnˌtɔr] n : centauro m
centennial¹ [sɛnˈtɛniəl] adj : del centenario
centennial² n : centenario m
center¹ [ˈsɛntər] vt 1 : centrar 2 CONCENTRATE : concentrar, fijar, enfocar — vi : centrarse, enfocarse
center² n 1 : centro m ⟨center of gravity : centro de gravedad⟩ 2 : centro mf (en futbol americano), pívot mf (en basquetbol)
centerpiece [ˈsɛntərˌpiːs] n : centro m de mesa
centigrade [ˈsɛntəˌgreɪd, ˈsɑn-] adj : centígrado
centigram [ˈsɛntəˌgræm, ˈsɑn-] n : centigramo m
centimeter [ˈsɛntəˌmiːtər, ˈsɑn-] n : centímetro m
centipede [ˈsɛntəˌpiːd] n : ciempiés m
central [ˈsɛntrəl] adj 1 : céntrico, central ⟨in a central location : en un lugar céntrico⟩ 2 MAIN, PRINCIPAL : central, fundamental, principal
Central American¹ adj : centroamericano
Central American² n : centroamericano m, -na f
centralization [ˌsɛntrələˈzeɪʃən] n : centralización f
centralize [ˈsɛntrəˌlaɪz] vt -ized; -izing : centralizar

centrally [ˈsɛntrəli] *adv* **1 centrally heated** : con calefacción central **2 centrally located** : céntrico, en un lugar céntrico

centre [ˈsɛntər] → **center**

centrifugal [sɛnˈtrɪfjəgəl, -ˈtrɪfɪ-] *adj* : centrífugo

centrifugal force *n* : fuerza *f* centrífuga

century [ˈsɛntʃəri] *n, pl* **-ries** : siglo *m*

ceramic¹ [səˈræmɪk] *adj* : de cerámica

ceramic² *n* **1** : objeto *m* de cerámica, cerámica *f* **2 ceramics** *npl* : cerámica *f*

cereal¹ [ˈsɪriəl] *adj* : cereal

cereal² *n* : cereal *m*

cerebellum [ˌsɛrəˈbɛləm] *n, pl* **-bellums** *or* **-bella** [-ˈbɛlə] : cerebelo *m*

cerebral [səˈriːbrəl, ˈsɛrə-] *adj* : cerebral

cerebral palsy *n* : parálisis *f* cerebral

cerebrum [səˈriːbrəm, ˈsɛrə-] *n, pl* **-brums** *or* **-bra** [-brə] : cerebro *m*

ceremonial¹ [ˌsɛrəˈmoːniəl] *adj* : ceremonial

ceremonial² *n* : ceremonial *m*

ceremonious [ˌsɛrəˈmoːniəs] *adj* **1** FORMAL : ceremonioso, formal **2** CEREMONIAL : ceremonial *m*

ceremony [ˈsɛrəˌmoːni] *n, pl* **-nies** : ceremonia *f*

cerise [səˈriːs] *n* : rojo *m* cereza

certain¹ [ˈsərtən] *adj* **1** DEFINITE : cierto, determinado ⟨a certain percentage : un porcentaje determinado⟩ **2** TRUE : cierto, con certeza ⟨I don't know for certain : no sé exactamente⟩ **3** : cierto, alguno ⟨it has a certain charm : tiene cierta gracia⟩ **4** INEVITABLE : seguro, inevitable **5** ASSURED : seguro, asegurado ⟨she's certain to do well : seguro que le irá bien⟩

certain² *pron* : ciertos *pl*, algunos *pl* ⟨certain of my friends : algunos de mis amigos⟩

certainly [ˈsərtənli] *adv* **1** DEFINITELY : ciertamente, seguramente **2** OF COURSE : por supuesto

certainty [ˈsərtənti] *n, pl* **-ties** : certeza *f*, certidumbre *f*, seguridad *f*

certifiable [ˌsərtəˈfaɪəbəl] *adj* : certificable

certificate [sərˈtɪfɪkət] *n* : certificado *m*, acta *f* ⟨birth certificate : acta de nacimiento⟩

certification [ˌsərtəfəˈkeɪʃən] *n* : certificación *f*

certify [ˈsərtəˌfaɪ] *vt* **-fied; -fying 1** VERIFY : certificar, verificar, confirmar **2** ENDORSE : endosar, aprobar oficialmente

certitude [ˈsərtəˌtuːd, -ˌtjuːd] *n* : certeza *f*, certidumbre *f*

cervical [ˈsərvɪkəl] *adj* **1** : cervical (dícese del cuello) **2** : del cuello del útero

cervix [ˈsərvɪks] *n, pl* **-vices** [-və-ˌsiːz] *or* **-vixes 1** NECK : cerviz *f* **2** *or* **uterine cervix** : cuello del útero

cesarean¹ [sɪˈzæriən] *adj* : cesáreo

cesarean² *n* : cesárea *f*

cesium [ˈsiːziəm] *n* : cesio *m*

cessation [sɛˈseɪʃən] *n* : cesación *f*, cese *m*

cesspool [ˈsɛsˌpuːl] *n* : pozo *m* séptico

Chadian [ˈtʃædiən] *n* : chadiano *m*, -na *f* — **Chadian** *adj*

chafe [ˈtʃeɪf] *v* **chafed; chafing** *vi* : enojarse, irritarse — *vt* : rozar

chaff [ˈtʃæf] *n* **1** : barcia *f*, granzas *fpl* **2 to separate the wheat from the chaff** : separar el grano de la paja

chafing dish [ˈtʃeɪfɪŋˌdɪʃ] *n* : escalfador *m*

chagrin¹ [ʃəˈɡrɪn] *vt* : desilusionar, avergonzar

chagrin² *n* : desilusión *f*, disgusto *m*

chain¹ [ˈtʃeɪn] *vt* : encadenar

chain² *n* **1** : cadena *f* ⟨steel chain : cadena de acero⟩ ⟨restaurant chain : cadena de restaurantes⟩ **2** SERIES : serie *f* ⟨chain of events : serie de eventos⟩ **3 chains** *npl* FETTERS : grillos *mpl*

chair¹ [ˈtʃɛr] *vt* : presidir, moderar

chair² *n* **1** : silla *f* **2** CHAIRMANSHIP : presidencia *f* **3** → **chairman, chairwoman**

chairman [ˈtʃɛrmən] *n, pl* **-men** [-mən, -ˌmɛn] : presidente *m*

chairmanship [ˈtʃɛrmənˌʃɪp] *n* : presidencia *f*

chairwoman [ˈtʃɛrˌwʊmən] *n, pl* **-women** [-ˌwɪmən] : presidenta *f*

chaise longue [ˈʃeɪzˈlɔŋ] *n, pl* **chaise longues** [-lɔŋ, -ˈlɔŋz] : chaise longue *f*

chalet [ʃæˈleɪ] *n* : chalet *m*, chalé *m*

chalice [ˈtʃælɪs] *n* : cáliz *m*

chalk¹ [ˈtʃɔk] *vt* : escribir con tiza

chalk² *n* **1** LIMESTONE : creta *f*, caliza *f* **2** : tiza *f*, gis *m* Mex (para escribir)

chalkboard [ˈtʃɔkˌbord] *n* → **blackboard**

chalk up *vt* **1** ASCRIBE : atribuir, adscribir **2** SCORE : apuntarse, anotarse (una victoria, etc.)

chalky [ˈtʃɔki] *adj* **chalkier; -est 1** : calcáreo **2** PALE : pálido **3** POWDERY : polvoriento

challenge¹ [ˈtʃælɪndʒ] *vt* **-lenged; -lenging 1** DISPUTE : disputar, cuestionar, poner en duda **2** DARE : desafiar, retar **3** STIMULATE : estimular, incentivar

challenge² *n* : reto *m*, desafío *m*

challenger [ˈtʃælɪndʒər] *n* : retador *m*, -dora *f*; contendiente *mf*

chamber [ˈtʃeɪmbər] *n* **1** ROOM : cámara *f*, sala *f* ⟨the senate chamber : la cámara del senado⟩ **2** : recámara *f* (de un arma de fuego), cámara *f* (de combustión) **3** : cámara *f* ⟨chamber of commerce : cámara de comercio⟩ **4 chambers** *npl or* **judge's chambers** : despacho *m* del juez

chambermaid [ˈtʃeɪmbərˌmeɪd] *n* : camarera *f*

chamber music *n* : música *f* de cámara

chameleon [kəˈmiːljən, -liən] *n* : camaleón *m*

chamois [ˈʃæmi] *n, pl* **chamois** [-mi, -miz] : gamuza *f*

champ¹ [ˈtʃæmp, ˈtʃɑmp] *vi* **1** : masticar ruidosamente **2 to champ at the bit** : impacientarse, comerse a uno la impaciencia

champ² [ˈtʃæmp] *n* : campeón *m*, -peona *f*

champagne [ʃæmˈpeɪn] *n* : champaña *m*, champán *m*

champion¹ [ˈtʃæmpiən] *vt* : defender, luchar por (una causa)

champion² *n* **1** ADVOCATE, DEFENDER : paladín *m*; campeón *m*, -peona *f*; defensor *m*, -sora *f* **2** WINNER : campeón *m*, -peona *f* ⟨world champion : campeón mundial⟩

championship [ˈtʃæmpiənˌʃɪp] *n* : campeonato *m*

chance¹ [ˈtʃænts] *v* **chanced; chancing** *vi* **1** HAPPEN : ocurrir por casualidad **2 to chance upon** : encontrar por casualidad — *vt* RISK : arriesgar

chance² *adj* : fortuito, casual ⟨a chance encounter : un encuentro casual⟩

chance³ *n* **1** FATE, LUCK : azar *m*, suerte *f*, fortuna *f* **2** OPPORTUNITY : oportunidad *f*, ocasión *f* **3** PROBABILITY : probabilidad *f*, posibilidad *f* **4** RISK : riesgo *m* **5** : boleto *m* (de una rifa o lotería) **6 by chance** : por casualidad

chancellor [ˈtʃæntsələr] *n* **1** : canciller *m* **2** : rector *m*, -tora *f* (de una universidad)

chancre [ˈʃæŋkər] *n* : chancro *m*

chancy [ˈtʃæntsi] *adj* **chancier; -est** : riesgoso, arriesgado

chandelier [ˌʃændəˈlɪr] *n* : araña *f* de luces

change¹ [ˈtʃeɪndʒ] *v* **changed; changing** *vt* **1** ALTER : cambiar, alterar, modificar **2** EXCHANGE : cambiar de, intercambiar ⟨to change places : cambiar de sitio⟩ — *vi* VARY : cambiar, variar, transformarse ⟨you haven't changed : no has cambiado⟩ **2** *or* **to change clothes** : cambiarse (de ropa)

change² *n* **1** ALTERATION : cambio *m* **2** : cambio *m*, vuelto *m* ⟨two dollars change : dos dólares de vuelto⟩ **3** COINS : cambio *m*, monedas *fpl*

changeable [ˈtʃeɪndʒəbəl] *adj* : cambiante, variable

changeless [ˈtʃeɪndʒləs] *adj* : invariable, constante

changer [ˈtʃeɪndʒər] *n* **1** : cambiador *m* ⟨record changer : cambiador de discos⟩ **2** *or* **money changer** : cambista *mf* (de dinero)

channel¹ [ˈtʃænəl] *vt* **-neled** *or* **-nelled; -neling** *or* **-nelling** : encauzar, canalizar

channel² *n* **1** RIVERBED : cauce *m* **2** STRAIT : canal *m*, estrecho *m* ⟨English Channel : Canal de la Mancha⟩ **3** COURSE, MEANS : vía *f*, conducto *m* ⟨the usual channels : las vías normales⟩ **4** : canal *m* (de televisión)

chant¹ [ˈtʃænt] *v* : salmodiar, cantar

chant² *n* **1** : salmodia *f* **2 Gregorian chant** : canto *m* gregoriano

Chanukah [ˈxɑnəkə, ˈhɑ-] → **Hanukkah**

chaos [ˈkeɪˌɑs] *n* : caos *m*

chaotic [keɪˈɑtɪk] *adj* : caótico — **chaotically** [-tɪkli] *adv*

chap¹ [ˈtʃæp] *vi* **chapped; chapping** : partirse, agrietarse

chap² *n* FELLOW : tipo *m*, hombre *m*

chapel [ˈtʃæpəl] *n* : capilla *f*

chaperon *or* **chaperone** [ˈʃæpəˌroːn] *vt* **-oned; -oning** : ir de chaperón, acompañar

chaperon² *or* **chaperone** *n* : chaperón *m*, -rona *f*; acompañante *mf*

chaplain [ˈtʃæplən] *n* : capellán *m*

chapter [ˈtʃæptər] *n* **1** : capítulo *m* (de un libro) **2** BRANCH : sección *f*, división *f* (de una organización)

char [ˈtʃɑr] *vt* **charred; charring 1** BURN : carbonizar **2** SCORCH : chamuscar

character [ˈkærɪktər] *n* **1** LETTER, SYMBOL : carácter *m* ⟨Chinese characters : caracteres chinos⟩ **2** DISPOSITION : carácter *m*, personalidad *f* ⟨of good character : de buena reputación⟩ **3** : tipo *m*, personaje *m* peculiar ⟨he's quite a character! : ¡él es algo serio!⟩ **4** : personaje *m* (ficticio)

characteristic¹ [ˌkærɪktəˈrɪstɪk] *adj* : característico, típico — **characteristically** [-tɪkli] *adv*

characteristic² *n* : característica *f*

characterization [ˌkærɪktərəˈzeɪʃən] *n* : caracterización *f*

characterize [ˈkærɪktəˌraɪz] *vt* **-ized; -izing** : caracterizar

charades [ʃəˈreɪdz] *ns & pl* : charada *f*

charcoal [ˈtʃɑrˌkoːl] *n* : carbón *m*

chard [ˈtʃɑrd] → **Swiss chard**

charge¹ [ˈtʃɑrdʒ] *v* **charged; charging** *vt* **1** : cargar ⟨to charge the batteries : cargar las pilas⟩ **2** ENTRUST : encomendar, encargar **3** COMMAND : ordenar, mandar **4** ACCUSE : acusar ⟨charged with robbery : acusado de robo⟩ **5** : cargar a una cuenta, comprar a crédito — *vi* **1** : cargar (contra el enemigo) ⟨charge! : ¡a la carga!⟩ **2** : cobrar ⟨they charge too much : cobran demasiado⟩

charge² *n* **1** : carga *f* (eléctrica) **2** BURDEN : carga *f*, peso *m* **3** RESPONSIBILITY : cargo *m*, responsabilidad *f* ⟨to take charge of : hacerse cargo de⟩ **4** ACCUSATION : cargo *m*, acusación *f* **5** COST : costo *m*, cargo *m*, precio *m* **6** ATTACK : carga *f*, ataque *m*

charge card → **credit card**

chargeable [ˈtʃɑrdʒəbəl] *adj* **1** : acusable, perseguible (dícese de un delito) **2 ~ to** : a cargo de (una cuenta)

charger [ˈtʃɑrdʒər] *n* : corcel *m*, caballo *m* (de guerra)

chariot [ˈtʃæriət] *n* : carro *m* (de guerra)

charisma [kəˈrɪzmə] *n* : carisma *m*

charismatic [ˌkærəzˈmætɪk] *adj* : carismático

charitable [ˈʧærətəbəl] *adj* **1** GENER-
OUS : caritativo ⟨a charitable organization : una organización benéfica⟩ **2**
KIND, UNDERSTANDING : generoso,
benévolo, comprensivo — **charitably**
[-bli] *adv*

charitableness [ˈʧærətəbəlnəs] *n* : caridad *f*

charity [ˈʧærəti] *n, pl* **-ties 1** GENEROS-
ITY : caridad *f* **2** ALMS : caridad *f*,
limosna *f* **3** : organización *f* benéfica,
obra *f* de beneficencia

charlatan [ˈʃɑrlətən] *n* : charlatán *m*,
-tana *f*; farsante *mf*

charley horse [ˈʧɑrliˌhɔrs] *n* : calambre
m

charm¹ [ˈʧɑrm] *vt* : encantar, cautivar,
fascinar

charm² *n* **1** AMULET : amuleto *m*, talismán *m* **2** ATTRACTION : encanto *m*,
atractivo *m* ⟨it has a certain charm
: tiene cierto atractivo⟩ **3** : dije *m*, colgante *m* ⟨charm bracelet : pulsera de
dijes⟩

charmer [ˈʧɑrmər] *n* : persona *f* encantadora

charming [ˈʧɑrmɪŋ] *adj* : encantador,
fascinante

chart¹ [ˈʧɑrt] *vt* **1** : trazar un mapa de,
hacer un gráfico de **2** PLAN : trazar,
planear ⟨to chart a course : trazar un
derrotero⟩

chart² *n* **1** MAP : carta *f*, mapa *m* **2** DI-
AGRAM : gráfico *m*, cuadro *m*, tabla *f*

charter¹ [ˈʧɑrtər] *vt* **1** : establecer los estatutos de (una organización) **2** RENT
: alquilar, fletar

charter² *n* **1** STATUTES : estatutos *mpl*
2 CONSTITUTION : carta *f*, constitución
f

chartreuse [ʃɑrˈtruːz, -ˈtruːs] *n* : color *m*
verde-amarillo intenso

chary [ˈʧæri] *adj* **charier; -est 1** WARY
: cauteloso, precavido **2** SPARING : parco

chase¹ [ˈʧeɪs] *vt* **chased; chasing 1**
PURSUE : perseguir, ir a la caza de **2**
DRIVE : ahuyentar, echar ⟨he chased
the dog from the garden : ahuyentó al
perro del jardín⟩ **3** : grabar (metales)

chase² *n* **1** PURSUIT : persecución *f*,
caza *f* **2 the chase** HUNTING : caza *f*

chaser [ˈʧeɪsər] *n* **1** PURSUER : perseguidor *m*, -dora *f* **2** : bebida *f* que se
toma después de un trago de licor

chasm [ˈkæzəm] *n* : abismo *m*, sima *f*

chassis [ˈʧæsi, ˈʧæsi] *n, pl* **chassis** [-siz]
: chasis *m*, armazón *m*

chaste [ˈʧeɪst] *adj* **chaster; -est 1** : casto **2** MODEST : modesto, puro **3** AUS-
TERE : austero, sobrio

chastely [ˈʧeɪstli] *adv* : castamente

chasten [ˈʧeɪsən] *vt* : castigar, sancionar

chasteness [ˈʧeɪstnəs] *n* **1** MODESTY
: modestia *f*, castidad *f* **2** AUSTERITY
: sobriedad *f*, austeridad *f*

chastise [ˈʧæsˌtaɪz, ʧæsˈ-] *vt* **-tised;
-tising 1** REPRIMAND : reprender, corregir, reprobar **2** PUNISH : castigar

chastisement [ˈʧæsˌtaɪzmənt, ʧæsˈtaɪz-
ˌʧæstɪz-] *n* : castigo *m*, corrección *f*

chastity [ˈʧæstəti] *n* : castidad *f*, decencia *f*, modestia *f*

chat¹ [ˈʧæt] *vi* **chatted; chatting** : charlar, platicar

chat² *n* : charla *f*, plática *f*

château [ʃæˈtoː] *n, pl* **-teaus** [-ˈtoːz] *or*
-teaux [-ˈtoː, -ˈtoːz] : mansión *f*
campestre

chattel [ˈʧætəl] *n* : bienes *fpl* muebles,
enseres *mpl*

chatter¹ [ˈʧætər] *vi* **1** : castañetear
(dícese de los dientes) **2** GAB : parlotear
fam, cotorrear *fam*

chatter² *n* **1** CHATTERING : castañeteo
m (de dientes) **2** GABBING : parloteo
m fam, cotorreo *m fam*, cháchara *f fam*

chatterbox [ˈʧætərˌbɑks] *n* : parlanchín
m, -china *f*; charlatán *m*, -tana *f*;
hablador *m*, -dora *f*

chatty [ˈʧæti] *adj* **chattier; chattiest 1**
TALKATIVE : parlanchín, charlatán **2**
CONVERSATIONAL : familiar, conversador ⟨a chatty letter : una carta llena
de noticias⟩

chauffeur¹ [ˈʃoːfər, ʃoˈfər] *vi* : trabajar
de chofer privado — *vt* : hacer de
chofer para

chauffeur² *n* : chofer *m* privado

chauvinism [ˈʃoːvəˌnɪzəm] *n* : chauvinismo *m*, patriotería *f*

chauvinist [ˈʃoːvənɪst] *n* : chauvinista
mf; patriotero *m*, -ra *f*

chauvinistic [ˌʃoːvəˈnɪstɪk] *adj* : chauvinista, patriotero

cheap¹ [ˈʧiːp] *adv* : barato ⟨to sell cheap
: vender barato⟩

cheap² *adj* **1** INEXPENSIVE : barato,
económico **2** SHODDY : barato, mal hecho **3** STINGY : tacaño, agarrado *fam*,
codo *Mex*

cheapen [ˈʧiːpən] *vt* : degradar, rebajar

cheaply [ˈʧiːpli] *adv* : barato, a precio
bajo

cheapness [ˈʧiːpnəs] *n* **1** : baratura *f*,
precio *m* bajo **2** STINGINESS : tacañería
f

cheapskate [ˈʧiːpˌskeɪt] *n* : tacaño *m*,
-ña *f*; codo *m*, -da *f Mex*

cheat¹ [ˈʧiːt] *vt* : defraudar, estafar, engañar — *vi* : hacer trampa

cheat² *n* **1** CHEATING : engaño *m*,
fraude *m*, trampa *f* **2** → **cheater**

cheater [ˈʧiːtər] *n* : estafador *m*, -dora *f*;
tramposo *m*, -sa *f*

check¹ [ˈʧɛk] *vt* **1** HALT : frenar, parar,
detener **2** RESTRAIN : refrenar, contener, reprimir **3** VERIFY : verificar,
comprobar **4** INSPECT : revisar,
chequear, inspeccionar **5** MARK : marcar, señalar **6** : chequear, facturar
(maletas, equipaje) **7** CHECKER : marcar con cuadros **8 to check in** : registrarse en un hotel **9 to check out** : irse
de un hotel

check² n **1** HALT : detención f súbita, parada f **2** RESTRAINT : control m, freno m **3** INSPECTION : inspección f, verificación f, chequeo m **4** : cheque m ⟨to pay by check : pagar con cheque⟩ **5** VOUCHER : resguardo m, comprobante m **6** BILL : cuenta f (en un restaurante) **7** SQUARE : cuadro m **8** MARK : marca f **9** : jaque m (en ajedrez)

checkbook ['tʃɛk,bʊk] n : chequera f

checker¹ ['tʃɛkər] vt : marcar con cuadros

checker² n **1** : pieza f (en el juego de damas) **2** : verificador m, -dora f **3** CASHIER : cajero m, -ra f

checkerboard ['tʃɛkər,bord] n : tablero m de damas

checkers ['tʃɛkərz] n : damas fpl

checkmate¹ ['tʃɛk,meɪt] vt -mated; -mating **1** : dar jaque mate a (en ajedrez) **2** THWART : frustrar, arruinar

checkmate² n : jaque mate m

checkout ['tʃɛk,aʊt] n or **checkout counter** : caja f

checkpoint ['tʃɛk,pɔɪnt] n : puesto m de control

checkup ['tʃɛk,ʌp] n : examen m médico, chequeo m

cheddar ['tʃedər] n : queso m Cheddar

cheek ['tʃi:k] n **1** : mejilla f, cachete m **2** IMPUDENCE : insolencia f, descaro m

cheekbone ['tʃi:k,bo:n] n : pómulo m

cheeky ['tʃi:ki] adj **cheekier; -est** : descarado, insolente, atrevido

cheep¹ ['tʃi:p] vi : piar

cheep² n : pío m

cheer¹ ['tʃɪr] vt **1** ENCOURAGE : alentar, animar **2** GLADDEN : alegrar, levantar el ánimo a **3** ACCLAIM : aclamar, vitorear, echar porras a

cheer² n **1** CHEERFULNESS : alegría f, buen humor m, jovialidad f **2** APPLAUSE : aclamación f, ovación f, aplausos mpl ⟨three cheers for the chief! : ¡viva el jefe!⟩ **3** cheers! : ¡salud!

cheerful ['tʃɪrfəl] adj : alegre, de buen humor

cheerfully ['tʃɪrfəli] adv : alegremente, jovialmente

cheerfulness ['tʃɪrfəlnəs] n : buen humor m, alegría f

cheerily ['tʃɪrəli] adv : alegremente

cheeriness ['tʃɪrinəs] n : buen humor m, alegría f

cheerleader ['tʃɪr,li:dər] n : porrista mf

cheerless ['tʃɪrləs] adj BLEAK : triste, sombrío

cheerlessly ['tʃɪrləsli] adv : desanimadamente

cheery ['tʃɪri] adj **cheerier; -est** : alegre, de buen humor

cheese ['tʃi:z] n : queso m

cheesecloth ['tʃi:z,klɔθ] n : estopilla f

cheesy ['tʃi:zi] adj **cheesier; -est** : a queso **2** : que contiene queso **3** CHEAP : barato, de mala calidad

cheetah ['tʃi:tə] n : guepardo m

chef ['ʃɛf] n : chef m

chemical¹ ['kɛmɪkəl] adj : químico — **chemically** [-mɪkli] adv

chemical² n : sustancia f química

chemise [ʃə'mi:z] n **1** : camiseta f, prenda f interior de una pieza **2** : vestido m holgado

chemist ['kɛmɪst] n : químico m, -ca f

chemistry ['kɛmɪstri] n, pl **-tries** : química f

chemotherapy [,ki:mo'θɛrəpi, ,kɛmo-] n, pl **-pies** : quimioterapia f

chenille [ʃə'ni:l] n : felpilla f

cherish ['tʃɛrɪʃ] vt **1** VALUE : apreciar, valorar **2** HARBOR : abrigar, albergar

cherry ['tʃɛri] n, pl **-ries 1** : cereza f (fruta) **2** : cerezo m (árbol)

cherub ['tʃɛrəb] n **1** pl **-ubim** ['tʃɛrə,bɪm, 'tʃɛrjə-] ANGEL : ángel m, querubín m **2** pl **-ubs** : niño m regordete, niña f regordeta

cherubic [tʃə'ru:bɪk] adj : querúbico, angelical

chess ['tʃɛs] n : ajedrez m

chessboard ['tʃɛs,bord] n : tablero m de ajedrez

chessman ['tʃɛsmən, -,mæn] n, pl **-men** [-mən, -,mɛn] : pieza f de ajedrez

chest ['tʃɛst] n **1** : cofre m, baúl m **2** : pecho m ⟨chest pains : dolores de pecho⟩

chestnut ['tʃɛst,nʌt] n **1** : castaña f (fruto) **2** : castaño m (árbol)

chest of drawers n : cómoda f

chevron ['ʃɛvrən] n : galón m (de un oficial militar)

chew¹ ['tʃu:] vt : masticar, mascar

chew² n : algo que se masca (como tabaco)

chewable ['tʃu:əbəl] adj : masticable

chewing gum n : goma f de mascar, chicle m

chewy ['tʃu:i] adj **chewier; -est 1** : fibroso (dícese de las carnes o los vegetales) **2** : pegajoso, chicloso (dícese de los dulces)

chic¹ ['ʃi:k] adj : chic, elegante, de moda

chic² n : chic m, elegancia f

Chicano ['tʃɪ'kɑno] n : chicano m, -na f — **Chicano** adj

chick ['tʃɪk] n : pollito m, -ta f; polluelo m, -la f

chicken ['tʃɪkən] n **1** FOWL : pollo m **2** COWARD : cobarde mf

chickenhearted ['tʃɪkən,hɑrtəd] n : miedoso, cobarde

chicken pox n : varicela f

chickpea ['tʃɪk,pi:] n : garbanzo m

chicle ['tʃɪkəl] n : chicle m (resina)

chicory ['tʃɪkəri] n, pl **-ries 1** : endibia f (para ensaladas) **2** : achicoria f (aditivo de café)

chide ['tʃaɪd] vt **chid** ['tʃɪd] or **chided; chid** or **chidden** ['tʃɪdən] or **chided; chiding** ['tʃaɪdɪŋ] : regañar, reprender

chief¹ ['tʃi:f] adj : principal, capital ⟨chief negotiator : negociador en jefe⟩ — **chiefly** adv

chief² n : jefe m, -fa f

chieftain ['tʃiːftən] n : jefe m, -fa f (de una tribu)
chiffon [ʃɪˈfɑn, 'ʃɪ,-] n : chifón m
chigger ['tʃɪgər] n : nigua f
chignon ['ʃiːnˌjɑn, -ˌjɔn] n : moño m, chongo m Mex
chilblain ['tʃɪl,bleɪn] n : sabañón m
child ['tʃaɪld] n, pl **children** ['tʃɪldrən] 1 BABY, YOUNGSTER : niño m, -ña f; criatura f 2 OFFSPRING : hijo m, -ja f; progenie f
childbearing[1] ['tʃaɪl,berɪŋ] adj : relativo al parto ‹of childbearing age : en edad fértil›
childbearing[2] → childbirth
childbirth ['tʃaɪld,bərθ] n : parto m
childhood ['tʃaɪld,hʊd] n : infancia f, niñez f
childish ['tʃaɪldɪʃ] adj : infantil, inmaduro — **childishly** adv
childishness ['tʃaɪldɪʃnəs] n : infantilismo m, inmadurez f
childless ['tʃaɪldləs] adj : sin hijos
childlike ['tʃaɪld,laɪk] adj : infantil, inocente ‹a childlike imagination : una imaginación infantil›
childproof ['tʃaɪld,pruːf] adj : a prueba de niños
Chilean ['tʃɪliən, ʃɪˈleɪən] n : chileno m, -na f — **Chilean** adj
chili or **chile** or **chilli** ['tʃɪli] n, pl **chilies** or **chiles** or **chillies** 1 or **chili pepper** : chile m, ají m 2 : chile m con carne
chill[1] ['tʃɪl] v : enfriar
chill[2] adj : frío, gélido ‹a chill wind : un viento frío›
chill[3] n 1 CHILLINESS : fresco m, frío m 2 SHIVER : escalofrío m 3 DAMPER : enfriamiento m, frío m ‹to cast a chill over : enfriar›
chilliness ['tʃɪlinəs] n : frío m, fresco m
chilly ['tʃɪli] adj **chillier**; **-est** : frío ‹it's chilly tonight : hace frío esta noche›
chime[1] ['tʃaɪm] v **chimed**; **chiming** vt : hacer sonar (una campana) — vi : sonar una campana, dar campanadas
chime[2] n 1 BELLS : juego m de campanitas sintonizadas, carillón m 2 PEAL : tañido m, campanada f
chime in vi : meterse en una conversación
chimera or **chimaera** [kaɪˈmɪrə, kə-] n : quimera f
chimney ['tʃɪmni] n, pl **-neys** : chimenea f
chimney sweep n : deshollinador m, -dora f
chimp ['tʃɪmp, 'ʃɪmp] → chimpanzee
chimpanzee [ˌtʃɪm,pænˈziː, ˌʃɪm-; tʃɪm'pænzi, ʃɪm-] n : chimpancé m
chin ['tʃɪn] n : barbilla f, mentón m, barba f
china ['tʃaɪnə] n 1 PORCELAIN : porcelana f, loza f 2 CROCKERY, TABLEWARE : loza f, vajilla f
chinchilla [tʃɪnˈtʃɪlə] n : chinchilla f
Chinese ['tʃaɪˈniːz, -'niːs] n 1 : chino m, -na f 2 : chino m (idioma) — **Chinese** adj

chink ['tʃɪŋk] n : grieta f, abertura f
chintz ['tʃɪnts] n : chintz m, chinz m
chip[1] ['tʃɪp] v **chipped**; **chipping** vt : desportillar, desconchar, astillar (madera) — vi : desportillarse, desconcharse, descascararse (dícese de la pintura, etc.)
chip[2] n 1 : astilla f (de madera o vidrio), lasca f (de piedra) ‹a chip off the old block : de tal palo, tal astilla› 2 : bocado m pequeño (en rodajas o rebanadas) ‹tortilla chips : totopos, tortillitas tostadas› 3 : ficha f (de póker, etc.) 4 NICK : desportilladura f, mella f 5 : chip m ‹memory chip : chip de memoria›
chip in v CONTRIBUTE : contribuir
chipmunk ['tʃɪp,mʌŋk] n : ardilla f listada
chipper ['tʃɪpər] adj : alegre y vivaz
chiropodist [kəˈrɑpədɪst, ʃə-] n : podólogo m, -ga f
chiropody [kəˈrɑpədi, ʃə-] n : podología f
chiropractic ['kaɪrəˌpræktɪk] n : quiropráctica f
chiropractor ['kaɪrəˌpræktər] n : quiropráctico m, -ca f
chirp[1] ['tʃərp] vi : gorjear (dícese de los pájaros), chirriar (dícese de los grillos)
chirp[2] n : gorjeo m (de un pájaro), chirrido m (de un grillo)
chisel[1] ['tʃɪzəl] vt **-eled** or **-elled**; **-eling** or **-elling** 1 : cincelar, tallar, labrar 2 CHEAT : estafar, defraudar
chisel[2] n : cincel m (para piedras y metales), escoplo m (para madera), formón m
chiseler ['tʃɪzələr] n SWINDLER : estafador m, -dora f; fraude mf
chit ['tʃɪt] n : resguardo m, recibo m
chitchat ['tʃɪt,tʃæt] n : cotorreo m, charla f
chivalric [ʃəˈvælrɪk] → chivalrous
chivalrous ['ʃɪvəlrəs] adj 1 KNIGHTLY : caballeresco, relativo a la caballería 2 GENTLEMANLY : caballeroso, honesto, cortés
chivalrousness ['ʃɪvəlrəsnəs] n : caballerosidad f, cortesía f
chivalry ['ʃɪvəlri] n, pl **-ries** 1 KNIGHTHOOD : caballería f 2 CHIVALROUSNESS : caballerosidad f, nobleza f, cortesía f
chive ['tʃaɪv] n : cebollino m
chloride ['klor,aɪd] n : cloruro m
chlorinate ['klorə,neɪt] vt **-nated**; **-nating** : clorar
chlorination [ˌklorə'neɪʃən] n : cloración f
chlorine ['klor,iːn] n : cloro m
chloroform ['klorə,fɔrm] n : cloroformo m
chlorophyll ['klorə,fɪl] n : clorofila f
chock–full ['tʃɑk'fʊl, 'tʃʌk-] adj : colmado, repleto
chocolate ['tʃɑkələt, 'tʃɔk-] n 1 : chocolate m 2 BONBON : bombón m 3 : color m chocolate, marrón m

choice¹ [ˈtʃɔɪs] *adj* choicer; -est : selecto, escogido, de primera calidad
choice² *n* **1** CHOOSING : elección *f*, selección *f* **2** OPTION : elección *f*, opción *f* ⟨I have no choice : no tengo alternativa⟩ **3** PREFERENCE : preferencia *f*, elección *f* **4** VARIETY : surtido *m*, selección *f* ⟨a wide choice : un gran surtido⟩
choir [ˈkwaɪr] *n* : coro *m*
choirboy [ˈkwaɪrˌbɔɪ] *n* : niño *m* de coro
choke¹ [ˈtʃoːk] *v* choked; choking *vt* **1** ASPHYXIATE, STRANGLE : sofocar, asfixiar, ahogar, estrangular **2** BLOCK : tapar, obstruir — *vi* **1** SUFFOCATE : asfixiarse, sofocarse, ahogarse, atragantarse (con comida) **2** CLOG : taparse, obstruirse
choke² *n* **1** CHOKING : estrangulación *f* **2** : choke *m* (de un motor)
choker [ˈtʃoːkər] *n* : gargantilla *f*
cholera [ˈkɑlərə] *n* : cólera *m*
cholesterol [kəˈlɛstəˌrɔl] *n* : colesterol *m*
choose [ˈtʃuːz] *v* chose [ˈtʃoːz]; chosen [ˈtʃoːzən]; choosing *vt* **1** SELECT : escoger, elegir ⟨choose only one : escoja sólo uno⟩ **2** DECIDE : decidir ⟨he chose to leave : decidió irse⟩ **3** PREFER : preferir ⟨which one do you choose? : ¿cuál prefiere?⟩ — *vi* : escoger ⟨much to choose from : mucho de donde escoger⟩
choosy *or* **choosey** [ˈtʃuːzi] *adj* choosier; -est : exigente, remilgado
chop¹ [ˈtʃɑp] *vt* chopped; chopping **1** MINCE : picar, cortar, moler (carne) **2** to chop down : cortar, talar (un árbol)
chop² *n* **1** CUT : hachazo *m* (con una hacha), tajo *m* (con una cuchilla) **2** BLOW : golpe *m* (penetrante) ⟨karate chop : golpe de karate⟩ **3** : chuleta *f* ⟨pork chops : chuletas de cerdo⟩
chopper [ˈtʃɑpər] → **helicopter**
choppy [ˈtʃɑpi] *adj* choppier; -est **1** : agitado, picado (dícese del mar) **2** DISCONNECTED : incoherente, inconexo
chops [ˈtʃɑps] *npl* **1** : quijada *f*, mandíbula *f*, boca *f* (de una persona) **2 to lick one's chops** : relamerse
chopsticks [ˈtʃɑpˌstɪks] *npl* : palillos *mpl*
choral [ˈkorəl] *adj* : coral
chorale [kəˈræl, -ˈrɑl] *n* **1** : coral *f* (composición musical vocal) **2** CHOIR, CHORUS : coral *f*, coro *m*
chord [ˈkɔrd] *n* **1** : acorde *m* (en música) **2** : cuerda *f* (en anatomía o geometría)
chore [ˈtʃor] *n* **1** TASK : tarea *f* rutinaria **2** BOTHER, NUISANCE : lata *f fam*, fastidio *m* **3 chores** *npl* WORK : quehaceres *mpl*, faenas *fpl*
choreograph [ˈkoriəˌgræf] *vt* : coreografiar
choreographer [ˌkoriˈɑgrəfər] *n* : coreógrafo *m*, -fa *f*
choreographic [ˌkoriəˈgræfɪk] *adj* : coreográfico
choreography [ˌkoriˈɑgrəfi] *n, pl* -phies : coreografía *f*

chorister [ˈkorəstər] *n* : corista *mf*
chortle¹ [ˈtʃɔrtəl] *vi* -tled; -tling : reírse (con satisfacción o júbilo)
chortle² *n* : risa *f* (de satisfacción o júbilo)
chorus¹ [ˈkorəs] *vt* : corear
chorus² *n* **1** : coro *m* (grupo o composición musical) **2** REFRAIN : coro *m*, estribillo *m*
chose → **choose**
chosen [ˈtʃoːzən] *adj* : elegido, selecto
chow [ˈtʃaʊ] *n* **1** FOOD : comida *f* **2** : chow-chow *m* (perro)
chowder [ˈtʃaʊdər] *n* : sopa *f* de pescado
Christ [ˈkraɪst] *n* **1** : Cristo *m* **2 for Christ's sake** : ¡por Dios!
christen [ˈkrɪsən] *vt* **1** BAPTIZE : bautizar **2** NAME : bautizar con el nombre de
Christendom [ˈkrɪsəndəm] *n* : cristiandad *f*
christening [ˈkrɪsənɪŋ] *n* : bautismo *m*, bautizo *m*
Christian¹ [ˈkrɪstʃən] *adj* : cristiano
Christian² *n* : cristiano *m*, -na *f*
Christianity [ˌkrɪstʃiˈænəti, ˌkrɪsˈtʃæ-] *n* : cristianismo *m*
Christian name *n* : nombre *m* de pila
Christmas [ˈkrɪsməs] *n* : Navidad *f* ⟨Christmas season : las Navidades⟩
chromatic [kroˈmætɪk] *adj* : cromático ⟨chromatic scale : escala cromática⟩
chrome [ˈkroːm] *n* : cromo *m* (metal)
chromium [ˈkroːmiəm] *n* : cromo *m* (elemento)
chromosome [ˈkroːməˌsoːm, -ˌzoːm] *n* : cromosoma *m*
chronic [ˈkrɑnɪk] *adj* : crónico — **chronically** [-nɪkli] *adv*
chronicle¹ [ˈkrɑnɪkəl] *vt* -cled; -cling : escribir (una crónica o historia)
chronicle² *n* : crónica *f*, historia *f*
chronicler [ˈkrɑnɪklər] *n* : historiador *m*, -dora *f*; cronista *mf*
chronological [ˌkrɑnəlˈɑdʒɪkəl] *adj* : cronológico — **chronologically** [-kli] *adv*
chronology [krəˈnɑlədʒi] *n, pl* -gies : cronología *f*
chronometer [krəˈnɑmətər] *n* : cronómetro *m*
chrysalis [ˈkrɪsələs] *n, pl* **chrysalides** [krɪˈsæləˌdiːz] *or* **chrysalises** : crisálida *f*
chrysanthemum [krɪˈsænθəməm] *n* : crisantemo *m*
chubbiness [ˈtʃʌbinəs] *n* : gordura *f*
chubby [ˈtʃʌbi] *adj* -bier; -est : gordito, regordete, rechoncho
chuck¹ [ˈtʃʌk] *vt* **1** TOSS : tirar, lanzar, aventar *Col, Mex* **2 to chuck under the chin** : hacer la mamola
chuck² *n* **1** PAT : mamola *f*, palmada *f* **2** TOSS : lanzamiento *m* **3** *or* **chuck steak** : corte *m* de carne de res
chuckle¹ [ˈtʃʌkəl] *vi* -led; -ling : reírse entre dientes
chuckle² *n* : risita *f*, risa *f* ahogada

chug[1] ['tʃʌg] vi **chugged; chugging** : resoplar, traquetear

chug[2] n : resoplido m, traqueteo m

chum[1] ['tʃʌm] vi **chummed; chumming** : ser camaradas, ser cuates Mex fam

chum[2] n : amigo m, -ga f; camarada mf; compinche mf fam

chummy ['tʃʌmi] adj **-mier; -est** : amistoso ⟨they're very chummy : son muy amigos⟩

chump ['tʃʌmp] n : tonto m, -ta f; idiota mf

chunk ['tʃʌnk] n **1** PIECE : cacho m, pedazo m, trozo m **2** : cantidad f grande ⟨a chunk of money : mucho dinero⟩

chunky ['tʃʌnki] adj **chunkier; -est** **1** STOCKY : fornido, robusto **2** : que contiene pedazos

church ['tʃərtʃ] n **1** : iglesia f ⟨to go to church : ir a la iglesia⟩ **2** CHRISTIANS : iglesia f, conjunto m de fieles cristianos **3** DENOMINATION : confesión f, secta f **4** CONGREGATION : feligreses mpl, fieles mpl

churchgoer ['tʃərtʃ,goːər] n : practicante mf

churchyard ['tʃərtʃ,jɑrd] n : cementerio m (junto a una iglesia)

churn[1] ['tʃərn] vt **1** : batir (crema), hacer (mantequilla) **2** : agitar con fuerza, revolver — vi : agitarse, arremolinarse

churn[2] n : mantequera f

chute ['ʃuːt] n : conducto m inclinado, vertedero m (para basuras)

chutney ['tʃʌtni] n, pl **-neys** : chutney m

chutzpah ['hʊtspə, 'xʊt-, -,spɑ] n : descaro m, frescura f, cara f fam

cicada [sə'keɪdə, -'kɑ-] n : cigarra f, chicharra f

cider ['saɪdər] n **1** : jugo m (de manzana, etc.) **2** hard cider : sidra f

cigar [sɪ'gɑr] n : puro m, cigarro m

cigarette [,sɪgə'rɛt, 'sɪgə,rɛt] n : cigarrillo m, cigarro m

cilantro [sɪ'læntro, -'lɑn-] n : cilantro m

cinch[1] ['sɪntʃ] vt **1** : cinchar (un caballo) **2** ASSURE : asegurar

cinch[2] n **1** : cincha f (para caballos) **2** : algo fácil o seguro ⟨it's a cinch : es bien fácil, es pan comido⟩

cinchona [sɪŋ'koːnə] n : quino m

cinder ['sɪndər] n **1** EMBER : brasa f, ascua f **2 cinders** npl ASHES : cenizas fpl

cinema ['sɪnəmə] n : cine m

cinematic [,sɪnə'mætɪk] adj : cinematográfico

cinnamon ['sɪnəmən] n : canela f

cipher ['saɪfər] n **1** ZERO : cero m **2** CODE : cifra f, clave f

circa ['sərkə] prep : alrededor de, hacia ⟨circa 1800 : hacia el año 1800⟩

circle[1] ['sərkəl] v **-cled; -cling** vt **1** : encerrar en un círculo, poner un círculo alrededor de **2** : girar alrededor de, dar vueltas a ⟨we circled the building twice : le dimos vueltas al edificio dos veces⟩ — vi : dar vueltas

circle[2] n **1** : círculo m **2** CYCLE : ciclo m ⟨to come full circle : volver al punto de partida⟩ **3** GROUP : círculo m, grupo m (social)

circuit ['sərkət] n **1** BOUNDARY : circuito m, perímetro m (de una zona o un territorio) **2** TOUR : circuito m, recorrido m, tour m **3** : circuito m (eléctrico) ⟨a short circuit : un cortocircuito⟩

circuitous [,sər'kjuːətəs] adj : sinuoso, tortuoso

circuitry ['sərkətri] n, pl **-ries** : sistema m de circuitos

circular[1] ['sərkjələr] adj ROUND : circular, redondo

circular[2] n : circular f

circulate ['sərkjə,leɪt] v **-lated; -lating** vi : circular — vt **1** : circular (noticias, etc.) **2** DISSEMINATE : hacer circular, divulgar

circulation [,sərkjə'leɪʃən] n : circulación f

circulatory ['sərkjələ,tori] adj : circulatorio

circumcise ['sərkəm,saɪz] vt **-cised; -cising** : circuncidar

circumcision [,sərkəm'sɪʒən, 'sərkəm,-] n : circuncisión f

circumference [sər'kʌmpfrənts] n : circunferencia f

circumflex ['sərkəm,flɛks] n : acento m circunflejo

circumlocution [,sərkəmlo'kjuːʃən] n : circunlocución f

circumnavigate [,sərkəm'nævə,geɪt] v **-gated; -gating** : circunnavegar

circumscribe ['sərkəm,skraɪb] vt **-scribed; -scribing** **1** : circunscribir, trazar una figura alrededor de **2** LIMIT : circunscribir, limitar

circumspect ['sərkəm,spɛkt] adj : circunspecto, prudente, cauto

circumspection [,sərkəm'spɛkʃən] n : circunspección f, cautela f

circumstance ['sərkəm,stænts] n **1** EVENT : circunstancia f, acontecimiento m **2 circumstances** npl SITUATION : circunstancias fpl, situación f ⟨under the circumstances : dadas las circunstancias⟩ ⟨under no circumstances : de ninguna manera, bajo ningún concepto⟩ **3 circumstances** npl : situación f económica

circumstantial [,sərkəm'stænʃəl] adj : circunstancial

circumvent [,sərkəm'vɛnt] vt : evadir, burlar (una ley o regla), sortear (una responsabilidad o dificultad)

circumvention [,sərkəm'vɛnʃən] n : evasión f

circus ['sərkəs] n : circo m

cirrhosis [sə'roːsɪs] n, pl **-rhoses** [-'roː-,siːz] : cirrosis f

cirrus ['sɪrəs] n, pl **-ri** [-,raɪ] : cirro m

cistern ['sɪstərn] n : cisterna f, aljibe m

citadel ['sɪtədəl, -,dɛl] n FORTRESS : ciudadela f, fortaleza f

citation [saɪˈteɪʃən] n 1 SUMMONS : emplazamiento m, citación f, convocatoria f (judicial) 2 QUOTATION : cita f 3 COMMENDATION : elogio m, mención f (de honor)

cite [ˈsaɪt] vt **cited; citing** 1 ARRAIGN, SUBPOENA : emplazar, citar, hacer comparecer (ante un tribunal) 2 QUOTE : citar 3 COMMEND : elogiar, honrar (oficialmente)

citizen [ˈsɪtəzən] n : ciudadano m, -na f

citizenry [ˈsɪtəzənri] n, pl -ries : ciudadanía f, conjunto m de ciudadanos

citizenship [ˈsɪtəzənˌʃɪp] n : ciudadanía f ⟨Nicaraguan citizenship : ciudadanía nicaragüense⟩

citron [ˈsɪtrən] n : cidra f

citrus [ˈsɪtrəs] n, pl **-rus** or **-ruses** : cítrico m

city [ˈsɪti] n, pl **cities** : ciudad f

civic [ˈsɪvɪk] adj : cívico

civics [ˈsɪvɪks] ns & pl : civismo m

civil [ˈsɪvəl] adj 1 : civil ⟨civil law : derecho civil⟩ 2 POLITE : civil, cortés

civilian [səˈvɪljən] n : civil mf ⟨soldiers and civilians : soldados y civiles⟩

civility [səˈvɪləti] n, pl **-ties** : cortesía f, educación f

civilization [ˌsɪvələˈzeɪʃən] n : civilización f

civilize [ˈsɪvəˌlaɪz] vt **-lized; -lizing** : civilizar — **civilized** adj

civil liberties npl : derechos mpl civiles

civilly [ˈsɪvəli] adv : cortésmente

civil rights npl : derechos mpl civiles

civil service n : administración f pública

civil war n : guerra f civil

clack¹ [ˈklæk] vi : tabletear

clack² n : tableteo m

clad [ˈklæd] adj 1 CLOTHED : vestido 2 COVERED : cubierto

claim¹ [ˈkleɪm] vt 1 DEMAND : reclamar, reivindicar ⟨she claimed her rights : reclamó sus derechos⟩ 2 MAINTAIN : afirmar, sostener ⟨they claim it's theirs : sostienen que es suyo⟩

claim² n 1 DEMAND : demanda f, reclamación f 2 DECLARATION : declaración f, afirmación f 3 **to stake a claim** : reclamar, reivindicar

claimant [ˈkleɪmənt] n : demandante mf (ante un juez), pretendiente mf (al trono, etc.)

clairvoyance [klærˈvɔɪənts] n : clarividencia f

clairvoyant¹ [klærˈvɔɪənt] adj : clarividente

clairvoyant² n : clarividente mf

clam [ˈklæm] n : almeja f

clamber [ˈklæmbər] vi : treparse o subirse torpemente

clammy [ˈklæmi] adj **-mier; -est** : húmedo y algo frío

clamor¹ [ˈklæmər] vi : gritar, clamar

clamor² n : clamor m

clamorous [ˈklæmərəs] adj : clamoroso, ruidoso, estrepitoso

clamp¹ [ˈklæmp] vt : sujetar con abrazaderas

clamp² n : abrazadera f

clan [ˈklæn] n : clan m

clandestine [klænˈdɛstɪn] adj : clandestino, secreto

clang¹ [ˈklæŋ] vi : hacer resonar (dícese de un objeto metálico)

clang² n : ruido m metálico fuerte

clangor [ˈklæŋər, -gər] n : estruendo m metálico

clank¹ [ˈklæŋk] vi : producir un ruido metálico seco

clank² n : ruido m metálico seco

clannish [ˈklænɪʃ] adj : exclusivista

clap¹ [ˈklæp] v **clapped; clapping** vt 1 SLAP, STRIKE : golpear ruidosamente, dar una palmada ⟨to clap one's hands : batir palmas, dar palmadas⟩ 2 APPLAUD : aplaudir — vi APPLAUD : aplaudir

clap² n 1 SLAP : palmada f, golpecito m 2 NOISE : ruido m seco ⟨a clap of thunder : un trueno⟩

clapboard [ˈklæbərd, ˈklæpˌbord] n : tabla f de madera (para revestir muros)

clapper [ˈklæpər] n : badajo m (de una campana)

clarification [ˌklærəfəˈkeɪʃən] n : clarificación f

clarify [ˈklærəˌfaɪ] vt **-fied; -fying** 1 EXPLAIN : aclarar 2 : clarificar (un líquido)

clarinet [ˌklærəˈnɛt] n : clarinete m

clarion [ˈklæriən] adj : claro y sonoro

clarity [ˈklærəti] n : claridad f, nitidez f

clash¹ [ˈklæʃ] vi 1 : sonar, chocarse ⟨the cymbals clashed : los platillos sonaron⟩ 2 : chocar, enfrentarse ⟨the students clashed with the police : los estudiantes se enfrentaron con la policía⟩ 3 CONFLICT : estar en conflicto, oponerse 4 : desentonar (dícese de los colores), coincidir (dícese de los datos)

clash² n 1 : ruido m (producido por un choque) 2 CONFLICT, CONFRONTATION : enfrentamiento m, conflicto m, choque m 3 : desentono m (de colores), coincidencia f (de datos)

clasp¹ [ˈklæsp] vt 1 FASTEN : sujetar, abrochar 2 EMBRACE, GRASP : agarrar, sujetar, abrazar

clasp² n 1 FASTENING : broche m, cierre m 2 EMBRACE, SQUEEZE : apretón m, abrazo m

class¹ [ˈklæs] vt : clasificar, catalogar

class² n 1 KIND, TYPE : clase f, tipo m, especie f 2 : clase f, rango m social ⟨the working class : la clase obrera⟩ 3 LESSON : clase f, curso m ⟨English class : clase de inglés⟩ 4 : conjunto m de estudiantes, clase f ⟨the class of '97 : la promoción f 97⟩

classic¹ [ˈklæsɪk] adj : clásico

classic² n : clásico m, obra f clásica

classical [ˈklæsɪkəl] adj : clásico — **classically** [-kli] adv

classicism ['klæsə,sızəm] *n* : clasicismo *m*

classification [,klæsəfə'keɪʃən] *n* : clasificación *f*

classified ['klæsə,faɪd] *adj* **1** : clasificado ⟨classified ads : avisos clasificados⟩ **2** RESTRICTED : confidencial, secreto ⟨classified documents : documentos secretos⟩

classify ['klæsə,faɪ] *vt* **-fied; -fying** : clasificar, catalogar

classless ['klæsləs] *adj* : sin clases

classmate ['klæs,meɪt] *n* : compañero *m*, -ra *f* de clase

classroom ['klæs,ru:m] *n* : aula *f*, salón *m* de clase

clatter[1] ['klæt̬ər] *vi* : traquetear, hacer ruido

clatter[2] *n* : traqueteo *m*, ruido *m*, estrépito *m*

clause ['klɔz] *n* : cláusula *f*

claustrophobia [,klɔstrə'fo:biə] *n* : claustrofobia *f*

claustrophobic [,klɔstrə'fo:bɪk] *adj* : claustrofóbico

clavicle ['klævɪkəl] *n* : clavícula *f*

claw[1] ['klɔ] *v* : arañar

claw[2] *n* : garra *f*, uña *f* (de un gato), pinza *f* (de un crustáceo)

clay ['kleɪ] *n* : arcilla *f*, barro *m*

clayey ['kleɪi] *adj* : arcilloso

clean[1] ['kli:n] *vt* : limpiar, lavar, asear

clean[2] *adv* : limpio, limpiamente ⟨to play clean : jugar limpio⟩

clean[3] *adj* **1** : limpio **2** UNADULTERATED : puro **3** IRREPROACHABLE : intachable, sin mancha ⟨to have a clean record : no tener antecedentes penales⟩ **4** DECENT : decente **5** COMPLETE : completo, absoluto ⟨a clean break with the past : un corte radical con el pasado⟩

cleaner ['kli:nər] *n* **1** : limpiador *m*, -dora *f* **2** : producto *m* de limpieza **3** DRY CLEANER : tintorería *f* (servicio)

cleanliness ['klɛnlinəs] *n* : limpieza *f*, aseo *m*

cleanly[1] ['kli:nli] *adv* : limpiamente, con limpieza

cleanly[2] ['klɛnli] *adj* **-lier; -est** : limpio, pulcro

cleanness ['kli:nnəs] *n* : limpieza *f*

cleanse ['klɛnz] *vt* **cleansed; cleansing** : limpiar, purificar

cleanser ['klɛnzər] *n* : limpiador *m*, purificador *m*

clear[1] ['klɪr] *vt* **1** CLARIFY : aclarar, clarificar (un líquido) **2** : despejar (una superficie), desatascar (un tubo), desmontar (una selva) ⟨to clear the table : levantar la mesa⟩ ⟨to clear one's throat : carraspear, aclararse la voz⟩ **3** EXONERATE : absolver, limpiar el nombre de **4** EARN : ganar, sacar (una ganancia de) **5** : pasar sin tocar ⟨he cleared the hurdle : saltó por encima de la valla⟩ **6 to clear up** RESOLVE : aclarar, resolver, esclarecer — *vi* **1**

DISPERSE : irse, despejarse, disiparse **2** : ser compensado (dícese de un cheque) **3 to clear up** : despejar (dícese del tiempo), mejorarse (dícese de una enfermedad)

clear[2] *adv* : claro, claramente

clear[3] *adj* **1** BRIGHT : claro, lúcido **2** FAIR : claro, despejado **3** TRANSPARENT : transparente, translúcido **4** EVIDENT, UNMISTAKABLE : evidente, claro, obvio **5** CERTAIN : seguro **6** UNOBSTRUCTED : despejado, libre

clear[4] *n* **1 in the clear** : inocente, libre de toda sospecha **2 in the clear** SAFE : fuera de peligro

clearance ['klɪrənts] *n* **1** CLEARING : despeje *m* **2** SPACE : espacio *m* (libre), margen *m* **3** AUTHORIZATION : autorización *f*, despacho *m* (de la aduana)

clearing ['klɪrɪŋ] *n* : claro *m* (de un bosque)

clearly ['klɪrli] *adv* **1** DISTINCTLY : claramente, directamente **2** OBVIOUSLY : obviamente, evidentemente

cleat ['kli:t] *n* **1** : taco *m* **2 cleats** *npl* : zapatos *mpl* deportivos (con tacos)

cleavage ['kli:vɪdʒ] *n* **1** CLEFT : hendidura *f*, raja *f* **2** : escote *m* (del busto)

cleave[1] ['kli:v] *vi* **cleaved** ['kli:vd] *or* **clove** ['klo:v]; **cleaving** ADHERE : adherirse, unirse

cleave[2] *vt* **cleaved; cleaving** SPLIT : hender, dividir, partir

cleaver ['kli:vər] *n* : cuchilla *f* de carnicero

clef ['klɛf] *n* : clave *f*

cleft ['klɛft] *n* : hendidura *f*, raja *f*, grieta *f*

clemency ['klɛməntsi] *n* : clemencia *f*

clement ['klɛmənt] *adj* **1** MERCIFUL : clemente, piadoso **2** MILD : clemente, apacible

clench ['klɛntʃ] *vt* **1** CLUTCH : agarrar **2** TIGHTEN : apretar (el puño, los dientes)

clergy ['klərdʒi] *n, pl* **-gies** : clero *m*

clergyman ['klərdʒimən] *n, pl* **-men** [-mən, -,mɛn] : clérigo *m*

cleric ['klɛrɪk] *n* : clérigo *m*, -ga *f*

clerical ['klɛrɪkəl] *adj* **1** : clerical ⟨a clerical collar : un alzacuello⟩ **2** : de oficina ⟨clerical staff : personal de oficina⟩

clerk[1] ['klərk, *Brit* 'klɑrk] *vi* : trabajar de oficinista, trabajar de dependiente

clerk[2] *n* **1** : funcionario *m*, -ria *f* (de una oficina gubernamental) **2** : oficinista *mf*, empleado *m*, -da *f* de oficina **3** SALESPERSON : dependiente *m*, -ta *f*

clever ['klɛvər] *adj* **1** SKILLFUL : ingenioso, hábil **2** SMART : listo, inteligente, astuto

cleverly ['klɛvərli] *adv* **1** SKILLFULLY : ingeniosamente, hábilmente **2** INTELLIGENTLY : inteligentemente

cleverness ['klɛvərnəs] *n* **1** SKILL : ingenio *m*, habilidad *f* **2** INTELLIGENCE : inteligencia *f* clew ['klu:] → clue

cliché [kli'ʃeɪ] n : cliché m, tópico m

click¹ ['klɪk] vt 1 : chasquear (los dedos, etc.) ⟨to click one's heels : dar un taconazo⟩ 2 : hacer clic en (un botón, etc.) — vi 1 : hacer clic 2 SNAP : chasquear 3 SUCCEED : tener éxito 4 GET ALONG : congeniar, llevarse bien

click² n : chasquido m (de los dedos, etc.), clic m (de un botón, etc.)

client ['klaɪənt] n : cliente m, -ta f

clientele [,klaɪən'tɛl, ,kli:-] n : clientela f

cliff ['klɪf] n : acantilado m, precipicio m, risco m

climate ['klaɪmət] n : clima m

climatic [klaɪ'mætɪk, klə-] adj : climático

climax¹ ['klaɪ,mæks] vi : llegar al punto culminante, culminar — vt : ser el punto culminante de

climax² n : clímax m, punto m culminante

climb¹ ['klaɪm] vt : escalar, trepar a, subir a ⟨to climb a mountain : escalar una montaña⟩ — vi 1 RISE : subir, ascender ⟨prices are climbing : los precios están subiendo⟩ 2 : subirse, treparse ⟨to climb up a tree : treparse a un árbol⟩

climb² n : ascenso m, subida f

climber ['klaɪmər] n 1 : escalador m, -dora f ⟨a mountain climber : un alpinista⟩ 2 : trepadora f (planta)

clinch¹ ['klɪntʃ] vt 1 FASTEN, SECURE : remachar (un clavo), afianzar, abrochar 2 SETTLE : decidir, cerrar ⟨to clinch the title : ganar el título⟩

clinch² n : abrazo m, clinch m (en el boxeo)

clincher ['klɪntʃər] n : argumento m decisivo

cling ['klɪŋ] vi clung ['klʌŋ]; clinging 1 STICK : adherirse, pegarse 2 : aferrarse, agarrarse ⟨he clung to the railing : se aferró a la barandilla⟩

clinic ['klɪnɪk] n : clínica f

clinical ['klɪnɪkəl] adj : clínico — clinically [-kli] adv

clink¹ ['klɪŋk] vi : tintinear

clink² n : tintineo m

clip¹ ['klɪp] vt clipped; clipping 1 CUT : cortar, recortar 2 HIT : golpear, dar un puñetazo a 3 FASTEN : sujetar (con un clip)

clip² n 1 → clippers 2 BLOW : golpe m, puñetazo m 3 PACE : paso m rápido 4 FASTENER : clip m ⟨a paper clip : un sujetapapeles⟩

clipper ['klɪpər] n 1 : clíper m (buque de vela) 2 clippers npl : tijeras fpl ⟨nail clippers : cortauñas⟩

clique ['kli:k, 'klɪk] n : grupo m exclusivo, camarilla f (de políticos)

clitoris ['klɪt̬ərəs, klɪ'tɔrəs] n, pl clitorides [-'tɔrə,di:z] : clítoris m

cloak¹ ['klo:k] vt : encubrir, envolver (en un manto de)

cloak² n : capa f, capote m, manto m ⟨under the cloak of darkness : al amparo de la oscuridad⟩

clobber ['klɑbər] vt : dar una paliza a

clock¹ ['klɑk] vt : cronometrar

clock² n 1 : reloj m (de pared), cronómetro m (en deportes o competencias) 2 around the clock : las veinticuatro horas

clockwise ['klɑk,waɪz] adv & adj : en la dirección de las manecillas del reloj

clockwork ['klɑk,wərk] n : mecanismo m de relojería

clod ['klɑd] n 1 : terrón m 2 OAF : zoquete mf

clog¹ ['klɑg] v clogged; clogging vt 1 HINDER : estorbar, impedir 2 BLOCK : atascar, tapar — vi : atascarse, taparse

clog² n 1 OBSTACLE : traba f, impedimento m, estorbo m 2 : zueco m (zapato)

cloister¹ ['klɔɪstər] vt : enclaustrar

cloister² n : claustro m

clone ['klo:n] n 1 : clon m (de un organismo) 2 COPY : copia f, reproducción f

close¹ ['klo:z] v closed; closing vt : cerrar — vi 1 : cerrarse, cerrar 2 TERMINATE : concluirse, terminar 3 to close in APPROACH : acercarse, aproximarse

close² ['klo:s] adv : cerca, de cerca

close³ adj closer; closest 1 CONFINING : restrictivo, estrecho 2 SECRETIVE : reservado 3 STRICT : estricto, detallado 4 STUFFY : cargado, bochornoso (dícese del tiempo) 5 TIGHT : apretado, entallado, ceñido ⟨it's a close fit : es muy apretado⟩ 6 NEAR : cercano, próximo 7 INTIMATE : íntimo ⟨close friends : amigos íntimos⟩ 8 ACCURATE : fiel, exacto 9 : reñido ⟨a close election : una elección muy reñida⟩

close⁴ ['klo:z] n : fin m, final m, conclusión f

closely ['klo:sli] adv : cerca, de cerca

closeness ['klo:snəs] n 1 NEARNESS : cercanía f, proximidad f 2 INTIMACY : intimidad f

closet¹ ['klɑzət] vt to be closeted with : estar encerrado con

closet² n : armario m, guardarropa f, clóset m

closure ['klo:ʒər] n 1 CLOSING, END : cierre m, clausura f, fin m 2 FASTENER : cierre m

clot¹ ['klɑt] v clotted; clotting vt : coagular, cuajar — vi : cuajarse, coagularse

clot² n : coágulo m

cloth ['klɔθ] n, pl cloths ['klɔðz, 'klɔθs] 1 FABRIC : tela f 2 RAG : trapo m 3 TABLECLOTH : mantel m

clothe ['klo:ð] vt clothed or clad ['klæd]; clothing DRESS : vestir, arropar, ataviar

clothes ['klo:z, 'klo:ðz] npl 1 CLOTHING : ropa f 2 BEDCLOTHES : ropa f de cama

clothespin ['klo:z,pɪn] n : pinza f (para la ropa)

clothing [ˈkloːðɪŋ] *n* : ropa *f*, indumentaria *f*

cloud¹ [ˈklaʊd] *vt* : nublar, oscurecer — *vi* **to cloud over** : nublarse

cloud² *n* : nube *f*

cloudburst [ˈklaʊdˌbərst] *n* : chaparrón *m*, aguacero *m*

cloudless [ˈklaʊdləs] *adj* : despejado, claro

cloudy [ˈklaʊdi] *adj* **cloudier; -est** : nublado, nuboso

clout¹ [ˈklaʊt] *vt* : bofetear, dar un tortazo a

clout² *n* **1** BLOW : golpe *m*, tortazo *m* *fam* **2** INFLUENCE : influencia *f*, palanca *f* *fam*

clove¹ [ˈkloːv] *n* **1** : diente *m* (de ajo) **2** : clavo *m* (especia)

clove² → **cleave**

cloven hoof [ˈkloːvən] *n* : pezuña *f* hendida

clover [ˈkloːvər] *n* : trébol *m*

cloverleaf [ˈkloːvərˌliːf] *n, pl* **-leafs** *or* **-leaves** [-ˌliːvz] : intersección *f* en trébol

clown¹ [ˈklaʊn] *vi* : payasear, bromear ⟨stop clowning around : déjate de payasadas⟩

clown² *n* : payaso *m*, -sa *f*

clownish [ˈklaʊnɪʃ] *adj* **1** : de payaso BOORISH : grosero — **clownishly** *adv*

cloying [ˈklɔɪɪŋ] *adj* : empalagoso, meloso

club¹ [ˈklʌb] *vt* **clubbed; clubbing** : aporrear, dar garrotazos a

club² *n* **1** CUDGEL : garrote *m*, porra *f* **2** : palo *m* ⟨golf club : palo de golf⟩ **3** : trébol *m* (naipe) **4** ASSOCIATION : club *m*

clubfoot [ˈklʌbˌfʊt] *n, pl* **-feet** : pie *m* deforme

clubhouse [ˈklʌbˌhaʊs] *n* : sede *f* de un club

cluck¹ [ˈklʌk] *vi* : cloquear, cacarear

cluck² *n* : cloqueo *m*, cacareo *m*

clue¹ [ˈkluː] *vt* **clued; clueing** *or* **cluing** *or* **to clue in** : dar una pista a, informar

clue² *n* : pista *f*, indicio *m*

clump¹ [ˈklʌmp] *vi* **1** : caminar con pisadas fuertes **2** LUMP : agruparse, aglutinarse — *vt* : amontonar

clump² *n* **1** : grupo *m* (de arbustos o árboles), terrón *m* (de tierra) **2** : pisada *f* fuerte

clumsily [ˈklʌmzəli] *adv* : torpemente, sin gracia

clumsiness [ˈklʌmzinəs] *n* : torpeza *f*

clumsy [ˈklʌmzi] *adj* **-sier; -est 1** AWKWARD : torpe, desmañado **2** TACTLESS : carente de tacto, poco delicado

clung → **cling**

clunky [ˈklʌŋki] *adj* : torpe, poco elegante

cluster¹ [ˈklʌstər] *vt* : agrupar, juntar — *vi* : agruparse, apiñarse, arracimarse

cluster² *n* : grupo *m*, conjunto *m*, racimo *m* (de uvas)

clutch¹ [ˈklʌtʃ] *vt* : agarrar, asir — *vi* **to clutch at** : tratar de agarrar

clutch² *n* **1** GRASP, GRIP : agarre *m*, apretón *m* **2** : embrague *m*, clutch *m* (de una máquina) **3 clutches** *npl* : garras *fpl* ⟨he fell into their clutches : cayó en sus garras⟩

clutter¹ [ˈklʌtər] *vt* : atiborrar o atestar de cosas, llenar desordenadamente

clutter² *n* : desorden *m*, revoltijo *m*

coach¹ [ˈkoːtʃ] *vt* : entrenar (atletas, artistas), preparar (alumnos)

coach² *n* **1** CARRIAGE : coche *m*, carruaje *m*, carroza *f* **2** : vagón *m* de pasajeros (de un tren) **3** BUS : autobús *m* **4** : pasaje *m* aéreo de segunda clase **5** TRAINER : entrenador *m*, -dora *f*

coagulate [koˈægjəˌleɪt] *v* **-lated; -lating** *vt* : coagular, cuajar — *vi* : coagularse, cuajarse

coal [ˈkoːl] *n* **1** EMBER : ascua *f*, brasa *f* **2** : carbón *m* ⟨a coal mine : una mina de carbón⟩

coalesce [ˌkoːəˈlɛs] *vi* **-alesced; -alescing** : unirse

coalition [ˌkoːəˈlɪʃən] *n* : coalición *f*

coarse [ˈkors] *adj* **coarser; -est 1** : grueso (dícese de la arena o la sal), basto (dícese de las telas), áspero (dícese de la piel) **2** CRUDE, ROUGH : basto, tosco, ordinario **3** VULGAR : grosero — **coarsely** *adv*

coarsen [ˈkorsən] *vt* : hacer áspero o basto — *vi* : volverse áspero o basto

coarseness [ˈkorsnəs] *n* : aspereza *f*, tosquedad *f*

coast¹ [ˈkoːst] *vi* : deslizarse, rodar sin impulso

coast² *n* : costa *f*, litoral *m*

coastal [ˈkoːstəl] *adj* : costero

coaster [ˈkoːstər] *n* : posavasos *m*

coast guard *n* : guardia *f* costera, guardacostas *mpl*

coastline [ˈkoːstˌlaɪn] *n* : costa *f*

coat¹ [ˈkoːt] *vt* : cubrir, revestir, bañar (en un líquido)

coat² *n* **1** : abrigo *m* ⟨a sport coat : una chaqueta, un saco⟩ **2** : pelaje *m* (de animales) **3** LAYER : capa *f*, mano *f* (de pintura)

coating [ˈkoːtɪŋ] *n* : capa *f*

coat of arms *n* : escudo *m* de armas

coax [ˈkoːks] *vt* : engatusar, persuadir

cob [ˈkɑb] → **corncob**

cobalt [ˈkoːˌbɔlt] *n* : cobalto *m*

cobble [ˈkɑbəl] *vt* **cobbled; cobbling 1** : fabricar o remendar (zapatos) **2 to cobble together** : improvisar, hacer apresuradamente

cobbler [ˈkɑblər] *n* **1** SHOEMAKER : zapatero *m*, -ra *f* **2 fruit cobbler** : tarta *f* de fruta

cobblestone [ˈkɑbəlˌstoːn] *n* : adoquín *m*

cobra [ˈkoːbrə] *n* : cobra *f*

cobweb [ˈkɑbˌwɛb] *n* : telaraña *f*

coca [ˈkoːkə] *n* : coca *f*

cocaine [ko:'keɪn, 'ko:ˌkeɪn] n : cocaína f

cock¹ ['kɑk] vt 1 : ladear ⟨to cock one's head : ladear la cabeza⟩ 2 : montar, amartillar (un arma de fuego)

cock² n 1 ROOSTER : gallo m 2 FAUCET : grifo m, llave f 3 : martillo m (de un arma de fuego)

cockatoo ['kɑkəˌtu:] n, pl **-toos** : cacatúa f

cockeyed ['kɑkˌaɪd] adj 1 ASKEW : ladeado, torcido, chueco 2 ABSURD : disparatado, absurdo

cockfight ['kɑkˌfaɪt] n : pelea f de gallos

cockiness ['kɑkinəs] n : arrogancia f

cockle ['kɑkəl] n : berberecho m

cockpit ['kɑkˌpɪt] n : cabina f

cockroach ['kɑkˌro:tʃ] n : cucaracha f

cocktail ['kɑkˌteɪl] n 1 : coctel m, cóctel m 2 APPETIZER : aperitivo m

cocky ['kɑki] adj **cockier; -est** : creído, engreído

cocoa ['ko:ˌko:] n 1 CACAO : cacao m 2 : cocoa f, chocolate m (bebida)

coconut ['ko:kəˌnʌt] n : coco m

cocoon [kə'ku:n] n : capullo m

cod ['kɑd] n, pl **cod** : bacalao m

coddle ['kɑdəl] vt **-dled; -dling** : mimar, consentir

code ['ko:d] n 1 : código m ⟨civil code : código civil⟩ 2 : código m, clave f ⟨secret code : clave secreta⟩

codeine ['ko:ˌdi:n] n : codeína f

codex ['ko:ˌdeks] n, pl **-dexes** [-ˌdeksəz] or **-dices** [-dəˌsi:z] : códice m

codger ['kɑdʒər] n : viejo m, vejete m

codify ['kɑdəˌfaɪ, 'ko:-] vt **-fied; -fying** : codificar

coeducation [ˌko:ˌedʒə'keɪʃən] n : coeducación f, enseñanza f mixta

coeducational [ˌko:ˌedʒə'keɪʃənəl] adj : mixto

coefficient [ˌko:ə'fɪʃənt] n : coeficiente m

coerce [ko'ərs] vt **-erced; -ercing** : coaccionar, forzar, obligar

coercion [ko'ərʒən, -ʃən] n : coacción f

coercive [ko'ərsɪv] adj : coactivo

coexist [ˌko:ɪg'zɪst] vi : coexistir

coexistence [ˌko:ɪg'zɪstəns] n : coexistencia f

coffee ['kɔfi] n : café m

coffeepot ['kɔfiˌpɑt] n : cafetera f

coffee table n : mesa f de centro

coffer ['kɔfər] n : cofre m

coffin ['kɔfən] n : ataúd m, féretro m

cog ['kɑg] n : diente m (de una rueda dentada)

cogent ['ko:dʒənt] adj : convincente, persuasivo

cogitate ['kɑdʒəˌteɪt] vi **-tated; -tating** : reflexionar, meditar, discurrir

cogitation [ˌkɑdʒə'teɪʃən] n : reflexión f, meditación f

cognac ['ko:nˌjæk] n : coñac m

cognate ['kɑgˌneɪt] adj : relacionado, afín

cognition [kɑg'nɪʃən] n : cognición f

cognitive ['kɑgnətɪv] adj : cognitivo

cogwheel ['kɑgˌʍi:l] n : rueda f dentada

cohabit [ˌko:'hæbət] vi : cohabitar

cohere [ko'hɪr] vi **-hered; -hering** 1 ADHERE : adherirse, pegarse 2 : ser coherente o congruente

coherence [ko'hɪrənts] n : coherencia f, congruencia f

coherent [ko'hɪrənt] adj : coherente, congruente — **coherently** adv

cohesion [ko'hi:ʒən] n : cohesión f

cohesive [ko'hi:sɪv, -zɪv] adj : cohesivo

cohort ['ko:ˌhɔrt] n 1 : cohorte f (de soldados) 2 COMPANION : compañero m, -ra f; colega mf

coiffure [kwɑ'fjʊr] n : peinado m

coil¹ ['kɔɪl] vt : enrollar — vi : enrollarse, enroscarse

coil² n : rollo m (de cuerda, etc.), espiral f (de humo)

coin¹ ['kɔɪn] vt 1 MINT : acuñar (moneda) 2 INVENT : acuñar, crear, inventar ⟨to coin a phrase : como se suele decir⟩

coin² n : moneda f

coincide [ˌko:ɪn'saɪd, 'ko:ɪnˌsaɪd] vi **-cided; -ciding** : coincidir

coincidence [ko'ɪntsədənts] n : coincidencia f, casualidad f ⟨what a coincidence! : ¡qué casualidad!⟩

coincident [ko'ɪntsədənt] adj : coincidente, concurrente

coincidental [ko,ɪntsə'dentəl] adj : casual, accidental, fortuito

coitus ['ko:ətəs] n : coito m

coke [ko:k] n : coque m

colander ['kɑləndər, 'kʌ-] n : colador m

cold¹ ['ko:ld] adj : frío ⟨it's cold out : hace frío⟩ ⟨a cold reception : una fría recepción⟩ ⟨in cold blood : a sangre fría⟩

cold² n 1 : frío m ⟨to feel the cold : sentir el frío⟩ 2 : resfriado m, catarro m ⟨to catch a cold : resfriarse⟩

cold–blooded ['ko:ld'blʌdəd] adj 1 CRUEL : cruel, despiadado 2 : de sangre fría (dícese de los reptiles, etc.)

coldly ['ko:ldli] adv : fríamente, con frialdad

coldness ['ko:ldnəs] n : frialdad f (de una persona o una actitud), frío m (de la temperatura)

coleslaw ['ko:lˌslɔ] n : ensalada f de col

colic ['kɑlɪk] n : cólico m

coliseum [ˌkɑlə'si:əm] n : coliseo m, arena f

collaborate [kə'læbəˌreɪt] vi **-rated; -rating** : colaborar

collaboration [kəˌlæbə'reɪʃən] n : colaboración f

collaborator [kə'læbəˌreɪtər] n 1 COLLEAGUE : colaborador m, -dora f 2 TRAITOR : colaboracionista mf

collage [kə'lɑʒ] n : collage m

collapse¹ [kə'læps] vi **-lapsed; -lapsing** 1 : derrumbarse, desplomarse, hundirse ⟨the building collapsed : el edificio se derrumbó⟩ **2** FALL : desplomarse, caerse ⟨he collapsed on the bed : se desplomó en la cama⟩ ⟨to collapse with laughter : morirse de risa⟩ **3** FAIL : fracasar, quebrar, arruinarse **4** FOLD : plegarse

collapse[2] *n* **1** FALL : derrumbe *m*, desplome *m* **2** BREAKDOWN, FAILURE : fracaso *m*, colapso *m* (físico), quiebra *f* (económica)

collapsible [kə'læpsəbəl] *adj* : plegable

collar[1] ['kɑlər] *vt* : agarrar, atrapar

collar[2] *n* : cuello *m*

collarbone ['kɑlər,bo:n] *n* : clavícula *f*

collate [kə'leɪt; 'kɑ,leɪt, 'ko:-] *vt* **-lated; -lating 1** COMPARE : cotejar, comparar **2** : ordenar, recopilar (páginas)

collateral[1] [kə'lætərəl] *adj* : colateral

collateral[2] *n* : garantía *f*, fianza *f*, prenda *f*

colleague ['kɑ,li:g] *n* : colega *mf*; compañero *m*, -ra *f*

collect[1] [kə'lɛkt] *vt* **1** GATHER : recopilar, reunir, recoger ⟨she collected her thoughts : puso en orden sus ideas⟩ **2** : coleccionar, juntar ⟨to collect stamps : coleccionar timbres⟩ **3** : cobrar (una deuda), recaudar (un impuesto) **4** DRAW : cobrar, percibir (un sueldo, etc.) — *vi* **1** ACCUMULATE : acumularse, juntarse **2** CONGREGATE : congregarse, reunirse

collect[2] *adv & adj* : por cobrar, a cobro revertido

collectible *or* **collectable** [kə'lɛktəbəl] *adj* : coleccionable

collection [kə'lɛkʃən] *n* **1** COLLECTING : colecta *f* (de contribuciones), cobro *m* (de deudas), recaudación *f* (de impuestos) **2** GROUP : colección *f* (de objetos), grupo *m* (de personas)

collective[1] [kə'lɛktɪv] *adj* : colectivo — **collectively** *adv*

collective[2] *n* : colectivo *m*

collector [kə'lɛktər] *n* **1** : coleccionista *mf* (de objetos) **2** : cobrador *m*, -dora *f* (de deudas)

college ['kɑliʤ] *n* **1** : universidad *f* **2** : colegio *m* (de electores o profesionales)

collegiate [kə'li:ʤət] *adj* : universitario

collide [kə'laɪd] *vi* **-lided; -liding** : chocar, colisionar, estrellarse

collie ['kɑli] *n* : collie *m*

collision [kə'lɪʒən] *n* : choque *m*, colisión *f*

colloquial [kə'lo:kwiəl] *adj* : coloquial

colloquialism [kə'lo:kwiə,lɪzəm] *n* : expresión *f* coloquial

collusion [kə'lu:ʒən] *n* : colusión *f*

cologne [kə'lo:n] *n* : colonia *f*

Colombian [kə'lʌmbiən] *n* : colombiano *m*, -na *f* — **Colombian** *adj*

colon[1] ['ko:lən] *n, pl* **colons** *or* **cola** [-lə] : colon *m* (de los intestinos)

colon[2] *n, pl* **colons** : dos puntos *mpl* (signo ortográfico)

colonel ['kərnəl] *n* : coronel *m*

colonial[1] [kə'lo:niəl] *adj* : colonial

colonial[2] *n* : colono *m*, -na *f*

colonist ['kɑlənɪst] *n* : colono *m*, -na *f*; colonizador *m*, -dora *f*

colonization [,kɑlənə'zeɪʃən] *n* : colonización *f*

colonize ['kɑlə,naɪz] *vt* **-nized; -nizing 1** : establecer una colonia en **2** SETTLE : colonizar

colonnade [,kɑlə'neɪd] *n* : columnata *f*

colony ['kɑləni] *n, pl* **-nies** : colonia *f*

color[1] ['kʌlər] *vt* **1** : colorear, pintar **2** INFLUENCE : influir en, influenciar — *vi* BLUSH : sonrojarse, ruborizarse

color[2] *n* **1** : color *m* ⟨primary colors : colores primarios⟩ **2** INTEREST, VIVIDNESS : color *m*, colorido *m* ⟨local color : color local⟩

coloration [kʌlə'reɪʃən] *n* : coloración *f*

color-blind ['kʌlər,blaɪnd] *adj* : daltónico

color blindness *n* : daltonismo *m*

colored ['kʌlərd] *adj* **1** : de color (dícese de los objetos) **2** : de color, negro (dícese de las personas)

colorfast ['kʌlər,fæst] *adj* : que no se destiñe

colorful ['kʌlərfəl] *adj* **1** : lleno de colorido, de colores vivos **2** PICTURESQUE, STRIKING : pintoresco, llamativo

coloring ['kʌlərɪŋ] *n* **1** : color *m*, colorido *m* **2 food coloring** : colorante *m*

colorless ['kʌlərləs] *adj* **1** : incoloro, sin color **2** DULL : soso, aburrido

colossal [kə'lɑsəl] *adj* : colosal

colossus [kə'lɑsəs] *n, pl* **-si** [-,saɪ] : coloso *m*

colt ['ko:lt] *n* : potro *m*, potranco *m*

column ['kɑləm] *n* : columna *f*

columnist ['kɑləmnɪst, -ləmɪst] *n* : columnista *mf*

coma ['ko:mə] *n* : coma *m*, estado *m* de coma

Comanche [kə'mæntʃi] *n* : comanche *mf* — **Comanche** *adj*

comatose ['ko:mə,to:s, 'kɑ-] *adj* : comatoso, en estado de coma

comb[1] ['ko:m] *vt* **1** : peinar (el pelo) **2** SEARCH : peinar, rastrear, registrar a fondo

comb[2] *n* **1** : peine *m* **2** : cresta *f* (de un gallo)

combat[1] [kəm'bæt, 'kɑm,bæt] *vt* **-bated** *or* **-batted; -bating** *or* **-batting** : combatir, luchar contra

combat[2] ['kɑm,bæt] *n* : combate *m*, lucha *f*

combatant [kəm'bætənt] *n* : combatiente *mf*

combative [kəm'bætɪv] *adj* : combativo

combination [,kɑmbə'neɪʃən] *n* : combinación *f*

combine[1] [kəm'baɪn] *v* **-bined; -bining** *vt* : combinar, aunar — *vi* : combinarse, mezclarse

combine[2] ['kɑm,baɪn] *n* **1** ALLIANCE : alianza *f* comercial o política **2** HARVESTER : cosechadora *f*

combustible [kəm'bʌstəbəl] *adj* : inflamable, combustible

combustion [kəm'bʌstʃən] *n* : combustión *f*

come ['kʌm] *vi* **came** ['keɪm]; **come**; **coming** 1 APPROACH : venir, aproximarse ⟨here they come : acá vienen⟩ 2 ARRIVE : venir, llegar, alcanzar ⟨they came yesterday : vinieron ayer⟩ 3 ORIGINATE : venir, provenir ⟨this wine comes from France : este vino viene de Francia⟩ 4 AMOUNT : llegar, ascender ⟨the investment came to two million : la inversión llegó a dos millones⟩ 5 **to come clean** : confesar, desahogar la conciencia 6 **to come into** ACQUIRE : adquirir ⟨to come into a fortune : heredar una fortuna⟩ 7 **to come off** SUCCEED : tener éxito, ser un éxito 8 **to come out** : salir, aparecer, publicarse 9 **to come to** REVIVE : recobrar el conocimiento, volver en sí 10 **to come to pass** HAPPEN : acontecer 11 **to come to terms** : llegar a un acuerdo

comeback ['kʌm,bæk] *n* 1 RETORT : réplica *f*, respuesta *f* 2 RETURN : retorno *m*, regreso *m* ⟨the champion announced his comeback : el campeón anunció su regreso⟩

come back *vi* 1 RETORT : replicar, contestar 2 RETURN : volver ⟨come back here! : ¡vuelve acá!⟩ ⟨that style's coming back : ese estilo está volviendo⟩

comedian [kə'mi:diən] *n* : cómico *m*, -ca *f*; humorista *mf*

comedienne [kə,mi:di'ɛn] *n* : cómica *f*, humorista *f*

comedy ['kamədi] *n, pl* **-dies** : comedia *f*

comely ['kʌmli] *adj* **-lier; -est** : bello, bonito

comet ['kamət] *n* : cometa *m*

comfort¹ ['kʌmpfərt] *vt* 1 CHEER : confortar, alentar 2 CONSOLE : consolar

comfort² *n* 1 CONSOLATION : consuelo *m* 2 WELL-BEING : confort *m*, bienestar *m* 3 CONVENIENCE : comodidad *f* ⟨the comforts of home : las comodidades del hogar⟩

comfortable ['kʌmpfərtəbəl, 'kʌmpftə-] *adj* : cómodo, confortable — **comfortably** ['kʌmpfərtəbli, 'kʌmpftə-] *adv*

comforter ['kʌmpfərtər] *n* QUILT : edredón *m*, cobertor *m*

comic¹ ['kamık] *adj* : cómico, humorístico

comic² *n* 1 COMEDIAN : cómico *m*, -ca *f*; humorista *mf* 2 or **comic book** : historieta *f*, cómic *m*

comical ['kamıkəl] *adj* : cómico, gracioso, chistoso

comic strip *n* : tira *f* cómica, historieta *f*

coming ['kʌmıŋ] *adj* : siguiente, próximo, que viene

comma ['kamə] *n* : coma *f*

command¹ [kə'mænd] *vt* 1 ORDER : ordenar, mandar 2 CONTROL, DIRECT : comandar, tener el mando de — *vi* 1 : dar órdenes 2 GOVERN : estar al mando *m*, gobernar

command² *n* 1 CONTROL, LEADERSHIP : mando *m*, control *m*, dirección *f* 2 ORDER : orden *f*, mandato *m* 3 MASTERY : maestría *f*, destreza *f*, dominio *m* 4 : tropa *f* asignada a un comandante

commandant [kamən,dant, -,dænt] *n* : comandante *mf*

commandeer [,kamən'dɪr] *vt* : piratear, secuestrar (un vehículo, etc.)

commander [kə'mændər] *n* : comandante *mf*

commandment [kə'mændmənt] *n* : mandamiento *m*, orden *f* ⟨the Ten Commandments : los diez mandamientos⟩

commando [kə'mændo:] *n* : comando *m*

commemorate [kə'mɛmə,reɪt] *vt* **-rated; -rating** : conmemorar

commemoration [kə,mɛmə'reɪʃən] *n* : conmemoración *f*

commemorative [kə'mɛmrətɪv, -'mɛmə,reɪtɪv] *adj* : conmemorativo

commence [kə'mɛnts] *v* **-menced; -mencing** *vt* : iniciar, comenzar — *vi* : iniciarse, comenzar

commencement [kə'mɛntsmənt] *n* 1 BEGINNING : inicio *m*, comienzo *m* 2 : ceremonia *f* de graduación

commend [kə'mɛnd] *vt* 1 ENTRUST : encomendar 2 RECOMMEND : recomendar 3 PRAISE : elogiar, alabar

commendable [kə'mɛndəbəl] *adj* : loable, meritorio, encomiable

commendation [,kamən'deɪʃən, -,mɛn-] *n* : elogio *m*, encomio *m*

commensurate [kə'mɛntsərət, -'mɛntʃurət] *adj* : proporcionado ⟨commensurate with : en proporción a⟩

comment¹ ['ka,mɛnt] *vi* 1 : hacer comentarios 2 **to comment on** : comentar, hacer observaciones sobre

comment² *n* : comentario *m*, observación *f*

commentary ['kamən,teri] *n, pl* **-taries** : comentario *m*, crónica *f* (deportiva)

commentator ['kamən,teɪtər] *n* : comentarista *mf*, cronista *mf* (de deportes)

commerce ['kamərs] *n* : comercio *m*

commercial¹ [kə'mərʃəl] *adj* : comercial — **commercially** *adv*

commercial² *n* : comercial *m*

commercialize [kə'mərʃə,laɪz] *vt* **-ized; -izing** : comercializar

commiserate [kə'mızə,reɪt] *vi* **-ated; -ating** : compadecerse, consolarse

commiseration [kə,mızə'reɪʃən] *n* : conmiseración *f*

commission¹ [kə'mıʃən] *vt* 1 : nombrar (un oficial) 2 : comisionar, encargar ⟨to commission a painting : encargar una pintura⟩

commission[2] *n* **1** : nombramiento *m* (al grado de oficial) **2** COMMITTEE : comisión *f*, comité *m* **3** COMMITTING : comisión *f*, realización *f* (de un acto) **4** PERCENTAGE : comisión *f* ⟨sales commissions : comisiones de venta⟩

commissioned officer *n* : oficial *mf*

commissioner [kə'mɪʃənər] *n* **1** : comisionado *m*, -da *f*; miembro *m* de una comisión **2** : comisario *m*, -ria *f* (de policía, etc.)

commit [kə'mɪt] *vt* -mitted; -mitting **1** ENTRUST : encomendar, confiar **2** CONFINE : internar (en un hospital), encarcelar (en una prisión) **3** PERPETRATE : cometer ⟨to commit a crime : cometer un crimen⟩ **4 to commit oneself** : comprometerse

commitment [kə'mɪtmənt] *n* **1** RESPONSIBILITY : compromiso *m*, responsabilidad *f* **2** DEDICATION : dedicación *f*, devoción *f* ⟨commitment to the cause : devoción a la causa⟩

committee [kə'mɪti] *n* : comité *m*

commodious [kə'mo:diəs] *adj* SPACIOUS : amplio, espacioso

commodity [kə'madəti] *n*, *pl* -ties : artículo *m* de comercio, mercancía *f*, mercadería *f*

commodore ['kamə,dor] *n* : comodoro *m*

common[1] ['kamən] *adj* **1** PUBLIC : común, público ⟨the common good : el bien común⟩ **2** SHARED : común ⟨a common interest : un interés común⟩ **3** GENERAL : común, general ⟨it's common knowledge : todo el mundo lo sabe⟩ **4** ORDINARY : ordinario, común y corriente ⟨the common man : el hombre medio, el hombre de la calle⟩

common[2] *n* **1** : tierra *f* comunal **2 in ∼** : en común

common cold *n* : resfriado *m* común

common denominator *n* : denominador *m* común

commoner ['kamənər] *n* : plebeyo *m*, -ya *f*

commonly ['kamənli] *adv* **1** FREQUENTLY : comúnmente, frecuentemente **2** USUALLY : normalmente

common noun *n* : nombre *m* común

commonplace[1] ['kamən,pleɪs] *adj* : común, ordinario

commonplace[2] *n* : cliché *m*, tópico *m*

common sense *n* : sentido *m* común

commonwealth ['kamən,wɛlθ] *n* : entidad *f* política ⟨the British Commonwealth : la Mancomunidad Británica⟩

commotion [kə'mo:ʃən] *n* **1** RUCKUS : alboroto *m*, jaleo *m*, escándalo *m* **2** STIR, UPSET : revuelo *m*, conmoción *f*

communal [kə'mju:nəl] *adj* : comunal

commune[1] [kə'mju:n] *vi* -muned; -muning : estar en comunión

commune[2] ['ka,mju:n, kə'mju:n] *n* : comuna *f*

communicable [kə'mju:nɪkəbəl] *adj* CONTAGIOUS : transmisible, contagioso

communicate [kə'mju:nə,keɪt] *v* -cated; -cating *vt* **1** CONVEY : comunicar, expresar, hacer saber **2** TRANSMIT : transmitir (una enfermedad), contagiar — *vi* : comunicarse, expresarse

communication [kə,mju:nə'keɪʃən] *n* : comunicación *f*

communicative [kə'mju:nɪ,keɪtɪv, -kətɪv] *adj* : comunicativo

communion [kə'mju:njən] *n* **1** SHARING : comunión *f* **2 Communion** : comunión *f*, eucaristía *f*

communiqué [kə'mju:nə,keɪ, -,mju:nə-'keɪ] *n* : comunicado *m*

communism *or* **Communism** ['kamjə,nɪzəm] *n* : comunismo *m*

communist[1] *or* **Communist** ['kamjə,nɪst] *adj* : comunista ⟨the Communist Party : el Partido Comunista⟩

communist[2] *or* **Communist** *n* : comunista *mf*

communistic *or* **Communistic** [,kamjə-'nɪstɪk] *adj* : comunista

community [kə'mju:nəti] *n*, *pl* -ties : comunidad *f*

commute [kə'mju:t] *v* -muted; -muting *vt* REDUCE : conmutar, reducir (una sentencia) — *vi* : viajar de la residencia al trabajo

commuter [kə'mju:tər] *n* : persona *f* que viaja diariamente al trabajo

compact[1] [kəm'pækt, 'kam,pækt] *vt* : compactar, consolidar, comprimir

compact[2] [kəm'pækt, 'kam,pækt] *adj* **1** DENSE, SOLID : compacto, macizo, denso **2** CONCISE : breve, conciso

compact[3] ['kam,pækt] *n* **1** AGREEMENT : acuerdo *m*, pacto *m* **2** : polvera *f*, estuche *m* de maquillaje **3** *or* **compact car** : auto *m* compacto

compact disc ['kam,pækt'dɪsk] *n* : disco *m* compacto, compact disc *m*

compactly [kəm'pæktli, 'kam,pækt-] *adv* **1** DENSELY : densamente, macizamente **2** CONCISELY : concisamente, brevemente

companion [kəm'pænjən] *n* **1** COMRADE : compañero *m*, -ra *f*; acompañante *mf* **2** MATE : pareja *f* (de un zapato, etc.)

companionable [kəm'pænjənəbəl] *adj* : sociable, amigable

companionship [kəm'pænjən,ʃɪp] *n* : compañerismo *m*, camaradería *f*

company ['kampəni] *n*, *pl* -nies **1** FIRM : compañía *f*, empresa *f* **2** GROUP : compañía *f* (de actores o soldados) **3** GUESTS : visita *f* ⟨we have company : tenemos visita⟩

comparable ['kampərəbəl] *adj* : comparable, parecido

comparative[1] [kəm'pærətɪv] *adj* RELATIVE : comparativo, relativo — **comparatively** *adv*

comparative[2] *n* : comparativo *m*

compare¹ [kəm'pær] v -pared; -paring
vt : comparar — vi **to compare with**
: poder comparar con, tener comparación con
compare² n : comparación f ⟨beyond
compare : sin igual, sin par⟩
comparison [kəm'pærəsən] n : comparación f
compartment [kəm'partmənt] n : compartimiento m, compartimiento m
compass ['kʌmpəs, 'kam-] n **1** RANGE,
SCOPE : alcance m, extensión f, límites
mpl **2** : compás m (para trazar circunferencias) **3** : compás m, brújula f ⟨the
points of the compass : los puntos cardinales⟩
compassion [kəm'pæʃən] n : compasión f, piedad f, misericordia f
compassionate [kəm'pæʃənət] adj
: compasivo
compatibility [kəm,pætə'bıləti] n : compatibilidad f
compatible [kəm'pætəbəl] adj : compatible, afín
compatriot [kəm'peıtriət, -'pæ-] n : compatriota mf; paisano m, -na f
compel [kəm'pɛl] vt -pelled; -pelling
: obligar, compeler
compelling [kəm'pɛlıŋ] adj **1** FORCEFUL : fuerte **2** ENGAGING : absorbente
3 PERSUASIVE : persuasivo, convincente
compendium [kəm'pɛndiəm] n, pl
-diums or -dia [-diə] : compendio m
compensate ['kampən,seıt] vi -sated;
-sating vi **to compensate for** : compensar — vt : indemnizar, compensar
compensation [,kampən'seıʃən] n
: compensación f, indemnización f
compensatory [kəm'pɛntsə,tori] adj
: compensatorio
compete [kəm'pi:t] vi -peted; -peting
: competir, contender, rivalizar
competence ['kampətənts] n : competencia f, aptitud f
competency ['kampətəntsi] → **competence**
competent ['kampətənt] adj : competente, capaz
competition [,kampə'tıʃən] n : competencia f, concurso m
competitive [kəm'pɛtətıv] adj : competitivo
competitor [kəm'pɛtətər] n : competidor m, -dora f
compilation [,kampə'leıʃən] n : recopilación f, compilación f
compile [kəm'paıl] vt -piled; -piling
: compilar, recopilar
complacency [kəm'pleısəntsi] n : satisfacción f consigo mismo, suficiencia f
complacent [kəm'pleısənt] adj : satisfecho de sí mismo, suficiente
complain [kəm'pleın] vi **1** GRIPE : quejarse, regañar, rezongar **2** PROTEST
: reclamar, protestar
complaint [kəm'pleınt] n **1** GRIPE : queja f **2** AILMENT : afección f, dolencia f

3 ACCUSATION : reclamo m, acusación f
complement¹ ['kamplə,mɛnt] vt : complementar
complement² ['kampləmənt] n : complemento m
complementary [,kamplə'mɛntəri] adj
: complementario
complete¹ [kəm'pli:t] vt -pleted; -pleting **1** : completar, hacer entero ⟨this
piece completes the collection : esta
pieza completa la colección⟩ **2** FINISH
: completar, acabar, terminar ⟨she
completed her studies : completó sus
estudios⟩
complete² adj -pleter; -est **1** WHOLE
: completo, entero, íntegro **2** FINISHED
: terminado, acabado **3** TOTAL : completo, total, absoluto
completely [kəm'pli:tli] adv : completamente, totalmente
completion [kəm'pli:ʃən] n : finalización f, cumplimiento m
complex¹ [kam'plɛks, kəm-; 'kam-
,plɛks] adj : complejo, complicado
complex² ['kam,plɛks] n : complejo m
complexion [kəm'plɛkʃən] n : cutis m,
tez f ⟨of dark complexion : de tez morena⟩
complexity [kəm'plɛksəti, kam-] n, pl
-ties : complejidad f
compliance [kəm'plaıənts] n : conformidad f ⟨in compliance with the law
: conforme a la ley⟩
compliant [kəm'plaıənt] adj : dócil,
sumiso
complicate ['kamplə,keıt] vt -cated;
-cating : complicar
complicated ['kamplə,keıtəd] adj
: complicado
complication [,kamplə'keıʃən] n : complicación f
complicity [kəm'plısəti] n, pl -ties : complicidad f
compliment¹ ['kamplə,mɛnt] vt : halagar, florear Mex
compliment² ['kampləmənt] n **1** : halago m, cumplido m **2 compliments** npl
: saludos mpl ⟨give them my compliments : déles saludos de mi parte⟩
complimentary [,kamplə'mɛntəri] adj
1 FLATTERING : halagador, halagüeño
2 FREE : de cortesía, gratis
comply [kəm'plaı] vi -plied; -plying
: cumplir, acceder, obedecer
component¹ [kəm'po:nənt, 'kam-,po:-]
adj : componente
component² n : componente m, elemento m, pieza f
compose [kəm'po:z] vt -posed; -posing
1 : componer, crear ⟨to compose a
melody : componer una melodía⟩ **2**
CALM : calmar, serenar ⟨to compose
oneself : serenarse⟩ **3** CONSTITUTE
: constar, componer ⟨to be composed
of : constar de⟩ **4** : componer (un texto a imprimirse)
composer [kəm'po:zər] n : compositor
m, -tora f

composite¹ [kam'pazət, kəm-; 'kam-ˌpazət] *adj* : compuesto (de varias partes)

composite² *n* : compuesto *m*, mezcla *f*

composition [ˌkampə'zɪʃən] *n* 1 MAKEUP : composición *f* 2 ESSAY : ensayo *m*, trabajo *m*

compost ['kamˌpo:st] *n* : abono *m* vegetal

composure [kəm'po:ʒər] *n* : compostura *f*, serenidad *f*

compound¹ [kam'paund, kəm-; 'kamˌpaund] *vt* 1 COMBINE, COMPOSE : combinar, componer 2 AUGMENT : agravar, aumentar ⟨to compound a problem : agravar un problema⟩

compound² ['kamˌpaund; kam'paund, kəm-] *adj* : compuesto ⟨compound interest : interés compuesto⟩

compound³ ['kamˌpaund] *n* 1 MIXTURE : compuesto *m*, mezcla *f* 2 ENCLOSURE : recinto *m* (de residencias, etc.)

compound fracture *n* : fractura *f* complicada

comprehend [ˌkamprɪ'hɛnd] *vt* 1 UNDERSTAND : comprender, entender 2 INCLUDE : comprender, incluir, abarcar

comprehensible [ˌkamprɪ'hɛntsəbəl] *adj* : comprensible

comprehension [ˌkamprɪ'hɛntʃən] *n* : comprensión *f*

comprehensive [ˌkamprɪ'hɛntsɪv] *adj* 1 INCLUSIVE : inclusivo, exhaustivo 2 BROAD : extenso, amplio

compress¹ [kəm'prɛs] *vt* : comprimir

compress² ['kamˌprɛs] *n* : compresa *f*

compression [kəm'prɛʃən] *n* : compresión *f*

compressor [kəm'prɛsər] *n* : compresor *m*

comprise [kəm'praɪz] *vt* -prised; -prising 1 INCLUDE : comprender, incluir 2 : componerse de, constar de ⟨the installation comprises several buildings : la instalación está compuesta de varios edificios⟩

compromise¹ ['kamprəˌmaɪz] *v* -mised; -mising *vi* : transigir, avenirse — *vt* JEOPARDIZE : comprometer, poner en peligro

compromise² *n* : acuerdo *m* mutuo, compromiso *m*

comptroller [kəm'tro:lər, 'kampˌtro:-] *n* : contralor *m*, -lora *f*; interventor *m*, -tora *f*

compulsion [kəm'pʌlʃən] *n* 1 COERCION : coacción *f* 2 URGE : compulsión *f*, impulso *m*

compulsive [kəm'pʌlsɪv] *adj* : compulsivo

compulsory [kəm'pʌlsəri] *adj* : obligatorio

compunction [kəm'pʌŋkʃən] *n* 1 QUALM : reparo *m*, escrúpulo *m* 2 REMORSE : remordimiento *m*

computation [ˌkampju'teɪʃən] *n* : cálculo *m*, cómputo *m*

compute [kəm'pju:t] *vt* -puted; -puting : computar, calcular

computer [kəm'pju:tər] *n* : computadora *f*, computador *m*, ordenador *m* Spain

computerize [kəm'pju:təˌraɪz] *vt* -ized; -izing : computarizar, informatizar

comrade ['kamˌræd] *n* : camarada *mf*; compañero *m*, -ra *f*

con¹ ['kan] *vt* **conned; conning** SWINDLE : estafar, timar

con² *adv* : contra

con³ *n* : contra *m* ⟨the pros and cons : los pros y los contras⟩

concave [kan'keɪv, 'kanˌkeɪv] *adj* : cóncavo

conceal [kən'si:l] *vt* : esconder, ocultar, disimular

concealment [kən'si:lmənt] *n* : escondimiento *m*, ocultación *f*

concede [kən'si:d] *vt* -ceded; -ceding 1 ALLOW, GRANT : conceder 2 ADMIT : conceder, reconocer ⟨to concede defeat : reconocer la derrota⟩

conceit [kən'si:t] *n* : engreimiento *m*, presunción *f*

conceited [kən'si:təd] *adj* : presumido, engreído, presuntuoso

conceivable [kən'si:vəbəl] *adj* : concebible, imaginable

conceivably [kən'si:vəbli] *adv* : posiblemente, de manera concebible

conceive [kən'si:v] *v* -ceived; -ceiving *vi* : concebir, embarazarse — *vt* IMAGINE : concebir, imaginar

concentrate¹ ['kantsənˌtreɪt] *v* -trated; -trating *vt* : concentrar — *vi* : concentrarse

concentrate² *n* : concentrado *m*

concentration [ˌkantsən'treɪʃən] *n* : concentración *f*

concentric [kən'sɛntrɪk] *adj* : concéntrico

concept ['kanˌsɛpt] *n* : concepto *m*, idea *f*

conception [kən'sɛpʃən] *n* 1 : concepción *f* (de un bebé) 2 IDEA : concepto *m*, idea *f*

concern¹ [kən'sərn] *vt* 1 : tratarse de, tener que ver con ⟨the novel concerns a sailor : la novela se trata de un marinero⟩ 2 INVOLVE : concernir, incumbir a, afectar ⟨that does not concern me : eso no me incumbe⟩

concern² *n* 1 AFFAIR : asunto *m* 2 WORRY : inquietud *f*, preocupación *f* 3 BUSINESS : negocio *m*

concerned [kən'sərnd] *adj* 1 ANXIOUS : preocupado, ansioso 2 INTERESTED, INVOLVED : interesado, afectado

concerning [kən'sərnɪŋ] *prep* REGARDING : con respecto a, acerca de, sobre

concert ['kanˌsərt] *n* 1 AGREEMENT : concierto *m*, acuerdo *m* 2 : concierto *m* (musical)

concerted [kən'sərtəd] *adj* : concertado, coordinado ⟨to make a concerted effort : coordinar los esfuerzos⟩

concertina [ˌkantsər'ti:nə] *n* : concertina *f*

concerto [kən'tʃɛrto:] n, pl -ti [-ti, -,ti:] or -tos : concierto m ⟨violin concerto : concierto para violín⟩

concession [kən'sɛʃən] n : concesión f

conch ['kank, 'kantʃ] n, pl conchs ['kanks] or conches ['kantʃəz] : caracol m (animal), caracola f (concha)

conciliatory [kən'sɪliə,tori] adj : conciliador, conciliatorio

concise [kən'saɪs] adj : conciso, breve — concisely adv

conclave ['kan,kleɪv] n : cónclave m

conclude [kən'klu:d] v -cluded; -cluding vt 1 END : concluir, finalizar ⟨to conclude a meeting : concluir una reunión⟩ 2 DECIDE : concluir, llegar a la conclusión de — vi END : concluir, terminar

conclusion [kən'klu:ʒən] n 1 INFERENCE : conclusión f 2 END : fin m, final m

conclusive [kən'klu:sɪv] adj : concluyente, decisivo — conclusively adv

concoct [kən'kakt, kan-] vt 1 PREPARE : preparar, confeccionar 2 DEVISE : inventar, tramar

concoction [kən'kakʃən] n : invención f, mejunje m, brebaje m

concomitant [kən'kamətənt] adj : concomitante

concord ['kan,kord, 'kaŋ-] n 1 HARMONY : concordia f, armonía f 2 AGREEMENT : acuerdo m

concordance [kən'kordənts] n : concordancia f

concourse ['kan,kors] n : explanada f, salón m (para pasajeros)

concrete[1] [kan'kri:t, 'kan,kri:t] adj 1 REAL : concreto ⟨concrete objects : objetos concretos⟩ 2 SPECIFIC : determinado, específico 3 : de concreto, de hormigón ⟨concrete walls : paredes de concreto⟩

concrete[2] ['kan,kri:t, kan'kri:t] n : concreto m, hormigón m

concur [kən'kər] vi concurred; concurring 1 COINCIDE : concurrir, coincidir 2 AGREE : concurrir, estar de acuerdo

concurrent [kən'kərənt] adj : concurrente, simultáneo

concussion [kən'kʌʃən] n : conmoción f cerebral

condemn [kən'dɛm] vt 1 CENSURE : condenar, reprobar, censurar 2 : declarar insalubre (alimentos), declarar ruinoso (un edificio) 3 SENTENCE : condenar ⟨condemned to death : condenado a muerte⟩

condemnation [,kan,dɛm'neɪʃən] n : condena f, reprobación f

condensation [,kan,dɛn'seɪʃən, -dən-] n : condensación f

condense [kən'dɛnts] v -densed; -densing vt 1 ABRIDGE : condensar, resumir 2 : condensar (vapor, etc.) — vi : condensarse

condescend [,kandɪ'sɛnd] vi 1 DEIGN : condescender, dignarse 2 to condescend to someone : tratar a alguien con condescendencia

condescension [,kandɪ'sɛntʃən] n : condescendencia f

condiment ['kandəmənt] n : condimento m

condition[1] [kən'dɪʃən] vt 1 DETERMINE : condicionar, determinar 2 : acondicionar (el pelo o el aire), poner en forma (el cuerpo)

condition[2] n 1 STIPULATION : condición f, estipulación f ⟨on the condition that : a condición de que⟩ 2 STATE : condición f, estado m ⟨in poor condition : en malas condiciones⟩ 3 conditions npl : condiciones fpl, situación f ⟨working conditions : condiciones del trabajo⟩

conditional [kən'dɪʃənəl] adj : condicional — conditionally adv

conditioner [kən'dɪʃənər] n : acondicionador m

condo ['kando:] → condominium

condolence [kən'do:lənts] n 1 SYMPATHY : condolencia f 2 condolences npl : pésame m

condom ['kandəm] n : condón m

condominium [,kandə'mɪniəm] n, pl -ums : condominio m

condone [kən'do:n] vt -doned; -doning : aprobar, perdonar, tolerar

condor ['kandər, -,dor] n : cóndor m

conducive [kən'du:sɪv, -'dju:-] adj : propicio, favorable

conduct[1] [kən'dʌkt] vt 1 GUIDE : guiar, conducir ⟨to conduct a tour : guiar una visita⟩ 2 DIRECT : conducir, dirigir ⟨conduct an orchestra : dirigir una orquesta⟩ 3 CARRY OUT : realizar, llevar a cabo ⟨to conduct an investigation : llevar a cabo una investigación⟩ 4 TRANSMIT : conducir, transmitir (calor, electricidad, etc.) 5 to conduct oneself BEHAVE : conducirse, comportarse

conduct[2] ['kan,dʌkt] n 1 MANAGEMENT : conducción f, dirección f, manejo m ⟨the conduct of foreign affairs : la conducción de asuntos exteriores⟩ 2 BEHAVIOR : conducta f, comportamiento m

conduction [kən'dʌkʃən] n : conducción f

conductivity [,kan,dʌk'tɪvəti] n, pl -ties : conductividad f

conductor [kən'dʌktər] n 1 : conductor m, -tora f; revisor m, -sora f (en un tren); cobrador m, -dora f (en un bus); director m, -tora f (de una orquesta) 2 : conductor m (de electricidad, etc.)

conduit ['kan,du:ət, -,dju:-] n : conducto m, canal m, vía f

cone ['ko:n] n 1 : piña f (fruto de las coníferas) 2 : cono m (en geometría) 3 ice–cream cone : cono m, barquillo m, cucurucho m

confection [kən'fɛkʃən] n : dulce m

confectioner [kənˈfɛkʃənər] *n* : confitero *m*, -ra *f*

confederacy [kənˈfɛdərəsi] *n, pl* **-cies** : confederación *f*

confederate[1] [kənˈfɛdəˌreɪt] *v* **-ated; -ating** *vt* : unir, confederar — *vi* : confederarse, aliarse

confederate[2] [kənˈfɛdərət] *adj* : confederado

confederate[3] *n* : cómplice *mf*; aliado *m*, -da *f*

confederation [kənˌfɛdəˈreɪʃən] *n* : confederación *f*, alianza *f*

confer [kənˈfər] *v* **-ferred; -ferring** *vt* : conferir, otorgar — *vi* **to confer with** : consultar

conference [ˈkɑnfrənts, -fərənts] *n* : conferencia *f* ⟨press conference : conferencia de prensa⟩

confess [kənˈfɛs] *vt* : confesar — *vi* **1** : confesar ⟨the prisoner confessed : el detenido confesó⟩ **2** : confesarse (en religión)

confession [kənˈfɛʃən] *n* : confesión *f*

confessional [kənˈfɛʃənəl] *n* : confesionario *m*

confessor [kənˈfɛsər] *n* : confesor *m*

confetti [kənˈfɛti] *n* : confeti *m*

confidant [ˈkɑnfəˌdɑnt, -ˌdænt] *n* : confidente *mf*

confide [kənˈfaɪd] *v* **-fided; -fiding** : confiar

confidence [ˈkɑnfədənts] *n* **1** TRUST : confianza *f* **2** SELF-ASSURANCE : confianza *f* en sí mismo, seguridad *f* en sí mismo **3** SECRET : confidencia *f*, secreto *m*

confident [ˈkɑnfədənt] *adj* **1** SURE : seguro **2** SELF-ASSURED : confiado, seguro de sí mismo

confidential [ˌkɑnfəˈdɛntʃəl] *adj* : confidencial — **confidentially** [ˌkɑnfəˈdɛntʃəli] *adv*

confidently [ˈkɑnfədəntli] *adv* : con seguridad, con confianza

configuration [kənˌfɪgjəˈreɪʃən] *n* : configuración *f*

confine [kənˈfaɪn] *vt* **-fined; -fining** **1** LIMIT : confinar, restringir, limitar **2** IMPRISON : recluir, encarcelar, encerrar

confinement [kənˈfaɪnmənt] *n* : confinamiento *m*, reclusión *f*, encierro *m*

confines [ˈkɑnˌfaɪnz] *npl* : límites *mpl*, confines *mpl*

confirm [kənˈfərm] *vt* **1** RATIFY : ratificar **2** VERIFY : confirmar, verificar **3** : confirmar (en religión)

confirmation [ˌkɑnfərˈmeɪʃən] *n* : confirmación *f*

confiscate [ˈkɑnfəˌskeɪt] *vt* **-cated; -cating** : confiscar, incautar, decomisar

confiscation [ˌkɑnfəˈskeɪʃən] *n* : confiscación *f*, incautación *f*, decomiso *m*

conflagration [ˌkɑnfləˈgreɪʃən] *n* : conflagración *f*

conflict[1] [kənˈflɪkt] *vi* : estar en conflicto, oponerse

conflict[2] [ˈkɑnˌflɪkt] *n* : conflicto *m* ⟨to be in conflict : estar en desacuerdo⟩

confluence [ˈkɑnˌfluːənts, kənˈfluːənts] *n* : confluencia *f*

conform [kənˈfɔrm] *vi* **1** ACCORD, COMPLY : ajustarse, adaptarse, conformarse ⟨it conforms with our standards : se ajusta a nuestras normas⟩ **2** CORRESPOND : corresponder, encajar ⟨to conform to the truth : corresponder a la verdad⟩

conformity [kənˈfɔrməti] *n, pl* **-ties** : conformidad *f*

confound [kənˈfaʊnd, kɑn-] *vt* : confundir, desconcertar

confront [kənˈfrʌnt] *vt* : afrontar, enfrentarse a, encarar

confrontation [ˌkɑnfrənˈteɪʃən] *n* : enfrentamiento *m*, confrontación *f*

confuse [kənˈfjuːz] *vt* **-fused; -fusing 1** PUZZLE : confundir, enturbiar **2** COMPLICATE : confundir, enredar, complicar ⟨to confuse the issue : complicar las cosas⟩

confusing [kənˈfjuːzɪŋ] *adj* : complicado, que confunde

confusion [kənˈfjuːʒən] *n* **1** PERPLEXITY : confusión *f* **2** MESS, TURMOIL : confusión *f*, embrollo *m*, lío *m fam*

congeal [kənˈdʒiːl] *vi* **1** FREEZE : congelarse **2** COAGULATE, CURDLE : coagularse, cuajarse

congenial [kənˈdʒiːniəl] *adj* : agradable, simpático

congenital [kənˈdʒɛnətəl] *adj* : congénito

congest [kənˈdʒɛst] *vt* **1** : congestionar (en la medicina) **2** OVERCROWD : abarrotar, atestar, congestionar (el tráfico) — *vi* : congestionarse

congestion [kənˈdʒɛstʃən] *n* : congestión *f*

conglomerate[1] [kənˈglɑmərət] *adj* : conglomerado

conglomerate[2] [kənˈglɑmərət] *n* : conglomerado *m*

conglomeration [kənˌglɑməˈreɪʃən] *n* : conglomerado *m*, acumulación *f*

Congolese [ˌkɑŋgəˈliːz, -ˈliːs] *n* : congoleño *m*, -ña *f* — **Congolese** *adj*

congratulate [kənˈgrædʒəˌleɪt, -ˈgrætʃə-] *vt* **-lated; -lating** : felicitar

congratulation [kənˌgrædʒəˈleɪʃən, -ˌgrætʃə-] *n* : felicitación *f* ⟨congratulations! : ¡felicidades!, ¡enhorabuena!⟩

congregate [ˈkɑŋgrɪˌgeɪt] *v* **-gated; -gating** *vt* : congregar, reunir — *vi* : congregarse, reunirse

congregation [ˌkɑŋgrɪˈgeɪʃən] *n* **1** GATHERING : congregación *f*, fieles *mpl* (a un servicio religioso) **2** PARISHIONERS : feligreses *mpl*

congress [ˈkɑŋgrəs] *n* : congreso *m*

congressional [kənˈgrɛʃənəl, kɑn-] *adj* : del congreso

congressman [ˈkɑŋgrəsmən] *n, pl* **-men** [-mən, -ˌmɛn] : congresista *m*, diputado *m*

congresswoman ['kɑŋgrəs,wʊmən] *n*, *pl* **-women** [-,wɪmən] : congresista *f*, diputada *f*

congruence [kən'gruːənts, 'kɑŋgru-ənʦ] *n* : congruencia *f*

congruent [kən'gruːənt, 'kɑŋgruənt] *adj* : congruente

conic ['kɑnɪk] → **conical**

conical ['kɑnɪkəl] *adj* : cónico

conifer ['kɑnəfər, 'koː-] *n* : conífera *f*

coniferous [koː'nɪfərəs, kə-] *adj* : conífero

conjecture¹ [kən'ʤɛkʧər] *v* **-tured; -turing** : conjeturar

conjecture² *n* : conjetura *f*, presunción *f*

conjugal ['kɑnʤɪgəl, kən'ʤu:-] *adj* : conyugal

conjugate ['kɑnʤə,geɪt] *vt* **-gated; -gating** : conjugar

conjugation [,kɑnʤə'geɪʃən] *n* : conjugación *f*

conjunction [kən'ʤʌŋkʃən] *n* : conjunción *f* ⟨in conjunction with : en combinación con⟩

conjure ['kɑnʤər, 'kʌn-] *v* **-jured; -juring** *vt* **1** ENTREAT : rogar, suplicar **2 to conjure up** : hacer aparecer (apariciones), evocar (memorias, etc.) — *vi* : practicar la magia

conjurer *or* **conjuror** ['kɑnʤərər, 'kʌn-] *n* : mago *m*, -ga *f*; prestidigitador *m*, -dora *f*

connect [kə'nɛkt] *vi* : conectar, enlazar, empalmar, comunicarse — *vt* **1** JOIN, LINK : conectar, unir, juntar, vincular **2** RELATE : relacionar, asociar (ideas)

connection [kə'nɛkʃən] *n* : conexión *f*, enlace *m* ⟨professional connections : relaciones profesionales⟩

connective [kə'nɛktɪv] *adj* : conectivo, conjuntivo ⟨connective tissue : tejido conjuntivo⟩

connector [kə'nɛktər] *n* : conector *m*

connivance [kə'naɪvənʦ] *n* : connivencia *f*, complicidad *f*

connive [kə'naɪv] *vi* **-nived; -niving** CONSPIRE, PLOT : actuar en connivencia, confabularse, conspirar

connoisseur [,kɑnə'sər, -'sʊr] *n* : conocedor *m*, -dora *f*; entendido *m*, -da *f*

connotation [,kɑnə'teɪʃən] *n* : connotación *f*

connote [kə'noːt] *vt* **-noted; -noting** : connotar

conquer ['kɑŋkər] *vt* : conquistar, vencer

conqueror ['kɑŋkərər] *n* : conquistador *m*, -dora *f*

conquest ['kɑn,kwɛst, 'kɑŋ-] *n* : conquista *f*

conscience ['kɑnʧənʦ] *n* : conciencia *f*, consciencia *f* ⟨to have a clear conscience : tener la conciencia limpia⟩

conscientious [,kɑnʧi'ɛnʧəs] *adj* : concienzudo — **conscientiously** *adv*

conscious ['kɑnʧəs] *adj* **1** AWARE : consciente ⟨to become conscious of : darse

cuenta de⟩ **2** ALERT, AWAKE : consciente **3** INTENTIONAL : intencional, deliberado

consciously ['kɑnʧəsli] *adv* INTENTIONALLY : intencionalmente, deliberadamente, a propósito

consciousness ['kɑnʧəsnəs] *n* **1** AWARENESS : conciencia *f*, consciencia *f* **2** : conocimiento *m* ⟨to lose consciousness : perder el conocimiento⟩

conscript¹ [kən'skrɪpt] *vt* : reclutar, alistar, enrolar

conscript² ['kɑn,skrɪpt] *n* : conscripto *m*, -ta *f*; recluta *mf*

consecrate ['kɑnsə,kreɪt] *vt* **-crated; -crating** : consagrar

consecration [,kɑnsə'kreɪʃən] *n* : consagración *f*, dedicación *f*

consecutive [kən'sɛkjətɪv] *adj* : consecutivo, seguido ⟨on five consecutive days : cinco días seguidos⟩

consecutively [kən'sɛkjətɪvli] *adv* : consecutivamente

consensus [kən'sɛntsəs] *n* : consenso *m*

consent¹ [kən'sɛnt] *vi* **1** AGREE : acceder, ponerse de acuerdo **2 to consent to do something** : consentir en hacer algo

consent² *n* : consentimiento *m*, permiso *m* ⟨by common consent : de común acuerdo⟩

consequence ['kɑntsə,kwɛnts, -kwənts] *n* **1** RESULT : consecuencia *f*, secuela *f* **2** IMPORTANCE : importancia *f*, trascendencia *f*

consequent ['kɑntsəkwənt, -,kwɛnt] *adj* : consiguiente

consequential [,kɑntsə'kwɛnʧəl] *adj* **1** CONSEQUENT : consiguiente **2** IMPORTANT : importante, trascendente, trascendental

consequently ['kɑntsəkwəntli, -,kwɛnt-] *adv* : por consiguiente, por ende, por lo tanto

conservation [,kɑntsər'veɪʃən] *n* : conservación *f*, protección *f*

conservationist [,kɑntsər'veɪʃənɪst] *n* : conservacionista *mf*

conservatism [kən'sərvə,tɪzəm] *n* : conservadurismo *m*

conservative¹ [kən'sərvətɪv] *adj* **1** : conservador **2** CAUTIOUS : moderado, cauteloso ⟨a conservative estimate : un cálculo moderado⟩

conservative² *n* : conservador *m*, -dora *f*

conservatory [kən'sərvə,tori] *n*, *pl* **-ries** : conservatorio *m*

conserve¹ [kən'sərv] *vt* **-served; -serving** : conservar, preservar

conserve² ['kɑn,sərv] *n* PRESERVES : confitura *f*

consider [kən'sɪdər] *vt* **1** CONTEMPLATE : considerar, pensar en ⟨we'd considered attending : habíamos pensado en asistir⟩ **2** : considerar, tener en cuenta ⟨consider the consequences : considera las consecuencias⟩ **3** JUDGE, REGARD : considerar, estimar

considerable [kən'sɪdərəbəl] *adj* : considerable — **considerably** [-bli] *adv*
considerate [kən'sɪdərət] *adj* : considerado, atento
consideration [kən,sɪdə'reɪʃən] *n* : consideración *f* ⟨to take into consideration : tener en cuenta⟩
considering [kən'sɪdərɪŋ] *prep* : teniendo en cuenta, vista
consign [kən'saɪn] *vt* **1** COMMIT, ENTRUST : confiar, encomendar **2** TRANSFER : consignar, transferir **3** SEND : consignar, enviar (mercancía)
consignment [kən'saɪnmənt] *n* **1** : envío *m*, remesa *f* **2 on ~** : en consignación
consist [kən'sɪst] *vi* **1** LIE : consistir ⟨success consists in hard work : el éxito consiste en trabajar duro⟩ **2** : constar, componerse ⟨the set consists of 5 pieces : el juego se compone de 5 piezas⟩
consistency [kən'sɪstəntsi] *n, pl* **-cies 1** : consistencia *f* (de una mezcla o sustancia) **2** COHERENCE : coherencia *f* **3** UNIFORMITY : regularidad *f*, uniformidad *f*
consistent [kən'sɪstənt] *adj* **1** COMPATIBLE : compatible, coincidente ⟨consistent with policy : coincidente con la política⟩ **2** UNIFORM : uniforme, constante, regular — **consistently** [kən'sɪstəntli] *adv*
consolation [,kɑntsə'leɪʃən] *n* **1** : consuelo *m* **2 consolation prize** : premio *m* de consolación
console[1] [kən'so:l] *vt* **-soled; -soling** : consolar
console[2] ['kɑn,so:l] *n* : consola *f*
consolidate [kən'sɑlə,deɪt] *vt* **-dated; -dating** : consolidar, unir
consolidation [kən,sɑlə'deɪʃən] *n* : consolidación *f*
consommé [,kɑntsə'meɪ] *n* : consomé *m*
consonant ['kɑntsənənt] *n* : consonante *m*
consort[1] [kən'sɔrt] *vi* : asociarse, relacionarse, tener trato ⟨to consort with criminals : tener trato con criminales⟩
consort[2] ['kɑn,sɔrt] *n* : consorte *mf*
consortium [kən'sɔrʃəm] *n, pl* **-tia** [-ʃə] *or* **-tiums** [-ʃəmz] : consorcio *m*
conspicuous [kən'spɪkjuəs] *adj* **1** OBVIOUS : visible, evidente **2** STRIKING : llamativo
conspicuously [kən'spɪkjuəsli] *adv* : de manera llamativa
conspiracy [kən'spɪrəsi] *n, pl* **-cies** : conspiración *f*, complot *m*, confabulación *f*
conspirator [kən'spɪrəţər] *n* : conspirador *m*, -dora *f*
conspire [kən'spaɪr] *vi* **-spired; -spiring** : conspirar, confabularse
constable ['kɑntstəbəl, 'kʌntstə-] *n* : agente *mf* de policía (en un pueblo)
constancy ['kɑntstəntsi] *n, pl* **-cies** : constancia *f*

constant[1] ['kɑntstənt] *adj* **1** FAITHFUL : leal, fiel **2** INVARIABLE : constante, invariable **3** CONTINUAL : constante, continuo
constant[2] *n* : constante *f*
constantly ['kɑntstəntli] *adv* : constantemente, continuamente
constellation [,kɑntstə'leɪʃən] *n* : constelación *f*
consternation [,kɑntstər'neɪʃən] *n* : consternación *f*
constipate ['kɑntstə,peɪt] *vt* **-pated; -pating** : estreñir
constipation ['kɑntstə'peɪʃən] *n* : estreñimiento *m*, constipación *f* (de vientre)
constituency [kən'stɪtʃuəntsi] *n, pl* **-cies 1** : distrito *m* electoral **2** : residentes *mpl* de un distrito electoral
constituent[1] [kən'stɪtʃuənt] *adj* **1** COMPONENT : constituyente, componente **2** : constituyente, constitutivo ⟨a constituent assembly : una asamblea constituyente⟩
constituent[2] *n* **1** COMPONENT : componente *m* **2** ELECTOR, VOTER : elector *m*, -tora *f*; votante *mf*
constitute ['kɑntstə,tu:t, -,tju:t] *vt* **-tuted; -tuting 1** ESTABLISH : constituir, establecer **2** COMPOSE, FORM : constituir, componer
constitution [,kɑntstə'tu:ʃən, -'tju:-] *n* : constitución *f*
constitutional [,kɑntstə'tu:ʃənəl, -'tju:-] *adj* : constitucional
constitutionality [,kɑntstə,tu:ʃə'næləţi, -,tju:-] *n* : constitucionalidad *f*
constrain [kən'streɪn] *vt* **1** COMPEL : constreñir, obligar **2** CONFINE : constreñir, limitar, restringir **3** RESTRAIN : contener, refrenar
constraint [kən'streɪnt] *n* : restricción *f*, limitación *f*
constrict [kən'strɪkt] *vt* : estrechar, apretar, comprimir
constriction [kən'strɪkʃən] *n* : estrechamiento *m*, compresión *f*
construct [kən'strʌkt] *vt* : construir
construction [kən'strʌkʃən] *n* : construcción *f*
constructive [kən'strʌktɪv] *adj* : constructivo
construe [kən'stru:] *vt* **-strued; -struing** : interpretar
consul ['kɑntsəl] *n* : cónsul *mf*
consular ['kɑntsələr] *adj* : consular
consulate ['kɑntsələt] *n* : consulado *m*
consult [kən'sʌlt] *vt* : consultar — *vi* **to consult with** : consultar con, solicitar la opinión de
consultant [kən'sʌltənt] *n* : consultor *m*, -tora *f*; asesor *m*, -sora *f*
consultation [,kɑntsəl'teɪʃən] *n* : consulta *f*
consumable [kən'su:məbəl] *adj* : consumible
consume [kən'su:m] *vt* **-sumed; -suming** : consumir, usar, gastar

consumer [kən'su:mər] n : consumidor m, -dora f

consummate¹ ['kɑntsə,meɪt] vt -mated; -mating : consumar

consummate² [kən'sʌmət, 'kɑntsə-mət] adj : consumado, perfecto

consummation [,kɑntsə'meɪʃən] n : consumación f

consumption [kən'sʌmpʃən] n 1 USE : consumo m, uso m ⟨consumption of electricity : consumo de electricidad⟩ 2 TUBERCULOSIS : tisis f, consunción f

contact² ['kɑn,tækt, kən'-] vt : ponerse en contacto con, contactar (con)

contact² ['kɑn,tækt] n 1 TOUCHING : contacto m ⟨to come into contact with : entrar en contacto con⟩ 2 TOUCH : contacto m, comunicación f ⟨to lose contact with : perder contacto con⟩ 3 CONNECTION : contacto m (en negocios) 4 → contact lens

contact lens ['kɑn,tækt'lɛnz] n : lente mf de contacto, pupilente m Mex

contagion [kən'teɪdʒən] n : contagio m

contagious [kən'teɪdʒəs] adj : contagioso

contain [kən'teɪn] vt 1 : contener 2 to contain oneself : contenerse

container [kən'teɪnər] n : recipiente m, envase m

containment [kən'teɪnmənt] n : contención f

contaminant [kən'tæmənənt] n : contaminante m

contaminate [kən'tæmə,neɪt] vt -nated; -nating : contaminar

contamination [kən,tæmə'neɪʃən] n : contaminación f

contemplate ['kɑntəm,pleɪt] v -plated; -plating vt 1 VIEW : contemplar 2 PONDER : contemplar, considerar 3 CONSIDER, PROPOSE : proponerse, proyectar, pensar en ⟨to contemplate a trip : pensar en viajar⟩ — vi MEDITATE : meditar

contemplation [,kɑntəm'pleɪʃən] n : contemplación f

contemplative [kən'templətɪv, 'kɑntəm,pleɪtɪv] adj : contemplativo

contemporaneous [kən,tempə'reɪniəs] adj → contemporary¹

contemporary¹ [kən'tempə,reri] adj : contemporáneo

contemporary² n, pl -raries : contemporáneo m, -nea f

contempt [kən'tempt] n 1 DISDAIN : desprecio m, desdén m 2 to hold in contempt : despreciar⟩ 2 : desacato m (ante un tribunal)

contemptible [kən'temptəbəl] adj : despreciable, vil

contemptuous [kən'temptʃuəs] adj : despectivo, despreciativo, desdeñoso

contemptuously [kən'temptʃuəsli] adv : despectivamente, con desprecio

contend [kən'tend] vi 1 STRUGGLE : luchar, lidiar, contender ⟨to contend with a problem : lidiar con un proble-

ma⟩ 2 COMPETE : competir ⟨to contend for a position : competir por un puesto⟩ — vt 1 ARGUE, MAINTAIN : argüir, sostener, afirmar ⟨he contended that he was right : afirmó que tenía razón⟩ 2 CONTEST : protestar contra (una decisión, etc.), disputar

contender [kən'tendər] n. : contendiente mf; aspirante mf; competidor m, -dora f

content¹ [kən'tent] vt SATISFY : contentar, satisfacer

content² adj : conforme, contento, satisfecho

content³ n CONTENTMENT : contento m, satisfacción f ⟨to one's heart's content : hasta quedar satisfecho, a más no poder⟩

content⁴ ['kɑn,tent] n 1 MEANING : contenido m, significado m 2 PROPORTION : contenido m, proporción f ⟨fat content : contenido de grasa⟩ 3 contents npl : contenido m, sumario m (de un libro) ⟨table of contents : índice de materias⟩

contented [kən'tentəd] adj : conforme, satisfecho ⟨a contented smile : una sonrisa de satisfacción⟩

contentedly [kən'tentədli] adv : con satisfacción

contention [kən'tentʃən] n 1 DISPUTE : disputa f, discusión f 2 COMPETITION : competencia f, contienda f 3 OPINION : argumento m, opinión f

contentious [kən'tentʃəs] adj : disputador, pugnaz, combativo

contentment [kən'tentmənt] n : satisfacción f, contento m

contest¹ [kən'test] vt : disputar, cuestionar, impugnar ⟨to contest a will : impugnar un testamento⟩

contest² ['kɑn,test] n 1 STRUGGLE : lucha, contienda f 2 GAME : concurso m, competencia f

contestable [kən'testəbəl] adj : discutible, cuestionable

contestant [kən'testənt] n : concursante mf; competidor m, -dora f

context ['kɑn,tekst] n : contexto m

contiguous [kən'tɪgjuəs] adj : contiguo

continence ['kɑntənənts] n : continencia f

continent¹ ['kɑntənənt] adj : continente

continent² n : continente m — **continental** [,kɑntən'entəl] adj

contingency [kən'tɪndʒəntsi] n, pl -cies : contingencia f, eventualidad f

contingent¹ [kən'tɪndʒənt] adj 1 POSSIBLE : contingente, eventual 2 ACCIDENTAL : fortuito, accidental 3 to be contingent on : depender de, estar sujeto a

contingent² n : contingente m

continual [kən'tɪnjuəl] adj : continuo, constante — **continually** [kən'tɪnjuəli, -'tɪnjəli] adv

continuance [kən'tɪnjuənts] n 1 CONTINUATION : continuación f 2 DURA-

TION : duración f **3** : aplazamiento m (de un proceso)

continuation [kən,tınju'eıʃən] n : continuación f, prolongación f

continue [kən'tınju:] v -tinued; -tinuing vi **1** CARRY ON : continuar, seguir, proseguir ⟨please continue : continúe, por favor⟩ **2** ENDURE, LAST : continuar, prolongarse, durar **3** RESUME : continuar, reanudarse — vt **1** : continuar, seguir ⟨she continued writing : continuó escribiendo⟩ **2** RESUME : continuar, reanudar **3** EXTEND, PROLONG : continuar, prolongar

continuity [,kɑntə'nu:əti, -'nju:-] n, pl **-ties** : continuidad f

continuous [kən'tınjuəs] adj : continuo — **continuously** adv

contort [kən'tɔrt] vt : torcer, retorcer, contraer (el rostro) — vi : contraerse, demudarse

contortion [kən'tɔrʃən] n : contorsión f

contour ['kɑn,tur] n **1** OUTLINE : contorno m **2 contours** npl SHAPE : forma f, curvas fpl **3 contour map** : mapa m topográfico

contraband ['kɑntrə,bænd] n : contrabando m

contraception [,kɑntrə'sɛpʃən] n : anticoncepción f, contracepción f

contraceptive[1] [,kɑntrə'sɛptıv] adj : anticonceptivo, contraceptivo

contraceptive[2] n : anticonceptivo m, contraceptivo m

contract[1] ['kɑn,trækt, 1 usu 'kan-,trækt] vt **1** : contratar (servicios profesionales) **2** : contraer (una enfermedad, una deuda) **3** TIGHTEN : contraer (un músculo) **4** SHORTEN : contraer (una palabra) — vi : contraerse, encogerse

contract[2] ['kɑn,trækt] n : contrato m

contraction [kən'trækʃən] n : contracción f

contractor ['kɑn,træktər, kən'træk-] n : contratista mf

contractual [kən'træktʃuəl] adj : contractual — **contractually** adv

contradict [,kɑntrə'dıkt] vt : contradecir, desmentir

contradiction [,kɑntrə'dıkʃən] n : contradicción f

contradictory [,kɑntrə'dıktəri] adj : contradictorio

contralto [kən'trælˌto:] n, pl **-tos** : contralto m (voz), contralto mf (vocalista)

contraption [kən'træpʃən] n DEVICE : aparato m, artefacto m

contrary[1] ['kɑn,treri, 2 often kən'treri] adj **1** OPPOSITE : contrario, opuesto **2** BALKY, STUBBORN : terco, testarudo **3 contrary to** : al contrario de, en contra de ⟨contrary to the facts : en contra de los hechos⟩

contrary[2] ['kɑn,treri] n, pl **-traries 1** OPPOSITE : lo contrario, lo opuesto **2 on the contrary** : al contrario, todo lo contrario

contrast[1] [kən'træst] vi DIFFER : contrastar, diferir — vt COMPARE : contrastar, comparar

contrast[2] ['kɑn,træst] n : contraste m

contravene [,kɑntrə'vi:n] vt **-vened; -vening** : contravenir, infringir

contribute [kən'trıbjət] v **-uted; -uting** vt : contribuir, aportar (dinero, bienes, etc.) — vi : contribuir

contribution [,kɑntrə'bju:ʃən] n : contribución f

contributor [kən'trıbjətər] n : contribuidor m, -dora f; colaborador m, -dora f (en periodismo)

contrite [kən,traıt, kən'traıt] adj REPENTANT : contrito, arrepentido

contrition [kən'trıʃən] n : contrición f, arrepentimiento m

contrivance [kən'traıvənts] n **1** DEVICE : aparato m, artefacto m **2** SCHEME : artimaña f, treta f, ardid m

contrive [kən'traıv] vt **-trived; -triving 1** DEVISE : idear, ingeniar, maquinar **2** MANAGE : lograr, ingeniárselas para ⟨she contrived a way out of the mess : se las ingenió para salir del enredo⟩

control[1] [kən'tro:l] vt **-trolled; -trolling** : controlar, dominar

control[2] n **1** : control m, dominio m, mando m ⟨to be under control : estar bajo control⟩ **2** RESTRAINT : control m, limitación f ⟨birth control : control natal⟩ **3** : control m, dispositivo m de mando ⟨remote control : control remoto⟩

controllable [kən'tro:ləbəl] adj : controlable

controller [kən'tro:lər, 'kɑn,-] n **1** → **comptroller 2** : controlador m, -dora f ⟨air traffic controller : controlador aéreo⟩

controversial [,kɑntrə'vərʃəl, -sıəl] adj : controvertido ⟨a controversial decision : una decisión controvertida⟩

controversy ['kɑntrə,vərsi] n, pl **-sies** : controversia f

controvert ['kɑntrə,vərt, ,kɑntrə'-] vt : controvertir, contradecir

contusion [kən'tu:ʒən, -tju:-] n BRUISE : contusión f, moretón m

conundrum [kə'nʌndrəm] n RIDDLE : acertijo m, adivinanza f

convalesce [,kɑnvə'lɛs] vi **-lesced; -lescing** : convalecer

convalescence [,kɑnvə'lɛsənts] n : convalecencia f

convalescent[1] [,kɑnvə'lɛsənt] adj : convaleciente

convalescent[2] n : convaleciente mf

convection [kən'vɛkʃən] n : convección f

convene [kən'vi:n] v **-vened; -vening** vt : convocar — vi : reunirse

convenience [kən'vi:njənts] n **1** : conveniencia f ⟨at your convenience : cuando le resulte conveniente⟩ **2** AMENITY : comodidad f ⟨modern conveniences : comodidades modernas⟩

convenience store *n* : tienda *f* de conveniencia

convenient [kən'vi:njənt] *adj* : conveniente, cómodo — **conveniently** *adv*

convent ['kanvənt, -,vɛnt] *n* : convento *m*

convention [kən'vɛntʃən] *n* **1** PACT : convención *f*, convenio *m*, pacto *m* ⟨the Geneva Convention : la Convención de Ginebra⟩ **2** MEETING : convención *f*, congreso *m* **3** CUSTOM : convención *f*, convencionalismo *m*

conventional [kən'vɛntʃənəl] *adj* : convencional — **conventionally** *adv*

converge [kən'vərdʒ] *vi* **-verged; -verging** : converger, convergir

convergence [kən'vərdʒənts] *n* : convergencia *f*

convergent [kən'vərdʒənt] *adj* : convergente

conversant [kən'vərsənt] *adj* **conversant with** : versado con, experto en

conversation [,kanvər'seiʃən] *n* : conversación *f*

conversational [,kanvər'seiʃənəl] *adj* : familiar ⟨a conversational style : un estilo familiar⟩

converse² [kən'vərs] *vi* **-versed; -versing** : conversar

converse² [kən'vərs, 'kan,vərs] *adj* : contrario, opuesto, inverso

conversely [kən'vərsli, 'kan,vərs-] *adv* : a la inversa

conversion [kən'vərʒən] *n* **1** CHANGE : conversión *f*, transformación *f*, cambio *m* **2** : conversión *f* (a una religión)

convert¹ [kən'vərt] *vt* **1** : convertir (a una religión o un partido) **2** CHANGE : convertir, cambiar — *vi* : convertirse

convert² ['kan,vərt] *n* : converso *m*, -sa *f*

converter *or* **convertor** [kən'vərtər] *n* : convertidor *m*

convertible¹ [kən'vərtəbəl] *adj* : convertible

convertible² *n* : convertible *m*, descapotable *m*

convex [kan'vɛks, 'kan,-, kən'-] *adj* : convexo

convey [kən'vei] *vt* **1** TRANSPORT : transportar, conducir **2** TRANSMIT : transmitir, comunicar, expresar (noticias, ideas, etc.)

conveyance [kən'veiənts] *n* **1** TRANSPORT : transporte *m*, transportación *f* **2** COMMUNICATION : transmisión *f*, comunicación *f* **3** TRANSFER : transferencia *f*, traspaso *m* (de una propiedad)

conveyor [kən'veiər] *n* : transportador *m*, -dora *f* ⟨conveyor belt : cinta transportadora⟩

convict¹ [kən'vikt] *vt* : declarar culpable

convict² [kan'vikt] *n* : preso *m*, -sa *f*; presidiario *m*, -ria *f*; recluso *m*, -sa *f*

conviction [kən'vikʃən] *n* **1** : condena *f* (de un acusado) **2** BELIEF : convicción *f*, creencia *f*

convince [kən'vints] *vt* **-vinced; -vincing** : convencer

convincing [kən'vintsɪŋ] *adj* : convincente, persuasivo

convincingly [kən'vintsɪŋli] *adv* : de forma convincente

convivial [kən'vivjəl, -'viviəl] *adj* : jovial, festivo, alegre

conviviality [kən,vivi'ælət[i] *n, pl* **-ties** : jovialidad *f*

convoke [kən'vo:k] *vt* **-voked; -voking** : convocar

convoluted ['kanvə,lu:təd] *adj* : intrincado, complicado

convoy ['kan,vɔi] *n* : convoy *m*

convulse [kən'vʌls] *v* **-vulsed; -vulsing** *vt* : convulsionar — *vi* ⟨convulsed with laughter : muerto de risa⟩ — *vi* : sufrir convulsiones

convulsion [kən'vʌlʃən] *n* : convulsión *f*

convulsive [kən'vʌlsɪv] *adj* : convulsivo — **convulsively** *adv*

coo¹ ['ku:] *vi* : arrullar

coo² *n* : arrullo *m* (de una paloma)

cook¹ ['kʊk] *v* : cocinar — *vt* **1** : preparar (comida) **2 to cook up** CONCOCT : inventar, tramar

cook² *n* : cocinero *m*, -ra *f*

cookbook ['kʊk,bʊk] *n* : libro *m* de cocina

cookery ['kʊkəri] *n, pl* **-eries** : cocina *f*

cookie *or* **cooky** ['kʊki] *n, pl* **-ies** : galleta *f* (dulce)

cooking ['kʊkɪŋ] *n* **1** COOKERY : cocina *f* **2** : cocción *f*, cocimiento *m* ⟨cooking time : tiempo de cocción⟩

cookout ['kʊk,aʊt] *n* : comida *f* al aire libre

cool¹ ['ku:l] *vt* : refrescar, enfriar — *vi* **1** : refrescarse, enfriarse ⟨the pie is cooling : el pastel se está enfriando⟩ **2** : calmarse, tranquilizarse ⟨his anger cooled : su ira se calmó⟩

cool² *adj* **1** : fresco, frío ⟨cool weather : tiempo fresco⟩ **2** CALM : tranquilo, sereno **3** ALOOF : frío, distante

cool³ *n* **1** : fresco *m* ⟨the cool of the evening : el fresco de la tarde⟩ **2** COMPOSURE : calma *f*, serenidad *f*

coolant ['ku:lənt] *n* : refrigerante *m*

cooler ['ku:lər] *n* : nevera *f* portátil

coolie ['ku:li] *n* : culi *m*

coolly ['ku:lli] *adv* **1** CALMLY : con calma, tranquilamente **2** COLDLY : fríamente, con frialdad

coolness ['ku:lnəs] *n* **1** : frescura *f*, frescor *m* ⟨the coolness of the evening : el frescor de la noche⟩ **2** CALMNESS : tranquilidad *f*, serenidad *f* **3** COLDNESS, INDIFFERENCE : frialdad *f*, indiferencia *f*

coop¹ ['ku:p, 'kʊp] *vt or* **to coop up** : encerrar ⟨cooped up in the house : encerrado en la casa⟩

coop² *n* : gallinero *m*

co-op ['ko:,ɑp] *n* → **cooperative²**

cooperate [ko'ɑpə,reit] *vi* **-ated; -ating** : cooperar, colaborar

cooperation [ko,ɑpəˈreɪʃən] *n* : cooperación *f*, colaboración *f*

cooperative[1] [koˈɑpərətɪv, -ˈɑpəˌreɪtɪv] *adj* : cooperativo

cooperative[2] [koˈɑpərətɪv] *n* : cooperativa *f*

co-opt [koˈɑpt] *vt* **1** : nombrar como miembro, cooptar **2** APPROPRIATE : apropiarse de

coordinate[1] [koˈɔrdənˌeɪt] *v* **-nated; -nating** : coordinar — *vi* : coordinarse, combinar, acordar

coordinate[2] [koˈɔrdənət] *adj* **1** COORDINATED : coordinado **2** EQUAL : igual, semejante

coordinate[3] [koˈɔrdənət] *n* : coordenada *f*

coordination [koˌɔrdənˈeɪʃən] *n* : coordinación *f*

coordinator [koˈɔrdənˌeɪtər] *n* : coordinador *m*, -dora *f*

cop [ˈkɑp] → **police officer**

cope [ˈkoːp] *vi* **coped; coping 1** : arreglárselas **2 to cope with** : hacer frente a, poder con ⟨I can't cope with all this! : ¡no puedo con todo esto!⟩

copier [ˈkɑpiər] *n* : copiadora *f*, fotocopiadora *f*

copilot [ˈkoːˌpaɪlət] *n* : copiloto *m*

copious [ˈkoːpiəs] *adj* : copioso, abundante — **copiously** *adv*

copiousness [ˈkoːpiəsnəs] *n* : abundancia *f*

copper [ˈkɑpər] *n* : cobre *m*

coppery [ˈkɑpəri] *adj* : cobrizo

copra [ˈkoːprə, ˈkɑ-] *n* : copra *f*

copse [ˈkɑps] *n* THICKET : soto *m*, matorral *m*

copulate [ˈkɑpjəˌleɪt] *vi* **-lated; -lating** : copular

copulation [ˌkɑpjəˈleɪʃən] *n* : cópula *f*, relaciones *fpl* sexuales

copy[1] [ˈkɑpi] *vt* **copied; copying 1** DUPLICATE : hacer una copia de, duplicar, reproducir **2** IMITATE : copiar, imitar

copy[2] *n, pl* **copies 1** : copia *f*, duplicado *m* (de un documento), reproducción *f* (de una obra de arte) **2** : ejemplar *m* (de un libro), número *m* (de una revista) **3** TEXT : manuscrito *m*, texto *m*

copyright[1] [ˈkɑpiˌraɪt] *vt* : registrar los derechos de

copyright[2] *n* : derechos *mpl* de autor

coral[1] [ˈkɔrəl] *adj* : de coral ⟨a coral reef : un arrecife de coral⟩

coral[2] *n* : coral *m*

coral snake *n* : serpiente *f* de coral

cord [ˈkɔrd] *n* **1** ROPE, STRING : cuerda *f*, cordón *m*, cordel *m* **2** : cuerda *f*, cordón *m*, médula *f* (en la anatomía) ⟨vocal cords : cuerdas vocales⟩ **3** : cuerda *f* ⟨a cord of firewood : una cuerda de leña⟩ **4** *or* **electric cord** : cable *m* eléctrico

cordial[1] [ˈkɔrdʒəl] *adj* : cordial — **cordially** *adv*

cordial[2] *n* : cordial *m*

cordiality [ˌkɔrdʒiˈæləti] *n* : cordialidad *f*

cordless [ˈkɔrdləs] *adj* : inalámbrico

cordon[1] [ˈkɔrdən] *vt* **to cordon off** : acordonar

cordon[2] *n* : cordón *m*

corduroy [ˈkɔrdəˌrɔɪ] *n* **1** : pana *f* **2 corduroys** *npl* : pantalones *mpl* de pana

core[1] [ˈkor] *vt* **cored; coring** : quitar el corazón a (una fruta)

core[2] *n* **1** : corazón *m*, centro *m* (de algunas frutas) **2** CENTER : núcleo *m*, centro *m* **3** ESSENCE : núcleo *m*, meollo *m* ⟨to the core : hasta la médula⟩

coriander [ˈkɔriˌændər] *n* : cilantro *m*

cork[1] [ˈkɔrk] *vt* : ponerle un corcho a

cork[2] *n* : corcho *m*

corkscrew [ˈkɔrkˌskruː] *n* : tirabuzón *m*, sacacorchos *m*

cormorant [ˈkɔrmərənt, -ˌrænt] *n* : cormorán *m*

corn[1] [ˈkɔrn] *vt* : conservar en salmuera ⟨corned beef : carne en conserva⟩

corn[2] *n* **1** GRAIN : grano *m* **2** : maíz *m*, elote *m* *Mex* ⟨corn tortillas : tortillas de maíz⟩ **3** : callo *m* ⟨corn plaster : emplasto para callos⟩

corncob [ˈkɔrnˌkɑb] *n* : mazorca *f* (de maíz), choclo *m*, elote *m* *CA, Mex*

cornea [ˈkɔrniə] *n* : córnea *f*

corner[1] [ˈkɔrnər] *vt* **1** TRAP : acorralar, arrinconar **2** MONOPOLIZE : monopolizar, acaparar (un mercado) — *vi* : tomar una curva, doblar una esquina (en un automóvil)

corner[2] *n* **1** ANGLE : rincón *m*, esquina *f*, ángulo *m* ⟨the corner of a room : el rincón de una sala⟩ ⟨all corners of the world : todos los rincones del mundo⟩ ⟨to cut corners : atajar, economizar esfuerzos⟩ **2** INTERSECTION : esquina *f* **3** IMPASSE, PREDICAMENT : aprieto *m*, impasse *m* ⟨to be backed into a corner : estar acorralado⟩

cornerstone [ˈkɔrnərˌstoːn] *n* : piedra *f* angular

cornet [kɔrˈnet] *n* : corneta *f*

cornfield [ˈkɔrnˌfiːld] *n* : maizal *m*; milpa *f* *CA, Mex*

cornice [ˈkɔrnɪs] *n* : cornisa *f*

cornmeal [ˈkɔrnˌmiːl] *n* : harina *f* de maíz

cornstalk [ˈkɔrnˌstɔk] *n* : tallo *m* del maíz

cornstarch [ˈkɔrnˌstɑrtʃ] *n* : maicena *f*, almidón *m* de maíz

cornucopia [ˌkɔrnəˈkoːpiə, -njə-] *n* : cornucopia *f*

corolla [kəˈrɑlə] *n* : corola *f*

corollary [ˈkɔrəˌleri] *n, pl* **-laries** : corolario *m*

corona [kəˈroːnə] *n* : corona *f* (del sol)

coronary[1] [ˈkɔrəˌneri] *adj* : coronario

coronary[2] *n, pl* **-naries 1** : trombosis *f* coronaria **2** HEART ATTACK : infarto *m*, ataque *m* al corazón

coronation [ˌkɔrəˈneɪʃən] *n* : coronación *f*

coroner [ˈkɔrənər] n : médico m forense

corporal[1] [ˈkɔrpərəl] adj : corporal ⟨corporal punishment : castigos corporales⟩

corporal[2] n : cabo m

corporate [ˈkɔrpərət] adj : corporativo, empresarial

corporation [ˌkɔrpəˈreɪʃən] n : sociedad f anónima, corporación f, empresa f

corporeal [kɔrˈpɔriəl] adj 1 PHYSICAL : corpóreo 2 MATERIAL : material, tangible — corporeally adv

corps [ˈkɔr] n, pl corps [ˈkɔrz] : cuerpo m ⟨medical corps : cuerpo médico⟩ ⟨diplomatic corps : cuerpo diplomático⟩

corpse [ˈkɔrps] n : cadáver m

corpulence [ˈkɔrpjələnts] n : obesidad f, gordura f

corpulent [ˈkɔrpjələnt] adj : obeso, gordo

corpuscle [ˈkɔrˌpʌsəl] n : corpúsculo m, glóbulo m (sanguíneo)

corral[1] [kəˈræl] vt -ralled; -ralling : acorralar, encorralar (ganado)

corral[2] n : corral m

correct[1] [kəˈrɛkt] vt 1 RECTIFY : corregir, rectificar 2 REPRIMAND : corregir, reprender

correct[2] adj 1 ACCURATE, RIGHT : correcto, exacto ⟨to be correct : estar en lo cierto⟩ 2 PROPER : correcto, apropiado

correction [kəˈrɛkʃən] n : corrección f

corrective [kəˈrɛktɪv] adj : correctivo

correctly [kəˈrɛktli] adv : correctamente

correctness [kəˈrɛk(t)nəs] n 1 ACCURACY : exactitud f 2 PROPRIETY : corrección f

correlate [ˈkɔrəˌleɪt] vt -lated; -lating : relacionar, poner en correlación

correlation [ˌkɔrəˈleɪʃən] n : correlación f

correspond [ˌkɔrəˈspɑnd] vi 1 MATCH : corresponder, concordar, coincidir 2 WRITE : corresponderse, escribirse

correspondence [ˌkɔrəˈspɑndənts] n : correspondencia f

correspondent [ˌkɔrəˈspɑndənt] n : corresponsal mf

corresponding [kɔrəˈspɑndɪŋ, kɑr-] adj : correspondiente

correspondingly [ˌkɔrəˈspɑndɪŋli] adv : en consecuencia, de la misma manera

corridor [ˈkɔrədər, -ˌdɔr] n : corredor m, pasillo m

corroborate [kəˈrɑbəˌreɪt] vt -rated; -rating : corroborar

corroboration [kəˌrɑbəˈreɪʃən] n : corroboración f

corrode [kəˈroːd] v -roded; -roding : corroer — vi : corroerse

corrosion [kəˈroːʒən] n : corrosión f

corrosive [kəˈroːsɪv] adj : corrosivo

corrugate [ˈkɔrəˌgeɪt] vt -gated; -gating : ondular, acanalar, corrugar

corrugated [ˈkɔrəˌgeɪtəd] adj : ondulado, acanalado ⟨corrugated cardboard : cartón ondulado⟩

corrupt[1] [kəˈrʌpt] vt 1 PERVERT : corromper, pervertir, degradar (información) 2 BRIBE : sobornar

corrupt[2] adj : corrupto, corrompido

corruptible [kəˈrʌptəbəl] adj : corruptible

corruption [kəˈrʌpʃən] n : corrupción f

corsage [kɔrˈsɑʒ, -ˈsɑʤ] n : ramillete m que se lleva como adorno

corset [ˈkɔrsət] n : corsé m

cortex [ˈkɔrˌtɛks] n, pl -tices [ˈkɔrtəˌsiːz] or -texes : corteza f ⟨cerebral cortex : corteza cerebral⟩

cortisone [ˈkɔrtəˌsoːn, -zoːn] n : cortisona f

cosmetic[1] [kazˈmɛtɪk] adj : cosmético

cosmetic[2] n : cosmético m

cosmic [ˈkazmɪk] adj 1 : cósmico ⟨cosmic ray : rayo cósmico⟩ 2 VAST : grandioso, inmenso, vasto

cosmonaut [ˈkazməˌnɔt] n : cosmonauta mf

cosmopolitan[1] [ˌkazməˈpɑlətən] adj : cosmopolita

cosmopolitan[2] n : cosmopolita mf

cosmos [ˈkazməs, -ˌmoːs, -ˌmas] n : cosmos m, universo m

cost[1] [ˈkɔst] v cost; costing vt : costar ⟨how much does it cost? : ¿cuánto cuesta?, ¿cuánto vale?⟩ — vi : costar ⟨these cost more : éstos cuestan más⟩

cost[2] n : costo m, precio m, coste m ⟨cost of living : costo de vida⟩ ⟨victory at all costs : victoria a toda costa⟩

Costa Rican[1] [ˌkɑstəˈriːkən] adj : costarricense

Costa Rican[2] n : costarricense mf

costly [ˈkɔstli] adj : costoso, caro

costume [ˈkɑsˌtuːm, -ˌtjuːm] n 1 : traje m ⟨national costume : traje típico⟩ 2 : disfraz m ⟨costume party : fiesta de disfraces⟩ 3 OUTFIT : vestimenta f, traje m, conjunto m

cosy [ˈkoːzi] → cozy

cot [ˈkat] n : catre m

coterie [ˈkoːtəˌri, ˌkoːtəˈ-] n : tertulia f, círculo m (social)

cottage [ˈkɑtɪʤ] n : casita f (de campo)

cottage cheese n : requesón m

cotton [ˈkatən] n : algodón m

cottonmouth [ˈkatənˌmaʊθ] → moccasin

cottonseed [ˈkatənˌsiːd] n : semilla f de algodón

cotton swab → swab

cottontail [ˈkatənˌteɪl] n : conejo m de cola blanca

couch[1] [ˈkaʊʧ] vt : expresar, formular ⟨couched in strong language : expresado en lenguaje enérgico⟩

couch[2] n SOFA : sofá m

couch potato n : haragán m, -gana f; vago m, -ga f

cougar [ˈkuːgər] n : puma m

cough[1] [ˈkɔf] vi : toser

cough² n : tos f
could ['kʊd] → **can**
council ['kaʊntsəl] n 1 : concejo m ⟨city council : concejo municipal, ayuntamiento⟩ 2 MEETING : concejo m, junta f 3 BOARD : consejo m 4 : concilio m (eclesiástico)
councillor or **councilor** ['kaʊntsələr] n : concejal m, -jala f
councilman ['kaʊntsəlmən] n, pl **-men** [-mən, -ˌmɛn] : concejal m
councilwoman ['kaʊntsəlˌwʊmən] n, pl **-women** [-ˌwɪmən] : concejala f
counsel¹ ['kaʊntsəl] v **-seled** or **-selled**; **-seling** or **-selling** vt ADVISE : aconsejar, asesorar, recomendar — vi CONSULT : consultar
counsel² n 1 ADVICE : consejo m, recomendación f 2 CONSULTATION : consulta f 3 **counsel** ns & pl LAWYER : abogado m, -da f
counselor or **counsellor** ['kaʊntsələr] n : consejero m, -ra f; consultor m, -tora f; asesor m, -sora f
count¹ ['kaʊnt] vt : contar, enumerar — vi 1 : contar ⟨to count out loud : contar en voz alta⟩ 2 MATTER : contar, valer, importar ⟨that's what counts : eso es lo que cuenta⟩ 3 **to count on** : contar con
count² n 1 COMPUTATION : cómputo m, recuento m, cuenta f ⟨to lose count : perder la cuenta⟩ 2 CHARGE : cargo m ⟨two counts of robbery : dos cargos de robo⟩ 3 : conde m (noble)
countable ['kaʊntəbəl] adj : numerable
countdown ['kaʊntˌdaʊn] n : cuenta f atrás
countenance¹ ['kaʊntənənts] vt **-nanced**; **-nancing** : permitir, tolerar
countenance² n FACE : semblante m, rostro m
counter¹ ['kaʊntər] vt 1 → **counteract** 2 OPPOSE : oponerse a, resistir — vi RETALIATE : responder, contraatacar
counter² adv **counter to** : contrario a, en contra de
counter³ adj : contrario, opuesto
counter⁴ n 1 PIECE : ficha f (de un juego) 2 : mostrador m (de un negocio), ventanilla f (en un banco) 3 : contador m (aparato) 4 COUNTERBALANCE : fuerza f opuesta, contrapeso m
counteract [ˌkaʊntər'ækt] vt : contrarrestar
counterattack ['kaʊntərəˌtæk] n : contraataque m
counterbalance¹ [ˌkaʊntər'bælənts] vt **-anced**; **-ancing** : contrapesar
counterbalance² ['kaʊntərˌbælənts] n : contrapeso m
counterclockwise [ˌkaʊntər'klakˌwaɪz] adv & adj : en el sentido opuesto al de las manecillas del reloj
counterfeit¹ ['kaʊntərˌfɪt] vt 1 : falsificar (dinero) 2 PRETEND : fingir, aparentar
counterfeit² adj : falso, inauténtico
counterfeit³ n : falsificación f

counterfeiter ['kaʊntərˌfɪtər] n : falsificador m, -dora f
countermand ['kaʊntərˌmænd, ˌkaʊntər'-] vt : contramandar
countermeasure ['kaʊntərˌmɛʒər] n : contramedida f
counterpart ['kaʊntərˌpart] n : homólogo m, contraparte f Mex
counterpoint ['kaʊntərˌpɔɪnt] n : contrapunto m
counterproductive [ˌkaʊntərprə'dʌktɪv] adj : contraproducente
counterrevolution [ˌkaʊntərˌrɛvə-'lu:ʃən] n : contrarrevolución f
counterrevolutionary¹ [ˌkaʊntərˌrɛvə-'lu:ʃənˌɛri] adj : contrarrevolucionario
counterrevolutionary² n, pl **-ries** : contrarrevolucionario m, -ria f
countersign ['kaʊntərˌsaɪn] n : contraseña f
countess ['kaʊntɪs] n : condesa f
countless ['kaʊntləs] adj : incontable, innumerable
country¹ ['kʌntri] adj : campestre, rural
country² n, pl **-tries** 1 NATION : país m, nación f, patria f ⟨country of origin : país de origen⟩ ⟨love of one's country : amor a la patria⟩ 2 : campo m ⟨they left the city for the country : se fueron de la ciudad al campo⟩
countryman ['kʌntrimən] n, pl **-men** [-mən, -ˌmɛn] : compatriota mf; paisano m, -na f
countryside ['kʌntriˌsaɪd] n : campo m, campiña f
county ['kaʊnti] n, pl **-ties** : condado m
coup ['ku:] n, pl **coups** ['ku:z] 1 : golpe m maestro 2 or **coup d'etat** : golpe m (de estado), cuartelazo m
coupe ['ku:p] n : cupé m
couple¹ ['kʌpəl] vt **-pled**; **-pling** : acoplar, enganchar, conectar
couple² n 1 PAIR : par m ⟨a couple of hours : un par de horas, unas dos horas⟩ 2 : pareja f ⟨a young couple : una pareja joven⟩
coupling ['kʌplɪŋ] n : acoplamiento m
coupon ['ku:ˌpan, 'kju:-] n : cupón m
courage ['kərɪʤ] n : valor m, valentía f, coraje m
courageous [kə'reɪʤəs] adj : valiente, valeroso
courier ['kʊriər, 'kəriər] n : mensajero m, -ra f
course¹ ['kors] vi **coursed**; **coursing** : correr (a toda velocidad)
course² n 1 PROGRESS : curso m, transcurso m ⟨to run its course : seguir su curso⟩ 2 DIRECTION : rumbo m (de un avión), derrota f, derrotero m (de un barco) 3 PATH, WAY : camino m, vía f ⟨course of action : línea de conducta⟩ 4 : plato m (de una cena) ⟨the main course : el plato principal⟩ 5 : curso m (académico) 6 **of course** : desde luego, por supuesto ⟨yes, of course! : ¡claro que sí!⟩

court[1] [ˈkort] *vt* WOO : cortejar, galantear

court[2] *n* **1** PALACE : palacio *m* **2** RETINUE : corte *f*, séquito *m* **3** COURTYARD : patio *m* **4** : cancha *f* (de tenis, baloncesto, etc.) **5** TRIBUNAL : corte *f*, tribunal *m* ⟨the Supreme Court : la Corte Suprema⟩

courteous [ˈkərtiəs] *adj* : cortés, atento, educado — **courteously** *adv*

courtesan [ˈkortəzən, ˈkər-] *n* : cortesana *f*

courtesy [ˈkərtəsi] *n, pl* **-sies** : cortesía *f*

courthouse [ˈkortˌhaus] *n* : palacio *m* de justicia, juzgado *m*

courtier [ˈkortiər, ˈkortjər] *n* : cortesano *m*, -na *f*

courtly [ˈkortli] *adj* **-lier; -est** : distinguido, elegante, cortés

court-martial[1] [ˈkortˌmarʃəl] *vt* : someter a consejo de guerra

court-martial[2] *n, pl* **courts-martial** [ˈkortsˌmarʃəl] : consejo *m* de guerra

court order *n* : mandamiento *m* judicial

courtroom [ˈkortˌruːm] *n* : tribunal *m*, corte *f*

courtship [ˈkortˌʃip] *n* : cortejo *m*, noviazgo *m*

courtyard [ˈkortˌjard] *n* : patio *m*

cousin [ˈkʌzən] *n* : primo *m*, -ma *f*

couture [kuˈtur] *n* : industria *f* de la moda ⟨haute couture : alta costura⟩

cove [ˈkoːv] *n* : ensenada *f*, cala *f*

covenant [ˈkʌvənənt] *n* : pacto *m*, contrato *m*

cover[1] [ˈkʌvər] *vt* **1** : cubrir, tapar ⟨cover your head : tápate la cabeza⟩ ⟨covered with mud : cubierto de lodo⟩ **2** HIDE, PROTECT : encubrir, proteger **3** TREAT : tratar **4** INSURE : asegurar, cubrir

cover[2] *n* **1** SHELTER : cubierta *f*, abrigo *m*, refugio *m* ⟨to take cover : ponerse a cubierto⟩ ⟨under cover of darkness : al amparo de la oscuridad⟩ **2** LID, TOP : cubierta *f*, tapa *f* **3** : cubierta *f* (de un libro), portada *f* (de una revista) **4** covers *npl* BEDCLOTHES : ropa *f* de cama, cobijas *fpl*, mantas *fpl*

coverage [ˈkʌvəridʒ] *n* : cobertura *f*

coverlet [ˈkʌvərlət] *n* : cobertor *m*

covert[1] [ˈkoːˌvərt, ˈkʌvərt] *adj* : encubierto, secreto ⟨covert operations : operaciones encubiertas⟩

covert[2] [ˈkʌvərt, ˈkoː-] *n* THICKET : espesura *f*, maleza *f*

cover-up [ˈkʌvərˌʌp] *n* : encubrimiento *m* (de algo ilícito)

covet [ˈkʌvət] *vt* : codiciar

covetous [ˈkʌvətəs] *adj* : codicioso

covey [ˈkʌvi] *n, pl* **-eys 1** : bandada *f* pequeña (de codornices, etc.) **2** GROUP : grupo *m*

cow[1] [ˈkau] *vt* : intimidar, acobardar

cow[2] *n* : vaca *f*, hembra *f* (de ciertas especies)

coward [ˈkauərd] *n* : cobarde *mf*

cowardice [ˈkauərdɪs] *n* : cobardía *f*

cowardly [ˈkauərdli] *adj* : cobarde

cowboy [ˈkauˌbɔi] *n* : vaquero *m*, cowboy *m*

cower [ˈkauər] *vi* : encogerse (de miedo), acobardarse

cowgirl [ˈkauˌgərl] *n* : vaquera *f*

cowherd [ˈkauˌhərd] *n* : vaquero *m*, -ra *f*

cowhide [ˈkauˌhaid] *n* : cuero *m*, piel *f* de vaca

cowl [ˈkaul] *n* : capucha *f* (de un monje)

cowlick [ˈkauˌlik] *n* : remolino *m*

cowpuncher [ˈkauˌpʌntʃər] → **cowboy**

cowslip [ˈkauˌslip] *n* : prímula *f*, primavera *f*

coxswain [ˈkaksən, -ˌswein] *n* : timonel *m*

coy [ˈkɔi] *adj* **1** SHY : tímido, cohibido **2** COQUETTISH : coqueto

coyote [kaiˈoːˌti, ˈkaiˌoːt] *n, pl* **coyotes** *or* **coyote** : coyote *m*

cozy [ˈkoːzi] *adj* **-zier; -est** : acogedor, cómodo

CPU [ˌsiːˌpiːˈjuː] *n* (*central processing unit*) : CPU *f*

crab [ˈkræb] *n* : cangrejo *m*, jaiba *f*

crabby [ˈkræbi] *adj* **-bier; -est** : gruñón, malhumorado

crabgrass [ˈkræbˌgræs] *n* : garranchuelo *m*

crack[1] [ˈkræk] *vi* **1** : chasquear, restallar ⟨the whip cracked : el látigo restalló⟩ **2** SPLIT : rajarse, resquebrajarse, agrietarse **3** : quebrarse (dícese de la voz) — *vt* **1** : restallar, chasquear (un látigo, etc.) **2** SPLIT : rajar, agrietar, resquebrajar **3** BREAK : romper (un huevo), cascar (nueces), forzar (una caja fuerte) **4** SOLVE : resolver, descifrar (un código)

crack[2] *adj* FIRST-RATE : buenísimo, de primera

crack[3] *n* **1** : chasquido *m*, restallido *m*, estallido *m* (de un arma de fuego), crujido *m* (de huesos) ⟨a crack of thunder : un trueno⟩ **2** WISECRACK : chiste *m*, ocurrencia *f*, salida *f* **3** CREVICE : raja *f*, grieta *f*, fisura *f* **4** BLOW : golpe *m* **5** ATTEMPT : intento *m*

crackdown [ˈkrækˌdaun] *n* : medidas *fpl* enérgicas

crack down *vt* : tomar medidas enérgicas

cracker [ˈkrækər] *n* : galleta *f* (de soda, etc.)

crackle[1] [ˈkrækəl] *vi* **-led; -ling** : crepitar, chisporrotear

crackle[2] *n* : crujido *m*, chisporroteo *m*

crackpot [ˈkrækˌpat] *n* : excéntrico *m*, -ca *f*, chiflado *m*, -da *f*

crack-up [ˈkrækˌʌp] *n* **1** CRASH : choque *m*, estrellamiento *m* **2** BREAKDOWN : crisis *f* nerviosa

crack up *vt* **1** : estrellar (un vehículo) **2** : hacer reír **3** : elogiar ⟨it isn't all that it's cracked up to be : no es tan bueno como se dice⟩ — *vi* **1** : estrellarse **2** LAUGH : echarse a reír

cradle¹ [ˈkreɪdəl] *vt* **-dled; -dling** : acunar, mecer (a un niño)

cradle² *n* : cuna *f*

craft [ˈkræft] *n* **1** TRADE : oficio *m* ⟨the craft of carpentry : el oficio de carpintero⟩ **2** CRAFTSMANSHIP, SKILL : arte *m*, artesanía *f*, destreza *f* **3** CRAFTINESS : astucia *f*, maña *f* **4** *pl usually* **craft** BOAT : barco *m*, embarcación *f* **5** *pl usually* **craft** AIRCRAFT : avión *m*, aeronave *f*

craftiness [ˈkræftinəs] *n* : astucia *f*, maña *f*

craftsman [ˈkræftsmən] *n, pl* **-men** [-mən, -ˌmɛn] : artesano *m*, -na *f*

craftsmanship [ˈkræftsmənˌʃɪp] *n* : artesanía *f*, destreza *f*

crafty [ˈkræfti] *adj* **craftier; -est** : astuto, taimado

crag [ˈkræg] *n* : peñasco *m*

craggy [ˈkrægi] *adj* **-gier; -est** : peñascoso

cram [ˈkræm] *v* **crammed; cramming** *vt* **1** JAM : embutir, meter **2** STUFF : atiborrar, abarrotar ⟨crammed with people : atiborrado de gente⟩ — *vi* : estudiar a última hora, memorizar (para un examen)

cramp¹ [ˈkræmp] *vt* **1** : dar calambre en **2** RESTRICT : limitar, restringir, entorpecer ⟨to cramp someone's style : cortarle el vuelo a alguien⟩ — *vi or* **to cramp up** : acalambrarse

cramp² *n* **1** SPASM : calambre *m*, espasmo *m* (de los músculos) **2** **cramps** *npl* : retorcijones *mpl* ⟨stomach cramps : retorcijones de estómago⟩

cranberry [ˈkrænˌbɛri] *n, pl* **-berries** : arándano *m* (rojo y agrio)

crane¹ [ˈkreɪn] *vt* **craned; craning** : estirar ⟨to crane one's neck : estirar el cuello⟩

crane² *n* **1** : grulla *f* (ave) **2** : grúa *f* (máquina)

cranial [ˈkreɪniəl] *adj* : craneal, craneano

cranium [ˈkreɪniəm] *n, pl* **-niums** *or* **-nia** [-niə] : cráneo *m*

crank¹ [ˈkræŋk] *vt or* **to crank up** : arrancar (con una manivela)

crank² *n* **1** : manivela *f*, manubrio *m* **2** ECCENTRIC : excéntrico *m*, -ca *f*

cranky [ˈkræŋki] *adj* **crankier; -est** : irritable, malhumorado, enojadizo

cranny [ˈkræni] *n, pl* **-nies** : grieta *f* ⟨every nook and cranny : todos los rincones⟩

crash¹ [ˈkræʃ] *vi* **1** SMASH : caerse con estrépito, estrellarse **2** COLLIDE : estrellarse, chocar **3** BOOM, RESOUND : retumbar, resonar — *vt* **1** SMASH : estrellar **2 to crash a party** : colarse en una fiesta **3 to crash one's car** : tener un accidente

crash² *n* **1** DIN : estrépito *m* **2** COLLISION : choque *m*, colisión *f* ⟨car crash : accidente automovilístico⟩ **3** FAILURE : quiebra *f* (de un negocio), crac *m* (de la bolsa)

crass [ˈkræs] *adj* : grosero, de mal gusto

crate¹ [ˈkreɪt] *vt* **crated; crating** : empacar en un cajón

crate² *n* : cajón *m* (de madera)

crater [ˈkreɪtər] *n* : cráter *m*

cravat [krəˈvæt] *n* : corbata *f*

crave [ˈkreɪv] *vt* **craved; craving** : ansiar, apetecer, tener muchas ganas de

craven [ˈkreɪvən] *adj* : cobarde, pusilánime

craving [ˈkreɪvɪŋ] *n* : ansia *f*, antojo *m*, deseo *m*

crawfish [ˈkrɔˌfɪʃ] → **crayfish**

crawl¹ [ˈkrɔl] *vi* **1** CREEP : arrastrarse, gatear (dícese de un bebé) **2** TEEM : estar plagado

crawl² *n* : paso *m* lento

crayfish [ˈkreɪˌfɪʃ] *n* **1** : ástaco *m* (de agua dulce) **2** : langostino *m* (de mar)

crayon [ˈkreɪˌɑn, -ən] *n* : crayón *m*

craze [ˈkreɪz] *n* : moda *f* pasajera, manía *f*

crazed [ˈkreɪzd] *adj* : enloquecido

crazily [ˈkreɪzəli] *adv* : locamente, erráticamente, insensatamente

craziness [ˈkreɪzinəs] *n* : locura *f*, demencia *f*

crazy [ˈkreɪzi] *adj* **-zier; -est** **1** INSANE : loco, demente ⟨to go crazy : volverse loco⟩ **2** ABSURD, FOOLISH : loco, insensato, absurdo **3 like crazy** : como loco **4 to be crazy about** : estar loco por

creak¹ [ˈkriːk] *vi* : chirriar, rechinar, crujir

creak² *n* : chirrido *m*, crujido *m*

creaky [ˈkriːki] *adj* **creakier; -est** : chirriante, que cruje

cream¹ [ˈkriːm] *vt* **1** BEAT, MIX : batir, mezclar (azúcar y mantequilla, etc.) **2** : preparar (alimentos) con crema

cream² *n* **1** : crema *f* (de leche) **2** LOTION : crema *f*, loción *f* **3** ELITE : crema *f*, elite *f* ⟨the cream of the crop : la crema y nata, lo mejor⟩

creamery [ˈkriːməri] *n, pl* **-eries** : fábrica *f* de productos lácteos

creamy [ˈkriːmi] *adj* **creamier; -est** : cremoso

crease¹ [ˈkriːs] *vt* **creased; creasing** **1** : plegar, poner una raya en (pantalones) **2** WRINKLE : arrugar

crease² *n* : pliegue *m*, doblez *m*, raya *f* (de pantalones)

create [kriˈeɪt] *vt* **-ated; -ating** : crear, hacer

creation [kriˈeɪʃən] *n* : creación *f*

creative [kriˈeɪtɪv] *adj* : creativo, original ⟨creative people : personas creativas⟩ ⟨a creative work : un obra original⟩

creatively [kriˈeɪtɪvli] *adv* : creativamente, con originalidad

creativity [ˌkriːeɪˈtɪvəti] *n* : creatividad *f*

creator [kriˈeɪtər] *n* : creador *m*, -dora *f*

creature [ˈkriːtʃər] *n* : ser *m* viviente, criatura *f*, animal *m*

credence ['kri:dənts] *n* : crédito *m*
credentials [krɪ'dentʃəlz] *npl* : referencias *fpl* oficiales, cartas *fpl* credenciales
credibility [ˌkredə'bɪləti] *n* : credibilidad *f*
credible ['kredəbəl] *adj* : creíble
credit[1] ['kredɪt] *vt* 1 BELIEVE : creer, dar crédito a 2 : ingresar, abonar ⟨to credit $100 to an account : ingresar $100 en (una) cuenta⟩ 3 ATTRIBUTE : atribuir ⟨they credit the invention to him : a él se le atribuye el invento⟩
credit[2] *n* 1 : saldo *m* positivo, saldo *m* a favor (de una cuenta) 2 : crédito *m* ⟨to buy on credit : comprar a crédito⟩ ⟨credit card : tarjeta de crédito⟩ 3 CREDENCE : crédito *m* ⟨I gave credit to everything he said : di crédito a todo lo que dijo⟩ 4 RECOGNITION : reconocimiento *m* 5 : orgullo *m*, honor *m* ⟨she's a credit to the school : ella es el orgullo de la escuela⟩
creditable ['kredɪtəbəl] *adj* : encomiable, loable — **creditably** [-bli] *adv*
credit card *n* : tarjeta de crédito
creditor ['kredɪtər] *n* : acreedor *m*, -dora *f*
credo ['kri:do:, 'kreɪ-] *n* : credo *m*
credulity [krɪ'du:ləti, -'dju:-] *n* : credulidad *f*
credulous ['kredʒələs] *adj* : crédulo
creed ['kri:d] *n* : credo *m*
creek ['kri:k, 'krɪk] *n* : arroyo *m*, riachuelo *m*
creel ['kri:l] *n* : nasa *f*, cesta *f* (de pescador)
creep[1] ['kri:p] *vi* **crept** ['krept]; **creeping** 1 CRAWL : arrastrarse, gatear 2 : moverse lentamente o sigilosamente ⟨he crept out of the house : salió sigilosamente de la casa⟩ 3 SPREAD : trepar (dícese de una planta)
creep[2] *n* 1 CRAWL : paso *m* lento 2 : asqueroso *m*, -sa *f* 3 **creeps** *npl* : escalofríos *mpl* ⟨that gives me the creeps : eso me da escalofríos⟩
creeper ['kri:pər] *n* : planta *f* trepadora, trepadora *f*
creepy ['kri:pi] *adj* 1 SPOOKY : espeluznante 2 UNPLEASANT : asqueroso
cremate ['kri:ˌmeɪt] *vt* **-mated; -mating** : cremar
cremation [krɪ'meɪʃən] *n* : cremación *f*
Creole ['kri:ˌo:l] *n* 1 : criollo *m*, criolla *f* 2 : criollo *m* (idioma) — **Creole** *adj*
creosote ['kri:əˌso:t] *n* : creosota *f*
crepe *or* **crêpe** ['kreɪp] *n* 1 : crespón *m* (tela) 2 PANCAKE : crepe *mf*, crepa *f* *Mex*
crescendo [krɪ'ʃenˌdo:] *n, pl* **-dos** *or* **-does** : crescendo *m*
crescent ['kresənt] *n* : creciente *m*
crest ['krest] *n* 1 : cresta *f*, penacho *m* (de un ave) 2 PEAK, TOP : cresta *f* (de una ola), cima *f* (de una colina) 3 : emblema *m* (sobre un escudo de armas)
crestfallen ['krest,fɔlən] *adj* : alicaído, abatido

cretin ['kri:tən] *n* : cretino *m*, -na *f*
crevasse [krɪ'væs] *n* : grieta *f*, fisura *f*
crevice ['krevɪs] *n* : grieta *f*, hendidura *f*
crew ['kru:] *n* 1 : tripulación *f* (de una nave) 2 TEAM : equipo *m* (de trabajadores o atletas)
crib ['krɪb] *n* 1 MANGER : pesebre *m* 2 GRANARY : granero *m* 3 : cuna *f* (de un bebé)
crick ['krɪk] *n* : calambre *m*, espasmo *m* muscular
cricket ['krɪkət] *n* 1 : grillo *m* (insecto) 2 : críquet *m* (juego)
crime ['kraɪm] *n* 1 : crimen *m*, delito *m* ⟨to commit a crime : cometer un delito⟩ 2 : crimen *m*, delincuencia *f* ⟨organized crime : crimen organizado⟩
criminal[1] ['krɪmənəl] *adj* : criminal
criminal[2] *n* : criminal *mf*, delincuente *mf*
crimp ['krɪmp] *vt* : ondular, rizar (el pelo), arrugar (una tela, etc.)
crimson ['krɪmzən] *n* : carmesí *m*
cringe ['krɪndʒ] *vi* **cringed; cringing** : encogerse
crinkle[1] ['krɪŋkəl] *v* **-kled; -kling** *vt* : arrugar — *vi* : arrugarse
crinkle[2] *n* : arruga *f*
crinkly ['krɪŋkəli] *adj* : arrugado
cripple[1] ['krɪpəl] *vt* **-pled; -pling** 1 DISABLE : lisiar, dejar inválido 2 INCAPACITATE : inutilizar, incapacitar
cripple[2] *n* : lisiado *m*, -da *f*
crisis ['kraɪsɪs] *n, pl* **crises** [-ˌsi:z] : crisis *f*
crisp[1] ['krɪsp] *vt* : tostar, hacer crujiente
crisp[2] *adj* 1 CRUNCHY : crujiente, crocante 2 FIRM, FRESH : firme, fresco ⟨crisp lettuce : lechuga fresca⟩ 3 LIVELY : vivaz, alegre ⟨a crisp tempo : un ritmo alegre⟩ 4 INVIGORATING : fresco, vigorizante ⟨the crisp autumn air : el fresco aire otoñal⟩ — **crisply** *adv*
crisp[3] *n* : postre *m* de fruta (con pedacitos de masa dulce por encima)
crispy ['krɪspi] *adj* **crispier; -est** : crujiente ⟨crispy potato chips : papitas crujientes⟩
crisscross ['krɪsˌkrɔs] *vt* : entrecruzar
criterion [kraɪ'tɪriən] *n, pl* **-ria** [-iə] : criterio *m*
critic ['krɪtɪk] *n* 1 : crítico *m*, -ca *f* (de las artes) 2 FAULTFINDER : detractor *m*, -tora *f*; criticón *m*, -cona *f*
critical ['krɪtɪkəl] *adj* : crítico
critically ['krɪtɪkli] *adv* : críticamente ⟨critically ill : gravemente enfermo⟩
criticism ['krɪtəˌsɪzəm] *n* : crítica *f*
criticize ['krɪtəˌsaɪz] *vt* **-cized; -cizing** 1 EVALUATE, JUDGE : criticar, analizar, evaluar 2 CENSURE : criticar, reprobar
critique [krɪ'ti:k] *n* : crítica *f*, evaluación *f*
croak[1] ['kro:k] *vi* : croar
croak[2] *n* : croar *m*, canto *m* (de la rana)
Croatian [kro'eɪʃən] *n* : croata *mf* — **Croatian** *adj*

crochet¹ [kro:'ʃeɪ] v : tejer al croché
crochet² n : croché m, crochet m
crock ['krɑk] n : vasija f de barro
crockery ['krɑkəri] n : vajilla f (de barro)
crocodile ['krɑkə,daɪl] n : cocodrilo m
crocus ['kro:kəs] n, pl **-cuses** : azafrán m
croissant [krə'sɑnt] n : croissant m
crone ['kro:n] n : vieja f arpía, vieja f bruja
crony ['kro:ni] n, pl **-nies** : amigote m fam; compinche mf fam
crook¹ ['krʊk] vt : doblar (el brazo o el dedo)
crook² n 1 STAFF : cayado m (de pastor), báculo m (de obispo) 2 THIEF : ratero m, -ra f; ladrón m, -drona f
crooked ['krʊkəd] adj 1 BENT : chueco, torcido 2 DISHONEST : deshonesto
crookedness n 1 : lo torcido, lo chueco 2 DISHONESTY : falta f de honradez
croon ['kru:n] v : cantar suavemente
crop¹ ['krɑp] v **cropped; cropping** vt TRIM : recortar, cortar — vi **to crop up** : aparecer, surgir ⟨these problems keep cropping up : estos problemas no cesan de surgir⟩
crop² n 1 : buche m (de un ave o insecto) 2 WHIP : fusta f (de jinete) 3 HARVEST : cosecha f, cultivo m
croquet [kro:'keɪ] n : croquet m
croquette [kro:'kɛt] n : croqueta f
cross¹ ['krɔs] vt 1 : cruzar, atravesar ⟨to cross the street : cruzar la calle⟩ ⟨several canals cross the city : varios canales atraviesan la ciudad⟩ 2 CANCEL : tachar, cancelar ⟨he crossed his name off the list : tachó su nombre de la planilla⟩ 3 INTERBREED : cruzar (en genética)
cross² adj 1 : que atraviesa ⟨cross ventilation : ventilación que atraviesa un cuarto⟩ 2 CONTRARY : contrario, opuesto ⟨cross purposes : objetivos opuestos⟩ 3 ANGRY : enojado, de mal humor
cross³ n 1 : cruz f ⟨the sign of the cross : la señal de la cruz⟩ 2 : cruza f (en biología)
crossbones ['krɔs,bo:nz] npl 1 : huesos mpl cruzados 2 → **skull**
crossbow ['krɔs,bo:] n : ballesta f
crossbreed ['krɔs,bri:d] vt **-bred** [-,brɛd]; **-breeding** : cruzar
crosscurrent ['krɔs,kərənt] n : contracorriente f
cross–examination [,krɔsɪg,zæmə'neɪʃən] n : repreguntas fpl, interrogatorio m
cross–examine [,krɔsɪg'zæmən] vt **-ined; -ining** : repreguntar
cross–eyed ['krɔs,aɪd] adj : bizco
crossing ['krɔsɪŋ] n 1 INTERSECTION : cruce m, paso m ⟨pedestrian crossing : paso de peatones⟩ 2 VOYAGE : travesía f (del mar)

crossly ['krɔsli] adv : con enojo, con enfado
cross–reference [,krɔs'rɛfrənts, -'rɛfərənts] n : referencia f, remisión f
crossroads ['krɔs,ro:dz] n : cruce m, encrucijada f, crucero m Mex
cross section n 1 SECTION : corte m transversal 2 SAMPLE : muestra f representativa ⟨a cross section of the population : una muestra representativa de la población⟩
crosswalk ['krɔs,wɔk] n : cruce m peatonal, paso m de peatones
crossways ['krɔs,weɪz] → **crosswise**
crosswise¹ ['krɔs,waɪz] adv : transversalmente, diagonalmente
crosswise² adj : transversal, diagonal
crossword puzzle ['krɔs,wərd] n : crucigrama m
crotch ['krɑtʃ] n : entrepierna f
crotchety ['krɑtʃəti] adj CRANKY : malhumorado, irritable, enojadizo
crouch ['kraʊtʃ] vi : agacharse, ponerse de cuclillas
croup ['kru:p] n : crup m
crouton ['kru:,tɑn] n : crutón m
crow¹ ['kro:] vi 1 : cacarear, cantar (como un cuervo) 2 BRAG : alardear, presumir
crow² n 1 : cuervo m (ave) 2 : cantar m (del gallo)
crowbar ['kro:,bɑr] n : palanca f
crowd¹ ['kraʊd] vi : aglomerarse, amontonarse — vt : atestar, atiborrar, llenar
crowd² n : multitud f, muchedumbre f, gentío m
crown¹ ['kraʊn] vt : coronar
crown² n : corona f
crow's nest n : cofa f
crucial ['kru:ʃəl] adj : crucial, decisivo
crucible ['kru:səbəl] n : crisol m
crucifix ['kru:sə,fɪks] n : crucifijo m
crucifixion [,kru:sə'fɪkʃən] n : crucifixión f
crucify ['kru:sə,faɪ] vt **-fied; -fying** : crucificar
crude ['kru:d] adj **cruder; -est** 1 RAW, UNREFINED : crudo, sin refinar ⟨crude oil : petróleo crudo⟩ 2 VULGAR : grosero, de mal gusto 3 ROUGH : tosco, burdo, rudo
crudely ['kru:dli] adv 1 VULGARLY : groseramente 2 ROUGHLY : burdamente, de manera rudimentaria
crudity ['kru:dəti] n, pl **-ties** 1 VULGARITY : grosería f 2 COARSENESS, ROUGHNESS : tosquedad f, rudeza f
cruel ['kru:əl] adj **-eler** or **-eller; -eiest** or **-ellest** : cruel
cruelly ['kru:əli] adv : cruelmente
cruelty ['kru:əlti] n, pl **-ties** : crueldad f
cruet ['kru:ɪt] n : vinagrera f, aceitera f
cruise¹ ['kru:z] vi **cruised; cruising** 1 : hacer un crucero 2 : navegar o conducir a una velocidad constante ⟨cruising speed : velocidad de crucero⟩
cruise² n : crucero m

cruiser [ˈkruːzər] n 1 WARSHIP : crucero m, buque m de guerra 2 : patrulla f (de policía)

crumb [ˈkrʌm] n : miga f, migaja f

crumble [ˈkrʌmbəl] v -bled; -bling vt : desmigajar, desmenuzar — vi : desmigajarse, desmoronarse, desmenuzarse

crumbly [ˈkrʌmbli] adj : que se desmenuza fácilmente, friable

crumple [ˈkrʌmpəl] v -pled; -pling vt RUMPLE : arrugar — vi 1 WRINKLE : arrugarse 2 COLLAPSE : desplomarse

crunch¹ [ˈkrʌntʃ] vt 1 : ronzar (con los dientes) 2 : hacer crujir (con los pies, etc.) — vi : crujir

crunch² n : crujido m

crunchy [ˈkrʌntʃi] adj crunchier; -est : crujiente

crusade¹ [kruːˈseɪd] vi -saded; -sading : hacer una campaña (a favor de o contra algo)

crusade² n 1 : campaña f (de reforma, etc.) 2 **Crusade** : cruzada f

crusader [kruːˈseɪdər] n 1 : cruzado m (en la Edad Media) 2 : campeón m, -peona f (de una causa)

crush¹ [ˈkrʌʃ] vt 1 SQUASH : aplastar, apachurrar 2 GRIND, PULVERIZE : triturar, machacar 3 SUPPRESS : aplastar, suprimir

crush² n 1 CROWD, MOB : gentío m, multitud f, aglomeración f 2 INFATUATION : enamoramiento m

crushing [ˈkrʌʃɪŋ] adj : aplastante, abrumador

crust [ˈkrʌst] n 1 : corteza f, costra f (de pan) 2 : tapa f de masa, pasta f (de un pastel) 3 LAYER : capa f, corteza f ⟨the earth's crust : la corteza terrestre⟩

crustacean [ˌkrʌsˈteɪʃən] n : crustáceo m

crusty [ˈkrʌsti] adj crustier; -est 1 : de corteza dura 2 CROSS, GRUMPY : enojado, malhumorado

crutch [ˈkrʌtʃ] n : muleta f

crux [ˈkrʌks, ˈkrʊks] n, pl **cruxes** : quid m, esencia f, meollo m ⟨the crux of the problem : el quid del problema⟩

cry¹ [ˈkraɪ] vi cried; crying 1 SHOUT : gritar ⟨they cried for more : a gritos pidieron más⟩ 2 WEEP : llorar

cry² n, pl **cries** 1 SHOUT : grito m 2 WEEPING : llanto m 3 : chillido m (de un animal)

crybaby [ˈkraɪˌbeɪbi] n, pl **-bies** : llorón m, -rona f

crypt [ˈkrɪpt] n : cripta f

cryptic [ˈkrɪptɪk] adj : enigmático, críptico

crystal [ˈkrɪstəl] n : cristal m

crystalline [ˈkrɪstəlɪn] adj : cristalino

crystallize [ˈkrɪstəˌlaɪz] v -lized; -lizing vt : cristalizar, materializar ⟨to crystallize one's thoughts : cristalizar unos sus pensamientos⟩ — vi : cristalizarse

cub [ˈkʌb] n : cachorro m

Cuban [ˈkjuːbən] n : cubano m, -na f — **Cuban** adj

cubbyhole [ˈkʌbiˌhoːl] n : chiribitil m

cube¹ [ˈkjuːb] vt cubed; cubing 1 : elevar (un número) al cubo 2 : cortar en cubos

cube² n 1 : cubo m 2 **ice cube** : cubito m de hielo 3 **sugar cube** : terrón m de azúcar

cubic [ˈkjuːbɪk] adj : cúbico

cubicle [ˈkjuːbɪkəl] n : cubículo m

cuckoo¹ [ˈkuːˌkuː, ˈkʊ-] adj : loco, chiflado

cuckoo² n, pl **-oos** : cuco m, cuclillo m

cucumber [ˈkjuːˌkʌmbər] n : pepino m

cud [ˈkʌd] n **to chew the cud** : rumiar

cuddle [ˈkʌdəl] v -dled; -dling vi : abrazarse tiernamente, acurrucarse — vt : abrazar

cudgel¹ [ˈkʌdʒəl] vt -geled or -gelled; -geling or -gelling : apalear, aporrear

cudgel² n : garrote m, porra f

cue¹ [ˈkjuː] vt cued; cuing or cueing : darle el pie a, darle la señal a

cue² n 1 SIGNAL : señal f, pie m (en teatro), entrada f (en música) 2 : taco m (de billar)

cuff¹ [ˈkʌf] vt : bofetear, cachetear

cuff² n 1 : puño m (de una camisa), vuelta f (de pantalones) 2 SLAP : bofetada f, cachetada f 3 **cuffs** npl HANDCUFFS : esposas fpl

cuisine [kwɪˈziːn] n : cocina f ⟨Mexican cuisine : la cocina mexicana⟩

culinary [ˈkʌləˌneri, ˈkjuːlə-] adj : culinario

cull [ˈkʌl] vt : seleccionar, entresacar

culminate [ˈkʌlməˌneɪt] vi -nated; -nating : culminar

culmination [ˌkʌlməˈneɪʃən] n : culminación f, punto m culminante

culpable [ˈkʌlpəbəl] adj : culpable

culprit [ˈkʌlprɪt] n : culpable mf

cult [ˈkʌlt] n : culto m

cultivate [ˈkʌltəˌveɪt] vt -vated; -vating 1 TILL : cultivar, labrar 2 FOSTER : cultivar, fomentar 3 REFINE : cultivar, refinar ⟨to cultivate the mind : cultivar la mente⟩

cultivation [ˌkʌltəˈveɪʃən] n 1 : cultivo m ⟨under cultivation : en cultivo⟩ 2 CULTURE, REFINEMENT : cultura f, refinamiento m

cultural [ˈkʌltʃərəl] adj : cultural — **culturally** adv

culture [ˈkʌltʃər] n 1 CULTIVATION : cultivo m 2 REFINEMENT : cultura f, educación f, refinamiento m 3 CIVILIZATION : cultura f, civilización f ⟨the Incan culture : la cultura inca⟩

cultured [ˈkʌltʃərd] adj 1 EDUCATED, REFINED : culto, educado, refinado 2 : de cultivo, cultivado ⟨cultured pearls : perlas de cultivo⟩

culvert [ˈkʌlvərt] n : alcantarilla f

cumbersome [ˈkʌmbərsəm] adj : torpe y pesado, difícil de manejar

cumin [ˈkʌmən] n : comino m

cumulative [ˈkjuːmjələtɪv, -ˌleɪtɪv] adj : acumulativo

cumulus ['kjuː,mjələs] *n, pl* **-li** [-,laɪ, -,liː] : cúmulo *m*

cunning[1] ['kʌnɪŋ] *adj* **1** CRAFTY : astuto, taimado **2** CLEVER : ingenioso, hábil **3** CUTE : mono, gracioso, lindo

cunning[2] *n* **1** SKILL : habilidad *f* **2** CRAFTINESS : astucia *f*, maña *f*

cup[1] ['kʌp] *vt* **cupped; cupping** : ahuecar (las manos)

cup[2] *n* **1** : taza *f* ⟨a cup of coffee : una taza de café⟩ **2** CUPFUL : taza *f* **3** : media pinta *f* (unidad de medida) **4** GOBLET : copa *f* **5** TROPHY : copa *f*, trofeo *m*

cupboard ['kʌbərd] *n* : alacena *f*, armario *m*

cupcake ['kʌp,keɪk] *n* : pastelito *m*

cupful ['kʌp,fʊl] *n* : taza *f*

cupola ['kjuː,pələ, -,loː] *n* : cúpula *f*

cur ['kər] *n* : perro *m* callejero, perro *m* corriente *Mex*

curate ['kjʊrət] *n* : cura *m*, párroco *m*

curator ['kjʊr,eɪtər, kjʊ'reɪtər] *n* : conservador *m*, -dora *f* (de un museo); director *m*, -tora *f* (de un zoológico)

curb[1] ['kərb] *vt* : refrenar, restringir, controlar

curb[2] *n* **1** RESTRAINT : freno *m*, control *m* **2** : borde *m* de la acera

curd ['kərd] *n* : cuajada *f*

curdle ['kərdəl] *v* **-dled; -dling** *vi* : cuajarse — *vt* : cuajar ⟨to curdle one's blood : helarle la sangre a uno⟩

cure[1] ['kjʊr] *vt* **cured; curing 1** HEAL : curar, sanar **2** REMEDY : remediar **3** PROCESS : curar (alimentos, etc.)

cure[2] *n* **1** RECOVERY : curación *f*, recuperación *f* **2** REMEDY : cura *f*, remedio *m*

curfew ['kər,fjuː] *n* : toque *m* de queda

curio ['kjʊri,oː] *n, pl* **-rios** : curiosidad *f*, objeto *m* curioso

curiosity [,kjʊri'asəti] *n, pl* **-ties** : curiosidad *f*

curious ['kjʊriəs] *adj* **1** INQUISITIVE : curioso **2** STRANGE : curioso, raro

curl[1] ['kərl] *vt* **1** : rizar, ondular (el pelo) **2** COIL : enrollar **3** TWIST : torcer ⟨to curl one's lip : hacer una mueca⟩ — *vi* **1** : rizarse, ondularse **2** to curl up : acurrucarse (con un libro, etc.)

curl[2] *n* **1** RINGLET : rizo *m* **2** COIL : espiral *f*, rosca *f*

curler ['kərlər] *n* : rulo *m*

curlew ['kər,luː, 'kərl,juː] *n, pl* **-lews** or **-lew** : zarapito *m*

curly ['kərli] *adj* **curlier; -est** : rizado, crespo

currant ['kərənt] *n* **1** : grosella *f* (fruta) **2** RAISIN : pasa *f* de Corinto

currency ['kərəntsi] *n, pl* **-cies 1** PREVALENCE, USE : uso *m*, aceptación *f*, difusión *f* ⟨to be in currency : estar en uso⟩ **2** MONEY : moneda *f*, dinero *m*

current[1] ['kərənt] *adj* **1** PRESENT : actual ⟨current events : actualidades⟩ **2** PREVALENT : corriente, común — **currently** *adv*

current[2] *n* : corriente *f*

curriculum [kə'rɪkjələm] *n, pl* **-la** [-lə] : currículum *m*, currículo *m*, programa *m* de estudio

curriculum vitae ['viː,taɪ, 'vaɪtiː] *n, pl* **curricula vitae** : currículum *m*, currículo *m*

curry[1] ['kəri] *vt* **-ried; -rying 1** GROOM : almohazar (un caballo) **2** : condimentar con curry **3** to curry favor : congraciarse (con alguien)

curry[2] *n, pl* **-ries** : curry *m*

curse[1] ['kərs] *v* **cursed; cursing** *vt* **1** DAMN : maldecir **2** INSULT : injuriar, insultar, decir malas palabras a **3** AFFLICT : afligir — *vi* : maldecir, decir malas palabras

curse[2] *n* **1** : maldición *f* ⟨to put a curse on someone : echarle una maldición a alguien⟩ **2** AFFLICTION : maldición *f*, aflicción *f*, cruz *f*

cursor ['kərsər] *n* : cursor *m*

cursory ['kərsəri] *adj* : rápido, superficial, somero

curt ['kərt] *adj* : cortante, brusco, seco — **curtly** *adv*

curtail [kər'teɪl] *vt* : acortar, limitar, restringir

curtailment [kər'teɪlmənt] *n* : restricción *f*, limitación *f*

curtain ['kərtən] *n* : cortina *f* (de una ventana), telón *m* (en un teatro)

curtness ['kərtnəs] *n* : brusquedad *f*, sequedad *f*

curtsy[1] or **curtsey** ['kərtsi] *vt* **-sied** or **-seyed; -sying** or **-seying** : hacer una reverencia

curtsy[2] or **curtsey** *n, pl* **-sies** or **-seys** : reverencia *f*

curvature ['kərvə,tʃʊr] *n* : curvatura *f*

curve[1] ['kərv] *v* **curved; curving** *vi* : torcerse, describir una curva — *vt* : encorvar

curve[2] *n* : curva *f*

cushion[1] ['kʊʃən] *vt* **1** : poner cojines o almohadones a **2** SOFTEN : amortiguar, mitigar, suavizar ⟨to cushion a blow : amortiguar un golpe⟩

cushion[2] *n* **1** : cojín *m*, almohadón *m* **2** PROTECTION : colchón *m*, protección *f*

cusp ['kʌsp] *n* : cúspide *f* (de un diente), cuerno *m* (de la luna)

cuspid ['kʌspɪd] *n* : diente *m* canino, colmillo *m*

custard ['kʌstərd] *n* : natillas *fpl*

custodian [,kʌ'stoːdiən] *n* : custodio *m*, -dia *f*; guardián, chica *f*

custody ['kʌstədi] *n, pl* **-dies** : custodia *f*, cuidado *m* ⟨to be in custody : estar detenido⟩

custom[1] ['kʌstəm] *adj* : a la medida, a la orden

custom[2] *n* **1** : costumbre *f*, tradición *f* **2** customs *npl* : aduana *f*

customarily [,kʌstə'merəli] *adv* : habitualmente, normalmente, de costumbre

customary [ˈkʌstəˌmɛri] *adj* **1** TRADI-TIONAL : tradicional **2** USUAL : habitual, de costumbre

customer [ˈkʌstəmər] *n* : cliente *m*, -ta *f*

custom—made [ˈkʌstəmˈmeɪd] *adj* : hecho a la medida

cut¹ [ˈkʌt] *v* **cut; cutting** *vt* **1** : cortar ⟨to cut paper : cortar papel⟩ **2** : cortarse ⟨to cut one's finger : cortarse uno el dedo⟩ **3** TRIM : cortar, recortar ⟨to have one's hair cut : cortarse el pelo⟩ **4** INTERSECT : cruzar, atravesar **5** SHORTEN : acortar, abreviar **6** REDUCE : reducir, rebajar ⟨to cut prices : rebajar los precios⟩ **7** to cut one's teeth : salirle los dientes a uno — *vi* **1** : cortar, cortarse **2** to cut in : entrometerse

cut² *n* **1** : corte *m* ⟨a cut of meat : un corte de carne⟩ **2** SLASH : tajo *m*, corte *m*, cortadura *f* **3** REDUCTION : rebaja *f*, reducción *f* ⟨a cut in the rates : una rebaja en las tarifas⟩

cute [ˈkjuːt] *adj* **cuter; -est** : mono *fam*, lindo

cuticle [ˈkjuːtɪkəl] *n* : cutícula *f*

cutlass [ˈkʌtləs] *n* : alfanje *m*

cutlery [ˈkʌtləri] *n* : cubiertos *mpl*

cutlet [ˈkʌtlət] *n* : chuleta *f*

cutter [ˈkʌtər] *n* **1** : cortadora *f* (implemento) **2** : cortador *m*, -dora *f* (persona) **3** : cúter *m* (embarcación)

cutthroat [ˈkʌtˌθroːt] *adj* : despiadado, desalmado ⟨cutthroat competition : competencia feroz⟩

cutting¹ [ˈkʌtɪŋ] *adj* **1** : cortante ⟨a cutting wind : un viento cortante⟩ **2** CAUSTIC : mordaz

cutting² *n* : esqueje *m* (de una planta)

cuttlefish [ˈkʌtəlˌfɪʃ] *n*, *pl* **-fish** or **-fishes** : jibia *f*, sepia *f*

cyanide [ˈsaɪəˌnaɪd, -nɪd] *n* : cianuro *m*

cycle¹ [ˈsaɪkəl] *vi* **-cled; -cling** : andar en bicicleta, ir en bicicleta

cycle² *n* **1** : ciclo *m* ⟨life cycle : ciclo de vida, ciclo vital⟩ **2** BICYCLE : bicicleta *f* **3** MOTORCYCLE : motocicleta *f*

cyclic [ˈsaɪklɪk, ˈsɪ-] or **cyclical** [-klɪkəl] *adj* : cíclico

cyclist [ˈsaɪklɪst] *n* : ciclista *mf*

cyclone [ˈsaɪˌkloːn] *n* **1** : ciclón *m* **2** TORNADO : tornado *m*

cyclopedia or **cyclopaedia** [ˌsaɪkləˈpiːdiə] → **encyclopedia**

cylinder [ˈsɪləndər] *n* : cilindro *m*

cylindrical [səˈlɪndrɪkəl] *adj* : cilíndrico

cymbal [ˈsɪmbəl] *n* : platillo *m*, címbalo *m*

cynic [ˈsɪnɪk] *n* : cínico *m*, -ca *f*

cynical [ˈsɪnɪkəl] *adj* : cínico

cynicism [ˈsɪnəˌsɪzəm] *n* : cinismo *m*

cypress [ˈsaɪprəs] *n* : ciprés *m*

Cypriot [ˈsɪpriət, -ˌɑt] *n* : chipriota *mf* — **Cypriot** *adj*

cyst [ˈsɪst] *n* : quiste *m*

cytoplasm [ˈsaɪtəˌplæzəm] *n* : citoplasma *m*

czar [ˈzɑr, ˈsɑr] *n* : zar *m*

czarina [zɑˈriːnə, sɑ-] *n* : zarina *f*

Czech [ˈtʃɛk] *n* **1** : checo *m*, -ca *f* **2** : checo *m* (idioma) — **Czech** *adj*

Czechoslovak [ˌtʃɛkəˈsloːˌvɑk, -ˌvæk] or **Czechoslovakian** [-sloˈvɑkiən, -ˈvæ-] *n* : checoslovaco *m*, -ca *f* — **Czechoslovak** or **Czechoslovakian** *adj*

D

d [ˈdiː] *n*, *pl* **d's** or **ds** [ˈdiːz] : cuarta letra del alfabeto inglés

dab¹ [ˈdæb] *vt* **dabbed; dabbing** : darle toques ligeros a, aplicar suavemente

dab² *n* **1** BIT : toque *m*, pizca *f*, poco *m* ⟨a dab of ointment : un toque de ungüento⟩ **2** PAT : toque *m* ligero, golpecito *m*

dabble [ˈdæbəl] *v* **-bled; -bling** *vt* SPATTER : salpicar — *vi* **1** SPLASH : chapotear **2** TRIFLE : jugar, interesarse superficialmente

dabbler [ˈdæbələr] *n* : diletante *mf*

dachshund [ˈdɑksˌhʊnt, -ˌhʊnd; ˈdɑksənt, -sənd] *n* : perro *m* salchicha

dad [ˈdæd] *n* : papá *m fam*

daddy [ˈdædi] *n*, *pl* **-dies** : papi *m fam*

daffodil [ˈdæfəˌdɪl] *n* : narciso *m*

daft [ˈdæft] *adj* : tonto, bobo

dagger [ˈdægər] *n* : daga *f*, puñal *m*

dahlia [ˈdæljə, ˈdɑl-, ˈdeɪl-] *n* : dalia *f*

daily¹ [ˈdeɪli] *adv* : a diario, diariamente

daily² *adj* : diario, cotidiano

daily³ *n*, *pl* **-lies** : diario *m*, periódico *m*

daintily [ˈdeɪntəli] *adv* : delicadamente, con delicadeza

daintiness [ˈdeɪntinəs] *n* : delicadeza *f*, finura *f*

dainty¹ [ˈdeɪnti] *adj* **-tier; -est** **1** DELICATE : delicado **2** FASTIDIOUS : remilgado, melindroso **3** DELICIOUS : exquisito, sabroso

dainty² *n*, *pl* **-ties** DELICACY : exquisitez *f*, manjar *m*

dairy [ˈdɛri] *n*, *pl* **-ies** **1** or **dairy store** : lechería *f* **2** or **dairy farm** : granja *f* lechera

dairymaid [ˈdɛriˌmeɪd] *n* : lechera *f*

dairyman [ˈdɛrimən, -ˌmæn] *n*, *pl* **-men** [-mən, -ˌmɛn] : lechero *m*

dais [ˈdeɪəs] *n* : tarima *f*, estrado *m*

daisy [ˈdeɪzi] *n*, *pl* **-sies** : margarita *f*

dale [ˈdeɪl] *n* : valle *m*

dally [ˈdæli] *vi* **-lied; -lying** **1** TRIFLE : juguetear **2** DAWDLE : entretenerse, perder tiempo

dalmatian [dælˈmeɪʃən, dɔl-] *n* : dálmata *m*

dam¹ [ˈdæm] *vt* **dammed; damming** : represar, embalsar

dam² *n* **1** : represa *f*, dique *m* **2** : madre *f* (de animales domésticos)

damage¹ ['dæmɪʤ] *vt* **-aged; -aging** : dañar (un objeto o una máquina), perjudicar (la salud o una reputación)

damage² *n* **1** : daño *m*, perjuicio *m* **2 damages** *npl* : daños y perjuicios *mpl*

damaging ['dæmɪʤɪŋ] *adj* : perjudicial

damask ['dæməsk] *n* : damasco *m*

dame ['deɪm] *n* LADY : dama *f*, señora *f*

damn¹ ['dæm] *vt* **1** CONDEMN : condenar **2** CURSE : maldecir

damn² *or* **damned** ['dæmd] *adj* : condenado *fam*, maldito *fam*

damn³ *n* : pito *m*, bledo *m*, comino *m* ⟨it's not worth a damn : no vale un pito⟩ ⟨I don't give a damn : me importa un comino⟩

damnable ['dæmnəbəl] *adj* : condenable, detestable

damnation [dæm'neɪʃən] *n* : condenación *f*

damned¹ ['dæmd] *adv* VERY : muy

damned² *adj* **1** CONDEMNED : condenado **2** REMARKABLE : extraordinario

damp¹ ['dæmp] *vt* → **dampen**

damp² *adj* : húmedo

damp³ *n* MOISTURE : humedad *f*

dampen ['dæmpən] *vt* **1** MOISTEN : humedecer **2** DISCOURAGE : desalentar, desanimar

damper ['dæmpər] *n* **1** : regulador *m* de tiro (de una chimenea) **2** : sordina *f* (de un piano) **3 to put a damper on** : desanimar, apagar (el entusiasmo), enfriar

dampness ['dæmpnəs] *n* : humedad *f*

damsel ['dæmzəl] *n* : damisela *f*

dance¹ ['dæns] *v* **danced; dancing** : bailar

dance² *n* : baile *m*

dancer ['dænsər] *n* : bailarín *m*, -rina *f*

dandelion ['dændəl‚aɪən] *n* : diente *m* de león

dandruff ['dændrəf] *n* : caspa *f*

dandy¹ ['dændi] *adj* **-dier; -est** : excelente, magnífico, macanudo *fam*

dandy² *n, pl* **-dies 1** FOP : dandi *m* **2** : algo *m* excelente ⟨this new program is a dandy : este programa nuevo es algo excelente⟩

Dane ['deɪn] *n* : danés *m*, -nesa *f*

danger ['deɪnʤər] *n* : peligro *m*

dangerous ['deɪnʤərəs] *adj* : peligroso

dangle ['dæŋgəl] *v* **-gled; -gling** *vi* HANG : colgar, pender — *vt* **1** SWING : hacer oscilar **2** PROFFER : ofrecer (como incentivo) **3 to keep someone dangling** : dejar a alguien en suspenso

Danish¹ ['deɪnɪʃ] *adj* : danés

Danish² *n* : danés *m* (idioma)

dank ['dæŋk] *adj* : frío y húmedo

dapper ['dæpər] *adj* : pulcro, atildado

dappled ['dæpəld] *adj* : moteado ⟨a dappled horse : un caballo rodado⟩

dare¹ ['dær] *v* **dared; daring** *vi* : osar, atreverse ⟨how dare you! : ¡cómo te atreves!⟩ — *vt* **1** CHALLENGE : desafiar, retar **2 to dare to do something** : atreverse a hacer algo, osar hacer algo

dare² *n* : desafío *m*, reto *m*

daredevil ['dær‚dɛvəl] *n* : persona *f* temeraria

daring¹ ['dærɪŋ] *adj* : osado, atrevido, audaz

daring² *n* : arrojo *m*, coraje *m*, audacia *f*

dark ['dɑrk] *adj* **1** : oscuro (dícese del ambiente o de los colores), moreno (dícese del pelo o de la piel) **2** SOMBER : sombrío, triste

darken ['dɑrkən] *vt* **1** DIM : oscurecer **2** SADDEN : entristecer — *vi* : ensombrecerse, nublarse

darkly ['dɑrkli] *adv* **1** DIMLY : oscuramente **2** GLOOMILY : tristemente **3** MYSTERIOUSLY : misteriosamente, enigmáticamente

darkness ['dɑrknəs] *n* : oscuridad *f*, tinieblas *f*

darling¹ ['dɑrlɪŋ] *adj* **1** BELOVED : querido, amado **2** CHARMING : encantador, mono *fam*

darling² *n* **1** BELOVED : querido *m*, -da *f*; amado *m*, -da *f*; cariño *m*, -ña *f* **2** FAVORITE : preferido *m*, -da *f*; favorito *m*, -ta *f*

darn¹ ['dɑrn] *vt* : zurcir

darn² *n* **1** : zurcido *m* **2** → **damn³**

dart¹ ['dɑrt] *vt* THROW : lanzar, tirar — *vi* DASH : lanzarse, precipitarse

dart² *n* **1** : dardo *m* **2 darts** *npl* : juego *m* de dardos

dash¹ ['dæʃ] *vt* **1** SMASH : romper, estrellar **2** HURL : arrojar, lanzar **3** SPLASH : salpicar **4** FRUSTRATE : frustrar **5 to dash off** : hacer (algo) rápidamente — *vi* **1** SMASH : romperse, estrellarse **2** DART : lanzarse, irse apresuradamente

dash² *n* **1** BURST, SPLASH : arranque *m*, salpicadura *f* (de aguas) **2** : guión *m* largo (signo de puntuación) **3** DROP : gota *f*, pizca *f* **4** VERVE : brío *m* **5** RACE : carrera *f* ⟨a 100-meter dash : una carrera de 100 metros⟩ **6 to make a dash for it** : precipitarse (hacia), echarse a correr **7** → **dashboard**

dashboard ['dæʃ‚bord] *n* : tablero *m* de instrumentos

dashing ['dæʃɪŋ] *adj* : gallardo, apuesto

data ['deɪtə, 'dæ-, 'dɑ-] *ns & pl* : datos *mpl*, información *f*

database ['deɪtə‚beɪs, 'dæ-, 'dɑ-] *n* : base *f* de datos

date¹ ['deɪt] *v* **dated; dating** *vt* **1** : fechar (una carta, etc.), datar (un objeto) ⟨it was dated June 9 : estaba fechada el 9 de junio⟩ **2** : salir con ⟨she's dating my brother : sale con mi hermano⟩ — *vi* : datar

date² *n* **1** : fecha *f* ⟨to date : hasta la fecha⟩ **2** EPOCH, PERIOD : época *f*, período *m* **3** APPOINTMENT : cita *f* **4** COMPANION : acompañante *mf* **5** : dátil *m* (fruta)

dated ['deɪtəd] *adj* OUT-OF-DATE : anticuado, pasado de moda

datum ['deɪtəm, 'dæ-, 'dɑ-] *n, pl* **-ta** [-tə]
or **-tums** : dato *m*

daub[1] ['dɔb] *vt* : embadurnar

daub[2] *n* : mancha *f*

daughter ['dɔtər] *n* : hija *f*

daughter–in–law ['dɔtərɪn,lɔ] *n, pl*
daughters–in–law : nuera *f*, hija *f*
política

daunt ['dɔnt] *vt* : amilanar, acobardar,
intimidar

dauntless ['dɔntləs] *adj* : intrépido, impávido

davenport ['dævən,port] *n* : sofá *m*

dawdle ['dɔdəl] *vi* **-dled; -dling** 1 DAL-
LY : demorarse, entretenerse, perder
tiempo 2 LOITER : vagar, holgazanear,
haraganear

dawn[1] ['dɔn] *vi* 1 : amanecer, alborear,
despuntar ⟨Saturday dawned clear and
bright : el sábado amaneció claro y lu-
minoso⟩ 2 **to dawn on** : hacerse obvio
⟨it dawned on me that she was right
: me di cuenta de que tenía razón⟩

dawn[2] *n* 1 DAYBREAK : amanecer *m*,
alba *f* 2 BEGINNING : albor *m*, comienzo *m* ⟨the dawn of history : los albores
de la historia⟩ 3 **from dawn to dusk**
: de sol a sol

day ['deɪ] *n* 1 : día *m* 2 DATE : fecha *f*
3 TIME : día *m*, tiempo *m* ⟨in olden days
: intaño⟩ 4 WORKDAY : jornada *f* laboral

daybreak ['deɪ,breɪk] *n* : alba *f*, amanecer *m*

day care *n* : servicio *m* de guardería infantil

daydream[1] ['deɪ,dri:m] *vi* : soñar despierto, fantasear

daydream[2] *n* : ensueño *m*, ensoñación
f, fantasía *f*

daylight ['deɪ,laɪt] *n* 1 : luz *f* del día ⟨in
broad daylight : a plena luz del día⟩ 2
→ **daybreak** 3 → **daytime**

daylight saving time *n* : hora *f* de verano

daytime ['deɪ,taɪm] *n* : horas *fpl* diurnas,
día *m*

daze[1] ['deɪz] *vt* **dazed; dazing** 1 STUN
: aturdir 2 DAZZLE : deslumbrar, ofuscar

daze[2] *n* 1 : aturdimiento *m* 2 **in a daze**
: aturdido, atontado

dazzle[1] ['dæzəl] *vt* **-zled; -zling** : deslumbrar, ofuscar

dazzle[2] *n* : resplandor *m*, brillo *m*

DDT [,di:,di:'ti:] *n* : DDT *m*

deacon ['di:kən] *n* : diácono *m*

dead[1] ['dɛd] *adv* 1 ABRUPTLY : repentinamente, súbitamente ⟨to stop dead
: parar en seco⟩ 2 ABSOLUTELY : absolutamente ⟨I'm dead certain : estoy
absolutamente seguro⟩ 3 DIRECTLY
: justo ⟨dead ahead : justo adelante⟩

dead[2] *adj* 1 LIFELESS : muerto 2 NUMB
: entumecido 3 INDIFFERENT : indiferente, frío 4 INACTIVE : inactivo ⟨a
dead volcano : un volcán inactivo⟩ 5
: desconectado ⟨dícese del teléfono⟩,

descargado ⟨dícese de una batería⟩ 6
EXHAUSTED : agotado, derrengado,
muerto 7 OBSOLETE : obsoleto, muerto ⟨a dead language : una lengua muer-
ta⟩ 8 EXACT : exacto ⟨in the dead center : justo en el blanco⟩

dead[3] *n* 1 **the dead** : los muertos 2 **in
the dead of night** : a las altas horas de
la noche 3 **in the dead of winter** : en
pleno invierno

deadbeat ['dɛd,bi:t] *n* 1 LOAFER : vago
m, -ga *f*; holgazán *m*, -zana *f* 2 FREE-
LOADER : gorrón *m*, -rrona *f fam*; gorrero *m*, -ra *f fam*

deaden ['dɛdən] *vt* 1 : atenuar (un
dolor), entorpecer (sensaciones) 2
DULL : deslustrar 3 DISPIRIT : desanimar 4 MUFFLE : amortiguar, reducir
(sonidos)

dead–end ['dɛd'ɛnd] *adj* 1 : sin salida
⟨dead-end street : calle sin salida⟩ 2
: sin futuro ⟨a dead-end job : un trabajo sin porvenir⟩

dead end *n* : callejón *m* sin salida

dead heat *n* : empate *m*

deadline ['dɛd,laɪn] *n* : fecha *f* límite,
fecha *f* tope, plazo *m* (determinado)

deadlock[1] ['dɛd,lɑk] *vt* : estancar — *vi*
: estancarse, llegar a punto muerto

deadlock[2] *n* : punto muerto, impasse
m

deadly[1] ['dɛdli] *adv* : extremadamente,
sumamente ⟨deadly serious : muy en
serio⟩

deadly[2] *adj* **-lier; -est** 1 LETHAL : mortal, letal, mortífero 2 ACCURATE : certero, preciso ⟨a deadly aim : una puntería infalible⟩ 3 CAPITAL : capital ⟨the
seven deadly sins : los siete pecados
capitales⟩ 4 DULL : funesto, aburrido
5 EXTREME : extremo, absoluto ⟨a
deadly calm : una calma absoluta⟩

deadpan[1] ['dɛd,pæn] *adv* : de manera in-
expresiva, sin expresión

deadpan[2] *adj* : inexpresivo, impasible

deaf ['dɛf] *adj* : sordo

deafen ['dɛfən] *vt* **-ened; -ening** : ensordecer

deafening ['dɛfənɪŋ] *adj* : ensordecedor

deaf–mute ['dɛf'mju:t] *n* : sordomudo
m, -da *f*

deafness ['dɛfnəs] *n* : sordera *f*

deal[1] ['di:l] *v* **dealt; dealing** *vt* 1 AP-
PORTION : repartir ⟨to deal justice
: repartir la justicia⟩ 2 DISTRIBUTE
: repartir, dar (naipes) 3 DELIVER : asestar, propinar ⟨to deal a blow : asestar un golpe⟩ — *vi* 1 : dar, repartir (en
juegos de naipes) 2 **to deal in** : comerciar en, traficar con (drogas) 3 **to
deal with** CONCERN : tratar de, tener
que ver con ⟨the book deals with
poverty : el libro trata de la pobreza⟩
4 **to deal with** HANDLE : tratar (con),
encargarse de 5 **to deal with** TREAT
: tratar ⟨the judge dealt with him severely : el juez lo trató con severidad⟩
6 **to deal with** ACCEPT : aceptar (una
situación o desgracia)

deal² *n* **1** : reparto *m* (de naipes) **2** AGREEMENT, TRANSACTION : trato *m*, acuerdo *m*, transacción *f* **3** TREATMENT : trato *m* ⟨he got a raw deal : le hicieron una injusticia⟩ **4** BARGAIN : ganga *f*, oferta *f* **5 a good deal** *or* **a great deal** : mucho, una gran cantidad

dealer ['di:lər] *n* : comerciante *mf*, traficante *mf*

dealership ['di:lər,ʃɪp] *n* : concesión *f*

dealings ['di:lɪŋz] *npl* **1** : relaciones *fpl* (personales) **2** TRANSACTIONS : negocios *mpl*, transacciones *fpl*

dean ['di:n] *n* **1** : deán *m* (del clero) **2** : decano *m*, -na *f* (de una facultad o profesión)

dear¹ ['dɪr] *adj* **1** ESTEEMED, LOVED : querido, estimado ⟨a dear friend : un amigo querido⟩ ⟨Dear Sir : Estimado Señor⟩ **2** COSTLY : caro, costoso

dear² *n* : querido *m*, -da *f*; amado *m*, -da *f*

dearly ['dɪrli] *adv* **1** : mucho ⟨I love them dearly : los quiero mucho⟩ **2** : caro ⟨to pay dearly : pagar caro⟩

dearth ['dərθ] *n* : escasez *f*, carestía *f*

death ['dɛθ] *n* **1** : muerte *f*, fallecimiento *m* ⟨to be the death of : matar⟩ **2** FATALITY : víctima *f* (mortal); muerto *m*, -ta *f* **3** END : fin *m* ⟨the death of civilization : el fin de la civilización⟩

deathbed ['dɛθ,bɛd] *n* : lecho *m* de muerte

deathblow ['dɛθ,blo:] *n* : golpe *m* mortal

deathless ['dɛθləs] *adj* : eterno, inmortal

deathly ['dɛθli] *adj* : de muerte, sepulcral (dícese del silencio), cadavérico (dícese de la palidez)

debacle [dɪ'bakəl, -'bæ-] *n* : desastre *m*, debacle *m*, fiasco *m*

debar [dɪ'bar] *vt* **-barred; -barring** : excluir, prohibir

debase [dɪ'beɪs] *vt* **-based; -basing** : degradar, envilecer

debasement [dɪ'beɪsmənt] *n* : degradación *f*, envilecimiento *m*

debatable [dɪ'beɪtəbəl] *adj* : discutible

debate¹ [dɪ'beɪt] *vt* **-bated; -bating** : debatir, discutir

debate² *n* : debate *m*, discusión *f*

debauch [dɪ'bɔtʃ] *vt* : pervertir, corromper

debauchery [dɪ'bɔtʃəri] *n, pl* **-eries** : libertinaje *m*, disipación *f*, intemperancia *f*

debilitate [dɪ'bɪlə,teɪt] *vt* **-tated; -tating** : debilitar

debility [dɪ'bɪləti] *n, pl* **-ties** : debilidad *f*

debit¹ ['dɛbɪt] *vt* : adeudar, cargar, debitar

debit² *n* : débito *m*, cargo *m*, debe *m*

debonair [,dɛbə'nær] *adj* : elegante y desenvuelto, apuesto

debris [də'bri:, deɪ-; 'deɪ,bri:] *n, pl* **-bris** [-'bri:z, -,bri:z] **1** RUBBLE, RUINS : escombros *mpl*, ruinas *fpl*, restos *mpl* **2** RUBBISH : basura *f*, deshechos *mpl*

debt ['dɛt] *n* **1** : deuda *f* ⟨to pay a debt : saldar una deuda⟩ **2** INDEBTEDNESS : endeudamiento *m*

debtor ['dɛtər] *n* : deudor *m*, -dora *f*

debunk [dɪ'bʌŋk] *vt* DISCREDIT : desacreditar, desprestigiar

debut¹ ['deɪ'bju:, 'deɪ,bju:] *vi* : debutar

debut² *n* **1** : debut *m* (de un actor), estreno *m* (de una obra) **2** : debut *m*, presentación *f* (en sociedad)

debutante ['dɛbju,tant] *n* : debutante *f*

decade ['dɛ,keɪd, dɛ'keɪd] *n* : década *f*

decadence ['dɛkədənts] *n* : decadencia *f*

decadent ['dɛkədənt] *adj* : decadente

decaf¹ ['di:,kæf] → **decaffeinated**

decaf² *n* : café *m* descafeinado

decaffeinated [di:'kæfə,neɪtəd] *adj* : descafeinado

decal ['di:,kæl, dɪ'kæl] *n* : calcomanía *f*

decamp [dɪ'kæmp] *vi* : irse, largarse *fam*

decant [dɪ'kænt] *vt* : decantar

decanter [dɪ'kæntər] *n* : licorera *f*, garrafa *f*

decapitate [dɪ'kæpə,teɪt] *vt* **-tated; -tating** : decapitar

decay¹ [dɪ'keɪ] *vi* **1** DECOMPOSE : descomponerse, pudrirse **2** DETERIORATE : deteriorarse **3** : cariarse (dícese de los dientes)

decay² *n* **1** DECOMPOSITION : descomposición *f* **2** DECLINE, DETERIORATION : decadencia *f*, deterioro *m* **3** : caries *f* (de los dientes)

decease¹ [dɪ'si:s] *vi* **-ceased; -ceasing** : morir, fallecer

decease² *n* : fallecimiento *m*, defunción *f*, deceso *m*

deceit [dɪ'si:t] *n* **1** DECEPTION : engaño *m* **2** DISHONESTY : deshonestidad *f*

deceitful [dɪ'si:tfəl] *adj* : falso, embustero, engañoso, mentiroso

deceitfully [dɪ'si:tfəli] *adv* : con engaño, con falsedad

deceitfulness [dɪ'si:tfəlnəs] *n* : falsedad *f*, engaño *m*

deceive [dɪ'si:v] *vt* **-ceived; -ceiving** : engañar, burlar

deceiver [dɪ'si:vər] *n* : impostor *m*, -tora *f*

decelerate [di:'sɛlə,reɪt] *vi* **-ated; -ating** : reducir la velocidad, desacelerar

December [dɪ'sɛmbər] *n* : diciembre *m*

decency ['di:səntsi] *n, pl* **-cies** : decencia *f*, decoro *m*

decent ['di:sənt] *adj* **1** CORRECT, PROPER : decente, decoroso, correcto **2** CLOTHED : vestido, presentable **3** MODEST : púdico, modesto **4** ADEQUATE : decente, adecuado ⟨decent wages : paga adecuada⟩

decently ['di:səntli] *adv* : decentemente

decentralize [di:'sɛntrə,laɪz] *v* **-lized; -lizing** [-,laɪzd] **-lizing** [-,laɪzɪŋ] *vt* : descentralizar — *vi* : descentralizarse

deception [dɪ'sɛpʃən] *n* : engaño *m*

deceptive [dɪ'sɛptɪv] *adj* : engañoso, falaz — **deceptively** *adv*

decibel ['dɛsəbəl, -ˌbɛl] *n* : decibelio *m*

decide [dɪ'saɪd] *v* **-cided; -ciding** *vt* 1 CONCLUDE : decidir, llegar a la conclusión de ⟨he decided what to do : decidió qué iba a hacer⟩ 2 DETERMINE : decidir, determinar ⟨one blow decided the fight : un solo golpe determinó la pelea⟩ 3 CONVINCE : decidir ⟨her pleas decided me to help : sus súplicas me decidieron a ayudarla⟩ 4 RESOLVE : resolver — *vi* : decidirse

decided [dɪ'saɪdəd] *adj* 1 UNQUESTIONABLE : indudable 2 RESOLUTE : decidido, resuelto — **decidedly** *adv*

deciduous [dɪ'sɪdʒuəs] *adj* : caduco, de hoja caduca

decimal[1] ['dɛsəməl] *adj* : decimal

decimal[2] *n* : número *m* decimal

decipher [dɪ'saɪfər] *vt* : descifrar — **decipherable** [-əbəl] *adj*

decision [dɪ'sɪʒən] *n* : decisión *f*, determinación *f* ⟨to make a decision : tomar una decisión⟩

decisive [dɪ'saɪsɪv] *adj* 1 DECIDING : decisivo ⟨the decisive vote : el voto decisivo⟩ 2 CONCLUSIVE : decisivo, concluyente, contundente ⟨a decisive victory : una victoria contundente⟩ 3 RESOLUTE : decidido, resuelto, firme

decisively [dɪ'saɪsɪvli] *adv* : con decisión, de manera decisiva

decisiveness [dɪ'saɪsɪvnəs] *n* 1 FORCEFULNESS : contundencia *f* 2 RESOLUTION : firmeza *f*, decisión *f*, determinación *f*

deck[1] ['dɛk] *vt* 1 FLOOR : tumbar, derribar ⟨she decked him with one blow : lo tumbó de un solo golpe⟩ 2 to deck out : adornar, engalanar

deck[2] *n* 1 : cubierta *f* (de un barco) 2 *or* deck of cards : baraja *f* (de naipes)

declaim [dɪ'kleɪm] *v* : declamar

declaration [ˌdɛklə'reɪʃən] *n* : declaración *f*, pronunciamiento *m* (oficial)

declare [dɪ'klær] *vt* **-clared; -claring** : declarar, manifestar ⟨to declare war : declarar la guerra⟩ ⟨they declared their support : manifestaron su apoyo⟩

decline[1] [dɪ'klaɪn] *v* **-clined; -clining** *vi* 1 DESCEND : descender 2 DETERIORATE : deteriorarse, decaer ⟨her health is declining : su salud se está deteriorando⟩ 3 DECREASE : disminuir, decrecer, decaer 4 REFUSE : rehusar — *vt* 1 INFLECT : declinar 2 REFUSE, TURN DOWN : declinar, rehusar

decline[2] *n* 1 DETERIORATION : decadencia *f*, deterioro *m* 2 DECREASE : disminución *f*, descenso *m* 3 SLOPE : declive *m*, pendiente *f*

decode [dɪ'koːd] *vt* **-coded; -coding** : descifrar (un mensaje), descodificar (una señal)

decoder [dɪ'koːdər] *n* : descodificador *m*

decompose [ˌdiːkəm'poːz] *v* **-posed; -posing** *vt* 1 BREAK DOWN : descomponer 2 ROT : descomponer, pudrir — *vi* : descomponerse, pudrirse

decomposition [ˌdiːˌkɑmpə'zɪʃən] *n* : descomposición *f*

decongestant [ˌdiːkən'dʒɛstənt] *n* : descongestionante *m*

decor *or* **décor** [deɪ'kɔr, 'deɪˌkɔr] *n* : decoración *f*

decorate ['dɛkəˌreɪt] *vt* **-rated; -rating** 1 ADORN : decorar, adornar 2 : condecorar ⟨he was decorated for bravery : lo condecoraron por valor⟩

decoration [ˌdɛkə'reɪʃən] *n* 1 ADORNMENT : decoración *f*, adorno *m* 2 : condecoración *f* (de honor)

decorative ['dɛkərətɪv, -ˌreɪ-] *adj* : decorativo, ornamental, de adorno

decorator ['dɛkəˌreɪtər] *n* : decorador *m*, -dora *f*

decorum [dɪ'korəm] *n* : decoro *m*

decoy[1] ['diːˌkɔɪ, dɪ'-] *vt* : atraer (con señuelo)

decoy[2] *n* : señuelo *m*, reclamo *m*, cimbel *m*

decrease[1] [dɪ'kriːs] *v* **-creased; -creasing** *vi* : decrecer, disminuir, bajar — *vt* : reducir, disminuir

decrease[2] ['diːˌkriːs] *n* : disminución *f*, descenso *m*, bajada *f*

decree[1] [dɪ'kriː] *vt* **-creed; -creeing** : decretar

decree[2] *n* : decreto *m*

decrepit [dɪ'krɛpɪt] *adj* 1 FEEBLE : decrépito, débil 2 DILAPIDATED : deteriorado, ruinoso

decry [dɪ'kraɪ] *vt* **-cried; -crying** : censurar, criticar

dedicate ['dɛdɪˌkeɪt] *vt* **-cated; -cating** 1 : dedicar ⟨she dedicated the book to Carlos : le dedicó el libro a Carlos⟩ 2 : consagrar, dedicar ⟨to dedicate one's life : consagrar uno su vida⟩

dedication [ˌdɛdɪ'keɪʃən] *n* 1 DEVOTION : dedicación *f*, devoción *f* 2 : dedicatoria *f* (de un libro, una canción, etc.) 3 CONSECRATION : dedicación *f*

deduce [dɪ'duːs, -'djuːs] *vt* **-duced; -ducing** : deducir, inferir

deduct [dɪ'dʌkt] *vt* : deducir, descontar, restar

deductible [dɪ'dʌktəbəl] *adj* : deducible

deduction [dɪ'dʌkʃən] *n* : deducción *f*

deed[1] ['diːd] *vt* : ceder, transferir

deed[2] *n* 1 ACT : acto *m*, acción *f*, hecho *m* ⟨a good deed : una buena acción⟩ 2 FEAT : hazaña *f*, proeza *f* 3 TITLE : escritura *f*, título *m*

deem ['diːm] *vt* : considerar, juzgar

deep[1] ['diːp] *adv* : hondo, profundamente ⟨to dig deep : cavar hondo⟩

deep[2] *adj* 1 : hondo, profundo ⟨the deep end : la parte honda⟩ ⟨a deep wound : una herida profunda⟩ 2 WIDE : ancho 3 INTENSE : profundo, intenso 4 DARK : intenso, subido ⟨deep red : rojo subido⟩ 5 LOW : profundo ⟨a deep tone

: un tono profundo⟩ **6** ABSORBED : absorto ⟨deep in thought : absorto en la meditación⟩

deep³ ['diːp] *n* **1 the deep** : lo profundo, el piélago **2 the deep of night** : lo más profundo de la noche

deepen ['diːpən] *vt* **1** : ahondar, profundizar **2** INTENSIFY : intensificar — *vi* **1** : hacerse más profundo **2** INTENSIFY : intensificarse

deeply ['diːpli] *adv* : hondo, profundamente ⟨I'm deeply sorry : lo siento sinceramente⟩

deep-seated ['diːp'siːtɐd] *adj* : profundamente arraigado, enraizado

deer ['dɪr] *ns & pl* : ciervo *m*, venado *m*

deerskin ['dɪr,skɪn] *n* : piel *f* de venado

deface [di'feɪs] *vt* **-faced; -facing** MAR : desfigurar

defacement [di'feɪsmənt] *n* : desfiguración *f*

defamation [,dɛfə'meɪʃən] *n* : difamación *f*

defamatory [di'fæmə,tori] *adj* : difamatorio

defame [di'feɪm] *vt* **-famed; -faming** : difamar, calumniar

default¹ [di'fɔlt, 'di:,fɔlt] *vi* **1** : no cumplir (con una obligación), no pagar **2** : no presentarse (en un tribunal)

default² *n* **1** NEGLECT : omisión *f*, negligencia *f* **2** NONPAYMENT : impago *m*, falta *f* de pago **3 to win by default** : ganar por abandono

defaulter [di'fɔltər] *n* : moroso *m*, -sa *f*; rebelde *mf* (en un tribunal)

defeat¹ [di'fiːt] *vt* **1** FRUSTRATE : frustrar **2** BEAT : vencer, derrotar

defeat² *n* : derrota *f*, rechazo *m* (de legislación), fracaso *m* (de planes, etc.)

defecate ['dɛfɪ,keɪt] *vi* **-cated; -cating** : defecar

defect¹ [di'fɛkt] *vi* : desertar

defect² ['diː,fɛkt, di'fɛkt] *n* : defecto *m*

defection [di'fɛkʃən] *n* : deserción *f*, defección *f*

defective [di'fɛktɪv] *adj* **1** FAULTY : defectuoso **2** DEFICIENT : deficiente

defector [di'fɛktər] *n* : desertor *m*, -tora *f*

defend [di'fɛnd] *vt* : defender

defendant [di'fɛndənt] *n* : acusado *m*, -da *f*; demandado *m*, -da *f*

defender [di'fɛndər] *n* **1** ADVOCATE : defensor *m*, -sora *f* **2** : defensa *mf* (en deportes)

defense [di'fɛnts, 'diː,fɛnts] *n* : defensa *f*

defenseless [di'fɛntsləs] *adj* : indefenso

defensive¹ [di'fɛntsɪv] *adj* : defensivo

defensive² *n* **on the defensive** : a la defensiva

defer [di'fər] *v* **-ferred; -ferring** *vt* POSTPONE : diferir, aplazar, posponer — *vi* **to defer to** : deferir a

deference ['dɛfərənts] *n* : deferencia *f*

deferential [,dɛfə'rɛntʃəl] *adj* : respetuoso

deferment [di'fərmənt] *n* : aplazamiento *m*

defiance [di'faɪənts] *n* : desafío *m*

defiant [di'faɪənt] *adj* : desafiante, insolente

deficiency [di'fɪʃəntsi] *n, pl* **-cies** : deficiencia *f*, carencia *f*

deficient [di'fɪʃənt] *adj* : deficiente, carente

deficit ['dɛfəsɪt] *n* : déficit *m*

defile [di'faɪl] *vt* **-filed; -filing 1** DIRTY : ensuciar, manchar **2** CORRUPT : corromper **3** DESECRATE, PROFANE : profanar **4** DISHONOR : deshonrar

defilement [di'faɪlmənt] *n* **1** DESECRATION : profanación *f* **2** CORRUPTION : corrupción *f* **3** CONTAMINATION : contaminación *f*

define [di'faɪn] *vt* **-fined; -fining 1** BOUND : delimitar, demarcar **2** CLARIFY : aclarar, definir **3** : definir ⟨to define a word : definir una palabra⟩

definite ['dɛfənɪt] *adj* **1** CERTAIN : definido, determinado **2** CLEAR : claro, explícito **3** UNQUESTIONABLE : seguro, incuestionable

definite article *n* : artículo *m* definido

definitely ['dɛfənɪtli] *adv* **1** DOUBTLESSLY : indudablemente, sin duda **2** DEFINITIVELY : definitivamente, seguramente

definition [,dɛfə'nɪʃən] *n* : definición *f*

definitive [di'fɪnətɪv] *adj* **1** CONCLUSIVE : definitivo, decisivo **2** AUTHORITATIVE : de autoridad, autorizado

deflate [di'fleɪt] *v* **-flated; -flating** *vt* **1** : desinflar (una llanta, etc.) **2** REDUCE : rebajar ⟨to deflate one's ego : bajarle los humos a uno⟩ — *vi* : desinflarse

deflation [di'fleɪʃən] *n* **1** : desinflación *f* (de una llanta, etc.) **2** : deflación *f* (económica)

deflect [di'flɛkt] *vt* : desviar — *vi* : desviarse

defoliant [di'foːliənt] *n* : defoliante *m*

deforestation [di,forə'steɪʃən] *n* : deforestación *f*, desforestación *f*

deform [di'form] *vt* : deformar

deformation [,diː,for'meɪʃən] *n* : deformación *f*

deformed [di'formd] *adj* : deforme

deformity [di'forməti] *n, pl* **-ties** : deformidad *f*

defraud [di'frɔd] *vt* : estafar, defraudar

defray [di'freɪ] *vt* : sufragar, costear

defrost [di'frɔst] *vt* : descongelar, deshelar — *vi* : descongelarse, deshelarse

deft ['dɛft] *adj* : hábil, diestro — **deftly** *adv*

defunct [di'fʌŋkt] *adj* **1** DECEASED : difunto, fallecido **2** EXTINCT : extinto, fenecido

defuse [di'fjuːz] *vt* : desactivar ⟨to defuse the situation : reducir las tensiones⟩

defy [di'faɪ] *vt* **-fied; -fying 1** CHALLENGE : desafiar, retar **2** DISOBEY : desobedecer **3** RESIST : resistir, hacer imposible, hacer inútil

degenerate¹ [di'dʒenə,reit] *vi* **-ated; -ating** : degenerar

degenerate² [di'dʒenərət] *adj* : degenerado

degeneration [di,dʒenə'reiʃən] *n* : degeneración *f*

degenerative [di'dʒenərətiv] *adj* : degenerative

degradation [,degrə'deiʃən] *n* : degradación *f*

degrade [di'greid] *vt* **-graded; -grading** 1 : degradar, envilecer 2 **to degrade oneself** : rebajarse

degrading [di'greidiŋ] *adj* : degradante

degree [di'gri:] *n* 1 EXTENT : grado *m* ⟨a third degree burn : una quemadura de tercer grado⟩ 2 : título *m* (de enseñanza superior) 3 : grado *m* (de un círculo, de la temperatura) 4 **by degrees** : gradualmente, poco a poco

dehydrate [di'hai,dreit] *v* **-drated; -drating** *vt* : deshidratar — *vi* : deshidratarse

dehydration [,di:hai'dreiʃən] *n* : deshidratación *f*

deice [,di:'ais] *vt* **-iced; -icing** : deshelar, descongelar

deify ['di:ə,fai, 'dei-] *vt* **-fied; -fying** : deificar

deign [dein] *vi* : dignarse, condescender

deity ['di:əti, 'dei-] *n*, *pl* **-ties** 1 **the Deity** : Dios *m* 2 GOD, GODDESS : deidad *f*; dios *m*, diosa *f*

dejected [di'dʒektəd] *adj* : abatido, desalentado, desanimado

dejection [di'dʒekʃən] *n* : abatimiento *m*, desaliento *m*, desánimo *m*

delay¹ [di'lei] *vt* 1 POSTPONE : posponer, postergar 2 HOLD UP : retrasar, demorar — *vi* : tardar, demorar

delay² *n* 1 LATENESS : tardanza *f* 2 HOLDUP : demora *f*, retraso *m*

delectable [di'lektəbəl] *adj* 1 DELICIOUS : delicioso, exquisito 2 DELIGHTFUL : encantador

delegate¹ ['deli,geit] *v* **-gated; -gating** : delegar

delegate² ['deligət, -,geit] *n* : delegado *m*, -da *f*

delegation [,deli'geiʃən] *n* : delegación *f*

delete [di'li:t] *vt* **-leted; -leting** : suprimir, tachar, eliminar

deletion [di'li:ʃən] *n* : supresión *f*, tachadura *f*, eliminación *f*

deli ['deli] → **delicatessen**

deliberate¹ [di'libə,reit] *v* **-ated; -ating** *vt* : deliberar sobre, reflexionar sobre, considerar — *vi* : deliberar

deliberate² [di'libərət] *adj* 1 CONSIDERED : reflexionado, premeditado 2 INTENTIONAL : deliberado, intencional 3 SLOW : lento, pausado

deliberately [di'libərətli] *adv* 1 INTENTIONALLY : adrede, a propósito 2 SLOWLY : pausadamente, lentamente

deliberation [di,libə'reiʃən] *n* 1 CONSIDERATION : deliberación *f*, consideración *f* 2 SLOWNESS : lentitud *f*

delicacy ['delikəsi] *n*, *pl* **-cies** 1 : manjar *m*, exquisitez *f* ⟨caviar is a real delicacy : el caviar es un verdadero manjar⟩ 2 FINENESS : delicadeza *f* 3 FRAGILITY : fragilidad *f*

delicate ['delikət] *adj* 1 SUBTLE : delicado ⟨a delicate fragrance : una fragancia delicada⟩ 2 DAINTY : delicado, primoroso, fino 3 FRAGILE : frágil 4 SENSITIVE : delicado ⟨a delicate matter : un asunto delicado⟩

delicately ['delikətli] *adv* : delicadamente, con delicadeza

delicatessen [,delikə'tesən] *n* : charcutería *f*, fiambrería *f*, salchichonería *f* *Mex*

delicious [di'liʃəs] *adj* : delicioso, exquisito, rico — **deliciously** *adv*

delight¹ [di'lait] *vt* : deleitar, encantar — *vi* **to delight in** : deleitarse con, complacerse en

delight² *n* 1 JOY : placer *m*, deleite *m*, gozo *m* 2 : encanto *m* ⟨your garden is a delight : su jardín es un encanto⟩

delightful [di'laitfəl] *adj* : delicioso, encantador

delightfully [di'laitfəli] *adv* : de manera encantadora, de maravilla

delineate [di'lini,eit] *vt* **-eated; -eating** : delinear, trazar, bosquejar

delinquency [di'liŋkwəntsi] *n*, *pl* **-cies** : delincuencia *f*

delinquent¹ [di'liŋkwənt] *adj* 1 : delincuente 2 OVERDUE : vencido y sin pagar, moroso

delinquent² *n* : delincuente *mf* ⟨juvenile delinquent : delincuente juvenil⟩

delirious [di'liriəs] *adj* : delirante ⟨delirious with joy : loco de alegría⟩

delirium [di'liriəm] *n* : delirio *m*, desvarío *m*

deliver [di'livər] *vt* 1 FREE : liberar, librar 2 DISTRIBUTE, HAND : entregar, repartir 3 : asistir en el parto de (un niño) 4 : pronunciar ⟨to deliver a speech : pronunciar un discurso⟩ 5 PROJECT : despachar, lanzar ⟨he delivered a fast ball : lanzó un pelota rápida⟩ 6 DEAL : propinar, asestar ⟨to deliver a blow : asestar un golpe⟩

deliverance [di'livərənts] *n* : liberación *f*, rescate *m*, salvación *f*

deliverer [di'livərər] *n* RESCUER : libertador *m*, -dora *f*; salvador *m*, -dora *f*

delivery [di'livəri] *n*, *pl* **-eries** 1 LIBERATION : liberación *f* 2 : entrega *f*, reparto *m* ⟨cash on delivery : entrega contra reembolso⟩ ⟨home delivery : servicio a domicilio⟩ 3 CHILDBIRTH : parto *m*, alumbramiento *m* 4 SPEECH : expresión *f* oral, modo *m* de hablar 5 THROW : lanzamiento *m*

dell ['del] *n* : hondonada *f*, valle *m* pequeño

delta ['deltə] *n* : delta *m*

delude [di'lu:d] *vt* **-luded; -luding** 1 : engañar 2 **to delude oneself** : engañarse

deluge¹ ['dɛl,ju:ʤ, -,ju:ʒ] *vt* **-uged; -uging 1** FLOOD : inundar **2** OVERWHELM : abrumar ⟨deluged with requests : abrumado de pedidos⟩

deluge² *n* **1** FLOOD : inundación *f* **2** DOWNPOUR : aguacero *m* **3** BARRAGE : aluvión *m*

delusion [di'lu:ʒən] *n* **1** : ilusión *f* (falsa) **2 delusions of grandeur** : delirios *mpl* de grandeza

deluxe [di'lʌks, -'lʊks] *adj* : de lujo

delve ['dɛlv] *vi* **delved; delving 1** DIG : escarbar **2 to delve into** PROBE : cavar en, ahondar en

demagogue ['dɛmə,gɑg] *n* : demagogo *m*, demagoga *f*

demand¹ [di'mænd] *vt* : demandar, exigir, reclamar

demand² *n* **1** REQUEST : petición *f*, pedido *m*, demanda *f* ⟨by popular demand : a petición del público⟩ **2** CLAIM : reclamación *f*, exigencia *f* **3** MARKET : demanda *f* ⟨supply and demand : la oferta y la demanda⟩

demanding [di'mændɪŋ] *adj* : exigente

demarcation [,di:,mɑr'keɪʃən] *n* : demarcación *f*, deslinde *m*

demean [di'mi:n] *vt* : degradar, rebajar

demeanor [di'mi:nər] *n* : comportamiento *m*, conducta *f*

demented [di'mɛntəd] *adj* : demente, loco

dementia [di'mɛntʃə] *n* : demencia *f*

demerit [di'mɛrət] *n* : demérito *m*

demigod ['dɛmi,gɑd, -,gɔd] *n* : semidiós *m*

demise [di'maɪz] *n* **1** DEATH : fallecimiento *m*, deceso *m* **2** END : hundimiento *m*, desaparición *f* (de una institución, etc.)

demitasse ['dɛmi,tæs, -,tɑs] *n* : taza *f* pequeña (de café)

demobilization [di,mo:bələ'zeɪʃən] *n* : desmovilización *f*

demobilize [di'mo:bə,laɪz] *vt* **-lized; -lizing** : desmovilizar

democracy [di'mɑkrəsi] *n, pl* **-cies** : democracia *f*

democrat ['dɛmə,kræt] *n* : demócrata *mf*

democratic [,dɛmə'krætɪk] *adj* : democrático — **democratically** [-,tɪkli] *adv*

demographic [dɛmə'græfɪk] *adj* : demográfico

demolish [di'mɑlɪʃ] *vt* **1** RAZE : demoler, derribar, arrasar **2** DESTROY : destruir, destrozar

demolition [,dɛmə'lɪʃən, ,di:-] *n* : demolición *f*, derribo *m*

demon ['di:mən] *n* : demonio *m*, diablo *m*

demonstrably [di'mɑnt/strəbli] *adv* : manifiestamente, claramente

demonstrate ['dɛmən,streɪt] *vt* **-strated; -strating 1** SHOW : demostrar **2** PROVE : probar, demostrar **3** EXPLAIN : explicar, ilustrar

demonstration [,dɛmən'streɪʃən] *n* **1** SHOW : muestra *f*, demostración *f* **2** RALLY : manifestación *f*

demonstrative [di'mɑnt/strətɪv] *adj* **1** EFFUSIVE : efusivo, expresivo, demostrativo **2** : demostrativo (en lingüística) ⟨demonstrative pronoun : pronombre demostrativo⟩

demonstrator ['dɛmən,streɪtər] *n* **1** : demostrador *m*, -dora *f* (de productos) **2** PROTESTER : manifestante *mf*

demoralize [di'mɔrə,laɪz] *vt* **-ized; -izing** : desmoralizar

demote [di'mo:t] *vt* **-moted; -moting** : degradar, bajar de categoría

demotion [di'mo:ʃən] *n* : degradación *f*, descenso *m* de categoría

demur [di'mər] *vi* **-murred; -murring 1** OBJECT : oponerse **2 to demur at** : ponerle objeciones a (algo)

demure [di'mjʊr] *adj* : recatado, modesto — **demurely** *adv*

den ['dɛn] *n* **1** LAIR : cubil *m*, madriguera *f* **2** HIDEOUT : guarida *f* **3** STUDY : estudio *m*, gabinete *m*

denature [di'neɪtʃər] *vt* **-tured; -turing** : desnaturalizar

denial [di'naɪəl] *n* **1** REFUSAL : rechazo *m*, denegación *f*, negativa *f* **2** REPUDIATION : negación *f* (de una creencia, etc.), rechazo *m*

denigrate ['dɛni,greɪt] *vt* **-grated; -grating** : denigrar

denim ['dɛnəm] *n* **1** : tela *f* vaquera, mezclilla *f* *Chile, Mex* **2 denims** *npl* → **jeans**

denizen ['dɛnəzən] *n* : habitante *mf*; morador *m*, -dora *f*

denomination [di,nɑmə'neɪʃən] *n* **1** FAITH : confesión *f*, fe *f* **2** VALUE : denominación *f*, valor *m* (de una moneda)

denominator [di'nɑmə,neɪtər] *n* : denominador *m*

denote [di'no:t] *vt* **-noted; -noting 1** INDICATE, MARK : indicar, denotar, señalar **2** MEAN : significar

denouement [,deɪnu:'mɑ] *n* : desenlace *m*

denounce [di'naʊnts] *vt* **-nounced; -nouncing 1** CENSURE : denunciar, censurar **2** ACCUSE : denunciar, acusar, delatar

dense ['dɛnts] *adj* **denser; -est 1** THICK : espeso, denso ⟨dense vegetation : vegetación densa⟩ ⟨a dense fog : una niebla espesa⟩ **2** STUPID : estúpido, burro *fam*

densely ['dɛntsli] *adv* **1** THICKLY : densamente **2** STUPIDLY : torpemente

denseness ['dɛntsnəs] *n* **1** → **density 2** STUPIDITY : estupidez *f*

density ['dɛntsəti] *n, pl* **-ties** : densidad *f*

dent¹ ['dɛnt] *vt* : abollar, mellar

dent² *n* : abolladura *f*, mella *f*

dental ['dɛntəl] *adj* : dental

dental floss *n* : hilo *m* dental

dentifrice ['dɛntəfrɪs] *n* : dentífrico *m*, pasta *f* de dientes

dentist ['dɛntɪst] *n* : dentista *mf*

dentistry ['dɛntɪstri] *n* : odontología *f*

dentures ['dɛntʃərz] *npl* : dentadura *f* postiza

denude [dɪ'nu:d, -'nju:d] *vt* **-nuded; -nuding** STRIP : desnudar, despojar

denunciation [dɪ,nʌnsi'eɪʃən] *n* : denuncia *f*, acusación *f*

deny [dɪ'naɪ] *vt* **-nied; -nying** 1 REFUTE : desmentir, negar 2 DISOWN, REPUDIATE : negar, renegar de 3 REFUSE : denegar 4 **to deny oneself** : privarse, sacrificarse

deodorant [di'o:dərənt] *n* : desodorante *m*

deodorize [di'o:də,raɪz] *vt* **-ized; -izing** : desodorizar

depart [dɪ'pɑrt] *vt* : salirse de — *vi* 1 LEAVE : salir, partir, irse 2 DIE : morir

department [dɪ'pɑrtmənt] *n* 1 DIVISION : sección *f* (de una tienda, una organización, etc.), departamento *m* (de una empresa, una universidad, etc.), ministerio *m* (del gobierno) 2 PROVINCE, SPHERE : esfera *f*, campo *m*, competencia *f*

departmental [dɪ,pɑrt'mɛntəl, ,di:-] *adj* : departamental

department store *n* : grandes almacenes *mpl*

departure [dɪ'pɑrtʃər] *n* 1 LEAVING : salida *f*, partida *f* 2 DEVIATION : desviación *f*

depend [dɪ'pɛnd] *vi* 1 RELY : contar (con), confiar (en) ⟨depend on me! : ¡cuenta conmigo!⟩ 2 **to depend on** : depender de ⟨success depends on hard work : el éxito depende de trabajar duro⟩ 3 **that depends** : según, eso depende

dependable [dɪ'pɛndəbəl] *adj* : responsable, digno de confianza, fiable

dependence [dɪ'pɛndəns] *n* : dependencia *f*

dependency [dɪ'pɛndənsi] *n, pl* **-cies** 1 → **dependence** 2 : posesión *f* (de una unidad política)

dependent¹ [dɪ'pɛndənt] *adj* : dependiente

dependent² *n* : persona *f* a cargo de alguien

depict [dɪ'pɪkt] *vt* 1 PORTRAY : representar 2 DESCRIBE : describir

depiction [dɪ'pɪkʃən] *n* : representación *f*, descripción *f*

deplete [dɪ'pli:t] *vt* **-pleted; -pleting** 1 EXHAUST : agotar 2 REDUCE : reducir

depletion [dɪ'pli:ʃən] *n* 1 EXHAUSTION : agotamiento *m* 2 REDUCTION : reducción *f*, disminución *f*

deplorable [dɪ'plorəbəl] *adj* 1 CONTEMPTIBLE : deplorable, despreciable 2 LAMENTABLE : lamentable

deplore [dɪ'plor] *vt* **-plored; -ploring** 1 REGRET : deplorar, lamentar 2 CONDEMN : condenar, deplorar

deploy [dɪ'plɔɪ] *vt* : desplegar

deployment [dɪ'plɔɪmənt] *n* : despliegue *m*

deport [dɪ'port] *vt* 1 EXPEL : deportar, expulsar (de un país) 2 **to deport oneself** BEHAVE : comportarse

deportation [,di:,por'teɪʃən] *n* : deportación *f*

depose [dɪ'po:z] *vt* **-posed; -posing** : deponer

deposit¹ [dɪ'pazət] *vt* **-ited; -iting** : depositar

deposit² *n* 1 : depósito *m* (en el banco) 2 DOWN PAYMENT : entrega *f* inicial 3 : depósito *m*, yacimiento *m* (en geología)

deposition [,dɛpə'zɪʃən] *n* TESTIMONY : deposición *f*

depositor [dɪ'pazətər] *n* : depositante *mf*

depository [dɪ'pazə,tori] *n, pl* **-ries** : almacén *m*, depósito *m*

depot [*in sense 1 usu* 'dɛ,po:, *2 usu* 'di:-] *n* 1 STOREHOUSE : almacén *m*, depósito *m* 2 STATION, TERMINAL : terminal *mf*, estación *f* (de autobuses, ferrocarriles, etc.)

deprave [dɪ'preɪv] *vt* **-praved; -praving** : depravar, pervertir

depraved [dɪ'preɪvd] *adj* : depravado, degenerado

depravity [dɪ'prævəti] *n, pl* **-ties** : depravación *f*

depreciate [dɪ'pri:ʃi,eɪt] *v* **-ated; -ating** *vt* 1 DEVALUE : depreciar, devaluar 2 DISPARAGE : menospreciar, despreciar — *vi* : depreciarse, devaluarse

depreciation [dɪ,pri:ʃi'eɪʃən] *n* : depreciación *f*, devaluación *f*

depress [dɪ'prɛs] *vt* 1 PRESS, PUSH : apretar, presionar, pulsar 2 REDUCE : reducir, hacer bajar (precios, ventas, etc.) 3 SADDEN : deprimir, abatir, entristecer 4 DEVALUE : depreciar

depressant¹ [dɪ'prɛsənt] *adj* : depresivo

depressant² *n* : depresivo *m*

depressed [dɪ'prɛst] *adj* 1 DEJECTED : deprimido, abatido 2 : deprimido, en crisis (dícese de la economía)

depressing [dɪ'prɛsɪŋ] *adj* : deprimente, triste

depression [dɪ'prɛʃən] *n* 1 DESPONDENCY : depresión *f*, abatimiento *m* 2 : depresión (en una superficie) 3 RECESSION : depresión *f* económica, crisis *f*

deprivation [,dɛprə'veɪʃən] *n* : privación *f*

deprive [dɪ'praɪv] *vt* **-prived; -priving** : privar

depth ['dɛpθ] *n, pl* **depths** ['dɛpθs, 'dɛps] : profundidad *f*, fondo *m* ⟨to study in depth : estudiar a fondo⟩ ⟨in the depths of winter : en pleno invierno⟩

deputize ['dɛpju,taɪz] *vt* **-tized; -tizing** : nombrar como segundo

deputy ['dɛpjuti] *n, pl* **-ties** : suplente *mf*, sustituto *m*, -ta *f*

derail [dɪ'reɪl] *v* : descarrilar

derailment [dɪ'reɪlmənt] n : descarrilamiento m

derange [dɪ'reɪndʒ] vt **-ranged; -ranging 1** DISARRANGE : desarreglar, desordenar **2** DISTURB, UPSET : trastornar, perturbar **3** MADDEN : enloquecer, volver loco

derangement [dɪ'reɪndʒmənt] n **1** DISTURBANCE, UPSET : trastorno m **2** INSANITY : locura f, perturbación f mental

derby ['dərbi] n, pl **-bies 1** : derby m ⟨the Kentucky Derby : el Derby de Kentucky⟩ **2** : sombrero m hongo

deregulate [dɪ'regjʊ,leɪt] vt **-lated; -lating** : desregular

deregulation [dɪ,regjʊ'leɪʃən] n : desregulación f

derelict[1] ['dɛrə,lɪkt] adj **1** ABANDONED : abandonado, en ruinas **2** REMISS : negligente, remiso

derelict[2] n **1** : propiedad f abandonada **2** VAGRANT : vagabundo m, -da f

deride [dɪ'raɪd] vt **-rided; -riding** : ridiculizar, burlarse de

derision [dɪ'rɪʒən] n : escarnio m, irrisión f, mofa f

derisive [dɪ'raɪsɪv] adj : burlón

derivation [,dɛrə'veɪʃən] n : derivación f

derivative[1] [dɪ'rɪvətɪv] adj **1** DERIVED : derivado **2** BANAL : carente de originalidad, banal

derivative[2] n : derivado m

derive [dɪ'raɪv] v **-rived; -riving** vt **1** OBTAIN : obtener, sacar **2** DEDUCE : deducir, inferir — vi : provenir, derivar, proceder

dermatologist [,dərmə'taləʤɪst] n : dermatólogo m, -ga f

dermatology [,dərmə'taləʤi] n : dermatología f

derogatory [dɪ'ragə,tori] adj : despectivo, despreciativo

derrick ['dɛrɪk] n **1** CRANE : grúa f **2** : torre f de perforación (sobre un pozo de petróleo)

descend [dɪ'send] vt : descender, bajar — vi **1** : descender, bajar ⟨he descended from the platform : descendió del estrado⟩ **2** DERIVE : descender, provenir **3** STOOP : rebajarse ⟨I descended to his level : me rebajé a su nivel⟩ **4 to descend upon** : caer sobre, invadir

descendant[1] [dɪ'sɛndənt] adj : descendente

descendant[2] n : descendiente mf

descent [dɪ'sɛnt] n **1** : bajada f, descenso m ⟨the descent from the mountain : el descenso de la montaña⟩ **2** ANCESTRY : ascendencia f, linaje f **3** SLOPE : pendiente f, cuesta f **4** FALL : caída f **5** ATTACK : incursión f, ataque m

describe [dɪ'skraɪb] vt **-scribed; -scribing** : describir

description [dɪ'skrɪpʃən] n : descripción f

descriptive [dɪ'skrɪptɪv] adj : descriptivo ⟨descriptive adjective : adjetivo calificativo⟩

desecrate ['dɛsɪ,kreɪt] vt **-crated; -crating** : profanar

desecration [,dɛsɪ'kreɪʃən] n : profanación f

desegregate [dɪ'sɛgrə,geɪt] vt **-gated; -gating** : eliminar la segregación racial de

desegregation [dɪ,sɛgrə'geɪʃən] n : eliminación f de la segregación racial

desert[1] [dɪ'zərt] vt : abandonar (una persona o un lugar), desertar de (una causa, etc.) — vi : desertar

desert[2] ['dɛzərt] adj : desierto ⟨a desert island : una isla desierta⟩

desert[3] n **1** ['dɛzərt] : desierto m (en geografía) **2** [dɪ'zərt] → **deserts**

deserter [dɪ'zərtər] n : desertor m, -tora f

desertion [dɪ'zərʃən] n : abandono m, deserción f (militar)

deserts [dɪ'zərts] npl : merecido m ⟨to get one's just deserts : llevarse uno su merecido⟩

deserve [dɪ'zərv] vt **-served; -serving** : merecer, ser digno de

deserving [dɪ'zərvɪŋ] adj : meritorio ⟨deserving of : digno de⟩

desiccate ['dɛsɪ,keɪt] vt **-cated; -cating** : desecar, deshidratar

design[1] [dɪ'zaɪn] vt **1** DEVISE : diseñar, concebir, idear **2** PLAN : proyectar **3** SKETCH : trazar, bosquejar

design[2] n **1** PLAN, SCHEME : plan m, proyecto m ⟨by design : a propósito, intencionalmente⟩ **2** SKETCH : diseño m, bosquejo m **3** PATTERN, STYLE : diseño m, estilo m **4 designs** npl INTENTIONS : propósitos mpl, designios mpl

designate ['dɛzɪg,neɪt] vt **-nated; -nating 1** INDICATE, SPECIFY : indicar, especificar **2** APPOINT : nombrar, designar

designation [,dɛzɪg'neɪʃən] n **1** NAMING : designación f **2** NAME : denominación f, nombre m **3** APPOINTMENT : designación f, nombramiento m

designer [dɪ'zaɪnər] n : diseñador m, -dora f

desirability [dɪ,zaɪrə'bɪləti] n, pl **-ties 1** ADVISABILITY : conveniencia f **2** ATTRACTIVENESS : atractivo m

desirable [dɪ'zaɪrəbəl] adj **1** ADVISABLE : conveniente, aconsejable **2** ATTRACTIVE : deseable, atractivo

desire[1] [dɪ'zaɪr] vt **-sired; -siring 1** WANT : desear **2** REQUEST : rogar, solicitar

desire[2] n : deseo m, anhelo m, ansia m

desist [dɪ'sɪst, -'zɪst] vi **to desist from** : desistir de, abstenerse de

desk ['dɛsk] n : escritorio m, pupitre m (en la escuela)

desktop ['dɛsk,tap] adj : de escritorio

desolate¹ ['dɛsə‚leɪt, -zə-] vt **-lated;
-lating** : devastar, desolar
desolate² ['dɛsələt, -zə-] adj 1 BARREN
: desolado, desierto, yermo 2 DISCON-
SOLATE : desconsolado, desolado
desolation [‚dɛsə'leɪʃən, -zə-] n : desolación f
despair¹ [dɪ'spær] vi : desesperar, perder
las esperanzas
despair² n : desesperación f, desesperanza f
desperate ['dɛspərət] adj 1 HOPELESS
: desesperado, sin esperanzas 2 RASH
: desesperado, precipitado 3 SERIOUS,
URGENT : grave, urgente, apremiante
⟨a desperate need : una necesidad
apremiante⟩
desperately ['dɛspərətli] adv : desesperadamente, urgentemente
desperation [‚dɛspə'reɪʃən] n : desesperación f
despicable [dɪ'spɪkəbəl, 'dɛspɪ-] adj : vil,
despreciable, infame
despise [dɪ'spaɪz] vt **-spised; -spising**
: despreciar
despite [də'spaɪt] prep : a pesar de, aún
con
despoil [dɪ'spɔɪl] vt : saquear
despondency [dɪ'spɑndəntsi] n : desaliento m, desánimo m, depresión f
despondent [dɪ'spɑndənt] adj : desalentado, desanimado
despot ['dɛspət, -‚pɑt] n : déspota mf;
tirano m, -na f
despotic [dɛs'pɑtɪk] adj : despótico
despotism ['dɛspə‚tɪzəm] n : despotismo
m
dessert [dɪ'zərt] n : postre m
destination [‚dɛstə'neɪʃən] n : destino m,
destinación f
destined ['dɛstənd] adj 1 FATED : predestinado 2 BOUND : destinado, con
destino (a), con rumbo (a)
destiny ['dɛstəni] n, pl **-nies** : destino m
destitute ['dɛstə‚tu:t, -‚tju:t] adj 1 LACK-
ING : carente, desprovisto 2 POOR : indigente, en miseria
destitution [‚dɛstə'tu:ʃən, -'tju:-] n : indigencia f, miseria f
destroy [dɪ'strɔɪ] vt 1 KILL : matar 2 DE-
MOLISH : destruir, destrozar
destroyer [dɪ'strɔɪər] n : destructor m
(buque)
destructible [dɪ'strʌktəbəl] adj : destructible
destruction [dɪ'strʌkʃən] n : destrucción
f, ruina f
destructive [dɪ'strʌktɪv] adj : destructor, destructivo
desultory ['dɛsəl‚tori] adj 1 AIMLESS
: sin rumbo, sin objeto 2 DISCON-
NECTED : inconexo
detach [dɪ'tætʃ] vt : separar, quitar, desprender
detached [dɪ'tætʃt] adj 1 SEPARATE
: separado, suelto 2 ALOOF : distante,
indiferente 3 IMPARTIAL : imparcial,
objetivo

detachment [dɪ'tætʃmənt] n 1 SEPARA-
TION : separación f 2 DETAIL : destacamento m (de tropas) 3 ALOOFNESS
: reserva f, indiferencia f 4 IMPAR-
TIALITY : imparcialidad f
detail¹ [dɪ'teɪl, 'di:‚teɪl] vt : detallar, exponer en detalle
detail² n 1 : detalle m, pormenor m 2
: destacamento m (de tropas)
detailed [dɪ'teɪld, 'di:‚teɪld] adj : detallado, minucioso
detain [dɪ'teɪn] vt 1 HOLD : detener 2
DELAY : entretener, demorar, retrasar
detect [dɪ'tɛkt] vt : detectar, descubrir
detection [dɪ'tɛkʃən] n : descubrimiento m
detective [dɪ'tɛktɪv] n : detective mf
⟨private detective : detective privado⟩
detector [dɪ'tɛktər] n : detector m
detention [dɪ'tɛntʃən] n : detención m
deter [dɪ'tər] vt **-terred; -terring** : disuadir, impedir
detergent [dɪ'tərdʒənt] n : detergente m
deteriorate [dɪ'tɪriə‚reɪt] vi **-rated; -rat-
ing** : deteriorarse, empeorar
deterioration [dɪ‚tɪriə'reɪʃən] n : deterioro m, empeoramiento m
determinant¹ [dɪ'tərmənənt] adj : determinante
determinant² n 1 : factor m determinante 2 : determinante m (en matemáticas)
determination [dɪ‚tərmə'neɪʃən] n 1 DE-
CISION : determinación f, decisión f 2
RESOLUTION : resolución f, determinación f ⟨with grim determination
: con una firme resolución⟩
determine [dɪ'tərmən] vt **-mined;
-mining** 1 ESTABLISH : determinar,
establecer 2 SETTLE : decidir 3 FIND
OUT : averiguar 4 BRING ABOUT : determinar
determined [dɪ'tərmənd] adj RESOLUTE
: decidido, resuelto
deterrent [dɪ'tərənt] n : medida f disua-
siva
detest [dɪ'tɛst] vt : detestar, odiar, aborrecer
detestable [dɪ'tɛstəbəl] adj : detestable,
odioso, aborrecible
dethrone [di'θro:n] vt **-throned; -thron-
ing** : destronar
detonate ['dɛtən‚eɪt] v **-nated; -nating** vt
: hacer detonar — vi : detonar, estallar
detonation [‚dɛtə'neɪʃən] n : detonación
f
detour¹ ['di:‚tur, dɪ'tur] vi : desviarse
detour² n : desvío m, rodeo m
detract [dɪ'trækt] vi **to detract from**
: restarle valor a, quitarle méritos a
detractor [dɪ'træktər] n : detractor m,
-tora f
detriment ['dɛtrəmənt] n : detrimento
m, perjuicio m
detrimental [‚dɛtrə'mɛntəl] adj : perjudicial — **detrimentally** adv
devaluation [di‚vælju'eɪʃən] n : devaluación f

devalue [diˈvælˌjuː] vt -ued; -uing : devaluar, depreciar

devastate [ˈdevəˌsteɪt] vt -tated; -tating : devastar, arrasar, asolar

devastation [ˌdevəˈsteɪʃən] n : devastación f, estragos mpl

develop [diˈveləp] vt 1 FORM, MAKE : desarrollar, elaborar, formar 2 : revelar (en fotografía) 3 FOSTER : desarrollar, fomentar 4 EXPLOIT : explotar (recursos), urbanizar (un área) 5 ACQUIRE : adquirir ⟨to develop an interest : adquirir un interés⟩ 6 CONTRACT : contraer (una enfermedad) — vi 1 GROW : desarrollarse 2 ARISE : aparecer, surgir

developed [diˈveləpt] adj : avanzado, desarrollado

developer [diˈveləpər] n 1 : inmobiliaria f, urbanizadora f 2 : revelador m (en fotografía)

development [diˈveləpmənt] n 1 : desarrollo m ⟨physical development : desarrollo físico⟩ 2 : urbanización f (de un área), explotación f (de recursos), creación f (de inventos) 3 EVENT : acontecimiento m, suceso m ⟨to await developments : esperar acontecimientos⟩

deviant [ˈdiːviənt] adj : desviado, anormal

deviate [ˈdiːviˌeɪt] v -ated; -ating vi : desviarse, apartarse — vt : desviar

deviation [ˌdiːviˈeɪʃən] n : desviación f

device [diˈvaɪs] n 1 MECHANISM : dispositivo m, aparato m, mecanismo m 2 EMBLEM : emblema m

devil¹ [ˈdevəl] vt -iled or -illed; -iling or -illing 1 : sazonar con picante y especias 2 PESTER : molestar

devil² n 1 SATAN : el diablo, Satanás m 2 DEMON : diablo m, demonio m 3 FIEND : persona f diabólica; malvado m, -da f

devilish [ˈdevəliʃ] adj : diabólico

devilry [ˈdevəlri] n, pl -ries : diabluras fpl, travesuras fpl

devious [ˈdiːviəs] adj 1 CRAFTY : taimado, artero 2 WINDING : tortuoso, sinuoso

devise [diˈvaɪz] vt -vised; -vising 1 INVENT : idear, concebir, inventar 2 PLOT : tramar

devoid [diˈvɔɪd] adj ~ of : carente de, desprovisto de

devote [diˈvoːt] vt -voted; -voting 1 DEDICATE : consagrar, dedicar ⟨to devote one's life : dedicar uno su vida⟩ 2 to devote oneself : dedicarse

devoted [diˈvoːtəd] adj 1 FAITHFUL : leal, fiel 2 to be devoted to someone : tenerle mucho cariño a alguien

devotee [ˌdevəˈtiː-, -ˈteɪ] n : devoto m, -ta f

devotion [diˈvoːʃən] n 1 DEDICATION : dedicación f, devoción f 2 devotions PRAYERS : oraciones fpl, devociones fpl

devour [diˈvaʊər] vt : devorar

devout [diˈvaʊt] adj 1 PIOUS : devoto, piadoso 2 EARNEST, SINCERE : sincero, ferviente — **devoutly** adv

devoutness [diˈvaʊtnəs] n : devoción f, piedad f

dew [ˈduː, ˈdjuː] n : rocío m

dewlap [ˈduːˌlæp, ˈdjuː-] n : papada f

dew point n : punto m de condensación

dewy [ˈduːi, ˈdjuːi] adj dewier; -est : cubierto de rocío

dexterity [dekˈsterəṭi] n, pl -ties : destreza f, habilidad f

dexterous [ˈdekstrəs] adj : diestro, hábil

dexterously [ˈdekstrəsli] adv : con destreza, con habilidad, hábilmente

dextrose [ˈdekˌstroːs] n : dextrosa f

diabetes [ˌdaɪəˈbiːˌtiːz] n : diabetes f

diabetic¹ [ˌdaɪəˈbeṭik] adj : diabético

diabetic² n : diabético m, -ca f

diabolic [ˌdaɪəˈbɑlɪk] or **diabolical** [-lɪkəl] adj : diabólico, satánico

diacritical mark [ˌdaɪəˈkrɪṭikəl] n : signo m diacrítico

diadem [ˈdaɪəˌdem, -dəm] n : diadema f

diagnose [ˈdaɪəgˌnoːs, ˌdaɪəgˈnoːs] vt -nosed; -nosing : diagnosticar

diagnosis [ˌdaɪəgˈnoːsɪs] n, pl -noses [-ˈnoːˌsiːz] : diagnóstico m

diagnostic [ˌdaɪəgˈnɑstɪk] adj : diagnóstico

diagonal¹ [daɪˈægənəl] adj : diagonal, en diagonal

diagonal² n : diagonal f

diagonally [daɪˈægənəli] adv : diagonalmente, en diagonal

diagram¹ [ˈdaɪəˌgræm] vt -gramed or -grammed; -graming or -gramming : hacer un diagrama de

diagram² n : diagrama m, gráfico m, esquema m

dial¹ [ˈdaɪl] v dialed or dialled; dialing or dialling : marcar, discar

dial² n : esfera f (de un reloj), dial m (de un radio), disco m (de un teléfono)

dialect [ˈdaɪəˌlekt] n : dialecto m

dialogue [ˈdaɪəˌlɔg] n : diálogo m

diameter [daɪˈæmətər] n : diámetro m

diamond [ˈdaɪmənd, ˈdaɪə-] n 1 : diamante m, brillante m ⟨a diamond necklace : un collar de brillantes⟩ 2 : rombo m, forma f de rombo 3 : diamante m (en naipes) 4 INFIELD : cuadro m, diamante m (en béisbol)

diaper [ˈdaɪpər, ˈdaɪə-] n : pañal m

diaphragm [ˈdaɪəˌfræm] n : diafragma m

diarrhea [ˌdaɪəˈriːə] n : diarrea f

diary [ˈdaɪəri] n, pl -ries : diario m

diatribe [ˈdaɪəˌtraɪb] n : diatriba f

dice¹ [ˈdaɪs] vt diced; dicing : cortar en cubos

dice² ns & pl 1 → die² 2 : dados mpl (juego)

dicker [ˈdɪkər] vt : regatear

dictate [ˈdɪkˌteɪt, dɪkˈteɪt] v -tated; -tating vt 1 : dictar ⟨to dictate a letter : dictar una carta⟩ 2 ORDER : mandar, ordenar — vi : dar órdenes

dictate² [ˈdɪkˌteɪt] n 1 : mandato m, orden f 2 **dictates** npl : dictados mpl ⟨the dictates of conscience : los dictados de la conciencia⟩

dictation [dɪkˈteɪʃən] n : dictado m

dictator [ˈdɪkˌteɪtər] n : dictador m, -dora f

dictatorial [ˌdɪktəˈtoriəl] adj : dictatorial — **dictatorially** adv

dictatorship [dɪkˈteɪtərˌʃɪp, ˈdɪkˌ-] n : dictadura f

diction [ˈdɪkʃən] n 1 : lenguaje m, estilo m 2 ENUNCIATION : dicción f, articulación f

dictionary [ˈdɪkʃəˌneri] n, pl **-naries** : diccionario m

did → **do**

didactic [daɪˈdæktɪk] adj : didáctico

die¹ [ˈdaɪ] vi **died** [ˈdaɪd]; **dying** [ˈdaɪɪŋ] 1 : morir 2 CEASE : morir, morirse ⟨a dying civilization : una civilización moribunda⟩ 3 STOP : apagarse, dejar de funcionar ⟨the motor died : el motor se apagó⟩ 4 to die down SUBSIDE : amainar, disminuir 5 to die out : extinguirse 6 to be dying for or to be dying to : morirse por ⟨I'm dying to leave : me muero por irme⟩

die² [ˈdaɪ] n, pl **dice** [ˈdaɪs] : dado m

die³ n, pl **dies** [ˈdaɪz] 1 STAMP : troquel m, cuño m 2 MOLD : matriz f, molde m

diesel [ˈdiːzəl, -səl] n : diesel m

diet¹ [ˈdaɪət] vi : ponerse a régimen, hacer dieta

diet² n : régimen m, dieta f

dietary [ˈdaɪəˌteri] adj : alimenticio, dietético

dietitian or **dietician** [ˌdaɪəˈtɪʃən] n : dietista mf

differ [ˈdɪfər] vi **-fered**; **-fering** 1 : diferir, diferenciarse 2 VARY : variar 3 DISAGREE : discrepar, diferir, no estar de acuerdo

difference [ˈdɪfrənts, ˈdɪfərənts] n : diferencia f

different [ˈdɪfrənt, ˈdɪfərənt] adj : distinto, diferente

differentiate [ˌdɪfəˈrentʃiˌeɪt] v **-ated**; **-ating** vt 1 : hacer diferente 2 DISTINGUISH : distinguir, diferenciar — vi : distinguir

differentiation [ˌdɪfərentʃiˈeɪʃən] n : diferenciación f

differently [ˈdɪfrəntli, ˈdɪfərənt-] adv : de otra manera, de otro modo, distintamente

difficult [ˈdɪfɪˌkʌlt] adj : difícil

difficulty [ˈdɪfɪˌkʌlti] n, pl **-ties** 1 : dificultad f 2 PROBLEM : problema f, dificultad f

diffidence [ˈdɪfədənts] n 1 SHYNESS : retraimiento m, timidez f, apocamiento m 2 RETICENCE : reticencia f

diffident [ˈdɪfədənt] adj 1 SHY : tímido, apocado, inseguro 2 RESERVED : reservado

diffuse¹ [dɪˈfjuːz] v **-fused**; **-fusing** vt : difundir, esparcir — vi : difundirse, esparcirse

diffuse² [dɪˈfjuːs] adj 1 WORDY : prolijo, verboso 2 WIDESPREAD : difuso

diffusion [dɪˈfjuːʒən] n : difusión f

dig¹ [ˈdɪg] v **dug** [ˈdʌg]; **digging** vt 1 : cavar, excavar ⟨to dig a hole : cavar un hoyo⟩ 2 EXTRACT : sacar ⟨to dig up potatoes : sacar papas del suelo⟩ 3 POKE, THRUST : clavar, hincar ⟨he dug me in the ribs : me dio un codazo en las costillas⟩ 4 to dig up DISCOVER : descubrir, sacar a luz — vi : cavar, excavar

dig² n 1 POKE : codazo m 2 GIBE : pulla f 3 EXCAVATION : excavación f

digest¹ [daɪˈʤest, dɪ-] vt 1 ASSIMILATE : digerir, asimilar 2 : digerir (comida) 3 SUMMARIZE : compendiar, resumir

digest² [ˈdaɪˌʤest] n : compendio m, resumen m

digestible [daɪˈʤestəbəl, dɪ-] adj : digerible

digestion [daɪˈʤestʃən, dɪ-] n : digestión f

digestive [daɪˈʤestɪv, dɪ-] adj : digestivo ⟨the digestive system : el sistema digestivo⟩

digit [ˈdɪʤət] n 1 NUMERAL : dígito m, número m 2 FINGER, TOE : dedo m

digital [ˈdɪʤətəl] adj : digital — **digitally** adv

dignified [ˈdɪgnəˌfaɪd] adj : digno, decoroso

dignify [ˈdɪgnəˌfaɪ] vt **-fied**; **-fying** : dignificar, honrar

dignitary [ˈdɪgnəˌteri] n, pl **-taries** : dignatario m, -ria f

dignity [ˈdɪgnəti] n, pl **-ties** : dignidad f

digress [daɪˈgres, də-] vi : desviarse del tema, divagar

digression [daɪˈgreʃən, də-] n : digresión f

dike or **dyke** [ˈdaɪk] n : dique m

dilapidated [dəˈlæpəˌdeɪtəd] adj : ruinoso, desvencijado, destartalado

dilapidation [dəˌlæpəˈdeɪʃən] n : deterioro m, estado m ruinoso

dilate [daɪˈleɪt, ˈdaɪˌleɪt] v **-lated**; **-lating** vt : dilatar — vi : dilatarse

dilemma [dɪˈlemə] n : dilema m

dilettante [ˈdɪləˌtɑnt, -ˌtænt] n, pl **-tantes** [-ˌtɑnts, -ˌtænts] or **-tanti** [ˌdɪləˈtɑnti, -ˈtæn-] : diletante mf

diligence [ˈdɪləʤənts] n : diligencia f, aplicación f

diligent [ˈdɪləʤənt] adj : diligente ⟨a diligent search : una búsqueda minuciosa⟩ — **diligently** adv

dill [ˈdɪl] n : eneldo m

dillydally [ˈdɪliˌdæli] vi **-lied**; **-lying** : demorarse, perder tiempo

dilute [daɪˈluːt, də-] vt **-luted**; **-luting** : diluir, aguar

dilution [daɪˈluːʃən, də-] n : dilución f

dim¹ [ˈdɪm] v **dimmed**; **dimming** vt : atenuar (la luz), nublar (la vista), borrar (la memoria), opacar (una superficie) — vi : oscurecerse, apagarse

dim² adj **dimmer; dimmest 1** FAINT : oscuro, tenue (dícese de la luz), nublado (dícese de la vista), borrado (dícese de la memoria) **2** DULL : deslustrado **3** STUPID : tonto, torpe

dime ['daɪm] n : moneda f de diez centavos

dimension [də'mɛntʃən, daɪ-] n **1** : dimensión f **2 dimensions** npl EXTENT, SCOPE : dimensiones fpl, extensión f, medida f

diminish [də'mɪnɪʃ] vt LESSEN : disminuir, reducir, aminar — vi DWINDLE, WANE : menguar, reducirse

diminutive [də'mɪnjətɪv] adj : diminutivo, minúsculo

dimly ['dɪmli] adv : indistintamente, débilmente

dimmer ['dɪmər] n : potenciómetro m, conmutador m de luces (en automóviles)

dimness ['dɪmnəs] n : oscuridad f, debilidad f (de la vista), imprecisión f (de la memoria)

dimple ['dɪmpəl] n : hoyuelo m

din ['dɪn] n : estrépito m, estruendo m

dine ['daɪn] vi **dined; dining** : cenar

diner ['daɪnər] n **1** : comensal mf (persona) **2** : vagón m restaurante (en un tren) **3** : cafetería f, restaurante m barato

dinghy ['dɪŋi, 'dɪŋgi, 'dɪŋki] n, pl **-ghies** : bote m

dinginess ['dɪndʒinəs] n **1** DIRTINESS : suciedad f **2** SHABBINESS : lo gastado, lo deslucido

dingy ['dɪndʒi] adj **-gier; -est 1** DIRTY : sucio **2** SHABBY : gastado, deslucido

dinner ['dɪnər] n : cena f, comida f

dinosaur ['daɪnəˌsɔr] n : dinosaurio m

dint ['dɪnt] n **by dint of** : a fuerza de

diocese ['daɪəsəs, -ˌsiːz, -ˌsiːs] n, pl **-ceses** ['daɪəsəsəz] : diócesis f

dip¹ ['dɪp] v **dipped; dipping** vt **1** DUNK, PLUNGE : sumergir, mojar, meter **2** LADLE : servir con cucharón **3** LOWER : bajar, arriar (una bandera) — vi **1** DESCEND, DROP : bajar en picada, descender **2** SLOPE : bajar, inclinarse

dip² n **1** SWIM : chapuzón m **2** DROP : descenso m, caída f **3** SLOPE : cuesta f, declive m **4** SAUCE : salsa f

diphtheria [dɪf'θɪriə] n : difteria f

diphthong ['dɪf,θɔŋ] n : diptongo m

diploma [də'ploːmə] n, pl **-mas** : diploma m

diplomacy [də'ploːməsi] n **1** : diplomacia f **2** TACT : tacto m, discreción f

diplomat ['dɪplə,mæt] n **1** : diplomático m, -ca f (en relaciones internacionales) **2** : persona f diplomática

diplomatic [ˌdɪplə'mætɪk] adj : diplomático ⟨diplomatic immunity : inmunidad f diplomática⟩

dipper ['dɪpər] n **1** LADLE : cucharón m, cazo m **2 Big Dipper** : Osa f Mayor **3 Little Dipper** : Osa f Menor

dire ['daɪr] adj **direr; direst 1** HORRIBLE : espantoso, terrible, horrendo **2** EXTREME : extremo ⟨dire poverty : pobreza extrema⟩

direct¹ ['daɪ'rɛkt, daɪ-] vt **1** ADDRESS : dirigir, mandar **2** AIM, POINT : dirigir **3** GUIDE : indicarle el camino (a alguien), orientar **4** MANAGE : dirigir ⟨to direct a film : dirigir una película⟩ **5** COMMAND : ordenar, mandar

direct² adv : directamente

direct³ adj **1** STRAIGHT : directo **2** FRANK : franco

direct current n : corriente f continua

direction [də'rɛkʃən, daɪ-] n **1** SUPERVISION : dirección f **2** INSTRUCTION, ORDER : instrucción f, orden f **3** COURSE : dirección f, rumbo m ⟨to change direction : cambiar de dirección⟩ **4 to ask directions** : pedir indicaciones

directional [də'rɛkʃənəl, daɪ-] adj : direccional

directive [də'rɛktɪv, daɪ-] n : directiva f

directly [də'rɛktli, daɪ-] adv **1** STRAIGHT : directamente ⟨directly north : directamente al norte⟩ **2** FRANKLY : francamente **3** EXACTLY : exactamente, justo ⟨directly opposite : justo enfrente⟩ **4** IMMEDIATELY : en seguida, inmediatamente

directness [də'rɛktnəs, daɪ-] n : franqueza f

director [də'rɛktər, daɪ-] n **1** : director m, -tora f **2 board of directors** : junta f directiva, directorio m

directory [də'rɛktəri, daɪ-] n, pl **-ries** : guía f, directorio m ⟨telephone directory : directorio telefónico⟩

dirge ['dərdʒ] n : canto m fúnebre

dirigible ['dɪrədʒəbəl, də'rɪdʒə-] n : dirigible m, zepelín m

dirt ['dərt] n **1** FILTH : suciedad f, mugre f, porquería f **2** SOIL : tierra f

dirtiness ['dərtinəs] n : suciedad f

dirty¹ ['dərti] vt **dirtied; dirtying** : ensuciar, manchar

dirty² adj **dirtier; -est 1** SOILED, STAINED : sucio, manchado **2** DISHONEST : sucio, deshonesto ⟨a dirty player : un jugador tramposo⟩ ⟨a dirty trick : una mala pasada⟩ **3** INDECENT : indecente, cochino ⟨a dirty joke : un chiste verde⟩

disability [ˌdɪsə'bɪləti] n, pl **-ties** : minusvalía f, discapacidad f, invalidez f

disable [dɪs'eɪbəl] vt **-abled; -abling** : dejar inválido, inutilizar, incapacitar

disabled [dɪs'eɪbəld] adj : minusválido, discapacitado

disabuse [ˌdɪsə'bjuːz] vt **-bused; -busing** : desengañar, sacar del error

disadvantage [ˌdɪsəd'væntɪdʒ] n : desventaja f

disadvantageous [ˌdɪs,æd,væn'teɪ-dʒəs] adj : desventajoso, desfavorable

disagree [ˌdɪsəˈgriː] vi **1** DIFFER : discrepar, no coincidir **2** DISSENT : disentir, discrepar, no estar de acuerdo

disagreeable [ˌdɪsəˈgriːəbəl] adj : desagradable

disagreement [ˌdɪsəˈgriːmənt] n **1** : desacuerdo m **2** DISCREPANCY : discrepancia f **3** ARGUMENT : discusión f, altercado m, disputa f

disappear [ˌdɪsəˈpɪr] vi : desaparecer, desvanecerse ⟨to disappear from view : perderse de vista⟩

disappearance [ˌdɪsəˈpɪrənts] n : desaparición f

disappoint [ˌdɪsəˈpɔɪnt] vt : decepcionar, defraudar, fallar

disappointing [ˌdɪsəˈpɔɪntɪŋ] adj : decepcionante

disappointment [ˌdɪsəˈpɔɪntmənt] n : decepción f, desilusión f, chasco m

disapproval [ˌdɪsəˈpruːvəl] n : desaprobación f

disapprove [ˌdɪsəˈpruːv] vi **-proved; -proving** : desaprobar, estar en contra

disapprovingly [ˌdɪsəˈpruːvɪŋli] adv : con desaprobación

disarm [dɪsˈɑrm] vt : desarmar

disarmament [dɪsˈɑrməmənt] n : desarme m ⟨nuclear disarmament : desarme nuclear⟩

disarrange [ˌdɪsəˈreɪndʒ] vt **-ranged; -ranging** : desarreglar, desordenar

disarray [ˌdɪsəˈreɪ] n : desorden m, confusión f, desorganización f

disaster [dɪˈzæstər] n : desastre m, catástrofe f

disastrous [dɪˈzæstrəs] adj : desastroso

disband [dɪsˈbænd] vt : disolver — vi : disolverse, dispersarse

disbar [dɪsˈbɑr] vt **-barred; -barring** : prohibir de ejercer la abogacía

disbelief [ˌdɪsbɪˈliːf] n : incredulidad f

disbelieve [ˌdɪsbɪˈliːv] v **-lieved; -lieving** : no creer, dudar

disburse [dɪsˈbərs] vt **-bursed; -bursing** : desembolsar

disbursement [dɪsˈbərsmənt] n : desembolso m

disc → **disk**

discard [dɪsˈkɑrd, ˈdɪsˌkɑrd] vt : desechar, deshacerse de, botar — vi : descartarse (en juegos de naipes)

discern [dɪˈsərn, -ˈzərn] vt : discernir, distinguir, percibir

discernible [dɪˈsərnəbəl, -ˈzər-] adj : perceptible, visible

discernment [dɪˈsərnmənt, -ˈzərn-] n : discernimiento m, criterio m

discharge[1] [dɪsˈtʃɑrdʒ, ˈdɪsˌ-] v **-charged; -charging** **1** UNLOAD : descargar (carga), desembarcar (pasajeros) **2** SHOOT : descargar, disparar **3** FREE : liberar, poner en libertad **4** DISMISS : despedir **5** EMIT : despedir (humo, etc.), descargar (electricidad), saldar (una deuda) — vi **1** : descargarse (dícese de una batería) **2** OOZE : supurar

discharge[2] [ˈdɪsˌtʃɑrdʒ, dɪsˈ-] n **1** EMISSION : descarga f (de electricidad), emisión f (de gases) **2** DISMISSAL : despido m (del empleo), baja f (del ejército) **3** SECRETION : secreción f

disciple [dɪˈsaɪpəl] n : discípulo m, -la f

discipline[1] [ˈdɪsəplən] vt **-plined; -plining** **1** PUNISH : castigar, sancionar (a los empleados) **2** CONTROL : disciplinar **3 to discipline oneself** : disciplinarse

discipline[2] [ˈdɪsəplən] n **1** FIELD : disciplina f, campo m **2** TRAINING : disciplina f **3** PUNISHMENT : castigo m **4** SELF-CONTROL : dominio m de sí mismo

disc jockey n : disc jockey mf

disclaim [dɪsˈkleɪm] vt DENY : negar

disclose [dɪsˈkloːz] vt **-closed; -closing** : revelar, poner en evidencia

disclosure [dɪsˈkloːʒər] n : revelación f

disco [ˈdɪsko] n **1** → **discotheque** **2** or **disco music** : disco f, música f disco

discolor [dɪsˈkʌlər] vt **1** BLEACH : decolorar **2** FADE : desteñir **3** STAIN : manchar — vi : decolorarse, desteñirse

discoloration [dɪsˌkʌləˈreɪʃən] n **1** FADING : decoloración f **2** STAIN : mancha f

discomfort [dɪsˈkʌmfərt] n **1** PAIN : molestia f, malestar m **2** UNEASINESS : inquietud f

disconcert [ˌdɪskənˈsərt] vt : desconcertar

disconcerting [ˌdɪskənˈsərtɪŋ] adj : desconcertante

disconnect [ˌdɪskəˈnɛkt] vt : desconectar

disconnected [ˌdɪskəˈnɛktəd] adj : inconexo

disconsolate [dɪsˈkɑntsələt] adj : desconsolado

discontent [ˌdɪskənˈtɛnt] n : descontento m

discontented [ˌdɪskənˈtɛntəd] adj : descontento

discontinue [ˌdɪskənˈtɪnˌjuː] vt **-ued; -uing** : suspender, descontinuar

discontinuity [dɪsˌkɑntəˈnuːəti, -ˈnjuː-] n, pl **-ties** : discontinuidad f

discontinuous [ˌdɪskənˈtɪnjəwəs] adj : discontinuo

discord [ˈdɪsˌkɔrd] n **1** STRIFE : discordia f, discordancia f **2** : disonancia f (en música)

discordant [dɪsˈkɔrdənt] adj : discordante, discorde — **discordantly** adv

discotheque [ˈdɪskəˌtɛk, ˌdɪskəˈtɛk] n : discoteca f

discount[1] [ˈdɪsˌkaʊnt, dɪsˈ-] vt **1** REDUCE : descontar, rebajar (precios) **2** DISREGARD : descartar, ignorar

discount[2] [ˈdɪsˌkaʊnt] n : descuento m, rebaja f

discourage [dɪsˈkərɪdʒ] vt **-aged; -aging** **1** DISHEARTEN : desalentar, desanimar **2** DISSUADE : disuadir

discouragement [dɪsˈkərɪdʒmənt] n : desánimo m, desaliento m

discouraging [dɪsˈkərədʒɪŋ] *adj* : desalentador

discourse¹ [ˈdɪsˌkors] *vi* **-coursed;** **-coursing** : disertar, conversar

discourse² [ˈdɪsˌkors] *n* **1** TALK : conversación *f* **2** SPEECH, TREATISE : discurso *m*, tratado *m*

discourteous [dɪsˈkərtiəs] *adj* : descortés — **discourteously** *adv*

discourtesy [dɪsˈkərtəsi] *n, pl* **-sies** : descortesía *f*

discover [dɪsˈkʌvər] *vt* : descubrir

discoverer [dɪsˈkʌvərər] *n* : descubridor *m*, -dora *f*

discovery [dɪsˈkʌvəri] *n, pl* **-ries** : descubrimiento *m*

discredit¹ [dɪsˈkrɛdət] *vt* **1** DISBELIEVE : no creer, dudar **2** : desacreditar, desprestigiar, poner en duda ⟨they discredited his research : desacreditaron sus investigaciones⟩

discredit² *n* **1** DISREPUTE : descrédito *m*, desprestigio *m* **2** DOUBT : duda *f*

discreet [dɪsˈkriːt] *adj* : discreto — **discreetly** *adv*

discrepancy [dɪsˈkrɛpənsi] *n, pl* **-cies** : discrepancia *f*

discretion [dɪsˈkrɛʃən] *n* **1** CIRCUMSPECTION : discreción *f*, circunspección *f* **2** JUDGMENT : discernimiento *m*, criterio *m*

discretionary [dɪsˈkrɛʃəˌnɛri] *adj* : discrecional

discriminate [dɪsˈkrɪməˌneɪt] *v* **-nated;** **-nating** *vt* DISTINGUISH : distinguir, discriminar, diferenciar — *vi* : discriminar ⟨to discriminate against women : discriminar a las mujeres⟩

discrimination [dɪsˌkrɪməˈneɪʃən] *n* **1** PREJUDICE : discriminación *f* **2** DISCERNMENT : discernimiento *m*

discriminatory [dɪsˈkrɪmənəˌtori] *adj* : discriminatorio

discus [ˈdɪskəs] *n, pl* **-cuses** [-kəsəz] : disco *m*

discuss [dɪsˈkʌs] *vt* : hablar de, discutir, tratar (de)

discussion [dɪsˈkʌʃən] *n* : discusión *f*, debate *m*, conversación *f*

disdain¹ [dɪsˈdeɪn] *vt* : desdeñar, despreciar ⟨they disdained to reply : no se dignaron a responder⟩

disdain² *n* : desdén *m*

disdainful [dɪsˈdeɪnfəl] *adj* : desdeñoso — **disdainfully** *adv*

disease [dɪˈziːz] *n* : enfermedad *f*, mal *m*, dolencia *f*

diseased [dɪˈziːzd] *adj* : enfermo

disembark [ˌdɪsɪmˈbark] *v* : desembarcar

disembarkation [dɪsˌɛmˌbarˈkeɪʃən] *n* : desembarco *m*, desembarque *m*

disembodied [ˌdɪsɪmˈbɑdid] *adj* : incorpóreo

disenchant [ˌdɪsɪnˈtʃænt] *vt* : desilusionar, desencantar, desengañar

disenchantment [ˌdɪsɪnˈtʃæntmənt] *n* : desencanto *m*, desilusión *f*

disengage [ˌdɪsɪnˈgeɪdʒ] *vt* **-gaged;** **-gaging 1** : soltar, desconectar (un mecanismo) **2 to disengage the clutch** : desembragar

disentangle [ˌdɪsɪnˈtæŋɡəl] *vt* **-gled;** **-gling** UNTANGLE : desenredar, desenmarañar

disfavor [dɪsˈfeɪvər] *n* : desaprobación *f*

disfigure [dɪsˈfɪɡjər] *vt* **-ured;** **-uring** : desfigurar (a una persona), afear (un edificio, un área)

disfigurement [dɪsˈfɪɡjərmənt] *n* : desfiguración *f*, afeamiento *m*

disfranchise [dɪsˈfrænˌtʃaɪz] *vt* **-chised;** **-chising** : privar del derecho a votar

disgrace¹ [dɪsˈkreɪs] *vt* **-graced;** **-gracing** : deshonrar

disgrace² *n* **1** DISHONOR : desgracia *f*, deshonra *f* **2** SHAME : vergüenza *f* ⟨he's a disgrace to his family : es una vergüenza para su familia⟩

disgraceful [dɪsˈkreɪsfəl] *adj* : vergonzoso, deshonroso, ignominioso

disgracefully [dɪsˈkreɪsfəli] *adv* : vergonzosamente

disgruntle [dɪsˈɡrʌntəl] *vt* **-tled;** **-tling** : enfadar, contrariar

disguise¹ [dɪsˈkaɪz] *vt* **-guised;** **-guising 1** : disfrazar, enmascarar (el aspecto) **2** CONCEAL : encubrir, disimular

disguise² *n* : disfraz *m*

disgust¹ [dɪsˈkʌst] *vt* : darle asco (a alguien), asquear, repugnar ⟨that disgusts me : eso me da asco⟩

disgust² *n* : asco *m*, repugnancia *f*

disgusting [dɪsˈkʌstɪŋ] *adj* : asqueroso, repugnante — **disgustingly** *adv*

dish¹ [ˈdɪʃ] *vt* SERVE : servir

dish² *n* **1** : plato *m* ⟨the national dish : el plato nacional⟩ **2** PLATE : plato *m* ⟨to wash the dishes : lavar los platos⟩ **3 serving dish** : fuente *f*

dishcloth [ˈdɪʃˌklɔθ] *n* : paño *m* de cocina (para secar), trapo *m* de fregar (para lavar)

dishearten [dɪsˈhartən] *vt* : desanimar, desalentar

dishevel [dɪˈʃɛvəl] *vt* **-eled** *or* **-elled;** **-eling** *or* **-elling** : desarreglar, despeinar (el pelo)

disheveled *or* **dishevelled** [dɪˈʃɛvəld] *adj* : despeinado (dícese del pelo), desarreglado, desaliñado

dishonest [dɪsˈanəst] *adj* : deshonesto, fraudulento — **dishonestly** *adv*

dishonesty [dɪsˈanəsti] *n, pl* **-ties** : deshonestidad *f*, falta *f* de honradez

dishonor¹ [dɪsˈanər] *vt* : deshonrar

dishonor² *n* : deshonra *f*

dishonorable [dɪsˈanərəbəl] *adj* : deshonroso — **dishonorably** [-bli] *adv*

dishrag [ˈdɪʃˌræɡ] → **dishcloth**

dishwasher [ˈdɪʃˌwɔʃər] *n* : lavaplatos *m*, lavavajillas *m*

disillusion [ˌdɪsəˈluːʒən] *vt* : desilusionar, desencantar, desengañar

disillusionment [ˌdɪsəˈluːʒənmənt] *n* : desilusión *f*, desencanto *m*

disinclination [dɪsˌɪnkləˈneɪʃən, -ˌɪŋ-] *n* : aversión *f*

disinclined [ˌdɪsɪnˈklaɪnd] *adv* : poco dispuesto

disinfect [ˌdɪsɪnˈfɛkt] *vt* : desinfectar

disinfectant¹ [ˌdɪsɪnˈfɛktənt] *adj* : desinfectante

disinfectant² *n* : desinfectante *m*

disinherit [ˌdɪsɪnˈhɛrət] *vt* : desheredar

disintegrate [dɪsˈɪntəˌgreɪt] *v* **-grated; -grating** *vt* : desintegrar, deshacer — *vi* : desintegrarse, deshacerse

disintegration [dɪsˌɪntəˈgreɪʃən] *n* : desintegración *f*

disinterested [dɪsˈɪntərəstəd, -ˌrɛs-] *adj* **1** INDIFFERENT : indiferente **2** IMPARTIAL : imparcial, desinteresado

disinterestedness [dɪsˈɪntərəstədnəs, -ˌrɛs-] *n* : desinterés *m*

disjointed [dɪsˈdʒɔɪntəd] *adj* : inconexo, incoherente

disk *or* **disc** [ˈdɪsk] *n* : disco *m*

disk drive *n* : unidad *f* de disco

diskette [ˌdɪsˈkɛt] *n* : diskette *m*, disquete *m*

dislike¹ [dɪsˈlaɪk] *vt* **-liked; -liking** : tenerle aversión a (algo), tenerle antipatía (a alguien), no gustarle (algo a uno)

dislike² *n* : aversión *f*, antipatía *f*

dislocate [ˈdɪsloˌkeɪt, dɪsˈlo-] *vt* **-cated; -cating** : dislocar

dislocation [ˌdɪsloˈkeɪʃən] *n* : dislocación *f*

dislodge [dɪsˈlɑdʒ] *vt* **-lodged; -lodging** : sacar, desalojar, desplazar

disloyal [dɪsˈlɔɪəl] *adj* : desleal

disloyalty [dɪsˈlɔɪəlti] *n, pl* **-ties** : deslealtad *f*

dismal [ˈdɪzməl] *adj* **1** GLOOMY : sombrío, lúgubre, tétrico **2** DEPRESSING : deprimente, triste

dismantle [dɪsˈmæntəl] *vt* **-tled; -tling** : desmantelar, desmontar, desarmar

dismay¹ [dɪsˈmeɪ] *vt* : consternar

dismay² *n* : consternación *f*

dismember [dɪsˈmɛmbər] *vt* : desmembrar

dismiss [dɪsˈmɪs] *vt* **1** : dejar salir, darle permiso (a alguien) para retirarse **2** DISCHARGE : despedir, destituir **3** REJECT : descartar, desechar, rechazar

dismissal [dɪsˈmɪsəl] *n* **1** : permiso *m* para retirarse **2** DISCHARGE : despido *m* (de un empleado), destitución *f* (de un funcionario) **3** REJECTION : rechazo *m*

dismount [dɪsˈmaʊnt] *vi* : desmontar, bajarse, apearse

disobedience [ˌdɪsəˈbiːdiənts] *n* : desobediencia *f* — **disobedient** [-ənt] *adj*

disobey [ˌdɪsəˈbeɪ] *v* : desobedecer

disorder¹ [dɪsˈɔrdər] *vt* : desordenar, desarreglar

disorder² *n* **1** DISARRAY : desorden *m* **2** UNREST : disturbios *mpl*, desórdenes *mpl* **3** AILMENT : afección *f*, indisposición *f*, dolencia *f*

disorderly [dɪsˈɔrdərli] *adj* **1** UNTIDY : desordenado, desarreglado **2** UNRULY : indisciplinado, alborotado **3 disorderly conduct** : conducta *f* escandalosa

disorganization [dɪsˌɔrgənəˈzeɪʃən] *n* : desorganización *f*

disorganize [dɪsˈɔrgəˌnaɪz] *vt* **-nized; -nizing** : desorganizar

disorient [dɪsˈɔriˌɛnt] *vt* : desorientar

disown [dɪsˈoːn] *vt* : renegar de, repudiar

disparage [dɪsˈpærɪdʒ] *vt* **-aged; -aging** : menospreciar, denigrar

disparagement [dɪsˈpærɪdʒmənt] *n* : menosprecio *m*

disparate [ˈdɪspərət, dɪsˈpærət] *adj* : dispar, diferente

disparity [dɪsˈpærəti] *n, pl* **-ties** : disparidad *f*

dispassionate [dɪsˈpæʃənət] *adj* : desapasionado, imparcial — **dispassionately** *adv*

dispatch¹ [dɪsˈpætʃ] *vt* **1** SEND : despachar, enviar **2** KILL : despachar, matar **3** HANDLE : despachar

dispatch² *n* **1** SENDING : envío *m*, despacho *m* **2** MESSAGE : despacho *m*, reportaje *m* (de un periodista), parte *m* (en el ejército) **3** PROMPTNESS : prontitud *f*, rapidez *f*

dispel [dɪsˈpɛl] *vt* **-pelled; -pelling** : disipar, desvanecer

dispensable [dɪˈspɛntsəbəl] *adj* : prescindible

dispensation [ˌdɪspɛnˈseɪʃən] *n* EXEMPTION : exención *f*, dispensa *f*

dispense [dɪsˈpɛnts] *v* **-pensed; -pensing** *vt* **1** DISTRIBUTE : repartir, distribuir, dar **2** ADMINISTER, BESTOW : administrar (justicia), conceder (favores, etc.) **3** : preparar y despachar (medicamentos) — *vi* **to dispense with** : prescindir de

dispenser [dɪsˈpɛntsər] *n* : dispensador *m*, distribuidor *m* automático

dispersal [dɪsˈpərsəl] *n* : dispersión *f*

disperse [dɪsˈpərs] *v* **-persed; -persing** *vt* : dispersar, diseminar — *vi* : dispersarse

dispersion [dɪˈspərʒən] *n* : dispersión *f*

dispirit [dɪˈspɪrət] *vt* : desalentar, desanimar

displace [dɪsˈpleɪs] *vt* **-placed; -placing** **1** : desplazar (un líquido, etc.) **2** REPLACE : reemplazar

displacement [dɪsˈpleɪsmənt] *n* **1** : desplazamiento *m* (de personas) **2** REPLACEMENT : sustitución *f*, reemplazo *m*

display¹ [dɪsˈpleɪ] *vt* : exponer, exhibir, mostrar

display² *n* **1** : muestra *f*, exposición *f*, alarde *m* **2** : visualizador *m* (de una computadora)

displease [dɪsˈpliːz] *vt* **-pleased; -pleasing** : desagradar a, disgustar, contrariar

displeasure [dɪsˈplɛʒər] n : desagrado m
disposable [dɪsˈpoːzəbəl] adj 1 : desechable ⟨disposable diapers : pañales desechables⟩ 2 AVAILABLE : disponible
disposal [dɪsˈpoːzəl] n 1 PLACEMENT : disposición f, colocación f 2 REMOVAL : eliminación f 3 to have at one's disposal : disponer de, tener a su disposición
dispose [dɪsˈpoːz] v -posed; -posing vt 1 ARRANGE : disponer, colocar 2 INCLINE : predisponer — vi 1 to dispose of DISCARD : desechar, deshacerse de 2 to dispose of HANDLE : despachar
disposition [ˌdɪspəˈzɪʃən] n 1 ARRANGEMENT : disposición f 2 TENDENCY : predisposición f, inclinación f 3 TEMPERAMENT : temperamento m, carácter m
dispossess [ˌdɪspəˈzɛs] vt : desposeer
disproportion [ˌdɪsprəˈporʃən] n : desproporción f
disproportionate [ˌdɪsprəˈporʃənət] adj : desproporcionado — **disproportionately** adv
disprove [dɪsˈpruːv] vt -proved; -proving : rebatir, refutar
disputable [dɪsˈpjuːtəbəl, ˈdɪspjutəbəl] adj : disputable, discutible
dispute[1] [dɪsˈpjuːt] v -puted; -puting vt 1 QUESTION : discutir, cuestionar 2 OPPOSE : combatir, resistir — vi ARGUE, DEBATE : discutir
dispute[2] n 1 DEBATE : debate m, discusión f 2 QUARREL : disputa f, discusión f
disqualification [dɪsˌkwaləfəˈkeɪʃən] n : descalificación f
disqualify [dɪsˈkwaləˌfaɪ] vt -fied; -fying : descalificar, inhabilitar
disquiet[1] [dɪsˈkwaɪət] vt : inquietar
disquiet[2] n : ansiedad f, inquietud f
disregard[1] [ˌdɪsrɪˈgard] vt : ignorar, no prestar atención a
disregard[2] n : indiferencia f
disrepair [ˌdɪsrɪˈpær] n : mal estado m
disreputable [dɪsˈrɛpjutəbəl] adj : de mala fama (dícese de una persona o un lugar), vergonzoso (dícese de la conducta)
disreputably [dɪsˈrɛpjutəbli] adv : vergonzosamente
disrepute [ˌdɪsrɪˈpjuːt] n : descrédito m, mala fama f, deshonra f
disrespect [ˌdɪsrɪˈspɛkt] n : falta f de respeto
disrespectful [ˌdɪsrɪˈspɛktfəl] adj : irrespetuoso — **disrespectfully** adv
disrobe [dɪsˈroːb] v -robed; -robing vt : desvestir, desnudar — vi : desvestirse, desnudarse
disrupt [dɪsˈrʌpt] vt : trastornar, perturbar
disruption [dɪsˈrʌpʃən] n : trastorno m
disruptive [dɪsˈrʌptɪv] adj : perjudicial, perturbador — **disruptively** adv
dissatisfaction [dɪsˌsætəsˈfækʃən] n : descontento m, insatisfacción f

dissatisfied [dɪsˈsætəsˌfaɪd] adj : descontento, insatisfecho
dissatisfy [dɪsˈsætəsˌfaɪ] vt -fied; -fying : no contentar, no satisfacer
dissect [dɪˈsɛkt] vt : disecar
dissection [dɪˈsɛkʃən] n : disección f
dissemble [dɪˈsɛmbəl] v -bled; -bling vt HIDE : ocultar, disimular — vi PRETEND : fingir, disimular
disseminate [dɪˈsɛməˌneɪt] vt -nated; -nating : diseminar, difundir, divulgar
dissemination [dɪˌsɛməˈneɪʃən] n : diseminación f, difusión f
dissension [dɪˈsɛntʃən] n : disensión f, desacuerdo m
dissent[1] [dɪˈsɛnt] vi : disentir
dissent[2] n : disentimiento m, disensión f
dissertation [ˌdɪsərˈteɪʃən] n 1 DISCOURSE : disertación f, discurso m 2 THESIS : tesis f
disservice [dɪsˈsərvɪs] n : perjuicio m
dissident[1] [ˈdɪsədənt] adj : disidente
dissident[2] n : disidente mf
dissimilar [dɪˈsɪmələr] adj : distinto, diferente, disímil
dissipate [ˈdɪsəˌpeɪt] vt -pated; -pating 1 DISPERSE : disipar, dispersar 2 SQUANDER : malgastar, desperdiciar, derrochar, disipar
dissipation [ˌdɪsəˈpeɪʃən] n : disipación f, libertinaje m
dissociate [dɪˈsoːʃiˌeɪt, -si-] v -ated [-ˌeɪtəd]; -ating [-ˌeɪtɪŋ] vt : disociar ⟨to disassociate oneself : disociarse⟩ — vi : disociarse
dissociation [dɪˌsoːʃiˈeɪʃən, -si-] n : disociación f
dissolute [ˈdɪsəˌluːt] adj : disoluto
dissolution [ˌdɪsəˈluːʃən] n : disolución f
dissolve [dɪˈzɑlv] v -solved; -solving vt : disolver — vi : disolverse
dissonance [ˈdɪsənənts] n : disonancia f
dissuade [dɪˈsweɪd] vt -suaded; -suading : disuadir
distance[1] [ˈdɪstənts] vt -tanced [-təntst]; -tancing [-təntsɪŋ] to distance oneself : distanciarse
distance[2] n 1 : distancia f ⟨the distance between two points : la distancia entre dos puntos⟩ ⟨in the distance : a lo lejos⟩ 2 RESERVE : actitud f distante, reserva f ⟨to keep one's distance : guardar las distancias⟩
distant [ˈdɪstənt] adj 1 FAR : distante, lejano 2 REMOTE : distante, lejano, remoto 3 ALOOF : distante, frío
distantly [ˈdɪstəntli] adv 1 LOOSELY : aproximadamente, vagamente 2 COLDLY : fríamente, con frialdad
distaste [dɪsˈteɪst] n : desagrado m, aversión f
distasteful [dɪsˈteɪstfəl] adj : desagradable, de mal gusto
distemper [dɪsˈtɛmpər] n : moquillo m
distend [dɪsˈtɛnd] vt : dilatar, hinchar — vi : dilatarse, hincharse

398

distill [dɪˈstɪl] vt : destilar
distillation [ˌdɪstəˈleɪʃən] n : destilación f
distiller [dɪˈstɪlər] n : destilador m, -dora f
distillery [dɪˈstɪləri] n, pl **-ries** [-riz] : destilería f
distinct [dɪˈstɪŋkt] adj 1 DIFFERENT : distinto, diferente 2 CLEAR, UNMISTAKABLE : marcado, claro, evidente ⟨a distinct possibility : una clara posibilidad⟩
distinction [dɪˈstɪŋkʃən] n 1 DIFFERENTIATION : distinción f 2 DIFFERENCE : diferencia f 3 EXCELLENCE : distinción f, excelencia f ⟨a writer of distinction : un escritor destacado⟩
distinctive [dɪˈstɪŋktɪv] adj : distintivo, característico — **distinctively** adv
distinctiveness [dɪˈstɪŋktɪvnəs] n : peculiaridad f
distinctly [dɪˈstɪŋktli] adv : claramente, con claridad
distinguish [dɪˈstɪŋgwɪʃ] vt 1 DIFFERENTIATE : distinguir, diferenciar 2 DISCERN : distinguir ⟨he distinguished the sound of the piano : distinguió el sonido del piano⟩ 3 **to distinguish oneself** : señalarse, distinguirse — vi DISCRIMINATE : distinguir
distinguishable [dɪˈstɪŋgwɪʃəbəl] adj : distinguible
distinguished [dɪˈstɪŋgwɪʃt] adj : distinguido
distort [dɪˈstɔrt] vt 1 MISREPRESENT : distorsionar, tergiversar 2 DEFORM : distorsionar, deformar
distortion [dɪˈstɔrʃən] n : distorsión f, deformación f, tergiversación f
distract [dɪˈstrækt] vt : distraer, entretener
distracted [dɪˈstræktəd] adj : distraído
distraction [dɪˈstrækʃən] n 1 INTERRUPTION : distracción f, interrupción f 2 CONFUSION : confusión f 3 AMUSEMENT : diversión f, entretenimiento m, distracción f
distraught [dɪˈstrɔt] adj : afligido, turbado
distress¹ [dɪˈstrɛs] vt : afligir, darle pena (a alguien), hacer sufrir
distress² n 1 SORROW : dolor m, angustia f, aflicción f 2 PAIN : dolor m 3 **in ~** : en peligro
distressful [dɪˈstrɛsfəl] adj : doloroso, penoso
distribute [dɪˈstrɪˌbjuːt, -bjʊt] vt **-uted; -uting** : distribuir, repartir
distribution [ˌdɪstrəˈbjuːʃən] n : distribución f, reparto m
distributive [dɪˈstrɪbjʊtɪv] adj : distributivo
distributor [dɪˈstrɪbjʊtər] n : distribuidor m, -dora f
district [ˈdɪsˌtrɪkt] n 1 REGION : región f, zona f, barrio m (de una ciudad) 2 : distrito m (zona política)
distrust¹ [dɪsˈtrʌst] vt : desconfiar de

distrust² n : desconfianza f, recelo m
distrustful [dɪsˈtrʌstfəl] adj : desconfiado, receloso, suspicaz
disturb [dɪˈstərb] vt 1 BOTHER : molestar, perturbar ⟨sorry to disturb you : perdone la molestia⟩ 2 DISARRANGE : desordenar 3 WORRY : inquietar, preocupar 4 **to disturb the peace** : alterar el orden público
disturbance [dɪˈstərbənts] n 1 COMMOTION : alboroto m, disturbio m 2 INTERRUPTION : interrupción f
disuse [dɪsˈjuːs] n : desuso m
ditch¹ [ˈdɪtʃ] vt 1 : cavar zanjas en 2 DISCARD : deshacerse de, botar
ditch² n : zanja f, fosa f, cuneta f (en una carretera)
dither [ˈdɪðər] n **to be in a dither** : estar nervioso, ponerse como loco
ditto [ˈdɪtoː] n, pl **-tos** 1 : lo mismo, ídem m 2 **ditto marks** : comillas fpl
ditty [ˈdɪti] n, pl **-ties** : canción f corta y simple
diurnal [daɪˈərnəl] adj 1 DAILY : diario, cotidiano 2 : diurno ⟨a diurnal animal : un animal diurno⟩
divan [ˈdaɪˌvæn, dɪˈ-] n : diván m
dive¹ [ˈdaɪv] vi **dived** or **dove** [ˈdoːv]; **dived; diving** 1 PLUNGE : tirarse al agua, zambullirse, dar un clavado 2 SUBMERGE : sumergirse 3 DROP : bajar en picada (dícese de un avión), caer en picada
dive² n 1 PLUNGE : zambullida f, clavado m (en el agua) 2 DESCENT : descenso m en picada 3 BAR, JOINT : antro m
diver [ˈdaɪvər] n : saltador m, -dora f; clavadista mf
diverge [dəˈvərdʒ, daɪ-] vi **-verged; -verging** 1 SEPARATE : divergir, separarse 2 DIFFER : divergir, discrepar
divergence [dəˈvərdʒənts, daɪ-] n : divergencia f — **divergent** [-ənt] adj
diverse [daɪˈvərs, də-, ˈdaɪˌvərs] adj : diverso, variado
diversification [daɪˌvərsəfəˈkeɪʃən, də-] n : diversificación f
diversify [daɪˈvərsəˌfaɪ, də-] vt **-fied; -fying** : diversificar, variar
diversion [daɪˈvərʒən, də-] n 1 DEVIATION : desviación f 2 AMUSEMENT, DISTRACTION : diversión f, distracción f, entretenimiento m
diversity [daɪˈvərsəti, də-] n, pl **-ties** : diversidad f
divert [dəˈvərt, daɪ-] vt 1 DEFLECT : desviar 2 DISTRACT : distraer 3 AMUSE : divertir, entretener
divest [daɪˈvest, də-] vt 1 UNDRESS : desnudar, desvestir 2 **to divest of** : despojar de
divide [dəˈvaɪd] v **-vided; -viding** vt 1 HALVE : dividir, partir por la mitad 2 SHARE : repartir, dividir 3 : dividir (números) — vi : dividirse, dividir (en matemáticas)

dividend ['dɪvə,dɛnd, -dənd] *n* **1** : dividendo *m* (en finanzas) **2** BONUS : beneficio *m*, provecho *m* **3** : dividendo *m* (en matemáticas)

divider [dɪ'vaɪdər] *n* **1** : separador *m* (para ficheros, etc.) **2** *or* **room divider** : mampara *f*, biombo *m*

divination [,dɪvə'neɪʃən] *n* : adivinación *f*

divine[1] [də'vaɪn] *adj* **-viner; -est 1** : divino **2** SUPERB : divino, espléndido — **divinely** *adv*

divine[2] *n* : clérigo *m*, eclesiástico *m*

divinity [də'vɪnəṭi] *n*, *pl* **-ties** : divinidad *f*

divisible [dɪ'vɪzəbəl] *adj* : divisible

division [dɪ'vɪʒən] *n* **1** DISTRIBUTION : división *f*, reparto *m* ⟨division of labor : distribución del trabajo⟩ **2** PART : división *f*, sección *f* **3** : división *f* (en matemáticas)

divisive [də'vaɪsɪv] *adj* : divisivo

divisor [dɪ'vaɪzər] *n* : divisor *m*

divorce[1] [də'vors] *v* **-vorced; -vorcing** *vt* : divorciar — *vi* : divorciarse

divorce[2] *n* : divorcio *m*

divorcé [dɪ,vor'seɪ, -'si:; -'vor,-] *n* : divorciado *m*

divorcée [dɪ,vor'seɪ, -'si:; -'vor,-] *n* : divorciada *f*

divulge [də'vʌldʒ, daɪ-] *vt* **-vulged; -vulging** : revelar, divulgar

dizzily ['dɪzəli] *adv* : vertiginosamente

dizziness ['dɪzinəs] *n* : mareo *m*, vahído *m*, vértigo *m*

dizzy ['dɪzi] *adj* **dizzier; -est 1** : mareado ⟨I feel dizzy : estoy mareado⟩ **2** : vertiginoso ⟨a dizzy speed : una velocidad vertiginosa⟩

DNA [,di:,ɛn'eɪ] *n* : ADN *m*

do ['du:] *v* **did** ['dɪd]; **done** ['dʌn]; **doing; does** ['dʌz] *vt* **1** CARRY OUT, PERFORM : hacer, realizar, llevar a cabo ⟨she did her best : hizo todo lo posible⟩ **2** PREPARE : preparar, hacer ⟨do your homework : haz tu tarea⟩ **3** ARRANGE : arreglar, peinar (el pelo) **4 to do in** RUIN : estropear, arruinar **5 to do in** KILL : matar, liquidar *fam* — *vi* **1** : hacer ⟨you did well : hiciste bien⟩ **2** FARE : estar, ir, andar ⟨how are you doing? : ¿cómo estás?, ¿cómo te va?⟩ **3** FINISH : terminar ⟨now I'm done : ya terminé⟩ **4** SERVE : servir, ser suficiente, alcanzar ⟨this will do for now : esto servirá por el momento⟩ **5 to do away with** ABOLISH : abolir, suprimir **6 to do away with** KILL : eliminar, matar **7 to do by** TREAT : tratar ⟨he does well by her : él la trata bien⟩ — *v aux* **1** (*used in interrogative sentences and negative statements*) ⟨do you know her? : ¿la conoces?⟩ ⟨I don't like that : a mí no me gusta eso⟩ **2** (*used for emphasis*) ⟨I do hope you'll come : espero que vengas⟩ **3** (*used as a substitute verb to avoid repetition*) ⟨do you speak English? yes, I do : ¿hablas inglés? sí⟩

docile ['dɑsəl] *adj* : dócil, sumiso

dock[1] ['dɑk] *vt* **1** CUT : cortar **2** : descontar dinero de (un sueldo) — *vi* ANCHOR, LAND : fondear, atracar

dock[2] *n* **1** PIER : atracadero *m* **2** WHARF : muelle *m* **3** : banquillo *m* de los acusados (en un tribunal)

doctor[1] ['dɑktər] *vt* **1** TREAT : tratar, curar **2** ALTER : adulterar, alterar, falsificar (un documento)

doctor[2] *n* **1** : doctor *m*, -tora *f* ⟨Doctor of Philosophy : doctor en filosofía⟩ **2** PHYSICIAN : médico *m*, -ca *f*; doctor *m*, -tora *f*

doctorate ['dɑktərət] *n* : doctorado *m*

doctrine ['dɑktrɪn] *n* : doctrina *f*

document[1] ['dɑkjʊ,mɛnt] *vt* : documentar

document[2] ['dɑkjʊmənt] *n* : documento *m*

documentary[1] [,dɑkjʊ'mɛntəri] *adj* : documental

documentary[2] *n*, *pl* **-ries** : documental *m*

documentation [,dɑkjʊmən'teɪʃən] *n* : documentación *f*

dodge[1] ['dɑdʒ] *v* **dodged; dodging** *vt* : esquivar, eludir, evadir (impuestos) — *vi* : echarse a un lado

dodge[2] *n* **1** RUSE : truco *m*, treta *f*, artimaña *f* **2** EVASION : regate *m*, evasión *f*

dodo ['do:,do:] *n*, *pl* **-does** *or* **-dos** : dodo *m*

doe ['do:] *n*, *pl* **does** *or* **doe** : gama *f*, cierva *f*

doer ['du:ər] *n* : hacedor *m*, -dora *f*

does → **do**

doff ['dɑf, 'dɔf] *vt* : quitarse ⟨to doff one's hat : quitarse el sombrero⟩

dog[1] ['dɔg, 'dɑg] *vt* **dogged; dogging 1** : seguir de cerca, perseguir, seguir ⟨to dog someone's footsteps : seguir los pasos de alguien⟩ ⟨dogged by bad luck : perseguido por la mala suerte⟩

dog[2] *n* : perro *m*, -rra *f*

dogcatcher ['dɔg,kætʃər] *n* : perrero *m*, -ra *f*

dog-eared ['dɔg,ɪrd] *adj* : con las esquinas dobladas

dogged ['dɔgəd] *adj* : tenaz, terco, obstinado

doggy ['dɔgi] *n*, *pl* **doggies** : perrito *m*, -ta *f*

doghouse ['dɔg,haʊs] *n* : casita *f* de perro

dogma ['dɔgmə] *n* : dogma *m*

dogmatic [dɔg'mæṭɪk] *adj* : dogmático

dogmatism ['dɔgmə,tɪzəm] *n* : dogmatismo *m*

dogwood ['dɔg,wʊd] *n* : cornejo *m*

doily ['dɔɪli] *n*, *pl* **-lies** : pañito *m*

doings ['du:ɪŋz] *npl* : eventos *mpl*, actividades *fpl*

doldrums ['do:ldrəmz, 'dɑl-] *npl* **1** : zona *f* de las calmas ecuatoriales **2 to be in the doldrums** : estar abatido (dícese de una persona), estar estancado (dícese de una empresa)

dole ['do:l] *n* **1** ALMS : distribución *f* a los necesitados, limosna *f* **2** : subsidios *mpl* de desempleo

doleful ['do:lfəl] *adj* : triste, lúgubre

dolefully ['do:lfəli] *adv* : con pesar, de manera triste

dole out *vt* **doled out; doling out** : repartir

doll ['dal, 'dɔl] *n* : muñeco *m*, -ca *f*

dollar ['dalər] *n* : dólar *m*

dolly ['dali] *n, pl* **-lies** 1 → **doll** 2 : plataforma *f* rodante

dolphin ['dalfən, 'dɔl-] *n* : delfín *m*

dolt ['do:lt] *n* : imbécil *mf*; tonto *m*, -ta *f*

domain [do'mein, də-] *n* **1** TERRITORY : dominio *m*, territorio *m* **2** FIELD : campo *m*, esfera *f*, ámbito *m* ⟨the domain of art : el ámbito de las artes⟩

dome ['do:m] *n* : cúpula *f*, bóveda *f*

domestic¹ [də'mɛstɪk] *adj* **1** HOUSEHOLD : doméstico, casero **2** : nacional, interno ⟨domestic policy : política interna⟩ **3** TAME : domesticado

domestic² *n* : empleado *m* doméstico, empleada *f* doméstica

domestically [də'mɛstɪkli] *adv* : domésticamente

domesticate [də'mɛstɪ,keɪt] *vt* **-cated; -cating** : domesticar

domicile ['damə,saɪl, 'do:-; 'daməsɪl] *n* : domicilio *m*

dominance ['damənənts] *n* : dominio *m*, dominación *f*

dominant ['damənənt] *adj* : dominante

dominate ['damə,neɪt] *v* **-nated; -nating** : dominar

domination [,damə'neɪʃən] *n* : dominación *f*

domineer [,damə'nɪr] *vt* : dominar sobre, avasallar, tiranizar

Dominican [də'mɪnɪkən] *n* : dominicano *m*, -na *f* — **Dominican** *adj*

dominion [də'mɪnjən] *n* **1** POWER : dominio *m* **2** DOMAIN, TERRITORY : dominio *m*, territorio *m*

domino ['damə,no:] *n, pl* **-noes** *or* **-nos** **1** : dominó *m* **2 dominoes** *npl* : dominó *m* (juego)

don ['dan] *vt* **donned; donning** : ponerse

donate ['do:,neɪt, do:'-] *vt* **-nated; -nating** : donar, hacer un donativo de

donation [do:'neɪʃən] *n* : donación *f*, donativo *m*

done¹ ['dʌn] → **do**

done² *adj* **1** FINISHED : terminado, acabado, concluido **2** COOKED : cocinado

donkey ['daŋki, 'dʌŋ-] *n, pl* **-keys** : burro *m*, asno *m*

donor ['do:nər] *n* : donante *mf*; donador *m*, -dora *f*

don't ['do:nt] (*contraction of* **do not**) → **do**

doodle¹ ['du:dəl] *v* **-dled; -dling** : garabatear

doodle² *n* : garabato *m*

doom¹ ['du:m] *vt* : condenar

doom² *n* **1** JUDGMENT : sentencia *f*, condena *f* **2** DEATH : muerte *f* **3** FATE : destino *m* **4** RUIN : perdición *f*, ruina *f*

door ['dor] *n* : puerta *f*

doorbell ['dor,bɛl] *n* : timbre *m*

doorknob ['dor,nab] *n* : pomo *m*, perilla *f*

doorman ['dorman] *n, pl* **-men** [-mən, -,mɛn] : portero *m*

doormat ['dor,mæt] *n* : felpudo *m*

doorstep ['dor,stɛp] *n* : umbral *m*

doorway ['dor,weɪ] *n* : entrada *f*, portal *m*

dope¹ ['do:p] *vt* **doped; doping** : drogar, narcotizar

dope² *n* **1** DRUG : droga *f*, estupefaciente *m*, narcótico *m* **2** IDIOT : idiota *mf*; tonto *m*, -ta *f* **3** INFORMATION : información *f*

dormant ['dormant] *adj* : inactivo, latente

dormer ['dormər] *n* : buhardilla *f*

dormitory ['dormə,tori] *n, pl* **-ries** : dormitorio *m*, residencia *f* de estudiantes

dormouse ['dor,maʊs] *n* : lirón *m*

dorsal ['dorsəl] *adj* : dorsal — **dorsally** *adv*

dory ['dori] *n, pl* **-ries** : bote *m* de fondo plano

dosage ['do:sɪdʒ] *n* : dosis *f*

dose¹ ['do:s] *vt* **dosed; dosing** : medicinar

dose² *n* : dosis *f*

dossier ['dɔs,jeɪ, 'das-] *n* : dossier *m*

dot¹ ['dat] *vt* **dotted; dotting** **1** : poner el punto sobre (una letra) **2** SCATTER : esparcir, salpicar

dot² *n* : punto *m* ⟨at six on the dot : a las seis en punto⟩ ⟨dots and dashes : puntos y rayas⟩

dote ['do:t] *vi* **doted; doting** : chochear

double¹ ['dʌbəl] *v* **-bled; -bling** *vt* **1** : doblar, duplicar (una cantidad), redoblar (esfuerzos) **2** FOLD : doblar, plegar **3 to double one's fist** : apretar el puño — *vi* **1** : doblarse, duplicarse **2 to double over** : retorcerse

double² *adj* : doble — **doubly** *adv*

double³ *n* : doble *m*

double bass *n* : contrabajo *m*

double–cross [,dʌbəl'krɔs] *vt* : traicionar

double–crosser [,dʌbəl'krɔsər] *n* : traidor *m*, -dora *f*

double–jointed [,dʌbəl'dʒɔɪntəd] *adj* : con articulaciones dobles

double–talk ['dʌbəl,tɔk] *n* : ambigüedades *fpl*, lenguaje *m* con doble sentido

doubt¹ ['daʊt] *vt* **1** QUESTION : dudar de, cuestionar **2** DISTRUST : desconfiar de **3** : dudar, creer poco probable ⟨I doubt it very much : lo dudo mucho⟩

doubt² *n* **1** UNCERTAINTY : duda *f*, incertidumbre *f* **2** DISTRUST : desconfianza *f* **3** SKEPTICISM : duda *f*, escepticismo *m*

doubtful ['dautfəl] *adj* **1** QUESTIONABLE : dudoso **2** UNCERTAIN : dudoso, incierto

doubtfully ['dautfəli] *adv* : dudosamente, sin estar convencido

doubtless ['dautləs] *or* **doubtlessly** *adv* : sin duda

douche¹ ['du:ʃ] *vt* douched; douching : irrigar

douche² *n* : ducha *f*, irrigación *f*

dough ['do:] *n* : masa *f*

doughnut *or* **donut** ['do:,nʌt] *n* : rosquilla *f*, dona *f Mex*

doughty ['dauti] *adj* -tier; -est : fuerte, valiente

dour ['dauər, 'dʊr] *adj* **1** STERN : severo, adusto **2** SULLEN : hosco, taciturno — **dourly** *adv*

douse ['daus, 'dauz] *vt* doused; dousing **1** DRENCH : empapar, mojar **2** EXTINGUISH : extinguir, apagar

dove¹ ['do:v] → **dive**

dove² ['dʌv] *n* : paloma *f*

dovetail ['dʌv,teɪl] *vi* : encajar, enlazar

dowdy ['daudi] *adj* dowdier; -est : sin gracia, poco elegante

dowel ['dauəl] *n* : clavija *f*

down¹ ['daun] *vt* **1** FELL : tumbar, derribar, abatir **2** DEFEAT : derrotar

down² *adv* **1** DOWNWARD : hacia abajo **2** to lie down : acostarse, echarse **3** to put down (money) : pagar un depósito (de dinero) **4** to sit down : sentarse **5** to take down, to write down : apuntar, anotar

down³ *adj* **1** DESCENDING : de bajada ⟨the down elevator : el ascensor de bajada⟩ **2** REDUCED : reducido, rebajado ⟨attendance is down : la concurrencia ha disminuido⟩ **3** DOWNCAST : abatido, deprimido

down⁴ *n* **1** : plumón *m* **2** : down *m* (en deportes) **3** ups and downs : altibajos *mpl*

down⁵ *prep* **1** : (hacia) abajo ⟨down the mountain : montaña abajo⟩ ⟨I walked down the stairs : bajé por la escalera⟩ **2** ALONG : por, a lo largo de ⟨we ran down the beach : corrimos por la playa⟩ **3** : a través de ⟨down the years : a través de los años⟩

downcast ['daun,kæst] *adj* **1** SAD : triste, abatido **2** with downcast eyes : con los ojos bajos, con los ojos mirando al suelo

downfall ['daun,fɔl] *n* : ruina *f*, perdición *f*

downgrade¹ ['daun,greid] *vt* -graded; -grading : bajar de categoría

downgrade² *n* : bajada *f*

downhearted ['daun'hɑrtəd] *adj* : desanimado, descorazonado

downhill ['daun'hɪl] *adv & adj* : cuesta abajo

download¹ ['daun,lo:d] *vt* : descargar (un archivo)

download² *n* : descarga *f* (de archivos, etc.)

down payment *n* : entrega *f* inicial

downplay ['daun,plei] *vt* : minimizar

downpour ['daun,por] *n* : aguacero *m*, chaparrón *m*

downright¹ ['daun,rait] *adv* THOROUGHLY : absolutamente, completamente

downright² *adj* : patente, manifiesto, absoluto ⟨a downright refusal : un rechazo categórico⟩

downside ['daun,said] *n* : desventaja *f*

downstairs¹ ['daun'stærz] *adv* : abajo

downstairs² ['daun,stærz] *adj* : del piso de abajo

downstairs³ ['daun,stærz, -,stærz] *n* : planta *f* baja

downstream ['daun'stri:m] *adv* : río abajo

down-to-earth [,dauntu'ərth] *adj* : práctico, realista

downtown¹ [,daun'taun] *adv* : hacia el centro, al centro, en el centro (de la ciudad)

downtown² *adj* : del centro (de la ciudad) ⟨downtown Chicago : el centro de Chicago⟩

downtown³ [,daun'taun, 'daun,taun] *n* : centro *m* (de la ciudad)

downtrodden ['daun,trɑdən] *adj* : oprimido

downward ['daunwərd] *or* **downwards** [-wərdz] *adv & adj* : hacia abajo

downwind ['daun'wind] *adv & adj* : en la dirección del viento

downy ['dauni] *adj* downier; -est **1** : cubierto de plumón, plumoso **2** VELVETY : aterciopelado, velloso

dowry ['dauri] *n, pl* -ries : dote *f*

doze¹ ['do:z] *vi* dozed; dozing : dormitar

doze² *n* : sueño *m* ligero, cabezada *f*

dozen ['dʌzən] *n, pl* dozens *or* dozen : docena *f*

drab ['dræb] *adj* drabber; drabbest **1** BROWNISH : pardo **2** DULL, LACKLUSTER : monótono, gris, deslustrado

draft¹ ['dræft, 'drɑft] *vt* **1** CONSCRIPT : reclutar **2** COMPOSE, SKETCH : hacer el borrador de, redactar

draft² *adj* **1** : de barril ⟨draft beer : cerveza de barril⟩ **2** : de tiro ⟨draft horses : caballos de tiro⟩

draft³ *n* **1** HAULAGE : tiro *m* **2** DRINK, GULP : trago *m* **3** OUTLINE, SKETCH : bosquejo *m*, borrador *m*, versión *f* **4** : corriente *f* (de aire, chiflón *m*, tiro *m* (de una chimenea) **5** CONSCRIPTION : conscripción *f* **6** bank draft : giro *m* bancario, letra *f* de cambio

draftee [dræf'ti:] *n* : recluta *mf*

draftsman ['dræftsmən] *n, pl* -men [-mən, -,mɛn] : dibujante *mf*

drafty ['dræfti] *adj* draftier; -est : con corrientes de aire

drag¹ ['dræg] *v* dragged; dragging *vt* **1** HAUL : arrastrar, jalar **2** DREDGE : dragar — *vi* **1** TRAIL : arrastrarse **2** LAG : rezagarse **3** : hacerse pesado, hacerse largo ⟨the day dragged on : el día se hizo largo⟩

drag² *n* **1** RESISTANCE : resistencia *f* (aerodinámica) **2** HINDRANCE : traba *f*, estorbo *m* **3** BORE : pesadez *f*, plomo *m* *fam*

dragnet ['dræg,nɛt] *n* **1** : red *f* barredera (en pesca) **2** : operativo *m* policial de captura

dragon ['drægən] *n* : dragón *m*

dragonfly ['drægən,flaɪ] *n, pl* **-flies** : libélula *f*

drain¹ ['dreɪn] *vt* **1** EMPTY : vaciar, drenar **2** EXHAUST : agotar, consumir — *vi* **1** : escurrir, escurrirse ⟨the dishes are draining : los platos están escurriéndose⟩ **2** EMPTY : desaguar **3 to drain away** : irse agotando

drain² *n* **1** : desagüe *m* **2** SEWER : alcantarilla *f* **3** GRATING : sumidero *m*, resumidero *m*, rejilla *f* **4** EXHAUSTION : agotamiento *m*, disminución *f* (de energía, etc.) ⟨to be a drain on : agotar, consumir⟩ **5 to throw down the drain** : tirar por la ventana

drainage ['dreɪnɪdʒ] *n* : desagüe *m*, drenaje *m*

drainpipe ['dreɪn,paɪp] *n* : tubo *m* de desagüe, caño *m*

drake ['dreɪk] *n* : pato *m* (macho)

drama ['drɑmə, 'dræ-] *n* **1** THEATER : drama *m*, teatro *m* **2** PLAY : obra *f* de teatro, drama *m*

dramatic [drə'mætɪk] *adj* : dramático — **dramatically** [-tɪkli] *adv*

dramatist ['dræmətɪst, 'drɑ-] *n* : dramaturgo *m*, -ga *f*

dramatization [,dræmətə'zeɪʃən, ,drɑ-] *n* : dramatización *f*

dramatize ['dræmə,taɪz, 'drɑ-] *vt* **-tized; -tizing** : dramatizar

drank → **drink**

drape¹ ['dreɪp] *vt* **draped; draping 1** COVER : cubrir (con tela) **2** HANG : drapear, disponer los pliegues de

drape² *n* **1** HANG : caída *f* **2 drapes** *npl* : cortinas *fpl*

drapery ['dreɪpəri] *n, pl* **-eries 1** CLOTH : pañería *f*, tela *f* para cortinas **2 draperies** *npl* : cortinas *fpl*

drastic ['dræstɪk] *adj* **1** HARSH, SEVERE : drástico, severo **2** EXTREME : radical, excepcional — **drastically** [-tɪkli] *adv*

draught ['dræft, 'drɑft] *n* → **draft³**

draughty ['drɑfti] → **drafty**

draw¹ ['drɔ] *v* **drew** ['dru]; **drawn** ['drɔn]; **drawing** *vt* **1** PULL : tirar de, jalar, correr (cortinas) **2** ATTRACT : atraer **3** PROVOKE : provocar, suscitar **4** INHALE : aspirar ⟨to draw breath : respirar⟩ **5** EXTRACT : sacar, extraer **6** TAKE : sacar ⟨to draw a number : sacar un número⟩ **7** COLLECT : cobrar, percibir (un sueldo, etc.) **8** BEND : tensar (un arco) **9** TIE : empatar (en deportes) **10** SKETCH : dibujar, trazar **11** FORMULATE : sacar, formular, llegar a ⟨to draw a conclusion : llegar a

una conclusión⟩ **12 to draw out** : hacer hablar (sobre algo), hacer salir de sí mismo **13 to draw up** DRAFT : redactar — *vi* **1** SKETCH : dibujar **2** TUG : tirar, jalar **3 to draw near** : acercarse **4 to draw to a close** : terminar, finalizar **5 to draw up** STOP : parar

draw² *n* **1** DRAWING, RAFFLE : sorteo *m* **2** TIE : empate *m* **3** ATTRACTION : atracción *f* **4** PUFF : chupada *f* (de un cigarrillo, etc.)

drawback ['drɔ,bæk] *n* : desventaja *f*, inconveniente *m*

drawbridge ['drɔ,brɪdʒ] *n* : puente *m* levadizo

drawer ['drɔr, 'drɔər] *n* **1** ILLUSTRATOR : dibujante *mf* **2** : gaveta *f*, cajón *m* (en un mueble) **3 drawers** *npl* UNDERPANTS : calzones *mpl*

drawing ['drɔɪŋ] *n* **1** LOTTERY : sorteo *m*, lotería *f* **2** SKETCH : dibujo *m*, bosquejo *m*

drawl¹ ['drɔl] *vi* : hablar arrastrando las palabras

drawl² *n* : habla *f* lenta y con vocales prolongadas

dread¹ ['drɛd] *vt* : tenerle pavor a, temer

dread² *adj* : pavoroso, aterrado

dread³ *n* : pavor *m*, temor *m*

dreadful ['drɛdfəl] *adj* **1** DREAD : pavoroso **2** TERRIBLE : espantoso, atroz, terrible — **dreadfully** *adv*

dream¹ ['dri:m] *v* **dreamed** ['drɛmpt, 'dri:md] *or* **dreamt** ['drɛmpt]; **dreaming** *vi* **1** : soñar ⟨to dream about : soñar con⟩ **2** FANTASIZE : fantasear — *vt* **1** : soñar **2** IMAGINE : imaginarse **3 to dream up** : inventar, idear

dream² *n* **1** : sueño *m*, ensueño *m* **2 bad dream** NIGHTMARE : pesadilla *f*

dreamer ['dri:mər] *n* : soñador *m*, -dora *f*

dreamlike ['dri:m,laɪk] *adj* : de ensueño

dreamy ['dri:mi] *adj* **dreamier; -est 1** DISTRACTED : soñador, distraído **2** DREAMLIKE : de ensueño **3** MARVELOUS : maravilloso

drearily ['drɪrəli] *adv* : sombríamente

dreary ['drɪri] *adj* **-rier; -est** : deprimente, lóbrego, sombrío

dredge¹ ['drɛdʒ] *vt* **dredged; dredging 1** DIG : dragar **2** COAT : espolvorear, enharinar

dredge² *n* : draga *f*

dredger ['drɛdʒər] *n* : draga *f*

dregs ['drɛgz] *npl* **1** LEES : posos *mpl*, heces *fpl* (de un líquido) **2** : heces *fpl*, escoria *f* ⟨the dregs of society : la escoria de la sociedad⟩

drench ['drɛntʃ] *vt* : empapar, mojar, calar

dress¹ ['drɛs] *vt* **1** CLOTHE : vestir **2** DECORATE : decorar, adornar **3** : preparar (pollo o pescado), aliñar (ensalada) **4** : curar, vendar (una herida) **5** FERTILIZE : abonar (la tierra) — *vi* **1** : vestirse **2 to dress up** : ataviarse, engalanarse, ponerse de etiqueta

dress² *n* **1** APPAREL : indumentaria *f*, ropa *f* **2** : vestido *m*, traje *m* (de mujer)

dresser ['drɛsər] *n* : cómoda *f* con espejo

dressing ['drɛsɪŋ] *n* **1** : vestirse *m* **2** : aderezo *m*, aliño *m* (de ensalada), relleno *m* (de pollo) **3** BANDAGE : vendaje *m*, gasa *f*

dressmaker ['drɛs,meɪkər] *n* : modista *mf*

dressmaking ['drɛs,meɪkɪŋ] *n* : costura *f*

dressy ['drɛsi] *adj* **dressier; -est** : de mucho vestir, elegante

drew → **draw**

dribble¹ ['drɪbəl] *vi* **-bled; -bling 1** DRIP : gotear **2** DROOL : babear **3** : driblar (en basquetbol)

dribble² *n* **1** TRICKLE : goteo *m*, hilo *m* **2** DROOL : baba *f* **3** : drible *m* (en basquetbol)

drier → **dry²**, **dryer**

driest *adj* → **dry²**

drift¹ ['drɪft] *vi* **1** : dejarse llevar por la corriente, ir a la deriva (dícese de un bote), ir sin rumbo (dícese de una persona) **2** ACCUMULATE : amontonarse, acumularse, apilarse

drift² *n* **1** DRIFTING : deriva *f* **2** HEAP, MASS : montón *m* (de arena, etc.), ventisquero *m* (de nieve) **3** MEANING : sentido *m*

drifter ['drɪftər] *n* : vagabundo *m*, -da *f*

driftwood ['drɪft,wʊd] *n* : madera *f* flotante

drill¹ ['drɪl] *vt* **1** BORE : perforar, taladrar **2** INSTRUCT : instruir por repetición — *vi* **1** TRAIN : entrenarse **2 to drill for oil** : perforar en busca de petróleo

drill² *n* **1** : taladro *m*, barrena *f* **2** EXERCISE, PRACTICE : ejercicio *m*, instrucción *f*

drily → **dryly**

drink¹ ['drɪŋk] *v* **drank** ['dræŋk]; **drunk** ['drʌŋk] *or* **drank; drinking** *vt* **1** IMBIBE : beber, tomar **2 to drink up** ABSORB : absorber — *vi* **1** : beber **2** : beber alcohol, tomar

drink² *n* **1** : bebida *f* **2** : bebida *f* alcohólica

drinkable ['drɪŋkəbəl] *adj* : potable

drinker ['drɪŋkər] *n* : bebedor *m*, -dora *f*

drip¹ ['drɪp] *vi* **dripped; dripping** : gotear, chorrear

drip² *n* **1** DROP : gota *f* **2** DRIPPING : goteo *m*

drive¹ ['draɪv] *v* **drove** ['droːv]; **driven** ['drɪvən]; **driving** *vt* **1** IMPEL : impeler, impulsar **2** OPERATE : guiar, conducir, manejar (un vehículo) **3** COMPEL : obligar, forzar **4** : clavar, hincar ⟨to drive a stake : clavar una estaca⟩ **5** *or* **to drive away** : ahuyentar, echar **6 to drive crazy** : volver loco — *vi* **1** : manejar, conducir ⟨do you know how to drive? : ¿sabes manejar?⟩

drive² *n* **1** RIDE : paseo *m* en coche **2** CAMPAIGN : campaña *f* ⟨fund-raising drive : campaña para recaudar fondos⟩ **3** DRIVEWAY : camino *m* de entrada, entrada *f* **4** TRANSMISSION : transmisión *f* ⟨front-wheel drive : tracción delantera⟩ **5** ENERGY : dinamismo *m*, energía *f* **6** INSTINCT, NEED : instinto *m*, necesidad *f* básica **7** → **disk drive**

drivel ['drɪvəl] *n* : tontería *f*, estupidez *f*

driver ['draɪvər] *n* : conductor *m*, -tora *f*; chofer *m*

driveway ['draɪv,weɪ] *n* : camino *m* de entrada, entrada *f* (para coches)

drizzle¹ ['drɪzəl] *vi* **-zled; -zling** : lloviznar, garuar

drizzle² *n* : llovizna *f*, garúa *f*

droll ['droːl] *adj* : cómico, gracioso, chistoso — **drolly** *adv*

dromedary ['drɑmə,dɛri] *n, pl* **-daries** : dromedario *m*

drone¹ ['droːn] *vi* **droned; droning 1** BUZZ : zumbar **2** MURMUR : hablar con monotonía, murmurar

drone² *n* **1** : zángano *m* (abeja) **2** FREELOADER : gorrón *m*, -rrona *f* *fam*; parásito *m*, -ta *f* **3** BUZZ, HUM : zumbido *m*, murmullo *m*

drool¹ ['druːl] *vi* : babear

drool² *n* : baba *f*

droop¹ ['druːp] *vi* **1** HANG : inclinarse (dícese de la cabeza), encorvarse (dícese de los escombros), marchitarse (dícese de las flores) **2** FLAG : decaer, flaquear ⟨his spirits drooped : se desanimó⟩

droop² *n* : inclinación *f*, caída *f*

drop¹ ['drɑp] *v* **dropped; dropping** *vt* **1** : dejar caer, soltar ⟨she dropped the glass : se le cayó el vaso⟩ ⟨to drop a hint : dejar caer una indirecta⟩ **2** SEND : mandar ⟨drop me a line : mándame unas líneas⟩ **3** ABANDON : abandonar, dejar ⟨to drop the subject : cambiar de tema⟩ **4** LOWER : bajar ⟨he dropped his voice : bajó la voz⟩ **5** OMIT : omitir **6 to drop off** : dejar — *vi* **1** DRIP : gotear **2** FALL : caer(se) **3** DECREASE, DESCEND : bajar, descender ⟨the wind dropped : amainó el viento⟩ **4 to drop back** *or* **to drop behind** : rezagarse, quedarse atrás **5 to drop by** *or* **to drop in** : pasar

drop² *n* **1** : gota *f* (de líquido) **2** DECLINE : caída *f*, bajada *f*, descenso *m* **3** INCLINE : caída *f*, pendiente *f* ⟨a 20-foot drop : una caída de 20 pies⟩ **4** SWEET : pastilla *f*, dulce *m* **5 drops** *npl* : gotas *fpl* (de medicina)

droplet ['drɑplət] *n* : gotita *f*

dropper ['drɑpər] *n* : gotero *m*, cuentagotas *m*

dross ['drɑs, 'drɔs] *n* : escoria *f*

drought ['draʊt] *n* : sequía *f*

drove¹ → **drive**

drove² ['droːv] *n* : multitud *f*, gentío *m*, manada *f* (de ganado) ⟨in droves : en manada⟩

drown ['draʊn] vt 1 : ahogar 2 INUN-DATE : anegar, inundar 3 to drown out : ahogar — vi : ahogarse

drowse¹ ['draʊz] vi drowsed; drowsing DOZE : dormitar

drowse² n : sueño m ligero, cabezada f

drowsiness ['draʊzinəs] n : somnolencia f, adormecimiento m

drowsy ['draʊzi] adj drowsier; -est : somnoliento, soñoliento

drub ['drʌb] vt drubbed; drubbing 1 BEAT, THRASH : golpear, apalear 2 DEFEAT : derrotar por completo

drudge¹ ['drʌʤ] vi drudged; drudging : trabajar como esclavo, trabajar duro

drudge² n : esclavo m, -va f del trabajo

drudgery ['drʌʤəri] n, pl -eries : trabajo m pesado

drug¹ ['drʌg] vt drugged; drugging : drogar, narcotizar

drug² n 1 MEDICATION : droga f, medicina f, medicamento m 2 NARCOTIC : narcótico m, estupefaciente m, droga f

druggist ['drʌgɪst] n : farmacéutico m, -ca f

drugstore ['drʌg,stor] n : farmacia f, botica f, droguería f

drum¹ ['drʌm] v drummed; drumming vt : meter a fuerza ⟨he drummed it into my head : me lo metió en la cabeza a fuerza⟩ — vi : tocar el tambor

drum² n 1 : tambor m 2 : bidón m ⟨oil drum : bidón de petróleo⟩

drummer ['drʌmər] n : baterista mf

drumstick ['drʌm,stɪk] n 1 : palillo m (de tambor), baqueta f 2 : muslo m de pollo

drunk¹ pp → drink¹

drunk² ['drʌŋk] adj : borracho, embriagado, ebrio

drunk³ n : borracho m, -cha f

drunkard ['drʌŋkərd] n : borracho m, -cha f

drunken ['drʌŋkən] adj : borracho, ebrio ⟨drunken driver : conductor ebrio⟩ ⟨drunken brawl : pleito de borrachos⟩

drunkenly ['drʌŋkənli] adv : como un borracho

drunkenness ['drʌŋkənnəs] n : borrachera f, embriaguez f, ebriedad f

dry¹ ['draɪ] v dried; drying vt : secar — vi : secarse

dry² adj drier; driest 1 : seco 2 THIRSTY : sediento 3 : donde la venta de bebidas alcohólicas está prohibida ⟨a dry county : un condado seco⟩ 4 DULL : aburrido, árido 5 : seco (dícese del vino), brut (dícese de la champaña)

dry–clean ['draɪ,kli:n] v : limpiar en seco

dry cleaner n : tintorería f (servicio)

dry cleaning n : limpieza f en seco

dryer ['draɪər] n 1 hair dryer : secador m 2 clothes dryer : secadora f

dry goods npl : artículos mpl de confección

dry ice n : hielo m seco

dryly ['draɪli] adv : secamente

dryness ['draɪnəs] n : sequedad f, aridez f

dual ['du:əl, 'dju:-] adj : doble

dualism ['du:ə,lɪzəm] n : dualismo m

dub ['dʌb] vt dubbed; dubbing 1 CALL : apodar 2 : doblar (una película), mezclar (una grabación)

dubious ['du:biəs, 'dju:-] adj 1 UNCERTAIN : dudoso, indeciso 2 QUESTIONABLE : sospechoso, dudoso, discutible

dubiously ['du:biəsli, 'dju:-] adv 1 UNCERTAINLY : dudosamente, con desconfianza 2 SUSPICIOUSLY : de modo sospechoso, con recelo

duchess ['dʌʧəs] n : duquesa f

duck¹ ['dʌk] vt 1 LOWER : agachar, bajar (la cabeza) 2 PLUNGE : zambullir 3 EVADE : eludir, evadir — vi to duck down : agacharse

duck² n, pl duck or ducks : pato m, -ta f

duckling ['dʌklɪŋ] n : patito m, -ta f

duct ['dʌkt] n : conducto m

ductile ['dʌktəl] adj : dúctil

dude ['du:d, 'dju:d] n 1 DANDY : dandi m, dandy m 2 GUY : tipo m

due¹ ['du:, 'dju:] adv : justo a, derecho hacia ⟨due north : derecho hacia el norte⟩

due² adj 1 PAYABLE : pagadero, sin pagar 2 APPROPRIATE : debido, apropiado ⟨after due consideration : con las debidas consideraciones⟩ 3 EXPECTED : esperado ⟨the train is due soon : esperamos el tren muy pronto, el tren debe llegar pronto⟩ 4 due to : debido a, por

due³ n 1 to give someone his (her) due : darle a alguien su merecido 2 dues npl : cuota f

duel¹ ['du:əl, 'dju:-] vi : batirse en duelo

duel² n : duelo m

duet [du'ɛt, dju-] n : dúo m

due to prep : debido a

dug → dig

dugout ['dʌg,aʊt] n 1 CANOE : piragua f 2 SHELTER : refugio m subterráneo

duke ['du:k, 'dju:k] n : duque m

dull¹ ['dʌl] vt 1 DIM : opacar, quitar el brillo a, deslustrar 2 BLUNT : embotar (un filo), entorpecer (los sentidos), aliviar (el dolor), amortiguar (sonidos)

dull² adj 1 STUPID : torpe, lerdo, lento 2 BLUNT : desafilado, despuntado 3 LACKLUSTER : sin brillo, deslustrado BORING : aburrido, soso, pesado — **dully** adv

dullness ['dʌlnəs] n 1 STUPIDITY : estupidez f 2 : embotamiento m (de los sentidos) 3 MONOTONY : monotonía f, insipidez f 4 : falta f de brillo 5 BLUNTNESS : falta f de filo, embotadura f

duly ['du:li, 'dju:-] adv PROPERLY : debidamente, a su debido tiempo

dumb ['dʌm] adj 1 MUTE : mudo 2 STUPID : estúpido, tonto, bobo — **dumbly** adv

dumbbell [ˈdʌmˌbɛl] *n* **1** WEIGHT : pesa *f* **2** : estúpido *m*, -da *f*

dumbfound *or* **dumfound** [ˌdʌmˈfaʊnd] *vt* : dejar atónito, dejar sin habla

dummy [ˈdʌmi] *n, pl* **-mies 1** SHAM : imitación *f*, sustituto *m* **2** PUPPET : muñeco *m* **3** MANNEQUIN : maniquí *m* **4** IDIOT : tonto *m*, -ta *f*; idiota *mf*

dump¹ [ˈdʌmp] *vt* : descargar, verter

dump² *n* **1** : vertedero *m*, tiradero *m* *Mex* **2** down in the dumps : triste, deprimido

dumpling [ˈdʌmplɪŋ] *n* : bola *f* de masa hervida

dumpy [ˈdʌmpi] *adj* **dumpier; -est** : rechoncho, regordete

dun¹ [ˈdʌn] *vt* **dunned; dunning** : apremiar (a un deudor)

dun² *adj* : pardo (color)

dunce [ˈdʌnts] *n* : estúpido *m*, -da *f*; burro *m*, -rra *f fam*

dune [ˈduːn, ˈdjuːn] *n* : duna *f*

dung [ˈdʌŋ] *n* **1** FECES : excrementos *mpl* **2** MANURE : estiércol *m*

dungaree [ˌdʌŋɡəˈriː] *n* **1** DENIM : tela *f* vaquera, mezclilla *f Chile, Mex* **2 dungarees** *npl* : pantalones *mpl* de trabajo hechos de tela vaquera

dungeon [ˈdʌndʒən] *n* : mazmorra *f*, calabozo *m*

dunk [ˈdʌŋk] *vt* : mojar, ensopar

duo [ˈduːoː, ˈdjuː-] *n, pl* **duos** : dúo *m*, par *m*

dupe¹ [ˈduːp, ˈdjuːp] *vt* **duped; duping** : engañar, embaucar

dupe² *n* : inocentón *m*, -tona *f*; simple *mf*

duplex¹ [ˈduːˌplɛks, ˈdjuː-] *adj* : doble

duplex² *n* : casa *f* de dos viviendas, dúplex *m*

duplicate¹ [ˈduːplɪˌkeɪt, ˈdjuː-] *vt* **-cated; -cating 1** COPY : duplicar, hacer copias de **2** REPEAT : repetir, reproducir

duplicate² [ˈduːplɪkət, ˈdjuː-] *adj* : duplicado ⟨a duplicate invoice : una factura por duplicado⟩

duplicate³ [ˈduːplɪkət, ˈdjuː-] *n* : duplicado *m*, copia *f*

duplication [ˌduːpliˈkeɪʃən, ˌdjuː-] *n* **1** DUPLICATING : duplicación *f*, repetición *f* (de esfuerzos) **2** DUPLICATE : copia *f*, duplicado *m*

duplicity [duˈplɪsəti, ˌdjuː-] *n, pl* **-ties** : duplicidad *f*

durability [ˌdʊrəˈbɪləti, ˌdjʊr-] *n* : durabilidad *f* (de un producto) permanencia *f*

durable [ˈdʊrəbəl, ˈdjʊr-] *adj* : duradero

duration [dʊˈreɪʃən, djʊ-] *n* : duración *f*

duress [dʊˈrɛs, djʊ-] *n* : coacción *f*

during [ˈdʊrɪŋ, ˈdjʊr-] *prep* : durante

dusk [ˈdʌsk] *n* : anochecer *m*, crepúsculo *m*

dusky [ˈdʌski] *adj* **duskier; -est** : oscuro (dícese de los colores)

dust¹ [ˈdʌst] *vt* **1** : quitar el polvo de **2** SPRINKLE : espolvorear

dust² *n* : polvo *m*

duster [ˈdʌstər] *n* **1** *or* **dust cloth** : trapo *m* de polvo **2** HOUSECOAT : guardapolvo *m* **3 feather duster** : plumero *m*

dustpan [ˈdʌstˌpæn] *n* : recogedor *m*

dusty [ˈdʌsti] *adj* **dustier; -est** : cubierto de polvo, polvoriento

Dutch¹ [ˈdʌtʃ] *adj* : holandés

Dutch² *n* **1** : holandés *m* (idioma) **2 the Dutch** *npl* : los holandeses

Dutch treat *n* : invitación o pago a escote

dutiful [ˈduːtɪfəl, ˈdjuː-] *adj* : motivado por sus deberes, responsable

duty [ˈduːti, ˈdjuː-] *n, pl* **-ties 1** OBLIGATION : deber *m*, obligación *f*, responsabilidad *f* **2** TAX : impuesto *m*, arancel *m*

DVD [ˌdiːˌviːˈdiː] *n* : DVD *m*

dwarf¹ [ˈdwɔrf] *vt* **1** STUNT : arrestar el crecimiento de **2** : hacer parecer pequeño

dwarf² *n, pl* **dwarfs** [ˈdwɔrfs] *or* **dwarves** [ˈdwɔrvz] : enano *m*, -na *f*

dwell [ˈdwɛl] *vi* **dwelled** *or* **dwelt** [ˈdwɛlt]; **dwelling 1** RESIDE : residir, morar, vivir **2 to dwell on** : pensar demasiado en, insistir en

dweller [ˈdwɛlər] *n* : habitante *mf*

dwelling [ˈdwɛlɪŋ] *n* : morada *f*, vivienda *f*, residencia *f*

dwindle [ˈdwɪndəl] *vi* **-dled; -dling** : menguar, reducirse, disminuir

dye¹ [ˈdaɪ] *vt* **dyed; dyeing** : teñir

dye² *n* : tintura *f*, tinte *m*

dying → die

dyke → dike

dynamic [daɪˈnæmɪk] *adj* : dinámico

dynamics [daɪˈnæmɪks] *npl* : dinámica *f*

dynamite¹ [ˈdaɪnəˌmaɪt] *vt* **-mited; -miting** : dinamitar

dynamite² *n* : dinamita *f*

dynamo [ˈdaɪnəˌmoː] *n, pl* **-mos** : dínamo *m*, generador *m* de electricidad

dynasty [ˈdaɪnəsti, -ˌnæs-] *n, pl* **-ties** : dinastía *f*

dysentery [ˈdɪsənˌtɛri] *n, pl* **-teries** : disentería *f*

dysfunction [dɪsˈfʌŋkʃən] *n* : disfunción *f*

dystrophy [ˈdɪstrəfi] *n, pl* **-phies 1** : distrofia *f* **2 → muscular dystrophy**

E

e¹ [ˈiː] *n, pl* **e's** *or* **es** [ˈiːz] : quinta letra del alfabeto inglés

each¹ [ˈiːtʃ] *adv* : cada uno, por persona ⟨they cost $10 each : costaron $10 cada uno⟩

each² *adj* : cada ⟨each student : cada estudiante⟩ ⟨each and every one : todos sin excepción⟩

each³ *pron* **1** : cada uno *m*, cada una *f* ⟨each of us : cada uno de nosotros⟩ **2 each other** : el uno al otro, mutuamente ⟨we are helping each other : nos ayudamos el uno al otro⟩ ⟨they love each other : se aman⟩

eager [ˈiːgər] *adj* **1** ENTHUSIASTIC : entusiasta, ávido, deseoso **2** ANXIOUS : ansioso, impaciente

eagerly [ˈiːgərli] *adv* : con entusiasmo, ansiosamente

eagerness [ˈiːgərnəs] *n* : entusiasmo *m*, deseo *m*, impaciencia *f*

eagle [ˈiːgəl] *n* : águila *f*

ear [ˈɪr] *n* **1** : oído *m*, oreja *f* ⟨inner ear : oído interno⟩ ⟨big ears : orejas grandes⟩ **2 ear of corn** : mazorca *f*, choclo *m*

earache [ˈɪrˌeɪk] *n* : dolor *m* de oído

eardrum [ˈɪrˌdrʌm] *n* : tímpano *m*

earl [ˈərl] *n* : conde *m*

earlobe [ˈɪrˌloːb] *n* : lóbulo *m* de la oreja, perilla *f* de la oreja

early¹ [ˈərli] *adv* **earlier; -est** : temprano, pronto ⟨he arrived early : llegó temprano⟩ ⟨as early as possible : lo más pronto posible, cuanto antes⟩ ⟨ten minutes early : diez minutos de adelanto⟩

early² *adj* **earlier; -est 1** (*referring to a beginning*) : primero ⟨the early stages : las primeras etapas⟩ ⟨in early May : a principios de mayo⟩ **2** (*referring to antiquity*) : primitivo, antiguo ⟨early man : el hombre primitivo⟩ ⟨early painting : la pintura antigua⟩ **3** (*referring to a designated time*) : temprano, antes de la hora, prematuro ⟨he was early : llegó temprano⟩ ⟨early fruit : frutas tempraneras⟩ ⟨an early death : una muerte prematura⟩

earmark [ˈɪrˌmɑrk] *vt* : destinar ⟨earmarked funds : fondos destinados⟩

earn [ˈərn] *vt* **1** : ganar ⟨to earn money : ganar dinero⟩ **2** DESERVE : ganarse, merecer

earnest¹ [ˈərnəst] *adj* : serio, sincero

earnest² *n* **in ~** : en serio, de verdad ⟨we began in earnest : empezamos de verdad⟩

earnestly [ˈərnəstli] *adv* **1** SERIOUSLY : con seriedad, en serio **2** FERVENTLY : de todo corazón

earnestness [ˈərnəstnəs] *n* : seriedad *f*, sinceridad *f*

earnings [ˈərnɪŋz] *npl* : ingresos *mpl*, ganancias *fpl*, utilidades *fpl*

earphone [ˈɪrˌfoːn] *n* : audífono *m*

earring [ˈɪrˌrɪŋ] *n* : zarcillo *m*, arete *m*, aro *m Arg, Chile, Uru*, pendiente *m Spain*

earshot [ˈɪrˌʃɑt] *n* : alcance *m* del oído

earth [ˈərθ] *n* **1** LAND, SOIL : tierra *f*, suelo *m* **2 the Earth** : la Tierra

earthen [ˈərθən, -ðən] *adj* : de tierra, de barro

earthenware [ˈərθənˌwær, -ðən-] *n* : loza *f*, vajillas *fpl* de barro

earthly [ˈərθli] *adj* : terrenal, mundano

earthquake [ˈərθˌkweɪk] *n* : terremoto *m*, temblor *m*

earthworm [ˈərθˌwərm] *n* : lombriz *f* (de tierra)

earthy [ˈərθi] *adj* **earthier; -est 1** : terroso ⟨earthy colors : colores terrosos⟩ **2** DOWN-TO-EARTH : realista, práctico, llano **3** COARSE, CRUDE : basto, grosero, tosco ⟨earthy jokes : chistes groseros⟩

earwax [ˈɪrˌwæks] *n* → **wax²**

earwig [ˈɪrˌwɪg] *n* : tijereta *f*

ease¹ [ˈiːz] *v* **eased; easing** *vt* **1** ALLEVIATE : aliviar, calmar, hacer disminuir **2** LOOSEN, RELAX : aflojar (una cuerda), relajar (restricciones), descargar (tensiones) **3** FACILITATE : facilitar — *vi* : calmarse, relajarse

ease² *n* **1** CALM, RELIEF : tranquilidad *f*, comodidad *f*, desahogo *m* **2** FACILITY : facilidad *f* **3 at ~** : relajado, cómodo ⟨to put someone at ease : tranquilizar a alguien⟩

easel [ˈiːzəl] *n* : caballete *m*

easily [ˈiːzəli] *adv* **1** : fácilmente, con facilidad **2** UNQUESTIONABLY : con mucho, de lejos

easiness [ˈiːzinəs] *n* : facilidad *f*, soltura *f*

east¹ [ˈiːst] *adv* : al este

east² *adj* : del este, oriental ⟨east winds : vientos del este⟩

east³ *n* **1** : este *m* **2 the East** : el Oriente

Easter [ˈiːstər] *n* : Pascua *f* (de Resurrección)

easterly [ˈiːstərli] *adv & adj* : del este

eastern [ˈiːstərn] *adj* **1** : Oriental, del Este ⟨Eastern Europe : Europa del Este⟩ **2** : oriental, este

Easterner [ˈiːstərnər] *n* : habitante *mf* del este

eastward [ˈiːstwərd] *adv & adj* : hacia el este

easy [ˈiːzi] *adj* **easier; -est 1** : fácil **2** LENIENT : indulgente

easygoing [ˌiːziˈgoːɪŋ] *adj* : acomodaticio, tolerante, poco exigente

eat [ˈiːt] *v* **ate** [ˈeɪt]; **eaten** [ˈiːtən]; **eating** *vt* **1** : comer **2** CONSUME : consumir, gastar, devorar ⟨expenses ate up profits : los gastos devoraron las ganancias⟩ **3** CORRODE : comer — *vi* **1** : comer **2 to eat away at** *or* **to eat into** : comerse **3 to eat out** : comer fuera

eatable¹ ['i:t̬əbəl] *adj* : comestible, comible *fam*

eatable² *n* **1** : algo para comer **2 eatables** *npl* : comestibles *mpl*, alimentos *mpl*

eater ['i:t̬ər] *n* : comedor *m*, -dora *f*

eaves ['i:vz] *npl* : alero *m*

eavesdrop ['i:vz,drɑp] *vi* **-dropped; -dropping** : escuchar a escondidas

eavesdropper ['i:vz,drɑpər] *n* : persona *f* que escucha a escondidas

ebb¹ ['ɛb] *vi* **1** : bajar, menguar (dícese de la marea) **2 DECLINE** : decaer, disminuir

ebb² *n* **1** : reflujo *m* (de una marea) **2 DECLINE** : decadencia *f*, declive *m*, disminución *f*

ebony¹ ['ɛbəni] *adj* **1** : de ébano **2 BLACK** : de color ébano, negro

ebony² *n, pl* **-nies** : ébano *m*

ebullience ['ı'bʊljənɪs, -'bʌl-] *n* : efervescencia *f*, vivacidad *f*

ebullient ['ı'bʊljənt, -'bʌl-] *adj* : efervescente, vivaz

eccentric¹ [ık'sɛntrık] *adj* **1** : excéntrico ⟨an eccentric wheel : una rueda excéntrica⟩ **2 ODD, SINGULAR** : excéntrico, extraño, raro — **eccentrically** [-trıkli] *adv*

eccentric² *n* : excéntrico *m*, -ca *f*

eccentricity [,ɛk,sɛn'trısət̬i] *n, pl* **-ties** : excentricidad *f*

ecclesiastic [ı,kli:zi'æstık] *n* : eclesiástico *m*, clérigo *m*

ecclesiastical [ı,kli:zi'æstıkəl] *or* **ecclesiastic** *adj* : eclesiástico — **ecclesiastically** *adv*

echelon ['ɛʃə,lɑn] *n* **1** : escalón *m* (de tropas o aviones) **2 LEVEL** : nivel *m*, esfera *f*, estrato *m*

echo¹ ['ɛ,ko:] *v* **echoed; echoing** *vi* : hacer eco, resonar — *vt* : repetir

echo² *n, pl* **echoes** : eco *m*

éclair [eı'klær, i-] *n* : pastel *m* relleno de crema

eclectic [ɛ'klɛktık, ı-] *adj* : ecléctico

eclipse¹ [ı'klıps] *vt* **eclipsed; eclipsing** : eclipsar

eclipse² *n* : eclipse *m*

ecological [,i:kə'lɑdʒıkəl, ,ɛkə-] *adj* : ecológico — **ecologically** *adv*

ecologist [i'kɑlədʒıst, ɛ-] *n* : ecólogo *m*, -ga *f*

ecology [i'kɑlədʒi, ɛ-] *n, pl* **-gies** : ecología *f*

economic [,i:kə'nɑmık, ,ɛkə-] *adj* : económico

economical [,i:kə'nɑmıkəl, ,ɛkə-] *adj* : económico — **economically** *adv*

economics [,i:kə'nɑmıks, ,ɛkə-] *n* : economía *f*

economist [i'kɑnəmıst] *n* : economista *mf*

economize [i'kɑnə,maız] *v* **-mized; -mizing** : economizar, ahorrar

economy [i'kɑnəmi] *n, pl* **-mies 1** : economía *f*, sistema *m* económico **2 THRIFT** : economía *f*, ahorro *m*

ecosystem ['i:ko,sıstəm] *n* : ecosistema *m*

ecru ['ɛ,kru:, 'eı-] *n* : color *m* crudo

ecstasy ['ɛkstəsi] *n* : éxtasis *m*

ecstatic [ɛk'stæt̬ık, ık-] *adj* : extático

ecstatically [ɛk'stæt̬ıkli, ık-] *adv* : con éxtasis, con gran entusiasmo

Ecuadoran [,ɛkwə'dorən] *or* **Ecuadorean** *or* **Ecuadorian** [-'doriən] *n* : ecuatoriano *m*, -na *f* — **Ecuadorean** *or* **Ecuadorian** *adj*

ecumenical [,ɛkjʊ'mnıkəl] *adj* : ecuménico

eczema [ıg'zi:mə, 'ɛgzəmə, 'ɛksə-] *n* : eczema *m*

eddy¹ ['ɛdi] *vi* **eddied; eddying** : arremolinarse, hacer remolinos

eddy² *n, pl* **-dies** : remolino *m*

edema [ı'di:mə] *n* : edema *m*

Eden ['i:dən] *n* : Edén *m*

edge¹ ['ɛdʒ] *v* **edged; edging** *vt* **1 BORDER** : bordear, ribetear, orlar **2 SHARPEN** : afilar, aguzar **3** *or* **to edge one's way** : avanzar poco a poco **4 to edge out** : derrotar por muy poco — *vi* **ADVANCE** : ir avanzando (poco a poco)

edge² *n* **1** : filo *m* (de un cuchillo) **2 BORDER** : borde *m*, orilla *f*, margen *m* **3 ADVANTAGE** : ventaja *f*

edger ['ɛdʒər] *n* : cortabordes *m*

edgewise ['ɛdʒ,waız] *adv* **SIDEWAYS** : de lado, de canto

edginess ['ɛdʒinəs] *n* : tensión *f*, nerviosismo *m*

edgy ['ɛdʒi] *adj* **edgier; -est** : tenso, nervioso

edible ['ɛdəbəl] *adj* : comestible

edict ['i:,dıkt] *n* : edicto *m*, mandato *m*, orden *f*

edification [,ɛdəfə'keıʃən] *n* : edificación *f*, instrucción *f*

edifice ['ɛdəfıs] *n* : edificio *m*

edify ['ɛdə,faı] *vt* **-fied; -fying** : edificar

edit ['ɛdıt] *vt* **1** : editar, redactar, corregir **2** *or* **to edit out DELETE** : recortar, cortar

edition [ı'dıʃən] *n* : edición *f*

editor ['ɛdıt̬ər] *n* : editor *m*, -tora *f*; redactor *m*, -tora *f*

editorial¹ [,ɛdı'toriəl] *adj* **1** : de redacción **2** : editorial ⟨an editorial comment : un comentario editorial⟩

editorial² *n* : editorial *m*

editorship ['ɛdət̬ər,ʃıp] *n* : dirección *f*

educable ['ɛdʒəkəbəl] *adj* : educable

educate ['ɛdʒə,keıt] *vt* **-cated; -cating 1 TEACH** : educar, enseñar **2 INSTRUCT** : formar, educar, instruir **3 INFORM** : informar, concientizar

education [,ɛdʒə'keıʃən] *n* : educación *f*

educational [,ɛdʒə'keıʃənəl] *adj* **1** : docente, de enseñanza ⟨an educational institution : una institución docente⟩ **2 PEDAGOGICAL** : pedagógico **3 INSTRUCTIONAL** : educativo, instructivo

educator ['ɛdʒə,keıt̬ər] *n* : educador *m*, -dora *f*

eel ['i:l] *n* : anguila *f*

eerie ['ɪri] *adj* **-rier; -est 1** SPOOKY : que da miedo, espeluznante **2** GHOSTLY : fantasmagórico

eerily ['ɪrəli] *adv* : de manera extraña y misteriosa

efface [ɪ'feɪs, -] *vt* **-faced; -facing** : borrar

effect¹ [ɪ'fɛkt] *vt* **1** CARRY OUT : efectuar, llevar a cabo **2** ACHIEVE : lograr, realizar

effect² *n* **1** RESULT : efecto *m*, resultado *m*, consecuencia *f* ⟨to no effect : sin resultado⟩ **2** MEANING : sentido *m* ⟨something to that effect : algo por el estilo⟩ **3** INFLUENCE : efecto *m*, influencia *f* **4 effects** *npl* BELONGINGS : efectos *mpl*, pertenencias *fpl* **5 to go into effect** : entrar en vigor **6 in ~** REALLY : en realidad, efectivamente

effective [ɪ'fɛktɪv] *adj* **1** EFFECTUAL : efectivo, eficaz **2** OPERATIVE : vigente — **effectively** *adv*

effectiveness [ɪ'fɛktɪvnəs] *n* : eficacia *f*, efectividad *f*

effectual [ɪ'fɛktʃʊəl] *adj* : eficaz, efectivo — **effectually** *adv*

effeminate [ə'fɛmənət] *adj* : afeminado

effervesce [ˌɛfər'vɛs] *vi* **-vesced; -vescing 1** : estar en efervescencia, burbujear (dícese de líquidos) **2** : estar eufórico, estar muy animado (dícese de las personas)

effervescence [ˌɛfər'vɛsənts] *n* **1** : efervescencia *f* **2** LIVELINESS : vivacidad *f*

effervescent [ˌɛfər'vɛsənt] *adj* **1** : efervescente **2** LIVELY, VIVACIOUS : vivaz, animado

effete [ɛ'fiːt, ɪ-] *adj* **1** WORN-OUT : desgastado, agotado **2** DECADENT : decadente **3** EFFEMINATE : afeminado

efficacious [ˌɛfə'keɪʃəs] *adj* : eficaz, efectivo

efficacy ['ɛfɪkəsi] *n, pl* **-cies** : eficacia *f*

efficiency [ɪ'fɪʃəntsi] *n, pl* **-cies** : eficiencia *f*

efficient [ɪ'fɪʃənt] *adj* : eficiente — **efficiently** *adv*

effigy ['ɛfədʒi] *n, pl* **-gies** : efigie *f*

effluent ['ɛˌfluːənt, ɛ'fluː-] *n* : efluente *m* — **effluent** *adj*

effort ['ɛfərt] *n* **1** EXERTION : esfuerzo *m* **2** ATTEMPT : tentativa *f*, intento *m* ⟨it's not worth the effort : no vale la pena⟩

effortless ['ɛfərtləs] *adj* : fácil, sin esfuerzo

effortlessly ['ɛfərtləsli] *adv* : sin esfuerzo, fácilmente

effrontery [ɪ'frʌntəri] *n, pl* **-teries** : insolencia *f*, desfachatez *f*, descaro *m*

effusion [ɪ'fjuːʒən, ɛ-] *n* : efusión *f*

effusive [ɪ'fjuːsɪv, ɛ-] *adj* : efusivo — **effusively** *adv*

egg¹ ['ɛg] *vt* **to egg on** : incitar, azuzar, provocar

egg² *n* **1** : huevo *m* **2** OVUM : óvulo *m*

eggbeater ['ɛgˌbiːtər] *n* : batidor *m* (de huevos)

eggnog ['ɛgˌnɑg] *n* : ponche *m* de huevo, rompope *m* CA, Mex

eggplant ['ɛgˌplænt] *n* : berenjena *f*

eggshell ['ɛgˌʃl] *n* : cascarón *m*

ego ['iːˌgoː] *n, pl* **egos 1** SELF-ESTEEM : amor *m* propio **2** SELF : ego *m*, yo *m*

egocentric [ˌiːgoˈsɛntrɪk] *adj* : egocéntrico

egoism ['iːgoˌwɪzəm] *n* : egoísmo *m*

egoist ['iːgowɪst] *n* : egoísta *mf*

egoistic [ˌiːgoˈwɪstɪk] *adj* : egoísta

egotism ['iːgəˌtɪzəm] *n* : egotismo *m*

egotist ['iːgətɪst] *n* : egoísta *mf*

egotistic [ˌiːgəˈtɪstɪk] *or* **egotistical** [-ˈtɪstɪkəl] *adj* : egotista — **egotistically** *adv*

egregious [ɪ'griːdʒəs] *adj* : atroz, flagrante, mayúsculo — **egregiously** *adv*

egress ['iːˌgrɛs] *n* : salida *f*

egret ['iːgrət, -ˌgrɛt] *n* : garceta *f*

Egyptian [ɪ'dʒɪpʃən] *n* **1** : egipcio *m*, -cia *f* **2** : egipcio *m* (idioma) — **Egyptian** *adj*

eiderdown ['aɪdərˌdaʊn] *n* **1** : plumón *m* **2** COMFORTER : edredón *m*

eight¹ ['eɪt] *adj* : ocho

eight² *n* : ocho *m*

eight hundred¹ *adj* : ochocientos

eight hundred² *n* : ochocientos *m*

eighteen¹ [eɪt'tiːn] *adj* : dieciocho

eighteen² *n* : dieciocho *m*

eighteenth¹ [eɪt'tiːnθ] *adj* : decimoctavo

eighteenth² *n* **1** : decimoctavo *m*, -va *f* (en una serie) **2** : dieciochoavo *m*, dieciochoava parte *f*

eighth¹ ['eɪtθ] *adj* : octavo

eighth² *n* **1** : octavo *m*, -va *f* (en una serie) **2** : octavo *m*, octava parte *f*

eightieth¹ ['eɪtiəθ] *adj* : octogésimo

eightieth² *n* **1** : octogésimo *m*, -ma *f* (en una serie) **2** : ochentavo *m*, ochentava parte *f*

eighty¹ ['eɪti] *adj* : ochenta

eighty² *n, pl* **eighties 1** : ochenta *m* **2 the eighties** : los ochenta *mpl*

either¹ ['iːðər, 'aɪ-] *adj* **1** : cualquiera (de los dos) ⟨we can watch either movie : podemos ver cualquiera de las dos películas⟩ **2** : ninguno de los dos ⟨she wasn't in either room : no estaba en ninguna de las dos salas⟩ **3** EACH : cada ⟨on either side of the street : a cada lado de la calle⟩

either² *pron* **1** : cualquiera *mf* (de los dos) ⟨either is fine : cualquiera de los dos está bien⟩ **2** : ninguno *m*, -na *f* (de los dos) ⟨I don't like either : no me gusta ninguno⟩ **3** : algún *m*, alguna *f* ⟨is either of you interested? : ¿está alguno de ustedes (dos) interesado?⟩

either³ *conj* **1** : o, u ⟨either David or Daniel could go : puede ir (o) David o Daniel⟩ **2** : ni ⟨we won't watch either this movie or the other : no veremos ni esta película ni la otra⟩

ejaculate [i'dʒækjəˌleɪt] *v* **-lated; -lating** *vt* **1** : eyacular **2** EXCLAIM : exclamar — *vi* : eyacular

ejaculation [i,ʤækjəˈleɪʃən] n 1 : eyaculación f (en fisiología) 2 EXCLAMATION : exclamación f

eject [iˈʤɛkt] vt : expulsar, expeler

ejection [iˈʤɛkʃən] n : expulsión f

eke [ˈiːk] vt **eked; eking** or **to eke out** : ganar a duras penas

elaborate[1] [iˈlæbə,reɪt] v **-rated; -rating** vt : elaborar, idear, desarrollar — vi **to elaborate on** : ampliar, entrar en detalles

elaborate[2] [iˈlæbərət] adj 1 DETAILED : detallado, minucioso, elaborado 2 COMPLICATED : complicado, intrincado, elaborado — **elaborately** adv

elaboration [i,læbəˈreɪʃən] n : elaboración f

elapse [iˈlæps] vi **elapsed; elapsing** : transcurrir, pasar

elastic[1] [iˈlæstɪk] adj : elástico

elastic[2] n 1 : elástico m 2 RUBBER BAND : goma f, gomita f, elástico m, liga f

elasticity [i,læsˈtɪsəti, ,i:,læs-] n, pl **-ties** : elasticidad f

elate [iˈleɪt] vt **elated; elating** : alborozar, regocijar

elation [iˈleɪʃən] n : euforia f, júbilo m, alborozo m

elbow[1] [ˈɛl,bo:] vt : darle un codazo a

elbow[2] n : codo m

elder[1] [ˈɛldər] adj : mayor

elder[2] n 1 **to be someone's elder** : ser mayor que alguien 2 : anciano m, -na f (de un pueblo o una tribu) 3 : miembro m del consejo (en varias religiones)

elderberry [ˈɛldər,bɛri] n, pl **-berries** : baya f de saúco (fruta), saúco m (árbol)

elderly [ˈɛldərli] adj : mayor, de edad, anciano

eldest [ˈɛldəst] adj : mayor, de más edad

elect[1] [iˈlɛkt] vt : elegir

elect[2] adj : electo ⟨the president-elect : el presidente electo⟩

elect[3] npl **the elect** : los elegidos mpl

election [iˈlɛkʃən] n : elección f

elective[1] [iˈlɛktɪv] adj 1 : electivo 2 OPTIONAL : facultativo, optativo

elective[2] n : asignatura f electiva

elector [iˈlɛktər] n : elector m, -tora f

electoral [iˈlɛktərəl] adj : electoral

electorate [iˈlɛktərət] n : electorado m

electric [iˈlɛktrɪk] adj 1 or **electrical** [-trɪkəl] : eléctrico 2 THRILLING : electrizante, emocionante

electrician [i,lɛkˈtrɪʃən] n : electricista mf

electricity [i,lɛkˈtrɪsəti] n, pl **-ties** 1 : electricidad f 2 CURRENT : corriente f eléctrica

electrification [i,lɛktrəfəˈkeɪʃən] n : electrificación f

electrify [iˈlɛktrə,faɪ] vt **-fied; -fying** 1 THRILL : electrizar, emocionar

electrocardiogram [i,lɛktroˈkardiə,græm] n : electrocardiograma m

electrocardiograph [i,lɛktroˈkardiə,græf] n : electrocardiógrafo m

electrocute [iˈlɛktrə,kju:t] vt **-cuted; -cuting** : electrocutar

electrocution [i,lɛktrəˈkju:ʃən] n : electrocución f

electrode [iˈlɛk,tro:d] n : electrodo m

electrolysis [i,lɛkˈtraləsɪs] n : electrólisis f

electrolyte [iˈlɛktrə,laɪt] n : electrolito m

electromagnet [i,lɛktroˈmægnət] n : electroimán m

electromagnetic [i,lɛktromæɡˈnɛtɪk] adj : electromagnético — **electromagnetically** [-tɪkli] adv

electromagnetism [i,lɛktroˈmægnə,tɪzəm] n : electromagnetismo m

electron [iˈlɛk,tran] n : electrón m

electronic [i,lɛkˈtranɪk] adj : electrónico — **electronically** [-nɪkli] adv

electronic mail n : correo m electrónico

electronics [i,lɛkˈtranɪks] n : electrónica f

electroplate [iˈlɛktrə,pleɪt] vt **-plated; plating** : galvanizar mediante electrólisis

elegance [ˈɛlɪgənts] n : elegancia f

elegant [ˈɛlɪgənt] adj : elegante — **elegantly** adv

elegy [ˈɛlɪʤi] n, pl **-gies** : elegía f

element [ˈɛləmənt] n 1 COMPONENT : elemento m, factor m 2 : elemento m (en la química) 3 MILIEU : elemento m, medio m ⟨to be in one's element : estar en su elemento⟩ 4 **elements** npl RUDIMENTS : elementos mpl, rudimentos mpl, bases fpl 5 **the elements** WEATHER : los elementos mpl

elemental [,ɛləˈmɛntəl] adj 1 BASIC : elemental, primario 2 : elemental (dícese de los elementos químicos)

elementary [,ɛləˈmɛntri] adj 1 SIMPLE : elemental, simple, fundamental 2 : de enseñanza primaria

elementary school n : escuela f primaria

elephant [ˈɛləfənt] n : elefante m, -ta f

elevate [ˈɛlə,veɪt] vt **-vated; -vating** 1 RAISE : elevar, levantar, alzar 2 EXALT, PROMOTE : elevar, exaltar, ascender 3 ELATE : alborozar, regocijar

elevation [,ɛləˈveɪʃən] n 1 : elevación f 2 ALTITUDE : altura f, altitud f 3 PROMOTION : ascenso m

elevator [ˈɛlə,veɪtər] n : ascensor m, elevador m

eleven[1] [iˈlɛvən] adj : once

eleven[2] n : once m

eleventh[1] [iˈlɛvənθ] adj : undécimo

eleventh[2] n 1 : undécimo m, -ma f (en una serie) 2 : onceavo m, onceava parte f

elf [ˈɛlf] n, pl **elves** [ˈɛlvz] : elfo m, geniecillo m, duende m

elfin [ˈɛlfən] adj 1 : de elfo, menudo 2 ENCHANTING, MAGIC : mágico, encantador

elfish [ˈɛlfɪʃ] adj 1 : de elfo 2 MISCHIEVOUS : travieso

elicit [iˈlɪsət] vt : provocar

eligibility [ˌɛləʤəˈbɪləti] *n, pl* **-ties** : elegibilidad *f*

eligible [ˈɛləʤəbəl] *adj* **1** QUALIFIED : elegible **2** SUITABLE : idóneo

eliminate [iˈlɪməˌneɪt] *vt* **-nated; -nating** : eliminar

elimination [iˌlɪməˈneɪʃən] *n* : eliminación *f*

elite [eiˈliːt, i-] *n* : elite *f*

elixir [iˈlɪksər] *n* : elixir *m*

elk [ˈɛlk] *n* : alce *m* (de Europa), uapití *m* (de América)

ellipse [iˈlɪps, -] *n* : elipse *f*

ellipsis [iˈlɪpsəs, -] *n, pl* **-lipses** [-ˌsiːz] **1** : elipsis *f* **2** : puntos *mpl* suspensivos (en la puntuación)

elliptical [iˈlɪptɪkəl, -] *or* **elliptic** [-tɪk] *adj* : elíptico

elm [ˈɛlm] *n* : olmo *m*

elocution [ˌɛləˈkjuːʃən] *n* : elocución *f*

elongate [iˈlɔŋˌgeɪt] *vt* **-gated; -gating** : alargar

elongation [ˌiːˌlɔŋˈgeɪʃən] *n* : alargamiento *m*

elope [iˈloːp] *vi* **eloped; eloping** : fugarse

elopement [iˈloːpmənt] *n* : fuga *f*

eloquence [ˈɛləkwənts] *n* : elocuencia *f*

eloquent [ˈɛləkwənt] *adj* : elocuente — **eloquently** *adv*

El Salvadoran [ˌɛlˌsælvəˈdorən] *n* : salvadoreño *m*, -ña *f* — **El Salvadoran** *adj*

else¹ [ˈɛls] *adv* **1** DIFFERENTLY : de otro modo, de otra manera ⟨how else? : ¿de qué otro modo?⟩ **2** ELSEWHERE : de otro sitio, de otro lugar ⟨where else? : ¿en qué otro sitio?⟩ **3 or else** OTHERWISE : si no, de lo contrario

else² *adj* **1** OTHER : otro ⟨anyone else : cualquier otro⟩ ⟨everyone else : todos los demás⟩ ⟨nobody else : ningún otro, nadie más⟩ ⟨somebody else : otra persona⟩ **2** MORE : más ⟨nothing else : nada más⟩ ⟨what else? : ¿qué más?⟩

elsewhere [ˈɛlsˌhwɛr] *adv* : en otra parte, en otro sitio, en otro lugar

elucidate [iˈluːsəˌdeɪt] *vt* **-dated; -dating** : dilucidar, elucidar, esclarecer

elucidation [iˌluːsəˈdeɪʃən] *n* : elucidación *f*, esclarecimiento *m*

elude [iˈluːd] *vt* **eluded; eluding** : eludir, evadir

elusive [iˈluːsɪv] *adj* **1** EVASIVE : evasivo, esquivo **2** SLIPPERY : huidizo, escurridizo **3** FLEETING, INTANGIBLE : impalpable, fugaz

elusively [iˈluːsɪvli] *adv* : de manera esquiva

elves → **elf**

emaciate [iˈmeɪʃiˌeɪt] *vt* **-ated; -ating** : enflaquecer

emaciation [iˌmeɪʃiˈeɪʃən, -ʃi-] *n* : enflaquecimiento *m*, escualidez *f*, delgadez *f* extrema

e-mail [ˈiːˌmeɪl] *n* : e-mail *m*

emanate [ˈɛməˌneɪt] *v* **-nated; -nating** *vi* : emanar, provenir, proceder — *vt* : emanar

emanation [ˌɛməˈneɪʃən] *n* : emanación *f*

emancipate [iˈmæntsəˌpeɪt] *vt* **-pated; -pating** : emancipar

emancipation [iˌmæntsəˈpeɪʃən] *n* : emancipación *f*

emasculate [iˈmæskjəˌleɪt] *vt* **-lated; -lating** **1** CASTRATE : castrar, emascular **2** WEAKEN : debilitar

embalm [ɪmˈbɑm, ɛm-, -ˈbɑlm] *vt* : embalsamar

embankment [ɪmˈbæŋkmənt, ɛm-] *n* : terraplén *m*, muro *m* de contención

embargo¹ [ɪmˈbɑrgo, ɛm-] *vt* **-goed; -going** : imponer un embargo sobre

embargo² *n, pl* **-goes** : embargo *m*

embark [ɪmˈbɑrk, ɛm-] *vt* : embarcar — *vi* **1** : embarcarse **2 to embark on** START : emprender, embarcarse en

embarkation [ˌɛmˌbɑrˈkeɪʃən] *n* : embarque *m*, embarco *m*

embarrass [ɪmˈbærəs, ɛm-] *vt* : avergonzar, abochornar

embarrassing [ɪmˈbærəsɪŋ, ɛm-] *adj* : embarazoso, violento

embarrassment [ɪmˈbærəsmənt, ɛm-] *n* : vergüenza *f*, pena *f*

embassy [ˈɛmbəsi] *n, pl* **-sies** : embajada *f*

embed [ɪmˈbɛd, ɛm-] *vt* **-bedded; -bedding** : incrustar, empotrar, grabar (en la memoria)

embellish [ɪmˈbɛlɪʃ, ɛm-] *vt* : adornar, embellecer

embellishment [ɪmˈbɛlɪʃmənt, ɛm-] *n* : adorno *m*

ember [ˈɛmbər] *n* : ascua *f*, brasa *f*

embezzle [ɪmˈbɛzəl, ɛm-] *vt* **-zled; -zling** : desfalcar, malversar

embezzlement [ɪmˈbɛzəlmənt, ɛm-] *n* : desfalco *m*, malversación *f*

embezzler [ɪmˈbɛzələr, ɛm-] *n* : desfalcador *m*, -dora *f*; malversador *m*, -dora *f*

embitter [ɪmˈbɪtər, ɛm-] *vt* : amargar

emblem [ˈɛmbləm] *n* : emblema *m*, símbolo *m*

emblematic [ˌɛmbləˈmætɪk] *adj* : emblemático, simbólico

embodiment [ɪmˈbɑdimənt, ɛm-] *n* : encarnación *f*, personificación *f*

embody [ɪmˈbɑdi, ɛm-] *vt* **-bodied; -bodying** : encarnar, personificar

emboss [ɪmˈbɑs, ɛm-, -ˈbɔs] *vt* : repujar, grabar en relieve

embrace¹ [ɪmˈbreɪs, ɛm-] *vt* **-braced; -bracing** **1** HUG : abrazar **2** ADOPT, TAKE ON : adoptar, aceptar **3** INCLUDE : abarcar, incluir

embrace² *n* : abrazo *m*

embroider [ɪmˈbrɔɪdər, ɛm-] *vt* : bordar (una tela), adornar (una historia)

embroidery [ɪmˈbrɔɪdəri, ɛm-] *n, pl* **-deries** : bordado *m*

embroil [ɪmˈbrɔɪl, ɛm-] *vt* : embrollar, enredar

embryo [ˈɛmbriˌoː] *n, pl* **embryos** : embrión *m*

embryonic [ˌembri'ɑnɪk] *adj* : embrionario

emend [i'mɛnd] *vt* : enmendar, corregir

emendation [ˌi:ˌmɛn'deɪʃən] *n* : enmienda *f*

emerald[1] ['ɛmrəld, 'ɛmə-] *adj* : verde esmeralda

emerald[2] *n* : esmeralda *f*

emerge [i'mərdʒ] *vi* **emerged; emerging** : emerger, salir, aparecer, surgir

emergence [i'mərdʒənts] *n* : aparición *f*, surgimiento *m*

emergency [i'mərdʒəntsi] *n, pl* **-cies** : emergencia *f*

emergent [i'mərdʒənt] *adj* : emergente

emery ['ɛməri] *n, pl* **-eries** : esmeril *m*

emetic[1] [i'mɛtɪk] *adj* : vomitivo, emético

emetic[2] *n* : vomitivo *m*, emético *m*

emigrant ['ɛmɪɡrənt] *n* : emigrante *mf*

emigrate ['ɛməˌɡreɪt] *vi* **-grated; -grating** : emigrar

emigration [ˌɛmə'ɡreɪʃən] *n* : emigración *f*

eminence ['ɛmənənts] *n* **1** PROMINENCE : eminencia *f*, prestigio *m*, renombre *m* **2** DIGNITARY : eminencia *f*; dignatario *m*, -ria *f* ⟨Your Eminence : Su Eminencia⟩

eminent ['ɛmənənt] *adj* : eminente, ilustre

eminently ['ɛmənəntli] *adv* : sumamente

emissary ['ɛməˌsɛri] *n, pl* **-saries** : emisario *m*, -ria *f*

emission [i'mɪʃən] *n* : emisión *f*

emit [i'mɪt] *vt* **emitted; emitting** : emitir, despedir, producir

emote [i'mo:t] *vi* **emoted; emoting** : exteriorizar las emociones

emotion [i'mo:ʃən] *n* : emoción *f*, sentimiento *m*

emotional [i'mo:ʃənəl] *adj* **1** : emocional, afectivo ⟨an emotional reaction : una reacción emocional⟩ **2** MOVING : emocionante, emotivo, conmovedor

emotionally [i'mo:ʃənəli] *adv* : emocionalmente

empathy ['ɛmpəθi] *n* : empatía *f*

emperor ['ɛmpərər] *n* : emperador *m*

emphasis ['ɛmfəsɪs] *n, pl* **-phases** [-ˌsi:z] : énfasis *m*, hincapié *m*

emphasize ['ɛmfəˌsaɪz] *vt* **-sized; -sizing** : enfatizar, destacar, subrayar, hacer hincapié en

emphatic [ɪm'fætɪk, ɛm-] *adj* : enfático, enérgico, categórico — **emphatically** [-ɪkli] *adv*

empire ['ɛmˌpaɪr] *n* : imperio *m*

empirical [ɪm'pɪrɪkəl, ɛm-] *adj* : empírico — **empirically** [-ɪkli] *adv*

employ[1] [ɪm'plɔɪ, ɛm-] *vt* **1** USE : usar, utilizar **2** HIRE : contratar, emplear **3** OCCUPY : ocupar, dedicar, emplear

employ[2] [ɪm'plɔɪ, ɛm-; 'ɪmˌ-, 'ɛmˌ-] *n* **1** : puesto *m*, cargo *m*, ocupación *f* ⟨to be in the employ of : estar al servicio de, trabajar para⟩

employee [ɪmˌplɔɪ'i:, ɛm-, -'plɔɪˌi:] *n* : empleado *m*, -da *f*

employer [ɪm'plɔɪər, ɛm-] *n* : patrón *m*, -trona *f*; empleador *m*, -dora *f*

employment [ɪm'plɔɪmənt, ɛm-] *n* : trabajo *m*, empleo *m*

empower [ɪm'paʊər, ɛm-] *vt* : facultar, autorizar, conferirle poder a

empowerment [ɪm'paʊərmənt, ɛm-] *n* : autorización *f*

empress ['ɛmprəs] *n* : emperatriz *f*

emptiness ['ɛmptinəs] *n* : vacío *m*, vacuidad *f*

empty[1] ['ɛmpti] *v* **-tied; -tying** *vt* : vaciar — *vi* : desaguar (dícese de un río)

empty[2] *adj* **emptier; -est** **1** : vacío **2** VACANT : desocupado, libre **3** MEANINGLESS : vacío, hueco, vano

empty-handed [ˌɛmpti'hændəd] *adj* : con las manos vacías

empty-headed [ˌɛmpti'hɛdəd] *adj* : cabeza hueca, tonto

emu ['i:ˌmju:] *n* : emú *m*

emulate ['ɛmjəˌleɪt] *vt* **-lated; -lating** : emular

emulation [ˌɛmjə'leɪʃən] *n* : emulación *f*

emulsifier [i'mʌlsəˌfaɪər] *n* : emulsionante *m*

emulsify [i'mʌlsəˌfaɪ] *vt* **-fied; -fying** : emulsionar

emulsion [i'mʌlʃən] *n* : emulsión *f*

enable [i'neɪbəl, ɛ-] *vt* **-abled; -abling** **1** EMPOWER : habilitar, autorizar, facultar **2** PERMIT : hacer posible, posibilitar, permitir

enact [i'nækt, ɛ-] *vt* **1** : promulgar (un ley o decreto) **2** : representar (un papel en el teatro)

enactment [i'næktmənt, ɛ-] *n* : promulgación *f*

enamel[1] [i'næməl] *vt* **-eled** *or* **-elled; -eling** *or* **-elling** : esmaltar

enamel[2] *n* : esmalte *m*

enamor [i'næmər] *vt* **1** : enamorar ⟨to be enamored of : estar enamorado de (una persona), estar entusiasmado por (algo)⟩

encamp [ɪn'kæmp, ɛn-] *vi* : acampar

encampment [ɪn'kæmpmənt, ɛn-] *n* : campamento *m*

encase [ɪn'keɪs, ɛn-] *vt* **-cased; -casing** : encerrar, revestir

encephalitis [ɪnˌsɛfə'laɪtəs, ɛn-] *n, pl* **-litides** [-'lɪtə,di:z] : encefalitis *f*

enchant [ɪn'tʃænt, ɛn-] *vt* **1** BEWITCH : hechizar, encantar, embrujar **2** CHARM, FASCINATE : cautivar, fascinar, encantar

enchanting [ɪn'tʃæntɪŋ, ɛn-] *adj* : encantador

enchanter [ɪn'tʃæntər, ɛn-] *n* SORCERER : mago *m*, encantador *m*

enchantment [ɪn'tʃæntmənt, ɛn-] *n* **1** SPELL : encanto *m*, hechizo *m* **2** CHARM : encanto *m*

enchantress [ɪn'tʃæntrəs, ɛn-] *n* **1** SORCERESS : maga *f*, hechicera *f* **2** CHARMER : mujer *f* cautivadora

encircle [ɪn'sərkəl, ɛn-] *vt* **-cled; -cling** : rodear, ceñir, cercar

enclose [ɪn'kloːz, ɛn-] vt **-closed; -closing 1** SURROUND : encerrar, cercar, rodear **2** INCLUDE : incluir, adjuntar, acompañar ⟨please find enclosed : le enviamos adjunto⟩

enclosure [ɪn'kloːʒər, ɛn-] n **1** ENCLOSING : encierro m **2** : cercado m (de terreno), recinto m ⟨an enclosure for the press : un recinto para la prensa⟩ **3** ADJUNCT : anexo m (con una carta), documento m adjunto

encode [ɪn'koːd, ɛn-] vt : cifrar (mensajes, etc.), codificar (en informática)

encompass [ɪn'kʌmpəs, ɛn-, -'kam-] vt **1** SURROUND : circundar, rodear **2** INCLUDE : abarcar, comprender

encore [ˈɑnˌkor] n : bis m, repetición f

encounter[1] [ɪn'kaʊntər, ɛn-] vt **1** MEET : encontrar, encontrarse con, toparse con, tropezar con **2** FIGHT : combatir, luchar contra

encounter[2] n : encuentro m

encourage [ɪn'kərɪʤ, ɛn-] vt **-aged; -aging 1** HEARTEN, INSPIRE : animar, alentar **2** FOSTER : fomentar, promover

encouragement [ɪn'kərɪʤmənt, ɛn-] n : ánimo m, aliento m

encouraging [ɪn'kərəʤɪŋ, ɛn-] adj : alentador, esperanzador

encroach [ɪn'kroːʧ, ɛn-] vi **to encroach on** : invadir, abusar (derechos), quitar (tiempo)

encroachment [ɪn'kroːʧmənt, ɛn-] n : invasión f, usurpación f

encrust [ɪn'krʌst, ɛn-] vt **1** : recubrir con una costra **2** INLAY : incrustar ⟨encrusted with gems : incrustado de gemas⟩

encumber [ɪn'kʌmbər, ɛn-] vt **1** BLOCK : obstruir, estorbar **2** BURDEN : cargar, gravar

encumbrance [ɪn'kʌmbrənts, ɛn-] n : estorbo m, carga f, gravamen m

encyclopedia [ɪnˌsaɪklə'piːdiə, ɛn-] n : enciclopedia f

encyclopedic [ɪnˌsaɪklə'piːdɪk, ɛn-] adj : enciclopédico

end[1] [ˈɛnd] n **1** STOP : terminar, poner fin a **2** CONCLUDE : concluir, terminar — vi : terminar(se), acabar, concluir(se)

end[2] n **1** EXTREMITY : extremo m, final m, punta f **2** CONCLUSION : fin m, final m **3** AIM : fin m

endanger [ɪn'deɪnʤər, ɛn-] vt : poner en peligro

endear [ɪn'dɪr, ɛn-] vt **to endear oneself to** : ganarse la simpatía de, granjearse el cariño de

endearment [ɪn'dɪrmənt, ɛn-] n : expresión f de cariño

endeavor[1] [ɪn'dɛvər, ɛn-] vt : intentar, esforzarse por ⟨he endeavored to improve his work : intentó por mejorar su trabajo⟩

endeavor[2] n : intento m, esfuerzo m

endemic [ɛn'dɛmɪk, ɪn-] adj : endémico

ending [ˈɛndɪŋ] n **1** CONCLUSION : final m, desenlace m **2** SUFFIX : sufijo m, terminación f

endive [ˈɛnˌdaɪv, ˌɑn'diːv] n : endibia f, endivia f

endless [ˈɛndləs] adj **1** INTERMINABLE : interminable, inacabable, sin fin **2** INNUMERABLE : innumerable, incontable

endlessly [ˈɛndləsli] adv : interminablemente, eternamente, sin parar

endocrine [ˈɛndəkrən, -ˌkraɪn, -ˌkriːn] adj : endocrino

endorse [ɪn'dɔrs, ɛn-] vt **-dorsed; -dorsing 1** SIGN : endosar, firmar **2** APPROVE : aprobar, sancionar

endorsement [ɪn'dɔrsmənt, ɛn-] n **1** SIGNATURE : endoso m, firma f **2** APPROVAL : aprobación f, aval m

endow [ɪn'daʊ, ɛn-] vt : dotar

endowment [ɪn'daʊmənt, ɛn-] n **1** FUNDING : dotación f **2** DONATION : donación f, legado m **3** ATTRIBUTE, GIFT : atributo m, dotes fpl

endurable [ɪn'dʊrəbəl, ɛn-, -'djʊr-] adj : tolerable, soportable

endurance [ɪn'dʊrənts, ɛn-, -'djʊr-] n : resistencia f, aguante m

endure [ɪn'dʊr, ɛn-, -'djʊr] v **-dured; -during** vt **1** BEAR : resistir, soportar, aguantar **2** TOLERATE : tolerar, soportar — vi LAST : durar, perdurar

enema [ˈɛnəmə] n : enema m, lavativa f

enemy [ˈɛnəmi] n, pl **-mies** : enemigo m, -ga f

energetic [ˌɛnərˈʤɛtɪk] adj : enérgico, vigoroso — **energetically** [-tɪkli] adv

energize [ˈɛnərˌʤaɪz] vt **-gized; -gizing 1** ACTIVATE : activar **2** INVIGORATE : vigorizar

energy [ˈɛnərʤi] n, pl **-gies 1** VITALITY : energía f, vitalidad f **2** EFFORT : esfuerzo m, energías fpl **3** POWER : energía f ⟨atomic energy : energía atómica⟩

enervate [ˈɛnərˌveɪt] vt **-vated; -vating** : enervar, debilitar

enfold [ɪn'foːld, ɛn-] vt : envolver

enforce [ɪn'fors, ɛn-] vt **-forced; -forcing 1** : hacer respetar, hacer cumplir (una ley, etc.) **2** IMPOSE : imponer ⟨to enforce obedience : imponer la obediencia⟩

enforcement [ɪn'forsmənt, ɛn-] n : imposición f

enfranchise [ɪn'frænˌʧaɪz, ɛn-] vt **-chised; -chising** : conceder el voto a

enfranchisement [ɪn'frænˌʧaɪzmənt, ɛn-] n : concesión f del voto

engage [ɪn'geɪʤ, ɛn-] v **-gaged; -gaging** vt **1** ATTRACT : captar, atraer, llamar ⟨to engage one's attention : captar la atención⟩ **2** MESH : engranar ⟨to engage the clutch : embragar⟩ **3** COMMIT : comprometer ⟨to get engaged : comprometerse⟩ **4** HIRE : contratar **5** : entablar combate con (un enemigo)

— *vi* **1** PARTICIPATE : participar **2 to engage in combat** : entrar en combate

engagement [ɪn'geɪdʒmənt, ɛn-] *n* **1** APPOINTMENT : cita *f*, hora *f* **2** BETROTHAL : compromiso *m*

engaging [ɪn'geɪdʒɪŋ, ɛn-] *adj* : atractivo, encantador, interesante

engender [ɪn'dʒɛndər, ɛn-] *vt* **-dered; -dering** : engendrar

engine ['ɛndʒən] *n* **1** MOTOR : motor *m* **2** LOCOMOTIVE : locomotora *f*, máquina *f*

engineer¹ [ˌɛndʒə'nɪr] *vt* **1** : diseñar, construir (un sistema, un mecanismo, etc.) **2** CONTRIVE : maquinar, tramar, fraguar

engineer² *n* **1** : ingeniero *m*, -ra *f* **2** : maquinista *mf* (de locomotoras)

engineering [ˌɛndʒə'nɪrɪŋ] *n* : ingeniería *f*

English¹ ['ɪŋglɪʃ, 'ɪŋlɪʃ] *adj* : inglés

English² *n* **1** : inglés *m* (idioma) **2 the English** : los ingleses

Englishman ['ɪŋglɪʃmən, 'ɪŋlɪʃ-] *n*, *pl* **-men** [-mən, -ˌmɛn] : inglés *m*

Englishwoman ['ɪŋglɪʃˌwʊmən, 'ɪŋlɪʃ-] *n*, *pl* **-women** [-ˌwɪmən] : inglesa *f*

engrave [ɪn'greɪv, ɛn-] *vt* **-graved; -graving** : grabar

engraver [ɪn'greɪvər, ɛn-] *n* : grabador *m*, -dora *f*

engraving [ɪn'greɪvɪŋ, ɛn-] *n* : grabado *m*

engross [ɪn'gro:s, ɛn-] *vt* : absorber

engrossed [ɪn'gro:st, ɛn-] *adj* : absorto

engrossing [ɪn'gro:sɪŋ, ɛn-] *adj* : fascinante, absorbente

engulf [ɪn'gʌlf, ɛn-] *vt* : envolver, sepultar

enhance [ɪn'hænts, ɛn-] *vt* **-hanced; -hancing** : realzar, aumentar, mejorar

enhancement [ɪn'hæntsmənt, ɛn-] *n* : mejora *f*, realce *m*, aumento *m*

enigma [ɪ'nɪgmə] *n* : enigma *m*

enigmatic [ˌɛnɪg'mætɪk, ˌiːnɪg-] *adj* : enigmático — **enigmatically** [-ˌtɪkli] *adv*

enjoin [ɪn'dʒɔɪn, ɛn-] *vt* **1** COMMAND : ordenar, imponer **2** FORBID : prohibir, vedar

enjoy [ɪn'dʒɔɪ, ɛn-] *vt* **1** : disfrutar, gozar de ⟨did you enjoy the book? : ¿te gustó el libro?⟩ ⟨to enjoy good health : gozar de buena salud⟩ **2 to enjoy oneself** : divertirse, pasarlo bien

enjoyable [ɪn'dʒɔɪəbəl, ɛn-] *adj* : agradable, placentero

enjoyment [ɪn'dʒɔɪmənt, ɛn-] *n* : placer *m*, goce *m*, disfrute *m*, deleite *m*

enlarge [ɪn'lɑrdʒ, ɛn-] *v* **-larged; -larging** *vt* : extender, agrandar, ampliar — *vi* **1** : ampliarse **2 to enlarge upon** : extenderse sobre, entrar en detalles sobre

enlargement [ɪn'lɑrdʒmənt, ɛn-] *n* : expansión *f*, ampliación *f* (dícese de fotografías)

enlarger [ɪn'lɑrdʒər, ɛn-] *n* : ampliadora *f*

enlighten [ɪn'laɪtən, ɛn-] *vt* : iluminar, aclarar

enlightenment [ɪn'laɪtənmənt, ɛn-] *n* **1** : ilustración *f* ⟨the Enlightenment : la Ilustración⟩ **2** CLARIFICATION : aclaración *f*

enlist [ɪn'lɪst, ɛn-] *vt* **1** ENROLL : alistar, reclutar **2** SECURE : conseguir ⟨to enlist the support of : conseguir el apoyo de⟩ — *vi* : alistarse

enlisted man [ɪn'lɪstəd, ɛn-] *n* : soldado *m* raso

enlistment [ɪn'lɪstmənt, ɛn-] *n* : alistamiento *m*, reclutamiento *m*

enliven [ɪn'laɪvən, ɛn-] *vt* : animar, alegrar, darle vida a

enmity ['ɛnməti] *n*, *pl* **-ties** : enemistad *f*, animadversión *f*

ennoble [ɪ'no:bəl, ɛ-] *vt* **-bled; -bling** : ennoblecer

ennui [ˌɑn'wiː] *n* : hastío *m*, tedio *m*, fastidio *m*, aburrimiento *m*

enormity [ɪ'nɔrməti] *n*, *pl* **-ties 1** ATROCITY : atrocidad *f*, barbaridad *f* **2** IMMENSITY : enormidad *f*, inmensidad *f*

enormous [ɪ'nɔrməs] *adj* : enorme, inmenso, tremendo — **enormously** *adv*

enough¹ [ɪ'nʌf] *adv* **1** : bastante, suficientemente **2 fair enough!** : ¡está bien!, ¡de acuerdo! **3 strangely enough** : por extraño que parezca **4 sure enough** : en efecto, sin duda alguna **5 well enough** : muy bien, bastante bien

enough² *adj* : bastante, suficiente ⟨do we have enough chairs? : ¿tenemos suficientes sillas?⟩

enough³ *pron* : (lo) suficiente, (lo) bastante ⟨enough to eat : lo suficiente para comer⟩ ⟨it's not enough : no basta⟩ ⟨I've had enough! : ¡estoy harto!, ¡está bueno ya!⟩

enquire [ɪn'kwaɪr, ɛn-] **enquiry** ['ɪn-ˌkwaɪri, 'ɛn-, -ˌkwəri; ɪn'kwaɪri, ɛn'-] → **inquire, inquiry**

enrage [ɪn'reɪdʒ, ɛn-] *vt* **-raged; -raging** : enfurecer, encolerizar

enraged [ɪn'reɪdʒd, ɛn-] *adj* : enfurecido, furioso

enrich [ɪn'rɪtʃ, ɛn-] *vt* : enriquecer

enrichment [ɪn'rɪtʃmənt, ɛn-] *n* : enriquecimiento *m*

enroll *or* **enrol** [ɪn'ro:l, ɛn-] *v* **-rolled; -rolling** *vt* : matricular, inscribir — *vi* : matricularse, inscribirse

enrollment [ɪn'ro:lmənt, ɛn-] *n* : matrícula *f*, inscripción *f*

en route [ɑ'ru:t, ɛn'raʊt] *adv* : de camino, por el camino

ensconce [ɪn'skɑnts, ɛn-] *vt* **-sconced; -sconcing** : acomodar, instalar, establecer cómodamente

ensemble [ɑn'sɑmbəl] *n* : conjunto *m*

enshrine [ɪn'ʃraɪn, ɛn-] *vt* **-shrined; -shrining** : conservar religiosamente, preservar

ensign ['ɛntsən, 'ɛn,saɪn] *n* **1** FLAG : enseña *f*, pabellón *m* **2** : alférez *mf* (de fragata)

enslave [ɪn'sleɪv, ɛn-] vt **-slaved; -slaving** : esclavizar

enslavement [ɪn'sleɪvmənt, ɛn-] n : esclavización f

ensnare [ɪn'snær, ɛn-] vt **-snared; -snaring** : atrapar

ensue [ɪn'suː, ɛn-] vi **-sued; -suing** : seguir, resultar

ensure [ɪn'ʃʊr, ɛn-] vt **-sured; -suring** : asegurar, garantizar

entail [ɪn'teɪl, ɛn-] vt : implicar, suponer, conllevar

entangle [ɪn'tæŋgəl, ɛn-] vt **-gled; -gling** : enredar

entanglement [ɪn'tæŋgəlmənt, ɛn-] n : enredo m

enter ['ɛntər] vt **1** : entrar en, entrar a **2** BEGIN : entrar en, comenzar, iniciar **3** RECORD : anotar, inscribir, dar entrada a ⟨to enter data : introducir datos⟩ **4** JOIN : entrar en, alistarse en, hacerse socio de — vi **1** : entrar **2 to enter into** : entrar en, firmar (un acuerdo), entablar (negociaciones, etc.)

enterprise ['ɛntər,praɪz] n **1** UNDERTAKING : empresa f **2** BUSINESS : empresa f, firma f **3** INITIATIVE : iniciativa f, empuje m

enterprising ['ɛntər,praɪzɪŋ] adj : emprendedor

entertain [,ɛntər'teɪn] vt **1** : recibir, agasajar ⟨to entertain guests : tener invitados⟩ **2** CONSIDER : considerar, contemplar **3** AMUSE : entretener, divertir

entertainer [,ɛntər'teɪnər] n : artista mf

entertaining [,ɛntər'teɪnɪŋ] adj : entretenido, divertido

entertainment [,ɛntər'teɪnmənt] n : entretenimiento m, diversión f

enthrall or **enthral** [ɪn'θrɔl, ɛn-] vt **-thralled; -thralling** : cautivar, embelesar

enthuse [ɪn'θuiz, ɛn-] v **-thused; -thusing** vt **1** EXCITE : entusiasmar **2** : decir con entusiasmo — vi **to enthuse over** : hablar con entusiasmo sobre

enthusiasm [ɪn'θuːzi,æzəm, ɛn-, -'θjuː-] n : entusiasmo m

enthusiast [ɪn'θuːzi,æst, ɛn-, -'θjuː-,-əst] n : entusiasta mf, aficionado m, -da f

enthusiastic [ɪn,θuːzi'æstɪk, ɛn-, -,θjuː-] adj : entusiasta, aficionado

enthusiastically [ɪn,θuːzi'æstɪkli, ɛn-, -,θjuː-] adv : con entusiasmo

entice [ɪn'taɪs, ɛn-] vt **-ticed; -ticing** : atraer, tentar

enticement [ɪn'taɪsmənt, ɛn-] n : tentación f, atracción f, señuelo m

entire [ɪn'taɪr, ɛn-] adj : entero, completo

entirely [ɪn'taɪrli, ɛn-] adv : completamente, totalmente

entirety [ɪn'taɪrti, ɛn-, -'taɪrəti] n, pl **-ties** : totalidad f

entitle [ɪn'taɪtəl, ɛn-] vt **-tled; -tling 1** NAME : titular, intitular **2** : dar derecho a ⟨it entitles you to enter free : le

da derecho a entrar gratis⟩ **3 to be entitled to** : tener derecho a

entitlement [ɪn'taɪtəlmənt, ɛn-] n RIGHT : derecho m

entity ['ɛntəti] n, pl **-ties** : entidad f, ente m

entomologist [,ɛntə'malədʒɪst] n : entomólogo m, -ga f

entomology [,ɛntə'malədʒi] n : entomología f

entourage [,antu'raʒ] n : séquito m

entrails ['ɛn,treɪlz, -trəlz] npl : entrañas fpl, vísceras fpl

entrance[1] [ɪn'trænts, ɛn-] vt **-tranced; -trancing** : encantar, embelesar, fascinar

entrance[2] ['ɛntrənts] n **1** ENTERING : entrada f ⟨to make an entrance : entrar en escena⟩ **2** ENTRY : entrada f, puerta f **3** ADMISSION : entrada f, ingreso m ⟨entrance examination : examen de ingreso⟩

entrant ['ɛntrənt] n : candidato m, -ta f (en un examen); participante mf (en un concurso)

entrap [ɪn'træp, ɛn-] vt **-trapped; -trapping** : atrapar, entrampar, hacer caer en una trampa

entrapment [ɪn'træpmənt, ɛn-] n : captura f

entreat [ɪn'triːt, ɛn-] vt : suplicar, rogar

entreaty [ɪn'triːti, ɛn-] n, pl **-treaties** : ruego m, súplica f

entrée or **entree** ['an,treɪ, ,an'-] n : plato m principal

entrench [ɪn'trɛntʃ, ɛn-] vt **1** FORTIFY : atrincherar (una posición militar) **2** : consolidar, afianzar ⟨firmly entrenched in his job : afianzado en su puesto⟩

entrepreneur [,antrəprə'nər, -'njʊr] n : empresario m, -ria f

entrust [ɪn'trʌst, ɛn-] vt : confiar, encomendar

entry ['ɛntri] n, pl **-tries 1** ENTRANCE : entrada f **2** NOTATION : entrada f, anotación f

entwine [ɪn'twaɪn, ɛn-] vt **-twined; -twining** : entrelazar, entretejer, entrecruzar

enumerate [ɪ'nuːmə,reɪt, ɛ-, -'njuː-] vt **-ated; -ating 1** LIST : enumerar **2** COUNT : contar, enumerar

enumeration [ɪ,nuːmə'reɪʃən, ɛ-, -,njuː-] n : enumeración f, lista f

enunciate [i'nʌntsi,eɪt, ɛ-] vt **-ated; -ating 1** STATE : enunciar, decir **2** PRONOUNCE : articular, pronunciar

enunciation [i,nʌntsi'eɪʃən, ɛ-] n **1** STATEMENT : enunciación f, declaración f **2** ARTICULATION : articulación f, pronunciación f, dicción f

envelop [ɪn'vləp, ɛn-] vt : envolver, cubrir

envelope ['ɛnvə,loːp, 'an-] n : sobre m

enviable ['ɛnviəbəl] adj : envidiable

envious ['ɛnviəs] adj : envidioso — **enviously** adv

environment [ɪnˈvaɪrənmənt, ɛn-, -ˈvaɪrn-] *n* : medio *m* (ambiente), ambiente *m*, entorno *m*

environmental [ɪnˌvaɪrənˈmɛntəl, ɛn-, -ˌvaɪrən-] *adj* : ambiental

environmentalist [ɪnˌvaɪrənˈmɛntəlɪst, ɛn-, -ˌvaɪrən-] *n* : ecologista *mf*

environs [ɪnˈvaɪrənz, ɛn-, -ˈvaɪrənz] *npl* : alrededores *mpl*, entorno *m*, inmediaciones *fpl*

envisage [ɪnˈvɪzɪʤ, ɛn-] *vt* **-aged; -aging 1** IMAGINE : imaginarse, concebir **2** FORESEE : prever

envision [ɪnˈvɪʒən, ɛn-] *vt* : imaginar

envoy [ˈɛnˌvɔɪ, ˈan-] *n* : enviado *m*, -da *f*

envy¹ [ˈɛnvi] *vt* **-vied; -vying** : envidiar

envy² *n*, *pl* **envies** : envidia *f*

enzyme [ˈɛnˌzaɪm] *n* : enzima *f*

eon [ˈiːən, iːˌan] → **aeon**

epaulet [ˌɛpəˈlɛt] *n* : charretera *f*

ephemeral [ɪˈfɛmərəl, -ˈfiː-] *adj* : efímero, fugaz

epic¹ [ˈɛpɪk] *adj* : épico

epic² *n* : poema *m* épico, epopeya *f*

epicure [ˈɛpɪˌkjʊr] *n* : epicúreo *m*, -rea *f*; gastrónomo *m*, -ma *f*

epicurean [ˌɛpɪkjʊˈriːən, -ˈkjʊriən] *adj* : epicúreo

epidemic¹ [ˌɛpəˈdɛmɪk] *adj* : epidémico

epidemic² *n* : epidemia *f*

epidermis [ˌɛpəˈdərməs] *n* : epidermis *f*

epigram [ˈɛpəˌgræm] *n* : epigrama *m*

epilepsy [ˈɛpəˌlɛpsi] *n*, *pl* **-sies** : epilepsia *f*

epileptic¹ [ˌɛpəˈlɛptɪk] *adj* : epiléptico

epileptic² *n* : epiléptico *m*, -ca *f*

epilogue [ˈɛpəˌlɔg, -ˌlɑg] *n* : epílogo *m*

epiphany [ɪˈpɪfəni] *n*, *pl* **-nies 1 Epiphany** : Epifanía *f* **2 to have an epiphany** : tener una revelación

episcopal [ɪˈpɪskəpəl] *adj* : episcopal

Episcopalian [ɪˌpɪskəˈpeɪljən] *n* : episcopalista *mf*; episcopaliano *m*, -na *f*

episode [ˈɛpəˌsoːd] *n* : episodio *m*

episodic [ˌɛpəˈsɑdɪk] *adj* : episódico

epistle [ɪˈpɪsəl] *n* : epístola *f*, carta *f*

epitaph [ˈɛpəˌtæf] *n* : epitafio *m*

epithet [ˈɛpəˌθɛt, -θət] *n* : epíteto *m*

epitome [ɪˈpɪtəni] *n* **1** SUMMARY : epítome *m*, resumen *m* **2** EMBODIMENT : personificación *f*

epitomize [ɪˈpɪtəˌmaɪz] *vt* **-mized; -mizing 1** SUMMARIZE : resumir **2** EMBODY : ser la personificación de, personificar

epoch [ˈɛpək, ˈɛˌpak, ˈiːˌpak] *n* : época *f*, era *f*

epoxy [ɪˈpaksi] *n*, *pl* **epoxies** : resina *f* epoxídica

equable [ˈɛkwəbəl, ˈiː-] *adj* **1** CALM, STEADY : ecuánime **2** UNIFORM : estable (dícese de la temperatura), constante (dícese del clima), uniforme

equably [ˈɛkwəbli, ˈiː-] *adv* : con ecuanimidad

equal¹ [ˈiːkwəl] *vt* **equaled** *or* **equalled; equaling** *or* **equalling 1** : ser igual a

⟨two plus three equals five : dos más tres es igual a cinco⟩ **2** MATCH : igualar

equal² *adj* **1** SAME : igual **2** ADEQUATE : adecuado, capaz

equal³ *n* : igual *mf*

equality [ɪˈkwaləti] *n*, *pl* **-ties** : igualdad *f*

equalize [ˈiːkwəˌlaɪz] *vt* **-ized; -izing** : igualar, equiparar

equally [ˈiːkwəli] *adv* : igualmente, por igual

equanimity [ˌiːkwəˈnɪməti, ˌɛ-] *n*, *pl* **-ties** : ecuanimidad *f*

equate [ɪˈkweɪt] *vt* **equated; equating** : equiparar, equivaler

equation [ɪˈkweɪʒən] *n* : ecuación *f*

equator [ɪˈkweɪtər] *n* : ecuador *m*

equatorial [ˌiːkwəˈtoriəl, ˌɛ-] *adj* : ecuatorial

equestrian¹ [ɪˈkwɛstriən, ɛ-] *adj* : ecuestre

equestrian² *n* : jinete *mf*, caballista *mf*

equilateral [ˌiːkwəˈlætərəl, ˌɛ-] *adj* : equilátero

equilibrium [ˌiːkwəˈlɪbriəm, ˌɛ-] *n*, *pl* **-riums** *or* **-ria** [-briə] : equilibrio *m*

equine [ˈiːˌkwaɪn, ˈɛ-] *adj* : equino, hípico

equinox [ˈiːkwəˌnaks, ˈɛ-] *n* : equinoccio *m*

equip [ɪˈkwɪp] *vt* **equipped; equipping 1** FURNISH : equipar **2** PREPARE : preparar

equipment [ɪˈkwɪpmənt] *n* : equipo *m*

equitable [ˈɛkwətəbəl] *adj* : equitativo, justo, imparcial

equity [ˈɛkwəti] *n*, *pl* **-ties 1** FAIRNESS : equidad *f*, imparcialidad *f* **2** VALUE : valor *m* líquido

equivalence [ɪˈkwɪvələnts] *n* : equivalencia *f*

equivalent¹ [ɪˈkwɪvələnt] *adj* : equivalente

equivalent² *n* : equivalente *m*

equivocal [ɪˈkwɪvəkəl] *adj* **1** AMBIGUOUS : equívoco, ambiguo **2** QUESTIONABLE : incierto, dudoso, sospechoso

equivocate [ɪˈkwɪvəˌkeɪt] *vi* **-cated; -cating** : usar lenguaje equívoco, andarse con evasivas

equivocation [ɪˌkwɪvəˈkeɪʃən] *n* : evasiva *f*, subterfugio *m*

era [ˈɪrə, ˈɛrə, ˈiːrə] *n* : era *f*, época *f*

eradicate [ɪˈrædəˌkeɪt] *vt* **-cated; -cating** : erradicar

erase [ɪˈreɪs] *vt* **erased; erasing** : borrar

eraser [ɪˈreɪsər] *n* : goma *f* de borrar, borrador *m*

erasure [ɪˈreɪʃər] *n* : tachadura *f*

ere¹ [ˈɛr] *conj* : antes de que

ere² *prep* **1** : antes de **2 ere long** : dentro de poco

erect¹ [ɪˈrɛkt] *vt* **1** CONSTRUCT : erigir, construir **2** RAISE : levantar **3** ESTABLISH : establecer

erect² *adj* : erguido, derecho, erecto

erection [ɪˈrɛkʃən] n 1 : erección f (en fisiología) 2 BUILDING : construcción f

ergonomics [ˌərɡəˈnamɪks] npl : ergonomía f

ermine [ˈərmən] n : armiño m

erode [ɪˈroːd] vt **eroded; eroding** : erosionar (el suelo), corroer (metales)

erosion [ɪˈroːʒən] n : erosión f, corrosión f

erotic [ɪˈratɪk] adj : erótico — **erotically** [-tɪkli] adv

eroticism [ɪˈratəˌsɪzəm] n : erotismo m

err [ˈɛr, ˈər] vi : cometer un error, equivocarse, errar

errand [ˈɛrənd] n : mandado m, encargo m, recado m Spain ⟨an errand of mercy : una misión de caridad⟩

errant [ˈɛrənt] adj 1 WANDERING : errante 2 ASTRAY : descarriado

erratic [ɪˈrætɪk] adj 1 INCONSISTENT : errático, irregular, inconsistente 2 ECCENTRIC : excéntrico, raro

erratically [ɪˈrætɪkli] adv : erráticamente, de manera irregular

erroneous [ɪˈroːniəs, ɛ-] adj : erróneo — **erroneously** adv

error [ˈɛrər] n : error m, equivocación f ⟨to be in error : estar equivocado⟩

ersatz [ˈɛrˌsats, ˈərˌsæts] adj : artificial, sustituto

erstwhile [ˈərstˌhwaɪl] adj : antiguo

erudite [ˈɛrəˌdaɪt, ˈɛrjʊ-] adj : erudito, letrado

erudition [ˌɛrəˈdɪʃən, ˌɛrjʊ-] n : erudición f

erupt [ɪˈrʌpt] vi 1 : hacer erupción (dícese de un volcán o un sarpullido) 2 : estallar (dícese de la cólera o la violencia)

eruption [ɪˈrʌpʃən] n : erupción f, estallido m

eruptive [ɪˈrʌptɪv] adj : eruptivo

escalate [ˈɛskəˌleɪt] v **-lated; -lating** vt : intensificar (un conflicto), aumentar (precios) — vi : intensificarse, aumentarse

escalation [ˌɛskəˈleɪʃən] n : intensificación f, escalada f, aumento m, subida f

escalator [ˈɛskəˌleɪtər] n : escalera f mecánica

escapade [ˈɛskəˌpeɪd] n : aventura f

escape[1] [əˈskeɪp, ɛ-] v **-caped; -caping** vt : escaparse de, librarse de, evitar — vi : escaparse, fugarse, huir

escape[2] n 1 FLIGHT : fuga f, huida f, escapada f 2 LEAKAGE : escape m, fuga f 3 : escapatoria f, evasión f ⟨to have no escape : no tener escapatoria⟩ ⟨escape from reality : evasión de la realidad⟩

escapee [ɪˌskeɪˈpiː, ˌɛ-] n : fugitivo m, -va f

escarole [ˈɛskəˌroːl] n : escarola f

escarpment [ɪˈskarpmənt, ɛs-] n : escarpa f, escarpadura f

eschew [ɛˈʃuː, ɪsˈtʃuː] vt : evitar, rehuir, abstenerse de

escort[1] [ɪˈskɔrt, ɛ-] vt : escoltar ⟨to escort a ship : escoltar un barco⟩ 2 ACCOMPANY : acompañar

escort[2] [ˈɛsˌkɔrt] n 1 : escolta f ⟨armed escort : escolta armada⟩ 2 COMPANION : acompañante mf; compañero m, -ra f

escrow [ˈɛsˌkroː] n **in escrow** : en depósito, en custodia de un tercero

Eskimo [ˈɛskəˌmoː] n 1 : esquimal mf 2 : esquimal m (idioma) — **Eskimo** adj

esophagus [ɪˈsafəɡəs, iː-] n, pl **-gi** [-ˌɡaɪ, -ˌdʒaɪ] : esófago m

esoteric [ˌɛsəˈtɛrɪk] adj : esotérico, hermético

especially [ɪˈspɛʃəli] adv : especialmente, particularmente

espionage [ˈɛspiəˌnaʒ, -ˌnadʒ] n : espionaje m

espouse [ɪˈspauz, ɛ-] vt **espoused; espousing** 1 MARRY : casarse con 2 ADOPT, ADVOCATE : apoyar, adherirse a, adoptar

espresso [ɛˈsprɛˌsoː] n, pl **-sos** : café m exprés

essay[1] [ˈɛseɪ, ˈɛˌseɪ] vt : intentar, tratar

essay[2] [ˈɛˌseɪ] n 1 COMPOSITION : ensayo m, trabajo m 2 ATTEMPT : intento m

essayist [ˈɛˌseɪɪst] n : ensayista mf

essence [ˈɛsənts] n 1 CORE : esencia f, núcleo m, meollo m ⟨in essence : esencialmente⟩ 2 EXTRACT : esencia f, extracto m 3 PERFUME : esencia f, perfume m

essential[1] [ɪˈsɛntʃəl] adj : esencial, imprescindible, fundamental — **essentially** adv

essential[2] n : elemento m esencial, lo imprescindible

establish [ɪˈstæblɪʃ, ɛ-] vt 1 FOUND : establecer, fundar 2 SET UP : establecer, instaurar, instituir 3 PROVE : demostrar, probar

establishment [ɪˈstæblɪʃmənt, ɛ-] n 1 ESTABLISHING : establecimiento m, fundación f, instauración f 2 BUSINESS : negocio m, establecimiento m 3 the **Establishment** : la clase dirigente

estate [ɪˈsteɪt, ɛ-] n 1 POSSESSIONS : bienes mpl, propiedad f, patrimonio m 2 PROPERTY : hacienda f, finca f, propiedad f

esteem[1] [ɪˈstiːm, ɛ-] vt : estimar, apreciar

esteem[2] n : estima f, aprecio m

ester [ˈɛstər] n : éster m

esthetic [ɛsˈθɛtɪk] → **aesthetic**

estimable [ˈɛstəməbəl] adj : estimable

estimate[1] [ˈɛstəˌmeɪt] vt **-mated; -mating** : calcular, estimar

estimate[2] [ˈɛstəmət] n 1 : cálculo m aproximado ⟨to make an estimate : hacer un cálculo⟩ 2 ASSESSMENT : valoración f, estimación f

estimation [ˌɛstəˈmeɪʃən] n 1 JUDGMENT : juicio m, opinión f ⟨in my estimation : en mi opinión, según mis cálculos⟩ 2 ESTEEM : estima f, aprecio m

estimator [ˈɛstəˌmeɪtər] *n* : tasador *m*, -dora *f*

Estonian [ɛˈstoːniən] *n* : estonio *m*, -nia *f* — **Estonian** *adj*

estrange [ɪˈstreɪndʒ, ɛ-] *vt* **-tranged; -tranging** : enajenar, apartar, alejar

estrangement [ɪˈstreɪndʒmənt, ɛ-] *n* 1 : alejamiento *m*, distanciamiento *m*

estrogen [ˈɛstrədʒən] *n* : estrógeno *m*

estrus [ˈɛstrəs] *n* : celo *m*

estuary [ˈɛstʃuˌwɛri] *n, pl* **-aries** : estuario *m*, -ría *f*

et cetera [ɛtˈsɛtərə, -ˈsɛtrə] : etcétera

etch [ˈɛtʃ] *v* : grabar al aguafuerte

etching [ˈɛtʃɪŋ] *n* : aguafuerte *m*, grabado *m* al aguafuerte

eternal [ɪˈtərnəl, iː-] *adj* 1 EVERLASTING : eterno 2 INTERMINABLE : constante, incesante

eternally [ɪˈtərnəli, iː-] *adv* : eternamente, para siempre

eternity [ɪˈtərnəti, iː-] *n, pl* **-ties** : eternidad *f*

ethane [ˈɛˌθeɪn] *n* : etano *m*

ethanol [ˈɛθəˌnɔl, -ˌnoːl] *n* : etanol *m*

ether [ˈiːθər] *n* : éter *m*

ethereal [ɪˈθɪriəl, iː-] *adj* 1 CELESTIAL : etéreo, celeste 2 DELICATE : delicado

ethical [ˈɛθɪkəl] *adj* : ético — **ethically** *adv*

ethics [ˈɛθɪks] *ns & pl* 1 : ética *f* 2 MORALITY : ética *f*, moral *f*, moralidad *f*

Ethiopian [ˌiːθiˈoːpiən] *n* : etíope *mf* — **Ethiopian** *adj*

ethnic [ˈɛθnɪk] *adj* : étnico

ethnologist [ɛθˈnɑlədʒɪst] *n* : etnólogo *m*, -ga *f*

ethnology [ɛθˈnɑlədʒi] *n* : etnología *f*

etiquette [ˈɛtɪkət, -ˌkɛt] *n* : etiqueta *f*, protocolo *m*

etymological [ˌɛtəməˈlɑdʒɪkəl] *adj* : etimológico

etymology [ˌɛtəˈmɑlədʒi] *n, pl* **-gies** : etimología *f*

eucalyptus [ˌjuːkəˈlɪptəs] *n, pl* **-ti** [-ˌtaɪ] *or* **-tuses** [-təsəz] : eucalipto *m*

Eucharist [ˈjuːkərɪst] *n* : Eucaristía *f*

eulogize [ˈjuːləˌdʒaɪz] *vt* **-gized; -gizing** : elogiar, encomiar

eulogy [ˈjuːlədʒi] *n, pl* **-gies** : elogio *m*, encomio *m*, panegírico *m*

eunuch [ˈjuːnək] *n* : eunuco *m*

euphemism [ˈjuːfəˌmɪzəm] *n* : eufemismo *m*

euphemistic [ˌjuːfəˈmɪstɪk] *adj* : eufemístico

euphony [ˈjuːfəni] *n, pl* **-nies** : eufonía *f*

euphoria [juˈforiə] *n* : euforia *f*

euphoric [juˈforɪk] *adj* : eufórico

European [ˌjʊrəˈpiːən] *n* : europeo *m*, europea *f* — **European** *adj*

euthanasia [ˌjuːθəˈneɪʒə, -ʒiə] *n* : eutanasia *f*

evacuate [ɪˈvækjuˌeɪt] *v* **-ated; -ating** *vt* VACATE : evacuar, desalojar — *vi* WITHDRAW : retirarse

evacuation [ɪˌvækjuˈeɪʃən] *n* : evacuación *f*, desalojo *m*

evade [ɪˈveɪd] *vt* **evaded; evading** : evadir, eludir, esquivar

evaluate [ɪˈvæljuˌeɪt] *vt* **-ated; -ating** : evaluar, valorar, tasar

evaluation [ɪˌvæljuˈeɪʃən] *n* : evaluación *f*, valoración *f*, tasación *f*

evangelical [ˌiː-ˌvænˈdʒɛlɪkəl, ˌɛvən-] *adj* : evangélico

evangelist [ɪˈvændʒəlɪst] *n* 1 : evangelista *m* 2 PREACHER : predicador *m*, -dora *f*

evaporate [ɪˈvæpəˌreɪt] *vi* **-rated; -rating** 1 VAPORIZE : evaporar 2 VANISH : evaporarse, desvanecerse, esfumarse

evaporation [ɪˌvæpəˈreɪʃən] *n* : evaporación *f*

evasion [ɪˈveɪʒən] *n* : evasión *f*

evasive [ɪˈveɪsɪv] *adj* : evasivo

evasiveness [ɪˈveɪsɪvnəs] *n* : carácter *m* evasivo

eve [ˈiːv] *n* 1 : víspera *f* ⟨on the eve of the festivities : en vísperas de las festividades⟩ 2 → **evening**

even[1] [ˈiːvən] *vt* 1 LEVEL : allanar, nivelar, emparejar 2 EQUALIZE : igualar, equilibrar — *vi* **to even out** : nivelarse, emparejarse

even[2] *adv* 1 : hasta, incluso ⟨even a child can do it : hasta un niño puede hacerlo⟩ ⟨he looked content, even happy : se le veía satisfecho, incluso feliz⟩ 2 (*in negative constructions*) : ni siquiera ⟨he didn't even try : ni siquiera lo intentó⟩ 3 (*in comparisons*) : aún, todavía ⟨even better : aún mejor, todavía mejor⟩ 4 **even if** : aunque 5 **even so** : aun así 6 **even though** : aun cuando, a pesar de que

even[3] *adj* 1 SMOOTH : uniforme, liso, parejo 2 FLAT : plano, llano 3 EQUAL : igual, igualado ⟨an even score : un marcador igualado⟩ 4 REGULAR : regular, constante ⟨an even pace : un ritmo constante⟩ 5 EXACT : exacto, justo 6 : par ⟨even number : número par⟩ 7 **to be even** : estar en paz, estar a mano 8 **to get even** : desquitarse, vengarse

evening [ˈiːvnɪŋ] *n* : tarde *f*, noche *f* ⟨in the evening : por la noche⟩

evenly [ˈiːvənli] *adv* 1 UNIFORMLY : de modo uniforme, de manera constante 2 FAIRLY : igualmente, equitativamente

evenness [ˈiːvənnəs] *n* : uniformidad *f*, igualdad *f*, regularidad *f*

event [ɪˈvɛnt] *n* 1 : acontecimiento *m*, suceso *m*, prueba *f* (en deportes) 2 **in the event that** : en caso de que

eventful [ɪˈvɛntfəl] *adj* : lleno de incidentes, memorable

eventual [ɪˈvɛntʃuəl] *adj* : final, consiguiente

eventuality [ɪˌvɛntʃuˈæləti] *n, pl* **-ties** : eventualidad *f*

eventually [ɪˈvɛntʃuəli] *adv* : al fin, con el tiempo, algún día

ever ['ɛvər] *adv* **1** ALWAYS : siempre ⟨as ever : como siempre⟩ ⟨ever since : desde entonces⟩ **2** (*in questions*) : alguna vez, algún día ⟨have you ever been to México? : ¿has estado en México alguna vez?⟩ **3** (*in negative constructions*) : nunca ⟨doesn't he ever work? : ¿es que nunca trabaja?⟩ ⟨nobody ever helps me : nadie nunca me ayuda⟩ **4** (*in comparisons*) : nunca ⟨better than ever : mejor que nunca⟩ **5** (*as intensifier*) ⟨I'm ever so happy! : ¡estoy tan y tan feliz!⟩ ⟨he looks ever so angry : parece estar muy enojado⟩

evergreen[1] ['ɛvər,gri:n] *adj* : de hoja perenne

evergreen[2] *n* : planta *f* de hoja perenne

everlasting [,ɛvər'læstɪŋ] *adj* : eterno, perpetuo, imperecedero

evermore [,ɛvər'mor] *adv* : eternamente

every ['ɛvri] *adj* **1** EACH : cada ⟨every time : cada vez⟩ ⟨every other house : cada dos casas⟩ **2** ALL : todo ⟨every month : todos los meses⟩ ⟨every woman : toda mujer, todas las mujeres⟩ **3** COMPLETE : pleno, entero ⟨to have every confidence : tener plena confianza⟩

everybody ['ɛvri,bʌdi, -,ba-] *pron* : todos *mpl*, todo el mundo

everyday [,ɛvri'deɪ, 'ɛvri,-] *adj* : cotidiano, diario, corriente ⟨everyday clothes : ropa de todos los días⟩

everyone ['ɛvri,wʌn] → everybody

everything ['ɛvri,θɪŋ] *pron* : todo

everywhere ['ɛvri,hwɛr] *adv* : en todas partes, por todas partes, dondequiera ⟨I looked everywhere : busqué en todas partes⟩ ⟨everywhere we go : dondequiera que vayamos⟩

evict [ɪ'vɪkt] *vt* : desalojar, desahuciar

eviction [ɪ'vɪkʃən] *n* : desalojo *m*, desahucio *m*

evidence ['ɛvədənts] *n* **1** INDICATION : indicio *m*, señal *m* ⟨to be in evidence : estar a la vista⟩ **2** PROOF : evidencia *f*, prueba *f* **3** TESTIMONY : testimonio *m*, declaración *f* ⟨to give evidence : declarar como testigo, prestar declaración⟩

evident ['ɛvidənt] *adj* : evidente, patente, manifiesto

evidently ['ɛvidəntli, ,ɛvi'dɛntli] *adv* **1** CLEARLY : claramente, obviamente **2** APPARENTLY : aparentemente, evidentemente, al parecer

evil[1] ['i:vəl, -vɪl] *adj* **eviler** *or* **eviler**; **evilest** *or* **evillest** **1** WICKED : malvado, malo, maligno **2** HARMFUL : nocivo, dañino, pernicioso **3** UNPLEASANT : desagradable ⟨an evil odor : un olor horrible⟩

evil[2] *n* **1** WICKEDNESS : mal *m*, maldad *f* **2** MISFORTUNE : desgracia *f*, mal *m*

evildoer [,i:vəl'du:ər, ,i:vɪl-] *n* : malvado *m*, -da *f*

evince [ɪ'vɪnts] *vt* **evinced**; **evincing** : mostrar, manifestar, revelar

eviscerate [ɪ'vɪsə,reɪt] *vt* **-ated**; **-ating** : eviscerar, destripar (un pollo, etc.)

evocation [,i:vo'keɪʃən, ,ɛ-] *n* : evocación *f*

evocative [ɪ'vakətɪv] *adj* : evocador

evoke [ɪ'vo:k] *vt* **evoked**; **evoking** : evocar, provocar

evolution [,ɛvə'lu:ʃən, ,i:-] *n* : evolución *f*, desarrollo *m*

evolutionary [,ɛvə'lu:ʃə,nɛri, ,i:-] *adj* : evolutivo

evolve [ɪ'valv] *vi* **evolved**; **evolving** : evolucionar, desarrollarse

ewe ['ju:] *n* : oveja *f*

exacerbate [ɪg'zæsər,beɪt] *vt* **-bated**; **-bating** : exacerbar

exact[1] [ɪg'zækt, ɛ-] *vt* : exigir, imponer, arrancar

exact[2] *adj* : exacto, preciso — **exactly** *adv*

exacting [ɪg'zæktɪŋ, ɛg-] *adj* : exigente, riguroso

exactitude [ɪg'zæktə,tu:d, ɛg-, -,tju:d] : exactitud *f*, precisión *f*

exaggerate [ɪg'zædʒə,reɪt, ɛg-] *v* **-ated**; **-ating** : exagerar

exaggerated [ɪg'zædʒə,reɪtəd, ɛg-] *adj* : exagerado — **exaggeratedly** *adv*

exaggeration [ɪg,zædʒə'reɪʃən, ɛg-] *n* : exageración *f*

exalt [ɪg'zɔlt, ɛg-] *vt* : exaltar, ensalzar, glorificar

exaltation [,ɛg,zɔl'teɪʃən, ,ɛk,sɔl-] *n* : exaltación *f*

exam [ɪg'zæm, ɛg-] → examination

examination [ɪg,zæmə'neɪʃən, ɛg-] *n* **1** TEST : examen *m* **2** INSPECTION : inspección *f*, revisión *f* **3** INVESTIGATION : examen *m*, estudio *m*

examine [ɪg'zæmən, ɛg-] *vt* **-ined**; **-ining** **1** TEST : examinar **2** INSPECT : inspeccionar, revisar **3** STUDY : examinar

example [ɪg'zæmpəl, ɛg-] *n* : ejemplo *m* ⟨for example : por ejemplo⟩ ⟨to set an example : dar ejemplo⟩

exasperate [ɪg'zæspə,reɪt, ɛg-] *vt* **-ated**; **-ating** : exasperar, sacar de quicio

exasperation [ɪg,zæspə'reɪʃən, ɛg-] *n* : exasperación *f*

excavate ['ɛkskə,veɪt] *vt* **-vated**; **-vating** : excavar

excavation [,ɛkskə'veɪʃən] *n* : excavación *f*

exceed [ɪk'si:d, ɛk-] *vt* **1** SURPASS : exceder, rebasar, sobrepasar **2** : exceder de, sobrepasar ⟨not exceeding two months : que no exceda de dos meses⟩

exceedingly [ɪk'si:dɪŋli, ɛk-] *adv* : extremadamente, sumamente

excel [ɪk'sɛl, ɛk-] *v* **-celled**; **-celling** *vi* : sobresalir, descollar, lucirse — *vt* : superar

excellence ['ɛksələnts] *n* : excelencia *f*

excellency ['ɛksələntsi] *n*, *pl* **-cies** : excelencia *f* ⟨His Excellency : Su Excelencia⟩

excellent ['ɛksələnt] *adj* : excelente, sobresaliente — **excellently** *adv*

except[1] [ɪk'sɛpt] vt : exceptuar, excluir

except[2] conj : pero, si no fuera por

except[3] prep : excepto, menos, salvo ⟨everyone except Carlos : todos menos Carlos⟩

exception [ɪk'sɛpʃən] n 1 : excepción f 2 **to take exception to** : ofenderse por, objetar a

exceptional [ɪk'sɛpʃənəl] adj : excepcional, extraordinario — **exceptionally** adv

excerpt[1] [ɛk'sərpt, ɛg'zərpt, 'ɛk,-, 'g,-] vt : escoger, seleccionar

excerpt[2] ['ɛk,sərpt, 'ɛg,zərpt] n : pasaje m, selección f

excess[1] ['ɛk,sɛs, ɪk'sɛs] adj 1 : excesivo, de sobra 2 **excess baggage** : exceso m de equipaje

excess[2] [ɪk'sɛs, 'ɛk,sɛs] n 1 SUPERFLUITY : exceso m, superfluidad f ⟨an excess of energy : un exceso de energía⟩ 2 SURPLUS : excedente m, sobrante m ⟨in excess of : superior a⟩

excessive [ɪk'sɛsɪv, ɛk-] adj : excesivo, exagerado, desmesurado — **excessively** adv

exchange[1] [ɪks'tʃeɪndʒ, ɛks-; 'ɛks-,tʃeɪndʒ] vt -**changed; -changing** : cambiar, intercambiar, canjear

exchange[2] n 1 : cambio m, intercambio m, canje m 2 **stock exchange** : bolsa f (de valores)

exchangeable [ɪks'tʃeɪndʒəbəl, ɛks-] adj : canjeable

excise[1] [ɪk'saɪz, ɛk-] vt -**cised; -cising** : extirpar

excise[2] ['ɛk,saɪz] n **excise tax** : impuesto m interno, impuesto m sobre el consumo

excision [ɪk'sɪʒən, ɛk-] n : extirpación f, excisión f

excitability [ɪk,saɪtə'bɪləti, ɛk-] n : excitabilidad f

excitable [ɪk'saɪtəbəl, ɛk-] adj : excitable

excitation [,ɛk,saɪ'teɪʃən] n : excitación f

excite [ɪk'saɪt, ɛk-] vt -**cited; -citing** 1 AROUSE, STIMULATE : excitar, mover, estimular 2 ANIMATE : entusiasmar, animar 3 EVOKE, PROVOKE : provocar, despertar, suscitar ⟨to excite curiosity : despertar la curiosidad⟩

excited [ɪk'saɪtəd, ɛk-] adj 1 STIMULATED : excitado, estimulado 2 ENTHUSIASTIC : entusiasmado, emocionado

excitedly [ɪk'saɪtədli, ɛk-] adv : con excitación, con entusiasmo

excitement [ɪk'saɪtmənt, ɛk-] n 1 ENTHUSIASM : entusiasmo m, emoción f 2 AGITATION : agitación f, alboroto m, conmoción f 3 AROUSAL : excitación f

exciting [ɪk'saɪtɪŋ, ɛk-] adj 1 : emocionante 2 AROUSING : excitante

exclaim [ɪks'kleɪm, ɛk-] v : exclamar

exclamation [,ɛksklə'meɪʃən] n : exclamación f

exclamation point n : signo m de admiración

exclamatory [ɪks'klæmə,tori, ɛks-] adj : exclamativo

exclude [ɪks'klu:d, ɛks-] vt -**cluded; -cluding** 1 BAR : excluir, descartar, no admitir 2 EXPEL : expeler, expulsar

exclusion [ɪks'klu:ʒən, ɛks-] n : exclusión f

exclusive[1] [ɪks'klu:sɪv, ɛks-] adj 1 SOLE : exclusivo, único 2 SELECT : exclusivo, selecto

exclusive[2] n : exclusiva f

exclusively [ɪks'klu:sɪvli, ɛks-] adv : exclusivamente, únicamente

exclusiveness [ɪks'klu:sɪvnəs, ɛks-] n : exclusividad f

excommunicate [,ɛkskə'mju:nə,keɪt] vt -**cated; -cating** : excomulgar

excommunication [,ɛkskə,mju:nə'keɪʃən] n : excomunión f

excrement ['ɛkskrəmənt] n : excremento m

excrete [ɪk'skri:t, ɛk-] vt -**creted; -creting** : excretar

excretion [ɪk'skri:ʃən, ɛk-] n : excreción f

excruciating [ɪk'skru:ʃi,eɪtɪŋ, ɛk-] adj : insoportable, atroz, terrible — **excruciatingly** adv

exculpate ['ɛkskəl,peɪt] vt -**pated; -pating** : exculpar

excursion [ɪk'skərʒən, ɛk-] n 1 OUTING : excursión f, paseo m 2 DIGRESSION : digresión f

excuse[1] [ɪk'skju:z, ɛk-] vt -**cused; -cusing** 1 PARDON : disculpar, perdonar ⟨excuse me : con permiso, perdóneme, perdón⟩ 2 EXEMPT : eximir, disculpar 3 JUSTIFY : excusar, justificar

excuse[2] [ɪk'skju:s, ɛk-] n 1 JUSTIFICATION : excusa f, justificación f 2 PRETEXT : pretexto m 3 **to make one's excuses to someone** : pedirle disculpas a alguien

execute ['ɛksɪ,kju:t] vt -**cuted; -cuting** 1 CARRY OUT : ejecutar, llevar a cabo, desempeñar 2 ENFORCE : ejecutar, cumplir (un testamento, etc.) 3 KILL : ejecutar, ajusticiar

execution [,ɛksɪ'kju:ʃən] n 1 PERFORMANCE : ejecución f, desempeño m 2 IMPLEMENTATION : cumplimiento m 3 : ejecución f (por un delito)

executioner [,ɛksɪ'kju:ʃənər] n : verdugo m

executive[1] [ɪg'zɛkjətɪv, ɛg-] adj : ejecutivo

executive[2] n : ejecutivo m, -va f

executor [ɪg'zɛkjətər, ɛg-] n : albacea m, testamentario m

executrix [ɪg'zɛkjə,trɪks, ɛg-] n, pl **executrices** [-,zɛkjə'traɪ,si:z] or **executrixes** [-'zɛkjə,trɪksəz] : albacea f, testamentaria f

exemplary [ɪg'zɛmpləri, ɛg-] adj : ejemplar

exemplify [ɪg'zɛmplə,faɪ, ɛg-] vt -**fied; -fying** : ejemplificar, ilustrar, demostrar

exempt[1] [ɪgˈzɛmpt, ɛg-] vt : eximir, dispensar, exonerar

exempt[2] adj : exento, eximido

exemption [ɪgˈzɛmpʃən, ɛg-] n : exención f

exercise[1] [ˈɛksərˌsaɪz] v -cised; -cising vt 1 : ejercitar (el cuerpo) 2 USE : ejercer, hacer uso de — vi : hacer ejercicio

exercise[2] n 1 : ejercicio m 2 **exercises** npl WORKOUT : ejercicios mpl físicos 3 **exercises** npl CEREMONY : ceremonia f

exert [ɪgˈzərt, ɛg-] vt 1 : ejercer, emplear 2 **to exert oneself** : esforzarse

exertion [ɪgˈzərʃən, ɛg-] n 1 USE : ejercicio m (de autoridad, etc.), uso m (de fuerza, etc.) 2 EFFORT : esfuerzo m, empeño m

exhalation [ˌɛksəˈleɪʃən, ˌɛkshə-] n : exhalación f, espiración f

exhale [ɛksˈheɪl] v -haled; -haling vt 1 : exhalar, espirar 2 EMIT : exhalar, despedir, emitir — vi : espirar

exhaust[1] [ɪgˈzɔst, ɛg-] vt 1 DEPLETE : agotar 2 TIRE : cansar, fatigar, agotar 3 EMPTY : vaciar

exhaust[2] n 1 **exhaust fumes** : gases mpl de escape 2 **exhaust pipe** : tubo m de escape 3 **exhaust system** : sistema m de escape

exhausted [ɪgˈzɔstəd, ɛg-] adj : agotado, derrengado

exhausting [ɪgˈzɔstɪŋ, ɛg-] adj : extenuante, agotador

exhaustion [ɪgˈzɔstʃən, ɛg-] n : agotamiento m

exhaustive [ɪgˈzɔstɪv, ɛg-] adj : exhaustivo

exhibit[1] [ɪgˈzɪbət, ɛg-] vt 1 DISPLAY : exhibir, exponer 2 PRODUCE, SHOW : mostrar, presentar

exhibit[2] n 1 OBJECT : objeto m expuesto 2 EXHIBITION : exposición f, exhibición f 3 EVIDENCE : prueba f instrumental

exhibition [ˌɛksəˈbɪʃən] n 1 : exposición f, exhibición f 2 **to make an exhibition of oneself** : dar el espectáculo, hacer el ridículo

exhibitor [ɪgˈzɪbətər] n : expositor m, -tora f

exhilarate [ɪgˈzɪləˌreɪt, ɛg-] vt -rated; -rating : alegrar, levantar el ánimo de

exhilaration [ɪgˌzɪləˈreɪʃən, ɛg-] n : alegría f, regocijo m, júbilo m

exhort [ɪgˈzɔrt, ɛg-] vt : exhortar

exhortation [ˌɛkˌsɔrˈteɪʃən, -sər-; ˌɛgˌzɔr-] n : exhortación f

exhumation [ˌɛksjuˈmeɪʃən, -hju-; ˌɛgzu-, -zju-] n : exhumación f

exhume [ɪgˈzuːm, -ˈzjuːm; ɪksˈjuːm, -ˈhjuːm] vt -humed; -huming : exhumar, desenterrar

exigencies [ˈɛksɪʤənsiz, ɪgˈzɪʤənˌsiːz] npl : exigencias fpl

exile[1] [ˈɛgˌzaɪl, ˈɛkˌsaɪl] vt exiled; exiling : exiliar, desterrar

exile[2] n 1 BANISHMENT : exilio m, destierro m 2 OUTCAST : exiliado m, -da f; desterrado m, -da f

exist [ɪgˈzɪst, ɛg-] vi 1 BE : existir 2 LIVE : subsistir, vivir

existence [ɪgˈzɪstənts, ɛg-] n : existencia f

existent [ɪgˈzɪstənt, ɛg-] adj : existente

existing [ɪgˈzɪstɪŋ] adj : existente

exit[1] [ˈɛgzət, ˈɛksət] vi : salir, hacer mutis (en el teatro) — vt : salir de

exit[2] n 1 DEPARTURE : salida f, partida f 2 EGRESS : salida f ⟨emergency exit : salida de emergencia⟩

exodus [ˈɛksədəs] n : éxodo m

exonerate [ɪgˈzɑnəˌreɪt, ɛg-] vt -ated; -ating : exonerar, disculpar, absolver

exoneration [ɪgˌzɑnəˈreɪʃən, ɛg-] n : exoneración f

exorbitant [ɪgˈzɔrbətənt, ɛg-] adj : exorbitante, excesivo

exorcise [ˈɛkˌsɔrˌsaɪz, -sər-] vt -cised; -cising : exorcizar

exorcism [ˈɛksɔrˌsɪzəm] n : exorcismo m

exotic[1] [ɪgˈzɑtɪk, ɛg-] adj : exótico — **exotically** [-ɪkli] adv

exotic[2] n : planta f exótica

expand [ɪkˈspænd, ɛk-] vt 1 ENLARGE : expandir, dilatar, aumentar, ampliar 2 EXTEND : extender — vi 1 ENLARGE : ampliarse, extenderse 2 : expandirse, dilatarse (dícese de los metales, gases, etc.)

expanse [ɪkˈspænts, ɛk-] n : extensión f

expansion [ɪkˈspænʃən, ɛk-] n 1 ENLARGEMENT : expansión f, ampliación f 2 EXPANSE : extensión f

expansive [ɪkˈspænsɪv, ɛk-] adj 1 : expansivo 2 OUTGOING : expansivo, comunicativo 3 AMPLE : ancho, amplio — **expansively** adv

expansiveness [ɪkˈspænsɪvnəs, ɛk-] n : expansibilidad f

expatriate[1] [ɛksˈpeɪtriˌeɪt] vt -ated; -ating : expatriar

expatriate[2] [ɛksˈpeɪtriət, -ˌeɪt] adj : expatriado

expatriate[3] [ɛksˈpeɪtriət, -ˌeɪt] n : expatriado m, -da f

expect [ɪkˈspɛkt, ɛk-] vt 1 SUPPOSE : suponer, imaginarse 2 ANTICIPATE : esperar 3 COUNT ON, REQUIRE : contar con, esperar — vi **to be expecting** : estar embarazada

expectancy [ɪkˈspɛktəntsi, ɛk-] n, pl -cies : expectativa f, esperanza f

expectant [ɪkˈspɛktənt, ɛk-] adj 1 ANTICIPATING : expectante 2 EXPECTING : futuro ⟨expectant mother : futura madre⟩

expectantly [ɪkˈspɛktəntli, ɛk-] adv : con expectación

expectation [ˌɛkˌspɛkˈteɪʃən] n 1 ANTICIPATION : expectación f 2 EXPECTANCY : expectativa f

expedient[1] [ɪkˈspiːdiənt, ɛk-] adj : conveniente, oportuno

expedient[2] n : expediente m, recurso m

expedite ['ɛkspə,daɪt] *vt* **-dited; -diting** **1** FACILITATE : facilitar, dar curso a **2** HASTEN : acelerar

expedition [,ɛkspə'dɪʃən] *n* : expedición *f*

expeditious [,ɛkspə'dɪʃəs] *adj* : pronto, rápido

expel [ɪk'spɛl, ɛk-] *vt* **-pelled; -pelling** : expulsar, expeler

expend [ɪk'spɛnd, ɛk-] *vt* **1** DISBURSE : gastar, desembolsar **2** CONSUME : consumir, agotar

expendable [ɪk'spɛndəbəl, ɛk-] *adj* : prescindible

expenditure [ɪk'spɛndɪtʃər, ɛk-, -,tʃʊr] *n* : gasto *m*

expense [ɪk'spɛnts, ɛk-] *n* **1** COST : gasto *m* **2 expenses** *npl* : gastos *mpl*, expensas *fpl* **3 at the expense of** : a expensas de

expensive [ɪk'spɛntsɪv, ɛk-] *adj* : costoso, caro — **expensively** *adv*

experience[1] [ɪk'spɪriənts, ɛk-] *vt* **-enced; -encing** : experimentar (sentimientos), tener (dificultades), sufrir (una pérdida)

experience[2] *n* : experiencia *f*

experienced [ɪk'spɪriəntst, ɛk-] *adj* : con experiencia, experimentado

experiment[1] [ɪk'spɛrəmənt, ɛk-, -'spɪr-] *vi* : experimentar, hacer experimentos

experiment[2] *n* : experimento *m*

experimental [ɪk,spɛrə'mⁿtəl, ɛk-, -,spɪr-] *adj* : experimental — **experimentally** *adv*

experimentation [ɪk,spɛrəmən'teɪʃən, ɛk-, -,spɪr-] *n* : experimentación *f*

expert[1] ['ɛk,spərt, ɪk'spərt] *adj* : experto, de experto, pericial (dícese de un testigo) — **expertly** *adv*

expert[2] ['ɛk,spərt] *n* : experto *m*, -ta *f*; perito *m*, -ta *f*; especialista *mf*

expertise [,ɛkspər'ti:z] *n* : pericia *f*, competencia *f*

expiate ['ɛkspi,eɪt] *vt* **-ated; -ating** : expiar

expiation [,ɛkspi'eɪʃən] *n* : expiación *f*

expiration [,ɛkspə'reɪʃən] *n* **1** EXHALATION : exhalación *f*, espiración *f* **2** DEATH : muerte *f* **3** TERMINATION : vencimiento *m*, caducidad *f*

expire [ɪk'spaɪr, ɛk-] *vi* **-pired; -piring 1** EXHALE : espirar **2** DIE : expirar, morir **3** TERMINATE : caducar, vencer

explain [ɪk'spleɪn, ɛk-] *vt* : explicar

explanation [,ɛksplə'neɪʃən] *n* : explicación *f*

explanatory [ɪk'splænə,tori, ɛk-] *adj* : explicativo, aclaratorio

expletive ['ɛksplətɪv] *n* : improperio *m*, palabrota *f fam*

explicable [ɛk'splɪkəbəl, 'ɛksplɪ-] *adj* : explicable

explicit [ɪk'splɪsət, ɛk-] *adj* : explícito, claro, categórico, rotundo — **explicitly** *adv*

explicitness [ɪk'splɪsətnəs, ɛk-] *n* : claridad *f*, carácter *m* explícito

explode [ɪk'splo:d, ɛk-] *v* **-ploded; -ploding** *vt* **1** BURST : hacer explosionar, hacer explotar **2** REFUTE : rebatir, refutar, desmentir — *vi* **1** : explotar, estallar, reventar **2** SKYROCKET : dispararse

exploit[1] [ɪk'splɔɪt, ɛk-] *vt* : explotar, aprovecharse de

exploit[2] ['ɛk,splɔɪt] *n* : hazaña *f*, proeza *f*

exploitation [,ɛk,splɔɪ'teɪʃən] *n* : explotación *f*

exploration [,ɛksplə'reɪʃən] *n* : exploración *f*

exploratory [ɪk'splorə,tori, ɛk-] *adj* : exploratorio

explore [ɪk'splor, ɛk-] *vt* **-plored; -ploring** : explorar, investigar, examinar

explorer [ɪk'splorər, ɛk-] *n* : explorador *m*, -dora *f*

explosion [ɪk'splo:ʒən, ɛk-] *n* : explosión *f*, estallido *m*

explosive[1] [ɪk'splo:sɪv, ɛk-] *adj* : explosivo, fulminante — **explosively** *adv*

explosive[2] *n* : explosivo *m*

exponent [ɪk'spo:nənt, 'ɛk,spo:-] *n* **1** : exponente *m* **2** ADVOCATE : defensor *m*, -sora *f*; partidario *m*, -ria *f*

exponential [,ɛkspə'nɛntʃəl] *adj* : exponencial — **exponentially** *adv*

export[1] [ɛk'sport, 'ɛk,sport] *vt* : exportar

export[2] ['ɛk,sport] *n* **1** : artículo *m* de exportación **2** → **exportation**

exportation [,ɛk,spor'teɪʃən] *n* : exportación *f*

exporter [ɛk'sportər, 'ɛk,spor-] *n* : exportador *m*, -dora *f*

expose [ɪk'spo:z, ɛk-] *vt* **-posed; -posing 1** : exponer (al peligro, a los elementos, a una enfermedad) **2** : exponer (una película a la luz) **3** DISCLOSE : descubrir, revelar, poner en evidencia **4** UNMASK : desenmascarar

exposé *or* **expose** [,ɛkspo'zeɪ] *n* : exposición *f* (de hechos), revelación *f* (de un escándalo)

exposed [ɪk'spo:zd, ɛk-] *adj* : descubierto, sin protección

exposition [,ɛkspo'zɪʃən] *n* : exposición *f*

exposure [ɪk'spo:ʒər, ɛk-] *n* **1** : exposición *f* **2** CONTACT : exposición *f*, experiencia *f*, contacto *m* **3** UNMASKING : desenmascaramiento *m* **4** ORIENTATION : orientación *f* ⟨a room with a northern exposure : una sala orientada al norte⟩

expound [ɪk'spaund, ɛk-] *vt* : exponer, explicar — *vi* : hacer comentarios detallados

express[1] [ɪk'sprɛs, ɛk-] *vt* **1** SAY : expresar, comunicar **2** SHOW : expresar, manifestar, manifestar *Mex* **3** SQUEEZE : exprimir ⟨to express the juice from a lemon : exprimir el jugo de un limón⟩

express[2] *adv* : por correo exprés, por correo urgente

express³ *adj* 1 EXPLICIT : expreso, manifiesto 2 SPECIFIC : específico ⟨for that express purpose : con ese fin específico⟩ 3 RAPID : expreso, rápido

express⁴ *n* 1 : correo *m* exprés, correo *m* urgente 2 : expreso *m* (tren)

expression [ɪkˈsprɛʃən, ɛk-] *n* 1 UTTERANCE : expresión *f* ⟨freedom of expression : libertad de expresión⟩ 2 : presión *f* (en la matemática) 3 PHRASE : frase *f*, expresión *f* 4 LOOK : expresión *f*, cara *f*, gesto *m* ⟨with a sad expression : con un gesto de tristeza⟩

expressionless [ɪkˈsprɛʃənləs, ɛk-] *adj* : inexpresivo

expressive [ɪkˈsprɛsɪv, ɛk-] *adj* : expresivo

expressway [ɪkˈsprɛsˌweɪ, ɛk-] *n* : autopista *f*

expulsion [ɪkˈspʌlʃən, ɛk-] *n* : expulsión *f*

expurgate [ˈɛkspərˌɡeɪt] *vt* -gated; -gating : expurgar

exquisite [ɛkˈskwɪzət, ˈɛkˌskwɪ-] *adj* 1 FINE : exquisito, delicado, primoroso 2 INTENSE : intenso, extremo

extant [ˈɛkstənt, ɛkˈstænt] *adj* : existente

extemporaneous [ɛkˌstɛmpəˈreɪniəs] *adj* : improvisado — **extemporaneously** *adv*

extend [ɪkˈstɛnd, ɛk-] *vt* 1 STRETCH : extender, tender 2 PROLONG : prolongar, prorrogar 3 ENLARGE : agrandar, ampliar, aumentar 4 PROFFER : extender, dar, ofrecer — *vi* : extenderse

extended [ɪkˈstɛndəd, ɛk-] *adj* LENGTHY : prolongado, largo

extension [ɪkˈstɛnʃən, ɛk-] *n* 1 EXTENDING : extensión *f*, ampliación *f*, prórroga *f*, prolongación *f* 2 ANNEX : ampliación *f*, anexo *m* 3 : extensión *f* (de teléfono)

extensive [ɪkˈstɛnsɪv, ɛk-] *adj* : extenso, vasto, amplio — **extensively** *adv*

extent [ɪkˈstɛnt, ɛk-] *n* 1 SIZE : extensión *f*, magnitud *f* 2 DEGREE, SCOPE : alcance *m*, grado *m* ⟨to a certain extent : hasta cierto punto⟩

extenuate [ɪkˈstɛnjəˌweɪt, ɛk-] *vt* -ated; -ating : atenuar, aminorar, mitigar ⟨extenuating circumstances : circunstancias atenuantes⟩

extenuation [ɪkˌstɛnjəˈweɪʃən, ɛk-] *n* : atenuación *f*, aminoración *f*

exterior¹ [ɛkˈstɪriər] *adj* : exterior

exterior² *n* : exterior *m*

exterminate [ɪkˈstərməˌneɪt, ɛk-] *vt* -nated; -nating : exterminar

extermination [ɪkˌstərməˈneɪʃən, ɛk-] *n* : exterminación *f*, exterminio *m*

exterminator [ɪkˈstərməˌneɪtər, ɛk-] *n* : exterminador *m*, -dora *f*

external [ɪkˈstərnəl, ɛk-] *adj* : externo, exterior — **externally** *adv*

extinct [ɪkˈstɪŋkt, ɛk-] *adj* : extinto

extinction [ɪkˈstɪŋkʃən, ɛk-] *n* : extinción *f*

extinguish [ɪkˈstɪŋɡwɪʃ, ɛk-] *vt* : extinguir, apagar

extinguisher [ɪkˈstɪŋɡwɪʃər, ɛk-] *n* : extinguidor *m*, extintor *m*

extirpate [ˈɛkstərˌpeɪt] *vt* -pated; -pating : extirpar, exterminar

extol [ɪkˈstoːl, ɛk-] *vt* -tolled; -tolling : exaltar, ensalzar, alabar

extort [ɪkˈstɔrt, ɛk-] *vt* : extorsionar

extortion [ɪkˈstɔrʃən, ɛk-] *n* : extorsión *f*

extra¹ [ˈɛkstrə] *adv* : extra, más, extremadamente, super ⟨extra special : super especial⟩

extra² *adj* 1 ADDITIONAL : adicional, suplementario, de más 2 SUPERIOR : superior

extra³ *n* : extra *m*

extract¹ [ɪkˈstrækt, ɛk-] *vt* : extraer, sacar

extract² [ˈɛkˌstrækt] *n* 1 EXCERPT : pasaje *m*, selección *f*, trozo *m* 2 : extracto *m* ⟨vanilla extract : extracto de vainilla⟩

extraction [ɪkˈstrækʃən, ɛk-] *n* : extracción *f*

extractor [ɪkˈstræktər, ɛk-] *n* : extractor *m*

extracurricular [ˌɛkstrəkəˈrɪkjələr] *adj* : extracurricular

extradite [ˈɛkstrəˌdaɪt] *vt* -dited; -diting : extraditar

extradition [ˌɛkstrəˈdɪʃən] *n* : extradición *f*

extramarital [ˌɛkstrəˈmærətəl] *adj* : extramatrimonial

extraneous [ɛkˈstreɪniəs] *adj* 1 OUTSIDE : extrínseco, externo 2 SUPERFLUOUS : superfluo, ajeno — **extraneously** *adv*

extraordinary [ɪkˈstrɔrdənˌɛri, ˌɛkstrəˈɔrd-] *adj* : extraordinario, excepcional — **extraordinarily** [ɪkˌstrɔrdənˈɛrəli, ˌɛkstrəˌɔrd-] *adv*

extrasensory [ˌɛkstrəˈsɛntsəri] *adj* : extrasensorial

extraterrestrial¹ [ˌɛkstrətəˈrɛstriəl] *adj* : extraterrestre

extraterrestrial² *n* : extraterrestre *mf*

extravagance [ɪkˈstrævɪɡənts, ɛk-] *n* 1 EXCESS : exceso *m*, extravagancia *f* 2 WASTEFULNESS : derroche *m*, despilfarro *m* 3 LUXURY : lujo *m*

extravagant [ɪkˈstrævɪɡənt, ɛk-] *adj* 1 EXCESSIVE : excesivo, extravagante 2 WASTEFUL : despilfarrador, derrochador, gastador 3 EXORBITANT : costoso, exorbitante

extravagantly [ɪkˈstrævɪɡəntli, ɛk-] *adv* 1 LAVISHLY : a lo grande 2 EXCESSIVELY : exageradamente, desmesuradamente

extravaganza [ɪkˌstrævəˈɡænzə, ɛk-] *n* : gran espectáculo *m*

extreme¹ [ɪkˈstriːm, ɛk-] *adj* 1 UTMOST : extremo, sumo ⟨of extreme importance : de suma importancia⟩ 2 INTENSE : intenso, extremado ⟨extreme cold : frío extremado⟩ 3 EXCESSIVE : excesivo, extremo ⟨extreme views : opiniones extremas⟩ ⟨extreme measures : medidas excepcionales, medidas drásticas〉 **4** OUTERMOST : extremo 〈the extreme north : el norte extremo〉

extreme² *n* **1** : extremo *m* **2 in the extreme** : en extremo, en sumo grado

extremely [ɪk'stri:mli, ɛk-] *adv* : sumamente, extremadamente, terriblemente

extremist [ɪk'stri:mɪst, ɛk-] *n* : extremista *mf* — **extremist** *adj*

extremity [ɪk'strɛməți, ɛk-] *n, pl* **-ties 1** EXTREME : extremo *m* **2 extremities** *npl* LIMBS : extremidades *fpl*

extricate ['ɛkstrə,keɪt] *vt* **-cated; -cating** : librar, sacar

extrinsic [ɪk'strɪnzɪk, -'strɪntsɪk] *adj* : extrínseco

extrovert ['ɛkstrə,vərt] *n* : extrovertido *m*, -da *f*

extroverted ['ɛkstrə,vərtəd] *adj* : extrovertido

extrude [ɪk'stru:d, ɛk-] *vt* **-truded; -truding** : extrudir, expulsar

exuberance [ɪg'zu:bərən/s, ɛg-] *n* **1** JOYOUSNESS : euforia *f*, exaltación *f* **2** VIGOR : exuberancia *f*, vigor *m*

exuberant [ɪg'zu:bərənt, ɛg-] *adj* **1** JOYOUS : eufórico **2** LUSH : exuberante — **exuberantly** *adv*

exude [ɪg'zu:d, ɛg-] *vt* **-uded; -uding 1** OOZE : rezumar, exudar **2** EMANATE : emanar, irradiar

exult [ɪg'zʌlt, ɛg-] *vi* : exultar, regocijarse

exultant [ɪg'zʌltənt, ɛg-] *adj* : exultante, jubiloso — **exultantly** *adv*

exultation [,ɛksəl'teɪʃən, ,ɛgzəl-] *n* : exultación *f*, júbilo *m*, alborozo *m*

eye¹ ['aɪ] *vt* **eyed; eyeing** *or* **eying** : mirar, observar

eye² *n* **1** : ojo *m* **2** VISION : visión *f*, vista *f*, ojo *m* 〈a good eye for bargains : un buen ojo para las gangas〉 **3** GLANCE : mirada *f*, ojeada *f* **4** ATTENTION : atención *f* 〈to catch one's eye : llamar la atención〉 **5** POINT OF VIEW : punto *m* de vista 〈in the eyes of the law : según la ley〉 **6** : ojo *m* (de una aguja, una papa, una tormenta)

eyeball ['aɪ,bɔl] *n* : globo *m* ocular

eyebrow ['aɪ,braʊ] *n* : ceja *f*

eyedropper ['aɪ,drɑpər] *n* : cuentagotas *f*

eyeglasses ['aɪ,glæsəz] *npl* : anteojos *mpl*, lentes *mpl*, espejuelos *mpl*, gafas *fpl*

eyelash ['aɪ,læʃ] *n* : pestaña *f*

eyelet ['aɪlət] *n* : ojete *m*

eyelid ['aɪ,lɪd] *n* : párpado *m*

eye–opener ['aɪ,o:pənər] *n* : revelación *f*, sorpresa *f*

eye–opening ['aɪ,o:pənɪŋ] *adj* : revelador

eyepiece ['aɪ,pi:s] *n* : ocular *m*

eyesight ['aɪ,saɪt] *n* : vista *f*, visión *f*

eyesore ['aɪ,sor] *n* : monstruosidad *f*, adefesio *m*

eyestrain ['aɪ,streɪn] *n* : fatiga *f* visual, vista *f* cansada

eyetooth ['aɪ,tu:θ] *n* : colmillo *m*

eyewitness ['aɪ'wɪtnəs] *n* : testigo *mf* ocular, testigo *mf* presencial

eyrie ['aɪri] → **aerie**

F

f ['ɛf] *n, pl* **f's** *or* **fs** ['ɛfs] : sexta letra del alfabeto inglés

fable ['feɪbəl] *n* : fábula *f*

fabled ['feɪbəld] *adj* : legendario, fabuloso

fabric ['fæbrɪk] *n* **1** MATERIAL : tela *f*, tejido *m* **2** STRUCTURE : estructura *f* 〈the fabric of society : la estructura de la sociedad〉

fabricate ['fæbrɪ,keɪt] *vt* **-cated; -cating 1** CONSTRUCT, MANUFACTURE : construir, fabricar **2** INVENT : inventar (excusas o mentiras)

fabrication [,fæbrɪ'keɪʃən] *n* **1** LIE : mentira *f*, invención *f* **2** MANUFACTURE : fabricación *f*

fabulous ['fæbjələs] *adj* **1** LEGENDARY : fabuloso, legendario **2** INCREDIBLE : increíble, fabuloso 〈fabulous wealth : riqueza fabulosa〉 **3** WONDERFUL : magnífico, estupendo, fabuloso — **fabulously** *adv*

facade [fə'sɑd] *n* : fachada *f*

face¹ ['feɪs] *v* **faced; facing** *vt* **1** LINE : recubrir (una superficie), forrar (ropa) **2** CONFRONT : enfrentarse a, afrontar, hacer frente a 〈to face the

music : afrontar las consecuencias〉 〈to face the facts : aceptar la realidad〉 **3** : estar de cara a, estar enfrente de 〈she's facing her brother : está de cara a su hermano〉 **4** OVERLOOK : dar a — *vi* : mirar (hacia), estar orientado (a)

face² *n* **1** : cara *f*, rostro *m* 〈he told me to my face : me lo dijo a la cara〉 **2** EXPRESSION : cara *f*, expresión *f* 〈to pull a long face : poner mala cara〉 **3** GRIMACE : mueca *f* 〈to make faces : hacer muecas〉 **4** APPEARANCE : fisonomía *f*, aspecto *m* 〈the face of society : la fisonomía de la sociedad〉 **5** EFFRONTERY : desfachatez *f* **6** PRESTIGE : prestigio *m* 〈to lose face : desprestigiarse〉 **7** FRONT, SIDE : cara *f* (de una moneda), esfera *f* (de un reloj), fachada *f* (de un edificio), pared *f* (de una montaña) **8** SURFACE : superficie *f*, faz *f* (de la tierra), cara *f* (de la luna) **9 in the face of** DESPITE : en medio de, en visto de, ante

facedown ['feɪs,daʊn] *adv* : boca abajo

faceless ['feɪsləs] *adj* ANONYMOUS : anónimo

face–lift ['feɪs,lɪft] *n* **1** : estiramiento *m*

facial 2 RENOVATION : renovación f, remozamiento m

facet [ˈfæsət] n 1 : faceta f (de una piedra) 2 ASPECT : faceta f, aspecto m

facetious [fəˈsiːʃəs] adj : gracioso, burlón, bromista

facetiously [fəˈsiːʃəsli] adv : en tono de burla

facetiousness [fəˈsiːʃəsnəs] n : jocosidad f

face–to–face adv & adj : cara a cara

faceup [ˈfeɪsˌʌp] adv : boca arriba

face value n : valor m nominal

facial¹ [ˈfeɪʃəl] adj : de la cara, facial

facial² n : tratamiento m facial, limpieza f de cutis

facile [ˈfæsəl] adj SUPERFICIAL : superficial, simplista

facilitate [fəˈsɪləˌteɪt] vt -tated; -tating : facilitar

facility [fəˈsɪləti] n, pl -ties 1 EASE : facilidad f 2 CENTER, COMPLEX : centro m, complejo m 3 **facilities** npl AMENITIES : comodidades fpl, servicios mpl

facing [ˈfeɪsɪŋ] n 1 LINING : entretela f (de una prenda) 2 : revestimiento m (de un edificio)

facsimile [fækˈsɪməli] n : facsímile m, facsímil m

fact [ˈfækt] n 1 : hecho m ⟨as a matter of fact : de hecho⟩ 2 INFORMATION : información f, datos mpl ⟨facts and figures : datos y cifras⟩ 3 REALITY : realidad f ⟨in fact : en realidad⟩

faction [ˈfækʃən] n : facción m, bando m

factional [ˈfækʃənəl] adj : entre facciones

factious [ˈfækʃəs] adj : faccioso, contencioso

factitious [fækˈtɪʃəs] adj : artificial, facticio

factor [ˈfæktər] n : factor m

factory [ˈfæktəri] n, pl -ries : fábrica f

factual [ˈfæktʃuəl] adj : basado en hechos, objetivo

factually [ˈfæktʃuəli] adv : en cuanto a los hechos

faculty [ˈfækəlti] n, pl -ties 1 : facultad f ⟨the faculty of sight : las facultades visuales, el sentido de la vista⟩ 2 APTITUDE : aptitud f, facilidad f 3 TEACHERS : cuerpo m docente

fad [ˈfæd] n : moda f pasajera, manía f

fade [ˈfeɪd] v **faded; fading** vi 1 WITHER : debilitarse (dícese de las personas), marchitarse (dícese de las flores y las plantas) 2 DISCOLOR : desteñirse, decolorarse 3 DIM : apagarse (dícese de la luz), perderse (dícese de los sonidos), fundirse (dícese de las imágenes) 4 VANISH : desvanecerse, decaer — vt DISCOLOR : desteñir

fag [ˈfæg] vt **fagged; fagging** EXHAUST : cansar, fatigar

fagot or **faggot** [ˈfægət] n : haz m de leña

Fahrenheit [ˈfærənˌhaɪt] adj : Fahrenheit

fail¹ [ˈfeɪl] vi 1 WEAKEN : fallar, deteriorarse 2 STOP : fallar, detenerse ⟨his heart failed : le falló el corazón⟩ 3 : fracasar, fallar ⟨her plan failed : su plan fracasó⟩ 4 : quebrar ⟨a business about to fail : una empresa a punto de quebrar⟩ 5 **to fail in** : faltar a, no cumplir con ⟨to fail in one's duties : faltar a sus deberes⟩ — vt 1 FLUNK : reprobar (un examen) 2 : fallar ⟨words fail me : las palabras me fallan, no encuentro palabras⟩ 3 DISAPPOINT : fallar, decepcionar ⟨don't fail me! : ¡no me falles!⟩

fail² n : fracaso f

failing [ˈfeɪlɪŋ] n : defecto m

failure [ˈfeɪljər] n 1 : fracaso m, malogro m ⟨crop failure : pérdida de la cosecha⟩ ⟨heart failure : insuficiencia cardíaca⟩ ⟨engine failure : falla mecánica⟩ 2 BANKRUPTCY : bancarrota f, quiebra f 3 : fracaso m (persona) ⟨he was a failure as a manager : como gerente, fue un fracaso⟩

faint¹ [ˈfeɪnt] vi : desmayarse

faint² adj 1 COWARDLY, TIMID : cobarde, tímido 2 DIZZY : mareado ⟨faint with hunger : desfallecido de hambre⟩ 3 SLIGHT : leve, ligero, vago ⟨I haven't the faintest idea : no tengo la más mínima idea⟩ 4 INDISTINCT : tenue, indistinto, apenas perceptible

faint³ n : desmayo m

fainthearted [ˈfeɪntˈhɑrtəd] adj : cobarde, pusilánime

faintly [ˈfeɪntli] adv : débilmente, ligeramente, levemente

faintness [ˈfeɪntnəs] n 1 INDISTINCTNESS : lo débil, falta f de claridad 2 FAINTING : desmayo m, desfallecimiento m

fair¹ [ˈfær] adj 1 ATTRACTIVE, BEAUTIFUL : bello, hermoso, atractivo 2 (relating to weather) : bueno, despejado ⟨fair weather : tiempo despejado⟩ 3 JUST : justo, imparcial 4 ALLOWABLE : permisible 5 BLOND, LIGHT : rubio (dícese del pelo), blanco (dícese de la tez) 6 ADEQUATE : bastante, adecuado ⟨fair to middling : mediano, regular⟩ 7 **fair game** : presa f fácil 8 **to play fair** : jugar limpio

fair² n : feria f

fairground [ˈfærˌgraʊnd] n : parque m de diversiones

fairly [ˈfærli] adv 1 IMPARTIALLY : imparcialmente, limpiamente, equitativamente 2 QUITE : bastante 3 MODERATELY : medianamente

fairness [ˈfærnəs] n 1 IMPARTIALITY : imparcialidad f, justicia f 2 LIGHTNESS : blancura f (de la piel), lo rubio (del pelo)

fairy [ˈfæri] n, pl **fairies** 1 : hada f 2 **fairy tale** : cuento m de hadas

fairyland [ˈfæriˌlænd] n 1 : país m de las hadas 2 : lugar m encantador

faith ['feɪθ] *n, pl* **faiths** ['feɪθs, 'feɪðz] **1** BELIEF : fe *f* **2** ALLEGIANCE : lealtad *f* **3** CONFIDENCE, TRUST : confianza *f*, fe *f* **4** RELIGION : religión *f*

faithful ['feɪθfəl] *adj* : fiel — **faithfully** *adv*

faithfulness ['feɪθfələs] *n* : fidelidad *f*

faithless ['feɪθləs] *adj* **1** DISLOYAL : desleal **2** : infiel (en la religión) — **faithlessly** *adv*

faithlessness ['feɪθləsnəs] *n* : deslealtad *f*

fake¹ ['feɪk] *v* **faked; faking** *vt* **1** FALSIFY : falsificar, falsear **2** FEIGN : fingir — *vi* **1** PRETEND : fingir **2** : hacer un engaño, hacer una finta (en deportes)

fake² *adj* : falso, fingido, postizo

fake³ *n* **1** IMITATION : imitación *f*, falsificación *f* **2** IMPOSTOR : impostor *m*, -tora *f*; charlatán *m*, -tana *f*; farsante *mf* **3** FEINT : engaño *m*, finta *f* (en deportes)

faker ['feɪkər] *n* : impostor *m*, -tora *f*; charlatán *m*, -tana *f*; farsante *mf*

fakir [fə'kɪr, 'feɪkər] *n* : faquir *m*

falcon ['fælkən, 'fɔl-] *n* : halcón *m*

falconry ['fælkənri, 'fɔl-] *n* : cetrería *f*

fall¹ ['fɔl] *vi* **fell** ['fɛl]; **fallen** ['fɔlən]; **falling 1** : caer, caerse ⟨to fall out of bed : caer de la cama⟩ ⟨to fall down : caerse⟩ **2** HANG : caer **3** DESCEND : caer (dícese de la lluvia o de la noche), bajar (dícese de los precios), descender (dícese de la temperatura) **4** : caer (a un enemigo), rendirse ⟨the city fell : la ciudad se rindió⟩ **5** OCCUR : caer ⟨Christmas falls on a Friday : la Navidad cae en viernes⟩ **6** to fall asleep : dormirse, quedarse dormido **7** to fall from grace SIN : perder la gracia **8** to fall sick : caer enfermo, enfermarse **9** to fall through : fracasar, caer en la nada **10** to fall to : tocar a, corresponder a ⟨the task fell to him : le tocó hacerlo⟩

fall² *n* **1** TUMBLE : caída *f* ⟨to break one's fall : frenar uno su caída⟩ ⟨a fall of three feet : una caída de tres pies⟩ **2** FALLING : derrumbe *m* (de rocas), aguacero *m* (de lluvia), nevada *f* (de nieve), bajada *f* (de precios), disminución *f* (de cantidades) **3** AUTUMN : otoño *m* **4** DOWNFALL : caída *f*, ruina *f* **5** falls *npl* WATERFALL : cascada *f*, catarata *f*

fallacious [fə'leɪʃəs] *adj* : erróneo, engañoso, falaz

fallacy ['fæləsi] *n, pl* **-cies** : falacia *f*

fall back *vi* **1** RETREAT : retirarse, replegarse **2** to fall back on : recurrir a

fall guy *n* SCAPEGOAT : chivo *m* expiatorio

fallible ['fæləbəl] *adj* : falible

fallout ['fɔl,aʊt] *n* **1** : lluvia *f* radioactiva **2** CONSEQUENCES : secuelas *fpl*, consecuencias *fpl*

fallow¹ ['fælo] *vt* : barbechar

fallow² *adj* **to lie fallow** : estar en barbecho

fallow³ *n* : barbecho *m*

false ['fɔls] *adj* **falser; falsest 1** UNTRUE : falso **2** ERRONEOUS : erróneo, equivocado **3** FAKE : falso, postizo **4** UNFAITHFUL : infiel **5** FRAUDULENT : fraudulento ⟨under false pretenses : por fraude⟩

falsehood ['fɔls,hʊd] *n* : mentira *f*, falsedad *f*

falsely ['fɔlsli] *adv* : falsamente, con falsedad

falseness ['fɔlsnəs] *n* : falsedad *f*

falsetto [fɔl'sɛto] *n, pl* **-tos** : falsete *m*

falsification [ˌfɔlsəfə'keɪʃən] *n* : falsificación *f*, falseamiento *m*

falsify ['fɔlsə,faɪ] *vt* **-fied; fying** : falsificar, falsear

falsity ['fɔlsəti] *n, pl* **-ties** : falsedad *f*

falter ['fɔltər] *vi* **-tered; -tering 1** TOTTER : tambalearse **2** STAMMER : titubear, tartamudear **3** WAVER : vacilar

faltering ['fɔltərɪŋ] *adj* : titubeante, vacilante

fame ['feɪm] *n* : fama *f*

famed ['feɪmd] *adj* : famoso, célebre, afamado

familial [fə'mɪljəl, -liəl] *adj* : familiar

familiar¹ [fə'mɪljər] *adj* **1** KNOWN : familiar, conocido ⟨to be familiar with : estar familiarizado con⟩ **2** INFORMAL : familiar, informal **3** INTIMATE : íntimo, de confianza **4** FORWARD : confianzudo, atrevido — **familiarly** *adv*

familiar² *n* : espíritu *m* guardián

familiarity [fə,mɪli'ærəti, -,mɪl'jær-] *n, pl* **-ties 1** KNOWLEDGE : conocimiento *m*, familiaridad *f* **2** INFORMALITY, INTIMACY : confianza *f*, familiaridad *f* **3** FORWARDNESS : exceso *m* de confianza, descaro *m*

familiarize [fə'mɪljə,raɪz] *vt* **-ized; -izing 1** : familiarizar **2** to familiarize oneself : familiarizarse

family ['fæmli, 'fæmə-] *n, pl* **-lies** : familia *f*

family room *n* : living *m*, sala *f* (informal)

family tree *n* : árbol *m* genealógico

famine ['fæmən] *n* : hambre *f*, hambruna *f*

famish ['fæmɪʃ] *vi* **to be famished** : estar famélico, estar hambriento, morir de hambre *fam*

famous ['feɪməs] *adj* : famoso

famously ['feɪməsli] *adv* **to get on famously** : llevarse de maravilla

fan¹ ['fæn] *vt* **fanned; fanning 1** : abanicar (a una persona), avivar (un fuego) **2** STIMULATE : avivar, estimular

fan² *n* **1** : ventilador *m*, abanico *m* **2** ADMIRER, ENTHUSIAST : aficionado *m*, -da *f*; entusiasta *mf*; admirador *m*, -dora *f*

fanatic¹ [fə'nætɪk] *or* **fanatical** [-ṭɪ-kəl] *adj* : fanático

fanatic² *n* : fanático *m*, -ca *f*

fanaticism [fəˈnætəˌsɪzəm] *n* : fanatismo *m*

fanciful [ˈfæntsɪfəl] *adj* **1** CAPRICIOUS : caprichoso, fantástico, extravagante **2** IMAGINATIVE : imaginativo — **fancifully** *adv*

fancy[1] [ˈfæntsi] *vt* **-cied; -cying 1** IMAGINE : imaginarse, figurarse ⟨fancy that! : ¡figúrate!, ¡imagínate!⟩ **2** CRAVE : apetecer, tener ganas de

fancy[2] *adj* **-cier; -est 1** ELABORATE : elaborado **2** LUXURIOUS : lujoso, elegante — **fancily** [ˈfæntsəli] *adv*

fancy[3] *n, pl* **-cies 1** LIKING : gusto *m*, afición *f* **2** WHIM : antojo *m*, capricho *m* **3** IMAGINATION : fantasía *f*, imaginación *f*

fandango [fænˈdæŋgo] *n, pl* **-gos** : fandango *m*

fanfare [ˈfænˌfær] *n* : fanfarria *f*

fang [ˈfæŋ] *n* : colmillo *m* (de un animal), diente *m* (de una serpiente)

fanlight [ˈfænˌlaɪt] *n* : tragaluz *m*

fantasia [fænˈteɪʒə, -ziə; ˌfæntə-ˈziːə] *n* : fantasía *f*

fantasize [ˈfæntəˌsaɪz] *vi* **-sized; -sizing** : fantasear

fantastic [fænˈtæstɪk] *adj* **1** UNBELIEVABLE : fantástico, increíble, extraño **2** ENORMOUS : fabuloso, inmenso ⟨fantastic sums : sumas fabulosas⟩ **3** WONDERFUL : estupendo, fantástico, bárbaro *fam*, macanudo *fam* — **fantastically** [-tɪkli] *adv*

fantasy [ˈfæntəsi] *n, pl* **-sies** : fantasía *f*

far[1] [ˈfɑr] *adv* **farther** [ˈfɑrðər] *or* **further** [ˈfər-]; **farthest** *or* **furthest** [-ðəst] **1** : lejos ⟨far from here : lejos de aquí⟩ ⟨to go far : llegar lejos⟩ ⟨as far as Chicago : hasta Chicago⟩ ⟨far away : a lo lejos⟩ **2** MUCH : muy, mucho ⟨far bigger : mucho más grande⟩ ⟨far superior : muy superior⟩ ⟨it's by far the best : es con mucho el mejor⟩ **3** (*expressing degree or extent*) ⟨the results are far off : salieron muy inexactos los resultados⟩ ⟨to go so far as : decir tanto como⟩ ⟨to go far enough : tener el alcance necesario⟩ **4** (*expressing progress*) ⟨the work is far advanced : el trabajo está muy avanzado⟩ ⟨to take (something) too far : llevar (algo) demasiado lejos⟩ **5 far and wide** : por todas partes **6 far from it!** : ¡todo lo contrario! **7 so far** : hasta ahora, todavía

far[2] *adj* **farther** *or* **further; farthest** *or* **furthest 1** REMOTE : lejano, remoto ⟨the Far East : el Lejano Oriente, el Extremo Oriente⟩ ⟨a far country : un país lejano⟩ **2** LONG : largo ⟨a far journey : un viaje largo⟩ **3** EXTREME : extremo ⟨the far right : la extrema derecha⟩ ⟨at the far end of the room : en el otro extremo de la sala⟩

faraway [ˈfɑrəˌweɪ] *adj* : remoto, lejano

farce [ˈfɑrs] *n* : farsa *f*

farcical [ˈfɑrsɪkəl] *adj* : absurdo, ridículo

fare[1] [ˈfær] *vi* **fared; faring** : ir, salir ⟨how did you fare? : ¿cómo te fue?⟩

fare[2] *n* **1** : pasaje *m*, billete *m*, boleto *m* ⟨half fare : medio pasaje⟩ **2** FOOD : comida *f*

farewell[1] [ˈfærˈwɛl] *adj* : de despedida

farewell[2] *n* : despedida *f*

far-fetched [ˈfɑrˈfɛt͡ʃt] *adj* : improbable, exagerado

farina [fəˈriːnə] *n* : harina *f*

farm[1] [ˈfɑrm] *vt* **1** : cultivar, labrar **2** : criar (animales) — *vi* : ser agricultor

farm[2] *n* : granja *f*, hacienda *f*, finca *f*, estancia *f*

farmer [ˈfɑrmər] *n* : agricultor *m*, granjero *m*

farmhand [ˈfɑrmˌhænd] *n* : peón *m*

farmhouse [ˈfɑrmˌhaʊs] *n* : granja *f*, vivienda *f* del granjero, casa *f* de hacienda

farming [ˈfɑrmɪŋ] *n* : labranza *f*, cultivo *m*, crianza *f* (de animales)

farmland [ˈfɑrmˌlænd] *n* : tierras *fpl* de labranza

farmyard [ˈfɑrmˌjɑrd] *n* : corral *m*

far-off [ˈfɑrˌɔf, -ˈɔf] *adj* : remoto, distante, lejano

far-reaching [ˈfɑrˈriːt͡ʃɪŋ] *adj* : de gran alcance

farsighted [ˈfɑrˌsaɪtəd] *adj* **1** : hipermétrope **2** JUDICIOUS : con visión de futuro, previsor, precavido

farsightedness [ˈfɑrˌsaɪtədnəs] *n* **1** : hipermetropía *f* **2** PRUDENCE : previsión *f*

farther[1] [ˈfɑrðər] *adv* **1** AHEAD : más lejos (en el espacio), más adelante (en el tiempo) **2** MORE : más

farther[2] *adj* : más lejano, más remoto

farthermost [ˈfɑrðərˌmoːst] *adj* : (el) más lejano

farthest[1] [ˈfɑrðəst] *adv* **1** : lo más lejos ⟨I jumped farthest : salté lo más lejos⟩ **2** : lo más avanzado ⟨he progressed farthest : progresó al punto más avanzado⟩ **3** : más ⟨the farthest developed plan : el plan más desarrollado⟩

farthest[2] *adj* : más lejano

fascicle [ˈfæsɪkəl] *n* : fascículo *m*

fascinate [ˈfæsənˌeɪt] *vt* **-nated; -nating** : fascinar, cautivar

fascinating [ˈfæsənˌeɪtɪŋ] *adj* : fascinante

fascination [ˌfæsənˈeɪʃən] *n* : fascinación *f*

fascism [ˈfæʃˌɪzəm] *n* : fascismo *m*

fascist[1] [ˈfæʃɪst] *adj* : fascista

fascist[2] *n* : fascista *mf*

fashion[1] [ˈfæʃən] *vt* : formar, moldear

fashion[2] *n* **1** MANNER : manera *f*, modo *m* **2** CUSTOM : costumbre *f* **3** STYLE : moda *f*

fashionable [ˈfæʃənəbəl] *adj* : de moda, chic

fashionably [ˈfæʃənəbli] *adv* : a la moda

fast[1] [ˈfæst] *vi* : ayunar

fast[2] *adv* **1** SECURELY : firmemente, seguramente ⟨to hold fast : agarrar bien⟩ 2 RAPIDLY : rápidamente, rápido, de prisa 3 **to run fast** : ir adelantado (dícese de un reloj) 4 SOUNDLY : profundamente ⟨fast asleep : profundamente dormido⟩

fast³ adj 1 SECURE : firme, seguro ⟨to make fast : amarrar (un barco)⟩ 2 FAITHFUL : leal ⟨fast friends : amigos leales⟩ 3 RAPID : rápido, veloz 4 : adelantado ⟨my watch is fast : tengo el reloj adelantado⟩ 5 DEEP : profundo ⟨a fast sleep : un sueño profundo⟩ 6 COLORFAST : inalterable, que no destiñe 7 DISSOLUTE : extravagante, disipado, disoluto

fast⁴ n : ayuno m

fasten ['fæsən] vt 1 ATTACH : sujetar, atar 2 FIX : fijar ⟨to fasten one's eyes on : fijar los ojos en⟩ 3 SECURE : abrochar (ropa o cinturones), atar (cordones), cerrar (una maleta) — vi : abrocharse, cerrar

fastener ['fæsənər] n : cierre m, sujetador m

fastening ['fæsənɪŋ] n : cierre m, sujetador m

fast food n : comida f rápida

fastidious [fæs'tɪdiəs] adj : quisquilloso, exigente — **fastidiously** adv

fat¹ ['fæt] adj **fatter; fattest** 1 OBESE : gordo, obeso 2 THICK : grueso

fat² n : grasa f

fatal ['feɪt̬əl] adj 1 DEADLY : mortal 2 ILL-FATED : malhadado, fatal 3 MOMENTOUS : fatídico

fatalism ['feɪt̬əl̩ˌɪzəm] n : fatalismo m

fatalist ['feɪt̬əlɪst] n : fatalista mf

fatalistic [ˌfeɪt̬əl'ɪstɪk] adj : fatalista

fatality [feɪ'tæləti, fə-] n, pl **-ties** : víctima f mortal

fatally ['feɪt̬əli] adv : mortalmente

fate ['feɪt] n 1 DESTINY : destino m 2 END, LOT : final m, suerte f

fated ['feɪt̬əd] adj : predestinado

fateful ['feɪtfəl] adj 1 MOMENTOUS : fatídico, aciago 2 PROPHETIC : profético — **fatefully** adv

father¹ ['fɑðər] vt : engendrar

father² n 1 : padre m ⟨my father and my mother : mi padre y mi madre⟩ ⟨Father Smith : el padre Smith⟩ 2 **the Father** GOD : el Padre, Dios m

fatherhood ['fɑðərˌhʊd] n : paternidad f

father-in-law ['fɑðərɪnˌlɔ] n, pl **fathers-in-law** : suegro m

fatherland ['fɑðərˌlænd] n : patria f

fatherless ['fɑðərləs] adj : huérfano de padre, sin padre

fatherly ['fɑðərli] adj : paternal

fathom¹ ['fæðəm] vt UNDERSTAND : entender, comprender

fathom² n : braza f

fatigue¹ [fə'tiːg] vt **-tigued; -tiguing** : fatigar, cansar

fatigue² n : fatiga f

fatness ['fætnəs] n : gordura f (de una persona o un animal), grosor m (de un objeto)

fatten ['fæt̬ən] vt : engordar, cebar

fatty ['fæt̬i] adj **fattier; -est** : graso, grasoso, adiposo (dícese de los tejidos)

fatuous ['fætʃuəs] adj : necio, fatuo — **fatuously** adv

faucet ['fɔsət] n : llave f, canilla f Arg, Uru, grifo m

fault¹ ['fɔlt] vt : encontrar defectos a

fault² n 1 SHORTCOMING : defecto m, falta f 2 DEFECT : falta f, defecto m, falla f 3 BLAME : culpa f 4 FRACTURE : falla f (geológica)

faultfinder ['fɔltˌfaɪndər] n : criticón m, -cona f

faultfinding ['fɔltˌfaɪndɪŋ] n : crítica f

faultless ['fɔltləs] adj : sin culpa, sin imperfecciones, impecable

faultlessly ['fɔltləsli] adv : impecablemente, perfectamente

faulty ['fɔlti] adj **faultier; -est** : defectuoso, imperfecto — **faultily** ['fɔltəli] adv

fauna ['fɔnə] n : fauna f

faux ['fo] adj : de imitación

faux pas [ˌfo'pɑ] n, pl **faux pas** [same or -'paz] : metedura f de pata fam

favor¹ ['feɪvər] vt 1 SUPPORT : estar a favor de, ser partidario de, apoyar 2 OBLIGE : hacerle un favor a 3 PREFER : preferir 4 RESEMBLE : parecerse a, salir a

favor² n : favor m ⟨in favor of : a favor de⟩ ⟨an error in his favor : un error a su favor⟩

favorable ['feɪvərəbəl] adj : favorable, propicio

favorably ['feɪvərəbli] adv : favorablemente, bien

favorite¹ ['feɪvərət] adj : favorito, preferido

favorite² n : favorito m, -ta f; preferido m, -da f

favoritism ['feɪvərəˌtɪzəm] n : favoritismo m

fawn¹ ['fɔn] vi : adular, lisonjear

fawn² n : cervato m

fax ['fæks] n : facsímil m, facsímile m

faze ['feɪz] vt **fazed; fazing** : desconcertar, perturbar

fear¹ ['fɪr] vt : temer, tener miedo de — vi : temer

fear² n : miedo m, temor m ⟨for fear of : por temor a⟩

fearful ['fɪrfəl] adj 1 FRIGHTENING : espantoso, aterrador, horrible 2 FRIGHTENED : temeroso, miedoso

fearfully ['fɪrfəli] adv 1 EXTREMELY : extremadamente, terriblemente 2 TIMIDLY : con temor

fearless ['fɪrləs] adj : intrépido, impávido

fearlessly ['fɪrləsli] adv : sin temor

fearlessness ['fɪrləsnəs] n : intrepidez f, impavidez f

fearsome ['fɪrsəm] adj : aterrador

feasibility [ˌfiːzə'bɪləti] n : viabilidad f, factibilidad f

feasible ['fiːzəbəl] adj : viable, factible, realizable

feast¹ ['fi:st] *vi* : banquetear — *vt* **1** : agasajar, festejar **2 to feast one's eyes on** : regalarse la vista con

feast² *n* **1** BANQUET : banquete *m*, festín *m* **2** FESTIVAL : fiesta *f*

feat ['fi:t] *n* : proeza *f*, hazaña *f*

feather¹ ['fɛðər] *vt* **1** : emplumar **2 to feather one's nest** : hacer su agosto

feather² *n* **1** : pluma *f* **2 a feather in one's cap** : un triunfo personal

feathered ['fɛðərd] *adj* : con plumas

feathery ['fɛðəri] *adj* **1** DOWNY : plumoso **2** LIGHT : liviano

feature¹ ['fi:tʃər] *v* **-tured; -turing** *vt* **1** IMAGINE : imaginarse **2** PRESENT : presentar — *vi* : figurar

feature² *n* **1** CHARACTERISTIC : característica *f*, rasgo *m* **2** : largometraje *m* (en el cine), artículo *m* (en un periódico), documental *m* (en la televisión) **3 features** *npl* : rasgos *mpl*, facciones *fpl* ⟨delicate features : facciones delicadas⟩

February ['fɛbjuˌri, 'fɛbə-, 'fbru-] *n* : febrero *m*

fecal ['fi:kəl] *adj* : fecal

feces ['fi:ˌsi:z] *npl* : heces *fpl*, excrementos *mpl*

feckless ['fɛkləs] *adj* : irresponsable

fecund ['fɛkənd, 'fi:-] *adj* : fecundo

fecundity [fɪ'kʌndəti, fɛ-] *n* : fecundidad *f*

federal ['fɛdrəl, -dərəl] *adj* : federal

federalism ['fɛdrəˌlɪzəm, -dərə-] *n* : federalismo *m*

federalist¹ ['fɛdrəlɪst, -dərə-] *adj* : federalista

federalist² *n* : federalista *mf*

federate ['fɛdəˌreɪt] *vt* **-ated; -ating** : federar

federation [ˌfɛdə'reɪʃən] *n* : federación *f*

fedora [fɪ'dorə] *n* : sombrero *m* flexible de fieltro

fed up *adj* : harto

fee ['fi:] *n* **1** : honorarios *mpl* (a un médico, un abogado, etc.) **2 entrance fee** : entrada *f*

feeble ['fi:bəl] *adj* **-bler; -blest 1** WEAK : débil, endeble **2** INEFFECTIVE : flojo, pobre, poco convincente

feebleminded [ˌfi:bəl'maɪndəd] *adj* **1** : débil mental **2** FOOLISH, STUPID : imbécil, tonto

feebleness ['fi:bəlnəs] *n* : debilidad *f*

feebly ['fi:bli] *adv* : débilmente

feed¹ ['fi:d] *v* **fed** ['fɛd]; **feeding** *vt* **1** : dar de comer a, nutrir, alimentar (a una persona) **2** : alimentar (un fuego o una máquina), proveer (información), introducir (datos) — *vi* : comer, alimentarse

feed² *n* **1** NOURISHMENT : alimento *m* **2** FODDER : pienso *m*

feedback ['fi:dˌbæk] *n* **1** : realimentación *f* (electrónica) **2** RESPONSE : reacción *f*

feeder ['fi:dər] *n* : comedero *m* (para animales)

feel¹ ['fi:l] *v* **felt** ['fɛlt]; **feeling** *vi* **1** : sentirse, encontrarse ⟨I feel tired : me siento cansada⟩ ⟨he feels hungry : tiene hambre⟩ ⟨she feels like a fool : se siente como una idiota⟩ **2 to feel like doing something** : tener ganas de hacer algo **2** SEEM : parecer ⟨it feels like spring : parece primavera⟩ **3** THINK : parecerse, opinar, pensar ⟨how does he feel about that? : ¿qué opina él de eso?⟩ — *vt* **1** TOUCH : tocar, palpar **2** SENSE : sentir ⟨to feel the cold : sentir el frío⟩ **3** CONSIDER : sentir, creer, considerar ⟨to feel (it) necessary : creer necesario⟩

feel² *n* **1** SENSATION, TOUCH : sensación *f*, tacto *m* **2** ATMOSPHERE : ambiente *m*, atmósfera *f* **3 to have a feel for** : tener un talento especial para

feeler ['fi:lər] *n* : antena *f*, tentáculo *m*

feeling ['fi:lɪŋ] *n* **1** SENSATION : sensación *f*, sensibilidad *f* **2** EMOTION : sentimiento *m* **3** OPINION : opinión *f* **4 feelings** *npl* SENSIBILITIES : sentimientos *mpl* ⟨to hurt someone's feelings : herir los sentimientos de alguien⟩

feet → foot

feign ['feɪn] *vt* : simular, aparentar, fingir

feint¹ ['feɪnt] *vi* : fintar, fintear

feint² *n* : finta *f*

feldspar ['fɛldˌspar] *n* : feldespato *m*

felicitate [fɪ'lɪsəˌteɪt] *vt* **-tated; -tating** : felicitar, congratular

felicitation [fɪˌlɪsə'teɪʃən] *n* : felicitación *f*

felicitous [fɪ'lɪsətəs] *adj* : acertado, oportuno

feline¹ ['fi:ˌlaɪn] *adj* : felino

feline² *n* : felino *m*, -na *f*

fell¹ ['fɛl] *vt* : talar (un árbol), derribar (a una persona)

fell² → fall

fellow ['fɛˌlo:] *n* **1** COMPANION : compañero *m*, -ra *f*; camarada *mf* **2** ASSOCIATE : socio *m*, -cia *f* **3** MAN : tipo *m*, hombre *m*

fellowman [ˌfɛlo'mæn] *n*, *pl* **-men** : prójimo *m*, semejante *m*

fellowship ['fɛloˌʃɪp] *n* **1** COMPANIONSHIP : camaradería *f*, compañerismo *m* **2** ASSOCIATION : fraternidad *f* **3** GRANT : beca *f* (de investigación)

felon ['fɛlən] *n* : malhechor *m*, -chora *f*; criminal *mf*

felonious [fə'lo:niəs] *adj* : criminal

felony ['fɛləni] *n*, *pl* **-nies** : delito *m* grave

felt¹ ['fɛlt] *n* : fieltro *m*

felt² → feel

female¹ ['fi:ˌmeɪl] *adj* : femenino

female² *n* **1** : hembra *f* (de animal) **2** WOMAN : mujer *f*

feminine ['fɛmənən] *adj* : femenino

femininity [ˌfɛmə'nɪnəti] *n* : feminidad *f*, femineidad *f*

feminism ['fɛməˌnɪzəm] *n* : feminismo *m*

feminist¹ ['fɛmənɪst] *adj* : feminista

feminist² *n* : feminista *mf*

femoral ['fɛmərəl] *adj* : femoral

femur ['fi:mər] *n*, *pl* **femurs** *or* **femora** ['fɛmərə] : fémur *m*

fence¹ ['fɛns] *v* **fenced; fencing** *vt* : vallar, cercar — *vi* : hacer esgrima

fence² *n* : cerca *f*, valla *f*, cerco *m*

fencer ['fɛntsər] *n* : esgrimista *mf*; esgrimidor *m*, -dora *f*

fencing ['fɛntsɪŋ] *n* 1 : esgrima *m* (deporte) 2 : materiales *mpl* para cercas 3 ENCLOSURE : cercado *m*

fend ['fɛnd] *vt* **to fend off** : rechazar (un enemigo), parar (un golpe), eludir (una pregunta) — *vi* **to fend for oneself** : arreglárselas sólo, valerse por sí mismo

fender ['fɛndər] *n* : guardabarros *mpl*, salpicadera *f* Mex

fennel ['fɛnəl] *n* : hinojo *m*

ferment¹ [fər'mɛnt] *v* : fermentar

ferment² ['fər,mɛnt] *n* 1 : fermento *m* (en la química) 2 TURMOIL : agitación *f*, conmoción *f*

fermentation [,fərmən'teɪʃən, -,mɛn-] *n* : fermentación *f*

fern ['fərn] *n* : helecho *m*

ferocious [fə'ro:ʃəs] *adj* : feroz — **ferociously** *adv*

ferociousness [fə'ro:ʃəsnəs] *n* : ferocidad *f*

ferocity [fə'rɑsəti] *n* : ferocidad *f*

ferret¹ ['fɛrət] *vi* SNOOP : hurgar, husmear — *vt* **to ferret out** : descubrir

ferret² *n* : hurón *m*

ferric ['fɛrɪk] *or* **ferrous** ['fɛrəs] *adj* : férrico

Ferris wheel ['fɛrɪs] *n* : noria *f*

ferry¹ ['fɛri] *vt* **-ried; -rying** : llevar, transportar

ferry² *n*, *pl* **-ries** : transbordador *m*, ferry *m*

ferryboat ['fɛri,bo:t] *n* : transbordador *m*, ferry *m*

fertile ['fərtəl] *adj* : fértil, fecundo

fertility [fər'tɪləti] *n* : fertilidad *f*

fertilization [,fərtələ'zeɪʃən] *n* : fertilización *f* (del suelo), fecundación (de un huevo)

fertilize ['fərtə,laɪz] *vt* **-ized; -izing** 1 : fecundar (un huevo) 2 : fertilizar, abonar (el suelo)

fertilizer ['fərtə,laɪzər] *n* : fertilizante *m*, abono *m*

fervent ['fərvənt] *adj* : ferviente, fervoroso, ardiente — **fervently** *adv*

fervid ['fərvɪd] *adj* : ardiente, apasionado — **fervidly** *adv*

fervor ['fərvər] *n* : fervor *m*, ardor *m*

fester ['fɛstər] *vi* : enconarse, supurar

festival ['fɛstəvəl] *n* : fiesta *f*, festividad *f*, festival *m*

festive ['fɛstɪv] *adj* : festivo — **festively** *adv*

festivity [fɛs'tɪvəti] *n*, *pl* **-ties** : festividad *f*, celebración *f*

festoon¹ [fɛs'tu:n] *vt* : adornar, engalanar

festoon² *n* GARLAND : guirnalda *f*

fetal ['fi:təl] *adj* : fetal

fetch ['fɛtʃ] *vt* 1 BRING : traer, recoger, ir a buscar 2 REALIZE : realizar, venderse por ⟨the jewelry fetched $10,000 : las joyas se vendieron por $10,000⟩

fetching ['fɛtʃɪŋ] *adj* : atractivo, encantador

fête¹ ['feɪt, 'fɛt] *vt* **fêted; fêting** : festejar, agasajar

fête² *n* : fiesta *f*

fetid ['fɛtəd] *adj* : fétido

fetish ['fɛtɪʃ] *n* : fetiche *m*

fetlock ['fɛt,lɑk] *n* : espolón *m*

fetter ['fɛtər] *vt* : encadenar, poner grillos a

fetters ['fɛtərz] *npl* : grillos *mpl*, grilletes *mpl*, cadenas *fpl*

fettle ['fɛtəl] *n* **in fine fettle** : en buena forma, en plena forma

fetus ['fi:təs] *n* : feto *m*

feud¹ ['fju:d] *vi* : pelear, contender

feud² *n* : contienda *f*, enemistad *f* (heredada)

feudal ['fju:dəl] *adj* : feudal

feudalism ['fju:dəl,ɪzəm] *n* : feudalismo *m*

fever ['fi:vər] *n* : fiebre *f*, calentura *f*

feverish ['fi:vərɪʃ] *adj* 1 : afiebrado, con fiebre, febril 2 FRANTIC : febril, frenético

few¹ ['fju:] *adj* : pocos ⟨with few exceptions : con pocas excepciones⟩ ⟨a few times : varias veces⟩

few² *pron* 1 : pocos ⟨few of them were ready : pocos estaban listos⟩ 2 **a few** : algunos, unos cuantos 3 **few and far between** : contados

fewer ['fju:ər] *pron* : menos ⟨the fewer the better : cuantos menos mejor⟩

fez ['fɛz] *n*, *pl* **fezzes** : fez *m*

fiancé [,fi:'ɑn'seɪ, ,fi:'ɑn,seɪ] *n* : prometido *m*, novio *m*

fiancée [,fi:'ɑn'seɪ, ,fi:'ɑn,seɪ] *n* : prometida *f*, novia *f*

fiasco [fi'æs,ko:] *n*, *pl* **-coes** : fiasco *m*, fracaso *m*

fiat ['fi:,ɑt, -,æt, -ət; 'faɪət, -,æt] *n* : decreto *m*, orden *m*

fib¹ ['fɪb] *vi* **fibbed; fibbing** : decir mentirillas

fib² *n* : mentirilla *f*, bola *f* fam

fibber ['fɪbər] *n* : mentirosillo *m*, -lla *f*; cuentista *mf* fam

fiber *or* **fibre** ['faɪbər] *n* : fibra *f*

fiberboard ['faɪbər,bord] *n* : cartón *m* madera

fiberglass ['faɪbər,glæs] *n* : fibra *f* de vidrio

fibrillate ['fɪbrə,leɪt, 'faɪ-] *vi* **-lated; -lating** : fibrilar

fibrillation [,fɪbrə'leɪʃən, ,faɪ-] *n* : fibrilación *f*

fibrous ['faɪbrəs] *adj* : fibroso

fibula ['fɪbjələ] *n*, *pl* **-lae** [-,li:, -,laɪ] *or* **-las** : peroné *m*

fickle ['fɪkəl] *adj* : inconstante, voluble, veleidoso

fickleness ['fɪkəlnəs] *n* : volubilidad *f*, inconstancia *f*, veleidad *f*

fiction [ˈfɪkʃən] *n* : ficción *f*

fictional [ˈfɪkʃənəl] *adj* : ficticio

fictitious [fɪkˈtɪʃəs] *adj* **1** IMAGINARY : ficticio, imaginario **2** FALSE : falso, ficticio

fiddle¹ [ˈfɪdəl] *vi* **-dled; -dling 1** : tocar el violín **2 to fiddle with** : juguetear con, toquetear

fiddle² *n* : violín *m*

fiddler [ˈfɪdlər, ˈfɪdələr] *n* : violinista *mf*

fiddlesticks [ˈfɪdəlˌstɪks] *interj* : ¡tonterías!

fidelity [fəˈdɛləti, faɪ-] *n, pl* **-ties** : fidelidad *f*

fidget¹ [ˈfɪdʒət] *vi* **1** : moverse, estarse inquieto **2 to fidget with** : juguetear con

fidget² *n* **1** : persona *f* inquieta **2 fidgets** *npl* RESTLESSNESS : inquietud *f*

fidgety [ˈfɪdʒəti] *adj* : inquieto

fiduciary¹ [fəˈduːʃiˌeri, -ˈdjuː-, -ʃəri] *adj* : fiduciario

fiduciary² *n, pl* **-ries** : fiduciario *m*, -ria *f*

field¹ [ˈfiːld] *vt* : interceptar y devolver (una pelota), presentar (un candidato), sortear (una pregunta)

field² *adj* : de campaña, de campo ⟨field hospital : hospital de campaña⟩ ⟨field goal : gol de campo⟩ ⟨field trip : viaje de estudio⟩

field³ *n* **1** : campo *m* (de cosechas, de batalla, de magnetismo) **2** : campo *m*, cancha *f* (en deportes) **3** : campo *m* (de trabajo), esfera *f* (de actividades)

fielder [ˈfiːldər] *n* : jugador *m*, -dora *f* de campo; fildeador *m*, -dora *f*

field glasses *n* : binoculares *mpl*, gemelos *mpl*

fiend [ˈfiːnd] *n* **1** DEMON : demonio *m* **2** EVILDOER : persona *f* maligna; malvado *m*, -da *f* **3** FANATIC : fanático *m*, -ca *f*

fiendish [ˈfiːndɪʃ] *adj* : diabólico — **fiendishly** *adv*

fierce [ˈfɪrs] *adj* **fiercer; -est 1** FEROCIOUS : fiero, feroz **2** HEATED : acalorado **3** INTENSE : intenso, violento, fuerte — **fiercely** *adv*

fierceness [ˈfɪrsnəs] *n* **1** FEROCITY : ferocidad *f*, fiereza *f* **2** INTENSITY : intensidad *f*, violencia *f*

fieriness [ˈfaɪərinəs] *n* : pasión *f*, ardor *m*

fiery [ˈfaɪəri] *adj* **fierier; -est 1** BURNING : ardiente, llameante **2** GLOWING : encendido **3** PASSIONATE : acalorado, ardiente, fogoso

fiesta [fiˈɛstə] *n* : fiesta *f*

fife [ˈfaɪf] *n* : pífano *m*

fifteen¹ [fɪfˈtiːn] *adj* : quince

fifteen² *n* : quince *m*

fifteenth¹ [fɪfˈtiːnθ] *adj* : decimoquinto

fifteenth² *n* **1** : decimoquinto *m*, -ta *f* (en una serie) **2** : quinceavo *m*, quinceava parte *f*

fifth¹ [ˈfɪfθ] *adj* : quinto

fifth² *n* **1** : quinto *m*, -ta *f* (en una serie) **2** : quinto *m*, quinta parte *f* **3** : quinta *f* (en la música)

fiftieth¹ [ˈfɪftiəθ] *adj* : quincuagésimo

fiftieth² *n* **1** : quincuagésimo *m*, -ma *f* (en una serie) **2** : cincuentavo *m*, cincuentava parte *f*

fifty¹ [ˈfɪfti] *adj* : cincuenta

fifty² *n, pl* **-ties** : cincuenta *m*

fifty-fifty [ˌfɪftiˈfɪfti] *adv* : a medias, mitad y mitad

fifty-fifty² *adj* **to have a fifty-fifty chance** : tener un cincuenta por ciento de posibilidades

fig [ˈfɪg] *n* : higo *m*

fight¹ [ˈfaɪt] *v* **fought** [ˈfɔt]; **fighting** *vi* : luchar, combatir, pelear — *vt* : luchar contra, combatir contra

fight² *n* **1** COMBAT : lucha *f*, pelea *f*, combate *m* **2** MATCH : pelea *f*, combate *m* (en boxeo) **3** QUARREL : disputa *f*, pelea *f*, pleito *m*

fighter [ˈfaɪtər] *n* **1** COMBATANT : luchador *m*, -dora *f*; combatiente *mf* **2** BOXER : boxeador *m*, -dora *f*

figment [ˈfɪgmənt] *n* **figment of the imagination** : producto *m* de la imaginación

figurative [ˈfɪgjərətɪv, -gə-] *adj* : figurado, metafórico

figuratively [ˈfɪgjərətɪvli, -gə-] *adv* : en sentido figurado, de manera metafórica

figure¹ [ˈfɪgjər, -gər] *v* **-ured; -uring** *vt* **1** CALCULATE : calcular **2** ESTIMATE : figurarse, calcular ⟨he figured that was possible : se figuró que era posible⟩ — *vi* **1** FEATURE, STAND OUT : figurar, destacar **2 that figures!** : ¡obvio!, ¡no me extraña nada!

figure² *n* **1** DIGIT : número *m*, cifra *f* **2** PRICE : precio *m*, cifra *f* **3** PERSONAGE : figura *f*, personaje *m* **4** : figura *f*, tipo *m*, físico *m* ⟨to have a good figure : tener buen tipo, tener un buen físico⟩ **5** DESIGN, OUTLINE : figura *f* **6 figures** *npl* : aritmética *f*

figurehead [ˈfɪgjərˌhɛd, -gər-] *n* : testaferro *m*, líder *mf* sin poder

figure of speech *n* : figura *f* retórica, figura *f* de hablar

figure out *vt* **1** UNDERSTAND : entender **2** RESOLVE : resolver (un problema, etc.)

figurine [ˌfɪgjəˈriːn] *n* : estatuilla *f*

Fijian [ˈfiːdʒiən, fɪˈjiːən] *n* : fijiano *m*, -na *f* — **Fijian** *adj*

filament [ˈfɪləmənt] *n* : filamento *m*

filbert [ˈfɪlbərt] *n* : avellana *f*

filch [ˈfɪltʃ] *vt* : hurtar, birlar *fam*

file¹ [ˈfaɪl] *v* **filed; filing** *vt* **1** CLASSIFY : clasificar **2** : archivar (documentos) **3** SUBMIT : presentar ⟨to file charges : presentar cargos⟩ **4** SMOOTH : limar — *vi* : desfilar, entrar (o salir) en fila

file² *n* **1** : lima *f* ⟨nail file : lima de uñas⟩ **2** DOCUMENTS : archivo *m* **3** LINE : fila *f*

filial ['fɪliəl, 'fɪljəl] *adj* : filial
filibuster¹ ['fɪlə,bʌstər] *vi* : practicar el obstruccionismo
filibuster² *n* : obstruccionismo *m*
filibusterer ['fɪlə,bʌstərər] *n* : obstruccionista *mf*
filigree ['fɪlə,gri:] *n* : filigrana *f*
Filipino [,fɪlə'pi:no:] *n* : filipino *m*, -na *f* — **Filipino** *adj*
fill¹ ['fɪl] *vt* 1 : llenar, ocupar ⟨to fill a cup : llenar una taza⟩ ⟨to fill a room : ocupar una sala⟩ 2 STUFF : rellenar 3 PLUG : tapar, rellenar, empastar (un diente) 4 SATISFY : cumplir con, satisfacer 5 *or* to fill out : llenar, re-llenar ⟨to fill out a form : rellenar un formulario⟩
fill² *n* 1 FILLING, STUFFING : relleno *m* 2 to eat one's fill : comer lo suficiente 3 to have one's fill of : estar harto de
filler ['fɪlər] *n* : relleno *m*
fillet¹ ['fɪlət, fɪ'leɪ, 'fɪ,leɪ] *vt* : cortar en filetes
fillet² *n* : filete *m*
fill in *vt* INFORM : informar, poner al corriente — *vi* to fill in for : reemplazar a
filling ['fɪlɪŋ] *n* 1 : relleno *m* 2 : empaste *m* (de un diente)
filling station → gas station
filly ['fɪli] *n, pl* -lies : potra *f*, potranca *f*
film¹ ['fɪlm] *vt* : filmar — *vi* : rodar
film² *n* 1 COATING : capa *f*, película *f* 2 : película *f* (fotográfica) 3 MOVIE : película *f*, filme *m*
filmmaker ['fɪlm,meɪkər] *n* : cineasta *mf*
filmy ['fɪlmi] *adj* **filmier; -est** 1 GAUZY : diáfano, vaporoso 2 : cubierto de una película
filter¹ ['fɪltər] *vt* : filtrar
filter² *n* : filtro *m*
filth ['fɪlθ] *n* : mugre *f*, porquería *f*, roña *f*
filthiness ['fɪlθinəs] *n* : suciedad *f*
filthy ['fɪlθi] *adj* **filthier; -est** 1 DIRTY : mugriento, sucio 2 OBSCENE : obsceno, indecente
filtration [fɪl'treɪʃən] *n* : filtración *f*
fin ['fɪn] *n* 1 : aleta *f* 2 : alerón *m* (de un automóvil o un avión)
finagle [fə'neɪgəl] *vt* **-gled; -gling** : arreglárselas para conseguir
final¹ ['faɪnəl] *adj* 1 DEFINITIVE : definitivo, final, inapelable 2 ULTIMATE : final 3 LAST : último, final
final² *n* 1 : final *f* (en deportes) 2 finals *npl* : exámenes *mpl* finales
finale [fɪ'næli, -'nɑ-] *n* : final *m* ⟨grand finale : final triunfal⟩
finalist ['faɪnəlɪst] *n* : finalista *mf*
finality [faɪ'næləti, fə-] *n, pl* -ties : finalidad *f*
finalize ['faɪnə,laɪz] *vt* **-ized; -izing** : finalizar
finally ['faɪnəli] *adv* 1 LASTLY : por último, finalmente 2 EVENTUALLY : por fin, al final 3 DEFINITIVELY : definitivamente

finance¹ [fə'nænts, 'faɪ,nænts] *vt* **-nanced; -nancing** : financiar
finance² *n* 1 : finanzas *fpl* 2 finances *npl* RESOURCES : recursos *mpl* financieros
financial [fə'næntʃəl, faɪ-] *adj* : financiero, económico
financially [fə'næntʃəli, faɪ-] *adv* : económicamente
financier [,fɪnən'sɪr, ,faɪ,næn-] *n* : financiero *m*, -ra *f*; financista *mf*
financing [fə'næntsɪŋ, 'fæ,næntsɪŋ] *n* : financiación *f*, financiamiento *m*
finch ['fɪntʃ] *n* : pinzón *m*
find¹ ['faɪnd] *vt* **found** ['faʊnd]; **finding** 1 LOCATE : encontrar, hallar ⟨I can't find it : no lo encuentro⟩ ⟨to find one's way : encontrar el camino, orientarse⟩ 2 DISCOVER, REALIZE : descubrir, darse cuenta de ⟨he found it difficult : descubrió que era difícil⟩ 3 DECLARE : declarar, hallar ⟨they found him guilty : lo declararon culpable⟩
find² *n* : hallazgo *m*
finder ['faɪndər] *n* : descubridor *m*, -dora *f*
finding ['faɪndɪŋ] *n* 1 FIND : hallazgo *m* 2 findings *npl* : conclusiones *fpl*
find out *vt* DISCOVER : descubrir, averiguar — *vi* LEARN : enterarse
fine¹ ['faɪn] *vt* **fined; fining** : multar
fine² *adj* **finer; -est** 1 PURE : puro (dícese del oro y de la plata) 2 THIN : fino, delgado 3 : fino ⟨fine sand : arena fina⟩ 4 SMALL : pequeño, minúsculo ⟨fine print : letras minúsculas⟩ 5 SUBTLE : sutil, delicado 6 EXCELLENT : excelente, magnífico, selecto 7 FAIR : bueno ⟨it's a fine day : hace buen tiempo⟩ 8 EXQUISITE : exquisito, delicado, fino 9 fine arts : bellas artes *fpl*
fine³ *n* : multa *f*
finely ['faɪnli] *adv* 1 EXCELLENTLY : con arte 2 ELEGANTLY : elegantemente 3 PRECISELY : con precisión 4 to chop finely : picar muy fino, picar en trozos pequeños
fineness ['faɪnnəs] *n* 1 EXCELLENCE : excelencia *f* 2 ELEGANCE : elegancia *f*, refinamiento *m* 3 DELICACY : delicadeza *f*, lo fino 4 PRECISION : precisión *f* 5 SUBTLETY : sutileza *f* 6 PURITY : ley *f* (de oro y plata)
finery ['faɪnəri] *n* : galas *fpl*, adornos *mpl*
finesse¹ [fə'nɛs] *vt* **-nessed; -nessing** : ingeniar
finesse² *n* 1 REFINEMENT : refinamiento *m*, finura *f* 2 TACT : delicadeza *f*, tacto *m*, diplomacia *f* 3 CRAFTINESS : astucia *f*
finger¹ ['fɪŋgər] *vt* 1 HANDLE : tocar, toquetear 2 ACCUSE : acusar, delatar
finger² *n* : dedo *m*
fingerling ['fɪŋgərlɪŋ] *n* : pez *m* pequeño y joven
fingernail ['fɪŋgər,neɪl] *n* : uña *f*
fingerprint¹ ['fɪŋgər,prɪnt] *vt* : tomar las huellas digitales a

fingerprint² n : huella f digital
fingertip ['fɪŋgər,tɪp] n : punta f del dedo, yema f del dedo
finicky ['fɪnɪki] adj : maniático, melindroso, mañoso
finish¹ ['fɪnɪʃ] vt 1 COMPLETE : acabar, terminar 2 : aplicar un acabado a (muebles, etc)
finish² n 1 END : fin m, final m 2 REFINEMENT : refinamiento m 3 : acabado m ⟨a glossy finish : un acabado brillante⟩
finite ['faɪ,naɪt] adj : finito
fink ['fɪŋk] n : mequetrefe mf fam
Finn ['fɪn] n : finlandés m, -desa f
Finnish¹ ['fɪnɪʃ] adj : finlandés
Finnish² n : finlandés m (idioma)
fiord ['fi,ɔrd] → **fjord**
fir ['fər] n : abeto m
fire¹ ['faɪr] v **fired; firing** 1 IGNITE, KINDLE : encender 2 ENLIVEN : animar, avivar 3 DISMISS : despedir 4 SHOOT : disparar 5 BAKE : cocer (cerámica)
fire² n 1 : fuego m 2 BURNING : incendio m ⟨fire alarm : alarma contra incendios⟩ ⟨to be on fire : estar en llamas⟩ 3 ENTHUSIASM : ardor m, entusiasmo m 4 SHOOTING : disparos mpl, fuego m
firearm ['faɪr,ɑrm] n : arma f de fuego
fireball ['faɪr,bɔl] n 1 : bola f de fuego 2 METEOR : bólido m
firebreak ['faɪr,breɪk] n : cortafuegos m
firebug ['faɪr,bʌg] n : pirómano m, -na f; incendiario m, -ria f
firecracker ['faɪr,krækər] n : petardo m
fire escape n : escalera f de incendios
firefighter ['faɪr,faɪtər] n : bombero m, -ra f
firefly ['faɪr,flaɪ] n, pl **-flies** : luciérnaga f
fireman ['faɪrmən] n, pl **-men** [-mən, -,mɛn] 1 FIREFIGHTER : bombero m, -ra f 2 STOKER : fogonero m, -ra f
fireplace ['faɪr,pleɪs] n : hogar m, chimenea f
fireproof¹ ['faɪr,pruːf] vt : hacer incombustible
fireproof² adj : incombustible, ignífugo
fireside¹ ['faɪr,saɪd] adj : informal ⟨fireside chat : charla informal⟩
fireside² n 1 HEARTH : chimenea f, hogar m 2 HOME : hogar m, casa f
firewall ['faɪr,wɔl] n : cortafuegos m
firewood ['faɪr,wʊd] n : leña f
fireworks ['faɪr,wərks] npl : fuegos mpl artificiales, pirotecnia f
firm¹ ['fərm] vt **or to firm up** : endurecer
firm² adj 1 VIGOROUS : fuerte, vigoroso 2 SOLID, UNYIELDING : firme, duro, sólido 3 UNCHANGING : firme, inalterable 4 RESOLUTE : firme, resuelto
firm³ n : empresa f, firma f, compañía f
firmament ['fərməmənt] n : firmamento m
firmly ['fərmli] adv : firmemente
firmness ['fərmnəs] n : firmeza f
first¹ ['fərst] adv 1 : primero ⟨finish your homework first : primero termina tu

tarea⟩ ⟨first and foremost : ante todo⟩ ⟨first of all : en primer lugar⟩ 2 : por primera vez ⟨I saw it first in Boston : lo vi por primera vez en Boston⟩
first² adj 1 : primero ⟨the first time : la primera vez⟩ ⟨at first sight : a primera vista⟩ ⟨in the first place : en primer lugar⟩ ⟨the first ten applicants : los diez primeros candidatos⟩ 2 FOREMOST : principal, primero ⟨first tenor : tenor principal⟩
first³ n 1 : primero m, -ra f 2 or **first gear** : primera f 3 **at ~** : al principio
first aid n : primeros auxilios mpl
first-class¹ ['fərst'klæs] adv : en primera ⟨to travel first-class : viajar en primera⟩
first-class² adj : de primera
first class n : primera clase f
firsthand¹ ['fərst'hænd] adv : directamente
firsthand² adj : de primera mano
first lieutenant n : teniente mf; teniente primero m, teniente primera f
firstly ['fərstli] adv : primeramente, principalmente, en primer lugar
first-rate¹ ['fərst'reɪt] adv : muy bien
first-rate² adj : de primera, de primera clase
first sergeant n : sargento mf
firth ['fərθ] n : estuario m
fiscal ['fɪskəl] adj : fiscal — **fiscally** adv
fish¹ ['fɪʃ] vi 1 : pescar 2 **to fish for** SEEK : buscar, rebuscar ⟨to fish for compliments : andar a la caza de cumplidos⟩ — vt : pescar
fish² n, pl **fish** or **fishes** : pez m (vivo), pescado m (para comer)
fisherman ['fɪʃərmən] n, pl **-men** [-mən, -,mɛn] : pescador m, -dora f
fishery ['fɪʃəri] n, pl **-eries** 1 → **fishing** 2 : zona f pesquera, pesquería f
fishhook ['fɪʃ,hʊk] n : anzuelo m
fishing ['fɪʃɪŋ] n : pesca f, industria f pesquera
fishing pole n : caña f de pescar
fish market n : pescadería f
fishy ['fɪʃi] adj **fishier; -est** 1 : a pescado ⟨a fishy taste : un sabor a pescado⟩ 2 QUESTIONABLE : dudoso, sospechoso ⟨there's something fishy going on : aquí hay gato encerrado⟩
fission ['fɪʃən, -ʒən] n : fisión f
fissure ['fɪʃər] n : fisura f, hendidura f
fist ['fɪst] n : puño m
fistful ['fɪst,fʊl] n : puñado m
fisticuffs ['fɪsti,kʌfs] npl : lucha f a puñetazos
fit¹ ['fɪt] v **fitted; fitting** vt 1 MATCH : corresponder a, coincidir con ⟨the punishment fits the crime : el castigo corresponde al crimen⟩ 2 : quedar ⟨the dress doesn't fit me : el vestido no me queda⟩ 3 GO : caber, encajar en ⟨her key fits the lock : su llave encaja en la cerradura⟩ 4 INSERT, INSTALL : poner, colocar 5 ADAPT : adecuar, ajustar, adaptar 6 or **to fit out** EQUIP : equipar

— *vi* **1** : quedar, entallar ⟨these pants don't fit : estos pantalones no me quedan⟩ **2** CONFORM : encajar, cuadrar **3 to fit in** : encajar, estar integrado

fit² *adj* **fitter; fittest 1** SUITABLE : adecuado, apropiado, conveniente **2** QUALIFIED : calificado, competente **3** HEALTHY : sano, en forma

fit³ *n* **1** ATTACK : ataque *m*, acceso *m*, arranque *m* **2 to be a good fit** : quedar bien **3 to be a tight fit** : ser muy entallado (de ropa), estar apretado (de espacios)

fitful ['fɪtfəl] *adj* : irregular, intermitente — **fitfully** *adv*

fitness ['fɪtnəs] *n* **1** HEALTH : salud *f*, buena forma *f* (física) **2** SUITABILITY : idoneidad *f*

fitting¹ ['fɪtɪŋ] *adj* : adecuado, apropiado

fitting² *n* : accesorio *m*

five¹ ['faɪv] *adj* : cinco

five² *n* : cinco *m*

five hundred¹ *adj* : quinientos

five hundred² *n* : quinientos *m*

fix¹ ['fɪks] *vt* **1** ATTACH, SECURE : sujetar, asegurar, fijar **2** ESTABLISH : fijar, concretar, establecer **3** REPAIR : arreglar, reparar **4** PREPARE : preparar ⟨to fix dinner : preparar la cena⟩ **5** : arreglar, amañar ⟨to fix a race : arreglar una carrera⟩ **6** RIVET : fijar (los ojos, la mirada, etc.)

fix² *n* **1** PREDICAMENT : aprieto *m*, apuro *m* **2** : posición *f* ⟨to get a fix on : establecer la posición de⟩

fixate ['fɪkˌseɪt] *vi* **-ated; -ating** : obsesionarse

fixation [fɪk'seɪʃən] *n* : fijación *f*, obsesión *f*

fixed ['fɪkst] *adj* **1** STATIONARY : estacionario, inmóvil **2** UNCHANGING : fijo, inalterable **3** INTENT : fijo ⟨a fixed stare : una mirada fija⟩ **4 to be comfortably fixed** : estar en posición acomodada

fixedly ['fɪksədli] *adv* : fijamente

fixedness ['fɪksədnəs, 'fɪkst-] *n* : rigidez *f*

fixture ['fɪkstʃər] *n* **1** : parte *f* integrante, elemento *m* fijo **2 fixtures** *npl* : instalaciones *fpl* (de una casa)

fizz¹ ['fɪz] *vi* : burbujear

fizz² *n* : efervescencia *f*, burbujeo *m*

fizzle¹ ['fɪzəl] *vi* **-zled; -zling 1** FIZZ : burbujear **2** FAIL : fracasar

fizzle² *n* : fracaso *m*, fiasco *m*

fjord [fi'ɔrd] *n* : fiordo *m*

flab ['flæb] *n* : gordura *f*

flabbergast ['flæbərˌgæst] *vt* : asombrar, pasmar, dejar atónito

flabby ['flæbi] *adj* **-bier; -est** : blando, fofo, aguado *CA, Col, Mex*

flaccid ['flæksəd, 'flæsəd] *adj* : fláccido

flag¹ ['flæg] *vi* **flagged; flagging 1** : hacer señales con banderas **2** WEAKEN : flaquear, desfallecer

flag² *n* : bandera *f*, pabellón *m*, estandarte *m*

flagon ['flægən] *n* : jarra *f* grande

flagpole ['flægˌpoːl] *n* : asta *f*, mástil *m*

flagrant ['fleɪgrənt] *adj* : flagrante — **flagrantly** *adv*

flagship ['flægˌʃɪp] *n* : buque *m* insignia

flagstaff ['flægˌstæf] → **flagpole**

flagstone ['flægˌstoːn] *n* : losa *f*, piedra *f*

flail¹ ['fleɪl] *vt* **1** : trillar (grano) **2** : sacudir, agitar (los brazos)

flail² *n* : mayal *m*

flair ['flær] *n* : don *m*, facilidad *f*

flak ['flæk] *ns & pl* **1** : fuego *m* antiaéreo **2** CRITICISM : críticas *fpl*

flake¹ ['fleɪk] *vi* **flaked; flaking** : desmenuzarse, pelarse (dícese de la piel)

flake² *n* : copo *m* (de nieve), escama *f* (de la piel), astilla *f* (de madera)

flamboyance [flæm'bɔɪənts] *n* : extravagancia *f*, rimbombancia *f*

flamboyant [flæm'bɔɪənt] *adj* : exuberante, extravagante, rimbombante

flame¹ ['fleɪm] *vi* **flamed; flaming 1** BLAZE : arder, llamear **2** GLOW : brillar, encenderse

flame² *n* BLAZE : llama *f* ⟨to burst into flames : estallar en llamas⟩ ⟨to go up in flame : incendiarse⟩

flamethrower ['fleɪmˌθroːər] *n* : lanzallamas *m*

flamingo [flə'mɪŋgo] *n, pl* **-gos** : flamenco *m*

flammable ['flæməbəl] *adj* : inflamable, flamable

flange ['flændʒ] *n* : reborde *m*, pestaña *f*

flank¹ ['flæŋk] *vt* **1** : flanquear (para defender o atacar) **2** BORDER, LINE : bordear

flank² *n* : ijada *f* (de un animal), costado *m* (de una persona), falda *f* (de una colina), flanco *m* (de un cuerpo de soldados)

flannel ['flænəl] *n* : franela *f*

flap¹ ['flæp] *v* **flapped; flapping** *vi* **1** : aletear ⟨the bird was flapping (its wings) : el pájaro aleteaba⟩ **2** FLUTTER : ondear, agitarse — *vt* : batir, agitar

flap² *n* **1** FLAPPING : aleteo *m*, aletazo *m* (de alas) **2** : solapada *f* (de un sobre), hoja *f* (de una mesa), faldón *m* (de una chaqueta)

flapjack ['flæpˌdʒæk] → **pancake**

flare¹ ['flær] *vi* **flared; flaring 1** FLAME, SHINE : llamear, brillar **2 to flare up** : estallar, explotar (de cólera)

flare² *n* **1** FLASH : destello *m* **2** SIGNAL : (luz/de) bengala *f* **3 solar flare** : erupción *f* solar

flash¹ ['flæʃ] *vi* **1** SHINE, SPARKLE : destellar, brillar, relampaguear **2** : pasar como un relámpago ⟨an idea flashed through my mind : una idea me cruzó la mente como un relámpago⟩ — *vt* : despedir, lanzar (una luz), transmitir (un mensaje)

flash² adj SUDDEN : repentino

flash³ n 1 : destello m (de luz), fogonazo m (de una explosión) 2 **flash of lightning** : relámpago m 3 **in a flash** : de repente, de un abrir y cerrar los ojos

flashback ['flæʃ,bæk] n : flashback m

flashiness ['flæʃinəs] n : ostentación f

flashlight ['flæʃ,laɪt] n : linterna f

flashy ['flæʃi] adj **flashier; -est** : llamativo, ostentoso

flask ['flæsk] n : frasco m

flat¹ ['flæt] vt **flatted; flatting** 1 FLATTEN : aplanar, achatar 2 : bajar de tono (en música)

flat² adv 1 EXACTLY : exactamente ⟨in ten minutes flat : en diez minutos exactos⟩ 2 : desafinado, demasiado bajo (en la música)

flat³ adj **flatter; flattest** 1 EVEN, LEVEL : plano, llano 2 SMOOTH : liso 3 DEFINITE : categórico, rotundo, explícito ⟨a flat refusal : una negativa categórica⟩ 4 DULL : aburrido, soso, monótono (dícese la voz) 5 DEFLATED : desinflado, pinchado, ponchado Mex 6 : bemol (en música) ⟨to sing flat : cantar desafinado⟩

flat⁴ n 1 PLAIN : llano m, terreno m llano 2 : bemol m (en la música) 3 APARTMENT : apartamento m, departamento m 4 or **flat tire** : pinchazo m, ponchadura f Mex

flatbed ['flæt,bɛd] n : camión m de plataforma

flatcar ['flæt,kɑr] n : vagón m abierto

flatfish ['flæt,fɪʃ] n : platija f

flat–footed ['flæt,fʊtəd, 'flæt'-] adj : de pies planos

flatly ['flætli] adv DEFINITELY : categóricamente, rotundamente

flatness ['flætnəs] n 1 EVENNESS : lo llano, lisura f, uniformidad f 2 DULLNESS : monotonía f

flat–out ['flæt'aʊt] adj 1 : frenético, a toda máquina ⟨a flat-out effort : un esfuerzo frenético⟩ 2 CATEGORICAL : descarado, rotundo, categórico

flatten ['flætən] vt : aplanar, achatar

flatter ['flætər] vt 1 OVERPRAISE : adular 2 COMPLIMENT : halagar 3 : favorecer ⟨the photo flatters you : la foto te favorece⟩

flatterer ['flætərər] n : adulador m, -dora f

flattering ['flætərɪŋ] adj 1 COMPLIMENTARY : halagador 2 BECOMING : favorecedor

flattery ['flætəri] n, pl **-ries** : halagos mpl

flatulence ['flætʃələnts] n : flatulencia f, ventosidad f

flatulent ['flætʃələnt] adj : flatulento

flatware ['flæt,wær] n : cubertería f, cubiertos mpl

flaunt¹ ['flɔnt] vt : alardear, hacer alarde de

flaunt² n : alarde m, ostentación f

flavor¹ ['fleɪvər] vt : dar sabor a, sazonar

flavor² n 1 : gusto m, sabor m 2 FLAVORING : sazón f, condimento m

flavorful ['fleɪvərfəl] adj : sabroso

flavoring ['fleɪvərɪŋ] n : condimento m, sazón f

flavorless ['fleɪvərləs] adj : sin sabor

flaw ['flɔ] n 1 : falla f, defecto m, imperfección f

flawed ['flɔd] adj : imperfecto, con defectos

flawless ['flɔləs] adj : impecable, perfecto — **flawlessly** adv

flax ['flæks] n : lino m

flaxen ['flæksən] adj : rubio, blondo (dícese del pelo)

flay ['fleɪ] vt 1 SKIN : desollar, despellejar 2 VILIFY : criticar con dureza, vilipendiar

flea ['fli:] n : pulga f

fleck¹ ['flɛk] vt : salpicar

fleck² n : mota f, pinta f

fledgling ['flɛdʒlɪŋ] n : polluelo m, pollito m

flee ['fli:] v **fled** ['flɛd]; **fleeing** vi : huir, escapar(se) — vt : huir de

fleece¹ ['fli:s] vt **fleeced; fleecing** 1 SHEAR : esquilar, trasquilar 2 SWINDLE : estafar, defraudar

fleece² n : lana f, vellón m

fleet¹ ['fli:t] vi : moverse con rapidez

fleet² adj SWIFT : rápido, veloz

fleet³ n : flota f

fleet admiral n : almirante mf

fleeting ['fli:tɪŋ] adj : fugaz, breve

flesh ['flɛʃ] n 1 : carne f (de seres humanos y animales) 2 : pulpa f (de frutas)

flesh out vt : desarrollar, darle cuerpo a

fleshy ['flɛʃi] adj **fleshier; -est** : gordo (dícese de las personas), carnoso (dícese de la fruta)

flew → fly

flex ['flɛks] vt : doblar, flexionar

flexibility ['flɛksə'bɪlət̪i] n, pl **-ties** : flexibilidad f, elasticidad f

flexible ['flɛksəbəl] adj : flexible — **flexibly** [-bli] adv

flick¹ ['flɪk] vt : dar un capirotazo a (con el dedo) ⟨to flick a switch : darle al interruptor⟩ — vi 1 FLIT : revolotear 2 **to flick through** : hojear (un libro)

flick² n : coletazo m (de una cola), capirotazo m (de un dedo)

flicker¹ ['flɪkər] vi 1 FLUTTER : revolotear, aletear 2 BLINK, TWINKLE : parpadear, titilar

flicker² n 1 : parpadeo m, titileo m 2 HINT, TRACE : indicio m, rastro m ⟨a flicker of hope : un rayo de esperanza⟩

flier ['flaɪər] n 1 AVIATOR : aviador m, -dora f 2 CIRCULAR : folleto m publicitario, circular f

flight ['flaɪt] n 1 : vuelo m (de aves o aviones), trayectoria f (de proyectiles) 2 TRIP : vuelo m 3 FLOCK, SQUADRON : bandada f (de pájaros), escuadrilla f (de aviones) 4 ESCAPE : huida f, fuga *f* **5** flight of fancy : ilusiones *fpl*, fantasía *f* **6** flight of stairs : tramo *m*

flight attendant *n* : auxiliar *mf* de vuelo

flightless ['flaɪtləs] *adj* : no volador

flighty ['flaɪti] *adj* **flightier; -est** : caprichoso, frívolo

flimsy ['flɪmzi] *adj* **flimsier; -est** **1** LIGHT, THIN : ligero, fino **2** WEAK : endeble, poco sólido **3** IMPLAUSIBLE : pobre, flojo, poco convincente ⟨a flimsy excuse : una excusa floja⟩

flinch ['flɪntʃ] *vi* **1** WINCE : estremecerse **2** RECOIL : recular, retroceder

fling¹ ['flɪŋ] *vt* **flung** ['flʌŋ]; **flinging** **1** THROW : lanzar, tirar, arrojar **2** to fling oneself : lanzarse, tirarse, precipitarse

fling² *n* **1** THROW : lanzamiento *m* **2** ATTEMPT : intento *m* **3** AFFAIR : aventura *f* **4** BINGE : juerga *f*

flint ['flɪnt] *n* : pedernal *m*

flinty ['flɪnti] *adj* **flintier; -est** **1** : de pedernal **2** STERN, UNYIELDING : severo, inflexible

flip¹ ['flɪp] *v* **flipped; flipping** *vt* **1** TOSS : tirar ⟨to flip a coin : echar a cara o cruz⟩ **2** OVERTURN : dar la vuelta a, voltear — *vi* **1** : moverse bruscamente **2** to flip through : hojear (un libro)

flip² *adj* : insolente, descarado

flip³ *n* **1** FLICK : capirotazo *m*, golpe *m* ligero **2** SOMERSAULT : voltereta *f*

flip–flop ['flɪp,flɑp] *n* **1** REVERSAL : giro *m* radical **2** THONG : chancla *f*, chancleta *f*

flippancy ['flɪpənsi] *n, pl* **-cies** : ligereza *f*, falta *f* de seriedad

flippant ['flɪpənt] *adj* : ligero, frívolo, poco serio

flipper ['flɪpər] *n* : aleta *f*

flirt¹ ['flərt] *vi* **1** : coquetear, flirtear **2** TRIFLE : jugar ⟨to flirt with death : jugar con la muerte⟩

flirt² *n* : coqueto *m*, -ta *f*

flirtation [,flər'teɪʃən] *n* : devaneo *m*, coqueteo *m*

flirtatious [,flər'teɪʃəs] *adj* : insinuante, coqueto

flit ['flɪt] *vi* **flitted; flitting** **1** : revolotear **2** to flit about : ir y venir rápidamente

float¹ ['floːt] *vi* **1** : flotar **2** WANDER : vagar, errar — *vt* **1** : poner a flote, hacer flotar (un barco) **2** LAUNCH : hacer flotar (una empresa) **3** ISSUE : emitir (acciones en la bolsa)

float² *n* **1** : flotador *m*, corcho *m* (para pescar) **2** BUOY : boya *f* **3** : carroza *f* (en un desfile)

floating ['floːtɪŋ] *adj* : flotante

flock¹ ['flɑk] *vi* **1** : moverse en rebaño **2** CONGREGATE : congregarse, reunirse

flock² *n* : rebaño *m* (de ovejas), bandada *f* (de pájaros)

floe ['floː] *n* : témpano *m* de hielo

flog ['flɑg] *vt* **flogged; flogging** : azotar, fustigar

flood¹ ['flʌd] *vt* : inundar, anegar

flood² *n* **1** INUNDATION : inundación *f* **2** TORRENT : avalancha *f*, diluvio *m*, torrente *m* ⟨a flood of tears : un mar de lágrimas⟩

floodlight ['flʌd,laɪt] *n* : foco *m*

floodwater ['flʌd,wɔtər] *n* : crecida *f*, creciente *f*

floor¹ ['flor] *vt* **1** : solar, poner suelo a (una casa o una sala) **2** KNOCK DOWN : derribar, echar al suelo **3** NONPLUS : desconcertar, confundir, dejar perplejo

floor² *n* **1** : suelo *m*, piso *m* ⟨dance floor : pista de baile⟩ **2** STORY : piso *m*, planta *f* ⟨ground floor : planta baja⟩ ⟨second floor : primer piso⟩ **3** : mínimo *m* (de sueldos, precios, etc.)

floorboard ['flor,bord] *n* : tabla *f* del suelo, suelo *m*, piso *m*

flooring ['florɪŋ] *n* : entarimado *m*

flop¹ ['flɑp] *vi* **flopped; flopping** **1** FLAP : golpearse, agitarse **2** COLLAPSE : dejarse caer, desplomarse **3** FAIL : fracasar

flop² *n* **1** FAILURE : fracaso *m* **2** to take a flop : caerse

floppy ['flɑpi] *adj* **-pier; -est** **1** : blando, flexible **2** floppy disk : diskette *m*, disquete *m*

flora ['florə] *n* : flora *f*

floral ['florəl] *adj* : floral, floreado

florid ['florɪd] *adj* **1** FLOWERY : florido **2** REDDISH : rojizo

florist ['florɪst] *n* : florista *mf*

floss¹ ['flɔs] *vi* : limpiarse los dientes con hilo dental

floss² *n* **1** : hilo *m* de seda (de bordar) **2** → dental floss

flotation [floˈteɪʃən] *n* : flotación *f*

flotilla [floˈtɪlə] *n* : flotilla *f*

flotsam ['flɑtsəm] *n* **1** : restos *mpl* flotantes (en el mar) **2** flotsam and jetsam : desechos *mpl*, restos *mpl*

flounce¹ ['flaʊns] *vi* **flounced; flouncing** : moverse haciendo aspavientos ⟨she flounced into the room : entró en la sala haciendo aspavientos⟩

flounce² *n* **1** RUFFLE : volante *m* **2** FLOURISH : aspaviento *m*

flounder¹ ['flaʊndər] *vi* **1** STRUGGLE : forcejear **2** STUMBLE : no saber qué hacer o decir, perder el hilo (en un discurso)

flounder² *n, pl* **flounder** *or* **flounders** : platija *f*

flour¹ ['flaʊər] *vt* : enharinar

flour² *n* : harina *f*

flourish¹ ['flərɪʃ] *vi* THRIVE : florecer, prosperar, crecer (dícese de las plantas) — *vt* BRANDISH : blandir

flourish² *n* : floritura *f*, floreo *m*

flourishing ['flərɪʃɪŋ] *adj* : floreciente, próspero

flout ['flaʊt] *vt* : desacatar, burlarse de

flow¹ ['floː] *vi* **1** COURSE : fluir, manar, correr **2** CIRCULATE : circular, correr ⟨traffic is flowing smoothly : el tránsito está circulando con fluidez⟩

flow[2] *n* **1** FLOWING : flujo *m*, circulación *f* **2** STREAM : corriente *f*, chorro *m*
flower[1] ['flauər] *vi* : florecer, florear
flower[2] *n* : flor *f*
flowered ['flauərd] *adj* : florido, floreado
floweriness ['flauərinəs] *n* : floritura *f*
flowering[1] ['flauəriŋ] *adj* : floreciente
flowering[2] *n* : floración *f*, florecimiento *m*
flowerpot ['flauər,pɑt] *n* : maceta *f*, tiesto *m*, macetero *m*
flowery ['flauəri] *adj* **1** : florido **2** FLOWERED : floreado, de flores
flowing ['flo:ŋ] *adj* : fluido, corriente
flown → **fly**
flu ['flu:] *n* : gripe *f*, gripa *f Col, Mex*
fluctuate ['flʌktʃu̩,eɪt] *vi* -ated; -ating : fluctuar
fluctuation [,flʌktʃu̩'eɪʃən] *n* : fluctuación *f*
flue ['flu:] *n* : tiro *m*, salida *f* de humos
fluency ['flu:ənsi] *n* : fluidez *f*, soltura *f*
fluent ['flu:ənt] *adj* : fluido
fluently ['flu:əntli] *adv* : con soltura, con fluidez
fluff[1] ['flʌf] *vt* **1** : mullir ⟨to fluff up the pillows : mullir las almohadas⟩ **2** BUNGLE : echar a perder, equivocarse
fluff[2] *n* **1** FUZZ : pelusa *f* **2** DOWN : plumón *m*
fluffy ['flʌfi] *adj* **fluffier; -est 1** DOWNY : lleno de pelusa, velloso **2** SPONGY : esponjoso
fluid[1] ['flu:ɪd] *adj* : fluido
fluid[2] *n* : fluido *m*, líquido *m*
fluidity [flu'ɪdəti] *n* : fluidez *f*
fluid ounce *n* : onza *f* líquida (29.57 mililitros)
fluke ['flu:k] *n* : golpe *m* de suerte, chiripa *f*, casualidad *f*
flung → **fling**
flunk ['flʌŋk] *vt* FAIL : reprobar — *vi* : salir reprobando
fluorescence [,flur'ɛsənts, ,flɔr-] *n* : fluorescencia *f*
fluorescent [,flur'ɛsənt, ,flɔr-] *adj* : fluorescente
fluoridate ['flɔrə,deɪt, 'flur-] *vt* -dated; -dating : fluorizar
fluoridation [,flɔrə'deɪʃən, ,flur-] *n* : fluorización *f*, fluoración *f*
fluoride ['flɔr,aɪd, 'flur-] *n* : fluoruro *m*
fluorine ['flɔr,i:n] *n* : flúor *m*
fluorocarbon [,flɔro'kɑrbən, ,flur-] *n* : fluorocarbono *m*
flurry ['flɔri] *n, pl* -ries **1** GUST : ráfaga *f* **2** SNOWFALL : nevisca *f* **3** BUSTLE : frenesí *m*, bullicio *m* **4** BARRAGE : aluvión *m*, oleada *f* ⟨a flurry of questions : un aluvión de preguntas⟩
flush[1] ['flʌʃ] *vt* **1** : limpiar con agua ⟨to flush the toilet : jalar la cadena⟩ **2** RAISE : hacer salir, levantar (en la caza) — *vi* BLUSH : ruborizarse, sonrojarse
flush[2] *adv* : al mismo nivel, a ras
flush[3] *adj* **1 or flushed** ['flʌʃt] : colorado, rojo, encendido (dícese de la cara) **2** FILLED : lleno a rebosar **3** ABUNDANT : copioso, abundante **4** AFFLUENT : adinerado **5** ALIGNED, SMOOTH : alineado, liso **6** flush against : pegado a, contra
flush[4] *n* **1** FLOW, JET : chorro *m*, flujo *m* rápido **2** SURGE : arrebato *m*, arranque *m* ⟨a flush of anger : un arrebato de cólera⟩ **3** BLUSH : rubor *m*, sonrojo *m* **4** GLOW : resplandor *m*, flor *f* ⟨the flush of youth : la flor de la juventud⟩ ⟨in the flush of victory : en la euforia del triunfo⟩
fluster[1] ['flʌstər] *vt* : poner nervioso, aturdir
fluster[2] *n* : agitación *f*, confusión *f*
flute ['flu:t] *n* : flauta *f*
fluted ['flu:təd] *adj* **1** GROOVED : estriado, acanalado **2** WAVY : ondulado
fluting ['flu:tɪŋ] *n* : estrías *fpl*
flutist ['flu:tɪst] *n* : flautista *mf*
flutter[1] ['flʌtər] *vi* **1** : revolotear (dícese de un pájaro), ondear (dícese de una bandera), palpitar con fuerza (dícese del corazón) **2 to flutter about** : ir y venir, revolotear — *vt* : sacudir, batir
flutter[2] *n* **1** FLUTTERING : revoloteo *m*, aleteo *m* **2** COMMOTION, STIR : revuelo *m*, agitación *f*
flux ['flʌks] *n* **1** : flujo *m* (en física y medicina) **2** CHANGE : cambio *m* ⟨to be in a state of flux : estar cambiando continuamente⟩
fly[1] ['flaɪ] *v* **flew** ['flu:]; **flown** ['flo:n]; **flying** *vi* **1** : volar (dícese de los pájaros, etc.) **2** TRAVEL : volar (dícese de los aviones), ir en avión (dícese de los pasajeros) **3** FLOAT : flotar, ondear **4** FLEE : huir, escapar **5** RUSH : correr, irse volando **6** PASS : pasar (volando) ⟨how time flies! : ¡cómo pasa el tiempo!⟩ **7 to fly open** : abrir de golpe — *vt* : pilotear (un avión), hacer volar (una cometa)
fly[2] *n, pl* **flies 1** : mosca *f* ⟨to drop like flies : caer como moscas⟩ **2** : bragueta *f* (de pantalones, etc.)
flyer → **flier**
flying saucer *n* : platillo *m* volador
flypaper ['flaɪ,peɪpər] *n* : papel *m* matamoscas
flyspeck ['flaɪ,spɛk] *n* **1** : excremento *m* de mosca **2** SPECK : motita *f*, puntito *m*
flyswatter ['flaɪ,swɑtər] *n* : matamoscas *m*
flywheel ['flaɪ,hwi:l] *n* : volante *m*
foal[1] ['fo:l] *vi* : parir
foal[2] *n* : potro *m*, -tra *f*
foam[1] ['fo:m] *vi* : hacer espuma
foam[2] *n* : espuma *f*
foamy ['fo:mi] *adj* **foamier; -est** : espumoso
focal ['fo:kəl] *adj* **1** : focal, central **2 focal point** : foco *m*, punto *m* de referencia
fo'c'sle ['fo:ksəl] → **forecastle**

focus¹ ['fo:kəs] v **-cused** or **-cussed;** **-cusing** or **-cussing** vt **1** : enfocar (un instrumento) **2** CONCENTRATE : concentrar, centrar — vi : enfocar, fijar la vista

focus² n, pl **-ci** ['fo:,saɪ, -,kaɪ] **1** : foco m ⟨to be in focus : estar enfocado⟩ **2** FOCUSING : enfoque m **3** CENTER : centro m, foco m

fodder ['fɑdər] n : pienso m, forraje m

foe ['fo:] n : enemigo m, -ga f

fog¹ ['fɔg, 'fɑg] v **fogged; fogging** vt : empañar — vi **to fog up** : empañarse

fog² n : niebla f, neblina f

foggy ['fɔgi, 'fɑ-] adj **foggier; -est** : nebuloso, brumoso

foghorn ['fɔg,hɔrn, 'fɑg-] n : sirena f de niebla

fogy ['fo:gi] n, pl **-gies** : carca mf fam, persona f chapada a la antigua

foible ['fɔɪbəl] n : flaqueza f, debilidad f

foil¹ ['fɔɪl] vt : frustrar, hacer fracasar

foil² n **1** : lámina f de metal, papel m de aluminio **2** CONTRAST : contraste m, complemento m **3** SWORD : florete m (en esgrima)

foist ['fɔɪst] vt : encajar, endilgar fam, colocar

fold¹ ['fo:ld] vt **1** BEND : doblar, plegar **2** CLASP : cruzar (brazos), enlazar (manos), plegar (alas) **3** EMBRACE : estrechar, abrazar **4 to fold in** : incorporar ⟨fold in the cream : incorpore la crema⟩ — vi **1** FAIL : fracasar **2 to fold up** : doblarse, plegarse

fold² n **1** SHEEPFOLD : redil m (para ovejas) **2** FLOCK : rebaño m ⟨to return to the fold : volver al redil⟩ **3** CREASE : pliegue m, doblez m

folder ['fo:ldər] n **1** CIRCULAR : circular f, folleto m **2** BINDER : carpeta f

foliage ['fo:liɪʤ, -lɪʤ] n : follaje m

folio ['fo:li,o] n, pl **-lios** : folio m

folk¹ ['fo:k] adj : popular, folklórico ⟨folk customs : costumbres populares⟩ ⟨folk dance : danza folklórica⟩

folk² n, pl **folk** or **folks 1** PEOPLE : gente f **2 folks** npl : familia f, padres mpl

folklore ['fo:k,lor] n : folclore m

folklorist ['fo:k,lɔrɪst] n : folklorista mf

folksy ['fo:ksi] adj **folksier; -est** : campechano

follicle ['fɑlɪkəl] n : folículo m

follow ['fɑlo] vt **1** : seguir ⟨follow the guide : siga al guía⟩ ⟨she followed the road : siguió el camino, continuó por el camino⟩ **2** PURSUE : perseguir, seguir **3** OBEY : seguir, cumplir, observar **4** UNDERSTAND : entender — vi **1** : seguir **2** UNDERSTAND : entender **3 it follows that . . .** : se deduce que . . .

follower ['fɑloər] n : seguidor m, -dora f

following¹ ['fɑloɪŋ] adj NEXT : siguiente

following² n FOLLOWERS : seguidores mpl

following³ prep AFTER : después de

follow through vi **to follow through with** : continuar con, realizar

follow up vt : seguir (una sugerencia, etc.), investigar (una huella)

folly ['fɑli] n, pl **-lies** : locura f, desatino m

foment [fo'mɛnt] vt : fomentar

fond ['fɑnd] adj **1** LOVING : cariñoso, tierno **2** PARTIAL : aficionado **3** FERVENT : ferviente, fervoroso

fondle ['fɑndəl] vt **-dled; -dling** : acariciar

fondly ['fɑndli] adv : cariñosamente, afectuosamente

fondness ['fɑndnəs] n **1** LOVE : cariño m **2** LIKING : afición f

fondue [fɑn'du:, -'dju:] n : fondue f

font ['fɑnt] n **1** or **baptismal font** : pila f bautismal **2** FOUNTAIN : fuente f

food ['fu:d] n : comida f, alimento m

food chain n : cadena f alimenticia

foodstuffs ['fu:d,stʌfs] npl : comestibles mpl

fool¹ ['fu:l] vi **1** JOKE : bromear, hacer el tonto **2** TOY : jugar, juguetear ⟨don't fool with the computer : no juegues con la computadora⟩ **3 to fool around** : perder el tiempo ⟨he fools around instead of working : pierde el tiempo en vez de trabajar⟩ — vt DECEIVE : engañar, burlar

fool² n **1** IDIOT : idiota mf; tonto m, -ta f; bobo m, -ba f **2** JESTER : bufón m, -fona f

foolhardiness ['fu:l,hɑrdinəs] n : imprudencia f

foolhardy ['fu:l,hɑrdi] adj RASH : imprudente, temerario, precipitado

foolish ['fu:lɪʃ] adj **1** STUPID : insensato, estúpido **2** SILLY : idiota, tonto

foolishly ['fu:lɪʃli] adv : tontamente

foolishness ['fu:lɪʃnəs] n : insensatez f, estupidez f, tontería f

foolproof ['fu:l,pru:f] adj : infalible

foot ['fʊt] n, pl **feet** ['fi:t] : pie m

footage ['fʊtɪʤ] n : medida f en pies, metraje m (en el cine)

football ['fʊt,bɔl] n : futbol m americano, fútbol m americano

footbridge ['fʊt,brɪʤ] n : pasarela f, puente m peatonal

foothills ['fʊt,hɪlz] npl : estribaciones fpl

foothold ['fʊt,ho:ld] n **1** : punto m de apoyo **2 to gain a foothold** : afianzarse en una posición

footing ['fʊtɪŋ] n **1** BALANCE : equilibrio m **2** FOOTHOLD : punto m de apoyo **3** BASIS : base f ⟨on an equal footing : en igualdad⟩

footlights ['fʊt,laɪts] npl : candilejas fpl

footlocker ['fʊt,lɑkər] n : baúl m pequeño, cofre m

footloose ['fʊt,lu:s] adj : libre y sin compromiso

footman ['fʊtmən] n, pl **-men** [-mən, -,mɛn] : lacayo m

footnote ['fʊt,no:t] n : nota f al pie de la página

footpath ['fʊt,pæθ] n : sendero m, senda f, vereda f

footprint ['fʊt,prɪnt] n : huella f
footrace ['fʊt,reɪs] n : carrera f pedestre
footrest ['fʊt,rɛst] n : apoyapiés m, reposapiés m
footstep ['fʊt,stɛp] n 1 STEP : paso m 2 FOOTPRINT : huella f
footstool ['fʊt,stu:l] n : taburete m, escabel m
footwear ['fʊt,wær] n : calzado m
footwork ['fʊt,wərk] n : juego m de piernas, juego m de pies
fop ['fɑp] n : petimetre m, dandi m
for¹ ['fɔr] conj : puesto que, porque
for² prep 1 (indicating purpose) : para, de ⟨clothes for children : ropa para niños⟩ ⟨it's time for dinner : es la hora de comer⟩ 2 BECAUSE OF : por ⟨for fear of : por miedo de⟩ 3 (indicating a recipient) : para, por ⟨a gift for you : un regalo para ti⟩ 4 (indicating support) : por, para ⟨he fought for his country : luchó por su patria⟩ 5 (indicating a goal) : por, para ⟨a cure for cancer : una cura para el cáncer⟩ ⟨for your own good : por tu propio bien⟩ 6 (indicating correspondence or exchange) : por, para ⟨I bought it for $5 : lo compré por $5⟩ ⟨a lot of trouble for nothing : mucha molestia para nada⟩ 7 AS FOR : para, con respecto a 8 (indicating duration) : durante, por ⟨he's going for two years : se va por dos años⟩ ⟨I spoke for ten minutes : hablé (durante) diez minutos⟩ ⟨she has known it for three months : lo sabe desde hace tres meses⟩
forage¹ ['fɔrɪdʒ] v **-aged; -aging** vi : hurgar (en busca de alimento) — vt : buscar (provisiones)
forage² n : forraje m
foray ['fɔr,eɪ] n : incursión f
forbear¹ [fɔr'bær] vi **-bore** [-'bor]; **-borne** [-'born]; **-bearing** 1 ABSTAIN : abstenerse 2 : tener paciencia
forbear² → forebear
forbearance [fɔr'bærənts] n 1 ABSTAINING : abstención f 2 PATIENCE : paciencia f
forbid [fər'bɪd] vt **-bade** [-'bæd, -'beɪd]; **-bidden** [-'bɪdən]; **-bidding** 1 PROHIBIT : prohibir 2 PREVENT : impedir
forbidding [fər'bɪdɪŋ] adj 1 IMPOSING : imponente 2 DISAGREEABLE : desagradable, ingrato 3 GRIM : severo
force¹ ['fɔrs] vt **forced; forcing** 1 COMPEL : obligar, forzar 2 : forzar ⟨to force open the window : forzar la ventana⟩ ⟨to force a lock : forzar una cerradura⟩ 3 IMPOSE : imponer, obligar
force² n 1 : fuerza f 2 **by force** : por la fuerza 3 **in force** : en vigor, en vigencia
forced ['fɔrst] adj : forzado, forzoso
forceful ['fɔrsfəl] adj : fuerte, energético, contundente
forcefully ['fɔrsfəli] adv : con energía, con fuerza
forcefulness ['fɔrsfəlnəs] n : contundencia f, fuerza f

forceps ['fɔrsəps, -,sɛps] ns & pl : fórceps m
forcible ['fɔrsəbəl] adj 1 FORCED : forzoso 2 CONVINCING : contundente, convincente — **forcibly** [-bli] adv
ford¹ ['fɔrd] vt : vadear
ford² n : vado m
fore¹ ['fɔr] adv 1 FORWARD : hacia adelante 2 **fore and aft** : de popa a proa
fore² adj 1 FORWARD : delantero, de adelante 2 FORMER : anterior
fore³ n 1 : frente m, delantera f 2 **to come to the fore** : empezar a destacar, saltar a primera plana
fore–and–aft ['fɔrən'æft, -ənd-] adj : longitudinal
forearm ['fɔr,ɑrm] n : antebrazo m
forebear ['fɔr,bær] n : antepasado m, -da f
foreboding [fɔr'bodɪŋ] n : premonición f, presentimiento m
forecast¹ ['fɔr,kæst] vt **-cast; -casting** : pronosticar, predecir
forecast² n : predicción f, pronóstico m
forecastle ['fo:ksəl] n : castillo m de proa
foreclose [fɔr'kloːz] vt **-closed; -closing** : ejecutar (una hipoteca)
forefather ['fɔr,fɑðər] n : antepasado m, ancestro m
forefinger ['fɔr,fɪŋɡər] n : índice m, dedo m índice
forefoot ['fɔr,fʊt] n : pata f delantera
forefront ['fɔr,frʌnt] n : frente m, vanguardia f ⟨in the forefront : a la vanguardia⟩
forego [fɔr'goː] vt **-went; -gone; -going** 1 PRECEDE : preceder 2 → forgo
foregoing [fɔr'goːɪŋ] adj : precedente, anterior
foregone [fɔr'gɔn] adj : previsto ⟨a foregone conclusion : un resultado inevitable⟩
foreground ['fɔr,ɡraʊnd] n : primer plano m
forehand¹ ['fɔr,hænd] adj : directo, derecho
forehand² n : golpe m del derecho
forehead ['fɔrəd, 'fɔr,hɛd] n : frente f
foreign ['fɔrən] adj 1 : extranjero, exterior ⟨foreign countries : países extranjeros⟩ ⟨foreign trade : comercio exterior⟩ 2 ALIEN : ajeno, extraño ⟨foreign to their nature : ajeno a su carácter⟩ ⟨a foreign body : un cuerpo extraño⟩
foreigner ['fɔrənər] n : extranjero m, -ra f
foreknowledge [fɔr'nɑlɪdʒ] n : conocimiento m previo
foreleg ['fɔr,lɛɡ] n : pata f delantera
foreman ['fɔrmən] n, pl **-men** [-mən, -,mɛn] : capataz mf ⟨foreman of the jury : presidente del jurado⟩
foremost¹ ['fɔr,moːst] adv : en primer lugar
foremost² adj : más importante, principal, grande
forenoon ['fɔr,nuːn] n : mañana m

forensic [fəˈrɛnsɪk] *adj* **1** RHETORICAL : retórico, de argumentación **2** : forense ⟨forensic medicine : medicina forense⟩

foreordain [ˌfororˈdeɪn] *vt* : predestinar, predeterminar

forequarter [ˈforˌkwɔrtər] *n* : cuarto *m* delantero

forerunner [ˈforˌrʌnər] *n* : precursor *m*, -sora *f*

foresee [forˈsiː] *vt* **-saw; -seen; -seeing** : prever

foreseeable [forˈsiːəbəl] *adj* : previsible ⟨in the foreseeable future : en el futuro inmediato⟩

foreshadow [forˈʃædoː] *vt* : anunciar, prefigurar

foresight [ˈforˌsaɪt] *n* : previsión *f*

foresighted [ˈforˌsaɪtəd] *adj* : previsto

forest [ˈfɔrəst] *n* : bosque *m* (en zonas templadas), selva *f* (en zonas tropicales)

forestall [forˈstɔl] *vt* **1** PREVENT : prevenir, impedir **2** PREEMPT : adelantarse a

forested [ˈfɔrəstəd] *adj* : arbolado

forester [ˈfɔrəstər] *n* : silvicultor *m*, -tora *f*

forestland [ˈfɔrəstˌlænd] *n* : zona *f* boscosa

forest ranger → **ranger**

forestry [ˈfɔrəstri] *n* : silvicultura *f*, ingeniería *f* forestal

foreswear → **forswear**

foretaste¹ [ˈforˌteɪst] *vt* **-tasted; -tasting** : anticipar

foretaste² *n* : anticipo *m*

foretell [forˈtɛl] *vt* **-told; -telling** : predecir, pronosticar, profetizar

forethought [ˈforˌθɔt] *n* : previsión *f*, reflexión *f* previa

forever [fərˈɛvər] *adv* **1** PERPETUALLY : para siempre, eternamente **2** CONTINUALLY : siempre, constantemente

forevermore [fərˌɛvərˈmor] *adv* : por siempre jamás

forewarn [forˈworn] *vt* : prevenir, advertir

foreword [ˈforwərd] *n* : prólogo *m*

forfeit¹ [ˈfɔrfət] *vt* : perder el derecho a

forfeit² *n* **1** FINE, PENALTY : multa *f* **2** : prenda *f* (en un juego)

forge¹ [ˈfɔrdʒ] *v* **forged; forging** *vt* **1** : forjar (metal o un plan) **2** COUNTERFEIT : falsificar — *vi* **to forge ahead** : avanzar, seguir adelante

forge² *n* : forja *f*

forger [ˈfordʒər] *n* : falsificador *m*, -dora *f*

forgery [ˈfordʒəri] *n, pl* **-eries** : falsificación *f*

forget [fərˈgɛt] *v* **-got** [-ˈgɑt]; **-gotten** [-ˈgɑtən] *or* **-got; -getting** *vt* : olvidar — *vi* **to forget about** : olvidarse de, no acordarse de

forgetful [fərˈgɛtfəl] *adj* : olvidadizo

forget–me–not [fərˈgɛtmiˌnɑt] *n* : nomeolvides *mf*

forgettable [fərˈgɛtəbəl] *adj* : poco memorable

forgivable [fərˈgɪvəbəl] *adj* : perdonable

forgive [fərˈgɪv] *vt* **-gave** [-ˈgeɪv]; **-given** [-ˈgɪvən]; **-giving** : perdonar

forgiveness [fərˈgɪvnəs] *n* : perdón *m*

forgiving [fərˈgɪvɪŋ] *adj* : indulgente, comprensivo, clemente

forgo *or* **forego** [forˈgoː] *vt* **-went; -gone; -going** : privarse de, renunciar a

fork¹ [ˈfɔrk] *vi* : ramificarse, bifurcarse — *vt* **1** : levantar (con un tenedor, una horca, etc.) **2 to fork over** : desembolsar

fork² *n* **1** : tenedor *m* (utensilio de cocina) **2** PITCHFORK : horca *f*, horquilla *f* **3** : bifurcación *f* (de un río o camino), horqueta *f* (de un árbol)

forked [ˈfɔrkt, ˈfɔrkəd] *adj* : bífido, ahorquillado

forklift [ˈforkˌlɪft] *n* : carretilla *f* elevadora

forlorn [forˈlorn] *adj* **1** DESOLATE : abandonado, desolado, desamparado **2** SAD : triste **3** DESPERATE : desesperado

forlornly [forˈlornli] *adv* **1** SADLY : con tristeza **2** HALFHEARTEDLY : sin ánimo

form¹ [ˈform] *vt* **1** FASHION, MAKE : formar **2** DEVELOP : moldear, desarrollar **3** CONSTITUTE : constituir, formar **4** ACQUIRE : adquirir (un hábito), formar (una idea) — *vi* : tomar forma, formarse

form² *n* **1** SHAPE : forma *f*, figura *f* **2** MANNER : manera *f*, forma *f* **3** DOCUMENT : formulario *m* **4** : forma *f* (in good form : en buena forma) ⟨true to form : en forma consecuente⟩ **5** MOLD : molde *m* **6** KIND, VARIETY : clase *f*, tipo *m* **7** : forma *f* (en gramática) ⟨plural forms : formas plurales⟩

formal¹ [ˈforməl] *adj* **1** CEREMONIOUS : formal, de etiqueta, ceremonioso **2** OFFICIAL : formal, oficial, de forma

formal² *n* **1** BALL : baile *m* formal, baile *m* de etiqueta **2** *or* **formal dress** : traje *m* de etiqueta

formaldehyde [forˈmældəˌhaɪd] *n* : formaldehído *m*

formality [forˈmæləti] *n, pl* **-ties** : formalidad *f*

formalize [ˈforməˌlaɪz] *vt* **-ized; -izing** : formalizar

formally [ˈforməli] *adv* : formalmente

format¹ [ˈforˌmæt] *vt* **-matted; -matting** : formatear

format² *n* : formato *m*

formation [forˈmeɪʃən] *n* **1** FORMING : formación *f* **2** SHAPE : forma *f* **3 in formation** : en formación

formative [ˈformətɪv] *adj* : formativo

former [ˈformər] *adj* **1** PREVIOUS : antiguo, anterior ⟨the former president : el antiguo presidente⟩ **2** : primero (de dos)

formerly [ˈformərli] *adv* : anteriormente, antes

formidable ['fɔrmədəbəl, fɔr'mɪdə-] *adj* : formidable — **formidably** *adv*

formless ['fɔrmləs] *adj* : informe, amorfo

formula ['fɔrmjələ] *n, pl* **-las** *or* **-lae** [-ˌliː, -ˌlaɪ] 1 : fórmula *f* 2 **baby formula** : preparado *m* para biberón

formulate ['fɔrmjəˌleɪt] *vt* **-lated; -lating** : formular, hacer

formulation [ˌfɔrmjə'leɪʃən] *n* : formulación *f*

fornicate ['fɔrnəˌkeɪt] *vi* **-cated; -cating** : fornicar

fornication [ˌfɔrnə'keɪʃən] *n* : fornicación *f*

forsake [fər'seɪk] *vt* **-sook** [-'sʊk]; **-saken** [-'seɪkən]; **-saking** 1 ABANDON : abandonar, desamparar 2 RELINQUISH : renunciar a

forswear [fɔr'swær] *v* **-swore; -sworn; -swearing** *vt* RENOUNCE : renunciar a — *vi* : perjurar

forsythia [fər'sɪθiə] *n* : forsitia *f*

fort ['fɔrt] *n* 1 STRONGHOLD : fuerte *m*, fortaleza *f*, fortín *m* 2 BASE : base *f* militar

forte ['fɔrt, 'fɔrˌteɪ] *n* : fuerte *m*

forth ['fɔrθ] *adv* 1 : adelante ⟨from this day forth : de hoy en adelante⟩ 2 **and so forth** : etcétera

forthcoming [forθ'kʌmɪŋ, 'fɔrθˌ-] *adj* 1 COMING : próximo 2 DIRECT, OPEN : directo, franco, comunicativo

forthright ['fɔrθˌraɪt] *adj* : directo, franco — **forthrightly** *adv*

forthrightness ['fɔrθˌraɪtnəs] *n* : franqueza *f*

forthwith [forθ'wɪθ, -'wɪð] *adv* : inmediatamente, en el acto, enseguida

fortieth¹ ['fɔrtiəθ] *adj* : cuadragésimo

fortieth² *n* 1 : cuadragésimo *m*, -ma *f* (en una serie) 2 : cuarentavo *m*, cuarentava parte *f*

fortification [ˌfɔrtəfə'keɪʃən] *n* : fortificación *f*

fortify ['fɔrtəˌfaɪ] *vt* **-fied; -fying** : fortificar

fortitude ['fɔrtəˌtuːd, -ˌtjuːd] *n* : fortaleza *f*, valor *m*

fortnight ['fɔrtˌnaɪt] *n* : quince días *mpl*, dos semanas *fpl*

fortnightly¹ ['fɔrtˌnaɪtli] *adv* : cada quince días

fortnightly² *adj* : quincenal

fortress ['fɔrtrəs] *n* : fortaleza *f*

fortuitous [fɔr'tuːətəs, -'tjuː-] *adj* : fortuito, accidental

fortunate ['fɔrtʃənət] *adj* : afortunado

fortunately ['fɔrtʃənətli] *adv* : afortunadamente, con suerte

fortune ['fɔrtʃən] *n* 1 : fortuna *f* ⟨to seek one's fortune : buscar uno su fortuna⟩ 2 LUCK : suerte *f*, fortuna *f* 3 DESTINY, FUTURE : destino *m*, buenaventura *f* 4 : dineral *m*, platal *m* ⟨she spent a fortune : se gastó un dineral⟩

fortune–teller ['fɔrtʃənˌtɛlər] *n* : adivino *m*, -na *f*

fortune–telling ['fɔrtʃənˌtɛlɪŋ] *n* : adivinación *f*

forty¹ ['fɔrti] *adj* : cuarenta

forty² *n, pl* **forties** : cuarenta *m*

forum ['fɔrəm] *n, pl* **-rums** : foro *m*

forward¹ ['fɔrwərd] *vt* 1 PROMOTE : promover, adelantar, fomentar 2 SEND : remitir, enviar

forward² *adv* 1 : adelante, hacia adelante ⟨to go forward : irse adelante⟩ 2 **from this day forward** : de aquí en adelante

forward³ *adj* 1 : hacia adelante, delantero 2 BRASH : atrevido, descarado

forward⁴ *n* : delantero *m*, -ra *f* (en deportes)

forwarder ['fɔrwərdər] *n* : agencia *f* de transportes, agente *mf* expedidor

forwardness ['fɔrwərdnəs] *n* : atrevimiento *m*, descaro *m*

forwards ['fɔrwərdz] *adv* → **forward²**

fossil¹ ['fɑsəl] *adj* : fósil

fossil² *n* : fósil *m*

fossilize ['fɑsəˌlaɪz] *vt* **-ized; -izing** : fosilizar — *vi* : fosilizarse

foster¹ ['fɑstər] *vt* : promover, fomentar

foster² *adj* : adoptivo ⟨foster child : niño adoptivo⟩

fought → **fight**

foul¹ ['faʊl] *vi* : cometer faltas (en deportes) — *vt* 1 DIRTY, POLLUTE : contaminar, ensuciar 2 TANGLE : enredar

foul² *adv* 1 → **foully** 2 : contra las reglas

foul³ *adj* 1 REPULSIVE : asqueroso, repugnante 2 CLOGGED : atascado, obstruido 3 TANGLED : enredado 4 OBSCENE : obsceno 5 BAD : malo ⟨foul weather : mal tiempo⟩ 6 : antirreglamentario (en deportes)

foul⁴ *n* : falta *f*, faul *m*

foully ['faʊli] *adv* : asquerosamente

foulmouthed ['faʊlˌmæʊðd, -ˌmaʊθt] *adj* : malhablado

foulness ['faʊlnəs] *n* 1 DIRTINESS : suciedad *f* 2 INCLEMENCY : inclemencia *f* 3 OBSCENITY : obscenidad *f*, grosería *f*

foul play *n* : actos *mpl* criminales

foul–up ['faʊlˌʌp] *n* : lío *m*, confusión *f*, desastre *m*

foul up *vt* SPOIL : estropear, arruinar — *vi* BUNGLE : echar todo a perder

found¹ → **find**

found² ['faʊnd] *vt* : fundar, establecer

foundation [faʊn'deɪʃən] *n* 1 FOUNDING : fundación *f* 2 BASIS : fundamento *m*, base *f* 3 INSTITUTION : fundación *f* 4 : cimientos *mpl* (de un edificio)

founder¹ ['faʊndər] *vi* SINK : hundirse, irse a pique

founder² *n* : fundador *m*, -dora *f*

founding ['faʊndɪŋ] *adj* : fundador ⟨the founding fathers : los fundadores⟩

foundling ['faʊndlɪŋ] *n* : expósito *m*, -ta *f*

foundry ['faʊndri] *n, pl* **-dries** : fundición *f*

fount ['faunt] *n* SOURCE : fuente *f*, origen *m*

fountain ['fauntən] *n* **1** SPRING : fuente *f*, manantial *m* **2** SOURCE : fuente *f*, origen *m* **3** JET : chorro *m* (de agua), surtidor *m*

fountain pen *n* : pluma *f* fuente

four[1] ['for] *adj* : cuatro

four[2] *n* **1** : cuatro *m* **2 on all fours** : a gatas

fourfold ['for,fo:ld, -'fo:ld] *adj* : cuádruple

four hundred[1] *adj* : cuatrocientos

four hundred[2] *n* : cuatrocientos *m*

fourscore ['for'skor] *adj* EIGHTY : ochenta *m*

fourteen[1] [for'ti:n] *adj* : catorce

fourteen[2] *n* : catorce *m*

fourteenth[1] [for'ti:nθ] *adj* : decimocuarto

fourteenth[2] *n* **1** : decimocuarto *m*, -ta *f* (en una serie) **2** : catorceavo *m*, catorceava parte *f*

fourth[1] ['forθ] *adj* : cuarto

fourth[2] *n* **1** : cuarto *m*, -ta *f* (en una serie) **2** : cuarto *m*, cuarta parte *f*

fowl ['faul] *n*, *pl* **fowl** *or* **fowls 1** BIRD : ave *f* **2** CHICKEN : pollo *m*

fox[1] ['faks] *vt* **1** TRICK : engañar **2** BAFFLE : confundir

fox[2] *n*, *pl* **foxes** : zorro *m*, -ra *f*

foxglove ['faks,glʌv] *n* : dedalera *f*, digital *f*

foxhole ['faks,ho:l] *n* : hoyo *m* para atrincherarse, trinchera *f* individual

foxy ['faksi] *adj* **foxier; -est** SHREWD : astuto

foyer ['foiər, 'foi,jei] *n* : vestíbulo *m*

fracas ['freikəs, 'fræ-] *n*, *pl* **-cases** [-kəsəz] : altercado *m*, pelea *f*, reyerta *f*

fraction ['frækʃən] *n* **1** : fracción *f*, quebrado *m* **2** PORTION : porción *f*, parte *f*

fractional ['frækʃənəl] *adj* **1** : fraccionario **2** TINY : minúsculo, mínimo, insignificante

fractious ['frækʃəs] *adj* **1** UNRULY : rebelde **2** IRRITABLE : malhumorado, irritable

fracture[1] ['frækʧər] *vt* **-tured; -turing** : fracturar

fracture[2] *n* **1** : fractura *f* (de un hueso) **2** CRACK : fisura *f*, grieta *f*, falla *f* (geológica)

fragile ['frædʒəl, -,dʒail] *adj* : frágil

fragility [frə'dʒiləti] *n*, *pl* **-ties** : fragilidad *f*

fragment[1] ['fræg,ment] *vt* : fragmentar — *vi* : fragmentarse, hacerse añicos

fragment[2] ['frægmənt] *n* : fragmento *m*, trozo *m*, pedazo *m*

fragmentary ['frægmən,teri] *adj* : fragmentario, incompleto

fragmentation [,frægmən'teiʃən, -,mn-] *n* : fragmentación *f*

fragrance ['freigrənts] *n* : fragancia *f*, aroma *m*

fragrant ['freigrənt] *adj* : fragante, aromático — **fragrantly** *adv*

frail ['freil] *adj* : débil, delicado

frailty ['freilti] *n*, *pl* **-ties** : debilidad *f*, flaqueza *f*

frame[1] ['freim] *vt* **framed; framing 1** FORMULATE : formular, elaborar **2** BORDER : enmarcar, encuadrar **3** INCRIMINATE : incriminar

frame[2] *n* **1** BODY : cuerpo *m* **2** : armazón *f* (de un edificio, un barco, o un avión), bastidor *m* (de un automóvil), cuadro *m* (de una bicicleta), marco *m* (de un cuadro, una ventana, una puerta, etc.) **3 frames** *npl* : armazón *mf*, montura *f* (para anteojos) **4 frame of mind** : estado *m* de ánimo

framework ['freim,wərk] *n* **1** SKELETON, STRUCTURE : armazón *f*, estructura *f* **2** BASIS : marco *m*

franc ['fræŋk] *n* : franco *m*

franchise ['fræn,ʧaiz] *n* **1** LICENSE : licencia *f* exclusiva, concesión *f* (en comercio) **2** SUFFRAGE : sufragio *m*

franchisee [,fræn,ʧai'zi:, -,ʧə-] *n* : concesionario *m*, -ria *f*

Franciscan [fræn'siskən] *n* : franciscano *m*, -na *f* — **Franciscan** *adj*

frank[1] ['fræŋk] *vt* : franquear

frank[2] *adj* : franco, sincero, cándido — **frankly** *adv*

frank[3] *n* : franqueo *m* (de correo)

frankfurter ['fræŋk,fərtər, -,fər-] *or* **frankfurt** [-,fərt] *n* : salchicha *f* (de Frankfurt, de Viena), perro *m* caliente

frankincense ['fræŋkən,sents] *n* : incienso *m*

frankness ['fræŋknəs] *n* : franqueza *f*, sinceridad *f*, candidez *f*

frantic ['fræntik] *adj* : frenético, desesperado — **frantically** *adv*

fraternal [frə'tərnəl] *adj* : fraterno, fraternal

fraternity [frə'tərnəti] *n*, *pl* **-ties** : fraternidad *f*

fraternization [,frætərnə'zeiʃən] *n* : fraternización *f*, confraternización *f*

fraternize ['frætər,naiz] *vi* **-nized; -nizing** : fraternizar, confraternizar

fratricidal [,frætrə'saidəl] *adj* : fratricida

fratricide ['frætrə,said] *n* : fratricidio *m*

fraud ['frɔd] *n* **1** DECEPTION, SWINDLE : fraude *m*, estafa *f*, engaño *m* **2** IMPOSTOR : impostor *m*, -tora *f*; farsante *mf*

fraudulent ['frɔdʒələnt] *adj* : fraudulento — **fraudulently** *adv*

fraught ['frɔt] *adj* **fraught with** : lleno de, cargado de

fray[1] ['frei] *vt* **1** WEAR : desgastar, deshilachar **2** IRRITATE : crispar, irritar (los nervios) — *vi* : desgastarse, deshilacharse

fray[2] *n* : pelea *f* ⟨to join the fray : salir a la palestra⟩ ⟨to return to the fray : volver a la carga⟩

frazzle[1] [ˈfræzəl] vt **-zled; -zling 1** FRAY : desgastar, deshilachar **2** EXHAUST : agotar, fatigar

frazzle[2] n EXHAUSTION : agotamiento m

freak [ˈfriːk] n **1** ODDITY : ejemplar m anormal, fenómeno m, rareza f **2** ENTHUSIAST : entusiasta mf

freakish [ˈfriːkɪʃ] adj : extraño, estrafalario, raro

freak out vi : ponerse como loco — vt : darle un ataque (a alguien)

freckle[1] [ˈfrekəl] vi **-led; -ling** : cubrirse de pecas

freckle[2] n : peca f

free[1] [ˈfriː] vt **freed; freeing 1** LIBERATE : libertar, liberar, poner en libertad **2** RELIEVE, RID : librar, eximir **3** RELEASE, UNTIE : desatar, soltar **4** UNCLOG : desatascar, destapar

free[2] adv **1** FREELY : libremente **2** GRATIS : gratuitamente, gratis

free[3] adj **freer; freest 1** : libre ⟨free as a bird : libre como un pájaro⟩ **2** EXEMPT : libre ⟨tax-free : libre de impuestos⟩ **3** GRATIS : gratuito, gratis **4** VOLUNTARY : espontáneo, voluntario, libre **5** UNOCCUPIED : desocupado, libre **6** LOOSE : suelto

freebooter [ˈfriːˌbuːtər] n : pirata mf

freeborn [ˈfriːˈbɔrn] adj : nacido libre

freedom [ˈfriːdəm] n : libertad f

free-for-all [ˈfriːfərˌɔl] n : pelea f, batalla f campal

freelance[1] [ˈfriːˌlæns] vi **-lanced; -lancing** : trabajar por cuenta propia

freelance[2] adj : por cuenta propia, independiente

freeload [ˈfriːˌloːd] vi : gorronear fam, gorrear fam

freeloader [ˈfriːˌloːdər] n : gorrón m, -rrona f; gorrero m, -ra f; vividor m, -dora f

freely [ˈfriːli] adv **1** FREE : libremente **2** GRATIS : gratis, gratuitamente

freestanding [ˈfriːˈstændɪŋ] adj : de pie, no empotrado, independiente

freeway [ˈfriːˌweɪ] n : autopista f

freewill [ˈfriːˌwɪl] adj : de propia voluntad

free will n : libre albedrío m, propia voluntad f

freeze[1] [ˈfriːz] v **froze** [ˈfroːz]; **frozen** [ˈfroːzən]; **freezing** vi **1** : congelarse, helarse ⟨the water froze in the lake : el agua se congeló en el lago⟩ ⟨my blood froze : se me heló la sangre⟩ ⟨I'm freezing : me estoy helando⟩ **2** STOP : quedarse inmóvil — vt : helar, congelar (líquidos), congelar (alimentos, precios, activos)

freeze[2] n **1** FROST : helada f **2** FREEZING : congelación f, congelamiento m

freeze-dried [ˈfriːzˈdraɪd] adj : liofilizado

freeze-dry [ˈfriːzˈdraɪ] vt **-dried; -drying** : liofilizar

freezer [ˈfriːzər] n : congelador m

freezing [ˈfriːzɪŋ] adj : helando ⟨it's freezing! : ¡hace un frío espantoso!⟩

freezing point n : punto m de congelación

freight[1] [ˈfreɪt] vt : enviar como carga

freight[2] n **1** SHIPPING, TRANSPORT : transporte m, porte m, flete m **2** GOODS : mercancías fpl, carga f

freighter [ˈfreɪtər] n : carguero m, buque m de carga

French[1] [ˈfrentʃ] adj : francés

French[2] n **1** : francés m (idioma) **2 the French** npl : los franceses

french fries [ˈfrentʃˌfraɪz] npl : papas fpl fritas

Frenchman [ˈfrentʃmən] n, pl **-men** [-mən, -ˌmen] : francés m

Frenchwoman [ˈfrentʃˌwumən] n, pl **-women** [-ˌwimən] : francesa f

frenetic [frɪˈnetɪk] adj : frenético — **frenetically** [-tɪkli] adv

frenzied [ˈfrenzid] adj : frenético

frenzy [ˈfrenzi] n, pl **-zies** : frenesí m

frequency [ˈfriːkwəntsi] n, pl **-cies** : frecuencia f

frequent[1] [ˈfriːkwent, ˈfriːˌkwent] vt : frecuentar

frequent[2] [ˈfriːkwənt] adj : frecuente — **frequently** adv

fresco [ˈfreskoː] n, pl **-coes** : fresco m

fresh [ˈfreʃ] adj **1** : dulce ⟨freshwater : agua dulce⟩ **2** PURE : puro **3** : fresco ⟨fresh fruits : frutas frescas⟩ **4** CLEAN, NEW : limpio, nuevo ⟨fresh clothes : ropa limpia⟩ ⟨fresh evidence : evidencia nueva⟩ **5** REFRESHED : fresco, descansado **6** IMPERTINENT : descarado, impertinente

freshen [ˈfreʃən] vt : refrescar, arreglar — vi **to freshen up** : arreglarse, lavarse

freshet [ˈfreʃət] n : arroyo m desbordado

freshly [ˈfreʃli] adv : recientemente, recién

freshman [ˈfreʃmən] n, pl **-men** [-mən, -ˌmen] : estudiante mf de primer año universitario

freshness [ˈfreʃnəs] n : frescura f

freshwater [ˈfreʃˌwɔtər] n : agua f dulce

fret[1] [ˈfret] vi **fretted; fretting** : preocuparse, inquietarse

fret[2] n **1** VEXATION : irritación f, molestia f **2** WORRY : preocupación f **3** : traste m (de un instrumento musical)

fretful [ˈfretfəl] adj : fastidioso, quejoso, neurótico

fretfully [ˈfretfəli] adv : ansiosamente, fastidiosamente, inquieto

fretfulness [ˈfretfəlnəs] n : inquietud f, irritabilidad f

friable [ˈfraɪəbəl] adj : friable, pulverizable

friar [ˈfraɪər] n : fraile m

fricassee[1] [ˈfrɪkəˌsiː, ˌfrɪkəˈsiː] vt **-seed; -seeing** : cocinar al fricasé

fricassee[2] n : fricasé m

friction [ˈfrɪkʃən] n **1** RUBBING : fricción f **2** CONFLICT : fricción f, roce m

Friday [ˈfraɪˌdeɪ, -di] n : viernes m

fridge [ˈfrɪdʒ] → **refrigerator**

friend ['frɛnd] *n* : amigo *m*, -ga *f*
friendless ['frɛndləs] *adj* : sin amigos
friendliness ['frɛndlinəs] *n* : simpatía *f*, amabilidad *f*
friendly ['frɛndli] *adj* **-lier; -est** **1** : simpático, amable, de amigo ⟨a friendly child : un niño simpático⟩ ⟨friendly advice : consejo de amigo⟩ **2** : agradable, acogedor ⟨a friendly atmosphere : un ambiente agradable⟩ **3** GOOD-NATURED : amigable, amistoso ⟨friendly competition : competencia amistosa⟩
friendship [frɛnd,ʃɪp] *n* : amistad *f*
frieze ['fri:z] *n* : friso *m*
frigate ['frɪgət] *n* : fragata *f*
fright ['fraɪt] *n* : miedo *m*, susto *m*
frighten ['fraɪtən] *vt* : asustar, espantar
frightened ['fraɪtənd] *adj* : asustado, temeroso
frightening ['fraɪtənɪŋ] *adj* : espantoso, aterrador
frightful ['fraɪtfəl] *adj* **1** → **frightening** **2** TREMENDOUS : espantoso, tremendo
frightfully ['fraɪtfəli] *adv* : terriblemente, tremendamente
frigid ['frɪʤɪd] *adj* : glacial, extremadamente frío
frigidity [frɪ'ʤɪdəti] *n* **1** COLDNESS : frialdad *f* **2** : frigidez *f* (sexual)
frill ['frɪl] *n* **1** RUFFLE : volante *m* **2** EMBELLISHMENT : floritura *f*, adorno *m*
frilly ['frɪli] *adj* **frillier; -est** **1** RUFFLY : con volantes **2** OVERDONE : recargado
fringe¹ ['frɪnʤ] *vt* **fringed; fringing** : orlar, bordear
fringe² *n* **1** BORDER : fleco *m*, orla *f* **2** EDGE : periferia *f*, margen *m* **3 fringe benefits** : incentivos *mpl*, extras *mpl*
frisk ['frɪsk] *vi* FROLIC : retozar, juguetear — *vt* SEARCH : cachear, registrar
friskiness ['frɪskinəs] *n* : vivacidad *f*
frisky ['frɪski] *adj* **friskier; -est** : retozón, juguetón
fritter¹ ['frɪtər] *vt* : desperdiciar, malgastar ⟨I frittered away the money : malgasté el dinero⟩
fritter² *n* : buñuelo *m*
frivolity [frɪ'vɑləti] *n, pl* **-ties** : frivolidad *f*
frivolous ['frɪvələs] *adj* : frívolo, de poca importancia
frivolously ['frɪvələsli] *adv* : frívolamente, a la ligera
frizz¹ ['frɪz] *vi* : rizarse, encresparse, ponerse chino *Mex*
frizz² *n* : rizos *mpl* muy apretados
frizzy ['frɪzi] *adj* **frizzier; -est** : rizado, crespo, chino *Mex*
fro ['fro:] *adv* **to and fro** : de aquí para allá, de un lado para otro
frock ['frɑk] *n* DRESS : vestido *m*
frog ['frɔg, 'frɑg] *n* **1** : rana *f* **2** FASTENER : alamar *m* **3 to have a frog in one's throat** : tener carraspera
frogman ['frɔg,mæn, 'frɑg-, -mən] *n, pl* **-men** [-mən, -,mɛn] : hombre *m* rana, submarinista *mf*

frolic¹ ['frɑlɪk] *vi* **-icked; -icking** : retozar, juguetear
frolic² *n* FUN : diversión *f*
frolicsome ['frɑlɪksəm] *adj* : juguetón
from ['frʌm, 'frɑm] *prep* **1** (*indicating a starting point*) : desde, de, a partir de ⟨from Cali to Bogota : de Cali a Bogotá⟩ ⟨where are you from? : ¿de dónde eres?⟩ ⟨from that time onward : desde entonces⟩ ⟨from tomorrow : a partir de mañana⟩ **2** (*indicating a source or sender*) : de ⟨a letter from my friend : una carta de mi amiga⟩ ⟨a quote from Shakespeare : una cita de Shakespeare⟩ **3** (*indicating a distance*) : de ⟨10 feet from the entrance : a 10 pies de la entrada⟩ **4** (*indicating a cause*) : de ⟨red from crying : rojos de llorar⟩ ⟨he died from the cold : murió del frío⟩ **5** OFF, OUT OF : de ⟨she took it from the drawer : lo sacó del cajón⟩ **6** (*with adverbs or adverbial phrases*) : de, desde ⟨from above : desde arriba⟩ ⟨from among : de entre⟩
frond ['frɑnd] *n* : fronda *f*, hoja *f*
front¹ ['frʌnt] *vi* **1** FACE : dar, estar orientado ⟨the house fronts north : da al norte⟩ **2** : servir de pantalla ⟨he fronts for his boss : sirve de pantalla para su jefe⟩
front² *adj* : delantero, de adelante, primero ⟨the front row : la primera fila⟩
front³ *n* **1** : frente *m*, parte *f* de adelante, delantera *f* ⟨the front of the class : el frente de la clase⟩ ⟨at the front of the train : en la parte delantera del tren⟩ **2** AREA, ZONE : frente *m*, zona *f* ⟨the Eastern front : el frente oriental⟩ ⟨on the educational front : en el frente de la enseñanza⟩ **3** FACADE : fachada *f* ⟨to put on a front : aparentar⟩ **4** (*de un edificio o una persona*) : frente *m* (en meteorología)
frontage ['frʌntɪʤ] *n* : fachada *f*, frente *m*
frontal ['frʌntəl] *adj* : frontal, de frente
frontier [,frʌn'tɪr] *n* : frontera *f*
frontiersman [,frʌn'tɪrzmən] *n, pl* **-men** [-mən, -,mɛn] : hombre *m* de la frontera
frontispiece ['frʌntəs,pi:s] *n* : frontispicio *m*
frost¹ ['frɔst] *vt* **1** FREEZE : helar **2** ICE : escarchar (pasteles)
frost² *n* **1** : helada *f* (en meteorología) **2** : escarcha *f* ⟨frost on the window : escarcha en la ventana⟩
frostbite ['frɔst,baɪt] *n* : congelación *f*
frostbitten ['frɔst,bɪtən] *adj* : congelado (dícese de una persona), quemado (dícese de una planta)
frosting ['frɔstɪŋ] *n* ICING : glaseado *m*, betún *m Mex*
frosty ['frɔsti] *adj* **frostier; -est** **1** CHILLY : helado, frío **2** COOL, UNFRIENDLY : frío, glacial
froth ['frɔθ] *n, pl* **froths** ['frɔθs, 'frɔðz] : espuma *f*

frothy ['frɔθi] *adj* **frothier; -est** : espumoso

frown[1] ['fraʊn] *vi* **1** : fruncir el ceño, fruncir el entrecejo **2 to frown at** : mirar (algo) con ceño, mirar (a alguien) con ceño

frown[2] *n* : ceño *m* (fruncido)

frowsy *or* **frowzy** ['fraʊzi] *adj* **frowsier** *or* **frowzier; -est** : desaliñado, desaseado

froze → **freeze**

frozen → **freeze**

frugal ['fruːgəl] *adj* : frugal, ahorrativo, parco — **frugally** *adv*

frugality [fruˈgæləti] *n* : frugalidad *f*

fruit[1] ['fruːt] *vi* : dar fruto

fruit[2] *n* **1** : fruta *f* (término genérico), fruto *m* (término particular) **2 fruits** *npl* REWARDS : frutos *mpl* ⟨the fruits of his labor : los frutos de su trabajo⟩

fruitcake ['fruːtˌkeɪk] *n* : pastel *m* de frutas

fruitful ['fruːtfəl] *adj* : fructífero, provechoso

fruition [fruˈɪʃən] *n* **1** : cumplimiento *m*, realización *f* **2 to bring to fruition** : realizar

fruitless ['fruːtləs] *adj* : infructuoso, inútil — **fruitlessly** *adv*

fruity ['fruːti] *adj* **fruitier; -est** : (con sabor) a fruta

frumpy ['frʌmpi] *adj* **frumpier; -est** : anticuado y sin atractivo

frustrate ['frʌsˌtreɪt] *vt* **-trated; -trating** : frustrar

frustrating ['frʌsˌtreɪtɪŋ] *adj* : frustrante — **frustratingly** *adv*

frustration [ˌfrʌsˈtreɪʃən] *n* : frustración *f*

fry[1] ['fraɪ] *vt* **fried; frying** : freír

fry[2] *n*, *pl* **fries** : fritura *f*, plato *m* frito **2** : fiesta *f* en que se sirven frituras **3** *pl* **fry** : alevín *m* (pez)

frying pan *n* : sartén *mf*

fuchsia ['fjuːʃə] *n* **1** : fucsia *f* (planta) **2** : fucsia *f* (color)

fuddle ['fʌdəl] *vt* **-dled; -dling** : confundir, atontar

fuddy-duddy ['fʌdiˌdʌdi] *n*, *pl* **-dies** : persona *f* chapada a la antigua, carca *mf*

fudge[1] ['fʌdʒ] *vt* **fudged; fudging** **1** FALSIFY : amañar, falsificar **2** DODGE : esquivar

fudge[2] *n* : dulce *m* blando de chocolate y leche

fuel[1] ['fjuːəl] *vt* **-eled** *or* **-elled; -eling** *or* **-elling** **1** : abastecer de combustible **2** STIMULATE : estimular

fuel[2] *n* : combustible *m*, carburante *m* (para motores)

fugitive[1] ['fjuːdʒətɪv] *adj* **1** RUNAWAY : fugitivo **2** FLEETING : efímero, pasajero, fugaz

fugitive[2] *n* : fugitivo *m*, -va *f*

fugue ['fjuːg] *n* : fuga *f*

fulcrum ['fʊlkrəm, 'fʌl-] *n*, *pl* **-crums** *or* **-cra** [-krə] : fulcro *m*

fulfill *or* **fulfil** [fʊlˈfɪl] *vt* **-filled; -filling 1** PERFORM : cumplir con, realizar, llevar a cabo **2** SATISFY : satisfacer

fulfillment [fʊlˈfɪlmənt] *n* **1** PERFORMANCE : cumplimiento *m*, ejecución *f* **2** SATISFACTION : satisfacción *f*, realización *f*

full[1] ['fʊl, 'fʌl] *adv* **1** VERY : muy ⟨full well : muy bien, perfectamente⟩ **2** ENTIRELY : completamente ⟨she swung full around : giró completamente⟩ **3** DIRECTLY : de lleno, directamente ⟨he looked me full in the face : me miró directamente a la cara⟩

full[2] *adj* **1** FILLED : lleno **2** COMPLETE : completo, detallado **3** MAXIMUM : todo, pleno ⟨at full speed : a toda velocidad⟩ ⟨in full bloom : en plena flor⟩ **4** PLUMP : redondo, llenito *fam* ⟨a full face : una cara redonda⟩ ⟨a full figure : un cuerpo llenito⟩ **5** AMPLE : amplio ⟨a full skirt : una falda amplia⟩

full[3] *n* **1 to pay in full** : pagar en su totalidad **2 to the full** : al máximo

full-fledged ['fʊl'flɛdʒd] *adj* : hecho y derecho

fullness ['fʊlnəs] *n* **1** ABUNDANCE : plenitud *f*, abundancia *f* **2** : amplitud *f* (de una falda)

fully ['fʊli] *adv* **1** COMPLETELY : completamente, totalmente **2** : al menos, por lo menos ⟨fully half of them : al menos la mitad de ellos⟩

fulsome ['fʊlsəm] *adj* : excesivo, exagerado, efusivo

fumble[1] ['fʌmbəl] *v* **-bled; -bling** *vt* **1** : dejar caer, fumblear **2 to fumble one's way** : ir a tientas — *vi* **1** GROPE : hurgar, tantear **2 to fumble with** : manejar con torpeza

fumble[2] *n* : fumble *m* (en futbol americano)

fume[1] ['fjuːm] *vi* **fumed; fuming** **1** SMOKE : echar humo, humear **2** : estar furioso

fume[2] *n* : gas *m*, humo *m*, vapor *m*

fumigate ['fjuːməˌgeɪt] *vt* **-gated; -gating** : fumigar

fumigation [ˌfjuːməˈgeɪʃən] *n* : fumigación *f*

fun[1] ['fʌn] *adj* : divertido, entretenido

fun[2] *n* **1** AMUSEMENT : diversión *f*, entretenimiento *m* **2** ENJOYMENT : disfrute *m* **3 to have fun** : divertirse **4 to make fun of** : reírse de, burlarse de

function[1] ['fʌŋkʃən] *vi* : funcionar, desempeñarse, servir

function[2] *n* **1** PURPOSE : función *f* **2** GATHERING : reunión *f* social, recepción *f* **3** CEREMONY : ceremonia *f*, acto *m*

functional ['fʌŋkʃənəl] *adj* : funcional — **functionally** *adv*

functionary ['fʌŋkʃəˌnɛri] *n*, *pl* **-aries** : funcionario *m*, -ria *f*

fund[1] ['fʌnd] *vt* : financiar

fund² *n* **1** SUPPLY : reserva *f*, cúmulo *m* **2** : fondo *m* ⟨investment fund : fondo de inversiones⟩ **3 funds** *npl* RESOURCES : fondos *mpl*

fundamental¹ [ˌfʌndəˈmentəl] *adj* **1** BASIC : fundamental, básico **2** PRINCIPAL : esencial, principal **3** INNATE : innato, intrínseco

fundamental² *n* : fundamento *m*

fundamentalism [ˌfʌndəˈmentəlˌɪzəm] *n* : integrismo *m*, fundamentalismo *m*

fundamentalist [ˌfʌndəˈmentəlɪst] *n* : integrista *mf*, fundamentalista *mf* — **fundamentalist** *adj*

fundamentally [ˌfʌndəˈmentəli] *adv* : fundamentalmente, básicamente

funding [ˈfʌndɪŋ] *n* : financiación *f*

fund-raiser [ˈfʌndˌreɪzər] *n* : función *f* para recaudar fondos

funeral¹ [ˈfjuːnərəl] *adj* **1** : funeral, funerario, fúnebre ⟨funeral procession : cortejo fúnebre⟩ **2 funeral home** : funeraria *f*

funeral² *n* : funeral *m*, funerales *mpl*

funereal [fjuˈnɪriəl] *adj* : fúnebre

fungal [ˈfʌŋɡəl] *adj* : de hongos, micótico

fungicidal [ˌfʌndʒəˈsaɪdəl, ˌfʌŋɡə-] *adj* : fungicida

fungicide [ˈfʌndʒəˌsaɪd, ˈfʌŋɡə-] *n* : fungicida *m*

fungous [ˈfʌŋɡəs] *adj* : fungoso

fungus [ˈfʌŋɡəs] *n, pl* **fungi** [ˈfʌnˌdʒaɪ, ˈfʌŋˌɡaɪ] : hongo *m*

funk [ˈfʌŋk] *n* **1** FEAR : miedo *m* **2** DEPRESSION : depresión *f*

funky [ˈfʌŋki] *adj* **funkier; -est** ODD, QUAINT : raro, extraño, original

funnel¹ [ˈfʌnəl] *vt* **-neled; -neling** CHANNEL : canalizar, encauzar

funnel² *n* **1** : embudo *m* **2** SMOKESTACK : chimenea *f* (de un barco o vapor)

funnies [ˈfʌniz] *npl* : tiras *fpl* cómicas

funny [ˈfʌni] *adj* **funnier; -est 1** AMUSING : divertido, cómico **2** STRANGE : extraño, raro

fur¹ [ˈfər] *adj* : de piel

fur² *n* **1** : pelaje *m*, piel *f* **2** : prenda *f* de piel

furbish [ˈfərbɪʃ] *vt* : pulir, limpiar

furious [ˈfjuriəs] *adj* **1** ANGRY : furioso **2** FRANTIC : violento, frenético, vertiginoso (dícese de la velocidad)

furiously [ˈfjuriəsli] *adv* **1** ANGRILY : furiosamente **2** FRANTICALLY : frenéticamente

furlong [ˈfərˌlɔŋ] *n* : estadio *m* (201.2 m)

furlough¹ [ˈfərˌloː] *vt* : dar permiso a, dar licencia a

furlough² *n* LEAVE : permiso *m*, licencia *f*

furnace [ˈfərnəs] *n* : horno *m*

furnish [ˈfərnɪʃ] *vt* **1** SUPPLY : proveer, suministrar **2** : amueblar ⟨furnished apartment : departamento amueblado⟩

furnishings [ˈfərnɪʃɪŋz] *npl* **1** ACCESSORIES : accesorios *mpl* **2** FURNITURE : muebles *mpl*, mobiliario *m*

furniture [ˈfərnɪtʃər] *n* : muebles *mpl*, mobiliario *m*

furor [ˈfjurˌɔr, -ər] *n* **1** RAGE : furia *f*, rabia *f* **2** UPROAR : escándalo *m*, jaleo *m*, alboroto *m*

furrier [ˈfəriər] *n* : peletero *m*, -ra *f*

furrow¹ [ˈfəroː] *vt* **1** : surcar **2 to furrow one's brow** : fruncir el ceño

furrow² *n* **1** GROOVE : surco *m* **2** WRINKLE : arruga *f*, surco *m*

furry [ˈfəri] *adj* **furrier; -est** : peludo (dícese de un animal), peluche (dícese de un objeto)

further¹ [ˈfərðər] *vt* : promover, fomentar

further² *adv* **1** FARTHER : más lejos, más adelante **2** MOREOVER : además **3** MORE : más ⟨I'll consider it further in the morning : lo consideraré más en la mañana⟩

further³ *adj* **1** FARTHER : más lejano **2** ADDITIONAL : adicional, más

furtherance [ˈfərðərənts] *n* : promoción *f*, fomento *m*, adelantamiento *m*

furthermore [ˈfərðərˌmor] *adv* : además

furthermost [ˈfərðərˌmoːst] *adj* : más lejano, más distante

furthest [ˈfərðəst] → **farthest¹**, **farthest²**

furtive [ˈfərtɪv] *adj* : furtivo, sigiloso — **furtively** *adv*

furtiveness [ˈfərtɪvnəs] *n* STEALTH : sigilo *m*

fury [ˈfjuri] *n, pl* **-ries 1** RAGE : furia *f*, ira *f* **2** VIOLENCE : furia *f*, furor *m*

fuse¹ [ˈfjuːz] *or* **fuze** *vt* **fused** *or* **fuzed; fusing** *or* **fuzing** : equipar con un fusible

fuse² *v* **fused; fusing** *vt* **1** SMELT : fundir **2** MERGE : fusionar, fundir — *vi* : fundirse, fusionarse

fuse³ *n* : fusible *m*

fuselage [ˈfjuːsəˌlɑʒ, -zə-] *n* : fuselaje *m*

fusillade [ˈfjuːsəˌlɑd, -ˌleɪd, ˌfjuːsəˈ-, -zə-] *n* : descarga *f* de fusilería

fusion [ˈfjuːʒən] *n* : fusión *f*

fuss¹ [ˈfʌs] *vi* **1** WORRY : preocuparse **2 to fuss with** : juguetear con, toquetear **3 to fuss over** : mimar

fuss² *n* **1** COMMOTION : alboroto *m*, escándalo *m* **2** ATTENTION : atenciones *fpl* **3** COMPLAINT : quejas *fpl*

fussbudget [ˈfʌsˌbʌdʒət] *n* : quisquilloso *m*, -sa *f*; melindroso *m*, -sa *f*

fussiness [ˈfʌsinəs] *n* **1** IRRITABILITY : irritabilidad *f* **2** ORNATENESS : lo recargado **3** METICULOUSNESS : meticulosidad *f*

fussy [ˈfʌsi] *adj* **fussier; -est 1** IRRITABLE : irritable, nervioso **2** OVERELABORATE : recargado **3** METICULOUS : meticuloso **4** FASTIDIOUS : quisquilloso, exigente

futile [ˈfjuːtəl, ˈfjuːˌtaɪl] *adj* : inútil, vano

futility [fjuˈtɪləti] *n, pl* **-ties** : inutilidad *f*

future¹ [ˈfjuːtʃər] *adj* : futuro

future² *n* : futuro *m*

futuristic [ˌfjuːtʃəˈrɪstɪk] *adj* : futurista

fuze → **fuse¹**

fuzz ['fʌz] *n* : pelusa *f*
fuzziness ['fʌzinəs] *n* **1** DOWNINESS : vellosidad *f* **2** INDISTINCTNESS : falta *f* de claridad

fuzzy ['fʌzi] *adj* **fuzzier; -est 1** FLUFFY, FURRY : con pelusa, peludo **2** INDISTINCT : indistinto ⟨a fuzzy image : una imagen borrosa⟩

G

g ['dʒiː] *n, pl* **g's** *or* **gs** ['dʒiːz] : séptima letra del alfabeto inglés
gab¹ ['gæb] *vi* **gabbed; gabbing** : charlar, cotorrear *fam*, parlotear *fam*
gab² *n* CHATTER : cotorreo *m fam*, parloteo *m fam*
gabardine ['gæbər,diːn] *n* : gabardina *f*
gabby ['gæbi] *adj* **gabbier; -est** : hablador, parlanchín
gable ['geibəl] *n* : hastial *m*, aguilón *m*
Gabonese [,gæbə'niːz, -'niːs] *n* : gabonés *m*, -nesa *f* — **Gabonese** *adj*
gad ['gæd] *vi* **gadded; gadding** WANDER : deambular, vagar, callejear
gadfly ['gæd,flai] *n, pl* **-flies 1** : tábano *m* (insecto) **2** FAULTFINDER : criticón *m*, -cona *f fam*
gadget ['gædʒət] *n* : artilugio *m*, aparato *m*
gadgetry ['gædʒətri] *n* : artilugios *mpl*, aparatos *mpl*
Gaelic ['geilik, 'gæ] *n* : gaélico *m* (idioma) — **Gaelic** *adj*
gaff ['gæf] *n* **1** : garfio *m* **2** → **gaffe**
gaffe ['gæf] *n* : metedura *f* de pata *fam*
gag¹ ['gæg] *v* **gagged; gagging** *vt* : amordazar ⟨to tie up and gag : atar y amordazar⟩ — *vi* **1** CHOKE : atragantarse **2** RETCH : hacer arcadas
gag² *n* **1** : mordaza *f* (para la boca) **2** JOKE : chiste *m*
gage → **gauge**
gaggle ['gægəl] *n* : bandada *f*, manada *f* (de gansos)
gaiety ['geiəti] *n, pl* **-eties 1** MERRYMAKING : juerga *f* **2** MERRIMENT : alegría *f*, regocijo *m*
gaily ['geili] *adv* : alegremente
gain¹ ['gein] *vt* **1** ACQUIRE, OBTAIN : ganar, obtener, adquirir, conseguir ⟨to gain knowledge : adquirir conocimientos⟩ ⟨to gain a victory : obtener una victoria⟩ **2** REACH : alcanzar, llegar a **3** INCREASE : ganar, aumentar ⟨to gain weight : aumentar de peso⟩ **4** : adelantarse, ganar ⟨the watch gains two minutes a day : el reloj se adelanta dos minutos por día⟩ — *vi* **1** PROFIT : beneficiarse **2** INCREASE : aumentar
gain² *n* **1** PROFIT : beneficio *m*, ganancia *f*, lucro *m*, provecho *m* **2** INCREASE : aumento *m*
gainful ['geinfəl] *adj* : lucrativo, beneficioso, provechoso ⟨gainful employment : trabajo remunerado⟩
gait ['geit] *n* : paso *m*, andar *m*, manera *f* de caminar
gal ['gæl] *n* : muchacha *f*
gala¹ ['geilə, 'gæ-, 'gɑ-] *adj* : de gala

gala² *n* : gala *f*, fiesta *f*
galactic [gə'læktik] *adj* : galáctico
galaxy ['gæləksi] *n, pl* **-axies** : galaxia *f*
gale ['geil] *n* **1** WIND : vendaval *f*, viento *m* fuerte **2 gales of laughter** : carcajadas *fpl*
gall¹ ['gɔl] *vt* **1** CHAFE : rozar **2** IRRITATE, VEX : irritar, molestar
gall² *n* **1** BILE : bilis *f*, hiel *f* **2** INSOLENCE : audacia *f*, insolencia *f*, descaro *m* **3** SORE : rozadura *f* (de un caballo) **4** : agalla *f* (de una planta)
gallant ['gælənt] *adj* **1** BRAVE : valiente, gallardo **2** CHIVALROUS, POLITE : galante, cortés
gallantry ['gæləntri] *n, pl* **-ries** : galantería *f*, caballerosidad *f*
gallbladder ['gɔl,blædər] *n* : vesícula *f* biliar
galleon ['gæljən] *n* : galeón *m*
gallery ['gæləri] *n, pl* **-leries 1** BALCONY : galería *f* (para espectadores) **2** CORRIDOR : pasillo *m*, galería *f*, corredor *m* **3** : galería *f* (para exposiciones)
galley ['gæli] *n, pl* **-leys** : galera *f*
gallium ['gæliəm] *n* : galio *m*
gallivant ['gælə,vænt] *vi* : callejear
gallon ['gælən] *n* : galón *m*
gallop¹ ['gæləp] *vi* : galopar
gallop² *n* : galope *m*
gallows ['gæ,loːz] *n, pl* **-lows** *or* **-lowses** [-,loːzəz] : horca *f*
gallstone ['gɔl,stoːn] *n* : cálculo *m* biliar
galore [gə'lor] *adj* : en abundancia ⟨bargains galore : muchísimas gangas⟩
galoshes [gə'lɑʃəz] *npl* : galochas *fpl*, chanclos *mpl*
galvanize ['gælvən,aiz] *vt* **-nized; -nizing 1** STIMULATE : estimular, excitar, impulsar **2** : galvanizar (metales)
Gambian ['gæmbiən] *n* : gambiano *m*, -na *f* — **Gambian** *adj*
gambit ['gæmbit] *n* **1** : gambito *m* (en ajedrez) **2** STRATAGEM : estratagema *f*, táctica *f*
gamble¹ ['gæmbəl] *v* **-bled; -bling** *vi* : jugar, arriesgarse **2** RISK : arriesgar
gamble² *n* **1** BET : apuesta *f* **2** RISK : riesgo *m*
gambler ['gæmbələr] *n* : jugador *m*, -dora *f*
gambling ['gæmbəliŋ] *n* : juego *m*
gambol ['gæmbəl] *vi* **-boled** *or* **-bolled; -boling** *or* **-bolling** FROLIC : retozar, juguetear
game¹ ['geim] *adj* **1** READY : listo, dispuesto ⟨we're game for anything : es-

tamos listos para lo que sea⟩ 2 LAME
: cojo

game² n 1 AMUSEMENT : juego m, diversión f 2 CONTEST : juego m, partido m, concurso m 3 : caza f ⟨big game : caza mayor⟩

gamecock [ˈgeɪmˌkɑk] n : gallo m de pelea

gamekeeper [ˈgeɪmˌkiːpər] n : guardabosque mf

gamely [ˈgeɪmli] adv : animosamente

gamma ray n : rayo m gamma

gamut [ˈgæmət] n : gama f, espectro m ⟨to run the gamut : pasar por toda la gama⟩

gamy or **gamey** [ˈgeɪmi] adj **gamier; -est** : con sabor de animal de caza, fuerte

gander [ˈgændər] n 1 : ganso m (animal) 2 GLANCE : mirada f, vistazo m, ojeada f

gang¹ [ˈgæŋ] vi **to gang up** : agruparse, unirse

gang² n : banda f, pandilla f

gangling [ˈgæŋglɪŋ] adj LANKY : larguirucho fam

ganglion [ˈgæŋgliən] n, pl **-glia** [-gliə] : ganglio m

gangplank [ˈgæŋˌplæŋk] n : pasarela f

gangrene [ˈgæŋˌgriːn, ˈgæn-; ˈgæŋˈ, gæn-] n : gangrena f

gangrenous [ˈgæŋgrənəs] adj : gangrenoso

gangster [ˈgæŋstər] n : gángster mf

gangway [ˈgæŋˌweɪ] n 1 : pasarela f 2 **gangway!** : ¡abran paso!

gap [ˈgæp] n 1 BREACH, OPENING : espacio m, brecha f, abertura f 2 GORGE : desfiladero m, barranco m 3 : laguna f ⟨a gap in my education : una laguna en mi educación⟩ 4 INTERVAL : pausa f, intervalo m 5 DISPARITY : brecha f, disparidad f

gape¹ [ˈgeɪp] vi **gaped; gaping** 1 OPEN : abrirse, estar abierto 2 STARE : mirar fijamente con la boca abierta, mirar boquiabierto

gape² n 1 OPENING : abertura f, brecha f 2 STARE : mirada f boquiabierta

garage¹ [gəˈrɑʒ, -ˈrɑdʒ] vt **-raged; -raging** : dejar en un garaje

garage² n : garaje m, cochera f

garb¹ [ˈgɑrb] vt : vestir, ataviar

garb² n : vestimenta f, atuendo f

garbage [ˈgɑrbɪdʒ] n : basura f, desechos mpl

garbageman [ˈgɑrbɪdʒˌmən] n, pl **-men** [-mən, -ˌmɛn] : basurero m

garble [ˈgɑrbəl] vt **-bled; -bling** : tergiversar, distorsionar

garbled [ˈgɑrbəld] adj : incoherente, incomprensible

garden¹ [ˈgɑrdən] vi : trabajar en el jardín

garden² n : jardín m

gardener [ˈgɑrdənər] n : jardinero m, -ra f

gardenia [gɑrˈdiːnjə] n : gardenia f

gardening [ˈgɑrdənɪŋ] n : jardinería f

gargantuan [gɑrˈgæntʃuən] adj : gigantesco, colosal

gargle¹ [ˈgɑrgəl] vi **-gled; -gling** : hacer gárgaras, gargarizar

gargle² n : gárgara f

gargoyle [ˈgɑrˌgɔɪl] n : gárgola f

garish [ˈgærɪʃ] adj GAUDY : llamativo, chillón, charro — **garishly** adv

garland¹ [ˈgɑrlənd] vt : adornar con guirnaldas

garland² n : guirnalda f

garlic [ˈgɑrlɪk] n : ajo m

garment [ˈgɑrmənt] n : prenda f

garner [ˈgɑrnər] vt : recoger, cosechar

garnet [ˈgɑrnət] n : granate m

garnish¹ [ˈgɑrnɪʃ] vt : aderezar, guarnecer

garnish² n : aderezo m, guarnición f

garret [ˈgærət] n : buhardilla f, desván m

garrison¹ [ˈgærəsən] vt 1 QUARTER : acuartelar (tropas) 2 OCCUPY : guarnecer, ocupar (con tropas)

garrison² n 1 : guarnición f (ciudad) 2 FORT : fortaleza f, poste m militar

garrulous [ˈgærələs] adj : charlatán, parlanchín, garlero Col fam

garter [ˈgɑrtər] n : liga f

gas¹ [ˈgæs] v **gassed; gassing** vt : gasear — vi **to gas up** : llenar el tanque con gasolina

gas² n, pl **gases** [ˈgæsəz] 1 : gas m ⟨tear gas : gas lacrimógeno⟩ 2 GASOLINE : gasolina f

gaseous [ˈgæsəs, ˈgæsiəs] adj : gaseoso

gash¹ [ˈgæʃ] vt : hacer un tajo en, cortar

gash² n : cuchillada f, tajo m

gasket [ˈgæskət] n : junta f

gas mask n : máscara f antigás

gasoline [ˈgæsəˌliːn, ˌgæsəˈ-] n : gasolina f, nafta f

gasp¹ [ˈgæsp] vi 1 : boquear ⟨to gasp with surprise : gritar de asombro⟩ 2 PANT : jadear, respirar con dificultad

gasp² n 1 : boqueada f ⟨a gasp of surprise : un grito sofocado⟩ 2 PANTING : jadeo m

gas station n : estación f de servicio, gasolinera f

gastric [ˈgæstrɪk] adj : gástrico ⟨gastric juice : jugo gástrico⟩

gastronomic [ˌgæstrəˈnɑmɪk] adj : gastronómico

gastronomy [gæsˈtrɑnəmi] n : gastronomía f

gate [ˈgeɪt] n : portón m, verja f, puerta f

gatekeeper [ˈgeɪtˌkiːpər] n : guarda mf; guardián m, -diana f

gateway [ˈgeɪtˌweɪ] n : puerta f (de acceso), entrada f

gather [ˈgæðər] vt 1 ASSEMBLE : juntar, recoger, reunir 2 HARVEST : recoger, cosechar 3 : fruncir (una tela) 4 INFER : deducir, suponer

gathering [ˈgæðərɪŋ] n : reunión f

gauche [ˈgoʃ] adj : torpe, falto de tacto

gaudy [ˈgɔdi] *adj* **gaudier; -est** : chillón, llamativo

gauge[1] [ˈgeɪʤ] *vt* **gauged; gauging 1** MEASURE : medir **2** ESTIMATE, JUDGE : estimar, evaluar, juzgar

gauge[2] *n* **1** : indicador *m* ⟨pressure gauge : indicador de presión⟩ **2** CALIBER : calibre *m* **3** INDICATION : indicio *m*, muestra *f*

gaunt [ˈgɔnt] *adj* : demacrado, enjuto, descarnado

gauntlet [ˈgɔntlət] *n* : guante *m* ⟨to run the gauntlet of : exponerse a⟩

gauze [ˈgɔz] *n* : gasa *f*

gauzy [ˈgɔzi] *adj* **gauzier; -est** : diáfano, vaporoso

gave → **give**

gavel [ˈgævəl] *n* : martillo *m* (de un juez, un subastador, etc.)

gawk [ˈgɔk] *vi* GAPE : mirar boquiabierto

gawky [ˈgɔki] *adj* **gawkier; -est** : desmañado, torpe, desgarbado

gay [ˈgeɪ] *adj* **1** MERRY : alegre **2** BRIGHT, COLORFUL : vistoso, vivo **3** HOMOSEXUAL : homosexual

gaze[1] [ˈgeɪz] *vi* **gazed; gazing** : mirar (fijamente)

gaze[2] *n* : mirada *f* (fija)

gazelle [gəˈzɛl] *n* : gacela *f*

gazette [gəˈzɛt] *n* : gaceta *f*

gazetteer [ˌgæzəˈtɪr] *n* : diccionario *m* geográfico

gear[1] [ˈgɪr] *vt* ADAPT, ORIENT : adaptar, ajustar, orientar ⟨a book geared to children : un libro adaptado a los niños⟩ — *vi* to gear up : prepararse

gear[2] *n* **1** CLOTHING : ropa *f* **2** BELONGINGS : efectos *mpl* personales **3** EQUIPMENT, TOOLS : equipo *m*, aparejo *m*, herramientas *fpl* ⟨fishing gear : aparejo de pescar⟩ ⟨landing gear : tren de aterrizaje⟩ **4** COGWHEEL : rueda *f* dentada **5** : marcha *f*, velocidad *f* (de un vehículo) ⟨to put in gear : poner en marcha⟩ ⟨to change gear(s) : cambiar de velocidad⟩

gearshift [ˈgɪrˌʃɪft] *n* : palanca *f* de cambio, palanca *f* de velocidad

geek [ˈgiːk] *n fam* : intelectual *mf*

geese → **goose**

Geiger counter [ˈgaɪgərˌkaʊntər] *n* : contador *m* Geiger

gel [ˈʤɛl] *n* : gel *m*

gelatin [ˈʤɛlətən] *n* : gelatina *f*

gem [ˈʤɛm] *n* : joya *f*, gema *f*, alhaja *f*

Gemini [ˈʤɛməˌnaɪ] *n* : Géminis *mf*

gemstone [ˈʤɛmˌstoːn] *n* : piedra *f* (semipreciosa o preciosa), gema *f*

gender [ˈʤɛndər] *n* **1** SEX : sexo *m* **2** : género *m* (en la gramática)

gene [ˈʤiːn] *n* : gen *m*, gene *m*

genealogical [ˌʤiːniəˈlɑʤɪkəl] *adj* : genealógico

genealogy [ˌʤiːniˈɑləʤi, ˌʤɛ-, -ˈæ-] *n, pl* **-gies** : genealogía *f*

genera → **genus**

general[1] [ˈʤɛnrəl, ˈʤɛnə-] *adj* : general ⟨in general : en general, por lo general⟩

general[2] *n* : general *mf*

generality [ˌʤɛnəˈræləti] *n, pl* **-ties** : generalidad *f*

generalization [ˌʤɛnrələˈzeɪʃən, ˌʤɛnərə-] *n* : generalización *f*

generalize [ˈʤɛnrəˌlaɪz, ˈʤɛnərə-] *v* **-ized; -izing** : generalizar

generally [ˈʤɛnrəli, ˈʤɛnərə-] *adv* : generalmente, por lo general, en general

generate [ˈʤɛnəˌreɪt] *vt* **-ated; -ating** : generar, producir

generation [ˌʤɛnəˈreɪʃən] *n* : generación *f*

generator [ˈʤɛnəˌreɪtər] *n* : generador *m*

generic [ʤəˈnɛrɪk] *adj* : genérico

generosity [ˌʤɛnəˈrɑsəti] *n, pl* **-ties** : generosidad *f*

generous [ˈʤɛnərəs] *adj* **1** OPENHANDED : generoso, dadivoso, desprendido **2** ABUNDANT, AMPLE : abundante, amplio, generoso — **generously** *adv*

genetic [ʤəˈnɛtɪk] *adj* : genético — **genetically** [-tɪkli] *adv*

geneticist [ʤəˈnɛtəsɪst] *n* : genetista *mf*

genetics [ʤəˈnɛtɪks] *n* : genética *f*

genial [ˈʤiːniəl] *adj* GRACIOUS : simpático, cordial, afable — **genially** *adv*

geniality [ˌʤiːniˈæləti] *n* : simpatía *f*, afabilidad *f*

genie [ˈʤiːni] *n* : genio *m*

genital [ˈʤɛnətəl] *adj* : genital

genitals [ˈʤɛnətəlz] *npl* : genitales *mpl*

genius [ˈʤiːnjəs] *n* : genio *m*

genocide [ˈʤɛnəˌsaɪd] *n* : genocidio *m*

genre [ˈʒɑnrə, ˈʒɑr] *n* : género *m*

genteel [ʤɛnˈtiːl] *adj* : cortés, fino, refinado

gentile[1] [ˈʤɛnˌtaɪl] *adj* : gentil

gentile[2] *n* : gentil *mf*

gentility [ʤɛnˈtɪləti] *n, pl* **-ties 1** : nobleza *f* (de nacimiento) **2** POLITENESS, REFINEMENT : cortesía *f*, refinamiento *m*

gentle [ˈʤɛntəl] *adj* **-tler; -tlest 1** NOBLE : bien nacido, noble **2** DOCILE : dócil, manso **3** KINDLY : bondadoso, amable **4** MILD : suave, apacible ⟨a gentle breeze : una brisa suave⟩ **5** SOFT : suave (dícese de un sonido), ligero (dícese del tacto) **6** MODERATE : moderado, gradual ⟨a gentle slope : una cuesta gradual⟩

gentleman [ˈʤɛntəlmən] *n, pl* **-men** [-mən, -ˌmɛn] : caballero *m*, señor *m*

gentlemanly [ˈʤɛntəlmənli] *adj* : caballeroso

gentleness [ˈʤɛntəlnəs] *n* : delicadeza *f*, suavidad *f*, ternura *f*

gentlewoman [ˈʤɛntəlˌwʊmən] *n, pl* **-women** [-ˌwɪmən] : dama *f*, señora *f*

gently [ˈʤɛntli] *adv* **1** CAREFULLY, SOFTLY : con cuidado, suavemente, ligeramente **2** KINDLY : amablemente, con delicadeza

gentry ['dʒɛntri] *n, pl* **-tries** : aristocracia *f*

genuflect ['dʒɛnjʊˌflɛkt] *vi* : doblar la rodilla, hacer una genuflexión

genuflection [ˌdʒɛnjʊˈflɛkʃən] *n* : genuflexión *f*

genuine ['dʒɛnjʊwən] *adj* **1** AUTHENTIC, REAL : genuino, verdadero, auténtico **2** SINCERE : sincero — **genuinely** *adv*

genus ['dʒiːnəs] *n, pl* **genera** [dʒ-nərə] : género *m*

geographer [dʒiˈɑɡrəfər] *n* : geógrafo *m*, -fa *f*

geographical [ˌdʒiːəˈɡræfɪkəl] *or* **geographic** [-fɪk] *adj* : geográfico — **geographically** [-fɪkli] *adv*

geography [dʒiˈɑɡrəfi] *n, pl* **-phies** : geografía *f*

geologic [ˌdʒiːəˈlɑdʒɪk] *or* **geological** [-dʒɪkəl] *adj* : geológico — **geologically** [-dʒɪkli] *adv*

geologist [dʒiˈɑlədʒɪst] *n* : geólogo *m*, -ga *f*

geology [dʒiˈɑlədʒi] *n* : geología *f*

geometric [ˌdʒiːəˈmɛtrɪk] *or* **geometrical** [-trɪkəl] *adj* : geométrico

geometry [dʒiˈɑmətri] *n, pl* **-tries** : geometría *f*

geopolitical [ˌdʒiːoˌpəˈlɪtɪkəl] *adj* : geopolítico

Georgian ['dʒɔrdʒən] *n* **1** : georgiano *m* (idioma) **2** : georgiano *m*, -na *f* — **Georgian** *adj*

geranium [dʒəˈreɪniəm] *n* : geranio *m*

gerbil ['dʒərbəl] *n* : jerbo *m*, gerbo *m*

geriatric [ˌdʒɛriˈætrɪk] *adj* : geriátrico

geriatrics [ˌdʒɛriˈætrɪks] *n* : geriatría *f*

germ ['dʒərm] *n* **1** MICROORGANISM : microbio *m*, germen *m* **2** BEGINNING : germen *m*, principio *m* ⟨the germ of a plan : el germen de un plan⟩

German ['dʒərmən] *n* **1** : alemán *m*, -mana *f* **2** : alemán *m* (idioma) — **German** *adj*

germane [dʒərˈmeɪn] *adj* : relevante, pertinente

Germanic[1] [dʒərˈmænɪk] *adj* : germánico, germano

Germanic[2] *n* : germánico *m* (idioma)

germanium [dʒərˈmeɪniəm] *n* : germanio *m*

germ cell *n* : célula *f* germen

germicide ['dʒərməˌsaɪd] *n* : germicida *m*

germinate ['dʒərməˌneɪt] *v* **-nated; -nating** *vi* : germinar — *vt* : hacer germinar

germination [ˌdʒərməˈneɪʃən] *n* : germinación *f*

gerund ['dʒɛrənd] *n* : gerundio *m*

gestation [dʒɛˈsteɪʃən] *n* : gestación *f*

gesture[1] ['dʒɛstʃər] *vi* **-tured; -turing** : gesticular, hacer gestos

gesture[2] *n* **1** : gesto *m*, ademán *m* **2** SIGN, TOKEN : gesto *m*, señal *f* ⟨a gesture of friendship : una señal de amistad⟩

get ['ɡɛt] *v* **got** ['ɡɑt]; **got** *or* **gotten** ['ɡɑtən]; **getting** *vt* **1** OBTAIN : conseguir, obtener, adquirir **2** RECEIVE : recibir ⟨to get a letter : recibir una carta⟩ **3** EARN : ganar ⟨he gets $10 an hour : gana $10 por hora⟩ **4** FETCH : traer ⟨get me my book : tráigame el libro⟩ **5** CATCH : tomar (un tren, etc.), agarrar (una pelota, una persona, etc.) **6** CONTRACT : contagiarse de, contraer ⟨she got the measles : le dio el sarampión⟩ **7** PREPARE : preparar (una comida) **8** PERSUADE : persuadir, mandar a hacer ⟨I got him to agree : logré convencerlo⟩ **9** (to cause to be) ⟨to get one's hair cut : cortarse el pelo⟩ **10** UNDERSTAND : entender ⟨now I get it! : ¡ya entiendo!⟩ **11** to have got : tener ⟨I've got a headache : tengo un dolor de cabeza⟩ **12** to have got to : tener que ⟨you've got to come : tienes que venir⟩ — *vi* **1** BECOME : ponerse, volverse, hacerse ⟨to get angry : ponerse furioso, enojarse⟩ **2** GO, MOVE : ir, avanzar ⟨he didn't get far : no avanzó mucho⟩ **3** ARRIVE : llegar ⟨to get home : llegar a casa⟩ **4** to get to be : llegar a ser ⟨she got to be the director : llegó a ser directora⟩ **5** to get ahead : adelantarse, progresar **6** to get along : llevarse bien (con alguien), congeniar **7** to get by MANAGE : arreglárselas **8** to get over OVERCOME : superar, consolarse de **9** to get together MEET : reunirse **10** to get up : levantarse

getaway ['ɡɛtəˌweɪ] *n* ESCAPE : fuga *f*, huida *f*, escapada *f*

geyser ['ɡaɪzər] *n* : géiser *m*

Ghanaian [ɡɑniən, 'ɡæ-] *n* : ghanés *m*, -nesa *f* — **Ghanaian** *adj*

ghastly ['ɡæstli] *adj* **-lier; -est 1** HORRIBLE : horrible, espantoso **2** PALE : pálido, cadavérico

gherkin ['ɡərkən] *n* : pepinillo *m*

ghetto ['ɡɛtoː] *n, pl* **-tos** *or* **-toes** : gueto *m*

ghost ['ɡoːst] *n* **1** : fantasma *f*, espectro *m* **2 the Holy Ghost** : el Espíritu Santo

ghostly ['ɡoːstli] *adv* : fantasmal

ghoul ['ɡuːl] *n* **1** : demonio *m* necrófago **2** : persona *f* de gustos macabros

GI [ˌdʒiˈaɪ] *n, pl* **GI's** *or* **GIs** : soldado *m* estadounidense

giant[1] ['dʒaɪənt] *adj* : gigante, gigantesco, enorme

giant[2] *n* : gigante *m*, -ta *f*

gibberish ['dʒɪbərɪʃ] *n* : galimatías *m*, jerigonza *f*

gibbon ['ɡɪbən] *n* : gibón *m*

gibe[1] ['dʒaɪb] *vi* **gibed; gibing** : mofarse, burlarse

gibe[2] *n* : pulla *f*, burla *f*, mofa *f*

giblets ['dʒɪbləts] *npl* : menudos *mpl*, menudencias *fpl*

giddiness ['ɡɪdinəs] *n* **1** DIZZINESS : vértigo *m*, mareo *m* **2** SILLINESS : frivolidad *f*, estupidez *f*

giddy ['gɪdi] *adj* **-dier; -est 1** DIZZY : mareado, vertiginoso **2** FRIVOLOUS, SILLY : frívolo, tonto

gift ['gɪft] *n* **1** TALENT : don *m*, talento *m*, dotes *fpl* **2** PRESENT : regalo *m*, obsequio *m*

gifted ['gɪftəd] *adj* TALENTED : talentoso

gig ['gɪg] *vi* : trabajo *m* (de duración limitada) ⟨to play a gig : tocar en un concierto⟩

gigabyte ['dʒɪgə,baɪt, 'gɪ-] *n* : gigabyte *m*

gigantic [dʒaɪ'gæntɪk] *adj* : gigantesco, enorme, colosal

giggle¹ ['gɪgəl] *vi* **-gled; -gling** : reírse tontamente

giggle² *n* : risita *f*, risa *f* tonta

gild ['gɪld] *vt* **gilded** *or* **gilt** ['gɪlt]; **gilding** : dorar

gill ['gɪl] *n* : agalla *f*, branquia *f*

gilt¹ ['gɪlt] *adj* : dorado

gilt² *n* : dorado *m*

gimlet ['gɪmlət] *n* **1** : barrena *f* (herramienta) **2** : bebida *f* de vodka o ginebra y limón

gimmick ['gɪmɪk] *n* **1** GADGET : artilugio *m* **2** CATCH : engaño *m*, trampa *f* **3** SCHEME, TRICK : ardid *m*, truco *m*

gin ['dʒɪn] *n* **1** : desmotadora *f* (de algodón) **2** : ginebra *f* (bebida alcohólica)

ginger ['dʒɪndʒər] *n* : jengibre *m*

ginger ale *n* : ginger ale *m*, gaseosa *f* de jengibre

gingerbread ['dʒɪndʒər,brɛd] *n* : pan *m* de jengibre

gingerly ['dʒɪndʒərli] *adv* : con cuidado, cautelosamente

gingham ['gɪŋəm] *n* : guinga *f*

ginseng ['dʒɪn,sɪŋ, -,sɛŋ] *n* : ginseng *m*

giraffe [dʒə'ræf] *n* : jirafa *f*

gird ['gərd] *vt* **girded** *or* **girt** ['gərt]; **girding 1** BIND : ceñir, atar **2** ENCIRCLE : rodear **3 to gird oneself** : prepararse

girder ['gərdər] *n* : viga *f*

girdle¹ ['gərdəl] *vt* **-dled; -dling 1** GIRD : ceñir, atar **2** SURROUND : rodear, circundar

girdle² *n* : faja *f*

girl ['gərl] *n* **1** : chica *f*, muchacha *f* **2** *or* **little girl** : niña *f*, chica *f* **3** SWEETHEART : novia *f* **4** DAUGHTER : hija *f*

girlfriend ['gərl,frɛnd] *n* : novia *f*, amiga *f*

girlhood ['gərl,hʊd] *n* : niñez *f*, juventud *f* (de una muchacha)

girlish ['gərlɪʃ] *adj* : de niña

girth ['gərθ] *n* **1** : circunferencia *f* (de un árbol, etc.), cintura *f* (de una persona) **2** CINCH : cincha *f* (para caballos, etc.)

gist ['dʒɪst] *n* : quid *m*, meollo *m*

give¹ ['gɪv] *v* **gave** ['geɪv]; **given** ['gɪvən]; **giving** *vt* **1** HAND, PRESENT : dar, regalar, obsequiar ⟨give it to me : dámelo⟩ ⟨they gave him a gold watch : le regalaron un reloj de oro⟩ **2** PAY : dar, pagar ⟨I'll give you $10 for this one : te daré $10 por éste⟩ **3** UTTER : dar, pronunciar ⟨to give a shout : dar un grito⟩ ⟨to give a speech : pronunciar un

discurso⟩ ⟨to give a verdict : dictar sentencia⟩ **4** PROVIDE : dar ⟨to give one's word : dar uno su palabra⟩ ⟨to give a party : dar una fiesta⟩ **5** CAUSE : dar, causar, ocasionar ⟨to give trouble : causar problemas⟩ ⟨to give someone to understand : darle a entender a alguien⟩ **6** GRANT : dar, otorgar ⟨to give permission : dar permiso⟩ — *vi* **1** : hacer regalos **2** YIELD : ceder, romperse ⟨it gave under the weight of the crowd : cedió bajo el peso de la muchedumbre⟩ **3 to give in** *or* **to give up** SURRENDER : rendirse, entregarse **4 to give out** : agotarse, acabarse ⟨the supplies gave out : las provisiones se agotaron⟩

give² *n* FLEXIBILITY : flexibilidad *f*, elasticidad *f*

giveaway ['gɪvə,weɪ] *n* **1** : revelación *f* involuntaria **2** GIFT : regalo *m*, obsequio *m*

given ['gɪvən] *adj* **1** INCLINED : dado, inclinado ⟨he's given to quarreling : es muy dado a discutir⟩ **2** SPECIFIC : dado, determinado ⟨at a given time : en un momento dado⟩

given name *n* : nombre *m* de pila

give up *vt* : dejar, renunciar a, abandonar ⟨to give up smoking : dejar de fumar⟩

gizzard ['gɪzərd] *n* : molleja *f*

glacial ['gleɪʃəl] *adj* : glacial — **glacially** *adv*

glacier ['gleɪʃər] *n* : glaciar *m*

glad ['glæd] *adj* **gladder; gladdest 1** PLEASED : alegre, contento ⟨she was glad I came : se alegró de que haya venido⟩ ⟨glad to meet you! : ¡mucho gusto!⟩ **2** HAPPY, PLEASING : feliz, agradable ⟨glad tidings : buenas nuevas⟩ **3** WILLING : dispuesto, gustoso ⟨I'll be glad to do it : lo haré con mucho gusto⟩

gladden ['glædən] *vt* : alegrar

glade ['gleɪd] *n* : claro *m*

gladiator ['glædi,eɪtər] *n* : gladiador *m*

gladiolus [,glædi'oːləs] *n*, *pl* **-li** [-li, -,laɪ] : gladiolo *m*, gladíolo *m*

gladly ['glædli] *adv* : con mucho gusto

gladness ['glædnəs] *n* : alegría *f*, gozo *m*

glamor *or* **glamour** ['glæmər] *n* : atractivo *m*, hechizo *m*, encanto *m*

glamorous ['glæmərəs] *adj* : atractivo, encantador

glance¹ ['glænts] *vi* **glanced; glancing 1** RICOCHET : rebotar ⟨it glanced off the wall : rebotó en la pared⟩ **2 to glance at** : mirar, echar un vistazo a **3 to glance away** : apartar los ojos

glance² *n* : mirada *f*, vistazo *m*, ojeada *f*

gland ['glænd] *n* : glándula *f*

glandular ['glændʒʊlər] *adj* : glandular

glare¹ ['glær] *vi* **glared; glaring 1** SHINE : brillar, relumbrar **2** STARE : mirar con ira, lanzar una mirada feroz

glare² *n* **1** BRIGHTNESS : resplandor *m*, luz *f* deslumbrante **2** : mirada *f* feroz

glaring [ˈglærɪŋ] *adj* **1** BRIGHT : deslumbrante, brillante **2** FLAGRANT, OBVIOUS : flagrante, manifiesto ⟨a glaring error : un error que salta a la vista⟩

glass [ˈglæs] *n* **1** : vidrio *m*, cristal *m* ⟨stained glass : vidrio de color⟩ **2** : vaso *m* ⟨a glass of milk : un vaso de leche⟩ **3 glasses** *npl* SPECTACLES : gafas *fpl*, anteojos *mpl*, lentes *mpl*, espejuelos *mpl*

glassblowing [ˈglæsˌbloːɪŋ] *n* : soplado *m* del vidrio

glassful [ˈglæsˌfʊl] *n* : vaso *m*, copa *f*

glassware [ˈglæsˌwær] *n* : cristalería *f*

glassy [ˈglæsi] *adj* **glassier; -est 1** VITREOUS : vítreo **2** : vidrioso ⟨glassy eyes : ojos vidriosos⟩

glaucoma [glɑʊˈkoːmə, glɔ-] *n* : glaucoma *m*

glaze¹ [ˈgleɪz] *vt* **glazed; glazing 1** : ponerle vidrios a (una ventana, etc.) **2** : vidriar (cerámica) **3** : glasear (papel, verduras, etc.)

glaze² *n* : vidriado *m*, glaseado *m*, barniz *m*

glazier [ˈgleɪʒər] *n* : vidriero *m*, -ra *f*

gleam¹ [ˈgliːm] *vi* : brillar, destellar, relucir

gleam² *n* **1** LIGHT : luz *f* (oscura) **2** GLINT : destello *m* **3** GLIMMER : rayo *m*, vislumbre *f* ⟨a gleam of hope : un rayo de esperanza⟩

glean [ˈgliːn] *vt* : recoger, espigar

glee [ˈgliː] *n* : alegría *f*, júbilo *m*, regocijo *m*

gleeful [ˈgliːfəl] *adj* : lleno de alegría

glen [ˈglɛn] *n* : cañada *f*

glib [ˈglɪb] *adj* **glibber; glibbest 1** : simplista ⟨a glib reply : una respuesta simplista⟩ **2** : con mucha labia (dícese de una persona)

glibly [ˈglɪbli] *adv* : con mucha labia

glide¹ [ˈglaɪd] *vi* **glided; gliding 1** : deslizarse (en una superficie), planear (en el aire)

glide² *n* : planeo *m*

glider [ˈglaɪdər] *n* **1** : planeador *m* (aeronave) **2** : mecedor *m* (tipo de columpio)

glimmer¹ [ˈglɪmər] *vi* : brillar con luz trémula

glimmer² *n* **1** : luz *f* trémula, luz *f* tenue **2** GLEAM : rayo *m*, vislumbre *f* ⟨a glimmer of understanding : un rayo de entendimiento⟩

glimpse¹ [ˈglɪmps] *vt* **glimpsed; glimpsing** : vislumbrar, entrever

glimpse² *n* : mirada *f* breve ⟨to catch a glimpse of : alcanzar a ver, vislumbrar⟩

glint¹ [ˈglɪnt] *vi* GLEAM, SPARKLE : destellar, fulgurar

glint² *n* **1** SPARKLE : destello *m*, centelleo *m* **2 to have a glint in one's eye** : chispearle los ojos a uno

glisten¹ [ˈglɪsən] *vi* : brillar, centellear

glisten² *n* : brillo *m*, centelleo *m*

glitch [ˈglɪtʃ] *n* **1** MALFUNCTION : mal funcionamiento *m* **2** SNAG : problema *m*, complicación *f*

glitter [ˈglɪtər] *vi* **1** SPARKLE : destellar, relucir, brillar **2** FLASH : relampaguear ⟨his eyes glittered in anger : le relampagueaban los ojos de ira⟩

glitter² *n* **1** BRIGHTNESS : brillo *m* **2** : purpurina *f* (para decoración)

glitz [ˈglɪts] *n* : oropel *m*

gloat [ˈgloːt] *vi* **to gloat over** : regodearse en

glob [ˈglɑb] *n* : plasta *f*, masa *f*, grumo *m*

global [ˈgloːbəl] *adj* **1** SPHERICAL : esférico **2** WORLDWIDE : global, mundial — **globally** *adv*

globe [ˈgloːb] *n* **1** SPHERE : esfera *f*, globo *m* **2** EARTH : globo *m*, Tierra *f* **3** : globo *m* terráqueo (modelo de la Tierra)

globe–trotter [ˈgloːbˌtrɑtər] *n* : trotamundos *mf*

globular [ˈglɑbjulər] *adj* : globular

globule [ˈglɑˌbjuːl] *n* : glóbulo *m*

gloom [ˈgluːm] *n* **1** DARKNESS : penumbra *f*, oscuridad *f* **2** MELANCHOLY : melancolía *f*, tristeza *f*

gloomily [ˈgluːməli] *adv* : tristemente

gloomy [ˈgluːmi] *adj* **gloomier; -est 1** DARK : oscuro, tenebroso ⟨gloomy weather : tiempo gris⟩ **2** MELANCHOLY : melancólico **3** PESSIMISTIC : pesimista **4** DEPRESSING : deprimente, lúgubre

glorification [ˌglorəfəˈkeɪʃən] *n* : glorificación *f*

glorify [ˈglorəˌfaɪ] *vt* **-fied; -fying** : glorificar

glorious [ˈgloriəs] *adj* **1** ILLUSTRIOUS : glorioso, ilustre **2** MAGNIFICENT : magnífico, espléndido, maravilloso — **gloriously** *adv*

glory¹ [ˈglori] *vi* **-ried; -rying** EXULT : exultar, regocijarse

glory² *n*, *pl* **-ries 1** RENOWN : gloria *f*, fama *f*, honor *m* **2** PRAISE : gloria *f* ⟨glory to God : gloria a Dios⟩ **3** MAGNIFICENCE : magnificencia *f*, esplendor *m*, gloria *f* **4 to be in one's glory** : estar uno en su gloria

gloss¹ [ˈglɑs, ˈglɔs] *vt* **1** EXPLAIN : glosar, explicar **2** POLISH : lustrar, pulir **3 to gloss over** : quitarle importancia a, minimizar

gloss² *n* **1** SHINE : lustre *m*, brillo *m* **2** EXPLANATION : glosa *f*, explicación *f* breve **3** → **glossary**

glossary [ˈglɑsəri, ˈglɔ-] *n*, *pl* **-ries** : glosario *m*

glossy [ˈglɑsi, ˈglɔ-] *adj* **glossier; -est** : brillante, lustroso, satinado (dícese del papel)

glove [ˈglʌv] *n* : guante *m*

glow¹ [ˈgloː] *vi* **1** SHINE : brillar, resplandecer **2** BRIM : rebosar ⟨to glow with health : rebosar de salud⟩

glow² n 1 BRIGHTNESS : resplandor m, brillo m, luminosidad f 2 FEELING : sensación f (de bienestar), oleada f (de sentimiento) 3 INCANDESCENCE : incandescencia f

glower ['glauər] vi : fruncir el ceño

glowworm ['glo:ˌwərm] n : luciérnaga f

glucose ['glu:ˌko:s] n : glucosa f

glue¹ ['glu:] vt glued; gluing or glueing : pegar, encolar

glue² n : pegamento m, cola f

gluey ['glu:i] adj gluier; -est : pegajoso

glum ['glʌm] adj glummer; glummest 1 SULLEN : hosco, sombrío 2 DREARY, GLOOMY : sombrío, triste, melancólico

glut¹ ['glʌt] vt glutted; glutting 1 SATIATE : saciar, hartar 2 : inundar (el mercado)

glut² n : exceso m, superabundancia f

glutinous ['glu:tənəs] adj STICKY : pegajoso, glutinoso

glutton ['glʌtən] n : glotón m, -tona f

gluttonous ['glʌtənəs] adj : glotón

gluttony ['glʌtəni] n, pl -tonies : glotonería f, gula f

gnarled ['nɑrld] adj 1 KNOTTY : nudoso 2 TWISTED : retorcido

gnash ['næʃ] vt : hacer rechinar (los dientes)

gnat ['næt] n : jején m

gnaw ['nɔ] vt : roer

gnome ['no:m] n : gnomo m

gnu ['nu:, 'nju:] n, pl gnu or gnus : ñu m

go¹ ['go:] vi went ['wɛnt]; gone ['gɔn, 'gɑn]; going; goes ['go:z] vi 1 PROCEED : ir ⟨to go slow : ir despacio⟩ ⟨to go shopping : ir de compras⟩ ⟨to go : irse, marcharse, salir ⟨let's go! : ¡vámonos!⟩ ⟨the train went on time : el tren salió a tiempo⟩ 3 DISAPPEAR : desaparecer, pasarse, irse ⟨her fear is gone : se le ha pasado el miedo⟩ ⟨my pen is gone! : ¡mi pluma desapareció!⟩ 4 EXTEND : ir, extenderse, llegar ⟨this road goes to the river : este camino se extiende hasta el río⟩ ⟨to go from top to bottom : ir de arriba abajo⟩ 5 FUNCTION : funcionar, marchar ⟨the car won't go : el coche no funciona⟩ ⟨to get something going : poner algo en marcha⟩ 6 SELL : venderse ⟨it goes for $15 : se vende por $15⟩ 7 PROGRESS : ir, andar, seguir ⟨my exam went well : me fue bien en el examen⟩ ⟨how did the meeting go? : ¿qué tal la reunión?⟩ 8 BECOME : volverse, ponerse ⟨he's going crazy : está volviéndose loco⟩ ⟨the tire went flat : la llanta se desinfló⟩ 9 FIT : caber ⟨it will go through the door : cabe por la puerta⟩ 10 anything goes! : ¡todo vale! 11 to go : faltar ⟨only 10 days to go : faltan sólo 10 días⟩ 12 to go back on : faltar uno a (su promesa) 13 to go bad SPOIL : estropearse, echarse a perder 14 to go for : interesarse uno en, gustarle a uno (algo, alguien) ⟨I don't go for that : eso no me interesa⟩ 15 to go off EXPLODE : estallar 16 to go with MATCH : armonizar con, hacer juego con — v aux to be going to : ir a ⟨I'm going to write a letter : voy a escribir una carta⟩ ⟨it's not going to last : no va a durar⟩

go² n, pl goes 1 ATTEMPT : intento m ⟨to have a go at : intentar, probar⟩ 2 SUCCESS : éxito m 3 ENERGY : energía f, empuje m ⟨to be on the go : no parar, no descansar⟩

goad¹ ['go:d] vt : aguijonear (un animal), incitar (a una persona)

goad² n : aguijón m

goal ['go:l] n 1 : gol m (en deportes) ⟨to score a goal : anotar un gol⟩ 2 or goalposts : portería f 3 AIM, OBJECTIVE : meta f, objetivo m

goalie ['go:li] → goalkeeper

goalkeeper ['go:lˌki:pər] n : portero m, -ra f; guardameta mf; arquero m, -ra f

goaltender ['go:lˌtɛndər] → goalkeeper

goat ['go:t] n 1 : cabra f (hembra) 2 billy goat : macho m cabrío, chivo m

goatee [go:'ti:] n : barbita f de chivo, piocha f Mex

goatskin ['go:tˌskɪn] n : piel f de cabra

gob ['gɑb] n : masa f, grumo m

gobble ['gɑbəl] v -bled; -bling vt to gobble up : tragar, engullir — vi : hacer ruidos de pavo

gobbledygook ['gɑbəldiˌguk, -ˌgu:k] n GIBBERISH : jerigonza f

go-between ['go:biˌtwi:n] n : intermediario m, -ria f; mediador m, -dora f

goblet ['gɑblət] n : copa f

goblin ['gɑblən] n : duende m, trasgo m

god ['gɑd, 'gɔd] n 1 : dios m 2 God : Dios m

godchild ['gɑdˌtʃaɪld, 'gɔd-] n, pl -children : ahijado m, -da f

goddess ['gɑdəs, 'gɔ-] n : diosa f

godfather ['gɑdˌfɑðər, 'gɔd-] n : padrino m

godless ['gɑdləs, 'gɔd-] adj : ateo

godlike ['gɑdˌlaɪk, 'gɔd-] adj : divino

godly ['gɑdli, 'gɔd-] adj -lier; -est 1 DIVINE : divino 2 DEVOUT, PIOUS : piadoso, devoto, beato

godmother ['gɑdˌmʌðər, 'gɔd-] n : madrina f

godparents ['gɑdˌpærənts, 'gɔd-] npl : padrinos mpl

godsend ['gɑdˌsɛnd, 'gɔd-] n : bendición f, regalo m divino

goes → go

go-getter ['go:ˌgɛtər] n : persona f ambiciosa, buscavidas mf fam

goggle ['gɑgəl] vi -gled; -gling : mirar con ojos desorbitados

goggles ['gɑgəlz] npl : gafas fpl (protectoras), anteojos mpl

goings-on [ˌgo:ɪŋz'ɑn, -'ɔn] npl : sucesos mpl, ocurrencias fpl

goiter ['gɔɪtər] n : bocio m

gold ['go:ld] n : oro m

golden ['go:ldən] adj 1 : (hecho) de oro 2 : dorado, de color oro ⟨golden hair

: pelo rubio⟩ **3** FLOURISHING, PROS-
PEROUS : dorado, próspero ⟨golden
years : años dorados⟩ **4** FAVORABLE
: favorable, excelente ⟨a golden opportunity : una excelente oportu-
nidad⟩

goldenrod ['go:ldən₁rɑd] *n* : vara *f* de
oro

golden rule *n* : regla *f* de oro

goldfinch ['go:ld₁fɪntʃ] *n* : jilguero *m*

goldfish ['go:ld₁fɪʃ] *n* : pez *m* de colores

goldsmith ['go:ld₁smɪθ] *n* : orífice *mf*,
orfebre *mf*

golf[1] ['galf, 'gɔlf] *vi* : jugar (al) golf

golf[2] *n* : golf *m*

golfer ['galfər, 'gɔl-] *n* : golfista *mf*

gondola ['gɑndələ, gɑn'do:lə] *n* : góndola *f*

gone ['gɔn] *adj* **1** DEAD : muerto **2** PAST
: pasado, ido **3** LOST : perdido, desaparecido **4 to be far gone** : estar muy
avanzado **5 to be gone on** : estar loco
por

goner ['gɔnər] *n* **to be a goner** : estar en
las últimas

gong ['gɑŋ, 'gɔŋ] *n* : gong *m*

gonorrhea [₁gɑnə'ri:ə] *n* : gonorrea *f*

good[1] ['gʊd] *adv* **1** (*used as an intensifier*) : bien ⟨a good strong rope : una
cuerda bien fuerte⟩ **2** WELL : bien

good[2] *adj* **better** ['bɛtər]; **best** ['bɛst] **1**
PLEASANT : bueno, agradable ⟨good
news : buenas noticias⟩ ⟨to have a good
time : divertirse⟩ **2** BENEFICIAL
: bueno, beneficioso ⟨good for a cold
: beneficioso para los resfriados⟩ ⟨it's
good for you : es bueno para uno⟩ **3**
FULL : completo, entero ⟨a good hour
: una hora entera⟩ **4** CONSIDERABLE
: bueno, bastante ⟨a good many people : muchísima gente, un buen
número de gente⟩ **5** ATTRACTIVE, DE-
SIRABLE : bueno, bien ⟨a good salary
: un buen sueldo⟩ ⟨to look good
: quedar bien⟩ **6** KIND, VIRTUOUS
: bueno, amable ⟨she's a good person
: es buena gente⟩ ⟨that's good of you!
: ¡qué amable!⟩ ⟨good deeds : buenas
obras⟩ **7** SKILLED : bueno, hábil ⟨to
be good at : tener facilidad para⟩ **8**
SOUND : bueno, sensato ⟨good advice
: buenos consejos⟩ **9** (*in greetings*)
: bueno ⟨good morning : buenos días⟩
⟨good afternoon (evening) : buenas
tardes⟩ ⟨good night : buenas noches⟩

good[3] *n* **1** RIGHT : bien *m* ⟨to do good
: hacer el bien⟩ **2** GOODNESS : bondad
f **3** BENEFIT : bien *m*, provecho *m* ⟨it's
for your own good : es por tu propio
bien⟩ **4 goods** *npl* PROPERTY : efectos
mpl personales, posesiones *fpl* **5 goods**
npl WARES : mercancía *f*, mercadería *f*,
artículos *mpl* **6 for ~** : para siempre

good–bye *or* **good–by** [gʊd'baɪ] *n*
: adiós *m*

good–for–nothing ['gʊdfər₁nʌθɪŋ] *n*
: inútil *mf*; haragán *m*, -gana *f*; holgazán
m, -zana *f*

Good Friday *n* : Viernes *m* Santo

good–hearted ['gʊd'hɑrtəd] *adj* : bondadoso, benévolo, de buen corazón

good–looking ['gʊd'lʊkɪŋ] *adj* : bello,
bonito, guapo

goodly ['gʊdli] *adj* **-lier; -est** : considerable, importante ⟨a goodly number
: un número considerable⟩

good–natured ['gʊd'neɪtʃərd] *adj* : amigable, amistoso, bonachón *fam*

goodness ['gʊdnəs] *n* **1** : bondad *f* **2
thank goodness!** : ¡gracias a Dios!,
¡menos mal!

good–tempered ['gʊd'tɛmpərd] *adj* : de
buen genio

goodwill [₁gʊd'wɪl] *n* **1** BENEVOLENCE
: benevolencia *f*, buena voluntad *f* **2**
: buen nombre *m* (de comercios),
renombre *m* comercial

goody ['gʊdi] *n*, *pl* **goodies** : cosa *f* rica
para comer, golosina *f*

gooey ['gu:i] *adj* **gooier; gooiest** : pegajoso

goof[1] ['gu:f] *vi* **1 to goof off** : holgazanear **2 to goof around** : hacer tonterías **3 to goof up** BLUNDER : cometer un error

goof[2] *n* **1** : bobo *m*, -ba *f*; tonto *m*, -ta *f*
2 BLUNDER : error *m*, planchazo *m fam*

goofy ['gu:fi] *adj* **goofier; -est** SILLY
: tonto, bobo

goose ['gu:s] *n*, *pl* **geese** ['gi:s] : ganso
m, -sa *f*; ánsar *m*; oca *f*

gooseberry ['gu:s₁bɛri, 'gu:z-] *n*, *pl*
-berries : grosella *f* espinosa

goose bumps *npl* : carne *f* de gallina

gooseflesh ['gu:s₁flɛʃ] → **goose bumps**

goose pimples → **goose bumps**

gopher ['go:fər] *n* : taltuza *f*

gore[1] ['gor] *vt* **gored; goring** : cornear

gore[2] *n* BLOOD : sangre *f*

gorge[1] ['gɔrdʒ] *vt* **gorged; gorging** **1** SA-
TIATE : saciar, hartar **2 to gorge one-
self** : hartarse, atiborrarse, atracarse
fam

gorge[2] *n* RAVINE : desfiladero *m*

gorgeous ['gɔrdʒəs] *adj* : hermoso, espléndido, magnífico

gorilla [gə'rɪlə] *n* : gorila *m*

gory ['gori] *adj* **gorier; -est** BLOODY
: sangriento

gosling ['gazlɪŋ, 'gɔz-] *n* : ansarino *m*

gospel ['gaspəl] *n* **1** *or* **Gospel** : evangelio *m* ⟨the four Gospels : los cuatro
evangelios⟩ **2 the gospel truth** : el
evangelio, la pura verdad

gossamer ['gasəmər, 'gazə-] *adj* : tenue,
sutil ⟨gossamer wings : alas tenues⟩

gossip[1] ['gasɪp] *vi* : chismear, contar
chismes

gossip[2] *n* **1** : chismoso *m*, -sa *f* (persona) **2** RUMOR : chisme *m*, rumor *m*

gossipy ['gasɪpi] *adj* : chismoso

got → **get**

Gothic ['gaθɪk] *adj* : gótico

gotten → **get**

gouge[1] ['gaʊdʒ] *vt* **gouged; gouging** **1**
: excavar, escoplear (con una gubia) **2**
SWINDLE : estafar, extorsionar

gouge[2] n **1** CHISEL : gubia f, formón m **2** GROOVE : ranura f, hoyo m (hecho por un formón)

goulash ['gu:,laʃ, -,læʃ] n : estofado m, guiso m al estilo húngaro

gourd ['gord, 'gʊrd] n : calabaza f

gourmand ['gʊr,mɑnd] n **1** GLUTTON : glotón m, -tona f **2** → gourmet

gourmet ['gʊr,mei, gʊr'mei] n : gourmet mf; gastrónomo m, -ma f

gout ['gaʊt] n : gota f

govern ['gʌvərn] vt **1** RULE : gobernar **2** CONTROL, DETERMINE : determinar, controlar, guiar **3** RESTRAIN : dominar (las emociones, etc.) — vi : gobernar

governess ['gʌvərnəs] n : institutriz f

government ['gʌvərmənt] n : gobierno m

governmental [,gʌvər'mentəl] adj : gubernamental, gubernativo

governor ['gʌvənər, 'gʌvərnər] n **1** : gobernador m, -dora f (de un estado, etc.) **2** : regulador m (de una máquina)

governorship ['gʌvənər,ʃɪp, 'gʌvərnər-] n : cargo m de gobernador

gown ['gaʊn] n **1** : vestido m ⟨evening gown : traje de fiesta⟩ **2** : toga f (de magistrados, clérigos, etc.)

grab[1] ['græb] v **grabbed; grabbing** vt SNATCH : agarrar, arrebatar — vi : agarrarse

grab[2] n **1** to make a grab for : tratar de agarrar **2** up for grabs : disponible, libre

grace[1] ['greɪs] vt **graced; gracing 1** HONOR : honrar **2** ADORN : adornar, embellecer

grace[2] n **1** : gracia f ⟨by the grace of God : por la gracia de Dios⟩ **2** BLESSING : bendición f (de la mesa) **3** RESPITE : plazo m, gracia f ⟨a five days' grace (period) : un plazo de cinco días⟩ **4** GRACIOUSNESS : gentileza f, cortesía f **5** ELEGANCE : elegancia f, gracia f **6** to be in the good graces of : estar en buenas relaciones con **7** with good grace : de buena gana

graceful ['greɪsfəl] adj : lleno de gracia, garboso, grácil

gracefully ['greɪsfəli] adv : con gracia, con garbo

gracefulness ['greɪsfəlnəs] n : gracilidad f, apostura f, gallardía f

graceless ['greɪsləs] adj **1** DISCOURTEOUS : descortés **2** CLUMSY, INELEGANT : torpe, desgarbado, poco elegante

gracious ['greɪʃəs] adj : cortés, gentil, cordial

graciously ['greɪʃəsli] adv : gentilmente

graciousness ['greɪʃəsnəs] n : gentileza f

gradation [greɪ'deɪʃən, grə-] : gradación f

grade[1] ['greɪd] vt **graded; grading 1** SORT : clasificar **2** LEVEL : nivelar **3** : calificar (exámenes, alumnos)

grade[2] n **1** QUALITY : categoría f, calidad f **2** RANK : grado m, rango m (militar) **3** YEAR : grado m, curso m, año m ⟨sixth grade : el sexto grado⟩ **4** MARK : nota f, calificación f (en educación) **5** SLOPE : cuesta f, pendiente f, gradiente f

grade school → elementary school

gradient ['greɪdiənt] n : gradiente f

gradual ['grædʒuəl] adj : gradual, paulatino

gradually ['grædʒuəli, 'grædʒəli] adv : gradualmente, poco a poco

graduate[1] ['grædʒu,eɪt] v **-ated; -ating** vi : graduarse, licenciarse — vt : graduar ⟨a graduated thermometer : un termómetro graduado⟩

graduate[2] ['grædʒuət] adj : de postgrado ⟨graduate course : curso de postgrado⟩

graduate[3] ['grædʒuət] n **1** : licenciado m, -da f; graduado m, -da f (de la universidad) **2** : bachiller mf (de la escuela secundaria)

graduate student n : postgraduado m, -da f

graduation [,grædʒu'eɪʃən] n : graduación f

graffiti [grə'fi:ti, græ-] npl : pintadas fpl, graffiti mpl

graft[1] ['græft] vt : injertar

graft[2] n **1** : injerto m ⟨skin graft : injerto cutáneo⟩ **2** CORRUPTION : soborno m (político), ganancia f ilegal

grain ['greɪn] n **1** : grano m ⟨a grain of corn : un grano de maíz⟩ ⟨like a grain of sand : como grano de arena⟩ **2** CEREALS : cereales mpl **3** : veta f, vena f, grano m (de madera) **4** SPECK, TRACE : pizca f, ápice m ⟨a grain of truth : una pizca de verdad⟩ **5** : grano m (unidad de peso)

gram ['græm] n : gramo m

grammar ['græmər] n : gramática f

grammar school → elementary school

grammatical [grə'mætɪkəl] adj : gramatical — **grammatically** [-kli] adv

granary ['greɪnəri, 'græ-] n, pl **-ries** : granero m

grand ['grænd] adj **1** FOREMOST : grande **2** IMPRESSIVE : impresionante, magnífico ⟨a grand view : una vista magnífica⟩ **3** LAVISH : grandioso, suntuoso, lujoso ⟨to live in a grand manner : vivir a lo grande⟩ **4** FABULOUS : fabuloso, magnífico ⟨to have a grand time : pasarlo estupendamente, pasarlo en grande⟩ **5** grand total : total m, suma f total

grandchild ['grænd,tʃaɪld] n, pl **-children** : nieto m, -ta f

granddaughter ['grænd,dɔtər] n : nieta f

grandeur ['grændʒər] n : grandiosidad f, esplendor m

grandfather ['grænd,fɑðər] n : abuelo m

grandiose ['grændi,o:s, ,grændi'-] adj **1** IMPOSING : imponente, grandioso **2** POMPOUS : pomposo, presuntuoso

grandma ['græn,mɑ, -,mɔ] n : abuelita f, nana f

grandmother ['grænd,mʌðər] *n* : abuela *f*

grandpa ['græm,pɑ, -,pɔ] *n* : abuelito *m*

grandparents ['grænd,pærənts] *npl* : abuelos *mpl*

grandson ['grænd,sʌn] *n* : nieto *m*

grandstand ['grænd,stænd] *n* : tribuna *f*

granite ['grænɪt] *n* : granito *m*

grant¹ ['grænt] *vt* **1** ALLOW : conceder ⟨to grant a request : conceder una petición⟩ **2** BESTOW : conceder, dar, otorgar ⟨to grant a favor : otorgar un favor⟩ **3** ADMIT : reconocer, admitir ⟨I'll grant that he's clever : reconozco que es listo⟩ **4 to take for granted** : dar (algo) por sentado

grant² *n* **1** GRANTING : concesión *f*, otorgamiento *m* **2** SCHOLARSHIP : beca *f* **3** SUBSIDY : subvención *f*

granular ['grænjələr] *adj* : granular

granulated ['grænjʊ,leɪt̬əd] *adj* : granulado

grape ['greɪp] *n* : uva *f*

grapefruit ['greɪp,fru:t] *n* : toronja *f*, pomelo *m*

grapevine ['greɪp,vaɪn] *n* **1** : vid *f*, parra *f* **2 through the grapevine** : por vías secretas ⟨I heard it through the grapevine : me lo contaron⟩

graph ['græf] *n* : gráfica *f*, gráfico *m*

graphic ['græfɪk] *adj* **1** VIVID : vívido, gráfico **2 graphic arts** : artes gráficas

graphically ['græfɪkli] *adv* : gráficamente

graphite ['græ,faɪt] *n* : grafito *m*

grapnel ['græpnəl] *n* : rezón *m*

grapple ['græpəl] *v* **-pled; -pling** *vt* GRIP : agarrar (con un garfio) — *vi* STRUGGLE : forcejear, luchar (con un problema, etc.)

grasp¹ ['græsp] *vt* **1** GRIP, SEIZE : agarrar, asir **2** COMPREHEND : entender, comprender — *vi* **to grasp at** : aprovechar

grasp² *n* **1** GRIP : agarre *m* **2** CONTROL : control *m*, garras *fpl* **3** REACH : alcance *m* ⟨within your grasp : a su alcance⟩ **4** UNDERSTANDING : comprensión *f*, entendimiento *m*

grass ['græs] *n* **1** : hierba *f* (planta) **2** PASTURE : pasto *m*, zacate *m* CA, Mex **3** LAWN : césped *m*, pasto *m*

grasshopper ['græs,hɑpər] *n* : saltamontes *m*

grassland ['græs,lænd] *n* : pradera *f*

grassy ['græsi] *adj* **grassier; -est** : cubierto de hierba

grate¹ ['greɪt] *v* **grated; -ing** *vt* **1** : rallar (en cocina) **2** SCRAPE : rascar **3 to grate one's teeth** : hacer rechinar los dientes — *vi* **1** RASP, SQUEAK : chirriar **2** IRRITATE : irritar ⟨to grate on one's nerves : crisparle los nervios a uno⟩

grate² *n* **1** : parrilla *f* (para cocinar) **2** GRATING : reja *f*, rejilla *f*, verja *f* (en una ventana)

grateful ['greɪtfəl] *adj* : agradecido

gratefully ['greɪtfəli] *adv* : con agradecimiento

gratefulness ['greɪtfəlnəs] *n* : gratitud *f*, agradecimiento *m*

grater ['greɪt̬ər] *n* : rallador *m*

gratification [,grætəfə'keɪʃən] *n* : gratificación *f*

gratify ['grætə,faɪ] *vt* **-fied; -fying 1** PLEASE : complacer **2** SATISFY : satisfacer, gratificar

grating ['greɪt̬ɪŋ] *n* : reja *f*, rejilla *f*

gratis¹ ['grætəs, 'greɪ-] *adv* : gratis, gratuitamente

gratis² *adj* : gratis, gratuito

gratitude ['grætə,tu:d, -,tju:d] *n* : gratitud *f*, agradecimiento *m*

gratuitous [grə'tu:ətəs] *adj* : gratuito

gratuity [grə'tu:ət̬i] *n, pl* **-ities** TIP : propina *f*

grave¹ ['greɪv] *adj* **graver; -est 1** IMPORTANT : grave, de mucha gravedad **2** SERIOUS, SOLEMN : grave, serio

grave² *n* : tumba *f*, sepultura *f*

gravel ['grævəl] *n* : grava *f*, gravilla *f*

gravelly ['grævəli] *adj* **1** : de grava **2** HARSH : áspero (dícese de la voz)

gravely ['greɪvli] *adv* : gravemente

gravestone ['greɪv,sto:n] *n* : lápida *f*

graveyard ['greɪv,jɑrd] *n* CEMETERY : cementerio *m*, panteón *m*, camposanto *m*

gravitate ['grævə,teɪt] *vi* **-tated; -tating** : gravitar

gravitation [,grævə'teɪʃən] *n* : gravitación *f*

gravitational [,grævə'teɪʃənəl] *adj* : gravitacional

gravity ['grævət̬i] *n, pl* **-ties 1** SERIOUSNESS : gravedad *f*, seriedad *f* **2** : gravedad *f* ⟨the law of gravity : la ley de la gravedad⟩

gravy ['greɪvi] *n, pl* **-vies** : salsa *f* (preparada con el jugo de la carne asada)

gray¹ ['greɪ] *vt* : hacer gris — *vi* : encanecer, ponerse gris

gray² *adj* **1** : gris (dícese del color) **2** : cano, canoso ⟨gray hair : pelo canoso⟩ ⟨to go gray : volverse cano⟩ **3** DISMAL, GLOOMY : gris, triste

gray³ *n* : gris *m*

grayish ['greɪɪʃ] *adj* : grisáceo

graze ['greɪz] *v* **grazed; grazing** *vi* : pastar, pacer — *vt* **1** : pastorear (ganado) **2** BRUSH : rozar **3** SCRATCH : raspar

grease¹ ['gri:s, 'gri:z] *vt* **greased; greasing** : engrasar, lubricar

grease² ['gri:s] *n* : grasa *f*

greasy ['gri:si, -zi] *adj* **greasier; -est 1** : grasiento **2** OILY : graso, grasoso

great ['greɪt] *adj* **1** LARGE : grande ⟨a great mountain : una montaña grande⟩ ⟨a great crowd : una gran muchedumbre⟩ **2** INTENSE : intenso, fuerte, grande ⟨great pain : gran dolor⟩ **3** EMINENT : grande, eminente, distinguido ⟨a great poet : un gran poeta⟩ **4** EXCELLENT, TERRIFIC : excelente, estupendo, fabuloso ⟨to have a great time : pasarlo en grande⟩ **5 a great while** : mucho tiempo

great–aunt [ˌgreɪtˈænt, -ˈant] *n* : tía *f* abuela

greater [ˈgreɪtər] (*comparative of* **great**) : mayor

greatest [ˈgreɪtəst] (*superlative of* **great**) : el mayor, la mayor

great–grandchild [ˌgreɪtˈgrænd-ˌtʃaɪld] *n, pl* **-children** [-ˌtʃɪldrən] : bisnieto *m*, -ta *f*

great–grandfather [ˌgreɪtˈgrænd-ˌfɑðər] *n* : bisabuelo *m*

great–grandmother [ˌgreɪtˈgrænd-ˌmʌðər] *n* : bisabuela *f*

greatly [ˈgreɪtli] *adv* **1** MUCH : mucho, sumamente ⟨to be greatly improved : haber mejorado mucho⟩ **2** VERY : muy ⟨greatly superior : muy superior⟩

greatness [ˈgreɪtnəs] *n* : grandeza *f*

great–uncle [ˌgreɪtˈʌŋkəl] *n* : tío *m* abuelo

grebe [ˈgriːb] *n* : somorgujo *m*

greed [ˈgriːd] *n* **1** AVARICE : avaricia *f*, codicia *f* **2** GLUTTONY : glotonería *f*, gula *f*

greedily [ˈgriːdəli] *adv* : con avaricia, con gula

greediness [ˈgriːdinəs] → **greed**

greedy [ˈgriːdi] *adj* **greedier; -est 1** AVARICIOUS : codicioso, avaricioso **2** GLUTTONOUS : glotón

Greek [ˈgriːk] *n* **1** : griego *m*, -ga *f* **2** : griego *m* (idioma) — **Greek** *adj*

green¹ [ˈgriːn] *adj* **1** : verde (dícese del color) **2** UNRIPE : verde, inmaduro **3** INEXPERIENCED : verde, novato

green² *n* **1** : verde *m* **2 greens** *npl* VEGETABLES : verduras *fpl*

greenery [ˈgriːnəri] *n, pl* **-eries** : plantas *fpl* verdes, vegetación *f*

greenhorn [ˈgriːnˌhɔrn] *n* : novato *m*, -ta *f*

greenhouse [ˈgriːnˌhaʊs] *n* : invernadero *m*

greenhouse effect : efecto *m* invernadero

greenish [ˈgriːnɪʃ] *adj* : verdoso

Greenlander [ˈgriːnləndər, -ˌlæn-] *n* : groenlandés *m*, -desa *f*

greenness [ˈgriːnnəs] *n* **1** : verdor *m* **2** INEXPERIENCE : inexperiencia *f*

green thumb *n* **to have a green thumb** : tener buena mano para las plantas

greet [ˈgriːt] *vt* **1** : saludar ⟨to greet a friend : saludar a un amigo⟩ **2** : acoger, recibir ⟨they greeted him with boos : lo recibieron con abucheos⟩

greeting [ˈgriːtɪŋ] *n* **1** : saludo *m* **2 greetings** *npl* REGARDS : saludos *mpl*, recuerdos *mpl*

gregarious [grɪˈgæriəs] *adj* : gregario (dícese de los animales), sociable (dícese de las personas) — **gregariously** *adv*

gregariousness [grɪˈgæriəsnəs] *n* : sociabilidad *f*

gremlin [ˈgremlən] *n* : duende *m*

grenade [grəˈneɪd] *n* : granada *f*

Grenadian [grəˈneɪdiən] *n* : granadino *m*, -na *f* — **Grenadian** *adj*

grew → **grow**

grey → **gray**

greyhound [ˈgreɪˌhaʊnd] *n* : galgo *m*

grid [ˈgrɪd] *n* **1** GRATING : rejilla *f* **2** NETWORK : red *f* (de electricidad, etc.) **3** : cuadriculado *m* (de un mapa)

griddle [ˈgrɪdəl] *n* : plancha *f*

griddle cake → **pancake**

gridiron [ˈgrɪdˌaɪərn] *n* **1** GRILL : parrilla *f* **2** : campo *m* de futbol americano

gridlock [ˈgrɪdˌlɑk] *n* : atasco *m* completo (de una red de calles)

grief [ˈgriːf] *n* **1** SORROW : dolor *m*, pena *f* **2** ANNOYANCE, TROUBLE : problemas *mpl*, molestia *f*

grievance [ˈgriːvəns] *n* COMPLAINT : queja *f*

grieve [ˈgriːv] *v* **grieved; grieving** *vt* DISTRESS : afligir, entristecer, apenar — *vi* **1** : sufrir, afligirse **2 to grieve for** *or* **to grieve over** : llorar, lamentar

grievous [ˈgriːvəs] *adj* **1** OPPRESSIVE : gravoso, opresivo, severo **2** GRAVE, SERIOUS : grave, severo, doloroso

grievously [ˈgriːvəsli] *adv* : gravemente, de gravedad

grill¹ [ˈgrɪl] *vt* **1** : asar (a la parrilla) **2** INTERROGATE : interrogar

grill² *n* **1** : parrilla *f* (para cocinar) **2** : parrillada *f* (comida) **3** RESTAURANT : grill *m*

grille *or* **grill** [ˈgrɪl] *n* : reja *f*, enrejado *m*

grim [ˈgrɪm] *adj* **grimmer; grimmest 1** CRUEL : cruel, feroz **2** STERN : adusto, severo ⟨a grim expression : un gesto severo⟩ **3** GLOOMY : sombrío, deprimente **4** SINISTER : macabro, siniestro **5** UNYIELDING : inflexible, persistente ⟨with grim determination : con una voluntad de hierro⟩

grimace¹ [ˈgrɪməs, grɪˈmeɪs] *vi* **-maced; -macing** : hacer muecas

grimace² *n* : mueca *f*

grime [ˈgraɪm] *n* : mugre *f*, suciedad *f*

grimly [ˈgrɪmli] *adv* **1** STERNLY : severamente **2** RESOLUTELY : inexorablemente

grimy [ˈgraɪmi] *adj* **grimier; -est** : mugriento, sucio

grin¹ [ˈgrɪn] *vi* **grinned; grinning** : sonreír abiertamente

grin² *n* : sonrisa *f* abierta

grind¹ [ˈgraɪnd] *v* **ground** [ˈgraʊnd]; **grinding** *vt* **1** CRUSH : moler, machacar, triturar **2** SHARPEN : afilar **3** POLISH : pulir, esmerilar (lentes, espejos) **4 to grind one's teeth** : rechinarle los dientes a uno **5 to grind down** OPPRESS : oprimir, agobiar — *vi* **1** : funcionar con dificultad, rechinar ⟨to grind to a halt : pararse poco a poco, llegar a un punto muerto⟩ **2** STUDY : estudiar mucho

grind² n : trabajo m pesado ⟨the daily grind : la rutina diaria⟩

grinder ['graɪndər] n : molinillo m ⟨coffee grinder : molinillo de café⟩

grindstone ['graɪnd,sto:n] n : piedra m de afilar

grip¹ ['grɪp] vt **gripped; gripping** 1 GRASP : agarrar, asir 2 HOLD, INTEREST : captar el interés de

grip² n 1 GRASP : agarre m, asidero m ⟨to have a firm grip on something : agarrarse bien de algo⟩ 2 CONTROL, HOLD : control m, dominio m ⟨to lose one's grip on : perder el control de⟩ ⟨inflation tightened its grip on the economy : la inflación se afianzó en su dominio de la economía⟩ 3 UNDERSTANDING : comprensión f, entendimiento m ⟨to come to grips with : llegar a entender⟩ 4 HANDLE : asidero m, empuñadura f (de un arma)

gripe¹ ['graɪp] v **griped; griping** vt IRRITATE, VEX : irritar, fastidiar, molestar — vi COMPLAIN : quejarse, rezongar

gripe² n : queja f

grippe ['grɪp] n : influenza f, gripe f, gripa f Col, Mex

grisly ['grɪzli] adj **-lier; -est** : horripilante, horroroso, truculento

grist ['grɪst] n : molienda f ⟨it's all grist for the mill : todo ayuda, todo es provechoso⟩

gristle ['grɪsəl] n : cartílago m

gristly ['grɪsli] adj **-tlier; -est** : cartilaginoso

grit¹ ['grɪt] vt **gritted; gritting** : hacer rechinar (los dientes, etc.)

grit² n 1 SAND : arena f 2 GRAVEL : grava f 3 COURAGE : valor m, coraje m 4 **grits** npl : sémola f de maíz

gritty ['grɪti] adj **-tier; -est** 1 : arenoso ⟨a gritty surface : una superficie arenosa⟩ 2 PLUCKY : valiente

grizzled ['grɪzəld] adj : entrecano

grizzly bear ['grɪzli] n : oso m pardo

groan¹ ['gro:n] vi 1 MOAN : gemir, quejarse 2 CREAK : crujir

groan² n 1 MOAN : gemido m, quejido m 2 CREAK : crujido m

grocer ['gro:sər] n : tendero m, -ra f

grocery ['gro:səri, -ʃəri] n, pl **-ceries** 1 or **grocery store** : tienda f de comestibles, tienda f de abarrotes 2 **groceries** npl : comestibles mpl, abarrotes mpl

groggy ['grɑgi] adj **-gier; -est** : atontado, grogui, tambaleante

groin ['grɔɪn] n : ingle f

grommet ['grɑmət, 'grʌ-] n : arandela f

groom¹ ['gru:m, 'grʊm] vt 1 : cepillar, almohazar (un animal) 2 : arreglar, cuidar ⟨well-groomed : bien arreglado⟩ 3 PREPARE : preparar

groom² n 1 : mozo m, -za f de cuadra 2 BRIDEGROOM : novio m

groove¹ ['gru:v] vt **grooved; grooving** : acanalar, hacer ranuras en, surcar

groove² n 1 FURROW, SLOT : ranura f, surco m 2 RUT : rutina f

grope ['gro:p] v **groped; groping** vi : andar a tientas, tantear ⟨he groped for the switch : buscó el interruptor a tientas⟩ — vt **to grope one's way** : avanzar a tientas

gross¹ ['gro:s] vt : tener entrada bruta de, recaudar en bruto

gross² adj 1 FLAGRANT : flagrante, grave ⟨a gross error : un error flagrante⟩ ⟨a gross injustice : una injusticia grave⟩ 2 FAT : muy gordo, obeso 3 : bruto ⟨gross national product : producto nacional bruto⟩ 4 COARSE, VULGAR : grosero, basto

gross³ n 1 pl **gross** : gruesa f (12 docenas) 2 or **gross income** : ingresos mpl brutos

grossly ['gro:sli] adv 1 EXTREMELY : extremadamente ⟨grossly unfair : totalmente injusto⟩ 2 CRUDELY : groseramente

grotesque [gro:'tɛsk] adj : grotesco

grotesquely [gro:'tɛskli] adv : de forma grotesca

grotto ['grɑto] n, pl **-toes** : gruta f

grouch¹ ['graʊtʃ] vi : refunfuñar, rezongar

grouch² n 1 COMPLAINT : queja f 2 GRUMBLER : gruñón m, -ñona f; cascarrabias mf fam

grouchy ['graʊtʃi] adj **grouchier; -est** : malhumorado, gruñón

ground¹ ['graʊnd] vt 1 BASE : fundar, basar 2 INSTRUCT : enseñar los conocimientos básicos a ⟨to be well grounded in : ser muy entendido en⟩ 3 : conectar a tierra (un aparato eléctrico) 4 : varar, hacer encallar (un barco) 5 : restringir (un avión o un piloto) a la tierra

ground² n 1 EARTH, SOIL : suelo m, tierra f ⟨to dig (in) the ground : cavar la tierra⟩ ⟨to fall to the ground : caerse al suelo⟩ 2 LAND, TERRAIN : terreno m ⟨hilly ground : terreno alto⟩ ⟨to lose ground : perder terreno⟩ 3 BASIS, REASON : razón f, motivo m ⟨grounds for complaint : motivos de queja⟩ 4 BACKGROUND : fondo m 5 FIELD : campo m, plaza f ⟨parade ground : plaza de armas⟩ 6 : tierra f (para electricidad) 7 **grounds** npl PREMISES : recinto m, terreno m 8 **grounds** npl DREGS : posos mpl (de café)

ground³ → **grind**

groundhog ['graʊnd,hɔg] n : marmota f (de América)

groundless ['graʊndləs] adj : infundado

groundwork ['graʊnd,wərk] n 1 FOUNDATION : fundamento m, base f 2 PREPARATION : trabajo m preparatorio

group¹ ['gru:p] vt : agrupar

group² n : grupo m, agrupación f, conjunto m, compañía f

grouper ['gru:pər] *n* : mero *m*

grouse[1] ['graʊs] *vi* **groused; grousing** : quejarse, rezongar, refunfuñar

grouse[2] *n, pl* **grouse** *or* **grouses** : urogallo *m* (ave)

grout ['graʊt] *n* : lechada *f*

grove ['gro:v] *n* : bosquecillo *m*, arboleda *f*, soto *m*

grovel ['grɑvəl, 'grʌ-] *vi* **-eled** *or* **-elled; -eling** *or* **-elling** 1 CRAWL : arrastrarse 2 : humillarse, postrarse ⟨to grovel before someone : postrarse ante alguien⟩

grow ['gro:] *v* **grew** ['gru:]; **grown** ['gro:n]; **growing** *vi* 1 : crecer ⟨palm trees grow on the islands : las palmas crecen en las islas⟩ ⟨my hair grows very fast : mi pelo crece muy rápido⟩ 2 DEVELOP, MATURE : desarrollarse, madurar 3 INCREASE : crecer, aumentar 4 BECOME : hacerse, volverse, ponerse ⟨she was growing angry : se estaba poniendo furiosa⟩ ⟨to grow dark : oscurecerse⟩ 5 to grow up : hacerse mayor ⟨grow up! : ¡no seas niño!⟩ — *vt* 1 CULTIVATE, RAISE : cultivar 2 : dejar crecer ⟨to grow one's hair : dejarse crecer el pelo⟩

grower ['gro:ər] *n* : cultivador *m*, -dora *f*

growl[1] ['graʊl] *vi* : gruñir (dícese de un animal), refunfuñar (dícese de una persona)

growl[2] *n* : gruñido *m*

grown–up[1] ['gro:n,əp] *adj* : adulto, mayor

grown–up[2] *n* : adulto *m*, -ta *f*; persona *f* mayor

growth ['gro:θ] *n* 1 : crecimiento *m* ⟨to stunt one's growth : detener el crecimiento⟩ 2 INCREASE : aumento *m*, crecimiento *m*, expansión *f* 3 DEVELOPMENT : desarrollo *m* ⟨economic growth : desarrollo económico⟩ ⟨a five days' growth of beard : una barba de cinco días⟩ 4 LUMP, TUMOR : bulto *m*, tumor *m*

grub[1] ['grʌb] *vi* **grubbed; grubbing** 1 DIG : escarbar 2 RUMMAGE : hurgar, buscar 3 DRUDGE : trabajar duro

grub[2] *n* 1 : larva *f* ⟨beetle grub : larva del escarabajo⟩ 2 DRUDGE : esclavo *m*, -va *f* del trabajo 3 FOOD : comida *f*

grubby ['grʌbi] *adj* **grubbier; -est** : mugriento, sucio

grudge[1] ['grʌdʒ] *vt* **grudged; grudging** : resentir, envidiar

grudge[2] *n* : rencor *m*, resentimiento *m* ⟨to hold a grudge : guardar rencor⟩

grueling *or* **gruelling** ['gru:lɪŋ, 'gru:ə-] *adj* : extenuante, agotador, duro

gruesome ['gru:səm] *adj* : horripilante, truculento, horroroso

gruff ['grʌf] *adj* 1 BRUSQUE : brusco ⟨a gruff reply : una respuesta brusca⟩ 2 HOARSE : ronco — **gruffly** *adv*

grumble[1] ['grʌmbəl] *vi* **-bled; -bling** 1 COMPLAIN : refunfuñar, rezongar, quejarse 2 RUMBLE : hacer un ruido sordo, retumbar (dícese del trueno)

grumble[2] *n* 1 COMPLAINT : queja *f* 2 RUMBLE : ruido *m* sordo, estruendo *m*

grumbler ['grʌmbələr] *n* : gruñón *m*, -ñona *f*

grumpy ['grʌmpi] *adj* **grumpier; -est** : malhumorado, gruñón

grungy ['grʌndʒi] *adj* : sucio

grunt[1] ['grʌnt] *vi* : gruñir

grunt[2] *n* : gruñido *m*

guacamole [,gwɑkə'mo:li] *n* : guacamole *m*, guacamol *m*

guarantee[1] [,gærən'ti:] *vt* **-teed; -teeing** 1 PROMISE : asegurar, prometer 2 : poner bajo garantía, garantizar (un producto o servicio)

guarantee[2] *n* 1 PROMISE : garantía *f*, promesa *f* ⟨lifetime guarantee : garantía de por vida⟩ 2 → **guarantor**

guarantor [,gærən'tɔr] *n* : garante *mf*; fiador *m*, -dora *f*

guaranty [,gærən'ti:] → **guarantee**

guard[1] ['gɑrd] *vt* 1 DEFEND, PROTECT : defender, proteger 2 : guardar, vigilar, custodiar ⟨to guard the frontier : vigilar la frontera⟩ ⟨she guarded my secret well : guardó bien mi secreto⟩ — *vi* to guard against : protegerse contra, evitar

guard[2] *n* 1 WATCHMAN : guarda *mf* ⟨security guard : guarda de seguridad⟩ 2 VIGILANCE : guardia *f*, vigilancia *f* ⟨to be on guard : estar en guardia⟩ ⟨to let one's guard down : bajar la guardia⟩ 3 SAFEGUARD : salvaguardia *f*, dispositivo *m* de seguridad (en una máquina) 4 PRECAUTION : precaución *f*, protección *f*

guardhouse ['gɑrd,haʊs] *n* : cuartel *m* de la guardia

guardian ['gɑrdiən] *n* 1 PROTECTOR : guardián *m*, -diana *f*; custodio *m*, -dia *f* 2 : tutor *m*, -tora *f* (de un niño)

guardianship ['gɑrdiən,ʃɪp] *n* : custodia *f*, tutela *f*

Guatemalan [,gwɑtə'mɑlən] *n* : guatemalteco *m*, -ca *f* — **Guatemalan** *adj*

guava ['gwɑvə] *n* : guayaba *f*

gubernatorial [,gu:bənə'tori:əl, ,gju:-] *adj* : del gobernador

guerrilla *or* **guerilla** [gə'rɪlə] *n* : guerrillero *m*, -ra *f*

guess[1] ['gɛs] *vt* 1 CONJECTURE : adivinar, conjeturar ⟨guess what happened! : ¡adivina lo que pasó!⟩ 2 SUPPOSE : pensar, creer, suponer ⟨I guess so : supongo que sí⟩ 3 : adivinar correctamente, acertar ⟨to guess the answer : acertar la respuesta⟩ — *vi* : adivinar

guess[2] *n* : conjetura *f*, suposición *f*

guesswork ['gɛs,wərk] *n* : suposiciones *fpl*, conjeturas *fpl*

guest ['gɛst] *n* : huésped *mf*; invitado *m*, -da *f*

guffaw[1] [gə'fɔ] *vi* : reírse a carcajadas, carcajearse *fam*

guffaw[2] [gə'fɔ, 'gʌ,fɔ] *n* : carcajada *f*, risotada *f*

guidance ['gaɪdənts] *n* : orientación *f*, consejos *mpl*

guide[1] ['gaɪd] *vt* **guided; guiding 1** DIRECT, LEAD : guiar, dirigir, conducir **2** ADVISE, COUNSEL : aconsejar, orientar

guide[2] *n* : guía *f*

guidebook ['gaɪd,bʊk] *n* : guía *f* (para viajeros)

guideline ['gaɪd,laɪn] *n* : pauta *f*, directriz *f*

guild ['gɪld] *n* : gremio *m*, sindicato *m*, asociación *f*

guile ['gaɪl] *n* : astucia *f*, engaño *m*

guileless ['gaɪlləs] *adj* : inocente, cándido, sin malicia

guillotine[1] ['gɪlə,ti:n, 'gi:jə,-] *vt* **-tined; -tining** : guillotinar

guillotine[2] *n* : guillotina *f*

guilt ['gɪlt] *n* : culpa *f*, culpabilidad *f*

guilty ['gɪlti] *adj* **guiltier; -est** : culpable

guinea fowl ['gɪni] *n* : gallina *f* de Guinea

guinea pig *n* : conejillo *m* de Indias, cobaya *f*

guise ['gaɪz] *n* : apariencia *f*, aspecto *m*, forma *f*

guitar [gə'tɑr, gɪ-] *n* : guitarra *f*

guitarist [gə'tɑrɪst, gɪ-] *n* : guitarrista *mf*

gulch ['gʌltʃ] *n* : barranco *m*, quebrada *f*

gulf ['gʌlf] *n* **1** : golfo *m* ⟨the Gulf of Mexico : el Golfo de México⟩ **2** GAP : brecha *f* ⟨the gulf between generations : la brecha entre las generaciones⟩ **3** CHASM : abismo *m*

gull ['gʌl] *n* : gaviota *f*

gullet ['gʌlət] *n* : garganta *f*

gullible ['gʌlɪbəl] *adj* : crédulo

gully ['gʌli] *n*, *pl* **-lies** : barranco *m*, hondonada *f*

gulp[1] ['gʌlp] *vt* **1** : engullir, tragar ⟨he gulped down the whiskey : engulló el whisky⟩ **2** SUPPRESS : suprimir, reprimir, tragar ⟨to gulp down a sob : reprimir un sollozo⟩ — *vi* : tragar saliva, tener un nudo en la garganta

gulp[2] *n* : trago *m*

gum ['gʌm] *n* **1** CHEWING GUM : goma *f* de mascar, chicle *m* **2** gums *npl* : encías *fpl*

gumbo ['gʌm,bo:] *n* : sopa *f* de quingombó

gumdrop ['gʌm,drɑp] *n* : pastilla *f* de goma

gummy ['gʌmi] *adj* **gummier; -est** : gomoso

gumption ['gʌmpʃən] *n* : iniciativa *f*, agallas *fpl fam*

gun[1] ['gʌn] *vt* **gunned; gunning 1** *or* **to gun down** : matar a tiros, asesinar **2** : acelerar (rápidamente) ⟨to gun the engine : acelerar el motor⟩

gun[2] *n* **1** CANNON : cañón *m* **2** FIREARM : arma *f* de fuego **3** SPRAY GUN : pistola *f* **4 to jump the gun** : adelantarse, salir antes de tiempo

gunboat ['gʌn,bo:t] *n* : cañonero *m*

gunfight ['gʌn,faɪt] *n* : tiroteo *m*, balacera *f*

gunfire ['gʌn,faɪr] *n* : disparos *mpl*

gunman ['gʌnmən] *n*, *pl* **-men** [-mən, -,mɛn] : pistolero *m*, gatillero *m Mex*

gunner ['gʌnər] *n* : artillero *m*, -ra *f*

gunnysack ['gʌni,sæk] *n* : saco *m* de yute

gunpowder ['gʌn,paʊdər] *n* : pólvora *f*

gunshot ['gʌn,ʃɑt] *n* : disparo *m*, tiro *m*, balazo *m*

gunwale ['gʌnəl] *n* : borda *f*

guppy ['gʌpi] *n*, *pl* **-pies** : lebistes *m*

gurgle[1] ['gərgəl] *vi* **-gled; -gling 1** : borbotar, gorgotear (dícese de un líquido) **2** : gorjear (dícese de un niño)

gurgle[2] *n* **1** : borboteo *m*, gorgoteo *m* (de un líquido) **2** : gorjeo *m* (de un niño)

gush ['gʌʃ] *vi* **1** SPOUT : surgir, salir a chorros, chorrear **2** : hablar con entusiasmo efusivo ⟨she gushed with praise : se deshizo en elogios⟩

gust ['gʌst] *n* : ráfaga *f*, racha *f*

gusto ['gʌs,to:] *n*, *pl* **gustoes** : entusiasmo *m* ⟨with gusto : con deleite, con ganas⟩

gusty ['gʌsti] *adj* **gustier; -est** : racheado

gut[1] ['gʌt] *vt* **gutted; gutting 1** EVISCERATE : destripar (un pollo, etc.), limpiar (un pescado) **2** : destruir el interior de (un edificio)

gut[2] *n* **1** INTESTINE : intestino *m* **2 guts** *npl* INNARDS : tripas *fpl fam*, entrañas *fpl* **3 guts** *npl* COURAGE : valentía *f*, agallas *fpl*

gutter ['gʌtər] *n* **1** : canal *mf*, canaleta *f* (de un techo) **2** : cuneta *f*, arroyo *m* (de una calle)

guttural ['gʌtərəl] *adj* : gutural

guy ['gaɪ] *n* **1** *or* **guyline** : cuerda *f* tensora, cable *m* **2** FELLOW : tipo *m*, hombre *m*

guzzle ['gʌzəl] *vt* **-zled; -zling** : chupar, tragarse

gym ['dʒɪm] → **gymnasium**

gymnasium [dʒɪm'neɪziəm, -ʒəm] *n*, *pl* **-siums** *or* **-sia** [-zi:ə, -ʒə] : gimnasio *m*

gymnast ['dʒɪmnəst, -,næst] *n* : gimnasta *mf*

gymnastic [dʒɪm'næstɪk] *adj* : gimnástico

gymnastics [dʒɪm'næstɪks] *ns & pl* : gimnasia *f*

gynecologist [,gaɪnə'kɑlədʒɪst, ,dʒɪnə-] *n* : ginecólogo *m*, -ga *f*

gynecology [,gaɪnə'kɑlədʒi, ,dʒɪnə-] *n* : ginecología *f*

gyp[1] ['dʒɪp] *vt* **gypped; gypping** : estafar, timar

gyp[2] *n* **1** SWINDLER : estafador *m*, -dora *f* **2** FRAUD, SWINDLE : estafa *f*, timo *m fam*

gypsum ['dʒɪpsəm] *n* : yeso *m*

Gypsy ['dʒɪpsi] *n*, *pl* **-sies** : gitano *m*, -na *f*

gyrate ['dʒaɪ,reɪt] *vi* **-rated; -rating** : girar, rotar

gyration [dʒaɪ'reɪʃən] *n* : giro *m*, rotación *f*

gyroscope ['dʒaɪrə,sko:p] *n* : giroscopio *m*, giróscopo *m*

H

h [ˈeɪʧ] *n, pl* **h's** *or* **hs** [ˈeɪʧəz] : octava letra del alfabeto inglés

ha [ˈhɑ] *interj* : ¡ja!

haberdashery [ˈhæbərˌdæʃəri] *n, pl* **-eries** : tienda *f* de ropa para caballeros

habit [ˈhæbɪt] *n* **1** CUSTOM : hábito *m*, costumbre *f* **2** : hábito *m* (de un monje o una religiosa) **3** ADDICTION : dependencia *f*, adicción *f*

habitable [ˈhæbɪṱəbəl] *adj* : habitable

habitat [ˈhæbɪˌtæt] *n* : hábitat *m*

habitation [ˌhæbɪˈteɪʃən] *n* **1** OCCUPAN-CY : habitación *f* **2** RESIDENCE : residencia *f*, morada *f*

habit-forming [ˈhæbɪtˌfɔrmɪŋ] *adj* : que crea dependencia

habitual [həˈbɪʧʊəl] *adj* **1** CUSTOMARY : habitual, acostumbrado **2** INVETER-ATE : incorregible, empedernido — **habitually** *adv*

habituate [həˈbɪʧʊˌeɪt] *vt* **-ated; -ating** : habituar, acostumbrar

hack¹ [ˈhæk] *vt* : cortar, tajear (a hachazos, etc.) ⟨to hack one's way : abrirse paso⟩ — *vi* **1** : hacer tajos **2** COUGH : toser

hack² *n* **1** CHOP : hachazo *m*, tajo *m* **2** HORSE : caballo *m* de alquiler **3** WRITER : escritor *m*, -tora *f* a sueldo; escritorzuelo *m*, -la *f* **4** COUGH : tos *f* seca

hackles [ˈhækəlz] *npl* **1** : pluma *f* erizada (de un ave), pelo *m* erizado (de un perro, etc.) **2 to get one's hackles up** : ponerse furioso

hackney [ˈhækni] *n, pl* **-neys** : caballo *m* de silla, caballo *m* de tiro

hackneyed [ˈhæknid] *adj* TRITE : trillado, gastado

hacksaw [ˈhækˌsɔ] *n* : sierra *f* para metales

had → **have**

haddock [ˈhædək] *ns & pl* : eglefino *m*

hadn't [ˈhædənt] (*contraction of* **had not**) → **have**

haft [ˈhæft] *n* : mango *m*, empuñadura *f*

hag [ˈhæg] *n* **1** WITCH : bruja *f*, hechicera *f* **2** CRONE : vieja *f* fea

haggard [ˈhægərd] *adj* : demacrado, macilento — **haggardly** *adv*

haggle [ˈhægəl] *vi* **-gled; -gling** : regatear

ha-ha [ˌhɑˈhɑ, ˈhɑˌhɑ] *interj* : ¡ja, ja!

hail¹ [ˈheɪl] *vt* **1** GREET : saludar **2** SUM-MON : llamar ⟨to hail a taxi : llamar un taxi⟩ — *vi* : granizar (en meteorología)

hail² *n* **1** : granizo *m* **2** BARRAGE : aluvión *m*, lluvia *f*

hail³ *interj* : ¡salve!

hailstone [ˈheɪlˌstoːn] *n* : granizo *m*, piedra *f* de granizo

hailstorm [ˈheɪlˌstɔrm] *n* : granizada *f*

hair [ˈhær] *n* **1** : pelo *m*, cabello *m* ⟨to get one's hair cut : cortarse el pelo⟩ **2** : vello *m* (en las piernas, etc.)

hairbreadth [ˈhærˌbrɛdθ] *or* **hairs-breadth** [ˈhærz-] *n* **by a hairbreadth** : por un pelo

hairbrush [ˈhærˌbrʌʃ] *n* : cepillo *m* (para el pelo)

haircut [ˈhærˌkʌt] *n* : corte *m* de pelo

hairdo [ˈhærˌduː] *n, pl* **-dos** : peinado *m*

hairdresser [ˈhærˌdrɛsər] *n* : peluquero *m*, -ra *f*

hairiness [ˈhærinəs] *n* : vellosidad *f*

hairless [ˈhærləs] *adj* : sin pelo, calvo, pelón

hairline [ˈhærˌlaɪn] *n* **1** : línea *f* delgada **2** : nacimiento *m* del pelo ⟨to have a receding hairline : tener entradas⟩

hairpin [ˈhærˌpɪn] *n* : horquilla *f*

hair-raising [ˈhærˌreɪzɪŋ] *adj* : espeluznante

hair spray *n* : laca *f*, fijador *m* (para el pelo)

hairstyle [ˈhærˌstaɪl] *n* : peinado *m*

hairy [ˈhæri] *adj* **hairier; -est** : peludo, velludo

Haitian [ˈheɪʃən, ˈheɪṱiən] *n* : haitiano *m*, -na *f* — **Haitian** *adj*

hake [ˈheɪk] *n* : merluza *f*

hale¹ [ˈheɪl] *vt* **haled; haling** : arrastrar, halar ⟨to hale to court : arrastrar al tribunal⟩

hale² *adj* : saludable, robusto

half¹ [ˈhæf, ˈhaf] *adv* : medio, a medias ⟨half cooked : medio cocido⟩

half² *adj* : medio, a medias ⟨a half hour : una media hora⟩ ⟨a half truth : una verdad a medias⟩

half³ *n, pl* **halves** [ˈhævz, ˈhavz] **1** : mitad *f* ⟨half of my friends : la mitad de mis amigos⟩ ⟨in half : por la mitad⟩ **2** : tiempo *m* (en deportes)

half brother *n* : medio hermano *m*, hermanastro *m*

halfhearted [ˈhæfˈhɑrṱəd] *adj* : sin ánimo, poco entusiasta

halfheartedly [ˈhæfˈhɑrṱədli] *adv* : con poco entusiasmo, sin ánimo

half-life [ˈhæfˌlaɪf] *n, pl* **half-lives** : media vida *f*

half sister *n* : media hermana *f*, hermanastra *f*

halfway¹ [ˈhæfˈweɪ] *adv* : a medio camino, a mitad de camino

halfway² *adj* : medio, intermedio ⟨a halfway point : un punto intermedio⟩

half-wit [ˈhæfˌwɪt] *n* : tonto *m*, -ta *f*; imbécil *mf*

half-witted [ˈhæfˈwɪṱəd] *adj* : estúpido

halibut [ˈhælɪbət] *ns & pl* : halibut *m*

hall [ˈhɔl] *n* **1** BUILDING : residencia *f* estudiantil, facultad *f* (de una universidad) **2** VESTIBULE : entrada *f*, vestíbulo *m*, zaguán *m* **3** CORRIDOR : corredor *m*, pasillo *m* **4** AUDITORI-UM : sala *f*, salón *m* ⟨concert hall : sala de conciertos⟩ **5 city hall** : ayuntamiento *m*

hallelujah [ˌhælɛˈluːjə, ˌhɑ-] *interj* : ¡aleluya!

hallmark [ˈhɔlˌmɑrk] n : sello m (distintivo)

hallow [ˈhæˌloː] vt : santificar, consagrar

hallowed [ˈhæˌloːd, ˈhæˌloːəd, ˈhɑˌloːd] adj : sagrado

Halloween [ˌhæləˈwiːn, ˌhɑ-] n : víspera f de Todos los Santos

hallucinate [həˈluːsənˌeɪt] vi -nated; -nating : alucinar

hallucination [həˌluːsənˈeɪʃən] n : alucinación f

hallucinatory [həˈluːsənəˌtori] adj : alucinante

hallucinogen [həˈluːsənədʒən] n : alucinógeno m

hallucinogenic [həˌluːsənəˈdʒɛnɪk] adj : alucinógeno

hallway [ˈhɔlˌweɪ] n 1 ENTRANCE : entrada f 2 CORRIDOR : corredor m, pasillo m

halo [ˈheɪˌloː] n, pl -los or -loes : aureola f, halo m

halt[1] [ˈhɔlt] vi : detenerse, pararse — vt 1 STOP : detener, parar (a una persona) 2 INTERRUPT : interrumpir (una actividad)

halt[2] n 1 : alto m, parada f 2 to come to a halt : pararse, detenerse

halter [ˈhɔltər] n 1 : cabestro m, ronzal m (para un animal) 2 : blusa f sin espalda

halting [ˈhɔltɪŋ] adj HESITANT : vacilante, titubeante — **haltingly** adv

halve [ˈhæv, ˈhɑv] vt halved; halving 1 DIVIDE : partir por la mitad 2 REDUCE : reducir a la mitad

halves → half

ham [ˈhæm] n 1 : jamón m 2 or ham actor : comicastro m, -tra f 3 or ham radio operator : radioaficionado m, -da f 4 hams HAUNCHES : ancas fpl

hamburger [ˈhæmˌbərɡər] or **hamburg** [-ˌbərɡ] n 1 : carne f molida 2 : hamburguesa f (emparedado)

hamlet [ˈhæmlət] n VILLAGE : aldea f, poblado m

hammer[1] [ˈhæmər] vt 1 STRIKE : clavar, golpear 2 NAIL : clavar, martillar 3 to hammer out NEGOTIATE : elaborar, negociar, llegar a — vi : martillar, golpear

hammer[2] n 1 : martillo m 2 : percusor m, percutor m (de un arma de fuego)

hammock [ˈhæmək] n : hamaca f

hamper[1] [ˈhæmpər] vt : obstaculizar, dificultar

hamper[2] n : cesto m, canasta f

hamster [ˈhæmpstər] n : hámster m

hamstring [ˈhæmˌstrɪŋ] vt -strung [-ˌstrʌŋ]; -stringing 1 : cortarle el tendón del corvejón a (un animal) 2 INCAPACITATE : incapacitar, inutilizar

hand[1] [ˈhænd] vt : pasar, dar, entregar

hand[2] n 1 : mano f ⟨made by hand : hecho a mano⟩ 2 POINTER : manecilla f, aguja f (de un reloj o instrumento) 3 SIDE : lado m ⟨on the other hand : por otro lado⟩ 4 HANDWRITING : letra f, escritura f 5 APPLAUSE : aplauso m 6 : mano f, cartas fpl (en juegos de naipes)

7 WORKER : obrero m, -ra f; trabajador m, -dora f 8 to ask for someone's hand (in marriage) : pedir la mano de alguien 9 to lend a hand : echar una mano

handbag [ˈhændˌbæɡ] n : cartera f, bolso m, bolsa f Mex

handball [ˈhændˌbɔl] n : frontón m, pelota f

handbill [ˈhændˌbɪl] n : folleto m, volante m

handbook [ˈhændˌbʊk] n : manual m

handcuff [ˈhændˌkʌf] vt : esposar, ponerle esposas (a alguien)

handcuffs [ˈhændˌkʌfs] npl : esposas fpl

handful [ˈhændˌfʊl] n : puñado m

handgun [ˈhændˌɡʌn] n : pistola f, revólver m

handheld [ˈhændˌhɛld] adj : de mano

handicap[1] [ˈhændiˌkæp] vt -capped; -capping 1 : asignar un handicap a (en deportes) 2 HAMPER : obstaculizar, poner en desventaja

handicap[2] n 1 DISABILITY : minusvalía f, discapacidad f 2 DISADVANTAGE : desventaja f, handicap m (en deportes)

handicapped [ˈhændiˌkæpt] adj DISABLED : minusválido, discapacitado

handicraft [ˈhændiˌkræft] n : artesanía f

handily [ˈhændəli] adv EASILY : fácilmente, con facilidad

handiwork [ˈhændiˌwərk] n 1 WORK : trabajo m 2 CRAFTS : artesanías fpl

handkerchief [ˈhæŋkərtʃəf, -ˌtʃiːf] n, pl -chiefs : pañuelo m

handle[1] [ˈhændəl] v -dled; -dling vt 1 TOUCH : tocar 2 MANAGE : tratar, manejar, despachar 3 SELL : comerciar con, vender — vi 1 : responder, conducirse (dícese de un vehículo)

handle[2] n : asa m, asidero m, mango m (de un cuchillo, etc.), pomo m (de una puerta), tirador m (de un cajón)

handlebars [ˈhændəlˌbɑrz] npl : manubrio m, manillar m

handler [ˈhændələr] n : cuidador m, -dora f

handling [ˈhændəlɪŋ] n 1 MANAGEMENT : manejo m 2 TOUCHING : manoseo m 3 shipping and handling : porte m, transporte m

handmade [ˈhændˈmeɪd] adj : hecho a mano

hand—me—downs [ˈhændmiˌdaʊnz] npl : ropa f usada

handout [ˈhændˌaʊt] n 1 AID : dádiva f, limosna f 2 LEAFLET : folleto m

handpick [ˈhændˈpɪk] vt : seleccionar con cuidado

handrail [ˈhændˌreɪl] n : pasamanos m, barandilla f, barandal m

handsaw [ˈhændˌsɔ] n : serrucho m

hands down adv 1 EASILY : con facilidad 2 UNQUESTIONABLY : con mucho, de lejos

handshake [ˈhændˌʃeɪk] n : apretón m de manos

handsome [ˈhænt̬səm] *adj* **-somer; -est**
1 ATTRACTIVE : apuesto, guapo, atractivo **2** GENEROUS : generoso **3** SIZABLE : considerable

handsomely [ˈhænt̬səmli] *adv* **1** ELEGANTLY : elegantemente **2** GENEROUSLY : con generosidad

handspring [ˈhænd‚sprɪŋ] *n* : voltereta *f*

handstand [ˈhænd‚stænd] *n* **to do a handstand** : pararse de manos

hand–to–hand [ˈhændtəˈhænd] *adj* : cuerpo a cuerpo

handwriting [ˈhænd‚raɪt̬ɪŋ] *n* : letra *f*, escritura *f*

handwritten [ˈhænd‚rɪt̬ən] *adj* : escrito a mano

handy [ˈhændi] *adj* **handier; -est 1** NEARBY : a mano, cercano **2** USEFUL : útil, práctico **3** DEXTEROUS : hábil

hang¹ [ˈhæŋ] *v* **hung** [ˈhʌŋ]; **hanging** *vt* **1** SUSPEND : colgar, tender, suspender **2** *past tense often* **hanged** EXECUTE : colgar, ahorcar **3 to hang one's head** : bajar la cabeza — *vi* **1** FALL : caer (dícese de las telas y la ropa) **2** DANGLE : colgar **3** HOVER : flotar, sostenerse en el aire **4** : ser ahorcado **5** DROOP : inclinarse **6 to hang up** : colgar ⟨he hung up on me : me colgó⟩

hang² *n* **1** DRAPE : caída *f* **2 to get the hang of something** : agarrarle la onda a algo

hangar [ˈhæŋər, ˈhæŋgər] *n* : hangar *m*

hanger [ˈhæŋər] *n* : percha *f*, gancho *m* (para ropa)

hangman [ˈhæŋmən] *n*, *pl* **-men** [-mən, -‚mɛn] : verdugo *m*

hangnail [ˈhæŋ‚neɪl] *n* : padrastro *m*

hangout [ˈhæŋ‚aʊt] *n* : lugar *m* popular, sitio *m* muy frecuentado

hangover [ˈhæŋ‚oˑvər] *n* : resaca *f*

hank [ˈhæŋk] *n* : madeja *f*

hanker [ˈhæŋkər] *vi* **to hanker for** : tener ansias de, tener ganas de

hankering [ˈhæŋkərɪŋ] *n* : ansia *f*, anhelo *m*

hansom [ˈhænt̬səm] *n* : coche *m* de caballos

Hanukkah [ˈxɑnəkə, ˈhɑ-] *n* : Januká, Hanukkah

haphazard [hæpˈhæzərd] *adj* : casual, fortuito, al azar — **haphazardly** *adv*

hapless [ˈhæpləs] *adj* UNFORTUNATE : desafortunado, desventurado — **haplessly** *adv*

happen [ˈhæpən] *vi* **1** OCCUR : pasar, ocurrir, suceder, tener lugar **2** BEFALL : pasar, acontecer ⟨what happened to her? : ¿qué le ha pasado?⟩ **3** CHANCE : resultar, ocurrir por casualidad ⟨I happened that I wasn't home : resulta que estaba fuera de casa⟩ ⟨he happens to be right : da la casualidad de que tiene razón⟩

happening [ˈhæpənɪŋ] *n* : suceso *m*, acontecimiento *m*

happiness [ˈhæpinəs] *n* : felicidad *f*, dicha *f*

happy [ˈhæpi] *adj* **-pier; -est 1** JOYFUL : feliz, contento, alegre **2** FORTUNATE : afortunado, feliz — **happily** [-pəli] *adv*

happy–go–lucky [ˈhæpigoˈlʌki] *adj* : despreocupado

harangue¹ [həˈræŋ] *vt* **-rangued; -ranguing** : arengar

harangue² *n* : arenga *f*

harass [həˈræs, ˈhærəs] *vt* **1** BESIEGE, HOUND : acosar, asediar, hostigar **2** ANNOY : molestar

harassment [həˈræsmənt, ˈhærəsmənt] *n* : acoso *m*, hostigamiento *m* ⟨sexual harassment : acoso sexual⟩

harbinger [ˈhɑrbɪndʒər] *n* **1** HERALD : heraldo *m*, precursor *m* **2** OMEN : presagio *m*

harbor¹ [ˈhɑrbər] *vt* **1** SHELTER : dar refugio a, albergar **2** CHERISH, KEEP : abrigar, guardar, albergar ⟨to harbor doubts : guardar dudas⟩

harbor² *n* **1** REFUGE : refugio *m* **2** PORT : puerto *m*

hard¹ [ˈhɑrd] *adv* **1** FORCEFULLY : fuerte, con fuerza ⟨the wind blew hard : el viento sopló fuerte⟩ **2** STRENUOUSLY : duro, mucho ⟨to work hard : trabajar duro⟩ **3 to take something hard** : tomarse algo muy mal, estar muy afectado por algo

hard² *adj* **1** FIRM, SOLID : duro, firme, sólido **2** DIFFICULT : difícil, arduo **3** SEVERE : severo, duro ⟨a hard winter : un invierno severo⟩ **4** UNFEELING : insensible, duro **5** DILIGENT : diligente ⟨to be a hard worker : ser muy trabajador⟩ **6 hard liquor** : bebidas *fpl* fuertes **7 hard water** : agua *f* dura

hardcover [ˈhɑrd‚kʌvər] *adj* : de pasta dura, de tapa dura

hard disk *n* : disco *m* duro

hard drive → **hard disk**

harden [ˈhɑrdən] *vt* : endurecer

hardheaded [‚hɑrdˈhɛdəd] *adj* **1** STUBBORN : testarudo, terco **2** REALISTIC : realista, práctico — **hardheadedly** *adv*

hard–hearted [‚hɑrdˈhɑrt̬əd] *adj* : despiadado, insensible — **hard–heartedly** *adv*

hard–heartedness [‚hɑrdˈhɑrt̬ədnəs] *n* : dureza *f* de corazón

hardly [ˈhɑrdli] *adv* **1** SCARCELY : apenas, casi ⟨I hardly knew her : apenas la conocía⟩ ⟨hardly ever : casi nunca⟩ **2** NOT : difícilmente, poco, no ⟨they can hardly blame me! : ¡difícilmente pueden echarme la culpa!⟩ ⟨it's hardly likely : es poco probable⟩

hardness [ˈhɑrdnəs] *n* **1** FIRMNESS : dureza *f* **2** DIFFICULTY : dificultad *f* **3** SEVERITY : severidad *f*

hardship [ˈhɑrd‚ʃɪp] *n* : dificultad *f*, privación *f*

hardware [ˈhɑrd‚wær] *n* **1** TOOLS : ferretería *f* **2** : hardware *m* (de una computadora)

hardwood [ˈhɑrd‚wʊd] *n* : madera *f* dura, madera *f* noble

hardworking [ˈhɑrdˌwərkɪŋ] *adj* : trabajador

hardy [ˈhɑrdi] *adj* **-dier; -est** : fuerte, robusto, resistente (dícese de las plantas) — **hardily** [-dəli] *adv*

hare [ˈhær] *n, pl* **hare** *or* **hares** : liebre *f*

harebrained [ˈhærˌbreɪnd] *adj* : estúpido, absurdo, disparatado

harelip [ˈhærˌlɪp] *n* : labio *m* leporino

harem [ˈhærəm] *n* : harén *m*

hark [ˈhɑrk] *vi* **1** *(used only in the imperative)* LISTEN : escuchar **2 hark back** RETURN : volver **3 hark back** RECALL : recordar

harlequin [ˈhɑrlɪkən, -kwən] *n* : arlequín *m*

harm[1] [ˈhɑrm] *vt* : hacerle daño a, perjudicar

harm[2] *n* : daño *m*, perjuicio *m*

harmful [ˈhɑrmfəl] *adj* : dañino, perjudicial — **harmfully** *adv*

harmless [ˈhɑrmləs] *adj* : inofensivo, inocuo — **harmlessly** *adv*

harmlessness [ˈhɑrmləsnəs] *n* : inocuidad *f*

harmonic [hɑrˈmɑnɪk] *adj* : armónico — **harmonically** [-nɪkli] *adv*

harmonica [hɑrˈmɑnɪkə] *n* : armónica *f*

harmonious [hɑrˈmoːniəs] *adj* : armonioso — **harmoniously** *adv*

harmonize [ˈhɑrməˌnaɪz] *v* **-nized; -nizing** : armonizar

harmony [ˈhɑrməni] *n, pl* **-nies** : armonía *f*

harness[1] [ˈhɑrnəs] *vt* **1** : enjaezar (un animal) **2** UTILIZE : utilizar, aprovechar

harness[2] *n* : arreos *mpl*, guarniciones *fpl*, arnés *m*

harp[1] [ˈhɑrp] *vi* **to harp on** : insistir sobre, machacar sobre

harp[2] *n* : arpa *m*

harpist [ˈhɑrpɪst] *n* : arpista *mf*

harpoon[1] [hɑrˈpuːn] *vt* : arponear

harpoon[2] *n* : arpón *m*

harpsichord [ˈhɑrpsɪˌkɔrd] *n* : clavicémbalo *m*

harrow[1] [ˈhærˌoː] *vt* **1** CULTIVATE : gradar, labrar (la tierra) **2** TORMENT : atormentar

harrow[2] *n* : grada *f*, rastra *f*

harry [ˈhæri] *vt* **-ried; -rying** HARASS : acosar, hostigar

harsh [ˈhɑrʃ] *adj* **1** ROUGH : áspero **2** SEVERE : duro, severo **3** : discordante (dícese de los sonidos) — **harshly** *adv*

harshness [ˈhɑrʃnəs] *n* **1** ROUGHNESS : aspereza *f* **2** SEVERITY : dureza *f*, severidad *f*

harvest[1] [ˈhɑrvəst] *v* : cosechar

harvest[2] *n* **1** HARVESTING : siega *f*, recolección *f* **2** CROP : cosecha *f*

harvester [ˈhɑrvəstər] *n* : segador *m*, -dora *f*; cosechadora *f* (máquina)

has → **have**

hash[1] [ˈhæʃ] *vt* **1** MINCE : picar **2 to hash over** DISCUSS : discutir, repasar

hash[2] *n* **1** : picadillo *m* (comida) **2** JUMBLE : revoltijo *m*, fárrago *m*

hasn't [ˈhæzənt] *(contraction of* **has not**) → **has**

hasp [ˈhæsp] *n* : picaporte *m*, pestillo *m*

hassle[1] [ˈhæsəl] *vt* **-sled; -sling** : fastidiar, molestar

hassle[2] *n* **1** ARGUMENT : discusión *f*, disputa *f*, bronca *f* **2** FIGHT : pelea *f*, riña *f* **3** BOTHER, TROUBLE : problemas *mpl*, lío *m*

hassock [ˈhæsək] *n* **1** CUSHION : almohadón *m*, cojín *m* **2** FOOTSTOOL : escabel *m*

haste [ˈheɪst] *n* **1** : prisa *f*, apuro *m* **2 to make haste** : darse prisa, apurarse

hasten [ˈheɪsən] *vt* : acelerar, precipitar — *vi* : apresurarse, apurarse

hasty [ˈheɪsti] *adj* **hastier; -est** **1** HURRIED, QUICK : rápido, apresurado, apurado **2** RASH : precipitado — **hastily** [-təli] *adv*

hat [ˈhæt] *n* : sombrero *m*

hatch[1] [ˈhætʃ] *vt* **1** : incubar, empollar (huevos) **2** DEVISE : idear, tramar — *vi* : salir del cascarón

hatch[2] *n* : escotilla *f*

hatchery [ˈhætʃəri] *n, pl* **-ries** : criadero *m*

hatchet [ˈhætʃət] *n* : hacha *f*

hatchway [ˈhætʃˌweɪ] *n* : escotilla *f*

hate[1] [ˈheɪt] *vt* **hated; hating** : odiar, aborrecer, detestar

hate[2] *n* : odio *m*

hateful [ˈheɪtfəl] *adj* : odioso, aborrecible, detestable — **hatefully** *adv*

hatred [ˈheɪtrəd] *n* : odio *m*

hatter [ˈhætər] *n* : sombrerero *m*, -ra *f*

haughtiness [ˈhɔtinəs] *n* : altanería *f*, altivez *f*

haughty [ˈhɔti] *adj* **-tier; -est** : altanero, altivo — **haughtily** [-təli] *adv*

haul[1] [ˈhɔl] *vt* **1** DRAG, PULL : arrastrar, jalar **2** TRANSPORT : transportar

haul[2] *n* **1** PULL : tirón *m*, jalón *m* **2** CATCH : redada *f* **3** JOURNEY : viaje *m*, trayecto *m* ⟨it's a long haul : es un trayecto largo⟩

haulage [ˈhɔlɪʤ] *n* : transporte *m*, tiro *m*

hauler [ˈhɔlər] *n* : transportista *mf*

haunch [ˈhɔntʃ] *n* **1** HIP : cadera *f* **2 haunches** *npl* HINDQUARTERS : ancas *fpl*, cuartos *mpl* traseros

haunt[1] [ˈhɔnt] *vt* **1** : aparecer en (dícese de un fantasma) **2** FREQUENT : frecuentar, rondar **3** PREOCCUPY : perseguir, obsesionar

haunt[2] *n* : guarida *f* (de animales o ladrones), lugar *m* predilecto

haunting [ˈhɔntɪŋ] *adj* : obsesionante, evocador — **hauntingly** *adv*

haute [ˈoːt] *adj* **1** : de moda, de categoría **2 haute couture** [ˌoːtkuˈtur] : alta costura *f* **3 haute cuisine** [ˌoːtkwiˈziːn] : alta cocina *f*

have [ˈhæv, *in sense 3 as an auxiliary verb usu* ˈhæf] *v* **had** [ˈhæd]; **having; has** [ˈhæz, *in sense 3 as an auxiliary verb usu* ˈhæs] *vt* **1** POSSESS : tener ⟨do you have

change? : ¿tienes cambio?⟩ **2** EXPERI-
ENCE, UNDERGO : tener, experimentar, sufrir ⟨I have a toothache : tengo
un dolor de muelas⟩ **3** INCLUDE : tener, incluir ⟨April has 30 days : abril
tiene 30 días⟩ **4** CONSUME : comer,
tomar **5** RECEIVE : tener, recibir ⟨he
had my permission : tenía mi permiso⟩
6 ALLOW : permitir, dejar ⟨I won't have
it! : ¡no lo permitiré!⟩ **7** HOLD : hacer
⟨to have a party : dar una fiesta⟩ ⟨to
have a meeting : convocar una re-
unión⟩ **8** HOLD : tener ⟨he had me in
his power : me tenía en su poder⟩ **9**
BEAR : tener (niños) **10** (*indicating
causation*) ⟨she had a dress made
: mandó hacer un vestido⟩ ⟨to have
one's hair cut : cortarse el pelo⟩ — *v
aux* **1** : haber ⟨she has been very busy
: ha estado muy ocupada⟩ ⟨I've lived
here three years : hace tres años que
vivo aquí⟩ **2** (*used in tags*) ⟨you've finished, haven't you? : ha terminado,
¿no?⟩ **3 to have to** : deber, tener que
⟨we have to leave : tenemos que salir⟩

haven [ˈheɪvən] *n* : refugio *m*
havoc [ˈhævək] *n* **1** DESTRUCTION : estragos *mpl*, destrucción *f* **2** CHAOS,
DISORDER : desorden *m*, caos *m*
Hawaiian¹ [həˈwaɪən] *adj* : hawaiano
Hawaiian² *n* : hawaiano *m*, -na *f*
hawk¹ [ˈhɔk] *vt* : pregonar, vender (mercancías) en la calle
hawk² *n* : halcón *m*
hawker [ˈhɔkər] *n* : vendedor *m*, -dora *f*
ambulante
hawthorn [ˈhɔˌθɔrn] *n* : espino *m*
hay [ˈheɪ] *n* : heno *m*
hay fever *n* : fiebre *f* del heno
hayloft [ˈheɪˌlɔft] *n* : pajar *m*
hayseed [ˈheɪˌsiːd] *n* : palurdo *m*, -da *f*
haystack [ˈheɪˌstæk] *n* : almiar *m*
haywire [ˈheɪˌwaɪr] *adj* : descompuesto,
desbaratado ⟨to go haywire : estro-
pearse⟩
hazard¹ [ˈhæzərd] *vt* : arriesgar, aventurar
hazard² *n* **1** DANGER : peligro *m*, riesgo *m* **2** CHANCE : azar *m*
hazardous [ˈhæzərdəs] *adj* : arriesgado,
peligroso
haze¹ [ˈheɪz] *vt* **hazed; hazing** : abrumar, acosar
haze² *n* : bruma *f*, neblina *f*
hazel [ˈheɪzəl] *n* **1** : avellano *m* (árbol)
2 : color *m* avellana
hazelnut [ˈheɪzəlˌnʌt] *n* : avellana *f*
haziness [ˈheɪzinəs] *n* **1** MISTINESS
: nebulosidad *f* **2** VAGUENESS
: vaguedad *f*
hazy [ˈheɪzi] *adj* **hazier; -est 1** MISTY
: brumoso, neblinoso, nebuloso **2**
VAGUE : vago, confuso
he [ˈhiː] *pron* : él
head¹ [ˈhɛd] *vt* **1** LEAD : encabezar **2**
DIRECT : dirigir — *vi* : dirigirse
head² *adj* MAIN : principal ⟨the head office : la oficina central, la sede⟩

head³ *n* **1** : cabeza *f* ⟨from head to foot
: de pies a cabeza⟩ **2** MIND : mente *f*,
cabeza *f* **3** TIP, TOP : cabeza *f* (de un
clavo, un martillo, etc.), cabecera *f* (de
una mesa o un río), punta *f* (de una
flecha), flor *m* (de un repollo, etc.), encabezamiento *m* (de una carta, etc.),
espuma *f* (de cerveza) **4** DIRECTOR,
LEADER : director *m*, -tora *f*; jefe *m*, -fa
f; cabeza *f* (de una familia) **5** : cara *f*
(de una moneda) ⟨heads or tails : cara
o cruz⟩ **6** : cabeza *f* ⟨500 head of cattle : 500 cabezas de ganado⟩ ⟨$10 a
head : $10 por cabeza⟩ **7 to come to
a head** : llegar a un punto crítico
headache [ˈhɛdˌeɪk] *n* : dolor *m* de
cabeza, jaqueca *f*
headband [ˈhɛdˌbænd] *n* : cinta *f* del
pelo
headdress [ˈhɛdˌdrɛs] *n* : tocado *m*
headfirst [ˈhɛdˈfərst] *adv* : de cabeza
headgear [ˈhɛdˌgɪr] *n* : gorro *m*, casco
m, sombrero *m*
heading [ˈhɛdɪŋ] *n* **1** DIRECTION : dirección *f* **2** TITLE : encabezamiento *m*,
título *m* **3** : membrete *m* (de una carta)
headland [ˈhɛdlənd, -ˌlænd] *n* : cabo *m*
headlight [ˈhɛdˌlaɪt] *n* : faro *m*, foco *m*,
farol *m* *Mex*
headline [ˈhɛdˌlaɪn] *n* : titular *m*
headlong¹ [ˈhɛdˈlɔŋ] *adv* **1** HEADFIRST
: de cabeza **2** HASTILY : precipitadamente
headlong² [ˈhɛdˌlɔŋ] *adj* : precipitado
headmaster [ˈhɛdˌmæstər] *n* : director
m
headmistress [ˈhɛdˌmɪstrəs, -ˈmɪs-] *n*
: directora *f*
head-on [ˈhɛdˈɑn, -ˈɔn] *adv & adj* : de
frente
headphones [ˈhɛdˌfoːnz] *npl* : audífonos
mpl, cascos *mpl*
headquarters [ˈhɛdˌkwɔrtərz] *ns & pl* **1**
SEAT : oficina *f* central, sede *f* **2** : cuartel *m* general (de los militares)
headrest [ˈhɛdˌrɛst] *n* : apoyacabezas *m*
headship [ˈhɛdˌʃɪp] *n* : dirección *f*
head start *n* : ventaja *f*
headstone [ˈhɛdˌstoːn] *n* : lápida *f*
headstrong [ˈhɛdˈstrɔŋ] *adj* : testarudo,
obstinado, empecinado
headwaiter [ˈhɛdˌweɪtər] *n* : jefe *m*, -fa *f*
de comedor
headwaters [ˈhɛdˌwɔtərz, -ˌwɑ-] *npl*
: cabecera *f*
headway [ˈhɛdˌweɪ] *n* : progreso *m* ⟨to
make headway against : avanzar con-
tra⟩
heady [ˈhɛdi] *adj* **headier; -est 1** IN-
TOXICATING : embriagador, excitante
2 SHREWD : astuto, sagaz
heal [ˈhiːl] *vt* : curar, sanar — *vi* **1** : sanar, curarse **2 to heal up** : cicatrizarse
healer [ˈhiːlər] *n* **1** : curandero *m*, -dera
f **2** : curador *m*, -dora *f* (cosa)
health [ˈhɛlθ] *n* : salud *f*

healthful ['hɛlfəl] *adj* : saludable, salubre — **healthfully** *adv*

healthy ['hɛlθi] *adj* **healthier; -est** : sano, bien — **healthily** [-θəli] *adv*

heap¹ ['hi:p] *vt* 1 PILE : amontonar, apilar 2 SHOWER : colmar

heap² *n* : montón *m*, pila *f*

hear ['hɪr] *v* **heard** ['hərd]; **hearing** *vt* 1 : oír ⟨do you hear me? : ¿me oyes?⟩ 2 HEED : oír, prestar atención a 3 LEARN : oír, enterarse de — *vi* 1 : oír ⟨to hear about : oír hablar de⟩ 2 **to hear from** : tener noticias de

hearing ['hɪrɪŋ] *n* 1 : oído *m* ⟨hard of hearing : duro de oído⟩ 2 : vista *f* (en un tribunal) 3 ATTENTION : consideración *f*, oportunidad *f* de expresarse 4 EARSHOT : alcance *m* del oído

hearing aid *n* : audífono *m*

hearken ['harkən] *vt* : escuchar

hearsay ['hɪr,seɪ] *n* : rumores *mpl*

hearse ['hərs] *n* : coche *m* fúnebre

heart ['hart] *n* 1 : corazón *m* 2 CENTER, CORE : corazón *m*, centro *m* ⟨the heart of the matter : el meollo del asunto⟩ 3 FEELINGS : corazón *m*, sentimientos *mpl* ⟨a broken heart : un corazón destrozado⟩ ⟨to have a good heart : tener buen corazón⟩ ⟨to take something to heart : tomarse algo a pecho⟩ 4 COURAGE : valor *m*, corazón *m* ⟨to take heart : animarse, cobrar ánimos⟩ 5 hearts *npl* : corazones *mpl* (en juegos de naipes) 6 **by heart** : de memoria

heartache ['hart,eɪk] *n* : pena *f*, angustia *f*

heart attack *n* : infarto *m*, ataque *m* al corazón

heartbeat ['hart,bi:t] *n* : latido *m* (del corazón)

heartbreak ['hart,breɪk] *n* : congoja *f*, angustia *f*

heartbreaking ['hart,breɪkɪŋ] *adj* : desgarrador, que parte el corazón

heartbroken ['hart,bro:kən] *adj* : desconsolado, destrozado

heartburn ['hart,bərn] *n* : acidez *f* estomacal

hearten ['hartən] *vt* : alentar, animar

heartfelt ['hart,fɛlt] *adj* : sentido

hearth ['harθ] *n* : hogar *m*, chimenea *f*

heartily ['hartəli] *adv* 1 ENTHUSIASTICALLY : de buena gana, con entusiasmo 2 TOTALLY : totalmente, completamente

heartless ['hartləs] *adj* : desalmado, despiadado, cruel

heartsick ['hart,sɪk] *adj* : abatido, desconsolado

heartstrings ['hart,strɪŋz] *npl* : fibras *fpl* del corazón

heartwarming ['hart,wɔrmɪŋ] *adj* : conmovedor, emocionante

hearty ['harti] *adj* **heartier; -est** 1 CORDIAL, WARM : cordial, caluroso 2 STRONG : fuerte ⟨to have a hearty appetite : ser de buen comer⟩ 3 SUBSTANTIAL : abundante, sustancioso ⟨a

hearty breakfast : un desayuno abundante⟩

heat¹ ['hi:t] *vt* : calentar

heat² *n* 1 WARMTH : calor *m* 2 HEATING : calefacción *f* 3 EXCITEMENT : calor *m*, entusiasmo *m* ⟨in the heat of the moment : en el calor del momento⟩ 4 ESTRUS : celo *m*

heated ['hi:təd] *adj* 1 WARMED : calentado 2 IMPASSIONED : acalorado, apasionado

heater ['hi:tər] *n* : calentador *m*, estufa *f*, calefactor *m*

heath ['hi:θ] *n* 1 MOOR : brezal *m*, páramo *m* 2 HEATHER : brezo *m*

heathen¹ ['hi:ðən] *adj* : pagano

heathen² *n*, *pl* **-thens** *or* **-then** : pagano *m*, -na *f*; infiel *mf*

heather ['hɛðər] *n* : brezo *m*

heave¹ ['hi:v] *v* **heaved** *or* **hove** ['ho:v]; **heaving** *vt* 1 LIFT, RAISE : levantar con esfuerzo 2 HURL : lanzar, tirar 3 **to heave a sigh** : echar un suspiro, suspirar — *vi* 1 : subir y bajar, palpitar (dícese del pecho) 2 **to heave up** RISE : levantarse

heave² *n* 1 EFFORT : gran esfuerzo *m* (para levantar algo) 2 THROW : lanzamiento *m*

heaven ['hɛvən] *n* 1 : cielo *m* ⟨for heaven's sake : por Dios⟩ 2 **heavens** *npl* SKY : cielo *m* ⟨the heavens opened up : empezó a llover a cántaros⟩

heavenly ['hɛvənli] *adj* 1 : celestial, celeste 2 DELIGHTFUL : divino, encantador

heavily ['hɛvəli] *adv* 1 : pesadamente, con mucho peso 2 LABORIOUSLY : trabajosamente, penosamente 3 : mucho

heaviness ['hɛvinəs] *n* : peso *m*, pesadez *f*

heavy ['hɛvi] *adj* **heavier; -est** 1 WEIGHTY : pesado 2 DENSE, THICK : denso, espeso, grueso 3 BURDENSOME : oneroso, gravoso 4 PROFOUND : profundo 5 SLUGGISH : lento, sordo 6 STOUT : corpulento 7 SEVERE : severo, duro, fuerte

heavy–duty ['hɛvi'du:ti, -'dju:-] *adj* : muy resistente, fuerte

heavyweight ['hɛvi,weɪt] *n* : peso *m* pesado (en deportes)

Hebrew¹ ['hi:,bru:] *adj* : hebreo

Hebrew² *n* 1 : hebreo *m*, -brea *f* 2 : hebreo *m* (idioma)

heck ['hɛk] *n* : ¡caramba!, ¡caray! ⟨a heck of a lot : un montón⟩ ⟨what the heck is ... ? : ¿que diablos es ... ?⟩

heckle ['hɛkəl] *vt* **-led; -ling** : interrumpir (a un orador)

hectare ['hɛk,tær] *n* : hectárea *f*

hectic ['hɛktɪk] *adj* : agitado, ajetreado — **hectically** [-tɪkli] *adv*

he'd ['hi:d] (*contraction of* **he had** *or* **he would**) → **have, would**

hedge¹ ['hɛdʒ] *v* **hedged; hedging** *vt* 1 : cercar con un seto 2 **to hedge one's bet** : cubrirse — *vi* 1 : dar rodeos, contestar con evasivas **2 to hedge against** : cubrirse contra, protegerse contra

hedge² *n* **1** : seto *m* vivo **2** SAFEGUARD : salvaguardia *f*, protección *f*

hedgehog ['hɛʤ,hɑg, -,hɔg] *n* : erizo *m*

heed¹ ['hi:d] *vt* : prestar atención a, hacer caso de

heed² *n* : atención *f*

heedless ['hi:dləs] *adj* : descuidado, despreocupado, inconsciente ⟨to be heedless of : hacer caso omiso de⟩ — **heedlessly** *adv*

heel¹ ['hi:l] *vi* : inclinarse

heel² *n* : talón *m* (del pie), tacón *m* (de calzado)

heft ['hɛft] *vt* : sopesar

hefty ['hɛfti] *adj* **heftier; -est** : robusto, fornido, pesado

hegemony [hɪ'ʤɛməni] *n, pl* **-nies** : hegemonía *f*

heifer ['hɛfər] *n* : novilla *f*

height ['haɪt] *n* **1** PEAK : cumbre *f*, cima *f*, punto *m* alto ⟨at the height of her career : en la cumbre de su carrera⟩ ⟨the height of stupidity : el colmo de la estupidez⟩ **2** TALLNESS : estatura *f* (de una persona), altura *f* (de un objeto) **3** ALTITUDE : altura *f*

heighten ['haɪtən] *vt* **1** : hacer más alto **2** INTENSIFY : aumentar, intensificar — *vi* : aumentar, intensificarse

heinous ['heɪnəs] *adj* : atroz, abominable, nefando

heir ['ær] *n* : heredero *m*, -ra *f*

heiress ['ærəs] *n* : heredera *f*

heirloom ['ær,lu:m] *n* : reliquia *f* de familia

held → hold

helicopter ['hɛlə,kɑptər] *n* : helicóptero *m*

helium ['hi:liəm] *n* : helio *m*

helix ['hi:lɪks] *n, pl* **helices** ['hɛlə,si:z, 'hi:-] *or* **helixes** ['hi:lɪksəz] : hélice *f*

hell ['hɛl] *n* : infierno *m*

he'll ['hi:l, 'hɪl] (*contraction of* **he shall** *or* **he will**) → **shall, will**

hellish ['hɛlɪʃ] *adj* : horroroso, infernal

hello [hə'lo:, hɛ-] *interj* : ¡hola!

helm ['hɛlm] *n* **1** : timón *m* **2 to take the helm** : tomar el mando

helmet ['hɛlmət] *n* : casco *m*

help¹ ['hɛlp] *vt* **1** AID, ASSIST : ayudar, auxiliar, socorrer, asistir **2** ALLEVIATE : aliviar **3** SERVE : servir ⟨help yourself! : ¡sírvete!⟩ **4** AVOID : evitar ⟨it can't be helped : no lo podemos evitar, no hay más remedio⟩ ⟨I couldn't help smiling : no pude menos que sonreír⟩

help² *n* **1** ASSISTANCE : ayuda *f* ⟨help! : ¡socorro!, ¡auxilio!⟩ **2** STAFF : personal *m* (en una oficina), servicio *m* doméstico

helper ['hɛlpər] *n* : ayudante *mf*

helpful ['hɛlpfəl] *adj* **1** OBLIGING : servicial, amable, atento **2** USEFUL : útil, práctico — **helpfully** *adv*

helpfulness ['hɛlpfəlnəs] *n* **1** KINDNESS : bondad *f*, amabilidad *f* **2** USEFULNESS : utilidad *f*

helping ['hɛlpɪŋ] *n* : porción *f*

helpless ['hɛlpləs] *adj* **1** POWERLESS : incapaz, impotente **2** DEFENSELESS : indefenso

helplessly ['hɛlpləsli] *adv* : en vano, inútilmente

helplessness ['hɛlpləsnəs] *n* POWERLESSNESS : incapacidad *f*, impotencia *f*

helter–skelter [,hɛltər'skɛltər] *adv* : atropelladamente, precipitadamente

hem¹ ['hɛm] *vt* **hemmed; hemming** **1** : dobladillar **2 to hem in** : encerrar

hem² *n* : dobladillo *m*, bastilla *f*

hemisphere ['hɛmə,sfɪr] *n* : hemisferio *m*

hemispheric [,hɛmə'sfɪrɪk, -'sfɪr-] *or* **hemispherical** [-ɪkəl] *adj* : hemisférico

hemlock ['hɛm,lɑk] *n* : cicuta *f*

hemoglobin ['hi:mə,glo:bən] *n* : hemoglobina *f*

hemophilia [,hi:mə'fɪliə] *n* : hemofilia *f*

hemorrhage¹ ['hɛmərɪʤ] *vi* **-rhaged; -rhaging** : sufrir una hemorragia

hemorrhage² *n* : hemorragia *f*

hemorrhoids ['hɛmə,rɔɪdz, 'hɛm-,rɔɪdz] *npl* : hemorroides *fpl*, almorranas *fpl*

hemp ['hɛmp] *n* : cáñamo *m*

hen ['hɛn] *n* : gallina *f*

hence ['hɛns] *adv* **1** : de aquí, de ahí ⟨10 years hence : de aquí a 10 años⟩ ⟨a dog bit me, hence my dislike of animals : un perro me mordió, de ahí mi aversión a los animales⟩ **2** THEREFORE : por lo tanto, por consiguiente

henceforth ['hɛns,forθ, ,hɛns'-] *adv* : de ahora en adelante

henchman ['hɛnʧmən] *n, pl* **-men** [-mən, -,mɛn] : secuaz *mf*, esbirro *m*

henpeck ['hɛn,pɛk] *vt* : dominar (al marido)

hepatitis [,hɛpə'taɪtəs] *n, pl* **-titides** [-'tɪtə,di:z] : hepatitis *f*

her¹ ['hər] *adj* : su, sus, de ella ⟨her house : su casa, la casa de ella⟩

her² ['hər, ər] *pron* **1** (*used as direct object*) : la ⟨I saw her yesterday : la vi ayer⟩ **2** (*used as indirect object*) : le, se ⟨he gave her the book : le dio el libro⟩ ⟨he sent it to her : se lo mandó⟩ **3** (*used as object of a preposition*) : ella ⟨we did it for her : lo hicimos por ella⟩ ⟨taller than her : más alto que ella⟩

herald¹ ['hɛrəld] *vt* ANNOUNCE : anunciar, proclamar

herald² *n* **1** MESSENGER : heraldo *m* **2** HARBINGER : precursor *m*

heraldic [hɛ'rældɪk, hə-] *adj* : heráldico

heraldry ['hɛrəldri] *n, pl* **-ries** : heráldica *f*

herb ['ərb, 'hərb] *n* : hierba *f*

herbal ['ərbəl, 'hər-] *adj* : herbario

herbicide ['ərbə,saɪd, 'hər-] *n* : herbicida *m*

herbivore ['ərbə,vor, 'hər-] *n* : herbívoro *m*

herbivorous [,ər'bɪvərəs, ,hər-] *adj* : herbívoro

herculean [,hərkjə'li:ən, ,hər'kju:-liən] *adj* : hercúleo, sobrehumano

herd[1] ['hərd] *vt* : reunir en manada, conducir en manada — *vi* : ir en manada (dícese de los animales), apiñarse (dícese de la gente)

herd[2] *n* : manada *f*

herder ['hərdər] → **herdsman**

herdsman ['hərdzmən] *n*, *pl* **-men** [-mən, -ˌmɛn] : vaquero *m* (de ganado), pastor *m* (de ovejas)

here[1] ['hɪr] *adv* 1 : aquí, acá ⟨come here! : ¡ven acá!⟩ ⟨right here : aquí mismo⟩ 2 NOW : en este momento, ahora, ya ⟨here he comes : ya viene⟩ ⟨here it's three o'clock (already) : ahora son las tres⟩ 3 : en este punto ⟨here we agree : estamos de acuerdo en este punto⟩ 4 **here you are!** : ¡toma!

hereabouts ['hɪrəˌbaʊts] *or* **hereabout** [-ˌbaʊt] *adv* : por aquí (cerca)

hereafter[1] [hɪr'æftər] *adv* 1 : de aquí en adelante, a continuación 2 : en el futuro

hereafter[2] *n* **the hereafter** : el más allá

hereby [hɪr'baɪ] *adv* : por este medio

hereditary [hə'rɛdəˌtɛri] *adj* : hereditario

heredity [hə'rɛdəti] *n* : herencia *f*

herein [hɪr'ɪn] *adv* : aquí

hereof [hɪr'ʌv] *adv* : de aquí

hereon [hɪr'an, -'ɔn] *adv* : sobre esto

heresy ['hɛrəsi] *n*, *pl* **-sies** : herejía *f*

heretic ['hɛrəˌtɪk] *n* : hereje *mf*

heretical [hə'rɛtɪkəl] *adj* : herético

hereto [hɪr'tu:] *adv* : a esto

heretofore [ˌhɪrtə'fɔr] *adv* HITHERTO : hasta ahora

hereunder [hɪr'ʌndər] *adv* : a continuación, abajo

hereupon [hɪrə'pan, -'pɔn] *adv* : con esto, en ese momento

herewith [hɪr'wɪθ] *adv* : adjunto

heritage ['hɛrətɪdʒ] *n* : patrimonio *m* (nacional)

hermaphrodite [hər'mæfrəˌdaɪt] *n* : hermafrodita *mf*

hermetic [hər'mɛtɪk] *adj* : hermético — **hermetically** [-ɪkli] *adv*

hermit ['hərmət] *n* : ermitaño *m*, -ña *f*; eremita *mf*

hernia ['hərniə] *n*, *pl* **-nias** *or* **-niae** [-niˌi:, -niˌaɪ] : hernia *f*

hero ['hiːˌroː, 'hɪrˌoː] *n*, *pl* **-roes** 1 : héroe *m* 2 PROTAGONIST : protagonista *mf*

heroic [hɪ'roːɪk] *adj* : heroico — **heroically** [-ɪkli] *adv*

heroics [hɪ'roːɪks] *npl* : actos *mpl* heroicos

heroin ['hɛroən] *n* : heroína *f*

heroine ['hɛroən] *n* 1 : heroína *f* 2 PROTAGONIST : protagonista *f*

heroism ['hɛroˌɪzəm] *n* : heroísmo *m*

heron ['hɛrən] *n* : garza *f*

herpes ['hərˌpiːz] *n* : herpes *m*

herring ['hɛrɪŋ] *n*, *pl* **-ring** *or* **-rings** : arenque *m*

hers ['hərz] *pron* : suyo; -ya; suyos; -yas; de ella ⟨these shoes are hers : estos zapatos son suyos⟩ ⟨hers are bigger : los de ella son más grandes⟩

herself [hər'sɛlf] *pron* 1 (*used reflexively*) : se ⟨she dressed herself : se vistió⟩ 2 (*used emphatically*) : ella misma ⟨she fixed it herself : lo arregló ella misma, lo arregló por sí sola⟩

hertz ['hərts, 'hɛrts] *ns* & *pl* : hercio *m*

he's ['hiːz] (*contraction of* **he is** *or* **he has**) → **be, have**

hesitancy ['hɛzətən(t)si] *n*, *pl* **-cies** : vacilación *f*, titubeo *m*, indecisión *f*

hesitant ['hɛzətənt] *adj* : titubeante, vacilante — **hesitantly** *adv*

hesitate ['hɛzəˌteɪt] *vi* **-tated; -tating** : vacilar, titubear

hesitation [ˌhɛzə'teɪʃən] *n* : vacilación *f*, indecisión *f*, titubeo *m*

heterogeneous [ˌhɛtərə'dʒiːniəs, -njəs] *adj* : heterogéneo

heterosexual[1] [ˌhɛtəro'sɛkʃuəl] *adj* : heterosexual

heterosexual[2] *n* : heterosexual *mf*

heterosexuality [ˌhɛtəroˌsɛkʃu'æləti] *n* : heterosexualidad *f*

hew ['hjuː] *v* **hewed; hewed** *or* **hewn** ['hjuːn]; **hewing** *vt* 1 CUT : cortar, talar (árboles) 2 SHAPE : labrar, tallar — *vi* CONFORM : conformarse, ceñirse

hex[1] ['hɛks] *vt* : hacerle un maleficio (a alguien)

hex[2] *n* : maleficio *m*

hexagon ['hɛksəˌgan] *n* : hexágono *m*

hexagonal [hɛk'sægənəl] *adj* : hexagonal

hey ['heɪ] *interj* : ¡eh!, ¡oye!

heyday ['heɪˌdeɪ] *n* : auge *m*, apogeo *m*

hi ['haɪ] *interj* : ¡hola!

hiatus [haɪ'eɪtəs] *n* 1 : hiato *m* 2 PAUSE : pausa *f*

hibernate ['haɪbərˌneɪt] *vi* **-nated; -nating** : hibernar, invernar

hibernation [ˌhaɪbər'neɪʃən] *n* : hibernación *f*

hiccup[1] ['hɪkəp] *vi* **-cuped; -cuping** : hipar, tener hipo

hiccup[2] *n* : hipo *m* ⟨to have the hiccups : tener hipo⟩

hick ['hɪk] *n* BUMPKIN : palurdo *m*, -da *f*

hickory ['hɪkəri] *n*, *pl* **-ries** : nogal *m* americano

hidden ['hɪdən] *adj* : oculto

hide[1] ['haɪd] *v* **hid** ['hɪd]; **hidden** ['hɪdən] *or* **hid**; **hiding** *vt* 1 CONCEAL : esconder 2 : ocultar ⟨to hide one's motives : ocultar uno sus motivos⟩ 3 SCREEN : tapar, no dejar ver — *vi* : esconderse

hide[2] *n* : piel *f*, cuero *m* ⟨to save one's hide : salvar el pellejo⟩

hide-and-seek ['haɪdənd'siːk] *n* **to play hide-and-seek** : jugar a las escondidas

hidebound ['haɪdˌbaʊnd] *adj* : rígido, conservador

hideous ['hɪdiəs] *adj* : horrible, horroroso, espantoso — **hideously** *adv*

hideout ['haɪdˌaʊt] *n* : guarida *f*, escondrijo *m*

hierarchical [ˌhaɪə'rarkɪkəl] *adj* : jerárquico

hierarchy ['haɪə,rɑrki] *n, pl* **-chies** : jerarquía *f*

hieroglyphic [,haɪərə'glɪfɪk] *n* : jeroglífico *m*

hi-fi ['haɪ'faɪ] *n* **1** → **high fidelity** **2** : equipo *m* de alta fidelidad

high¹ ['haɪ] *adv* : alto

high² *adj* **1** TALL : alto ⟨a high wall : una pared alta⟩ **2** ELEVATED : alto, elevado ⟨high prices : precios elevados⟩ ⟨high blood pressure : presión alta⟩ **3** GREAT, IMPORTANT : grande, importante, alto ⟨a high number : un número grande⟩ ⟨high society : alta sociedad⟩ ⟨high hopes : grandes esperanzas⟩ **4** : alto (en música) **5** INTOXICATED : borracho, drogado

high³ *n* **1** : récord *m*, punto *m* máximo ⟨to reach an all-time high : batir el récord⟩ **2** : zona *f* de alta presión (en meteorología) **3** *or* **high gear** : directa *f* **4 on high** : en las alturas

highbrow ['haɪ,braʊ] *n* : intelectual *mf*

higher ['haɪər] *adj* : superior

high fidelity *n* : alta fidelidad *f*

high-flown ['haɪ'floːn] *adj* : altisonante

high-handed ['haɪ'hændəd] *adj* : arbitrario

highlands ['haɪləndz] *npl* : tierras *fpl* altas, altiplano *m*

highlight¹ ['haɪ,laɪt] *vt* **1** EMPHASIZE : destacar, poner en relieve, subrayar **2** : ser el punto culminante de

highlight² *n* : punto *m* culminante

highly ['haɪli] *adv* **1** VERY : muy, sumamente **2** FAVORABLY : muy bien ⟨to speak highly of : hablar muy bien de⟩ ⟨to think highly of : tener en mucho a⟩

highness ['haɪnəs] *n* **1** HEIGHT : altura *f* **2 Highness** : Alteza *f* ⟨Your Royal Highness : Su Alteza Real⟩

high-pitched ['haɪ'pɪtʃt] *adj* : agudo

high-rise ['haɪ,raɪz] *adj* : alto, de muchas plantas

high school *n* : escuela *f* superior, escuela *f* secundaria

high seas *npl* : alta mar *f*

high-spirited ['haɪ'spɪrətəd] *adj* : vivaz, muy animado, brioso

high-strung [,haɪ'strʌŋ] *adj* : nervioso, excitable

highway ['haɪ,weɪ] *n* : carretera *f*

highwayman ['haɪ,weɪmən] *n, pl* **-men** [-mən, -,mɛn] : salteador *m* (de caminos), bandido *m*

hijack¹ ['haɪ,dʒæk] *vt* : secuestrar

hijack² *n* : secuestro *m*

hijacker ['haɪ,dʒækər] *n* : secuestrador *m*, -dora *f*

hike¹ ['haɪk] *v* **hiked; hiking** *vi* : hacer una caminata — *vt* RAISE : subir

hike² *n* **1** : caminata *f*, excursión *f* **2** INCREASE : subida *f* (de precios)

hiker ['haɪkər] *n* : excursionista *mf*

hilarious [hɪ'læriəs, haɪ-] *adj* : muy divertido, hilarante

hilarity [hɪ'lærəti, haɪ-] *n* : hilaridad *f*

hill ['hɪl] *n* **1** : colina *f*, cerro *m* **2** SLOPE : cuesta *f*, pendiente *f*

hillbilly ['hɪl,bɪli] *n, pl* **-lies** : palurdo *m*, -da *f* (de las montañas)

hillock ['hɪlək] *n* : loma *f*, altozano *m*, otero *m*

hillside ['hɪl,saɪd] *n* : ladera *f*, cuesta *f*

hilltop ['hɪl,tɑp] *n* : cima *f*, cumbre *f*

hilly ['hɪli] *adj* **hillier; -est** : montañoso, accidentado

hilt ['hɪlt] *n* : puño *m*, empuñadura *f*

him ['hɪm, əm] *pron* **1** (*used as direct object*) : lo ⟨I found him : lo encontré⟩ **2** (*used as indirect object*) : le, se ⟨we gave him a present : le dimos un regalo⟩ ⟨I sent it to him : se lo mandé⟩ **3** (*used as object of a preposition*) : él ⟨she was thinking of him : pensaba en él⟩ ⟨younger than him : más joven que él⟩

himself [hɪm'sɛlf] *pron* **1** (*used reflexively*) : se ⟨he washed himself : se lavó⟩ **2** (*used emphatically*) : él mismo ⟨he did it himself : lo hizo él mismo, lo hizo por sí solo⟩

hind¹ ['haɪnd] *adj* : trasero, posterior ⟨hind legs : patas traseras⟩

hind² *n* : cierva *f*

hinder ['hɪndər] *vt* : dificultar, impedir, estorbar

Hindi ['hɪndi] *n* : hindi *m*

hindquarters ['haɪnd,kwɔrtərz] *npl* : cuartos *mpl* traseros

hindrance ['hɪndrəns] *n* : estorbo *m*, obstáculo *m*, impedimento *m*

hindsight ['haɪnd,saɪt] *n* : retrospectiva *f* ⟨with the benefit of hindsight : en retrospectiva, con la perspectiva que da la experiencia⟩

Hindu¹ ['hɪn,du] *adj* : hindú

Hindu² *n* : hindú *mf*

Hinduism ['hɪndu,ɪzəm] *n* : hinduismo *m*

hinge¹ ['hɪndʒ] *v* **hinged; hinging** *vt* : unir con bisagras — *vi* **to hinge on** : depender de

hinge² *n* : bisagra *f*, gozne *m*

hint¹ ['hɪnt] *vt* : insinuar, dar a entender — *vi* : soltar indirectas

hint² *n* **1** INSINUATION : insinuación *f*, indirecta *f* **2** TIP : consejo *m*, sugerencia *f* **3** TRACE : pizca *f*, indicio *m*

hinterland ['hɪntər,lænd, -lənd] *n* : interior *m* (de un país)

hip ['hɪp] *n* : cadera *f*

hip-hop ['hɪp,hɑp] *n* : hip-hop *m*

hippie ['hɪpi] *n* : hippie *mf*, hippy *mf*

hippopotamus [,hɪpə'pɑtəməs] *n, pl* **-muses** *or* **-mi** [-,maɪ] : hipopótamo *m*

hippo ['hɪpo] *n, pl* **hippos** → **hippopotamus**

hire¹ ['haɪr] *vt* **hired; hiring** **1** EMPLOY : contratar, emplear **2** RENT : alquilar, arrendar

hire² *n* **1** RENT : alquiler *m* ⟨for hire : se alquila⟩ **2** WAGES : paga *f*, sueldo *m* **3** EMPLOYEE : empleado *m*, -da *f*

his¹ ['hɪz, ɪz] *adj* : su, sus, de él ⟨his hat : su sombrero, el sombrero de él⟩

his² *pron* : suyo, -ya; suyos, suyas; de él ⟨the decision is his : la decisión es suya⟩ ⟨it's his, not hers : es de él, no de ella⟩

Hispanic¹ [hɪˈspænɪk] *adj* : hispano, hispánico

Hispanic² *n* : hispano *m*, -na *f*; hispánico *m*, -ca *f*

hiss¹ [ˈhɪs] *vi* : sisear, silbar — *vt* : decir entre dientes

hiss² *n* : siseo *m*, silbido *m*

historian [hɪˈstɔriən] *n* : historiador *m*, -dora *f*

historic [hɪˈstɔrɪk] *or* **historical** [-ɪkəl] *adj* : histórico — **historically** [-ɪkli] *adv*

history [ˈhɪstəri] *n, pl* -ries 1 : historia *f* 2 RECORD : historial *m*

histrionics [ˌhɪstriˈɑnɪks] *ns & pl* : histrionismo *m*

hit¹ [ˈhɪt] *v* **hit; hitting** *vt* 1 STRIKE : golpear, pegar, batear (una pelota) ⟨he hit the dog : le pegó al perro⟩ 2 : chocar contra, dar con, dar en (el blanco) ⟨the car hit a tree : el coche chocó contra un árbol⟩ 3 AFFECT : afectar ⟨the news hit us hard : la noticia nos afectó mucho⟩ 4 ENCOUNTER : tropezar con, toparse con ⟨to hit a snag : tropezar con un obstáculo⟩ 5 REACH : llegar a, alcanzar ⟨the price hit $10 a pound : el precio alcanzó los $10 dólares por libra⟩ ⟨to hit town : llegar a la ciudad⟩ ⟨to hit the headlines : ser noticia⟩ 6 to **hit on** *or* to **hit upon** : dar con — *vi* : golpear

hit² *n* 1 BLOW : golpe *m* 2 : impacto *m* (de un arma) 3 SUCCESS : éxito *m*

hitch¹ [ˈhɪtʃ] *vt* 1 : mover con sacudidas 2 ATTACH : enganchar, atar, amarrar → **hitchhike** 4 to **hitch up** : subirse (los pantalones, etc.)

hitch² *n* 1 JERK : tirón *m*, jalón *m* 2 OBSTACLE : obstáculo *m*, impedimento *m*, tropiezo *m*

hitchhike [ˈhɪtʃˌhaɪk] *vi* -**hiked; -hiking** : hacer autostop, ir de aventón *Col, Mex fam*

hitchhiker [ˈhɪtʃˌhaɪkər] *n* : autostopista *mf*

hither [ˈhɪðər] *adv* : acá, por aquí

hitherto [ˈhɪðərˌtu:, ˌhɪðər-] *adv* : hasta ahora

hitter [ˈhɪtər] *n* BATTER : bateador *m*, -dora *f*

HIV [ˌeɪtʃˌaɪˈvi:] *n* (human *i*mmunodeficiency virus) : VIH *m*, virus *m* del sida

hive [ˈhaɪv] *n* 1 : colmena *f* 2 SWARM : enjambre *m* 3 : lugar *m* muy activo ⟨a hive of activity : un hervidero de actividad⟩

hives [ˈhaɪvz] *ns & pl* : urticaria *f*

hoard¹ [ˈhɔrd] *vt* : acumular, atesorar

hoard² *n* : tesoro *m*, reserva *f*, provisión *f*

hoarfrost [ˈhɔrˌfrɔst] *n* : escarcha *f*

hoarse [ˈhɔrs] *adj* **hoarser; -est** : ronco — **hoarsely** *adv*

hoarseness [ˈhɔrsnəs] *n* : ronquera *f*

hoary [ˈhɔri] *adj* **hoarier; -est** 1 : cano, canoso 2 OLD : vetusto, antiguo

hoax¹ [ˈho:ks] *vt* : engañar, embaucar, bromear

hoax² *n* : engaño *m*, broma *f*

hobble¹ [ˈhɑbəl] *v* -**bled; -bling** *vi* LIMP : cojear, renguear — *vt* : manear (un animal)

hobble² *n* 1 LIMP : cojera *f*, rengo *m* 2 : maniota *f* (para un animal)

hobby [ˈhɑbi] *n, pl* -**bies** : pasatiempo *m*, afición *f*

hobgoblin [ˈhɑbˌgɑblən] *n* : duende *m*

hobnail [ˈhɑbˌneɪl] *n* : tachuela *f*

hobnob [ˈhɑbˌnɑb] *vi* -**nobbed; -nobbing** : codearse

hobo [ˈho:ˌbo:] *n, pl* -**boes** : vagabundo *m*, -da *f*

hock¹ [ˈhɑk] *vt* PAWN : empeñar

hock² *n* in hock : empeñado

hockey [ˈhɑki] *n* : hockey *m*

hodgepodge [ˈhɑdʒˌpɑdʒ] *n* : mezcolanza *f*

hoe¹ [ˈho:] *vt* **hoed; hoeing** : azadonar

hoe² *n* : azada *f*, azadón *m*

hog¹ [ˈhɔg, ˈhɑg] *vt* **hogged; hogging** : acaparar, monopolizar

hog² *n* 1 PIG : cerdo *m*, -da *f* 2 GLUTTON : glotón *m*, -tona *f*

hogshead [ˈhɔgzˌhed, ˈhɑgz-] *n* : tonel *m*

hoist¹ [ˈhɔɪst] *vt* : levantar, alzar, izar (una bandera, una vela)

hoist² *n* : grúa *f*

hold¹ [ˈho:ld] *v* **held** [ˈheld]; **holding** *vt* 1 POSSESS : tener ⟨to hold office : ocupar un puesto⟩ 2 RESTRAIN : detener, controlar ⟨to hold one's temper : controlar su mal genio⟩ 3 CLASP, GRASP : agarrar, coger ⟨to hold hands : agarrarse de la mano⟩ 4 : sujetar, mantener fijo ⟨hold this nail for me : sujétame este clavo⟩ 5 CONTAIN : contener, dar cabida a 6 SUPPORT : aguantar, sostener 7 REGARD : considerar, tener ⟨he held me responsible : me consideró responsable⟩ 8 CONDUCT : celebrar (una reunión), realizar (un evento), mantener (una conversación) — *vi* 1 : aguantar, resistir ⟨the rope will hold : la cuerda resistirá⟩ 2 : ser válido, valer ⟨my offer still holds : mi oferta todavía es válida⟩ 3 to **hold forth** : perorar, arengar 4 to **hold to** : mantenerse firme en 5 to **hold with** : estar de acuerdo con

hold² *n* 1 GRIP : agarre *m*, llave *f* (en deportes) 2 CONTROL : control *m*, dominio *m* ⟨to get hold of oneself : controlarse⟩ 3 DELAY : demora *f* ⟨to put on hold : suspender temporalmente⟩ 4 : bodega *f* (en un barco o un avión) 5 to **get hold of** : conseguir, localizar

holder [ˈho:ldər] *n* : poseedor *m*, -dora *f*; titular *mf*

holdings [ˈho:ldɪŋz] *npl* : propiedades *fpl*

hold out *vi* 1 LAST : aguantar, durar 2 RESIST : resistir

holdup [ˈho:ldˌʌp] *n* 1 ROBBERY : atraco *m* 2 DELAY : retraso *m*, demora *f*

hold up *vt* 1 ROB : robarle (a alguien), atracar, asaltar 2 DELAY : retrasar

hole [ˈho:l] *n* : agujero *m*, hoyo *m*

holiday ['hɑlə,deɪ] *n* **1** : día *m* feriado, fiesta *f* **2** VACATION : vacaciones *fpl*

holiness ['ho:linəs] *n* **1** : santidad *f* **2 His Holiness** : Su Santidad

holistic [ho:'lɪstɪk] *adj* : holístico

holler¹ ['hɑlər] *vi* : gritar, chillar

holler² *n* : grito *m*, chillido *m*

hollow¹ ['hɑ,lo:] *vt* **or to hollow out** : ahuecar

hollow² *adj* **-lower; -est 1** : hueco, hundido (dícese de las mejillas, etc.), cavernoso (dícese de un sonido) **2** EMPTY, FALSE : vacío, falso

hollow³ *n* **1** CAVITY : hueco *m*, depresión *f*, cavidad *f* **2** VALLEY : hondonada *f*, valle *m*

hollowness ['hɑ,lo:nəs] *n* **1** HOLLOW : hueco *m*, cavidad *f* **2** FALSENESS : falsedad *f* **3** EMPTINESS : vacuidad *f*

holly ['hɑli] *n, pl* **-lies** : acebo *m*

hollyhock ['hɑli,hɑk] *n* : malvarrosa *f*

holocaust ['hɑlə,kɔst, 'ho:-, 'hɑ-] *n* : holocausto *m*

hologram ['ho:lə,græm, 'hɑ-] *n* : holograma *m*

holster ['ho:lstər] *n* : pistolera *f*

holy ['ho:li] *adj* **-lier; -est** : santo, sagrado

Holy Ghost → Holy Spirit

Holy Spirit *n* **the Holy Spirit** : el Espíritu Santo

homage ['ɑmɪdʒ, 'hɑ-] *n* : homenaje *m*

home¹ ['ho:m] *n* **1** : casa *f*, hogar *m*, domicilio *m* ⟨to feel at home : sentirse en casa⟩ **2** INSTITUTION : residencia *f*, asilo *m*

homecoming ['ho:m,kʌmɪŋ] *n* : regreso *m* (a casa)

homegrown ['ho:m'gro:n] *adj* **1** : de cosecha propia **2** LOCAL : local

homeland ['ho:m,lænd] *n* : patria *f*, tierra *f* natal, terruño *m*

homeless ['ho:mləs] *adj* : sin hogar, sin techo

homely ['ho:mli] *adj* **-lier; -est 1** DOMESTIC : casero, hogareño **2** UGLY : feo, poco atractivo

homemade ['ho:m'meɪd] *adj* : casero, hecho en casa

homemaker ['ho:m,meɪkər] *n* : ama *f* de casa, persona *f* que se ocupa de la casa

home plate *n* : base *f* del bateador

home run *n* : jonrón *m*

homesick ['ho:m,sɪk] *adj* : nostálgico ⟨to be homesick : echar de menos a la familia⟩

homesickness ['ho:m,sɪknəs] *n* : nostalgia *f*, morriña *f*

homespun ['ho:m,spʌn] *adj* : simple, sencillo

homestead ['ho:m,sted] *n* : estancia *f*, hacienda *f*

homeward¹ ['ho:mwərd] *or* **homewards** [-wərdz] *adv* : de vuelta a casa, hacia casa

homeward² *adj* : de vuelta, de regreso

homework ['ho:m,wərk] *n* : tarea *f*, deberes *mpl* Spain, asignación *f* PRi

homey ['ho:mi] *adj* **homier; -est** : hogareño

homicidal [,hɑmə'saɪdəl, ,ho:-] *adj* : homicida

homicide ['hɑmə,saɪd, 'ho:-] *n* : homicidio *m*

hominy ['hɑməni] *n* : maíz *m* descascarillado

homogeneity [,ho:mədʒə'ni:əti, -'neɪ-] *n, pl* **-ties** : homogeneidad *f*

homogeneous [,ho:mə'dʒi:niəs, -njəs] *adj* : homogéneo — **homogeneously** *adv*

homogenize [ho:'mɑdʒə,naɪz, hə-] *vt* **-nized; -nizing** : homogeneizar

homograph ['hɑmə,græf, 'ho:-] *n* : homógrafo *m*

homologous [ho:'mɑləgəs, hə-] *adj* : homólogo

homonym ['hɑmə,nɪm, 'ho:-] *n* : homónimo *m*

homophone ['hɑmə,fo:n, 'ho:-] *n* : homófono *m*

homosexual¹ [,ho:mə'sɛkʃuəl] *adj* : homosexual

homosexual² *n* : homosexual *mf*

homosexuality [,ho:mə,sɛkʃu'æləti] *n* : homosexualidad *f*

honcho ['hɑn,tʃo:] *n* : pez *m* gordo ⟨the head honcho : el jefe⟩

Honduran [hɑn'dʊrən, -'djʊr-] *n* : hondureño *m*, -ña *f* — **Honduran** *adj*

hone ['ho:n] *vt* **honed; honing** : afilar

honest ['ɑnəst] *adj* : honesto, honrado — **honestly** *adv*

honesty ['ɑnəsti] *n, pl* **-ties** : honestidad *f*, honradez *f*

honey ['hʌni] *n, pl* **-eys** : miel *f*

honeybee ['hʌni,bi:] *n* : abeja *f*

honeycomb ['hʌni,ko:m] *n* : panal *m*

honeymoon¹ ['hʌni,mu:n] *vi* : pasar la luna de miel

honeymoon² *n* : luna *f* de miel

honeysuckle ['hʌni,sʌkəl] *n* : madreselva *f*

honk¹ ['hɑŋk, 'hɔŋk] *vi* **1** : graznar (dícese del ganso) **2** : tocar la bocina (dícese de un vehículo), pitar

honk² *n* : graznido *m* (del ganso), bocinazo *m* (de un vehículo)

honor¹ ['ɑnər] *vt* **1** RESPECT : honrar **2** : cumplir con ⟨to honor one's word : cumplir con su palabra⟩ **3** : aceptar (un cheque, etc.)

honor² *n* **1** : honor *m* ⟨in honor of : en honor de⟩ **2 honors** *npl* AWARDS : honores *mpl*, condecoraciones *fpl* **3 Your Honor** : Su Señoría

honorable ['ɑnərəbəl] *adj* : honorable, honroso — **honorably** [-bli] *adv*

honorary ['ɑnə,reri] *adj* : honorario

hood ['hʊd] *n* **1** : capucha *f* **2** : capó *m*, bonete *m* Car (de un automóvil)

hooded ['hʊdəd] *adj* : encapuchado

hoodlum ['hʊdləm, 'hu:d-] *n* THUG : maleante *mf*, matón *m*

hoodwink ['hʊd,wɪŋk] *vt* : engañar

hoof ['huf, 'hu:f] *n, pl* **hooves** ['huvz, 'hu:vz] *or* **hoofs** : pezuña *f*, casco *m*

hoofed ['huft, 'hu:ft] *adj* : ungulado

hook¹ ['huk] *vt* : enganchar — *vi* : abrocharse, engancharse

hook² *n* : gancho *m*, percha *f*

hooked ['hukt] *adj* **1** : en forma de gancho **2 to be hooked on** : estar enganchado a

hooker ['hukər] *n* : prostituta *f*, fulana *f fam*

hookworm ['huk,wərm] *n* : anquilostoma *m*

hooligan ['hu:ligən] *n* : gamberro *m*, -rra *f*

hoop ['hu:p] *n* : aro *m*

hooray [hu'reɪ] → **hurrah**

hoot¹ ['hu:t] *vi* **1** SHOUT : gritar ⟨to hoot with laughter : morirse de risa, reírse a carcajadas⟩ **2** : ulular (dícese de un búho), tocar la bocina (dícese de un vehículo), silbar (dícese de un tren o un barco)

hoot² *n* **1** : ululato *m* (de un búho), silbido *m* (de un tren), bocinazo *m* (de un vehículo) **2** GUFFAW : carcajada *f*, risotada *f* **3 I don't give a hoot** : me vale un comino, no me importa un pito

hop¹ ['hɑp] *vi* **hopped; hopping** : brincar, saltar

hop² *n* **1** LEAP : salto *m*, brinco *m* **2** FLIGHT : vuelo *m* corto **3** : lúpulo *m* (planta)

hope¹ ['ho:p] *v* **hoped; hoping** *vi* : esperar — *vt* : esperar que ⟨we hope she comes : esperamos que venga⟩ ⟨I hope not : espero que no⟩

hope² *n* : esperanza *f*

hopeful ['ho:pfəl] *adj* : esperanzado — **hopefully** *adv*

hopeless ['ho:pləs] *adj* **1** DESPAIRING : desesperado **2** IMPOSSIBLE : imposible ⟨a hopeless case : un caso perdido⟩

hopelessly ['ho:pləsli] *adv* **1** : sin esperanzas, desesperadamente **2** COMPLETELY : totalmente, completamente **3** IMPOSSIBLY : imposiblemente

hopelessness ['ho:pləsnəs] *n* : desesperanza *f*

hopper ['hɑpər] *n* : tolva *f*

hopscotch ['hɑp,skɑtʃ] *n* : tejo *m*

horde ['hɔrd] *n* : horda *f*, multitud *f*

horizon [hə'raɪzən] *n* : horizonte *m*

horizontal [,hɔrə'zɑntəl] *adj* : horizontal — **horizontally** *adv*

hormone ['hɔr,mo:n] *n* : hormona *f* — **hormonal** [hɔr'mo:nəl] *adj*

horn ['hɔrn] *n* **1** : cuerno *m* (de un toro, una vaca, etc.) **2** : cuerno *m*, trompa *f* (instrumento musical) **3** : bocina *f*, claxon *m* (de un vehículo)

horned ['hɔrnd, 'hɔrnəd] *adj* : cornudo, astado, con cuernos

hornet ['hɔrnət] *n* : avispón *m*

horny ['hɔrni] *adj* **hornier; -est 1** CALLOUS : calloso **2** LUSTFUL *fam* : caliente *fam*

horoscope ['hɔrə,sko:p] *n* : horóscopo *m*

horrendous [hə'rɛndəs] *adj* : horrendo, horroroso, atroz

horrible ['hɔrəbəl] *adj* : horrible, espantoso, horroroso — **horribly** [-bli] *adv*

horrid ['hɔrɪd] *adj* : horroroso, horrible — **horridly** *adv*

horrific [hə'rɪfɪk] *adj* : terrorífico, horroroso

horrify ['hɔrə,faɪ] *vt* **-fied; -fying** : horrorizar

horrifying ['hɔrə,faɪɪŋ] *adj* : horripilante, horroroso

horror ['hɔrər] *n* : horror *m*

hors d'oeuvre [ɔr'dərv] *n, pl* **hors d'oeuvres** [-'dərvz] : entremés *m*

horse ['hɔrs] *n* : caballo *m*

horseback ['hɔrs,bæk] *n* **on ~** : a caballo

horse chestnut *n* : castaña *f* de Indias

horsefly ['hɔrs,flaɪ] *n, pl* **-flies** : tábano *m*

horsehair ['hɔrs,hær] *n* : crin *f*

horseman ['hɔrsmən] *n, pl* **-men** [-mən, -,mɛn] : jinete *m*, caballista *m*

horsemanship ['hɔrsmən,ʃɪp] *n* : equitación *f*

horseplay ['hɔrs,pleɪ] *n* : payasadas *fpl*

horsepower ['hɔrs,pauər] *n* : caballo *m* de fuerza

horseradish ['hɔrs,rædɪʃ] *n* : rábano *m* picante

horseshoe ['hɔrs,ʃu:] *n* : herradura *f*

horsewhip ['hɔrs,hwɪp] *vt* **-whipped; -whipping** : azotar, darle fuetazos (a alguien)

horsewoman ['hɔrs,wumən] *n, pl* **-women** [-,wɪmən] : amazona *f*, jinete *f*, caballista *f*

horsey *or* **horsy** ['hɔrsi] *adj* **horsier; -est** : relacionado a los caballos, caballar

horticultural [,hɔrtə'kʌltʃərəl] *adj* : hortícola

horticulture ['hɔrtə,kʌltʃər] *n* : horticultura *f*

hose¹ ['ho:z] *vt* **hosed; hosing** : regar o lavar con manguera

hose² *n* **1** *pl* **hose** SOCKS : calcetines *mpl*, medias *fpl* **2** *pl* **hose** STOCKINGS : medias *fpl* **3** *pl* **hoses** : manguera *f*, manga *f*

hosiery ['ho:ʒəri, 'ho:ʒə-] *n* : calcetería *f*, medias *fpl*

hospice ['hɑspəs] *n* : hospicio *m*

hospitable [hɑ'spɪtəbəl, 'hɑs,pɪ-] *adj* : hospitalario — **hospitably** [-bli] *adv*

hospital ['hɑs,pɪtəl] *n* : hospital *m*

hospitality [,hɑspə'tæləti] *n, pl* **-ties** : hospitalidad *f*

hospitalization [,hɑs,pɪtələ'zeɪʃən] *n* : hospitalización *f*

hospitalize ['hɑs,pɪtəl,aɪz] *vt* **-ized; -izing** : hospitalizar

host¹ ['ho:st] *vt* : presentar (un programa de televisión, etc.)

host² *n* **1** : anfitrión *m*, -triona *f* (en la casa, a un evento); presentador *m*, -dora *f* (de un programa de televisión, etc.) **2** *or* **host organism** : huésped *m*

3 TROOPS : huestes *fpl* 4 MULTITUDE : multitud *f* ⟨for a host of reasons : por muchas razones⟩ 5 EUCHARIST : hostia *f*, Eucaristía *f*

hostage [ˈhɑstɪʤ] *n* : rehén *m*

hostel [ˈhɑstəl] *n* : albergue *m* juvenil

hostess [ˈhoːstɪs] *n* : anfitriona *f* (en la casa), presentadora *f* (de un programa)

hostile [ˈhɑstəl, -ˌtaɪl] *adj* : hostil — **hostilely** *adv*

hostility [hɑsˈtɪləti] *n, pl* **-ties** : hostilidad *f*

hot [ˈhɑt] *adj* **hotter; hottest** 1 : caliente, cálido, caluroso ⟨hot water : agua caliente⟩ ⟨a hot climate : un clima cálido⟩ ⟨a hot day : un día caluroso⟩ 2 ARDENT, FIERY : ardiente, acalorado ⟨to have a hot temper : tener mal genio⟩ 3 SPICY : picante 4 FRESH : reciente, nuevo ⟨hot news : noticias de última hora⟩ 5 EAGER : ávido 6 STOLEN : robado

hot air *n* : palabrería *f*

hotbed [ˈhɑtˌbed] *n* 1 : semillero *m* (de plantas) 2 : hervidero *m*, semillero *m* (de crimen, etc.)

hot dog *n* : perro *m* caliente

hotel [hoːˈtel] *n* : hotel *m*

hothead [ˈhɑtˌhed] *n* : exaltado *m*, -da *f*

hotheaded [ˈhɑtˈhedəd] *adj* : exaltado

hothouse [ˈhɑtˌhaʊs] *n* : invernadero *m*

hot plate *n* : placa *f* (de cocina)

hot rod *n* : coche *m* con motor modificado

hot water *n* **to get into hot water** : meterse en un lío

hound[1] [ˈhaʊnd] *vt* : acosar, perseguir

hound[2] *n* : perro *m* (de caza)

hour [ˈaʊər] *n* : hora *f*

hourglass [ˈaʊərˌglæs] *n* : reloj *m* de arena

hourly [ˈaʊərli] *adv & adj* : cada hora, por hora

house[1] [ˈhaʊz] *vt* **housed; housing** : albergar, alojar, hospedar

house[2] [ˈhaʊs] *n, pl* **houses** [ˈhaʊzəz, -səz] 1 HOME : casa *f* 2 : cámara *f* (del gobierno) 3 BUSINESS : casa *f*, empresa *f*

houseboat [ˈhaʊsˌboːt] *n* : casa *f* flotante

housebroken [ˈhaʊsˌbroːkən] *adj* : enseñado

housefly [ˈhaʊsˌflaɪ] *n, pl* **-flies** : mosca *f* común

household[1] [ˈhaʊsˌhoːld] *adj* 1 DOMESTIC : doméstico, de la casa 2 FAMILIAR : conocido por todos

household[2] *n* : casa *f*, familia *f*

householder [ˈhaʊsˌhoːldər] *n* : dueño *m*, -ña *f* de casa

housekeeper [ˈhaʊsˌkiːpər] *n* : ama *f* de llaves

housekeeping [ˈhaʊsˌkiːpɪŋ] *n* : gobierno *m* de la casa, quehaceres *mpl* domésticos

housemaid [ˈhaʊsˌmeɪd] *n* : criada *f*, mucama *f*, muchacha *f*, sirvienta *f*

housewarming [ˈhaʊsˌwɔrmɪŋ] *n* : fiesta *f* de estreno de una casa

housewife [ˈhaʊsˌwaɪf] *n, pl* **-wives** : ama *f* de casa

housework [ˈhaʊsˌwərk] *n* : faenas *fpl* domésticas, quehaceres *mpl* domésticos

housing [ˈhaʊzɪŋ] *n* 1 HOUSES : vivienda *f* 2 COVERING : caja *f* protectora

hove → **heave**

hovel [ˈhʌvəl, ˈhɑ-] *n* : casucha *f*, tugurio *m*

hover [ˈhʌvər, ˈhɑ-] *vi* 1 : cernerse, sostenerse en el aire 2 **to hover about** : rondar

how [ˈhaʊ] *adv* 1 : cómo ⟨how are you? : ¿cómo estás?⟩ ⟨I don't know how to fix it : no se cómo arreglarlo⟩ 2 : qué ⟨how beautiful! : ¡qué bonito!⟩ 3 : cuánto ⟨how old are you? : ¿cuántos años tienes?⟩ 4 **how about . . . ?** : ¿qué te parece . . . ?

however[1] [haʊˈevər] *adv* 1 : por mucho que, por más que ⟨however hot it is : por mucho calor que haga⟩ 2 NEVERTHELESS : sin embargo, no obstante

however[2] *conj* : comoquiera que, de cualquier manera que

howl[1] [ˈhaʊl] *vi* : aullar

howl[2] *n* : aullido *m*, alarido *m*

hub [ˈhʌb] *n* 1 CENTER : centro *m* 2 : cubo *m* (de una rueda)

hubbub [ˈhʌˌbʌb] *n* : algarabía *f*, alboroto *m*, jaleo *m*

hubcap [ˈhʌbˌkæp] *n* : tapacubos *m*

huckster [ˈhʌkstər] *n* : buhonero *m*, -ra *f*; vendedor *m*, -dora *f* ambulante

huddle[1] [ˈhʌdəl] *vi* **-dled; -dling** 1 : apiñarse, amontonarse 2 **to huddle together** : acurrucarse

huddle[2] *n* : grupo *m* (cerrado) ⟨to go into a huddle : conferenciar en secreto⟩

hue [ˈhjuː] *n* : color *m*, tono *m*

huff [ˈhʌf] *n* : enojo *m*, enfado *m* ⟨to be in a huff : estar enojado⟩

huffy [ˈhʌfi] *adj* **huffier; -est** : enojado, enfadado

hug[1] [ˈhʌg] *vt* **hugged; hugging** 1 EMBRACE : abrazar 2 : ir pegado a ⟨the road hugs the river : el camino está pegado al río⟩

hug[2] *n* : abrazo *m*

huge [ˈhjuːʤ] *adj* **huger; hugest** : inmenso, enorme — **hugely** *adv*

hulk [ˈhʌlk] *n* 1 : persona *f* fornida 2 : casco *m* (barco), armatoste *m* (edificio, etc.)

hulking [ˈhʌlkɪŋ] *adj* : grandote *fam*, pesado

hull[1] [ˈhʌl] *vt* : pelar

hull[2] *n* 1 HUSK : cáscara *f* 2 : casco *m* (de un barco, un avión, etc.)

hullabaloo [ˈhʌləbəˌluː] *n, pl* **-loos** : alboroto *m*, jaleo *m*

hum[1] [ˈhʌm] *v* **hummed; humming** *vi* 1 BUZZ : zumbar 2 : estar muy activo, moverse ⟨to hum with activity : bullir de actividad⟩ — *vt* : tararear (una melodía)

hum² *n* : zumbido *m*, murmullo *m*
human¹ ['hju:mən, 'ju:-] *adj* : humano — **humanly** *adv*
human² *n* : ser *m* humano
humane [hju:'meɪn, ju:-] *adj* : humano, humanitario — **humanely** *adv*
humanism ['hju:mə,nɪzəm, 'ju:-] *n* : humanismo *m*
humanist¹ ['hju:mənɪst, 'ju:-] *n* : humanista *mf*
humanist² *or* **humanistic** [,hju:mə-'nɪstɪk, ju:-] *adj* : humanístico
humanitarian¹ [hju:,mænə'triən, ju:-] *adj* : humanitario
humanitarian² *n* : humanitario *m*, -ria *f*
humanity [hju:'mænəti, ju:-] *n, pl* **-ties** : humanidad *f*
humankind ['hju:mən'kaɪnd, 'ju:-] *n* : género *m* humano
humble¹ ['hʌmbəl] *vt* **-bled; -bling 1** : humillar **2 to humble oneself** : humillarse
humble² *adj* **-bler; -blest** : humilde, modesto — **humbly** ['hʌmbli] *adv*
humbug ['hʌm,bʌg] *n* **1** FRAUD : charlatán *m*, -tana *f*; farsante *mf* **2** NONSENSE : patrañas *fpl*, tonterías *fpl*
humdrum ['hʌm,drʌm] *adj* : monótono, rutinario
humid ['hju:məd, 'ju:-] *adj* : húmedo
humidifier [hju:'mɪdə,faɪər, ju:-] *n* : humidificador *m*
humidify [hju:'mɪdə,faɪ, ju:-] *vt* **-fied; -fying** : humidificar
humidity [hju:'mɪdəti, ju:-] *n, pl* **-ties** : humedad *f*
humiliate [hju:'mɪli,eɪt, ju:-] *vt* **-ated; -ating** : humillar
humiliating [hju:'mɪli,eɪtɪŋ, ju:-] *adj* : humillante
humiliation [hju:,mɪli'eɪʃən, ju:-] *n* : humillación *f*
humility [hju:'mɪləti, ju:-] *n* : humildad *f*
hummingbird ['hʌmɪŋ,bərd] *n* : colibrí *m*, picaflor *m*
hummock ['hʌmək] *n* : montículo *m*
humor¹ ['hju:mər, 'ju:-] *vt* : seguir el humor a, complacer
humor² *n* : humor *m*
humorist ['hju:mərɪst, 'ju:-] *n* : humorista *mf*
humorless ['hju:mərləs, 'ju:-] *adj* : sin sentido del humor ⟨a humorless smile : una sonrisa forzada⟩
humorous ['hju:mərəs, 'ju:-] *adj* : humorístico, cómico — **humorously** *adv*
hump ['hʌmp] *n* : joroba *f*, giba *f*
humpback ['hʌmp,bæk] *n* **1** HUMP : joroba *f*, giba *f* **2** HUNCHBACK : jorobado *m*, -da *f*; giboso *m*, -sa *f*
humpbacked ['hʌmp,bækt] *adj* : jorobado, giboso
humus ['hju:məs, 'ju:-] *n* : humus *m*
hunch¹ ['hʌntʃ] *vt* : encorvar — *vi or* **hunch up** : encorvarse
hunch² *n* PREMONITION : presentimiento *m*

hunchback ['hʌntʃ,bæk] *n* **1** HUMP : joroba *f*, giba *f* **2** HUMPBACK : jorobado *m*, -da *f*; giboso *m*, -sa *f*
hunchbacked ['hʌntʃ,bækt] *adj* : jorobado, giboso
hundred¹ ['hʌndrəd] *adj* : cien, ciento
hundred² *n, pl* **-dreds** *or* **-dred** : ciento *m*
hundredth¹ ['hʌndrədθ] *adj* : centésimo
hundredth² *n* **1** : centésimo *m*, -ma *f* (en una serie) **2** : centésimo *m*, centésima parte *f*
hung → hang
Hungarian [hʌŋ'gæriən] *n* **1** : húngaro *m*, -ra *f* **2** : húngaro *m* (idioma) — **Hungarian** *adj*
hunger¹ ['hʌŋgər] *vi* **1** : tener hambre **2 to hunger for** : ansiar, anhelar
hunger² *n* : hambre *m*
hungrily ['hʌŋgrəli] *adv* : ávidamente
hungry ['hʌŋgri] *adj* **-grier; -est 1** : hambriento **2 to be hungry** : tener hambre
hunk ['hʌŋk] *n* : trozo *m*, pedazo *m*
hunt¹ ['hʌnt] *vt* **1** PURSUE : cazar **2 to hunt for** : buscar
hunt² *n* **1** PURSUIT : caza *f*, cacería *f* **2** SEARCH : búsqueda *f*, busca *f*
hunter ['hʌntər] *n* : cazador *m*, -dora *f*
hunting ['hʌntɪŋ] *n* : caza *f* ⟨to go hunting : ir de caza⟩
hurdle¹ ['hərdəl] *vt* **-dled; -dling** : saltar, salvar (un obstáculo)
hurdle² *n* : valla *f* (en deportes), obstáculo *m*
hurl ['hərl] *vt* : arrojar, tirar, lanzar
hurrah [hu'rɑ, -'rɔ] *interj* : ¡hurra!
hurricane ['hərə,keɪn] *n* : huracán *m*
hurried ['hərid] *adj* : apresurado, precipitado
hurriedly ['hərədli] *adv* : apresuradamente, de prisa
hurry¹ ['həri] *v* **-ried; -rying** *vi* : apurarse, darse prisa, apresurarse — *vt* : apurar, darle prisa (a alguien)
hurry² *n* : prisa *f*, apuro *m*
hurt¹ ['hərt] *v* **hurt; hurting** *vt* **1** INJURE : hacer daño a, herir, lastimar ⟨to hurt oneself : hacerse daño⟩ **2** DISTRESS, OFFEND : hacer sufrir, ofender, herir — *vi* : doler ⟨my foot hurts : me duele el pie⟩
hurt² *n* **1** INJURY : herida *f* **2** DISTRESS, PAIN : dolor *m*, pena *f*
hurtful ['hərtfəl] *adj* : hiriente, doloroso
hurtle ['hərtəl] *vi* **-tled; -tling** : lanzarse, precipitarse
husband¹ ['hʌzbənd] *vt* : economizar, bien administrar
husband² *n* : esposo *m*, marido *m*
husbandry ['hʌzbəndri] *n* **1** MANAGEMENT, THRIFT : economía *f*, buena administración *f* **2** AGRICULTURE : agricultura *f* ⟨animal husbandry : cría de animales⟩
hush¹ ['hʌʃ] *vt* **1** SILENCE : hacer callar, acallar **2** CALM : calmar, apaciguar
hush² *n* : silencio *m*

hush–hush ['hʌʃˌhʌʃ, ˌhʌʃ'hʌʃ] *adj* : muy secreto, confidencial

husk¹ ['hʌsk] *vt* : descascarar

husk² *n* : cáscara *f*

huskily ['hʌskəli] *adv* : con voz ronca

husky¹ ['hʌski] *adj* -**kier**; -**est 1** HOARSE : ronco **2** BURLY : fornido

husky² *n, pl* -**kies** : perro *m*, -rra *f* esquimal

hustle¹ ['hʌsəl] *v* -**tled**; -**tling** *vt* : darle prisa (a alguien), apurar ⟨they hustled me in : me hicieron entrar a empujones⟩ — *vi* : apurarse, ajetrearse

hustle² *n* BUSTLE : ajetreo *m*

hut ['hʌt] *n* : cabaña *f*, choza *f*, barraca *f*

hutch ['hʌtʃ] *n* **1** CUPBOARD : alacena *f* **2** rabbit hutch : conejera *f*

hyacinth ['haɪəˌsɪnθ] *n* : jacinto *m*

hybrid¹ ['haɪbrɪd] *adj* : híbrido

hybrid² *n* : híbrido *m*

hydrant ['haɪdrənt] *n* : boca *f* de riego, hidrante *m CA, Col* ⟨fire hydrant : boca de incendios⟩

hydraulic [haɪ'drɒlɪk] *adj* : hidráulico — **hydraulically** *adv*

hydrocarbon [ˌhaɪdro'kɑrbən] *n* : hidrocarburo *m*

hydrochloric acid [ˌhaɪdro'klorɪk] *n* : ácido *m* clorhídrico

hydroelectric [ˌhaɪdroɪ'lɛktrɪk] *adj* : hidroeléctrico

hydrogen ['haɪdrədʒən] *n* : hidrógeno *m*

hydrogen bomb *n* : bomba *f* de hidrógeno

hydrogen peroxide *n* : agua *f* oxigenada, peróxido *m* de hidrógeno

hydrophobia [ˌhaɪdrə'fobiə] *n* : hidrofobia *f*, rabia *f*

hydroplane ['haɪdrəˌpleɪn] *n* : hidroplano *m*

hyena [haɪ'i:nə] *n* : hiena *f*

hygiene ['haɪˌdʒi:n] *n* : higiene *f*

hygienic [haɪ'dʒɛnɪk, -'dʒi:-; haɪ'dʒi'nɪk] *adj* : higiénico — **hygienically** [-nɪkli] *adv*

hygienist [haɪ'dʒi:nɪst, -'dʒɛ-; 'haɪˌdʒi:-] *n* : higienista *mf*

hygrometer [haɪ'grɑmətər] *n* : higrómetro *m*

hymn ['hɪm] *n* : himno *m*

hymnal ['hɪmnəl] *n* : himnario *m*

hype ['haɪp] *n* : bombo *m* publicitario

hyperactive [ˌhaɪpər'æktɪv] *adj* : hiperactivo

hyperactivity [ˌhaɪpərˌæk'tɪvəti] *n, pl* -**ties** : hiperactividad *f*

hyperbole [haɪ'pərbəli] *n* : hipérbole *f*

hyperbolic [ˌhaɪpər'bɑlɪk] *adj* : hiperbólico

hypercritical [ˌhaɪpər'krɪtəkəl] *adj* : hipercrítico

hypersensitivity [ˌhaɪpərˌsɛntsə'tɪ-vəti] *n* : hipersensibilidad *f*

hypertension ['haɪpərˌtɛntʃən] *n* : hipertensión *f*

hyphen ['haɪfən] *n* : guión *m*

hyphenate ['haɪfənˌeɪt] *vt* -**ated**; -**ating** : escribir con guión

hypnosis [hɪp'no:sɪs] *n, pl* -**noses** [-ˌsi:z] : hipnosis *f*

hypnotic [hɪp'nɑtɪk] *adj* : hipnótico, hipnotizador

hypnotism ['hɪpnəˌtɪzəm] *n* : hipnotismo *m*

hypnotize ['hɪpnəˌtaɪz] *vt* -**tized**; -**tizing** : hipnotizar

hypochondria [ˌhaɪpə'kɑndriə] *n* : hipocondría *f*

hypochondriac [ˌhaɪpə'kɑndriˌæk] *n* : hipocondríaco *m*, -ca *f*

hypocrisy [hɪp'ɑkrəsi] *n, pl* -**sies** : hipocresía *f*

hypocrite ['hɪpəˌkrɪt] *n* : hipócrita *mf*

hypocritical [ˌhɪpə'krɪtɪkəl] *adj* : hipócrita

hypodermic¹ [ˌhaɪpə'dərmɪk] *adj* : hipodérmico

hypodermic² *n* : aguja *f* hipodérmica

hypotenuse [haɪ'pɑtənˌu:s, -ˌu:z, -ˌju:s, -ˌju:z] *n* : hipotenusa *f*

hypothesis [haɪ'pɑθəsɪs] *n, pl* -**eses** [-ˌsi:z] : hipótesis *f*

hypothetical [ˌhaɪpə'θɛtɪkəl] *adj* : hipotético — **hypothetically** [-tɪkli] *adv*

hysteria [hɪs'tɛriə, -tɪr-] *n* : histeria *f*, histerismo *m*

hysterical [hɪs'tɛrɪkəl] *adj* : histérico — **hysterically** [-ɪkli] *adv*

hysterics [hɪs'tɛrɪks] *n* : histeria *f*, histerismo *m*

I

i ['aɪ] *n, pl* **i's** *or* **is** ['aɪz] : novena letra del alfabeto inglés

I ['aɪ] *pron* : yo

Iberian [aɪ'bɪriən] *adj* : ibérico

ibis ['aɪbəs] *n, pl* **ibis** *or* **ibises** : ibis *f*

ice¹ ['aɪs] *v* **iced**; **icing** *vt* **1** FREEZE : congelar, helar **2** CHILL : enfriar **3** to ice a cake : escarchar un pastel — *vi* : helarse, congelarse

ice² *n* **1** : hielo *m* **2** SHERBET : sorbete *m*, nieve *f Cuba, Mex, PRi*

iceberg ['aɪsˌbərg] *n* : iceberg *m*

icebox ['aɪsˌbɑks] → **refrigerator**

icebreaker ['aɪsˌbreɪkər] *n* : rompehielos *m*

ice cap *n* : casquete *m* glaciar

ice-cold ['aɪs'ko:ld] *adj* : helado

ice cream *n* : helado *m*, mantecado *m PRi*

Icelander ['aɪsˌlændər, -lən-] *n* : islandés *m*, -desa *f*

Icelandic¹ [aɪs'lændɪk] *adj* : islandés

Icelandic² n : islandés m (idioma)
ice–skate [ˈaɪsˌskeɪt] vi **-skated; -skating** : patinar
ice skater n : patinador m, -dora f
ichthyology [ˌɪkθiˈɑləʤi] n : ictiología f
icicle [ˈaɪˌsɪkəl] n : carámbano m
icily [ˈaɪsəli] adv : fríamente, con frialdad ⟨he stared at me icily : me fijó la mirada con mucha frialdad⟩
icing [ˈaɪsɪŋ] n : glaseado m, betún m Mex
icon [ˈaɪˌkɑn, -kən] n : icono m
iconoclasm [aɪˈkɑnəˌklæzəm] n : iconoclasia f
iconoclast [aɪˈkɑnəˌklæst] n : iconoclasta mf
icy [ˈaɪsi] adj **icier; -est 1** : cubierto de hielo ⟨an icy road : una carretera de cubierta de hielo⟩ **2** FREEZING : helado, gélido, glacial **3** ALOOF : frío, distante
id [ˈɪd] n : id m
I'd [ˈaɪd] (contraction of **I should** or **I would**) → **should, would**
idea [aɪˈdiːə] n : idea f
ideal¹ [aɪˈdiːəl] adj : ideal
ideal² n : ideal m
idealism [aɪˈdiːəˌlɪzəm] n : idealismo m
idealist [aɪˈdiːəlɪst] n : idealista mf
idealistic [aɪˌdiːəˈlɪstɪk] adj : idealista
idealistically [aɪˌdiːəˈlɪstɪkli] adv : con idealismo
idealization [aɪˌdiːələˈzeɪʃən] n : idealización f
idealize [aɪˈdiːəˌlaɪz] vt **-ized; -izing** : idealizar
ideally [aɪˈdiːəli] adv : perfectamente
identical [aɪˈdɛntɪkəl] adj : idéntico — **identically** [-tɪkli] adv
identifiable [aɪˌdɛntəˈfaɪəbəl] adj : identificable
identification [aɪˌdɛntəfəˈkeɪʃən] n **1** : identificación f **2 identification card** : carnet m, cédula f de identidad, identificación f
identify [aɪˈdɛntəˌfaɪ] v **-fied; -fying** vt : identificar — vi **to identify with** : identificarse con
identity [aɪˈdɛntəti] n, pl **-ties** : identidad f
ideological [ˌaɪdiəˈlɑʤɪkəl, ˌɪ-] adj : ideológico — **ideologically** [-ʤikli] adv
ideology [ˌaɪdiˈɑləʤi, ˌɪ-] n, pl **-gies** : ideología f
idiocy [ˈɪdiəsi] n, pl **-cies 1** : idiotez f **2** NONSENSE : estupidez f, tontería f
idiom [ˈɪdiəm] n **1** LANGUAGE : lenguaje m **2** EXPRESSION : modismo m, expresión f idiomática
idiomatic [ˌɪdiəˈmætɪk] adj : idiomático
idiosyncrasy [ˌɪdioˈsɪŋkrəsi] n, pl **-sies** : idiosincrasia f
idiosyncratic [ˌɪdiosɪnˈkrætɪk] adj : idiosincrásico — **idiosyncratically** [-tɪkli] adv
idiot [ˈɪdiət] n **1** : idiota m/f (en medicina) **2** FOOL : idiota mf; tonto m, -ta f; imbécil mf fam

idiotic [ˌɪdiˈɑtɪk] adj : estúpido, idiota
idiotically [ˌɪdiˈɑtɪkli] adv : estúpidamente
idle¹ [ˈaɪdəl] v **idled; idling** vi **1** LOAF : holgazanear, flojear, haraganear **2** : andar al ralentí (dícese de un automóvil), marchar en vacío (dícese de una máquina) — vt : dejar sin trabajo
idle² adj **idler; idlest 1** VAIN : frívolo, vano, infundado ⟨idle curiosity : pura curiosidad⟩ **2** INACTIVE : inactivo, parado, desocupado **3** LAZY : holgazán, haragán, perezoso
idleness [ˈaɪdəlnəs] n **1** INACTIVITY : inactividad f, ociosidad f **2** LAZINESS : holgazanería f, flojera f, pereza f
idler [ˈaɪdələr] n : haragán m, -gana f; holgazán m, -zana f
idly [ˈaɪdəli] adv : ociosamente
idol [ˈaɪdəl] n : ídolo m
idolater or **idolator** [aɪˈdɑlətər] n : idólatra mf
idolatrous [aɪˈdɑlətrəs] adj : idólatra
idolatry [aɪˈdɑlətri] n, pl **-tries** : idolatría f
idolize [ˈaɪdəˌlaɪz] vt **-ized; -izing** : idolatrar
idyll [ˈaɪdəl] n : idilio m
idyllic [aɪˈdɪlɪk] adj : idílico
if [ˈɪf] conj **1** : si ⟨I would do it if I could : lo haría si pudiera⟩ ⟨as if : como si⟩ ⟨if I were you : yo que tú⟩ **2** WHETHER : si ⟨I don't know if they're ready : no sé si están listos⟩ **3** THOUGH : aunque, si bien ⟨it's pretty, if somewhat old-fashioned : es lindo aunque algo anticuado⟩
igloo [ˈɪˌgluː] n, pl **-loos** : iglú m
ignite [ɪgˈnaɪt] v **-nited; -niting** vt : prenderle fuego a, encender — vi : prender, encenderse
ignition [ɪgˈnɪʃən] n **1** IGNITING : ignición f, encendido m **2** or **ignition switch** : encendido m, arranque m ⟨to turn on the ignition : arrancar el motor⟩
ignoble [ɪgˈnoːbəl] adj : innoble — **ignobly** adv
ignominious [ˌɪgnəˈmɪniəs] adj : ignominioso, deshonroso — **ignominiously** adv
ignominy [ˈɪgnəˌmɪni] n, pl **-nies** : ignominia f
ignoramus [ˌɪgnəˈreɪməs] n : ignorante mf; bestia mf; bruto m, -ta f
ignorance [ˈɪgnərənts] n : ignorancia f
ignorant [ˈɪgnərənt] adj **1** : ignorante **2 to be ignorant of** : no ser consciente de, desconocer, ignorar
ignorantly [ˈɪgnərəntli] adv : ignorantemente, con ignorancia
ignore [ɪgˈnor] vt **-nored; -noring** : ignorar, hacer caso omiso de, no hacer caso de
iguana [ɪˈgwɑnə] n : iguana f, garrobo m CA
ilk [ˈɪlk] n : tipo m, clase f, índole f
ill¹ [ˈɪl] adv **worse** [ˈwərs]; **worst** [ˈwərst] : mal ⟨to speak ill of : hablar mal de⟩

⟨he can ill afford to fail : mal puede permitirse el lujo de fracasar⟩

ill² *adj* **worse; worst 1** SICK : enfermo **2** BAD : malo ⟨ill luck : mala suerte⟩

ill³ *n* **1** EVIL : mal *m* **2** MISFORTUNE : mal *m*, desgracia *f* **3** AILMENT : enfermedad *f*

I'll ['aɪl] (*contraction of* **I shall** *or* **I will**) → **shall, will**

illegal [ɪl'li:gəl] *adj* : ilegal — **illegally** *adv*

illegality [ɪli'gæləti] *n* : ilegalidad *f*

illegibility [ɪl,lɛʤə'bɪləti] *n, pl* **-ties** : ilegibilidad *f*

illegible [ɪl'lɛʤəbəl] *adj* : ilegible — **illegibly** [-bli] *adv*

illegitimacy [ɪli'ʤɪtəməsi] *n* : ilegitimidad *f*

illegitimate [ɪli'ʤɪtəmət] *adj* **1** BASTARD : ilegítimo, bastardo **2** UNLAWFUL : ilegítimo, ilegal — **illegitimately** *adv*

ill-fated ['ɪl'feɪtəd] *adj* : malhadado, infortunado, desventurado

illicit [ɪl'lɪsət] *adj* : ilícito — **illicitly** *adv*

illiteracy [ɪl'lɪtərəsi] *n, pl* **-cies** : analfabetismo *m*

illiterate¹ [ɪl'lɪtərət] *adj* : analfabeto

illiterate² *n* : analfabeto *m*, -ta *f*

ill-mannered [ɪl'mænərd] *adj* : descortés, maleducado

ill-natured [ɪl'neɪtʃərd] *adj* : desagradable, de mal genio

ill-naturedly [ɪl'neɪtʃərdli] *adv* : desagradablemente

illness ['ɪlnəs] *n* : enfermedad *f*

illogical [ɪl'lɑʤɪkəl] *adj* : ilógico — **illogically** [-kli] *adv*

ill-tempered [ɪl'tempərd] *adj* → **ill-natured**

ill-treat [ɪl'tri:t] *vt* : maltratar

ill-treatment [ɪl'tri:tmənt] *n* : maltrato *m*

illuminate [ɪ'lu:mə,neɪt] *vt* **-nated; -nating 1** : iluminar, alumbrar **2** ELUCIDATE : esclarecer, elucidar

illumination [ɪ,lu:mə'neɪʃən] *n* **1** LIGHTING : iluminación *f*, luz *f* **2** ELUCIDATION : esclarecimiento *m*, elucidación *f*

ill-use ['ɪl'ju:z] *vt* → **ill-treat**

illusion [ɪ'lu:ʒən] *n* : ilusión *f*

illusory [ɪ'lu:səri, -zəri] *adj* : engañoso, ilusorio

illustrate ['ɪləs,treɪt] *v* **-trated; -trating** : ilustrar

illustration [,ɪlə'streɪʃən] *n* **1** PICTURE : ilustración *f* **2** EXAMPLE : ejemplo *m*, ilustración *f*

illustrative ['ɪlə,streɪtɪv, 'ɪlə,streɪtɪv] *adj* : ilustrativo — **illustratively** *adv*

illustrator ['ɪlə,streɪtər] *n* : ilustrador *m*, -dora *f*; dibujante *mf*

illustrious [ɪ'lʌstriəs] *adj* : ilustre, eminente, glorioso

illustriousness [ɪ'lʌstriəsnəs] *n* : eminencia *f*, prestigio *m*

ill will *n* : animosidad *f*, malquerencia *f*, mala voluntad *f*

I'm ['aɪm] (*contraction of* **I am**) → **be**

image¹ ['ɪmɪʤ] *vt* **-aged; -aging** : imaginar, crear una imagen de

image² *n* : imagen *f*

imagery ['ɪmɪʤri] *n, pl* **-eries 1** IMAGES : imágenes *fpl* **2** : imaginería *f* (en el arte)

imaginable [ɪ'mæʤənəbəl] *adj* : imaginable — **imaginably** [-bli] *adv*

imaginary [ɪ'mæʤə,neri] *adj* : imaginario

imagination [ɪ,mæʤə'neɪʃən] *n* : imaginación *f*

imaginative [ɪ'mæʤənətɪv, -ə,neɪtɪv] *adj* : imaginativo — **imaginatively** *adv*

imagine [ɪ'mæʤən] *vt* **-ined; -ining** : imaginar(se)

imbalance [ɪm'bæləns] *n* : desajuste *m*, desbalance *m*, desequilibrio *m*

imbecile¹ ['ɪmbəsəl, -,sɪl] *or* **imbecilic** [,ɪmbə'sɪlɪk] *adj* : imbécil, estúpido

imbecile² *n* **1** : imbécil *mf* (en medicina) **2** FOOL : idiota *mf*; imbécil *mf fam*; estúpido *m*, -da *f*

imbecility [,ɪmbə'sɪləti] *n, pl* **-ties** : imbecilidad *f*

imbibe [ɪm'baɪb] *v* **-bibed; -bibing** *vt* **1** DRINK : beber **2** ABSORB : absorber, embeber — *vi* : beber

imbue [ɪm'bju:] *vt* **-bued; -buing** : imbuir

imitate ['ɪmə,teɪt] *vt* **-tated; -tating** : imitar, remedar

imitation¹ [,ɪmə'teɪʃən] *adj* : de imitación, artificial

imitation² *n* : imitación *f*

imitative ['ɪmə,teɪtɪv] *adj* : imitativo, imitador, poco original

imitator ['ɪmə,teɪtər] *n* : imitador *m*, -dora *f*

immaculate [ɪ'mækjələt] *adj* **1** PURE : inmaculado, puro **2** FLAWLESS : impecable, intachable — **immaculately** *adv*

immaterial [,ɪmə'tɪriəl] *adj* **1** INCORPOREAL : incorpóreo **2** UNIMPORTANT : irrelevante, sin importancia

immature [,ɪmə'tʃʊr, -'tjʊr, -'tʊr] *adj* : inmaduro, verde (dícese de la fruta)

immaturity [,ɪmə'tʃʊrəti, -'tjʊr-, -'tʊr-] *n, pl* **-ties** : inmadurez *f*, falta *f* de madurez

immeasurable [ɪ'meʒərəbəl] *adj* : inconmensurable, incalculable — **immeasurably** *adv*

immediacy [ɪ'mi:diəsi] *n* : inmediatez *f*

immediate [ɪ'mi:diət] *adj* **1** INSTANT : inmediato, instantáneo ⟨immediate relief : alivio instantáneo⟩ **2** DIRECT : inmediato, directo ⟨the immediate cause of death : la causa directa de la muerte⟩ **3** URGENT : urgente, apremiante **4** CLOSE : cercano, próximo, inmediato ⟨her immediate family : sus familiares más cercanos⟩ ⟨in the immediate vicinity : en los alrededores, en las inmediaciones⟩

immediately [ɪ'mi:diətli] *adv* : inmediatamente, enseguida

immemorial [ˌɪməˈmoriəl] *adj* : inmemorial

immense [ɪˈmɛnts] *adj* : inmenso, enorme — **immensely** *adv*

immensity [ɪˈmɛntsəti] *n, pl* -**ties** : inmensidad *f*

immerse [ɪˈmərs] *vt* -**mersed**; -**mersing** 1 SUBMERGE : sumergir 2 **to immerse oneself in** : enfrascarse en

immersion [ɪˈmərʒən] *n* 1 : inmersión *f* (en un líquido) 2 : enfrascamiento *m* (en una actividad)

immigrant [ˈɪmɪɡrənt] *n* : inmigrante *mf*

immigrate [ˈɪməˌɡreɪt] *vi* -**grated**; -**grating** : inmigrar

immigration [ˌɪməˈɡreɪʃən] *n* : inmigración *f*

imminence [ˈɪmənənts] *n* : inminencia *f*

imminent [ˈɪmənənt] *adj* : inminente — **imminently** *adv*

immobile [ɪˈmoːbəl] *adj* 1 FIXED, IMMOVABLE : inmovible, fijo 2 MOTIONLESS : inmóvil

immobility [ˌɪmoˈbɪləti] *n, pl* -**ties** : inmovilidad *f*

immobilize [ɪˈmoːbəˌlaɪz] *vt* -**lized**; -**lizing** : inmovilizar, paralizar

immoderate [ɪˈmɑdərət] *adj* : inmoderado, desmesurado, desmedido, excesivo — **immoderately** *adv*

immodest [ɪˈmɑdəst] *adj* 1 INDECENT : inmodesto, indecente, impúdico 2 CONCEITED : inmodesto, presuntuoso, engreído — **immodestly** *adv*

immodesty [ɪˈmɑdəsti] *n* : inmodestia *f*

immoral [ɪˈmɔrəl] *adj* : inmoral

immorality [ˌɪmoˈræləti, ˌɪmɑ-] *n, pl* -**ties** : inmoralidad *f*

immorally [ɪˈmɔrəli] *adv* : de manera inmoral

immortal[1] [ɪˈmɔrtəl] *adj* : inmortal

immortal[2] *n* : inmortal *mf*

immortality [ˌɪˌmɔrˈtæləti] *n* : inmortalidad *f*

immortalize [ɪˈmɔrtəlˌaɪz] *vt* -**ized**; -**izing** : inmortalizar

immovable [ɪˈmuːvəbəl] *adj* 1 FIXED : fijo, inmovible 2 UNYIELDING : inflexible

immune [ɪˈmjuːn] *adj* 1 : inmune ⟨immune to smallpox : inmune a la viruela⟩ 2 EXEMPT : exento, inmune

immune system *n* : sistema *m* inmunológico

immunity [ɪˈmjuːnəti] *n, pl* -**ties** 1 : inmunidad *f* 2 EXEMPTION : exención *f*

immunization [ˌɪmjunəˈzeɪʃən] *n* : inmunización *f*

immunize [ˈɪmjuˌnaɪz] *vt* -**nized**; -**nizing** : inmunizar

immunology [ˌɪmjuˈnɑləʤi] *n* : inmunología *f*

immutable [ɪˈmjuːtəbəl] *adj* : inmutable

imp [ˈɪmp] *n* RASCAL : diablillo *m*; pillo *m*, -lla *f*

impact[1] [ɪmˈpækt] *vt* 1 STRIKE : chocar con, impactar 2 AFFECT : afectar, impactar, impresionar — *vi* 1 STRIKE

: hacer impacto, golpear 2 **to impact on** : tener un impacto sobre

impact[2] [ˈɪmˌpækt] *n* 1 COLLISION : impacto *m*, choque *m*, colisión *f* 2 EFFECT : efecto *m*, impacto *m*, consecuencias *fpl*

impacted [ɪmˈpæktəd] *adj* : impactado, incrustado (dícese de los dientes)

impair [ɪmˈpær] *vt* : perjudicar, dañar, afectar

impairment [ɪmˈpærmənt] *n* : perjuicio *m*, daño *m*

impala [ɪmˈpɑlə, -ˈpæ-] *n, pl* **impalas** *or* **impala** : impala *m*

impale [ɪmˈpeɪl] *vt* -**paled**; -**paling** : empalar

impanel [ɪmˈpænəl] *vt* -**eled** *or* -**elled**; **eling** *or* -**elling** : elegir (un jurado)

impart [ɪmˈpɑrt] *vt* 1 CONVEY : impartir, dar, conferir 2 DISCLOSE : revelar, divulgar

impartial [ɪmˈpɑrʃəl] *adj* : imparcial — **impartially** *adv*

impartiality [ɪmˌpɑrʃiˈæləti] *n, pl* -**ties** : imparcialidad *f*

impassable [ɪmˈpæsəbəl] *adj* : infranqueable, intransitable — **impassably** [-bli] *adv*

impasse [ˈɪmˌpæs] *n* 1 DEADLOCK : impasse *m*, punto *m* muerto 2 DEAD END : callejón *m* sin salida

impassioned [ɪmˈpæʃənd] *adj* : apasionado, vehemente

impassive [ɪmˈpæsɪv] *adj* : impasible, indiferente

impassively [ɪmˈpæsɪvli] *adv* : impasiblemente, sin emoción

impatience [ɪmˈpeɪʃənts] *n* : impaciencia *f*

impatient [ɪmˈpeɪʃənt] *adj* : impaciente — **impatiently** *adv*

impeach [ɪmˈpiːtʃ] *vt* : destituir (a un funcionario) de su cargo

impeachment [ɪmˈpiːtʃmənt] *n* 1 ACCUSATION : acusación *f* 2 DISMISSAL : destitución *f*

impeccable [ɪmˈpɛkəbəl] *adj* : impecable — **impeccably** [-bli] *adv*

impecunious [ˌɪmpɪˈkjuːniəs] *adj* : falto de dinero

impede [ɪmˈpiːd] *vt* -**peded**; -**peding** : impedir, dificultar, obstaculizar

impediment [ɪmˈpɛdəmənt] *n* 1 HINDRANCE : impedimento *m*, obstáculo *m* 2 **speech impediment** : defecto *m* del habla

impel [ɪmˈpɛl] *vt* -**pelled**; -**pelling** : impeler

impend [ɪmˈpɛnd] *vi* : ser inminente

impenetrable [ɪmˈpɛnətrəbəl] *adj* 1 : impenetrable ⟨an impenetrable forest : una selva impenetrable⟩ 2 INSCRUTABLE : incomprensible, inescrutable, impenetrable — **impenetrably** [-bli] *adv*

impenitent [ɪmˈpɛnətənt] *adj* : impenitente

imperative[1] [ɪmˈpɛrətɪv] *adj* **1** AUTHOR-
ITATIVE : imperativo, imperioso **2**
NECESSARY : imprescindible — **im-**
peratively *adv*

imperative[2] *n* : imperativo *m*

imperceptible [ˌɪmpərˈsɛptəbəl] *adj* : imperceptible — **imperceptibly** [-bli] *adv*

imperfect [ɪmˈpərfɪkt] *adj* : imperfecto,
defectuoso — **imperfectly** *adv*

imperfection [ˌɪmpərˈfɛkʃən] *n* : imperfección *f*, defecto *m*

imperial [ɪmˈpɪriəl] *adj* **1** : imperial **2**
SOVEREIGN : soberano **3** IMPERIOUS
: imperioso, señorial

imperialism [ɪmˈpɪriəˌlɪzəm] *n* : imperialismo *m*

imperialist[1] [ɪmˈpɪriəlɪst] *adj* : imperialista

imperialist[2] *n* : imperialista *mf*

imperialistic [ɪmˌpɪriəˈlɪstɪk] *adj* : imperialista

imperil [ɪmˈpɛrəl] *vt* **-iled** *or* **-illed; -iling**
or **-illing** : poner en peligro

imperious [ɪmˈpɪriəs] *adj* : imperioso —
imperiously *adv*

imperishable [ɪmˈpɛrɪʃəbəl] *adj* : imperecedero

impermanent [ɪmˈpərmənənt] *adj*
: pasajero, inestable, efímero — **im-**
permanently *adv*

impermeable [ɪmˈpərmiəbəl] *adj* : impermeable

impersonal [ɪmˈpərsənəl] *adj* : impersonal — **impersonally** *adv*

impersonate [ɪmˈpərsənˌeɪt] *vt* **-ated;**
-ating : hacerse pasar por, imitar

impersonation [ɪmˌpərsənˈeɪʃən] *n* : imitación *f*

impersonator [ɪmˈpərsənˌeɪtər] *n* : imitador *m*, -dora *f*

impertinence [ɪmˈpərtənənts] *n* : impertinencia *f*

impertinent [ɪmˈpərtənənt] *adj* **1** IR-
RELEVANT : impertinente, irrelevante
2 INSOLENT : impertinente, insolente

impertinently [ɪmˈpərtənəntli] *adv* : con
impertinencia, impertinentemente

imperturbable [ˌɪmpərˈtərbəbəl] *adj*
: imperturbable

impervious [ɪmˈpərviəs] *adj* **1** IMPENE-
TRABLE : impermeable **2** INSENSITIVE
: insensible ⟨impervious to criticism
: insensible a la crítica⟩

impetuosity [ɪmˌpɛtʃuˈɑsəti] *n, pl* **-ties**
: impetuosidad *f*

impetuous [ɪmˈpɛtʃuəs] *adj* : impetuoso,
impulsivo

impetuously [ɪmˈpɛtʃuəsli] *adv* : de manera impulsiva, impetuosamente

impetus [ˈɪmpətəs] *n* : ímpetu *m*, impulso *m*

impiety [ɪmˈpaɪəti] *n, pl* **-ties** : impiedad
f

impinge [ɪmˈpɪndʒ] *vi* **-pinged; -pinging**
1 to impinge on AFFECT : afectar a, incidir en **2 to impinge on** VIOLATE : violar, vulnerar

impious [ˈɪmpiəs, ɪmˈpaɪəs] *adj* : impío,
irreverente

impish [ˈɪmpɪʃ] *adj* MISCHIEVOUS : pícaro, travieso

impishly [ˈɪmpɪʃli] *adv* : con picardía

implacable [ɪmˈplækəbəl] *adj* : implacable — **implacably** [-bli] *adv*

implant[1] [ɪmˈplænt] *vt* **1** INCULCATE, IN-
STILL : inculcar, implantar **2** INSERT
: implantar, insertar

implant[2] [ˈɪmˌplænt] *n* : implante *m* (de
pelo), injerto *m* (de piel)

implantation [ˌɪmˌplænˈteɪʃən] *n* : implantación *f*

implausibility [ɪmˌplɔzəˈbɪləti] *n, pl* **-ties**
: inverosimilitud *f*

implausible [ɪmˈplɔzəbəl] *adj* : inverosímil, poco convincente

implement[1] [ˈɪmpləˌmnt] *vt* : poner en
práctica, implementar

implement[2] [ˈɪmpləmənt] *n* : utensilio *m*,
instrumento *m*, implemento *m*

implementation [ˌɪmpləmənˈteɪʃən] *n*
: implementación *f*, ejecución *f*, cumplimiento *m*

implicate [ˈɪmpləˌkeɪt] *vt* **-cated; -cating**
: implicar, involucrar

implication [ˌɪmpləˈkeɪʃən] *n* **1** CONSE-
QUENCE : implicación *f*, consecuencia
f **2** INFERENCE : insinuación *f*, inferencia *f*

implicit [ɪmˈplɪsət] *adj* **1** IMPLIED : implícito, tácito **2** ABSOLUTE : absoluto,
completo ⟨implicit faith : fe ciega⟩ —
implicitly *adv*

implied [ɪmˈplaɪd] *adj* : implícito, tácito

implode [ɪmˈploːd] *vi* **-ploded; -ploding**
: implosionar

implore [ɪmˈplor] *vt* **-plored; -ploring**
: implorar, suplicar

implosion [ɪmˈploːʒən] *n* : implosión *f*

imply [ɪmˈplaɪ] *vt* **-plied; -plying 1** SUG-
GEST : insinuar, dar a entender **2** IN-
VOLVE : implicar, suponer ⟨rights imply obligations : los derechos implican
unas obligaciones⟩

impolite [ˌɪmpəˈlaɪt] *adj* : descortés,
maleducado

impoliteness [ˌɪmpəˈlaɪtnəs] *n* : descortesía *f*, falta *f* de educación

impolitic [ɪmˈpɑləˌtɪk] *adj* : imprudente,
poco político

imponderable[1] [ɪmˈpɑndərəbəl] *adj*
: imponderable

imponderable[2] *n* : imponderable *m*

import[1] [ɪmˈport] *vt* **1** SIGNIFY : significar **2** : importar ⟨to import foreign
cars : importar autos extranjeros⟩

import[2] [ˈɪmˌport] *n* **1** SIGNIFICANCE
: importancia *f*, significación *f* **2** → **im-**
portation

importance [ɪmˈportənts] *n* : importancia *f*

important [ɪmˈportənt] *adj* : importante

importantly [ɪmˈportəntli] *adv* **1** : con
importancia **2 more importantly** : lo
que es más importante

importation [ˌɪmˌporˈteɪʃən] *n* : importación *f*

importer [ɪmˈportər] *n* : importador *m*,
-dora *f*

importunate [ɪmˈpɔrtʃənət] *adj* : importuno, insistente

importune [ˌɪmpərˈtuːn, -ˈtjuːn; ɪmˈpɔrtʃən] *vt* **-tuned; -tuning** : importunar, implorar

impose [ɪmˈpoːz] *v* **-posed; -posing** *vt* : imponer ⟨to impose a tax : imponer un impuesto⟩ — *vi* **to impose on** : abusar de, molestar ⟨to impose on her kindness : abusar de su bondad⟩

imposing [ɪmˈpoːzɪŋ] *adj* : imponente, impresionante

imposition [ˌɪmpəˈzɪʃən] *n* : imposición *f*

impossibility [ɪmˌpasəˈbɪləti] *n, pl* **-ties** : imposibilidad *f*

impossible [ɪmˈpasəbəl] *adj* **1** : imposible ⟨an impossible task : una tarea imposible⟩ ⟨to make life impossible for : hacerle la vida imposible a⟩ **2** UN-ACCEPTABLE : inaceptable

impossibly [ɪmˈpasəbli] *adv* : imposiblemente, increíblemente

impostor *or* **imposter** [ɪmˈpastər] *n* : impostor *m*, -tora *f*

impotence [ˈɪmpətənts] *n* : impotencia *f*

impotency [ˈɪmpətənsi] → **impotence**

impotent [ˈɪmpətənt] *adj* : impotente

impound [ɪmˈpaʊnd] *vt* : incautar, embargar, confiscar

impoverish [ɪmˈpavərɪʃ] *vt* : empobrecer

impoverishment [ɪmˈpavərɪʃmənt] *n* : empobrecimiento *m*

impracticable [ɪmˈpræktɪkəbəl] *adj* : impracticable

impractical [ɪmˈpræktɪkəl] *adj* : poco práctico

imprecise [ˌɪmprɪˈsaɪs] *adj* : impreciso

imprecisely [ˌɪmprɪˈsaɪsli] *adv* : con imprecisión

impreciseness [ˌɪmprɪˈsaɪsnəs] → **imprecision**

imprecision [ˌɪmprɪˈsɪʒən] *n* : imprecisión *f*, falta de precisión *f*

impregnable [ɪmˈpregnəbəl] *adj* : inexpugnable, impenetrable, inconquistable

impregnate [ɪmˈpregˌneɪt] *vt* **-nated; -nating 1** FERTILIZE : fecundar **2** PERMEATE, SATURATE : impregnar, empapar, saturar

impresario [ˌɪmprəˈsariˌo, -ˈsær-] *n, pl* **-rios** : empresario *m*, -ria *f*

impress [ɪmˈpres] *vt* **1** IMPRINT : imprimir, estampar **2** : impresionar, causar impresión a ⟨I was not impressed : no me hizo buena impresión⟩ **3 to impress (something) on someone** : recalcarle (algo) a alguien — *vi* : impresionar, hacer una impresión

impression [ɪmˈpreʃən] *n* **1** : marca *f*, huella *f*, molde *m* (de los dientes) **2** EFFECT : impresión *f*, efecto *m*, impacto *m* **3** PRINTING : impresión *f* **4** NOTION : impresión *f*, noción *f*

impressionable [ɪmˈpreʃənəbəl] *adj* : impresionable

impressionism [ɪmˈpreʃəˌnɪzəm] *n* : impresionismo *m*

impressionist [ɪmˈpreʃənɪst] *n* : impresionista *mf* — **impressionist** *adj*

impressive [ɪmˈpresɪv] *adj* : impresionante — **impressively** *adv*

impressiveness [ɪmˈpresɪvnəs] *n* : calidad de ser impresionante

imprint[1] [ɪmˈprɪnt, ˈɪmˌ-] *vt* : imprimir, estampar

imprint[2] [ˈɪmˌprɪnt] *n* : marca *f*, huella *f*

imprison [ɪmˈprɪzən] *vt* **1** JAIL : encarcelar, aprisionar **2** CONFINE : recluir, encerrar

imprisonment [ɪmˈprɪzənmənt] *n* : encarcelamiento *m*

improbability [ɪmˌprabəˈbɪləti] *n, pl* **-ties** : improbabilidad *f*, inverosimilitud *f*

improbable [ɪmˈprabəbəl] *adj* : improbable, inverosímil

impromptu[1] [ɪmˈprampˌtuː, -ˌtjuː] *adv* : sin preparación, espontáneamente

impromptu[2] *adj* : espontáneo, improvisado

impromptu[3] *n* : improvisación *f*

improper [ɪmˈprapər] *adj* **1** INCORRECT : incorrecto, impropio **2** INDECOROUS : indecoroso

improperly [ɪmˈprapərli] *adv* : incorrectamente, indebidamente

impropriety [ˌɪmprəˈpraɪəti] *n, pl* **-eties 1** INDECOROUSNESS : indecoro *m*, falta *f* de decoro **2** ERROR : impropiedad *f*, incorrección *f*

improve [ɪmˈpruːv] *v* **-proved; -proving** : mejorar

improvement [ɪmˈpruːvmənt] *n* : mejoramiento *m*, mejora *f*

improvidence [ɪmˈpravədənts] *n* : imprevisión *f*

improvisation [ɪmˌpravəˈzeɪʃən, ˌɪmprəvə-] *n* : improvisación *f*

improvise [ˈɪmprəˌvaɪz] *v* **-vised; -vising** : improvisar

imprudence [ɪmˈpruːdənts] *n* : imprudencia *f*, indiscreción *f*

imprudent [ɪmˈpruːdənt] *adj* : imprudente, indiscreto

impudence [ˈɪmpjədənts] *n* : insolencia *f*, descaro *m*

impudent [ˈɪmpjədənt] *adj* : insolente, descarado — **impudently** *adv*

impugn [ɪmˈpjuːn] *vt* : impugnar

impulse [ˈɪmˌpʌls] *n* **1** : impulso *m* **2 on impulse** : sin reflexionar

impulsive [ɪmˈpʌlsɪv] *adj* : impulsivo — **impulsively** *adv*

impulsiveness [ɪmˈpʌlsɪvnəs] *n* : impulsividad *f*

impunity [ɪmˈpjuːnəti] *n* **1** : impunidad *f* **2 with impunity** : impunemente

impure [ɪmˈpjʊr] *adj* **1** : impuro ⟨impure thoughts : pensamientos impuros⟩ **2** CONTAMINATED : con impurezas, impuro

impurity [ɪmˈpjʊrəti] *n, pl* **-ties** : impureza *f*

impute [ɪm'pjuːt] *vt* **-puted; -puting** AT-
TRIBUTE : imputar, atribuir

in¹ ['ɪn] *adv* **1** INSIDE : dentro, adentro
⟨let's go in : vamos adentro⟩ **2** HAR-
VESTED : recogido ⟨the crops are in : las
cosechas y están recogidas⟩ **3 to be
in** : estar ⟨is Linda in? : ¿está Linda?⟩
4 to be in : estar en poder ⟨the De-
mocrats are in : los demócratas están
en el poder⟩ **5 to be in for** : ser objeto de, estar a punto de ⟨they're in for
a treat : los van a agasajar⟩ ⟨he's in for
a surprise : se va a llevar una sorpre-
sa⟩ **6 to be in on** : participar en, tomar
parte en

in² *adj* **1** INSIDE : interior ⟨the in part
: la parte interior⟩ **2** FASHIONABLE : de
moda

in³ *prep* **1** (*indicating location or position*) ⟨in the lake : en el lago⟩ ⟨a pain
in the leg : un dolor en la pierna⟩ ⟨in
the sun : al sol⟩ ⟨in the rain : bajo la
lluvia⟩ ⟨the best restaurant in Buenos
Aires : el mejor restaurante de Buenos
Aires⟩ **2** INTO : en, a ⟨he broke it in
pieces : lo rompió en pedazos⟩ ⟨she
went in the house : se metió a la casa⟩
3 DURING : por, durante ⟨in the afternoon : por la tarde⟩ **4** WITHIN : dentro de ⟨I'll be back in a week : vuelvo
dentro de una semana⟩ **5** (*indicating
manner*) : en, con, de ⟨in Spanish : en
español⟩ ⟨written in pencil : escrito
con lápiz⟩ ⟨in this way : de esta man-
era⟩ **6** (*indicating states or circumstances*) ⟨to be in luck : tener suerte⟩
⟨to be in love : estar enamorado⟩ ⟨to
be in a hurry : tener prisa⟩ **7** (*indicating purpose*) : en ⟨in reply : en respuesta, como réplica⟩

in⁴ *n* **ins and outs** : pormenores *mpl*
inability [ˌɪnə'bɪləti] *n, pl* **-ties** : incapacidad *f*
inaccessibility [ˌɪnɪkˌsesə'bɪləti] *n, pl*
-ties : inaccesibilidad *f*
inaccessible [ˌɪnɪk'sesəbəl] *adj* : inaccesible
inaccuracy [ɪn'ækjərəsi] *n, pl* **-cies**
1 : inexactitud *f* **2** MISTAKE : error *m*
inaccurate [ɪn'ækjərət] *n* : inexacto,
erróneo, incorrecto
inaccurately [ɪn'ækjərətli] *adv* : incorrectamente, con inexactitud
inaction [ɪn'ækʃən] *n* : inactividad *f*, inacción *f*
inactive [ɪn'æktɪv] *adj* : inactivo
inactivity [ˌɪnˌæk'tɪvəti] *n, pl* **-ties** : inactividad *f*, ociosidad *f*
inadequacy [ɪn'ædɪkwəsi] *n, pl* **-cies 1**
INSUFFICIENCY : insuficiencia *f* **2** IN-
COMPETENCE : ineptitud *f*, incompetencia *f*
inadequate [ɪn'ædɪkwət] *adj* **1** INSUF-
FICIENT : insuficiente, inadecuado **2**
INCOMPETENT : inepto, incompetente
inadmissible [ˌɪnæd'mɪsəbəl] *adj* : inadmisible

inadvertent [ˌɪnəd'vərtənt] *adj* : inadvertido, involuntario — **inadvertently**
adv
inadvisable [ˌɪnæd'vaɪzəbəl] *adj* : desaconsejable
inalienable [ɪn'eɪljənəbəl, -'eɪliənə-] *adj*
: inalienable
inane [ɪ'neɪn] *adj* **inaner; -est** : estúpido, idiota, necio
inanimate [ɪn'ænəmət] *adj* : inanimado,
exánime
inanity [ɪ'nænəti] *n, pl* **-ties 1** STUPIDI-
TY : estupidez *f* **2** NONSENSE : idiotez
f, disparate *m*
inapplicable [ɪn'æplɪkəbəl, ˌɪnə-'plɪkə-
bəl] *adj* IRRELEVANT : inaplicable, irrelevante
inappreciable [ˌɪnə'priːʃəbəl] *adj* : inapreciable, imperceptible
inappropriate [ˌɪnə'proʊpriət] *adj* : inapropiado, inadecuado, impropio
inappropriateness [ˌɪnə'proʊpriətnəs] *n*
: lo inapropiado, impropiedad *f*
inapt [ɪn'æpt] *adj* **1** UNSUITABLE : inadecuado, inapropiado **2** INEPT : inepto
inarticulate [ˌɪnɑr'tɪkjələt] *adj* : inarticu-
ulado, incapaz de expresarse
inarticulately [ˌɪnɑr'tɪkjələtli] *adv* : inarticuladamente
inasmuch as [ˌɪnæz'mʌtʃæz] *conj* : ya
que, dado que, puesto que
inattention [ˌɪnə'tenʃən] *n* : falta *f* de
atención, distracción *f*
inattentive [ˌɪnə'tentɪv] *adj* : distraído,
despistado
inattentively [ˌɪnə'tentɪvli] *adv* : distraídamente, sin prestar atención
inaudible [ɪn'ɔdəbəl] *adj* : inaudible
inaudibly [ɪn'ɔdəbli] *adv* : de forma inaudible
inaugural¹ [ɪ'nɔɡjərəl, -ɡərəl] *adj* : inaugural, de investidura
inaugural² *n* **1** *or* **inaugural address**
: discurso *m* de investidura **2** INAU-
GURATION : investidura *f* (de una persona)
inaugurate [ɪ'nɔɡjəˌreɪt, -ɡə-] *vt* **-rated;
-rating 1** BEGIN : inaugurar **2** INDUCT
: investir ⟨to inaugurate the president
: investir al presidente⟩
inauguration [ɪˌnɔɡjə'reɪʃən, -ɡə-] *n* **1**
: inauguración *f* (de un edificio, un sistema, etc.) **2** : investidura *f* (de una persona)
inauspicious [ˌɪnɔ'spɪʃəs] *adj* : desfavorable, poco propicio
inborn ['ɪnˌbɔrn] *adj* **1** CONGENITAL, IN-
NATE : innato, congénito **2** HEREDI-
TARY : hereditario
inbred ['ɪnˌbred] *adj* **1** : engendrado por
endogamia **2** INNATE : innato
inbreed ['ɪnˌbriːd] *vt* **-bred; -breeding**
: engendrar por endogamia
inbreeding ['ɪnˌbriːdɪŋ] *n* : endogamia *f*
Inca ['ɪŋkə] *n* : inca *mf*
incalculable [ɪn'kælkjələbəl] *adj* : incalculable — **incalculably** [-bli] *adv*

incandescence [ˌɪnkənˈdɛsənts] n : incandescencia f

incandescent [ˌɪnkənˈdɛsənt] adj 1 : incandescente 2 BRILLIANT : brillante

incantation [ˌɪnˌkænˈteɪʃən] n : conjuro m, ensalmo m

incapable [ɪnˈkeɪpəbəl] adj : incapaz

incapacitate [ˌɪnkəˈpæsəˌteɪt] vt -tated; -tating : incapacitar

incapacity [ˌɪnkəˈpæsəti] n, pl -ties : incapacidad f

incarcerate [ɪnˈkɑrsəˌreɪt] vt -ated; -ating : encarcelar

incarceration [ɪnˌkɑrsəˈreɪʃən] n : encarcelamiento m, encarcelación f

incarnate¹ [ɪnˈkɑrˌneɪt] vt -nated; -nating : encarnar

incarnate² [ɪnˈkɑrnət, -ˌneɪt] adj : encarnado

incarnation [ˌɪnˌkɑrˈneɪʃən] n : encarnación f

incendiary¹ [ɪnˈsɛndiˌri] adj : incendiario

incendiary² n, pl -aries : incendiario m, -ria f; pirómano m, -na f

incense¹ [ɪnˈsɛnts] vt -censed; -censing : indignar, enfadar, enfurecer

incense² [ˈɪnˌsɛnts] n : incienso m

incentive [ɪnˈsɛntɪv] n : incentivo m, aliciente m, motivación f, acicate m

inception [ɪnˈsɛpʃən] n : comienzo m, principio m

incessant [ɪnˈsɛsənt] adj : incesante, continuo — **incessantly** adv

incest [ˈɪnˌsɛst] n : incesto m

incestuous [ɪnˈsɛstʃuəs] adj : incestuoso

inch¹ [ˈɪntʃ] v : avanzar poco a poco

inch² n 1 : pulgada f 2 **every inch** : absoluto, seguro ⟨every inch a winner : un seguro ganador⟩ 3 **within an inch of** : a punto de

incidence [ˈɪntsədənts] n 1 FREQUENCY : frecuencia f, índice m ⟨a high incidence of crime : un alto índice de crímenes⟩ 2 **angle of incidence** : ángulo m de incidencia

incident¹ [ˈɪntsədənt] adj : incidente

incident² n : incidente m, incidencia f, episodio m (en una obra de ficción)

incidental¹ [ˌɪntsəˈdɛntəl] adj 1 SECONDARY : incidental, secundario 2 ACCIDENTAL : casual, fortuito

incidental² n 1 : algo incidental 2 **incidentals** npl : imprevistos mpl

incidentally [ˌɪntsəˈdɛntəli, -ˈdɛntli] adv 1 BY CHANCE : incidentalmente, casualmente 2 BY THE WAY : a propósito, por cierto

incinerate [ɪnˈsɪnəˌreɪt] vt -ated; -ating : incinerar

incinerator [ɪnˈsɪnəˌreɪtər] n : incinerador m

incipient [ɪnˈsɪpiənt] adj : incipiente, naciente

incise [ɪnˈsaɪz] vt -cised; -cising 1 ENGRAVE : grabar, cincelar, inscribir 2 : hacer una incisión en

incision [ɪnˈsɪʒən] n : incisión f

incisive [ɪnˈsaɪsɪv] adj : incisivo, penetrante

incisively [ɪnˈsaɪsɪvli] adv : con agudeza

incisor [ɪnˈsaɪzər] n : incisivo m

incite [ɪnˈsaɪt] vt -cited; -citing : incitar, instigar

incitement [ɪnˈsaɪtmənt] n : incitación f

inclemency [ɪnˈklɛməntsi] n, pl -cies : inclemencia f

inclement [ɪnˈklɛmənt] adj : inclemente, tormentoso

inclination [ˌɪnkləˈneɪʃən] n 1 PROPENSITY : inclinación f, tendencia f 2 DESIRE : deseo m, ganas fpl 3 BOW : inclinación f

incline¹ [ɪnˈklaɪn] v -clined; -clining vi 1 SLOPE : inclinarse 2 TEND : inclinarse, tender ⟨he is inclined to be late : tiende a llegar tarde⟩ — vt 1 LOWER : inclinar, bajar ⟨to incline one's head : bajar la cabeza⟩ 2 SLANT : inclinar 3 PREDISPOSE : predisponer

incline² [ˈɪnˌklaɪn] n : inclinación f, pendiente f

inclined [ɪnˈklaɪnd] adj 1 SLOPING : inclinado 2 PRONE : prono, dispuesto, dado

inclose, inclosure → enclose, enclosure

include [ɪnˈkluːd] vt -cluded; -cluding : incluir, comprender

inclusion [ɪnˈkluːʒən] n : inclusión f

inclusive [ɪnˈkluːsɪv] adj : inclusivo

incognito [ˌɪnˌkɑgˈniːˌto, ɪnˈkɑgnəˌto:] adv & adj : de incógnito

incoherence [ˌɪnkoˈhɪrənts, -ˈhɛr-] n : incoherencia f

incoherent [ˌɪnkoˈhɪrənt, -ˈhɛr-] adj : incoherente — **incoherently** adv

incombustible [ˌɪnkəmˈbʌstəbəl] adj : incombustible

income [ˈɪnˌkʌm] n : ingresos mpl, entradas fpl

income tax n : impuesto m sobre la renta

incoming [ˈɪnˌkʌmɪŋ] adj 1 ARRIVING : que se recibe (dícese del correo), que llega (dícese de las personas), ascendente (dícese de la marea) 2 NEW : nuevo, entrante ⟨the incoming president : el nuevo presidente⟩ ⟨the incoming year : el año entrante⟩

incommunicado [ˌɪnkəˌmjuːnəˈkɑdo] adj : incomunicado

incomparable [ɪnˈkɑmpərəbəl] adj : incomparable, sin igual

incompatible [ˌɪnkəmˈpætəbəl] adj : incompatible

incompetence [ɪnˈkɑmpətənts] n : incompetencia f, impericia f, ineptitud f

incompetent [ɪnˈkɑmpətənt] adj : incompetente, inepto, incapaz

incomplete [ˌɪnkəmˈpliːt] adj : incompleto — **incompletely** adv

incomprehensible [ˌɪnˌkɑmpriˈhɛntsəbəl] adj : incomprensible

inconceivable [ˌɪnkənˈsiːvəbəl] adj 1 INCOMPREHENSIBLE : incomprensible 2 UNBELIEVABLE : inconcebible, increíble

inconceivably [ˌɪnkən'siːvəbli] *adv* : inconcebiblemente, increíblemente

inconclusive [ˌɪnkən'kluːsɪv] *adj* : inconcluyente, no decisivo

incongruity [ˌɪnkən'gruːəti, -ˌkan-] *n, pl* **-ties** : incongruencia *f*

incongruous [ɪn'kaŋgruəs] *adj* : incongruente, inapropiado, fuera de lugar

incongruously [ɪn'kaŋgruəsli] *adv* : de manera incongruente, inapropiadamente

inconsequential [ˌɪnˌkansə'kwɛntʃəl] *adj* : intrascendente, de poco importancia

inconsiderable [ˌɪnkən'sɪdərəbəl] *adj* : insignificante

inconsiderate [ˌɪnkən'sɪdərət] *adj* : desconsiderado, sin consideración — **inconsiderately** *adv*

inconsistency [ˌɪnkən'sɪstəntsi] *n, pl* **-cies** : inconsecuencia *f*, inconsistencia *f*

inconsistent [ˌɪnkən'sɪstənt] *adj* : inconsecuente, inconsistente

inconsolable [ˌɪnkən'soləbəl] *adj* : inconsolable — **inconsolably** [-bli] *adv*

inconspicuous [ˌɪnkən'spɪkjuəs] *adj* : discreto, no conspicuo, que no llama la atención

inconspicuously [ˌɪnkən'spɪkjuəsli] *adv* : discretamente, sin llamar la atención

incontestable [ˌɪnkən'tɛstəbəl] *adj* : incontestable, indiscutible — **incontestably** [-bli] *adv*

incontinence [ɪn'kantənənts] *n* : incontinencia *f*

incontinent [ɪn'kantənənt] *adj* : incontinente

inconvenience¹ [ˌɪnkən'viːnjənts] *vt* **-nienced; -niencing** : importunar, incomodar, molestar

inconvenience² *n* : incomodidad *f*, molestia *f*

inconvenient [ˌɪnkən'viːnjənt] *adj* : inconveniente, importuno, incómodo — **inconveniently** *adv*

incorporate [ɪn'kɔrpəˌreɪt] *vt* **-rated; -rating 1** INCLUDE : incorporar, incluir **2** : incorporar, constituir en sociedad (dícese de un negocio)

incorporation [ɪnˌkɔrpə'reɪʃən] *n* : incorporación *f*

incorporeal [ˌɪnˌkɔr'pɔriəl] *adj* : incorpóreo

incorrect [ˌɪnkə'rɛkt] *adj* **1** INACCURATE : incorrecto **2** WRONG : equivocado, erróneo **3** IMPROPER : impropio — **incorrectly** *adv*

incorrigible [ɪn'kɔrədʒəbəl] *adj* : incorregible

incorruptible [ˌɪnkə'rʌptəbəl] *adj* : incorruptible

increase¹ [ɪn'kriːs, 'ɪnˌkriːs] *v* **-creased; -creasing** *vi* GROW : aumentar, crecer, subir (dícese de los precios) — *vt* AUGMENT : aumentar, acrecentar

increase² ['ɪnˌkriːs, ɪn'kriːs] *n* : aumento *m*, incremento *m*, subida *f* (de precios)

increasing [ɪn'kriːsɪŋ, 'ɪnˌkriːsɪŋ] *adj* : creciente

increasingly [ɪn'kriːsɪŋli] *adv* : cada vez más

incredible [ɪn'krɛdəbəl] *adj* : increíble — **incredibly** [-bli] *adv*

incredulity [ˌɪnkrɪ'duːləti, -'djuː-] *n* : incredulidad *f*

incredulous [ɪn'krɛdʒələs] *adj* : incrédulo, escéptico

incredulously [ɪn'krɛdʒələsli] *adv* : con incredulidad

increment ['ɪŋkrəmənt, 'ɪn-] *n* : incremento *m*, aumento *m*

incremental [ˌɪŋkrə'mɛntəl, ˌɪn-] *adj* : de incremento

incriminate [ɪn'krɪməˌneɪt] *vt* **-nated; -nating** : incriminar

incrimination [ɪnˌkrɪmə'neɪʃən] *n* : incriminación *f*

incriminatory [ɪn'krɪmənəˌtori] *adj* : incriminatorio

incubate ['ɪŋkjuˌbeɪt, 'ɪn-] *v* **-bated; -bating** *vt* : incubar, empollar — *vi* : incubar(se), empollar

incubation [ˌɪŋkju'beɪʃən, ˌɪn-] *n* : incubación *f*

incubator ['ɪŋkjuˌbeɪtər, 'ɪn-] *n* : incubadora *f*

inculcate [ɪn'kʌlˌkeɪt, 'ɪnˌkʌl-] *vt* **-cated; -cating** : inculcar

incumbency [ɪn'kʌmbəntsi] *n, pl* **-cies 1** OBLIGATION : incumbencia *f* **2** : mandato *m* (en la política)

incumbent¹ [ɪn'kʌmbənt] *adj* : obligatorio

incumbent² *n* : titular *mf*

incur [ɪn'kər] *vt* **incurred; incurring** : provocar (al enojo), incurrir en (gastos, obligaciones)

incurable [ɪn'kjurəbəl] *adj* : incurable, sin remedio

incursion [ɪn'kərʒən] *n* : incursión *f*

indebted [ɪn'dɛtəd] *adj* **1** : endeudado **2 to be indebted to** : estar en deuda con, estarle agradecido a

indebtedness [ɪn'dɛtədnəs] *n* : endeudamiento *m*

indecency [ɪn'diːsəntsi] *n, pl* **-cies** : indecencia *f*

indecent [ɪn'diːsənt] *adj* : indecente — **indecently** *adv*

indecipherable [ˌɪndɪ'saɪfərəbəl] *adj* : indescifrable

indecision [ˌɪndɪ'sɪʒən] *n* : indecisión *f*, irresolución *f*

indecisive [ˌɪndɪ'saɪsɪv] *adj* **1** INCONCLUSIVE : indeciso, que no es decisivo **2** IRRESOLUTE : indeciso, irresoluto, vacilante **3** INDEFINITE : indefinido — **indecisively** *adv*

indecorous [ɪn'dɛkərəs, ˌɪndɪ'korəs] *adj* : indecoroso — **indecorously** *adv*

indecorousness [ɪn'dɛkərəsnəs, ˌɪndɪ'korəs-] *n* : indecoro *m*

indeed [ɪn'diːd] *adv* **1** TRULY : verdaderamente, de veras **2** (*used as intensifier*) ⟨thank you very much indeed

: muchísimas gracias⟩ **3** OF COURSE : claro, por supuesto

indefatigable [ˌɪndɪˈfætɪgəbəl] *adj* : incansable, infatigable — **indefatigably** [-bli] *adv*

indefensible [ˌɪndɪˈfɛntsəbəl] *adj* **1** VULNERABLE : indefendible, vulnerable **2** INEXCUSABLE : inexcusable

indefinable [ˌɪndɪˈfaɪnəbəl] *adj* : indefinible

indefinite [ɪnˈdɛfənət] *adj* **1** : indefinido, indeterminado ⟨indefinite pronouns : pronombres indefinidos⟩ **2** VAGUE : vago, impreciso

indefinitely [ɪnˈdɛfənətli] *adv* : indefinidamente, por un tiempo indefinido

indelible [ɪnˈdɛləbəl] *adj* : indeleble, imborrable — **indelibly** [-bli] *adv*

indelicacy [ɪnˈdɛləkəsi] *n* : falta *f* de delicadeza

indelicate [ɪnˈdɛlɪkət] *adj* **1** IMPROPER : indelicado, indecoroso **2** TACTLESS : indiscreto, falto de tacto

indemnify [ɪnˈdɛmnəˌfaɪ] *vt* **-fied; -fying** **1** INSURE : asegurar **2** COMPENSATE : indemnizar, compensar

indemnity [ɪnˈdɛmnəti] *n, pl* **-ties** **1** INSURANCE : indemnidad *f* **2** COMPENSATION : indemnización *f*

indent [ɪnˈdɛnt] *vt* : sangrar (un párrafo)

indentation [ˌɪnˌdɛnˈteɪʃən] *n* **1** NOTCH : muesca *f*, mella *f* **2** INDENTING : sangría *f* (de un párrafo)

indenture¹ [ɪnˈdɛntʃər] *vt* **-tured; -turing** : ligar por contrato

indenture² *n* : contrato de aprendizaje

independence [ˌɪndəˈpɛndənts] *n* : dependencia *f*

Independence Day *n* : día *m* de la Independencia (4 de julio en los EE.UU.)

independent¹ [ˌɪndəˈpɛndənt] *adj* : independiente — **independently** *adv*

independent² *n* : independiente *mf*

indescribable [ˌɪndɪˈskraɪbəbəl] *adj* : indescriptible, incalificable — **indescribably** [-bli] *adv*

indestructibility [ˌɪndɪˌstrʌktəˈbɪləti] *n* : indestructibilidad *f*

indestructible [ˌɪndɪˈstrʌktəbəl] *adj* : indestructible

indeterminate [ˌɪndɪˈtərmənət] *adj* **1** VAGUE : vago, impreciso, indeterminado **2** INDEFINITE : indeterminado, indefinido

index¹ [ˈɪnˌdɛks] *vt* **1** : ponerle un índice a (un libro o una revista) **2** : incluir en un índice ⟨all proper names are indexed : todos los nombres propios están incluidos en el índice⟩ **3** INDICATE : indicar, señalar **4** REGULATE : indexar, indiciar ⟨to index prices : indiciar los precios⟩

index² *n, pl* **-dexes** *or* **-dices** [ˈɪndəˌsiːz] **1** : índice *m* (de un libro, de precios) **2** INDICATION : indicio *m*, índice *m*, señal *f* ⟨an index of her character : una señal de su carácter⟩

index finger *n* FOREFINGER : dedo *m* índice

Indian [ˈɪndiən] *n* **1** : indio *m*, -dia *f* **2** → **American Indian** — **Indian** *adj*

indicate [ˈɪndəˌkeɪt] *vt* **-cated; -cating** **1** POINT OUT : indicar, señalar **2** SHOW, SUGGEST : ser indicio de, ser señal de **3** EXPRESS : expresar, señalar **4** REGISTER : marcar, poner (una medida, etc.)

indication [ˌɪndəˈkeɪʃən] *n* : indicio *m*, señal *f*

indicative [ɪnˈdɪkətɪv] *adj* : indicativo

indicator [ˈɪndəˌkeɪtər] *n* : indicador *m*

indict [ɪnˈdaɪt] *vt* : acusar, procesar (por un crímen)

indictment [ɪnˈdaɪtmənt] *n* : acusación *f*

indifference [ɪnˈdɪfrənts, -ˈdɪfə-] *n* : indiferencia *f*

indifferent [ɪnˈdɪfrənt, -ˈdɪfə-] *adj* **1** UNCONCERNED : indiferente **2** MEDIOCRE : mediocre

indifferently [ɪnˈdɪfrəntli, -ˈdɪfə-] *adv* **1** : con indiferencia, indiferentemente **2** SO-SO : de modo regular, más o menos

indigence [ˈɪndɪdʒənts] *n* : indigencia *f*

indigenous [ɪnˈdɪdʒənəs] *adj* : indígena, nativo

indigent [ˈɪndɪdʒənt] *adj* : indigente, pobre

indigestible [ˌɪndaɪˈdʒɛstəbəl, -dɪ-] *adj* : difícil de digerir

indigestion [ˌɪndaɪˈdʒɛstʃən, -dɪ-] *n* : indigestión *f*, empacho *m*

indignant [ɪnˈdɪgnənt] *adj* : indignado

indignantly [ɪnˈdɪgnəntli] *adv* : con indignación

indignation [ˌɪndɪgˈneɪʃən] *n* : indignación *f*

indignity [ɪnˈdɪgnəti] *n, pl* **-ties** : indignidad *f*

indigo [ˈɪndɪˌgoː] *n, pl* **-gos** *or* **-goes** : añil *m*, índigo *m*

indirect [ˌɪndəˈrɛkt, -daɪ-] *adj* : indirecto — **indirectly** *adv*

indiscernible [ˌɪndɪˈsərnəbəl, -ˈzər-] *adj* : imperceptible

indiscreet [ˌɪndɪˈskriːt] *adj* : indiscreto, imprudente — **indiscreetly** *adv*

indiscretion [ˌɪndɪˈskrɛʃən] *n* : indiscreción *f*, imprudencia *f*

indiscriminate [ˌɪndɪˈskrɪmənət] *adj* : indiscriminado

indiscriminately [ˌɪndɪˈskrɪmənətli] *adv* : sin discriminación, sin discernimiento

indispensable [ˌɪndɪˈspɛntsəbəl] *adj* : indispensable, necesario, imprescindible — **indispensably** [-bli] *adv*

indisposed [ˌɪndɪˈspoːzd] *adj* **1** ILL : indispuesto, enfermo **2** AVERSE, DISINCLINED : opuesto, reacio ⟨to be indisposed toward working : no tener ganas de trabajar⟩

indisputable [ˌɪndɪˈspjuːtəbəl, ɪnˈdɪsˌpjuːtə-] *adj* : indiscutible, incuestionable, incontestable — **indisputably** [-bli] *adv*

indistinct [ˌɪndɪˈstɪŋkt] *adj* : indistinto — **indistinctly** *adv*

indistinctness [ˌɪndɪˈstɪŋktnəs] *n* : falta *f* de claridad

indistinguishable [ˌɪndɪˈstɪŋgwɪʃəbəl] *adj* : indistinguible

individual¹ [ˌɪndəˈvɪdʒuəl] *adj* **1** PERSONAL : individual, personal ⟨individual traits : características personales⟩ **2** SEPARATE : separate, individual, separado **3** PARTICULAR : particular, propio

individual² *n* : individuo *m*

individualism [ˌɪndəˈvɪdʒəwəˌlɪzəm] *n* : individualismo *m*

individualist [ˌɪndəˈvɪdʒuəlɪst] *n* : individualista *mf*

individuality [ˌɪndəˌvɪdʒuˈæləti] *n, pl* **-ties** : individualidad *f*

individually [ˌɪndəˈvɪdʒuəli, -dʒəli] *adv* : individualmente

indivisible [ˌɪndɪˈvɪzəbəl] *adj* : indivisible

indoctrinate [ɪnˈdɑktrəˌneɪt] *vt* **-nated;** **-nating 1** TEACH : enseñar, instruir **2** PROPAGANDIZE : adoctrinar

indoctrination [ɪnˌdɑktrəˈneɪʃən] *n* : adoctrinamiento *m*

indolence [ˈɪndələnts] *n* : indolencia *f*

indolent [ˈɪndələnt] *adj* : indolente

indomitable [ɪnˈdɑmətəbəl] *adj* : invencible, indomable, indómito — **indomitably** [-bli] *adv*

Indonesian [ˌɪndoˈniːʒən, -ʃən] *n* : indonesio *m*, -sia *f* — **Indonesian** *adj*

indoor [ˈɪnˈdor] *adj* : interior (dícese de las plantas), para estar en casa (dícese de la ropa), cubierto (dícese de las piscinas, etc.), bajo techo (dícese de los deportes)

indoors [ˈɪnˈdorz] *adv* : adentro, dentro

indubitable [ɪnˈduːbətəbəl, -ˈdjuː-] *adj* : indudable, incuestionable, indiscutible

indubitably [ɪnˈduːbətəbli, -ˈdjuː-] *adv* : indudablemente

induce [ɪnˈduːs, -ˈdjuːs] *vt* **-duced; -ducing 1** PERSUADE : persuadir, inducir **2** CAUSE : inducir, provocar ⟨to induce labor : provocar un parto⟩

inducement [ɪnˈduːsmənt, -ˈdjuːs-] *n* **1** INCENTIVE : incentivo *m*, aliciente *m* **2** : inducción *f*, provocación *f* (de un parto)

induct [ɪnˈdʌkt] *vt* **1** INSTALL : instalar, investir **2** ADMIT : admitir (como miembro) **3** CONSCRIPT : reclutar (al servicio militar)

inductee [ˌɪnˌdʌkˈtiː] *n* : recluta *mf*, conscripto *m*, -ta *f*

induction [ɪnˈdʌkʃən] *n* **1** INTRODUCTION : iniciación *f*, introducción *f* **2** : inducción *f* (en la lógica o la electricidad)

inductive [ɪnˈdʌktɪv] *adj* : inductivo

indulge [ɪnˈdʌldʒ] *v* **-dulged; -dulging** *vt* **1** GRATIFY : gratificar, satisfacer **2** SPOIL : consentir, mimar — *vi* **to indulge in** : permitirse

indulgence [ɪnˈdʌldʒənts] *n* **1** SATISFYING : satisfacción *f*, gratificación *f* **2** HUMORING : complacencia *f*, indulgencia *f* **3** SPOILING : consentimiento *m* **4** : indulgencia *f* (en la religión)

indulgent [ɪnˈdʌldʒənt] *adj* : indulgente, consentido — **indulgently** *adv*

industrial [ɪnˈdʌstriəl] *adj* : industrial — **industrially** *adv*

industrialist [ɪnˈdʌstriəlɪst] *n* : industrial *mf*

industrialization [ɪnˌdʌstriələˈzeɪʃən] *n* : industrialización *f*

industrialize [ɪnˈdʌstriəˌlaɪz] *vt* **-ized;** **-izing** : industrializar

industrious [ɪnˈdʌstriəs] *adj* : diligente, industrioso, trabajador

industriously [ɪnˈdʌstriəsli] *adv* : con diligencia, con aplicación

industriousness [ɪnˈdʌstriəsnəs] *n* : diligencia *f*, aplicación *f*

industry [ˈɪndəstri] *n, pl* **-tries 1** DILIGENCE : diligencia *f*, aplicación *f* **2** : industria *f* ⟨the steel industry : la industria siderúrgica⟩

inebriated [ɪˈniːbriˌeɪtəd] *adj* : ebrio, embriagado

inebriation [ɪˌniːbriˈeɪʃən] *n* : ebriedad *f*, embriaguez *f*

ineffable [ɪnˈefəbəl] *adj* : inefable — **ineffably** [-bli] *adv*

ineffective [ˌɪnɪˈfɛktɪv] *adj* **1** INEFFECTUAL : ineficaz, inútil **2** INCAPABLE : incompetente, ineficiente, incapaz

ineffectively [ˌɪnɪˈfɛktɪvli] *adv* : ineficazmente, infructuosamente

ineffectual [ˌɪnɪˈfɛktʃuəl] *adj* : inútil, ineficaz — **ineffectually** *adv*

inefficiency [ˌɪnɪˈfɪʃəntsi] *n, pl* **-cies** : ineficiencia *f*, ineficacia *f*

inefficient [ˌɪnɪˈfɪʃənt] *adj* **1** : ineficiente, ineficaz **2** INCAPABLE, INCOMPETENT : incompetente, incapaz — **inefficiently** *adv*

inelegance [ɪnˈɛləgənts] *n* : inelegancia *f*

inelegant [ɪnˈɛləgənt] *adj* : inelegante, poco elegante

ineligibility [ɪnˌɛlədʒəˈbɪləti] *n* : inelegibilidad *f*

ineligible [ɪnˈɛlədʒəbəl] *adj* : inelegible

inept [ɪˈnɛpt] *adj* : inepto ⟨inept at : incapaz para⟩

ineptitude [ɪˈnɛptəˌtuːd, -ˌtjuːd] *n* : ineptitud *f*, incompetencia *f*, incapacidad *f*

inequality [ˌɪnɪˈkwɑləti] *n, pl* **-ties** : desigualdad *f*

inert [ɪˈnərt] *adj* **1** INACTIVE : inerte, inactivo **2** SLUGGISH : lento

inertia [ɪˈnərʃə] *n* : inercia *f*

inescapable [ˌɪnɪˈskeɪpəbəl] *adj* : inevitable, ineludible — **inescapably** [-bli] *adv*

inessential [ˌɪnɪˈsɛntʃəl] *adj* : que no es esencial, innecesario

inestimable [ɪnˈɛstəməbəl] *adj* : inestimable, inapreciable

inevitability [ɪnˌɛvətəˈbɪləti] *n, pl* **-ties**
: inevitabilidad *f*

inevitable [ɪnˈɛvətəbəl] *adj* : inevitable
— **inevitably** [-bli] *adv*

inexact [ˌɪnɪgˈzækt] *adj* : inexacto

inexactly [ˌɪnɪgˈzæktli] *adv* : sin exactitud

inexcusable [ˌɪnɪkˈskjuːzəbəl] *adj* : inexcusable, imperdonable — **inexcusably** [-bli] *adv*

inexhaustible [ˌɪnɪgˈzɔstəbəl] *adj* 1 IN-DEFATIGABLE : infatigable, incansable 2 ENDLESS : inagotable — **inexhaustibly** [-bli] *adv*

inexorable [ɪnˈɛksərəbəl] *adj* : inexorable — **inexorably** [-bli] *adv*

inexpensive [ˌɪnɪkˈspɛntsɪv] *adj* : barato, económico

inexperience [ˌɪnɪkˈspɪriənts] *n* : inexperiencia *f*

inexperienced [ˌɪnɪkˈspɪriəntst] *adj* : inexperto, novato

inexplicable [ˌɪnɪkˈsplɪkəbəl] *adj* : inexplicable — **inexplicably** [-bli] *adv*

inexpressible [ˌɪnɪkˈsprɛsəbəl] *adj* : inexpresable, inefable

inextricable [ˌɪnɪkˈstrɪkəbəl, ɪnˈɛk-ˌstrɪ-] *adj* : inextricable — **inextricably** [-bli] *adv*

infallibility [ɪnˌfæləˈbɪləti] *n* : infalibilidad *f*

infallible [ɪnˈfæləbəl] *adj* : infalible — **infallibly** [-bli] *adv*

infamous [ˈɪnfəməs] *adj* : infame — **infamously** *adv*

infamy [ˈɪnfəmi] *n, pl* **-mies** : infamia *f*

infancy [ˈɪnfəntsi] *n, pl* **-cies** : infancia *f*

infant [ˈɪnfənt] *n* : bebé *m*; niño *m*, -ña *f*

infantile [ˈɪnfənˌtaɪl, -təl, -ˌtiːl] *adj* : infantil, pueril

infantile paralysis → **poliomyelitis**

infantry [ˈɪnfəntri] *n, pl* **-tries** : infantería *f*

infatuated [ɪnˈfætʃuˌeɪtəd] *adj* **to be infatuated with** : estar encaprichado con

infatuation [ɪnˌfætʃuˈeɪʃən] *n* : encaprichamiento *m*, enamoramiento *m*

infect [ɪnˈfɛkt] *vt* : infectar, contagiar

infection [ɪnˈfɛkʃən] *n* : infección *f*, contagio *m*

infectious [ɪnˈfɛkʃəs] *adj* : infeccioso, contagioso

infer [ɪnˈfər] *vt* **inferred; inferring** 1 DE-DUCE : deducir, inferir 2 SURMISE : concluir, suponer, tener entendido 3 IMPLY : sugerir, insinuar

inference [ˈɪnfərənts] *n* : deducción *f*, inferencia *f*, conclusión *f*

inferior¹ [ɪnˈfɪriər] *adj* : inferior, malo

inferior² *n* : inferior *mf*

inferiority [ɪnˌfɪriˈɔrəti] *n, pl* **-ties** : inferioridad *f* ⟨inferiority complex : complejo de inferioridad⟩

infernal [ɪnˈfərnəl] *adj* 1 : infernal ⟨infernal fires : fuegos infernales⟩ 2 DIA-BOLICAL : infernal, diabólico 3 DAMNABLE : maldito, condenado

inferno [ɪnˈfərˌnoː] *n, pl* **-nos** : infierno *m*

infertile [ɪnˈfərtəl, -ˌtaɪl] *adj* : estéril, infecundo

infertility [ˌɪnfərˈtɪləti] *n* : esterilidad *f*, infecundidad *f*

infest [ɪnˈfɛst] *vt* : infestar, plagar

infestation [ˌɪnˌfɛsˈteɪʃən] *n* : infestación *f*, plaga *f*

infidel [ˈɪnfədəl, -ˌdɛl] *n* : infiel *mf*

infidelity [ˌɪnfəˈdɛləti, -faɪ-] *n, pl* **-ties** 1 UNFAITHFULNESS : infidelidad *f* 2 DIS-LOYALTY : deslealtad *f*

infield [ˈɪnˌfiːld] *n* : cuadro *m*, diamante *m*

infiltrate [ɪnˈfɪlˌtreɪt, ˈɪnfɪl-] *v* **-trated; -trating** *vt* : infiltrar — *vi* : infiltrarse

infiltration [ˌɪnfɪlˈtreɪʃən] *n* : infiltración *f*

infinite [ˈɪnfənət] *adj* 1 LIMITLESS : infinito, sin límites 2 VAST : infinito, vasto, extenso

infinitely [ˈɪnfənətli] *adv* : infinitamente

infinitesimal [ˌɪnˌfɪnəˈtɛsəməl] *adj* : infinitésimo, infinitesimal — **infinitesimally** *adv*

infinitive [ɪnˈfɪnətɪv] *n* : infinitivo *m*

infinity [ɪnˈfɪnəti] *n, pl* **-ties** 1 : infinito *m* (en matemáticas, etc.) 2 : infinidad *f* ⟨an infinity of stars : una infinidad de estrellas⟩

infirm [ɪnˈfərm] *adj* 1 FEEBLE : enfermizo, endeble 2 INSECURE : inseguro

infirmary [ɪnˈfərməri] *n, pl* **-ries** : enfermería *f*, hospital *m*

infirmity [ɪnˈfərməti] *n, pl* **-ties** 1 FRAILTY : debilidad *f*, endeblez *f* 2 AIL-MENT : enfermedad *f*, dolencia *f* ⟨the infirmities of age : los achaques de la vejez⟩

inflame [ɪnˈfleɪm] *v* **-flamed; -flaming** *vt* 1 KINDLE : inflamar, encender 2 : inflamar (una herida) 3 STIR UP : encender, provocar, inflamar — *vi* : inflamarse

inflammable [ɪnˈflæməbəl] *adj* 1 FLAM-MABLE : inflamable 2 IRASCIBLE : irascible, explosivo

inflammation [ˌɪnfləˈmeɪʃən] *n* : inflamación *f*

inflammatory [ɪnˈflæməˌtori] *adj* : inflamatorio, incendiario

inflatable [ɪnˈfleɪtəbəl] *adj* : inflable

inflate [ɪnˈfleɪt] *vt* **-flated; -flating** : inflar, hinchar

inflation [ɪnˈfleɪʃən] *n* : inflación *f*

inflationary [ɪnˈfleɪʃəˌneri] *adj* : inflacionario, inflacionista

inflect [ɪnˈflɛkt] *vt* 1 CONJUGATE, DE-CLINE : conjugar, declinar 2 MODU-LATE : modular (la voz)

inflection [ɪnˈflɛkʃən] *n* : inflexión *f*

inflexibility [ɪnˌflɛksəˈbɪləti] *n, pl* **-ties** : inflexibilidad *f*

inflexible [ɪnˈflɛksəbəl] *adj* : inflexible

inflict [ɪnˈflɪkt] *vt* 1 : infligir, causar, imponer 2 **to inflict oneself on** : imponer uno su presencia a (alguien)

infliction [ɪnˈflɪkʃən] *n* : imposición *f*

influence¹ [ˈɪnˌfluːənts, ɪnˈfluːənts] vt **-enced; -encing** : influenciar, influir en

influence² n **1** : influencia f, influjo m ⟨to exert influence over : ejercer influencia sobre⟩ ⟨the influence of gravity : el influjo de la gravedad⟩ **2 under the influence** : bajo la influencia del alcohol, embriagado

influential [ˌɪnfluˈɛntʃəl] adj : influyente

influenza [ˌɪnfluˈɛnzə] n : gripe f, influenza f, gripa f Col, Mex

influx [ˈɪnˌflʌks] n : afluencia f (de gente), entrada f (de mercancías), llegada f (de ideas)

inform [ɪnˈfɔrm] vt : informar, notificar, avisar — vi **to inform on** : delatar, denunciar

informal [ɪnˈfɔrməl] adj **1** UNCEREMONIOUS : sin ceremonia, sin etiqueta **2** CASUAL : informal, familiar (dícese del lenguaje) **3** UNOFFICIAL : extraoficial

informality [ˌɪnfɔrˈmæləti, -fər-] n, pl **-ties** : informalidad f, familiaridad f, falta f de ceremonia

informally [ɪnˈfɔrməli] adv : sin ceremonias, de manera informal, informalmente

informant [ɪnˈfɔrmənt] n : informante mf; informador m, -dora f

information [ˌɪnfərˈmeɪʃən] n : información f

informative [ɪnˈfɔrmətɪv] adj : informativo, instructivo

informer [ɪnˈfɔrmər] n : informante mf; informador m, -dora f

infraction [ɪnˈfrækʃən] n : infracción f, violación f, transgresión f

infrared [ˌɪnfrəˈrɛd] adj : infrarrojo

infrastructure [ˈɪnfrəˌstrʌktʃər] n : infraestructura f

infrequent [ɪnˈfriːkwənt] adj : infrecuente, raro

infrequently [ɪnˈfriːkwəntli] adv : raramente, con poca frecuencia

infringe [ɪnˈfrɪndʒ] v **-fringed; -fringing** vt : infringir, violar — vi **to infringe on** : abusar de, violar

infringement [ɪnˈfrɪndʒmənt] n **1** VIOLATION : violación f (de la ley), incumplimiento m (de un contrato) **2** ENCROACHMENT : usurpación f (de derechos, etc.)

infuriate [ɪnˈfjʊriˌeɪt] vt **-ated; -ating** : enfurecer, poner furioso

infuriating [ɪnˈfjʊriˌeɪtɪŋ] adj : indignante, exasperante

infuse [ɪnˈfjuːz] vt **-fused; -fusing 1** INSTILL : infundir **2** STEEP : hacer una infusión de

infusion [ɪnˈfjuːʒən] n : infusión f

ingenious [ɪnˈdʒiːnjəs] adj : ingenioso — **ingeniously** adv

ingenue or **ingénue** [ˈɑndʒəˌnuː, ˈæn-; ˈæʒə-, ˈɑ-] n : ingenua f

ingenuity [ˌɪndʒəˈnuːəti, -ˈnjuː-] n, pl **-ities** : ingenio

ingenuous [ɪnˈdʒɛnjuəs] adj **1** FRANK : cándido, franco **2** NAIVE : ingenuo — **ingenuously** adv

ingenuousness [ɪnˈdʒɛnjuəsnəs] n **1** FRANKNESS : candidez f, candor m **2** NAÏVETÉ : ingenuidad f

ingest [ɪnˈdʒɛst] vt : ingerir

ingestion [ɪnˈdʒɛstʃən] n : ingestión f

inglorious [ɪnˈɡlɔriəs] adj : deshonroso, ignominioso

ingot [ˈɪŋɡət] n : lingote m

ingrained [ɪnˈɡreɪnd] adj : arraigado

ingrate [ˈɪnˌɡreɪt] n : ingrato m, -ta f

ingratiate [ɪnˈɡreɪʃiˌeɪt] vt **-ated; -ating** : conseguir la benevolencia de ⟨to ingratiate oneself with someone : congraciarse con alguien⟩

ingratiating [ɪnˈɡreɪʃiˌeɪtɪŋ] adj : halagador, zalamero, obsequioso

ingratitude [ɪnˈɡrætəˌtuːd, -ˌtjuːd] n : ingratitud f

ingredient [ɪnˈɡriːdiənt] n : ingrediente m, componente m

ingrown [ˈɪnˌɡroːn] adj **1** : crecido hacia adentro **2 ingrown toenail** : uña f encarnada

inhabit [ɪnˈhæbət] vt : vivir en, habitar, ocupar

inhabitable [ɪnˈhæbətəbəl] adj : habitable

inhabitant [ɪnˈhæbətənt] n : habitante mf

inhalant [ɪnˈheɪlənt] n : inhalante m

inhalation [ˌɪnhəˈleɪʃən, ˌɪnə-] n : inhalación f

inhale [ɪnˈheɪl] v **-haled; -haling** vt : inhalar, aspirar — vi : inspirar

inhaler [ɪnˈheɪlər] n : inhalador m

inhere [ɪnˈhɪr] vi **-hered; -hering** : ser inherente

inherent [ɪnˈhɪrənt, -ˈhɛr-] adj : inherente, intrínseco — **inherently** adv

inherit [ɪnˈhɛrət] vt : heredar

inheritance [ɪnˈhɛrətənts] n : herencia f

inheritor [ɪnˈhɛrətər] n : heredero m, -da f

inhibit [ɪnˈhɪbət] vt IMPEDE : inhibir, impedir

inhibition [ˌɪnhəˈbɪʃən, ˌɪnə-] n : inhibición f, cohibición f

inhuman [ɪnˈhjuːmən, -ˈjuː-] adj : inhumano, cruel — **inhumanly** adv

inhumane [ˌɪnhjuˈmeɪn, -juˈ-] adj INHUMAN : inhumano, cruel

inhumanity [ˌɪnhjuˈmænəti, -juˈ-] n, pl **-ties** : inhumanidad f, crueldad f

inimical [ɪˈnɪmɪkəl] adj **1** UNFAVORABLE : adverso, desfavorable **2** HOSTILE : hostil — **inimically** adv

inimitable [ɪˈnɪmətəbəl] adj : inimitable

iniquitous [ɪˈnɪkwətəs] adj : inicuo, malvado

iniquity [ɪˈnɪkwəti] n, pl **-ties** : iniquidad f

initial¹ [ɪˈnɪʃəl] vt **-tialed** or **-tialled; -tialing** or **-tialling** : poner las iniciales a, firmar con las iniciales

initial² adj : inicial, primero — **initially** adv

initial³ *n* : inicial *f*
initiate¹ [ɪ'nɪʃiˌeɪt] *vt* **-ated; -ating 1** BE-GIN : comenzar, iniciar **2** INDUCT : instruir **3** INTRODUCE : introducir, instruir
initiate² [ɪ'nɪʃiət] *n* : iniciado *m*, -da *f*
initiation [ɪˌnɪʃi'eɪʃən] *n* : iniciación *f*
initiative [ɪ'nɪʃətɪv] *n* : iniciativa *f*
initiatory [ɪ'nɪʃiəˌtori] *adj* **1** INTRODUCTORY : introductorio **2** de iniciación ⟨initiatory rites : ritos de iniciación⟩
inject [ɪn'dʒɛkt] *vt* : inyectar
injection [ɪn'dʒɛkʃən] *n* : inyección *f*
injudicious [ˌɪndʒʊ'dɪʃəs] *adj* : imprudente, indiscreto, poco juicioso
injunction [ɪn'dʒʌŋkʃən] *n* **1** ORDER : orden *f*, mandato *m* **2** COURT ORDER : mandamiento *m* judicial
injure ['ɪndʒər] *vt* **-jured; -juring 1** WOUND : herir, lesionar **2** HURT : lastimar, dañar, herir **3 to injure oneself** : hacerse daño
injurious [ɪn'dʒʊriəs] *adj* : perjudicial ⟨injurious to one's health : perjudicial a la salud⟩
injury ['ɪndʒəri] *n, pl* **-ries 1** WRONG : mal *m*, injusticia *f* **2** DAMAGE, HARM : herida *f*, daño *m*, perjuicio *m*
injustice [ɪn'dʒʌstəs] *n* : injusticia *f*
ink¹ ['ɪŋk] *vt* : entintar
ink² *n* : tinta *f*
inkling ['ɪŋklɪŋ] *n* : presentimiento *m*, indicio *m*, sospecha *f*
inkwell ['ɪŋkˌwɛl] *n* : tintero *m*
inky ['ɪŋki] *adj* **1** : manchado de tinta **2** BLACK : negro, impenetrable ⟨inky darkness : negra oscuridad⟩
inland¹ ['ɪnˌlænd, -lənd] *adv* : hacia el interior, tierra adentro
inland² *adj* : interior
inland³ *n* : interior *m*
in-law ['ɪnˌlɔ] *n* **1** : pariente *m* político **2 in-laws** *npl* : suegros *mpl*
inlay¹ [ɪn'leɪ, 'ɪnˌleɪ] *vt* **-laid** [-'leɪd, -ˌleɪd]; **-laying** : incrustar, taracear
inlay² ['ɪnˌleɪ] *n* **1** : incrustación *f* **2** : empaste *m* (de un diente)
inlet ['ɪnˌlɛt, -lət] *n* : cala *f*, ensenada *f*
inmate ['ɪnˌmeɪt] *n* : paciente *mf* (en un hospital); preso *m*, -sa *f* (en una prisión); interno *m*, -na *f* (en un asilo)
in memoriam [ˌɪnmə'moriəm] *prep* : en memoria de
inmost ['ɪnˌmoːst] → **innermost**
inn ['ɪn] *n* **1** : posada *f*, hostería *f*, fonda *f* **2** TAVERN : taberna *f*
innards ['ɪnərdz] *npl* : entrañas *fpl*, tripas *fpl fam*
innate [ɪ'neɪt] *adj* **1** INBORN : innato **2** INHERENT : inherente
inner ['ɪnər] *adj* : interior, interno
innermost ['ɪnərˌmoːst] *adj* : más íntimo, más profundo
innersole ['ɪnərˌsoːl] → **insole**
inning ['ɪnɪŋ] *n* : entrada *f*
innkeeper ['ɪnˌkiːpər] *n* : posadero *m*, -ra *f*
innocence ['ɪnəsənts] *n* : inocencia *f*

innocent¹ ['ɪnəsənt] *adj* : inocente — **innocently** *adv*
innocent² *n* : inocente *mf*
innocuous [ɪ'nɑkjəwəs] *adj* **1** HARMLESS : inocuo **2** INOFFENSIVE : inofensivo
innovate ['ɪnəˌveɪt] *vi* **-vated; -vating** : innovar
innovation [ˌɪnə'veɪʃən] *n* : innovación *f*, novedad *f*
innovative ['ɪnəˌveɪtɪv] *adj* : innovador
innovator ['ɪnəˌveɪtər] *n* : innovador *m*, -dora *f*
innuendo [ˌɪnjʊ'ɛndo] *n, pl* **-dos** or **-does** : insinuación *f*, indirecta *f*
innumerable [ɪ'nuːmərəbəl, -'njuː-] *adj* : innumerable
inoculate [ɪ'nɑkjəˌleɪt] *vt* **-lated; -lating** : inocular
inoculation [ɪˌnɑkjə'leɪʃən] *n* : inoculación *f*
inoffensive [ˌɪnə'fɛntsɪv] *adj* : inofensivo
inoperable [ɪn'ɑpərəbəl] *adj* : inoperable
inoperative [ɪn'ɑpərətɪv, -ˌreɪ-] *adj* : inoperante
inopportune [ɪnˌɑpər'tuːn, -'tjuːn] *adj* : inoportuno — **inopportunely** *adv*
inordinate [ɪn'ɔrdənət] *adj* : excesivo, inmoderado, desmesurado — **inordinately** *adv*
inorganic [ˌɪnˌɔr'gænɪk] *adj* : inorgánico
inpatient ['ɪnˌpeɪʃənt] *n* : paciente *mf* hospitalizado
input¹ ['ɪnˌpʊt] *vt* **inputted** or **input; inputting** : entrar (datos, información)
input² *n* **1** CONTRIBUTION : aportación *f*, contribución *f* **2** ENTRY : entrada *f* (de datos) **3** ADVICE, OPINION : consejos *mpl*, opinión *f*
inquest ['ɪnˌkwɛst] *n* INQUIRY, INVESTIGATION : investigación *f*, averiguación *f*, pesquisa *f* (judicial)
inquire [ɪn'kwaɪr] *v* **-quired; -quiring** *vt* : preguntar, informarse de, inquirir ⟨he inquired how to get in : preguntó cómo entrar⟩ — *vi* **1** ASK : preguntar, informarse ⟨to inquire about : informarse sobre⟩ ⟨to inquire after (someone) : preguntar por (alguien)⟩ **2 to inquire into** INVESTIGATE : investigar, inquirir sobre
inquiringly [ɪn'kwaɪrɪŋli] *adv* : inquisitivamente
inquiry ['ɪnˌkwaɪri, ɪn'kwaɪri; 'ɪnkwəri, 'ɪŋ-] *n, pl* **-ries 1** QUESTION : pregunta *f* ⟨to make inquiries about : pedir información sobre⟩ **2** INVESTIGATION : investigación *f*, inquisición *f*, pesquisa *f*
inquisition [ˌɪnkwə'zɪʃən, ˌɪŋ-] *n* **1** : inquisición *f*, interrogatorio *m*, investigación *f* **2 the Inquisition** : la Inquisición *f*
inquisitive [ɪn'kwɪzətɪv] *adj* : inquisidor, inquisitivo, curioso — **inquisitively** *adv*

inquisitiveness [ɪn'kwɪzət̬ɪvnəs] *n* : curiosidad *f*

inquisitor [ɪn'kwɪzət̬ər] *n* : inquisidor *m*, -dora *f*; interrogador *m*, -dora *f*

inroad ['ɪn,roːd] *n* **1** ENCROACHMENT, INVASION : invasión *f*, incursión *f* **2 to make inroads into** : ocupar parte de (un tiempo), agotar parte de (ahorros, recursos), invadir (un territorio)

insane [ɪn'seɪn] *adj* **1** MAD : loco, demente ⟨to go insane : volverse loco⟩ **2** ABSURD : absurdo, insensato ⟨an insane scheme : un proyecto insensato⟩

insanely [ɪn'seɪnli] *adv* : como un loco ⟨insanely suspicious : loco de recelo⟩

insanity [ɪn'sænət̬i] *n, pl* **-ties 1** MADNESS : locura *f* **2** FOLLY : locura *f*, insensatez *f*

insatiable [ɪn'seɪʃəbəl] *adj* : insaciable — **insatiably** [-bli] *adv*

inscribe [ɪn'skraɪb] *vt* **-scribed; -scribing 1** ENGRAVE : inscribir, grabar **2** ENROLL : inscribir **3** DEDICATE : dedicar (un libro)

inscription [ɪn'skrɪpʃən] *n* : inscripción *f* (en un monumento), dedicación *f* (en un libro), leyenda *f* (de una ilustración, etc.)

inscrutable [ɪn'skruːt̬əbəl] *adj* : inescrutable, misterioso — **inscrutably** [-bli] *adv*

inseam ['ɪn,siːm] *n* : entrepierna *f*

insect ['ɪn,sɛkt] *n* : insecto *m*

insecticidal [ɪn,sɛkt̬ə'saɪdəl] *adj* : insecticida

insecticide [ɪn'sɛkt̬ə,saɪd] *n* : insecticida *m*

insecure [,ɪnsɪ'kjʊr] *adj* : inseguro, poco seguro — **insecurely** *adv*

insecurely [,ɪnsɪ'kjʊrli] *adv* : inseguramente

insecurity [,ɪnsɪ'kjʊrət̬i] *n, pl* **-ties** : inseguridad *f*

inseminate [ɪn'sɛmə,neɪt] *vt* **-nated; -nating** : inseminar

insemination [ɪn,sɛmə'neɪʃən] *n* : inseminación *f*

insensibility [ɪn,sɛntsə'bɪlət̬i] *n, pl* **-ties** : insensibilidad *f*

insensible [ɪn'sɛntsəbəl] *adj* **1** UNCONSCIOUS : inconsciente, sin conocimiento **2** NUMB : insensible, entumecido **3** UNAWARE : inconsciente

insensitive [ɪn'sɛntsət̬ɪv] *adj* : insensible

insensitivity [ɪn,sɛntsə'tɪvət̬i] *n, pl* **-ties** : insensibilidad *f*

inseparable [ɪn'sɛpərəbəl] *adj* : inseparable

insert¹ [ɪn'sərt] *vt* **1** : insertar, introducir, poner, meter ⟨insert your key in the lock : mete la llave en la cerradura⟩ **2** INTERPOLATE : interpolar, intercalar

insert² ['ɪn,sərt] *n* : inserción *f*, hoja *f* insertada (en una revista, etc.)

insertion [ɪn'sərʃən] *n* : inserción *f*

inset ['ɪn,sɛt] *n* : página *f* intercalada (en un libro), entredós *m* (de encaje en la ropa)

inshore¹ ['ɪn'ʃor] *adv* : hacia la costa

inshore² *adj* : cercano a la costa, costero ⟨inshore fishing : pesca costera⟩

inside¹ [ɪn'saɪd, 'ɪn,saɪd] *adv* : adentro, dentro ⟨to run inside : correr para adentro⟩ ⟨inside and out : por dentro y por fuera⟩

inside² *adj* **1** : interior, de adentro, de dentro ⟨the inside lane : el carril interior⟩ **2** : confidencial ⟨inside information : información confidencial⟩

inside³ *n* **1** : interior *m*, parte *f* de adentro **2 insides** *npl* BELLY, GUTS : tripas *fpl fam* **3 inside out** : al revés

inside⁴ *prep* **1** INTO : al interior de **2** WITHIN : dentro de **3** *(referring to time)* : en menos de ⟨inside an hour : en menos de una hora⟩

inside of *prep* INSIDE : dentro de

insider [ɪn'saɪdər] *n* : persona *f* enterada

insidious [ɪn'sɪdiəs] *adj* : insidioso — **insidiously** *adv*

insidiousness [ɪn'sɪdiəsnəs] *n* : insidia *f*

insight ['ɪn,saɪt] *n* : perspicacia *f*, penetración *f*

insightful [ɪn'saɪt̬fəl] *adj* : perspicaz

insignia [ɪn'sɪgniə] *or* **insigne** [-,niː] *n, pl* **-nia** *or* **-nias** : insignia *f*, enseña *f*

insignificance [,ɪnsɪg'nɪfɪkənts] *n* : insignificancia *f*

insignificant [,ɪnsɪg'nɪfɪkənt] *adj* : insignificante

insincere [,ɪnsɪn'sɪr] *adj* : insincero, poco sincero

insincerely [,ɪnsɪn'sɪrli] *adv* : con poca sinceridad

insincerity [,ɪnsɪn'sɛrət̬i, -'sɪr-] *n, pl* **-ties** : insinceridad *f*

insinuate [ɪn'sɪnju,eɪt] *vt* **-ated; -ating** : insinuar

insinuation [ɪn,sɪnju'eɪʃən] *n* : insinuación *f*

insipid [ɪn'sɪpəd] *adj* : insípido

insist [ɪn'sɪst] *v* : insistir

insistence [ɪn'sɪstənts] *n* : insistencia *f*

insistent [ɪn'sɪstənt] *adj* : insistente — **insistently** *adv*

insofar as [,ɪnsoʊ'fɑræz] *conj* : en la medida en que, en tanto que, en cuanto a

insole ['ɪn,soːl] *n* : plantilla *f*

insolence ['ɪntsələnts] *n* : insolencia *f*

insolent ['ɪntsələnt] *adj* : insolente

insolubility [ɪn,saljə'bɪlət̬i] *n* : insolubilidad *f*

insoluble [ɪn'saljəbəl] *adj* : insoluble

insolvency [ɪn'salvəntsi] *n, pl* **-cies** : insolvencia *f*

insolvent [ɪn'salvənt] *adj* : insolvente

insomnia [ɪn'samniə] *n* : insomnio *m*

insomuch as [,ɪnsoʊ'mʌtʃæz] → **inasmuch as**

insomuch that *conj* SO : así que, de manera que

inspect [ɪn'spɛkt] *vt* : inspeccionar, examinar, revisar

inspection [ɪn'spɛkʃən] *n* : inspección *f*, examen *m*, revisión *f*, revista *f* (de tropas)

inspector [ɪn'spɛktər] n : inspector m, -tora f

inspiration [ˌɪnspə'reɪʃən] n : inspiración f

inspirational [ˌɪnspə'reɪʃənəl] adj : inspirador

inspire [ɪn'spaɪr] v -spired; -spiring vt 1 INHALE : inhalar, aspirar 2 STIMULATE : estimular, animar, inspirar 3 INSTILL : inspirar, infundir — vi : inspirar

instability [ˌɪnstə'bɪləti] n, pl -ties : inestabilidad f

install [ɪn'stɔl] vt -stalled; -stalling 1 : instalar ⟨to install the new president : instalar el presidente nuevo⟩ ⟨to install a fan : montar un abanico⟩ 2 to **install oneself** : instalarse

installation [ˌɪnstə'leɪʃən] n : instalación f

installment [ɪn'stɔlmənt] n 1 : plazo m, cuota f ⟨to pay in four installments : pagar a cuatro plazos⟩ 2 : entrega f (de una publicación o telenovela) 3 INSTALLATION : instalación f

instance ['ɪnstəns] n 1 INSTIGATION : instancia f 2 EXAMPLE : ejemplo m ⟨for instance : por ejemplo⟩ 3 OCCASION : instancia f, caso m, ocasión f ⟨he prefers, in this instance, to remain anonymous : en este caso prefiere quedarse anónimo⟩

instant¹ ['ɪnstənt] adj 1 IMMEDIATE : inmediato, instantáneo ⟨an instant reply : una respuesta inmediata⟩ 2 : instantáneo ⟨instant coffee : café instantáneo⟩

instant² n : momento m, instante m

instantaneous [ˌɪnstən'teɪniəs] adj : instantáneo

instantaneously [ˌɪnstən'teɪniəsli] adv : instantáneamente, al instante

instantly ['ɪnstəntli] adv : al instante, instantáneamente

instead [ɪn'stɛd] adv 1 : en cambio, en lugar de eso, en su lugar ⟨Dad was going, but Mom went instead : papá iba a ir, pero mamá fue en su lugar⟩ 2 RATHER : al contrario

instead of prep : en vez de, en lugar de

instep ['ɪnˌstɛp] n : empeine m

instigate ['ɪnstəˌgeɪt] vt -gated; -gating INCITE, PROVOKE : instigar, incitar, provocar, fomentar

instigation [ˌɪnstə'geɪʃən] n : instancia f, incitación f

instigator ['ɪnstəˌgeɪtər] n : instigador m, -dora f; incitador m, -dora f

instill [ɪn'stɪl] vt -stilled; -stilling : inculcar, infundir

instinct ['ɪnˌstɪŋkt] n 1 TALENT : instinto m, don m ⟨an instinct for the right word : un don para escoger la palabra apropiada⟩ 2 : instinto m ⟨maternal instincts : instintos maternales⟩

instinctive [ɪn'stɪŋktɪv] adj : instintivo

instinctively [ɪn'stɪŋktɪvli] adv : instintivamente, por instinto

instinctual [ɪn'stɪŋktʃuəl] adj : instintivo

institute¹ ['ɪnstəˌtuːt, -ˌtjuːt] vt -tuted; -tuting 1 ESTABLISH : establecer, instituir, fundar 2 INITIATE : iniciar, empezar, entablar

institute² n : instituto m

institution [ˌɪnstə'tuːʃən, -'tjuː-] n 1 ESTABLISHING : institución f, establecimiento m 2 CUSTOM : institución f, tradición f ⟨the institution of marriage : la institución del matrimonio⟩ 3 ORGANIZATION : institución f, organismo m 4 ASYLUM : asilo m

institutional [ˌɪnstə'tuːʃənəl, -'tjuː-] adj : institucional

institutionalize [ˌɪnstə'tuːʃənəˌlaɪz, -'tjuː-] vt -ized; -izing 1 : institucionalizar ⟨institutionalized values : valores institucionalizados⟩ 2 : internar ⟨institutionalized orphans : huérfanos internados⟩

instruct [ɪn'strʌkt] vt 1 TEACH, TRAIN : instruir, adiestrar, enseñar 2 COMMAND : mandar, ordenar, dar instrucciones a

instruction [ɪn'strʌkʃən] n 1 TEACHING : instrucción f, enseñanza f 2 COMMAND : orden f, instrucción f 3 **instructions** npl DIRECTIONS : instrucciones fpl, modo m de empleo

instructional [ɪn'strʌkʃənəl] adj : instructivo, educativo

instructive [ɪn'strʌktɪv] adj : instructivo

instructor [ɪn'strʌktər] n : instructor m, -tora f

instrument ['ɪnstrəmənt] n : instrumento m

instrumental [ˌɪnstrə'mɛntəl] adj : instrumental

instrumentalist [ˌɪnstrə'mɛntəlɪst] n : instrumentista mf

insubordinate [ˌɪnsə'bɔrdənət] adj : insubordinado

insubordination [ˌɪnsəˌbɔrdən'eɪʃən] n : insubordinación f

insubstantial [ˌɪnsəb'stænʃəl] adj : insustancial, poco nutritivo (dícese de una comida), poco sólido (dícese de una estructura o un argumento)

insufferable [ɪn'sʌfərəbəl] adj UNBEARABLE : insufrible, intolerable, inaguantable, insoportable — **insufferably** [-bli] adv

insufficiency [ˌɪnsə'fɪʃəntsi] n, pl -cies : insuficiencia f

insufficient [ˌɪnsə'fɪʃənt] adj : insuficiente — **insufficiently** adv

insular ['ɪnˌsulər, -sjuː-] adj 1 : isleño (dícese de la gente), insular (dícese del clima) ⟨insular residents : residentes de la isla⟩ 2 NARROW-MINDED : de miras estrechas

insularity [ˌɪnsʊ'lærəti, -sjuː-] n : insularidad f

insulate ['ɪnsəˌleɪt] vt -lated; -lating : aislar

insulation [ˌɪnsə'leɪʃən] n : aislamiento m

insulator ['ɪnsəˌleɪtər] n : aislador m (pieza), aislante m (material)

insulin [ˈɪnˑsələn] n : insulina f
insult¹ [ɪnˈsʌlt] vt : insultar, ofender, injuriar
insult² [ˈɪnˌsʌlt] n : insulto m, injuria f, agravio m
insulting [ɪnˈsʌltɪŋ] adj : ofensivo, injurioso, insultante
insultingly [ɪnˈsʌltɪŋli] adv : ofensivamente, de manera insultante
insuperable [ɪnˈsuːpərəbəl] adj : insuperable — **insuperably** [-bli] adv
insurable [ɪnˈʃʊrəbəl] adj : asegurable
insurance [ɪnˈʃʊrənts, ˈɪnˌʃʊr-] n : seguro m ⟨life insurance : seguro de vida⟩ ⟨insurance company : compañía de seguros⟩
insure [ɪnˈʃʊr] vt **-sured; -suring** 1 UNDERWRITE : asegurar 2 ENSURE : asegurar, garantizar
insured [ɪnˈʃʊrd] n : asegurado m, -da f
insurer [ɪnˈʃʊrər] n : asegurador m, -dora f
insurgent¹ [ɪnˈsərdʒənt] adj : insurgente
insurgent² n : insurgente mf
insurmountable [ˌɪnsərˈmaʊntəbəl] adj : insuperable, insalvable — **insurmountably** [-bli] adv
insurrection [ˌɪnsəˈrɛkʃən] n : insurrección f, levantamiento m, alzamiento m
intact [ɪnˈtækt] adj : intacto
intake [ˈɪnˌteɪk] n 1 OPENING : entrada f, toma f ⟨fuel intake : toma de combustible⟩ 2 : entrada f (de agua o aire), consumo m (de sustancias nutritivas) 3 intake of breath : inhalación f
intangible [ɪnˈtændʒəbəl] adj : intangible, impalpable — **intangibly** [-bli] adv
integer [ˈɪntɪdʒər] n : entero m
integral [ˈɪntɪɡrəl] adj : integral, esencial
integrate [ˈɪntəˌɡreɪt] v **-grated; -grating** vt 1 UNITE : integrar, unir 2 DESEGREGATE : eliminar la segregación de — vi : integrarse
integration [ˌɪntəˈɡreɪʃən] n : integración f
integrity [ɪnˈtɛɡrəti] n : integridad f
intellect [ˈɪntəlˌɛkt] n : intelecto m, inteligencia f, capacidad f intelectual
intellectual¹ [ˌɪntəˈlɛktʃuəl] adj : intelectual — **intellectually** adv
intellectual² n : intelectual mf
intellectualism [ˌɪntəˈlɛktʃuəˌlɪzəm] n : intelectualismo m
intelligence [ɪnˈtɛlədʒənts] n 1 : inteligencia f 2 INFORMATION, NEWS : inteligencia f, información f, noticias fpl
intelligent [ɪnˈtɛlədʒənt] adj : inteligente — **intelligently** adv
intelligentsia [ɪnˌtɛləˈdʒɛntsiə, -ˈɡɛn-] ns & pl : intelectualidad f
intelligibility [ɪnˌtɛlədʒəˈbɪləti] n : inteligibilidad f
intelligible [ɪnˈtɛlədʒəbəl] adj : inteligible, comprensible — **intelligibly** [-bli] adv
intemperance [ɪnˈtɛmpərənts] n : inmoderación f, intemperancia f

intemperate [ɪnˈtɛmpərət] adj : excesivo, inmoderado, desmedido
intend [ɪnˈtɛnd] vt 1 MEAN : querer decir ⟨that's not what I intended : eso no es lo que quería decir⟩ 2 PLAN : tener planeado, proyectar, proponerse ⟨I intend to finish by Thursday : me propongo acabar para el jueves⟩
intended [ɪnˈtɛndəd] adj 1 PLANNED : previsto, proyectado 2 INTENTIONAL : intencional, deliberado
intense [ɪnˈtɛnts] adj 1 EXTREME : intenso, extremo ⟨intense pain : dolor intenso⟩ 2 : profundo, intenso ⟨to my intense relief : para mi alivio profundo⟩ ⟨intense enthusiasm : entusiasmo ardiente⟩
intensely [ɪnˈtɛntsli] adv : sumamente, profundamente, intensamente
intensification [ɪnˌtɛntsəfəˈkeɪʃən] n : intensificación f
intensify [ɪnˈtɛntsəˌfaɪ] v **-fied; -fying** vt 1 STRENGTHEN : intensificar, redoblar ⟨to intensify one's efforts : redoblar uno sus esfuerzos⟩ 2 SHARPEN : intensificar, agudizar (dolor, ansiedad) — vi : intensificarse, hacerse más intenso
intensity [ɪnˈtɛntsəti] n, pl **-ties** : intensidad f
intensive [ɪnˈtɛntsɪv] adj : intensivo — **intensively** adv
intent¹ [ɪnˈtɛnt] adj 1 FIXED : concentrado, fijo ⟨an intent stare : una mirada fija⟩ 2 intent on or intent upon : resuelto a, atento a
intent² n 1 PURPOSE : intención f, propósito m 2 for all intents and purposes : a todos los efectos, prácticamente
intention [ɪnˈtɛnʃən] n : intención f, propósito m
intentional [ɪnˈtɛnʃənəl] adj : intencional, deliberado
intentionally [ɪnˈtɛnʃənəli] adv : a propósito, adrede
intently [ɪnˈtɛntli] adv : atentamente, fijamente
inter [ɪnˈtər] vt **-terred; -terring** : enterrar, inhumar
interact [ˌɪntərˈækt] vi : interactuar, actuar recíprocamente, relacionarse
interaction [ˌɪntərˈækʃən] n : interacción f, interrelación f
interactive [ˌɪntərˈæktɪv] adj : interactivo
interbreed [ˌɪntərˈbriːd] v **-bred** [-ˈbrɛd]; **-breeding** vt : cruzar — vi : cruzarse
intercalate [ɪnˈtərkəˌleɪt] vt **-lated; -lating** : intercalar
intercede [ˌɪntərˈsiːd] vi **-ceded; -ceding** : interceder
intercept [ˌɪntərˈsɛpt] vt : interceptar
interception [ˌɪntərˈsɛpʃən] n : intercepción f
intercession [ˌɪntərˈsɛʃən] n : intercesión f

interchange¹ [ˌɪntərˈtʃeɪndʒ] *vt* **-changed; -changing** : intercambiar
interchange² [ˈɪntərˌtʃeɪndʒ] *n* **1** EXCHANGE : intercambio *m*, cambio *m* **2** JUNCTION : empalme *m*, enlace *m* de carreteras
interchangeable [ˌɪntərˈtʃeɪndʒəbəl] *adj* : intercambiable
intercity [ˈɪntərˈsɪti] *adj* : interurbano
intercollegiate [ˌɪntərkəˈliːdʒət, -dʒiət] *adj* : interuniversitario
interconnect [ˌɪntərkəˈnɛkt] *vt* **1** : conectar, interconectar (en tecnología) **2** RELATE : interrelacionar — *vi* **1** : conectar **2** : interrelacionarse
intercontinental [ˌɪntərˌkɑntənˈnɛtəl] *adj* : intercontinental
intercourse [ˈɪntərˌkors] *n* **1** RELATIONS : relaciones *fpl*, trato *m* **2** COPULATION : acto *m* sexual, relaciones *fpl* sexuales, coito *m*
interdenominational [ˌɪntərdɪˌnɑməˈneɪʃənəl] *adj* : interconfesional
interdepartmental [ˈɪntrəst, ˌɪntərdɪˌpartˈmɛntəl, -ˌdi-] *adj* : interdepartmental
interdependence [ˌɪntərdɪˈpɛndənts] *n* : interdependencia *f*
interdependent [ˌɪntərdɪˈpɛndənt] *adj* : interdependiente
interdict [ˌɪntərˈdɪkt] *vt* **1** PROHIBIT : prohibir **2** : cortar (las líneas de comunicación o provisión del enemigo)
interest¹ [ˈɪntrəst, -tərˌɛst] *vt* : interesar
interest² *n* **1** SHARE, STAKE : interés *m*, participación *f* **2** BENEFIT : provecho *m*, beneficio *m*, interés *m* ⟨in the public interest : en el interés público⟩ **3** CHARGE : interés *m*, cargo *m* ⟨compound interest : interés compuesto⟩ **4** CURIOSITY : interés *m*, curiosidad *f* **5** COLOR : color *m*, interés *m* ⟨places of local interest : lugares de color local⟩ **6** HOBBY : afición *f*
interesting [ˈɪntrəstɪŋ, -tərˌɛstɪŋ] *adj* : interesante — **interestingly** *adv*
interface [ˈɪntərˌfeɪs] *n* **1** : punto *m* de contacto ⟨oil-water interface : punto de contacto entre el agua y el aceite⟩ **2** : interfaz *f* (de una computadora), interfase *f*
interfere [ˌɪntərˈfɪr] *vi* **-fered; -fering** **1** INTERPOSE : interponerse, hacer interferencia ⟨to interfere with a play : obstruir una jugada⟩ **2** MEDDLE : entrometerse, interferir, intervenir **3 to interfere with** DISRUPT : afectar (una actividad), interferir (la radiotransmisión) **4 to interfere with** TOUCH : tocar ⟨someone interfered with my papers : alguien tocó mis papeles⟩
interference [ˌɪntərˈfɪrənts] *n* : interferencia *f*, intromisión *f*
intergalactic [ˌɪntərgəˈlæktɪk] *adj* : intergaláctico
intergovernmental [ˌɪntərˌgʌvərˈmɛntəl, -vərn-] *adj* : intergubernamental
interim¹ [ˈɪntərəm] *adj* : interino, provisional

interim² *n* **1** : interín *m*, intervalo *m* **2 in the interim** : en el interín, mientras tanto
interior¹ [ɪnˈtɪriər] *adj* : interior
interior² *n* : interior *m*
interject [ˌɪntərˈdʒɛkt] *vt* : interponer, agregar
interjection [ˌɪntərˈdʒɛkʃən] *n* **1** : interjección *f* (en lingüística) **2** EXCLAMATION : exclamación *f* **3** INTERPOSITION, INTERRUPTION : interposición *f*, interrupción *f*
interlace [ˌɪntərˈleɪs] *vt* **-laced; -lacing** **1** INTERWEAVE : entrelazar **2** INTERSPERSE : intercalar
interlock [ˌɪntərˈlɑk] *vt* **1** UNITE : trabar, unir **2** ENGAGE, MESH : engranar — *vi* : entrelazarse, trabarse
interloper [ˌɪntərˈloːpər] *n* **1** INTRUDER : intruso *m*, -sa *f* **2** MEDDLER : entrometido *m*, -da *f*
interlude [ˈɪntərˌluːd] *n* **1** INTERVAL : intervalo *m*, intermedio *m* (en el teatro) **2** : interludio *m* (en música)
intermarriage [ˌɪntərˈmærɪdʒ] *n* **1** : matrimonio *m* mixto (entre miembros de distintas razas o religiones) **2** : matrimonio *m* entre miembros del mismo grupo
intermarry [ˌɪntərˈmæri] *vi* **-married; -marrying** **1** : casarse (con miembros de otros grupos) **2** : casarse entre sí (con miembros del mismo grupo)
intermediary¹ [ˌɪntərˈmiːdiˌɛri] *adj* : intermediario
intermediary² *n, pl* **-aries** : intermediario *m*, -ria *f*
intermediate¹ [ˌɪntərˈmiːdiət] *adj* : intermedio
intermediate² *n* GO-BETWEEN : intermediario *m*, -ria *f*; mediador *m*, -dora *f*
interment [ɪnˈtərmənt] *n* : entierro *m*
interminable [ɪnˈtərmənəbəl] *adj* : interminable, constante — **interminably** [-bli] *adv*
intermingle [ˌɪntərˈmɪŋgəl] *vt* **-mingled; -mingling** : entremezclar, mezclar — *vi* : entremezclarse
intermission [ˌɪntərˈmɪʃən] *n* : intermisión *f*, intervalo *m*, intermedio *m*
intermittent [ˌɪntərˈmɪtənt] *adj* : intermitente — **intermittently** *adv*
intermix [ˌɪntərˈmɪks] *vt* : entremezclar
intern¹ [ˈɪnˌtərn, ɪnˈtərn] *vt* : confinar (durante la guerra) — *vi* : servir de interno, hacer las prácticas
intern² [ˈɪnˌtərn] *n* : interno *m*, -na *f*
internal [ɪnˈtərnəl] *adj* : interno, interior ⟨internal bleeding : hemorragia interna⟩ ⟨internal affairs : asuntos interiores, asuntos domésticos⟩ — **internally** *adv*
international [ˌɪntərˈnæʃənəl] *adj* : internacional — **internationally** *adv*
internationalize [ˌɪntərˈnæʃənəˌlaɪz] *vt* **-ized; -izing** : internacionalizar
internee [ˌɪnˌtərˈniː] *n* : interno *m*, -na *f*
Internet [ˈɪntərˌnɛt] *n* : Internet *mf*

internist ['ɪn̩tər̩nɪst] n : internista mf
interpersonal [ˌɪntər'pərsənəl] adj : interpersonal
interplay ['ɪntər̩pleɪ] n : interacción f, juego m
interpolate [ɪn'tərpə̩leɪt] vt -lated; -lating : interpolar
interpose [ˌɪntər'po:z] v -posed; -posing vt : interponer, interrumpir con — vi : interponerse
interposition [ˌɪntərpə'zɪʃən] n : interposición f
interpret [ɪn'tərprət] vt : interpretar
interpretation [ɪn̩tərprə'teɪʃən] n : interpretación f
interpretative [ɪn'tərprə̩teɪtɪv] adj : interpretativo
interpreter [ɪn'tərprətər] n : intérprete mf
interpretive [ɪn'tərprətɪv] adj : interpretativo
interracial [ˌɪntər'reɪʃəl] adj : interracial
interrelate [ˌɪntəri'leɪt] v -related; -relating : interrelacionar
interrelationship [ˌɪntəri'leɪʃən̩ʃɪp] n : interrelación f
interrogate [ɪn'terə̩geɪt] vt -gated; -gating : interrogar, someter a un interrogatorio
interrogation [ɪn̩terə'geɪʃən] n : interrogación f
interrogative¹ [ˌɪntə'ragətɪv] adj : interrogativo
interrogative² n : interrogativo m
interrogator [ɪn'terə̩geɪtər] n : interrogador m, -dora f
interrogatory [ˌɪntə'ragə̩tori] adj → **interrogative¹**
interrupt [ˌɪntə'rʌpt] v : interrumpir
interruption [ˌɪntə'rʌpʃən] n : interrupción f
intersect [ˌɪntər'sɛkt] vt : cruzar, cortar — vi : cruzarse (dícese de los caminos), intersecarse (dícese de las líneas o figuras), cortarse
intersection [ˌɪntər'sɛkʃən] n : intersección f, cruce m
intersperse [ˌɪntər'spərs] vt -spersed; -spersing : intercalar, entremezclar
interstate [ˌɪntər'steɪt] adj : interestatal
interstellar [ˌɪntər'stelər] adj : interestelar
interstice [ɪn'tərstəs] n, pl -stices [-stə̩si:z, -stəsəz] : intersticio m
intertwine [ˌɪntər'twaɪn] vi -twined; -twining : entrelazarse
interval ['ɪntərvəl] n : intervalo m
intervene [ˌɪntər'vi:n] vi -vened; -vening 1 ELAPSE : transcurrir, pasar ⟨the intervening years : los años intermediarios⟩ 2 INTERCEDE : intervenir, interceder, mediar
intervention [ˌɪntər'vɛntʃən] n : intervención f
interview¹ ['ɪntər̩vju:] vt : entrevistar — vi : hacer entrevistas
interview² n : entrevista f
interviewer ['ɪntər̩vju:ər] n : entrevistador m, -dora f

interweave [ˌɪntər'wi:v] v -wove [-'wo:v]; -woven [-'wo:vən]; -weaving vt : entretejer, entrelazar — vi INTERTWINE : entrelazarse, entretejerse
interwoven [ˌɪntər'wo:vən] adj : entretejido
intestate [ɪn'tes̩teɪt, -tət] adj : intestado
intestinal [ɪn'tɛstənəl] adj : intestinal
intestine [ɪn'tɛstən] n 1 : intestino m 2 **small intestine** : intestino m delgado 3 **large intestine** : intestino m grueso
intimacy ['ɪntəməsi] n, pl -cies 1 CLOSENESS : intimidad f 2 FAMILIARITY : familiaridad f
intimate¹ ['ɪntə̩meɪt] vt -mated; -mating : insinuar, dar a entender
intimate² ['ɪntəmət] adj 1 CLOSE : íntimo, de confianza ⟨intimate friends : amigos íntimos⟩ 2 PRIVATE : íntimo, privado ⟨intimate clubs : clubes íntimos⟩ 3 INNERMOST, SECRET : íntimo, secreto ⟨intimate fantasies : fantasías secretas⟩
intimate³ n : amigo m íntimo, amiga f íntima
intimidate [ɪn'tɪmə̩deɪt] vt -dated; -dating : intimidar
intimidation [ɪn̩tɪmə'deɪʃən] n : intimidación f
into ['ɪn̩tu:] prep 1 (indicating motion) : en, a, contra, dentro de ⟨she got into bed : se metió en la cama⟩ ⟨to get into a plane : subir a un avión⟩ ⟨he crashed into the wall : chocó contra la pared⟩ ⟨looking into the sun : mirando al sol⟩ 2 (indicating state or condition) : a, en ⟨to burst into tears : echarse a llorar⟩ ⟨the water turned into ice : el agua se convirtió en hielo⟩ ⟨to translate into English : traducir al inglés⟩ 3 (indicating time) ⟨far into the night : hasta bien entrada la noche⟩ ⟨he's well into his eighties : tiene los ochenta bien cumplidos⟩ 4 (in mathematics) ⟨3 into 12 is 4 : 12 dividido por 3 es 4⟩
intolerable [ɪn'talərəbəl] adj : intolerable — **intolerably** [-bli] adv
intolerance [ɪn'talərənts] n : intolerancia f
intolerant [ɪn'talərənt] adj : intolerante
intonation [ˌɪnto'neɪʃən] n : entonación f
intone [ɪn'to:n] vt -toned; -toning : entonar
intoxicant [ɪn'taksɪkənt] n : bebida f alcohólica
intoxicate [ɪn'taksə̩keɪt] vt -cated; -cating : emborrachar, embriagar
intoxicated [ɪn'taksə̩keɪtəd] adj : borracho, embriagado
intoxicating [ɪn'taksə̩keɪtɪŋ] adj : embriagador
intoxication [ɪn̩taksə'keɪʃən] n : embriaguez f
intractable [ɪn'træktəbəl] adj : obstinado, intratable
intramural [ˌɪntrə'mjurəl] adj : interno, dentro de la universidad

intransigence [ɪnˈtrænʦədʒənʦs, -ˈtrænzə-] n : intransigencia f

intransigent [ɪnˈtrænʦədʒənt, -ˈtrænzə-] adj : intransigente

intransitive [ɪnˈtrænʦəṭɪv, -ˈtrænzə-] adj : intransitivo

intravenous [ˌɪntrəˈviːnəs] adj : intravenoso — **intravenously** adv

intrepid [ɪnˈtrɛpəd] adj : intrépido

intricacy [ˈɪntrɪkəsi] n, pl **-cies** : complejidad f, lo intrincado

intricate [ˈɪntrɪkət] adj : intrincado, complicado — **intricately** adv

intrigue¹ [ɪnˈtriːg] v **-trigued; -triguing** : intrigar

intrigue² [ˈɪnˌtriːg, ɪnˈtriːg] n : intriga f

intriguing [ɪnˈtriːgɪŋ] adj : intrigante, fascinante

intrinsic [ɪnˈtrɪnzɪk, -ˈtrɪnʦɪk] adj : intrínseco, esencial — **intrinsically** [-zɪkli, -sɪ-] adv

introduce [ˌɪntrəˈduːs, -ˈdjuːs] vt **-duced; -ducing 1** : presentar ⟨let me introduce my father : permítame presentar a mi padre⟩ **2** : introducir (algo nuevo), lanzar (un producto), presentar (una ley), proponer (una idea o un tema)

introduction [ˌɪntrəˈdʌkʃən] n : introducción f, presentación f

introductory [ˌɪntrəˈdʌktəri] adj : introductorio, preliminar, de introducción

introspection [ˌɪntrəˈspɛkʃən] n : introspección f

introspective [ˌɪntrəˈspɛktɪv] adj : introspectivo — **introspectively** adv

introvert [ˈɪntrəˌvərt] n : introvertido m, -da f

introverted [ˈɪntrəˌvərtəd] adj : introvertido

intrude [ɪnˈtruːd] v **-truded; -truding** vi **1** INTERFERE : inmiscuirse, entrometerse **2** DISTURB, INTERRUPT : molestar, estorbar, interrumpir — vt : introducir por fuerza

intruder [ɪnˈtruːdər] n : intruso m, -sa f

intrusion [ɪnˈtruːʒən] n : intrusión f

intrusive [ɪnˈtruːsɪv] adj : intruso

intuit [ɪnˈtuːɪt, -ˈtjuː-] vt : intuir

intuition [ˌɪntuˈɪʃən, -tjuː-] n : intuición f

intuitive [ɪnˈtuːəṭɪv, -ˈtjuː-] adj : intuitivo — **intuitively** adv

inundate [ˈɪnənˌdeɪt] vt **-dated; -dating** : inundar

inundation [ˌɪnənˈdeɪʃən] n : inundación f

inure [ɪˈnʊr, -ˈnjʊr] vt **-ured; -uring** : acostumbrar, habituar

invade [ɪnˈveɪd] vt **-vaded; -vading** : invadir

invader [ɪnˈveɪdər] n : invasor m, -sora f

invalid¹ [ɪnˈvæləd] adj : inválido, nulo

invalid² [ˈɪnvələd] adj : inválido, discapacitado

invalid³ [ˈɪnvələd] n : inválido m, -da f

invalidate [ɪnˈvæləˌdeɪt] vt **-dated; -dating** : invalidar

invalidity [ˌɪnvəˈlɪdəṭi] n, pl **-ties** : invalidez f, falta de validez f

invaluable [ɪnˈvæljəbəl, -ˈvæljuə-] adj : invalorable, inestimable, inapreciable

invariable [ɪnˈværiəbəl] adj : invariable, constante — **invariably** [-bli] adv

invasion [ɪnˈveɪʒən] n : invasión f

invasive [ɪnˈveɪsɪv] adj : invasivo

invective [ɪnˈvɛktɪv] n : invectiva f, improperio m, vituperio m

inveigh [ɪnˈveɪ] vi **to inveigh against** : arremeter contra, lanzar invectivas contra

inveigle [ɪnˈveɪgəl, -ˈviː-] vt **-gled; -gling** : engatusar, embaucar, persuadir con engaños

invent [ɪnˈvɛnt] vt : inventar

invention [ɪnˈvɛnʃən] n : invención f, invento m

inventive [ɪnˈvɛntɪv] adj : inventivo

inventiveness [ɪnˈvɛntɪvnəs] n : ingenio m, inventiva f

inventor [ɪnˈvɛntər] n : inventor m, -tora f

inventory¹ [ˈɪnvənˌtɔri] vt **-ried; -rying** : inventariar

inventory² n, pl **-ries 1** LIST : inventario m **2** STOCK : existencias fpl

inverse¹ [ɪnˈvərs, ˈɪnˌvərs] adj : inverso — **inversely** adv

inverse² n : inverso m

inversion [ɪnˈvərʒən] n : inversión f

invert [ɪnˈvərt] vt : invertir

invertebrate¹ [ɪnˈvərtəbrət, -ˌbreɪt] adj : invertebrado

invertebrate² n : invertebrado m

invest [ɪnˈvɛst] vt **1** AUTHORIZE : investir, autorizar **2** CONFER : conferir **3** : invertir, dedicar ⟨he invested his savings in stocks : invirtió sus ahorros en acciones⟩ ⟨to invest one's time : dedicar uno su tiempo⟩

investigate [ɪnˈvɛstəˌgeɪt] v **-gated; -gating** : investigar

investigation [ɪnˌvɛstəˈgeɪʃən] n : investigación f, estudio m

investigative [ɪnˈvɛstəˌgeɪṭɪv] adj : investigador

investigator [ɪnˈvɛstəˌgeɪtər] n : investigador m, -dora f

investiture [ɪnˈvɛstəˌtʃʊr, -tʃər] n : investidura f

investment [ɪnˈvɛstmənt] n : inversión f

investor [ɪnˈvɛstər] n : inversor m, -sora f; inversionista mf

inveterate [ɪnˈvɛtərət] adj **1** DEEP-SEATED : inveterado, enraizado **2** HABITUAL : empedernido, incorregible

invidious [ɪnˈvɪdiəs] adj **1** OBNOXIOUS : repugnante, odioso **2** UNJUST : injusto — **invidiously** adv

invigorate [ɪnˈvɪgəˌreɪt] vt **-rated; -rating** : vigorizar, animar

invigorating [ɪnˈvɪgəˌreɪtɪŋ] adj : vigorizante, estimulante

invigoration [ɪnˌvɪgəˈreɪʃən] n : animación f

invincibility [ɪnˌvɪnʦəˈbɪləṭi] n : invencibilidad f

invincible [ɪnˈvɪntsəbəl] *adj* : invencible — **invincibly** [-bli] *adv*
inviolable [ɪnˈvaɪələbəl] *adj* : inviolable
inviolate [ɪnˈvaɪələt] *adj* : inviolado, puro
invisibility [ɪnˌvɪzəˈbɪləti] *n* : invisibilidad *f*
invisible [ɪnˈvɪzəbəl] *adj* : invisible — **invisibly** [-bli] *adv*
invitation [ˌɪnvəˈteɪʃən] *n* : invitación *f*
invite [ɪnˈvaɪt] *vt* **-vited; -viting 1** ATTRACT : atraer, tentar ⟨a book that invites interest : un libro que atrae el interés⟩ **2** PROVOKE : provocar, buscar ⟨to invite trouble : buscarse problemas⟩ **3** ASK : invitar ⟨we invited them for dinner : los invitamos a cenar⟩ **4** SOLICIT : solicitar, buscar (preguntas, comentarios, etc.)
inviting [ɪnˈvaɪtɪŋ] *adj* : atractivo, atrayente
invocation [ˌɪnvəˈkeɪʃən] *n* : invocación *f*
invoice¹ [ˈɪnˌvɔɪs] *vt* **-voiced; -voicing** : facturar
invoice² *n* : factura *f*
invoke [ɪnˈvoːk] *vt* **-voked; -voking 1** : invocar, apelar a ⟨she invoked our aid : apeló a nuestra ayuda⟩ **2** CITE : invocar, citar ⟨to invoke a precedent : invocar un precedente⟩ **3** CONJURE UP : hacer aparecer, invocar
involuntary [ɪnˈvɑlənˌteri] *adj* : involuntario — **involuntarily** [ɪnˌvɑlənˈtreɪli] *adv*
involve [ɪnˈvɑlv] *vt* **-volved; -volving 1** ENGAGE : ocupar (con una tarea, etc.) **2** IMPLICATE : involucrar, enredar, implicar ⟨to be involved in a crime : estar involucrado en un crimen⟩ **3** CONCERN : concernir, afectar **4** CONNECT : conectar, relacionar **5** ENTAIL, INCLUDE : suponer, incluir, consistir en ⟨what does the job involve? : ¿en qué consiste el trabajo?⟩ **6 to be involved with someone** : tener una relación (amorosa) con alguien
involved [ɪnˈvɑlvd] *adj* **1** COMPLEX, INTRICATE : complicado, complejo **2** CONCERNED : interesado, afectado
involvement [ɪnˈvɑlvmənt] *n* **1** PARTICIPATION : participación *f*, complicidad *f* **2** RELATIONSHIP : relación *f*
invulnerable [ɪnˈvʌlnərəbəl] *adj* : invulnerable
inward¹ [ˈɪnwərd] *or* **inwards** [-wərdz] *adv* : hacia adentro, hacia el interior
inward² *adj* INSIDE : interior, interno
inwardly [ˈɪnwərdli] *adv* **1** MENTALLY, SPIRITUALLY : por dentro **2** INTERNALLY : internamente, interiormente **3** PRIVATELY : para sus adentros, para sí
iodide [ˈaɪəˌdaɪd] *n* : yoduro *m*
iodine [ˈaɪəˌdaɪn, -dən] *n* : yodo *m*, tintura *f* de yodo
iodize [ˈaɪəˌdaɪz] *vt* **-dized; -dizing** : yodar

ion [ˈaɪən, ˈaɪˌɑn] *n* : ion *m*
ionic [aɪˈɑnɪk] *adj* : iónico
ionize [ˈaɪəˌnaɪz] *v* **ionized; ionizing** : ionizar
ionosphere [aɪˈɑnəˌsfɪr] *n* : ionosfera *f*
iota [aɪˈoːtə] *n* : pizca *f*, ápice *m*
IOU [ˌaɪˌoːˈjuː] *n* : pagaré *m*, vale *m*
IPA [ˌaɪˌpiːˈeɪ] *n* International Phonetic Alphabet : AFI *m*
IQ [ˌaɪˈkjuː] *n* (intelligence quotient) : CI *m*, coeficiente *m* intelectual
Iranian [ɪˈreɪniən, -ˈræ-, -ˈrɑ-; aɪˈ-] *n* : iraní *mf* — **Iranian** *adj*
Iraqi [ɪˈrɑkiː] *n* : iraquí *mf* — **Iraqi** *adj*
irascibility [ɪˌræsəˈbɪləti] *n* : irascibilidad *f*
irascible [ɪˈræsəbəl] *adj* : irascible
irate [aɪˈreɪt] *adj* : furioso, airado, iracundo — **irately** *adv*
ire [ˈaɪr] *n* : ira *f*, cólera *f*
iridescence [ˌɪrəˈdesənts] *n* : iridiscencia *f*
iridescent [ˌɪrəˈdesənt] *adj* : iridiscente
iridium [ɪˈrɪdiəm] *n* : iridio *m*
iris [ˈaɪrəs] *n, pl* **irises** *or* **irides** [ˈaɪrəˌdiːz, ˈɪr-] **1** : iris *m* (del ojo) **2** : lirio *m* (planta)
Irish¹ [ˈaɪrɪʃ] *adj* : irlandés
Irish² **1** : irlandés *m* (idioma) **2 the Irish** *npl* : los irlandeses
Irishman [ˈaɪrɪʃmən] *n, pl* **-men** : irlandés *m*
Irishwoman [ˈaɪrɪʃˌwumən] *n, pl* **-women** : irlandesa *f*
irk [ˈərk] *vt* : fastidiar, irritar, preocupar
irksome [ˈərksəm] *adj* : irritante, fastidioso — **irksomely** *adv*
iron¹ [ˈaɪərn] *v* : planchar
iron² *n* **1** : hierro *m*, fierro *m* ⟨a will of iron : una voluntad de hierro, una voluntad férrea⟩ **2** : plancha *f* (para planchar la ropa)
ironclad [ˈaɪərnˈklæd] *adj* **1** : acorazado, blindado **2** STRICT : riguroso, estricto
ironic [aɪˈrɑnɪk] *or* **ironical** [-nɪkəl] *adj* : irónico — **ironically** [-kli] *adv*
ironing [ˈaɪərnɪŋ] *n* **1** PRESSING : planchada *f* **2** : ropa *f* para planchar
ironing board *n* : tabla *f* (de planchar)
ironwork [ˈaɪərnˌwərk] *n* **1** : obra *f* de hierro **2 ironworks** *npl* : fundición *f*
ironworker [ˈaɪərnˌwərkər] *n* : fundidor *m*, -dora *f*
irony [ˈaɪrəni] *n, pl* **-nies** : ironía *f*
irradiate [ɪˈreɪdiˌeɪt] *vt* **-ated; -ating** : irradiar, radiar
irradiation [ɪˌreɪdiˈeɪʃən] *n* : irradiación *f*, radiación *f*
irrational [ɪˈræʃənəl] *adj* : irracional — **irrationally** *adv*
irrationality [ɪˌræʃəˈnæləti] *n, pl* **-ties** : irracionalidad *f*
irreconcilable [ɪˌrekənˈsaɪləbəl] *adj* : irreconciliable
irrecoverable [ˌɪrɪˈkʌvərəbəl] *adj* : irrecuperable — **irrecoverably** [-bli] *adv*

irredeemable [ˌɪrɪˈdiːməbəl] *adj* **1** : irredimible (dícese de un bono) **2** HOPELESS : irremediable, irreparable

irreducible [ˌɪrɪˈduːsəbəl, -ˈdjuː-] *adj* : irreducible — **irreducibly** [-bli] *adv*

irrefutable [ˌɪrɪˈfjuːtəbəl, ɪˈrɛfjə-] *adj* : irrefutable

irregular¹ [ɪˈrɛgjələr] *adj* : irregular — **irregularly** *adv*

irregular² *n* **1** : soldado *m* irregular **2 irregulars** *npl* : artículos *mpl* defectuosos

irregularity [ɪˌrɛgjəˈlærəti] *n, pl* **-ties** : irregularidad *f*

irrelevance [ɪˈrɛləvənts] *n* : irrelevancia *f*

irrelevant [ɪˈrɛləvənt] *adj* : irrelevante

irreligious [ˌɪrɪˈlɪdʒəs] *adj* : irreligioso

irreparable [ɪˈrɛpərəbəl] *adj* : irreparable

irreplaceable [ˌɪrɪˈpleɪsəbəl] *adj* : irreemplazable, insustituible

irrepressible [ˌɪrɪˈprɛsəbəl] *adj* : incontenible, incontrolable

irreproachable [ˌɪrɪˈproːtʃəbəl] *adj* : irreprochable, intachable

irresistible [ˌɪrɪˈzɪstəbəl] *adj* : irresistible — **irresistibly** [-bli] *adv*

irresolute [ɪˈrɛzəˌluːt] *adj* : irresoluto, indeciso

irresolutely [ɪˈrɛzəˌluːtli, -ˌrɛzəˈluːt-] *adv* : de manera indecisa

irresolution [ɪˌrɛzəˈluːʃən] *n* : irresolución *f*

irrespective of [ˌɪrɪˈspɛktɪvəv] *prep* : sin tomar en consideración, sin tener en cuenta

irresponsibility [ˌɪrɪˌspɑntsəˈbɪləti] *n, pl* **-ties** : irresponsabilidad *f*, falta *f* de responsabilidad

irresponsible [ˌɪrɪˈspɑntsəbəl] *adj* : irresponsable — **irresponsibly** [-bli] *adv*

irretrievable [ˌɪrɪˈtriːvəbəl] *adj* IRRECOVERABLE : irrecuperable

irreverence [ɪˈrɛvərənts] *n* : irreverencia *f*, falta *f* de respeto

irreverent [ɪˈrɛvərənt] *adj* : irreverente, irrespetuoso

irreversible [ˌɪrɪˈvərsəbəl] *adj* : irreversible

irrevocable [ɪˈrɛvəkəbəl] *adj* : irrevocable — **irrevocably** [-bli] *adv*

irrigate [ˈɪrəˌgeɪt] *vt* **-gated; -gating** : irrigar, regar

irrigation [ˌɪrəˈgeɪʃən] *n* : irrigación *f*, riego *m*

irritability [ˌɪrətəˈbɪləti] *n, pl* **-ties** : irritabilidad *f*

irritable [ˈɪrətəbəl] *adj* : irritable, colérico

irritably [ˈɪrətəbli] *adv* : con irritación

irritant¹ [ˈɪrətənt] *adj* : irritante

irritant² *n* : agente *m* irritante

irritate [ˈɪrəˌteɪt] *vt* **-tated; -tating 1** ANNOY : irritar, molestar **2** : irritar (en medicina)

irritating [ˈɪrəˌteɪtɪŋ] *adj* : irritante

irritatingly [ˈɪrəˌteɪtɪŋli] *adv* : de modo irritante, fastidiosamente

irritation [ˌɪrəˈteɪʃən] *n* : irritación *f*

is → **be**

Islam [ɪsˈlɑm, ɪz-, -ˈlæm; ˈɪsˌlɑm, ˈɪz-, -ˌlæm] *n* : el Islam

Islamic [ɪsˈlɑmɪk, ɪz-, -ˈlæ-] *adj* : islámico

island [ˈaɪlənd] *n* : isla *f*

islander [ˈaɪləndər] *n* : isleño *m*, -ña *f*

isle [ˈaɪl] *n* : isla *f*, islote *m*

islet [ˈaɪlət] *n* : islote *m*

isolate [ˈaɪsəˌleɪt] *vt* **-lated; -lating** : aislar

isolated [ˈaɪsəˌleɪtəd] *adj* : aislado, solo

isolation [ˌaɪsəˈleɪʃən] *n* : aislamiento *m*

isometric [ˌaɪsəˈmɛtrɪk] *adj* : isométrico

isometrics [ˌaɪsəˈmɛtrɪks] *ns & pl* : isometría *f*

isosceles [aɪˈsɑsəˌliːz] *adj* : isósceles

isotope [ˈaɪsəˌtoːp] *n* : isótopo *m*

Israeli [ɪzˈreɪli] *n* : israelí *mf* — **Israeli** *adj*

issue¹ [ˈɪˌʃuː] *v* **-sued; -suing** *vi* **1** EMERGE : emerger, salir, fluir **2** DESCEND : descender (dícese de los padres o antepasados específicos) **3** EMANATE, RESULT : emanar, surgir, resultar — *vt* **1** EMIT : emitir **2** DISTRIBUTE : emitir, distribuir ⟨to issue a new stamp : emitir un sello nuevo⟩ **3** PUBLISH : publicar

issue² *n* **1** EMERGENCE, FLOW : emergencia *f*, flujo *m* **2** PROGENY : descendencia *f*, progenie *f* **3** OUTCOME, RESULT : desenlace *m*, resultado *m*, consecuencia *f* **4** MATTER, QUESTION : asunto *m*, cuestión *f* **5** PUBLICATION : publicación *f*, distribución *f*, emisión *f* **6** : número *m* (de un periódico o una revista)

isthmus [ˈɪsməs] *n* : istmo *m*

it [ˈɪt] *pron* **1** (*as subject; generally omitted*) : él, ella, ello ⟨it's a big building : es un edificio grande⟩ ⟨who was it? : ¿quién era?⟩ **2** (*as indirect object*) : le ⟨I'll give it some water : voy a darle agua⟩ **3** (*as direct object*) : lo, la ⟨give it to me : dámelo⟩ **4** (*as object of a preposition; generally omitted*) : él, ella, ello ⟨behind it : detrás, detrás de él⟩ **5** (*in impersonal constructions*) : ⟨it's raining : está lloviendo⟩ ⟨it's 8 o'clock : son las ocho⟩ **6** (*as the implied subject or object of a verb*) ⟨it is necessary to study : es necesario estudiar⟩ ⟨to give it all one's got : dar lo mejor de sí⟩

Italian [ɪˈtæliən, aɪ-] *n* **1** : italiano *m*, -na *f* **2** : italiano *m* (idioma) — **Italian** *adj*

italic¹ [ɪˈtælɪk, aɪ-] *adj* : en cursiva, en bastardilla

italic² *n* : cursiva *f*, bastardilla *f*

italicize [ɪˈtæləˌsaɪz, aɪ-] *vt* **-cized; -cizing** : poner en cursiva

itch¹ [ˈɪtʃ] *vi* **1** : picar ⟨her arm itched : le pica el brazo⟩ **2** : morirse ⟨they were itching to go outside : se morían por salir⟩ — *vt* : dar picazón, hacer picar

itch² n **1** ITCHING : picazón f, picor m, comezón f **2** RASH : sarpullido m, erupción f **3** DESIRE : ansia f, deseo m

itchy [ˈɪtʃi] adj **itchier; -est** : que pica, que da comezón

it'd [ˈɪtəd] (contraction of **it had** or **it would**) → **have, would**

item [ˈaɪtəm] n **1** OBJECT : artículo m, pieza f ⟨item of clothing : prenda de vestir⟩ **2** : punto m (en una agenda), número m (en el teatro), ítem m (en un documento) **3 news item** : noticia f

itemize [ˈaɪtəˌmaɪz] vt **-ized; -izing** : detallar, enumerar, listar

itinerant [aɪˈtɪnərənt] adj : itinerante, ambulante

itinerary [aɪˈtɪnəˌreri] n, pl **-aries** : itinerario m

it'll [ˈɪtəl] (contraction of **it shall** or **it will**) → **shall, will**

its [ˈɪts] adj : su, sus ⟨its kennel : su perrera⟩ ⟨a city and its inhabitants : una ciudad y sus habitantes⟩

it's [ˈɪts] (contraction of **it is** or **it has**) → **be, have**

itself [ɪtˈsɛlf] pron **1** (used reflexively) : se ⟨the cat gave itself a bath : el gato se bañó⟩ **2** (used for emphasis) : (él) mismo, (ella) misma, sí (mismo), solo ⟨he is courtesy itself : es la misma cortesía⟩ ⟨in and of itself : por sí mismo⟩ ⟨it opened by itself : se abrió solo⟩

IUD [ˌaɪˌjuˈdiː] n intrauterine device : DIU m, dispositivo m intrauterino

I've [ˈaɪv] (contraction of **I have**) → **have**

ivory [ˈaɪvəri] n, pl **-ries 1** : marfil m **2** : color m de marfil

ivy [ˈaɪvi] n, pl **ivies 1** : hiedra f, yedra f **2** → **poison ivy**

J

j [ˈdʒeɪ] n, pl **j's** or **js** [ˈdʒeɪz] : décima letra del alfabeto inglés

jab¹ [ˈdʒæb] v **jabbed; jabbing** vt **1** PUNCTURE : clavar, pinchar **2** POKE : dar, golpear (con la punta de algo) ⟨he jabbed me in the ribs : me dio un codazo en las costillas⟩ — vi **to jab at** : dar, golpear

jab² n **1** PRICK : pinchazo m **2** POKE : golpe m abrupto

jabber¹ [ˈdʒæbər] v : farfullar

jabber² n : galimatías m, farfulla f

jack¹ [ˈdʒæk] n **to jack up 1** : levantar (con un gato) **2** INCREASE : subir, aumentar

jack² n **1** : gato m, cric m ⟨hydraulic jack : gato hidráulico⟩ **2** FLAG : pabellón m **3** SOCKET : enchufe m hembra **4** : jota f, valet m ⟨jack of hearts : jota de corazones⟩ **5** jacks npl : cantillos mpl

jackal [ˈdʒækəl] n : chacal m

jackass [ˈdʒækˌæs] n : asno m, burro m

jacket [ˈdʒækət] n **1** : chaqueta f **2** COVER : sobrecubierta f (de un libro), carátula f (de un disco)

jackhammer [ˈdʒækˌhæmər] n : martillo m neumático

jack-in-the-box [ˈdʒækɪnðəˌbɑks] n : caja f de sorpresa

jackknife¹ [ˈdʒækˌnaɪf] vi **-knifed; -knifing** : doblarse como una navaja, plegarse

jackknife² n : navaja f

jack-of-all-trades n : persona f que sabe un poco de todo, persona f de muchos oficios

jack-o'-lantern [ˈdʒækəˌlæntərn] n : linterna f hecha de una calabaza

jackpot [ˈdʒækˌpɑt] n **1** : primer premio m, gordo m **2 to hit the jackpot** : sacarse la lotería, sacarse el gordo

jackrabbit [ˈdʒækˌræbət] n : liebre f grande de Norteamérica

jade [ˈdʒeɪd] n : jade m

jaded [ˈdʒeɪdəd] adj **1** TIRED : agotado **2** BORED : hastiado

jagged [ˈdʒægəd] adj : dentado, mellado

jaguar [ˈdʒæɡˌwɑr, ˈdʒæɡjuˌwɑr] n : jaguar m

jai alai [ˈhaɪˌlaɪ] n : jai alai m, pelota f vasca

jail¹ [ˈdʒeɪl] vt : encarcelar

jail² n : cárcel f

jailbreak [ˈdʒeɪlˌbreɪk] n : fuga f, huida f (de la cárcel)

jailer or **jailor** [ˈdʒeɪlər] n : carcelero m, -ra f

jalapeño [ˌhɑləˈpeɪnjo, ˌhæ-, -ˈpiːno] n : jalapeño m

jalopy [dʒəˈlɑpi] n, pl **-lopies** : cacharro m fam, carro m destartalado

jalousie [ˈdʒæləsi] n : celosía f

jam¹ [ˈdʒæm] v **jammed; jamming** vt **1** CRAM : apiñar, embutir **2** BLOCK : atascar, atorar ⟨to jam on the brakes : frenar en seco⟩ — vi STICK : atascarse, atrancarse

jam² n **1** or **traffic jam** : atasco m, embotellamiento m (de tráfico) **2** PREDICAMENT : lío m, aprieto m, apuro m **3** : mermelada f ⟨strawberry jam : mermelada de fresa⟩

Jamaican [dʒəˈmeɪkən] n : jamaiquino m, -na f; jamaicano m, -na f — **Jamaican** adj

jamb [ˈdʒæm] n : jamba f

jamboree [ˌdʒæmbəˈriː] n : fiesta f grande

jangle¹ [ˈdʒæŋɡəl] v **-gled; -gling** vi : hacer un ruido metálico — vt **1** : hacer sonar **2 to jangle one's nerves** : irritar, crispar

jangle² n : ruido m metálico

janitor [ˈdʒænətər] n : portero m, -ra f; conserje mf

January [ˈdʒænjuˌeri] n : enero m

Japanese [ˌdʒæpəˈniːz, -ˈniːs] n **1**

: japonés *m*, -nesa *f* **2** : japonés *m* (idioma) — **Japanese** *adj*

jar¹ [ˈʤɑr] *v* **jarred; jarring** *vi* **1** GRATE : chirriar **2** CLASH : desentonar **3** SHAKE : sacudirse **4 to jar on** : crispar, enervar — *vt* JOLT : sacudir

jar² *n* **1** GRATING : chirrido *m* **2** JOLT : vibración *f*, sacudida *f* **3** : tarro *m*, bote *m*, pote *m* ⟨a jar of honey : un tarro de miel⟩

jargon [ˈʤɑrgən] *n* : jerga *f*

jasmine [ˈʤæzmən] *n* : jazmín *m*

jasper [ˈʤæspər] *n* : jaspe *m*

jaundice [ˈʤɔndɪs] *n* : ictericia *f*

jaundiced [ˈʤɔndɪst] *adj* **1** : ictérico **2** EMBITTERED, RESENTFUL : amargado, resentido, negativo ⟨with a jaundiced eye : con una actitud de cinismo⟩

jaunt [ˈʤɔnt] *n* : excursión *f*, paseo *m*

jauntily [ˈʤɔntɪli] *adv* : animadamente

jauntiness [ˈʤɔntinəs] *n* : animación *f*, vivacidad *f*

jaunty [ˈʤɔnti] *adj* **-tier; -est 1** SPRIGHTLY : animado, alegre **2** RAKISH : desenvuelto, desenfadado

Javanese [ˌʤævəˈniːz, ˌʤɑ-, -ˈniːs] *n* **1** : javanés *m* (idioma) **2** : javanés *m*, -nesa *f* — **Javanese** *adj*

javelin [ˈʤævələn] *n* : jabalina *f*

jaw¹ [ˈʤɔ] *vi* GAB : cotorrear *fam*, parlotear *fam*

jaw² *n* **1** : mandíbula *f*, quijada *f* **2** : mordaza *f* (de una herramienta) **3 the jaws of death** : las garras *f* de la muerte

jawbone [ˈʤɔˌboːn] *n* : mandíbula *f*

jay [ˈʤeɪ] *n* : arrendajo *m*, chara *f Mex*, azulejo *m Mex*

jaybird [ˈʤeɪˌbərd] *n* → **jay**

jaywalk [ˈʤeɪˌwɔk] *vi* : cruzar la calle sin prudencia

jaywalker [ˈʤeɪˌwɔkər] *n* : peatón *m* imprudente

jazz¹ [ˈʤæz] *vt* **to jazz up** : animar, alegrar

jazz² *n* : jazz *m*

jazzy [ˈʤæzi] *adj* **jazzier; -est 1** : con ritmo de jazz **2** FLASHY, SHOWY : llamativo, ostentoso

jealous [ˈʤɛləs] *adj* : celoso, envidioso — **jealously** *adv*

jealousy [ˈʤɛləsi] *n* : celos *mpl*, envidia *f*

jeans [ˈʤiːnz] *npl* : jeans *mpl*, vaqueros *mpl*

jeep [ˈʤiːp] *n* : jeep *m*

jeer¹ [ˈʤɪr] *vi* **1** BOO : abuchear **2** SCOFF : mofarse, burlarse — *vt* RIDICULE : mofarse de, burlarse de

jeer² *n* **1** : abucheo *m* **2** TAUNT : mofa *f*, burla *f*

Jehovah [ʤɪˈhoːvə] *n* : Jehová *m*

jell [ˈʤɛl] *vi* **1** SET : gelificarse, cuajar **2** FORM : cuajar, formarse (una idea, etc.)

jelly¹ [ˈʤɛli] *v* **jellied; jellying** *vi* **1** JELL : gelificarse, cuajar **2** : hacer jalea — *vt* : gelificar

jelly² *n, pl* **-lies 1** : jalea *f* **2** GELATIN : gelatina *f*

jellyfish [ˈʤɛliˌfɪʃ] *n* : medusa *f*

jeopardize [ˈʤɛpərˌdaɪz] *vt* **-dized; -dizing** : arriesgar, poner en peligro

jeopardy [ˈʤɛpərdi] *n* : peligro *m*, riesgo *m*

jerk¹ [ˈʤərk] *vt* **1** JOLT : sacudir **2** TUG, YANK : darle un tirón a — *vi* JOLT : dar sacudidas ⟨the train jerked along : el tren iba moviéndose a sacudidas⟩

jerk² *n* **1** TUG : tirón *m*, jalón *m* **2** JOLT : sacudida *f* brusca **3** FOOL : estúpido *m*, -da *f*, idiota *mf*

jerkin [ˈʤərkən] *n* : chaqueta *f* sin mangas, chaleco *m*

jerky [ˈʤərki] *adj* **jerkier; -est 1** : espasmódico (dícese de los movimientos) **2** CHOPPY : inconexo (dícese de la prosa) — **jerkily** [-kəli] *adv*

jerry-built [ˈʤɛriˌbɪlt] *adj* : mal construido, chapucero

jersey [ˈʤərzi] *n, pl* **-seys** : jersey *m*

jest¹ [ˈʤɛst] *vi* : bromear

jest² *n* : broma *f*, chiste *m*

jester [ˈʤɛstər] *n* : bufón *m*, -fona *f*

Jesuit [ˈʤɛzuət] *n* : jesuita *m* — **Jesuit** *adj*

Jesus [ˈʤiːzəs, -zəz] *n* **1** : Jesús *m* **2 Jesus Christ** : Jesucristo *m* **3 Jesus (Christ)!** *fam* : ¡por Dios!

jet¹ [ˈʤɛt] *v* **jetted; jetting** *vt* SPOUT : arrojar a chorros — *vi* **1** GUSH : salir a chorros, chorrear **2** FLY : viajar en avión, volar

jet² *n* **1** STREAM : chorro *m* **2** *or* **jet airplane** : avión *m* a reacción, reactor *m* **3** : azabache *m* (mineral) **4 jet engine** : reactor *m*, motor *m* a reacción **5 jet lag** : desajuste *m* de horario (debido a un vuelo largo)

jet-propelled *adj* : a reacción

jetsam [ˈʤɛtsəm] *n* **flotsam and jetsam** : restos *mpl*, desechos *mpl*

jettison [ˈʤɛtəsən] *vt* **1** : echar al mar **2** DISCARD : desechar, deshacerse de

jetty [ˈʤɛti] *n, pl* **-ties 1** PIER, WHARF : desembarcadero *m*, muelle *m* **2** BREAKWATER : malecón *m*, rompeolas *m*

Jew [ˈʤuː] *n* : judío *m*, -día *f*

jewel [ˈʤuːəl] *n* **1** : joya *f*, alhaja *f* **2** GEM : piedra *f* preciosa, gema *f* **3** : rubí *m* (de un reloj) **4** TREASURE : joya *f*, tesoro *m*

jeweler *or* **jeweller** [ˈʤuːələr] *n* : joyero *m*, -ra *f*

jewelry [ˈʤuːəlri] *n* : joyas *fpl*, alhajas *fpl*

Jewish [ˈʤuːɪʃ] *adj* : judío

jib [ˈʤɪb] *n* : foque *m* (de un barco)

jibe [ˈʤaɪb] *vi* **jibed; jibing** AGREE : concordar

jiffy [ˈʤɪfi] *n, pl* **-fies** : santiamén *m*, segundo *m*, momento *m*

jig¹ [ˈʤɪg] *vi* **jigged; jigging** : bailar la giga

jig² *n* **1** : giga *f* **2 the jig is up** : se acabó la fiesta

jigger [ˈʤɪgər] *n* : medida de 1 a 2 onzas (para licores)

jiggle[1] ['dʒɪɡəl] v -gled; -gling vt : agitar o sacudir ligeramente — vi : agitarse, vibrar

jiggle[2] n : sacudida f, vibración f

jigsaw ['dʒɪɡ,sɔ] n 1 : sierra f de vaivén 2 **jigsaw puzzle** : rompecabezas m

jilt ['dʒɪlt] vt : dejar plantado, dar calabazas a

jimmy[1] ['dʒɪmi] vt -mied; -mying : forzar con una palanqueta

jimmy[2] n, pl -mies : palanqueta f

jingle[1] ['dʒɪŋɡəl] v -gled; -gling vi : tintinear — vt : hacer sonar

jingle[2] n 1 TINKLE : tintineo m, retintín m 2 : canción f rimada

jingoism ['dʒɪŋɡo,ɪzəm] n : jingoísmo m, patriotería f

jingoistic [ˌdʒɪŋɡo'ɪstɪk] or **jingoist** ['dʒɪŋɡoɪst] adj : jingoísta, patriotero

jinx[1] ['dʒɪŋks] vt : traer mala suerte a, salar CoRi, Mex

jinx[2] n 1 : cenizo m, -za f 2 **to put a jinx on** : echarle el mal de ojo a

jitters ['dʒɪtərz] npl : nervios mpl ⟨he got the jitters : se puso nervioso⟩

jittery ['dʒɪtəri] adj : nervioso

job ['dʒɑb] n 1 : trabajo m ⟨he did odd jobs for her : le hizo algunos trabajos⟩ 2 CHORE, TASK : tarea f, quehacer m 3 EMPLOYMENT : trabajo m, empleo m, puesto m

jobber ['dʒɑbər] n MIDDLEMAN : intermediario m, -ria f

jock ['dʒɑk] n : deportista mf, atleta mf

jockey[1] ['dʒɑki] v -eyed; -eying vt 1 MANIPULATE : manipular 2 MANEUVER : maniobrar — vi **to jockey for position** : maniobrar para conseguir algo

jockey[2] n, pl -eys : jockey mf

jocose [dʒo'ko:s] adj : jocoso

jocular ['dʒɑkjulər] adj : jocoso — **jocularly** adv

jocularity [ˌdʒɑkju'lærəti] n : jocosidad f

jodhpurs ['dʒɑdpərz] npl : pantalones mpl de montar

jog[1] ['dʒɑɡ] v jogged; jogging vt 1 NUDGE : dar, empujar, codear 2 **to jog one's memory** : refrescar la memoria — vi 1 RUN : correr despacio, trotar, hacer footing (como ejercicio) 2 TRUDGE : andar a trote corto

jog[2] n 1 PUSH, SHAKE : empujoncito m, sacudida f leve 2 TROT : trote m corto, footing m (en deportes) 3 TWIST : recodo m, vuelta f, curva f

jogger ['dʒɑɡər] n : persona f que hace footing

join ['dʒɔɪn] vt 1 CONNECT, LINK : unir, juntar ⟨to join in marriage : unir en matrimonio⟩ 2 ADJOIN : lindar con, colindar con 3 MEET : reunirse con, encontrarse con ⟨we joined them for lunch : nos reunimos con ellos para almorzar⟩ 4 : hacerse socio de (una organización), afiliarse a (un partido), entrar en (una empresa) — vi 1 UNITE : unirse 2 MERGE : empalmar (dícese de las carreteras), confluir (dícese de

los ríos) 3 **to join up** : hacerse socio, enrolarse

joiner ['dʒɔɪnər] n 1 CARPENTER : carpintero m, -ra f 2 : persona f que se une a varios grupos

joint[1] ['dʒɔɪnt] adj : conjunto, colectivo, mutuo ⟨a joint effort : un esfuerzo conjunto⟩ — **jointly** adv

joint[2] n 1 : articulación f, coyuntura f ⟨out of joint : dislocado⟩ 2 ROAST : asado m 3 JUNCTURE : juntura f, unión f 4 DIVE : antro m, tasca f

joist ['dʒɔɪst] n : viga f

joke[1] ['dʒo:k] vi joked; joking : bromear

joke[2] n 1 STORY : chiste m 2 PRANK : broma f

joker ['dʒo:kər] n 1 PRANKSTER : bromista mf 2 : comodín m (en los naipes)

jokingly ['dʒo:kɪŋli] adv : en broma

jollity ['dʒɑləti] n, pl -ties MERRIMENT : alegría f, regocijo m

jolly ['dʒɑli] adj -lier; -est : alegre, jovial

jolt[1] ['dʒo:lt] vi JERK : dar tumbos, dar sacudidas — vt : sacudir

jolt[2] n 1 JERK : sacudida f brusca 2 SHOCK : golpe m (emocional)

jonquil ['dʒɑŋkwɪl] n : junquillo m

Jordanian [dʒɔr'deɪniən] n : jordano m, -na f — **Jordanian** adj

josh ['dʒɑʃ] vt TEASE : tomarle el pelo (a alguien) — vi JOKE : bromear

jostle ['dʒɑsəl] v -tled; -tling vi 1 SHOVE : empujar, dar empellones 2 CONTEND : competir — vt 1 SHOVE : empujar 2 **to jostle one's way** : abrirse paso a empellones

jot[1] ['dʒɑt] vt jotted; jotting : anotar, apuntar ⟨jot it down : apúntalo⟩

jot[2] n BIT : ápice m, jota f, pizca f

jounce[1] ['dʒaʊns] v jounced; jouncing vt JOLT : sacudir — vi : dar tumbos, dar sacudidas

jounce[2] n JOLT : sacudida f, tumbo m

journal ['dʒərnəl] n 1 DIARY : diario m 2 PERIODICAL : revista f, publicación f periódica 3 NEWSPAPER : periódico m, diario m

journalism ['dʒərnəl,ɪzəm] n : periodismo m

journalist ['dʒərnəlɪst] n : periodista mf

journalistic [ˌdʒərnəl'ɪstɪk] adj : periodístico

journey[1] ['dʒərni] vi -neyed; -neying : viajar

journey[2] n, pl -neys : viaje m

journeyman ['dʒərnimən] n, pl -men [-mən, -ˌmɛn] : oficial m

joust[1] ['dʒaʊst] vi : justar

joust[2] n : justa f

jovial ['dʒo:viəl] adj : jovial — **jovially** adv

joviality [ˌdʒo:vi'æləti] n : jovialidad f

jowl ['dʒaʊl] n 1 JAW : mandíbula f 2 CHEEK : mejilla f, cachete m

joy ['dʒɔɪ] n 1 HAPPINESS : gozo m, alegría f, felicidad f 2 DELIGHT : placer m, deleite m ⟨the child is a real joy : el niño es un verdadero placer⟩

joyful [ˈdʒɔɪfəl] *adj* : gozoso, alegre, feliz — **joyfully** *adv*

joyless [ˈdʒɔɪləs] *adj* : sin alegría, triste

joyous [ˈdʒɔɪəs] *adj* : alegre, feliz, eufórico — **joyously** *adv*

joyousness [ˈdʒɔɪəsnəs] *n* : alegría *f*, felicidad *f*, euforia *f*

joyride [ˈdʒɔɪˌraɪd] *n* : paseo *m* temerario e irresponsable (en coche)

joystick [ˈdʒɔɪˌstɪk] *n* : joystick *m*

jubilant [ˈdʒuːbələnt] *adj* : jubiloso, alborozado — **jubilantly** *adv*

jubilation [ˌdʒuːbəˈleɪʃən] *n* : júbilo *m*

jubilee [ˈdʒuːbəˌliː] *n* 1 : quincuagésimo aniversario *m* 2 CELEBRATION : celebración *f*, festejos *mpl*

Judaic [dʒuˈdeɪɪk] *adj* : judaico

Judaism [ˈdʒuːdəˌɪzəm, ˈdʒuːˌdiˌ, ˈdʒuːˌdeɪ-] *n* : judaísmo *m*

judge[1] [ˈdʒʌdʒ] *vt* **judged**; **judging** 1 ASSESS : evaluar, juzgar 2 DEEM : juzgar, considerar 3 TRY : juzgar (ante el tribunal) 4 **judging by** : a juzgar por

judge[2] *n* 1 : juez *mf*, jueza *f* 2 **to be a good judge of** : saber juzgar a, entender mucho de

judgment *or* **judgement** [ˈdʒʌdʒˌmənt] *n* 1 RULING : fallo *m*, sentencia *f* 2 OPINION : opinión *f* 3 DISCERNMENT : juicio *m*, discernimiento *m*

judgmental [ˌdʒʌdʒˈmntəl] *adj* : crítico — **judgmentally** *adv*

judicature [ˈdʒuːdɪkəˌtʃʊr] *n* : judicatura *f*

judicial [dʒuˈdɪʃəl] *adj* : judicial — **judicially** *adv*

judiciary[1] [dʒuˈdɪʃiˌri, -ˈdɪʃəri] *adj* : judicial

judiciary[2] *n* 1 JUDICATURE : judicatura *f* 2 : poder *m* judicial

judicious [dʒuˈdɪʃəs] *adj* SOUND, WISE : juicioso, sensato — **judiciously** *adv*

judo [ˈdʒuːˌdoː] *n* : judo *m*

jug [ˈdʒʌɡ] *n* 1 : jarra *f*, jarro *m*, cántaro *m* 2 JAIL : cárcel *f*, chirona *f fam*

juggernaut [ˈdʒʌɡərˌnɔt] *n* : gigante *m*, fuerza *f* irresistible ⟨a political juggernaut : un gigante político⟩

juggle [ˈdʒʌɡəl] *v* **-gled**; **-gling** *vt* 1 : hacer juegos malabares con 2 MANIPULATE : manipular, jugar con — *vi* : hacer juegos malabares

juggler [ˈdʒʌɡələr] *n* : malabarista *mf*

jugular [ˈdʒʌɡjʊlər] *adj* : yugular ⟨jugular vein : vena yugular⟩

juice [ˈdʒuːs] *n* 1 : jugo *m* (de carne, de frutas) *m*, zumo *m* (de frutas) 2 ELECTRICITY : electricidad *f*, luz *f*

juicer [ˈdʒuːsər] *n* : exprimidor *m*

juiciness [ˈdʒuːsinəs] *n* : jugosidad *f*

juicy [ˈdʒuːsi] *adj* **juicier**; **-est** 1 SUCCULENT : jugoso, suculento 2 PROFITABLE : jugoso, lucrativo 3 RACY : picante

jukebox [ˈdʒuːkˌbɑks] *n* : rocola *f*, máquina *f* de discos

julep [ˈdʒuːləp] *n* : bebida *f* hecha con whisky americano y menta

July [dʒʊˈlaɪ] *n* : julio *m*

jumble[1] [ˈdʒʌmbəl] *vt* **-bled**; **-bling** : mezclar, revolver

jumble[2] *n* : revoltijo *m*, fárrago *m*, embrollo *m*

jumbo[1] [ˈdʒʌmˌboː] *adj* : gigante, enorme, de tamaño extra grande

jumbo[2] *n*, *pl* **-bos** : coloso *m*, cosa *f* de tamaño extra grande

jump[1] [ˈdʒʌmp] *vi* 1 LEAP : saltar, brincar 2 START : levantarse de un salto, sobresaltarse 3 MOVE, SHIFT : moverse, pasar ⟨to jump from job to job : pasar de un empleo a otro⟩ 4 INCREASE, RISE : dar un salto, aumentarse de golpe, subir bruscamente 5 BUSTLE : animarse, ajetrearse 6 **jump to conclusions** : sacar conclusiones precipitadas — *vt* 1 : saltar ⟨to jump a fence : saltar una valla⟩ 2 SKIP : saltarse 3 ATTACK : atacar, asaltar 4 **to jump the gun** : precipitarse

jump[2] *n* 1 LEAP : salto *m* 2 START : sobresalto *m*, respingo *m* 3 INCREASE : subida *f* brusca, aumento *m* 4 ADVANTAGE : ventaja *f* ⟨we got the jump on them : les llevamos la ventaja⟩

jumper [ˈdʒʌmpər] *n* 1 : saltador *m*, -dora *f* (en deportes) 2 : jumper *m*, vestido *m* sin mangas

jumpy [ˈdʒʌmpi] *adj* **jumpier**; **-est** : asustadizo, nervioso

junction [ˈdʒʌŋkʃən] *n* 1 JOINING : unión *f* 2 : cruce *m* (de calles), empalme *m* (de un ferrocarril), confluencia *f* (de ríos)

juncture [ˈdʒʌŋktʃər] *n* 1 UNION : juntura *f*, unión *f* 2 MOMENT, POINT : coyuntura *f* ⟨at this juncture : en esta coyuntura⟩

June [ˈdʒuːn] *n* : junio *m*

jungle [ˈdʒʌŋɡəl] *n* : jungla *f*, selva *f*

junior[1] [ˈdʒuːnjər] *adj* 1 YOUNGER : más joven ⟨John Smith, Junior : John Smith, hijo⟩ 2 SUBORDINATE : subordinado, subalterno

junior[2] *n* 1 : persona *f* de menor edad ⟨she's my junior : es menor que yo⟩ 2 SUBORDINATE : subalterno *m*, -na *f*; subordinado *m*, -da *f* 3 : estudiante *mf* de penúltimo año

juniper [ˈdʒuːnəpər] *n* : enebro *m*

junk[1] [ˈdʒʌŋk] *vt* : echar a la basura

junk[2] *n* 1 RUBBISH : desechos *mpl*, desperdicios *mpl* 2 STUFF : trastos *mpl fam*, cachivaches *mpl fam* 3 **piece of junk** : cacharro *m*, porquería *f*

junket [ˈdʒʌŋkət] *n* : viaje *m* (pagado con dinero público)

junta [ˈhʊntə, ˈdʒʌn-, ˈhʌn-] *n* : junta *f* militar

Jupiter [ˈdʒuːpətər] *n* : Júpiter *m*

jurisdiction [ˌdʒʊrəsˈdɪkʃən] *n* : jurisdicción *f*

jurisprudence [ˌdʒʊrəsˈpruːdənts] *n* : jurisprudencia *f*

jurist [ˈdʒʊrɪst] *n* : jurista *mf*; magistrado *m*, -da *f*

juror ['dʒʊrər] *n* : jurado *m*, -da *f*
jury ['dʒʊri] *n*, *pl* **-ries** : jurado *m*
just¹ ['dʒʌst] *adv* **1** EXACTLY : justo, precisamente, exactamente **2** POSSIBLY : posiblemente ⟨it just might work : tal vez resulte⟩ **3** BARELY : justo, apenas ⟨just in time : justo a tiempo⟩ **4** ONLY : sólo, solamente, nada más ⟨just us : sólo nosotros⟩ **5** QUITE : muy, simplemente ⟨it's just horrible! : ¡qué horrible!⟩ **6 to have just (done something)** : acabar de (hacer algo) ⟨he just called : acaba de llamar⟩
just² *adj* : justo — **justly** *adv*
justice ['dʒʌstɪs] *n* **1** : justicia *f* **2** JUDGE : juez *mf*, jueza *f*

justification [,dʒʌstəfə'keɪʃən] *n* : justificación *f*
justify ['dʒʌstə,faɪ] *vt* **-fied; -fying** : justificar — **justifiable** [,dʒʌstə-'faɪəbəl] *adj*
jut ['dʒʌt] *vi* **jutted; jutting** : sobresalir
jute ['dʒuːt] *n* : yute *m*
juvenile¹ ['dʒuːvə,naɪl, -vənəl] *adj* **1** : juvenil ⟨juvenile delinquent : delincuente juvenil⟩ ⟨juvenile court : tribunal de menores⟩ **2** CHILDISH : infantil
juvenile² *n* : menor *mf*
juxtapose ['dʒʌkstə,poːz] *vt* **-posed; -posing** : yuxtaponer
juxtaposition [,dʒʌkstəpə'zɪʃən] *n* : yuxtaposición *f*

K

k ['keɪ] *n*, *pl* **k's** *or* **ks** ['keɪz] : undécima letra del alfabeto inglés
kaiser ['kaɪzər] *n* : káiser *m*
kale ['keɪl] *n* : col *f* rizada
kaleidoscope [kə'laɪdə,skoːp] *n* : caleidoscopio *m*
kamikaze [,kɑmɪ'kɑzi] *n* : kamikaze *m* — **kamikaze** *adj*
kangaroo [,kæŋgə'ruː] *n*, *pl* **-roos** : canguro *m*
kaolin ['keɪələn] *n* : caolín *m*
karaoke [,kæri'oːki] *n* : karaoke *m*
karat ['kærət] *n* : quilate *m*
karate [kə'rɑti] *n* : karate *m*
katydid ['keɪti,dɪd] *n* : saltamontes *m*
kayak ['kaɪ,æk] *n* : kayac *m*, kayak *m*
keel¹ ['kiːl] *vi* **to keel over** : volcar (dícese de un barco), desplomarse (dícese de una persona)
keel² *n* : quilla *f*
keen ['kiːn] *adj* **1** SHARP : afilado, filoso ⟨a keen blade : una hoja afilada⟩ **2** PENETRATING : cortante, penetrante ⟨a keen wind : un viento cortante⟩ **3** ENTHUSIASTIC : entusiasta **4** ACUTE : agudo, fino ⟨keen hearing : oído fino⟩ ⟨keen intelligence : inteligencia aguda⟩
keenly ['kiːnli] *adv* **1** ENTHUSIASTICALLY : con entusiasmo **2** INTENSELY : vivamente, profundamente ⟨keenly aware of : muy consciente de⟩
keenness ['kiːnnəs] *n* **1** SHARPNESS : lo afilado, lo filoso **2** ENTHUSIASM : entusiasmo *m* **3** ACUTENESS : agudeza *f*
keep¹ ['kiːp] *v* **kept** ['kɛpt]; **keeping** *vt* **1** : cumplir (la palabra a uno), acudir a (una cita) **2** OBSERVE : observar (una fiesta) **3** GUARD : guardar, cuidar **4** CONTINUE : mantener ⟨to keep silence : mantener silencio⟩ **5** SUPPORT : mantener (una familia) **6** RAISE : criar (animales) **7** : llevar, escribir (un diario, etc.) **8** RETAIN : guardar, conservar, quedarse con **9** STORE : guardar **10** DETAIN : hacer quedar, detener **11** PRESERVE : guardar ⟨to keep a secret : guardar un secreto⟩ — *vi* **1** : conser-

varse (dícese de los alimentos) **2** CONTINUE : seguir, no dejar ⟨he keeps on pestering us : no deja de molestarnos⟩ **3 to keep from** : abstenerse de ⟨I couldn't keep from laughing : no podía contener la risa⟩
keep² *n* **1** TOWER : torreón *m* (de un castillo), torre *f* del homenaje **2** SUSTENANCE : manutención *f*, sustento *m* **3 for keeps** : para siempre
keeper ['kiːpər] *n* **1** : guarda *mf* (en un zoológico); conservador *m*, -dora *f* (en un museo) **2** GAMEKEEPER : guardabosque *mf*
keeping ['kiːpɪŋ] *n* **1** CONFORMITY : conformidad *f*, acuerdo *m* ⟨in keeping with : de acuerdo con⟩ **2** CARE : cuidado *m* ⟨in the keeping of : al cuidado de⟩
keepsake ['kiːp,seɪk] *n* : recuerdo *m*
keep up *vt* CONTINUE, MAINTAIN : mantener, seguir con — *vi* **1** : mantenerse al corriente ⟨he kept up with the news : se mantenía al tanto de las noticias⟩ **2** CONTINUE : continuar **3 to keep up with someone** : mantener contacto con alguien
keg ['kɛg] *n* : barril *m*
kelp ['kɛlp] *n* : alga *f* marina
ken ['kɛn] *n* **1** SIGHT : vista *f*, alcance *m* de la vista **2** UNDERSTANDING : comprensión *f*, alcance *m* del conocimiento ⟨it's beyond his ken : no lo puede entender⟩
kennel ['kɛnəl] *n* : caseta *f* para perros, perrera *f*
Kenyan ['kɛnjən, 'kiːn-] *n* : keniano *m*, -na *f* — **Kenyan** *adj*
kept → **keep**
kerchief ['kərtʃəf, -,tʃiːf] *n* : pañuelo *m*
kernel ['kərnəl] *n* **1** : almendra *f* (de semillas y nueces) **2** : grano *m* (de cereales) **3** CORE : meollo *m* ⟨a kernel of truth : un fondo de verdad⟩
kerosene *or* **kerosine** ['kɛrə,siːn, ,kɛrə'-] *n* : queroseno *m*, kerosén *m*, kerosene *m*

ketchup ['kɛtʃəp, 'kæ-] n : salsa f catsup

kettle ['kɛtəl] n 1 : hervidor m, pava f Arg, Bol, Chile. 2 → teakettle

kettledrum ['kɛtəl,drʌm] n : timbal m

key¹ ['ki:] vt 1 ATTUNE : adaptar, adecuar 2 to key up : poner nervioso, inquietar

key² adj : clave, fundamental

key³ n 1 : llave f 2 SOLUTION : clave f, soluciones fpl 3 : tecla f (de un piano o una máquina) 4 : tono m, tonalidad f (en la música) 5 ISLET, REEF : cayo m, islote m

keyboard ['ki:,bord] n : teclado m

keyhole ['ki:,ho:l] n : bocallave f, ojo m (de una cerradura)

keynote ['ki:,no:t] vt -noted; -noting 1 : establecer la tónica de (en música) 2 : pronunciar el discurso principal de

keynote² n 1 : tónica f (en música) 2 : idea f fundamental

keystone ['ki:,sto:n] n : clave f, dovela f

keystroke ['ki:,stro:k] n : pulsación f (de tecla)

khaki ['kæki, 'kɑ-] n : caqui m

khan ['kɑn, 'kæn] n : kan m

kibbutz [kə'buts, -'bu:ts] n, pl -butzim [-,but'si:m, -,bu:t-] : kibutz m

kibitz ['kɪbɪts] vi : dar consejos molestos

kibitzer ['kɪbɪtsər, kɪ'bɪt-] n : persona f que da consejos molestos

kick¹ ['kɪk] vi 1 : dar patadas (dícese de una persona), cocear (dícese de un animal) 2 PROTEST : patalear, protestar 3 RECOIL : dar un culatazo (dícese de un arma de fuego) — vt : patear, darle una patada (a alguien)

kick² n 1 : patada f, puntapié m, coz f (de un animal) 2 RECOIL : culatazo m (de un arma de fuego) 3 : fuerza f ⟨a drink with a kick : una bebida fuerte⟩

kicker ['kɪkər] n : pateador m, -dora f (en deportes)

kickoff ['kɪk,ɔf] n : saque m (inicial)

kick off vi 1 : hacer el saque inicial (en deportes) 2 BEGIN : empezar — vt : empezar

kid¹ ['kɪd] v kidded; kidding vt 1 FOOL : engañar 2 TEASE : tomarle el pelo (a alguien) — vi JOKE : bromear ⟨I'm only kidding : lo digo en broma⟩

kid² n 1 : chivo m, -va f; cabrito m, -ta f 2 CHILD : chico m, -ca f; niño m, -ña f

kidder ['kɪdər] n : bromista mf

kiddingly ['kɪdɪŋli] adv : en broma

kidnap ['kɪd,næp] vt -napped or -naped [-,næpt]; -napping or -naping [-,næpɪŋ] : secuestrar, raptar

kidnapper or **kidnaper** ['kɪd,næpər] n : secuestrador m, -dora f; raptor m, -tora f

kidnapping ['kɪd,næpɪŋ] n : secuestro m

kidney ['kɪdni] n, pl -neys : riñón m

kidney bean n : frijol m

kill¹ ['kɪl] vt 1 : matar 2 END : acabar con, poner fin a 3 to kill time : matar el tiempo

kill² n 1 KILLING : matanza f 2 PREY : presa f

killer ['kɪlər] n : asesino m, -na f

killjoy ['kɪl,dʒɔɪ] n : aguafiestas mf

kiln ['kɪl, 'kɪln] n : horno m

kilo ['ki:,lo:] n, pl -los : kilo m

kilobyte ['kɪlə,baɪt] n : kilobyte m

kilocycle ['kɪlə,saɪkəl] n : kilociclo m

kilogram ['kɪlə,græm, 'ki:-] n : kilogramo m

kilohertz ['kɪlə,hərts] n : kilohertzio m

kilometer [kɪ'lɑmətər, 'kɪlə,mi:-] n : kilómetro m

kilowatt ['kɪlə,wɑt] n : kilovatio m

kilt ['kɪlt] n : falda f escocesa

kilter ['kɪltər] n 1 ORDER : buen estado m 2 out of kilter : descompuesto, estropeado

kimono [kə'mo:no, -nə] n, pl -nos : kimono m, quimono m

kin ['kɪn] n : familiares mpl, parientes mpl

kind¹ ['kaɪnd] adj : amable, bondadoso, benévolo

kind² n 1 ESSENCE : esencia f ⟨a difference in degree, not in kind : una diferencia cuantitativa y no cualitativa⟩ 2 CATEGORY : especie f, género m 3 TYPE : clase f, tipo m, índole f

kindergarten ['kɪndər,gɑrtən, -dən] n : kinder m, kindergarten m, jardín m de infantes, jardín m de niños Mex

kindhearted [,kaɪnd'hɑrtəd] adj : bondadoso, de buen corazón

kindle ['kɪndəl] v -dled; -dling vt 1 IGNITE : encender 2 AROUSE : despertar, suscitar — vi : encenderse

kindliness ['kaɪndlinəs] n : bondad f

kindling ['kɪndlɪŋ, 'kɪndlən] n : astillas fpl, leña f

kindly¹ ['kaɪndli] adv 1 AMIABLY : amablemente, bondadosamente 2 COURTEOUSLY : cortésmente, con cortesía ⟨we kindly ask you not smoke : les rogamos que no fumen⟩ 3 PLEASE : por favor 4 to take kindly to : aceptar de buena gana

kindly² adj -lier; -est : bondádoso, amable

kindness ['kaɪndnəs] n : bondad f

kind of adv SOMEWHAT : un tanto, algo

kindred¹ ['kɪndrəd] adj SIMILAR : similar, afín ⟨kindred spirits : almas gemelas⟩

kindred² n 1 FAMILY : familia f, parentela f 2 → kin

kinfolk ['kɪn,fo:k] or **kinfolks** [-,fo:ks] npl → kin

king ['kɪŋ] n : rey m

kingdom ['kɪŋdəm] n : reino m

kingfisher ['kɪŋ,fɪʃər] n : martín m pescador

kingly ['kɪŋli] adj -lier; -est : regio, real

king-size ['kɪŋ,saɪz] or **king-sized** [-,saɪzd] adj : de tamaño muy grande, extra largo (dícese de cigarrillos)

kink ['kɪŋk] n 1 : rizo m (en el pelo), vuelta f (en una cuerda) 2 CRAMP

: calambre *m* ⟨to have a kink in the neck : tener tortícolis⟩

kinky ['kɪŋki] *adj* **-kier; -est** : rizado (dícese del pelo), enroscado (dícese de una cuerda)

kinship ['kɪn,ʃɪp] *n* : parentesco *m*

kinsman ['kɪnzmən] *n, pl* **-men** [-mən, -,mɛn] : familiar *m*, pariente *m*

kinswoman ['kɪnz,wʊmən] *n, pl* **-women** [-,wɪmən] : familiar *f*, pariente *f*

kiosk ['ki:,ɑsk] *n* : quiosco *m*

kipper ['kɪpər] *n* : arenque *m* ahumado

kiss¹ ['kɪs] *vt* : besar — *vi* : besarse

kiss² *n* : beso *m*

kit ['kɪt] *n* **1** SET : juego *m*, kit *m* **2** CASE : estuche *m*, caja *f* **3 first–aid kit** : botiquín *m* **4 tool kit** : caja *f* de herramientas **5 travel kit** : neceser *m*

kitchen ['kɪtʃən] *n* : cocina *f*

kite ['kaɪt] *n* **1** : milano *m* (ave) **2** : cometa *f*, papalote *m Mex* ⟨to fly a kite : hacer volar una cometa⟩

kith ['kɪθ] *n* : amigos *mpl* ⟨kith and kin : amigos y parientes⟩

kitten ['kɪtən] *n* : gatito *m*, -ta *f*

kitty ['kɪti] *n, pl* **-ties 1** FUND, POOL : bote *m*, fondo *m* común **2** CAT : gato *m*, gatito *m*

kitty-corner ['kɪti,kɔrnər] *or* **kitty-cornered** [-nərd] → **catercorner**

kiwi ['ki:,wi:] *n* : kiwi *m*

kleptomania [,klɛptə'meɪniə] *n* : cleptomanía *f*

kleptomaniac [,klɛptə'meɪni,æk] *n* : cleptómano *m*, -na *f*

knack ['næk] *n* : maña *f*, facilidad *f*

knapsack ['næp,sæk] *n* : mochila *f*, morral *m*

knave ['neɪv] *n* : bellaco *m*, pícaro *m*

knead ['ni:d] *vt* **1** : amasar, sobar **2** MASSAGE : masajear

knee ['ni:] *n* : rodilla *f*

kneecap ['ni:,kæp] *n* : rótula *f*

kneel ['ni:l] *vi* **knelt** ['nɛlt] *or* **kneeled** ['ni:ld]; **kneeling** : arrodillarse, ponerse de rodillas

knell ['nɛl] *n* : doble *m*, toque *m* ⟨death knell : toque de difuntos⟩

knew → know

knickers ['nɪkərz] *npl* : pantalones *mpl* bombachos de media pierna

knickknack ['nɪk,næk] *n* : chuchería *f*, baratija *f*

knife¹ ['naɪf] *vt* **knifed** ['naɪft]; **knifing** : acuchillar, apuñalar

knife² *n, pl* **knives** ['naɪvz] : cuchillo *m*

knight¹ ['naɪt] *vt* : conceder el título de *Sir*

knight² *n* **1** : caballero *m* ⟨knight errant : caballero andante⟩ **2** : caballo *m* (en ajedrez) **3** : uno que tiene el título de *Sir*

knighthood ['naɪt,hʊd] *n* **1** : caballería *f* **2** : título *m* de *Sir*

knightly ['naɪtli] *adj* : caballeresco

knit¹ ['nɪt] *v* **knit** *or* **knitted** ['nɪtəd]; **knitting** *vt* **1** UNITE : unir, enlazar **2** : tejer ⟨to knit a sweater : tejer un suéter⟩ **3**

to knit one's brows : fruncir el ceño — *vi* **1** : tejer **2** : soldarse (dícese de los huesos)

knit² *n* : prenda *f* tejida

knitter ['nɪtər] *n* : tejedor *m*, -dora *f*

knob ['nɑb] *n* **1** LUMP : bulto *m*, protuberancia *f* **2** HANDLE : perilla *f*, tirador *m*, botón *m*

knobbed ['nɑbd] *adj* **1** KNOTTY : nudoso **2** : que tiene perilla o botón

knobby ['nɑbi] *adj* **knobbier; -est 1** KNOTTY : nudoso **2 knobby knees** : rodillas *fpl* huesudas

knock¹ ['nɑk] *vt* **1** HIT, RAP : golpear, golpetear **2** : hacer chocar ⟨they knocked heads : se dieron en la cabeza⟩ **3** CRITICIZE : criticar — *vi* **1** RAP : dar un golpe, llamar (a la puerta) **2** COLLIDE : darse, chocar

knock² *n* : golpe *m*, llamada *f* (a la puerta), golpeteo *m* (de un motor)

knock down *vt* : derribar, echar al suelo

knocker ['nɑkər] *n* : aldaba *f*, llamador *m*

knock–kneed ['nɑk'ni:d] *adj* : patizambo

knockout ['nɑk,aʊt] *n* : nocaut *m*, knockout *m* (en deportes)

knock out *vt* : dejar sin sentido, poner fuera de combate (en el boxeo)

knoll ['no:l] *n* : loma *f*, otero *m*, montículo *m*

knot¹ ['nɑt] *v* **knotted; knotting** *vt* : anudar — *vi* : anudarse

knot² *n* **1** : nudo *m* (en cordel o madera), nódulo *m* (en los músculos) **2** CLUSTER : grupo *m* **3** : nudo *m* (unidad de velocidad)

knotty ['nɑti] *adj* **-tier; -est 1** GNARLED : nudoso **2** COMPLEX : espinoso, enredado, complejo

knowable ['no:əbəl] *adj* : conocible

knowing ['no:ɪŋ] *adj* **1** KNOWLEDGEABLE : informado ⟨a knowing look : una mirada de complicidad⟩ **2** ASTUTE : astuto **3** DELIBERATE : deliberado, intencional

knowingly ['no:ɪŋli] *adv* **1** : con complicidad ⟨she smiled knowingly : sonrió con una mirada de complicidad⟩ **2** DELIBERATELY : a sabiendas, adrede, a propósito

know–it–all ['no:ɪt,ɔl] *n* : sabelotodo *mf fam*

knowledge ['nɑlɪʤ] *n* **1** AWARENESS : conocimiento *m* **2** LEARNING : conocimientos *mpl*, saber *m*

knowledgeable ['nɑlɪʤəbəl] *adj* : informado, entendido, enterado

know¹ ['no:] *v* **knew** ['nu:, 'nju:]; **known** ['no:n]; **knowing** *vt* **1** : saber ⟨he knows the answer : sabe la respuesta⟩ **2** : conocer (a una persona, un lugar) ⟨do you know Julia? : ¿conoces a Julia?⟩ **3** RECOGNIZE : reconocer **4** DISCERN, DISTINGUISH : distinguir, discernir **5 to know how to** : saber ⟨I don't know how to dance : no sé bailar⟩ — *vi* : saber

known ['noːn] *adj* : conocido, familiar
knuckle ['nʌkəl] *n* : nudillo *m*
koala [koˈwalə] *n* : koala *m*
kohlrabi [ˌkoːlˈrɑbi, -ˈræ-] *n, pl* **-bies** : colinabo *m*
Koran [kəˈrɑn, -ˈræn] *n* **the Koran** : el Corán
Korean [kəˈriːən] *n* **1** : coreano *m*, -na *f* **2** : coreano *m* (idioma) — **Korean** *adj*
kosher ['koːʃər] *adj* : aprobado por la ley judía

kowtow [ˌkaʊˈtaʊ, 'kaʊˌtaʊ] *vi* **to kowtow to** : humillarse ante, doblegarse ante
krypton ['krɪpˌtɑn] *n* : criptón *m*
kudos ['kjuːˌdɑs, 'kuː-, -ˌdoːz] *n* : fama *f*, renombre *m*
kumquat ['kʌmˌkwɑt] *n* : naranjita *f* china
Kurd ['kʊrd, 'kərd] *n* : kurdo *m*, -da *f*
Kurdish ['kʊrdɪʃ, 'kər-] *adj* : kurdo
Kuwaiti [kʊˈweɪti] *n* : kuwaití *mf* — **Kuwaiti** *adj*

L

l ['ɛl] *n, pl* **l's** *or* **ls** ['lz] : duodécima letra del alfabeto inglés
lab ['læb] → **laboratory**
label[1] ['leɪbəl] *vt* **-beled** *or* **-belled; -beling** *or* **-belling** **1** : etiquetar, poner etiqueta a **2** BRAND, CATEGORIZE : calificar, tildar, tachar ⟨they labeled him as a fraud : lo calificaron de farsante⟩
label[2] *n* **1** : etiqueta *f*, rótulo *m* **2** DESCRIPTION : calificación *f*, descripción *f* **3** BRAND : marca *f*
labial ['leɪbiəl] *adj* : labial
labor[1] ['leɪbər] *vi* **1** WORK : trabajar **2** STRUGGLE : avanzar penosamente (dícese de una persona), funcionar con dificultad (dícese de un motor) **3 to labor under a delusion** : hacerse ilusiones, tener una falsa impresión — *vt* BELABOR : insistir en, extenderse sobre
labor[2] *n* **1** EFFORT, WORK : trabajo *m*, esfuerzos *mpl* **2** : parto *m* ⟨to be in labor : estar de parto⟩ **3** TASK : tarea *f*, labor *f* **4** WORKERS : mano *f* de obra
laboratory ['læbrəˌtori, ləˈbɔrə-] *n, pl* **-ries** : laboratorio *m*
Labor Day *n* : Día *m* del Trabajo
laborer ['leɪbərər] *n* : peón *m*; trabajador *m*, -dora *f*
laborious [ləˈboriəs] *adj* : laborioso, difícil
laboriously [ləˈboriəsli] *adv* : laboriosamente, trabajosamente
labor union → **union**
labyrinth ['læbəˌrɪnθ] *n* : laberinto *m*
lace[1] ['leɪs] *vt* **laced; lacing** **1** TIE : acordonar, atar los cordones de **2** : adornar de encaje ⟨I laced the dress in white : adorné el vestido de encaje blanco⟩ **3** SPIKE : echar licor a
lace[2] *n* **1** : encaje *m* **2** SHOELACE : cordón *m* (de zapatos), agujeta *f* Mex
lacerate ['læsəˌreɪt] *vt* **-ated; -ating** : lacerar
laceration [ˌlæsəˈreɪʃən] *n* : laceración *f*
lack[1] ['læk] *vt* : carecer de, no tener ⟨she lacks patience : carece de paciencia⟩ — *vi* : faltar ⟨they lack for nothing : no les falta nada⟩
lack[2] *n* : falta *f*, carencia *f*
lackadaisical [ˌlækəˈdeɪzɪkəl] *adj*

: apático, indiferente, lánguido — **lackadaisically** [-kli] *adv*
lackey ['læki] *n, pl* **-eys** **1** FOOTMAN : lacayo *m* **2** TOADY : adulador *m*, -dora *f*
lackluster ['lækˌlʌstər] *adj* **1** DULL : sin brillo, apagado, deslustrado **2** MEDIOCRE : deslucido, mediocre
laconic [ləˈkɑnɪk] *adj* : lacónico — **laconically** [-nɪkli] *adv*
lacquer[1] ['lækər] *vt* : laquear, pintar con laca
lacquer[2] *n* : laca *f*
lacrosse [ləˈkrɔs] *n* : lacrosse *f*
lactic acid ['læktɪk] *n* : ácido *m* láctico
lacuna [ləˈkuːnə, -ˈkjuː-] *n, pl* **-nae** [-ˌni:, -ˌnaɪ] *or* **-nas** : laguna *f*
lacy ['leɪsi] *adj* **lacier; -est** : de encaje, como de encaje
lad ['læd] *n* : muchacho *m*, niño *m*
ladder ['lædər] *n* : escalera *f*
laden ['leɪdən] *adj* : cargado
ladle[1] ['leɪdəl] *vt* **-dled; -dling** : servir con cucharón
ladle[2] *n* : cucharón *m*, cazo *m*
lady ['leɪdi] *n, pl* **-dies** **1** : señora *f*, dama *f* **2** WOMAN : mujer *f*
ladybird ['leɪdiˌbərd] → **ladybug**
ladybug ['leɪdiˌbʌg] *n* : mariquita *f*
lag[1] ['læg] *vi* **lagged; lagging** : quedarse atrás, retrasarse, rezagarse
lag[2] *n* **1** DELAY : retraso *m*, demora *f* **2** INTERVAL : lapso *m*, intervalo *m*
lager ['lɑgər] *n* : cerveza *f* rubia
laggard[1] ['lægərd] *adj* : retardado, retrasado
laggard[2] *n* : rezagado *m*, -da *f*
lagoon [ləˈguːn] *n* : laguna *f*
laid → **lay**[1]
laid-back ['leɪdˈbæk] *adj* : tranquilo, relajado
lain *pp* → **lie**[1]
lair ['lær] *n* : guarida *f*, madriguera *f*
laissez-faire [ˌlɛˌseɪˈfær, ˌleɪˌzeɪ-] *n* : liberalismo *m* económico
laity ['leɪəti] *n* **the laity** : los laicos, el laicado
lake ['leɪk] *n* : lago *m*
lama ['lɑmə] *n* : lama *m*
lamb ['læm] *n* **1** : cordero *m*, borrego *m* (animal) **2** : carne *f* de cordero

lambaste [læm'beɪst] *or* **lambast** [-'bæst] *vt* **-basted; -basting 1** BEAT, THRASH : golpear, azotar, darle una paliza (a alguien) **2** CENSURE : arremeter contra, censurar

lame¹ ['leɪm] *vt* **lamed; laming** : lisiar, hacer cojo

lame² *adj* **lamer; lamest 1** : cojo, renco, rengo **2** WEAK : pobre, débil, poco convincente ⟨a lame excuse : una excusa débil⟩

lamé [lɑ'meɪ, læ-] *n* : lamé *m*

lame duck *n* : persona *f* sin poder ⟨a lame-duck President : un presidente saliente⟩

lamely ['leɪmli] *adv* : sin convicción

lameness ['leɪmnəs] *n* **1** : cojera *f*, renquera *f* **2** : falta *f* de convicción, debilidad *f*, pobreza *f* ⟨the lameness of her response : la pobreza de su respuesta⟩

lament¹ [lə'mɛnt] *vt* **1** MOURN : llorar, llorar por **2** DEPLORE : lamentar, deplorar — *vi* : llorar

lament² *n* : lamento *m*

lamentable ['læməntəbəl, lə'mɛntə-] *adj* : lamentable, deplorable — **lamentably** [-bli] *adv*

lamentation [ˌlæmən'teɪʃən] *n* : lamentación *f*, lamento *m*

laminate¹ ['læmə,neɪt] *vt* **-nated; -nating** : laminar

laminate² ['læmənət] *n* : laminado *m*

laminated ['læmə,neɪtəd] *adj* : laminado

lamp ['læmp] *n* : lámpara *f*

lampoon¹ ['læm'pu:n] *vt* : satirizar

lampoon² *n* : sátira *f*

lamprey ['læmpri] *n, pl* **-preys** : lamprea *f*

lance¹ ['læns] *vt* **lanced; lancing** : abrir con lanceta, sajar

lance² *n* : lanza *f*

lance corporal *n* : cabo *m* interino, soldado *m* de primera clase

lancet ['lænsət] *n* : lanceta *f*

land¹ ['lænd] *vt* **1** : desembarcar (pasajeros de un barco), hacer aterrizar (un avión) **2** CATCH : pescar, sacar (un pez) del agua **3** GAIN, SECURE : conseguir, ganar ⟨to land a job : conseguir empleo⟩ **4** DELIVER : dar, asestar ⟨she landed a punch : asestó un puñetazo⟩ — *vi* **1** : aterrizar, tomar tierra, atracar ⟨the plane just landed : el avión acaba de aterrizar⟩ ⟨the ship landed an hour ago : el barco atracó hace una hora⟩ **2** ALIGHT : posarse, aterrizar ⟨to land on one's feet : caer de pie⟩

land² *n* **1** GROUND : tierra *f* ⟨dry land : tierra firme⟩ **2** TERRAIN : terreno *m* **3** NATION : país *m*, nación *f* **4** DOMAIN : mundo *m*, dominio *m* ⟨the land of dreams : el mundo de los sueños⟩

landfill ['lænd,fɪl] *n* : vertedero *m* (de basuras)

landing ['lændɪŋ] *n* **1** : aterrizaje *m* (de aviones), desembarco *m* (de barcos) **2** : descansillo *m* (de una escalera)

landing field *n* : campo *m* de aterrizaje

landing strip → **airstrip**

landlady ['lænd,leɪdi] *n, pl* **-dies** : casera *f*, dueña *f*, arrendadora *f*

landless ['lændləs] *adj* : sin tierra

landlocked ['lænd,lɑkt] *adj* : sin salida al mar

landlord ['lænd,lɔrd] *n* : dueño *m*, casero *m*, arrendador *m*

landlubber ['lænd,lʌbər] *n* : marinero *m* de agua dulce

landmark ['lænd,mɑrk] *n* **1** : señal *f* (geográfica), punto *m* de referencia **2** MILESTONE : hito *m* ⟨a landmark in our history : un hito en nuestra historia⟩ **3** MONUMENT : monumento *m* histórico

landowner ['lænd,oːnər] *n* : hacendado *m*, -da *f*; terrateniente *mf*

landscape¹ ['lænd,skeɪp] *vt* **-scaped; -scaping** : ajardinar

landscape² *n* : paisaje *m*

landslide ['lænd,slaɪd] *n* **1** : desprendimiento *m* de tierras, derrumbe *m* **2** **landslide victory** : victoria *f* arrolladora

landward ['lændwərd] *adv* : en dirección de la tierra, hacia tierra

lane ['leɪn] *n* **1** PATH, WAY : camino *m*, sendero *m* **2** : carril *m* (de una carretera)

language ['læŋgwɪdʒ] *n* **1** : idioma *m*, lengua *f* ⟨the English language : el idioma inglés⟩ **2** : lenguaje *m* ⟨body language : lenguaje corporal⟩

languid ['læŋgwɪd] *adj* : lánguido — **languidly** *adv*

languish ['læŋgwɪʃ] *vi* **1** WEAKEN : languidecer, debilitarse **2** PINE : consumirse, suspirar (por) ⟨to languish for love : suspirar por el amor⟩ ⟨he languished in prison : estuvo pudriéndose en la cárcel⟩

languor ['læŋgər] *n* : languidez *f*

languorous ['læŋgərəs] *adj* : lánguido — **languorously** *adv*

lank ['læŋk] *adj* **1** THIN : delgado, larguirucho *fam* **2** : lacio

lanky ['læŋki] *adj* **lankier; -est** : delgado, larguirucho *fam*

lanolin ['lænəlɪn] *n* : lanolina *f*

lantern ['læntərn] *n* : linterna *f*, farol *m*

Laotian [leɪ'oːʃən, 'laʊʃən] *n* : laosiano *m*, -na *f* — **Laotian** *adj*

lap¹ ['læp] *vt* **lapped; lapping** *vt* **1** FOLD : plegar, doblar **2** WRAP : envolver **3** : lamer, besar ⟨waves were lapping the shore : las olas lamían la orilla⟩ **4** to **lap up** : beber a lengüetadas (como un gato) — *vi* OVERLAP : traslaparse

lap² *n* **1** : falda *f*, regazo *m* (del cuerpo) **2** OVERLAP : traslapo *m* **3** : vuelta *f* (en deportes) **4** STAGE : etapa *f* (de un viaje)

lapdog ['læp,dɔg] *n* : perro *m* faldero

lapel [lə'pɛl] *n* : solapa *f*

lapp ['læp] *n* : lapón *m*, -pona *f* — **Lapp** *adj*

lapse¹ ['læps] *vi* **lapsed; lapsing 1** FALL, SLIP : caer ⟨to lapse into bad habits : caer en malos hábitos⟩ ⟨to lapse into unconsciousness : perder el conocimiento⟩ ⟨to lapse into silence : quedarse callado⟩ **2** FADE : decaer, desvanecerse ⟨her dedication lapsed : su dedicación se desvaneció⟩ **3** CEASE : cancelarse, perderse **4** ELAPSE : transcurrir, pasar **5** EXPIRE : caducar

lapse² n **1** SLIP : lapsus m, desliz m, falla f ⟨a lapse of memory : una falla de memoria⟩ **2** INTERVAL : lapso m, intervalo m, período m **3** EXPIRATION : caducidad f

laptop¹ ['læp,tɑp] adj : portátil, laptop

laptop² n : laptop m

larboard ['lɑrbərd] n : babor m

larcenous ['lɑrsənəs] adj : de robo

larceny ['lɑrsəni] n, pl **-nies** : robo m, hurto m

larch ['lɑrtʃ] n : alerce f

lard ['lɑrd] n : manteca f de cerdo

larder ['lɑrdər] n : despensa f, alacena f

large ['lɑrdʒ] adj **larger; largest 1** BIG : grande **2** COMPREHENSIVE : amplio, extenso **3 by and large** : por lo general

largely ['lɑrdʒli] adv : en gran parte, en su mayoría

largeness ['lɑrdʒnəs] n : lo grande

largesse or **largess** ['lɑrˌdʒɛs, -ˈdʒɛs] n : generosidad f, largueza f

lariat ['læriət] n : lazo m

lark ['lɑrk] n **1** FUN : diversión f ⟨what a lark! : ¡qué divertido!⟩ **2** : alondra f (pájaro)

larva ['lɑrvə] n, pl **-vae** [-,viː, -,vaɪ] : larva f — **larval** [-vəl] adj

laryngitis [ˌlærənˈdʒaɪtəs] n : laringitis f

larynx ['lærɪŋks] n, pl **-rynges** [ləˈrɪnˌdʒiːz] or **-ynxes** ['lærɪŋksəz] : laringe f

lasagna [ləˈzɑnjə] n : lasaña f

lascivious [ləˈsɪviəs] adj : lascivo

lasciviousness [ləˈsɪviəsnəs] n : lascivia f, lujuria f

laser ['leɪzər] n : láser m

laser disc n : disco m láser

lash¹ ['læʃ] vt **1** WHIP : azotar **2** BIND : atar, amarrar

lash² n **1** WHIP : látigo m **2** STROKE : latigazo m **3** EYELASH : pestaña f

lass ['læs] or **lassie** ['læsi] n : muchacha f, chica f

lassitude ['læsə,tuːd, -,tjuːd] n : lasitud f

lasso¹ ['læ,soː, læ'suː] vt : lazar

lasso² n, pl **-sos** or **-soes** : lazo m, reata f Mex

last¹ ['læst] vi **1** CONTINUE : durar ⟨how long will it last? : ¿cuánto durará?⟩ **2** ENDURE : aguantar, durar **3** SURVIVE : durar, sobrevivir **4** SUFFICE : durar, bastar — vt : durar ⟨it will last a lifetime : durará toda la vida⟩ **2 to last out** : aguantar

last² adv **1** : en último lugar, al último ⟨we came in last : llegamos en último lugar⟩ **2** : por última vez, la última vez ⟨I saw him last in Bogota : lo vi por última vez en Bogotá⟩ **3** FINALLY : por último, en conclusión

last³ adj **1** FINAL : último, final **2** PREVIOUS : pasado ⟨last year : el año pasado⟩

last⁴ n **1** : el último, la última, lo último ⟨at last : por fin, al finalmente⟩ **2** : horma f (de zapatero)

lasting ['læstɪŋ] adj : perdurable, duradero, estable

lastly ['læstli] adv : por último, finalmente

latch¹ ['lætʃ] vt : cerrar con picaporte

latch² n : picaporte m, pestillo m, pasador m

late¹ ['leɪt] adv **later; latest 1** : tarde ⟨to arrive late : llegar tarde⟩ ⟨to sleep late : dormir hasta tarde⟩ **2** : a última hora, a finales ⟨late in the month : a finales del mes⟩ **3** RECENTLY : recién, últimamente ⟨as late as last year : todavía en el año pasado⟩

late² adj **later; latest 1** TARDY : tardío, de retraso ⟨to be late : llegar tarde⟩ **2** : avanzado ⟨because of the late hour : a causa de la hora avanzada⟩ **3** DECEASED : difunto, fallecido **4** RECENT : reciente, último ⟨our late quarrel : nuestra última pelea⟩

latecomer ['leɪt,kʌmər] n : rezagado m, -da f

lately ['leɪtli] adv : recientemente, últimamente

lateness ['leɪtnəs] n **1** DELAY : retraso m, atraso m, tardanza f **2** : lo avanzado (de la hora)

latent ['leɪtənt] adj : latente — **latently** adv

lateral ['lætərəl] adj : lateral — **laterally** adv

latex ['leɪ,tɛks] n, pl **-tices** ['leɪtə,siːz, 'læt̬ə-] or **-texes** : látex m

lath ['læθ, 'læð] n, pl **laths** or **lath** : listón m

lathe ['leɪð] n : torno m

lather¹ ['læðər] vt : enjabonar — vi : espumar, hacer espuma

lather² n **1** : espuma f (de jabón) **2** : sudor m (de caballo) **3 to get into a lather** : ponerse histérico

Latin¹ adj : latino

Latin² n **1** : latín m (idioma) **2** → **Latin American**

Latin–American ['lætənəˈmrikən] adj : latinoamericano

Latin American n : latinoamericano m, -na f

latitude ['læt̬ə,tuːd, -,tjuːd] n : latitud f

latrine [ləˈtriːn] n : letrina f

latte ['lɑ,teɪ] n : café m con leche

latter¹ ['læt̬ər] adj **1** SECOND : segundo **2** LAST : último

latter² pron **the latter** : éste, ésta, éstos pl, éstas pl

lattice ['læt̬əs] n : enrejado m, celosía f

Latvian ['lætviən] n : letón m, -tona f — **Latvian** adj

laud¹ ['lɔd] vt : alabar, loar

laud² n : alabanza f, loa f

laudable ['lɔdəbəl] *adj* : loable — **laudably** [-bli] *adv*

laugh¹ ['læf] *vi* : reír, reírse

laugh² *n* **1** LAUGHTER : risa *f* **2** JOKE : chiste *m*, broma *f* ⟨he did it for a laugh : lo hizo en broma, lo hizo para divertirse⟩

laughable ['læfəbəl] *adj* : risible, de risa

laughingstock ['læfɪŋ,stɑk] *n* : hazmerreír *m*

laughter ['læftər] *n* : risa *f*, risas *fpl*

launch¹ ['lɔntʃ] *vt* **1** HURL : lanzar **2** : botar (un barco) **3** START : iniciar, empezar

launch² *n* **1** : lancha *f* (bote) **2** LAUNCHING : lanzamiento *m*

launder ['lɔndər] *vt* **1** : lavar y planchar (ropa) **2** : blanquear, lavar (dinero)

launderer ['lɔndərər] *n* : lavandero *m*, -ra *f*

laundress ['lɔndrəs] *n* : lavandera *f*

laundry ['lɔndri] *n, pl* **laundries** **1** : ropa *f* sucia, ropa *f* para lavar ⟨to do the laundry : lavar la ropa⟩ **2** : lavandería *f* (servicio de lavar)

laureate ['lɔriət] *n* : laureado *m*, -da *f* ⟨poet laureate : poeta laureado⟩

laurel ['lɔrəl] *n* **1** : laurel *m* (planta) **2** **laurels** *npl* : laureles *mpl* ⟨to rest on one's laurels : dormirse uno en sus laureles⟩

lava ['lɑvə, 'læ-] *n* : lava *f*

lavatory ['lævə,tori] *n, pl* **-ries** : baño *m*, cuarto *m* de baño

lavender ['lævəndər] *n* : lavanda *f*, espliego *m*

lavish¹ ['lævɪʃ] *vt* : prodigar (a), colmar (de)

lavish² *adj* **1** EXTRAVAGANT : pródigo, generoso, derrochador **2** ABUNDANT : abundante **3** LUXURIOUS : lujoso, espléndido

lavishly ['lævɪʃli] *adv* : con generosidad, espléndidamente ⟨to live lavishly : vivir a lo grande⟩

lavishness ['lævɪʃnəs] *n* : generosidad *f*, esplendidez *f*

law ['lɔ] *n* **1** : ley *f* ⟨to break the law : violar la ley⟩ **2** : derecho *m* ⟨criminal law : derecho criminal⟩ **3** : abogacía *f* ⟨to practice law : ejercer la abogacía⟩

law-abiding ['lɔə,baɪdɪŋ] *adj* : observante de la ley

lawbreaker ['lɔ,breɪkər] *n* : infractor *m*, -tora *f* de la ley

lawful ['lɔfəl] *adj* : legal, legítimo, lícito — **lawfully** *adv*

lawgiver ['lɔ,gɪvər] *n* : legislador *m*, -dora *f*

lawless ['lɔləs] *adj* : anárquico, ingobernable — **lawlessly** *adv*

lawlessness ['lɔləsnəs] *n* : anarquía *f*, desorden *m*

lawmaker ['lɔ,meɪkər] *n* : legislador *m*, -dora *f*

lawman ['lɔmən] *n, pl* **-men** [-mən, -,mɛn] : agente *m* del orden

lawn ['lɔn] *n* : césped *m*, pasto *m*

lawn mower *n* : cortadora *f* de césped

lawsuit ['lɔ,su:t] *n* : pleito *m*, litigio *m*, demanda *f*

lawyer ['lɔɪər, 'lɔjər] *n* : abogado *m*, -da *f*

lax ['læks] *adj* : laxo, relajado — **laxly** *adv*

laxative ['læksətɪv] *n* : laxante *m*

laxity ['læksəti] *n* : relajación *f*, descuido *m*, falta *f* de rigor

lay¹ ['leɪ] *vt* **laid** ['leɪd]; **laying** **1** PLACE, PUT : poner, colocar ⟨she laid it on the table : lo puso en la mesa⟩ ⟨to lay eggs : poner huevos⟩ **2** : hacer ⟨to lay a bet : hacer una apuesta⟩ **3** IMPOSE : imponer ⟨to lay a tax : imponer un impuesto⟩ ⟨to lay the blame on : echarle la culpa a⟩ **4 to lay out** PRESENT : presentar, exponer ⟨he laid out his plan : presentó su proyecto⟩ **5 to lay out** DESIGN : diseñar (el trazado de)

lay² → **lie¹**

lay³ *adj* SECULAR : laico, lego

lay⁴ *n* **1** : disposición *f*, configuración *f* ⟨the lay of the land : la configuración del terreno⟩ **2** BALLAD : romance *m*, balada *f*

layer ['leɪər] *n* **1** : capa *f* (de pintura, etc.), estrato *m* (de roca) **2** : gallina *f* ponedora

layman ['leɪmən] *n, pl* **-men** [-mən, -,mɛn] : laico *m*, lego *m*

layoff ['leɪ,ɔf] *n* : despido *m*

lay off *vt* : despedir

layout ['leɪ,aʊt] *n* : disposición *f*, distribución *f* (de una casa, etc.), trazado *m* (de una ciudad)

lay up *vt* **1** STORE : guardar, almacenar **2 to be laid up** : estar enfermo, tener que guardar cama

laywoman ['leɪ,wʊmən] *n, pl* **-women** [-,wɪmən] : laica *f*, lega *f*

laziness ['leɪzinəs] *n* : pereza *f*, flojera *f*

lazy ['leɪzi] *adj* **-zier; -est** : perezoso, holgazán — **lazily** ['leɪzəli] *adv*

leach ['li:tʃ] *vt* : filtrar

lead¹ ['li:d] *vt* **led** ['lɛd]; **leading** **1** GUIDE : conducir, llevar, guiar **2** DIRECT : dirigir **3** HEAD : encabezar, ir al frente de **4 to lead to** : resultar en, llevar a ⟨it only leads to trouble : sólo resulta en problemas⟩

lead² *n* : delantera *f*, primer lugar *m* ⟨to take the lead : tomar la delantera⟩

lead³ ['lɛd] *n* **1** : plomo *m* (metal) **2** : mina *f* (de lápiz) **3 lead poisoning** : saturnismo *m*

leaden ['lɛdən] *adj* **1** : plomizo ⟨a leaden sky : un cielo plomizo⟩ **2** HEAVY : pesado

leader ['li:dər] *n* : jefe *m*, -fa *f*; líder *mf*; dirigente *mf*; gobernante *mf*

leadership ['li:dər,ʃɪp] *n* : mando *m*, dirección *f*

leaf¹ ['li:f] *vi* **1** : echar hojas (dícese de un árbol) **2 to leaf through** : hojear (un libro)

leaf² *n, pl* **leaves** [ˈliːvz] **1** : hoja *f* (de plantas o libros) **2 to turn over a new leaf** : hacer borrón y cuenta nueva

leafless [ˈliːfləs] *adj* : sin hojas, pelado

leaflet [ˈliːflət] *n* : folleto *m*

leafy [ˈliːfi] *adj* **leafier; -est** : frondoso

league¹ [ˈliːg] *v* **leagued; leaguing** *vt* : aliar, unir — *vi* : aliarse, unirse

league² *n* **1** : legua *f* (medida de distancia) **2** ASSOCIATION : alianza *f*, sociedad *f*, liga *f*

leak¹ [ˈliːk] *vi* **1** : perder, dejar escapar (un líquido o un gas) **2** : filtrar (información) — *vi* **1** : gotear, escaparse, fugarse (dícese de un líquido o un gas) **2** : hacer agua (dícese de un bote) **3** : filtrarse, divulgarse (dícese de información)

leak² *n* **1** HOLE : agujero *m* (en recipientes), gotera *f* (en un tejado) **2** ESCAPE : fuga *f*, escape *m* **3** : filtración *f* (de información)

leakage [ˈliːkɪdʒ] *n* : escape *m*, fuga *f*

leaky [ˈliːki] *adj* **leakier; -est** : agujereado (dícese de un recipiente), que hace agua (dícese de un bote), con goteras (dícese de un tejado)

lean¹ [ˈliːn] *vi* **1** BEND : inclinarse, ladearse **2** RECLINE : reclinarse **3** RELY : apoyarse (en), depender (de) **4** INCLINE, TEND : inclinarse, tender — *vt* : apoyar

lean² *adj* **1** THIN : delgado, flaco **2** : sin grasa, magro (dícese de la carne)

leanness [ˈliːnnəs] *n* : delgadez *f*

lean-to [ˈliːnˌtuː] *n* : cobertizo *m*

leap¹ [ˈliːp] *vi* **leaped** [ˈliːpt, ˈlɛpt] *or* **leapt; leaping** : saltar, brincar

leap² *n* : salto *m*, brinco *m*

leap year *n* : año *m* bisiesto

learn [ˈlərn] *vt* **1** : aprender ⟨to learn to sing : aprender a cantar⟩ **2** MEMORIZE : aprender de memoria **3** DISCOVER : saber, enterarse de — *vi* **1** : aprender ⟨to learn from experience : aprender por experiencia⟩ **2** FIND OUT : enterarse, saber

learned [ˈlərnəd] *adj* : erudito

learner [ˈlərnər] *n* : principiante *mf*, estudiante *mf*

learning [ˈlərnɪŋ] *n* : erudición *f*, saber *m*

lease¹ [ˈliːs] *vt* **leased; leasing** : arrendar

lease² *n* : contrato *m* de arrendamiento

leash¹ [ˈliːʃ] *vt* : atraillar (un animal)

leash² *n* : traílla *f*

least¹ [ˈliːst] *adv* : menos ⟨when least expected : cuando menos se espera⟩

least² *adj* (*superlative of* **little**) : menor, más mínimo

least³ *n* **1** : lo menos ⟨at least : por lo menos⟩ **2 to say the least** : por no decir más

leather [ˈlɛðər] *n* : cuero *m*

leathery [ˈlɛðəri] *adj* : curtido (dícese de la piel), correoso (dícese de la carne)

leave¹ [ˈliːv] *v* **left** [ˈlɛft]; **leaving** *vt* **1** BEQUEATH : dejar, legar **2** DEPART : dejar, salir(se) de **3** ABANDON : abandonar, dejar **4** FORGET : dejar, olvidarse de ⟨I left the books in the library : dejé los libros en la biblioteca⟩ **5 to be left** : quedar ⟨it's all I have left : es todo lo que me queda⟩ **6 to be left over** : sobrar **7 to leave out** : omitir, excluir — *vi* : irse, salir, partir, marcharse ⟨she left yesterday morning : se fue ayer por la mañana⟩

leave² *n* **1** PERMISSION : permiso *m* ⟨by your leave : con su permiso⟩ **2 leave of absence** : permiso *m*, licencia *f* ⟨maternity leave : licencia por maternidad⟩ **3 to take one's leave** : despedirse

leaven [ˈlɛvən] *n* : levadura *f*

leaves → **leaf²**

leaving [ˈliːvɪŋ] *n* **1** : salida *f*, partida *f* **2 leavings** *npl* : restos *mpl*, sobras *fpl*

Lebanese [ˌlɛbəˈniːz, -ˈniːs] *n* : libanés *m*, -nesa *f* — **Lebanese** *adj*

lecherous [ˈlɛtʃərəs] *adj* : lascivo, libidinoso — **lecherously** *adv*

lechery [ˈlɛtʃəri] *n* : lascivia *f*, lujuria *f*

lecture¹ [ˈlɛktʃər] *v* **-tured; -turing** *vi* : dar clase, dictar clase, dar una conferencia — *vt* SCOLD : sermonear, echar una reprimenda a, regañar

lecture² *n* **1** : conferencia *f* **2** REPRIMAND : reprimenda *f*

lecturer [ˈlɛktʃərər] *n* **1** SPEAKER : conferenciante *mf* **2** TEACHER : profesor *m*, -sora *f*

led → **lead¹**

ledge [ˈlɛdʒ] *n* : repisa *f* (de una pared), antepecho *m* (de una ventana), saliente *m* (de una montaña)

ledger [ˈlɛdʒər] *n* : libro *m* mayor, libro *m* de contabilidad

lee¹ [ˈliː] *adj* : de sotavento

lee² *n* : sotavento *m*

leech [ˈliːtʃ] *n* : sanguijuela *f*

leek [ˈliːk] *n* : puerro *m*

leer¹ [ˈlɪr] *vi* : mirar con lascivia

leer² *n* : mirada *f* lasciva

leery [ˈlɪri] *adj* : receloso

lees [ˈliːz] *npl* : posos *mpl*, heces *fpl*

leeward¹ [ˈliːwərd, ˈluːərd] *adj* : de sotavento

leeward² *n* : sotavento *m*

leeway [ˈliːˌweɪ] *n* : libertad *f*, margen *m*

left¹ [ˈlɛft] *adv* : hacia la izquierda

left² → **leave¹**

left³ *adj* : izquierdo

left⁴ *n* : izquierda *f* ⟨on the left : a la izquierda⟩

left-hand [ˈlɛftˈhænd] *adj* **1** : de la izquierda **2** → **left-handed**

left-handed [ˈlɛftˈhændəd] *adj* **1** : zurdo (dícese de una persona) **2** : con doble sentido ⟨a left-handed compliment : un cumplido a medias⟩

leftist [ˈlɛftɪst] *n* : izquierdista *mf* — **leftist** *adj*

leftover [ˈlɛftˌoːvər] *adj* : sobrante, que sobra

leftovers [ˈlɛftˌoːvərz] npl : restos mpl, sobras fpl
left wing n **the left wing** : la izquierda
left-winger [ˈlɛftˈwɪŋər] n : izquierdista mf
leg [ˈlɛg] n **1** : pierna f (de una persona, de carne, de ropa), pata f (de un animal, de muebles) **2** STAGE : etapa f (de un viaje), vuelta f (de una carrera)
legacy [ˈlɛgəsi] n, pl **-cies** : legado m, herencia f
legal [ˈliːgəl] adj **1** : legal, jurídico ⟨legal advisor : asesor jurídico⟩ ⟨the legal profession : la abogacía⟩ **2** LAWFUL : legítimo, legal
legalistic [ˌliːgəˈlɪstɪk] adj : legalista
legality [liˈgæləti] n, pl **-ties** : legalidad f
legalize [ˈliːgəˌlaɪz] vt **-ized; -izing** : legalizar
legally [ˈliːgəli] adv : legalmente
legate [ˈlɛgət] n : legado m
legation [lɪˈgeɪʃən] n : legación f
legend [ˈlɛdʒənd] n **1** STORY : leyenda f **2** INSCRIPTION : leyenda f, inscripción f **3** : signos mpl convencionales (en un mapa)
legendary [ˈlɛdʒənˌdɛri] adj : legendario
legerdemain [ˌlɛdʒərdəˈmeɪn] → **sleight of hand**
leggings [ˈlɛgɪnz, ˈlɛgənz] npl : mallas fpl
legibility [ˌlɛdʒəˈbɪləti] n : legibilidad f
legible [ˈlɛdʒəbəl] adj : legible
legibly [ˈlɛdʒəbli] adv : de manera legible
legion [ˈliːdʒən] n : legión f
legionnaire [ˌliːdʒəˈnær] n : legionario m, -ria f
legislate [ˈlɛdʒəsˌleɪt] vi **-lated; -lating** : legislar
legislation [ˌlɛdʒəsˈleɪʃən] n : legislación f
legislative [ˈlɛdʒəsˌleɪtɪv] adj : legislativo, legislador
legislator [ˈlɛdʒəsˌleɪtər] n : legislador m, -dora f
legislature [ˈlɛdʒəsˌleɪtʃər] n : asamblea f legislativa
legitimacy [lɪˈdʒɪtəməsi] n : legitimidad f
legitimate [lɪˈdʒɪtəmət] adj **1** VALID : legítimo, válido, justificado **2** LAWFUL : legítimo, legal
legitimately [lɪˈdʒɪtəmətli] adv : legítimamente
legitimize [lɪˈdʒɪtəˌmaɪz] vt **-mized; -mizing** : legitimar, hacer legítimo
legume [ˈlɛgjuːm, lɪˈgjuːm] n : legumbre f
leisure [ˈliːʒər, ˈlɛ-] n **1** : ocio m, tiempo m libre ⟨a life of leisure : una vida de ocio⟩ **2 to take one's leisure** : reposar **3 at your leisure** : cuando te venga bien, cuando tengas tiempo
leisurely [ˈliːʒərli, ˈlɛ-] adj & adv : lento, sin prisas
lemming [ˈlɛmɪŋ] n : lemming m

lemon [ˈlɛmən] n : limón m
lemonade [ˌlɛməˈneɪd] n : limonada f
lemony [ˈlɛməni] adj : a limón
lend [ˈlɛnd] vt **lent** [ˈlɛnt]; **lending** **1** : prestar ⟨to lend money : prestar dinero⟩ **2** GIVE : dar ⟨it lends force to his criticism : da fuerza a su crítica⟩ **3 to lend oneself to** : prestarse a
length [ˈlɛŋkθ] n **1** : longitud f, largo m ⟨10 feet in length : 10 pies de largo⟩ **2** DURATION : duración f **3** : trozo m (de madera), corte m (de tela) **4 to go to any lengths** : hacer todo lo posible **5 at ~** : extensamente ⟨to speak at length : hablar largo y tendido⟩
lengthen [ˈlɛŋkθən] vt **1** : alargar ⟨can they lengthen the dress? : ¿se puede alargar el vestido?⟩ **2** EXTEND, PROLONG : prolongar, extender — vi **1** : alargarse, crecer ⟨the days are lengthening : los días están creciendo⟩
lengthways [ˈlɛŋkθˌweɪz] → **lengthwise**
lengthwise [ˈlɛŋkθˌwaɪz] adv : a lo largo, longitudinalmente
lengthy [ˈlɛŋkθi] adj **lengthier; -est 1** OVERLONG : largo y pesado **2** EXTENDED : prolongado, largo
leniency [ˈliːniənsi] n, pl **-cies** : lenidad f, indulgencia f
lenient [ˈliːniənt] adj : indulgente, poco severo
leniently [ˈliːniəntli] adv : con lenidad, con indulgencia
lens [ˈlɛnz] n **1** : cristalino m (del ojo) **2** : lente mf (de un instrumento o una cámara) **3** → **contact lens**
lent → **lend**
Lent [ˈlɛnt] n : Cuaresma f
lentil [ˈlɛntəl] n : lenteja f
Leo [ˈliːoː] n : Leo mf
leopard [ˈlɛpərd] n : leopardo m
leotard [ˈliːəˌtɑrd] n : leotardo m, malla f
leper [ˈlɛpər] n : leproso m, -sa f
leprechaun [ˈlɛprəˌkɑn] n : duende m (irlandés)
leprosy [ˈlɛprəsi] n : lepra f — **leprous** [ˈlɛprəs] adj
lesbian[1] [ˈlɛzbiən] adj : lesbiano
lesbian[2] n : lesbiana f
lesbianism [ˈlɛzbiəˌnɪzəm] n : lesbianismo m
lesion [ˈliːʒən] n : lesión f
less[1] [ˈlɛs] adv (comparative of **little**[1]) : menos ⟨the less you know, the better : cuanto menos sepas, mejor⟩ ⟨less and less : cada vez menos⟩
less[2] adj (comparative of **little**[2]) : menos ⟨less than three : menos de tres⟩ ⟨less money : menos dinero⟩ ⟨nothing less than perfection : nada menos que la perfección⟩
less[3] pron : menos ⟨I'm earning less : estoy ganando menos⟩
less[4] prep : menos ⟨one month less two days : un mes menos dos días⟩
lessee [lɛˈsiː] n : arrendatario m, -ria f
lessen [ˈlɛsən] vt : disminuir, reducir — vi : disminuir, reducirse

lesser ['lɛsər] *adj* : menor ⟨to a lesser degree : en menor grado⟩

lesson ['lɛsən] *n* **1** CLASS : clase *f*, curso *m* **2** : lección *f* ⟨the lessons of history : las lecciones de la historia⟩

lessor ['lɛ‚sɔr, l'sɔr] *n* : arrendador *m*, -dora *f*

lest ['lɛst] *conj* : para (que) no ⟨lest we forget : para que no olvidemos⟩

let ['lɛt] *vt* let; letting **1** ALLOW : dejar, permitir ⟨let me see it : déjame verlo⟩ **2** MAKE : hacer ⟨let me know : házmelo saber, avísame⟩ ⟨let them wait : que esperen, haz que esperen⟩ **3** RENT : alquilar **4** (*used in the first person plural imperative*) ⟨let's go! : ¡vamos!, ¡vámonos!⟩ ⟨let us pray : oremos⟩ **5 to let down** DISAPPOINT : fallar **6 to let off** FORGIVE : perdonar **7 to let out** REVEAL : revelar **8 to let up** ABATE : amainar, disminuir ⟨the pace never lets up : el ritmo nunca disminuye⟩

letdown *n* : chasco *m*, decepción *f*

lethal ['li:θəl] *adj* : letal — **lethally** *adv*

lethargic [lɪ'θɑrʤɪk] *adj* : letárgico

lethargy ['lɛθərʤi] *n* : letargo *m*

let on *vi* **1** ADMIT : reconocer ⟨don't let on! : ¡no digas nada!⟩ **2** PRETEND : fingir

let's ['lɛts] (*contraction of* let us) → **let**

letter[1] ['lɛtər] *vt* : marcar con letras, inscribir letras en

letter[2] *n* **1** : letra *f* (del alfabeto) **2** : carta *f* ⟨a letter to my mother : una carta a mi madre⟩ **3 letters** *npl* ARTS : letras *fpl* **4 to the letter** : al pie de la letra

lettering ['lɛtərɪŋ] *n* : letra *f*

lettuce ['lɛtəs] *n* : lechuga *f*

leukemia [lu:'ki:miə] *n* : leucemia *f*

levee ['lɛvi] *n* : dique *m*

level[1] ['lɛvəl] *vt* -eled *or* -elled; -eling *or* -elling **1** FLATTEN : nivelar, aplanar **2** AIM : apuntar (una pistola), dirigir (una acusación) **3** RAZE : rasar, arrasar

level[2] *adj* **1** EVEN : llano, plano, parejo **2** CALM : tranquilo ⟨to keep a level head : no perder la cabeza⟩

level[3] *n* : nivel *m*

leveler ['lɛvələr] *n* : nivelador *m*, -dora *f*

levelheaded ['lɛvəl‚hɛdəd] *adj* : sensato, equilibrado

levelly ['lɛvəli] *adv* CALMLY : con ecuanimidad *f*, con calma

levelness ['lɛvəlnəs] *n* : uniformidad *f*

lever ['lɛvər, 'li:-] *n* : palanca *f*

leverage ['lɛvərɪʤ, 'li:-] *n* **1** : apalancamiento *m* (en física) **2** INFLUENCE : influencia *f*, palanca *f fam*

leviathan [lɪ'vaɪəθən] *n* : leviatán *m*, gigante *m*

levity ['lɛvəti] *n* : ligereza *f*, frivolidad *f*

levy[1] ['lɛvi] *vt* levied; levying **1** IMPOSE : imponer, exigir, gravar (un impuesto) **2** COLLECT : recaudar (un impuesto)

levy[2] *n*, *pl* levies : impuesto *m*, gravamen *m*

lewd ['lu:d] *adj* : lascivo — **lewdly** *adv*

lewdness ['lu:dnəs] *n* : lascivia *f*

lexical ['lɛksɪkəl] *adj* : léxico

lexicographer [‚lɛksə'kɑgrəfər] *n* : lexicógrafo *m*, -fa *f*

lexicographical [‚lɛksəko'græfɪkəl] *or* **lexicographic** [-'græfɪk] *adj* : lexicográfico

lexicography [‚lɛksə'kɑgrəfi] *n* : lexicografía *f*

lexicon ['lɛksɪ‚kɑn] *n*, *pl* -ica [-kə] *or* -icons : léxico *m*, lexicón *m*

liability [‚laɪə'bɪləti] *n*, *pl* -ties **1** RESPONSIBILITY : responsabilidad *f* **2** SUSCEPTIBILITY : propensión *f* **3** DRAWBACK : desventaja *f* **4 liabilities** *npl* DEBTS : deudas *fpl*, pasivo *m*

liable ['laɪəbəl] *adj* **1** RESPONSIBLE : responsable **2** SUSCEPTIBLE : propenso **3** PROBABLE : probable ⟨it's liable to happen : es probable que suceda⟩

liaison ['li:ə‚zɑn, li'eɪ-] *n* **1** CONNECTION : enlace *m*, relación *f* **2** AFFAIR : amorío *m*, aventura *f*

liar ['laɪər] *n* : mentiroso *m*, -sa *f*; embustero *m*, -ra *f*

libel[1] ['laɪbəl] *vt* -beled *or* -belled; -beling *or* -belling : difamar, calumniar

libel[2] *n* : difamación *f*, calumnia *f*

libeler ['laɪbələr] *n* : difamador *m*, -dora *f*; calumniador *m*, -dora *f*; libelista *mf*

libelous *or* **libellous** ['laɪbələs] *adj* : difamatorio, calumnioso, injurioso

liberal[1] ['lɪbrəl, 'lɪbərəl] *adj* **1** TOLERANT : liberal, tolerante **2** GENEROUS : generoso **3** ABUNDANT : abundante **4 liberal arts** : humanidades *fpl*, artes *fpl* liberales

liberal[2] *n* : liberal *mf*

liberalism ['lɪbrə‚lɪzəm, 'lɪbərə-] *n* : liberalismo *m*

liberality [‚lɪbə'ræləti] *n*, *pl* -ties : liberalidad *f*, generosidad *f*

liberalize ['lɪbrə‚laɪz, 'lɪbərə-] *vt* -ized; -izing : liberalizar

liberally ['lɪbrəli, 'lɪbərə-] *adv* **1** GENEROUSLY : generosamente **2** ABUNDANTLY : abundantemente **3** FREELY : libremente

liberate ['lɪbə‚reɪt] *vt* -ated; -ating : liberar, libertar

liberation [‚lɪbə'reɪʃən] *n* : liberación *f*

liberator ['lɪbə‚reɪtər] *n* : libertador *m*, -dora *f*

Liberian [laɪ'bɪriən] *n* : liberiano *m*, -na *f* — **Liberian** *adj*

libertine ['lɪbər‚ti:n] *n* : libertino *m*, -na *f*

liberty ['lɪbərti] *n*, *pl* -ties **1** : libertad *f* **2 to take the liberty of** : tomarse la libertad de **3 to take liberties with** : tomarse confianzas con, tomarse libertades con

libido [lə'bi:do:, -'baɪ-] *n*, *pl* -dos : libido *f* — **libidinous** [lə'bɪdənəs] *adj*

Libra ['li:brə] *n* : Libra *mf*

librarian [laɪ'brɛriən] *n* : bibliotecario *m*, -ria *f*

library ['laɪ‚brɛri] *n*, *pl* -braries : biblioteca *f*

librettist [lɪ'brɛtɪst] *n* : libretista *mf*

libretto [lɪ'brɛto] *n, pl* **-tos** *or* **-ti** [-ti:] : libreto *m*

Libyan ['lɪbiən] *n* : libio *m*, -bia *f* — **Libyan** *adj*

lice → **louse**

license¹ ['laɪsənts] *vt* **licensed; licensing** : licenciar, autorizar, dar permiso a

license² *or* **licence** *n* **1** PERMISSION : licencia *f*, permiso *m* **2** PERMIT : licencia *f*, carnet *m Spain* ⟨driver's license : licencia de conducir⟩ **3** FREEDOM : libertad *f* **4** LICENTIOUSNESS : libertinaje *m*

licentious [laɪ'sɛntʃəs] *adj* : licencioso, disoluto — **licentiously** *adv*

licentiousness [laɪ'sɛntʃəsnəs] *n* : libertinaje *m*

lichen ['laɪkən] *n* : liquen *m*

licit ['lɪsət] *adj* : lícito

lick¹ ['lɪk] *vt* **1** : lamer **2** BEAT : darle una paliza (a alguien)

lick² *n* **1** : lamida *f*, lengüetada *f* ⟨a lick of paint : una mano de pintura⟩ **2** BIT : pizca *f*, ápice *m* **3 a lick and a promise** : una lavada a la carrera

licorice ['lɪkərɪʃ, -rəs] *n* : regaliz *m*, dulce *m* de regaliz

lid ['lɪd] *n* **1** COVER : tapa *f* **2** EYELID : párpado *m*

lie¹ ['laɪ] *vi* **lay** ['leɪ]; **lain** ['leɪn]; **lying** ['laɪɪŋ] **1** : acostarse, echarse ⟨I lay down : me acosté⟩ **2** : estar, estar situado, encontrarse ⟨the book lay on the table : el libro estaba en la mesa⟩ ⟨the city lies to the south : la ciudad se encuentra al sur⟩ **3** CONSIST : consistir **4 to lie in** : residir en ⟨the power lies in the people : el poder reside en el pueblo⟩

lie² *vi* **lied; lying** ['laɪɪŋ] : mentir

lie³ *n* **1** UNTRUTH : mentira *f* ⟨to tell lies : decir mentiras⟩ **2** POSITION : posición *f*

liege ['liːdʒ] *n* : señor *m* feudal

lien ['liːn, 'liːən] *n* : derecho *m* de retención

lieutenant [luː'tɛnənt] *n* : teniente *mf*

lieutenant colonel *n* : teniente *mf* coronel

lieutenant commander *n* : capitán *m*, -tana *f* de corbeta

lieutenant general *n* : teniente *mf* general

life ['laɪf] *n, pl* **lives** ['laɪvz] **1** : vida *f* ⟨plant life : la vida vegetal⟩ **2** EXISTENCE : vida *f*, existencia *f* **3** BIOGRAPHY : biografía *f*, vida *f* **4** DURATION : duración *f*, vida *f* **5** LIVELINESS : vivacidad *f*, animación *f*

lifeblood ['laɪf,blʌd] *n* : parte *f* vital, sustento *m*

lifeboat ['laɪf,boːt] *n* : bote *m* salvavidas

lifeguard ['laɪf,gɑrd] *n* : socorrista *mf*, salvavidas *mf*

lifeless ['laɪfləs] *adj* : sin vida, muerto

lifelike ['laɪf,laɪk] *adj* : que parece vivo, natural, verosímil

lifelong ['laɪf'lɔŋ] *adj* : de toda la vida ⟨a lifelong friend : un amigo de toda la vida⟩

life preserver *n* : salvavidas *m*

lifesaver ['laɪf,seɪvər] *n* **1** : salvación *f* **2** → **lifeguard**

lifesaving ['laɪf,seɪvɪŋ] *n* : socorrismo *m*

lifestyle ['laɪf,staɪl] *n* : estilo *m* de vida

lifetime ['laɪf,taɪm] *n* : vida *f*, curso *m* de la vida

lift¹ ['lɪft] *vt* **1** RAISE : levantar, alzar, subir **2** END : levantar ⟨to lift a ban : levantar una prohibición⟩ — *vi* **1** RISE : levantarse, alzarse **2** CLEAR UP : despejar ⟨the fog lifted : se disipó la niebla⟩

lift² *n* **1** LIFTING : levantamiento *m*, alzamiento *m* **2** BOOST : impulso *m*, estímulo *m* **3 to give someone a lift** : llevar en coche a alguien

liftoff ['lɪft,ɔf] *n* : despegue *m*

ligament ['lɪgəmənt] *n* : ligamento *m*

ligature ['lɪgə,tʃʊr, -tʃər] *n* : ligadura *f*

light¹ ['laɪt] *v* **lit** ['lɪt] *or* **lighted; lighting** *vt* **1** ILLUMINATE : iluminar, alumbrar **2** IGNITE : encender, prenderle fuego a — *vi* : encenderse, prender

light² *vi* **lighted** *or* **lit** ['lɪt]; **lighting 1** LAND, SETTLE : posarse **2** DISMOUNT : bajarse, apearse

light³ ['laɪt] *adv* **1** LIGHTLY : suavemente, ligeramente **2 to travel light** : viajar con poco equipaje

light⁴ *adj* **1** LIGHTWEIGHT : ligero, liviano, poco pesado **2** EASY : fácil, ligero, liviano ⟨light reading : lectura fácil⟩ ⟨light work : trabajo liviano⟩ **3** GENTLE, MILD : fino, suave, leve ⟨a light breeze : una brisa suave⟩ ⟨a light rain : una lluvia fina⟩ **4** FRIVOLOUS : de poca importancia, superficial **5** BRIGHT : bien iluminado, claro **6** PALE : claro (dícese de los colores), rubio (dícese del pelo)

light⁵ *n* **1** ILLUMINATION : luz *f* **2** DAYLIGHT : luz *f* del día **3** DAWN : amanecer *m*, madrugada *f* **4** LAMP : lámpara *f* ⟨to turn on off the light : apagar la luz⟩ **5** ASPECT : aspecto *m* ⟨in a new light : con otros ojos⟩ ⟨in the light of : en vista de, a la luz de⟩ **6** MATCH : fósforo *m*, cerillo *m* **7 to bring to light** : sacar a (la) luz

lightbulb ['laɪt,bʌlb] *n* : bombilla *f*, foco *m*, bombillo *m CA, Col, Ven*

lighten ['laɪtən] *vt* **1** ILLUMINATE : iluminar, dar más luz a **2** : aclararse (el pelo) **3** : aligerar (una carga, etc.) **4** RELIEVE : aliviar ⟨to lighten someone's burden⟩ **5** GLADDEN : alegrar ⟨it lightened his heart : alegró su corazón⟩

lighter ['laɪtər] *n* : encendedor *m*

lighthearted ['laɪt'hɑrtəd] *adj* : alegre, despreocupado, desenfadado — **lightheartedly** *adv*

lightheartedness ['laɪt'hɑrtədnəs] *n* : desenfado *m*, alegría *f*

lighthouse ['laɪt,haʊs] *n* : faro *m*

lighting ['laɪtɪŋ] *n* : iluminación *f*
lightly ['laɪtli] *adv* **1** GENTLY : suavemente **2** SLIGHTLY : ligeramente **3** FRIVOLOUSLY : a la ligera **4 to let off lightly** : tratar con indulgencia
lightness ['laɪtnəs] *n* **1** BRIGHTNESS : luminosidad *f*, claridad *f* **2** GENTLENESS : ligereza *f*, suavidad *f*, delicadeza *f* **3** : ligereza *f*, liviandad *f* (de peso)
lightning ['laɪtnɪŋ] *n* : relámpago *m*, rayo *m*
lightning bug → **firefly**
lightproof ['laɪt,pru:f] *adj* : impenetrable por la luz, opaco
lightweight ['laɪt,weɪt] *adj* : ligero, liviano, de poco peso
light-year ['laɪt,jɪr] *n* : año *m* luz
lignite ['lɪg,naɪt] *n* : lignito *m*
likable *or* **likeable** ['laɪkəbəl] *adj* : simpático, agradable
like¹ ['laɪk] *v* **liked**; **liking** *vt* **1** : agradar, gustarle (algo a uno) ⟨he likes rice : le gusta el arroz⟩ ⟨she doesn't like flowers : a ella no le gustan las flores⟩ ⟨I like you : me caes bien⟩ **2** WANT : querer, desear ⟨I'd like a hamburger : quiero una hamburguesa⟩ ⟨he would like more help : le gustaría tener más ayuda⟩ — *vi* : querer ⟨do as you like : haz lo que quieras⟩
like² *adj* : parecido, semejante, similar
like³ *n* **1** PREFERENCE : preferencia *f*, gusto *m* **2 the like** : cosa *f* parecida, cosas *fpl* de por el estilo ⟨I've never seen the like : nunca he visto cosa parecida⟩
like⁴ *conj* **1** AS IF : como si ⟨they looked at me like I was crazy : se me quedaron mirando como si estuviera loca⟩ **2** AS : como, igual que ⟨she doesn't love you like I do : ella no te quiere como yo⟩
like⁵ *prep* **1** : como, parecido a ⟨she acts like my mother : se comporta como mi madre⟩ ⟨he looks like me : se parece a mí⟩ **2** : propio de, típico de ⟨that's just like her : eso es muy típico de ella⟩ **3** : como ⟨animals like cows : animales como vacas⟩ **4 like this, like that** : así ⟨do it like that : hazlo así⟩
likelihood ['laɪkli,hʊd] *n* : probabilidad *f* ⟨in all likelihood : con toda probabilidad⟩
likely¹ ['laɪkli] *adv* : probablemente ⟨most likely he's sick : lo más probable es que esté enfermo⟩ ⟨they're likely to come : es probable que vengan⟩
likely² *adj* **-lier**; **-est 1** PROBABLE : probable ⟨to be likely to : ser muy probable que⟩ **2** SUITABLE : apropiado, adecuado **3** BELIEVABLE : verosímil, creíble **4** PROMISING : prometedor
liken ['laɪkən] *vt* : comparar
likeness ['laɪknəs] *n* **1** SIMILARITY : semejanza *f*, parecido *m* **2** PORTRAIT : retrato *m*
likewise ['laɪk,waɪz] *adv* **1** SIMILARLY : de la misma manera, asimismo **2** ALSO : también, además, asimismo

liking ['laɪkɪŋ] *n* **1** FONDNESS : afición *f* (por una cosa), simpatía *f* (por una persona) **2** TASTE : gusto *m* ⟨is it to your liking? : ¿te gusta?⟩
lilac ['laɪlək, -,læk, -,lɑk] *n* : lila *f*
lilt ['lɪlt] *n* : cadencia *f*, ritmo *m* alegre
lily ['lɪli] *n, pl* **lilies 1** : lirio *m*, azucena *f* **2 lily of the valley** : lirio *m* de los valles, muguete *m*
lima bean ['laɪmə] *n* : frijol *m* de media luna
limb ['lɪm] *n* **1** APPENDAGE : miembro *m*, extremidad *f* **2** BRANCH : rama *f*
limber¹ ['lɪmbər] *vi or* **to limber up** : calentarse, prepararse
limber² *adj* : ágil (dícese de las personas), flexible (dícese de los objetos)
limbo ['lɪm,bo:] *n, pl* **-bos 1** : limbo *m* (en la religión) **2** OBLIVION : olvido *m* ⟨the project is in limbo : el proyecto ha caído en el olvido⟩
lime ['laɪm] *n* **1** : cal *f* (óxido) **2** : lima *f* (fruta), limón *m* verde *Mex*
limelight ['laɪm,laɪt] *n* **to be in the limelight** : ser el centro de atención, estar en el candelero
limerick ['lɪmərɪk] *n* : poema *m* jocoso de cinco versos
limestone ['laɪm,sto:n] *n* : piedra *f* caliza, caliza *f*
limit¹ ['lɪmət] *vt* : limitar, restringir
limit² *n* **1** MAXIMUM : límite *m*, máximo *m* ⟨speed limit : límite de velocidad⟩ **2 limits** *npl* : límites *mpl*, confines *mpl* ⟨city limits : límites de la ciudad⟩ **3 that's the limit!** : ¡eso es el colmo!
limitation [,lɪmə'teɪʃən] *n* : limitación *f*, restricción *f*
limited ['lɪmətəd] *adj* : limitado, restringido
limitless ['lɪmətləs] *adj* : ilimitado, sin límites
limousine ['lɪmə,zi:n, ,lɪmə'-] *n* : limusina *f*
limp¹ ['lɪmp] *vi* : cojear
limp² *adj* **1** FLACCID : fláccido **2** LANK : lacio (dícese del pelo) **3** WEAK : débil ⟨to feel limp : sentirse desfallecer, sentirse sin fuerzas⟩
limp³ *n* : cojera *f*
limpid ['lɪmpəd] *adj* : límpido, claro
limply ['lɪmpli] *adv* : sin fuerzas
limpness ['lɪmpnəs] *n* : flaccidez *f*, debilidad *f*
linden ['lɪndən] *n* : tilo *m*
line¹ ['laɪn] *v* **lined**; **lining** *vt* **1** : forrar, cubrir ⟨to line a dress : forrar un vestido⟩ ⟨to line the walls : cubrir las paredes⟩ **2** MARK : rayar, trazar líneas en **3** BORDER : bordear **4** ALIGN : alinear — *vi* **to line up** : ponerse in fila, hacer cola
line² *n* **1** CORD, ROPE : cuerda *f* **2** WIRE : cable *m* ⟨power line : cable eléctrico⟩ **3** : línea *f* (de teléfono) **4** ROW : fila *f*, hilera *f* **5** NOTE : nota *f*, líneas *fpl* ⟨drop me a line : mándame unas líneas⟩ **6** COURSE : línea *f* ⟨line of inquiry : línea

de investigación⟩ 7 AGREEMENT : conformidad f ⟨to be in line with : ser conforme a⟩ 8 OCCUPATION : ocupación f, rama f, especialidad f 9 LIMIT : línea f, límite m ⟨dividing line : línea divisoria⟩ ⟨to draw the line : fijar límites⟩ 10 SERVICE : línea f ⟨bus line : línea de autobuses⟩ 11 MARK : línea f, arruga f (de la cara)

lineage ['lɪniɪʤ] n : linaje m, abolengo m

lineal ['lɪniəl] adj : en línea directa

lineaments ['lɪniəmənts] npl : facciones fpl (de la cara), rasgos mpl

linear ['lɪniər] adj : lineal

linen ['lɪnən] n : lino m

liner ['laɪnər] n 1 LINING : forro m 2 SHIP : buque m, transatlántico m

lineup ['laɪnˌəp] n 1 : fila f de sospechosos 2 : formación f (en deportes) 3 ALIGNMENT : alineación f

linger ['lɪŋgər] vi 1 TARRY : quedarse, entretenerse, rezagarse 2 PERSIST : persistir, sobrevivir

lingerie [ˌlɑndʒəˈreɪ, ˌlænʒəˈriː] n : ropa f íntima femenina, lencería f

lingo ['lɪŋgo] n, pl -goes 1 LANGUAGE : idioma m 2 JARGON : jerga f

linguist ['lɪŋgwɪst] n : lingüista mf

linguistic [lɪŋˈgwɪstɪk] adj : lingüístico

linguistics [lɪŋˈgwɪstɪks] n : lingüística f

liniment ['lɪnəmənt] n : linimento m

lining ['laɪnɪŋ] n : forro m

link¹ ['lɪŋk] vt : unir, enlazar, conectar — vi **to link up** : unirse, conectar

link² n 1 : eslabón m (de una cadena) 2 BOND : conexión f, lazo m, vínculo m

linkage ['lɪŋkɪʤ] n : conexión f, unión f, enlace m

linoleum [ləˈnoːliəm] n : linóleo m

linseed oil ['lɪnˌsiːd] n : aceite m de linaza

lint ['lɪnt] n : pelusa f

lintel ['lɪntəl] n : dintel m

lion ['laɪən] n : león m

lioness ['laɪənɪs] n : leona f

lionize ['laɪəˌnaɪz] vt **-ized; -izing** : tratar a una persona como muy importante

lip ['lɪp] n 1 : labio m 2 EDGE, RIM : pico m (de una jarra), borde m (de una taza)

lipreading ['lɪpˌriːdɪŋ] n : lectura f de los labios

lipstick ['lɪpˌstɪk] n : lápiz m de labios, barra f de labios

liquefy ['lɪkwəˌfaɪ] v **-fied; -fying** vt : licuar — vi : licuarse

liqueur [lɪˈkʊr, -ˈkər, -ˈkjʊr] n : licor m

liquid¹ ['lɪkwəd] adj : líquido

liquid² n : líquido m

liquidate ['lɪkwəˌdeɪt] vt **-dated; -dating** : liquidar

liquidation [ˌlɪkwəˈdeɪʃən] n : liquidación f

liquidity [lɪkˈwɪdəti] n : liquidez f

liquor ['lɪkər] n : alcohol m, bebidas fpl alcohólicas, licor m

lisp¹ ['lɪsp] vi : cecear

lisp² n : ceceo m

lissome ['lɪsəm] adj 1 FLEXIBLE : flexible 2 LITHE : ágil y grácil

list¹ ['lɪst] vt 1 ENUMERATE : hacer una lista de, enumerar 2 INCLUDE : poner en una lista, incluir — vi : escorar (dícese de un barco)

list² n 1 ENUMERATION : lista f 2 SLANT : escora f, inclinación f

listen ['lɪsən] vi 1 : escuchar, oír 2 **to listen to** HEED : prestar atención a, hacer caso de, escuchar 3 **to listen to reason** : atender a razones

listener ['lɪsənər] n : oyente mf, persona f que sabe escuchar

listless ['lɪstləs] adj : lánguido, apático — **listlessly** adv

listlessness ['lɪstləsnəs] n : apatía f, languidez f, desgana f

lit ['lɪt] → **light**

litany ['lɪtəni] n, pl **-nies** : letanía f

liter ['liːtər] n : litro m

literacy ['lɪtərəsi] n : alfabetismo m

literal ['lɪtərəl] adj : literal — **literally** adv

literary ['lɪtəˌrri] adj : literario

literate ['lɪtərət] adj : alfabetizado

literature ['lɪtərəˌtʃʊr, -tʃər] n : literatura f

lithe ['laɪð, 'laɪθ] adj : ágil y grácil

lithesome ['laɪðəsəm, 'laɪθ-] → **lissome**

lithium ['lɪθiəm] n : litio m

lithograph ['lɪθəˌgræf] n : litografía f

lithographer [lɪˈθɑgrəfər, 'lɪθəˌgræfər] n : litógrafo m, -fa f

lithography [lɪˈθɑgrəfi] n : litografía f

lithosphere ['lɪθəˌsfɪr] n : litosfera f

Lithuanian [ˌlɪθəˈweɪniən] n 1 : lituano m (idioma) 2 : lituano m, -na f — **Lithuanian** adj

litigant ['lɪtɪgənt] n : litigante mf

litigate ['lɪtəˌgeɪt] vi **-gated; -gating** : litigar

litigation [ˌlɪtəˈgeɪʃən] n : litigio m

litmus paper ['lɪtməs] n : papel m de tornasol

litter¹ ['lɪtər] vt : tirar basura en, ensuciar — vi : tirar basura

litter² n 1 : camada f, cría f ⟨a litter of kittens : una cría de gatitos⟩ 2 STRETCHER : camilla f 3 RUBBISH : basura f 4 : arena f higiénica (para gatos)

little¹ ['lɪtəl] adv **less** ['lɛs]; **least** ['liːst] 1 : poco ⟨she sings very little : canta muy poco⟩ 2 **little did I know that . . .** : no tenía la menor idea de que . . . 3 **as little as possible** : lo menos posible

little² adj **littler** or **less** ['lɛs] or **lesser** ['lɛsər]; **littlest** or **least** ['liːst] 1 SMALL : pequeño 2 : poco ⟨they speak little Spanish : hablan poco español⟩ ⟨little by little : poco a poco⟩ 3 TRIVIAL : sin importancia, trivial

little³ n 1 : poco m ⟨little has changed : poco ha cambiado⟩ 2 **a little** : un poco, algo ⟨it's a little surprising : es algo sorprendente⟩

Little Dipper → **Dipper**

liturgical [ləˈtərʤɪkəl] adj : litúrgico — **liturgically** [-kli] adv

liturgy [ˈlɪtərdʒi] *n, pl* **-gies** : liturgia *f*
livable [ˈlɪvəbəl] *adj* : habitable
live¹ [lɪv] *vi* **lived; living 1** EXIST : vivir ⟨as long as I live : mientras viva⟩ ⟨to live from day to day : vivir al día⟩ **2** : llevar una vida, vivir ⟨he lived simply : llevó una vida sencilla⟩ **3** SUBSIST : mantenerse, vivir **4** RESIDE : vivir, residir
live² [laɪv] *adj* **1** LIVING : vivo **2** BURNING : encendido ⟨a live coal : una brasa⟩ **3** : con corriente ⟨live wires : cables con corriente⟩ **4** : cargado, sin estallar ⟨a live bomb : una bomba sin estallar⟩ **5** CURRENT : de actualidad ⟨a live issue : un asunto de actualidad⟩ **6** : en vivo, en directo ⟨a live interview : una entrevista en vivo⟩
livelihood [ˈlaɪvliˌhʊd] *n* : sustento *m*, vida *f*, medio *m* de vida
liveliness [ˈlaɪvlinəs] *n* : animación *f*, vivacidad *f*
livelong [ˈlɪvˈlɔŋ] *adj* : entero, completo
lively [ˈlaɪvli] *adj* **-lier; -est** : animado, vivaz, vivo, enérgico
liven [ˈlaɪvən] *vt* : animar — *vi* : animarse
liver [ˈlɪvər] *n* : hígado *m*
livery [ˈlɪvəri] *n, pl* **-eries** : librea *f*
lives → life
livestock [ˈlaɪvˌstɑk] *n* : ganado *m*
live wire *n* : persona *f* vivaz y muy activa
livid [ˈlɪvəd] *adj* **1** BLACK-AND-BLUE : amoratado **2** PALE : lívido **3** ENRAGED : furioso
living¹ [ˈlɪvɪŋ] *adj* : vivo
living² *n* **to make a living** : ganarse la vida
living room *n* : living *m*, sala *f* de estar
lizard [ˈlɪzərd] *n* : lagarto *m*
llama [ˈlɑmə, ˈjɑ-] *n* : llama *f*
load¹ [ˈloːd] *vt* : cargar, embarcar
load² *n* **1** CARGO : carga *f* **2** WEIGHT : peso *m* **3** BURDEN : carga *f*, peso *m* **4 loads** *npl* : montón *m*, pila *f*, cantidad *f* ⟨loads of work : un montón de trabajo⟩
loaf¹ [ˈloːf] *vi* : holgazanear, flojear, haraganear
loaf² *n, pl* **loaves** [ˈloːvz] **1** : pan *m*, pan *m* de molde, barra *f* de pan **2 meat loaf** : pan *m* de carne
loafer [ˈloːfər] *n* **1** : holgazán *m*, -zana *f*; haragán *m*, -gana *f*; vago *m*, -ga *f*
loam [ˈloːm] *n* : marga *f*, suelo *m*
loan¹ [ˈloːn] *vt* : prestar
loan² *n* : préstamo *m*, empréstito *m* (del banco)
loath [ˈloːθ, ˈloːð] *adj* : poco dispuesto ⟨I am loath to say it : me resisto a decirlo⟩
loathe [ˈloːð] *vt* **loathed; loathing** : odiar, aborrecer
loathing [ˈloːðɪŋ] *n* : aversión *f*, odio *m*, aborrecimiento *m*
loathsome [ˈloːθsəm, ˈloːð-] *adj* : odioso, repugnante
lob¹ [ˈlɑb] *vt* **lobbed; lobbing** : hacerle un globo (a otro jugador)

lob² *n* : globo *m* (en deportes)
lobby¹ [ˈlɑbi] *v* **-bied; -bying** *vt* : presionar, ejercer presión sobre — *vi* **to lobby for** : presionar para (lograr algo)
lobby² *n, pl* **-bies 1** FOYER : vestíbulo *m* **2** LOBBYISTS : grupo *m* de presión, lobby *m*
lobbyist [ˈlɑbist] *n* : miembro *m* de un lobby
lobe [ˈloːb] *n* : lóbulo *m*
lobed [ˈloːbd] *adj* : lobulado
lobotomy [ləˈbɑtəmi, lo-] *n, pl* **-mies** : lobotomía *f*
lobster [ˈlɑbstər] *n* : langosta *f*
local¹ [ˈloːkəl] *adj* : local
local² *n* **1** : anestesia *f* local **2 the locals** : los vecinos del lugar, los habitantes
locale [loˈkæl] *n* : lugar *m*, escenario *m*
locality [loˈkæləti] *n, pl* **-ties** : localidad *f*
localize [ˈloːkəˌlaɪz] *vt* **-ized; -izing** : localizar
locally [ˈloːkəli] *adv* : en la localidad, en la zona
locate [ˈloːˌkeɪt, loˈkeɪt] *v* **-cated; -cating** *vt* **1** POSITION : situar, ubicar **2** FIND : localizar, ubicar — *vi* SETTLE : establecerse
location [loˈkeɪʃən] *n* **1** POSITION : posición *f*, emplazamiento *m*, ubicación *f* **2** PLACE : lugar *m*, sitio *m*
lock¹ [ˈlɑk] *vt* **1** FASTEN : cerrar **2** CONFINE : encerrar ⟨they locked me in the room : me encerraron en la sala⟩ **3** IMMOBILIZE : bloquear (una rueda) — *vi* **1** : cerrarse (dícese de una puerta) **2** : trabarse, bloquearse (dícese de una rueda)
lock² *n* **1** : mechón *m* (de pelo) **2** FASTENER : cerradura *f*, cerrojo *m*, chapa *f* **3** : esclusa *f* (de un canal)
locker [ˈlɑkər] *n* : armario *m*, cajón *m* con llave, lócker *m*
locket [ˈlɑkət] *n* : medallón *m*, guardapelo *m*, relicario *m*
lockjaw [ˈlɑkˌdʒɔ] *n* : tétano *m*
lockout [ˈlɑkˌaʊt] *n* : cierre *m* patronal, lockout *m*
locksmith [ˈlɑkˌsmɪθ] *n* : cerrajero *m*, -ra *f*
lockup [ˈlɑkˌʌp] *n* JAIL : cárcel *f*
locomotion [ˌloːkəˈmoːʃən] *n* : locomoción *f*
locomotive¹ [ˌloːkəˈmoːtɪv] *adj* : locomotor
locomotive² *n* : locomotora *f*
locust [ˈloːkəst] *n* **1** : langosta *f*, chapulín *m* CA, Mex **2** CICADA : cigarra *f*, chicharra *f* **3** : acacia *f* blanca (árbol)
locution [loˈkjuːʃən] *n* : locución *f*
lode [ˈloːd] *n* : veta *f*, vena *f*, filón *m*
lodestar [ˈloːdˌstɑr] *n* : estrella *f* polar
lodestone [ˈloːdˌstoːn] *n* : piedra *f* imán
lodge¹ [ˈlɑdʒ] *v* **lodged; lodging** *vt* **1** HOUSE : hospedar, alojar **2** FILE : presentar ⟨to lodge a complaint : presentar una demanda⟩ — *vi* **1** : posarse, meterse ⟨the bullet lodged in the door

: la bala se incrustó en la puerta⟩ 2
STAY : hospedarse, alojarse
lodge² n 1 : pabellón m, casa f de campo ⟨hunting lodge : refugio de caza⟩ 2
: madriguera f (de un castor) 3 : logia
f ⟨Masonic lodge : logia masónica⟩
lodger [ˈlɑdʒər] n : inquilino m, -na f;
huésped m, -peda f
lodging [ˈlɑdʒɪŋ] n 1 : alojamiento m 2
lodgings npl ROOMS : habitaciones fpl
loft [ˈlɔft] n 1 ATTIC : desván m, ático m,
buhardilla f 2 : loft m (en un depósito
comercial) 3 HAYLOFT : pajar m 4
: galería f ⟨choir loft : galería del coro⟩
loftily [ˈlɔftəli] adv : altaneramente, con
altivez
loftiness [ˈlɔftinəs] n 1 NOBILITY : nobleza f 2 ARROGANCE : altanería f, arrogancia f 3 HEIGHT : altura f, elevación f
lofty [ˈlɔfti] adj **loftier; -est** 1 NOBLE
: noble, elevado 2 HAUGHTY : altivo,
arrogante, altanero 3 HIGH : majestuoso, elevado
log¹ [ˈlɔg, ˈlɑg] vi **logged; logging** 1 : talar (árboles) 2 RECORD : registrar, anotar 3 **to log on** : entrar (al sistema) 4
to log off : salir (del sistema)
log² n 1 : tronco m, leño m 2 RECORD
: diario m
logarithm [ˈlɔgəˌrɪðəm, ˈlɑ-] n : logaritmo m
logger [ˈlɔgər, ˈlɑ-] n : leñador m, -dora
f
loggerhead [ˈlɔgərˌhɛd, ˈlɑ-] n 1 : tortuga f boba 2 **to be at loggerheads** : estar en pugna, estar en desacuerdo
logic [ˈlɑdʒɪk] n : lógica f — **logical**
[ˈlɑdʒɪkəl] adj — **logically** [-kli] adv
logistic [ləˈdʒɪstɪk, lo-] adj : logístico
logistics [ləˈdʒɪstɪks, lo-] ns & pl : logística f
logo [ˈloˌgo] n, pl **logos** [-ˌgoz] : logotipo m
loin [ˈlɔɪn] n 1 : lomo m ⟨pork loin
: lomo de cerdo⟩ 2 **loins** npl : lomos
mpl ⟨to gird one's loins : prepararse
para la lucha⟩
loiter [ˈlɔɪtər] vi : vagar, perder el tiempo
loll [ˈlɑl] vi 1 SLOUCH : repantigarse 2
IDLE : holgazanear, hacer el vago
lollipop or **lollypop** [ˈlɑliˌpɑp] n : dulce
m en palito, chupete m Chile, Peru,
paleta f CA, Mex
lone [ˈloːn] adj 1 SOLITARY : solitario 2
ONLY : único
loneliness [ˈloːnlinəs] n : soledad f
lonely [ˈloːnli] adj **-lier; -est** 1 SOLITARY
: solitario, aislado 2 LONESOME : solo
⟨to feel lonely : sentirse muy solo⟩
loner [ˈloːnər] n : solitario m, -ria f; recluso m, -sa f
lonesome [ˈloːnsəm] adj : solo, solitario
long¹ [ˈlɔŋ] vi 1 **to long for** : añorar, desear, anhelar 2 **to long to** : anhelar, estar deseando ⟨they longed to see her
: estaban deseando verla, tenían
muchas ganas de verla⟩

long² adv 1 : mucho, mucho tiempo ⟨it
didn't take long : no llevó mucho tiempo⟩ ⟨will it last long? : ¿va a durar mucho?⟩ 2 **all day long** : todo el día 3 **as
long as** or **so long as** : mientras, con
tal que 4 **long before** : mucho antes 5
so long! : ¡hasta luego!, ¡adiós!
long³ adj **longer** [ˈlɔŋgər]; **longest**
[ˈlɔŋgəst] 1 (indicating length) : largo
⟨the dress is too long : el vestido es demasiado largo⟩ ⟨a long way from : bastante lejos de⟩ ⟨in the long run : a la
larga⟩ 2 (indicating time) : largo, prolongado ⟨a long illness : una enfermedad prolongada⟩ ⟨a long walk : un
paseo largo⟩ ⟨at long last : por fin⟩ 3
to be long on : estar cargado de
long⁴ n 1 **before long** : dentro de poco
2 **the long and the short** : lo esencial,
lo fundamental
longevity [lɑnˈdʒɛvəti] n : longevidad f
longhand [ˈlɔŋˌhænd] n : escritura f a
mano, escritura f cursiva
longhorn [ˈlɔŋˌhɔrn] n : longhorn mf
longing [ˈlɔŋɪŋ] n : vivo deseo m, ansia f,
anhelo m
longingly [ˈlɔŋɪŋli] adv : ansiosamente,
con ansia
longitude [ˈlɑndʒəˌtuːd, -ˌtjuːd] n : longitud f
longitudinal [ˌlɑndʒəˈtuːdənəl, -ˈtjuː-]
adj : longitudinal — **longitudinally** adv
long-lived [ˈlɔŋˈlɪvd, -ˈlaɪvd] adj : longevo
longshoreman [ˈlɔŋˈʃormən] n, pl **-men**
[-mən, -ˌmɛn] : estibador m, -dora f
long-standing [ˈlɔŋˈstændɪŋ] adj : de
larga data
long-suffering [ˈlɔŋˈsʌfərɪŋ] adj : paciente, sufrido
look¹ [ˈlʊk] vi 1 GLANCE : mirar ⟨look
out the window : mirar por la ventana⟩
2 INVESTIGATE : buscar, mirar ⟨look
in the closet : busca en el closet⟩ ⟨look
before you leap : mira lo que haces⟩ 3
SEEM : parecer ⟨he looks happy
: parece estar contento⟩ ⟨I look like my
mother : me parezco a mi madre⟩ 4 **to
look after** : cuidar, cuidar de 5 **to look
for** EXPECT : esperar 6 **to look for** SEEK
: buscar — vt : mirar
look² n 1 GLANCE : mirada f 2 EXPRESSION : cara f ⟨a look of disapproval : una cara de desaprobación⟩ 3
ASPECT : aspecto m, apariencia f, aire
m 4 **looks** npl : belleza f
lookout [ˈlʊkˌaʊt] n 1 : centinela mf,
vigía mf 2 **to be on the lookout for** : estar al acecho de, andar a la caza de
loom¹ [ˈluːm] vi 1 : aparecer, surgir ⟨the
city loomed up in the distance : la ciudad surgió en la distancia⟩ 2 IMPEND
: amenazar, ser inminente 3 **to loom
large** : cobrar mucha importancia
loom² n : telar m
loon [ˈluːn] n : somorgujo m, somormujo m
loony or **looney** [ˈluːni] adj **-nier; -est**
: loco, chiflado fam

loop¹ ['lu:p] *vt* **1** : hacer lazadas con **2 to loop around** : pasar alrededor de — *vi* **1** : rizar el rizo (dícese de un avión) **2** : serpentear (dícese de una carretera)

loop² *n* **1** : lazada *f* (en hilo o cuerda) **2** BEND : curva *f* **3** CIRCUIT : circuito *m* cerrado **4** : rizo *m* (en la aviación) ⟨to loop the loop : rizar el rizo⟩

loophole ['lu:p,ho:l] *n* : escapatoria *f*, pretexto *m*

loose¹ ['lu:s] *vt* **loosed; loosing 1** RELEASE : poner en libertad, soltar **2** UNTIE : deshacer, desatar **3** DISCHARGE, UNLEASH : descargar, desatar

loose² → **loosely**

loose³ *adj* **looser; -est 1** INSECURE : flojo, suelto, poco seguro ⟨a loose tooth : un diente flojo⟩ **2** ROOMY : suelto, holgado ⟨loose clothing : ropa holgada⟩ **3** OPEN : suelto, abierto ⟨loose soil : suelo suelto⟩ ⟨a loose weave : una tejida abierta⟩ **4** FREE : suelto ⟨to break loose : soltarse⟩ **5** SLACK : flojo, flexible **6** APPROXIMATE : libre, aproximado ⟨a loose translation : una traducción aproximada⟩

loosely ['lu:sli] *adv* **1** : sin apretar **2** ROUGHLY : aproximadamente, más o menos

loosen ['lu:sən] *vt* : aflojar

loose-leaf ['lu:s'li:f] *adj* : de hojas sueltas

looseness ['lu:snəs] *n* **1** : aflojamiento *m*, holgura *f* (de ropa) **2** IMPRECISION : imprecisión *f*

loot¹ ['lu:t] *vt* : saquear, robar

loot² *n* : botín *m*

looter ['lu:tər] *n* : saqueador *m*, -dora *f*

lop ['lɑp] *vt* **lopped; lopping** : cortar, podar

lope¹ ['lo:p] *vi* **loped; loping** : correr a paso largo

lope² *n* : paso *m* largo

lopsided ['lɑp,saɪdəd] *adj* **1** CROOKED : torcido, chueco, ladeado **2** ASYMETRICAL : asimétrico

loquacious [lo'kweɪʃəs] *adj* : locuaz

lord ['lɔrd] *n* **1** : señor *m*, noble *m* **2** : lord *m* (en la Gran Bretaña) **3** the Lord : el Señor **4** good Lord! : ¡Dios mío!

lordly ['lɔrdli] *adj* **-lier; -est** HAUGHTY : arrogante, altanero

lordship ['lɔrd,ʃɪp] *n* : señoría *f*

Lord's Supper *n* : Eucaristía *f*

lore ['lɔr] *n* : saber *m* popular, tradición *f*

lose ['lu:z] *v* **lost** ['lɔst]; **losing** ['lu:-zɪŋ] *vt* **1** : perder ⟨I lost my umbrella : perdí mi paraguas⟩ ⟨to lose blood : perder sangre⟩ ⟨to lose one's voice : quedarse fónico⟩ ⟨to have nothing to lose : no tener nada que perder⟩ ⟨to lose no time : no perder tiempo⟩ ⟨to lose weight : perder peso, adelgazar⟩ ⟨to lose one's temper : perder los estribos, enojarse, enfadarse⟩ ⟨to lose sight of : perder de vista⟩ **2** : costar, hacer perder ⟨the errors lost him his job : los errores le

costaron su empleo⟩ **3** : atrasar ⟨my watch loses 5 minutes a day : mi reloj atrasa 5 minutos por día⟩ **4 to lose oneself** : perderse, ensimismarse — *vi* **1** : perder ⟨we lost to the other team : perdimos contra el otro equipo⟩ **2** : atrasarse ⟨the clock loses time : el reloj se atrasa⟩

loser ['lu:zər] *n* : perdedor *m*, -dora *f*

loss ['lɔs] *n* **1** LOSING : pérdida *f* ⟨loss of memory : pérdida de memoria⟩ ⟨to sell at a loss : vender con pérdida⟩ ⟨to be at a loss to : no saber como⟩ **2** DEFEAT : derrota *f*, juego *m* perdido **3 losses** *npl* DEATHS : muertos *mpl*

lost ['lɔst] *adj* **1** : perdido ⟨a lost cause : una causa perdida⟩ ⟨lost in thought : absorto⟩ **2 to get lost** : perderse **3 to make up for lost time** : recuperar el tiempo perdido

lot ['lɑt] *n* **1** DRAWING : sorteo *m* ⟨by lot : por sorteo⟩ **2** SHARE : parte *f*, porción *f* **3** FATE : suerte *f* **4** LAND, PLOT : terreno *m*, solar *m*, lote *m*, parcela *f* ⟨parking lot : estacionamiento⟩ **5 a lot of** or **lots of** : mucho, un montón de, bastante ⟨lots of books : un montón de libros, muchos libros⟩ ⟨a lot of people : mucha gente⟩

loth ['lo:θ, 'lo:ð] → **loath**

lotion ['lo:ʃən] *n* : loción *f*

lottery ['lɑtəri] *n*, *pl* **-teries** : lotería *f*

lotus ['lo:təs] *n* : loto *m*

loud¹ ['laud] *adv* : alto, fuerte ⟨out loud : en voz alta⟩

loud² *adj* **1** : alto, fuerte ⟨a loud voice : una voz alta⟩ **2** NOISY : ruidoso ⟨a loud party : una fiesta ruidosa⟩ **3** FLASHY : llamativo, chillón

loudly ['laudli] *adv* : alto, fuerte, en voz alta

loudness ['laudnəs] *n* : volumen *m*, fuerza *f* (del ruido)

loudspeaker ['laud,spi:kər] *n* : altavoz *m*, altoparlante *m*

lounge¹ ['laundʒ] *vi* **lounged; lounging** : holgazanear, gandulear

lounge² *n* : salón *m*, sala *f* de estar

louse ['laus] *n*, *pl* **lice** ['laɪs] : piojo *m*

lousy ['lauzi] *adj* **lousier; -est 1** : piojoso, lleno de piojos **2** BAD : pésimo, muy malo

lout ['laut] *n* : bruto *m*, patán *m*

louver or **louvre** ['lu:vər] *n* : persiana *f*, listón *m* de persiana

lovable ['lʌvəbəl] *adj* : adorable, amoroso, encantador

love¹ ['lʌv] *v* **loved; loving** *vt* **1** : querer, amar ⟨I love you : te quiero⟩ **2** ENJOY : encantarle a alguien, ser (muy) aficionado a, gustarle mucho a uno (algo) ⟨she loves flowers : le encantan las flores⟩ ⟨he loves golf : es muy aficionado al golf⟩ ⟨I'd love to go with you : me gustaría mucho acompañarte⟩ — *vi* : querer, amar

love² *n* **1** : amor *m*, cariño *m* ⟨to be in love with : estar enamorado de⟩ ⟨to fall

in love with : enamorarse de⟩ **2** EN-
THUSIASM, INTEREST : amor *m*, afición
m, gusto *m* ⟨love of music : afición a
la música⟩ **3** BELOVED : amor *m*; amado *m*, -da *f*; enamorado *m*, -da *f*
loveless ['lʌvləs] *adj* : sin amor
loveliness ['lʌvlinəs] *n* : belleza *f*, hermosura *f*
lovelorn ['lʌv‚lɔrn] *adj* : herido de amor,
perdidamente enamorado
lovely ['lʌvli] *adj* **-lier; -est** : hermoso,
bello, lindo, precioso
lover ['lʌvər] *n* : amante *mf* (de personas); aficionado *m*, -da *f* (a alguna actividad)
loving ['lʌviŋ] *adj* : amoroso, cariñoso
lovingly ['lʌviŋli] *adv* : cariñosamente
low¹ ['lo:] *vi* : mugir
low² *adv* : bajo, profundo ⟨to aim low
: apuntar bajo⟩ ⟨to lie low : mantenerse escondido⟩ ⟨to turn the lights
down low : bajar las luces⟩
low³ *adj* **lower** ['lo:ər]; **-est 1** : bajo ⟨a
low building : un edificio bajo⟩ ⟨a low
bow : una profunda reverencia⟩ **2**
SOFT : bajo, suave ⟨in a low voice : en
voz baja⟩ **3** SHALLOW : bajo, poco profundo **4** HUMBLE : humilde, modesto
5 DEPRESSED : deprimido, bajo de
moral **6** INFERIOR : bajo, inferior **7**
UNFAVORABLE : mal ⟨to have a low
opinion of him : tener un mal concepto de él⟩ **8 to be low on** : tener poco
de, estar escaso de
low⁴ *n* **1** : punto *m* bajo ⟨to reach an all-
time low : estar más bajo que nunca⟩
2 *or* **low gear** : primera velocidad *f* **3**
: mugido *m* (de una vaca)
lowbrow ['lo:‚brau] *n* : persona *f* inculta
lower¹ ['lo:ər] *vt* **1** DROP : bajar ⟨to lower one's voice : bajar la voz⟩ **2** : arriar, bajar ⟨to lower the flag : arriar la
bandera⟩ **3** REDUCE : reducir, bajar **4
to lower oneself** : rebajarse
lower² ['lo:ər] *adj* : inferior, más bajo, de
abajo
lowland ['lo:lənd, -‚lænd] *n* : tierras *fpl*
bajas
lowly ['lo:li] *adj* **-lier; -est** : humilde,
modesto
loyal ['lɔɪəl] *adj* : leal, fiel — **loyally** *adv*
loyalist ['lɔɪəlɪst] *n* : partidario *m*, -ria *f*
del régimen
loyalty ['lɔɪəlti] *n, pl* **-ties** : lealtad *f*, fidelidad *f*
lozenge ['lazəndʒ] *n* : pastilla *f*
LSD [‚ɛl‚ɛs'di:] *n* : LSD *m*
lubricant ['lu:brɪkənt] *n* : lubricante *m*
lubricate ['lu:brɪ‚keɪt] *vt* **-cated; -cating**
: lubricar — **lubrication** [‚lu:brɪ-
'keɪʃən] *n*
lucid ['lu:səd] *adj* : lúcido, claro — **lu-
cidly** *adv*
lucidity [lu:'sɪdəti] *n* : lucidez *f*
luck ['lʌk] *n* **1** : suerte *f* **2 to have bad
luck** : tener mala suerte **3 good luck!**
: ¡(buena) suerte!
luckily ['lʌkəli] *adv* : afortunadamente,
por suerte

luckless ['lʌkləs] *adj* : desafortunado
lucky ['lʌki] *adj* **luckier; -est 1** : afortunado, que tiene suerte ⟨a lucky
woman : una mujer afortunada⟩ **2**
FORTUITOUS : fortuito, de suerte **3** OP-
PORTUNE : oportuno **4** : de (la) suerte
⟨lucky number : número de la suerte⟩
lucrative ['lu:krətɪv] *adj* : lucrativo,
provechoso — **lucratively** *adv*
ludicrous ['lu:dəkrəs] *adj* : ridículo, absurdo — **ludicrously** *adv*
ludicrousness ['lu:dəkrəsnəs] *n* : ridiculez *f*, absurdo *m*
lug ['lʌg] *vt* **lugged; lugging** : arrastrar,
transportar con dificultad
luggage ['lʌgɪdʒ] *n* : equipaje *m*
lugubrious [lu'gu:briəs] *adj* : lúgubre —
lugubriously *adv*
lukewarm ['lu:k'wɔrm] *adj* **1** TEPID
: tibio **2** HALFHEARTED : poco entusiasta
lull¹ ['lʌl] *vt* **1** CALM, SOOTHE : calmar,
sosegar **2 to lull to sleep** : arrullar,
adormecer
lull² *n* : calma *f*, pausa *f*
lullaby ['lʌlə‚baɪ] *n, pl* **-bies** : canción *f*
de cuna, arrullo *m*, nana *f*
lumber¹ ['lʌmbər] *vt* : aserrar (madera)
— *vi* : moverse pesadamente
lumber² *n* : madera *f*
lumberjack ['lʌmbər‚dʒæk] *n* : leñador
m, -dora *f*
lumberyard ['lʌmbər‚jɑrd] *n* : almacén
m de maderas
luminary ['lu:mə‚neri] *n, pl* **-naries**
: lumbrera *f*, luminaria *f*
luminescence [‚lu:mə'nesənts] *n* : luminiscencia *f* — **luminescent** [-'nes-
ənt] *adj*
luminosity [‚lu:mə'nasəti] *n, pl* **-ties**
: luminosidad *f*
luminous ['lu:mənəs] *adj* : luminoso —
luminously *adv*
lump¹ ['lʌmp] *vt or* **to lump together**
: juntar, agrupar, amontonar — *vi*
: CLUMP : agruparse, aglutinarse
lump² *n* **1** GLOB : grumo *m* **2** PIECE
: pedazo *m*, trozo *m*, terrón *m* ⟨a lump
of coal : un trozo de carbón⟩ ⟨a lump
of sugar : un terrón de azúcar⟩ **3**
SWELLING : bulto *m*, hinchazón *f*,
protuberancia *f* **4 to have a lump in
one's throat** : tener un nudo en la garganta
lumpy ['lʌmpi] *adj* **lumpier; -est 1**
: lleno de grumos (dícese de una salsa)
2 UNEVEN : desigual, disparejo
lunacy ['lu:nəsi] *n, pl* **-cies** : locura *f*
lunar ['lu:nər] *adj* : lunar
lunatic¹ ['lu:nə‚tɪk] *adj* : lunático, loco
lunatic² *n* : loco *m*, -ca *f*
lunch¹ ['lʌntʃ] *vi* : almorzar, comer
lunch² *n* : almuerzo *m*, comida *f*, lonche
m
luncheon ['lʌntʃən] *n* **1** : comida *f*, almuerzo *m* **2 luncheon meat** : fiambres
fpl

lung ['lʌŋ] *n* : pulmón *m*
lunge[1] ['lʌndʒ] *vi* **lunged; lunging 1**
THRUST : atacar (en la esgrima) **2 to**
lunge forward : arremeter, lanzarse
lunge[2] *n* **1** : arremetida *f*, embestida *f* **2**
: estocada *f* (en la esgrima)
lurch[1] ['lərtʃ] *vi* **1** : sacudida *f*, bandazo *m* (de
bandazos, dar sacudidas **2** STAGGER
: tambalearse
lurch[2] *n* **1** : sacudida *f*, bandazo *m* (de
un vehículo) **2** : tambaleo *m* (de una
persona)
lure[1] ['lʊr] *vt* **lured; luring** : atraer
lure[2] *n* **1** ATTRACTION : atractivo *m* **2**
ENTICEMENT : señuelo *m*, aliciente
m **3** BAIT : cebo *m* artificial (en la
pesca)
lurid ['lʊrəd] *adj* **1** GRUESOME : espeluznante, horripilante **2** SENSA-
TIONAL : sensacionalista, chocante **3**
GAUDY : chillón
lurk ['lərk] *vi* : estar al acecho
luscious ['lʌʃəs] *adj* **1** DELICIOUS : delicioso, exquisito **2** SEDUCTIVE : seductor, cautivador
lush ['lʌʃ] *adj* **1** LUXURIANT : exuberante, lozano **2** LUXURIOUS : suntuoso,
lujoso
lust[1] ['lʌst] *vi* **to lust after** : desear (a una
persona), codiciar (riquezas, etc.)
lust[2] *n* **1** LASCIVIOUSNESS : lujuria *f*, lascivia *f* **2** CRAVING : deseo *m*, ansia *f*,
anhelo *m*
luster *or* **lustre** ['lʌstər] *n* **1** GLOSS,

SHEEN : lustre *m*, brillo *m* **2** SPLEN-
DOR : lustre *m*, esplendor *m*
lusterless ['lʌstərləs] *adj* : deslustrado,
sin brillo
lustful ['lʌstfəl] *adj* : lujurioso, lascivo,
lleno de deseo
lustrous ['lʌstrəs] *adj* : brillante, brilloso, lustroso
lusty ['lʌsti] *adj* **lustier; -est** : fuerte, robusto, vigoroso — **lustily** ['lʌstəli] *adv*
lute ['luːt] *n* : laúd *m*
luxuriant [,lʌg'ʒʊriənt, ,lʌk'ʃʊr-] *adj* **1**
: exuberante, lozano (dícese de las
plantas) **2** : abundante y hermoso
(dícese del pelo) — **luxuriantly** *adv*
luxuriate [,lʌg'ʒʊri,eɪt, ,lʌk'ʃʊr-] *vi*
-ated; -ating 1 : disfrutar **2 to luxuri-**
ate in : deleitarse con
luxurious [,lʌg'ʒʊriəs, ,lʌk'ʃʊr-] *adj* : lujoso, suntuoso — **luxuriously** *adv*
luxury ['lʌkʃəri, 'lʌgʒə-] *n, pl* **-ries** : lujo
m
lye ['laɪ] *n* : lejía *f*
lying → **lie**[1], **lie**[2]
lymph ['lɪmpf] *n* : linfa *f*
lymphatic [lɪm'fætɪk] *adj* : linfático
lynch ['lɪntʃ] *vt* : linchar
lynx ['lɪŋks] *n, pl* **lynx** *or* **lynxes** : lince
m
lyre ['laɪr] *n* : lira *f*
lyric[1] ['lɪrɪk] *adj* : lírico
lyric[2] *n* **1** : poema *m* lírico **2 lyrics** *npl*
: letra *f* (de una canción)
lyrical ['lɪrɪkəl] *adj* : lírico, elocuente

M

m ['ɛm] *n, pl* **m's** *or* **ms** ['ɛmz] : deci-
motercera letra del alfabeto inglés
ma'am ['mæm] → **madam**
macabre [mə'kɑb, -'kɑbər, -'kɑbrə] *adj*
: macabro
macadam [mə'kædəm] *n* : macadán *m*
macaroni [,mækə'roːni] *n* : macarrones
mpl
macaroon [,mækə'ruːn] *n* : macarrón *m*,
mostachón *m*
macaw [mə'kɔ] *n* : guacamayo *m*
mace ['meɪs] *n* **1** : maza *f* (arma o símbolo) **2** : macis *f* (especia)
machete [mə'ʃɛti] *n* : machete *m*
machination [,mækə'neɪʃən, ,mæʃə-] *n*
: maquinación *f*, intriga *f*
machine[1] [mə'ʃiːn] *vt* **-chined; -chining**
: trabajar a máquina
machine[2] *n* **1** : máquina *f* ⟨machine
shop : taller de máquinas⟩ ⟨machine
language : lenguaje de la máquina⟩ **2**
: aparato *m*, maquinaria *f* (en política)
machine gun *n* : ametralladora *f*
machinery [mə'ʃiːnəri] *n, pl* **-eries**
: maquinaria *f* **2** WORKS : mecanismo
m
machinist [mə'ʃiːnɪst] *n* : maquinista *mf*
machismo [mɑ'tʃiːzmoː] *n* : machismo
m, masculinidad *f*

macho ['mɑtʃoː] *adj* : machote, macho
mackerel ['mækərəl] *n, pl* **-el** *or* **-els** : caballa *f*
mackinaw ['mækə,nɔ] *n* : chaqueta *f* escocesa de lana
mad ['mæd] *adj* **madder; maddest 1** IN-
SANE : loco, demente **2** RABID : rabioso **3** FOOLISH : tonto, insensato **4**
ANGRY : enojado, furioso **5** CRAZY
: loco ⟨I'm mad about you : estoy loco
por ti⟩
Madagascan [,mædə'gæskən] *n* : malgache *mf* — **Madagascan** *adj*
madam ['mædəm] *n, pl* **mesdames**
[meɪ'dɑm, -'dæm] : señora *f*
madcap[1] ['mæd,kæp] *adj* ZANY : alocado, disparatado
madcap[2] *n* : alocado *m*, -da *f*
madden ['mædən] *vt* : enloquecer, enfurecer
maddening ['mædənɪŋ] *adj* : enloquecedor, exasperante ⟨I find it maddening : me saca de quicio⟩
made → **make**[1]
madhouse ['mæd,haʊs] *n* : manicomio
m ⟨the office was a madhouse : la oficina parecía una casa de locos⟩
madly ['mædli] *adv* : como un loco, locamente

madman ['mæd,mæn, -mən] *n, pl* **-men** [-mən, -,mɛn] : loco *m*, demente *m*

madness ['mædnəs] *n* : locura *f*, demencia *f*

madwoman ['mæd,wʊmən] *n, pl* **-women** [-,wɪmən] : loca *f*, demente *f*

maelstrom ['meɪlstrəm] *n* : remolino *m*, vorágine *f*

maestro ['maɪˌstro:] *n, pl* **-stros** *or* **-stri** [-,stri:] : maestro *m*

Mafia ['mɑfiə] *n* : Mafia *f*

magazine ['mæɡəˌziːn] *n* **1** STOREHOUSE : almacén *m*, polvorín *m* (de explosivos) **2** PERIODICAL : revista *f* **3** : cargador *m* (de un arma de fuego)

magenta [məˈdʒɛntə] *n* : magenta *f*, color *m* magenta

maggot ['mæɡət] *n* : gusano *m*

magic[1] ['mædʒɪk] *or* **magical** ['mædʒɪkəl] *adj* : mágico

magic[2] *n* : magia *f*

magically ['mædʒɪkli] *adv* : mágicamente ⟨they magically appeared : aparecieron como por arte de magia⟩

magician [məˈdʒɪʃən] *n* **1** SORCERER : mago *m*, -ga *f* **2** CONJURER : prestidigitador *m*, -dora *f*; mago *m*, -ga *f*

magistrate ['mædʒəˌstreɪt] *n* : magistrado *m*, -da *f*

magma ['mæɡmə] *n* : magma *m*

magnanimity [,mæɡnəˈnɪməti] *n, pl* **-ties** : magnanimidad *f*

magnanimous [mæɡˈnænəməs] *adj* : magnánimo, generoso — **magnanimously** *adv*

magnate ['mæɡˌneɪt, -nət] *n* : magnate *mf*

magnesium [mæɡˈniːziəm, -ʒəm] *n* : magnesio *m*

magnet ['mæɡnət] *n* : imán *m*

magnetic [mæɡˈnɛtɪk] *adj* : magnético — **magnetically** [-tɪkli] *adv*

magnetic field *n* : campo *m* magnético

magnetism ['mæɡnəˌtɪzəm] *n* : magnetismo *m*

magnetize ['mæɡnəˌtaɪz] *vt* **-tized; -tizing 1** : magnetizar, imantar **2** ATTRACT : magnetizar, atraer

magnification [,mæɡnəfəˈkeɪʃən] *n* : aumento *m*, ampliación *f*

magnificence [mæɡˈnɪfəsənts] *n* : magnificencia *f*

magnificent [mæɡˈnɪfəsənt] *adj* : magnífico — **magnificently** *adv*

magnify ['mæɡnəˌfaɪ] *vt* **-fied; -fying 1** ENLARGE : ampliar **2** EXAGGERATE : magnificar, exagerar

magnifying glass *n* : lupa *f*

magnitude ['mæɡnəˌtuːd, -,tjuːd] *n* **1** GREATNESS : magnitud *f*, grandeza *f* **2** QUANTITY : cantidad *f* **3** IMPORTANCE : magnitud *f*, envergadura *f*

magnolia [mæɡˈnoːljə] *n* : magnolia *f* (flor), magnolio *m* (árbol)

magpie ['mæɡˌpaɪ] *n* : urraca *f*

mahogany [məˈhɑɡəni] *n, pl* **-nies** : caoba *f*

maid ['meɪd] *n* **1** MAIDEN : doncella *f* **2** *or* **maidservant** ['meɪd,sərvənt] : sirvienta *f*, muchacha *f*, mucama *f*, criada *f*

maiden[1] ['meɪdən] *adj* **1** UNMARRIED : soltera **2** FIRST : primero ⟨maiden voyage : primera travesía⟩

maiden[2] *n* : doncella *f*

maidenhood ['meɪdən,hʊd] *n* : doncellez *f*

maiden name *n* : nombre *m* de soltera

mail[1] ['meɪl] *vt* : enviar por correo, echar al correo

mail[2] *n* **1** : correo *m* ⟨airmail : correo aéreo⟩ **2** : malla *f* ⟨coat of mail : cota de malla⟩

mailbox ['meɪl,bɑks] *n* : buzón *m*

mailman ['meɪl,mæn, -mən] *n, pl* **-men** [-mən, -,mɛn] : cartero *m*

maim ['meɪm] *vt* : mutilar, desfigurar, lisiar

main[1] ['meɪn] *adj* : principal, central ⟨the main office : la oficina central⟩

main[2] *n* **1** HIGH SEAS : alta mar *f* **2** : tubería *f* principal (de agua o gas), cable *m* principal (de un circuito) **3 with might and main** : con todas sus fuerzas

mainframe ['meɪn,freɪm] *n* : mainframe *m*, computadora *f* central

mainland ['meɪn,lænd, -lənd] *n* : continente *m*

mainly ['meɪnli] *adv* **1** PRINCIPALLY : principalmente, en primer lugar **2** MOSTLY : principalmente, en la mayor parte

mainstay ['meɪn,steɪ] *n* : pilar *m*, sostén *m* principal

mainstream[1] ['meɪn,striːm] *adj* : dominante, corriente, convencional

mainstream[2] *n* : corriente *f* principal

maintain [meɪn'teɪn] *vt* **1** SERVICE : dar mantenimiento a (una máquina) **2** PRESERVE : mantener, conservar ⟨to maintain silence : guardar silencio⟩ **3** SUPPORT : mantener, sostener **4** ASSERT : mantener, sostener, afirmar

maintenance ['meɪntənənts] *n* : mantenimiento *m*

maize ['meɪz] *n* : maíz *m*

majestic [məˈdʒɛstɪk] *adj* : majestuoso — **majestically** [-tɪkli] *adv*

majesty ['mædʒəsti] *n, pl* **-ties 1** : majestad *f* ⟨Your Majesty : su Majestad⟩ **2** SPLENDOR : majestuosidad *f*, esplendor *m*

major[1] ['meɪdʒər] *vi* **-jored; -joring** : especializarse

major[2] *adj* **1** GREATER : mayor **2** NOTEWORTHY : mayor, notable **3** SERIOUS : grave **4** : mayor (en la música)

major[3] *n* **1** : mayor *mf*, comandante *mf* (en las fuerzas armadas) **2** : especialidad *f* (universitaria)

Majorcan [mɑˈdʒɔrkən, mə-, -'jɔr-] *n* : mallorquín *m*, -quina *f* — **Majorcan** *adj*

major general *n* : general *mf* de división

majority [mə'dʒɔrəti] n, pl **-ties** 1 ADULTHOOD : mayoría f de edad 2 : mayoría f, mayor parte f ⟨the vast majority : la inmensa mayoría⟩

make¹ ['meɪk] v **made** ['meɪd;]; **making** vt 1 CREATE : hacer ⟨to make noise : hacer ruido⟩ 2 FASHION, MANUFACTURE : hacer, fabricar ⟨she made a dress : hizo un vestido⟩ 3 DEVISE, FORM : desarrollar, elaborar, formar 4 CONSTITUTE : hacer, constituir ⟨made of stone : hecho de piedra⟩ 5 PREPARE : hacer, preparar 6 RENDER : hacer, poner ⟨it makes him nervous : lo pone nervioso⟩ ⟨to make someone happy : hacer feliz a alguien⟩ ⟨it made me sad : me dio pena⟩ 7 PERFORM : hacer ⟨to make a gesture : hacer un gesto⟩ 8 COMPEL : hacer, forzar, obligar 9 EARN : ganar ⟨to make a living : ganarse la vida⟩ — vi 1 HEAD : ir, dirigirse ⟨we made for home : nos fuimos a casa⟩ 2 **to make do** : arreglárselas **to make good** REPAY : pagar 4 **to make good** SUCCEED : tener éxito

make² n BRAND : marca f

make–believe¹ [ˌmeɪkbə'li:v] adj : imaginario

make–believe² n : fantasía f, invención f ⟨a world of make-believe : un mundo de ensueño⟩

make out vt 1 WRITE : hacer (un cheque) 2 DISCERN : distinguir, divisar 3 UNDERSTAND : comprender, entender — vi : arreglárselas ⟨how did you make out? : ¿qué tal te fue?⟩

maker ['meɪkər] n : fabricante mf

makeshift ['meɪkˌʃɪft] adj : provisional, improvisado

makeup ['meɪkˌʌp] n 1 COMPOSITION : composición f 2 CHARACTER : carácter m, temperamento m 3 COSMETICS : maquillaje m

make up vt 1 INVENT : inventar 2 : recuperar ⟨she made up the time : recuperó las horas perdidas⟩ — vi RECONCILE : hacer las paces, reconciliarse

making ['meɪkɪŋ] n 1 : creación f, producción f ⟨in the making : en ciernes⟩ 2 **to have the makings of** : tener madera de (dícese de personas), tener los ingredientes para

maladjusted [ˌmælə'dʒʌstəd] adj : inadaptado

malady ['mælədi] n, pl **-dies** : dolencia f, enfermedad f, mal m

malaise [mə'leɪz, mæ-] n : malestar m

malapropism ['mæləˌprɑˌpɪzəm] n : uso m incorrecto y cómico de una palabra

malaria [mə'leriə] n : malaria f, paludismo m

malarkey [mə'lɑrki] n : tonterías fpl, estupideces fpl

Malawian [mə'lɑwiən] n : malauiano m, -na f — **Malawian** adj

Malay [mə'leɪ, 'meɪˌleɪ] n 1 or **Malayan** [mə'leɪən, meɪ-; 'meɪˌleɪən] : malayo m,

-ya f 2 : malayo m (idioma) — **Malay** or **Malayan** adj

Malaysian [mə'leɪʒən, -ʃən] n : malasio m, -sia f; malaisio m, -sia f — **Malaysian** adj

male¹ ['meɪl] adj 1 : macho 2 MASCULINE : masculino

male² n : macho m (de animales o plantas), varón m (de personas)

malefactor ['mæləˌfæktər] n : malhechor m, -chora f

maleness ['meɪlnəs] n : masculinidad f

malevolence [mə'levələns] n : malevolencia f

malevolent [mə'levələnt] adj : malévolo

malformation [ˌmælfɔr'meɪʃən] n : malformación f

malformed [mæl'fɔrmd] adj : mal formado, deforme

malfunction¹ [mæl'fʌŋkʃən] vi : funcionar mal

malfunction² n : mal funcionamiento m

malice ['mælɪs] n 1 : malicia f, malevolencia f 2 **with malice aforethought** : con premeditación

malicious [mə'lɪʃəs] adj : malicioso, malévolo — **maliciously** adv

malign¹ [mə'laɪn] vt : calumniar, difamar

malign² adj : maligno

malignancy [mə'lɪgnənsi] n, pl **-cies** : malignidad f

malignant [mə'lɪgnənt] adj : maligno

malinger [mə'lɪŋgər] vi : fingirse enfermo

malingerer [mə'lɪŋgərər] n : uno que se finge enfermo

mall ['mɔl] n 1 PROMENADE : alameda f, paseo m (arbolado) 2 : centro m comercial ⟨shopping mall : galería comercial⟩

mallard ['mælərd] n, pl **-lard** or **-lards** : pato m real, ánade mf real

malleable ['mæliəbəl] adj : maleable

mallet ['mælət] n : mazo m

mainourished [mæl'nəriʃt] adj : desnutrido, malnutrido

malnutrition [ˌmælnu'trɪʃən, -nju-] n : desnutrición f, malnutrición f

malodorous [mæl'o:dərəs] adj : maloliente

malpractice [ˌmæl'præktəs] n : mala práctica f, negligencia f

malt ['mɔlt] n : malta f

maltreat [mæl'tri:t] vt : maltratar

mama or **mamma** ['mɑmə] n : mamá f

mammal ['mæməl] n : mamífero m

mammalian [mə'meɪliən, mæ-] adj : mamífero

mammary ['mæməri] adj 1 : mamario 2 **mammary gland** : glándula mamaria

mammogram ['mæməˌgræm] n : mamografía f

mammoth¹ ['mæməθ] adj : colosal, gigantesco

mammoth² n : mamut m

man¹ ['mæn] vt **manned; manning** : tripular (un barco o avión), encargarse de (un servicio)

man² *n, pl* **men** [ˈmɛn] **1** PERSON : hombre *m*, persona *f* **2** MALE : hombre *m* **3** MANKIND : humanidad *f*

manacles [ˈmænɪkəlz] *npl* HANDCUFFS : esposas *fpl*

manage [ˈmænɪdʒ] *v* **-aged; -aging** *vt* **1** HANDLE : controlar, manejar **2** DIRECT : administrar, dirigir **3** CONTRIVE : lograr, ingeniárselas para — *vi* COPE : arreglárselas

manageable [ˈmænɪdʒəbəl] *adj* : manejable

management [ˈmænɪdʒmənt] *n* **1** DIRECTION : administración *f*, gestión *f*, dirección *f* **2** HANDLING : manejo *m* **3** MANAGERS : dirección *f*, gerencia *f*

manager [ˈmænɪdʒər] *n* **1** : director *m*, -tora *f*; gerente *mf*; administrador *m*, -dora *f*

managerial [ˌmænəˈdʒɪriəl] *adj* : directivo, gerencial

mandarin [ˈmændərən] *n* **1** : mandarín *m* **2** *or* **mandarin orange** : mandarina *f*

mandate [ˈmændeɪt] *n* : mandato *m*

mandatory [ˈmændəˌtori] *adj* : obligatorio

mandible [ˈmændəbəl] *n* : mandíbula *f*

mandolin [ˌmændəˈlɪn, ˈmændələn] *n* : mandolina *f*

mane [ˈmeɪn] *n* : crin *f* (de un caballo), melena *f* (de un león o una persona)

maneuver¹ [məˈnuːvər, -ˈnjuː-] *vt* **1** PLACE, POSITION : maniobrar, posicionar, colocar **2** MANIPULATE : manipular, maniobrar — *vi* : maniobrar

maneuver² *n* : maniobra *f*

manfully [ˈmænfəli] *adj* : valientemente

manganese [ˈmæŋgəˌniːz, -ˌniːs] *n* : manganeso *m*

mange [ˈmeɪndʒ] *n* : sarna *f*

manger [ˈmeɪndʒər] *n* : pesebre *m*

mangle [ˈmæŋgəl] *vt* **-gled; -gling 1** CRUSH, DESTROY : aplastar, despedazar, destrozar **2** MUTILATE : mutilar ⟨to mangle a text : mutilar un texto⟩

mango [ˈmæŋˌgoː] *n, pl* **-goes** : mango *m*

mangrove [ˈmænˌgroːv, ˈmæŋ-] *n* : mangle *m*

mangy [ˈmeɪndʒi] *adj* **mangier; -est 1** : sarnoso **2** SHABBY : gastado

manhandle [ˈmænˌhændəl] *vt* **-dled; -dling** : maltratar, tratar con poco cuidado

manhole [ˈmænˌhoːl] *n* : boca *f* de alcantarilla

manhood [ˈmænˌhʊd] *n* **1** : madurez *f* (de un hombre) **2** COURAGE, MANLINESS : hombría *f*, valor *m* **3** MEN : hombres *mpl*

manhunt [ˈmænˌhʌnt] *n* : búsqueda *f* (de un criminal)

mania [ˈmeɪniə, -njə] *n* : manía *f*

maniac [ˈmeɪniˌæk] *n* : maníaco *m*, -ca *f*; maniático *m*, -ca *f*

maniacal [məˈnaɪəkəl] *adj* : maníaco, maniaco

manicure¹ [ˈmænəˌkjʊr] *vt* **-cured; -curing 1** : hacer la manicura a **2** TRIM : recortar

manicure² *n* : manicura *f*

manicurist [ˈmænəˌkjʊrɪst] *n* : manicuro *m*, -ra *f*

manifest¹ [ˈmænəˌfɛst] *vt* : manifestar

manifest² *adj* : manifiesto, patente — **manifestly** *adv*

manifestation [ˌmænəfəˈsteɪʃən] *n* : manifestación *f*

manifesto [ˌmænəˈfɛsˌtoː] *n, pl* **-tos** *or* **-toes** : manifiesto *m*

manifold¹ [ˈmænəˌfoːld] *adj* : diverso, variado

manifold² *n* : colector *m* (de escape)

manipulate [məˈnɪpjəˌleɪt] *vt* **-lated; -lating** : manipular

manipulation [məˌnɪpjəˈleɪʃən] *n* : manipulación *f*

manipulative [məˈnɪpjəˌleɪtɪv, -lətɪv] *adj* : manipulador

mankind [ˈmænˈkaɪnd, -ˌkaɪnd] *n* : género *m* humano, humanidad *f*

manliness [ˈmænlinəs] *n* : hombría *f*, masculinidad *f*

manly [ˈmænli] *adj* **-lier; -est** : varonil, viril

man-made [ˈmænˈmeɪd] *adj* : artificial ⟨man-made fabrics : telas sintéticas⟩

manna [ˈmænə] *n* : maná *m*

mannequin [ˈmænɪkən] *n* **1** DUMMY : maniquí *m* **2** MODEL : modelo *mf*

manner [ˈmænər] *n* **1** KIND, SORT : tipo *m*, clase *f* **2** WAY : manera *f*, modo *m* **3** STYLE : estilo *m* (artístico) **4** **manners** *npl* CUSTOMS : costumbres *fpl* ⟨Victorian manners : costumbres victorianas⟩ **5** **manners** *npl* ETIQUETTE : modales *mpl*, educación *f*, etiqueta *f* ⟨good manners : buenos modales⟩

mannered [ˈmænərd] *adj* **1** AFFECTED, ARTIFICIAL : amanerado, afectado **2** **well-mannered** : educado, cortés **3** → **ill-mannered**

mannerism [ˈmænəˌrɪzəm] *n* : peculiaridad *f*, gesto *m* particular

mannerly [ˈmænərli] *adj* : cortés, bien educado

mannish [ˈmænɪʃ] *adj* : masculino, hombruno

man-of-war [ˌmænəˈwor, -əvˈwor] *n, pl* **men-of-war** [ˌmɛn-] WARSHIP : buque *m* de guerra

manor [ˈmænər] *n* **1** : casa *f* solariega, casa *f* señorial **2** ESTATE : señorío *m*

manpower [ˈmænˌpaʊər] *n* : personal *m*, mano *f* de obra

mansion [ˈmæntʃən] *n* : mansión *f*

manslaughter [ˈmænˌslɔtər] *n* : homicidio *m* sin premeditación

mantel [ˈmæntəl] *n* : repisa *f* de chimenea

mantelpiece [ˈmæntəlˌpiːs] → **mantel**

mantis [ˈmæntəs] *n, pl* **-tises** *or* **-tes** [ˈmænˌtiːz] : mantis *f* religiosa

mantle [ˈmæntəl] *n* : manto *m*

manual[1] ['mænjʊəl] *adj* : manual — **manually** *adv*

manual[2] *n* : manual *m*

manufacture[1] [ˌmænjəˈfæktʃər] *vt* **-tured; -turing** 1 : fabricar, manufacturar, confeccionar (ropa), elaborar (comestibles)

manufacture[2] *n* : manufactura *f*, fabricación *f*, confección *f* (de ropa), elaboración *f* (de comestibles)

manufacturer [ˌmænjəˈfæktʃərər] *n* : fabricante *m*; manufacturero *m*, -ra *f*

manure [məˈnʊr, -ˈnjʊr] *n* : estiércol *m*

manuscript ['mænjəˌskrɪpt] *n* : manuscrito *m*

many[1] ['mɛni] *adj* **more** ['mor]; **most** ['moːst] : muchos

many[2] *pron* : muchos *pl*, -chas *pl*

map[1] ['mæp] *vt* **mapped; mapping** 1 : trazar el mapa de 2 PLAN : planear, proyectar ⟨to map out a program : planear un programa⟩

map[2] *n* : mapa *m*

maple ['meɪpəl] *n* : arce *m*

mar ['mar] *vt* **marred; marring** 1 SPOIL : estropear, echar a perder 2 DEFACE : desfigurar

maraschino [ˌmærəˈskiːnoː, -ˈʃiː-] *n, pl* **-nos** : cereza *f* al marrasquino

marathon ['mærəˌθɑn] *n* 1 RACE : maratón *m* 2 CONTEST : competencia *f* de resistencia

maraud [məˈrɑd] *vi* : merodear

marauder [məˈrɑdər] *n* : merodeador *m*, -dora *f*

marble ['marbəl] *n* 1 : mármol *m* 2 : canica *f* ⟨to play marbles : jugar a las canicas⟩

march[1] ['martʃ] *vi* 1 : marchar, desfilar ⟨they marched past the grandstand : desfilaron ante la tribuna⟩ 2 : caminar con resolución ⟨she marched right up to him : se le acercó sin vacilación⟩

march[2] *n* 1 MARCHING : marcha *f* 2 PASSAGE : paso *m* (del tiempo) 3 PROGRESS : avance *m*, progreso *m* 4 : marcha *f* (en música)

March ['martʃ] *n* : marzo *m*

marchioness ['marʃənɪs] *n* : marquesa *f*

Mardi Gras ['mardiˌgra] *n* : martes *m* de Carnaval

mare ['mær] *n* : yegua *f*

margarine ['mardʒərən] *n* : margarina *f*

margin ['mardʒən] *n* : margen *m*

marginal ['mardʒənəl] *adj* 1 : marginal 2 MINIMAL : mínimo — **marginally** *adv*

marigold ['mærəˌgoːld] *n* : maravilla *f*, caléndula *f*

marijuana [ˌmærəˈhwɑnə] *n* : marihuana *f*

marina [məˈriːnə] *n* : puerto *m* deportivo

marinade [ˌmærəˈnɑd] *n* : adobo *m*, marinada *f*

marinate ['mærəˌneɪt] *vt* **-nated; -nating** : marinar

marine[1] [məˈriːn] *adj* 1 : marino ⟨marine life : vida marina⟩ 2 NAUTICAL : náutico, marítimo 3 : de la infantería de marina

marine[2] *n* : soldado *m* de marina

mariner ['mærɪnər] *n* : marinero *m*, marino *m*

marionette [ˌmæriəˈnɛt] *n* : marioneta *f*, títere *m*

marital ['mærətəl] *adj* 1 : matrimonial 2 marital status : estado *m* civil

maritime ['mærəˌtaɪm] *adj* : marítimo

marjoram ['mardʒərəm] *n* : mejorana *f*

mark[1] ['mark] *vt* 1 : marcar 2 CHARACTERIZE : caracterizar 3 SIGNAL : señalar 4 NOTICE : prestar atención a, hacer caso de 5 to mark off : demarcar, delimitar

mark[2] *n* 1 TARGET : blanco *m* 2 : marca *f*, señal *f* ⟨put a mark where you left off : pon una señal donde terminaste⟩ 3 INDICATION : señal *f*, indicio *m* 4 GRADE : nota *f* 5 IMPRINT : huella *f*, marca *f* 6 BLEMISH : marca *f*, imperfección *f*

marked ['markt] *adj* : marcado, notable — **markedly** ['markədli] *adv*

marker ['markər] *n* : marcador *m*

market[1] ['markət] *vt* : poner en venta, comercializar

market[2] *n* 1 MARKETPLACE : mercado *m* ⟨the open market : el mercado libre⟩ 2 DEMAND : demanda *f*, mercado *m* 3 STORE : tienda *f* 4 → stock market

marketable ['markətəbəl] *adj* : vendible

marketing ['markətɪŋ] *n* : mercadotecnia *f*, mercadeo *m*

marketplace ['markətˌpleɪs] *n* : mercado *m*

marksman ['marksmən] *n, pl* **-men** [-mən, -ˌmɛn] : tirador *m*

marksmanship ['marksmənˌʃɪp] *n* : puntería *f*

marlin ['marlɪn] *n* : marlín *m*

marmalade ['marməˌleɪd] *n* : mermelada *f*

marmoset ['marməˌsɛt] *n* : tití *m*

marmot ['marmət] *n* : marmota *f*

maroon[1] [məˈruːn] *vt* : abandonar, aislar

maroon[2] *n* : rojo *m* oscuro, granate *m*

marquee [marˈkiː] *n* : marquesina *f*

marquess ['markwɪs] *or* **marquis** ['markwɪs, marˈkiː] *n, pl* **-quesses** *or* **-quises** [-ˈkiːz, -ˈkiːzəz] *or* **-quis** [-ˈkiː, -ˈkiːz] : marqués *m*

marquise [marˈkiːz] → **marchioness**

marriage ['mærɪdʒ] *n* 1 : matrimonio *m* 2 WEDDING : casamiento *m*, boda *f*

marriageable ['mærɪdʒəbəl] *adj* of marriageable age : de edad de casarse

married ['mærid] *adj* 1 : casado 2 to get married : casarse

marrow ['mæroː] *n* : médula *f*, tuétano *m*

marry ['mæri] *vt* **-ried; -rying** 1 : casar ⟨the priest married them : el cura los casó⟩ 2 : casarse con ⟨she married John : se casó con John⟩

Mars [ˈmɑrz] *n* : Marte *m*

marsh [ˈmɑrʃ] *n* **1** : pantano *m* **2** salt marsh : marisma *f*

marshal¹ [ˈmɑrʃəl] *vt* **-shaled** or **-shalled; -shaling** or **-shalling 1** : poner en orden, reunir **2** USHER : conducir

marshal² *n* **1** : maestro *m* de ceremonias **2** : mariscal *m* (en el ejército); jefe *m*, -fa *f* (de la policía, de los bomberos, etc.)

marshmallow [ˈmɑrʃˌmɛloː, -ˌmæloː] *n* : malvavisco *m*

marshy [ˈmɑrʃi] *adj* **marshier; -est** : pantanoso

marsupial [mɑrˈsuːpiəl] *n* : marsupial *m*

mart [ˈmɑrt] *n* MARKET : mercado *m*

marten [ˈmɑrtən] *n*, *pl* **-ten** or **-tens** : marta *f*

martial [ˈmɑrʃəl] *adj* : marcial

martin [ˈmɑrtən] *n* **1** SWALLOW : golondrina *f* **2** SWIFT : vencejo *m*

martyr¹ [ˈmɑrtər] *vt* : martirizar

martyr² *n* : mártir *mf*

martyrdom [ˈmɑrtərdəm] *n* : martirio *m*

marvel¹ [ˈmɑrvəl] *vi* **-veled** or **-velled; -veling** or **-velling** : maravillarse

marvel² *n* : maravilla *f*

marvelous [ˈmɑrvələs] or **marvellous** *adj* : maravilloso — **marvelously** *adv*

Marxism [ˈmɑrkˌsɪzəm] *n* : marxismo *m*

Marxist¹ [ˈmɑrksɪst] *adj* : marxista

Marxist² *n* : marxista *mf*

mascara [mæsˈkærə] *n* : rímel *m*, rimel *m*

mascot [ˈmæsˌkɑt, -kət] *n* : mascota *f*

masculine [ˈmæskjələn] *adj* : masculino

masculinity [ˌmæskjəˈlɪnəti] *n* : masculinidad *f*

mash¹ [ˈmæʃ] *vt* **1** : hacer puré de (papas, etc.) **2** CRUSH : aplastar, majar

mash² *n* **1** FEED : afrecho *m* **2** : malta *f* (para hacer bebidas alcohólicas) **3** PASTE, PULP : papilla *f*, pasta *f*

mask¹ [ˈmæsk] *vt* **1** CONCEAL, DISGUISE : enmascarar, ocultar **2** COVER : cubrir, tapar

mask² *n* : máscara *f*, careta *f*, mascarilla *f* (de un cirujano o dentista)

masochism [ˈmæsəˌkɪzəm, ˈmæzə-] *n* : masoquismo *m*

masochist [ˈmæsəˌkɪst, ˈmæzə-] *n* : masoquista *mf*

masochistic [ˌmæsəˈkɪstɪk, ˌmæzə-] *adj* : masoquista

mason [ˈmeɪsən] *n* **1** BRICKLAYER : albañil *mf* **2** or **stonemason** [ˈstoːnˌ-] : mampostero *m*, cantero *m*

masonry [ˈmeɪsənri] *n*, *pl* **-ries 1** BRICKLAYING : albañería *f* **2** or **stonemasonry** [ˈstoːnˌ-] : mampostería *f*

masquerade¹ [ˌmæskəˈreɪd] *vi* **-aded; -ading 1** : disfrazarse (de), hacerse pasar (por) **2** : asistir a una mascarada

masquerade² *n* **1** : mascarada *f*, baile *m* de disfraces **2** FACADE : farsa *f*, fachada *f*

mass¹ [ˈmæs] *vi* : concentrarse, juntarse en masa — *vt* : concentrar

mass² *n* **1** : masa *f* ⟨atomic mass : masa atómica⟩ **2** BULK : mole *f*, volumen *m* **3** MULTITUDE : cantidad *f*, montón *m* (de cosas), multitud *f* (de gente) **4** the masses : las masas, el pueblo, el populacho

Mass [ˈmæs] *n* : misa *f*

massacre¹ [ˈmæsɪkər] *vt* **-cred; -cring** : masacrar

massacre² *n* : masacre *f*

massage¹ [məˈsɑʒ, -ˈsɑdʒ] *vt* **-saged; -saging** : masajear

massage² *n* : masaje *m*

masseur [mæˈsər] *n* : masajista *m*

masseuse [mæˈsøz, -ˈsuːz] *n* : masajista *f*

massive [ˈmæsɪv] *adj* **1** BULKY : voluminoso, macizo **2** HUGE : masivo, enorme — **massively** *adv*

mast [ˈmæst] *n* : mástil *m*, palo *m*

master¹ [ˈmæstər] *vt* **1** SUBDUE : dominar **2** : llegar a dominar ⟨she mastered French : llegó a dominar el francés⟩

master² *n* **1** TEACHER : maestro *m*, profesor *m* **2** EXPERT : experto *m*, -ta *f*; maestro *m*, -tra *f* **3** : amo *m* (de animales o esclavos), señor *m* (de la casa) **4** master's degree : maestría *f*

masterful [ˈmæstərfəl] *adj* **1** IMPERIOUS : autoritario, imperioso, dominante **2** SKILLFUL : magistral — **masterfully** *adv*

masterly [ˈmæstərli] *adj* : magistral

mastermind [ˈmæstərˌmaɪnd] *n* : cerebro *m*, artífice *mf*

masterpiece [ˈmæstərˌpiːs] *n* : obra *f* maestra

masterwork [ˈmæstərˌwərk] → **masterpiece**

mastery [ˈmæstəri] *n* **1** DOMINION : dominio *m*, autoridad *f* **2** SUPERIORITY : superioridad *f* **3** EXPERTISE : maestría *f*

masticate [ˈmæstəˌkeɪt] *v* **-cated; -cating** : masticar

mastiff [ˈmæstɪf] *n* : mastín *m*

mastodon [ˈmæstəˌdɑn] *n* : mastodonte *m*

masturbate [ˈmæstərˌbeɪt] *v* **-bated; -bating** *vi* : masturbarse — *vt* : masturbar

masturbation [ˌmæstərˈbeɪʃən] *n* : masturbación *f*

mat¹ [ˈmæt] *v* **matted; matting** *vt* TANGLE : enmarañar — *vi* : enmarañarse

mat² *n* **1** : estera *f* **2** TANGLE : maraña *f* **3** PAD : colchoneta *f* (de gimnasia) **4** or **matt** or **matte** [ˈmæt] FRAME : marco *m* (de cartón)

mat³ → **matte**

matador [ˈmætəˌdor] *n* : matador *m*

match¹ [ˈmætʃ] *vt* **1** PIT : enfrentar, oponer **2** EQUAL, FIT : igualar, corresponder a, coincidir con **3** : combinar con, hacer juego con ⟨her shoes match her dress : sus zapatos hacen juego con su vestido⟩ — *vi* **1** CORRESPOND : concordar, coincidir **2** : hacer juego ⟨with a tie to match : con una corbata que hace juego⟩

match² n **1** EQUAL : igual mf ⟨he's no match for her : no puede competir con ella⟩ **2** FIGHT, GAME : partido m, combate m (en boxeo) **3** MARRIAGE : matrimonio m, casamiento m **4** : fósforo m, cerilla f, cerillo m in various countries⟩ ⟨he lit a match : encendió un fósforo⟩ **5 to be a good match** : hacer buena pareja (dícese de las personas), hacer juego (dícese de la ropa)

matchless ['mætʃləs] adj : sin igual, sin par

matchmaker ['mætʃˌmeɪkər] n : casamentero m, -ra f

mate¹ ['meɪt] v **mated; mating** vi **1** FIT : encajar **2** PAIR : emparejarse **3** (relating to animals) : aparearse, copular — vt : aparear, acoplar (animales)

mate² n **1** COMPANION : compañero m, -ra f; camarada mf **2** : macho m, hembra f (de animales) **3** : oficial mf (de un barco) ⟨first mate : primer oficial⟩ **4** : compañero m, -ra f; pareja f (de un zapato, etc.)

material¹ [mə'tɪriəl] adj **1** PHYSICAL : material, físico ⟨the material world : el mundo material⟩ ⟨material needs : necesidades materiales⟩ **2** IMPORTANT : importante, esencial **3** material evidence : prueba f sustancial

material² n **1** : material m **2** CLOTH : tejido m, tela f

materialism [mə'tɪriəˌlɪzəm] n : materialismo m

materialist [mə'tɪriəlɪst] n : materialista mf

materialistic [mə,tɪriə'lɪstɪk] adj : materialista

materialize [mə'tɪriəˌlaɪz] v **-ized; -izing** vt : materializar, hacer aparecer — vi : materializarse, aparecer

maternal [mə'tərnəl] adj MOTHERLY : maternal — **maternally** adv

maternity¹ [mə'tərnə t̬i] adj : de maternidad ⟨maternity clothes : ropa de futura mamá⟩ ⟨maternity leave : licencia por maternidad⟩

maternity² n, pl **-ties** : maternidad f

math ['mæθ] → mathematics

mathematical [,mæθə'mæt̬ɪkəl] adj : matemático — **mathematically** adv

mathematician [,mæθəmə'tɪʃən] n : matemático m, -ca f

mathematics [,mæθə'mæt̬ɪks] ns & pl : matemáticas fpl, matemática f

matinee or **matinée** [,mæt̬ən'eɪ] n : matiné f

matriarch ['meɪtriˌɑrk] n : matriarca f

matriarchy ['meɪtriˌɑrki] n, pl **-chies** : matriarcado m

matriculate [mə'trɪkjəˌleɪt] v **-lated; -lating** vt : matricular — vi : matricularse

matriculation [mə,trɪkjə'leɪʃən] n : matrícula f, matriculación f

matrimony ['mætrəˌmo:ni] n : matrimonio m — **matrimonial** [,mætrə'mo:niəl] adj

matrix ['meɪtrɪks] n, pl **-trices** ['meɪtrəˌsi:z, 'mæ-] or **-trixes** ['meɪtrɪksəz] : matriz f

matron ['meɪtrən] n : matrona f

matronly ['meɪtrənli] adj : de matrona, matronal

matte ['mæt] adj : mate, de acabado mate

matter¹ ['mæt̬ər] vi : importar ⟨it doesn't matter : no importa⟩

matter² n **1** QUESTION : asunto m, cuestión f ⟨a matter of taste : una cuestión de gusto⟩ **2** SUBSTANCE : materia f, sustancia f **3 matters** npl CIRCUMSTANCES : situación f, cosas fpl ⟨to make matters worse : para colmo de males⟩ **4 to be the matter** : pasar ⟨what's the matter? : ¿qué pasa?⟩ **5 as a matter of fact** : en efecto, en realidad **6 for that matter** : de hecho **7 no matter how much** : por mucho que

matter–of–fact ['mæt̬ərəv'fækt] adj : práctico, realista

mattress ['mætrəs] n : colchón m

mature¹ [mə'tʊr, -'tjʊr, -'tʃʊr] vi **-tured; -turing** **1** : madurar **2** : vencer ⟨when does the loan mature? : ¿cuándo vence el préstamo?⟩

mature² adj **-turer; -est** **1** : maduro **2** DUE : vencido

maturity [mə'tʊrət̬i, -'tjʊr-, -'tʃʊr-] n : madurez f

maudlin ['mɔdlɪn] adj : sensiblero

maul¹ ['mɔl] vt **1** BEAT : golpear, pegar **2** MANGLE : mutilar **3** MANHANDLE : maltratar

maul² n MALLET : mazo m

Mauritanian [,mɔrə'teɪniən] n : mauritano m, -na f — **Mauritanian** adj

mausoleum [,mɔsə'li:əm, ,mɔzə-] n, pl **-leums** or **-lea** [-'li:ə] : mausoleo m

mauve ['mo:v, 'mɔv] n : malva m

maven or **mavin** ['meɪvən] n EXPERT : experto m, -ta f

maverick ['mævrɪk, 'mævə-] n **1** : ternero m sin marcar **2** NONCONFORMIST : inconformista m, disidente mf

mawkish ['mɔkɪʃ] adj : sensiblero

maxim ['mæksəm] n : máxima f

maximize ['mæksəˌmaɪz] vt **-mized; -mizing** : maximizar, llevar al máximo

maximum¹ ['mæksəməm] adj : máximo

maximum² n, pl **-ma** ['mæksəmə] or **-mums** : máximo m

may ['meɪ] v aux, past **might** ['maɪt] present s & pl **may 1** (expressing permission) : poder ⟨you may go : puedes ir⟩ **2** (expressing possibility or probability) : poder ⟨you may be right : puede que tengas razón⟩ ⟨it may happen occasionally : puede pasar de vez en cuando⟩ **3** (expressing desires, intentions, or contingencies) ⟨may the best man win : que gane el mejor⟩ ⟨I laugh that I may not weep : me río para no llorar⟩ ⟨come what may : pase lo que pase⟩

May ['meɪ] n : mayo m

Maya ['maɪə] *or* **Mayan** ['maɪən] *n* : maya *mf* — **Maya** *or* **Mayan** *adj*

maybe ['meɪbi] *adv* PERHAPS : quizás, tal vez

mayfly ['meɪˌflaɪ] *n*, *pl* **-flies** : efímera *f*

mayhem ['meɪˌhɛm, 'meɪəm] *n* **1** MUTILATION : mutilación *f* **2** DEVASTATION : estragos *mpl*

mayonnaise ['meɪəˌneɪz] *n* : mayonesa *f*

mayor ['meɪər, 'mɛr] *n* : alcalde *m*, -desa *f*

mayoral ['meɪərəl, 'mɛrəl] *adj* : de alcalde

maze ['meɪz] *n* : laberinto *m*

me ['mi:] *pron* **1** : me ⟨she called me : me llamó⟩ ⟨give it to me : dámelo⟩ **2** (*after a preposition*) : mí ⟨for me : para mí⟩ ⟨with me : conmigo⟩ **3** (*after conjunctions and verbs*) : yo ⟨it's me : soy yo⟩ ⟨as big as me : tan grande como yo⟩ **4** (*emphatic use*) : yo ⟨me, too! : ¡yo también!⟩ ⟨who, me? : ¿quién, yo?⟩

meadow ['mɛdo] *n* : prado *m*, pradera *f*

meadowland ['mɛdoˌlænd] *n* : pradera *f*

meadowlark ['mɛdoˌlɑrk] *n* : pájaro *m* cantor con el pecho amarillo

meager *or* **meagre** ['mi:gər] *adj* **1** THIN : magro, flaco **2** POOR, SCANTY : exiguo, escaso, pobre

meagerly ['mi:gərli] *adv* : pobremente

meagerness ['mi:gərnəs] *n* : escasez *f*, pobreza *f*

meal ['mi:l] *n* **1** : comida *f* ⟨a hearty meal : una comida sustanciosa⟩ **2** : harina *f* (de maíz, etc.)

mealtime ['mi:lˌtaɪm] *n* : hora *f* de comer

mean[1] ['mi:n] *vt* **meant** ['mɛnt], **meaning 1** INTEND : querer, pensar, tener la intención de ⟨I didn't mean to do it : lo hice sin querer⟩ ⟨what do you mean to do? : ¿qué piensas hacer?⟩ **2** SIGNIFY : querer decir ⟨what does that mean? : ¿qué quiere decir eso?⟩ **3** : importar ⟨health · means everything : lo que más importa es la salud⟩

mean[2] *adj* **1** HUMBLE : humilde **2** NEGLIGIBLE : despreciable ⟨it's no mean feat : no es poca cosa⟩ **3** STINGY : mezquino, tacaño **4** CRUEL : malo, cruel ⟨to be mean to someone : tratar mal a alguien⟩ **5** AVERAGE, MEDIAN : medio

mean[3] *n* **1** MIDPOINT : término *m* medio **2** AVERAGE : promedio *m*, media *f* aritmética **3 means** *npl* WAY : medio *m*, manera *f*, vía *f* **4 means** *npl* RESOURCES : medios *mpl*, recursos *mpl* **5 by all means** : por supuesto, cómo no **6 by means of** : por medio de **7 by no means** : de ninguna manera, de ningún modo

meander [mi'ændər] *vi* **-dered; -dering 1** WIND : serpentear **2** WANDER : vagar, andar sin rumbo fijo

meaning ['mi:nɪŋ] *n* **1** : significado *m*, sentido *m* ⟨double meaning : doble sentido⟩ **2** INTENT : intención *f*, propósito *m*

meaningful ['mi:nɪŋfəl] *adj* : significativo — **meaningfully** *adv*

meaningless ['mi:nɪŋləs] *adj* : sin sentido

meanness ['mi:nnəs] *n* **1** CRUELTY : crueldad *f*, mezquindad *f* **2** STINGINESS : tacañería *f*

meantime[1] ['mi:nˌtaɪm] *adv* → **meanwhile**[1]

meantime[2] *n* **1** : interín *m* **2 in the meantime** : entretanto, mientras tanto

meanwhile[1] ['mi:nˌhwaɪl] *adv* : entretanto, mientras tanto

meanwhile[2] *n* → **meantime**[2]

measles ['mi:zəlz] *ns & pl* : sarampión *m*

measly ['mi:zli] *adj* **-slier; -est** : miserable, mezquino

measurable ['mɛʒərəbəl, 'meɪ-] *adj* : mensurable — **measurably** [-bli] *adv*

measure[1] ['mɛʒər, 'meɪ-] *v* **-sured; -suring** : medir ⟨he measured the table : midió la mesa⟩ ⟨it measures 15 feet tall : mide 15 pies de altura⟩

measure[2] *n* **1** AMOUNT : medida *f*, cantidad *f* ⟨in large measure : en gran medida⟩ ⟨a full measure : una cantidad exacta⟩ ⟨a measure of proficiency : una cierta competencia⟩ ⟨for good measure : de ñapa, por añadidura⟩ **2** DIMENSIONS, SIZE : medida *f*, tamaño *m* **3** RULER : regla *f* ⟨tape measure : cinta métrica⟩ **4** MEASUREMENT : medida *f* ⟨cubic measure : medida de capacidad⟩ **5** MEASURING : medición *f* **6 measures** *npl* : medidas *fpl* ⟨security measures : medidas de seguridad⟩

measureless ['mɛʒərləs, 'meɪ-] *adj* : inmensurable

measurement ['mɛʒərmənt, 'meɪ-] *n* **1** MEASURING : medición *f* **2** DIMENSION : medida *f*

measure up *vi* **to measure up to** : estar a la altura de

meat ['mi:t] *n* **1** FOOD : comida *f* **2** : carne *f* ⟨meat and fish : carne y pescado⟩ **3** SUBSTANCE : sustancia *f*, esencia *f* ⟨the meat of the story : la sustancia del cuento⟩

meatball ['mi:tˌbɔl] *n* : albóndiga *f*

meaty ['mi:ti] *adj* **meatier; -est** : con mucha carne, carnoso

mechanic [mi'kænɪk] *n* : mecánico *m*, -ca *f*

mechanical [mi'kænɪkəl] *adj* : mecánico — **mechanically** *adv*

mechanics [mi'kænɪks] *ns & pl* **1** : mecánica *f* ⟨fluid mechanics : la mecánica de fluidos⟩ **2** MECHANISMS : mecanismos *mpl*, aspectos *mpl* prácticos

mechanism ['mɛkəˌnɪzəm] *n* : mecanismo *m*

mechanization [ˌmɛkənə'zeɪʃən] *n* : mecanización *f*

mechanize ['mɛkə,naɪz] *vt* **-nized; -nizing** : mecanizar

medal ['mɛdəl] *n* : medalla *f*, condecoración *f*

medalist ['mɛdəlɪst] *or* **medallist** *n* : medallista *mf*

medallion [mə'dæljən] *n* : medallón *m*

meddle ['mɛdəl] *vi* **-dled; -dling** : meterse, entrometerse

meddler ['mɛdələr] *n* : entrometido *m*, -da *f*

meddlesome ['mɛdəlsəm] *adj* : entrometido

media ['miːdiə] *npl* : medios *mpl* de comunicación

median¹ ['miːdiən] *adj* : medio

median² *n* : valor *m* medio

mediate ['miːdi,eɪt] *vi* **-ated; -ating** : mediar

mediation [,miːdi'eɪʃən] *n* : mediación *f*

mediator ['miːdi,eɪtər] *n* : mediador *m*, -dora *f*

medical ['mɛdɪkəl] *adj* : médico

medicate ['mɛdə,keɪt] *vt* **-cated; -cating** : medicar ⟨medicated powder : polvos medicinales⟩

medication [,mɛdə'keɪʃən] *n* 1 TREATMENT : tratamiento *m*, medicación *f* 2 MEDICINE : medicamento *m* ⟨to be on medication : estar medicado⟩

medicinal [mə'dɪsənəl] *adj* : medicinal

medicine ['mɛdəsən] *n* 1 MEDICATION : medicina *f*, medicamento *m* 2 : medicina *f* ⟨he's studying medicine : estudia medicina⟩

medicine man *n* : hechicero *m*

medieval *or* **mediaeval** [mɪ'diːvəl, ,miː-, ,mɛ-, -di'iːvəl] *adj* : medieval

mediocre [,miːdi'oːkər] *adj* : mediocre

mediocrity [,miːdi'ɑkrəti] *n, pl* **-ties** : mediocridad *f*

meditate ['mɛdə,teɪt] *vi* **-tated; -tating** : meditar

meditation [,mɛdə'teɪʃən] *n* : meditación *f*

meditative ['mɛdə,teɪtɪv] *adj* : meditabundo

medium¹ ['miːdiəm] *adj* : mediano ⟨of medium height : de estatura mediana, de estatura regular⟩

medium² *n, pl* **-diums** *or* **-dia** ['miːdiə] 1 MEAN : punto *m* medio, término *m* medio ⟨happy medium : justo medio⟩ 2 MEANS : medio *m* 3 SUBSTANCE : medio *m*, sustancia *f* ⟨a viscous medium : un medio viscoso⟩ 4 : medio *m* de comunicación 5 : medio *m* (artístico)

medley ['mɛdli] *n, pl* **-leys** : popurrí *m* (de canciones)

meek ['miːk] *adj* 1 LONG-SUFFERING : paciente, sufrido 2 SUBMISSIVE : sumiso, dócil, manso

meekly ['miːkli] *adv* : dócilmente

meekness ['miːknəs] *n* : mansedumbre *f*, docilidad *f*

meet¹ ['miːt] *v* **met** ['mɛt]; **meeting** *vt* 1 ENCOUNTER : encontrarse con 2 JOIN : unirse con 3 CONFRONT : enfrentarse a 4 SATISFY : satisfacer, cumplir con ⟨to meet costs : pagar los gastos⟩ 5 : conocer ⟨I met his sister : conocí a su hermana⟩ — *vi* ASSEMBLE : reunirse, congregarse

meet² *n* : encuentro *m*

meeting ['miːtɪŋ] *n* 1 : reunión *f* ⟨to open the meeting : abrir la sesión⟩ 2 ENCOUNTER : encuentro *m* 3 : entrevista *f* (formal)

meetinghouse ['miːtɪŋ,haʊs] *n* : iglesia *f* (de ciertas confesiones protestantes)

megabyte ['mɛgə,baɪt] *n* : megabyte *m*

megahertz ['mɛgə,hərts, -,hrts] *n* : megahercio *m*

megaphone ['mɛgə,foːn] *n* : megáfono *m*

melancholy¹ ['mɛlən,kɑli] *adj* : melancólico, triste, sombrío

melancholy² *n, pl* **-cholies** : melancolía *f*

melanoma [,mɛlə'noːmə] *n, pl* **-mas** : melanoma *m*

meld ['mɛld] *vt* : fusionar, unir — *vi* : fusionarse, unirse

melee ['meɪ,leɪ, meɪ'leɪ] *n* BRAWL : reyerta *f*, riña *f*, pelea *f*

meliorate ['miːljə,reɪt, 'miːliə-] → **ameliorate**

mellow¹ ['mɛloː] *vt* : suavizar, endulzar — *vi* : suavizarse, endulzarse

mellow² *adj* 1 RIPE : maduro 2 MILD : apacible ⟨a mellow character : un carácter apacible⟩ ⟨mellow wines : vinos añejos⟩ 3 : suave, dulce ⟨mellow colors : colores suaves⟩ ⟨mellow tones : tonos dulces⟩

mellowness ['mɛlonəs] *n* : suavidad *f*, dulzura *f*

melodic [mə'lɑdɪk] *adj* : melódico — **melodically** [-dɪkli] *adv*

melodious [mə'loːdiəs] *adj* : melodioso — **melodiously** *adv*

melodiousness [mə'loːdiəsnəs] *n* : calidad *f* de melódico

melodrama ['mɛlə,drɑmə, -,dræ-] *n* : melodrama *m*

melodramatic [,mɛlədrə'mætɪk] *adj* : melodramático — **melodramatically** [-tɪkli] *adv*

melody ['mɛlədi] *n, pl* **-dies** : melodía *f*, tonada *f*

melon ['mɛlən] *n* : melón *m*

melt ['mɛlt] *vt* 1 : derretir, disolver 2 SOFTEN : ablandar ⟨it melted his heart : ablandó su corazón⟩ — *vi* 1 : derretirse, disolverse 2 SOFTEN : ablandarse 3 DISAPPEAR : desvanecerse, esfumarse ⟨the clouds melted away : las nubes se desvanecieron⟩

melting point *n* : punto *m* de fusión

member ['mɛmbər] *n* 1 LIMB : miembro *m* 2 : miembro *m* (de un grupo); socio *m*, -cia *f* (de un club) 3 PART : miembro *m*, parte *f*

membership ['mɛmbər,ʃɪp] *n* 1 : membresía *f* ⟨application for membership

: solicitud de entrada⟩ 2 MEMBERS
: membresía f, miembros mpl, socios
mpl

membrane ['mɛm,breɪn] n : membrana
f — **membranous** ['mɛmbrə-nəs] adj

memento [mɪ'mɛn,to:] n, pl -**tos** or -**toes**
: recuerdo m

memo ['mɛmo:] n, pl **memos** : memorándum m

memoirs ['mɛm,wɑrz] npl : memorias
fpl, autobiografía f

memorabilia [,mɛmərə'bilɪə, -'bɪljə] npl
1 : objetos mpl de interés histórico 2
MEMENTOS : recuerdos mpl

memorable ['mɛmərəbəl] adj : memorable, notable — **memorably** [-bli] adv

memorandum [,mɛmə'rændəm] n, pl
-**dums** or -**da** [-də] : memorándum m

memorial[1] [mə'mɔriəl] adj : conmemorativo

memorial[2] n : monumento m conmemorativo

Memorial Day n : el último lunes de
mayo (observado en Estados Unidos
como día feriado para conmemorar a
los caídos en guerra)

memorialize [mə'mɔriə,laɪz] vt -**ized**;
-**izing** COMMEMORATE : conmemorar

memorization [,mɛmərə'zeɪʃən] n
: memorización f

memorize ['mɛmə,raɪz] vt -**rized**; -**rizing**
: memorizar, aprender de memoria

memory ['mɛmri, 'mɛmə-] n, pl -**ries** 1
: memoria f ⟨he has a good memory
: tiene buena memoria⟩ 2 RECOLLEC-
TION : recuerdo m 3 COMMEMORA-
TION : memoria f, conmemoración f

men → **man**[2]

menace[1] ['mɛnəs] v -**aced**; -**acing** 1
THREATEN : amenazar 2 ENDANGER
: poner en peligro

menace[2] n : amenaza f

menacing ['mɛnəsɪŋ] adj : amenazador,
amenazante

menagerie [mə'nædʒəri, -'næʒəri] n
: colección f de animales salvajes

mend[1] ['mɛnd] vt 1 CORRECT : enmendar, corregir ⟨to mend one's ways
: enmendarse⟩ 2 REPAIR : remendar,
arreglar, reparar — vi HEAL : curarse

mend[2] n : remiendo m

mendicant ['mɛndɪkənt] n BEGGAR
: mendigo m, -ga f

menhaden [mɛn'heɪdən, mən-] ns & pl
: pez m de la misma familia que los
arenques

menial[1] ['mi:niəl] adj : servil, bajo

menial[2] n : sirviente m, -ta f

meningitis [,mɛnən'dʒaɪtəs] n, pl
-**gitides** [-'dʒɪtə,di:z] : meningitis f

menopause ['mɛnə,pɔz] n : menopausia f

menorah [mə'nɔrə] n : candelabro m
(usado en los oficios religiosos judíos)

menstrual ['mɛnstruəl] adj : menstrual

menstruate ['mɛnstru,eɪt] vi -**ated**; -**ating** : menstruar

menstruation [,mɛnstru'eɪʃən] n : menstruación f

mental ['mɛntəl] adj : mental ⟨mental
hospital : hospital psiquiátrico⟩ —
mentally adv

mentality [mɛn'tæləti] n, pl -**ties** : mentalidad f

menthol ['mɛn,θɔl, -,θo:l] n : mentol m

mentholated [,mɛn'θə,leɪtəd] adj : men-
tolado

mention[1] ['mɛntʃən] vt : mencionar,
mentar, referirse a ⟨don't mention it!
: ¡de nada!, ¡no hay de qué!⟩

mention[2] n : mención f

mentor ['mɛn,tɔr, 'mɛntər] n : mentor m

menu ['mɛn,ju:] n 1 : menú m, carta f
(en un restaurante) 2 : menú m (de
computadoras)

meow[1] [mi'aʊ] vi : maullar

meow[2] n : maullido m, miau m

mercantile ['mərkən,ti:l, -,taɪl] adj : mercantil

mercenary[1] ['mərsəne,ri] adj : mercenario

mercenary[2] n, pl -**naries** : mercenario
m, -ria f

merchandise ['mərtʃən,daɪz, -,daɪs] n
: mercancía f, mercadería f

merchandiser ['mərtʃən,daɪzər] n : comerciante mf; vendedor m, -dora f

merchant ['mərtʃənt] n : comerciante mf

merchant marine n : marina f mercante

merciful ['mərsɪfəl] adj : misericordioso,
clemente

mercifully ['mərsɪfli] adv 1 : con misericordia, con compasión 2 FORTU-
NATELY : afortunadamente

merciless ['mərsɪləs] adj : despiadado —
mercilessly adv

mercurial [,mər'kjuriəl] adj TEMPERA-
MENTAL : temperamental, volátil

mercury ['mərkjəri] n, pl -**ries** : mercurio m

Mercury n : Mercurio m

mercy ['mərsi] n, pl -**cies** 1 CLEMENCY
: misericordia, clemencia f 2 BLESS-
ING : bendición f

mere ['mɪr] adj, superlative **merest**
: mero, simple

merely ['mɪrli] adv : solamente, simplemente

merge ['mərdʒ] v **merged**; **merging** vi
: unirse, fusionarse (dícese de las com-
pañías), confluir (dícese de los ríos, las
calles, etc.) — vt : unir, fusionar, combinar

merger ['mərdʒər] n : unión f, fusión f

meridian [mə'rɪdiən] n : meridiano m

meringue [mə'ræŋ] n : merengue m

merino [mə'ri:no] n, pl -**nos** 1 : merino
m, -na f 2 or **merino wool** : lana f merino

merit[1] ['mɛrət] vt : merecer, ser digno de

merit[2] n : mérito m, valor m

meritorious [,mɛrə'tɔriəs] adj : meritorio

mermaid ['mər,meɪd] n : sirena f

merriment ['mɛrɪmənt] n : alegría f, júbilo m, regocijo m

merry ['mɛri] *adj* **-rier; -est** : alegre —
 merrily ['mɛrəli] *adv*
merry–go–round ['mɛrigo,raʊnd] *n*
 : carrusel *m*, tiovivo *m*
merrymaker ['mɛri,meɪkər] *n* : juerguista *mf*
merrymaking ['mɛri,meɪkɪŋ] *n* : juerga
 f
mesa ['meɪsə] *n* : mesa *f*
mesdames → **madam, Mrs.**
mesh[1] ['mɛʃ] *vi* **1** ENGAGE : engranar
 (dícese de las piezas mecánicas) **2** TAN-
 GLE : enredarse **3** COORDINATE : coordinarse, combinar
mesh[2] *n* **1** : malla *f* ⟨wire mesh : malla
 metálica⟩ **2** NETWORK : red *f* **3** MESH-
 ING : engranaje *m* ⟨in mesh : engrana-
 do⟩
mesmerize ['mɛzmə,raɪz] *vt* **-ized;**
 -izing 1 HYPNOTIZE : hipnotizar **2**
 FASCINATE : cautivar, embelesar, fascinar
mess[1] ['mɛs] *vt* **1** SOIL : ensuciar **2 to
 mess up** DISARRANGE : desordenar,
 desarreglar **3 to mess up** BUNGLE
 : echar a perder — *vi* **1** PUTTER : entretenerse **2** INTERFERE : meterse, entrometerse ⟨don't mess with me : no te
 metas conmigo⟩
mess[2] *n* **1** : rancho *m* (para soldados,
 etc.) **2** DISORDER : desorden *m* ⟨your
 room is a mess : tienes el cuarto hecho
 un desastre⟩ **3** CONFUSION, TURMOIL
 : confusión *f*, embrollo *m*, lío *m fam*
message ['mɛsɪʤ] *n* : mensaje *m*, recado *m*
messenger ['mɛsənʤər] *n* : mensajero
 m, -ra *f*
Messiah [mə'saɪə] *n* : Mesías *m*
Messrs. → **Mr.**
messy ['mɛsi] *adj* **messier; -est** UNTIDY
 : desordenado, sucio
met → **meet**
metabolic [,mɛtə'balɪk] *adj* : metabólico
metabolism [mə'tæbə,lɪzəm] *n* : metabolismo *m*
metabolize [mə'tæbə,laɪz] *vt* **-lized;**
 -lizing : metabolizar
metal ['mɛtəl] *n* : metal *m*
metallic [mə'tælɪk] *adj* : metálico
metallurgical [,mɛtəl'ərʤɪkəl] *adj* : metalúrgico
metallurgy ['mɛtəl,ərʤi] *n* : metalurgia
 f
metalwork ['mɛtəl,wərk] *n* : objeto *m* de
 metal
metalworking ['mɛtəl,wərkɪŋ] *n* : metalistería *f*
metamorphosis [,mɛtə'mɔrfəsɪs] *n, pl*
 -phoses [-,si:z] : metamorfosis *f*
metaphor ['mɛtə,fɔr, -fər] *n* : metáfora *f*
metaphoric [,mɛtə'fɔrɪk] *or* **metaphorical** [-ɪkəl] *adj* : metafórico
metaphysical [,mɛtə'fɪzəkəl]   *adj*
 : metafísico
metaphysics [,mɛtə'fɪzɪks] *n* : metafísica *f*

mete ['mi:t] *vt* **meted; meting** ALLOT
 : repartir, distribuir ⟨to mete out punishment : imponer castigos⟩
meteor ['mi:tiər, -,tiˌɔr] *n* : meteoro *m*
meteoric [,mi:ti'ɔrɪk] *adj* : meteórico
meteorite ['mi:tiə,raɪt] *n* : meteorito *m*
meteorologic [,mi:ti,ɔrə'laʤɪk] *or* **meteorological** [-'laʤɪkəl] *adj* : meteorológico
meteorologist [,mi:tiə'raləʤɪst] *n* : meteorólogo *m*, -ga *f*
meteorology [,mi:tiə'raləʤi] *n* : meteorología *f*
meter ['mi:tər] *n* **1** : metro *m* ⟨it measures 2 meters : mide 2 metros⟩ **2** : contador *m*, medidor *m* (de electricidad,
 etc.) ⟨parking meter : parquímetro⟩ **3**
 : metro *m* (en literatura o música)
methane ['mɛ,θeɪn] *n* : metano *m*
method ['mɛθəd] *n* : método *m*
methodical [mə'θadɪkəl] *adj* : metódico
 — **methodically** *adv*
Methodist ['mɛθədɪst] *n* : metodista *mf*
 — **Methodist** *adj*
methodology [,mɛθə'daləʤi] *n, pl* **-gies**
 : metodología *f*
meticulous [mə'tɪkjələs] *adj* : meticuloso — **meticulously** *adv*
meticulousness   [mə'tɪkjələsnəs]   *n*
 : meticulosidad *f*
metric ['mɛtrɪk] *or* **metrical** [-trɪkəl] *adj*
 : métrico
metric system *n* : sistema *m* métrico
metronome   ['mɛtrə,no:m]   *n*
 : metrónomo *m*
metropolis [mə'trapələs] *n* : metrópoli
 f, metrópolis *f*
metropolitan [,mɛtrə'palətən] *adj* : metropolitano
mettle ['mɛtəl] *n* : temple *m*, valor *m* ⟨on
 one's mettle : dispuesto a mostrar su
 valía⟩
Mexican ['mɛksɪkən] *n* : mexicano *m*,
 -na *f* — **Mexican** *adj*
mezzanine ['mɛzə,ni:n, ,mɛzə'ni:n] *n* **1**
 : entrepiso *m*, entresuelo *m* **2** : primer
 piso *m* (de un teatro)
miasma [maɪ'æzmə] *n* : miasma *m*
mica ['maɪkə] *n* : mica *f*
mice → **mouse**
micro ['maɪkro] *adj* : muy pequeño, microscópico
microbe ['maɪ,kro:b] *n* : microbio *m*
microbiology [,maɪkrobaɪ'aləʤi] *n* : microbiología *f*
microchip ['maɪkro,tʃɪp] *n* : microchip
 m
microcomputer ['maɪkrokəm,pju:tər] *n*
 : microcomputadora *f*
microcosm ['maɪkro,kazəm] *n* : micro-
 cosmo *m*
microfilm ['maɪkro,fɪlm] *n* : microfilm
 m
micrometer [maɪ'kramətər] *n* : micrómetro *m*
micron ['maɪ,kran] *n* : micrón *m*
microorganism [,maɪkro'ɔrgə,nɪzəm] *n*
 : microorganismo *m*, microbio *m*

microphone ['maɪkrə,foːn] *n* : micrófono *m*

microprocessor ['maɪkro,prɑ,ssər] *n* : microprocesador *m*

microscope ['maɪkrə,skoːp] *n* : microscopio *m*

microscopic [,maɪkrə'skɑpɪk] *adj* : microscópico

microscopy [maɪ'krɑskəpi] *n* : microscopía *f*

microwave ['maɪkrə,weɪv] *n* **1** : microonda *f* **2 or microwave oven** : microondas *m*

mid ['mɪd] *adj* : medio ⟨mid morning : a media mañana⟩ ⟨in mid-August : a mediados de agosto⟩ ⟨in mid ocean : en alta mar⟩

midair ['mɪd'ær] *n* in ~ : en el aire ⟨to catch in midair : agarrar al vuelo⟩

midday ['mɪd'deɪ] *n* NOON : mediodía *m*

middle¹ ['mɪdəl] *adj* **1** CENTRAL : medio, del medio, de en medio **2** INTERMEDIATE : intermedio, mediano ⟨middle age : la mediana edad⟩

middle² *n* **1** CENTER : medio *m*, centro *m* ⟨fold it down the middle : dóblalo por la mitad⟩ **2 in the middle of** : en medio de (un espacio), a mitad de (una actividad) ⟨in the middle of the month : a mediados del mes⟩

Middle Ages *npl* : Edad *f* Media

middle class *n* : clase *f* media

middleman ['mɪdəl,mæn] *n, pl* **-men** [-,mən, -,mɛn] : intermediario *m*, -ria *f*

middling ['mɪdlɪŋ, -lən] *adj* **1** MEDIUM, MIDDLE : mediano **2** MEDIOCRE : mediocre, regular

midfielder ['mɪd,fiːldər] *n* : mediocampista *mf*

midge ['mɪdʒ] *n* : mosca *f* pequeña

midget ['mɪdʒət] *n* **1** : enano *m*, -na *f* (persona) **2** : cosa *f* diminuta

midland ['mɪdlənd, -,lænd] *n* : región *f* central (de un país)

midnight ['mɪd,naɪt] *n* : medianoche *f*

midpoint ['mɪd,pɔɪnt] *n* : punto *m* medio, término *m* medio

midriff ['mɪd,rɪf] *n* : diafragma *m*

midshipman ['mɪd,ʃɪpmən, ,mɪd'ʃɪp-] *n, pl* **-men** [-,mən, -,mɛn] : guardiamarina *m*

midst¹ ['mɪdst] *n* : medio *m* ⟨in our midst : entre nosotros⟩ ⟨in the midst of : en medio de⟩

midst² *prep* : entre

midstream ['mɪd'striːm, -,striːm] *n* : medio *m* de la corriente ⟨in the midstream of his career : en medio de su carrera⟩

midsummer ['mɪd'sʌmər, -,sʌ-] *n* : pleno verano *m*

midtown ['mɪd,taʊn] *n* : centro *m* (de una ciudad)

midway ['mɪd,weɪ] *adv* HALFWAY : a mitad de camino

midweek ['mɪd,wiːk] *n* : medio *m* de la semana ⟨in midweek : a media semana⟩

midwife ['mɪd,waɪf] *n, pl* **-wives** [-,waɪvz] : partera *f*, comadrona *f*

midwinter ['mɪd'wɪntər, -,win-] *n* : pleno invierno *m*

midyear ['mɪd,jɪr] *n* : medio *m* del año ⟨at midyear : a mediados del año⟩

mien [miːn] *n* : aspecto *m*, porte *m*, semblante *m*

miff ['mɪf] *vt* : ofender

might¹ ['maɪt] (*used to express permission or possibility or as a polite alternative to* **may**) → **may** ⟨it might be true : podría ser verdad⟩ ⟨might I speak with Sarah? : ¿se puede hablar con Sarah?⟩

might² *n* : fuerza *f*, poder *m*

mightily ['maɪtəli] *adv* : con mucha fuerza, poderosamente

mighty¹ ['maɪti] *adv* VERY : muy ⟨mighty good : muy bueno, buenísimo⟩

mighty² *adj* **mightier; -est 1** POWERFUL : poderoso, potente **2** GREAT : grande, imponente

migraine ['maɪ,greɪn] *n* : jaqueca *f*, migraña *f*

migrant ['maɪgrənt] *n* : trabajador *m*, -dora *f* ambulante

migrate ['maɪ,greɪt] *vi* **-grated; -grating** : emigrar

migration [maɪ'greɪʃən] *n* : migración *f*

migratory ['maɪgrə,tori] *adj* : migratorio

mild ['maɪld] *adj* **1** GENTLE : apacible, suave ⟨a mild disposition : un temperamento suave⟩ **2** LIGHT : leve, ligero ⟨a mild punishment : un castigo leve, un castigo poco severo⟩ **3** TEMPERATE : templado (dícese del clima) — **mildly** *adv*

mildew¹ ['mɪl,duː, -,djuː] *vi* : enmohecerse

mildew² *n* : moho *m*

mildness ['maɪldnəs] *n* : apacibilidad *f*, suavidad *f*

mile ['maɪl] *n* : milla *f*

mileage ['maɪlɪdʒ] *n* **1** ALLOWANCE : viáticos *mpl* (pagados por milla recorrida) **2** : distancia *f* recorrida (en millas), kilometraje *m*

milestone ['maɪl,stoːn] *n* LANDMARK : hito *m*, jalón *m* ⟨a milestone in his life : un hito en su vida⟩

milieu [miːl'juː, -'jəʊ] *n, pl* **-lieus** *or* **-lieux** [-'juːz, -'jəʊ] SURROUNDINGS : entorno *m*, medio *m*, ambiente *m*

militant¹ ['mɪlətənt] *adj* : militante, combativo

militant² *n* : militante *mf*

militarism ['mɪlətə,rɪzəm] *n* : militarismo *m*

militaristic [,mɪlətə'rɪstɪk] *adj* : militarista

military¹ ['mɪlə,teri] *adj* : militar

military² n the military : las fuerzas armadas

militia [mə'lɪʃə] *n* : milicia *f*

milk¹ ['mɪlk] *vt* **1** : ordeñar (una vaca, etc.) **2** EXPLOIT : explotar

milk² *n* : leche *f*
milkman [ˈmɪlkˌmæn, -mən] *n, pl* **-men** [-mən, -ˌmɛn] : lechero *m*
milk shake *n* : batido *m*, licuado *m*
milkweed [ˈmɪlkˌwiːd] *n* : algodoncillo *m*
milky [ˈmɪlki] *adj* **milkier; -est** : lechoso
Milky Way *n* : Vía *f* Láctea
mill¹ [ˈmɪl] *vt* : moler (granos), fresar (metales), acordonar (monedas) — *vi* **to mill about** : arremolinarse
mill² *n* **1** : molino *m* (para moler granos) **2** FACTORY : fábrica *f* ⟨textile mill : fábrica textil⟩ **3** GRINDER : molinillo *m*
millennium [məˈlɛniəm] *n, pl* **-nia** [-niə] *or* **-niums** : milenio *m*
miller [ˈmɪlər] *n* : molinero *m*, -ra *f*
millet [ˈmɪlət] *n* : mijo *m*
milligram [ˈmɪləˌgræm] *n* : miligramo *m*
milliliter [ˈmɪləˌliːtər] *n* : mililitro *m*
millimeter [ˈmɪləˌmiːtər] *n* : milímetro *m*
milliner [ˈmɪlənər] *n* : sombrerero *m*, -ra *f* (de señoras)
millinery [ˈmɪləˌnɛri] *n* : sombreros *mpl* de señora
million¹ [ˈmɪljən] *adj* **a million** : un millón de
million² *n, pl* **millions** *or* **million** : millón *m*
millionaire [ˌmɪljəˈnær, ˈmɪljəˌnær] *n* : millonario *m*, -ria *f*
millionth¹ [ˈmɪljənθ] *adj* : millonésimo
millionth² *n* : millonésimo *m*
millipede [ˈmɪləˌpiːd] *n* : milpiés *m*
millstone [ˈmɪlˌstoːn] *n* : rueda *f* de molino, muela *f*
mime¹ [ˈmaɪm] *v* **mimed; miming** *vt* MIMIC : imitar, remedar — *vi* PANTOMIME : hacer la mímica
mime² *n* **1** : mimo *mf* **2** PANTOMIME : pantomima *f*
mimeograph [ˈmɪmiəˌgræf] *n* : mimeógrafo *m*
mimic¹ [ˈmɪmɪk] *vt* **-icked; -icking** : imitar, remedar
mimic² *n* : imitador *m*, -dora *f*
mimicry [ˈmɪmɪkri] *n, pl* **-ries** : mímica *f*, imitación *f*
minaret [ˌmɪnəˈrɛt] *n* : alminar *m*, minarete *m*
mince [ˈmɪnts] *v* **minced; mincing** *vt* **1** CHOP : picar, moler (carne) **2 not to mince one's words** : no tener uno pelos en la lengua — *vi* : caminar de manera afectada
mincemeat [ˈmɪntsˌmiːt] *n* : mezcla *f* de fruta picada, sebo, y especias
mind¹ [ˈmaɪnd] *vt* **1** TEND : cuidar, atender ⟨mind the children : cuida a los niños⟩ **2** OBEY : obedecer **3** : preocuparse por, sentirse molestado por ⟨I don't mind his jokes : sus bromas no me molestan⟩ **4** : tener cuidado con ⟨mind the ladder! : ¡cuidado con la escalera!⟩ — *vi* **1** OBEY : obedecer **2** CARE : importarle a uno ⟨I don't mind : no me importa, me es igual⟩
mind² *n* **1** MEMORY : memoria *f*, recuerdo *m* ⟨keep it in mind : téngalo en

cuenta⟩ **2** : mente *f* ⟨the mind and the body : la mente y el cuerpo⟩ **3** INTENTION : intención *f*, propósito *m* ⟨to have a mind to do something : tener intención de hacer algo⟩ **4** : razón *f* ⟨he's out of his mind : está loco⟩ **5** OPINION : opinión *f* ⟨to change one's mind : cambiar de opinión⟩ **6** INTELLECT : capacidad *f* intelectual
minded [ˈmaɪndəd] *adj* **1** (*used in combination*) ⟨narrow-minded : de mentalidad cerrada⟩ ⟨health-minded : preocupado por la salud⟩ **2** INCLINED : inclinado
mindful [ˈmaɪndfəl] *adj* AWARE : consciente — **mindfully** *adv*
mindless [ˈmaɪndləs] *adj* **1** SENSELESS : estúpido, sin sentido ⟨mindless violence : violencia sin sentido⟩ **2** HEEDLESS : inconsciente
mindlessly [ˈmaɪndləsli] *adv* **1** SENSELESSLY : sin sentido **2** HEEDLESSLY : inconscientemente
mine¹ [ˈmaɪn] *v* **mined; mining 1** : extraer (oro, etc.) **2** : minar (con artefactos explosivos)
mine² *n* : mina *f* ⟨gold mine : mina de oro⟩
mine³ *pron* : mío, mía ⟨that one's mine : ése es el mío⟩ ⟨some friends of mine : unos amigos míos⟩
minefield [ˈmaɪnˌfiːld] *n* : campo *m* de minas
miner [ˈmaɪnər] *n* : minero *m*, -ra *f*
mineral [ˈmɪnərəl] *n* : mineral *m* — **mineral** *adj*
mineralogy [ˌmɪnəˈralədʒi, -ˈræ-] *n* : mineralogía *f*
mingle [ˈmɪŋgəl] *v* **-gled; -gling** *vt* MIX : mezclar — *vi* **1** MIX : mezclarse **2** CIRCULATE : circular
miniature¹ [ˈmɪniəˌtʃʊr, ˈmɪniˌtʃʊr, -tʃər] *adj* : en miniatura, diminuto
miniature² *n* : miniatura *f*
minibus [ˈmɪniˌbʌs] *n* : microbús *m*, pesera *f Mex*
minicomputer [ˈmɪnikəmˌpjuːtər] *n* : minicomputadora *f*
minimal [ˈmɪnəməl] *adj* : mínimo
minimally [ˈmɪnəməli] *adv* : en grado mínimo
minimize [ˈmɪnəˌmaɪz] *vt* **-mized; -mizing** : minimizar
minimum¹ [ˈmɪnəməm] *adj* : mínimo
minimum² *n, pl* **-ma** [ˈmɪnəmə] *or* **-mums** : mínimo *m*
miniseries [ˈmɪniˌsɪriːz] *n* : miniserie *f*
miniskirt [ˈmɪniˌskərt] *n* : minifalda *f*
minister¹ [ˈmɪnəstər] *vi* **to minister to** : cuidar (de), atender a
minister² *n* **1** : pastor *m*, -tora *f* (de una iglesia) **2** : ministro *m*, -tra *f* (en política)
ministerial [ˌmɪnəˈstɪriəl] *adj* : ministerial
ministry [ˈmɪnɪstri] *n, pl* **-tries 1** : ministerio *m* (en política) **2** : sacerdocio *m* (en el catolicismo), clerecía *f* (en el protestantismo)

minivan ['mɪnɪˌvæn] *n* : minivan *f*

mink ['mɪŋk] *n, pl* **mink** *or* **minks** : visón *m*

minnow ['mɪnoː] *n, pl* **-nows** : pececillo *m* de agua dulce

minor¹ ['maɪnər] *adj* : menor

minor² *n* **1** : menor *mf* (de edad) **2** : asignatura *f* secundaria (de estudios)

minority [məˈnɔrəti, maɪ-] *n, pl* **-ties** : minoría *f*

minstrel ['mɪnstrəl] *n* : juglar *m*, trovador *m* (en el medioevo)

mint¹ ['mɪnt] *vt* : acuñar

mint² *adj* : sin usar ⟨in mint condition : como nuevo⟩

mint³ *n* **1** : menta *f* ⟨mint tea : té de menta⟩ **2** : pastilla *f* de menta **3** : casa *f* de la moneda ⟨the U.S. Mint : la casa de la moneda de los EE.UU.⟩ **4** FORTUNE : dineral *m*, fortuna *f*

minuet [ˌmɪnjuˈet] *n* : minué *m*

minus¹ ['maɪnəs] *n* **1** : cantidad *f* negativa **2 minus sign** : signo *m* de menos

minus² *prep* **1** : menos ⟨four minus two : cuatro menos dos⟩ **2** WITHOUT : sin ⟨minus his hat : sin su sombrero⟩

minuscule *or* **miniscule** ['mɪnəsˌkjuːl, mɪˈnʌs-] *adj* : minúsculo

minute¹ [maɪˈnuːt, mɪ-, -ˈnjuːt] *adj* **-nuter; -est 1** TINY : diminuto, minúsculo **2** DETAILED : minucioso

minute² ['mɪnət] *n* **1** : minuto *m* ⟨ten minutes late : diez minutos de retraso⟩ **2** MOMENT : momento *m* **3 minutes** *npl* : actas *fpl* (de una reunión)

minutely [maɪˈnuːtli, mɪ-, -ˈnjuːt-] *adv* : minuciosamente

miracle ['mɪrɪkəl] *n* : milagro *m*

miraculous [məˈrækjələs] *adj* : milagroso — **miraculously** *adv*

mirage [mɪˈrɑʒ, *chiefly Brit* ˈmɪrˌɑʒ] *n* : espejismo *m*

mire¹ ['maɪr] *vi* **mired; miring** : atascarse

mire² *n* **1** MUD : barro *m*, lodo *m* **2** : atolladero *m* ⟨stuck in a mire of debt : agobiado por la deuda⟩

mirror¹ ['mɪrər] *vt* : reflejar

mirror² *n* : espejo *m*

mirth ['mərθ] *n* : alegría *f*, regocijo *m*

mirthful ['mərθfəl] *adj* : alegre, regocijado

misadventure [ˌmɪsədˈvɛntʃər] *n* : malaventura *f*, desventura *f*

misanthrope ['mɪsənˌθroːp] *n* : misántropo *m*, -pa *f*

misanthropic [ˌmɪsənˈθrɑpɪk] *adj* : misantrópico

misanthropy [mɪˈsænθrəpi] *n* : misantropía *f*

misapprehend [ˌmɪsˌæprəˈhɛnd] *vt* : entender mal

misapprehension [ˌmɪsˌæprəˈhɛntʃən] *n* : malentendido *m*

misappropriate [ˌmɪsəˈproːpriˌeɪt] *vt* **-ated; -ating** : malversar

misbegotten [ˌmɪsbɪˈgɑtən] *adj* **1** ILLEGITIMATE : ilegítimo **2** : mal concebido ⟨misbegotten laws : leyes mal concebidas⟩

misbehave [ˌmɪsbɪˈheɪv] *vi* **-haved; -having** : portarse mal

misbehavior [ˌmɪsbɪˈheɪvjər] *n* : mala conducta *f*

miscalculate [mɪsˈkælkjəˌleɪt] *v* **-lated; -lating** : calcular mal

miscalculation [mɪsˌkælkjəˈleɪʃən] *n* : error *m* de cálculo, mal cálculo *m*

miscarriage [mɪsˈkærɪdʒ, ˈmɪsˌkærɪdʒ] *n* **1** : aborto *m* **2** FAILURE : fracaso *m*, malogro *m* ⟨a miscarriage of justice : una injusticia, un error judicial⟩

miscarry [ˌmɪsˈkæri, ˈmɪsˌkæri] *vi* **-ried; -rying 1** ABORT : abortar **2** FAIL : malograrse, fracasar

miscellaneous [ˌmɪsəˈleɪniəs] *adj* : misceláneo

miscellany ['mɪsəˌleɪni] *n, pl* **-nies** : miscelánea *f*

mischance [mɪsˈtʃænts] *n* : desgracia *f*, infortunio *m*, mala suerte *f*

mischief ['mɪstʃəf] *n* : diabluras *fpl*, travesuras *fpl*

mischievous ['mɪstʃəvəs] *adj* : travieso, pícaro

mischievously ['mɪstʃəvəsli] *adv* : de manera traviesa

misconception [ˌmɪskənˈsɛpʃən] *n* : concepto *m* erróneo, idea *f* falsa

misconduct [mɪsˈkɑndəkt] *n* : mala conducta *f*

misconstrue [ˌmɪskənˈstruː] *vt* **-strued; -struing** : malinterpretar

misdeed [mɪsˈdiːd] *n* : fechoría *f*

misdemeanor [ˌmɪsdɪˈmiːnər] *n* : delito *m* menor

miser ['maɪzər] *n* : avaro *m*, -ra *f*; tacaño *m*, -ña *f*

miserable ['mɪzərəbəl] *adj* **1** UNHAPPY : triste, desdichado **2** WRETCHED : miserable, desgraciado ⟨a miserable hut : una choza miserable⟩ **3** UNPLEASANT : desagradable, malo ⟨miserable weather : tiempo malísimo⟩ **4** CONTEMPTIBLE : despreciable, mísero ⟨for a miserable $10 : por unos míseros diez dólares⟩

miserably ['mɪzərəbli] *adv* **1** SADLY : tristemente **2** WRETCHEDLY : miserablemente, lamentablemente **3** UNFORTUNATELY : desgraciadamente

miserly ['maɪzərli] *adj* : avaro, tacaño

misery ['mɪzəri] *n, pl* **-eries** : miseria *f*, sufrimiento *m*

misfire [mɪsˈfaɪr] *vi* **-fired; -firing** : fallar

misfit ['mɪsˌfɪt] *n* : inadaptado *m*, -da *f*

misfortune [mɪsˈfɔrtʃən] *n* : desgracia *f*, desventura *f*, infortunio *m*

misgiving [mɪsˈgɪvɪŋ] *n* : duda *f*, recelo *m*

misguided [mɪsˈgaɪdəd] *adj* : desacertado, equivocado, mal informado

mishap ['mɪsˌhæp] *n* : contratiempo *m*, percance *m*, accidente *m*

misinform [ˌmɪsɪnˈfɔrm] *vt* : informar mal

misinterpret [ˌmɪsɪnˈtərprət] *vt* : malinterpretar

misinterpretation [ˌmɪsɪnˌtərprəˈteɪ-ʃən] n : mala interpretación f, malentendido m

misjudge [mɪsˈdʒʌdʒ] vt **-judged; -judging** : juzgar mal

mislay [mɪsˈleɪ] vt **-laid** [-leɪd]; **-laying** : extraviar, perder

mislead [mɪsˈliːd] vt **-led** [-ˈlɛd]; **-leading** : engañar

misleading [mɪsˈliːdɪŋ] adj : engañoso

mismanage [mɪsˈmænɪdʒ] vt **-aged; -aging** : administrar mal

mismanagement [mɪsˈmænɪdʒmənt] n : mala administración f

misnomer [mɪsˈnoːmər] n : nombre m inapropiado

misogynist [mɪˈsɑdʒənɪst] n : misógino m

misogyny [məˈsɑdʒəni] n : misoginia f

misplace [mɪsˈpleɪs] vt **-placed; -placing** : extraviar, perder

misprint [ˈmɪsˌprɪnt, ˌmɪsˈ-] n : errata f, error m de imprenta

mispronounce [ˌmɪsprəˈnaʊnts] vt **-nounced; -nouncing** : pronunciar mal

mispronunciation [ˌmɪsprəˌnʌntsiˈeɪʃən] n : pronunciación f incorrecta

misquote [mɪsˈkwoːt] vt **-quoted; -quoting** : citar incorrectamente

misread [mɪsˈriːd] vt **-read; -reading** 1 : leer mal ⟨she misread the sentence : leyó mal la frase⟩ 2 MISUNDERSTAND : malinterpretar ⟨they misread his intention : malinterpretaron su intención⟩

misrepresent [ˌmɪsˌrɛprɪˈzɛnt] vt : distorsionar, falsear, tergiversar

misrule¹ [mɪsˈruːl] vt **-ruled; -ruling** : gobernar mal

misrule² n : mal gobierno m

miss¹ [ˈmɪs] vt 1 : errar, faltar ⟨to miss the target : no dar en el blanco⟩ 2 : no encontrar, perder ⟨they missed each other : no se encontraron⟩ ⟨I missed the plane : perdí el avión⟩ 3 : echar de menos, extrañar ⟨we miss him a lot : lo echamos mucho de menos⟩ 4 OVERLOOK : pasar por alto, perder (una oportunidad, etc.) 5 AVOID : evitar ⟨they just missed hitting the tree : por muy poco chocan contra el árbol⟩ 6 OMIT : saltarse ⟨he missed breakfast : se saltó el desayuno⟩

miss² n 1 : fallo m (de un tiro, etc.) 2 FAILURE : fracaso m 3 : señorita f ⟨Miss Jones called us : nos llamó la señorita Jones⟩ ⟨excuse me, miss : perdone, señorita⟩

missal [ˈmɪsəl] n : misal m

misshapen [mɪsˈʃeɪpən] adj : deforme

missile [ˈmɪsəl] n 1 : misil m ⟨guided missile : misil guiado⟩ 2 PROJECTILE : proyectil m

missing [ˈmɪsɪŋ] adj 1 ABSENT : ausente ⟨who's missing? : ¿quién falta?⟩ 2 LOST : perdido, desaparecido ⟨missing persons : los desaparecidos⟩

mission [ˈmɪʃən] n 1 : misión f (mandada por una iglesia) 2 DELEGATION : misión f, delegación f, embajada f 3 TASK : misión f

missionary¹ [ˈmɪʃəˌnɛri] adj : misionero

missionary² n, pl **-aries** : misionero m, -ra f

missive [ˈmɪsɪv] n : misiva f

misspell [mɪsˈspɛl] vt : escribir mal

misspelling [mɪsˈspɛlɪŋ] n : falta f de ortografía

misstep [ˈmɪsˌstɛp] n : traspié m, tropezón m

mist [ˈmɪst] n 1 HAZE : neblina f, niebla f 2 SPRAY : rocío m

mistake¹ [mərˈsteɪk] vt **-took** [-ˈstʊk]; **-taken** [-ˈsteɪkən]; **-taking** 1 MISINTERPRET : malinterpretar 2 CONFUSE : confundir ⟨he mistook her for Clara : la confundió con Clara⟩

mistake² n 1 MISUNDERSTANDING : malentendido m, confusión f 2 ERROR : error m ⟨I made a mistake : me equivoqué, cometí un error⟩

mistaken [mərˈsteɪkən] adj : equivocado — **mistakenly** adv

mister [ˈmɪstər] n : señor m ⟨watch out, mister : cuidado, señor⟩

mistiness [ˈmɪstinəs] n : nebulosidad f

mistletoe [ˈmɪsəlˌtoː] n : muérdago m

mistreat [mɪsˈtriːt] vt : maltratar

mistreatment [mɪsˈtriːtmənt] n : maltrato m, abuso m

mistress [ˈmɪstrəs] n 1 : dueña f, señora f (de una casa) 2 LOVER : amante f

mistrust¹ [mɪsˈtrʌst] vt : desconfiar de

mistrust² n : desconfianza f

mistrustful [mɪsˈtrʌstfəl] adj : desconfiado

misty [ˈmɪsti] adj **mistier; -est** 1 : nebuloso, nebuloso 2 TEARFUL : lloroso

misunderstand [ˌmɪsˌʌndərˈstænd] vt **-stood** [-ˈstʊd]; **-standing** 1 : entender mal 2 MISINTERPRET : malinterpretar ⟨don't misunderstand me : no me malinterpretes⟩

misunderstanding [ˌmɪsˌʌndərˈstændɪŋ] n 1 MISINTERPRETATION : malentendido m 2 DISAGREEMENT, QUARREL : disputa f, discusión f

misuse¹ [mɪsˈjuːz] vt **-used; -using** 1 : emplear mal 2 ABUSE, MISTREAT : abusar de, maltratar

misuse² [mɪsˈjuːs] n 1 : mal empleo m, mal uso m 2 WASTE : derroche m, despilfarro m 3 ABUSE : abuso m

mite [ˈmaɪt] n 1 : ácaro m 2 BIT : poco m ⟨a mite tired : un poquito cansado⟩

miter or **mitre** [ˈmaɪtər] n 1 : mitra f (de un obispo) 2 or **miter joint** : inglete m

mitigate [ˈmɪtəˌgeɪt] vt **-gated; -gating** : mitigar, aliviar

mitigation [ˌmɪtəˈgeɪʃən] n : mitigación f, alivio m

mitosis [maɪˈtoːsɪs] n, pl **-toses** [-ˌsiː] : mitosis f

mitt [ˈmɪt] n : manopla f, guante béisbol)

mitten ['mɪtən] *n* : manopla *f*, mitón *m*

mix¹ ['mɪks] *vt* **1** COMBINE : mezclar **2** STIR : remover, revolver **3 to mix up** CONFUSE : confundir — *vi* : mezclarse

mix² *n* : mezcla *f*

mixer ['mɪksər] *n* **1** : batidora *f* (de la cocina) **2 cement mixer** : hormigonera *f*

mixture ['mɪkstʃər] *n* : mezcla *f*

mix–up ['mɪks,ʌp] *n* CONFUSION : confusión *f*, lío *m fam*

mnemonic [nɪˈmɑnɪk] *adj* : mnemónico

moan¹ ['moːn] *vi* : gemir

moan² *n* : gemido *m*

moat ['moːt] *n* : foso *m*

mob¹ ['mɑb] *vt* **mobbed; mobbing 1** ATTACK : atacar en masa **2** HOUND : acosar, rodear

mob² *n* **1** THRONG : multitud *f*, turba *f*, muchedumbre *f* **2** GANG : pandilla *f*

mobile¹ ['moːbəl, -ˌbiːl, -ˌbaɪl] *adj* : móvil ⟨mobile home : caravana, casa rodante⟩

mobile² ['moːbiːl] *n* : móvil *m*

mobility [moˈbɪləti] *n* : movilidad *f*

mobilize ['moːbəˌlaɪz] *vt* **-lized; -lizing** : movilizar

moccasin ['mɑkəsən] *n* **1** : mocasín *m* **2** *or* **water moccasin** : serpiente *f* venenosa de Norteamérica

mocha ['moːkə] *n* **1** : mezcla *f* de café y chocolate **2** : color *m* chocolate

mock¹ ['mɑk, 'mɔk] *vt* **1** RIDICULE : burlarse de, mofarse de **2** MIMIC : imitar, remedar (de manera burlona)

mock² *adj* **1** SIMULATED : simulado **2** PHONY : falso

mockery ['mɑkəri, 'mɔ-] *n, pl* **-eries 1** JEER, TAUNT : burla *f*, mofa *f* ⟨to make a mockery of : burlarse de⟩ **2** FAKE : imitación *f* (burlona)

mockingbird ['mɑkɪŋˌbərd, 'mɔ-] *n* : sinsonte *m*

mode ['moːd] *n* **1** FORM : modo *m*, forma *f* **2** MANNER : modo *m*, manera *f*, estilo *m* **3** FASHION : moda *f*

model¹ ['mɑdəl] *v* **-eled** *or* **-elled; -eling** *or* **-elling** *vt* SHAPE : modelar — *vi* : trabajar de modelo

model² *adj* **1** EXEMPLARY : modelo, ejemplar ⟨a model student : un estudiante modelo⟩ **2** MINIATURE : en miniatura

model³ *n* **1** PATTERN : modelo *m* **2** MINIATURE : modelo *m*, miniatura *f* **3** EXAMPLE : modelo *m*, ejemplo *m* **4** MANNEQUIN : modelo *mf* **5** DESIGN : modelo *m* ⟨the '97 model : el modelo '97⟩

modem ['moːdəm, -ˌdɛm] *n* : módem *m*

moderate¹ ['mɑdəˌreɪt] *v* **-ated; -ating** *vt* ... temperar — *vi* **1** CALM ... , calmarse **2** : fungir como ... (en un debate, etc.)

... [ˈmɑdərət] *adj* : moderado

... [ˈmɑdərət] *n* : moderado *m*,

moderately ['mɑdərətli] *adv* **1** : con moderación **2** FAIRLY : medianamente

moderation [ˌmɑdəˈreɪʃən] *n* : moderación *f*

moderator ['mɑdəˌreɪtər] *n* : moderador *m*, -dora *f*

modern ['mɑdərn] *adj* : moderno

modernism ['mɑdərˌnɪzəm] *n* : modernismo *m*

modernist ['mɑdərnɪst] *n* : modernista *mf* — **modernist** *adj*

modernity [məˈdərnəti] *n* : modernidad *f*

modernization [ˌmɑdərnəˈzeɪʃən] *n* : modernización *f*

modernize ['mɑdərˌnaɪz] *v* **-ized; -izing** *vt* : modernizar — *vi* : modernizarse

modest ['mɑdəst] *adj* **1** HUMBLE : modesto **2** DEMURE : recatado, pudoroso **3** MODERATE : modesto, moderado — **modestly** *adv*

modesty ['mɑdəsti] *n* : modestia *f*

modicum ['mɑdɪkəm] *n* : mínimo *m*, pizca *f*

modification [ˌmɑdəfəˈkeɪʃən] *n* : modificación *f*

modifier ['mɑdəˌfaɪər] *n* : modificante *m*, modificador *m*

modify ['mɑdəˌfaɪ] *vt* **-fied; -fying** : modificar, calificar (en gramática)

modish ['moːdɪʃ] *adj* STYLISH : a la moda, de moda

modular ['mɑdʒələr] *adj* : modular

modulate ['mɑdʒəˌleɪt] *vt* **-lated; -lating** : modular

modulation [ˌmɑdʒəˈleɪʃən] *n* : modulación *f*

module ['mɑˌdʒuːl] *n* : módulo *m*

mogul ['moːgəl] *n* : magnate *mf*; potentado *m*, -da *f*

mohair ['moːˌhær] *n* : mohair *m*

moist ['mɔɪst] *adj* : húmedo

moisten ['mɔɪsən] *vt* : humedecer

moistness ['mɔɪstnəs] *n* : humedad *f*

moisture ['mɔɪstʃər] *n* : humedad *f*

moisturize ['mɔɪstʃəˌraɪz] *vt* **-ized; -izing** : humedecer (el aire), humectar (la piel)

moisturizer ['mɔɪstʃəˌraɪzər] *n* : crema *f* hidratante, crema *f* humectante

molar ['moːlər] *n* : muela *f*, molar *m*

molasses [məˈlæsəz] *n* : melaza *f*

mold¹ ['moːld] *vt* : moldear, formar (carácter, etc.) — *vi* : enmohecerse ⟨the bread will mold : el pan se enmohecerá⟩

mold² *n* **1** *or* **leaf mold** : mantillo *m* **2** FORM : molde *m* ⟨to break the mold : romper el molde⟩ **3** FUNGUS : moho *m*

molder ['moːldər] *vi* CRUMBLE : desmoronarse

molding ['moːldɪŋ] *n* : moldura *f* (en arquitectura)

moldy ['moːldi] *adj* **moldier; -est** : mohoso

mole ['moːl] *n* **1** : lunar *m* (en la piel) **2** : topo *m* (animal)

molecule ['mɑlɪ,kju:l] *n* : molécula *f* — **molecular** [mə'lɛkjələr] *adj*

molehill ['mo:l,hɪl] *n* : topera *f*

molest [mə'lɛst] *vt* **1** ANNOY, DISTURB : molestar **2** : abusar (sexualmente)

mollify ['mɑlə,faɪ] *vt* **-fied; -fying** : apaciguar, aplacar

mollusk or **mollusc** ['mɑləsk] *n* : molusco *m*

mollycoddle ['mɑli,kɑdəl] *vt* **-dled; -dling** PAMPER : consentir, mimar

molt ['mo:lt] *vi* : mudar, hacer la muda

molten ['mo:ltən] *adj* : fundido

mom ['mɑm, 'mʌm] *n* : mamá *f*

moment ['mo:mənt] *n* **1** INSTANT : momento *m* ⟨one moment, please : un momento, por favor⟩ **2** TIME : momento *m* ⟨at the moment : de momento, actualmente⟩ ⟨from that moment : desde entonces⟩ **3** IMPORTANCE : importancia *f* ⟨of great moment : de gran importancia⟩

momentarily [,mo:mən'tɛrəli] *adv* **1** : momentáneamente **2** SOON : dentro de poco, pronto

momentary ['mo:mən,tɛri] *adj* : momentáneo

momentous [mo'mɛntəs] *adj* : de suma importancia, fatídico

momentum [mo'mɛntəm] *n, pl* **-ta** [-tə] *or* **-tums** **1** : momento *m* (en física) **2** IMPETUS : ímpetu *m*, impulso *m*

mommy ['mɑmi, 'mʌ-] *n* : mami *f*

monarch ['mɑ,nɑrk, -nərk] *n* : monarca *mf*

monarchism ['mɑ,nɑr,kɪzəm, -nər-] *n* : monarquismo *m*

monarchist ['mɑ,nɑrkɪst, -nər-] *n* : monárquico *m*, -ca *f*

monarchy ['mɑ,nɑrki, -nər-] *n, pl* **-chies** : monarquía *f*

monastery ['mɑnə,stɛri] *n, pl* **-teries** : monasterio *m*

monastic [mə'næstɪk] *adj* : monástico — **monastically** [-tɪkli] *adv*

Monday ['mʌn,deɪ, -di] *n* : lunes *m*

monetary ['mɑnə,tɛri, 'mʌnə-] *adj* : monetario

money ['mʌni] *n, pl* **-eys** *or* **-ies** ['mʌniz] : dinero *m*, plata *f*

moneyed ['mʌnid] *adj* : adinerado

moneylender ['mʌni,lɛndər] *n* : prestamista *m*

money order *n* : giro *m* postal

Mongol ['mɑŋgəl, -,go:l] → **Mongolian**

Mongolian [mɑn'go:liən, mɑŋ-] *n* : mongol *m*, -gola *f* — **Mongolian** *adj*

mongoose ['mɑŋ,gu:s, 'mɑŋ-] *n, pl* **-gooses** : mangosta *f*

mongrel ['mɑŋgrəl, 'mʌŋ-] *n* **1** : perro *m* mestizo, perro *m* corriente *Mex* **2** HYBRID : híbrido *m*

monitor¹ ['mɑnətər] *vt* : controlar, monitorear

monitor² *n* **1** : ayudante *mf* (en una escuela) **2** : monitor *m* (de una computadora, etc.)

monk ['mʌŋk] *n* : monje *m*

monkey¹ ['mʌŋki] *vi* **-keyed; -keying 1 to monkey around** : hacer payasadas, payasear **2 to monkey with** : juguetear con

monkey² *n, pl* **-keys** : mono *m*, -na *f*

monkeyshines ['mʌŋki,ʃaɪnz] *npl* PRANKS : picardías *fpl*, travesuras *fpl*

monkey wrench *n* : llave *f* inglesa

monocle ['mɑnɪkəl] *n* : monóculo *m*

monogamous [mə'nɑgəməs] *adj* : monógamo

monogamy [mə'nɑgəmi] *n* : monogamia *f*

monogram¹ ['mɑnə,græm] *vt* **-grammed; -gramming** : marcar con monograma ⟨monogrammed towels : toallas con monograma⟩

monogram² *n* : monograma *m*

monograph ['mɑnə,græf] *n* : monografía *f*

monolingual [,mɑnə'lɪŋgwəl] *adj* : monolingüe

monolith ['mɑnə,lɪθ] *n* : monolito *m*

monolithic [,mɑnə'lɪθɪk] *adj* : monolítico

monologue ['mɑnə,lɔg] *n* : monólogo *m*

monoplane ['mɑnə,pleɪn] *n* : monoplano *m*

monopolize [mə'nɑpə,laɪz] *vt* **-lized; -lizing** : monopolizar

monopoly [mə'nɑpəli] *n, pl* **-lies** : monopolio *m*

monosyllabic [,mɑnosə'læbɪk] *adj* : monosilábico

monosyllable ['mɑno,sɪləbəl] *n* : monosílabo *m*

monotheism ['mɑnoθi:,ɪzəm] *n* : monoteísmo *m*

monotheistic [,mɑnoθi:'ɪstɪk] *adj* : monoteísta

monotone ['mɑnə,to:n] *n* : voz *f* monótona

monotonous [mə'nɑtənəs] *adj* : monótono — **monotonously** *adv*

monotony [mə'nɑtəni] *n* : monotonía *f*, uniformidad *f*

monoxide [mə'nɑk,saɪd] *n* : monóxido *m*

monsoon [mɑn'su:n] *n* : monzón *m*

monster ['mɑnstər] *n* : monstruo *m*

monstrosity [mɑn'strɑsəti] *n, pl* **-ties** : monstruosidad *f*

monstrous ['mɑnstrəs] *adj* : monstruoso — **monstrously** *adv*

montage [mɑn'tɑʒ] *n* : montaje *m*

month ['mʌnθ] *n* : mes *m*

monthly¹ ['mʌnθli] *adv* : mensualmente

monthly² *adj* : mensual

monthly³ *n, pl* **-lies** : publicación *f* mensual

monument ['mɑnjəmənt] *n* : monumento *m*

monumental [,mɑnjə'mɛntəl] *adj* : monumental — **monumentally** *adv*

moo¹ ['mu:] *vi* : mugir

moo² *n* : mugido *m*

mood ['mu:d] *n* : humor *m* ⟨to be in a good mood : estar de buen humor⟩ ⟨to

moodiness [ˈmuːdinəs] n 1 SADNESS : melancolía f, tristeza f 2 : cambios mpl de humor, carácter m temperamental

moody [ˈmuːdi] adj **moodier; -est** 1 GLOOMY : melancólico, deprimido 2 TEMPERAMENTAL : temperamental, de humor variable

moon [ˈmuːn] n : luna f

moonbeam [ˈmuːnˌbiːm] n : rayo m de luna

moonlight[1] [ˈmuːnˌlaɪt] vi : estar pluriempleado

moonlight[2] n : claro m de luna, luz f de la luna

moonlit [ˈmuːnˌlɪt] adj : iluminado por la luna ⟨a moonlit night : una noche de luna⟩

moonshine [ˈmuːnˌʃaɪn] n 1 MOONLIGHT : luz f de la luna 2 NONSENSE : disparates mpl, tonterías fpl 3 : whisky m destilado ilegalmente

moor[1] [ˈmʊr, ˈmɔr] vt : amarrar

moor[2] n : brezal m, páramo m

Moor [ˈmʊr] n : moro m, -ra f

mooring [ˈmʊrɪŋ, ˈmɔr-] n DOCK : atracadero m

Moorish [ˈmʊrɪʃ] adj : moro

moose [ˈmuːs] ns & pl : alce m (norteamericano)

moot [ˈmuːt] adj DEBATABLE : discutible

mop[1] [ˈmɑp] vt **mopped; mopping** : trapear

mop[2] n : trapeador m

mope [ˈmoːp] vi **moped; moping** : andar deprimido, quedar abatido

moped [ˈmoːˌpɛd] n : ciclomotor m

moraine [məˈreɪn] n : morena f

moral[1] [ˈmɔrəl] adj : moral ⟨moral judgment : juicio moral⟩ ⟨moral support : apoyo moral⟩ — **morally** adv

moral[2] n 1 : moraleja f (de un cuento, etc.) 2 **morals** npl : moral f, moralidad f

morale [məˈræl] n : moral f

moralist [ˈmɔrəlɪst] n : moralista mf

moralistic [ˌmɔrəˈlɪstɪk] adj : moralista

morality [məˈrælət̬i] n, pl -**ties** : moralidad f

morass [məˈræs] n 1 SWAMP : ciénaga f, pantano m 2 CONFUSION, MESS : lío m fam, embrollo m

moratorium [ˌmɔrəˈtoriəm] n, pl -**riums** or -**ria** [-iə] : moratoria f

moray [ˈmɔrˌeɪ, məˈreɪ] n : morena f

morbid [ˈmɔrbɪd] adj 1 : mórbido, morboso (en medicina) 2 GRUESOME : morboso, horripilante

morbidity [mɔrˈbɪdət̬i] n, pl -**ties** : morbosidad f

more[1] [ˈmɔr] adj : más ⟨what more can I say? : ¿qué más puedo decir?⟩ ⟨more important : más importante⟩ ⟨once more : una vez más⟩

more[2] adj : más ⟨nothing more than that : nada más que eso⟩ ⟨more work : más trabajo⟩

more[3] n : más m ⟨the more you eat, the more you want : cuanto más comes, tanto más quieres⟩

more[4] pron : más ⟨more were found : se encontraron más⟩

moreover [mɔrˈoːvər] adv : además

mores [ˈmɔrˌeɪz, -iːz] npl CUSTOMS : costumbres fpl, tradiciones fpl

morgue [ˈmɔrg] n : morgue f

moribund [ˈmɔrəˌbʌnd] adj : moribundo

Mormon [ˈmɔrmən] n : mormón m, -mona f — **Mormon** adj

morn [ˈmɔrn] → **morning**

morning [ˈmɔrnɪŋ] n : mañana f ⟨good morning! : ¡buenos días!⟩

Moroccan [məˈrɑkən] n : marroquí mf — **Moroccan** adj

moron [ˈmɔrˌɑn] n 1 : retrasado m, -da f mental 2 DUNCE : estúpido m, -da f; tonto m, -ta f

morose [məˈroːs] adj : hosco, sombrío — **morosely** adv

moroseness [məˈroːsnəs] n : malhumor m

morphine [ˈmɔrˌfiːn] n : morfina f

morphology [mɔrˈfɑləʤi] n, pl -**gies** : morfología f

morrow [ˈmɑroː] n : día m siguiente

Morse code [ˈmɔrs] n : código m morse

morsel [ˈmɔrsəl] n 1 BITE : bocado m 2 FRAGMENT : pedazo m

mortal[1] [ˈmɔrtəl] adj : mortal ⟨mortal blow : golpe mortal⟩ ⟨mortal fear : miedo mortal⟩ — **mortally** adv

mortal[2] n : mortal mf

mortality [mɔrˈtælət̬i] n : mortalidad f

mortar [ˈmɔrt̬ər] n 1 : mortero m, molcajete m Mex ⟨mortar and pestle : mortero y maja⟩ 2 : mortero m ⟨mortar shell : granada de mortero⟩ 3 CEMENT : mortero m, argamasa f

mortgage[1] [ˈmɔrgɪʤ] vt -**gaged; -gaging** : hipotecar

mortgage[2] n : hipoteca f

mortification [ˌmɔrtəfəˈkeɪʃən] n : mortificación f HUMILIATION : humillación f, vergüenza f

mortify [ˈmɔrtəˌfaɪ] vt -**fied; -fying** 1 : mortificar (en religión) 2 HUMILIATE : humillar, avergonzar

mortuary [ˈmɔrtʃəˌwɛri] n, pl -**aries** FUNERAL HOME : funeraria f

mosaic [moˈzeɪɪk] n : mosaico m

Moslem [ˈmɑzləm] → **Muslim**

mosque [ˈmɑsk] n : mezquita f

mosquito [məˈskiːt̬o] n, pl -**toes** : mosquito m, zancudo m

moss [ˈmɔs] n : musgo m

mossy [ˈmɔsi] adj -**ier; -est** : musgoso

most[1] [ˈmoːst] adv : más ⟨the most interesting book : el libro más interesante⟩

most[2] adj 1 : la mayoría de, la mayor parte de ⟨most people : la mayoría de la gente⟩ 2 GREATEST : más (dícese de los números), mayor (dícese de las cantidades) ⟨the most ability : la mayor capacidad⟩

most³ *n* : más *m*, máximo *m* ⟨the most I can do : lo más que puedo hacer⟩ ⟨three weeks at the most : tres semanas como máximo⟩

most⁴ *pron* : la mayoría, la mayor parte ⟨most will go : la mayoría irá⟩

mostly ['mo:stli] *adv* MAINLY : en su mayor parte, principalmente

mote ['mo:t] *n* SPECK : mota *f*

motel [mo'tel] *n* : motel *m*

moth ['moθ] *n* : palomilla *f*, polilla *f*

mother¹ ['mʌðər] *vt* 1 BEAR : dar a luz a 2 PROTECT : cuidar de, proteger

mother² *n* : madre *f*

motherhood ['mʌðər,hʊd] *n* : maternidad *f*

mother–in–law ['mʌðərɪn,lɔ] *n, pl* **mothers–in–law** : suegra *f*

motherland ['mʌðər,lænd] *n* : patria *f*

motherly ['mʌðərli] *adj* : maternal

mother–of–pearl [,mʌðərəv'pərl] *n* : nácar *m*, madreperla *f*

motif [mo'ti:f] *n* : motivo *m*

motion¹ ['mo:ʃən] *vt* : hacerle señas a (alguien) ⟨she motioned us to come in : nos hizo señas para que entráramos⟩

motion² *n* 1 MOVEMENT : movimiento *m* ⟨to set in motion : poner en marcha⟩ 2 PROPOSAL : moción *f* ⟨to second a motion : apoyar una moción⟩

motionless ['mo:ʃənləs] *adj* : inmóvil, quieto

motion picture *n* MOVIE : película *f*

motivate ['mo:tə,veɪt] *vt* -vated; -vating : motivar, mover, inducir

motivation [,mo:tə'veɪʃən] *n* : motivación *f*

motive¹ ['mo:tɪv] *adj* : motor ⟨motive power : fuerza motriz⟩

motive² *n* : motivo *m*, móvil *m*

motley ['mɑtli] *adj* : abigarrado, variopinto

motor¹ ['mo:tər] *vi* : viajar en coche

motor² *n* : motor *m*

motorbike ['mo:tər,baɪk] *n* : motocicleta *f* (pequeña), moto *f*

motorboat ['mo:tər,bo:t] *n* : bote *m* a motor, lancha *f* motora

motorcar ['mo:tər,kɑr] *n* : automóvil *m*

motorcycle ['mo:tər,saɪkəl] *n* : motocicleta *f*

motorcyclist ['mo:tər,saɪkəlɪst] *n* : motociclista *mf*

motorist ['mo:tərɪst] *n* : automovilista *mf*, motorista *mf*

mottle ['mɑtəl] *vt* -tled; -tling : manchar, motear ⟨mottled skin : piel manchada⟩ ⟨a mottled surface : una superficie moteada⟩

motto ['mɑto] *n, pl* -toes : lema *m*

mould ['mo:ld] → mold

mound ['maʊnd] *n* 1 PILE : montón *m* 2 KNOLL : montículo *m* 3 burial mound : túmulo *m*

mount¹ ['maʊnt] *vt* 1 : montar a (un caballo), montar en (una bicicleta), subir a 2 : montar (artillería, etc.) — *vi* INCREASE : aumentar

mount² *n* 1 SUPPORT : soporte *m* 2 HORSE : caballería *f*, montura *f* 3 MOUNTAIN : monte *m*, montaña *f*

mountain ['maʊntən] *n* : montaña *f*

mountaineer [,maʊntən'ɪr] *n* : alpinista *mf*; montañero *m*, -ra *f*

mountaineering [,maʊntən'ɪrɪŋ] *n* : alpinismo *m*

mountainous ['maʊntənəs] *adj* : montañoso

mountaintop ['maʊntən,tɑp] *n* : cima *f*, cumbre *f*

mourn ['morn] *vt* : llorar (por), lamentar ⟨to mourn the death of : llorar la muerte de⟩ — *vi* : llorar, estar de luto

mourner ['mornər] *n* : doliente *mf*

mournful ['mornfəl] *adj* 1 SORROWFUL : lloroso, plañidero, triste 2 GLOOMY : deprimente, entristecedor — **mournfully** *adv*

mourning ['mornɪŋ] *n* : duelo *m*, luto *m*

mouse ['maʊs] *n, pl* **mice** ['maɪs] 1 : ratón *m*, -tona *f* 2 : ratón *m* (de una computadora)

mousetrap ['maʊs,træp] *n* : ratonera *f*

mousse ['mu:s] *n* : mousse *mf*

moustache ['mʌ,stæʃ, mə'stæʃ] → **mustache**

mouth¹ ['maʊð] *vt* 1 : decir con poca sinceridad, repetir sin comprensión 2 : articular en silencio ⟨she mouthed the words : formó las palabras con los labios⟩

mouth² ['maʊθ] *n* : boca *f* (de una persona o un animal), entrada *f* (de un túnel), desembocadura *f* (de un río)

mouthful ['maʊθ,fʊl] *n* : bocado *m* (de comida), bocanada *f* (de líquido o humo)

mouthpiece ['maʊθ,pi:s] *n* : boquilla *f* (de un instrumento musical)

mouthwash ['maʊθ,wɔʃ, -,wɑʃ] *n* : enjuague *m* bucal

movable ['mu:vəbəl] *or* **moveable** *adj* : movible, móvil

move¹ ['mu:v] *v* **moved; moving** *vi* 1 GO : ir 2 RELOCATE : mudarse, trasladarse 3 STIR : moverse ⟨don't move! : ¡no te muevas!⟩ 4 ACT : actuar — *vt* 1 : mover ⟨move it over there : ponlo allí⟩ ⟨he kept moving his feet : no dejaba de mover los pies⟩ 2 INDUCE, PERSUADE : inducir, persuadir, mover 3 TOUCH : conmover ⟨it moved him to tears : lo hizo llorar⟩ 4 PROPOSE : proponer

move² *n* 1 MOVEMENT : movimiento *m* 2 RELOCATION : mudanza *f* (de casa), traslado *m* 3 STEP : paso *m* ⟨a good move : un paso acertado⟩

movement ['mu:vmənt] *n* : movimiento *m*

mover ['mu:vər] *n* : persona *f* que hace mudanzas

movie ['mu:vi] *n* 1 : película *f* 2 **movies** *npl* : cine *m*

moving ['mu:vɪŋ] *adj* 1 : en movimiento ⟨a moving target : un blanco móvil⟩

2 TOUCHING : conmovedor, emocionante

mow¹ ['moː] *vt* **mowed; mowed** *or* **mown** ['moːn]; **mowing** : cortar (la hierba)
mow² ['mau] *n* : pajar *m*
mower ['moːər] → **lawn mower**
Mr. ['mɪstər] *n, pl* **Messrs.** ['mɛsərz] : señor *m*
Mrs. ['mɪsəz, -səs, *esp South* 'mɪzəz, -zəs] *n, pl* **Mesdames** [meɪ'dam, -'dæm] : señora *f*
Ms. ['mɪz] *n* : señora *f*, señorita *f*
much¹ ['mʌtʃ] *adv* **more** ['mor]; **most** ['moːst] : mucho ⟨I'm much happier : estoy mucho más contenta⟩ ⟨she talks as much as I do : habla tanto como yo⟩
much² *adj* **more; most** : mucho ⟨it has much validity : tiene mucha validez⟩ ⟨too much time : demasiado tiempo⟩
much³ *pron* : mucho, -cha ⟨I don't need much : no necesito mucho⟩
mucilage ['mjuːsəlɪdʒ] *n* : mucílago *m*
muck ['mʌk] *n* **1** MANURE : estiércol *m* **2** DIRT, FILTH : mugre *f*, suciedad *f* **3** MIRE, MUD : barro *m*, fango *m*, lodo *m*
mucous ['mjuːkəs] *adj* : mucoso ⟨mucous membrane : membrana mucosa⟩
mucus ['mjuːkəs] *n* : mucosidad *f*
mud ['mʌd] *n* : barro *m*, fango *m*, lodo *m*
muddle¹ ['mʌdəl] *v* **-dled; -dling** *vt* **1** CONFUSE : confundir **2** BUNGLE : echar a perder, malograr — *vi* : andar confundido ⟨to muddle through : arreglárselas⟩
muddle² *n* : confusión *f*, embrollo *m*, lío *m*
muddleheaded [ˌmʌdəl'hɛdəd, 'mʌdəl-] *adj* CONFUSED : confuso, despistado
muddy¹ ['mʌdi] *vt* **-died; -dying** : llenar de barro
muddy² *adj* **-dier; -est** : barroso, fangoso, lodoso, enlodado ⟨you're all muddy : estás cubierto de barro⟩
muff¹ ['mʌf] *vt* BUNGLE : echar a perder, fallar (un tiro, etc.)
muff² *n* : manguito *m*
muffin ['mʌfən] *n* : magdalena *f*, mantecada *f Mex*
muffle ['mʌfəl] *vt* **-fled; -fling 1** ENVELOP : cubrir, tapar **2** DEADEN : amortiguar (un sonido)
muffler ['mʌflər] *n* **1** SCARF : bufanda *f* **2** : silenciador *m*, mofle *m CA, Mex* (de un automóvil)
mug¹ ['mʌg] *v* **mugged; mugging** *vi* : posar (con afectación), hacer muecas ⟨mugging for the camera : haciendo muecas para la cámara⟩ — *vt* ASSAULT : asaltar, atracar
mug² *n* CUP : tazón *m*
mugger ['mʌgər] *n* : atracador *m*, -dora *f*
mugginess ['mʌginəs] *n* : bochorno *m*
muggy ['mʌgi] *adj* **-gier; -est** : bochornoso
mulatto [muː'lɑto, -'læ-] *n, pl* **-toes** *or* **-tos** : mulato *m*, -ta *f*

mulberry ['mʌlˌbɛri] *n, pl* **-ries** : morera *f* (árbol), mora *f* (fruta)
mulch¹ ['mʌltʃ] *vt* : cubrir con pajote
mulch² *n* : pajote *m*
mule ['mjuːl] *n* **1** : mula *f* **2** : obstinado *m*, -da *f*; terco *m*, -ca *f*
mulish ['mjuːlɪʃ] *adj* : obstinado, terco
mull ['mʌl] *vt* **to mull over** : reflexionar sobre
mullet ['mʌlət] *n, pl* **-let** *or* **-lets** : mújol *m*, múgil *m*
multicolored [ˌmʌltiˈkʌlərd, ˌmʌltaɪ-] *adj* : multicolor, abigarrado
multicultural [ˌmʌltiˈkʌltʃərəl] *adj* : multicultural
multifaceted [ˌmʌltiˈfæsətəd, ˌmʌltaɪ-] *adj* : multifacético
multifamily [ˌmʌltiˈfæmli, ˌmʌltaɪ-] *adj* : multifamiliar
multifarious [ˌmʌltəˈfæriəs] *adj* DIVERSE : diverso, variado
multilateral [ˌmʌltiˈlætərəl, ˌmʌltaɪ-] *adj* : multilateral
multimedia [ˌmʌltiˈmiːdiə, ˌmʌltaɪ-] *adj* : multimedia
multimillionaire [ˌmʌltiˌmɪljəˈnær, ˌmʌltaɪ-, -ˈmɪljəˌnær] *adj* : multimillonario
multinational [ˌmʌltiˈnæʃənəl, ˌmʌltaɪ-] *adj* : multinacional
multiple¹ [ˈmʌltəpəl] *adj* : múltiple
multiple² *n* : múltiplo *m*
multiple sclerosis [skləˈroːsɪs] *n* : esclerosis *f* múltiple
multiplication [ˌmʌltəpləˈkeɪʃən] *n* : multiplicación *f*
multiplicity [ˌmʌltəˈplɪsəti] *n, pl* **-ties** : multiplicidad *f*
multiplier [ˈmʌltəˌplaɪər] *n* : multiplicador *m* (en matemáticas)
multiply [ˈmʌltəˌplaɪ] *v* **-plied; -plying** *vt* : multiplicar — *vi* : multiplicarse
multipurpose [ˌmʌltiˈpərpəs, ˌmʌltaɪ-] *adj* : multiuso
multitude [ˈmʌltəˌtuːd, -ˌtjuːd] *n* **1** CROWD : multitud *f*, muchedumbre *f* **2** HOST : multitud *f*, gran cantidad *f* ⟨a multitude of ideas : numerosas ideas⟩
multivitamin [ˌmʌltiˈvaɪtəmən, ˌmʌltaɪ-] *adj* : multivitamínico
mum¹ ['mʌm] *adj* SILENT : callado
mum² *n* → **chrysanthemum**
mumble¹ ['mʌmbəl] *v* **-bled; -bling** *vt* : mascullar, musitar — *vi* : mascullar, hablar entre dientes, murmurar
mumble² *n* **to speak in a mumble** : hablar entre dientes
mummy ['mʌmi] *n, pl* **-mies** : momia *f*
mumps ['mʌmps] *ns & pl* : paperas *fpl*
munch ['mʌntʃ] *v* : mascar, masticar
mundane [ˌmʌn'deɪn, 'mʌn-] *adj* **1** EARTHLY, WORLDLY : mundano, terrenal **2** COMMONPLACE : rutinario, ordinario
municipal [mjuˈnɪsəpəl] *adj* : municipal
municipality [mjuˌnɪsəˈpæləti] *n, pl* **-ties** : municipio *m*
munitions [mjuˈnɪʃənz] *npl* : municiones *fpl*

mural[1] ['mjʊrəl] *adj* : mural

mural[2] ['mjʊrəlɪst] *n* : mural *m*

murder[1] ['mərdər] *vt* : asesinato *m*, homicidio *m* —
vi : matar

murder[2] *n* : asesinato *m*, homicidio *m*

murderer ['mərdərər] *n* : asesino *m*, -na *f*; homicida *mf*

murderess ['mərdərɪs, -də,rɛs, -dərəs] *n* : asesina *f*, homicida *f*

murderous ['mərdərəs] *adj* : asesino, homicida

murk ['mərk] *n* DARKNESS : oscuridad *f*, tinieblas *fpl*

murkiness ['mərkinəs] *n* : oscuridad *f*, tenebrosidad *f*

murky ['mərki] *adj* **-kier; -est** : oscuro, tenebroso

murmur[1] ['mərmər] *vi* **1** DRONE : murmurar **2** GRUMBLE : refunfuñar, regañar, rezongar — *vt* MUMBLE : murmurar

murmur[2] *n* **1** COMPLAINT : queja *f* **2** DRONE : murmullo *m*, rumor *m*

muscle[1] ['mʌsəl] *vi* **-cled; -cling** : meterse ⟨to muscle in on : meterse por la fuerza en, entrometerse en⟩

muscle[2] *n* **1** : músculo *m* **2** STRENGTH : fuerza *f*

muscular ['mʌskjələr] *adj* **1** : muscular ⟨muscular tissue : tejido muscular⟩ **2** BRAWNY : musculoso

muscular dystrophy *n* : distrofia *f* muscular

musculature ['mʌskjələ,tʃʊr, -tʃər] *n* : musculatura *f*

muse[1] ['mjuːz] *vi* **mused; musing** PONDER, REFLECT : cavilar, meditar, reflexionar

muse[2] *n* : musa *f*

museum [mjʊ'ziːəm] *n* : museo *m*

mush ['mʌʃ] *n* **1** : gachas *fpl* (de maíz), **2** SENTIMENTALITY : sensiblería *f*

mushroom[1] ['mʌʃ,ruːm, -,rʊm] *vi* GROW, MULTIPLY : crecer rápidamente, multiplicarse

mushroom[2] *n* : hongo *m*, champiñón *m*, seta *f*

mushy ['mʌʃi] *adj* **mushier; -est 1** SOFT : blando **2** MAWKISH : sensiblero

music ['mjuːzɪk] *n* : música *f*

musical[1] ['mjuːzɪkəl] *adj* : musical, de música — **musically** *adv*

musical[2] *n* : comedia *f* musical

music box *n* : cajita *f* de música

musician [mjʊ'zɪʃən] *n* : músico *m*, -ca *f*

musk ['mʌsk] *n* : almizcle *m*

musket ['mʌskət] *n* : mosquete *m*

musketeer [,mʌskə'tɪr] *n* : mosquetero *m*

muskrat ['mʌsk,ræt] *n*, *pl* **-rat** *or* **-rats** : rata *f* almizclera

Muslim[1] ['mʌzləm, 'mʊs-, 'mʊz-] *adj* : musulmán

Muslim[2] *n* : musulmán *m*, -mana *f*

muslin ['mʌzlən] *n* : muselina *f*

muss[1] ['mʌs] *vt* : desordenar, despeinar (el pelo)

muss[2] *n* : desorden *m*

mussel ['mʌsəl] *n* : mejillón *m*

must[1] ['mʌst] *v aux* **1** (*expressing obligation or necessity*) : deber, tener que ⟨you must stop : debes parar⟩ ⟨we must obey : tenemos que obedecer⟩ **2** (*expressing probability*) : deber (de), haber de ⟨you must be tired : debes de estar cansado⟩ ⟨it must be late : ha de ser tarde⟩

must[2] *n* : necesidad *f* ⟨exercise is a must : el ejercicio es imprescindible⟩

mustache ['mʌ,stæʃ, mʌ'stæʃ] *n* : bigote *m*, bigotes *mpl*

mustang ['mʌ,stæŋ] *n* : mustang *m*

mustard ['mʌstərd] *n* : mostaza *f*

muster[1] ['mʌstər] *vt* **1** ASSEMBLE : reunir **2** **to muster up** : armarse de, cobrar (valor, fuerzas, etc.)

muster[2] *n* **1** INSPECTION : revista *f* (de tropas) ⟨it didn't pass muster : no resistió un examen minucioso⟩ **2** COLLECTION : colección *f*

mustiness ['mʌstinəs] *n* : lo mohoso

musty ['mʌsti] *adj* **mustier; -est** : mohoso, que huele a moho, que huele a encerrado

mutant[1] ['mjuːtənt] *adj* : mutante

mutant[2] *n* : mutante *m*

mutate ['mjuː,teɪt] *vi* **-tated; -tating 1** : mutar (genéticamente) **2** CHANGE : transformarse

mutation [mjuː'teɪʃən] *n* : mutación *f* (genética)

mute[1] ['mjuːt] *vt* **muted; muting** MUFFLE : amortiguar, ponerle sordina a (un instrumento musical)

mute[2] *adj* **muter; mutest** : mudo — **mutely** *adv*

mute[3] *n* **1** : mudo *m*, -da *f* (persona) **2** : sordina *f* (para un instrumento musical)

mutilate ['mjuːtə,leɪt] *vt* **-lated; -lating** : mutilar

mutilation [,mjuːtə'leɪʃən] *n* : mutilación *f*

mutineer [,mjuːtən'ɪr] *n* : amotinado *m*, -da *f*

mutinous ['mjuːtənəs] *adj* : amotinado

mutiny[1] ['mjuːtəni] *vi* **-nied; -nying** : amotinarse

mutiny[2] *n*, *pl* **-nies** : amotinamiento *m*, motín *m*

mutt ['mʌt] *n* MONGREL : perro *m* mestizo, perro *m* corriente *Mex*

mutter ['mʌtər] *vi* **1** MUMBLE : mascullar, hablar entre dientes, murmurar **2** GRUMBLE : refunfuñar, regañar, rezongar

mutton ['mʌtən] *n* : carne *f* de carnero

mutual ['mjuːtʃʊəl] *adj* **1** : mutuo ⟨mutual respect : respeto mutuo⟩ **2** COMMON : común ⟨a mutual friend : un amigo común⟩

mutually ['mjuːtʃʊəli, -tʃəli] *adv* **1** : mutuamente ⟨mutually beneficial : mutuamente beneficioso⟩ **2** JOINTLY : conjuntamente

muzzle¹ [ˈmʌzəl] *vt* **-zled; -zling** : ponerle un bozal a (un animal), amordazar
muzzle² *n* **1** SNOUT : hocico *m* **2** : bozal *m* (para un perro, etc.) **3** : boca *f* (de un arma de fuego)
my¹ [ˈmaɪ] *adj* : mi ⟨my parents : mis padres⟩
my² *interj* : ¡caramba!, ¡Dios mío!
myopia [maɪˈoːpiə] *n* : miopía *f*
myopic [maɪˈoːpɪk, -ˈɑː-] *adj* : miope
myriad¹ [ˈmɪriəd] *adj* INNUMERABLE : innumerable
myriad² *n* : miríada *f*
myrrh [ˈmər] *n* : mirra *f*
myrtle [ˈmərtəl] *n* : mirto *m*, arrayán *m*
myself [maɪˈsɛlf] *pron* **1** (*used reflexively*) : me ⟨I washed myself : me lavé⟩ **2** (*used for emphasis*) : yo, yo mismo, yo misma ⟨I did it myself : lo hice yo mismo⟩
mysterious [mɪˈstɪriəs] *adj* : misterioso — **mysteriously** *adv*

mysteriousness [mɪˈstɪriəsnəs] *n* : lo misterioso
mystery [ˈmɪstəri] *n, pl* **-teries** : misterio *m*
mystic¹ [ˈmɪstɪk] *adj* : místico
mystic² *n* : místico *m*, -ca *f*
mystical [ˈmɪstɪkəl] *adj* : místico — **mystically** *adv*
mysticism [ˈmɪstəˌsɪzəm] *n* : misticismo *m*
mystify [ˈmɪstəˌfaɪ] *vt* **-fied; -fying** : dejar perplejo, confundir
mystique [mɪˈstiːk] *n* : aura *f* de misterio
myth [ˈmɪθ] *n* : mito *m*
mythic [ˈmɪθɪk] *adj* : mítico
mythical [ˈmɪθɪkəl] *adj* : mítico
mythological [ˌmɪθəˈlɑdʒɪkəl] *adj* : mitológico
mythology [mɪˈθɑlədʒi] *n, pl* **-gies** : mitología *f*

N

n [ˈɛn] *n, pl* **n's** *or* **ns** [ˈɛnz] : decimocuarta letra del alfabeto inglés
nab [ˈnæb] *vt* **nabbed; nabbing** : prender, pillar *fam*, pescar *fam*
nadir [ˈneɪdər, ˈneɪˌdɪr] *n* : nadir *m*, punto *m* más bajo
nag¹ [ˈnæg] *v* **nagged; nagging** *vi* **1** COMPLAIN : quejarse, rezongar **2** to **nag at** HASSLE : molestar, darle (la) lata (a alguien) — *vt* **1** PESTER : molestar, fastidiar **2** SCOLD : regañar, estarle encima a
nag² *n* **1** GRUMBLER : gruñón *m*, -ñona *f* **2** HORSE : jamelgo *m*
naiad [ˈneɪæd, ˈnaɪ-, -əd] *n, pl* **-iads** *or* **-iades** [-əˌdiːz] : náyade *f*
nail¹ [ˈneɪl] *vt* : clavar, sujetar con clavos
nail² *n* **1** FINGERNAIL : uña *f* ⟨nail file : lima (de uñas)⟩ ⟨nail polish : laca de uñas⟩ **2** : clavo *m* ⟨to hit the nail on the head : dar en el clavo⟩
naive *or* **naïve** [nɑˈiːv] *adj* **-iver; -est** **1** INGENUOUS : ingenuo, cándido **2** GULLIBLE : crédulo
naively [nɑˈiːvli] *adv* : ingenuamente
naïveté [ˌnɑˌiːvˈteɪ, nɑˈiːvə-] *n* : ingenuidad *f*
naked [ˈneɪkəd] *adj* **1** UNCLOTHED : desnudo **2** UNCOVERED : desenvainado (dícese de una espada), pelado (dícese de los árboles), expuesto al aire (dícese de una llama) **3** OBVIOUS, PLAIN : manifiesto, puro, desnudo ⟨the naked truth : la pura verdad⟩ **4** to the **naked eye** : a simple vista
nakedly [ˈneɪkədli] *adv* : manifiestamente
nakedness [ˈneɪkədnəs] *n* : desnudez *f*
name¹ [ˈneɪm] *vt* **named; naming 1** CALL : llamar, bautizar, ponerle nombre a **2** MENTION : mentar, mencionar, dar el nombre de ⟨they have named a

suspect : han dado el nombre de un sospechoso⟩ **3** APPOINT : nombrar **4** to **name a price** : fijar un precio
name² *adj* **1** KNOWN : de nombre ⟨name brand : marca conocida⟩ **2** PROMINENT : de renombre, de prestigio
name³ *n* **1** : nombre *m* ⟨what is your name? : ¿cómo se llama?⟩ **2** SURNAME : apellido *m* **3** EPITHET : epíteto *m* ⟨to call somebody names : llamar a alguien de todo⟩ **4** REPUTATION : fama *f*, reputación *f* ⟨to make a name for oneself : darse a conocer, hacerse famoso⟩
nameless [ˈneɪmləs] *adj* **1** ANONYMOUS : anónimo **2** INDESCRIBABLE : indecible, indescriptible
namelessly [ˈneɪmləsli] *adv* : anónimamente
namely [ˈneɪmli] *adv* : a saber
namesake [ˈneɪmˌseɪk] *n* : tocayo *m*, -ya *f*; homónimo *m*, -na *f*
Namibian [nəˈmɪbiən] *n* : namibio *m*, -bia *f* — **Namibian** *adj*
nanny [ˈnæni] *n, pl* **nannies** : niñera *f*; nana *f CA, Col, Mex, Ven*
nap¹ [ˈnæp] *vi* **napped; napping 1** : dormir, dormir la siesta **2** to **be caught napping** : estar desprevenido
nap² *n* **1** SLEEP : siesta *f* ⟨to take a nap : echarse una siesta⟩ **2** FUZZ, PILE : pelo *m*, pelusa *f* (de telas)
nape [ˈneɪp, ˈnæp] *n* : nuca *f*, cerviz *f*, cogote *m*
naphtha [ˈnæfθə] *n* : nafta *f*
napkin [ˈnæpkən] *n* : servilleta *f*
narcissism [ˈnɑrsəˌsɪzəm] *n* : narcisismo *m*
narcissist [ˈnɑrsəsɪst] *n* : narcisista *mf*
narcissistic [ˌnɑrsəˈsɪstɪk] *adj* : narcisista
narcissus [nɑrˈsɪsəs] *n, pl* **-cissus** *or*

-cissuses or **-cissi** [-'sı͵saı, -͵si:] : narciso m

narcotic[1] [nɑr'kɑtɪk] adj : narcótico

narcotic[2] n : narcótico m, estupefaciente m

narrate ['nær͵eɪt] vt **-rated; -rating** : narrar, relatar

narration [næ'reɪʃən] n : narración f

narrative[1] ['nærətɪv] adj : narrativo

narrative[2] n : narración f, narrativa f, relato m

narrator ['nær͵eɪt̬ər] n : narrador m, -dora f

narrow[1] ['nær͵oː] vi : estrecharse, angostarse ⟨the river narrowed : el río se estrechó⟩ — vt **1** : estrechar, angostar **2** LIMIT : restringir, limitar ⟨to narrow the search : limitar la búsqueda⟩

narrow[2] adj **1** : estrecho, angosto **2** LIMITED : estricto, limitado ⟨in the narrowest sense of the word : en el sentido más estricto de la palabra⟩ **3 to have a narrow escape** : escapar por un pelo

narrowly ['næroli] adv **1** BARELY : por poco **2** CLOSELY : de cerca

narrow-minded ['næro'maɪndəd] adj : de miras estrechas

narrowness ['næronəs] n : estrechez f

narrows ['næroːz] npl STRAIT : estrecho m

narwhal ['nɑr͵ʰwɑl, 'nɑrwəl] n : narval m

nasal ['neɪzəl] adj : nasal, gangoso ⟨a nasal voice : una voz gangosa⟩

nasally ['neɪzəli] adv **1** : por la nariz **2** : con voz gangosa

nastily ['næstəli] adv : con maldad, cruelmente

nastiness ['næstinəs] n : porquería f

nasturtium [nə'stərʃəm, næ-] n : capuchina f

nasty ['næsti] adj **-tier; -est 1** FILTHY : sucio, mugriento **2** OBSCENE : obsceno **3** MEAN, SPITEFUL : malo, malicioso **4** UNPLEASANT : desagradable, feo **5** REPUGNANT : asqueroso, repugnante ⟨a nasty smell : un olor asqueroso⟩

natal ['neɪt̬əl] adj : natal

nation ['neɪʃən] n : nación f

national[1] ['næʃənəl] adj : nacional

national[2] n : ciudadano m, -na f; nacional mf

nationalism ['næʃənə͵lɪzəm] n : nacionalismo m

nationalist[1] ['næʃənəlɪst] adj : nacionalista

nationalist[2] n : nacionalista mf

nationalistic [͵næʃənə'lɪstɪk] adj : nacionalista

nationality [͵næʃə'næləti] n, pl **-ties** : nacionalidad f

nationalization [͵næʃənələ'zeɪʃən] n : nacionalización f

nationalize ['næʃənə͵laɪz] vt **-ized; -izing** : nacionalizar

nationally ['næʃənəli] adv : a escala nacional, a nivel nacional

nationwide ['neɪʃən'waɪd] adj : en toda la nación, por todo el país

native[1] ['neɪt̬ɪv] adj **1** INNATE : innato **2** : natal ⟨her native city : su ciudad natal⟩ **3** INDIGENOUS : indígena, autóctono

native[2] n **1** ABORIGINE : nativo m, -va f; indígena mf **2** : natural m ⟨he's a native of Mexico : es natural de México⟩

Native American → American Indian

nativity [nə'tɪvəti, neɪ-] n, pl **-ties 1** BIRTH : navidad f **2 the Nativity** : la Natividad, la Navidad

natty ['næt̬i] adj **-tier; -est** : elegante, garboso

natural[1] ['nætʃərəl] adj **1** : natural, de la naturaleza ⟨natural woodlands : bosques naturales⟩ ⟨natural childbirth : parto natural⟩ **2** INNATE : innato, natural **3** UNAFFECTED : natural, sin afectación **4** LIFELIKE : natural, vivo

natural[2] n **to be a natural** : tener un talento innato (para algo)

natural gas n : gas m natural

natural history n : historia f natural

naturalism ['nætʃərə͵lɪzəm] n : naturalismo m

naturalist ['nætʃərəlɪst] n : naturalista mf — **naturalist** adj

naturalistic [͵nætʃərə'lɪstɪk] adj : naturalista

naturalization [͵nætʃərələ'zeɪʃən] n : naturalización f

naturalize ['nætʃərə͵laɪz] vt **-ized; -izing** : naturalizar

naturally ['nætʃərəli] adv **1** INHERENTLY : naturalmente, intrínsecamente **2** UNAFFECTEDLY : de manera natural **3** OF COURSE : por supuesto, naturalmente

naturalness ['nætʃərəlnəs] n : naturalidad f

natural science n : ciencias fpl naturales

nature ['neɪt̬ʃər] n **1** : naturaleza f ⟨the laws of nature : las leyes de la naturaleza⟩ **2** KIND, SORT : índole f, clase f ⟨things of this nature : cosas de esta índole⟩ **3** DISPOSITION : carácter m, natural m, naturaleza f ⟨it is his nature to be friendly : es de natural simpático⟩ ⟨human nature : la naturaleza humana⟩

naught ['nɔt] n **1** : nada f ⟨to come to naught : reducirse a nada, fracasar⟩ **2** ZERO : cero m

naughtily ['nɔt̬əli] adv : traviesamente, con malicia

naughtiness ['nɔt̬inəs] n : mala conducta f, travesuras fpl, malicia f

naughty ['nɔt̬i] adj **-tier; -est 1** MISCHIEVOUS : travieso, pícaro **2** RISQUÉ : picante, subido de tono

nausea ['nɔziə, 'nɔʃə] n **1** SICKNESS : náuseas fpl **2** DISGUST : asco m

nauseate ['nɔzi͵eɪt, -ʒi-, -si-, -ʃi-] vt **-ated; -ating 1** SICKEN : darle náuseas (a alguien) **2** DISGUST : asquear, darle asco (a alguien)

nauseating *adj* : nauseabundo, repugnante

nauseatingly [ˈnɔziˌeɪtɪŋli, -ʒi-, -si-, -ʃi-] *adv* : hasta el punto de dar asco ⟨nauseatingly sweet : tan dulce que da asco⟩

nauseous [ˈnɔʃəs, -ziəs] *adj* **1** SICK : mareado, con náuseas **2** SICKENING : nauseabundo

nautical [ˈnɔtɪkəl] *adj* : náutico

nautilus [ˈnɔtələs] *n, pl* **-luses** *or* **-li** [-ˌlaɪ, -ˌliː] : nautilo *m*

Navajo [ˈnævəˌhoː, ˈnɑ-] *n* : navajo *m*, -ja *f* — **Navajo** *adj*

naval [ˈneɪvəl] *adj* : naval

nave [ˈneɪv] *n* : nave *f*

navel [ˈneɪvəl] *n* : ombligo *m*

navigability [ˌnævɪgəˈbɪləti] *n* : navegabilidad *f*

navigable [ˈnævɪgəbəl] *adj* : navegable

navigate [ˈnævəˌgeɪt] *v* **-gated; -gating** *vi* : navegar — *vt* **1** STEER : gobernar (un barco), pilotar (un avión) **2** : navegar por (un río, etc.)

navigation [ˌnævəˈgeɪʃən] *n* : navegación *f*

navigator [ˈnævəˌgeɪtər] *n* : navegante *mf*

navy [ˈneɪvi] *n, pl* **-vies 1** FLEET : flota *f* **2** : marina *f* de guerra, armada *f* ⟨the United States Navy : la armada de los Estados Unidos⟩ **3** *or* **navy blue** : azul *m* marino

nay[1] [ˈneɪ] *adv* : no

nay[2] *n* : no *m*, voto *m* en contra

Nazi [ˈnɑtsi, ˈnæt-] *n* : nazi *mf*

Nazism [ˈnɑtsɪzəm, ˈnæt-] *or* **Naziism** [ˈnɑtsiˌɪzəm, ˈnæt-] *n* : nazismo *m*

Neanderthal man [niˈændərˌθɔl, -ˌtɔl] *n* : hombre *m* de Neanderthal

near[1] [ˈnɪr] *vt* : acercarse a ⟨the ship is nearing port : el barco se está acercando al puerto⟩ **2** : estar a punto de ⟨she is nearing graduation : está a punto de graduarse⟩

near[2] *adv* **1** CLOSE : cerca ⟨my family lives quite near : mi familia vive muy cerca⟩ **2** NEARLY : casi ⟨I came near to finishing : casi terminé⟩

near[3] *adj* **1** CLOSE : cercano, próximo **2** SIMILAR : parecido, semejante

near[4] *prep* : cerca de

nearby[1] [ˈnɪrˈbaɪ, ˈnɪrˌbaɪ] *adv* : cerca

nearby[2] *adj* : cercano

nearly [ˈnɪrli] *adv* **1** ALMOST : casi ⟨nearly asleep : casi dormido⟩ **2** not nearly : ni con mucho, ni mucho menos ⟨it was not nearly so bad as I had expected : no fue ni con mucho tan malo como esperaba⟩

nearness [ˈnɪrnəs] *n* : proximidad *f*

nearsighted [ˈnɪrˌsaɪtəd] *adj* : miope, corto de vista

nearsightedly [ˈnɪrˌsaɪtədli] *adv* : con miopía

nearsightedness [ˈnɪrˌsaɪtədnəs] *n* : miopía *f*

neat [ˈniːt] *adj* **1** CLEAN, ORDERLY : ordenado, pulcro, limpio **2** UNDILUTED

: solo, sin diluir **3** SIMPLE, TASTEFUL : sencillo y de buen gusto **4** CLEVER : hábil, ingenioso ⟨a neat trick : un truco ingenioso⟩

neatly [ˈniːtli] *adv* **1** TIDILY : ordenadamente **2** CLEVERLY : ingeniosamente

neatness [ˈniːtnəs] *n* : pulcritud *f*, limpieza *f*, orden *m*

nebula [ˈnebjulə] *n, pl* **-lae** [-ˌliː, -ˌlaɪ] : nebulosa *f*

nebulous [ˈnebjuləs] *adj* : nebuloso, vago

necessarily [ˌnesəˈserəli] *adv* : necesariamente, forzosamente

necessary[1] [ˈnesəˌseri] *adj* **1** INEVITABLE : inevitable **2** COMPULSORY : necesario, obligatorio **3** ESSENTIAL : imprescindible, preciso, necesario

necessary[2] *n, pl* **-saries** : lo esencial, lo necesario

necessitate [nɪˈsesəˌteɪt] *vt* **-tated; -tating** : necesitar, requerir

necessity [nɪˈsesəti] *n, pl* **-ties 1** NEED : necesidad *f* **2** REQUIREMENT : requisito *m* indispensable **3** POVERTY : indigencia *f*, necesidad *f* **4** INEVITABILITY : inevitabilidad *f*

neck[1] [ˈnek] *vi* : besuquearse

neck[2] *n* **1** : cuello *m* (de una persona), pescuezo *m* (de un animal) **2** COLLAR : cuello *m* **3** : cuello *m* (de una botella), mástil *m* (de una guitarra)

neckerchief [ˈnekərˌtʃəf, -ˌtʃiːf] *n, pl* **-chiefs** [-ˌtʃəfs, -ˌtʃiːfs] : pañuelo *m* (para el cuello), mascada *f Mex*

necklace [ˈnekləs] *n* : collar *m*

neckline [ˈnekˌlaɪn] *n* : escote *m*

necktie [ˈnekˌtaɪ] *n* : corbata *f*

nectar [ˈnektər] *n* : néctar *m*

nectarine [ˌnektəˈriːn] *n* : nectarina *f*

née *or* **nee** [ˈneɪ] *adj* : de soltera ⟨Mrs. Smith, née Whitman : la señora Smith, de soltera Whitman⟩

need[1] [ˈniːd] *vt* **1** : necesitar ⟨I need your help : necesito su ayuda⟩ ⟨I need money : me falta dinero⟩ **2** REQUIRE : querir, exigir ⟨that job needs patience : ese trabajo exige paciencia⟩ **3 to need to** : tener que ⟨he needs to study : tiene que estudiar⟩ ⟨they need to be scolded : hay que reprenderlos⟩ — *v aux* **1** MUST : tener que, deber ⟨need you shout? : ¿tienes que gritar?⟩ **2 to be needed** : hacer falta ⟨you needn't worry : no hace falta que te preocupes, no hay por qué preocuparse⟩

need[2] *n* **1** NECESSITY : necesidad *f* ⟨in case of need : en caso de necesidad⟩ **2** LACK : falta *f* ⟨the need for better training : la falta de mejor capacitación⟩ ⟨to be in need : necesitar⟩ **3** POVERTY : necesidad *f*, indigencia *f* **4** needs *npl* : requisitos *mpl*, carencias *fpl*

needful [ˈniːdfəl] *adj* : necesario

needle[1] [ˈniːdəl] *vt* **-dled; -dling** : pinchar

needle[2] *n* **1** : aguja *f* ⟨to thread a needle : enhebrar una aguja⟩ ⟨knitting needle : aguja de tejer⟩ **2** POINTER : aguja *f*, indicador *m*

needlepoint ['niːdəlˌpɔint] *n* **1** LACE : encaje *m* de mano **2** EMBROIDERY : bordado *m* en cañamazo

needless ['niːdləs] *adj* : innecesario

needlessly ['niːdləsli] *adv* : sin ninguna necesidad, innecesariamente

needlework ['niːdəlˌwərk] *n* : bordado *m*

needn't ['niːdənt] (*contraction of need not*) → **need**

needy[1] ['niːdi] *adj* **needier; -est** : necesitado

needy[2] *n* **the needy** : los necesitados *mpl*

nefarious [nɪ'færiəs] *adj* : nefario, nefando, infame

negate [nɪ'geit] *vt* **-gated; -gating** **1** DENY : negar **2** NULLIFY : invalidar, anular

negation [nɪ'geiʃən] *n* : negación *f*

negative[1] ['nɛgətɪv] *adj* : negativo

negative[2] *n* **1** : negación *f* (en lingüística) **2** : negativa *f* ⟨to answer in the negative : contestar con una negativa⟩ **3** : término *m* negativo (en matemáticas) **4** : negativo *m*, imagen *f* en negativo (en fotografía)

negatively ['nɛgətɪvli] *adv* : negativamente

neglect[1] [nɪ'glɛkt] *vt* **1** : desatender, descuidar ⟨to neglect one's health : descuidar la salud⟩ **2** : no cumplir con, faltar a ⟨to neglect one's obligations : faltar uno a sus obligaciones⟩ ⟨he neglected to tell me : omitió decírmelo⟩

neglect[2] *n* **1** : negligencia *f*, descuido *m*, incumplimiento *m* ⟨through neglect : por negligencia⟩ ⟨neglect of duty : incumplimiento del deber⟩ **2 in a state of neglect** : abandonado, descuidado

neglectful [nɪ'glɛktfəl] *adj* : descuidado *m*

negligee [ˌnɛgləˈʒei] *n* : negligé *m*

negligence ['nɛglɪdʒənts] *n* : descuido *m*, negligencia *f*

negligent ['nɛglɪdʒənt] *adj* : negligente, descuidado — **negligently** *adv*

negligible ['nɛglɪdʒəbəl] *adj* : insignificante, despreciable

negotiable [nɪ'goːʃəbəl, -ʃiə-] *adj* : negociable

negotiate [nɪ'goːʃiˌeit] *v* **-ated; -ating** *vi* : negociar — *vt* **1** : negociar, gestionar ⟨to negotiate a treaty : negociar un tratado⟩ **2** : salvar, franquear ⟨they negotiated the obstacles : salvaron los obstáculos⟩ ⟨to negotiate a turn : tomar una curva⟩

negotiation [nɪˌgoːʃiˈeiʃən, -siˈei-] *n* : negociación *f*

negotiator [nɪ'goːʃiˌeitər, -siˌei-] *n* : negociador *m*, -dora *f*

Negro ['niːˌgroː] *n*, *pl* **-groes** : negro *m*, -gra *f*

neigh[1] ['nei] *vi* : relinchar

neigh[2] *n* : relincho *m*

neighbor[1] ['neibər] *vt* : ser vecino de, estar junto a ⟨her house neighbors mine : su casa está junto a la mía⟩ — *vi* : estar cercano, lindar, colindar ⟨her land neighbors on mine : sus tierras lindan con las mías⟩

neighbor[2] *n* **1** : vecino *m*, -na *f* **2 love thy neighbor** : ama a tu prójimo

neighborhood ['neibərˌhʊd] *n* **1** : barrio *m*, vecindad *f*, vecindario *m* **2 in the neighborhood of** : alrededor de, cerca de

neighborly ['neibərli] *adv* : amable, de buena vecindad

neither[1] ['niːðər, 'nai-] *adj* : ninguno (de los dos)

neither[2] *conj* **1** : ni ⟨neither asleep nor awake : ni dormido ni despierto⟩ **2** NOR : ni (tampoco) ⟨I'm not asleep— neither am I : no estoy dormido—ni yo tampoco⟩

neither[3] *pron* : ninguno

nemesis ['nɛməsɪs] *n*, *pl* **-eses** [-ˌsiːz] **1** RIVAL : rival *mf* **2** RETRIBUTION : justo castigo *m*

Neoclassical [ˌniːoʊ'klæsɪkəl] *adj* : neoclásico

neologism [niˈɑləˌdʒɪzəm] *n* : neologismo *m*

neon[1] ['niːˌɑn] *adj* : de neón ⟨neon sign : letrero de neón⟩

neon[2] *n* : neón *m*

neophyte ['niːəˌfait] *n* : neófito *m*, -ta *f*

Nepali [nə'pɔli, -'pɑ-, -'pæ-] *n* : nepalés *m*, -lesa *f* — **Nepali** *adj*

nephew ['nɛˌfjuː, *chiefly British* 'nɛˌvjuː] *n* : sobrino *m*

nepotism ['nɛpəˌtɪzəm] *n* : nepotismo *m*

Neptune ['nɛpˌtuːn, -ˌtjuːn] *n* : Neptuno *m*

nerd ['nərd] *n* : ganso *m*, -sa *f*

nerve ['nərv] *n* **1** : nervio *m* **2** COURAGE : coraje *m*, valor *m*, fuerza *f* de la voluntad ⟨to lose one's nerve : perder el valor⟩ **3** AUDACITY, GALL : atrevimiento *m*, descaro *m* ⟨of all the nerve! : ¡qué descaro!⟩ **4 nerves** *npl* : nervios *mpl* ⟨a fit of nerves : un ataque de nervios⟩

nervous ['nərvəs] *adj* **1** : nervioso ⟨the nervous system : el sistema nervioso⟩ **2** EXCITABLE : nervioso, excitable ⟨to get nervous : excitarse, ponerse nervioso⟩ **3** FEARFUL : miedoso, temeroso

nervously ['nərvəsli] *adv* : nerviosamente

nervousness ['nərvəsnəs] *n* : nerviosismo *m*, nerviosidad *f*, ansiedad *f*

nervy ['nərvi] *adj* **nervier; -est** **1** COURAGEOUS : valiente **2** IMPUDENT : atrevido, descarado, fresco *fam* **3** NERVOUS : nervioso

nest[1] ['nɛst] *vi* : anidar

nest[2] *n* **1** : nido *m* (de un ave), avispero *m* (de una avispa), madriguera *f* (de un animal) **2** REFUGE : nido *m*, refugio *m* **3** SET : juego *m* ⟨a nest of tables : un juego de mesitas⟩

nestle ['nɛsəl] *vi* **-tled; -tling** : acurrucarse, arrimarse cómodamente

net¹ [ˈnɛt] *vt* **netted; netting 1** CATCH : pescar, atrapar con una red **2** CLEAR : ganar neto ⟨they netted $5000 : ganaron $5000 netos⟩ **3** YIELD : producir neto

net² *adj* : neto ⟨net weight : peso neto⟩ ⟨net gain : ganancia neta⟩

net³ *n* : red *f*, malla *f*

nether [ˈnɛðər] *adj* **1** : inferior, más bajo **2 the nether regions** : el infierno

nettle¹ [ˈnɛtəl] *vt* **-tled; -tling** : irritar, provocar, molestar

nettle² *n* : ortiga *f*

network [ˈnɛtˌwərk] *n* **1** SYSTEM : red *f* **2** CHAIN : cadena *f* ⟨a network of supermarkets : una cadena de supermercados⟩

neural [ˈnʊrəl, ˈnjʊr-] *adj* : neural

neuralgia [nʊˈrældʒə, njʊ-] *n* : neuralgia *f*

neuritis [nʊˈraɪtəs, njʊ-] *n, pl* **-ritides** [-ˈrɪtəˌdiːz] *or* **-ritises** : neuritis *f*

neurological [ˌnʊrəˈlɑdʒɪkəl, ˌnjʊr-] *or* **neurologic** [ˌnʊrəˈlɑdʒɪk, ˌnjʊr-] *adj* : neurológico

neurologist [nʊˈrɑlədʒɪst, njʊ-] *n* : neurólogo *m*, -ga *f*

neurology [nʊˈrɑlədʒi, njʊ-] *n* : neurología *f*

neurosis [nʊˈroːsɪs, njʊ-] *n, pl* **-roses** [-ˌsiːz] : neurosis *f*

neurotic¹ [nʊˈrɑtɪk, njʊ-] *adj* : neurótico

neurotic² *n* : neurótico *m*, -ca *f*

neuter¹ [ˈnuːtər, ˈnjuː-] *vt* : castrar

neuter² *adj* : neutro

neutral¹ [ˈnuːtrəl, ˈnjuː-] *adj* **1** IMPARTIAL : neutral, imparcial ⟨to remain neutral : permanecer neutral⟩ **2** : neutro ⟨a neutral color : un color neutro⟩ **3** : neutro (en la química o la electricidad)

neutral² *n* : punto *m* muerto (de un automóvil)

neutrality [nuːˈtræləti:, njuː-] *n* : neutralidad *f*

neutralization [ˌnuːtrələˈzeɪʃən, ˌnjuː-] *n* : neutralización *f*

neutralize [ˈnuːtrəˌlaɪz, ˈnjuː-] *vt* **-ized; -izing** : neutralizar

neutron [ˈnuːˌtrɑn, ˈnjuː-] *n* : neutrón *m*

never [ˈnɛvər] *adv* **1** : nunca, jamás ⟨he never studies : nunca estudia⟩ **2 never again** : nunca más, nunca jamás **3 never mind** : no importa

nevermore [ˌnɛvərˈmor] *adv* : nunca más

nevertheless [ˌnɛvərðəˈlɛs] *adv* : sin embargo, no obstante

new [ˈnuː, ˈnjuː] *adj* **1** : nuevo ⟨a new dress : un vestido nuevo⟩ **2** RECENT : nuevo, reciente ⟨what's new? : ¿qué hay de nuevo?⟩ ⟨a new arrival : un recién llegado⟩ **3** DIFFERENT : nuevo, distinto ⟨this problem is new : este problema es distinto⟩ ⟨new ideas : ideas nuevas⟩ **4 like new** : como nuevo

newborn [ˈnuːˌbɔrn, ˈnjuː-] *adj* : recién nacido

newcomer [ˈnuːˌkʌmər, ˈnjuː-] *n* : recién llegado *m*, recién llegada *f*

newfangled [ˈnuːˈfæŋɡəld, ˈnjuː-] *adj* : novedoso

newfound [ˈnuːˈfaʊnd, ˈnjuː-] *adj* : recién descubierto

newly [ˈnuːli, ˈnjuː-] *adv* : recién, recientemente

newlywed [ˈnuːliˌwɛd, ˈnjuː-] *n* : recién casado *m*, -da *f*

new moon *n* : luna *f* nueva

newness [ˈnuːnəs, ˈnjuː-] *n* : novedad *f*

news [ˈnuːz, ˈnjuːz] *n* : noticias *fpl*

newscast [ˈnuːzˌkæst, ˈnjuːz-] *n* : noticiero *m*, informativo *m*

newscaster [ˈnuːzˌkæstər, ˈnjuːz-] *n* : presentador *m*, -dora *f*; locutor *m*, -tora *f*

newsletter [ˈnuːzˌlɛtər, ˈnjuːz-] *n* : boletín *m* informativo

newsman [ˈnuːzmən, ˈnjuːz-, -ˌmæn] *n, pl* **-men** [-mən, -ˌmɛn] : periodista *m*, reportero *m*

newspaper [ˈnuːzˌpeɪpər, ˈnjuːz-] *n* : periódico *m*, diario *m*

newspaperman [ˈnuːzˌpeɪpərˌmæn, ˈnjuːz-] *n, pl* **-men** [-mən, -ˌmɛn] **1** REPORTER : periodista *m*, reportero *m* **2** : dueño *m* de un periódico

newsprint [ˈnuːzˌprɪnt, ˈnjuːz-] *n* : papel *m* de prensa

newsstand [ˈnuːzˌstænd, ˈnjuːz-] *n* : quiosco *m*, puesto *m* de periódicos

newswoman [ˈnuːzˌwʊmən, ˈnjuːz-] *n, pl* **-women** [-ˌwɪmən] : periodista *f*, reportera *f*

newsworthy [ˈnuːzˌwərði, ˈnjuːz-] *adj* : de interés periodístico

newsy [ˈnuːziː, ˈnjuː-] *adj* **newsier; -est** : lleno de noticias

newt [ˈnuːt, ˈnjuːt] *n* : tritón *m*

New Testament *n* : Nuevo Testamento *m*

New Year *n* : Año *m* Nuevo

New Year's Day *n* : día *m* del Año Nuevo

New Yorker [nuːˈjɔrkər, njuː-] *n* : neoyorquino *m*, -na *f*

New Zealander [nuːˈziːləndər, njuː-] *n* : neozelandés *m*, -desa *f*

next¹ [ˈnɛkst] *adv* **1** AFTERWARD : después, luego ⟨what will you do next? : ¿qué harás después?⟩ **2** NOW : después, ahora, entonces ⟨next I will sing a song : ahora voy a cantar una canción⟩ **3** : la próxima vez ⟨when next we meet : la próxima vez que nos encontremos⟩

next² *adj* **1** ADJACENT : contiguo, de al lado **2** COMING : que viene, próximo ⟨next Friday : el viernes que viene⟩ **3** FOLLOWING : siguiente ⟨the next year : el año siguiente⟩

next-door [ˈnɛkstˈdor] *adj* : de al lado

next to¹ *adv* ALMOST : casi, prácticamente ⟨next to impossible : casi imposible⟩

next to² *prep* : junto a, al lado de
nexus ['nɛksəs] *n* : nexo *m*
nib ['nɪb] *n* : plumilla *f*
nibble¹ ['nɪbəl] *v* **-bled; -bling** *vt* : pellizcar, mordisquear, picar — *vi* : picar
nibble² *n* : mordisco *m*
Nicaraguan [ˌnɪkəˈrɑgwən] *n* : nicaragüense *mf* — **Nicaraguan** *adj*
nice ['naɪs] *adj* **nicer; nicest 1** REFINED : pulido, refinado **2** SUBTLE : fino, sutil **3** PLEASING : agradable, bueno, lindo ⟨nice weather : buen tiempo⟩ **4** RESPECTABLE : bueno, decente **5 nice and** : bien, muy ⟨nice and hot : bien caliente⟩ ⟨nice and slow : despacito⟩
nicely ['naɪsli] *adv* **1** KINDLY : amablemente **2** POLITELY : con buenos modales **3** ATTRACTIVELY : de buen gusto
niceness ['naɪsnəs] *n* : simpatía *f*, amabilidad *f*
nicety ['naɪsəti] *n, pl* **-ties 1** DETAIL, SUBTLETY : sutileza *f*, detalle *m* **2 niceties** *npl* : lujos *mpl*, detalles *mpl*
niche ['nɪtʃ] *n* **1** RECESS : nicho *m*, hornacina *f* **2** : nicho *m*, hueco *m* ⟨to make a niche for oneself : hacerse un hueco, encontrarse una buena posición⟩
nick¹ ['nɪk] *vt* : cortar, hacer una muesca en
nick² *n* **1** CUT : corte *m*, muesca *f* **2 in the nick of time** : en el momento crítico, justo a tiempo
nickel ['nɪkəl] *n* **1** : níquel *m* **2** : moneda *f* de cinco centavos
nickname¹ ['nɪkˌneɪm] *vt* **-named; -naming** : apodar
nickname² *n* : apodo *m*, mote *m*, sobrenombre *m*
nicotine ['nɪkəˌtiːn] *n* : nicotina *f*
niece ['niːs] *n* : sobrina *f*
Nigerian [naɪˈdʒɪriən] *n* : nigeriano *m*, -na *f* — **Nigerian** *adj*
niggardly ['nɪgərdli] *adj* : mezquino, tacaño
niggling ['nɪgəlɪŋ] *adj* **1** PETTY : insignificante **2** PERSISTENT : constante, persistente ⟨a niggling doubt : una duda constante⟩
nigh¹ ['naɪ] *adv* **1** NEARLY : casi **2 to draw nigh** : acercarse, avecinarse
nigh² *adj* : cercano, próximo
night¹ ['naɪt] *adj* : nocturno, de la noche ⟨the night sky : el cielo nocturno⟩ ⟨night shift : turno de la noche⟩
night² *n* **1** EVENING : noche *f* ⟨at night : de noche⟩ ⟨last night : anoche⟩ ⟨tomorrow night : mañana por la noche⟩ **2** DARKNESS : noche *f*, oscuridad *f* ⟨night fell : cayó la noche⟩
nightclothes ['naɪtˌkloːðz, -ˌkloːz] *npl* : ropa *f* de dormir
nightclub ['naɪtˌklʌb] *n* : cabaret *m*, club *m* nocturno
night crawler ['naɪtˌkrɔlər] *n* EARTHWORM : lombriz *f* (de tierra)
nightfall ['naɪtˌfɔl] *n* : anochecer *m*
nightgown ['naɪtˌgaʊn] *n* : camisón *m* (de noche)

nightingale ['naɪtənˌgeɪl, 'naɪtɪŋ-] *n* : ruiseñor *m*
nightly¹ ['naɪtli] *adv* : cada noche, todas las noches
nightly² *adj* : de todas las noches
nightmare ['naɪtˌmær] *n* : pesadilla *f*
nightmarish ['naɪtˌmærɪʃ] *adj* : de pesadilla
night owl *n* : noctámbulo *m*, -la *f*
nightshade ['naɪtˌʃeɪd] *n* : hierba *f* mora
nightshirt ['naɪtˌʃərt] *n* : camisa *f* de dormir
nightstick ['naɪtˌstɪk] *n* : porra *f*
nighttime ['naɪtˌtaɪm] *n* : noche *f*
nihilism ['naɪəˌlɪzəm] *n* : nihilismo *m*
nil ['nɪl] *n* : nada *f*, cero *m*
nimble ['nɪmbəl] *adj* **-bler; -blest 1** AGILE : ágil **2** CLEVER : hábil, ingenioso
nimbleness ['nɪmbəlnəs] *n* : agilidad *f*
nimbly ['nɪmbli] *adv* : con agilidad, ágilmente
nincompoop ['nɪnkəmˌpuːp, 'nɪŋ-] *n* FOOL : tonto *m*, -ta *f*; bobo *m*, -ba *f*
nine¹ ['naɪn] *adj* **1** : nueve **2 nine times out of ten** : casi siempre
nine² *n* : nueve *m*
nine hundred¹ *adj* : novecientos
nine hundred² *n* : novecientos *m*
ninepins ['naɪnˌpɪnz] *n* : bolos *mpl*
nineteen¹ [naɪnˈtiːn] *adj* : diecinueve
nineteen² *n* : diecinueve *m*
nineteenth¹ [naɪnˈtiːnθ] *adj* : decimonoveno, decimonono ⟨the nineteenth century : el siglo diecinueve⟩
nineteenth² *n* **1** : decimonoveno *m*, -na *f*; decimonono *m*, -na *f* (en una serie) **2** : diecinueveavo *m*, diecinueveava parte *f*
ninetieth¹ ['naɪntiəθ] *adj* : nonagésimo
ninetieth² *n* **1** : nonagésimo *m*, -ma *f* (en una serie) **2** : noventavo *m*, noventava parte *f*
ninety¹ ['naɪnti] *adj* : noventa
ninety² *n, pl* **-ties** : noventa *m*
ninth¹ ['naɪnθ] *adj* : noveno
ninth² *n* **1** : noveno *m*, -na *f* (en una serie) **2** : noveno *m*, novena parte *f*
ninny ['nɪni] *n, pl* **ninnies** FOOL : tonto *m*, -ta *f*; bobo *m*, -ba *f*
nip¹ ['nɪp] *vt* **nipped; nipping 1** PINCH : pellizcar **2** BITE : morder, mordisquear **3 to nip in the bud** : cortar de raíz
nip² *n* **1** TANG : sabor *m* fuerte **2** PINCH : pellizco *m* **3** NIBBLE : mordisco *m* **4** SWALLOW : trago *m*, traguito *m* **5 there's a nip in the air** : hace fresco
nipple ['nɪpəl] *n* : pezón *m* (de una mujer), tetilla *f* (de un hombre)
nippy ['nɪpi] *adj* **-pier; -est 1** SHARP : fuerte, picante **2** CHILLY : frío ⟨it's nippy today : hoy hace frío⟩
nit ['nɪt] *n* : liendre *f*
nitrate ['naɪˌtreɪt] *n* : nitrato *m*
nitric acid ['naɪtrɪk] *n* : ácido *m* nítrico
nitrite ['naɪˌtraɪt] *n* : nitrito *m*
nitrogen ['naɪtrədʒən] *n* : nitrógeno *m*
nitroglycerin *or* **nitroglycerine** [ˌnaɪtroˈglɪsərən] *n* : nitroglicerina *f*

nitwit [ˈnɪt̬ˌwɪt] n : zonzo m, -za f; bobo m, -ba f
no¹ [ˈnoː] adv : no ⟨are you leaving?—no : ¿te vas?—no⟩ ⟨no less than : no menos de⟩ ⟨to say no : decir que no⟩ ⟨like it or no : quieras o no quieras⟩
no² adj 1 : ninguno ⟨it's no trouble : no es ningún problema⟩ ⟨she has no money : no tiene dinero⟩ 2 (indicating a small amount) ⟨we'll be there in no time : llegamos dentro de poco, no tardamos nada⟩ 3 (expressing a negation) ⟨he's no liar : no es mentiroso⟩
no³ n, pl noes or nos [ˈnoːz] 1 DENIAL : no m ⟨I won't take no for an answer : no aceptaré un no por respuesta⟩ 2 : vota f en contra ⟨the noes have it : se ha rechazado la moción⟩
nobility [noˈbɪlət̬i] n : nobleza f
noble¹ [ˈnoːbəl] adj **-bler; -blest** 1 ILLUSTRIOUS : noble, glorioso 2 ARISTOCRATIC : noble 3 STATELY : majestuoso, magnífico 4 LOFTY : noble, elevado ⟨noble sentiments : sentimientos elevados⟩
noble² n : noble mf, aristócrata mf
nobleman [ˈnoːbəlmən] n, pl **-men** [-mən, -ˌmɛn] : noble m, aristócrata m
nobleness [ˈnoːbəlnəs] n : nobleza f
noblewoman [ˈnoːbəlˌwʊmən] n, pl **-women** [-ˌwɪmən] : noble f, aristócrata f
nobly [ˈnoːbli] adv : noblemente
nobody¹ [ˈnoːbədi, -ˌbɑdi] n, pl **-bodies** : don nadie m ⟨he's a mere nobody : es un don nadie⟩
nobody² pron : nadie
nocturnal [nɑkˈtərnəl] adj : nocturno
nocturne [ˈnɑkˌtərn] n : nocturno m
nod¹ [ˈnɑd] v **nodded; nodding** vi 1 : saludar con la cabeza, asentir con la cabeza 2 to nod off : dormirse, quedarse dormido — vt : inclinar (la cabeza) ⟨to nod one's head in agreement : asentir con la cabeza⟩
nod² n : saludo m con la cabeza, señal m con la cabeza, señal m de asentimiento
node [ˈnoːd] n : nudo m (de una planta)
nodule [ˈnɑˌdʒuːl] n : nódulo m
noel [noˈɛl] n 1 CAROL : villancico m de Navidad 2 **Noel** CHRISTMAS : Navidad f
noes → no³
noise¹ [ˈnɔɪz] vt **noised; noising** : rumorear, publicar
noise² n : ruido m
noiseless [ˈnɔɪzləs] adj : silencioso, sin ruido
noiselessly [ˈnɔɪzləsli] adv : silenciosamente
noisemaker [ˈnɔɪzˌmeɪkər] n : matraca f
noisiness [ˈnɔɪzinəs] n : ruido m
noisome [ˈnɔɪsəm] adj : maloliente, fétido
noisy [ˈnɔɪzi] adj **noisier; -est** : ruidoso — **noisily** [ˈnɔɪzɪli] adv
nomad¹ [ˈnoːˌmæd] → nomadic

nomad² n : nómada mf
nomadic [noˈmædɪk] adj : nómada
nomenclature [ˈnoːmənˌkleɪt̬ʃər] n : nomenclatura f
nominal [ˈnɑmənəl] adj 1 : nominal ⟨the nominal head of his party : el jefe nominal de su partido⟩ 2 TRIFLING : insignificante
nominally [ˈnɑmənəli] adv : sólo de nombre, nominalmente
nominate [ˈnɑməˌneɪt] vt **-nated; -nating** 1 PROPOSE : proponer (como candidato), nominar 2 APPOINT : nombrar
nomination [ˌnɑməˈneɪʃən] n 1 PROPOSAL : propuesta f, postulación f 2 APPOINTMENT : nombramiento m
nominative¹ [ˈnɑmənət̬ɪv] adj : nominativo
nominative² n or **nominative case** : nominativo m
nominee [ˌnɑməˈniː] n : candidato m, -ta f
nonaddictive [ˌnɑnəˈdɪktɪv] adj : que no crea dependencia
nonalcoholic [ˌnɑnˌælkəˈhɑlɪk] adj : sin alcohol, no alcohólico
nonaligned [ˌnɑnəˈlaɪnd] adj : no alineado
nonbeliever [ˌnɑnbəˈliːvər] n : no creyente mf
nonbreakable [ˌnɑnˈbreɪkəbəl] adj : irrompible
nonce [ˈnɑnts] n **for the nonce** : por el momento
nonchalance [ˌnɑnʃəˈlɑnts] n : indiferencia f, despreocupación f
nonchalant [ˌnɑnʃəˈlɑnt] adj : indiferente, despreocupado, impasible
nonchalantly [ˌnɑnʃəˈlɑntli] adv : con aire despreocupado, con indiferencia
noncombatant [ˌnɑnkəmˈbæt̬ənt, -ˈkɑmbə-] n : no combatiente mf
noncommissioned officer [ˌnɑnkəˈmɪʃənd] n : suboficial mf
noncommittal [ˌnɑnkəˈmɪt̬əl] adj : evasivo, que no se compromete
nonconductor [ˌnɑnkənˈdʌktər] n : aislante m
nonconformist [ˌnɑnkənˈfɔrmɪst] n : inconformista mf, inconforme mf
nonconformity [ˌnɑnkənˈfɔrmət̬i] n : inconformidad f, no conformidad f
noncontagious [ˌnɑnkənˈteɪdʒəs] adj : no contagioso
nondenominational [ˌnɑndɪˌnɑməˈneɪʃənəl] adj : no sectario
nondescript [ˌnɑndɪˈskrɪpt] adj : anodino, soso
nondiscriminatory [ˌnɑndɪˈskrɪmənəˌtori] adj : no discriminatorio
nondrinker [ˌnɑnˈdrɪŋkər] n : abstemio m, -mia f
none¹ [ˈnʌn] adv : de ninguna manera, de ningún modo, nada ⟨he was none too happy : no se sintió nada contento⟩ ⟨I'm none the worse for it : no estoy peor por ello⟩ ⟨none too soon : a buena hora⟩

none² [nʌn] *pron* : ninguno, ninguna

nonentity [nɑn'ɛntəʈi] *n, pl* **-ties** : persona *f* insignificante, nulidad *f*

nonessential [nɑni'sɛntʃəl] *adj* : secundario, no esencial

nonessentials [nɑni'sɛntʃəlz] *npl* : cosas *fpl* secundarias, cosas *fpl* accesorias

nonetheless [nʌnðə'lɛs] *adv* : sin embargo, no obstante

nonexistence [nɑnig'zistəns] *n* : inexistencia *f*

nonexistent [nɑnig'zistənt] *adj* : inexistente

nonfat [nɑn'fæt] *adj* : sin grasa

nonfattening [nɑn'fætəniŋ] *adj* : que no engorda

nonfiction [nɑn'fikʃən] *n* : no ficción *f*

nonflammable [nɑn'flæməbəl] *adj* : no inflamable

nonintervention [nɑn,ɪntər'vɛntʃən] *n* : no intervención *f*

nonmalignant [nɑnmə'lignənt] *adj* : no maligno, benigno

nonnegotiable [nɑnni'goːʃəbəl, -ʃiə-] *adj* : no negociable

nonpareil¹ [nɑnpə'rɛl] *adj* : sin parangón, sin par

nonpareil² *n* : persona *f* sin igual, cosa *f* sin par

nonpartisan [nɑn'parʈəzən, -sən] *adj* : imparcial

nonpaying [nɑn'peiiŋ] *adj* : que no paga

nonpayment [nɑn'peimənt] *n* : impago *m*, falta *f* de pago

nonperson [nɑn'pərsən] *n* : persona *f* sin derechos

nonplus [nɑn'plʌs] *vt* **-plussed; -plussing** : confundir, desconcertar, dejar perplejo

nonprescription [nɑnpri'skripʃən] *adj* : disponible sin receta del médico

nonproductive [nɑnprə'dʌktiv] *adj* : improductivo

nonprofit [nɑn'prafət] *adj* : sin fines lucrativos

nonproliferation [nɑnprə,lifə'reiʃən] *adj* : no proliferación

nonresident [nɑn'rɛzədənt, -,dɛnt] *n* : no residente *mf*

nonscheduled [nɑn'skɛ,dʒuːld] *adj* : no programado, no regular

nonsectarian [nɑn,sɛk'tæriən] *adj* : no sectario

nonsense [ˈnɑn,sɛns, ˈnɑn,sənts] *n* : tonterías *fpl*, disparates *mpl*

nonsensical [nɑn'sɛntsikəl] *adj* ABSURD : absurdo, disparatado — **nonsensically** [-kli] *adv*

nonsmoker [nɑn'smoːkər] *n* : no fumador *m*, -dora *f*; persona *f* que no fuma

nonstandard [nɑn'stændərd] *adj* : no regular, no estándar

nonstick [nɑn'stik] *adj* : antiadherente

nonstop¹ [nɑn'stap] *adv* : sin parar ⟨he talked nonstop : habló sin parar⟩

nonstop² *adj* : directo, sin escalas ⟨nonstop flight : vuelo directo⟩

nonsupport [nɑnsə'port] *n* : falta *f* de manutención

nontaxable [nɑn'tæksəbəl] *adj* : exento de impuestos

nontoxic [nɑn'taksik] *adj* : no tóxico

nonviolence [nɑn'vaiələns, -'vaiə-] *n* : no violencia *f*

nonviolent [nɑn'vaiələnt, -'vaiə-] *adj* : pacífico, no violento

noodle [ˈnuːdəl] *n* : fideo *m*, tallarín *m*

nook [ˈnʊk] *n* : rincón *m*, recoveco *m*, escondrijo *m* ⟨in every nook and cranny : en todos los rincones⟩

noon [ˈnuːn] *n* : mediodía *m*

noonday [ˈnuːn,dei] *n* : mediodía *m* ⟨the noonday sun : el sol de mediodía⟩

no one *pron* NOBODY : nadie

noontime [ˈnuːn,taim] *n* : mediodía *m*

noose [ˈnuːs] *n* **1** LASSO : lazo *m* **2** hangman's noose : dogal *m*, soga *f*

nor [ˈnɔr] *conj* : ni ⟨neither good nor bad : ni bueno ni malo⟩ ⟨nor I! : ¡ni yo tampoco!⟩

Nordic [ˈnɔrdik] *adj* : nórdico

norm [ˈnɔrm] *n* **1** STANDARD : norma *f*, modelo *m* **2** CUSTOM, RULE : regla *f* general, lo normal

normal [ˈnɔrməl] *adj* : normal — **normally** *adv*

normalcy [ˈnɔrməlsi] *n* : normalidad *f*

normality [nɔr'mæləʈi] *n* : normalidad *f*

normalize [ˈnɔrmə,laiz] *vt* : normalizar

Norse [ˈnɔrs] *adj* : nórdico

north¹ [ˈnɔrθ] *adv* : al norte

north² *adj* : norte, del norte ⟨the north coast : la costa del norte⟩

north³ *n* **1** : norte *m* **2 the North** : el Norte *m*

North American *n* : norteamericano *m*, -na *f* — **North American** *adj*

northbound [ˈnɔrθ,baʊnd] *adv* : con rumbo al norte

northeast¹ [nɔrθ'iːst] *adv* : hacia el nordeste

northeast² *adj* : nordeste, del nordeste

northeast³ *n* : nordeste *m*, noreste *m*

northeasterly¹ [nɔrθ'iːstərli] *adv* : hacia el nordeste

northeasterly² *adj* : nordeste, del nordeste

northeastern [nɔrθ'iːstərn] *adj* : nordeste, del nordeste

northerly¹ [ˈnɔrðərli] *adv* : hacia el norte

northerly² *adj* : del norte ⟨a northerly wind : un viento del norte⟩

northern [ˈnɔrðərn] *adj* : norte, norteño, septentrional

Northerner [ˈnɔrðərnər] *n* : norteño *m*, -ña *f*

northern lights → aurora borealis

North Pole : Polo *m* Norte

North Star : estrella *f* polar

northward [ˈnɔrθwərd] *adv & adj* : hacia el norte

northwest¹ [nɔrθ'wɛst] *adv* : hacia el noroeste

northwest² *adj* : del noroeste

northwest³ *n* : noroeste *m*

northwesterly[1] [nɔrθ'wɛstərli] *adv* : hacia el noroeste

northwesterly[2] *adj* : del noroeste

northwestern [nɔrθ'wɛstərn] *adj* : noroeste, del noroeste

Norwegian [nɔr'wi:dʒən] *n* 1 : noruego *m*, -ga *f* 2 : noruego *m* (idioma) — **Norwegian** *adj*

nose[1] ['no:z] *v* nosed; nosing *vt* 1 SMELL : olfatear 2 : empujar con el hocico ⟨the dog nosed open the bag : el perro abrió el saco con el hocico⟩ 3 EDGE, MOVE : mover poco a poco — *vi* 1 PRY : entrometerse, meter las narices 2 EDGE : avanzar poco a poco

nose[2] *n* 1 : nariz *f* (de una persona), hocico *m* (de un animal) ⟨to blow one's nose : sonarse las narices⟩ 2 SMELL : olfato *m*, sentido *m* del olfato 3 FRONT : parte *f* delantera, nariz *f* (de un avión), proa *f* (de un barco) 4 to follow one's nose : dejarse guiar por el instinto

nosebleed ['no:z,bli:d] *n* : hemorragia *f* nasal

nosedive ['no:z,daɪv] *n* 1 : descenso *m* en picada (de un avión) 2 : caída *f* súbita (de precios, etc.)

nose–dive ['no:z,daɪv] *vi* : descender en picada, caer en picada

nostalgia [nɑ'stældʒə, nə-] *n* : nostalgia *f*

nostalgic [nɑ'stældʒɪk, nə-] *adj* : nostálgico

nostril ['nɑstrəl] *n* : ventana *f* de la nariz

nostrum ['nɑstrəm] *n* : panacea *f*

nosy *or* **nosey** ['no:zi] *adj* **nosier; -est** : entrometido

not ['nɑt] *adv* 1 (*used to form a negative*) : no ⟨she is not tired : no está cansada⟩ ⟨not to say something would be wrong : no decir nada sería injusto⟩ 2 (*used to replace a negative clause*) : no ⟨are we going or not? : ¿vamos a ir o no?⟩ ⟨of course not! : ¡claro que no!⟩

notable[1] ['no:təbəl] *adj* 1 NOTEWORTHY : notable, de notar 2 DISTINGUISHED, PROMINENT : distinguido, destacado

notable[2] *n* : persona *f* importante, personaje *m*

notably ['no:təbli] *adv* : notablemente, particularmente

notarize ['no:tə,raɪz] *vt* **-rized; -rizing** : autenticar, autorizar

notary public ['no:təri] *n, pl* **-ries publics** *or* **-ry publics** : notario *m*, -ria *f*; escribano *m*, -na *f*

notation [no'teɪʃən] *n* 1 NOTE : anotación *f*, nota *f* 2 : notación *f* ⟨musical notation : notación musical⟩

notch[1] ['nɑtʃ] *vt* : hacer una muesca en, cortar

notch[2] *n* : muesca *f*, corte *m*

note[1] ['no:t] *vt* **noted; noting** 1 NOTICE : notar, observar, tomar nota de 2 RECORD : anotar, apuntar

note[2] *n* 1 : nota *f* (musical) 2 COMMENT : nota *f*, comentario *m* 3 LETTER : nota *f*, cartita *f* 4 PROMINENCE : prestigio *m* ⟨a musician of note : un músico destacado⟩ 5 ATTENTION : atención *f* ⟨to take note of : prestar atención a⟩

notebook ['no:t,bʊk] *n* 1 : libreta *f*, cuaderno *m* 2 : notebook *m* (computadora)

noted ['no:təd] *adj* EMINENT : renombrado, eminente, celebrado

noteworthy ['no:t,wərði] *adj* : notable, de notar, de interés

nothing[1] ['nʌθɪŋ] *adv* 1 : de ninguna manera ⟨nothing daunted, we carried on : sin amilanarnos, seguimos adelante⟩ 2 **nothing like** : no . . . en nada ⟨he's nothing like his brother : no se parece en nada a su hermano⟩

nothing[2] *n* 1 NOTHINGNESS : nada *f* 2 ZERO : cero *m* 3 : persona *f* de poca importancia, cero *m* 4 TRIFLE : nimiedad *f*

nothing[3] *pron* : nada ⟨there's nothing better : no hay nada mejor⟩ ⟨nothing else : nada más⟩ ⟨nothing but : solamente⟩ ⟨they mean nothing to me : ellos me son indiferentes⟩

nothingness ['nʌθɪŋnəs] *n* 1 VOID : vacío *m*, nada *f* 2 NONEXISTENCE : inexistencia *f* 3 TRIFLE : nimiedad *f*

notice[1] ['no:tɪs] *vt* **-ticed; -ticing** : notar, observar, advertir, darse cuenta de

notice[2] *n* 1 NOTIFICATION : aviso *m*, notificación *f* 2 ATTENTION : atención *f* ⟨to take notice of : prestar atención a⟩

noticeable ['no:tɪsəbəl] *adj* : evidente, perceptible — **noticeably** [-bli] *adv*

notification [,no:təfə'keɪʃən] *n* : notificación *f*, aviso *m*

notify ['no:tə,faɪ] *vt* **-fied; -fying** : notificar, avisar

notion ['no:ʃən] *n* 1 IDEA : idea *f*, noción *f* 2 WHIM : capricho *m*, antojo *m* 3 **notions** *npl* : artículos *mpl* de mercería

notoriety [,no:tə'raɪəti] *n* : mala fama *f*, notoriedad *f*

notorious [no'to:riəs] *adj* : de mala fama, célebre, bien conocido

notwithstanding[1] [,nɑtwɪθ'stændɪŋ, -wɪð-] *adv* NEVERTHELESS : no obstante, sin embargo

notwithstanding[2] *conj* : a pesar de que

notwithstanding[3] *prep* : a pesar de, no obstante

nougat ['nu:gət] *n* : turrón *m*

nought ['nɔt, 'nɑt] → **naught**

noun ['naʊn] *n* : nombre *m*, sustantivo *m*

nourish ['nərɪʃ] *vt* 1 FEED : alimentar, nutrir, sustentar 2 FOSTER : fomentar, alentar

nourishing ['nərɪʃɪŋ] *adj* : alimenticio, nutritivo

nourishment ['nərɪʃmənt] *n* : nutrición *f*, alimento *m*, sustento *m*

novel[1] ['nɑvəl] *adj* : original, novedoso

novel² n : novela f
novelist ['nɑvəlɪst] n : novelista mf
novelty ['nɑvəlti] n, pl **-ties 1** : novedad f **2 novelties** npl TRINKETS : baratijas fpl, chucherías fpl
November [noˈvɛmbər] n : noviembre m
novice ['nɑvɪs] n : novato m, -ta f; principiante mf; novicio m, -cia f
now¹ ['nau] adv **1** PRESENTLY : ahora, ya, actualmente ⟨from now on : de ahora en adelante⟩ ⟨long before now : ya hace tiempo⟩ ⟨now and then : de vez en cuando⟩ **2** IMMEDIATELY : ahora (mismo), inmediatamente ⟨do it right now! : ¡hazlo ahora mismo!⟩ **3** THEN : ya, entonces ⟨now they were ready : ya estaban listos⟩ **4** (used to introduce a statement, a question, a command, or a transition) ⟨now what this! : ¡presten atención!⟩ ⟨now what do you think of that? : ¿qué piensas de eso?⟩
now² n (indicating the present time) ⟨until now : hasta ahora⟩ ⟨by now : ya⟩ ⟨ten years from now : dentro de 10 años⟩
now³ conj **now that** : ahora que, ya que
nowadays ['nauəˌdeɪz] adv : hoy en día, actualmente, en la actualidad
nowhere¹ ['no:ˌhwer] adv **1** : en ninguna parte, a ningún lado ⟨nowhere to be found : en ninguna parte, por ningún lado⟩ ⟨you're going nowhere : no estás yendo a ningún lado, no estás yendo a ninguna parte⟩ **2 nowhere near** : ni con mucho, nada cerca ⟨it's nowhere near here : no está nada cerca de aquí⟩
nowhere² n **1** : ninguna parte f **2 out of nowhere** : de la nada
noxious ['nɑkʃəs] adj : nocivo, dañino, tóxico
nozzle ['nɑzəl] n : boca f
nuance ['nu:ˌɑnts, 'nju:-] n : matiz m
nub ['nʌb] n **1** KNOB, LUMP : protuberancia f, nudo m **2** GIST : quid m, meollo m
nuclear ['nu:kliər, 'nju:-] adj : nuclear
nucleus ['nu:kliəs, 'nju:-] n, pl **-clei** [-kliˌaɪ] : núcleo m
nude¹ ['nu:d, 'nju:d] adj nuder; nudest : desnudo
nude² n : desnudo m
nudge¹ ['nʌʤ] vt nudged; nudging : darle con el codo (a alguien)
nudge² n : toque m que se da con el codo
nudism ['nu:ˌdɪzəm, 'nju:-] n : nudismo m
nudist ['nu:dɪst, 'nju:-] n : nudista mf
nudity ['nu:dəti, 'nju:-] n : desnudez f
nugget ['nʌgət] n : pepita f
nuisance ['nu:sənts, 'nju:-] n **1** BOTHER : fastidio m, molestia f, lata f **2** PEST : pesado m, -da f fam
null ['nʌl] adj : nulo ⟨null and void : nulo y sin efecto⟩
nullify ['nʌləˌfaɪ] vt -fied; -fying : invalidar, anular
nullity ['nələti] n, pl **-ties** : nulidad f
numb¹ ['nʌm] vt : entumecer, adormecer

numb² adj : entumecido, dormido ⟨numb with fear : paralizado de miedo⟩
number¹ ['nʌmbər] vt **1** COUNT, INCLUDE : contar, incluir **2** : numerar ⟨number the pages : numera las páginas⟩ **3** TOTAL : ascender a, sumar
number² n **1** : número m ⟨in round numbers : en números redondos⟩ ⟨telephone number : número de teléfono⟩ **2 a number of** : varios, unos pocos, unos cuantos
numberless ['nʌmbərləs] adj : innumerable, sin número
numbness ['nʌmnəs] n : entumecimiento m
numeral ['nu:mərəl, 'nju:-] n : número m ⟨Roman numeral : número romano⟩
numerator ['nu:məˌreɪtər, 'nju:-] n : numerador m
numeric [nuˈmɛrɪk, nju-] adj : numérico
numerical [nuˈmɛrɪkəl, nju-] adj : numérico — **numerically** [-kli] adv
numerous ['nu:mərəs, 'nju:-] adj : numeroso
numismatics [ˌnu:məzˈmætɪks, ˌnju:-] n : numismática f
numskull ['nʌmˌskʌl] n : tonto m, -ta f; mentecato m, -ta f; zoquete m fam
nun ['nʌn] n : monja f
nuptial ['nʌpʃəl] adj : nupcial
nuptials ['nʌpʃəlz] npl WEDDING : nupcias fpl, boda f
nurse¹ ['nərs] vt nursed; nursing **1** SUCKLE : amamantar **2** : cuidar (de), atender ⟨to nurse the sick : cuidar a los enfermos⟩ ⟨to nurse a cold : curarse de un resfriado⟩
nurse² n **1** : enfermero m, -ra f **2** → **nursemaid**
nursemaid ['nərsˌmeɪd] n : niñera f
nursery ['nərsəri] n, pl **-eries 1** or **day nursery** : guardería f **2** : vivero m (de plantas)
nursing home n : hogar m de ancianos, clínica f de reposo
nurture¹ ['nərtʃər] vt -tured; -turing **1** FEED, NOURISH : nutrir, alimentar **2** EDUCATE : criar, educar **3** FOSTER : alimentar, fomentar
nurture² n **1** UPBRINGING : crianza f, educación f **2** FOOD : alimento m
nut ['nʌt] n **1** : nuez f **2** : tuerca f ⟨nuts and bolts : tuercas y tornillos⟩ **3** LUNATIC : loco m, -ca f; chiflado m, -da f fam **4** ENTHUSIAST : fanático m, -ca f; entusiasta m
nutcracker ['nʌtˌkrækər] n : cascanueces m
nuthatch ['nʌtˌhætʃ] n : trepador m
nutmeg ['nʌtˌmɛg] n : nuez f moscada
nutrient ['nu:triənt, 'nju:-] n : nutriente m, alimento m nutritivo
nutriment ['nu:trəmənt, 'nju:-] n : nutrimento m
nutrition [nuˈtrɪʃən, nju-] n : nutrición f
nutritional [nuˈtrɪʃənəl, nju-] adj : alimenticio
nutritious [nuˈtrɪʃəs, nju-] adj : nutritivo, alimenticio

nuts [ˈnʌts] *adj* **1** FANATICAL : fanático
2 CRAZY : loco, chiflado *fam*
nutshell [ˈnʌtˌʃɛl] *n* **1** : cáscara *f* de nuez
2 in a nutshell : en pocas palabras
nutty [ˈnʌti] *adj* **-tier; -tiest** : loco, chiflado *fam*

nuzzle [ˈnʌzəl] *v* **-zled; -zling** *vi* NESTLE
: acurrucarse, arrimarse — *vt* : acariciar con el hocico
nylon [ˈnaɪˌlɑn] *n* **1** : nilón *m* **2 nylons**
npl : medias *fpl* de nilón
nymph [ˈnɪmpf] *n* : ninfa *f*

O

o [ˈoː] *n, pl* **o's** *or* **os** [ˈoːz] **1** : decimoquinta letra del alfabeto inglés **2** ZERO
: cero *m*
O [ˈoː] → **oh**
oaf [ˈoːf] *n* : zoquete *m*; bruto *m*, -ta *f*
oafish [ˈoːfɪʃ] *adj* : torpe, lerdo
oak [ˈoːk] *n, pl* **oaks** *or* **oak** : roble *m*
oaken [ˈoːkən] *adj* : de roble
oar [ˈor] *n* : remo *m*
oarlock [ˈorˌlɑk] *n* : tolete *m*, escálamo
m
oasis [oˈeɪsɪs] *n, pl* **oases** [-ˌsiːz] : oasis
m
oat [ˈoːt] *n* : avena *f*
oath [ˈoːθ] *n, pl* **oaths** [ˈoːðz, ˈoːθs] **1** : juramento *m* ⟨to take an oath : prestar
juramento⟩ **2** SWEARWORD : mala palabra *f*, palabrota *f*
oatmeal [ˈoːtˌmiːl] *n* : avena *f* ⟨instant
oatmeal : avena instantánea⟩
obdurate [ˈɑbdʊrət, -dju-] *adj* : inflexible, firme, obstinado
obedience [oˈbiːdiənts] *n* : obediencia *f*
obedient [oˈbiːdiənt] *adj* : obediente —
obediently *adv*
obelisk [ˈɑbəˌlɪsk] *n* : obelisco *m*
obese [oˈbiːs] *adj* : obeso
obesity [oˈbiːsəti] *n* : obesidad *f*
obey [oˈbeɪ] *v* **obeyed; obeying** : obedecer ⟨to obey the law : cumplir la ley⟩
obfuscate [ˈɑbfəˌskeɪt] *vt* **-cated; -cating** : ofuscar, confundir
obituary [əˈbɪtʃuˌɛri] *n, pl* **-aries** : obituario *m*, necrología *f*
object¹ [əbˈdʒɛkt] *vt* : objetar — *vi*
: oponerse, poner reparos, hacer objeciones
object² [ˈɑbdʒɪkt] *n* **1** : objeto *m* **2** OBJECTIVE, PURPOSE : objetivo *m*,
propósito *m* **3** : complemento *m* (en
gramática)
objection [əbˈdʒɛkʃən] *n* : objeción *f*
objectionable [əbˈdʒɛkʃənəbəl] *adj*
: ofensivo, indeseable — **objectionably**
[-bli] *adv*
objective¹ [əbˈdʒɛktɪv] *adj* **1** IMPARTIAL
: objetivo, imparcial **2** : de complemento, directo (en gramática)
objective² *n* **1** : objetivo *m* **2** *or* **objective case** : acusativo *m*
objectively [əbˈdʒɛktɪvli] *adv* : objetivamente
objectivity [ˌɑbˌdʒɛkˈtɪvəti] *n, pl* **-ties**
: objetividad *f*
obligate [ˈɑbləˌgeɪt] *vt* **-gated; -gating**
: obligar
obligation [ˌɑbləˈgeɪʃən] *n* : obligación *f*

obligatory [əˈblɪgəˌtori] *adj* : obligatorio
oblige [əˈblaɪdʒ] *vt* **obliged; obliging 1**
COMPEL : obligar **2** : hacerle un favor
(a alguien), complacer ⟨to oblige a
friend : hacerle un favor a un amigo⟩
3 to be much obliged : estar muy
agradecido
obliging [əˈblaɪdʒɪŋ] *adj* : servicial, complaciente — **obligingly** *adv*
oblique [oˈbliːk] *adj* **1** SLANTING : oblicuo **2** INDIRECT : indirecto — **obliquely** *adv*
obliterate [əˈblɪtəˌreɪt] *vt* **-ated; -ating 1**
ERASE : obliterar, borrar **2** DESTROY
: destruir, eliminar
obliteration [əˌblɪtəˈreɪʃən] *n* : obliteración *f*
oblivion [əˈblɪviən] *n* : olvido *m*
oblivious [əˈblɪviəs] *adj* : inconsciente
— **obliviously** *adv*
oblong¹ [ˈɑˌblɔŋ] *adj* : oblongo
oblong² *n* : figura *f* oblonga, rectángulo *m*
obnoxious [ɑbˈnɑkʃəs, əb-] *adj* : repugnante, odioso — **obnoxiously** *adv*
oboe [ˈoːˌboː] *n* : oboe *m*
oboist [ˈoːˌboɪst] *n* : oboe *mf*
obscene [ɑbˈsiːn, əb-] *adj* : obsceno, indecente — **obscenely** *adv*
obscenity [ɑbˈsɛnəti, əb-] *n, pl* **-ties** : obscenidad *f*
obscure¹ [ɑbˈskjur, əb-] *vt* **-scured;
-scuring 1** CLOUD, DIM : oscurecer,
nublar **2** HIDE : ocultar
obscure² *adj* **1** DIM : oscuro **2** REMOTE,
SECLUDED : recóndito **3** VAGUE : oscuro, confuso, vago **4** UNKNOWN : desconocido ⟨an obscure poet : un poeta
desconocido⟩ — **obscurely** *adv*
obscurity [ɑbˈskjurəti, əb-] *n, pl* **-ties**
: oscuridad *f*
obsequious [əbˈsiːkwiəs] *adj* : servil, excesivamente atento
observable [əbˈzərvəbəl] *adj* : observable, perceptible
observance [əbˈzərvənts] *n* **1** FULFILLMENT : observancia *f*, cumplimiento *m*
2 PRACTICE : práctica *f*
observant [əbˈzərvənt] *adj* : observador
observation [ˌɑbsərˈveɪʃən, -zər-] *n* : observación *f*
observatory [əbˈzərvəˌtori] *n, pl* **-ries**
: observatorio *m*
observe [əbˈzərv] *v* **-served; -serving** *vt*
1 OBEY : observar, obedecer **2** CELEBRATE : celebrar, guardar (una práctica religiosa) **3** WATCH : observar, mi-

rar **4** REMARK : observar, comentar — *vi* LOOK : mirar

observer [əb'zərvər] *n* : observador *m*, -dora *f*

obsess [əb'sɛs] *vt* : obsesionar

obsession [əb'sɛʃən, ɑb-] *n* : obsesión *f*

obsessive [əb'sɛsɪv, ɑb-] *adj* : obsesivo — **obsessively** *adv*

obsolescence [ˌɑbsə'lɛsənts] *n* : obsolescencia *f*

obsolescent [ˌɑbsə'lɛsənt] *adj* : obsolescente ⟨to become obsolescent : caer en desuso⟩

obsolete [ˌɑbsə'li:t, 'ɑbsə,-] *adj* : obsoleto, anticuado

obstacle ['ɑbstɪkəl] *n* : obstáculo *m*, impedimento *m*

obstetric [əb'stɛtrɪk] *or* **obstetrical** [-trɪkəl] *adj* : obstétrico

obstetrician [ˌɑbstə'trɪʃən] *n* : obstetra *mf*; tocólogo *m*, -ga *f*

obstetrics [əb'stɛtrɪks] *ns & pl* : obstetricia *f*, tocología *f*

obstinacy ['ɑbstənəsi] *n, pl* -cies : obstinación *f*, terquedad *f*

obstinate ['ɑbstənət] *adj* : obstinado, terco — **obstinately** *adv*

obstreperous [əb'strɛpərəs] *adj* **1** CLAMOROUS : ruidoso, clamoroso **2** UNRULY : rebelde, indisciplinado

obstruct [əb'strʌkt] *vt* : obstruir, bloquear

obstruction [əb'strʌkʃən] *n* : obstrucción *f*, bloqueo *m*

obstructive [əb'strʌktɪv] *adj* : obstructor

obtain [əb'teɪn] *vt* : obtener, conseguir — *vi* PREVAIL : imperar, prevalecer

obtainable [əb'teɪnəbəl] *adj* : obtenible, asequible

obtrude [əb'tru:d] *v* -truded; -truding *vt* **1** EXTRUDE : expulsar **2** IMPOSE : imponer — *vi* INTRUDE : inmiscuirse, entrometerse

obtrusive [əb'tru:sɪv] *adj* **1** IMPERTINENT, MEDDLESOME : impertinente, entrometido **2** PROTRUDING : prominente

obtuse [ɑb'tu:s, əb-, -'tju:s] *adj* : obtuso, torpe

obtuse angle *n* : ángulo obtuso

obviate ['ɑbvi,eɪt] *vt* -ated; -ating : obviar, evitar

obvious ['ɑbviəs] *adj* : obvio, evidente, manifiesto

obviously ['ɑbviəsli] *adv* **1** CLEARLY : obviamente, evidentemente **2** OF COURSE : claro, por supuesto

occasion¹ [ə'keɪʒən] *vt* : ocasionar, causar

occasion² *n* **1** OPPORTUNITY : oportunidad *f*, ocasión *f* **2** CAUSE : motivo *m*, razón *f* **3** INSTANCE : ocasión *f* **4** EVENT : ocasión *f*, acontecimiento *m* **5** on ~ : de vez en cuando, ocasionalmente

occasional [ə'keɪʒənəl] *adj* : ocasional

occasionally [ə'keɪʒənəli] *adv* : de vez en cuando, ocasionalmente

occidental [ˌɑksə'dɛntəl] *adj* : oeste, del oeste, occidental

occult¹ [ə'kʌlt, 'ɑ,kʌlt] *adj* **1** HIDDEN, SECRET : oculto, secreto **2** ARCANE : arcano, esotérico

occult² *n* **the occult** : las ciencias ocultas

occupancy ['ɑkjəpəntsi] *n, pl* -cies : ocupación *f*, habitación *f*

occupant ['ɑkjəpənt] *n* : ocupante *mf*

occupation [ˌɑkjə'peɪʃən] *n* : ocupación *f*, profesión *f*, oficio *m*

occupational [ˌɑkjə'peɪʃənəl] *adj* : ocupacional

occupy ['ɑkjə,paɪ] *vt* -pied; -pying : ocupar

occur [ə'kər] *vi* **occurred**; **occurring 1** EXIST : encontrarse, existir **2** HAPPEN : ocurrir, acontecer, suceder, tener lugar **3** : ocurrirse ⟨it occurred to him that . . . : se le ocurrió que . . .⟩

occurrence [ə'kərənts] *n* : acontecimiento *m*, suceso *m*, ocurrencia *f*

ocean ['o:ʃən] *n* : océano *m*

oceanic [ˌo:ʃi'ænɪk] *adj* : oceánico

oceanography [ˌo:ʃə'nɑgrəfi] *n* : oceanografía *f*

ocelot ['ɑsə,lɑt, 'o:-] *n* : ocelote *m*

ocher *or* **ochre** ['o:kər] *n* : ocre *m*

o'clock [ə'klɑk] *adv* (*used in telling time*) ⟨it's ten o'clock : son las diez⟩ ⟨at six o'clock : a las seis⟩

octagon ['ɑktə,gɑn] *n* : octágono *m*

octagonal [ɑk'tægənəl] *adj* : octagonal

octave ['ɑktɪv] *n* : octava *f*

October [ɑk'to:bər] *n* : octubre *m*

octopus ['ɑktə,pʊs, -pəs] *n, pl* **-puses** *or* **-pi** [-,paɪ] : pulpo *m*

ocular ['ɑkjələr] *adj* : ocular

oculist ['ɑkjəlɪst] *n* **1** OPHTHALMOLOGIST : oftalmólogo *m*, -ga *f*; oculista *mf* **2** OPTOMETRIST : optometrista *mf*

odd ['ɑd] *adj* **1** : sin pareja, suelto ⟨an odd sock : un calcetín sin pareja⟩ **2** UNEVEN : impar ⟨odd numbers : números impares⟩ **3** : y pico, y tantos ⟨forty odd years ago : hace cuarenta y pico años⟩ **4** : alguno, uno que otro ⟨odd jobs : algunos trabajos⟩ **5** STRANGE : extraño, raro

oddball ['ɑd,bɔl] *n* : excéntrico *m*, -ca *f*; persona *f* rara

oddity ['ɑdəti] *n, pl* -ties : rareza *f*, cosa *f* rara

oddly ['ɑdli] *adv* : de manera extraña

oddness ['ɑdnəs] *n* : rareza *f*, excentricidad *f*

odds ['ɑdz] *npl* **1** CHANCES : probabilidades *fpl* **2** : puntos *mpl* de ventaja (de una apuesta) **3 to be at odds** : estar en desacuerdo

odds and ends *npl* : costillas *fpl*, cosas *fpl* sueltas, cachivaches *mpl*

ode ['o:d] *n* : oda *f*

odious ['o:diəs] *adj* : odioso — **odiously** *adv*

odor ['o:dər] *n* : olor *m*

odorless ['o:dərləs] *adj* : inodoro, sin olor

odorous [ˈoːdərəs] *adj* : oloroso

odyssey [ˈadəsi] *n, pl* **-seys** : odisea *f*

o'er [ˈor] → **over**

of [ˈʌv, ˈəv] *prep* **1** FROM : de ⟨a man of the city : un hombre de la ciudad⟩ **2** (*indicating character or background*) : de ⟨a woman of great ability : una mujer de gran capacidad⟩ **3** (*indicating cause*) : de ⟨he died of the flu : murió de la gripe⟩ **4** BY : de ⟨the works of Shakespeare : las obras de Shakespeare⟩ **5** (*indicating contents, material, or quantity*) : de ⟨a house of wood : una casa de madera⟩ ⟨a glass of water : un vaso de agua⟩ **6** (*indicating belonging or connection*) : de ⟨the front of the house : el frente de la casa⟩ **7** ABOUT : sobre, de ⟨tales of the West : los cuentos del Oeste⟩ **8** (*indicating a particular example*) : de ⟨the city of Caracas : la ciudad de Caracas⟩ **9** FOR : por, a ⟨love of country : amor por la patria⟩ **10** (*indicating time or date*) ⟨five minutes of ten : las diez menos cinco⟩ ⟨the eighth of April : el ocho de abril⟩

off¹ [ˈɔf] *adv* **1** (*indicating change of position or state*) ⟨to march off : marcharse⟩ ⟨he dozed off : se puso a dormir⟩ **2** (*indicating distance in space or time*) ⟨some miles off : a varias millas⟩ ⟨the holiday is three weeks off : faltan tres semanas para la fiesta⟩ **3** (*indicating removal*) ⟨the knob came off : se le cayó el pomo⟩ **4** (*indicating termination*) ⟨shut the television off : apaga la televisión⟩ **5** (*indicating suspension of work*) ⟨to take a day off : tomarse un día de descanso⟩ **6 off and on** : de vez en cuando

off² *adj* **1** FARTHER : más remoto, distante ⟨the off side of the building : el lado distante del edificio⟩ **2** STARTED : empezado ⟨to be off on a spree : irse de juerga⟩ **3** OUT : apagado ⟨the light is off : la luz está apagada⟩ **4** CANCELED : cancelado, suspendido **5** INCORRECT : erróneo, incorrecto **6** REMOTE : remoto, lejano ⟨an off chance : una posibilidad remota⟩ **7** FREE : libre ⟨I'm off today : hoy estoy libre⟩ **8 to be well off** : vivir con desahogo, tener bastante dinero

off³ *prep* **1** (*indicating physical separation*) : de ⟨she took it off the table : lo tomó de la mesa⟩ ⟨a shop off the main street : una tienda al lado de la calle principal⟩ **2** : a la costa de, a expensas de ⟨he lives off his sister : vive a expensas de su hermana⟩ **3** (*indicating the suspension of an activity*) ⟨to be off duty : estar libre⟩ ⟨he's off liquor : ha dejado el alcohol⟩ **4** BELOW : por debajo de ⟨he's off his game : está por debajo de su juego normal⟩

offal [ˈɔfəl] *n* **1** RUBBISH, WASTE : desechos *mpl*, desperdicios *mpl* **2** VISCERA : vísceras *fpl*, asaduras *fpl*

offend [əˈfɛnd] *vt* **1** VIOLATE : violar, atentar contra **2** HURT : ofender ⟨to be easily offended : ser muy susceptible⟩

offender [əˈfɛndər] *n* : delincuente *mf*; infractor *m*, -tora *f*

offense *or* **offence** [əˈfɛnts, ˈɔˌfɛnts] *n* **1** INSULT : ofensa *f*, injuria *f*, agravio *m* ⟨to take offense : ofenderse⟩ **2** ASSAULT : ataque *m* **3** : ofensiva *f* (en deportes) **4** CRIME, INFRACTION : infracción *f*, delito *m*

offensive¹ [əˈfɛnsɪv, ˈɔˌfɛnt-] *adj* : ofensivo — **offensively** *adv*

offensive² *n* : ofensiva *f*

offer¹ [ˈɔfər] *vt* **1** : ofrecer ⟨they offered him the job : le ofrecieron el puesto⟩ **2** PROPOSE : proponer, sugerir **3** SHOW : ofrecer, mostrar ⟨to offer resistance : ofrecer resistencia⟩

offer² *n* : oferta *f*, ofrecimiento *m*, propuesta *f*

offering [ˈɔfərɪŋ] *n* : ofrenda *f*

offhand¹ [ˈɔfˈhænd] *adv* : sin preparación, sin pensarlo

offhand² *adj* **1** IMPROMPTU : improvisado **2** ABRUPT : brusco

office [ˈɔfəs] *n* **1** : cargo *m* ⟨to run for office : presentarse como candidato⟩ **2** : oficina *f*, despacho *m*, gabinete *m* (en la casa) ⟨office hours : horas de oficina⟩

officeholder [ˈɔfəsˌhoːldər] *n* : titular *mf*

officer [ˈɔfəsər] *n* **1** *or* **police officer** : policía *mf*, agente *mf* de policía **2** OFFICIAL : oficial *m*, funcionario *m*, -ria *f*; director *m*, -tora *f* (en una empresa) **3** COMMISSIONED OFFICER : oficial *mf*

official¹ [əˈfɪʃəl] *adj* : oficial — **officially** *adv*

official² *n* : funcionario *m*, -ria *f*; oficial *mf*

officiate [əˈfɪʃiˌeɪt] *v* **-ated; -ating** *vi* **1** : arbitrar (en deportes) **2 to officiate at** : oficiar, celebrar — *vt* : arbitrar

officious [əˈfɪʃəs] *adj* : oficioso

offing [ˈɔfɪŋ] *n* **in the offing** : en perspectiva

offset [ˈɔfˌsɛt] *vt* **-set; -setting** : compensar

offshoot [ˈɔfˌʃuːt] *n* **1** OUTGROWTH : producto *m*, resultado *m* **2** BRANCH, SHOOT : retoño *m*, rama *f*, vástago *m* (de una planta)

offshore¹ [ˈɔfˈʃor] *adv* : a una distancia de la costa

offshore² *adj* **1** : de (la) tierra ⟨an offshore wind : un viento que sopla de tierra⟩ **2** : (de) costa afuera, cercano a la costa ⟨an offshore island : una isla costera⟩

offspring [ˈɔfˌsprɪŋ] *ns & pl* **1** YOUNG : crías *fpl* (de los animales) **2** PROGENY : prole *f*, progenie *f*

off-white [ˈɔfˈhwaɪt] *adj* : blancuzco

often [ˈɔfən, ˈɔftən] *adv* : muchas veces, a menudo, seguido

oftentimes ['ɔfən,taɪmz, 'ɔftən-] *or* **ofttimes** ['ɔft,taɪmz] → **often**
ogle ['oːgəl] *vt* **ogled; ogling** : comerse con los ojos, quedarse mirando a
ogre ['oːgər] *n* : ogro *m*
oh ['oː] *interj* : ¡oh!, ¡ah!, ¡ay! ⟨oh, of course! : ah, por supuesto⟩ ⟨oh no! : ¡ay no!⟩ ⟨oh really? : ¿de veras?⟩
ohm ['oːm] *n* : ohm *m*, ohmio *m*
oil¹ ['ɔɪl] *vt* : lubricar, engrasar, aceitar
oil² *n* **1** : aceite *m* **2** PETROLEUM : petróleo *m* **3** *or* **oil painting** : óleo *m*, pintura *f* al óleo **4** *or* **oil paint(s)** : óleo *m*
oilcloth ['ɔɪl,klɔθ] *n* : hule *m*
oiliness ['ɔɪlinəs] *n* : lo aceitoso
oilskin ['ɔɪl,skɪn] *n* **1** : hule *m* **2 oilskins** *npl* : impermeable *m*
oily ['ɔɪli] *adj* **oilier; -est** : aceitoso, grasiento, grasoso ⟨oily fingers : dedos grasientos⟩
ointment ['ɔɪntmənt] *n* : ungüento *m*, pomada *f*
OK¹ ['oː'keɪ] *vt* **OK'd** *or* **okayed** ['oː'keɪd]; **OK'ing** *or* **okaying** APPROVE, AUTHORIZE : dar el visto bueno a, autorizar, aprobar
OK² *or* **okay** [,oː'keɪ] *adv* **1** WELL : bien **2** YES : sí, por supuesto
OK³ *adj* : bien ⟨he's OK : está bien⟩ ⟨it's OK with me : estoy de acuerdo⟩
OK⁴ *n* : autorización *f*, visto *m* bueno
okra ['oːkrə, *South also* -krɪ] *n* : quingombó *m*
old¹ ['oːld] *adj* **1** ANCIENT : antiguo ⟨old civilizations : civilizaciones antiguas⟩ **2** FAMILIAR : viejo ⟨old friends : viejos amigos⟩ ⟨the same old story : el mismo cuento⟩ **3** (*indicating a certain age*) ⟨he's ten years old : tiene diez años (de edad)⟩ **4** AGED : viejo, anciano ⟨an old woman : una anciana⟩ **5** FORMER : antiguo ⟨her old neighborhood : su antiguo barrio⟩ **6** WORN-OUT : viejo, gastado
old² *n* **1 the old** : los viejos, los ancianos **2 in the days of old** : antaño, en los tiempos antiguos
olden ['oːldən] *adj* : de antaño, de antigüedad
old-fashioned ['oːld'fæʃənd] *adj* : anticuado, pasado de moda
old maid *n* **1** SPINSTER : soltera *f* **2** FUSSBUDGET : maniático *m*, -ca *f*; melindroso *m*, -sa *f*
Old Testament *n* : Antiguo Testamento *m*
old-time ['oːld'taɪm] *adj* : antiguo
old-timer ['oːld'taɪmər] *n* **1** VETERAN : veterano *m*, -na *f* **2** *or* **oldster** : anciano *m*, -na *f*
old-world ['oːld'wərld] *adj* : pintoresco (de antaño)
oleander ['oːli,ændər] *n* : adelfa *f*
oleomargarine [,oːlio'mɑrdʒərən] → **margarine**
olfactory [ɑl'fæktəri, ol-] *adj* : olfativo
oligarchy ['ɑlə,gɑrki, 'oːlə-] *n, pl* **-chies** : oligarquía *f*

olive ['ɑlɪv, -ləv] *n* **1** : aceituna *f*, oliva *f* (fruta) **2** : olivo *m* (árbol) **3** *or* **olive green** : color *m* aceituna, verde *m* oliva
Olmec ['ɑl,mɛk, 'oːl-] *n* : olmeca *mf* — **Olmec** *adj*
Olympic [ə'lɪmpɪk, o-] *adj* : olímpico
Olympic Games *npl* : Juegos *mpl* Olímpicos
Olympics [ə'lɪmpɪks, o-] *npl* : olimpiadas *fpl*
Omani [o'mɑni, -'mæ-] *n* : omaní *mf* — **Omani** *adj*
ombudsman ['ɑm,bʊdzmən, ɑm-'bʊdz-] *n, pl* **-men** [-mən, -,mɛn] : ombudsman *m*
omelet *or* **omelette** ['ɑmlət, 'ɑmə-] *n* : omelette *mf*, tortilla *f* (de huevo)
omen ['oːmən] *n* : presagio *m*, augurio *m*, agüero *m*
ominous ['ɑmənəs] *adj* : ominoso, agorero, de mal agüero
ominously ['ɑmənəsli] *adv* : de manera amenazadora
omission [o'mɪʃən] *n* : omisión *f*
omit [o'mɪt] *vt* **omitted; omitting 1** LEAVE OUT : omitir, excluir **2** NEGLECT : omitir ⟨they omitted to tell us : omitieron decírnoslo⟩
omnipotence [ɑm'nɪpətənts] *n* : omnipotencia *f* — **omnipotent** [ɑm-'nɪpətənt] *adj*
omnipresent [,ɑmnɪ'prɛzənt] *adj* : omnipresente
omniscient [ɑm'nɪʃənt] *adj* : omnisciente
omnivorous [ɑm'nɪvərəs] *adj* **1** : omnívoro **2** AVID : ávido, voraz
on¹ ['ɑn, 'ɔn] *adv* (*indicating contact with a surface*) ⟨put the top on : pon la tapa⟩ ⟨he has a hat on : lleva un sombrero puesto⟩ **2** (*indicating forward movement*) ⟨from that moment on : a partir de ese momento⟩ ⟨farther on : más adelante⟩ **3** (*indicating operation or an operating position*) ⟨turn the light on : prende la luz⟩
on² *adj* **1** (*being in operation*) ⟨the radio is on : el radio está prendido⟩ **2** (*taking place*) ⟨the game is on : el juego ha comenzado⟩ **3 to be on to** : estar enterado de
on³ *prep* **1** (*indicating position*) : en, sobre, encima de ⟨on the table : en (sobre, encima de) la mesa⟩ ⟨shadows on the wall : sombras en la pared⟩ ⟨on horseback : a caballo⟩ **2** AT, TO : a ⟨on the right : a la derecha⟩ **3** ABOARD, IN : en, a ⟨on the plane : en el avión⟩ ⟨he got on the train : subió al tren⟩ **4** (*indicating time*) ⟨she worked on Saturdays : trabajaba los sábados⟩ ⟨every hour on the hour : a la hora en punto⟩ **5** (*indicating means or agency*) : por ⟨he cut himself on a tin can : se cortó con una lata⟩ ⟨to talk on the telephone : hablar por teléfono⟩ **6** (*indicating a state or process*) : en ⟨on fire : en llamas⟩ ⟨on the increase : en aumen-

to〉 **7** (*indicating connection or membership*) : en 〈on a committee : en una comisión〉 **8** (*indicating an activity*) 〈on vacation : de vacaciones〉 〈on a diet : a dieta〉 **9** ABOUT, CONCERNING : sobre 〈a book on insects : un libro sobre insectos〉 〈reflect on that : reflexiona sobre eso〉

once¹ ['wʌnts] *adv* **1** : una vez 〈once a month : una vez al mes〉 〈once and for all : de una vez por todas〉 **2** EVER : alguna vez **3** FORMERLY : antes, anteriormente

once² *adj* FORMER : antiguo

once³ *n* **1** : una vez **2 at ~** SIMULTANEOUSLY : al mismo tiempo, simultáneamente **3 at ~** IMMEDIATELY : inmediatamente, en seguida

once⁴ *conj* : una vez que, tan pronto como

once-over [ˌwʌnts'o:vər, 'wʌnts-] *n* **to give someone the once-over** : echarle un vistazo a alguien

oncoming ['ɑnˌkʌmɪŋ, 'ɔn-] *adj* : que viene

one¹ ['wʌn] *adj* **1** (*being a single unit*) : un, una 〈he only wants one apple : sólo quiere una manzana〉 **2** (*being a particular one*) : un, una 〈he arrived early one morning : llegó temprano una mañana〉 **3** (*being the same*) : mismo, misma 〈they're all members of one team : todos son miembros del mismo equipo〉 〈one and the same thing : la misma cosa〉 **4** SOME : alguno, alguna, un, una 〈I'll see you again one day : algún día te veré otra vez〉 〈at one time or another : en una u otra ocasión〉

one² *n* **1** : uno *m* (número) **2** (*indicating the first of a set or series*) 〈from day one : desde el primer momento〉 **3** (*indicating a single person or thing*) 〈the one (girl) on the right : la de la derecha〉 〈he has the one but needs the other : tiene uno pero necesita el otro〉

one³ *pron* **1** : uno, una 〈one of his friends : una de sus amigas〉 〈one never knows : uno nunca sabe, nunca se sabe〉 〈to cut one's finger : cortarse el dedo〉 **2 one and all** : todos, todo el mundo **3 one another** : el uno al otro, se 〈they loved one another : se amaban〉 **4 that one** : aquél, aquella **5 which one?** : ¿cuál?

one-on-one [ˌwʌnɑn'wʌn, -ɑn-] *adj* : uno a uno — **one-on-one** *adv*

onerous ['ɑnərəs, 'o:nə-] *adj* : oneroso, gravoso

oneself [ˌwʌn'sɛlf] *pron* **1** (*used reflexively or for emphasis*) : se, sí mismo, uno mismo 〈to control oneself : controlarse〉 〈to talk to oneself : hablarse a sí mismo〉 〈to do it oneself : hacérselo uno mismo〉 **2 by ~** : solo

one-sided ['wʌn'saɪdəd] *adj* **1.** : de un solo lado **2** LOPSIDED : asimétrico **3** BIASED : parcial, tendencioso **4** UNILATERAL : unilateral

onetime ['wʌn'taɪm] *adj* FORMER : antiguo

one-way ['wʌn'weɪ] *adj* **1** : de sentido único, de una sola dirección 〈a one-way street : una calle de sentido único〉 **2** : de ida, sencillo 〈a one-way ticket : un boleto de ida〉

ongoing ['ɑnˌgo:ɪŋ, 'ɔn-] *adj* **1** CONTINUING : en curso, corriente **2** DEVELOPING : en desarrollo

onion ['ʌnjən] *n* : cebolla *f*

online ['ɔn'laɪn, 'ɑn-] *adj* : en línea

onlooker ['ɔnˌlʊkər, 'ɑn-] *n* : espectador *m*, -dora *f*, circunstante *mf*

only¹ ['o:nli] *adv* **1** MERELY : sólo, solamente, nomás 〈for only two dollars : por tan sólo dos dólares〉 〈only once : sólo una vez, no más de una vez〉 〈I only did it to help : lo hice por ayudar nomás〉 **2** SOLELY : únicamente, sólo, solamente 〈only he knows it : solamente él lo sabe〉 **3** (*indicating a result*) 〈it will only cause him problems : no hará más que crearle problemas〉 **4 if only** : ojalá, si 〈if only it were true! : ¡ojalá sea cierto!〉 〈if he could only dance : si por lo menos pudiera bailar〉

only² *adj* : único 〈an only child : un hijo único〉 〈the only chance : la única oportunidad〉

only³ *conj* BUT : pero 〈I would go, only I'm sick : iría, pero estoy enfermo〉

onset ['ɑnˌsɛt] *n* : comienzo *m*, llegada *f*

onslaught ['ɑnˌslɔt, 'ɔn-] *n* : arremetida *f*, embestida *f*, embate *m*

onto ['ɑntu:, 'ɔn-] *prep* : sobre

onus ['o:nəs] *n* : responsabilidad *f*, carga *f*

onward¹ ['ɑnwərd, 'ɔn-] *or* **onwards** *adv* FORWARD : adelante, hacia adelante

onward² *adj* : hacia adelante

onyx ['ɑnɪks] *n* : ónix *m*

ooze¹ ['u:z] *v* **oozed; oozing** *vi* : rezumar — *vt* **1** : rezumar **2** EXUDE : irradiar, rebosar 〈to ooze confidence : irradiar confianza〉

ooze² *n* SLIME : cieno *m*, limo *m*

opacity [o'pæsəti] *n*, *pl* **-ties** : opacidad *f*

opal ['o:pəl] *n* : ópalo *m*

opaque [o'peɪk] *adj* **1** : opaco **2** UNCLEAR : poco claro

open¹ ['o:pən] *vt* **1** : abrir 〈open the door : abre la puerta〉 **2** UNCOVER : destapar **3** UNFOLD : desplegar, abrir **4** CLEAR : abrir (un camino, etc.) **5** INAUGURATE : abrir (una tienda), inaugurar (una exposición, etc.) **6** INITIATE : iniciar, entablar, abrir 〈to open the meeting : abrir la sesión〉 〈to open a discussion : entablar un debate〉 — *vi* **1** : abrirse **2** BEGIN : empezar, comenzar

open² *adj* **1** : abierto 〈an open window : una ventana abierta〉 **2** FRANK : abierto, franco, directo **3** UNCOV-

ERED : descubierto, abierto 4 EX-TENDED : extendido, abierto ⟨with open arms : con los brazos abiertos⟩ 5 UNRESTRICTED : libre, abierto 6 UN-DECIDED : pendiente, por decidir, sin resolver ⟨an open question : una cuestión pendiente⟩ 7 AVAILABLE : vacante, libre ⟨the job is open : el puesto está vacante⟩

open³ n **in the open 1** OUTDOORS : al aire libre **2** KNOWN : conocido, sacado a la luz

open–air ['o:pən'ær] adj OUTDOOR : al aire libre

open–and–shut ['o:pənənd'ʃʌt] adj : claro, evidente ⟨an open-and-shut case : un caso muy claro⟩

opener ['o:pənər] n : destapador m, abrelatas m, abridor m

openhanded [,o:pən'hændəd] adj : generoso, liberal

openhearted [,o:pən'hɑrtəd] adj **1** FRANK : franco, sincero **2** : generoso, de gran corazón

opening ['o:pənɪŋ] n **1** BEGINNING : comienzo m, principio m, apertura f **2** APERTURE : abertura f, brecha f, claro m (en el bosque) **3** OPPORTUNITY : oportunidad f

openly ['o:pənli] adv **1** FRANKLY : abiertamente, francamente **2** PUBLICLY : públicamente, declaradamente

openness ['o:pənnəs] n : franqueza f

opera ['ɑprə, 'ɑpərə] n : ópera f **2 →** opus

opera glasses npl : gemelos mpl de teatro

operate ['ɑpə,reɪt] v **-ated; -ating** vi **1** ACT, FUNCTION : operar, funcionar, actuar **2 to operate on (someone)** : operar a (alguien) — vt **1** WORK : operar, manejar, hacer funcionar (una máquina) **2** MANAGE : manejar, administrar (un negocio)

operatic [,ɑpə'rætɪk] adj : operístico

operation [,ɑpə'reɪʃən] n **1** FUNCTION-ING : funcionamiento m **2** USE : uso m, manejo m (de máquinas) **3** SURGERY : operación f, intervención f quirúrgica

operational [,ɑpə'reɪʃənəl] adj : operacional, de operación

operative ['ɑpərətɪv, -,reɪ-] adj **1** OPER-ATING : vigente, en vigor **2** WORKING : operativo **3** SURGICAL : quirúrgico

operator ['ɑpə,reɪtər] n : operador m, -dora f

operetta [,ɑpə'rɛtə] n : opereta f

ophthalmologist [,ɑf,θæl'mɑlədʒɪst, -θɑl'mɑ-] n : oftalmólogo m, -ga f

ophthalmology [,ɑf,θæl'mɑlədʒi, -θɑl'mɑ-] n : oftalmología f

opiate ['o:piət, -pi,eɪt] n : opiato m

opinion [ə'pɪnjən] n : opinión f

opinionated [ə'pɪnjə,neɪtəd] adj : testarudo, dogmático

opium ['o:piəm] n : opio m

opossum [ə'pɑsəm] n : zarigüeya f, oposum m

opponent [ə'po:nənt] n : oponente mf; opositor m, -tora f; contrincante mf (en deportes)

opportune [,ɑpər'tu:n, -'tju:n] adj : oportuno — **opportunely** adv

opportunist [,ɑpər'tu:nɪst, -'tju:-] n : oportunista mf

opportunistic [,ɑpərtu'nɪstɪk, -tju-] adj : oportunista mf

opportunity [,ɑpər'tu:nəti, -'tju:-] n, pl **-ties** : oportunidad f, ocasión f, chance m, posibilidades fpl

oppose [ə'po:z] vt **-posed; -posing 1** : ir en contra de, oponerse a ⟨good opposes evil : el bien se opone al mal⟩ **2** COM-BAT : luchar contra, combatir, resistir

opposite¹ ['ɑpəzət] adv : enfrente

opposite² adj **1** FACING : de enfrente ⟨the opposite side : el lado de enfrente⟩ **2** CONTRARY : opuesto, contrario ⟨in opposite directions : en direcciones contrarias⟩ ⟨the opposite sex : el sexo opuesto, el otro sexo⟩

opposite³ n : lo contrario, lo opuesto

opposite⁴ prep : enfrente de, frente a

opposition [,ɑpə'zɪʃən] n **1** : oposición f, resistencia f **2 in opposition to** AGAINST : en contra de

oppress [ə'prɛs] vt **1** PERSECUTE : oprimir, perseguir **2** BURDEN : oprimir, agobiar

oppression [ə'prɛʃən] n : opresión f

oppressive [ə'prɛsɪv] adj **1** HARSH : opresivo, severo **2** STIFLING : agobiante, sofocante ⟨oppressive heat : calor sofocante⟩

oppressor [ə'prɛsər] n : opresor m, -sora f

opprobrium [ə'pro:briəm] n : oprobio m

opt ['ɑpt] vi : optar

optic ['ɑptɪk] or **optical** [-tɪkəl] adj : óptico

optical disk n : disco m óptico

optician [ɑp'tɪʃən] n : óptico m, -ca f

optics ['ɑptɪks] npl : óptica f

optimal ['ɑptəməl] adj : óptimo

optimism ['ɑptə,mɪzəm] n : optimismo m

optimist ['ɑptəmɪst] n : optimista mf

optimistic [,ɑptə'mɪstɪk] adj : optimista

optimistically [,ɑptə'mɪstɪkli] adv : con optimismo, positivamente

optimum¹ ['ɑptəməm] adj → **optimal**

optimum² n, pl **-ma** ['ɑptəmə] : lo óptimo, lo ideal

option ['ɑpʃən] n : opción f ⟨she has no option : no tiene más remedio⟩

optional ['ɑpʃənəl] adj : facultativo, optativo

optometrist [ɑp'tɑmətrɪst] n : optometrista mf

optometry [ɑp'tɑmətri] n : optometría f

opulence ['ɑpjələnts] n : opulencia f

opulent ['ɑpjələnt] adj : opulento

opus ['o:pəs] n, pl **opera** ['o:pərə, 'ɑpə-] : opus m, obra f (de música)

or ['ɔr] conj **1** (indicating an alternative) : o (u before words beginning with o or ho) ⟨coffee or tea : café o té⟩ ⟨one day or another : un día u otro⟩ **2** (*following a negative*) : ni ⟨he didn't have his keys or his wallet : no llevaba ni sus llaves ni su billetera⟩

oracle ['ɔrəkəl] *n* : oráculo *m*

oral ['ɔrəl] *adj* : oral — **orally** *adv*

orange ['ɔrɪndʒ] *n* **1** : naranja *f*, china *f PRi* (fruto) **2** : naranja *m* (color), color *m* de china *PRi*

orangeade [,ɔrɪndʒ'eɪd] *n* : naranjada *f*

orangutan [ɔ'ræŋə,tæn, -'ræŋgə-, -,tæn] *n* : orangután *m*

oration [ə'reɪʃən] *n* : oración *f*, discurso *m*

orator ['ɔrətər] *n* : orador *m*, -dora *f*

oratorio [,ɔrə'tɔri,o] *n*, *pl* **-rios** : oratorio *m*

oratory ['ɔrə,tori] *n*, *pl* **-ries** : oratoria *f*

orb ['ɔrb] *n* : orbe *m*

orbit¹ ['ɔrbət] *vt* **1** CIRCLE : girar alrededor de, orbitar **2** : poner en órbita (un satélite, etc.) — *vi* : orbitar

orbit² *n* : órbita *f*

orbital ['ɔrbətəl] *adj* : orbital

orchard ['ɔrtʃərd] *n* : huerto *m*

orchestra ['ɔrkəstrə] *n* : orquesta *f*

orchestral [ɔr'kɛstrəl] *adj* : orquestal

orchestrate ['ɔrkə,streɪt] *vt* **-trated; -trating** **1** : orquestar, instrumentar (en música) **2** ORGANIZE : arreglar, organizar

orchestration [,ɔrkə'streɪʃən] *n* : orquestación *f*

orchid ['ɔrkɪd] *n* : orquídea *f*

ordain [ɔr'deɪn] *vt* **1** : ordenar (en religión) **2** DECREE : decretar, ordenar

ordeal [ɔr'di:l, 'ɔr,di:l] *n* : prueba *f* dura, experiencia *f* terrible

order¹ ['ɔrdər] *vt* **1** ORGANIZE : arreglar, ordenar, poner en orden **2** COMMAND : ordenar, mandar **3** REQUEST : pedir, encargar ⟨to order a meal : pedir algo de comer⟩ — *vi* : hacer un pedido

order² *n* **1** : orden *f* ⟨a religious order : una orden religiosa⟩ **2** COMMAND : orden *f*, mandato *m* ⟨to give an order : dar una orden⟩ **3** REQUEST : orden *f*, pedido *m* ⟨purchase order : orden de compra⟩ **4** ARRANGEMENT : orden *m* ⟨in chronological order : por orden cronológico⟩ **5** DISCIPLINE : orden *m* ⟨law and order : el orden público⟩ **6 in order to** : para **7 out of order** : descompuesto, averiado **8 orders** *npl* or **holy orders** : órdenes *fpl* sagradas

orderliness ['ɔrdərlinəs] *n* : orden *m*

orderly¹ ['ɔrdərli] *adj* **1** METHODICAL : ordenado, metódico **2** PEACEFUL : pacífico, disciplinado

orderly² *n*, *pl* **-lies 1** : ordenanza *m* (en el ejército) **2** : camillero *m* (en un hospital)

ordinal ['ɔrdənəl] *n* or **ordinal number** : ordinal *m*, número *m* ordinal

ordinance ['ɔrdənənts] *n* : ordenanza *f*, reglamento *m*

ordinarily [,ɔrdən'erəli] *adv* : ordinariamente, por lo general

ordinary ['ɔrdən,eri] *adj* **1** NORMAL, USUAL : normal, usual **2** AVERAGE : común y corriente, normal **3** MEDIOCRE : mediocre, ordinario

ordination [,ɔrdən'eɪʃən] *n* : ordenación *f*

ordnance ['ɔrdnənts] *n* : artillería *f*

ore ['ɔr] *n* : mineral *m* (metalífero), mena *f*

oregano [ə'regə,no:] *n* : orégano *m*

organ ['ɔrgən] *n* **1** : órgano *m* (instrumento) **2** : órgano *m* (del cuerpo) **3** PERIODICAL : publicación *f* periódica, órgano *m*

organic [ɔr'gænɪk] *adj* : orgánico — **organically** *adv*

organism ['ɔrgə,nɪzəm] *n* : organismo *m*

organist ['ɔrgənɪst] *n* : organista *mf*

organization [,ɔrgənə'zeɪʃən] *n* **1** ORGANIZING : organización *f* **2** BODY : organización *f*, organismo *m*

organizational [,ɔrgənə'zeɪʃənəl] *adj* : organizativo

organize ['ɔrgə,naɪz] *vt* **-nized; -nizing** : organizar, arreglar, poner en orden

organizer ['ɔrgə,naɪzər] *n* : organizador *m*, -dora *f*

orgasm ['ɔr,gæzəm] *n* : orgasmo *m*

orgy ['ɔrdʒi] *n*, *pl* **-gies** : orgía *f*

orient ['ori,ent] *vt* : orientar

Orient *n* **the Orient** : el Oriente

oriental [,ori'entəl] *adj* : del Oriente, oriental

Oriental *n* : oriental *mf*

orientation [,oriən'teɪʃən] *n* : orientación *f*

orifice ['ɔrəfəs] *n* : orificio *m*

origin ['ɔrədʒən] *n* **1** ANCESTRY : origen *m*, ascendencia *f* **2** SOURCE : origen *m*, raíz *f*, fuente *f*

original¹ [ə'rɪdʒənəl] *adj* : original

original² *n* : original *m*

originality [ə,rɪdʒə'næləti] *n* : originalidad *f*

originally [ə'rɪdʒənəli] *adv* **1** AT FIRST : al principio, originariamente **2** CREATIVELY : originalmente, con originalidad

originate [ə'rɪdʒə,neɪt] *v* **-nated; -nating** *vt* : originar, iniciar, crear — *vi* **1** BEGIN : originarse, empezar **2** COME : provenir, proceder, derivarse

originator [ə'rɪdʒə,neɪtər] *n* : creador *m*, -dora *f*; inventor *m*, -tora *f*

oriole ['ori,o:l, -iəl] *n* : oropéndola *f*

ornament¹ ['ɔrnəmənt] *vt* : adornar, decorar, ornamentar

ornament² *n* : ornamento *m*, adorno *m*, decoración *f*

ornamental [,ɔrnə'mentəl] *adj* : ornamental, de adorno, decorativo

ornamentation [,ɔrnəmən'teɪʃən, -mən-] *n* : ornamentación *f*

ornate [ɔr'neɪt] *adj* : elaborado, recargado

ornery ['ɔrnəri, 'ɔrnəri] *adj* **ornerier; -est** : de mal genio, malhumorado

ornithologist [,ɔrnə'θɑlədʒɪst] *n* : ornitólogo *m*, -ga *f*

ornithology [ˌɔrnəˈθɑlədʒi] *n, pl* **-gies** : ornitología *f*

orphan¹ [ˈɔrfən] *vt* : dejar huérfano

orphan² *n* : huérfano *m*, -na *f*

orphanage [ˈɔrfənɪdʒ] *n* : orfelinato *m*, orfanato *m*

orthodontics [ˌɔrθəˈdɑntɪks] *n* : ortodoncia *f*

orthodontist [ˌɔrθəˈdɑntɪst] *n* : ortodoncista *f*

orthodox [ˈɔrθəˌdɑks] *adj* : ortodoxo

orthodoxy [ˈɔrθəˌdɑksi] *n, pl* **-doxies** : ortodoxia *f*

orthographic [ˌɔrθəˈgræfɪk] *adj* : ortográfico

orthography [ɔrˈθɑgrəfi] *n, pl* **-phies** SPELLING : ortografía *f*

orthopedic [ˌɔrθəˈpiːdɪk] *adj* : ortopédico

orthopedics [ˌɔrθəˈpiːdɪks] *ns & pl* : ortopedia *f*

orthopedist [ˌɔrθəˈpiːdɪst] *n* : ortopedista *mf*

oscillate [ˈɑsəˌleɪt] *vi* **-lated; -lating** : oscilar

oscillation [ˌɑsəˈleɪʃən] *n* : oscilación *f*

osmosis [ɑzˈmoːsɪs, as-] *n* : ósmosis *f*, osmosis *f*

osprey [ˈɑspri, -ˌpreɪ] *n* : pigargo *m*

ostensible [ɑˈstɛntsəbəl] *adj* APPARENT : aparente, ostensible — **ostensibly** [-bli] *adv*

ostentation [ˌɑstənˈteɪʃən] *n* : ostentación *f*, boato *m*

ostentatious [ˌɑstənˈteɪʃəs] *adj* : ostentoso — **ostentatiously** *adv*

osteopath [ˈɑstiəˌpæθ] *n* : osteópata *f*

osteopathy [ˌɑstiˈɑpəθi] *n* : osteopatía *f*

osteoporosis [ˌɑstiəpəˈroːsɪs] *n, pl* **-roses** [-ˌsiːz] : osteoporosis *f*

ostracism [ˈɑstrəˌsɪzəm] *n* : ostracismo *m*

ostracize [ˈɑstrəˌsaɪz] *vt* **-cized; -cizing** : condenar al ostracismo, marginar, aislar

ostrich [ˈɑstrɪtʃ, ˈɔs-] *n* : avestruz *m*

other¹ [ˈʌðər] *adv* **other than** : aparte de, fuera de

other² *adj* : otro ⟨the other boys : los otros muchachos⟩ ⟨smarter than other people : más inteligente que los demás⟩ ⟨on the other hand : por otra parte, por otro lado⟩ ⟨every other day : cada dos días⟩

other³ *pron* : otro, otra ⟨one in front of the other : uno tras otro⟩ ⟨myself and three others : yo y tres otros, yo y tres más⟩ ⟨somewhere or other : en alguna parte⟩

otherwise¹ [ˈʌðərˌwaɪz] *adv* **1** DIFFERENTLY : de otro modo, de manera distinta ⟨he could not act otherwise : no pudo actuar de manera distinta⟩ **2** : eso aparte, por lo demás ⟨I'm dizzy, but otherwise I'm fine : estoy mareado pero, por lo demás, estoy bien⟩ **3** OR ELSE : de lo contrario, si no ⟨do what I tell you, otherwise you'll be sorry : haz lo que te digo, de lo contrario, te arrepentirás⟩

otherwise² *adj* : diferente, distinto ⟨the facts are otherwise : la realidad es diferente⟩

otter [ˈɑtər] *n* : nutria *f*

Ottoman [ˈɑtəmən] *n* **1** : otomano *m*, -na *f* **2** : otomana *f* (mueble) — **Ottoman** *adj*

ouch [ˈaʊtʃ] *interj* : ¡ay!, ¡huy!

ought [ˈɔt] *v aux* : deber ⟨you ought to take care of yourself : deberías cuidarte⟩

oughtn't [ˈɔtənt] (*contraction of* **ought not**) → **ought**

ounce [ˈaʊnts] *n* : onza *f*

our [ˈɑr, ˈaʊr] *adj* : nuestro

ours [ˈaʊrz, ˈɑrz] *pron* : nuestro, nuestra ⟨a cousin of ours : un primo nuestro⟩

ourselves [ɑrˈsɛlvz, aʊr-] *pron* **1** (*used reflexively*) : nos, nosotros ⟨we amused ourselves : nos divertimos⟩ ⟨we were always thinking of ourselves : siempre pensábamos en nosotros⟩ **2** (*used for emphasis*) : nosotros mismos, nosotras mismas ⟨we did it ourselves : lo hicimos nosotros mismos⟩

oust [ˈaʊst] *vt* : desbancar, expulsar

ouster [ˈaʊstər] *n* : expulsión *f* (de un país, etc.), destitución *f* (de un puesto)

out¹ [ˈaʊt] *vi* : revelarse, hacerse conocido

out² *adv* **1** (*indicating direction or movement*) : para afuera ⟨she opened the door and looked out : abrió la puerta y miró para afuera⟩ **2** (*indicating a location away from home or work*) : fuera, afuera ⟨to eat out : comer afuera⟩ **3** (*indicating loss of control or possession*) ⟨they let the secret out : sacaron el secreto a la luz⟩ ⟨his money ran out : se le acabó el dinero⟩ **4** (*indicating completion or discontinuance*) ⟨to turn out the light : apagar la luz⟩ **5** OUTSIDE : fuera, afuera ⟨out in the garden : afuera en el jardín⟩ **6** ALOUD : en voz alta, en alto ⟨to cry out : gritar⟩

out³ *adj* **1** EXTERNAL : externo, exterior **2** OUTLYING : alejado, distante ⟨the out islands : las islas distantes⟩ **3** ABSENT : ausente **4** UNFASHIONABLE : fuera de moda **5** EXTINGUISHED : apagado

out⁴ *prep* **1** (*used to indicate an outward movement*) : por ⟨I looked out the window : miré por la ventana⟩ ⟨she ran out the door : corrió por la puerta⟩ **2** → **out of**

out-and-out [ˈaʊtənˈaʊt] *adj* UTTER : redomado, absoluto

outboard motor [ˈaʊtˌbord] *n* : motor *m* fuera de borde

outbound [ˈaʊtˌbaʊnd] *adj* : que sale, de salida

outbreak [ˈaʊtˌbreɪk] *n* : brote *m* (de una enfermedad), comienzo *m* (de guerra), ola *f* (de violencia), erupción *f* (de granos)

outbuilding [ˈaʊtˌbɪldɪŋ] n : edificio m anexo

outburst [ˈaʊtˌbərst] n : arranque m, arrebato m

outcast [ˈaʊtˌkæst] n : marginado m, -da f; paria mf

outcome [ˈaʊtˌkʌm] n : resultado m, desenlace m, consecuencia f

outcrop [ˈaʊtˌkrɑp] n : afloramiento m

outcry [ˈaʊtˌkraɪ] n, pl **-cries** : clamor m, protesta f

outdated [ˌaʊtˈdeɪtəd] adj : anticuado, fuera de moda

outdistance [ˌaʊtˈdɪstənts] vt **-tanced; -tancing** : aventajar, dejar atrás

outdo [ˌaʊtˈduː] vt **-did** [-ˈdɪd]; **-done** [-ˈdʌn]; **-doing; -does** [-ˈdʌz] : superar

outdoor [ˈaʊtˈdor] adj : al aire libre ⟨outdoor sports : deportes al aire libre⟩ ⟨outdoor clothing : ropa de calle⟩

outdoors¹ [ˈaʊtˈdorz] adv : afuera, al aire libre

outdoors² n : aire m libre

outer [ˈaʊtər] adj **1** : exterior, externo **2 OUTER SPACE** : espacio m exterior

outermost [ˈaʊtərˌmoːst] adj : más remoto, más exterior, extremo

outfield [ˈaʊtˌfiːld] n **the outfield** : los jardines

outfielder [ˈaʊtˌfiːldər] n : jardinero m, -ra f

outfit¹ [ˈaʊtˌfɪt] vt **-fitted; -fitting EQUIP** : equipar

outfit² n **1 EQUIPMENT** : equipo m **2 COSTUME, ENSEMBLE** : traje m, conjunto m **3 GROUP** : conjunto m

outgo [ˈaʊtˌgoː] n, pl **outgoes** : gasto m

outgoing [ˈaʊtˌgoːɪŋ] adj **1 OUTBOUND** : que sale **2 DEPARTING** : saliente ⟨an outgoing president : un presidente saliente⟩ **3 EXTROVERTED** : extrovertido, expansivo

outgrow [ˌaʊtˈgroː] vt **-grew** [-ˈgruː]; **-grown** [-ˈgroːn]; **-growing 1** : crecer más que ⟨that tree outgrew all the others : ese árbol creció más que todos los otros⟩ **2 to outgrow one's clothes** : quedarle pequeña la ropa a uno

outgrowth [ˈaʊtˌgroːθ] n **1 OFFSHOOT** : brote m, vástago m (de una planta) **2 CONSEQUENCE** : consecuencia f, producto m, resultado m

outing [ˈaʊtɪŋ] n : excursión f

outlandish [aʊtˈlændɪʃ] adj : descabellado, muy extraño

outlast [ˌaʊtˈlæst] vt : durar más que

outlaw¹ [ˈaʊtˌlɔ] vt : hacerse ilegal, declarar fuera de la ley, prohibir

outlaw² n : bandido m, -da f; bandolero m, -ra f; forajido m, -da f

outlay [ˈaʊtˌleɪ] n : gasto m, desembolso m

outlet [ˈaʊtˌlet, -lət] n **1 EXIT** : salida f, escape m ⟨electrical outlet : toma de corriente⟩ **2 RELIEF** : desahogo m **3 MARKET** : mercado m, salida f

outline¹ [ˈaʊtˌlaɪn] vt **-lined; -lining 1 SKETCH** : diseñar, esbozar, bosquejar

2 DEFINE, EXPLAIN : perfilar, delinear, explicar ⟨she outlined our responsibilities : delineó nuestras responsabilidades⟩

outline² n **1 PROFILE** : perfil m, silueta f, contorno m **2 SKETCH** : bosquejo m, boceto m **3 SUMMARY** : esquema m, resumen m, sinopsis f ⟨an outline of world history : un esquema de la historia mundial⟩

outlive [ˌaʊtˈlɪv] vt **-lived; -living** : sobrevivir a

outlook [ˈaʊtˌlʊk] n **1 VIEW** : vista f, panorama f **2 POINT OF VIEW** : punto m de vista **3 PROSPECTS** : perspectivas fpl

outlying [ˈaʊtˌlaɪɪŋ] adj : alejado, distante, remoto ⟨the outlying areas : las afueras⟩

outmoded [ˌaʊtˈmoːdəd] adj : pasado de moda, anticuado

outnumber [ˌaʊtˈnʌmbər] vt : superar en número a, ser más numeroso de

out of prep **1** (indicating direction or movement from within) : de, por ⟨we ran out of the house : salimos corriendo de la casa⟩ ⟨to look out of the window : mirar por la ventana⟩ **2** (being beyond the limits of) ⟨out of control : fuera de control⟩ ⟨to be out of sight : desaparecer de vista⟩ **3 OF** : de ⟨one out of four : uno de cada cuatro⟩ **4** (indicating absence or loss) : sin ⟨out of money : sin dinero⟩ ⟨we're out of matches : nos hemos quedado sin fósforos⟩ **5 BECAUSE OF** : por ⟨out of curiosity : por curiosidad⟩ **6 FROM** : de ⟨made out of plastic : hecho de plástico⟩

out-of-date [ˌaʊtəvˈdeɪt] adj : anticuado, obsoleto, pasado de moda

out-of-door [ˌaʊtəvˈdor] or **out-of-doors** [-ˈdorz] → outdoor

out-of-doors n → outdoors²

outpatient [ˈaʊtˌpeɪʃənt] n : paciente m externo, paciente f externa

outpost [ˈaʊtˌpoːst] n : puesto m avanzado

output¹ [ˈaʊtˌpʊt] vt **-putted** or **-put; -putting** : producir

output² n **1** : producción f (de una fábrica), rendimiento m (de una máquina), productividad f (de una persona)

outrage¹ [ˈaʊtˌreɪdʒ] vt **-raged; -raging 1 INSULT** : ultrajar, injuriar **2 INFURIATE** : indignar, enfurecer

outrage² n **1 ATROCITY** : atropello m, atrocidad f, atentado m **2 SCANDAL** : escándalo m **3 ANGER** : ira f, furia f

outrageous [aʊtˈreɪdʒəs] adj **1 SCANDALOUS** : escandaloso, ofensivo, atroz **2 UNCONVENTIONAL** : poco convencional, extravagante **3 EXORBITANT** : exorbitante, excesivo (dícese de los precios, etc.)

outright¹ [ˈaʊtˈraɪt] adv **1 COMPLETELY** : por completo, totalmente ⟨to sell outright : vender por completo⟩ ⟨he refused it outright : lo rechazó rotundamente〉 **2** DIRECTLY : directamente, sin reserva **3** INSTANTLY : al instante, en el acto

outright² [ˈaʊtˌraɪt] *adj* **1** COMPLETE : completo, absoluto, categórico 〈an outright lie : una mentira absoluta〉 **2** : sin reservas 〈an outright gift : un regalo sin reservas〉

outset [ˈaʊtˌsɛt] *n* : comienzo *m*, principio *m*

outshine [ˌaʊtˈʃaɪn] *vt* **-shone** [-ˈʃoːn, -ˈʃɑn] *or* **-shined; -shining** : eclipsar

outside¹ [ˌaʊtˈsaɪd, ˈaʊtˌ-] *adv* : fuera, afuera

outside² *adj* **1** : exterior, externo 〈the outside edge : el borde exterior〉 〈outside influences : influencias externas〉 **2** REMOTE : remoto 〈an outside chance : una posibilidad remota〉

outside³ *n* **1** EXTERIOR : parte *f* de afuera, exterior *m* **2** MOST : máximo *m* 〈three weeks at the outside : tres semanas como máximo〉 **3** from the outside : desde afuera, desde fuera

outside⁴ *prep* : fuera de, afuera de 〈outside my window : fuera de mi ventana〉 〈outside regular hours : fuera del horario normal〉 〈outside the law : afuera de la ley〉

outside of *prep* **1** → outside⁴ **2** → besides²

outsider [ˌaʊtˈsaɪdər] *n* : forastero *m*, -ra *f*

outskirts [ˈaʊtˌskərts] *npl* : afueras *fpl*, alrededores *mpl*

outsmart [ˌaʊtˈsmɑrt] → outwit

outspoken [ˌaʊtˈspoːkən] *adj* : franco, directo

outstanding [ˌaʊtˈstændɪŋ] *adj* **1** UNPAID : pendiente **2** NOTABLE : destacado, notable, excepcional, sobresaliente

outstandingly [ˌaʊtˈstændɪŋli] *adv* : excepcionalmente

outstretched [ˌaʊtˈstrɛtʃt] *adj* : extendido

outstrip [ˌaʊtˈstrɪp] *vt* **-stripped** *or* **-stript** [-ˈstrɪpt]; **-stripping 1** : aventajar, dejar atrás 〈he outstripped the other runners : aventajó a los otros corredores〉 **2** SURPASS : aventajar, sobrepasar

outward¹ [ˈaʊtwərd] *or* **outwards** [-wərdz] *adv* : hacia afuera, hacia el exterior

outward² *adj* **1** : hacia afuera 〈an outward flow : un flujo hacia afuera〉 **2** : externo 〈outward beauty : belleza externa〉

outwardly [ˈaʊtwərdli] *adv* **1** EXTERNALLY : exteriormente **2** APPARENTLY : aparentemente 〈outwardly friendly : aparentemente simpático〉

outwit [ˌaʊtˈwɪt] *vt* **-witted; -witting** : ser más listo que

ova → ovum

oval¹ [ˈoːvəl] *adj* : ovalado, oval

oval² *n* : óvalo *m*

ovarian [oˈværiən] *adj* : ovárico

ovary [ˈoːvəri] *n, pl* **-ries** : ovario *m*

ovation [oˈveɪʃən] *n* : ovación *f*

oven [ˈʌvən] *n* : horno *m*

over¹ [ˈoːvər] *adv* **1** (*indicating movement across*) 〈he flew over to London : voló a Londres〉 〈come on over! : ¡ven acá!〉 **2** (*indicating an additional amount*) 〈the show ran 10 minutes over : el espectáculo terminó 10 minutos de tarde〉 **3** ABOVE, OVERHEAD : por encima **4** AGAIN : otra vez, de nuevo 〈over and over : una y otra vez〉 〈to start over : volver a empezar〉 **5** all over EVERYWHERE : por todas partes **6** to fall over : caerse **7** to turn over : poner boca abajo, voltear

over² *adj* **1** HIGHER, UPPER : superior **2** REMAINING : sobrante, que sobra **3** ENDED : terminado, acabado 〈the work is over : el trabajo está terminado〉

over³ *prep* **1** ABOVE : encima de, arriba de, sobre 〈over the fireplace : encima de la chimenea〉 〈the hawk flew over the hills : el halcón voló sobre los cerros〉 **2** : más de 〈over $50 : más de $50〉 **3** ALONG : por, sobre 〈to glide over the ice : deslizarse sobre el hielo〉 **4** (*indicating motion through a place or thing*) 〈they showed me over the house : me mostraron la casa〉 **5** ACROSS : por encima de, sóbre 〈he jumped over the ditch : saltó por encima de la zanja〉 **6** UPON : sobre 〈a cape over my shoulders : una capa sobre los hombros〉 **7** ON : por 〈to speak over the telephone : hablar por teléfono〉 **8** DURING : en, durante 〈over the past 25 years : durante los últimos 25 años〉 **9** BECAUSE OF : por 〈they fought over the money : se pelearon por el dinero〉

overabundance [ˌoːvərəˈbʌndən*t*s] *n* : superabundancia *f*

overabundant [ˌoːvərəˈbʌndənt] *adj* : superabundante

overactive [ˌoːvərˈæktɪv] *adj* : hiperactivo

overall [ˌoːvərˈɔl] *adj* : total, global, de conjunto

overalls [ˈoːvərˌɔlz] *npl* : overol *m*

overawe [ˌoːvərˈɔ] *vt* **-awed; -awing** : intimidar, impresionar

overbearing [ˌoːvərˈbærɪŋ] *adj* : dominante, imperioso, prepotente

overblown [ˌoːvərˈbloːn] *adj* **1** INFLATED : inflado, exagerado **2** BOMBASTIC : grandilocuente, rimbombante

overboard [ˈoːvərˌbord] *adv* : por la borda, al agua

overburden [ˌoːvərˈbərdən] *vt* : sobrecargar, agobiar

overcast [ˈoːvərˌkæst] *adj* CLOUDY : nublado

overcharge [ˌoːvərˈtʃɑrdʒ] *vt* **-charged; -charging** : cobrarle de más (a alguien)

overcoat [ˈoːvərˌkoːt] *n* : abrigo *m*

overcome [ˌoːvərˈkʌm] *v* **-came** [-ˈkeɪm]; **-come; -coming** *vt* **1** CON-

QUER : vencer; derrotar, superar **2**
OVERWHELM : abrumar, agobiar — *vi*
: vencer
overconfidence [ˌoːvərˈkɑnfədənts] *n*
: exceso *m* de confianza
overconfident [ˌoːvərˈkɑnfədənt] *adj*
: demasiado confiado
overcook [ˌoːvərˈkʊk] *vt* : recocer, cocer
demasiado
overcrowded [ˌoːvərˈkraʊdəd] *adj* **1**
PACKED : abarrotado, atestado de
gente **2** OVERPOPULATED : superpoblado
overdo [ˌoːvərˈduː] *vt* -**did** [-ˈdɪd], -**done**
[-ˈdʌn]; -**doing**; -**does** [-ˈdʌz] **1** : hacer demasiado **2** EXAGGERATE : ex-
agerar **3** OVERCOOK : recocer
overdose [ˈoːvərˌdoːs] *n* : sobredosis *f*
overdraft [ˈoːvərˌdræft] *n* : sobregiro *m*,
descubierto *m*
overdraw [ˌoːvərˈdrɔ] *vt* -**drew** [-ˈdruː];
-**drawn** [-ˈdrɔn]; -**drawing** **1** : sobregirar ⟨my account is overdrawn : tengo
la cuenta en descubierto⟩ **2** EXAG-
GERATE : exagerar
overdue [ˌoːvərˈduː] *adj* **1** UNPAID : vencido y sin pagar **2** TARDY : de retraso,
tardío
overeat [ˌoːvərˈiːt] *vi* -**ate** [-ˈeɪt], -**eaten**
[-ˈiːtən]; -**eating** : comer demasiado
overelaborate [ˌoːvərɪˈlæbərət] *adj* : recargado
overestimate [ˌoːvərˈɛstəˌmeɪt] *vt*
-**mated**; -**mating** : sobreestimar
overexcited [ˌoːvərɪkˈsaɪtəd] *adj* : sobreexcitado
overexpose [ˌoːvərɪkˈspoːz] *vt* -**posed**;
-**posing** : sobreexponer
overfeed [ˌoːvərˈfiːd] *vt* -**fed** [-ˈfɛd];
-**feeding** : sobrealimentar
overflow¹ [ˌoːvərˈfloː] *vi* **1** : desbordar **2**
INUNDATE : inundar — *vi* : desbor-
darse, rebosar
overflow² [ˈoːvərˌfloː] *n* **1** : derrame *m*,
desbordamiento *m* (de un río) **2** SUR-
PLUS : exceso *m*, excedente *m*
overfly [ˌoːvərˈflaɪ] *vt* -**flew** [-ˈfluː];
-**flown** [-ˈfloːn]; -**flying** : sobrevolar
overgrown [ˌoːvərˈgroːn] *adj* **1** : cubierto ⟨overgrown with weeds : cubierto de malas hierbas⟩ **2** : demasiado grande
overhand¹ [ˈoːvərˌhænd] *adv* : por encima de la cabeza
overhand² *adj* : por lo alto (tirada)
overhang¹ [ˌoːvərˈhæŋ] *v* -**hung** [-ˈhʌŋ];
-**hanging** *vt* **1** : sobresalir por encima
de **2** THREATEN : amenazar — *vi* : sobresalir
overhang² [ˈoːvərˌhæŋ] *n* : saliente *mf*
overhaul [ˌoːvərˈhɔl] *vt* **1** : revisar ⟨to
overhaul an engine : revisar un motor⟩
2 OVERTAKE : adelantar
overhead¹ [ˌoːvərˈhɛd] *adv* : por encima,
arriba, por lo alto
overhead² [ˈoːvərˌhɛd] *adj* : de arriba
overhead³ [ˈoːvərˌhɛd] *n* : gastos *mpl*
generales

overhear [ˌoːvərˈhɪr] *vt* -**heard**; -**hearing**
: oír por casualidad
overheat [ˌoːvərˈhiːt] *vt* : recalentar, sobrecalentar, calentar demasiado
overjoyed [ˌoːvərˈdʒɔɪd] *adj* : rebosante
de alegría
overkill [ˈoːvərˌkɪl] *n* : exceso *m*, excedente *m*
overland¹ [ˈoːvərˌlænd, -lənd] *adv* : por
tierra
overland² *adj* : terrestre, por tierra
overlap [ˌoːvərˈlæp] *v* -**lapped**; -**lapping**
vt : traslapar — *vi* : traslaparse, solaparse
overlap² [ˈoːvərˌlæp] *n* : traslapo *m*
overlay¹ [ˌoːvərˈleɪ] *vt* -**laid** [-ˈleɪd];
-**laying** : recubrir, revestir
overlay² [ˈoːvərˌleɪ] *n* : revestimiento *m*
overload [ˌoːvərˈloːd] *vt* : sobrecargar
overlong [ˌoːvərˈlɔŋ] *adj* : excesivamente largo, largo y pesado
overlook [ˌoːvərˈlʊk] *vt* **1** INSPECT : inspeccionar, revisar **2** : tener vista a, dar
a ⟨a house overlooking the valley : una
casa que tiene vista al valle⟩ **3** MISS
: pasar por alto **4** EXCUSE : dejar pasar,
disculpar
overly [ˈoːvərli] *adv* : demasiado
overnight¹ [ˌoːvərˈnaɪt] *adv* **1** : por la
noche, durante la noche **2** : de la noche
a la mañana ⟨we can't do it overnight
: no podemos hacerlo de la noche a la
mañana⟩
overnight² [ˈoːvərˌnaɪt] *adj* **1** : de noche
⟨an overnight stay : una estancia de
una noche⟩ ⟨an overnight bag : una
bolsa de viaje⟩ **2** SUDDEN : repentino
overpass [ˈoːvərˌpæs] *n* : paso *m* elevado, paso *m* a desnivel *Mex*
overpopulated [ˌoːvərˈpɑpjəˌleɪtəd] *adj*
: sobrepoblado
overpower [ˌoːvərˈpaʊər] *vt* **1** CON-
QUER, SUBDUE : vencer, superar **2**
OVERWHELM : abrumar, agobiar
⟨overpowered by the heat : sofocado
por el calor⟩
overpraise [ˌoːvərˈpreɪz] *vt* -**praised**;
-**praising** : adular
overrate [ˌoːvərˈreɪt] *vt* -**rated**; -**rating**
: sobrevalorar, sobreestimar
override [ˌoːvərˈraɪd] *vt* -**rode** [-ˈroːd];
-**ridden** [-ˈrɪdən]; -**riding** **1** : predominar sobre, contar más que ⟨hunger
overrode our manners : el hambre pre-
dominó sobre los modales⟩ **2** ANNUL
: anular, invalidar ⟨to override a veto
: anular un veto⟩
overrule [ˌoːvərˈruːl] *vt* -**ruled**; -**ruling**
: anular (una decisión), desautorizar
(una persona), denegar (un pedido)
overrun [ˌoːvərˈrʌn] *v* -**ran** [-ˈræn],
-**running** *vt* **1** INVADE : invadir **2** IN-
FEST : infestar, plagar **3** EXCEED : exceder, rebasar — *vi* : rebasar el tiempo previsto
overseas [ˌoːvərˈsiːz] *adv* : en el extranjero ⟨to travel overseas : viajar al
extranjero⟩

overseas² [ˈoːvərˌsiːz] *adj* : extranjero, exterior

oversee [ˌoːvərˈsiː] *vt* **-saw** [-ˈsɔ]; **-seen** [-ˈsiːn]; **-seeing** SUPERVISE : supervisar

overseer [ˈoːvərˌsiːər] *n* : supervisor *m*, -sora *f*; capataz *mf*

overshadow [ˌoːvərˈʃæˌdoː] *vt* **1** DARKEN : oscurecer, ensombrecer **2** ECLIPSE, OUTSHINE : eclipsar

overshoe [ˈoːvərˌʃuː] *n* : chanclo *m*

overshoot [ˌoːvərˈʃuːt] *vt* **-shot** [-ˈʃɑt]; **-shooting** : pasarse de ⟨to overshoot the mark : pasarse de la raya⟩

oversight [ˈoːvərˌsaɪt] *n* : descuido *m*, inadvertencia *f*

oversleep [ˌoːvərˈsliːp] *vi* **-slept** [-ˈslɛpt]; **-sleeping** : no despertarse a tiempo, quedarse dormido

overspread [ˌoːvərˈsprɛd] *vt* **-spread**; **-spreading** : extenderse sobre

overstaffed [ˌoːvərˈstæft] *adj* : con exceso de personal

overstate [ˌoːvərˈsteɪt] *vt* **-stated**; **-stating** EXAGGERATE : exagerar

overstatement [ˌoːvərˈsteɪtmənt] *n* : exageración *f*

overstep [ˌoːvərˈstɛp] *vt* **-stepped**; **-stepping** EXCEED : sobrepasar, traspasar, exceder

overt [oˈvərt, ˈoːˌvərt] *adj* : evidente, manifiesto, patente

overtake [ˌoːvərˈteɪk] *vt* **-took** [-ˈtʊk]; **-taken** [-ˈteɪkən]; **-taking** : pasar, adelantar, rebasar *Mex*

overthrow¹ [ˌoːvərˈθroː] *vt* **-threw** [-ˈθruː]; **-thrown** [-ˈθroːn]; **-throwing 1** OVERTURN : dar la vuelta a, volcar **2** DEFEAT, TOPPLE : derrocar, derribar, deponer

overthrow² [ˈoːvərˌθroː] *n* : derrocamiento *m*, caída *f*

overtime [ˈoːvərˌtaɪm] *n* **1** : horas *fpl* extras (de trabajo) **2** : prórroga *f* (en deportes)

overtly [oˈvərtli, ˈoːˌvərt-] *adv* OPENLY : abiertamente

overtone [ˈoːvərˌtoːn] *n* **1** : armónico *m* (en música) **2** HINT, SUGGESTION : tinte *m*, insinuación *f*

overture [ˈoːvərˌtʃʊr, -ˌtʃər] *n* **1** PROPOSAL : propuesta *f* **2** : obertura *f* (en música)

overturn [ˌoːvərˈtərn] *vt* **1** UPSET : dar la vuelta a, volcar **2** NULLIFY : anular, invalidar — *vi* TURN OVER : volcar, dar un vuelco

overuse [ˌoːvərˈjuːz] *vt* **-used**; **-using** : abusar de

overview [ˈoːvərˌvjuː] *n* : resumen *m*, visión *f* general

overweening [ˌoːvərˈwiːnɪŋ] *adj* **1** ARROGANT : arrogante, soberbio **2** IMMODERATE : desmesurado

overweight [ˌoːvərˈweɪt] *adj* : demasiado gordo, demasiado pesado

overwhelm [ˌoːvərˈhwɛlm] *vt* **1** CRUSH, DEFEAT : aplastar, arrollar **2** SUBMERGE : inundar, sumergir **3** OVERPOWER : abrumar, agobiar ⟨overwhelmed by remorse : abrumado de remordimiento⟩

overwhelming [ˌoːvərˈhwɛlmɪŋ] *adj* **1** CRUSHING : abrumador, apabullante **2** SWEEPING : arrollador, aplastante ⟨an overwhelming majority : una mayoría aplastante⟩

overwork [ˌoːvərˈwərk] *vt* **1** : hacer trabajar demasiado **2** OVERUSE : abusar de — *vi* : trabajar demasiado

overwrought [ˌoːvərˈrɔt] *adj* : alterado, sobreexcitado

ovoid [ˈoːˌvɔɪd] *or* **ovoidal** [oˈvɔɪdəl] *adj* : ovoide

ovulate [ˈɑvjəˌleɪt, ˈoː-] *vi* **-lated**; **-lating** : ovular

ovulation [ˌɑvjəˈleɪʃən, ˌoː-] *n* : ovulación *f*

ovum [ˈoːvəm] *n*, *pl* **ova** [-və] : óvulo *m*

owe [ˈoː] *vt* **owed**; **owing** : deber ⟨you owe me $10 : me debes $10⟩ ⟨he owes his wealth to his father : le debe su riqueza a su padre⟩

owing to *prep* : debido a

owl [ˈaʊl] *n* : búho *m*, lechuza *f*, tecolote *m Mex*

own¹ [ˈoːn] *vt* **1** POSSESS : poseer, tener, ser dueño de **2** ADMIT : reconocer, admitir — *vi* **to own up** : reconocer (algo), admitir (algo)

own² *adj* : propio, personal, particular ⟨his own car : su propio coche⟩

own³ *pron* **my⟨, (your, his/her, our, their);** **own** : el mío, la mía; el tuyo, la tuya; el suyo, la suya; el nuestro, la nuestra ⟨to each his own : cada uno a lo suyo⟩ ⟨money of my own : mi propio dinero⟩ ⟨to be on one's own : estar solo⟩

owner [ˈoːnər] *n* : dueño *m*, -ña *f*; propietario *m*, -ria *f*

ownership [ˈoːnərˌʃɪp] *n* : propiedad *f*

ox [ˈɑks] *n*, *pl* **oxen** [ˈɑksən] : buey *m*

oxidation [ˌɑksəˈdeɪʃən] *n* : oxidación *f*

oxide [ˈɑkˌsaɪd] *n* : óxido *m*

oxidize [ˈɑksəˌdaɪz] *vt* **-dized**; **-dizing** : oxidar

oxygen [ˈɑksɪdʒən] *n* : oxígeno *m*

oyster [ˈɔɪstər] *n* : ostra *f*, ostión *m Mex*

ozone [ˈoːˌzoːn] *n* : ozono *m*

P

p ['pi:] *n, pl* **p's** *or* **ps** ['pi:z] : decimosexta letra del alfabeto inglés

pace¹ ['peɪs] *v* **paced; pacing** *vi* : caminar, ir y venir — *vt* 1 : caminar por ⟨she paced the floor : caminaba de un lado a otro del cuarto⟩ **2 to pace a runner** : marcarle el ritmo a un corredor

pace² *n* 1 STEP : paso *m* 2 RATE : paso *m*, ritmo *m* ⟨to set the pace : marcar el paso, marcar la pauta⟩

pacemaker ['peɪsˌmeɪkər] *n* : marcapasos *m*

pacific [pə'sɪfɪk] *adj* : pacífico

pacifier ['pæsəˌfaɪər] *n* : chupete *m*, chupón *m*, mamila *f Mex*

pacifism ['pæsəˌfɪzəm] *n* : pacifismo *m*

pacifist ['pæsəfɪst] *n* : pacifista *mf*

pacify ['pæsəˌfaɪ] *vt* **-fied; -fying** 1 SOOTHE : apaciguar, pacificar 2 : pacificar (un país, una región, etc.)

pack¹ ['pæk] *vt* 1 PACKAGE : empaquetar, embalar, envasar 2 : empacar, meter (en una maleta) ⟨to pack one's bag : hacer la maleta⟩ 3 FILL : llenar, abarrotar ⟨a packed theater : un teatro abarrotado⟩ **4 to pack off** SEND : mandar — *vi* : empacar, hacer las maletas

pack² *n* 1 BUNDLE : bulto *m*, fardo *m* 2 BACKPACK : mochila *f* 3 PACKAGE : paquete *m*, cajetilla *f* (de cigarrillos, etc.) 4 : manada *f* (de lobos, etc.), jauría *f* (de perros) ⟨a pack of thieves : una pandilla de ladrones⟩

package¹ ['pækɪdʒ] *vt* **-aged; -aging** : empaquetar, embalar

package² *n* : paquete *m*, bulto *m*

packaging ['pækɪdʒɪŋ] *n* 1 : embalaje *m* 2 WRAPPING : envoltorio *m*

packer ['pækər] *n* : empacador *m*, -dora *f*

packet ['pækət] *n* : paquete *m*

packing ['pækɪŋ] *n* : embalaje *m*

pact ['pækt] *n* : pacto *m*, acuerdo *m*

pad¹ ['pæd] *vt* **padded; padding** 1 FILL, STUFF : rellenar, acolchar (una silla, una pared) 2 : meter paja en, rellenar ⟨to pad a speech : rellenar un discurso⟩

pad² *n* 1 CUSHION : almohadilla *f* ⟨a shoulder pad : una hombrera⟩ 2 TABLET : bloc *m* (de papel) 3 *or* **lily pad** : hoja *f* grande (de un nenúfar) 4 **ink pad** : tampón *m* 5 **launching pad** : plataforma *f* (de lanzamiento)

padding ['pædɪŋ] *n* 1 FILLING : relleno *m* 2 : paja *f* (en un discurso, etc.)

paddle¹ ['pædəl] *v* **-dled; -dling** *vt* 1 : hacer avanzar (una canoa) con canalete 2 HIT : azotar, darle nalgadas a (con una pala o paleta) — *vi* 1 : remar (en una canoa) 2 SPLASH : chapotear, mojarse los pies

paddle² *n* 1 : canalete *m*, zagual *m* (de una canoa, etc.) 2 : pala *f*, paleta *f* (en deportes)

paddock ['pædək] *n* 1 PASTURE : potrero *m* 2 : paddock *m*, cercado *m* (en un hipódromo)

paddy ['pædi] *n, pl* **-dies** : arrozal *m*

padlock¹ ['pædˌlɑk] *vt* : cerrar con candado

padlock² *n* : candado *m*

pagan¹ ['peɪgən] *adj* : pagano

pagan² *n* : pagano *m*, -na *f*

paganism ['peɪgənˌɪzəm] *n* : paganismo *m*

page¹ ['peɪdʒ] *vt* **paged; paging** : llamar por altavoz

page² *n* 1 BELLHOP : botones *m* 2 : página *f* (de un libro, etc.)

pageant ['pædʒənt] *n* 1 SPECTACLE : espectáculo *m* 2 PROCESSION : desfile *m*

pageantry ['pædʒəntri] *n* : pompa *f*, fausto *m*

pager ['peɪdʒər] *n* BEEPER : buscapersonas *m*

pagoda [pə'goːdə] *n* : pagoda *f*

paid → **pay**

pail ['peɪl] *n* : balde *m*, cubo *m*, cubeta *f Mex*

pailful ['peɪlˌfʊl] *n* : balde *m*, cubo *m*, cubeta *f Mex*

pain¹ ['peɪn] *vt* : doler

pain² *n* 1 PENALTY : pena *f* ⟨under pain of death : so pena de muerte⟩ 2 SUFFERING : dolor *m*, malestar *m*, pena *f* (mental) **3 pains** *npl* EFFORT : esmero *m*, esfuerzo *m* ⟨to take pains : esmerarse⟩

painful ['peɪnfəl] *adj* : doloroso — **painfully** *adv*

painkiller ['peɪnˌkɪlər] *n* : analgésico *m*

painless ['peɪnləs] *adj* : indoloro, sin dolor

painlessly ['peɪnləsli] *adv* : sin dolor

painstaking ['peɪnˌsteɪkɪŋ] *adj* : esmerado, cuidadoso, meticuloso — **painstakingly** *adv*

paint¹ ['peɪnt] *v* : pintar

paint² *n* : pintura *f*

paintbrush ['peɪntˌbrʌʃ] *n* : pincel *m* (de un artista), brocha *f* (para pintar casas, etc.)

painter ['peɪntər] *n* : pintor *m*, -tora *f*

painting ['peɪntɪŋ] *n* : pintura *f*

pair¹ ['pær] *vt* : emparejar, poner en parejas — *vi* : emparejarse

pair² *n* : par *m* (de objetos), pareja *f* (de personas o animales) ⟨a pair of scissors : unas tijeras⟩

pajamas [pə'dʒɑməz, -'dʒæ-] *npl* : pijama *m*, piyama *m*

Pakistani [ˌpækɪ'stæni, ˌpɑkɪ'stɑni] *n* : paquistaní *mf* — **Pakistani** *adj*

pal ['pæl] *n* : amigo *m*, -ga *f*; compinche *mf fam*; chamo *m*, -ma *f Ven fam*; cuate *m*, -ta *f Mex*

palace ['pæləs] *n* : palacio *m*

palatable ['pælətəbəl] *adj* : sabroso

palate ['pælət] *n* 1 : paladar *m* (de la boca) 2 TASTE : paladar *m*, gusto *m*

palatial [pə'leɪʃəl] *adj* : suntuoso, espléndido

palaver [pə'lævər, -'lɑ-] *n* : palabrería *f*

pale¹ ['peɪl] *v* **paled; paling** *vi* : palidecer — *vt* : hacer pálido

pale² *adj* **paler; palest 1** : pálido ⟨to turn pale : palidecer, ponerse pálido⟩ **2** : claro (dícese de los colores)

paleness ['peɪlnəs] *n* : palidez *f*

paleontologist [ˌpeɪlɪˌɑn'tɑlədʒɪst] *n* : paleontólogo *m*, -ga *f*

paleontology [ˌpeɪlɪˌɑn'tɑlədʒi] *n* : paleontología *f*

Palestinian [ˌpælə'stɪniən] *n* : palestino *m*, -na *f* — **Palestinian** *adj*

palette ['pælət] *n* : paleta *f* (para mezclar pigmentos)

palisade [ˌpælə'seɪd] *n* **1** FENCE : empalizada *f*, estacada *f* **2** CLIFFS : acantilado *m*

pall¹ ['pɔl] *vi* : perder su sabor, dejar de gustar

pall² *n* **1** : paño *m* mortuorio (sobre un ataúd) **2** COVER : cortina *f* (de humo, etc.) **3** to cast a pall over : ensombrecer

pallbearer ['pɔlˌberər] *n* : portador *m*, -dora *f* del féretro

pallet ['pælət] *n* **1** BED : camastro *m* **2** PLATFORM : plataforma *f* de carga

palliative ['pæliˌeɪtɪv, 'pæljətɪv] *adj* : paliativo

pallid ['pæləd] *adj* : pálido

pallor ['pælər] *n* : palidez *f*

palm¹ ['pɑm, 'pɑlm] *vt* **1** CONCEAL : escamotear (un naipe, etc.) **2** to palm off : encajar, endilgar *fam* ⟨he palmed it off on me : me lo endilgó⟩

palm² *n* **1** *or* **palm tree** : palmera *f* **2** : palma *f* (de la mano)

Palm Sunday : Domingo *m* de Ramos

palomino [ˌpælə'miːˌnoː] *n*, *pl* **-nos** : caballo *m* de color dorado

palpable ['pælpəbəl] *adj* : palpable — **palpably** [-bli] *adv*

palpitate ['pælpəˌteɪt] *vi* **-tated; -tating** : palpitar

palpitation [ˌpælpə'teɪʃən] *n* : palpitación *f*

palsy ['pɔlzi] *n*, *pl* **-sies 1** : parálisis *f* **2** → **cerebral palsy**

paltry ['pɔltri] *adj* **-trier; -est** : mísero, mezquino, insignificante ⟨a paltry excuse : una mala excusa⟩

pampas ['pæmpəz, 'pɑmpəs] *npl* : pampa *f*

pamper ['pæmpər] *vt* : mimar, consentir, chiquear *Mex*

pamphlet ['pæmpflət] *n* : panfleto *m*, folleto *m*

pan¹ ['pæn] *vt* **panned; panning** CRITICIZE : poner por los suelos — *vi* **to pan for gold** : cribar el oro con batea, lavar oro

pan² *n* **1** : cacerola *f*, cazuela *f* **2 frying pan** : sartén *mf*, freidera *f* *Mex*

panacea [ˌpænə'siːə] *n* : panacea *f*

Panamanian [ˌpænə'meɪniən] *n* : panameño *m*, -ña *f* — **Panamanian** *adj*

pancake ['pænˌkeɪk] *n* : panqueque *m*

pancreas ['pæŋkriəs, 'pæn-] *n* : páncreas *m*

panda ['pændə] *n* : panda *mf*

pandemonium [ˌpændə'moːniəm] *n* : pandemonio *m*, pandemónium *m*

pander ['pændər] *vi* **to pander to** : satisfacer, complacer (a alguien) ⟨to pander to popular taste : satisfacer el gusto popular⟩

pane ['peɪn] *n* : cristal *m*, vidrio *m*

panel¹ ['pænəl] *vt* **-eled** *or* **-elled; -eling** *or* **-elling** : adornar con paneles

panel² *n* **1** : lista *f* de nombres (de un jurado, etc.) **2** GROUP : panel *m*, grupo *m* ⟨discussion panel : panel de discusión⟩ **3** : panel *m* (de una pared, etc.) **4 instrument panel** : tablero *m* de instrumentos

paneling ['pænəlɪŋ] *n* : paneles *mpl*

pang ['pæŋ] *n* : puntada *f*, punzada *f*

panic¹ ['pænɪk] *v* **-icked; -icking** *vt* : llenar de pánico — *vi* : ser presa de pánico

panic² *n* : pánico *m*

panicky ['pæniki] *adj* : presa de pánico

panorama [ˌpænə'ræmə, -'rɑ-] *n* : panorama *m*

panoramic [ˌpænə'ræmɪk, -'rɑ-] *adj* : panorámico

pansy ['pænzi] *n*, *pl* **-sies** : pensamiento *m*

pant¹ ['pænt] *vi* : jadear, resoplar

pant² *n* : jadeo *m*, resoplo *m*

pantaloons [ˌpæntə'luːnz] → **pants**

pantheon ['pænˌθiːˌɑn, -ən] *n* : panteón *m*

panther ['pænθər] *n* : pantera *f*

panties ['pæntiz] *npl* : calzones *mpl*; pantaletas *fpl* *Mex*, *Ven*; bragas *fpl* *Spain*

pantomime¹ ['pæntəˌmaɪm] *v* **-mimed; -miming** *vt* : representar mediante la pantomima — *vi* : hacer la mímica

pantomime² *n* : pantomima *f*

pantry ['pæntri] *n*, *pl* **-tries** : despensa *f*

pants ['pænts] *npl* **1** TROUSERS : pantalón *m*, pantalones *mpl* **2** → **panties**

panty hose ['pænti] *ns & pl* : medias *fpl*, pantis *mpl* *Mex*

pap ['pæp] *n* : papilla *f* (para bebés, etc.)

papa ['pɑpə] *n* : papá *m*

papal ['peɪpəl] *adj* : papal

papaya [pə'paɪə] *n* : papaya *f* (fruta)

paper¹ ['peɪpər] *vt* WALLPAPER : empapelar

paper² *adj* : de papel

paper³ *n* **1** : papel *m* ⟨a piece of paper : un papel⟩ **2** DOCUMENT : papel *m*, documento *m* **3** NEWSPAPER : periódico *m*, diario *m*

paperback ['peɪpərˌbæk] *n* : libro *m* en rústica

paper clip *n* : clip *m*, sujetapapeles *m*

paperweight ['peɪpərˌweɪt] *n* : pisapapeles *m*

paperwork [ˈpeɪpərˌwərk] n : papeleo m
papery [ˈpeɪpəri] adj : parecido al papel
papier–mâché [ˌpeɪpərmɑˈʃeɪ, ˌpæ-ˌpjeɪmæˈʃeɪ] n : papel m maché
papoose [pæˈpuːs, pə-] n : niño m, -ña f de los indios norteamericanos
paprika [pəˈpriːkə, pæ-] n : pimentón m, paprika f
papyrus [pəˈpaɪrəs] n, pl **-ruses** or **-ri** [-ˌraɪ, -ˌraɪ] : papiro m
par [ˈpɑr] n 1 VALUE : valor m (nominal), par f ⟨below par : debajo de la par⟩ 2 EQUALITY : igualdad f ⟨to be on a par with : estar al mismo nivel que⟩ 3 : par m (en golf)
parable [ˈpærəbəl] n : parábola f
parabola [pəˈræbələ] n : parábola f (en matemáticas)
parachute¹ [ˈpærəˌʃuːt] vi **-chuted**; **-chuting** : lanzarse en paracaídas
parachute² n : paracaídas m
parachutist [ˈpærəˌʃuːtɪst] n : paracaidista mf
parade¹ [pəˈreɪd] vi **-raded**; **-rading** 1 MARCH : desfilar 2 SHOW OFF : pavonearse, lucirse
parade² n 1 PROCESSION : desfile m 2 DISPLAY : alarde m
paradigm [ˈpærəˌdaɪm] n : paradigma m
paradise [ˈpærəˌdaɪs, -ˌdaɪz] n : paraíso m
paradox [ˈpærəˌdɑks] n : paradoja f
paradoxical [ˌpærəˈdɑksɪkəl] adj : paradójico — **paradoxically** adv
paraffin [ˈpærəfən] n : parafina f
paragon [ˈpærəˌgɑn, -gən] n : dechado m
paragraph¹ [ˈpærəˌgræf] vt : dividir en párrafos
paragraph² n : párrafo m, acápite m
Paraguayan [ˌpærəˈgwaɪən, -ˈgweɪ-] n : paraguayo m, -ya f — **Paraguayan** adj
parakeet [ˈpærəˌkiːt] n : periquito m
paralegal [ˌpærəˈliːgəl] n : asistente mf de abogado
parallel¹ [ˈpærəˌlɛl, -ləl] vt 1 MATCH, RESEMBLE : ser análogo a, ser análogo a, corresponder con 2 : extenderse en línea paralela con ⟨the road parallels the river : el camino se extiende a lo largo del río⟩
parallel² adj : paralelo
parallel³ n 1 : línea f paralela, superficie f paralela 2 : paralelo m (en geografía) 3 SIMILARITY : paralelismo m, semejanza f
parallelogram [ˌpærəˈlɛləˌgræm] n : paralelogramo m
paralysis [pəˈræləsɪs] n, pl **-yses** [-ˌsiːz] : parálisis f
paralyze [ˈpærəˌlaɪz] vt **-lyzed**; **-lyzing** : paralizar
parameter [pəˈræmətər] n : parámetro m
paramount [ˈpærəˌmaunt] adj : supremo ⟨of paramount importance : de suma importancia⟩
paranoia [ˌpærəˈnɔɪə] n : paranoia f

paranoid [ˈpærəˌnɔɪd] adj : paranoico
parapet [ˈpærəpət, -ˌpɛt] n : parapeto m
paraphernalia [ˌpærəfəˈneɪljə, -fər-] ns & pl : parafernalia f
paraphrase¹ [ˈpærəˌfreɪz] vt **-phrased**; **-phrasing** : parafrasear
paraphrase² n : paráfrasis f
paraplegic¹ [ˌpærəˈpliːdʒɪk] adj : parapléjico
paraplegic² n : parapléjico m, -ca f
parasite [ˈpærəˌsaɪt] n : parásito m
parasitic [ˌpærəˈsɪtɪk] adj : parasitario
parasol [ˈpærəˌsɔl] n : sombrilla f, quitasol m, parasol m
paratrooper [ˈpærəˌtruːpər] n : paracaidista mf (militar)
parboil [ˈpɑrˌbɔɪl] vt : sancochar, cocer a medias
parcel¹ [ˈpɑrsəl] vt **-celed** or **-celled**; **-celing** or **-celling** or to parcel out : repartir, parcelar (tierras)
parcel² n 1 LOT : parcela f, lote m 2 PACKAGE : paquete m, bulto m
parch [ˈpɑrtʃ] vt : resecar
parchment [ˈpɑrtʃmənt] n : pergamino m
pardon¹ [ˈpɑrdən] vt 1 FORGIVE : perdonar, disculpar ⟨pardon me! : ¡perdone!, ¡disculpe la molestia!⟩ 2 REPRIEVE : indultar (a un delincuente)
pardon² n 1 FORGIVENESS : perdón m 2 REPRIEVE : indulto m
pardonable [ˈpɑrdənəbəl] adj : perdonable, disculpable
pare [ˈpær] vt pared; paring 1 PEEL : pelar 2 TRIM : recortar 3 REDUCE : reducir ⟨he pared it (down) to 50 pages : lo redujo a 50 páginas⟩
parent [ˈpærənt] n 1 : madre f, padre m 2 parents npl : padres mpl
parentage [ˈpærəntɪdʒ] n : linaje m, abolengo m, origen m
parental [pəˈrɛntəl] adj : de los padres
parenthesis [pəˈrɛnθəsɪs] n, pl **-theses** [-ˌsiːz] : paréntesis m
parenthetic [ˌpærənˈθɛtɪk] or **parenthetical** [-ˌtɪkəl] adj : parentético — **parenthetically** [-tɪkli] adv
parenthood [ˈpærəntˌhud] n : paternidad f
parfait [pɑrˈfeɪ] n : postre m elaborado con frutas y helado
pariah [pəˈraɪə] n : paria mf
parish [ˈpærɪʃ] n : parroquia f
parishioner [pəˈrɪʃənər] n : feligrés m, -gresa f
parity [ˈpærəti] n, pl **-ties** : paridad f
park¹ [ˈpɑrk] vt : estacionar, parquear, aparcar Spain — vi : estacionarse, parquearse, aparcar Spain
park² n : parque m
parka [ˈpɑrkə] n : parka f
parking [ˈpɑrkɪŋ] n : estacionamiento m, aparcamiento m Spain
parkway [ˈpɑrkˌweɪ] n : carretera f ajardinada, bulevar m
parley¹ [ˈpɑrli] vi : parlamentar, negociar

parley[2] n, pl **-leys** : negociación f, parlamento m

parliament ['pɑrləmənt, 'pɑrljə-] n : parlamento m

parliamentary [ˌpɑrlə'mɛntəri, ˌpɑrljə-] adj : parlamentario

parlor ['pɑrlər] n 1 : sala f, salón m (en una casa) 2 : salón m ⟨beauty parlor : salón de belleza⟩ 3 **funeral parlor** : funeraria f

parochial [pə'ro:kiəl] adj 1 : parroquial 2 PROVINCIAL : pueblerino, de miras estrechas

parody[1] ['pærədi] vt **-died; -dying** : parodiar

parody[2] n, pl **-dies** : parodia f

parole [pə'ro:l] n : libertad f condicional

paroxysm ['pærək,sızəm, pə'rɑk-] n : paroxismo m

parquet ['pɑr,keɪ, pɑr'keɪ] n : parquet m, parqué m

parrakeet → parakeet

parrot ['pærət] n : loro m, papagayo m

parry[1] ['pæri] v **-ried; -rying** vi : parar un golpe — vt EVADE : esquivar (una pregunta, etc.)

parry[2] n, pl **-ries** : parada f

parsimonious [ˌpɑrsə'mo:niəs] adj : tacaño, mezquino

parsley ['pɑrsli] n : perejil m

parsnip ['pɑrsnɪp] n : chirivía f

parson ['pɑrsən] n : pastor m, -tora f; clérigo m

parsonage ['pɑrsənɪʤ] n : rectoría f, casa f del párroco

part[1] ['pɑrt] vi 1 SEPARATE : separarse, despedirse ⟨we should part as friends : debemos separarnos amistosamente⟩ 2 OPEN : abrirse ⟨the curtains parted : las cortinas se abrieron⟩ 3 **to part with** : deshacerse de — vt 1 SEPARATE : separar 2 **to part one's hair** : hacerse la raya, peinarse con raya

part[2] n 1 SECTION, SEGMENT : parte f, sección f 2 PIECE : pieza f (de una máquina, etc.) 3 ROLE : papel m 4 : raya f (del pelo)

partake [pɑr'teɪk, pər-] vi **-took** [-'tʊk], **-taken** [-'teɪkən]; **-taking** 1 **to partake of** CONSUME : comer, beber, tomar 2 **to partake in** : participar en (una actividad, etc.)

partial ['pɑrʃəl] adj 1 BIASED : parcial, tendencioso 2 INCOMPLETE : parcial, incompleto 3 **to be partial to** : ser aficionado a

partiality [ˌpɑrʃi'æləṭi] n, pl **-ties** : parcialidad f

partially ['pɑrʃəli] adv : parcialmente

participant [pər'tɪsəpənt, pɑr-] n : participante mf

participate [pər'tɪsə,peɪt, pɑr-] vi **-pated; -pating** : participar

participation [pərˌtɪsə'peɪʃən, pɑr-] n : participación f

participle ['pɑrtəˌsɪpəl] n : participio m

particle ['pɑrtɪkəl] n : partícula f

particular[1] [pər'tɪkjələr] adj 1 SPECIFIC : particular, en particular ⟨this partic-

ular person : esta persona en particular⟩ 2 SPECIAL : particular, especial ⟨with particular emphasis : con un énfasis especial⟩ 3 FUSSY : exigente, maniático ⟨to be very particular : ser muy especial⟩ ⟨I'm not particular : me da igual⟩

particular[2] n 1 DETAIL : detalle m, sentido m 2 **in particular** : en particular, en especial

particularly [pər'tɪkjələrli] adv 1 ESPECIALLY : particularmente, especialmente 2 SPECIFICALLY : específicamente, en especial

partisan ['pɑrṭəzən, -sən] n 1 ADHERENT : partidario m, -ria f 2 GUERRILLA : partisano m, -na f; guerrillero m, -ra f

partition[1] [pər'tɪʃən, pɑr-] vt : dividir ⟨to partition off (a room) : dividir (una habitación) con un tabique⟩

partition[2] n 1 DISTRIBUTION : partición f, división f, reparto m 2 DIVIDER : tabique m, mampara f, biombo m

partly ['pɑrtli] adv : en parte, parcialmente

partner ['pɑrtnər] n 1 COMPANION : compañero m, -ra f 2 : pareja f (en un juego, etc.) ⟨dancing partner : pareja de baile⟩ 3 SPOUSE : cónyuge mf 4 or **business partner** : socio m, -cia f; asociado m, -da f

partnership ['pɑrtnər,ʃɪp] n 1 ASSOCIATION : asociación f, compañerismo m 2 : sociedad f (de negociantes) ⟨to form a partnership : asociarse⟩

part of speech : categoría f gramatical

partridge ['pɑrtrɪʤ] n, pl **-tridge** or **-tridges** : perdiz f

party ['pɑrti] n, pl **-ties** 1 : partido m (político) 2 PARTICIPANT : parte f, participante mf 3 GROUP : grupo m (de personas) 4 GATHERING : fiesta f ⟨to throw a party : dar una fiesta⟩

parvenu ['pɑrvə,nuː, -,njuː] n : advenedizo m, -za f

pass[1] ['pæs] vi 1 : pasar, cruzarse ⟨a car passed by : pasó un coche⟩ ⟨we passed in the hallway : nos cruzamos en el pasillo⟩ 2 CEASE : pasarse ⟨the pain passed : se pasó el dolor⟩ 3 ELAPSE : pasar, transcurrir 4 PROCEED : pasar ⟨let me pass : déjame pasar⟩ 5 HAPPEN : pasar, ocurrir 6 : pasar, aprobar (en un examen) 7 RULE : fallar ⟨the jury passed on the case : el jurado falló en el caso⟩ 8 or **to pass down** : pasar ⟨the throne passed to his son : el trono pasó a su hijo⟩ 9 **to let pass** OVERLOOK : pasar por alto 10 **to pass as** : pasar por 11 **to pass away** or **pass on** DIE : fallecer, morir — vt 1 : pasar por ⟨they passed the house : pasaron por la casa⟩ 2 OVERTAKE : pasar, adelantar 3 SPEND : pasar (tiempo) 4 HAND : pasar ⟨pass me the salt : pásame la sal⟩ 5 : aprobar (un examen, una ley)

pass² *n* **1** CROSSING, GAP : paso *m*, desfiladero *m*, puerto *m* ⟨mountain pass : puerto de montaña⟩ **2** PERMIT : pase *m*, permiso *m* **3** : pase *m* (en deportes) **4** SITUATION : situación *f* (difícil) ⟨things have come to a pretty pass! : ¡hasta dónde hemos llegado!⟩

passable [ˈpæsəbəl] *adj* **1** ADEQUATE : adecuado, pasable **2** : transitable (dícese de un camino, etc.)

passably [ˈpæsəbli] *adv* : pasablemente

passage [ˈpæsɪʤ] *n* **1** PASSING : paso *m* ⟨the passage of time : el paso del tiempo⟩ **2** PASSAGEWAY : pasillo *m* (dentro de un edificio), pasaje *m* (entre edificios) **3** VOYAGE : travesía *f* (por el mar), viaje *m* ⟨to grant safe passage : dar un salvoconducto⟩ **4** SECTION : pasaje *m* (en música o literatura)

passageway [ˈpæsɪʤˌweɪ] *n* : pasillo *m*, pasadizo *m*, corredor *m*

passbook [ˈpæsˌbʊk] *n* BANKBOOK : libreta *f* de ahorros

passé [pæˈseɪ] *adj* : pasado de moda

passenger [ˈpæsənʤər] *n* : pasajero *m*, -ra *f*

passerby [ˌpæsərˈbaɪ, ˈpæsərˌ-] *n*, *pl* **passersby** : transeúnte *mf*

passing [ˈpæsɪŋ] *n* DEATH : fallecimiento *m*

passion [ˈpæʃən] *n* : pasión *f*, ardor *m*

passionate [ˈpæʃənət] *adj* **1** IRASCIBLE : irascible, iracundo **2** ARDENT : apasionado, ardiente, ferviente, fogoso

passionately [ˈpæʃənətli] *adv* : apasionadamente, fervientemente, con pasión

passive¹ [ˈpæsɪv] *adj* : pasivo — **passively** *adv*

passive² *n* : voz *f* pasiva (en gramática)

passivity [pæˈsɪvəti] *n* : pasividad *f*

Passover [ˈpæsˌoːvər] *n* : Pascua *f* (en el judaísmo)

passport [ˈpæsˌpoːrt] *n* : pasaporte *m*

password [ˈpæsˌwərd] *n* : contraseña *f*

past¹ [ˈpæst] *adv* : por delante ⟨he drove past : pasamos en coche⟩

past² *adj* **1** AGO : hace ⟨10 years past : hace 10 años⟩ **2** LAST : último ⟨the past few months : los últimos meses⟩ **3** BYGONE : pasado ⟨in past times : en tiempos pasados⟩ **4** : pasado (en gramática)

past³ *n* : pasado *m*

past⁴ *prep* **1** BY : por, por delante de ⟨he ran past the house : pasó por la casa corriendo⟩ **2** BEYOND : más allá de ⟨just past the corner : un poco más allá de la esquina⟩ ⟨we went past the exit : pasamos la salida⟩ **3** AFTER : después de ⟨past noon : después del mediodía⟩ ⟨half past two : las dos y media⟩

pasta [ˈpɑstə, ˈpæs-] *n* : pasta *f*

paste¹ [ˈpeɪst] *vt* **pasted; pasting** : pegar (con engrudo)

paste² *n* **1** : pasta *f* ⟨tomato paste : pasta de tomate⟩ **2** : engrudo *m* (para pegar)

pasteboard [ˈpeɪstˌboːrd] *n* : cartón *m*, cartulina *f*

pastel [pæˈstel] *n* : pastel *m* — **pastel** *adj*

pasteurization [ˌpæstʃərəˈzeɪʃən, ˌpæstjə-] *n* : pasteurización *f*

pasteurize [ˈpæstʃəˌraɪz, ˈpæstjə-] *vt* **-ized; -izing** : pasteurizar

pastime [ˈpæsˌtaɪm] *n* : pasatiempo *m*

pastor [ˈpæstər] *n* : pastor *m*, -tora *f*

pastoral [ˈpæstərəl] *adj* : pastoral

past participle *n* : participio *m* pasado

pastry [ˈpeɪstri] *n*, *pl* **-ries** **1** DOUGH : pasta *f*, masa *f* **2 pastries** *npl* : pasteles *mpl*

pasture¹ [ˈpæstʃər] *v* **-tured; -turing** *vi* GRAZE : pacer, pastar — *vt* : apacentar, pastar

pasture² *n* : pastizal *m*, potrero *m*, pasto *m*

pasty [ˈpeɪsti] *adj* **pastier; -est** **1** : pastoso (en consistencia) **2** PALLID : pálido

pat¹ [ˈpæt] *vt* **patted; patting** : dar palmaditas a, tocar

pat² *adv* : de memoria ⟨to have down pat : saberse de memoria⟩

pat³ *adj* **1** APT : apto, apropiado **2** GLIB : fácil **3** UNYIELDING : firme ⟨to stand pat : mantenerse firme⟩

pat⁴ *n* **1** TAP : golpecito *m*, palmadita *f* ⟨a pat on the back : una palmadita en la espalda⟩ **2** CARESS : caricia *f* **3** : porción *f* ⟨a pat of butter : una porción de mantequilla⟩

patch¹ [ˈpæʧ] *vt* **1** MEND, REPAIR : remendar, parchar, ponerle un parche a **2** **to patch together** IMPROVISE : confeccionar, improvisar **3** **to patch up** : arreglar ⟨they patched things up : hicieron las paces⟩

patch² *n* **1** : parche *m*, remiendo *m* (para la ropa) ⟨eye patch : parche para el ojo⟩ **2** PIECE : mancha *f*, trozo *m* ⟨a patch of sky : un trozo de cielo⟩ **3** PLOT : parcela *f*, terreno *m* ⟨cabbage patch : parcela de repollos⟩

patchwork [ˈpæʧˌwərk] *n* : labor *f* de retazos

patchy [ˈpæʧi] *adj* **patchier; -est** **1** IRREGULAR : irregular, desigual **2** INCOMPLETE : parcial, incompleto

patent¹ [ˈpætənt] *vt* : patentar

patent² [ˈpætənt, ˈpeɪt-] *adj* **1** OBVIOUS : patente, evidente **2** [ˈpæt-] PATENTED : patentado

patent³ [ˈpætənt] *n* : patente *f*

patently [ˈpætəntli] *adv* : patentemente, evidentemente

paternal [pəˈtərnəl] *adj* **1** FATHERLY : paternal **2** : paterno ⟨paternal grandfather : abuelo paterno⟩

paternity [pəˈtərnəti] *n* : paternidad *f*

path [ˈpæθ, ˈpɑθ] *n* **1** TRACK, TRAIL : camino *m*, sendero *m*, senda *f* **2** COURSE, ROUTE : recorrido *m*, trayecto *m*, trayectoria *f*

pathetic [pəˈθɛtɪk] *adj* : patético — **pathetically** [-tɪkli] *adv*

pathological [ˌpæθəˈlɑʤɪkəl] *adj* : patológico

pathologist [pə'θɑləʤɪst] n : patólogo m, -ga f

pathology [pə'θɑləʤi] n, pl **-gies** : patología f

pathos ['peɪˌθɑs, 'pæ-, -ˌθɔs] n : patetismo m

pathway ['pæθˌweɪ] n : camino m, sendero m, senda f, vereda f

patience ['peɪʃənts] n : paciencia f

patient¹ ['peɪʃənt] adj : paciente — **patiently** adv

patient² n : paciente mf

patio ['pætiˌoː] n, pl **-tios** : patio m

patriarch ['peɪtriˌɑrk] n : patriarca m

patriarchy ['peɪtriˌɑrki] n, pl **-chies** : patriarcado m

patrimony ['pætrəˌmoːni] n, pl **-nies** : patrimonio m

patriot ['peɪtriət] n : patriota mf

patriotic [ˌpeɪtri'ɑtɪk] adj : patriótico — **patriotically** adv

patriotism ['peɪtriəˌtɪzəm] n : patriotismo m

patrol¹ [pə'troːl] v **-trolled; -trolling** : patrullar

patrol² n : patrulla f

patrolman [pə'troːlmən] n, pl **-men** [-mən, -ˌmɛn] : policía mf, guardia mf

patron ['peɪtrən] n 1 SPONSOR : patrocinador m, -dora f 2 CUSTOMER : cliente m, -ta f 3 or **patron saint** : patrono m, -na f

patronage ['peɪtrənɪʤ, 'pæ-] n 1 SPONSORSHIP : patrocinio m 2 CLIENTELE : clientela f 3 : influencia f (política)

patronize ['peɪtrəˌnaɪz, 'pæ-] vt **-ized; -izing** 1 SPONSOR : patrocinar 2 : ser cliente de (un negocio) 3 : tratar con condescendencia

patter¹ ['pætər] vi 1 TAP : golpetear, tamborilear (dícese de la lluvia) 2 **to patter about** : corretear (con pasos ligeros)

patter² n 1 TAPPING : golpeteo m, tamborileo m (de la lluvia), correteo m (de pies) 2 CHATTER : palabrería f, parloteo m fam

pattern¹ ['pætərn] vt 1 BASE : basar (en un modelo) 2 **to pattern after** : hacer imitación de

pattern² n 1 MODEL : modelo m, patrón m (de costura) 2 DESIGN : diseño m, dibujo m, estampado m (de tela) 3 NORM, STANDARD : pauta f, norma f, patrón m

patty ['pæti] n, pl **-ties** : porción f de carne picada (u otro alimento) en forma de ruedita ⟨a hamburger patty : una hamburguesa⟩

paucity ['pɔsəti] n : escasez f

paunch ['pɔntʃ] n : panza f, barriga f

pauper ['pɔpər] n : pobre mf, indigente mf

pause¹ ['pɔz] vi **paused; pausing** : hacer una pausa, pararse (brevemente)

pause² n : pausa f

pave ['peɪv] vt **paved; paving** : pavimentar ⟨to pave with stones : empedrar⟩

pavement ['peɪvmənt] n : pavimento m, empedrado m

pavilion [pə'vɪljən] n : pabellón m

paving ['peɪvɪŋ] → **pavement**

paw¹ ['pɔ] vt : tocar, manosear, sobar

paw² n : pata f, garra f, zarpa f

pawn¹ ['pɔn] vt : empeñar, prendar

pawn² n 1 PLEDGE, SECURITY : prenda f 2 PAWNING : empeño m 3 : peón m (en ajedrez)

pawnbroker ['pɔnˌbroːkər] n : prestamista m

pawnshop ['pɔnˌʃɑp] n : casa f de empeños, monte m de piedad

pay¹ ['peɪ] v **paid** ['peɪd]; **paying** vt 1 : pagar (una cuenta, a un empleado, etc.) 2 **to pay attention** : poner atención, prestar atención, hacer caso 3 **to pay back** : pagar, devolver ⟨she paid them back : les devolvió el dinero⟩ ⟨I'll pay you back for what you did! : ¡me las pagarás!⟩ 4 **to pay off** SETTLE : saldar, cancelar (una deuda, etc.) 5 **to pay one's respects** : presentar sus respetos 6 **to pay a visit** : hacer una visita — vi : valer la pena ⟨crime doesn't pay : no hay crimen sin castigo⟩

pay² n : paga f

payable ['peɪəbəl] adj DUE : pagadero

paycheck ['peɪˌtʃɛk] n : sueldo m, cheque m del sueldo

payee [peɪ'iː] n : beneficiario m, -ria f (de un cheque, etc.)

payment ['peɪmənt] n 1 : pago m 2 INSTALLMENT : plazo m, cuota f 3 REWARD : recompensa f

payoff ['peɪˌɔf] n 1 REWARD : recompensa f 2 PROFIT : ganancia f 3 BRIBE : soborno m

payroll ['peɪˌroːl] n : nómina f

PC [ˌpiː'siː] n, pl **PCs** or **PC's** : PC mf, computadora f personal

pea ['piː] n : chícharo m, guisante m, arveja f

peace ['piːs] n 1 : paz f ⟨peace treaty : tratado de paz⟩ ⟨peace and tranquility : paz y tranquilidad⟩ 2 ORDER : orden m (público)

peaceable ['piːsəbəl] adj : pacífico — **peaceably** [-bli] adv

peaceful ['piːsfəl] adj 1 PEACEABLE : pacífico 2 CALM, QUIET : tranquilo, sosegado — **peacefully** adv

peacemaker ['piːsˌmeɪkər] n : conciliador m, -dora f; mediador m, -dora f

peach ['piːtʃ] n : durazno m, melocotón m

peacock ['piːˌkɑk] n : pavo m real

peak¹ ['piːk] vi : alcanzar su nivel máximo

peak² adj : máximo

peak³ n 1 POINT : punta f 2 CREST, SUMMIT : cima f, cumbre f 3 APEX : cúspide f, apogeo m, nivel m máximo

peaked ['piːkəd] adj SICKLY : pálido

peal¹ ['piːl] vi : repicar

peal² n : repique m, tañido m (de campanada) ⟨peals of laughter : carcajadas⟩

peanut ['pi:ˌnʌt] n : maní m, cacahuate m Mex, cacahuete m Spain

pear ['pær] n : pera f

pearl ['pərl] n : perla f

pearly ['pərli] adj **pearlier; -est** : nacarado

peasant ['pɛzənt] n : campesino m, -na f

peat ['pi:t] n : turba f

pebble ['pɛbəl] n : guijarro m, piedrecita f, piedrita f

pecan [pɪˈkɑn, -ˈkæn, 'pi:ˌkæn] n : pacana f, nuez f Mex

peccadillo [ˌpɛkəˈdɪlo] n, pl **-loes** or **-los** : pecadillo m

peccary ['pɛkəri] n, pl **-ries** : pécari m, pecarí m

peck¹ ['pɛk] vt : picar, picotear

peck² n 1 : medida f de áridos equivalente a 8.810 litros 2 : picotazo m (de un pájaro) ⟨a peck on the cheek : un besito en la mejilla⟩

pectoral ['pɛktərəl] adj : pectoral

peculiar [pɪˈkju:ljər] adj 1 DISTINCTIVE : propio, peculiar, característico ⟨peculiar to this area : propio de esta zona⟩ 2 STRANGE : extraño, raro — **peculiarly** adv

peculiarity [pɪˌkju:lˈjærəti, -ˌkju:liˈær-] n, pl **-ties** 1 DISTINCTIVENESS : peculiaridad f 2 ODDITY, QUIRK : rareza f, idiosincrasia f, excentricidad f

pecuniary [pɪˈkju:niˌɛri] adj : pecuniario

pedagogical [ˌpɛdəˈgɑʤɪkəl, -ˈgo:-] adj : pedagógico

pedagogy ['pɛdəˌgo:ʤi, -ˌgɑ-] n : pedagogía f

pedal¹ ['pɛdəl] v **-aled** or **-alled; -aling** or **-alling** vi : pedalear — vt : darle a los pedales de

pedal² n : pedal m

pedant ['pɛdənt] n : pedante mf

pedantic [pɪˈdæntɪk] adj : pedante

pedantry ['pɛdəntri] n, pl **-ries** : pedantería f

peddle ['pɛdəl] vt **-dled; -dling** : vender (en las calles)

peddler ['pɛdlər] n : vendedor m, -dora f ambulante; mercachifle m

pedestal ['pɛdəstəl] n : pedestal m

pedestrian¹ [pəˈdɛstriən] adj 1 COMMONPLACE : pedestre, ordinario 2 : de peatón, peatonal ⟨pedestrian crossing : paso de peatones⟩

pedestrian² n : peatón m, -tona f

pediatric [ˌpi:diˈætrɪk] adj : pediátrico

pediatrician [ˌpi:diəˈtrɪʃən] n : pediatra mf

pediatrics [ˌpi:diˈætrɪks] ns & pl : pediatría f

pedigree ['pɛdəˌgri:] n 1 FAMILY TREE : árbol m genealógico 2 LINEAGE : pedigrí m (de un animal), linaje m (de una persona)

peek¹ ['pi:k] vi 1 PEEP : espiar, mirar furtivamente 2 GLANCE : echar un vistazo

peek² n 1 : miradita f (furtiva) 2 GLANCE : vistazo m, ojeada f

peel¹ ['pi:l] vt 1 : pelar (fruta, etc.) 2 or to peel away : quitar — vi 1 : pelarse (dícese de la piel), desconcharse (dícese de la pintura)

peel² n : cáscara f

peep¹ ['pi:p] vi 1 PEEK : espiar, mirar furtivamente 2 CHEEP : piar 3 to peep out SHOW : asomarse

peep² n 1 CHEEP : pío m (de un pajarito) 2 GLANCE : vistazo m, ojeada f

peer¹ ['pɪr] vi : mirar detenidamente, mirar con atención

peer² n 1 EQUAL : par m, igual mf 2 NOBLE : noble mf

peerage ['pɪrɪʤ] n : nobleza f

peerless ['pɪrləs] adj : sin par, incomparable

peeve¹ ['pi:v] vt **peeved; peeving** : fastidiar, irritar, molestar

peeve² n : queja f

peevish ['pi:vɪʃ] adj : quejoso, fastidioso — **peevishly** adv

peevishness ['pi:vɪʃnəs] n : irritabilidad f

peg¹ ['pɛg] vt **pegged; pegging** 1 PLUG : tapar (con una clavija) 2 FASTEN, FIX : sujetar (con estaquillas) 3 to peg out MARK : marcar (con estaquillas)

peg² n : estaquilla f (para clavar), clavija f (para tapar)

pejorative [pɪˈʤɔrətɪv] adj : peyorativo — **pejoratively** adv

pelican ['pɛlɪkən] n : pelícano m

pellagra [pəˈlægrə, -ˈleɪ-] n : pelagra f

pellet ['pɛlət] n 1 BALL : bolita f ⟨food pellet : bolita de comida⟩ 2 SHOT : perdigón m

pell-mell ['pɛlˈmɛl] adv : desordenadamente, atropelladamente

pelt¹ ['pɛlt] vt 1 THROW : lanzar, tirar (algo a alguien) 2 to pelt with stones : apedrear — vi BEAT : golpear con fuerza ⟨the rain was pelting down : llovía a cántaros⟩

pelt² n : piel f, pellejo m

pelvic ['pɛlvɪk] adj : pélvico

pelvis ['pɛlvɪs] n, pl **-vises** or **-ves** ['pɛlˌvi:z] : pelvis f

pen¹ ['pɛn] vt **penned; penning** 1 or pen in : encerrar (animales) 2 WRITE : escribir

pen² n 1 CORRAL : corral m, redil m (para ovejas) 2 : pluma f ⟨fountain pen : pluma fuente⟩ ⟨ballpoint pen : bolígrafo⟩

penal ['pi:nəl] adj : penal

penalize ['pi:nəlˌaɪz, 'pɛn-] vt **-ized; -izing** : penalizar, sancionar, penar

penalty ['pɛnəlti] n, pl **-ties** 1 PUNISHMENT : pena f, castigo m 2 DISADVANTAGE : desventaja f, castigo m, penalty m (en deportes) 3 FINE : multa f

penance ['pɛnənʦ] n : penitencia f

pence → **penny**

penchant ['pɛnʧənt] n : inclinación f, afición f

pencil[1] ['pɛntsəl] *vt* **-ciled** *or* **-cilled; -ciling** *or* **-cilling** : escribir con lápiz, dibujar con lápiz

pencil[2] *n* : lápiz *m*

pendant ['pɛndənt] *n* : colgante *m*

pending[1] ['pɛndɪŋ] *adj* : pendiente

pending[2] *prep* **1** DURING : durante **2** AWAITING : en espera de

pendulum ['pɛndʒələm, -djʊləm] *n* : péndulo *m*

penetrate ['pɛnə,treɪt] *vt* **-trated; -trating** : penetrar

penetrating ['pɛnə,treɪtɪŋ] *adj* : penetrante, cortante

penetration [,pɛnə'treɪʃən] *n* : penetración *f*

penguin ['pɛŋgwɪn, 'pɛn-] *n* : pingüino *m*

penicillin [,pɛnə'sɪlən] *n* : penicilina *f*

peninsula [pə'nɪntsələ, -'nɪntʃʊlə] *n* : península *f*

penis ['pi:nəs] *n, pl* **-nes** [-,ni:z] *or* **-nises** : pene *m*

penitence ['pɛnətənts] *n* : arrepentimiento *m*, penitencia *f*

penitent[1] ['pɛnətənt] *adj* : arrepentido, penitente

penitent[2] *n* : penitente *mf*

penitentiary [,pɛnə'tɛntʃəri] *n, pl* **-ries** : penitenciaría *f*, prisión *m*, presidio *m*

penmanship ['pɛnmən,ʃɪp] *n* : escritura *f*, caligrafía *f*

pen name *n* : seudónimo *m*

pennant ['pɛnənt] *n* : gallardete *m* (de un barco), banderín *m*

penniless ['pɛnɪləs] *adj* : sin un centavo

penny ['pɛni] *n, pl* **pennies** *or* **pence** ['pɛnts] **1** : penique *m* (del Reino Unido) **2** *pl* **-nies** CENT : centavo *m* (de los Estados Unidos)

pension[1] ['pɛntʃən] *vt or* **to pension off** : jubilar

pension[2] *n* : pensión *m*, jubilación *f*

pensive ['pɛntsɪv] *adj* : pensativo, meditabundo — **pensively** *adv*

pent ['pɛnt] *adj* : encerrado ⟨pent-up feelings : emociones reprimidas⟩

pentagon ['pɛntə,gɑn] *n* : pentágono *m*

pentagonal [pɛn'tægənəl] *adj* : pentagonal

penthouse ['pɛnt,haʊs] *n* : ático *m*, penthouse *m*

penultimate [pɪ'nʌltəmət] *adj* : penúltimo

penury ['pɛnjəri] *n* : penuria *f*, miseria *f*

peon ['pi:,ɑn, -ən] *n, pl* **-ons** *or* **-ones** [peɪ'o:ni:z] : peón *m*

peony ['pi:əni] *n, pl* **-nies** : peonía *f*

people[1] ['pi:pəl] *vt* **-pled; -pling** : poblar

people[2] *ns & pl* **1** people *npl* : gente *f*, personas *fpl* ⟨people like him : él le cae bien a la gente⟩ ⟨many people : mucha gente, muchas personas⟩ **2** *pl* **peoples** : pueblo *m* ⟨the Cuban people : el pueblo cubano⟩

pep[1] ['pɛp] *vt* **pepped; pepping** *or* **to pep up** : animar

pep[2] *n* : energía *f*, vigor *m*

pepper[1] ['pɛpər] *vt* **1** : añadir pimienta a **2** RIDDLE : acribillar (a balazos) **3** SPRINKLE : salpicar ⟨peppered with quotations : salpicado de citas⟩

pepper[2] *n* **1** : pimienta *f* (condimento) **2** : pimiento *m*, pimentón *m* (fruta) **3** → **chili**

peppermint ['pɛpər,mɪnt] *n* : menta *f*

peppery ['pɛpəri] *adj* : picante

peppy ['pɛpi] *adj* **peppier; -est** : lleno de energía, vivaz

peptic ['pɛptɪk] *adj* **peptic ulcer** : úlcera *f* estomacal

per ['pər] *prep* **1** : por ⟨miles per hour : millas por hora⟩ **2** ACCORDING TO : según ⟨per his specifications : según sus especificaciones⟩

per annum [pər'ænəm] *adv* : al año, por año

percale [,pər'keɪl, 'pər-,; ,pər'kæl] *n* : percal *m*

per capita [pər'kæpɪtə] *adv & adj* : per cápita

perceive [pər'si:v] *vt* **-ceived; -ceiving** **1** REALIZE : percatarse de, concientizarse de, darse cuenta de **2** NOTE : percibir, notar

percent[1] [pər'sɛnt] *adv* : por ciento

percent[2] *n, pl* **-cent** *or* **-cents** **1** : por ciento ⟨10 percent of the population : el 10 por ciento de la población⟩ **2** → **percentage**

percentage [pər'sɛntɪdʒ] *n* : porcentaje *m*

perceptible [pər'sɛptəbəl] *adj* : perceptible — **perceptibly** [-bli] *adv*

perception [pər'sɛpʃən] *n* **1** : percepción *f* ⟨color perception : la percepción de los colores⟩ **2** INSIGHT : perspicacia *f* **3** IDEA : idea *f*, imagen *f*

perceptive [pər'sɛptɪv] *adj* : perspicaz

perceptively [pər'sɛptɪvli] *adv* : con perspicacia

perch[1] ['pərtʃ] *vi* **1** ROOST : posarse **2** SIT : sentarse (en un sitio elevado) — *vt* PLACE : posar, colocar

perch[2] *n* **1** ROOST : percha *f* (para los pájaros) **2** *pl* **perch** *or* **perches** : perca *f* (pez)

percolate ['pərkə,leɪt] *vi* **-lated; -lating** : colarse, filtrarse ⟨percolated coffee : café filtrado⟩

percolator ['pərkə,leɪtər] *n* : cafetera *f* de filtro

percussion [pər'kʌʃən] *n* **1** STRIKING : percusión *f* **2** *or* **percussion instruments** : instrumentos *mpl* de percusión

peremptory [pə'rɛmptəri] *adj* : perentorio

perennial[1] [pə'rɛniəl] *adj* **1** : perenne, vivaz ⟨perennial flowers : flores perennes⟩ **2** RECURRENT : perenne, continuo ⟨a perennial problem : un problema eterno⟩

perennial[2] *n* : planta *f* perenne, planta *f* vivaz

perfect[1] [pər'fɛkt] *vt* : perfeccionar

perfect² ['pərfıkt] *adj* : perfecto — **perfectly** *adv*

perfection [pər'fɛkʃən] *n* : perfección *f*

perfectionist [pər'fɛkʃənıst] *n* : perfeccionista *mf*

perfidious [pər'fıdiəs] *adj* : pérfido

perforate ['pərfə,reıt] *vt* **-rated; -rating** : perforar

perforation [,pərfə'reıʃən] *n* : perforación *f*

perform [pər'fərm] *vt* **1** CARRY OUT : realizar, hacer, desempeñar **2** PRESENT : representar, dar (una obra teatral, etc.) — *vi* : actuar (en una obra teatral), cantar (en una ópera, etc.), tocar (en un concierto, etc.), bailar (en un ballet, etc.)

performance [pər'fərmən/s] *n* **1** EXECUTION : ejecución *f*, realización *f*, desempeño *m*, rendimiento *m* **2** INTERPRETATION : interpretación *f* ⟨his performance of Hamlet : su interpretación de Hamlet⟩ **3** PRESENTATION : representación *f* (de una obra teatral), función *f*

performer [pər'fərmər] *n* : artista *mf*; actor *m*, -triz *f*; intérprete *mf* (de música)

perfume¹ [pər'fju:m, 'pər,-] *vt* **-fumed; -fuming** : perfumar

perfume² ['pər,fju:m, pər'-] *n* : perfume *m*

perfunctory [pər'fʌŋktəri] *adj* : mecánico, superficial, somero

perhaps [pər'hæps] *adv* : tal vez, quizá, quizás

peril ['pɛrəl] *n* : peligro *m*

perilous ['pɛrələs] *adj* : peligroso — **perilously** *adv*

perimeter [pə'rımətər] *n* : perímetro *m*

period ['pıriəd] *n* **1** : punto *m* (en puntuación) **2** : período *m* ⟨a two-hour period : un período de dos horas⟩ **3** STAGE : época *f* (histórica), fase *f*, etapa *f*

periodic [,pıri'adık] *or* **periodical** [-dıkəl] *adj* : periódico — **periodically** [-dıkli] *adv*

periodical [,pıri'adıkəl] *n* : publicación *f* periódica, revista *f*

peripheral [pə'rıfərəl] *adj* : periférico

periphery [pə'rıfəri] *n, pl* **-eries** : periferia *f*

periscope ['pɛrə,sko:p] *n* : periscopio *m*

perish ['pɛrıʃ] *vi* DIE : perecer, morirse

perishable¹ ['pɛrıʃəbəl] *adj* : perecedero

perishable² *n* : producto *m* perecedero

perjure ['pərdʒər] *vt* **-jured; -juring** (*used in law*) **to perjure oneself** : perjurar, perjurarse

perjury ['pərdʒəri] *n* : perjurio *m*

perk¹ ['pərk] *vt* **1** : levantar (las orejas, etc.) **2** *or* **to perk up** FRESHEN : arreglar — *vi* **to perk up** : animarse, reanimarse

perk² *n* : extra *m*

perky ['pərki] *adj* **perkier; -est** : animado, alegre, lleno de vida

permanence ['pərmənən/s] *n* : permanencia *f*

permanent¹ ['pərmənənt] *adj* : permanente — **permanently** *adv*

permanent² *n* : permanente *f*

permeability [,pərmiə'bıləti] *n* : permeabilidad *f*

permeable ['pərmiəbəl] *adj* : permeable

permeate ['pərmi,eıt] *v* **-ated; -ating** *vt* **1** PENETRATE : penetrar, impregnar **2** PERVADE : penetrar, difundirse por — *vi* : penetrar

permissible [pər'mısəbəl] *adj* : permisible, lícito

permission [pər'mıʃən] *n* : permiso *m*

permissive [pər'mısıv] *adj* : permisivo

permit¹ [pər'mıt] *v* **-mitted; -mitting** : permitir, dejar ⟨weather permitting : si el tiempo lo permite⟩

permit² ['pər,mıt, pər'-] *n* : permiso *m*, licencia *f*

pernicious [pər'nıʃəs] *adj* : pernicioso

peroxide [pə'rak,saıd] *n* **1** : peróxido *m* **2** → **hydrogen peroxide**

perpendicular¹ [,pərpən'dıkjələr] *adj* **1** VERTICAL : vertical **2** : perpendicular ⟨perpendicular lines : líneas perpendiculares⟩ — **perpendicularly** *adv*

perpendicular² *n* : perpendicular *f*

perpetrate ['pərpə,treıt] *vt* **-trated; -trating** : perpetrar, cometer (un delito)

perpetrator ['pərpə,treıtər] *n* : autor *m*, -tora *f* (de un delito)

perpetual [pər'pɛtʃuəl] *adj* **1** EVERLASTING : perpetuo, eterno **2** CONTINUAL : perpetuo, continuo, constante

perpetually [pər'pɛtʃuəli, -tʃəli] *adv* : para siempre, eternamente

perpetuate [pər'pɛtʃu,eıt] *vt* **-ated; -ating** : perpetuar

perpetuity [,pərpə'tu:əti, -'tju:-] *n, pl* **-ties** : perpetuidad *f*

perplex [pər'plɛks] *vt* : dejar perplejo, confundir

perplexed [pər'plɛkst] *adj* : perplejo

perplexity [pər'plɛksəti] *n, pl* **-ties** : perplejidad *f*, confusión *f*

persecute ['pərsı,kju:t] *vt* **-cuted; -cuting** : perseguir

persecution [,pərsı'kju:ʃən] *n* : persecución *f*

perseverance [,pərsə'vırən/s] *n* : perseverancia *f*

persevere [,pərsə'vır] *vi* **-vered; -vering** : perseverar

Persian ['pərʒən] *n* **1** : persa *mf* **2** : persa *m* (idioma) — **Persian** *adj*

persist [pər'sıst] *vi* : persistir

persistence [pər'sıstən/s] *n* **1** CONTINUATION : persistencia *f* **2** TENACITY : perseverancia *f*, tenacidad *f*

persistent [pər'sıstənt] *adj* : persistente — **persistently** *adv*

person ['pərsən] *n* **1** HUMAN, INDIVIDUAL : persona *f*, individuo *m*, ser *m* humano **2** : persona *f* (en gramática) **3** **in person** : en persona

personable ['pərsənəbəl] *adj* : agradable

personage ['pərsənɪʤ] n : personaje m
personal ['pərsənəl] adj 1 OWN, PRIVATE : personal, particular, privado ⟨for personal reasons : por razones personales⟩ 2 : en persona ⟨to make a personal appearance : presentarse en persona, hacerse acto de presencia⟩ 3 : íntimo, personal ⟨personal hygiene : higiene personal⟩ 4 INDISCREET, PRYING : indiscreto, personal
personal computer n : computadora f personal, ordenador m personal Spain
personal digital assistant n : asistente m personal digital
personality [,pərsən'æləti] n, pl -ties 1 DISPOSITION : personalidad f, temperamento m 2 CELEBRITY : personalidad f, personaje m, celebridad f
personalize ['pərsənə,laɪz] vt -ized; -izing : personalizar
personally ['pərsənəli] adv 1 : personalmente, en persona ⟨I'll do it personally : lo haré personalmente⟩ 2 : como persona ⟨personally she's very amiable : como persona es muy amable⟩ 3 : personalmente ⟨personally, I don't believe it : yo, personalmente, no me lo creo⟩
personification [pər,sɑnəfə'keɪʃən] n : personificación f
personify [pər'sɑnə,faɪ] vt -fied; -fying : personificar
personnel [,pərsən'ɛl] n : personal m
perspective [pər'spɛktɪv] n : perspectiva f
perspicacious [,pərspə'keɪʃəs] adj : perspicaz
perspiration [,pərspə'reɪʃən] n : transpiración f, sudor m
perspire [pər'spaɪr] vi -spired; -spiring : transpirar, sudar
persuade [pər'sweɪd] vt -suaded; -suading : persuadir, convencer
persuasion [pər'sweɪʒən] n : persuasión f
persuasive [pər'sweɪsɪv, -zɪv] adj : persuasivo — **persuasively** adv
persuasiveness [pər'sweɪsɪvnəs, -zɪv-] n : persuasión f
pert ['pərt] adj 1 SAUCY : descarado, impertinente 2 JAUNTY : alegre, animado ⟨a pert little hat : un sombrero coqueto⟩
pertain [pər'teɪn] vi 1 BELONG : pertenecer (a) 2 RELATE : estar relacionado (con)
pertinence ['pərtənənts] n : pertinencia f
pertinent ['pərtənənt] adj : pertinente
perturb [pər'tərb] vt : perturbar
perusal [pə'ru:zəl] n : lectura f cuidadosa
peruse [pə'ru:z] vt -rused; -rusing 1 READ : leer con cuidado 2 SCAN : recorrer con la vista ⟨he perused the newspaper : echó un vistazo al periódico⟩

Peruvian [pə'ru:viən] n : peruano m, -na f — **Peruvian** adj
pervade [pər'veɪd] vt -vaded; -vading : penetrar, difundirse por
pervasive [pər'veɪsɪv, -zɪv] adj : penetrante
perverse [pər'vərs] adj 1 CORRUPT : perverso, corrompido 2 STUBBORN : obstinado, porfiado, terco (sin razón) — **perversely** adv
perversion [pər'vərʒən] n : perversión f
perversity [pər'vərsəti] n, pl -ties 1 CORRUPTION : corrupción f 2 STUBBORNNESS : obstinación f, terquedad f
pervert[1] [pər'vərt] vt 1 DISTORT : pervertir, distorsionar 2 CORRUPT : pervertir, corromper
pervert[2] ['pər,vərt] n : pervertido m, -da f
pesky ['pɛski] adj : molestoso, molesto
peso ['peɪ,so:] n, pl -sos : peso m
pessimism ['pɛsə,mɪzəm] n : pesimismo m
pessimist ['pɛsəmɪst] n : pesimista mf
pessimistic [,pɛsə'mɪstɪk] adj : pesimista
pest ['pɛst] n 1 NUISANCE : peste f, latoso m, -sa f fam ⟨to be a pest : dar (la) lata⟩ 2 : insecto m nocivo, animal m nocivo ⟨the squirrels were pests : las ardillas eran una plaga⟩
pester ['pɛstər] vt -tered; -tering : molestar, fastidiar
pesticide ['pɛstə,saɪd] n : pesticida m
pestilence ['pɛstələnts] n : pestilencia f, peste f
pestle ['pɛsəl, 'pɛstəl] n : mano f de mortero, mazo m, maja f
pet[1] ['pɛt] vt petted; petting : acariciar
pet[2] n 1 : animal m doméstico 2 FAVORITE : favorito m, -ta f
petal ['pɛtəl] n : pétalo m
petite [pə'ti:t] adj : pequeña, menuda, chiquita
petition[1] [pə'tɪʃən] vt : peticionar
petition[2] n : petición f
petitioner [pə'tɪʃənər] n : peticionario m, -ria f
petrify ['pɛtrə,faɪ] vt -fied; -fying : petrificar
petroleum [pə'tro:liəm] n : petróleo m
petticoat ['pɛti,ko:t] n : enagua f, fondo m Mex
pettiness ['pɛtinəs] n 1 INSIGNIFICANCE : insignificancia f 2 MEANNESS : mezquindad f
petty ['pɛti] adj -tier; -est 1 MINOR : menor ⟨petty cash : dinero para gastos menores⟩ 2 INSIGNIFICANT : insignificante, trivial, nimio 3 MEAN : mezquino
petty officer n : suboficial mf
petulance ['pɛtʃələnts] n : irritabilidad f, mal genio m
petulant ['pɛtʃələnt] adj : irritable, de mal genio
petunia [pɪ'tu:njə, -'tju:-] n : petunia f
pew ['pju:] n : banco m (de iglesia)

pewter ['pju:t̬ər] *n* : peltre *m*

pH [,pi:'eɪtʃ] *n* : pH *m*

phallic ['fælɪk] *adj* : fálico

phallus ['fæləs] *n, pl* **-li** ['fæ,laɪ] *or* **-luses** : falo *m*

phantasy ['fæntəsi] → **fantasy**

phantom ['fæntəm] *n* : fantasma *m*

pharaoh ['fer,o:, 'feɪ,ro:] *n* : faraón *m*

pharmaceutical [,farmə'su:t̬ɪkəl] *adj* : farmacéutico

pharmacist ['farməsɪst] *n* : farmacéutico *m*, -ca *f*

pharmacology [,farmə'kaləʤi] *n* : farmacología *f*

pharmacy ['farməsi] *n, pl* **-cies** : farmacia *f*

pharynx ['færɪŋks] *n, pl* **pharynges** [fə'rɪn,ʤi:z] : faringe *f*

phase¹ ['feɪz] *vt* **phased; phasing 1** SYNCHRONIZE : sincronizar, poner en fase **2** STAGGER : escalonar **3 to phase in** : introducir progresivamente **4 to phase out** : retirar progresivamente, dejar de producir

phase² *n* **1** : fase *f* (de la luna, etc.) **2** STAGE : fase *f*, etapa *f*

pheasant ['fezənt] *n, pl* **-ant** *or* **-ants** : faisán *m*

phenomenal [fɪ'namənəl] *adj* : extraordinario, excepcional

phenomenon [fɪ'namə,nan, -nən] *n, pl* **-na** [-nə] *or* **-nons 1** : fenómeno *m* **2** *pl* **-nons** PRODIGY : fenómeno *m*, prodigio *m*

philanthropic [,fɪlən'θrapɪk] *adj* : filantrópico

philanthropist [fə'lænθrəpɪst] *n* : filántropo *m*, -pa *f*

philanthropy [fə'lænθrəpi] *n, pl* **-pies** : filantropía *f*

philately [fə'læt̬əli] *n* : filatelia *f*

philodendron [,fɪlə'dendrən] *n, pl* **-drons** *or* **-dra** [-drə] : arácea *f*

philosopher [fə'lasəfər] *n* : filósofo *m*, -fa *f*

philosophic [,fɪlə'safɪk] *or* **philosophical** [-fɪkəl] *adj* : filosófico — **philosophically** [-kli] *adv*

philosophize [fə'lasə,faɪz] *vi* **-phized; -phizing** : filosofar

philosophy [fə'lasəfi] *n, pl* **-phies** : filosofía *f*

phlebitis [flɪ'baɪt̬əs] *n* : flebitis *f*

phlegm ['flɛm] *n* : flema *f*

phlox ['flaks] *n, pl* **phlox** *or* **phloxes** : polemonio *m*

phobia ['fo:biə] *n* : fobia *f*

phoenix ['fi:nɪks] *n* : fénix *m*

phone¹ ['fo:n] *v* → **telephone**¹

phone² *n* → **telephone**²

phoneme ['fo:,ni:m] *n* : fonema *m*

phonetic ['fo:nɛt̬ɪk] *adj* : fonético

phonetics [fə'nɛt̬ɪks] *n* : fonética *f*

phonics ['fanɪks] *n* : método *m* fonético de aprender a leer

phonograph ['fo:nə,græf] *n* : fonógrafo *m*, tocadiscos *m*

phony¹ *or* **phoney** ['fo:ni] *adj* **-nier; -est** : falso

phony² *or* **phoney** *n, pl* **-nies** : farsante *mf*; charlatán *m*, -tana *f*

phosphate ['fas,feɪt] *n* : fosfato *m*

phosphorescence [,fasfə'rɛsənts] *n* : fosforescencia *f*

phosphorescent [,fasfə'rɛsənt] *adj* : fosforescente — **phosphorescently** *adv*

phosphorus ['fasfərəs] *n* : fósforo *m*

photo ['fo:to:] *n, pl* **-tos** : foto *f*

photocopier ['fo:t̬o,kapiər] *n* : fotocopiadora *f*

photocopy¹ ['fo:t̬o,kapi] *vt* **-copied; -copying** : fotocopiar

photocopy² *n, pl* **-copies** : fotocopia *f*

photoelectric [,fo:t̬oɪ'lɛktrɪk] *adj* : fotoeléctrico

photogenic [,fo:t̬ə'ʤenɪk] *adj* : fotogénico

photograph¹ ['fo:t̬ə,græf] *vt* : fotografiar

photograph² *n* : fotografía *f*, foto *f* ⟨to take a photograph of : tomarle una fotografía a, tomar una fotografía de⟩

photographer [fə'tagrəfər] *n* : fotógrafo *m*, -fa *f*

photographic [,fo:t̬ə'græfɪk] *adj* : fotográfico — **photographically** [-fɪkli] *adv*

photography [fə'tagrəfi] *n* : fotografía *f*

photosynthesis [,fo:t̬o'sɪn,θəsɪs] *n* : fotosíntesis *f*

photosynthetic [,fo:t̬osɪn'θɛt̬ɪk] *adj* : fotosintético, de fotosíntesis

phrase¹ ['freɪz] *vt* **phrased; phrasing** : expresar

phrase² *n* : frase *f*, locución *f* ⟨to coin a phrase : para decirlo así⟩

phylum ['faɪləm] *n, pl* **-la** [-lə] : phylum *m*

physical¹ ['fɪzɪkəl] *adj* **1** : físico ⟨physical laws : leyes físicas⟩ **2** MATERIAL : material, físico **3** BODILY : físico, corpóreo — **physically** [-kli] *adv*

physical² *n* CHECKUP : chequeo *m*, reconocimiento *m* médico

physician [fə'zɪʃən] *n* : médico *m*, -ca *f*

physicist ['fɪzəsɪst] *n* : físico *m*, -ca *f*

physics ['fɪzɪks] *ns & pl* : física *f*

physiognomy [,fɪzi'agnəmi] *n, pl* **-mies** : fisonomía *f*

physiological ['fɪziə'laʤɪkəl] *or* **physiologic** [-ʤɪk] *adj* : fisiológico

physiologist [,fɪzi'aləʤɪst] *n* : fisiólogo *m*, -ga *f*

physiology [,fɪzi'aləʤi] *n* : fisiología *f*

physique [fə'zi:k] *n* : físico *m*

pi ['paɪ] *n, pl* **pis** ['paɪz] : pi *f*

pianist [pi'ænɪst, 'pi:ənɪst] *n* : pianista *mf*

piano [pi'æno:] *n, pl* **-anos** : piano *m*

piazza [pi'æzə, -'atsə] *n, pl* **-zas** *or* **-ze** [-'at,seɪ] : plaza *f*

picaresque [,pɪkə'rɛsk, ,pi:-] *adj* : picaresco

picayune [,pɪki'ju:n] *adj* : trivial, nimio, insignificante

piccolo ['pɪkə,lo:] *n, pl* **-los** : flautín *m*

pick¹ ['pɪk] *vt* **1** : picar, labrar (con un pico) ⟨he picked the hard soil : picó la tierra dura⟩ **2** : quitar, sacar (poco a poco) ⟨to pick meat off the bones : quitar pedazos de carne de los huesos⟩ **3** : recoger, arrancar (frutas, flores, etc.) **4** SELECT : escoger, elegir **5** PROVOKE : provocar ⟨to pick a quarrel : buscar pleito, buscar pelea⟩ **6 to pick a lock** : forzar una cerradura **7 to pick someone's pocket** : robarle algo del bolsillo de alguien ⟨someone picked my pocket! : ¡me robaron la cartera del bolsillo!⟩ — *vi* **1** NIBBLE : picar, picotear **2 to pick and choose** : ser exigente **3 to pick at** : tocar, rascarse (una herida, etc.) **4 to pick on** TEASE : mofarse de, atormentar

pick² *n* **1** CHOICE : selección *f* **2** BEST : lo mejor ⟨the pick of the crop : la crema y nata⟩ → **pickax**

pickax ['pɪk,æks] *n* : pico *m*, zapapico *m*, piqueta *f*

pickerel ['pɪkərəl] *n, pl* **-el** *or* **-els** : lucio *m* pequeño

picket¹ ['pɪkət] *v* : piquetear

picket² *n* **1** STAKE : estaca *f* **2** STRIKER : huelguista *mf*, integrante *mf* de un piquete

pickle¹ ['pɪkəl] *vt* **-led; -ling** : encurtir, escabechar

pickle² *n* **1** BRINE : escabeche *m* **2** GHERKIN : pepinillo *m* (encurtido) **3** JAM, TROUBLE : lío *m*, apuro *m*

pickpocket ['pɪk,pɑkət] *n* : carterista *mf*

pickup ['pɪk,əp] *n* **1** IMPROVEMENT : mejora *f* **2** *or* **pickup truck** : camioneta *f*

pick up *vt* **1** LIFT : levantar **2** TIDY : arreglar, ordenar — *vi* IMPROVE : mejorar

picnic¹ ['pɪk,nɪk] *vi* **-nicked; -nicking** : ir de picnic

picnic² *n* : picnic *m*

pictorial [pɪk'toriəl] *adj* : pictórico

picture¹ ['pɪktʃər] *vt* **-tured; -turing 1** DEPICT : representar **2** IMAGINE : imaginarse ⟨can you picture it? : ¿te lo puedes imaginar?⟩

picture² *n* **1** : cuadro *m* (pintado o dibujado), ilustración *f*, fotografía *f* **2** DESCRIPTION : descripción *f* **3** IMAGE : imagen *f* ⟨he's the picture of his father : es la viva imagen de su padre⟩ **4** MOVIE : película *f*

picturesque [,pɪktʃə'resk] *adj* : pintoresco

pie ['paɪ] *n* : pastel *m* (con fruta o carne), empanada *f* (con carne)

piebald ['paɪ,bɔld] *adj* : picazo, pío

piece¹ ['pi:s] *vt* **pieced; piecing 1** PATCH : parchar, arreglar **2 to piece together** : construir pieza por pieza

piece² *n* **1** FRAGMENT : trozo *m*, pedazo *m* **2** COMPONENT : pieza *f* ⟨a three-piece suit : un traje de tres piezas⟩ **3** UNIT : pieza *f* ⟨a piece of fruit : una (pieza de) fruta⟩ **4** WORK : obra *f*, pieza *f* (de música, etc.) **5** (*in board games*) : ficha *f*, pieza *f*, figura *f* (en ajedrez)

piecemeal¹ ['pi:s,mi:l] *adv* : poco a poco, por partes

piecemeal² *adj* : hecho poco a poco, poco sistemático

pied ['paɪd] *adj* : pío

pier ['pɪr] *n* **1** : pila *f* (de un puente) **2** WHARF : muelle *m*, atracadero *m*, embarcadero *m* **3** PILLAR : pilar *m*

pierce ['pɪrs] *vt* **pierced; piercing 1** PENETRATE : atravesar, traspasar, penetrar (en) ⟨the bullet pierced his leg : la bala le atravesó la pierna⟩ ⟨to pierce one's heart : traspasarle el corazón a uno⟩ **2** PERFORATE : perforar, agujerear (las orejas, etc.) **3 to pierce the silence** : desgarrar el silencio

piety ['paɪəti] *n, pl* **-eties** : piedad *f*

pig ['pɪg] *n* **1** HOG, SWINE : cerdo *m*, -da *f*; puerco *m*, -ca *f* **2** SLOB : persona *f* desaliñada; cerdo *m*, -da *f* **3** GLUTTON : glotón *m*, -tona *f* **4** *or* **pig iron** : lingote *m* de hierro

pigeon ['pɪdʒən] *n* : paloma *f*

pigeonhole ['pɪdʒən,ho:l] *n* : casilla *f*

pigeon–toed ['pɪdʒən,to:d] *adj* : patituerto

piggish ['pɪgɪʃ] *adj* **1** GREEDY : glotón **2** DIRTY : cochino, sucio

piggyback ['pɪgi,bæk] *adv & adj* : a cuestas

pigheaded ['pɪg,hedəd] *adj* : terco, obstinado

piglet ['pɪglət] *n* : cochinillo *m*; lechón *m*, -chona *f*

pigment ['pɪgmənt] *n* : pigmento *m*

pigmentation [,pɪgmən'teɪʃən] *n* : pigmentación *f*

pigmy → **pygmy**

pigpen ['pɪg,pen] *n* : chiquero *m*, pocilga *f*

pigsty ['pɪg,staɪ] → **pigpen**

pigtail ['pɪg,teɪl] *n* : coleta *f*, trenza *f*

pike ['paɪk] *n, pl* **pike** *or* **pikes 1** : lucio *m* (pez) **2** LANCE : pica *f* **3** → **turnpike**

pile¹ ['paɪl] *v* **piled; piling** *vt* : amontonar, apilar — *vi* **to pile up** : amontonarse, acumularse

pile² *n* **1** STAKE : pilote *m* **2** HEAP : montón *m*, pila *f* **3** NAP : pelo *m* (de telas)

piles ['paɪlz] *npl* HEMORRHOIDS : hemorroides *fpl*, almorranas *fpl*

pilfer ['pɪlfər] *vt* : robar (cosas pequeñas), ratear

pilgrim ['pɪlgrəm] *n* : peregrino *m*, -na *f*

pilgrimage ['pɪlgrəmɪdʒ] *n* : peregrinación *f*

pill ['pɪl] *n* : pastilla *f*, píldora *f*

pillage¹ ['pɪlɪdʒ] *vt* **-laged; -laging** : saquear

pillage² *n* : saqueo *m*

pillar ['pɪlər] *n* : pilar *m*, columna *f*

pillory ['pɪləri] *n, pl* **-ries** : picota *f*

pillow ['pɪ,lo:] *n* : almohada *f*

pillowcase ['pɪ,lo:,keɪs] *n* : funda *f*

pilot¹ ['paɪlət] *vt* : pilotar, pilotear

pilot² *n* : piloto *mf*

pilot light *n* : piloto *m*

pimento [pə'mɛn,to:] → **pimiento**

pimiento [pə'mɛn,to:, -'mjɛn-] *n*, *pl* **-tos**
: pimiento *m* morrón

pimp ['pɪmp] *n* : proxeneta *m*

pimple ['pɪmpəl] *n* : grano *m*

pimply ['pɪmpəli] *adj* **-plier**; **-est** : cubierto de granos

pin¹ ['pɪn] *vt* **pinned**; **pinning** 1 FASTEN
: prender, sujetar (con alfileres) 2
HOLD, IMMOBILIZE : inmovilizar, sujetar 3 **to pin one's hopes on** : poner
sus esperanzas en

pin² *n* 1 : alfiler *m* ⟨safety pin : alfiler
de gancho⟩ ⟨a bobby pin : una horqui-
lla⟩ 2 BROOCH : alfiler *m*, broche *m*,
prendedor *m* 3 *or* **bowling pin** : bolo
m

pinafore ['pɪnə,for] *n* : delantal *m*

pincer ['pɪntsər] *n* 1 CLAW : pinza *f* (de
una langosta, etc.) 2 **pincers** *npl* : pinzas *fpl*, tenazas *fpl*, tenaza *f*

pinch¹ ['pɪntʃ] *vt* 1 : pellizcar ⟨she
pinched my cheek : me pellizcó el ca-
chete⟩ 2 STEAL : robar — *vi* : apretar
⟨my shoes pinch : me aprietan los za-
patos⟩

pinch² *n* 1 EMERGENCY : emergencia *f*
⟨in a pinch : en caso necesario⟩ 2 PAIN
: dolor *m*, tormento *m* 3 SQUEEZE : pellizco *m* (con los dedos) 4 BIT : pizca
f, pellizco *m* ⟨a pinch of cinnamon : una
pizca de canela⟩

pinch hitter *n* 1 SUBSTITUTE : sustituto
m, -ta *f* 2 : bateador *m* emergente (en
beisbol)

pincushion ['pɪn,kuʃən] *n* : acerico *m*,
alfiletero *m*

pine¹ ['paɪn] *vi* **pined**; **pining** 1 **to pine
away** : languidecer, consumirse 2 **to
pine for** : añorar, suspirar por

pine² *n* 1 : pino *m* (árbol) 2 : madera *f*
de pino

pineapple ['paɪn,æpəl] *n* : piña *f*, ananá
m, ananás *m*

ping-pong ['pɪŋ,pɑŋ, -,pɔŋ] *n* : ping-
pong *m*

pinion¹ ['pɪnjən] *vt* : sujetar los brazos
de, inmovilizar

pinion² *n* : piñón *m*

pink¹ ['pɪŋk] *adj* : rosa, rosado

pink² *n* 1 : clavelito *m* (flor) 2 : rosa *m*,
rosado *m* (color) 3 **to be in the pink**
: estar en plena forma, rebosar de salud

pinkeye ['pɪŋk,aɪ] *n* : conjuntivitis *f* agu-
da

pinkish ['pɪŋkɪʃ] *adj* : rosáceo

pinnacle ['pɪnɪkəl] *n* 1 : pináculo *m* (de
un edificio) 2 PEAK : cima *f*, cumbre *f*
(de una montaña) 3 ACME : pináculo
m, cúspide *f*, apogeo *m*

pinpoint ['pɪn,pɔɪnt] *vt* : precisar, localizar con precisión

pint ['paɪnt] *n* : pinta *f*

pinto ['pɪn,to:] *n*, *pl* **pintos** : caballo *m*
pinto

pinworm ['pɪn,wərm] *n* : oxiuro *m*

pioneer¹ [,paɪə'nɪr] *vt* : promover, iniciar, introducir

pioneer² *n* : pionero *m*, -ra *f*

pious ['paɪəs] *adj* 1 DEVOUT : piadoso,
devoto 2 SANCTIMONIOUS : beato

piously ['paɪəsli] *adv* 1 DEVOUTLY : pi-
adosamente 2 SANCTIMONIOUSLY
: santurronamente

pipe¹ ['paɪp] *v* **piped**; **piping** *vi* : hablar
en voz chillona — *vt* 1 PLAY : tocar (el
caramillo o la flauta) 2 : conducir por
tuberías ⟨to pipe water : transportar el
agua por tubería⟩

pipe² *n* 1 : caramillo *m* (instrumento
musical) 2 BAGPIPE : gaita *f* 3 TUBE
m, caño *m* ⟨gas pipes : tubería de gas⟩
4 : pipa *f* (para fumar)

pipeline ['paɪp,laɪn] *n* 1 : conducto *m*,
oleoducto *m* (para petróleo), gasoducto *m* (para gas) 2 CONDUIT : vía *f* (de
información, etc.)

piper ['paɪpər] *n* : músico *m*, -ca *f* que
toca el caramillo o la gaita

piping ['paɪpɪŋ] *n* 1 : música *f* del
caramillo o de la gaita 2 TRIM : cordoncillo *m*, ribete *m* con cordón

piquant ['pi:kənt, 'pɪkwənt] *adj* 1 SPICY
: picante 2 INTRIGUING : intrigante,
estimulante

pique¹ ['pi:k] *vt* **piqued**; **piquing** 1 IR-
RITATE : picar, irritar 2 AROUSE : despertar (la curiosidad, etc.)

pique² *n* : pique *m*, resentimiento *m*

piracy ['paɪrəsi] *n*, *pl* **-cies** : piratería *f*

piranha [pə'rɑnə, -'rɑnjə, -'rænjə] *n* : piraña *f*

pirate¹ ['paɪrət] *n* : pirata *mf*

pirate² *vt* **-rated**; **-rating** : piratear (software, etc.)

pirouette [,pɪrə'wɛt] *n* : pirueta *f*

pis → pi

Pisces ['paɪ,si:z, 'pɪ-; 'pɪs,keɪs] *n* : Piscis
mf

pistachio [pə'stæʃi,o:, -'stɑ-] *n*, *pl* **-chios**
: pistacho *m*

pistil ['pɪstəl] *n* : pistilo *m*

pistol ['pɪstəl] *n* : pistola *f*

piston ['pɪstən] *n* : pistón *m*, émbolo *m*

pit¹ ['pɪt] *v* **pitted**; **pitting** *vt* 1 : marcar
de hoyos, picar (una superficie) 2
: deshuesar (una fruta) 3 **to pit against**
: enfrentar a, oponer a — *vi* : quedar
marcado

pit² *n* 1 HOLE : fosa *f*, hoyo *m* ⟨a bottomless pit : un pozo sin fondo⟩ 2 MINE
: mina *f* 3 : foso *m* ⟨orchestra pit : foso
orquestal⟩ 4 POCKMARK : marca *f* (en
la cara), cicatriz *f* de viruela 5 STONE
: hueso *m*, pepa *f* (de una fruta) 6 **pit of
the stomach** : boca *f* del estómago

pitch¹ ['pɪtʃ] *vt* 1 SET UP : montar, armar
(una tienda) 2 THROW : lanzar, arro-
jar 3 ADJUST, SET : dar el tono de (un
discurso, un instrumento musical) —
vi 1 *or* **pitch forward** FALL : caerse 2
LURCH : cabecear (dícese de un barco o
un avión), dar bandazos

pitch² *n* 1 LURCHING : cabezada *f*,
cabeceo *m* (de un barco o un avión) 2
SLOPE : (grado de) inclinación *f*, pendiente *f* 3 : tono *m* (en música) ⟨per-

fect pitch : oído absoluto) **4** THROW : lanzamiento m **5** DEGREE : grado m, nivel m, punto m ⟨the excitement reached a high pitch : la excitación llegó a un punto culminante⟩ **6 or sales pitch** : presentación f (de un vendedor) **7** TAR : pez f, brea f

pitcher ['pɪtʃər] n **1** JUG : jarra f, jarro m, cántaro m, pichel m **2** : lanzador m, -dora f (en béisbol, etc.)

pitchfork ['pɪtʃ,fork] n : horquilla f, horca f

piteous ['pɪtiəs] adj : lastimoso, lastimero — **piteously** adv

pitfall ['pɪt,fɔl] n **1** : peligro m (poco obvio), dificultad f

pith ['pɪθ] n **1** : médula f (de una planta) **2** CORE : meollo m, entraña f

pithy ['pɪθi] adj **pithier; -est** : conciso y sustancioso ⟨pithy comments : comentarios sucintos⟩

pitiable ['pɪtiəbəl] → **pitiful**

pitiful ['pɪtɪfəl] adj **1** LAMENTABLE : lastimero, lastimoso, lamentable **2** CONTEMPTIBLE : despreciable, lamentable — **pitifully** [-fli] adv

pitiless ['pɪtɪləs] adj : despiadado — **pitilessly** adv

pittance ['pɪtənts] n : miseria f

pituitary [pə'tuːə,teri, -'tjuː-] adj : pituitario

pity¹ ['pɪti] vt **pitied; pitying** : compadecer, compadecerse de

pity² n, pl **pities 1** COMPASSION : compasión f, piedad f **2** SHAME : lástima f, pena f ⟨what a pity! : ¡qué lástima!⟩

pivot¹ ['pɪvət] vi **1** : girar sobre un eje **2 to pivot on** : girar sobre, depender de

pivot² n : pivote m

pivotal ['pɪvətəl] adj : fundamental, central

pixie or pixy ['pɪksi] n, pl **pixies** : elfo m, hada f

pizza ['piːtsə] n : pizza f

pizzazz or pizazz [pə'zæz] n **1** GLAMOR : encanto m **2** VITALITY : animación f, vitalidad f

placard ['plækərd, -,kord] n POSTER : cartel m, póster m, afiche m

placate ['plei,keit, 'plæ-] vt **-cated; -cating** : calmar, aplacar, apaciguar

place¹ ['pleis] vt **placed; placing 1** PUT, SET : poner, colocar **2** SITUATE : situar, ubicar, emplazar ⟨to be well placed : estar bien situado⟩ ⟨to place in a job : colocar en un trabajo⟩ **3** IDENTIFY, RECALL : identificar, ubicar, recordar ⟨I can't place him : no lo ubico⟩ **4 to place an order** : hacer un pedido

place² n **1** SPACE : sitio m, lugar m ⟨there's no place to sit : no hay sitio para sentarse⟩ **2** LOCATION, SPOT : lugar m, sitio m, parte f ⟨place of work : lugar de trabajo⟩ ⟨our summer place : nuestra casa de verano⟩ ⟨all over the place : por todas partes⟩ **3** RANK : lugar m, puesto m ⟨he took first place : ganó el primer lugar⟩ **4** POSITION : lugar m ⟨everything in its place : todo en

su debido lugar⟩ ⟨to feel out of place : sentirse fuera de lugar⟩ **5** SEAT : asiento m, cubierto m (a la mesa) **6** JOB : puesto m **7** ROLE : papel m, lugar m ⟨to change places : cambiarse los papeles⟩ **8 to take place** : tener lugar **9 to take the place of** : sustituir a

placebo [plə'siː,boː] n, pl **-bos** : placebo m

placement ['pleismənt] n : colocación f

placenta [plə'sɛntə] n, pl **-tas or -tae** [-tiː, -,tai] : placenta f

placid ['plæsəd] adj : plácido, tranquilo — **placidly** adv

plagiarism ['pleidʒə,rizəm] n : plagio m

plagiarist ['pleidʒərist] n : plagiario m, -ria f

plagiarize ['pleidʒə,raiz] vt **-rized; -rizing** : plagiar

plague¹ ['pleig] vt **plagued; plaguing 1** AFFLICT : plagar, afligir **2** HARASS : acosar, atormentar

plague² n **1** : plaga f (de insectos, etc.) **2** : peste f (en medicina)

plaid¹ ['plæd] adj : escocés, de cuadros ⟨a plaid skirt : una falda escocesa⟩

plaid² n TARTAN : tela f escocesa, tartán m

plain¹ ['plein] adj **1** SIMPLE, UNADORNED : liso, sencillo, sin adornos **2** CLEAR : claro ⟨in plain language : en palabras claras⟩ **3** FRANK : franco, puro ⟨the plain truth : la pura verdad⟩ **4** HOMELY : ordinario, poco atractivo **5 in plain sight** : a la vista de todos

plain² n : llanura f, llano m, planicie f

plainly ['pleinli] adv **1** CLEARLY : claramente **2** FRANKLY : francamente, con franqueza **3** SIMPLY : sencillamente

plaintiff ['pleintif] n : demandante mf

plaintive ['pleintiv] adj MOURNFUL : lastimero, plañidero

plait¹ ['pleit, 'plæt] vt **1** PLEAT : plisar **2** BRAID : trenzar

plait² n **1** PLEAT : pliegue m **2** BRAID : trenza f

plan¹ ['plæn] v **planned; planning** vt **1** : planear, proyectar, planificar ⟨to plan a trip : planear un viaje⟩ ⟨to plan a city : planificar una ciudad⟩ **2** INTEND : tener planeado, proyectar — vi : hacer planes

plan² n **1** DIAGRAM : plano m, esquema m **2** SCHEME : plan m, proyecto m, programa m ⟨to draw up a plan : elaborar un proyecto⟩

plane¹ ['plein] vt **planed; planing** : cepillar (madera)

plane² adj : plano

plane³ n **1** : plano m (en matemáticas, etc.) **2** LEVEL : nivel m **3** : cepillo m (de carpintero) **4** → **airplane**

planet ['plænət] n : planeta f

planetarium [,plænə'teriəm] n, pl **-iums or -ia** [-iə] : planetario m

planetary ['plænə,teri] adj : planetario

plank ['plæŋk] n **1** BOARD : tablón m, tabla f **2** : artículo m, punto m (de una plataforma política)

plankton ['plæŋktən] *n* : plancton *m*

plant[1] ['plænt] *vt* **1** : plantar, sembrar (semillas) ⟨planted with flowers : plantado de flores⟩ **2** PLACE : plantar, colocar ⟨to plant an idea : inculcar una idea⟩

plant[2] *n* **1** : planta *f* ⟨leafy plants : plantas frondosas⟩ **2** FACTORY : planta *f*, fábrica *f* ⟨hydroelectric plant : planta hidroeléctrica⟩ **3** MACHINERY : maquinaria *f*, equipo *m*

plantain ['plæntən] *n* **1** : llantén *m* (mala hierba) **2** : plátano *m*, plátano macho *Mex* (fruta)

plantation [plæn'teɪʃən] *n* : plantación *f*, hacienda *f* ⟨a coffee plantation : un cafetal⟩

planter ['plæntər] *n* **1** : hacendado *m*, -da *f* (de una hacienda) **2** FLOWERPOT : tiesto *m*, maceta *f*

plaque ['plæk] *n* **1** TABLET : placa *f* **2** : placa *f* (dental)

plasma ['plæzmə] *n* : plasma *m*

plaster[1] ['plæstər] *vt* **1** : enyesar, revocar (con yeso) **2** COVER : cubrir, llenar ⟨a wall plastered with notices : una pared cubierta de avisos⟩

plaster[2] *n* **1** : yeso *m*, revoque *m* (para paredes, etc.) **2** : escayola *f*, yeso *m* (en medicina) **3** plaster of Paris ['pærɪs] : yeso *m* mate

plaster cast *n* : vaciado *m* en yeso

plasterer ['plæstərər] *n* : revocador *m*, -dora *f*

plastic[1] ['plæstɪk] *adj* **1** : de plástico **2** PLIABLE : plástico, flexible **3** plastic surgery : cirugía *f* plástica

plastic[2] *n* : plástico *m*

plasticity [plæ'stɪsəṭi] *n*, *pl* **-ties** : plasticidad *f*

plate[1] ['pleɪt] *vt* **plated; plating** : chapar (en metal)

plate[2] *n* **1** PLAQUE, SHEET : placa *f* ⟨a steel plate : una placa de acero⟩ **2** UTENSILS : vajilla *f* (de metal) ⟨silver plate : vajilla de plata⟩ **3** DISH : plato *m* **4** DENTURES : dentadura *f* postiza **5** ILLUSTRATION : lámina *f* (en un libro) **6** license plate : matrícula *f*, placa *f* de matrícula

plateau [plæ'to:] *n*, *pl* **-teaus** *or* **-teaux** [-'to:z] : meseta *f*

platform ['plæt,fɔrm] *n* **1** STAGE : plataforma *f*, estrado *m*, tribuna *f* **2** : andén *m* (de una estación de ferrocarril) **3** political platform : plataforma *f* política, programa *m* electoral

plating ['pleɪtɪŋ] *n* **1** : enchapado *m* **2** silver plating : plateado *m*

platinum ['plætənəm] *n* : platino *m*

platitude ['plæṭə,tu:d, -,tju:d] *n* : lugar *m* común, perogrullada *f*

platonic [plə'tɑnɪk] *adj* : platónico

platoon [plə'tu:n] *n* : sección *f* (en el ejército)

platter ['plæṭər] *n* : fuente *f*

platypus ['plæṭɪpəs, -,pʊs] *n*, *pl* **platypuses** *or* **platypi** [-,paɪ, -,pi:] : ornitorrinco *m*

plausibility [,plɔzə'bɪləṭi] *n*, *pl* **-ties** : credibilidad *f*, verosimilitud *f*

plausible ['plɔzəbəl] *adj* : creíble, convincente, verosímil — **plausibly** [-bli] *adv*

play[1] ['pleɪ] *vi* **1** : jugar ⟨to play with a doll : jugar con una muñeca⟩ ⟨to play with an idea : darle vueltas a una idea⟩ **2** FIDDLE, TOY : jugar, juguetear ⟨don't play with your food : no juegues con la comida⟩ **3** : tocar ⟨to play in a band : tocar en un grupo⟩ **4** : actuar (en una obra de teatro) — *vt* **1** : jugar (un deporte, etc.), jugar a (un juego), jugar contra (un contrincante) **2** : tocar (música o un instrumento) **3** PERFORM : interpretar, hacer el papel de (un carácter), representar (una obra de teatro) ⟨she plays the lead : hace el papel principal⟩ **4 to play back** : poner (una grabación) **5 to play down** : minimizar **6 to play up** : resaltar

play[2] *n* **1** GAME, RECREATION : juego *m* ⟨children at play : niños jugando⟩ ⟨a play on words : un juego de palabras⟩ **2** ACTION : juego *m* ⟨the ball is in play : la pelota está en juego⟩ ⟨to bring into play : poner en juego⟩ **3** DRAMA : obra *f* de teatro, pieza *f* (de teatro) **4** MOVEMENT : juego *m* (de la luz, una brisa, etc.) **5** SLACK : juego *m* ⟨there's not enough play in the wheel : la rueda no da lo suficiente⟩

playacting ['pleɪ,æktɪŋ] *n* : actuación *f*, teatro *m*

player ['pleɪər] *n* **1** : jugador *m*, -dora *f* (en un juego) **2** ACTOR : actor *m*, actriz *f* **3** MUSICIAN : músico *m*, -ca *f*

playful ['pleɪfəl] *adj* **1** FROLICSOME : juguetón **2** JOCULAR : jocoso — **playfully** *adv*

playfulness ['pleɪfəlnəs] *n* : lo juguetón, jocosidad *f*, alegría *f*

playground ['pleɪ,graʊnd] *n* : patio *m* de recreo, jardín *m* para jugar

playhouse ['pleɪ,haʊs] *n* **1** THEATER : teatro *m* **2** : casita *f* de juguete

playing card *n* : naipe *m*, carta *f*

playmate ['pleɪ,meɪt] *n* : compañero *m*, -ra *f* de juego

play-off ['pleɪ,ɔf] *n* : desempate *m*

playpen ['pleɪ,pɛn] *n* : corral *m* (para niños)

plaything ['pleɪ,θɪŋ] *n* : juguete *m*

playwright ['pleɪ,raɪt] *n* : dramaturgo *m*, -ga *f*

plaza ['plæzə, 'plɑ-] *n* **1** SQUARE : plaza *f* **2 shopping plaza** MALL : centro *m* comercial

plea ['pli:] *n* **1** : acto *m* de declararse ⟨he entered a plea of guilty : se declaró culpable⟩ **2** APPEAL : ruego *m*, súplica *f*

plead ['pli:d] *v* **pleaded** *or* **pled** ['plɛd]; **pleading** *vi* **1** : declararse (culpable o inocente) **2 to plead for** : suplicar, implorar — *vt* **1** : alegar, pretextar ⟨he pleaded illness : pretextó la enfermedad⟩ **2 to plead a case** : defender un caso

pleasant ['plɛzənt] *adj* : agradable, grato, bueno — **pleasantly** *adv*

pleasantness ['plɛzəntnəs] *n* : lo agradable, amenidad *f*

pleasantries ['plɛzəntriz] *npl* : cumplidos *mpl*, cortesías *fpl* ⟨to exchange pleasantries : intercambiar cumplidos⟩

please[1] ['pli:z] *v* **pleased; pleasing** *vt* 1 GRATIFY : complacer ⟨please yourself! : ¡cómo quieras!⟩ 2 SATISFY : contentar, satisfacer — *vi* 1 SATISFY : complacer, agradar ⟨anxious to please : deseoso de complacer⟩ 2 LIKE : querer ⟨do as you please : haz lo que quieras, haz lo que te parezca⟩

please[2] *adv* : por favor

pleased ['pli:zd] *adj* : contento, satisfecho, alegre

pleasing ['pli:zɪŋ] *adj* : agradable — **pleasingly** *adv*

pleasurable ['plɛʒərəbəl] *adj* PLEASANT : agradable

pleasure ['plɛʒər] *n* 1 WISH : deseo *m*, voluntad *f* ⟨at your pleasure : cuando guste⟩ 2 ENJOYMENT : placer *m*, disfrute *m*, goce *m* ⟨with pleasure : con mucho gusto⟩ 3 : placer *m*, gusto *m* ⟨it's a pleasure to be here : me da gusto estar aquí⟩ ⟨the pleasures of reading : los placeres de leer⟩

pleat[1] ['pli:t] *vt* : plisar

pleat[2] *n* : pliegue *m*

plebeian [plɪ'biən] *adj* : ordinario, plebeyo

pledge[1] ['plɛdʒ] *vt* **pledged; pledging** 1 PAWN : empeñar, prendar 2 PROMISE : prometer, jurar

pledge[2] *n* 1 SECURITY : garantía *f*, prenda *f* 2 PROMISE : promesa *f*

plenteous ['plɛntiəs] *adj* : copioso, abundante

plentiful ['plɛntɪfəl] *adj* : abundante — **plentifully** [-fli] *adv*

plenty ['plɛnti] *n* : abundancia *f* ⟨plenty of time : tiempo de sobra⟩ ⟨plenty of visitors : muchos visitantes⟩

plethora ['plɛθərə] *n* : plétora *f*

pleurisy ['plʊrəsi] *n* : pleuresía *f*

pliable ['plaɪəbəl] *adj* : flexible, maleable

pliant ['plaɪənt] → **pliable**

pliers ['plaɪərz] *npl* : alicates *mpl*, pinzas *fpl*

plight ['plaɪt] *n* : situación *f* difícil, apuro *m*

plod ['plɑd] *vi* **plodded; plodding** 1 TRUDGE : caminar pesadamente y lentamente 2 DRUDGE : trabajar laboriosamente

plot[1] ['plɑt] *v* **plotted; plotting** *vt* 1 DEVISE : tramar 2 to plot out : trazar, determinar (una posición, etc.) — *vi* CONSPIRE : conspirar

plot[2] *n* 1 LOT : terreno *m*, parcela *f*, lote *m* 2 STORY : argumento *m* (en el teatro), trama *f* (en un libro, etc.) 3 CONSPIRACY, INTRIGUE : complot *m*, intriga *f*

plotter ['plɑtər] *n* : conspirador *m*, -dora *f*; intrigante *mf*

plow[1] *or* **plough** ['plaʊ] *vt* 1 : arar (la tierra) 2 to plow the seas : surcar los mares

plow[2] *or* **plough** *n* 1 : arado *m* 2 → **snowplow**

plowshare ['plaʊˌʃɛr] *n* : reja *f* del arado

ploy ['plɔɪ] *n* : estratagema *f*, maniobra *f*

pluck[1] ['plʌk] *vt* 1 PICK : arrancar 2 : desplumar (un pollo, etc.) — *vi* to pluck at : tirar de

pluck[2] *n* 1 TUG : tirón *m* 2 COURAGE, SPIRIT : valor *m*, ánimo *m*

plucky ['plʌki] *adj* **pluckier; -est** : valiente, animoso

plug[1] ['plʌg] *vt* **plugged; plugging** 1 BLOCK : tapar 2 PROMOTE : hacerle publicidad a, promocionar 3 to plug in : enchufar

plug[2] *n* 1 STOPPER : tapón *m* 2 : enchufe *m* (eléctrico) 3 ADVERTISEMENT : publicidad *f*, propaganda *f*

plum ['plʌm] *n* 1 : ciruela *f* (fruta) 2 : color *m* ciruela 3 PRIZE : premio *m*, algo muy atractivo

plumage ['plu:mɪdʒ] *n* : plumaje *m*

plumb[1] ['plʌm] *vt* 1 : aplomar ⟨to plumb a wall : aplomar una pared⟩ 2 SOUND : sondear, sondar

plumb[2] *adv* 1 VERTICALLY : a plomo, verticalmente 2 EXACTLY : justo, exactamente 3 COMPLETELY : completamente, absolutamente ⟨plumb crazy : loco de remate⟩

plumb[3] *adj* : a plomo

plumb[4] *n or* **plumb line** : plomada *f*

plumber ['plʌmər] *n* : plomero *m*, -ra *f*; fontanero *m*, -ra *f*

plumbing ['plʌmɪŋ] *n* 1 : plomería *f*, fontanería *f* (trabajo del plomero) 2 PIPES : cañería *f*, tubería *f*

plume ['plu:m] *n* 1 FEATHER : pluma *f* 2 TUFT : penacho *m* (en un sombrero, etc.)

plumed ['plu:md] *adj* : con plumas ⟨white-plumed birds : aves de plumaje blanco⟩

plummet ['plʌmət] *vi* : caer en picada, desplomarse

plump[1] ['plʌmp] *vi or* **to plump down** : dejarse caer (pesadamente)

plump[2] *adv* 1 STRAIGHT : a plomo 2 DIRECTLY : directamente, sin rodeos ⟨he ran plump into the door : dio de cara con la puerta⟩

plump[3] *adj* : llenito *fam*, regordete *fam*, rechoncho *fam*

plumpness ['plʌmpnəs] *n* : gordura *f*

plunder[1] ['plʌndər] *vi* : saquear, robar

plunder[2] *n* : botín *m*

plunderer ['plʌndərər] *n* : saqueador *m*, -dora *f*

plunge[1] ['plʌndʒ] *v* **plunged; plunging** *vt* 1 IMMERSE : sumergir 2 THRUST : hundir, clavar — *vi* 1 DIVE : zambullirse (en el agua) 2 : meterse precipitadamente o violentamente ⟨they plunged into war : se enfrascaron en una guerra⟩ ⟨he plunged into depression : cayó en la depresión⟩ 3 DESCEND : descender en picada ⟨the road plunges dizzily : la calle desciende vertiginosamente⟩

plunge² *n* 1 DIVE : zambullida *f* 2 DROP : descenso *m* abrupto ⟨the plunge in prices : el desplome de los precios⟩

plural¹ [ˈplʊrəl] *adj* : plural

plural² *n* : plural *m*

plurality [plʊˈrælət̬i] *n, pl* **-ties** : pluralidad *f*

pluralize [ˈplʊrəˌlaɪz] *vt* **-ized; -izing** : pluralizar

plus¹ [ˈplʌs] *adj* 1 POSITIVE : positivo ⟨a plus factor : un factor positivo⟩ 2 (*indicating a quantity in addition*) : a grade of C plus : una calificación entre C y B⟩ ⟨a salary of $30,000 plus : un sueldo de más de $30,000⟩

plus² *n* 1 *or* plus sign : más *m*, signo *m* de más 2 ADVANTAGE : ventaja *f*

plus³ *prep* : más (en matemáticas)

plus⁴ *conj* AND : y

plush¹ [ˈplʌʃ] *adj* 1 PLUSH 2 LUXURIOUS : lujoso

plush² *n* : felpa *f*, peluche *m*

plushy [ˈplʌʃi] *adj* **plushier; -est** : lujoso

Pluto [ˈpluːtoː] *n* : Plutón *m*

plutocracy [pluːˈtɑːkrəsi] *n, pl* **-cies** : plutocracia *f*

plutonium [pluːˈtoːniəm] *n* : plutonio *m*

ply¹ [ˈplaɪ] *v* **plied; plying** *vt* 1 USE, WIELD : manejar ⟨to ply an ax : manejar un hacha⟩ 2 PRACTICE : ejercer ⟨to ply a trade : ejercer un oficio⟩ 3 to ply with questions : acosar con preguntas

ply² *n, pl* **plies** 1 LAYER : chapa *f* (de madera), capa *f* (de papel) 2 STRAND : cabo *m* (de hilo, etc.)

plywood [ˈplaɪˌwʊd] *n* : contrachapado *m*

pneumatic [nʊˈmæt̬ɪk, njʊ-] *adj* : neumático

pneumonia [nʊˈmoːnjə, njʊ-] *n* : pulmonía *f*, neumonía *f*

poach¹ [ˈpoːtʃ] *vt* 1 : cocer a fuego lento ⟨to poach an egg : escalfar un huevo⟩ 2 to poach game : cazar ilegalmente — *vi* : cazar ilegalmente

poacher [ˈpoːtʃər] *n* : cazador *m* furtivo, cazadora *f* furtiva

pock [ˈpɑk] *n* 1 PUSTULE : pústula *f* 2 → pockmark

pocket¹ [ˈpɑkət] *vt* 1 : meterse en el bolsillo ⟨he pocketed the pen : se metió la pluma en el bolsillo⟩ 2 STEAL : embolsarse

pocket² *n* 1 : bolsillo *m*, bolsa *f Mex* ⟨a coat pocket : el bolsillo de un abrigo⟩ ⟨air pockets : bolsas de aire⟩ 2 CENTER : foco *m*, centro *m* ⟨a pocket of resistance : un foco de resistencia⟩

pocketbook [ˈpɑkətˌbʊk] *n* 1 PURSE : cartera *f*, bolso *m*, bolsa *f Mex* 2 MEANS : recursos *mpl*

pocketknife [ˈpɑkətˌnaɪf] *n, pl* **-knives** : navaja *f*

pocket–size [ˈpɑkətˌsaɪz] *adj* : de bolsillo

pockmark [ˈpɑkˌmɑrk] *n* : cicatriz *f* de viruela, viruela *f*

pod [ˈpɑd] *n* : vaina *f* ⟨pea pod : vaina de guisantes⟩

podiatrist [pəˈdaɪətrɪst, po-] *n* : podólogo *m*, -ga *f*

podiatry [pəˈdaɪətri, po-] *n* : podología *f*, podiatría *f*

podium [ˈpoːdiəm] *n, pl* **-diums** *or* **-dia** [-diə] : podio *m*, estrado *m*, tarima *f*

poem [ˈpoːəm] *n* : poema *m*, poesía *f*

poet [ˈpoːət] *n* : poeta *mf*

poetic [poˈɛt̬ɪk] *or* **poetical** [-t̬ɪkəl] *adj* : poético

poetry [ˈpoːətri] *n* : poesía *f*

pogrom [ˈpoːgrəm, pəˈgrɑm, ˈpɑgrəm] *n* : pogrom *m*

poignancy [ˈpɔɪnjənsi] *n, pl* **-cies** : lo conmovedor

poignant [ˈpɔɪnjənt] *adj* 1 PAINFUL : penoso, doloroso ⟨poignant grief : profundo dolor⟩ 2 TOUCHING : conmovedor, emocionante

poinsettia [pɔɪnˈsɛt̬iə, -ˈsɛt̬ə] *n* : flor *f* de Nochebuena

point¹ [ˈpɔɪnt] *vt* 1 SHARPEN : afilar (la punta de) 2 INDICATE : señalar, indicar ⟨to point the way : señalar el camino⟩ 3 AIM : apuntar 4 to point out : señalar, indicar — *vi* 1 to point at : señalar (con el dedo) 2 to point to INDICATE : señalar, indicar

point² *n* 1 ITEM : punto *m* ⟨the main points : los puntos principales⟩ 2 QUALITY : cualidad *f* ⟨her good points : sus buenas cualidades⟩ ⟨it's not his strong point : no es su (punto) fuerte⟩ 3 (*indicating a chief idea or meaning*) ⟨it's beside the point : no viene al caso⟩ ⟨to get to the point : ir al grano⟩ ⟨to stick to the point : no salirse del tema⟩ 4 PURPOSE : fin *m*, propósito *m* ⟨there's no point to it : no vale la pena, no sirve para nada⟩ 5 PLACE : punto *m*, lugar *m* ⟨points of interest : puntos interesantes⟩ 6 : punto *m* (en una escala) ⟨boiling point : punto de ebullición⟩ 7 MOMENT : momento *m*, coyuntura *f* ⟨at this point : en este momento⟩ 8 TIP : punta *f* 9 HEADLAND : punta *f*, cabo *m* 10 PERIOD : punto *m* (marca de puntuación) 11 UNIT : punto *m* ⟨he scored 15 points : ganó 15 puntos⟩ ⟨shares fell 10 points : las acciones bajaron 10 enteros⟩ 12 compass points : puntos *mpl* cardinales 13 decimal point : punto *m* decimal, coma *f*

point–blank¹ [ˈpɔɪntˈblæŋk] *adv* 1 : a quemarropa ⟨to shoot point-blank : disparar a quemarropa⟩ 2 BLUNTLY, DIRECTLY : a bocajarro, sin rodeos, francamente

point–blank² *adj* 1 : a quemarropa ⟨point-blank shots : disparos a quemarropa⟩ 2 BLUNT, DIRECT : directo, franco

pointed ['pɔɪntəd] *adj* **1** POINTY : puntiagudo **2** PERTINENT : atinado **3** CONSPICUOUS : marcado, manifiesto

pointedly ['pɔɪntədli] *adv* : intencionadamente, directamente

pointer ['pɔɪntər] *n* **1** STICK : puntero *m* (para maestros, etc.) **2** INDICATOR, NEEDLE : indicador *m*, aguja *f* **3** : perro *m* de muestra **4** HINT, TIP : consejo *m*

pointless ['pɔɪntləs] *adj* : inútil, ocioso, vano ⟨it's pointless to continue : no tiene sentido continuar⟩

point of view *n* : perspectiva *f*, punto *m* de vista

pointy ['pɔɪnti] *adj* : puntiagudo

poise¹ ['pɔɪz] *vt* **poised; poising** BALANCE : equilibrar, balancear

poise² *n* : aplomo *m*, compostura *f*

poison¹ ['pɔɪzən] *vt* **1** : envenenar, intoxicar **2** CORRUPT : corromper

poison² *n* : veneno *m*

poison ivy *n* : hiedra *f* venenosa

poisonous ['pɔɪzənəs] *adj* : venenoso, tóxico, ponzoñoso

poke¹ ['poːk] *v* **poked; poking** *vt* **1** JAB : golpear (con la punta de algo), dar ⟨he poked me with his finger : me dio con el dedo⟩ **2** THRUST : introducir, asomar ⟨I poked my head out the window : asomé la cabeza por la ventana⟩ — *vi* **1 to poke around** RUMMAGE : hurgar **2 to poke along** DAWDLE : demorarse, entretenerse

poke² *n* : golpe *m* abrupto (con la punta de algo)

poker ['poːkər] *n* **1** : atizador *m* (para el fuego) **2** : póker *m*, poker *m* (juego de naipes)

polar ['poːlər] *adj* : polar

polar bear *n* : oso *m* blanco

Polaris [po'lærɪs, -'lɑr-] → **North Star**

polarize ['poːlə,raɪz] *vt* **-ized; -izing** : polarizar

pole ['poːl] *n* **1** : palo *m*, poste *m*, vara *f* ⟨telephone pole : poste de teléfonos⟩ **2** : polo *m* ⟨the South Pole : el Polo Sur⟩ **3** : polo *m* (eléctrico ø magnético)

Pole ['poːl] *n* : polaco *m*, -ca *f*

polecat ['poːl,kæt] *n*, *pl* **polecats** *or* **polecat 1** : turón *m* (de Europa) **2** SKUNK : mofeta *f*, zorrillo *m*

polemical [pə'lɛmɪkəl] *adj* : polémico

polemics [pə'lɛmɪks] *ns & pl* : polémica *f*

polestar ['poːl,stɑr] → **North Star**

police¹ [pə'liːs] *vt* **-liced; -licing** : mantener el orden en ⟨to police the streets : patrullar las calles⟩

police² *ns & pl* **1** : policía *f* (organización) **2** POLICE OFFICERS : policías *mf pl*

policeman [pə'liːsmən] *n*, *pl* **-men** [-mən, -,mɛn] : policía *m*

police officer *n* : policía *mf*, agente *mf* de policía

policewoman [pə'liːs,wumən] *n*, *pl* **-women** [-,wɪmən] : policía *f*, mujer *f* policía

policy ['pɑləsi] *n*, *pl* **-cies** : política *f* ⟨foreign policy : política exterior⟩ **2** *or* **insurance policy** : póliza *f* de seguros, seguro *m*

polio¹ ['poːli,oː] *adj* : de polio ⟨polio vaccine : vacuna contra la polio⟩

polio² *n* → **poliomyelitis**

poliomyelitis [,poːli,oː,maɪə'laɪtəs] *n* : poliomielitis *f*, polio *f*

polish¹ ['pɑlɪʃ] *vt* **1** : pulir, lustrar, sacar brillo a ⟨to polish one's nails : pintarse las uñas⟩ **2** REFINE : pulir, perfeccionar

polish² *n* **1** LUSTER : brillo *m*, lustre *m* **2** REFINEMENT : refinamiento *m* **3** : betún *m* (para zapatos), cera *f* (para suelos y muebles), esmalte *m* (para las uñas)

Polish¹ ['poːlɪʃ] *adj* : polaco

Polish² *n* : polaco *m* ⟨idioma⟩

polite [pə'laɪt] *adj* **-liter; -est** : cortés, correcto, educado

politely [pə'laɪtli] *adv* : cortésmente, correctamente, con buenos modales

politeness [pə'laɪtnəs] *n* : cortesía *f*

politic ['pɑlə,tɪk] *adj* : diplomático, prudente

political [pə'lɪtɪkəl] *adj* : político — **politically** [-tɪkli] *adv*

politician [,pɑlə'tɪʃən] *n* : político *m*, -ca *f*

politics ['pɑlə,tɪks] *ns & pl* : política *f*

polka ['poːlkə, 'poːkə] *n* : polka *f*

polka dot ['poːkə,dɑt] *n* : lunar *m* (en un diseño)

poll¹ ['poːl] *vt* **1** : obtener (votos) ⟨she polled over 1000 votes : obtuvo más de 1000 votos⟩ **2** CANVASS : encuestar, sondear — *vi* : obtener votos

poll² *n* **1** SURVEY : encuesta *f*, sondeo *m* **2 polls** *npl* : urnas *fpl* ⟨to go to the polls : acudir a las urnas, ir a votar⟩

pollen ['pɑlən] *n* : polen *m*

pollinate ['pɑlə,neɪt] *vt* **-nated; -nating** : polinizar

pollination [,pɑlə'neɪʃən] *n* : polinización *f*

pollster ['poːlstər] *n* : encuestador *m*, -dora *f*

pollutant [pə'luːtənt] *n* : contaminante *m*

pollute [pə'luːt] *vt* **-luted; -luting** : contaminar

pollution [pə'luːʃən] *n* : contaminación *f*

pollywog *or* **polliwog** ['pɑli,wɑg] *n* TADPOLE : renacuajo *m*

polo ['poː,loː] *n* : polo *m*

poltergeist ['poːltər,gaɪst] *n* : poltergeist *m*, fantasma *m* travieso

polyester ['pɑli,ɛstər, ,pɑli'-] *n* : poliéster *m*

polygamous [pə'lɪgəməs] *adj* : polígamo

polygamy [pə'lɪgəmi] *n* : poligamia *f*

polygon ['pɑli,gɑn] *n* : polígono *m*

polymer ['pɑləmər] n : polímero m

Polynesian [,pɑlə'niːʒən, -ʃən] n : polinesio m, -sia f — **Polynesian** adj

polyunsaturated [,pɑli,ʌn'sætʃə,reɪtəd] adj : poliinsaturado

pomegranate ['pɑmə,grænət, 'pɑm-,grænət] n : granada f (fruta)

pommel[1] ['pʌməl] vt → **pummel**

pommel[2] ['pʌməl, 'pɑ-] n 1 : pomo m (de una espada) 2 : perilla f (de una silla de montar)

pomp ['pɑmp] n 1 SPLENDOR : pompa f, esplendor m 2 OSTENTATION : boato m, ostentación f

pom-pom ['pɑm,pɑm] n : borla f, pompón m

pomposity [pɑm'pɑsəţi] n, pl **-ties** : pomposidad f

pompous ['pɑmpəs] adj : pomposo — **pompously** adv

poncho ['pɑn,tʃoː] n, pl **-chos** : poncho m

pond ['pɑnd] n : charca f (natural), estanque m (artificial)

ponder ['pɑndər] vt : reflexionar, considerar — vi to ponder over : reflexionar sobre, sopesar

ponderous ['pɑndərəs] adj : pesado

pontiff ['pɑntɪf] n POPE : pontífice m

pontificate [pɑn'tɪfə,keɪt] vi **-cated;** **-cating** : pontificar

pontoon ['pɑn,tuːn] n : pontón m

pony ['poːni] n, pl **-nies** : poni m, poney m, jaca f

ponytail ['poːni,teɪl] n : cola f de caballo, coleta f

poodle ['puːdəl] n : caniche m

pool[1] ['puːl] vt : mancomunar, hacer un fondo común de

pool[2] n 1 : charca f ⟨a swimming pool : una piscina⟩ 2 PUDDLE : charco m 3 RESERVE, SUPPLY : fondo m común (de recursos), reserva f 4 : billar m (juego)

poor ['pʊr, 'por] adj 1 : pobre ⟨poor people : los pobres⟩ 2 SCANTY : pobre, escaso ⟨poor attendance : baja asistencia⟩ 3 UNFORTUNATE : pobre ⟨poor thing! : ¡pobrecito!⟩ 4 BAD : malo ⟨to be in poor health : estar mal de salud⟩

poorly ['pʊrli, 'por-] adv : mal

pop[1] ['pɑp] v **popped; popping** vi 1 BURST : reventarse, estallar 2 : ir, venir, o aparecer abruptamente ⟨he popped into the house : se metió en la casa⟩ ⟨a menu pops up : aparece un menú⟩ 3 to pop out PROTRUDE : salirse, saltarse ⟨my eyes popped out of my head : se me saltaban los ojos⟩ — vt 1 BURST : reventar 2 : hacer o meter abruptamente ⟨he popped it into his mouth : se lo metió en la boca⟩

pop[2] adj : popular ⟨pop music : música popular⟩

pop[3] n 1 : estallido m pequeño (de un globo, etc.) 2 SODA : refresco m, gaseosa f

popcorn ['pɑp,kɔrn] n : palomitas fpl (de maíz)

pope ['poːp] n : papa m ⟨Pope John : el Papa Juan⟩

poplar ['pɑplər] n : álamo m

poplin ['pɑplɪn] n : popelín m, popelina f

poppy ['pɑpi] n, pl **-pies** : amapola f

populace ['pɑpjələs] n 1 MASSES : pueblo m 2 POPULATION : población f

popular ['pɑpjələr] adj 1 : popular ⟨the popular vote : el voto popular⟩ 2 COMMON : generalizado, común ⟨popular beliefs : creencias generalizadas⟩ 3 : popular, de gran popularidad ⟨a popular singer : un cantante popular⟩

popularity [,pɑpjə'lærəţi] n : popularidad f

popularize ['pɑpjələ,raɪz] vt **-ized; -izing** : popularizar

popularly ['pɑpjələrli] adv : popularmente, vulgarmente

populate ['pɑpjə,leɪt] vt **-lated; -lating** : poblar

population [,pɑpjə'leɪʃən] n : población f

populist ['pɑpjəlɪst] n : populista mf — **populist** adj

populous ['pɑpjələs] adj : populoso

porcelain ['pɔrsələn] n : porcelana f

porch ['pɔrtʃ] n : porche m

porcupine ['pɔrkjə,paɪn] n : puerco m espín

pore[1] ['por] vi **pored; poring** 1 GAZE : mirar (con atención) 2 to pore over : leer detenidamente, estudiar

pore[2] n : poro m

pork ['pɔrk] n : carne f de cerdo, carne f de puerco

pornographic [,pɔrnə'græfɪk] adj : pornográfico

pornography [pɔr'nɑgrəfi] n : pornografía f

porous ['porəs] adj : poroso

porpoise ['pɔrpəs] n 1 : marsopa f 2 DOLPHIN : delfín m

porridge ['pɔrɪdʒ] n : sopa f espesa de harina, gachas fpl

port[1] ['port] adj : de babor ⟨on the port side : a babor⟩

port[2] n 1 HARBOR : puerto m 2 ORIFICE : orificio m (de una válvula, etc.) 3 : puerto m (de una computadora) 4 PORTHOLE : portilla f 5 or port side : babor m (de un barco) 6 : oporto m (vino)

portable ['portəbəl] adj : portátil

portal ['portəl] n : portal m

portend [pɔr'tɛnd] vt : presagiar, augurar

portent ['pɔr,tɛnt] n : presagio m, augurio m

portentous [pɔr'tɛntəs] adj : profético, que presagia

porter ['portər] n : maletero m, mozo m (de estación)

portfolio [port'foːli,oː] n, pl **-lios** 1 FOLDER : cartera f (para llevar papeles), carpeta f 2 : cartera f (diplomática) **3** investment portfolio : cartera de inversiones

porthole ['port,ho:l] n : portilla f (de un barco), ventanilla f (de un avión)

portico ['porti,ko] n, pl **-coes** or **-cos** : pórtico m

portion[1] ['porʃən] vt DISTRIBUTE : repartir

portion[2] n PART, SHARE : porción f, parte f

portly ['portli] adj **-lier; -est** : corpulento

portrait ['portrət, -,treit] n : retrato m

portray [por'trei] vt **1** DEPICT : representar, retratar **2** DESCRIBE : describir **3** PLAY : interpretar (un personaje)

portrayal [por'treiəl] n **1** REPRESENTATION : representación f **2** PORTRAIT : retrato m

Portuguese [,portʃə'gi:z, -'gi:s] n **1** : portugués m, -guesa f (persona) **2** : portugués m (idioma) — **Portuguese** adj

pose[2] ['po:z] v **posed; posing** vt PRESENT : plantear (una pregunta, etc.), representar (una amenaza) — vi **1** : posar (para una foto, etc.) **2 to pose as** : hacerse pasar por

pose[2] n **1** : pose f / pose f ⟨to strike a pose : asumir una pose⟩ **2** PRETENSE : pose f, afectación f

posh ['paʃ] adj : elegante, de lujo

position[1] [pə'zıʃən] vt : colocar, situar, ubicar

position[2] n **1** APPROACH, STANCE : posición f, postura f, planteamiento m **2** LOCATION : posición f, ubicación f **3** STATUS : posición f (en una jerarquía) **4** JOB : puesto m

positive ['pazətıv] adj **1** DEFINITE : incuestionable, inequívoco ⟨positive evidence : pruebas irrefutables⟩ **2** CONFIDENT : seguro **3** : positivo (en gramática, matemáticas, y física) **4** AFFIRMATIVE : positivo, afirmativo ⟨a positive response : una respuesta positiva⟩

positively ['pazətıvli] adv **1** FAVORABLY : favorablemente **2** OPTIMISTICALLY : positivamente **3** DEFINITELY : definitivamente, en forma concluyente **4** (used for emphasis) : realmente, verdaderamente ⟨it's positively awful! : ¡es verdaderamente malo!⟩

possess [pə'zɛs] vt **1** HAVE, OWN : poseer, tener **2** SEIZE : apoderarse de ⟨he was possessed by fear : el miedo se apoderó de él⟩

possession [pə'zɛʃən] n **1** POSSESSING : posesión f **2** : posesión f (por un demonio, etc.) **3 possessions** npl PROPERTY : bienes mpl, propiedad f

possessive[1] [pə'zɛsıv] adj **1** : posesivo (en gramática) **2** JEALOUS : posesivo, celoso

possessive[2] n or **possessive case** : posesivo m

possessor [pə'zɛsər] n : poseedor m, -dora f

possibility [,pasə'bıləti] n, pl **-ties** : posibilidad f

possible ['pasəbəl] adj : posible

possibly ['pasəbli] adv **1** CONCEIVABLY : posiblemente ⟨it can't possibly be true! : ¡no puede ser!⟩ **2** PERHAPS : quizás, posiblemente

possum ['pasəm] → **opossum**

post[1] ['po:st] vt **1** MAIL : echar al correo, mandar por correo **2** ANNOUNCE : anunciar ⟨they've posted the grades : han anunciado las notas⟩ **3** AFFIX : fijar, poner (noticias, etc.) **4** STATION : apostar **5 to keep (someone) posted** : tener al corriente (a alguien)

post[2] n **1** POLE : poste m, palo m **2** STATION : puesto m **3** CAMP : puesto m (militar) **4** JOB, POSITION : puesto m, empleo m, cargo m

postage ['po:stıdʒ] n : franqueo m

postal ['po:stəl] adj : postal

postcard ['po:st,kard] n : postal f, tarjeta f postal

poster ['po:stər] n : póster m, cartel m, afiche m

posterior[1] [pa'stıriər, po-] adj : posterior

posterior[2] n BUTTOCKS : trasero m, nalgas fpl, asentaderas fpl

posterity [pa'stɛrəṭi] n : posteridad f

postgraduate[1] [,po:st'grædʒuət] adj : de postgrado

postgraduate[2] n : postgraduado m, -da f

posthaste ['po:st'heist] adv : a toda prisa

posthumous ['pastʃəməs] adj : póstumo — **posthumously** adv

postman ['po:stmən, -,mæn] → **mailman**

postmark[1] ['po:st,mark] vt : matasellar

postmark[2] n : matasellos m

postmaster ['po:st,mæstər] n : administrador m, -dora f de correos

postmodern [,po:st'madərn] adj : posmoderno

postmortem [,po:st'mɔrtəm] n : autopsia f

postnatal [,po:st'neitəl] adj : postnatal ⟨postnatal depression : depresión posparto⟩

post office n : correo m, oficina f de correos

postoperative [,po:st'apərətıv, -,rei-] adj : posoperatorio

postpaid [,po:st'peid] adv : con franqueo pagado

postpone [,po:st'po:n] vt **-poned; -poning** : postergar, aplazar, posponer

postponement [,po:st'po:nmənt] n : postergación f, aplazamiento m

postscript ['po:st,skript] n : postdata f, posdata f

postulate ['pastʃə,leit] vt **-lated; -lating** : postular

posture[1] ['pastʃər] vi **-tured; -turing** : posar, asumir una pose

posture[2] n : postura f

postwar [,po:st'wɔr] adj : de (la) posguerra

posy ['po:zi] *n, pl* **-sies 1** FLOWER : flor *f* **2** BOUQUET : ramo *m*, ramillete *m*

pot[1] ['pɑt] *vt* **potted; potting** : plantar (en una maceta)

pot[2] *n* **1** : olla *f* (de cocina) **2 pots and pans** : cacharros *mpl*

potable ['po:təbəl] *adj* : potable

potash ['pɑt,æʃ] *n* : potasa *f*

potassium [pə'tæsiəm] *n* : potasio *m*

potato [pə'teɪto] *n, pl* **-toes** : papa *f*, patata *f Spain*

potato chips *npl* : papas *fpl* fritas (de bolsa)

potbellied ['pɑt,bɛlid] *adj* : panzón, barrigón *fam*

potbelly ['pɑt,bɛli] *n* : panza *f*, barriga *f*

potency ['po:təntsi] *n, pl* **-cies 1** POWER : fuerza *f*, potencia *f* **2** EFFECTIVENESS : eficacia *f*

potent ['po:tənt] *adj* **1** POWERFUL : potente, poderoso **2** EFFECTIVE : eficaz ⟨a potent medicine : una medicina bien fuerte⟩

potential[1] [pə'tɛntʃəl] *adj* : potencial, posible

potential[2] *n* **1** : potencial *m* ⟨growth potential : potencial de crecimiento⟩ ⟨a child with potential : un niño que promete⟩ **2** : potencial *m* (eléctrico) — **potentially** *adv*

potful ['pɑt,fʊl] *n* : contenido *m* de una olla ⟨a potful of water : una olla de agua⟩

pothole ['pɑt,ho:l] *n* : bache *m*

potion ['po:ʃən] *n* : brebaje *m*, poción *f*

potluck ['pɑt,lʌk] *n* **to take potluck** : tomar lo que haya

potpourri [,po:pu'ri:] *n* : popurrí *m*

potshot ['pɑt,ʃɑt] *n* **1** : tiro *m* al azar ⟨to take potshots at : disparar al azar a⟩ **2** CRITICISM : crítica *f* (hecha al azar)

potter ['pɑtər] *n* : alfarero *m*, -ra *f*

pottery ['pɑtəri] *n, pl* **-teries** : cerámica *f*

pouch ['paʊtʃ] *n* **1** BAG : bolsa *f* pequeña **2** : bolsa *f* (de un animal)

poultice ['po:ltəs] *n* : emplasto *m*, cataplasma *f*

poultry ['po:ltri] *n* : aves *fpl* de corral

pounce ['paʊnts] *vi* **pounced; pouncing** : abalanzarse

pound[1] ['paʊnd] *vt* **1** CRUSH : machacar, machucar, majar **2** BEAT : golpear, machacar ⟨she pounded the lessons into them : les machacaba las lecciones⟩ ⟨he pounded home his point : les hizo entender su razonamiento⟩ — *vi* **1** BEAT : palpitar (dícese del corazón) **2** RESOUND : retumbar, resonar **3** : andar con paso pesado ⟨we pounded through the mud : caminamos pesadamente por el barro⟩

pound[2] *n* **1** : libra *f* (unidad de peso) **2** : libra *f* (unidad monetaria) **3 dog pound** : perrera *f*

pour ['por] *vt* **1** : echar, verter, servir (bebidas) ⟨pour it into a pot : viértalo

en una olla⟩ **2** : proveer con abundancia ⟨they poured money into it : le invirtieron mucho dinero⟩ **3 to pour out** : dar salida a ⟨he poured out his feelings to her : se desahogó con ella⟩ — *vi* **1** FLOW : manar, fluir, salir ⟨blood was pouring from the wound : la sangre le salía de la herida⟩ **2 it's pouring (outside)** : está lloviendo a cántaros

pout[1] ['paʊt] *vi* : hacer pucheros

pout[2] *n* : puchero *m*

poverty ['pɑvərti] *n* : pobreza *f*, indigencia *f*

powder[1] ['paʊdər] *vt* **1** : empolvar ⟨to powder one's face : empolvarse la cara⟩ **2** PULVERIZE : pulverizar

powder[2] *n* : polvo *m*, polvos *mpl*

powdery ['paʊdəri] *adj* : polvoriento, como polvo

power[1] ['paʊər] *vt* : impulsar, propulsar

power[2] *n* **1** AUTHORITY : poder *m*, autoridad *f* ⟨executive powers : poderes ejecutivos⟩ **2** ABILITY : capacidad *f*, poder *m* : potencia *f* (política) ⟨foreign powers : potencias extranjeras⟩ **4** STRENGTH : fuerza *f* **5** : potencia *f* (en física y matemáticas)

powerful ['paʊərfəl] *adj* : poderoso, potente — **powerfully** *adv*

powerhouse ['paʊər,haʊs] *n* : persona *f* dinámica

powerless ['paʊərləs] *adj* : impotente

power plant *n* : central *f* eléctrica

powwow ['paʊ,waʊ] *n* : conferencia *f*

pox ['pɑks] *n, pl* **pox** *or* **poxes 1** CHICKEN POX : varicela *f* **2** SYPHILIS : sífilis *f*

practicable ['præktɪkəbəl] *adj* : practicable, viable, factible

practical ['præktɪkəl] *adj* : práctico

practicality [,præktɪ'kæləti] *n, pl* **-ties** : factibilidad *f*, viabilidad *f*

practical joke *n* : broma *f* (pesada)

practically ['præktɪkli] *adv* **1** : de manera práctica **2** ALMOST : casi, prácticamente

practice[1] *or* **practise** ['præktəs] *vt* **-ticed** *or* **-tised; -ticing** *or* **-tising 1** : practicar ⟨he practiced his German on us : practicó el alemán con nosotros⟩ ⟨to practice politeness : practicar la cortesía⟩ **2** : ejercer ⟨to practice medicine : ejercer la medicina⟩

practice[2] *n* **1** USE : práctica *f* ⟨to put into practice : poner en práctica⟩ **2** CUSTOM : costumbre *f* ⟨it's a common practice here : por aquí se acostumbra hacerlo⟩ **3** TRAINING : práctica *f* **4** : ejercicio *m* (de una profesión)

practitioner [præk'tɪʃənər] *n* **1** : profesional *mf* **2 general practitioner** : médico *m*, -ca *f*

pragmatic [præg'mætɪk] *adj* : pragmático — **pragmatically** *adv*

pragmatism ['prægmə,tɪzəm] *n* : pragmatismo

prairie ['prɛri] *n* : pradera *f*, llanura *f*

praise[1] ['preɪz] vt **praised; praising** : elogiar, alabar ⟨to praise God : alabar a Dios⟩
praise[2] n : elogio m, alabanza f
praiseworthy ['preɪz,wərði] adj : digno de alabanza, loable
prance[1] ['prænʦ] vi **pranced; prancing** 1 : hacer cabriolas, cabriolar ⟨a prancing horse : un caballo haciendo cabriolas⟩ 2 SWAGGER : pavonearse
prance[2] n : cabriola f
prank ['præŋk] n : broma f, travesura f
prankster ['præŋkstər] n : bromista mf
prattle[1] ['præt̬əl] v **-tled; -tling** : parlotear fam, cotorrear fam, balbucear (como un niño)
prattle[2] n : parloteo m fam, cotorreo m fam, cháchara f fam
prawn ['prɔn] n : langostino m, camarón m, gamba f
pray ['preɪ] vt ENTREAT : rogar, suplicar — vi : rezar
prayer ['prɛr] n 1 : plegaria f, oración f ⟨to say one's prayers : orar, rezar⟩ ⟨the Lord's Prayer : el Padrenuestro⟩ 2 PRAYING : rezo m, oración f ⟨to kneel in prayer : arrodillarse para rezar⟩
praying mantis → mantis
preach ['priːʧ] vi : predicar — vt ADVOCATE : abogar por ⟨to preach cooperation : promover la cooperación⟩
preacher ['priːʧər] n 1 : predicador m, -dora f 2 MINISTER : pastor m, -tora f
preamble ['priː,æmbəl] n : preámbulo m
prearrange [,priːə'reɪnʤ] vt **-ranged; -ranging** : arreglar de antemano
precarious [prɪ'kæriəs] adj : precario — **precariously** adv
precariousness [prɪ'kæriəsnəs] n : precariedad f
precaution [prɪ'kɔʃən] n : precaución f
precautionary [prɪ'kɔʃə,nɛri] adj : preventivo, cautelar, precautorio
precede [prɪ'siːd] v **-ceded; -ceding** : preceder a
precedence ['prɛsədənʦ, prɪ'siːdənʦ] n : precedencia f
precedent ['prɛsədənt] n : precedente m
precept ['pri,sɛpt] n : precepto m
precinct ['priː,sɪŋkt] n 1 DISTRICT : distrito m (policial, electoral, etc.) 2 **precincts** npl PREMISES : recinto m, predio m, límites mpl (de una ciudad)
precious ['prɛʃəs] adj 1 : precioso ⟨precious gems : piedras preciosas⟩ 2 DEAR : querido 3 AFFECTED : afectado
precipice ['prɛsəpəs] n : precipicio m
precipitate [prɪ'sɪpə,teɪt] v **-tated; -tating** vt 1 HASTEN, PROVOKE : precipitar, provocar 2 HURL : arrojar 3 : precipitar (en química) — vi : precipitarse (en química), condensarse (en meteorología)
precipitation [prɪ,sɪpə'teɪʃən] n 1 HASTE : precipitación f, prisa f 2 : precipitaciones fpl (en meteorología)
precipitous [prɪ'sɪpət̬əs] adj 1 HASTY, RASH : precipitado 2 STEEP : escarpa-

do, empinado ⟨a precipitous drop : una caída vertiginosa⟩
précis [preɪ'siː] n, pl **précis** [-'siːz] : resumen m
precise [prɪ'saɪs] adj 1 DEFINITE : preciso, explícito 2 EXACT : exacto, preciso ⟨precise calculations : cálculos precisos⟩ — **precisely** adv
preciseness [prɪ'saɪsnəs] n : precisión f, exactitud f
precision [prɪ'sɪʒən] n : precisión f
preclude [prɪ'kluːd] vt **-cluded; -cluding** : evitar, impedir, excluir (una posibilidad, etc.)
precocious [prɪ'koːʃəs] adj : precoz — **precociously** adv
precocity [prɪ'kasəti] n : precocidad f
preconceive [,priːkən'siːv] vt **-ceived; -ceiving** : preconcebir
preconception [,priːkən'spʃən] n : idea f preconcebida
precondition [,priːkən'dɪʃən] n : precondición f, condición f previa
precook [,priː'kʊk] vt : precocinar
precursor [prɪ'kərsər] n : precursor m, -sora f
predator ['prɛdət̬ər] n : depredador m, -dora f
predatory ['prɛdə,tori] adj : depredador
predecessor ['prɛdə,sɛsər, 'priː-] n : antecesor m, -sora f; predecesor m, -sora f
predestination [,priːdɛstə'neɪʃən] n : predestinación f
predestine [priː'dɛstən] vt **-tined; -tining** : predestinar
predetermine [,priːdɪ'tərmən] vt **-mined; -mining** : predeterminar
predicament [prɪ'dɪkəmənt] n : apuro m, aprieto m
predicate[1] ['prɛdə,keɪt] vt **-cated; -cating** 1 AFFIRM : afirmar, aseverar 2 **to be predicated on** : estar basado en
predicate[2] ['prɛdɪkət] n : predicado m
predict [prɪ'dɪkt] vt : pronosticar, predecir
predictable [prɪ'dɪktəbəl] adj : previsible — **predictably** [-bli] adv
prediction [prɪ'dɪkʃən] n : pronóstico m, predicción f
predilection [,prɛdəl'ɛkʃən, ,priː-] n : predilección f
predispose [,priːdɪ'spoːz] vt **-posed; -posing** : predisponer
predisposition [,priː,dɪspə'zɪʃən] n : predisposición f
predominance [prɪ'damənənʦ] n : predominio m
predominant [prɪ'damənənt] adj : predominante — **predominantly** adv
predominate [prɪ'damə,neɪt] vi **-nated; -nating** 1 : predominar (en cantidad) 2 PREVAIL : prevalecer
preeminence [prɪ'ɛmənənʦ] n : preeminencia f
preeminent [prɪ'ɛmənənt] adj : preeminente
preeminently [prɪ'ɛmənəntli] adv : especialmente

preempt [pri'ɛmpt] *vt* **1** APPROPRIATE : apoderarse de, apropiarse de **2** : reemplazar (un programa de televisión, etc.) **3** FORESTALL : adelantarse a (un ataque, etc.)

preen ['pri:n] *vt* : arreglarse (el pelo, las plumas, etc.)

prefabricated [,pri:'fæbrə,keɪt̬əd] *adj* : prefabricado

preface ['prɛfəs] *n* : prefacio *m*, prólogo *m*

prefatory ['prɛfə,tori] *adj* : preliminar

prefer [pri'fər] *vt* **-ferred; -ferring 1** : preferir ⟨I prefer coffee : prefiero café⟩ **2 to prefer charges against** : presentar cargos contra

preferable ['prɛfərəbəl] *adj* : preferible

preferably ['prɛfərəbli] *adv* : preferentemente, de preferencia

preference ['prɛfrəns, 'prɛfər-] *n* : preferencia *f*, gusto *m*

preferential [,prɛfə'rɛntʃəl] *adj* : preferencial, preferente

prefigure [pri'fɪgjər] *vt* **-ured; -uring** FORESHADOW : prefigurar, anunciar

prefix ['pri:,fɪks] *n* : prefijo *m*

pregnancy ['prɛgnənsi] *n, pl* **-cies** : embarazo *m*, preñez *f*

pregnant ['prɛgnənt] *adj* **1** : embarazada (dícese de una mujer), preñada (dícese de un animal) **2** MEANINGFUL : significativo

preheat [,pri:'hi:t] *vt* : precalentar

prehensile [pri'hɛntsəl, -'hɛn,saɪl] *adj* : prensil

prehistoric [,pri:hɪs'tɔrɪk] *or* **prehistorical** [-ɪkəl] *adj* : prehistórico

prejudge [,pri:'dʒʌdʒ] *vt* **-judged; -judging** : prejuzgar

prejudice¹ ['prɛdʒədəs] *vt* **-diced; -dicing 1** DAMAGE : perjudicar **2** BIAS : predisponer, influir en

prejudice² *n* **1** DAMAGE : perjuicio *m* (en derecho) **2** BIAS : prejuicio *m*

prelate ['prɛlət] *n* : prelado *m*

preliminary¹ [pri'lɪmə,neri] *adj* : preliminar

preliminary² *n, pl* **-naries 1** : preámbulo *m*, preludio *m* **2 preliminaries** *npl* : preliminares *mpl*

prelude ['prɛ,lu:d, 'prɛl,ju:d; 'preɪ,lu:d, 'pri:-] *n* : preludio *m*

premarital [,pri:'mærət̬əl] *adj* : prematrimonial

premature [,pri:mə'tʊr, -'tjʊr, -'tʃʊr] *adj* : prematuro — **prematurely** *adv*

premeditate [pri'mɛdə,teɪt] *vt* **-tated; -tating** : premeditar

premeditation [pri,mɛdə'teɪʃən] *n* : premeditación *f*

premenstrual [pri'mɛntstruəl] *adj* : premenstrual

premier¹ [pri'mɪr, -'mjɪr; 'pri:miər] *adj* : principal

premier² *n* PRIME MINISTER : primer ministro *m*, primera ministra *f*

premiere¹ [pri'mjɛr, -'mɪr] *vt* **-miered; -miering** : estrenar

premiere² *n* : estreno *m*

premise ['prɛmɪs] *n* **1** : premisa *f* ⟨the premise of his arguments : la premisa de sus argumentos⟩ **2 premises** *npl* : recinto *m*, local *m*

premium ['pri:miəm] *n* **1** BONUS : prima *f* **2** SURCHARGE : recargo *m* ⟨to sell at a premium : vender (algo) muy caro⟩ **3** insurance premium : prima *f* (de seguros) **4 to set a premium on** : darle un gran valor (a algo)

premonition [,pri:mə'nɪʃən, ,prɛmə-] *n* : presentimiento *m*, premonición *f*

prenatal [,pri:'neɪt̬əl] *adj* : prenatal

preoccupation [pri,ɑkjə'peɪʃən] *n* : preocupación *f*

preoccupied [pri'ɑkjə,paɪd] *adj* : abstraído, ensimismado, preocupado

preoccupy [pri'ɑkjə,paɪ] *vt* **-pied; -pying** : preocupar

preparation [,prɛpə'reɪʃən] *n* **1** PREPARING : preparación *f* **2** MIXTURE : preparado *m* ⟨a preparation for burns : un preparado para quemaduras⟩ **3 preparations** *npl* ARRANGEMENTS : preparativos *mpl*

preparatory [pri'pærə,tori] *adj* : preparatorio

prepare [pri'pær] *v* **-pared; -paring** *vt* : preparar — *vi* : prepararse

prepay [pri:'peɪ] *vt* **-paid; -paying** : pagar por adelantado

preponderance [pri'pɑndərənts] *n* : preponderancia *f*

preponderant [pri'pɑndərənt] *adj* : preponderante — **preponderantly** *adv*

preposition [,prɛpə'zɪʃən] *n* : preposición *f*

prepositional [,prɛpə'zɪʃənəl] *adj* : preposicional

prepossessing [,pri:pə'zɛsɪŋ] *adj* : atractivo, agradable

preposterous [pri'pɑstərəs] *adj* : absurdo, ridículo

prerequisite¹ [pri'rɛkwəzət] *adj* : necesario, esencial

prerequisite² *n* : condición *f* necesario, requisito *m* previo

prerogative [pri'rɑgət̬ɪv] *n* : prerrogativa *f*

presage ['prɛsɪdʒ, pri'seɪdʒ] *vt* **-saged; -saging** : presagiar

preschool ['pri:,sku:l] *adj* : preescolar ⟨preschool students : estudiantes de preescolar⟩

prescribe [pri'skraɪb] *vt* **-scribed; -scribing 1** ORDAIN : prescribir, ordenar **2** : recetar (medicinas, etc.)

prescription [pri'skrɪpʃən] *n* : receta *f*

presence ['prɛzənts] *n* : presencia *f*

present¹ [pri'zɛnt] *vt* **1** INTRODUCE : presentar ⟨to present oneself : presentarse⟩ **2** : presentar (una obra de teatro, etc.) **3** GIVE : entregar (un regalo, etc.), regalar, obsequiar **4** SHOW : presentar, ofrecer ⟨it presents a lovely view : ofrece una vista muy linda⟩

present² ['prɛzənt] *adj* **1** : actual ⟨present conditions : condiciones actuales⟩

2 : presente ⟨all the students were present : todos los estudiantes estaban presentes⟩

present³ ['prɛzənt] n 1 GIFT : regalo m, obsequio m 2 : presente m ⟨at present : en este momento⟩ 3 or **present tense** : presente m

presentable [pri'zɛntəbəl] adj : presentable

presentation [ˌpriːzɛn'teɪʃən, ˌprɛzən-] n : presentación f ⟨presentation ceremony : ceremonia de entrega⟩

presentiment [pri'zɛntəmənt] n : presentimiento m, premonición f

presently ['prɛzəntli] adv 1 SOON : pronto, dentro de poco 2 NOW : actualmente, ahora

present participle n : participio m presente, participio m activo

preservation [ˌprɛzər'veɪʃən] n : conservación f, preservación f

preservative [pri'zərvətɪv] n : conservante m

preserve¹ [pri'zərv] vt **-served; -serving** 1 PROTECT : proteger, preservar 2 : conservar (los alimentos, etc.) 3 MAINTAIN : conservar, mantener

preserve² n 1 or **preserves** npl : conserva f ⟨peach preserves : duraznos en conserva⟩ 2 : coto m ⟨game preserve : coto de caza⟩

preside [pri'zaɪd] vi **-sided; -siding** 1 to **preside over** : presidir ⟨he presided over the meeting : presidió la reunión⟩ 2 to **preside over** : supervisar ⟨she presides over the department : dirige el departamento⟩

presidency ['prɛzədənsi] n, pl **-cies** : presidencia f

president ['prɛzədənt] n : presidente m, -ta f

presidential [ˌprɛzə'dɛntʃəl] adj : presidencial

press¹ ['prɛs] vt 1 PUSH : apretar 2 SQUEEZE : apretar, prensar (frutas, flores, etc.) 3 IRON : planchar (ropa) 4 URGE : instar, apremiar ⟨he pressed me to come : insistió en que viniera⟩ — vi 1 PUSH : apretar ⟨press hard : aprieta con fuerza⟩ 2 CROWD : apiñarse 3 : abrirse paso ⟨I pressed through the crowd : me abrí paso entre el gentío⟩ 4 URGE : presionar

press² n 1 CROWD : multitud f 2 : imprenta f, prensa f ⟨to go to press : entrar en prensa⟩ 3 URGENCY : urgencia f, prisa f 4 PRINTER, PUBLISHER : imprenta f, editorial f 5 **the press** : la prensa ⟨freedom of the press : libertad de prensa⟩

pressing ['prɛsɪŋ] adj URGENT : urgente

pressure¹ ['prɛʃər] vt **-sured; -suring** : presionar, apremiar

pressure² n 1 : presión f ⟨to be under pressure : estar bajo presión⟩ 2 → **blood pressure**

pressurize ['prɛʃəˌraɪz] vt **-ized; -izing** : presurizar

prestige [prɛ'stiːʒ, -'stiːdʒ] n : prestigio m

prestigious [prɛ'stɪdʒəs] adj : prestigioso

presto ['prɛsˌtoː] adv : de pronto

presumably [pri'zuːməbli] adv : es de suponer, supuestamente ⟨presumably, he's guilty : supone que es culpable⟩

presume [pri'zuːm] vt **-sumed; -suming** 1 ASSUME, SUPPOSE : suponer, asumir, presumir 2 to **presume to** : atreverse a, osar

presumption [pri'zʌmpʃən] n 1 AUDACITY : atrevimiento m, osadía f 2 ASSUMPTION : presunción f, suposición f

presumptuous [pri'zʌmptʃuəs] adj : descarado, atrevido

presuppose [ˌpriːsə'poːz] vt **-posed; -posing** : presuponer

pretend [pri'tɛnd] vt 1 CLAIM : pretender 2 FEIGN : fingir, simular — vi : fingir

pretender [pri'tɛndər] n : pretendiente mf (al trono, etc.)

pretense or **pretence** ['priːˌtɛnts, pri-'tɛnts] n 1 CLAIM : afirmación f (falsa), pretensión f 2 FEIGNING : fingimiento m, simulación f ⟨to make a pretense of doing something : fingir hacer algo⟩ ⟨a pretense of order : una apariencia de orden⟩ 3 PRETEXT : pretexto m ⟨under false pretenses : con pretextos falsos, de manera fraudulenta⟩

pretension [pri'tɛntʃən] n 1 CLAIM : pretensión f, afirmación f 2 ASPIRATION : aspiración f, ambición f 3 PRETENTIOUSNESS : pretensiones fpl, presunción f

pretentious [pri'tɛntʃəs] adj : pretencioso

pretentiousness [pri'tɛntʃəsnəs] n : presunción f, pretensiones fpl

pretext ['priːˌtɛkst] n : pretexto m, excusa f

prettily ['prɪtəli] adv : atractivamente

prettiness ['prɪtinəs] n : lindeza f

pretty¹ ['prɪti] adv : bastante, bien ⟨it's pretty obvious : está bien claro⟩ ⟨it's pretty much the same : es más o ménos igual⟩

pretty² adj **-tier; -est** : bonito, lindo, guapo ⟨a pretty girl : una muchacha guapa⟩ ⟨what a pretty dress! : ¡qué vestido más lindo!⟩

pretzel ['prɛtsəl] n : galleta f salada (en forma de nudo)

prevail [pri'veɪl] vi 1 TRIUMPH : prevalecer 2 PREDOMINATE : predominar 3 to **prevail upon** : persuadir, convencer ⟨I prevailed upon her to sing : la convencí para que cantara⟩

prevailing [pri'veɪlɪŋ] adj : imperante, prevaleciente

prevalence ['prɛvələnts] n : preponderancia f, predominio m

prevalent ['prɛvələnt] adj 1 COMMON : común y corriente, general 2 WIDESPREAD : extendido

prevaricate [pri'værə,keɪt] vi **-cated;**
-cating LIE : mentir
prevarication [pri,værə'keɪʃən] n : mentira f
prevent [pri'vɛnt] vt **1** AVOID : prevenir,
evitar ⟨steps to prevent war : medidas
para evitar la guerra⟩ **2** HINDER : impedir
preventable [pri'vɛntəbəl] adj : evitable
preventative [pri'vɛntətɪv] → **preven-**
tive
prevention [pri'vɛntʃən] n : prevención
f
preventive [pri'vɛntɪv] adj : preventivo
preview ['pri:,vju] n : preestreno m
previous ['pri:viəs] adj : previo, anteri-
or ⟨previous knowledge : conocimientos previos⟩ ⟨the previous day : el día
anterior⟩ ⟨in the previous year : en el
año pasado⟩
previously ['pri:viəsli] adv : antes
prewar [,pri:'wɔr] adj : de antes de la
guerra
prey ['preɪ] n, pl **preys** : presa f
prey on vt **1** : cazar, alimentarse de ⟨it
preys on fish : se alimenta de peces⟩ **2**
to prey on one's mind : hacer presa en
alguien, atormentar a alguien
price¹ ['praɪs] vt **priced; pricing** : poner
un precio a
price² n : precio m ⟨peace at any price
: la paz a toda costa⟩
priceless ['praɪsləs] adj : inestimable, inapreciable
pricey ['praɪsi] adj : caro
prick¹ ['prɪk] vt **1** : pinchar **2 to prick**
up one's ears : levantar las orejas —
vi : pinchar
prick² n **1** STAB : pinchazo m ⟨a prick
of conscience : un remordimiento⟩ **2**
→ **pricker**
pricker ['prɪkər] n : THORN : espina f
prickle¹ ['prɪkəl] vi **-led; -ling** : sentir un
cosquilleo, tener un hormigueo
prickle² n **1** : espina f (de una planta) **2**
TINGLE : cosquilleo m, hormigueo m
prickly ['prɪkəli] adj **1** THORNY : espinoso **2** : que pica ⟨a prickly sensation : un hormigueo⟩
prickly pear n : tuna f
pride¹ ['praɪd] vt **prided; priding** : estar
orgulloso de ⟨to pride oneself on : preciarse de, enorgullecerse de⟩
pride² n : orgullo m
priest ['pri:st] n : sacerdote m, cura m
priestess ['pri:stɪs] n : sacerdotisa f
priesthood ['pri:st,hʊd] n : sacerdocio m
priestly ['pri:stli] adj : sacerdotal
prig ['prɪg] n : mojigato m, -ta f; gazmoño m, -ña f
prim ['prɪm] adj **primmer; primmest 1**
PRISSY : remilgado **2** PRUDISH : mojigato, gazmoño
primarily [praɪ'mɛrəli] adv : principalmente, fundamentalmente
primary¹ ['praɪ,mɛri, 'praɪmərɪ] adj **1**
FIRST : primario **2** PRINCIPAL : principal **3** BASIC : fundamental

primary² n, pl **-ries** : elección f primaria
primary color n : color m primario
primary school → **elementary school**
primate n **1** ['praɪ,meɪt, -mət] : primado m (obispo) **2** [-,meɪt] : primate m
(animal)
prime¹ ['praɪm] vt **primed; priming 1**
: cebar ⟨to prime a pump : cebar una
bomba⟩ **2** PREPARE : preparar (una
superficie para pintar) **3** COACH
: preparar (a un testigo, etc.)
prime² adj **1** CHIEF, MAIN : principal,
primero **2** EXCELLENT : de primera
(categoría), excelente
prime³ n **the prime of one's life** : la flor
de la vida
prime minister n : primer ministro m,
primera ministra f
primer¹ ['prɪmər] n **1** READER : cartilla
f **2** MANUAL : manual m
primer² ['praɪmər] n **1** : cebo m (para
explosivos) **2** : base f (de pintura)
prime time n : horas fpl de mayor audiencia
primeval [praɪ'mi:vəl] adj : primitivo,
primigenio
primitive ['prɪmətɪv] adj : primitivo
primly ['prɪmli] adv : mojigatamente
primness ['prɪmnəs] n : mojigatería f,
gazmoñería f
primordial [praɪ'mɔrdiəl] adj : primordial, fundamental
primp ['prɪmp] vi : arreglarse, acicalarse
primrose ['prɪm,ro:z] n : primavera f,
prímula f
prince ['prɪnts] n : príncipe m
princely ['prɪntsli] adj : principesco
princess ['prɪntsəs, 'prɪn,sɛs] n : princesa f
principal¹ ['prɪntsəpəl] adj : principal —
principally adv
principal² n **1** PROTAGONIST : protagonista mf **2** : director m, -tora f (de una
escuela) **3** CAPITAL : principal m, capital m (en finanzas)
principality [,prɪntsə'pæləti] n, pl **-ties**
: principado m
principle ['prɪntsəpəl] n : principio m
print¹ ['prɪnt] vt : imprimir (libros, etc.)
— vi : escribir con letra de molde
print² n **1** IMPRESSION : marca f, huella
f, impresión f **2** : texto m impreso ⟨to
be out of print : estar agotado⟩ **3** LET-
TERING : letra f **4** ENGRAVING : grabado m **5** : copia f (en fotografía) **6** : estampado m (de tela)
printer ['prɪntər] n **1** : impresor m, -sora
f (persona) **2** : impresora f (máquina)
printing ['prɪntɪŋ] n **1** : impresión f
(acto) ⟨the third printing : la tercera
tirada⟩ **2** : imprenta f (profesión) **3**
LETTERING : letras fpl de molde
printing press n : prensa f
print out vt : imprimir (de una computadora)
printout ['prɪnt,aʊt] n : copia f impresa
(de una computadora)
prior ['praɪər] adj **1** : previo **2 prior to**
: antes de

priority [praɪ'ɔrəṭi] *n, pl* **-ties** : prioridad *f*

priory ['praɪəri] *n, pl* **-ries** : priorato *m*

prism ['prɪzəm] *n* : prisma *m*

prison ['prɪzən] *n* : prisión *f*, cárcel *f*

prisoner ['prɪzənər] *n* : preso *m*, -sa *f*; recluso *m*, -sa *f* ⟨prisoner of war : prisionero de guerra⟩

prissy ['prɪsi] *adj* **-sier; -est** : remilgado, melindroso

pristine ['prɪs,ti:n, prɪs'-] *adj* : puro, prístino

privacy ['praɪvəsi] *n, pl* **-cies** : privacidad *f*

private¹ ['praɪvət] *adj* **1** PERSONAL : privado, particular ⟨private property : propiedad privada⟩ **2** INDEPENDENT : privado, independiente ⟨private studies : estudios privados⟩ **3** SECRET : secreto **4** SECLUDED : aislado, privado — **privately** *adv*

private² *n* : soldado *m* raso

privateer [,praɪvə'tɪr] *n* : corsario *m*

privation [praɪ'veɪʃən] *n* : privación *f*

privilege ['prɪvlɪdʒ, 'prɪvə-] *n* : privilegio *m*

privileged ['prɪvlɪdʒd, 'prɪvə-] *adj* : privilegiado

privy¹ ['prɪvi] *adj* **to be privy to** : estar enterado de

privy² *n, pl* **privies** : excusado *m*, retrete *m* (exterior)

prize¹ ['praɪz] *vt* **prized; prizing** : valorar, apreciar

prize² *adj* **1** : premiado ⟨a prize stallion : un semental premiado⟩ **2** OUTSTANDING : de primera, excepcional

prize³ *n* **1** AWARD : premio *m* ⟨third prize : el tercer premio⟩ **2** : joya *f*, tesoro *m* ⟨he's a real prize : es un tesoro⟩

prizefighter ['praɪz,faɪtər] *n* : boxeador *m*, -dora *f* profesional

prizewinning ['praɪz,wɪnɪŋ] *adj* : premiado

pro¹ ['pro:] *adv* : a favor

pro² *adj* → **professional¹**

pro³ *n* **1** : pro *m* ⟨the pros and cons : los pros y los contras⟩ **2** → **professional²**

probability [,prɑbə'bɪləṭi] *n, pl* **-ties** : probabilidad *f*

probable ['prɑbəbəl] *adj* : probable — **probably** [-bli] *adv*

probate¹ ['pro:,beɪt] *vt* **-bated; -bating** : autenticar (un testamento)

probate² *n* : autenticación *f* (de un testamento)

probation [pro'beɪʃən] *n* **1** : período *m* de prueba (para un empleado, etc.) **2** : libertad *f* condicional (para un preso)

probationary [pro'beɪʃə,neri] *adj* : de prueba

probe¹ ['pro:b] *vt* **probed; probing 1** : sondar (en medicina y tecnología) **2** INVESTIGATE : investigar, sondear

probe² *n* **1** : sonda *f* (en medicina, etc.) ⟨space probe : sonda espacial⟩ **2** INVESTIGATION : investigación *f*, sondeo *m*

probity ['pro:bəṭi] *n* : probidad *f*

problem¹ ['prɑbləm] *adj* : difícil

problem² *n* : problema *m*

problematic [,prɑblə'mæṭɪk] *or* **problematical** [-ṭɪkəl] *adj* : problemático

proboscis [prə'bɑsɪs] *n, pl* **-cises** *also* **-cides** [-sə,di:z] : probóscide *f*

procedural [prə'si:dʒərəl] *adj* : de procedimiento

procedure [prə'si:dʒər] *n* : procedimiento *m* ⟨administrative procedures : trámites administrativos⟩

proceed [pro'si:d] *vi* **1** : proceder ⟨to proceed to do something : proceder a hacer algo⟩ **2** CONTINUE : continuar, proseguir, seguir ⟨he proceeded to the next phase : pasó a la segunda fase⟩ **3** ADVANCE : avanzar ⟨as the conference proceeded : mientras seguía avanzando la conferencia⟩ ⟨the road proceeds south : la calle sigue hacia el sur⟩

proceeding [pro'si:dɪŋ] *n* **1** PROCEDURE : procedimiento *m* **2 proceedings** *npl* EVENTS : acontecimientos *mpl* **3 proceedings** *npl* MINUTES : actas *fpl* (de una reunión, etc.)

proceeds ['pro:,si:dz] *npl* : ganancias *fpl*

process¹ ['prɑ,sɛs, 'pro:-] *vt* : procesar, tratar

process² *n, pl* **-cesses** ['prɑ,sɛsəz, 'pro:-, -səsəz, -sə,si:z] **1** : proceso *m* ⟨the process of elimination : el proceso de eliminación⟩ **2** METHOD : proceso *m*, método *m* ⟨manufacturing processes : procesos industriales⟩ **3** : acción *f* judicial ⟨due process of law : el debido proceso (de la ley)⟩ **4** SUMMONS : citación *f* **5** PROJECTION : protuberancia *f* (anatómica) **6 in the process of** : en vías de ⟨in the process of repair : en reparaciones⟩

procession [prə'sɛʃən] *n* : procesión *f*, desfile *m* ⟨a funeral procession : un cortejo fúnebre⟩

processional [prə'sɛʃənəl] *n* : himno *m* para una procesión

processor ['prɑ,sɛsər, 'pro:-, -sɛsər] *n* **1** : procesador *m* (de una computadora) **2 food processor** : procesador *m* de alimentos

proclaim [pro'kleɪm] *vt* : proclamar

proclamation [,prɑklə'meɪʃən] *n* : proclamación *f*

proclivity [pro'klɪvəṭi] *n, pl* **-ties** : proclividad *f*

procrastinate [prə'kræstə,neɪt] *vi* **-nated; -nating** : demorar, aplazar las responsabilidades

procrastination [prə,kræstə'neɪʃən] *n* : aplazamiento *m*, demora *f*, dilación *f*

procreate ['pro:kri,eɪt] *vi* **-ated; -ating** : procrear

procreation [,pro:kri'eɪʃən] *n* : procreación *f*

proctor¹ ['prɑktər] *vt* : supervisar (un examen)

proctor² *n* : supervisor *m*, -sora *f* (de un examen)

procure [prəˈkjʊr] *vt* **-cured; -curing 1**
OBTAIN : procurar, obtener **2** BRING
ABOUT : provocar, lograr, conseguir

procurement [prəˈkjʊrmənt] *n* : obtención *f*

prod¹ [ˈprɑd] *vt* **prodded; prodding 1**
JAB, POKE : pinchar, golpear (con la
punta de algo) **2** GOAD : incitar, estimular

prod² *n* **1** JAB, POKE : golpe *m* (con la
punta de algo), pinchazo *m* **2** STIMU-
LUS : estímulo *m* **3 cattle prod** : picana
f, aguijón *m*

prodigal¹ [ˈprɑdɪɡəl] *adj* SPENDTHRIFT
: pródigo, despilfarrador, derrochador

prodigal² *n* : pródigo *m*, -ga *f*; derrochador *m*, -dora *f*

prodigious [prəˈdɪdʒəs] *adj* **1** MAR-
VELOUS : prodigioso, maravilloso **2**
HUGE : enorme, vasto ⟨prodigious
sums : muchísimo dinero⟩ — **prodi-
giously** *adv*

prodigy [ˈprɑdədʒi] *n, pl* **-gies** : prodigio
m ⟨child prodigy : niño prodigio⟩

produce¹ [prəˈduːs, -ˈdjuːs] *vt* **-duced;**
-ducing 1 EXHIBIT : presentar,
mostrar **2** YIELD : producir **3** CAUSE
: producir, causar **4** CREATE : producir
⟨to produce a poem : escribir un poe-
ma⟩ **5** : poner en escena ⟨una obra de
teatro⟩, producir (una película)

produce² [ˈprɑˌduːs, ˈproː-, -ˌdjuːs] *n*
: productos *mpl* agrícolas

producer [prəˈduːsər, -ˈdjuː-] *n* : productor *m*, -tora *f*

product [ˈprɑˌdʌkt] *n* : producto *m*

production [prəˈdʌkʃən] *n* : producción
f

productive [prəˈdʌktɪv] *adj* : productivo

productivity [ˌproːˌdʌkˈtɪvəti, ˌprɑ-] *n*
: productividad *f*

profane¹ [proˈfeɪn] *vt* **-faned; -faning**
: profanar

profane² *adj* **1** SECULAR : profano **2** IR-
REVERENT : irreverente, impío

profanity [proˈfænəti] *n, pl* **-ties 1** IR-
REVERENCE : irreverencia *f*, impiedad
f **2** : blasfemias *fpl*, obscenidades *fpl*
⟨don't use profanity : no digas blas-
femias⟩

profess [prəˈfɛs] *vt* **1** DECLARE : declarar, manifestar **2** CLAIM : pretender
3 : profesar (una religión, etc.)

professedly [prəˈfɛsədli] *adv* **1** OPENLY
: declaradamente **2** ALLEGEDLY
: supuestamente

profession [prəˈfɛʃən] *n* : profesión *f*

professional¹ [prəˈfɛʃənəl] *adj* : profesional — **professionally** *adv*

professional² *n* : profesional *mf*

professionalism [prəˈfɛʃənəˌlizəm] *n*
: profesionalismo *m*

professor [prəˈfɛsər] *n* : profesor *m* (universitario), profesora *f* (universitaria),
catedrático *m*, -ca *f*

proffer [ˈprɑfər] *vt* **-fered; -fering** : ofrecer, dar

proficiency [prəˈfɪʃəntsi] *n* : competencia *f*, capacidad *f*

proficient [prəˈfɪʃənt] *adj* : competente,
experto — **proficiently** *adv*

profile¹ [ˈproːˌfaɪl] *n* : perfil *m* ⟨a portrait
in profile : un retrato de perfil⟩ ⟨to
keep a low profile : no llamar la atención, hacerse pasar desapercibido⟩

profit¹ [ˈprɑfət] *vi* : sacar provecho (de),
beneficiarse (de)

profit² *n* **1** ADVANTAGE : provecho *m*,
partido *m*, beneficio *m* **2** GAIN : beneficio *m*, utilidad *f*, ganancia *f* ⟨to make
a profit : sacar beneficios⟩

profitable [ˈprɑfətəbəl] *adj* : rentable, lucrativo — **profitably** [-bli] *adv*

profitless [ˈprɑfətləs] *adj* : infructuoso,
inútil

profligate [ˈprɑflɪɡət, -ˌɡeɪt] *adj* **1** DIS-
SOLUTE : disoluto, licencioso **2** SPEND-
THRIFT : despilfarrador, derrochador,
pródigo

profound [prəˈfaʊnd] *adj* : profundo

profoundly [prəˈfaʊndli] *adv* : profundamente, en profundidad

profundity [prəˈfʌndəti] *n, pl* **-ties** : profundidad *f*

profuse [prəˈfjuːs] *adj* **1** COPIOUS : profuso, copioso **2** LAVISH : pródigo —
profusely *adv*

profusion [prəˈfjuːʒən] *n* : abundancia *f*,
profusión *f*

progenitor [proˈdʒɛnətər] *n* : progenitor
m, -tora *f*

progeny [ˈprɑdʒəni] *n, pl* **-nies** : progenie *f*

progesterone [proˈdʒɛstəˌroːn] *n* : progesterona *f*

prognosis [prɑɡˈnoːsɪs] *n, pl* **-noses**
[-ˌsiːz] : pronóstico *m* (médico)

program¹ [ˈproːˌɡræm, -ɡrəm] *vt*
-grammed *or* **-gramed; -gramming** *or*
-graming : programar

program² *n* : programa *m*

programmable [ˈproːˌɡræməbəl] *adj*
: programable

programmer [ˈproːˌɡræmər] *n* : programador *m*, -dora *f*

programming [ˈproːˌɡræmɪŋ] *n* : programación *f*

progress¹ [prəˈɡrɛs] *vi* **1** PROCEED
: progresar, adelantar **2** IMPROVE
: mejorar

progress² [ˈprɑɡrəs, -ˌɡrɛs] *n* **1** AD-
VANCE : progreso *m*, adelanto *m*,
avance *m* ⟨to make progress : hacer
progresos⟩ **2** BETTERMENT : mejora *f*,
mejoramiento *m*

progression [prəˈɡrɛʃən] *n* **1** ADVANCE
: avance *m* **2** SEQUENCE : desarrollo
m (de eventos)

progressive [prəˈɡrɛsɪv] *adj* **1** : progresista ⟨a progressive society : una sociedad progresista⟩ **2** : progresivo ⟨a
progressive disease : una enfermedad
progresiva⟩ **3** *or* **Progressive** : progresista (en política) **4** : progresivo (en
gramática)

progressively [prə'grɛsɪvli] *adv* : progresivamente, poco a poco

prohibit [pro'hɪbət] *vt* : prohibir

prohibition [ˌpro:ə'bɪʃən, ˌpro:hə-] *n* : prohibición *f*

prohibitive [pro'hɪbətɪv] *adj* : prohibitivo

project¹ [prə'dʒɛkt] *vt* **1** PLAN : proyectar, planear **2** : proyectar (imágenes, misiles, etc.) — *vi* PROTRUDE : sobresalir, salir

project² ['prɑˌdʒɛkt, -dʒɪkt] *n* : proyecto *m*, trabajo *m* (de un estudiante) ⟨research project : proyecto de investigación⟩

projectile [prə'dʒɛktəl, -ˌtaɪl] *n* : proyectil *m*

projection [prə'dʒɛkʃən] *n* **1** PLAN : plan *m*, proyección *f* **2** : proyección *f* (de imágenes, misiles, etc.) **3** PROTRUSION : saliente *m*

projector [prə'dʒɛktər] *n* : proyector *m*

proletarian¹ [ˌpro:lə'tɛriən] *adj* : proletario

proletarian² *n* : proletario *m*, -ria *f*

proletariat [ˌpro:lə'tɛriət] *n* : proletariado *m*

proliferate [prə'lɪfəˌreɪt] *vi* **-ated; -ating** : proliferar

proliferation [prəˌlɪfə'reɪʃən] *n* : proliferación *f*

prolific [prə'lɪfɪk] *adj* : prolífico

prologue ['pro:ˌlɔɡ] *n* : prólogo *m*

prolong [prə'lɔŋ] *vt* : prolongar

prolongation [ˌpro:ˌlɔŋ'ɡeɪʃən] *n* : prolongación *f*

prom ['prɑm] *n* : baile *m* formal (de un colegio)

promenade¹ [ˌprɑmə'neɪd, -'nɑd] *vi* **-naded; -nading** : pasear, pasearse, dar un paseo

promenade² *n* : paseo *m*

prominence ['prɑmənənts] *n* **1** PROJECTION : prominencia *f* **2** EMINENCE : eminencia *f*, prestigio *m*

prominent ['prɑmənənt] *adj* **1** OUTSTANDING : prominente, destacado **2** PROJECTING : prominente, saliente

prominently ['prɑmənəntli] *adv* : destacadamente, prominentemente

promiscuity [ˌprɑmɪs'kju:əti] *n, pl* **-ties** : promiscuidad *f*

promiscuous [prə'mɪskjuəs] *adj* : promiscuo — **promiscuously** *adv*

promise¹ ['prɑməs] *v* **-ised; -ising** : prometer

promise² *n* **1** : promesa *f* ⟨he kept his promise : cumplió su promesa⟩ **2 to show promise** : prometer

promising ['prɑməsɪŋ] *adj* : prometedor

promissory ['prɑməˌsori] *adj* : que promete ⟨a promissory note : un pagaré⟩

promontory ['prɑmənˌtori] *n, pl* **-ries** : promontorio *m*

promote [prə'mo:t] *vt* **-moted; -moting** **1** : ascender (a un alumno o un empleado) **2** ADVERTISE : promocionar,

hacerle publicidad a **3** FURTHER : promover, fomentar

promoter [prə'mo:tər] *n* : promotor *m*, -tora *f*; empresario *m*, -ria *f* (en deportes)

promotion [prə'mo:ʃən] *n* **1** : ascenso *m* (de un alumno o un empleado) **2** FURTHERING : promoción *f*, fomento *m* **3** ADVERTISING : publicidad *f*, propaganda *f*

promotional [prə'mo:ʃənəl] *adj* : promocional

prompt¹ ['prɑmpt] *vt* **1** INDUCE : provocar (una cosa), inducir (a una persona) ⟨curiosity prompted me to ask you : la curiosidad me indujo a preguntarle⟩ **2** : apuntar (a un actor, etc.)

prompt² *adj* : pronto, rápido ⟨prompt payment : pago puntual⟩

prompter ['prɑmptər] *n* : apuntador *m*, -dora *f* (en teatro)

promptly ['prɑmptli] *adv* : inmediatamente, rápidamente

promptness ['prɑmptnəs] *n* : prontitud *f*, rapidez *f*

promulgate ['prɑməlˌɡeɪt] *vt* **-gated; -gating** : promulgar

prone ['pro:n] *adj* **1** LIABLE : propenso, proclive ⟨accident-prone : propenso a los accidentes⟩ **2** : boca abajo, decúbito prono ⟨in a prone position : en decúbito prono⟩

prong ['prɔŋ] *n* : punta *f*, diente *m*

pronoun ['pro:ˌnaʊn] *n* : pronombre *m*

pronounce [prə'naʊnts] *vt* **-nounced; -nouncing** **1** : pronunciar ⟨how do you pronounce your name? : ¿cómo se pronuncia su nombre?⟩ **2** DECLARE : declarar **3 to pronounce sentence** : dictar sentencia, pronunciar un fallo

pronounced [prə'naʊntst] *adj* MARKED : pronunciado, marcado

pronouncement [prə'naʊntsmənt] *n* : declaración *f*

pronunciation [prəˌnʌntsi'eɪʃən] *n* : pronunciación *f*

proof¹ ['pru:f] *adj* : a prueba ⟨proof against tampering : a prueba de manipulación⟩

proof² *n* : prueba *f*

proofread ['pru:fˌri:d] *v* **-read; -reading** *vt* : corregir — *vi* : corregir pruebas

proofreader ['pru:fˌri:dər] *n* : corrector *m*, -tora *f* (de pruebas)

prop¹ ['prɑp] *vt* **propped; propping** **1 to prop against** : apoyar contra **2 to prop up** SUPPORT : apoyar, apuntalar, sostener **3 to prop up** SUSTAIN : alentar (a alguien), darle ánimo (a alguien)

prop² *n* **1** SUPPORT : puntal *m*, apoyo *m*, soporte *m* **2** : accesorio *m* (en teatro)

propaganda [ˌprɑpə'ɡændə, ˌpro:-] *n* : propaganda *f*

propagandize [ˌprɑpə'ɡænˌdaɪz, ˌpro:-] *v* **-dized; -dizing** *vt* : someter a propaganda — *vi* : hacer propaganda

propagate ['prɑpǝ‚geɪt] v **-gated; -gating** vi : propagarse — vt : propagar

propagation [‚prɑpǝ'geɪʃǝn] n : propagación f

propane ['pro:‚peɪn] n : propano m

propel [prǝ'pɛl] vt **-pelled; -pelling** : impulsar, propulsar, impeler

propellant or **propellent** [prǝ'pɛlǝnt] n : propulsor m

propeller [prǝ'pɛlǝr] n : hélice f

propensity [prǝ'pɛntsǝti] n, pl **-ties** : propensión f, tendencia f, inclinación f

proper ['prɑpǝr] adj **1** RIGHT, SUITABLE : apropiado, adecuado **2** : propio, mismo ⟨the city proper : la propia ciudad⟩ **3** CORRECT : correcto **4** GENTEEL : fino, refinado, cortés **5** OWN, SPECIAL : propio ⟨proper name : nombre propio⟩ — **properly** adv

property ['prɑpǝrti] n, pl **-ties 1** CHARACTERISTIC : característica f, propiedad f **2** POSSESSIONS : propiedad f **3** BUILDING : inmueble m **4** LAND, LOT : terreno m, lote m, parcela f **5** PROP : accesorio m (en teatro)

prophecy ['prɑfǝsi] n, pl **-cies** : profecía f, vaticinio m

prophesy ['prɑfǝ‚saɪ] v **-sied; -sying** vt **1** FORETELL : profetizar (como profeta) **2** PREDICT : profetizar, predecir, vaticinar — vi : hacer profecías

prophet ['prɑfǝt] n : profeta m, profetisa f

prophetic [prǝ'fɛtɪk] or **prophetical** [-tɪkǝl] adj : profético — **prophetically** [-tɪkli] adv

propitiate [pro'pɪʃi‚eɪt] vt **-ated; -ating** : propiciar

propitious [prǝ'pɪʃǝs] adj : propicio

proponent [prǝ'po:nǝnt] n : defensor m, -sora f; partidario m, -ria f

proportion¹ [prǝ'porʃǝn] vt : proporcionar ⟨well-proportioned : de buenas proporciones⟩

proportion² n **1** RATIO : proporción f **2** SYMMETRY : proporción f, simetría f ⟨out of proportion : desproporcionado⟩ **3** SHARE : parte f **4** **proportions** npl SIZE : dimensiones fpl

proportional [prǝ'porʃǝnǝl] adj : proporcional — **proportionally** adv

proportionate [prǝ'porʃǝnǝt] adj : proporcional — **proportionately** adv

proposal [prǝ'po:zǝl] n **1** PROPOSITION : propuesta f, proposición f ⟨marriage proposal : propuesta de matrimonio⟩ **2** PLAN : proyecto m, propuesta f

propose [prǝ'po:z] v **-posed; -posing** vi : proponer matrimonio — vt **1** INTEND : pensar, proponerse **2** SUGGEST : proponer

proposition [‚prɑpǝ'zɪʃǝn] n **1** PROPOSAL : proposición f, propuesta f **2** STATEMENT : proposición f

propound [prǝ'paʊnd] vt : proponer, exponer

proprietary [prǝ'praɪǝ‚tɛri] adj : propietario, patentado

proprietor [prǝ'praɪǝtǝr] n : propietario m, -ria f

propriety [prǝ'praɪǝti] n, pl **-eties 1** DECORUM : decencia f, decoro m **2** **proprieties** npl CONVENTIONS : convenciones fpl, cánones mpl sociales

propulsion [prǝ'pʌlʃǝn] n : propulsión f

prosaic [pro'zeɪɪk] adj : prosaico

proscribe [pro'skraɪb] vt **-scribed; -scribing** : proscribir

prose ['pro:z] n : prosa f

prosecute ['prɑsɪ‚kju:t] vt **-cuted; -cuting 1** CARRY OUT : llevar a cabo **2** : procesar, enjuiciar ⟨prosecuted for fraud : procesado por fraude⟩

prosecution [‚prɑsɪ'kju:ʃǝn] n **1** : procesamiento m ⟨the prosecution of forgers : el procesamiento de falsificadores⟩ **2** PROSECUTORS : acusación f ⟨witness for the prosecution : testigo de cargo⟩

prosecutor ['prɑsɪ‚kju:tǝr] n : acusador m, -dora f; fiscal mf

prospect¹ [prǝ'spɛkt] vi : prospectar (el terreno) ⟨to prospect for gold : buscar oro⟩

prospect² n **1** VISTA : vista f, panorama m **2** POSSIBILITY : posibilidad f **3** OUTLOOK : perspectiva f **4** : posible cliente m, -ta f ⟨a salesman looking for prospects : un vendedor buscando nuevos clientes⟩

prospective [prǝ'spɛktɪv, 'prɑ‚spɛk-] adj **1** EXPECTANT : futuro ⟨prospective mother : futura madre⟩ **2** POTENTIAL : potencial, posible ⟨prospective employee : posible empleado⟩

prospector ['prɑ‚spɛktǝr, prǝ'spɛk-] n : prospector m, -tora f; explorador m, -dora f

prospectus [prǝ'spɛktǝs] n : prospecto m

prosper ['prɑspǝr] vi : prosperar

prosperity [prɑ'spɛrǝti] n : prosperidad f

prosperous ['prɑspǝrǝs] adj : próspero

prostate ['prɑ‚steɪt] n : próstata f

prosthesis [prɑs'θi:sɪs, 'prɑsθǝ-] n, pl **-theses** [-‚si:z] : prótesis f

prostitute¹ ['prɑstǝ‚tu:t, -‚tju:t] vt **-tuted; -tuting 1** : prostituir **2 to prostitute oneself** : prostituirse

prostitute² n : prostituto m, -ta f

prostitution [‚prɑstǝ'tu:ʃǝn, -'tju:-] n : prostitución f

prostrate¹ ['prɑ‚streɪt] vt **-trated; -trating 1** : postrar **2 to prostrate oneself** : postrarse

prostrate² adj : postrado

prostration [prɑ'streɪʃǝn] n : postración f

protagonist [pro'tægǝnɪst] n : protagonista mf

protect [prǝ'tɛkt] vt : proteger

protection [prǝ'tɛkʃǝn] n : protección f

protective [prǝ'tɛktɪv] adj : protector

protector [prǝ'tɛktǝr] n **1** : protector m, -tora f (persona) **2** GUARD : protector m (aparato)

protectorate [prə'tɛktərət] n : protectorado m

protégé ['pro:tə,ʒeɪ] n : protegido m, -da f

protein ['pro:,ti:n] n : proteína f

protest[1] ['pro:tɛst] vt 1 ASSERT : afirmar, declarar 2 : protestar ⟨they protested the decision : protestaron (por) la decisión⟩ — vi **to protest against** : protestar contra

protest[2] ['pro:,tɛst] n 1 DEMONSTRATION : manifestación f (de protesta) ⟨a public protest : una manifestación pública⟩ 2 COMPLAINT : queja f, protesta f

Protestant ['prɑtəstənt] n : protestante mf

Protestantism ['prɑtəstən,tɪzəm] n : protestantismo m

protocol ['pro:tə,kɔl] n : protocolo m

proton ['pro:,tɑn] n : protón m

protoplasm ['pro:tə,plæzəm] n : protoplasma m

prototype ['pro:tə,taɪp] n : prototipo m

protozoan [,pro:tə'zo:ən] n : protozoario m, protozoo m

protract [pro'trækt] vt : prolongar

protractor [pro'træktər] n : transportador m (instrumento)

protrude [pro'tru:d] vi -**truded; -truding** : salir, sobresalir

protrusion [pro'tru:ʒən] n : protuberancia f, saliente m

protuberance [pro'tu:bərənts, -'tju:-] n : protuberancia f

proud ['praʊd] adj 1 HAUGHTY : altanero, orgulloso, arrogante 2 : orgulloso ⟨she was proud of her work : estaba orgullosa de su trabajo⟩ ⟨too proud to beg : demasiado orgulloso para rogar⟩ 3 GLORIOUS : glorioso — **proudly** adv

prove ['pru:v] v **proved; proved** or **proven** ['pru:vən]; **proving** vt 1 TEST : probar 2 DEMONSTRATE : probar, demostrar — vi : resultar ⟨it proved effective : resultó efectivo⟩

Provençal [,pro:van'sal, ,pravən-] n 1 : provenzal mf 2 : provenzal m (idioma) — **Provençal** adj

proverb ['prɑ,vərb] n : proverbio m, refrán f

proverbial [prə'vərbiəl] adj : proverbial

provide [prə'vaɪd] v -**vided; -viding** vt 1 STIPULATE : estipular 2 **to provide with** : proveer de, proporcionar — vi 1 : proveer ⟨the Lord will provide : el Señor proveerá⟩ 2 **to provide for** SUPPORT : mantener 3 **to provide for** ANTICIPATE : hacer previsiones para, prever

provided [prə'vaɪdəd] or **provided that** conj : con tal (de) que, siempre que

providence ['prɑvədənts] n 1 PRUDENCE : previsión f, prudencia f 2 or **Providence** : providencia f ⟨divine providence : la Divina Providencia⟩ 3 **Providence** GOD : Providencia f

provident ['prɑvədənt] adj 1 PRUDENT : previsor, prudente 2 FRUGAL : frugal, ahorrativo

providential [,prɑvə'dɛntʃəl] adj : providencial

provider [prə'vaɪdər] n 1 PURVEYOR : proveedor m, -dora f 2 BREADWINNER : sostén m (económico)

providing that → **provided**

province ['prɑvɪnts] n 1 : provincia f (de un país) ⟨to live in the provinces : vivir en las provincias⟩ 2 FIELD, SPHERE : campo m, competencia f ⟨it's not in my province : no es de mi competencia⟩

provincial [prə'vɪntʃəl] adj 1 : provincial ⟨provincial government : gobierno provincial⟩ 2 : provinciano, pueblerino ⟨a provincial mentality : una mentalidad provinciana⟩

provision[1] [prə'vɪʒən] vt : aprovisionar, abastecer

provision[2] n 1 PROVIDING : provisión f, suministro m 2 STIPULATION : condición f, salvedad f, estipulación f 3 **provisions** npl : despensa f, víveres mpl, provisiones fpl

provisional [prə'vɪʒənəl] adj : provisional, provisorio — **provisionally** adv

proviso [prə'vaɪ,zo:] n, pl -**sos** or -**soes** : condición f, salvedad f, estipulación f

provocation [,prɑvə'keɪʃən] n : provocación f

provocative [prə'vɑkətɪv] adj : provocador, provocativo ⟨a provocative article : un artículo que hace pensar⟩

provoke [prə'vo:k] vt -**voked; -voking** : provocar

prow ['praʊ] n : proa f

prowess ['praʊəs] n 1 VALOR : valor m, valentía f 2 SKILL : habilidad f, destreza f

prowl ['praʊl] vi : merodear, rondar — vt : rondar por

prowler ['praʊlər] n : merodeador m, -dora f

proximity [prɑk'sɪmət̮i] n : proximidad f

proxy ['prɑksi] n, pl **proxies** 1 : poder m (de actuar en nombre de alguien) ⟨by proxy : por poder⟩ 2 AGENT : apoderado m, -da f; representante mf

prude ['pru:d] n : mojigato m, -ta f; gazmoño m, -ña f

prudence ['pru:dənts] n 1 SHREWDNESS : prudencia f, sagacidad f 2 CAUTION : prudencia f, cautela f 3 THRIFTINESS : frugalidad f

prudent ['pru:dənt] adj 1 SHREWD : prudente, sagaz 2 CAUTIOUS, FARSIGHTED : prudente, previsor, precavido 3 THRIFTY : frugal, ahorrativo — **prudently** adv

prudery ['pru:dəri] n, pl -**eries** : mojigatería f, gazmoñería f

prudish ['pru:dɪʃ] adj : mojigato, gazmoño

prune¹ [ˈpruːn] *vt* **pruned; pruning** : podar (arbustos, etc.), acortar (un texto), recortar (gastos, etc.)

prune² *n* : ciruela *f* pasa

prurient [ˈprʊriənt] *adj* : lascivo

pry [ˈpraɪ] *v* **pried; prying** *vi* : curiosear, huronear ⟨to pry into other people's business : meterse uno en lo que no le importa⟩ — *vt* or **to pry open** : abrir (con una palanca), apalancar

psalm [ˈsɑm, ˈsɑlm] *n* : salmo *m*

pseudonym [ˈsuːdəˌnɪm] *n* : seudónimo *m*

psoriasis [səˈraɪəsɪs] *n* : soriasis *f*, psoriasis *f*

psyche [ˈsaɪki] *n* : psique *f*, psiquis *f*

psychedelic¹ [ˌsaɪkəˈdɛlɪk] *adj* : psicodélico

psychedelic² *n* : droga *f* psicodélica

psychiatric [ˌsaɪkiˈætrɪk] *adj* : psiquiátrico, siquiátrico

psychiatrist [səˈkaɪətrɪst, saɪ-] *n* : psiquiatra *mf*, siquiatra *mf*

psychiatry [səˈkaɪətri, saɪ-] *n* : psiquiatría *f*, siquiatría *f*

psychic¹ [ˈsaɪkɪk] *adj* **1** : psíquico, síquico (en psicología) **2** CLAIRVOYANT : clarividente

psychic² *n* : vidente *mf*, clarividente *mf*

psychoanalysis [ˌsaɪkoəˈnæləsɪs] *n*, *pl* **-yses** : psicoanálisis *m*, sicoanálisis *m*

psychoanalyst [ˌsaɪkoˈænəlɪst] *n* : psicoanalista *mf*, sicoanalista *mf*

psychoanalytic [ˌsaɪkoˌænəlˈɪtɪk] *adj* : psicoanalítico, sicoanalítico

psychoanalyze [ˌsaɪkoˈænəlˌaɪz] *vt* **-lyzed; -lyzing** : psicoanalizar, sicoanalizar

psychological [ˌsaɪkəˈlɑdʒɪkəl] *adj* : psicológico, sicológico — **psychologically** *adv*

psychologist [saɪˈkɑlədʒɪst] *n* : psicólogo *m*, -ga *f*; sicólogo *m*, -ga *f*

psychology [saɪˈkɑlədʒi] *n*, *pl* **-gies** : psicología *f*, sicología *f*

psychopath [ˈsaɪkoˌpæθ] *n* : psicópata *mf*, sicópata *mf*

psychopathic [ˌsaɪkoˈpæθɪk] *adj* : psicopático, sicopático

psychosis [saɪˈkoːsɪs] *n*, *pl* **-choses** [-ˈkoːˌsiːz] : psicosis *f*, sicosis *f*

psychosomatic [ˌsaɪkosəˈmætɪk] *adj* : psicosomático, sicosomático

psychotherapist [ˌsaɪkoˈθɛrəpɪst] *n* : psicoterapeuta *mf*, sicoterapeuta *mf*

psychotherapy [ˌsaɪkoˈθɛrəpi] *n*, *pl* **-pies** : psicoterapia *f*, sicoterapia *f*

psychotic¹ [saɪˈkɑtɪk] *adj* : psicótico, sicótico

psychotic² *n* : psicótico *m*, -ca *f*; sicótico *m*, -ca *f*

puberty [ˈpjuːbərti] *n* : pubertad *f*

pubic [ˈpjuːbɪk] *adj* : pubiano, púbico

public¹ [ˈpʌblɪk] *adj* : público — **publicly** *adv*

public² *n* : público *m*

publication [ˌpʌbləˈkeɪʃən] *n* : publicación *f*

publicist [ˈpʌbləsɪst] *n* : publicista *mf*

publicity [pəˈblɪsəti] *n* : publicidad *f*

publicize [ˈpʌbləˌsaɪz] *vt* **-cized; -cizing** : publicitar

public school *n* : escuela *f* pública

publish [ˈpʌblɪʃ] *vt* : publicar

publisher [ˈpʌblɪʃər] *n* : casa *f* editorial (compañía); editor *m*, -tora *f* (persona)

publishing [ˈpʌblɪʃɪŋ] *n* : industria *f* editorial

pucker¹ [ˈpʌkər] *vt* : fruncir, arrugar — *vi* : arrugarse

pucker² *n* : arruga *f*, frunce *m*, fruncido *m*

pudding [ˈpʊdɪŋ] *n* : budín *m*, pudín *m*

puddle [ˈpʌdəl] *n* : charco *m*

pudgy [ˈpʌdʒi] *adj* **pudgier; -est** : regordete *fam*, rechoncho *fam*, gordinflón *fam*

puerile [ˈpjʊrəl] *adj* : pueril

Puerto Rican¹ [ˌpwɛrtəˈriːkən, ˌpɔrtə-] *adj* : puertorriqueño

Puerto Rican² *n* : puertorriqueño *m*, -ña *f*

puff¹ [ˈpʌf] *vi* **1** BLOW : soplar **2** PANT : resoplar, jadear **3 to puff up** SWELL : hincharse — *vt* **1** BLOW : soplar ⟨to puff smoke : echar humo⟩ **2** INFLATE : inflar, hinchar ⟨to puff out one's cheeks : inflar las mejillas⟩

puff² *n* **1** GUST : soplo *m*, ráfaga *f*, bocanada *f* (de humo) **2** DRAW : chupada *f* (a un cigarrillo) **3** SWELLING : hinchazón *f* **4 cream puff** : pastelito *m* de crema **5 powder puff** : borla *f*

puffy [ˈpʌfi] *adj* **puffier; -est 1** SWOLLEN : hinchado, inflado **2** SPONGY : esponjoso, suave

pug [ˈpʌg] *n* **1** : doguillo *m* (perro) **2** or **pug nose** : nariz *f* achatada

pugnacious [ˌpʌgˈneɪʃəs] *adj* : pugnaz, agresivo

puke [ˈpjuːk] *vi* **puked; puking** : vomitar, devolver

pull¹ [ˈpʊl, ˈpʌl] *vt* **1** DRAW, TUG : tirar de, jalar **2** EXTRACT : sacar, extraer ⟨to pull teeth : sacar muelas⟩ ⟨to pull a gun on : amenazar a (alguien) con pistola⟩ **3** TEAR : desgarrarse (un músculo, etc.) **4 to pull down** : bajar, echar abajo, derribar (un edificio) **5 to pull in** ATTRACT : atraer (una muchedumbre, etc.) ⟨to pull in votes : conseguir votos⟩ **6 to pull off** REMOVE : sacar, quitar **7 to pull oneself together** : calmarse, tranquilizarse **8 to pull up** RAISE : levantar, subir — *vi* **1** DRAW, TUG : tirar, jalar **2** (*indicating movement in a specific direction*) ⟨they pulled in front of us : se nos metieron delante⟩ ⟨to pull to a stop : pararse⟩ **3 to pull through** RECOVER : recobrarse, reponerse **4 to pull together** COOPERATE : trabajar juntos, cooperar

pull² *n* **1** TUG : tirón *m*, jalón *m* ⟨he gave it a pull : le dio un tirón⟩ **2** ATTRACTION : atracción *f*, fuerza *f* ⟨the pull of gravity : la fuerza de la gravedad⟩ **3**

INFLUENCE : influencia *f* **4** HANDLE
: tirador *m* (de un cajón, etc.) **5** bell
pull : cuerda *f*
pullet ['pʊlət] *n* : polla *f*, gallina *f* (joven)
pulley ['pʊli] *n*, *pl* **-leys** : polea *f*
pullover ['pʊl,o:vər] *n* : suéter *m*
pulmonary ['pʊlmə,neri, 'pʌl-] *adj*
: pulmonar
pulp ['pʌlp] *n* **1** : pulpa *f* (de una fruta,
etc.) **2** MASH : papilla *f*, pasta *f* ⟨wood
pulp : pasta de papel, pulpa de papel⟩
⟨to beat to a pulp : hacer papilla (a alguien)⟩ **3** : pulpa *f* (de los dientes)
pulpit ['pʊl,pɪt] *n* : púlpito *m*
pulsate ['pʌl,seɪt] *vi* **-sated; -sating 1**
BEAT : latir, palpitar **2** VIBRATE : vibrar
pulsation [,pʌl'seɪʃən] *n* : pulsación *f*
pulse ['pʌls] *n* : pulso *m*
pulverize ['pʌlvə,raɪz] *vt* **-ized; -izing**
: pulverizar
puma ['pu:mə, 'pju:-] *n* : puma *m*; león
m, leona *f* (in various countries)
pumice ['pʌməs] *n* : piedra *f* pómez
pummel ['pʌməl] *vt* **-meled; -meling**
: aporrear, apalear
pump[1] ['pʌmp] *vt* **1** : bombear ⟨to pump
water : bombear agua⟩ **2** : inflar (una
tire : inflar una llanta⟩ **2** : mover (una
manivela, un pedal, etc.) de arriba abajo ⟨to pump someone's hand : darle un
fuerte apretón de manos (a alguien)⟩
3 to pump out : sacar, vaciar (con una
bomba)
pump[2] *n* **1** : bomba *f* ⟨water pump
: bomba de agua⟩ **2** SHOE : zapato *m*
de tacón
pumpernickel ['pʌmpər,nɪkəl] *n* : pan *m*
negro de centeno
pumpkin ['pʌmpkɪn, 'pʌŋkən] *n* : calabaza *f*, zapallo *m* *Arg, Chile, Peru, Uru*
pun[1] ['pʌn] *vi* **punned; punning** : hacer
juegos de palabras
pun[2] *n* : juego *m* de palabras, albur *m*
Mex
punch[1] ['pʌntʃ] *vt* **1** HIT : darle un puñetazo (a alguien), golpear ⟨she punched
him in the nose : le dio un puñetazo en
la nariz⟩ **2** PERFORATE : perforar (papel, etc.), picar (un boleto)
punch[2] *n* **1** : perforadora *f* ⟨paper punch
: perforadora de papel⟩ **2** BLOW : golpe
m, puñetazo *m* **3** : ponche *m* ⟨fruit
punch : ponche de frutas⟩
punctilious [pəŋk'tɪliəs] *adj* : puntilloso
punctual ['pʌŋktʃuəl] *adj* : puntual
punctuality [,pʌŋktʃu'æləti] *n* : puntualidad *f*
punctually ['pʌŋktʃuəli] *adv* : puntualmente, a tiempo
punctuate ['pʌŋktʃu,eɪt] *vt* **-ated; -ating**
: puntuar
punctuation [,pʌŋktʃu'eɪʃən] *n* : puntuación *f*
puncture[1] ['pʌŋktʃər] *vt* **-tured; -turing**
: pinchar, punzar, perforar, ponchar
Mex
puncture[2] *n* : pinchazo *m*, ponchadura
f Mex

pundit ['pʌndɪt] *n* : experto *m*, -ta *f*
pungency ['pʌndʒəntsi] *n* : acritud *f*, acrimonia *f*
pungent ['pʌndʒənt] *adj* : acre
punish ['pʌnɪʃ] *vt* : castigar
punishable ['pʌnɪʃəbəl] *adj* : punible
punishment ['pʌnɪʃmənt] *n* : castigo *m*
punitive ['pju:nətɪv] *adj* : punitivo
punt[1] ['pʌnt] *vt* : impulsar (un barco) con
una pértiga — *vi* : despejar (en deportes)
punt[2] *n* **1** : batea *f* (barco) **2** : patada *f*
de despeje (en deportes)
puny ['pju:ni] *adj* **-nier; -est** : enclenque,
endeble
pup ['pʌp] *n* : cachorro *m*, -rra *f* (de un
perro); cría *f* (de otros animales)
pupa ['pju:pə] *n*, *pl* **-pae** [-pi, -,paɪ] *or*
-pas : crisálida *f*, pupa *f*
pupil ['pju:pəl] *n* **1** : alumno *m*, -na *f* (de
colegio) **2** : pupila *f* (del ojo)
puppet ['pʌpət] *n* : títere *m*, marioneta
f
puppy ['pʌpi] *n*, *pl* **-pies** : cachorro *m*,
-rra *f*
purchase[1] ['pərtʃəs] *vt* **-chased; -chas-
ing** : comprar
purchase[2] *n* **1** PURCHASING : compra *f*,
adquisición *f* **2** : compra *f* (de otros
purchases : compras de última hora⟩
3 GRIP : agarre *m*, asidero *m* ⟨she got
a firm purchase on the wheel : se agarró bien del volante⟩
purchase order *n* : orden *f* de compra
pure ['pjʊr] *adj* **purer; purest** : puro
puree[1] [pjʊ'reɪ, -'ri:] *vt* **-reed; -reeing**
: hacer un puré con
puree[2] *n* : puré *m*
purely ['pjʊrli] *adv* **1** WHOLLY : pura-
mente, completamente ⟨purely by
chance : por pura casualidad⟩ **2** SIM-
PLY : sencillamente, meramente
purgative ['pərgətɪv] *n* : purgante *m*
purgatory ['pərgə,tori] *n*, *pl* **-ries** : purgatorio *m*
purge[1] ['pərdʒ] *vt* **purged; purging** : purgar
purge[2] *n* : purga *f*
purification [,pjʊrəfə'keɪʃən] *n* : purificación *f*
purify ['pjʊrə,faɪ] *vt* **-fied; -fying** : purificar
puritan ['pjʊrətən] *n* : puritano *m*, -na *f*
— **puritan** *adj*
puritanical [,pjʊrə'tænɪkəl] *adj* : puritano
purity ['pjʊrəti] *n* : pureza *f*
purl[1] ['pərl] *v* : tejer al revés, tejer del
revés
purl[2] *n* : punto *m* del revés
purloin [pər'lɔɪn, 'pər,lɔɪn] *vt* : hurtar,
robar
purple ['pərpəl] *n* : morado *m*, color *m*
púrpura
purport [pər'port] *vt* : pretender ⟨to purport to be : pretender ser⟩
purpose ['pərpəs] *n* **1** INTENTION
: propósito *m*, intención *f* ⟨on purpose

: a propósito, adrede⟩ **2** FUNCTION
: función *f* **3** RESOLUTION : resolución
f, determinación *f*
purposeful ['pərpəsfəl] *adj* : determinado, decidido, resuelto
purposefully ['pərpəsfəli] *adv* : decididamente, resueltamente
purposely ['pərpəsli] *adv* : intencionadamente, a propósito, adrede
purr[1] ['pər] *vi* : ronronear
purr[2] *n* : ronroneo *m*
purse[1] ['pərs] *vt* **pursed; pursing** : fruncir ⟨to purse one's lips : fruncir la boca⟩
purse[2] *n* **1** HANDBAG : cartera *f*, bolso
m, bolsa *f Mex* ⟨a change purse : un
monedero⟩ **2** FUNDS : fondos *mpl* **3**
PRIZE : premio *m*
pursue [pər'su:] *vt* **-sued; -suing** **1**
CHASE : perseguir **2** SEEK : buscar,
tratar de encontrar ⟨to pursue pleasure
: buscar el placer⟩ **3** FOLLOW : seguir
⟨the road pursues a northerly course
: el camino sigue hacia el norte⟩ **4**
: dedicarse a ⟨to pursue a hobby : dedicarse a un pasatiempo⟩
pursuer [pər'su:ər] *n* : perseguidor *m*,
-dora *f*
pursuit [pər'su:t] *n* **1** CHASE : persecución *f* **2** SEARCH : búsqueda *f*, busca
f **3** ACTIVITY : actividad *f*, pasatiempo
m
purveyor [pər'veɪər] *n* : proveedor *m*,
-dora *f*
pus ['pʌs] *n* : pus *m*
push[1] ['pʊʃ] *vt* **1** SHOVE : empujar **2**
PRESS : apretar, pulsar ⟨push that button : aprieta ese botón⟩ **3** PRESSURE,
URGE : presionar **4 to push around**
BULLY : intimidar, mangonear — *vi* **1**
SHOVE : empujar **2** INSIST : insistir,
presionar **3 to push off** LEAVE : marcharse, irse, largarse *fam* **4 to push on**
PROCEED : seguir
push[2] *n* **1** SHOVE : empujón *m* **2** DRIVE
: empuje *m*, energía *f*, dinamismo *m* **3**
EFFORT : esfuerzo *m*
push-button ['pʊʃ'bʌtən] *adj* : de botones
pushcart ['pʊʃ'kart] *n* : carretilla *f* de
mano
pushy ['pʊʃi] *adj* **pushier; -est** : mandón, prepotente
pussy ['pʊsi] *n, pl* **pussies** : gatito *m*, -ta
f; minino *m*, -na *f*
pussy willow *n* : sauce *m* blanco
pustule ['pʌs,tʃu:l] *n* : pústula *f*
put ['pʊt] *v* **put; putting** *vt* **1** PLACE : poner, colocar ⟨put it on the table : ponlo
en la mesa⟩ **2** INSERT : meter **3** (*indicating causation of a state or feeling*)
: poner ⟨it put her in a good mood : la
puso de buen humor⟩ ⟨to put into effect : poner en práctica⟩ **4** IMPOSE : imponer ⟨they put a tax on it : lo gravaron
con un impuesto⟩ **5** SUBJECT : someter, poner ⟨to put to the test : poner a
prueba⟩ ⟨to put to death : ejecutar⟩ **6**
EXPRESS : expresar, decir ⟨he put it

simply : lo dijo sencillamente⟩ **7** AP-
PLY : aplicar ⟨to put one's mind to
something : proponerse hacer algo⟩ **8**
SET : poner ⟨I put him to work : lo puse
a trabajar⟩ **9** ATTACH : dar ⟨to put a
high value on : dar gran valor a⟩ **10**
PRESENT : presentar, exponer ⟨to put
a question to someone : hacer una pregunta a alguien⟩ — *vi* **1 to put to sea**
: hacerse a la mar **2 to put up with**
: aguantar, soportar
put away *vt* **1** KEEP : guardar **2** *or* **to
put aside** : dejar a un lado
put by *vt* SAVE : ahorrar
put down *vt* **1** SUPPRESS : aplastar,
suprimir **2** ATTRIBUTE : atribuir ⟨she
put it down to luck : lo atribuyó a la
suerte⟩
put in *vi* : presentarse ⟨I've put in for the
position : me presenté para el puesto⟩
— *vt* DEVOTE : dedicar (unas horas,
etc.)
put off *vt* DEFER : aplazar, posponer
put on *vt* **1** ASSUME : afectar, adoptar **2**
PRODUCE : presentar (una obra de
teatro, etc.) **3** WEAR : ponerse
put out *vt* INCONVENIENCE : importunar, incomodar
putrefy ['pju:trə,faɪ] *v* **-fied; -fying** *vt*
: pudrir — *vi* : pudrirse
putrid ['pju:trɪd] *adj* : putrefacto, pútrido
putter ['pʌtər] *vi or* **to putter around** : entretenerse
putty[1] ['pʌti] *vt* **-tied; -tying** : poner masilla en
putty[2] *n, pl* **-ties** : masilla *f*
put up *vt* **1** LODGE : alojar **2** CON-
TRIBUTE : contribuir, pagar
puzzle[1] ['pʌzəl] *vt* **-zled; -zling** CON-
FUSE : confundir, dejar perplejo **2 to
puzzle out** : dar vueltas a, tratar de resolver
puzzle[2] *n* **1** : rompecabezas *m* ⟨a crossword puzzle : un crucigrama⟩ **2** MYS-
TERY : misterio *m*, enigma *m*
puzzlement ['pʌzəlmənt] *n* : desconcierto *m*, perplejidad *f*
pygmy[1] ['pɪgmi] *adj* : enano, pigmeo
pygmy[2] *n, pl* **-mies** **1** DWARF : enano *m*,
-na *f* **2 Pygmy** : pigmeo *m*, -mea *f*
pylon ['paɪ,lɑn, -lən] *n* **1** : torre *f* de conducta eléctrica **2** : pilón *m* (de un
puente)
pyramid ['pɪrə,mɪd] *n* : pirámide *f*
pyre ['paɪr] *n* : pira *f*
pyromania [,paɪro'meɪniə] *n* : piromanía
f
pyromaniac [,paɪro'meɪni,æk] *n* : pirómano *m*, -na *f*
pyrotechnics [,paɪrə'tɛknɪks] *npl* **1**
FIREWORKS : fuegos *mpl* artificiales **2**
DISPLAY, SHOW : espectáculo *m*, muestra *f* de virtuosismo ⟨computer pyrotechnics : efectos especiales hechos
por computadora⟩
python ['paɪ,θɑn, -θən] *n* : pitón *f*, serpiente *f* pitón

Q

q ['kju:] *n, pl* **q's** *or* **qs** ['kju:z] : decimoséptima letra del alfabeto inglés
quack¹ ['kwæk] *vi* : graznar
quack² *n* **1** : graznido *m* (de pato) **2** CHARLATAN : curandero *m*, -ra *f*; matasanos *m fam*
quadrangle ['kwɑ,dræŋgəl] *n* **1** COURTYARD : patio *m* interior **2** → quadrilateral
quadrant ['kwɑdrənt] *n* : cuadrante *m*
quadrilateral [,kwɑdrə'læt̬ərəl] *n* : cuadrilátero *m*
quadruped ['kwɑdrə,pɛd] *n* : cuadrúpedo *m*
quadruple [kwɑ'dru:pəl, -'drʌ-; 'kwɑdrə-] *v* **-pled; -pling** *vt* : cuadruplicar — *vi* : cuadruplicarse
quadruplet [kwɑ'dru:plət, -'drʌ-; 'kwɑdrə-] *n* : cuatrillizo *m*, -za *f*
quagmire ['kwæg,maɪr, 'kwɑg-] *n* **1** : lodazal *m*, barrizal *m* **2** PREDICAMENT : atolladero *m*
quail¹ ['kweɪl] *vi* : encogerse, acobardarse
quail² *n, pl* **quail** *or* **quails** : codorniz *f*
quaint ['kweɪnt] *adj* **1** ODD : extraño, curioso **2** PICTURESQUE : pintoresco — **quaintly** *adv*
quaintness ['kweɪntnəs] *n* : rareza *f*, lo curioso
quake¹ ['kweɪk] *vi* **quaked; quaking** : temblar
quake² *n* : temblor *m*, terremoto *m*
qualification [,kwɑləfə'keɪʃən] *n* **1** LIMITATION, RESERVATION : reserva *f*, limitación *f* ⟨without qualification : sin reservas⟩ **2** REQUIREMENT : requisito *m* **3 qualifications** *npl* ABILITY : aptitud *f*, capacidad *f*
qualified ['kwɑlə,faɪd] *adj* : competente, capacitado
qualifier ['kwɑlə,faɪər] *n* **1** : clasificado *m*, -da *f* (en deportes) **2** : calificativo *m* (en gramática)
qualify ['kwɑlə,faɪ] *v* **-fied; -fying** *vt* **1** : matizar ⟨to qualify a statement : matizar una declaración⟩ **2** MODIFY : calificar (en gramática) **3** : habilitar ⟨the certificate qualified her to teach : el certificado la habilitó para enseñar⟩ — *vi* **1** : obtener el título, recibirse ⟨to qualify as an engineer : recibirse de ingeniero⟩ **2** : clasificarse (en deportes)
quality ['kwɑlət̬i] *n, pl* **-ties 1** NATURE : carácter *m* **2** ATTRIBUTE : cualidad *f* **3** GRADE : calidad *f* ⟨of good quality : de buena calidad⟩
qualm ['kwɑm, 'kwɑlm, 'kwɔm] *n* **1** MISGIVING : duda *f*, aprensión *f* **2** RESERVATION, SCRUPLE : escrúpulo *m*, reparo *m*
quandary ['kwɑndri] *n, pl* **-ries** : dilema *m*
quantitative ['kwɑntə,teɪt̬ɪv] *adj* : cuantitativo
quantity ['kwɑntət̬i] *n, pl* **-ties** : cantidad *f*

quantum¹ ['kwɑntəm] *n* : cuanto *m* (en física)
quantum² *adj* : cuántico
quantum theory ['kwɑntəm] *n* : teoría *f* cuántica
quarantine¹ ['kwɔrən,ti:n] *vt* **-tined; -tining** : poner en cuarentena
quarantine² *n* : cuarentena *f*
quarrel¹ ['kwɔrəl] *vi* **-reled** *or* **-relled; -reling** *or* **-relling** : pelearse, reñir, discutir
quarrel² *n* : pelea *f*, riña *f*, disputa *f*
quarrelsome ['kwɔrəlsəm] *adj* : pendenciero, discutidor
quarry¹ ['kwɔri] *vt* **quarried; quarrying 1** EXTRACT : extraer, sacar ⟨to quarry marble : extraer mármol⟩ **2** EXCAVATE : excavar ⟨to quarry a hill : excavar un cerro⟩
quarry² *n, pl* **quarries 1** PREY : presa *f* **2** *or* **stone quarry** : cantera *f*
quart ['kwɔrt] *n* : cuarto *m* de galón
quarter¹ ['kwɔrt̬ər] *vt* **1** : dividir en cuatro partes **2** LODGE : alojar, acuartelar (tropas)
quarter² *n* **1** : cuarto *m*, cuarta parte *f* ⟨a foot and a quarter : un pie y cuarto⟩ ⟨a quarter after three : las tres y cuarto⟩ **2** : moneda *f* de 25 centavos, cuarto *m* de dólar **3** DISTRICT : barrio *m* ⟨business quarter : barrio comercial⟩ **4** PLACE : parte *f* ⟨from all quarters : de todas partes⟩ ⟨at close quarters : de muy cerca⟩ **5** MERCY : clemencia *f*, cuartel *m* ⟨to give no quarter : no dar cuartel⟩ **6 quarters** *npl* LODGING : alojamiento *m*, cuartel *m* (militar)
quarterback ['kwɔrt̬ər,bæk] *n* : mariscal *m* de campo
quarterly¹ ['kwɔrt̬ərli] *adv* : cada tres meses, trimestralmente
quarterly² *adj* : trimestral
quarterly³ *n, pl* **-lies** : publicación *f* trimestral
quartermaster ['kwɔrt̬ər,mæstər] *n* : intendente *mf*
quartet [kwɔr'tɛt] *n* : cuarteto *m*
quartz ['kwɔrts] *n* : cuarzo *m*
quash ['kwɑʃ, 'kwɔʃ] *vt* **1** ANNUL : anular **2** QUELL : sofocar, aplastar
quaver¹ ['kweɪvər] *vi* **1** SHAKE : temblar ⟨her voice was quavering : le temblaba la voz⟩ **2** TRILL : trinar
quaver² *n* : temblor *m* (de la voz)
quay ['ki:, 'keɪ, 'kweɪ] *n* : muelle *m*
queasiness ['kwi:zinəs] *n* : mareo *m*, náusea *f*
queasy ['kwi:zi] *adj* **-sier; -est** : mareado
queen ['kwi:n] *n* : reina *f*
queenly ['kwi:nli] *adj* **-lier; -est** : de reina, regio
queer ['kwɪr] *adj* : extraño, raro, curioso — **queerly** *adv*
quell ['kwɛl] *vt* : aplastar, sofocar

quench [ˈkwentʃ] vt 1 EXTINGUISH : apagar, sofocar 2 SATISFY : saciar, satisfacer (la sed)

querulous [ˈkwɛrələs, ˈkwɛrjələs, ˈkwɪr-] adj : quejumbroso, quejoso — **querulously** adv

query[1] [ˈkwɪri, ˈkwɛr-] vt -ried; -rying 1 ASK : preguntar, interrogar ⟨we queried the professor : preguntamos al profesor⟩ 2 QUESTION : cuestionar, poner en duda ⟨to query a matter : cuestionar un asunto⟩

query[2] n, pl -ries 1 QUESTION : pregunta f 2 DOUBT : duda f

quest[1] [ˈkwɛst] v : buscar

quest[2] n : búsqueda f

question[1] [ˈkwɛstʃən] vt 1 ASK : preguntar 2 DOUBT : poner en duda, cuestionar 3 INTERROGATE : interrogar — vi INQUIRE : inquirir, preguntar

question[2] n 1 QUERY : pregunta f 2 ISSUE : asunto m, problema f, cuestión f 3 POSSIBILITY : posibilidad f ⟨it's out of the question : es indiscutible⟩ 4 DOUBT : duda f ⟨to call into question : poner en duda⟩

questionable [ˈkwɛstʃənəbəl] adj : dudoso, discutible, cuestionable ⟨questionable results : resultados discutibles⟩ ⟨questionable motives : motivos sospechosos⟩

questioner [ˈkwɛstʃənər] n : interrogador m, -dora f

question mark n : signo m de interrogación

questionnaire [ˌkwɛstʃəˈnær] n : cuestionario m

queue[1] [ˈkjuː] vi queued; queuing or queueing : hacer cola

queue[2] n 1 PIGTAIL : coleta f, trenza f 2 LINE : cola f, fila f

quibble[1] [ˈkwɪbəl] vi -bled; -bling : quejarse por nimiedades, andar con sutilezas

quibble[2] n : objeción f de poca monta, queja f insignificante

quick[1] [ˈkwɪk] adv : rápidamente

quick[2] adj 1 RAPID : rápido 2 ALERT, CLEVER : listo, vivo, agudo 3 a quick temper : un genio vivo

quick[3] n 1 FLESH : carne f viva 2 to cut someone to the quick : herir a alguien en lo más vivo

quicken [ˈkwɪkən] vt 1 REVIVE : resucitar 2 AROUSE : estimular, despertar 3 HASTEN : acelerar ⟨she quickened her pace : aceleró el paso⟩

quickly [ˈkwɪkli] adv : rápidamente, rápido, de prisa

quickness [ˈkwɪknəs] n : rapidez f

quicksand [ˈkwɪkˌsænd] n : arena f movediza

quicksilver [ˈkwɪkˌsɪlvər] n : mercurio m, azogue m

quick–tempered [ˈkwɪkˈtɛmpərd] adj : irascible, de genio vivo

quick–witted [ˈkwɪkˈwɪtəd] adj : agudo

quiet[1] [ˈkwaɪət] vt 1 SILENCE : hacer callar, acallar 2 CALM : calmar, tranquilizar — vi to quiet down : calmarse, tranquilizarse

quiet[2] adv : silenciosamente ⟨a quiet-running engine : un motor silencioso⟩

quiet[3] adj 1 CALM : tranquilo, calmoso 2 MILD : sosegado, suave ⟨a quiet disposition : un temperamento sosegado⟩ 3 SILENT : silencioso 4 UNOBTRUSIVE : discreto 5 SECLUDED : aislado ⟨a quiet nook : un rincón aislado⟩ — **quietly** adv

quiet[4] n 1 CALM : calma f, tranquilidad f 2 SILENCE : silencio m

quietness [ˈkwaɪətnəs] n : suavidad f, tranquilidad f, quietud f

quietude [ˈkwaɪəˌtuːd, -ˌtjuːd] n : quietud f, reposo m

quill [ˈkwɪl] n 1 SPINE : púa f (de un puerco espín) 2 : pluma f (para escribir)

quilt[1] [ˈkwɪlt] vt : acolchar

quilt[2] n : colcha f, edredón m

quince [ˈkwɪnts] n : membrillo m

quinine [ˈkwaɪˌnaɪn] n : quinina f

quintessence [kwɪnˈtɛsənts] n : quintaesencia f

quintet [kwɪnˈtɛt] n : quinteto m

quintuple [kwɪnˈtuːpəl, -ˈtjuː-, -ˈtʌ-; ˈkwɪntə-] adj : quíntuplo

quintuplet [kwɪnˈtʌplət, -ˈtuː-, -ˈtjuː-; ˈkwɪntə-] n : quintillizo m, -za f

quip[1] [ˈkwɪp] vi quipped; quipping : bromear

quip[2] n : ocurrencia f, salida f

quirk [ˈkwərk] n : peculiaridad f, rareza f ⟨a quirk of fate : un capricho del destino⟩

quirky [ˈkwərki] adj -kier; -est : peculiar, raro

quit [ˈkwɪt] v quit; quitting vt : dejar, abandonar ⟨to quit smoking : dejar de fumar⟩ — vi 1 STOP : parar 2 RESIGN : dimitir, renunciar

quite [ˈkwaɪt] adv 1 COMPLETELY : completamente, totalmente 2 RATHER : bastante ⟨quite near : bastante cerca⟩

quits [ˈkwɪts] adj to call it quits : quedar en paz

quitter [ˈkwɪtər] n : derrotista mf

quiver[1] [ˈkwɪvər] vi : temblar, estremecerse, vibrar

quiver[2] n 1 : carcaj m, aljaba f (para flechas) 2 TREMBLING : temblor m, estremecimiento m

quixotic [kwɪkˈsɑtɪk] adj : quijotesco

quiz[1] [ˈkwɪz] vt quizzed; quizzing : interrogar, hacer una prueba a (en el colegio)

quiz[2] n, pl quizzes : examen m corto, prueba f

quizzical [ˈkwɪzɪkəl] adj 1 TEASING : burlón 2 CURIOUS : curioso, interrogativo

quorum [ˈkworəm] n : quórum m

quota [ˈkwoːtə] n : cuota f, cupo m
quotable [ˈkwoːtəbəl] adj : citable
quotation [kwoˈteɪʃən] n **1** CITATION
: cita f **2** ESTIMATE : presupuesto m,
estimación f **3** PRICE : cotización f
quotation marks npl : comillas fpl

quote¹ [ˈkwoːt] vt **quoted; quoting 1**
CITE : citar **2** VALUE : cotizar (en finanzas)
quote² n **1** → quotation **2 quotes** npl
→ quotation marks
quotient [ˈkwoːʃənt] n : cociente m

R

r [ˈɑr] n, pl **r's** or **rs** [ˈɑrz] : decimoctava
letra del alfabeto inglés
rabbi [ˈræˌbaɪ] n : rabino m, -na f
rabbit [ˈræbət] n, pl **-bit** or **-bits** : conejo m, -ja f
rabble [ˈræbəl] n **1** MASSES : populacho
m **2** RIFFRAFF : chusma f, gentuza f
rabid [ˈræbɪd] adj **1** : rabioso, afectado
con la rabia **2** FURIOUS : furioso **3**
FANATIC : fanático
rabies [ˈreɪbiːz] ns & pl : rabia f
raccoon [ræˈkuːn] n, pl **-coon** or **-coons**
: mapache m
race¹ [ˈreɪs] vi **raced; racing 1** : correr,
competir (en una carrera) **2** RUSH : ir
a toda prisa, ir corriendo
race² n **1** CURRENT : corriente f (de
agua) **2** : carrera f ⟨dog race : carrera
de perros⟩ ⟨the presidential race : la
carrera presidencial⟩ **3** : raza f ⟨the
black race : la raza negra⟩ ⟨the human
race : el género humano⟩
racecourse [ˈreɪsˌkors] n : pista f (de carreras)
racehorse [ˈreɪsˌhors] n : caballo m de
carreras
racer [ˈreɪsər] n : corredor m, -dora f
racetrack [ˈreɪsˌtræk] n : pista f (de carreras)
racial [ˈreɪʃəl] adj : racial — **racially** adv
racism [ˈreɪˌsɪzəm] n : racismo m
racist [ˈreɪsɪst] n : racista mf
rack¹ [ˈræk] vt **1** : atormentar ⟨racked
with pain : atormentado por el dolor⟩
2 to rack one's brains : devanarse los
sesos
rack² n **1** SHELF, STAND : estante m ⟨a
luggage rack : un portaequipajes⟩ ⟨a
coatrack : un perchero, una percha⟩ **2**
: potro m (instrumento de la tortura)
racket [ˈrækət] n **1** : raqueta f (en deportes) **2** DIN : estruendo m, bulla f,
jaleo m fam **3** SWINDLE : estafa f, timo
m fam
racketeer [ˌrækəˈtɪr] n : estafador m,
-dora f
raconteur [ˌræˌkɑnˈtər] n : anecdotista
mf
racy [ˈreɪsi] adj **racier; -est** : subido de
tono, picante
radar [ˈreɪˌdɑr] n : radar m
radial [ˈreɪdiəl] adj : radial
radiance [ˈreɪdiəns] n : resplandor m
radiant [ˈreɪdiənt] adj : radiante — **radiantly** adv
radiate [ˈreɪdiˌeɪt] v **-ated; -ating** vt : irradiar, emitir ⟨to radiate heat : irradi-

ar el calor⟩ ⟨to radiate happiness : rebosar de alegría⟩ — vi **1** : irradiar **2**
SPREAD : salir, extenderse ⟨to radiate
(out) from the center : salir del centro⟩
radiation [ˌreɪdiˈeɪʃən] n : radiación f
radiator [ˈreɪdiˌeɪtər] n : radiador m
radical¹ [ˈrædɪkəl] adj : radical — **radically** [-kli] adv
radical² n : radical mf
radicalism [ˈrædɪkəˌlɪzəm] n : radicalismo m
radii → radius
radio¹ [ˈreɪdiˌoː] v : llamar por radio,
transmitir por radio
radio² n, pl **-dios** : radio m (aparato), radio f (emisora, radiodifusión)
radioactive [ˌreɪdioˈæktɪv] adj : radiactivo, radioactivo
radioactivity [ˌreɪdiˌoˌækˈtɪvəti] n, pl
-ties : radiactividad f, radioactividad f
radiologist [ˌreɪdiˈɑlədʒɪst] n : radiólogo
m, -ga f
radiology [ˌreɪdiˈɑlədʒi] n : radiología f
radish [ˈrædɪʃ] n : rábano m
radium [ˈreɪdiəm] n : radio m
radius [ˈreɪdiəs] n, pl **radii** [-diˌaɪ] : radio
m
radon [ˈreɪˌdɑn] n : radón m
raffle¹ [ˈræfəl] vt **-fled; -fling** : rifar,
sortear
raffle² n : rifa f, sorteo m
raft [ˈræft] n **1** : balsa f ⟨rubber rafts
: balsas de goma⟩ **2** LOT, SLEW : montón m ⟨a raft of documents : un montón de documentos⟩
rafter [ˈræftər] n : par m, viga f
rag [ˈræg] n **1** CLOTH : trapo m **2 rags**
npl TATTERS : harapos mpl, andrajos
mpl
ragamuffin [ˈrægəˌmʌfən] n : pilluelo m,
-la f
rage¹ [ˈreɪdʒ] vi **raged; raging 1** : estar
furioso, rabiar ⟨to fly into a rage : enfurecerse⟩ **2** : bramar, hacer estragos
⟨the wind was raging : el viento bramaba⟩ ⟨flu raged through the school : la
gripe hizo estragos por el colegio⟩
rage² n **1** ANGER : furia f, ira f, cólera f
2 FAD : moda f, furor m
ragged [ˈrægəd] adj **1** UNEVEN : irregular, desigual **2** TORN : hecho jirones
3 TATTERED : andrajoso, harapiento
ragout [ræˈguː] n : ragú m, estofado m
ragtime [ˈrægˌtaɪm] n : ragtime m
ragweed [ˈrægˌwiːd] n : ambrosía f
raid¹ [ˈreɪd] vt **1** : invadir, hacer una incursión en ⟨raided by enemy troops

: invadido por tropas enemigas⟩ **2** : asaltar, atracar ⟨the gang raided the warehouse : la pandilla asaltó el almacén⟩ **3** : allanar, hacer una redada en ⟨police raided the house : la policía allanó la vivienda⟩

raid² *n* **1** : invasión *f* (militar) **2** : asalto *m* (por delincuentes) **3** : redada *f*, allanamiento *m* (por la policía)

raider ['reɪdər] *n* **1** ATTACKER : asaltante *mf*; invasor *m*, -sora *f* **2 corporate raider** : tiburón *m*

rail¹ ['reɪl] *vi* **1 to rail against** REVILE : denostar contra **2 to rail at** SCOLD : regañar, reprender

rail² *n* **1** BAR : barra *f*, barrera *f* **2** HANDRAIL : pasamanos *m*, barandilla *f* **3** TRACK : riel *m* (para ferrocarriles) **4** RAILROAD : ferrocarril *m*

railing ['reɪlɪŋ] *n* **1** : baranda *f* (de un balcón, etc.) **2** RAILS : verja *f*

raillery ['reɪləri] *n, pl* **-leries** : bromas *fpl*

railroad ['reɪl,roːd] *n* : ferrocarril *m*

railway ['reɪl,weɪ] → **railroad**

raiment ['reɪmənt] *n* : vestiduras *fpl*

rain¹ ['reɪn] *vi* **1** : llover ⟨it's raining : está lloviendo⟩ **2 to rain down** SHOWER : llover ⟨insults rained down on him : le llovieron los insultos⟩

rain² *n* : lluvia *f*

rainbow ['reɪn,boː] *n* : arco *m* iris

raincoat ['reɪn,koːt] *n* : impermeable *m*

raindrop ['reɪn,drɑp] *n* : gota *f* de lluvia

rainfall ['reɪn,fɔl] *n* : lluvia *f*, precipitación *f*

rainstorm ['reɪn,stɔrm] *n* : temporal *m* (de lluvia)

rainwater ['reɪn,wɔtər] *n* : agua *f* de lluvia

rainy ['reɪni] *adj* **rainier; -est** : lluvioso

raise¹ ['reɪz] *vt* **raised; raising 1** LIFT : levantar, subir, alzar ⟨to raise one's spirits : levantarle el ánimo a alguien⟩ **2** ERECT : levantar, erigir **3** COLLECT : recaudar ⟨to raise money : recaudar dinero⟩ **4** REAR : criar ⟨to raise one's children : criar uno a sus niños⟩ **5** GROW : cultivar **6** INCREASE : aumentar, subir **7** PROMOTE : ascender **8** PROVOKE : provocar ⟨it raised a laugh : provocó una risa⟩ **9** BRING UP : sacar (temas, objeciones, etc.)

raise² *n* : aumento *m*

raisin ['reɪzən] *n* : pasa *f*

raja *or* **rajah** ['rɑdʒə, -,dʒɑ, -,ʒɑ] *n* : rajá *m*

rake¹ ['reɪk] *v* **raked; raking** *vt* **1** : rastrillar ⟨to rake leaves : rastrillar las hojas⟩ **2** SWEEP : barrer ⟨raked with gunfire : barrido con metralla⟩ — *vi* **to rake through** : revolver, hurgar en

rake² *n* **1** : rastrillo *m* **2** LIBERTINE : libertino *m*, -na *f*; calavera *m*

rakish ['reɪkɪʃ] *adj* **1** JAUNTY : desenvuelto, desenfadado **2** DISSOLUTE : libertino, disoluto

rally¹ ['ræli] *v* **-lied; -lying** *vi* **1** MEET, UNITE : reunirse, congregarse **2** RE-

COVER : recuperarse — *vt* **1** ASSEMBLE : reunir (tropas, etc.) **2** RECOVER : recobrar (la fuerza, el ánimo, etc.)

rally² *n, pl* **-lies** : reunión *f*, mitin *m*, manifestación *f*

ram¹ ['ræm] *v* **rammed; ramming** *vt* **1** DRIVE : hincar, clavar ⟨he rammed it into the ground : lo hincó en la tierra⟩ **2** SMASH : estrellar, embestir — *vi* COLLIDE : chocar (contra), estrellarse

ram² *n* **1** : carnero *m* (animal) **2 battering ram** : ariete *m*

RAM ['ræm] *n* : RAM *f*

ramble¹ ['ræmbəl] *vi* **-bled; -bling 1** WANDER : pasear, deambular **2 to ramble on** : divagar, perder el hilo **3** SPREAD : trepar (dícese de una planta)

ramble² *n* : paseo *m*, excursión *f*

rambler ['ræmblər] *n* **1** WALKER : excursionista *mf* **2** ROSE : rosa *f* trepadora

rambunctious [ræm'bʌŋkʃəs] *adj* UNRULY : alborotado

ramification [,ræməfə'keɪʃən] *n* : ramificación *f*

ramify ['ræmə,faɪ] *vi* **-fied; -fying** : ramificarse

ramp ['ræmp] *n* : rampa *f*

rampage¹ ['ræm,peɪdʒ, ræm'peɪdʒ] *vi* **-paged; -paging** : andar arrasando todo, correr destrozando

rampage² ['ræm,peɪdʒ] *n* : alboroto *m*, frenesí *m* (de violencia)

rampant ['ræmpənt] *adj* : desenfrenado

rampart ['ræm,pɑrt] *n* : terraplén *m*, muralla *f*

ramrod ['ræm,rɑd] *n* : baqueta *f*

ramshackle ['ræm,ʃækəl] *adj* : destartalado

ran → **run**

ranch ['ræntʃ] *n* **1** : hacienda *f*, rancho *m*, finca *f* ganadera **2** FARM : granja *f* ⟨fruit ranch : granja de frutas⟩

rancher ['ræntʃər] *n* : estanciero *m*, -ra *f*; ranchero *m*, -ra *f*

rancid ['ræntsɪd] *adj* : rancio

rancor ['ræŋkər] *n* : rencor *m*

random ['rændəm] *adj* **1** : fortuito, aleatorio **2 at ~** : al azar — **randomly** *adv*

rang → **ring**

range¹ ['reɪndʒ] *v* **ranged; ranging** *vt* ARRANGE : alinear, ordenar, arreglar — *vi* **1** ROAM : deambular ⟨to range through the town : deambular por el pueblo⟩ **2** EXTEND : extenderse ⟨the results range widely : los resultados se extienden mucho⟩ **3** VARY : variar ⟨discounts range from 20% to 40% : los descuentos varían entre 20% y 40%⟩

range² *n* **1** ROW : fila *f*, hilera *f* ⟨a mountain range : una cordillera⟩ **2** GRASSLAND : pradera *f*, pampa *f* **3** STOVE : cocina *f* **4** VARIETY : variedad *f*, gama *f* **5** SPHERE : ámbito *m*, esfera *f*, campo *m* **6** REACH : registro *m* (de la voz), alcance *m* (de un arma de fuego) **7** **shooting range** : campo *m* de tiro

ranger ['reɪndʒər] *n or* **forest ranger** : guardabosque *mf*

rangy ['reɪndʒi] *adj* **rangier; -est** : alto y delgado

rank¹ ['ræŋk] *vt* **1** RANGE : alinear, ordenar, poner en fila **2** CLASSIFY : clasificar — *vi* **1 to rank above** : ser superior a **2 to rank among** : encontrarse entre, figurar entre

rank² *adj* **1** LUXURIANT : lozano, exuberante (dícese de una planta) **2** SMELLY : fétido, maloliente **3** OUTRIGHT : completo, absoluto ⟨a rank injustice : una injusticia manifiesta⟩

rank³ *n* **1** LINE, ROW : fila *f* ⟨to close ranks : cerrar filas⟩ **2** GRADE, POSITION : grado *m*, rango *m* (militar) ⟨to pull rank : abusar de su autoridad⟩ **3** CLASS : categoría *f*, clase *f* **4 ranks** *npl* : soldados *mpl* rasos

rank and file *n* **1** RANKS : soldados *mpl* rasos **2** : bases *fpl* (de un partido, etc.)

rankle ['ræŋkəl] *v* **-kled; -kling** *vi* : doler — *vt* : irritar, herir

ransack ['ræn,sæk] *vt* : revolver, desvalijar, registrar de arriba abajo

ransom¹ ['rænsəm] *vt* : rescatar, pagar un rescate por

ransom² *n* : rescate *m*

rant ['rænt] *vi or* **to rant and rave** : despotricar, desvariar

rap¹ ['ræp] *v* **rapped; rapping** *vt* **1** KNOCK : golpetear, dar un golpe en **2** CRITICIZE : criticar — *vi* **1** CHAT : charlar, cotorrear *fam* **2** KNOCK : dar un golpe

rap² *n* **1** BLOW, KNOCK : golpe *m*, golpecito *m* **2** CHAT : charla *f* **3** *or* **rap music** : rap *m* **4 to take the rap** : pagar el pato *fam*

rapacious [rə'peɪʃəs] *adj* **1** GREEDY : avaricioso, codicioso **2** PREDATORY : rapaz, de rapiña **3** RAVENOUS : voraz

rape¹ ['reɪp] *vt* **raped; raping** : violar

rape² *n* **1** : colza *f* (planta) **2** : violación *f* (de una persona)

rapid ['ræpɪd] *adj* : rápido — **rapidly** *adv*

rapidity [rə'pɪdəţi] *n* : rapidez *f*

rapids ['ræpɪdz] *npl* : rápidos *mpl*

rapier ['reɪpiər] *n* : estoque *m*

rapist ['reɪpɪst] *n* : violador *m*, -dora *f*

rapper ['ræpər] *n* : cantante *mf* de rap; rapero *m*, -ra *f*

rapport [ræ'por] *n* : relación *f* armoniosa, entendimiento *m*

rapt ['ræpt] *adj* : absorto, embelesado

rapture ['ræptʃər] *n* : éxtasis *m*

rapturous ['ræptʃərəs] *adj* : extasiado, embelesado

rare ['rær] *adj* **rarer; rarest 1** RAREFIED : enrarecido **2** FINE : excelente, excepcional ⟨a rare talent : un talento excepcional⟩ **3** UNCOMMON : raro, poco común **4** : poco cocido (dícese de la carne)

rarefy ['ræra,faɪ] *vt* **-fied; -fying** : rarificar, enrarecer

rarely ['rærli] *adv* SELDOM : pocas veces, rara vez

raring ['ræran, -ɪŋ] *adj* : lleno de entusiasmo, con muchas ganas

rarity ['rærəţi] *n, pl* **-ties** : rareza *f*

rascal ['ræskəl] *n* : pillo *m*, -lla *f*; pícaro *m*, -ra *f*

rash¹ ['ræʃ] *adj* : imprudente, precipitado — **rashly** *adv*

rash² *n* : sarpullido *m*, erupción *f*

rashness ['ræʃnəs] *n* : precipitación *f*, impetuosidad *f*

rasp¹ ['ræsp] *vt* **1** SCRAPE : raspar, escofinar **2 to rasp out** : decir en voz áspera

rasp² *n* : escofina *f*

raspberry ['ræz,beri] *n, pl* **-ries** : frambuesa *f*

rat ['ræt] *n* : rata *f*

ratchet ['rætʃət] *n* : trinquete *m*

rate¹ ['reɪt] *vt* **rated; rating 1** CONSIDER, REGARD : considerar, estimar **2** DESERVE : merecer

rate² *n* **1** PACE, SPEED : velocidad *f*, ritmo *m* ⟨at this rate : a este paso⟩ **2** : índice *m*, tasa *f* ⟨birth rate : índice de natalidad⟩ ⟨interest rate : tasa de interés⟩ **3** CHARGE, PRICE : precio *m*, tarifa *f*

rather ['ræðər, 'rʌ-, 'rɑ-] *adv* **1** (*indicating preference*) ⟨she would rather stay in the house : preferiría quedarse en casa⟩ ⟨I'd rather not : mejor que no⟩ **2** (*indicating preciseness*) ⟨my father, or rather my stepfather : mi padre, o mejor dicho mi padrastro⟩ **3** INSTEAD : sino que, más que, al contrario ⟨I'm not pleased; rather I'm disappointed : no estoy satisfecho, sino desilusionado⟩ **4** SOMEWHAT : algo, un tanto ⟨rather strange : un poco extraño⟩ **5** QUITE : bastante ⟨rather difficult : bastante difícil⟩

ratification [,rætəfə'keɪʃən] *n* : ratificación *f*

ratify ['ræţə,faɪ] *vt* **-fied; -fying** : ratificar

rating ['reɪţɪŋ] *n* **1** STANDING : clasificación *f*, posición *f* **2 ratings** *npl* : índice *m* de audiencia

ratio ['reɪʃio] *n, pl* **-tios** : proporción *f*, relación *f*

ration¹ ['ræʃən, 'reɪʃən] *vt* : racionar

ration² *n* **1** : ración *f* **2 rations** *npl* PROVISIONS : víveres *mpl*

rational ['ræʃənəl] *adj* : racional, razonable, lógico — **rationally** *adv*

rationale [,ræʃə'næl] *n* **1** EXPLANATION : explicación *f* **2** BASIS : base *f*, razones *fpl*

rationality [,ræʃə'næləţi] *n, pl* **-ties** : racionalidad *f*

rationalization [,ræʃənələ'zeɪʃən] *n* : racionalización *f*

rationalize ['ræʃənə,laɪz] *vt* **-ized; -izing** : racionalizar

rattle¹ ['ræţəl] *v* **-tled; -tling** *vi* **1** CLATTER : traquetear, hacer ruido **2 to rattle on** CHATTER : parlotear *fam* — *vt*

1 : hacer sonar, agitar ⟨the wind rattled the door : el viento sacudió la puerta⟩ **2** DISCONCERT, WORRY : desconcertar, poner nervioso **3 to rattle off** : despachar, recitar, decir de corrido

rattle² n **1** CLATTER : traqueteo m, ruido m **2** or **baby's rattle** : sonajero m **3** : cascabel m (de una culebra)

rattler ['rætələr] → **rattlesnake**

rattlesnake ['rætəl,sneɪk] n : serpiente f de cascabel

ratty ['ræti] adj **rattier; -est** : raído, andrajoso

raucous ['rɔkəs] adj **1** HOARSE : ronco **2** BOISTEROUS : escandaloso, bullicioso — **raucously** adv

ravage¹ ['rævɪdʒ] vt **-aged; -aging** : devastar, arrasar, hacer estragos

ravage² n : destrozo m, destrucción f ⟨the ravages of war : los estragos de la guerra⟩

rave ['reɪv] vi **raved; raving 1** : delirar, desvariar ⟨to rave like a maniac : desvariar como un loco⟩ **2 to rave about** : hablar con entusiasmo sobre, entusiasmarse por

ravel ['rævəl] v **-eled** or **-elled; -eling** or **-elling** vt UNRAVEL : desenredar, desenmarañar — vi FRAY : deshilacharse

raven ['reɪvən] n : cuervo m

ravenous ['rævənəs] adj : hambriento, voraz — **ravenously** adv

ravine [rə'vi:n] n : barranco m, quebrada f

ravish ['rævɪʃ] vt **1** PLUNDER : saquear **2** ENCHANT : embelesar, cautivar, encantar

raw ['rɔ] adj **rawer; rawest 1** UNCOOKED : crudo **2** UNTREATED : sin tratar, sin refinar, puro ⟨raw data : datos en bruto⟩ ⟨raw materials : materias primas⟩ **3** INEXPERIENCED : novato, inexperto **4** OPEN : abierto, en carne viva ⟨a raw sore : una llaga abierta⟩ **5** : frío y húmedo ⟨a raw day : un día crudo⟩ **6** UNFAIR : injusto ⟨a raw deal : un trato injusto, una injusticia⟩

rawhide ['rɔ,haɪd] n : cuero m sin curtir

ray ['reɪ] n **1** : rayo m (de la luz, etc.) ⟨a ray of hope : un resquicio de esperanza⟩ **2** : raya f (pez)

rayon ['reɪ,ɑn] n : rayón m

raze ['reɪz] vt **razed; razing** : arrasar, demoler

razor ['reɪzər] n **1** or **straight razor** : navaja f (de afeitar) **2** or **safety razor** : maquinilla f de afeitar, rastrillo m Mex **3** SHAVER : afeitadora f, rasuradora f

reach¹ ['ri:tʃ] vt **1** EXTEND : extender, alargar ⟨to reach out one's hand : extender la mano⟩ **2** : alcanzar ⟨I couldn't reach the apple : no pude alcanzar la manzana⟩ **3** : llegar a, llegar hasta ⟨the shadow reached the wall : la sombra llegó hasta la pared⟩ **4** CONTACT : contactar, ponerse en contacto con — vi **1** or **to reach out** : extender la

mano **2** STRETCH : extenderse **3 to reach for** : tratar de agarrar

reach² n : alcance m, extensión f

react [ri'ækt] vi : reaccionar

reaction [ri'ækʃən] n : reacción f

reactionary¹ [ri'ækʃə,neri] adj : reaccionario

reactionary² n, pl **-ries** : reaccionario m, -ria f

reactor [ri'æktər] n : reactor m ⟨nuclear reactor : reactor nuclear⟩

read¹ ['ri:d] v **read** ['rɛd]; **reading** vt **1** : leer ⟨to read a story : leer un cuento⟩ **2** INTERPRET : interpretar ⟨it can be read two ways : se puede interpretar de dos maneras⟩ **3** : decir, poner ⟨the sign read "No smoking" : el letrero decía "No Fumar"⟩ **4** : marcar ⟨the thermometer reads 70° : el termómetro marca 70°⟩ — vi **1** : leer ⟨he can read : sabe leer⟩ **2** SAY : decir ⟨the list reads as follows : la lista dice lo siguiente⟩

read² n **to be a good read** : ser una lectura amena

readable ['ri:dəbəl] adj : legible — **readably** [-bli] adv

reader ['ri:dər] n : lector m, -tora f

readily ['rɛdəli] adv **1** WILLINGLY : de buena gana, con gusto **2** EASILY : fácilmente, con facilidad

readiness ['rɛdinəs] n **1** WILLINGNESS : buena disposición f **2 to be in readiness** : estar preparado

reading ['ri:dɪŋ] n : lectura f

readjust [,ri:ə'dʒʌst] vt : reajustar — vi : volverse a adaptar

readjustment [,ri:ə'dʒʌstmənt] n : reajuste m

ready¹ ['rɛdi] vt **readied; readying** : preparar

ready² adj **readier; -est 1** PREPARED : listo, preparado **2** WILLING : dispuesto **3** : a punto de ⟨ready to cry : a punto de llorar⟩ **4** AVAILABLE : disponible ⟨ready cash : efectivo⟩ **5** QUICK : vivo, agudo ⟨a ready wit : un ingenio agudo⟩

ready–made ['rɛdi'meɪd] adj : preparado, confeccionado

reaffirm [,ri:ə'fərm] vt : reafirmar

real¹ ['ri:l] adv VERY : muy ⟨we had a real good time : lo pasamos muy bien⟩

real² adj **1** : inmobiliario ⟨real property : bien inmueble, bien raíz⟩ **2** GENUINE : auténtico, genuino **3** ACTUAL, TRUE : real, verdadero ⟨a real friend : un verdadero amigo⟩ **4 for real** SERIOUSLY : de veras, de verdad

real estate n : propiedad f inmobiliaria, bienes mpl raíces

realign [,ri:ə'laɪn] vt : realinear

realignment [,ri:ə'laɪnmənt] n : realineamiento m

realism ['ri:ə,lɪzəm] n : realismo m

realist ['ri:əlɪst] n : realista mf

realistic [,ri:ə'lɪstɪk] adj : realista

realistically [,ri:ə'lɪstɪkli] adv : de manera realista

reality [ri'æləti] *n, pl* **-ties** : realidad *f*
realizable [,ri:ə'laızəbəl] *adj* : feasible, attainable
realization [,ri:ələ'zeıʃən] *n* : realización *f*
realize ['ri:ə,laız] *vt* **-ized; -izing 1** ACCOMPLISH : realizar, llevar a cabo **2** GAIN : obtener, realizar, sacar ⟨to realize a profit : realizar beneficios⟩ **3** UNDERSTAND : darse cuenta de, saber
really ['rili, 'ri:-] *adv* **1** ACTUALLY : de verdad, en realidad **2** TRULY : verdaderamente, realmente **3** FRANKLY : francamente, en serio
realm ['rɛlm] *n* **1** KINGDOM : reino *m* **2** SPHERE : esfera *f*, campo *m*
ream¹ ['ri:m] *vt* : escariar
ream² *n* **1** : resma *f* (de papel) **2 reams** *npl* LOADS : montones *mpl*
reap ['ri:p] *v* : cosechar
reaper ['ri:pər] *n* **1** : cosechador *m*, -dora *f* (persona) **2** : cosechadora *f* (máquina)
reappear [,ri:ə'pır] *vi* : reaparecer
reappearance [,ri:ə'pırənts] *n* : reaparición *f*
rear¹ ['rır] *vt* **1** LIFT, RAISE : levantar **2** BREED, BRING UP : criar — *vi or* **to rear up** : encabritarse
rear² *adj* : trasero, posterior, de atrás
rear³ *n* **1** BACK : parte *f* de atrás ⟨to bring up the rear : cerrar la marcha⟩ **2 or rear end** : trasero *m*
rear admiral *n* : contraalmirante *mf*
rearrange [,ri:ə'reındʒ] *vt* **-ranged; -ranging** : colocar de otra manera, volver a arreglar, reorganizar
rearview mirror ['rır,vju:-] *n* : retrovisor *m*
reason¹ ['ri:zən] *vt* THINK : pensar — *vi* : razonar ⟨I can't reason with her : no puedo razonar con ella⟩
reason² *n* **1** CAUSE, GROUND : razón *f*, motivo *m* ⟨the reason for his trip : el motivo de su viaje⟩ ⟨for this reason : por esta razón, por lo cual⟩ ⟨the reason why : la razón por la cual, el porqué⟩ **2** SENSE : razón *f* ⟨to lose one's reason : perder los sesos⟩ ⟨to listen to reason : avenirse a razones⟩
reasonable ['ri:zənəbəl] *adj* **1** SENSIBLE : razonable **2** INEXPENSIVE : barato, económico
reasonably ['ri:zənəbli] *adv* **1** SENSIBLY : razonablemente **2** FAIRLY : bastante
reasoning ['ri:zənıŋ] *n* : razonamiento *m*, raciocinio *m*, argumentos *mpl*
reassess [,ri:ə'sɛs] *vt* : revaluar, reconsiderar
reassurance [,ri:ə'ʃʊrənts] *n* : consuelo *m*, palabras *fpl* alentadoras
reassure [,ri:ə'ʃʊr] *vt* **-sured; -suring** : tranquilizar
reassuring [,ri:ə'ʃʊrıŋ] *adj* : tranquilizador
reawaken [,ri:ə'weıkən] *vt* : volver a despertar, reavivar
rebate ['ri:,beıt] *n* : reembolso *m*, devolución *f*

rebel¹ [rı'bɛl] *vi* **-belled; -belling** : rebelarse, sublevarse
rebel² ['rɛbəl] *adj* : rebelde
rebel³ ['rɛbəl] *n* : rebelde *mf*
rebellion [rı'bɛljən] *n* : rebelión *f*
rebellious [rı'bɛljəs] *adj* : rebelde
rebelliousness [rı'bɛljəsnəs] *n* : rebeldía *f*
rebirth [,ri:'bərθ] *n* : renacimiento *m*
reboot [ri'bu:t] *vt* : reiniciar (una computadora)
reborn [ri:'bɔrn] *adj* **to be reborn** : renacer
rebound¹ ['ri:,baʊnd, ,ri:'baʊnd] *vi* : rebotar
rebound² ['ri:,baʊnd] *n* : rebote *m*
rebuff¹ ['ri:'bʌf] *vt* : desairar, rechazar
rebuff² *n* : desaire *m*, rechazo *m*
rebuild [,ri:'bıld] *vt* **-built** [-'bılt]; **-building** : reconstruir
rebuke¹ [rı'bju:k] *vt* **-buked; -buking** : reprender, regañar
rebuke² *n* : reprimenda *f*, reproche *m*
rebut [rı'bʌt] *vt* **-butted; -butting** : rebatir, refutar
rebuttal [rı'bʌtəl] *n* : refutación *f*
recalcitrant [rı'kælsətrənt] *adj* : recalcitrante
recall¹ [rı'kɔl] *vt* **1** : llamar, retirar ⟨recalled to active duty : llamado al servicio activo⟩ **2** REMEMBER : recordar, acordarse de **3** REVOKE : revocar
recall² [rı'kɔl, 'ri:,kɔl] *n* **1** : retirada *f* (de personas o mercancías) **2** MEMORY : memoria *f* ⟨to have total recall : poder recordar todo⟩
recant [rı'kænt] *vt* : retractarse de — *vi* : retractarse, renegar
recapitulate [,ri:kə'pıtʃə,leıt] *v* **-lated; -lating** : resumir, recapitular
recapture [,ri:'kæptʃər] *vt* **-tured; -turing 1** REGAIN : volver a tomar, reconquistar **2** RELIVE : revivir (la juventud, etc.)
recast [ri:'kæst] *vt* **-cast; -casting 1** : refundir (metales) **2** REWRITE : refundir, modificar
recede [rı'si:d] *vi* **-ceded; -ceding 1** WITHDRAW : retirarse, retroceder **2** FADE : desvanecerse, alejarse **3** SLANT : inclinarse **4** **to have a receding hairline** : tener entradas
receipt [rı'si:t] *n* **1** : recibo *m* **2 receipts** *npl* : ingresos *mpl*, entradas *fpl*
receivable [rı'si:vəbəl] *adj* **accounts receivable** : cuentas por cobrar
receive [rı'si:v] *vt* **-ceived; -ceiving 1** GET : recibir ⟨to receive a letter : recibir una carta⟩ ⟨to receive a blow : recibir un golpe⟩ **2** WELCOME : acoger, recibir ⟨to receive guests : tener invitados⟩ **3** : recibir, captar (señales de radio)
receiver [rı'si:vər] *n* **1** : receptor *m*, -tora *f* (en futbol americano) **2** : receptor *m* (de radio o televisión) **3 telephone receiver** : auricular *m*
recent ['ri:sənt] *adj* : reciente — **recently** *adv*

receptacle [rɪ'septɪkəl] n : receptáculo m, recipiente m

reception [rɪ'sepʃən] n : recepción f

receptionist [rɪ'sepʃənɪst] n : recepcionista mf

receptive [rɪ'septɪv] adj : receptivo

receptivity [,ri:,sep'tɪvəṭi] n : receptividad f

recess[1] ['ri:,ses, rɪ'ses] vt 1 : poner en un hueco ⟨recessed lighting : iluminación empotrada⟩ 2 ADJOURN : suspender, levantar

recess[2] n 1 ALCOVE : hueco m, nicho m 2 BREAK : receso m, descanso m, recreo m (en el colegio)

recession [rɪ'seʃən] n : recesión f, depresión f económica

recessive [rɪ'sesɪv] adj : recesivo

recharge [,ri:'tʃɑrdʒ] vt -charged; -charging : recargar

rechargeable [,ri:'tʃɑrdʒəbəl] adj : recargable

recipe ['resə,pi] n : receta f

recipient [rɪ'sɪpiənt] n : recipiente mf

reciprocal [rɪ'sɪprəkəl] adj : recíproco

reciprocate [rɪ'sɪprə,keɪt] vi -cated; -cating : reciprocar

reciprocity [,resə'prɑsəṭi] n, pl -ties : reciprocidad f

recital [rɪ'saɪṭəl] n 1 PERFORMANCE : recital m 2 ENUMERATION : relato m, enumeración f

recitation [,resə'teɪʃən] n : recitación f

recite [rɪ'saɪt] vt -cited; -citing 1 : recitar (un poema, etc.) 2 RECOUNT : narrar, relatar, enumerar

reckless ['rekləs] adj : imprudente, temerario — **recklessly** adv

recklessness ['rekləsnəs] n : imprudencia f, temeridad f

reckon ['rekən] vt 1 CALCULATE : calcular, contar 2 CONSIDER : considerar

reckoning ['rekənɪŋ] n 1 CALCULATION : cálculo m 2 SETTLEMENT : ajuste m de cuentas ⟨day of reckoning : día del juicio final⟩

reclaim [rɪ'kleɪm] vt 1 : ganar, sanear ⟨to reclaim marshy land : sanear las tierras pantanosas⟩ 2 RECOVER : recobrar, reciclar ⟨to reclaim old tires : reciclar llantas desechadas⟩ 3 REGAIN : reclamar, recuperar ⟨to reclaim one's rights : reclamar unos sus derechos⟩

recline [rɪ'klaɪn] vi -clined; -clining 1 LEAN : reclinarse 2 REPOSE : recostarse

recluse ['re,klu:s, rɪ'klu:s] n : solitario m, -ria f

recognition [,rekɪg'nɪʃən] n : reconocimiento m

recognizable ['rekəg,naɪzəbəl] adj : reconocible

recognize ['rekɪg,naɪz] vt -nized; -nizing : reconocer

recoil[1] ['ri:,kɔɪl] vi : retroceder, dar un culatazo

recoil[2] ['ri:,kɔɪl, rɪ'-] n : retroceso m, culatazo m

recollect [,rekə'lekt] v : recordar

recollection [,rekə'lekʃən] n : recuerdo m

recommend [,rekə'mend] vt 1 : recomendar ⟨she recommended the medicine : recomendó la medicina⟩ 2 ADVISE, COUNSEL : aconsejar, recomendar

recommendation [,rekəmən'deɪʃən] n : recomendación f

recompense[1] ['rekəm,pents] vt -pensed; -pensing : indemnizar, recompensar

recompense[2] n : indemnización f, compensación f

reconcile ['rekən,saɪl] v -ciled; -ciling vt 1 : reconciliar (personas), conciliar (ideas, etc.) 2 to reconcile oneself to : resignarse a — vi MAKE UP : reconciliarse, hacer las paces

reconciliation [,rekən,sɪli'eɪʃən] n : reconciliación f (con personas), conciliación f (con ideas, etc.)

recondite ['rekən,daɪt, rɪ'kɑn-] adj : recóndito, abstruso

recondition [,ri:kən'dɪʃən] vt : reacondicionar

reconnaissance [rɪ'kɑnəzənts, -sənts] n : reconocimiento m

reconnoiter or **reconnoitre** [,ri:kə-'nɔɪṭər, ,rekə-] v -tered or -tred; -tering or -tring vt : reconocer — vi : hacer un reconocimiento

reconsider [,ri:kən'sɪdər] vt : reconsiderar, repensar

reconsideration [,ri:kən,sɪdə'reɪʃən] n : reconsideración f

reconstruct [,ri:kən'strʌkt] vt : reconstruir

reconstruction [,ri:kən'strʌkʃən] n : reconstrucción f

record[1] [rɪ'kɔrd] vt 1 WRITE DOWN : anotar, apuntar 2 REGISTER : registrar, hacer constar 3 INDICATE : marcar (una temperatura, etc.) 4 TAPE : grabar

record[2] ['rekərd] n 1 DOCUMENT : registro m, documento m oficial 2 HISTORY : historial m ⟨a good academic record : un buen historial académico⟩ ⟨criminal record : antecedentes penales⟩ 3 : récord m ⟨the world record : el récord mundial⟩ 4 : disco m (de música, etc.) ⟨to make a record : grabar un disco⟩

recorder [rɪ'kɔrdər] n 1 : flauta f dulce (instrumento de viento) 2 **tape recorder** : grabadora f

recording [rɪ'kɔrdɪŋ] n : grabación f

recount[1] [rɪ'kaʊnt] vt 1 NARRATE : narrar, relatar 2 : volver a contar (votos, etc.)

recount[2] ['ri:,kaʊnt, ,rɪ'-] n : recuento m

recoup [rɪ'ku:p] vt : recuperar, recobrar

recourse ['ri:,kors, rɪ'-] n : recurso m ⟨to have recourse to : recurrir a⟩

recover [rɪ'kʌvər] vt REGAIN : recobrar — vi RECUPERATE : recuperarse

recovery [rɪ'kʌvəri] *n, pl* **-eries** : recuperación *f*

re–create [,ri:kri'eɪt] *vt* **-ated; -ating** : recrear

recreation [,rɛkri'eɪʃən] *n* : recreo *m*, esparcimiento *m*, diversión *f*

recreational [,rɛkri'eɪʃənəl] *adj* : recreativo, de recreo

recrimination [rɪ,krɪmə'neɪʃən] *n* : recriminación *f*

recruit[1] [rɪ'kru:t] *vt* : reclutar

recruit[2] *n* : recluta *mf*

recruitment [rɪ'kru:tmənt] *n* : reclutamiento *m*, alistamiento *m*

rectal ['rɛktəl] *adj* : rectal

rectangle ['rɛk,tæŋgəl] *n* : rectángulo *m*

rectangular [rɛk'tæŋgələr] *adj* : rectangular

rectify ['rɛktə,faɪ] *vt* **-fied; -fying** : rectificar

rectitude ['rɛktə,tu:d, -,tju:d] *n* : rectitud *f*

rector ['rɛktər] *n* : rector *m*, -tora *f*

rectory ['rɛktəri] *n, pl* **-ries** : rectoría *f*

rectum ['rɛktəm] *n, pl* **-tums** *or* **-ta** [-tə] : recto *m*

recuperate [rɪ'ku:pə,reɪt, -'kju:-] *v* **-ated; -ating** *vt* : recuperar — *vi* : recuperarse, restablecerse

recuperation [rɪ,ku:pə'reɪʃən, -,kju:-] *n* : recuperación *f*

recur [rɪ'kər] *vi* **-curred; -curring** : volver a ocurrir, volver a producirse, repetirse

recurrence [rɪ'kərənts] *n* : repetición *f*, reaparición *f*

recurrent [rɪ'kərənt] *adj* : recurrente, que se repite

recyclable [rɪ'saɪkləbəl] *adj* : reciclable

recycle [rɪ'saɪkəl] *vt* **-cled; -cling** : reciclar

recycling [rɪ'saɪkəlɪŋ] *n* : reciclaje *m*

red[1] ['rɛd] *adj* **1** : rojo, colorado ⟨to be red in the face : ponerse colorado⟩ ⟨to have red hair : ser pelirrojo⟩ **2** COMMUNIST : rojo, comunista

red[2] *n* **1** : rojo *m*, colorado *m* **2** Red COMMUNIST : comunista *mf*

red blood cell *n* : glóbulo *m* rojo

red–blooded ['rɛd'blʌdəd] *adj* : vigoroso

redcap ['rɛd,kæp] → **porter**

redden ['rɛdən] *vt* : enrojecer — *vi* BLUSH : enrojecerse, ruborizarse

reddish ['rɛdɪʃ] *adj* : rojizo

redecorate [,ri:'dɛkə,reɪt] *vt* **-rated; -rating** : renovar, pintar de nuevo

redeem [rɪ'di:m] *vt* **1** RESCUE, SAVE : rescatar, salvar **2** : desempeñar ⟨she redeemed it from the pawnshop : lo desempeñó de la casa de empeños⟩ **3** : redimir (en religión) **4** : canjear, vender ⟨to redeem coupons : canjear cupones⟩

redeemer [rɪ'di:mər] *n* : redentor *m*, -tora *f*

redefine [,ri:dɪ'faɪn] *vt* : redefinir

redemption [rɪ'dɛmpʃən] *n* : redención *f*

redesign [,ri:dɪ'zaɪn] *vt* : rediseñar

red–handed ['rɛd'hændəd] *adj* : con las manos en la masa

redhead ['rɛd,hɛd] *n* : pelirrojo *m*, -ja *f*

red–hot ['rɛd'hɑt] *adj* **1** : al rojo vivo, candente **2** CURRENT : de candente actualidad **3** POPULAR : de gran popularidad

rediscover [,ri:dɪ'skʌvər] *vt* : redescubrir

redistribute [,ri:dɪ'strɪ,bju:t] *vt* **-uted; -uting** : redistribuir

red–letter ['rɛd'lɛtər] *adj* **red–letter day** : día *m* memorable

redness ['rɛdnəs] *n* : rojez *f*

redo [,ri:'du:] *vt* **-did** [-dɪd]; **-done** [-'dʌn]; **-doing 1** : hacer de nuevo **2** → **redecorate**

redolence ['rɛdələnts] *n* : fragancia *f*

redolent ['rɛdələnt] *adj* **1** FRAGRANT : fragante, oloroso **2** SUGGESTIVE : evocador

redouble [rɪ'dʌbəl] *vt* **-bled; -bling** : redoblar, intensificar (esfuerzos, etc.)

redoubtable [rɪ'daʊtəbəl] *adj* : temible

redress [rɪ'drɛs] *vt* : reparar, remediar, enmendar

red snapper *n* : pargo *m*, huachinango *m* Mex

red tape *n* : papeleo *m*

reduce [rɪ'du:s, -'dju:s] *v* **-duced; -ducing 1** LESSEN : reducir, disminuir, rebajar (precios) **2** DEMOTE : bajar de categoría, degradar **3 to be reduced to** : verse rebajado a, verse forzado a **4 to reduce someone to tears** : hacer llorar a alguien — *vi* SLIM : adelgazar

reduction [rɪ'dʌkʃən] *n* : reducción *f*, rebaja *f*

redundancy [rɪ'dʌndəntsi] *n, pl* **-cies 1** : superfluidad *f* **2** REPETITION : redundancia *f*

redundant [rɪ'dʌndənt] *adj* : superfluo, redundante

redwood ['rɛd,wʊd] *n* : secoya *f*

reed ['ri:d] *n* **1** : caña *f*, carrizo *m*, junco *m* **2** : lengüeta *f* (para instrumentos de viento)

reef ['ri:f] *n* : arrecife *m*, escollo *m*

reek[1] ['ri:k] *vi* : apestar

reek[2] *n* : hedor *m*

reel[1] ['ri:l] *vt* **1 to reel in** : enrollar, sacar (un pez) del agua **2 to reel off** : recitar de un tirón — *vi* **1** SPIN, WHIRL : girar, dar vueltas **2** STAGGER : tambalearse

reel[2] *n* **1** : carrete *m* (de pescar etc.), rollo *m* (de fotos) **2** : baile *m* escocés **3** STAGGER : tambaleo *m*

reelect [,ri:ɪ'lɛkt] *vt* : reelegir

reenact [,ri:ɪ'nækt] *vt* : representar de nuevo, reconstruir

reenter [,ri:'ɛntər] *vt* : volver a entrar

reestablish [,ri:ɪ'stæblɪʃ] *vt* : restablecer

reevaluate [,ri:ɪ'vælju,eɪt] *vt* **-ated; -ating** : revaluar

reevaluation [,ri:ɪ,vælju'eɪʃən] *n* : revaluación *f*

reexamine [ˌriːɪgˈzæmən, -g-] vt **-ined; -ining** : volver a examinar, reexaminar

refer [rɪˈfər] v **-ferred; -ferring** vt DIRECT, SEND : remitir, enviar ⟨to refer a patient to a specialist : enviar a un paciente a un especialista⟩ — vi **to refer to** MENTION : referirse a, aludir a

referee¹ [ˌrɛfəˈriː] v **-eed; -eeing** : arbitrar

referee² n : árbitro m, -tra f; réferi mf

reference [ˈrɛfrənts, ˈrɛfə-] n **1** ALLUSION : referencia f, alusión f ⟨to make reference to : hacer referencia a⟩ **2** CONSULTATION : consulta f ⟨for future reference : para futuras consultas⟩ **3** or **reference book** : libro m de consulta **4** TESTIMONIAL : informe m, referencia f, recomendación f

referendum [ˌrɛfəˈrɛndəm] n, pl **-da** [-də] or **-dums** : referéndum m

refill¹ [ˌriːˈfɪl] vt : rellenar

refill² [ˈriːˌfɪl] n : recambio m

refinance [ˌriːfaɪˌnænts] vt **-nanced; -nancing** : refinanciar

refine [rɪˈfaɪn] v **-fined; -fining 1** : refinar (azúcar, petróleo, etc.) **2** PERFECT : perfeccionar, pulir

refined [rɪˈfaɪnd] adj **1** : refinado (dícese del azúcar, etc.) **2** CULTURED : culto, educado, refinado

refinement [rɪˈfaɪnmənt] n : refinamiento m, fineza f, finura f

refinery [rɪˈfaɪnəri] n, pl **-eries** : refinería f

reflect [rɪˈflɛkt] vt **1** : reflejar ⟨to reflect light : reflejar la luz⟩ ⟨happiness is reflected in her face : la felicidad se refleja en su cara⟩ **2 to reflect that** : pensar que, considerar que — vi **1 to reflect on** : reflexionar sobre **2 to reflect badly on** : desacreditar, perjudicar

reflection [rɪˈflɛkʃən] n **1** : reflexión f, reflejo m (de la luz, de imágenes, etc.) **2** THOUGHT : reflexión f, meditación f

reflective [rɪˈflɛktɪv] adj **1** THOUGHTFUL : reflexivo, pensativo **2** : reflectante (en física)

reflector [rɪˈflɛktər] n : reflector m

reflex [ˈriːˌflɛks] n : reflejo m

reflexive [rɪˈflɛksɪv] adj : reflexivo ⟨a reflexive verb : un verbo reflexivo⟩

reform¹ [rɪˈfɔrm] vt : reformar — vi : reformarse

reform² n : reforma f

reformation [ˌrɛfərˈmeɪʃən] n : reforma f ⟨the Reformation : la Reforma⟩

reformatory [rɪˈfɔrməˌtori] n, pl **-ries** : reformatorio m

reformer [rɪˈfɔrmər] n : reformador m, -dora f

refract [rɪˈfrækt] vt : refractar — vi : refractarse

refraction [rɪˈfrækʃən] n : refracción f

refractory [rɪˈfræktəri] adj OBSTINATE : refractario, obstinado

refrain¹ [rɪˈfreɪn] vi **to refrain from** : abstenerse de

refrain² n : estribillo m (en música)

refresh [rɪˈfrɛʃ] vt : refrescar ⟨to refresh one's memory : refrescarle la memoria a uno⟩

refreshing [rɪˈfrɛʃɪŋ] adj : refrescante ⟨a refreshing sleep : un sueño reparador⟩

refreshment [rɪˈfrɛʃmənt] n **1** : refresco m **2 refreshments** npl : refrigerio m

refrigerate [rɪˈfrɪdʒəˌreɪt] vt **-ated; -ating** : refrigerar

refrigeration [rɪˌfrɪdʒəˈreɪʃən] n : refrigeración f

refrigerator [rɪˈfrɪdʒəˌreɪtər] n : refrigerador m, -dora f, nevera f

refuel [riːˈfjuːəl] v **-eled** or **-elled; -eling** or **-elling** vi : repostar — vt : llenar de combustible

refuge [ˈrɛˌfjuːdʒ] n : refugio m

refugee [ˌrɛfjuˈdʒiː] n : refugiado m, -da f

refund¹ [rɪˈfʌnd, ˈrɪˌfʌnd] vt : reembolsar, devolver

refund² [ˈrɪˌfʌnd] n : reembolso m, devolución f

refundable [rɪˈfʌndəbəl] adj : reembolsable

refurbish [rɪˈfərbɪʃ] vt : renovar, restaurar

refusal [rɪˈfjuːzəl] n : negativa f, rechazo m, denegación f (de una petición)

refuse¹ [rɪˈfjuːz] vt **-fused; -fusing 1** REJECT : rechazar, rehusar **2** DENY : negar, rehusar, denegar ⟨to refuse permission : negar el permiso⟩ **3 to refuse to** : negarse a

refuse² [ˈrɛˌfjuːs, -ˌfjuːz] n : basura f, desechos mpl, desperdicios mpl

refutation [ˌrɛfjuˈteɪʃən] n : refutación f

refute [rɪˈfjuːt] vt **-futed; -futing 1** DENY : desmentir, negar **2** DISPROVE : refutar, rebatir

regain [riːˈgeɪn] vt **1** RECOVER : recuperar, recobrar **2** REACH : alcanzar ⟨to regain the shore : llegar a la tierra⟩

regal [ˈriːgəl] adj : real, regio

regale [rɪˈgeɪl] vt **-galed; -galing 1** ENTERTAIN : agasajar, entretener **2** AMUSE, DELIGHT : deleitar, divertir

regalia [rɪˈgeɪljə] npl : ropaje m, vestiduras fpl, adornos mpl

regard¹ [rɪˈgɑrd] vt **1** OBSERVE : observar, mirar **2** HEED : tener en cuenta, hacer caso de **3** CONSIDER : considerar **4** RESPECT : respetar ⟨highly regarded : muy estimado⟩ **5 as regards** : en cuanto a, en lo que se refiere a

regard² n **1** CONSIDERATION : consideración f **2** ESTEEM : respeto m, estima f **3** PARTICULAR : aspecto m, sentido m ⟨in this regard : en este sentido⟩ **4 regards** npl : saludos mpl, recuerdos mpl **5 with regard to** : con relación a, con respecto a

regarding [rɪˈgɑrdɪŋ] prep : con respecto a, en cuanto a

regardless [rɪˈgɑrdləs] adv : a pesar de todo

regardless of *prep* : a pesar de, sin tener en cuenta ⟨regardless of our mistakes : a pesar de nuestros errores⟩ ⟨regardless of age : sin tener en cuenta la edad⟩

regenerate [ri'dʒɛnə,reɪt] *v* -ated; -ating *vt* : regenerar — *vi* : regenerarse

regeneration [ri,dʒɛnə'reɪʃən] *n* : regeneración *f*

regent ['riːdʒənt] *n* **1** RULER : regente *mf* **2** : miembro *m* de la junta directiva (de una universidad, etc.)

regime [reɪ'ʒiːm, rɪ-] *n* : régimen *m*

regimen ['rɛdʒəmən] *n* : régimen *m*

regiment¹ ['rɛdʒə,mɛnt] *vt* : reglamentar

regiment² ['rɛdʒəmənt] *n* : regimiento *m*

region ['riːdʒən] *n* **1** : región *f* **2 in the region of** : alrededor de

regional ['riːdʒənəl] *adj* : regional — **regionally** *adv*

register¹ ['rɛdʒəstər] *vt* **1** RECORD : registrar, inscribir **2** INDICATE : marcar (temperatura, medidas, etc.) **3** REVEAL : manifestar, acusar ⟨to register surprise : acusar sorpresa⟩ **4** : certificar (correo) — *vi* ENROLL : inscribirse, matricularse

register² *n* : registro *m*

registrar ['rɛdʒə,strɑr] *n* : registrador *m*, -dora *f* oficial

registration [,rɛdʒə'streɪʃən] *n* **1** REGISTERING : inscripción *f*, matriculación *f*, registro *m* **2** *or* **registration number** : matrícula *f*, número *m* de matrícula

registry ['rɛdʒəstri] *n, pl* -**tries** : registro *m*

regress [ri'grɛs] *vi* : retroceder

regression [ri'grɛʃən] *n* : retroceso *m*, regresión *f*

regressive [ri'grɛsɪv] *adj* : regresivo

regret¹ [ri'grɛt] *vt* -**gretted**; -**gretting** : arrepentirse de, lamentar ⟨he regrets nothing : no se arrepiente de nada⟩ ⟨I regret to tell you : lamento decirle⟩

regret² *n* **1** REMORSE : arrepentimiento *m*, remordimientos *mpl* **2** SADNESS : pesar *m*, dolor *m* **3 regrets** *npl* — : excusas *fpl* ⟨to send one's regrets : excusarse⟩

regretful [ri'grɛtfəl] *adj* : arrepentido, pesaroso

regretfully [ri'grɛtfəli] *adv* : con pesar

regrettable [ri'grɛtəbəl] *adj* : lamentable — **regrettably** [-bli] *adv*

regular¹ ['rɛgjələr] *adj* **1** NORMAL : regular, normal, usual **2** STEADY : uniforme, regular ⟨a regular pace : un paso regular⟩ **3** CUSTOMARY, HABITUAL : habitual, de costumbre

regular² *n* : cliente *mf* habitual

regularity [,rɛgjə'lærəti] *n, pl* -**ties** : regularidad *f*

regularly ['rɛgjələrli] *adv* : regularmente, con regularidad

regulate ['rɛgjə,leɪt] *vt* -**lated**; -**lating** : regular

regulation [,rɛgjə'leɪʃən] *n* **1** REGULATING : regulación *f* **2** RULE : regla *f*,

reglamento *m*, norma *f* ⟨safety regulations : reglas de seguridad⟩

regulator ['rɛgjə,leɪtər] *n* **1** : regulador *m* (mecanismo) **2** : persona *f* que regula

regulatory ['rɛgjələ,tori] *adj* : regulador

regurgitate [ri'gərdʒə,teɪt] *v* -**tated**; -**tating** : regurgitar, vomitar

rehabilitate [,riːhə'bɪlə,teɪt, ,riːə-] *vt* -**tated**; -**tating** : rehabilitar

rehabilitation [,riːhə,bɪlə'teɪʃən, ,riːə-] *n* : rehabilitación *f*

rehearsal [ri'hərsəl] *n* : ensayo *m*

rehearse [ri'hərs] *v* -**hearsed**; -**hearsing** : ensayar

reheat [,riː'hiːt] *vt* : recalentar

reign¹ ['reɪn] *vi* **1** RULE : reinar **2** PREVAIL : reinar, predominar ⟨the reigning champion : el actual campeón⟩

reign² *n* : reinado *m*

reimburse [,riːəm'bərs] *vt* -**bursed**; -**bursing** : reembolsar

reimbursement [,riːəm'bərsmənt] *n* : reembolso *m*

rein¹ ['reɪn] *vt* : refrenar (un caballo)

rein² *n* **1** : rienda *f* ⟨to give free rein to : dar rienda suelta a⟩ **2** CHECK : control *m* ⟨to keep a tight rein on : llevar un estricto control de⟩

reincarnation [,riːɪn,kɑr'neɪʃən] *n* : reencarnación *f*

reindeer ['reɪn,dɪr] *n* : reno *m*

reinforce [,riːən'fors] *vt* -**forced**; -**forcing** : reforzar

reinforcement [,riːən'forsmənt] *n* : refuerzo *m*

reinstate [,riːən'steɪt] *vt* -**stated**; -**stating** **1** : reintegrar, restituir (a una persona) **2** RESTORE : restablecer (un servicio, etc.)

reinstatement [,riːən'steɪtmənt] *n* : reintegración *f*, restitución *f*, restablecimiento *m*

reiterate [ri'ɪtə,reɪt] *vt* -**ated**; -**ating** : reiterar, repetir

reiteration [ri,ɪtə'reɪʃən] *n* : reiteración *f*, repetición *f*

reject¹ [ri'dʒɛkt] *vt* : rechazar

reject² ['riː,dʒɛkt] *n* : desecho *m* (cosa), persona *f* rechazada

rejection [ri'dʒɛkʃən] *n* : rechazo *m*

rejoice [ri'dʒɔɪs] *vi* -**joiced**; -**joicing** : alegrarse, regocijarse

rejoin [,riː'dʒɔɪn] *vt* **1** : reincorporarse a, reintegrarse a ⟨he rejoined the firm : se reincorporó a la firma⟩ **2** [ri'-] REPLY, RETORT : replicar

rejoinder [ri'dʒɔɪndər] *n* : réplica *f*

rejuvenate [ri'dʒuː,vəneɪt] *vt* -**nated**; -**nating** : rejuvenecer

rejuvenation [ri,dʒuː,və'neɪʃən] *n* : rejuvenecimiento *m*

rekindle [,riː'kɪndəl] *vt* -**dled**; -**dling** : reavivar

relapse¹ [ri'læps] *vi* -**lapsed**; -**lapsing** : recaer, volver a caer

relapse² ['riː,læps, ri'læps] *n* : recaída *f*

relate [ri'leɪt] v -lated; -lating vt 1 TELL : relatar, contar 2 ASSOCIATE : relacionar, asociar ⟨to relate crime to poverty : relacionar la delincuencia a la pobreza⟩ — vi 1 CONNECT : conectar, estar relacionado (con) 2 INTERACT : relacionarse (con), llevarse bien (con) 3 **to relate to** UNDERSTAND : identificarse con, simpatizar con

related [ri'leɪtəd] adj : emparentado ⟨to be related to : ser pariente de⟩

relation [ri'leɪʃən] n 1 NARRATION : relato m, narración f 2 RELATIVE : pariente mf, familiar mf 3 RELATIONSHIP : relación f ⟨in relation to : en relación con, con relación a⟩ 4 **relations** npl : relaciones fpl ⟨public relations : relaciones públicas⟩

relationship [ri'leɪʃən,ʃɪp] n 1 CONNECTION : relación f 2 KINSHIP : parentesco m

relative[1] ['rɛlətɪv] adj : relativo — **relatively** adv

relative[2] n : pariente mf, familiar mf

relativism ['rɛlətɪ,vɪzəm] n : relativismo m

relativity [,rɛlə'tɪvəti] n, pl **-ties** : relatividad f

relax [ri'læks] vt : relajar, aflojar — vi : relajarse

relaxation [,ri:,læk'seɪʃən] n 1 RELAXING : relajación f, aflojamiento m 2 DIVERSION : esparcimiento m, distracción f

relaxing [ri'læksɪŋ] adj : relajante

relay[1] ['ri:,leɪ, ri'leɪ] vt -layed; -laying : transmitir

relay[2] ['ri:,leɪ] n 1 : relevo m 2 or **relay race** : carrera de relevos

release[1] [ri'li:s] vt -leased; -leasing 1 FREE : liberar, poner en libertad 2 LOOSEN : soltar, aflojar ⟨to release the brake : soltar el freno⟩ 3 RELINQUISH : renunciar a, ceder 4 ISSUE : publicar (un libro), estrenar (una película), sacar (un disco)

release[2] n 1 LIBERATION : liberación f, puesta f en libertad 2 RELINQUISHMENT : cesión f (de propiedad, etc.) 3 ISSUE : estreno m (de una película), puesta f en venta (de un disco), publicación f (de un libro) 4 ESCAPE : escape m, fuga f (de un gas)

relegate ['rɛlə,geɪt] vt -gated; -gating : relegar

relent [ri'lɛnt] vi : ablandarse, ceder

relentless [ri'lɛntləs] adj : implacable, sin tregua

relentlessly [ri'lɛntləsli] adv : implacablemente

relevance ['rɛləvənts] n : pertinencia f, relación f

relevant ['rɛləvənt] adj : pertinente — **relevantly** adv

reliability [ri,laɪə'bɪləti] n, pl **-ties** 1 : fiabilidad f, seguridad f (de una cosa) 2 : formalidad f, seriedad f (de una persona)

reliable [ri'laɪəbəl] adj : confiable, fiable, fidedigno, seguro

reliably [ri'laɪəbli] adv : sin fallar ⟨to be reliably informed : saber (algo) de fuentes fidedignas⟩

reliance [ri'laɪənts] n 1 DEPENDENCE : dependencia f 2 CONFIDENCE : confianza f

reliant [ri'laɪənt] adj : dependiente

relic ['rɛlɪk] n 1 : reliquia f 2 VESTIGE : vestigio m

relief [ri'li:f] n 1 : alivio m, desahogo m ⟨relief from pain : alivio del dolor⟩ 2 AID, WELFARE : ayuda f (benéfica), asistencia f social 3 : relieve m (en la escultura) ⟨relief map : mapa en relieve⟩ 4 REPLACEMENT : relevo m

relieve [ri'li:v] vt -lieved; -lieving 1 ALLEVIATE : aliviar, mitigar ⟨to feel relieved : sentirse aliviado⟩ 2 FREE : liberar, eximir ⟨to relieve someone of responsibility for : eximir a alguien de la responsabilidad de⟩ 3 REPLACE : relevar (a un centinela, etc.) 4 BREAK : romper ⟨to relieve the monotony : romper la monotonía⟩

religion [ri'lɪdʒən] n : religión f

religious [ri'lɪdʒəs] adj : religioso — **religiously** adv

relinquish [ri'lɪŋkwɪʃ, -'lɪn-] vt 1 GIVE UP : renunciar a, abandonar 2 RELEASE : soltar

relish[1] ['rɛlɪʃ] vt : saborear (comida), disfrutar con (una idea, una perspectiva, etc.)

relish[2] n 1 ENJOYMENT : gusto m, deleite m 2 : salsa f (condimento)

relive [,ri:'lɪv] vt -lived; -living : revivir

relocate [,ri:'lo:,keɪt, ,ri:lo'keɪt] v -cated; -cating vt : reubicar, trasladar — vi : trasladarse

relocation [,ri:lo'keɪʃən] n : reubicación f, traslado m

reluctance [ri'lʌktənts] n : renuencia f, reticencia f, desgana f

reluctant [ri'lʌktənt] adj : renuente, reacio, reticente

reluctantly [ri'lʌktəntli] adv : a regañadientes

rely [ri'laɪ] vi -lied; -lying 1 DEPEND : depender (de), contar (con) 2 TRUST : confiar (en)

remain [ri'meɪn] vi 1 : quedar ⟨very little remains : queda muy poco⟩ ⟨remaining 10 minutes : los 10 minutos que quedan⟩ 2 STAY : quedarse, permanecer 3 CONTINUE : continuar, seguir ⟨to remain the same : continuar siendo igual⟩ 4 **to remain to** : quedar por ⟨to remain to be done : quedar por hacer⟩ ⟨it remains to be seen : está por ver⟩

remainder [ri'meɪndər] n : resto m, remanente m

remains [ri'meɪnz] npl : restos mpl ⟨mortal remains : restos mortales⟩

remake[1] [,ri:'meɪk] vt -made; -making 1 TRANSFORM : rehacer 2 : hacer una nueva versión de (una película, etc.)

remake² ['riː,meɪk] *n* : nueva versión *f*

remark¹ [rɪ'mɑrk] *vt* **1** NOTICE : observar **2** SAY : comentar, observar — *vi* **to remark on** : hacer observaciones sobre

remark² *n* : comentario *m*, observación *f*

remarkable [rɪ'mɑrkəbəl] *adj* : extraordinario, notable — **remarkably** [-bli] *adv*

rematch ['riː,mætʃ] *n* : revancha *f*

remedial [rɪ'miːdiəl] *adj* : correctivo ⟨remedial classes : clases para alumnos atrasados⟩

remedy¹ ['rɛmədi] *vt* **-died; -dying** : remediar

remedy² *n, pl* **-dies** : remedio *m*, medicamento *m*

remember [rɪ'mɛmbər] *vt* **1** RECOLLECT : acordarse de, recordar **2** : no olvidar ⟨remember my words : no olvides mis palabras⟩ ⟨to remember to : acordarse de⟩ **3** : dar saludos, dar recuerdos ⟨remember me to her : dale saludos de mi parte⟩ **4** COMMEMORATE : recordar, conmemorar

remembrance [rɪ'mɛmbrənts] *n* **1** RECOLLECTION : recuerdo *m* ⟨in remembrance of : en conmemoración de⟩ **2** MEMENTO : recuerdo *m*

remind [rɪ'maɪnd] *vt* : recordar ⟨remind me to do it : recuérdame que lo haga⟩ ⟨she reminds me of Clara : me recuerda de Clara⟩

reminder [rɪ'maɪndər] *n* : recuerdo *m*

reminisce [,rɛmə'nɪs] *vi* **-nisced; -niscing** : rememorar los viejos tiempos

reminiscence [,rɛmə'nɪsənts] *n* : recuerdo *m*, reminiscencia *f*

reminiscent [,rɛmə'nɪsənt] *adj* **1** NOSTALGIC : reminiscente, nostálgico **2** SUGGESTIVE : evocador, que recuerda — **reminiscently** *adv*

remiss [rɪ'mɪs] *adj* : negligente, descuidado, remiso

remission [rɪ'mɪʃən] *n* : remisión *f*

remit [rɪ'mɪt] *vt* **-mitted; -mitting 1** PARDON : perdonar **2** SEND : remitir, enviar (dinero)

remittance [rɪ'mɪtənts] *n* : remesa *f*

remnant ['rɛmnənt] *n* : restos *mpl*, vestigio *m*

remodel [rɪ'mɑdəl] *vt* **-eled** *or* **-elled; -eling** *or* **-elling** : remodelar, reformar

remonstrate [rɪ'mɑn,streɪt] *vi* **-strated; -strating** : protestar ⟨to remonstrate with someone : quejarse a alguien⟩

remorse [rɪ'mɔrs] *n* : remordimiento *m*

remorseful [rɪ'mɔrsfəl] *adj* : arrepentido, lleno de remordimiento

remorseless [rɪ'mɔrsləs] *adj* **1** PITILESS : despiadado **2** RELENTLESS : implacable

remote [rɪ'moːt] *adj* **-moter; -est 1** FAROFF : lejano, remoto ⟨remote countries : países remotos⟩ ⟨in the remote past : en el pasado lejano⟩ **2** SECLUDED : recóndito **3** : a distancia, remoto ⟨re-mote control : control remoto⟩ **4** SLIGHT : remoto **5** ALOOF : distante

remotely [rɪ'moːtli] *adv* **1** SLIGHTLY : remotamente **2** DISTANTLY : en un lugar remoto, muy lejos

remoteness [rɪ'moːtnəs] *n* : lejanía *f*

removable [rɪ'muːvəbəl] *adj* : removible

removal [rɪ'muːvəl] *n* : separación *f*, extracción *f*, supresión *f* (en algo escrito), eliminación *f* (de problemas, etc.)

remove [rɪ'muːv] *vt* **-moved; -moving 1** : quitar, quitarse ⟨remove the lid : quite la tapa⟩ ⟨to remove one's hat : quitarse el sombrero⟩ **2** EXTRACT : sacar, extraer ⟨to remove the contents of : sacar el contenido de⟩ **3** ELIMINATE : eliminar, disipar

remunerate [rɪ'mjuːnə,reɪt] *vt* **-ated; -ating** : remunerar

remuneration [rɪ,mjuːnə'reɪʃən] *n* : remuneración *f*

remunerative [rɪ'mjuːnərətɪv, -,reɪ-] *adj* : remunerativo

renaissance [,rɛnə'sɑnts, -'zɑnts; 'rɛnə-,-] *n* : renacimiento *m* ⟨the Renaissance : el Renacimiento⟩

renal ['riːnəl] *adj* : renal

rename [,riː'neɪm] *vt* **-named; -naming** : ponerle un nombre nuevo a

rend ['rɛnd] *vt* **rent** ['rɛnt]; **rending** : desgarrar

render ['rɛndər] *vt* **1** : derretir ⟨to render lard : derretir la manteca⟩ **2** GIVE : prestar, dar ⟨to render aid : prestar ayuda⟩ **3** MAKE : hacer, volver, dejar ⟨it rendered him helpless : lo dejó incapacitado⟩ **4** TRANSLATE : traducir, verter ⟨to render into English : traducir al inglés⟩

rendezvous ['rɑndi,vuː, -,deɪ-] *ns & pl* : encuentro *m*, cita *f*

rendition [rɛn'dɪʃən] *n* : interpretación *f*

renegade ['rɛnɪ,geɪd] *n* : renegado *m*, -da *f*

renege [rɪ'nɪg, -'nɛg] *vi* **-neged; -neging** : no cumplir con (una promesa, etc.)

renew [rɪ'nuː, -'njuː] *vt* **1** REVIVE : renovar, reavivar ⟨to renew the sentiments of youth : renovar los sentimientos de la juventud⟩ **2** RESUME : reanudar **3** EXTEND : renovar ⟨to renew a subscription : renovar una suscripción⟩

renewable [rɪ'nuːəbəl, -'njuː-] *adj* : renovable

renewal [rɪ'nuːəl, -'njuː-] *n* : renovación *f*

renounce [rɪ'naʊnts] *vt* **-nounced; -nouncing** : renunciar a

renovate ['rɛnə,veɪt] *vt* **-vated; -vating** : restaurar, renovar

renovation [,rɛnə'veɪʃən] *n* : restauración *f*, renovación *f*

renown [rɪ'naʊn] *n* : renombre *m*, fama *f*, celebridad *f*

renowned [rɪ'naʊnd] *adj* : renombrado, célebre, famoso

rent¹ ['rɛnt] *vt* : rentar, alquilar

rent² *n* **1** : renta *f*, alquiler *m* ⟨for rent : se alquila⟩ **2** RIP : rasgadura *f*

rental¹ ['rɛntəl] *adj* RENT : de alquiler

rental² *n* : alquiler *m*

renter ['rɛntər] *n* : arrendatario *m*; -ria *f*

renunciation [rɪˌnʌntsiˈeɪʃən] *n* : renuncia *f*

reopen [ˌriːˈoːpən] *vt* : volver a abrir

reorganization [ˌriːˌɔrɡənəˈzeɪʃən] *n* : reorganización *f*

reorganize [ˌriːˈɔrɡəˌnaɪz] *vt* -nized; -nizing : reorganizar

repair¹ [rɪˈpær] *vt* : reparar, arreglar, refaccionar

repair² *n* **1** : reparación *f*, arreglo *m* **2** CONDITION : estado *m* ⟨in bad repair : en mal estado⟩

reparation [ˌrɛpəˈreɪʃən] *n* **1** AMENDS : reparación *f* **2 reparations** *npl* COMPENSATION : indemnización *f*

repartee [ˌrɛpərˈtiː, -ˈpɑr-, -ˈteɪ] *n* : intercambio *m* de réplicas ingeniosas

repast [rɪˈpæst, ˈriːˌpæst] *n* : comida *f*

repatriate [rɪˈpeɪtriˌeɪt] *vt* -ated; -ating : repatriar

repay [rɪˈpeɪ] *vt* -paid; -paying : pagar, devolver, reembolsar

repeal¹ [rɪˈpiːl] *vt* : abrogar, revocar

repeal² *n* : abrogación *f*, revocación *f*

repeat¹ [rɪˈpiːt] *vt* : repetir

repeat² *n* : repetición *f*

repeatedly [rɪˈpiːtədli] *adv* : repetidamente, repetidas veces

repel [rɪˈpɛl] *vt* -pelled; -pelling **1** REPULSE : repeler (un enemigo, etc.) **2** RESIST : repeler **3** REJECT : rechazar, repeler **4** DISGUST : repugnar, darle asco (a alguien)

repellent *or* **repellant** [rɪˈpɛlənt] *n* : repelente *m*

repent [rɪˈpɛnt] *vi* : arrepentirse

repentance [rɪˈpɛntənts] *n* : arrepentimiento *m*

repentant [rɪˈpɛntənt] *adj* : arrepentido

repercussion [ˌriːpərˈkʌʃən, ˌrɛpər-] *n* : repercusión *f*

repertoire [ˈrɛpərˌtwɑr] *n* : repertorio *m*

repertory [ˈrɛpərˌtori] *n, pl* -ries : repertorio *m*

repetition [ˌrɛpəˈtɪʃən] *n* : repetición *f*

repetitious [ˌrɛpəˈtɪʃəs] *adj* : repetitivo, reiterativo — **repetitiously** *adv*

repetitive [rɪˈpɛtətɪv] *adj* : repetitivo, reiterativo

replace [rɪˈpleɪs] *vt* -placed; -placing **1** : volver a poner ⟨replace it in the drawer : vuelve a ponerlo en el cajón⟩ **2** SUBSTITUTE : reemplazar, sustituir **3** : reponer ⟨to replace the worn carpet : reponer la alfombra raída⟩

replaceable [rɪˈpleɪsəbəl] *adj* : reemplazable

replacement [rɪˈpleɪsmənt] *n* **1** SUBSTITUTION : reemplazo *m*, sustitución *f* **2** SUBSTITUTE : sustituto *m*, -ta *f*; suplente *m* (persona) **3 replacement part** : repuesto *m*, pieza *f* de recambio

replenish [rɪˈplɛnɪʃ] *vt* : rellenar, llenar de nuevo

replenishment [rɪˈplɛnɪʃmənt] *n* : reabastecimiento *m*

replete [rɪˈpliːt] *adj* : repleto, lleno

replica [ˈrɛplɪkə] *n* : réplica *f*, reproducción *f*

replicate [ˈrɛpləˌkeɪt] *v* -cated; -cating *vt* : duplicar, repetir — *vi* : duplicarse

replication [ˌrɛpləˈkeɪʃən] *n* **1** REPRODUCTION : reproducción *f* **2** REPETITION : repetición *f* **3** : replicación *f* (celular)

reply¹ [rɪˈplaɪ] *vi* -plied; -plying : contestar, responder

reply² *n, pl* -plies : respuesta *f*, contestación *f*

report¹ [rɪˈport] *vt* **1** ANNOUNCE : relatar, anunciar **2** : dar parte de, informar de, reportar ⟨he reported an accident : dio parte de un accidente⟩ ⟨to report a crime : denunciar un delito⟩ **3** : informar acerca de (en un periódico, la televisión, etc.) — *vi* **1** : hacer un informe, informar **2 to report for duty** : presentarse, reportarse

report² *n* **1** RUMOR : rumor *m* **2** REPUTATION : reputación *f* ⟨people of evil report : personas de mala fama⟩ **3** ACCOUNT : informe *m*, reportaje *m* (en un periódico, etc.) **4** BANG : estallido *m* (de un arma de fuego)

report card *n* : boletín *m* de calificaciones, boletín *m* de notas

reportedly [rɪˈportədli] *adv* : según se dice, según se informa

reporter [rɪˈportər] *n* : periodista *mf*; reportero *m*, -ra *f*

repose¹ [rɪˈpoːz] *vi* -posed; -posing : reposar, descansar

repose² *n* **1** : reposo *m*, descanso *m* **2** CALM : calma *f*, tranquilidad *f*

repository [rɪˈpɑzəˌtori] *n, pl* -ries : depósito *m*

repossess [ˌriːpəˈzɛs] *vt* : recuperar, recobrar la posesión de

reprehensible [ˌrɛprɪˈhɛntsəbəl] *adj* : reprensible — **reprehensibly** *adv*

represent [ˌrɛprɪˈzɛnt] *vt* **1** SYMBOLIZE : representar ⟨the flag represents our country : la bandera representa a nuestro país⟩ **2** : representar, ser un representante de ⟨an attorney who represents his client : un abogado que representa su cliente⟩ **3** PORTRAY : presentar ⟨he represents himself as a friend : se presenta como amigo⟩

representation [ˌrɛprɪˌzɛnˈteɪʃən, -zən-] *n* : representación *f*

representative¹ [ˌrɛprɪˈzɛntətɪv] *adj* : representativo

representative² *n* **1** : representante *mf* **2** : diputado *m*, -da *f* (en la política)

repress [rɪˈprɛs] *vt* : reprimir

repression [rɪˈprɛʃən] *n* : represión *f*

repressive [rɪˈprɛsɪv] *adj* : represivo

reprieve¹ [rɪˈpriːv] *vt* -prieved; -prieving : indultar

reprieve² *n* : indulto *m*

reprimand¹ [ˈrɛprəˌmænd] *vt* : reprender

reprimand² *n* : reprimenda *f*
reprint¹ [ri'prɪnt] *vt* : reimprimir
reprint² ['ri:ˌprɪnt, ri'prɪnt] *n* : reedición *f*
reprisal [ri'praɪzəl] *n* : represalia *f*
reproach¹ [ri'proːtʃ] *vt* : reprochar
reproach² *n* **1** DISGRACE : deshonra *f* **2** REBUKE : reproche *m*, recriminación *f*
reproachful [ri'proːtʃfəl] *adj* : de reproche
reproduce [ˌriːprə'duːs, -'djuːs] *v* **-duced; -ducing** *vt* : reproducir — *vi* BREED : reproducirse
reproduction [ˌriːprə'dʌkʃən] *n* : reproducción *f*
reproductive [ˌriːprə'dʌktɪv] *adj* : reproductor
reproof [ri'pruːf] *n* : reprobación *f*, reprimenda *f*, reproche *m*
reprove [ri'pruːv] *vt* **-proved; -proving** : reprender, censurar
reptile ['rɛpˌtaɪl] *n* : reptil *m*
republic [ri'pʌblɪk] *n* : república *f*
republican¹ [ri'pʌblɪkən] *adj* : republicano
republican² *n* : republicano *m*, -na *f*
repudiate [ri'pjuːdiˌeɪt] *vt* **-ated; -ating** **1** REJECT : rechazar **2** DISOWN : repudiar, renegar de
repudiation [riˌpjuːdi'eɪʃən] *n* : rechazo *m*, repudio *m*
repugnance [ri'pʌgnənts] *n* : repugnancia *f*
repugnant [ri'pʌgnənt] *adj* : repugnante, asqueroso
repulse¹ [ri'pʌls] *vt* **-pulsed; -pulsing** **1** REPEL : repeler **2** REBUFF : desairar, rechazar
repulse² *n* : rechazo *m*
repulsive [ri'pʌlsɪv] *adj* : repulsivo, repugnante, asqueroso — **repulsively** *adv*
reputable ['rɛpjətəbəl] *adj* : acreditado, de buena reputación
reputation [ˌrɛpjə'teɪʃən] *n* : reputación *f*, fama *f*
repute [ri'pjuːt] *n* : reputación *f*, fama *f*
reputed [ri'pjuːtəd] *adj* : reputado, supuesto ⟨she's reputed to be the best : tiene fama de ser la mejor⟩
reputedly [ri'pjuːtədli] *adv* : supuestamente, según se dice
request¹ [ri'kwɛst] *vt* : pedir, solicitar, rogar ⟨to request assistance : solicitar asistencia, pedir ayuda⟩ ⟨I requested him to do it : le pedí que lo hiciera⟩
request² *n* : petición *f*, solicitud *f*, pedido *m*
requiem ['rɛkwiəm, 'reɪ-] *n* : réquiem *m*
require [ri'kwaɪr] *vt* **-quired; -quiring** **1** CALL FOR, DEMAND : requerir, exigir ⟨if required : si se requiere⟩ ⟨to require that something be done : exigir que algo se haga⟩ **2** NEED : necesitar, requerir
requirement [ri'kwaɪrmənt] *n* **1** NECESSITY : necesidad *f* **2** DEMAND : requisito *m*, demanda *f*

requisite¹ ['rɛkwəzɪt] *adj* : esencial, necesario
requisite² *n* : requisito *m*, necesidad *f*
requisition¹ [ˌrɛkwə'zɪʃən] *vt* : requisar
requisition² *n* : requisición *f*, requisa *f*
reread [ˌriː'riːd] *vt* **-read; -reading** : releer
reroute [ˌriː'ruːt, -'raʊt] *vt* **-routed; -routing** : desviar
rerun¹ [ri'rʌn] *vt* **-ran; -run; -running** : reponer (un programa televisivo)
rerun² ['riːˌrʌn] *n* **1** : reposición *f* (de un programa televisivo) **2** REPEAT : repetición *f*
resale ['riːˌseɪl, ˌriː'seɪl] *n* : reventa *f* ⟨resale price : precio de venta⟩
rescind [ri'sɪnd] *vt* **1** CANCEL : rescindir, cancelar **2** REPEAL : abrogar, revocar
rescue¹ ['rɛsˌkjuː] *vt* **-cued; -cuing** : rescatar, salvar
rescue² *n* : rescate *m*
rescuer ['rɛskjuər] *n* : salvador *m*, -dora *f*
research¹ [ri'sərtʃ, 'riːˌsərtʃ] *v* : investigar
research² *n* : investigación *f*
researcher [ri'sərtʃər, 'riːˌ-] *n* : investigador *m*, -dora *f*
resemblance [ri'zɛmblənts] *n* : semejanza *f*, parecido *m*
resemble [ri'zɛmbəl] *vt* **-sembled; -sembling** : parecerse a, asemejarse a
resent [ri'zɛnt] *vt* : resentirse de, ofenderse por
resentful [ri'zɛntfəl] *adj* : resentido, rencoroso — **resentfully** *adv*
resentment [ri'zɛntmənt] *n* : resentimiento *m*
reservation [ˌrɛzər'veɪʃən] *n* **1** : reservación *f*, reserva *f* ⟨to make a reservation : hacer una reservación⟩ **2** DOUBT, MISGIVING : reserva *f*, duda *f* ⟨without reservations : sin reservas⟩ **3** : reserva *f* (de indios americanos)
reserve¹ [ri'zərv] *vt* **-served; -serving** : reservar
reserve² *n* **1** STOCK : reserva *f* ⟨to keep in reserve : guardar en reserva⟩ **2** RESTRAINT : reserva *f*, moderación *f* **3 reserves** *npl* : reservas *fpl* (militares)
reserved [ri'zərvd] *adj* : reservado
reservoir ['rɛzərˌvwɑr, -ˌvwɔr, -ˌvɔr] *n* : embalse *m*
reset [ˌriː'sɛt] *vt* **-set; -setting** : reajustar, poner en hora (un reloj), reiniciar (una computadora)
reside [ri'zaɪd] *vi* **-sided; -siding** **1** DWELL : residir **2** LIE : radicar, residir ⟨the power resides in the presidency : el poder radica en la presidencia⟩
residence ['rɛzədənts] *n* : residencia *f*
resident¹ ['rɛzədənt] *adj* : residente
resident² *n* : residente *mf*
residential [ˌrɛzə'dɛntʃəl] *adj* : residencial
residual [ri'zɪdʒuəl] *adj* : residual
residue ['rɛzəˌduː, -ˌdjuː] *n* : residuo *m*, resto *m*

resign [ri'zaɪn] vt **1** QUIT : dimitir, renunciar **2 to resign oneself** : aguantarse, resignarse

resignation [ˌrɛzɪg'neɪʃən] n : resignación f

resignedly [ri'zaɪnədli] adv : con resignación

resilience [ri'zɪljənts] n **1** : capacidad f de recuperación, adaptabilidad f **2** ELASTICITY : elasticidad f

resiliency [ri'zɪljəntsi] → **resilience**

resilient [ri'zɪljənt] adj **1** STRONG : resistente, fuerte **2** ELASTIC : elástico

resin ['rɛzən] n : resina f

resist [ri'zɪst] vt **1** WITHSTAND : resistir ⟨to resist heat : resistir el calor⟩ **2** OPPOSE : oponerse a

resistance [ri'zɪstənts] n : resistencia f

resistant [ri'zɪstənt] adj : resistente

resolute ['rɛzəˌluːt] adj : firme, resuelto, decidido

resolutely ['rɛzəˌluːtli, ˌrɛzə'-] adv : resueltamente, firmemente

resolution [ˌrɛzə'luːʃən] n **1** SOLUTION : solución f **2** RESOLVE : resolución f, determinación f **3** DECISION : propósito m, decisión f ⟨New Year's resolutions : propósitos para el Año Nuevo⟩ **4** MOTION, PROPOSAL : moción f, resolución f (legislativa)

resolve¹ [ri'zalv] vt **-solved; -solving** **1** SOLVE : resolver, solucionar **2** DECIDE : resolver ⟨she resolved to get more sleep : resolvió dormir más⟩

resolve² n : resolución f, determinación f

resonance ['rɛzənənts] n : resonancia f

resonant ['rɛzənənt] adj : resonante, retumbante

resort¹ [ri'zɔrt] vi **to resort to** : recurrir a ⟨to resort to force : recurrir a la fuerza⟩

resort² n **1** RECOURSE : recurso m ⟨as a last resort : como último recurso⟩ **2** HANGOUT : lugar m popular, lugar m muy frecuentado **3** : lugar m de vacaciones ⟨tourist resort : centro turístico⟩

resound [ri'zaʊnd] vi : retumbar, resonar

resounding [ri'zaʊndɪŋ] adj **1** RESONANT : retumbante, resonante **2** ABSOLUTE, CATEGORICAL : rotundo, tremendo ⟨a resounding success : un éxito rotundo⟩

resource ['riːˌsɔrs, ri'sɔrs] n **1** RESOURCEFULNESS : ingenio m, recursos mpl **2 resources** npl : recursos mpl ⟨natural resources : recursos naturales⟩ **3 resources** npl MEANS : recursos mpl, medios mpl, fondos mpl

resourceful [ri'sɔrsfəl, -'zɔrs-] adj : ingenioso

resourcefulness [ri'sɔrsfəlnəs, -'zɔrs-] n : ingenio m, recursos mpl, inventiva f

respect¹ [ri'spɛkt] vt : respetar, estimar

respect² n **1** REFERENCE : relación f, respeto m ⟨with respect to : en lo que respecta a⟩ **2** ESTEEM : respeto m, estima f **3** DETAIL, PARTICULAR : detalle m, sentido m, respeto m ⟨in some respects : en algunos sentidos⟩ **4 respects** npl : respetos mpl ⟨to pay one's respects : presentar uno susrespetos⟩

respectability [ri,spɛktə'bɪləti] n : respetabilidad f

respectable [ri'spɛktəbəl] adj **1** PROPER : respetable, decente **2** CONSIDERABLE : considerable, respetable ⟨a respectable amount : una cantidad respetable⟩ — **respectably** [-bli] adv

respectful [ri'spɛktfəl] adj : respetuoso — **respectfully** adv

respectfulness [ri'spɛktfəlnəs] n : respetuosidad f

respective [ri'spɛktɪv] adj : respectivo ⟨their respective homes : sus casas respectivas⟩ — **respectively** adv

respiration [ˌrɛspə'reɪʃən] n : respiración f

respirator ['rɛspəˌreɪtər] n : respirador m

respiratory ['rɛspərəˌtori, ri'spaɪrə-] adj : respiratorio

respite ['rɛspɪt, ri'spaɪt] n : respiro m, tregua f

resplendent [ri'splɛndənt] adj : resplandeciente — **resplendently** adv

respond [ri'spand] vi **1** ANSWER : contestar, responder **2** REACT : responder, reaccionar ⟨to respond to treatment : responder al tratamiento⟩

response [ri'spants] n : respuesta f

responsibility [ri,spantsə'bɪləti] n, pl **-ties** : responsabilidad f

responsible [ri'spantsəbəl] adj : responsable — **responsibly** [-bli] adv

responsive [ri'spantsɪv] adj **1** ANSWERING : que responde **2** SENSITIVE : sensible, receptivo

responsiveness [ri'spantsɪvnəs] n : receptividad f, sensibilidad f

rest¹ ['rɛst] vi **1** REPOSE : reposar, descansar **2** RELAX : quedarse tranquilo **3** STOP : pararse, detenerse **4** DEPEND : basarse (en), descansar (sobre), depender (de) ⟨the decision rests with her : la decisión pesa sobre ella⟩ **5 to rest on** : apoyarse en, descansar sobre ⟨to rest on one's arm : apoyarse en el brazo⟩ — vt **1** RELAX : descansar **2** SUPPORT : apoyar **3 to rest one's eyes on** : fijar la mirada en

rest² n **1** RELAXATION, REPOSE : reposo m, descanso m **2** SUPPORT : soporte m, apoyo m **3** : silencio m (en música) **4** REMAINDER : resto m **5 to come to rest** : pararse

restart [ri'start] vt **1** : volver a empezar **2** RESUME : reanudar **3** : volver a arrancar (un motor), reiniciar (una computadora) — vi **1** : reanudarse **2** : volver a arrancar

restatement [ˌri'steɪtmənt] n : repetición f

restaurant ['rɛstəˌrant, -rənt] n : restaurante m

restful ['rɛstfəl] *adj* **1** RELAXING : relajante **2** PEACEFUL : tranquilo, sosegado

restitution [,rɛstə'tu:ʃən, -'tju:-] *n* : restitución *f*

restive ['rɛstɪv] *adj* : inquieto, nervioso

restless ['rɛstləs] *adj* **1** FIDGETY : inquieto, agitado **2** IMPATIENT : impaciente **3** SLEEPLESS : desvelado ⟨a restless night : una noche en blanco⟩

restlessly ['rɛstləsli] *adv* : nerviosamente

restlessness ['rɛstləsnəs] *n* : inquietud *f*, agitación *f*

restoration [,rɛstə'reɪʃən] *n* : restauración *f*, restablecimiento *m*

restore [ri'stor] *vt* **-stored; -storing 1** RETURN : volver **2** REESTABLISH : restablecer **3** REPAIR : restaurar

restrain [ri'streɪn] *vt* **1** : refrenar, contener **2 to restrain oneself** : contenerse

restrained [ri'streɪnd] *adj* : comedido, templado, contenido

restraint [ri'streɪnt] *n* **1** RESTRICTION : restricción *f*, limitación *f*, control *m* **2** CONFINEMENT : encierro *m* **3** RESERVE : reserva *f*, control *m* de sí mismo

restrict [ri'strɪkt] *vt* : restringir, limitar, constreñir

restricted [ri'strɪktəd] *adj* **1** LIMITED : limitado, restringido **2** CLASSIFIED : secreto, confidencial

restriction [ri'strɪkʃən] *n* : restricción *f*

restrictive [ri'strɪktɪv] *adj* : restrictivo — **restrictively** *adv*

rest room *n* : servicios *mpl*, baño *m*

restructure [ri'strʌktʃər] *vt* **-tured; -turing** : reestructurar

result¹ [ri'zʌlt] *vi* : resultar ⟨to result in : resultar en, tener por resultado⟩

result² *n* : resultado *m*, consecuencia *f* ⟨as a result of : como consecuencia de⟩

resultant [ri'zʌltənt] *adj* : resultante

resume [ri'zu:m] *v* **-sumed; -suming** *vt* : reanudar — *vi* : reanudarse

résumé *or* **resume** *or* **resumé** ['rɛzə,meɪ, ,rɛzə'-] *n* **1** SUMMARY : resumen *m* **2** CURRICULUM VITAE : currículum *m*, currículo *m*

resumption [ri'zʌmpʃən] *n* : reanudación *f*

resurface [,ri:'sərfəs] *v* **-faced; -facing** *vt* : pavimentar (una carretera) de nuevo — *vi* : volver a salir en la superficie

resurgence [ri'sərdʒənts] *n* : resurgimiento *m*

resurrect [,rɛzə'rɛkt] *vt* : resucitar, desempolvar

resurrection [,rɛzə'rɛkʃən] *n* : resurrección *f*

resuscitate [ri'sʌsə,teɪt] *vt* **-tated; -tating** : resucitar, revivir

resuscitation [ri,sʌsə'teɪʃən] *n* : reanimación *f*, resucitación *f*

retail¹ ['ri:,teɪl] *vt* : vender al por menor, vender al detalle

retail² *adv* : al por menor, al detalle

retail³ *adj* : detallista, minorista

retail⁴ *n* : venta *f* al detalle, venta *f* al por menor

retailer ['ri:,teɪlər] *n* : detallista *mf*, minorista *mf*

retain [ri'teɪn] *vt* : retener, conservar, guardar

retainer [ri'teɪnər] *n* **1** SERVANT : criado *m*, -da *f* **2** ADVANCE : anticipo *m*

retaliate [ri'tæli,eɪt] *vi* **-ated; -ating** : responder, contraatacar, tomar represalias

retaliation [ri,tæli'eɪʃən] *n* : represalia *f*, retaliación *f*

retard [ri'tard] *vt* : retardar, retrasar

retardation [ri'tarded] *n* **1** : retardación *f* **2** *or* **mental retardation** : retraso *m* mental

retarded [ri'tardəd] *adj* : retrasado

retch ['rɛtʃ] *vi* : hacer arcadas

retention [ri'tɛntʃən] *n* : retención *f*

retentive [ri'tɛntɪv] *adj* : retentivo

rethink [ri:'θɪŋk] *vt* **-thought; -thinking** : reconsiderar, repensar

reticence ['rɛtəsənts] *n* : reticencia *f*

reticent ['rɛtəsənt] *adj* : reticente

retina ['rɛtənə] *n*, *pl* **-nas** *or* **-nae** [-əni, -ən,aɪ] : retina *f*

retinue ['rɛtən,u:, -,ju:] *n* : séquito *m*, comitiva *f*, cortejo *m*

retire [ri'taɪr] *vi* **-tired; -tiring 1** RETREAT, WITHDRAW : retirarse, retraerse **2** : retirarse, jubilarse (de su trabajo) **3** : acostarse, irse a dormir

retiree [ri,taɪ'ri:] *n* : jubilado *m*, -da *f*

retirement [ri'taɪrmənt] *n* : jubilación *f*

retiring [ri'taɪrɪŋ] *adj* SHY : retraído

retort¹ [ri'tort] *vt* : replicar

retort² *n* : réplica *f*

retrace [,ri:'treɪs] *vt* **-traced; -tracing** : volver sobre, desandar ⟨to retrace one's steps : volver uno sobre sus pasos⟩

retract [ri'trækt] *vt* **1** TAKE BACK, WITHDRAW : retirar, retractarse de **2** : retraer (las garras) — *vi* : retractarse

retractable [ri'træktəbəl] *adj* : retractable

retrain [,ri:'treɪn] *vt* : reciclar, reconvertir

retreat¹ [ri'tri:t] *vi* : retirarse

retreat² *n* **1** WITHDRAWAL : retirada *f*, repliegue *m*, retiro *m* ⟨to beat a retreat : batirse en retirada⟩ **2** REFUGE : retiro *m*, refugio *m*

retrench [ri'trɛntʃ] *vt* : reducir (gastos) — *vi* : economizar

retribution [,rɛtrə'bju:ʃən] *n* PUNISHMENT : castigo *m*, pena *f* merecida

retrieval [ri'tri:vəl] *n* : recuperación *f* ⟨beyond retrieval : irrecuperable⟩ ⟨data retrieval : recuperación de datos⟩

retrieve [ri'tri:v] *vt* **-trieved; -trieving 1** : cobrar ⟨to retrieve game : cobrar la caza⟩ **2** RECOVER : recuperar

retriever [ri'tri:vər] *n* : perro *m* cobrador

retroactive [ˌrɛtroˈæktɪv] *adj* : retroactivo — **retroactively** *adv*

retrograde [ˈrɛtrəˌgreɪd] *adj* : retrógrado

retrospect [ˈrɛtrəˌspɛkt] *n* **in retrospect** : mirando hacia atrás, retrospectivamente

retrospective [ˌrɛtrəˈspɛktɪv] *adj* : retrospectivo

return¹ [rɪˈtərn] *vi* **1** : volver, regresar ⟨to return home : regresar a casa⟩ **2** REAPPEAR : reaparecer, resurgir **3** ANSWER : responder — *vt* **1** REPLACE, RESTORE : devolver, volver (a poner), restituir ⟨to return something to its place : volver a poner algo en su lugar⟩ **2** YIELD : producir, redituar, rendir **3** REPAY : pagar, devolver ⟨to return a compliment : devolver un cumplido⟩

return² *adj* : de vuelta

return³ *n* **1** RETURNING : regreso *m*, vuelta *f*, retorno *m* **2 or tax return** : declaración *f* de impuestos **3** YIELD : rédito *m*, rendimiento *m*, ganancia *f* **4 returns** *npl* DATA, RESULTS : resultados *mpl*, datos *mpl*

reunion [riˈjuːnjən] *n* : reunión *f*, reencuentro *m*

reunite [ˌriːjuˈnaɪt] *v* **-nited; -niting** *vt* : (volver a) reunir — *vi* : (volver a) reunirse

reusable [riˈjuːzəbəl] *adj* : reutilizable

reuse [riˈjuːz] *vt* **-used; -using** : reutilizar, usar de nuevo

revamp [ˌriˈvæmp] *vt* : renovar

reveal [rɪˈviːl] *vt* **1** DIVULGE : revelar, divulgar ⟨to reveal a secret : revelar un secreto⟩ **2** SHOW : manifestar, mostrar, dejar ver

revealing [rɪˈviːlɪŋ] *adj* : revelador

reveille [ˈrɛvəli] *n* : toque *m* de diana

revel¹ [ˈrɛvəl] *vi* **-eled** *or* **-elled; -eling** *or* **-elling 1** CAROUSE : ir de juerga **2 to revel in** : deleitarse en

revel² *n* : juerga *f*, parranda *f fam*

revelation [ˌrɛvəˈleɪʃən] *n* : revelación *f*

reveler *or* **reveller** [ˈrɛvələr] *n* : juerguista *mf*

revelry [ˈrɛvəlri] *n*, *pl* **-ries** : juerga *f*, parranda *f fam*, jarana *f fam*

revenge¹ [rɪˈvɛndʒ] *vt* **-venged; -venging** : vengar ⟨to revenge oneself on : vengarse de⟩

revenge² *n* : venganza *f*

revenue [ˈrɛvəˌnuː, -ˌnjuː] *n* : ingresos *mpl*, rentas *fpl*

reverberate [rɪˈvərbəˌreɪt] *vi* **-ated; -ating** : reverberar

reverberation [rɪˌvərbəˈreɪʃən] *n* : reverberación *f*

revere [rɪˈvɪr] *vt* **-vered; -vering** : reverenciar, venerar

reverence [ˈrɛvərəns] *n* : reverencia *f*, veneración *f*

reverend [ˈrɛvərənd] *adj* : reverendo ⟨the Reverend John Chapin : el reverendo John Chapin⟩

reverent [ˈrɛvərənt] *adj* : reverente — **reverently** *adv*

reverie [ˈrɛvəri] *n*, *pl* **-eries** : ensueño *m*

reversal [rɪˈvərsəl] *n* **1** INVERSION : inversión *f* (del orden normal) **2** CHANGE : cambio *m* total **3** SETBACK : revés *m*, contratiempo *m*

reverse¹ [rɪˈvərs] *v* **-versed; -versing** *vt* **1** INVERT : invertir **2** CHANGE : cambiar totalmente **3** ANNUL : anular, revocar — *vi* : dar marcha atrás

reverse² *adj* **1** : inverso ⟨in reverse order : en orden inverso⟩ ⟨the reverse side : el reverso⟩ **2** OPPOSITE : contrario, opuesto

reverse³ *n* **1** OPPOSITE : lo contrario, lo opuesto **2** SETBACK : revés *m*, contratiempo *m* **3** BACK : reverso *m*, dorso *m*, revés *m* **4 or reverse gear** : marcha *f* atrás, reversa *f Col, Mex*

reversible [rɪˈvərsəbəl] *adj* : reversible

reversion [rɪˈvərʒən] *n* : reversión *f*, vuelta *f*

revert [rɪˈvərt] *vi* : revertir

review¹ [rɪˈvjuː] *vt* **1** REEXAMINE : volver a examinar, repasar (una lección) **2** CRITICIZE : reseñar, hacer una crítica de **3** EXAMINE : examinar, analizar ⟨to review one's life : examinar su vida⟩ **4 to review the troops** : pasar revista a las tropas

review² *n* **1** INSPECTION : revista *f* (de tropas) **2** ANALYSIS, OVERVIEW : resumen *m*, análisis *m* ⟨a review of current affairs : un análisis de las actualidades⟩ **3** CRITICISM : reseña *f*, crítica *f* (de un libro, etc.) **4** : repaso *m* (para un examen) **5** REVUE : revista *f* (musical)

reviewer [rɪˈvjuːər] *n* : crítico *m*, -ca *f*

revile [rɪˈvaɪl] *vt* **-viled; -viling** : injuriar, denostar

revise [rɪˈvaɪz] *vt* **-vised; -vising** : revisar, corregir, refundir ⟨to revise a dictionary : corregir un diccionario⟩

revision [rɪˈvɪʒən] *n* : revisión *f*

revival [rɪˈvaɪvəl] *n* **1** : renacimiento *m* (de ideas, etc.), restablecimiento *m* (de costumbres, etc.), reactivación *f* (de la economía) **2** : reanimación *f*, resucitación *f* (en medicina) **3 or revival meeting** : asamblea *f* evangelista

revive [rɪˈvaɪv] *v* **-vived; -viving** *vt* **1** REAWAKEN : reavivar, reanimar, reactivar (la economía), resucitar (a un paciente) **2** REESTABLISH : restablecer — *vi* **1** : renacer, reanimarse, reactivarse **2** COME TO : recobrar el sentido, volver en sí

revoke [rɪˈvoʊk] *vt* **-voked; -voking** : revocar

revolt¹ [rɪˈvoʊlt] *vi* **1** REBEL : rebelarse, sublevarse **2 to revolt at** : sentir repugnancia por — *vt* DISGUST : darle asco (a alguien), repugnar

revolt² *n* REBELLION : rebelión *f*, revuelta *f*, sublevación *f*

revolting [rɪˈvoʊltɪŋ] *adj* : asqueroso, repugnante

revolution [‚revə'lu:ʃən] n : revolución f

revolutionary[1] [‚revə'lu:ʃənɛˌri] adj : revolucionario

revolutionary[2] n, pl **-aries** : revolucionario m, -ria f

revolutionize [‚revə'lu:ʃənˌaɪz] vt **-ized; -izing** : cambiar de nuevo, revolucionar

revolve [ri'vɑlv] v **-volved; -volving** vt ROTATE : hacer girar — vi 1 ROTATE : girar ⟨to revolve around : girar alrededor de⟩ 2 **to revolve in one's mind** : darle vueltas en la cabeza a alguien

revolver [ri'vɑlvər] n : revólver m

revue [ri'vju:] n : revista f (musical)

revulsion [ri'vʌlʃən] n : repugnancia f

reward[1] [ri'wɔrd] vt : recompensar, premiar

reward[2] n : recompensa f

rewrite [ri:'raɪt] vt **-wrote; -written; -writing** : escribir de nuevo, volver a escribir

rhapsody ['ræpsədi] n, pl **-dies** 1 : elogio m excesivo ⟨to go into rhapsodies over : extasiarse por⟩ 2 : rapsodia f (en música)

rhetoric ['retərɪk] n : retórica f

rhetorical [rɪ'tɔrɪkəl] adj : retórico

rheumatic [ru'mætɪk] adj : reumático

rheumatism ['ru:məˌtɪzəm, 'ru-] n : reumatismo m

rhinestone ['raɪnˌstoːn] n : diamante m de imitación

rhino ['raɪˌnoː] n, pl **rhino** or **rhinos** → **rhinoceros**

rhinoceros [raɪ'nɑsərəs] n, pl **-eroses** or **-eros** or **-eri** [-ˌraɪ] : rinoceronte m

rhododendron [ˌroːdə'dɛndrən] n : rododendro m

rhombus ['rɑmbəs] n, pl **-buses** or **-bi** [-ˌbaɪ, -bi] : rombo m

rhubarb ['ru:ˌbɑrb] n : ruibarbo m

rhyme[1] ['raɪm] vi **rhymed; rhyming** : rimar

rhyme[2] n 1 : rima f 2 VERSE : verso m (en rima)

rhythm ['rɪðəm] n : ritmo m

rhythmic ['rɪðmɪk] or **rhythmical** [-mɪkəl] adj : rítmico — **rhythmically** [-mɪkli]

rib[1] ['rɪb] vt **ribbed; ribbing** 1 : hacer en canalé ⟨a ribbed sweater : un suéter en canalé⟩ 2 TEASE : tomarle el pelo a alguien

rib[2] n 1 : costilla f (de una persona o un animal) 2 : nervio m (de una bóveda o una hoja), varilla f (de un paraguas), canalé m (de una prenda tejida)

ribald ['rɪbəld] adj : escabroso, procaz

ribbon ['rɪbən] n 1 : cinta f 2 **to tear to ribbons** : hacer jirones

rice ['raɪs] n : arroz m

rich ['rɪtʃ] adj 1 WEALTHY : rico 2 SUMPTUOUS : suntuoso, lujoso 3 : pesado ⟨rich foods : comida pesada⟩ 4 ABUNDANT : abundante 5 : vivo, intenso ⟨rich colors : colores vivos⟩ 6 FERTILE : fértil, rico

riches ['rɪtʃəz] npl : riquezas fpl

richly ['rɪtʃli] adv 1 SUMPTUOUSLY : suntuosamente, ricamente 2 ABUNDANTLY : abundantemente 3 **richly deserved** : bien merecido

richness ['rɪtʃnəs] n : riqueza f

rickets ['rɪkəts] n : raquitismo m

rickety ['rɪkəti] adj : desvencijado, destartalado

ricksha or **rickshaw** ['rɪkˌʃɔ] n : cochecillo m tirado por un hombre

ricochet[1] ['rɪkəˌʃeɪ] vi **-cheted** [-ˌʃeɪd] or **-chetted** [-ˌʃɛtəd]; **-cheting** [-ˌʃeɪɪŋ] or **-chetting** [-ˌʃɛtɪŋ] : rebotar

ricochet[2] n : rebote m

rid ['rɪd] vt **rid; ridding** 1 FREE : librar ⟨to rid the city of thieves : librar a la ciudad de ladrones⟩ 2 **to rid oneself of** : desembarazarse de

riddance ['rɪdənts] n : libramiento m ⟨good riddance! : ¡adiós y buen viaje!, ¡vete con viento fresco!⟩

riddle[1] ['rɪdəl] vt **-dled; -dling** : acribillar ⟨riddled with bullets : acribillado a balazos⟩ ⟨riddled with errors : lleno de errores⟩

riddle[2] n : acertijo m, adivinanza f

ride[1] ['raɪd] v **rode** ['roːd]; **ridden** ['rɪdən]; **riding** vt 1 : montar, ir, andar ⟨to ride a horse : montar a caballo⟩ ⟨to ride a bicycle : montar en bicicleta, andar en bicicleta⟩ ⟨to ride the bus : ir en autobús⟩ 2 TRAVERSE : recorrer ⟨he rode 5 miles : recorrió 5 millas⟩ 3 TEASE : burlarse de, ridiculizar 4 CARRY : llevar 5 WEATHER : capear ⟨they rode out the storm : capearon el temporal⟩ 6 **to ride the waves** : surcar los mares — vi 1 : montar a caballo, cabalgar 2 TRAVEL : ir, viajar (en coche, en bicicleta, etc.) 3 RUN : andar, marchar ⟨the car rides well : el coche anda bien⟩ 4 **to ride at anchor** : estar fondeado 5 **to let things ride** : dejar pasar las cosas

ride[2] n 1 : paseo m, vuelta f (en coche, en bicicleta, a caballo) ⟨to go for a ride : dar una vuelta⟩ ⟨to give someone a ride : llevar en coche a alguien⟩ 2 : aparato m (en un parque de diversiones)

rider ['raɪdər] n 1 : jinete mf ⟨the rider fell off his horse : el jinete se cayó de su caballo⟩ 2 CYCLIST : ciclista mf 3 MOTORCYCLIST : motociclista mf 4 CLAUSE : cláusula f añadida

ridge ['rɪdʒ] n 1 CHAIN : cadena f (de montañas o cerros) 2 : caballete m (de un techo), cresta f (de una ola o una montaña), cordoncillo m (de telas)

ridicule[1] ['rɪdəˌkjuːl] vt **-culed; -culing** : burlarse de, mofarse de, ridiculizar

ridicule[2] n : burlas fpl

ridiculous [rə'dɪkjələs] adj : ridículo, absurdo

ridiculously [rə'dɪkjələsli] adv : de forma ridícula

rife ['raɪf] adj : abundante, común ⟨to be rife with : estar plagado de⟩

riffraff ['rɪf,ræf] n : chusma f, gentuza f
rifle[1] ['raɪfəl] v -fled; -fling vt RANSACK : desvalijar, saquear — vi to rifle through : revolver
rifle[2] n : rifle m, fusil m
rift ['rɪft] n 1 FISSURE : grieta f, fisura f 2 BREAK : ruptura f (entre personas), división f (dentro de un grupo)
rig[1] ['rɪg] vt rigged; rigging 1 : aparejar (un barco) 2 EQUIP : equipar 3 FIX : amañar (una elección, etc.) 4 to rig up CONSTRUCT : construir, erigir 5 to rig oneself out : vestirse de
rig[2] n 1 : aparejo m (de un barco) 2 or oil rig : torre f de perforación, plataforma f petrolífera
rigging ['rɪgɪŋ, -gən] n : jarcia f, aparejo m
right[1] ['raɪt] vt FIX, RESTORE : reparar ⟨to right the economy : reparar la economía⟩ 2 STRAIGHTEN : enderezar
right[2] adv 1 : bien ⟨to live right : vivir bien⟩ 2 PRECISELY : precisamente, justo ⟨right in the middle : justo en medio⟩ 3 DIRECTLY, STRAIGHT : derecho, directamente ⟨he went right home : fue derecho a casa⟩ 4 IMMEDIATELY : inmediatamente ⟨right after lunch : inmediatamente después del almuerzo⟩ 5 COMPLETELY : completamente ⟨he felt right at home : se sintió completamente cómodo⟩ 6 : a la derecha ⟨to look left and right : mirar a la izquierda y a la derecha⟩
right[3] adj 1 UPRIGHT : bueno, honrado ⟨right conduct : conducta honrada⟩ 2 CORRECT : correcto ⟨the right answer : la respuesta correcta⟩ 3 APPROPRIATE : apropiado, adecuado, debido ⟨the right man for the job : el hombre perfecto para el trabajo⟩ 4 STRAIGHT : recto ⟨a right line : una línea recta⟩ 5 : derecho ⟨the right hand : la mano derecha⟩ 6 SOUND : bien ⟨he's not in his right mind : no está bien de la cabeza⟩
right[4] n 1 GOOD : bien m ⟨to do right : hacer el bien⟩ 2 : derecha f ⟨on the right : a la derecha⟩ 3 or right hand : mano f derecha 4 ENTITLEMENT : derecho m ⟨the right to vote : el derecho a votar⟩ ⟨women's rights : los derechos de la mujer⟩ 5 the Right : la derecha (en la política)
right angle n : ángulo m recto
right–angled ['raɪt'æŋgəld] or right–angle [-gəl] adj 1 : en ángulo recto 2 right–angled triangle : triángulo m rectángulo
righteous ['raɪtʃəs] adj : recto, honrado — righteously adv
righteousness ['raɪtʃəsnəs] n : rectitud f, honradez f
rightful ['raɪtfəl] adj 1 JUST : justo 2 LAWFUL : legítimo — rightfully adv
right–hand ['raɪt'hænd] adj 1 : situado a la derecha 2 RIGHT-HANDED : para

la mano derecha, con la mano derecha 3 right–hand man : brazo m derecho
right–handed ['raɪt'hændəd] adj 1 : diestro ⟨a right-handed pitcher : un lanzador diestro⟩ 2 : para la mano derecha, con la mano derecha 3 CLOCKWISE : en la dirección de las manecillas del reloj
rightly ['raɪtli] adv 1 JUSTLY : justamente, con razón 2 PROPERLY : debidamente, apropiadamente 3 CORRECTLY : correctamente
right–of–way ['raɪtə'weɪ, -əv-] n, pl rights–of–way 1 : preferencia (del tráfico) 2 ACCESS : derecho m de paso
rightward ['raɪtwərd] adj : a la derecha, hacia la derecha
right–wing ['raɪt'wɪŋ] adj : derechista
right wing n the right wing : la derecha
right–winger ['raɪt'wɪŋər] n : derechista mf
rigid ['rɪdʒɪd] adj : rígido — rigidly adv
rigidity [rɪ'dʒɪdəti] n, pl -ties : rigidez f
rigmarole ['rɪgmə,roːl, 'rɪgə-] n 1 NONSENSE : galimatías m, disparates mpl 2 PROCEDURES : trámites mpl
rigor ['rɪgər] n : rigor m
rigor mortis [,rɪgər'mortəs] n : rigidez f cadavérica
rigorous ['rɪgərəs] adj : riguroso — rigorously adv
rile ['raɪl] vt riled; riling : irritar
rill ['rɪl] n : riachuelo m
rim ['rɪm] n 1 EDGE : borde m 2 : llanta f, rin m Col, Mex (de una rueda) 3 FRAME : montura f (de anteojos)
rime ['raɪm] n : escarcha f
rind ['raɪnd] n : corteza f
ring[1] ['rɪŋ] v rang ['ræŋ]; rung ['rʌŋ]; ringing vi 1 : sonar ⟨the doorbell rang : el timbre sonó⟩ 2 to ring for : llamar 2 RESOUND : resonar 3 SEEM : parecer ⟨to ring true : parecer cierto⟩ — vt 1 : tocar, hacer sonar (un timbre, una alarma, etc.) 2 SURROUND : cercar, rodear
ring[2] n 1 : anillo m, sortija f ⟨wedding ring : anillo de matrimonio⟩ 2 BAND : aro m, anillo m ⟨piston ring : aro de émbolo⟩ 3 CIRCLE : círculo m 4 ARENA : arena f, ruedo m ⟨a boxing ring : un cuadrilátero, un ring⟩ 5 GANG : banda f (de ladrones, etc.) 6 SOUND : timbre m, sonido m 7 CALL : llamada f (por teléfono)
ringer ['rɪŋər] n to be a dead ringer for : ser un vivo retrato de
ringleader ['rɪŋ,liːdər] n : cabecilla mf
ringlet ['rɪŋlət] n : sortija f, rizo m
ringworm ['rɪŋ,wərm] n : tiña f
rink ['rɪŋk] n : pista f ⟨skating rink : pista de patinaje⟩
rinse[1] ['rɪnts] vt rinsed; rinsing : enjuagar ⟨to rinse out one's mouth : enjuagarse la boca⟩
rinse[2] n : enjuague m
riot[1] ['raɪət] vi : amotinarse
riot[2] n : motín m, tumulto m, alboroto m

rioter ['raɪətər] n : alborotador m, -dora f

riotous ['raɪətəs] adj 1 UNRULY, WILD : desenfrenado, alborotado 2 ABUNDANT : abundante

rip¹ ['rɪp] v ripped; ripping vt : rasgar, arrancar, desgarrar — vi : rasgarse, desgarrarse

rip² n : rasgón m, desgarrón m

ripe ['raɪp] adj riper; ripest 1 MATURE : maduro ⟨ripe fruit : fruta madura⟩ 2 READY : listo, preparado

ripen ['raɪpən] v : madurar

ripeness ['raɪpnəs] n : madurez f

rip–off ['rɪp,ɔf] n 1 THEFT : robo m 2 SWINDLE : estafa f, timo m fam

rip off vt 1 : rasgar, arrancar, desgarrar 2 SWINDLE fam : estafar, tifar

ripple¹ ['rɪpəl] v -pled; -pling vi : rizarse, ondear, ondular — vt : rizar

ripple² n : onda f, ondulación f

rise¹ ['raɪz] vi rose ['ro:z]; risen ['rɪz-ən]; rising 1 GET UP : levantarse ⟨to rise to one's feet : ponerse de pie⟩ 2 : elevarse, alzarse ⟨the mountains rose to the west : las montañas se elevaron al oeste⟩ 3 : salir (dícese del sol y de la luna) 4 : subir (dícese de las aguas, del humo, etc.) ⟨the river rose : las aguas subieron de nivel⟩ 5 INCREASE : aumentar, subir 6 ORIGINATE : nacer, proceder 7 to rise in rank : ascender 8 to rise up REBEL : sublevarse, rebelarse

rise² n 1 ASCENT : ascensión f, subida f 2 ORIGIN : origen m 3 ELEVATION : elevación f 4 INCREASE : subida f, aumento m, alzamiento m 5 SLOPE : pendiente f, cuesta f

riser ['raɪzər] n 1 : contrahuella f (de una escalera) 2 early riser : madrugador m, -dora f 3 late riser : dormilón m, -lona f

risk¹ ['rɪsk] vt : arriesgar

risk² n : riesgo m, peligro m ⟨at risk : en peligro⟩ ⟨at your own risk : por su cuenta y riesgo⟩

risky ['rɪski] adj riskier; -est : arriesgado, peligroso, riesgoso

risqué [rɪ'skeɪ] adj : escabroso, picante, subido de tono

rite ['raɪt] n : rito m

ritual¹ ['rɪtʃuəl] adj : ritual — ritually adv

ritual² n : ritual m

rival¹ ['raɪvəl] vt -valed or -valled; -valing or -valling : rivalizar con, competir con

rival² adj : competidor, rival

rival³ n : rival mf; competidor m, -dora f

rivalry ['raɪvəlri] n, pl -ries : rivalidad f, competencia f

river ['rɪvər] n : río m

riverbank ['rɪvər,bæŋk] n : ribera f, orilla f

riverbed ['rɪvər,bɛd] n : cauce m, lecho m

riverside ['rɪvər,saɪd] n : ribera f, orilla f

rivet¹ ['rɪvət] vt 1 : remachar 2 FIX : fijar (los ojos, etc.) 3 FASCINATE : fascinar, cautivar

rivet² n : remache m

rivulet ['rɪvjələt] n : arroyo m, riachuelo m ⟨rivulets of sweat : gotas de sudor⟩

roach ['ro:tʃ] → cockroach

road ['ro:d] n 1 : carretera f, calle f, camino m 2 PATH : camino m, sendero m, vía f ⟨on the road to a solution : en vías de una solución⟩

roadblock ['ro:d,blɑk] n : control m

roadrunner ['ro:d,rʌnər] n : correcaminos m

roadside ['ro:d,saɪd] n : borde m de la carretera

roadway ['ro:d,weɪ] n : carretera f, calzada f

roam ['ro:m] vi : vagar, deambular, errar — vt : vagar por

roan¹ ['ro:n] adj : ruano

roan² n : caballo m ruano

roar¹ ['ror] vi : rugir, bramar ⟨to roar with laughter : reírse a carcajadas⟩ — vt : decir a gritos

roar² n 1 : rugido m, bramido m (de un animal) 2 DIN : clamor m (de gente), fragor m (del trueno), estruendo m (del tráfico, etc.)

roast¹ ['ro:st] vt : asar (carne, papas), tostar (café, nueces) — vi : asarse

roast² adj : asado ⟨roast chicken : pollo asado⟩ 2 roast beef : rosbif m

roast³ n : asado m

rob ['rɑb] v robbed; robbing vt 1 STEAL : robar 2 DEPRIVE : privar, quitar — vi : robar

robber ['rɑbər] n : ladrón m, -drona f

robbery ['rɑbəri] n, pl -beries : robo m

robe¹ ['ro:b] v robed; robing : vestirse

robe² n 1 : toga f (de magistrados, etc.), sotana f (de eclesiásticos) ⟨robe of office : traje de ceremonias⟩ 2 BATHROBE : bata f

robin ['rɑbən] n : petirrojo m

robot ['ro:,bɑt, -bət] n : robot m

robotic [ro'bɑtɪk] adj : robótico, robotizado

robotics [ro'bɑtɪks] ns & pl : robótica f

robust [ro'bʌst, 'ro:,bʌst] adj : robusto, fuerte — robustly adv

rock¹ ['rɑk] vt 1 : acunar (a un niño), mecer (una cuna) 2 SHAKE : sacudir — vi SWAY : mecerse, balancearse

rock² adj : de rock

rock³ n 1 ROCKING : balanceo m 2 or rock music : rock m, música f rock 3 : roca f (substancia) 4 STONE : piedra f

rock and roll n : rock and roll m

rocker ['rɑkər] n 1 : balancín m 2 or rocking chair : mecedora f, balancín m 3 to be off one's rocker : estar chiflado, estar loco

rocket¹ ['rɑkət] vi : dispararse, subir rápidamente

rocket² n : cohete m

rocking horse n : caballito m (de balancín)

rock salt n : sal f gema

rocky ['raki] adj **rockier; -est 1** : rocoso, pedregoso **2** UNSTEADY : inestable

rod ['rad] n **1** BAR : barra f, varilla f, vara f (de madera) ⟨a fishing rod : una caña (de pescar)⟩ **2** : medida f de longitud equivalente a 5.03 metros (5 yardas)

rode → **ride**[1]

rodent ['ro:dənt] n : roedor m

rodeo ['ro:di̩o:, ro'dei̩o:] n, pl **-deos** : rodeo m

roe ['ro:] n : hueva f

rogue ['ro:g] n SCOUNDREL : pícaro m, -ra f; pillo m, -lla f

roguish ['ro:gɪʃ] adj : pícaro, travieso

role ['ro:l] n : papel m, función f, rol m

roll[1] ['ro:l] vt **1** : hacer rodar ⟨to roll the ball : hacer rodar la pelota⟩ ⟨to roll one's eyes : poner los ojos en blanco⟩ **2** : liar (un cigarrillo) **3** or **to roll up** : enrollar ⟨to roll (oneself) up into a ball : hacerse una bola⟩ **4** FLATTEN : estirar (masa), laminar (metales), pasar el rodillo por (el césped) **5 to roll up one's sleeves** : arremangarse — vi **1** : rodar ⟨the ball kept on rolling : la pelota siguió rodando⟩ **2** SWAY : balancearse ⟨the ship rolled in the waves : el barco se balanceó en las olas⟩ **3** REVERBERATE, SOUND : tronar (dícese del trueno), redoblar (dícese de un tambor) **4 to roll along** PROCEED : ponerse en marcha **5 to roll around** : revolcarse **6 to roll by** : pasar **7 to roll over** : dar una vuelta

roll[2] n **1** LIST : lista f ⟨to call the roll : pasar lista⟩ ⟨to have on the roll : tener inscrito⟩ **2** or **bread roll** : panecito m, bolillo m Mex **3** : rollo m (de papel, de tela, etc.) ⟨a roll of film : un carrete⟩ ⟨a roll of bills : un fajo⟩ **4** : redoble m (de tambores), retumbo m (del trueno, etc.) **5** ROLLING, SWAYING : balanceo m

roller ['ro:lər] n **1** : rodillo m **2** CURLER : rulo m

roller coaster ['ro:lər̩ko:stər] n : montaña f rusa

roller–skate ['ro:lər̩skeɪt] vi **-skated; -skating** : patinar (sobre ruedas)

roller skate n : patín m (de ruedas)

rollicking ['ralɪkɪŋ] adj : animado, alegre

rolling pin n : rodillo m

Roman[1] ['ro:mən] adj : romano

Roman[2] n : romano m, -na f

Roman Catholic n : católico m, -ca f — **Roman Catholic** adj

Roman Catholicism n : catolicismo m

romance[1] [ro'mænts, 'ro:̩mænts] vi **-manced; -mancing** FANTASIZE : fantasear

romance[2] n **1** : romance m, novela f de caballerías **2** : novela f de amor, novela f romántica **3** AFFAIR : romance m, amorío m

Romanian [rʊ'meɪniən, ro-] n **1** : rumano m, -na f **2** : rumano m (idioma) — **Romanian** adj

Roman numeral n : número m romano

romantic [ro'mæntɪk] adj : romántico — **romantically** [-tɪkli] adv

romp[1] ['ramp] vi FROLIC : retozar, juguetear

romp[2] n : retozo m

roof[1] ['ru:f, 'rʊf] vt : techar

roof[2] n, pl **roofs** ['ru:fs, 'rʊfs; 'ru:vz, 'rʊvz] **1** : techo m, tejado m, techado m **2 roof of the mouth** : paladar m

roofing ['ru:fɪŋ, 'rʊfɪŋ] n : techumbre f

rooftop ['ru:f̩tap, 'rʊf-] n ROOF : tejado m

rook[1] ['rʊk] vt CHEAT : defraudar, estafar, timar

rook[2] n **1** : grajo m (ave) **2** : torre f (en ajedrez)

rookie ['rʊki] n : novato m, -ta f

room[1] ['ru:m, 'rʊm] vi LODGE : alojarse, hospedarse

room[2] n **1** SPACE : espacio m, sitio m, lugar m ⟨to make room for : hacer lugar para⟩ **2** : cuarto m, habitación f (en una casa), sala f (para reuniones, etc.) **3** BEDROOM : dormitorio m, habitación f, pieza f **4** (indicating possibility or opportunity) ⟨room for improvement : posibilidad de mejorar⟩ ⟨there's no room for error : no hay lugar para errores⟩

roomer ['ru:mər, 'rʊmər] n : inquilino m, -na f

rooming house n : pensión f

roommate ['ru:m̩meɪt, 'rʊm-] n : compañero m, -ra f de cuarto

roomy ['ru:mi, 'rʊmi] adj **roomier; -est 1** SPACIOUS : espacioso, amplio **2** LOOSE : suelto, holgado ⟨a roomy blouse : una blusa holgada⟩

roost[1] ['ru:st] vi : posarse, dormir (en una percha)

roost[2] n : percha f

rooster ['ru:stər, 'rʊs-] n : gallo m

root[1] ['ru:t, 'rʊt] vi **1** : arraigar ⟨the plant rooted easily : la planta arraigó con facilidad⟩ ⟨deeply rooted traditions : tradiciones profundamente arraigadas⟩ **2** : hozar (dícese de los cerdos) ⟨to root around in : hurgar en⟩ **3 to root for** : apoyar a, alentar — vt **to root out** or **to root up** : desarraigar (plantas), extirpar (problemas, etc.)

root[2] n **1** : raíz f (de una planta) **2** ORIGIN : origen m, raíz f **3** CORE : centro m, núcleo m ⟨to get to the root of the matter : ir al centro del asunto⟩

rootless ['ru:tləs, 'rʊt-] adj : desarraigado

rope[1] ['ro:p] vt **roped; roping 1** TIE : amarrar, atar **2** LASSO : lazar **3 to rope off** : acordonar

rope[2] n : soga f, cuerda f

rosary ['ro:zəri] n, pl **-ries** : rosario m

rose[1] → **rise**[1]

rose[2] ['ro:z] adj : rosa, color de rosa

rose³ *n* **1** : rosal *m* (planta), rosa *f* (flor) **2** : rosa *m* (color)

rosebush [ˈroːzˌbʊʃ] *n* : rosal *m*

rosemary [ˈroːzˌmɛri] *n, pl* **-maries** : romero *m*

rosette [roˈzɛt] *n* : escarapela *f* (hecho de cintas), roseta *f* (en arquitectura)

Rosh Hashanah [ˌrɑʃhɑˈʃɑnə, ˌroːʃ-] *n* : el Año Nuevo judío

rosin [ˈrɑzən] *n* : colofonia *f*

roster [ˈrɑstər] *n* : lista *f*

rostrum [ˈrɑstrəm] *n, pl* **-trums** *or* **-tra** [-trə] : tribuna *f*, estrado *m*

rosy [ˈroːzi] *adj* **rosier; -est 1** : sonrosado, de color rosa **2** PROMISING : prometedor, halagüeño

rot¹ [ˈrɑt] *v* **rotted; rotting** *vi* : pudrirse, descomponerse — *vt* : pudrir, descomponer

rot² *n* : putrefacción *f*, descomposición *f*, podredumbre *f*

rotary¹ [ˈroːtəri] *adj* : rotativo, rotatorio

rotary² *n, pl* **-ries 1** : máquina *f* rotativa **2** TRAFFIC CIRCLE : rotonda *f*, glorieta *f*

rotate [ˈroːˌteɪt] *v* **-tated; -tating** *vi* REVOLVE : girar, rotar — *vt* **1** TURN : hacer girar, darle vueltas a **2** ALTERNATE : alternar

rotation [roˈteɪʃən] *n* : rotación *f*

rote [ˈroːt] *n* **to learn by rote** : aprender de memoria

rotor [ˈroːtər] *n* : rotor *m*

rotten [ˈrɑtən] *adj* **1** PUTRID : podrido, putrefacto **2** CORRUPT : corrompido **3** BAD : malo ⟨a rotten day : un día malísimo⟩

rottenness [ˈrɑtənnəs] *n* : podredumbre *f*

rotund [roˈtʌnd] *adj* **1** ROUNDED : redondeado **2** PLUMP : regordete *fam*, llenito *fam*

rouge [ˈruːʒ, ˈruːdʒ] *n* : colorete *m*

rough¹ [ˈrʌf] *vt* **1** ROUGHEN : poner áspero **2 to rough out** SKETCH : esbozar, bosquejar **3 to rough up** BEAT : darle una paliza (a alguien) **4 to rough it** : vivir sin comodidades

rough² *adj* **1** COARSE : áspero, basto **2** UNEVEN : desigual, escabroso, accidentado (dícese del terreno) **3** : agitado (dícese del mar), tempestuoso (dícese del tiempo), violento (dícese del viento) **4** VIOLENT : violento, brutal ⟨a rough neighborhood : un barrio peligroso⟩ **5** DIFFICULT : duro, difícil **6** CRUDE : rudo, tosco, burdo ⟨a rough cottage : una casita tosca⟩ ⟨a rough draft : un borrador⟩ ⟨a rough sketch : un bosquejo⟩ **7** APPROXIMATE : aproximado ⟨a rough idea : una idea aproximada⟩

rough³ *n* **1 the rough** : el rough (en golf) **2 in the rough** : en borrador

roughage [ˈrʌfɪdʒ] *n* : fibra *f*

roughen [ˈrʌfən] *vt* : poner áspero — *vi* : ponerse áspero

roughly [ˈrʌfli] *adv* **1** : bruscamente ⟨to treat roughly : maltratar⟩ **2** CRUDELY : burdamente **3** APPROXIMATELY : aproximadamente, más o menos

roughneck [ˈrʌfˌnɛk] *n* : matón *m*

roughness [ˈrʌfnəs] *n* : rudeza *f*, aspereza *f*

roulette [ruˈlɛt] *n* : ruleta *f*

round¹ [ˈraʊnd] *vt* **1** : redondear ⟨she rounded the edges : redondeó los bordes⟩ **2** TURN : doblar ⟨to round the corner : dar la vuelta a la esquina⟩ **3 to round off** : redondear (un número) **4 to round off** *or* **to round out** COMPLETE : rematar, terminar **5 to round up** GATHER : reunir

round² *adv* → **around**¹

round³ *adj* : redondo ⟨a round table : una mesa redonda⟩ ⟨in round numbers : en números redondos⟩ ⟨round shoulders : espaldas cargadas⟩ **2 round trip** : viaje *m* de ida y vuelta

round⁴ *n* **1** CIRCLE : círculo *m* **2** SERIES : serie *f*, sucesión *f* ⟨a round of talks : una ronda de negociaciones⟩ ⟨the daily round : la rutina cotidiana⟩ **3** : asalto *m* (en boxeo), recorrido *m* (en golf), vuelta *f* (en varios juegos) **4** : salva *f* (de aplausos) **5 round of drinks** : ronda *f* **6 round of ammunition** : disparo *m*, cartucho *m* **7 rounds** *npl* : recorridos *mpl* (de un cartero), rondas *fpl* (de un vigilante), visitas *fpl* (de un médico) ⟨to make the rounds : hacer visitas⟩

round⁵ *prep* → **around**²

roundabout [ˈraʊndəˌbaʊt] *adj* : indirecto ⟨to speak in a roundabout way : hablar con rodeos⟩

roundly [ˈraʊndli] *adv* **1** THOROUGHLY : completamente **2** BLUNTLY : francamente, rotundamente **3** VIGOROUSLY : con vigor

roundness [ˈraʊndnəs] *n* : redondez *f*

roundup [ˈraʊndˌʌp] *n* **1** : rodeo *m* (de animales), redada *f* (de delincuentes, etc.) **2** SUMMARY : resumen *m*

round up *vt* **1** : rodear (ganado), reunir (personas) **2** SUMMARIZE : hacer un resumen de

roundworm [ˈraʊndˌwərm] *n* : lombriz *f* intestinal

rouse [ˈraʊz] *vt* **roused; rousing 1** AWAKE : despertar **2** EXCITE : excitar ⟨it roused him to fury : lo enfureció⟩

rout¹ [ˈraʊt] *vt* **1** DEFEAT : derrotar, aplastar **2 to rout out** : hacer salir

rout² *n* **1** DISPERSAL : desbandada *f*, dispersión *f* **2** DEFEAT : derrota *f* aplastante

route¹ [ˈruːt, ˈraʊt] *vt* **routed; routing** : dirigir, enviar, encaminar

route² *n* : camino *m*, ruta *f*, recorrido *m*

routine¹ [ruˈtiːn] *adj* : rutinario — **routinely** *adv*

routine² *n* : rutina *f*

rove [ˈroːv] *v* **roved; roving** *vi* : vagar, errar — *vt* : errar por

rover [ˈroːvər] *n* : vagabundo *m*, -da *f*

row¹ [ˈroː] vt **1** : avanzar a remo ⟨to row a boat : remar⟩ **2** : llevar a remo ⟨he rowed me to shore : me llevó hasta la orilla⟩ — vi : remar

row² [ˈrau] n **1** : paseo m en barca ⟨to go for a row : salir a remar⟩ **2** LINE, RANK : fila f, hilera f **3** SERIES : serie f ⟨three days in a row : tres días seguidos⟩ **4** RACKET : estruendo m, bulla f **5** QUARREL : pelea f, riña f

rowboat [ˈroːˌboːt] n : bote m de remos

rowdiness [ˈraudinəs] n : bulla f

rowdy¹ [ˈraudi] adj **-dier; -est** : escandaloso, alborotador

rowdy² n, pl **-dies** : alborotador m, -dora f

rower [ˈroːər] n : remero m, -ra f

royal¹ [ˈrɔiəl] adj : real — **royally** adv

royal² n : persona de linaje real, miembro de la familia real

royalty [ˈrɔiəlti] n, pl **-ties 1** : realeza f (posición) **2** : miembros mpl de la familia real **3 royalties** npl : derechos mpl de autor

rub¹ [ˈrʌb] v **rubbed; rubbing** vt **1** : frotar, restregar ⟨to rub one's hands together : frotarse las manos⟩ **2** MASSAGE : friccionar, masajear **3** CHAFE : rozar **4** POLISH : frotar, pulir **5** SCRUB : fregar **6** to rub elbows with : codearse con **7** to rub someone the wrong way : sacar de quicio a alguien, caerle mal a alguien — vi to rub against : rozar

rub² n **1** RUBBING : frotamiento m, fricción f **2** DIFFICULTY : problema m

rubber [ˈrʌbər] n **1** : goma f, caucho m, hule m Mex **2 rubbers** npl OVERSHOES : chanclos mpl

rubber band n : goma f (elástica), gomita f

rubber–stamp [ˈrʌbərˈstæmp] vt **1** APPROVE : aprobar, autorizar **2** STAMP : sellar

rubber stamp n : sello m (de goma)

rubbery [ˈrʌbəri] adj : gomoso

rubbish [ˈrʌbɪʃ] n : basura f, desechos mpl, desperdicios mpl

rubble [ˈrʌbəl] n : escombros mpl, ripio m

ruble [ˈruːbəl] n : rublo m

ruby [ˈruːbi] n, pl **-bies 1** : rubí m (gema) **2** : color m de rubí

rudder [ˈrʌdər] n : timón m

ruddy [ˈrʌdi] adj **-dier; -est** : rubicundo (dícese de la cara, etc.), rojizo (dícese del cielo)

rude [ˈruːd] adj **ruder; rudest 1** CRUDE : tosco, rústico **2** IMPOLITE : grosero, descortés, maleducado **3** ABRUPT : brusco ⟨a rude awakening : una sorpresa desagradable⟩

rudely [ˈruːdli] adv : groseramente

rudeness [ˈruːdnəs] n **1** IMPOLITENESS : grosería f, descortesía f, falta f de educación **2** ROUGHNESS : tosquedad f **3** SUDDENNESS : brusquedad f

rudiment [ˈruːdəmənt] n : rudimento m, noción f básica ⟨the rudiments of Spanish : los rudimentos del español⟩

rudimentary [ˌruːdəˈmɛntəri] adj : rudimentario, básico

rue [ˈruː] vt **rued; ruing** : lamentar, arrepentirse de

rueful [ˈruːfəl] adj **1** PITIFUL : lastimoso **2** REGRETFUL : arrepentido, pesaroso

ruffian [ˈrʌfiən] n : matón m

ruffle¹ [ˈrʌfəl] vt **-fled; -fling 1** AGITATE : agitar, rizar (agua) **2** RUMPLE : arrugar (ropa), despeinar (pelo) **3** ERECT : erizar (plumas) **4** VEX : alterar, irritar, perturbar **5** : fruncir volantes en (tela)

ruffle² n FLOUNCE : volante m

ruffly [ˈrʌfəli] adj : con volantes

rug [ˈrʌg] n : alfombra f, tapete m

rugged [ˈrʌgəd] adj **1** ROUGH, UNEVEN : accidentado, escabroso ⟨rugged mountains : montañas accidentadas⟩ **2** HARSH : duro, severo **3** ROBUST, STURDY : robusto, fuerte

ruin¹ [ˈruːən] vt **1** DESTROY : destruir, arruinar **2** BANKRUPT : arruinar, hacer quebrar

ruin² n **1** : ruina f ⟨to fall into ruin : caer en ruinas⟩ **2** : ruina f, perdición f ⟨to be the ruin of : ser la perdición de⟩ **3 ruins** npl : ruinas fpl, restos mpl ⟨the ruins of the ancient temple : las ruinas del templo antiguo⟩

ruinous [ˈruːənəs] adj : ruinoso

rule¹ [ˈruːl] v **ruled; ruling** vt **1** CONTROL, GOVERN : gobernar (un país), controlar (las emociones) **2** DECIDE : decidir, fallar ⟨the judge ruled that . . . : el juez falló que . . . ⟩ **3** DRAW : trazar (una con una regla — vi **1** GOVERN : gobernar, reinar **2** PREVAIL : prevalecer, imperar **3** to rule against : fallar en contra de

rule² n **1** REGULATION : regla f, norma f **2** CUSTOM, HABIT : regla f general ⟨as a rule : por lo general⟩ **3** GOVERNMENT : gobierno m, dominio m **4** RULER : regla f (para medir)

ruler [ˈruːlər] n **1** LEADER, SOVEREIGN : gobernante mf; soberano m, -na f **2** : regla f (para medir)

ruling [ˈruːlɪŋ] n : resolución f, fallo m

rum [ˈrʌm] n : ron m

Rumanian [ruˈmeɪniən] → **Romanian**

rumble¹ [ˈrʌmbəl] vi **-bled; -bling** : retumbar, hacer ruidos (dícese del estómago)

rumble² n : estruendo m, ruido m sordo, retumbo m

ruminant¹ [ˈruːmənənt] adj : rumiante

ruminant² n : rumiante m

ruminate [ˈruːməˌneɪt] vi **-nated; -nating 1** : rumiar (en zoología) **2** REFLECT : reflexionar, rumiar

rummage [ˈrʌmɪdʒ] v **-maged; -maging** vi : hurgar — vt RANSACK : revolver ⟨they rummaged the attic : revolvieron el ático⟩

rummy ['rʌmi] *n* : rummy *m* (juego de naipes)

rumor¹ ['ru:mər] *vt* : rumorear ⟨it is rumored that . . . : se rumorea que . . . , se dice que . . . ⟩

rumor² *n* : rumor *m*

rump ['rʌmp] *n* **1** : ancas *fpl*, grupa *f* (de un animal) **2** : cadera *f* ⟨rump steak : filete de cadera⟩

rumple ['rʌmpəl] *vt* **-pled; -pling** : arrugar (ropa, etc.), despeinar (pelo)

rumpus ['rʌmpəs] *n* : lío *m*, jaleo *m fam*

run¹ ['rʌn] *v* **ran** ['ræn]; **run; running** *vi* **1** : correr ⟨she ran to catch the bus : corrió para alcanzar el autobús⟩ ⟨run and fetch the doctor : corre a buscar al médico⟩ **2** : circular, correr ⟨the train runs between Detroit and Chicago : el tren circula entre Detroit y Chicago⟩ ⟨to run on time : ser puntual⟩ **3** FUNCTION : funcionar, ir ⟨the engine runs on gasoline : el motor funciona con gasolina⟩ ⟨to run smoothly : ir bien⟩ **4** FLOW : correr, ir **5** LAST : durar ⟨the movie runs for two hours : la película dura dos horas⟩ ⟨the contract runs for three years : el contrato es válido por tres años⟩ **6** : desteñir, despintar (dícese de los colores) **7** EXTEND : correr, extenderse **8** to run for office : postularse, presentarse — *vt* **1** : correr ⟨to run 10 miles : correr 10 millas⟩ ⟨to run errands : hacer los mandados⟩ ⟨to run out of town : hacer salir del pueblo⟩ **2** PASS : pasar **3** DRIVE : llevar en coche **4** OPERATE : hacer funcionar (un motor, etc.) **5** : echar ⟨to run water : echar agua⟩ **6** MANAGE : dirigir, llevar (un negocio, etc.) **7** EXTEND : tender (un cable, etc.) **8** to run a risk : correr un riesgo

run² *n* **1** : carrera *f* ⟨at a run : a la carrera, corriendo⟩ ⟨to go for a run : ir a correr⟩ **2** TRIP : vuelta *f*, paseo *m* (en coche), viaje *m* (en avión) **3** SERIES : serie *f* ⟨a run of disappointments : una serie de desilusiones⟩ ⟨in the long run : a la larga⟩ ⟨in the short run : a corto plazo⟩ **4** DEMAND : gran demanda *f* ⟨a run on the banks : una corrida bancaria⟩ **5** ⟨*used for theatrical productions and films*⟩ ⟨to have a long run : mantenerse mucho tiempo en la cartelera⟩ **6** TYPE : tipo *m* ⟨the average run of students : el tipo más común de estudiante⟩ **7** : carrera *f* (en béisbol) **8** : carrera *f* (en una media) **9** to have the run of : tener libre acceso de (una casa, etc.) **10** ski run : pista *f* (de esquí)

runaway¹ ['rʌnə,wei] *adj* **1** FUGITIVE : fugitivo **2** UNCONTROLLABLE : incontrolable, fuera de control ⟨runaway inflation : inflación desenfrenada⟩ ⟨a runaway success : un éxito aplastante⟩

runaway² *n* : fugitivo *m*, -va *f*

rundown ['rʌn,daun] *n* SUMMARY : resumen *m*

run-down ['rʌn'daun] *adj* **1** DILAPIDATED : ruinoso, destartalado **2** SICKLY, TIRED : cansado, débil

rung¹ *pp* → **ring¹**

rung² ['rʌŋ] *n* : peldaño *m*, escalón *m*

run-in ['rʌn,ɪn] *n* : disputa *f*, altercado *m*

runner ['rʌnər] *n* **1** RACER : corredor *m*, -dora *f* **2** MESSENGER : mensajero *m*, -ra *f* **3** TRACK : riel *m* (de un cajón, etc.) **4** : patín *m* (de un trineo), cuchilla *f* (de un patín) **5** : estolón *m* (planta)

runner-up [,rʌnər'ʌp] *n, pl* **runners-up** : subcampeón *m*, -peona *f*

running ['rʌnɪŋ] *adj* **1** FLOWING : corriente ⟨running water : agua corriente⟩ **2** CONTINUOUS : continuo ⟨a running battle : una lucha continua⟩ **3** CONSECUTIVE : seguido ⟨six days running : por seis días seguidos⟩

runny ['rʌni] *adj* **-nier; -est 1** WATERY : caldoso **2** to have a runny nose : moquear

run over *vt* : atropellar — *vi* OVERFLOW : rebosar

runt ['rʌnt] *n* : animal *m* pequeño ⟨the runt of the litter : el más pequeño de la camada⟩

runway ['rʌn,wei] *n* : pista *f* de aterrizaje

rupee [ru:'pi:, 'ru:,-] *n* : rupia *f*

rupture¹ ['rʌptʃər] *v* **-tured; -turing** *vt* **1** BREAK, BURST : romper, reventar **2** : causar una hernia en — *vi* : reventarse

rupture² *n* **1** BREAK : ruptura *f* **2** HERNIA : hernia *f*

rural ['rurəl] *adj* : rural, campestre

ruse ['ru:s, 'ru:z] *n* : treta *f*, ardid *m*, estratagema *f*

rush¹ ['rʌʃ] *vi* : correr, ir de prisa ⟨to rush around : correr de un lado a otro⟩ ⟨to rush off : irse corriendo⟩ — *vt* **1** HURRY : apresurar, apurar **2** ATTACK : abalanzarse sobre, asaltar

rush² *adj* : urgente

rush³ *n* **1** HASTE : prisa *f*, apuro *m* **2** SURGE : ráfaga *f* (de aire), torrente *m* (de aguas), avalancha *f* (de gente) **3** DEMAND : demanda *f* ⟨a rush on sugar : una gran demanda para el azúcar⟩ **4** : carga *f* (en futbol americano) **5** : junco *m* (planta)

russet ['rʌsət] *n* : color *m* rojizo

Russian ['rʌʃən] *n* **1** : ruso *m*, -sa *f* **2** : ruso *m* (idioma) — **Russian** *adj*

rust¹ ['rʌst] *vi* : oxidarse — *vt* : oxidar

rust² *n* **1** : herrumbre *f*, orín *m*, óxido *m* (en los metales) **2** : roya *f* (en las plantas)

rustic¹ ['rʌstɪk] *adj* : rústico, campestre — **rustically** [-tɪkli] *adv*

rustic² *n* : rústico *m*, -ca *f*; campesino *m*, -na *f*

rustle¹ ['rʌsəl] *v* **-tled; -tling** *vt* **1** : hacer susurrar, hacer crujir ⟨to rustle a newspaper : hacer crujir un periódico⟩ **2** STEAL : robar (ganado) — *vi* : susurrar, crujir

rustle² *n* : murmullo *m*, susurro *m*, crujido *m*

rustler ['rʌslər] *n* : ladrón *m*, -drona *f* de ganado

rusty ['rʌsti] *adj* **rustier; -est** : oxidado, herrumbroso

rut ['rʌt] *n* **1** GROOVE, TRACK : rodada *f*, surco *m* **2 to be in a rut** : ser esclavo de la rutina

ruthless ['ruːθləs] *adj* : despiadado, cruel — **ruthlessly** *adv*

ruthlessness ['ruːθləsnəs] *n* : crueldad *f*, falta *f* de piedad

Rwandan [ruˈɑndən] *n* : ruandés *m*, -desa *f* — **Rwandan** *adj*

rye ['raɪ] *n* **1** : centeno *m* **2** *or* **rye whiskey** : whisky *m* de centeno

S

s ['ɛs] *n*, *pl* **s's** *or* **ss** ['ɛsəz] : decimonovena letra del alfabeto inglés

Sabbath ['sæbəθ] *n* **1** : sábado *m* (en el judaísmo) **2** : domingo *m* (en el cristianismo)

saber ['seɪbər] *n* : sable *m*

sable ['seɪbəl] *n* **1** BLACK : negro *m* **2** : marta *f* cebellina (animal)

sabotage¹ ['sæbəˌtɑʒ] *vt* **-taged; -taging** : sabotear

sabotage² *n* : sabotaje *m*

sac ['sæk] *n* : saco *m* (anatómico)

saccharin ['sækərən] *n* : sacarina *f*

saccharine ['sækərən, -ˌriːn, -ˌraɪn] *adj* : meloso, empalagoso

sachet [sæˈʃeɪ] *n* : bolsita *f* (perfumada)

sack¹ ['sæk] *n* **1** FIRE : echar (del trabajo), despedir **2** PLUNDER : saquear

sack² *n* BAG : saco *m*

sacrament ['sækrəmənt] *n* : sacramento *m*

sacramental [ˌsækrəˈmɛntəl] *adj* : sacramental

sacred ['seɪkrəd] *adj* **1** RELIGIOUS : sagrado, sacro ⟨sacred texts : textos sagrados⟩ **2** HOLY : sagrado **3 sacred to** : consagrado a

sacrifice¹ ['sækrəˌfaɪs] *vt* **-ficed; -ficing 1** : sacrificar **2 to sacrifice oneself** : sacrificarse

sacrifice² *n* : sacrificio *m*

sacrilege ['sækrəlɪdʒ] *n* : sacrilegio *m*

sacrilegious [ˌsækrəˈlɪdʒəs, -ˈliː-] *adj* : sacrílego

sacrosanct ['sækroˌsæŋkt] *adj* : sacrosanto

sad ['sæd] *adj* **sadder; saddest** : triste — **sadly** *adv*

sadden ['sædən] *vt* : entristecer

saddle¹ ['sædəl] *vt* **-dled; -dling** : ensillar

saddle² *n* : silla *f* (de montar)

sadism ['seɪˌdɪzəm, 'sæ-] *n* : sadismo *m*

sadist ['seɪdɪst, 'sæ-] *n* : sádico *m*, -ca *f*

sadistic [səˈdɪstɪk] *adj* : sádico — **sadistically** [-tɪkli] *adv*

sadness ['sædnəs] *n* : tristeza *f*

safari [səˈfɑri, -ˈfær-] *n* : safari *m*

safe¹ ['seɪf] *adj* **safer; safest 1** UNHARMED : ileso ⟨safe and sound : sano y salvo⟩ **2** SECURE : seguro **3 to be on the safe side** : para mayor seguridad **4 to play it safe** : ir a la segura

safe² *n* : caja *f* fuerte

safeguard¹ ['seɪfˌɡɑrd] *vt* : salvaguardar, proteger

safeguard² *n* : salvaguarda *f*, protección *f*

safekeeping ['seɪfˈkiːpɪŋ] *n* : custodia *f*, protección *f* ⟨to put into safekeeping : poner en buen recaudo⟩

safely ['seɪfli] *adv* **1** UNHARMED : sin incidentes, sin novedades ⟨they landed safely : aterrizaron sin novedades⟩ **2** SECURELY : con toda seguridad, sin peligro

safety ['seɪfti] *n*, *pl* **-ties** : seguridad *f*

safety belt *n* : cinturón *m* de seguridad

safety pin *n* : alfiler *m* de gancho, alfiler *m* de seguridad, imperdible *m Spain*

saffron ['sæfrən] *n* : azafrán *m*

sag¹ ['sæɡ] *vi* **sagged; sagging 1** DROOP, SINK : combarse, hundirse, inclinarse **2** : colgar, caer ⟨his jowls sagged : le colgaban las mejillas⟩ **3** FLAG : flaquear, decaer ⟨his spirits sagged : se le flaqueó el ánimo⟩

sag² *n* : combadura *f*

saga ['sɑɡə, 'sæ-] *n* : saga *f*

sagacious [səˈɡeɪʃəs] *adj* : sagaz

sage¹ ['seɪdʒ] *adj* **sager; -est** : sabio — **sagely** *adv*

sage² *n* **1** : sabio *m*, -bia *f* **2** : salvia *f* (planta)

sagebrush ['seɪdʒˌbrʌʃ] *n* : artemisa *f*.

Sagittarius [ˌsædʒəˈteriəs] *n* : Sagitario *mf*

said → **say**

sail¹ ['seɪl] *vi* **1** : navegar (en un barco) **2** : ir fácilmente ⟨we sailed right in : entramos sin ningún problema⟩ — *vt* **1** : gobernar (un barco) **2 to sail the seas** : cruzar los mares

sail² *n* **1** : vela *f* (de un barco) **2** : viaje *m* en velero ⟨to go for a sail : salir a navegar⟩

sailboat ['seɪlˌboːt] *n* : velero *m*, barco *m* de vela

sailfish ['seɪlˌfɪʃ] *n* : pez *m* vela

sailor ['seɪlər] *n* : marinero *m*

saint ['seɪnt, *before a name* ˌseɪnt *or* sənt] *n* : santo *m*, -ta *f* ⟨Saint Francis : San Francisco⟩ ⟨Saint Rose : Santa Rosa⟩

saintliness ['seɪntlinəs] *n* : santidad *f*

saintly ['seɪntli] *adj* **saintlier; -est** : santo

sake ['seɪk] *n* **1** BENEFIT : bien *m* ⟨for the children's sake : por el bien de los niños〉 **2** (*indicating an end or a purpose*) 〈art for art's sake : el arte por el arte〉 〈let's say, for argument's sake, that he's wrong : pongamos que está equivocado〉 **3 for goodness' sake!** : ¡por (el amor de) Dios!

salable *or* **saleable** ['seɪləbəl] *adj* : vendible

salacious [sə'leɪʃəs] *adj* : salaz — **salaciously** *adv*

salad ['sæləd] *n* : ensalada *f*

salamander ['sælə,mændər] *n* : salamandra *f*

salami [sə'lɑmi] *n* : salami *m*

salary ['sæləri] *n, pl* **-ries** : sueldo *m*

sale ['seɪl] *n* **1** SELLING : venta *f* **2** : liquidación *f*, rebajas *fpl* 〈on sale : de rebaja〉 **3 sales** *npl* : ventas *fpl* 〈to work in sales : trabajar en ventas〉

salesman ['seɪlzmən] *n, pl* **-men** [-mən, -,mɛn] **1** : vendedor *m*, dependiente *m* (en una tienda) **2 traveling salesman** : viajante *m*, representante *m*

salesperson ['seɪlz,pərsən] *n* : vendedor *m*, -dora *f*; dependiente *m*, -ta *f* (en una tienda)

saleswoman ['seɪlz,wumən] *n, pl* **-women** [-,wɪmən] **1** : vendedora *f*, dependienta *f* (en una tienda) **2 traveling saleswoman** : viajante *f*, representante *f*

salient ['seɪljənt] *adj* : saliente, sobresaliente

saline ['seɪ,liːn, -,laɪn] *adj* : salino

saliva [sə'laɪvə] *n* : saliva *f*

salivary ['sælə,veri] *adj* : salival 〈salivary gland : glándula salival〉

salivate ['sælə,veɪt] *vi* **-vated; -vating** : salivar

sallow ['sælo] *adj* : amarillento, cetrino

sally[1] ['sæli] *vi* **-lied; -lying** SET OUT : salir, hacer una salida

sally[2] *n, pl* **-lies 1** : salida *f* (militar), misión *f* **2** QUIP : salida *f*, ocurrencia *f*

salmon ['sæmən] *ns & pl* **1** : salmón *m* (pez) **2** : color *m* salmón

salon [sə'lɑn, 'sæ,lɑn, sæ'lõ] *n* : salón *m* 〈beauty salon : salón de belleza〉

saloon [sə'luːn] *n* **1** HALL : salón *m* (en un barco) **2** BARROOM : bar *m*

salsa ['sɔlsə, 'sɑl-] *n* : salsa *f* mexicana, salsa *f* picante

salt[1] ['sɔlt] *vt* : salar, echarle sal a

salt[2] *adj* : salado

salt[3] *n* : sal *f*

saltwater -['sɔlt,wɔtər, -,wɑ-] *adj* : de agua salada

salty ['sɔlti] *adj* **saltier; -est** : salado

salubrious [sə'luːbriəs] *adj* : salubre

salutary ['sæljə,teri] *adj* : saludable, salubre

salutation [,sæljə'teɪʃən] *n* : saludo *m*, salutación *f*

salute[1] [sə'luːt] *v* **-luted; -luting** *vt* **1** : saludar (con gestos o ceremonias) **2** ACCLAIM : reconocer, aclamar — *vi* : hacer un saludo

salute[2] *n* **1** : saludo *m* (gesto), salva *f* (de cañonazos) **2** TRIBUTE : reconocimiento *m*, homenaje *m*

Salvadoran [,sælvə'dorən] → **El Salvadoran**

salvage[1] ['sælvɪdʒ] *vt* **-vaged; -vaging** : salvar, rescatar

salvage[2] *n* **1** SALVAGING : salvamento *m*, rescate *m* **2** : objetos *mpl* salvados

salvation [sæl'veɪʃən] *n* : salvación *f*

salve[1] ['sæv, 'sav] *vt* **salved; salving** : calmar, apaciguar 〈to salve one's conscience : aliviarse la conciencia〉

salve[2] *n* : ungüento *m*

salvo ['sæl,vo:] *n, pl* **-vos** *or* **-voes** : salva *f*

same[1] ['seɪm] *adj* : mismo, igual 〈the results are the same : los resultados son iguales〉 〈he said the same thing as you : dijo lo mismo que tú〉

same[2] *pron* : mismo 〈it's all the same to me : me da lo mismo〉 〈the same to you! : ¡igualmente!〉

sameness ['seɪmnəs] *n* **1** SIMILARITY : identidad *f*, semejanza *f* **2** MONOTONY : monotonía *f*

sample[1] ['sæmpəl] *vt* **-pled; -pling** : probar

sample[2] *n* : muestra *f*, prueba *f*

sampler ['sæmplər] *n* **1** : dechado *m* (de bordado) **2** COLLECTION : colección *f* **3** ASSORTMENT : surtido *m*

sanatorium [,sænə'toriəm] *n, pl* **-riums** *or* **-ria** [-iə] : sanatorio *m*

sanctify ['sæŋktə,faɪ] *vt* **-fied; -fying** : santificar

sanctimonious [,sæŋktə'mo:niəs] *adj* : beato, santurrón

sanction[1] ['sæŋkʃən] *vt* : sancionar, aprobar

sanction[2] *n* **1** AUTHORIZATION : sanción *f*, autorización *f* **2 sanctions** *npl* : sanciones *fpl* 〈to impose sanctions on : imponer sanciones a〉

sanctity ['sæŋktəti] *n, pl* **-ties** : santidad *f*

sanctuary ['sæŋktʃu,eri] *n, pl* **-aries 1** : presbiterio *m* (en una iglesia) **2** REFUGE : refugio *m*, asilo *m*

sand[1] ['sænd] *vt* : lijar (madera)

sand[2] *n* : arena *f*

sandal ['sændəl] *n* : sandalia *f*

sandbank ['sænd,bæŋk] *n* : banco *m* de arena

sandpaper *n* : papel *m* de lija

sandpiper ['sænd,paɪpər] *n* : andarríos *m*

sandstone ['sænd,sto:n] *n* : arenisca *f*

sandstorm ['sænd,storm] *n* : tormenta *f* de arena

sandwich[1] ['sænd,wɪtʃ] *vt* : intercalar, encajonar, meter (entre dos cosas)

sandwich[2] *n* : sandwich *m*, emparedado *m*, bocadillo *m* Spain

sandy ['sændi] *adj* **sandier; -est** : arenoso

sane ['seɪn] *adj* **saner; sanest 1** : cuerdo **2** SENSIBLE : sensato, razonable sang → sing

sanguine ['sæŋgwən] *adj* **1** RUDDY : sanguíneo, rubicundo **2** HOPEFUL : optimista

sanitarium [,sænə'teriəm] *n, pl* **-iums** or **-ia** [-iə] → sanatorium

sanitary ['sænəteri] *adj* **1** : sanitario ⟨sanitary measures : medidas sanitarias⟩ **2** HYGIENIC : higiénico **3** sanitary napkin : compresa *f*, paño *m* higiénico

sanitation [,sænə'teiʃən] *n* : sanidad *f*

sanitize ['sænə,taiz] *vt* **-tized; -tizing** **1** : desinfectar **2** EXPURGATE : expurgar

sanity ['sænəti] *n* : cordura *f*, razón *f* ⟨to lose one's sanity : perder el juicio⟩

sank → sink

Santa Claus ['sæntə,klɔz] *n* : Papá Noel, San Nicolás

sap¹ ['sæp] *vt* **sapped; sapping** **1** UNDERMINE : socavar **2** WEAKEN : minar, debilitar

sap² *n* **1** : savia *f* (de una planta) **2** SUCKER : inocentón *m*, -tona *f*

sapling ['sæpliŋ] *n* : árbol *m* joven

sapphire ['sæ,fair] *n* : zafiro *m*

sarcasm ['sɑr,kæzəm] *n* : sarcasmo *m*

sarcastic [sɑr'kæstik] *adj* : sarcástico — **sarcastically** [-tikli] *adv*

sarcophagus [sɑr'kɑfəgəs] *n, pl* **-gi** [-,gai, -,dʒai] : sarcófago *m*

sardine [sɑr'di:n] *n* : sardina *f*

sardonic [sɑr'dɑnik] *adj* : sardónico — **sardonically** [-nikli] *adv*

sarsaparilla [,sæspə'rilə, ,sɑrs-] *n* : zarzaparrilla *f*

sash ['sæʃ] *n* **1** : faja *f* (de un vestido), fajín *m* (de un uniforme) **2** *pl* **sash** : marco *m* (de una ventana)

sassafras ['sæsə,fræs] *n* : sasafrás *m*

sassy ['sæsi] *adj* **sassier; -est** → saucy

sat → sit

Satan ['seitən] *n* : Satanás *m*, Satán *m*

satanic [sə'tænik, sei-] *adj* : satánico — **satanically** [-nikli] *adv*

satchel ['sætʃəl] *n* : cartera *f*, saco *m*

sate ['seit] *vt* **sated; sating** : saciar

satellite ['sætə,lait] *n* : satélite *m* ⟨spy satellite : satélite espía⟩

satiate ['seiʃi,eit] *vt* **-ated; -ating** : saciar, hartar

satin ['sætən] *n* : raso *m*, satín *m*, satén *m*

satire ['sæ,tair] *n* : sátira *f*

satiric [sə'tirik] or **satirical** [-ikəl] *adj* : satírico

satirize ['sætə,raiz] *vt* **-rized; -rizing** : satirizar

satisfaction [,sætəs'fækʃən] *n* : satisfacción *f*

satisfactory [,sætəs'fæktəri] *adj* : satisfactorio, bueno — **satisfactorily** [-rəli] *adv*

satisfy ['sætəs,fai] *v* **-fied; -fying** *vt* **1** PLEASE : satisfacer, contentar **2** CONVINCE : convencer **3** FULFILL : satisfacer, cumplir con, llenar **4** SETTLE : pagar, saldar (una cuenta) — *vi* SUFFICE : bastar

saturate ['sætʃə,reit] *vt* **-rated; -rating** **1** SOAK : empapar **2** FILL : saturar

saturation [,sætʃə'reiʃən] *n* : saturación *f*

Saturday ['sætər,dei, -di] *n* : sábado *m*

Saturn ['sætərn] *n* : Saturno *m*

satyr ['seitər, 'sæ-] *n* : sátiro *m*

sauce ['sɔs] *n* : salsa *f*

saucepan ['sɔs,pæn] *n* : cacerola *f*, cazo *m*, cazuela *f*

saucer ['sɔsər] *n* : platillo *m*

sauciness ['sɔsinəs] *n* : descaro *m*, frescura *f*

saucy ['sɔsi] *adj* **saucier; -est** IMPUDENT : descarado, fresco *fam* — **saucily** *adv*

Saudi ['saudi, 'sɔ-] → Saudi Arabian

Saudi Arabian *n* : saudita *mf*, saudí *mf* — **Saudi Arabian** *adj*

sauna ['sɔnə, 'saunə] *n* : sauna *mf*

saunter ['sɔntər, 'san-] *vi* : pasear, parsearse

sausage ['sɔsidʒ] *n* : salchicha *f*, embutido *m*

sauté [sɔ'tei, so:-] *vt* **-téed** or **-téd; -téing** : saltear, sofreír

savage¹ ['sævidʒ] *adj* : salvaje, feroz — **savagely** *adv*

savage² *n* : salvaje *mf*

savagery ['sævidʒri, -dʒəri] *n, pl* **-ries** **1** FEROCITY : ferocidad *f* **2** WILDNESS : salvajismo *m*

savanna [sə'vænə] *n* : sabana *f*

save¹ ['seiv] *vt* **saved; saving** **1** RESCUE : salvar, rescatar **2** PRESERVE : preservar, conservar **3** KEEP : guardar, ahorrar (dinero), almacenar (alimentos) **4** : guardar (en informática)

save² *prep* EXCEPT : salvo, excepto, menos

savior ['seivjər] *n* **1** : salvador *m*, -dora *f* **2 the Savior** : el Salvador *m*

savor¹ ['seivər] *vt* : saborear

savor² *n* : sabor *m*

savory ['seivəri] *adj* : sabroso

saw¹ → see

saw² ['sɔ] *vt* **sawed; sawed** or **sawn** ['sɔn]; **sawing** : serrar, cortar (con sierra)

saw³ *n* : sierra *f*

sawdust ['sɔ,dʌst] *n* : aserrín *m*, serrín *m*

sawhorse ['sɔ,hɔrs] *n* : caballete *m*, burro *m* (en carpintería)

sawmill ['sɔ,mil] *n* : aserradero *m*

saxophone ['sæksə,fo:n] *n* : saxofón *m*

say¹ ['sei] *v* **said** ['sɛd]; **saying; says** ['sɛz] *vt* **1** EXPRESS, UTTER : decir, expresar ⟨to say no : decir que no⟩ ⟨that goes without saying : ni que decir tiene⟩ ⟨no sooner said than done : dicho y hecho⟩ ⟨to say again : repetir⟩ ⟨to say one's prayers : rezar⟩ **2** INDICATE : marcar, poner ⟨my watch says three o'clock : mi reloj marca las tres⟩ ⟨what does the sign say? : ¿qué pone el letrero?⟩ **3** ALLEGE : decir ⟨it's said that she's pretty : se dice que es bonita⟩ — *vi* : decir

say² n, pl **says** ['seɪz] : voz f, opinión f ⟨to have no say : no tener ni voz ni voto⟩ ⟨to have one's say : dar uno su opinión⟩

saying ['seɪɪŋ] n : dicho m, refrán m

scab ['skæb] n 1 : costra f, postilla f (en una herida) 2 STRIKEBREAKER : rompehuelgas mf, esquirol mf

scabbard ['skæbərd] n : vaina f (de una espada), funda f (de un puñal, etc.)

scabby ['skæbi] adj **scabbier; -est** : lleno de costras

scaffold ['skæfəld, -ˌfoːld] n 1 or **scaffolding** : andamio m (para obreros, etc.) 2 : patíbulo m, cadalso m (para ejecuciones)

scald ['skɔld] vt 1 BURN : escaldar 2 HEAT : calentar (hasta el punto de ebullición)

scale¹ ['skeɪl] v **scaled; scaling** vt 1 : escamar (un pescado) 2 CLIMB : escalar (un muro, etc.) 3 **to scale down** : reducir — vi WEIGH : pesar ⟨he scaled in at 200 pounds : pesó 200 libras⟩

scale² n 1 or **scales** : balanza f, báscula f (para pesar) 2 : escama f (de un pez, etc.) 3 EXTENT : escala f, proporción f ⟨wage scale : escala salarial⟩ 4 : escala f (en música, en cartografía, etc.) ⟨to draw to scale : dibujar a escala⟩

scallion ['skæljən] n : cebollino m, cebolleta f

scallop ['skaləp, 'skæ-] n 1 : vieira f (molusco) 2 : festón m (decoración)

scalp¹ ['skælp] vt : arrancar la cabellera a

scalp² n : cuero m cabelludo

scalpel ['skælpəl] n : bisturí m, escalpelo m

scaly ['skeɪli] adj **scalier; -est** : escamoso

scam ['skæm] n : estafa f, timo m fam, chanchullo m fam

scamp ['skæmp] n : bribón m, -bona f; granuja mf; travieso m, -sa f

scamper ['skæmpər] vi : corretear

scan¹ ['skæn] vt **scanned; scanning** 1 : escandir (versos) 2 SCRUTINIZE : escudriñar, escrutar ⟨to scan the horizon : escudriñar el horizonte⟩ 3 PERUSE : echarle un vistazo a (un periódico, etc.) 4 EXPLORE : explorar (con radar), hacer un escáner de (en ecografía) 5 : escanear (una imagen)

scan² n 1 : ecografía f, examen m ultrasónico (en medicina) 2 : imagen f escaneada (en una computadora)

scandal ['skændəl] n 1 DISGRACE, OUTRAGE : escándalo m 2 GOSSIP : habladurías fpl, chismes mpl

scandalize ['skændəlˌaɪz] vt **-ized; -izing** : escandalizar

scandalous ['skændələs] adj : de escándalo

Scandinavian¹ [ˌskændəˈneɪviən] adj : escandinavo

Scandinavian² n : escandinavo m, -va f

scanner ['skænər] n : escáner m, scanner m

scant ['skænt] adj : escaso

scanty ['skænti] adj **scantier; -est** : exiguo, escaso ⟨a scanty meal : una comida insuficiente⟩ — **scantily** [-təli] adv

scapegoat ['skeɪpˌgoːt] n : chivo m expiatorio, cabeza f de turco

scapula ['skæpjələ] n, pl **-lae** [-ˌliː, -ˌlaɪ] or **-las** → **shoulder blade**

scar¹ ['skɑr] v **scarred; scarring** vt : dejar una cicatriz en — vi : cicatrizar

scar² n : cicatriz f, marca f

scarab ['skærəb] n : escarabajo m

scarce ['skɛrs] adj **scarcer; -est** : escaso

scarcely ['skɛrsli] adv 1 BARELY : apenas 2 : ni mucho menos, ni nada que se le parezca ⟨he's scarcely an expert : ciertamente no es experto⟩

scarcity ['skɛrsəti] n, pl **-ties** : escasez f

scare¹ ['skɛr] vt **scared; scaring** : asustar, espantar

scare² n 1 FRIGHT : susto m, sobresalto m 2 ALARM : pánico m

scarecrow ['skɛrˌkroː] n : espantapájaros m, espantajo m

scarf ['skɑrf] n, pl **scarves** ['skɑrvz] or **scarfs** 1 MUFFLER : bufanda f 2 KERCHIEF : pañuelo m

scarlet ['skɑrlət] n : escarlata f — **scarlet** adj

scarlet fever n : escarlatina f

scary ['skɛri] adj **scarier; -est** : espantoso, pavoroso

scathing ['skeɪðɪŋ] adj : mordaz, cáustico

scatter ['skætər] vt : esparcir, desparramar — vi DISPERSE : dispersarse

scavenge ['skævəndʒ] v **-venged; -venging** vt : rescatar (de la basura), pepenar CA, Mex — vi : rebuscar, hurgar en la basura ⟨to scavenge for food : andar buscando comida⟩

scavenger ['skævəndʒər] n 1 : persona f que rebusca en las basuras; pepenador m, -dora f CA, Mex 2 : carroñero m, -ra f (animal)

scenario [səˈnæriˌoː, -ˈnɑr-] n, pl **-ios** 1 PLOT : argumento m (en teatro), guión m (en cine) 2 SITUATION : situación f hipotética ⟨in the worst-case scenario : en el peor de los casos⟩

scene ['siːn] n 1 : escena f (en una obra de teatro) 2 SCENERY : decorado m (en el teatro) 3 VIEW : escena f 4 LOCALE : escenario m 5 COMMOTION, FUSS : escándalo m, escena f ⟨to make a scene : armar un escándalo⟩

scenery ['siːnəri] n, pl **-eries** 1 : decorado m (en el teatro) 2 LANDSCAPE : paisaje m

scenic ['siːnɪk] adj : pintoresco

scent¹ ['sɛnt] vt 1 SMELL : oler, olfatear 2 PERFUME : perfumar 3 SENSE : sentir, percibir

scent² n 1 ODOR : olor m, aroma m 2 : olfato m ⟨a dog with a keen scent : un

perro con un buen olfato⟩ 3 PERFUME
: perfume *m*

scented [ˈsɛntəd] *adj* : perfumado

scepter [ˈsɛptər] *n* : cetro *m*

sceptic [ˈskɛptɪk] → **skeptic**

schedule[1] [ˈskɛˌdʒuːl, -dʒəl, *esp Brit*
ˈʃɛdˌjuːl] *vt* **-uled; -uling** : planear, programar

schedule[2] *n* **1** PLAN : programa *m*, plan
m ⟨on schedule : según lo previsto⟩
⟨behind schedule : atrasado, con re-
traso⟩ **2** TIMETABLE : horario *m*

scheme[1] [ˈskiːm] *vi* **schemed; schem-
ing** : intrigar, conspirar

scheme[2] *n* **1** PLAN : plan *m*, proyecto
m **2** PLOT, TRICK : intriga *f*, ardid *m* **3**
FRAMEWORK : esquema *f* ⟨a color
scheme : una combinación de colores⟩

schemer [ˈskiːmər] *n* : intrigante *mf*

schism [ˈsɪzəm, ˈskɪ-] *n* : cisma *m*

schizophrenia [ˌskɪtsəˈfriːniə, ˌskɪzə-,
-ˈfrɛ-] *n* : esquizofrenia *f*

schizophrenic [ˌskɪtsəˈfrɛnɪk, ˌskɪzə-]
: esquizofrénico *m*, -ca *f* — **schizophrenic** *adj*

scholar [ˈskɑlər] *n* **1** STUDENT : escolar
mf; alumno *m*, -na *f* **2** EXPERT : especialista *mf*

scholarly [ˈskɑlərli] *adj* : erudito

scholarship [ˈskɑlərˌʃɪp] *n* **1** LEARNING
: erudición *f* **2** GRANT : beca *f*

scholastic [skəˈlæstɪk] *adj* : académico

school[1] [ˈskuːl] *vt* : instruir, enseñar

school[2] *n* **1** : escuela *f*, colegio *m* (institución) **2** : estudiantes *mfpl* y pro-
fesores *mpl* (de una escuela) **3** : escuela
f (en pintura, etc.) ⟨the Flemish school
: la escuela flamenca⟩ **4 school of fish**
: banco *m*, cardumen *m*

schoolboy [ˈskuːlˌbɔɪ] *n* : escolar *m*,
colegial *m*

schoolgirl [ˈskuːlˌgərl] *n* : escolar *f*, cole-
giala *f*

schoolhouse [ˈskuːlˌhaʊs] *n* : escuela *f*

schoolmate [ˈskuːlˌmeɪt] *n* : compañero
m, -ra *f* de escuela

schoolroom [ˈskuːlˌruːm, -ˌrʊm] →
classroom

schoolteacher [ˈskuːlˌtiːtʃər] *n* : maestro
m, -tra *f*; profesor *m*, -sora *f*

schoolwork [ˈskuːlˌwərk] *n* : trabajo *m*
escolar

schooner [ˈskuːnər] *n* : goleta *f*

science [ˈsaɪənts] *n* : ciencia *f*

science fiction *n* : ciencia ficción *f*

scientific [ˌsaɪənˈtɪfɪk] *adj* : científico —
scientifically [-fkli] *adv*

scientist [ˈsaɪəntɪst] *n* : científico *m*, -ca
f

scintillating [ˈsɪntəˌleɪtɪŋ] *adj* : chispeante, brillante

scissors [ˈsɪzərz] *npl* : tijeras *fpl*

sclerosis [skləˈroːsəs] *n, pl* **-roses** : esclerosis *f*

scoff [ˈskɑf] *vi* **to scoff at** : burlarse de,
mofarse de

scold [ˈskoːld] *vt* : regañar, reprender,
reñir

scoop[1] [ˈskuːp] *vt* **1** : sacar (con pala o
cucharón) **2 to scoop out** HOLLOW
: vaciar, ahuecar

scoop[2] *n* : pala *f* (para harina, etc.),
cucharón *m* (para helado, etc.)

scoot [ˈskuːt] *vi* : ir rápidamente ⟨she
scooted around the corner : volvió la
esquina a toda prisa⟩

scooter [ˈskuːtər] *n* : patineta *f*,
monopatín *m*, patinete *m*

scope [ˈskoːp] *n* **1** RANGE : alcance *m*,
ámbito *m*, extensión *f* **2** OPPORTUNI-
TY : posibilidades *fpl*, libertad *f*

scorch [ˈskɔrtʃ] *vt* : chamuscar, quemar

score[1] [ˈskor] *v* **scored; scoring** *vt* **1**
RECORD : anotar **2** MARK, SCRATCH
: marcar, rayar **3** : marcar, meter (en
deportes) **4** GAIN : ganar, apuntarse **5**
GRADE : calificar (exámenes, etc.) **6**
: instrumentar, orquestar (música) —
vi **1** : marcar (en deportes) **2** : obtener una puntuación (en un examen)

score[2] *n, pl* **scores 1** *or pl* **score** TWEN-
TY : veintena *f* **2** LINE, SCRATCH : línea
f, marca *f* **3** : resultado *m* (en deportes)
⟨what's the score? : ¿cómo va el marcador?⟩ **4** GRADE, POINTS : calificación *f* (en un examen), puntuación *f*
(en un concurso) **5** ACCOUNT : cuenta *f* ⟨to settle a score : ajustar una cuen-
ta⟩ ⟨on that score : a ese respecto⟩ **6**
: partitura *f* (musical)

scorn[1] [ˈskɔrn] *vt* : despreciar, menospreciar, desdeñar

scorn[2] *n* : desprecio *m*, menosprecio *m*,
desdén *m*

scornful [ˈskɔrnfəl] *adj* : desdeñoso, despreciativo — **scornfully** *adv*

Scorpio [ˈskɔrpiˌoː] *n* : Escorpio *mf*, Escorpión *mf*

scorpion [ˈskɔrpiən] *n* : alacrán *m*, escorpión *m*

Scot [ˈskɑt] *n* : escocés *m*, -cesa *f*

Scotch[1] [ˈskɑtʃ] *adj* → **Scottish**[1]

Scotch[2] *npl* **the Scotch** : los escoceses

scot–free [ˈskɑtˈfriː] *adj* **to get off
scot–free** : salir impune, quedar sin
castigo

Scots [ˈskɑts] *n* : escocés *m* (idioma)

Scottish[1] [ˈskɑtɪʃ] *adj* : escocés

Scottish[2] *n* → **Scots**

scoundrel [ˈskaʊndrəl] *n* : sinvergüenza
mf; bellaco *m*, -ca *f*

scour [ˈskaʊər] *vt* **1** EXAMINE, SEARCH
: registrar (un área), revisar (documentos, etc.) **2** SCRUB : fregar, restregar

scourge[1] [ˈskərdʒ] *vt* **scourged; scourg-
ing** : azotar

scourge[2] *n* : azote *m*

scout[1] [ˈskaʊt] *vi* **1** RECONNOITER : reconocer **2 to scout around for** : explorar en busca de

scout[2] *n* **1** : explorador *m*, -dora *f* **2** *or*
talent scout : cazatalentos *mf*

scow [ˈskaʊ] *n* : barcaza *f*, gabarra *f*

scowl[1] [ˈskaʊl] *vi* : fruncir el ceño

scowl[2] *n* : ceño *m* fruncido

scram ['skræm] vi **scrammed; scramming** : largarse

scramble[1] ['skræmbəl] v **-bled; -bling** vi **1** : trepar, gatear (con torpeza) ⟨he scrambled over the fence : se trepó a la cerca con dificultad⟩ **2** STRUGGLE : pelearse (por) ⟨they scrambled for seats : se pelearon por los asientos⟩ — vt **1** JUMBLE : mezclar **2 to scramble eggs** : hacer huevos revueltos

scramble[2] n : rebatiña f, pelea f

scrap[1] ['skræp] v **scrapped; scrapping** vt DISCARD : desechar — vi FIGHT : pelearse

scrap[2] n **1** FRAGMENT : pedazo m, trozo m **2** FIGHT : pelea f **3** or **scrap metal** : chatarra f **4 scraps** npl LEFTOVERS : restos mpl, sobras fpl

scrapbook ['skræp,bʊk] n : álbum m de recortes

scrape[1] ['skreɪp] v **scraped; scraping** vt **1** GRAZE, SCRATCH : rozar, rascar ⟨to scrape one's knee : rasparse la rodilla⟩ **2** CLEAN : raspar ⟨to scrape carrots : raspar zanahorias⟩ **3** : raspar (pintura, etc.) **4 to scrape up** or **to scrape together** : juntar, reunir poco a poco — vi **1** RUB : rozar **2 to scrape by** : arreglárselas, ir tirando

scrape[2] n **1** SCRAPING : raspadura f **2** SCRATCH : rasguño m **3** PREDICAMENT : apuro m, aprieto m

scratch[1] ['skrætʃ] vt **1** : arañar, rasguñar ⟨to scratch an itch : rascarse⟩ **2** MARK : rayar, marcar **3 to scratch out** : tachar

scratch[2] n **1** : rasguño m, arañazo m (en la piel), rayón m (en un mueble, etc.) **2** : sonido m rasposo ⟨I heard a scratch at the door : oí como que raspaban a la puerta⟩

scratchy ['skrætʃi] adj **scratchier; -est** : áspero, que pica ⟨a scratchy sweater : un suéter que pica⟩

scrawl[1] ['skrɔl] v : garabatear

scrawl[2] n : garabato m

scrawny ['skrɔni] adj **scrawnier; -est** : flaco, escuálido

scream[1] ['skri:m] vi : chillar, gritar

scream[2] n : chillido m, grito m

screech[1] ['skri:tʃ] vi : chillar (dícese de las personas o de los animales), chirriar (dícese de los frenos, etc.)

screech[2] n **1** : chillido m, grito m (de una persona o un animal) **2** : chirrido m (de frenos, etc.)

screen[1] ['skri:n] vt **1** SHIELD : proteger **2** CONCEAL : tapar, ocultar **3** EXAMINE : someter a una revisión, hacerle ún chequeo (a un paciente) **4** SIEVE : cribar

screen[2] n **1** PARTITION : biombo m, pantalla f **2** SIEVE : criba f **3** : pantalla f (de un televisor, una computadora, etc.) **4** MOVIES : cine m **5** or **window screen** : ventana f de tela metálica

screenplay ['skri:n,pleɪ] n SCRIPT : guión m

screw[1] ['skru:] vt : atornillar — vi **1 to screw in** : atornillarse **2 to screw up** fam : meter la pata

screw[2] n **1** : tornillo m (para fijar algo) **2** TWIST : vuelta f **3** PROPELLER : hélice f

screwdriver ['skru:,draɪvər] n : destornillador m, desarmador m Mex

scribble[1] ['skrɪbəl] v **-bled; -bling** : garabatear

scribble[2] n : garabato m

scribe ['skraɪb] n : escriba m

scrimmage ['skrɪmɪdʒ] n : escaramuza f

scrimp ['skrɪmp] vi **1 to scrimp on** : escatimar **2 to scrimp and save** : hacer economías

script ['skrɪpt] n **1** HANDWRITING : letra f, escritura f **2** : guión m (de una película, etc.)

scriptural ['skrɪptʃərəl] adj : bíblico

scripture ['skrɪptʃər] n **1** : escritos mpl sagrados (de una religión) **2 the Scriptures** npl : las Sagradas Escrituras

scriptwriter ['skrɪpt,raɪtər] n : guionista mf, libretista mf

scroll ['skro:l] n **1** : rollo m (de pergamino, etc.) **2** : voluta f (adorno en arquitectura)

scrotum ['skro:təm] n, pl **scrota** [-ʈə] or **scrotums** : escroto m

scrounge ['skraʊndʒ] v **scrounged; scrounging** vt **1** BUM : gorrear fam, sablear fam (dinero) **2 to scrounge around for** : buscar, andar a la busca de — vi **to scrounge off someone** : vivir a costa de alguien

scrub[1] ['skrʌb] vt **scrubbed; scrubbing** : restregar, fregar

scrub[2] n **1** THICKET, UNDERBRUSH : maleza f, matorral m, matorrales mpl **2** SCRUBBING : fregado m, restregadura f

scrubby ['skrʌbi] adj **-bier; -est 1** STUNTED : achaparrado **2** : cubierto de maleza

scruff ['skrʌf] n **by the scruff of the neck** : por el cogote, por el pescuezo

scrumptious ['skrʌmpʃəs] adj : delicioso, muy rico

scruple ['skru:pəl] n : escrúpulo m

scrupulous ['skru:pjələs] adj : escrupuloso — **scrupulously** adv

scrutinize ['skru:tən,aɪz] vt **-nized; -nizing** : escrutar, escudriñar

scrutiny ['skru:təni] n, pl **-nies** : escrutinio m, inspección f

scuba ['sku:bə] n **1** or **scuba gear** : equipo m de submarinismo **2 scuba diver** : submarinista mf **3 scuba diving** : submarinismo m

scuff ['skʌf] vt : rayar, raspar ⟨to scuff one's feet : arrastrar los pies⟩

scuffle[1] ['skʌfəl] vi **-fled; -fling 1** TUSSLE : pelearse **2** SHUFFLE : caminar arrastrando los pies

scuffle[2] n **1** TUSSLE : refriega f, pelea f **2** SHUFFLE : arrastre m de los pies

scull[1] ['skʌl] vi : remar (con espadilla)

scull[2] n OAR : espadilla f

sculpt ['skʌlpt] v : esculpir

sculptor ['skʌlptər] n : escultor m, -tora f

sculptural ['skʌlptʃərəl] adj : escultórico

sculpture[1] ['skʌlptʃər] vt -tured; -turing : esculpir

sculpture[2] n : escultura f

scum ['skʌm] n 1 FROTH : espuma f, nata f 2 : verdín m (encima de un líquido)

scurrilous ['skərələs] adj : difamatorio, calumnioso, injurioso

scurry ['skəri] vi -ried; -rying : corretear

scurvy ['skərvi] n : escorbuto m

scuttle[1] ['skʌtəl] vt -tled; -tling vt : hundir (un barco) — vi SCAMPER : corretear

scuttle[2] n : cubo m (para carbón)

scythe ['saɪð] n : guadaña f

sea[1] ['si:] adj : del mar

sea[2] n 1 : mar mf ⟨the Black Sea : el Mar Negro⟩ ⟨on the high seas : en alta mar⟩ ⟨heavy seas : mar gruesa, mar agitada⟩ 2 MASS : mar m, multitud f ⟨a sea of faces : un mar de rostros⟩

seabird ['si:,bərd] n : ave f marina

seaboard ['si:,bord] n : litoral m

seacoast ['si:,ko:st] n : costa f, litoral m

seafarer ['si:,færər] n : marinero m

seafaring[1] ['si:,færɪŋ] adj : marinero

seafaring[2] n : navegación f

seafood ['si:,fu:d] n : mariscos mpl

seagull ['si:,gʌl] n : gaviota f

sea horse ['si:,bords] n : hipocampo m, caballito m de mar

seal[1] ['si:l] vt CLOSE : sellar, cerrar ⟨to seal a letter : cerrar una carta⟩ ⟨to seal an agreement : sellar un acuerdo⟩ 2 to seal up : tapar, rellenar (una grieta, etc.)

seal[2] n 1 : foca f (animal) 2 : sello m ⟨seal of approval : sello de aprobación⟩ 3 CLOSURE : cierre m, precinto m

sea level n : nivel m del mar

sea lion n : león m marino

sealskin ['si:l,skɪn] n : piel f de foca

seam[1] ['si:m] vt 1 STITCH : unir con costuras 2 MARK : marcar

seam[2] n 1 STITCHING : costura f 2 LODE, VEIN : veta f, filón m

seaman ['si:mən] n, pl -men [-mən, -,men] 1 SAILOR : marinero m 2 : marino m (en la armada)

seamless ['si:mləs] adj 1 : sin costuras, de una pieza 2 : perfecto ⟨a seamless transition : una transición fluida⟩

seamstress ['si:mpstrəs] n : costurera f

seamy ['si:mi] adj seamier; -est : sórdido

séance ['sei,ɑnts] n : sesión f de espiritismo

seaplane ['si:,plein] n : hidroavión m

seaport ['si:,port] n : puerto m marítimo

sear ['sɪr] vt 1 PARCH, WITHER : secar, resecar 2 SCORCH : chamuscar, quemar

search[1] ['sərtʃ] vt : registrar (un edificio, un área), cachear (a una persona), buscar en — vi to search for : buscar

search[2] n : búsqueda f, registro m (de un edificio, etc.), cacheo m (de una persona)

searchlight ['sərtʃ,lait] n : reflector m

seashell ['si:,ʃel] n : concha f (marina)

seashore ['si:,ʃor] n : orilla f del mar

seasick ['si:,sɪk] adj : mareado ⟨to get seasick : marearse⟩

seasickness ['si:,sɪknəs] n : mareo m

seaside → seacoast

season[1] ['si:zən] vt 1 FLAVOR, SPICE : sazonar, condimentar 2 CURE : curar, secar ⟨seasoned wood : madera seca⟩ ⟨a seasoned veteran : un veterano avezado⟩

season[2] n 1 : estación f (del año) 2 : temporada f (en deportes, etc.) ⟨baseball season : temporada de beisbol⟩

seasonable ['si:zənəbəl] adj 1 : propio de la estación (dícese del tiempo, de las temperaturas, etc.) 2 TIMELY : oportuno

seasonal ['si:zənəl] adj : estacional — seasonally adv

seasoning ['si:zənɪŋ] n : condimento m, sazón f

seat[1] ['si:t] vt 1 SIT : sentar ⟨please be seated : siéntense, por favor⟩ 2 HOLD : tener cabida para ⟨the stadium seats 40,000 : el estadio tiene 40,000 asientos⟩

seat[2] n 1 : asiento m, plaza f (en un vehículo) ⟨take a seat : tome asiento⟩ 2 BOTTOM : fondillos mpl (de la ropa), trasero m (del cuerpo) 3 : sede f (de un gobierno, etc.)

seat belt n : cinturón m de seguridad

sea urchin n : erizo m de mar

seawall ['si:,wɔl] n : rompeolas m, dique m marítimo

seawater ['si:,wɔtər, -,wɑ-] n : agua f de mar

seaweed ['si:,wi:d] n : alga f marina

seaworthy ['si:,wərði] adj : en condiciones de navegar

secede [sɪ'si:d] vi -ceded; -ceding : separarse (de una nación, etc.)

seclude [sɪ'klu:d] vt -cluded; -cluding : aislar

seclusion [sɪ'klu:ʒən] n : aislamiento m

second[1] ['sɛkənd] vt : secundar, apoyar (una moción)

second[2] or secondly ['sɛkəndli] adv : en segundo lugar

second[3] adj : segundo

second[4] n 1 : segundo m, -da f (en una serie) 2 : segundo m, ayudante m (en deportes) 3 MOMENT : segundo m, momento m

secondary ['sɛkən,dri] adj : secundario

secondhand ['sɛkənd'hænd] adj : de segunda mano

second lieutenant n : alférez mf, subteniente mf

second–rate ['sɛkənd'reit] adj : mediocre, de segunda categoría

secrecy [ˈsiːkrəsi] *n, pl* **-cies** : secreto *m*

secret¹ [ˈsiːkrət] *adj* : secreto — **secretly** *adv*

secret² *n* : secreto *m*

secretarial [ˌsɛkrəˈtɛriəl] *adj* : de secretario, de oficina

secretariat [ˌsɛkrəˈtɛriət] *n* : secretaría *f*, secretariado *m*

secretary [ˈsɛkrəˌtri] *n, pl* **-taries** 1 : secretario *m*, -ria *f* (en una oficina, etc.) 2 : ministro *m*, -tra *f*; secretario *m*, -ria *f* ⟨Secretary of State : Secretario de Estado⟩

secrete [sɪˈkriːt] *vt* **-creted; -creting** 1 : secretar, segregar (en fisiología) 2 HIDE : ocultar

secretion [sɪˈkriːʃən] *n* : secreción *f*

secretive [ˈsiːkrətɪv, sɪˈkriːtɪv] *adj* : reservado, callado, secreto

sect [ˈsɛkt] *n* : secta *f*

sectarian [sɛkˈtriən] *adj* : sectario

section [ˈsɛkʃən] *n* : sección *f*, parte *f* (de un mueble, etc.), sector *m* (de la población), barrio *m* (de una ciudad)

sectional [ˈsɛkʃənəl] *adj* 1 : en sección, en corte ⟨a sectional diagram : un gráfico en corte⟩ 2 FACTIONAL : de grupo, entre facciones 3 : modular ⟨sectional furniture : muebles modulares⟩

sector [ˈsɛktər] *n* : sector *m*

secular [ˈsɛkjələr] *adj* 1 : secular, laico ⟨secular life : la vida secular⟩ 2 : seglar (dícese de los sacerdotes, etc.)

secure¹ [sɪˈkjʊr] *vt* **-cured; -curing** 1 FASTEN : asegurar (una puerta, etc.), sujetar 2 GET : conseguir

secure² *adj* **-curer; -est** : seguro — **securely** *adv*

security [sɪˈkjʊrəti] *n, pl* **-ties** 1 SAFETY : seguridad *f* 2 GUARANTEE : garantía *f* 3 **securities** *npl* : valores *mpl*

sedan [sɪˈdæn] *n* 1 *or* **sedan chair** : silla *f* de manos 2 : sedán *m* (automóvil)

sedate¹ [sɪˈdeɪt] *vt* **-dated; -dating** : sedar

sedate² *adj* : sosegado — **sedately** *adv*

sedation [sɪˈdeɪʃən] *n* : sedación *f*

sedative¹ [ˈsɛdətɪv] *adj* : sedante

sedative² *n* : sedante *m*, calmante *m*

sedentary [ˈsɛdənˌtɛri] *adj* : sedentario

sedge [ˈsɛdʒ] *n* : juncia *f*

sediment [ˈsɛdəmənt] *n* : sedimento *m* (geológico), poso *m* (en un líquido)

sedimentary [ˌsɛdəˈmɛntəri] *adj* : sedimentario

sedition [sɪˈdɪʃən] *n* : sedición *f*

seditious [sɪˈdɪʃəs] *adj* : sedicioso

seduce [sɪˈduːs, -ˈdjuːs] *vt* **-duced; -ducing** : seducir

seduction [sɪˈdʌkʃən] *n* : seducción *f*

seductive [sɪˈdʌktɪv] *adj* : seductor, seductivo

see¹ [ˈsiː] *v* **saw** [ˈsɔ]; **seen** [ˈsiːn]; **seeing** *vt* 1 : ver ⟨I saw a dog : vi un perro⟩ ⟨see you later! : ¡hasta luego!⟩ 2 EXPERIENCE : ver, conocer 3 UNDERSTAND : ver, entender 4 ENSURE : asegurarse ⟨see that it's correct : asegúrese

de que sea correcto⟩ 5 ACCOMPANY : acompañar 6 **to see off** : despedir, despedirse de — *vi* 1 : ver ⟨seeing is believing : ver para creer⟩ 2 UNDERSTAND : entender, ver ⟨now I see! : ¡ya entiendo!⟩ 3 CONSIDER : ver ⟨let's see : vamos a ver⟩ 4 **to see to** : ocuparse de

see² *n* : sede *f* ⟨the Holy See : la Santa Sede⟩

seed¹ [ˈsiːd] *vt* 1 SOW : sembrar 2 : despepitar, quitarle las semillas a

seed² *n, pl* **seed** *or* **seeds** 1 : semilla *f*, pepita *f* (de una fruta) 2 SOURCE : germen *m*, semilla *f*

seedless [ˈsiːdləs] *adj* : sin semillas

seedling [ˈsiːdlɪŋ] *n* : plantón *m*

seedpod [ˈsiːdˌpɑd] → **pod**

seedy [ˈsiːdi] *adj* **seedier; -est** 1 : lleno de semillas 2 SHABBY : raído (dícese de la ropa) 3 RUN-DOWN : ruinoso (dícese de los edificios, etc.), sórdido

seek [ˈsiːk] *v* **sought** [ˈsɔt]; **seeking** *vt* 1 : buscar ⟨to seek an answer : buscar una solución⟩ 2 REQUEST : solicitar, pedir 3 **to seek to** : tratar de, intentar de — *vi* SEARCH : buscar

seem [ˈsiːm] *vi* : parecer

seeming [ˈsiːmɪŋ] *adj* : aparente, ostensible

seemingly [ˈsiːmɪŋli] *adv* : aparentemente, según parece

seemly [ˈsiːmli] *adj* **seemlier; -est** : apropiado, decoroso

seep [ˈsiːp] *vi* : filtrarse

seer [ˈsiːər] *n* : vidente *mf*, clarividente *mf*

seesaw¹ [ˈsiːˌsɔ] *vi* 1 : jugar en un subibaja 2 VACILLATE : vacilar, oscilar

seesaw² *n* : balancín *m*, subibaja *m*

seethe [ˈsiːð] *vi* **seethed; seething** 1 : bullir, hervir 2 **to seethe with anger** : rabiar, estar furioso

segment [ˈsɛgmənt] *n* : segmento *m*

segmented [ˈsɛgˌmɛntəd, sɛgˈmɛn-] *adj* : segmentado

segregate [ˈsɛgrɪˌgeɪt] *vt* **-gated; -gating** : segregar

segregation [ˌsɛgrɪˈgeɪʃən] *n* : segregación *f*

seismic [ˈsaɪzmɪk, ˈsaɪs-] *adj* : sísmico

seize [ˈsiːz] *v* **seized; seizing** *vt* 1 CAPTURE : capturar, tomar, apoderarse de 2 ARREST : detener 3 CLUTCH, GRAB : agarrar, coger, aprovechar (una oportunidad) 4 **to be seized with** : estar sobrecogido por — *vi or* **to seize up** : agarrotarse

seizure [ˈsiːʒər] *n* 1 CAPTURE : toma *f*, captura *f* 2 ARREST : detención *f* 3 : ataque *m* ⟨an epileptic seizure : un ataque epiléptico⟩

seldom [ˈsɛldəm] *adv* : pocas veces, rara vez, casi nunca

select¹ [səˈlɛkt] *vt* : escoger, elegir, seleccionar (a un candidato, etc.)

select² *adj* : selecto

selection [səˈlɛkʃən] *n* : selección *f*, elección *f*

selective [sə'lɛktɪv] *adj* : selectivo

selenium [sə'li:niəm] *n* : selenio *m*

self ['sɛlf] *n, pl* **selves** ['sɛlvz] **1** : ser *m*, persona *f* ⟨the self : el yo⟩ ⟨with his whole self : con todo su ser⟩ ⟨her own self : su propia persona⟩ **2** SIDE : lado (de la personalidad) ⟨his better self : su lado bueno⟩

self–addressed [ˌsɛlfə'drɛst] *adj* : con la dirección del remitente ⟨include a self-addressed envelope : incluya un sobre con su nombre y dirección⟩

self–appointed [ˌsɛlfə'pɔɪntəd] *adj* : autoproclamado, autonombrado

self–assurance [ˌsɛlfə'ʃurənts] *n* : seguridad *f* en sí mismo

self–assured [ˌsɛlfə'ʃurd] *adj* : seguro de sí mismo

self–centered [ˌsɛlf'sɛntərd] *adj* : egocéntrico

self–confidence [ˌsɛlf'kɑnfədənts] *n* : confianza *f* en sí mismo

self–confident [ˌsɛlf'kɑnfədənt] *adj* : seguro de sí mismo

self–conscious [ˌsɛlf'kɑntʃəs] *adj* : cohibido, tímido

self–consciously [ˌsɛlf'kɑntʃəsli] *adv* : de manera cohibida

self–consciousness [ˌsɛlf'kɑntʃəsnəs] *n* : vergüenza *f*, timidez *f*

self–contained [ˌsɛlfkən'teɪnd] *adj* **1** INDEPENDENT : independiente **2** RESERVED : reservado

self–control [ˌsɛlfkən'troːl] *n* : autocontrol *m*, control *m* de sí mismo

self–defense [ˌsɛlfdɪ'fɛnts] *n* : defensa *f* propia, defensa *f* personal ⟨to act in self-defense : actuar en defensa propia⟩ ⟨self-defense class : clase de defensa personal⟩

self–denial [ˌsɛlfdɪ'naɪəl] *n* : abnegación *f*

self–destructive [ˌsɛlfdɪ'strʌktɪv] *adj* : autodestructivo

self–determination [ˌsɛlfdɪˌtərmə'neɪʃən] *n* : autodeterminación *f*

self–discipline [ˌsɛlf'dɪsəplən] *n* : autodisciplina *f*

self–employed [ˌsɛlfɪm'plɔɪd] *adj* : que trabaja por cuenta propia, autónomo

self–esteem [ˌsɛlfɪ'sti:m] *n* : autoestima *f*, amor *m* propio

self–evident [ˌsɛlf'ɛvədənt] *adj* : evidente, manifiesto

self–explanatory [ˌsɛlfɪk'splænəˌtori] *adj* : fácil de entender, evidente

self–expression [ˌsɛlfɪk'sprɛʃən] *n* : expresión *f* personal

self–government [ˌsɛlf'gʌvərmənt, -vərn-] *n* : autogobierno *m*

self–help [ˌsɛlf'hɛlp] *n* : autoayuda *f*

self–important [ˌsɛlfɪm'pɔrtənt] *adj* **1** VAIN : vanidoso, presumido **2** ARROGANT : arrogante

self–indulgent [ˌsɛlfɪn'dʌlʤənt] *adj* : que se permite excesos

self–inflicted [ˌsɛlfɪn'flɪktəd] *adj* : autoinfligido

self–interest [ˌsɛlf'ɪntrəst, -tə,rst] *n* : interés *m* personal

selfish ['sɛlfɪʃ] *adj* : egoísta

selfishly ['sɛlfɪʃli] *adv* : de manera egoísta

selfishness ['sɛlfɪʃnəs] *n* : egoísmo *m*

selfless ['sɛlfləs] *adj* UNSELFISH : desinteresado

self–made [ˌsɛlf'meɪd] *adj* : próspero gracias a sus propios esfuerzos

self–pity [ˌsɛlf'pɪti] *n, pl* **-ties** : autocompasión *f*

self–portrait [ˌsɛlf'pɔrtrət] *n* : autorretrato *m*

self–propelled [ˌsɛlfprə'pɛld] *adj* : autopropulsado

self–reliance [ˌsɛlfri'laɪənts] *n* : independencia *f*, autosuficiencia *f*

self–respect [ˌsɛlfri'spɛkt] *n* : autoestima *f*, amor *m* propio

self–restraint [ˌsɛlfri'streɪnt] *n* : autocontrol *m*, moderación *f*

self–righteous [ˌsɛlf'raɪtʃəs] *adj* : santurrón, moralista

self–sacrifice [ˌsɛlf'sækrəˌfaɪs] *n* : abnegación *f*

selfsame ['sɛlf,seɪm] *adj* : mismo

self–service [ˌsɛlf'sərvɪs] *adj* **1** : de autoservicio **2** **self-service restaurant** : autoservicio *m*

self–sufficiency [ˌsɛlfsə'fɪʃəntsi] *n* : autosuficiencia *f*

self–sufficient [ˌsɛlfsə'fɪʃənt] *adj* : autosuficiente

self–taught [ˌsɛlf'tɔt] *adj* : autodidacta

sell ['sɛl] *v* **sold** ['soːld]; **selling** *vt* : vender — *vi* : venderse

seller ['sɛlər] *n* : vendedor *m*, -dora *f*

selves → **self**

semantic [sɪ'mæntɪk] *adj* : semántico

semantics [sɪ'mæntɪks] *ns & pl* : semántica *f*

semaphore ['sɛmə,for] *n* : semáforo *m*

semblance ['sɛmblənts] *n* : apariencia *f*

semen ['si:mən] *n* : semen *m*

semester [sə'mɛstər] *n* : semestre *m*

semicolon ['sɛmi,koːlən, 'sɛ,maɪ-] *n* : punto y coma *m*

semiconductor ['sɛmikənˌdʌktər, 'sɛ,maɪ-] *n* : semiconductor *m*

semifinal ['sɛmi,faɪnəl, 'sɛ,maɪ-] *n* : semifinal *f*

seminar ['sɛmə,nar] *n* : seminario *m*

seminary ['sɛmə,neri] *n, pl* **-naries** : seminario *m*

Semitic [sə'mɪtɪk] *adj* : semita

senate ['sɛnət] *n* : senado *m*

senator ['sɛnətər] *n* : senador *m*, -dora *f*

send ['sɛnd] *vt* **sent** ['sɛnt]; **sending 1** : mandar, enviar ⟨to send a letter : mandar una carta⟩ ⟨to send word : avisar, mandar decir⟩ **2** PROPEL : mandar, lanzar ⟨he sent it into left field : lo mandó al jardín izquierdo⟩ ⟨to send up dust : alzar polvo⟩ **3 to send into a rage** : poner furioso

sender ['sɛndər] *n* : remitente *mf* (de una carta, etc.)

Senegalese [ˌsɛnəgəˈliːz, -ˈliːs] n : senegalés m, -lesa f — **Senegalese** adj

senile [ˈsiːˌnaɪl] adj : senil

senility [sɪˈnɪləti] n : senilidad f

senior[1] [ˈsiːnjər] adj **1** ELDER : mayor ⟨John Doe, Senior : John Doe, padre⟩ **2** : superior (en rango), más antiguo (en años de servicio) ⟨a senior official : un alto oficial⟩

senior[2] n **1** : superior m (en rango) **2 to be someone's senior** : ser mayor que alguien ⟨she's two years my senior : me lleva dos años⟩

senior citizen n : persona f de la tercera edad

seniority [ˌsiːˈnjɔrəti] n : antigüedad f (en años de servicio)

sensation [sɛnˈseɪʃən] n : sensación f

sensational [sɛnˈseɪʃənəl] adj : que causa sensación ⟨sensational stories : historias sensacionalistas⟩

sense[1] [ˈsɛnts] vt **sensed; sensing** : sentir ⟨he sensed danger : se dio cuenta del peligro⟩

sense[2] n **1** MEANING : sentido m, significado m **2** : sentido m ⟨the sense of smell : el sentido del olfato⟩ **3 to make sense** : tener sentido

senseless [ˈsɛntsləs] adj **1** MEANINGLESS : sin sentido, sin razón **2** UNCONSCIOUS : inconsciente

senselessly [ˈsɛntsləsli] adv : sin sentido

sensibility [ˌsɛntsəˈbɪləti] n, pl **-ties** : sensibilidad f

sensible [ˈsɛntsəbəl] adj **1** PERCEPTIBLE : sensible, perceptible **2** AWARE : consciente **3** REASONABLE : sensato ⟨a sensible man : un hombre sensato⟩ ⟨sensible shoes : zapatos prácticos⟩ — **sensibly** [-bli] adv

sensibleness [ˈsɛntsəbəlnəs] n : sensatez f, solidez f

sensitive [ˈsɛntsətɪv] adj **1** : sensible, delicado ⟨sensitive skin : piel sensible⟩ **2** IMPRESSIONABLE : sensible, impresionable **3** TOUCHY : susceptible

sensitiveness [ˈsɛntsətɪvnəs] → **sensitivity**

sensitivity [ˌsɛntsəˈtɪvəti] n, pl **-ties** : sensibilidad f

sensitize [ˈsɛntsəˌtaɪz] vt **-tized; -tizing** : sensibilizar

sensor [ˈsɛnˌsɔr, ˈsɛntsər] n : sensor m

sensory [ˈsɛntsəri] adj : sensorial

sensual [ˈsɛntʃuəl] adj : sensual — **sensually** adv

sensuality [ˌsɛntʃəˈwæləti] n, pl **-ties** : sensualidad f

sensuous [ˈsɛntʃuəs] adj : sensual

sent → **send**

sentence[1] [ˈsɛntəns, -ənz] vt **-tenced; -tencing** : sentenciar

sentence[2] n **1** JUDGMENT : sentencia f **2** : oración f, frase f (en gramática)

sentiment [ˈsɛntəmənt] n **1** BELIEF : opinión f **2** FEELING : sentimiento m **3** → **sentimentality**

sentimental [ˌsɛntəˈmɛntəl] adj : sentimental

sentimentality [ˌsɛntəˌmɛnˈtæləti] n, pl **-ties** : sentimentalismo m, sensiblería f

sentinel [ˈsɛntənəl] n : centinela mf, guardia mf

sentry [ˈsɛntri] n, pl **-tries** : centinela mf

sepal [ˈsiːpəl, ˈsɛ-] n : sépalo m

separable [ˈsɛpərəbəl] adj : separable

separate[1] [ˈsɛpəˌreɪt] vt **-rated; -rating 1** DETACH, SEVER : separar **2** DISTINGUISH : diferenciar, distinguir — vi PART : separarse

separate[2] [ˈsɛprət, ˈsɛpə-] adj **1** INDIVIDUAL : separado, aparte ⟨a separate state : un estado separado⟩ ⟨in a separate envelope : en un sobre aparte⟩ **2** DISTINCT : distinto

separately [ˈsɛprətli, ˈsɛpə-] adv : por separado, separadamente, aparte

separation [ˌsɛpəˈreɪʃən] n : separación f

sepia [ˈsiːpiə] n : color m sepia

September [sɛpˈtɛmbər] n : septiembre m, setiembre m

septic [ˈsɛptɪk] adj : séptico ⟨septic tank : fosa séptica⟩

sepulchre [ˈsɛpəlkər] n : sepulcro m

sequel [ˈsiːkwəl] n **1** CONSEQUENCE : secuela f, consecuencia f **2** : continuación f (de una película, etc.)

sequence [ˈsiːkwənts] n **1** SERIES : serie f, sucesión f, secuencia f (matemática o musical) **2** ORDER : orden m

sequester [sɪˈkwɛstər] vt : aislar

sequin [ˈsiːkwən] n : lentejuela f

sequoia [sɪˈkwɔɪə] n : secoya f, secuoya f

sera → **serum**

Serb [ˈsərb] or **Serbian** [ˈsərbiən] n **1** : serbio m, -bia f **2** : serbio m (idioma) — **Serb** or **Serbian** adj

Serbo-Croatian [ˌsərbokroˈeɪʃən] n : serbocroata m (idioma) — **Serbo-Croatian** adj

serenade[1] [ˌsɛrəˈneɪd] vt **-naded; -nading** : darle una serenata (a alguien)

serenade[2] n : serenata f

serene [səˈriːn] adj : sereno — **serenely** adv

serenity [səˈrɛnəti] n : serenidad f

serf [ˈsərf] n : siervo m, -va f

serge [ˈsərdʒ] n : sarga f

sergeant [ˈsɑrdʒənt] n : sargento m

serial[1] [ˈsɪriəl] adj : seriado

serial[2] n : serie f, serial m (de radio o televisión), publicación f por entregas

serially [ˈsɪriəli] adv : en serie

series [ˈsɪrˌiːz] n, pl **series** : serie f, sucesión f

serious [ˈsɪriəs] adj **1** SOBER : serio **2** DEDICATED, EARNEST : serio, dedicado ⟨to be serious about something : tomar algo en serio⟩ **3** GRAVE : serio, grave ⟨serious problems : problemas graves⟩

seriously [ˈsɪriəsli] adv **1** EARNESTLY : seriamente, con seriedad, en serio **2** SEVERELY : gravemente

...ness ['sɪriəsnəs] *n* : seriedad *f*, ...dad *f*

...ion ['sərmən] *n* : sermón *m*

serpent ['sərpənt] *n* : serpiente *f*

serrated [sə'reɪt̬əd, 'ser,eɪt̬əd] *adj* : dentado, serrado

serum ['sɪrəm] *n, pl* **serums** *or* **sera** ['sɪrə] : suero *m*

servant ['sərvənt] *n* : criado *m*, -da *f*; sirviente *m*, -ta *f*

serve ['sərv] *v* **served; serving** *vi* 1 : servir ⟨to serve in the navy : servir en la armada⟩ ⟨to serve on a jury : ser miembro de un jurado⟩ 2 DO, FUNCTION : servir ⟨to serve as : servir de, servir como⟩ 3 : sacar (en deportes) — *vt* 1 : servir ⟨to serve God : servir a Dios⟩ 2 HELP : servir ⟨it serves no purpose : no sirve para nada⟩ 3 : servir (comida o bebida) ⟨dinner is served : la cena está servida⟩ 4 SUPPLY : abastecer 5 CARRY OUT : cumplir, hacer ⟨to serve time : servir una pena⟩ 6 **to serve a summons** : entregar una citación

server ['sərvər] *n* 1 : camarero *m*, -ra *f*; mesero *m*, -ra *f* (en un restaurante) 2 *or* **serving dish** : fuente *f* (para servir comida) 3 : servidor *m* (en informática)

service¹ ['sərvəs] *vt* **-viced; -vicing** 1 MAINTAIN : darle mantenimiento a (una máquina), revisar 2 REPAIR : arreglar, reparar

service² *n* 1 HELP, USE : servicio *m* ⟨to do someone a service : hacerle un servicio a alguien⟩ ⟨at your service : a sus órdenes⟩ ⟨to be out of service : no funcionar⟩ 2 CEREMONY : oficio *m* (religioso) 3 DEPARTMENT, SYSTEM : servicio *m* ⟨social services : servicios sociales⟩ ⟨train service : servicio de trenes⟩ 4 SET : juego *m*, servicio *m* ⟨tea service : juego de té⟩ 5 MAINTENANCE : mantenimiento *m*, revisión *f*, servicio *m* 6 : saque *m* (en deportes) 7 **armed services** : fuerzas *fpl* armadas

serviceable ['sərvəsəbəl] *adj* 1 USEFUL : útil 2 DURABLE : duradero

serviceman ['sərvəs,mæn, -mən] *n, pl* **-men** [-mən, -,mɛn] : militar *m*

service station → **gas station**

servicewoman ['sərvəs,wʊmən] *n, pl* **-women** [-,wɪmən] : militar *f*

servile ['sərvəl, -,vaɪl] *adj* : servil

serving ['sərvɪŋ] *n* HELPING : porción *f*, ración *f*

servitude ['sərvə,tuːd, -,tjuːd] *n* : servidumbre *f*

sesame ['sɛsəmi] *n* : ajonjolí *m*, sésamo *m*

session ['sɛʃən] *n* : sesión *f*

set¹ ['sɛt] *v* **set; setting** *vt* 1 SEAT : sentar 2 *or* **set down** PLACE : poner, colocar 3 ARRANGE : fijar, establecer ⟨to set the date : poner la fecha⟩ ⟨he set the agenda : estableció la agenda⟩ 4 ADJUST : poner (un reloj, etc.) 5 (*indicating the causing of a certain condition*) ⟨to set fire to : prenderle fuego a⟩ ⟨she set it free : lo soltó⟩ 6 MAKE, START : poner, hacer ⟨I set them working : los puse a trabajar⟩ — *vi* 1 SOLIDIFY : fraguar (dícese del cemento, etc.), cuajar (dícese de la gelatina, etc.) 2 : ponerse (dícese del sol o de la luna)

set² *adj* 1 ESTABLISHED, FIXED : fijo, establecido 2 RIGID : inflexible ⟨to be set in one's ways : tener costumbres muy arraigadas⟩ 3 READY : listo, preparado

set³ *n* 1 COLLECTION : juego *m* ⟨a set of dishes : un juego de platos, una vajilla⟩ ⟨a tool set : una caja de herramientas⟩ 2 *or* **stage set** : decorado *m* (en el teatro), plató *m* (en el cine) 3 APPARATUS : aparato *m* ⟨a television set : un televisor⟩ 4 : conjunto *m* (en matemáticas)

setback ['sɛt,bæk] *n* : revés *m*, contratiempo *m*

set in *vi* BEGIN : comenzar, empezar

set off *vt* 1 PROVOKE : provocar 2 EXPLODE : hacer estallar (una bomba, etc.) — *vi or* **to set forth** : salir

set out *vi* : salir (de viaje) — *vt* INTEND : proponerse

settee [sɛ'tiː] *n* : sofá *m*

setter ['sɛt̬ər] *n* : setter *mf* ⟨Irish setter : setter irlandés⟩

setting ['sɛt̬ɪŋ] *n* 1 : posición *f*, ajuste *m* (de un control) 2 : engaste *m*, montura *f* (de una gema) 3 SCENE : escenario *m* (de una novela, etc.) 4 SURROUNDINGS : ambiente *m*, entorno *m*, marco *m*

settle ['sɛt̬əl] *v* **settled; settling** *vi* 1 ALIGHT, LAND : posarse (dícese de las aves), depositarse (dícese del polvo) 2 SINK : asentarse (dícese de los edificios) ⟨he settled into the chair : se arrellanó en la silla⟩ 3 : instalarse (en una casa), establecerse (en una ciudad o región) 4 **to settle down** : calmarse, tranquilizarse ⟨settle down! : ¡tranquilízate!, ¡cálmate!⟩ 5 **to settle down** : sentar cabeza, hacerse sensato ⟨to marry and settle down : casarse y sentar cabeza⟩ — *vt* 1 ARRANGE, DECIDE : fijar, decidir, acordar (planes, etc.) 2 RESOLVE : resolver, solucionar ⟨to settle an argument : resolver una discusión⟩ 3 PAY : pagar ⟨to settle an account : saldar una cuenta⟩ 4 CALM : calmar (los nervios), asentar (el estómago) 5 COLONIZE : colonizar 6 **to settle oneself** : acomodarse, hacerse cómodo

settlement ['sɛt̬əlmənt] *n* 1 PAYMENT : pago *m*, liquidación *f* 2 COLONY : asentamiento *m* 3 RESOLUTION : acuerdo *m*

settler ['sɛt̬lər] *n* : poblador *m*, -dora *f*; colono *m*, -na *f*

setup ['sɛt̬,ʌp] *n* 1 ASSEMBLY : montaje *m*, ensamblaje *m* 2 ARRANGEMENT : disposición *f* 3 PREPARATION : preparación *f* 4 TRAP, TRICK : encerrona *f*

set up vt **1** ASSEMBLE : montar, armar **2** ERECT : levantar, erigir **3** ESTABLISH : establecer, fundar, montar (un negocio) **4** CAUSE : armar ⟨they set up a clamor : armaron un alboroto⟩

seven¹ [ˈsɛvən] adj : siete

seven² n : siete m

seven hundred¹ adj : setecientos

seven hundred² n : setecientos m

seventeen¹ [ˌsɛvənˈtiːn] adj : diecisiete

seventeen² n : diecisiete m

seventeenth¹ [ˌsɛvənˈtiːnθ] adj : decimoséptimo

seventeenth² n **1** : decimoséptimo m, -ma f (en una serie) **2** : diecisieteavo m, diecisieteava parte f

seventh¹ [ˈsɛvənθ] adj : séptimo

seventh² n **1** : séptimo m, -ma f (en una serie) **2** : séptimo m, séptima parte f

seventieth¹ [ˈsɛvəntiəθ] adj : septuagésimo

seventieth² n **1** : septuagésimo m, -ma f (en una serie) **2** : setentavo m, setentava parte f, septuagésima parte f

seventy¹ [ˈsɛvənti] adj : setenta

seventy² n, pl **-ties** : setenta m

sever [ˈsɛvər] vt **-ered; -ering** : cortar, romper

several¹ [ˈsɛvrəl, ˈsɛvə-] adj **1** DISTINCT : distinto **2** SOME : varios ⟨several weeks : varias semanas⟩

several² pron : varios, varias

severance [ˈsɛvrənts, ˈsɛvə-] n **1** : ruptura f (de relaciones, etc.) **2 severance pay** : indemnización f (por despido)

severe [səˈvɪr] adj **severer; -est 1** STRICT : severo **2** AUSTERE : sobrio, austero **3** SERIOUS : grave ⟨a severe wound : una herida grave⟩ ⟨severe aches : dolores fuertes⟩ **4** DIFFICULT : duro, difícil — **severely** adv

severity [səˈvɛrəti] n **1** HARSHNESS : severidad f **2** AUSTERITY : sobriedad f, austeridad f **3** SERIOUSNESS : gravedad f (de una herida, etc.)

sew [ˈsoː] v **sewed; sewn** [ˈsoːn] **or sewed; sewing** : coser

sewage [ˈsuːɪʤ] n : aguas fpl negras, aguas fpl residuales

sewer¹ [ˈsoːər] n : uno que cose

sewer² [ˈsuːər] n : alcantarilla f, cloaca f

sewing [ˈsoːɪŋ] n : costura f

sex [ˈsɛks] n **1** : sexo m ⟨the opposite sex : el sexo opuesto⟩ **2** COPULATION : relaciones fpl sexuales

sexism [ˈsɛkˌsɪzəm] n : sexismo m

sexist¹ [ˈsɛksɪst] adj : sexista

sexist² n : sexista mf

sextant [ˈsɛkstənt] n : sextante m

sextet [sɛkˈstɛt] n : sexteto m

sexton [ˈsɛkstən] n : sacristán m

sexual [ˈsɛkʃuəl] adj : sexual — **sexually** adv

sexuality [ˌsɛkʃuˈæləti] n : sexualidad f

sexy [ˈsɛksi] adj **sexier; -est** : sexy

shabbily [ˈʃæbəli] adv **1** : pobremente ⟨shabbily dressed : pobremente vestido⟩ **2** UNFAIRLY : mal, injustamente

shabbiness [ˈʃæbinəs] n **1** : lo gastado (de ropa, etc.) **2** : lo mal vestido (de personas) **3** UNFAIRNESS : injusticia f

shabby [ˈʃæbi] adj **shabbier; -est 1** : gastado (dícese de la ropa, etc.) **2** : mal vestido (dícese de las personas) **3** UNFAIR : malo, injusto ⟨shabby treatment : mal trato⟩

shack [ˈʃæk] n : choza f, rancho m

shackle¹ [ˈʃækəl] vt **-led; -ling** : ponerle grilletes (a alguien)

shackle² n : grillete m

shad [ˈʃæd] n : sábalo m

shade¹ [ˈʃeɪd] v **shaded; shading** vt **1** SHELTER : proteger (del sol o de la luz) **2 or to shade in** : matizar los colores de — vi : convertirse gradualmente ⟨his irritation shaded into rage : su irritación iba convirtiéndose en furia⟩

shade² n **1** : sombra f ⟨to give shade : dar sombra⟩ **2** : tono m (de un color) **3** NUANCE : matiz m **4** : pantalla f (de una lámpara), persiana f (de una ventana)

shadow¹ [ˈʃædoː] vt **1** DARKEN : ensombrecer **2** TRAIL : seguir de cerca, seguirle la pista (a alguien)

shadow² n **1** : sombra f **2** DARKNESS : oscuridad f **3** TRACE : sombra f, atisbo m, indicio m ⟨without a shadow of a doubt : sin sombra de duda, sin lugar a dudas⟩ **4 to cast a shadow over** : ensombrecer

shadowy [ˈʃædowi] adj **1** INDISTINCT : vago, indistinto **2** DARK : oscuro

shady [ˈʃeɪdi] adj **shadier; -est 1** : sombreado (dícese de un lugar), que da sombra (dícese de un árbol) **2** DISREPUTABLE : sospechoso (dícese de una persona), turbio (dícese de un negocio, etc.)

shaft [ˈʃæft] n **1** : asta f (de una lanza), astil m (de una flecha), mango m (de una herramienta) **2 or mine shaft** : pozo m

shaggy [ˈʃægi] adj **shaggier; -est 1** HAIRY : peludo ⟨a shaggy dog : un perro peludo⟩ **2** UNKEMPT : enmarañado, despeinado (dícese del pelo, de las barbas, etc.)

shake¹ [ˈʃeɪk] v **shook** [ˈʃʊk]; **shaken** [ˈʃeɪkən]; **shaking** vt **1** : sacudir, agitar, hacer temblar ⟨he shook his head : negó con la cabeza⟩ **2** WEAKEN : debilitar, hacer flaquear ⟨it shook her faith : debilitó su confianza⟩ **3** UPSET : afectar, alterar **4 to shake hands with someone** : darle la mano a alguien, estrecharle la mano a alguien — vi : temblar, sacudirse

shake² n : sacudida f, apretón m (de manos)

shaker [ˈʃeɪkər] n **1 salt shaker** : salero m **2 pepper shaker** : pimentero m **3 cocktail shaker** : coctelera f

shake-up [ˈʃeɪkˌʌp] n : reorganización f

shakily [ˈʃeɪkəli] adv : temblorosamente

shaky ['ʃeɪki] *adj* **shakier; -est** 1 SHAK-
ING : tembloroso 2 UNSTABLE : poco
firme, inestable 3 PRECARIOUS : precario, incierto 4 QUESTIONABLE : dudoso, cuestionable ⟨shaky arguments
: argumentos discutibles⟩

shale ['ʃeɪl] *n* : esquisto *m*

shall ['ʃæl] *v aux, past* **should** ['ʃʊd] *present s & pl* **shall** 1 *(used to express a
command)* ⟨you shall do as I say : harás
lo que te digo⟩ 2 *(used to express futu-
rity)* ⟨we shall see : ya veremos⟩ ⟨when
shall we expect you? : ¿cuándo te
podemos esperar?⟩ 3 *(used to express
determination)* ⟨you shall have the
money : tendrás el dinero⟩ 4 *(used to
express a condition)* ⟨if he should die
: si muriera⟩ ⟨if they should call, tell
me : si llaman, dímelo⟩ 5 *(used to express obligation)* ⟨he should have said
it : debería haberlo dicho⟩ 6 *(used to
express probability)* ⟨they should arrive
soon : deben (de) llegar pronto⟩ ⟨why
should he lie? : ¿porqué ha de mentir?⟩

shallow ['ʃæloː] *adj* 1 : poco profundo
(dícese del agua, etc.) 2 SUPERFICIAL
: superficial

shallows ['ʃæloːz] *npl* : bajío *m*, bajos
mpl

sham[1] ['ʃæm] *v* **shammed; shamming**
: fingir

sham[2] *adj* : falso, fingido

sham[3] *n* 1 FAKE, PRETENSE : farsa *f*,
simulación *f*, imitación *f* 2 FAKER : impostor *m*, -tora *f*; farsante *mf*

shamble ['ʃæmbəl] *vi* **-bled; -bling**
: caminar arrastrando los pies

shambles ['ʃæmbəlz] *ns & pl* : caos *m*,
desorden *m*, confusión *f*

shame[1] ['ʃeɪm] *vt* **shamed; shaming** 1
: avergonzar ⟨he was shamed by their
words : sus palabras le dieron vergüen-
za⟩ 2 DISGRACE : deshonrar

shame[2] *n* 1 : vergüenza *f* ⟨to have no
shame : no tener vergüenza⟩ 2 DIS-
GRACE : vergüenza *f*, deshonra *f* 3 PITY
: lástima *f*, pena *f* ⟨what a shame! : ¡qué
pena!⟩

shamefaced ['ʃeɪm,feɪst] *adj* : avergonzado

shameful ['ʃeɪmfəl] *adj* : vergonzoso —
shamefully *adv*

shameless ['ʃeɪmləs] *adj* : descarado,
desvergonzado — **shamelessly** *adv*

shampoo[1] [ʃæm'puː] *vt* : lavar (el pelo)

shampoo[2] *n, pl* **-poos** : champú *m*

shamrock ['ʃæm,rɑk] *n* : trébol *m*

shank ['ʃæŋk] *n* : parte *f* baja de la pierna

shan't ['ʃænt] *(contraction of* **shall not***)*
→ **shall**

shanty ['ʃænti] *n, pl* **-ties** : choza *f*, rancho *m*

shape[1] ['ʃeɪp] *v* **shaped; shaping** *vt* 1
: dar forma a, modelar (arcilla, etc.),
tallar (madera, piedra), formar (carácter) ⟨to be shaped like : tener forma
de⟩ 2 DETERMINE : decidir, determi-

nar — *vi or* **to shape up** : tomar forma

shape[2] *n* 1 : forma *f*, figura *f* ⟨in the
shape of a circle : en forma de círcu-
lo⟩ 2 CONDITION : estado *m*, condiciones *fpl*, forma *f* (física) ⟨to get in
shape : ponerse en forma⟩

shapeless ['ʃeɪpləs] *adj* : informe

shapely ['ʃeɪpli] *adj* **shapelier; -est**
: curvilíneo, bien proporcionado

shard ['ʃɑrd] *n* : fragmento *m*, casco *m*
(de cerámica, etc.)

share[1] ['ʃɛr] *v* **shared; sharing** *vt* 1 AP-
PORTION : dividir, repartir 2 : com-
partir ⟨they share a room : comparten
una habitación⟩ — *vi* : compartir

share[2] *n* 1 PORTION : parte *f*, porción *f*
⟨one's fair share : lo que le corresponde
a uno⟩ 2 : acción *f* (en una compañía)
⟨to hold shares : tener acciones⟩

sharecropper ['ʃɛr,krɑpər] *n* : aparcero
m, -ra *f*

shareholder ['ʃɛr,hoːldər] *n* : accionista
mf

shark ['ʃɑrk] *n* : tiburón *m*

sharp[1] ['ʃɑrp] *adv* : en punto ⟨at two
o'clock sharp : a las dos en punto⟩

sharp[2] ['ʃɑrp] *adj* 1 : afilado, filoso ⟨a sharp
knife : un cuchillo afilado⟩ 2 PENE-
TRATING : cortante, fuerte 3 CLEVER
: agudo, listo, perspicaz 4 ACUTE : agudo ⟨sharp eyesight : vista aguda⟩ 5
HARSH, SEVERE : duro, severo, agudo
⟨a sharp rebuke : una reprimenda mor-
daz⟩ 6 STRONG : fuerte ⟨sharp cheese
: queso fuerte⟩ 7 ABRUPT : brusco, repentino 8 DISTINCT : nítido, definido
⟨a sharp image : una imagen bien
definida⟩ 9 ANGULAR : anguloso
(dícese de la cara) 10 : sostenido (en
música)

sharp[3] *n* : sostenido *m* (en música)

sharpen ['ʃɑrpən] *vt* : afilar, aguzar ⟨to
sharpen a pencil : sacarle punta a un
lápiz⟩ ⟨to sharpen one's wits : aguzar
el ingenio⟩

sharpener ['ʃɑrpənər] *n* : afilador *m*
(para cuchillos, etc.), sacapuntas *m*
(para lápices)

sharply ['ʃɑrpli] *adv* 1 ABRUPTLY : bruscamente 2 DISTINCTLY : claramente,
marcadamente

sharpness ['ʃɑrpnəs] *n* 1 : lo afilado (de
un cuchillo, etc.) 2 ACUTENESS
: agudeza *f* (de los sentidos o de la
mente) 3 INTENSITY : intensidad *f*,
agudeza *f* (de dolores, etc.) 4 HARSH-
NESS : dureza *f*, severidad *f* 5 ABRUPT-
NESS : brusquedad *f* 6 CLARITY : nitidez *f*

sharpshooter ['ʃɑrp,ʃuːtər] *n* : tirador
m, -dora *f* de primera

shatter ['ʃætər] *vt* 1 : hacer añicos ⟨to
shatter the silence : romper el silencio⟩
2 **to be shattered by** : quedar destrozado por — *vi* : hacerse añicos,
romperse en pedazos

shave¹ ['ʃeɪv] v **shaved; shaved** or **shaven** ['ʃeɪvən]; **shaving** vt **1** : afeitar, rasurar ⟨she shaved her legs : se rasuró las piernas⟩ ⟨they shaved (off) his beard : le afeitaron la barba⟩ **2** SLICE : cortar (en pedazos finos) — vi : afeitarse, rasurarse

shave² n : afeitada f, rasurada f

shaver ['ʃeɪvər] n : afeitadora f, máquina f de afeitar, rasuradora f

shawl ['ʃɔl] n : chal m, mantón m, rebozo m

she ['ʃi:] pron : ella

sheaf ['ʃi:f] n, pl **sheaves** ['ʃi:vz] : gavilla f (de cereales), haz m (de flechas), fajo m (de papeles)

shear ['ʃɪr] vt **sheared; sheared** or **shorn** ['ʃɔrn]; **shearing 1** : esquilar, trasquilar ⟨to shear sheep : trasquilar ovejas⟩ **2** CUT : cortar (el pelo, etc.)

shears ['ʃɪrz] npl : tijeras fpl (grandes)

sheath ['ʃi:θ] n, pl **sheaths** ['ʃi:ðz, 'ʃi:θs] : funda f, vaina f

sheathe ['ʃi:ð] vt **sheathed; sheathing** : envainar, enfundar

shed¹ ['ʃd] vt **shed; shedding 1** : derramar (sangre o lágrimas) **2** EMIT : emitir (luz) ⟨to shed light on : aclarar⟩ **3** DISCARD : mudar (la piel, etc.) ⟨to shed one's clothes : quitarse uno la ropa⟩

shed² n : cobertizo m

she'd ['ʃi:d] (contraction of she had or she would) → have, would

sheen ['ʃi:n] n : brillo m, lustre m

sheep ['ʃi:p] ns & pl : oveja f

sheepfold ['ʃi:p,fo:ld] n : redil m

sheepish ['ʃi:pɪʃ] adj : avergonzado

sheepskin ['ʃi:p,skɪn] n : piel f de oveja, piel f de borrego

sheer¹ ['ʃɪr] adv **1** COMPLETELY : completamente, totalmente **2** VERTICALLY : verticalmente

sheer² adj **1** TRANSPARENT : vaporoso, transparente **2** ABSOLUTE, UTTER : puro ⟨by sheer luck : por pura suerte⟩ **3** STEEP : escarpado, vertical

sheet ['ʃi:t] n **1** or **bedsheet** ['bɛd-,ʃi:t] : sábana f **2** : hoja f (de papel) **3** : capa f (de hielo, etc.) **4** : lámina f, placa f (de vidrio, metal, etc.), plancha f (de metal, madera, etc.) ⟨baking sheet : placa de horno⟩

sheikh or **sheik** ['ʃi:k, 'ʃeɪk] n : jeque m

shelf ['ʃɛlf] n, pl **shelves** ['ʃɛlvz] **1** : estante m, anaquel m (en una pared) **2** : banco m, arrecife m (en geología) ⟨continental shelf : plataforma continental⟩

shell¹ ['ʃɛl] vt **1** : desvainar (chícharos), pelar (nueces, etc.) **2** BOMBARD : bombardear

shell² n **1** SEASHELL : concha f **2** : cáscara f (de huevos, nueces, etc.), vaina f (de chícharos, etc.), caparazón m (de crustáceos, tortugas, etc.) **3** : cartucho m, casquillo m ⟨a .45 caliber shell : un cartucho calibre .45⟩ **4** or **racing shell** : bote m (para hacer regatas de remos)

she'll ['ʃi:l, 'ʃɪl] (contraction of she shall or she will) → shall, will

shellac¹ [ʃə'læk] vt **-lacked; -lacking 1** : laquear (madera, etc.) **2** DEFEAT : darle una paliza (a alguien), derrotar

shellac² n : laca f

shellfish ['ʃɛl,fɪʃ] n : marisco m

shelter¹ ['ʃɛltər] vt **1** PROTECT : proteger, abrigar **2** HARBOR : dar refugio a, albergar

shelter² n : refugio m, abrigo m ⟨to take shelter : refugiarse⟩

shelve ['ʃɛlv] vt **shelved; shelving 1** : poner en estantes **2** DEFER : dar carpetazo a

shenanigans [ʃə'nænɪɡənz] npl **1** TRICKERY : artimañas fpl **2** MISCHIEF : travesuras fpl

shepherd¹ ['ʃɛpərd] vt **1** : cuidar (ovejas, etc.) **2** GUIDE : conducir, guiar

shepherd² n : pastor m

shepherdess ['ʃɛpərdəs] n : pastora f

sherbet ['ʃərbət] or **sherbert** [-bərt] n : sorbete m, nieve f Cuba, Mex, PRi

sheriff ['ʃɛrɪf] n : sheriff mf

sherry ['ʃɛri] n, pl **-ries** : jerez m

she's ['ʃi:z] (contraction of she is or she has) → be, have

shield¹ ['ʃi:ld] vt **1** PROTECT : proteger **2** CONCEAL : ocultar ⟨to shield one's eyes : taparse los ojos⟩

shield² n **1** : escudo m (armadura) **2** PROTECTION : protección f, blindaje m (de un cable)

shier, shiest → shy

shift¹ ['ʃɪft] vt **1** CHANGE : cambiar ⟨to shift gears : cambiar de velocidad⟩ **2** MOVE : mover **3** TRANSFER : transferir ⟨to shift the blame : echarle la culpa (a otro)⟩ — vi **1** CHANGE : cambiar **2** MOVE : moverse **3** to shift for oneself : arreglárselas solo

shift² n **1** CHANGE, TRANSFER : cambio m ⟨a shift in priorities : un cambio de prioridades⟩ **2** : turno m ⟨night shift : turno de noche⟩ **3** DRESS : vestido m (suelto) **4** → gearshift

shiftless ['ʃɪftləs] adj : perezoso, vago, holgazán

shifty ['ʃɪfti] adj **shiftier; -est** : taimado, artero ⟨a shifty look : una mirada huidiza⟩

shilling ['ʃɪlɪŋ] n : chelín m

shimmer ['ʃɪmər] vi GLIMMER : brillar con luz trémula

shin¹ ['ʃɪn] vi **shinned; shinning** : trepar, subir ⟨she shinned up the pole : subió al poste⟩

shin² n : espinilla f, canilla f

shine¹ ['ʃaɪn] v **shone** ['ʃo:n] or **shined**; **shining** vi **1** : brillar, relucir ⟨the stars were shining : las estrellas brillaban⟩ **2** EXCEL : brillar, lucirse — vt **1** : alumbrar ⟨he shined the flashlight at it : lo alumbró con la linterna⟩ **2** POLISH : sacarle brillo a, lustrar

shine² n : brillo m, lustre m

shingle¹ ['ʃɪŋɡəl] vt **-gled; -gling** : techar

shingle² n : tablilla f (para techar)
shingles ['ʃɪŋgəlz] npl : herpes m
shinny ['ʃɪni] vi -nied; -nying → shin¹
shiny ['ʃaɪni] adj **shinier; -est** : brillante
ship¹ ['ʃɪp] vt **shipped; shipping** 1
LOAD : embarcar (en un barco) 2 SEND
: transportar (en barco), enviar ⟨to ship
by air : enviar por avión⟩
ship² n 1 : barco m, buque m 2 →
spaceship
shipboard ['ʃɪp,bord] n on ~ : a bordo
shipbuilder ['ʃɪp,bɪldər] n : constructor
m, -tora f naval
shipment ['ʃɪpmənt] n 1 SHIPPING
: transporte m, embarque m 2 : envío
m, remesa f ⟨a shipment of medicine
: un envío de medicina⟩
shipping ['ʃɪpɪŋ] n 1 SHIPS : barcos mpl,
embarcaciones fpl 2 TRANSPORTA-
TION : transporte m (de mercancías)
shipshape ['ʃɪp,ʃeɪp] adj : ordenado
shipwreck¹ ['ʃɪp,rɛk] vt **to be shipwrecked** : naufragar
shipwreck² n : naufragio m
shipyard ['ʃɪp,jɑrd] n : astillero m
shirk ['ʃərk] vt : eludir, rehuir ⟨to shirk
one's responsibilities : esquivar uno sus
responsabilidades⟩
shirt ['ʃərt] n : camisa f
shiver¹ ['ʃɪvər] vi 1 : tiritar (de frío) 2
TREMBLE : estremecerse, temblar
shiver² n : escalofrío m, estremecimiento m
shoal ['ʃoːl] n : banco m, bajío m
shock¹ ['ʃɑk] vt 1 UPSET : conmover,
conmocionar 2 STARTLE : asustar, sobresaltar 3 SCANDALIZE : escandalizar
4 : darle una descarga eléctrica a
shock² n 1 COLLISION, JOLT : choque
m, sacudida f 2 UPSET : conmoción f,
golpe m emocional 3 : shock m (en
medicina) 4 or electric shock : descarga f eléctrica 5 SHEAVES : gavillas fpl
6 shock of hair : mata f de pelo
shock absorber n : amortiguador m
shocking ['ʃɑkɪŋ] adj 1 : chocante 2
shocking pink : rosa m estridente
shoddy ['ʃɑdi] adj **shoddier; -est** : de
mala calidad ⟨a shoddy piece of work
: un trabajo chapucero⟩
shoe¹ ['ʃuː] vt **shod** ['ʃɑd]; **shoeing**
: herrar (un caballo)
shoe² n 1 : zapato m ⟨the shoe industry : la industria del calzado⟩ 2 HORSE-
SHOE : herradura f 3 brake shoe : zapata f
shoelace ['ʃuː,leɪs] n : cordón m (de zapatos)
shoemaker ['ʃuː,meɪkər] n : zapatero m,
-ra f
shone → shine
shook → shake
shoot¹ ['ʃuːt] v **shot** ['ʃɑt]; **shooting** vt
1 : disparar, tirar ⟨to shoot a bullet
: tirar una bala⟩ 2 : pegarle un tiro a,
darle un balazo a ⟨he shot her : le pegó
un tiro⟩ ⟨they shot and killed him : lo
mataron a balazos⟩ 3 THROW : lanzar

(una pelota, etc.), echar (una mirada)
4 PHOTOGRAPH : fotografiar 5 FILM
: filmar — vi 1 : disparar (con un arma
de fuego) 2 DART : ir rápidamente ⟨it
shot past : pasó como una bala⟩
shoot² n : brote m, retoño m, vástago m
shooting star n : estrella f fugaz
shop¹ ['ʃɑp] vi **shopped; shopping**
: hacer compras ⟨to go shopping : ir de
compras⟩
shop² n 1 WORKSHOP : taller m 2 STORE
: tienda f
shopkeeper ['ʃɑp,kiːpər] n : tendero m,
-ra f
shoplift ['ʃɑp,lɪft] vi : hurtar mercancía
(de una tienda) — vt : hurtar (de una
tienda)
shoplifter ['ʃɑp,lɪftər] n : ladrón m,
-drona f (que roba en una tienda)
shopper ['ʃɑpər] n : comprador m, -dora
f
shore¹ ['ʃor] vt **shored; shoring** : apuntalar ⟨they shored up the wall : apun-
talaron la pared⟩
shore² n 1 : orilla f (del mar, etc.) 2
PROP : puntal m
shoreline ['ʃor,laɪn] n : orilla f
shorn → shear
short¹ ['ʃort] adv 1 ABRUPTLY : repentinamente, súbitamente ⟨the car
stopped short : el carro se paró en seco⟩
2 to fall short : no alcanzar, quedarse
corto
short² adj 1 : corto (de medida), bajo
(de estatura) 2 BRIEF : corto ⟨short
and sweet : corto y bueno⟩ ⟨a short
time ago : hace poco⟩ 3 CURT : brusco, cortante, seco 4 : corto (de tiempo, de dinero) ⟨I'm one dollar short
: me falta un dólar⟩
short³ n 1 **shorts** npl mpl, pantalones mpl cortos 2 → short circuit
shortage ['ʃortɪdʒ] n : falta f, escasez f,
carencia f
shortcake ['ʃort,keɪk] n : tarta f de fruta
shortchange ['ʃort'tʃeɪndʒ] vt -changed;
-changing : darle mal el cambio (a alguien)
short circuit n : cortocircuito m, corto
m (eléctrico)
shortcoming ['ʃort,kʌmɪŋ] n : defecto m
shortcut ['ʃort,kʌt] n 1 : atajo m ⟨to take
a shortcut : cortar camino⟩ 2 : alternativa f fácil, método m rápido
shorten ['ʃortən] vt : acortar — vi : acortarse
shorthand ['ʃort,hænd] n : taquigrafía f
short-lived ['ʃort'lɪvd, -'laɪvd] adj
: efímero
shortly ['ʃortli] adv 1 BRIEFLY : brevemente ⟨to put it shortly : para decirlo
en pocas palabras⟩ 2 SOON : dentro de
poco
shortness ['ʃortnəs] n 1 : lo corto
⟨shortness of stature : estatura baja⟩ 2
BREVITY : brevedad f 3 CURTNESS
: brusquedad f 4 SHORTAGE : falta f,
escasez f, carencia f

shortsighted [ˈʃɔrtˌsaɪtəd] → **nearsighted**

shot [ˈʃɑt] n 1 : disparo m, tiro m ⟨to fire a shot : disparar⟩ 2 PELLETS : perdigones mpl 3 : tiro m (en deportes) 4 ATTEMPT : intento m, tentativa f ⟨to have a shot at : hacer un intento por⟩ 5 RANGE : alcance m ⟨a long shot : una posibilidad remota⟩ 6 PHOTOGRAPH : foto f 7 INJECTION : inyección f 8 : trago m (de licor)

shotgun [ˈʃɑtˌgʌn] n : escopeta f

should → **shall**

shoulder¹ [ˈʃoldər] vt 1 JOSTLE : empujar (con el hombro) 2 : ponerse al hombro (una mochila, etc.) 3 : cargar con (la responsabilidad, etc.)

shoulder² n 1 : hombro m ⟨to shrug one's shoulders : encogerse los hombros⟩ 2 : arcén m (de una carretera)

shoulder blade n : omóplato m, omoplato m, escápula f

shouldn't [ˈʃʊdənt] (contraction of should not) → **shall**

shout¹ [ˈʃaʊt] v : gritar, vocear

shout² n : grito m

shove¹ [ˈʃʌv] v **shoved; shoving** : empujar bruscamente

shove² n : empujón m, empellón m

shovel¹ [ˈʃʌvəl] vt **-veled** or **-velled; -veling** or **-velling** 1 : mover con (una) pala ⟨they shoveled the dirt out : sacaron la tierra con palas⟩ 2 DIG : cavar (con una pala)

shovel² n : pala f

show¹ [ˈʃo] v **showed; shown** [ˈʃon] or **showed; showing** vt 1 DISPLAY : mostrar, enseñar 2 REVEAL : demostrar, manifestar, revelar ⟨he showed himself to be a coward : se reveló como cobarde⟩ 3 TEACH : enseñar 4 PROVE : demostrar, probar 5 CONDUCT, DIRECT : llevar, acompañar ⟨to show someone the way : indicarle el camino a alguien⟩ 6 : proyectar (una película), dar (un programa de televisión) — vi 1 : notarse, verse ⟨the stain doesn't show : la mancha no se ve⟩ 2 APPEAR : aparecer, dejarse ver

show² n 1 : demostración f ⟨a show of force : una demostración de fuerza⟩ 2 EXHIBITION : exposición f, exhibición f ⟨flower show : exposición de flores⟩ ⟨to be on show : estar expuesto⟩ 3 : espectáculo m (teatral), programa m (de televisión, etc.) ⟨to go to a show : ir al teatro⟩

showcase [ˈʃoˌkeɪs] n : vitrina f

showdown [ˈʃoˌdaʊn] n : confrontación f (decisiva)

shower¹ [ˈʃaʊər] vt 1 SPRAY : regar, mojar 2 HEAP : colmar ⟨they showered him with gifts : lo colmaron de regalos, le llovieron los regalos⟩ — vi 1 BATHE : ducharse, darse una ducha 2 RAIN : llover

shower² n 1 : chaparrón m, chubasco m ⟨a chance of showers : una posibil-

idad de chaparrones⟩ 2 : ducha f ⟨to take a shower : ducharse⟩ 3 PARTY : fiesta f ⟨a bridal shower : una despedida de soltera⟩

show off vt : hacer alarde de, ostentar — vi : lucirse

show up vi APPEAR : aparecer — vt EXPOSE : revelar

showy [ˈʃoi] adj **showier; -est** : llamativo, ostentoso — **showily** adv

shrank → **shrink**

shrapnel [ˈʃræpnəl] ns & pl : metralla f

shred¹ [ˈʃred] vt **shredded; shredding** : hacer trizas, desmenuzar (con las manos), triturar (con una máquina) ⟨to shred vegetables : cortar verduras en tiras⟩

shred² n 1 STRIP : tira f, jirón m (de tela) 2 BIT : pizca f ⟨not a shred of evidence : ni la mínima prueba⟩

shrew [ˈʃru] n 1 : musaraña f (animal) 2 : mujer f regañona, arpía f

shrewd [ˈʃrud] adj : astuto, inteligente, sagaz — **shrewdly** adv

shrewdness [ˈʃrudnəs] n : astucia f

shriek¹ [ˈʃrik] vi : chillar, gritar

shriek² n : chillido m, alarido m, grito m

shrill [ˈʃrɪl] adj : agudo, estridente

shrilly [ˈʃrɪli] adv : agudamente

shrimp [ˈʃrɪmp] n : camarón m, langostino m

shrine [ˈʃraɪn] n 1 TOMB : sepulcro m (de un santo) 2 SANCTUARY : lugar m sagrado, santuario m

shrink [ˈʃrɪŋk] vi **shrank** [ˈʃræŋk] or **shrunk** [ˈʃrʌŋk]; **shrunk** or **shrunken** [ˈʃrʌŋkən]; **shrinking** 1 RECOIL : retroceder ⟨the shrank back : se echó para atrás⟩ 2 : encogerse (dícese de la ropa)

shrinkage [ˈʃrɪŋkɪdʒ] n : encogimiento m (de ropa, etc.), contracción f, reducción f

shrivel [ˈʃrɪvəl] vi **-veled** or **-velled; -veling** or **-velling** : arrugarse, marchitarse

shroud¹ [ˈʃraʊd] vt : envolver

shroud² n 1 : sudario m, mortaja f 2 VEIL : velo m ⟨wrapped in a shroud of mystery : envuelto en un aura de misterio⟩

shrub [ˈʃrʌb] n : arbusto m, mata f

shrubbery [ˈʃrʌbəri] n, pl **-beries** : arbustos mpl, matas fpl

shrug [ˈʃrʌg] vi **shrugged; shrugging** : encogerse de hombros

shrunk → **shrink**

shuck¹ [ˈʃʌk] vt : pelar (mazorcas, etc.), abrir (almejas, etc.)

shuck² n 1 HUSK : cascarilla f, cáscara f (de una nuez, etc.), hojas fpl (de una mazorca) 2 SHELL : concha f (de una almeja, etc.)

shudder¹ [ˈʃʌdər] vi : estremecerse

shudder² n : estremecimiento m, escalofrío m

shuffle¹ [ˈʃʌfəl] v **-fled; -fling** vt MIX : mezclar, revolver, barajar (naipes) — vi : caminar arrastrando los pies

shuffle² *n* **1** : acto *m* de revolver ⟨each player gets a shuffle : a cada jugador le toca barajar⟩ **2** JUMBLE : revoltijo *m* **3** : arrastramiento *m* de los pies

shun ['ʃʌn] *vi* **shunned; shunning** : evitar, esquivar, eludir

shunt ['ʃʌnt] *vt* : desviar, cambiar de vía (un tren)

shut ['ʃʌt] *v* **shut; shutting** *vt* **1** CLOSE : cerrar ⟨shut the lid : tápalo⟩ **2 to shut out** EXCLUDE : excluir, dejar fuera a (personas), no dejar que entre (luz, ruido, etc.) **3 to shut up** CONFINE : encerrar — *vi* : cerrarse ⟨the factory shut down : la fábrica cerró suspuertas⟩

shut-in ['ʃʌt,ɪn] *n* : inválido *m*, -da *f* (que no puede salir de casa)

shutter ['ʃʌt̮ər] *n* **1** : contraventana *f*, postigo *m* (de una ventana o puerta) **2** : obturador *m* (de una cámara)

shuttle¹ ['ʃʌt̮əl] *v* **-tled; -tling** *vt* : transportar ⟨she shuttled him back and forth : lo llevaba de acá para allá⟩ — *vi* : ir y venir

shuttle² *n* **1** : lanzadera *f* (para tejer) **2** : vehículo *m* que hace recorridos cortos **3** → **space shuttle**

shuttlecock ['ʃʌt̮əl,kak] *n* : volante *m*

shut up *vi* : callarse ⟨shut up! : ¡cállate (la boca)!⟩

shy¹ ['ʃaɪ] *vi* **shied; shying** : retroceder, asustarse

shy² *adj* **shier** *or* **shyer** ['ʃaɪər]; **shiest** *or* **shyest** ['ʃaɪəst] **1** TIMID : tímido **2** WARY : cauteloso ⟨he's not shy about asking : no vacila en preguntar⟩ **3** SHORT : corto (de dinero, etc.) ⟨I'm two dollars shy : me faltan dos dólares⟩

shyly ['ʃaɪli] *adv* : tímidamente

shyness ['ʃaɪnəs] *n* : timidez *f*

Siamese¹ [,saɪə'miːz, -'miːs] *adj* : siamés ⟨Siamese twins : hermanos siameses⟩

Siamese² *n* **1** : siamés *m*, -mesa *f* **2** : siamés (idioma) **3** *or* **Siamese cat** : gato *m* siamés

sibling ['sɪblɪŋ] *n* : hermano *m*, hermana *f*

Sicilian [sə'sɪljən] *n* : siciliano *m*, -na *f* — **Sicilian** *adj*

sick ['sɪk] *adj* **1** : enfermo **2** NAUSEOUS : mareado, con náuseas ⟨to get sick : vomitar⟩ **3** : para uso de enfermos ⟨sick day : día de permiso (por enfermedad)⟩

sickbed ['sɪk,bɛd] *n* : lecho *m* de enfermo

sicken ['sɪkən] *vt* **1** : poner enfermo **2** REVOLT : darle asco (a alguien) — *vi* : enfermar(se), caer enfermo

sickening ['sɪkənɪŋ] *adj* : asqueroso, repugnante, nauseabundo

sickle ['sɪkəl] *n* : hoz *f*

sickly ['sɪkli] *adj* **sicklier; -est 1** : enfermizo **2** → **sickening**

sickness ['sɪknəs] *n* **1** : enfermedad *f* **2** NAUSEA : náuseas *fpl*

side ['saɪd] *n* **1** : lado *m*, costado *m* (de una persona), ijada *f* (de un animal) **2**

: lado *m*, cara *f* (de una moneda, etc.) **3** : lado *m*, parte *f* ⟨he's on my side : está de mi parte⟩ ⟨to take sides : tomar partido⟩

sideboard ['saɪd,bord] *n* : aparador *m*

sideburns ['saɪd,bərnz] *npl* : patillas *fpl*

sided ['saɪdəd] *adj* : que tiene lados ⟨one-sided : de un lado⟩

side effect *n* : efeeto *m* secundario

sideline ['saɪd,laɪn] *n* **1** : línea *f* de banda (en deportes) **2** : actividad *f* suplementaria (en negocios) **3 to be on the sidelines** : estar al margen

sidelong ['saɪd,lɔŋ] *adj* : de reojo, de soslayo

sideshow ['saɪd,ʃo:] *n* : espectáculo *m* secundario, atracción *f* secundaria

sidestep ['saɪd,stɛp] *v* **-stepped; -stepping** *vi* : dar un paso hacia un lado — *vt* AVOID : esquivar, eludir

sidetrack ['saɪd,træk] *vt* : desviar (una conversación, etc.), distraer (a una persona)

sidewalk ['saɪd,wɔk] *n* : acera *f*, vereda *f*, andén *m* CA, Col, banqueta *f* Mex

sideways ['saɪd,weɪz] *adv* **1** : hacia un lado ⟨it leaned sideways : se inclinaba hacia un lado⟩ **2** : de lado, de costado ⟨lie sideways : acuéstese de costado⟩

sideways² *adj* : hacia un lado ⟨a sideways glance : una mirada de reojo⟩

siding ['saɪdɪŋ] *n* **1** : apartadero *m* (para trenes) **2** : revestimiento *m* exterior (de un edificio)

sidle ['saɪdəl] *vi* **-dled; -dling** : moverse furtivamente

siege ['siːʤ, 'siːʒ] *n* : sitio *m* ⟨to be under siege : estar sitiado⟩

siesta [si'ɛstə] *n* : siesta *f*

sieve ['sɪv] *n* : tamiz *m*, cedazo *m*, criba *f* (en mineralogía)

sift ['sɪft] *vt* **1** : tamizar, cerner ⟨sift the flour : tamice la harina⟩ **2** *or* **to sift through** : examinar cuidadosamente, pasar por el tamiz

sifter ['sɪftər] *n* : tamiz *m*, cedazo *m*

sigh¹ ['saɪ] *vi* : suspirar

sigh² *n* : suspiro *m*

sight¹ ['saɪt] *vt* : ver (a una persona), divisar (la tierra, un barco)

sight² *n* **1** : vista *f* (facultad) ⟨out of sight : fuera de vista⟩ **2** : algo visto ⟨it's a familiar sight : se ve con frecuencia⟩ ⟨she's a sight for sore eyes : da gusto verla⟩ **3** : lugar *m* de interés (para turistas, etc.) **4** : mira *f* (de un rifle, etc.) **5** GLIMPSE : mirada *f* breve ⟨I caught sight of her : la divisé, alcancé a verla⟩

sighting ['saɪt̮ɪŋ] *n* : avistamiento *m*

sightless ['saɪtləs] *adj* : invidente, ciego

sightseer ['saɪt,siːər] *n* : turista *mf*

sign¹ ['saɪn] *vt* **1** : firmar ⟨to sign a check : firmar un cheque⟩ **2** *or* **to sign on** HIRE : contratar (a un empleado), fichar (a un jugador) — *vi* **1** : hacer una seña ⟨she signed for him to stop : le hizo una seña para que se parara⟩ **2** : comunicarse por señas

sign² *n* **1** SYMBOL : símbolo *m*, signo *m* ⟨minus sign : signo de menos⟩ **2** GESTURE : seña *f*, señal *f*, gesto *m* **3** : letrero *m*, cartel *m* ⟨neon sign : letrero de neón⟩ **4** TRACE : señal *f*, indicio *m*

signal¹ ['sɪɡnəl] *vt* **-naled** *or* **-nalled; -naling** *or* **-nalling 1** : hacerle señas (a alguien) ⟨she signaled me to leave : me hizo señas para que saliera⟩ **2** INDICATE : señalar, indicar — *vi* : hacer señas, comunicar por señas

signal² *adj* NOTABLE : señalado, notable

signal³ *n* : señal *f*

signature ['sɪɡnəˌtʃʊr] *n* : firma *f*

signet ['sɪɡnət] *n* : sello *m*

significance [sɪɡ'nɪfɪkənts] *n* **1** MEANING : significado *m* **2** IMPORTANCE : importancia *f*

significant [sɪɡ'nɪfɪkənt] *adj* **1** IMPORTANT : importante **2** MEANINGFUL : significativo — **significantly** *adv*

signify ['sɪɡnəˌfaɪ] *vt* **-fied; -fying 1** : indicar ⟨he signified his desire for more : haciendo señas indicó que quería más⟩ **2** MEAN : significar

sign language *n* : lenguaje *m* por señas

signpost ['saɪnˌpoːst] *n* : poste *m* indicador

silence¹ ['saɪlənts] *vt* **-lenced; -lencing** : silenciar, acallar

silence² *n* : silencio *m*

silent ['saɪlənt] *adj* **1** : callado ⟨to remain silent : quedarse callado, guardar silencio⟩ **2** QUIET, STILL : silencioso **3** MUTE : mudo ⟨a silent letter : una letra muda⟩

silently ['saɪləntli] *adv* : silenciosamente, calladamente

silhouette¹ [ˌsɪlə'wɛt] *vt* **-etted; -etting** : destacar la silueta de ⟨it was silhouetted against the sky : se perfilaba contra el cielo⟩

silhouette² *n* : silueta *f*

silica ['sɪlɪkə] *n* : sílice *f*

silicon ['sɪlɪkən, -ˌkɑn] *n* : silicio *m*

silk ['sɪlk] *n* : seda *f*

silken ['sɪlkən] *adj* **1** : de seda ⟨a silken veil : un velo de seda⟩ **2** SILKY : sedoso ⟨silken hair : cabellos sedosos⟩

silkworm ['sɪlkˌwərm] *n* : gusano *m* de seda

silky ['sɪlki] *adj* **silkier; -est** : sedoso

sill ['sɪl] *n* : alféizar *m* (de una ventana), umbral *m* (de una puerta)

silliness ['sɪlinəs] *n* : tontería *f*, estupidez *f*

silly ['sɪli] *adj* **sillier; -est** : tonto, estúpido, ridículo

silo ['saɪˌloː] *n*, *pl* **silos** : silo *m*

silt ['sɪlt] *n* : cieno *m*

silver¹ ['sɪlvər] *adj* **1** : de plata ⟨a silver spoon : una cuchara de plata⟩ **2** → silvery

silver² *n* **1** : plata *f* **2** COINS : monedas *fpl* **3** → silverware **4** : color *m* plata

silverware ['sɪlvərˌwær] *n* **1** : artículos *mpl* de plata, platería *f* **2** FLATWARE : cubertería *f*

silvery ['sɪlvəri] *adj* : plateado

similar ['sɪmələr] *adj* : similar, parecido, semejante

similarity [ˌsɪmə'lærəti] *n*, *pl* **-ties** : semejanza *f*, parecido *m*

similarly ['sɪmələrli] *adv* : de manera similar

simile ['sɪməˌliː] *n* : símil *m*

simmer ['sɪmər] *v* : hervir a fuego lento

simper¹ ['sɪmpər] *vi* : sonreír como un tonto

simper² *n* : sonrisa *f* tonta

simple ['sɪmpəl] *adj* **simpler; -plest 1** INNOCENT : inocente **2** PLAIN : sencillo, simple **3** EASY : sencillo, fácil **4** STRAIGHTFORWARD : puro, simple ⟨the simple truth : la pura verdad⟩ **5** NAIVE : ingenuo, simple

simpleton ['sɪmpəltən] *n* : bobo *m*, -ba *f*; tonto *m*, -ta *f*

simplicity [sɪm'plɪsəti] *n* : simplicidad *f*, sencillez *f*

simplification [ˌsɪmpləfə'keɪʃən] *n* : simplificación *f*

simplify ['sɪmpləˌfaɪ] *vt* **-fied; -fying** : simplificar

simply ['sɪmpli] *adv* **1** PLAINLY : sencillamente **2** SOLELY : simplemente, sólo **3** REALLY : absolutamente

simulate ['sɪmjəˌleɪt] *vt* **-lated; -lating** : simular

simulation [ˌsɪmjə'leɪʃən] *n* : simulación *f*

simultaneous [ˌsaɪməl'teɪniəs] *adj* : simultáneo — **simultaneously** *adv*

sin¹ ['sɪn] *vi* **sinned; sinning** : pecar

sin² *n* : pecado *m*

since¹ ['sɪnts] *adv* **1** : desde entonces ⟨they've been friends ever since : desde entonces han sido amigos⟩ ⟨she's since become mayor : más tarde se hizo alcalde⟩ **2** AGO : hace ⟨he's long since dead : murió hace mucho⟩

since² *conj* **1** : desde que ⟨since he was born : desde que nació⟩ **2** INASMUCH AS : ya que, puesto que, dado que

since³ *prep* : desde

sincere [sɪn'sɪr] *adj* **-cerer; -est** : sincero — **sincerely** *adv*

sincerity [sɪn'serəti] *n* : sinceridad *f*

sinew ['sɪnjuː, 'sɪˌnuː] *n* **1** TENDON : tendón *m*, nervio *m* (en la carne) **2** POWER : fuerza *f*

sinewy ['sɪnjui, 'sɪnʊi] *adj* **1** STRINGY : fibroso **2** STRONG, WIRY : fuerte, nervudo

sinful ['sɪnfəl] *adj* : pecador (dícese de las personas), pecaminoso

sing ['sɪŋ] *v* **sang** ['sæŋ] *or* **sung** ['sʌŋ]; **sung; singing** : cantar

singe ['sɪndʒ] *vt* **singed; singeing** : chamuscar, quemar

singer ['sɪŋər] *n* : cantante *mf*

single¹ ['sɪŋɡəl] *vt* **-gled; -gling** *or* **to single out 1** SELECT : escoger **2** DISTINGUISH : señalar

single² *adj* **1** UNMARRIED : soltero **2** SOLE : solo ⟨a single survivor : un solo sobreviviente⟩ ⟨every single one : cada uno, todos⟩

single³ n 1 : soltero m, -ra f ⟨for married couples and singles : para los matrimonios y los solteros⟩ 2 or **single room** : habitación f individual 3 DOLLAR : billete m de un dólar

single-handed ['sɪŋɡəl'hændəd] adj : sin ayuda, solo

singly ['sɪŋɡli] adv : individualmente, uno por uno

singular¹ ['sɪŋɡjələr] adj 1 : singular (en gramática) 2 OUTSTANDING : singular, sobresaliente 3 STRANGE : singular, extraño

singular² n : singular m

singularity [,sɪŋɡjəˈlærəti] n, pl **-ties** : singularidad f

singularly ['sɪŋɡjələrli] adv : singularmente

sinister ['sɪnəstər] adj : siniestro

sink¹ ['sɪŋk] v **sank** ['sæŋk] or **sunk** ['sʌŋk]; **sunk; sinking** vi 1 : hundirse (dícese de un barco) 2 DROP, FALL : descender, caer ⟨to sink into a chair : dejarse caer en una silla⟩ ⟨her heart sank : se le cayó el alma a los pies⟩ 3 DECREASE : bajar — vt 1 : hundir (un barco, etc.) 2 EXCAVATE : excavar (un pozo para minar), perforar (un pozo de agua) 3 PLUNGE, STICK : clavar, hincar 4 INVEST : invertir (fondos)

sink² n 1 kitchen sink : fregadero m, lavaplatos m Chile, Col, Mex 2 bathroom sink : lavabo m, lavamanos m

sinner ['sɪnər] n : pecador m, -dora f

sinuous ['sɪnjuəs] adj : sinuoso — **sinuously** adv

sinus ['saɪnəs] n : seno m

sip¹ ['sɪp] v **sipped; sipping** vt : sorber — vi : beber a sorbos

sip² n : sorbo m

siphon¹ ['saɪfən] vt : sacar con sifón

siphon² n : sifón m

sir ['sər] n 1 (in titles) : sir m 2 (as a form of address) : señor m ⟨Dear Sir : Muy señor mío⟩ ⟨yes sir! : ¡sí, señor!⟩

sire¹ ['saɪr] vt **sired; siring** : engendrar, ser el padre de

sire² n : padre m

siren ['saɪrən] n : sirena f

sirloin ['sər,lɔɪn] n : solomillo m

sirup → syrup

sisal ['saɪsəl, -zəl] n : sisal m

sissy ['sɪsi] n, pl **-sies** : mariquita f fam

sister ['sɪstər] n 1 : hermana f 2 Sister : hermana f, Sor f ⟨Sister Mary : Sor María⟩

sisterhood ['sɪstər,hʊd] n 1 : condición f de ser hermana 2 : sociedad f de mujeres

sister-in-law ['sɪstərɪn,lɔ] n, pl **sisters-in-law** : cuñada f

sisterly ['sɪstərli] adj : de hermana

sit ['sɪt] v **sat** ['sæt]; **sitting** vi 1 : sentarse, estar sentado ⟨he sat down : se sentó⟩ 2 ROOST : posarse 3 : sesionar ⟨the legislature is sitting : la legislatura está en sesión⟩ 4 POSE : posar (para un retrato) 5 LIE, REST : estar (ubicado) ⟨the house sits on a hill : la casa está en una colina⟩ — vt SEAT : sentar, colocar ⟨I sat him on the sofa : lo senté en el sofá⟩

sitcom ['sɪt,kɑm] → **situation comedy**

site ['saɪt] n 1 PLACE : sitio m, lugar m 2 LOCATION : emplazamiento m, ubicación f

sitter ['sɪtər] → **baby-sitter**

sitting room → living room

situated ['sɪtʃu,eɪtəd] adj LOCATED : ubicado, situado

situation [,sɪtʃuˈeɪʃən] n 1 LOCATION : situación f, ubicación f, emplazamiento m 2 CIRCUMSTANCES : situación f 3 JOB : empleo m

situation comedy n : comedia f de situación

six¹ ['sɪks] adj : seis

six² n : seis m

six-gun ['sɪks,ɡʌn] n : revólver m (con seis cámaras)

six hundred¹ adj : seiscientos

six hundred² n : seiscientos m

six-shooter ['sɪks,ʃuːtər] → **six-gun**

sixteen¹ [sɪks'tiːn] adj : dieciséis

sixteen² n : dieciséis m

sixteenth¹ [sɪks'tiːnθ] adj : decimosexto

sixteenth² n 1 : decimosexto m, -ta f (en una serie) 2 : dieciseisavo m, dieciseisava parte f

sixth¹ ['sɪksθ, 'sɪkst] adj : sexto

sixth² n 1 : sexto m, -ta f (en una serie) 2 : sexto m, sexta parte f

sixtieth¹ ['sɪkstiəθ] adj : sexagésimo

sixtieth² n 1 : sexagésimo m, -ma f (en una serie) 2 : sesentavo m, sesentava parte f

sixty¹ ['sɪksti] adj : sesenta

sixty² n, pl **-ties** : sesenta m

sizable or **sizeable** ['saɪzəbəl] adj : considerable

size¹ ['saɪz] vt **sized; sizing** 1 : clasificar según el tamaño 2 to size up : evaluar, apreciar

size² n 1 DIMENSIONS : tamaño m, talla f (de ropa), número m (de zapatos) 2 MAGNITUDE : magnitud f

sizzle ['sɪzəl] vi **-zled; -zling** : chisporrotear

skate¹ ['skeɪt] vi **skated; skating** : patinar

skate² n 1 : patín m ⟨roller skate : patín de ruedas⟩ 2 : raya f (pez)

skateboard ['skeɪt,bɔrd] n : monopatín m

skater ['skeɪtər] n : patinador m, -dora f

skein ['skeɪn] n : madeja f

skeletal ['skɛlətəl] adj 1 : óseo (en anatomía) 2 EMACIATED : esquelético

skeleton ['skɛlətən] n 1 : esqueleto m (anatómico) 2 FRAMEWORK : armazón mf

skeptic ['skɛptɪk] n : escéptico m, -ca f

skeptical ['skɛptɪkəl] adj : escéptico

skepticism ['skɛptə,sɪzəm] n : escepticismo m

sketch[1] [ˈskɛtʃ] vt : bosquejar — vi : hacer bosquejos
sketch[2] n 1 DRAWING, OUTLINE : esbozo m, bosquejo m 2 ESSAY : ensayo m
sketchy [ˈskɛtʃi] adj **sketchier; -est** : incompleto, poco detallado
skewer[1] [ˈskjuːər] vt : ensartar (carne, etc.)
skewer[2] n : brocheta f, broqueta f
ski[1] [ˈskiː] vi **skied; skiing** : esquiar
ski[2] n, pl **skis** : esquí m
skid[1] [ˈskɪd] vi **skidded; skidding** : derrapar, patinar
skid[2] n : derrape m, patinazo m
skier [ˈskiːər] n : esquiador m, -dora f
skiff [ˈskɪf] n : esquife m
skill [ˈskɪl] n 1 DEXTERITY : habilidad f, destreza f 2 CAPABILITY : capacidad f, arte m, técnica f ⟨organizational skills : la capacidad para organizar⟩
skilled [ˈskɪld] adj : hábil, experto
skillet [ˈskɪlət] n : sartén mf
skillful [ˈskɪlfəl] adj : hábil, diestro
skillfully [ˈskɪlfəli] adv : con habilidad, con destreza
skim[1] [ˈskɪm] vt **skimmed; skimming** 1 or **to skim off** : espumar, descremar (leche) 2 : echarle un vistazo a (un libro, etc.), pasar rozando (una superficie)
skim[2] adj : descremado ⟨skim milk : leche descremada⟩
skimp [ˈskɪmp] vi **to skimp on** : escatimar
skimpy [ˈskɪmpi] adj **skimpier; -est** : exiguo, escaso, raquítico
skin[1] [ˈskɪn] vt **skinned; skinning** : despellejar, desollar
skin[2] n 1 : piel f, cutis m (de la cara) ⟨dark skin : piel morena⟩ 2 RIND : piel f
skin diving n : buceo m, submarinismo m
skinflint [ˈskɪnˌflɪnt] n : tacaño m, -ña f
skinned [ˈskɪnd] adj : de piel ⟨tough-skinned : de piel dura⟩
skinny [ˈskɪni] adj **skinnier; -est** : flaco
skip[1] [ˈskɪp] v **skipped; skipping** vi : ir dando brincos — vt : saltarse
skip[2] n : brinco m, salto m
skipper [ˈskɪpər] n : capitán m, -tana f
skirmish[1] [ˈskɚrmɪʃ] vi : escaramuzar
skirmish[2] n : escaramuza f, refriega f
skirt[1] [ˈskɚrt] vt 1 BORDER : bordear 2 EVADE : evadir, esquivar
skirt[2] n : falda f, pollera f
skit [ˈskɪt] n : sketch m (teatral)
skittish [ˈskɪtɪʃ] adj : asustadizo, nervioso
skulk [ˈskʌlk] vi : merodear
skull [ˈskʌl] n 1 : cráneo m, calavera f 2 **skull and crossbones** : calavera f (bandera pirata)
skunk [ˈskʌŋk] n : zorrillo m, mofeta f
sky [ˈskaɪ] n, pl **skies** : cielo m
skylark [ˈskaɪˌlɑrk] n : alondra f
skylight [ˈskaɪˌlaɪt] n : claraboya f, tragaluz m

skyline [ˈskaɪˌlaɪn] n : horizonte m
skyrocket [ˈskaɪˌrɑkət] vi : dispararse
skyscraper [ˈskaɪˌskreɪpər] n : rascacielos m
slab [ˈslæb] n : losa f (de piedra), tabla f (de madera), pedazo m grueso (de pan, etc.)
slack[1] [ˈslæk] adj 1 CARELESS : descuidado, negligente 2 LOOSE : flojo 3 SLOW : de poco movimiento
slack[2] n 1 : parte f floja ⟨to take up the slack : tensar (una cuerda, etc.)⟩ 2 **slacks** npl : pantalones mpl
slacken [ˈslækən] vt : aflojar — vi : aflojarse
slacker [ˈslækər] n : vago m, -ga f; holgazán m, -zana f
slag [ˈslæg] n : escoria f
slain → **slay**
slake [ˈsleɪk] vt **slaked; slaking** : saciar (la sed), satisfacer (la curiosidad)
slam[1] [ˈslæm] v **slammed; slamming** vt 1 : cerrar de golpe ⟨he slammed the door : dio un portazo⟩ 2 : tirar o dejar caer de golpe ⟨he slammed down the book : dejó caer el libro de un golpe⟩ — vi 1 : cerrarse de golpe 2 **to slam into** : chocar contra
slam[2] n : golpe m, portazo m (de una puerta)
slander[1] [ˈslændər] vt : calumniar, difamar
slander[2] n : calumnia f, difamación f
slanderous [ˈslændərəs] adj : difamatorio, calumnioso
slang [ˈslæŋ] n : argot m, jerga f
slant[1] [ˈslænt] vi : inclinarse, ladearse — vt 1 SLOPE : inclinar 2 ANGLE : sesgar, orientar, dirigir ⟨a story slanted towards youth : un artículo dirigido a los jóvenes⟩
slant[2] n 1 INCLINE : inclinación f 2 PERSPECTIVE : perspectiva f, enfoque m.
slap[1] [ˈslæp] vt **slapped; slapping** : bofetear, cachetear, dar una palmada (en la espalda, etc.)
slap[2] n : bofetada f, cachetada f, palmada f
slash[1] [ˈslæʃ] vt 1 GASH : cortar, hacer un tajo en 2 REDUCE : reducir, rebajar (precios)
slash[2] n : tajo m, corte m
slat [ˈslæt] n : tablilla f, listón m
slate [ˈsleɪt] n 1 : pizarra f ⟨a slate roof : un techo de pizarra⟩ 2 : lista f de candidatos (políticos)
slaughter[1] [ˈslɔtər] vt 1 BUTCHER : matar (animales) 2 MASSACRE : masacrar (personas)
slaughter[2] n 1 : matanza f (de animales) 2 MASSACRE : masacre f, carnicería f
slaughterhouse [ˈslɔtərˌhaʊs] n : matadero m
Slav [ˈslɑv, ˈslæv] n : eslavo m, -va f
slave[1] [ˈsleɪv] vi **slaved; slaving** : trabajar como un burro
slave[2] n : esclavo m, -va f
slaver [ˈslævər, ˈsleɪ-] vi : babear

slavery ['sleɪvəri] *n* : esclavitud *f*
Slavic ['slɑvɪk, 'slæ-] *adj* : eslavo
slavish ['sleɪvɪʃ] *adj* **1** SERVILE : servil **2** IMITATIVE : poco original
slay ['sleɪ] *vt* **slew** ['slu:]; **slain** ['sleɪn]; **slaying** : asesinar, matar
slayer ['sleɪər] *n* : asesino *m*, -na *f*
sleazy ['sli:zi] *adj* **sleazier; -est 1** SHODDY : chapucero, de mala calidad **2** DILAPIDATED : ruinoso **3** DISREPUTABLE : de mala fama
sled¹ ['slɛd] *v* **sledded; sledding** *vi* : ir en trineo — *vt* : transportar en trineo
sled² *n* : trineo *m*
sledge ['slɛdʒ] *n* **1** : trineo *m* (grande) **2** → **sledgehammer**
sledgehammer ['slɛdʒ,hæmər] *n* : almádena *f*, combo *m* Chile, Peru
sleek¹ ['sli:k] *vt* SLICK : alisar
sleek² *adj* : liso y brillante
sleep¹ ['sli:p] *vi* **slept** ['slɛpt]; **sleeping** : dormir
sleep² *n* **1** : sueño *m* **2 to go to sleep** : dormirse
sleeper ['sli:pər] *n* **1** : durmiente *mf* ⟨to be a light sleeper : tener el sueño ligero⟩ **2** *or* **sleeping car** : coche *m* cama, coche *m* dormitorio
sleepily ['sli:pəli] *adv* : de manera somnolienta
sleepiness ['sli:pinəs] *n* : somnolencia *f*
sleepless ['sli:pləs] *adj* : sin dormir, desvelado ⟨to have a sleepless night : pasar la noche en blanco⟩
sleepwalker ['sli:p,wɔkər] *n* : sonámbulo *m*, -la *f*
sleepy ['sli:pi] *adj* **sleepier; -est 1** DROWSY : somnoliento, soñoliento ⟨to be sleepy : tener sueño⟩ **2** LETHARGIC : aletargado, letárgico
sleet¹ ['sli:t] *vi* **to be sleeting** : caer aguanieve
sleet² *n* : aguanieve *f*
sleeve ['sli:v] *n* : manga *f* (de una camisa, etc.)
sleeveless ['sli:vləs] *adj* : sin mangas
sleigh¹ ['sleɪ] *vi* : ir en trineo
sleigh² *n* : trineo *m* (tirado por caballos)
sleight of hand [,slaɪtəv'hænd] *n* : prestidigitación *f*, juegos *mpl* de manos
slender ['slɛndər] *adj* **1** SLIM : esbelto, delgado **2** SCANTY : exiguo, escaso ⟨a slender hope : una esperanza lejana⟩
sleuth ['slu:θ] *n* : detective *mf*; sabueso *m*, -sa *f*
slew → **slay**
slice¹ ['slaɪs] *vt* **sliced; slicing** : cortar
slice² *n* : rebanada *f*, tajada *f*, lonja *f* (de carne, etc.), rodaja *f* (de una verdura, fruta, etc.), trozo *m* (de pastel, etc.)
slick¹ ['slɪk] *vt* : alisar
slick² *adj* **1** SLIPPERY : resbaladizo, resbaloso **2** CRAFTY : astuto, taimado
slicker ['slɪkər] *n* : impermeable *m*
slide¹ ['slaɪd] *v* **slid** ['slɪd]; **sliding** ['slaɪdɪŋ] *vi* **1** SLIP : resbalar **2** GLIDE : deslizarse **3** DECLINE : bajar ⟨to let

things slide : dejar pasar las cosas⟩ — *vt* : correr, deslizar
slide² *n* **1** SLIDING : deslizamiento *m* **2** SLIP : resbalón *m* **3** : tobogán *m* (para niños) **4** TRANSPARENCY : diapositiva *f* (fotográfica) **5** DECLINE : descenso *m*
slier, sliest → **sly**
slight¹ ['slaɪt] *vt* : desairar, despreciar
slight² *adj* **1** SLENDER : esbelto, delgado **2** FLIMSY : endeble **3** TRIFLING : leve, insignificante ⟨a slight pain : un leve dolor⟩ **4** SMALL : pequeño, ligero ⟨not in the slightest : en absoluto⟩
slight³ *n* SNUB : desaire *m*
slightly ['slaɪtli] *adv* : ligeramente, un poco
slim¹ ['slɪm] *v* **slimmed; slimming** : adelgazar
slim² *adj* **slimmer; slimmest 1** SLENDER : esbelto, delgado **2** SCANTY : exiguo, escaso
slime ['slaɪm] *n* **1** : baba *f* (secretada por un animal) **2** MUD, SILT : fango *m*, cieno *m*
slimy ['slaɪmi] *adj* **slimier; -est** : viscoso
sling¹ ['slɪŋ] *vt* **slung** ['slʌŋ]; **slinging 1** THROW : lanzar, tirar **2** HANG : colgar
sling² *n* **1** : honda *f* (arma) **2** : cabestrillo *m* ⟨my arm is in a sling : llevo el brazo en cabestrillo⟩
slingshot ['slɪŋ,ʃɑt] *n* : tiragomas *m*, resortera *f* Mex
slink ['slɪŋk] *vi* **slunk** ['slʌŋk]; **slinking** : caminar furtivamente
slip¹ ['slɪp] *v* **slipped; slipping** *vi* **1** STEAL : ir sigilosamente ⟨to slip away : escabullirse⟩ ⟨to slip out the door : escaparse por la puerta⟩ **2** SLIDE : resbalarse, deslizarse **3** LAPSE : caer ⟨to slip into error : equivocarse⟩ **4 to let slip** : dejar escapar **5 to slip into** PUT ON : ponerse — *vt* **1** PUT : meter, poner **2** PASS : pasar ⟨she slipped me a note : me pasó una nota⟩ **3 to slip one's mind** : olvidársele a uno
slip² *n* **1** PIER : atracadero *m* **2** MISHAP : percance *m*, contratiempo *m* **3** MISTAKE : error *m*, desliz *m* ⟨a slip of the tongue : un lapsus⟩ **4** PETTICOAT : enagua *f* **5** : injerto *m*, esqueje *m* (de una planta), **6 slip of paper** : papelito *m*
slipper ['slɪpər] *n* : zapatilla *f*, pantufla *f*
slipperiness ['slɪpərinəs] *n* **1** : lo resbaloso, lo resbaladizo **2** TRICKINESS : astucia *f*
slippery ['slɪpəri] *adj* **slipperier; -est 1** : resbaloso, resbaladizo ⟨a slippery road : un camino resbaloso⟩ **2** TRICKY : artero, astuto, taimado **3** ELUSIVE : huidizo, escurridizo
slipshod ['slɪp,ʃɑd] *adj* : descuidado, chapucero
slip up *vi* : equivocarse
slit¹ ['slɪt] *vt* **slit; slitting** : cortar, abrir por lo largo

slit² *n* **1** OPENING : abertura *f*, rendija *f* **2** CUT : corte *m*, raja *f*, tajo *m*

slither ['slɪðər] *vi* : deslizarse

sliver ['slɪvər] *n* : astilla *f*

slob ['slɑb] *n* : persona *f* desaliñada ⟨what a slob! : ¡qué cerdo!⟩

slobber¹ ['slɑbər] *vi* : babear

slobber² *n* : baba *f*

slogan ['slo:gən] *n* : lema *m*, eslogan *m*

sloop ['slu:p] *n* : balandra *f*

slop¹ ['slɑp] *v* **slopped; slopping** *vt* : derramar — *vi* : derramarse

slop² *n* : bazofia *f*

slope¹ ['slo:p] *vi* **sloped; sloping** : inclinarse ⟨the road slopes upward : el camino sube (en pendiente)⟩

slope² *n* : inclinación *f*, pendiente *f*, declive *m*

sloppy ['slɑpi] *adj* **sloppier; -est 1** MUDDY, SLUSHY : lodoso, fangoso **2** UNTIDY : descuidado (en el trabajo, etc.), desaliñado (de aspecto)

slot ['slɑt] *n* : ranura *f*

sloth ['slɔθ, 'slo:θ] *n* **1** LAZINESS : pereza *f* **2** : perezoso *m* (animal)

slouch¹ ['slaʊtʃ] *vi* : andar con los hombros caídos, repantigarse (en un sillón)

slouch² *n* **1** SLUMPING : mala postura *f* **2** BUNGLER, IDLER : haragán *m*, -gana *f*; inepto *m*, -ta *f* ⟨to be no slouch : no quedarse atrás⟩

slough¹ ['slʌf] *vt* : mudar de (piel)

slough² ['slu:, 'slaʊ] *n* SWAMP : ciénaga *f*

Slovak ['slo:ˌvɑk, -ˌvæk] *or* **Slovakian** [slo:'vɑkiən, -'væ-] *n* : eslovaco *m*, -ca *f* — **Slovak** *or* **Slovakian** *adj*

Slovene ['slo:ˌvi:n] *or* **Slovenian** [slo:-'vi:niən] *n* : esloveno *m*, -na *f* — **Slovene** *or* **Slovenian** *adj*

slovenly ['slʌvənli, 'slʌv-] *adj* : descuidado (en el trabajo, etc.), desaliñado (de aspecto)

slow¹ ['slo:] *vt* : retrasar, reducir la marcha de — *vi* : ir más despacio

slow² *adv* : despacio, lentamente

slow³ *adj* **1** : lento ⟨a slow process : un proceso lento⟩ **2** : atrasado ⟨my watch is slow : mi reloj está atrasado, mi reloj se atrasa⟩ **3** SLUGGISH : lento, poco activo **4** STUPID : lento, torpe, corto de alcances

slowly [slo:li] *adv* : lentamente, despacio

slowness [slo:nəs] *n* : lentitud *f*, torpeza *f*

sludge ['slʌdʒ] *n* : aguas *fpl* negras, aguas *fpl* residuales

slug¹ ['slʌg] *vt* **slugged; slugging** : pegarle un porrazo (a alguien)

slug² *n* **1** : babosa *f* (molusco) **2** BULLET : bala *f* **3** TOKEN : ficha *f* **4** BLOW : porrazo *m*, puñetazo *m*

sluggish ['slʌgɪʃ] *adj* : aletargado, lento

sluice¹ ['slu:s] *vt* **sluiced; sluicing** : lavar en agua corriente

sluice² *n* : canal *m*

slum ['slʌm] *n* : barriada *f*, barrio *m* bajo

slumber¹ ['slʌmbər] *vi* : dormir

slumber² *n* : sueño *m*

slump¹ ['slʌmp] *vi* **1** DECLINE, DROP : disminuir, bajar **2** SLOUCH : encorvarse, dejarse caer (en una silla, etc.)

slump² *n* : bajón *m*, declive *m* (económico)

slung → sling

slunk → slink

slur¹ ['slər] *vt* **slurred; slurring** : ligar (notas musicales), tragarse (las palabras)

slur² *n* **1** : ligado *m* (en música), mala pronunciación *f* (de las palabras) **2** ASPERSION : calumnia *f*, difamación *f*

slurp¹ ['slərp] *vi* : beber o comer haciendo ruido — *vt* : sorber ruidosamente

slurp² *n* : sorbo *m* (ruidoso)

slush ['slʌʃ] *n* : nieve *f* medio derretida

slut ['slʌt] *n* PROSTITUTE : ramera *f*, fulana *f*

sly ['slaɪ] *adj* **slier** ['slaɪər]; **sliest** ['slaɪəst] **1** CUNNING : astuto, taimado **2** UNDERHANDED : soplado — **slyly** *adv*

slyness ['slaɪnəs] *n* : astucia *f*

smack¹ ['smæk] *vi* **to smack of** : oler a, saber a — *vt* **1** KISS : besar, plantarle un beso (a alguien) **2** SLAP : pegarle una bofetada (a alguien) **3 to smack one's lips** : relamerse

smack² *adv* : justo, exactamente ⟨smack in the face : en plena cara⟩

smack³ *n* **1** TASTE, TRACE : sabor *m*, indicio *m* **2** : chasquido *m* (de los labios) **3** SLAP : bofetada *f* **4** KISS : beso *m*

small ['smɔl] *adj* **1** : pequeño, chico ⟨a small house : una casa pequeña⟩ ⟨small change : monedas de poco valor⟩ **2** TRIVIAL : pequeño, insignificante

smallness ['smɔlnəs] *n* : pequeñez *f*

smallpox ['smɔlˌpɑks] *n* : viruela *f*

smart¹ ['smɑrt] *vi* **1** STING : escocer, picar, arder **2** HURT : dolerse, resentirse ⟨to smart under a rejection : dolerse ante un rechazo⟩

smart² *adj* **1** BRIGHT : listo, vivo, inteligente **2** STYLISH : elegante — **smartly** *adv*

smart³ *n* PAIN : escozor *m*, dolor *m* **2 smarts** *npl* : inteligencia *f*

smartness ['smɑrtnəs] *n* **1** INTELLIGENCE : inteligencia *f* **2** ELEGANCE : elegancia *f*

smash¹ ['smæʃ] *vt* **1** BREAK : romper, quebrar, hacer pedazos **2** WRECK : destrozar, arruinar **3** CRASH : estrellar, chocar — *vi* **1** SHATTER : hacerse pedazos, hacerse añicos **2** COLLIDE, CRASH : estrellarse, chocar

smash² *n* **1** BLOW : golpe *m* **2** COLLISION : choque *m* **3** BANG, CRASH : estrépito *m*

smattering ['smætərɪŋ] *n* **1** : nociones *fpl* ⟨she has a smattering of programming : tiene nociones de programación⟩ **2** : un poco, unos cuantos ⟨a smattering of spectators : unos cuantos espectadores⟩

smear¹ ['smɪr] vt **1** DAUB : embadurnar, untar (mantequilla, etc.) **2** SMUDGE : emborronar **3** SLANDER : calumniar, difamar

smear² n **1** SMUDGE : mancha f **2** SLANDER : calumnia f

smell¹ ['smɛl] v **smelled** or **smelt** ['smɛlt]; **smelling** vt : oler, olfatear ⟨to smell danger : olfatear el peligro⟩ — vi : oler ⟨to smell good : oler bien⟩

smell² n **1** : olfato m, sentido m del olfato **2** ODOR : olor m

smelly ['smɛli] adj **smellier; -est** : maloliente

smelt¹ ['smɛlt] vt : fundir

smelt² n, pl **smelts** or **smelt** : eperlano m (pez)

smile¹ ['smaɪl] vi **smiled; smiling** : sonreír

smile² n : sonrisa f

smirk¹ ['smərk] vi : sonreír con suficiencia

smirk² n : sonrisa f satisfecha

smite ['smaɪt] vt **smote** ['smo:t]; **smitten** ['smɪtən] or **smote; smiting 1** STRIKE : golpear **2** AFFLICT : afligir

smith ['smɪθ] n : herrero m, -ra f

smithy ['smɪθi] n, pl **smithies** : herrería f

smock ['smak] n : bata f, blusón m

smog ['smag, 'smɔg] n : smog m

smoke¹ ['smo:k] v **smoked; smoking** vi **1** : echar humo, humear ⟨a smoking chimney : una chimenea que echa humo⟩ **2** : fumar ⟨I don't smoke : no fumo⟩ — vt : ahumar (carne, etc.)

smoke² n : humo m

smoke detector [dɪ'tɛktər] n : detector m de humo

smoker ['smo:kər] n : fumador m, -dora f

smokestack ['smo:k,stæk] n : chimenea f

smoky ['smo:ki] adj **smokier; -est 1** SMOKING : humeante **2** : a humo ⟨a smoky flavor : un sabor a humo⟩ **3** : lleno de humo ⟨a smoky room : un cuarto lleno de humo⟩

smolder ['smo:ldər] vi **1** : arder sin llama **2** : arder (en el corazón) ⟨his anger smoldered : su rabia ardía⟩

smooth¹ ['smu:ð] vt : alisar

smooth² adj **1** : liso (dícese de una superficie) ⟨smooth skin : piel lisa⟩ **2** : suave (dícese de un movimiento) ⟨a smooth landing : un aterrizaje suave⟩ **3** : sin grumos ⟨a smooth sauce : una salsa sin grumos⟩ **4** : fluido ⟨smooth writing : escritura fluida⟩

smoothly ['smu:ðli] adv **1** GENTLY, SOFTLY : suavemente **2** EASILY : con facilidad, sin problemas

smoothness ['smu:ðnəs] n : suavidad f

smother ['smʌðər] vt **1** SUFFOCATE : ahogar, sofocar **2** COVER : cubrir **3** SUPPRESS : contener — vi : asfixiarse

smudge¹ ['smʌdʒ] v **smudged; smudging** vt : emborronar — vi : correrse

smudge² n : mancha f, borrón m

smug ['smʌg] adj **smugger; smuggest** : suficiente, pagado de sí mismo

smuggle ['smʌgəl] vt **-gled; -gling** : contrabandear, pasar de contrabando

smuggler ['smʌgələr] n : contrabandista mf

smugly ['smʌgli] adv : con suficiencia

smut ['smʌt] n **1** SOOT : tizne m, hollín m **2** FUNGUS : tizón m **3** OBSCENITY : obscenidad f, inmundicia f

smutty ['smʌti] adj **smuttier; -est 1** SOOTY : tiznado **2** OBSCENE : obsceno, indecente

snack ['snæk] n : refrigerio m, bocado m, tentempié m fam ⟨an afternoon snack : una merienda⟩

snag¹ ['snæg] v **snagged; snagging** vt : enganchar — vi : engancharse

snag² n : problema m, inconveniente m

snail ['sneɪl] n : caracol m

snake ['sneɪk] n : culebra f, serpiente f

snakebite ['sneɪk,baɪt] n : mordedura f de serpiente

snap¹ ['snæp] v **snapped; snapping** vi **1** : intentar morder (dícese de un perro, etc.), picar (dícese de un pez) **2** : hablar con severidad (haciendo un chasquido) ⟨he snapped at me! : ¡me gritó!⟩ **3** BREAK : romperse, quebrarse (haciendo un chasquido) — vt **1** BREAK : partir (en dos), quebrar **2** : hacer (algo) de un golpe ⟨to snap open : abrir de golpe⟩ **3** RETORT : decir bruscamente **4** CLICK : chasquear ⟨to snap one's fingers : chasquear los dedos⟩

snap² n **1** CLICK, CRACK : chasquido m **2** FASTENER : broche m **3** CINCH : cosa f fácil ⟨it's a snap : es facilísimo⟩

snapdragon ['snæp,drægən] n : dragón m (flor)

snapper ['snæpər] → **red snapper**

snappy ['snæpi] adj **snappier; -est 1** FAST : rápido ⟨make it snappy! : ¡date prisa!⟩ **2** LIVELY : vivaz **3** CHILLY : frío **4** STYLISH : elegante

snapshot ['snæp,ʃat] n : instantánea f

snare¹ ['snær] vt **snared; snaring** : atrapar

snare² n : trampa f, red f

snare drum n : tambor m con bordón

snarl¹ ['snarl] vt **1** TANGLE : enmarañar, enredar **2** GROWL : gruñir

snarl² n **1** TANGLE : enredo m, maraña f **2** GROWL : gruñido m

snatch¹ ['snætʃ] vt : arrebatar

snatch² n : fragmento m

sneak¹ ['sni:k] vi : ir a hurtadillas — vt : hacer furtivamente ⟨to sneak a look : mirar con disimulo⟩ ⟨he sneaked a smoke : fumó un cigarrillo a escondidas⟩

sneak² n : soplón m, -plona f

sneakers ['sni:kərz] npl : tenis mpl, zapatillas fpl

sneaky ['sni:ki] adj **sneakier; -est** : solapado

sneer[1] ['snɪr] *vi* : sonreír con desprecio

sneer[2] *n* : sonrisa *f* de desprecio

sneeze[1] ['sni:z] *vi* **sneezed; sneezing** : estornudar

sneeze[2] *n* : estornudo *m*

snicker[1] ['snɪkər] *vi* : reírse disimuladamente

snicker[2] *n* : risita *f*

snide ['snaɪd] *adj* : sarcástico

sniff[1] ['snɪf] *vt* 1 SMELL : oler, husmear (dícese de los animales) 2 **to sniff at** : despreciar, desdeñar — *vt* 1 SMELL : oler 2 **to sniff out** : olerse, husmear

sniff[2] *n* 1 SNIFFING : aspiración *f* por la nariz 2 SMELL : olor *m*

sniffle ['snɪfəl] *vi* **-fled; -fling** : respirar con la nariz congestionada

sniffles ['snɪfəlz] *npl* : resfriado *m*

snip[1] ['snɪp] *vt* **snipped; snipping** : cortar (con tijeras)

snip[2] *n* : tijeretada *f*, recorte *m*

snipe[1] ['snaɪp] *vi* **sniped; sniping** : disparar

snipe[2] *n, pl* **snipes** *or* **snipe** : agachadiza *f*

sniper ['snaɪpər] *n* : francotirador *m*, -dora *f*

snippet ['snɪpət] *n* : fragmento *m* (de un texto, etc.)

snivel ['snɪvəl] *vi* **-veled** *or* **-velled; -veling** *or* **-velling** 1 → **snuffle** 2 WHINE : lloriquear

snob ['snab] *n* : esnob *mf*, snob *mf*

snobbery ['snabəri] *n, pl* **-beries** : esnobismo *m*

snobbish ['snabɪʃ] *adj* : esnob, snob

snobbishness ['snabɪʃnəs] *n* : esnobismo *m*

snoop[1] ['snu:p] *vi* : husmear, curiosear

snoop[2] *n* : fisgón *m*, -gona *f*

snooze[1] ['snu:z] *vi* **snoozed; snoozing** : dormitar

snooze[2] *n* : siestecita *f*, siestita *f*

snore[1] ['snor] *vi* **snored; snoring** : roncar

snore[2] *n* : ronquido *m*

snort[1] ['snɔrt] *vi* : bufar, resoplar

snort[2] *n* : bufido *m*, resoplo *m*

snout ['snaʊt] *n* : hocico *m*, morro *m*

snow[1] ['sno:] *vi* : nevar ⟨I'm snowed in : estoy aislado por la nieve⟩ 2 **to be snowed under** : estar inundado

snow[2] *n* : nieve *f*

snowball ['sno:,bɔl] *n* : bola *f* de nieve

snowdrift ['sno:,drɪft] *n* : ventisquero *m*

snowfall ['sno:,fɔl] *n* : nevada *f*

snowplow ['sno:,plaʊ] *n* : quitanieves *m*

snowshoe ['sno:,ʃu:] *n* : raqueta *f* (para nieve)

snowstorm ['sno:,stɔrm] *n* : tormenta *f* de nieve, ventisca *f*

snowy ['sno:i] *adj* **snowier; -est** : nevoso ⟨a snowy road : un camino nevado⟩

snub[1] ['snʌb] *vt* **snubbed; snubbing** : desairar

snub[2] *n* : desaire *m*

snub–nosed ['snʌb,no:zd] *adj* : de nariz respingada

snuff[1] ['snʌf] *vt* 1 : apagar (una vela) 2 : sorber (algo) por la nariz

snuff[2] *n* : rapé *m*

snuffle ['snʌfəl] *vi* **-fled; -fling** : respirar con la nariz congestionada

snug ['snʌg] *adj* 1 COMFORTABLE : cómodo 2 TIGHT : ajustado, ceñido ⟨snug pants : pantalones ajustados⟩

snuggle ['snʌgəl] *vi* **-gled; -gling** : acurrucarse ⟨to snuggle up to someone : arrimársele a alguien⟩

snugly ['snʌgli] *adv* 1 COMFORTABLY : cómodamente 2 : de manera ajustada ⟨the shirt fits snugly : la camisa queda ajustada⟩

so[1] ['so:] *adv* 1 (*referring to something indicated or suggested*) ⟨do you think so? : ¿tú crees?⟩ ⟨so it would seem : eso parece⟩ ⟨I told her so : se lo dije⟩ ⟨he's ready, or so he says : según dice, está listo⟩ ⟨it so happened that . . . : resultó que . . .⟩ ⟨do it like so : hazlo así⟩ ⟨so be it : así sea⟩ 2 ALSO : también ⟨so do I : yo también⟩ 3 THUS : así, de esta manera 4 : tan ⟨he'd never been so happy : nunca había estado tan contento⟩ 5 CONSEQUENTLY : por lo tanto

so[2] *conj* 1 THEREFORE : así que 2 *or* **so that** : para que, así que, de manera que 3 **so what?** : ¿y qué?

soak[1] ['so:k] *vi* : estar en remojo — *vt* 1 : poner en remojo 2 **to soak up** ABSORB : absorber

soak[2] *n* : remojo *m*

soap[1] ['so:p] *vt* : enjabonar

soap[2] *n* : jabón *m*

soapsuds ['so:p,sʌdz] → **suds**

soapy ['so:pi] *adj* **soapier; -est** : jabonoso ⟨a soapy taste : un gusto a jabón⟩ ⟨a soapy texture : una textura de jabón⟩

soar ['sor] *vi* 1 FLY : volar 2 RISE : remontar el vuelo (dícese de las aves) ⟨her hopes soared : su esperanza renació⟩ ⟨prices are soaring : los precios están subiendo vertiginosamente⟩

sob[1] ['sab] *vi* **sobbed; sobbing** : sollozar

sob[2] *n* : sollozo *m*

sober ['so:bər] *adj* 1 : sobrio ⟨he's not sober enough to drive : está demasiado borracho para manejar⟩ 2 SERIOUS : serio

soberly ['so:bərli] *adv* 1 : sobriamente 2 SERIOUSLY : seriamente

sobriety [sə'braɪəti, so-] *n* 1 : sobriedad *f* ⟨sobriety test : prueba de alcoholemia⟩ 2 SERIOUSNESS : seriedad *f*

so-called ['so:'kɔld] *adj* : supuesto, presunto ⟨the so-called experts : los expertos, así llamados⟩

soccer ['sakər] *n* : futbol *m*, fútbol *m*

sociable ['so:ʃəbəl] *adj* : sociable

social[1] ['so:ʃəl] *adj* : social — **socially** *adv*

social[2] *n* : reunión *f* social

socialism ['so:ʃə,lɪzəm] n : socialismo m
socialist¹ ['so:ʃəlɪst] adj : socialista
socialist² n : socialista mf
socialize ['so:ʃə,laɪz] v **-ized; -izing** vt **1**
NATURALIZE : nacionalizar **2** : so-
cializar (en psicología) — vi : alternar,
circular ⟨to socialize with friends : alternar con amigos⟩
social work n : asistencia f social
society [sə'saɪəti] n, pl **-eties 1** COM-
PANIONSHIP : compañía f **2** : sociedad
f ⟨a democratic society : una sociedad
democrática⟩ ⟨high society : alta so-
ciedad⟩ **3** ASSOCIATION : sociedad f,
asociación f
socioeconomic [,so:sio,i:kə'namɪk,
-,ɛkə-] adj : socioeconómico
sociology [,so:si'aləʤi] n : sociología f
sociological [,so:siə'laʤɪkəl] adj : sociológico
sociologist [,so:si'aləʤɪst] n : sociólogo
m, -ga f
sock¹ ['sak] vt : pegar, golpear, darle un
puñetazo a
sock² n **1** pl **socks** or **sox** ['saks] : calcetín m, media f ⟨shoes and socks : za-
patos y calcetines⟩ **2** pl **socks** ['saks]
PUNCH : puñetazo m
socket ['sakət] n **1** or **electric socket**
: enchufe m, toma f de corriente **2** : glena f (de una articulación) ⟨shoulder
socket : glena del hombro⟩ **3 eye socket** : órbita f, cuenca f
sod¹ ['sad] vt **sodded; sodding** : cubrir
de césped
sod² n TURF : césped m, tepe m
soda ['so:də] n **1** or **soda water** : soda f
2 or **soda pop** : gaseosa f, refresco m
3 or **ice-cream soda** : refresco m con
helado
sodden ['sadən] adj SOGGY : empapado
sodium ['so:diəm] n : sodio m
sodium bicarbonate n : bicarbonato m
de soda
sodium chloride → **salt**
sofa ['so:fə] n : sofá m
soft ['sɔft] adj **1** : blando ⟨a soft pillow
: una almohada blanda⟩ **2** SMOOTH
: suave (dícese de las texturas, de los
sonidos, etc.) **3** NONALCOHOLIC : no
alcohólico ⟨a soft drink : un refresco⟩
softball ['sɔft,bɔl] n : softbol m
soften ['sɔfən] vt : ablandar (algo sólido), suavizar (la piel, un golpe, etc.),
amortiguar (un impacto) — vi : ablandarse, suavizarse
softly ['sɔftli] adv : suavemente ⟨she
spoke softly : habló en voz baja⟩
softness ['sɔftnəs] n **1** : blandura f, lo
blando (de una almohada, de la mantequilla, etc.) **2** SMOOTHNESS : suavidad f
software ['sɔft,wær] n : software m
soggy ['sagi] adj **soggier; -est** : empapado
soil¹ ['sɔɪl] vt : ensuciar — vi : ensuciarse

soil² n **1** DIRTINESS : suciedad f **2** DIRT,
EARTH : suelo m, tierra f **3** COUNTRY
: patria f ⟨her native soil : su tierra na-
tal⟩
sojourn¹ ['so:,ʤɚn, so:'ʤɚn] vi : pasar
una temporada
sojourn² n : estadía f, estancia f, permanencia f
solace ['saləs] n : consuelo m
solar ['so:lər] adj : solar ⟨the solar system : el sistema solar⟩
sold → **sell**
solder¹ ['sadər, 'sɔ-] vt : soldar
solder² n : soldadura f
soldier¹ ['so:lʤər] vi : servir como soldado
soldier² n : soldado mf
sole¹ ['so:l] adj : único
sole² n **1** : suela f (de un zapato) **2**
: lenguado m (pez)
solely ['so:li] adv : únicamente, sólo
solemn ['saləm] adj : solemne, serio —
solemnly adv
solemnity [sə'lɛmnəti] n, pl **-ties** : solemnidad f
solicit [sə'lɪsət] vt : solicitar
solicitous [sə'lɪsətəs] adj : solícito
solicitude [sə'lɪsə,tu:d, -,tju:d] n : solicitud f
solid¹ ['saləd] adj **1** : macizo ⟨a solid
rubber ball : una bola maciza de cau-
cho⟩ **2** CUBIC : tridimensional **3** COM-
PACT : compacto, denso **4** STURDY
: sólido **5** CONTINUOUS : seguido, continuo ⟨two solid hours : dos horas
seguidas⟩ ⟨a solid line : una línea con-
tinua⟩ **6** UNANIMOUS : unánime **7** DE-
PENDABLE : serio, fiable **8** PURE : macizo, puro ⟨solid gold : oro macizo⟩
solid² n : sólido m
solidarity [,salə'dærəti] n : solidaridad f
solidify [sə'lɪdə,faɪ] v **-fied; -fying** vt : solidificar — vi : solidificarse
solidity [sə'lɪdəti] n, pl **-ties** : solidez f
solidly ['salədli] adv **1** : sólidamente **2**
UNANIMOUSLY : unánimemente
soliloquy [sə'lɪləkwi] n, pl **-quies** : soliloquio m
solitaire ['salə,tɛr] n : solitario m
solitary ['salə,tɛri] adj **1** ALONE : solitario **2** SECLUDED : apartado, retirado
3 SINGLE : solo
solitude ['salə,tu:d, -,tju:d] n : soledad f
solo¹ ['so:,lo:] vi : volar en solitario
(dícese de un piloto)
solo² adv & adj : en solitario, a solas
solo³ n, pl **solos** : solo m
soloist ['so:loɪst] n : solista mf
solstice ['salstɪs] n : solsticio m
soluble ['saljəbəl] adj : soluble
solution [sə'lu:ʃən] n : solución f
solve ['salv] vt **solved; solving** : resolver, solucionar
solvency ['salvəntsi] n : solvencia f
solvent ['salvənt] n : solvente m
Somali ['so:mali, sə-] n : somalí mf —
Somali adj
somber ['sambər] adj **1** DARK : sombrío, oscuro ⟨somber colors : colores

oscuros⟩ **2** GRAVE : sombrío, serio **3** MELANCHOLY : sombrío, lúgubre

sombrero [səm'brɛɾ,o:] *n, pl* **-ros** : sombrero *m* (mexicano)

some[1] ['sʌm] *adj* **1** : un, algún ⟨some lady stopped me : una mujer me detuvo⟩ ⟨some distant galaxy : alguna galaxia lejana⟩ **2** : algo de, un poco de ⟨he drank some water : tomó (un poco de) agua⟩ ⟨some : ¿quieres unas manzanas?⟩ ⟨some years ago : hace varios años⟩

some[2] *pron* **1** : algunos ⟨some went, others stayed : algunos se fueron, otros se quedaron⟩ **2** : un poco, algo ⟨there's some left : queda un poco⟩ ⟨I have gum; do you want some? : tengo chicle, ¿quieres?⟩

somebody ['sʌmbədi, -,bɑdi] *pron* : alguien

someday ['sʌm,deɪ] *adv* : algún día

somehow ['sʌm,haʊ] *adv* **1** : de alguna manera, de algún modo ⟨I'll do it somehow : lo haré de alguna manera⟩ **2** : por alguna razón ⟨somehow I don't trust her : por alguna razón no me fío de ella⟩

someone ['sʌm,wʌn] *pron* : alguien

someplace ['sʌm,pleɪs] → **somewhere**

somersault[1] ['sʌmər,sɔlt] *vi* : dar volteretas, dar un salto mortal

somersault[2] *n* : voltereta *f*, salto *m* mortal

something ['sʌmθɪŋ] *pron* : algo ⟨I want something else : quiero otra cosa⟩ ⟨she's writing a novel or something : está escribiendo una novela o no sé qué⟩

sometime ['sʌm,taɪm] *adv* : algún día, en algún momento ⟨sometime next month : durante el mes que viene⟩

sometimes ['sʌm,taɪmz] *adv* : a veces, algunas veces, de vez en cuando

somewhat ['sʌm,hwʌt, -,hwɑt] *adv* : algo, un tanto

somewhere ['sʌm,hwɛr] *adv* **1** (*indicating location*) : en algún lugar ⟨it must be somewhere else : estará en otra parte⟩ **2** (*indicating destination*) : a algún lugar

son ['sʌn] *n* : hijo *m*

sonar ['so:,nɑr] *n* : sonar *m*

sonata [sə'nɑtə] *n* : sonata *f*

song ['sɔŋ] *n* : canción *f*, canto *m* (de un pájaro)

songbird ['sɔŋ,bərd] *n* : pájaro *m* cantor

songwriter ['sɔŋ,raɪtər] *n* : compositor *m*, -tora *f*

sonic ['sɑnɪk] *adj* **1** : sónico **2** **sonic boom** : estampido *m* sónico

son-in-law ['sʌnɪn,lɔ] *n, pl* **sons-in-law** : yerno *m*, hijo *m* político

sonnet ['sɑnət] *n* : soneto *m*

sonorous ['sɑnərəs, sə'norəs] *adj* : sonoro

soon ['su:n] *adv* **1** : pronto, dentro de poco ⟨he'll arrive soon : llegará pron-

to⟩ **2** QUICKLY : pronto ⟨as soon as possible : lo más pronto posible⟩ ⟨the sooner the better : cuanto antes mejor⟩ **3** : de buena gana ⟨I'd sooner walk : prefiero caminar⟩

soot ['sʊt, 'su:t, 'sʌt] *n* : hollín *m*, tizne *m*

soothe ['su:ð] *vt* **soothed; soothing 1** CALM : calmar, tranquilizar **2** RELIEVE : aliviar

soothsayer ['su:θ,seɪər] *n* : adivino *m*, -na *f*

sooty ['sʊti, 'su:-, 'sʌ-] *adj* **sootier; -est** : cubierto de hollín, tiznado

sop[1] ['sɑp] *vt* **sopped; sopping 1** DIP : mojar **2** SOAK : empapar **3 to sop up** : rebañar, absorber

sop[2] *n* **1** CONCESSION : concesión *f* **2** BRIBE : soborno *m*

sophisticated [sə'fɪstə,keɪtəd] *adj* **1** COMPLEX : complejo **2** WORLDLY-WISE : sofisticado

sophistication [sə,fɪstə'keɪʃən] *n* **1** COMPLEXITY : complejidad *f* **2** URBANITY : sofisticación *f*

sophomore ['sɑf,mor, 'sɑfə,mor] *n* : estudiante *mf* de segundo año

soporific [,sɑpə'rɪfɪk, ,so:-] *adj* : soporífero

soprano [sə'præ,no:] *n, pl* **-nos** : soprano *mf*

sorcerer ['sɔrsərər] *n* : hechicero *m*, brujo *m*, mago *m*

sorceress ['sɔrsərəs] *n* : hechicera *f*, bruja *f*, maga *f*

sorcery ['sɔrsəri] *n* : hechicería *f*, brujería *f*

sordid ['sɔrdɪd] *adj* : sórdido

sore[1] ['sor] *adj* **sorer; sorest 1** PAINFUL : dolorido, doloroso ⟨I have a sore throat : me duele la garganta⟩ **2** ACUTE, SEVERE : extremo, grande ⟨in sore straits : en grandes apuros⟩ **3** ANGRY : enojado, enfadado

sore[2] *n* : llaga *f*

sorely ['sorli] *adv* : muchísimo ⟨it was sorely needed : se necesitaba urgentemente⟩ ⟨she was sorely missed : la echaban mucho de menos⟩

soreness ['sornəs] *n* : dolor *m*

sorghum ['sɔrgəm] *n* : sorgo *m*

sorority [sə'rorəṭi] *n, pl* **-ties** : hermandad *f* (de estudiantes femeninas)

sorrel ['sɔrəl] *n* **1** : alazán *m* (color o animal) **2** : acedera *f* (hierba)

sorrow ['sɑr,o:] *n* : pesar *m*, dolor *m*, pena *f*

sorrowful ['sɑrəfəl] *adj* : triste, afligido, apenado

sorrowfully ['sɑrəfəli] *adv* : con tristeza

sorry ['sɑri] *adj* **sorrier; -est 1** PITIFUL : lastimero, lastimoso **2 to be sorry** : sentir, lamentar ⟨I'm sorry : lo siento⟩ **3 to feel sorry for** : compadecer ⟨I feel sorry for him : me da pena⟩

sort[1] ['sɔrt] *vt* **1** : dividir en grupos **2** CLASSIFY : clasificar **3 to sort out** ORGANIZE : poner en orden **4 to sort out** RESOLVE : resolver

sort² n **1** KIND : tipo m, clase f ⟨a sort of writer : una especie de escritor⟩ **2** NATURE : índole f **3 out of sorts** : de mal humor

sortie [ˈsɔrti, sɔrˈti:] n : salida f

SOS [ˌɛsˌoˈɛs] n : SOS m

so-so [ˈsoˈso:] adj & adv : así así, de modo regular

soufflé [suːˈfleɪ] n : suflé m

sought → **seek**

soul [ˈsoːl] n **1** SPIRIT : alma f **2** ESSENCE : esencia f **3** PERSON : persona f, alma f

soulful [ˈsoːlfəl] adj : conmovedor, lleno de emoción

sound¹ [ˈsaʊnd] vt **1** : sondar (en navegación) **2** or **to sound out** PROBE : sondear **3** : hacer sonar, tocar (una trompeta, etc.) — vi **1** : sonar ⟨the alarm sounded : la alarma sonó⟩ **2** SEEM : parecer

sound² adj **1** HEALTHY : sano ⟨safe and sound : sano y salvo⟩ ⟨of sound mind and body : en pleno uso de sus facultades⟩ **2** FIRM, SOLID : sólido **3** SENSIBLE : lógico, sensato **4** DEEP : profundo ⟨a sound sleep : un sueño profundo⟩

sound³ n **1** : sonido m ⟨the speed of sound : la velocidad del sonido⟩ **2** NOISE : sonido m, ruido m ⟨I heard a sound : oí un sonido⟩ **3** CHANNEL : brazo m de mar, canal m (ancho)

soundless [ˈsaʊndləs] adj : sordo

soundlessly [ˈsaʊndləsli] adv : silenciosamente

soundly [ˈsaʊndli] adv **1** SOLIDLY : sólidamente **2** SENSIBLY : lógicamente, sensatamente **3** DEEPLY : profundamente ⟨sleeping soundly : durmiendo profundamente⟩

soundness [ˈsaʊndnəs] n **1** SOLIDITY : solidez f **2** SENSIBLENESS : sensatez f, solidez f

soundproof [ˈsaʊndˌpruːf] adj : insonorizado

soundtrack [ˈsaʊndˌtræk] n : banda f sonora

sound wave n : onda f sonora

soup [ˈsuːp] n : sopa f

sour¹ [ˈsaʊər] vi : agriarse, cortarse (dícese de la leche) — vt : agriar, cortar (leche)

sour² adj **1** ACID : agrio, ácido (dícese de la fruta, etc.), cortado (dícese de la leche) **2** DISAGREEABLE : desagradable, agrio

source [ˈsors] n : fuente f, origen m, nacimiento m (de un río)

sourness [ˈsaʊərnəs] n : acidez f

south¹ [ˈsaʊθ] adv : al sur, hacia el sur ⟨the window looks south : la ventana mira al sur⟩ ⟨she continued south : continuó hacia el sur⟩

south² adj : sur, del sur ⟨the south entrance : la entrada sur⟩ ⟨South America : Sudamérica, América del Sur⟩

south³ n : sur m

South African n : sudafricano m, -na f — **South African** adj

South American¹ adj : sudamericano, suramericano

South American² n : sudamericano m, -na f; suramericano m, -na f

southbound [ˈsaʊθˌbaʊnd] adj : con rumbo al sur

southeast¹ [saʊˈθiːst] adj : sureste, sudeste, del sureste

southeast² n : sureste m, sudeste m

southeasterly [saʊˈθiːstərli] adv & adj **1** : del sureste (dícese del viento) **2** : hacia el sureste

southeastern [saʊˈθiːstərn] adj → **southeast¹**

southerly [ˈsʌðərli] adv & adj : del sur

southern [ˈsʌðərn] adj : sur, sureño, meridional, austral ⟨a southern city : una ciudad del sur del país, una ciudad meridional⟩ ⟨the southern side : el lado sur⟩

Southerner [ˈsʌðərnər] n : sureño m, -ña f

South Pole : Polo m Sur

southward [ˈsaʊθwərd] or **southwards** [-wərdz] adv & adj : hacia el sur

southwest¹ [saʊˈθwɛst, as a nautical term often saʊˈwɛst] adj : suroeste, sudoeste, del suroeste

southwest² n : suroeste m, sudoeste m

southwesterly [saʊˈθwɛstərli] adv & adj **1** : del suroeste (dícese del viento) **2** : hacia el suroeste

southwestern [saʊˈθwɛstərn] adj → **southwest¹**

souvenir [ˌsuːvəˈnɪr, ˈsuːvəˌ-] n : recuerdo m, souvenir m

sovereign¹ [ˈsavərən] adj : soberano

sovereign² n **1** : soberano m, -na f (monarca) **2** : soberano m (moneda)

sovereignty [ˈsavərənti] n, pl -ties : soberanía f

Soviet [ˈsoːviˌɛt, ˈsa-, -viət] adj : soviético

sow¹ [ˈsoː] vt **sowed; sown** [ˈsoːn] or **sowed; sowing 1** PLANT : sembrar **2** SCATTER : esparcir

sow² [ˈsaʊ] n : cerda f

sox → **sock**

soy [ˈsɔɪ] n : soya f, soja f

soybean [ˈsɔɪˌbiːn] n : soya f, soja f

spa [ˈspa] n : balneario m

space¹ [ˈspeɪs] vt **spaced; spacing** : espaciar

space² n **1** PERIOD : espacio m, lapso m, período m **2** ROOM : espacio m, sitio m, lugar m ⟨is there space for me? : ¿hay sitio para mí?⟩ **3** : espacio m ⟨blank space : espacio en blanco⟩ **4** : espacio m (en física) **5** PLACE : plaza f, sitio m ⟨to reserve space : reservar plazas⟩ ⟨parking space : sitio para estacionarse⟩

spacecraft [ˈspeɪsˌkræft] n : nave f espacial

spaceflight [ˈspeɪsˌflaɪt] n : vuelo m espacial

spaceman ['speɪsˌmæn, -ˌmæn] *n, pl* **-men** [-mən, -ˌmɛn] : astronauta *m*, cosmonauta *m*

spaceship ['speɪsˌʃɪp] *n* : nave *f* espacial

space shuttle *n* : transbordador *m* espacial

space suit *n* : traje *m* espacial

spacious ['speɪʃəs] *adj* : espacioso, amplio

spade¹ ['speɪd] *v* **spaded; spading** *vt* : palear — *vi* : usar una pala

spade² *n* **1** SHOVEL : pala *f* **2** : pica *f* (naipe)

spaghetti [spə'gɛti] *n* : espagueti *m*, espaguetis *mpl*, spaghetti *mpl*

spam ['spæm] *n* : spam *m*, correo *m* electrónico no solicitado

span¹ ['spæn] *vt* **spanned; spanning** : abárcar (un período de tiempo), extenderse sobre (un espacio)

span² *n* **1** : lapso *m*, espacio *m* (de tiempo) ⟨life span : duración de la vida⟩ **2** : luz *f* (entre dos soportes)

spangle ['spæŋgəl] *n* : lentejuela *f*

Spaniard ['spænjərd] *n* : español *m*, -ñola *f*

spaniel ['spænjəl] *n* : spaniel *m*

Spanish¹ ['spænɪʃ] *adj* : español

Spanish² *n* **1** : español *m* (idioma) **2 the Spanish** *npl* : los españoles

spank ['spæŋk] *vt* : darle nalgadas (a alguien)

spar¹ ['spɑr] *vi* **sparred; sparring** : entrenarse (en boxeo)

spar² *n* : palo *m*, verga *f* (de un barco)

spare¹ ['spær] *vt* **spared; sparing 1** : perdonar ⟨to spare someone's life : perdonarle la vida a alguien⟩ **2** SAVE : ahorrar, evitar ⟨I'll spare you the trouble : le evitaré la molestia⟩ **3** : prescindir de ⟨I can't spare her : no puedo prescindir de ella⟩ ⟨can you spare a dollar? : ¿me das un dólar?⟩ **4** STINT : escatimar ⟨they spared no expense : no repararon en gastos⟩ **5 to spare** : de sobra

spare² *adj* **1** : de repuesto, de recambio ⟨spare tire : llanta de repuesto⟩ **2** EXCESS : de más, de sobra ⟨spare time : tiempo libre⟩ **3** LEAN : delgado

spare³ *n* or **spare part** : repuesto *m*, recambio *m*

sparing ['spærɪŋ] *adj* : parco, económico — **sparingly** *adv*

spark¹ ['spɑrk] *vi* : chispear, echar chispas — *vt* PROVOKE : despertar, provocar ⟨to spark interest : despertar interés⟩

spark² *n* **1** : chispa *f* ⟨to throw off sparks : echar chispas⟩ **2** GLIMMER, TRACE : destello *m*, pizca *f*

sparkle¹ ['spɑrkəl] *vi* **-kled; -kling 1** FLASH, SHINE : destellar, centellear, brillar **2** : estar muy animado (dícese de una conversación, etc.)

sparkle² *n* : destello *m*, centelleo *m*

sparkler ['spɑrklər] *n* : luz *f* de bengala

spark plug *n* : bujía *f*

sparrow ['spæroː] *n* : gorrión *m*

sparse ['spɑrs] *adj* **sparser; -est** : escaso — **sparsely** *adv*

spasm ['spæzəm] *n* **1** : espasmo *m* (muscular) **2** BURST, FIT : arrebato *m*

spasmodic [spæz'mɑdɪk] *adj* **1** : espasmódico **2** SPORADIC : irregular, esporádico — **spasmodically** [-dɪkli] *adv*

spastic ['spæstɪk] *adj* : espástico

spat¹ → **spit¹**

spat² ['spæt] *n* : discusión *f*, disputa *f*, pelea *f*

spatial ['speɪʃəl] *adj* : espacial

spatter¹ ['spætər] *v* : salpicar

spatter² *n* : salpicadura *f*

spatula ['spætʃələ] *n* : espátula *f*, paleta *f* (para servir)

spawn¹ ['spɔn] *vi* : desovar, frezar — *vt* GENERATE : generar, producir

spawn² *n* : hueva *f*, freza *f*

spay ['speɪ] *vt* : esterilizar (una perra, etc.)

speak ['spiːk] *v* **spoke** ['spoːk]; **spoken** ['spoːkən]; **speaking** *vi* **1** TALK : hablar ⟨to speak to someone : hablar con alguien⟩ ⟨who's speaking? : ¿de parte de quién?⟩ ⟨so to speak : por así decirlo⟩ **2 to speak out** : hablar claramente **3 to speak out against** : denunciar **4 to speak up** : hablar en voz alta **5 to speak up for** : defender — *vt* **1** SAY : decir ⟨she spoke her mind : habló con franqueza⟩ **2** : hablar (un idio...

speaker ['spiːkər] *n* **1** : hablant... native speaker : un hablante n... : orador *m*, -dora *f* ⟨the keyn... er : el orador principal⟩ SPEAKER : altavoz *m*, altopar...

spear¹ ['spɪr] *vt* : atravesar con u... za

spear² *n* : lanza *f*

spearhead¹ ['spɪrˌhɛd] *vt* : encabeza...

spearhead² *n* : punta *f* de lanza

spearmint ['spɪrmɪnt] *n* : menta *f* verde

special ['spɛʃəl] *adj* : especial ⟨nothing special : nada en especial, nada en particular⟩ — **specially** *adv*

specialist ['spɛʃəlɪst] *n* : especialista *mf*

specialization [ˌspɛʃələ'zeɪʃən] *n* : especialización *f*

specialize ['spɛʃəˌlaɪz] *vi* **-ized; -izing** : especializarse

specialty ['spɛʃəlti] *n, pl* **-ties** : especialidad *f*

species ['spiːˌʃiːz, -ˌsiːz] *ns & pl* : especie *f*

specific [spɪ'sɪfɪk] *adj* : específico, determinado — **specifically** [-fɪkli] *adv*

specification [ˌspɛsəfə'keɪʃən] *n* : especificación *f*

specify ['spɛsəˌfaɪ] *vt* **-fied; -fying** : especificar

specimen ['spɛsəmən] *n* **1** SAMPLE : espécimen *m*, muestra *f* **2** EXAMPLE : espécimen *m*, ejemplar *m*

speck ['spɛk] *n* **1** SPOT : manchita *f* **2** BIT, TRACE : mota *f*, pizca *f*, ápice *m*

speckled ['spɛkəld] *adj* : moteado

spectacle ['spɛktɪkəl] n 1 : espectáculo m 2 **spectacles** npl GLASSES : lentes fpl, gafas fpl, anteojos mpl, espejuelos mpl

spectacular [spɛk'tækjələr] adj : espectacular

spectator ['spɛk,teɪtər] n : espectador m, -dora f

specter or **spectre** ['spɛktər] n : espectro m, fantasma m

spectrum ['spɛktrəm] n, pl **spectra** [-trə] or **spectrums** 1 : espectro m (de colores, etc.) 2 RANGE : gama f, abanico m

speculate ['spɛkjə,leɪt] vi -**lated**; -**lating** 1 : especular (en finanzas) 2 WONDER : preguntarse, hacer conjeturas

speculation [,spɛkjə'leɪʃən] n : especulación f

speculative ['spɛkjə,leɪtɪv] adj : especulativo

speculator ['spɛkjə,leɪtər] n : especulador m, -dora f

speech ['spi:tʃ] n 1 : habla f, modo m de hablar, expresión f 2 ADDRESS : discurso m

speechless ['spi:tʃləs] adj : enmudecido, estupefacto

speed[1] ['spi:d] v **sped** ['spɛd] or **speeded**; **speeding** vi 1 : ir a toda velocidad, correr a toda prisa ⟨he sped off : se fue a toda velocidad⟩ 2 : conducir a exce- ... velocidad ⟨a ticket for speeding ... multa por exceso de velocidad⟩ — **speed up** : acelerar

... SWIFTNESS : rapidez f 2 VE- ... : velocidad f

... **oat** ['spi:d,bo:t] n : lancha f mo-

... **bump** n : badén m

... **limit** n : velocidad f máxima, ...nite m de velocidad

speedometer [spɪ'dɑmətər] n : velocímetro m

speedup ['spi:d,ʌp] n : aceleración f

speedy ['spi:di] adj **speedier**; -**est** : rápido — **speedily** [-dəli] adv

spell[1] ['spɛl] vt 1 : escribir, deletrear (verbalmente) ⟨how do you spell it? : ¿cómo se escribe?, ¿cómo se deletrea?⟩ 2 MEAN : significar ⟨that could spell trouble : eso puede significar problemas⟩ 3 RELIEVE : relevar

spell[2] n 1 TURN : turno m 2 PERIOD, TIME : período m (de tiempo) 3 ENCHANTMENT : encanto m, hechizo m, maleficio m

spellbound ['spɛl,baʊnd] adj : embelesado

speller ['spɛlər] n : persona f que escribe ⟨she's a good speller : tiene buena ortografía⟩

spelling ['spɛlɪŋ] n : ortografía f

spend ['spɛnd] vt **spent** ['spɛnt]; **spending** 1 : gastar (dinero, etc.) 2 PASS : pasar (el tiempo) ⟨to spend time on ... : dedicar tiempo a⟩

spendthrift ['spɛnd,θrɪft] n : derrochador m, -dora f; despilfarrador m, -dora f

sperm ['spərm] n, pl **sperm** or **sperms** : esperma mf

spew ['spju:] vi : salir a chorros — vt : vomitar, arrojar (lava, etc.)

sphere ['sfɪr] n : esfera f

spherical ['sfɪrɪkəl, 'sfɛr-] adj : esférico

spice[1] ['spaɪs] vt **spiced**; **spicing** 1 SEASON : condimentar, sazonar 2 or to **spice up** : salpimentar, hacer más interesante

spice[2] n 1 : especia f 2 FLAVOR, INTEREST : sabor m ⟨the spice of life : la sal de la vida⟩

spick-and-span ['spɪkənd'spæn] adj : limpio y ordenado

spicy ['spaɪsi] adj **spicier**; -**est** 1 SPICED : condimentado, sazonado 2 HOT : picante 3 RACY : picante

spider ['spaɪdər] n : araña f

spigot ['spɪgət, -kət] n : llave f, grifo m, canilla Arg, Uru

spike[1] ['spaɪk] vt **spiked**; **spiking** 1 FASTEN : clavar (con clavos grandes) 2 PIERCE : atravesar 3 : añadir alcohol a ⟨he spiked her drink with rum : le puso ron a la bebida⟩

spike[2] n 1 : clavo m grande 2 CLEAT : clavo m 3 : remache m (en voleibol) 4 PEAK : pico m

spill[1] ['spɪl] vt 1 SHED : derramar, verter ⟨to spill blood : derrame sangre⟩ 2 DIVULGE : revelar, divulgar — vi : derramarse

spill[2] n 1 SPILLING : derrame m, vertido m ⟨oil spill : derrame de petróleo⟩ 2 FALL : caída f

spin[1] ['spɪn] v **spun** ['spʌn]; **spinning** vi 1 : hilar 2 TURN : girar 3 REEL : dar vueltas ⟨my head is spinning : la cabeza me está dando vueltas⟩ — vt 1 : hilar (hilo, etc.) 2 : tejer ⟨to spin a web : tejer una telaraña⟩ 3 TWIRL : hacer girar

spin[2] n : vuelta f, giro m ⟨to go for a spin : dar una vuelta (en coche)⟩

spinach ['spɪnɪtʃ] n : espinacas fpl, espinaca f

spinal column ['spaɪnəl] n BACKBONE : columna f vertebral

spinal cord n : médula f espinal

spindle ['spɪndəl] n 1 : huso m (para hilar) 2 : eje m (de un mecanismo)

spindly ['spɪndli] adj : larguirucho fam, largo y débil (dícese de una planta)

spine ['spaɪn] n 1 BACKBONE : columna f vertebral, espina f dorsal 2 QUILL : púa f (de un animal) 3 THORN : espina f 4 : lomo m (de un libro)

spineless ['spaɪnləs] adj 1 : sin púas, sin espinas 2 INVERTEBRATE : invertebrado 3 WEAK : débil (de carácter)

spinet ['spɪnət] n : espineta f

spinster ['spɪnstər] n : soltera f

spiny ['spaɪni] adj **spinier**; -**est** : con púas (dícese de los animales), espinoso (dícese de las plantas)

spiral[1] ['spaɪrəl] vi -raled or -ralled; -raling or -ralling : ir en espiral

spiral[2] adj : espiral, en espiral ⟨a spiral staircase : una escalera de caracol⟩

spiral[3] n : espiral f

spire ['spaɪr] n : aguja f

spirit[1] ['spɪrət] vt to spirit away : hacer desaparecer

spirit[2] n 1 : espíritu m ⟨body and spirit : cuerpo y espíritu⟩ 2 GHOST : espíritu m, fantasma m 3 MOOD : espíritu m, humor m ⟨in the spirit of friendship : en el espíritu de amistad⟩ ⟨to be in good spirits : estar de buen humor⟩ 4 ENTHUSIASM, VIVACITY : espíritu m, ánimo m, brío m 5 spirits npl : licores mpl

spirited ['spɪrətəd] adj : animado, enérgetico

spiritless ['spɪrətləs] adj : desanimado

spiritual[1] ['spɪrɪtʃuəl, -tʃəl] adj : espiritual — **spiritually** adv

spiritual[2] n : espiritual m (canción)

spiritualism ['spɪrɪtʃuə,lɪzəm, -tʃə-] n : espiritismo m

spirituality [,spɪrɪtʃu'æləti] n, pl -ties : espiritualidad f

spit[1] ['spɪt] v spit or spat ['spæt]; spitting : escupir

spit[2] n 1 SALIVA : saliva f 2 ROTISSERIE : asador m 3 POINT : lengua f (de tierra)

spite[1] ['spaɪt] vt spited; spiting : fastidiar, molestar

spite[2] n 1 : despecho m, rencor m 2 in spite of : a pesar de (que), pese a (que)

spiteful ['spaɪtfəl] adj : malicioso, rencoroso

spitting image n to be the spitting image of : ser el vivo retrato de

spittle ['spɪtəl] n : saliva f

splash[1] ['splæʃ] vt : salpicar — vi 1 : salpicar 2 to splash around : chapotear

splash[2] n 1 SPLASHING : salpicadura f 2 SQUIRT : chorrito m 3 SPOT : mancha f

splatter ['splætər] → spatter

splay ['spleɪ] vt : extender (hacia afuera) ⟨to splay one's fingers : abrir los dedos⟩ — vi : extenderse (hacia afuera)

spleen ['spli:n] n 1 : bazo m (órgano) 2 ANGER, SPITE : ira f, rencor m

splendid ['splɛndəd] adj : espléndido — **splendidly** adv

splendor ['splɛndər] n : esplendor m

splice[1] ['splaɪs] vt spliced; splicing : empalmar, unir

splice[2] n : empalme m, unión f

splint ['splɪnt] n : tablilla f

splinter[1] ['splɪntər] vt : astillar — vi : astillarse

splinter[2] n : astilla f

split[1] ['splɪt] v split; splitting vt 1 CLEAVE : partir, hender ⟨to split wood : partir madera⟩ 2 BURST : romper, rajar ⟨to split open : abrir⟩ 3 DIVIDE, SHARE : dividir, repartir — vi 1 : par-

tirse (dícese de la madera, etc.) 2 BURST, CRACK : romperse, rajarse 3 or to split up : dividirse

split[2] n 1 CRACK : rajadura f 2 TEAR : rotura f 3 DIVISION : división f, escisión f

splurge[1] ['splərdʒ] v splurged; splurging vt : derrochar — vi : derrochar dinero

splurge[2] n : derroche m

spoil[1] ['spɔɪl] vt 1 PILLAGE : saquear 2 RUIN : estropear, arruinar 3 PAMPER : consentir, mimar — vi : estropearse, echarse a perder

spoil[2] n PLUNDER : botín m

spoke[1] → speak

spoke[2] n : rayo m (de una rueda)

spoken → speak

spokesman ['spo:ksmən] n, pl -men [-mən, -,mɛn] : portavoz mf; vocero m, -ra f

spokeswoman ['spo:ks,wʊmən] n, pl -women [-,wɪmən] : portavoz f, vocera f

sponge[1] ['spʌndʒ] vt sponged; sponging : limpiar con una esponja

sponge[2] n : esponja f

spongy ['spʌndʒi] adj spongier; -est : esponjoso

sponsor[1] ['spantsər] vt : patrocinar, auspiciar, apadrinar (a una persona)

sponsor[2] n : patrocinador m, -dora f; padrino m, madrina f

sponsorship ['spantsər,ʃɪp] n : patrocinio m, apadrinamiento m

spontaneity [,spantə'ni:əti, -'neɪ-] n : espontaneidad f

spontaneous [span'teɪniəs] adj : espontáneo — **spontaneously** adv

spoof ['spu:f] n : burla f, parodia f

spook[1] ['spu:k] vt : asustar

spook[2] n : fantasma m, espíritu m, espectro m

spooky ['spu:ki] adj spookier; -est : que da miedo, espeluznante

spool ['spu:l] n : carrete m

spoon[1] ['spu:n] vt : comer, servir, o echar con cuchara

spoon[2] n : cuchara f

spoonful ['spu:n,fʊl] n : cucharada f ⟨by the spoonful : a cucharadas⟩

spoor ['spʊr, 'spɔr] n : rastro m, pista f

sporadic [spə'rædɪk] adj : esporádico — **sporadically** [-dɪkli] adv

spore ['spɔr] n : espora f

sport[1] ['spɔrt] vi FROLIC : retozar, juguetear — vt SHOW OFF : lucir, ostentar

sport[2] n 1 : deporte m ⟨outdoor sports : deportes al aire libre⟩ 2 JEST : broma f 3 to be a good sport : tener espíritu deportivo

sporting ['spɔrtɪŋ] adj : deportivo ⟨a sporting chance : buenas posibilidades⟩

sportsman ['spɔrtsmən] n, pl -men [-mən, -,mɛn] : deportista m

sportsmanship ['sportsmən,ʃɪp] n : espíritu m deportivo, deportividad f *Spain*

sportswoman ['sports,wʊmən] n, pl **-women** [-,wɪmən] : deportista f

sporty ['sporti] adj **sportier; -est** : deportivo

spot¹ ['spat] v **spotted; spotting** vt 1 STAIN : manchar 2 RECOGNIZE, SEE : ver, reconocer ⟨to spot an error : descubrir un error⟩ — vi : mancharse

spot² adj : hecho al azar ⟨a spot check : un vistazo, un control aleatorio⟩

spot³ n 1 STAIN : mancha f 2 DOT : punto m 3 PIMPLE : grano m ⟨to break out in spots : salirle granos a alguien⟩ 4 PREDICAMENT : apuro m, aprieto m, lío m ⟨in a tight spot : en apuros⟩ 5 PLACE : lugar m, sitio m ⟨to be on the spot : estar en el lugar⟩

spotless ['spatləs] adj : impecable, inmaculado — **spotlessly** adv

spotlight¹ ['spat,laɪt] vt **-lighted** or **-lit** [-,lɪt];**-lighting** 1 LIGHT : iluminar (con un reflector) 2 HIGHLIGHT : destacar, poner en relieve

spotlight² n 1 : reflector m, foco m 2 **to be in the spotlight** : ser el centro de atención

spotty ['spati] adj **spottier; -est** : irregular, desigual

spouse ['spaʊs] n : cónyuge mf

spout¹ ['spaʊt] vt 1 : lanzar chorros de 2 DECLAIM : declamar — vi : salir a chorros

spout² n 1 : pico m (de una jarra, etc.) 2 STREAM : chorro m

sprain¹ ['spreɪn] vt : sufrir un esguince en

sprain² n : esguince m, torcedura f

sprawl¹ ['sprɔl] vi 1 LIE : tumbarse, echarse, despatarrarse 2 EXTEND : extenderse

sprawl² n 1 : postura f despatarrada 2 SPREAD : extensión f, expansión f

spray¹ ['spreɪ] vt : rociar (una superficie), pulverizar (un líquido)

spray² n 1 BOUQUET : ramillete m 2 MIST : rocío m 3 ATOMIZER : atomizador m, pulverizador m

spray gun n : pistola f

spread¹ ['spred] v **spread; spreading** vt 1 or **to spread out** : desplegar, extender 2 SCATTER, STREW : esparcir 3 SMEAR : untar (mantequilla, etc.) 4 DISSEMINATE : difundir, sembrar, propagar — vi 1 : difundirse, correr, propagarse 2 EXTEND : extenderse

spread² n 1 EXTENSION : extensión f, difusión f (de noticias, etc.), propagación f (de enfermedades, etc.) 2 : colcha f (para una cama), mantel m (para una mesa) 3 PASTE : pasta f ⟨cheese spread : pasta de queso⟩

spreadsheet ['spred,ʃi:t] n : hoja f de cálculo

spree ['spri] n 1 : acción f desenfrenada ⟨to go on a shopping spree : comprar como loco⟩ 2 BINGE : parranda f, juerga f ⟨on a spree : de parranda, de juerga⟩

sprig ['sprɪg] n : ramita f, ramito m

sprightly ['spraɪtli] adj **sprightlier; -est** : vivo, animado ⟨with a sprightly step : con paso ligero⟩

spring¹ ['sprɪŋ] v **sprang** ['spræŋ] or **sprung** ['sprʌŋ]; **sprung; springing** vi 1 LEAP : saltar 2 : mover rápidamente ⟨the lid sprang shut : la tapa se cerró de un golpe⟩ ⟨he sprang to his feet : se paró de un salto⟩ 3 **to spring up** : brotar (dícese de las plantas), surgir 4 **to spring from** : surgir de — vt 1 RELEASE : soltar (de repente) ⟨to spring the news on someone : sorprender a alguien con las noticias⟩ ⟨to spring a trap : hacer saltar una trampa⟩ 2 ACTIVATE : accionar (un mecanismo) 3 **to spring a leak** : hacer agua

spring² n 1 SOURCE : fuente f, origen m 2 : manantial m, fuente f ⟨hot spring : fuente termal⟩ 3 : primavera f ⟨spring and summer : la primavera y el verano⟩ 4 : resorte m, muelle m (de metal, etc.) 5 LEAP : salto m, brinco m 6 RESILIENCE : elasticidad f

springboard ['sprɪŋ,bord] n : trampolín m

springtime ['sprɪŋ,taɪm] n : primavera f

springy ['sprɪŋi] adj **springier; -est** 1 RESILIENT : elástico 2 LIVELY : enérgico

sprinkle¹ ['sprɪŋkəl] v **-kled; -kling** : rociar (con agua), espolvorear (con azúcar, etc.), salpicar

sprinkle² n : llovizna f

sprinkler ['sprɪŋkələr] n : rociador m, aspersor m

sprint¹-['sprɪnt] vi : echar la carrera, esprintar (en deportes)

sprint² n : esprint m (en deportes)

sprinter ['sprɪntər] n : esprínter mf

sprite ['spraɪt] n : hada f, elfo m

sprocket ['sprakət] n : diente m (de una rueda dentada)

sprout¹ ['spraʊt] vi : brotar

sprout² n : brote m, retoño m, vástago m

spruce¹ ['spru:s] v **spruced; sprucing** vt : arreglar — vi or **to spruce up** : arreglarse, acicalarse

spruce² adj **sprucer; sprucest** : pulcro, arreglado

spruce³ n : picea f (árbol)

spry ['spraɪ] adj **sprier** or **spryer** ['spraɪər]; **spriest** or **spryest** ['spraɪəst] : ágil, activo

spun → **spin**

spunk ['spʌŋk] n : valor m, coraje m, agallas fpl fam

spunky ['spʌŋki] adj **spunkier; -est** : animoso, corajudo

spur¹ ['spər] vt **spurred; spurring** or **to spur on** : espolear (un caballo), motivar (a una persona), etc.)

spur[2] *n* **1** : espuela *f*, acicate *m* **2** STIM-ULUS : acicate *m* **3** : espolón *m* (de aves gallináceas)

spurious ['spjʊriəs] *adj* : espurio

spurn ['spərn] *vt* : desdeñar, rechazar

spurt[1] ['spərt] *vt* SQUIRT : lanzar un cho-rro de — *vi* SPOUT : salir a chorros

spurt[2] *n* **1** : actividad *f* repentina ⟨a spurt of energy : una explosión de en-ergía⟩ ⟨to do in spurts : hacer por rachas⟩ **2** JET : chorro *m* (de agua, etc.)

sputter[1] ['spʌtər] *vi* **1** JABBER : farfullar **2** : chisporrotear (dícese de la grasa, etc.), petardear (dícese de un motor)

sputter[2] *n* **1** JABBER : farfulla *f* **2** : chis-porroteo *m* (de grasa, etc.), petardeo *m* (de un motor)

spy[1] ['spaɪ] *v* **spied**; **spying** *vt* SEE : ver, divisar — *vi* : espiar ⟨to spy on some-one : espiar a alguien⟩

spy[2] *n* : espía *mf*

squab ['skwɑb] *n, pl* **squabs** *or* **squab** : pichón *m*

squabble[1] ['skwɑbəl] *vi* **-bled; -bling** : reñir, pelearse, discutir

squabble[2] *n* : riña *f*, pelea *f*, discusión *f*

squad ['skwɑd] *n* : pelotón *m* (militar), brigada *f* (de policías), cuadrilla *f* (de obreros, etc.)

squadron ['skwɑdrən] *n* : escuadrón *m* (de militares), escuadrilla *f* (de aviones), escuadra *f* (de naves)

squalid ['skwɑlɪd] *adj* : miserable

squall ['skwɔl] *n* **1** : aguacero *m* tor-mentoso, chubasco *m* tormentoso **2** snow squall : tormenta *f* de nieve

squalor ['skwɑlər] *n* : miseria *f*

squander ['skwɑndər] *vt* : derrochar (dinero, etc.), desaprovechar (una oportunidad, etc.), desperdiciar (talen-tos, energías, etc.)

square[1] ['skwær] *vt* **squared; squaring** **1** : cuadrar **2** : elevar al cuadrado (en matemáticas) **3** CONFORM : conciliar (con), ajustar (con) **4** SETTLE : saldar (una cuenta) ⟨I squared it with him : lo arreglé con él⟩

square[2] *adj* **squarer; -est 1** : cuadrado ⟨a square house : una casa cuadrada⟩ **2** RIGHT-ANGLED : a escuadra, en án-gulo recto **3** : cuadrado (en matemáti-cas) ⟨a square mile : una milla cuadra-da⟩ **4** HONEST : justo ⟨a square deal : un buen acuerdo⟩ ⟨fair and square : en buena lid⟩

square[3] *n* **1** : escuadra *f* (instrumento) **2** : cuadrado *m*, cuadro *m* ⟨to fold into squares : plegar en cuadrados⟩ **3** : plaza *f* (de una ciudad) **4** : cuadrado *m* (en matemáticas)

squarely ['skwærli] *adv* **1** EXACTLY : ex-actamente, directamente, justo **2** HON-ESTLY : honradamente, justamente

square root *n* : raíz *f* cuadrada

squash[1] ['skwɑʃ, 'skwɔʃ] *vt* **1** CRUSH : aplastar **2** SUPPRESS : acallar (protes-tas), sofocar (una rebelión)

squash[2] *n* **1** *pl* **squashes** *or* **squash** : calabaza *f* (vegetal) **2** *or* **squash rac-quets** : squash *m* (deporte)

squat[1] ['skwɑt] *vi* **squatted; squatting** **1** CROUCH : agacharse, ponerse en cu-clillas **2** : ocupar un lugar sin derecho

squat[2] *adj* **squatter; squattest** : bajo y ancho, rechoncho *fam* (dícese de una persona)

squat[3] *n* **1** : posición *f* en cuclillas **2** : ocupación *f* ilegal (de un lugar)

squaw ['skwɔ] *n* : india *f* (norteameri-cana)

squawk[1] ['skwɔk] *vi* : graznar (dícese de las aves), chillar

squawk[2] *n* : graznido *m* (de un ave), chillido *m*

squeak[1] ['skwi:k] *vi* : chillar (dícese de un animal), chirriar (dícese de un obje-to)

squeak[2] *n* : chillido *m*, chirrido *m*

squeaky ['skwi:ki] *adj* **squeakier; -est** : chirriante ⟨a squeaky voice : una voz chillona⟩

squeal[1] ['skwi:l] *vi* **1** : chillar (dícese de las personas o los animales), chirriar (dícese de los frenos, etc.) **2** PROTEST : quejarse

squeal[2] *n* **1** : chillido *m* (de una persona o un animal) **2** SCREECH : chirrido *m* (de frenos, etc.)

squeamish ['skwi:mɪʃ] *adj* : impresion-able, sensible ⟨he's squeamish about cockroaches : las cucarachas le dan asco⟩

squeeze[1] ['skwi:z] *vt* **squeezed; squeezing 1** PRESS : apretar, exprim-ir (naranjas, etc.) **2** EXTRACT : extraer (jugo, etc.)

squeeze[2] *n* : apretón *m*

squelch ['skwɛltʃ] *vt* : aplastar (una re-belión, etc.)

squid ['skwɪd] *n, pl* **squid** *or* **squids** : calamar *m*

squint[1] ['skwɪnt] *vi* : mirar con los ojos entornados

squint[2] *adj* *or* **squint–eyed** ['skwɪnt,aɪd] : bizco

squint[3] *n* : ojos *mpl* bizcos, bizquera *f*

squire ['skwaɪr] *n* : hacendado *m*, -da *f*; terrateniente *mf*

squirm ['skwərm] *vi* : retorcerse

squirrel ['skwərəl] *n* : ardilla *f*

squirt[1] ['skwərt] *vt* : lanzar un chorro de — *vi* SPURT : salir a chorros

squirt[2] *n* : chorrito *m*

stab[1] [stæb] *vt* **stabbed; stabbing 1** KNIFE : acuchillar, apuñalar **2** STICK : clavar (con una aguja, etc.), golpear (con el dedo, etc.)

stab[2] *n* **1** : puñalada *f*, cuchillada *f* **2** JAB : pinchazo *m* (con una aguja, etc.), golpe *m* (con un dedo, etc.) **3 to take a stab at** : intentar

stability [stə'bɪləti] *n, pl* **-ties** : estabili-dad *f*

stabilize ['steɪbə,laɪz] *v* **-lized; -lizing** *vt* : estabilizar — *vi* : estabilizarse

stable¹ [ˈsteɪbəl] *vt* **-bled; -bling** : poner (ganado) en un establo, poner (caballos) en una caballeriza

stable² *adj* **-bler; -blest 1** FIXED, STEADY : fijo, sólido, estable **2** LASTING : estable, perdurable ⟨a stable government : un gobierno estable⟩ **3** : estacionario (en medicina), equilibrado (en psicología)

stable³ *n* : establo *m* (para ganado), caballeriza *f* o cuadra *f* (para caballos)

staccato [stəˈkɑːto] *adj* : staccato

stack¹ [ˈstæk] *vt* **1** PILE : amontonar, apilar **2** COVER : cubrir, llenar ⟨he stacked the table with books : cubrió la mesa de libros⟩

stack² *n* **1** PILE : montón *m*, pila *f* **2** SMOKESTACK : chimenea *f*

stadium [ˈsteɪdiəm] *n, pl* **-dia** [-diə] *or* **-diums** : estadio *m*

staff¹ [ˈstæf] *vt* : proveer de personal

staff² *n, pl* **staffs** [ˈstæfs, stævz] *or* **staves** [ˈstævz, ˈsteɪvz] *or* **staves 1** : bastón *m* (de mando), báculo *m* (de obispo) **2** *pl* **staffs** PERSONNEL : personal *m* **3** *or* **stave** : pentagrama *m* (en música)

stag¹ [ˈstæg] *adv* : solo, sin pareja ⟨to go stag : ir solo⟩

stag² *adj* : sólo para hombres

stag³ *n, pl* **stags** *or* **stag** : ciervo *m*, venado *m*

stage¹ [ˈsteɪdʒ] *vt* **staged; staging** : poner en escena (una obra de teatro)

stage² *n* **1** PLATFORM : estrado *m*, tablado *m*, escenario *m* (de un teatro) **2** PHASE, STEP : fase *f*, etapa *f* ⟨stage of development : fase de desarrollo⟩ ⟨in stages : por etapas⟩ **3 the stage** : el teatro *m*

stagecoach [ˈsteɪdʒˌkoːtʃ] *n* : diligencia *f*

stagger¹ [ˈstægər] *vi* TOTTER : tambalearse — *vt* **1** ALTERNATE : alternar, escalonar (turnos de trabajo) **2** : hacer tambalear ⟨to be staggered by : quedarse estupefacto por⟩

stagger² *n* : tambaleo *m*

staggering [ˈstægərɪŋ] *adj* : asombroso

stagnant [ˈstægnənt] *adj* : estancado

stagnate [ˈstægˌneɪt] *vi* **-nated; -nating** : estancarse

staid [ˈsteɪd] *adj* : serio, sobrio

stain¹ [ˈsteɪn] *vt* **1** DISCOLOR : manchar **2** DYE : teñir (madera, etc.) **3** SULLY : manchar, empañar

stain² *n* **1** SPOT : mancha *f* **2** DYE : tinte *m*, tintura *f* **3** BLEMISH : mancha *f*, mácula *f*

stainless [ˈsteɪnləs] *adj* : sin mancha ⟨stainless steel : acero inoxidable⟩

stair [ˈstær] *n* **1** STEP : escalón *m*, peldaño *m* **2 stairs** *npl* : escalera *f*, escaleras *fpl*

staircase [ˈstærˌkeɪs] *n* : escalera *f*, escaleras *fpl*

stairway [ˈstærˌweɪ] *n* : escalera *f*, escaleras *fpl*

stake¹ [ˈsteɪk] *vt* **staked; staking 1** : estacar, marcar con estacas (una propiedad) **2** BET : jugarse, apostar **3 to stake a claim to** : reclamar, reivindicar

stake² *n* **1** POST : estaca *f* **2** BET : apuesta *f* ⟨to be at stake : estar en juego⟩ **3** INTEREST, SHARE : interés *m*, participación *f*

stalactite [stəˈlækˌtaɪt] *n* : estalactita *f*

stalagmite [stəˈlægˌmaɪt] *n* : estalagmita *f*

stale [ˈsteɪl] *adj* **staler; stalest** : viejo ⟨stale bread : pan duro⟩ ⟨stale news : viejas noticias⟩

stalemate [ˈsteɪlˌmeɪt] *n* : punto *m* muerto, impasse *m*

stalk¹ [ˈstɔk] *vt* : acechar — *vi* : caminar rígidamente (por orgullo, ira, etc.)

stalk² *n* : tallo *m* (de una planta)

stall¹ [ˈstɔl] *vt* **1** : parar (un motor) **2** DELAY : entretener (a una persona), demorar — *vi* **1** : pararse (dícese de un motor) **2** DELAY : demorar, andar con rodeos

stall² *n* **1** : compartimiento *m* (de un establo) **2** : puesto *m* (en un mercado, etc.)

stallion [ˈstæljən] *n* : caballo *m* semental

stalwart [ˈstɔlwərt] *adj* **1** STRONG : fuerte ⟨a stalwart supporter : un firme partidario⟩ **2** BRAVE : valiente, valeroso

stamen [ˈsteɪmən] *n* : estambre *m*

stamina [ˈstæmənə] *n* : resistencia *f*

stammer¹ [ˈstæmər] *vi* : tartamudear, titubear

stammer² *n* : tartamudeo *m*, titubeo *m*

stamp¹ [ˈstæmp] *vt* **1** : pisotear (con los pies) ⟨to stamp one's feet : patear, dar una patada⟩ **2** IMPRESS, IMPRINT : sellar (una factura, etc.), acuñar (monedas) **3** : franquear, ponerle estampillas a (correo)

stamp² *n* **1** : sello *m* (para documentos, etc.) **2** DIE : cuño *m* (para monedas) **3** *or* **postage stamp** : sello *m*, estampilla *f*, timbre *m* CA, Mex

stampede¹ [stæmˈpiːd] *vi* **-peded; -peding** : salir en estampida

stampede² *n* : estampida *f*

stance [ˈstæns] *n* : postura *f*

stanch [ˈstɔntʃ, ˈstɑntʃ] *vt* : detener, estancar (un líquido)

stand¹ [ˈstænd] *v* **stood** [ˈstʊd]; **standing** *vi* **1** : estar de pie, estar parado ⟨I was standing on the corner : estaba parada en la esquina⟩ **2** *or* **to stand up** : levantarse, pararse, ponerse de pie **3** (*indicating a specified position or location*) ⟨they stand third in the country : ocupan el tercer lugar en el país⟩ ⟨the machines are standing idle : las máquinas están paradas⟩ **4** (*referring to an opinion*) ⟨how does he stand on the matter? : ¿cuál es su postura respecto al asunto?⟩ **5** BE : estar ⟨the house stands on a hill : la casa está en una colina⟩ **6** CONTINUE : seguir ⟨the order still stands : el mandato sigue vigente⟩ — vt **1** PLACE, SET : poner, colocar ⟨he stood them in a row : los colocó en hilera⟩ **2** TOLERATE : aguantar, soportar ⟨he can't stand her : no la puede tragar⟩ **3** to stand firm : mantenerse firme **4** to stand guard : hacer la guardia

stand² n **1** RESISTANCE : resistencia f ⟨to make a stand against : resistir a⟩ **2** BOOTH, STALL : stand m, puesto m, kiosko m (para vender periódicos, etc) **3** BASE : pie m, base f **4** : grupo m (de árboles, etc.) **5** POSITION : posición f, postura f **6** stands npl GRANDSTAND : tribuna f

standard¹ ['stændərd] adj **1** ESTABLISHED : estándar, oficial ⟨standard measures : medidas oficiales⟩ ⟨standard English : el inglés estándar⟩ **2** NORMAL : normal, estándar, común **3** CLASSIC : estándar, clásico ⟨a standard work : una obra clásica⟩

standard² n **1** BANNER : estandarte m **2** CRITERION : criterio m **3** RULE : estándar m, norma f, regla f **4** LEVEL : nivel m ⟨standard of living : nivel de vida⟩ **5** SUPPORT : poste m, soporte m

standardization [ˌstændərdəˈzeɪʃən] n : estandarización f

standardize ['stændərˌdaɪz] vt -ized; -izing : estandarizar

standard time n : hora f oficial

stand by vt : atenerse a, cumplir con (una promesa, etc.) — vi **1** : mantenerse aparte ⟨to stand by and do nothing : mirar sin hacer nada⟩ **2** : estar preparado, estar listo (para un anuncio, un ataque, etc.)

stand for vt **1** REPRESENT : significar **2** PERMIT, TOLERATE : permitir, tolerar

standing ['stændɪŋ] n **1** POSITION, RANK : posición f **2** DURATION : duración f

stand out vi **1** : destacar(se) ⟨she stands out from the rest : se destaca entre los otros⟩ **2** to stand out against RESIST : oponerse a

standpoint ['stændˌpɔɪnt] n : punto m de vista

standstill ['stændˌstɪl] n **1** STOP : detención f, paro m ⟨to come to a standstill : pararse⟩ **2** DEADLOCK : punto m muerto, impasse m

stand up vt : dejar plantado ⟨he stood me up again : otra vez me dejó plantado⟩ — vi **1** ENDURE : durar, resistir **2** to stand up for : defender **3** to stand up to : hacerle frente a (alguien)

stank → stink

stanza ['stænzə] n : estrofa f

staple¹ ['steɪpəl] vt -pled; -pling : engrapar, grapar

staple² adj : principal, básico ⟨a staple food : un alimento básico⟩

staple³ n **1** : producto m principal **2** : grapa f (para engrapar papeles)

stapler ['steɪplər] n : engrapadora f, grapadora f

star¹ ['star] v starred; starring vt **1** : marcar con una estrella o un aster-

isco **2** FEATURE : estar protagonizado por — vi : tener el papel principal ⟨to star in : protagonizar⟩

star² n : estrella f

starboard ['starbərd] n : estribor m

starch¹ ['startʃ] vt : almidonar

starch² n : almidón m, fécula f (comida)

starchy ['startʃi] adj starchier; -est : lleno de almidón ⟨a starchy diet : una dieta feculenta⟩

stardom ['stardəm] n : estrellato m

stare¹ ['stær] vi stared; staring : mirar fijamente

stare² n : mirada f fija

starfish ['star,fɪʃ] n : estrella f de mar

stark¹ ['stark] adv : completamente ⟨stark raving mad : loco de remate⟩ ⟨stark naked : completamente desnudo⟩

stark² adj **1** ABSOLUTE : absoluto **2** BARREN, DESOLATE : desolado, desierto **3** BARE : desnudo **4** HARSH : severo, duro

starlight ['star,laɪt] n : luz f de las estrellas

starling ['starlɪŋ] n : estornino m

starry ['stari] adj starrier; -est : estrellado

start¹ ['start] vi **1** JUMP : levantarse de un salto, sobresaltarse, dar un respingo **2** BEGIN : empezar, comenzar **3** SET OUT : salir (de viaje, etc.) — vt **1** BEGIN : empezar, comenzar, iniciar **2** CAUSE : provocar, causar **3** ESTABLISH : fundar, montar, establecer ⟨to start a business : montar un negocio⟩ **4** : arrancar, poner en marcha, encender ⟨to start the car : arrancar el motor⟩

start² n **1** JUMP : sobresalto m, respingo m **2** BEGINNING : principio m, comienzo m ⟨to get an early start : salir temprano⟩

starter ['startər] n **1** : participante mf (en una carrera, etc.); jugador m titular, jugadora f titular (en beisbol, etc.) **2** APPETIZER : entremés m, aperitivo m **3** or starter motor : motor m de arranque

startle ['startəl] vt -tled; -tling : asustar, sobresaltar

start–up ['start,ʌp] adj : de puesta en marcha

starvation [star'veɪʃən] n : inanición f, hambre f

starve ['starv] v starved; starving vi : morirse de hambre — vt : privar de comida

stash ['stæʃ] vt : esconder, guardar (en un lugar secreto)

stat ['stæt] → statistic

state¹ ['steɪt] vt stated; stating **1** REPORT : puntualizar, exponer (los hechos, etc.) ⟨state your name : diga su nombre⟩ **2** ESTABLISH, FIX : establecer, fijar

state² n **1** CONDITION : estado m, condición f ⟨a liquid state : un estado líquido⟩ ⟨state of mind : estado de ánimo⟩

⟨in a bad state : en malas condiciones⟩ **2** NATION : estado *m*, nación *f* **3** : estado *m* (dentro de un país) ⟨the States : los Estados Unidos⟩

stateliness ['steɪtlinəs] *n* : majestuosidad *f*

stately ['steɪtli] *adj* **statelier; -est** : majestuoso

statement ['steɪtmənt] *n* **1** DECLARATION : declaración *f*, afirmación *f* **2 or bank statement** : estado *m* de cuenta

stateroom ['steɪt,ruːm, -,rʊm] *n* : camarote *m*

statesman ['steɪtsmən] *n, pl* **-men** [-mən, -,mɛn] : estadista *mf*

static¹ ['stæɪk] *adj* : estático

static² *n* : estática *f*, interferencia *f*

station¹ ['steɪʃən] *vt* : apostar, estacionar

station² *n* **1** : estación *f* (de trenes, etc.) **2** RANK, STANDING : condición *f* (social) **3** : canal *m* (de televisión), estación *f* o emisora *f* (de radio) **4 police station** : comisaría *f* **5 fire station** : estación *f* de bomberos, cuartel *m* de bomberos

stationary ['steɪʃə,neri] *adj* **1** IMMOBILE : estacionario, inmovible **2** UNCHANGING : inmutable, inalterable

stationery ['steɪʃə,neri] *n* : papel *m* y sobres *mpl* (para correspondencia)

station wagon *n* : camioneta *f* ranchera, camioneta *f* guayín *Mex*

statistic [stə'tɪstɪk] *n* : estadística *f* ⟨according to statistics : según las estadísticas⟩

statistical [stə'tɪstɪkəl] *adj* : estadístico

statistician [,stætə'stɪʃən] *n* : estadístico *m*, -ca *f*

statue ['stæ,tʃuː] *n* : estatua *f*

statuesque [,stætʃu'ɛsk] *adj* : escultural

statuette [,stætʃu'ɛt] *n* : estatuilla *f*

stature ['stætʃər] *n* **1** HEIGHT : estatura *f*, talla *f* **2** PRESTIGE : talla *f*, prestigio *m*

status ['steɪtəs, 'stæ-] *n* : condición *f*, situación *f*, estatus *m* (social) ⟨marital status : estado civil⟩

statute ['stæ,tʃuːt] *n* : ley *f*, estatuto *m*

staunch ['stɔntʃ] *adj* : acérrimo, incondicional, leal ⟨a staunch supporter : un partidario incondicional⟩ — **staunchly** *adv*

stave¹ ['steɪv] *vt* **staved** *or* **stove** ['stoːv]; **staving 1 to stave in** : romper **2 to stave off** : evitar (un ataque), prevenir (un problema)

stave² *n* : duela *f* (de un barril)

staves → staff

stay¹ ['steɪ] *vi* **1** REMAIN : quedarse, permanecer ⟨to stay in : quedarse en casa⟩ ⟨he stayed in the city : permaneció en la ciudad⟩ **2** CONTINUE : seguir, quedarse ⟨it stayed cloudy : siguió nublado⟩ ⟨to stay awake : mantenerse despierto⟩ **3** LODGE : hospedarse, alojarse (en un hotel, etc.) — *vt* **1** HALT : detener, suspender (una ejecución, etc.) **2 to stay the course** : aguantar hasta el final

stay² *n* **1** SOJOURN : estadía *f*, estancia *f*, permanencia *f* **2** SUSPENSION : suspensión *f* (de una sentencia) **3** SUPPORT : soporte *m*

stead ['stɛd] *n* **1** : lugar *m* ⟨she went in his stead : fue en su lugar⟩ **2 to stand (someone) in good stead** : ser muy útil a, servir de mucho a

steadfast ['stɛd,fæst] *adj* : firme, resuelto ⟨a steadfast friend : un fiel amigo⟩ ⟨a steadfast refusal : una negativa categórica⟩

steadily ['stɛdəli] *adv* **1** CONSTANTLY : continuamente, sin parar **2** FIRMLY : con firmeza **3** FIXEDLY : fijamente

steady¹ ['stɛdi] *v* **steadied; steadying** *vt* : sujetar ⟨she steadied herself : recobró el equilibrio⟩ — *vi* : estabilizarse

steady² *adj* **steadier; -est 1** FIRM, SURE : seguro, firme ⟨to have a steady hand : tener buen pulso⟩ **2** FIXED, REGULAR : fijo ⟨a steady income : ingresos fijos⟩ **3** CALM : tranquilo, ecuánime ⟨she has steady nerves : es imperturbable⟩ **4** DEPENDABLE : responsable, fiable **5** CONSTANT : constante

steak ['steɪk] *n* : bistec *m*, filete *m*, churrasco *m*, bife *m* *Arg, Chile, Uru*

steal ['stiːl] *v* **stole** ['stoːl]; **stolen** ['stoːlən]; **stealing** *vt* : robar, hurtar — *vi* **1** : robar, hurtar **2** : ir sigilosamente ⟨to steal away : escabullirse⟩

stealth ['stɛlθ] *n* : sigilo *m*

stealthily ['stɛlθəli] *adv* : furtivamente

stealthy ['stɛlθi] *adj* **stealthier; -est** : furtivo, sigiloso

steam¹ ['stiːm] *vi* : echar vapor ⟨to steam away : moverse echando vapor⟩ — *vt* **1** : cocer al vapor (en cocina) **2 to steam open** : abrir con vapor

steam² *n* **1** : vapor *m* **2 to let off steam** : desahogarse

steamboat ['stiːm,boːt] → **steamship**

steam engine *n* : motor *m* de vapor

steamroller ['stiːm,roːlər] *n* : apisonadora *f*

steamship ['stiːm,ʃɪp] *n* : vapor *m*, barco *m* de vapor

steamy ['stiːmi] *adj* **steamier; -est 1** : lleno de vapor **2** EROTIC : erótico ⟨a steamy romance : un tórrido romance⟩

steed ['stiːd] *n* : corcel *m*

steel¹ ['stiːl] *vt* **to steel oneself** : armarse de valor

steel² *adj* : de acero

steel³ *n* : acero *m*

steely ['stiːli] *adj* **steelier; -est** : como acero ⟨a steely gaze : una mirada fría⟩ ⟨steely determination : determinación férrea⟩

steep¹ ['stiːp] *vt* : remojar, dejar (té, etc.) en infusión

steep² *adj* **1** : empinado, escarpado ⟨a steep cliff : un precipicio escarpado⟩ **2** CONSIDERABLE : considerable, marcado **3** EXCESSIVE : excesivo ⟨steep prices : precios muy altos⟩

steeple ['stiːpəl] *n* : aguja *f*, campanario *m*

steeplechase [ˈstiːpəlˌtʃeɪs] n : carrera f de obstáculos

steeply [ˈstiːpli] adv : abruptamente

steer¹ [ˈstɪr] vt **1** : conducir (un coche), gobernar (un barco) **2** GUIDE : dirigir, guiar

steer² n : buey m

steering wheel n : volante m

stein [ˈstaɪn] n : jarra f (para cerveza)

stellar [ˈstɛlər] adj : estelar

stem¹ [ˈstɛm] v **stemmed; stemming** vt : detener, contener, parar ⟨to stem the tide : detener el curso⟩ — vi **to stem from** : provenir de, ser el resultado de

stem² n : tallo m (de una planta)

stench [ˈstɛntʃ] n : hedor m, mal olor m

stencil¹ [ˈstɛntʃəl] vt **-ciled** or **-cilled; -ciling** or **-cilling** : marcar utilizando una plantilla

stencil² n : plantilla f (para marcar)

stenographer [stəˈnɑgrəfər] n : taquígrafo m, -fa f

stenographic [ˌstɛnəˈgræfɪk] adj : taquigráfico

stenography [stəˈnɑgrəfi] n : taquigrafía f

step¹ [ˈstɛp] vi **stepped; stepping 1** : dar un paso ⟨step this way, please : pase por aquí, por favor⟩ ⟨he stepped outside : salió⟩ **2 to step on** : pisar

step² n **1** : paso m ⟨step by step : paso por paso⟩ **2** STAIR : escalón m, peldaño m **3** RUNG : escalón m, travesaño m **4** MEASURE, MOVE : medida f, paso m ⟨to take steps : tomar medidas⟩ **5** STRIDE : paso m ⟨with a quick step : con paso rápido⟩

stepbrother [ˈstɛpˌbrʌðər] n : hermanastro m

stepdaughter [ˈstɛpˌdɔtər] n : hijastra f

stepfather [ˈstɛpˌfaðər, -ˌfa-] n : padrastro m

stepladder [ˈstɛpˌlædər] n : escalera f de tijera

stepmother [ˈstɛpˌmʌðər] n : madrastra f

steppe [ˈstɛp] n : estepa f

stepping-stone [ˈstɛpɪŋˌstoːn] n : pasadera f (en un río, etc.), trampolín m (al éxito)

stepsister [ˈstɛpˌsɪstər] n : hermanastra f

stepson [ˈstɛpˌsʌn] n : hijastro m

step up vt INCREASE : aumentar

stereo¹ [ˈstɛriˌoː, ˈstɪr-] adj : estéreo

stereo² n, pl **stereos** : estéreo m

stereophonic [ˌstɛrioˈfɑnɪk, ˌstɪr-] adj : estereofónico

stereotype¹ [ˈstɛrioˌtaɪp, ˈstɪr-] vt **-typed; -typing** : estereotipar

stereotype² n : estereotipo m

sterile [ˈstɛrəl] adj : estéril

sterility [stəˈrɪləti] n : esterilidad f

sterilization [ˌstɛrələˈzeɪʃən] n : esterilización f

sterilize [ˈstɛrəˌlaɪz] vt **-ized; -izing** : esterilizar

sterling [ˈstərlɪŋ] adj **1** : de ley ⟨sterling silver : plata de ley⟩ **2** EXCELLENT : excelente

stern¹ [ˈstərn] adj : severo, adusto — **sternly** adv

stern² n : popa f

sternness [ˈstərnnəs] n : severidad f

sternum [ˈstərnəm] n, pl **sternums** or **sterna** [-nə] : esternón m

stethoscope [ˈstɛθəˌskoːp] n : estetoscopio m

stevedore [ˈstiːvəˌdor] n : estibador m, -dora f

stew¹ [ˈstuː, ˈstjuː] vt : estofar, guisar — vi **1** : cocer (de la carne, etc.) **2** FRET : preocuparse

stew² n **1** : estofado m, guiso m **2 to be in a stew** : estar agitado

steward [ˈstuːərd, ˈstjuː-] n **1** MANAGER : administrador m **2** : auxiliar m de vuelo (en un avión), camarero m (en un barco)

stewardess [ˈstuːərdəs, ˈstjuː-] n **1** MANAGER : administradora f **2** : camarera f (en un barco) **3** : auxiliar f de vuelo, azafata f, aeromoza f (en un avión)

stick¹ [ˈstɪk] v **stuck** [ˈstʌk]; **sticking** vt **1** STAB : clavar **2** ATTACH : pegar **3** PUT : poner **4 to stick out** : sacar (la lengua, etc.), extender (la mano) — vi **1** ADHERE : pegarse, adherirse **2** JAM : atascarse **3 to stick around** : quedarse **4 to stick out** PROJECT : sobresalir (de una superficie), asomar (por detrás o debajo de algo) **5 to stick to** : no abandonar ⟨stick to your guns : manténgase firme⟩ **6 to stick up** : estar parado (dícese del pelo, etc.), sobresalir (de una superficie) **7 to stick with** : serle fiel a (una persona), seguir con (una cosa) ⟨I'll stick with what I know : prefiero lo conocido⟩

stick² n **1** BRANCH, TWIG : ramita f **2** : palo m, vara f ⟨a walking stick : un bastón⟩

sticker [ˈstɪkər] n : etiqueta f adhesiva

stickler [ˈstɪklər] n : persona f exigente ⟨to be a stickler for : insistir mucho en⟩

sticky [ˈstɪki] adj **stickier; -est 1** ADHESIVE : pegajoso, adhesivo **2** MUGGY : bochornoso **3** DIFFICULT : difícil

stiff [ˈstɪf] adj **1** RIGID : rígido, tieso ⟨a stiff dough : una masa firme⟩ **2** : agarrotado, entumecido ⟨stiff muscles : músculos entumecidos⟩ **3** STILTED : acartonado, poco natural **4** STRONG : fuerte (dícese del viento, etc.) **5** DIFFICULT, SEVERE : severo, difícil, duro

stiffen [ˈstɪfən] vt **1** STRENGTHEN : fortalecer, reforzar (tela, etc.) **2** : hacer más duro (un castigo, etc.) — vi **1** HARDEN : endurecerse **2** : entumecerse (dícese de los músculos)

stiffly [ˈstɪfli] adv **1** RIGIDLY : rígidamente **2** COLDLY : con frialdad

stiffness [ˈstɪfnəs] n **1** RIGIDITY : rigidez f **2** COLDNESS : frialdad f **3** SEVERITY : severidad f

stifle ['staɪfəl] vt **-fled; -fling** SMOTHER, SUPPRESS : sofocar, reprimir, contener ⟨to stifle a yawn : reprimir un bostezo⟩

stigma ['stɪgmə] n, pl **stigmata** [stɪg-'mɑtə, 'stɪgmətə] or **stigmas** : estigma m

stigmatize ['stɪgmə,taɪz] vt **-tized; -tizing** : estigmatizar

stile ['staɪl] n : escalones mpl para cruzar un cerco

stiletto [stə'lɛt̬o:] n, pl **-tos** or **-toes** : estilete m

still[1] ['stɪl] vt CALM : pacificar, apaciguar — vi : pacificarse, apaciguarse

still[2] adv **1** QUIETLY : quieto ⟨sit still! : ¡quédate quieto!⟩ **2** : de todos modos, aún, todavía ⟨she still lives there : aún vive allí⟩ ⟨it's still the same : sigue siendo lo mismo⟩ **3** IN ANY CASE : de todos modos, aún así ⟨he still has doubts : aún así le quedan dudas⟩ ⟨I still prefer that you stay : de todos modos prefiero que te quedes⟩

still[3] adj **1** MOTIONLESS : quieto, inmóvil **2** SILENT : callado

still[4] n **1** SILENCE : quietud f, calma f **2** : alambique m (para destilar alcohol)

stillborn ['stɪl,bɔrn] adj : nacido muerto

stillness ['stɪlnəs] n : calma f, silencio m

stilt ['stɪlt] n : zanco m

stilted ['stɪltəd] adj : afectado, poco natural

stimulant ['stɪmjələnt] n : estimulante m — **stimulant** adj

stimulate ['stɪmjə,leɪt] vt **-lated; -lating** : estimular

stimulation [,stɪmjə'leɪʃən] n **1** STIMULATING : estimulación f **2** STIMULUS : estímulo m

stimulus ['stɪmjələs] n, pl **-li** [-,laɪ] **1** : estímulo m **2** INCENTIVE : acicate m

sting[1] ['stɪŋ] v **stung** ['stʌŋ]; **stinging** vt **1** : picar ⟨a bee stung him : le picó una abeja⟩ **2** HURT : hacer escocer (físicamente), herir (emocionalmente) — vi **1** : picar (dícese de las abejas, etc.) **2** SMART : escocer, arder

sting[2] n : picadura f (herida), escozor m (sensación)

stinger ['stɪŋər] n : aguijón m (de una abeja, etc.)

stinginess ['stɪndʒinəs] n : tacañería f

stingy ['stɪndʒi] adj **stingier; -est 1** MISERLY : tacaño, avaro **2** PALTRY : mezquino, mísero

stink[1] ['stɪŋk] vi **stank** ['stæŋk] or **stunk** ['stʌŋk]; **stunk; stinking** : apestar, oler mal

stink[2] n : hedor m, mal olor m, peste f

stint[1] ['stɪnt] vt : escatimar ⟨to stint oneself of : privarse de⟩ — vi **to stint on** : escatimar

stint[2] n : período m

stipend ['staɪ,pɛnd, -pənd] n : estipendio m

stipulate ['stɪpjə,leɪt] vt **-lated; -lating** : estipular

stipulation [,stɪpjə'leɪʃən] n : estipulación f

stir[1] ['stər] v **stirred; stirring** vt **1** AGITATE : mover, agitar **2** MIX : revolver, remover **3** INCITE : incitar, impulsar, motivar **4** or **to stir up** AROUSE : despertar (memorias, etc.), provocar (ira, etc.) — vi : moverse, agitarse

stir[2] n **1** MOTION : movimiento m **2** COMMOTION : revuelo m

stirrup ['stərəp, 'stɪr-] n : estribo m

stitch[1] ['stɪtʃ] vt : coser, bordar (para decorar) — vi : coser

stitch[2] n **1** : puntada f **2** TWINGE : punzada f, puntada f

stock[1] ['stɑk] vt : surtir, abastecer, vender — vi **to stock up** : abastecerse

stock[2] n **1** SUPPLY : reserva f, existencias fpl (en comercio) ⟨to be out of stock : estar agotadas las existencias⟩ **2** SECURITIES : acciones fpl, valores mpl **3** LIVESTOCK : ganado m **4** ANCESTRY : linaje m, estirpe f **5** BROTH : caldo m **6 to take stock** : evaluar

stockade [stɑ'keɪd] n : estacada f

stockbroker ['stɑk,bro:kər] n : corredor m, -dora f de bolsa

stockholder ['stɑk,ho:ldər] n : accionista mf

stocking ['stɑkɪŋ] n : media f ⟨a pair of stockings : unas medias⟩

stock market n : bolsa f

stockpile[1] ['stɑk,paɪl] vt **-piled; -piling** : acumular, almacenar

stockpile[2] n : reservas fpl

stocky ['stɑki] adj **stockier; -est** : robusto, fornido

stockyard ['stɑk,jɑrd] n : corral m

stodgy ['stɑdʒi] adj **stodgier; -est 1** DULL : aburrido, pesado **2** OLD-FASHIONED : anticuado

stoic[1] ['sto:ɪk] or **stoical** [-ɪkəl] adj : estoico — **stoically** [-ɪkli] adv

stoic[2] n : estoico m, -ca f

stoicism ['sto:ə,sɪzəm] n : estoicismo m

stoke ['sto:k] vt **stoked; stoking** : atizar (un fuego), echarle carbón a (un horno)

stole[1] → **steal**

stole[2] ['sto:l] n : estola f

stolen → **steal**

stolid ['stɑlɪd] adj : impasible, imperturbable — **stolidly** adv

stomach[1] ['stʌmɪk] vt : aguantar, soportar

stomach[2] n **1** : estómago m **2** BELLY : vientre m, barriga f, panza f **3** DESIRE : ganas fpl ⟨he had no stomach for a fight : no quería pelea⟩

stomachache ['stʌmɪk,eɪk] n : dolor m de estómago

stomp ['stɑmp, 'stɔmp] vt : pisotear — vi : pisar fuerte

stone[1] ['sto:n] vt **stoned; stoning** : apedrear, lapidar

stone[2] n **1** : piedra f **2** PIT : hueso m, pepa f (de una fruta)

Stone Age n : Edad f de Piedra

stony ['stoːni] *adj* **stonier; -est 1** ROCKY : pedregoso **2** UNFEELING : insensible, frío ⟨a stony stare : una mirada glacial⟩

stood → **stand**

stool ['stuːl] *n* **1** SEAT : taburete *m*, banco *m* **2** FOOTSTOOL : escabel *m* **3** FECES : deposición *f* de heces

stoop¹ ['stuːp] *vi* **1** CROUCH : agacharse **2 to stoop to** : rebajarse a

stoop² *n* **1** : espaldas *fpl* encorvadas ⟨to have a stoop : ser encorvado⟩ **2** : entrada *f* (de una casa)

stop¹ ['stɑp] *v* **stopped; stopping** *vt* **1** PLUG : tapar **2** PREVENT : impedir, evitar ⟨she stopped me from leaving : me impidió que saliera⟩ **3** HALT : parar, detener **4** CEASE : dejar de ⟨he stopped talking : dejó de hablar⟩ — *vi* **1** HALT : detenerse, parar **2** CEASE : cesar, terminar ⟨the rain won't stop : no deja de llover⟩ **3** STAY : quedarse ⟨she stopped with friends : se quedó en casa de unos amigos⟩ **4 to stop by** : visitar

stop² *n* **1** STOPPER : tapón *m* **2** HALT : parada *f*, alto *m* ⟨to come to a stop : pararse, detenerse⟩ ⟨to put a stop to : poner fin a⟩ **3** : parada *f* ⟨bus stop : parada de autobús⟩

stopgap ['stɑpˌgæp] *n* : arreglo *m* provisorio

stoplight ['stɑpˌlaɪt] *n* : semáforo *m*

stoppage ['stɑpɪdʒ] *n* : acto *m* de parar ⟨a work stoppage : un paro⟩

stopper ['stɑpər] *n* : tapón *m*

storage ['stɔrɪdʒ] *n* : almacenamiento *m*, almacenaje *m*

storage battery *n* : acumulador *m*

store¹ ['stɔr] *vt* **stored; storing** : guardar, almacenar

store² *n* **1** RESERVE, SUPPLY : reserva *f* **2** SHOP : tienda *f* ⟨grocery store : tienda de comestibles⟩

storehouse ['stɔrˌhaʊs] *n* : almacén *m*, depósito *m*

storekeeper ['stɔrˌkiːpər] *n* : tendero *m*, -ra *f*

storeroom ['stɔrˌruːm, -ˌrʊm] *n* : almacén *m*, depósito *m*

stork ['stɔrk] *n* : cigüeña *f*

storm¹ ['stɔrm] *vi* **1** : llover o nevar tormentosamente **2** RAGE : ponerse furioso, vociferar **3 to storm out** : salir echando pestes — *vt* ATTACK : asaltar

storm² *n* **1** : tormenta *f*, tempestad *f* **2** UPROAR : alboroto *m*, revuelo *m*, escándalo *m* ⟨a storm of abuse : un torrente de abusos⟩

stormy ['stɔrmi] *adj* **stormier; -est** : tormentoso

story ['stɔri] *n, pl* **stories 1** NARRATIVE : cuento *m*, relato *m* **2** ACCOUNT : historia *f*, relato *m* **3** : piso *m*, planta *f* (de un edificio) ⟨first story : planta baja⟩

stout ['staʊt] *adj* **1** FIRM, RESOLUTE : firme, resuelto **2** STURDY : fuerte, robusto, sólido **3** FAT : corpulento, gordo

stove¹ ['stoːv] *n* : cocina *f* (para cocinar), estufa *f* (para calentar)

stove² → **stave¹**

stow ['stoː] *vt* **1** STORE : poner, meter, guardar **2** LOAD : cargar — *vi* **to stow away** : viajar de polizón

stowaway ['stoːəˌweɪ] *n* : polizón *m*

straddle ['strædəl] *vt* **-dled; -dling** : sentarse a horcajadas sobre

straggle ['strægəl] *vi* **-gled; -gling** : rezagarse, quedarse atrás

straggler ['strægələr] *n* : rezagado *m*, -da *f*

straight¹ ['streɪt] *adv* **1** : derecho, directamente ⟨go straight, then turn right : sigue derecho, luego gira a la derecha⟩ **2** HONESTLY : honestamente ⟨to go straight : enmendarse⟩ **3** CLEARLY : con claridad **4** FRANKLY : francamente, con franqueza

straight² *adj* **1** : recto (dícese de las líneas, etc.), derecho (dícese de algo vertical), lacio (dícese del pelo) **2** HONEST, JUST : honesto, justo **3** NEAT, ORDERLY : arreglado, ordenado

straighten ['streɪtən] *vt* **1** : enderezar, poner derecho **2 to straighten up** : arreglar, ordenar ⟨he straightened up the house : arregló la casa⟩

straightforward [streɪtˈfɔrwərd] *adj* **1** FRANK : franco, sincero **2** CLEAR, PRECISE : puro, simple, claro

straightway ['streɪtˌweɪ, -ˌweɪ] *adv* : inmediatamente

strain¹ ['streɪn] *vt* **1** EXERT : forzar (la vista, la voz) ⟨to strain oneself : hacer un gran esfuerzo⟩ **2** FILTER : colar, filtrar **3** INJURE : lastimarse, hacerse daño en ⟨to strain a muscle : sufrir un esguince⟩

strain² *n* **1** LINEAGE : linaje *m*, abolengo *m* **2** STREAK, TRACE : veta *f* **3** VARIETY : tipo *m*, variedad *f* **4** STRESS : tensión *f*, presión *f* **5** SPRAIN : esguince *m*, torcedura *f* (del tobillo, etc.) **6 strains** *npl* TUNE : melodía *f*, acordes *mpl*, compases *fpl*

strainer ['streɪnər] *n* : colador *m*

strait ['streɪt] *n* **1** : estrecho *m* **2 straits** *npl* DISTRESS : aprietos *mpl*, apuros *mpl* ⟨in dire straits : en serios aprietos⟩

straitened ['streɪtənd] *adj* **in straitened circumstances** : en apuros económicos

strand¹ ['strænd] *vt* **1** : varar **2 to be left stranded** : quedar(se) varado, quedar colgado ⟨they left me stranded : me dejaron abandonado⟩

strand² *n* **1** : hebra *f* (de hilo, etc.) ⟨a strand of hair : un pelo⟩ **2** BEACH : playa *f*

strange ['streɪndʒ] *adj* **stranger; -est 1** QUEER, UNUSUAL : extraño, raro **2** UNFAMILIAR : desconocido, nuevo

strangely ['streɪndʒli] *adv* **1** ODDLY : de manera extraña ⟨to behave strangely : portarse de una manera rara⟩ ⟨strangely, he didn't call : curiosamente, no llamó⟩

strangeness ['streɪndʒnəs] *n* **1** ODD-
NESS : rareza *f* **2** UNFAMILIARITY : lo
desconocido

stranger ['streɪndʒər] *n* : desconocido *m*,
-da *f*; extraño *m*, -ña *f*

strangle ['stræŋgəl] *vt* **-gled; -gling** : estrangular

strangler ['stræŋglər] *n* : estrangulador
m, -dora *f*

strap¹ ['stræp] *vt* **strapped; strapping 1**
FASTEN : sujetar con una correa **2**
FLOG : azotar (con una correa)

strap² *n* **1** : correa *f* **2 shoulder strap**
: tirante *m*

strapless ['stræpləs] *n* : sin tirantes

strapping ['stræpɪŋ] *adj* : robusto,
fornido

stratagem ['strætədʒəm, -,dʒem] *n* : estratagema *f*, artimaña *f*

strategic [strə'tiːdʒɪk] *adj* : estratégico

strategist ['strætədʒɪst] *n* : estratega *mf*

strategy ['strætədʒi] *n, pl* **-gies** : estrategia *f*

stratified ['strætə,faɪd] *adj* : estratificado

stratosphere ['strætə,sfɪr] *n* : estratosfera *f*

stratospheric [,strætə'sfɪrɪk, -'sfer-] *adj*
: estratosférico

stratum ['streɪtəm, 'stræ-] *n, pl* **strata**
[-,ə] : estrato *m*, capa *f*

straw *n* **1** : paja *f* ⟨the last straw : el col-
mo⟩ **2** *or* **drinking straw** : pajita *f*,
popote *m* Mex

strawberry ['strɔ,beri] *n, pl* **-ries** : fresa
f

stray¹ ['streɪ] *vi* **1** WANDER : alejarse, extraviarse ⟨the cattle strayed away : el
ganado se descarrió⟩ **2** DIGRESS
: desviarse, divagar

stray² *adj* : perdido, callejero (dícese de
un perro o un gato), descarriado
(dícese del ganado)

stray³ *n* : animal *m* perdido, animal *m*
callejero

streak¹ ['striːk] *vt* : hacer rayas en ⟨blue
streaked with grey : azul veteado con
gris⟩ — *vi* : ir como una flecha

streak² *n* **1** : raya *f*, veta *f* (en mármol,
queso, etc.), mechón *m* (en el pelo) **2**
: rayo *m* (de luz) **3** TRACE : veta *f* **4**
: racha *f* ⟨a streak of luck : una racha
de suerte⟩

stream¹ ['striːm] *vi* : correr, salir a chorros ⟨tears streamed from his eyes : las
lágrimas brotaban de sus ojos⟩ — *vt*
: derramar, dejar correr ⟨to stream
blood : derramar sangre⟩

stream² *n* **1** BROOK : arroyo *m*, riachuelo *m* **2** RIVER : río *m* **3** FLOW
: corriente *f*, chorro *m*

streamer ['striːmər] *n* **1** PENNANT : banderín *m* **2** RIBBON : serpentina *f* (de papel), cinta *f* (de tela)

streamlined ['striː,maɪnd] *adj* **1**
: aerodinámico (dícese de los automóviles, etc.) **2** EFFICIENT : eficiente, racionalizado

street ['striːt] *n* : calle *f*

streetcar ['striːt,kar] *n* : tranvía *m*

strength ['streŋkθ] *n* **1** POWER : fuerza
f **2** SOLIDITY, TOUGHNESS : solidez *f*,
resistencia *f*, dureza *f* **3** INTENSITY : intensidad *f* (de emociones, etc.), lo
fuerte (de un sabor, etc.) **4** : punto *m*
fuerte ⟨strengths and weaknesses : vir-
tudes y defectos⟩ **5** NUMBER : número
m, complemento *m* ⟨in full strength
: en gran número⟩

strengthen ['streŋkθən] *vt* **1** : fortalecer
(los músculos, el espíritu, etc.) **2** RE-
INFORCE : reforzar **3** INTENSIFY : intensificar, redoblar (esfuerzos, etc.) —
vi **1** : fortalecerse, hacerse más fuerte
2 INTENSIFY : intensificarse

strenuous ['strenjuəs] *adj* **1** VIGOROUS
: vigoroso, enérgico **2** ARDUOUS
: duro, riguroso

strenuously ['strenjuəsli] *adv* : vigorosamente, duro

stress¹ ['stres] *vt* **1** : someter a tensión
(física) **2** EMPHASIZE : enfatizar, recalcar **3 to stress out** : estresar

stress² *n* **1** : tensión *f* (en un material)
2 EMPHASIS : énfasis *m*, acento *m* (en
lingüística) **3** TENSION : tensión *f*
(nerviosa), estrés *m*

stressful ['stresfəl] *adj* : estresante

stretch¹ ['stretʃ] *vt* **1** EXTEND : estirar,
extender, desplegar (alas) **2 to stretch
the truth** : forzar la verdad, exagerar
— *vi* : estirarse

stretch² *n* **1** STRETCHING : extensión *f*,
estiramiento *m* (de músculos) **2** ELAS-
TICITY : elasticidad *f* **3** EXPANSE
: tramo *m*, trecho *m* ⟨the home stretch
: la recta final⟩ **4** PERIOD : período *m*
(de tiempo)

stretcher ['stretʃər] *n* : camilla *f*

strew ['struː] *vt* **strewed; strewed** *or*
strewn ['struːn]; **strewing 1** SCATTER
: esparcir (semillas, etc.), desparramar
(papeles, etc.) **2 to strew with** : cubrir
de

stricken ['strɪkən] *adj* **stricken with**
: aquejado de (una enfermedad), afligido por (tristeza, etc.)

strict ['strɪkt] *adj* : estricto — **strictly**
adv

strictness ['strɪktnəs] *n* : severidad *f*, lo
estricto

stricture ['strɪktʃər] *n* : crítica *f*, censura
f

stride¹ ['straɪd] *vi* **strode** ['stroːd]; **strid-
den** ['strɪdən]; **striding** : ir dando tran-
cos, ir dando zancadas

stride² *n* : tranco *m*, zancada *f*

strident ['straɪdənt] *adj* : estridente

strife ['straɪf] *n* : conflictos *mpl*, disensión *f*

strike¹ ['straɪk] *v* **struck** ['strʌk]; **striking** *vt* **1** HIT : golpear (a una persona)
⟨to strike a blow : pegar un golpe⟩ **2**
DELETE : suprimir, tachar **3** COIN,
MINT : acuñar (monedas) **4** : dar (la
hora) **5** AFFLICT : sobrevenir ⟨he was
stricken with a fever : le sobrevino una

fiebre⟩ **6** IMPRESS : impresionar, parecer ⟨her voice struck me : su voz me impresionó⟩ ⟨it struck him as funny : le pareció chistoso⟩ **7** : encender (un fósforo) **8** FIND : descubrir (oro, petróleo) **9** ADOPT : adoptar (una pose, etc.) — *vi* **1** HIT : golpear ⟨to strike against : chocar contra⟩ **2** ATTACK : atacar **3** : declararse en huelga

strike² *n* **1** BLOW : golpe *m* **2** : huelga *f*, paro *m* ⟨to be on strike : estar en huelga⟩ **3** ATTACK : ataque *m*

strikebreaker ['straɪkˌbreɪkər] *n* : rompehuelgas *mf*, esquirol *mf*

strike out *vi* **1** HEAD : salir (para) **2** : ser ponchado (en béisbol) ⟨the batter struck out : poncharon al bateador⟩

striker ['straɪkər] *n* : huelguista *mf*

strike up *vt* START : entablar, empezar

striking ['straɪkɪŋ] *adj* : notable, sorprendente, llamativo ⟨a striking beauty : una belleza imponente⟩ — **strikingly** *adv*

string¹ ['strɪŋ] *vt* **strung** ['strʌŋ]; **stringing 1** THREAD : ensartar ⟨to string beads : ensartar cuentas⟩ **2** HANG : colgar (con un cordel)

string² *n* **1** : cordel *m*, cuerda *f* **2** SERIES : serie *f*, sarta *f* (de insultos, etc.) **3 strings** *npl* : cuerdas *fpl* (en música)

string bean *n* : judía *f*, ejote *m* Mex

stringent ['strɪndʒənt] *adj* : estricto, severo

stringy ['strɪŋi] *adj* **stringier; -est** : fibroso

strip¹ ['strɪp] *v* **stripped; stripping** *vt* : quitar (ropa, pintura, etc.), desnudar, despojar — *vi* UNDRESS : desnudarse

strip² *n* : tira *f* ⟨a strip of land : una faja⟩

stripe¹ ['straɪp] *vt* **striped; striping** : marcar con rayas o listas

stripe² *n* **1** : raya *f*, lista *f* **2** BAND : franja *f*

striped ['straɪpt, 'straɪpəd] *adj* : a rayas, de rayas, rayado, listado

strive ['straɪv] *vi* **strove** ['stroːv]; **striven** ['strɪvən] *or* **strived; striving 1** to strive for : luchar por lograr **2 to strive to** : esforzarse por

strobe ['stroːb] *or* **strobe light** *n* : luz *f* estroboscópica

strode → stride

stroke¹ ['stroːk] *vt* **stroked; stroking** : acariciar

stroke² *n* : golpe *m* ⟨a stroke of luck : un golpe de suerte⟩

stroll¹ ['stroːl] *vi* : pasear, pasearse, dar un paseo

stroll² *n* : paseo *m*

stroller ['stroːlər] *n* : cochecito *m* (para niños)

strong ['strɔŋ] *adj* **1** : fuerte **2** HEALTHY : sano **3** ZEALOUS : ferviente

stronghold ['strɔŋˌhoːld] *n* : fortaleza *f*, fuerte *m*, bastión *m* ⟨a cultural stronghold : un baluarte de la cultura⟩

strongly ['strɔŋli] *adv* **1** POWERFULLY : fuerte, con fuerza **2** STURDILY

: fuertemente, sólidamente **3** INTENSELY : intensamente, profundamente **4** WHOLEHEARTEDLY : totalmente

struck → strike¹

structural ['strʌktʃərəl] *adj* : estructural

structure¹ ['strʌktʃər] *vt* **-tured; -turing** : estructurar

structure² *n* **1** BUILDING : construcción *f* **2** ARRANGEMENT, FRAMEWORK : estructura *f*

struggle¹ ['strʌgəl] *vi* **-gled; -gling 1** CONTEND : forcejear (físicamente), luchar, contender **2** : hacer con dificultad ⟨she struggled forward : avanzó con dificultad⟩

struggle² *n* : lucha *f*, pelea *f* (física)

strum ['strʌm] *vt* **strummed; strumming** : rasguear

strung → string¹

strut¹ ['strʌt] *vi* **strutted; strutting** : pavonearse

strut² *n* **1** : pavoneo *m* ⟨he walked with a strut : se pavoneaba⟩ **2** : puntal *m* (en construcción, etc.)

strychnine ['strɪkˌnaɪn, -nən, -ˌniːn] *n* : estricnina *f*

stub¹ ['stʌb] *vt* **stubbed; stubbing 1 to stub one's toe** : darse en el dedo (del pie) **2 to stub out** : apagarse

stub² *n* : colilla *f* (de un cigarrillo), cabo *m* (de un lápiz, etc.), talón *m* (de un cheque)

stubble ['stʌbəl] *n* **1** : rastrojo *m* (de plantas) **2** BEARD : barba *f*

stubborn ['stʌbərn] *adj* **1** OBSTINATE : terco, obstinado, empecinado **2** PERSISTENT : pertinaz, persistente — **stubbornly** *adv*

stubbornness ['stʌbərnnəs] *n* **1** OBSTINACY : terquedad *f*, obstinación *f* **2** PERSISTENCE : persistencia *f*

stubby ['stʌbi] *adj* **stubbier; -est** : corto y grueso ⟨stubby fingers : dedos regordetes⟩

stucco ['stʌkoː] *n, pl* **stuccos** *or* **stuccoes** : estuco *m*

stuck → stick¹

stuck–up ['stʌk'ʌp] *adj* : engreído, creído *fam*

stud¹ ['stʌd] *vt* **studded; studding** : tachonar, salpicar

stud² *n* **1** *or* **stud horse** : semental *m* **2** : montante *m* (en construcción) **3** HOBNAIL : tachuela *f*, tachón *m*

student ['stuːdənt, 'stjuː-] *n* : estudiante *mf*; alumno *m*, -na *f* (de un colegio)

studied ['stʌdid] *adj* : intencionado, premeditado

studio ['stuːdiˌoː, 'stjuː-] *n, pl* **studios** : estudio *m*

studious ['stuːdiəs, 'stjuː-] *adj* : estudioso — **studiously** *adv*

study¹ ['stʌdi] *v* **studied; studying 1** : estudiar **2** EXAMINE : examinar, estudiar

study² *n, pl* **studies 1** STUDYING : estudio *m* **2** OFFICE : estudio *m*, gabinete *m* (en una casa) **3** RESEARCH : investigación *f*, estudio *m*

stuff¹ [ˈstʌf] *vt* : rellenar, llenar, atiborrar ⟨a stuffed toy : un juguete de peluche⟩

stuff² *n* **1** POSSESSIONS : cosas *fpl* **2** ESSENCE : esencia *f* **3** SUBSTANCE : cosa *f*, cosas *fpl* ⟨some sticky stuff : una cosa pegajosa⟩ ⟨she knows her stuff : es experta⟩

stuffing [ˈstʌfɪŋ] *n* : relleno *m*

stuffy [ˈstʌfi] *adj* **stuffier; -est 1** CLOSE : viciado, cargado ⟨a stuffy room : una sala mal ventilada⟩ ⟨stuffy weather : tiempo bochornoso⟩ **2** : tapado (dícese de la nariz) **3** STODGY : pesado, aburrido

stumble¹ [ˈstʌmbəl] *vi* **-bled; -bling 1** TRIP : tropezar, dar un traspié **2** FLOUNDER : quedarse sin saber qué hacer o decir **3 to stumble across** *or* **to stumble upon** : dar con, tropezar con

stumble² *n* : tropezón *m*, traspié *m*

stump¹ [ˈstʌmp] *vt* : dejar perplejo ⟨to be stumped : no tener respuesta⟩

stump² *n* **1** : muñón *m* (de un brazo o una pierna) **2** *or* **tree stump** : cepa *f*, tocón *m* **3** STUB : cabo *m*

stun [ˈstʌn] *vt* **stunned; stunning 1** : aturdir (con un golpe) **2** ASTONISH, SHOCK : dejar estupefacto, dejar atónito, aturdir

stung → **sting¹**

stunk → **stink¹**

stunning [ˈstʌnɪŋ] *adj* **1** ASTONISHING : asombroso, pasmoso, increíble **2** STRIKING : imponente, impresionante (dícese de la belleza)

stunt¹ [ˈstʌnt] *vt* : atrofiar

stunt² *n* : proeza *f* (acrobática)

stupefy [ˈstuːpəˌfaɪ, ˈstjuː-] *vt* **-fied; -fying 1** : aturdir, atontar (con drogas, etc.) **2** AMAZE : dejar estupefacto, dejar atónito

stupendous [stuˈpɛndəs, stjuː-] *adj* **1** MARVELOUS : estupendo, maravilloso **2** TREMENDOUS : tremendo — **stupendously** *adv*

stupid [ˈstuːpəd, ˈstjuː-] *adj* **1** IDIOTIC, SILLY : tonto, bobo, estúpido **2** DULL, OBTUSE : lento, torpe, lerdo

stupidity [stuˈpɪdəti, stjuː-] *n* : tontería *f*, estupidez *f*

stupidly [ˈstuːpədli, ˈstjuː-] *adv* **1** IDIOTICALLY : estúpidamente, tontamente **2** DENSELY : torpemente

stupor [ˈstuːpər, ˈstjuː-] *n* : estupor *m*

sturdily [ˈstərdəli] *adv* : sólidamente

sturdiness [ˈstərdinəs] *n* : solidez *f* (de muebles, etc.), robustez *f* (de una persona)

sturdy [ˈstərdi] *adj* **sturdier; -est** : fuerte, robusto, sólido

sturgeon [ˈstərdʒən] *n* : esturión *m*

stutter¹ [ˈstʌtər] *vi* : tartamudear

stutter² *n* STAMMER : tartamudeo *m*

sty [ˈstaɪ] *n* **1** *pl* **sties** PIGPEN : chiquero *m*, pocilga *f* **2** *pl* **sties** *or* **styes** : orzuelo *m* (en el ojo)

style¹ [ˈstaɪl] *vt* **styled; styling 1** NAME : llamar **2** : peinar (pelo), diseñar (vestidos, etc.) ⟨carefully styled prose : prosa escrita con gran esmero⟩

style² *n* **1** : estilo *m* ⟨that's just his style : él es así⟩ ⟨to live in style : vivir a lo grande⟩ **2** FASHION : moda *f*

stylish [ˈstaɪlɪʃ] *adj* : de moda, elegante, chic

stylishly [ˈstaɪlɪʃli] *adv* : con estilo

stylishness [ˈstaɪlɪʃnəs] *n* : estilo *m*

stylist [ˈstaɪlɪst] *n* : estilista *mf*

stylize [ˈstaɪˌlaɪz, ˈstaɪə-] *vt* : estilizar

stylus [ˈstaɪləs] *n*, *pl* **styli** [ˈstaɪˌlaɪ] **1** PEN : estilo *m* **2** NEEDLE : aguja *f* (de un tocadiscos)

stymie [ˈstaɪmi] *vt* **-mied; -mieing** : obstaculizar

suave [ˈswɑv] *adj* : fino, urbano

sub¹ [ˈsʌb] *vi* **subbed; subbing** → **substitute¹**

sub² *n* **1** → **substitute²** **2** → **submarine¹**

subcommittee [ˈsʌbkəˌmɪti] *n* : subcomité *m*

subconscious¹ [səbˈkɑntʃəs] *adj* : subconsciente — **subconsciously** *adv*

subconscious² *n* : subconsciente *m*

subcontract [ˌsʌbˈkɑnˌtrækt] *vt* : subcontratar

subculture [ˈsʌbˌkʌltʃər] *n* : subcultura *f*

subdivide [ˌsʌbdəˈvaɪd, ˈsʌbdəˌvaɪd] *vt* **-vided; -viding** : subdividir

subdivision [ˈsʌbdəˌvɪʒən] *n* : subdivisión *f*

subdue [səbˈduː, -ˈdjuː] *vt* **-dued; -duing 1** OVERCOME : sojuzgar (a un enemigo), vencer, superar **2** CONTROL : dominar **3** SOFTEN : suavizar, atenuar (luz, etc.), moderar (lenguaje)

subgroup [ˈsʌbˌgruːp] *n* : subgrupo *m*

subhead [ˈsʌbˌhɛd] *or* **subheading** [-ˌhɛdɪŋ] *n* : subtítulo *m*

subject¹ [səbˈdʒɛkt] *vt* **1** CONTROL, DOMINATE : controlar, dominar **2** : someter ⟨they subjected him to pressure : lo sometieron a presiones⟩

subject² [ˈsʌbdʒɪkt] *adj* **1** : subyugado, sometido ⟨a subject nation : una nación subyugada⟩ **2** PRONE : sujeto, propenso ⟨subject to colds : sujeto a resfriarse⟩ **3 subject to** : sujeto a ⟨subject to congressional approval : sujeto a la aprobación del congreso⟩

subject³ [ˈsʌbdʒɪkt] *n* **1** : súbdito *m*, -ta *f* (de un gobierno) **2** TOPIC : tema *m* **3** : sujeto *m* (en gramática)

subjection [səbˈdʒɛkʃən] *n* : sometimiento *m*

subjective [səbˈdʒɛktɪv] *adj* : subjetivo — **subjectively** *adv*

subjectivity [ˌsʌbdʒɛkˈtɪvəti] *n* : subjetividad *f*

subjugate [ˈsʌbdʒɪˌgeɪt] *vt* **-gated; -gating** : subyugar, someter, sojuzgar

subjunctive [səb'dʒʌŋktɪv] n : subjuntivo m — **subjunctive** adj

sublet ['sʌb,lɛt] vt -let; -letting : subarrendar

sublime [sə'blaɪm] adj : sublime

sublimely [sə'blaɪmli] adv 1 : de manera sublime 2 UTTERLY : absolutamente, completamente

submarine¹ ['sʌbmə,riːn, ,sʌbmə'-] adj : submarino

submarine² n : submarino m

submerge [səb'mərdʒ] v -merged; -merging vt : sumergir — vi : sumergirse

submission [səb'mɪʃən] n 1 YIELDING : sumisión f 2 PRESENTATION : presentación f

submissive [səb'mɪsɪv] adj : sumiso, dócil

submit [səb'mɪt] v -mitted; -mitting vi YIELD : rendirse ⟨to submit to : someterse a⟩ — vt PRESENT : presentar

subnormal [,sʌb'nɔrməl] adj : por debajo de lo normal

subordinate¹ [sə'bɔrdən,eɪt] vt -nated; -nating : subordinar

subordinate² [sə'bɔrdənət] adj : subordinado ⟨a subordinate clause : una oración subordinada⟩

subordinate³ n : subordinado m, -da f; subalterno m, -na f

subordination [sə,bɔrdən'eɪʃən] n : subordinación f

subpoena¹ [sə'piːnə] vt -naed; -naing : citar

subpoena² n : citación f, citatorio m

subscribe [səb'skraɪb] vi -scribed; -scribing 1 : suscribirse (a una revista, etc.) 2 to subscribe to : suscribir (una opinión, etc.), estar de acuerdo con

subscriber [səb'skraɪbər] n : suscriptor m, -tora f (de una revista, etc.); abonado m, -da f (de un servicio)

subscription [səb'skrɪpʃən] n : suscripción f

subsequent ['sʌbsɪkwənt, -sə,kwɛnt] adj : subsiguiente ⟨subsequent to : posterior a⟩

subsequently ['sʌb,sɪkwɛntli, -kwənt-] adv : posteriormente

subservient [səb'sərviənt] adj : servil

subside [səb'saɪd] vi -sided; -siding 1 SINK : hundirse, descender 2 ABATE : calmarse (dícese de las emociones), amainar (dícese del viento, etc.)

subsidiary¹ [səb'sɪdi,ɛri] adj : secundario

subsidiary² n, pl -ries : filial f, subsidiaria f

subsidize ['sʌbsə,daɪz] vt -dized; -dizing : subvencionar

subsidy ['sʌbsədi] n, pl -dies : subvención f, subsidio m

subsist [səb'sɪst] vi : subsistir, mantenerse, vivir

subsistence [səb'sɪstənts] n : subsistencia f

substance ['sʌbstənts] n 1 ESSENCE : sustancia f, esencia f 2 : sustancia f ⟨a toxic substance : una sustancia tóxica⟩ 3 WEALTH : riqueza f ⟨a woman of substance : una mujer acaudalada⟩

substandard [,sʌb'stændərd] adj : inferior, deficiente

substantial [səb'stæntʃəl] adj 1 ABUNDANT : sustancioso ⟨a substantial meal : una comida sustanciosa⟩ 2 CONSIDERABLE : considerable, apreciable 3 SOLID, STURDY : sólido

substantially [səb'stæntʃəli] adv : considerablemente

substantiate [səb'stæntʃi,eɪt] vt -ated; -ating : confirmar, probar, justificar

substitute¹ ['sʌbstə,tuːt, -,tjuːt] v -tuted; -tuting vt : sustituir — vi to substitute for : sustituir

substitute² n 1 : sustituto m, -ta f; suplente mf (persona) 2 : sucedáneo m ⟨sugar substitute : sucedáneo de azúcar⟩

substitute teacher n : profesor m, -sora f suplente

substitution [,sʌbstə'tuːʃən, -'tjuː-] n : sustitución f

subterfuge ['sʌbtər,fjuːdʒ] n : subterfugio m

subterranean [,sʌbtə'reɪniən] adj : subterráneo

subtitle ['sʌb,taɪtəl] n : subtítulo m

subtle ['sʌtəl] adj -tler; -tlest 1 DELICATE, ELUSIVE : sutil, delicado 2 CLEVER : sutil, ingenioso

subtlety ['sʌtəlti] n, pl -ties : sutileza f

subtly ['sʌtəli] adv : sutilmente

subtotal ['sʌb,toːtəl] n : subtotal m

subtract [səb'trækt] vt : restar, sustraer

subtraction [səb'trækʃən] n : resta f, sustracción f

suburb ['sʌ,bərb] n : municipio m periférico, suburbio m

suburban [sə'bərbən] adj : de las afueras (de una ciudad), suburbano

subversion [səb'vərʒən] n : subversión f

subversive [səb'vərsɪv] adj : subversivo

subway ['sʌb,weɪ] n : metro m, subterráneo m Arg, Uru

succeed [sək'siːd] vt FOLLOW : suceder a — vi : tener éxito (dícese de las personas), dar resultado (dícese de los planes, etc.) ⟨she succeeded in finishing : logró terminar⟩

success [sək'sɛs] n : éxito m

successful [sək'sɛsfəl] adj : exitoso, logrado — **successfully** adv

succession [sək'sɛʃən] n : sucesión f ⟨in succession : sucesivamente⟩

successive [sək'sɛsɪv] adj : sucesivo, consecutivo — **successively** adv

successor [sək'sɛsər] n : sucesor m, -sora f

succinct [sək'sɪŋkt, sə'sɪŋkt] adj : sucinto — **succinctly** adv

succor¹ ['sʌkər] vt : socorrer

succor² n : socorro m

succotash ['sʌkəˌtæʃ] *n* : guiso *m* de maíz y frijoles

succulent[1] ['sʌkjələnt] *adj* : suculento, jugoso

succulent[2] *n* : suculenta *f* (planta)

succumb [sə'kʌm] *vi* : sucumbir

such[1] ['sʌtʃ] *adv* **1** SO : tan ⟨such tall buildings : edificios tan grandes⟩ **2** VERY : muy ⟨he's not in such good shape : anda un poco mal⟩ **3 such that** : de tal manera que

such[2] *adj* : tal ⟨there's no such thing : no existe tal cosa⟩ ⟨in such cases : en tales casos⟩ ⟨animals such as cows and sheep : animales como vacas y ovejas⟩

such[3] *pron* • **1** : tal ⟨such was the result : tal fue el resultado⟩ ⟨he's a child, and acts as such : es un niño, y se porta como tal⟩ **2** : algo o alguien semejante ⟨books, papers and such : libros, papeles y cosas por el estilo⟩

suck ['sʌk] *vi* **1** : chupar (por la boca), aspirar (dícese de las máquinas) **2** SUCKLE : mamar — *vt* : sorber (bebidas), chupar (dulces, etc.)

sucker ['sʌkər] *n* **1** : ventosa *f* (de un insecto, etc.) **2** : chupón *m* (de una planta) **3** → lollipop **4** FOOL : tonto *m*, -ta *f*; idiota *mf*

suckle ['sʌkəl] *v* -led; -ling *vt* : amamantar — *vi* : mamar

suckling ['sʌklɪŋ] *n* : lactante *mf*

sucrose ['suːˌkroːs, -ˌkroːz] *n* : sacarosa *f*

suction ['sʌkʃən] *n* : succión *f*

Sudanese [ˌsuːdən'iːz, -'iːs] *n* : sudanés *m*, -nesa *f* — **Sudanese** *adj*

sudden ['sʌdən] *adj* **1** : repentino, súbito ⟨all of a sudden : de pronto, de repente⟩ **2** UNEXPECTED : inesperado, improviso **3** ABRUPT, HASTY : precipitado, brusco

suddenly ['sʌdənli] *adv* **1** : de repente, de pronto **2** ABRUPTLY : bruscamente

suddenness ['sʌdənnəs] *n* **1** : lo repentino **2** ABRUPTNESS : brusquedad *f* **3** HASTINESS : lo precipitado

suds ['sʌdz] *npl* : espuma *f* (de jabón)

sue ['suː] *v* sued; suing *vt* : demandar — *vi* to sue for : demandar por (daños, etc.)

suede ['sweɪd] *n* : ante *m*, gamuza *f*

suet ['suːət] *n* : sebo *m*

suffer ['sʌfər] *vi* : sufrir — *vt* **1** : sufrir, padecer (dolores, etc.) **2** PERMIT : permitir, dejar

sufferer ['sʌfərər] *n* : persona que padece (una enfermedad, etc.)

suffering ['sʌfərɪŋ] *n* : sufrimiento *m*

suffice [sə'faɪs] *vi* -ficed; -ficing : ser suficiente, bastar

sufficient [sə'fɪʃənt] *adj* : suficiente

sufficiently [sə'fɪʃəntli] *adv* : (lo) suficientemente, bastante

suffix ['sʌˌfɪks] *n* : sufijo *m*

suffocate ['sʌfəˌkeɪt] *v* -cated; -cating *vt* : asfixiar, ahogar — *vi* : asfixiarse, ahogarse

suffocation [ˌsʌfə'keɪʃən] *n* : asfixia *f*, ahogo *m*

suffrage ['sʌfrɪdʒ] *n* : sufragio *m*, derecho *m* al voto

suffuse [sə'fjuːz] *vt* -fused; -fusing : impregnar (de olores, etc.), bañar (de luz), teñir (de colores), llenar (de emociones)

sugar[1] ['ʃʊgər] *vt* : azucarar

sugar[2] *n* : azúcar *mf*

sugarcane ['ʃʊgərˌkeɪn] *n* : caña *f* de azúcar

sugary ['ʃʊgəri] *adj* **1** : azucarado ⟨sugary desserts : postres azucarados⟩ **2** SACCHARINE : empalagoso

suggest [səg'dʒɛst, sə-] *vt* **1** PROPOSE : sugerir **2** IMPLY : indicar, dar a entender

suggestible [səg'dʒɛstəbəl, sə-] *adj* : influenciable

suggestion [səg'dʒɛstʃən, sə-] *n* **1** PROPOSAL : sugerencia *f* **2** INDICATION : indicio *m* **3** INSINUATION : insinuación *f*

suggestive [səg'dʒɛstɪv, sə-] *adj* : insinuante — **suggestively** *adv*

suicidal [ˌsuːə'saɪdəl] *adj* : suicida

suicide ['suːəˌsaɪd] *n* **1** : suicidio *m* (acto) **2** : suicida *mf* (persona)

suit[1] ['suːt] *vt* **1** ADAPT : adaptar **2** BEFIT : convenir a, ser apropiado a **3** BECOME : favorecer, quedarle bien (a alguien) ⟨the dress suits you : el vestido te queda bien⟩ **4** PLEASE : agradecer, satisfacer, convenirle bien (a alguien) ⟨does Friday suit you? : ¿le conviene el viernes?⟩ ⟨suit yourself! : ¡como quieras!⟩

suit[2] *n* **1** LAWSUIT : pleito *m*, litigio *m* **2** : traje *m* (ropa) **3** : palo *m* (de naipes)

suitability [ˌsuːtə'bɪləti] *n* : idoneidad *f*, lo apropiado

suitable ['suːtəbəl] *adj* : apropiado, idóneo — **suitably** [-bli] *adv*

suitcase ['suːtˌkeɪs] *n* : maleta *f*, valija *f*, petaca *f* *Mex*

suite ['swiːt, *for 2 also* 'suːt] *n* **1** : suite *f* (de habitaciones) **2** SET : juego *m* (de muebles)

suitor ['suːtər] *n* : pretendiente *m*

sulfur ['sʌlfər] *n* : azufre *m*

sulfuric acid [ˌsʌl'fjʊrɪk] *adj* : ácido *m* sulfúrico

sulfurous [ˌsʌl'fjʊrəs, 'sʌlfərəs, 'sʌlfjə-] *adj* : sulfuroso

sulk[1] ['sʌlk] *vi* : estar de mal humor, enfurruñarse *fam*

sulk[2] *n* : mal humor *m*

sulky ['sʌlki] *adj* sulkier; -est : malhumorado, taimado *Chile*

sullen ['sʌlən] *adj* **1** MOROSE : hosco, taciturno **2** DREARY : sombrío, deprimente

sullenly ['sʌlənli] *adv* **1** MOROSELY : hoscamente **2** GLOOMILY : sombríamente

sully ['sʌli] *vt* sullied; sullying : manchar, empañar

sultan [ˈsʌltən] *n* : sultán *m*

sultry [ˈsʌltri] *adj* **sultrier; -est 1** : bochornoso ⟨sultry weather : tiempo sofocante, tiempo bochornoso⟩ **2** SENSUAL : sensual, seductor

sum¹ [ˈsʌm] *vt* **summed; summing 1** : sumar (números) **2 → sum up**

sum² *n* **1** AMOUNT : suma *f*, cantidad *f* **2** TOTAL : suma *f*, total *f* **3** : suma *f*, adición *f* (en matemáticas)

sumac [ˈʃuːˌmæk, ˈsuː-] *n* : zumaque *m*

summarize [ˈsʌməˌraɪz] *v* **-rized; -rizing** : resumir, compendiar

summary¹ [ˈsʌməri] *adj* **1** CONCISE : breve, conciso **2** IMMEDIATE : inmediato ⟨a summary dismissal : un despido inmediato⟩

summary² *n*, *pl* **-ries** : resumen *m*, compendio *m*

summer [ˈsʌmər] *n* : verano *m*

summery [ˈsʌməri] *adj* : veraniego

summit [ˈsʌmət] *n* **1** : cumbre *f*, cima *f* (de una montaña) **2** or **summit conference** : cumbre *f*

summon [ˈsʌmən] *vt* **1** CALL : convocar (una reunión, etc.), llamar (a una persona) **2** : citar (en derecho) **3 to summon up** : armarse (de valor, etc.) ⟨to summon up one's strength : reunir fuerzas⟩

summons [ˈsʌmənz] *n*, *pl* **summonses 1** SUBPOENA : citación *f*, citatorio *m* *Mex* **2** CALL : llamada *f*, llamamiento *m*

sumptuous [ˈsʌmptʃuəs] *adj* : suntuoso

sum up *vt* **1** SUMMARIZE : resumir **2** EVALUATE : evaluar — *vi* : recapitular

sun¹ [ˈsʌn] *vt* **sunned; sunning 1** : poner al sol **2 to sun oneself** : asolearse, tomar el sol

sun² *n* **1** : sol *m* **2** SUNSHINE : luz *f* del sol

sunbeam [ˈsʌnˌbiːm] *n* : rayo *m* de sol

sunblock [ˈsʌnˌblɑk] *n* : filtro *m* solar

sunburn¹ [ˈsʌnˌbərn] *vi* **-burned** [-ˌbərnd] *or* **-burnt** [-ˌbərnt]; **-burning** : quemarse por el sol

sunburn² [ˈsʌnˌbərn] *n* : quemadura *f* de sol

sundae [ˈsʌndi] *n* : sundae *m*

Sunday [ˈsʌnˌdeɪ, -di] *n* : domingo *m*

sundial [ˈsʌnˌdaɪl] *n* : reloj *m* de sol

sundown [ˈsʌnˌdaʊn] *n* → sunset

sundries [ˈsʌndriz] *npl* : artículos *mpl* diversos

sundry [ˈsʌndri] *adj* : varios, diversos

sunflower [ˈsʌnˌflaʊər] *n* : girasol *m*, mirasol *m*

sung → sing

sunglasses [ˈsʌnˌglæsəz] *npl* : gafas *fpl* de sol, lentes *mpl* de sol

sunk → sink¹

sunken [ˈsʌŋkən] *adj* : hundido

sunlight [ˈsʌnˌlaɪt] *n* : sol *m*, luz *f* del sol

sunny [ˈsʌni] *adj* **sunnier; -est** : soleado

sunrise [ˈsʌnˌraɪz] *n* : salida *f* del sol

sunscreen [ˈsʌnˌskriːn] *n* : filtro *m* solar

sunset [ˈsʌnˌsɛt] *n* : puesta *f* del sol

sunshine [ˈsʌnˌʃaɪn] *n* : sol *m*, luz *f* del sol

sunspot [ˈsʌnˌspɑt] *n* : mancha *f* solar

sunstroke [ˈsʌnˌstroːk] *n* : insolación *f*

suntan [ˈsʌnˌtæn] *n* : bronceado *m*

sup [ˈsʌp] *vi* **supped; supping** : cenar

super [ˈsuːpər] *adj* : súper ⟨super! : ¡fantástico!⟩

superabundance [ˌsuːpərəˈbʌndənts] *n* : superabundancia *f*

superb [suˈpərb] *adj* : magnífico, espléndido — **superbly** *adv*

supercilious [ˌsuːpərˈsɪliəs] *adj* : altivo, altanero, desdeñoso

supercomputer [ˈsuːpərkəmˌpjuːtər] *n* : supercomputadora *f*

superficial [ˌsuːpərˈfɪʃəl] *adj* : superficial — **superficially** *adv*

superfluous [suˈpərfluəs] *adj* : superfluo

superhighway [ˈsuːpərˌhaɪˌweɪ, ˌsuːpərˈ-] *n* : autopista *f*

superhuman [ˌsuːpərˈhjuːmən] *adj* **1** SUPERNATURAL : sobrenatural **2** HERCULEAN : sobrehumano

superimpose [ˌsuːpərɪmˈpoːz] *vt* **-posed; -posing** : superponer, sobreponer

superintend [ˌsuːpərɪnˈtɛnd] *vt* : supervisar

superintendent [ˌsuːpərɪnˈtɛndənt] *n* : portero *m*, -ra *f* (de un edificio); director *m*, -tora *f* (de una escuela, etc.); superintendente *mf* (de policía)

superior¹ [suˈpɪriər] *adj* **1** BETTER : superior **2** HAUGHTY : altivo, altanero

superior² *n* : superior *m*

superiority [suˌpɪriˈɔrəti] *n*, *pl* **-ties** : superioridad *f*

superlative¹ [suˈpərlətɪv] *adj* **1** : superlativo (en gramática) **2** SUPREME : supremo **3** EXCELLENT : excelente, excepcional

superlative² *n* : superlativo *m*

supermarket [ˈsuːpərˌmɑrkət] *n* : supermercado *m*

supernatural [ˌsuːpərˈnætʃərəl] *adj* : sobrenatural

supernaturally [ˌsuːpərˈnætʃərəli] *adv* : de manera sobrenatural

superpower [ˈsuːpərˌpaʊər] *n* : superpotencia *f*

supersede [ˌsuːpərˈsiːd] *vt* **-seded; -seding** : suplantar, reemplazar, sustituir

supersonic [ˌsuːpərˈsɑnɪk] *adj* : supersónico

superstar [ˈsuːpərˌstɑr] *n* : superestrella *f*

superstition [ˌsuːpərˈstɪʃən] *n* : superstición *f*

superstitious [ˌsuːpərˈstɪʃəs] *adj* : supersticioso

superstructure [ˈsuːpərˌstrʌktʃər] *n* : superestructura *f*

supervise [ˈsuːpərˌvaɪz] *vt* **-vised; -vising** : supervisar, dirigir

supervision [ˌsuːpərˈvɪʒən] *n* : supervisión *f*, dirección *f*

supervisor [ˈsuːpərˌvaɪzər] n : supervisor m, -sora f

supervisory [ˌsuːpərˈvaɪzəri] adj : de supervisor

supine [suːˈpaɪn] adj 1 : en decúbito supino, en decúbito dorsal 2 ABJECT, INDIFFERENT : indiferente, apático

supper [ˈsʌpər] n : cena f, comida f

supplant [səˈplænt] vt : suplantar

supple [ˈsʌpəl] adj -pler; -plest : flexible

supplement[1] [ˈsʌpləˌmɛnt] vt : complementar, completar

supplement[2] [ˈsʌpləmənt] n 1 : complemento m ⟨dietary supplement : complemento alimenticio⟩ 2 : suplemento m (de un libro o periódico)

supplementary [ˌsʌpləˈmɛntəri] adj : suplementario

supplicate [ˈsʌpləˌkeɪt] v -cated; -cating vi : rezar — vt : suplicar

supplier [səˈplaɪər] n : proveedor m, -dora f; abastecedor m, -dora f

supply[1] [səˈplaɪ] vt -plied; -plying : suministrar, proveer de, proporcionar

supply[2] n, pl -plies 1 PROVISION : provisión f, suministro m ⟨supply and demand : la oferta y la demanda⟩ 2 STOCK : reserva f, existencias fpl (de un negocio) 3 supplies npl PROVISIONS : provisiones fpl, víveres mpl, despensa f

support[1] [səˈport] vt 1 BACK : apoyar, respaldar 2 MAINTAIN : mantener, sostener, sustentar 3 PROP UP : sostener, apoyar, apuntalar, soportar

support[2] n 1 : apoyo m (moral), ayuda f (económica) 2 PROP : soporte m, apoyo m

supporter [səˈportər] n : partidario m, -ria f

supportive [səˈportɪv] adj : que apoya ⟨his family is very supportive : su familia lo apoya mucho⟩

suppose [səˈpoːz] vt -posed; -posing 1 ASSUME : suponer, imaginarse 2 BELIEVE : suponer, creer 3 to be supposed to : tener que, deber

supposed [səˈpoːzd, -ˈpoːzəd] adj : supuesto — **supposedly** [səˈpoːzədli] adv

supposition [ˌsʌpəˈzɪʃən] n : suposición f

suppository [səˈpɑːzəˌtori] n, pl -ries : supositorio m

suppress [səˈprɛs] vt 1 SUBDUE : sofocar, suprimir, reprimir (una rebelión, etc.) 2 : suprimir, ocultar (información) 3 REPRESS : reprimir, contener ⟨to suppress a yawn : reprimir un bostezo⟩

suppression [səˈprɛʃən] n 1 SUBDUING : represión f 2 : supresión f (de información) 3 REPRESSION : represión f, inhibición f

supremacy [suːˈprɛməsi] n, pl -cies : supremacía f

supreme [suːˈpriːm] adj : supremo

Supreme Being n : Ser m Supremo

supremely [suːˈpriːmli] adv : totalmente, sumamente

surcharge [ˈsərˌtʃɑrdʒ] n : recargo m

sure[1] [ˈʃur] adv 1 ALL RIGHT : por supuesto, claro 2 (used as an intensifier) ⟨it sure is hot! : ¡hace tanto calor!⟩ ⟨she sure is pretty! : ¡qué linda es!⟩

sure[2] adj surer; -est : seguro ⟨to be sure about something : estar seguro de algo⟩ ⟨a sure sign : una clara señal⟩ ⟨for sure : seguro, con seguridad⟩

surely [ˈʃurli] adv 1 CERTAINLY : seguramente 2 (used as an intensifier) ⟨you surely don't mean that! : ¡no me digas que estás hablando en serio!⟩

sureness [ˈʃurnəs] n : certeza f, seguridad f

surety [ˈʃurəti] n, pl -ties : fianza f, garantía f

surf[1] [ˈsərf] n 1 WAVES : oleaje m 2 FOAM : espuma f

surface[1] [ˈsərfəs] v -faced; -facing vi : salir a la superficie — vt : revestir (una carretera)

surface[2] n 1 : superficie f 2 on the surface : en apariencia

surfboard [ˈsərfˌbord] n : tabla f de surf, tabla f de surfing

surfeit [ˈsərfət] n : exceso m

surfer [ˈsərfər] n : surfista mf

surfing [ˈsərfɪŋ] n : surf m, surfing m

surge[1] [ˈsərdʒ] vi surged; surging 1 : hincharse (dícese del mar), levantarse (dícese de las olas) 2 SWARM : salir en tropel (dícese de la gente, etc.)

surge[2] n 1 : oleaje m (del mar), oleada f (de gente) 2 FLUSH : arranque m, arrebato m (de ira, etc.) 3 INCREASE : aumento m (súbito)

surgeon [ˈsərdʒən] n : cirujano m, -na f

surgery [ˈsərdʒəri] n, pl -geries : cirugía f

surgical [ˈsərdʒɪkəl] adj : quirúrgico — **surgically** [-kli] adv

surly [ˈsərli] adj surlier; -est : hosco, arisco

surmise[1] [sərˈmaɪz] vt -mised; -mising : conjeturar, suponer, concluir

surmise[2] n : conjetura f

surmount [sərˈmaunt] vt 1 OVERCOME : superar, vencer, salvar 2 CLIMB : escalar 3 CAP, TOP : coronar

surname [ˈsərˌneɪm] n : apellido m

surpass [sərˈpæs] vt : superar, exceder, rebasar, sobrepasar

surplus [ˈsərˌplʌs] n : excedente m, sobrante m, superávit m (de dinero)

surprise[1] [səˈpraɪz, sər-] vt -prised; -prising : sorprender

surprise[2] n : sorpresa f ⟨to take by surprise : sorprender⟩

surprising [səˈpraɪzɪŋ, sər-] adj : sorprendente — **surprisingly** adv

surrender[1] [səˈrɛndər] vt 1 : entregar, rendir 2 to surrender oneself : entregarse — vi : rendirse

surrender[2] n : rendición m (de una ciudad, etc.), entrega f (de posesiones)

surreptitious [ˌsərəpˈtɪʃəs] *adj* : subrepticio — **surreptitiously** *adv*

surrogate [ˈsərəgət, -ˌgeɪt] *n* : sustituto *m*

surround [səˈraʊnd] *vt* : rodear

surroundings [səˈraʊndɪŋz] *npl* : ambiente *m*, entorno *m*

surveillance [sərˈveɪlənts, -ˈveɪljənts, -ˈveɪənts] *n* : vigilancia *f*

survey¹ [sərˈveɪ] *vt* **-veyed; -veying 1** : medir (un terreno) **2** EXAMINE : inspeccionar, examinar, revisar **3** POLL : hacer una encuesta de, sondear

survey² [ˈsərˌveɪ] *n, pl* **-veys 1** INSPECTION : inspección *f*, revisión *f* **2** : medición *f* (de un terreno) **3** POLL : encuesta *f*, sondeo *m*

surveyor [sərˈveɪər] *n* : agrimensor *m*, -sora *f*

survival [sərˈvaɪvəl] *n* : supervivencia *f*, sobrevivencia *f*

survive [sərˈvaɪv] *v* **-vived; -viving** *vi* : sobrevivir — *vt* OUTLIVE : sobrevivir a

survivor [sərˈvaɪvər] *n* : superviviente *mf*, sobreviviente *mf*

susceptibility [səˌsɛptəˈbɪləti] *n, pl* **-ties** : vulnerabilidad *f*, propensión *f* (a enfermedades, etc.)

susceptible [səˈsɛptəbəl] *adj* **1** VULNERABLE : vulnerable, sensible ⟨susceptible to flattery : sensible a halagos⟩ **2** PRONE : propenso ⟨susceptible to colds : propenso a resfriarse⟩

suspect¹ [səˈspɛkt] *vt* **1** DISTRUST : dudar de **2** : sospechar (algo), sospechar de (una persona) **3** IMAGINE, THINK : imaginar, creer

suspect² [ˈsʌsˌpɛkt, səˈspɛkt] *adj* : sospechoso, dudoso, cuestionable

suspect³ [ˈsʌsˌpɛkt] *n* : sospechoso *m*, -sa *f*

suspend [səˈspɛnd] *vt* : suspender

suspenders [səˈspɛndərz] *npl* : tirantes *mpl*

suspense [səˈspɛnts] *n* : incertidumbre *f*, suspenso *m* (en una película, etc.)

suspenseful [səˈspɛntsfəl] *adj* : de suspenso

suspension [səˈspɛntʃən] *n* : suspensión *f*

suspicion [səˈspɪʃən] *n* **1** : sospecha *f* **2** TRACE : pizca *f*, atisbo *m*

suspicious [səˈspɪʃəs] *adj* **1** QUESTIONABLE : sospechoso, dudoso **2** DISTRUSTFUL : suspicaz, desconfiado

suspiciously [səˈspɪʃəsli] *adv* : de modo sospechoso, con recelo

sustain [səˈsteɪn] *vt* **1** NOURISH : sustentar **2** PROLONG : sostener **3** SUFFER : sufrir **4** SUPPORT, UPHOLD : apoyar, respaldar, sostener

sustainable [səˈsteɪnəbəl] *adj* : sostenible

sustenance [ˈsʌstənənts] *n* **1** NOURISHMENT : sustento *m* **2** SUPPORT : sostén *m*

svelte [ˈsfɛlt] *adj* : esbelto

swab¹ [ˈswɑb] *vt* **swabbed; swabbing 1** CLEAN : lavar, limpiar **2** : aplicar a (con hisopo)

swab² *n or* **cotton swab** : hisopo *m* (para aplicar medicinas, etc.)

swaddle [ˈswɑdəl] *vt* **-dled; -dling** [ˈswɑdəlɪŋ] : envolver (en pañales)

swagger¹ [ˈswægər] *vi* : pavonearse

swagger² *n* : pavoneo *m*

swallow¹ [ˈswɑloː] *vt* **1** : tragar (comida, etc.) **2** ENGULF : tragarse, envolver **3** REPRESS : tragarse (insultos, etc.) — *vi* : tragar

swallow² *n* **1** : golondrina *f* (pájaro) **2** GULP : trago *m*

swam → **swim¹**

swamp¹ [ˈswɑmp] *vt* : inundar

swamp² *n* : pantano *m*, ciénaga *f*

swampy [ˈswɑmpi] *adj* **swampier; -est** : pantanoso, cenagoso

swan [ˈswɑn] *n* : cisne *m*

swap¹ [ˈswɑp] *vt* **swapped; swapping** : cambiar, intercambiar ⟨to swap places : cambiarse de sitio⟩

swap² *n* : cambio *m*, intercambio *m*

swarm¹ [ˈswɔrm] *vi* : enjambrar

swarm² *n* : enjambre *m*

swarthy [ˈswɔrði, -θi] *adj* **swarthier; -est** : moreno

swashbuckling [ˈswɑʃˌbʌklɪŋ] *adj* : de aventurero

swat¹ [ˈswɑt] *vt* **swatted; swatting** : aplastar (un insecto), darle una palmada (a alguien)

swat² *n* : palmada *f* (con la mano), golpe *m* (con un objeto)

swatch [ˈswɑtʃ] *n* : muestra *f*

swath [ˈswɑθ, ˈswɔθ] *or* **swathe** [ˈswɑð, ˈswɔð, ˈsweɪð] *n* : franja *f* (de grano segado)

swathe [ˈswɑð, ˈswɔð, ˈsweɪð] *vt* **swathed; swathing** : envolver

swatter [ˈswɑtər] → **flyswatter**

sway¹ [ˈsweɪ] *vi* : balancearse, mecerse — *vt* INFLUENCE : influir en, convencer

sway² *n* **1** SWINGING : balanceo *m* **2** INFLUENCE : influjo *m*

swear [ˈswær] *v* **swore** [ˈswor]; **sworn** [ˈsworn]; **swearing** *vi* **1** VOW : jurar **2** CURSE : decir palabrotas — *vt* : jurar

swearword [ˈswærˌwərd] *n* : mala palabra *f*, palabrota *f*

sweat¹ [ˈswɛt] *vi* **sweat** *or* **sweated; sweating 1** PERSPIRE : sudar, transpirar **2** OOZE : rezumar **3 to sweat over** : sudar la gota gorda por

sweat² *n* : sudor *m*, transpiración *f*

sweater [ˈswɛtər] *n* : suéter *m*

sweatshirt [ˈswɛtˌʃərt] *n* : sudadera *f*

sweaty [ˈswɛti] *adj* **sweatier; -est** : sudoroso, sudado, transpirado

Swede [ˈswiːd] *n* : sueco *m*, -ca *f*

Swedish¹ [ˈswiːdɪʃ] *adj* : sueco

Swedish² *n* **1** : sueco *m* (idioma) **2 the Swedish** *npl* : los suecos

sweep¹ [ˈswiːp] *v* **swept** [ˈswɛpt]; **sweeping** *vt* **1** : barrer (el suelo, etc.), limpiar (suciedad, etc.) ⟨he swept the books aside : apartó los libros de un manotazo⟩ 2 or **to sweep through** : extenderse por ⟨dícese de una tormenta⟩ — *vi* 1 : barrer, limpiar 2 : extenderse (en una curva), describir una curva ⟨the sun swept across the sky : el sol describía una curva en el cielo⟩

sweep² *n* 1 : barrido *m*, barrida *f* (con una escoba) 2 : movimiento *m* circular 3 SCOPE : alcance *m*

sweeper ['swiːpər] *n* : barrendero *m*, -ra *f*

sweeping ['swiːpɪŋ] *adj* 1 WIDE : amplio (dícese de un movimiento) 2 EXTENSIVE : extenso, radical 3 INDISCRIMINATE : indiscriminado, demasiado general 4 OVERWHELMING : arrollador, aplastante

sweepstakes ['swiːpˌsteɪks] *ns & pl* 1 : carrera *f* (en que el ganador se lleva el premio entero) 2 LOTTERY : lotería *f*

sweet¹ ['swiːt] *adj* 1 : dulce ⟨sweet desserts : postres dulces⟩ 2 FRESH : fresco 3 : sin sal (dícese de la mantequilla, etc.) 4 PLEASANT : dulce, agradable 5 DEAR : querido

sweet² *n* : dulce *m*

sweeten ['swiːtən] *vt* : endulzar

sweetener ['swiːtənər] *n* : endulzante *m*

sweetheart ['swiːtˌhɑrt] *n* : novio *m*, -via *f* ⟨thanks, sweetheart : gracias, cariño⟩

sweetly ['swiːtli] *adv* : dulcemente

sweetness ['swiːtnəs] *n* : dulzura *f*

sweet potato *n* : batata *f*, boniato *m*

swell¹ ['swɛl] *vi* **swelled** *or* **swollen** ['swoːlən, 'swʌl-]; **swelling** 1 *or* **to swell up** : hincharse ⟨her ankle swelled : se le hinchó el tobillo⟩ 2 *or* **to swell out** : inflarse, hincharse (dícese de las velas, etc.) 3 INCREASE : aumentar, crecer

swell² *n* 1 : oleaje *m* (del mar) 2 → **swelling**

swelling ['swɛlɪŋ] *n* : hinchazón *f*

swelter ['swɛltər] *vi* : sofocarse de calor

swept → **sweep¹**

swerve¹ ['swərv] *vi* **swerved; swerving** : virar bruscamente

swerve² *n* : viraje *m* brusco

swift¹ ['swɪft] *adj* 1 FAST : rápido, veloz 2 SUDDEN : repentino, súbito — **swiftly** *adv*

swift² *n* : vencejo *m* (pájaro)

swiftness ['swɪftnəs] *n* : rapidez *f*, velocidad *f*

swig¹ ['swɪg] *vi* **swigged; swigging** : tomar a tragos, beber a tragos

swig² *n* : trago *m*

swill¹ ['swɪl] *vt* : chupar, beber a tragos grandes

swill² *n* 1 SLOP : bazofia *f* 2 GARBAGE : basura *f*

swim¹ ['swɪm] *vi* **swam** ['swæm]; **swum** ['swʌm]; **swimming** 1 : nadar 2 FLOAT : flotar 3 REEL : dar vueltas ⟨his head was swimming : la cabeza le daba vueltas⟩

swim² *n* : baño *m*, chapuzón *m* ⟨to go for a swim : ir a nadar⟩

swimmer ['swɪmər] *n* : nadador *m*, -dora *f*

swindle¹ ['swɪndəl] *vt* **-dled; -dling** : estafar, timar

swindle² *n* : estafa *f*, timo *m* *fam*

swindler ['swɪndələr] *n* : estafador *m*, -dora *f*; timador *m*, -dora *f*

swine ['swaɪn] *ns & pl* : cerdo *m*, -da *f*

swing¹ ['swɪŋ] *v* **swung** ['swʌŋ]; **swinging** *vt* 1 : describir una curva con ⟨he swung the ax at the tree : le dio al arbol con el hacha⟩ 2 : balancear (los brazos, etc.), hacer oscilar 3 SUSPEND : colgar — *vi* 1 SWAY : balancearse (dícese de los brazos, etc.), oscilar (dícese de un objeto), columpiarse, mecerse (en un columpio) 2 SWIVEL : girar (en un pivote) ⟨the door swung shut : la puerta se cerró⟩ 3 CHANGE : virar, cambiar (dícese de las opiniones, etc.)

swing² *n* 1 SWINGING : vaivén *m*, balanceo *m* 2 CHANGE, SHIFT : viraje *m*, movimiento *m* 3 : columpio *m* (para niños) 4 **to take a swing at someone** : intentar pegarle a alguien

swipe¹ ['swaɪp] *vt* **swiped; swiping** 1 STRIKE : dar, pegar (con un movimiento amplio) 2 WIPE : limpiar 3 STEAL : birlar *fam*, robar

swipe² *n* BLOW : golpe *m*

swirl¹ ['swərl] *vi* : arremolinarse

swirl² *n* 1 EDDY : remolino *m* 2 SPIRAL : espiral *f*

swish¹ ['swɪʃ] *vt* : mover (produciendo un sonido) ⟨she swished her skirt : movía la falda⟩ — *vi* : moverse (produciendo un sonido) ⟨the cars swished by : se oían pasar los coches⟩

swish² *n* : silbido *m* (de un látigo, etc.), susurro *m* (de agua), crujido *m* (de ropa, etc.)

Swiss ['swɪs] *n* : suizo *m*, -za *f* — **Swiss** *adj*

swiss chard *n* : acelga *f*

switch¹ ['swɪtʃ] *vt* 1 LASH, WHIP : azotar 2 CHANGE : cambiar de 3 EXCHANGE : intercambiar 4 **to switch on** : encender, prender 5 **to switch off** : apagar — *vi* 1 : moverse de un lado al otro 2 CHANGE : cambiar 3 SWAP : intercambiarse

switch² *n* 1 WHIP : vara *f* 2 CHANGE, SHIFT : cambio *m* 3 : interruptor *m*, llave *f* (de la luz, etc.)

switchboard ['swɪtʃˌbord] *n* : conmutador *m*, centralita *f*

swivel¹ ['swɪvəl] *vi* **-veled** *or* **-velled; -veling** *or* **-velling** : girar (sobre un pivote)

swivel² *n* : base *f* giratoria

swollen *pp* → **swell¹**

swoon¹ ['swuːn] *vi* : desvanecerse, desmayarse

swoon² *n* : desvanecimiento *m*, desmayo *m*

swoop¹ ['swu:p] vi : abatirse (dícese de las aves), descender en picada (dícese de un avión)

swoop² n : descenso m en picada

sword ['sord] n : espada f

swordfish ['sord,fɪʃ] n : pez m espada

swore, sworn → swear

swum pp → swim¹

swung → swing¹

sycamore ['sɪkə,mor] n : sicomoro m

sycophant ['sɪkəfənt, -,fænt] n : adulador m, -dora f

syllabic [sə'læbɪk] adj : silábico

syllable ['sɪləbəl] n : sílaba f

syllabus ['sɪləbəs] n, pl -bi [-,baɪ] or -buses : programa m (de estudios)

symbol ['sɪmbəl] n : símbolo m

symbolic [sɪm'balɪk] adj : simbólico — symbolically [-kli] adv

symbolism ['sɪmbə,lɪzəm] n : simbolismo m

symbolize ['sɪmbə,laɪz] vt -ized; -izing : simbolizar

symmetrical [sə'mɛtrɪkəl] or symmetric [-trɪk] adj : simétrico — symmetrically [-trɪkli] adv

symmetry ['sɪmətri] n, pl -tries : simetría f

sympathetic [,sɪmpə'θɛtɪk] adj 1 PLEASING : agradable 2 RECEPTIVE : receptivo, favorable 3 COMPASSIONATE, UNDERSTANDING : comprensivo, compasivo

sympathetically [,sɪmpə'θɛtɪkli] adv : con compasión, con comprensión

sympathize ['sɪmpə,θaɪz] vi -thized; -thizing : compadecer ⟨I sympathize with you : te compadezco⟩

sympathy ['sɪmpəθi] n, pl -thies 1 COMPASSION : compasión f 2 UNDERSTANDING : comprensión f 3 AGREEMENT : solidaridad f ⟨in sympathy with : de acuerdo con⟩ 4 CONDOLENCES : pésame m, condolencias fpl

symphonic [sɪm'fanɪk] adj : sinfónico

symphony ['sɪmfəni] n, pl -nies : sinfonía f

symposium [sɪm'po:ziəm] n, pl -sia [-ziə] or -siums : simposio m

symptom ['sɪmptəm] n : síntoma m

symptomatic [,sɪmptə'mætɪk] adj : sintomático

synagogue ['sɪnə,gag, -,gɔg] n : sinagoga f

sync ['sɪŋk] n : sincronización f ⟨in sync : sincronizado⟩

synchronize ['sɪŋkrə,naɪz, 'sɪn-] v -nized; -nizing vi : estar sincronizado — vt : sincronizar

syncopate ['sɪŋkə,peɪt, 'sɪn-] vt -pated; -pating : sincopar

syncopation [,sɪŋkə'peɪʃən, ,sɪn-] n : síncopa f

syndicate¹ ['sɪndə,keɪt] vi -cated; -cating : formar una asociación

syndicate² ['sɪndɪkət] n : asociación f, agrupación f

syndrome ['sɪn,dro:m] n : síndrome m

synonym ['sɪnə,nɪm] n : sinónimo m

synonymous [sə'nanəməs] adj : sinónimo

synopsis [sə'napsɪs] n, pl -opses [-,si:z] : sinopsis f

syntactic [sɪn'tæktɪk] adj : sintáctico

syntax ['sɪn,tæks] n : sintaxis f

synthesis ['sɪnθəsɪs] n, pl -theses [-,si:z] : síntesis f

synthesize ['sɪnθə,saɪz] vt -sized; -sizing : sintetizar

synthetic¹ [sɪn'θɛtɪk] adj : sintético, artificial — synthetically [-tɪkli] adv

synthetic² n : producto m sintético

syphilis ['sɪfələs] n : sífilis f

Syrian ['sɪriən] n : sirio m, -ria f — Syrian adj

syringe [sə'rɪndʒ, 'sɪrɪndʒ] n : jeringa f, jeringuilla f

syrup ['sərəp, 'sɪrəp] n : jarabe m, almíbar m (de azúcar y agua)

system ['sɪstəm] n 1 METHOD : sistema m, método m 2 APPARATUS : sistema m, instalación f, aparato m ⟨electrical system : instalación eléctrica⟩ ⟨digestive system : aparato digestivo⟩ 3 BODY : organismo m, cuerpo m ⟨diseases that affect the whole system : enfermedades que afectan al organismo entero⟩ 4 NETWORK : red f

systematic [,sɪstə'mætɪk] adj : sistemático — systematically [-tɪkli] adv

systematize ['sɪstəmə,taɪz] vt -tized; -tizing : sistematizar

systemic [sɪs'tɛmɪk] adj : sistémico

T

t ['ti:] n, pl t's or ts ['ti:z] : vigésima letra del alfabeto inglés

tab ['tæb] n 1 FLAP, TAG : lengüeta f (de un sobre, una caja, etc.), etiqueta f (de ropa) 2 → tabulator 3 BILL, CHECK : cuenta f 4 to keep tabs on : tener bajo vigilancia

tabby ['tæbi] n, pl -bies 1 or tabby cat : gato m atigrado 2 : gata f

tabernacle ['tæbər,nækəl] n : tabernáculo m

table ['teɪbəl] n 1 : mesa f ⟨a table for two : una mesa para dos⟩ 2 LIST : tabla f ⟨multiplication table : tabla de multiplicar⟩ 3 table of contents : índice m de materias

tableau [tæ'blo:, 'tæ,-] n, pl -leaux [-'blo:z, -,blo:z] or -leaus : retablo m, cuadro m vivo (en teatro)

tablecloth ['teɪbəl,klɔθ] n : mantel m

tablespoon ['teɪbəl,spu:n] n 1 : cuchara f (de mesa) 2 → tablespoonful

tablespoonful [ˈteɪbəlˌspuːnˌfʊl] *n* : cucharada *f*

tablet [ˈtæblət] *n* 1 PLAQUE : placa *f* 2 PAD : bloc *m* (de papel) 3 PILL : tableta *f*, pastilla *f*, píldora *f* ⟨an aspirin tablet : una tableta de aspirina⟩

table tennis *n* : tenis *m* de mesa

tableware [ˈteɪbəlˌwær] *n* : vajillas *fpl*, cubiertos *mpl* (de mesa)

tabloid [ˈtæˌblɔɪd] *n* : tabloide *m*

taboo¹ [təˈbuː, tæ-] *adj* : tabú

taboo² *n* : tabú *m*

tabular [ˈtæbjələr] *adj* : tabular

tabulate [ˈtæbjəˌleɪt] *vt* -lated; -lating : tabular

tabulator [ˈtæbjəˌleɪtər] *n* : tabulador *m*

tacit [ˈtæsɪt] *adj* : tácito, implícito — **tacitly** *adv*

taciturn [ˈtæsɪˌtərn] *adj* : taciturno

tack¹ [ˈtæk] *vt* 1 : sujetar con tachuelas 2 to tack on ADD : añadir, agregar

tack² *n* 1 : tachuela *f* 2 COURSE : rumbo *m* ⟨to change tack : cambiar de rumbo⟩

tackle¹ [ˈtækəl] *vt* -led; -ling 1 : taclear (en futbol americano) 2 CONFRONT : abordar, enfrentar, emprender (un problema, un trabajo, etc.)

tackle² *n* 1 EQUIPMENT, GEAR : equipo *m*, aparejo *m* 2 : aparejo *m* (de un buque) 3 : tacleada *f* (en futbol americano)

tacky [ˈtæki] *adj* **tackier; -est** 1 STICKY : pegajoso 2 CHEAP, GAUDY : de mal gusto, naco *Mex*

tact [ˈtækt] *n* : tacto *m*, delicadeza *f*, discreción *f*

tactful [ˈtæktfəl] *adj* : discreto, diplomático, de mucho tacto

tactfully [ˈtæktfəli] *adv* : discretamente, con mucho tacto

tactic [ˈtæktɪk] *n* : táctica *f*

tactical [ˈtæktɪkəl] *adj* : táctico, estratégico

tactics [ˈtæktɪks] *ns & pl* : táctica *f*, estrategia *f*

tactile [ˈtæktəl, -ˌtaɪl] *adj* : táctil

tactless [ˈtæktləs] *adj* : indiscreto, poco delicado

tactlessly [ˈtæktləsli] *adv* : rudamente, sin tacto

tadpole [ˈtædˌpoːl] *n* : renacuajo *m*

taffeta [ˈtæfətə] *n* : tafetán *m*, tafeta *f* *Arg, Mex, Uru*

taffy [ˈtæfi] *n, pl* **-fies** : caramelo *m* de melaza, chicloso *m* *Mex*

tag¹ [ˈtæg] *v* **tagged; tagging** *vt* 1 LABEL : etiquetar 2 TAIL : seguir de cerca 3 TOUCH : tocar (en varios juegos) — *vi* **to tag along** : pegarse, acompañar

tag² *n* 1 LABEL : etiqueta *f* 2 SAYING : dicho *m*, refrán *m*

tail¹ [ˈteɪl] *vt* FOLLOW : seguir de cerca, pegarse

tail² *n* 1 : cola *f*, rabo *m* (de un animal) 2 : cola *f*, parte *f* posterior ⟨a comet's tail : la cola de un cometa⟩ 3 **tails** *npl* : cruz *f* (de una moneda) ⟨heads or tails : cara o cruz⟩

tailed [ˈteɪld] *adj* : que tiene cola

tailgate¹ [ˈteɪlˌgeɪt] *vi* -gated; -gating : seguir a un vehículo demasiado de cerca

tailgate² *n* : puerta *f* trasera (de un vehículo)

taillight [ˈteɪlˌlaɪt] *n* : luz *f* trasera (de un vehículo), calavera *f* *Mex*

tailor¹ [ˈteɪlər] *vt* 1 : confeccionar o alterar (ropa) 2 ADAPT : adaptar, ajustar

tailor² *n* : sastre *m*, -tra *f*

tailpipe [ˈteɪlˌpaɪp] *n* : tubo *m* de escape

tailspin [ˈteɪlˌspɪn] *n* : barrena *f*

taint¹ [ˈteɪnt] *vt* : contaminar, corromper

taint² *n* : corrupción *f*, impureza *f*

take¹ [ˈteɪk] *v* **took** [ˈtʊk]; **taken** [ˈteɪkən]; **taking** *vt* 1 CAPTURE : capturar, apresar 2 GRASP : tomar, agarrar ⟨to take the bull by the horns : tomar al toro por los cuernos⟩ 3 CATCH : tomar, agarrar ⟨taken by surprise : tomado por sorpresa⟩ 4 CAPTIVATE : encantar, fascinar 5 INGEST : tomar, ingerir ⟨take two pills : tome dos píldoras⟩ 6 REMOVE : sacar, extraer ⟨take an orange : saca una naranja⟩ 7 : tomar, coger (un tren, un autobús, etc.) 8 NEED, REQUIRE : tomar, requerir ⟨these things take time : estas cosas toman tiempo⟩ 9 BRING, CARRY : llevar, sacar, cargar ⟨take them with you : llévalos contigo⟩ ⟨take the trash out : saca la basura⟩ 10 BEAR, ENDURE : soportar, aguantar (dolores, etc.) 11 ACCEPT : aceptar (un cheque, etc.), seguir (consejos), asumir (la responsabilidad) 12 SUPPOSE : suponer ⟨I take it that . . . : supongo que . . .⟩ 13 (*indicating an action or an undertaking*) ⟨to take a walk : dar un paseo⟩ ⟨to take a class : tomar una clase⟩ 14 **to take place** HAPPEN : tener lugar, suceder, ocurrir — *vi* : agarrar (dícese de un tinte), prender (dícese de una vacuna)

take² *n* 1 PROCEEDS : recaudación *f*, ingresos *mpl*, ganancias *fpl* 2 : toma *f* (de un rodaje o una grabación)

take back *vt* : retirar (palabras, etc.)

take in *vt* 1 : tomarle a, achicar (un vestido, etc.) 2 INCLUDE : incluir, abarcar 3 ATTEND : ir a ⟨to take in a movie : ir al cine⟩ 4 GRASP, UNDERSTAND : captar, entender 5 DECEIVE : engañar

takeoff [ˈteɪkˌɔf] *n* 1 PARODY : parodia *f* 2 : despegue *m* (de un avión o cohete)

take off *vt* REMOVE : quitar ⟨take off your hat : quítate el sombrero⟩ — *vi* 1 : despegar (dícese de un avión o un cohete) 2 LEAVE : irse, partir

take on *vt* 1 TACKLE : abordar, emprender (problemas, etc.) 2 ACCEPT : aceptar, encargarse de, asumir (una responsabilidad) 3 CONTRACT : contratar (trabajadores) 4 ASSUME : adoptar, asumir, adquirir ⟨the neighborhood took on a dingy look : el barrio asumió una apariencia deprimente⟩

takeover ['teɪk,o:vər] *n* : toma *f* (de poder o de control), adquisición *f* (de una empresa por otra)

take over *vt* : tomar el poder de, tomar las riendas de — *vi* : asumir el mando

taker ['teɪkər] *n* : persona *f* interesada ⟨available to all takers : disponible a cuantos estén interesados⟩

take up *vt* **1** LIFT : levantar **2** SHORTEN : acortar (una falda, etc.) **3** BEGIN : empezar, dedicarse a (un pasatiempo, etc.) **4** OCCUPY : ocupar, llevar (tiempo, espacio) **5** PURSUE : volver a (una cuestión, un asunto) **6** CONTINUE : seguir con

talc ['tælk] *n* : talco *m*

talcum powder ['tælkəm] *n* : talco *m*, polvos *mpl* de talco

tale ['teɪl] *n* **1** ANECDOTE, STORY : cuento *m*, relato *m*, anécdota *f* **2** FALSEHOOD : cuento *m*, mentira *f*

talent ['tælənt] *n* : talento *m*, don *m*

talented ['tæləntəd] *adj* : talentoso

talisman ['tæləsmən, -lɪz-] *n*, *pl* **-mans** : talismán *m*

talk¹ ['tɔk] *vi* **1** : hablar ⟨he talks for hours : se pasa horas hablando⟩ **2** CHAT : charlar, platicar — *vt* **1** SPEAK : hablar ⟨to talk French : hablar francés⟩ ⟨to talk business : hablar de negocios⟩ **2** PERSUADE : influenciar, convencer ⟨she talked me out of it : me convenció que no lo hiciera⟩ **3 to talk over** DISCUSS : hablar de, discutir

talk² *n* **1** CONVERSATION : charla *f*, plática *f*, conversación *f* **2** GOSSIP, RUMOR : chisme *m*, rumores *mpl*

talkative ['tɔkətɪv] *adj* : locuaz, parlanchín, charlatán

talker ['tɔkər] *n* : conversador *m*, -dora *f*; hablador *m*, -dora *f*

talk show *n* : programa *m* de entrevistas

tall ['tɔl] *adj* : alto ⟨how tall is he? : ¿cuánto mide?⟩

tallness ['tɔlnəs] *n* HEIGHT : estatura *f* (de una persona), altura *f* (de un objeto)

tallow ['tælo:] *n* : sebo *m*

tally¹ ['tæli] *v* **-lied; -lying** *vt* RECKON : contar, hacer una cuenta de — *vi* MATCH : concordar, corresponder, cuadrar

tally² *n*, *pl* **-lies** : cuenta *f* ⟨to keep a tally : llevar la cuenta⟩

talon ['tælən] *n* : garra *f* (de un ave de rapiña)

tambourine [,tæmbə'ri:n] *n* : pandero *m*, pandereta *f*

tame¹ ['teɪm] *vt* **tamed; taming** : domar, amansar, domesticar

tame² *adj* **tamer; -est** **1** DOMESTICATED : domesticado, manso **2** DOCILE : manso, dócil **3** DULL : aburrido, soso

tamely ['teɪmli] *adv* : mansamente, dócilmente

tamer ['teɪmər] *n* : domador *m*, -dora *f*

tamp ['tæmp] *vt* : apisonar

tamper ['tæmpər] *vi* **to tamper with** : adulterar (una sustancia), forzar (un sello, una cerradura), falsear (documentos), manipular (una máquina)

tampon ['tæm,pɑn] *n* : tampón *m*

tan¹ ['tæn] *v* **tanned; tanning** *vt* **1** : curtir (pieles) **2** : broncear — *vi* : broncearse

tan² *n* **1** SUNTAN : bronceado *m* ⟨to get a tan : broncearse⟩ **2** : color *m* canela, color *m* café con leche

tandem¹ ['tændəm] *adv or* **in tandem** : en tándem

tandem² *n* : tándem *m* (bicicleta)

tang ['tæŋ] *n* : sabor *m* fuerte

tangent ['tændʒənt] *n* : tangente *f* ⟨to go off on a tangent : irse por la tangente⟩

tangerine ['tændʒə,ri:n, ,tændʒə'-] *n* : mandarina *f*

tangible ['tændʒəbəl] *adj* : tangible, palpable — **tangibly** [-bli] *adv*

tangle¹ ['tæŋgəl] *v* **-gled; -gling** *vt* : enredar, enmarañar — *vi* : enredarse

tangle² *n* : enredo *m*, maraña *f*

tango¹ ['tæŋ,go:] *vi* : bailar el tango

tango² *n*, *pl* **-gos** : tango *m*

tangy ['tæŋi] *adj* **tangier; -est** : que tiene un sabor fuerte

tank ['tæŋk] *n* : tanque *m*, depósito *m* ⟨fuel tank : depósito de combustibles⟩

tankard ['tæŋkərd] *n* : jarra *f*

tanker ['tæŋkər] *n* : buque *m* cisterna, camión *m* cisterna, avión *m* cisterna ⟨an oil tanker : un petrolero⟩

tanner ['tænər] *n* : curtidor *m*, -dora *f*

tannery ['tænəri] *n*, *pl* **-neries** : curtiduría *f*, tenería *f*

tannin ['tænən] *n* : tanino *m*

tantalize ['tæntə,laɪz] *vt* **-lized; -lizing** : tentar, atormentar (con algo inasequible)

tantalizing ['tæntə,laɪzɪŋ] *adj* : tentador, seductor

tantamount ['tæntə,maʊnt] *adj* : equivalente

tantrum ['tæntrəm] *n* : rabieta *f*, berrinche *m* ⟨to throw a tantrum : hacer un berrinche⟩

tap¹ ['tæp] *vt* **tapped; tapping** **1** : ponerle una espita a, sacar líquido de (un barril, un tanque, etc.) **2** : intervenir (una línea telefónica) **3** PAT, TOUCH : tocar, golpear ligeramente ⟨he tapped me on the shoulder : me tocó en el hombro⟩

tap² *n* **1** FAUCET : llave *f*, grifo *m* ⟨beer on tap : cerveza de barril⟩ **2** : extracción *f* (de líquido) ⟨a spinal tap : una punción lumbar⟩ **3** PAT, TOUCH : golpecito *m*, toque *m*

tape¹ ['teɪp] *vt* **taped; taping** **1** : sujetar o arreglar con cinta adhesiva **2** RECORD : grabar

tape² *n* **1** : cinta *f* (adhesiva, magnética, etc.) **2** → **tape measure**

tape measure *n* : cinta *f* métrica

taper¹ ['teɪpər] *vi* **1** : estrecharse gradualmente ⟨its tail tapers towards the tip : su cola va estrechándose hacia la pun-

ta⟩ **2** *or* **to taper off** : disminuir gradualmente
taper² *n* **1** CANDLE : vela *f* larga y delgada **2** TAPERING : estrechamiento *m* gradual
tapestry [ˈtæpəstri] *n, pl* **-tries** : tapiz *m*
tapeworm [ˈteɪpˌwərm] *n* : solitaria *f*, tenia *f*
tapioca [ˌtæpiˈo:kə] *n* : tapioca *f*
tar¹ [ˈtɑr] *vt* **tarred; tarring** : alquitranar
tar² *n* : alquitrán *m*, brea *f*, chapopote *m Mex*
tarantula [təˈræntʃələ, -ˈræntələ] *n* : tarántula *f*
tardiness [ˈtɑrdinəs] *n* : tardanza *f*, retraso *m*
tardy [ˈtɑrdi] *adj* **-dier; -est** LATE : tardío, de retraso
target¹ [ˈtɑrgət] *vt* : fijar como objetivo, dirigir, destinar
target² *n* **1** : blanco *m* ⟨target practice : tiro al blanco⟩ **2** GOAL, OBJECTIVE : meta *f*, objetivo *m*
tariff [ˈtærɪf] *n* DUTY : tarifa *f*, arancel *m*
tarnish¹ [ˈtɑrnɪʃ] *vt* **1** DULL : deslustrar **2** SULLY : empañar, manchar (una reputación, etc.) — *vi* : deslustrarse
tarnish² *n* : deslustre *m*
tarpaulin [tɑrˈpɔlən, ˈtɑrpə-] *n* : lona *f* (impermeable)
tarragon [ˈtærəˌgɑn, -gən] *n* : estragón *m*
tarry¹ [ˈtæri] *vi* **-ried; -rying** : demorarse, entretenerse
tarry² [ˈtɑri] *adj* **1** : parecido al alquitrán **2** : cubierto de alquitrán
tart¹ [ˈtɑrt] *adj* **1** SOUR : ácido, agrio **2** CAUSTIC : mordaz, acrimonioso — **tartly** *adv*
tart² *n* : tartaleta *f*
tartan [ˈtɑrtən] *n* : tartán *m*
tartar [ˈtɑrṭər] *n* **1** : tártaro *m* ⟨tartar sauce : salsa tártara⟩ **2** : sarro *m* (dental)
tartness [ˈtɑrtnəs] *n* **1** SOURNESS : acidez *f* **2** ACRIMONY, SHARPNESS : mordacidad *f*, acrimonia *f*, acritud *f*
task [ˈtæsk] *n* : tarea *f*, trabajo *m*
taskmaster [ˈtæskˌmæstər] *n* **to be a hard taskmaster** : ser exigente, ser muy estricto
tassel [ˈtæsəl] *n* : borla *f*
taste¹ [ˈteɪst] *v* **tasted; tasting** *vt* : probar (alimentos), degustar, catar (vinos) ⟨taste this soup : prueba esta sopa⟩ — *vi* : saber ⟨this tastes good : esto sabe bueno⟩
taste² *n* **1** SAMPLE : prueba *f*, bocado *m* (de comida), trago *m* (de bebidas) **2** FLAVOR : gusto *m*, sabor *m* **3** : gusto *m* ⟨she has good taste : tiene buen gusto⟩ ⟨in bad taste : de mal gusto⟩
taste bud *n* : papila *f* gustativa
tasteful [ˈteɪstfəl] *adj* : de buen gusto
tastefully [ˈteɪstfəli] *adv* : con buen gusto
tasteless [ˈteɪstləs] *adj* **1** FLAVORLESS : sin sabor, soso, insípido **2** : de mal gusto ⟨a tasteless joke : un chiste de mal gusto⟩
taster [ˈteɪstər] *n* : degustador *m*, -dora *f*; catador *m*, -dora *f* (de vinos)
tastiness [ˈteɪstinəs] *n* : lo sabroso
tasty [ˈteɪsti] *adj* **tastier; -est** : sabroso, gustoso
tatter [ˈtæṭər] *n* **1** SHRED : tira *f*, jirón *m* (de tela) **2 tatters** *npl* : andrajos *mpl*, harapos *mpl* ⟨to be in tatters : estar por los suelos⟩
tattered [ˈtæṭərd] *adj* : andrajoso, en jirones
tattle [ˈtæṭəl] *vi* **-tled; -tling 1** CHATTER : parlotear *fam*, cotorrear *fam* **2 to tattle on someone** : acusar a alguien
tattletale [ˈtæṭəlˌteɪl] *n* : soplón *m*, -plona *f fam*
tattoo¹ [tæˈtu:] *vt* : tatuar
tattoo² *n* : tatuaje *m* ⟨to get a tattoo : tatuarse⟩
taught → **teach**
taunt¹ [ˈtɔnt] *vt* MOCK : mofarse de, burlarse de
taunt² *n* : mofa *f*, burla *f*
Taurus [ˈtɔrəs] *n* : Tauro *mf*
taut [ˈtɔt] *adj* : tirante, tenso — **tautly** *adv*
tautness [ˈtɔtnəs] *n* : tirantez *f*, tensión *f*
tavern [ˈtævərn] *n* : taberna *f*
tawdry [ˈtɔdri] *adj* **-drier; -est** : chabacano, vulgar
tawny [ˈtɔni] *adj* **-nier; -est** : leonado
tax¹ [ˈtæks] *vt* **1** : gravar, cobrar un impuesto sobre **2** CHARGE : acusar ⟨they taxed him with neglect : fue acusado de incumplimiento⟩ **3 to tax someone's strength** : ponerle a prueba las fuerzas (a alguien)
tax² *n* **1** : impuesto *m*, tributo *m* **2** BURDEN : carga *f*
taxable [ˈtæksəbəl] *adj* : sujeto a un impuesto
taxation [tækˈseɪʃən] *n* : impuestos *mpl*
tax–exempt [ˈtæksɪgˈzɛmpt, -ɛg-] *adj* : libre de impuestos
taxi¹ [ˈtæksi] *vi* **taxied; taxiing** *or* **taxying; taxis** *or* **taxies 1** : ir en taxi **2** : rodar sobre la pista de aterrizaje (dícese de un avión)
taxi² *n, pl* **taxis** : taxi *m*, libre *m Mex*
taxicab [ˈtæksiˌkæb] *n* → **taxi**²
taxidermist [ˈtæksəˌdərmɪst] *n* : taxidermista *mf*
taxidermy [ˈtæksəˌdərmi] *n* : taxidermia *f*
taxpayer [ˈtæksˌpeɪər] *n* : contribuyente *mf*, causante *mf Mex*
TB [ˌti:ˈbi:] → **tuberculosis**
tea [ˈti:] *n* **1** : té *m* (planta y bebida) **2** : merienda *f*, té *m* (comida)
teach [ˈti:tʃ] *v* **taught** [ˈtɔt]; **teaching** *vt* : enseñar, dar clases de ⟨she teaches math : da clases de matemáticas⟩ ⟨she taught me everything I know : me enseñó todo lo que sé⟩ — *vi* : enseñar, dar clases

teacher ['tiːtʃər] *n* : maestro *m*, -tra *f* (de enseñanza primaria); profesor *m*, -sora *f* (de enseñanza secundaria)

teaching ['tiːtʃɪŋ] *n* : enseñanza *f*

teacup ['tiːˌkʌp] *n* : taza *f* para té

teak ['tiːk] *n* : teca *f*

teakettle ['tiːˌkɛtəl] *n* : tetera *f*

teal ['tiːl] *n*, *pl* **teal** *or* **teals** : cerceta *f* (pato)

team¹ ['tiːm] *vi or* **to team up 1** : formar un equipo (en deportes) **2** COLLABORATE : asociarse, juntarse, unirse

team² *adj* : de equipo

team³ *n* **1** : tiro *m* (de caballos), yunta *f* (de bueyes o mulas) **2** : equipo *m* (en deportes, etc.)

teammate ['tiːmˌmeɪt] *n* : compañero *m*, -ra *f* de equipo

teamster ['tiːmstər] *n* : camionero *m*, -ra *f*

teamwork ['tiːmˌwərk] *n* : trabajo *m* en equipo, cooperación *f*

teapot ['tiːˌpɑt] *n* : tetera *f*

tear¹ ['tær] *v* **tore** ['tor]; **torn** ['torn]; **tearing** *vt* **1** RIP : desgarrar, romper, rasgar (tela) ⟨to tear to pieces : hacer pedazos⟩ **2** *or* **to tear apart** DIVIDE : dividir **3** REMOVE : arrancar ⟨torn from his family : arrancado de su familia⟩ **4 to tear down** : derribar — *vi* **1** RIP : desgarrarse, romperse **2** RUSH : ir a gran velocidad ⟨she went tearing down the street : se fue como rayo por la calle⟩

tear² *n* : desgarradura *f*, rotura *f*, desgarro *m* (muscular)

tear³ ['tɪr] *n* : lágrima *f*

teardrop ['tɪrˌdrɑp] *n* → **tear³**

tearful ['tɪrfəl] *adj* : lloroso, triste — **tearfully** *adv*

tease¹ ['tiːz] *vt* **teased; teasing 1** MOCK : burlarse de, mofarse de **2** ANNOY : irritar, fastidiar

tease² *n* **1** TEASING : burla *f*, mofa *f* **2** : bromista *mf*; guasón *m*, -sona *f*

teaspoon ['tiːˌspuːn] *n* **1** : cucharita *f* **2** → **teaspoonful**

teaspoonful ['tiːˌspuːnˌfʊl] *n*, *pl* **-spoonfuls** [-ˌfʊlz] *or* **-spoonsful** [-ˌspuːnzˌfʊl] : cucharadita *f*

teat ['tiːt] *n* : tetilla *f*

technical ['tɛknɪkəl] *adj* : técnico — **technically** [-kli] *adv*

technicality [ˌtɛknəˈkæləti] *n*, *pl* **-ties** : detalle *m* técnico

technician [tɛkˈnɪʃən] *n* : técnico *m*, -ca *f*

technique [tɛkˈniːk] *n* : técnica *f*

technological [ˌtɛknəˈlɑdʒɪkəl] *adj* : tecnológico

technology [tɛkˈnɑlədʒi] *n*, *pl* **-gies** : tecnología *f*

teddy bear ['tɛdi] *n* : oso *m* de peluche

tedious ['tiːdiəs] *adj* : aburrido, pesado, monótono — **tediously** *adv*

tediousness ['tiːdiəsnəs] *n* : lo aburrido, lo pesado

tedium ['tiːdiəm] *n* : tedio *m*, pesadez *f*

tee ['tiː] *n* : tee *mf*

teem ['tiːm] *vi* **to teem with** : estar repleto de, estar lleno de

teenage ['tiːnˌeɪdʒ] *or* **teenaged** [-eɪdʒd] *adj* : adolescente, de adolescencia

teenager ['tiːnˌeɪdʒər] *n* : adolescente *mf*

teens ['tiːnz] *npl* : adolescencia *f*

teepee → **tepee**

teeter ['tiːtər] *vi* : balancearse, tambalearse

teeter² *n or* **teeter–totter** ['tiːtərˌtɑtər] → **seesaw**

teeth → **tooth**

teethe ['tiːð] *vi* **teethed; teething** : formársele a uno los dientes ⟨the baby's teething : le están saliendo los dientes al niño⟩

telecast¹ ['tɛləˌkæst] *vt* **-cast; -casting** : televisar, transmitir por televisión

telecast² *n* : transmisión *f* por televisión

telecommunication ['tɛləkəˌmjuːnəˈkeɪʃən] *n* : telecomunicación *f*

telegram ['tɛləˌɡræm] *n* : telegrama *m*

telegraph¹ ['tɛləˌɡræf] *v* : telegrafiar

telegraph² *n* : telégrafo *m*

telepathic [ˌtɛləˈpæθɪk] *adj* : telepático — **telepathically** [-θɪkli] *adv*

telepathy [təˈlɛpəθi] *n* : telepatía *f*

telephone¹ ['tɛləˌfoːn] *v* **-phoned; -phoning** *vt* : llamar por teléfono a, telefonear — *vi* : telefonear

telephone² *n* : teléfono *m*

telescope¹ ['tɛləˌskoːp] *vi* **-scoped; -scoping** : plegarse (como un telescopio)

telescope² *n* : telescopio *m*

telescopic [ˌtɛləˈskɑpɪk] *adj* : telescópico

televise ['tɛləˌvaɪz] *vt* **-vised; -vising** : televisar

television ['tɛləˌvɪʒən] *n* : televisión *f*

tell ['tɛl] *v* **told** ['toːld]; **telling** *vt* **1** COUNT : contar, enumerar ⟨all told : en total⟩ **2** INSTRUCT : decir ⟨he told me how to fix it : me dijo cómo arreglarlo⟩ ⟨they told her to wait : le dijeron que esperara⟩ **3** RELATE : contar, relatar, narrar ⟨to tell a story : contar una historia⟩ **4** DIVULGE, REVEAL : revelar, divulgar ⟨he told me everything about her : me contó todo acerca de ella⟩ **5** DISCERN : discernir, notar ⟨I can't tell the difference : no noto la diferencia⟩ — *vi* **1** SAY : decir ⟨I won't tell : no voy a decírselo a nadie⟩ **2** KNOW : saber ⟨you never can tell : nunca se sabe⟩ **3** SHOW : notarse, hacerse sentir ⟨the strain is beginning to tell : la tensión se empieza a notar⟩

teller ['tɛlər] *n* **1** NARRATOR : narrador *m*, -dora *f* **2** *or* **bank teller** : cajero *m*, -ra *f*

temerity [təˈmɛrəti] *n*, *pl* **-ties** : temeridad *f*

temp ['tɛmp] *n* : empleado *m*, -da *f* temporal

temper¹ ['tɛmpər] *vt* **1** MODERATE : moderar, temperar **2** ANNEAL : templar (acero, etc.)

temper² *n* **1** DISPOSITION : carácter *m*, genio *m* **2** HARDNESS : temple *m*, dureza *f* (de un metal) **3** COMPOSURE : calma *f*, serenidad *f* ⟨to lose one's temper : perder los estribos⟩ **4** RAGE : furia *f* ⟨to fly into a temper : ponerse furioso⟩

temperament ['tɛmpərmənt, -prə-, -pərə-] *n* : temperamento *m*

temperamental [ˌtɛmpər'mɛntəl, -prə-, -pərə-] *adj* : temperamental

temperance ['tɛmprənʦ] *n* : templanza *f*, temperancia *f*

temperate ['tɛmpərət] *adj* : templado (dícese del clima, etc.), moderado

temperature ['tɛmpərˌʧur, -prə-, -pərə-, -ˌʧər] *n* **1** : temperatura *f* **2** FEVER : calentura *f*, fiebre *f*

tempest ['tɛmpəst] *n* : tempestad *f*

tempestuous [tɛm'pɛsʧʊəs] *adj* : tempestuoso

temple ['tɛmpəl] *n* **1** : templo *m* (en religión) **2** : sien *f* (en anatomía)

tempo ['tɛmˌpoː] *n*, *pl* **-pi** [-ˌpiː] *or* **-pos** : ritmo *m*, tempo *m* (en música)

temporal ['tɛmpərəl] *adj* : temporal

temporarily [ˌtɛmpə'rɛrəli] *adv* : temporalmente, provisionalmente

temporary ['tɛmpəˌreri] *adj* : temporal, provisional, provisorio

tempt ['tɛmpt] *vt* : tentar

temptation [tɛmp'teɪʃən] *n* : tentación *f*

tempter ['tɛmptər] *n* : tentador *m*

temptress ['tɛmptrəs] *n* : tentadora *f*

ten¹ ['tɛn] *adj* : diez

ten² *n* **1** : diez *m* (número) **2** : decena *f* ⟨tens of thousands : decenas de millares⟩

tenable ['tɛnəbəl] *adj* : sostenible, defendible

tenacious [tə'neɪʃəs] *adj* : tenaz

tenacity [tə'næsəti] *n* : tenacidad *f*

tenancy ['tɛnənʦi] *n*, *pl* **-cies** : tenencia *f*, inquilinato *m* (de un inmueble)

tenant ['tɛnənt] *n* : inquilino *m*, -na *f*; arrendatario *m*, -ria *f*

tend ['tɛnd] *vt* : atender, cuidar (de), ocuparse de — *vi* : tender ⟨it tends to benefit the consumer : tiende a beneficiar al consumidor⟩

tendency ['tɛndənʦi] *n*, *pl* **-cies** : tendencia *f*, proclividad *f*, inclinación *f*

tender¹ ['tɛndər] *vt* : entregar, presentar ⟨I tendered my resignation : presenté mi renuncia⟩

tender² *adj* **1** : tierno, blando ⟨tender steak : bistec tierno⟩ **2** AFFECTIONATE, LOVING : tierno, cariñoso, afectuoso **3** DELICATE : tierno, sensible, delicado

tender³ *n* **1** OFFER : propuesta *f*, oferta *f* (en negocios) **2** legal tender : moneda *f* de curso legal

tenderize ['tɛndəˌraɪz] *vt* **-ized; -izing** : ablandar (carnes)

tenderloin ['tɛndrˌlɔɪn] *n* : lomo *f* (de res o de puerco)

tenderly ['tɛndərli] *adv* : tiernamente, con ternura

tenderness ['tɛndərnəs] *n* : ternura *f*

tendon ['tɛndən] *n* : tendón *m*

tendril ['tɛndrɪl] *n* : zarcillo *m*

tenement ['tɛnəmənt] *n* : casa *f* de vecindad

tenet ['tɛnət] *n* : principio *m*

tennis ['tɛnəs] *n* : tenis *m*

tenor ['tɛnər] *n* **1** PURPORT : tenor *m*, significado *m* **2** : tenor *m* (en música)

tenpins ['tɛnˌpɪnz] *npl* : bolos *mpl*, boliche *m*

tense¹ ['tɛnʦ] *v* **tensed; tensing** *vt* : tensar — *vi* : tensarse, ponerse tenso

tense² *adj* **tenser; tensest** **1** TAUT : tenso, tirante **2** NERVOUS : tenso, nervioso

tense³ *n* : tiempo *m* (de un verbo)

tensely ['tɛnʦli] *adv* : tensamente

tenseness ['tɛnʦnəs] → **tension**

tension ['tɛnʃən] *n* **1** TAUTNESS : tensión *f*, tirantez *f* **2** STRESS : tensión *f*, nerviosismo *m*, estrés *m*

tent ['tɛnt] *n* : tienda *f* de campaña

tentacle ['tɛntɪkəl] *n* : tentáculo *m*

tentative ['tɛntətɪv] *adj* **1** HESITANT : indeciso, vacilante **2** PROVISIONAL : sujeto a cambios, provisional

tentatively ['tɛntətɪvli] *adv* : provisionalmente

tenth¹ ['tɛnθ] *adj* : décimo

tenth² *n* **1** : décimo *m*, -ma *f* (en una serie) **2** : décimo *m*, décima parte *f*

tenuous ['tɛnjuəs] *adj* : tenue, débil ⟨tenuous reasons : razones poco convincentes⟩

tenuously ['tɛnjuəsli] *adv* : tenuemente, ligeramente

tenure ['tɛnjər] *n* : tenencia *f* (de un cargo o una propiedad), titularidad *f* (de un puesto académico)

tepee ['tiːˌpiː] *n* : tipi *m*

tepid ['tɛpɪd] *adj* : tibio

tequila [tə'kiːlə] *n* : tequila *m*

term¹ ['tərm] *vt* : calificar de, llamar, nombrar

term² *n* **1** PERIOD : término *m*, plazo *m*, período *m* **2** : término *m* (en matemáticas) **3** WORD : término *m*, vocablo *m* ⟨legal terms : términos legales⟩ **4** **terms** *npl* CONDITIONS : términos *m*, condiciones *fpl* **5** **terms** *npl* RELATIONS : relaciones *fpl* ⟨to be on good terms with : tener buenas relaciones con⟩ **6 in terms of** : con respecto a, en cuanto a

terminal¹ ['tərmənəl] *adj* : terminal

terminal² *n* **1** : terminal *m*, polo *m* (en electricidad) **2** : terminal *m* (de una computadora) **3** STATION : terminal *f*, estación *f* (de transporte público)

terminate ['tərməˌneɪt] *v* **-nated; -nating** *vi* : terminar(se), concluirse — *vt* : terminar, poner fin a

termination [ˌtərmə'neɪʃən] *n* : cese *m*, terminación *f*

terminology [ˌtərmə'nɑləʤi] *n*, *pl* **-gies** : terminología *f*

terminus ['tərmənəs] *n*, *pl* **-ni** [-ˌnaɪ] *or* **-nuses** **1** END : término *m*, fin *m* **2** : terminal *f* (de transporte público)

termite ['tər,maɪt] *n* : termita *f*

tern ['tərn] *n* : golondrina *f* de mar

terrace[1] ['terəs] *vt* **-raced; -racing** : formar en terrazas, disponer en bancales

terrace[2] *n* **1** PATIO : terraza *f*, patio *m* **2** : terraplén *m*, terraza *f*, bancal *m* (en agricultura)

terra-cotta [,terə'kɑtə] *n* : terracota *f*

terrain [tə'reɪn] *n* : terreno *m*

terrapin ['terəpɪn] *n* : galápago *m* norteamericano

terrarium [tə'ræriəm] *n, pl* **-ia** [-iə] *or* **-iums** : terrario *m*

terrestrial [tə'restriəl] *adj* : terrestre

terrible ['terəbəl] *adj* : atroz, horrible, terrible

terribly ['terəbli] *adv* **1** BADLY : muy mal **2** EXTREMELY : terriblemente, extremadamente

terrier ['teriər] *n* : terrier *mf*

terrific [tə'rɪfɪk] *adj* **1** FRIGHTFUL : aterrador **2** EXTRAORDINARY : extraordinario, excepcional **3** EXCELLENT : excelente, estupendo

terrify ['terə,faɪ] *vt* **-fied; -fying** : aterrorizar, aterrar, espantar

terrifying ['terə,faɪɪŋ] *adj* : espantoso, aterrador

territory ['terə,tori] *n, pl* **-ries** : territorio *m* — **territorial** [,terə'toriəl] *adj*

terror ['terər] *n* : terror *m*

terrorism ['terər,ɪzəm] *n* : terrorismo *m*

terrorist[1] ['terərɪst] *adj* : terrorista

terrorist[2] *n* : terrorista *mf*

terrorize ['terər,aɪz] *vt* **-ized; -izing** : aterrorizar

terry ['teri] *n, pl* **-ries** *or* **terry cloth** : (tela de) toalla *f*

terse ['tərs] *adj* **terser; tersest** : lacónico, conciso, seco — **tersely** *adv*

tertiary ['tərʃi,eri] *adj* : terciario

test[1] ['test] *vt* : examinar, evaluar — *vi* : hacer pruebas

test[2] *n* : prueba *f*, examen *m*, test *m* ⟨to put to the test : poner a prueba⟩

testament ['testəmənt] *n* **1** WILL : testamento *m* **2** Testament *m* (en la Biblia) ⟨the Old Testament : el Antiguo Testamento⟩

testicle ['testɪkəl] *n* : testículo *m*

testify ['testə,faɪ] *v* **-fied; -fying** *vi* : testificar, atestar, atestiguar — *vt* : testificar

testimonial [,testə'moniəl] *n* **1** REFERENCE : recomendación *f* **2** TRIBUTE : homenaje *m*, tributo *m*

testimony ['testə,moni] *n, pl* **-nies** : testimonio *m*, declaración *f*

test tube *n* : probeta *f*, tubo *m* de ensayo

testy ['testi] *adj* **-tier; -est** : irritable

tetanus ['tetənəs] *n* : tétano *m*, tétanos *m*

tête-à-tête [,tetə'tet, ,tetə'teɪt] *n* : conversación *f* en privado

tether[1] ['teðər] *vt* : atar (con una cuerda), amarrar

tether[2] *n* : atadura *f*, cadena *f*, correa *f*

text ['tekst] *n* **1** : texto *m* **2** TOPIC : tema *m* **3** → **textbook**

textbook ['tekst,bʊk] *n* : libro *m* de texto

textile ['tek,staɪl, 'tekstəl] *n* : textil *m*, tela *f* ⟨the textile industry : la industria textil⟩

textual ['tekstʃuəl] *adj* : textual

texture ['tekstʃər] *n* : textura *f*

Thai ['taɪ] *n* **1** : tailandés *m*, -desa *f* **2** : tailandés *m* (idioma) — **Thai** *adj*

than[1] ['ðæn] *conj* : que, de ⟨it's worth more than that : vale más que eso⟩ ⟨more than you think : más de lo que piensas⟩

than[2] *prep* : que, de ⟨you're better than he is : eres mejor que él⟩ ⟨more than once : más de una vez⟩

thank ['θæŋk] *vt* : agradecer, darle (las) gracias (a alguien) ⟨thank you! : ¡gracias!⟩ ⟨I thanked her for the present : le di las gracias por el regalo⟩ ⟨I thank you for your help : le agradezco su ayuda⟩

thankful ['θæŋkfəl] *adj* : agradecido

thankfully ['θæŋkfəli] *adv* **1** GRATEFULLY : con agradecimiento **2** FORTUNATELY : afortunadamente, por suerte ⟨thankfully, it's over : se acabó, gracias a Dios⟩

thankfulness ['θæŋkfəlnəs] *n* : agradecimiento *m*, gratitud *f*

thankless ['θæŋkləs] *adj* : ingrato ⟨a thankless task : un trabajo ingrato⟩

thanks ['θæŋks] *npl* **1** : agradecimiento *m* **2** thanks! : ¡gracias!

Thanksgiving [θæŋks'gɪvɪŋ, 'θæŋks,-] *n* : el día de Acción de Gracias (fiesta estadounidense)

that[1] ['ðæt] *adv* (*in negative constructions*) : tan ⟨it's not that expensive : no es tan caro⟩ ⟨not that much : no tanto⟩

that[2] *adj, pl* **those** : ese, esa, aquel, aquella ⟨do you see those children? : ¿ves a aquellos niños?⟩

that[3] *conj & pron* : que ⟨he said that he was afraid : dijo que tenía miedo⟩ ⟨the book that he wrote : el libro que escribió⟩

that[4] *pron, pl* **those** ['ðo:z] **1** : ése, ésa, eso ⟨that's my father : ése es mi padre⟩ ⟨those are the ones he likes : ésos son los que le gustan⟩ ⟨what's that? : ¿qué es eso?⟩ **2** (*referring to more distant objects or time*) : aquél, aquélla, aquello ⟨those are maples and these are elms : aquéllos son arces y éstos son olmos⟩ ⟨that came to an end : aquello se acabó⟩

thatch[1] ['θætʃ] *vt* : cubrir o techar con paja

thatch[2] *n* : paja *f* (usada para techos)

thaw[1] ['θɔ] *vt* : descongelar — *vi* : derretirse (dícese de la nieve), descongelarse (dícese de los alimentos)

thaw[2] *n* : deshielo *m*

the¹ [ðə, *before vowel sounds usu* ði:] *adv*
1 (*used to indicate comparison*) ⟨the sooner the better : cuanto más pronto, mejor⟩ ⟨she likes this one the best : éste es el que más le gusta⟩ **2** (*used as a conjunction*) : cuanto ⟨the more I learn, the less I understand : cuanto más aprendo, menos entiendo⟩

the² *art* : el, la, los, las ⟨the gloves : los guantes⟩ ⟨the suitcase : la maleta⟩ ⟨forty cookies to the box : cuarenta galletas por caja⟩

theater *or* **theatre** ['θi:ətər] *n* **1** : teatro *m* (edificio) **2** DRAMA : teatro *m*, drama *m*

theatrical [θi'ætrɪkəl] *adj* : teatral, dramático

thee ['ði:] *pron* : te, ti

theft ['θɛft] *n* : robo *m*, hurto *m*

their ['ðɛr] *adj* : su ⟨their friends : sus amigos⟩

theirs ['ðɛrz] *pron* : (el) suyo, (la) suya, (los) suyos, (las) suyas ⟨they came for theirs : vinieron por el suyo⟩ ⟨theirs is bigger : la suya es más grande, la de ellos es más grande⟩ ⟨a brother of theirs : un hermano suyo, un hermano de ellos⟩

them ['ðɛm] *pron* **1** (*as a direct object*) : los (*Spain sometimes* les), las ⟨I know them : los conozco⟩ **2** (*as indirect object*) : les, se ⟨I sent them a letter : les mandé una carta⟩ ⟨give it to them : dáselo (a ellos)⟩ **3** (*as object of a preposition*) : ellos, ellas ⟨go with them : ve con ellos⟩ **4** (*for emphasis*) : ellos, ellas ⟨I wasn't expecting them : no los esperaba a ellos⟩

thematic [θi'mætɪk] *adj* : temático

theme ['θi:m] *n* **1** SUBJECT, TOPIC : tema *m* **2** COMPOSITION : composición *f*, trabajo *m* (escrito) **3** : tema *m* (en música)

themselves [ðəm'sɛlvz, ðɛm-] *pron* **1** (*as a reflexive*) : se, sí ⟨they enjoyed themselves : se divirtieron⟩ ⟨they divided it among themselves : lo repartieron entre sí, se lo repartieron⟩ **2** (*for emphasis*) : ellos mismos, ellas mismas ⟨they built it themselves : ellas mismas lo construyeron⟩

then¹ ['ðɛn] *adv* **1** : entonces, en ese tiempo ⟨I was sixteen then : tenía entonces dieciséis años⟩ ⟨since then : desde entonces⟩ **2** NEXT : después, luego ⟨we'll go to Toronto, then to Winnipeg : iremos a Toronto, y luego a Winnipeg⟩ **3** BESIDES : además, aparte ⟨then there's the tax : y aparte está el impuesto⟩ **4** : entonces, en ese caso ⟨if you like music, then you should attend : si te gusta la música, entonces deberías asistir⟩

then² *adj* : entonces ⟨the then governor of Georgia : el entonces gobernador de Georgia⟩

thence ['ðɛnts, 'θɛnts] *adv* : de ahí, de ahí en adelante

theologian [ˌθi:ə'lo:ʤən] *n* : teólogo *m*, -ga *f*

theological [ˌθi:ə'laʤɪkəl] *adj* : teológico

theology [θi'ɑləʤi] *n, pl* **-gies** : teología *f*

theorem ['θi:ərəm, 'θɪrəm] *n* : teorema *m*

theoretical [ˌθi:ə'rɛtɪkəl] *adj* : teórico — **theoretically** *adv*

theorist ['θi:ərɪst] *n* : teórico *m*, -ca *f*

theorize ['θi:ə,raɪz] *vi* **-rized; -rizing** : teorizar

theory ['θi:əri, 'θɪri] *n, pl* **-ries** : teoría *f*

therapeutic [ˌθɛrə'pju:tɪk] *adj* : terapéutico — **therapeutically** *adv*

therapist ['θɛrəpɪst] *n* : terapeuta *mf*

therapy ['θɛrəpi] *n, pl* **-pies** : terapia *f*

there¹ ['ðær] *adv* **1** : ahí, allí, allá ⟨stand over there : párate ahí⟩ ⟨over there : por allí, por allá⟩ ⟨who's there? : ¿quién es?⟩ **2** : ahí, en esto, en eso ⟨there is where we disagree : en eso es donde no estamos de acuerdo⟩

there² *pron* (*introducing a sentence or clause*) ⟨there comes a time to decide : llega un momento en que tienes que decidir⟩ **2 there is, there are** : hay ⟨there are many children here : aquí hay muchos niños⟩ ⟨there's a good hotel downtown : hay un buen hotel en el centro⟩

thereabouts [ðærə'bauts, 'ðærə-] *or* **thereabout** [-'baut, -,baut] *adv or* **thereabouts** : por ahí, más o menos ⟨at five o'clock or thereabouts : por ahí de las cinco⟩

thereafter [ðær'æftər] *adv* : después ⟨shortly thereafter : poco después⟩

thereby [ðær'baɪ, 'ðær,baɪ] *adv* : de tal modo, de ese manera, así

therefore ['ðær,for] *adv* : por lo tanto, por consiguiente

therein [ðær'ɪn] *adv* **1** : allí adentro, ahí adentro ⟨the contents therein : lo que allí se contiene⟩ **2** : allí, en ese aspecto ⟨therein lies the problem : allí está el problema⟩

thereof [ðær'ʌv, -'ɑv] *adv* : de eso, de esto

thereupon ['ðærə,pɑn, -,pɔn; ,ðærə'pɑn, -'pɔn] *adv* : acto seguido, inmediatamente (después)

therewith [ðær'wɪð, -'wɪθ] *adv* : con eso, con ello

thermal ['θərməl] *adj* **1** : térmico (en física) **2** HOT : termal

thermodynamics [ˌθərmodaɪ'næmɪks] *ns & pl* : termodinámica *f*

thermometer [θər'mɑmətər] *n* : termómetro *m*

thermos ['θərməs] *n* : termo *m*

thermostat ['θərmə,stæt] *n* : termostato *m*

thesaurus [θɪ'sɔrəs] *n, pl* **-sauri** [-'sɔr,aɪ] *or* **-sauruses** [-'sɔrəsəz] : diccionario *m* de sinónimos

these → **this**

thesis ['θiːsɪs] *n, pl* **theses** ['θiːˌsiːz] : tesis *f*

they ['ðeɪ] *pron* : ellos, ellas ⟨they are here : están aquí⟩ ⟨they don't know : ellos no saben⟩

they'd ['ðeɪd] (*contraction of* **they had** *or* **they would**) → **have, would**

they'll ['ðeɪl, 'ðel] (*contraction of* **they shall** *or* **they will**) → **shall, will**

they're ['ðeɪr] (*contraction of* **they are**) → **be**

they've ['ðeɪv] (*contraction of* **they have**) → **have**

thiamine ['θaɪəmɪn, -ˌmiːn] *n* : tiamina *f*

thick[1] ['θɪk] *adj* **1** : grueso ⟨a thick plank : una tabla gruesa⟩ **2** : espeso, denso ⟨thick syrup : jarabe espeso⟩ — **thickly** *adv*

thick[2] *n* **1 in the thick of** : en medio de ⟨in the thick of the battle : en lo más reñido de la batalla⟩ **2 through thick and thin** : a las duras y a las maduras

thicken ['θɪkən] *vt* : espesar (un líquido) — *vi* : espesarse

thickener ['θɪkənər] *n* : espesante *m*

thicket ['θɪkət] *n* : matorral *m*, maleza *f*, espesura *f*

thickness ['θɪknəs] *n* : grosor *m*, grueso *m*, espesor *m*

thickset ['θɪkˈsɛt] *adj* STOCKY : robusto, fornido

thick–skinned ['θɪkˈskɪnd] *adj* : poco sensible, que no se ofende fácilmente

thief ['θiːf] *n, pl* **thieves** ['θiːvz] : ladrón *m*, -drona *f*

thieve ['θiːv] *v* **thieved; thieving** : hurtar, robar

thievery ['θiːvəri] *n* : hurto *m*, robo *m*, latrocinio *m*

thigh ['θaɪ] *n* : muslo *m*

thighbone ['θaɪˌboːn] *n* : fémur *m*

thimble ['θɪmbəl] *n* : dedal *m*

thin[1] ['θɪn] *v* **thinned; thinning** *vt* : hacer menos denso, diluir, aguar (un líquido), enrarecer (un gas) — *vi* : diluirse, aguarse (dícese de un líquido), enrarecerse (dícese de un gas)

thin[2] *adj* **thinner; -est 1** LEAN, SLIM : delgado, esbelto, flaco **2** SPARSE : ralo, escaso ⟨a thin beard : una barba rala⟩ **3** WATERY : claro, aguado, diluido **4** FINE : delgado, fino ⟨thin slices : rebanadas finas⟩

thing ['θɪŋ] *n* **1** AFFAIR, MATTER : cosa *f*, asunto *m* ⟨don't talk about those things : no hables de esas cosas⟩ ⟨how are things? : ¿cómo van las cosas?⟩ **2** ACT, EVENT : cosa *f*, suceso *m*, evento *m* ⟨the flood was a terrible thing : la inundación fue una cosa terrible⟩ **3** OBJECT : cosa *f*, objeto *m* ⟨don't forget your things : no olvides tus cosas⟩

think ['θɪŋk] *v* **thought** ['θɔt]; **thinking** *vt* **1** : pensar ⟨I thought to return early : pensaba regresar temprano⟩ **2** BELIEVE : pensar, creer, opinar **3** PONDER : pensar, reflexionar **4** CONCEIVE : ocurrirse, concebir ⟨we've thought up a plan : se nos ha ocurrido un plan⟩ —

vi **1** REASON : pensar, razonar **2** CONSIDER : pensar, considerar ⟨think of your family first : primero piensa en tu familia⟩

thinker ['θɪŋkər] *n* : pensador *m*, -dora *f*

thinly ['θɪnli] *adv* **1** LIGHTLY : ligeramente **2** SPARSELY : escasamente ⟨thinly populated : poco populado⟩ **3** BARELY : apenas

thinness ['θɪnnəs] *n* : delgadez *f*

thin–skinned ['θɪnˈskɪnd] *adj* : susceptible, muy sensible

third[1] ['θərd] *or* **thirdly** [-li] *adv* : en tercer lugar ⟨she came in third : llegó en tercer lugar⟩

third[2] : tercero ⟨the third day : el tercer día⟩

third[3] *n* **1** : tercero *m*, -ra *f* (en una serie) **2** : tercero *m*, tercera parte *f*

third world *n* **the Third World** : el Tercer Mundo *m*

thirst[1] ['θərst] *vi* **1** : tener sed **2 to thirst for** DESIRE : tener sed de, estar sediento de

thirst[2] *n* : sed *f*

thirsty ['θərsti] *adj* **thirstier; -est** : sediento, que tiene sed ⟨I'm thirsty : tengo sed⟩

thirteen[1] [ˌθərˈtiːn] *adj* : trece

thirteen[2] *n* : trece *m*

thirteenth[1] [ˌθərˈtiːnθ] *adj* : décimo tercero

thirteenth[2] *n* **1** : decimotercero *m*, -ra *f* (en una serie) **2** : treceavo *m*, treceava parte *f*

thirtieth[1] ['θərtiəθ] *adj* : trigésimo

thirtieth[2] *n* **1** : trigésimo *m*, -ma *f* (en una serie) **2** : treintavo *m*, treintava parte *f*

thirty[1] ['θərti] *adj* : treinta

thirty[2] *n, pl* **thirties** : treinta *m*

this[1] ['ðɪs] *adv* : así, a tal punto ⟨this big : así de grande⟩

this[2] *adj, pl* **these** ['ðiːz] : este ⟨these things : estas cosas⟩ ⟨read this book : lee este libro⟩

this[3] *pron, pl* **these** : esto ⟨what's this? : ¿qué es esto?⟩ ⟨this wasn't here yesterday : esto no estaba aquí ayer⟩

thistle ['θɪsəl] *n* : cardo *m*

thong ['θɔŋ] *n* **1** STRAP : correa *f*, tira *f* **2** FLIP-FLOP : chancla *f*, chancleta *f*

thorax ['θoːrˌæks] *n, pl* **-raxes** *or* **-races** ['θoːrəˌsiːz] : tórax *m*

thorn ['θɔrn] *n* : espina *f*

thorny ['θɔrni] *adj* **thornier; -est** : espinoso

thorough ['θəroː] *adj* **1** CONSCIENTIOUS : concienzudo, meticuloso **2** COMPLETE : absoluto, completo — **thoroughly** *adv*

thoroughbred ['θərəˌbrɛd] *adj* : de pura sangre (dícese de un caballo)

Thoroughbred *n or* **Thoroughbred horse** : pura sangre *mf*

thoroughfare ['θərəˌfær] *n* : vía *f* pública, carretera *f*

thoroughness ['θərənəs] *n* : esmero *m*, meticulosidad *f* those → that

thou ['ðaʊ] *pron* : tú

though¹ ['ðo:] *adv* 1 HOWEVER, NEV-ERTHELESS : sin embargo, no obstante 2 **as ~** : como si ⟨as though nothing had happened : como si nada hubiera pasado⟩

though² *conj* : aunque, a pesar de ⟨though it was raining, we went out : salimos a pesar de la lluvia⟩

thought¹ → think

thought² ['θɔt] *n* 1 THINKING : pensamiento *m*, ideas *fpl* ⟨Western thought : el pensamiento occidental⟩ 2 COGITATION : pensamiento *m*, reflexión *f*, raciocinio *m* 3 IDEA : idea *f*, ocurrencia *f* ⟨it was just a thought : fue sólo una idea⟩

thoughtful ['θɔtfəl] *adj* 1 PENSIVE : pensativo, meditabundo 2 CONSIDERATE : considerado, atento, cortés — **thoughtfully** *adv*

thoughtfulness ['θɔtfəlnəs] *n* : consideración *f*, atención *f*, cortesía *f*

thoughtless ['θɔtləs] *adj* 1 CARELESS : descuidado, negligente 2 INCONSIDERATE : desconsiderado — **thoughtlessly** *adv*

thousand¹ ['θaʊzənd] *adj* : mil

thousand² *n, pl* **-sands** *or* **-sand** : mil *m*

thousandth¹ ['θaʊzənt̪θ] *adj* : milésimo

thousandth² *n* 1 : milésimo *m*, -ma *f* (en una serie) 2 : milésimo *m*, milésima parte *f*

thrash ['θræʃ] *vt* 1 → thresh 2 BEAT : golpear, azotar, darle una paliza (a alguien) 3 FLAIL : sacudir, agitar bruscamente

thread¹ ['θrɛd] *vt* 1 : enhilar, enhebrar (una aguja) 2 STRING : ensartar (cuentas en un hilo) 3 **to thread one's way** : abrirse paso

thread² *n* 1 : hilo *m*, hebra *f* ⟨needle and thread : aguja e hilo⟩ ⟨the thread of an argument : el hilo de un debate⟩ 2 : rosca *f*, filete *m* (de un tornillo)

threadbare ['θrɛd̪bær] *adj* 1 SHABBY, WORN : raído, gastado 2 TRITE : trillado, tópico, manido

threat ['θrɛt] *n* : amenaza *f*

threaten ['θrɛtən] *v* : amenazar

threatening ['θrɛtən̪ɪŋ] *adj* : amenazador — **threateningly** *adv*

three¹ ['θri:] *adj* : tres

three² *n* : tres *m*

3–D ['θri:'di:] *adj* → **three–dimensional**

three–dimensional ['θri:də'mɛntʃənəl] *adj* : tridimensional

threefold ['θri:,fo:ld] *adj* TRIPLE : triple

three hundred¹ *adj* : trescientos

three hundred² *n* : trescientos *m*

threescore ['θri:'skor] *adj* SIXTY : sesenta

thresh ['θrɛʃ] *vt* : trillar (grano)

thresher ['θrɛʃər] *n* : trilladora *f*

threshold ['θrɛʃ,ho:ld, -,o:ld] *n* : umbral *m*

threw → throw¹

thrice ['θraɪs] *adv* : tres veces

thrift ['θrɪft] *n* : economía *f*, frugalidad *f*

thriftless ['θrɪftləs] *adj* : despilfarrador, manirroto

thrifty ['θrɪfti] *adj* **thriftier; -est** : económico, frugal — **thriftily** ['θrɪftəli] *adv*

thrill¹ ['θrɪl] *vt* : emocionar — *vi* **to thrill to** : dejarse conmover por, estremecerse con

thrill² *n* : emoción *f*

thriller ['θrɪlər] *n* 1 : evento *m* emocionante 2 : obra *f* de suspenso

thrilling ['θrɪlɪŋ] *adj* : emocionante, excitante

thrive ['θraɪv] *vi* **throve** ['θro:v] *or* **thrived; thriven** ['θrɪvən] 1 FLOURISH : florecer, crecer abundantemente 2 PROSPER : prosperar

throat ['θro:t] *n* : garganta *f*

throaty ['θro:ti] *adj* **throatier; -est** : ronco (dícese de la voz)

throb¹ ['θrɑb] *vi* **throbbed; throbbing** : palpitar, latir (dícese del corazón), vibrar (dícese de un motor, etc.)

throb² *n* : palpitación *f*, latido *m*, vibración *f*

throe ['θro:] *n* 1 PAIN, SPASM : espasmo *m*, dolor *m* ⟨the throes of childbirth : los dolores de parto⟩ 2 **throes** *npl* : lucha *f* larga y ardua ⟨in the throes of : en el medio de⟩

throne ['θro:n] *n* : trono *m*

throng¹ ['θrɔŋ] *vt* CROWD : atestar, atiborrar, llenar — *vi* : aglomerarse, amontonarse

throng² *n* : muchedumbre *f*, gentío *m*, multitud *f*

throttle¹ ['θrɑtəl] *vt* **-tled; -tling** 1 STRANGLE : estrangular, ahogar 2 **to throttle down** : desacelerar (un motor)

throttle² *n* 1 : válvula *f* reguladora 2 **at full throttle** : a toda máquina

through¹ ['θru:] *adv* 1 : a través, de un lado a otro ⟨let them through : déjenlos pasar⟩ 2 : de principio a fin ⟨she read the book through : leyó el libro de principio a fin⟩ 3 COMPLETELY : completamente ⟨soaked through : completamente empapado⟩

through² *adj* 1 DIRECT : directo ⟨a through train : un tren directo⟩ 2 FINISHED : terminado, acabado ⟨we're through : hemos terminado⟩

through³ *prep* 1 : a través de, por ⟨through the door : por la puerta⟩ ⟨a road through the woods : un camino que atraviesa el bosque⟩ 2 BETWEEN : entre ⟨a path through the trees : un sendero entre los árboles⟩ 3 BECAUSE OF : a causa de, como consecuencia de 4 (*in expressions of time*) ⟨through the night : durante la noche⟩ ⟨to go through an experience : pasar por una experiencia⟩ 5 : a, hasta ⟨from Monday through Friday : de lunes a viernes⟩

throughout¹ [θruː'aʊt] *adv* **1** EVERYWHERE : por todas partes **2** THROUGH : desde el principio hasta el fin de (algo)

throughout² *prep* **1** : en todas partes de, a través de ⟨throughout the United States : en todo Estados Unidos⟩ **2** : de principio a fin de, durante ⟨throughout the winter : durante todo el invierno⟩

throve → **thrive**

throw¹ ['θroː] *vt* **threw** ['θruː]; **thrown** ['θroːn]; **throwing 1** TOSS : tirar, lanzar, echar, arrojar, aventar *Col, Mex* ⟨to throw a ball : tirar una pelota⟩ **2** UNSEAT : desmontar (a un jinete) **3** CAST : proyectar ⟨it threw a long shadow : proyectó una sombra larga⟩ **4 to throw a party** : dar una fiesta **5 to throw into confusion** : desconcertar **6 to throw out** DISCARD : botar, tirar (en la basura)

throw² *n* TOSS : tiro *m*, tirada *f*, lanzamiento *m*, lance *m* (de dados)

thrower ['θroːər] *n* : lanzador *m*, -dora *f*

throw up → VOMIT : vomitar, devolver

thrush ['θrʌʃ] *n* : tordo *m*, zorzal *m*

thrust¹ ['θrʌst] *vt* **thrust**; **thrusting 1** SHOVE : empujar bruscamente **2** PLUNGE, STAB : apuñalar, clavar ⟨he thrust a dagger into her heart : la apuñaló en el corazón⟩ **3 to thrust one's way** : abrirse paso **4 to thrust upon** : imponer

thrust² *n* **1** PUSH, SHOVE : empujón *m*, empellón *m* **2** LUNGE : estocada *f* (en esgrima) **3** IMPETUS : ímpetu *m*, impulso *m*, propulsión *f* (de un motor)

thud¹ ['θʌd] *vi* **thudded**; **thudding** : producir un ruido sordo

thud² *n* : ruido *m* sordo (que produce un objeto al caer)

thug ['θʌg] *n* : matón *m*

thumb¹ ['θʌm] *vt* : hojear (con el pulgar)

thumb² *n* : pulgar *m*, dedo *m* pulgar

thumbnail ['θʌm,neɪl] *n* : uña *f* del pulgar

thumbtack ['θʌm,tæk] *n* : tachuela *f*, chinche *f*

thump¹ ['θʌmp] *vt* POUND : golpear, aporrear — *vi* : latir con vehemencia (dícese del corazón)

thump² *n* THUD : ruido *m* sordo

thunder¹ ['θʌndər] *vi* **1** : tronar ⟨it rained and thundered all night : llovió y tronó durante la noche⟩ **2** BOOM : retumbar, bramar, resonar — *vt* ROAR, SHOUT : decir a gritos, vociferar

thunder² *n* : truenos *mpl*

thunderbolt ['θʌndər,boːlt] *n* : rayo *m*

thunderclap ['θʌndər,klæp] *n* : trueno *m*

thunderous ['θʌndərəs] *adj* : atronador, ensordecedor, estruendoso

thundershower ['θʌndər,ʃaʊər] *n* : lluvia *f* con truenos y relámpagos

thunderstorm ['θʌndər,stɔrm] *n* : tormenta *f* con truenos y relámpagos

thunderstruck ['θʌndər,strʌk] *adj* : atónito

Thursday ['θərz,deɪ, -di] *n* : jueves *m*

thus ['ðʌs] *adv* **1** : así, de esta manera **2** SO : hasta (cierto punto) ⟨the weather's been nice thus far : hasta ahora ha hecho buen tiempo⟩ **3** HENCE : por consiguiente, por lo tanto

thwart ['θwɔrt] *vt* : frustrar

thy ['ðaɪ] *adj* : tu

thyme ['taɪm, 'θaɪm] *n* : tomillo *m*

thyroid ['θaɪ,rɔɪd] *n or* **thyroid gland** : tiroides *mf*, glándula *f* tiroidea

thyself [ðaɪ'sɛlf] *pron* : ti, ti mismo

tiara [ti'ærə, -'ar-] *n* : diadema *f*

Tibetan [tə'bɛtən] *n* **1** : tibetano *m*, -na *f* **2** : tibetano *m* (idioma) — **Tibetan** *adj*

tibia ['tɪbiə] *n, pl* **-iae** [-bi,iː] : tibia *f*

tic ['tɪk] *n* : tic *m*

tick¹ ['tɪk] *vi* **1** : hacer tictac **2** OPERATE, RUN : operar, andar (dícese de un mecanismo) ⟨what makes him tick? : ¿qué es lo que lo mueve?⟩ — *vt or* **to tick off** CHECK : marcar

tick² *n* **1** : tictac *m* (de un reloj) **2** CHECK : marca *f* **3** : garrapata *f* (insecto)

ticket¹ ['tɪkət] *vt* LABEL : etiquetar

ticket² *n* **1** : boleto *m*, entrada *f* (de un espectáculo), pasaje *m* (de avión, tren, etc.) **2** SLATE : lista *f* de candidatos

tickle¹ ['tɪkəl] *v* **-led**; **-ling** *vt* **1** AMUSE : divertir, hacerle gracia (a alguien) **2** : hacerle cosquillas (a alguien) ⟨don't tickle me! : ¡no me hagas cosquillas!⟩ — *vi* : picar

tickle² *n* : cosquilleo *m*, cosquillas *fpl*, picor *m* (en la garganta)

ticklish ['tɪkəlɪʃ] *adj* **1** : cosquilloso (dícese de una persona) **2** DELICATE, TRICKY : delicado, peliagudo

tidal ['taɪdəl] *adj* : de marea, relativo a la marea

tidal wave *n* : maremoto *m*

tidbit ['tɪd,bɪt] *n* **1** BITE, SNACK : bocado *m*, golosina *f* **2** : dato *m* o noticia *f* interesante ⟨useful tidbits of information : informaciones útiles⟩

tide¹ ['taɪd] *vt* **tided**; **tiding** *or* **to tide over** : proveer lo necesario para aguantar una dificultad ⟨this money will tide you over until you find work : este dinero te mantendrá hasta que encuentres empleo⟩

tide² *n* **1** : marea *f* **2** CURRENT : corriente *f* (de eventos, opiniones, etc.)

tidily ['taɪdəli] *adv* : ordenadamente

tidiness ['taɪdinəs] *n* : aseo *m*, limpieza *f*, orden *m*

tidings ['taɪdɪŋz] *npl* : nuevas *fpl*

tidy¹ ['taɪdi] *vt* **-died**; **-dying** : asear, limpiar, poner en orden

tidy² *adj* **-dier**; **-est 1** CLEAN, NEAT : limpio, aseado, en orden **2** SUBSTANTIAL : grande, considerable ⟨a tidy sum : una suma considerable⟩

tie¹ ['taɪ] *v* **tied**; **tying** *or* **tieing** *vt* **1** : atar, amarrar ⟨to tie a knot : atar un nudo⟩ ⟨to tie one's shoelaces : atarse los cordones⟩ **2** BIND, UNITE : ligar, atar **3** : empatar ⟨they tied the score : empataron el marcador⟩ — vi : empatar ⟨the two teams were tied : los dos equipos empataron⟩

tie² n 1 : ligadura f, cuerda f, cordón m (para atar algo) 2 BOND, LINK : atadura f, ligadura f, vínculo m, lazo m ⟨family ties : lazos familiares⟩ 3 or **railroad tie** : traviesa f 4 DRAW : empate m (en deportes) 5 NECKTIE : corbata f

tier ['tɪr] n : hilera f, escalón m

tiff ['tɪf] n : disgusto m, disputa f

tiger ['taɪɡər] n : tigre m

tight¹ ['taɪt] adv TIGHTLY : bien, fuerte ⟨shut it tight : ciérralo bien⟩

tight² adj 1 : bien cerrado, hermético ⟨a tight seal : un cierre hermético⟩ 2 STRICT : estricto, severo 3 TAUT : tirante, tenso 4 SNUG : apretado, ajustado, ceñido ⟨a tight dress : un vestido ceñido⟩ 5 DIFFICULT : difícil ⟨to be in a tight spot : estar en un aprieto⟩ 6 STINGY : apretado, avaro, agarrado fam 7 CLOSE : reñido ⟨a tight game : un juego reñido⟩ 8 SCARCE : escaso ⟨money is tight : escasea el dinero⟩

tighten ['taɪtən] vt : tensar (una cuerda, etc.), apretar (un nudo, un tornillo, etc.), apretarse (el cinturón), reforzar (las reglas)

tightly ['taɪtli] adv : bien, fuerte

tightness ['taɪtnəs] n : lo apretado, lo tenso, tensión f

tightrope ['taɪt,ro:p] n : cuerda f floja

tights ['taɪts] npl : leotardo m, malla f

tightwad ['taɪt,wɑd] n : avaro m, -ra f; tacaño m, -ña f

tigress ['taɪɡrəs] n : tigresa f

tile¹ ['taɪl] vt **tiled; tiling** : embaldosar (un piso), revestir de azulejos (una pared), tejar (un techo)

tile² n 1 or **floor tile** : losa f, baldosa f, mosaico m Mex (de un piso) 2 : azulejo m (de una pared) 3 : teja f (de un techo)

till¹ ['tɪl] vt : cultivar, labrar

till² n : caja f, caja f registradora

till³ prep & conj → **until**

tiller ['tɪlər] n 1 : cultivador m, -dora f (de la tierra) 2 : caña f del timón (de un barco)

tilt¹ ['tɪlt] vt : ladear, inclinar — vi : ladearse, inclinarse

tilt² n 1 SLANT : inclinación f 2 **at full tilt** : a toda velocidad

timber ['tɪmbər] n 1 : madera f (para construcción) 2 BEAM : viga f

timberland ['tɪmbər,lænd] n : bosque m maderero

timbre ['tæmbər, 'tɪm-] n : timbre m

time¹ ['taɪm] vt **timed; timing** 1 SCHEDULE : fijar la hora de, calcular el momento oportuno para 2 CLOCK : cronometrar, medir el tiempo de (una competencia, etc.)

time² n 1 : tiempo m ⟨the passing of time : el paso del tiempo⟩ ⟨she doesn't have time : no tiene tiempo⟩ 2 MOMENT : tiempo m, momento m ⟨this is not the time to bring it up : no es el momento

de sacar el tema⟩ 3 : vez f ⟨she called you three times : te llamó tres veces⟩ ⟨three times greater : tres veces mayor⟩ 4 AGE : tiempo m, era f ⟨in your grandparents' time : en el tiempo de tus abuelos⟩ 5 TEMPO : tiempo m, ritmo m (en música) 6 : hora f ⟨what time is it? : ¿qué hora es?⟩ ⟨it's time for dinner : es hora de comer⟩ ⟨at the usual time : a la hora acostumbrada⟩ ⟨to keep time : ir a la hora⟩ ⟨to lose time : atrasar⟩ 7 EXPERIENCE : rato m, experiencia f ⟨we had a nice time together : pasamos juntos un rato agradable⟩ ⟨to have a rough time : pasarlo mal⟩ ⟨have a good time! : ¡que se diviertan!⟩ 8 **at times** SOMETIMES : a veces 9 **for the time being** : por el momento, de momento 10 **from time to time** OCCASIONALLY : de vez en cuando 11 **in time** PUNCTUALLY : a tiempo 12 **in time** EVENTUALLY : con el tiempo 13 **time after time** : una y otra vez

timekeeper ['taɪm,ki:pər] n : cronometrador m, -dora f

timeless ['taɪmləs] adj : eterno

timely ['taɪmli] adj **-lier; -est** : oportuno

timepiece ['taɪm,pi:s] n : reloj m

timer ['taɪmər] n : temporizador m, cronómetro m

times ['taɪmz] prep : por ⟨3 times 4 is 12 : 3 por 4 son 12⟩

timetable ['taɪm,teɪbəl] n : horario m

timid ['tɪmɪd] adj : tímido — **timidly** adv

timidity [tə'mɪdəti] n : timidez f

timorous ['tɪmərəs] adj : timorato, miedoso

timpani ['tɪmpəni] npl : timbales mpl

tin ['tɪn] n 1 : estaño m, hojalata f (metal) 2 CAN : lata f, bote m, envase m

tincture ['tɪŋktʃər] n : tintura f

tinder ['tɪndər] n : yesca f

tine ['taɪn] n : diente m (de un tenedor, etc.)

tinfoil ['tɪn,fɔɪl] n : papel m (de) aluminio

tinge¹ ['tɪndʒ] vt **tinged; tingeing** or **tinging** ['tɪndʒɪŋ] TINT : matizar, teñir ligeramente

tinge² n 1 TINT : matiz m, tinte m sutil 2 TOUCH : dejo m, sensación f ligera

tingle¹ ['tɪŋɡəl] vi **-gled; -gling** : sentir (un) hormigueo, sentir (un) cosquilleo

tingle² n : hormigueo m, cosquilleo m

tinker ['tɪŋkər] vi **to tinker with** : arreglar con pequeños ajustes, toquetear (con intento de arreglar)

tinkle¹ ['tɪŋkəl] vi **-kled; -kling** : tintinear

tinkle² n : tintineo m

tinsel ['tɪnsəl] n : oropel m

tint¹ ['tɪnt] vt : teñir, colorear

tint² n : tinte m

tiny ['taɪni] adj **-nier; -est** : diminuto, minúsculo

tip¹ ['tɪp] v **tipped; tipping** vt 1 or **to tip over** : volcar, voltear, hacer caer 2 TILT : ladear, inclinar ⟨to tip one's hat : saludar con el sombrero⟩ 3 TAP : tocar, golpear ligeramente **4** : darle una propina (a un mesero, etc.) ⟨I tipped him $5 : le di $5 de propina⟩ **5** : adornar o cubrir la punta de ⟨wings tipped in red : alas que tienen las puntas rojas⟩ **6 to tip off** : dar información a — *vi* TILT : ladearse, inclinarse

tip² *n* **1** END, POINT : punta *f*, extremo *m* ⟨on the tip of one's tongue : en la punta de la lengua⟩ **2** GRATUITY : propina *f* **3** ADVICE, INFORMATION : consejo *m*, información *f* (confidencial)

tip-off [ˈtɪpˌɔf] *n* **1** SIGN : indicación *f*, señal *f* **2** TIP : información *f* (confidencial)

tipple [ˈtɪpəl] *vi* **-pled; -pling** : tomarse unas copas

tipsy [ˈtɪpsi] *adj* **-sier; -est** : achispado

tiptoe¹ [ˈtaɪˌtoː] *vi* **-toed; -toeing** : caminar de puntillas

tiptoe² *adv* : de puntillas

tiptoe³ *n* : punta *f* del pie

tip-top¹ [ˈtɪpˈtɑp, -ˌtɑp] *adj* EXCELLENT : excelente

tip-top² *n* SUMMIT : cumbre *f*, cima *f*

tirade [ˈtaɪˌreɪd] *n* : diatriba *f*

tire¹ [ˈtaɪr] *v* **tired; tiring** *vt* : cansar, agotar, fatigar — *vi* : cansarse

tire² *n* : llanta *f*, neumático *m*, goma *f*

tired [ˈtaɪrd] *adj* : cansado, agotado, fatigado ⟨to get tired : cansarse⟩

tireless [ˈtaɪrləs] *adj* : incansable, infatigable — **tirelessly** *adv*

tiresome [ˈtaɪrsəm] *adj* : fastidioso, pesado, tedioso — **tiresomely** *adv*

tissue [ˈtɪˌʃuː] *n* **1** : pañuelo *m* de papel **2** : tejido *m* ⟨lung tissue : tejido pulmonar⟩

titanic [taɪˈtænɪk, tə-] *adj* GIGANTIC : titánico, gigantesco

titanium [taɪˈteɪniəm, tə-] *n* : titanio *m*

titillate [ˈtɪtəlˌeɪt] *vt* **-lated; -lating** : excitar, estimular placenteramente

title¹ [ˈtaɪtəl] *vt* **-tled; -tling** : titular, intitular

title² *n* : título *m*

titter¹ [ˈtɪtər] *vi* GIGGLE : reírse tontamente

titter² *n* : risita *f*, risa *f* tonta

tizzy [ˈtɪzi] *n, pl* **tizzies** : estado *m* agitado o nervioso ⟨I'm all in a tizzy : estoy todo alterado⟩

TNT [ˌtiːˌɛnˈtiː] *n* : TNT *m*

to¹ [ˈtuː] *adv* **1** : a un estado consciente ⟨to come to : volver en sí⟩ **2 to and fro** : de aquí para allá, de un lado para otro

to² *prep* **1** (*indicating a place*) : a ⟨to go to the doctor : ir al médico⟩ ⟨I'm going to John's : voy a la casa de John⟩ **2** TOWARD : a, hacia ⟨two miles to the south : dos millas hacia el sur⟩ **3** ON : en, sobre ⟨apply salve to the wound : póngale ungüento a la herida⟩ **4** UP TO : hasta ⟨to a degree : hasta cierto grado⟩ ⟨from head to toe : de pies a cabeza⟩ **5** (*in expressions of time*) ⟨it's quarter to four : son las siete menos

cuarto⟩ **6** UNTIL : a, hasta ⟨from May to December : de mayo a diciembre⟩ **7** (*indicating belonging or possession*) : de, a ⟨the key to the lock : la llave del candado⟩ **8** (*indicating response*) : a ⟨dancing to the rhythm : bailando al compás⟩ **9** (*indicating comparison or proportion*) : a ⟨it's similar to mine : es parecido al mío⟩ ⟨they won 4 to 2 : ganaron 4 a 2⟩ **10** (*indicating agreement or conformity*) : a, de acuerdo con ⟨made to order : hecho a la orden⟩ ⟨to my knowledge : a mi saber⟩ **11** (*indicating inclusion*) : en cada, por ⟨twenty to the box : veinte por caja⟩ **12** (*used to form the infinitive*) ⟨to understand : entender⟩ ⟨to go away : irse⟩

toad [ˈtoːd] *n* : sapo *m*

toadstool [ˈtoːdˌstuːl] *n* : hongo *m* (no comestible)

toady [ˈtoːdi] *n, pl* **toadies** : adulador *m*, -dora *f*

toast¹ [ˈtoːst] *vt* **1** : tostar (pan) **2** : brindar por ⟨to toast the victors : brindar por los vencedores⟩ **3** WARM : calentar ⟨to toast oneself : calentarse⟩

toast² *n* **1** : pan *m* tostado, tostadas *fpl* **2** : brindis *m* ⟨to propose a toast : proponer un brindis⟩

toaster [ˈtoːstər] *n* : tostador *m*

tobacco [təˈbækoː] *n, pl* **-cos** : tabaco *m*

toboggan¹ [təˈbɑɡən] *vi* : deslizarse en tobogán

toboggan² *n* : tobogán *m*

today¹ [təˈdeɪ] *adv* **1** : hoy ⟨she arrives today : hoy llega⟩ **2** NOWADAYS : hoy en día

today² *n* : hoy *m* ⟨today is a holiday : hoy es día de fiesta⟩

toddle [ˈtɑdəl] *vi* **-dled; -dling** : hacer pininos, hacer pinitos

toddler [ˈtɑdlər] *n* : niño *m* pequeño, niña *f* pequeña (que comienza a caminar)

to-do [təˈduː] *n, pl* **to-dos** [-ˈduːz] FUSS : lío *m*, alboroto *m*

toe [ˈtoː] *n* : dedo *m* del pie

toenail [ˈtoːˌneɪl] *n* : uña *f* del pie

toffee *or* **toffy** [ˈtɔfi, ˈtɑ-] *n, pl* **toffees** *or* **toffies** : caramelo *m* elaborado con azúcar y mantequilla

toga [ˈtoːɡə] *n* : toga *f*

together [təˈɡɛðər] *adv* **1** : juntamente, juntos (el uno con el otro) ⟨Susan and Sarah work together : Susan y Sarah trabajan juntas⟩ **2** ~ **with** : junto con

togetherness [təˈɡɛðərnəs] *n* : unión *f*, compañerismo *m*

togs [ˈtɑɡz, ˈtɔɡz] *npl* : ropa *f*

toil¹ [ˈtɔɪl] *vi* : trabajar arduamente

toil² *n* : trabajo *m* arduo

toilet [ˈtɔɪlət] *n* **1** : arreglo *m* personal **2** BATHROOM : (cuarto de) baño *m*, servicios *mpl* (públicos), sanitario *m* Col, Mex, Ven **3** : inodoro *m* ⟨to flush the toilet : jalar la cadena⟩

toilet paper *n* : papel *m* higiénico

toiletries [ˈtɔɪlətriz] *npl* : artículos *mpl* de tocador

token ['to:kən] *n* **1** PROOF, SIGN : prueba *f*, muestra *f*, señal *f* **2** SYMBOL : símbolo *m* **3** SOUVENIR : recuerdo *m* **4** : ficha *f* (para transporte público, etc.)

told → tell

tolerable ['tɑlərəbəl] *adj* : tolerable — **tolerably** [-bli] *adv*

tolerance ['tɑlərənts] *n* : tolerancia *f*

tolerant ['tɑlərənt] *adj* : tolerante — **tolerantly** *adv*

tolerate ['tɑlə,reɪt] *vt* **-ated; -ating 1** ACCEPT : tolerar, aceptar **2** BEAR, ENDURE : tolerar, aguantar, soportar

toleration [,tɑlə'reɪʃən] *n* : tolerancia *f*

toll¹ ['to:l] *vt* : tañer, sonar (una campana) — *vi* : sonar, doblar (dícese de las campanas)

toll² *n* **1** : peaje *m* (de una carretera, un puente, etc.) **2** CASUALTIES : pérdida *f*, número *m* de víctimas **3** TOLLING : tañido *m* (de campanas)

tollbooth ['to:l,bu:θ] *n* : caseta *f* de peaje

tollgate ['to:l,geɪt] *n* : barrera *f* de peaje

tomahawk ['tɑmə,hɔk] *n* : hacha *f* de guerra (de los indígenas norteamericanos)

tomato [tə'meɪto, -'mɑ-] *n, pl* **-toes** : tomate *m*

tomb ['tu:m] *n* : sepulcro *m*, tumba *f*

tomboy ['tɑm,bɔɪ] *n* : marimacho *mf*; niña *f* que se porta como muchacho

tombstone ['tu:m,sto:n] *n* : lápida *f*

tomcat ['tɑm,kæt] *n* : gato *m* (macho)

tome ['to:m] *n* : tomo *m*

tomorrow¹ [tə'mɑro] *adv* : mañana

tomorrow² *n* : mañana *m*

tom–tom ['tɑm,tɑm] *n* : tam-tam *m*

ton ['tən] *n* : tonelada *f*

tone¹ ['to:n] *vt* **toned; toning 1** *or* **to tone down** : atenuar, suavizar, moderar **2** *or* **to tone up** STRENGTHEN : tonificar, vigorizar

tone² *n* : tono *m* ⟨in a friendly tone : en tono amistoso⟩ ⟨a greyish tone : un tono grisáceo⟩

tongs ['tɑŋz, 'tɔŋz] *npl* : tenazas *fpl*

tongue ['tʌŋ] *n* **1** : lengua *f* **2** LANGUAGE : lengua *f*, idioma *m*

tongue–tied ['tʌŋ,taɪd] *adj* **to get tongue–tied** : trabársele la lengua a uno

tonic¹ ['tɑnɪk] *adj* : tónico

tonic² *n* **1** : tónico *m* **2** *or* **tonic water** : tónica *f*

tonight¹ [tə'naɪt] *adv* : esta noche

tonight² *n* : esta noche *f*

tonsil ['tɑntsəl] *n* : amígdala *f*, angina *f* *Mex*

tonsillitis [,tɑntsə'laɪtəs] *n* : amigdalitis *f*, anginas *fpl Mex*

too ['tu:] *adv* **1** ALSO : también **2** EXCESSIVELY : demasiado ⟨it's too hot in here : aquí hace demasiado calor⟩

took → take¹

tool¹ ['tu:l] *vt* **1** : fabricar, confeccionar (con herramientas) **2** EQUIP : instalar maquinaria en (una fábrica)

tool² *n* : herramienta *f*

toolbox ['tu:l,bɑks] *n* : caja *f* de herramientas

toot¹ ['tu:t] *vt* : sonar (un claxon o un pito)

toot² *n* : pitido *m*, bocinazo *m* (de un claxon)

tooth ['tu:θ] *n, pl* **teeth** ['ti:θ] : diente *m*

toothache ['tu:θ,eɪk] *n* : dolor *m* de muelas

toothbrush ['tu:θ,brʌʃ] *n* : cepillo *m* de dientes

toothless ['tu:θləs] *adj* : desdentado

toothpaste ['tu:θ,peɪst] *n* : pasta *f* de dientes, crema *f* dental, dentífrico *m*

toothpick ['tu:θ,pɪk] *n* : palillo *m* (de dientes), mondadientes *m*

top¹ ['tɑp] *vt* **topped; topping 1** COVER : cubrir, coronar **2** SURPASS : sobrepasar, superar **3** CLEAR : pasar por encima de

top² *adj* : superior ⟨the top shelf : la repisa superior⟩ ⟨one of the top lawyers : uno de los mejores abogados⟩

top³ *n* **1** : parte *f* superior, cumbre *f*, cima *f* (de un monte, etc.) ⟨to climb to the top : subir a la cumbre⟩ **2** COVER : tapa *f*, cubierta *f* **3** : trompo *m* (juguete) **4 on top of** : encima de

topaz ['to:,pæz] *n* : topacio *m*

topcoat ['tɑp,ko:t] *n* : sobretodo *m*, abrigo *m*

topic ['tɑpɪk] *n* : tema *m*, tópico *m*

topical ['tɑpɪkəl] *adj* : de interés actual

topmost ['tɑp,mo:st] *adj* : más alto

top–notch ['tɑp'nɑtʃ] *adj* : de lo mejor, de primera categoría

topographic [,tɑpə'græfɪk] *or* **topographical** [-fɪkəl] *adj* : topográfico

topography [tə'pɑgrəfi] *n, pl* **-phies** : topografía *f*

topple ['tɑpəl] *v* **-pled; -pling** *vi* : caerse, venirse abajo — *vt* : volcar, derrocar (un gobierno, etc.)

topsoil ['tɑp,sɔɪl] *n* : capa *f* superior del suelo

topsy–turvy [,tɑpsi'tərvi] *adv & adj* : patas arriba, al revés

torch ['tɔrtʃ] *n* : antorcha *f*

tore → tear¹

torment¹ ['tɔr'mɛnt, 'tɔr,-] *vt* : atormentar, torturar, martirizar

torment² ['tɔr,mɛnt] *n* : tormento *m*, suplicio *m*, martirio *m*

tormentor [tɔr'mɛntər] *n* : atormentador *m*, -dora *f*

torn *pp* **→ tear¹**

tornado [tɔr'neɪdo] *n, pl* **-does** *or* **-dos** : tornado *m*

torpedo¹ [tɔr'pi:do] *vt* : torpedear

torpedo² *n, pl* **-does** : torpedo *m*

torpid ['tɔrpɪd] *adj* **1** SLUGGISH : aletargado **2** APATHETIC : apático

torpor ['tɔrpər] *n* : letargo *m*, apatía *f*

torrent ['tɔrənt] *n* : torrente *m*

torrential [tə'rɛntʃəl, tɔ-] *adj* : torrencial

torrid ['tɔrɪd] *adj* : tórrido

torso ['tɔr,so:] *n, pl* **-sos** *or* **-si** [-,si:] : torso *m*

tortilla [tɔr'tiːjə] *n* : tortilla *f* (de maíz)
tortoise ['tɔrtəs] *n* : tortuga *f* (terrestre)
tortoiseshell ['tɔrtəs,ʃɛl] *n* : carey *m*, concha *f*
tortuous ['tɔrtʃuəs] *adj* : tortuoso
torture[1] ['tɔrtʃər] *vt* **-tured; -turing** : torturar, atormentar
torture[2] *n* : tortura *f*, tormento *m* ⟨it was sheer torture! : ¡fue un verdadero suplicio!⟩
torturer ['tɔrtʃərər] *n* : torturador *m*, -dora *f*
toss[1] ['tɔs, 'tɑs] *vt* **1** AGITATE, SHAKE : sacudir, agitar, mezclar (una ensalada) **2** THROW : tirar, echar, lanzar — *vi* : sacudirse, moverse agitadamente ⟨to toss and turn : dar vueltas⟩
toss[2] *n* THROW : lanzamiento *m*, tiro *m*, tirada *f*, lance *m* (de dados, etc.)
toss-up ['tɔs,ʌp] *n* : posibilidad *f* igual ⟨it's a toss-up : quizá sí, quizá no⟩
tot ['tɑt] *n* : pequeño *m*, -ña *f*
total[1] ['toːtəl] *vt* **-taled** *or* **-talled; -taling** *or* **-talling 1** *or* **to total up** ADD : sumar, totalizar **2** AMOUNT TO : ascender a, llegar a
total[2] *adj* : total, completo, absoluto — **totally** *adv*
total[3] *n* : total *m*
totalitarian [toː,tælə'tɛriən] *adj* : totalitario
totalitarianism [toː,tælə'tɛriə,nɪzəm] *n* : totalitarismo *m*
totality [toː'tælət̮i] *n*, *pl* **-ties** : totalidad *f*
tote ['toːt] *vt* **toted; toting** : cargar, llevar
totem ['toːtəm] *n* : tótem *m*
totter ['tɑtər] *vi* : tambalearse
touch[1] ['tʌtʃ] *vt* **1** FEEL, HANDLE : tocar, tentar **2** AFFECT, MOVE : conmover, afectar, tocar ⟨his gesture touched our hearts : su gesto nos tocó el corazón⟩ — *vi* : tocarse
touch[2] *n* **1** : tacto *m* (sentido) **2** DETAIL : toque *m*, detalle *m* ⟨a touch of color : un toque de color⟩ **3** BIT : pizca *f*, gota *f*, poco *m* **4** ABILITY : habilidad *f* ⟨to lose one's touch : perder la habilidad⟩ **5** CONTACT : contacto *m*, comunicación *f* ⟨to keep in touch : mantenerse en contacto⟩
touchdown ['tʌtʃ,daʊn] *n* : touchdown *m* (en futbol americano)
touching ['tʌtʃɪŋ] *adj* MOVING : conmovedor
touchstone ['tʌtʃ,stoːn] *n* : piedra *f* de toque
touch up *vt* : retocar
touchy ['tʌtʃi] *adj* **touchier; -est 1** : sensible, susceptible (dícese de una persona) **2** : delicado ⟨a touchy subject : un tema delicado⟩
tough[1] ['tʌf] *adj* **1** STRONG : fuerte, resistente (dícese de materiales) **2** LEATHERY : correoso ⟨a tough steak : un bistec duro⟩ **3** HARDY : fuerte, robusto (dícese de una persona) **4** STRICT

: severo, exigente **5** DIFFICULT : difícil **6** STUBBORN : terco, obstinado
tough[2] *n* : matón *m*, persona *f* ruda y brusca
toughen ['tʌfən] *vt* : fortalecer, endurecer — *vi* : endurecerse, hacerse más fuerte
toughness ['tʌfnəs] *n* : dureza *f*
toupee [tu:'peɪ] *n* : peluquín *m*, bisoñé *m*
tour[1] ['tʊr] *vi* : tomar una excursión, viajar — *vt* : recorrer, hacer una gira por
tour[2] *n* **1** : gira *f*, tour *m*, excursión *f* **2** **tour of duty** : período *m* de servicio
tourism ['tʊr,ɪzəm] *n* : turismo *m*
tourist ['tʊrɪst, 'tər-] *n* : turista *mf*
tournament ['tərnəmənt, 'tʊr-] *n* : torneo *m*
tourniquet ['tərnɪkət, 'tʊr-] *n* : torniquete *m*
tousle ['taʊzəl] *vt* **-sled; -sling** : desarreglar, despeinar (el cabello)
tout ['taʊt] *vt* : promocionar, elogiar (con exageración)
tow[1] ['toː] *vt* : remolcar
tow[2] *n* : remolque *m*
toward ['tɔrd, tə'wɔrd] *or* **towards** ['tɔrdz, tə'wɔrdz] *prep* **1** (*indicating direction*) : hacia, rumbo a ⟨heading toward town : dirigiéndose rumbo al pueblo⟩ ⟨efforts towards peace : esfuerzos hacia la paz⟩ **2** (*indicating time*) : alrededor de ⟨toward midnight : alrededor de la medianoche⟩ **3** REGARDING : hacia, con respecto a ⟨his attitude toward life : su actitud hacia la vida⟩ **4** FOR : para, como pago parcial de (una compra o deuda)
towel ['taʊəl] *n* : toalla *f*
tower[1] ['taʊər] *vi* **to tower over** : descollar sobre, elevarse sobre, dominar
tower[2] *n* : torre *f*
towering ['taʊərɪŋ] *adj* : altísimo, imponente
town ['taʊn] *n* : pueblo *m*, ciudad *f* (pequeña)
township ['taʊn,ʃɪp] *n* : municipio *m*
tow truck ['toː,trʌk] *n* : grúa *f*
toxic ['tɑksɪk] *adj* : tóxico
toxicity [tɑk'sɪsət̮i] *n*, *pl* **-ties** : toxicidad *f*
toxin ['tɑksɪn] *n* : toxina *f*
toy[1] ['tɔɪ] *vi* : juguetear, jugar
toy[2] *adj* : de juguete ⟨a toy rifle : un rifle de juguete⟩
toy[3] *n* : juguete *m*
trace[1] ['treɪs] *vt* **traced; tracing 1** : calcar (un dibujo, etc.) **2** OUTLINE : delinear, trazar (planes, etc.) **3** TRACK : describir (un curso, una historia) **4** FIND : localizar, ubicar
trace[2] *n* **1** SIGN, TRACK : huella *f*, rastro *m*, indicio *m*, vestigio *m* ⟨he disappeared without a trace : desapareció sin dejar rastro⟩ **2** BIT, HINT : pizca *f*, ápice *m*, dejo *m*
trachea ['treɪkiə] *n*, *pl* **-cheae** [-ki,iː] : tráquea *f*

tracing paper *n* : papel *m* de calcar
track¹ ['træk] *vt* **1** TRAIL : seguir la pista de, rastrear **2** : dejar huellas de ⟨he tracked mud all over : dejó huellas de lodo por todas partes⟩
track² *n* **1** : rastro *m*, huella *f* (de animales), pista *f* (de personas) **2** PATH : pista *f*, sendero *m*, camino *m* **3** or railroad track : vía *f* (férrea) **4** → racetrack **5** : oruga *f* (de un tanque, etc.) **6** : pista *f* (deporte) **7 to keep track of** : llevar la cuenta de
track–and–field ['trækənd'fi:ld] *adj* : de pista y campo
tract¹ ['trækt] *n* **1** AREA : terreno *m*, extensión *f*, área *f* **2** : tracto *m* ⟨digestive tract : tracto digestivo⟩ **3** PAMPHLET : panfleto *m*, folleto *m*
traction ['trækʃən] *n* : tracción *f*
tractor ['træktər] *n* **1** : tractor *m* (vehículo agrícola) **2** TRUCK : camión *m* (con remolque)
trade¹ ['treɪd] *v* **traded; trading** *vi* : comerciar, negociar — *vt* EXCHANGE : intercambiar, canjear
trade² *n* **1** OCCUPATION : oficio *m*, profesión *f*, ocupación *f* ⟨a carpenter by trade : carpintero de oficio⟩ **2** COMMERCE : comercio *m*, industria *f* ⟨free trade : libre comercio⟩ ⟨the book trade : la industria del libro⟩ **3** EXCHANGE : intercambio *m*, canje *m*
trade–in ['treɪd,ɪn] *n* : artículo *m* que se canjea por otro
trademark ['treɪd,mɑrk] *n* **1** : marca *f* registrada **2** CHARACTERISTIC : sello *m* característico (de un grupo, una persona, etc.)
trader ['treɪdər] *n* : negociante *mf*, tratante *mf*, comerciante *mf*
tradesman ['treɪdzmən] *n, pl* **-men** [-mən, -ˌmɛn] **1** CRAFTSMAN : artesano *m*, -na *f* **2** SHOPKEEPER : tendero *m*, -ra *f*; comerciante *mf*
trade wind *n* : viento *m* alisio
tradition [trə'dɪʃən] *n* : tradición *f*
traditional [trə'dɪʃənəl] *adj* : tradicional — **traditionally** *adv*
traffic¹ ['træfɪk] *vi* **trafficked; trafficking** : traficar (con)
traffic² *n* **1** COMMERCE : tráfico *m*, comercio *m* ⟨the drug traffic : el narcotráfico⟩ **2** : tráfico *m*, tránsito *m*, circulación *f* (de vehículos, etc.)
traffic circle *n* : rotonda *f*, glorieta *f*
trafficker ['træfɪkər] *n* : traficante *mf*
traffic light *n* : semáforo *m*, luz *f* (de tránsito)
tragedy ['trædʒədi] *n, pl* **-dies** : tragedia *f*
tragic ['trædʒɪk] *adj* : trágico — **tragically** *adv*
trail¹ ['treɪl] *vi* **1** DRAG : arrastrarse **2** LAG : quedarse atrás, retrasarse **3 to trail away** or **to trail off** : disminuir, menguar, desvanecerse — *vt* **1** DRAG : arrastrar **2** PURSUE : perseguir, seguir la pista de

trail² *n* **1** TRACK : rastro *m*, huella *f*, pista *f* ⟨a trail of blood : un rastro de sangre⟩ **2** : cola *f*, estela *f* (de un meteoro) **3** PATH : sendero *m*, camino *m*, vereda *f*
trailer ['treɪlər] *n* **1** : remolque *m*, tráiler *m* (de un camión) **2** : caravana *f* (vivienda ambulante)
train¹ ['treɪn] *vt* **1** : adiestrar, entrenar (atletas), capacitar (trabajadores), amaestrar (animales) **2** POINT : apuntar (un arma, etc.) — *vi* : entrenar(se) (físicamente), prepararse (profesionalmente) ⟨she's training at the gym : se está entrenando en el gimnasio⟩
train² *n* **1** : cola *f* (de un vestido) **2** RETINUE : cortejo *m*, séquito *m* **3** SERIES : serie *f* (de eventos) **4** : tren *m* ⟨passenger train : tren de pasajeros⟩
trainee [treɪ'ni:] *n* : aprendiz *m*, -diza *f*
trainer ['treɪnər] *n* : entrenador *m*, -dora *f*
training ['treɪnɪŋ] *n* : adiestramiento *m*, entrenamiento *m* (físico), capacitación *f* (de trabajadores)
traipse ['treɪps] *vi* **traipsed; traipsing** : andar de un lado para otro, vagar
trait ['treɪt] *n* : rasgo *m*, característica *f*
traitor ['treɪtər] *n* : traidor *m*, -dora *f*
traitorous ['treɪtərəs] *adj* : traidor
trajectory [trə'dʒɛktəri] *n, pl* **-ries** : trayectoria *f*
tramp¹ ['træmp] *vi* : caminar (a paso pesado) — *vt* : deambular por, vagar por ⟨to tramp the streets : vagar por las calles⟩
tramp² *n* **1** VAGRANT : vagabundo *m*, -da *f* **2** HIKE : caminata *f*
trample ['træmpəl] *vt* **-pled; -pling** : pisotear, hollar
trampoline [ˌtræmpə'li:n, 'træmpəˌ-] *n* : trampolín *m*, cama *f* elástica
trance ['trænts] *n* : trance *m*
tranquil ['træŋkwəl] *adj* : calmo, tranquilo, sereno — **tranquilly** *adv*
tranquilize ['træŋkwəˌlaɪz] *vt* **-ized; -izing** : tranquilizar
tranquilizer ['træŋkwəˌlaɪzər] *n* : tranquilizante *m*
tranquillity or **tranquility** [træŋ'kwɪləti] *n* : sosiego *m*, tranquilidad *f*
transact [træn'zækt] *vt* : negociar, gestionar, hacer (negocios)
transaction [træn'zækʃən] *n* **1** : transacción *f*, negocio *m*, operación *f* **2 transactions** *npl* RECORDS : actas *fpl*
transatlantic [ˌtrænsət'læntɪk, ˌtrænz-] *adj* : transatlántico
transcend [træn'sɛnd] *vt* : trascender, sobrepasar
transcendent [træn'sɛndənt] *adj* : trascendente — **transcendence** [træn'sɛndənts] *n*
transcendental [ˌtrænsɛn'dɛntəl, -sən-] *adj* : trascendental ⟨transcendental meditation : meditación trascendental⟩

transcribe [træn'skraɪb] vt -scribed; -scribing : transcribir

transcript ['træn,skrɪpt] n : copia f oficial

transcription [træn'skrɪpʃən] n : transcripción f

transfer[1] [træn/s'fər, 'træn/s,fər] v -ferred; -ferring vt 1 : trasladar (a una persona), transferir (fondos) 2 : transferir, traspasar, ceder (propiedad) 3 PRINT : imprimir (un diseño) — vi 1 MOVE : trasladarse, cambiarse 2 CHANGE : transbordar, cambiar (de un transporte a otro) ⟨he transfers at E Street : hace un transborde a la calle E⟩

transfer[2] ['træn/s,fər] n 1 TRANSFERRING : transferencia f (de fondos, de propiedad, etc.), traslado m (de una persona) 2 DECAL : calcomanía f 3 : boleto m (para cambiar de un avión, etc., a otro)

transferable [træn/s'fərəbəl] adj : transferible

transference [træn/s'fərən/s] n : transferencia f

transfigure [træn/s'fɪgjər] vt -ured; -uring : transfigurar, transformar

transfix [træn/s'fɪks] vt 1 PIERCE : traspasar, atravesar 2 IMMOBILIZE : paralizar

transform [træn/s'fɔrm] vt : transformar

transformation [,træn/s fər'meɪʃən] n : transformación f

transformer [træn/s'fɔrmər] n : transformador m

transfusion [træn/s'fju:ʒən] n : transfusión f

transgress [træn/s'gres, trænz-] vt : transgredir, infringir

transgression [træn/s'greʃən, trænz-] n : transgresión f

transient[1] ['træn/sʃənt, 'træn/siənt] adj : pasajero, transitorio — **transiently** adv

transient[2] n : transeúnte mf

transistor [træn'zɪstər, -'sɪs-] n : transistor m

transit ['træn/sɪt, 'træn/zɪt] n 1 PASSAGE : pasaje m, tránsito m ⟨in transit : en tránsito⟩ 2 TRANSPORTATION : transporte m (público) 3 : teodolito m (instrumento topográfico)

transition [træn'sɪʃən, -'zɪʃ-] n : transición f

transitional [træn'sɪʃənəl, -'zɪʃ-] adj : de transición

transitive ['træn/sətɪv, 'træn/zə-] adj : transitivo

transitory ['træn/sə,tori, 'træn/zə-] adj : transitorio

translate [træn/s'leɪt, trænz-; 'træn/s,-, 'trænz,-] vt -lated; -lating : traducir

translation [træn/s'leɪʃən, trænz-] n : traducción f

translator [træn/s'leɪtər, trænz-; 'træn/s,-, 'trænz,-] n : traductor m, -tora f

translucent [træn/s'lu:sənt, trænz-] adj : translúcido

transmission [træn/s'mɪʃən, trænz-] n : transmisión f

transmit [træn/s'mɪt, trænz-] vt -mitted; -mitting : transmitir

transmitter [træn/s'mɪtər, trænz-; 'træn/s,-, 'trænz,-] n : transmisor m, emisor m

transom ['træn/səm] n : montante m (de una puerta), travesaño m (de una ventana)

transparency [træn/s'pærən/si] n, pl -cies : transparencia f

transparent [træn/s'pærənt] adj 1 : transparente, traslúcido ⟨a transparent fabric : una tela transparente⟩ 2 OBVIOUS : transparente, obvio, claro — **transparently** adv

transpiration [,træn/spə'reɪʃən] n : transpiración f

transpire [træn/s'paɪr] vi -spired; -spiring 1 : transpirar (en biología y botánica) 2 TURN OUT : resultar 3 HAPPEN : suceder, ocurrir, tener lugar

transplant[1] [træn/s'plænt] vt : trasplantar

transplant[2] ['træn/s,plænt] n : trasplante m

transport[1] [træn/s'port, 'træn/s,-] vt 1 CARRY : transportar, acarrear 2 ENRAPTURE : transportar, extasiar

transport[2] ['træn/s,port] n 1 TRANSPORTATION : transporte m, transportación f 2 RAPTURE : éxtasis m 3 or **transport ship** : buque m de transporte (de personal militar)

transportation [,træn/spər'teɪʃən] n : transporte m, transportación f

transpose [træn/s'po:z] vt -posed; -posing : trasponer, trasladar, transportar (una composición musical)

transverse [træn/s'vərs, trænz-] adj : transversal, transverso, oblicuo — **transversely** adv

trap[1] ['træp] vt trapped; trapping : atrapar, apresar (en una trampa)

trap[2] n : trampa f ⟨to set a trap : tender una trampa⟩

trapdoor ['træp'dor] n : trampilla f, escotillón m

trapeze [træ'pi:z] n : trapecio m

trapezoid ['træpə,zɔɪd] n : trapezoide m, trapecio m

trapper ['træpər] n : trampero m, -ra f; cazador m, -dora f (que usa trampas)

trappings ['træpɪŋz] npl 1 : arreos mpl, jaeces mpl (de un caballo) 2 ADORNMENTS : adornos mpl, pompa f

trash ['træʃ] n : basura f

trashy ['træʃi] adj : de pacotilla

trauma ['trɔmə, 'trau-] n : trauma m

traumatic [trə'mætɪk, trɔ-, trau-] adj : traumático

travel[1] ['trævəl] vi -eled or -elled; -eling or -elling 1 JOURNEY : viajar 2 GO, MOVE : desplazarse, moverse, ir ⟨the waves travel at uniform speed : las ondas se desplazan a una velocidad uniforme⟩

travel[2] *n or* **travels** *npl* : viajes *mpl*

traveler *or* **traveller** ['trævələr] *n* : viajero *m*, -ra *f*

traverse [trə'vərs, træ'vərs, 'trævərs] *vt* -**versed;** -**versing** CROSS : atravesar, extenderse a través de, cruzar

travesty ['trævəsti] *n, pl* -**ties** : parodia *f*

trawl[1] ['trɔl] *vi* : pescar con red de arrastre, rastrear

trawl[2] *n or* **trawl net** : red *f* de arrastre

trawler ['trɔlər] *n* : barco *m* de pesca (utilizado para rastrear)

tray ['treɪ] *n* : bandeja *f*, charola *f Bol, Mex, Peru*

treacherous ['trɛtʃərəs] *adj* **1** TRAITOROUS : traicionero, traidor **2** DANGEROUS : peligroso

treacherously ['trɛtʃərəsli] *adv* : a traición

treachery ['trɛtʃəri] *n, pl* -**eries** : traición *f*

tread[1] ['trɛd] *v* **trod** ['trɑd]; **trodden** ['trɑdən] *or* **trod; treading** *vt* TRAMPLE : pisotear, hollar — *vi* **1** WALK : caminar, andar **2 to tread on** : pisar

tread[2] *n* **1** STEP : paso *m*, andar *m* **2** : banda *f* de rodadura (de un neumático, etc.) **3** : escalón *m* (de una escalera)

treadle ['trɛdəl] *n* : pedal *m* (de una máquina)

treadmill ['trɛd,mɪl] *n* **1** : rueda *f* de andar **2** ROUTINE : rutina *f*

treason ['triːzən] *n* : traición *f* (a la patria, etc.)

treasure[1] ['trɛʒər, 'treɪ-] *vt* -**sured;** -**suring** : apreciar, valorar

treasure[2] *n* : tesoro *m*

treasurer ['trɛʒərər, 'treɪ-] *n* : tesorero *m*, -ra *f*

treasury ['trɛʒəri, 'treɪ-] *n, pl* -**suries** : tesorería *f*, tesoro *m*

treat[1] ['triːt] *vt* **1** DEAL WITH : tratar (un asunto) ⟨the article treats of poverty : el artículo trata de la pobreza⟩ **2** HANDLE : tratar (a una persona), manejar (un objeto) ⟨to treat something as a joke : tomar(se) algo a broma⟩ **3** INVITE : invitar, convidar ⟨he treated me to a meal : me invitó a comer⟩ **4** : tratar, atender (en medicina) **5** PROCESS : tratar ⟨to treat sewage : tratar las aguas negras⟩

treat[2] *n* : gusto *m*, placer *m* ⟨it was a treat to see you : fue un placer verte⟩ ⟨it's my treat : yo invito⟩

treatise ['triːtɪs] *n* : tratado *m*, estudio *m*

treatment ['triːtmənt] *n* : trato *m*, tratamiento *m* (médico)

treaty ['triːti] *n, pl* -**ties** : tratado *m*, convenio *m*

treble[1] ['trɛbəl] *vt* -**bled;** -**bling** : triplicar

treble[2] *adj* **1** → **triple 2** : de tiple, soprano (en música) **3 treble clef** : clave *f* de sol

treble[3] *n* : tiple *m*, parte *f* de soprano

tree ['triː] *n* : árbol *m*

treeless ['triːləs] *adj* : carente de árboles

trek[1] ['trɛk] *vi* **trekked; trekking** : hacer un viaje largo y difícil

trek[2] *n* : viaje *m* largo y difícil

trellis ['trɛlɪs] *n* : enrejado *m*, espaldera *f*, celosía *f*

tremble ['trɛmbəl] *vi* -**bled;** -**bling** : temblar

tremendous [trɪ'mɛndəs] *adj* : tremendo — **tremendously** *adv*

tremor ['trɛmər] *n* : temblor *m*

tremulous ['trɛmjələs] *adj* : trémulo, tembloroso

trench ['trɛntʃ] *n* **1** DITCH : zanja *f* **2** : trinchera *f* (militar)

trenchant ['trɛntʃənt] *adj* : cortante, mordaz

trend[1] ['trɛnd] *vi* : tender, inclinarse

trend[2] *n* **1** TENDENCY : tendencia *f* **2** FASHION : moda *f*

trendy ['trɛndi] *adj* **trendier; -est** : de moda

trepidation [,trɛpə'deɪʃən] *n* : inquietud *f*, ansiedad *f*

trespass[1] ['trɛspəs, -,pæs] *vi* **1** SIN : pecar, transgredir **2** : entrar ilegalmente (en propiedad ajena)

trespass[2] *n* **1** SIN : pecado *m*, transgresión *f* ⟨forgive us our trespasses : perdónanos nuestras deudas⟩ **2** : entrada *f* ilegal (en propiedad ajena)

tress ['trɛs] *n* : mechón *m*

trestle ['trɛsəl] *n* **1** : caballete *m* (armazón) **2** *or* **trestle bridge** : puente *m* de caballete

triad ['traɪ,æd] *n* : tríada *f*

trial[1] ['traɪəl] *adj* : de prueba ⟨trial period : período de prueba⟩

trial[2] *n* **1** : juicio *m*, proceso *m* ⟨to stand trial : ser sometido a juicio⟩ **2** AFFLICTION : aflicción *f*, tribulación *f* **3** TEST : prueba *f*, ensayo *m*

triangle ['traɪ,æŋgəl] *n* : triángulo *m*

triangular [traɪ'æŋgjələr] *adj* : triangular

tribal ['traɪbəl] *adj* : tribal

tribe ['traɪb] *n* : tribu *f*

tribesman ['traɪbzmən] *n, pl* -**men** [-mən, -,mɛn] : miembro *m* de una tribu

tribulation [,trɪbjə'leɪʃən] *n* : tribulación *f*

tribunal [traɪ'bjuːnəl, trɪ-] *n* : tribunal *m*, corte *f*

tributary ['trɪbjə,tɛri] *n, pl* -**taries** : afluente *m*

tribute ['trɪb,juːt] *n* : tributo *m*

trick[1] ['trɪk] *vt* : engañar, embaucar

trick[2] *n* **1** RUSE : trampa *f*, treta *f*, artimaña *f* **2** PRANK : broma *f* ⟨we played a trick on her : le gastamos una broma⟩ **3** : truco *m* ⟨magic tricks : trucos de magia⟩ ⟨the trick is to wait five minutes : el truco está en esperar cinco minutos⟩ **4** MANNERISM : peculiaridad *f*, manía *f* **5** : baza *f* (en juegos de naipes)

trickery ['trɪkəri] *n* : engaños *mpl*, trampas *fpl*

trickle[1] ['trɪkəl] *vi* -**led;** -**ling** : gotear, chorrear

trickle² *n* : goteo *m*, hilo *m*
trickster ['trɪkstər] *n* : estafador *m*, -dora *f*; embaucador *m*, -dora *f*
tricky ['trɪki] *adj* **trickier; -est 1** SLY : astuto, taimado **2** DIFFICULT : delicado, peliagudo, difícil
tricycle ['traɪsɪkəl, -,sɪkəl] *n* : triciclo *m*
trident ['traɪdənt] *n* : tridente *m*
triennial ['traɪ'ɛniəl] *adj* : trienal
trifle¹ ['traɪfəl] *vi* **-fled; -fling** : jugar, juguetear
trifle² *n* : nimiedad *f*, insignificancia *f*
trifling ['traɪflɪŋ] *adj* : trivial, insignificante
trigger¹ ['trɪgər] *vt* : causar, provocar
trigger² *n* : gatillo *m*
trigonometry [,trɪgə'nɑmətri] *n* : trigonometría *f*
trill¹ ['trɪl] *vi* QUAVER : trinar, gorjear — *vt* : vibrar ⟨to trill the *r* : vibrar la *r*⟩
trill² *n* **1** QUAVER : trino *m*, gorjeo *m* **2** : vibración *f* (en fonética)
trillion ['trɪljən] *n* : billón *m*
trilogy ['trɪlədʒi] *n, pl* **-gies** : trilogía *f*
trim¹ ['trɪm] *vt* **trimmed; trimming 1** DECORATE : adornar, decorar **2** CUT : recortar **3** REDUCE : recortar, reducir ⟨to trim the excess : recortar el exceso⟩
trim² *adj* **trimmer; trimmest 1** SLIM : esbelto **2** NEAT : limpio y arreglado, bien cuidado
trim³ *n* **1** CONDITION : condición *f*, estado *m* ⟨to keep in trim : mantenerse en buena forma⟩ **2** CUT : recorte *m* **3** TRIMMING : adornos *mpl*
trimming ['trɪmɪŋ] *n* : adornos *mpl*, accesorios *mpl*
Trinity ['trɪnəti] *n* : Trinidad *f*
trinket ['trɪŋkət] *n* : chuchería *f*, baratija *f*
trio ['tri:,o:] *n, pl* **trios** : trío *m*
trip¹ ['trɪp] *v* **tripped; tripping** *vi* **1** : caminar (a paso ligero) **2** STUMBLE : tropezar **3** to trip up ERR : equivocarse, cometer un error — *vt* **1** : hacerle una zancadilla (a alguien) ⟨you tripped me on purpose! : ¡me hiciste la zancadilla a propósito!⟩ **2** ACTIVATE : activar (un mecanismo) **3** to trip up : hacer equivocar (a alguien)
trip² *n* **1** JOURNEY : viaje *m* ⟨to take a trip : hacer un viaje⟩ **2** STUMBLE : tropiezo *m*, traspié *m*
tripartite [traɪ'pɑr,taɪt] *adj* : tripartito
tripe ['traɪp] *n* **1** : mondongo *m*, callos *mpl*, pancita *f Mex* **2** TRASH : porquería *f*
triple¹ ['trɪpəl] *vt* **-pled; -pling** : triplicar
triple² *adj* : triple
triple³ *n* : triple *m*
triplet ['trɪplət] *n* **1** : terceto *m* (en poesía, música, etc.) **2** : trillizo *m*, -za *f* (persona)
triplicate ['trɪplɪkət] *n* : triplicado *m*
tripod ['traɪ,pɑd] *n* : trípode *m*
trite ['traɪt] *adj* **triter; tritest** : trillado, tópico, manido

triumph¹ ['traɪəmpf] *vi* : triunfar
triumph² *n* : triunfo *m*
triumphal [traɪ'ʌmpfəl] *adj* : triunfal
triumphant [traɪ'ʌmpfənt] *adj* : triunfante, triunfal — **triumphantly** *adv*
trivia ['trɪviə] *ns & pl* : trivialidades *fpl*, nimiedades *fpl*
trivial ['trɪviəl] *adj* : trivial, intrascendente, insignificante
triviality [,trɪvi'æləti] *n, pl* **-ties** : trivialidad *f*
trod, trodden → **tread¹**
troll ['tro:l] *n* : duende *m* o gigante *m* de cuentos folklóricos
trolley ['trɑli] *n, pl* **-leys** : tranvía *m*
trombone [trɑm'bo:n] *n* : trombón *m*
trombonist [trɑm'bo:nɪst] *n* : trombón *m*
troop¹ ['tru:p] *vi* : desfilar, ir en tropel
troop² *n* **1** : escuadrón *m* (de caballería) **2** GROUP : grupo *m*, banda *f* (de personas) **3 troops** *npl* SOLDIERS : tropas *fpl*, soldados *mpl*
trooper ['tru:pər] *n* **1** : soldado *m* (de caballería) **2** : policía *m* montado **3** : policía *m* (estatal)
trophy ['tro:fi] *n, pl* **-phies** : trofeo *m*
tropic¹ ['trɑpɪk] *or* **tropical** [-pɪkəl] *adj* : tropical
tropic² *n* **1** : trópico *m* ⟨tropic of Cancer : trópico de Cáncer⟩ **2 the tropics** : el trópico
trot¹ ['trɑt] *vi* **trotted; trotting** : trotar
trot² *n* : trote *m*
trouble¹ ['trʌbəl] *v* **-bled; -bling** *vt* **1** DISTURB, WORRY : molestar, perturbar, inquietar **2** AFFLICT : afligir, afectar — *vi* : molestarse, hacer un esfuerzo ⟨they didn't trouble to come : no se molestaron en venir⟩
trouble² *n* **1** PROBLEMS : problemas *mpl*, dificultades *fpl* ⟨to be in trouble : estar en un aprieto⟩ ⟨heart trouble : problemas de corazón⟩ **2** EFFORT : molestia *f*, esfuerzo *m* ⟨to take the trouble : tomarse la molestia⟩ ⟨it's not worth the trouble : no vale la pena⟩
troublemaker ['trʌbəl,meɪkər] *n* : agitador *m*, -dora *f*; alborotador *m*, -dora *f*
troublesome ['trʌbəlsəm] *adj* : problemático, dificultoso — **troublesomely** *adv*
trough ['trɔf] *n, pl* **troughs** ['trɔfs, 'trɔvz] **1** : comedero *m*, bebedero *m* (de animales) **2** CHANNEL, HOLLOW : depresión *f* (en el suelo), seno *m* (de olas)
trounce ['traʊnts] *vt* **trounced; trouncing 1** THRASH : apalear, darle una paliza (a alguien) **2** DEFEAT : derrotar contundentemente
troupe ['tru:p] *n* : troupe *f*
trousers ['traʊzərz] *npl* : pantalón *m*, pantalones *mpl*
trout ['traʊt] *n, pl* **trout** : trucha *f*
trowel ['traʊəl] *n* **1** : llana *f*, paleta *f* (de albañil) **2** : desplantador *m* (de jardinero)
truant ['tru:ənt] *n* : alumno *m*, -na *f* que falta a clase sin permiso

truce ['tru:s] *n* : tregua *f*, armisticio *m*
truck[1] ['trʌk] *vt* : transportar en camión
truck[2] *n* 1 : camión *m* (vehículo automóvil), carro *m* (manual) 2 DEALINGS : tratos *mpl* ⟨to have no truck with : no tener nada que ver con⟩
trucker ['trʌkər] *n* : camionero *m*, -ra *f*
truculent ['trʌkjələnt] *adj* : agresivo, beligerante
trudge ['trʌdʒ] *vi* **trudged; trudging** : caminar a paso pesado
true[1] ['tru:] *vt* **trued; trueing** : aplomar (algo vertical), nivelar (algo horizontal), centrar (una rueda)
true[2] *adv* 1 TRUTHFULLY : lealmente, sinceramente 2 ACCURATELY : exactamente, certeramente
true[3] *adj* **truer; truest** 1 LOYAL : fiel, leal 2 : cierto, verdadero, verídico ⟨it's true : es cierto, es la verdad⟩ ⟨a true story : una historia verídica⟩ 3 GENUINE : auténtico, genuino — **truly** *adv*
true-blue ['tru:'blu:] *adj* LOYAL : leal, fiel
truffle ['trʌfəl] *n* : trufa *f*
truism ['tru:,ɪzəm] *n* : perogrullada *f*, verdad *f* obvia
trump[1] ['trʌmp] *vt* : matar (en juegos de naipes)
trump[2] *n* : triunfo *m* (en juegos de naipes)
trumped-up ['trʌmpt'ʌp] *adj* : inventado, fabricado ⟨trumped-up charges : falsas acusaciones⟩
trumpet[1] ['trʌmpət] *vi* 1 : sonar una trompeta 2 : berrear, bramar (dícese de un animal) — *vt* : proclamar a los cuatro vientos
trumpet[2] *n* : trompeta *f*
trumpeter ['trʌmpətər] *n* : trompetista *mf*
truncate ['trʌŋ,keɪt, 'trʌn-] *vt* **-cated; -cating** : truncar
trundle ['trʌndəl] *v* **-dled; -dling** *vi* : rodar lentamente — *vt* : hacer rodar, empujar lentamente
trunk ['trʌŋk] *n* 1 : tronco *m* (de un árbol o del cuerpo) 2 : trompa *f* (de un elefante) 3 CHEST : baúl *m* 4 : maletero *m*, cajuela *f Mex* (de un auto) 5 **trunks** *npl* : traje *m* de baño (de caballero)
truss[1] ['trʌs] *vt* : atar (con fuerza)
truss[2] *n* 1 FRAMEWORK : armazón *m* (de una estructura) 2 : braguero *m* (en medicina)
trust[1] ['trʌst] *vi* : confiar, esperar ⟨to trust in God : confiar en Dios⟩ — *vt* 1 ENTRUST : confiar, encomendar 2 : confiar en, tenerle confianza a ⟨I trust you : te tengo confianza⟩
trust[2] *n* 1 CONFIDENCE : confianza *f* 2 HOPE : esperanza *f*, fe *f* 3 CREDIT : crédito *m* ⟨to sell on trust : fiar⟩ 4 : fideicomiso *m* ⟨to hold in trust : guardar en fideicomiso⟩ 5 : trust *m* (consorcio empresarial) 6 CUSTODY : responsabilidad *f*, custodia *f*
trustee [,trʌs'ti:] *n* : fideicomisario *m*, -ria *f*; fiduciario *m*, -ria *f*

trustful ['trʌstfəl] *adj* : confiado — **trustfully** *adv*
trustworthiness ['trʌst,wərðinəs] *n* : integridad *f*, honradez *f*
trustworthy ['trʌst,wərði] *adj* : digno de confianza, confiable
trusty ['trʌsti] *adj* **trustier; -est** : fiel, confiable
truth ['tru:θ] *n, pl* **truths** ['tru:ðz, 'tru:θs] : verdad *f*
truthful ['tru:θfəl] *adj* : sincero, veraz — **truthfully** *adv*
truthfulness ['tru:θfəlnəs] *n* : sinceridad *f*, veracidad *f*
try[1] ['traɪ] *v* **tried; trying** *vt* 1 : enjuiciar, juzgar, procesar ⟨he was tried for murder : fue procesado por homicidio⟩ 2 : probar ⟨did you try the salad? : ¿probaste la ensalada?⟩ 3 TEST : tentar, poner a prueba ⟨to try one's patience : tentarle la paciencia a uno⟩ 4 ATTEMPT : tratar (de), intentar 5 *or* **to try on** : probarse (ropa) — *vi* : tratar, intentar
try[2] *n, pl* **tries** : intento *m*, tentativa *f*
tryout ['traɪ,aʊt] *n* : prueba *f*
tsar ['zɑr, 'tsɑr, 'sɑr] → **czar**
T-shirt ['ti:,ʃərt] *n* : camiseta *f*
tub ['tʌb] *n* 1 CASK : cuba *f*, barril *m*, tonel *m* 2 CONTAINER : envase *m* (de plástico, etc.) ⟨a tub of margarine : un envase de margarina⟩ 3 BATHTUB : tina *f* (de baño), bañera *f*
tuba ['tu:bə, 'tju:-] *n* : tuba *f*
tube ['tu:b, 'tju:b] *n* 1 PIPE : tubo *m* 2 : tubo *m* (de dentífrico, etc.) 3 *or* **inner tube** : cámara *f* 4 : tubo *m* (de un aparato electrónico) 5 : trompa *f* (en anatomía)
tubeless ['tu:bləs, 'tju:b-] *adj* : sin cámara (dícese de una llanta)
tuber ['tu:bər, 'tju:-] *n* : tubérculo *m*
tubercular [tʊ'bərkjələr, tju-] → **tuberculous**
tuberculosis [tʊ,bərkjə'lo:sɪs, tju-] *n, pl* **-loses** [-,si:z] : tuberculosis *f*
tuberculous [tʊ'bərkjələs, tju-] *adj* : tuberculoso
tuberous ['tu:bərəs, 'tju:-] *adj* : tuberoso
tubing ['tu:bɪŋ, 'tju:-] *n* : tubería *f*
tubular ['tu:bjələr, 'tju:-] *adj* : tubular
tuck[1] ['tʌk] *vt* 1 PLACE, PUT : meter, colocar ⟨tuck in your shirt : métete la camisa⟩ 2 : guardar, esconder ⟨to tuck away one's money : guardar uno bien su dinero⟩ 3 COVER : arropar (a un niño en la cama)
tuck[2] *n* : pliegue *m*, alforza *f*
Tuesday ['tu:z,deɪ, 'tju:z-, -di] *n* : martes *m*
tuft ['tʌft] *n* : penacho *m* (de plumas), copete *m* (de pelo)
tug[1] ['tʌg] *v* **tugged; tugging** *vi* : tirar, jalar, dar un tirón — *vt* : jalar, arrastrar, remolcar (con un barco)
tug[2] *n* 1 : tirón *m*, jalón *m* 2 → **tugboat**
tugboat ['tʌg,bo:t] *n* : remolcador *m*

tug–of–war [ˌtʌgəˈwɔr] n, pl **tugs–of–war** : tira y afloja m

tuition [tuˈɪʃən] n or **tuition fees** : tasas fpl de matrícula, colegiatura f Mex

tulip [ˈtuːlɪp, ˈtjuː-] n : tulipán m

tumble¹ [ˈtʌmbəl] v -bled; -bling vi 1 : dar volteretas (en acrobacia) 2 FALL : caerse, venirse abajo — vt 1 TOPPLE : volcar 2 TOSS : hacer girar

tumble² n : voltereta f, caída f

tumbler [ˈtʌmblər] n 1 ACROBAT : acróbata mf, saltimbanqui mf 2 GLASS : vaso m (de mesa) 3 : clavija f (de una cerradura)

tummy [ˈtʌmi] n, pl -mies BELLY : panza f, vientre m

tumor [ˈtuːmər, ˈtjuː-] n : tumor m

tumult [ˈtuːmʌlt, ˈtjuː-] n : tumulto m, alboroto m

tumultuous [tuˈmʌltʃuəs, tju-] adj : tumultuoso

tuna [ˈtuːnə, ˈtjuː-] n, pl -na or -nas : atún m

tundra [ˈtʌndrə] n : tundra f

tune¹ [ˈtuːn, ˈtjuːn] v tuned; tuning vt 1 ADJUST : ajustar, hacer más preciso, afinar (un motor) 2 : afinar (un instrumento musical) 3 : sintonizar (un radio o televisor) — vi to tune in : sintonizar (con una emisora)

tune² n 1 MELODY : tonada f, canción f, melodía f 2 in tune : afinado (dícese de un instrumento o de la voz), sintonizado, en sintonía

tuneful [ˈtuːnfəl, ˈtjuː-] adj : armonioso, melódico

tuner [ˈtuːnər, ˈtjuː-] n : afinador m, -dora f (de instrumentos); sintonizador m (de un radio o un televisor)

tungsten [ˈtʌŋkstən] n : tungsteno m

tunic [ˈtuːnɪk, ˈtjuː-] n : túnica f

tuning fork n : diapasón m

Tunisian [tuˈniːʒən, tjuˈnɪziən] n : tunecino m, -na f — **Tunisian** adj

tunnel¹ [ˈtʌnəl] vi -neled or -nelled; -neling or -nelling : hacer un túnel

tunnel² n : túnel m

turban [ˈtərbən] n : turbante m

turbid [ˈtərbɪd] adj : turbio

turbine [ˈtərbən, -ˌbaɪn] n : turbina f

turboprop [ˈtərboˌprɑp] n : turbo-propulsor m (motor), avión m turbopropulsado

turbulence [ˈtərbjələnts] n : turbulencia f

turbulent [ˈtərbjələnt] adj : turbulento — **turbulently** adv

tureen [təˈriːn, tjuː-] n : sopera f

turf [ˈtərf] n SOD : tepe m

turgid [ˈtərdʒɪd] adj 1 SWOLLEN : turgente 2 : ampuloso, hinchado ⟨turgid style : estilo ampuloso⟩

Turk [ˈtərk] n : turco m, -ca f

turkey [ˈtərki] n, pl -keys : pavo m

Turkish¹ [ˈtərkɪʃ] adj : turco

Turkish² n : turco m (idioma)

turmoil [ˈtərˌmɔɪl] n : agitación f, desorden m, confusión f

turn¹ [ˈtərn] vt 1 : girar, voltear, volver ⟨to turn one's head : voltear la cabeza⟩ ⟨she turned her chair toward the fire : giró su asiento hacia la hoguera⟩ 2 ROTATE : darle vuelta a, hacer girar ⟨turn the handle : dale vuelta a la manivela⟩ 3 SPRAIN, WRENCH : dislocar, torcer 4 UPSET : revolver (el estómago) 5 TRANSFORM : convertir ⟨to turn water into wine : convertir el agua en vino⟩ 6 SHAPE : tornear (en carpintería) — vi 1 ROTATE : girar, dar vueltas 2 : girar, doblar, dar una vuelta ⟨turn left : doble a la izquierda⟩ ⟨to turn around : dar la media vuelta⟩ 3 BECOME : hacerse, volverse, ponerse 4 SOUR : agriarse, cortarse (dícese de la leche) 5 to turn to : recurrir a ⟨they have no one to turn to : no tienen quien les ayude⟩

turn² n 1 : vuelta f, giro m ⟨a sudden turn : una vuelta repentina⟩ 2 CHANGE : cambio m 3 CURVE : curva f (en un camino) 4 : turno m ⟨they're awaiting their turn : están esperando su turno⟩ ⟨whose turn is it? : ¿a quién le toca?⟩

turnaround [ˈtərnəˌraʊnd] n PROCESSING : procesamiento m

turncoat [ˈtərnˌkoːt] n : traidor m, -dora f

turn down vt 1 REFUSE : rehusar, rechazar ⟨they turned down our invitation : rehusaron nuestra invitación⟩ 2 LOWER : bajar (el volumen)

turn in vt : entregar ⟨to turn in one's work : entregar uno su trabajo⟩ ⟨they turned in the suspect : entregaron al sospechoso⟩ — vi : acostarse, irse a la cama

turnip [ˈtərnəp] n : nabo m

turn off vt : apagar (la luz, la radio, etc.)

turn on vt : prender (la luz, etc.), encender (un motor, etc.)

turnout [ˈtərnˌaʊt] n : concurrencia f

turn out vt 1 EVICT, EXPEL : expulsar, echar, desalojar 2 PRODUCE : producir 3 → **turn off** — vi 1 : concurrir, presentarse ⟨many turned out to vote : muchos concurrieron a votar⟩ 2 PROVE, RESULT : resultar

turnover [ˈtərnˌoːvər] n 1 : empanada f (salada o dulce) 2 : volumen m (de ventas) 3 : rotación f (de personal) ⟨a high turnover : un alto nivel de rotación⟩

turn over vt : TRANSFER : entregar, transferir (un cargo o una responsabilidad) 2 : voltear, darle la vuelta a ⟨turn the cassette over : voltea el cassette⟩

turnpike [ˈtərnˌpaɪk] n : carretera f de peaje

turnstile [ˈtərnˌstaɪl] n : torniquete m (de acceso)

turntable [ˈtərnˌteɪbəl] n : tornamesa mf

turn up vi 1 APPEAR : aparecer, presentarse 2 HAPPEN : ocurrir, suceder (inesperadamente) — vt : subir (el volumen)

turpentine [ˈtərpənˌtaɪn] n : aguarrás m, trementina f

turquoise ['tər,kɔɪz, -,kwɔɪz] n : turque-sa f
turret ['tərət] n 1 TOWER : torre f pe-queña 2 : torreta f (de un tanque, un avión, etc.)
turtle ['tərt̬əl] n : tortuga f (marina)
turtledove ['tərt̬əl,dʌv] n : tórtola f
turtleneck ['tərt̬əl,nɛk] n : cuello m de tortuga, cuello m alto
tusk ['tʌsk] n : colmillo m
tussle[1] ['tʌsəl] vi -sled; -sling SCUFFLE : pelearse, reñir
tussle[2] n : riña f, pelea f
tutor[1] ['tu:t̬ər, 'tju:-] vt : darle clases par-ticulares a (alguien)
tutor[2] n : tutor m, -tora f; maestro m, -tra f (particular)
tuxedo [,tək'si:,do:] n, pl **-dos** or **-does** : esmoquin m, smoking m
TV [,ti:'vi:, 'ti:,vi:] → **television**
twain ['tweɪn] n : dos m
twang[1] ['twæŋ] vt : pulsar la cuerda de (una guitarra) — vi : hablar en tono nasal
twang[2] n 1 : tañido m (de una cuerda de guitarra) 2 : tono m nasal (de voz)
tweak[1] ['twi:k] vt : pellizcar
tweak[2] n : pellizco m
tweed ['twi:d] n : tweed m
tweet[1] ['twi:t] vi : piar
tweet[2] n : gorjeo m, pío m
tweezers ['twi:zərz] npl : pinzas fpl
twelfth[1] ['twɛlfθ] adj : duodécimo
twelfth[2] n 1 : duodécimo m, -ma f (en una serie) 2 : doceavo m, doceava parte f
twelve[1] ['twɛlv] adj : doce
twelve[2] n : doce m
twentieth[1] ['twʌntiəθ, 'twɛn-] adj : vigésimo
twentieth[2] n 1 : vigésimo m, -ma f (en una serie) 2 : veinteavo m, veinteava parte f
twenty[1] ['twʌnti, 'twɛn-] adj : veinte
twenty[2] n, pl **-ties** : veinte m
twice ['twaɪs] adv : dos veces ⟨twice a day : dos veces al día⟩ ⟨it costs twice as much : cuesta el doble⟩
twig ['twɪg] n : ramita f
twilight ['twaɪ,laɪt] n : crepúsculo m
twill ['twɪl] n : sarga f, tela f cruzada
twin[1] ['twɪn] adj : gemelo, mellizo
twin[2] n : gemelo m, -la f; mellizo m, -za f
twine[1] ['twaɪn] v **twined; twining** vt : en-trelazar, entrecruzar — vi : enroscarse (alrededor de algo)
twine[2] n : cordel m, cuerda f, mecate m CA, Mex, Ven
twinge[1] ['twɪndʒ] vi **twinged; twinging** or **twingeing** : sentir punzadas
twinge[2] n : punzada f, dolor m agudo
twinkle[1] ['twɪŋkəl] vi **-kled; -kling** 1 : centellear, titilar (dícese de las estre-llas o de la luz) 2 : chispear, brillar (dícese de los ojos)
twinkle[2] n : centelleo m (de las estrellas), brillo m (de los ojos)
twirl[1] ['twərl] vt : girar, darle vueltas a — vi : girar, dar vueltas (rápidamente)

twirl[2] n : giro m, vuelta f
twist[1] ['twɪst] vt : torcer, retorcer ⟨he twisted my arm : me torció el brazo⟩ — vi : retorcerse, enroscarse, serpen-tear (dícese de un río, un camino, etc.)
twist[2] n 1 BEND : vuelta f, recodo m (en el camino, el río, etc.) 2 TURN : giro m ⟨give it a twist : hazlo girar⟩ 3 SPIRAL : espiral f ⟨a twist of lemon : una ro-dajita de limón⟩ 4 : giro m inesperado (de eventos, etc.)
twisted ['twɪstəd] adj : retorcido ⟨a twisted mind : una mente retorcida⟩
twister ['twɪstər] 1 → **tornado** 2 → **wa-terspout**
twitch[1] ['twɪtʃ] vi : moverse nerviosa-mente, contraerse espasmódicamente (dícese de un músculo)
twitch[2] n : espasmo m, sacudida f ⟨a ner-vous twitch : un tic nervioso⟩
twitter[1] ['twɪt̬ər] vi CHIRP : gorjear, can-tar (dícese de los pájaros)
twitter[2] n : gorjeo m
two[1] ['tu:] adj : dos
two[2] n, pl **twos** : dos m
twofold[1] ['tu:'fo:ld] adv : al doble
twofold[2] ['tu:,fo:ld] adj : doble
two hundred[1] adj : doscientos
two hundred[2] n : doscientos m
twosome ['tu:səm] n COUPLE : pareja f
tycoon [taɪ'ku:n] n : magnate mf
tying → **tie**[1]
type[1] ['taɪp] v **typed; typing** vt 1 TYPE-WRITE : escribir a máquina, pasar (un texto) a máquina 2 CATEGORIZE : cat-egorizar, identificar — vi : escribir a máquina
type[2] n 1 KIND : tipo m, clase f, cate-goría f 2 : printing type : tipo m
typeface ['taɪp,feɪs] n : tipo m de im-prenta
typewrite ['taɪp,raɪt] v **-wrote; -written** : escribir a máquina
typewriter ['taɪp,raɪt̬ər] n : máquina f de escribir
typhoid[1] ['taɪ,fɔɪd, taɪ'-] adj : relativo al tifus o a la tifoidea
typhoid[2] n or **typhoid fever** : tifoidea f
typhoon [taɪ'fu:n] n : tifón m
typhus ['taɪfəs] n : tifus m, tifo m
typical ['tɪpɪkəl] adj : típico, caracterís-tico — **typically** adv
typify ['tɪpə,faɪ] vt **-fied; -fying** : ser típi-co o representativo de (un grupo, una clase, etc.)
typist ['taɪpɪst] n : mecanógrafo m, -fa f
typographic [,taɪpə'græfɪk] or **typo-graphical** [-fɪkəl] adj : tipográfico — **typographically** [-nɪklɪ] adv
typography [taɪ'pɑgrəfi] n : tipografía f
tyrannical [tə'rænɪkəl, taɪ-] adj : tiráni-co — **tyrannically** [-nɪkli] adv
tyrannize ['tɪrə,naɪz] vt **-nized; -nizing** : tiranizar
tyranny ['tɪrəni] n, pl **-nies** : tiranía f
tyrant ['taɪrənt] n : tirano m, -na f
tzar ['zɑr, 'tsɑr, 'sɑr] → **czar**

·U

u [^ˈjuː] *n*, *pl* **u's** *or* **us** [^ˈjuːz] : vigésima primera letra del alfabeto inglés

ubiquitous [juˈbɪkwətəs] *adj* : ubicuo, omnipresente

udder [^ˈʌdər] *n* : ubre *f*

UFO [ˌjuːˌɛfˈoː, ˈjuːˌfoː] *n*, *pl* **UFO's** *or* **UFOs** (*u*nidentified *f*lying *o*bject) : ovni *m*, OVNI *m*

Ugandan [juːˈɡændən, -ˈɡɑn-; uːˈɡɑn-] *n* : ugandés *m*, -desa *f* — **Ugandan** *adj*

ugliness [^ˈʌɡlinəs] *n* : fealdad *f*

ugly [^ˈʌɡli] *adj* **uglier; -est 1** UNATTRACTIVE : feo **2** DISAGREEABLE : desagradable, feo ⟨ugly weather : tiempo feo⟩ ⟨to have an ugly temper : tener mal genio⟩

Ukrainian [juːˈkreɪniən, -ˈkraɪ-] *n* **1** : ucraniano *m*, -na *f* **2** : ucraniano *m* (idioma) — **Ukrainian** *adj*

ukulele [ˌjuːkəˈleɪli] *n* : ukelele *m*

ulcer [^ˈʌlsər] *n* : úlcera *f* (interna), llaga *f* (externa)

ulcerate [^ˈʌlsəˌreɪt] *vi* **-ated; -ating** : ulcerarse

ulceration [ˌʌlsəˈreɪʃən] *n* **1** : ulceración *f* **2** ULCER : úlcera *f*, llaga *f*

ulcerous [^ˈʌlsərəs] *adj* : ulceroso

ulna [^ˈʌlnə] *n* : cúbito *m*

ulterior [ˌʌlˈtɪriər] *adj* : oculto ⟨ulterior motive : motivo oculto, segunda intención⟩

ultimate [^ˈʌltəmət] *adj* **1** FINAL : último, final **2** SUPREME : supremo, máximo **3** FUNDAMENTAL : fundamental, esencial

ultimately [^ˈʌltəmətli] *adv* **1** FINALLY : por último, finalmente **2** EVENTUALLY : a la larga, con el tiempo

ultimatum [ˌʌltəˈmeɪtəm, -ˈmɑ-] *n*, *pl* **-tums** *or* **-ta** [-ˌtə] : ultimátum *m*

ultrasound [^ˈʌltrəˌsaʊnd] *n* **1** : ultrasonido *m* **2** : ecografía *f* (técnica o imagen)

ultraviolet [ˌʌltrəˈvaɪələt] *adj* : ultravioleta

umbilical cord [ˌʌmˈbɪlɪkəl] *n* : cordón *m* umbilical

umbrage [^ˈʌmbrɪdʒ] *n* **to take umbrage at** : ofenderse por

umbrella [ˌʌmˈbrelə] *n* **1** : paraguas *m* **2 beach umbrella** : sombrilla *f*

umpire¹ [^ˈʌmˌpaɪr] *v* **-pired; -piring** : arbitrar

umpire² *n* : árbitro *m*, -tra *f*

umpteenth [ˌʌmpˈtiːnθ] *adj* : enésimo

unable [ˌʌnˈeɪbəl] *adj* : incapaz ⟨to be unable to : no poder⟩

unabridged [ˌʌnəˈbrɪdʒd] *adj* : íntegro

unacceptable [ˌʌnɪkˈsɛptəbəl] *adj* : inaceptable

unaccompanied [ˌʌnəˈkʌmpənid] *adj* : solo, sin acompañamiento (en música)

unaccountable [ˌʌnəˈkaʊntəbəl] *adj* : inexplicable, incomprensible — **unaccountably** [-bli] *adv*

unaccustomed [ˌʌnəˈkʌstəmd] *adj* **1** UNUSUAL : desacostumbrado, inusual **2** UNUSED : inhabituado ⟨unaccustomed to noise : inhabituado al ruido⟩

unacquainted [ˌʌnəˈkweɪntəd] *adj* **to be unacquainted with** : desconocer, ignorar

unadorned [ˌʌnəˈdɔrnd] *adj* : sin adornos, puro y simple

unadulterated [ˌʌnəˈdʌltəˌreɪtəd] *adj* **1** PURE : puro ⟨unadulterated food : comida pura⟩ **2** ABSOLUTE : completo, absoluto

unaffected [ˌʌnəˈfɛktəd] *adj* **1** : no afectado, indiferente **2** NATURAL : sin afectación, natural

unaffectedly [ˌʌnəˈfɛktədli] *adv* : de manera natural

unafraid [ˌʌnəˈfreɪd] *adj* : sin miedo

unaided [ˌʌnˈeɪdəd] *adj* : sin ayuda, solo

unambiguous [ˌʌnæmˈbɪɡjuəs] *adj* : inequívoco

unanimity [ˌjuːnəˈnɪməti] *n* : unanimidad *f*

unanimous [juˈnænəməs] *adj* : unánime — **unanimously** *adv*

unannounced [ˌʌnəˈnaʊnst] *adj* : sin dar aviso

unanswered [ˌʌnˈæntsərd] *adj* : sin contestar

unappealing [ˌʌnəˈpiːlɪŋ] *adj* : desagradable

unappetizing [ˌʌnˈæpəˌtaɪzɪŋ] *adj* : poco apetitoso, poco apetecible

unarmed [ˌʌnˈɑrmd] *adj* : sin armas, desarmado

unassisted [ˌʌnəˈsɪstəd] *adj* : sin ayuda

unassuming [ˌʌnəˈsuːmɪŋ] *adj* : modesto, sin pretensiones

unattached [ˌʌnəˈtætʃt] *adj* **1** LOOSE : suelto **2** INDEPENDENT : independiente **3** : solo (ni casado ni prometido)

unattractive [ˌʌnəˈtræktɪv] *adj* : poco atractivo

unauthorized [ˌʌnˈɔθəˌraɪzd] *adj* : sin autorización, no autorizado

unavailable [ˌʌnəˈveɪləbəl] *adj* : no disponible

unavoidable [ˌʌnəˈvɔɪdəbəl] *adj* : inevitable, ineludible

unaware¹ [ˌʌnəˈwær] *adv* → **unawares**

unaware² *adj* : inconsciente

unawares [ˌʌnəˈwærz] *adv* **1** : por sorpresa ⟨to catch someone unawares : agarrar a alguien desprevenido⟩ **2** UNINTENTIONALLY : inconscientemente, inadvertidamente

unbalanced [ˌʌnˈbælənst] *adj* : desequilibrado

unbearable [ˌʌnˈbærəbəl] *adj* : insoportable, inaguantable — **unbearably** [-bli] *adv*

unbecoming [ˌʌnbɪˈkʌmɪŋ] *adj* **1** UNSEEMLY : impropio, indecoroso **2** UNFLATTERING : poco favorecedor unbelievable [ˌʌnbəˈliːvəbəl] adj : increíble — **unbelievably** [-bli] adv

unbend [ˌʌnˈbɛnd] vi -bent [-ˈbɛnt]; -bending RELAX : relajarse

unbending [ˌʌnˈbɛndɪŋ] adj : inflexible

unbiased [ˌʌnˈbaɪəst] adj : imparcial, objetivo

unbind [ˌʌnˈbaɪnd] vt -bound [-ˈbaʊnd]; -binding 1 UNFASTEN, UNTIE : desatar, desamarrar 2 RELEASE : liberar

unbolt [ˌʌnˈboːlt] vt : abrir el cerrojo de, descorrer el pestillo de

unborn [ˌʌnˈbɔrn] adj : aún no nacido, que va a nacer

unbosom [ˌʌnˈbuzəm, -ˈbu-] vt : revelar, divulgar

unbreakable [ˌʌnˈbreɪkəbəl] adj : irrompible

unbridled [ˌʌnˈbraɪdəld] adj : desenfrenado

unbroken [ˌʌnˈbroːkən] adj 1 INTACT : intacto, sano 2 CONTINUOUS : continuo, ininterrumpido

unbuckle [ˌʌnˈbʌkəl] vt -led; -ling : desabrochar

unburden [ˌʌnˈbərdən] vt 1 UNLOAD : descargar 2 to unburden oneself : desahogarse

unbutton [ˌʌnˈbʌtən] vt : desabrochar, desabotonar

uncalled-for [ˌʌnˈkɔːldˌfɔr] adj : inapropiado, innecesario

uncanny [ʌnˈkæni] adj -nier; -est 1 STRANGE : extraño 2 EXTRAORDINARY : raro, extraordinario — **uncannily** [-ˈkænəli] adv

unceasing [ˌʌnˈsiːsɪŋ] adj : incesante, continuo — **unceasingly** adv

unceremonious [ˌʌnˌsɛrəˈmoːniəs] adj 1 INFORMAL : sin ceremonia, sin pompa 2 ABRUPT : abrupto, brusco — **unceremoniously** adv

uncertain [ˌʌnˈsərtən] adj 1 INDEFINITE : indeterminado 2 UNSURE : incierto, dudoso 3 CHANGEABLE : inestable, variable ⟨uncertain weather : tiempo inestable⟩ 4 HESITANT : indeciso 5 VAGUE : poco claro

uncertainly [ˌʌnˈsərtənli] adv : dudosamente, con desconfianza

uncertainty [ˌʌnˈsərtənti] n, pl -ties : duda f, incertidumbre f

unchangeable [ˌʌnˈtʃeɪndʒəbəl] adj : inalterable, inmutable

unchanged [ˌʌnˈtʃeɪndʒd] adj : sin cambiar

unchanging [ˌʌnˈtʃeɪndʒɪŋ] adj : inalterable, inmutable, firme

uncharacteristic [ˌʌnˌkærɪktəˈrɪstɪk] adj : inusual, desacostumbrado

uncharged [ˌʌnˈtʃɑrdʒd] adj : sin carga (eléctrica)

uncivilized [ˌʌnˈsɪvəˌlaɪzd] adj 1 BARBAROUS : incivilizado, bárbaro 2 WILD : salvaje

uncle [ˈʌŋkəl] n : tío m

unclean [ˌʌnˈkliːn] adj 1 IMPURE : impuro 2 DIRTY : sucio

unclear [ˌʌnˈklɪr] adj : confuso, borroso, poco claro

Uncle Sam [ˈsæm] n : el Tío Sam

unclog [ˌʌnˈklɑg] vt -clogged; -clogging : desatascar, destapar

unclothed [ˌʌnˈkloːð] adj : desnudo

uncomfortable [ˌʌnˈkʌmpfərtəbəl] adj 1 : incómodo (dícese de una silla, etc.) 2 UNEASY : inquieto, incómodo

uncommitted [ˌʌnkəˈmɪtəd] adj : sin compromiso

uncommon [ˌʌnˈkamən] adj 1 UNUSUAL : raro, poco común 2 REMARKABLE : excepcional, extraordinario

uncommonly [ˌʌnˈkamənli] adv : extraordinariamente

uncompromising [ˌʌnˈkamprəˌmaɪzɪŋ] adj : inflexible, intransigente

unconcerned [ˌʌnkənˈsərnd] adj : indiferente — **unconcernedly** [-ˈsərnədli] adv

unconditional [ˌʌnkənˈdɪʃənəl] adj : incondicional — **unconditionally** adv

unconscious¹ [ˌʌnˈkantʃəs] adj : inconsciente — **unconsciously** adv

unconscious² n : inconsciente m

unconsciousness [ˌʌnˈkantʃəsnəs] n : inconsciencia f

unconstitutional [ˌʌnˌkanstəˈtuːʃənəl, -ˈtju-] adj : inconstitucional

uncontrollable [ˌʌnkənˈtroːləbəl] adj : incontrolable, incontenible — **uncontrollably** [-bli] adv

uncontrolled [ˌʌnkənˈtroːld] adj : incontrolado

unconventional [ˌʌnkənˈvɛntʃənəl] adj : poco convencional

unconvincing [ˌʌnkənˈvɪntsɪŋ] adj : poco convincente

uncouth [ˌʌnˈkuːθ] adj CRUDE, ROUGH : grosero, rudo

uncover [ˌʌnˈkʌvər] vt 1 : destapar (un objeto), dejar al descubierto 2 EXPOSE, REVEAL : descubrir, revelar, exponer

uncultivated [ˌʌnˈkʌltəˌveɪtəd] adj : inculto

uncurl [ˌʌnˈkərl] vt UNROLL : desenrollar — vi : desenrollarse, desrizarse (dícese del pelo)

uncut [ˌʌnˈkʌt] adj 1 : sin cortar ⟨uncut grass : hierba sin cortar⟩ 2 : sin tallar, en bruto ⟨an uncut diamond : un diamante en bruto⟩ 3 UNABRIDGED : completo, íntegro

undaunted [ˌʌnˈdɔntəd] adj : impávido

undecided [ˌʌndiˈsaɪdəd] adj 1 IRRESOLUTE : indeciso, irresoluto 2 UNRESOLVED : pendiente, no resuelto

undefeated [ˌʌndiˈfiːtəd] adj : invicto

undeniable [ˌʌndiˈnaɪəbəl] adj : innegable — **undeniably** [-bli] adv

under¹ [ˈʌndər] adv 1 LESS : menos ⟨$10 or under : $10 o menos⟩ 2 UNDERWATER : debajo del agua 3 : bajo los efectos de la anestesia

under² adj 1 LOWER : (más) bajo, inferior 2 SUBORDINATE : inferior 3 : insuficiente ⟨an under dose of medicine : una dosis insuficiente de medicina⟩

under³ prep **1** BELOW, BENEATH : debajo de, abajo de ⟨under the table : abajo de la mesa⟩ ⟨we walked under the arch : pasamos por debajo del arco⟩ ⟨under the sun : bajo el sol⟩ **2** : menos de ⟨in under 20 minutes : en menos de 20 minutos⟩ **3** (*indicating rank or authority*) : bajo ⟨under the command of : bajo las órdenes de⟩ **4** SUBJECT TO : bajo ⟨under suspicion : bajo sospecha⟩ ⟨under the circumstances : dadas las circunstancias⟩ **5** ACCORDING TO : según, de acuerdo con, conforme a ⟨under the present laws : según las leyes actuales⟩

underage [ˌʌndərˈeɪdʒ] adj : menor de edad

underbrush [ˈʌndərˌbrʌʃ] n : maleza f

underclothes [ˈʌndərˌkloːz, -ˌkloːðz] → underwear

underclothing [ˈʌndərˌkloːðɪŋ] → underwear

undercover [ˌʌndərˈkʌvər] adj : secreto, clandestino

undercurrent [ˈʌndərˌkərənt] n **1** : corriente f submarina **2** UNDERTONE : corriente f oculta, trasfondo m

undercut [ˌʌndərˈkʌt] vt -cut; -cutting : vender más barato que

underdeveloped [ˌʌndərdɪˈvɛləpt] adj : subdesarrollado, atrasado

underdog [ˈʌndərˌdɔg] n : persona f que tiene menos posibilidades

underdone [ˌʌndərˈdʌn] adj RARE : poco cocido

underestimate [ˌʌndərˈɛstəˌmeɪt] vt -mated; -mating : subestimar, menospreciar

underexposed [ˌʌndərɪkˈspoːzd] adj : subexpuesto (en fotografía)

underfoot [ˌʌndərˈfʊt] adv **1** : bajo los pies ⟨to trample underfoot : pisotear⟩ **2 to be underfoot** : estorbar ⟨they're always underfoot : están siempre estorbando⟩

undergarment [ˈʌndərˌgɑrmənt] n : prenda f íntima

undergo [ˌʌndərˈgoː] vt -went [-ˈwɛnt]; -gone [-ˈgɔn]; -going : sufrir, experimentar ⟨to undergo an operation : someterse a una intervención quirúrgica⟩

undergraduate [ˌʌndərˈgrædʒʊət] n : estudiante m universitario, estudiante f universitaria

underground¹ [ˌʌndərˈgraʊnd] adv **1** : bajo tierra **2** SECRETLY : clandestinamente, en secreto ⟨to go underground : pasar a la clandestinidad⟩

underground² [ˈʌndərˌgraʊnd] adj **1** SUBTERRANEAN : subterráneo **2** SECRET : secreto, clandestino

underground³ [ˈʌndərˌgraʊnd] n : movimiento m o grupo m clandestino

undergrowth [ˈʌndərˌgroːθ] n : maleza f, broza f

underhand¹ [ˈʌndərˌhænd] adv **1** SECRETLY : de manera clandestina **2 or underhanded** : sin levantar el brazo por encima del hombro (en deportes)

underhand² adj **1** SLY : solapado **2** : por debajo del hombro (en deportes)

underhanded [ˌʌndərˈhændəd] adj **1** SLY : solapado **2** SHADY : turbio, poco limpio

underline [ˈʌndərˌlaɪn] vt -lined; -lining **1** : subrayar **2** EMPHASIZE : subrayar, acentuar, hacer hincapié en

underlying [ˌʌndərˈlaɪɪŋ] adj **1** : subyacente ⟨the underlying rock : la roca subyacente⟩ **2** FUNDAMENTAL : fundamental, esencial

undermine [ˌʌndərˈmaɪn] vt -mined; -mining **1** : socavar (una estructura, etc.) **2** SAP, WEAKEN : minar, debilitar

underneath¹ [ˌʌndərˈniːθ] adv : debajo, abajo ⟨the part underneath : la parte de abajo⟩

underneath² prep : debajo de, abajo de

undernourished [ˌʌndərˈnərɪʃt] adj : desnutrido

underpants [ˈʌndərˌpænts] npl : calzoncillos mpl, calzones mpl

underpass [ˈʌndərˌpæs] n : paso m a desnivel

underprivileged [ˌʌndərˈprɪvlɪdʒd] adj : desfavorecido

underrate [ˌʌndərˈreɪt] vt -rated; -rating : subestimar, menospreciar

underscore [ˈʌndərˌskor] vt -scored; -scoring → underline

undersea¹ [ˌʌndərˈsiː] or **underseas** [-ˈsiːz] adv : bajo la superficie del mar

undersea² adj : submarino

undersecretary [ˌʌndərˈsɛkrəˌteri] n, pl -ries : subsecretario m, -ria f

undersell [ˌʌndərˈsɛl] vt -sold; -selling : vender más barato que

undershirt [ˈʌndərˌʃərt] n : camiseta f

undershorts [ˈʌndərˌʃorts] npl : calzoncillos mpl

underside [ˈʌndərˌsaɪd, ˌʌndərˈsaɪd] n : parte f de abajo

undersized [ˌʌndərˈsaɪzd] adj : más pequeño de lo normal

understand [ˌʌndərˈstænd] v -stood [-ˈstʊd]; -standing vt **1** COMPREHEND : comprender, entender ⟨I don't understand it : no lo entiendo⟩ ⟨that's understood : eso se comprende⟩ ⟨to make oneself understood : hacerse entender⟩ **2** BELIEVE : entender ⟨to give someone to understand : dar a alguien a entender⟩ **3** INFER : tener entendido ⟨I understand that she's leaving : tengo entendido que se va⟩ — vi : comprender, entender

understandable [ˌʌndərˈstændəbəl] adj : comprensible

understanding¹ [ˌʌndərˈstændɪŋ] adj : comprensivo, compasivo

understanding² n **1** GRASP : comprensión f, entendimiento m **2** SYMPATHY : comprensión f (mutua) **3** INTERPRETATION : interpretación f ⟨it's my understanding that . . . : tengo la impresión de que . . ., tengo entendido que . . . ⟩ 4 AGREEMENT : acuerdo *m*, arreglo *m*

understate [ˌʌndərˈsteɪt] *vt* **-stated; -stating** : minimizar, subestimar

understatement [ˌʌndərˈsteɪtmənt] *n* : atenuación *f* ⟨that's an understatement : decir sólo eso es quedarse corto⟩

understudy [ˈʌndərˌstʌdi] *n, pl* **-dies** : sobresaliente *mf*, suplente *mf* (en el teatro)

undertake [ˌʌndərˈteɪk] *vt* **-took** [-ˈtʊk]; **-taken** [-ˈteɪkən]; **-taking** 1 : emprender (una tarea), asumir (una responsabilidad) 2 PROMISE : comprometerse (a hacer algo)

undertaker [ˈʌndərˌteɪkər] *n* : director *m*, -tora *f* de funeraria

undertaking [ˈʌndərˌteɪkɪŋ, ˌʌndərˈ-] *n* 1 ENTERPRISE, TASK : empresa *f*, tarea *f* 2 PLEDGE : promesa *f*, garantía *f*

undertone [ˈʌndərˌtoːn] *n* 1 : voz *f* baja ⟨to speak in an undertone : hablar en voz baja⟩ 2 HINT, UNDERCURRENT : trasfondo *m*, matiz *m*

undertow [ˈʌndərˌtoː] *n* : resaca *f*

undervalue [ˌʌndərˈvæljuː] *vt* **-ued; -uing** : menospreciar, subestimar

underwater[1] [ˌʌndərˈwɔtər, -ˈwɑ-] *adv* : debajo (del agua)

underwater[2] *adj* : submarino

under way [ˌʌndərˈweɪ] *adv* : en marcha, en camino ⟨to get under way : ponerse en marcha⟩

underwear [ˈʌndərˌwær] *n* : ropa *f* interior, ropa *f* íntima

underworld [ˈʌndərˌwərld] *n* 1 HELL : infierno *m* 2 **the underworld** CRIMINALS : la hampa, los bajos fondos

underwrite [ˈʌndərˌraɪt, ˌʌndərˈ-] *vt* **-wrote** [-ˌroːt, -ˈroːt]; **-written** [-ˌrɪtən, -ˈrɪtən]; **-writing** 1 INSURE : asegurar 2 FINANCE : financiar 3 BACK, ENDORSE : suscribir, respaldar

underwriter [ˈʌndərˌraɪtər, ˌʌndərˈ-] *n* INSURER : asegurador *m*, -dora *f*

undeserving [ˌʌndɪˈzərvɪŋ] *adj* : indigno

undesirable[1] [ˌʌndɪˈzaɪrəbəl] *adj* : indeseable

undesirable[2] *n* : indeseable *mf*

undeveloped [ˌʌndɪˈvɛləpt] *adj* : sin desarrollar, sin revelar (dícese de una película)

undies [ˈʌndiːz] → **underwear**

undignified [ˌʌnˈdɪɡnəfaɪd] *adj* : indecoroso

undiluted [ˌʌndəˈluːtəd, -də-] *adj* : sin diluir, concentrado

undiscovered [ˌʌndɪˈskʌvərd] *adj* : no descubierto

undisputed [ˌʌndɪˈspjuːtəd] *adj* : indiscutible

undisturbed [ˌʌndɪˈstərbd] *adj* : tranquilo (dícese de una persona), sin tocar (dícese de un objeto)

undivided [ˌʌndɪˈvaɪdəd] *adj* : íntegro, completo

undo [ˌʌnˈduː] *vt* **-did** [-ˈdɪd]; **-done** [-ˈdʌn]; **-doing** 1 UNFASTEN : desabrochar, desatar, abrir 2 ANNUL : anular 3 REVERSE : deshacer, reparar (daños, etc.) 4 RUIN : arruinar, destruir

undoing [ˌʌnˈduːɪŋ] *n* : ruina *f*, perdición *f*

undoubted [ˌʌnˈdaʊtəd] *adj* : cierto, indudable — **undoubtedly** *adv*

undress [ˌʌnˈdrɛs] *vt* : desvestir, desabrigar, desnudar — *vi* : desvestirse, desnudarse

undrinkable [ˌʌnˈdrɪŋkəbəl] *adj* : no potable

undue [ˌʌnˈduː, -ˈdjuː] *adj* : excesivo, indebido — **unduly** *adv*

undulate [ˈʌndʒəˌleɪt] *vi* **-lated; -lating** : ondular

undulation [ˌʌndʒəˈleɪʃən] *n* : ondulación *f*

undying [ˌʌnˈdaɪɪŋ] *adj* : perpetuo, imperecedero

unearth [ˌʌnˈərθ] *vt* 1 EXHUME : desenterrar, exhumar 2 DISCOVER : descubrir

unearthly [ˌʌnˈərθli] *adj* **-lier; -est** : sobrenatural, de otro mundo

uneasily [ˌʌnˈiːzəli] *adv* : inquietamente, con inquietud

uneasiness [ˌʌnˈiːzinəs] *n* : inquietud *f*

uneasy [ˌʌnˈiːzi] *adj* **-easier; -est** 1 AWKWARD : incómodo 2 WORRIED : preocupado, inquieto 3 RESTLESS : inquieto, agitado

uneducated [ˌʌnˈɛdʒəˌkeɪtəd] *adj* : inculto, sin educación

unemployed [ˌʌnɪmˈplɔɪd] *adj* : desempleado

unemployment [ˌʌnɪmˈplɔɪmənt] *n* : desempleo *m*

unending [ˌʌnˈɛndɪŋ] *adj* : sin fin, interminable

unendurable [ˌʌnɪnˈdʊrəbəl, -ɛn-, -ˈdjʊr-] *adj* : insoportable, intolerable

unequal [ˌʌnˈiːkwəl] *adj* 1 : desigual 2 INADEQUATE : incapaz, incompetente ⟨to be unequal to a task : no estar a la altura de una tarea⟩

unequaled *or* **unequalled** [ˌʌnˈiːkwəld] *adj* : sin igual

unequivocal [ˌʌnɪˈkwɪvəkəl] *adj* : inequívoco, claro — **unequivocally** *adv*

unerring [ˌʌnˈɛrɪŋ, -ˈər-] *adj* : infalible

unethical [ˌʌnˈɛθɪkəl] *adj* : poco ético

uneven [ˌʌnˈiːvən] *adj* 1 ODD : impar (dícese de un número) 2 : desigual, desnivelado (dícese de una superficie) ⟨uneven terrain : terreno accidentado⟩ 3 IRREGULAR : irregular, poco uniforme 4 UNEQUAL : desigual

unevenly [ˌʌnˈiːvənli] *adv* : desigualmente, irregularmente

uneventful [ˌʌnɪˈvɛntfəl] *adj* : sin incidentes, tranquilo

unexpected [ˌʌnɪkˈspɛktəd] *adj* : imprevisto, inesperado — **unexpectedly** *adv*

691

unfailing [ˌʌnˈfeɪlɪŋ] *adj* **1** CONSTANT : constante **2** INEXHAUSTIBLE : inagotable **3** SURE : a toda prueba, indefectible

unfair [ˌʌnˈfær] *adj* : injusto — **unfairly** *adv*

unfairness [ˌʌnˈfærnəs] *n* : injusticia *f*

unfaithful [ˌʌnˈfeɪθfəl] *adj* : desleal, infiel — **unfaithfully** *adv*

unfaithfulness [ˌʌnˈfeɪθfəlnəs] *n* : infidelidad *f*, deslealtad *f*

unfamiliar [ˌʌnfəˈmɪljər] *adj* **1** STRANGE : desconocido, extraño ⟨an unfamiliar place : un lugar nuevo⟩ **2 to be unfamiliar with** : no estar familiarizado con, desconocer

unfamiliarity [ˌʌnfəˌmɪliˈærəti] *n* : falta *f* de familiaridad

unfashionable [ˌʌnˈfæʃənəbəl] *adj* : fuera de moda

unfasten [ˌʌnˈfæsən] *vt* : desabrochar, desatar (una cuerda, etc.), abrir (una puerta)

unfavorable [ˌʌnˈfeɪvərəbəl] *adj* : desfavorable, mal — **unfavorably** [-bli] *adv*

unfeeling [ˌʌnˈfiːlɪŋ] *adj* : insensible — **unfeelingly** *adv*

unfinished [ˌʌnˈfɪnɪʃt] *adj* : inacabado, incompleto

unfit [ˌʌnˈfɪt] *adj* **1** UNSUITABLE : inadecuado, impropio **2** UNSUITED : no apto, incapaz **3** : incapacitado (físicamente) ⟨to be unfit : no estar en forma⟩

unflappable [ˌʌnˈflæpəbəl] *adj* : imperturbable

unflattering [ˌʌnˈflætərɪŋ] *adj* : poco favorecedor

unfold [ˌʌnˈfoːld] *vt* **1** EXPAND : desplegar, desdoblar ⟨to unfold a map : desplegar un mapa⟩ **2** DISCLOSE, REVEAL : revelar, exponer (un plan, etc.) — *vi* **1** DEVELOP : desarrollarse, desenvolverse ⟨the story unfolded : el cuento se desarrollaba⟩ **2** EXPAND : extenderse, desplegarse

unforeseeable [ˌʌnforˈsiːəbəl] *adj* : imprevisible

unforeseen [ˌʌnforˈsiːn] *adj* : imprevisto

unforgettable [ˌʌnfərˈgetəbəl] *adj* : inolvidable, memorable — **unforgettably** [-bli] *adv*

unforgivable [ˌʌnforˈgɪvəbəl] *adj* : imperdonable

unfortunate¹ [ˌʌnˈfortʃənət] *adj* **1** UNLUCKY : desgraciado, infortunado, desafortunado ⟨how unfortunate! : ¡qué mala suerte!⟩ **2** INAPPROPRIATE : inoportuno ⟨an unfortunate comment : un comentario poco feliz⟩

unfortunate² *n* : desgraciado *m*, -da *f*

unfortunately [ˌʌnˈfortʃənətli] *adv* : desafortunadamente

unfounded [ˌʌnˈfaʊndəd] *adj* : infundado

unfreeze [ˌʌnˈfriːz] *v* -**froze** [-ˈfroːz]; -**frozen** [-ˈfroːzən]; -**freezing** *vt* : descongelar — *vi* : descongelarse

unfriendliness [ˌʌnˈfrendlənəs] *n* : hostilidad *f*, antipatía *f*

unfriendly [ˌʌnˈfrendli] *adj* -**lier**; -**est** : poco amistoso, hostil

unfurl [ˌʌnˈfərl] *vt* : desplegar, desdoblar — *vi* : desplegarse

unfurnished [ˌʌnˈfərnɪʃt] *adj* : desamueblado

ungainly [ˌʌnˈgeɪnli] *adj* : desgarbado

ungodly [ˌʌnˈgɑdli, -ˈgɑd-] *adj* **1** IMPIOUS : impío **2** OUTRAGEOUS : atroz, terrible ⟨at an ungodly hour : a una hora intempestiva⟩

ungrateful [ˌʌnˈgreɪtfəl] *adj* : desagradecido, ingrato — **ungratefully** *adv*

ungratefulness [ˌʌnˈgreɪtfəlnəs] *n* : ingratitud *f*

unhappily [ˌʌnˈhæpəli] *adv* **1** SADLY : tristemente **2** UNFORTUNATELY : desafortunadamente, lamentablemente

unhappiness [ˌʌnˈhæpinəs] *n* : infelicidad *f*, tristeza *f*, desdicha *f*

unhappy [ˌʌnˈhæpi] *adj* -**pier**; -**est 1** UNFORTUNATE : desafortunado, desventurado **2** MISERABLE, SAD : infeliz, triste, desdichado **3** INOPPORTUNE : inoportuno, poco feliz

unharmed [ˌʌnˈhɑrmd] *adj* : salvo, ileso

unhealthy [ˌʌnˈhelθi] *adj* -**thier**; -**est 1** UNWHOLESOME : insalubre, malsano, nocivo a la salud ⟨an unhealthy climate : un clima insalubre⟩ **2** SICKLY : de mala salud, enfermizo

unheard–of [ˌʌnˈhɑrdəv] *adj* : sin precedente, inaudito, insólito

unhinge [ˌʌnˈhɪndʒ] *vt* -**hinged**; -**hinging 1** : desquiciar (una puerta, etc.) **2** DISRUPT, UNSETTLE : trastornar, perturbar

unholy [ˌʌnˈhoːli] *adj* -**lier**; -**est 1** : profano, impío **2** UNGODLY : atroz, terrible

unhook [ˌʌnˈhʊk] *vt* **1** : desenganchar, descolgar (de algo) **2** UNDO : desabrochar

unhurt [ˌʌnˈhərt] *adj* : ileso

unicorn [ˈjuːnəˌkorn] *n* : unicornio *m*

unidentified [ˌʌnaɪˈdentəˌfaɪd] *adj* : no identificado ⟨unidentified flying object : objeto volador no identificado⟩

unification [ˌjuːnəfəˈkeɪʃən] *n* : unificación *f*

uniform¹ [ˈjuːnəˌform] *adj* : uniforme, homogéneo, constante

uniform² *n* : uniforme *m*

uniformed [ˈjuːnəˌformd] *adj* : uniformado

uniformity [ˌjuːnəˈforməti] *n, pl* -**ties** : uniformidad *f*

unify [ˈjuːnəˌfaɪ] *vt* -**fied**; -**fying** : unificar, unir

unilateral [ˌjuːnəˈlætərəl] *adj* : unilateral — **unilaterally** *adv*

unimaginable [ˌʌnɪˈmædʒənəbəl] *adj* : inimaginable, inconcebible

unimportant [ˌʌnɪmˈportənt] *adj* : intrascendente, insignificante, sin importancia

uninhabited [ˌʌnɪnˈhæbətəd] *adj* : deshabitado, desierto, despoblado

uninhibited [ˌʌnɪnˈhɪbətəd] *adj* : desenfadado, desinhibido, sin reservas

uninjured [ˌʌnˈɪndʒərd] *adj* : ileso

unintelligent [ˌʌnɪnˈtɛlədʒənt] *adj* : poco inteligente

unintelligible [ˌʌnɪnˈtɛlədʒəbəl] *adj* : ininteligible, incomprensible

unintentional [ˌʌnɪnˈtɛntʃənəl] *adj* : no deliberado, involuntario

unintentionally [ˌʌnɪnˈtɛntʃənəli] *adv* : involuntariamente, sin querer

uninterested [ˌʌnˈɪntəˌrɛstəd, -trəstəd] *adj* : indiferente

uninteresting [ˌʌnˈɪntəˌrɛstɪŋ, -trəstɪŋ] *adj* : poco interesante, sin interés

uninterrupted [ˌʌnˌɪntəˈrʌptəd] *adj* : ininterrumpido, continuo

union [ˈjuːnjən] *n* 1 : unión *f* 2 *or* labor union : sindicato *m*, gremio *m*

unionize [ˈjuːnjəˌnaɪz] *v* -ized; -izing *vt* : sindicalizar, sindicar — *vi* : sindicalizarse

unique [juˈniːk] *adj* 1 SOLE : único, solo 2 UNUSUAL : extraordinario

uniquely [juˈniːkli] *adv* 1 EXCLUSIVELY : exclusivamente 2 EXCEPTIONALLY : excepcionalmente

unison [ˈjuːnəsən, -zən] *n* 1 : unísono *m* (en música) 2 CONCORD : acuerdo *m*, armonía *f*, concordia *f* 3 **in ~** SIMULTANEOUSLY : simultáneamente, al unísono

unit [ˈjuːnɪt] *n* 1 : unidad *f* 2 : módulo *m* (de un mobiliario)

unitary [ˈjuːnəˌtɛri] *adj* : unitario

unite [juˈnaɪt] *v* **united; uniting** *vt* : unir, juntar, combinar — *vi* : unirse, juntarse

unity [ˈjuːnəti] *n, pl* **-ties** 1 UNION : unidad *f*, unión *f* 2 HARMONY : armonía *f*, acuerdo *m*

universal [ˌjuːnəˈvərsəl] *adj* 1 GENERAL : general, universal ⟨a universal rule : una regla universal⟩ 2 WORLDWIDE : universal, mundial — **universally** *adv*

universe [ˈjuːnəˌvərs] *n* : universo *m*

university [ˌjuːnəˈvərsəti] *n, pl* **-ties** : universidad *f*

unjust [ˌʌnˈdʒʌst] *adj* : injusto — **unjustly** *adv*

unjustifiable [ˌʌnˌdʒʌstəˈfaɪəbəl] *adj* : injustificable

unjustified [ˌʌnˈdʒʌstəˌfaɪd] *adj* : injustificado

unkempt [ˌʌnˈkɛmpt] *adj* : descuidado, desaliñado, despeinado (dícese del pelo)

unkind [ˌʌnˈkaɪnd] *adj* : poco amable, cruel — **unkindly** *adv*

unkindness [ˌʌnˈkaɪndnəs] *n* : crueldad *f*, falta *f* de amabilidad

unknowing [ˌʌnˈnoːɪŋ] *adj* : inconsciente, ignorante — **unknowingly** *adv*

unknown [ˌʌnˈnoːn] *adj* : desconocido

unlawful [ˌʌnˈlɔfəl] *adj* : ilícito, ilegal — **unlawfully** *adv*

unleash [ˌʌnˈliːʃ] *vt* : soltar, desatar

unless [ənˈlɛs] *conj* : a menos que, salvo que, a no ser que

unlike[1] [ˌʌnˈlaɪk] *adj* 1 DIFFERENT : diferente, distinto 2 UNEQUAL : desigual

unlike[2] *prep* 1 : diferente de, distinto de ⟨unlike the others : distinto a los demás⟩ 2 : a diferencia de ⟨unlike her sister, she is shy : a diferencia de su hermana, es tímida⟩

unlikelihood [ˌʌnˈlaɪkliˌhʊd] *n* : improbabilidad *f*

unlikely [ˌʌnˈlaɪkli] *adj* **-lier; -est** 1 IMPROBABLE : improbable, poco probable 2 UNPROMISING : poco prometedor

unlimited [ˌʌnˈlɪmətəd] *adj* : ilimitado

unload [ˌʌnˈloːd] *vt* 1 REMOVE : descargar, desembarcar (mercancías o pasajeros) 2 : descargar (un avión, un camión, etc.) 3 DUMP : deshacerse de — *vi* : descargar (dícese de un avión, un camión, etc.)

unlock [ˌʌnˈlɑk] *vt* 1 : abrir (con llave) 2 DISCLOSE, REVEAL : revelar

unluckily [ˌʌnˈlʌkəli] *adv* : desgraciadamente

unlucky [ˌʌnˈlʌki] *adj* **-luckier; -est** 1 : de mala suerte, desgraciado, desafortunado ⟨an unlucky year : un año de mala suerte⟩ 2 INAUSPICIOUS : desfavorable, poco propicio 3 REGRETTABLE : lamentable

unmanageable [ˌʌnˈmænɪdʒəbəl] *adj* : difícil de controlar, poco manejable, ingobernable

unmarried [ˌʌnˈmærid] *adj* : soltero

unmask [ˌʌnˈmæsk] *vt* EXPOSE : desenmascarar

unmerciful [ˌʌnˈmərsɪfəl] *adj* MERCILESS : despiadado — **unmercifully** *adv*

unmistakable [ˌʌnˌmɪsˈteɪkəbəl] *adj* : evidente, inconfundible, obvio — **unmistakably** [-bli] *adv*

unmoved [ˌʌnˈmuːvd] *adj* : impasible ⟨to be unmoved by : permanecer impasible ante⟩

unnatural [ˌʌnˈnætʃərəl] *adj* 1 ABNORMAL, UNUSUAL : anormal, poco natural, poco normal 2 AFFECTED : afectado, forzado ⟨an unnatural smile : una sonrisa forzada⟩ 3 PERVERSE : perverso, antinatural

unnecessary [ˌʌnˈnɛsəˌsɛri] *adj* : innecesario — **unnecessarily** [-ˌnɛsəˈsɛrəli] *adv*

unnerve [ˌʌnˈnərv] *vt* **-nerved; -nerving** : turbar, desconcertar, poner nervioso

unnoticed [ˌʌnˈnoːtəst] *adj* : inadvertido ⟨to go unnoticed : pasar inadvertido⟩

unobstructed [ˌʌnəbˈstrʌktəd] *adj* : libre, despejado

unobtainable [ˌʌnəbˈteɪnəbəl] *adj* : inasequible

unobtrusive [ˌʌnəbˈstruːsɪv] *adj* : discreto

unoccupied [ˌʌnˈɑkjəˌpaɪd] *adj* 1 IDLE : desempleado, desocupado 2 EMPTY : desocupado, libre, deshabitado

unofficial [ˌʌnəˈfɪʃəl] *adj* : extraoficial, oficioso, no oficial

unorganized [ˌʌnˈɔrgəˌnaɪzd] *adj* : desorganizado

unorthodox [ˌʌnˈɔrθəˌdɑks] *adj* : poco ortodoxo, poco convencional

unpack [ˌʌnˈpæk] *vt* : desempacar — *vi* : desempacar, deshacer las maletas

unpaid [ˌʌnˈpeɪd] *adj* : no remunerado, no retribuido ⟨an unpaid bill : una cuenta pendiente⟩

unparalleled [ˌʌnˈpærəˌlɛld] *adj* : sin igual

unpatriotic [ˌʌnˌpeɪtriˈɑtɪk] *adj* : antipatriótico

unpleasant [ˌʌnˈplɛzənt] *adj* : desagradable — **unpleasantly** *adv*

unplug [ˌʌnˈplʌg] *vt* **-plugged; -plugging 1** UNCLOG : destapar, desatascar **2** DISCONNECT : desconectar, desenchufar

unpopular [ˌʌnˈpɑpjələr] *adj* : impopular, poco popular

unpopularity [ˌʌnˌpɑpjəˈlærəti] *n* : impopularidad *f*

unprecedented [ˌʌnˈprɛsəˌdɛntəd] *adj* : sin precedentes, inaudito, nuevo

unpredictable [ˌʌnpriˈdɪktəbəl] *adj* : impredecible

unprejudiced [ˌʌnˈprɛdʒədəst] *adj* : imparcial, objetivo

unprepared [ˌʌnpriˈpærd] *adj* : no preparado ⟨an unprepared speech : un discurso improvisado⟩

unpretentious [ˌʌnpriˈtɛntʃəs] *adj* : modesto, sin pretensiones

unprincipled [ˌʌnˈprɪntsəpəld] *adj* : sin principios, carente de escrúpulos

unproductive [ˌʌnprəˈdʌktɪv] *adj* : improductivo

unprofitable [ˌʌnˈprɑfətəbəl] *adj* : no rentable, poco provechoso

unpromising [ˌʌnˈprɑməsɪŋ] *adj* : poco prometedor

unprotected [ˌʌnprəˈtɛktəd] *adj* : sin protección, desprotegido

unprovoked [ˌʌnprəˈvoˌkt] *adj* : no provocado

unpublished [ˌʌnˈpʌblɪʃt] *adj* : inédito

unpunished [ˌʌnˈpʌnɪʃt] *adj* : impune ⟨to go unpunished : escapar sin castigo⟩

unqualified [ˌʌnˈkwɑləˌfaɪd] *adj* **1** : no calificado, sin título **2** COMPLETE : completo, absoluto ⟨an unqualified denial : una negación incondicional⟩

unquestionable [ˌʌnˈkwɛstʃənəbəl] *adj* : incuestionable, indudable, discutible — **unquestionably** [-bli] *adv*

unquestioning [ˌʌnˈkwɛstʃənɪŋ] *adj* : incondicional, absoluto, ciego

unravel [ˌʌnˈrævəl] *v* **-eled** *or* **-elled; -eling** *or* **-elling** *vt* **1** DISENTANGLE : desenmarañar, desenredar **2** SOLVE : aclarar, desenmarañar, desentrañar — *vi* : deshacerse

unreal [ˌʌnˈriːl] *adj* : irreal

unrealistic [ˌʌnˌriːəˈlɪstɪk] *adj* : poco realista

unreasonable [ˌʌnˈriːzənəbəl] *adj* **1** IRRATIONAL : poco razonable, irrazonable, irracional **2** EXCESSIVE : excesivo ⟨unreasonable prices : precios excesivos⟩

unreasonably [ˌʌnˈriːzənəbli] *adv* **1** IRRATIONALLY : irracionalmente, de manera irrazonable **2** EXCESSIVELY : excesivamente

unrefined [ˌʌnriˈfaɪnd] *adj* **1** : no refinado, sin refinar (dícese del azúcar, de la harina, etc.) **2** : poco refinado, inculto (dícese de una persona)

unrelated [ˌʌnriˈleɪtəd] *adj* : no relacionado, inconexo

unrelenting [ˌʌnriˈlɛntɪŋ] *adj* **1** STERN : severo, inexorable **2** CONSTANT, RELENTLESS : constante, implacable

unreliable [ˌʌnriˈlaɪəbəl] *adj* : que no es de fiar, de poca confianza, inestable (dícese del tiempo)

unrepentant [ˌʌnriˈpɛntənt] *adj* : impenitente

unresolved [ˌʌnriˈzɑlvd] *adj* : pendiente, no resuelto

unrest [ˌʌnˈrɛst] *n* : inquietud *f*, malestar *m* ⟨political unrest : disturbios políticos⟩

unrestrained [ˌʌnriˈstreɪnd] *adj* : desenfrenado, incontrolado

unrestricted [ˌʌnriˈstrɪktəd] *adj* : sin restricción ⟨unrestricted access : libre acceso⟩

unrewarding [ˌʌnriˈwɔrdɪŋ] *adj* THANKLESS : ingrato

unripe [ˌʌnˈraɪp] *adj* : inmaduro, verde

unrivaled *or* **unrivalled** [ˌʌnˈraɪvəld] *adj* : incomparable

unroll [ˌʌnˈroːl] *vt* : desenrollar — *vi* : desenrollarse

unruffled [ˌʌnˈrʌfəld] *adj* **1** SERENE : sereno, tranquilo **2** SMOOTH : tranquilo, liso ⟨unruffled waters : aguas tranquilas⟩

unruliness [ˌʌnˈruːlinəs] *n* : indisciplina *f*

unruly [ˌʌnˈruːli] *adj* : indisciplinado, díscolo, rebelde

unsafe [ˌʌnˈseɪf] *adj* : inseguro

unsaid [ˌʌnˈsɛd] *adj* : sin decir ⟨to leave unsaid : quedar por decir⟩

unsanitary [ˌʌnˈsænəˌteri] *adj* : antihigiénico

unsatisfactory [ˌʌnˌsætəsˈfæktəri] *adj* : insatisfactorio

unsatisfied [ˌʌnˈsætəsˌfaɪd] *adj* : insatisfecho

unscathed [ˌʌnˈskeɪðd] *adj* UNHARMED : ileso

unscheduled [ˌʌnˈskɛˌdʒuːld] *adj* : no programado, imprevisto

unscientific [ˌʌnˌsaɪənˈtɪfɪk] *adj* : poco científico

unscrupulous [ˌʌnˈskruːpjələs] *adj* : inescrupuloso, sin escrúpulos — **unscrupulously** *adv*

unseal [ˌʌnˈsiːl] *vt* : abrir, quitarle el sello a

unseasonable [,ʌn'si:zənəbəl] *adj* **1**
: extemporáneo ⟨unseasonable rain
: lluvia extemporánea⟩ **2** UNTIMELY
: extemporáneo, inoportuno

unseemly [,ʌn'si:mli] *adj* -**lier; -est** IN-
DECOROUS : indecoroso **2** INAPPRO-
PRIATE : impropio, inapropiado

unseen [,ʌn'si:n] *adj* **1** UNNOTICED : inadvertido **2** INVISIBLE : oculto, invisible

unselfish [,ʌn'selfɪʃ] *adj* : generoso,
desinteresado — **unselfishly** *adv*

unselfishness [,ʌn'selfiʃnəs] *n* : generosidad *f*, desinterés *m*

unsettle [,ʌn'sɛtəl] *vt* -**tled; -tling** DIS-
TURB : trastornar, alterar, perturbar

unsettled [,ʌn'sɛtəld] *adj* **1** CHANGE-
ABLE : inestable, variable ⟨unsettled
weather : tiempo inestable⟩ **2** DIS-
TURBED : agitado, inquieto ⟨unsettled
waters : aguas agitadas⟩ **3** UNDECID-
ED : pendiente (dícese de un asunto),
indeciso (dícese de una persona) **4** UN-
PAID : sin saldar, pendiente **5** UNIN-
HABITED : despoblado, no colonizado

unshaped [,ʌn'ʃeɪpt] *adj* : sin forma, informe

unsightly [,ʌn'saɪtli] *adj* UGLY : feo, de
aspecto malo

unskilled [,ʌn'skɪld] *adj* : no calificado

unskillful [,ʌn'skɪlfəl] *adj* : inexperto,
poco hábil

unsnap [,ʌn'snæp] *vt* -**snapped; -snap-
ping** : desabrochar

unsociable *adj* : poco sociable

unsolved [,ʌn'sɔlvd] *adj* : no resuelto,
sin resolver

unsophisticated [,ʌnsə'fɪstə,keɪtəd] *adj*
1 NAIVE, UNWORLDLY : ingenuo, de
poco mundo **2** SIMPLE : simple, poco
sofisticado, rudimentario

unsound [,ʌn'saʊnd] *adj* **1** UNHEALTHY
: enfermizo, de mala salud **2** : poco
sólido, defectuoso (dícese de una estructura, etc.) **3** INVALID : inválido, erróneo **4 of unsound mind** : mentalmente incapacitado

unspeakable [,ʌn'spi:kəbəl] *adj* **1** IN-
DESCRIBABLE : indecible, inex-
presable, incalificable **2** HEINOUS
: atroz, nefando, abominable — **un-
speakably** [-bli] *adv*

unspecified [,ʌn'spɛsə,faɪd] *adj* : indeterminado, sin especificar

unspoiled [,ʌn'spɔɪld] *adj* **1** : conserva-
do, sin estropear (dícese de un lugar)
2 : que no está mimado (dícese de un
niño)

unstable [,ʌn'steɪbəl] *adj* **1** CHANGE-
ABLE : variable, inestable, cambiable
⟨an unstable pulse : un pulso irregu-
lar⟩ **2** UNSTEADY : inestable, poco sólido (dícese de una estructura)

unsteadily [,ʌn'stɛdəli] *adv* : de modo inestable

unsteadiness [,ʌn'stɛdinəs] *n* : inestabilidad *f*, inseguridad *f*

unsteady [,ʌn'stɛdi] *adj* **1** UNSTABLE
: inestable, variable **2** SHAKY : tembloroso

unstoppable [,ʌn'stɑpəbəl] *adj* : irrefrenable, incontenible

unsubstantiated [,ʌnsəb'stænʃi,eɪtəd]
adj : no corroborado, no demostrado

unsuccessful [,ʌnsək'sɛsfəl] *adj* : fracasado, infructuoso

unsuitable [,ʌn'su:təbəl] *adj* : inadecuado, impropio, inapropiado ⟨an unsuitable time : una hora inconveniente⟩

unsuited [,ʌn'su:təd] *adj* : inadecuado,
inepto

unsung [,ʌn'sʌŋ] *adj* : olvidado

unsure [,ʌn'ʃʊr] *adj* : incierto, dudoso

unsurpassed [,ʌnsər'pæst] *adj* : sin par,
sin igual

unsuspecting [,ʌnsə'spɛktɪŋ] *adj* : desprevenido, desapercibido, confiado

unsympathetic [,ʌn,sɪmpə'θɛtɪk] *adj*
: poco comprensivo, indiferente

untangle [,ʌn'teɪŋgəl] *vt* -**gled; -gling**
: desenmarañar, desenredar

unthinkable [,ʌn'θɪŋkəbəl] *adj* : inconcebible, impensable

unthinking [,ʌn'θɪŋkɪŋ] *adj* : irreflexivo,
inconsciente — **unthinkingly** *adv*

untidy [,ʌn'taɪdi] *adj* **1** SLOVENLY : desaliñado **2** DISORDERLY : desordena-
do, desarreglado

untie [,ʌn'taɪ] *vt* -**tied; -tying** *or* -**tieing**
: desatar, deshacer

until[1] [ʌn'tɪl] *prep* : hasta ⟨until now
: hasta ahora⟩

until[2] *conj* : hasta que ⟨until they left
: hasta que salieron⟩ ⟨don't answer until you're sure : no contestes hasta que
(no) estés seguro⟩

untimely [,ʌn'taɪmli] *adj* **1** PREMATURE
: prematuro ⟨an untimely death : una
muerte prematura⟩ **2** INOPPORTUNE
: inoportuno, intempestivo

untold [,ʌn'to:ld] *adj* **1** : nunca dicho
⟨the untold secret : el secreto sin con-
tar⟩ **2** INCALCULABLE : incalculable,
indecible

untouched [,ʌn'tʌʧt] *adj* **1** INTACT : intacto, sin tocar, sin probar (dícese de
la comida) **2** UNAFFECTED : insensible, indiferente

untoward [,ʌn'tɔrd, -'to:ərd, -tə-'wɔrd]
adj **1** : indecoroso, impropio (dícese
del comportamiento) **2** ADVERSE, UN-
FORTUNATE : desafortunado, adverso
⟨untoward effects : efectos perjudi-
ciales⟩ **3** UNSEEMLY : indecoroso

untrained [,ʌn'treɪnd] *adj* : inexperto, no
capacitado

untreated [,ʌn'tri:təd] *adj* : no tratado
(dícese de una enfermedad, etc.), sin
tratar (dícese de un material)

untroubled [,ʌn'trʌbəld] *adj* : tranquilo
⟨to be untroubled by : no estar afectado por⟩

untrue [,ʌn'tru:] *adj* **1** UNFAITHFUL : infiel **2** FALSE : falso

untrustworthy [,ʌn'trʌst,wərði] *adj* : de
poca confianza (dícese de una per-

sona), no fidedigno (dícese de la información)

untruth [ˌʌnˈtruːθ, ˈʌnˌ-] *n* : mentira *f*, falsedad *f*

untruthful [ˌʌnˈtruːθfəl] *adj* : mentiroso, falso

unusable [ˌʌnˈjuːzəbəl] *adj* : inútil, inservible

unused [ˌʌnˈjuːzd, *in sense 1 usually* -ˈjuːst] *adj* **1** UNACCUSTOMED : inhabituado **2** NEW : nuevo **3** IDLE : no utilizado (dícese de la tierra) **4** REMAINING : restante ⟨the unused portion : la porción restante⟩

unusual [ˌʌnˈjuːʒuəl] *adj* : inusual, poco común, raro

unusually [ˌʌnˈjuːʒuəli, -ˈjuːʒəli] *adv* : excepcionalmente, extraordinariamente, fuera de lo común

unwanted [ˌʌnˈwɑntəd] *adj* : superfluo, de sobre

unwarranted [ˌʌnˈwɔrəntəd] *adj* : injustificado

unwary [ˌʌnˈwæri] *adj* : incauto

unwavering [ˌʌnˈweɪvərɪŋ] *adj* : firme, inquebrantable ⟨an unwavering gaze : una mirada fija⟩

unwelcome [ˌʌnˈwɛlkəm] *adj* : importuno, molesto

unwell [ˌʌnˈwɛl] *adj* : enfermo, mal

unwholesome [ˌʌnˈhoːlsəm] *adj* **1** UNHEALTHY : malsano, insalubre **2** PERNICIOUS : pernicioso **3** LOATHSOME : repugnante, muy desagradable

unwieldy [ˌʌnˈwiːldi] *adj* CUMBERSOME : difícil de manejar, torpe y pesado

unwilling [ˌʌnˈwɪlɪŋ] *adj* : poco dispuesto ⟨to be unwilling to : no estar dispuesto a⟩

unwillingly [ˌʌnˈwɪlɪŋli] *adv* : a regañadientes, de mala gana

unwind [ˌʌnˈwaɪnd] *v* **-wound** [-ˈwaʊnd]; **-winding** *vt* UNROLL : desenrollar — *vi* **1** : desenrollarse **2** RELAX : relajar

unwise [ˌʌnˈwaɪz] *adj* : imprudente, desacertado, poco aconsejable

unwisely [ˌʌnˈwaɪzli] *adv* : imprudentemente

unwitting [ˌʌnˈwɪtɪŋ] *adj* **1** UNAWARE : inconsciente **2** INADVERTENT : involuntario, inadvertido ⟨an unwitting mistake : un error inadvertido⟩ — **unwittingly** *adv*

unworthiness [ˌʌnˈwərðinəs] *n* : falta *f* de valía

unworthy [ˌʌnˈwərði] *adj* **1** UNDESERVING : indigno ⟨to be unworthy of : no ser digno de⟩ **2** UNMERITED : inmerecido

unwrap [ˌʌnˈræp] *vt* **-wrapped**; **-wrapping** : desenvolver, deshacer

unwritten [ˌʌnˈrɪtən] *adj* : no escrito

unyielding [ˌʌnˈjiːldɪŋ] *adj* : firme, inflexible, rígido

unzip [ˌʌnˈzɪp] *vt* **-zipped**; **-zipping** : abrir el cierre de

up¹ [ˈʌp] *v* **upped** [ˈʌpt]; **upping**; **ups** *vt* INCREASE : aumentar, subir ⟨they upped the prices : aumentaron los pre-

cios⟩ — *vi* **to up and** : agarrar y *fam* ⟨she up and left : agarró y se fue⟩

up² *adv* **1** ABOVE : arriba, en lo alto ⟨up in the mountains : arriba en las montañas⟩ **2** UPWARDS : hacia arriba ⟨push it up : empújalo hacia arriba⟩ ⟨the sun came up : el sol salió⟩ ⟨prices went up : los precios subieron⟩ **3** (*indicating an upright position or waking state*) ⟨to sit up : ponerse derecho⟩ ⟨they got up late : se levantaron tarde⟩ ⟨I stayed up all night : pasé toda la noche sin dormir⟩ **4** (*indicating volume or intensity*) ⟨to speak up : hablar más fuerte⟩ **5** (*indicating a northerly direction*) ⟨the climate up north : el clima del norte⟩ ⟨I'm going up to Canada : voy para Canadá⟩ **6** (*indicating the appearance or existence of something*) ⟨the book turned up : el libro apareció⟩ **7** (*indicating consideration*) ⟨she brought the matter up : mencionó el asunto⟩ **8** COMPLETELY : completamente ⟨eat it up : cómetelo todo⟩ **9** : en pedazos ⟨he tore it up : lo rompió en pedazos⟩ **10** (*indicating a stopping*) ⟨the car pulled up to the curb : el carro paró al borde de la acera⟩ **11** (*indicating an even score*) ⟨the game was 10 up : empataron a 10⟩

up³ *adj* **1** (*risen above the horizon*) ⟨the sun is up : ha salido el sol⟩ **2** (*being above a normal or former level*) ⟨prices are up : los precios han aumentado⟩ ⟨the river is up : las aguas están altas⟩ **3** : despierto, levantado ⟨up all night : despierto toda la noche⟩ **4** BUILT : construido ⟨the house is up : la casa está construida⟩ **5** OPEN : abierto ⟨the windows are up : las ventanas están abiertas⟩ **6** (*moving or going upward*) ⟨the up staircase : la escalera para subir⟩ **7** ABREAST : enterado, al día, al corriente ⟨to be up on the news : estar al corriente de las noticias⟩ **8** PREPARED : preparado ⟨we were up for the test : estuvimos preparados para el examen⟩ **9** FINISHED : terminado, acabado ⟨time is up : se ha terminado el tiempo permitido⟩ **10 to be up** : pasar ⟨what's up? : ¿qué pasa?⟩

up⁴ *prep* **1** (*to, toward, or at a higher point of*) ⟨he went up the stairs : subió la escalera⟩ **2** (*to or toward the source of*) ⟨to go up the river : ir río arriba⟩ **3** ALONG : a lo largo, por ⟨up the coast : a lo largo de la costa⟩ ⟨just up the way : un poco más adelante⟩ ⟨up and down the city : por toda la ciudad⟩

upbraid [ˌʌpˈbreɪd] *vt* : reprender, regañar

upbringing [ˈʌpˌbrɪŋɪŋ] *n* : crianza *f*, educación *f*

upcoming [ˌʌpˈkʌmɪŋ] *adj* : próximo

update¹ [ˈʌpˌdeɪt] *vt* **-dated**; **-dating** : poner al día, poner al corriente, actualizar

update² [ˈʌpˌdeɪt] *n* : actualización *f*, puesta *f* al día

upend [ˌʌpˈɛnd] vt 1 : poner vertical 2 OVERTURN : volcar

upgrade[1] [ˈʌpˌgreɪd, ˌʌpˈ-] vt -graded; -grading 1 PROMOTE : ascender 2 IMPROVE : mejorar

upgrade[2] [ˈʌpˌgreɪd] n 1 SLOPE : cuesta f, pendiente f 2 RISE : aumento m de categoría (de un puesto), ascenso m (de un empleado) 3 IMPROVEMENT : mejoramiento m

upheaval [ˌʌpˈhiˌvəl] n 1 : levantamiento m (en geología) 2 DISTURBANCE, UPSET : trastorno m, agitación f, conmoción f

uphill[1] [ˌʌpˈhɪl] adv : cuesta arriba

uphill[2] [ˈʌpˌhɪl] adj 1 ASCENDING : en subida 2 DIFFICULT : difícil, arduo

uphold [ˌʌpˈhoːld] vt -held; -holding 1 SUPPORT : sostener, apoyar, mantener 2 RAISE : levantar 3 CONFIRM : confirmar (una decisión judicial)

upholster [ˌʌpˈhoːlstər] vt : tapizar

upholsterer [ˌʌpˈhoːlstərər] n : tapicero m, -ra f

upholstery [ˌʌpˈhoːlstəri] n, pl -steries : tapicería f

upkeep [ˈʌpˌkiːp] n : mantenimiento m

upland [ˈʌplənd, -ˌlænd] n : altiplanicie f, altiplano m

uplift[1] [ˌʌpˈlɪft] vt 1 RAISE : elevar, levantar 2 ELEVATE : elevar, animar (el espíritu, la mente, etc.)

uplift[2] [ˈʌpˌlɪft] n : elevación f

upon [əˈpɒn, əˈpɑn] prep : en, sobre ⟨upon the desk : sobre el escritorio⟩ ⟨upon leaving : al salir⟩ ⟨questions upon questions : pregunta tras pregunta⟩

upper[1] [ˈʌpər] adj 1 HIGHER : superior ⟨the upper classes : las clases altas⟩ 2 : alto (en geografía) ⟨the upper Mississippi : el alto Mississippi⟩

upper[2] n : parte f superior (del calzado, etc.)

uppercase [ˌʌpərˈkeɪs] adj : mayúsculo

upper hand n : ventaja f, dominio m

uppermost [ˈʌpərˌmoːst] adj : más alto ⟨it was uppermost in his mind : era lo que más le preocupaba⟩

upright[1] [ˈʌpˌraɪt] adj 1 VERTICAL : vertical 2 ERECT : erguido, derecho 3 JUST : recto, honesto, justo

upright[2] n : montante m, poste m, soporte m

uprising [ˈʌpˌraɪzɪŋ] n : insurrección f, revuelta f, alzamiento m

uproar [ˈʌpˌror] n COMMOTION : alboroto m, jaleo m, escándalo m

uproarious [ˌʌpˈroriəs] adj 1 CLAMOROUS : estrepitoso, clamoroso 2 HILARIOUS : muy divertido, hilarante — **uproariously** adv

uproot [ˌʌpˈruːt, -ˈrʊt] vt : desarraigar

upset[1] [ˌʌpˈsɛt] vt -set; -setting 1 OVERTURN : volcar 2 SPILL : derramar 3 DISTURB : perturbar, disgustar, inquietar, alterar 4 SICKEN : sentar mal a ⟨it upsets my stomach : me sienta mal

al estómago⟩ 5 DISRUPT : trastornar, desbaratar (planes, etc.) 6 DEFEAT : derrotar (en deportes)

upset[2] adj 1 DISPLEASED, DISTRESSED : disgustado, alterado 2 **to have an upset stomach** : estar mal del estómago, estar descompuesto (de estómago)

upset[3] [ˈʌpˌsɛt] n 1 OVERTURNING : vuelco m 2 DISRUPTION : trastorno m (de planes, etc.) 3 DEFEAT : derrota f (en deportes)

upshot [ˈʌpˌʃɑt] n : resultado m final

upside–down [ˌʌpˌsaɪdˈdaʊn] adj : al revés

upside down [ˌʌpˌsaɪdˈdaʊn] adv 1 : al revés 2 : en confusión, en desorden

upstairs[1] [ˌʌpˈstærz] adv : arriba, en el piso superior

upstairs[2] [ˈʌpˌstærz, ˌʌpˈ-] adj : de arriba

upstairs[3] [ˈʌpˌstærz, ˌʌpˈ-] ns & pl : piso m de arriba, planta f de arriba

upstanding [ˌʌpˈstændɪŋ, ˈʌpˌ-] adj HONEST, UPRIGHT : honesto, íntegro, recto

upstart [ˈʌpˌstɑrt] n : advenedizo m, -za f

upswing [ˈʌpˌswɪŋ] n : alza f, mejora f notable ⟨to be on the upswing : estar mejorándose⟩

uptight [ˌʌpˈtaɪt] adj : tenso, nervioso

up to prep 1 : hasta ⟨up to a year : hasta un año⟩ ⟨in mud up to my ankles : en barro hasta los tobillos⟩ 2 **to be up to** : estar a la altura de ⟨I'm not up to going : no estoy en condiciones de ir⟩ 3 **to be up to** : depender de ⟨it's up to the director : depende del director⟩

up–to–date [ˌʌptəˈdeɪt] adj 1 CURRENT : corriente, al día ⟨to keep up-to-date : mantenerse al corriente⟩ 2 MODERN : moderno

uptown [ˈʌpˈtaʊn] adv : hacia la parte alta de la ciudad, hacia el distrito residencial

upturn [ˈʌpˌtərn] n : mejora f, auge m (económico)

upward[1] [ˈʌpwərd] or **upwards** [-wərdz] adv 1 : hacia arriba 2 ~ **of** : más de

upward[2] adj : ascendente, hacia arriba

upwind [ˈʌpˈwɪnd] adv & adj : contra el viento

uranium [jʊˈreɪniəm] n : uranio m

Uranus [jʊˈreɪnəs, ˈjʊrənəs] n : Urano m

urban [ˈərbən] adj : urbano

urbane [ˌərˈbeɪn] adj : urbano, cortés

urchin [ˈərtʃən] n 1 SCAMP : granuja mf; pillo m, -lla f 2 **sea urchin** : erizo m de mar

Urdu [ˈʊrduː, ˈər-] n : urdu m

urethra [jʊˈriːθrə] n, pl -thras or -thrae [-ˌθriː] : uretra f

urge[1] [ˈərdʒ] vt urged; urging 1 PRESS : instar, apremiar, insistir ⟨we urged him to come : insistimos en que viniera⟩ 2 ADVOCATE : recomendar, abogar por 3 **to urge on** : animar, alentar

urge[2] n : impulso m, ganas fpl, compulsión f

urgency [ˈərdʒənsi] *n, pl* **-cies** : urgencia *f*

urgent [ˈərdʒənt] *adj* **1** PRESSING : urgente, apremiante **2** INSISTENT : insistente **3 to be urgent** : urgir

urgently [ˈərdʒəntli] *adv* : urgentemente

urinal [ˈjʊrənəl, *esp Brit* jʊˈraɪnəl] *n* : orinal *m* (recipiente), urinario *m* (lugar)

urinary [ˈjʊrəˌneri] *adj* : urinario

urinate [ˈjʊrəˌneɪt] *vi* **-nated; -nating** : orinar

urination [ˌjʊrəˈneɪʃən] *n* : orinación *f*

urine [ˈjʊrən] *n* : orina *f*

urn [ˈərn] *n* **1** VASE : urna *f* **2** : recipiente *m* (para servir café, etc.)

Uruguayan [ˌʊrəˈgwaɪən, ˌjʊr-, -ˈgweɪ-] *n* : uruguayo *m*, -ya *f* — **Uruguayan** *adj*

us [ˈʌs] *pron* **1** (*as direct object*) : nos ⟨they were visiting us : nos visitaban⟩ **2** (*as indirect object*) : nos ⟨he gave us a present : nos dio un regalo⟩ **3** (*as object of preposition*) : nosotros, nosotras ⟨stay with us : quédese con nosotros⟩ ⟨both of us : nosotros dos⟩ **4** (*for emphasis*) : nosotros ⟨it's us! : ¡somos nosotros!⟩

usable [ˈjuːzəbəl] *adj* : utilizable

usage [ˈjuːsɪdʒ, -zɪdʒ] *n* **1** HABIT : costumbre *f*, hábito *m* **2** USE : uso *m*

use¹ [ˈjuːz] *v* **used** [ˈjuːzd, *in phrase "used to" usually* ˈjuːstuː]; **using** *vt* **1** EMPLOY : emplear, usar **2** CONSUME : consumir, tomar (drogas, etc.) **3** UTILIZE : usar, utilizar ⟨to use tact : usar tacto⟩ ⟨he used his friends to get ahead : usó a sus amigos para mejorar su posición⟩ **4** TREAT : tratar ⟨they used the horse cruelly : maltrataron al caballo⟩ **5 to use up** : agotar, consumir, gastar — *vi* (*used in the past with* **to** *to indicate a former fact or state*) : soler, acostumbrar ⟨winters used to be colder : los inviernos solían ser más fríos, los inviernos eran más fríos⟩ ⟨she used to dance : acostumbraba bailar⟩

use² [ˈjuːs] *n* **1** APPLICATION, EMPLOYMENT : uso *m*, empleo *m*, utilización *f* ⟨out of use : en desuso⟩ ⟨ready for use : listo para usar⟩ ⟨to be in use : usarse, estar funcionando⟩ **2** to make use of : servirse de, aprovechar **3** USEFULNESS : utilidad *f* ⟨to be of no use : no servir (para nada)⟩ ⟨it's no use! : ¡es inútil!⟩ **3 to have the use of** : poder usar, tener acceso a **4 to have no use for** : no necesitar ⟨she has no use for poetry : a ella no le gusta la poesía⟩

used [ˈjuːzd] *adj* **1** SECONDHAND : usado, de segunda mano ⟨used cars : coches usados⟩ **2** ACCUSTOMED : acostumbrado ⟨used to the heat : acostumbrado al calor⟩

useful [ˈjuːsfəl] *adj* : útil, práctico — **usefully** *adv*

usefulness [ˈjuːsfəlnəs] *n* : utilidad *f*

useless [ˈjuːsləs] *adj* : inútil — **uselessly** *adv*

uselessness [ˈjuːsləsnəs] *n* : inutilidad *f*

user [ˈjuːzər] *n* : usuario *m*, -ria *f*

usher¹ [ˈʌʃər] *vt* **1** ESCORT : acompañar, conducir **2 to usher in** : hacer pasar (a alguien) ⟨to usher in a new era : anunciar una nueva época⟩

usher² *n* : acomodador *m*, -dora *f*

usherette [ˌʌʃəˈrɛt] *n* : acomodadora *f*

usual [ˈjuːʒʊəl] *adj* **1** NORMAL : usual, normal **2** CUSTOMARY : acostumbrado, habitual, de costumbre **3** ORDINARY : ordinario, típico

usually [ˈjuːʒʊəli, ˈjuːʒəli] *adv* : usualmente, normalmente

usurp [juˈsərp, -ˈzərp] *vt* : usurpar

usurper [juˈsərpər, -ˈzər-] *n* : usurpador *m*, -dora *f*

utensil [juˈtɛnsəl] *n* **1** : utensilio *m* (de cocina) **2** IMPLEMENT : implemento *m*, útil *m* (de labranza, etc.)

uterine [ˈjuːtəˌraɪn, -rən] *adj* : uterino

uterus [ˈjuːtərəs] *n, pl* **uteri** [-ˌraɪ] : útero *m*, matriz *f*

utilitarian [juːˌtɪləˈteriən] *adj* : utilitario

utility [juˈtɪləti] *n, pl* **-ties 1** USEFULNESS : utilidad *f* **2 public utility** : empresa *f* de servicio público

utilization [ˌjuːtələˈzeɪʃən] *n* : utilización *f*

utilize [ˈjuːtəlˌaɪz] *vt* **-lized; -lizing** : utilizar, hacer uso de

utmost¹ [ˈʌtˌmoːst] *adj* **1** FARTHEST : extremo, más lejano **2** GREATEST : sumo, mayor ⟨of the utmost importance : de suma importancia⟩

utmost² *n* : lo más posible ⟨to the utmost : al máximo⟩

utopia [juˈtoːpiə] *n* : utopía *f*

utopian [juˈtoːpiən] *adj* : utópico

utter¹ [ˈʌtər] *vt* : decir, articular, pronunciar (palabras)

utter² *adj* : absoluto — **utterly** *adv*

utterance [ˈʌtərənts] *n* : declaración *f*, articulación *f*

V

v [ˈviː] *n, pl* **v's** *or* **vs** [ˈviːz] : vigésima segunda letra del alfabeto inglés

vacancy [ˈveɪkəntsi] *n, pl* **-cies 1** EMPTINESS : vacío *m*, vacuidad *f* **2** : vacante *f*, puesto *m* vacante ⟨to fill a vacancy : ocupar un puesto⟩ **3** : habitación *f* libre (en un hotel) ⟨no vacancies : completo⟩

vacant [ˈveɪkənt] *adj* **1** EMPTY : libre, desocupado (dícese de los edificios, etc.) **2** : vacante (dícese de los puestos) **3** BLANK : vacío, ausente ⟨a vacant stare : una mirada ausente⟩

vacate ['veɪ,keɪt] *vt* -**cated**; -**cating** : desalojar, desocupar

vacation[1] [veɪ'keɪʃən, və-] *vi* : pasar las vacaciones, vacacionar *Mex*

vacation[2] *n* : vacaciones *fpl* ⟨to be on vacation : estar de vacaciones⟩

vacationer [veɪ'keɪʃənər, və-] *n* : turista *mf*, veraneante *mf*, vacacionista *mf CA, Mex*

vaccinate ['væksə,neɪt] *vt* -**nated**; -**nating** : vacunar

vaccination [,væksə'neɪʃən] *n* : vacunación *f*

vaccine [væk'si:n, 'væk,-] *n* : vacuna *f*

vacillate ['væsə,leɪt] *vi* -**lated**; -**lating 1** HESITATE : vacilar **2** SWAY : oscilar

vacillation [,væsə'leɪʃən] *n* : indecisión *f*, vacilación *f*

vacuous ['vækjuəs] *adj* **1** EMPTY : vacío **2** INANE : vacuo, necio, estúpido

vacuum[1] ['væ,kju:m, -kjəm] *vt* : limpiar con aspiradora, pasar la aspiradora por

vacuum[2] *n, pl* **vacuums** *or* **vacua** ['vækjuə] : vacío *m*

vacuum cleaner *n* : aspiradora *f*

vagabond[1] ['vægə,bɑhd] *adj* : vagabundo

vagabond[2] *n* : vagabundo *m*, -da *f*

vagary ['veɪgəri, və'gɛri] *n, pl* -**ries** : capricho *m*

vagina [və'dʒaɪnə] *n, pl* -**nae** [-,ni:, -,naɪ] *or* -**nas** : vagina *f*

vagrancy ['veɪgrənsi] *n, pl* -**cies** : vagancia *f*

vagrant[1] ['veɪgrənt] *adj* : vagabundo

vagrant[2] *n* : vagabundo *m*, -da *f*

vague ['veɪg] *adj* **vaguer**; -**est 1** IMPRECISE : vago, impreciso ⟨a vague feeling : una sensación indefinida⟩ ⟨I haven't the vaguest idea : no tengo la más remota idea⟩ **2** UNCLEAR : borroso, poco claro ⟨a vague outline : un perfil indistinto⟩ **3** ABSENTMINDED : distraído

vaguely ['veɪgli] *adv* : vagamente, de manera imprecisa

vagueness ['veɪgnəs] *n* : vaguedad *f*, imprecisión *f*

vain ['veɪn] *adj* **1** WORTHLESS : vano **2** FUTILE : vano, inútil ⟨in vain : en vano⟩ **3** CONCEITED : vanidoso, presumido

vainly ['veɪnli] *adv* : en vano, vanamente, inútilmente

valance ['væləns, 'veɪ-] *n* **1** FLOUNCE : volante *m* (de una cama, etc.) **2** : galería *f* de cortina (sobre una ventana)

vale ['veɪl] *n* : valle *m*

valedictorian [,vælə,dɪk'toriən] *n* : estudiante *mf* que pronuncia el discurso de despedida en ceremonia de graduación

valedictory [,vælə'dɪktəri] *adj* : de despedida

valentine ['vælən,taɪn] *n* : tarjeta *f* que se manda el Día de los Enamorados (el 14 de febrero)

Valentine's Day *n* : Día *m* de los Enamorados

valet ['væ,leɪ, væ'leɪ, 'vælət] *n* : ayuda *m* de cámara

valiant ['væljənt] *adj* : valiente, valeroso

valiantly ['væljəntli] *adv* : con valor, valientemente

valid ['væləd] *adj* : válido

validate ['vælə,deɪt] *vt* -**dated**; -**dating** : validar, dar validez a

validity [və'lɪdəti, væ-] *n* : validez *f*

valise [və'li:s] *n* : maleta *f* (de mano)

valley ['væli] *n, pl* -**leys** : valle *m*

valor ['vælər] *n* : valor *m*, valentía *f*

valorous ['vælərəs] *adj* : valeroso, valiente

valuable[1] ['væljuəbəl, 'væljəbəl] *adj* **1** EXPENSIVE : valioso, de valor **2** WORTHWHILE : valioso, apreciable

valuable[2] *n* : objeto *m* de valor

valuation [,vælju'eɪʃən] *n* **1** APPRAISAL : valoración *f*, tasación *f* **2** VALUE : valuación *f*

value[1] ['væl,ju:] *vt* -**ued**; -**uing 1** APPRAISE : valorar, avaluar, tasar **2** APPRECIATE : valorar, apreciar

value[2] *n* **1** : valor *m* ⟨of little value : de poco valor⟩ ⟨to be a good value : estar bien de precio, tener buen precio⟩ ⟨at face value : en su sentido literal⟩ **2** **values** *npl* : valores *mpl* (morales), principios *mpl*

valueless ['væljuːləs] *adj* : sin valor

valve ['vælv] *n* : válvula *f*

vampire ['væm,paɪr] *n* **1** : vampiro *m* **2** *or* **vampire bat** : vampiro *m*

van[1] ['væn] → **vanguard**

van[2] *n* : furgoneta *f*, camioneta *f*

vanadium [və'neɪdiəm] *n* : vanadio *m*

vandal ['vændəl] *n* : vándalo *m*

vandalism ['vændəl,ɪzəm] *n* : vandalismo *m*

vandalize ['vændəl,aɪz] *vt* : destrozar, destruir, estropear

vane ['veɪn] *n or* **weather vane** : veleta *f*

vanguard ['væn,gɑrd] *n* : vanguardia *f*

vanilla [və'nɪlə, -'nɛ-] *n* : vainilla *f*

vanish ['vænɪʃ] *vi* : desaparecer, disiparse, desvanecerse

vanity ['vænəti] *n, pl* -**ties 1** : vanidad *f* **2** *or* **vanity table** : tocador *m*

vanquish ['væŋkwɪʃ, 'væn-] *vt* : vencer, conquistar

vantage point ['væntɪdʒ] *n* : posición *f* ventajosa

vapid ['væpəd, 'veɪ-] *adj* : insípido, insulso

vapor ['veɪpər] *n* : vapor *m*

vaporize ['veɪpə,raɪz] *v* -**rized**; -**rizing** *vt* : vaporizar — *vi* : vaporizarse, evaporarse

vaporizer ['veɪpə,raɪzər] *n* : vaporizador *m*

variability [,vɛriə'bɪləti] *n, pl* -**ties** : variabilidad *f*

variable[1] ['vɛriəbəl] *adj* : variable ⟨variable cloudiness : nubosidad variable⟩

variable² *n* : variable *f*, factor *m*

variance [ˈveriənts] *n* **1** DISCREPANCY : varianza *f*, discrepancia *f* **2** DISAGREEMENT : desacuerdo *m* ⟨at variance with : en desacuerdo con⟩

variant¹ [ˈveriənt] *adj* : variante, divergente

variant² *n* : variante *f*

variation [ˌveriˈeɪʃən] *n* : variación *f*, diferencias *fpl*

varicose [ˈværəˌkoːs] *adj* : varicoso

varicose veins *npl* : varices *fpl*, várices *fpl*

varied [ˈverid] *adj* : variado, dispar, diferente

variegated [ˈveriəˌɡeɪtd] *adj* : abigarrado, multicolor

variety [vəˈraɪəti] *n, pl* **-ties 1** DIVERSITY : diversidad *f*, variedad *f* **2** ASSORTMENT : surtido *m* ⟨for a variety of reasons : por diversas razones⟩ **3** SORT : clase *f* **4** BREED : variedad *f* (de plantas)

various [ˈveriəs] *adj* : varios, diversos

varnish¹ [ˈvɑrnɪʃ] *vt* : barnizar

varnish² *n* : barniz *m*

varsity [ˈvɑrsəti] *n, pl* **-ties** : equipo *m* universitario

vary [ˈveri] *v* **varied; varying** *vt* : variar, diversificar — *vi* **1** CHANGE : variar, cambiar **2** DEVIATE : desviarse

vascular [ˈvæskjələr] *adj* : vascular

vase [ˈveɪs, ˈveɪz, ˈvɑz] *n* : jarrón *m*, florero *m*

vassal [ˈvæsəl] *n* : vasallo *m*, -lla *f*

vast [ˈvæst] *adj* : inmenso, enorme, vasto

vastly [ˈvæstli] *adv* : enormemente

vastness [ˈvæstnəs] *n* : vastedad *f*, inmensidad *f*

vat [ˈvæt] *n* : cuba *f*, tina *f*

vaudeville [ˈvɒdvəl, -ˌvɪl; ˈvɒdəˌvɪl] *n* : vodevil *m*

vault¹ [ˈvɒlt] *vi* LEAP : saltar

vault² *n* **1** JUMP : salto *m* ⟨pole vault : salto de pértiga, salto con garrocha⟩ **2** DOME : bóveda *f* **3** : bodega *f* (para vino), bóveda *f* de seguridad (de un banco) **4** CRYPT : cripta *f*

vaulted [ˈvɒltəd] *adj* : abovedado

vaunted [ˈvɒntəd] *adj* : cacareado, alardeado ⟨a much vaunted wine : un vino muy alardeado⟩

VCR [ˌviːˌsiːˈɑr] *n* : video *m*, videocasetera *f*

veal [ˈviːl] *n* : ternera *f*, carne *f* de ternera

veer [ˈvɪr] *vi* : virar (dícese de un barco), girar (dícese de un coche), torcer (dícese de un camino)

vegetable¹ [ˈvedʒtəbəl, ˈvedʒətə-] *adj* : vegetal

vegetable² *n* **1** : vegetal *m* ⟨the vegetable kingdom : el reino vegetal⟩ **2** : verdura *f*, hortaliza *f* (para comer)

vegetarian [ˌvedʒəˈteriən] *n* : vegetariano *mf*

vegetarianism [ˌvedʒəˈteriəˌnɪzəm] *n* : vegetarianismo *m*

vegetate [ˈvedʒəˌteɪt] *vi* **-tated; -tating** : vegetar

vegetation [ˌvedʒəˈteɪʃən] *n* : vegetación *f*

vegetative [ˈvedʒəˌteɪtɪv] *adj* : vegetativo

vehemence [ˈviːəmənts] *n* : intensidad *f*, vehemencia *f*

vehement [ˈviːəmənt] *adj* : intenso, vehemente

vehemently [ˈviːəməntli] *adv* : vehementemente, con vehemencia

vehicle [ˈviːəkəl, ˈviːˌhɪkəl] *n* **1** or **motor vehicle** : vehículo *m* **2** MEDIUM : vehículo *m*, medio *m*

vehicular [viˈhɪkjələr, və-] *adj* : vehicular ⟨vehicular homicide : muerte por atropello⟩

veil¹ [ˈveɪl] *vt* **1** CONCEAL : velar, disimular **2** : cubrir con un velo ⟨to veil one's face : cubrirse con un velo⟩

veil² *n* : velo *m* ⟨bridal veil : velo de novia⟩

vein [ˈveɪn] *n* **1** : vena *f* (en anatomía, botánica, etc.) **2** LODE : veta *f*, vena *f*, filón *m* **3** STYLE : vena *f* ⟨in a humorous vein : en vena humorística⟩

veined [ˈveɪnd] *adj* : veteado (dícese del queso, de los minerales, etc.)

velocity [vəˈlɑsəti] *n, pl* **-ties** : velocidad *f*

velour [vəˈlʊr] *or* **velours** [-ˈlʊrz] *n* : velour *m*

velvet¹ [ˈvelvət] *adj* **1** : de terciopelo **2** → **velvety**

velvet² *n* : terciopelo *m*

velvety [ˈvelvəti] *adj* : aterciopelado

venal [ˈviːnəl] *adj* : venal, sobornable

vend [ˈvend] *vt* : vender

vendetta [venˈdetə] *n* : vendetta *f*

vendor [ˈvendər] *n* : vendedor *m*, -dora *f*; puestero *m*, -ra *f*

veneer¹ [vəˈnɪr] *vt* : enchapar, chapar

veneer² *n* **1** : enchapado *m*, chapa *f* **2** APPEARANCE : apariencia *f*, barniz *m* ⟨a veneer of culture : un barniz de cultura⟩

venerable [ˈvenərəbəl] *adj* : venerable

venerate [ˈvenəˌreɪt] *vt* **-ated; -ating** : venerar

veneration [ˌvenəˈreɪʃən] *n* : veneración *f*

venereal disease [vəˈnɪriəl] *n* : enfermedad *f* venérea

venetian blind [vəˈniːʃən] *n* : persiana *f* veneciana

Venezuelan [ˌvenəˈzweɪlən, -zʊˈeɪ-] *n* : venezolano *m*, -na *f* — **Venezuelan** *adj*

vengeance [ˈvendʒənts] *n* : venganza *f* ⟨to take vengeance on : vengarse de⟩

vengeful [ˈvendʒfəl] *adj* : vengativo

venial [ˈviːniəl] *adj* : venial ⟨a venial sin : un pecado venial⟩

venison [ˈvenəsən, -zən] *n* : venado *m*, carne *f* de venado

venom [ˈvenəm] *n* **1** : veneno *m* **2** MALICE : veneno *m*, malevolencia *f*

venomous ['vɛnəməs] *adj* : venenoso
vent[1] ['vɛnt] *vt* : desahogar, dar salida a ⟨to vent one's feelings : desahogarse⟩
vent[2] *n* **1** OPENING : abertura *f* (de escape), orificio *m* **2 or air vent** : respiradero *m*, rejilla *f* de ventilación **3** OUTLET : desahogo *m* ⟨to give vent to one's anger : desahogar la ira⟩
ventilate ['vɛntəl,eɪt] *vt* **-lated; -lating** : ventilar
ventilation [,vɛntəl'eɪʃən] *n* : ventilación *f*
ventilator ['vɛntəl,eɪtər] *n* : ventilador *m*
ventricle ['vɛntrɪkəl] *n* : ventrículo *m*
ventriloquism [vɛn'trɪlə,kwɪzəm] *n* : ventriloquia *f*
ventriloquist [vɛn'trɪlə,kwɪst] *n* : ventrílocuo *m*, -cua *f*
venture[1] ['vɛntʃər] *v* **-tured; -turing** *vt* **1** RISK : arriesgar **2** OFFER : aventurar ⟨to venture an opinion : aventurar una opinión⟩ — *vi* : arriesgarse, atreverse, aventurarse
venture[2] *n* **1** UNDERTAKING : empresa *f* **2** GAMBLE, RISK : aventura *f*, riesgo *m*
venturesome ['vɛntʃərsəm] *adj* **1** ADVENTUROUS : audaz, atrevido **2** RISKY : arriesgado
venue ['vɛn,ju:] *n* **1** PLACE : lugar *m* **2** : jurisdicción *f* (en derecho)
Venus ['vi:nəs] *n* : Venus *m*
veracity [və'ræsəti] *n*, *pl* **-ties** : veracidad *f*
veranda or verandah [və'rændə] *n* : terraza *f*, veranda *f*
verb ['vərb] *n* : verbo *m*
verbal ['vərbəl] *adj* : verbal
verbalize ['vərbə,laɪz] *vt* **-ized; -izing** : expresar con palabras, verbalizar
verbally ['vərbəli] *adv* : verbalmente, de palabra
verbatim[1] [vər'beɪtəm] *adv* : palabra por palabra, textualmente
verbatim[2] *adj* : literal, textual
verbose [vər'bo:s] *adj* : verboso, prolijo
verdant ['vərdənt] *adj* : verde, verdeante
verdict ['vərdɪkt] *n* **1** : veredicto *m* (de un jurado) **2** JUDGMENT, OPINION : juicio *m*, opinión *f*
verge[1] ['vərdʒ] *vi* **verged; verging** : estar al borde, rayar ⟨it verges on madness : raya en la locura⟩
verge[2] *n* **1** EDGE : borde *m* **2 to be on the verge of** : estar a pique de, estar al borde de, estar a punto de
verification [,vɛrəfə'keɪʃən] *n* : verificación *f*
verify ['vɛrə,faɪ] *vt* **-fied; -fying** : verificar, comprobar, confirmar
veritable ['vɛrətəbəl] *adj* : verdadero — **veritably** *adv*
vermicelli [,vərmə'tʃɛli, -'sɛli] *n* : fideos *mpl* finos
vermin ['vərmən] *ns & pl* : alimañas *fpl*, bichos *mpl*, sabandijas *fpl*
vermouth [vər'mu:th] *n* : vermut *m*
vernacular[1] [vər'nækjələr] *adj* : vernáculo

vernacular[2] *n* : lengua *f* vernácula
versatile ['vərsətəl] *adj* : versátil
versatility [,vərsə'tɪləti] *n* : versatilidad *f*
verse ['vərs] *n* **1** LINE, STANZA : verso *m*, estrofa *f* **2** POETRY : poesía *f* **3** : versículo *m* (en la Biblia)
versed ['vərst] *adj* : versado ⟨to be well versed in : ser muy versado en⟩
version ['vərʒən] *n* : versión *f*
versus ['vərsəs] *prep* : versus
vertebra ['vərtəbrə] *n*, *pl* **-brae** [-,breɪ, -,bri:] *or* **-bras** : vértebra *f*
vertebrate[1] ['vərtəbrət, -,breɪt] *adj* : vertebrado
vertebrate[2] *n* : vertebrado *m*
vertex ['vər,tɛks] *n*, *pl* **vertices** ['vərtə,si:z] **1** : vértice *m* (en matemáticas y anatomía) **2** SUMMIT, TOP : ápice *m*, cumbre *f*, cima *f*
vertical[1] ['vərtɪkəl] *adj* : vertical — **vertically** *adv*
vertical[2] *n* : vertical *f*
vertigo ['vərtɪ,go:] *n*, *pl* **-goes** *or* **-gos** : vértigo *m*
verve ['vərv] *n* : brío *m*
very[1] ['vɛri] *adv* **1** EXTREMELY : muy, sumamente ⟨very few : muy pocos⟩ ⟨I am very sorry : lo siento mucho⟩ **2** (*used for emphasis*) ⟨at the very least : por lo menos, como mínimo⟩ ⟨the very same dress : el mismo vestido⟩
very[2] *adj* **verier; -est 1** EXACT, PRECISE : mismo, exacto ⟨at that very moment : en ese mismo momento⟩ ⟨it's the very thing : es justo lo que hacía falta⟩ **2** BARE, MERE : solo, mero ⟨the very thought of it : sólo pensarlo⟩ **3** EXTREME : extremo, de todo ⟨at the very top : arriba de todo⟩
vesicle ['vɛsɪkəl] *n* : vesícula *f*
vespers ['vɛspərz] *npl* : vísperas *fpl*
vessel ['vɛsəl] *n* **1** CONTAINER : vasija *f*, recipiente *m* **2** BOAT, CRAFT : nave *f*, barco *m*, buque *m* **3** : vaso *m* ⟨blood vessel : vaso sanguíneo⟩
vest[1] ['vɛst] *vt* **1** CONFER : conferir ⟨to vest authority in : conferirle la autoridad a⟩ **2** CLOTHE : vestir
vest[2] *n* **1** : chaleco *m* **2** UNDERSHIRT : camiseta *f*
vestibule ['vɛstə,bju:l] *n* : vestíbulo *m*
vestige ['vɛstɪdʒ] *n* : vestigio *m*, rastro *m*
vestment ['vɛstmənt] *n* : vestidura *f*
vestry ['vɛstri] *n*, *pl* **-tries** : sacristía *f*
vet ['vɛt] *n* **1** → veterinarian **2** → veteran
veteran[1] ['vɛtərən, 'vɛtrən] *adj* : veterano
veteran[2] *n* : veterano *m*, -na *f*
Veterans Day *n* : día *m* del Armisticio (celebrado el 11 de noviembre en los Estados Unidos)
veterinarian [,vɛtərə'nɛriən, ,vɛtə'nɛr-] *n* : veterinario *m*, -ria *f*
veterinary ['vɛtərə,nɛri] *adj* : veterinario
veto[1] ['vi:to:] *vt* **1** FORBID : prohibir **2** : vetar ⟨to veto a bill : vetar un proyecto de ley⟩

veto[2] *n, pl* **-toes** 1 : veto *m* ⟨the power of veto : el derecho de veto⟩ 2 BAN : veto *m*, prohibición *f*

vex [ˈvɛks] *vt* : contrariar, molestar, irritar

vexation [vɛkˈseɪʃən] *n* : contrariedad *f*, irritación *f*

via [ˈvaɪə] *prep* : por, vía

viability [ˌvaɪəˈbɪlət̬i] *n* : viabilidad *f*

viable [ˈvaɪəbəl] *adj* : viable

viaduct [ˈvaɪəˌdʌkt] *n* : viaducto *m*

vial [ˈvaɪəl] *n* : frasco *m*

vibrant [ˈvaɪbrənt] *adj* 1 LIVELY : vibrante, animado, dinámico 2 BRIGHT : fuerte, vivo (dícese de los colores)

vibrate [ˈvaɪˌbreɪt] *vi* **-brated; -brating** 1 OSCILLATE : vibrar, oscilar 2 THRILL : bullir ⟨to vibrate with excitement : bullir de emoción⟩

vibration [vaɪˈbreɪʃən] *n* : vibración *f*

vicar [ˈvɪkər] *n* : vicario *m*, -ria *f*

vicarious [vaɪˈkæriːəs, vɪ-] *adj* : indirecto — **vicariously** *adv*

vice [ˈvaɪs] *n* : vicio *m*

vice admiral *n* : vicealmirante *mf*

vice president *n* : vicepresidente *m*, -ta *f*

viceroy [ˈvaɪsˌrɔɪ] *n* : virrey *m*, -rreina *f*

vice versa [ˌvaɪsiˈvərsə, ˌvaɪsˈvər-] *adv* : viceversa

vicinity [vəˈsɪnət̬i] *n, pl* **-ties** 1 NEIGHBORHOOD : vecindad *f*, inmediaciones *fpl* 2 NEARNESS : proximidad *f*

vicious [ˈvɪʃəs] *adj* 1 DEPRAVED : depravado, malo 2 SAVAGE : malo, fiero, salvaje ⟨a vicious dog : un perro feroz⟩ 3 MALICIOUS : malicioso

viciously [ˈvɪʃəsli] *adv* : con saña, brutalmente

viciousness [ˈvɪʃəsnəs] *n* : brutalidad *f*, ferocidad *f* (de un animal), malevolencia *f* (de un comentario, etc.)

vicissitudes [vəˈsɪsəˌtuːdz, vaɪ-, -ˌtjuːdz] *npl* : vicisitudes *fpl*

victim [ˈvɪktəm] *n* : víctima *f*

victimize [ˈvɪktəˌmaɪz] *vt* **-mized; -mizing** : tomar como víctima, perseguir, victimizar *Arg, Mex*

victor [ˈvɪktər] *n* : vencedor *m*, -dora *f*

Victorian [vɪkˈtoːriːən] *adj* : victoriano

victorious [vɪkˈtoːriːəs] *adj* : victorioso — **victoriously** *adv*

victory [ˈvɪktəri] *n, pl* **-ries** : victoria *f*, triunfo *m*

victuals [ˈvɪt̬əlz] *npl* : víveres *mpl*, provisiones *fpl*

video[1] [ˈvɪdiˌoː] *adj* : de video ⟨video recording : grabación de video⟩

video[2] *n* 1 : video *m* (medio o grabación) 2 → **videotape**[2]

video camera *n* : videocámara *f*

videocassette [ˌvɪdioːkæˈsɛt] *n* : videocasete *m*, videocassette *m*

videocassette recorder → **VCR**

video game *n* : videojuego *m*, juego *m* de video

videotape[1] [ˈvɪdioˌteɪp] *vt* **-taped; -taping** : grabar en video, videograbar

videotape[2] *n* : videocinta *f*

vie [ˈvaɪ] *vi* **vied; vying** [ˈvaɪɪŋ] : competir, rivalizar

Vietnamese [viˌɛtnəˈmiːz, -ˈmiːs] *n* 1 : vietnamita *mf* 2 : vietnamita *m* (idioma) — **Vietnamese** *adj*

view[1] [ˈvjuː] *vt* 1 OBSERVE : mirar, ver, observar 2 CONSIDER : considerar, contemplar

view[2] *n* 1 SIGHT : vista *f* ⟨to come into view : aparecer⟩ 2 ATTITUDE, OPINION : opinión *f*, parecer *m*, actitud *f* ⟨in my view : en mi opinión⟩ 3 SCENE : vista *f*, panorama *m* 4 INTENTION : idea *f*, vista *f* ⟨with a view to : con vistas a, con la idea de⟩ 5 in view of : dado que, en vista de (que)

viewer [ˈvjuːər] *n or* **television viewer** : telespectador *m*, -dora *f*; televidente *mf*

viewpoint [ˈvjuːˌpɔɪnt] *n* : punto *m* de vista

vigil [ˈvɪdʒəl] *n* 1 : vigilia *f*, vela *f* 2 to keep vigil : velar

vigilance [ˈvɪdʒələnts] *n* : vigilancia *f*

vigilant [ˈvɪdʒələnt] *adj* : vigilante

vigilante [ˌvɪdʒəˈlæn,tiː] *n* : integrante *mf* de un comité de vigilancia (que actúa como policía)

vigilantly [ˈvɪdʒələntli] *adv* : con vigilancia

vigor [ˈvɪgər] *n* : vigor *m*, energía *f*, fuerza *f*

vigorous [ˈvɪgərəs] *adj* : vigoroso, enérgico — **vigorously** *adv*

Viking [ˈvaɪkɪŋ] *n* : vikingo *m*, -ga *f*

vile [ˈvaɪl] *adj* **viler; vilest** 1 WICKED : vil, infame 2 REVOLTING : asqueroso, repugnante 3 TERRIBLE : horrible, atroz ⟨vile weather : tiempo horrible⟩ ⟨to be in a vile mood : estar de un humor de perros⟩

vilify [ˈvɪləˌfaɪ] *vt* **-fied; -fying** : vilipendiar, denigrar, difamar

villa [ˈvɪlə] *n* : casa *f* de campo, quinta *f*

village [ˈvɪlɪdʒ] *n* : pueblo *m* (grande), aldea *f* (pequeña)

villager [ˈvɪlɪdʒər] *n* : vecino *m*, -na *f* (de un pueblo); aldeano *m*, -na *f* (de una aldea)

villain [ˈvɪlən] *n* : villano *m*, -na *f*; malo *m*, -la *f* (en ficción, películas, etc.)

villainess [ˈvɪlənɪs, -nəs] *n* : villana *f*

villainous [ˈvɪlənəs] *adj* : infame, malvado

villainy [ˈvɪləni] *n, pl* **-lainies** : vileza *f*, maldad *f*

vim [ˈvɪm] *n* : brío *m*, vigor *m*, energía *f*

vindicate [ˈvɪndəˌkeɪt] *vt* **-cated; -cating** 1 EXONERATE : vindicar, disculpar 2 JUSTIFY : justificar

vindication [ˌvɪndəˈkeɪʃən] *n* : vindicación *f*, justificación *f*

vindictive [vɪnˈdɪktɪv] *adj* : vengativo

vine [ˈvaɪn] *n* 1 GRAPEVINE : vid *f*, parra *f* 2 : planta *f* trepadora, enredadera *f*

vinegar [ˈvɪnɪgər] *n* : vinagre *m*

vinegary [ˈvɪnɪgəri] adj : avinagrado

vineyard [ˈvɪnjərd] n : viña f, viñedo m

vintage[1] [ˈvɪntɪdʒ] adj 1 : añejo (dícese de un vino) 2 CLASSIC : clásico, de época

vintage[2] n 1 : cosecha f ⟨the 1947 vintage : la cosecha de 1947⟩ 2 ERA : época f, era f ⟨slang of recent vintage : argot de la época reciente⟩

vinyl [ˈvaɪnəl] n : vinilo m

viola [viˈoːlə] n : viola f

violate [ˈvaɪəˌleɪt] vt -lated; -lating 1 BREAK : infringir, violar, quebrantar ⟨to violate the rules : violar las reglas⟩ 2 RAPE : violar 3 DESECRATE : profanar

violation [ˌvaɪəˈleɪʃən] n 1 : violación f, infracción f (de una ley) 2 DESECRATION : profanación f

violence [ˈvaɪlənts, ˈvaɪə-] n : violencia f

violent [ˈvaɪlənt, ˈvaɪə-] adj : violento

violently [ˈvaɪləntli, ˈvaɪə-] adv : violentamente, con violencia

violet [ˈvaɪlət, ˈvaɪə-] n : violeta f

violin [ˌvaɪəˈlɪn] n : violín m

violinist [ˌvaɪəˈlɪnɪst] n : violinista mf

violoncello [ˌvaɪələnˈtʃɛloː, ˌviː-] → **cello**

VIP [ˌviːˌaɪˈpiː] n, pl **VIPs** [-ˈpiːz] : VIP mf, persona f de categoría

viper [ˈvaɪpər] n : víbora f

viral [ˈvaɪrəl] adj : viral, vírico ⟨viral pneumonia : pulmonía viral⟩

virgin[1] [ˈvərdʒən] adj 1 CHASTE : virginal ⟨the virgin birth : el alumbramiento virginal⟩ 2 : virgen, intacto ⟨a virgin forest : una selva virgen⟩ ⟨virgin wool : lana virgen⟩

virgin[2] n : virgen mf

virginity [vərˈdʒɪnəti] n : virginidad f

Virgo [ˈvərˌgoː, ˈvɪr-] n : Virgo mf

virile [ˈvɪrəl, -ˌaɪl] adj : viril, varonil

virility [vəˈrɪləti] n : virilidad f

virtual [ˈvərtʃuəl] adj : virtual ⟨a virtual dictator : un virtual dictador⟩ ⟨virtual reality : realidad virtual⟩

virtually [ˈvərtʃuəli, ˈvərtʃəli] adv : en realidad, de hecho, casi

virtue [ˈvərˌtʃuː] n 1 : virtud f 2 **by virtue of** : en virtud de, debido a

virtuosity [ˌvərtʃuˈɑsəti] n, pl **-ties** : virtuosismo m

virtuoso [ˌvərtʃuˈoːsoː, -zoː] n, pl **-sos** or **-si** [-ˌsiː, -ˌziː] : virtuoso m, -sa f

virtuous [ˈvərtʃuəs] adj : virtuoso, bueno — **virtuously** adv

virulence [ˈvɪrələnts, ˈvɪrjə-] n : virulencia f

virulent [ˈvɪrələnt, ˈvɪrjə-] adj : virulento

virus [ˈvaɪrəs] n : virus m

visa [ˈviːzə, -sə] n : visa f

vis-à-vis [ˌviːzəˈviː, -sə-] prep : con relación a, con respecto a

viscera [ˈvɪsərə] npl : vísceras fpl

visceral [ˈvɪsərəl] adj : visceral

viscosity [vɪsˈkɑsəti] n, pl **-ties** : viscosidad f

viscount [ˈvaɪˌkaʊnt] n : vizconde m

viscountess [ˈvaɪˌkaʊntɪs] n : vizcondesa f

viscous [ˈvɪskəs] adj : viscoso

vise [ˈvaɪs] n : torno m de banco, tornillo m de banco

visibility [ˌvɪzəˈbɪləti] n, pl **-ties** : visibilidad f

visible [ˈvɪzəbəl] adj 1 : visible ⟨the visible stars : las estrellas visibles⟩ 2 OBVIOUS : evidente, patente

visibly [ˈvɪzəbli] adv : visiblemente

vision [ˈvɪʒən] n 1 EYESIGHT : vista f, visión f 2 APPARITION : visión f, aparición f 3 FORESIGHT : visión f (del futuro), previsión f 4 IMAGE : imagen f ⟨she had visions of a disaster : se imaginaba un desastre⟩

visionary[1] [ˈvɪʒəˌneri] adj 1 FARSIGHTED : visionario, con visión de futuro 2 UTOPIAN : utópico, poco realista

visionary[2] n, pl **-ries** : visionario m, -ria f

visit[1] [ˈvɪzət] vt 1 : visitar, ir a ver 2 AFFLICT : azotar, afligir ⟨visited by troubles : afligido con problemas⟩ — vi : hacer (una) visita

visit[2] n : visita f

visitor [ˈvɪzətər] n : visitante mf (a una ciudad, etc.), visita f (a una casa)

visor [ˈvaɪzər] n : visera f

vista [ˈvɪstə] n : vista f

visual [ˈvɪʒuəl] adj : visual ⟨the visual arts : las artes visuales⟩ — **visually** adv

visualize [ˈvɪʒuəˌlaɪz] vt **-ized; -izing** : visualizar, imaginarse, hacerse una idea de — **visualization** [ˌvɪʒəwələˈzeɪʃən] n

vital [ˈvaɪtəl] adj 1 : vital ⟨vital organs : órganos vitales⟩ 2 CRUCIAL : esencial, crucial, decisivo ⟨of vital importance : de suma importancia⟩ 3 LIVELY : enérgico, lleno de vida, vital

vitality [vaɪˈtæləti] n, pl **-ties** : vitalidad f, energía f

vitally [ˈvaɪtəli] adv : sumamente

vital statistics npl : estadísticas fpl demográficas

vitamin [ˈvaɪtəmən] n : vitamina f ⟨vitamin deficiency : carencia vitamínica⟩

vitreous [ˈvɪtriəs] adj : vítreo

vitriolic [ˌvɪtriˈɑlɪk] adj : mordaz, virulento

vituperation [vaɪˌtuːpəˈreɪʃən, -ˌtjuː-] n : vituperio m

vivacious [vəˈveɪʃəs, vaɪ-] adj : vivaz, animado, lleno de vida

vivaciously [vəˈveɪʃəsli, vaɪ-] adv : con vivacidad, animadamente

vivacity [vəˈvæsəti, vaɪ-] n : vivacidad f

vivid [ˈvɪvəd] adj 1 LIVELY : lleno de vitalidad 2 BRILLIANT : vivo, intenso ⟨vivid colors : colores vivos⟩ 3 INTENSE, SHARP : vívido, gráfico ⟨a vivid dream : un sueño vívido⟩

vividly [ˈvɪvədli] adv 1 BRIGHTLY : con colores vivos 2 SHARPLY : vívidamente

vividness [ˈvɪvədnəs] n 1 BRIGHTNESS : intensidad f, viveza f 2 SHARPNESS : lo gráfico, nitidez f

vivisection [ˌvɪvə'sɛkʃən, 'vɪvəˌ-] *n* : vivisección *f*

vixen ['vɪksən] *n* : zorra *f*, raposa *f*

vocabulary [vo'kæbjəˌlɛri] *n, pl* **-laries** 1 : vocabulario *m* 2 LEXICON : léxico *m*

vocal ['vo:kəl] *adj* 1 : vocal 2 LOUD, OUTSPOKEN : ruidoso, muy franco

vocal cords *npl* : cuerdas *fpl* vocales

vocalist ['vo:kəlɪst] *n* : cantante *mf*, vocalista *mf*

vocalize ['vo:kəlˌaɪz] *vt* **-ized; -izing** : vocalizar

vocation [vo'keɪʃən] *n* : vocación *f* ⟨to have a vocation for : tener vocación de⟩

vocational [vo'keɪʃənəl] *adj* : profesional ⟨vocational guidance : orientación profesional⟩

vociferous [vo'sɪfərəs] *adj* : ruidoso, vociferante

vodka ['vɑdkə] *n* : vodka *m*

vogue ['vo:g] *n* : moda *f*, boga *f* ⟨to be in vogue : estar de moda, estar en boga⟩

voice[1] ['vɔɪs] *vt* **voiced; voicing** : expresar

voice[2] *n* 1 : voz *f* ⟨in a low voice : en voz baja⟩ ⟨to lose one's voice : quedarse sin voz⟩ ⟨the voice of the people : la voz del pueblo⟩ 2 to make one's voice heard : hacerse oír

voice box → larynx

voiced ['vɔɪst] *adj* : sonoro

voice mail *n* : correo *m* de voz

void[1] ['vɔɪd] *vt* : anular, invalidar ⟨to void a contract : anular un contrato⟩

void[2] *adj* 1 EMPTY : vacío, desprovisto ⟨void of content : desprovisto de contenido⟩ 2 INVALID : inválido, nulo

void[3] *n* : vacío *m*

volatile ['vɑlətəl] *adj* : volátil, inestable

volatility [ˌvɑlə'tɪləti] *n* : volatilidad *f*, inestabilidad *f*

volcanic [vɑl'kænɪk] *adj* : volcánico

volcano [vɑl'keɪˌno:] *n, pl* **-noes** *or* **-nos** : volcán *m*

vole ['vo:l] *n* : campañol *m*

volition [vo'lɪʃən] *n* : volición *f*, voluntad *f* ⟨of one's own volition : por voluntad propia⟩

volley ['vɑli] *n, pl* **-leys** 1 : descarga *f* (de tiros) 2 : torrente *m*, lluvia *f* (de insultos, etc.) 3 : salva *f* (de aplausos) 4 : volea *f* (en deportes)

volleyball ['vɑliˌbɔl] *n* : voleibol *m*

volt ['vo:lt] *n* : voltio *m*

voltage ['vo:ltɪʤ] *n* : voltaje *m*

volubility [ˌvɑljə'bɪləti] *n* : locuacidad *f*

voluble ['vɑljəbəl] *adj* : locuaz

volume ['vɑljəm, -juːm] *n* 1 BOOK : volumen *m*, tomo *m* 2 SPACE : capacidad *f*, volumen *m* (en física) 3 AMOUNT : cantidad *f*, volumen *m* 4 LOUDNESS : volumen *m*

voluminous [və'luːmənəs] *adj* : voluminoso

voluntary ['vɑlənˌtɛri] *adj* : voluntario — **voluntarily** [ˌvɑlən'tɛrəli] *adv*

volunteer[1] [ˌvɑlən'tɪr] *vt* : ofrecer, dar ⟨to volunteer one's assistance : ofrecer la ayuda⟩ — *vi* : ofrecerse, alistarse como voluntario

volunteer[2] *n* : voluntario *m*, -ria *f*

voluptuous [və'lʌptʃuəs] *adj* : voluptuoso

vomit[1] ['vɑmət] *v* : vomitar

vomit[2] *n* : vómito *m*

voodoo ['vuːˌduː] *n, pl* **voodoos** : vudú *m*

voracious [və'reɪʃəs, və-] *adj* : voraz

voraciously [və'reɪʃəsli, və-] *adv* : vorazmente, con voracidad

vortex ['vɔrˌtɛks] *n, pl* **vortices** ['vɔrtəˌsiːz] : vórtice *m*

vote[1] ['vo:t] *vi* **voted; voting** : votar ⟨to vote Democratic : votar por los demócratas⟩

vote[2] *n* 1 : voto *m* 2 SUFFRAGE : sufragio *m*, derecho *m* al voto

voter ['vo:tər] *n* : votante *mf*

voting ['vo:tɪŋ] *n* : votación *f*

vouch ['vaʊtʃ] *vi* **to vouch for** : garantizar (algo), responder de (algo), responder por (alguien)

voucher ['vaʊtʃər] *n* 1 RECEIPT : comprobante *m* 2 : vale *m* ⟨travel voucher : vale de viaje⟩

vow[1] ['vaʊ] *vt* : jurar, prometer, hacer voto de

vow[2] *n* : promesa *f*, voto *m* (en la religión) ⟨a vow of poverty : un voto de pobreza⟩

vowel ['vaʊəl] *n* : vocal *m*

voyage[1] ['vɔɪʤ] *vi* **-aged; -aging** : viajar

voyage[2] *n* : viaje *m*

voyager ['vɔɪʤər] *n* : viajero *m*, -ra *f*

vulcanize ['vʌlkəˌnaɪz] *vt* **-nized; -nizing** : vulcanizar

vulgar ['vʌlgər] *adj* 1 COMMON, PLEBIAN : ordinario, populachero, del vulgo 2 COARSE, CRUDE : grosero, de mal gusto, majadero *Mex* 3 INDECENT : indecente, colorado (dícese de un chiste, etc.)

vulgarity [ˌvʌl'gærəti] *n, pl* **-ties** : grosería *f*, vulgaridad *f*

vulgarly ['vʌlgərli] *adv* : vulgarmente, groseramente

vulnerability [ˌvʌlnərə'bɪləti] *n, pl* **-ties** : vulnerabilidad *f*

vulnerable ['vʌlnərəbəl] *adj* : vulnerable

vulture ['vʌltʃər] *n* : buitre *m*, zopilote *m* *CA, Mex*

vying → vie

W

w ['dʌbəl,ju:] *n, pl* **w's** *or* **ws** [-,ju:z]
: vigésima tercera letra del alfabeto inglés

wad¹ ['wɑd] *vt* **wadded; wadding 1**
: hacer un taco con, formar en una
masa **2** STUFF : rellenar

wad² *n* : taco *m* (de papel), bola *f* (de algodón, etc.), fajo *m* (de billetes)

waddle¹ ['wɑdəl] *vi* **-dled; -dling** : andar
como un pato

waddle² *n* : andar *m* de pato

wade ['weɪd] *v* **waded; wading vi 1**
: caminar por el agua **2 to wade
through** : leer (algo) con dificultad —
vt or **to wade across** : vadear

wading bird *n* : zancuda *f*, ave *f* zancuda

wafer ['weɪfər] *n* : barquillo *m*, galleta *f*
de barquillo

waffle ['wɑfəl] *n* **1** : wafle *m* **2 waffle
iron** : waflera *f*

waft ['wɑft, 'wæft] *vt* : llevar por el aire
— *vi* : flotar

wag¹ ['wæg] *v* **wagged; wagging** *vt* : menear — *vi* : menearse, moverse

wag² *n* **1** : meneo *m* (de la cola) **2** JOK-
ER, WIT : bromista *mf*

wage¹ ['weɪdʒ] *vt* **waged; waging** : hacer, librar ⟨to wage war : hacer la gue-
rra⟩

wage² *n or* **wages** *npl* : sueldo *m*, salario
m ⟨minimum wage : salario mínimo⟩

wager¹ ['weɪdʒər] *v* : apostar

wager² *n* : apuesta *f*

waggish ['wægɪʃ] *adj* : burlón, bromista
(dícese de una persona), chistoso
(dícese de un comentario)

waggle ['wægəl] *vt* **-gled; -gling** : menear, mover (de un lado a otra)

wagon ['wægən] *n* **1** : carro *m* (tirado
por caballos) **2** CART : carrito *m* **3** →
station wagon

waif ['weɪf] *n* : niño *m* abandonado, animal *m* sin hogar

wail¹ ['weɪl] *vi* : gemir, lamentarse

wail² *n* : gemido *m*, lamento *m*

wainscot ['weɪnskət, -,skɑt, -,sko:t] *or*
wainscoting [-skətɪŋ, -,skɑ-, -,sko:-] *n*
: boiserie *f*, revestimiento *m* de paneles de madera

waist ['weɪst] *n* **1** : cintura *f* (del cuerpo
humano), talle *m* (de ropa)

waistline ['weɪst,laɪn] → **waist**

wait¹ ['weɪt] *vi* : esperar ⟨to wait for
something : esperar algo⟩ ⟨wait and
see! : ¡espera y verás!⟩ ⟨I can't wait : me
muero de ganas⟩ — *vt* **1** AWAIT : esperar **2** DELAY : retrasar ⟨don't wait
lunch : no retrase el almuerzo⟩ **3**
SERVE : servir, atender ⟨to wait tables
: servir (a la mesa)⟩

wait² *n* **1** : espera *f* **2 to lie in wait** : estar al acecho

waiter ['weɪtər] *n* : mesero *m*, camarero
m, mozo *m* Arg, Chile, Col, Peru

waiting room *n* : sala *f* de espera

waitress ['weɪtrəs] *n* : mesera *f*, camarera *f*, moza *f* Arg, Chile, Col, Peru

waive ['weɪv] *vt* **waived; waiving** : renunciar a ⟨to waive one's rights : renunciar a sus derechos⟩ ⟨to waive the
rules : no aplicar las reglas⟩

waiver ['weɪvər] *n* : renuncia *f*

wake¹ ['weɪk] *v* **woke** ['wo:k]; **woken**
['wo:kən] *or* **waked; waking** *vi or* **to
wake up** : despertar(se) ⟨he woke at
noon : se despertó al mediodía⟩ ⟨wake
up! : ¡despiértate!⟩ — *vt* : despertar

wake² *n* **1** VIGIL : velatorio *m*, velorio
m (de un difunto) **2** TRAIL : estela *f* (de
un barco, un huracán, etc.) **3** AFTER-
MATH : consecuencias *fpl* ⟨in the wake
of : tras, como consecuencia de⟩

wakeful ['weɪkfəl] *adj* **1** SLEEPLESS
: desvelado **2** VIGILANT : alerta, vigilante

waken ['weɪkən] → **awake**

walk¹ ['wɔk] *vi* **1** : caminar, andar,
pasear ⟨you're walking too fast : estás
caminando demasiado rápido⟩ ⟨to
walk around the city : pasearse por la
ciudad⟩ **2** : ir andando, ir a pie ⟨we
had to walk home : tuvimos que ir a
casa a pie⟩ **3** : darle base por bolas (a
un bateador) — *vt* **1** : recorrer, caminar ⟨she walked two miles : caminó dos
millas⟩ **2** ACCOMPANY : acompañar **3**
: sacar a pasear (a un perro)

walk² *n* **1** : paseo *m*, caminata *f* ⟨to go
for a walk : ir a caminar, dar un paseo⟩
2 PATH : camino *m* **3** GAIT : andar *m*
4 : marcha *f* (en beisbol) **5 walk of life**
: esfera *f*, condición *f*

walker ['wɔkər] *n* **1** : paseante *mf* **2** HIK-
ER : excursionista *mf* **3** : andador *m*
(aparato)

walking stick *n* : bastón *m*

walkout ['wɔk,aʊt] *n* STRIKE : huelga *f*

walk out *vi* **1** STRIKE : declararse en
huelga **2** LEAVE : salir, irse **3 to walk
out on** : abandonar, dejar

walkway ['wɔk,weɪ] *n* **1** SIDEWALK : acera *f* **2** PATH : sendero *m* **3** PASSAGE-
WAY : pasadizo *m*

wall¹ ['wɔl] *vt* **1 to wall in** : cercar con
una pared o un muro, tapiar, amura-
llar **2 to wall off** : separar con una
pared o un muro **3 to wall up** : tapiar,
condenar (una ventana, etc.)

wall² *n* **1** : muro *m* (exterior) ⟨the walls
of the city : las murallas de la ciudad⟩
2 : pared *f* (interior) **3** BARRIER : barrera *f* ⟨a wall of mountains : una barrera de montañas⟩ **4** : pared *f* (en
anatomía)

wallaby ['wɑləbi] *n, pl* **-bies** : ualabí *m*

walled ['wɔld] *adj* : amurallado

wallet ['wɑlət] *n* : billetera *f*, cartera *f*

wallflower ['wɔl,flaʊər] *n* **1** : alhelí *m*
(flor) **2 to be a wallflower** : comer pavo

wallop¹ ['wɑləp] *vt* **1** TROUNCE : darle
una paliza (a alguien) **2** SOCK : pegar
fuerte

wallop² n : golpe m fuerte, golpazo m

wallow¹ ['wɑˌlo:] vi 1 : revolcarse ⟨to wallow in the mud : revolcarse en el lodo⟩ 2 DELIGHT : deleitarse ⟨to wallow in luxury : nadar en lujos⟩

wallow² n : revolcadero m (para animales)

wallpaper¹ ['wɔlˌpeɪpər] vt : empapelar

wallpaper² n : papel m pintado

walnut ['wɔlˌnʌt] n 1 : nuez f (fruta) 2 : nogal m (árbol y madera)

walrus ['wɔlrəs, 'wɑl-] n, pl **-rus** or **-ruses** : morsa f

waltz¹ ['wɔlts] vi 1 : valsar, bailar el vals 2 BREEZE : pasar con ligereza ⟨to waltz in : entrar tan campante⟩

waltz² n : vals m

wan ['wɑn] adj **wanner; -est** 1 PALLID : pálido 2 DIM : tenue ⟨wan light : luz tenue⟩ 3 LANGUID : lánguido ⟨a wan smile : una sonrisa lánguida⟩ — **wanly** adv

wand ['wɑnd] n : varita f (mágica)

wander ['wɑndər] vi 1 RAMBLE : deambular, vagar, vagabundear 2 STRAY : alejarse, desviarse, divagar ⟨she let her mind wander : dejó vagar la imaginación⟩ — vt : recorrer ⟨to wander the streets : vagar por las calles⟩

wanderer ['wɑndərər] n : vagabundo m, -da f; viajero m, -ra f

wanderlust ['wɑndərˌlʌst] n : pasión f por viajar

wane¹ ['weɪn] vi **waned; waning** 1 : menguar (dícese de la luna) 2 DECLINE : disminuir, decaer, menguar

wane² n on the wane : decayendo, en decadencia

wangle ['wæŋgəl] vt **-gled; -gling** FINAGLE : arreglárselas para conseguir

wannabe ['wɑnəˌbi:] n : aspirante mf (a algo); imitador m, -dora f (de alguien)

want¹ ['wɑnt, 'wɔnt] vt 1 LACK : faltar 2 REQUIRE : requerir, necesitar 3 DESIRE : querer, desear

want² n 1 LACK : falta f 2 DESTITUTION : indigencia f, miseria f 3 DESIRE, NEED : deseo m, necesidad f

wanting ['wɑntɪŋ, 'wɔn-] adj 1 ABSENT : ausente 2 DEFICIENT : deficiente ⟨he's wanting in common sense : le falta sentido común⟩

wanton ['wɑntən, 'wɔn-] adj 1 LEWD, LUSTFUL : lascivo, lujurioso, licencioso 2 INHUMANE, MERCILESS : despiadado ⟨wanton cruelty : crueldad despiadada⟩

wapiti ['wɑpəti] n, pl **-ti** or **-tis** : uapití m

war¹ ['wɔr] vi **warred; warring** : combatir, batallar, hacer la guerra

war² n : guerra f ⟨to go to war : entrar en guerra⟩

warble¹ ['wɔrbəl] vi **-bled; -bling** : gorjear, trinar

warble² n : trino m, gorjeo m

warbler ['wɔrblər] n : pájaro m gorjeador, curruca f

ward¹ ['wɔrd] vt to ward off : desviar, protegerse contra

ward² n 1 : sala f (de un hospital, etc.) ⟨maternity ward : sala de maternidad⟩ 2 : distrito m electoral o administrativo (de una ciudad) 3 : pupilo m, -la f (de un tutor, etc.)

warden ['wɔrdən] n 1 KEEPER : guarda mf; guardián m, -diana f ⟨game warden : guardabosque⟩ 2 or **prison warden** : alcaide m

wardrobe ['wɔrdˌroːb] n 1 CLOSET : armario m 2 CLOTHES : vestuario m, guardarropa f

ware ['wær] n 1 POTTERY : cerámica f 2 **wares** npl GOODS : mercancía f, mercadería f

warehouse ['wærˌhaʊs] n : depósito m, almacén m, bodega f Chile, Col, Mex

warfare ['wɔrˌfær] n 1 WAR : guerra f 2 STRUGGLE : lucha f ⟨the warfare against drugs : la lucha contra las drogas⟩

warhead ['wɔrˌhɛd] n : ojiva f, cabeza f (de un misil)

warily ['wæræli] adv : cautelosamente, con cautela

wariness ['wærinəs] n : cautela f

warlike ['wærˌlaɪk] adj : belicoso, guerrero

warm¹ ['wɔrm] vt 1 HEAT : calentar, recalentar 2 to warm one's heart : reconfortar a uno, alegrar el corazón 3 to warm up : calentar (los músculos, un automóvil, etc.) — vi 1 : calentarse 2 to warm to : tomarle simpatía (a alguien), entusiasmarse con (algo)

warm² adj 1 LUKEWARM : tibio, templado 2 : caliente, cálido, caluroso ⟨a warm wind : un viento cálido⟩ ⟨a warm day : un día caluroso, un día de calor⟩ ⟨warm hands : manos calientes⟩ 3 : caliente, que abriga ⟨warm clothes : ropa de abrigo⟩ ⟨I feel warm : tengo calor⟩ 4 CARING, CORDIAL : cariñoso, cordial 5 : cálido (dícese de colores) 6 FRESH : fresco, reciente ⟨a warm trail : un rastro reciente⟩ 7 (used for riddles) : caliente

warm–blooded ['wɔrm'blʌdəd] adj : de sangre caliente

warmhearted ['wɔrm'hɑrtəd] adj : cariñoso

warmly ['wɔrmli] adv 1 AFFECTIONATELY : calurosamente, afectuosamente 2 to dress warmly : abrigarse

warmonger ['wɔrˌmɑŋgər, -ˌmʌŋ-] n : belicista mf

warmth ['wɔrmpθ] n 1 : calor m 2 AFFECTION : cariño m, afecto m 3 ENTHUSIASM : ardor m, entusiasmo m

warm–up ['wɔrmˌʌp] n : calentamiento m

warn ['wɔrn] vt 1 CAUTION : advertir, alertar 2 INFORM : avisar, informar

warning ['wɔrnɪŋ] n 1 ADVICE : advertencia f, aviso m 2 ALERT : alerta f, alarma f

warp¹ ['wɔrp] vt 1 : alabear, combar 2 PERVERT : pervertir, deformar — vi : pandearse, alabearse, combarse

warp² *n* **1** : urdimbre *f* ⟨the warp and the weft : la urdimbre y la trama⟩ **2** : alabeo *m* (en la madera, etc.)

warrant¹ [ˈwɔrənt] *vt* **1** ASSURE : asegurar, garantizar **2** GUARANTEE : garantizar **3** JUSTIFY, MERIT : justificar, merecer

warrant² *n* **1** AUTHORIZATION : autorización *f*, permiso *m* ⟨an arrest warrant : una orden de detención⟩ **2** JUSTIFICATION : justificación *f*

warranty [ˈwɔrənti, ˌwɔrənˈtiː] *n, pl* **-ties** : garantía *f*

warren [ˈwɔrən] *n* : madriguera *f* (de conejos)

warrior [ˈwɔriər] *n* : guerrero *m*, -ra *f*

warship [ˈwɔrˌʃɪp] *n* : buque *m* de guerra

wart [ˈwɔrt] *n* : verruga *f*

wartime [ˈwɔrˌtaɪm] *n* : tiempo *m* de guerra

wary [ˈwæri] *adj* **warier; -est** : cauteloso, receloso ⟨to be wary of : desconfiar de⟩

was → be

wash¹ [ˈwɔʃ, ˈwaʃ] *vt* **1** CLEAN : lavar(se), limpiar, fregar ⟨to wash the dishes : lavar los platos⟩ ⟨to wash one's hands : lavarse las manos⟩ **2** DRENCH : mojar **3** LAP : bañar ⟨waves were washing the shore : las olas bañaban la orilla⟩ **4** CARRY, DRAG : arrastrar **5** to wash away : llevarse (un puente, etc.) — *vi* **1** : lavarse (dícese de una persona o la ropa) ⟨the dress washes well : el vestido se lava bien⟩ **2** to wash against *or* to wash over : bañar

wash² *n* **1** : lavado *m* ⟨to give something a wash : lavar algo⟩ **2** LAUNDRY : artículos *mpl* para lavar, ropa *f* sucia **3** : estela *f* (de un barco)

washable [ˈwɔʃəbəl, ˈwaʃ-] *adj* : lavable

washboard [ˈwɔʃˌbɔrd, ˈwaʃ-] *n* : tabla *f* de lavar

washbowl [ˈwɔʃˌboːl, ˈwaʃ-] *n* : lavabo *m*, lavamanos *m*

washcloth [ˈwɔʃˌklɔθ, ˈwaʃ-] *n* : toallita *f* (para lavarse)

washed-out [ˈwɔʃtˈaʊt, ˈwaʃt-] *adj* **1** : desvaído (dícese de colores) **2** EXHAUSTED : agotado, desanimado

washed-up [ˈwɔʃtˈʌp, ˈwaʃt-] *adj* : acabado (dícese de una persona), fracasado (dícese de un negocio, etc.)

washer [ˈwɔʃər, ˈwa-] *n* **1** → washing machine **2** : arandela *f* (de una llave, etc.)

washing [ˈwɔʃɪŋ, ˈwa-] *n* WASH : ropa *f* para lavar

washing machine *n* : máquina *f* de lavar, lavadora *f*

washout [ˈwɔʃˌaʊt, ˈwaʃ-] *n* **1** : erosión *f* (de la tierra) **2** FAILURE : fracaso *m* ⟨he's a washout : es un desastre⟩

washroom [ˈwɔʃˌruːm, ˈwaʃ-, -ˌrʊm] *n* : servicios *mpl* (públicos), baño *m*, sanitario *m* Col, Mex, Ven

wasn't [ˈwazənt] (*contraction of* **was not**) → **be**

wasp [ˈwasp] *n* : avispa *f*

waspish [ˈwaspɪʃ] *adj* **1** IRRITABLE : irritable, irascible **2** CAUSTIC : cáustico, mordaz

waste¹ [ˈweɪst] *v* **wasted; wasting** *vt* **1** DEVASTATE : arrasar, arruinar, devastar **2** SQUANDER : desperdiciar, malgastar ⟨to waste time : perder tiempo⟩ — *vi or* to waste away : consumirse, chuparse

waste² *adj* **1** BARREN : yermo, baldío **2** DISCARDED : de desecho **3** EXCESS : sobrante

waste³ *n* **1** → wasteland **2** MISUSE : derroche *m*, desperdicio *m*, despilfarro *m* ⟨a waste of time : una pérdida de tiempo⟩ **3** RUBBISH : basura *f*, desechos *mpl*, desperdicios *mpl* **4** EXCREMENT : excremento *m*

wastebasket [ˈweɪstˌbæskət] *n* : cesto *m* (de basura), papelera *f*, zafacón *m* Car

wasteful [ˈweɪstfəl] *adj* : despilfarrador, derrochador, pródigo

wastefulness [ˈweɪstfəlnəs] *n* : derroche *m*, despilfarro *m*

wasteland [ˈweɪstˌlænd, -lənd] *n* : baldío *m*, yermo *m*, desierto *m*

watch¹ [ˈwatʃ] *vi* **1** *or* to keep watch : velar **2** OBSERVE : mirar, ver, observar **3** to watch for AWAIT : esperar, quedar a la espera de **4** to watch out : tener cuidado ⟨watch out! : ¡ten cuidado!, ¡ojo!⟩ — *vt* **1** OBSERVE : mirar, observar **2** *or* to watch over : vigilar, cuidar **3** : tener cuidado de ⟨watch what you do : ten cuidado con lo que haces⟩

watch² *n* **1** : guardia *f* ⟨to be on watch : estar de guardia⟩ **2** SURVEILLANCE : vigilancia *f* **3** LOOKOUT : guardia *mf*, centinela *f*, vigía *mf* **4** TIMEPIECE : reloj *m*

watchdog [ˈwatʃˌdɔg] *n* : perro *m* guardián

watcher [ˈwatʃər] *n* : observador *m*, -dora *f*

watchful [ˈwatʃfəl] *adj* : alerta, vigilante, atento

watchfulness [ˈwatʃfəlnəs] *n* : vigilancia *f*

watchman [ˈwatʃmən] *n, pl* **-men** [-mən, -ˌmɛn] : vigilante *m*, guarda *m*

watchword [ˈwatʃˌwərd] *n* **1** PASSWORD : contraseña *f* **2** SLOGAN : lema *m*, eslogan *m*

water¹ [ˈwɔtər, ˈwa-] *vt* **1** : regar (el jardín, etc.) **2** to water down DILUTE : diluir, aguar — *vi* : lagrimear (dícese de los ojos), hacérsele agua la boca a uno ⟨my mouth is watering : se me hace agua la boca⟩

water² *n* : agua *f*

water buffalo *n* : búfalo *m* de agua

watercolor [ˈwɔtərˌkʌlər, ˈwa-] *n* : acuarela *f*

watercourse [ˈwɔtərˌkors, ˈwa-] *n* : curso *m* de agua

watercress [ˈwɔtərˌkrɛs, ˈwa-] *n* : berro *m*

waterfall ['wɔt̬ər,fɔl, 'wɑ-] n : cascada f, salto m de agua, catarata f

waterfowl ['wɔt̬ər,faul, 'wɑ-] n : ave f acuática

waterfront ['wɔt̬ər,frʌnt, 'wɑ-] n 1 : tierra f que bordea un río, un lago, o un mar 2 WHARF : muelle m

water lily n : nenúfar m

waterlogged ['wɔt̬ər,lɔgd, 'wɑt̬ər-,lɑgd] adj : lleno de agua, empapado, inundado (dícese del suelo)

watermark ['wɔt̬ər,mɑrk, 'wɑ-] n 1 : marca f del nivel de agua 2 : filigrana f (en el papel)

watermelon ['wɔt̬ər,mɛlən, 'wɑ-] n : sandía f

water moccasin → **moccasin**

waterpower ['wɔt̬ər,pauər, 'wɑ-] n : energía f hidráulica

waterproof¹ ['wɔt̬ər,pruːf, 'wɑ-] vt : hacer impermeable, impermeabilizar

waterproof² adj : impermeable, a prueba de agua

watershed ['wɔt̬ər,ʃɛd, 'wɑ-] n 1 : línea f divisoria de aguas 2 BASIN : cuenca f (de un río)

waterskiing ['wɔt̬ər,skiːɪŋ, 'wɑ-] n : esquí m acuático

waterspout ['wɔt̬ər,spaut, 'wɑ-] n WHIRLWIND : tromba f marina

watertight ['wɔt̬ər,tait, 'wɑ-] adj 1 : hermético 2 IRREFUTABLE : irrebatible, irrefutable ⟨a watertight contract : un contrato sin lagunas⟩

waterway ['wɔt̬ər,wei, 'wɑ-] n : vía f navegable

waterworks ['wɔt̬ər,wərks, 'wɑ-] npl : central f de abastecimiento de agua

watery ['wɔt̬əri, 'wɑ-] adj 1 : acuoso, como agua 2 : aguado, diluido ⟨watery soup : sopa aguada⟩ 3 : lloroso ⟨watery eyes : ojos llorosos⟩ 4 WASHED-OUT : desvaído (dícese de colores)

watt ['wɑt] n : vatio m

wattage ['wɑt̬ɪdʒ] n : vataje m

wattle ['wɑt̬əl] n : carúncula f (de un ave, etc.)

wave¹ ['weiv] v **waved; waving** vi 1 : saludar con la mano, hacer señas con la mano ⟨she waved at him : lo saludó con la mano⟩ 2 FLUTTER, SHAKE : ondear, agitarse 3 UNDULATE : ondular — vt 1 SHAKE : agitar 2 BRANDISH : blandir 3 CURL : ondular, marcar (el pelo) 4 SIGNAL : hacerle señas a (con la mano) ⟨he waved farewell : se despidió con la mano⟩

wave² n 1 : ola f (de agua) 2 CURL : onda f (en el pelo) 3 : onda f (en física) 4 SURGE : oleada f ⟨a wave of enthusiasm : una oleada de entusiasmo⟩ 5 GESTURE : señal f con la mano, saludo m con la mano

wavelength ['weiv,lɛŋkθ] n : longitud f de onda

waver ['weivər] vi 1 VACILLATE : vacilar, fluctuar 2 FLICKER : parpadear, titilar, oscilar 3 FALTER : flaquear, tambalearse

wavy ['weivi] adj **wavier; -est** : ondulado

wax¹ ['wæks] vi 1 : crecer (dícese de la luna) 2 BECOME : volverse, ponerse ⟨to wax indignant : indignarse⟩ — vt : encerar

wax² n 1 BEESWAX : cera f de abejas 2 : cera f ⟨floor wax : cera para el piso⟩ 3 or earwax ['ɪr,wæks] : cerilla f, cerumen m

waxen ['wæksən] adj : de cera

waxy ['wæksi] adj **waxier; -est** : ceroso

way ['wei] n 1 PATH, ROAD : camino m, vía f 2 ROUTE : camino m, ruta f ⟨to go the wrong way : equivocarse de camino⟩ ⟨I'm on my way : estoy de camino⟩ 3 : línea f de conducta, camino m ⟨he chose the easy way : optó por el camino fácil⟩ 4 MANNER, MEANS : manera f, modo m, forma f ⟨in the same way : del mismo modo, igualmente⟩ ⟨there are no two ways about it : no cabe la menor duda⟩ ⟨no way! : ¡de ninguna manera!⟩ 5 (indicating a wish) ⟨have it your way : como tú quieras⟩ ⟨to get one's own way : salirse uno con la suya⟩ 6 STATE : estado m ⟨things are in a bad way : las cosas marchan mal⟩ 7 RESPECT : aspecto m, sentido m 8 CUSTOM : costumbre f ⟨to mend one's ways : dejar las malas costumbres⟩ 9 PASSAGE : camino m ⟨to get in the way : meterse en el camino⟩ 10 DISTANCE : distancia f ⟨to come a long way : hacer grandes progresos⟩ 11 DIRECTION : dirección f ⟨come this way : venga por aquí⟩ ⟨which way did he go? : ¿por dónde fue?⟩ 12 by the way : a propósito, por cierto 13 by way of VIA : vía, pasando por 14 out of the way REMOTE : remoto, recóndito 15 → under way

wayfarer ['wei,færər] n : caminante mf

waylay ['wei,lei] vt **-laid** [-,leid]; **-laying** ACCOST : abordar

wayside ['wei,said] n : borde m del camino

wayward ['weiwərd] adj 1 UNRULY : díscolo, rebelde 2 UNTOWARD : adverso

we ['wiː] pron : nosotros, nosotras

weak ['wiːk] adj 1 FEEBLE : débil, endeble 2 : flojo, pobre ⟨a weak excuse : una excusa poco convincente⟩ 3 DILUTED : aguado, diluido ⟨weak tea : té poco cargado⟩ 4 FAINT : tenue (dícese de los colores, las luces, los sonidos, etc.)

weaken ['wiːkən] vt : debilitar — vi : debilitarse, flaquear

weakling ['wiːklɪŋ] n : alfeñique m fam; debilucho m, -cha f

weakly¹ ['wiːkli] adv : débilmente

weakly² adj **weaklier; -est** : débil, enclenque

weakness ['wiːknəs] n 1 FEEBLENESS : debilidad f 2 FAULT, FLAW : flaqueza f, punto m débil

wealth [ˈwɛlθ] n 1 RICHES : riqueza f 2 PROFUSION : abundancia f, profusión f

wealthy [ˈwɛlθi] adj **wealthier; -est** : rico, acaudalado, adinerado

wean [ˈwiːn] vt 1 : destetar (a los niños o las crías) 2 **to wean someone away from** : quitarle a alguien la costumbre de

weapon [ˈwɛpən] n : arma f

weaponless [ˈwɛpənləs] adj : desarmado

weaponry [ˈwɛpənri] n : armamento m

wear¹ [ˈwær] v **wore** [ˈwor]; **worn** [ˈworn]; **wearing** vt 1 : llevar (ropa, un reloj, etc.), calzar (zapatos) ⟨to wear a happy smile : sonreír alegremente⟩ 2 or **to wear away** : desgastar, erosionar (rocas, etc.) 3 **to wear out** : gastar ⟨he wore out his shoes : gastó sus zapatos⟩ 4 **to wear out** EXHAUST : agotar, fatigar ⟨to wear oneself out : agotarse⟩ — vi 1 LAST : durar 2 **to wear off** DIMINISH : disminuir 3 **to wear out** : gastarse

wear² n 1 USE : uso m ⟨for everyday wear : para todos los días⟩ 2 CLOTHING : ropa f ⟨children's wear : ropa de niños⟩ 3 DETERIORATION : desgaste m ⟨to be the worse for wear : estar deteriorado⟩

wearable [ˈwærəbəl] adj : que puede ponerse (dícese de una prenda)

wear and tear n : desgaste m

weariness [ˈwirinəs] n : fatiga f, cansancio m

wearisome [ˈwirisəm] adj : aburrido, pesado, cansado

weary¹ [ˈwiri] v **-ried; -rying** vt 1 TIRE : cansar, fatigar 2 BORE : hastiar, aburrir — vi : cansarse

weary² adj **-rier; -est** 1 TIRED : cansado 2 FED UP : harto 3 BORED : aburrido

weasel [ˈwiːzəl] n : comadreja f

weather¹ [ˈwɛðər] vt 1 WEAR : erosionar, desgastar 2 ENDURE : aguantar, sobrellevar, capear ⟨to weather the storm : capear el temporal⟩

weather² n : tiempo m

weather-beaten [ˈwɛðərˌbiːtən] adj : curtido

weatherman [ˈwɛðərˌmæn] n, pl **-men** [-mən, -ˌmɛn] METEOROLOGIST : meteorólogo m, -ga f

weatherproof [ˈwɛðərˌpruːf] adj : que resiste a la intemperie, impermeable

weather vane → **vane**

weave¹ [ˈwiːv] v **wove** [ˈwoːv] or **weaved**; **woven** [ˈwoːvən] or **weaved**; **weaving** vt 1 : tejer (tela) 2 INTERLACE : entretejer, entrelazar 3 **to weave one's way through** : abrirse camino por — vi 1 : tejer 2 WIND : serpentear, zigzaguear

weave² n : tejido m, trama f

weaver [ˈwiːvər] n : tejedor m, -dora f

web¹ [ˈwɛb] vt **webbed; webbing** : cubrir o proveer con una red

web² n 1 COBWEB, SPIDERWEB : telaraña f, tela f de araña 2 ENTANGLEMENT, SNARE : red f, enredo m ⟨a web of intrigue : una red de intriga⟩ 3 : membrana f interdigital (de aves) 4 NETWORK : red f ⟨a web of highways : una red de carreteras⟩ 5 **the Web** : la web

webbed [ˈwɛbd] adj : palmeado ⟨webbed feet : patas palmeadas⟩

Web site n : sitio m web

wed [ˈwɛd] vt **wedded; wedding** 1 MARRY : casarse con 2 UNITE : ligar, unir

we'd [ˈwiːd] (contraction of **we had, we should,** or **we would**) → **have, should, would**

wedding [ˈwɛdɪŋ] n : boda f, casamiento m

wedge¹ [ˈwɛdʒ] vt **wedged; wedging** 1 : apretar (con una cuña) ⟨to wedge open : mantener abierto con una cuña⟩ 2 CRAM : meter, embutir

wedge² n 1 : cuña f 2 PIECE : porción f, trozo m

wedlock [ˈwɛdˌlɑk] → **marriage**

Wednesday [ˈwɛnzˌdeɪ, -diː] n : miércoles m

wee [ˈwiː] adj : pequeño, minúsculo ⟨in the wee hours : a las altas horas⟩

weed¹ [ˈwiːd] vt 1 : desherbar, desyerbar 2 **to weed out** : eliminar, quitar

weed² n : mala hierba f

weedy [ˈwiːdi] adj **weedier; -est** 1 : cubierto de malas hierbas 2 LANKY, SKINNY : flaco, larguirucho fam

week [ˈwiːk] n : semana f

weekday [ˈwiːkˌdeɪ] n : día m laborable

weekend [ˈwiːkˌɛnd] n : fin m de semana

weekly¹ [ˈwiːkli] adv : semanalmente

weekly² adj : semanal

weekly³ n, pl **-lies** : semanario m

weep [ˈwiːp] v **wept** [ˈwɛpt]; **weeping** : llorar

weeping willow n : sauce m llorón

weepy [ˈwiːpi] adj **weepier; -est** : lloroso, triste

weevil [ˈwiːvəl] n : gorgojo m

weft [ˈwɛft] n : trama f

weigh [ˈweɪ] vt 1 : pesar 2 CONSIDER : considerar, sopesar 3 **to weigh anchor** : levar anclas 4 **to weigh down** : sobrecargar (con una carga), abrumar (con preocupaciones, etc.) — vi 1 : pesar ⟨it weighs 10 pounds : pesa 10 libras⟩ 2 COUNT : tener importancia, contar 3 **to weigh on one's mind** : preocuparle a uno

weight¹ [ˈweɪt] vt 1 : poner peso en, sujetar con un peso 2 BURDEN : cargar, oprimir

weight² n 1 HEAVINESS : peso m ⟨to lose weight : bajar de peso, adelgazar⟩ 2 : peso m ⟨weights and measures : pesos y medidas⟩ 3 : pesa f ⟨to lift weights : levantar pesas⟩ 4 BURDEN : peso m, carga f ⟨to take a weight off one's mind : quitarle un peso de encima a uno⟩ 5

IMPORTANCE : peso *m* 6 INFLUENCE : influencia *f*, autoridad *f* ⟨to throw one's weight around : hacer sentir su influencia⟩

weighty [ˈweɪti] *adj* **weightier; -est** 1 HEAVY : pesado 2 IMPORTANT : importante, de peso

weird [ˈwɪrd] *adj* 1 MYSTERIOUS : misterioso 2 STRANGE : extraño, raro — **.weirdly** *adv*

welcome[1] [ˈwɛlkəm] *vt* **-comed; -coming** : darle la bienvenida a, recibir

welcome[2] *adj* : bienvenido ⟨to make someone welcome : acoger bien a alguien⟩ ⟨you're welcome! : ¡de nada!, ¡no hay de qué!⟩

welcome[3] *n* : bienvenida *f*, recibimiento *m*, acogida *f*

weld[1] [ˈwɛld] *v* : soldar

weld[2] *n* : soldadura *f*

welder [ˈwɛldər] *n* : soldador *m*, -dora *f*

welfare [ˈwɛlˌfær] *n* 1 WELL-BEING : bienestar *m* 2 : asistencia *f* social

well[1] [ˈwɛl] *vi or* **to well up** : brotar, manar

well[2] *adv* **better** [ˈbɛtər]; **best** [ˈbɛst] 1 RIGHTLY : bien, correctamente 2 SATISFACTORILY : bien ⟨to turn out well : resultar bien, salir bien⟩ 3 COMPLETELY : completamente ⟨well-hidden : completamente escondido⟩ 4 INTIMATELY : bien ⟨I knew him well : lo conocía bien⟩ 5 CONSIDERABLY, FAR : muy, bastante ⟨well ahead : muy adelante⟩ ⟨well before the deadline : bastante antes de la fecha⟩ 6 as well ALSO : también 7 → as well as

well[3] *adj* 1 SATISFACTORY : bien ⟨all is well : todo está bien⟩ 2 DESIRABLE : conveniente ⟨it would be well if you left : sería conveniente que te fueras⟩ 3 HEALTHY : bien, sano

well[4] *n* 1 : pozo *m* (de agua, petróleo, gas, etc.), aljibe *m* (de agua) 2 SOURCE : fuente *f* ⟨a well of information : una fuente de información⟩ 3 *or* **stairwell** : caja *f*, hueco *m* (de la escalera)

well[5] *interj* 1 (*used to introduce a remark*) : bueno 2 (*used to express surprise*) : ¡vaya!

we'll [ˈwiːl, wɪl] (*contraction of* **we shall** *or* **we will**) → **shall**, **will**

well-balanced [ˈwɛlˈbælənst] *adj* : equilibrado

well-being [ˈwɛlˈbiːɪŋ] *n* : bienestar *m*

well-bred [ˈwɛlˈbrɛd] *adj* : fino, bien educado

well-defined [ˌwɛldɪˈfaɪnd] *adj* : bien definido

well-done [ˈwɛlˈdʌn] *adj* 1 : bien hecho ⟨well-done! : ¡bravo!⟩ 2 : bien cocido

well-known [ˈwɛlˈnoːn] *adj* : famoso, bien conocido

well-meaning [ˈwɛlˈmiːnɪŋ] *adj* : bienintencionado, que tiene buenas intenciones

well-nigh [ˈwɛlˈnaɪ] *adv* : casi ⟨well-nigh impossible : casi imposible⟩

well-off [ˈwɛlˈɔf] → **well-to-do**

well-rounded [ˈwɛlˈraʊndəd] *adj* : completo, equilibrado

well-to-do [ˌwɛltəˈduː] *adj* : próspero, adinerado, rico

Welsh [ˈwɛlʃ] *n* 1 : galés *m*, galesa *f* 2 : galés *m* (idioma) — **Welsh** *adj*

welt [ˈwɛlt] *n* 1 : vira *f* (de un zapato) 2 WHEAL : verdugón *m*

welter [ˈwɛltər] *n* : fárrago *m*, revoltijo *m* ⟨a welter of data : un fárrago de datos⟩

wend [ˈwɛnd] *vi* **to wend one's way** : ponerse en camino, encaminar sus pasos

went → **go**[1]

wept → **weep**

were → **be**

we're [ˈwɪr, ˈwər, ˈwiːər] (*contraction of* **we are**) → **be**

werewolf [ˈwɪrˌwʊlf, ˈwɛr-, ˈwər-, ˌwʌlf] *n, pl* **-wolves** [ˌwʊlvz, ˌwʌlvz] : hombre *m* lobo

west[1] [ˈwɛst] *adv* : al oeste

west[2] *adj* : oeste, del oeste, occidental ⟨west winds : vientos del oeste⟩

west[3] *n* 1 : oeste *m* 2 **the West** : el Oeste, el Occidente

westerly [ˈwɛstərli] *adv & adj* : del oeste

western [ˈwɛstərn] *adj* 1 : Occidental, del Oeste 2 : occidental, oeste

Westerner [ˈwɛstərnər] *n* : habitante *mf* del oeste

West Indian *n* : antillano *m*, -na *f* — **West Indian** *adj*

westward [ˈwɛstwərd] *adv & adj* : hacia el oeste

wet[1] [ˈwɛt] *vt* **wet** *or* **wetted; wetting** : mojar, humedecer

wet[2] *adj* **wetter; wettest** 1 : mojado, húmedo ⟨wet clothes : ropa mojada⟩ 2 RAINY : lluvioso 3 **wet paint** : pintura *f* fresca

wet[3] *n* 1 MOISTURE : humedad *f* 2 RAIN : lluvia *f*

we've [ˈwiːv] (*contraction of* **we have**) → **have**

whack[1] [ˈhwæk] *vt* : golpear (fuertemente), aporrear

whack[2] *n* 1 : golpe *m* fuerte, porrazo *m* 2 ATTEMPT : intento *m*, tentativa *f*

whale[1] [ˈhweɪl] *vi* **whaled; whaling** : cazar ballenas

whale[2] *n, pl* **whales** *or* **whale** : ballena *f*

whaleboat [ˈhweɪlˌboːt] *n* : ballenero *m*

whalebone [ˈhweɪlˌboːn] *n* : barba *f* de ballena

whaler [ˈhweɪlər] *n* 1 : ballenero *m*, -ra *f* 2 → **whaleboat**

wharf [ˈhwɔrf] *n, pl* **wharves** [ˈhwɔrvz] : muelle *m*, embarcadero *m*

what[1] [ˈhwɑt, ˈhwʌt] *adv* 1 HOW : cómo, cuánto ⟨what he suffered! : ¡cómo sufría!⟩ 2 **what with** : entre ⟨what with one thing and another : entre una cosa y otra⟩

what[2] *adj* 1 (*used in questions*) : qué ⟨what more do you want? : ¿qué más quieres?⟩ ⟨what color is it? : ¿de qué color es?⟩ **2** (*used in exclamations*) : qué ⟨what an idea! : ¡qué idea!⟩ **3** ANY, WHATEVER : cualquier ⟨give what help you can : da cualquier contribución que puedas⟩

what³ *pron* **1** (*used in direct questions*) : qué ⟨what happened? : ¿qué pasó?⟩ ⟨what does it cost? : ¿cuánto cuesta?⟩ **2** (*used in indirect statements*) : lo que, que ⟨I don't know what to do : no sé que hacer⟩ ⟨do what I tell you : haz lo que te digo⟩ **3** WHAT for WHY : porqué **4** what if : y si ⟨what if he knows? : ¿y si lo sabe?⟩

whatever¹ [ʰwɑtˈɛvər, ʰwɑt-] *adj* **1** ANY : cualquier, cualquier . . . que ⟨whatever way you prefer : de cualquier manera que prefiera, como prefiera⟩ **2** (*in negative constructions*) ⟨there's no chance whatever : no hay ninguna posibilidad⟩ ⟨nothing whatever : nada en absoluto⟩

whatever² *pron* **1** ANYTHING : (todo) lo que ⟨I'll do whatever I want : haré lo que quiera⟩ **2** (*no matter what*) ⟨whatever it may be : sea lo que sea⟩ **3** WHAT : qué ⟨whatever do you mean? : ¿qué quieres decir?⟩

whatsoever¹ [ˌʰwɑtsoˈɛvər, ˌʰwɑt-] *adj* → **whatever¹**

whatsoever² *pron* → **whatever²**

wheal [ʰwiːl] *n* : verdugón *m*

wheat [ʰwiːt] *n* : trigo *m*

wheaten [ʰwiːtən] *adj* : de trigo

wheedle [ʰwiːdəl] *vt* -dled; -dling CAJOLE : engatusar ⟨to wheedle something out of someone : sonsacarle algo a alguien⟩

wheel¹ [ʰwiːl] *vt* : empujar (una bicicleta, etc.), mover (algo sobre ruedas) — *vi* **1** ROTATE : girar, rotar **2 to wheel around** TURN : darse la vuelta

wheel² *n.* **1** : rueda *f* **2 or steering wheel** : volante *m* (de automóviles, etc.), timón *m* (de barcos o aviones) **3 wheels** *npl* : maquinaria *f*, fuerza *f* impulsora ⟨the wheels of government : la maquinaria del gobierno⟩

wheelbarrow [ʰwiːlˌbærˌoː] *n* : carretilla *f*

wheelchair [ʰwiːlˌtʃær] *n* : silla *f* de ruedas

wheeze¹ [ʰwiːz] *vi* wheezed; wheezing : resollar, respirar con dificultad

wheeze² *n* : resuello *m*

whelk [ʰwɛlk] *n* : buccino *m*

whelp¹ [ʰwɛlp] *vi* : parir

whelp² *n* : cachorro *m*, -rra *f*

when¹ [ʰwɛn] *adv* : cuándo ⟨when will you return? : ¿cuándo volverás?⟩ ⟨he asked me when I would be home : me preguntó cuándo estaría en casa⟩

when² *conj* **1** (*referring to a particular time*) : cuando, en que ⟨when you are ready : cuando estés listo⟩ ⟨the days when I clean the house : los días en que limpio la casa⟩ **2** IF : cuando, si ⟨how can I go when I have no money?

: ¿cómo voy a ir si no tengo dinero?⟩ **3** ALTHOUGH : cuando ⟨you said it was big when actually it's small : dijiste que era grande cuando en realidad es pequeño⟩

when³ *pron* : cuándo ⟨since when are you the boss? : ¿desde cuándo eres el jefe?⟩

whence [ʰwɛnts] *adv* : de donde

whenever¹ [ʰwɛnˈɛvər] *adv* **1** : cuando sea ⟨tomorrow or whenever : mañana o cuando sea⟩ **2** (*in questions*) : cuándo

whenever² *conj* **1** : siempre que, cada vez que ⟨whenever I go, I'm disappointed : siempre voy que voy, quedo desilusionado⟩ **2** WHEN : cuando ⟨whenever you like : cuando quieras⟩

where¹ [ʰwɛr] *adv* : dónde, adónde ⟨where is he? : ¿dónde está?⟩ ⟨where did they go? : ¿adónde fueron?⟩

where² *conj* : donde, adonde ⟨she knows where the house is : sabe donde está la casa⟩ ⟨she goes where she likes : va adonde quiera⟩

where³ *pron* : donde ⟨Chicago is where I live : Chicago es donde vivo⟩

whereabouts¹ [ˈʰwɛrəˌbaʊts] *adv* : dónde, por dónde ⟨whereabouts is the house? : ¿dónde está la casa?⟩

whereabouts² *ns & pl* : paradero *m*

whereas [ʰwɛrˈæz] *conj* **1** : considerando que (usado en documentos legales) **2** : mientras que ⟨I like the white one whereas she prefers the black : me gusta el blanco mientras que ella prefiere el negro⟩

whereby [ʰwɛrˈbaɪ] *adv* : por lo cual

wherefore [ʰwɛrˌfor] *adv* : por qué

wherein [ʰwɛrˈɪn] *adv* : en el cual, en lo que

whereof [ʰwɛrˈʌv, -ˈɑv] *conj* : de lo cual

whereupon [ˈʰwɛrəˌpɑn, -ˌpɔn] *conj* : con lo cual, después de lo cual

wherever¹ [ʰwɛrˈɛvər] *adv* **1** WHERE : dónde, adónde **2** : en cualquier parte ⟨or wherever : o donde sea⟩

wherever² *conj* : dondequiera que, donde sea ⟨wherever you go : dondequiera que vayas⟩

wherewithal [ˈʰwɛrwɪˌðɔl, -ˌθɔl] *n* : medios *mpl*, recursos *mpl*

whet [ʰwɛt] *vt* whetted; whetting **1** SHARPEN : afilar **2** STIMULATE : estimular ⟨to whet the appetite : estimular el apetito⟩

whether [ʰwɛðər] *conj* **1** : si ⟨I don't know whether it is finished : no sé si está acabado⟩ ⟨we doubt whether he'll show up : dudamos que aparezca⟩ **2** (*used in comparisons*) ⟨whether I like it or not : tanto si quiero como si no⟩ ⟨whether he comes or he doesn't : venga o no⟩

whetstone [ˈʰwɛtˌstoːn] *n* : piedra *f* de afilar

whey [ˈʰweɪ] *n* : suero *m* (de la leche)

which¹ [ˈʰwɪtʃ] *adj* : qué, cuál ⟨which tie do you prefer? : ¿cuál corbata prefieres?⟩ ⟨which ones? : ¿cuáles?⟩ ⟨tell me which house is yours : dime qué casa es la tuya⟩

which² *pron* **1** : cuál ⟨which is the right answer? : ¿cuál es la respuesta correcta?⟩ **2** : que, el (la) cual ⟨the cup which broke : la taza que se quebró⟩ ⟨the house, which is made of brick : la casa, la cual es de ladrillo⟩

whichever¹ [ʰwɪtʃˈɛvər] *adj* : el (la) que, cualquiera que ⟨whichever book you like : cualquier libro que te guste⟩

whichever² *pron* : el (la) que, cualquiera que ⟨take whichever you want : toma el que quieras⟩ ⟨whichever I choose : cualquiera que elija⟩

whiff¹ [ʰwɪf] *v* PUFF : soplar

whiff² *n* **1** PUFF : soplo *m*, ráfaga *f* **2** SNIFF : olor *m* **3** HINT : dejo *m*, pizca *f*

while¹ [ʰwaɪl] *vt* whiled; whiling : pasar ⟨to while away the time : matar el tiempo⟩

while² *n* **1** TIME : rato *m*, tiempo *m* ⟨after a while : después de un rato⟩ ⟨in a while : dentro de poco⟩ **2 to be worth one's while** : valer la pena

while³ *conj* **1** : mientras ⟨whistle while you work : silba mientras trabajas⟩ **2** WHEREAS : mientras que **3** ALTHOUGH : aunque ⟨while it's very good, it's not perfect : aunque es muy bueno, no es perfecto⟩

whim [ʰwɪm] *n* : capricho *m*, antojo *m*

whimper¹ [ʰwɪmpər] *vi* : lloriquear, gimotear

whimper² *n* : quejido *m*

whimsical [ʰwɪmzɪkəl] *adj* **1** CAPRICIOUS : caprichoso, fantasioso **2** ERRATIC : errático — **whimsically** *adv*

whine¹ [ʰwaɪn] *vi* whined; whining **1** : lloriquear, gimotear, gemir **2** COMPLAIN : quejarse

whine² *n* : quejido *m*, gemido *m*

whinny¹ [ʰwɪni] *vi* -nied; -nying : relinchar

whinny² *n, pl* -nies : relincho *m*

whip¹ [ʰwɪp] *v* whipped; whipping *vt* **1** SNATCH : sacar (rápidamente), arrebatar ⟨she whipped the cloth off the table : arrebató el mantel de la mesa⟩ **2** LASH : azotar **3** DEFEAT : vencer, derrotar **4** INCITE : incitar, despertar ⟨to whip up enthusiasm : despertar el entusiasmo⟩ **5** BEAT : batir (huevos, crema, etc.) — *vi* FLAP : agitarse

whip² *n* **1** : látigo *m*, azote *m*, fusta *f* (de jinete) **2** : miembro *m* de un cuerpo legislativo encargado de disciplina

whiplash [ʰwɪpˌlæʃ] *n or* **whiplash injury** : traumatismo *m* cervical

whippet [ʰwɪpət] *n* : galgo *m* pequeño, galgo *m* inglés

whir¹ [ʰwər] *vi* whirred; whirring : zumbar

whir² *n* : zumbido *m*

whirl¹ [ʰwərl] *vi* **1** SPIN : dar vueltas, girar ⟨my head is whirling : la cabeza me está dando vueltas⟩ **2 to whirl about** : arremolinarse, moverse rápidamente

whirl² *n* **1** SPIN : giro *m*, vuelta *f*, remolino *m* (dícese del polvo, etc.) **2** BUSTLE : bullicio *m*, torbellino *m* (de actividad, etc.) **3 to give it a whirl** : intentar hacer, probar

whirlpool [ʰwərlˌpuːl] *n* : vorágine *f*, remolino *m*

whirlwind [ʰwərlˌwɪnd] *n* : remolino *m*, torbellino *m*, tromba *f*

whisk¹ [ʰwɪsk] *vt* **1** : llevar ⟨she whisked the children off to bed : llevó a los niños a la cama⟩ **2** : batir ⟨to whisk eggs : batir huevos⟩ **3 to whisk away** *or* **to whisk off** : sacudir

whisk² *n* **1** WHISKING : sacudida *f* (movimiento) **2** : batidor *m* (para batir huevos, etc.)

whisk broom *n* : escobilla *f*

whisker [ʰwɪskər] *n* **1** : pelo *m* (de la barba o el bigote) **2 whiskers** *npl* : bigotes *mpl* (de animales)

whiskey *or* **whisky** [ʰwɪski] *n, pl* -keys *or* -kies : whisky *m*

whisper¹ [ʰwɪspər] *vi* : cuchichear, susurrar — *vt* : decir en voz baja, susurrar

whisper² *n* **1** WHISPERING : susurro *m*, cuchicheo *m* **2** RUMOR : rumor *m* **3** TRACE : dejo *m*, pizca *f*

whistle¹ [ʰwɪsəl] *v* -tled; -tling *vi* : silbar, chiflar, pitar (dícese de un tren, etc.) — *vt* : silbar ⟨to whistle a tune : silbar una melodía⟩

whistle² *n* **1** WHISTLING : chiflido *m*, silbido *m* **2** : silbato *m*, pito *m* (instrumento)

whit [ʰwɪt] *n* BIT : ápice *m*, pizca *f*

white¹ [ʰwaɪt] *adj* whiter; -est : blanco

white² *n* **1** : blanco *m* (color) **2** : clara *f* (de huevos) **3** *or* **white person** : blanco *m*, -ca *f*

white blood cell *n* : glóbulo *m* blanco

whitecaps [ʰwaɪtˌkæps] *npl* : cabrillas *fpl*

white-collar [ʰwaɪtˈkɑlər] *adj* **1** : de oficina **2 white-collar worker** : oficinista *mf*

whitefish [ʰwaɪtˌfɪʃ] *n* : pescado *m* blanco

whiten [ʰwaɪtən] *vt* : blanquear — *vi* : ponerse blanco

whiteness [ʰwaɪtnəs] *n* : blancura *f*

white-tailed deer [ʰwaɪtˈteɪld] *n* : ciervo *m* de Virginia

whitewash¹ [ʰwaɪtˌwɑʃ] *vt* **1** : enjalbegar, blanquear ⟨to whitewash a fence : enjalbegar una valla⟩ **2** CONCEAL : encubrir (un escándalo, etc.)

whitewash² *n* **1** : jalbegue *m*, lechada *f* **2** COVER-UP : encubrimiento *m*

whither [ʰwɪðər] *adv* : adónde

whiting [ʰwaɪtɪŋ] *n* : merluza *f*, pescadilla *f* (pez)

whitish [ʰwaɪtɪʃ] *adj* : blancuzco

whittle [ʰwɪtəl] *vt* -tled; -tling **1** : tallar (madera) **2 to whittle down** : reducir recortar ⟨to whittle down expenses : reducir los gastos⟩

whiz[1] *or* **whizz** [ˈhwɪz] *vi* **whizzed; whizzing 1** BUZZ : zumbar **2 to whiz by** : pasar muy rápido, pasar volando

whiz[2] *or* **whizz** *n, pl* **whizzes 1** BUZZ : zumbido *m* **2 to be a whiz** : ser un prodigio, ser muy hábil

who [ˈhu:] *pron* **1** (*used in direct and indirect questions*) : quién ⟨who is that? : ¿quién es ése?⟩ ⟨who did it? : ¿quién lo hizo?⟩ ⟨we know who they are : sabemos quiénes son⟩ **2** (*used in relative clauses*) : que, quien ⟨the lady who lives there : la señora que vive allí⟩ ⟨for those who wait : para los que esperan, para quienes esperan⟩

whodunit [hu:ˈdʌnɪt] *n* : novela *f* policíaca

whoever [hu:ˈevər] *pron* **1** : quienquiera que, quien ⟨whoever did it : quienquiera que lo hizo⟩ ⟨give it to whoever you want : dalo a quien quieras⟩ **2** (*used in questions*) : quién ⟨whoever could that be? : ¿quién podría ser?⟩

whole[1], [ˈho:l] *adj* **1** UNHURT : ileso **2** INTACT : intacto, sano **3** ENTIRE : entero, íntegro ⟨the whole island : toda la isla⟩ ⟨whole milk : leche entera⟩ **4 a whole lot** : muchísimo

whole[2] *n* **1** : todo *m* **2 as a whole** : en conjunto **3 on the whole** : en general

wholehearted [ˈho:lˈhɑrtəd] *adj* : sin reservas, incondicional

whole number *n* : entero *m*

wholesale[1] [ˈho:lˌseɪl] *v* **-saled; -saling** *vt* : vender al por mayor — *vi* : venderse al por mayor

wholesale[2] *adv* : al por mayor

wholesale[3] *adj* **1** : al por mayor ⟨wholesale grocer : tendero al por mayor⟩ **2** TOTAL : total, absoluto ⟨wholesale slaughter : matanza sistemática⟩

wholesale[4] *n* : mayoreo *m*

wholesaler [ˈho:lˌseɪlər] *n* : mayorista *mf*

wholesome [ˈho:lsəm] *adj* **1** : sano ⟨wholesome advice : consejo sano⟩ **2** HEALTHY : sano, saludable

whole wheat *adj* : de trigo integral

wholly [ˈho:li] *adv* **1** COMPLETELY : completamente **2** SOLELY : exclusivamente, únicamente

whom [ˈhu:m] *pron* **1** (*used in direct questions*) : a quién ⟨whom did you choose? : ¿a quién elegiste?⟩ **2** (*used in indirect questions*) : de quién, con quién, en quién ⟨I don't know whom to consult : no sé con quién consultar⟩ **3** (*used in relative clauses*) : que, a quien ⟨the lawyer whom I recommended to you : el abogado que te recomendé⟩

whomever [hu:mˈevər] *pron* WHOEVER : quienquiera, quien ⟨marry whomever you please : cásate con quien quieras⟩

whoop[1] [ˈhwu:p, ˈhwʊp] *vi* : gritar, chillar

whoop[2] *n* : grito *m*

whooping cough *n* : tos *f* ferina

whopper [ˈhwɑpər] *n* **1** : cosa *f* enorme **2** LIE : mentira *f* colosal

whopping [ˈhwɑpɪŋ] *adj* : enorme

whore [ˈhor] *n* : puta *f*, ramera *f*

whorl [ˈhworl, ˈhwərl] *n* : espiral *f*, espira *f* (de una concha), línea *f* (de una huella digital)

whose[1] [ˈhu:z] *adj* **1** (*used in questions*) : de quién ⟨whose truck is that? : ¿de quién es ese camión?⟩ **2** (*used in relative clauses*) : cuyo ⟨the person whose work is finished : la persona cuyo trabajo está terminado⟩

whose[2] *pron* : de quién ⟨tell me whose it was : dime de quién era⟩

why[1] [ˈhwaɪ] *adv* : por qué ⟨why did you do it? : ¿por qué lo hizo?⟩

why[2] *n, pl* **whys** REASON : porqué *m*, razón *f*

why[3] *conj* : por qué ⟨I know why he left : yo sé por qué salió⟩ ⟨there's no reason why it should exist : no hay razón para que exista⟩

why[4] *interj* (*used to express surprise*) : ¡vaya!, ¡mira!

wick [ˈwɪk] *n* : mecha *f*

wicked [ˈwɪkəd] *adj* **1** EVIL : malo, malvado **2** MISCHIEVOUS : travieso, pícaro ⟨a wicked grin : una sonrisa traviesa⟩ **3** TERRIBLE : terrible, horrible ⟨a wicked storm : una tormenta horrible⟩

wickedly [ˈwɪkədli] *adv* : con maldad

wickedness [ˈwɪkədnəs] *n* : maldad *f*

wicker[1] [ˈwɪkər] *adj* : de mimbre

wicker[2] *n* **1** : mimbre *m* **2** → **wickerwork**

wickerwork [ˈwɪkərˌwərk] *n* : artículos *mpl* de mimbre

wicket [ˈwɪkət] *n* **1** WINDOW : ventanilla *f* **2** *or* **wicket gate** : postigo *m* **3** : aro *m* (en croquet), palos *mpl* (en críquet)

wide[1] [ˈwaɪd] *adv* **wider; widest 1** WIDELY : por todas partes ⟨to travel far and wide : viajar por todas partes⟩ **2** COMPLETELY : completamente, totalmente ⟨wide open : abierto de par en par⟩ **3 wide apart** : muy separados

wide[2] *adj* **wider; widest 1** VAST : vasto, extensivo ⟨a wide area : una área extensiva⟩ **2** : ancho ⟨three meters wide : tres metros de ancho⟩ **3** BROAD : ancho, amplio **4** *or* **wide-open** : muy abierto **5 wide of the mark** : desviado, lejos del blanco

wide-awake [ˈwaɪdəˈweɪk] *adj* : (completamente) despierto

wide-eyed [ˈwaɪdˈaɪd] *adj* **1** : con los ojos muy abiertos **2** NAIVE : inocente, ingenuo

widely [ˈwaɪdli] *adv* : extensivamente, por todas partes

widen [ˈwaɪdən] *vt* : ampliar, ensanchar — *vi* : ampliarse, ensancharse

widespread [ˈwaɪdˈsprɛd] *adj* : extendido, extenso, difuso

widow[1] [ˈwɪˌdo:] *vt* : dejar viuda ⟨to be widowed : enviudar⟩

widow[2] *n* : viuda *f*

widower ['wɪdowər] *n* : viudo *m*

width ['wɪdθ] *n* : ancho *m*, anchura *f*

wield ['wi:ld] *vt* 1 USE : usar, manejar ⟨to wield a broom : usar una escoba⟩ 2 EXERCISE : ejercer ⟨to wield influence : influir⟩

wiener ['wi:nər] → **frankfurter**

wife ['waɪf] *n, pl* **wives** ['waɪvz] : esposa *f*, mujer *f*

wifely ['waɪfli] *adj* : de esposa, conyugal

wig ['wɪg] *n* : peluca *f*

wiggle¹ ['wɪgəl] *v* **-gled; -gling** *vt* : menear, contonear ⟨to wiggle one's hips : contonearse⟩ — *vi* : menearse

wiggle² *n* : meneo *m*, contoneo *m*

wiggly ['wɪgəli] *adj* **-glier; -est** 1 : que se menea 2 WAVY : ondulado

wigwag ['wɪg,wæg] *vt* **-wagged; -wagging** : comunicar por señales

wigwam ['wɪg,wɑm] *n* : wigwam *m*

wild¹ ['waɪld] *adv* 1 → **wildly** 2 **to run wild** : descontrolarse

wild² *adj* 1 : salvaje, silvestre, cimarrón ⟨wild horses : caballos salvajes⟩ ⟨wild rice : arroz silvestre⟩ 2 DESOLATE : yermo, agreste 3 UNRULY : desenfrenado 4 CRAZY : loco, fantástico ⟨wild ideas : ideas locas⟩ 5 BARBAROUS : salvaje, bárbaro 6 ERRATIC : errático ⟨a wild throw : un tiro errático⟩

wild³ *n* → **wilderness**

wild card *n* 1 : factor *m* desconocido 2 : comodín *m* (carta o símbolo)

wildcat ['waɪld,kæt] *n* 1 : gato *m* montés 2 BOBCAT : lince *m* rojo

wilderness ['wɪldərnəs] *n* : yermo *m*, desierto *m*

wildfire ['waɪld,faɪr] *n* 1 : fuego *m* descontrolado 2 **to spread like wildfire** : propagarse como un reguero de pólvora

wildflower ['waɪld,flauər] *n* : flor *f* silvestre

wildfowl ['waɪld,faul] *n* : ave *f* de caza

wildlife ['waɪld,laɪf] *n* : fauna *f*

wildly ['waɪldli] *adv* 1 FRANTICALLY : frenéticamente, como un loco 2 EXTREMELY : extremadamente ⟨wildly happy : loco de felicidad⟩

wile¹ ['waɪl] *vt* **wiled; wiling** LURE : atraer

wile² *n* : ardid *m*, artimaña *f*

will¹ ['wɪl] *v, past* **would** ['wʊd]; *pres sing & pl* **will** *vt* WISH : querer ⟨do what you will : haz lo que quieras⟩ — *v aux* 1 (*expressing willingness*) ⟨no one would take the job : nadie aceptaría el trabajo⟩ ⟨I won't do it : no lo haré⟩ 2 (*expressing habitual action*) ⟨he will get angry over nothing : se pone furioso por cualquier cosa⟩ 3 (*forming the future tense*) ⟨tomorrow we will go shopping : mañana iremos de compras⟩ 4 (*expressing capacity*) ⟨the couch will hold three people : en el sofá cabrán tres personas⟩ 5 (*expressing determination*) ⟨I will go despite them : iré a pesar de ellos⟩ 6 (*expressing probability*) ⟨that will be the mailman : eso ha de ser el cartero⟩ 7 (*expressing inevitability*) ⟨accidents will happen : los accidentes ocurrirán⟩ 8 (*expressing a command*) ⟨you will do as I say : harás lo que digo⟩

will² *vt* 1 ORDAIN : disponer, decretar ⟨if God wills it : si Dios lo dispone, si Dios quiere⟩ 2 : lograr a fuerza de voluntad ⟨they were willing him to succeed : estaban deseando que tuviera éxito⟩ 3 BEQUEATH : legar

will³ *n* 1 DESIRE : deseo *m*, voluntad *f* 2 VOLITION : voluntad *f* ⟨free will : libre albedrío⟩ 3 WILLPOWER : voluntad *f*, fuerza *f* de voluntad ⟨a will of iron : una voluntad férrea⟩ 4 : testamento *m* ⟨to make a will : hacer testamento⟩

willful *or* **wilful** ['wɪlfəl] *adj* 1 OBSTINATE : obstinado, terco 2 INTENTIONAL : intencionado, deliberado — **willfully** *adv*

willing ['wɪlɪŋ] *adj* 1 INCLINED, READY : listo, dispuesto 2 OBLIGING : servicial, complaciente

willingly ['wɪlɪŋli] *adv* : con gusto

willingness ['wɪlɪŋnəs] *n* : buena voluntad *f*

willow ['wɪ,lo:] *n* : sauce *m*

willowy ['wɪlowi] *adj* : esbelto

willpower ['wɪl,pauər] *n* : voluntad *f*, fuerza *f* de voluntad

wilt ['wɪlt] *vi* 1 : marchitarse (dícese de las flores) 2 LANGUISH : debilitarse, languidecer

wily ['waɪli] *adj* **wilier; -est** : artero, astuto

wimp ['wɪmp] *n* 1 COWARD : gallina *f*, cobarde *mf* 2 WEAKLING : debilucho *m*, -cha *f*, alfeñique *m*

win¹ ['wɪn] *v* **won** ['wʌn]; **winning** *vi* : ganar — *vt* 1 : ganar, conseguir 2 **to win over** : ganarse a 3 **to win someone's heart** : conquistar a alguien

win² *n* : triunfo *m*, victoria *f*

wince¹ ['wɪnts] *vi* **winced; wincing** : estremecerse, hacer una mueca de dolor

wince² *n* : mueca *f* de dolor

winch ['wɪntʃ] *n* : torno *m*

wind¹ ['wɪnd] *vt* : dejar sin aliento ⟨to be winded : quedarse sin aliento⟩

wind² ['waɪnd] *v* **wound** ['waund]; **winding** *vi* MEANDER : serpentear — *vt* 1 COIL, ROLL : envolver, enrollar 2 TURN : hacer girar ⟨to wind a clock : darle cuerda a un reloj⟩

wind³ ['wɪnd] *n* 1 : viento *m* ⟨against the wind : contra el viento⟩ 2 BREATH : aliento *m* 3 FLATULENCE : flatulencia *f*, ventosidad *f* 4 **to get wind of** : enterarse de

wind⁴ ['waɪnd] *n* 1 TURN : vuelta *f* 2 BEND : recodo *m*, curva *f*

windbreak ['wɪnd,breɪk] *n* : barrera *f* contra el viento, abrigadero *m*

windfall ['wɪnd,fɔl] *n* 1 : fruta *f* caída 2 : beneficio *m* imprevisto

wind instrument *n* : instrumento *m* de viento

windlass ['wɪndləs] n : cabrestante m

windmill ['wɪnd,mɪl] n : molino m de viento

window ['wɪn,do:] n 1 : ventana f (de un edificio o una computadora), ventanilla f (de un vehículo o avión), vitrina f (de una tienda) 2 → windowpane

windowpane ['wɪn,do:,peɪn] n : vidrio m

window–shop ['wɪndo,ʃap] vi -shopped; -shopping : mirar las vitrinas

windpipe ['wɪnd,paɪp] n : tráquea f

windshield ['wɪnd,fi:ld] n 1 : parabrisas m 2 **windshield wiper** : limpiaparabrisas f

windup ['waɪnd,ʌp] n : conclusión f

wind up vt END : terminar, concluir — vi : terminar, acabar

windward[1] ['wɪndwərd] adj : de barlovento

windward[2] n : barlovento m

windy ['wɪndi] adj **windier; -est 1** : ventoso ⟨it's windy : hace viento⟩ **2** VERBOSE : verboso, prolijo

wine[1] ['waɪn] v **wined; wining** vi : beber vino — vt **to wine and dine** : agasajar

wine[2] n : vino m

wing[1] ['wɪŋ] vi FLY : volar

wing[2] n 1 : ala f (de un ave, un avión, o un edificio) **2** FACTION : ala f ⟨the right wing of the party : el ala derecha del partido⟩ **3 wings** npl : bastidores mpl (de un teatro) **4 on the wing** : al vuelo, volando **5 under one's wing** : bajo el cargo de uno

winged ['wɪŋd, 'wɪŋəd] adj : alado

wink[1] ['wɪŋk] vi 1 : guiñar el ojo **2** BLINK : pestañear, parpadear **3** FLICKER : parpadear, titilar

wink[2] n 1 : guiño m (del ojo) **2** NAP : siesta f ⟨not to sleep a wink : no pegar el ojo⟩

winner ['wɪnər] n : ganador m, -dora f

winning ['wɪnɪŋ] adj 1 VICTORIOUS : ganador **2** CHARMING : encantador

winnings ['wɪnɪŋz] npl : ganancias fpl

winnow ['wɪ,no:] vt : aventar (el grano, etc.)

winsome ['wɪnsəm] adj CHARMING : encantador

winter[1] ['wɪntər] adj : invernal, de invierno

winter[2] n : invierno m

wintergreen ['wɪntər,gri:n] n : gaulteria f

wintertime ['wɪntər,taɪm] n : invierno m

wintry ['wɪntri] adj **wintrier; -est 1** WINTER : invernal, de invierno **2** COLD : frío ⟨she gave us a wintry greeting : nos saludó fríamente⟩

wipe[1] ['waɪp] vt **wiped; wiping 1** : limpiar, pasarle un trapo a ⟨to wipe one's feet : limpiarse los pies⟩ **2 to wipe away** : enjugar (lágrimas), borrar (una memoria) **3 to wipe out** ANNIHILATE : aniquilar, destruir

wipe[2] n : pasada f (con un trapo, etc.)

wire[1] ['waɪr] vt **wired; wiring 1** : instalar el cableado en (una casa, etc.) **2** BIND : atar con alambre **3** TELEGRAPH : telegrafiar, mandarle un telegrama (a alguien)

wire[2] n 1 : alambre m ⟨barbed wire : alambre de púas⟩ **2** : cable m (eléctrico o telefónico) **3** CABLEGRAM, TELEGRAM : telegrama m, cable m

wireless ['waɪrləs] adj : inalámbrico

wiretapping ['waɪr,tæpɪŋ] n : intervención f electrónica

wiring ['waɪrɪŋ] n : cableado m

wiry ['waɪri] adj **wirier; -est 1** : hirsuto, tieso (dícese del pelo) **2** : esbelto y musculoso (dícese del cuerpo)

wisdom ['wɪzdəm] n 1 KNOWLEDGE : sabiduría f **2** JUDGMENT, SENSE : sensatez f

wisdom tooth n : muela f de juicio

wise[1] ['waɪz] adj **wiser; wisest 1** LEARNED : sabio **2** SENSIBLE : sabio, sensato, prudente **3** KNOWLEDGEABLE : entendido, enterado ⟨they're wise to his tricks : conocen muy bien sus mañas⟩

wise[2] n : manera f, modo m ⟨in no wise : de ninguna manera⟩

wisecrack ['waɪz,kræk] n : broma f, chiste m

wisely ['waɪzli] adv : sabiamente, sensatamente

wish[1] ['wɪʃ] vt 1 WANT : desear, querer **2 to wish (something) for** : desear ⟨they wished me well : me desearon lo mejor⟩ — vi 1 : pedir (como deseo) **2** : querer ⟨as you wish : como quieras⟩

wish[2] n 1 : deseo m ⟨to grant a wish : conceder un deseo⟩ **2 wishes** npl : saludos mpl, recuerdos mpl ⟨to send best wishes : mandar muchos recuerdos⟩

wishbone ['wɪʃ,bo:n] n : espoleta f

wishful ['wɪʃfəl] adj 1 HOPEFUL : deseoso, lleno de esperanza **2 wishful thinking** : ilusiones fpl

wishy–washy ['wɪʃi,wɑʃi, -,wɔʃi] adj : insípido, soso

wisp ['wɪsp] n 1 BUNCH : manojo m (de paja) **2** STRAND : mechón m (de pelo) **3** : voluta f (de humo)

wispy ['wɪspi] adj **wispier; -est** : tenue, ralo (dícese del pelo)

wisteria [wɪs'tɪriə] n : glicinia f

wistful ['wɪstfəl] adj : añorante, anhelante, melancólico — **wistfully** adv

wistfulness ['wɪstfəlnəs] n : añoranza f, melancolía f

wit ['wɪt] n 1 INTELLIGENCE : inteligencia f **2** CLEVERNESS : ingenio m, gracia f, agudeza f **3** HUMOR : humorismo m **4** JOKER : chistoso m, -sa f **5 wits** npl : razón f, buen juicio m ⟨scared out of one's wits : muerto de miedo⟩ ⟨to be at one's wits' end : estar desesperado⟩

witch ['wɪtʃ] n : bruja f

witchcraft ['wɪtʃ,kræft] n : brujería f, hechicería f

witch doctor n : hechicero m, -ra f
witchery ['wɪtʃəri] n, pl **-eries** 1 → witchcraft 2 CHARM : encanto m
witch–hunt ['wɪtʃ,hʌnt] n : caza f de bru-
jas
with ['wɪð, 'wɪθ] prep 1 : con ⟨I'm going
with you : voy contigo⟩ ⟨coffee with
milk : café con leche⟩ 2 AGAINST : con
⟨to argue with someone : discutir con
alguien⟩ 3 (used in descriptions) : con,
de ⟨the girl with red hair : la muchacha
de pelo rojo⟩ 4 (indicating manner,
means, or cause) : con ⟨to cut with a
knife : cortar con un cuchillo⟩ ⟨fix it
with tape : arréglalo con cinta⟩ ⟨with
luck : con suerte⟩ 5 DESPITE : a pesar
de, aún con ⟨with all his work, the business failed : a pesar de su trabajo, el negocio fracasó⟩ 6 REGARDING : con respecto a, con ⟨the trouble with your
plan : el problema con su plan⟩ 7 AC-
CORDING TO : según ⟨it varies with the
season : varía según la estación⟩ 8 (indicating support or understanding) : con
⟨I'm with you all the way : estoy contigo hasta el fin⟩
withdraw [wɪð'drɔ, wɪθ-] v **-drew** [-'dru:];
-drawn [-'drɔn]; **-drawing** vt 1 REMOVE
: retirar, apartar, sacar (dinero) 2 RE-
TRACT : retractarse de — vi : retirarse,
recluirse (de la sociedad)
withdrawal [wɪð'drɔəl, wɪθ-] n 1 : retirada f, retiro m (de fondos, etc.), retraimiento m (social) 2 RETRACTION
: retractación f 3 **withdrawal symp-
toms** : síndrome m de abstinencia
withdrawn [wɪð'drɔn, wɪθ-] adj : retraído, reservado, introvertido
wither ['wɪðər] vt : marchitar, agostar —
vi 1 WILT : marchitarse 2 WEAKEN : decaer, debilitarse
withhold [wɪð'hoːld, wɪθ-] vt **-held**
[-'hld]; **-holding** : retener (fondos),
aplazar (una decisión), negar (permiso,
etc.)
within[1] [wɪð'ɪn, wɪθ-] adv : dentro
within[2] prep 1 : dentro de ⟨within the
limits : dentro de los límites⟩ 2 (in expressions of distance) : a menos de
⟨within 10 miles of the ocean : a menos
de 10 millas del mar⟩ 3 (in expressions
of time) : dentro de ⟨within an hour
: dentro de una hora⟩ ⟨within a month
of her birthday : a poco menos de un
mes de su cumpleaños⟩
without[1] [wɪð'aʊt, wɪθ-] adv 1 OUTSIDE
: fuera 2 **to do without** : pasar sin algo
without[2] prep 1 OUTSIDE : fuera de 2
: sin ⟨without fear : sin temor⟩ ⟨he left
without his briefcase : se fue sin su
portafolios⟩
withstand [wɪθ'stænd, wɪð-] vt **-stood**
[-'stʊd]; **-standing** 1 BEAR : aguantar,
soportar 2 RESIST : resistir, resistirse a
witless ['wɪtləs] adj : estúpido, tonto
witness[1] ['wɪtnəs] vt 1 SEE : presenciar,
ver, ser testigo de 2 : atestiguar (una
firma, etc.) — vi TESTIFY : atestiguar,
testimoniar

witness[2] n 1 TESTIMONY : testimonio m
⟨to bear witness : atestiguar, testimo-
niar⟩ 2 : testigo mf ⟨witness for the
prosecution : testigo de cargo⟩
witticism ['wɪtə,sɪzəm] n : agudeza f,
ocurrencia f
witty ['wɪti] adj **-tier; -est** : ingenioso,
ocurrente, gracioso
wives → wife
wizard ['wɪzərd] n 1 SORCERER : mago
m, brujo m, hechicero m 2 : genio m
⟨a math wizard : un genio en
matemáticas⟩
wizened ['wɪzənd, 'wiː-] adj : arrugado,
marchito
wobble[1] ['wɑbəl] vi **-bled; -bling** : bambolearse, tambalearse, temblar (dícese
de la voz)
wobble[2] n : tambaleo m, bamboleo m
wobbly ['wɑbəli] adj : bamboleante,
tambaleante, inestable
woe ['woː] n 1 GRIEF, MISFORTUNE
: desgracia f, infortunio m, aflicción f
2 **woes** npl TROUBLES : penas fpl, males
mpl
woeful ['woːfəl] adj 1 SORROWFUL
: afligido, apenado, triste 2 UNFORTU-
NATE : desgraciado, infortunado 3 DE-
PLORABLE : lamentable
woke, woken → wake[1]
wolf[1] ['wʊlf] vt or **to wolf down** : engullir
wolf[2] n, pl **wolves** ['wʊlvz] : lobo m, -ba
f
wolfram ['wʊlfrəm] → tungsten
wolverine [,wʊlvə'riːn] n : glotón m (animal)
woman ['wʊmən] n, pl **women** ['wɪmən]
: mujer f
womanhood ['wʊmən,hʊd] n 1 : condición f de mujer 2 WOMEN : mujeres fpl
womanly ['wʊmənli] adj : femenino
womb ['wuːm] n : útero m, matriz f
won → win
wonder[1] ['wʌndər] vi 1 SPECULATE
: preguntarse, pensar ⟨to wonder about
: preguntarse por⟩ 2 MARVEL : asombrarse, maravillarse — vt : preguntarse
⟨I wonder if they're coming : me pre-
gunto si vendrán⟩
wonder[2] n 1 MARVEL : maravilla f, milagro m ⟨to work wonders : hacer mar-
avillas⟩ 2 AMAZEMENT : asombro m
wonderful ['wʌndərfəl] adj : maravilloso, estupendo
wonderfully ['wʌndərfəli] adv : maravillosamente, de maravilla
wonderland ['wʌndər,lænd, -lənd] n
: país m de las maravillas
wonderment ['wʌndərmənt] n : asombro m
wondrous ['wʌndrəs] → wonderful
wont[1] ['wɔnt, 'woːnt, 'wʌnt] adj : acostumbrado, habituado
wont[2] n : hábito m, costumbre f
won't ['woːnt] (contraction of will not) →
will[1]
woo ['wuː] vt 1 COURT : cortejar 2 : buscar el apoyo de (clientes, votantes, etc.)

wood[1] [ˈwʊd] *adj* : de madera
wood[2] *n* 1 *or* **woods** *npl* FOREST : bosque *m* 2 : madera *f* (materia) 3 FIREWOOD : leña *f*
woodchuck [ˈwʊdˌtʃʌk] *n* : marmota *f* de América
woodcut [ˈwʊdˌkʌt] *n* 1 : plancha *f* de madera (para imprimir imágenes) 2 : grabado *m* en madera
woodcutter [ˈwʊdˌkʌtər] *n* : leñador *m*, -dora *f*
wooded [ˈwʊdəd] *adj* : arbolado, boscoso
wooden [ˈwʊdən] *adj* 1 : de madera ⟨a wooden cross : una cruz de madera⟩ 2 STIFF : rígido, inexpresivo (dícese del estilo, de la cara, etc.)
woodland [ˈwʊdlənd, -ˌlænd] *n* : bosque *m*
woodpecker [ˈwʊdˌpɛkər] *n* : pájaro *m* carpintero
woodshed [ˈwʊdˌʃɛd] *n* : leñera *f*
woodsman [ˈwʊdzmən] → **woodcutter**
woodwind [ˈwʊdˌwɪnd] *n* : instrumento *m* de viento de madera
woodworking [ˈwʊdˌwərkɪŋ] *n* : carpintería *f*
woody [ˈwʊdi] *adj* **woodier; -est** 1 → **wooded** 2 : leñoso ⟨woody plants : plantas leñosas⟩ 3 : leñoso (dícese de la textura), a madera (dícese del aroma, etc.)
woof [ˈwʊf] → **weft**
wool [ˈwʊl] *n* : lana *f*
woolen *or* **woollen** [ˈwʊlən] *adj* : de lana
woolen[2] *or* **woollen** *n* 1 : lana *f* (tela) 2 **woolens** *npl* : prendas *fpl* de lana
woolly [ˈwʊli] *adj* **-lier; -est** 1 : lanudo 2 CONFUSED : confuso, vago
woozy [ˈwuːzi] *adj* **-zier; -est** : mareado
word[1] [ˈwərd] *vt* : expresar, formular, redactar
word[2] *n* 1 : palabra *f*, vocablo *m*, voz *f* ⟨word for word : palabra por palabra⟩ ⟨in one's own words : en sus propias palabras⟩ ⟨words fail me : me quedo sin habla⟩ 2 REMARK : palabra *f* ⟨by word of mouth : de palabra⟩ ⟨to have a word with : hablar (dos palabras) con⟩ 3 COMMAND : orden *f* ⟨to give the word : dar la orden⟩ ⟨just say the word : no tienes que decirlo⟩ 4 MESSAGE, NEWS : noticias *fpl* ⟨is there any word from her? : ¿hay noticias de ella?⟩ ⟨to send word : mandar un recado⟩ 5 PROMISE : palabra *f* ⟨to keep one's word : cumplir uno su palabra⟩ 6 **words** *npl* QUARREL : palabra *f*, riña *f* ⟨to have words with : tener unas palabras con, reñir con⟩ 7 **words** *npl* TEXT : letra *f* (de una canción, etc.)
wordiness [ˈwərdinəs] *n* : verbosidad *f*
wording [ˈwərdɪŋ] *n* : redacción *f*, lenguaje *m* (de un documento)
word processing *n* : procesamiento *m* de textos
word processor *n* : procesador *m* de textos

wordy [ˈwərdi] *adj* **wordier; -est** : verboso, prolijo
wore → **wear**[1]
work[1] [ˈwərk] *v* **worked** [ˈwərkt] *or* **wrought** [ˈrɔt]; **working** *vt* 1 OPERATE : trabajar, operar ⟨to work a machine : operar una máquina⟩ 2 : lograr, conseguir (algo) con esfuerzo ⟨to work one's way up : lograr subir por sus propios esfuerzos⟩ 3 EFFECT : efectuar, llevar a cabo, obrar (milagros) 4 MAKE, SHAPE : elaborar, fabricar, formar ⟨a beautifully wrought vase : un florero bellamente elaborado⟩ 5 **to work up** : estimular, excitar ⟨don't get worked up : no te agites⟩ — *vi* 1 LABOR : trabajar ⟨to work full-time⟩ : trabajar a tiempo completo⟩ 2 FUNCTION : funcionar, servir
work[2] *adj* : laboral
work[3] *n* 1 LABOR : trabajo *m*, labor *f* 2 EMPLOYMENT : trabajo *m*, empleo *m* 3 TASK : tarea *f*, faena *f* 4 DEED : obra *f*, labor *f* ⟨works of charity : obras de caridad⟩ 5 : obra *f* (de arte o literatura) 6 → **workmanship** 7 **works** *npl* FACTORY : fábrica *f* 8 **works** *npl* MECHANISM : mecanismo *m*
workable [ˈwərkəbəl] *adj* 1 : explotable (dícese de una mina, etc.) 2 FEASIBLE : factible, realizable
workaday [ˈwərkəˌdeɪ] *adj* : ordinario, banal
workbench [ˈwərkˌbɛntʃ] *n* : mesa *f* de trabajo
workday [ˈwərkˌdeɪ] *n* 1 : jornada *f* laboral 2 WEEKDAY : día *m* hábil, día *m* laborable
worker [ˈwərkər] *n* : trabajador *m*, -dora *f*; obrero *m*, -ra *f*
working [ˈwərkɪŋ] *adj* 1 : que trabaja ⟨working mothers : madres que trabajan⟩ ⟨the working class : la clase obrera⟩ 2 : de trabajo ⟨working hours : horas de trabajo⟩ 3 FUNCTIONING : que funciona, operativo 4 SUFFICIENT : suficiente ⟨a working majority : una mayoría suficiente⟩ ⟨working knowledge : conocimientos básicos⟩
workingman [ˈwərkɪŋˌmæn] *n, pl* **-men** [-mən, -ˌmɛn] : obrero *m*
workman [ˈwərkmən] *n, pl* **-men** [-mən, -ˌmɛn] 1 → **workingman** 2 ARTISAN : artesano *m*
workmanlike [ˈwərkmənˌlaɪk] *adj* : bien hecho, competente
workmanship [ˈwərkmənˌʃɪp] *n* 1 WORK : ejecución *f*, trabajo *m* 2 CRAFTSMANSHIP : artesanía *f*, destreza *f*
workout [ˈwərkˌaʊt] *n* : ejercicios *mpl* físicos, entrenamiento *m*
work out *vt* 1 DEVELOP, PLAN : idear, planear, desarrollar 2 RESOLVE : solucionar, resolver ⟨to work out the answer : calcular la solución⟩ — *vi* 1 TURN OUT : resultar 2 SUCCEED : lograr, dar resultado, salir bien 3 EXERCISE : hacer ejercicio

workroom ['wərk,ruːm, -,rum] *n* : taller *m*

workshop ['wərk,ʃap] *n* : taller *m* ⟨ceramics workshop : taller de cerámica⟩

workstation ['wərk,steɪʃən] *n* : estación *f* de trabajo (en informática)

world¹ ['wərld] *adj* : mundial, del mundo ⟨world championship : campeonato mundial⟩

world² *n* : mundo *m* ⟨around the world : alrededor del mundo⟩ ⟨a world of possibilities : un mundo de posibilidades⟩ ⟨to think the world of someone : tener a alguien en alta estima⟩ ⟨to be worlds apart : no tener nada que ver (uno con otro)⟩

worldly ['wərldli] *adj* **1** : mundano ⟨wordly goods : bienes materiales⟩ **2** SOPHISTICATED : sofisticado, de mundo

worldwide¹ ['wərld'waɪd] *adv* : mundialmente, en todo el mundo

worldwide² *adj* : global, mundial

World Wide Web *n* : World Wide Web *f*

worm¹ ['wərm] *vi* CRAWL : arrastrarse, deslizarse (como gusano) — *vt* **1** : desparasitar (un animal) **2** to worm one's way into : introducirse en ⟨he wormed his way into her confidence : se ganó su confianza⟩ **3** to worm something out of someone : sonsacarle algo a alguien

worm² *n* **1** : gusano *m*, lombriz *f* **2** worms *npl* : lombrices *fpl* (parásitos)

wormy ['wərmi] *adj* **wormier; -est** : infestado de gusanos

worn *pp* → **wear¹**

worn–out ['worn'aʊt] *adj* **1** USED : gastado, desgastado **2** TIRED : agotado

worried ['wərid] *adj* : inquieto, preocupado

worrier ['wəriər] *n* : persona *f* que se preocupa mucho

worrisome ['wərisəm] *adj* **1** DISTURBING : preocupante, inquietante **2** : que se preocupa mucho (dícese de una persona)

worry¹ ['wəri] *v* **-ried; -rying** *vt* : preocupar, inquietar — *vi* : preocuparse, inquietarse, angustiarse

worry² *n, pl* **-ries** : preocupación *f*, inquietud *f*, angustia *f*

worse¹ ['wərs] *adv* (*comparative of* **bad** *or of* **ill**) : peor

worse² *adj* (*comparative of* **bad** *or of* **ill**) : peor ⟨from bad to worse : de mal en peor⟩ ⟨to get worse : empeorar⟩ ⟨to feel worse : sentirse peor⟩

worse³ *n* : estado *m* peor ⟨to take a turn for the worse : ponerse peor⟩ ⟨so much the worse : tanto peor⟩

worsen ['wərsən] *vt* : empeorar — *vi* : empeorar(se)

worship¹ ['wərʃəp] *v* **-shiped** *or* **-shipped; -shiping** *or* **-shipping** *vt* : adorar, venerar ⟨to worship God : adorar a Dios⟩ — *vi* : practicar una religión

worship² *n* : adoración *f*, culto *m*

worshiper *or* **worshipper** ['wərʃəpər] *n* : devoto *m*, -ta *f*; adorador *m*, -dora *f*

worst¹ ['wərst] *vt* DEFEAT : derrotar

worst² *adv* (*superlative of* **ill** *or of* **bad** *or* **badly**) : peor ⟨the worst dressed of all : el peor vestido de todos⟩

worst³ *adj* (*superlative of* **bad** *or of* **ill**) : peor ⟨the worst movie : la peor película⟩

worst⁴ *n* **the worst** : lo peor, el (la) peor ⟨the worst is over : ya ha pasado lo peor⟩

worsted ['wʊstəd, 'wərstəd] *n* : estambre *m*

worth¹ ['wərθ] *n* **1** : valor *m* (monetario) ⟨ten dollars' worth of gas : diez dólares de gasolina⟩ **2** MERIT : valor *m*, mérito *m*, valía *f* ⟨an employee of great worth : un empleado de gran valía⟩

worth² *prep* **to be worth** : valer ⟨her holdings are worth a fortune : sus propiedades valen una fortuna⟩ ⟨it's not worth it : no vale la pena⟩

worthiness ['wərðinəs] *n* : mérito *m*

worthless ['wərθləs] *adj* **1** : sin valor ⟨worthless trinkets : chucherías sin valor⟩ **2** USELESS : inútil

worthwhile [wərθ'hwaɪl] *adj* : que vale la pena

worthy ['wərði] *adj* **-thier; -est 1** : digno ⟨worthy of promotion : digno de un ascenso⟩ **2** COMMENDABLE : meritorio, encomiable

would ['wʊd] *past of* **will 1** (*expressing preference*) ⟨I would rather go alone than with her : preferiría ir sola que con ella⟩ **2** (*expressing intent*) ⟨those who would ban certain books : aquellos que prohibirían ciertos libros⟩ **3** (*expressing habitual action*) ⟨he would often take his kids to the park : solía llevar a sus hijos al parque⟩ **4** (*expressing contingency*) ⟨I would go if I had the money : iría yo si tuviera el dinero⟩ **5** (*expressing probability*) ⟨she would have won if she hadn't tripped : habría ganado si no hubiera tropezado⟩ **6** (*expressing a request*) ⟨would you kindly help me with this? : ¿tendría la bondad de ayudarme con esto?⟩

would–be ['wʊd'biː] *adj* : potencial ⟨a would-be celebrity : un aspirante a celebridad⟩

wouldn't ['wʊd'ənt] (*contraction of* **would not**) → **would**

wound¹ ['wuːnd] *vt* : herir

wound² *n* : herida *f*

wound³ ['waʊnd] → **wind²**

wove, woven → **weave¹**

wow ['waʊ] *interj* : ¡guau!, ¡híjole! *Mex*, ¡hala! *Spain*

wrangle¹ ['ræŋgəl] *vi* **-gled; -gling** : discutir, reñir ⟨to wrangle over : discutir por⟩

wrangle² *n* : riña *f*, disputa *f*

wrap¹ ['ræp] *v* **wrapped; wrapping** *vt* **1** COVER : envolver, cubrir ⟨to wrap a package : envolver un paquete⟩

⟨wrapped in mystery : envuelto en misterio⟩ **2** ENCIRCLE : rodear, ceñir ⟨to wrap one's arms around someone : estrechar a alguien⟩ **3 to wrap up** FINISH : darle fin a (algo) — *vi* **1** COIL : envolverse, enroscarse **2 to wrap up** DRESS : abrigarse ⟨wrap up warmly : abrígate bien⟩

wrap² *n* **1** WRAPPER : envoltura *f* **2** : prenda *f* que envuelve (como un chal, una bata, etc.)

wrapper [ˈræpər] *n* : envoltura *f*, envoltorio *m*

wrapping [ˈræpɪŋ] *n* : envoltura *f*, envoltorio *m*

wrath [ˈræθ] *n* : ira *f*, cólera *f*

wrathful [ˈræθfəl] *adj* : iracundo

wreak [ˈriːk] *vt* : infligir, causar ⟨to wreak havoc : crear caos, causar estragos⟩

wreath [ˈriːθ] *n, pl* **wreaths** [ˈriːðz, ˈriːθs] : corona *f* (de flores, etc.)

wreathe [ˈriːð] *vt* **wreathed; wreathing 1** ADORN : coronar (de flores, etc.) **2** ENVELOP : envolver ⟨wreathed in mist : envuelto en niebla⟩

wreck¹ [ˈrɛk] *vt* : destruir, arruinar, estrellar (un automóvil), naufragar (un barco)

wreck² *n* **1** WRECKAGE : restos *mpl* (de un buque naufragado, un avión siniestrado, etc.) **2** RUIN : ruina *f*, desastre *m* ⟨this place is a wreck! : ¡este lugar está hecho un desastre!⟩ ⟨to be a nervous wreck : tener los nervios destrozados⟩

wreckage [ˈrɛkɪdʒ] *n* : restos *mpl* (de un buque naufragado, un avión siniestrado, etc.), ruinas *fpl* (de un edificio)

wrecker [ˈrɛkər] *n* **1** TOW TRUCK : grúa *f* **2** : desguazador *m* (de autos, barcos, etc.), demoledor *m* (de edificios)

wren [ˈrɛn] *n* : chochín *m*

wrench¹ [ˈrɛntʃ] *vt* **1** PULL : arrancar (de un tirón) **2** SPRAIN, TWIST : torcerse (un tobillo, un músculo, etc.)

wrench² *n* **1** TUG : tirón *m*, jalón *m* **2** SPRAIN : torcedura *f* **3** *or* **monkey wrench** : llave *f* inglesa

wrest [ˈrɛst] *vt* : arrancar

wrestle¹ [ˈrɛsəl] *v* **-tled; -tling** *vi* **1** : luchar, practicar la lucha (en deportes) **2** STRUGGLE : luchar ⟨to wrestle with a dilemma : lidiar con un dilema⟩ — *vt* : luchar contra

wrestle² *n* STRUGGLE : lucha *f*

wrestler [ˈrɛsələr] *n* : luchador *m*, -dora *f*

wrestling [ˈrɛsəlɪŋ] *n* : lucha *f*

wretch [ˈrɛtʃ] *n* : infeliz *mf*; desgraciado *m*, -da *f*

wretched [ˈrɛtʃəd] *adj* **1** MISERABLE, UNHAPPY : desdichado, afligido ⟨I feel wretched : me siento muy mal⟩ **2** UNFORTUNATE : miserable, desgraciado, lastimoso ⟨wretched weather : tiempo espantoso⟩ **3** INFERIOR : inferior, malo

wretchedly [ˈrɛtʃədli] *adv* : miserablemente, lamentablemente

wriggle [ˈrɪgəl] *vi* **-gled; -gling** : retorcerse, menearse

wring [ˈrɪŋ] *vt* **wrung** [ˈrʌŋ]; **wringing 1** *or* **to wring out** : escurrir, exprimir (el lavado) **2** EXTRACT : arrancar, sacar (por la fuerza) **3** TWIST : torcer, retorcer **4 to wring someone's heart** : partirle el corazón a alguien

wringer [ˈrɪŋər] *n* : escurridor *m*

wrinkle¹ [ˈrɪŋkəl] *v* **-kled; -kling** *vt* : arrugar — *vi* : arrugarse

wrinkle² *n* : arruga *f*

wrinkly [ˈrɪŋkəli] *adj* **wrinklier; -est** : arrugado

wrist [ˈrɪst] *n* : muñeca *f* (en anatomía)

wristband [ˈrɪst-ˌbænd] CUFF **2** *or* : puño *m*

writ [ˈrɪt] *n* : orden *f* (judicial)

write [ˈraɪt] *v* **wrote** [ˈroːt]; **written** [ˈrɪtən]; **writing** : escribir

write down *vt* : apuntar, anotar

write off *vt* CANCEL : cancelar

writer [ˈraɪtər] *n* : escritor *m*, -tora *f*

writhe [ˈraɪð] *vi* **writhed; writhing** : retorcerse

writing [ˈraɪtɪŋ] *n* **1** : escritura *f* **2** HANDWRITING : letra *f* **3 writings** *npl* WORKS : escritos *mpl*, obra *f*

wrong¹ [ˈrɔŋ] *vt* **wronged; wronging** : ofender, ser injusto con

wrong² *adv* : mal, incorrectamente

wrong³ *adj* **wronger** [ˈrɔŋər]; **wrongest** [ˈrɔŋəst] **1** EVIL, SINFUL : malo, injusto, inmoral **2** IMPROPER, UNSUITABLE : inadecuado, inapropiado, malo **3** INCORRECT : incorrecto, erróneo, malo ⟨a wrong answer : una mala respuesta⟩ **4 to be wrong** : equivocarse, estar equivocado

wrong⁴ *n* **1** INJUSTICE : injusticia *f*, mal *m* **2** OFFENSE : ofensa *f*, agravio *m* (en derecho) **3 to be in the wrong** : haber hecho mal, estar equivocado

wrongdoer [ˈrɔŋˌduːər] *n* : malhechor *m*, -chora *f*

wrongdoing [ˈrɔŋˌduːɪŋ] *n* : fechoría *f*, maldad *f*

wrongful [ˈrɔŋfəl] *adj* **1** UNJUST : injusto **2** UNLAWFUL : ilegal

wrongly [ˈrɔŋli] *adv* **1** : injustamente **2** INCORRECTLY : erróneamente, incorrectamente

wrote → write

wrought [ˈrɔt] *adj* **1** SHAPED : formado, forjado ⟨wrought iron : hierro forjado⟩ **2** *or* **wrought up** : agitado, excitado

wrung → wring

wry [ˈraɪ] *adj* **wrier** [ˈraɪər]; **wriest** [ˈraɪəst] **1** TWISTED : torcido ⟨a wry neck : un cuello torcido⟩ **2** : irónico, sardónico (dícese del humor)

X

x¹ *n*, *pl* **x's** *or* **xs** ['ɛksəz] **1** : vigésima cuarta letra del alfabeto inglés **2** : incógnita *f* (en matemáticas)

x² ['ks] *vt* **x-ed** ['ɛkst]; **x-ing** *or* **x'ing** ['ɛksɪŋ] DELETE : tachar

xenon ['zi:,nɑn, 'zɛ-] *n* : xenón *m*

xenophobia [,zɛnə'fo:biə, ,zi:-] *n* : xenofobia *f*

Xmas ['krɪsməs] *n* : Navidad *f*

x-ray ['ɛks,reɪ] *vt* : radiografiar

X ray ['ɛks,reɪ] *n* **1** : rayo *m* X **2** *or* **X-ra photograph** : radiografía *f*

xylophone ['zaɪlə,fo:n] *n* : xilófono *r*

Y

y ['waɪ] *n*, *pl* **y's** *or* **ys** ['waɪz] : vigésima quinta letra del alfabeto inglés

yacht¹ ['jɑt] *vi* : navegar (a vela), ir en yate ⟨to go yachting : irse a navegar⟩

yacht² *n* : yate *m*

yak ['jæk] *n* : yac *m*

yam ['jæm] *n* **1** : ñame *m* **2** SWEET POTATO : batata *f*, boniato *m*

yank¹ ['jæŋk] *vt* : tirar de, jalar, darle un tirón a

yank² *n* : tirón *m*

Yankee ['jæŋki] *n* : yanqui *mf*

yap¹ ['jæp] *vi* **yapped; yapping 1** BARK, YELP : ladrar, gañir **2** CHATTER : cotorrear *fam*, parlotear *fam*

yap² *n* : ladrido *m*, gañido *m*

yard ['jɑrd] *n* **1** : yarda *f* (medida) **2** SPAR : verga *f* (de un barco) **3** COURTYARD : patio *m* **4** : jardín *m* (de una casa) **5** : depósito *m* (de mercancías, etc.)

yardage ['jɑrdɪdʒ] *n* : medida *f* en yardas

yardarm ['jɑrd,ɑrm] *n* : penol *m*

yardstick ['jɑrd,stɪk] *n* **1** : vara *f* **2** CRITERION : criterio *m*, norma *f*

yarn ['jɑrn] *n* **1** : hilado *m* **2** TALE : historia *f*, cuento *m* ⟨to spin a yarn : inventar una historia⟩

yawl ['jɔl] *n* : yola *f*

yawn¹ ['jɔn] *vi* **1** : bostezar **2** OPEN : abrirse

yawn² *n* : bostezo *m*

ye ['ji:] *pron* : vosotros, vosotras

yea¹ ['jeɪ] *adv* YES : sí

yea² *n* : voto *m* a favor

year ['jɪr] *n* **1** : año *m* ⟨last year : el año pasado⟩ ⟨he's ten years old : tiene diez años⟩ **2** : curso *m*, año *m* (escolar) **3** **years** *npl* AGES : siglos *mpl*, años *mpl* ⟨I haven't seen them in years : hace siglos que no los veo⟩

yearbook ['jɪr,bʊk] *n* : anuario *m*

yearling ['jɪrlɪŋ, 'jərlən] *n* : animal *m* menor de dos año

yearly¹ ['jɪrli] *adv* : cada año, anualmente

yearly² *adj* : anual

yearn ['jərn] *vi* : anhelar, ansiar

yearning ['jərnɪŋ] *n* : anhelo *m*

yeast ['ji:st] *n* : levadura *f*

yell¹ ['jɛl] *vi* : gritar, chillar — *vt* : gritar

yell² *n* : grito *m*, alarido *m* ⟨to let out a yell : dar un grito⟩

yellow¹ ['jɛlo] *vi* : ponerse amarillo, vo verse amarillo

yellow² *adj* **1** : amarillo **2** COWARDL : cobarde

yellow³ *n* : amarillo *m*

yellow fever *n* : fiebre *f* amarilla

yellowish ['jɛloɪʃ] *adj* : amarillento

yellow jacket *n* : avispa *f* (con raya amarillas)

yelp¹ ['jɛlp] *vi* : dar un gañido (dícese d un animal), dar un grito (dícese de un persona)

yelp² *n* : gañido *m* (de un animal), grit *m* (de una persona)

yen ['jɛn] *n* **1** DESIRE : deseo *m*, gana *fpl* **2** : yen *m* (moneda japonesa)

yeoman ['jo:mən] *n*, *pl* **-men** [-mən -mɛn] : suboficial *mf* de marina

yes¹ ['jɛs] *adv* : sí ⟨to say yes : decir qu sí⟩

yes² *n* : sí *m*

yesterday¹ ['jɛstər,deɪ, -di] *adv* : ayer

yesterday² *n* **1** : ayer *m* **2** **the day be fore yesterday** : anteayer

yet¹ ['jɛt] *adv* **1** BESIDES, EVEN : aú ⟨yet more problems : más problema aún⟩ ⟨yet again : otra vez⟩ **2** SO FA : aún, todavía ⟨not yet : todavía no⟩ ⟨as yet : hasta ahora, todavía⟩ **3** : y ⟨has he come yet? : ¿ya ha venido?⟩ EVENTUALLY : todavía, algún día NEVERTHELESS : sin embargo

yet² *conj* : pero

yew ['ju:] *n* : tejo *m*

yield¹ ['ji:ld] *vt* **1** SURRENDER : ceder ⟨t yield the right of way : ceder el paso⟩ **2** PRODUCE : producir, dar, rendir (er finanzas) — *vi* **1** GIVE : ceder ⟨to yiel under pressure : ceder por la presión⟩ **2** GIVE IN, SURRENDER : ceder rendirse, entregarse

yield² *n* : rendimiento *m*, rédito *m* (er finanzas)

yin and yang ['jɪnænd'jæŋ, -'jɑŋ] *n* : yir *m* y yang *f*

yodel¹ ['jo:dəl] *vi* **-deled** *or* **-delled; -del ing** *or* **-delling** : cantar al estilo tirolés

yodel² *n* : canción *f* al estilo tirolés

yoga ['jo:gə] *n* : yoga *m*

yogurt ['jo:gərt] *n* : yogur *m*, yogurt *m*

yoke¹ ['jo:k] *vt* **yoked; yoking** : uncir (animales)

yoke² *n* **1** : yugo *m* (para uncir animales)

okel · **yuppie**

the yoke of oppression : el yugo de la opresión⟩ **2** TEAM : yunta *f* (de bueyes) **3** : canes *m* (de ropa)

okel [ˈjoːkəl] *n* : palurdo *m*, -da *f*

olk [ˈjoːk] *n* : yema *f* (de un huevo)

om Kippur [ˌjoːmkɪˈpʊr, ˌjɑm-, -ˈkɪpər] *n* : el Día *m* del Perdón, Yom Kippur

on [ˈjɑn] → **yonder**

onder[1] [ˈjɑndər] *adv* : allá ⟨over yonder : allá lejos⟩

onder[2] *adj* : aquel ⟨yonder hill : aquella colina⟩

ore [ˈjoːr] *n* **in days of yore** : antaño

ou [ˈjuː] *pron* **1** (*used as subject — familiar*) : tú; vos (*in some Latin American countries*); ustedes *pl*; vosotros, vosotras *pl Spain* **2** (*used as subject — formal*) : usted, ustedes *pl* **3** (*used as indirect object — familiar*) : te, les *pl* (*se before lo, la, los, las*), os *pl Spain* ⟨he told it to you : te lo contó⟩ ⟨I gave them to (all of, both of) you : se los di⟩ **4** (*used as indirect object — formal*) : lo (*Spain sometimes* le), la; los (*Spain sometimes* les), las *pl Spain* **5** (*used after a preposition — familiar*) : ti; vos (*in some Latin American countries*); ustedes *pl*; vosotros, vosotras *pl Spain* **6** (*used after a preposition — formal*) : usted, ustedes *pl* **7** (*used as an impersonal subject*) ⟨you never know : nunca se sabe⟩ ⟨you have to be aware : hay que ser consciente⟩ ⟨you mustn't do that : eso no se hace⟩ **8 with you** (*familiar*) : contigo; con ustedes *pl*; con vosotros, con vosotras *pl Spain* **9 with you** (*formal*) : con usted, con ustedes *pl*

ou'd [ˈjuːd, ˈjud] (*contraction of* **you had** *or* **you would**) → **have**, **would**

ou'll [ˈjuːl, ˈjʊl] (*contraction of* **you shall** *or* **you will**) → **shall**, **will**

oung[1] [ˈjʌŋ] *adj* **younger** [ˈjʌŋgər], **youngest** [-gəst] **1** : joven, pequeño, menor ⟨young people : los jóvenes⟩ ⟨my younger brother : mi hermano menor⟩ ⟨she is the youngest : es la más pequeña⟩ **2** FRESH, NEW : tierno (dícese de las verduras), joven (dícese del vino) **3** YOUTHFUL : joven, juvenil

oung[2] *npl* : jóvenes *mfpl* (de los humanos), crías *fpl* (de los animales)

oungster [ˈjʌŋkstər] *n* **1** YOUTH : joven *mf* **2** CHILD : chico *m*, -ca *f*; niño *m*, -ña *f*

our [ˈjʊr, ˈjoːr, jər] *adj* **1** (*familiar singular*) : tu ⟨your cat : tu gato⟩ ⟨your books : tus libros⟩ ⟨wash your hands : lávate las manos⟩ **2** (*familiar plural*) : su, vuestro *Spain* ⟨your car : su coche, el coche de ustedes⟩ **3** (*formal*) : su ⟨your houses : sus casas⟩ **4** (*impersonal*) : el, la, los, las ⟨on your left : a la izquierda⟩

you're [ˈjʊr, ˈjoːr, ˈjər, ˈjuːr] (*contraction of* **you are**) → **be**

yours [ˈjʊrz, ˈjoːrz] *pron* **1** (*belonging to one person — familiar*) : (el) tuyo, (la) tuya, (los) tuyos, (las) tuyas ⟨those are mine; yours are there : ésas son mías; las tuyas están allí⟩ ⟨is this one yours? : ¿éste es tuyo?⟩ **2** (*belonging to more than one person — familiar*) : (el) suyo, (la) suya, (los) suyos, (las) suyas; (el) vuestro, (la) vuestra, (los) vuestros, (las) vuestras *Spain* ⟨our house and yours : nuestra casa y la suya⟩ **3** (*formal*) : (el) suyo, (la) suya, (los) suyos, (las) suyas

yourself [jərˈsɛlf] *pron, pl* **yourselves** [-ˈslvz] **1** (*used reflexively — familiar*) : te, se *pl*, os *pl Spain* ⟨wash yourself : lávate⟩ ⟨you dressed yourselves : se vistieron, os vestisteis⟩ **2** (*used reflexively — formal*) : se ⟨did you hurt yourself? : ¿se hizo daño?⟩ ⟨you've gotten yourselves dirty : se ensuciaron⟩ **3** (*used for emphasis*) : tú mismo, tú misma; usted mismo, usted misma; ustedes mismos, ustedes mismas *pl*; vosotros mismos, vosotras mismas *pl Spain* ⟨you did it yourselves? : ¿lo hicieron ustedes mismos?, ¿lo hicieron por sí solos?⟩

youth [ˈjuːθ] *n, pl* **youths** [ˈjuːðz, ˈjuːθs] **1** : juventud *f* ⟨in her youth : en su juventud⟩ **2** BOY : joven *m* **3** : jóvenes *mfpl*, juventud *f* ⟨the youth of our city : los jóvenes de nuestra ciudad⟩

youthful [ˈjuːθfəl] *adj* **1** : de juventud **2** YOUNG : joven **3** JUVENILE : juvenil

youthfulness [ˈjuːθfəlnəs] *n* : juventud *f*

you've [ˈjuːv] (*contraction of* **you have**) → **have**

yowl[1] [ˈjæʊl] *vi* : aullar

yowl[2] *n* : aullido *m*

yo-yo [ˈjoːˌjoː] *n, pl* **-yos** : yoyo *m*, yoyó *m*

yucca [ˈjʌkə] *n* : yuca *f*

Yugoslavian [ˌjuːgoˈslɑviən] *n* : yugoslavo *m*, -va *f* — **Yugoslavian** *adj*

yule [ˈjuːl] *n* CHRISTMAS : Navidad *f*

yuletide [ˈjuːlˌtaɪd] *n* : Navidades *fpl*

yuppie [ˈjʌpi] *n* : yuppy *mf*

Z

z ['zi:] *n*, *pl* **z's** *or* **zs** : vigésima sexta letra del alfabeto inglés

Zambian ['zæmbiən] *n* : zambiano *m*, -na *f* — **Zambian** *adj*

zany[1] ['zeɪni] *adj* **-nier; -est** : alocado, disparatado

zany[2] *n*, *pl* **-nies** : bufón *m*, -fona *f*

zap[1] ['zæp] *vt* **zapped; zapping** 1 ELIMINATE : eliminar 2 : enviar o transportar rápidamente — *vi* : ir rápidamente

zap[2] *n* 1 ZEST : sabor *m*, sazón *f* 2 BLAST : golpe *m* fuerte

zap[3] *interj* : ¡zas!

zeal ['zi:l] *n* : fervor *m*, celo *m*, entusiasmo *m*

zealot ['zɛlət] *n* : fanático *m*, -ca *f*

zealous ['zɛləs] *adj* : celoso — **zealously** *adv*

zebra ['zi:brə] *n* : cebra *f*

zenith ['zi:nəθ] *n* 1 : cenit *m* (en astronomía) 2 PEAK : apogeo *m*, cenit *m* ⟨at the zenith of his career : en el apogeo de su carrera⟩

zephyr ['zɛfər] *n* : céfiro *m*

zeppelin ['zɛpələn, -pəlɪn] *n* : zepelín *m*

zero[1] ['zi:ro, 'zɪro] *vi* **to zero in on** : apuntar hacia, centrarse en (un problema, etc.)

zero[2] *adj* : cero, nulo ⟨zero degrees : cero grados⟩ ⟨zero opportunities : oportunidades nulas⟩

zero[3] *n*, *pl* **-ros** : cero *m* ⟨below zero : bajo cero⟩

zest ['zɛst] *n* 1 GUSTO : entusiasmo *m*, brío *m* 2 FLAVOR : sabor *m*, sazón *f*

zestful ['zɛstfəl] *adj* : brioso

zigzag[1] ['zɪg,zæg] *vi* **-zagged; -zagging** : zigzaguear

zigzag[2] *adv* & *adj* : en zigzag

zigzag[3] *n* : zigzag *m*

Zimbabwean [zɪm'bɑbwiən, -bweɪ-] *n* : zimbabuense *mf* — **Zimbabwean** *adj*

zinc ['zɪŋk] *n* : cinc *m*, zinc *m*

zing ['zɪŋ] *n* 1 HISS, HUM : zumbido *m*, silbido *m* 2 ENERGY : brío *m*

zinnia ['zɪniə, 'zi:-, -njə] *n* : zinnia *f*

Zionism ['zaɪə,nɪzəm] *n* : sionismo *m*

Zionist ['zaɪənɪst] *n* : sionista *mf*

zip[1] ['zɪp] *v* **zipped; zipping** *vt* *or* **to zip up** : cerrar el cierre de — *vi* 1 SPEED : pasarse volando ⟨the day zipped by : el día se pasó volando⟩ 2 HISS, HUM : silbar, zumbar

zip[2] *n* 1 ZING : zumbido *m*, silbido *m* 2 ENERGY : brío *m*

zip code *n* : código *m* postal

zipper ['zɪpər] *n* : cierre *m*, cremallera *f*, zíper *m* CA, Mex

zippy ['zɪpi] *adj* **-pier; -est** : brioso

zircon ['zər,kɑn] *n* : circón *m*, zircón *m*

zirconium [,zər'ko:niəm] *n* : circonio *m*

zither ['zɪðər, -θər] *n* : cítara *f*

zodiac ['zo:di,æk] *n* : zodíaco *m*

zombie ['zɑmbi] *n* : zombi *mf*, zombie *mf*

zone[1] ['zo:n] *vt* **zoned; zoning** 1 : dividir en zonas 2 DESIGNATE : declarar ⟨to zone for business : declarar como zona comercial⟩

zone[2] *n* : zona *f*

zoo ['zu:] *n*, *pl* **zoos** : zoológico *m*, zoo *m*

zoological [,zo:ə'lɑdʒɪkəl, ,zu:ə-] *adj* : zoológico

zoologist [zo'ɑlədʒɪst, zu:-] *n* : zoólogo *m*, -ga *f*

zoology [zo'ɑlədʒi, zu:-] *n* : zoología *f*

zoom[1] ['zu:m] *vi* 1 : zumbar, ir volando ⟨to zoom past : pasar volando⟩ 2 CLIMB : elevarse ⟨the plane zoomed up : el avión se elevó⟩

zoom[2] *n* 1 : zumbido *m* ⟨the zoom of an engine : el zumbido de un motor⟩ 2 : subida *f* vertical (de un avión, etc.) 3 *or* **zoom lens** : zoom *m*

zucchini [zu'ki:ni] *n*, *pl* **-ni** *or* **-nis** : calabacín *m*, calabacita *f* Mex

Zulu ['zu:lu:] *n* 1 : zulú *mf* 2 : zulú *m* (idioma) — **Zulu** *adj*

zygote ['zaɪ,go:t] *n* : zigoto *m*, cigoto *m*

Abreviaturas comunes en español

ABREVIATURA ESPAÑOLA Y EXPANSIÓN		EQUIVALENTE INGLÉS	
abr.	abril	Apr.	April
A.C., a.C.	antes de Cristo	BC	before Christ
a. de J.C.	antes de Jesucristo	BC	before Christ
admon., admón.	administración	—	administration
a/f	a favor	—	in favor
ago.	agosto	Aug.	August
Apdo.	apartado (de correos)	—	P.O. box
aprox.	aproximadamente	approx.	approximately
Aptdo.	apartado (de correos)	—	P.O. box
Arq.	arquitecto	arch.	architect
A.T.	Antiguo Testamento	O.T.	Old Testament
atte.	atentamente	—	sincerely
atto., atta.	atento, atenta	—	kind, courteous
av., avda.	avenida	ave.	avenue
a/v.	a vista	—	on receipt
BID	Banco Interamericano de Desarrollo	IDB	Interamerican Development Bank
Bo	banco	—	bank
BM	Banco Mundial	—	World Bank
c/, C/	calle	st.	street
C	centígrado, Celsius	C	centigrade, Celsius
C.	compañía	Co.	company
CA	corriente alterna	AC	alternating current
cap.	capítulo	ch., chap.	chapter
c/c	cuenta corriente	—	current account, checking account
c.c.	centímetros cúbicos	cu. cm	cubic centimeters
CC	corriente continua	DC	direct current
c/d	con descuento	—	with discount
Cd.	ciudad	—	city
CE	Comunidad Europea	EC	European Community
CEE	Comunidad Económica Europea	EEC	European Economic Community
cf.	confróntese	cf.	compare
cg.	centígramo	cg	centigram
CGT	Confederación General de Trabajadores o del Trabajo	—	confederation of workers, workers' union
CI	coeficiente intelectual o de inteligencia	IQ	intelligence quotient
Cía.	compañía	Co.	company
cm.	centímetro	cm	centimeter
Cnel.	coronel	Col.	colonel
col.	columna	col.	column
Col. *Mex*	colonia	—	residential area
Com.	comandante	Cmdr.	commander
comp.	compárese	comp.	compare
Cor.	coronel	Col.	colonel

ABREVIATURA ESPAÑOLA Y EXPANSIÓN		EQUIVALENTE INGLÉS	
C.P.	código postal	—	zip code
CSF, c.s.f.	coste, seguro y flete	c.i.f.	cost, insurance, and freight
cta.	cuenta	ac., acct.	account
cte.	corriente	cur.	current
c/u	cada uno, cada una	ea.	each
CV	caballo de vapor	hp	horsepower
D.	Don	—	—
Da., D.ª	Doña	—	—
d.C.	después de Cristo	AD	anno Domini (in the year of our Lord)
dcha.	derecha	—	right
d. de J.C.	después de Jesucristo	AD	anno Domini (in the year of our lord)
dep.	departamento	dept.	department
DF, D.F.	Distrito Federal	—	Federal District
dic.	diciembre	Dec.	December
dir.	director, directora	dir.	director
dir.	dirección	—	address
Dña.	Doña	—	—
do.	domingo	Sun.	Sunday
dpto.	departamento	dept.	department
Dr.	doctor	Dr.	doctor
Dra.	doctora	Dr.	doctor
dto.	descuento	—	discount
E, E.	Este, este	E	East, east
Ed.	editorial	—	publishing house
Ed., ed.	edición	ed.	edition
edif.	edificio	bldg.	building
edo.	estado	st.	state
EEUU, EE.UU.	Estados Unidos	US, U.S.	United States
ej.	por ejemplo	e.g.	for example
E.M.	esclerosis multiple	MS	multiple sclerosis
ene.	enero	Jan.	January
etc.	etcétera	etc.	et cetera
ext.	extensión	ext.	extension
F	Fahrenheit	F	Fahrenheit
f.a.b.	franco a bordo	f.o.b.	free on board
FC	ferrocarril	RR	railroad
feb.	febrero	Feb.	February
FF AA, FF.AA.	Fuerzas Armadas	—	armed forces
FMI	Fondo Monetario Internacional	IMF	International Monetary Fund
g.	gramo	g., gm, gr.	gram
G.P.	giro postal	M.O.	money order
gr.	gramo	g., gm, gr.	gram
Gral.	general	Gen.	general
h.	hora	hr.	hour
Hnos.	hermanos	Bros.	brothers
I + D, I & D, I y D	investigación y desarrollo	R & D	research and development
i.e.	esto es, es decir	i.e.	that is
incl.	inclusive	incl.	inclusive, inclusively
Ing.	ingeniero, ingeniera	eng.	engineer

ABREVIATURA ESPAÑOLA Y EXPANSIÓN		EQUIVALENTE INGLÉS	
IPC	índice de precios al consumo	**CPI**	consumer price index
IVA	impuesto al valor agregado	**VAT**	value-added tax
izq.	izquierda	**l.**	left
juev.	jueves	**Thurs.**	Thursday
jul.	julio	**Jul.**	July
jun.	junio	**Jun.**	June
kg.	kilogramo	**kg**	kilogram
km.	kilómetro	**km**	kilometer
km/h	kilómetros por hora	**kph**	kilometers per hour
kv, kV	kilovatio	**kw, kW**	kilowatt
l.	litro	**l, lit.**	liter
Lic.	licenciado, licenciada	—	—
Ltda.	limitada	**Ltd.**	limited
lun.	lunes	**Mon.**	Monday
m	masculino	**m**	masculine
m	metro	**m**	meter
m	minuto	**m**	minute
mar.	marzo	**Mar.**	March
mart.	martes	**Tues.**	Tuesday
mg.	miligramo	**mg**	milligram
miérc.	miércoles	**Wed.**	Wednesday
min	minuto	**min.**	minute
mm.	milímetro	**mm**	millimeter
M-N, m/n	moneda nacional	—	national currency
Mons.	monseñor	**Msgr.**	monsignor
Mtra.	maestra	—	teacher
Mtro.	maestro	—	teacher
N, N.	Norte, norte	**N, no.**	North, north
n/o	nuestro	—	our
n.º	número	**no.**	number
N. de (la) R.	nota de (la) redacción	—	editor's note
NE	nordeste	**NE**	northeast
NN.UU.	Naciones Unidas	**UN**	United Nations
NO	noroeste	**NW**	northwest
nov.	noviembre	**Nov.**	November
N.T.	Nuevo Testamento	**N.T.**	New Testament
ntra., ntro.	nuestra, nuestro	—	our
NU	Naciones Unidas	**UN**	United Nations
núm.	número	**num.**	number
O, O.	Oeste, oeste	**W**	West, west
oct.	octubre	**Oct.**	October
OEA, O.E.A.	Organización de Estados Americanos	**OAS**	Organization of American States
OMS	Organización Mundial de la Salud	**WHO**	World Health Organization
ONG	organización no gubernamental	**NGO**	non-governmental organization
ONU	Organización de las Naciones Unidas	**UN**	United Nations
OTAN	Organización del Tratado del Atlántico Norte	**NATO**	North Atlantic Treaty Organization
p.	página	**p.**	page
P, P.	padre	**Fr.**	father

ABREVIATURA ESPAÑOLA Y EXPANSIÓN		EQUIVALENTE INGLÉS	
pág.	página	pg.	page
pat.	patente	pat.	patent
PCL	pantalla de cristal líquido	LCD	liquid crystal display
P.D.	post data	P.S.	postscript
p. ej.	por ejemplo	e.g.	for example
PNB	Producto Nacional Bruto	GNP	gross national product
pº	paseo	Ave.	avenue
p.p.	porte pagado	ppd.	postpaid
PP, p.p.	por poder, por poderes	p.p.	by proxy
prom.	promedio	av., avg.	average
ptas., pts.	pesetas	—	—
q.e.p.d.	que en paz descanse	R.I.P.	may he/she rest in peace
R, R/	remite	—	sender
RAE	Real Academia Española	—	—
ref., ref.ª	referencia	ref.	reference
rep.	república	rep.	republic
r.p.m.	revoluciones por minuto	rpm.	revolutions per minute
rte.	remite, remitente	—	sender
s.	siglo	c., cent.	century
s/	su, sus	—	his, her, your, their
S, S.	Sur, sur	S, so.	South, south
S.	san, santo	St.	saint
S.A.	sociedad anónima	Inc.	incorporated (company)
sáb.	sábado	Sat.	Saturday
s/c	su cuenta	—	your account
SE	sudeste, sureste	SE	southeast
seg.	segundo, segundos	sec.	second, seconds
sep., sept.	septiembre	Sept.	September
s.e.u.o.	salvo error u omisión	—	errors and omissions excepted
Sgto.	sargento	Sgt.	sergeant
S.L.	sociedad limitada	Ltd.	limited (corporation)
S.M.	Su Majestad	HM	His Majesty, Her Majesty
s/n	sin número	—	no (street) number
s.n.m.	sobre el nivel de mar	a.s.l.	above sea level
SO	sudoeste/suroeste	SW	southwest
S.R.C.	se ruega contestación	R.S.V.P.	please reply
ss.	siguientes	—	the following ones
SS, S.S.	Su Santidad	H.H.	His Holiness
Sta.	santa	St.	Saint
Sto.	santo	St.	saint
t, t.	tonelada	t., tn.	ton
TAE	tasa anual efectiva	APR	annual percentage rate
tb.	también	—	also
tel., Tel.	teléfono	tel.	telephone
Tm.	tonelada métrica	MT	metric ton
Tn.	tonelada	t., tn.	ton
trad.	traducido	tr., trans., transl.	translated

ABREVIATURA ESPAÑOLA Y EXPANSIÓN		EQUIVALENTE INGLÉS	
UE	Unión Europea	**EU**	European Union
Univ.	universidad	**Univ., U.**	university
UPC	unidad procesadora central	**CPU**	central processing unit
Urb.	urbanización	—	residential area
v	versus	**v., vs.**	versus
v	verso	**v., ver., vs.**	verse
v.	véase	**vid.**	see
Vda.	viuda	—	widow
v.g., v.gr.	verbigracia	**e.g.**	for example
vier., viern.	viernes	**Fri.**	Friday
V.M.	Vuestra Majestad	—	Your Majesty
VᵒBᵒ, V.ᵒB.ᵒ	visto bueno	—	OK, approved
vol, vol.	volumen	**vol.**	volume
vra., vro.	vuestra, vuestro	—	your

Abreviaturas comunes en inglés

	ABREVIATURA INGLÉSA Y EXPANSIÓN		EQUIVALENTE ESPAÑOL
AAA	American Automobile Association	—	—
AD	anno Domini (in the year of our Lord)	**d.C., d. de J.C.**	después de Cristo, después de Jesucristo
AK	Alaska	—	Alaska
AL, Ala.	Alabama	—	Alabama
Alas.	Alaska	—	Alaska
a.m., AM	ante meridiem	**a.m.**	ante meridiem (de la mañana)
Am., Amer.	America, American	—	América, americano
amt.	amount	—	cantidad
anon.	anonymous	—	anónimo
ans.	answer	—	respuesta
Apr.	April	**abr.**	abril
AR	Arkansas	—	Arkansas
Ariz.	Arizona	—	Arizona
Ark.	Arkansas	—	Arkansas
asst.	assistant	**ayte.**	ayudante
atty.	attorney	—	abogado, -da
Aug.	August	**ago.**	agosto
ave.	avenue	**av., avda.**	avenida
AZ	Arizona	—	Arizona
BA	Bachelor of Arts	**Lic.**	Licenciado, -da en Filosofía y Letras
BA	Bachelor of Arts (degree)	—	Licenciatura en Filosofía y Letras
BC	before Christ	**a.C., A.C., a. de J.C.**	antes de Cristo, antes de Jesucristo
BCE	before the Christian Era, before the Common Era	—	antes de la era cristiana, antes de la era común
bet.	between	—	entre
bldg.	building	**edif.**	edificio
blvd.	boulevard	**blvar., br.**	bulevar
Br., Brit.	Britain, British	—	Gran Bretaña, británico
Bro(s).	brother(s)	**Hno(s).**	hermano(s)
BS	Bachelor of Science	**Lic.**	Licenciado, -da en Ciencias
BS	Bachelor of Science (degree)	—	Licenciatura en Ciencias
c	carat	—	quilate
c	cent	—	centavo
c	centimeter	**cm.**	centímetro
c	century	**s.**	siglo
c	cup	—	taza
C	Celsius, centigrade	**C**	Celsius, centígrado
CA, Cal., Calif.	California	—	California

728

ABREVIATURA INGLÉSA Y EXPANSIÓN		EQUIVALENTE ESPAÑOL	
Can., Canad.	Canada, Canadian	—	Canadá, canadiense
cap.	capital	—	capital
cap.	capital	—	mayúscula
Capt.	captain	—	capitán
cent.	century	**s.**	siglo
CEO	chief executive officer	—	presidente, -ta (de una corporación)
ch., chap.	chapter	**cap.**	capítulo
CIA	Central Intelligence Agency	—	—
cm	centimeter	**cm.**	centímetro
Co.	company	**C., Cía.**	compañía
co.	county	—	condado
CO	Colorado	—	Colorado
c/o	care of	**a/c**	a cargo de
COD	cash on delivery, collect on delivery	—	(pago) contra reembolso
col.	column	**col.**	columna
Col., Colo.	Colorado	—	Colorado
Conn.	Connecticut	—	Connecticut
corp.	corporation	—	corporación
CPR	cardiopulmonary resuscitation	**RCP**	reanimación cardiopulmonar, resucitación cardiopulmonar
ct.	cent	—	centavo
CT	Connecticut	—	Connecticut
D.A.	district attorney	—	fiscal (del distrito)
DC	District of Columbia	—	—
DDS	Doctor of Dental Surgery	—	doctor de cirugía dental
DE	Delaware	—	Delaware
Dec.	December	**dic.**	diciembre
Del.	Delaware	—	Delaware
DJ	disc jockey	—	disc-jockey
dept.	department	**dep., dpto.**	departamento
DMD	Doctor of Dental Medicine	—	doctor de medicina dental
doz.	dozen	—	docena
Dr.	doctor	**Dr., Dra.**	doctor, doctora
DST	daylight saving time	—	—
DVM	Doctor of Veterinary Medicine	—	doctor de medicina veterinaria
E	East, east	**E, E.**	Este, este
ea.	each	**c/u**	cada uno, cada una
e.g.	for example (exempli gratia)	**v.g., v.gr.**	verbigracia
EMT	emergency medical technician	—	técnico, -ca en urgencias médicas
Eng.	England, English	—	Inglaterra, inglés
esp.	especially	—	especialmente
EST	eastern standard time	—	—
etc.	et cetera	**etc.**	etcétera
f	false	—	falso
f	female	**f**	femenino

...VIATURA INGLÉSA Y EXPANSIÓN		EQUIVALENTE ESPAÑOL	
F	Fahrenheit	F	Fahrenheit
FBI	Federal Bureau of Investigation	—	—
Feb.	February	feb.	febrero
fem.	feminine	—	femenino
FL, Fla.	Florida	—	Florida
Fri.	Friday	vier., viern.	viernes
ft.	feet, foot	—	pie(s)
g	gram	g., gr.	gramo
Ga., GA	Georgia	—	Georgia
gal.	gallon	—	galón
Gen.	general	Gral.	general
gm	gram	g., gr.	gramo
gov.	governor	—	gobernador, -dora
govt.	government	—	gobierno
gr.	gram	g., gr.	gramo
HI	Hawaii	—	Hawai, Hawaii
hr.	hour	h.	hora
HS	high school	—	colegio secundario
ht.	height	—	altura
Ia., IA	Iowa	—	Iowa
ID	Idaho	—	Idaho
i.e.	that is (id est)	i.e.	id est (esto es, es decir)
IL, Ill.	Illinois	—	Illinois
in.	inch	—	pulgada
IN	Indiana	—	Indiana
Inc.	incorporated	S.A.	sociedad anónima
Ind.	Indian, Indiana	—	Indiana
Jan.	January	ene.	enero
Jul.	July	jul.	julio
Jun.	June	jun.	junio
Jr., Jun.	Junior	Jr.	Júnior
Kan., Kans.	Kansas	—	Kansas
kg	kilogram	kg.	kilogramo
km	kilometer	km.	kilómetro
KS	Kansas	—	Kansas
Ky., KY	Kentucky	—	Kentucky
l	liter	l.	litro
l.	left	izq.	izquierda
L	large	G	(talla) grande
La., LA	Louisiana	—	Luisiana, Louisiana
lb.	pound	—	libra
Ltd.	limited	S.L.	sociedad limitada
m	male	m	masculino
m	meter	m	metro
m	mile	—	milla
M	medium	M	(talla) mediana
MA	Massachusetts	—	Massachusetts
Maj.	major	—	mayor
Mar.	March	mar.	marzo
masc.	masculine	—	masculino
Mass.	Massachusetts	—	Massachusetts
Md., MD	Maryland	—	Maryland
M.D.	Doctor of Medicine	—	doctor de medicina
Me., ME	Maine	—	Maine
Mex.	Mexican, Mexico	Méx.	mexicano, México

ABREVIATURA INGLÉSA Y EXPANSIÓN		EQUIVALENTE ESPAÑOL	
mg	milligram	**mg.**	miligramo
mi.	mile	—	milla
MI, Mich.	Michigan	—	Michigan
min.	minute	**min**	minuto
Minn.	Minnesota	—	Minnesota
Miss.	Mississippi	—	Mississippi, Misisipí
ml	mililiter	**ml.**	mililitro
mm	millimeter	**mm.**	milímetro
MN	Minnesota	—	Minnesota
mo.	month	—	mes
Mo., MO	Missouri	—	Missouri
Mon.	Monday	**lun.**	lunes
Mont.	Montana	—	Montana
mpg	miles per gallon	—	millas por galón
mph	miles per hour	—	millas por hora
MS	Mississippi	—	Mississippi, Misisipí
mt.	mount, mountain	—	monte, montaña
MT	Montana	—	Montana
mtn.	mountain	—	montaña
N	North, north	**N**	Norte, norte
NASA	National Aeronautics and Space Administration	—	—
NC	North Carolina	—	Carolina del Norte, North Carolina
ND, N. Dak.	North Dakota	—	Dakota del Norte, North Dakota
NE	northeast	**NE**	nordeste
NE, Neb., Nebr.	Nebraska	—	Nebraska
Nev.	Nevada	—	Nevada
NH	New Hampshire	—	New Hampshire
NJ	New Jersey	—	Nueva Jersey, New Jersey
NM, N. Mex.	New Mexico	—	Nuevo México, New Mexico
no.	north	**N**	norte
no.	number	**n.º**	número
Nov.	November	**nov.**	noviembre
N.T.	New Testament	**N.T.**	Nuevo Testamento
NV	Nevada	—	Nevada
NW	northwest	**NO**	noroeste
NY	New York	**NY**	Nueva York, New York
O	Ohio	—	Ohio
Oct.	October	**oct.**	octubre
OH	Ohio	—	Ohio
OK, Okla.	Oklahoma	—	Oklahoma
OR, Ore., Oreg.	Oregon	—	Oregon
O.T.	Old Testament	**A.T.**	Antiguo Testamento
oz.	ounce, ounces	—	onza, onzas
p.	page	**p.**	página
Pa., PA	Pennsylvania	—	Pennsylvania, Pensilvania
pat.	patent	**pat.**	patente

ABREVIATURA INGLÉSA Y EXPANSIÓN			EQUIVALENTE ESPAÑOL
PD	police department	—	departamento de policía
PE	physical education	—	educación física
Penn., Penna.	Pennsylvania	—	Pennsylvania, Pensilvania
pg.	page	**pág.**	página
PhD	Doctor of Philosophy	—	doctor, -tora (en filosofía)
pkg.	package	—	paquete
p.m., PM	post meridiem	**p.m.**	post meridiem (de la tarde)
P.O.	post office	—	oficina de correos, correo
pp.	pages	**págs.**	páginas
PR	Puerto Rico	**PR**	Puerto Rico
pres.	present	—	presente
pres.	president	—	presidente, -ta
prof.	professor	—	profesor, -sora
P.S.	postscript	**P.D.**	postdata
P.S.	public school	—	escuela pública
pt.	pint	—	pinta
pt.	point	**pto.**	punto
PTA	Parent-Teacher Association	—	—
PTO	Parent-Teacher Organization	—	—
q, qt.	quart	—	cuarto de galón
r.	right	**dcha.**	derecha
rd.	road	**c/, C/**	calle
RDA	recommended daily allowance	—	consumo diario recomendado
recd.	received	—	recibido
Rev.	reverend	**Rdo.**	reverendo
RI	Rhode Island	—	Rhode Island
rpm	revolutions per minute	**r.p.m.**	revoluciones por minuto
RR	railroad	**FC**	ferrocarril
R.S.V.P.	please reply (répondez s'il vous plaît)	**S.R.C.**	se ruega contestación
rt.	right	**dcha.**	derecha
rte.	route	—	ruta
S	small	**P**	(talla) pequeña
S	South, south	**S**	Sur, sur
S.A.	South America	—	Sudamérica, América del Sur
Sat.	Saturday	**sáb.**	sábado
SC	South Carolina	—	Carolina del Sur, South Carolina
SD, S. Dak.	South Dakota	—	Dakota del Sur, South Dakota
SE	southeast	**SE**	sudeste, sureste
Sept.	September	**sep., sept.**	septiembre
so.	south	**S**	sur
sq.	square	—	cuadrado
Sr.	Senior	**Sr.**	Sénior
Sr.	sister	—	sor

ABREVIATURA INGLÉSA Y EXPANSIÓN		EQUIVALENTE ESPAÑOL	
st.	state	—	estado
st.	street	c/, C/	calle
St.	saint	S., Sto., Sta.	santo, santa
Sun.	Sunday	dom.	domingo
SW	southwest	SO	sudoeste, suroeste
t.	teaspoon	—	cucharadita
T, tb., tbsp.	tablespoon	—	cucharada (grande)
Tenn.	Tennessee	—	Tennessee
Tex.	Texas	—	Texas
Thu., Thur., Thurs.	Thursday	juev.	jueves
TM	trademark	—	marca (de un producto)
TN	Tennessee	—	Tennessee
tsp.	teaspoon	—	cucharadita
Tue., Tues.	Tuesday	mart.	martes
TX	Texas	—	Texas
UN	United Nations	NU, NN.UU.	Naciones Unidas
US	United States	EEUU, EE.UU.	Estados Unidos
USA	United States of America	EEUU, EE.UU.	Estados Unidos de América
usu.	usually	—	usualmente
UT	Utah	—	Utah
v.	versus	v	versus
Va., VA	Virginia	—	Virginia
vol.	volume	vol.	volumen
VP	vice president	—	vicepresidente, -ta
vs.	versus	v	versus
Vt., VT	Vermont	—	Vermont
W	West, west	O	Oeste, oeste
WA, Wash.	Washington (estado)	—	Washington
Wed.	Wednesday	miérc.	miércoles
WI, Wis., Wisc.	Wisconsin	—	Wisconsin
wt.	weight	—	peso
WV, W. Va.	West Virginia	—	Virginia del Oeste, West Virginia
WY, Wyo.	Wyoming	—	Wyoming
yd.	yard	—	yarda
yr.	year	—	año

Sistema métrico : conversiones

Longitud

unidad	número de metros	equivalentes aproximados de los EE.UU.	
milímetro	0.001	0.039	pulgada
centímetro	0.01	0.39	pulgada
metro	1	39.37	pulgadas
kilómetro	1,000	0.62	milla

Length

unit	number of meters	approximate U.S. equivalents	
millimeter	0.001	0.039	inch
centimeter	0.01	0.39	inch
meter	1	39.37	inches
kilometer	1,000	0.62	mile

Superficie

unidad	número de metros cuadrados	equivalentes aproximados de los EE.UU.	
centímetro cuadrado	0.0001	0.155	pulgada cuadrada
metro cuadrado	1	10.764	pies cuadrados
hectárea	10,000	2.47	acres
kilómetro cuadrado	1,000,000	0.3861	milla cuadrada

Area

unit	number of square meters	approximate U.S. equivalents	
square centimeter	0.0001	0.155	square inch
square meter	1	10.764	square feet
hectare	10,000	2.47	acres
square kilometer	1,000,000	0.3861	square mile

Volumen

unidad	número de metros cúbicos	equivalentes aproximados de los EE.UU	
centímetro cúbico	0.000001	0.061	pulgada cúbica
metro cúbico	1	1.307	yardas cúbicas

Volume

unit	number of cubic meters	approximate U.S. equivalents	
cubic centimeter	0.000001	0.061	cubic inch
cubic meter	1	1.307	cubic yards

Capacidad

unidad	número de litros	equivalentes aproximados de los EE.UU.		
		CÚBICO	SECO	LÍQUIDO
litro	1	61.02 pulgadas cúbicas	0.908 cuarto	1.057 cuartos

Capacity

unit	number of liters	approximate U.S. equivalents		
		CUBIC	DRY	LIQUID
liter	1	61.02 cubic inches	0.908 quart	1.057 quarts

Masa y peso

unidad	número de gramos	equivalentes aproximados de los EE.UU.	
miligramo	0.001	0.015	grano
centigramo	0.01	0.154	grano
gramo	1	0.035	onza
kilogramo	1.000	2.2046	libras
tonelada métrica	1,000,000	1.102	toneladas cortas

Mass and Weight

unit	number of grams	approximate U.S. equivalents	
milligram	0.001	0.015	grain
centigram	0.01	0.154	grain
gram	1	0.035	ounce
kilogram	1,000	2.2046	pounds
metric ton	1,000,000	1.102	short tons

Números ingleses

Números cardinales

1	one	50	fifty
2	two	60	sixty
3	three	70	seventy
4	four	80	eighty
5	five	90	ninety
6	six	100	one hundred
7	seven	101	one hundred and one
8	eight	200	two hundred
9	nine	300	three hundred
10	ten	400	four hundred
11	eleven	500	five hundred
12	twelve	600	six hundred
13	thirteen	700	seven hundred
14	fourteen	800	eight hundred
15	fifteen	900	nine hundred
16	sixteen	1,000	one thousand
17	seventeen	1,001	one thousand and one
18	eighteen	2,000	two thousand
19	nineteen	10,000	ten thousand
20	twenty	100,000	one hundred thousand
21	twenty-one	1,000,000	one million
30	thirty	1,000,000,000	one billion
40	forty	1,000,000,000,000	one trillion

Números ordinales

1st	first	17th	seventeenth
2nd	second	18th	eighteenth
3rd	third	19th	nineteenth
4th	fourth	20th	twentieth
5th	fifth	21st	twenty-first
6th	sixth	30th	thirtieth
7th	seventh	40th	fortieth
8th	eighth	50th	fiftieth
9th	ninth	60th	sixtieth
10th	tenth	70th	seventieth
11th	eleventh	80th	eightieth
12th	twelfth	90th	ninetieth
13th	thirteenth	100th	hundredth
14th	fourteenth	1,000th	thousandth
15th	fifteenth	1,000,000th	millionth
16th	sixteenth	1,000,000,000th	billionth

Naciones del mundo

ESPAÑOL	INGLÉS

África/Africa

ESPAÑOL	INGLÉS
Angola	Angola
Argelia	Algeria
Benin	Benin
Botswana, Botsuana	Botswana
Burkina Faso	Burkina Faso
Burundi	Burundi
Cabo Verde	Cape Verde
Camerún	Cameroon
Chad	Chad
Congo	Congo
Congo, República Democrática del	Democratic Republic of Congo
Costa de Marfil	Ivory Coast
Djibouti, Djibuti	Djibouti
Egipto	Egypt
Eritrea	Eritrea
Etiopía	Ethiopia
Gabón	Gabon
Gambia	Gambia
Ghana	Ghana
Guinea	Guinea
Guinea-Bissau	Guinea-Bissau
Guinea Ecuatorial	Equatorial Guinea
Islas Comores, Comoras	Comoro Islands
Kenya, Kenia	Kenya
Lesotho, Lesoto	Lesotho
Liberia	Liberia
Libia	Libya
Madagascar	Madagascar
Malawi, Malaui	Malawi
Malí	Mali
Marruecos	Morocco
Mauricio	Mauritius
Mauritania	Mauritania
Mozambique	Mozambique
Namibia	Namibia
Níger	Niger
Nigeria	Nigeria
República Centroafricana	Central African Republic
Ruanda, Rwanda	Rwanda
Santo Tomé y Príncipe	São Tomé and Principe
Senegal	Senegal
Seychelles	Seychelles
Sierra Leona	Sierra Leone
Somalia	Somalia
Suazilandia, Swazilandia	Swaziland
Sudáfrica, República de	South Africa, Republic of
Sudán	Sudan

ESPAÑOL	INGLÉS
Tanzanía, Tanzania	Tanzania
Togo	Togo
Túnez	Tunisia
Uganda	Uganda
Zambia	Zambia
Zimbabwe, Zimbábue	Zimbabwe

Antártida/Antarctica

No tiene países independientes

Asia/Asia

Afganistán	Afghanistan
Arabia Saudita, Arabia Saudí	Saudi Arabia
Armenia	Armenia
Azerbaiyán, Azerbaiján	Azerbaijan
Bahrein	Bahrain
Bangladesh	Bangladesh
Bhután, Bután	Bhutan
Brunei	Brunei
Camboya	Cambodia
China	China
Chipre	Cyprus
Corea del Norte	Korea, North
Corea del Sur	Korea, South
Emiratos Árabes Unidos	United Arab Emirates
Filipinas	Philippines
Georgia	Georgia, Republic of
India	India
Indonesia	Indonesia
Irán	Iran
Iraq, Irak	Iraq
Israel	Israel
Japón	Japan
Jordania	Jordan
Kazajstán	Kazakhstan
Kirguistán, Kirguizistán	Kyrgyzstan
Kuwait	Kuwait
Laos	Laos
Líbano	Lebanon
Malasia	Malaysia
Maldivas	Maldive Islands
Mongolia	Mongolia
Myanmar	Myanmar
Nepal	Nepal
Omán	Oman
Pakistán	Pakistan
Qatar	Qatar
Singapur	Singapore
Siria	Syria
Sri Lanka	Sri Lanka
Tailandia	Thailand
Taiwán	Taiwan

ESPAÑOL	INGLÉS
Tayikistán	Tajikistan
Turkmenistán	Turkmenistan
Turquía	Turkey
Uzbekistán	Uzbekistan
Vietnam	Vietnam
Yemen	Yemen

Europa/Europe

Albania	Albania
Alemania	Germany
Andorra	Andorra
Austria	Austria
Belarús	Belarus
Bélgica	Belgium
Bosnia y Hercegovina, Bosnia y Herzegovina	Bosnia and Herzegovina
Bulgaria	Bulgaria
Ciudad del Vaticano	Vatican City
Croacia	Croatia
Dinamarca	Denmark
Eslovaquia	Slovakia
Eslovenia	Slovenia
España	Spain
Estonia	Estonia
Finlandia	Finland
Francia	France
Grecia	Greece
Hungría	Hungary
Irlanda	Ireland
Islandia	Iceland
Italia	Italy
Letonia	Latvia
Liechtenstein	Liechtenstein
Lituania	Lithuania
Luxemburgo	Luxembourg
Macedonia	Macedonia
Malta	Malta
Moldavia	Moldavia
Mónaco	Monaco
Noruega	Norway
Países Bajos	Netherlands
Polonia	Poland
Portugal	Portugal
Reino Unido	United Kingdom
República Checa	Czech Republic
Rumania, Rumanía	Romania
Rusia, Federación de	Russian Federation
San Marino	San Marino
Serbia y Montenegro	Serbia and Montenegro
Suecia	Sweden
Suiza	Switzerland
Ucrania	Ukraine

ESPAÑOL	INGLÉS

Norteamérica/North America

Antigua y Barbuda	Antigua and Barbuda
Bahamas	Bahamas
Barbados	Barbados
Belice	Belize
Bermudas	Bermuda
Canadá	Canada
Costa Rica	Costa Rica
Cuba	Cuba
Dominica	Dominica
El Salvador	El Salvador
Estados Unidos de América	United States of America
Granada	Grenada
Guatemala	Guatemala
Haití	Haiti
Honduras	Honduras
Jamaica	Jamaica
México, Méjico	Mexico
Nicaragua	Nicaragua
Panamá	Panama
República Dominicana	Dominican Republic
Saint Kitts y Nevis	Saint Kitts-Nevis
Santa Lucía	Saint Lucia
San Vicente y las Granadinas	Saint Vincent and the Grenadines
Trinidad y Tobago	Trinidad and Tobago

Oceanía/Oceania

Australia	Australia
Fiji	Fiji
Islas Marshall	Marshall Islands
Islas Salomón	Solomon Islands
Kiribati	Kiribati
Nauru	Nauru
Nueva Zelanda, Nueva Zelandia	New Zealand
Papua Nueva Guinea	Papua New Guinea
Samoa del Oeste	Western Samoa
Tonga	Tonga
Tuvalu	Tuvalu
Vanuatu	Vanuatu

Sudamérica /South America

Argentina	Argentina
Bolivia	Bolivia
Brasil	Brazil
Chile	Chile
Colombia	Colombia
Ecuador	Ecuador
Guyana	Guyana
Paraguay	Paraguay
Perú	Peru
Surinam	Suriname
Uruguay	Uruguay
Venezuela	Venezuela